2023年8月13日，西藏自治区党委书记王君正（中）一行到RM水电站调研（华能澜沧江水电股份有限公司　供稿）

2023年9月14日，云南省委书记王宁（左二）到乌弄龙水电站调研（华能澜沧江水电股份有限公司　供稿）

　　2023年4月12日，金沙江梨园水电站（总装机容量2400MW）工程荣获第二十届第一批中国土木工程"詹天佑奖"。同年12月9日，该工程荣获"2022～2023年度国家优质工程奖"（中国水利水电第一工程局有限公司　供稿）

　　2024年1月23日，贵州乌江构皮滩水电站荣获第二十届第二批中国土木工程"詹天佑奖"。该电站通航工程第二级升船机提升高度可达127m，是目前世界上水头最高、水位变幅最大的通航工程建筑物（中国葛洲坝集团股份有限公司　供稿）

2023年9月8日，大渡河猴子岩水电站荣获"第五届堆石坝国际里程碑工程奖"（国能大渡河流域水电开发有限公司　供稿）

2023年9月8日，大渡河长河坝水电站荣获"第五届堆石坝国际里程碑工程奖"（中国电力建设集团有限公司　杨星　摄影）

2023年12月4日，右江百色水利枢纽工程荣获"第五届碾压混凝土坝国际里程碑工程奖"，成为本届唯一获得该奖项的中国工程（徐月明　摄影）

2023年12月9日，西藏雅鲁藏布江大古水电站荣获"2022～2023年度国家优质工程金奖"（中国水利水电第九工程局有限公司　肖洪腾　摄影）

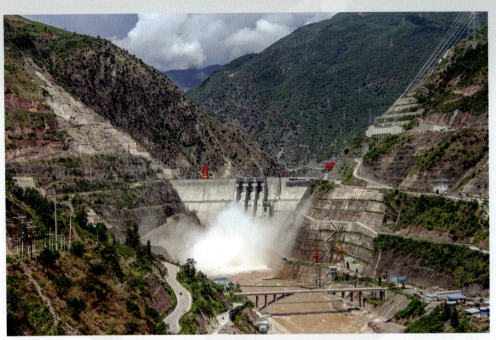

2023年12月9日，云南澜沧江黄登水电站荣获"2022～2023年度国家优质工程金奖"（中国水利水电第四工程局有限公司　崔晨天　摄影）

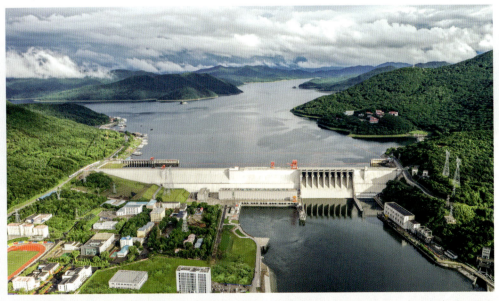

2023年12月9日，丰满水电站全面治理（重建）工程荣获"2022～2023年度国家优质工程金奖"。该工程总装机容量1480MW（中国水利水电第三工程局有限公司　供稿）

2023年5月31日，云南澜沧江乌弄龙水电站荣获"2023年度中国电力优质工程奖"（中国葛洲坝集团股份有限公司 供稿）

2023年6月，西藏雅鲁藏布江加查水电站工程获评"2023年度中国电力中小型优质工程"（中国葛洲坝集团股份有限公司 供稿）

2023年4月12日，金沙江白鹤滩水电站（总装机容量16000MW）左岸11号坝段取出长36.74m、直径245mm低热混凝土芯样，刷新此前世界最长低热水泥混凝土芯样纪录。同年12月20日，该工程入选"2023全球十大工程成就"（中国水利水电第四工程局有限公司　徐淑勇　摄影）

2023年11月10日，黄河流域在建海拔最高、装机规模最大的水电站——青海玛尔挡水电站首台（5号）机组转子吊装完成（中国水利水电第七工程局有限公司　供稿）

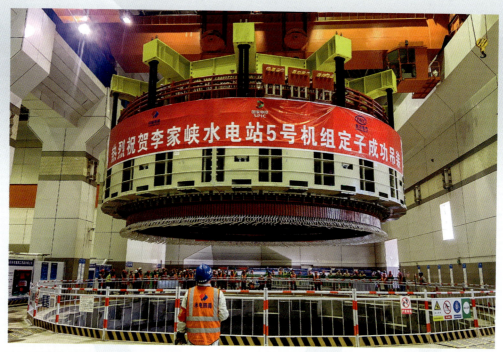

2023年10月10日22时16分，黄河上游李家峡水电站5号机组顺利通过72小时试运行，正式投产发电，标志着我国首次采用双排机布置，也是世界最大双排机布置的李家峡水电站实现200万kW全容量投产（中国水利水电第四工程局有限公司　焦小龙　摄影）

2023年12月14日，国内首座镶嵌混凝土面板堆石坝——黄河羊曲水电站镶嵌混凝土面板堆石坝提前填筑到顶，为后续下闸蓄水奠定了坚实基础（中国水利水电第四工程局有限公司　供稿）

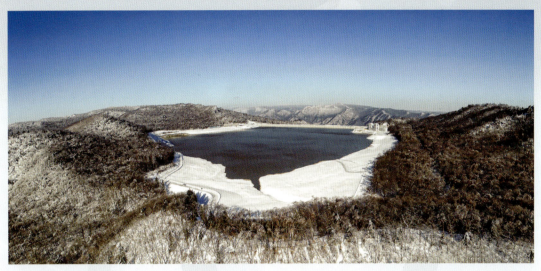

2023年12月25日，黑龙江荒沟抽水蓄能电站机电安装工程获评"2023～2024年度第一批中国安装工程优质奖（中国安装之星）"（中国水利水电第六工程局有限公司　供稿）

2023年12月25日，安徽绩溪抽水蓄能电站机电安装工程获评"2023～2024年度第一批中国安装工程优质奖（中国安装之星）"（中国葛洲坝集团股份有限公司　供稿）

2023年5月17日，河北丰宁抽水蓄能电站（总装机容量3600MW）6号机组投产发电，实现年内3台机组投运（中国电建集团北京勘测设计研究院有限公司　供稿）

2023年6月5日，河南洛宁抽水蓄能电站（总装机容量1400MW）下水库大坝填筑完成（中国水利水电第七工程局有限公司　供稿）

2023年8月29日，河南天池抽水蓄能电站（总装机容量1200MW）全面投产发电（中国电建集团中南勘测设计研究院有限公司　供稿）

2023年9月19日，山东文登抽水蓄能电站（总装机容量1800MW）全部机组顺利投产发电，实现"九个月六投"（中国电建集团北京勘测设计研究院有限公司　供稿）

2023年11月25日，新疆阜康抽水蓄能电站（总装机容量1200MW）首台机组投产发电（中国水利水电第三工程局有限公司　供稿）

2023年11月26日，重庆蟠龙抽水蓄能电站（总装机容量1200MW）首台机组投产发电（中国水利水电第八工程局有限公司　供稿）

2023年12月15日，辽宁清原抽水蓄能电站（总装机容量1800MW）首台机组正式投产发电（中国电建集团北京勘测设计研究院有限公司　供稿）

2023年12月9日，张家口—北京可再生能源综合应用示范工程荣获"2022～2023年度国家优质工程金奖"（中国电建集团山东电力建设第三工程有限公司　供稿）

2023年12月9日，华能山东半岛南4号海上风电项目荣获"2022～2023年度国家优质工程奖"。该项目为山东省首个海上风电项目，总装机容量300MW（中国电建集团山东电力建设第一工程有限公司　供稿）

2023年12月9日，华能濮阳县500MW风电场工程荣获"2022～2023年度国家优质工程奖"（中国电建集团河南工程有限公司　供稿）

2023年5月31日，华电凉山州盐源大河风电项目（总装机容量120MW）荣获"2023年度中国电力优质工程奖"（中国电力建设集团有限公司　杨永光　摄影）

2023年1月19日，山西河曲100MW风电项目安装工程获评"2021～2022年度第二批中国安装工程优质奖（中国安装之星）"（中国水利水电第五工程局有限公司　供稿）

2023年12月25日，华能通榆良井子400MW风电项目安装工程获评"2023～2024年度第一批中国安装工程优质奖（中国安装之星）"（中国电建集团河南工程有限公司　供稿）

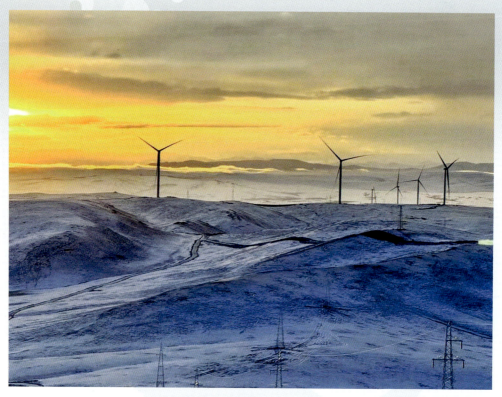

2023年10月28日，全球超高海拔最大风电项目——西藏那曲色尼区欧玛亭嘎100MW风电项目风机全部完成吊装（中国水利水电第十工程局有限公司　供稿）

2023年12月23日，云南锦屏西风电项目860MW风电机组全部并网发电（中国水利水电第十四工程局有限公司　供稿）

2023年12月9日，广西钦南区民海300MW光伏发电平价上网项目荣获"2022～2023年度国家优质工程奖"。同年5月31日，该项目荣获"2023年度中国电力优质工程奖"（中国电建集团华中电力设计研究院有限公司　供稿）

2023年5月31日，贵州盘南电厂灰场光伏电站项目（总装机容量30MW）荣获"2023年度中国电力中小型优质工程奖"（黄福明　摄影）

2023年5月31日，贵州齐心农业光伏电站项目（总装机容量30MW）荣获"2023年度中国电力中小型优质工程奖"（中国电建集团贵阳勘测设计研究院有限公司　供稿）

2023年6月25日，雅砻江两河口水电站水光互补一期项目——柯拉光伏电站（总装机容量1000MW）投产发电（张峰　摄影）

2023年6月27日，常德西洞庭100MW／200MW・h储能电站项目顺利实现全容量并网发电（中国水利水电第八工程局有限公司　供稿）

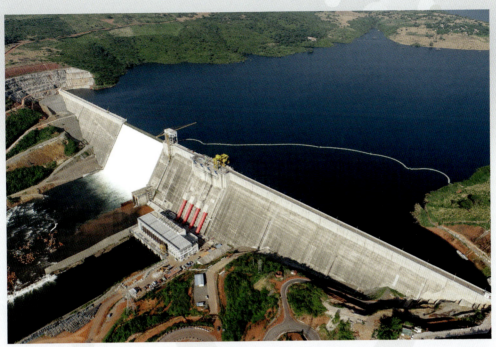

　　2023年11月27日，中国电力建设集团有限公司所属水电三局承建的几内亚苏阿皮蒂水利枢纽项目（总装机容量450MW）荣获2022～2023年度中国建设工程"鲁班奖"（境外工程）（中国水利水电第三工程局有限公司　供稿）

　　2023年5月31日，中国葛洲坝集团股份有限公司承建的老挝南屯1水电站项目获"2023年度中国电力优质工程奖"（中国葛洲坝集团股份有限公司　供稿）

　　2023年3月22日，中国电力建设集团有限公司所属华东院、华中院勘测设计，水电八局、水电十二局、水电五局承建的乌干达最大水电站——卡鲁玛水电站（总装机容量600MW）首台机组投产发电（中国水利水电第八工程局有限公司　供稿）

　　2023年5月25日，中国电力建设集团有限公司所属昆明院设计，水电八局、水电三局承建的尼日利亚最大水电站——宗格鲁水电站（总装机容量700MW）实现全部4台机组并网发电（中国水利水电第八工程局有限公司　供稿）

2023年8月23～24日，2023年中国水电发展论坛暨中国水力发电工程学会年会在北京举办（中国水力发电工程学会 供稿）

2023年4月18日，2023国际水电发展大会在北京召开（中国水力发电工程学会 供稿）

全国 2023 年装机容量和年发电量

项目	总量	水电	火电	核电	风电	太阳能发电
装机容量（万 kW）	292224	42237	139099	5691	44144	61048
年发电量（亿 kW·h）	94564	12859	62657	4347	8859	5842

注　1. 资料来源于中国电力企业联合会。
　　2. 总量数中还包括其他能源发电的装机容量、发电量。
　　3. 风电、太阳能发电为并网的装机容量、发电量。
　　4. 未含中国台湾、香港、澳门数据。

2023 年装机容量结构图

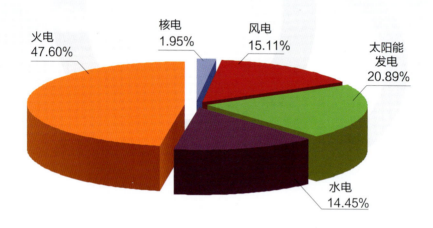

2023 年年发电量结构图

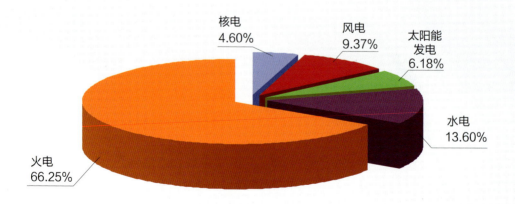

全国历年水电装机容量增长情况表

万 kW

年份	中国大陆	中国台湾	全国合计	新增装机容量	年份	中国大陆	中国台湾	全国合计	新增装机容量
1949	36.0	18.0	54		1987	3019.3	255.8	3275	264.5
1950	36.2	22.1	58	4.3	1988	3269.8	255.8	3526	250.5
1951	37.8	(24.0)	(62)	(3.5)	1989	3458.3	256.2	3715	188.9
1952	38.5	(27.0)	(66)	(3.7)	1990	3604.6	256.2	3861	146.3
1953	53.0	(30.0)	(83)	(17.5)	1991	3788.3	256.2	4045	183.7
1954	60.6	33.0	94	10.6	1992	4068.1	257.7	4326	281.3
1955	69.5	(34.0)	(104)	(9.9)	1993	4489.3	257.7	4747	421.2
1956	91.4	(36.0)	(127)	(23.9)	1994	4906.1	364.8	5271	523.9
1957	101.9	(38.0)	(140)	(12.5)	1995	5218.4	418.3	5637	365.8
1958	121.6	(40.0)	(162)	(21.7)	1996	5557.8	428.8	5987	349.9
1959	162.0	(42.0)	(204)	(42.4)	1997	5972.6	428.8	6401	414.8
1960	194.1	44.8	239	34.9	1998	6506.5	442.2	6949	547.3
1961	233.3	(47.0)	(280)	(41.4)	1999	7297.1	442.2	7739	790.6
1962	237.9	53.8	292	11.4	2000	7935.2	442.2	8377	638.1
1963	243.0	(56.0)	(299)	(7.3)	2001	8300.6	442.2	8743	365.7
1964	268.3	(59.0)	(327)	(28.3)	2002	8607.4	451.1	9059	315.7
1965	302.0	62.8	365	37.5	2003	9489.6	451.1	9941	882.2
1966	363.8	(65.0)	(429)	(64.0)	2004	10524.2	451.0	10975	1034.5
1967	383.9	(67.0)	(451)	(22.1)	2005	11738.8	451.0	12190	1214.6
1968	438.8	(70.0)	(509)	(57.9)	2006	13029.2	451.2	13480.4	1290.4
1969	505.3	72.2	578	68.7	2007	14823.2	452.0	15275.2	1794.6
1970	623.5	90.1	714	136.1	2008	17260.4	454.0	17714.4	2439.2
1971	780.4	(96.0)	(876)	(162.8)	2009	19629.0	(454.0)	20083.0	2368.6
1972	870.0	113.1	983	106.7	2010	21605.7	(454.0)	22059.7	1976.7
1973	1029.9	113.2	1143	159.9	2011	23298	464	23762	1702
1974	1181.7	136.5	1318	175.2	2012	24947	(464)	25411	1649
1975	1342.8	136.5	1479	161.1	2013	28044	(464)	28508	3097
1976	1465.5	136.5	1602	122.7	2014	30486	(464)	30950	2442
1977	1576.5	136.5	1713	111.0	2015	31954	(464)	32418	1468
1978	1727.7	139.2	1867	153.9	2016	33207	(464)	33671	1253
1979	1911.0	139.2	2050	183.3	2017	34359	(464)	34823	1152
1980	2031.8	138.6	2170	120.2	2018	35259	(464)	35723	900
1981	2193.3	138.7	2332	161.6	2019	35804	(464)	36268	545
1982	2295.9	138.7	2435	102.6	2020	37028	(464)	37492	1224
1983	2416.5	143.1	2560	125.0	2021	39094	(464)	39558	2066
1984	2560.0	148.0	2708	148.4	2022	41406	(464)	41870	2312
1985	2641.5	248.9	2890	182.4	2023	42237	(464)	42701	831
1986	2754.2	256.4	3011	120.2					

资料来源：2022 年及以前的资料来源于《中国水力发电年鉴》第二十七卷；2023 年中国大陆资料来源于中国电力企业联合会；2023 年台湾地区数据沿用上年数据。

注：（　）内数据表示缺当年资料，用上、下数插补得出或沿用上年数据。

全国历年水电年发电量增长情况表

亿 kW·h

年份	中国大陆	中国台湾	全国合计	年增率（%）	年份	中国大陆	中国台湾	全国合计	年增率（%）
1949	12.0	6.0	18		1987	1002.3	71.2	1073	5.3
1950	13.2	9.7	23	27.2	1988	1091.8	61.5	1153	7.4
1951	14.9	(10.0)	(25)	(8.7)	1989	1184.5	66.8	1251	8.5
1952	18.3	(12.0)	(30)	(21.7)	1990	1263.5	81.9	1345	7.5
1953	25.5	(14.0)	(40)	(30.4)	1991	1248.4	55.1	1303	−3.1
1954	32.0	15.6	48	20.5	1992	1314.7	83.5	1398	7.3
1955	34.0	(16.6)	(51)	(6.3)	1993	1516.0	67.2	1583	13.2
1956	47.1	(17.0)	(64)	(26.7)	1994	1667.9	88.9	1757	11.0
1957	48.2	(18.0)	(66)	(3.3)	1995	1867.7	88.8	1956	11.4
1958	41.1	(19.0)	(60)	(−9.2)	1996	1869.2	90.4	1960	0.2
1959	43.6	(20.0)	(64)	(5.8)	1997	1945.6	95.7	2041	4.2
1960	74.1	20.6	95	48.9	1998	2043.0	106.1	2149	5.3
1961	74.1	(21.1)	(95)	(0.5)	1999	2129.3	89.4	2219	3.2
1962	90.4	21.6	112	17.6	2000	2431.3	78.5	2510	13.0
1963	86.9	(23.0)	(110)	(−1.9)	2001	2611.1	82.3	2693	7.3
1964	106.0	(24.0)	(130)	(18.3)	2002	2745.7	57.9	2804	4.1
1965	104.1	24.4	129	−1.2	2003	2813.3	64.3	2878	2.6
1966	126.2	(25.0)	(151)	(17.7)	2004	3309.9	59.7	3370	17.1
1967	131.4	(27.0)	(158)	(4.8)	2005	3964.0	59.7	4024	19.4
1968	115.0	(28.0)	(143)	(−9.7)	2006	4147.7	80.0	4227.7	5.1
1969	160.1	30.5	191	33.3	2007	4714.0	87.0	4801.0	13.6
1970	204.6	26.4	231	21.2	2008	5655.5	77.4	5732.9	19.4
1971	250.6	(30.0)	(281)	(21.5)	2009	5716.8	(77.4)	5794.2	1.1
1972	288.2	34.2	322	14.9	2010	6867.4	(77.4)	6944.8	19.9
1973	389.0	34.0	423	31.2	2011	6681	(79)	6760	−2.7
1974	414.4	47.1	461	9.1	2012	8556	(79)	8635	27.7
1975	476.3	52.6	529	14.6	2013	8921	(79)	9000	4.2
1976	456.4	42.8	499	−5.6	2014	10601	(79)	10680	18.7
1977	476.5	40.2	517	3.5	2015	11127	(79)	11206	4.9
1978	446.3	49.7	496	−4.0	2016	11748	(79)	11827	5.5
1979	501.2	45.7	547	10.3	2017	11931	(79)	12010	1.5
1980	582.1	29.3	611	11.8	2018	12321	(79)	12400	3.2
1981	655.5	47.9	703	15.1	2019	13021	(79)	13100	5.6
1982	744.0	47.8	792	12.6	2020	13553	(79)	13632	4.06
1983	863.6	49.9	913	15.4	2021	13399	(79)	13478	−1.13
1984	867.8	44.3	912	−0.2	2022	13522	(79)	13601	1.0
1985	923.7	69.3	993	8.9	2023	12859	(79)	12938	−4.87
1986	944.8	74.2	1019	2.6					

资料来源：2022 年及以前的资料来源于《中国水力发电年鉴》第二十七卷；2023 年中国大陆资料来源于中国电力企业联合会；2023 年台湾地区数据沿用上年数据。

注：（ ）内数据表示缺当年资料，用上、下数插补得出或沿用上年数据。

2023

中国水力发电年鉴

第二十八卷

中国水力发电工程学会 主办
中国水力发电年鉴编辑部 编纂

中国电力出版社

二〇二四年·北京

图书在版编目（CIP）数据

中国水力发电年鉴. 第二十八卷 / 中国水力发电工程学会主办. -- 北京： 中国电力出版社，
2025. 3. -- ISBN 978-7-5198-9871-7

Ⅰ. F426. 61-54

中国国家版本馆 CIP 数据核字第 2025NM2874 号

出版发行：中国电力出版社
地　　址：北京市东城区北京站西街 19 号（邮政编码 100005）
网　　址：http://www.cepp.sgcc.com.cn
责任编辑：安小丹　孙建英
责任校对：黄　蓓　常燕昆　郝军燕
装帧设计：张俊霞　赵姗姗
责任印制：吴　迪

印　　刷：三河市万龙印装有限公司
版　　次：2025 年 3 月第一版
印　　次：2025 年 3 月北京第一次印刷
开　　本：787 毫米×1092 毫米　16 开本
印　　张：55.75　插页 12 张
字　　数：2058 千字
定　　价：450.00 元

《中国水力发电年鉴》第二十八卷
编纂委员会

聂建国　唐洪武　舒印彪

委　　员 （以姓氏笔画为序）

丁维馨	于永军	马　明	王　军	王思德
王洪玉	王振宇	王桂平	王焕茂	王富强
邓兴富	平巍巍	石月春	石清华	卢路生
田　强	由淑明	白存忠	吕　军	朱　强
任长春	任育之	刘　恒	刘　毅	刘永奇
刘观标	刘学山	刘春志	刘海洋	闫英才
宇继权	孙向楠	纪　煜	杜学泽	杨　焱
杨宏生	杨劲松	杨泽艳	杨雄平	杨暹群
李　平	李　冰	李　君	李　洪	李　斌
李友华	李化霜	李书明	李正平	李东锋
李庆斌	李昌兵	李岳军	李宜田	李洪波
李彦坡	李彦彬	李润林	李晶华	李鸿均
吴文钊	吴关叶	吴　炜	何学铭	余　英
余　洋	邹德高	汪　良	汪文桥	沈仲涛
迟福东	张　虹	张卫东	张永会	张志国
张金良	张海库	陈　权	陈云长	陈伯智
陈祖荣	林　虎	林本华	范开平	周　永
周　伟	周　俊	周　毅	周万竣	周建中
周建平	庞　旭	郑璀莹	胡一栋	胡清义
赵全胜	贺鹏程	夏　勇	晏　俊	徐　平
郭鹏程	高　峰	高万才	高占学	高宗文
栾宇东	黄　维	曹云鹏	黄会明	黄海涛
梁　军	韩长霖	彭　瑞	彭松涛	董大富
程　锐	傅　胜	舒　静	温续余	廖元庆
谭文胜	熊　雄	熊文清	熊海华	裴爱国

黎朋雄　薛志勇

特约组稿人（以姓氏笔画为序）

丁小莉	于　婧	于春泽	马　迅	王　伟
王　军	王　浩	王　菁	王　辉	王一帆
王文成	王书昆	王可佳	王永乐	王亚华
王安洪	王梦泽	王锦瑞	牛宏力	田　欢
田　雨	申邵洪	冯殿雄	兰　鸥	吉乐琳
朱友军	伍展阳	任　磊	刘　鹏	刘小飞
刘佳琪	刘保生	齐建飞	安秋香	孙春雨
杨　璐	杨立平	杨承志	杨晓丽	杨雪瑞
李卫南	李中方	李国瑞	李昕璇	李树山
吴　双	何小龙	邹　君	邹祖建	宋迎俊
张　芳	张玉彬	张晋境	张敏娟	陈　洋
陈立秋	陈丹妮	陈伯智	陈启卷	岳　蕾
岳文亭	周　山	周雪琼	郑宗旺	郑慧敏
孟令胜	柳玉兰	胡　蝶	赵正西	赵建达
赵翠云	姜　晶	姜　薇	娄　萱	耿东君
袁　帅	袁幸朝	顾艳玲	高士林	高云鹏
高银枝	诸葛争怡	梅　毅	黄　琪	曹　娅
崔振华	续继峰	董　华	覃柏钧	掌星瑶
喻晋芳	程志华	谢　敏	樊志伟	魏立军
魏运水	魏红平			

《中国水力发电年鉴》第二十八卷
编辑出版工作人员

主　　　编　席　浩

执 行 主 编　程运生

技 术 编 辑　黄景湖　张志良　吴高见　沈兴正

　　　　　　杨　虹　孙　卓　由　洋　王　怡

　　　　　　王立涛　殷利利

编　　　务　雷定演　徐海英　宁传新

终　　　审　杨伟国

复　　　审　谭学奇

责 任 编 辑　安小丹　孙建英

美 术 设 计　张俊霞

版 式 设 计　赵姗姗

责 任 校 对　黄　蓓　常燕昆　郝军燕

出 版 印 刷　吴　迪

编　辑　说　明

（一）《中国水力发电年鉴》属专业性行业年鉴，主要面向全国水电行业从事规划、勘测、设计、施工、科研、咨询、建设管理、设备制造、生产运行、院校教育的工程技术人员、师生和各级有关领导与专家。

（二）本卷年鉴的资料时段为 2023 年，按序排列为第二十八卷。框架结构由篇目、栏目、条目三个层次组成，共编列 17 个篇目、52 个栏目、731 个条目。每个篇目均以隔页列出，栏目、条目名称分别用通栏、双栏并铺以不同的网底印出，以示醒目。

（三）本卷年鉴的编辑工作，在习近平新时代中国特色社会主义思想指引下，按照国家"积极推进水电项目建设"的方针，力求全面、真实地反映 2023 年度我国水电行业各方面所取得的成就和技术进步，努力做到"大事不漏、小事不上"，更好地服务于水电行业。

（四）本年鉴实行文责自负，各条目的内容、数据、插图等均由撰稿人核对无误并由单位有关部门审定、核实。

（五）本卷年鉴编辑实行主编负责制。主编负责总体框架结构设计、征询意见、稿件征集、组稿编排与初审等工作；各篇目的责任编辑负责稿件的修改、审定、编排、整理。

"工程勘测""土建施工"（部分）篇目的责任编辑为张志良；"机电及金属结构"（部分）篇目的责任编辑为杨虹；"大中型水电工程""机电及金属结构"（部分）篇目的责任编辑为黄景湖；"土建施工"（部分）篇目的责任编辑为吴高见；"水工设计"篇目的责任编辑为沈兴正；"特载""水能及新能源开发与消纳""科学研究与技术创新""国际合作与技术交流""技术标准与图书""水电建设管理""水电站生产运行""环境保护与水库移民""农村水电及电气化""机构与学术团体"

"统计资料""大事记"篇目的责任编辑为程运生。英文目录由由洋翻译。

（六）《中国水力发电年鉴》始终坚持政治的严肃性，资料的准确性，内容的全面性、科学性、实用性和连续性，对历史负责，对后人负责。编辑过程中力求资料翔实、语言规范、文字精练。但由于水平所限，不妥、疏漏甚至错误之处在所难免，敬请广大读者批评指正。

联系地址：北京市海淀区玲珑巷路 1 号院 5 号楼 901　中国水力发电工程学会《中国水力发电年鉴》编辑部，邮编：100037。

《中国水力发电年鉴》主编

席　浩

2024.11.18

篇　　目

1. 特载
2. 水能及新能源开发与消纳
3. 大中型水电工程
4. 工程勘测
5. 水工设计
6. 土建施工
7. 机电及金属结构
8. 科学研究与技术创新
9. 国际合作与技术交流
10. 技术标准与图书
11. 水电建设管理
12. 水电站生产运行
13. 环境保护与水库移民
14. 农村水电及电气化
15. 机构与学术团体
16. 统计资料
17. 大事记

目　　录

编辑说明

1　特　载

2 水能及新能源开发与消纳

3 大中型水电工程

4　工程勘测

5　水工设计

6　土 建 施 工

7 机电及金属结构

8 科学研究与技术创新

9　国际合作与技术交流

10　技术标准与图书

11 水电建设管理

12 水电站生产运行

13　环境保护与水库移民

14　农村水电及电气化

15 机构与学术团体

16 统 计 资 料

17 大 事 记

CONTENTS

Chapter 1   Specials

1) Important Documents

The National Development and Reform Commission Issued the Notice on the Temporary Transmission Prices for the Baihetan to Jiangsu, Baihetan to Zhejiang UHV DC Projects, and the Baihetan Hydropower Station Supporting Transmission Projects

The National Development and Reform Commission Decided to "Abolish, Amend Certain Regulations, Administrative Normative Documents, and General Policy Documents"

The National Development and Reform Commission Decided to Abolish Certain Regulations

The National Development and Reform Commission, Ministry of Finance, and National Energy Administration Issued the Notice on Ensuring Comprehensive Coverage of Renewable Energy Green Power Certificates to Promote Renewable Energy Power Consumption

The National Development and Reform Commission General Office and National Energy Administration General Office Issued the Notice on the Renewable Energy Power Absorption Responsibility Weights and Relevant Matters for 2023

The National Energy Administration Issued the "Energy Industry Credit Information Application List(2023 Edition)"

The National Energy Administration Issued the Guidance on Strengthening Power Reliability Management Work

The National Energy Administration Issued the "Special Action Plan for the Improvement of Hydropower Station Dam Safety"

The National Energy Administration Issued the "Guidance for Energy Industry in 2023"

The National Energy Administration Issued the "Interim Regulations on the Supervision and Administration of Power Construction Project Quality"

The National Energy Administration Issued the "Regulatory Measures for Wind Farm Retrofitting, Upgrading, and Decommissioning"

The National Energy Administration Issued the Notice on Organizing and Conducting Pilot and Demonstration Projects for Renewable Energy Development

The National Energy Administration Issued the Notice on Further Standardizing the Management of Power Business Permits for Renewable Energy Power Generation Projects

The National Energy Administration Announced the "List of the Third Batch of Major Technical Equipment (Projects) in the Energy Sector"

The National Energy Administration Issued the "Rules on Procedures for Investigating Power Safety Accidents"

The National Energy Administration General Office Issued the "Key Tasks for Power Safety Regulation in 2023"

The National Energy Administration General Office Issued the Urgent Notice on Strengthening Safety Risk Prevention in Power Production and Construction in Areas Prone to Geological Disasters

Chapter 2 Development and Power Dissolved of Hydropower and New Energy

CONTENTS

CONTENTS

Chapter 3　Large and Medium-sized Hydropower Project

CONTENTS

CONTENTS

Chapter 4   Project Investigation

Chapter 5   Hydraulic Structure Design

Chapter 6　Civil Engineering Construction

CONTENTS

CONTENTS

CONTENTS

Chapter 7   Electrical-Mechanical and Metal Structure

Chapter 8   Scientific Research and Technological Innovation

CONTENTS

CONTENTS

CONTENTS

Chapter 9　International Cooperation and Technology Exchange

Chapter 10　Technical Norms and Books

CONTENTS

try Hydropower Planning Reservoir Environmental Protection Standardization Technical Committee

2）Technical Standards Making and Revision

National Standard Development and Revision Plan Projects for the Electric Power Industry Issued by the National Standardization Administration in 2023

Electric Power Engineering Construction National Standard Revision Plan Project Issued by the Ministry of Housing and Urban-Rural Development in 2023

Electric Power Industry Standard Development and Revision Plan Projects Issued by the National Energy Administration in 2023

Electric Power National Standards Foreign Language Translation Project Issued by the National Standardization Administration in 2023

Technical Standard Revision Plan Project under the Centralized Management of China Renewable Energy Engineering Institute in 2023

Technical Standard Draft Review of Projects under the Centralized Management of China Renewable Energy Engineering Institute in 2023

Compilation Situation of "Technical Code for Deep Tunnels of Hydropower Projects"

Revision Situation of "Design Code for Gate Hoist in Water Resources and Hydropower Projects Part 4: Design Specifications for Hydraulic Hoist"

Revision Situation of "Specification for Preparation of Resettlement Overall Planning for Hydropower Projects"

Revision Situation of "Specification for Resettlement Acceptance of Hydropower Projects"

Revision Situation of "Technical Guide for Resettlement Implementation Compensation Cost of Hydropower Projects"

Revision Situation of "Guide for Post Assessment of Resettlement for Hydropower Projects"

Revision Situation of "Technical Guidelines for Post Assessment of Hydropower Projects"

Revision Situation of "Code for Economic Evaluation of Pumped Storage Power Stations"

Compilation Situation of "Code for Resettlement Planning and Design of Pumped Storage Power Stations"

3）New Issure Standards

Electric Power National Standards Released by the National Standardization Administration in 2023

Electric Power National Standards Released by the Ministry of Housing and Urban-Rural Development in 2023

Electric Power Industry Standards Released by the National Energy Administration in 2023

English Version Directory of Electric Power Industry Standards Released by the National Energy Administration

Technical Standards for Water Resources Released in 2023

Technical Standards under the Centralized Management of China Renewable Energy Engineering Institute Released in 2023

Newly Released Standards for Large Motors and Turbines in 2023

4）New Books on Hydropower and New Energy

New Books on Hydropower and Renewable Energy Published by China Electric Power Press in 2023

Publication of "Temperature Control and Crack Prevention Technology for Roller-Compacted Concrete Gravity Dams in Cold Regions"

Publication of "Design and Research of High Concrete Gravity Dams"

Publication of "Accident Analysis and Risk Prevention of Offshore Wind Power"

Chapter 11   Management of Hydropower Construction

Chapter 12   Production and Operation of Hydropower Stations

CONTENTS

Chapter 13　Environment Protection and Resettlement of Reservoir Area Residents

Chapter 14　Rural Hydropower and Rural Electrification

Chapter 15   Agencies and Academic Groups

Chapter 16   Statistical Data

CONTENTS

Chapter 17   Chronicle of Events January to December

Chronicle of 2023

彩 色 插 页 目 录

2023年8月13日，西藏自治区党委书记王君正（中）一行到 RM 水电站调研（华能澜沧江水电股份有限公司　供稿）

2023年9月14日，云南省委书记王宁（左二）到乌弄龙水电站调研（华能澜沧江水电股份有限公司　供稿）

2023年4月12日，金沙江梨园水电站（总装机容量2400MW）工程荣获第二十届第一批中国土木工程"詹天佑奖"。同年12月9日，该工程荣获"2022～2023年度国家优质工程奖"（中国水利水电第一工程局有限公司　供稿）

2024年1月23日，贵州乌江构皮滩水电站荣获第二十届第二批中国土木工程"詹天佑奖"。该电站通航工程第二级升船机提升高度可达127m，是目前世界上水头最高、水位变幅最大的通航工程建筑物（中国葛洲坝集团股份有限公司　供稿）

2023年9月8日，大渡河猴子岩水电站荣获"第五届堆石坝国际里程碑工程奖"（国能大渡河流域水电开发有限公司　供稿）

2023年9月8日，大渡河长河坝水电站荣获"第五届堆石坝国际里程碑工程奖"（中国电力建设集团有限公司　杨星　摄影）

2023年12月4日，右江百色水利枢纽工程荣获"第五届碾压混凝土坝国际里程碑工程奖"，成为本届唯一获得该奖项的中国工程（徐月明　摄影）

2023年12月9日，西藏雅鲁藏布江大古水电站荣获"2022～2023年度国家优质工程金奖"（中国水利水电第九工程局有限公司　肖洪腾　摄影）

2023年12月9日，云南澜沧江黄登水电站荣获"2022～2023年度国家优质工程金奖"（中国水利水电第四工程局有限公司　崔晨天　摄影）

2023年12月9日，丰满水电站全面治理（重建）工程荣获"2022～2023年度国家优质工程金奖"。该工程总装机容量1480MW（中国水利水电第三工程局有限公司　供稿）

2023年5月31日，云南澜沧江乌弄龙水电站荣获"2023年度中国电力优质工程奖"（中国葛洲坝集团股份有限公司　供稿）

2023年6月，西藏雅鲁藏布江加查水电站工程获评"2023年度中国电力中小型优质工程"（中国葛洲坝集团股份有限公司　供稿）

2023年4月12日，金沙江白鹤滩水电站（总装机

容量16000MW）左岸11号坝段取出长36.74m、直径245mm低热混凝土芯样，刷新此前世界最长低热水泥混凝土芯样纪录。同年12月20日，该工程入选"2023全球十大工程成就"（中国水利水电第四工程局有限公司　徐淑勇　摄影）

2023年11月10日，黄河流域在建海拔最高、装机规模最大的水电站——青海玛尔挡水电站首台（5号）机组转子吊装完成（中国水利水电第七工程局有限公司　供稿）

2023年10月10日22时16分，黄河上游李家峡水电站5号机组顺利通过72小时试运行，正式投产发电，标志着我国首次采用双排机布置，也是世界最大双排机布置的李家峡水电站实现200万 kW 全容量投产（中国水利水电第四工程局有限公司　焦小龙　摄影）

2023年12月14日，国内首座镶嵌混凝土面板堆石坝——黄河羊曲水电站镶嵌混凝土面板堆石坝提前填筑到顶，为后续下闸蓄水奠定了坚实基础（中国水利水电第四工程局有限公司　供稿）

2023年12月25日，黑龙江荒沟抽水蓄能电站机电安装工程获评"2023～2024年度第一批中国安装工程优质奖（中国安装之星）"（中国水利水电第六工程局有限公司　供稿）

2023年12月25日，安徽绩溪抽水蓄能电站机电安装工程获评"2023～2024年度第一批中国安装工程优质奖（中国安装之星）"（中国葛洲坝集团股份有限公司　供稿）

2023年5月17日，河北丰宁抽水蓄能电站（总装机容量3600MW）6号机组投产发电，实现年内3台机组投运（中国电建集团北京勘测设计研究院有限公司　供稿）

2023年6月5日，河南洛宁抽水蓄能电站（总装机容量1400MW）下水库大坝填筑完成（中国水利水电第七工程局有限公司　供稿）

2023年8月29日，河南天池抽水蓄能电站（总装机容量1200MW）全面投产发电（中国电建集团中南勘测设计研究院有限公司　供稿）

2023年9月19日，山东文登抽水蓄能电站（总装机容量1800MW）全部机组顺利投产发电，实现"九个月六投"（中国电建集团北京勘测设计研究院有限公司　供稿）

2023年11月25日，新疆阜康抽水蓄能电站（总

装机容量1200MW）首台机组投产发电（中国水利水电第三工程局有限公司　供稿）

2023年11月26日，重庆蟠龙抽水蓄能电站（总装机容量1200MW）首台机组投产发电（中国水利水电第八工程局有限公司　供稿）

2023年12月15日，辽宁清原抽水蓄能电站（总装机容量1800MW）首台机组正式投产发电（中国电建集团北京勘测设计研究院有限公司　供稿）

2023年12月9日，张家口—北京可再生能源综合应用示范工程荣获"2022～2023年度国家优质工程金奖"（中国电建集团山东电力建设第三工程有限公司　供稿）

2023年12月9日，华能山东半岛南4号海上风电项目荣获"2022～2023年度国家优质工程奖"。该项目为山东省首个海上风电项目，总装机容量300MW（中国电建集团山东电力建设第一工程有限公司　供稿）

2023年12月9日，华能濮阳县500MW风电场工程荣获"2022～2023年度国家优质工程奖"（中国电建集团河南工程有限公司　供稿）

2023年5月31日，华电凉山州盐源大河风电项目（总装机容量120MW）荣获"2023年度中国电力优质工程奖"（中国电力建设集团有限公司　杨永光摄影）

2023年1月19日，山西河曲100MW风电项目安装工程获评"2021～2022年度第二批中国安装工程优质奖（中国安装之星）"（中国水利水电第五工程局有限公司　供稿）

2023年12月25日，华能通榆良井子400MW风电项目安装工程获评"2023～2024年度第一批中国安装工程优质奖（中国安装之星）"（中国电建集团河南工程有限公司　供稿）

2023年10月28日，全球超高海拔最大风电项目——西藏那曲色尼区欧玛亭嘎100MW风电项目风机全部完成吊装（中国水利水电第十工程局有限公司　供稿）

2023年12月23日，云南锦屏西风电项目860MW风电机组全部并网发电（中国水利水电第十四工程局有限公司　供稿）

2023年12月9日，广西钦南区民海300MW光伏发电平价上网项目荣获"2022～2023年度国家优质工程奖"。同年5月31日，该项目荣获"2023年度中国电力优质工程奖"（中国电建集团华中电力设计研究院有限公司　供稿）

2023年5月31日，贵州盘南电厂灰场光伏电站项目（总装机容量30MW）荣获"2023年度中国电力中小型优质工程奖"（黄福明　摄影）

2023年5月31日，贵州齐心农业光伏电站项目（总装机容量30MW）荣获"2023年度中国电力中小型优质工程奖"（中国电建集团贵阳勘测设计研究院有限公司　供稿）

2023年6月25日，雅砻江两河口水电站水光互补一期项目——柯拉光伏电站（总装机容量1000MW）投产发电（张峰　摄影）

2023年6月27日，常德西洞庭100MW/200MW·h储能电站项目顺利实现全容量并网发电（中国水利水电第八工程局有限公司　供稿）

2023年11月27日，中国电力建设集团有限公司所属水电三局承建的几内亚苏阿皮蒂水利枢纽项目（总装机容量450MW）荣获2022～2023年度中国建设工程"鲁班奖"（境外工程）（中国水利水电第三工程局有限公司　供稿）

2023年5月31日，中国葛洲坝集团股份有限公司承建的老挝南屯1水电站项目获"2023年度中国电力优质工程奖"（中国葛洲坝集团股份有限公司　供稿）

2023年3月22日，中国电力建设集团有限公司所属华东院、华中院勘测设计，水电八局、水电十二局、水电五局承建的乌干达最大水电站——卡鲁玛水电站（总装机容量600MW）首台机组投产发电（中国水利水电第八工程局有限公司　供稿）

2023年5月25日，中国电力建设集团有限公司所属昆明院设计，水电八局、水电三局承建的尼日利亚最大水电站——宗格鲁水电站（总装机容量700MW）实现全部4台机组并网发电（中国水利水电第八工程局有限公司　供稿）

2023年8月23～24日，2023年中国水电发展论坛暨中国水力发电工程学会年会在北京举办（中国水力发电工程学会　供稿）

2023年4月18日，2023国际水电发展大会在北京召开（中国水力发电工程学会　供稿）

中国水力发电年鉴

1

特　　载

重　要　文　件

国家发展改革委印发
《关于白鹤滩—江苏、白鹤滩—浙江特高压直流工程和白鹤滩水电站配套送出工程临时输电价格通知》

2023 年 4 月 20 日，国家发展改革委以发改价格〔2023〕404 号文印发《关于白鹤滩—江苏、白鹤滩—浙江特高压直流工程和白鹤滩水电站配套送出工程临时输电价格的通知》，该"通知"全文如下。

江苏省、浙江省、四川省发展改革委，国家电网有限公司：

根据《跨省跨区专项工程输电价格定价办法》（发改价格规〔2021〕1455 号），经研究，现就白鹤滩—江苏、白鹤滩—浙江±800kV 特高压直流工程和白鹤滩水电站配套送出工程临时输电价格有关事项通知如下：

（1）白鹤滩—江苏±800kV 特高压直流工程临时输电价格为每千瓦时 8.36 分（含税，含输电环节线损，线损率 6%）。

（2）白鹤滩—浙江±800kV 特高压直流工程临时输电价格为每千瓦时 8.14 分（含税，含输电环节线损，线损率 6%）。

（3）已投产白鹤滩水电站配套送出工程临时输电价格为每千瓦时 0.85 分（含税，不计线损）；在建配套送出工程建成后再按程序核定全部工程输电价格。

（4）本通知自印发次月 1 日起执行。白鹤滩水电站工程并网发电至本通知执行之日期间输送电量，白鹤滩—江苏、白鹤滩—浙江±800kV 特高压直流工程输电价格按上述核定价格执行，四川省内输电价格按我委协调明确的过渡期（2021 年）水平执行。

国家发展改革委决定
"废止、修改部分规章、行政规范性文件和一般政策性文件"

国家发展改革委 2023 年 7 月 11 日发布第 3 号令，决定"废止、修改部分规章、行政规范性文件和一般政策性文件"，自 2023 年 9 月 1 日起施行。其中决定修改的规章和行政规范性文件 2 件与水电工程无关，废止文件共 47 件，与工程建设、水电及新能源有关的部分列入表 1。

表 1　　　　　　　决定废止的规章、行政规范性文件和一般政策性文件目录（12 件）

序号	文件类别	文件标题	文号
1	规章	关于颁发《水电厂水情自动测报系统管理办法》的通知	电安生〔1996〕917 号
4	行政规范性文件	关于印发《可再生能源发电有关管理规定》的通知	发改能源〔2006〕13 号
5	行政规范性文件	关于印发中国可再生能源规模化发展项目（CRESP）管理办法的通知	发改办能源〔2006〕1661 号
6	行政规范性文件	关于印发促进风电产业发展实施意见的通知	发改能源〔2006〕2535 号
9	行政规范性文件	关于落实风电发展政策有关要求的通知	发改办能源〔2009〕224 号
13	行政规范性文件	关于加快西藏太阳能光伏电站建设有关要求的通知	发改办能源〔2010〕2133 号

续表

序号	文件类别	文件标题	文号
16	行政规范性文件	关于印发促进风电装备产业健康有序发展若干意见的通知	发改能源〔2010〕3019号
19	行政规范性文件	关于完善光伏发电规模管理和实行竞争方式配置项目的指导意见	发改能源〔2016〕1163号
25	一般政策性文件	关于加强建设项目安全设施"三同时"工作的通知	发改投资〔2003〕1346号
27	一般政策性文件	关于加快江苏沿海潮间带风电示范项目建设有关要求的通知	发改办能源〔2010〕576号
41	一般政策性文件	关于推进多能互补集成优化示范工程建设的实施意见	发改能源〔2016〕1430号
45	一般政策性文件	关于加快推进重大水利工程建设的指导意见	发改农经〔2017〕1462号

国家发展改革委决定废止部分规章

国家发展改革委 2023 年 9 月 26 日发布第 5 号令,决定废止部分规章,自 2023 年 11 月 10 日起施行。

为深入贯彻落实党的二十大精神,提升国家发展改革委制度建设水平,国家发展改革委组织开展了规章清理。经过清理,决定对《关于加强电力系统通信与电网调度自动化建设问题的规定》(能源计〔1990〕1018 号)等 8 件规章予以废止,与水电有关联的文件列于表 1。

表 1　　　　　　　　　决定废止的规章目录(6 件)

序号	规章名称	原发文机关	文号
1	关于加强电力系统通信与电网调度自动化建设问题的规定	原能源部	能源计〔1990〕1018号
2	关于颁发《加强电网管理的规定》的通知	原电力工业部	电办〔1996〕379号
5	水电建设工程质量管理暂行办法	原电力工业部	电水农〔1997〕220号
6	电力监管执法证管理办法	原电监会	2006年电监会令第19号
7	国家电力监管委员会行政复议办法	原电监会	2010年电监会令第29号
8	电力安全事故调查程序规定	原电监会	2012年电监会令第31号

国家发展改革委、财政部、国家能源局印发《关于做好可再生能源绿色电力证书全覆盖工作　促进可再生能源电力消费的通知》

国家发展改革委、财政部、国家能源局 2023 年 7 月 25 以发改能源〔2023〕1044 号文印发《关于做好可再生能源绿色电力证书全覆盖工作促进可再生能源电力消费的通知》,该"通知"全文如下。

为贯彻落实党的二十大精神,完善支持绿色发展政策,积极稳妥推进碳达峰碳中和,做好可再生能源绿色电力证书全覆盖工作,促进可再生能源电力消费,保障可再生能源电力消纳,服务能源安全保供和绿色低碳转型,现就有关事项通知如下。

一、总体要求

深入贯彻党的二十大精神和习近平总书记"四个革命、一个合作"能源安全新战略,落实党中央、国务院决策部署,进一步健全完善可再生能源绿色电力证书（以下简称绿证）制度，明确绿证适用范围，规范绿证核发，健全绿证交易，扩大绿电消费，完善绿证应用，实现绿证对可再生能源电力的全覆盖，进一步发挥绿证在构建可再生能源电力绿色低碳环境价值体系、促进可再生能源开发利用、引导全社会绿色消费等方面的作用，为保障能源安全可靠供应、实现碳达峰碳中和目标、推动经济社会绿色低碳转型和高质量发展提供有力支撑。

二、明确绿证的适用范围

（1）绿证是我国可再生能源电量环境属性的唯一证明，是认定可再生能源电力生产、消费的唯一凭证。

（2）国家对符合条件的可再生能源电量核发绿证，1个绿证单位对应1000kW·h可再生能源电量。

（3）绿证作为可再生能源电力消费凭证，用于可再生能源电力消费量核算、可再生能源电力消费认证等，其中，可交易绿证除用作可再生能源电力消费凭证外，还可通过参与绿证绿电交易等方式在发电企业和用户间有偿转让。国家发展改革委、国家能源局负责确定核发可交易绿证的范围，并根据可再生能源电力生产消费情况动态调整。

三、规范绿证核发

（1）国家能源局负责绿证相关管理工作。绿证核发原则上以电网企业、电力交易机构提供的数据为基础，与发电企业或项目业主提供数据相核对。绿证对应电量不得重复申领电力领域其他同属性凭证。

（2）对全国风电（含分散式风电和海上风电）、太阳能发电（含分布式光伏发电和光热发电）、常规水电、生物质发电、地热能发电、海洋能发电等已建档立卡的可再生能源发电项目所生产的全部电量核发绿证，实现绿证核发全覆盖。其中：

1）对集中式风电（含海上风电）、集中式太阳能发电（含光热发电）项目的上网电量，核发可交易绿证。

2）对分散式风电、分布式光伏发电项目的上网电量，核发可交易绿证。

3）对生物质发电、地热能发电、海洋能发电等可再生能源发电项目的上网电量，核发可交易绿证。

4）对存量常规水电项目，暂不核发可交易绿证，相应的绿证随电量直接无偿划转。对2023年1月1日（含）以后新投产的完全市场化常规水电项目，核发可交易绿证。

四、完善绿证交易

（1）绿证依托中国绿色电力证书交易平台，以及北京电力交易中心、广州电力交易中心开展交易，适时拓展至国家认可的其他交易平台，绿证交易信息应实时同步至核发机构。现阶段可交易绿证仅可交易一次。

（2）绿证交易采取双边协商、挂牌、集中竞价等方式进行。其中，双边协商交易由市场主体双方自主协商绿证交易数量和价格；挂牌交易中绿证数量和价格信息在交易平台发布；集中竞价交易按需适时组织开展，按照相关规则明确交易数量和价格。

（3）对享受中央财政补贴的项目绿证，初期采用双边协商和挂牌方式为主，创造条件推动尽快采用集中竞价方式进行交易，绿证收益按相关规定执行。平价（低价）项目、自愿放弃中央财政补贴和中央财政补贴已到期项目，绿证交易方式不限，绿证收益归发电企业或项目业主所有。

五、有序做好绿证应用工作

（1）支撑绿色电力交易。在电力交易机构参加绿色电力交易的，相应绿证由核发机构批量推送至电力交易机构，电力交易机构按交易合同或双边协商约定将绿证随绿色电力一同交易，交易合同中应分别明确绿证和物理电量的交易量、交易价格。

（2）核算可再生能源消费。落实可再生能源消费不纳入能源消耗总量和强度控制，国家统计局会同国家能源局核定全国和各地区可再生能源电力消费数据。

（3）认证绿色电力消费。以绿证作为电力用户绿色电力消费和绿电属性标识认证的唯一凭证，建立基于绿证的绿色电力消费认证标准、制度和标识体系。认证机构通过两年内的绿证开展绿色电力消费认证，时间自电量生产自然月（含）起，认证信息应及时同步至核发机构。

（4）衔接碳市场。研究推进绿证与全国碳排放权交易机制、温室气体自愿减排交易机制的衔接协调，更好发挥制度合力。

（5）推动绿证国际互认。我国可再生能源电量原则上只能申领核发国内绿证，在不影响国家自主贡献目标实现的前提下，积极推动国际组织的绿色消费、碳减排体系与国内绿证衔接。加强绿证核发、计量、交易等国际标准研究制定，提高绿证的国际影响力。

六、鼓励绿色电力消费

深入开展绿证宣传和推广工作，在全社会营造可再生能源电力消费氛围，鼓励社会各用能单位主动承担可再生能源电力消费社会责任。鼓励跨国公司及其产业链企业、外向型企业、行业龙头企业购买绿证、使用绿电，发挥示范带动作用。推动中央企业、地方国有企业、机关和事业单位发挥先行带头作用，稳步提升绿电消费比例。强化高耗能企业绿电消费责任，按要求提升绿电消费水平。支持重点企业、园区、城市等高比例消费绿色电力，打造绿色电力企业、绿色电力园区、绿色电力城市。

七、严格防范、严厉查处弄虚作假行为

严格防范、严厉查处在绿证核发、交易及绿电交易等过程中的造假行为。加大对电网企业、电力交易机构、电力调度机构的监管力度，做好发电企业或项目业主提供数据之间的核对工作。适时组织开展绿证有关工作抽查，对抽查发现的造假等行为，采用通报、约谈、取消一定时期内发证及交易等手段督促其整改，重大违规违纪问题按程序移交纪检监察及审计部门。

八、加强组织实施

（1）绿证核发机构应按照国家可再生能源发电项目建档立卡赋码规则设计绿证统一编号，制定绿证相关信息的加密、防伪、交互共享等相关技术标准及规范，建设国家绿证核发交易系统，全面做好绿证核发、交易、划转等工作，公开绿证核发、交易信息，做好绿证防伪查验工作，加强绿证、可再生能源消费等数据共享。

（2）电网企业、电力交易机构应及时提供绿证核发所需信息，参与制定相关技术标准及规范。发电企业或项目业主应提供项目电量信息或电量结算材料作为核对参考。对于电网企业、电力交易机构不能提供绿证核发所需信息的项目，原则上由发电企业或项目业主提供绿证核发所需信息的材料。

（3）各发电企业或项目业主应及时建档立卡。各用能单位、各已建档立卡的发电企业或项目业主应按照绿证核发和交易规则，在国家绿证核发交易系统注册账户，用于绿证核发和交易。省级专用账户由绿证核发机构统一分配，由各省级发展改革、能源部门统筹管理，用于接受无偿划转的绿证。

（4）国家能源局负责制定绿证核发和交易规则，组织开展绿证核发和交易，监督管理实施情况，并会同有关部门根据实施情况适时调整完善政策措施，共同推动绿证交易规模及应用场景不断扩大。国家能源局各派出机构做好辖区内绿证制度实施的监管，及时提出监管意见和建议。

（5）《关于试行可再生能源绿色电力证书核发及自愿认购交易制度的通知》（发改能源〔2017〕132号）即行废止。

国家发展改革委办公厅、国家能源局综合司印发《关于2023年可再生能源电力消纳责任权重及有关事项的通知》

国家发展改革委办公厅、国家能源局综合司2023年7月16以发改办能源〔2023〕569号文印发《关于2023年可再生能源电力消纳责任权重及有关事项的通知》，该"通知"全文如下。

为助力实现碳达峰碳中和目标，加快规划建设新型能源体系，推动可再生能源高质量发展，根据国家发展改革委、国家能源局《关于建立健全可再生能源电力消纳保障机制的通知》（发改能源〔2019〕807号），现将2023年可再生能源电力消纳责任权重和2024年预期目标印发给你们，并就有关事项通知如下。

（1）2023年可再生能源电力消纳责任权重为约束性指标，各省（自治区、直辖市）按此进行考核评估；2024年权重为预期性指标，各省（自治区、直辖市）按此开展项目储备。2023年各省（自治区、直辖市）可再生能源电力消纳责任权重见附件1，2024年各省（自治区、直辖市）预期目标见附件2。

（2）各省（自治区、直辖市）按照非水电消纳责任权重合理安排本省（自治区、直辖市）风电、光伏发电保障性并网规模。严格落实"西电东送"和跨省跨区输电通道可再生能源电量占比要求，2023年的占比原则上不低于2022年实际执行情况。

（3）各省级行政区域可再生能源电力消纳责任权重完成情况以实际消纳的可再生能源物理电量为主要核算方式，各承担消纳责任的市场主体权重完成情况以自身持有的可再生能源绿色电力证书为主要核算方式，绿证核发交易按有关规定执行。

（4）各省级能源主管部门会同经济运行管理部门要切实承担牵头责任，按照消纳责任权重积极推动本地区可再生能源电力建设，开展跨省跨区电力交易，制定本行政区域可再生能源电力消纳实施方案，切实将权重落实到承担消纳责任的市场主体。2024年2月底前，向国家发展改革委、国家能源局报送2023年可再生能源电力消纳责任权重完成情况。

（5）各电网企业要切实承担组织责任，密切配合省级能源主管部门，按照消纳责任权重组织调度、运行和交易等部门，认真做好可再生能源电力并网消纳、跨省跨区输送和市场交易。2024年1月底前，国家电网、南方电网所属省级电网企业和内蒙古电力（集团）有限责任公司向省级能源主管部门、经济运行管理部门和国家能源局相关派出机构报送 2023 年本经营区及各承担消纳责任的市场主体可再生能源电力消纳量完成情况。

（6）国家能源局各派出机构要切实承担监管责任，积极协调落实可再生能源电力并网消纳和跨省跨区交易，对监管区域内消纳责任权重完成情况开展监管。2024 年 2 月底前，向国家发展改革委、国家能源局报送 2023 年监管情况。

国家发展改革委、国家能源局将组织电规总院、水电总院、国家发展改革委能源研究所等单位按月跟踪监测各省级行政区域可再生能源电力建设进展及消纳利用水平，按年度通报各省级行政区域消纳责任权重完成情况。

附件：

1. 2023 年各省（自治区、直辖市）可再生能源电力消纳责任权重（略）

2. 2024 年各省（自治区、直辖市）可再生能源电力消纳责任权重预期目标（略）

国家能源局印发《能源行业信用信息应用清单（2023 年版）》

国家能源局 2023 年 2 月 9 日以国能发资质规〔2023〕16 号文印发《能源行业信用信息应用清单（2023 年版）》，该"应用清单"全文如下。

为进一步强化能源行业市场主体信用信息应用，推进实施守信激励和失信惩戒，做好信用分级分类监管，按照国务院办公厅《关于进一步完善失信约束制度、构建诚信建设长效机制的指导意见》（国办发〔2020〕49 号）、国家发展改革委、人民银行《关于印发〈全国公共信用信息基础目录（2022 年版）〉和〈全国失信惩戒措施基础清单（2022 年版）〉的通知》（发改财金规〔2022〕1917 号）等文件要求，我局编制了《能源行业信用信息应用清单（2023 年版）》，现予印发实施。

能源行业信用信息应用清单（2023 年版）

为贯彻落实党中央、国务院关于推动社会信用体系建设高质量发展的决策部署，进一步强化信用信息应用，推进守信激励和失信惩戒，切实做好能源行业信用分级分类监管工作，按照国务院办公厅《关于进一步完善失信约束制度、构建诚信建设长效机制的指导意见》（国办发〔2020〕49 号）、国家发展改革委、人民银行《关于印发〈全国公共信用信息基础目

录（2022 年版）〉和〈全国失信惩戒措施基础清单（2022 年版）〉的通知》（发改财金规〔2022〕1917 号）等政策文件有关要求，编制本清单。

本清单与《能源行业市场主体信用数据清单（2022 年版）》（以下简称《数据清单》）、《能源行业市场主体信用行为清单（2022 年版）》（以下简称《行为清单》）相辅相成，有效衔接，共同构成以信用为基础的新型监管机制的重要制度基础。在应用范围方面，三个清单均设定以国家能源局权责事项作为开展信用监管工作的范围。在作用衔接方面，《数据清单》根据国家能源局权责清单建立信用信息采集目录，形成信用监管的数据基础；《行为清单》通过对《数据清单》所归集的行政处罚信息，对受行政处罚的能源行业市场主体的失信行为进行分类；本清单通过公共信用综合评价，确定能源行业市场主体的信用状况，分类采取相应信用监管措施。《数据清单》归集的相关信用信息和《行为清单》对能源行业市场主体的失信行为分类，均为公共信用综合评价重要指标，三者有机衔接，形成监管闭环。

一、编制依据和基本概念

（一）编制依据

国务院《关于印发社会信用体系建设规划纲要（2014～2020 年）的通知》（国发〔2014〕21 号）

国务院《关于建立完善守信联合激励和失信联合惩戒制度加快推进社会诚信建设的指导意见》（国发〔2016〕33 号）

国务院《关于加强和规范事中事后监管的指导意见》（国发〔2019〕18 号）

国务院办公厅《关于印发国家能源局主要职责内设机构和人员编制规定的通知》（国办发〔2013〕51 号）

国务院办公厅《关于加快推进社会信用体系建设构建以信用为基础的新型监管机制的指导意见》（国办发〔2019〕35 号）

国务院办公厅《关于进一步完善失信约束制度构建诚信建设长效机制的指导意见》（国办发〔2020〕49 号）

国家发展改革委、人民银行《关于印发〈全国公共信用信息基础目录（2022 年版）〉和〈全国失信惩戒措施基础清单（2022 年版）〉的通知》（发改财金规〔2022〕1917 号）

《国家能源局派出机构主要职责内设机构和人员编制规定》（国能人事〔2013〕438 号）

《国家能源局所属事业单位主要职责内设机构和人员编制规定》（国能人事〔2013〕458 号）

国家能源局《关于印发〈国家能源局行政处罚裁

量权基准〉的通知》（国能发监管规〔2022〕115号）

国家能源局《关于印发〈能源行业信用体系建设实施意见（2016—2020年）〉的通知》（国能资质〔2016〕350号）

国家能源局《关于印发〈能源行业市场主体信用信息归集和使用管理办法〉的通知》（国能资质〔2016〕388号）

《信用基本术语》（中华人民共和国国家标准GB/T 22117—2018）

（二）基本概念

（1）能源行业市场主体。指从事煤炭、石油、天然气、电力、新能源和可再生能源等能源的生产、输送、供应、服务、建设等相关活动的法人，以及上述单位法定代表人、生产运行负责人、技术负责人、安全负责人和财务负责人等相关执（从）业的自然人。

（2）能源行业信用信息应用。指国家能源局及其派出机构、有关直属事业单位依据现行法律法规和法定职责，对相关能源行业市场主体按照其公共信用综合评价对应的不同信用分类，在行政许可、处罚裁量、重点监管对象筛选、评优申报，以及政府采购供应商选择、财政性资金项目申请对象筛选、政府优惠政策和便利措施实施对象筛选、示范项目审查等事前事中事后全链条监管过程中，适用不同信用监管措施，实施差别化分类监管。

（3）能源行业信用信息应用清单。指国家能源局及其派出机构、有关直属事业单位依据现行法律法规、政策文件和国家能源局权责事项，参照《全国失信惩戒措施基础清单（2023年版）》相关内容，按照公共信用综合评价结果反映出的能源行业市场主体信用状况，对其实施守信激励和失信惩戒监管措施的指引。

二、主要内容

能源行业信用信息应用清单由业务类别、应用事项、业务环节、信用分类、信用监管措施和法规政策依据共6方面内容组成。

（1）业务类别。指应用能源行业信用信息进行行政管理所属业务领域的类别。包括电力安全类、电力类、煤炭类、油气类、其他类等。其中，其他类是指国家能源局权责范围内涉及的政府采购、财政性资金项目、政府优惠政策和便利措施实施、示范项目审查等行政管理事项。

（2）应用事项。指应用能源行业信用信息实施信用监管的具体事项。本清单的应用事项均为国家能源局权责事项，分为行政许可、行政处罚、日常监管、表彰评优和其他共5类，包括行政许可、电力安全生产监督管理，电力市场监管，煤炭、油气及能源行业相关法律法规执行情况等业务领域，共收录41项应用事项。

（3）业务环节。指应用事项在具体行政管理业务中应用所处的阶段，包括行政许可、处罚裁量、重点监管对象筛选、评优申报，以及政府采购供应商选择、财政性资金项目申请对象筛选、政府优惠政策和便利措施实施对象筛选、示范项目条件审查等审核环节。

（4）信用分类。指在应用事项中，根据国家能源局资质和信用信息系统归集的能源行业市场主体的信用信息，对其信用状况进行公共信用综合评价后，按照信用状况划分为A〔100～85分），B〔85～70分），C〔70～40分），D（40分及以下，存在严重失信主体名单记录的均为此类）四类。

A类能源行业市场主体，指信用风险极小的信用良好市场主体，综合实力和发展创新能力强，且无严重失信主体名单记录，但可能存在与主营业务相关性不高的负面记录；B类能源行业市场主体，指信用风险较小的守信市场主体，综合实力和发展创新能力较好，且无严重失信主体名单记录，但存在一定数量的行政处罚等负面记录；C类能源行业市场主体，指信用风险较大的失信市场主体，负面记录较多，但无严重失信主体名单记录；D类能源行业市场主体，指信用风险极大，至少存在一条严重失信主体名单记录的严重失信市场主体，例如：被列入失信被执行人、安全生产领域严重失信惩戒名单、重大税收违法案件当事人名单等（上述名单仅为举例）。

（5）信用监管措施。指根据不同等级的信用分类所采取的具体行政管理措施，按照行政许可、行政处罚、日常监管、表彰评优和其他，共5类进行归纳。

（6）法规政策依据。指对能源行业市场主体实施守信激励和失信惩戒措施及信用分级分类监管所依据的相关法律、法规或党中央、国务院政策文件。

三、信用监管措施

本清单的应用事项，按照行政许可、行政处罚、日常监管、表彰评优和其他共5类业务，根据对能源行业市场主体的信用分类，可采取具体信用监管措施共计36项。

（1）行政许可类。指在行政许可业务中，可以采取的信用分类监管措施（7项），具体见表1。

表1　　　　行政许可类信用监管措施

信用分类	信用监管措施
A	依法依规予以适用简化程序、优先办理、告知承诺制、绿色通道等便利措施
B	依法依规予以适用告知承诺制
	依法依规视情况可以适用简化程序、优先办理、绿色通道等便利措施

续表

信用分类	信用监管措施
C	列为重点监管对象，严格按标准流程办理，不得实施简化程序或便利措施
D	列为重点监管对象，实行从严审查
	在信用修复前，不予适用告知承诺制
	在一定期限内依法禁止取得行政许可

（2）行政处罚类。指能源行业市场主体受到各类行政处罚后，可以对其采取的信用分类监管措施（5项），具体见表2。

表2　　　行政处罚类信用监管措施

信用分类	信用监管措施
A	按照法律法规规定进行处罚时，符合相关条件，作为从轻情节
B	依法依规一般处罚
C	列为重点监管对象，依法依规一般处罚
	列为重点监管对象，依法依规从重处罚
D	对被有关主管部门列入严重失信主体名单的，按照《全国失信惩戒措施基础清单（2023年版）》实施惩戒措施； 法人在一定期限内依法禁止直至终身禁止从事相关生产经营活动； 自然人在一定期限内依法禁止直至终身禁止担任本行业生产经营单位的主要负责人，在一定期限内依法禁止担任施工单位主要负责人、项目负责人

（3）日常监管类。指在重点检查、专项监管、"双随机、一公开"抽查等日常监管过程中，可以采取的信用分类监管措施（4项），具体见表3。

表3　　　日常监管类信用监管措施

信用分类	信用监管措施
A	包容审慎监管，给予免查或减少抽查频次
B	简化监管程序，减少抽查频次
C	列为重点监管对象，实施重点监管，适当提高抽查频次和"双随机、一公开"检查抽取比例
D	实施严格监管，大幅度提高抽查频次及"双随机、一公开"检查抽取比例，专项整治列为重点监管对象

（4）表彰评优类。指在表彰评优活动中，可以采取的信用分类监管措施（4项），具体见表4。

表4　　　表彰评优类信用监管措施

信用分类	信用监管措施
A	优先推荐参与表彰评优，提高表彰评优的名次或级别，作为重点宣传对象
B	正常参与表彰评优
C	予以适当降低表彰评优名次和级别，或限制参与表彰评优
D	依法依规撤销其所获荣誉，一定期限内暂停或取消其参加评先评优资格

（5）其他类。指在政府采购供应商选择、财政性资金项目申请对象筛选、政府优惠政策和便利措施实施对象筛选以及示范项目审查等业务中，可以采取的信用分类监管措施（16项），具体见表5。

表5　　　其他类信用监管措施

信用分类	信用监管措施
A	同等条件，优先选择为政府采购供应商
	同等条件，优先准予财政性资金项目
	同等条件，优先享受政府优惠政策和便利措施
	同等条件，优先推荐或确认为示范项目
B	正常参与政府采购活动
	按正常程序申请承担财政性资金项目
	可享受政府优惠政策和便利措施
	按正常程序推荐或确认为示范项目
C	在一定期限内依法依规限制参与政府采购活动
	依法暂停项目审批
	严格按照标准流程办理，不得享受政府优惠政策或便利措施
	在一定期限内依法依规限制推荐或确认为示范项目
D	在一定期限内依法依规禁止参与政府采购活动
	在一定期限内依法依规限制申请财政性资金项目
	依法依规限制适用政府财政性支持措施等优惠政策
	在一定期限内依法依规禁止推荐或确认为示范项目

根据信用监管实际情况，对同一能源行业市场主体可同时采取多项信用监管措施，须严格依据现行法律法规及规范性文件相应规定。

四、有效期和发布方式

本清单根据国家政策法规变化实施动态管理、定期调整，原则上周期为两年，由国家能源局结合局行政规范性文件计划调整并公开发布。

国家能源局印发《关于加强电力可靠性管理工作的意见》

国家能源局 2023 年 2 月 14 日以国能发安全规〔2023〕17 号文印发《关于加强电力可靠性管理工作的意见》，该意见全文如下。

各省（自治区、直辖市）能源局，有关省（自治区、直辖市）及新疆生产建设兵团发展改革委、工业和信息化主管部门，北京市城市管理委，各派出机构，全国电力安委会各企业成员单位，中国电力企业联合会、中国电力设备管理协会，有关电力企业：

为贯彻落实《电力可靠性管理办法（暂行）》（国家发展和改革委员会令 2022 年第 50 号），提升我国电力可靠性管理水平，保障电力可靠供应，更好服务新时代经济社会发展，现就加强电力可靠性管理工作提出以下意见。

一、充分认识加强电力可靠性管理工作的重要性

电力可靠性管理是保障电力安全可靠供应的重要基础。电力供应事关经济发展全局和社会稳定大局，是关系民生的大事。现阶段我国工业化、城镇化深入推进，电力需求持续增长，保障电力供应是电力管理工作的重中之重。电力可靠性管理是电力生产运行管理和技术管理的核心手段，基本任务是保障电力系统的充裕性和安全性，为保障电力供应发挥基础性作用。

电力可靠性管理是保障社会经济发展的重要手段。进入新时代，人民追求美好生活对电力的需求已经从"用上电"变成"用好电"，党中央、国务院关于乡村振兴、优化营商环境等民生工作决策部署也对电力可靠性管理提出更高要求和明确目标，电力可靠性管理已成为提升电力普遍服务水平、支撑社会经济高质量发展的重要手段。

电力可靠性管理是推动建设新型电力系统的重要保障。近年来，我国电力工业发生了巨大变化，电力体制改革全面提速，新能源和分布式能源快速发展，电力系统安全稳定运行面临新的形势和挑战。为有效应对新形势，推动构建新型电力系统和实现"双碳"目标，需要进一步发挥电力可靠性管理的作用，保障电力系统安全稳定运行和高质量发展。

二、完善电力可靠性管理工作体系

（1）国家能源局派出机构、地方政府能源管理部门和电力运行管理部门根据各自职责和国家有关规定负责辖区内的电力可靠性监督管理。进一步厘清各自电力可靠性监督管理职责，明确工作内容、目标、流程和责任，加强监管人员力量配备，切实提升专业监管能力和效率。

（2）国家能源局派出机构要定期组织对辖区内的电力可靠性进行评价、评估和预测，及时发布相关可靠性信息和指标。加大电力可靠性监督检查力度，监督指导电力企业排查治理电力可靠性管理中发现的风险和隐患，依法依规调查处理瞒报、谎报电力可靠性信息的行为和造成严重影响的电力可靠性相关事件。

（3）省级政府能源管理部门和电力运行管理部门要进一步健全地方各级政府电力可靠性管理工作体系，全面组织落实国家乡村振兴、优化营商环境、电网升级改造等战略部署中的相关电力可靠性要求。加强电力供需管理，做好燃料库存、入库水量等的监测分析和协调处理，科学实施电力需求侧管理和有序用电，保障电力可靠供应。扎实推动电力用户可靠性管理工作，监督指导重要电力用户排查治理电力可靠性管理中发现的风险和隐患。

（4）国家能源局派出机构、地方政府能源管理部门和电力运行管理部门要进一步完善电力可靠性管理统筹协调工作机制，坚持统筹规划、统筹部署、统筹推进。要建立联席协调机制，定期分析、通报电力供需和电网运行情况，协调解决保障电力供应和电力系统稳定运行面临的问题，确保工作推动协调有力、信息沟通渠道畅通，形成工作合力。

（5）国家能源局及其派出机构、地方政府能源管理部门和电力运行管理部门应及时处理电力可靠性管理投诉举报。投诉举报查实后存在提供虚假、隐瞒重要可靠性信息等违法违规行为的，应依照《电力可靠性管理办法（暂行）》第六十二条和相关规定处理，并纳入电力行业信用体系进行管理。

三、落实电力企业可靠性管理主体责任

（1）电力企业是电力可靠性管理工作的重要责任主体，其主要负责人是电力可靠性管理第一责任人，要认真贯彻落实党中央、国务院相关决策部署和电力行业相关要求，建立健全电力可靠性组织、制度、标准体系和工作流程，加强技术力量配备，推进科技创

新和先进技术应用，切实提升电力可靠性管理水平。

（2）电力企业要建立电力可靠性全过程管理机制，加强专业协同，形成覆盖电力生产供应各环节的可靠性全过程管理机制。

（3）电力企业要建立重要电力设备分级管理制度，构建设备标准化管理流程，打通上下游信息共享渠道，强化设备缺陷特别是家族性缺陷的排查治理，建立电力企业在设备选型、监造、安装调试、检修维护、退役等环节的全寿命周期管理机制。鼓励各地区、各单位因地制宜开展差异化检修，探索开展以风险分析为基础的维修、以可靠性为中心的检修等设备检修模式，确保检修质量和效率，严防设备"带病运行"。

（4）电网企业要优化安排电网运行方式，做好电力供需分析和生产运行调度，强化电网安全风险管控，优化运行调度，确保电力系统稳定运行和电力可靠供应。发电企业要加强燃料、蓄水管控及风电、光伏发电等功率预测，强化涉网安全管理，科学实施机组深度调峰灵活性改造，提高设备运行可靠性，减少非计划停运。电网企业要加大城乡电力基础设施建设力度，提升供电服务和民生用电保障能力。

（5）供电企业要指导电力用户安全用电、可靠用电，消除设备和涉网安全隐患，预防电气设备事故。按规定为重要电力用户提供相应的供电电源，指导和督促重要用户安全使用自备应急电源。

四、鼓励社会各方积极参与电力可靠性管理

（1）鼓励电力设备制造企业按照国家质量发展规划和要求，加强与电力企业的信息共享和协调管控，加大科技创新和产品开发力度，加强产品可靠性设计、试验及生产过程质量控制，从制造源头提升设备可靠性水平。

（2）鼓励电力企业、科研单位和电力用户等根据电力规划、建设、生产、供应、使用和设备制造等工作需要，研究、开发和采用先进的科学技术和管理方法，提高可靠性数据的准确性、时效性和可追溯性，经实践检验后推广应用。对取得显著成绩的单位和个人，政府部门和相关电力企业可根据相关法律法规给予表彰奖励。

（3）发挥行业协会、科研单位、技术咨询机构等第三方机构的技术优势，积极参与电力可靠性管理工作，加强电力可靠性数据分析、应用和推广，鼓励行业协会开展行业自律和服务，增强交流与合作。

五、加强电力可靠性信息管理

（1）电力可靠性信息实行统一管理、分级负责。

国家能源局建立电力可靠性监督管理信息系统，实施全国范围内电力可靠性信息注册、报送、分析、评价、应用、核查等监督管理工作，及时发布电力可靠性数据信息。国家能源局派出机构负责辖区内电力可靠性信息分析、发布和核查。

（2）电力企业应根据国家能源局有关规定，通过电力可靠性监督管理信息系统向国家能源局报送电力可靠性信息。电力可靠性信息报送应当符合下列期限要求：

1）每月 8 日前报送上月火力发电机组主要设备、核电机组、水力发电机组、输变电设备、直流输电系统以及供电系统用户可靠性信息。

2）每季度首月 12 日前报送上一季度发电机组辅助设备、风力发电场和太阳能发电站的可靠性信息。

（3）电力企业应每年对自身电力可靠性管理工作开展情况进行全面总结，对发生的电力可靠性事件和相关生产运行、技术管理情况进行分析，于每年 2 月 15 日前将上一年度电力可靠性管理和技术分析报告报送所在地国家能源局派出机构、省级政府能源管理部门和电力运行管理部门，中央电力企业总部于每年 3 月 1 日前报送国家能源局。

（4）省级电网企业应按照国家能源局有关规定，每年对调度管辖范围内的电力供应情况、电力系统运行情况和电网安全风险管控情况进行评估分析，对下一年的电力供应趋势、电网安全风险辨识、电网运行方式安排等情况进行预测预判，于每年 1 月份将上一年度电力系统可靠性的评估分析和本年度的预测预判情况报送国家能源局派出机构、省级政府能源管理部门和电力运行管理部门；中央电网企业总部于每年 2 月份将有关情况报送国家能源局。

本文件自发布之日起施行，有效期为 5 年。《国家能源局关于加强电力可靠性监督管理工作的意见》（国能安全〔2015〕208 号）同时废止。

国家能源局印发《水电站大坝安全提升专项行动方案》

国家能源局 2023 年 2 月 21 日以国能发安全〔2023〕19 号文印发《水电站大坝安全提升专项行动方案》，该"方案"全文如下。

为进一步加强水电站大坝（以下简称大坝）安全监督管理，深入排查整治大坝安全问题，有效提升大坝安全总体水平，我局决定在全国范围内组织开展大坝安全提升专项行动。现将行动方案印发给你们，请认真抓好贯彻落实，按时高质量完成各项工作任务。

水电站大坝安全提升专项行动方案

为扎实开展水电站大坝（以下简称大坝）安全提升专项行动，提升大坝安全总体水平，特制订本方案。

一、指导思想

以习近平新时代中国特色社会主义思想为指导，深入学习贯彻党的二十大精神，统筹发展和安全，坚持人民至上、生命至上，认真落实党中央、国务院决策部署，深入分析研判本辖区、本单位大坝安全形势和挑战，制订落实有效工作举措，保障大坝运行安全和广大人民群众生命财产安全。

二、总体目标

进一步树牢安全发展理念，落实电力安全生产责任，健全大坝安全风险分级管控和隐患排查治理双重预防机制，整治风险隐患，堵塞管理漏洞，补齐工作短板，夯实大坝安全基础，增强大坝抵御灾害风险能力，提升大坝本质安全水平，防范遏制大坝安全事故发生，杜绝漫坝溃坝等重特大事故发生。

三、专项行动时间

自本方案印发之日起至 2024 年 12 月。

四、工作范围

按照《水电站大坝运行安全监督管理规定》（国家发展改革委令 2015 年第 23 号，以下简称发改委令第 23 号）纳入国家能源局监督管理范围的大坝（截至 2023 年 1 月的大坝清单见附件，本方案发布后新增大坝的信息随时向有关单位发布）。

五、重点任务

大坝运行单位、主管单位及其隶属的企业集团总部要认真对照法律法规、国家行业政策文件及技术标准规范规定要求，深入查摆大坝安全工作存在的问题和不足，制定落实改进举措。对照查摆的内容至少应包括以下 8 个方面、38 项要求。

（一）深入学习贯彻习近平总书记关于安全生产重要论述和重要指示批示精神

（1）及时收集习近平总书记关于安全生产重要论述和重要指示批示，第一时间在企业党组织会议、安委会会议、安全生产例会、班组安全活动等场合组织传达学习，深刻领会精神实质、实践要求，进一步树牢"安全第一"思想，不断提高对大坝安全极端重要性的认识。

（2）做到"真学真懂真信真做"，结合本企业实际，研究制定有效贯彻举措，坚决将习近平总书记关于安全生产重要论述和重要指示批示精神落实到行动上和具体工作中，力戒学习和业务"两张皮"、贯彻落实措施"假大空"等形式主义。

（二）不断健全大坝安全责任体系

（1）建立健全大坝安全责任制，明确企业安全生产第一责任人为大坝安全第一责任人，对大坝安全负全面责任；明确企业安全生产分管负责人，对大坝安全管理工作负直接领导责任；明确大坝安全技术负责人，对大坝运行、生产和技术工作实施指导和管理；明确企业相关部门、班组、专业管理岗位的责任，具体负责落实大坝安全相应工作任务。

（2）电力企业根据工作需要，将大坝监测、检查、维护、消缺、技改、隐患整治等业务委托给相关专业技术单位开展的，按照"外包业务但不外包安全责任"的原则，大坝安全责任仍由电力企业承担。电力企业督促指导受委托单位认真落实大坝安全相应责任。

（3）建立大坝安全责任落实监督考核机制，定期对责任落实情况开展检查评估，严格考核责任落实不到位、大坝安全工作不扎实、风险隐患整治不及时不彻底、发生事故事件的单位和人员，将考核结果与履职评定、职务职级晋升、薪资福利待遇等挂钩，真正落实安全生产"一票否决"制度要求。

（三）持续完善大坝安全组织机构

（1）建立健全企业安委会，制定安委会及其办公室工作规则。企业主要负责人担任安委会主任并保证安委会正常运转，企业其他相关负责人和所属部门单位人员，以及长期外委协作单位人员纳入安委会组成。企业负责人和部门单位发生变化时，及时调整安委会组成。安委会的成立和调整以正式文件公开发布。安委会会议按照规定的频次、范围等要求召开，会议由安委会主任主持，研究解决重大安全问题，部署安排重大安全工作。会议形成纪要，印发给相关部门单位和人员，并抓好决议事项的落实。

（2）不断完善大坝安全保证体系和监督体系，加强生产运行管理和安全监察监督部门建设，及时设置大坝安全工作需要的岗位，配齐配强大坝安全监测、水工、水务、电气、机械、金属结构、网络安全等专业人员。水电装机规模较大、大坝数量较多的电力企业应建立大坝管理中心或类似独立机构，并保证实体化运转，切实发挥其专业化管理和技术支撑作用。

（3）不断完善大坝安全技术监督体系，建立技术监督组织机构和工作网络，配备技术监督力量，制定技术监督制度，明确技术监督职责，以安全和质量为根本目的，以落实标准规范为中心任务，以检测监测为主要手段，组织、指挥、协调大坝安全技术监督工作，保障技术监督工作正常开展。

（四）着力夯实大坝安全管理基础

（1）大坝运行单位的主要负责人、分管负责人、技术负责人，以及生产运行管理部门、安全监察监督部门主要负责人等"关键少数"人员应具备大坝安全专业知识和管理能力，定期参加安全教育培训，并经考核合格后方可上岗。

（2）企业主要负责人按照相关法律法规要求保证大坝安全投入，确保大坝日常运维、监测监控、消缺检修、技术改造、信息化建设、风险隐患整治等资金费用足额到位和专款专用。企业安全生产费用的提取、使用和管理严格执行《企业安全生产费用提取和使用管理办法》（财资〔2022〕136号）规定。企业应建立"绿色通道"，在遵守相关财会规定的基础上，优先、快速审批和拨付大坝重大风险隐患除险加固治理支出和危急情况下大坝安全重大突发事件应急处置必要的经费。

（3）根据法律法规和国家行业标准规范要求并结合工作实际，建立健全企业大坝安全管理制度规程和技术标准体系，按照规定程序报经企业主要负责人审定批准后，列入企业现行有效制度清单，及时向所有从业人员公布，加强宣贯培训并督促严格执行。在法律法规和国家行业标准规范修订，以及本企业安全生产条件发生变化时，及时组织修订完善，并重新发布和宣贯培训。

（4）加强大坝安全教育培训，按照法律法规和国家行业政策要求并结合本企业实际，在企业安全生产教育培训年度计划中，明确大坝运行各专业教育培训内容、学时、班次和参加人员范围，教育培训计划经企业主要负责人审定批准后公开发布并严格执行。每年底，对当年大坝安全教育培训成效进行分析，形成总结材料，与相关资料一并存档备查。

（5）加强大坝安全信息化建设，纳入企业信息化建设整体规划，统筹推进，实现大坝信息系统与本企业其他相关系统互联互通。及时录入大坝设计施工基础数据、运行管理资料、水情雨情信息、监测监控信息等完整档案资料，并加强信息应用。认真执行《电力行业网络安全管理办法》（国能发安全规〔2022〕100号），将网络安全纳入安全生产工作范畴，扎实开展大坝安全信息系统网络安全工作。

（6）加强大坝安全监测管理，认真做好监测系统运行维护工作，不得擅自停测封存、报废监测项目；规范开展数据采集和整编分析工作，对伪造监测数据的，按照瞒报安全生产信息严肃处理；专项梳理水工观测规程，根据最新技术标准规定和大坝安全实际，及时开展修订完善工作；对不满足技术标准规定的监

测系统抓紧开展更新改造，改造工作原则上应于2023年底前完成；提升大坝安全监测自动化和实用化水平，结合在线监控系统建设，积极推进监测系统自动化改造，改造工作原则上应于2024年底前完成。

（7）抓紧建立大坝安全在线监控系统，其中坝高100m以上的大坝、库容1亿m³以上的大坝和病险坝的在线监控系统应于2024年底前建成并投入使用，系统的技术指标应满足《水电站大坝运行安全在线监控系统技术规范》（DL/T 2096—2020）；其他大坝应于2024年底前具备在线监控功能，功能技术指标应满足国家能源局大坝安全监察中心（以下简称大坝中心）《关于加快推进水电站大坝安全在线监控系统建设的通知》（坝监信息〔2022〕97号）要求。尚未建立系统的大坝，运行单位和主管单位应制定建设工作计划，明确进度和责任，并于2023年6月1日前将工作计划报送大坝中心。

（8）加强北斗卫星导航、遥感、人工智能等新技术在大坝安全领域的应用，加大对大坝安全技术装备研发、试点和推广应用等工作的投入和支持力度，重点推进土石坝、高陡边坡、滑坡体北斗高精度变形监测系统建设，基于北斗三号短报文的应急通信技术和设备研发，强震等特殊情况下触发自动化监测研究应用，大坝安全智能管理试点等工作，努力提升大坝安全技术水平。

（9）认真做好大坝安全信息报送工作，严格按照发改委令第23号和《水电站大坝运行安全信息报送办法》（国能安全〔2016〕261号）等规定要求，明确信息报送责任部门和人员，健全信息报送工作制度，畅通信息报送渠道，改进信息报送方式，及时、准确、全面报送大坝运行安全日常信息、年度报告及专题报告等，严肃处理瞒报、漏报、迟报的责任部门单位和人员。尚未实现监测信息自动报送的大坝，其运行单位和主管单位应抓紧对报送系统进行升级改造，并于2023年6月1日前报送升级改造工作计划，于2024年底前完成升级改造。

（10）加强大坝现场（含危险区域、密闭空间等）安全管理，按照相关标准规范要求，辨识风险因素，设置警示标识标牌，落实防范防护措施。加强大坝治安保卫和暴恐袭击防范工作，严格按照《电力系统治安反恐防范要求 第3部分：水力发电企业》（GA 1800.3—2021），落实治安反恐"人防、物防、技防"措施，严防治安、暴恐事件危及大坝运行安全。

（五）加强防洪度汛和调度运用管理

（1）健全水电站防汛组织机构，完善防汛工作制度，储备防汛物资；加强水情测报，提高洪水预报能力，流域梯级开发的水电站还应建立水情、泄洪等信息共享机制；优化泄洪闸门应急电源布局，根据需要

增加闸门启闭装置供电回路，提高闸门启闭电源可靠性。

（2）规范开展大坝防汛检查，实行以查组织、查工程、查预案、查物资、查通信为主要内容的分级检查制度，持续开展防汛检查，发现问题立即整改。其中，汛前应重点开展泄洪闸门启闭试验，检查闸门启闭电源、应急电源、启闭装置完好情况，开展腐蚀检测和无损探伤，并对闸门远程控制系统进行可靠性验证试验，必要时进行应力复核；检查防范水淹厂房措施落实情况；地质灾害高发区的大坝，还应对闸门和启闭装置采取必要的防护措施。

（3）认真做好汛中应对和汛后恢复工作。汛中，落实企业领导带班和重要岗位24h在岗值班制度，遇有灾害险情和突发事件，按规定权限和程序迅速启动响应妥善处置，严肃查处擅离职守问题。汛后，及时组织开展评估总结，统计损毁设备设施情况，抓紧开展抢险修复工作。

（4）加强水电站水库调度运用管理，认真组织编制《水库年度汛期调度运用计划》，及时报请有审批权限的防洪调度机构审查批复，报送有管辖权的地方政府防汛指挥机构备案，调度运用计划一经批复，务必严格执行。在工程任务、水沙特性、运行情况等发生变化时，及时修订调度运用计划，并重新报批和备案。

（5）严肃调度纪律，严格执行防洪调度机构、电力调度机构的实时调度指令，按照指令要求进行操作。对指令有异议的，可与相关机构沟通，但在接到新的指令前，仍应执行当前指令。遇有危及大坝安全的突发事件时，可以根据预案采取应急调度措施，但应及时向调度机构报告。严肃处理拒不执行调度指令、擅自超汛限水位运行等问题。

（6）深刻汲取水库放水冲走下游河道游客事故教训，积极联系地方政府及其有关部门，推动建立水电站泄洪放水预警发布和协调联动机制，厘清各自管理范围和职责，共享风险隐患信息，明确警报预警发布范围、方式、流程等。参照《水电站泄洪预警广播系统技术规范》（DL/T 2301—2021）等规定，于2023年底前建成投运泄水预警系统；建立企业内部泄洪放水预警工作制度，每次泄洪或放水前严格按照规定要求提前发布预警信息；泄洪或放水期间，加强对大坝工程管理范围内的巡视检查，并配合地方政府对上下游河道开展巡逻排查，遇有重大险情，立即按照相关预案执行。

（7）严格执行《水库大坝安全管理条例》（国务院令第77号）、《电力设施保护条例》（国务院令第239号）等规定，及时发现并制止大坝管理和保护范围内的爆破、打井、采石、取土、挖沙等非法行为，联合地方政府整治库区网箱养殖、向库区和河道倾倒生产生活垃圾、在泄洪通道违章建筑等影响大坝安全的问题。大坝坝顶兼作公路的，严格履行论证和审批程序，并采取安全管理和维护措施。

（六）加强重要设备设施安全管理

（1）加强水电站机电设备安全管理，定期梳理发电机组运行年限，评估机电设备运行状态，加强机电设备检修维护，开展调节保证计算和紧急停机方式复核，根据需要开展机组设备升级改造，提高机组运行的稳定性和机电设备的可靠性。复核电气设备雷击过电压、系统短路容量、保护装置整定值、接地电网完整性、跨步电势和解除电势指标等，检查"电气五防"、防小动物等措施落实情况，检查油变压器、互感器、蓄电池、电缆光缆等运行状态，消除火灾隐患。

（2）开展输水系统安全鉴定，2018年以来未进行过安全鉴定的水电站，应于2024年汛前分别按照《水工隧洞安全鉴定规程》（SL/T 790—2020）和《压力钢管安全检测技术规程》（NB/T 10349—2019）等规定，对输水系统的输水隧洞、压力钢管等过流承压设备开展一次安全性鉴定，及时发现并消除安全隐患。

（七）深入排查整治大坝安全问题

（1）全面收集汇总水电站挡水和泄水建筑物、近坝库岸、工程边坡及附属设施的勘察设计、建设施工、安全鉴定、竣工验收等原始资料，梳理分析上述各阶段发现的工程质量和安全问题，尚未完成整改的原则上于2023年底前实现整改闭环。

（2）专项梳理前次大坝安全注册检查、定期检查、特种检查，以及2018年以来历次年度详查发现的问题整改情况，严格按照整改计划明确的时限要求完成整改，实现问题闭环管理。

（3）对安全注册等级为乙级和丙级的大坝，大坝运行单位和主管单位要深入排查大坝安全工作薄弱环节，认真分析原因，落实整改要求，快速提升大坝安全水平。大坝隶属的企业集团总部要对此类大坝实施重点管理，加强对大坝运行单位和主管单位的监督指导，督促及时补齐工作短板。

（4）对2018年以来安全注册等级降级、连续2次以上注册等级为乙级的大坝，以及未按计划申请注册的备案大坝，其运行单位和主管单位要深挖问题根源，制定改进和加强大坝安全工作的计划，于2023年6月1日前报送国家能源局派出机构（以下简称派出机构）、大坝中心及所在地省级政府电力管理部门。大坝隶属的企业集团总部要对此类大坝实施挂牌督办，限期完成问题整改，于2023年6月1日前将挂牌督办通知、工作措施等报告国家能源局。

（5）加强自然灾害风险管控，2020 年以来未开展过自然灾害风险辨识评估的大坝，其运行单位和主管单位要在 2023 年主汛期前组织开展自然灾害风险辨识评估，根据评估结果落实整治管控措施。针对西藏昌都金沙江右岸白格滑坡体、青海拉西瓦果卜变形体等地质灾害，相关企业要立足于最极端情形，加强监测监控，及时掌握灾害最新变化情况，落实有效防范应对措施。

（6）开展大坝抗震设计标准复查，2008 年以来发生过坝址影响烈度为Ⅶ度及以上地震的大坝，应全面梳理区域构造稳定性研究、地震安全性评价、工程抗震分析、防震抗震专题研究论证、工程抗震设计审查等情况，认真复查工程抗震安全标准和抗震措施，对不满足《水电工程水工建筑物抗震设计规范》（NB 35047—2015）规定要求的大坝及其附属建筑物（含泄洪闸门及其启闭机排架），及时采取管理措施和补强加固工程措施。

（7）严格按照《水电站大坝工程隐患治理监督管理办法》（国能发安全规〔2022〕93 号）等规定要求，持续排查整治大坝安全问题隐患，建立问题和措施"两个清单"，并实行动态管理。其中，构成较大及以上隐患的，立即报告派出机构、大坝中心、所在地的省政府电力管理部门及有管辖权的地方政府防汛指挥机构。

（八）推进大坝安全应急能力建设

（1）加强大坝安全应急能力建设评估工作，2018 年以来未开展过评估的水电站，应于 2023 年底前按照《电力企业应急能力建设评估管理办法》（国能发安全〔2020〕66 号）、《发电企业应急能力建设评估规范》（DL/T 1919—2018）等相关规定，完成应急能力建设评估，形成评估报告，整改评估发现的问题。

（2）严格按照《水电站大坝运行安全应急管理办法》（国能发安全规〔2022〕102 号）规定要求，健全大坝安全应急组织体系，完善大坝安全应急工作机制和规章制度；健全大坝安全应急预案体系，于 2023 年底前完成大坝运行安全应急预案的制定、发布、实施及备案，预案的内容和深度应满足《水电站大坝运行安全应急预案编制导则》（DL/T 1901—2018）要求，特别是要认真做好突发事件风险分析，绘制溃坝淹没图。企业应将应急预案与地方政府、流域管理机构的相关预案充分衔接，并制定应急演练年度计划，认真组织开展预案演练。

（3）大坝运行单位和主管单位应深刻汲取近年来大坝险情应急处置工作暴露问题的教训，进一步加强应急资源保障。2023 年底前，在现场配备卫星电话、北斗短报文终端等可靠的卫星通信设备，保障极端情况下的应急通信；针对不同种类灾害险情，制定紧急撤离方案和逃生路线图，建立安全可靠的紧急逃生通道和应急避难场所。

（4）建立健全应急协调联动机制，加强与国家有关监督管理部门、地方政府及其有关部门、上下游电站、周边企事业单位的联系沟通，及时获取和发布重大突发事件、极端灾害预警信息；积极参加地方政府、流域管理机构组织开展的应急演练，检验和提升应急处置能力；加强应急资源共享，与相关单位签订应急救援互助协议，在发生超本企业应急救援能力范围的灾害险情后，及时提出支援请求，最大限度降低灾害险情对大坝安全的影响。

六、进度安排

专项行动分三个阶段进行。

（1）排查整治（本方案印发之日起至 2023 年 12 月 31 日）。各电力企业要对照法律法规和国家行业规定要求，深入排查大坝安全各类问题，建立问题和措施"两个清单"并动态管理，能够立即整改的要立行立改，不能立即整改的要制定工作计划，按时完成整改。整改期间要落实管控措施，防止风险隐患转化为事故。地方各级政府电力管理部门、各派出机构和大坝中心要跟踪督促电力企业扎实开展排查整治工作，大坝中心要加强对电力企业的技术指导。

（2）巩固提升（2024 年 1 月 1 日至 2024 年 9 月 30 日）。各电力企业要系统梳理上一阶段发现问题的整改情况，对未完成整改的问题，加快整治步伐，确保闭环管理；对已完成整改的，及时开展"回头看"，防止问题反弹回潮。在排查整治的基础上，进一步理顺体制机制，完善规章制度，加强能力建设，提升大坝本质安全水平。地方各级政府电力管理部门、各派出机构和大坝中心要突出重点，指导帮助电力企业巩固提升专项行动成效。

（3）评估总结（2024 年 10 月 1 日至 12 月 31 日）。各电力企业要对此次专项行动工作进行全面分析，总结经验成果，查摆问题不足，建立长效机制。各省级政府电力管理部门、各派出机构要及时总结本辖区专项行动开展情况。国家能源局将对专项行动开展情况进行汇总分析，发现工作亮点，梳理典型案例，适时在电力行业内通报。

七、保障措施

（1）缜密部署安排。各单位要高度重视、缜密部署，认真组织开展专项行动工作。全国电力安委会各企业成员单位要于 2023 年 2 月底前制定印发实施方案，细化分解集团总部、大坝主管单位、大坝运行单位等各层级任务，明确目标、时限、责任等工作要求；各省级电力管理部门、各派出机构要利用电力安委会、电力专委会等机制平台，及时将本方案传达到辖区内涉坝企业和市县级电力管理部门，并提出工作要求。对于全国电力安委会企业成员单位之外的地方企业，大坝主管单位及其隶属的企业集团总部与大坝不在同一个省份的，由大坝所在地的派出机构负责传达本方案内容，并提出工作要求。

（2）坚持目标导向。各单位要坚持以保障大坝安全为目标、以不发生涉坝重特大事故为底线，全面排查整治大坝安全各类问题，并追根溯源、找准病灶，针对性地在完善体制机制、健全规章制度、拧紧责任链条、强化技术保障、增强安全管理能力等方面出实招见实效，及时消除漏洞、补齐短板。

（3）加强监管执法。地方各级政府电力管理部门、各派出机构要跟踪了解辖区内电力企业专项行动开展情况，密切协同配合，加强监督管理，联合开展抽查检查、约谈通报等工作，根据部门职能和法定程序开展行政处罚，共同督促指导辖区内电力企业扎实开展专项行动工作，其中要将病险坝、乙丙级大坝、注册降级大坝、未按计划申请注册的备案大坝、存在较大以上风险隐患的大坝、注册检查和定期检查意见落实不到位的大坝等列为重点监管对象，实行全覆盖检查。大坝中心要加强技术支持和保障。国家能源局将视情选择部分电力企业开展督导检查。

2023年11月10日前，全国电力安委会各企业成员单位要汇总所属涉坝企业排查整治工作情况，形成阶段性总结，连同"两个清单"一并报送国家能源局；各省级电力管理部门、各派出机构要及时汇总辖区内涉坝企业和市县电力管理部门排查整治工作开展情况，形成阶段性总结，连同监督检查发现的问题清单和监管执法案件一并报送国家能源局。2024年11月10日前，全国电力安委会各企业成员单位、各省级电力管理部门及各派出机构要按照上述要求，向国家能源局报送专项行动整体工作总结。

附件：国家能源局监督管理的水电站大坝名单（截至2023年1月662座）（略）

国家能源局印发《2023年能源工作指导意见》

国家能源局2023年4月6日以国能发规划〔2023〕30号文印发《2023年能源工作指导意见》，该"意见"全文如下。

为深入贯彻落实党中央、国务院有关决策部署，扎实做好2023年能源工作，持续推动能源高质量发展，国家能源局研究制定了《2023年能源工作指导意见》，现予发布，请各地、各单位结合实际情况抓好落实，并将执行情况于2023年12月底前函告我局。

2023年能源工作指导意见

2023年是全面贯彻党的二十大精神的开局之年，是全面建设社会主义现代化国家开局起步的重要一年，是实施"十四五"规划承前启后的关键一年，做好全年能源工作至关重要。为深入贯彻落实党中央、国务院决策部署，保障能源安全稳定供应，持续推动能源高质量发展，制定本意见。

一、总体要求

（一）指导思想

以习近平新时代中国特色社会主义思想为指导，全面贯彻党的二十大精神，深入落实中央经济工作会议和政府工作报告的部署，坚持稳中求进工作总基调，完整准确全面贯彻新发展理念，加快构建新发展格局，以推动高质量发展为主题，以把能源饭碗牢牢地端在自己手里为目标，深入推进能源革命，加快规划建设新型能源体系，着力增强能源供应链的弹性和韧性，提高安全保障水平；着力壮大清洁能源产业，加快推动发展方式绿色转型；着力推进能源产业现代化升级，充分发挥能源稳投资促增长的重要作用，实现能源更加安全、更加绿色、更加高效地发展，为我国经济社会发展提供坚实的能源保障。

（二）基本原则

坚持把能源保供稳价放在首位。强化忧患意识和底线思维，加强国内能源资源勘探开发和增储上产，积极推进能源资源进口多元化，以常态能源供应有弹性应对需求超预期增长，全力保障能源供应持续稳定、价格合理可控。

坚持积极稳妥推进绿色低碳转型。深入推进能源领域碳达峰工作，加快构建新型电力系统，大力发展非化石能源，夯实新能源安全可靠替代基础，加强煤炭清洁高效利用，重点控制化石能源消费，扎实推进能源结构调整优化。

坚持创新驱动提升产业现代化水平。深入实施创新驱动发展战略，补强能源产业链薄弱环节，狠抓绿色低碳技术攻关，加快能源产业数字化智能化升级，提高能源产业链安全保障能力，增强能源产业竞争新优势。

坚持高水平改革开放增强发展动力。深入推进能源体制改革，依托我国超大规模市场优势坚定不移推动高水平对外开放，充分发挥市场在能源资源配置中的决定性作用，更好发挥政府作用，不断增强能源高质量发展的动力和活力。

（三）主要目标

供应保障能力持续增强。全国能源生产总量达到47.5亿 t 标准煤左右，能源自给率稳中有升。原油稳产增产，天然气较快上产，煤炭产能维持合理水平，电力充足供应，发电装机达到27.9亿 kW 左右，发电量达到9.36万亿 kW·h 左右，"西电东送"输电能力达到3.1亿 kW 左右。

结构转型深入推进。煤炭消费比重稳步下降，非化石能源占能源消费总量比重提高到18.3%左右。非化石能源发电装机占比提高到51.9%左右，风电、光伏发电量占全社会用电量的比重达到15.3%。稳步推进重点领域电能替代。

质量效率稳步提高。单位国内生产总值能耗同比降低2%左右。跨省区输电通道平均利用小时数处于合理区间，风电、光伏发电利用率持续保持合理水平。新设一批能源科技创新平台，短板技术装备攻关进程加快。

二、着力增强能源供应保障能力

立足我国能源资源禀赋，进一步夯实化石能源兜底保障基础，大力提升能源安全稳定供应水平，有效应对能源市场波动和风险挑战。

夯实化石能源生产供应基础。有序推进煤矿先进产能核准建设，推动在建煤矿尽快投产达产，增强煤炭增产保供能力。积极推动玛湖、富满、巴彦及渤海等原油产能项目上产，加快建设陕北、川南、博孜—大北等重要天然气产能项目。抓紧抓实"五油三气"重点盆地及海域的油气增产上产，推动老油气田保持产量稳定，力争在陆地深层、深水、页岩油气勘探开发、CCUS 促进原油绿色低碳开发等方面取得新突破。增强能源储备能力建设。

提高能源系统调节能力。大力推进煤电机组节能降碳改造、灵活性改造、供热改造"三改联动"。加快建设具备条件的支撑性调节性电源，开工投产一批煤电项目。健全完善抽水蓄能发展政策体系，加快建设一批抽水蓄能项目。以地下储气库为主、沿海 LNG 储罐为辅，推进储气设施集约布局，加快大庆升平、重庆铜锣峡和黄草峡、河南平顶山、江苏淮安等地下储气库开工建设。稳妥推进煤炭储备基地建设，提升政府可调度煤炭储备能力。

强化安全风险管控。推动建立能源安全风险监测预警体系，强化能源安全风险预研预判。以迎峰度冬和迎峰度夏为重点，持续做好电力供需平衡预警、"一省一策"建议发布等电力保供工作。强化直流输电系统、电力二次系统、新能源并网等安全风险管控，加强关键信息基础设施安全保护，有效管控大电网安全。强化电力应急能力建设，推进国家级电力应急基地研究布局，开展跨省区大面积停电演练。

三、深入推进能源绿色低碳转型

巩固风电光伏产业发展优势，持续扩大清洁低碳能源供应，积极推动生产生活用能低碳化清洁化，供需两侧协同发力巩固拓展绿色低碳转型强劲势头。

大力发展风电、太阳能发电。推动第一批以沙漠、戈壁、荒漠地区为重点的大型风电、光伏基地项目并网投产，建设第二批、第三批项目，积极推进光热发电规模化发展。稳妥建设海上风电基地，谋划启动建设海上光伏。大力推进分散式陆上风电和分布式光伏发电项目建设。推动绿证核发全覆盖，做好与碳交易的衔接，完善基于绿证的可再生能源电力消纳保障机制，科学设置各省（自治区、直辖市）的消纳责任权重，全年风电、光伏装机容量增加1.6亿 kW 左右。

积极推进核电、水电项目建设。在确保安全的前提下，有序推动沿海核电项目核准建设，建成投运"华龙一号"示范工程广西防城港3号机组等核电项目，因地制宜推进核能供暖与综合利用。核det建设雅砻江牙根一级，金沙江上游昌波等水电站项目。推动主要流域水风光一体化规划，建设雅砻江、金沙江上游等流域水风光一体化示范基地。制定长江流域水电生态化开发方案，有序开发长江流域大中型水电项目。

加强化石能源清洁高效开发利用。加强煤炭清洁高效利用，稳步提升煤炭洗选率，开展富油煤分质分级利用示范，提高清洁煤和油气供应保障能力。加快油气勘探开发与新能源融合发展，促进油气上游智能化、绿色化发展。研究修订天然气利用政策。出台促进炼油行业低碳高效发展相关意见，推进炼油产能结构优化与布局优化。加强成品油生产管理，保障国 ⅥB 标准车用汽油稳定供应。

积极推动能源消费侧转型。加快建设智能配电网、主动配电网，提高接纳新能源的灵活性和多元负荷的承载力，提升生产生活用电气化水平，重点推进工业、建筑、交通等领域清洁低碳转型。推动充电基础设施建设，上线运行国家充电基础设施监测服务平台，提高充电设施服务保障能力。完善清洁取暖长效机制，稳妥有序推进新增清洁取暖项目，推动北方地区冬季清洁取暖稳步向好。

加快培育能源新模式新业态。稳步推进有条件的工业园区、城市小区、大型公共服务区，建设以可再生能源为主的综合能源站和终端储能。积极推广地热能、太阳能供热等可再生能源非电利用。支持纤维素等非粮燃料乙醇生产核心技术攻关和试点示范，研究推动生物燃料多元化利用。积极推动氢能应用试点示范，探索氢能产业发展的多种路径和可推广的经验。

四、提升能源产业现代化水平

强化科技对能源产业发展的支撑，加快补强能源产业短板弱项，实施一批原创性引领性能源科技攻关，推动能源产业基础高级化和产业链现代化。

加强关键技术装备攻关。持续开展能源领域首台（套）重大技术装备评定，做好前两批能源领域首台（套）重大技术装备跟踪评价工作，坚持"凡有必用"的原则依托工程建设推动攻关成果示范应用，重点推动核心设备与关键零部件、基础材料等技术的研发应用，及时协调解决技术攻关、试验示范、产品应用等环节中存在的问题。

巩固拓展战略性优势产业。抓好《"十四五"能源领域科技创新规划》组织实施，建立规划实施监测项目库。做好"十四五"第一批能源研发创新平台认定，加强创新平台考核评价和日常管理。巩固煤炭清洁高效利用技术优势，加快风电、光伏技术迭代研发，突破一批新型电力系统关键技术。继续抓好核电重大专项实施管理。加快攻关新型储能关键技术和绿氢制储运用技术，推动储能、氢能规模化应用。

加快能源产业数字化智能化升级。推进能源产业和数字产业深度融合，印发《关于加快推进能源数字化智能化发展的若干意见》。建立健全煤矿智能化标准体系，大力支持煤矿智能化建设，完成全国首批智能化示范煤矿验收。稳步有序推进核电数字化转型发展。积极开展电厂、电网、油气田、油气管网、终端用能等领域设备设施、工艺流程的智能化建设，提高能源系统灵活感知和高效生产运行能力，促进源网荷互动、多能协同互补。

五、扎实推动区域能源协调发展

深入实施区域协调发展战略、区域重大战略、乡村振兴战略，优化区域能源生产布局和基础设施布局，提升区域自平衡能力和跨区域互济能力。

服务支撑区域重大战略。发挥能源富集地区战略安全支撑作用和比较优势，优化能源重大生产力布局，推进重点区域能源规划实施，支撑构建优势互补、高质量发展的区域经济布局。突出能源基础设施互联互通水平和强化供应保障能力，实施粤港澳大湾区能源高质量发展规划；围绕生态环境保护和高质量发展，明确黄河流域能源转型重点方向和主要任务；坚持问题导向，推动长江经济带能源协同发展；深入开展长三角新型能源体系建设方案研究。

强化能源建设助力乡村振兴。继续实施农村电网巩固提升工程，下达农村电网巩固提升工程2023年中央预算内投资计划，聚焦边远地区、原连片特困地区、重点帮扶县等农网薄弱地区，进一步补齐基础设施短板，并在工程建设中推广以工代赈，适当提高劳务报酬帮助群众就业。实施风电"千乡万村驭风行动"和光伏"千家万户沐光行动"，稳步推进整县屋顶分布式光伏开发试点，促进农村用能清洁化。开展农村能源革命试点建设，以点带面加快农村能源清洁低碳转型。

增强区域能源资源优化配置。加快建设金上—湖北、陇东—山东、川渝主网架等特高压工程，推进宁夏—湖南等跨省区输电通道前期工作，增强跨省区电力互济支援能力。深入论证沙漠戈壁荒漠地区送出5回跨省区输电通道方案，合理确定通道落点和建设时序。抓好区域主网架优化调整方案评估，统筹项目必要性、建设方案和建设时序，完成主网架规划优化调整工作。完善油气"全国一张网"，重点建设中俄东线南段、西气东输三线中段、西气东输四线、川气东送二线、虎林—长春天然气管道等重大工程。积极协调保障重点地区煤炭运力。

六、加强能源治理能力建设

完善能源法律法规和政策体系，深入推进能源"放管服"改革，优化管理方式，提升服务实效，释放改革红利，不断提升能源治理效能。

健全能源法规政策体系。加快《能源法》立法进程，做好《电力法》《可再生能源法》《煤炭法》《石油储备条例》《核电管理条例》《石油天然气管道保护法》《电力监管条例》制修订工作，研究起草《能源监管条例》。建立健全能源数据管理制度，强化数据安全治理。加强新型电力系统、储能、氢能、抽水蓄能、CCUS等标准体系研究，重点支持能源碳达峰碳中和相关标准立项，加快重点标准制修订。

加强能源规划实施监测。开展"十四五"能源规划实施情况中期评估，深入分析主要目标指标发展预期，全面评估重大战略任务、重大改革举措、重大工程项目推进情况，完善规划实施政策措施。以能源重大工程项目为重点，加强能源规划实施监测调度和组织推进，充分发挥能源项目对扩内需、稳投资、促增长、保安全的牵引支撑作用。滚动开展省级能源需求月度、季度预测，预判可能出现的时段性、区域性供应紧张问题，从资源落实、产能建设、基础设施布局等方面提前谋划应对措施。

深化重点领域改革。加快建设全国统一电力市场体系，持续提升跨省区电力交易市场化程度，推进南方区域电力市场建设运营，研究推动京津冀、长三角电力市场建设。稳步提高电力中长期交易规模，扎实推进现货试点结算试运行，积极稳妥推进电力现货市场建设，加强电力中长期、现货和辅助服务市场有机衔接。积极推进辅助服务市场建设，建立电力辅助服务市场专项工作机制。持续推进能源领域行政许可事项清单管理。深化"三零""三省"服务，巩固提升"获得电力"工作成效。完善油气管网设施容量分配相关操作办法。

强化能源行业监管。聚焦党中央、国务院交办的能源领域重点任务，进一步强化对国家重大能源规划、政策、项目落实情况监督。抓好电煤和电力交易合同履约、煤电上网价格上浮政策落实情况监管。加强对电网、油气管网等自然垄断环节的监管，深入推进电网和油气管网设施公平开放，规范电网企业代理购电。优化电力安全风险管控会议和风险管控周报等"季会周报"工作机制，加强重大安全隐患挂牌督办，开展水电站大坝、海上风电施工等专项监管。

七、扩大能源领域高水平开放合作

坚持共商共建共享，深入推进互利共赢务实合作，增强国内国际两个市场两种资源联动效应，提升能源开放合作质量和水平，不断开创能源国际合作新局面。

保障开放条件下的能源安全。密切关注乌克兰危机后续影响，深入推进与重点能源资源国的互利合作，加强与能源生产国、过境国和消费国的协同合作，增强海陆能源运输保障能力，持续巩固西北、东北、西南和海上四大油气进口通道。积极拓展能源进口新渠道，畅通国际能源产业链供应链，推进能源进口多元化。强化境外重大能源项目动态监测和风险预研预判，加强海外能源资源供应基地建设，维护能源领域海外利益安全。

着力加强清洁能源合作。支持发展中国家能源绿色低碳发展，因地制宜采取贸易、工程承包、投资、技术合作等方式开展双方、三方和多方市场合作，推动更多清洁能源合作项目落地。充分发挥我国清洁能源全产业链优势，加强投资开发、工程建设、装备制造、咨询设计和金融保险等环节的联动，深化清洁能源合作。推动建立全球清洁能源合作伙伴关系，促进清洁能源在全球能源变革中发挥主导作用。

深化能源国际交流与合作。建设运营好"一带一路"能源合作伙伴关系，用好中国－阿盟、中国－非盟、中国－东盟、中国－中东欧和亚太经合组织可持续能源中心等区域合作平台，扎实推进能务实合作。积极参与能源多边机制和国际组织交流与合作，推动全球能源市场稳定与供应安全、能源绿色低碳转型发展、能效提升和能源可及等倡议的制定和实施。坚持共同但有区别的责任原则，积极参与能源领域应对气候变化全球治理。

各省（自治区、直辖市）能源主管部门、各派出机构和有关能源企业，要依据本指导意见，结合本地区和企业的实际情况，采取有力有效措施，全力抓好各项任务落实，保障能源安全稳定供应，推动能源高质量发展，为全面建设社会主义现代化国家提供稳定可靠的能源保障。

国家能源局印发《电力建设工程质量监督管理暂行规定》

国家能源局 2023 年 5 月 31 日以国能发安全规〔2023〕43 号文印发《电力建设工程质量监督管理暂行规定》，该"规定"全文如下。

电力建设工程质量监督管理暂行规定

第一章 总 则

第一条 为加强对电力建设工程质量的监督管理，保证电力建设工程质量，根据《中华人民共和国建筑法》《建设工程质量管理条例》等有关法律法规，制定本规定。

第二条 凡从事电力建设工程的新建、扩建、改建等有关活动及实施对电力建设工程质量监督管理的，必须遵守本规定。

本规定所称电力建设工程，是指经有关行政机关审批、核准或备案，以生产、输送电能或提升电力系统调节能力为主要目的，建成后接入公用电网运行的发电、电网和新型储能电站建设工程。

第三条 电力行业实行电力建设工程质量监督管理制度。

国家能源局负责全国电力建设工程质量的监督管理，组织拟订电力建设工程质量监督管理政策措施并监督实施，由电力安全监管司归口。国家能源局派出机构依职责承担所辖区域内电力建设工程质量的监督管理。电力可靠性管理和工程质量监督中心（以下简称可靠性和质监中心）根据国家能源局委托，承担研究拟订电力建设工程质量监督政策措施及实施相关具体工作的职责，负责电力建设工程质量监督信息统计、核查、发布等工作。

县级以上地方人民政府电力管理部门依职责负责本行政区域内的电力建设工程质量的监督管理。

地方各级人民政府有关部门应在电力建设工程项目审批、核准或备案文件中告知建设单位按国家有关规定办理工程质量监督手续。

第四条 国家能源局向社会公布电力建设工程质量监督机构（以下简称电力质监机构）名录和监督范

围。电力建设工程质量监督专业人员（以下简称质监专业人员）应具备相应的专业技术能力。

电力建设工程质量监督管理，由政府电力管理部门委托电力质监机构具体实施。电力质监机构负责对电力建设工程建设、勘察、设计、施工、监理等单位（以下简称工程参建各方）的质量行为和工程实体质量进行监督。电力质监机构对电力建设工程质量监督结果负责，其对电力建设工程的质量监督不替代工程参建各方的质量管理职能和责任。

第五条　电力质监机构按照依法依规、严谨务实、清正廉洁、优质高效的原则，独立、规范、公正、公开实施质量监督。

第六条　电力建设工程质量监督工作应加强"互联网＋"等信息技术应用和技术创新，不断提升质量监督工作效能。

第七条　电力质监机构不得向工程参建各方收取质量监督费用。

第二章　工程参建各方的质量责任和义务

第八条　工程参建各方依法对电力建设工程质量负责。建设单位对工程质量承担首要责任。工程参建各方要推进质量管理标准化，提高项目管理水平，保证电力建设工程质量。

第九条　电力建设工程实行质量终身责任制。工程开工建设前，工程参建各方法定代表人应签署授权书，明确本单位在该工程的项目负责人。项目负责人应签署工程质量终身责任承诺书，对设计使用年限内的工程质量承担相应终身责任。

第十条　工程参建各方应支持配合电力质监机构对工程质量的监督检查，及时提供有关工程质量的文件和资料，并保证真实、准确、齐全。对于质量监督发现的问题，建设单位负责组织工程参建各方完成整改，并对整改结果负责。

第三章　质量监督实施

第十一条　电力质监机构依据国家能源局发布的电力建设工程质量监督检查大纲（以下简称质监大纲）和有关规定实施质量监督工作。

第十二条　电力质监机构对电力建设工程的质量监督，根据工程类别、规模、建设周期等特点，按以下原则分类实施。

（1）规模以上电力建设工程，按照质监大纲规定程序及内容进行质量监督。

（2）规模以下且装机容量 6MW 及以上发电建设工程、规模以下且功率 5MW 及以上新型储能电站建设工程，采取抽查和并网前阶段性检查相结合的方式进行质量监督。

（3）规模以下且 35kV 及以上电网建设工程，采取抽查方式进行质量监督。

（4）装机容量 6MW 以下发电建设工程，经能源主管部门以备案（核准）等方式明确的分布式、分散式发电建设工程，35kV 以下电网建设工程，抢险救灾及其他临时性电力建设工程，功率 5MW 以下新型储能电站建设工程，不需进行质量监督。

第十三条　电力质监机构依照下列程序对电力建设工程进行质量监督。

（1）第十二条第（1）、（2）类电力建设工程质量监督程序：

工程开工前，建设单位应向电力质监机构提交工程质量监督注册申请。对符合规定条件的申请，电力质监机构应予受理，并于 7 个工作日内完成质量监督注册、出具质量监督计划，第十二条第（2）类电力建设工程的质量监督计划中应明确抽查安排。

工程建设过程中，建设单位应根据质量监督计划和工程进度，提前 10 个工作日提交阶段性质量监督申请，电力质监机构应及时开展阶段性质量监督检查、出具整改意见书，建设单位应按整改意见书要求及时组织完成整改工作。

工程并网前阶段性质量监督检查后，对符合要求的工程，电力质监机构应于 7 个工作日内向建设单位出具并网意见书。工程各阶段质量监督检查结束后，对符合要求的工程，电力质监机构应于 20 个工作日内向建设单位出具质量监督报告。对于第十二条第（1）类电力建设工程，电力质监机构还应按信息报送有关规定将质量监督报告报相关单位。

（2）第十二条第（3）类电力建设工程质量监督程序：

建设单位应在批次工程建设计划发布 1 个月内，集中提交批次工程质量监督注册申请，对符合规定条件的申请，电力质监机构应予受理，并于 7 个工作日内完成质量监督注册、出具质量监督计划，质量监督计划中应明确抽查项目比例。

电力质监机构应按质量监督计划组织开展抽查、出具整改意见书，建设单位应按整改意见书要求及时组织完成整改工作。

批次工程质量监督检查结束后，对符合要求的批次工程，电力质监机构应于 20 个工作日内向建设单位出具质量监督报告。

第十四条　电力质监机构开展质量监督工作时，有权采取下列措施：

（1）要求被检查单位提供有关工程质量的文件和资料。

（2）进入被检查单位的施工现场进行检查。

（3）发现工程参建各方质量行为和工程实体质量

问题，出具整改意见书，责令改正；发现存在涉及结构安全和使用功能的严重质量缺陷、工程质量管理失控时，有权责令暂停施工或局部暂停施工；对发现质量隐患的工程有权责令建设单位委托第三方检验检测机构进行检测，检测结果不合格的，责令整改。

第十五条 电力质监机构选派质量监督组开展现场监督工作时，组长或带队人员应由电力质监机构专职人员担任。

质量监督组现场出具的整改意见书须经质量监督组全体成员和建设单位项目负责人共同签字确认。如建设单位对整改意见书有异议的，可于收到整改意见书之日起5个工作日内向电力质监机构提出复查申请，电力质监机构应于收到申请之日起10个工作日内出具复查意见。

第四章 质量监督管理

第十六条 国家能源局、省级人民政府电力管理部门依职责对电力质监机构进行考核，有关考核办法另行制定。

电力质监机构要认真履行工程质量监督职责，国家能源局派出机构、可靠性和质监中心及地方政府电力管理部门要加强对电力质监机构的监督指导。

电力质监机构要加强能力建设，确保具备与质量监督工作相适应的条件和水平。电力质监机构举办单位要保障电力质监机构正常运转。

第十七条 电力质监机构在工程质量监督过程中，发现存在涉及结构安全和使用功能的严重质量缺陷、工程质量管理失控时，应按信息报送有关规定及时报告。

第十八条 电力质监机构发现参建各方违反《建设工程质量管理条例》相关规定的，向委托其实施质量监督的行政机关进行报告，由委托行政机关对相关企业实施行政处罚。

电力调度机构为未按规定取得质量监督并网意见书的电力建设工程办理并网的，由国家能源局及其派出机构责令改正。

第十九条 电力建设工程发生工程质量事故的，按照"尽职免责、失职追责"的原则，依法依规对相关责任单位、责任人进行处理。

第二十条 电力建设工程质量监督管理应建立信用承诺制度。建设单位应在提交质量监督注册申请时以书面方式向电力质监机构作出遵守质量监督管理相关规定的信用承诺，工程其他参建各方应在合同中向建设单位作出遵守质量监督管理相关规定的信用承诺。

第二十一条 本规定第十八条、第十九条、第二十条中涉及的违法违规行为纳入信用记录，依法依规实施失信惩戒。

第二十二条 电力质监机构要建立质监专业人员廉洁自律承诺制度。在每项电力建设工程质量监督工作结束后，国家能源局通过电力建设工程质量监督信息系统，就电力质监机构及质监专业人员廉洁质监情况书面回访建设单位并存档留底，对违反廉洁规定的电力质监机构和质监专业人员，依法依规进行处理。

第二十三条 任何单位和个人对电力建设工程的质量事故、质量缺陷都有权检举、控告、投诉。

第五章 附 则

第二十四条 本规定所称规模以上电力建设工程是指单机容量300MW及以上火电建设工程、核电建设工程（不含核岛）、装机容量300MW及以上水电建设工程、装机容量150MW及以上海上风电建设工程、装机容量50MW及以上陆上风电建设工程、装机容量50MW及以上光伏发电建设工程、太阳能热发电建设工程、单机容量15MW及以上农林生物质发电建设工程、110kV及以上电网建设工程、功率100MW及以上新型储能电站建设工程。

第二十五条 军事电力建设工程，核电站核岛建设工程，装机容量50MW以下小型水电建设工程，农村水电站及其配套电网建设工程，企业自备电厂建设工程，用户电力设施建设工程（含用户侧新型储能电站建设工程，即在用户所在场地建设，与用户电力设施共同接入电网系统、关口计量点物理位置相同或相近的新型储能电站工程），余热（余压、余气）发电、垃圾焚烧发电、工业园区热电联产等兼具电力属性的市政和综合利用工程等不适用本规定。需接入公用电网运行的以上建设工程，按其行业规定或由地方政府有关部门委托相应质监机构进行质量监督。

第二十六条 本规定由国家能源局负责解释，自发布之日起施行，有效期5年。

国家能源局印发《风电场改造升级和退役管理办法》

国家能源局2023年6月5日以国能发新能规〔2023〕45号文印发《风电场改造升级和退役管理办法》，该"办法"全文如下。

风电场改造升级和退役管理办法

第一章 总 则

第一条 为统筹推进风电场改造升级和退役管理

工作，鼓励技术进步，提高风电场资源利用效率和发电水平，推进风电产业高质量发展，助力实现碳达峰碳中和，根据《中华人民共和国可再生能源法》《政府核准的投资项目目录（2016年本）》《电力业务许可证监督管理办法》和《电力业务许可证注销管理办法》，制定本办法。

　　第二条　本办法所称风电场改造升级，是指对场内风电机组、配套升压变电站、场内集电线路等设施进行更换或技术改造，一般分为增容改造和等容改造两种。

　　本办法所称风电场退役，是指一次性解列风电机组后拆除风电场全部设施，并按要求注销发电许可证，修复生态环境。

　　鼓励并网运行超过15年或单台机组容量小于1.5MW的风电场开展改造升级，并网运行达到设计使用年限的风电场应当退役，经安全运行评估，符合安全运行条件可以继续运营。

　　第三条　风电场改造升级和退役管理工作按照公平自愿、先进高效、生态优先、有序实施、确保安全的原则组织实施。

　　第四条　国家能源局会同有关部门按职责负责统筹管理全国风电场改造升级和退役。各省级能源主管部门会同有关部门按职责负责组织实施本行政区域内风电场改造升级和退役。国家能源局派出机构负责监管辖区内风电场改造升级和退役。电网企业负责风电场改造升级配套送出工程的改扩建，拆除退役风电场的配套送出工程以及生态修复。发电企业具体实施风电场改造升级和退役以及生态修复，实施中加强全过程安全管理，并按规定接受质量监督。

第二章　组织管理

　　第五条　发电企业根据风电场运行情况，论证提出项目改造升级和退役方案，并向项目所在地县级及以上能源主管部门提出需求。

　　第六条　省级能源主管部门根据本行政区域内发电企业提出的风电场改造升级需求，结合本地区风电发展规划和电力运行情况，按年度编制省级风电场改造升级和退役实施方案，明确列入改造升级和退役风电场的名称、规模和时序，确保稳妥有序实施。实施方案征求同级相关部门和省级电网公司意见，涉及享受国家财政补贴的，需报国家能源局组织复核后，抄送国家电网公司或南方电网公司。

　　第七条　各级能源主管部门应针对风电场改造升级项目特点简化审批流程，建立简便高效规范的审批管理工作机制，对纳入省级改造升级和退役实施方案

的风电场予以核准变更。国家能源局派出机构积极办理电力业务许可变更手续。

　　第八条　风电机组达到设计使用年限时，发电企业应及时开展安全性评估，评估结果报当地能源主管部门、国家能源局派出机构和电网企业。经评估不符合安全运行条件的风电场，发电企业应及时拆除，并按要求恢复生态环境。国家能源局派出机构及时注销电力业务许可证，电网企业及时解除并网连接，视情拆除配套送出工程。

第三章　电网接入

　　第九条　电网公司根据省级风电场改造升级和退役实施方案，积极做好项目接入，及时受理，简化程序，主动服务，加强并网安全管理，确保网源协调。

　　发电企业按照并网运行管理有关规定配合做好系统接入和并网安全管理，改造项目实施前需重新办理接入系统意见。

　　风电场增容改造配套送出工程改扩建原则上由电网企业负责。对于电网企业建设有困难或规划建设时序不匹配的配套送出工程，允许发电企业投资建设，建设完成后，经电网企业与发电企业双方协商同意，可由电网企业依法依规进行回购。

　　国家能源局派出机构负责加强并网安全管理。

　　第十条　风电场改造升级原并网容量不占用新增消纳空间，鼓励新增并网容量通过市场化方式并网。

　　第十一条　电网企业负责指导发电企业开展涉网试验及保障网络安全、电力系统安全所必需的其他试验，根据平等互利、协商一致和确保电力系统安全稳定运行的原则，与发电企业重新签订并网调度协议和购售电合同。

第四章　有关保障

　　第十二条　风电场改造升级项目用地按照国家有关法律和规定执行。鼓励采用节地技术和节地模式，提高土地使用效率，对不改变风电机组位置且改造后用地面积总和不大于改造前面积的改造升级项目，符合国土空间规划的，不需要重新办理用地预审与选址意见书。改造升级应尽量不占或少占林地、草原，改造升级确需使用林地、草原的，应符合林地、草原使用条件并依法办理使用手续。涉及农用地转为建设用地的，依法办理农用地转用审批手续。生态保护红线和自然保护地内的风电场原则上不进行改造升级，严禁扩大现有规模与范围，项目到期退役后由建设单位负责做好生态修复。

　　第十三条　风电场改造升级和退役应依法履行环

评、水保手续，按照国家生态环境相关的法律法规做好生态环境保护和生态恢复，不得对生态环境造成永久性破坏。

第十四条 并网运行未满 20 年且累计发电量未超过全生命周期补贴电量的风电场改造升级项目，按照财政部、发展改革委、国家能源局《关于〈关于促进非水可再生能源发电健康发展的若干意见〉有关事项的补充通知》（财建〔2020〕426 号）相关规定享受中央财政补贴资金，改造升级工期计入项目全生命周期补贴年限。改造升级完成后按照财政部办公厅《关于开展可再生能源发电补贴项目清单审核有关工作的通知》（财办建〔2020〕6 号）有关规定，由电网企业及时变更补贴清单，每年补贴电量按实际发电量执行且不超过改造前项目全生命周期补贴电量的 5%。风电场完成改造升级后，对并网运行满 20 年或累计补贴电量超过改造前项目全生命周期补贴电量的项目，不再享受中央财政补贴资金，坚决杜绝骗取国家补贴行为。

第十五条 风电场改造升级项目补贴电量的上网电价按改造前项目电价政策执行，其他电量的上网电价执行项目核准变更当年的电价政策。

第十六条 委托国家可再生能源信息管理中心进行全国风电场改造升级和退役项目的信息监测统计和建档立卡，及时更新全国可再生能源发电项目库。

省级能源主管部门负责督促发电企业在国家可再生能源发电项目信息管理平台及时更新填报相关信息。

第五章 循环利用和处置

第十七条 国家能源局会同有关部门推动退役风电设备行业标准规范制修订工作，支持龙头企业、行业协会、第三方研究机构等共同制定退役风电相关技术标准。

第十八条 发电企业应依法依规负责风电场改造升级和退役的废弃物循环利用和处置。

第十九条 鼓励发电企业、设备制造企业、科研机构等有关单位开展风电场废旧物资循环利用研究，建立健全风电循环利用产业链体系，培育壮大风电产业循环利用新业态。

第六章 附 则

第二十条 本办法由国家能源局负责解释，海上风电场改造升级和退役管理办法另行制定。

第二十一条 本办法自发布之日起施行，有效期五年。

第二十二条 各省级能源主管部门可参照本办法制定本省（自治区、直辖市）风电场改造升级和退役管理细则。

国家能源局印发《关于组织开展可再生能源发展试点示范的通知》

国家能源局 2023 年 9 月 27 日以国能发新能〔2023〕66 号文印发《关于组织开展可再生能源发展试点示范的通知》，该"通知"全文如下。

为深入贯彻落实党的二十大精神，以示范工程引领发展，加快培育可再生能源新技术、新模式、新业态，推动可再生能源大规模、高比例、市场化、高质量发展，助力建设新型能源体系，根据《"十四五"可再生能源发展规划》，现就"十四五"期间组织开展可再生能源示范工程有关事项通知如下。

一、总体要求

（一）指导思想

以习近平新时代中国特色社会主义思想为指导，全面贯彻落实党的二十大精神，按照"四个革命、一个合作"能源安全新战略，立足新发展阶段，完整、准确、全面贯彻新发展理念，构建新发展格局，通过组织开展可再生能源试点示范，支持培育可再生能源新技术、新模式、新业态，拓展可再生能源应用场景，着力推动可再生能源技术进步、成本下降、效率提升、机制完善，为促进可再生能源高质量跃升发展、加快规划建设新型能源体系、如期实现碳达峰碳中和目标任务提供有力支撑。

（二）工作原则

创新驱动、示范引领。坚持把创新作为可再生能源发展的根本动力，聚焦可再生能源大规模、高比例、低成本发展的前沿技术，通过组织开展示范工程，探索实践可再生能源开发利用的新场景、新模式、新机制，巩固提升可再生能源产业创新力、竞争力。

多元融合、统筹部署。注重可再生能源与其他产业和业态的融合，优化发展方式，统筹可再生能源发展与生态治理、乡村振兴、海洋经济等其他产业发展需求，实现可再生能源与其他产业的协同互补、融合发展。

政府引导、市场主导。充分发挥市场在资源配置中的决定性作用，更好发挥政府引导作用，完善激励机制、强化政策引领、优化市场环境，充分发挥企业推动试点示范项目建设的积极性，构建公平开放的市场环境。

二、主要目标

到2025年，组织实施一批技术先进、经济效益合理、具有较好推广应用前景的示范项目，推动形成一系列相对成熟完善的支持政策、技术标准、商业模式等，有力促进可再生能源新技术、新模式、新业态发展。

三、示范工程内容

（一）技术创新类

（1）深远海风电技术示范。主要支持大容量风电机组由近（海）及远（海）应用，重点探索新型漂浮式基础、±500kV及以上电压等级柔性直流输电、单机容量15MW及以上大容量风电机组等技术应用，并推动海上风电运维数字化、智能化发展。

（2）光伏发电户外实证。主要支持在寒温、暖温、高原、湿热等典型气候地区，对光伏组件、支架、基础等光伏发电关键部件及系统在典型环境条件下的实际运行情况进行户外长周期运行监测与研究，为光伏产业升级提供支撑。

（3）新型高效光伏电池技术示范。主要支持高效光伏电池、钙钛矿及叠层太阳能电池、新型柔性太阳能电池及组件等新型、先进、高效光伏电池技术应用，以规模化促进前沿技术和装备进入应用市场，持续推进光伏发电技术进步、产业升级。单个示范项目装机规模不宜小于5万kW。

（4）光热发电低成本技术示范。主要支持光热发电新技术创新和应用，包括大容量机组、高效集热系统技术及设备部件、低成本镜场技术、大容量储热系统、高精度智能化控制系统等技术创新和应用，实现低度电成本的光热发电示范应用，推动太阳能热发电降本增效和规模化发展。

（5）地热能发电技术示范。主要支持大容量高效地热发电用汽轮机设备研制，单机容量兆瓦级以上的地热发电系统关键设备及系统集成技术研发，要在提高发电效率、突破技术瓶颈、提升技术装备国产化水平等方面有显著成效。

（6）中深层地热供暖技术示范。主要支持开发中深层水热型地热开采模拟软件，攻关砂岩地层尾水回灌技术，研究降低钻井成本、提高深埋管传热效率技术，实现气举反循环钻进工艺在中深含水层储能成井方面的应用，实现防腐蚀井管和滤水管成井工艺应用，研发地下水抽灌系统的防垢和除垢系统。积极探索"取热不耗水、完全等量同层回灌"或"密封式、无干扰井下换热"等技术，最大程度减少对地下土壤、岩层和水体的干扰。

（7）海洋能发电技术示范。主要支持具有一定工作基础、资源条件好的地方开展潮流能发电示范，推进兆瓦级潮流能发电机组应用，开展潮流能独立供电示范应用。探索推进波浪能发电示范工程建设，推动多种形式的波浪能发电装置应用。开展海岛可再生能源多能互补示范，探索海洋能在海岛多能互补电力系统的推广应用。

（8）新能源加储能构网型技术示范。主要支持构网型风电、构网型光伏发电、构网型储能、新能源低频组网送出等技术研发与工程示范，显著提高新能源接入弱电网的电压、频率等稳定支撑能力，大幅提升风电光伏大基地项目输电通道的安全稳定送电能力。

（二）开发建设类

（1）光伏治沙示范。主要支持在沙漠、戈壁、荒漠地区，统筹资源条件和消纳能力，因地制宜确定适宜开发范围，严守生态保护红线，科学选择生态治理方式、植被配置模式等，探索不同条件下有效的光伏治沙建设方案，带动沙漠治理、耐旱植物种植、观光旅游等相关产业发展，形成沙漠治理、生态修复、生态经济、沙产业多位一体、治用并行、平衡发展的体系。单个示范项目建设规模不宜小于50万kW。

（2）光伏廊道示范。主要支持利用铁路边坡、高速公路、主干渠道、园区道路和农村道路两侧用地范围外的空闲土地资源，因地制宜推进分布式光伏应用或小型集中式光伏建设，探索与城乡交通建设发展相结合的多元开发、就近利用、绿电替代、一体化运维的新型光伏开发利用模式。

（3）深远海海上风电平价示范。主要支持海上风能资源和建设条件好的区域，结合海上风电基地建设，融合深远海风电技术示范，通过规模开发、设计优化、产业协同等措施，推动深远海海域海上风电项目降低工程造价、经济性提升和实现无补贴平价上网。深远海海上风电平价示范项目单体规模不低于100万kW。

（4）海上光伏试点。主要支持在太阳能资源和建设条件好的盐田等已开发建设海域，试点推动海上光伏项目建设，通过设计、施工、运维全生命周期优化以及产业协同等措施，推动项目技术水平和经济性提升，融合相关行业发展需求，形成可复制、可推广的海上光伏开发模式，重点分析评估海上光伏方阵、桩基对海洋资源生态环境影响，关注生态修复措施成效。

（5）海上能源岛示范。主要支持结合海上风电开发建设，融合区域储能、制氢、海水淡化、海洋养殖等发展需求，探索推进具有海上能源资源供给转换枢纽特征的海上能源岛建设，建设包括但不限于海上风电、海上光伏、海洋能、制氢（氨、甲醇）、储能等多种能源资源转换利用一体化设施。海上风电制氢、海水淡化、海洋牧场等海洋综合立体开发利用示范类型不少于2种。

（6）海上风电与海洋油气田深度融合发展示范。

主要支持石油公司在海上油气生产平台周边 10km 海域内建设海上风电场，探索推进海上风电和海洋油气协同开发、就近接入、绿电替代、联合运维等融合发展方案，形成海上风电与油气田区域电力系统互补供电模式。

（7）生物天然气产业化示范。主要支持粮食主产区和畜禽养殖集中区等有机废弃物丰富、禽畜粪污处理紧迫、用气需求量大的区域，因地制宜建设年产千万立方米级的生物天然气示范工程，带动农村有机废弃物处理、有机肥生产和消费、清洁燃气利用的循环产业体系建立。

（8）生物质能清洁供暖示范。主要支持在具备清洁采暖需求和条件的乡镇地区，因地制宜通过生物质热电联产、集中式生物质锅炉供暖等不同方式，实现乡镇地区清洁供暖。在大气污染防治非重点地区乡村，可按照就地取材原则，因地制宜推广户用成型燃料炉具供暖。

（9）地热能发展高质量示范区。主要支持大规模、区域化地热供暖项目，在地热能管理方式、建设模式、开发技术、系统设计、环境保护、运维管理等方面的创新应用，实现地热能综合、梯次高效开发利用，推动地热供暖高质量发展。

（三）高比例应用类

（1）发供用高比例新能源示范。主要支持园区、企业、公共建筑业主等用能主体，利用新能源直供电、风光氢储耦合、柔性负荷等技术，探索建设以新能源为主的多能互补、源荷互动的综合能源系统，通过开发利用模式创新，推动新能源开发、输送与终端消费的一体化融合，打造发供用高比例新能源示范，实现新能源电力消费占比达到 70% 以上。

（2）绿色能源示范园（区）。主要支持绿色低碳产业聚集、工业节能降碳基础好、能源消耗计量工作扎实的工业园区，因地制宜开发利用风、光、生物质、地热能等可再生能源，开展可再生能源消费替代行动，使得区域内新增能源消费 100% 由可再生能源满足。优先选择国际合作生态园、国家经济开发区、省级产业园区等示范带动作用显著的园区。

（3）村镇新能源微能网示范。主要支持在有条件的区域结合当地资源及用能特点，综合利用新能源和各类能源新技术，以村镇为单元，构建以风、光、生物质为主，其他清洁能源为辅，高度自给的新能源微能网，提升乡村用能清洁化、电气化水平，支撑生态宜居美丽乡村建设。

四、工作要求

（1）技术先进，经济合理。示范项目应具备技术先进性，所采用的技术路线、工程装备应达到业内先进水平，鼓励采用自主知识产权的原创技术；工程投资及收益合理，经济评价可行，鼓励探索创新性商业模式。支持依托示范项目，组织制定一批行业标准，强化标准实施应用。

（2）效果显著，可推广性强。示范项目应具有突出的设计理念、创新成果、示范效果，重点体现在提升可再生能源利用技术、促进可再生能源高效利用、提高可再生能源利用经济性等方面同时，具有较强的可复制性和推广应用潜力。

（3）基础要素完备，按时开工。申报示范项目前期工作充分，投资主体、用地、环评、消纳条件、实施方案等均已得到落实，示范项目原则上在"十四五"期间开工建设，并持续推进项目建成投产。

五、组织实施

（1）项目组织。坚持以省为主、国家统筹。各省级能源主管部门按照本通知有关要求，进一步细化本地区拟开展示范的有关要求和评价标准，组织企业报送示范项目实施方案等材料，也可从本地区选取符合要求的已开展项目；组织第三方技术机构逐个项目进行评审，根据评审意见，形成本地区试点示范项目清单；按照"优中选优、宁缺毋滥"的原则，审慎安排示范项目，原则上各省（自治区、直辖市）开展的示范工程每类不超过 2 个项目。试点示范项目情况及时报国家能源局。

（2）项目管理。各省级能源主管部门要在消纳有保障、经济可承受的前提下，按要求组织相关开发企业推进试点示范项目建设，项目应取得必要支持性文件后方可开工建设。对于建设内容发生重大变更、技术路线发生重大调整或无法继续实施的项目，要及时提出更新调整建议。

（3）经验推广。示范项目建成后，各省级能源主管部门及时组织验收和总结评价，并将项目完成情况报国家能源局。国家能源局会同相关省级能源主管部门根据试点示范项目完成情况，综合评估示范效果、推广前景，并结合实际情况适时在更大范围内进行宣传推广。

（4）监督管理。各省级能源主管部门与派出机构要加强对本地区试点示范项目实施工作的监管，对照各省（自治区、直辖市）先期制定的试点示范工程相关标准和要求，持续跟踪项目建设进度、政策执行情况、指标完成情况、示范效果等，并严控施工质量，保障项目安全有序实施。

（5）政策支持。各地区根据实际情况，对试点示范项目积极给予资金支持，经统筹纳入各级国土空间规划后，加大用地用海等要素保障，优化项目审批流程，为试点示范项目建设创造良好条件。

国家能源局印发《关于进一步规范可再生能源发电项目电力业务许可管理的通知》

国家能源局 2023 年 10 月 7 日以国能发资质规〔2023〕67 号文印发《关于进一步规范可再生能源发电项目电力业务许可管理的通知》，该"通知"全文如下。

为进一步规范可再生能源发电项目电力业务许可管理，助力推动能源绿色低碳高质量发展，现就有关事项通知如下。

一、豁免分散式风电项目电力业务许可

在现有许可豁免政策基础上，将分散式风电项目纳入许可豁免范围，不要求其取得电力业务许可证。

本通知印发前，已取得电力业务许可证的分散式风电项目运营企业，向所在地国家能源局派出机构（以下简称派出机构）申请注销电力业务许可证。

二、明确可再生能源发电项目相关管理人员兼任范围

可再生能源发电项目运营企业申请电力业务许可证时，其生产运行负责人、技术负责人、安全负责人和财务负责人的任职资格和工作经历应符合《电力业务许可证管理规定》要求。项目由专业运维公司或企业（集团）内部关联企业统一管理的上述人员中，技术负责人、财务负责人可在不同省份项目间兼任；生产运行负责人只能在同一省份不同项目间兼任，其他情况不得兼任。可再生能源发电项目运营企业申请电力业务许可证时，应提供上述人员的任职文件及相关工作经历。

已取得电力业务许可证的可再生能源发电项目运营企业，如管理人员不符合上述要求，应在本通知印发后 1 年内进行变更，逾期未变更的，按照许可条件未保持情况处理。

三、规范可再生能源发电项目许可登记

风电、光伏发电等可再生能源发电项目申请电力业务许可证时，"机组情况登记"同一栏目中可登记单台/个（以下统称台）机组/单元（以下统称机组），也可登记多台机组。登记单台机组的，投产日期为机组首次并网发电的日期；登记多台机组的，投产日期为多台机组中最后一台机组并网的日期。同一批次投产机组因机组型号不同分开登记的，投产日期均登记为该批次最后一台机组的并网日期。项目运营企业应对申请电力业务许可证时填报的投产日期真实性负

责。本通知印发前已经取得电力业务许可证的企业，许可证中登记的机组投产日期与上述要求不一致的，应在本通知印发后 1 年内向发证机关申请登记事项变更，并提供可以证明机组投产日期的有关材料；逾期未变更的，按照企业运营机组实际情况与许可登记不一致情况处理。

光伏发电项目以交流侧容量（逆变器的额定输出功率之和，单位 MW）在电力业务许可证中登记，分批投产的可以分批登记。本通知印发前，以光伏组件的标称功率总和（单位 MWp）在电力业务许可证中登记的，不再进行变更。

四、调整可再生能源发电项目（机组）许可延续政策

达到设计寿命的风电机组，按照《风电场改造升级和退役管理办法》（国能发新能规〔2023〕45 号）相关规定及时开展安全性评估。经评估符合安全运行条件且评估结果报当地能源主管部门后，相关运营企业按照《电力业务许可证监督管理办法》第十五条申请许可延续；未开展安全评估或评估结果不符合安全运行要求的，注销（变更）电力业务许可证。

达到设计寿命的生物质、光热发电机组，参照煤电机组许可延续政策和标准执行。

根据目前水电行业管理政策，水电机组暂不纳入许可延续管理。水电机组申请电力业务许可证时，不登记机组设计寿命。

五、明确异地注册企业电力业务许可管理职责

可再生能源发电项目所在地与运营企业注册地不在同一省份的，该发电项目电力业务许可证的申请及变更应向项目所在地派出机构提出。同一企业在不同派出机构辖区运营多个可再生能源发电项目，但未在项目所在地市场监督管理部门登记为公司、非公司企业法人或分支机构的，电力业务许可证的申请及许可事项的变更应由项目法人分别向各项目所在地派出机构提出。某个企业（以统一社会信用代码识别）在一个派出机构辖区内，所有项目只能取得一个电力业务许可证。

六、加强可再生能源发电项目许可数据信息管理

建立许可数据信息定期核验机制，持证可再生能源发电项目运营企业应当结合日常业务，每年对运营项目许可相关数据信息进行 1 次核对，对已发生变化的登记事项和许可事项应在 30 日内向派出机构申请办理变更手续，并补充完善其他相关数据信息。对于 2 年内未登录系统进行数据信息完善的企业，派出机

构应予以重点关注,加强日常监管,确保许可数据信息动态调整,同时在国家可再生能源发电项目信息管理平台建档立卡系统中予以更新。

本通知自印发之日起施行,有效期5年。

国家能源局公布
《第三批能源领域首台(套)重大技术装备(项目)名单》

国家能源局2023年10月24日发布2023年第6号公告,该"公告"全文如下。

为持续推进能源领域首台(套)重大技术装备示范应用,加快能源重大技术装备创新,切实保障关键技术装备产业链供应链安全,国家能源局组织了第三批能源领域首台(套)重大技术装备申报及评定工作。现就有关事项公告如下。

(1)根据各有关单位申请,经组织专家评审、复核和公示,决定将"新型高效灵活燃煤发电机组"等58个技术装备(项目)列为第三批能源领域首台(套)重大技术装备项目。各有关单位要抓紧推动技术装备研制,突破并掌握关键技术,扎实推示范应用,确保首台(套)重大技术装备示范任务落地。

(2)按照《关于促进首台(套)重大技术装备示范应用的意见》(发改产业〔2018〕558号)和国家能源局《关于促进能源领域首台(套)重大技术装备示范应用的通知》(国能发科技〔2018〕49号),能源领域首台(套)重大技术装备研制单位及其依托工程享受如下有关政策:

1)承担首台(套)重大技术装备示范任务的依托工程优先纳入相关规划并由各级投资主管部门按照权限核准或审批。

2)能源领域首台(套)重大技术装备招投标,经报行业主管部门批准,可采用单一来源采购、竞争性谈判等方式以保障示范任务落实。

3)承担首台(套)重大技术装备示范任务的依托工程根据实际需要,可在年度上网电量指标安排、发电机组并网运行、调度方式、燃料供应和监管等方面给予适当优惠,鼓励地方根据实际情况进一步细化并落实知识产权、资金、税收、金融、保险等支持政策。

4)承担首台(套)重大技术装备示范任务的依托工程,根据实际情况享有示范应用过失宽容政策。

(3)根据《能源领域首台(套)重大技术装备评定和评价办法》(国能发科技〔2022〕81号),能源领域首台(套)重大技术装备研制单位和依托工程承担单位要及时向我局报告工作进展情况,依托工程投产运行一年后开展示范应用自评价,形成自评价报告报送我局。第三批能源领域首台(套)重大技术装备(项目)名单(水电及新能源部分)见表1。

表1　　　第三批能源领域首台(套)重大技术装备(项目)名单(水电及新能源部分)

编号	技术装备(项目)名称		研制单位	依托工程
1	兆瓦级纯氢燃气轮机		国家电投集团北京重燃能源科技发展有限公司、中国联合重型燃气轮机技术有限公司、上海发电设备成套设计研究院有限责任公司	国家电投通辽霍林河循环经济纯氢燃机示范项目、中国重燃上海临港试验基地智慧能源项目
2	大型混流式水轮发电机组控制保护系统关键设备	650MW水轮发电机调速器控制系统	华能澜沧江水电股份有限公司、西安热工研究院有限公司、南京南瑞水利水电科技有限公司	糯扎渡水电站
		650MW水轮发电机励磁系统	华能澜沧江水电股份有限公司、西安热工研究院有限公司、国电南瑞科技股份有限公司	糯扎渡水电站
		700MW水轮发电机继电保护设备	华能澜沧江水电股份有限公司、西安热工研究院有限公司、南京南瑞继保工程技术有限公司	小湾水电站
3	16MW海上风力发电机组整机和主轴承重大部件		中国长江三峡集团有限公司、金风科技股份有限公司、洛阳LYC轴承有限公司、中国三峡新能源(集团)股份有限公司、长江三峡集团福建能源投资有限公司、福建金风科技有限公司、浙江金风科技有限公司、江苏金风科技有限公司	平潭外海海上风电场项目、漳浦六鳌海上风电场二期项目

编号	技术装备（项目）名称	研制单位	依托工程
4	基于双馈风电机组采用自同步电压源控制体现同步机特性的百兆瓦级风力发电系统	鲁能新能源（集团）有限公司、上海交通大学风力发电研究中心、华锐风电科技（集团）股份有限公司、深圳市禾望电气股份有限公司	干河口南北风电场技术升级改造项目
5	高效紧凑型串列式双风轮风电机组	中国华能集团清洁能源技术研究院有限公司	华能吉林通榆乡村振兴风电场
6	熔盐线性菲涅尔式聚光集热系统成套装备	兰州大成科技股份有限公司	兰州大成科技股份有限公司敦煌熔盐线性菲涅尔式5万kW光热发电示范项目
7	20MW等级双工质地热发电装备	东方电气集团东方汽轮机有限公司	中核西藏谷露地热发电一期工程项目
8	ZHN10-30 170kA发电机断路器成套装置	中国三峡建工（集团）有限公司、西安西电开关电气有限公司	白鹤滩水电站
9	兆瓦时级固态锂离子电池储能系统	中国长江三峡集团有限公司、北京卫蓝新能源科技有限公司	乌兰察布源网荷储一体化技术研发试验基地项目
10	单机容量2MW磁悬浮飞轮储能系统	中国航天科工飞航技术研究院	—
11	100MW·h重力储能成套装备	中国天楹股份有限公司	如东100MW·h重力储能项目
12	百兆瓦级高压级联直挂式储能系统	中国长江三峡集团有限公司、中国电力国际发展有限公司、清华大学、西安西电电力系统有限公司	三峡乌兰察布新一代电网友好绿色电站示范项目、姚孟发电100MW级联式储能示范项目
13	铁基液流储能系统	巨安储能武汉科技有限责任公司、中国广核新能源控股有限公司、中电建新能源集团股份有限公司	中广核公安县铁基液流储能电站（电网侧）、中电建英山县铁基液流储能电站（电源侧）
14	兆瓦级质子交换膜制氢及发电系统	中国科学院大连化学物理研究所、国网安徽省电力有限公司电力科学研究院、中国能源建设集团安徽省电力设计院有限公司	六安兆瓦级氢能综合利用站科技示范工程
15	10kW级"氨-氢"燃料电池分布式发电系统	福大紫金氢能科技股份有限公司	中国铁塔龙岩基站绿色备用电源示范项目
16	整锻转子中心体	二重（德阳）重型装备有限公司、中国三峡建工（集团）有限公司	长龙山抽水蓄能电站5、6号机组

国家能源局印发《电力安全事故调查程序规定》

国家能源局2023年11月2日以国能发安全规〔2023〕76号文印发《电力安全事故调查程序规定》，该"规定"全文如下。

电力安全事故调查程序规定

第一条 为了规范电力安全事故调查工作，根据《中华人民共和国安全生产法》《生产安全事故报告和调查处理条例》和《电力安全事故应急处置和调查处理条例》等法律法规，制定本规定。

第二条 国家能源局及其派出机构（以下简称能源监管机构）组织调查电力安全事故（以下简称事故），适用本规定。

国务院授权国家能源局组织调查特别重大事故，国家另有规定的，从其规定。

第三条 事故调查应当按照依法依规、实事求是、科学严谨、注重实效的原则，及时、准确地查清事故原因，查明事故性质和责任，评估应急处置工作，总结事故教训，提出整改措施，并对事故责任单位和人员提出处理建议。

第四条 任何单位和个人不得阻挠和干涉对事故的依法调查。

第五条 能源监管机构调查事故，应当及时组织事故调查组。

第六条 重大事故、国务院授权组织调查的特别重大事故由国家能源局组织事故调查组。

第七条 较大事故、一般事故由事故发生地国家能源局派出机构（以下简称派出机构）组织事故调查组。

较大事故、一般事故跨省（自治区、直辖市）的，由事故发生地国家能源局区域监管局组织事故调查组；较大事故、一般事故跨区域的，由国家能源局指定派出机构组织事故调查组。

国家能源局认为有必要调查的较大事故，由国家能源局组织事故调查组。

派出机构可委托事故发生单位组织调查未造成供电用户停电的一般事故。

第八条 组织事故调查组应当遵循精简、高效的原则。根据事故的具体情况，事故调查组由能源监管机构、有关地方人民政府、应急管理部门、负有电力安全生产监督管理职责的地方电力管理部门派人组成。

事故有关人员涉嫌失职、渎职或者涉嫌犯罪的，应当邀请监察机关、公安机关、人民检察院派人参加。

能源监管机构可以聘请有关专家参加事故调查组，协助事故调查。

第九条 事故调查组成员应当具有事故调查所需要的知识和专长，与所调查的事故、事故发生单位及其主要负责人、主管人员、有关责任人员没有直接利害关系，由能源监管机构核定。

第十条 事故调查实施调查组组长负责制，事故调查组组长由能源监管机构指定。事故调查组组长主持事故调查组的工作，并履行下列职责：

（1）组织编制并实施事故调查方案。

（2）协调决定事故调查工作中的重要问题。

（3）根据调查的实际情况，组织调查组提出有关事故调查的结论性意见。

（4）审核事故涉嫌犯罪的材料，批准将有关材料或者复印件按程序移交相关部门处理。

（5）组织事故调查组开展其他相关工作。

事故调查组成员对事故的原因、性质和处理建议等不能取得一致意见时，事故调查组组长有权提出结论性意见。

第十一条 根据事故调查需要，能源监管机构可以重新组织事故调查组或者调整事故调查组成员。

第十二条 事故调查组应当制定事故调查方案。事故调查方案应包括事故调查的工作原则、职责分工、方法步骤、时间安排、措施要求等内容。

第十三条 事故调查组进行事故调查，应当制作事故调查通知书。事故调查通知书应当向事故发生单位、事故涉及单位出示。

第十四条 事故调查组勘查事故现场，可以采取照相、录像、绘制现场图、采集电子数据、制作现场勘查笔录等方法记录现场情况，提取与事故有关的痕迹、物品等证据材料。事故调查组应当要求事故发生单位移交事故应急处置形成的有关资料、材料。

第十五条 事故调查组可以进入事故发生单位、事故涉及单位的工作场所或者其他有关场所，查阅、复制与事故有关的工作日志、运行记录、工作票、操作票、设备台账、录音、视频等文件、资料，查阅、调取与事故有关的设备内部存储信息等，对可能被转移、隐匿、销毁的文件、资料予以封存。上述文件、资料如涉密，按照相关保密规定执行。

第十六条 事故调查组应当根据事故调查需要，对事故发生单位有关人员、应急处置人员等知情人员进行询问。询问应当形成询问笔录。

事故发生单位负责人和有关人员在事故调查期间应随时接受事故调查组的询问，如实提供有关情况。

事故发生有关单位和人员应当依法妥善保护事故现场以及相关证据，并配合调查组进行调查取证，任何单位和个人不得故意破坏事故现场、毁灭相关证据。

第十七条　事故调查组进行现场勘查、检查或者询问知情人员，调查人员不得少于 2 人。

第十八条　事故调查需要进行技术鉴定的，事故调查组应当委托具有国家规定资质的单位进行。必要时，事故调查组可以直接组织专家进行。

第十九条　事故调查组应当收集与事故有关的原始资料、材料。因客观原因不能收集原始资料、材料，或者收集原始资料、材料有困难的，可以收集与原始资料、材料核对无误的复印件、复制品、抄录件、部分样品或者证明该原件、原物的照片、录像等其他证据。

现场勘查笔录、检查笔录、询问笔录和鉴定意见应当由调查人员、勘查现场有关人员、被询问人员和鉴定人签名。

事故调查组应当依照法定程序收集与事故有关的资料、材料，并妥善保存。

第二十条　事故调查组成员在事故调查工作中应当诚信公正，恪尽职守，遵守纪律，保守秘密。

未经事故调查组组长允许，事故调查组成员不得擅自发布有关事故的信息。

第二十一条　事故调查组应当查明下列事故情况：

（1）事故发生单位的基本情况。

（2）事故发生的时间、地点、现场环境、气象等情况，事故发生前电力系统的运行情况。

（3）事故经过、事故应急处置情况，事故现场有关人员的工作内容、作业时间、作业程序、从业资格等情况。

（4）与事故有关的仪表、自动装置、断路器、保护装置、故障录波器、调整装置等设备和监控系统、调度自动化系统的记录、动作情况。

（5）事故影响范围，电网减供负荷比例、城市供电用户停电比例、停电持续时间、停止供热持续时间、发电机组停运时间、设施设备损坏等情况。

（6）事故涉及设施设备的规划、设计、选型、制造、加工、采购、施工安装、调试、运行、检修等方面的情况。

（7）事故调查组认为应当查明的其他情况。

第二十二条　事故调查组应当查明事故发生单位执行有关安全生产法律法规及强制性标准规范，加强安全生产管理，建立健全安全生产责任制度，完善安全生产条件等情况。

第二十三条　涉及由能源监管机构一并牵头调查的人身伤亡的事故，事故调查组除应查明本规定第二十一条、第二十二条规定的情况外，还应当查明：

（1）人员伤亡数量、人身伤害程度等情况。

（2）伤亡人员的单位、姓名、文化程度、工种等基本情况。

（3）事故发生前伤亡人员的技术水平、安全教育记录、从业资格、健康状况等情况。

（4）事故发生时采取安全防护措施的情况和伤亡人员使用个人防护用品的情况。

（5）能源监管机构认为应当查明的其他情况。

第二十四条　事故调查组应当在查明事故情况的基础上，确定事故发生的原因，判断事故性质并作出责任认定。

第二十五条　事故调查组应当根据现场调查、原因分析、性质判断和责任认定等情况，撰写事故调查报告。

事故调查报告的内容应当符合《中华人民共和国安全生产法》《生产安全事故报告和调查处理条例》和《电力安全事故应急处置和调查处理条例》的规定，并附具有关证据材料和技术分析报告。

第二十六条　事故调查组成员应当在事故调查报告上签名。事故调查组成员对事故调查报告的内容有不同意见的，应当在事故调查报告中注明。

第二十七条　事故调查报告经组织事故调查的能源监管机构审查批复，事故调查工作即告结束。

由事故发生地派出机构组织调查的较大事故和一般事故，事故调查报告应当报国家能源局，并抄送相关省级人民政府安全生产委员会办公室。

第二十八条　事故调查应当按照《电力安全事故应急处置和调查处理条例》规定的期限完成。

下列时间不计入事故调查期限：

（1）瞒报、谎报、迟报事故的调查核实所需的时间。

（2）因事故救援无法进行现场勘查的时间。

（3）本规定第十八条所述的技术鉴定时间。

第二十九条　事故调查涉及行政处罚的，应当符合行政处罚案件立案、调查、审查和决定的有关规定。

第三十条　能源监管机构应当依据事故调查报告，对事故发生单位及其有关人员依法依规给予行政处罚。

第三十一条　能源监管机构应当依据事故调查报告，制作监管文书，对有关人员提出给予处分或者其他处理的意见，送达有关单位。有关单位应当依据监管文书要求依法处理，并将处理情况报告能源监管机构。

第三十二条　事故调查过程中发现违法行为和安全隐患，能源监管机构有权予以纠正或者要求限期整改。要求限期整改的，能源监管机构应当及时制作整改通知书。

被责令整改的单位应当按照能源监管机构的要求

进行整改,并将整改情况以书面形式报能源监管机构。

第三十三条　事故发生单位应当认真吸取事故教训,制定落实事故防范和整改措施方案。能源监管机构和负有电力安全生产监督管理职责的地方电力管理部门应当对事故发生单位和有关人员落实事故防范和整改措施的情况进行监督检查,必要时进行专项督办。

第三十四条　事故调查报告由牵头组织事故调查的单位依法向社会公布,依法应当保密的除外。

第三十五条　负责事故调查处理的能源监管机构应当在批复事故调查报告后一年内,组织有关部门对事故整改和防范措施落实情况进行评估,并及时向全行业公开评估结果。

第三十六条　有关单位和人员拒不配合、阻碍、干扰事故调查工作的,或不执行对事故责任人员的处理决定的,事故调查相关单位依据《中华人民共和国安全生产法》《电力监管条例》《生产安全事故报告和调查处理条例》和《电力安全事故应急处置和调查处理条例》等法律法规对相关责任单位和人员进行处理。

第三十七条　电力生产或者电网运行过程中发生发电设备或者输变电设备损坏,造成直接经济损失的事故,未影响电力系统安全稳定运行以及电力正常供应的,由能源监管机构依照本规定组织事故调查组对重大事故、较大事故和一般事故进行调查。

第三十八条　未造成供电用户停电的一般事故,派出机构委托事故发生单位组织事故调查的,派出机构应当制作事故调查委托书,确定事故调查组组长,审查事故调查报告。事故发生单位组织事故调查,参照本规定执行。

第三十九条　本规定自 2023 年 11 月 10 日起施行,有效期 5 年。本规定由国家能源局负责解释。

国家能源局综合司印发《2023 年电力安全监管重点任务》

国家能源局综合司 2023 年 1 月 17 日以国能综通安全〔2023〕4 号印发《2023 年电力安全监管重点任务》,该“重点任务”全文如下。

2023 年电力安全监管重点任务

一、指导思想

以习近平新时代中国特色社会主义思想为指导,认真学习贯彻党的二十大精神,深入贯彻落实习近平总书记关于安全生产重要论述,严格落实党中央、国务院关于安全生产的各项决策部署,坚持“安全第一,预防为主,综合治理”,统筹发展和安全,扎实推进落实《电力安全生产“十四五”行动计划》,着力防范化解重大电力安全风险,高效开展电力安全专项监管和重点监管,努力提升安全监管效能,不断加强电力应急管理,持续推动电力安全治理体系和治理能力现代化,为全面建设社会主义现代化国家营造安全稳定的电力供应环境。

二、基本目标

杜绝重大以上电力人身伤亡责任事故、杜绝重大以上电力安全事故、杜绝电力系统水电站大坝垮坝漫坝事故,确保电力系统安全稳定运行和电力可靠供应,保持电力安全生产形势稳定。

三、重点任务

(一)认真学习贯彻党的二十大精神和习近平总书记关于安全生产重要论述

(1)认真学习贯彻党的二十大精神。深入学习宣传贯彻党的二十大精神,及时传达学习党中央、国务院关于安全生产决策部署,准确领会和把握党中央、国务院对电力安全工作的新部署和新要求,进一步增强做好电力安全监管工作重要性认识,筑牢电力安全工作思想基础。

(2)全面学习贯彻习近平总书记关于安全生产重要论述。将学习习近平总书记关于安全生产重要论述和重要批示纳入各级党委(党组)学习计划和干部员工教育培训计划,坚持以人民为中心的发展思想,树牢人民至上、生命至上理念。贯彻落实“三管三必须”和国务院安委会十五条硬措施要求,进一步落实地方电力安全管理责任,完善齐抓共管机制。

(3)加强电力安全宣传教育培训。加强电力安全文化建设,认真组织开展“安全生产月”“安全生产万里行”等活动。聚焦构建新型能源体系和新型电力系统,深入研究电力安全生产面临的新形势、新挑战,提出应对举措。举办第三届电力安全管理和技术论坛。组织开展电力安全监管培训。

(二)认真贯彻党中央、国务院决策部署

(1)加强电力安全工作统筹协调。充分发挥国家能源局安全生产工作领导小组和全国电力安委会作用,加强对电力安全监管工作的统筹协调和把关定向。配合做好 2022 年度国务院安委会成员单位安全生产考核工作,全面落实考核反馈意见。精简高效开展派出能源监管机构电力安全生产考核。

(2)全力做好电力供应保障。开展年度电网运行方式和电力供需形势分析，做好迎峰度夏（冬）等重点时段电力安全保障和突发事件应对工作，加强燃煤机组非计划和出力受阻停运监管，确保电力安全可靠供应。组织做好全国"两会"、杭州亚运会、"一带一路"国际合作高峰论坛等重大活动保电和网络安全保障工作。

（3）推进能源重大基础设施安全风险评估。总结试点工作经验，制定能源重大基础设施安全风险评估实施细则，推进全面评估和专项评估工作，保障能源重大基础设施安全可靠运行。

（4）做好电力行业防汛抗旱工作。按照国家防汛抗旱总指挥部统一部署，认真做好电力行业防汛抗旱工作，组织开展防汛抗旱督查检查，加强水电站大坝度汛安全监管。

（三）防范化解重大电力安全风险

（1）做好电力安全风险管控和隐患排查治理工作。优化电力安全风险管控会议和风险管控周报等"季会周报"工作机制。落实重大电力安全隐患监督管理规定和判定标准，组织开展宣贯和隐患报送工作，滚动调整重大隐患清单，强化重大隐患挂牌督办。

（2）加强大电网骨干网架安全监管。持续强化重要输变电设施安全风险管控，发挥有关输电通道联合防控工作机制作用，组织经验交流，协调重点、难点问题，加强重大输电工程路径密集性风险评估。通过宣传培训、现场检查等多种形式，督促电网企业落实直流输电系统安全管理有关政策文件要求。加强与设备质量监管机构、行业协会等部门的监管协同，提升电力设备质量，切实防范电力设备安全事故。

（3）加强电网安全风险管控。完善电网运行方式分析制度，形成覆盖全年、层次清晰、重点突出的电网运行方式分析机制。组织开展电化学储能、虚拟电厂、分布式光伏等新型并网主体涉网安全研究，加强"源网荷储"安全共治。推进非常规电力系统安全风险管控重点任务落实。

（4）推进电力行业网络与信息安全工作。组织开展网络安全五年行动计划中期评估，持续推进电力行业网络安全"明目""赋能""强基"行动。加强网络安全态势感知能力建设，推进国家级电力网络安全靶场建设，组织开展年度攻防演练。修订行业网络安全事件应急预案，建立完善网络安全监督管理技术支撑体系，推动量子计算、北斗、商用密码等在电力行业的应用。

（四）开展电力安全专项监管和重点监管

（1）开展电力二次系统安全管理专项监管。落实《电力二次系统安全管理若干规定》，建立完善电力二次系统安全管理书面报告制度。对电力企业落实二次系统安全管理有关政策规定情况、二次系统技术监督工作开展情况开展专项监管，印发《电力二次系统安全管理专项监管报告》。

（2）开展电力行业关键信息基础设施安全保护专项监管。制修订电力关键信息基础设施安全保护政策性文件，动态开展认定。对电力行业运营者落实关键信息基础设施安全保护要求的有关情况开展专项监管，印发《电力行业关键信息基础设施安全保护专项监管报告》。

（3）开展水电站大坝安全提升专项行动。加强水电站大坝安全注册和定期检查工作。对乙级注册大坝开展全覆盖监督检查，督促指导电力企业开展极端事件后果分析，制定强化大坝关键设备管理措施，按时高质量完成风险隐患整治工作。督促指导电力企业加快推进大坝安全信息化建设，按要求建立大坝安全在线监控系统。专项行动持续2年时间，发布《水电站大坝安全提升专项行动总结报告》。

（4）开展海上风电施工安全专项监管。编写海上风电施工安全检查（督查）事项清单，细化安全监管要求。加强与地方应急、海事、交通运输等部门的协调沟通，进一步形成监管合力。做好海上风电质监工作。发布《海上风电施工安全和质量监督专项监管情况通报》。

（5）开展重要直流输电系统安全监管。在东北、华中区域对电力企业落实直流输电系统安全管理相关政策文件情况开展监管，印发《东北区域直流输电系统安全监管报告》《华中区域直流输电系统安全监管报告》。

（五）持续提升安全监管工作效能

（1）健全电力安全监管规章制度体系。继续梳理完善电力安全监管涉及法律法规和规范性文件，推进《电力安全事故应急处置和调查处理条例》《电力安全生产监督管理办法》《电力监控系统安全防护规定》《电力建设工程施工安全监督管理办法》等法规规章修订工作。

（2）加强电力安全监管执法。落实新《安全生产法》《电力安全监管执法指引》等要求，依法依规开展电力安全监管执法，加大力度打击惩治电力安全违法违规行为。每季度向全社会公布典型电力安全监管执法案例，发挥执法案例震慑警示作用。

（3）完善电力安全事故统计分析。建立事故分析监管研判机制，按月编制事故快报，按年汇编统计全年事故情况，针对性提出监管意见建议，督促有关企业深入分析事故背后的体制机制、安全投入、教育培训等管理原因。

（4）深化事故"说清楚"机制。以人身事故为重点，由事故企业负责人在电力安全风险管控会议上

"说清楚",剖析事故原因,督促电力企业深刻吸取事故教训,将人民至上、生命至上理念深度融入电力安全生产管理全过程。

（六）做好日常安全监管工作

（1）深化电力可靠性管理。修订印发《关于加强电力可靠性管理工作的意见》,试点推广以可靠性为中心的设备检修策略研究成果。开展全国电力可靠性数据自查、互查和专项检查,探索发电设备基于实时数据的可靠性指标系统,提升数据质量。

（2）加强施工安全监管和工程质量监督工作。对全国在建电力建设重点工程（水电、大型火电、抽水蓄能、特高压工程、大型风电光伏工程）开展"四不两直"施工安全及质量监督专项督查。做好以信用为基础的新型电力安全监管机制试点。推动电力建设施工领域智慧工地建设。指导有关行业协会推进产业工人实名制平台开发建设应用。制定《电力建设工程质量监督机构考核管理办法》《新型储能电站建设工程质量监督检查大纲》,对电力质监机构开展调研督导。

（3）加强煤电安全监管。深入分析煤电机组定位变化对安全生产的影响,研究煤电机组深度调峰安全评估标准规范。梳理全国煤电机组设计寿命总体情况,组织研究机组延寿安全评估标准规范。继续推进煤电机组普遍性、家族性风险隐患整治。督促电力企业加强燃煤（生物质）电厂除尘器等设备设施缺陷隐患排查治理,继续推进公用燃煤电厂液氨重大危险源尿素替代改造工作。

（4）加强新能源发电安全监管。加强风电、光伏、小水电并网安全评价行业标准宣贯执行。研究制定新能源涉网安全监督管理措施和流程。开展小散远发电企业安全排查专项行动"回头看"。

（5）加强电力行业防雷安全管理。研究推进电力行业防雷装置检测和雷电防护信息化推广应用,梳理电力工程建设、生产运行等阶段防雷管理工作。

（七）加强电力应急管理

（1）加强电力应急能力建设。开展国家级应急基地和应急研究中心顶层规划设计,统一基础功能、突出专业特色,研究布局建设全国性基地。研究国家级电力应急救援队伍、应急救援物资征集调用机制,进一步强化电力应急工作支撑体系。

（2）开展大面积停电事件应急演练。演练电力系统互济和跨省区支援,切实增强应对迎峰度夏等大负荷和自然灾害等极端情况下的应对处置能力。

（3）推进电力应急管理基础工作。推进行业应急预案修编和预案体系完善工作。积极推进电力应急能

力建设评估工作,定期开展评估。

国家能源局综合司印发《关于加强地质灾害多发区电力生产和建设施工安全风险防范工作的紧急通知》

国家能源局综合司2023年1月19日以国能综通安〔2023〕7号文印发《关于加强地质灾害多发区电力生产和建设施工安全风险防范工作的紧急通知》,该"通知"全文如下。

各省（自治区、直辖市）能源局,有关省（自治区、直辖市）及新疆生产建设兵团发展改革委、工业和信息化主管部门,北京市城市管理委,各派出机构,全国电力安委会各企业成员单位:

近年来,西南等省份部分地区因地震多发,造成山体松动、岩层破碎,易引发崩塌、滑坡、泥石流等地质灾害,给电力安全生产带来严峻考验。为进一步加强地质灾害易发区防灾减灾工作,深刻汲取近期部分地区地质灾害造成水电站施工营地人员伤亡的事故教训,现将有关事项通知如下。

（1）提高思想认识,高度重视地质灾害风险防范。电力行业各单位要清醒认识地质灾害对电力生产和建设施工带来的不利影响,增强忧患意识、坚持底线思维,加强组织领导、细化工作措施,以"时时放心不下"的责任感,坚决做好灾害防范应对工作,最大限度降低地质灾害对电力生产和建设施工的不利影响,确保人民群众生命财产安全。

（2）全面开展地质灾害隐患排查,强化重点部位风险防控。电力企业要结合岁末年初电力安全生产重大隐患专项整治,开展地质灾害隐患排查,摸清底数,加强跟踪监测,采取针对性防治措施,确保人身和设备安全。特别是灾害易发区水电企业,要全面排查水电站周边地质灾害隐患点和风险区,逐一分析研判,制定针对性措施;要加强现场巡查观测,及时及早发现地质灾害苗头,科学处置并落实风险防范措施。

（3）进一步完善应急预案,落实灾害紧急应对措施。电力企业要结合现场建筑物和人员分布,制定灾害突发情况下人员应急转移方案,拟定安全快捷可行的应急转移路线,科学规划避险安置场所,备足备好应急物资装备,开展必要的培训和应急演练;要加强

与当地政府及自然资源、气象、应急、地震等部门的沟通，及时获取有关信息，提升应对地质灾害等突发事件的能力，有效保障水电站大坝等设备设施和现场人员安全。

（4）加强监督指导，做好工作协调。地方电力管理部门、派出机构要加强地质灾害防范应对工作指导、协调，督促电力企业认真落实相关要求，要加强信息报送，遇有地质灾害发生，指导企业迅速启动应急响应，按照"抢险不冒险"的原则，全力开展抢修恢复和人员救治等工作，确保人身安全、设备安全和系统安全。

国家能源局综合司印发《关于进一步做好抽水蓄能规划建设工作有关事项的通知》

国家能源局综合司 2023 年 4 月 23 日以国能综通新能〔2023〕47 号印发《关于进一步做好抽水蓄能规划建设工作有关事项的通知》，该"通知"全文如下。

自《抽水蓄能中长期发展规划（2021～2035年）》发布实施以来，抽水蓄能规划建设成效显著，进入新发展阶段。为贯彻落实党的二十大精神，加快规划建设新型能源体系，助力碳达峰碳中和目标实现，推动抽水蓄能高质量发展，针对当前抽水蓄能规划建设以及行业发展新形势新情况，现就进一步做好有关工作通知如下。

一、充分认识推进抽水蓄能高质量发展的重要意义

抽水蓄能是电力系统重要的绿色低碳清洁灵活调节电源，合理规划建设抽水蓄能电站，可为新能源大规模接入电力系统安全稳定运行提供有效支撑，有利于新能源大规模高比例高质量发展，对构建新型电力系统、促进能源绿色低碳转型意义重大。但同时，与其他常规电源不同，抽水蓄能电站本身并不增加电力供应，其功能作用主要是为电力系统提供调节服务，应根据新能源发展和电力系统运行需要，科学规划、合理布局、有序建设，以抽水蓄能高质量发展促进、保障能源高质量发展。

二、抓紧开展抽水蓄能发展需求论证

电力系统调节需求是抽水蓄能规划建设的重要前提和基本依据。针对目前部分地区前期论证不够、工作不深、需求不清、项目申报过热等情况，坚持需求导向，深入开展抽水蓄能发展需求研究论证工作。力争今年上半年全面完成。

（1）分省分区域开展需求论证。各省级能源主管部门要会同电网企业组织开展本行政区域需求论证工作，按程序上报；国家能源局充分利用各方工作成果，组织国家电网、南方电网和相关机构开展各区域电网以及主要流域水风光一体化基地、以沙漠、戈壁、荒漠地区为重点的大型风电光伏基地等特定电源的需求论证，并形成全国抽水蓄能发展需求论证成果。

（2）科学研究分析未来合理需求。要客观系统分析本地区电力系统发展现状和存在问题，科学分析预测不同规划水平年负荷水平、特性和电源结构等，统筹各类调节电源，按相关规程规范和要求，多方案分析论证抽水蓄能的技术需求、经济合理需求，统筹考虑规划水平年新能源合理利用率、电价承受能力等因素，研究提出抽水蓄能的合理需求规模建议。

（3）突出重点开展需求论证。要重点聚焦"十四五"、统筹"十五五"开工项目规模开展需求论证，以 2030 年和 2035 年为规划水平年，并对 2040 年进行初步分析和展望。

三、有序开展新增项目纳规工作

经深入开展需求论证并按程序确认的合理建设规模是各地区开展项目纳规工作的基础。在抽水蓄能发展需求研究论证基础上，各省级能源主管部门要对本行政区域已纳规项目开展全面评估，统筹已建、在建和已纳规项目，区分抽水蓄能为本省服务、为区域电网服务以及为特定电源服务的不同功能定位，组织开展站址比选、布局优化和项目纳规工作，布局项目要落实到计划核准年度。对于需求确有缺口的省份，按有关要求有序纳规。对于经深入论证、需求没有缺口的省份，暂时不予新增纳规，但可根据实际情况，按照"框定总量、提高质量、优中选优、有进有出、动态调整"的原则，提出项目调整建议。国家能源局根据需求论证情况和实际需要，及时对全国或部分区域的中长期规划进行滚动调整，保持适度超前，支撑发展。

四、大力提升产业链支撑能力

为适应抽水蓄能快速跃升发展需要，组织行业协会、研究机构及重点企业等加强行业监测评估，对抽水蓄能投资、设计、施工、设备制造、运行、管理等产业链各环节进行监测和能力评估，针对开发建设规模、时序不协同和产业链薄弱环节，研究应对措施，加快各方面能力提升，更好支撑行业加快发展。

请各省级能源主管部门、行业组织、电网企业以及各有关单位，按照上述要求认真做好抽水蓄能发展

的各项工作，共同促进抽水蓄能行业平稳有序、高质量发展。

国家能源局综合司印发《申请纳入抽水蓄能中长期发展规划重点实施项目技术要求（暂行）》

国家能源局综合司 2023 年 7 月 7 日以国能综通新能〔2023〕84 号文印发《申请纳入抽水蓄能中长期发展规划重点实施项目技术要求（暂行）》，该"技术要求"全文如下。

申请纳入抽水蓄能中长期发展规划重点实施项目技术要求（暂行）

为落实《抽水蓄能中长期发展规划（2021～2035年）》（以下简称中长期规划）、《国家能源局综合司关于进一步做好抽水蓄能规划建设工作有关事项的通知》（国能综通新能〔2023〕47 号）要求，规范申请纳入中长期发展规划重点实施项目工作（以下简称申请纳规），制定本技术要求。

（1）中长期规划外项目申请纳入规划重点实施项目、按每 5 年规划期明确的重点实施项目申请调整实施周期、规划储备项目申请调整为规划重点实施项目，以及上、下水库位置均发生明显变化或机组台数发生变化的重点实施项目，应在抽水蓄能发展需求研究论证基础上开展申请纳规工作，依据相关规定和要求，做深做实前期工作。省级能源主管部门上报申请纳规报告，应附省级自然资源、生态环境、林业草原等主管部门出具的该项目不涉及生态保护红线等敏感因素的文件，以及区域或省级电网公司的明确意见；利用已建水库或其他单位新建水库的项目应提供水库主管部门的支持性文件。

（2）申请纳规应以抽水蓄能发展需求为基础。需求有缺口的省份，按照本技术要求开展项目申请纳规工作；需求没有缺口的省份，可根据实际情况，按照"框定总量、提高质量、优中选优、有进有出、动态调整"的原则，提出项目优化调整建议。

（3）申请纳规项目应加强功能定位、布局及建设时序等的分析论证，具体要求如下。

1）综合考虑抽水蓄能站点资源分布和项目建设条件，分析本省（自治区、直辖市）及所在区域电力系统负荷与电源分布及其供需特性、网架结构与潮流分布以及与网外电力交换等，明确抽水蓄能项目功能定位与服务范围。

2）在开展区域内站点普查（调查）、布局规划等相关工作基础上，根据本省（自治区、直辖市）抽水蓄能（分区）合理需求规模和布局要求，对代表性站点进行建设条件、设计方案、经济指标、环境影响等综合比选后，优选提出申请纳规项目清单及推荐建设时序。代表性站点数量一般不少于申请纳规项目数量的 1.5 倍。对于"十四五"和"十五五"重点实施项目，应提出分年度核准建设时序安排建议。

3）分析申请纳规项目与中长期规划内重点实施项目在布局、功能定位等方面的差异性，重点论证申请纳规项目在电力系统中的布局合理性。

4）统筹已有重点实施项目与申请纳规项目的工程投资情况，分析工程投资对电价的影响，必要时提出申请纳规项目电价疏导路径。对提供跨省调节、服务特定对象等的项目，应初步明确调度原则，以及投资、价格分摊等重大事项，并征求相关省份或服务对象意见。

（4）申请纳规项目应扎实做好具体技术分析工作，确保纳规项目技术可行、经济合理，具体要求如下。

1）初步查明申请纳规项目水文特征参数，收集分析水文泥沙、气象等资料。分析径流来源和特性，进行径流计算，提出设计控制断面的径流成果。分析流域暴雨洪水成因、暴雨洪水特性。

2）初步分析区域构造稳定性，明确申请纳规项目存在的主要工程地质问题，分析上、下水库成库建坝条件、输水发电系统的成洞条件及天然建筑材料条件。重点开展以下三方面工作。

a. 收集区域地层岩性、断裂构造分布及其活动性、历史地震及现代地震活动资料，并根据《中国地震动参数区划图》（GB 18306—2015）确定站点的地震动参数及相应地震基本烈度，初步评价申请纳规项目的区域构造稳定性和地震安全性。

b. 开展地质测绘、物探和轻型勘探等工作，并布置钻孔，视地质条件复杂程度，必要时可布置平洞。了解上、下水库库区及坝址区、输水发电系统的基本地形地质条件，分析水库渗漏、库岸稳定、围岩稳定性等主要工程地质问题，对上、下水库的成库建坝条件及输水发电系统的成洞条件作出初步评价。利用已有水库的项目应了解坝库岸工程地质条件及运行期主要工程地质问题。

c. 开展天然建筑材料调查，初步评价天然建筑材料储量、质量和开采运输条件。

3）初步排查申请纳规项目环境敏感因素。

a. 根据环境现状初步调查，识别项目可能涉及的环境敏感对象，分析环境敏感对象的保护要求，明确环境敏感对象与站点的区位关系，排除环境制约因素。

b. 初步分析项目与国土空间规划、"三线一单"要求等的符合性与协调性。

c. 初步评价项目开发建设环境可行性。

4）初拟申请纳规项目工程建设方案，初步评价项目经济性。

a. 基本确定上、下水库所在位置。

b. 分析上、下水库库盆条件，初拟上、下水库特征水位，说明水库消落深度与机组水头变幅特性。结合水头特性，初拟连续满发小时数、装机容量、单机容量及机组主要技术参数。

c. 当利用已建水库作为上水库（或下水库）时，应收集其设计与运行资料，初步分析抽水蓄能项目建设与原有水库综合利用、调度运行的相互影响，复核已建水库防洪安全、特征水位，以及建筑物、边坡运行状态。

d. 初步分析项目初期蓄水及正常运行的水量补给条件，当水源不能满足要求时，应提出补水要求及初拟措施。

e. 初步分析与上、下游水利水电工程相互影响以及采取的相应工程措施。

f. 对于泥沙问题突出的项目，应初拟应对措施。

g. 结合地形地质及施工条件等，初拟上、下水库的坝型、坝高及防渗方案，初拟输水发电系统规模，提出距高比，初拟工程布置方案。

h. 初步分析电力系统潮流分布和电站接入系统条件，初拟送出工程电压等级、线路长度。

i. 说明对外交通与施工布置条件，初步提出施工工期。

j. 初步查明工程用地性质、分布情况，涉及主要对象及实物指标，评价建设征地条件，匡算工程建设用地面积和涉及人口数量。

k. 按照规划阶段深度要求，匡算工程投资，初步评价其经济性。利用已建水库或需修建补水工程时应计入相关费用。

（5）其他。

1）为保证抽水蓄能电站规划建设前期工作质量，保障工程安全质量和效益发挥，推动抽水蓄能高质量发展，抽水蓄能论证、规划、设计等工作应通过招标等方式，选择具有相应实力和工作经验的技术单位承担，严格按相关规程规范和要求组织开展，工作内容和深度应符合相关规定和要求，并保证必要的工作周期。

2）规划装机容量较大的项目可以分期建设。非同时共用上水库和下水库的项目为不同项目，不能称为同一项目的分期建设工程。

3）对于与水资源综合利用（如灌溉、供水等）结合建设的项目，除初步分析建设、运行调度等相互影响外，应分析投资分摊和运营成本分摊，明确分摊原则，提出初步方案。

4）同一县级行政区域范围内的不同站点（站址），一般应先作为不同比选站址，优中选优推选作为本行政区的代表站点，在全省范围进行综合比选后申请纳规。同一县级行政区域原则上不得规划建设2个以上抽水蓄能项目，确有必要的，应科学论证并严格审核。

5）纳规项目名称一般按项目所在地的县级行政区名称加所在地名称命名。

6）主要参考规程规范：《抽水蓄能电站选点规划编制规范》（NB/T 35009）、《抽水蓄能电站设计规范》（NB/T 10072）和《抽水蓄能电站水能规划设计规范》（NB/T 35071）。

国家能源局综合司印发《开展新能源及抽水蓄能开发领域不当市场干预行为专项整治工作方案》

国家能源局综合司 2023 年 9 月 4 日以国能综通新能〔2023〕106 号文印发《开展新能源及抽水蓄能开发领域不当市场干预行为专项整治工作方案》，该"方案"全文如下。

开展新能源及抽水蓄能开发领域不当市场干预行为专项整治工作方案

为深入贯彻党的二十大精神，落实党中央、国务院关于加快建设全国统一大市场部署，优化营商环境，着力破除新能源及抽水蓄能开发领域各种形式的地方保护和市场分割，清理影响生产经营成本和生产经营行为等妨碍统一市场和公平竞争的各种做法，决定在新能源及抽水蓄能开发领域开展不当市场干预行为专项整治。现提出工作方案如下：

一、总体要求

以习近平新时代中国特色社会主义思想为指导，深入贯彻党的二十大精神，着力推动新能源和抽水蓄能领域高质量发展，坚持问题导向和目标导向，整治一批经营主体反映强烈的不当市场干预问题，重点整治对风电、光伏、抽水蓄能项目开发强制要求产业配套、投资落地等行为，并在此基础上深入查找制度机制层面的短板弱项，加快形成一批务实管用的常态化长效化机制，营造规范高效、公平竞争、充分开放的市场开发环境。

二、重点整治内容

聚焦 2023 年 1 月 1 日以来各地方组织实施的风电、光伏和抽水蓄能开发项目，核查项目在签订开发意向协议、编制项目投资市场化配置方案、组织实施市场化配置项目开发过程、项目开发建设全过程中是否存在不当市场干预行为，重点整治以下问题：

（一）通过文件等形式对新能源发电和抽水蓄能项目强制要求配套产业

地方政府或相关主管部门通过印发文件等形式，对新能源发电和抽水蓄能项目强制要求配套产业，特别是风机、塔筒、多晶硅、硅片、电池片、电池组件等新能源产业链，具体包括：

一是在相关文件中明确或者变相要求项目必须配套产业或者引入产业。

二是虽未明文规定，但口头强制要求配套产业，或对于没有允诺配套产业的项目和投资主体给予阻碍或明显歧视政策。

（二）通过文件等形式对新能源发电和抽水蓄能项目强制要求投资落地

地方政府或相关主管部门通过印发文件等形式，强制要求新能源发电和抽水蓄能项目投资落地，具体包括：

一是要求企业缴纳高额保证金、投资合作保证金、项目开发建设履约保证金、引入外资等；

二是获取或限制项目的附加收益，如项目产生碳排放权及碳排放所获收益等。

三、整治方式

本次专项整治聚焦查问题、纠偏差、补短板，自本方案印发之日起开展，至 2023 年 11 月 30 日结束。各省级能源主管部门是本次专项整治工作责任主体，负责组织开展具体整治工作，重点做好以下工作：

（1）开展自查自纠。各省级能源主管部门对照本方案要求，全面开展自查自纠工作。主管部门应制定具体整治工作方案，并在本部门门户网站开设专栏，收集问题线索进行核查。

（2）落实整改要求。对于发现存在强制要求产业配套、投资落地等不当市场干预行为的，各地方按照"谁提出、谁负责"的原则进行整改。对于已出台、发现问题的政策文件，各地方结合《市场监管总局等部门关于开展妨碍统一市场和公平竞争的政策措施清理工作的通知》（国市监竞协发〔2023〕53 号）等文件要求，根据权限修订、废止。对于已签订开发意向协议但未实际实施的项目，各地方应及时停止不当市场干预行为，并对相关协议进行修改。对于已签订开发意向协议且正在实施的项目，各地方应与开发企业协商，按照"保护企业利益、杜绝投资浪费"的原则，依法依规妥善处理。对于发现党员干部存在违反党纪国法问题线索的，要及时移送纪检监察机关、公安机关，积极配合相关部门开展工作。

（3）健全长效机制。各地方要以此次专项整治为契机，解决一批新能源及抽水蓄能领域经营主体反映强烈的不当市场干预问题，要以问题最为突出的市县一级为重点，加大清理整治力度，避免边清边增，并在开展专项整治工作的基础上，举一反三，完善工作机制，加强日常监管，防止不当市场干预行为反弹，形成一批管根本管长远的制度机制。派出机构在日常监管工作中，收到新能源及抽水蓄能领域不当市场干预行为举报投诉时，应及时转交地方能源主管部门处理。

为扎实推进本次专项整治工作，国家能源局将在门户网站开设专栏，进一步畅通经营主体和各界反映问题的渠道，将收集的问题线索转有关地方核查。地方自查整改结束后，国家能源局将组织核查评估，对应整改而未整改的，将选择典型案例予以通报。同时，国家能源局将会同国务院有关部门对专项整治工作进行督促指导，对进度缓慢、工作不实、效果不佳的，通报地方政府处理。各省级能源主管部门于2023 年 12 月 10 日前形成总结报告，并对照重点整治内容提炼 1～2 个典型案例，报送国家能源局。

水利部印发《中小河流治理建设管理办法》

水利部 2023 年 7 月 1 日以水建设〔2023〕215 号文印发《中小河流治理建设管理办法》，该"办法"全文如下。

中小河流治理建设管理办法

第一章 总 则

第一条 为推进以流域为单元的中小河流系统治理，规范建设管理，充分发挥工程效益，制定本办法。

第二条 本办法适用于以提升防洪减灾能力为主要内容的流域面积 $200\sim3000km^2$ 的中小河流治理项目。

第三条 中小河流治理应遵循以下原则：坚持人民至上，生命至上。统筹发展和安全，把保护人民生命财产安全放在系统治理的首要位置，切实提升中小河流行洪和防洪能力。坚持系统治理，整体规划。以流域为单元，统筹上下游、左右岸、干支流，与流域综合规划、防洪规划和区域规划相协调，逐流域规划、逐流域治理，治理一条，见效一条。坚持因地制宜，生态安全。尊重河流自然属性，科学确定治理标准和治理方案，处理好河流治理与生态保护的关系，实现人水和谐。坚持数字赋能，智慧管理。逐流域、逐河流、逐项目建档立卡，实现中小河流治理全过程信息化管理，提升治理管理数字化、网络化、智能化水平。

第四条　水利部指导全国中小河流治理工作。水利部所属流域管理机构（以下统称流域管理机构）对流域内中小河流治理工作进行指导监督。各省、自治区、直辖市（以下统称各省）人民政府对辖区内中小河流治理工作负总责。各级河长按照职责，加强中小河流治理管理保护。

第五条　依托全国水利一张图，统一建设中小河流治理信息综合管理系统，实现河流及项目信息入库上图，根据需要同步建设中小河流监测预警设施，提升中小河流治理信息化管理水平，为数字孪生水利建设提供支撑。

第二章　前　期　工　作

第六条　水利部组织编制全国中小河流治理总体方案（以下简称总体方案），确定中小河流治理总体目标、任务和布局。省级水行政主管部门要以流域为单元，组织编制逐河流治理方案，跨省河流治理方案由流域管理机构负责组织相关省份编制。逐河流治理方案经逐级审核汇总形成省级、流域分区、全国三个层面中小河流治理总体方案。

第七条　根据总体方案，水利部组织编制全国中小河流治理实施方案（以下简称实施方案），原则上以5年为编制周期，确定全国中小河流治理的阶段目标和任务。依据实施方案，省级水行政主管部门组织编制本省中小河流治理实施方案，经流域管理机构审核后报水利部备案入库。

第八条　实施方案内的项目依据河流治理方案和有关技术规程规范，可直接编制项目初步设计报告。项目初步设计报告由县级以上水行政主管部门（或项目法人）按规定选择具备相应资质的勘察设计单位编制，确保中小河流治理勘察设计工作质量。

第九条　中小河流治理项目初步设计报告审批权限及程序按照各省有关规定执行。省级水行政主管部门应加强对本省中小河流治理项目初步设计工作的技术指导及监督检查。各流域管理机构应对流域内的中小河流治理项目初步设计报告及批复进行抽查，跨省中小河流治理项目初步设计报告审批前，应报送流域管理机构进行复核。

第三章　年度任务管理

第十条　各省、计划单列市及新疆生产建设兵团水行政主管部门每年应提前组织编制下一年度中小河流治理任务建议，商同级财政部门，提出拟实施治理河流和项目清单，并按照轻重缓急排序，8月上旬报水利部，并抄送流域管理机构。纳入年度治理任务建议的河流和项目，应具备以下条件：

（1）河流及其项目已纳入全国中小河流治理实施方案。

（2）河流原则上具备3年内完成整河流治理的条件。

（3）项目在占地、移民、环保等方面无重大制约因素。

（4）项目完成初步设计报告批复。

（5）项目建设资金能够足额落实，并当年开工、当年完成年度治理任务。近年重大洪涝灾害频发，保护对象重要的河流优先纳入年度治理任务。

第十一条　水利部综合考虑各省、计划单列市及新疆生产建设兵团年度治理任务建议和流域管理机构复核意见，经各省、计划单列市及新疆生产建设兵团水行政主管部门确认，提出分省年度治理河流及项目任务清单安排建议。

第十二条　各省、计划单列市及新疆生产建设兵团水行政主管部门应商同级财政部门将中央财政补助资金及时分解落实到年度治理河流及项目，并按规定报水利部备案入库，抄送有关流域管理机构，完成河流及项目信息上图。已入库上图的河流和项目原则上不得调整，确需调整的报送流域管理机构复核，由省、计划单列市及新疆生产建设兵团水行政主管部门商同级财政部门同意后，联合行文报水利部、财政部备案。

第十三条　各地要保障财政投入，足额落实地方建设资金；鼓励各地发挥中央资金补助、贴息等引导撬动作用，创新项目投融资机制，多渠道筹集中小河流治理资金。

第四章　建　设　管　理

第十四条　中小河流治理项目建设要严格执行国家有关规定，实行项目法人责任制、招标投标制、建设监理制和合同管理制。

第十五条　项目法人应由县级以上人民政府或其授权的部门组建，对工程建设的质量、安全、进度和资金使用负首要责任，按照有关规定择优选择具备相应资质的设计、施工、监理等单位。

第十六条　项目初步设计报告一经批复，应严格执行。确需调整的，应严格履行设计变更审批程序。

重大设计变更、一般设计变更的划分按照水利工程设计变更管理的相关规定执行。

第十七条 项目法人、勘察、设计、施工、监理、质量检测等参建单位及其参建人员应严格执行国家质量安全的相关法律法规和标准规范，健全质量和安全管理体系，加强中小河流治理项目质量和安全管理，对工程质量和安全承担相应责任。中小河流治理项目依法依规实行工程质量终身责任制。

第十八条 项目法人是项目安全度汛工作的首要责任单位，对跨汛期施工项目，应组织参建单位制定施工期安全度汛方案和超标准洪水应急预案，完善应急处置和安全防范措施，落实抢险队伍和抢险物资，穿（破）堤工程及临时工程的防洪标准应符合相关规范要求，确保在建项目度汛安全。

第十九条 地方水行政主管部门及项目法人要明确信息报送责任部门和责任人，及时更新中小河流治理信息综合管理系统相关信息，逐级严格审核，确保信息准确、完整。各省、计划单列市及新疆生产建设兵团水行政主管部门每年1月底前，向水利部报送上一年度中小河流治理项目实施情况总结报告，并抄送流域管理机构。

第五章 验收销号管理

第二十条 对具备验收条件的中小河流治理项目应及时组织验收。竣工验收由项目法人提出申请，在项目全部完成并经过一个汛期运行后的6个月内完成。具体验收程序按照水利工程项目验收管理相关规定执行，竣工验收成果1个月内报省、计划单列市及新疆生产建设兵团水行政主管部门备案，涉及跨省河流的应同时报流域管理机构备案。项目竣工验收后，应在1个月内通过中小河流治理信息综合管理系统报备项目验收资料文件，并更新项目信息。

第二十一条 逐河流治理方案所涉及项目全部竣工验收后，由省级水行政主管部门复核，并在中小河流治理信息综合管理系统中进行任务销号。跨省河流方案所涉及项目全部竣工验收后，相关省份分别报送流域管理机构复核，由流域管理机构在中小河流治理信息综合管理系统中进行任务销号。

第六章 监督检查

第二十二条 水利部组织流域管理机构分省对中小河流治理工作进行监督指导。省级水行政主管部门对检查发现的问题建立台账，明确责任单位和责任人，提出整改意见和完成时限，并督促完成整改。

第二十三条 各省、计划单列市及新疆生产建设兵团水行政主管部门应加强对管辖范围内中小河流治理及项目的监督检查，包括项目前期工作、年度任务、建设管理、质量安全、安全度汛、信息报送、项目验收、治理任务销号等。对检查发现的问题，应督促项目法人及相关单位及时整改，对整改不力的，可根据情节轻重，依法依规对相关单位和责任人实施责任追究，并按照有关规定纳入水利建设市场主体不良行为记录信息，加强信用监管。

第二十四条 水利部将中小河流治理逐河流治理实施、年度治理河流及项目备案、年度治理任务及投资完成情况作为水利发展资金绩效评价的重要内容，与下一年度任务安排挂钩。

第七章 附 则

第二十五条 地方投资建设的中小河流治理项目参照本办法执行。各省、计划单列市及新疆生产建设兵团水行政主管部门可根据本办法，结合当地实际，制定具体建设管理办法或实施细则。

第二十六条 本办法由水利部负责解释。

第二十七条 本办法自印发之日起施行。

水利部发布《关于加强水库库容管理的指导意见》

水利部2023年12月15日以水运管〔2023〕350号文印发《关于加强水库库容管理的指导意见》，该"意见"全文如下。

水库是流域防洪工程体系的重要组成部分，是国家水网重要结点，是保障国家水安全的重要基础设施。水库库容是水库有效发挥防洪、供水、生态、发电等功能的重要保障，事关工程安全、防洪安全、供水安全和生态安全。当前，一些水库库区存在管理与保护边界模糊、监管不严、非法侵占等问题，加之泥沙淤积，造成部分水库出现不同程度库容损失，严重影响水库大坝安全运行和功能实现。为加强水库库容管理，确保水库安全运行和防洪兴利效益充分发挥，依据《中华人民共和国水法》《中华人民共和国防洪法》《中华人民共和国河道管理条例》《水库大坝安全管理条例》等法律法规，提出如下意见。

一、总体要求

以习近平新时代中国特色社会主义思想为指导，深入贯彻习近平总书记关于治水重要论述精神，统筹发展和安全，全面加强水库库容管理，尽快划定水库工程管理与保护范围，明确库区管控边界，复核库容曲线，严格管控库区利用，依法整治库区违法违规问题，严厉查处非法侵占库容行为，切实维护水库库容安全，确保水库安全运行和防洪兴利效益充分发挥，为水利高质量发展提供坚强保障。

二、明确库区管控边界

划定水库工程管理与保护范围。划定水库工程管理与保护范围是加强库容管理的重要基础，要精准掌握干支流库容结构、分布与变化情况。各级水行政主管部门、流域管理机构务必高度重视，加强组织领导，强化沟通协调，按照《水利部关于切实做好水利工程管理与保护范围划定工作的通知》（水运管〔2021〕164号）要求，2023年底前基本完成具有防洪任务以及涉及防洪安全的水库工程管理与保护范围划定，2025年底前完成其他水库划定。

三、加强库容安全管理

（1）加强库区巡查检查。各级水行政主管部门、流域管理机构要强化水库库区巡查检查工作，组织对本行政区域（流域）内水库库区进行监督检查，依法查处涉库违法违规行为。水库管理单位应当常态化开展库区巡查工作，及时发现、制止涉库违法违规行为，必要时提请有关行政主管部门、水库大坝主管部门协调解决巡查中发现的突出问题。

（2）加强库区监测监控。各级水行政主管部门、流域管理机构要督促指导水库管理单位建立完善库区动态监测、智能感知体系，充分利用卫星遥感、北斗、AI、5G、无人机、无人船、航拍等现代化信息技术，结合人工巡查、视频监控、仪器监测等，对库区进行监测监控，及时发现侵占库容、损害库岸等涉库违法违规行为，精准掌控库容安全状况。结合数字孪生流域、数字孪生水网、数字孪生工程建设，强化预报、预警、预演、预案措施，不断提升库容管理的数字化、网络化、智能化水平。

（3）开展库区临时淹没区实物调查。各级水行政主管部门、流域管理机构要积极协调相关部门，组织对承担防洪任务的水库临时淹没区实物进行调查，逐库调查正常蓄水位以上库区临时淹没区的人员、城（集）镇、村庄、基础设施、耕（园）地等，全面摸清正常蓄水位、土地征收线、居民迁移线、防洪高水位、设计洪水位、校核洪水位之间库区临时淹没实物情况，建立完善淹没实物档案，并录入相关信息管理系统。对于正常蓄水位以下存在库区淹没实物情况的，一并纳入实物调查范围。

（4）开展库容曲线复核。各级水行政主管部门、流域管理机构要督促指导水库管理单位，于每年汛前对水库淤积和库容侵占情况进行摸排，对存在严重淤积或者侵占问题的水库开展库容量算和库容曲线复核，发生高含沙洪水、库区滑坡塌岸等情况，应按有关规范要求及时补充安排库容量算和库容曲线复核，

准确掌握库容情况。库容曲线复核成果经水库大坝主管部门审核，报有调度权限的水行政主管部门或者流域管理机构确认后使用。

四、加强库区利用监管

（1）严格管控库区管理范围内违规行为。在库区管理范围内，禁止建设妨碍行洪的建筑物、构筑物等；禁止筑坝拦汊、围（填）库造地、垃圾填埋、弃渣弃土，以及在有防洪任务的水库建设抽水蓄能电站等侵占库容和分隔库区水面的行为；禁止建设影响水库防洪安全和工程安全、危害库岸稳定的设施。

（2）严格审批库区管理范围内建设项目。各级水行政主管部门、流域管理机构要遵循确有必要、无法避让、确保安全原则，严格管控水库库区管理范围内跨河、穿河、穿堤、临河的桥梁、码头、道路、渡口、管道、缆线、取水、排水等涉河建设项目建设，严格执行洪水影响评价类审批。

（3）严格限制库区保护范围内开发利用。在库区保护范围内从事开发建设、农业生产等活动，应当符合库区岸线保护利用规划，并满足水库安全运行、库容保护、生态环境保护等要求。禁止从事影响水库防洪安全和工程安全、危及库岸稳定的爆破、打井、采石、取土、采矿等活动，禁止乱伐林木、陡坡开荒等导致水库淤积的活动。

五、整治库容突出问题

（1）依法依规处置库容侵占问题。各级水行政主管部门、流域管理机构要结合河湖库"清四乱"、地质灾害治理等工作，按照清存量、遏增量要求，会同有关部门常态化组织清理本行政区域（流域）内水库库区"四乱"问题，持续整治侵占库容等违法违规行为。1988年1月《中华人民共和国水法》实施前的历史遗留问题，要进行科学评估，严重威胁水工程安全的建筑物、构筑物应当限期拆除。

（2）科学恢复水库库容。对于水库淤积或者侵占库容问题突出，防洪、兴利功能明显萎缩的水库，有关水行政主管部门、流域管理机构要组织开展调查分析和防洪能力评估，分类提出处置对策，有效恢复水库库容。

（3）落实安全度汛措施。对于库容损失严重的水库，库容恢复前，有关水行政主管部门、流域管理机构要组织科学调整汛期调度运用方案（计划），完善应急预案，严格落实水库安全运行和调度运用措施，强化应急管理，采取降低汛限水位、加大泄洪能力、空库运行等方式，确保水库度汛安全。

六、强化保障措施

（1）提高思想认识。各级水行政主管部门、流域管理机构和水库管理单位要充分认识库容管理对工程安全和防洪安全的极端重要性，提高政治站位，树牢底线思维和极限思维，强化安全意识，进一步增强库容管理的责任感和使命感，把保障库容安全摆在推动水利高质量发展的重要位置，切实做好监督和管理工作。

（2）强化组织领导。各地要充分利用河湖长制平台，将水库运行管护工作纳入河湖长制管理体系，压实属地管理责任。水行政主管部门要提请本级人民政府，加强对水库库容管理的组织领导，及时协调解决库容管理中的重大问题，建立健全库区管理制度，细化落实相关部门管理职责，做好库容曲线复核、库区监测、水库清淤等工作经费保障，确保库区有人管、有人护，共同维护水库库容安全。

（3）严格监管追责。各级水行政主管部门、流域管理机构要强化库容侵占问题整治，严格水行政执法，加强跨部门跨区域联合执法，强化水行政执法与刑事司法衔接、与检察公益诉讼协作。对于非法侵占库容、严重影响防洪安全的，依法依规追究相关单位和人员的责任。

（4）加强宣传引导。各级水行政主管部门、流域管理机构要督促加强水库管理保护宣传工作，增强社会公众的水库保护意识。在水库周边显著位置设立公告警示牌，畅通公众投诉举报渠道，引导社会公众参与水库管理保护公益活动，营造全社会关心水库、爱护水库的浓厚氛围。

水利部办公厅印发《关于进一步加强大中型水库移民后期扶持项目管理和资产监管的通知》

水利部办公厅 2023 年 7 月 11 日以办移民〔2023〕184 号文印发《关于进一步加强大中型水库移民后期扶持项目管理和资产监管的通知》，该"通知"全文如下。

国务院《关于完善大中型水库移民后期扶持政策的意见》（国发〔2006〕17 号）实施以来，特别是党的十八大以来，中央持续加大水库移民后期扶持投入力度，实施了大量水库移民后期扶持项目，形成了较大规模的资产，极大地改善了库区和移民安置区生产生活条件，为搬迁群众"稳得住、能发展、可致富"奠定了重要基础。但是水库移民后期扶持仍然存在项目管理不够规范、资产监管不到位等问题，需要进一步加强和改进。为深入贯彻党的二十大精神，更好发挥水库移民后期扶持政策效益，促进库区和移民安置区乡村振兴，现就进一步加强大中型水库移民后期扶持项目管理和资产监管通知如下。

一、扎实做好项目储备

（1）做好项目谋划。县级移民管理机构要根据后期扶持规划目标任务，结合当地实际，组织做好项目谋划和储备。坚持移民村、移民受益兼顾其他的原则，重点围绕库区和移民安置区移民美丽家园建设、产业发展、移民就业创业能力建设及解决水库移民突出问题等方面，谋划后期扶持项目。项目要符合移民后期扶持资金使用范围、规划方向及内容，尊重库区和移民安置区移民群众意愿。

（2）建立健全项目库。原则上要在县一级普遍建立或完善水库移民后期扶持项目库。要加强入库项目的审核把关，完善入库项目要件，明确项目名称、建设任务、建设内容、建设地点、建设周期、投资估算、资金筹措、效益分析，并明确受益移民村、受益移民人数等内容。项目库实行滚动管理、动态调整。安排年度水库移民后期扶持项目原则上从项目库中选择，项目库项目数量要满足年度实施需要。省市两级移民管理机构要指导各县规范入库流程，优先纳入移民群众需求强烈、短板突出、兼顾农业生产和农民生活条件改善的项目，切实提高入库项目质量。

（3）落实年度项目计划。县级移民管理机构要根据本年度项目资金控制额度，编制年度项目实施建议计划，并按照上级要求报审报批。纳入年度实施计划的项目原则上不得擅自调整或变更，确需调整或变更应按有关规定审批程序重新报批。对实施的年度水库移民后期扶持项目要科学设定绩效目标，能量化的尽可能量化，确保绩效指标可衡量、可检查。

二、加强项目实施管理

（1）优化项目实施流程。经批准实施的年度后期扶持项目，压茬推进要件办理，保障项目尽快实施。后期扶持建设项目实施可参照《中共中央办公厅国务院办公厅印发〈乡村建设行动实施方案〉的通知》有关要求执行，即对于按照固定资产投资管理的小型村庄建设项目，按规定施行简易审批；对于采取以工代赈方式实施的农业农村基础设施项目，按照招标投标法和村庄建设项目施行简易审批的有关要求，可以不进行招标；对于农民投资投劳项目，采取直接补助、以奖代补等方式推进建设；对于重大乡村建设项目，严格规范招投标项目范围和实施程序；严格规范乡村建设用地审批管理。

（2）强化项目建设管理。各级移民管理机构要加强对项目建设全过程的监管，督促项目建设单位严格执行招标投标、合同管理、建设监理、项目验收、竣工审计等制度；督促项目建设单位按照相关行业部门管理要求，加强项目实施质量监管，落实安全生产责任制，确保工程质量达标、生产安全。各地要按照年度确定的项目计划，结合当地施工特点，科学合理安排施工工期，加强项目建设实施调度，及时协调解决项目实施中存在的困难和问题。水利部对项目建设和资金支付进度进行定期调度。

（3）创新项目管理模式。在后期扶持项目立项及过程管理中，鼓励地方以提高项目管理的科学性和有效性为目标，创新项目实施管理模式。对规模较大项目采取竞争性立项方式实施的，要明确项目立项标准、范围、条件和方式，加强项目评审把关，确保项目资金投向符合后期扶持政策要求、项目内容科学合理、投资概算符合实际、投资效益有效保障。对采取全过程咨询服务模式的，要通过政府购买服务的方式选择具有相应资质的单位承担，确保从项目策划、项目入库、前期工作到建设实施、项目监理、竣工验收等全过程咨询服务规范、高效。

三、严格项目资产管理

（1）建立健全项目资产台账。后期扶持项目资产按经营性资产、公益性资产建立台账。经营性资产主要为具有经营性质的产业类项目固定资产及权益性资产等；公益性资产主要为公益性基础设施、公共服务类固定资产等。要以县为单位，建立健全分年度的后期扶持项目资产台账登记管理制度。2024年6月底前，各地要对后期扶持政策实施以来形成的项目资产进行全面摸底，并建立台账。省级移民行政管理机构要加强对项目资产登记管理的指导和协调，确保按时完成任务。

（2）有序推进确权登记。稳妥推进符合条件的后期扶持项目资产确权登记，及时完善项目资产移交手续。对经营性资产，根据资金来源、受益范围、管理需要等明确权属，原则上应明确到村集体经济组织，纳入农村集体资产管理范围。对公益性资产，项目建成后应及时办理移交手续，按照行业相关要求进行资产移交。对属于不动产的，依法办理确权登记，确保资产能正常运行使用。

（3）明晰收益分配使用。对属于村集体经营性资产收益的分配，应通过民主决策程序提出具体收益分配方案，分配方案和分配结果要及时公开，接受群众监督。

（4）严格项目资产处置。任何单位和个人不得随意处置后期扶持项目资产。确需处置的，应严格按照国有资产、集体资产管理有关规定，履行相应审批手续进行规范处置。将后期扶持项目资产进行抵押担保的，要严格按照相关法律法规执行。对以村集体经济组织名义入股或参股企业等经营主体的，应明确股权的退出办法和处置方式等。属于村集体资产的处置收入应重新安排用于改善本村生产生活条件。

四、强化项目运营维护

（1）落实后续管理责任。省市两级移民管理机构要统筹指导和监督做好移民后期扶持项目资产后续管理工作。县级移民管理机构对本区域后期扶持项目资产后续管理履行监管责任，明确项目管理责任，加强监督检查，及时研究解决存在的问题，确保项目资产持续运营、发挥效益。

（2）加强后续管护运营。鼓励各地积极探索多形式、多层次、多样化的管护模式。对经营性资产，要加强运营管理，完善运营方案，确定运营主体、方式和期限，明确运营各方权利义务，做好风险防控，确保资产保值增值；各地可根据实际，探索实行集中统一管护，管护经费根据运营方案原则上从经营收益中列支。对公益性资产，要加强后续管护，由相应的产权主体落实管护责任人和管护经费。

五、强化组织保障

（1）加强组织领导。管好后期扶持项目和资产，是落实后期扶持政策的重要内容和要求，对改善移民生产生活条件、促进库区和移民安置区经济社会发展具有重要意义。各级移民管理机构要充分认识加强后期扶持项目管理和资产监管的重要性，将其提上议事日程，作出工作部署，研究建立健全相关规章制度，加强督促指导和监督检查，推动后期扶持项目管理和资产监管工作不断取得新成效。

（2）强化监督管理。各级移民管理机构要综合运用稽察审计、绩效评价、监测评估等方式，加强对后期扶持项目管理和资产监管的监督检查。对贪占挪用、违规处置后期扶持项目资产及收益等行为，依据有关规定严肃追究责任。水利部将各地项目库建设和执行情况、资产管理责任落实和运行管理情况等纳入稽察范围。

（3）抓好总结推广。各级移民管理机构要做好对后期扶持项目管理和资产监管经验总结，积极提炼可复制借鉴的模式和成功做法，加强宣传推广，不断提高后期扶持项目管理和资产监管水平，更好发挥项目效益。

领 导 讲 话

统筹发展和安全，推动电力行业安全高质量发展

国家能源局党组书记、局长　章建华

[编者按：此文乃国家能源局党组书记、局长章建华6月1日，在《中国电力报》发表的署名文章，本年鉴刊录时为章节加了序号。]

党中央高度重视能源安全工作。党的十八大以来，习近平总书记敏锐洞察全球能源发展大势、准确把握我国能源发展规律，提出并不断发展"四个革命、一个合作"能源安全新战略。党的二十大报告强调，要增强维护国家安全能力，以新安全格局保障新发展格局。当前，我国已建成全球规模最大的电力系统，我们要深入学习贯彻习近平总书记关于能源安全的重要论述和指示批示精神，扎实做好新时代电力安全工作。

（一）提高政治站位，准确认识电力行业当前面临的新形势和新问题

当今世界，百年未有之大变局加速演进，我国发展环境面临深刻复杂变化。准确认识当前电力行业发展面临的新形势和新问题，是做好"十四五"时期电力工作的前提和基础，也是保障经济社会高质量发展的必然要求。

碳达峰碳中和目标稳步推进，非化石能源并网日益增多，电力可靠供应面临挑战。电力行业碳排放量比较大，承担了重要的减排任务，也是交通、制造等行业降碳脱碳的重要依托。在"双碳"目标引领下，高间歇性、波动性的新能源发电占比逐年升高，特高压交直流输电通道建设加快，主网架及系统运行特性发生重大变化，叠加系统灵活调峰调频调压和备用能力不足、部分时段部分区域面临电力电量双缺等情形，电力可靠供应面临挑战。

新型电力系统加速构建，"源网荷储"协同共治存在不足，电网安全运行风险增大。电源侧方面，部分地区高峰时段存在电力缺口的形势仍在持续，顶峰发电能力不足。电网侧方面，随着并网主体大量增加且涉网性能参差不齐，多回直流同送同受的电网格局不断强化，现有的电网运行控制理论和建模分析方法亟待革新。负荷侧方面，现有的调控手段尚无法对海量负荷接入做到全面可观、可测、可控，需求侧响应机制仍需完善。储能侧方面，当前储能配置依然不足，低成本、大容量、长时间、跨季节调节的储能技术还有待突破。

进入新发展阶段，我国发展的内外部环境发生深刻变化，电力信息网络安全面临突出威胁。随着科技不断发展，各类数字化技术全面融入电力生产经营各环节，各类调度监控系统、生产信息系统的网络安全边界不断延伸，电力系统网络安全暴露面加大、攻击路径增多，电力行业网络安全面临的形势更加复杂、挑战更加严峻。近年来，国际间网络空间对抗趋势日益明显，针对电力基础设施的攻击在世界各地接连不断，我们必须提前防范、积极应对。

电力设备规模大幅增加，极端事件多发，对电力安全工作提出更高要求。一方面，我国电力设施分布广，大型发电厂、枢纽变电站等重要电力设施带负荷高，精密设备相对集中，一旦遭受自然灾害等不可抗力因素，或发生开关、主保护拒动误动，都可能破坏大电网稳定，引发大面积停电。另一方面，近年来，世界各地极端天气多发且破坏性大，更热、更冷、更涝、更旱的极端天气持续上演，重要电力基础设施因灾受损风险升高。

（二）统筹发展和安全，深刻领悟党的二十大对电力工作的新部署和新要求

党的二十大就深入推进能源革命、确保能源安全、规划建设新型能源体系等作出了安排部署，为进一步做好电力安全工作指明了方向。深入学习领会党的二十大精神，深刻理解党的二十大对电力安全工作的新部署和新要求，是做好电力安全工作的基本前提。

深刻领悟以人民为中心的发展思想要求，为人民对美好生活的向往提供安全优质电力保障。党的二十大报告指出，"江山就是人民，人民就是江山"，"建设更高水平的平安中国，以新安全格局保障新发展格局"。我们要始终牢记党的根本宗旨，紧紧抓住人民最关心的用能用电问题，用心、用情、用力，实施更多惠民生、暖民心务实举措，多措并举提升电力服务水平，提高防灾减灾救灾和重大突发公共事件保障能力，为全面建设社会主义现代化国家提供更加安全优质的电力保障。

深刻领悟高质量发展的内在要求，坚定不移推进

电力行业高质量发展。党的二十大报告强调，"高质量发展是全面建设社会主义现代化国家的首要任务"。在电力转型发展过程中，必须完整准确全面贯彻新发展理念，坚持系统观念，聚焦深化能源革命，完善风险监测预警体系、国家应急管理体系，加快建设高水平自立自强的新型电力系统，建立健全适应新发展阶段的全国统一电力市场体系，以高质量的电力供应护航经济社会的高质量发展。

深刻领悟碳达峰碳中和的战略要求，积极稳妥推进电力行业安全降碳。党的二十大报告提出要求，"积极稳妥推进碳达峰碳中和"，"推动公共安全治理模式向事前预防转型"。要着眼未来、超前谋划，完善电力行业安全降碳的产学研用技术创新体系和成果推广应用机制，加强科技和管理人才队伍建设，加快构筑引领全球电力绿色低碳转型的技术优势和装备基础，推动创新链、产业链、资金链、人才链深度融合，确保电力行业双碳目标如期、安全完成。

深刻领悟总体国家安全观的贯彻要求，将电力安全工作融入国家安全体系大局。习近平总书记指出，"能源问题是各国国家安全的优先领域，抓住能源就抓住了国家发展和安全的'牛鼻子'"。当前，能源已成为关系国家安全、左右大国博弈的重要战略资源。我们必须全面、正确领会党中央、国务院部署要求，将电力安全工作融入国家安全体系大局，从更高站位、更广视野、更严标准审视电力安全，为维护国家安全作出更大贡献。

（三）强化责任担当，坚定不移推动电力行业安全高质量发展

2023年是全面贯彻落实党的二十大精神的开局之年，也是实施"十四五"规划承前启后的关键之年，我们必须坚持以习近平新时代中国特色社会主义思想为指导，认真履职尽责，主动担当作为，牢牢守住人民生命安全"底线"和电力系统安全稳定"生命线"。

坚持底线思维，增强忧患意识，着力防范化解重大电力安全风险。一是要做实做细安全风险管控机制，盯紧迎峰度夏、重大电力工程建设等重点时段和重点领域，制定针对性风险管控措施，坚决防范遏制重特大人身伤亡事故发生。二是要聚焦大电网安全，进一步加强重大安全风险隐患排查治理，做好重要电力设施和调度控制系统等关键部位和要害环节的风险管控，坚决防范新型并网主体发生大规模故障，牢牢守住电力系统安全运行底线，确保电力保供安全无虞。三是加快完善电力关键信息基础设施安全保护体系，建立健全网络安全监测预警制度，推进电力行业网络安全靶场高质量发展，提升电力网络安全事件应急处置能力，严格落实网络安全审查制度，深入开展网络安全检查检测，坚决防止发生重大网络安全事件。

持续夯实电力安全生产基础，进一步提升行业安全治理能力。一是坚持安全第一、预防为主，从安全技术体系、安全管理体系、安全文化体系等维度出发，不断完善电力安全治理体系，提升治理能力，实现从管理向治理、从单一因素管控向系统性治理、从遏制事故发生向全面提升本质安全水平转变。二是坚持问题导向和目标导向相结合，加强央地协同和政企联动，坚决落实"十五条硬措施"，国家能源局各派出机构要积极会同地方政府电力管理部门共同开展"五个一"活动，推动属地电力安全监管管理责任在省市县各级落地落细，加快构建上下联动、相互支撑、无缝对接的电力安全监管齐抓共管体系。三是更好发挥科技创新在支撑电力安全生产中的重要作用，深入实施创新驱动发展战略，加快补短板、锻长板，加大原创性、引领性、颠覆性技术攻关力度，提升电力产业链供应链现代化水平。

系统加强应急力量建设，加快提高电力防灾减灾救灾能力。一是要认真贯彻《国家大面积停电事件应急预案》相关要求，健全完善省、市、县各级大面积停电事件应急组织指挥体系和应急预案体系，强化应急演练，增强应急处置能力。二是要做好国家级应急基地和应急研究中心顶层规划设计，抓好电力应急物资装备体系和救援队伍力量建设，完善应急队伍和装备征集调用机制，做强做优电力应急工作支撑体系。三是持续推进新技术、新装备在电力应急工作中的推广应用，提升电力应急信息化管理水平，加快发展电力应急服务业，积极构建全域联动、立体高效的电力应急体系。

党的二十大擘画了以中国式现代化全面推进中华民族伟大复兴的宏伟蓝图，吹响了全面建设社会主义现代化国家的时代号角。迈向新征程的路上，做好电力安全工作责任重大、意义非凡，国家能源局将在以习近平同志为核心的党中央坚强领导下，深入贯彻落实党中央、国务院决策部署，全力以赴推动电力高质量安全发展，为构建新发展格局提供坚强电力保障！

加快规划建设新型能源体系，着力推动清洁能源高质量发展

国家能源局总工程师　向海平

［此文乃国家能源局总工程师向海平12月在《中国电业与能源》上发表的署名文章，本年刊录是为章节加了序号。］

能源绿色低碳发展关乎人类未来，加快发展以绿

色低碳为基本特征的清洁能源是世界各国实现能源转型、应对气候变化的普遍共识，是推动我国生产生活方式绿色转型的重大举措，也是保障国家能源安全的必然选择。党的二十大强调，要加快规划建设新型能源体系，统筹水电开发和生态保护，积极安全有序发展核电；要构建新能源等一批新的增长引擎。这些重要论述为新时代我国推动清洁能源高质量发展指明了方向。

（一）深刻认识发展清洁能源的重大意义

党的二十大报告提出"中国式现代化是人与自然和谐共生的现代化"，将绿色发展作为中国式现代化的重要标志。建设美丽中国，推进中国式现代化，必须坚定不移加快能源绿色转型，推动经济社会发展建立在能源资源清洁、高效和可持续利用基础之上。

发展清洁能源是推动经济社会绿色发展的重要抓手。习近平总书记指出，我国产业结构偏重、能源结构偏煤，要减少煤炭消费比重，加快清洁能源发展。习近平总书记的重要论述，指出了我国产业结构、能源结构存在的突出问题，明确了能源转型发展的方向。能源生产、消费活动与生态环境密切相关，要坚持生态优先、绿色发展，协同推进降碳、减污、扩绿、增长，加快形成绿色低碳的能源生产方式和利用方式。

发展清洁能源是塑造发展新优势的战略选择。习近平总书记指出，要顺应当代科技革命和产业变革大方向，抓住绿色转型带来的巨大发展机遇。能源技术是工业革命的重要推动力，能源技术创新极大改善了人类社会用能方式，实现生产力的跨越式发展。当前，新一轮科技革命和产业变革深入发展，绿色低碳技术是关键领域。必须坚持创新是第一动力，巩固提升新能源等优势产业竞争力，加强低碳零碳负碳前沿技术研发，增强我国发展新动能新优势。

发展清洁能源是新形势下保障能源安全的必由之路。习近平总书记指出，能源是人类社会发展的重要物质基础。一直以来，化石能源为经济社会繁荣发展提供了重要基础和强大动力。但化石能源不可再生，碳排放问题突出，实现强国目标、民族复兴，需要走可持续的能源发展道路，必须顺应人类未来发展需要，加快规划建设新型能源体系，推动非化石能源逐渐成为主体能源，实现能源本质安全，为中国式现代化提供有力保障。

（二）新时代十年清洁能源发展取得历史性成就

党的十八大以来，在以习近平同志为核心的党中央坚强领导下，我国大力推动能源绿色发展，持续壮大清洁能源产业，为经济社会健康可持续发展和天更蓝、山更绿、水更清作出了重要贡献。

一是清洁能源实现跨越式发展。生产开发规模不断扩大，非化石能源发电装机容量超过 13 亿 kW，10 年增长了近 3 倍，占全国发电总装机容量的 50% 以上。水电、风电、光伏、在建核电装机规模稳居世界第一，风电、光伏连续 3 年新增装机容量超过 1 亿 kW、2022 年发电量突破 1 万亿 kW·h。清洁能源消纳持续向好，2022 年风电、光伏发电平均利用率分别约 97%、98%，非化石能源消费比重达到 17.5%，10 年提高近 8 个百分点。

二是清洁能源产业优势不断拓展。经过多年发展，形成了全球领先的清洁能源产业体系。新能源先进发电技术国际领先，光伏转换效率不断刷新世界纪录，光伏组件、风力发电机等关键零部件约占全球市场份额的 70%。从三峡工程建设时"以市场换技术"的 70 万 kW 单机容量，到自主设计制造的白鹤滩水电站 100 万 kW 单机容量，我国水电机组制造和运行管理水平国际领先。核电形成了自主品牌的"华龙一号""国和一号"等三代大型先进压水堆技术，具备了每年 8～10 台（套）主设备制造能力。大规模储能、氢能等研发应用不断取得新进展。

三是对全球能源转型的贡献日益突出。目前，我国已成为全球能源转型的重要引领者和推动者，充分发挥新能源全产业链优势，有力推动全球风电、光伏发电成本大幅下降。过去 10 年，我国对全球非化石能源消费增长贡献度超过 40%。截至 2022 年底，我国可再生能源装机规模已超过全球可再生能源装机的 1/3。2022 年我国可再生能源新增装机容量接近全球可再生能源新增装机容量的一半，预计 2023 年我国可再生能源新增装机容量将超过全球可再生能源新增装机容量的一半。同时，积极支持全球范围内能源转型，核电、特高压输电、水电、新能源等一大批标志性能源项目接连建成落地，2022 年出口风电、光伏产品为其他国家减排二氧化碳近 6 亿 t。稳步推进绿色"一带一路"建设，与 100 多个国家和地区开展绿色能源项目合作，为推动全球能源转型贡献了中国力量。

（三）新时代新征程进一步推进清洁能源高质量发展

发展清洁能源是一项系统工程和长期任务。新时代新征程，我们要全面贯彻落实党的二十大精神，深入践行习近平生态文明思想，遵循能源安全新战略，深入推进能源革命，加快规划建设新型能源体系，着力推动清洁能源高质量发展，重点聚焦以下几个方面。

一是持续加大非化石能源供给。我国从根本上转变以煤为主的能源结构面临繁重任务，需要付出艰苦努力，必须坚持先立后破，科学有序推动以沙漠、戈壁、荒漠地区为重点的大型风电光伏基地建设，建设海上风电基地，大力发展分布式新能源，统筹水电开发和生态保护，积极安全有序发展核电，因地制宜发展生物质能、地热能等可再生能源，确保 2030 年前非化石能源消费比重年均提高 1 个百分点左右。着力提升新能源安全可靠替代能力，建设新型电力系统，增强清洁能源跨省区配置和就地消纳能力，推动 2030 年前新增能源消费的 70%以上由非化石能源保障。

二是着力增强绿色创新发展动能。当前，非化石能源技术快速迭代，必须下大力气加强科技创新。加强前沿性绿色低碳技术攻关，完善能源科技创新体制机制，聚焦大容量风电、高效光伏、大容量安全储能、低成本可再生能源制氢、新型电力系统等重点领域和方向，开展集中攻关、技术突破和成果应用。加强"大云物移智链"等新一代信息技术在能源领域的深度融合应用，积极推动能源产业数字化智能化转型，推动源网荷储多能互补、协调运行。

三是健全完善能源转型政策机制。能源是深化要素市场化改革的重点领域。加快能源绿色低碳转型的同时，基本不增加全社会用能成本，提供更多惠民利企举措，需要从体制机制上想办法。要建立健全有利于能源转型的市场体系，加快建设全国统一电力市场体系，统筹推进电力中长期、现货、辅助服务市场建设，健全促进可再生能源发展的价格机制。完善绿色电力证书制度，推动绿证市场、碳市场、电力市场有效衔接。加快完善促进虚拟电厂、智能微电网等能源生产消费新模式发展的政策机制。持续完善能源领域推进碳达峰碳中和系列政策。

四是高质量推进能源绿色转型国际合作。发挥我国清洁能源产业优势，深化绿色"一带一路"能源国际合作，在核电、风电、光伏等方面，加强与"一带一路"沿线国家和地区的合作。巩固和拓展与相关国家绿色发展战略对接，建成一批绿色能源合作项目。充分利用多双边合作机制，加强与有关国家在高效新能源发电、先进核电、氢能、储能、碳捕集利用与封存等领域的技术合作。积极参与能源国际标准和规则的制修订，在先进领域推动形成一批国际标准。

在 2023 年中国水电发展论坛暨中国水力发电工程学会年会上的致辞

中国水力发电工程学会理事长　张野

[编者按：此文乃 8 月 22 日，中国水力发电工程学会理事长张野在 2023′中国水电发展论坛暨中国水力发电工程学会年会上的致辞，本年鉴刊录时作了部分删减。]

在党的二十大精神和习近平新时代中国特色社会主义思想指引下，水电学会作为党和政府联系广大水电和新能源科技工作者的桥梁纽带，始终坚持科技是第一生产力、人才是第一资源、创新是第一动力，坚持"四个面向"和"四服务"职责定位，在我国实施"双碳"目标、加快规划建设新型能源体系的国家战略中矢志贡献学会智慧和力量。

第一，努力推进水电高质量发展，为加快规划建设新型能源体系服好务。我国早在 2021 年就发布了"双碳"目标和相应的政策体系，能源转型正在有序推进。新型能源体系最显著的特征就是以可再生能源为主。截至今年 6 月底，我国水电装机容量达到 4.18 亿 kW，风电装机容量 3.9 亿 kW，太阳能发电装机容量 4.71 亿 kW，生物质发电装机容量 0.43 亿 kW，可再生能源装机容量突破 13 亿 kW，约占我国总装机容量的 48.8%，超过了火电装机容量，可再生能源为主的新型电力系统已现雏形。风电和太阳能发电的波动性和间歇性，必然需要大量的储能调节手段。利用我国众多已建的常规水电站，以及加快建设抽水蓄能电站，将常规水电站的已建水库和抽水蓄能电站的新建水库，以水进行储能，作为新能源的"充电宝"，将成为新型电力系统储能调节的基石，是构建新型能源体系的重要组成部分。为此，学会重点做了两件事：

一是积极组织开展水风光多能互补研究和建言献策。在广大会员单位的支持下，学会以流域水电基地开发总结为基础，组织开展了水风光互补的理论研究和示范案例分析，提出了多项成果，形成《关于加快风光水互补研究和实践，助力实现"双碳"目标的"科技工作者建议"》并得到有关部门重视。组建"科创中国"水风光互补科技服务团和决策咨询专家团，组织编写科协双碳丛书之《水风光多能互补导论》；结合国家正在实施的流域可再生能源一体化规划，组织调研各大流域水风光互补规划方案，呼吁流域水电扩机增容，加大水风光互补的调节空间和水库调节能力。

二是助力国家抽水蓄能高质量发展。抽水蓄能是技术最成熟、经济性最优、最具大规模开发条件的绿色低碳清洁灵活调节电源，与风电、太阳能发电、核电等联合运行效果最好。随着国家能源局《抽水蓄能中长期发展规划（2021～2035 年）》的出台，我国抽蓄事业进行高质量跃升发展新阶段。为更好地服务抽水蓄能产业健康发展，学会成立了抽水蓄能行业分会，目前分会会员已达 180 余家。在国家能源局的指导下，分会积极开展行业监测和调研，已连续两年编制发布《抽水蓄能产业发展报告》；积极开展产业链协调,助力产业链产能提升;通过调研、协调、培训、国内外学术论坛、数据发布、政策解读及建言献策等各种工作,努力为政府决策、行业发展、科技进步及广大会员做好服务。

第二,水电如何服务于新型能源体系建设需要破解一系列难题。党的二十大报告指出,要立足我国能源资源禀赋,坚持先立后破,有计划、分步骤实施碳达峰行动;加快规划建设新型能源体系。当前,水电是新型能源体系的重要支撑已经达成共识,但是,如何支撑还有很多问题需要解决。为此,我们广大水电同行还要继续努力,重点研究解决怎么做的问题,支持学会做好以下几件事:

一是成立新能源分会,加强水电与新能源的联动。水风光多能互补,风光蓄互补,需要水电和新能源协调发展,优势互补。成立新能源分会,能够为水电和新能源行业提供更宽广的交流平台,协调监测两个行业的发展信息和存在的新问题、新需求,为政府决策、行业发展提供更好的服务。

二是努力推动科技进步,确保水电支撑新型能源体系的安全性。当前,全球极端气候频发,洪水和地震及地质灾害等各种不利情况都对水电工程带来严峻的挑战,水电工程的自身安全是能否支撑新型能源系统和国家能源安全的根本。学会要全力支持水电行业的信息化数字化等科技手段革新、技术标准进步、国产化科技成果创新、流域水电风险管理水平提升等,努力为水电的全生命周期安全作出贡献。

三是加强调研和组织论证,为水风光多能互补发展建言献策。国家出台一系列相关政策极大促进了抽水蓄能事业发展,学会今后还要继续做好调查研究,提出更多的建议良策。在流域可再生能源一体化开发和常规水电扩机及常规水电支持新能源发展等方面,实施技术和政策都还在起步阶段,学会应重点关注,积极开展调研工作和研究论证,当好政府决策的参谋助手。

同志们!在我国"双碳"目标和加快规划建设新型能源体系的进程中,水电和新能源迎来了新的发展机遇以及新的更大挑战。我们要坚定不移以习近平新时代中国特色社会主义思想为指导,凝心聚力、踔厉奋发,团结引领广大行业科技工作者当好高水平科技自立自强、推动落实"双碳"目标的排头兵,不断向科学技术广度和深度进军,为推动水电和新能源高质量发展,为把我国建设成为世界科技强国、实现中华民族伟大复兴的中国梦作出新贡献!

(中国水力发电工程学会秘书处)

专 家 论 坛

发展新型电力系统,
助力"双碳"目标

国际电工委员会(IEC)第36届主席、
中国工程院院士、中国电机工程
学会理事长 舒印彪

[编者按:本文由记者王美华整理并发表在"人民日报海外版",内容为作者6月7日在以"全电社会"为主题的国际标准化(麒麟)大会上所作的报告。]

力争2030年前实现碳达峰、2060年前实现碳中和,事关中华民族永续发展和构建人类命运共同体。党的二十大报告提出,"积极稳妥推进碳达峰碳中和""加快规划建设新型能源体系"。在我国,能源活动碳排放占二氧化碳排放总量的88%左右,而电力行业碳排放又占能源行业碳排放的42%左右。因此,实现"双碳"目标,能源是主战场,电力是主力军,新型电力系统则是其中的关键载体。

近年来,随着绿色发展步伐的加快,中国电力低碳转型取得显著成效——建成世界上规模最大的清洁能源供应体系,电源结构发生根本性改变。截至2022年底,全国发电装机容量达到25.6亿kW、发电量8.7万亿kW·h,占全世界总发电量的30%;非化石能源的发电装机占比49%、发电量占比36%,煤电装机占比2020年以来历史性降至50%以下。过去10年,中国非化石能源消费比重从9.7%提高到17.4%,增幅是世界同期平均水平的2.1倍。

节能降碳成效明显。煤电实现清洁高效利用,94%的煤电机组完成超低排放改造,高参数30万kW以上的机组占比超过80%。2022年,全国平均供电煤耗降至301.5g/(kW·h),百万千瓦机组的发电煤耗降至249.7g/(kW·h)。过去10年,中国以年均3.1%的能源消费增长支撑了年均6.7%的GDP增长,单位GDP能耗下降了26%,碳排放强度下降34%,单位发电量碳排放减少22%。

电力技术创新成果丰硕。特高压技术得到大规模推广应用，建成跨省区特高压输电通道 35 条，特高压"西电东送"电量超过 6000 亿 kW·h/年，70%以上的输电为清洁能源；电力系统安全稳定控制技术保持世界领先水平，建立了"三道防线"的电力系统安全防御体系，中国 30 多年没有发生大面积停电事故，保持特大型电网安全运行的世界纪录。

新型电力系统是实现"双碳"目标的枢纽平台。实现"双碳"目标，根本上要减少化石能源消费、大幅增加非化石能源消费。到 2060 年，中国能源电力转型将实现"70、80、90"目标，即电能消费比重、非化石能源消费比重与清洁能源发电比重分别达到 70%、80%、90%以上，其中，新能源发电量占比超过 60%。随着化石能源发电逐步被新能源替代，新型电力系统形态特征发生显著改变，将以数字信息技术为驱动，在保障能源电力供应安全、实现绿色可持续发展等方面发挥重要作用。

新型电力系统具有"广泛互联、智能互动、灵活柔性、安全可控"等技术特征。构建新型电力系统的主要途径是两端发力推进"两个替代"，即电力生产侧实施清洁替代、能源消费侧实施电能替代，实现源端减碳、终端脱碳。在电力生产侧，我国发电用煤占煤炭消耗的一半、约 17 亿 t 标准煤，产生二氧化碳排放 45 亿 t。减碳的根本途径在于清洁能源对煤炭发电的稳步替代，形成以新能源、水电、核电、生物质发电等为主的电力供应体系。在能源消费侧，工业、建筑、交通领域电气化率分别为 26%、44%、4%，合计二氧化碳排放 70 亿 t，要提升工业、建筑、交通电气化水平，实现电能对化石能源的深度替代。

构建新型电力系统，需要加强多能互补的清洁能源供应体系、现代电网体系、智慧用能体系和全国统一电力市场体系建设，积极推进新型电力系统技术体系、产业体系和标准体系创新。

清洁低碳发展已成为未来趋势，新型电力系统从基础理论到核心技术都需要创新，相关政策机制需要统筹推进，我们要充分发挥科技创新引领作用，打破路径依赖，加强底层技术、前沿技术、颠覆性技术攻关，加大研发力度，在清洁发电技术、电网技术、储能技术、氢能技术、再电气化技术、捕碳固碳技术、数字化技术、标准化技术等方面，加快实现创新突破。

新型电力系统是对传统电力系统的继承与发展，其基础理论、技术产业和体制机制面临新的变革，我们要加强合作、不断探索，共同推进新型电力系统构建和技术发展，为实现"双碳"目标作出更大贡献。

抽水蓄能发展应加强需求论证科学开展项目纳规

中国水力发电工程学会常务副理事长
兼秘书长　郑声安

[编者按："十三五"期间，我国抽水蓄能发展有所滞后。《水电发展"十三五"规划》提出，抽水蓄能开工目标为 6000 万 kW（规划中期调整为 4000 万 kW），实际核准开工 3613 万 kW，约为规划目标的 60%；投产 846 万 kW，完成情况也有所滞后。为此，国家相关部门审时度势，发布《抽水蓄能中长期发展规划（2021～2035 年）》，提出到 2025 年，抽水蓄能装机容量将增加至 6200 万 kW 以上。日前，国家能源局发布《关于进一步做好抽水蓄能规划建设工作有关事项的通知》（以下简称《规划通知》）强调，要坚持需求导向，深入开展抽水蓄能发展需求研究论证工作。此外，国家发展改革委发布《关于抽水蓄能电站容量电价及有关事项的通知》（以下简称《电价通知》），核定在运及 2025 年底前拟投运的 48 座抽水蓄能电站容量电价。当前，应如何理解政策释放的信号？如何加快各方面能力提升推动产业发展？对此，《中国电力报》记者余璇专访了中国水力发电工程学会常务副理事长兼秘书长郑声安。此文转载自《中国电力报》8 月 8 日"观察"。]

中能传媒：《规划通知》中强调要深入开展抽水蓄能发展需求研究论证工作。应如何开展此项工作？

郑声安：《规划通知》对于促进抽水蓄能行业健康有序发展具有重要意义。应重点在四个方面开展此项工作：一是做好组织工作。各级政府、企业等应按照国家能源局相关要求，调动相关技术力量，从各省、地区实际情况出发，组织开展抽水蓄能发展需求研究论证工作。二是听取多方面发展意见。抽水蓄能发展关乎能源安全、新能源发展，与电网规划也有密不可分的关系，应充分听取相关各方意见，重视抽水蓄能对电力系统发展的支撑作用、对电网格局发展的影响以及对全社会电价的影响，提前消弭分歧、预判后期需要深入研究的相关问题。三是科学开展研究论证。随着我国电力系统不断发展，新技术新情况不断出现，研究论证工作应充分调研基础数据，扎实做好基础数据分析工作，深入研究论证各项边界条件，并达到各方一致。在此基础上，结合发展需求论证报告编制大纲及相应规程规范等，科学开展研究论证，使数据经得起推敲、论证结果经得起考验。四是合理考虑社会发展需求和技术进步。随着我国提出"双碳"目标和构建新型电力系统，储能产业备受关注。电化学储能、压缩空气储能等新型储能虽然在安全、环保、技术成熟度等方面存在短板，但技术是进步的，在论证过程中应根据不同省（自治区、直辖市）特点，统筹考虑煤电灵活性改造、气电、水电、抽水蓄能、新型储能、需求侧响应等多种途径，尤其是合理考虑新型储能技术对抽水蓄能规模的影响。

中能传媒： 目前，抽水蓄能在投资、设计、施工、设备制造、运行、管理等产业链上下游存在哪些薄弱环节？应如何加快各方面能力提升推动产业发展？

郑声安： 自20世纪60年代后期河北岗南电站建设运行以来，通过北京十三陵、浙江天荒坪、山东泰安、广东惠州、河北丰宁等一批抽水蓄能电站工程实践，我国抽水蓄能电站设计、施工、机组设备制造与电站运行水平不断提升，已形成较为完备的规划、设计、建设、运行管理抽水蓄能产业链。《抽水蓄能中长期发展规划（2021～2035年）》实施以来，抽水蓄能项目开发建设提速，对投资、设计、施工、设备制造等全产业链提出了更高要求和更大需求。综合来看，后期抽水蓄能集中投产对设备制造及机组安装等方面的压力相对较大。为了确保中长期规划目标如期实现，下一步可以着重加强以下工作：一是进一步提升装备制造产能。我国现有大中型水电机组生产企业十余家，其中，哈尔滨电机厂有限责任公司和东方电气集团东方电机有限公司历史悠久、生产规模大、制造能力强、设计和科研水平高，是水电机组制造的大型骨干企业。两家目前具备年产40台大型抽水蓄能机组的制造、交付能力，经过后期改造可具备年产80台左右的能力，但距离抽水蓄能快速发展需求还有一定差距。经与两家厂商多次沟通，后期可通过标准化设计、持续优化产能、联合生产等方式进一步提升产能。二是进一步提升机组安装能力。目前，我国拥有专业的安装队伍的施工企业不多，为了加快抽水蓄能建设速度，亟须开展安装队伍理论及实操培训，扩大安装力量。考虑到抽水蓄能建设周期较长，后期可通过调整施工安装招投标机制，允许联合体投标，以"老带新"的方式培养一批新的安装队伍。

中能传媒： 此次，《电价通知》中提出，核定在运及2025年底前拟投运的48座抽水蓄能电站容量电价。应如何理解其中释放的信号？

郑声安：《电价通知》对于抽水蓄能行业的发展作用巨大，主要包括四个方面：一是全面梳理电价体系，贯彻落实两部制电价。《电价通知》全面落实了国家发展改革委《关于进一步完善抽水蓄能价格形成机制的意见》（发改价格〔2021〕633号，以下简称

"633号文"）要求，严格按照《抽水蓄能容量电价核定办法》，核定了在运及2025年底前拟投运的抽水蓄能电站的容量电价，实现了抽水蓄能两部制电价落实，确保了价格管理的机制化、制度化。同时也标志着以往抽水蓄能电站多种电价机制并存的局面结束，两部制电价已经成为我国抽水蓄能的基本电价机制。二是对标行业先进水平合理核定容量电价，引领行业发展方向。电价核定是基于大量数据调查，国家发展改革委价格司对抽水蓄能电站成本进行了深入调查和系统梳理，充分摸清了行业底数，并基于行业先进水平确定了容量电价核定参数取值，有利于促进相关主体持续提高电站投资和运行管理效率。三是落实容量电费疏导回收的机制，促进行业健康发展。《电价通知》紧密衔接输配电价成本监审，科学疏导容量电费，确保可操作、可执行。此次核定抽水蓄能电站容量电价与第三监管周期输配电定价成本监审工作相结合，但抽水蓄能电站容量电价单列，既体现了抽水蓄能电站容量电价和输配电价的内在关系，也反映出新时期国家对抽水蓄能电站定位的科学认识。四是强化政策落实监管，确保抽水蓄能综合效益发挥，保障系统全局效益。在633号文的基础上，《电价通知》进一步明确电网企业要统筹保障电力供应、确保电网安全、促进新能源消纳等，合理安排抽水蓄能电站运行，公平公开公正实施调度。严格执行核定的容量电价，按月及时结算电费，结算情况单独归集、单独反映，定期上报相关情况，并要求各地发展改革委加强对抽水蓄能容量电价执行情况的监管。从电力系统全局最优的角度，确保了抽水蓄能电站综合效益的充分发挥。

中能传媒： 对于未来抽水蓄能行业的健康发展，您有何建议？

郑声安： 为了促进抽水蓄能行业高质量发展，进一步做好相关工作，建议可以加强以下几项工作：一是继续加大抽水蓄能建设力度。按照目前的发展形势，到2035年前，抽水蓄能仍是技术最成熟、经济性最优、最具大规模开发条件的绿色低碳安全的调节储能电源，长期快速发展仍是主基调。二是加强抽水蓄能发展需求论证和科学开展项目纳规。为了实现"双碳"目标，需要建设大量新能源项目，以及与其相配套的灵活性电源。目前我国的灵活性电源仍以火电为主，不仅不利于"双碳"目标实现，且只能实现单向调节，未来对于抽水蓄能的需求规模非常大。下一步，做好各省（自治区、直辖市）抽水蓄能发展需求研究论证，在此基础上科学确定抽水蓄能合理建设规模，统筹已建、在建、已纳规项目和拟纳规项目，按照项目纳规有关要求，组织开展站址比选、布局优化等工作，科学推进项目纳规，推动抽水蓄能高质量

发展。三是尽快制定公布抽水蓄能标杆电价。综合考虑各地抽水蓄能发展需求、资源禀赋和电价承受能力，分区域、分调节性能制定抽水蓄能标杆容量电价，给予开发企业准确的投资预期，并发挥价格信号作用鼓励先进、引导降本增效。四是强化区域抽水蓄能资源优化配置。针对华东、华北等区域，结合站点资源条件，在满足本省电力系统需求同时，加强区域内资源优化配置以及特高压输电线路送受两端的跨区域协调。五是加强新能源基地的抽水蓄能布局和建设。围绕"沙漠、戈壁、荒漠"大型风电光伏基地及主要流域水风光一体化基地，结合新能源大规模发展和电力外送需要，结合资源条件，在西北、西南地区加强服务可再生能源基地的抽水蓄能布局和建设。六是加大抽水蓄能产业链支撑力度。抽水蓄能电站的集中核准开工对产业链支撑能力是一个重大考验。一方面要引导各方有序、平稳开发抽水蓄能电站项目，从需求侧疏导产业链压力。另一方面要及早谋划，提升产业链装备制造、机组安装、电站运维等环节的支撑能力，从供给侧积极应对，满足未来抽水蓄能建设、投产高峰期对产业链的产能需求。

推动小水电健康发展亟待破解六大难题

水利部农村电气化研究所副所长、
中国水力发电工程学会小水电
专委会主任委员　董大富

〔编者按：小水电在电力行业中虽然不是主体，但其是实现"双碳"目标的重要能源选择。水利部近日印发的《2023年农村水利水电工作要点》提出，"积极稳妥推进小水电分类整改，实施小水电绿色改造与现代化提升，落实小水电生态流量"。那么，目前，我国小水电站现状到底是什么样？未来发展方向在哪里？《中国能源报》记者苏南围绕上述问题专访了水利部农村电气化研究所副所长、中国水力发电工程学会小水电专委会主任委员董大富。此文转载自《中国能源报》4月17日（第7版）"高端访谈"。〕

（一）新时代对小水电提出新要求

中国能源报：如何正确看待小水电行业？在新时代背景下，小水电在能源行业中处于什么地位？

董大富：提到小水电，给人固有的印象是生态环境的破坏者，不排除个别小水电存在破坏环境的问题，但大部分小水电反而是生态环境的修复者。新形势对小水电的安全与生态提出了新要求，未来小水电的发展要满足"人们对美好生活的向往"，可采用新技术、

新方法、新理念，开展小水电绿色发展与现代化提升，实现高质量发展，提升现代化运营管理水平。

改革开放以来的40多年，小水电获得了初级农村电气化县、水电农村电气化县、水电新农村电气化县、小水电代燃料、农村水电增效扩容改造、小水电扶贫等国家资金投入，我国小水电装机容量增长了15倍。目前，全国建成小水电站42400余座，总装机容量达8100多万千瓦，占全国水电总装机容量的22.1%。按照最新供电标准煤耗307g/(kW·h)计算，2021年发电量相当于节约了6855万t标准煤，减少二氧化碳排放1.7亿t。

小水电在电力行业中虽然不是主体，但其是实现"双碳"目标的重要能源选择。作为清洁可再生能源，持续发挥着巨大的节能减排效益。此外，小水电兼具防洪、灌溉、供水、旅游、保护森林植被、水源涵养等社会、生态方面的综合效益。

（二）发展面临六方面难题

中国能源报：在您看来，目前我小水电发展面临哪些难题？

董大富：我国小水电行业面临六方面的问题。一是小而散，管理难。由于城镇聚集效应，农村人口减少，小水电站小而散问题逐步凸显，安全监管难。二是设备老旧，存在安全隐患。部分电站运行多年，未及时开展技术改造，加之设备设施维护较差，存在一定的安全隐患。三是流域小水电群缺乏高效运行调度技术支撑，水资源利用率偏低。四是人力成本逐年提高，从业人员年龄普遍偏大，不少小水电站面临若干年后无人可用的境地。五是自动化水平普遍偏低，许多老旧电站厂容厂貌差，与周围环境不协调，不能满足美丽乡村建设的需求。六是监管手段不足，电站生态流量泄放还需完善，个别电站生态修复措施不到位。

中国能源报：您刚提到小水电小而散，到底有多小？有多散？

董大富：全国小水电单站平均装机容量为1792kW，以长江经济带10省（直辖市）为例：单站平均装机容量为2460kW，单站平均装机容量最小的是江西省，为940kW；200kW及以下座数超过1/5，500kW及以下座数约占1/2，1000kW及以下座数超过2/3。

至于小水电有多散，小水电站大都分布在农村边缘山区，甚至有些电站还没有通路，交通不便。除了小、散外，小水电还弱。长江经济带10省（直辖市）单站平均发电收入约200万元，单站平均发电收入最低的江西省，约60万元。

（三）建设生态友好型项目

中国能源报：在您看来，我国小水电未来现代化发展的主要内容是什么？

董大富：主要内容是建设生态友好型的小水电站。首先，要对设备设施更新改造，提高发电能力、降低安全风险。小水电改造过程中要采用新技术、新材料、新工艺、新设备，全面提升水电站硬件现代化水平、运行可靠性，提高水能资源的利用效率。例如，可对水轮发电机组、励磁、调速器、油气水辅助设备、高低压开关柜、变压器、控制系统等设备设施进行更新改造。

其次，应用新技术建立智能化、集约化运行模式，提高发电效益。小水电业主采用物联网感知设备、AI图像识别技术等提高远程感知与预警能力，增加安防系统，优化调度运行。通过小水电实现智能化运行，达到"自感知、自学习、自决策、自控制"，改变单站独立分散运行的常规模式，以区域或流域为单位，建立电站集群统一运行模式，把分散的小水电站整合成一个跨越物理空间的虚拟电站，建立集控中心，实现远程集中监控，实现集约化运行。

再次，统筹考虑梯级电站上下游，优化水能资源利用效率。未来可根据水库水位及来水预测，动态制定梯级电站机组运行策略。例如，开机台数、开机顺序、机组负荷、开机时间等，以梯级电站集群发电效益最大化原则来调度各电站的运行。

最后，改变一支队伍运维一个电站的"一对一"管理模式，整合人力资源，组建一支专业化团队，管理一个区域的电站，建立物业化管理模式。

中国能源报：如何实现小水电的可持续发展、"双碳"目标下的高质量发展？如何更好地发挥出小水电清洁可再生能源的重要属性？

董大富：新时代对小水电提出了新要求。未来，小水电企业采用新技术、新方法、新理念实现小水电绿色发展和现代化提升，利用调节储能特点与新能源融合发展，优化存量、融合增质。以区域或流域为单位，技术上实现集约化，管理上采用物业化。发挥水库库容调节和梯级库群反调的功能，实现水风光储一体化融合发展。

我国具有 10 万 m^3 及以上库容且以发电为主的小水电站 5800 多座，总库容 800 多亿立方米，装机容量 2500 多万千瓦。通过库容调节、储能工厂、抽水蓄能改造等水风光储一体化建设，可为新能源开发和消纳提高供电可靠性。

央 企 工 作

中国长江三峡集团有限公司 2023 年工作情况

2023 年，中国长江三峡集团有限公司（简称中国三峡集团）积极应对长江来水偏枯、市场竞争激烈、国际形势复杂严峻等挑战，生产经营形势保持总体稳定，主要效益和效率指标继续位居央企前列。全年新增并网装机容量超 1800 万 kW，完成发电量 4136 亿 kW·h，实现营业收入 1522.9 亿元、利润总额 570 亿元、净利润 438.5 亿元。截至 2023 年底，中国三峡集团可控装机容量达 1.46 亿 kW，资产总额达到 1.39 万亿元，资产负债率 56%，继续保持国家主权级信用评级。

（一）服务安澜长江建设

在长江干流建设运行的 6 座梯级水库群总库容超过 900 亿 m^3，其中总防洪库容近 380 亿 m^3，约占长江上游重要水库总防洪库容的 75%，是长江防洪体系的骨干工程和我国重要战略水资源库，在防御长江重大水旱灾害中发挥着关键性的、不可替代的作用。

围绕抗旱补水，全年累计为下游补水 242.9 亿 m^3。围绕航运安全，三峡枢纽年通过货运量超 1.72 亿 t，同比增长 7.95%，其中三峡船闸全年过闸货运量超 16865 万 t，同比增长 8.02%。

（二）能源安全可靠供应

圆满完成迎峰度夏、杭州亚运会、成都大运会、迎峰度冬等重要时段保供任务，获得国家发展改革委、国务院国资委表扬。三峡水库汛前消落水位首次提高至 150m，提升顶峰调节能力 150 万 kW。长江干流梯级电站机组启停调峰超 2 万次、日调峰量最高达 3379 万 kW，连续 53 天单日发电量超 10 亿 kW·h，刷新历史纪录。江陵二期、鄂州四期火电项目开工建设。宜城火电两台百万千瓦机组一次性通过 168 小时试运行，实现年内"双投"。鄂州电厂全年电煤长协覆盖率大幅提升至 89%，兑现率提升至 93%，创投产以来最高值。

（三）水电抽水蓄能业务扎实推进

白鹤滩水电站通过国家质量监督检查，获评菲迪克卓越工程项目奖、2023 全球十大工程成就。乌东德水电站运行水位重大变动环评获批，首次蓄至 975m。向家坝、溪洛渡机组容量调整获得川滇两省支持。向家坝扩机工程取得国家发展改革委、国家能源局支持意见。全面落实"预投建运"抽水蓄能项目管理机制，陕西山阳等5个项目完成核准备案，重庆莱籽坝等6个项目开工建设，湖北平坦原、安徽石台、浙江松阳、甘肃张掖等4个项目主厂房开工，浙江天台项目实现厂房开挖向混凝土浇筑转序。推进三峡水运新通道取得重要进展。

（四）长江大保护业务稳健发展

全年完成投资213亿元、累计达1141亿元，新增污水处理规模28万t/日、累计达442万t/日，新增管网长度2289km、累计达2.1万km。宜昌污水处理价格机制改革获得国家发展改革委认可，首个管网攻坚战项目开工建设。"城市智慧水管家"模式在苏州吴江等9个城市逐步推广。在湖北襄阳签订首个"两翼融合"项目协议。率先完成中华鲟全基因组破解，中华鲟、长江鲟苗种繁育量均超100万尾。长江珍稀植物研究所入选国家生态环境科普基地。

（五）新能源业务取得重大突破

全年新增资源储备超6000万kW、并网装机容量历史性突破1800万kW，累计装机规模达5206万kW。第一批大基地按期完成建设任务。库布其"沙戈荒"基地完成核准备案，先导工程全容量并网。我国单体规模最大漂浮式光伏电站全容量并网。全国规模最大风光储一体化示范项目——乌兰察布二、三期全容量并网。云南弥勒西、福建平潭外海、山东牟平等项目全容量并网。福建漳浦二期首批机组投运。获批国家第三批大基地4个项目共520万kW。

（六）国际业务逆势增长

国际业务利润总额逆势增长，境外装机容量达1178万kW。巴基斯坦卡洛特水电站完成竣工验收。秘鲁圣加田Ⅲ水电站引水隧洞全线贯通。巴西帕尔梅拉风电和阿里努斯光伏项目开工建设。埃及约旦凯特斯光伏项目、IFC股权回购完成交割，澳门电力项目签订收购协议。三峡国际实现首次分红。秘鲁路德斯公司利润创新高。

（七）资本金融支撑有力

积极推进参股股权轮动，有力支撑业绩增长。圆满完成金沙江重大资产重组，实现长江干流梯级水电资产整体上市。发行长江保护主题ETF联接基金，募集资金超30亿元。

（八）改革效能持续释放

改革三年行动重点任务考核再获A级，4家"科改示范企业""双百企业"全部获评"标杆""优秀"，并扩围至7家。落实央企新一轮专业化整合工作部署，中水电公司整体划转至中交集团。三项制度改革连续两年被国务院国资委评为一级。聚焦功能性和体制机制改革任务，改革深化提升行动开局良好。世界一流企业建设纵深推进，价值创造、示范创建、管理提升、品牌引领等专项行动深入实施。长江电力和三峡能源入选创建世界一流专业领军示范企业。完成"十四五"规划中期评估和修编。三峡国际通过ISO合规管理体系和反贿赂管理体系认证。

（九）提质增效成果显著

持续加强境内外重点领域、高风险业务和内部控制关键环节审计监督，推动各项监督检查向基层、重点项目和境外延伸，并穿透至三级及以下子企业。全年压减法人71户，境内法人层级控制在5级及以内，境外法人层级连压3级。制定出口管制、经济制裁、境外反商业贿赂等重点领域合规制度和指引。建立覆盖全集团的首席合规官与合规专员机制。深入推进案件"压存控增"专项工作，连续4年实现案件数量、金额双下降。

（十）科技创新再创佳绩

与怀柔国家实验室共建三峡可再生能源研究院，获批并启动水风光多能互补等4个重大专项研究。海岸和近海工程国家重点实验室签订重组共建协议。深远海上风能开发利用工程技术研发中心、钙钛矿光伏技术重点实验室入选国家能源局"十四五"首批"赛马争先"创新平台。成立集团科学技术协会和上海科创中心。全球首台16MW超大容量海上风机实现24小时满功率运行。我国首艘500kW级氢燃料电池动力船"三峡氢舟1号"完成首航。三峡乌兰察布氢电耦合示范工程获批国家发展改革委氢能创新示范工程。2个"揭榜挂帅"项目和1个"关键基础设施"项目通过国家发展改革委年度检查。6项成果入选国家第三批能源领域首台（套）重大技术装备，位居能源央企首位。新一轮国务院国资委专利质量评价上升28位，成功实现提档进位，2家企业获评国家知识产权优势企业。

（十一）安全发展基础更加坚实

扎实开展安全管理强化年行动，深入开展重大事故隐患专项排查整治，全面推进双重预防机制建设，制定重点管控安全风险措施标准、重大事故隐患及典型隐患判定标准，提高风险识别率。加强新业务新业态安全监管，制定抽水蓄能、电化学储能、制氢加氢站等安全管理指导文件。统筹抓好防汛防台风工作，精心开展22个年度重点应急演练。建立覆盖水、火、风、光全电源品种的可靠性指标管理体系。深入开展大坝安全提升专项行动，对境内外大坝开展安全专项督查。建立大坝安全监控自动预警系统，40座大坝实现在线监控和自动预警。三峡大坝顺利通过首次定检，乌东德大坝高分通过甲级注册。

（十二）企业形象持续提升

持续抓好定点帮扶、对口支援、援疆援藏援青和库区移民帮扶工作，定点帮扶工作得到中央农村工作领导小组充分肯定，连续5年在中央单位定点帮扶考核中获得最高等次"好"的评价，连续两年位列央企第一。先后荣获第十二届"中华慈善奖"捐赠企业奖和慈善项目奖、第十八届人民企业社会责任奖"年度企业奖"、2023年责任犇牛奖"责任企业奖"等奖项，连续两年入选国务院国资委"央企责任管理·先锋30"指数。

（中国长江三峡集团有限公司　孟友瑞）

中国电力建设集团有限公司2023年改革发展情况

中国电力建设集团有限公司是2011年9月经国务院批准重组成立的特大型中央企业。2023年位居《财富》世界500强第105位；在2023年ENR全球工程设计公司150强中排名第一；在2023年ENR全球承包商250强和国际承包商250强排名中分别位列第6位、第8位。现有中国工程院院士1人、全国工程勘察设计大师5人；拥有国家级研发机构10个、省部级研发平台118个、院士工作站9个、博士后工作站11个。

（一）企业发展保持平稳

一是全年完成新签合同金额12688亿元、营业收入6835亿元，同比分别增长12.63%、2.61%；实现利润总额186亿元；净资产收益率4.38%，全员劳动生产率53.86万元/人，研发投入强度3.67%，资产负债率76.62%。二是全年新签高质量订单5183亿元，占比40.85%。三是全年完成海外新签合同金额2378亿元、营业收入966亿元，同比分别增长8.88%、5.22%。四是全年荣获"国家优质工程金奖"9项、"国家优质工程奖"22项、"鲁班奖"4项。国内承建的西藏湘河水利枢纽工程4台机组全部投产发电；EPC总承包的新疆阜康抽水蓄能电站首台机组投产发电，新疆阜康60万kW光伏＋60万kW·h储能项目全容量并网发电；张北柔性直流电网试验示范工程荣获第七届中国工业大奖。海外参与承建的雅万高铁顺利建成运营，津巴布韦旺吉项目7、8号机组顺利移交商业运行，印尼奇拉塔145MW光伏项目全容量并网，贝尔格莱德绕城公路奥布项目顺利建成通车。

（二）战略引领成效显著

一是开展YX水电前期工作，为项目核准与建设奠定坚实基础。CZ铁路指挥部统筹协调，多项创新研发成果在项目现场全面推广应用。成功获得藏东南水风光项目开发主导权；张掖市可再生能源一体化基地纳规稳步推进；参建的孟底沟水电站、道孚抽水蓄能电站正式开工。积极参与国家绿证政策制定，企业获得收益近1.7亿元。国家防汛抗旱技术研究中心获批成立，编制发布《"十四五"国家综合防灾减灾规划》；组建西南地区首支地震及地质灾害救援专家型应急救援队伍，获批应急管理部工程应急勘测队；设立的流域安全与应急技术服务平台，为灾情预判、灾害处置、快速制定抢险救援方案提供有力技术保障。"雄安·电建智汇城"引入奥特莱斯成功打造商业标杆。二是全年"水"业务新签合同金额1634亿元、占比12.88%；"能"业务新签合同金额6893亿元，同比增长31.14%，占比54.33%；"城"业务新签合同金额3601亿元，同比减少2.23%，占比28.38%；"数"业务新签合同金额101亿元。三是全年以"新商业模式"推动"投资＋总承包"项目46个，出资147.5亿元，共计拉动总承包1031.45亿元。四是近三年公司持续加大国内"水、能"业务投资力度。五是海外业务结构持续调整。海外"水、能、城、矿"协调发展，海外投资稳慎推进。

（三）管理提升有力有效

一是召开项目管理年会以及砂石矿山、抽水蓄能、新能源等项目管理专题会。发布工程项目高质量履约指导意见、工程总承包业务指导意见。印发区域总部重大重点项目监管实施细则，50余个项目纳入公司重大项目监管清单。发布工程承包、工程分包计量结算支付工作标准。二是发布新版《投资与建设项目招标管理办法》《分包管理办法》等，全面防范转包、违法分包。严格承（分）包商准入，建立考核评级与共享机制，8.7万家合格资源实现集团内部共享。年内发布2批43家失信禁入名单。三是完成23个典型项目复盘总结，避免重蹈覆辙。初步建立海外索赔支持体系，推动重大项目索赔取得成效。发布国际业务投议标评审实施细则，近两年新开工项目增量风险得到有效遏制。四是发布水电工期定额、风电和光伏定额、价格调差规范等9部企业定额标准。水电工程设计概算编规、费用构成及概（估）算费用标准由国家能源局批准发布。首次制定抽水蓄能EPC工期定额，首次建立基价标准新能源定额，编制业内首部绿色砂石工程定额，引导行业健康发展。

（四）深化改革全面推进

一是在深入总结改革三年行动成效经验的基础上，对二级子企业行动方案开展交叉互审、现场审核。二是全面开展对标世界一流企业价值创造行动。扎实开展世界一流企业品牌提升行动，成功举办风电塔筒和光伏支架两项产品品牌标识发布会并发布相关企业标准，有序推进绿色砂石骨料品牌创建。公司金融企业在中国金融品牌案例大赛中首次斩获"普惠金融年度案例奖"。三是 10 家子企业为集团多创造净利润 9.17 亿元，兑现科技型企业岗位分红 1 亿余元；3 家子企业完成超额净利润 2.69 亿元，兑现超额利润分享近 3000 万元。四是两家企业成功入选新一批"双百企业"，一家企业由"双百企业"转为"科改企业"。五是入库外部董事达 189 名；对 50 家子企业董事会、108 名外部董事全面开展考核评价，8 家企业董事会、10 名外部董事考核获评优秀，对考评等级一般的 5 家企业董事会提出整改要求、对考核排名靠后的 7 名外部董事予以调整退出。六是公司全级次管理人员实施覆盖率超过 40%、人数超过 5000 人。同一企业领导班子成员之间最大倍数达 1.69 倍。管理人员末等调整和不胜任退出率达 6.76%，管理人员竞聘上岗率达 52.41%，职工市场化退出率达 2.68%。水电开发公司实行"逢提必竞"选拔方式，涌现一批 90 后优秀年轻干部。

（五）科技创新持续发力

一是编制完成"4+2"策源地实施方案、土壤修复技术体系建设方案。积极推动公司战略性新兴产业核心竞争力快速提升。二是获批主持水环境、海上风电、新型储能等领域国家重点研发计划 2 项、国家自然基金项目 5 项，牵头第二批 5 项"1025 专项"攻关实现重大突破。自主研制的国内规模最大、技术指标最先进的深海勘探装备平台交付使用；自主投资、研发、建造的全国首台套海上光伏智能打桩装备正式入列；研制的 MG200 门式起重机、新能源公司联合研制的铁基液流储能系统，分别入选山东省首台套、国家能源领域首台套目录；参与设计施工的锦屏深地实验室顺利投用；装备公司三个"1 号"系列产品研发、投用，产业集群效应初步显现。年内新获中国专利奖 5 项、省部级科技奖 400 余项，其中双护盾 TBM 隧道建造技术等优秀成果获行业最高奖。三是公司国家企业技术中心达 6 家。两企业分别获批江西省源网荷储一体化工程研究中心、四川省水风光储清洁能源开发工程技术研究中心。参与新型储能、深地领域等新一批央企创新联合体和第二批国家储能产教融合创新平台建设，共同打造央企协同、校企协同战略性新兴产业生态圈。四是全面数字化转型案例入选国务院国资委首期《科创动态　国企数字化转型专刊》。"BIM 仿真系统"入选国务院国资委 2023 年国有企业 10 大数字技术成果，"水环境风险智能防控平台"获得世界人工智能大会最高奖项，"基于云边协同的智能建造平台"入选工业和信息化部典型案例。五是年内入选国家卓越工程团队 1 个、国家级科技人才 8 人、中央企业优秀青年科技人才 1 人，获评"大

国工匠"1 人、"全国技术能手"5 人。大力实施公司"百千万"科技人才培养工程，评选首批百人战略科技人才 26 人、千人领军人才 289 人、万人青年科技人才 2552 人。引进海外高层次人才 4 名。

（六）"三资"管理稳步提升

一是全年资金集中度保持在 80% 以上。余额占净资产比重降至 37.72%，首次完成国务院国资委确定的压降至 40% 以内目标。公司综合融资成本率三年净压降 0.8 个百分点。二是全年完成资产经营 685 亿元。中国电建清洁能源基础设施公募 REITs 获批，构建起"投资建设—运营—有效盘活"的投融资高效循环体系。三是连续第 10 年获评上海证券交易所信息披露评价最高评级 A 级，"聚能"项目成功引战，募集资金 76.25 亿元，新能源公司正式启动独立上市 IPO 流程。

（七）提质增效扎实开展

一是统筹推进内外应收应付、拖欠清理。全年回收以工程款为主的各类逾期应收账款 148.2 亿元、境外能源电力项目电费 68.94 亿元、新能源财政补贴 21.03 亿元，基础设施投资回款 158 亿元，完成保函替代保证金回款 50.47 亿元。二是构建子企业"两金"专项业务管理模块，动态监测"两金"波动。三是通过优化投资方案、调整投资策略、降低融资成本等多种方式，压降投资概算、控制建设成本、提升投资收益。四是全年完成设备物资集采 2928.69 亿元，集采率达 98.2%，较预算成本下降 11.71%，其中 6 批次 11.46GW 光伏组件打包集采较预算节资超过 20%。

（八）风险防控不断强化

一是制定发布合规管理风险识别、岗位职责和流程管控"三张清单"，推动合规管理与经营管理有机融合。稳妥管控处置海外合规事件。二是 19 家二级子企业所属亏损企业亏损额同比减少超过 10%。三是避免或挽回经济损失逾 30 亿元。四是积极防范化解安全环保风险隐患，全年未发生重大及以上事故灾害，未发生突发环境事件以及重大不良影响安全环保事件，减污降碳指标全面完成。

（中国电力建设集团有限公司　魏立军　邵颂东）

中国葛洲坝集团股份有限公司 2023 年工作情况

2023 年，中国葛洲坝集团股份有限公司面对复杂严峻的形势和艰巨繁重的任务，聚焦高质量发展和价值创造，保持战略定力、坚定发展信心，直面挑战、攻坚克难，企业高质量发展基础更加坚实、步伐

更加坚定。一是牢牢把握主题教育总要求，深学习、实调研、解难题、促发展，得到国务院国资委党委巡回督导组高度评价。二是全年实现市场签约同比增长25%。三是营收利润率在建筑央企中名列前茅，境内项目利润率较责任制提高1.52个百分点。实现投资回收同比实现翻番。四是承建的白鹤滩水电站入选"2023全球十大工程成就"。南沙国际金融论坛永久会址成为粤港澳大湾区的靓丽名片。CZ铁路项目累计获得22张绿牌。五是打造全国首个全路域交能融合示范工程枣菏高速交能融合项目。获取抽水蓄能与新能源指标1155万kW，成为公司新的重要增长极。六是顺利通过国企改革三年行动总体考核，新增2家子企业入选国务院国资委"科改示范""双百企业"名录。七是法律助力高质量发展三年行动圆满收官，累计销号风险268项，关闭风险敞口146亿元。八是全面完成宜昌基地自建房安全隐患排查整改和筒子楼解危清退安置工作，彻底消除历史遗留棚户区问题，职工群众获得感、幸福感、安全感不断提升。主要体现在以下七个方面。

（一）强根铸魂，党建引领更有力

一是开展"第一议题"质量提升行动，持续完善闭环机制，学习贯彻党的创新理论的及时性、规范性、系统性显著提升。二是践行"四下基层"要求，开展"提质增效稳增长砥砺奋进新征程"主题实践、创岗建区、示诺践诺等特色活动，促进重点项目高效履约。三是切实提升企业品牌影响力和传播力，公司新媒体传播力指数首次进入国务院国资委榜单前八，15部新闻作品获"国企好新闻""央企优秀故事"等奖项。培养选树"全国五一劳动奖章""荆楚工匠"等先进集体和个人24个。四是推动各类监督贯通协同、高效联动，有效破解"一把手"监督难题，有力护航公司高质量发展。

（二）统筹发力，市场开拓更优质

一是开展业绩管理提质攻坚行动，通过军工保密资质复审，新增和升级资质28项，行业平台新增业绩123个，市场开发实力进一步提升。二是强化投资正负面清单管控，统筹综合交通、新能源、抽水蓄能业务发展。建立7业务板块分类评审标准和经济测算模型，提升项目评价科学性。建立批复意见督查机制，推动64个重点项目批复意见有效落实。三是坚持领导包保重大项目机制，推动落地重大项目20个、金额近2000亿元。成功签约武汉轨道交通11号线、HM供水、平陆运河等一批项目，传统业务占比大幅提升。策划落地韶关丹霞机场高速、青海那棱格勒抽水蓄能等项目融合业务取得新突破。子企业以自有资质签约额同比增长47%。四是大力开拓抽水蓄能和新能源业务。明确风电、光伏等七大领域项目开发要

点。建立抽水蓄能项目规划评审、勘察设计、投资建设、工程施工全流程协同机制，平川抽水蓄能电站创核准开工行业最快纪录。五是积极拓展国际市场。梳理明确国际市场开发禁止事项，实行5亿美元以上项目提级评审机制，从源头强化合规和风控管理。把握"一带一路"高峰论坛契机，成功签约科威特阿卜杜拉新城、埃及开罗机场航空物流园等重大项目，圆满完成年度签约目标。

（三）提质增效，项目管理更科学

一是深化项目管理"334"工程建设，1350项重点任务全面完成。深化大临设施标准化和项目管理"十化"建设，关键核心装备自主配置比例提高11个百分点。推广应用项目管理手册和内部成本定额，明确项目管控基本架构，搭建项目管控"四梁八柱"。编制公路、市政、水利等8类投融资建设项目前期工作指引，提升项目建设管理标准化、规范化水平。二是高标准完成项目履约提升年69项重点举措。完成34个项目和生产单元的巡查和达标认证。完善融资建设项目全生命周期监管机制。泸州六桥、武阳高速提前通车，保定二期三期顺利交付，大石峡项目得到水利部高度评价；安哥拉凯凯、巴基斯坦DASU项目顺利截流，波黑达巴尔项目正式开工。

（四）激发活力，改革创新更深入

一是对标世界一流企业价值创造行动。实施"专项人才支持计划"，协同项目约70亿元。扎实推进三项制度改革，全年管理人员竞争上岗151人，因不胜任或末位调整退出97人，员工市场化退出1200余人，浮动工资占比超过70%，管理人员能上能下、员工能进能出、薪酬能增能减持续深化。分层推进虚拟股权激励试点，激励范围拓展至房建、电力、公路建设等领域。稳步推进科技型企业岗位分红、超额利润分享激励扩面，创新创效活力不断激发。二是优化公司及子企业管理决策事项27项，全覆盖开展子企业"三重一大"决策管理专项检查。发布子企业董事会工作指引，完成子企业制度与治理体系执行情况评估，开展100个基层项目制度建设及执行情况专题研究，提升基层治理水平。三是聚焦CZ铁路、大石峡项目等重点工程，评审重大技术方案625项。围绕YJ等重点项目梳理科研课题，组建12个技术联盟和17个创新团队开展科技攻关。加快推动超临界液化空气储能爆破、气悬浮皮带机、重大水利工程智能建设等技术攻关，切实打造武重高速智能建设样板。有序推进数字化转型，高效实施中国能建BIM分中心建设。全年主参编国家标准4部，获得行业及省部级科学技术奖近百项，17项成果达到国际国内领先水平。

（五）强基固本，科学管理更高效

一是深化适应性组织建设。推动基础"334"工程提档升级，高效推进1700余项具体任务。实现两级本部物理和电子印章一体化管理全覆盖。上线重点工作督办系统，督办事项办结率提升至96％。二是突出人才工作顶层设计，实施"436'人才工程，完成6000余人入库培养。引进轨道交通、市政、新能源等专业成熟人才230余人。推动干部选聘市场化、年轻化，公开竞聘、招聘比例超过65％。开展人均效能提升专项行动，优化员工结构，人均创效水平提升5％。三是深化全面预算管理体系，加快财务一体化平台建设，促进数据互联互通。盘活低效无效资产和金融参股企业股权约33亿元，取得收益2.6亿元。运用归集资金压降带息负债150亿元。实现重大项目融资落地668亿元。获批同级建筑央企首单银行间市场TDFI资质，创新发行各类金融产品128亿元。助推困难企业增加授信规模近60亿元。强化司库系统管控，考核指标实现"双百双降双提升"。四是加强安全质量环保管理。扎实开展安全管理强化年、重大事故隐患排查整治等专项行动，推动安全与业务管理融合一体，持续保持公司安全生产形势稳定。出台安全文化手册，打造安质环标准化数据库，开发地下工程安全质量管理数字化平台，本质安全能力有效提升。全面实施安全人员能力评估、岗位津贴制度，注册安全工程师比例提升至19.5％。首次通过电力安全生产标准一级达标评审，获国家优质工程奖项20项。

（六）纵深推进，经营风险更可控

一是全面梳理完善风险防控体系，将国际业务风险纳入风险清单"一本账"。推行网格化风险预防机制，开展项目法律合规风险专项调研。二是发布合规手册，进一步明确企业合规义务及员工行为准则。穿透落实法治建设第一责任人职责，76名项目经理通过法治考试，高标准评选首批11个法治项目创建优秀单位。对71个项目靠前开展法律合规把关，助力重大项目市场开发。首次开展法治葛洲坝领军人才培训，通过法治讲坛、带课下基层等形式培训干部职工超1.2万人次。三是健全监督网络体系，加强监督力量贯通融合，创新监督方式，推动"大监督"体系在决策部署指挥资源力量整合、措施手段运用上更加高效。强化巡审联动、纪审联合，狠抓问题整改。建强项目监察员队伍，实施"1＋N"联合监察，将项目监察嵌入基层治理管控。搭建"码"上监督平台，拓宽监督渠道。

（七）担当作为，央企形象更亮丽

切实稳就业促就业，招聘高校毕业生2800余人。积极参与北京门头沟特大暴雨、甘肃积石山地震等抢险救灾。深入开展"我为群众办实事"，解决"急难愁盼"问题近百项，慰问帮扶支出资金1600万元。实现公积金属地化管理，离退休"敲门行动"传递温暖，惠民医保更加贴心，民生服务保障不断优化，稳步推进宜昌三峡花苑二期、东山四路闲置土地盘活、葛洲坝宾馆＋AD地块城市综合开发等重点项目，美好家园建设步伐不断加快。对外捐赠和消费帮扶支出资金2800余万元，荣获"首届湖北慈善奖"。

（中国葛洲坝集团股份有限公司　程志华　郭金雨）

中国水力发电年鉴

2

水能及新能源
开发与消纳

水 能 开 发

2023 年抽水蓄能产业发展情况

2023 年，在"双碳"目标引领下，全国抽水蓄能行业在规模、布局、运行、技术、政策等方面迈出新步伐、取得新成效，高质量发展的底色更加鲜明，抽水蓄能发展规模保持快速增长，在建规模跃升至亿千瓦级，已建、在建规模连续 8 年稳居世界第一。抽水蓄能保持高效灵活运行，技术水平全面创新提升，新模式新业态不断涌现，政策引导持续加强，规划布局不断优化。与此同时，新形势下推动实现抽水蓄能高质量发展也面临一些挑战。

（一）抽水蓄能装机规模稳步增长

大规模发展可再生能源是能源变革转型必由之路。放眼全球，在当今世界储能市场，抽水蓄能仍占据领先地位，为当前技术最成熟、经济性最优、最具大规模开发条件的绿色低碳清洁灵活调节电源，与核电、风电、太阳能发电等配合运行效果好，能够支撑风能和太阳能的大规模开发和高比例消纳。发展抽水蓄能，是保障电力系统安全稳定运行的重要支撑，是可再生能源大规模发展的重要保障。我国抽水蓄能行业规模不断壮大，持续引领全球抽水蓄能行业发展。截至 2023 年底，全球抽水蓄能装机容量达到 17913 万 kW，中国抽水蓄能装机容量约占 28.1%，连续 8 年稳居世界第一，持续成为全球抽水蓄能行业发展的领航者。2023 年新增投产 515 万 kW，同比增长 11.2%，保持较快的增长态势，包括辽宁清原（30 万 kW）、河北丰宁（90 万 kW）、山东文登（180 万 kW）、福建永泰（30 万 kW）、福建厦门（35 万 kW）、河南天池（90 万 kW）、新疆阜康（30 万 kW）、重庆蟠龙（30 万 kW）等。2023 年，我国抽水蓄能投产总规模约为 5094 万 kW，华东、华北、南方电网规模较大；核准在建总规模约为 1.79 亿 kW，华中、华东电网规模较大。

近年来抽水蓄能项目数量的增多，也展现出我国抽水蓄能资源的巨大潜力与前景。我国抽水蓄能资源条件具有鲜明的地域特征，具体来说，华东、南方区域抽水蓄能站点资源条件较为优越，包括适中的水头落差、较小的距高比以及良好的地质条件；华中区域条件一般，水头落差较大，距高比较大，地质条件较好；西南、西北区域条件较差，水头落差较大，距高比较大，地质条件较差。

（二）抽水蓄能政策体系日趋完善

2023 年，抽水蓄能行业迎来了一系列政策发布。

（1）建设管理体系方面，国家发展改革委、国家能源局 2023 年 11 月发布了《抽水蓄能电站开发建设管理暂行办法（征求意见稿）》，抽水蓄能建设管理体系主要包括资源调查与需求论证、发展规划、建设管理、运行管理等方面内容，要求抽水蓄能发展应以发展需求为导向，坚持生态优先、合理布局，项目应具备可行性和经济性。

（2）科学论证、合理确定抽水蓄能发展规模，是保障行业高质量发展的基石。抽水蓄能需求规模研究是 2023 年度抽水蓄能行业重点工作。需求规模研究以"双碳"目标为遵循，贯彻"先立后破"要求、逐步实现减碳目标，统筹全国电力发展目标，分区分省开展电源结构优化研究，统筹全国能源合理流向，以受送两端平衡作为研究基础要求，充分挖掘系统调节能力，充分考虑新型储能技术进步。综合全国各省（自治区、直辖市）新能源发展规划、非化石能源比重提高要求、产业链发展能力等，以 2030、2035 年全国风电光伏装机总规模分别约为 21 亿 kW、30 亿 kW 作为边界条件。经研究，为了助力新能源大规模开发利用，我国电力系统对抽水蓄能的需求日益凸显，2035 年全国服务电力系统抽水蓄能和新型储能需求约 6 亿 kW，其中抽水蓄能规模约 4 亿 kW，此外服务大型风光基地、水风光一体化基地抽水蓄能规模约 0.5 亿 kW，抽水蓄能展现迫切的应用需求。

（3）价格机制方面，我国抽水蓄能电站政策经历了单一电价制、租赁制等多模式的探索历程，逐步形成抽水蓄能两部制电价体系。国家发展改革委 2023 年 5 月印发《关于抽水蓄能电站容量电价及有关事项的通知》（发改价格〔2023〕533 号），公布了在运及 2025 年底前拟投运的 48 座抽水蓄能电站的容量电价，释放了清晰的价格信号。同月，国家发展改革委印发《关于第三监管周期省级电网输配电价及有关事项的通知》（发改价格〔2023〕526 号），进一步落实抽水蓄能容量电费疏导路径，纳入系统运行费，单列在输配电价之外。

（三）抽水蓄能电站开发建设全面推进

2023 年，我国抽水蓄能新增投产 515 万 kW，核准抽水蓄能电站49座，核准规模6342.5万kW，与2022年核准规模基本持平，在建规模跃升至亿千瓦级，各项目整体进展顺利，总体按照施工进度计划安排在有序建设实施。项目建设方面，山东文登、福建永泰和河南天池共3个项目实现全部投产，河北丰宁项目已投产10台机组，辽宁清原、重庆蟠龙、福建厦门和新疆阜康项目各投产1台机组。项目造价方面，2023年核准的49项抽水蓄能电站工程项目平均单位千瓦静态投资5857元/kW，较2022年上涨6.6%。

2023年，抽水蓄能发展新模式新业态不断涌现，两河口混合式、道孚等电站核准建设开启了抽水蓄能服务流域水风光一体化基地的工程实践，同时积极探索拓展以抽水蓄能为支撑的清洁能源基地规划建设等应用场景。

（四）抽水蓄能电站重要性凸显，满足多重需求

我国抽水蓄能项目运行平稳，能满足系统多元化需求。项目运行方面，抽水蓄能电站抽发电量、抽水启动次数、发电启动次数同比保持增长，有效保证电力安全可靠供应，持续发挥电力保供作用。2023年，全国抽水蓄能机组总体以"两抽两发"运行模式为主，各区域因资源禀赋不同而略有差异。全年抽水蓄能机组共7090台次参与调频，有效应对"双高"电力系统日益增长的灵活调节需求；抽水蓄能机组抽水调相工况旋转备用达2216台次；机组短时运行频繁出现，5min内、15min内、30min内短时运行次数分别为374、1317、2601次，有效服务当地电力系统快速调节。

（五）技术进步为行业可持续发展注入动力

2023年，抽水蓄能在工程建设、装备制造等技术取得显著进展，为行业可持续发展注入强大动力。

1. 工程建设技术方面　抽水蓄能电站工程涉及的地质勘察、结构设计、施工建造等各项复杂技术在开展进一步深化研究后逐渐落地。

（1）推动抽水蓄能电站开发建设标准化、流程化、模块化设计，数字化和智能化技术得到了更深入、广泛应用，GIS、无人机等人工智能、大数据等业态的应用，提升了抽水蓄能规划勘测设计的效率和速度。

（2）高频大地电磁测深（EH4）、可控源大地电磁法（CSAMT）等地球物理勘探技术的综合应用为工程地质信息的掌握提供了有力支撑，实现电站精细化设计，因地制宜创新优化。

（3）施工和建造关键技术继续攻坚克难，向西部风光资源较好的高海拔地区挺进。

（4）针对西部地区复杂地质条件、高寒、高海拔、高水头、高地震动参数等抽蓄电站抗震设计及安全管理研究与实践探索不断深化。

（5）安全高效高质量建设与管理技术开展了有益探索。

2. 装备制造技术方面　我国在机组运行、机电设备制造等技术方面不断取得进步，阳江抽水蓄能项目400MW、500r/min、700m水头段机组为国内已投运单机容量最大的抽水蓄能机组，机组的标准化、模块化设计研究，混合式抽水蓄能电站中低水头、宽变幅水泵水轮机的水力研发，高海拔、大容量电气设备试制，变速机组水力开发等方面技术出现显著进步。

（六）抽水蓄能处于行业发展的战略机遇期

为了构建新型电力系统、规划建设新型能源体系、实现"双碳"目标，大规模的新能源基础设施建设显得尤为迫切，抽水蓄能作为技术成熟、经济性优、具备大规模开发条件的电力系统清洁低碳安全灵活调节储能设施，仍处于行业发展的战略机遇期。新形势下推动实现抽水蓄能高质量发展也面临一些挑战，特别是如何科学认识地方政府发展抽水蓄能的"热情"、投资企业的"理性"，如何在保障抽水蓄能价格政策平稳的前提下稳妥有序做好与市场化衔接，为行业发展营造良好的外部舆论、政策环境等，都需要凝聚全行业的智慧和力量，共同面对、共同解决。展望未来，抽水蓄能行业坚持需求导向，积极推进一批有需求、基础好、综合效益显著的项目新增纳规、核准及建设，探索推进新模式新业态的落地实践，推动重大科技创新、先进技术应用与新质生产力发展，深化价格形成机制改革与管理体系完善，加强推动抽水蓄能产业链协同发展，以抽水蓄能高质量发展助力新能源更大力度高质量发展。

（水电水利规划设计总院　任伟楠　高翼天）

湖南省发展改革委关于核准汨罗玉池抽水蓄能电站项目的批复

2023年1月19日，湖南省发展改革委以湘发改能源〔2023〕53号文发布《关于核准汨罗玉池抽水蓄能电站项目的批复》，该"批复"全文如下。

湖南汨罗抽水蓄能有限公司：

岳阳市发展改革委和你公司分别报来的《关于汨罗玉池抽水蓄能电站项目核准的请示》（岳发改〔2022〕505号）、《关于湖南汨罗玉池抽水蓄能电站项目核准的请示》（汨蓄〔2023〕3号）及有关材料收悉。经研究，现就该项目核准事项批复如下。

一、核准依据

按照《行政许可法》《企业投资项目核准和备案管理条例》《湖南省企业投资项目核准和备案管理办法》《湖南省政府核准的投资项目目录（2017年本）》第二条等文件，对该项目进行核准。

二、核准条件

该项目已纳入国家能源局发布的《抽水蓄能中长期发展规划（2021～2035年）》，已取得建设项目用地预审与选址意见书（用字第430000202200083号）、《湖南省水利厅关于〈湖南汨罗玉池抽水蓄能电站建设征地移民安置规划报告〉的审核意见》（湘水函〔2022〕385号）、中共汨罗市委政法委员会《关于同意对〈汨罗玉池抽水蓄能电站项目社会稳定风险评估报告〉进行登记备案的复函》，符合核准条件。

三、核准内容

（1）为提升电网调峰、填谷、储能、调频、调相和紧急事故备用等能力，促进新能源大规模高比例发展，助力实现"双碳"目标，同意建设汨罗玉池抽水蓄能电站项目（项目代码为2301-430000-04-01-236515），项目单位为湖南汨罗抽水蓄能有限公司。

（2）项目建设地点为岳阳市汨罗市。

（3）项目主要建设内容：电站新建4台单机额定容量30万kW可逆式水泵水轮发电机组，总装机容量120万kW。主要枢纽工程由上水库、下水库、输水发电系统等建筑物组成。

（4）以省人民政府禁建通告发布时间2022年为规划设计基准年，根据工程进度计划确定枢纽工程区以2025年为规划设计水平年。至规划设计水平年，生产安置人口为649人，搬迁安置人口为998人。

（5）项目总投资为81.04亿元，资金来源为企业自筹和银行贷款。

（6）本项目勘察、设计、施工、监理、重要设备及材料购置、安装等，达到招标限额以上的依法实行委托公开招标，请根据有关法律法规规定委托招标代理机构办理招标事宜。

（7）如需对该项目核准文件所规定的有关内容进行调整，请及时以书面形式向我委报告，我委将根据项目具体情况，出具书面确认意见或者重新办理核准手续。

（8）请你公司通过湖南省投资项目在线审批监管平台如实报送项目开工、建设进度、竣工投用等基本信息。项目开工前应按季度报送项目进展情况；项目开工后至竣工投用止，应逐月报送进展情况。我委将采取在线监测、现场核查等方式，对项目实施事中事后监管，依法处理有关违规行为，并向社会公开。

（9）请你公司根据本核准文件办理城乡规划、土地使用、资源利用、安全生产等相关手续，依法合规加快推进项目建设。

（10）项目予以核准决定之日起2年未开工建设，需要延期开工建设的，请在2年期限届满的30个工作日前，向我委申请延期开工建设。开工建设只能延期1次，期限最长不得超过1年。

（年鉴编辑部）

甘肃省发展改革委关于甘肃黄龙抽水蓄能电站项目核准的批复

2023年2月10日，甘肃省发展改革委以甘发改能源〔2023〕71号文发布《关于甘肃黄龙抽水蓄能电站项目核准的批复》，该"批复"全文如下。

中核新华黄龙抽水蓄能发电有限公司：

报来《关于申请核准甘肃黄龙抽水蓄能电站项目的请示》及有关材料收悉。经研究，现就该项目核准事项批复如下：

一、该项目列入国家能源局《抽水蓄能中长期发展规划（2021～2035年）》（国能发新能〔2021〕39号），并确定为"十四五"时期重点实施项目。为增强甘肃电网调峰能力，优化电源结构，改善电网运行条件，提高系统运行经济性，促进当地社会经济发展，助力构建以新能源为主体的新型电力系统，依据《中华人民共和国行政许可法》《企业投资项目核准和备案管理条例》，同意建设甘肃黄龙抽水蓄能电站项目（项目代码：2301-620000-04-05-826353）。项目建成主要服务于甘肃电网及外送通道，承担调峰、填谷、储能、调频、调相及紧急事故备用等任务。

项目单位为中核新华黄龙抽水蓄能发电有限公司，负责项目投资、建设、经营。

二、项目建设地点：位于天水市麦积区、清水县境内，距天水市区直线距离约69km。项目总用地面积251.5201hm²，土地利用现状为农用地242.4334hm²（耕地12.4511hm²，含永久基本农田3.8225hm²），建设用地0.5031hm²，未利用地8.5836hm²。

三、项目主要建设内容及规模：甘肃黄龙抽水蓄能电站总装机容量210万kW，安装6台单机容量35万kW的可逆式水泵水轮机组，设计满发利用小时数6h，年发电量23.50亿万kW·h，年抽水电量31.33亿kW·h。电站枢纽工程主要由上水库、输水系统、地下厂房系统、下水库及地面开关站等组成，为一等大（1）型工程。上水库正常蓄水位1895m，死水位

1880m，调节库容 987 万 m³；下水库正常蓄水位 1255m，死水位 1210m，调节库容 864 万 m³。电站拟建 3 回 330kV 线路接入 750kV 平凉变电站（拟建）。

四、项目总投资及资金来源：项目总投资约为 152.6 亿元，其中项目资本金占总投资的 20%，由项目建设单位自有资金出资，其余部分融资解决。

五、项目所需设备采购及建设施工等招标事项均应按照《中华人民共和国招标投标法》等相关法律法规的规定，采用规范的公开招标等方式进行。

六、按照相关法律、行政法规的规定，核准项目应附置条件的相关文件分别是《甘肃黄龙抽水蓄能电站项目建设项目用地预审与选址意见书》（证书编号：用字第 620000202300008 号）、《甘肃省水利厅关于甘肃黄龙抽水蓄能电站建设征地移民安置规划的审核意见》（甘水移发〔2023〕41 号）、《甘肃黄龙抽水蓄能电站项目社会稳定性风险评估报告》及《评估事项报告表》。

七、如需对本核准文件所规定的建设地点、建设规模、主要建设内容等进行调整，请按照《企业投资项目核准和备案管理办法》的有关规定，及时提出变更申请，我委将根据项目具体情况，作出是否同意变更的书面决定。

八、请中核新华黄龙抽水蓄能发电有限公司在项目开工建设前，依据相关法律、行政法规规定办理规划许可、土地使用、资源利用、安全生产、环评等相关报建手续，手续不全，不得开工建设。

九、本核准文件有效期为 2 年，自文件发布之日起计算。在核准文件有效期内未开工的项目，应在核准文件有效期届满 30 天前向我委申请延期。项目在核准文件有效期内未开工建设也未申请延期的，或虽提出延期但未获批的，本核准文件自动失效。

（中国电建集团西北勘测设计研究院有限公司）

陕西省发展改革委关于曹坪抽水蓄能电站项目核准的批复

2023 年 2 月 13 日，陕西省发展改革委以陕发改能新能源〔2023〕264 号文发布《关于曹坪抽水蓄能电站项目核准的批复》，该"批复"全文如下。

商洛市发展和改革委员会：

报来《关于陕西曹坪抽水蓄能电站项目核准的请示》（商发改字〔2022〕573 号）收悉。经研究，现就该项目核准事项批复如下：

一、曹坪抽水蓄能电站已列入《抽水蓄能中长期发展规划（2021～2035 年）》（国能发新能〔2021〕

39 号）、《"十四五"可再生能源发展规划》（发改能源〔2021〕1445 号）、《陕西省抽水蓄能中长期发展实施方案》（陕发改能新能源〔2022〕226 号）"十四五"重点实施项目，依据《行政许可法》《企业投资项目核准和备案管理条例》《陕西省企业投资项目核准和备案管理办法》，同意建设曹坪抽水蓄能电站项目（项目代码：2210-611026-04-01-846105）。

二、项目单位为柞水国电投发电有限公司（统一社会信用代码：91611026MA70YPYQ28）。股东构成及出资比例为：国家电投集团陕西新能源有限公司持股 100%。

三、项目建设地址：商洛市柞水县曹坪镇。

四、项目主要建设内容及规模：曹坪抽水蓄能电站总装机规模 140 万 kW，安装 4 台单机容量 35 万 kW 的可逆式水泵水轮发电机组，设计年抽水电量 31.27 亿 kW·h，年发电量 23.45 亿 kW·h。

枢纽工程主要包括上水库、下水库、输水系统、地下厂房、地面开关站等建筑物。上水库大坝为钢筋混凝土面板堆石坝，最大坝高 110m，正常蓄水位 1415m，相应库容 1003 万 m³，死水位 1388m；下水库大坝为钢筋混凝土面板堆石坝，最大坝高 52m，正常蓄水位 992m，相应库容 799 万 m³，死水位 963m。电站拟以 1～2 回 750kV 出线接入电网。

五、项目投资及资金来源：项目总投资为 1068063 万元（不含送出工程投资），项目资本金为 213613 万元，占总投资的 20%，由项目单位自筹解决。

六、依据《招标投标法》《招标投标法实施条例》《陕西省实施〈中华人民共和国招标投标法〉办法》等有关法律法规，本项目依法必须招标的勘察、设计、施工、监理以及重要材料、主要设备等采购全部实行公开招标，招标组织形式采用委托招标（详见附件1）。

七、按照相关法律、行政法规的规定，核准项目应附置条件的相关文件是《建设项目用地预审与选址意见书》（用字第预 611026202200020 号）、《关于印发〈陕西省曹坪抽水蓄能电站建设征地移民安置规划报告〉审核意见的通知》（陕水移民发〔2023〕1 号）、《柞水县重大决策社会稳定风险评估登记备案回执单》（登记备案编号：2022107）等。

八、如需对本项目核准文件所规定的建设地点、建设规模、主要建设内容等进行调整，请按照《企业投资项目核准和备案管理办法》有关规定，及时提出变更申请，我委将根据项目具体情况，作出是否同意变更的书面决定。

九、项目单位在项目开工建设前，依据相关法律、行政法规规定办理规划许可、土地使用、资源利用、安全生产、环评等相关报建手续。在项目建设中，应严格贯彻自然资源、规划、环保、水利等部门批复意见和行政许可要求，切实落实项目申请报告所提出的环境保护、水土保持、节能降耗、稳定风险防控等措施，加强项目建设和运营管理，高度重视建设的生态环境保护和移民安置工作，切实落实生态保护和移民安置措施。

商洛市发展改革委要加强对该电站建设工程的协调和指导，特别是对项目环境保护、移民安置和工程质量的监督和管理，确保工程发挥应有的社会效益。

十、本核准文件有效期为2年，自印发之日起计算。在核准文件有效期内未开工建设的，项目单位应在核准文件有效期届满前的30个工作日之前向我委申请延期。开工建设只能延期一次，期限最长不得超过1年。项目在核准文件有效期内未开工建设也未按规定申请延期的，或虽提出延期申请但未获批准的，本核准文件自动失效。国家对项目延期开工建设另有规定的，依照其规定。

附件：（略）

（中国电建集团西北勘测设计研究院有限公司）

新疆维吾尔自治区发展改革委关于新疆布尔津抽水蓄能电站项目核准的批复

2023年6月27日，新疆维吾尔自治区发展改革委以新发改批复〔2023〕93号文发布《关于新疆布尔津抽水蓄能电站项目核准的批复》，该"批复"全文如下。

阿勒泰地区发展改革委：

报来《关于呈报新疆布尔津抽水蓄能电站项目核准的请示》（阿地发改报〔2023〕27号）及相关材料收悉。经研究，现就项目核准事项批复如下：

一、新疆布尔津抽水蓄能电站已列入国家《抽水蓄能中长期发展规划（2021～2035年）》，是"十四五"重点实施项目。为增强电网调峰能力，保障电力系统安全稳定运行，加快构建新型电力系统，促进当地经济和社会发展，同意建设新疆布尔津抽水蓄能电站项目（项目代码：2303-654321-04-01-276060）。

项目单位为新华（布尔津）抽水蓄能发电有限公司，负责项目的投资、建设、运营管理等。

二、项目建设地点位于阿勒泰地区布尔津县。

三、建设规模为电站总装机容量140万kW，安装4台单机容量35万kW立轴单级混流可逆式水泵水轮发电机组。电站主要由上水库、下水库、输水系统和地下发电厂房系统等建筑物组成，上、下水库大坝均为混凝土面板堆石坝。设计年抽水用电量23.3亿kW·h，设计年平均发电量17.5亿kW·h，总工期72个月。

四、项目总投资约114.3亿元，其中：项目资本金22.86亿元，占项目总投资的20%，由项目单位以企业自有资金出资；其余资金申请银行贷款解决。

五、项目单位要从严控制建设用地规模，做到节约集约用地，建设征地与移民安置按照自治区水利厅相关审核意见执行。

六、项目实施过程中，应严格执行《中华人民共和国招标投标法》等有关法律、法规规定，认真组织项目的招标投标工作（具体招标事项核准见附件）。

七、项目核准的相关支持性文件分别是：《阿勒泰地区自然资源局建设项目用地预审与选址意见书》（阿地自然资用字第654300202300001号）、中共布尔津县委员会政法委员会《关于布尔津县抽水蓄能电站建设项目社会稳定风险评估意见的函》、自治区水利厅《关于印发新疆布尔津抽水蓄能电站项目建设征地移民安置规划报告审核意见的通知》（新水办〔2023〕187号）等。

八、请你委督促项目单位根据核准文件及相关专题审查意见，办理土地使用、环境保护、资源利用、安全生产、文物保护等相关手续。加快工程安全监测设计报告、工程安全预评价、电力接入系统专题、可研等编制工作。通过自治区在线审批监管平台及时如实报送项目开工、实施进度及竣工验收等信息。

九、项目单位要严格履行安全生产主体责任，充分开展实施前规划选址、建设施工、运行管理、应急保障等各环节的安全风险辨识管控，并制定项目施工期及运营期工程安全对当地居民影响的应急预案。按照《电力建设工程质量监督管理暂行办法》要求，在开工建设前向电力质监机构提交工程质量监督注册申请，接受质量监督，保证电力建设工程质量。

十、如需对项目核准文件所规定的有关内容进行调整，项目单位应及时以书面形式向我委提出变更申请，并按照有关规定办理。

十一、本核准文件有效期为2年，自印发之日起计算。项目在核准有效期内未开工建设，需要延期开工建设的，项目单位应在核准文件有效期届满的30个工作日前向我委申请延期。项目在核准文件有效期内未开工建设也未申请延期的，或虽提出延期申请但未获批准的，本核准文件自动失效。

附件：审批部门核准意见（略）

（中国电建集团西北勘测设计研究院有限公司）

福建省发展改革委关于福建古田溪混合式抽水蓄能电站项目核准的批复

2023 年 6 月 29 日，福建省发展改革委以闽发改网审能源函〔2023〕72 号文发布《关于福建古田溪混合式抽水蓄能电站项目核准的批复》，该"批复"全文如下。

福建华电福瑞能源发展有限公司：

报来《福建华电福瑞能源发展有限公司关于核准福建古田溪混合式抽水蓄能电站项目的请示》（华电福瑞规〔2023〕11 号）及有关附件收悉。经研究，现就该项目核准事项批复如下：

一、该项目已列为"十四五"规划重点实施项目。为促进能源结构调整，构建新型电力系统，缓解福建电网调峰困难，提高电网运行经济性与安全可靠性，同意建设福建古田溪混合式抽水蓄能电站项目（项目编码：2305-350000-04-01-511385）。

项目单位为福建华电福瑞能源发展有限公司。

二、项目建设地点：宁德市古田县城西街道宝峰村。

三、项目建设规模及主要建设内容：建设 2 台 12.5 万 kW 的单级立轴混流可逆式水泵水轮发电机机组，总装机容量 25 万 kW。电站枢纽工程主要包括上水库、下水库、输水发电系统、永久道路等。上水库利用已建的古田溪一级电站水库、下水库利用已建的古田溪二级电站水库，总库容分别为 6.417 亿 m³ 和 0.1885 亿 m³，正常蓄水位分别为 379.79m 和 251.79m，死水位分别为 351.79m 和 242.79m。

四、项目总投资 206155 万元。其中，项目资本金占总投资的比例为 20%。

项目股东构成及出资比例情况：福建华电福瑞能源发展有限公司，出资比例 100%。

五、你司在项目建设和运营过程中，应选用技术先进的设备，强化管理，确保各项节能和资源综合利用方案落到实处，满足国家节能要求。

六、根据招标投标法、国家和我省工程项目招投标管理具体规定，项目单位申请勘察、设计、施工、监理、重要设备和材料等均采取公开招标方式发包事项不再核准，请严格依法依规认真组织开展招投标活动。其采购事宜依照有关规定执行。

七、按照相关法律、行政法规的规定，项目核准前置相关文件分别是：《宁德市自然资源局关于福建古田溪混合式抽水蓄能电站项目用地预审的意见》（宁自然资〔2022〕611 号）和古田县自然资源局出具的《建设项目用地预审与选址意见书》（证书编号：用字第 350922202200038 号）；《福建省水利厅关于福建古田溪混合式抽水蓄能电站项目建设征地移民安置规划报告的审核意见》（闽水审批〔2023〕45 号）；《古田县人民政府关于同意福建古田溪混合式抽水蓄能电站工程社会稳定风险评估报告的批复》（古政文〔2022〕199 号）。

八、如需对本项目核准文件所规定的建设地点、建设规模、主要建设内容等进行调整，请按照《企业投资项目核准和备案管理条例》有关规定，及时以书面形式向我委提出变更申请，我委将根据项目具体情况，作出是否同意变更的书面决定。

九、请你司在项目开工建设前，依据相关法律、行政法规规定办理安全生产、环评等相关报建手续。在建设过程中，加强管理，落实环境保护和安全生产措施，确保工程质量安全。

十、项目予以核准决定或者同意变更决定之日起 2 年未开工建设，需要延期开工建设的，请你司在 2 年期限届满的 30 个工作日前，向我委申请延期开工建设。开工建设只能延期一次，期限最长不得超过 1 年。国家对项目延期开工建设另有规定的，依照其规定。

（中国华电集团有限公司 刘鹏 年鉴编辑部）

甘肃省发展改革委关于甘肃永昌抽水蓄能电站项目核准的批复

2023 年 6 月 30 日，甘肃省发展改革委以甘发改能源〔2023〕375 号文发布《关于甘肃永昌抽水蓄能电站项目核准的批复》，该"批复"全文如下。

华电永昌抽水蓄能有限公司：

报来《关于甘肃永昌抽水蓄能电站项目核准的请示》（甘永电规〔2023〕1 号）及有关材料收悉。经研究，现就该项目核准事项批复如下：

一、该项目是国家能源局《抽水蓄能中长期发展规划（2021～2035 年）》（国能发新能〔2021〕39 号）确定的"十四五"时期重点实施项目。项目的建设可增强电力系统调节支撑能力，优化电源结构，促进新能源消纳，改善系统运行条件，提高系统运行经济性，促进当地社会经济发展，助力构建以新能源为主体的新型电力系统。项目建成后主要承担省内外调峰、填谷、储能、调频、调相及紧急事故备用等任务。依据《中华人民共和国行政许可法》《企业投资项目核准和备案管理条例》《企业投资项目核准和备案管理办法》《政府核准的投资项目目录》，同意建设甘肃永昌抽水蓄能电站项目（项目代码：2212-620000-04-01-767901）。

项目单位为华电永昌抽水蓄能有限公司。

二、项目建设地点：位于金昌市永昌县，距金昌市区直线距离约25km。项目总用地面积约150hm²。

三、项目主要建设内容及规模：甘肃永昌抽水蓄能电站总装机容量120万kW，安装4台单机容量30万kW的可逆式水泵水轮机组，设计满发利用小时数5h，年发电量11.69亿kW·h，年抽水电量15.59亿kW·h。电站枢纽工程主要由上水库、输水系统、地下厂房系统、下水库及地面开关站等组成，为一等大（1）型工程。上水库正常蓄水位2255m，死水位2226m，总库容655万m³；下水库正常蓄水位1790m，死水位1755m，总库容640万m³。建设升压站及配套联网工程，接入甘肃电网。

四、项目总投资及资金来源：项目总投资约为97.5亿元，其中项目资本金占总投资的20%，资本金来源为项目单位自有资金，其余部分多渠道融资筹措。

五、项目所需设备采购及建设施工等招标事项均应按照《中华人民共和国招标投标法》等相关法律法规的规定，采用规范的公开招标等方式进行。

六、按照相关法律、行政法规的规定，核准项目应附前置条件的相关文件分别是《甘肃永昌抽水蓄能电站项目建设项目用地预审与选址意见书》（证书编号：用字第620000202300001号）《甘肃省水利厅关于甘肃永昌抽水蓄能电站建设征地移民安置规划的审核意见》（甘水移发〔2023〕286号）《甘肃永昌抽水蓄能电站项目社会稳定性风险评估报告》《评估事项报告表》及《关于〈甘肃永昌抽水蓄能电站工程场地地震安全性评价报告〉技术审查的意见》（震学安评〔2021〕104号）。

七、如需对本核准文件所规定的建设地点、建设规模、主要建设内容及其他重大情形等进行调整，请按照《企业投资项目核准和备案管理办法》的有关规定，及时提出变更申请，我委将根据项目具体情况，作出是否同意变更的书面决定。

八、请华电永昌抽水蓄能有限公司在项目开工建设前，依据相关法律、行政法规规定办理规划许可、土地使用、资源利用、安全生产、环评等相关报建手续，手续不全，不得开工建设。

九、本核准文件有效期为2年，自文件发布之日起计算。在核准文件有效期内未开工的项目，应在核准文件有效期届满30日前向我委申请延期。项目在核准文件有效期内未开工建设也未申请延期的，或虽提出延期但未获批的，本核准文件自动失效。

（中国华电集团有限公司 刘鹏
中国电建集团西北勘测设计研究院有限公司）

福建省发展改革委关于福建省永安抽水蓄能电站项目核准的批复

2023年7月26日，福建省发展改革委以闽发改网审能源函〔2023〕86号文印发《关于福建省永安抽水蓄能电站项目核准的批复》，该"批复"全文如下。

福建闽投永安抽水蓄能有限公司：

报来《福建闽投永安抽水蓄能有限公司关于申请核准福建省永安抽水蓄能电站项目的请示》（永安抽蓄函〔2023〕23号）及有关附件收悉。经研究，现就该项目核准事项批复如下：

一、该项目已列为"十四五"规划重点实施项目。为促进能源结构调整，构建新型电力系统，缓解福建电网调峰困难，提高电网运行经济性与安全可靠性，同意建设福建省永安抽水蓄能电站项目（项目编码：2302-350000-04-01-353552）。

项目单位为福建闽投永安抽水蓄能有限公司。

二、项目建设地点：三明市永安市小陶镇。

三、项目建设规模和主要建设内容：建设4台单机容量为30万kW的混流可逆式水泵水轮发电机机组，总装机容量120万kW。电站枢纽工程主要包括上水库、下水库、输水发电系统、永久道路等。上水库位于牛益村高际坑，总库容879万m³，调节库容818万m³，正常蓄水位950.0m，死水位915.0m；下水库位于枣溪支流牛益溪中段，总库容1141万m³，调节库容823万m³，正常蓄水位478.0m，死水位445.0m。

四、项目总投资749560万元。其中，项目资本金占总投资的20%。

项目股东构成及出资比例情况：福建闽投永安抽水蓄能有限公司由福建省投资开发集团有限责任公司、永安市国有资产投资经营有限责任公司共同出资成立，出资比例分别为80%、20%。

五、你司在项目建设和运营过程中，应选用技术先进的设备，强化管理，确保各项节能和资源综合利用方案落到实处，满足国家节能要求。

六、根据招标投标法、国家和我省工程项目招投标管理具体规定，项目单位申请勘察、设计、施工、监理、重要设备和材料等均采取公开招标方式发包事项不再核准，请严格依法依规认真组织开展招投标活动。其采购事宜依照有关规定执行。

七、按照相关法律、行政法规的规定，项目核准前置相关文件分别是：《三明市自然资源局关于福建省永安抽水蓄能电站项目建设用地预审意见的函》（明自然资规审〔2023〕2号）和永安市自然资源局出具的《建设项目用地预审与选址意见书》（用字第：350481202300010号）；《福建省水利厅关于福建省永安抽水蓄能电站建设征地移民安置规划报告的审核意见》（闽水审批〔2023〕85号）；《永安市人民政府关于同意福建省永安抽水蓄能电站工程社会稳定风险评估报告的确认函》（永政函〔2023〕12号）。

八、如需对本项目核准文件所规定的建设地点、建设规模、主要建设内容等进行调整，请按照《企业投资项目核准和备案管理条例》有关规定，及时以书面形式向我委提出变更申请，我委将根据项目具体情况，作出是否同意变更的书面决定。

九、请你司在项目开工建设前，依据相关法律、行政法规规定办理安全生产、环评等相关报建手续。在建设过程中，加强管理，落实环境保护和安全生产措施，确保工程质量安全。

十、项目予以核准决定或者同意变更决定之日起2年内未开工建设，需要延期开工建设的，请你司在2年期限届满的30个工作日前，向我委申请延期开工建设。开工建设只能延期1次，期限最长不得超过1年。国家对项目延期开工建设另有规定的，依照其规定。

（年鉴编辑部）

福建省发展改革委关于福建省仙游木兰抽水蓄能电站项目核准的批复

2023年7月30日，福建省发展改革委以闽发改网审能源函〔2023〕88号文发布《关于福建省仙游木兰抽水蓄能电站项目核准的批复》，该"批复"全文如下。

福建省木兰抽水蓄能有限公司：

报来《福建省木兰抽水蓄能有限公司关于申请核准福建省仙游木兰抽水蓄能电站项目的请示》（木兰抽蓄综〔2023〕56号）及有关附件收悉。经研究，现就该项目核准事项批复如下：

一、该项目已列为"十四五"规划重点实施项目。为促进能源结构调整，构建新型电力系统，缓解福建电网调峰困难，提高电网运行经济性与安全可靠性，同意建设福建省仙游木兰抽水蓄能电站项目（项目编码：2302-350000-04-01-676883）。

项目单位为福建省木兰抽水蓄能有限公司。

二、项目建设地点：莆田市仙游县社硎乡和菜溪乡交界处。

三、项目建设规模和主要建设内容：建设4台单机容量为35万kW的可逆式水泵水轮发电机机组，总装机容量140万kW。电站枢纽工程主要包括上水库、下水库、输水发电系统、开关站和永久道路等。上水库位于仙游县社硎乡田利村西南方向约700m处大度溪上，总库容691万m³，调节库容625万m³，正常蓄水位858.0m，死水位824.0m；下水库位于仙水溪干流九仙溪三级电站坝址、厂址之间，总库容865万m³，调节库容688万m³，正常蓄水位259.0m，死水位234.0m。

四、项目总投资890865万元。其中，项目资本金占总投资的20%。

项目股东构成及出资比例情况：福建省木兰抽水蓄能有限公司由福建福能股份有限公司、福建省水利投资开发集团有限公司、福建省仙利能源投资有限公司、莆田市振兴乡村新能源有限公司四家公司共同出资成立，出资比例分别为60%、20%、15%和5%。

五、你司在项目建设和运营过程中，应选用技术先进的设备，强化管理，确保各项节能和资源综合利用方案落到实处，满足国家节能要求。

六、根据招标投标法、国家和我省工程项目招投标管理具体规定，项目单位申请勘察、设计、施工（含重要材料）、监理、重要设备等均采取公开招标方式发包事项不再核准，请严格依法依规认真组织开展招投标活动。其采购事宜依照有关规定执行。

七、按照相关法律、行政法规的规定，项目核准前置相关文件分别是：《莆田市自然资源局关于福建省仙游木兰抽水蓄能电站建设用地预审意见的函》（莆自然资审〔2023〕1号）和仙游县自然资源局出具的《建设项目用地预审与选址意见书》（用字第350322202300015号）；《福建省水利厅关于福建省仙游木兰抽水蓄能电站工程建设征地移民安置规划报告的审核意见》（闽水审批〔2023〕39号）；《仙游县人民政府关于福建省仙游木兰抽水蓄能电站社会稳定风险评估报告审核意见的函》。

八、如需对本项目核准文件所规定的建设地点、建设规模、主要建设内容等进行调整，请按照《企业投资项目核准和备案管理条例》有关规定，及时以书面形式向我委提出变更申请，我委将根据项目具体情况，作出是否同意变更的书面决定。

九、请你司在项目开工建设前，依据相关法律、行政法规规定办理安全生产、环评等相关报建手续。在建设过程中，加强管理，落实环境保护和安全生产措施，确保工程质量安全。

十、项目予以核准决定或者同意变更决定之日起2年内未开工建设，需要延期开工建设的，请你司在2年期限届满的30个工作日前，向我委申请延期开工建设。开工建设只能延期1次，期限最长不得超过1年。国家对项目延期开工建设另有规定的，依照其规定。

（年鉴编辑部）

新疆维吾尔自治区发展改革委关于新疆和静抽水蓄能电站项目核准的批复

2023年9月20日，新疆维吾尔自治区发展改革委以新发改批复〔2023〕156号文发布《关于新疆和静抽水蓄能电站项目核准的批复》，该"批复"全文如下。

巴州发展改革委：

报来《关于和静抽水蓄能电站项目核准的请示》（巴发改能源〔2023〕280号）及相关材料收悉。经研究，现就项目核准事项批复如下：

一、新疆和静抽水蓄能电站已列入国家《抽水蓄能中长期发展规划（2021～2035年）》，为"十四五"重点实施项目。为增强电网调峰能力，保障电力系统安全稳定运行，加快构建新型电力系统，促进当地经济和社会发展，同意建设新疆和静抽水蓄能电站项目（项目代码：2304-652827-60-01-720290）。

项目单位为国电电力巴州发电有限公司，负责项目的投资、建设、运营管理等。

二、项目建设地点位于巴州和静县。

三、建设规模为电站总装机容量210万kW，安装6台单机容量35万kW立轴单级混流可逆式水轮发电机组。电站主要由上水库、下水库、输水系统和地下发电厂房系统等建筑物组成，上、下水库大坝均为混凝土面板堆石坝。设计年抽水用电量65.66亿 $kW \cdot h$，设计年平均发电量49.25亿 $kW \cdot h$，项目建设期78个月。

四、项目总投资约161亿元，其中：项目资本金32亿元，占项目总投资的20%，由项目单位以企业自有资金出资；其余资金申请银行贷款解决。

五、项目单位要严格控制建设用地规模，建设征地与移民安置按照自治区水利厅相关审核意见等执行。

六、项目实施过程中，应严格执行《中华人民共和国招标投标法》等有关法律、法规规定，认真组织项目的招标投标工作（具体招标事项核准见附件）。

七、项目核准的相关支持性文件分别是：巴州自然资源局《建设项目用地预审与选址意见书》（用字第652800202300020号）、中共和静县委员会政法委员会《关于新疆和静抽水蓄能电站工程社会稳定风险评估意见的函》（静党政法函〔2023〕11号）、自治区水利厅《关于印发新疆和静抽水蓄能电站工程建设征地移民安置规划报告审核意见的通知》（新水办〔2023〕202号）等。

八、请你委督促项目单位根据核准文件及相关专题审查意见，办理土地使用、环境保护、资源利用、安全生产、文物保护等相关手续。加快工程安全监测设计报告、工程安全预评价、电力接入系统专题、可研等编制工作。通过自治区在线审批监管平台及时如实报送项目开工、实施进度及竣工验收等信息。

九、项目单位要严格履行安全生产主体责任，充分开展实施前规划选址、建设施工、运行管理、应急保障等环节的安全风险辨识管控，并制定项目施工期及运营期工程安全对当地居民影响的应急预案。按照《电力建设工程质量监督管理暂行办法》要求，在开工建设前向电力质监机构提交工程质量监督注册申请，接受质量监督，保证电力建设工程质量。

十、如需对项目核准文件所规定的有关内容进行调整，项目单位应及时以书面形式向我委提出变更申请，并按照有关规定办理。

十一、本核准文件有效期为2年，自印发之日起计算。项目在核准有效期内未开工建设，需要延期开工建设的，项目单位应在核准文件有效期届满的30个工作日前向我委申请延期。项目在核准文件有效期内未开工建设也未申请延期的，或虽提出延期申请但未获批准的，本核准文件自动失效。

附件：审批部门核准意见（略）

（中国电建集团西北勘测设计研究院有限公司）

新疆维吾尔自治区发展改革委关于新疆若羌抽水蓄能电站项目核准的批复

2023年9月21日，新疆维吾尔自治区发展改革委以新发改批复〔2023〕159号文发布《关于新疆若羌抽水蓄能电站项目核准的批复》，该"批复"全文如下。

巴州发展改革委：

报来《关于新疆若羌抽水蓄能电站项目核准的请示》（巴发改能源〔2023〕225号）及相关材料收悉。经研究，现就项目核准事项批复如下：

一、新疆若羌抽水蓄能电站已列入国家《抽水蓄能中长期发展规划（2021～2035年）》，是"十四五"重点实施项目。为增强电网调峰能力，保障电力系统安全稳定运行，加快构建新型电力系统，促进当地经济和社会发展，同意建设新疆若羌抽水蓄能电站项目（项目代码：2306-652824-04-01-674559）。

项目单位为新华若羌抽水蓄能发电有限公司，负责项目的投资、建设、运营管理等。

二、项目建设地点位于巴州若羌县。

三、建设规模为电站总装机容量 210 万 kW，安装 6 台单机容量 35 万 kW 立轴单级混流可逆式水轮发电机组。电站主要由上水库、下水库、输水系统和地下发电厂房系统等建筑物组成，上、下水库大坝均为混凝土面板堆石坝。设计年抽水用电量 35 亿 kW·h，设计年平均发电量 26.25 亿 kW·h，项目建设期 81 个月。

四、项目总投资约 165 亿元，其中：项目资本金 33 亿元，占项目总投资的 20%，由项目单位以企业自有资金出资；其余资金申请银行贷款解决。

五、项目单位要严格控制建设用地规模，建设征地与移民安置按照自治区水利厅相关审核意见等执行。

六、项目实施过程中，应严格执行《中华人民共和国招标投标法》等有关法律、法规规定，认真组织项目的招标投标工作（具体招标事项核准见附件）。

七、项目核准相关支持性文件分别是：巴州自然资源局《建设项目用地预审与选址意见书》（用字第 652800202300022 号）、中共若羌县委员会政法委员会《关于新疆若羌抽水蓄能电站工程社会稳定风险评估意见的函》、自治区水利厅《关于印发新疆若羌县抽水蓄能电站工程建设征地移民安置规划报告审核意见的通知》（新水办〔2023〕285 号）等。

八、请你委督促项目单位根据核准文件及相关专题审查意见，办理土地使用、环境保护、资源利用、安全生产、文物保护等相关手续。加快工程安全监测设计报告、工程安全预评价、电力接入系统专题、可研等编制工作。通过自治区在线审批监管平台及时如实报送项目开工、实施进度及竣工验收等信息。

九、项目单位要严格履行安处生产主体责任，充分开展实施前规划选址、建设施工、运行管理、应急保障等环节的安全风险辨识管控，并制定项目施工期及运营期工程安全对当地居民影响的应急预案。按照《电力建设工程质量监督管理暂行办法》要求，在开工建设前向电力质监机构提交工程质量监督注册申请，接受质量监督，保证电力建设工程质量。

十、如需对项目核准文件所规定的有关内容进行调整，项目单位应及时以书面形式向我委提出变更申请，并按照有关规定办理。

十一、本核准文件有效期为 2 年，自印发之日起计算。项目在核准有效期内未开工建设的，需要延期开工建设的，项目单位应在核准文件有效期届满的 30 个工作日前向我委申请延期。项目在核准文件有效期内未开工建设也未申请延期的，或虽提出延期申请但未获批准的，本核准文件自动失效。

附件：审批部门核准意见（略）

（中国电建集团西北勘测设计研究院有限公司）

吉林省发展改革委关于吉林省敦化塔拉河抽水蓄能电站项目核准的批复

2023 年 10 月 25 日，吉林省发展改革委发布《关于吉林省敦化塔拉河抽水蓄能电站项目核准的批复》，该"批复"全文如下。

敦化市发展改革局：

你单位报来《关于吉林省敦化塔拉河抽水蓄能电站项目核准的请示》（敦发改字〔2023〕104 号）及有关材料收悉。经研究，原则同意吉林省敦化塔拉河抽水蓄能电站项目建设，现批复如下。

一、项目名称及在线审批监管平台代码：吉林省敦化塔拉河抽水蓄能电站（项目代码：2302-220000-04-01-348113）。

二、项目单位：国投吉林敦化抽水蓄能有限公司。

三、建设地点：敦化市雁鸣湖镇、青沟子乡。

四、建设规模及主要建设内容：新建 4 台单机容量 30 万 kW 立轴单级混流可逆式水泵水轮发电机组，总建设规模 120 万 kW。同步建设上水库、下水库、输水系统、地下厂房系统、地面开关站等主要建筑物及相关附属设施。

五、建设期限：72 个月。

六、项目总投资：项目总投资 815006.11 万元，其中项目资本金 163001.22 万元，占总投资比例 20%。

七、相关要求

（一）国投吉林敦化抽水蓄能有限公司要在项目开工建设前，依据相关法律法规的规定办理手续，尽快落实项目建设条件，争取早日开工建设。要严格按照本文件核准的建设地点、建设规模和建设内容、技术标准等进行建设，确保项目依法合规建成，并严格按照相关规定报有关部门验收合格后投入使用。

（二）国投吉林敦化抽水蓄能有限公司要通过投资在线审批监管平台如实报送项目开工、建设进度、竣工投用等基本信息，其中项目开工前应按季度报送项目进展情况；项目开工后至竣工投用止，应逐月报送进展情况。我委将采取在线监管、现场核查等方式对项目实施监管，依法处理有关违法违规行为，并按照有关规定向社会公开。

（三）该项目招标范围、组织形式、招标方式详见附件《招标事项审批部门核准意见表》，国投吉林敦化抽水蓄能有限公司要严格按照《中华人民共和国招标投标法》等法律法规规定，规范开展招投标工作。

（四）省自然资源厅、省生态环境厅、省住建厅、省水利厅、省能源局要按照谁审批谁监管、谁主管谁监管的原则，依法履行职责，在各自职责范围内对项目进行监管。

（五）省能源局要加强对项目的管理和指导，密切跟踪项目进展情况，确保项目安全稳定遵章守纪生产。

（六）敦化市发展改革局要履行相应管理职责，对项目建设全过程加强监管。督促项目单位严格按照相关部门批复内容和有关要求进行建设，通过在线平台如实报送项目基本信息。

（七）按照相关法律、行政法规的规定，核准项目的相关文件分别是《建设项目用地预审与选址意见书》（用字第 220000202300052 号）、《重大决策社会稳定风险评估备案表》（敦稳评备〔2023〕007 号）、《吉林省水利厅关于吉林省敦化塔拉河抽水蓄能电站建设征地移民安置规划报告的审核意见》（吉水审批〔2023〕329 号）、《吉林省敦化塔拉河抽水蓄能电站项目申请报告评估报告》（琼咨吉综 JL23-0056）等相关文件。

（八）按照有关法律法规规定，如需对本项目核准批复文件进行调整的，应及时以书面形式向我委提出调整申请，我委将根据项目具体情况，办理调整手续。本批复文件自印发之日起，2 年内未开工建设需要延期的，应在届满 30 个工作日前向我委申请延期，超期未申请延期或延期未批准的，本文件自动失效。

（年鉴编辑部）

陕西省发展改革委关于山阳抽水蓄能电站项目核准的批复

2023 年 11 月 3 日，陕西省发展改革委以陕发改能新能源〔2023〕1843 号文发布《关于山阳抽水蓄能电站项目核准的批复》，该"批复"全文如下。

商洛市发展和改革委员会：

报来《关于陕西山阳抽水蓄能电站项目核准的请示》（商发改字〔2023〕428 号）收悉。经研究，现就该项目核准事项批复如下：

一、山阳抽水蓄能电站已列入《抽水蓄能中长期发展规划（2021～2035 年）》（国能发新能〔2021〕

39 号）、《"十四五"可再生能源发展规划》（发改能源〔2021〕1445 号）、《陕西省抽水蓄能中长期发展实施方案》（陕发改能新能源〔2022〕226 号）"十四五"重点实施项目，依据《行政许可法》《企业投资项目核准和备案管理条例》《陕西省企业投资项目核准和备案管理办法》，同意建设山阳抽水蓄能电站项目（项目代码：2303-611024-04-01-608397）。

二、项目单位为三峡新能源山阳发电有限公司（统一社会信用代码：91611024MA7B25QMXB）。股东构成及出资比例为：中国三峡新能源（集团）股份有限公司持股 100%。

三、项目建设地址：商洛市山阳色河铺镇。

四、项目主要建设内容及规模：山阳抽水蓄能电站总装机规模 120 万 kW，安装 4 台单机容量 30 万 kW 的可逆式水泵水轮发电机组，设计年抽水电量 20.14 亿 kW·h，年发电量 15.11 亿 kW·h。

电站枢纽工程主要包括上水库、下水库、输水系统、地下厂房、地面开关站等建筑物。上水库大坝为钢筋混凝土面板堆石坝，最大坝高 122m，正常蓄水位 1135m，总库容 524 万 m³；下水库大坝为钢筋混凝土面板堆石坝，最大坝高 73m，正常蓄水位 580m，总库容 525 万 m³。电站以 750kV 出线接入电网。

五、项目投资及资金来源：项目总投资为 952886 万元（不含送出工程投资），项目资本金为 190577 万元，占总投资的 20%，由项目单位自筹解决。

六、依据《招标投标法》《招标投标法实施条例》《陕西省实施〈中华人民共和国招标投标法〉办法》等有关法律法规，本项目依法必须招标的勘察、设计、施工、监理以及重要材料、主要设备等采购全部实行公开招标，招标组织形式采用委托招标（详见附件 1）。

七、按照相关法律、行政法规的规定，核准项目应附前置条件的相关文件是《建设项目用地预审与选址意见书》（用字第预 611024202300001 号）、《关于印发〈陕西省山阳抽水蓄能电站建设征地移民安置规划报告〉审核意见的通知》（陕水移民发〔2023〕11号）、《山阳县政法委员会风险评估报告报备证明》（山稳评字〔2023〕30 号）等。

八、如需对本项目核准文件所规定的建设地点、建设规模、主要建设内容等进行调整，请按照《企业投资项目核准和备案管理办法》有关规定，及时提出变更申请，我委将根据项目具体情况，作出是否同意变更的书面决定。

九、项目单位在项目开工建设前，依据相关法律、行政法规规定办理规划许可、土地使用、资源利用、安全生产、环评等相关报建手续。在项目建设中，应严格贯彻自然资源、规划、环保、水利等部门批复意见和行政许可要求，切实落实项目申请报告所提出的环境保护、水土保持、节能降耗、稳定风险防控等措施，加强项目建设和运营管理，高度重视建设的生态环境保护和移民安置工作，切实落实生态保护和移民安置措施。

商洛市发展改革委要加强对该电站建设工程的协调和指导，特别是对项目环境保护、移民安置和工程质量的监督和管理，确保工程发挥应有的社会效益。

十、本核准文件有效期为2年，自印发之日起计算。在核准文件有效期内未开工建设的，项目单位应在核准文件有效期届满前的30个工作日之前向我委申请延期。开工建设只能延期一次，期限最长不得超过1年。项目在核准文件有效期内未开工建设也未按规定申请延期的，或虽提出延期申请但未获批准的，本核准文件自动失效。国家对项目延期开工建设另有规定的，依照其规定。

该项目上水库位于马滩河左岸的干沟中段一级支沟麻子沟内，通过沟口筑坝沟内挖填扩容形成库盆，采用库周钢筋混凝土面板＋库底复合土工膜防渗；下水库位于马滩河中游曹家寺村三道河组附近，主坝采用混凝土面板堆石坝，拦沙坝采用混凝土重力坝，输水发电系统布置在大麻子沟与马滩河间的谢家梁子雄厚山体内，"一管两机"供水，尾部地下厂房开发方案，电站建设征地涉及商洛市山阳县色河镇色河社区、板岩镇曹家寺村，共计1市1县2镇2村；不涉及县级以上文物保护单位，未压覆具有较大开采价值的矿产资源。工程范围不涉及自然保护区、风景名胜区、饮用水源保护区、森林公园、地质公园、湿地公园、水产种质资源保护区等环境敏感区，不涉及生态公益林。根据总进度安排，本工程施工总工期69个月（不含筹建期）；首台机组发电工期为60个月，工程筹建期24个月（不计入总工期）。建成后主要承担陕西电网负荷中心的调峰填谷、储能、调频调相、备用等功能，并兼顾陕西省新能源消纳。

（中国电建集团西北勘测设计研究院有限公司
高士林　李超）

福建省发展改革委关于同意福建华安抽水蓄能电站项目核准的批复

2023年12月14日，福建省发展改革委以闽发改网审能源函〔2023〕136号文发布《关于同意福建华安抽水蓄能电站项目核准的批复》，该"批复"全文如下。

福建省花山抽水蓄能有限公司：

报来《福建省花山抽水蓄能有限公司关于申请核准福建华安抽水蓄能电站项目的请示》（花山抽蓄〔2023〕9号）及有关附件收悉。经研究，现就该项目核准事项批复如下：

一、该项目已列为"十四五"规划重点实施项目。为促进能源结构调整，构建新型电力系统，缓解福建电网调峰困难，提高电网运行经济性与安全可靠性，依据《行政许可法》《企业投资项目核准和备案管理条例》，同意建设福建华安抽水蓄能电站项目（项目编码：2309-350000-04-01-543123）。

项目单位为福建省花山抽水蓄能有限公司。

二、项目建设地点：福建省漳州市华安县新圩镇。

三、项目建设规模和主要建设内容：电站总装机容量140万kW，安装4台单机容量为35万kW的可逆式水泵水轮发电机组。电站枢纽工程主要包括上水库、下水库、输水系统、地下厂房系统、地面开关站及永久道路等。上水库位于新圩镇华山村，总库容1450万m³，调节库容1129万m³，正常蓄水位701.00m，死水位674.00m；下水库位于华山溪沟中下游河道，总库容1433万m³，调节库容1103万m³，正常蓄水位234.00m，死水位198.00m。

四、项目总投资912935万元。其中，项目资本金占总投资的20%。

项目股东构成及出资比例情况：福建省花山抽水蓄能有限公司由福建福能股份有限公司、福建省国有资产管理有限公司、福建漳龙产业投资集团有限公司、华安县北溪投资发展有限公司四家共同出资成立，分别占股60%、20%、10%、10%。

五、你司在项目建设和运营过程中，应选用技术先进的设备，强化管理，确保各项节能和资源综合利用方案落到实处，满足国家节能要求。

六、根据招标投标法、国家和我省工程项目招投标管理具体规定，项目单位申请勘察、设计、施工、监理、重要设备均采取公开招标方式发包事项不再核准，请严格依法依规认真组织开展招投标活动。其采购事宜依照有关规定执行。

七、按照相关法律、行政法规的规定，项目核准前置相关文件分别是：漳州市自然资源局出具的《关于华安抽水蓄能电站建设项目用地预审意见的函》（漳自然资预〔2023〕7号）和华安县自然资源局出具的《建设项目用地预审与选址意见书》（用字第350629202300010号）；福建省水利厅出具的《关于福建华安抽水蓄能电站建设征地移民安置规划报告的审核意见》（闽水审批〔2023〕173号）；华安县人民政府印发的《关于福建华安抽水蓄能电站社会稳定风险评估报告审核意见的复函》（华政函〔2023〕22号）。

八、如需对本项目核准文件所规定的建设地点、建设规模、主要建设内容等进行调整，请按照《企业投资项目核准和备案管理条例》有关规定，及时以书面形式向我委提出变更申请，我委将根据项目具体情况，作出是否同意变更的书面决定。

九、请你司在项目开工建设前，依据相关法律、行政法规规定办理安全生产、环评等相关报建手续。在建设过程中，加强管理，落实环境保护和安全生产措施，确保工程质量安全。

十、项目予以核准决定或者同意变更决定之日起2年内未开工建设，需要延期开工建设的，请你司在2年期限届满的30个工作日前，向我委申请延期开工建设。开工建设只能延期1次，期限最长不得超过1年。国家对项目延期开工建设另有规定的，依照其规定。

（年鉴编辑部）

乌溪江混合式抽水蓄能电站工程获得项目核准

2023年1月12日，浙江省发展改革委以浙发改项字〔2023〕15号文印发《关于浙江乌溪江混合式抽水蓄能电站项目核准的批复》，同意建设浙江乌溪江混合式抽水蓄能电站项目。

浙江乌溪江混合式抽水蓄能电站已列入国家能源局《抽水蓄能中长期发展规划（2021～2035年）》重点实施项目库，电站位于浙江省衢州市衢江区境内，钱塘江上游支流乌溪江流域，距离衢州市区约30km，距离省会杭州的直线距离约220km。电站为日调节混合式抽水蓄能电站，主要承担浙江电网调峰、填谷、储能、调频、调相、备用等任务，为三等中型工程。电站上水库利用已建的湖南镇水电站水库，下水库利用已建的黄坛口水电站水库，枢纽工程主要建筑物由输水系统、半地下厂房和开关站等组成。

上水库利用已建的湖南镇水电站水库，其主要建筑物有拦河坝、右岸引水隧洞及发电厂房、左岸坝后扩建厂房等。已建的湖南镇水电站为钱塘江上游支流乌溪江流域两级开发的第一级电站，距下游黄坛口水电站25km。水库正常蓄水位230.06m，相应库容15.82亿 m^3；死水位190.06m，死库容4.48亿 m^3；有效库容11.34亿 m^3；设计洪水位238.06m，校核洪水位240.31m，总库容20.60亿 m^3，为不完全多年调节性水库。工程以发电为主，兼有防洪、灌溉、航运、养殖等综合利用效益，为一等大（1）型工程。

下水库利用已建的黄坛口水电站水库，其主要建筑物有由混凝土重力坝、西导墙、左岸接头土坝、右岸引水隧洞、调压井、发电厂房以及扩建新厂房等。已建的黄坛口水电站为乌溪江流域两级开发的第二级电站，下游距衢州市约16km。水库正常蓄水位113.23m，相应库容7950万 m^3；死水位103.73m，设计洪水位113.23m，校核洪水位113.63m，总库容为0.82亿 m^3。工程以发电为主，兼防洪、灌溉、航运等综合利用效益，为三等中型工程。

输水发电系统布置于湖南镇电站大坝右岸山体内，总长约2247.6m，其中引水系统全长约1367.1m，尾水系统全长约880.5m，电站距高比为21.7。引水、尾水系统平面均采用一洞两机布置，立面上均采用"一坡到底"的布置方式。上库事故闸门检修闸门室位于引水上平段，引水隧洞中后部设置简单圆筒式引水调压室，调压室大井直径25.0m，调压室下游侧底部设拦污栅1道，引水混凝土岔管将1条引水隧洞分为2条引水钢支管，单条钢支管段长度110.0m，引水隧洞及尾水主洞直径均为10.0m。尾水调压室结合尾闸设置，矩形断面，尺寸11.0m×67.0m（宽×长）。上库进/出水口位于湖南镇电站大坝右岸，至湖南镇大坝直线距离约220m，采用岩塞式进/出水口，下库进/出水口布置于湖南镇桥上游300m的乌溪江河道左岸处。下库进/出水口采用"侧式＋检修闸门塔式"布置。

半地下厂房位于输水系统的中部，包括主厂房、安装场、副厂房、排水廊道和220kV屋顶出线场。半地下厂房采用椭圆形竖井断面，长半轴为25.75m，短半轴为18.75m，高度为71.5m。主厂房布置2台单机容量14.9万kW的单级立轴混流可逆式水泵水轮机—发电电动机组。机组间距18.5m，主厂房地面以上采用排架结构。安装场位于主厂房右端，尺寸为34.0m×30.5m（长×宽），地面高程126.20m。下游副厂房位于主厂房和安装场下游侧，尺寸为100.5m×27.1m×30.0m（长×宽×高），地面层高程与安装场高程相同，屋顶布置220kV出线构架场。端副厂房位于主厂房左端，尺寸为30.5m×16.5m×11.3m。

（中国华电集团有限公司　刘鹏）

朝阳抽水蓄能电站工程获得项目核准

2023年12月8日，辽宁朝阳抽水蓄能电站项目获得辽宁省发展改革委核准。

朝阳抽水蓄能电站位于辽宁省朝阳市朝阳县和龙城区境内，上水库位于龙城区西北部联合乡沈杖子村西侧山沟沟源处，下水库位于朝阳县北沟门子乡于家店村至瓦房店村之间、大凌河一级支流老虎山河干流左岸。电站距朝阳市公路距离约48km，距沈阳市公路距离约376km，距阜新市公路距离约182km；有县乡公路与长深高速、G101国道相通。电站为日调节抽水蓄能电站，供电范围为辽宁电网，建成后在系统中承担调峰、填谷、储能、调频、调相和紧急事故备用等任务。

该工程为一等大（1）型工程，枢纽工程主要建筑物由上水库、输水系统、地下厂房、开关站及下水库、补水系统等部分组成。规划装机4台，单机容量32.5万kW。该电站总投资94.62亿元，由朝阳市华腾电力新能源有限公司建设，计划于2029年全部投产。

上水库采用沥青混凝土面板全库防渗方案。在库盆西南侧布置沥青混凝土面板堆石坝。正常蓄水位为725.00m，设计洪水位为725.29m，校核洪水位725.41m，死水位为697.00m，工作水深28m，正常蓄水位对应库容为1079万m³，死库容为59万m³。坝顶高程728.00m，环库公路长2555.95m，坝轴线处最大坝高97m，坝轴线长807.61m，坝顶宽度10.0m。上游坡比采用1∶1.7，下游坡比采用1∶1.7。上水库不设置专门的泄水建筑物，设计洪水和校核洪水直接存在库内。

输水系统由引水系统和尾水系统两部分组成，引水系统采用"一管两机"供水方式，尾水系统采用"两机一洞"的布置型式。引水系统建筑物包括上水库进/出水口、引水事故闸门井、高压管道、高压钢岔管、高压支管。尾水系统建筑物包括尾水支管、尾水事故闸门室、尾水混凝土岔管、尾水调压室、尾水隧洞、尾水检修闸门井和下水库进/出水口，1号输水系统总长3462.96m。

地下厂房布置于输水系统的首部，厂区建筑物包括地下厂房、主变压器洞、母线洞、电缆洞、交通洞、通风兼安全洞、出线洞、排风平洞、地下排风机房、排风竖井、排水廊道和地面GIS开关站等。地下厂房由安装场、主机间和副厂房组成，呈"一"字形布置。主变压器室和地下厂房平行布置，两洞间净距40m，一机一变。地下厂房与主变压器室间设4条母线洞、1条交通廊道和1条交通电缆洞。

下水库采用库岸沥青混凝土面板+库底黏土铺盖防渗方案。在库盆南侧布置沥青混凝土面板碎石土坝。正常蓄水位为375.00m，设计洪水位375.29m，校核洪水位375.41m，死水位为350.00m，工作水深25m，正常蓄水位对应库容为

1163万m³，死库容为58万m³。坝顶高程378.00m，环库公路长3026.98m，主坝坝轴线处最大坝高54m，坝轴线长1960.35m，坝顶宽度10.0m。上游坡比采用1∶2，下游坡比采用1∶2。下水库库周洪水不入库，不设置专门的泄水建筑物，防浪墙以内设计洪水和校核洪水直接存在库内。该工程应急放空廊道进口设置在尾水隧洞，距离下水库进/出水口竖井隧洞段末端15m，出口检修竖井设置在左岸坝下游25m处。永久泵站补水水源来自老虎山河干流。补水系统由集水池、地下涵管、检修闸门井、取水泵房及变配电间等组成。

中国电建集团北京勘测设计研究院有限公司承担了朝阳抽水蓄能电站的勘测设计工作。2022年6月，电站预可行性研究报告通过审查。2023年2月，可行性研究阶段正常蓄水位选择专题报告和施工总布置规划专题报告通过审查。2023年9月，可行性研究报告通过审查。

（中国电建集团北京勘测设计研究院有限公司 刘蕊）

太子河抽水蓄能电站工程获得项目核准

2023年12月28日，辽宁省发展改革委以辽发改能源〔2023〕654号文对辽宁太子河抽水蓄能电站项目核准进行了批复，同意建设辽宁太子河抽水蓄能电站。

太子河抽水蓄能电站位于本溪市境内，距离本溪市、沈阳市直线距离分别为20km和62km，电站装机容量为180万kW，上水库总库容1246万m³，下水库总库容1431万m³。该工程为一等大（1）型工程。上、下水库大坝及库盆、下水库泄水建筑物、输水系统、地下厂房系统、地面开关站等永久性主要建筑物为1级建筑物；进厂交通洞、通风兼安全洞、上水库排水廊道、补水系统等永久性次要建筑物级别为3级建筑物；临时性建筑物为4级建筑物。

（一）工程布置

1. 上水库 上水库采用沥青混凝土面板全库防渗方案。在库盆南侧、东北侧布置沥青混凝土面板堆石坝。正常蓄水位为688.00m，设计洪水位为688.74m，校核洪水位为688.95m，死水位657.00m，工作水深31m，正常蓄水位对应库容为1205万m³，死库容为92万m³。坝顶高程692.00m，环库公路长2591m，1号主坝坝长710m，最大坝高69m，2号副坝坝长305m，最大坝高36m，上游坝坡1∶1.75，下游坝坡1∶1.5，下游坝坡每30m设1条2.0m宽马道。坝体填筑从上游到下游分为碎石垫

层、过渡层、上游堆石区、下游堆石区、干砌石护坡。下游坝面在 662m 和 632m 高程各设 1 条 2.0m 宽马道。坝体碎石垫层和过渡层水平宽 3.0m，堆石体基础坐落于强风化岩体上。上水库集雨面积为 0.914km²，洪水入库调蓄，不设置泄洪建筑物，设计洪水和校核洪水直接存在库内。

2. 输水系统　输水系统由引水系统和尾水系统两部分组成，引水系统和尾水系统均为"一洞三机"的布置型式，共有两套独立的输水系统。引水系统建筑物包括上水库进/出水口、引水事故闸门井、高压管道、引水岔管和高压支管。尾水系统建筑物包括尾水支管、尾水事故闸门室、尾水岔管、尾水调压井、尾水隧洞、尾水检修闸门井和下水库进/出水口等，输水系统总长 2963.736m，距高比为 5.93。

3. 地下厂房系统　地下厂房布置于输水系统的首部，厂区建筑物包括地下厂房、主变压器洞、母线洞、电缆洞、交通洞、通风兼安全洞、出线平洞、排风平洞、地下排风机房、排风竖井、排水廊道和地面 GIS 开关站等。地下厂房由安装场、主机间和副厂房组成，呈"一"字形布置。主变压器室和地下厂房平行布置，两洞间净距 40m，一机一变。地下厂房与主变压器室间设 6 条母线洞、1 条交通电缆洞。

4. 下水库　下水库采用帷幕灌浆、库尾钢筋混凝土面板、库底土工膜的组合防渗型式，大坝坝型为钢筋混凝土面板堆石坝。正常蓄水位为 251.00m，设计洪水位 251.22m，校核洪水位 251.01m，死水位 222.00m，工作水深 29m，正常蓄水位对应库容为 1418 万 m³，死库容为 242 万 m³。坝顶高程 255.00m 坝轴线长 702m，坝顶宽度 10m，坝轴线处最大坝高 73m。上游坝坡为 1∶1.4，下游坝坡 1∶1.7。在库尾布置 40cm 厚混凝土板，库底铺设 TPO 土工膜，帷幕灌浆从大坝左岸沿趾板与土工膜帷幕连接、延伸至右岸趾板处帷幕与库岸帷幕相接，沿库尾混凝土板与土工膜帷幕形成封闭区域。在库盆南侧及东南侧区域进行扩库开挖，库尾平台开挖高程为 221.00m，进出水口平台开挖高程为 219.00m。在大坝左岸布置一条泄洪放空洞（兼导流洞），采用短有压进口接无压洞的型式，进口底板高程 208.00m，有压洞尺寸为 4.0m×5.0m（宽×高），底坡 $i = 0.17\%$，无压洞尺寸为 4.0m×5.6m（宽×高），底坡 $i = 6.25\%$，出口采用底流消能。

（二）施工关键路线及工期

施工关键路线为：征地移民→对外交通公路（至通风洞永久公路）施工→通风洞开挖及支护→厂房顶拱及上部开挖及支护→岩壁吊车梁施工→厂房中下部开挖及支护→厂房一期混凝土浇筑、埋件安装→1 号机组安装、调试及发电→2～6 号机组安装、调试及

发电。

该项目筹建期 18 个月，施工总工期 81 个月。其中，准备期 6 个月，主体工程施工期 60 个月，完建期 15 个月，首台机组发电工期 66 个月。

（三）工程投资

该抽水蓄能电站工程于 2023 年 12 月 18 日获得项目核准，工程总投资 1214531.00 万元，工程静态总投资 993419.03 万元（其中枢纽工程投资 755321.75 万元、建设征地移民安置补偿费用 38756.48 万元、独立费用 144635.9 万元、基本预备费 54704.9 万元）、价差预备费 71907.3 万元、建设期利息 149204.67 万元。单位千瓦静态投资 5519 元/kW，单位千瓦总投资 6747 元/kW。

（中国电建集团北京勘测设计研究院有限公司　孙伟
中国葛洲坝集团股份有限公司　喻冉　郭金雨）

富民抽水蓄能电站工程完成项目核准

2023 年 12 月 29 日，云南省发展改革委以云发改能源〔2023〕1338 号文印发《云南省发展和改革委员会关于云南富民抽水蓄能电站项目核准的批复》，该"批复"全文如下。

昆明市发展和改革委员会：

《昆明市发展和改革委员会关于核准云南富民抽水蓄能电站项目的请示》（昆发改能源〔2023〕734 号）及有关材料收悉。结合省能源局审查意见和省政府投资项目评审中心评估意见，经研究，现就该项目核准事项批复如下：

一、云南富民抽水蓄能电站项目是国家《抽水蓄能中长期发展规划（2021～2035 年）》"十四五"重点实施项目，符合抽水蓄能发展建设规划和产业政策要求。项目为电力系统服务，项目的建设对于适应新型电力系统建设和新能源大规模高比例跃升发展需要，推动规划建设新型能源体系，助力实现"双碳"战略目标具有重要意义。依据《国务院关于发布政府核准的投资项目目录（2016 年本）的通知》（国发〔2016〕72 号）、《企业投资项目核准和备案管理办法》（国家发展改革委令 2023 年第 1 号修订）、《云南省人民政府关于发布政府核准的投资项目目录（云南省 2016 年本）的通知》（云政发〔2017〕17 号）、《云南省人民政府关于印发云南省企业投资项目核准和备案实施办法》（云政规〔2023〕2 号）等精神，同意建设云南富民抽水蓄能电站（项目代码：2310-530000-04-01-999813）。项目单位为：中电建（富民）抽水蓄能开发有限公司。

二、项目建设地点位于昆明市富民县款庄镇。

三、项目主要建设内容：建设 4 台额定容量 35 万 kW 的单级立轴混流可逆式水泵水轮发电机组，总装机容量 140 万 kW。枢纽主要包括上水库、下水库、输水系统、地下厂房、地面开关站、交通工程等。

四、项目估算总投资 926617 万元，其中项目资本金按总投资的 20% 计，由企业自筹，其余资金以银行贷款等方式解决。

五、请省能源局加强对项目的管理和指导，请昆明市发展改革委对项目建设全程加强监管，督促项目单位严格按照有关部门批复内容进行建设。项目建设要满足国家和云南省有关安全、国土、环保、水土保持等有关政策要求。项目建设要提高资源综合利用效率；在施工过程中必须认真落实水土保持和生态环境保护措施，严格执行环境保护"三同时"制度；加强与地方政府的沟通衔接，切实落实社会稳定风险防范措施，确保项目社会稳定风险总体可控。

六、请项目业主严格按照《建设工程质量管理条例》（国务院令第 279 号）、《电力建设工程施工安全监督管理办法》（国家发展和改革委员会令第 28 号）和《电力建设工程施工安全管理导则》（NB/T 10096—2018）等有关法律、法规和标准的要求。切实履行安全生产主体责任，做好施工安全管理和工程质量管控等各项工作，有效防范安全生产和质量事故的发生。请省能源局加强对项目在施工安全和工程质量等方面的监督管理，杜绝违规开工等行为。

七、项目的勘察、设计、建设工程、安装工程、监理以及与工程建设有关的重要设备、材料等采购要按国家有关规定全部进行招标，招标方式为公开招标，招标组织形式为委托招标。本项目为依法必须招标的投资项目，其招标采购活动必须全部纳入公共资源交易平台，实现透明化管理、阳光交易。请加强与有关行政监督部门联系，在云南省已建成的公共资源交易中心依法组织招标工作。

八、按照相关法律、行政法规的规定，核准项目的相关支撑性文件分别是：

（1）省自然资源厅《建设项目用地预审与选址意见书》（用字第 53000020230021 2 号）。

（2）中共富民县委政法委员会《重大决策事项社会稳定风险评估备案意见书》（富稳评备字〔2023〕006 号）。

（3）《云南省搬迁安置办公室关于云南省富民抽水蓄能电站建设征地移民安置规划的审核意见》（云搬发〔2023〕119 号）。

九、如需对本项目核准文件所规定的建设地点、建设规模、主要建设内容等进行调整，请按照《企业投资项目核准和备案管理条例》的有关规定，及时提出变更申请，省发展改革委将根据项目具体情况，作出是否同意变更的书面决定。

十、请项目单位在项目开工建设前，依据相关法律、行政法规规定办理规划许可、土地使用、资源利用、安全生产、环境影响评价、节能审查等相关手续。

十一、本核准文件有效期限为 2 年。自发布之日起计算。该项目在核准有效期内未开工建设的，应在核准有效期届满 30 日前向省发展改革委申请延期。该项目在核准有效期内未开工建设也未申请延期的，或虽提出延期但未获批准的，本核准文件自动失效。

（中电建水电开发集团有限公司　冯殿雄）

辰溪抽水蓄能电站工程完成项目核准

2023 年 9 月 28 日，湖南省发展改革委以湘发改许〔2023〕101 号文印发《湖南省发展和改革委员会关于核准湖南辰溪抽水蓄能电站项目的批复》，该"批复"全文如下。

中电建（辰溪）能源开发有限公司：

怀化市发展改革委和你公司分别报来《关于申请湖南省辰溪抽水蓄能电站项目核准的请示》（怀发改〔2023〕88 号）、《关于申请湖南省辰溪抽水蓄能电站项目核准的请示》（辰溪能开〔2023〕88 号）及有关材料收悉。经研究，现就该项目核准事项批复如下。

一、核准依据

按照《行政许可法》第二十二条、《企业投资项目核准和备案管理条例》第三条、《湖南省企业投资项目核准和备案管理办法》第五条、《湖南省政府核准的投资项目目录（2017 年本）》第二条等相关规定，对该项目进行核准。

二、核准条件

该项目已纳入国家能源局发布的《抽水蓄能中长期发展规划（2021～2035 年）》，已取得建设项目用地预审与选址意见书（用字第 430000202300080）、湖南省水利厅《关于〈湖南省辰溪抽水蓄能电站建设征地移民安置规划〉的审核意见》（湘水函〔2023〕365 号）、中共辰溪县委政法委员会《关于对〈湖南省辰溪抽水蓄能电站项目社会稳定风险评估报告〉的备案意见》，符合核准条件。

三、核准内容

（1）为提升电网调峰、填谷、调频、调相、储能和紧急事故备用等能力，促进新能源大规模高比例发展，助力实现"双碳"目标，同意建设湖南省辰溪抽水蓄能电站项目（项目代码为：2305-430000-04-05-439139），项目单位为：中电建（辰溪）能源开发有限公司。

（2）项目建设地点为怀化市辰溪县修溪镇、田湾镇。

（3）项目主要建设内容：电站新建4台单级额定容量30万kW可逆式水泵水轮发电机组，总装机容量120万kW。主要枢纽工程由上水库、下水库、输水发电系统等建筑物组成。

（4）以湖南省人民政府禁建通告发布时间2023年为规划设计基准年，根据枢纽工程施工组织设计，规划设计水平年为2025年。至规划设计水平年，生产安置人口为247人，搬迁安置人口为215人。

（5）项目总投资为78.65亿元，资金来源为企业自筹和银行贷款。

（6）本项目的勘察、设计、施工、监理以及与工程建设有关的重要设备、材料等的采购达到《必须招标的工程项目规定》（国家发展改革委令第16号）第五条规定的金额标准以上的应当委托公开招标。

（7）如需对项目核准文件所规定的有关内容进行调整，请及时以书面形式向我委报告，我委将根据项目具体情况，出具书面确认意见或者重新办理核准手续。

（8）请你公司通过湖南省投资项目在线审批监管平台如实报送项目开工、建设进度、竣工投用等基本信息。项目开工前应按季度报送项目进展情况；项目开工后至竣工投用止，应逐月报送进展情况。我委将采取在线监测、现场核查等方式，对项目实施事中事后监管，依法处理有关违规行为，并向社会公开。

（9）请你公司根据本核准文件办理城乡规划、土地使用、资源利用、安全生产等相关手续，依法合规加快推进项目建设。

（10）项目予以核准决定之日起2年未开工建设，需要延期开工建设的，请在2年期限届满的30个工作日前，向我委申请延期开工建设。开工建设只能延期1次，期限最长不得超过1年。

（中电建水电开发集团有限公司　冯殿雄）

上社抽水蓄能电站工程获得项目核准

2023年12月28日，山西盂县上社抽水蓄能电站项目获得山西省发展改革委核准。

盂县上社抽水蓄能电站位于山西省阳泉市盂县上社镇境内，站点与阳泉市、太原市的直线距离分别为65、95km，地理位置优越。电站装机容量140万kW，连续满发小时数6h。建成后供电范围为山西电网，其建设对缓解山西电网的调峰困境将会起到积极作用。厂房布置4台单机容量35万kW可逆式水轮发电机组，电站额定水头588m。结合山西电网电力系统需求、本电站开发条件等因素，盂县上社抽水蓄能电站建成后在系统中承担调峰、填谷、储能、调频、调相、紧急事故备用等任务。

枢纽主要建筑物包括上水库、输水系统、地下厂房系统、下水库和地面开关站等组成。该电站为一等大（1）型工程，总投资90.37亿元，由三峡能源盂县抽水蓄能发电有限公司建设，计划于2032年全部投产。

上水库位于七东山主峰西侧上磨石沟沟首，库盆三面环山，在北侧沟口相对较窄处布置沥青混凝土面板堆石坝，库盆采用全库防渗方案。大坝采用沥青混凝土面板堆石坝，坝顶高程为1268m，最大坝高约115m。上水库正常蓄水位1265.00m，死水位1228.00m。正常蓄水位以下库容656万m³，调节库容634万m³。

下水库位于龙华河左岸沟子口村上游东、西两条冲沟沟尾处，库盆采用局部防渗处理措施。下水库正常蓄水位660.00m，死水位634.00m，正常蓄水位以下库容747万m³，调节库容656万m³。下水库主要建筑物有拦河坝、泄洪放空洞、补水系统等。拦河坝采用混凝土面板堆石坝，最大坝高约63m。

输水系统布置于上、下水库进/出水口之间的山体内，输水系统分为引水系统和尾水系统两部分，引水、尾水均采用"一管两机"的布置方式，两套独立的输水系统平行布置。引水系统建筑物包括上水库进/出水口、引水事故闸门井、引水调压井、高压管道、引水岔管和高压支管。尾水系统建筑物包括尾水支管、尾闸洞、尾水岔管、尾水调压井、尾水隧洞、尾水检修闸门井和下水库进/出水口等，沿1号机组输水系统总长4454.81m。

地下厂房布置于输水系统的中部。厂区建筑物主要有地下厂房、主变压器洞、母线洞、进厂交通洞、通风兼安全洞、出线平洞、排风平洞和排风竖井、地下排风机房、排水廊道和地面GIS开关站等组成。

地下厂房与主变压器洞平行布置，两洞间净距40m，一机一变。地下厂房开挖尺寸178.5m×25.4m×55.3m，主变压器洞开挖尺寸为160m×21m×23.5m（长×宽×高）。主机间分5层布置，分别是发电机层、母线层、水轮机层、蜗壳层和尾水管层。地下厂房进厂交通洞长1769m，断面尺寸为8m×

8.5m（宽×高）。通风兼安全洞长 1605m，断面尺寸为 7.5m×6.5m（宽×高）。开关站平台布置在下水库左岸公路旁通风兼安全洞洞口右侧，地面开关站内布置有 GIS 开关楼、500kV 出线场等建筑物。

电站建设征地涉及上社镇、西潘乡共 2 个乡（镇）3 个行政村，以及盂县诸龙山林场。涉及土地总面积 4490.80 亩，其中：水库淹没区面积 987.13 亩，枢纽工程建设区面积 3503.67 亩。建设征地范围内未涉及永久基本农田、Ⅰ级保护林地、一级国家级公益林、基本草原、文物古迹、压覆矿产和军事管制区。

中国电建集团北京勘测设计研究院有限公司承担了盂县上社抽水蓄能电站的勘测设计工作。2022 年 7 月，电站预可行性研究报告通过审查。2023 年 4 月，可行性研究阶段正常蓄水位选择专题报告和施工总布置规划专题报告通过审查。

（中国电建集团北京勘测设计研究院有限公司
水燕）

枣庄山亭抽水蓄能电站工程获得项目核准

2021 年 11 月，受国网新源控股有限公司委托，中国电建集团北京勘测设计研究院有限公司（简称北京院）开展山东枣庄庄里抽水蓄能电站预可行性研究阶段勘察设计工作。2022 年 5 月，完成了《山东枣庄庄里抽水蓄能电站预可行性研究报告》的编制工作；2022 年 6 月，通过了水电水利规划设计总院审查；2023 年 7 月，编制完成了《山东枣庄庄里抽水蓄能电站可行性研究报告》。2023 年 8 月，通过了水电水利规划设计总院会同山东省能源局等相关单位的审查。

2023 年 12 月 16 日，山东省能源局根据《国家能源局综合司关于印发〈申请纳入抽水蓄能中长期发展规划重点实施项目技术要求（暂行）〉的通知》（国能综通新能〔2023〕84 号）中有关抽水蓄能电站命名规则的要求，结合山东省实际，印发了项目名称变更的情况说明："枣庄庄里抽水蓄能电站"项目名称变更为"枣庄山亭抽水蓄能电站"。12 月 29 日，山东省发展改革委印发《关于枣庄山亭抽水蓄能电站项目核准的批复》（鲁发改项审〔2023〕464 号），标志山东枣庄山亭项目进入新的阶段，具备了前期开工条件。

枣庄山亭抽水蓄能电站位于山东省枣庄市山亭区境内，属于枣庄市境内南四湖湖东地区十字河流域。下水库利用已建的庄里水库，上水库位于石门村东北侧的石门沟内。工程区距枣庄市公路里程约 31km，距济南市 248km，工程区周围省道、国道、高速公路及铁路通达。电站地理位置优越，是鲁南地区相对较好站点。电站建成后供电范围为山东电网，在电力系统中承担调峰填谷、储能、调频调相紧急事故备用和黑启动等任务。

山亭抽水蓄能电站枢纽建筑物主要由上水库、下水库、输水系统、地下厂房系统、地面开关站等组成。工程等别为二等，大（2）型规模，装机容量为 118 万 kW，上、下水库挡水及泄水建筑物设计洪水标准为 100 年一遇，校核洪水标准为 2000 年一遇。地下厂房及输水系统建筑物设计洪水标准为 100 年一遇，校核洪水标准为 500 年一遇。上水库位于石门沟沟首，采用全库盆沥青混凝土面板防渗，在库盆西南侧建坝，坝轴线长 588.0m，最大坝高 115.0m，上水库正常蓄水位 370m，死水位 342m，调节库容 1062 万 m³。

下水库采用已建庄里水库，水库于 2021 年 12 月竣工验收，全长 3124m，大坝由混凝土泄洪坝段、壤土均质坝段组成。溢洪道布置在河床中部。下水库正常蓄水位 114.56m，死水位 101.32m，调节库容 7747 万 m³，其中发电专用库容 1100 万 m³，保证发电水位 104.5m。根据对庄里水库复核计算，不需要对下水库大坝进行加高改建。电站初期蓄水及正常运行期用水均从下水库已建的庄里水库取水。

输水系统布置在上、下水库之间的山体内，总长 2969.45m，引水和尾水系统均采用"一管两机"的供水方式，地下厂房布置于输水系统的中部，厂区建筑物包括地下厂房、主变压器洞、母线洞、交通洞、通风洞、出线系统、排风系统、排水系统和地面 GIS 开关站等。

地下厂房内布置 4 台单机容量为 29.5 万 kW 的水泵水轮机、发电电动机组，地下厂房开挖尺寸为 188.1m×26.9m×58.5m（长×宽×高），主变压器洞开挖尺寸为 169m×21m×23.5m（长×宽×高）。地下厂房由安装场、主机间和副厂房组成，呈"一"字形布置，安装间布置于地下厂房右端，副厂房布置于地下厂房左端。

山亭抽水蓄能电站建设征地面积为 3980.21 亩，涉及山亭区山城街道、凫城镇 2 个镇 7 个行政村。其中永久占地 2949.0 亩，临时占地 1031.3 亩。

电站建设落实了国家碳达峰、碳中和的政策，提高电网运行的安全性和稳定性，发挥了良好的生态环境效益、社会效益。同时，电站建设充分利用当地丰富的资源优势，以此带动工业、旅游业及其相关产业的发展，对促进地区经济发展，改善当地居民生活水平起到积极的作用。

（中国电建集团北京勘测设计研究院有限公司
董丹丹）

岑田抽水蓄能电站工程获得
项目核准

2023 年 6 月 14 日,河源市发展和改革局以河发改核准〔2023〕3 号文对广东岑田抽水蓄能电站项目核准进行了批复,同意建设岑田抽水蓄能电站,标志着岑田项目取得重大进展,具备了前期开工的条件。

岑田抽水蓄能电站位于广东省河源市境内,上水库位于东源县曾田镇岑田村,下水库位于东源县黄田镇绿溪村,工程区距广州市直线里程约 240km。电站总装机容量为 120 万 kW,额定发电水头 465m,供电范围为广东电网。电站建成后在电网中承担调峰、填谷、储能、调频、调相和事故备用等任务。该工程为一等大(1)型工程,枢纽建筑物主要由上水库、下水库、输水系统、地下厂房系统和地面开关站等建筑物组成。

上水库采用局部防渗方案,在库区南侧对外最大冲沟沟口狭窄处布置主坝,在左岸 1 号和 6 号垭口布置副坝一,在右岸 2 号和 3 号垭口布置副坝二。为方便运行期交通需求,主坝和两座副坝以折线型相连。为解决上水库泄洪问题,在主坝和副坝一之间结合施工导流布置一条竖井式溢洪道。主坝、副坝一、副坝二均采用为沥青混凝土心墙堆石坝,最大坝高 48m。

根据下水库库区地形、地质条件,下水库采用拦沟筑坝方式兴建,在南侧河沟处布置一座混凝土重力坝,最大坝高 39m,在河床坝段布置 3 个表孔和 1 个底孔联合泄洪,表孔和底孔均采用底流消能。

输水系统由引水系统和尾水系统两部分组成。引水、尾水系统均采用一洞四机的布置形式。引水系统主要建筑物包括上水库进/出水口、引水事故闸门井、引水隧洞、引水调压室、高压管道(主管、岔管、支管);尾水系统主要建筑物包括尾水支洞、尾闸洞、尾水混凝土岔管、尾水调压室(含尾调通气洞)、尾水隧洞、尾水检修闸门井、下水库进/出水口等。地下厂房洞室群位于输水系统中部。

电站建设征地涉及东源县 2 个乡镇 3 个行政村,建设征地总面积为 4848.57 亩,其中水库淹没影响区 1903.17 亩,枢纽工程建设区 2945.40 亩(永久占地区面积 1359.99 亩,临时用地区面积 1585.41 亩),涉及搬迁人口 179 户 769 人。

中国电建集团北京勘测设计研究院有限公司承担该电站全阶段勘测设计工作。2022 年 7 月,项目预可行性研究报告通过审查。2023 年 2 月,正常蓄水位选择专题报告和施工总布置规划专题报告通过审查。2023 年 6 月,项目通过河源市发展和改革局核准批复。2023 年 8 月,广东省人民政府发布停建通告。

(中国电建集团北京勘测设计研究院有限公司
李伟)

绛县抽水蓄能电站工程
项目获得核准

2023 年 12 月 28 日,山西绛县抽水蓄能电站项目获得山西省发展改革委核准。

绛县抽水蓄能电站位于山西省运城市绛县境内,距运城市公路距离约 120km,距太原市距离约 360km。电站装机容量 120 万 kW,连续满发小时数 6h。建成后供电范围为山西电网,其建设对缓解山西电网的调峰困境将会起到积极作用。厂房布置 4 台单机容量 30 万 kW 可逆式水轮发电机组,电站额定水头 405m。结合山西电网电力系统需求、该电站开发条件等因素,绛县抽水蓄能电站建成后在系统中承担调峰填谷、储能、调频、调相、紧急事故备用和黑启动等任务。

枢纽主要建筑物包括上水库、输水系统、地下厂房系统、下水库和地面开关站等组成。该电站为一等大(1)型工程,总投资 89.77 亿元,由国网新源控股有限公司控股建设,计划于 2032 年全部投产。

上水库位于续鲁峪河右岸北沟梁左侧北沟沟首,库盆三面环山,在库盆东南侧沟口相对较窄处布置沥青混凝土面板堆石坝,库盆采用全库防渗方案。大坝采用沥青混凝土面板堆石坝,坝顶高程为 1163m,最大坝高 140.0m。上水库正常蓄水位 1160.00m,死水位 1125.00m。正常蓄水位以下库容为 849 万 m^3,调节库容 777 万 m^3。

下水库位于浍河支流续鲁峪河上,库址位于续鲁峪河柴坪至石门河段,库盆采用局部防渗处理措施。下水库正常蓄水位 735.00m,死水位 716.00m,正常蓄水位以下库容 1213 万 m^3,调节库容 815 万 m^3。下水库主要建筑物包括拦沙坝、泄洪排沙洞、拦河坝、1 号和 2 号泄洪放空洞。拦河坝采用混凝土面板堆石坝,最大坝高 80.0m,拦沙坝采用混凝土重力坝,最大坝高 40m。

输水系统布置于上、下水库进/出水口之间的山体内,输水系统分为引水系统和尾水系统两部分,引水、尾水均采用"一管两机"的布置方式,两套独立的输水系统平行布置。引水系统建筑物包括上水库进/出水口、引水事故闸门井、引水隧洞、高压管道、高压岔管、高压支管。尾水系统建筑物包括尾水支管、尾水事故闸门室、尾水岔管、尾水调压室、尾水隧洞、尾水检修闸门井和下水库进/出水口，输水系统总长 3193.84m。

地下厂房布置于输水系统的中部。厂区建筑物主要有地下厂房、主变压器洞、母线洞、交通电缆洞、进厂交通洞、通风兼安全洞、出线平洞和出线竖井、排风平洞和排风竖井、地面排风机房、排水廊道和地面 GIS 开关站等组成。

地下厂房开挖尺寸 171.0m×25.1m×56.3m（长×宽×高），与主变压器洞平行布置，两洞间净距 40m，一机一变。主变压器洞开挖尺寸为 154.0m×21.0m×23.3m（长×宽×高）。主机间分 6 层布置，分别是发电机层、母线层、水轮机层、蜗壳夹层、蜗壳层及尾水管层。

地下厂房进厂交通洞长 1636.4m，断面尺寸为 8m×8.5m（宽×高）。通风兼安全洞长 1290.9m，断面尺寸为 7.5m×6.5m（宽×高）。地面开关站平台位于下水库进出水口上游右侧山坡上，地面开关站内布置有 GIS 开关楼、副厂房、500kV 出线场等建筑物。

工程建设征地涉及运城市绛县 2 个镇 3 个行政村，建设征地总面积 5646.42 亩，涉及耕地 441.22 亩，林地 4575.58 亩，草地 245.73 亩，交通运输用地 42.74 亩，住宅用地 37.12 亩，工矿仓储用地 24.46 亩，水域及水利设施用地 274.66 亩，其他土地 4.92 亩。

中国电建集团北京勘测设计研究院有限公司承担了绛县抽水蓄能电站的勘测设计工作。2022 年 8 月，电站预可行性研究报告通过审查。2023 年 3 月，可行性研究阶段正常蓄水位选择专题报告和施工总布置规划专题报告通过审查。2023 年 11 月，可行性研究报告通过审查。

（中国电建集团北京勘测设计研究院有限公司
王佳林）

蒲县抽水蓄能电站
工程获得项目核准

2023 年 6 月 14 日，山西省发展改革委以晋发改审批发〔2023〕201 号文印发《山西省发展和改革委员会关于山西蒲县抽水蓄能电站项目核准的批复》，同意建设山西蒲县抽水蓄能电站项目。

蒲县抽水蓄能电站位于山西省临汾市蒲县境内的乔家湾镇和黑龙关镇，工程区位于东川河前进村至峡村段。距离蒲县县城约 20km，距临汾市约 65km。

厂房布置 4 台单机容量为 30 万 kW 的可逆式水轮发电机组，电站额定水头 493m。该电站建成后在系统中承担电力系统调峰、填谷、储能、调频、调相、紧急事故备用等任务。枢纽主要建筑物包括上水库、输水系统、地下厂房系统、下水库和地面开关站等组成。该电站为一等大（1）型工程，总投资 97.03 亿元，由华电山西能源有限公司建设，计划于 2030 年全部投产。

上水库位于蒲县太山山顶，坝轴线与陈家凹相距约 380m，坝址控制流域面积 0.25km²。上水库采用沥青混凝土面板全库防渗方案。在库盆东北侧和东侧沟口布置沥青混凝土面板堆石坝。正常蓄水位为 1670.00m，设计洪水位 1670.33m、校核洪水位 1670.43m，死水位 1635.00m，工作水深 35m，正常蓄水位对应库容 550 万 m³，死库容 21 万 m³。坝顶高程 1673.50m，坝轴线处最大坝高 72.00m，坝轴线长 1020m，坝顶宽度 10.0m。上游坡比采用 1∶1.75，下游坡比采用 1∶1.5。上水库不设置专门的泄水建筑物，设计洪水和校核洪水直接存在库内。

下水库在东川河河道内筑坝形成全防库盆，下水库主要建筑物有全库防渗库盆、左岸泄排沙洞、自流泄水洞和下水库进/出水口等建筑物组成。下水库上游拦河坝上游做堆石混凝土挡墙，坝型为沥青混凝土面板堆石坝，下游拦河坝坝型为沥青混凝土面板堆石坝。

下水库承担生活和工农业供水任务，其所在河段规划有已批复待建的蒲县化乐水库，是中部引黄工程蒲县县城供水规划的调蓄水库。报告经研究论证，推荐选择的下水库库址与化乐水库范围重叠，电站下水库与化乐水库工程合并建设，相应承担化乐水库原设计功能任务。下水库正常蓄水位 1165.00m，死水位 1131.00m。库顶高程 1169.00m，上游侧拦河坝坝轴线长度 205m，最大坝高 70m，坝顶宽度 10m，上游坝坡 1∶1.4，下游坝坡 1∶1.7，大坝双面挡水，上游侧采用堆石混凝土挡墙拦挡上游来水，下游采用沥青混凝土面板防止库水外渗。下游侧沥青混凝土面板堆石坝坝轴线长度 254m，最大坝高 72m，坝顶宽度 10m，上游坝坡 1∶1.7，下游坝坡 1∶1.5。下水库正常蓄水位以下库容 874 万 m³，调节库容 836 万 m³，死库容 38 万 m³。下水库上游拦沙库最高运行水位为 1153.00m，设计洪水位 1156.39m，校核洪水位为 1165.04m。

泄洪排沙洞位于下水库左岸，并排布设两条，均由进口引渠段、洞身段、扩散段、挑坎段和护坦段组成。进口位于挡水坝坝轴线上游约 100m，进口底板高程 1139m，出口位于拦河坝坝轴线下游约 200m，出口高程 1109m。泄洪排沙洞采用短有压进口后接无压洞型式。汛期洪水由泄洪排沙洞下泄，非汛期下闸存蓄一定东川河上游来水，通过洞内生态流量管和工业供水管供下游用水。

输水系统布置于上、下水库进/出水口之间的山体内，输水系统分为引水系统和尾水系统两部分，引水、尾水均采用"一管两机"的布置方式，两套独立的输水系统平行布置。引水系统建筑物包括上水库进/出水口、引水事故闸门井、高压管道、引水岔管和高压支管。尾水系统建筑物包括尾水支管、尾水事故闸门室、尾水岔管、尾水调压井、尾水隧洞、尾水检修闸门井和下水库进/出水口等，输水系统（沿4号机组）总长3004m。

地下厂房布置于输水系统的首部。厂区建筑物主要由地下厂房、主变压器洞、母线洞、交通电缆洞、出线平洞及出线斜井、排风平洞及排风竖井、地下排风机房、交通洞、通风洞、排水廊道、地面GIS开关站及出线场等组成。地下厂房开挖尺寸178.0m×25.0m×57.5m（长×宽×高），与主变压器洞平行布置，两洞间净距45m，一机一变。主变压器洞开挖尺寸为158.5m×21.0m×23.5m（长×宽×高）。主机间分6层布置，分别是发电机层、母线层、水轮机层、蜗壳夹层、蜗壳层及尾水管层。

地下厂房进厂交通洞长1865.0m，断面尺寸为8m×8.5m（宽×高）。通风兼安全洞长1594.0m，断面尺寸为7.5m×6.5m（宽×高）。地面开关站平台布置于地下厂房东南侧的山坡上，上下库连接路（Y2路）路旁，场内布置有GIS开关楼和出线场等建筑物。

工程建设征地涉及临汾市蒲县乔家湾镇和黑龙关镇，涉及土地总面积5039.19亩，其中，水库淹没区面积950.71亩，枢纽工程建设区面积4088.48亩（其中永久占地面积2988.41亩，临时用地面积1100.07亩）。建设征地涉及耕地27.26亩（全部为临时占用）、林地4644.94亩、草地23.23亩、交通运输用地71.12亩、工矿仓储用地88.47亩、水域及水利设施用地184.17亩；建设征地范围内不涉及搬迁人口；涉及专业项目主要为交通道路4.56km，电力线路2.80km，通信线路共28.20km，广播电视线路5.50km，铁塔1座，未定级文物1处；涉及企事业单位4家。

中国电建集团北京勘测设计研究院有限公司承担了蒲县抽水蓄能电站的勘测设计工作。2022年11月，工程预可行性研究报告通过审查及可行性研究阶段正常蓄水位选择专题报告和施工总布置规划专题报告通过审查。2023年11月，可行性研究报告通过审查。

（中国华电集团有限公司 刘鹏
中国电建集团北京勘测设计研究院有限公司 李柯）

道孚抽水蓄能电站工程获得项目核准

2023年11月23日，四川省发展改革委印发《关于核准道孚抽水蓄能电站项目的批复》，同意道孚抽水蓄能电站项目开工建设。

道孚抽水蓄能电站位于四川省甘孜藏族自治州道孚县色卡乡和亚卓镇，距康定、成都市区直线距离分别约84、262km，开发任务为调峰、填谷、储能、调频、调相、紧急事故备用，促进新能源开发利用。电站装机容量210万kW，最大水头760.7m，最小水头698.6m，额定水头721m，设计年发电量29.94亿kW·h，年抽水电量39.92亿kW·h。

该电站为一等大（1）型工程，枢纽主要建筑物由上水库、下水库、输水系统、地下厂房和开关站等组成。上、下水库主坝均采用混凝土面板堆石坝，最大坝高均为96m；上水库正常蓄水位4277m，调节库容791万m³；下水库正常蓄水位3542m，调节库容783万m³。下水库在右岸设置泄洪放空洞，在桑其柯、盘龙沟库尾分别设置拦沙洞挡水，利用泄洪排沙洞将洪水和泥沙排至主坝下游，利用检修补水洞对下水库进行初期蓄水及运行期补水。输水系统总长约2623.31m，电站距高比为2.92。地下厂房采用中部布置方案。

工程建设征地不涉及生产安置人口和搬迁安置人口。项目不涉及四川省生态保护红线，不涉及国家公园、自然保护区、风景名胜区、饮用水源保护区、森林公园、地质公园等环境敏感区，工程开发建设条件优良。

该电站具有高寒、高海拔、高地震烈度、超高水头的复杂建设条件以及高转速、高电压、大容量机组的复杂建造难度。工程区极端最低气温可达 30℃以下；上水库海拔约4300m，机组安装高程3411m，为目前世界上大型抽水蓄能电站海拔最高；电站设计地震烈度高，上水库设计标准100年超越概率2%的地震动峰值加速度高达460cm/s²；电站最大水头760.7m，为国内抽水蓄能电站第二高水头；电站设计机组转速高达500r/min，额定电压18kV，防晕等级高达28kV，单机容量达35万kW。因无高海拔地区大型抽水蓄能电站建设经验可循，本工程土建工程的设计建造以及机组电气设备的设计制造均极具探索性和挑战性。

该电站预可行性研究报告于2021年10月编制完成，2023年6月通过审查。

2023年5月，编制完成可行性研究阶段"三大专题"，并通过水电水利规划设计总院审查（咨询）；8 月，完成电站项目申请报告；8 月及 10 月，中国国际工程咨询公司分别组织在成都对该申请报告进行了咨询、评估；11 月 23 日，四川省发展改革委核准道孚抽水蓄能电站项目。

（中国电建集团成都勘测设计研究院有限公司
王党在）

垣曲二期抽水蓄能电站项目获得核准

2023 年 1 月，山西省发展改革委对山西垣曲二期抽水蓄能电站项目核准进行了批复，同意建设垣曲二期抽水蓄能电站；9 月，中水东北勘测设计研究有限责任公司完成《山西垣曲二期抽水蓄能电站可行性研究报告》编制工作；10 月，该可行性研究报告通过水电水利规划总院审查，项目前期工作全部完成。

垣曲二期抽水蓄能电站位于山西省运城市垣曲县境内，距太原市、运城市直线距离分别为 315、63km，距垣曲县公路里程 43km，与在建的垣曲一期抽水蓄能电站相邻，上水库直线距离仅 1km。电站装设 4 台单机容量为 300MW 的水泵水轮发电电动机组，连续满发小时数为 6h，年发电量 17.08 亿 kW·h，年抽水用电量 22.77 亿 kW·h，综合效率系数 75%；额定水头 389m，最大扬程与最小水头比 1.199；供电范围为山西电网，以 2 回 500kV 线路接入海会 500kV 变电站，在系统中承担调峰、填谷、调频、调相与紧急事故备用任务。

电站枢纽主要由上水库、下水库、输水系统、地下厂房系统及地面开关站等建筑物组成。上水库位于七岔村所在的冲沟源头部位，板涧河右岸黑石沟沟首，总库容 954 万 m³，调节库容 821 万 m³，死库容 67 万 m³；正常蓄水位为 790.00m，死水位 765.00m，工作水深 25m；采用库岸沥青混凝土面板+库底土工膜防渗方案，最大坝高 99m，坝长 381m，环库公路长 2445.26m。下水库位于槐坪村上游约 800m 板涧河主河道上，总库容 1243 万 m³，调节库容 988 万 m³，死库容 193 万 m³；正常蓄水位为 387.00m，死水位 360.00m，工作水深 27m；大坝采用混凝土面板堆石坝，最大坝高 77.5m，坝长 262.5m；左岸坝端布置溢洪道，堰顶高程为 374.60m，总泄水宽度为 30m；左岸山体内布置泄洪冲沙放空洞，工作闸室底高程为 332.63m，孔口尺寸为 4m×5m。

输水发电系统布置在上水库和下水库之间黑石沟右岸的山体内，输水系统总长 3896.69m，距高比为

9.2。引水及尾水系统均采用一洞两机布置，设置引水、尾水调压室，立面采用一级斜井布置方式。地下厂房采用中部开发方式，开挖尺寸为 179m×26.0m×58m（长×宽×高）；交通洞全长 1764.86m，通风洞全长 1353.70m。地面开关站采用户内 GIS 高压配电装置型式，布置于厂房东侧韩家沟上游韩家沟村，平台高程 553.30m，平面尺寸 106m×60m。

工程建设征地总面积 5563.92 亩，生产安置人口 91 人，移民生产安置方式采取自行安置的方式。该工程筹建工期 21 个月，建设总工期 70 个月。

（中国葛洲坝集团股份有限公司 喻冉 郭金雨
中水东北勘测设计研究有限责任公司
李润伟 于洋）

昌波水电站工程获得项目核准

2023 年 5 月 24 日，国家发展改革委以发改能源〔2023〕611 号文印发《国家发改委关于金沙江上游昌波水电站项目核准的批复》，同意核准建设金沙江昌波水电站；9 月 25 日，现场举行开工仪式，工程建设进入新的阶段。

昌波水电站位于四川省与西藏自治区交界的金沙江上游，左岸为四川省的巴塘县，右岸为西藏自治区芒康县。电站是金沙江上游川藏河段规划 13 级开发方案中的第 11 级，工程为二等大（2）型工程，以发电为主，采用混合式开发，安装 4 台 18.5 万 kW 立轴混流式水轮发电机组和 2 台 4.3 万 kW 灯泡贯流式水轮发电机组，总装机容量 82.6 万 kW。年发电量（联合运行）43.55 亿 kW·h（其中引水式电站 40.03 亿 kW·h，河床式电站 3.52 亿 kW·h）。电站作为金上—湖北±800kV 特高压直流输电工程配套电源，送电湖北省消纳。

枢纽布置格局为首部枢纽（右岸非溢流坝段+泄洪闸+左岸河床式生态厂房+鱼道）+左岸引水发电系统（岸塔式进水口+引水隧洞+调压室+莫曲河口地下厂房）。主要建筑物有挡水建筑物、泄水建筑物、引水建筑、河床式发电厂房、引水是发电厂房等组成。

挡水建筑物采用混凝土闸坝，从左至右依次布置左岸厂房坝段、河床泄水坝段、右岸非溢流坝段。河床泄水坝段包括泄洪闸坝段、生态流量兼泄洪闸坝段，大坝轴线方位为 N85.00°E，坝顶高程为 2390.00m，坝顶总长 232.75m，最大坝高 38m。

泄水建筑物包括 5 孔泄洪闸+1 孔生态流量兼泄洪闸，5 孔泄洪闸布置于主河床，底板高程为

2360.00m，孔口尺寸 10m×13.5m（宽×高），泄洪闸室顺水流长度 60.00m，最低建基高程 2352.00m，最大坝高 38m；生态流量兼泄洪闸靠左岸进水口布置，底板高程 2360.00m，孔口尺寸 6m×8m（宽×高），闸室顺水流长度 60.00m，最低建基高程 2352.00m，最大坝高 38m。

电站引水系统采用"一洞一室两机""单管单机供水"布置，引水建筑物由进水口、引水隧洞、调压室、尾水隧洞等组成。引水式进水口侧向布置于枢纽左岸，采用岸塔式布置方式，拦污栅、事故闸门基础均布置于岩基上，前缘总宽度为 86m，底板高程 2355.00m，基础高程 2352.00m，顶高程 2390.00m，塔体高约 38m；引水隧洞引用流量 1230m³/s，引水隧洞单洞均长约 11.10km（隧洞起点至调压室处），轴线间距 60m，隧洞纵坡 1.39‰～1.41‰，隧洞为内径 13.0m 的圆形断面，采用钢筋混凝土衬砌；调压室采用地下埋藏式长廊形阻抗式型式，采用矩形断面，净断面尺寸 170.6m×22.6m（长×宽），调压室顶高程 2450.50m，阻抗板底高程 2348.50m，最大室高 102m；尾水隧洞为城门洞形，断面尺寸为 11m×17m（宽×高），隧洞中心线间距 24.63m。

截至 2023 年底，场内交通左岸渣场连接道路路基施工完成 1400m，路面施工完成 500m，1 号桥河床桩基筑岛围堰完成，桩基完成 20%；施工供电工程塔基基础施工完成 40 基，索道架设完成 15 条，变电站主体开始施工。

（中国华电集团有限公司　刘鹏）

华北东北地区抽水蓄能滚动规划 2023 年进展情况

2023 年 4 月，国家能源局下发《关于进一步做好抽水蓄能规划建设工作有关事项的通知》（国能综通新能〔2023〕47 号），提出抽水蓄能应根据新能源发展和电力系统运行需要，科学规划、合理布局，深入开展抽水蓄能发展需求论证研究工作，各省级能源主管部门要会同电网企业组织开展本行政区域需求论证工作。同年 12 月，国家能源局要求各省在抽水蓄能发展需求规模论证的基础上，报送抽水蓄能中长期发展规划 2024～2028 年项目布局优化调整建议。

中国电建集团北京勘测设计研究院有限公司及区域内其他设计单位在各省市能源局的支持下，开展各省份抽水蓄能需求规模论证等工作，并梳理抽水蓄能资源站点开发建设条件，提出项目布局优化调整建议。下面就各省市相关成果做简要介绍。

（一）内蒙古自治区抽水蓄能滚动规划情况

内蒙古自治区已建抽水蓄能电站 1 座，为呼和浩特 120 万 kW；在建 2 座，分别为芝瑞 120 万 kW 和乌海 120 万 kW；已建、在建共计总装机容量 360 万 kW。自治区申请上报 15 个抽水蓄能站点作为 2024～2028 年重点开发项目，总装机容量 1740 万 kW，基本可以满足电网需求。目前 15 个站点的相关申报材料已报送至国家能源局，暂未被批复。

（二）河北省抽水蓄能滚动规划情况

河北省已建抽水蓄能电站 2 座，为潘家口 27 万 kW 和张河湾 100 万 kW；在建 4 座，分别为丰宁 360 万 kW（其中 300 万 kW 已投产）、易县 120 万 kW、尚义 140 万 kW、抚宁 120 万 kW；核准在建 6 座，分别为灵寿 140 万 kW、阜平 120 万 kW、滦平 120 万 kW、隆化 280 万 kW、迁西 100 万 kW、邢台 120 万 kW；已纳入规划未核准 1 座，为徐水 60 万 kW，共计总装机容量 1807 万 kW。河北省申请上报 11 个抽水蓄能站点作为 2024～2028 年重点开发项目，总装机容量 1190 万 kW，基本可以满足电网需求。目前 11 个站点的相关申报材料已报送至国家能源局，暂未被批复。

（三）山东省抽水蓄能滚动规划情况

山东省已建抽水蓄能电站 3 座，分别为泰安 100 万 kW、沂蒙 120 万 kW 和文登 180 万 kW；在建 2 座，为潍坊 120 万 kW 和泰安二期 180 万 kW；已核准 1 座，为枣庄山亭 118 万 kW，已建、在建、已核准总装机容量 818 万 kW。山东省申请上报 12 个抽水蓄能站点作为 2024～2028 年重点开发项目，总装机容量 1175 万 kW，基本可以满足电网需求。目前 12 个站点的相关申报材料已报送至国家能源局，暂未被批复。

（四）山西省抽水蓄能滚动规划情况

山西省已建抽水蓄能电站 1 座，为西龙池 120 万 kW；在建 2 座，为浑源 150 万 kW、垣曲 120 万 kW；已核准 4 座，为蒲县 120 万 kW、垣曲二期 120 万 kW、绛县 120 万 kW、盂县上社 140 万 kW；已纳入规划未核准 5 座，为长子石哲 120 万 kW、代县黄草院 140 万 kW、沁水龙港 120 万 kW、沁源魏家庄 90 万 kW、河津清涧 120 万 kW，已建、在建、已核准、已纳入规划未核准总装机容量 1480 万 kW。山西省申请上报新增 6 个抽水蓄能站点作为 2024～2028 年重点开发项目，总装机容量 554 万 kW，基本可以满足电网需求。目前 6 个站点的相关申报材料已报送至国家能源局，暂未被批复。

（五）黑龙江省抽水蓄能滚动规划情况

黑龙江省已建抽水蓄能电站 1 座，为荒沟 120 万 kW；在建 1 座，为尚志 120 万 kW；已核准 1 座，为尚志亚布力 120 万 kW，已建、在建、已核准共计总装机容量 360 万 kW。黑龙江省申请上报新增 7 个抽水蓄能站点作为 2024~2028 年重点开发项目，总装机容量 1010 万 kW，基本可以满足电网需求。目前 7 个站点的相关申报材料已报送至国家能源局，暂未被批复。

（六）辽宁省抽水蓄能滚动规划情况

辽宁省已建抽水蓄能电站 1 座，为蒲石河 120 万 kW；在建 2 座，为清原 180 万 kW 和庄河 100 万 kW；已核准 4 座，为兴城 120 万 kW、大雅河 160 万 kW、朝阳 130 万 kW、太子河 180 万 kW，已建、在建、已核准共计总装机容量 990 万 kW。辽宁省申请上报 5 个抽水蓄能站点作为 2024~2028 年重点开发项目，总装机容量 500 万 kW，可以满足电网需求。目前 5 个站点的相关申报材料已报送至国家能源局，暂未被批复。

（七）吉林省抽水蓄能滚动规划情况

吉林省已建抽水蓄能电站 1 座，为白山 30 万 kW；在建 2 座，为敦化 140 万 kW 和蛟河 120 万 kW；已核准 1 座，为塔拉 120 万 kW，已建、在建、已核准共计总装机容量 410 万 kW。吉林省申请上报新增 5 个抽水蓄能站点作为 2024~2028 年重点开发项目，总装机容量 800 万 kW，基本可以满足电网需求。目前 5 个站点的相关申报材料已报送至国家能源局，暂未被批复。

（八）北京市抽水蓄能电站滚动规划情况

京津地区已建抽水蓄能电站 1 座，为十三陵 80 万 kW。无在建、核准项目。北京市申请上报 2 个抽水蓄能站点作为 2024~2028 年重点开发项目，总装机容量 240 万 kW，基本可以满足电网需求。目前 2 个站点的相关申报材料已报送至国家能源局，暂未被批复。

（中国电建集团北京勘测设计研究院有限公司

王婷婷　杨霄霄　张娜　赵杰君　能锋田　戴莉

李星南　黄凌旭　李凯玮　姜淇　罗丹丹）

中国长江三峡集团有限公司 2023 年抽水蓄能项目开发建设情况

2023 年，水电与抽水蓄能业务围绕全周期全链条发展职责与使命，推动梯级水库联合优化调度取得重大突破，抽水蓄能业务"预投建运"机制全面落实，水电与抽水蓄能业务取得新成效、实现新发展。

（一）梯级水库联合优化调度取得突破

围绕"动汛限、迟消落、早蓄水"的总思路，总结改进 2022 年梯级水库"枯期开闸消落、汛期空库等水、汛后无水可蓄"的被动情况，系统分析挖潜空间，积极向中央巡视组、主题教育指导组以及国家有关部委，汇报呼吁水位动态浮动、防洪库容打捆运用、流域一体化调度等措施建议，梯级水库联合优化调度取得重大突破；消落水位实现历史性抬升。在主汛期预测来水偏枯、水库群预留防洪库容充足、长江流域整体防洪风险可控的前提下，协调上级主管部门将三峡和向家坝消落水位分别试验性抬升至 150m 和 375m，为两水库正常运行以来首次未消落至汛限水位附近，为特枯年水资源保供和能源保供提供了有力保障；推动洪水资源化利用。在 2023 年 9 月初乌东德年内最大洪峰期间，协调水利、电网、环保等相关主管单位，下达金下梯级联合应急防洪调度指令。应急调度实施期间，乌东德水库超 965m 控制运行期最高水位拦蓄洪水，测算增发电量达 3 亿 kW·h，确保了防洪安全和梯级水库出库流量精准控制；梯级水库首次实现全部蓄满。精准研判流域整体防洪态势，逐步释放防洪库容，动态优化调整梯级水库蓄水进程，梯级水库均以显著偏高的水位有序衔接蓄水调度（白鹤滩同比高约 13m，溪洛渡、三峡水库较近 5 年均值高约 12、5m），顺利实现梯级水库首次全部蓄满目标；首个联合优化调度方案获批。按照"先方案、后规程"的原则，组织编制完成《金沙江下游梯级水库联合优化调度方案（2023 年度）》，推动水利部长江水利委员会批复联合优化调度方案，首次明确金沙江下游梯级水库水位动态浮动控制、防洪库容打捆使用等调度机制，并纳入《2023 年长江流域水工程联合调度运用计划》，全面提升了水资源利用效率。

（二）抽水蓄能业务全链条发力

顶层规划体系持续建立健全。一是持续开展政策研究。完成全国新一轮抽水蓄能需求论证成果分析等 10 余项研究成果，推动集团公司抽水蓄能业务与行业发展导向同频共振。二是完成抽水蓄能业务发展专项规划。深化对抽水蓄能功能定位认识，坚持需求导向，系统梳理分析全国 28 个省（直辖市、自治区）抽水蓄能发展情况，形成集团公司抽水蓄能业务布局报告，制定抽水蓄能发展专项规划，指导集团公司抽水蓄能高质量发展。三是动态调整抽水蓄能重点项目库。建立入库评价指标体系，组织编制抽水蓄能重点项目库项目评价报告，全面系统评价集团公司抽水蓄能资源；"预投建运"管理机制全面落实。建立协调例会机制并组织召开 7 次会议，召开区域专题会、业务专题会，理清"预投建运"相关主体管理职责边界。一是在"预"的环节，组织集团内外专家靠前开展广东、江苏等重点区域 10 余项抽水蓄能资源评估，源头把控资源获取质量。二是在"投"的环节，明确首批 51 个项目投资主体，组织完成河南巩义、湖南攸县等项目公司股权调整。协调落实海南三亚羊林、黑龙江伊春五星站以及湖北区域项目投资主体调整工作。三是在"建"的环节，形成"框架协议+委托合同"两阶段建管委托形式，推动各方完成框架协议和青海南山口、甘肃张掖等重点项目委托建设管理合同签订。四是在"运"的环节，推动长江电力全面接管长龙山运维工作，建立运维标准体系，研究区域集中调控模式；项目开工建设全面提速增效。年内实现甘肃黄羊、青海南山口等 6 个项目、980 万 kW 开工，累计开工在建 13 个项目、2470 万 kW。浙江天台项目主厂房已完成开挖向混凝土浇筑转序；湖北平坦原、安徽石台、浙江松阳、甘肃张掖等 4 个项目已启动主厂房开挖。落实"机械化换人、自动化减人"理念，联合设计、施工、装备制造等单位开展 TBM 施工技术在抽水蓄能项目示范应用。有序开展标准化设计，形成地下厂房、建筑及装修、水力机械等共计 11 个分册的抽水蓄能标准化设计框架体系，建立集团公司标准化设计顶层规划。

（三）全业务链条管理体制机制持续完善

联合调度体系更加健全。编制《长江流域梯级水库联合运用管理办法（试行）》，初步建立了集团公司联合调度工作的集团层面管理体系，为最大限度地发挥梯级水库综合效益提供制度保障。技术管理体系更趋完善。印发《基本建设项目技术管理办法》，将水电与抽水蓄能项目前期、运行期技术审查工作纳入制度体系。充分发挥重大水电工程科学技术委员会、水电建设老专家智力和经验优势，对工程重大技术问题进行把关。完善基建项目专家库，进一步征集集团内外部 232 名专家，强化集团公司技术支撑体系建设。标准管理体系运转更加高效。明确标准管理各环节职责边界，实现标准化管理"放管结合、优化服务"。全面参与水电行业技术标准体系修订，积极对接并参与国际标准组织及标准化技术委员会等国际国内行业组织，影响力持续扩大。投资控制管理体系更加协调。制定《抽水蓄能电站投资控制管理办法》，建立"分层管控、职责明晰、高效规范"的抽水蓄能项目投资控制管理体系。印发《抽水蓄能工程项目概算代码手册（试行）》，修订水电与抽水蓄能工程建设价差测算规范，统筹构建统一的投资控制信息化管理平台，开展信息系统管理规范性文件编制工作，加强水电与抽水蓄能工程动态投资有效控制。

（四）重要工程项目建设进展情况

（1）天台抽水蓄能电站。11 月底，浙江天台抽水蓄能电站地下厂房开挖全部完成。该电站位于天台县坦头镇、泳溪乡境内，安装 4 台单机容量 42.5 万 kW 的可逆式水轮发电机组，总装机容量 170 万 kW，

是中国长江三峡集团有限公司"十四五"期间首个核准并开建的抽水蓄能电站，建成后主要承担浙江电网的调峰、填谷、调频、调相、储能及紧急事故备用等任务，并为华东电网提供灵活调度能力。

（2）平坦原抽水蓄能电站。7 月 29 日，湖北罗田平坦原抽水蓄能项目签订主体工程施工合同。该电站位于湖北省黄冈市罗田县境内，安装 4 台单机容量 35 万 kW 机组，总装机容量 140 万 kW。该项目是湖北省"十四五"重大能源项目，是中国长江三峡集团有限公司服务国家电力能源低碳转型，持续推进高质量绿色发展，构建新发展格局，助力"双碳"目标实现的重要举措之一。

（3）石台抽水蓄能电站。7 月 13 日，安徽石台抽水蓄能项目签订主体工程施工合同。该电站位于安徽省池州市石台县，安装 4 台单机容量 30 万 kW 的立轴单级混流可逆式水轮发电机组，总装机容量 120 万 kW，年发电量 14.71 亿 kW·h。电站建成后，主要承担安徽电网调峰、填谷、储能、调频、调相和紧急事故备用，同时与华东电网形成区域内优势互补，提升华东电网调度灵活性。

（4）松阳抽水蓄能电站。10 月 31 日，浙江松阳抽水蓄能项目签订主体工程施工合同。该电站位于浙江省松阳县境内，安装 4 台单机容量 35 万 kW 机组，总装机容量 140 万 kW。建成后主要承担浙江电网调峰、填谷、储能、调频、调相和事故备用等任务。

（5）张掖抽水蓄能电站。12 月 28 日，甘肃张掖抽水蓄能电站项目通风兼安全洞顺利开挖至主厂房。该电站位于甘肃省张掖市甘州区甘浚镇和肃南白银乡境内，安装 4 台单机容量 35 万 kW 可逆式水泵水轮机组，总装机容量 140 万 kW，年发电量约 16.37 亿 kW·h。电站建成投产后，将主要承担甘肃电网调峰、填谷、储能、调频、调相等任务，成为甘肃河西地区清洁能源外送基地安全稳定运行可靠的支撑点。

（6）长阳抽水蓄能电站。6 月 29 日，湖北长阳清江抽水蓄能项目可行性研究报告取得水电总院批复意见，也为项目建设按下加速键。该项目位于湖北省宜昌市长阳土家族自治县龙舟坪镇，安装 4 台单机容量 30 万 kW 可逆式水泵水轮机组，装机容量 120 万 kW，年发电量约 12.3 亿 kW·h，建成后将承担湖北电力系统调峰、填谷、调频、调相、储能和紧急事故备用等任务。

（7）黄羊抽水蓄能电站。3 月 28 日，甘肃黄羊抽水蓄能电站项目举办开工活动。该项目位于甘肃省武威市黄羊河峡谷内，安装 4 台单机容量 35 万 kW 可逆式水泵水轮机组，装机容量 140 万 kW，预计年发电量 16.21 亿 kW·h，建成后将承担电网调峰、填谷、储能、调频、调相及紧急事故备用等任务，为

千万千瓦级风光基地和新能源基地提供坚持保障，助力甘肃打造全国重要的新能源及新能源装备制造基地。

（8）菜籽坝抽水蓄能电站。6 月 28 日，重庆菜籽坝抽水蓄能电站正式开工建设。该项目位于兴隆镇及冯坪乡境内，装机容量 120 万 kW，预计年发电量 11.4 亿 kW·h，建成后将显著提高重庆电网调峰、填谷、储能和紧急事故备用能力。

（9）南山口抽水蓄能电站。8 月 19 日，青海南山口抽水蓄能电站项目举办开工活动。该项目位于青海省格尔木市境内，安装 8 台单机容量 30 万 kW 可逆式水泵水轮机组，总装机容量 240 万 kW，年发电量约 48.24 亿 kW·h，是青海省首个核准建设的沙戈荒地区抽水蓄能项目，也是世界 3500m 以上高海拔地区装机容量最大、调节库容最大的抽水蓄能电站。电站建成投产后，将主要承担青海电网调峰、填谷、储能、调频、调相等任务，对服务青海大型清洁能源基地开发发挥重要作用。

（10）张家坪抽水蓄能电站。2 月 6 日，湖北南漳张家坪抽水蓄能电站正式取得湖北省发展和改革委员会核准批复文件；3 月 30 日，项目参加湖北省一季度集中开工活动。项目位于湖北省襄阳市南漳县李庙镇，装机容量 180 万 kW。项目建成后设计年发电量 20 亿 kW·h，将有效保障鄂西北电网安全稳定、促进区域经济绿色低碳发展。

（11）巩义抽水蓄能电站。10 月 12 日，河南巩义抽水蓄能电站启动筹建期工程施工。该项目位于巩义市后寺河上、距离郑州市区 50km，装机容量 120 万 kW，电站建成后年发电量约 13.64 亿 kW·h，将承担河南电力系统的调峰、填谷、储能、调频、调相和紧急事故备用等任务。

（12）攸县抽水蓄能电站。11 月 3 日，湖南攸县抽水蓄能电站启动筹建期工程施工。该项目位于湖南省攸县黄丰桥镇、皇图岭镇境内，装机容量 1800 万 kW，年发电量约 25 亿 kW·h，建成后将承担湖南省电力系统调峰、填谷、储能、调频、调相、紧急事故备用等任务。

（中国长江三峡集团有限公司　朱义刚　杨威）

主动共振波浪能发电技术

基于主动共振波浪能发电技术的小型海洋浮标于 2023 年底海试成功。

波浪能发电装置需解决的三大关键问题是效率低、成本高、生存能力差。波浪能装置与波浪共振时俘获波能效率最高，这是一个自然规律。但如何在装置中实现共振，难度极大，此前国内外还没有成熟的技术。武汉大学主动共振波浪能技术解决了波浪能系统的非线性问题，基于该技术研发的主动共振波浪能发电装置是目前世界上唯一可以实现全波况共振的波浪能发电装置。它可以自我感知波浪的变化，主动追逐波浪实现共振，从而高效率、高可靠、长时间发电，为波浪能发电装置小型化、微型化奠定了基础。该技术创新点主要包括：①优异的水动力学外形，解决了辐射带来的非线性问题；②独有的运行方案，解决了浮力变化带来的非线性问题；③简便易行的动力特性控制，实现了对发电装置自振周期的主动控制；④创新的波浪力识别技术，实现了对波浪的准确感知，形成了自主追踪波浪实现共振的独特技术。

主动共振式波浪能技术基于 20 多年的技术积累沉淀，是力学—控制—电气—机械等多学科交叉融合的科研成果，首次解决了波浪能系统非线性的难题，实现了共振波浪能发电，发电效率和间歇性问题得以突破。该技术已经完成理论和功能论证，并完成了实验室样机制作及水槽功能/性能试验以及初步海试工作。试验结果表明，该装置可以主动调节自身固有频率与波浪一致，实现共振发电，其吸波效率可达 83.9%，显著高于国内外已有的波浪能发电装置，不仅可以在正常波况下工作，而且在小波况和极端波况下也能工作，具有发电效率高、稳定安全、发电时间长、发电成本低等优势。可以说在微型和小型波浪能发电装置领域技术壁垒高，难有竞争对手。

该技术首先在微型海洋信息浮标中应用。基于主动共振波浪能技术供电的小型海洋浮标已进行近海试验，效果良好，达到了预期目标，目前正在不断深化理论和实验研究。

海洋浮标是一种现代化的海洋观测设施。它具有全天候、全天时稳定可靠地收集海洋环境资料的能力，并能实现数据的自动采集、自动标示和自动发送。海洋浮标与卫星、飞机、调查船、潜水器及声波探测设备一起，组成了现代海洋环境主体监测系统。然而，可靠供电是其长时间可靠运行必须解决的技术瓶颈问题。

我国海洋浮标的发展经历了几个重要阶段：①始于 20 世纪 40 年代末至 20 世纪 50 年代初，海洋浮标研制开始；②20 世纪 60 年代，海洋浮标在海洋调查中开始试用；③20 世纪 70 年代中期，浮标技术趋于成熟，进入实用阶段；④20 世纪 80 年代至今，海洋浮标的发展更加注重小型化和卫星通信技术，同时发展了各种专用海洋浮标，如气象资料浮标、海水水质监测浮标、波浪浮标等。

利用该技术供电的微型海洋浮标，是直径为 60cm 的球体，需要长期在远海漂浮工作，最大的制约因素是蓄电池有限的供电能力。为了解决这一瓶颈问题，武汉大学专门研发了一种可与其安装在一起的微型波浪能发电单元。该发电单元可在常规的波浪条件下发电，对浮标的蓄电池连续稳定供电，彻底解决了该类浮标的长期运行观测问题。

根据资料统计，一般海域的波高超过 0.5m 的天数每年可达 97%，超过 1.0m 的天数接近半年。该浮标以波高为 0.5m 和 1.0m 波浪能资源作为设计参数，以解决微型海洋浮标的长期供电问题。浮标中的波浪能发电单元是一个振动系统，使波浪能发电单元与波浪共振是提高发电效率的主要手段。考虑到波浪周期的随机性，想要在不同波浪下均保持较高的发电效率，则需要随时调节波浪能发电单元的固有频率与波浪频率一致。而波浪能发电单元本身的固有频率不仅与刚度和质量有关，其中质量包括机械质量和附加质量，而且还与 PTO 系统的阻尼与单元的辐射阻尼和摩擦阻尼有关。因此，要实现对波浪能发电单元的高效控制，则系统的质量、刚度和阻尼都需要首先通过测试获得。一般情况下，发电单元的机械质量、刚度和摩擦可在实验室环境下测量，其中刚度采用静力法，系统的质量和阻尼采用自由衰减法。然而与辐射相关的质量和阻尼需要通过深水湖泊测试获得，现场测试需具备一定的条件。

（武汉大学　陈启卷）

新 能 源 开 发

2023 年可再生能源发展情况

2023 年，全国能源行业积极稳妥推进碳达峰碳中和，深入推进能源革命，加快新型能源体系建设，可再生能源发展取得显著成就。2023 年，我国可再生能源发电装机历史性超过火电装机，风电、光伏发电跃升为我国第二、第三大电源，可再生能源发电继续保持高水平利用，重大工程项目全面推进，产业链配套能力不断增强，政策环境持续优化，国际能源合作不断取得新进展。中国可再生能源的发展不仅为中国式现代化建设提供坚实的能源保障，为实现强国建设和民族复兴的伟大梦想注入澎湃的能源动力，还为全球可再生能源发展、绿色低碳转型贡献了中国智慧和中国方案。

（一）可再生能源装机规模加快跃升发展

截至 2023 年底，中国可再生能源发电累计装机规模突破 15 亿 kW 大关，达到 15.17 亿 kW，同比增长 24.9%，可再生能源发电装机容量占全国发电总装机容量的比例历史性超过 50%，达到 51.9%，在全球可再生能源发电总装机中的占比接近 40%。可再生能源在中国能源结构中的地位日益重要，人均可再生能源装机规模突破 1kW。2023 年，中国可再生能源发电新增装机容量 3.03 亿 kW，新增装机容量同比增长 103%，占全国新增装机容量的 84.9%，超过世界其他国家的总和。可再生能源发电装机中，常规水电装机容量 3.71 亿 kW，占全部发电装机容量的 12.7%；抽水蓄能装机容量 5094 万 kW，占全部发电装机容量的 1.7%；风电装机容量 4.41 亿 kW，占全部发电装机容量的 15.1%；太阳能发电装机容量 6.09 亿 kW，占全部发电装机容量的 20.9%；生物质发电装机容量 4414 万 kW，占全部发电装机容量的 1.5%。以风电、太阳能发电为主的新能源总装机容量突破 10 亿 kW，成为中国可再生能源发展的主力军。

（二）可再生能源重大规划重大项目落地实施

（1）常规水电站积极稳妥推进，西南水电基地建设取得重大进展，澜沧江上游、金沙江上游、黄河上游（湖口至尔多）河段水电规划（实施方案）调整工作稳步开展。2023 年累计核准大型常规水电装机规模约 415kW，总投资约 843.46 亿元，新核准的大型常规水电站主要有澜沧江如美（260 万 kW）、金沙江昌波（82.6 万 kW）、雅砻江牙根一级（30 万 kW）和大渡河老鹰岩二级（42 万 kW）。在建水电工程取得标志性进展，旭龙水电站完成工程截流，龙盘、奔子栏、茨哈峡等重点水电工程重大专题研究工作持续推动，玛尔挡水电站开始蓄水，两河口水电站首次蓄水到正常蓄水位附近，乌东德水电站完成蓄水至正常蓄水位 975m 验收。2023 年新增投产常规水电 243 万 kW，其中大型常规水电 150 万 kW，主要有红水河大藤峡水利枢纽、黄河上游李家峡、沅水五强溪等水电站（机组）。

（2）抽水蓄能保持高质量发展，完成全国抽水蓄能发展需求论证研究，组织开展抽水蓄能布局优化调整；核准在建项目规模再上新台阶，2023 年合规核准抽水蓄能约 6342 万 kW/4.0 亿 kW·h，山东文登、河北丰宁等一批大装机、高水平重大工程投产，2023

年新增投产规模 515 万 kW/4000 万 kW·h，主要包括山东文登、河北丰宁、福建永泰、福建厦门、河南天池、新疆阜康、重庆蟠龙、辽宁清原等抽水蓄能电站（机组）。

（3）全国主要流域水风光一体化研究工作持续推进，雅砻江流域水风光一体化基地规划已印发并启动实施，藏东南、澜沧江上游、金沙江上游等主要流域水风光一体化基地规划工作加快推进。以沙漠、戈壁、荒漠地区为重点的"沙戈荒"大型风电光伏基地建设扎实推进，首批大基地项目建设基本完成，第二批、第三批大基地项目陆续核准并开工建设。全球最高海拔光伏电站、全球单体规模最大漂浮式光伏电站投产；陆上风电、海上风电均呈现基地化、集群化发展趋势。

（4）生物质能非电利用及地热等其他可再生能源利用规模持续扩大。生物质能非电利用量折合标准煤约 2098 万 t，同比增长 24.4%，生物天然气、生物质固体成型燃料、燃料乙醇和生物柴油年产量增幅明显。地热能规模化开发格局初步形成，地热能开发利用以供暖（制冷）为主，浅层地热能供暖项目规模化开发主要集中在华北和长江中下游地区，中深层地热能供暖项目的扩大得益于北方地区冬季清洁取暖政策推动。

（三）可再生能源发电量和利用率均显著增长

2023 年，全口径发电量 9.29 万亿 kW·h，同比增长 6.7%，其中可再生能源发电量 2.95 万亿 kW·h，同比增长 8.3%。2023 年可再生能源发电量占全社会用电量的 32%，成为保障电力供应的重要力量。我国可再生能源年发电量超过欧盟全社会用电量。2023 年，可再生能源新增发电量 2262 亿 kW·h，占中国全部新增发电量的 38.7%。可再生能源发电量中，水电、风电、太阳能发电、生物质发电量分别为 12836 亿、8858 亿、5833 亿、1980 亿 kW·h，占全口径发电量的比例分别为 13.8%、9.5%、6.3%、2.1%；水电受年景来水总体偏少等因素影响，年度发电量和利用小时数均有所下降，有效水能利用率达 99.04%、再创新高；风电、光伏发电量合计达到 1.47 万亿 kW·h，占全社会用电量比例超过 15%，同比增长 24%，已超过全国城乡居民生活用电量，同时保持了较高的利用率水平，成为拉动非化石能源消费占比提升的主力。

（四）可再生能源产业技术取得显著突破

（1）水电工程在勘测设计、施工安装、装备制造和智能化应用等多个方面取得了显著的技术突破。中国首台 15 万 kW 大型冲击式转轮投产运行，构建了拥有自主知识产权的冲击式转轮研发设计制造体系。

（2）风电全产业链体系持续完善，大兆瓦级海上风电整机自主研发设计能力显著提升，攻克了 16～18MW 海上风电机组的关键技术难题，18MW 海上风电机组成功下线。光伏产业规模不断扩大、装备制造技术持续提升，光热技术基本形成自主知识产权体系。新型高效太阳能电池量产化转换效率显著提升，异质结电池产业化平均转换效率较 2022 年提高 0.6 个百分点，达到 25.2%，继续保持领先；钙钛矿晶硅叠层光伏电池创造了 33.9% 的光电转化效率新纪录；"双塔一机"塔式光热发电技术和大开口槽式集热器技术可有效提升发电效率。生物质能综合利用技术持续创新，生物质发电供热技术水平不断提升，发电机组利用效率提高到 37% 左右，达到世界先进水平。

（3）新型储能、氢能示范应用取得新进展。储能技术装备取得新进展，压缩空气储能电站迈入单机容量 300MW 时代。氢储能技术向高能量密度方向持续发展，电解槽大型化、高效化发展持续推进，火电掺氢（氨）实现大机组验证，管道输氢开展规模化远距离应用试验示范。20MW 等级双工质地热能发电装备取得创新性成果，深部地热钻井和长距离水平钻井技术取得突破。随着可再生能源发电技术不断突破，其成本不断下降，市场竞争力日益增强。

（五）可再生能源发展政策制度日益完善

可再生能源政策为中国可再生能源发展提供了重要依据和指导。2023 年，与可再生能源发展相关性较强的《国土空间规划法》《能源法》和《可再生能源法》（修订）列入十四届全国人大常委会立法规划第一类立法项目。印发《电力现货市场基本规则（试行）》，进一步完善中国电力市场体系，规范了可再生能源市场运营，扩大新能源市场化交易。印发《关于 2023 年可再生能源电力消纳责任权重及有关事项的通知》《关于做好可再生能源绿色电力证书全覆盖工作促进可再生能源电力消费的通知》，进一步完善"权重+绿证"制度，实现绿证核发全覆盖。水电和抽水蓄能领域，组织开展抽水蓄能发展需求论证，印发《申请纳入抽水蓄能中长期发展规划重点实施项目技术要求》，明确申请纳规具体技术要求；印发《关于抽水蓄能电站容量电价及有关事项的通知》，核定在运及 2025 年底前拟投运 48 座抽水蓄能电站容量电价。新能源领域，印发《风电场改造升级和退役管理办法》《关于推动光热发电规模化发展有关事项的通知》等，完善行业管理政策；印发《关于组织开展农村能源革命试点县建设的通知》《关于开展新型储能试点示范工作的通知》《关于组织开展可再生能源发展试点示范的通知》等，组织开展一系列试点示范。此外，印发《关于进一步做好用地用海要素保障的通知》，加强包括可再生能源发展在内的重大基础设施项目的用地用海等要素保障。

（六）可再生能源国际合作取得积极进展

2023年，中国可再生能源国际合作取得积极进展，以"四个革命、一个合作"能源安全新战略为指引，推动落实共建"一带一路"倡议、全球发展倡议和全球能源安全倡议，推动建立全球清洁能源伙伴关系，聚焦非洲、中亚、中东、欧洲等重点区域和重点国别，不断加强可再生能源领域多双边合作平台建设。同时，积极参与国际可再生能源项目合作，为全球贡献更多的中国技术、中国产品和中国方案，为世界200多个国家和地区的能源清洁转型提供了高质量的产品和服务，推动全球成本的下降。投资与合作方面，2023年，中国境外水电项目签约29个、签约金额约42.1亿美元；境外风电项目签约40个、签约金额约88.5亿美元；金外光伏项目签约180个、签约金额约172.7亿美元；2023年中国能源转型投资额达6760亿美元，占全球能源转型投资总额的38%，继续稳居全球能源转型投资额榜首，促进全球向更可持续和环境友好型能源体系的转变。

（水电水利规划设计总院　崔正辉　萧子钧）

西北地区可再生能源高质量发展研究

为深入贯彻习近平总书记关于"2030年前达到峰值，努力争取2060年前实现碳中和"重要讲话精神，进一步优化西北地区可再生能源开发利用效率，推动建设生态友好、技术先进、经济合理、运行安全、区域协调的可再生能源高质量发展体系，促进西北地区可再生能源高质量发展，2020年，中国电力建设股份有限公司同意《西北地区可再生能源高质量发展研究》作为集团公司科技项目立项开展工作，课题由水电水利规划设计总院、中国电建集团西北勘测设计研究院有限公司、中国电建集团华东勘测设计研究院有限公司、中国电建集团中南勘测设计研究院有限公司、中国电建集团青海电力设计院有限公司共同开展。

根据中国电力建设集团有限公司2020年度重点科技项目立项计划和具体要求，统筹考虑相关工作安排，2020年12月，课题组开展课题启动会，签订科技项目合同；2021年5月，对报告总体框架进行讨论；2021年6月~2023年9月，经过多次讨论，形成4项专题分报告；在初步成果的基础上，2024年5月和7月课题组分别赴青海共和、新疆若羌等新能源富集地区开展现场调研，结合周边已建风电、光伏、光热等典型新能源发电项目实际运行数据，配套抽水蓄能电站建设条件查勘等深入分析研究成果和推荐方案可行性，进一步完善相关研究成果；在专题报告工作基础上，同步开展总报告相关内容的编写，2023年10月，系统梳理了西北地区可再生能源高质量发展面临的形势、高质量发展内涵、发展基础、电源结构、基地布局、外送消纳市场、远期发展展望、保障措施等内容，顺利完成研究工作，完成总报告编制。2023年11月，在北京开展课题审查暨验收会，完成初步验收工作。

该课题通过西北地区可再生能源高质量发展内涵的研究，总结了我国可再生能源发展面临新形势，提出可再生能源高质量发展的要求，根据不同的评价指标体系维度构建原则，共设置19项评价指标，各类指标可以推广应用到其他能源规划或高比例清洁能源基地规划中，使各类能源规划更加标准统一。总结了西北地区可再生能源蕴藏量和技术可开发量，研究分析了可再生能源发展技术展望，不同地区新能源发电特性，基础资料涵盖全面。基于各水平年电力需求预测、电源规划、电网发展规划，对西北地区电力市场空间、调峰空间进行研究，提出西北五省区的电源优化方案，方案具有多种能源互补发展、高比例清洁能源、合理消纳率等特点，为各省区电源发展提供参考，其多能互补的高质量发展理念是未来西北地区可再生能源内需发展的有效途径。2035年水平年西北地区扣除各省区内需新能源规模后，剩余太阳能技术可开发量约160亿kW，剩余风能资源技术可开发量约8.6亿kW，大多数剩余资源分布在新疆、青海和甘肃三省区，具备大规模外送的潜力。从电源组成、电源配置、电源建设布局、电源投资和经济性、电源接入、外送通道建设等方面，探究西北地区可再生能源高质量发展的途径，研究了甘肃省、青海省和新疆维吾尔自治区3个省区共18个高比例可再生能源外送基地，基地电源总装机容量469900MW，可再生能源装机容量占比78.46%。对华中、华东受端市场进行研究，提出可再生能源送入需求，各省共需要增加外送通道数量为18条。将西北地区优质的新能源资源输送至经济发达、能源短缺的地区，从而更大范围优化配置能源资源，推动能源高质量发展，也为受端地区接纳外来电力提供一定的思路。

该课题首次从区域范围提出了新形势下 2035 年西北地区可再生能源合理开发规模和布局，并对 2050 和 2060 年发展进行了展望。深入摸排分析西北地区可再生能源资源情况，系统而详细地梳理并阐明了各省区资源蕴藏量与资源技术可开发量，进一步明确了可再生能源的地位及作用。以资源基地化理念开展大型基地可再生能源互补研究，明确西北地区可再生能源应以规模化利用、资源基地化开发为主。系统性开展西北地区基地外送线路走廊资源情况分析摸查，全面梳理西北地区至华中、华东地区已建及规划特高压交直流线路输电通道情况，并对走廊资源进行分析和展望。

（中国电建集团西北勘测设计研究院有限公司
李江）

那曲市"十四五"及中长期清洁能源发展规划情况

西藏自治区那曲市清洁能源资源丰富。在"双碳"目标的背景下，2022 年 2 月，那曲市对口支援办公室印发《关于委托编制那曲市"十四五"及中长期清洁能源发展规划工作的函》，委托国家能源集团西藏电力有限公司开展那曲市"十四五"及中长期清洁能源发展规划编制工作。7 月，国家能源集团西藏电力有限公司印发《关于委托开展那曲市"十四五"及中长期清洁能源发展规划工作的函》，委托中国电建集团西北勘测设计研究院有限公司开展那曲市"十四五"及中长期清洁能源发展规划工作。

2022 年 12 月完成《那曲市"十四五"及中长期清洁能源中长期发展规划》（初稿）。2023 年 2 月那曲市发展改革委在拉萨市召开专家咨询会议。会议认为，规划符合那曲市清洁能源发展形势要求，并提出了对报告补充完善的建议。2023 年 4 月，经进一步修改完善，完成《那曲市"十四五"及中长期清洁能源中长期发展规划》（定稿），由那曲市发展改革委正式发布。

《那曲市"十四五"及中长期清洁能源发展规划》报告由 1 本规划文本和 8 本专题报告组成，包含新能源资源、青藏铁路（那曲段）沿线新能源开发利用、西部地区新能源开发利用、易贡藏布流域清洁能源开发利用、那曲河流域清洁能源开发利用、光伏制氢制氧、东数算算工程、电力市场消纳等内容，系统阐明了那曲市清洁能源发展的基础和形势、总体要求、重点任务和保障措施，是指导那曲市清洁能源发展的总

体蓝图和行动指南。

《那曲市"十四五"及中长期清洁能源发展规划》提出全力推进那曲市清洁能源基地构建，加快"三线一片一区"清洁能源开发空间布局，以保障实现社会主义现代化为目标，不断扩大清洁能源开发规模，增强能源供应保障能力，发展清洁能源外送产业，优化能源消费方式，增强城乡能源服务能力，全力建成那曲清洁能源基地，在自治区"一基地"布局里占有重要地位，同时提出用三个"五年计划"，力争将那曲市清洁能源规模发展到 1 亿 kW，为全国能源革命作出那曲贡献。

——2025 年底，清洁能源装机容量力争达到 3000 万 kW，其中内需电源规模 347 万 kW，外送电源规模 2658 万 kW。2025 年清洁能源发电量 479.5 亿 kW·h，其中内需电源发电量 63.9 亿 kW·h，在满足那曲市常规用电和供暖负荷后，余电用于羌塘油气勘探、战略物资储备基地及物流基地、高原物种保护库、军事基地供电等项目，为那曲市生态智慧精品城市建设提供能源保障；外送电源发电量 415.6 亿 kW·h，可新建一条 ±800kV 特高压柔性直流通道送出消纳，或借助自治区内其他清洁能源基地的通道送出。

——2030 年底，清洁能源装机容量力争达到 6000 万 kW，其中内需电源规模 752 万 kW，外送电源规模 5265 万 kW。2025 年清洁能源发电量 1008.5 亿 kW·h，其中内需电源发电量 135.1 亿 kW·h；外送电源发电量 873.5 亿 kW·h，可再新建一条 ±800kV 特高压直流通道，通过两条通道送出消纳，部分电源可借助自治区内其他清洁能源基地的通道送出。

——2035 年底，清洁能源装机容量力争达到 1 亿 kW，其中内需电源规模 1307 万 kW，外送电源规模 8721 万 kW。2035 年清洁能源发电量 1604.6 亿 kW·h，其中内需电源发电量 231.1 亿 kW·h；外送电源发电量 1373.5 亿 kW·h，可再新建一条 ±800kV 特高压直流通道，通过三条通道送出消纳，部分电源可借助自治区内其他清洁能源基地的通道送出。

《那曲市"十四五"及中长期清洁能源发展规划》发布以来，该市成立推进重大项目前期工作专班，与投资企业核实前期梳理的"三线一片一区"项目建设内容，丰富完善项目库表，目前储备项目已达 80 余项，总装机容量 7888 万 kW；深入清洁能源场址实地踏勘，排查三区三线、国家公园规划等敏感因素；积极开展协议收集，与投资企业共签订协议 12 份。

那曲市海拔较高，高寒缺氧，社会经济发展较落后，清洁能源开发利用是推动当地社会经济发展的重要抓手。《那曲市"十四五"及中长期清洁能源发展规划》为那曲市清洁能源开发利用指明了方向，对那曲市社会经济发展具有重要意义。

（中国电建集团西北勘测设计研究院有限公司

刘涛）

漳浦六鳌海上风电场二期 2023 年建设进展情况

（一）工程概况

该工程共安装 28 台风电机组，总装机容量 40.19 万 kW。场址面积 22.9km²，水深 26～45m，场址中心距离海岸线 32.8km。基础采用四桩导管架基础，集电线路通过 2 回 220kV 海缆送出接入陆上集控中心，陆上集控中心新建 2 回 220kV 线路接入福建电网。

该工程目前已并网 22 台风电机组，预计于 2024 年 6 月全部并网发电。项目建成后，年平均上网电量可达 15 亿 kW·h，与相同发电量的火力发电厂相比，可节约标准煤 47.03 万 t，减排二氧化碳约 129.15 万 t。该工程作为全球批量运行最大单机容量 1.6 万 kW 风机的示范场址，为后续超大型海上风电机组高质量、高效率批量化生产及大规模商业应用奠定基础。

（二）工程设计

（1）风能资源。场区内激光雷达测风仪 100m 高度代表年平均风速分别为 9.21m/s，机组满发小时数可达 3880h 场区风能资源丰富。

（2）海洋水文。该风电场海域 50 年一遇极端高水位 3.51m，最大浪高达 17m，场区海洋环境复杂，潮差大，风高浪急。

（3）工程地质。拟建风电场场址位于漳浦县六鳌镇东侧海域，海域宽阔，场区内未见岛屿分布，海底地形从西北到东南呈中间高两边低的趋势，总体较平缓，地貌类型主要为堆积台地。场区基本地震动峰值加速度 0.20g，基本地震动加速度反应谱特征周期为 0.45s，相应基本地震烈度为Ⅷ度，设计地震分组为第三组，场址属于抗震不利地段，场地类别以Ⅲ类为主，局部为Ⅳ类。拟建风电场场址未发现活动断裂通过，场址区不良地质作用不发育，场地稳定性差。

（4）风电机组选型、布置。风机布置方案为 8 台东方电气 1.3 万 kW 机组，13 台金风科技 1.43 万 kW 机组和 7 台金风科技 1.6 万 kW 机组。

（5）电气设计。风力发电机组采用一机一变单元制接线方式，经箱式变压器升压至 35kV 经 35kV 场内集电线路汇集后接至 220kV 海上升压站 35kV 母线，经升压站升压至 220kV 后，通过 2 回 220kV 海缆送出接入陆上集控中心，陆上集控中心新建 2 回 220kV 线路接入 220kV 锦湖变电站（长度约 28.9km），以 220kV 电压等级接入福建电网。

（6）风机基础。该工程风机基础全部采用导管架基础。28 台风机基础钢管桩总重约 36000t，平均每根钢管桩重 327t，风机基础导管架主体结构总重约 45778t，平均每台重约 1635t。场区水深跨度大，地质条件差，风机载荷大，项目组综合载荷、地质及海洋水文，圆满解决了设计难题，降低了施工难度的同时也缩短了工程建设周期。

该项目导管架采用直径 3.3～3.5m 钢管桩。导管架基础方案共采用 4 根基础钢管桩，基础由 4 根倾斜的主导管和 4 层斜撑杆组成。每个主导管架腿外侧设置有灌浆管，底部设置灌浆封隔器件。上部导管架结构通过内插插入桩基础，待导管架过渡段塔筒水平度初步调整到位后，通过灌浆管对主导管和桩之间的环型空间进行灌浆填充。导管架主腿直径最大达 2.7m。主导管之间采用"X"形撑杆连接，"X"形撑杆的直径最大达 1.42m。考虑到浪溅区范围、以及电气设备的放置，平台板底通过梁加强，基础上部塔筒连接段通过法兰与风机塔架相连。

（7）海上升压站。该工程设置 1 座 220kV 海上升压变电站。海上升压站上部结构采用分层、分段建造，整体吊装安装方案，即在陆上制造厂内，上部结构每施工一层，便同步安装此层电气设备或辅助设备模块，待整个上部结构施工、调试完成后，采用驳运方式直接运输至海上指定位置，利用吊装船在施工现场将整个上部结构整体吊装，安装至与下部已施工完成的导管架和桩基础并进行可靠连接。

海上升压站上部组块采用整体式方案，共设置 4 层甲板。一层甲板层高 6m，主要为电缆层，还布置有细水喷雾泵房、阀箱室、涡扇炮泵房、水泵房、避难间、备品间、事故油罐等。二层甲板主要布置 1 号主变压器室、2 号主变压器室、1 号 35kV 配电装置室、2 号 35kV 配电装置室、220kV GIS 室、站用变压器室、站用配电屏室、应急配电屏室、联络柜室、消防管道间、配电间、电缆井、柴发油罐室、储藏室。三层甲板主要布置继保室、柴油发电机室、通风机房、1 号蓄电池室、2 号蓄电池室、消防管道间、配电间、电缆井、备品备件间、储藏室。四层甲板主要布置吊机、消防泡沫间、通信设备、监控摄像头、照明灯具，以及主变压器室、GIS 室、柴发室的可开启屋盖。

同时作为东南沿海首个设置直升机降落平台的海上升压站，采用海上与空中相结合的方式开展风场运维工作,大大提高运维效率。海上升压站下部结构采用导管架结合桩基础型式,导管架由 4 根套管和横撑、斜撑连成空间桁架结构,整个平台导管架结构在工厂预制后整体吊装到指定位置。

(8) 陆上集控中心。集控中心总用地面积为 21594.0m²,由西北向东南依次为 220kV 配电装置楼、降压变楼、35kV 配电装置楼、SVG 设备预制舱。根据场区总体布置及进场道路引接方向的要求,站区设置一个出入口,布置在站区西侧与进中心的道路相接。

(三) 工程设计及施工难点

(1) 风场水深较深、离岸距离远,地质条件一般。风场离岸距离远,水深 26～45m,表层软弱土层较厚,且部分土层存在砂土液化风险。同时本工程为国内首个大容量风电机组海上风电项目,此时海上风电刚刚步入平价时代,又要求对基础进行优化设计。整体对风机基础及升压站设计提出了较高的要求。

(2) 单机容量大。该项目单机容量 1.3 万、1.43 万、1.6 万 kW 机组叶轮直径分别为 245、252、262m,1.3 万、1.43 万、1.6 万 kW 机组轮毂高度分别为 148、149.5、155m(平均海平面以上)。整体风机的极限和疲劳载荷均较大,设计需保证风机基础安全性的前提下兼顾经济性。

(3) 海上升压站结构复杂,极端环境恶劣,设计难度大。海上升压站结构复杂,涉及专业较广,工作交接面和设备种类多,在有限空间内需要同时布置多型设备,各种管线相互交错。同时场区地处台湾海峡,台风频发,对升压站的安全稳定运行提出了更高的要求。

(4) 海况恶劣,施工窗口期短。工程区域具有涌浪大,窗口期短的特点,基础施工年有效工作天约 120 天,风电机组安装年有效工作天 108 天。海上的施工时间短,施工条件复杂,场区水深差异大,机组容量差异导致共分为六种型式导管架基础,船机选择、施工方法、施工安排对施工进度的控制极其重要,为此选用了目前处于国内行业领先的风机安装船进行安装。

(四) 工程建设进度

漳浦六鳌海上风电场二期项目于 2021 年 5 月 21 日核准。主体工程自 2022 年 11 月开始施工准备,2023 年 4 月 16 日开始海上施工,8 月 17 日完成首台风机安装,8 月 24 日完成海上升压站吊装,12 月 11 日完成 22 台风机安装。

(上海勘测设计研究院有限公司
海洋工程事业部)

六鳌海上风电场二期项目塔筒 2023 年制造情况

(一) 工程概况

漳浦六鳌海上风电场二期项目(简称漳浦二期项目)场址西距漳浦六鳌岸线 33.0～38.5km,中心距离岸线 33.2km,理论水深 26～42m,场址规划面积约 30.9km²。项目包含 8 套塔筒、法兰(含基础顶法兰)、塔筒内外部件(包括主机厂供货范围之外的相应全部塔筒结构及内外部件)的制造。

(二) 主要工程节点

漳浦六鳌海上风电场二期项目塔筒制作于 2023 年 3 月开工生产,自开工以来,积极采购材料,合理安排生产,第一套于 2023 年 7 月发货,完工日期是 2023 年 9 月。

(三) 质量管理情况

严格按照公司质量管理体系文件执行,体系运行过程中应不断加强公司管理层及员工的质量意识;不断改进技术水平,以提高产品质量。主要内容包括:

(1) 充分发挥质量保证体系的监督管理力度,对分项工程质量有否决权。

(2) 加强人的控制,发挥"人的因素第一"的主导作用,把人的控制贯穿全过程。对该项目管理人员根据职责分工,使其尽职尽责;对分包施工队伍严格审查施工资质,并进行考核上岗施工。

(3) 加强施工生产和进度安排的控制,合理安排施工进度,在进度和质量发生矛盾时,进度服从于质量,合理安排劳动力,科学地进行施工调度,加强施工机具设备管理,保证施工生产的需要。

(4) 加强材料和结构件的质量控制,原材料、成品、半成品的采购到现场的物资,材料检验人员必须依据文件资料中规定的质量检验,严把质量、数量、品种、规格验收关。

(5) 严格检查制度,所有施工过程都要按规定认真检验,未达到标准要求必须返工,验收合格后才能转入下一道工序。

(6) 检验和试验。材料进场后,经认真审查图纸,由品质办根据规范、规程及有关文件,制定检验和试验计划。检验计划包括:检验试验项目名称、应检项目、取样要求、取样数量、验收批数量,下达到物资收料人员及有资质的试验员,按要求取样、进行试验结果反馈。

(四) 安全管理情况

为实现项目安全管理目标和确保安全生产,建立健全项目安全管理体系从项目经理—安全负责人—现场作业班组长—工人的纵向管理，按照"管生产必须管安全"和"谁主管、谁负责"的原则，公司与各部门、车间、班组签订《安全生产管理目标责任书》将目标责任层层分解，做到安全生产、人人有责。同时建立健全项目施工现场管理人员和各施工班组长的安全生产管理职责，并定期进行考核。把治理安全生产隐患、监控危险源、预防和控制各类事故发生作为考核安全生产责任制是否落实的主要内容。

坚持"安全生产、预防为主"的方针，层层落实安全生产责任制，加大安全经费的投入，完善安全防护措施，消除安全隐患；建立健全安全管理体系，落实安全管理责任制，层层分解责任，强化施工现场的安全管理。降低杜绝安全事故，减少安全事故等不必要的损失支出。进一步强化安全意识，搞好现场安全生产管理，加强重大危险源管理，强化设备缺陷管理，提高检修质量。加强职工安全教育和培训，规范职工安全作业，强化自主保安，杜绝"三违"，各车间每周组织一次安全学习。严格执行安全标准化管理，由安全管理办公室组织每周开展一次对生产现场的安全生产大检查，查找薄弱环节，对发现的问题及时整改，消除安全隐患，杜绝人身和设备事故。对项目执行过程中发现的安全隐患或者事故，分析原因，提出改进措施，并监督执行确保项目施工安全。

（五）技术管理情况

（1）项目开工前做好工艺文件的编制工作，做好技术交底会的召开工作。生产过程中要紧盯生产一线，将工艺文件制作过程中不清楚的地方进行进一步修整和细化，保证制作过程顺利，确保一线生产人员了解生产工艺细节内容。

（2）紧抓工艺制作工程质量，尽量做到工艺文件的细化，并按照管理制度进行审核、批准，审核、批准人员要进一步进行正确性的确认。

（3）项目完成后，及时进行工艺文件总结和改进，并将改进后工艺文件进行完整存档。

（4）积极有效与业主及设计单位沟通，以降低成本、方便生产为原则，对不利于成本控制和不便于制作的原始设计进行科学合理的设计优化；在不影响产品质量情况下，优化相关项目材料，减低生产成本；科学合理改进工艺、创新设备，达到减少作业工序，提高生产效率，降低制作成本目的。

（5）在具体工序上多下功夫，对制约风电塔筒制造的重点、难点实施攻关，多渠道突破，解决生产技术难题，坚持走科技自强的路线，凭借科技进步来不断提升企业自身实力，打造企业品牌效应。

（六）进度管理情况

根据工期要求，以及能组织的资源情况，合理考虑项目制作时间，从以下几个方面保证项目履约：

（1）工艺准备。该项目机型为东方风电机型塔筒，技术人员及时整理图纸及技术难点，做好和主机厂技术人员沟通，提前提报材料采购计划，便于尽早启动材料招标采购程序，合理编制生产工艺。

（2）原材料供应组织。风电材料价格波澜起伏，钢板价格瞬息万变，需要提前做好各类材料的订货工作，便于和供应商及早锁定价格，过程中做好催货跟踪。

（3）资金保障。该项目合同金额大，钢板等原材料采购合同金额大，合同执行过程中需要及时支付预付款、提货款及到货款，因此需要提前就整个项目原材料采购及执行过程中的资金需求做好筹备及使用计划。

（4）生产组织。塔筒的生产有9道工序，编制月生产计划、周生产计划、任务分解，制定奖惩措施，每天召开碰头会，每周召开生产调度会，每月召开生产月会，总结经验，解决生产中遇到的实际问题。

（七）科技攻关情况

依托该项目，取得了4项实用新型专利；3项发明专利及1项实用新型专利已受理。1项成果获2023年中国电力协会优秀质量管理小组成果QC二类成果。

（中国水利水电第四工程局有限公司

李桂林 周永永 王万明）

三峡牟平 BDB6♯一期 （300MW）海上风电 2023 年建设进展情况

（一）工程概况

牟平BDB6♯一期海上风电项目位于山东烟台牟平北部海域，总装机容量30万kW，风电场场址范围东西向长约5.1km，南北向宽约9.9km，场址面积38km^2。总投资46亿元，2023年4月开始海上施工，10月底首批机组并网发电，12月底全容量并网发电。

（二）工程设计

（1）风电机组选型、布置。风机布置方案为22台单机容量为0.9万kW风力发电机组和12台单机容量为0.85万kW风力发电机组。重点分析了不同轮毂高度、机型、不同间距对尾流、发电量等的影响，优化风场排布原则，进行发电量最优、尾流最小的排布，提高了年上网电量。

（2）风机基础。该工程海上风场浅部土层土体软弱，表层淤泥达到15m后。采用的机组轮毂高度高，叶轮直径大，导致风机荷载显著增大，同时本项目也是山东半岛北海域第一个需要平价上网的项目。以上条件，对风机基础设计提出了极高的要求。

经多方比选，项目最终采用导管架基础方案。导管架基础由 4 根主导管和 4 层斜撑导管组成，均采用圆形钢管焊接而成，斜撑导管为"X"形连接形式。导管架主导管外径 1.4～2m，壁厚 35～70mm。导管架顶部为平箱梁式过渡段，由竖向主钢管、支撑柱和支撑钢板组成，其中竖向主钢管顶部设置与风机塔筒相连接的法兰，将风机塔筒传递来的风机荷载通过竖向主钢管、支撑柱和支撑钢板等传递到四桩导管架顶部，同时导管架承受风荷载波浪力和水流力等，通过灌浆连接段将荷载传递给桩基础。钢管桩桩径 2.5m，进入海床深度约 75m。基础顶法兰高程为＋18.00m。

（3）电气设计。该项目共 34 台风机，风力发电机组采用一机一变单元制接线方式，经箱式变压器升压至 35kV，经 35kV 场内集电线路汇集后接至 220kV 海上升压站 35kV 母线，经升压站升压至 220kV 后，通过一回 220kV 海缆送至登陆点，经海陆缆转换井转成一回陆缆后接至陆上集控中心，利用本期新建的一回 220kV 线路接至 220kV 汉河站，以 220kV 电压等级接入山东电网。监控系统按照陆上"无人值班（少人值守）"和海上"无人值守"的运行管理方式开展设计，可监控包含风电机组及其升压设备、海上升压变电站设备及陆上集控中心设备。

（4）海上升压站。该项目海上升压站主要包括上部组块与下部结构，上部组块结构采用框架—支撑体系；下部结构采用导管架裙桩套管嵌套桩基础结构。上部结构与导管架、导管架与桩基础的连接采用焊接和灌浆相结合的方式连接。上部组块分为 4 个甲板平台，主要布置了主变压器、集电保护装置、GIS、柴油发电机、应急生活间等设备设施。下部基础型式为导管架裙桩套管结合桩基的结构，导管架结构采用 4 主腿 4 桩导管架裙桩型式，桩径约为 2.50m，桩长约为 94m，壁厚 36～60mm 不等，入泥深度约为 82m。

（三）工程设计及施工难点

（1）工期紧张。该项目海上整体工期约 1 年，施工时间约 8 个月，需满足 2023 年底全容量并网的目标，对勘察、设计、施工等各方的能力提出了较高的要求。

（2）风场水深较深、离岸距离远、地质条件一般。风场离岸距离远，水深 33～42m，表层软弱土层较厚，淤泥及软弱黏土层厚度达到了 15m 左右，要求基础具有一定的刚度。同时该工程为山东首个并网的海上风电项目，此时海上风电刚刚步入平价时代，又要求对基础进行优化设计。整体对风机基础及升压站设计提出了较高的要求。

（3）单机容量大。该项目单机容量 0.85 万 kW 和 0.9 万 kW，轮毂高度 130m，叶轮直径 230m，整体风机的极限和疲劳载荷均较大，设计需保证风机基础安全性的前提下兼顾经济性。

（4）海况恶劣，施工窗口期短。工程区域具有涌浪大，窗口期短的特点，年有效作业天数约 150 天。海上的施工时间短，施工条件复杂，导管架基础型号不宜过多，减少陆上加工制作难度及海上施工难度，为海上施工留有充分裕度，同时需合理安排设计工作，保证施工单位能够充分利用有限的窗口期开展工作。

（四）工程特点及创新

（1）山东省离岸最远、水深最深、淤泥层最厚、单机容量最大、基础结构最优的"五个之最"。该项目场址中心离岸距离约 50km，水深 33～40m，淤泥层厚度达到 15m，单机容量最大 0.9 万 kW。面对以上恶劣的条件，设计与风机厂家经过多轮深入的迭代计算，以及设计理念的更新和突破，最终完成了结构体型最优、工程量最优、节点详细设计最优的导管架基础方案，为项目平价上网提供了坚实基础。

（2）积极探索"海上风能＋波浪能"互补开发模式，实现我国"风—浪联合"开发零的突破。该项目拟探索建设海洋能综合试验平台，在试验平台上布置波浪能转换与汇集系统。该方案未来可应用于海上风电场多个风机基础以上以达到一定规模增容的装机容量，从而实现风—浪联合发电，为提高海洋能源有效利用率提供解决方案。

（3）积极探索"融合共建"开发模式。该项目实施过程中，通过与有关部门协同设计，在风机基础及升压站上配备安装了一系列监测设备，这些设备共同构成"海上补盲监测系统"，该系统可有效监控风场附近船只，有效满足了有关部门的监管需求，为保障风场周边船舶通航提供了新的思路，也为后续海上风电开发提供了"融合共建"的新模式。

（上海勘测设计研究院有限公司
海洋工程事业部）

昊安 20 万 kW 风电项目 2023 年进展情况

（一）工程概况

昊安风电项目隶属华能集团昊安新能源科技有限责任公司，为自带负荷配置风电项目，该项目位于吉林省白城市洮南市大通乡，风电场中心坐标为北纬 45°20′26.33″，东经 122°35′08.56″。该项目安装 32 台单机容量 0.625 万 kW 的风力发电机组，总装机容量为 20 万 kW。风机风轮直径为 200m，轮毂高度 115m。风电场配套建设一座 220/35kV 升压站，安装

1台容量为220MV·A主变压器，升压汇集后以1回220kV线路接入500kV甜水变电站220kV侧，线路长度27.5km，导线采用2×JL3/G1A-400导线，单回铁塔建设。该项目由中水东北勘测设计研究有限责任公司EPC总承包实施，计划2024年9月全容量并网发电。

该风电场检修道路长22.17km，路基宽4.5m，路面4.5m，施工道路路基5.5m，路面5.0m，检修道路永久占地面积为96501.2m²，升压站入场道路485m²，升压站永久征地面积为10615m²，风机基础永久征地14400m²；箱式变压器永久征地2484m²。该风电场交通比较便捷，全县100%的乡镇（场）和95%的行政村已通达等级公路。G4512国道南北穿越洮南市，S211、S518省道横穿场址址址。周边乡村道路纵横交错，对外交通方便。风电场可以通过场内新建道路与村村通公路、省级公路直接相连。

（1）升压站电气方案。①该期建设1台容量为220MV·A有载调压升压变压器。220kV 1回出线，远期3回出线。220kV侧及远期均采用单母线接线。②此期采用35kV单母线接线，远期采用两段单母线接线。35kV Ⅰ段母线设置1回主变压器进线间隔、8回集电线路出线间隔、2回SVG动态无功补偿间隔、1回接地变压器间隔、1回站用变压器间隔、1回母线设备间隔。③220kV为有效接地系统，主变压器220kV中性点采用放电间隙对主变压器中性点绝缘进行保护。④35kV配置2套±30Mvar动态无功补偿装置；配置1套35kV接地变压器成套装置，容量为1800kV·A；设置1台容量为800kV·A站用变压器；设置1台10kV箱式变压器，容量为800kV·A。电源由站外10kV线路引接，作为本站永临结合备用电源。

（2）升压站布置方案。①220kV配电装置布置在生产区的东北侧，朝东北侧方向架空出线，共1台主变压器。配电装置推荐采用户内GIS SF₆组合电器设备，采用预制舱形式。②35kV屋内配电装置室、站用变压器布置在生产区的西南侧。集电线路进线8回，西南侧电缆进线。35kV无功补偿装置2套，35kV接地变共1套。③35kV配电装置推荐采用屋内、高压开关柜，双列布置，安装于预制舱内。④35kV SVG装置采用水冷、直挂式，户外布置在生产区的东侧。35kV SVG装置与高压开关柜间采用高压电缆连接。主变压器布置220kV配电装置与35kV配电装置预制舱的中间位置。二次设备预制舱布置于一次预制舱上层。进站道路从站区东北侧接入。

（3）风电场区设计方案。根据选定的装机容量及32台风机点位进行计算，该项目年上网电量约为589652.91MW·h，年均等效满负荷小时数为

2948.27h，容量系数为0.337。

针对该工程，依据地质情况、风机荷载，风机基础拟采用承台桩基础，钢筋混凝土圆形基础底板直径为19.6m，基础台柱直径为7.0m，基础总高为3.9m，其中基础底板外缘高度为1.0m，基础底板棱台高度为1.9m，台柱高度为1.0m。承台混凝土强度等级为C40，钢筋等级为HRB400级，基础下设150mm厚C20混凝土垫层。桩基础采用PHC700AB（130）高强预应力管桩，根据地勘报告，F01~F03风机点位，持力层圆砾较浅，因此此工程桩基布置共分两类。一类为F01~F03风机点位布置38根桩基，桩长为14m。一类为F04~F32风机点位布置36根桩基，桩基均长为25m。持力层在圆砾层，深入持力层深度不小于1d，下锚板下端设置3根7m预制管桩，基础和塔筒的连接采用预应力锚栓连接。

（二）工程特点和难点

（1）该项目按"无人值班（少人值守）"的原则进行设计。建设智能化、智慧型风场，包含新能源升压站电气设备综合在线监测系统、巡检机器人、辅助综合监控系统设计。采用物联网技术和大数据技术，以数据为核心打通场站端、集控端业务流程，协同风场服务运维人员、集控调度人员，通过各产品之间的配合，实现故障精准诊断，聚焦风机安全与大部件寿命，实现设备质量全生命周期在线检测与预警。新能源风电场升压站按无人值班、少人值守、运维一体化、远程监控和集中控制、智能化智慧型设计，实现远程监控、无人值守、智慧化运维。

风场建设无线网络全覆盖，实现风电场区内无线通信网络全覆盖功能。工程拟在每台风机配置3台工业级无线AP（箱式变压器1台、机舱1台、塔底1台），配置1台组网交换机，组网交换机经光纤环网接至升压站，升压站二次舱配置1台汇聚交换机，1台防火墙，经租用运营商专线接入华能长春信息中心。

（2）该项目风机基础采用承台桩基础。风电场区地层岩性根据现场钻探揭示，地层主要分布有粉质黏土、黏土、粉砂、圆砾、卵石等15种不同类别土层之多，地质复杂，差异性非常大。对桩基设计与施打预应力混凝土管桩带来巨大困难，需要根据试桩确定沉桩工艺，要有丰富的打桩作业经验。风机基础单台风机基础混凝土量为650多立方米，属于大体积混凝土，且一次性浇筑成型。对混凝土的水泥、骨料、混凝外加剂、混凝土和易性、混凝土温控措施、养护措施、测温等都需要具有非常严格的技术要求。

（3）该项目220kV外送线路全程采用架空线路，新建架空线路与220kV白洮线存在交叉，新建线路必须钻越现有220kV白洮线，交叉点附近220kV白

逃线杆塔呼高 21～24m，导线平均高度 15m，无合适的钻越位置，需对其改造。该工程新建线路跨越平齐电气化铁路，跨越处铁路里程 DK338＋440，采用耐—直—耐方式跨越，参照三跨要求执行，搭建跨越架。

（三）项目进展过程

2023 年 7 月，吉林省能源局下达项目建设指标通知；8 月，通过项目可研评审；10 月，通过吉林省发展改革委对项目核准批复；10 月，通过项目水土保持方案及行政许可；11 月，通过建设项目环境影响报告表及环评批复；12 月，通过项目接入系统报告评审。

（中水东北勘测设计研究有限责任公司
王树生　杨杰）

巨龙梁风电项目（一期）工程 15 台风机并网发电

巨龙梁风电项目（一期）位于云南省昆明市寻甸县境内高原山区，场址位于小湾垭口至托斋村东侧之间的南北向山脊地带，海拔在 2900～3300m 之间，场址大部分为裸石地、草地及稀疏灌木林地。主要施工内容：巨龙梁风电场工程装机容量 10 万 kW，永久工程主要为 13 台 0.67 万 kW 和 2 台 0.645 万 kW 的风电机组、15 台箱式变压器与 35kV 集电线路及升压站扩建；辅助工程主要包括 15 个风机安装平台、场内施工道路及改扩建道路、渣场施工。2023 年 6 月 30 日，该项目 15 台机组成功并网发电。该项目由大唐云南发电有限公司滇中新能源事业部投资，中国安能集团第二工程局有限公司承建。

受高海拔、长运距、交通差、恶劣天气等因素影响，该项目（一期）施工窗口期短，资源配置难度大。为确保投产目标计划，公司从组织策划、人员管理、资源配置多方面入手，严控工程安全、质量、进度，确保工程同步整体推进。2022 年 10 月 8 日，首台 1 号风机混凝土基础浇筑完成；同年 12 月 12 日，首台 1 号风机成功吊装完成；2023 年 3 月 20 日，15 台风机基础全部浇筑完成；同年 6 月 29 日，15 台风机全部吊装完成；同年 6 月 30 日，实现所有风机机组成功并网发电。

项目施工生产过程中，克服了工期紧、冬季施工、高海拔等不利因素，尤其是冬季、长距离、大方量混凝土浇筑，受山顶缺水影响，采用薄膜覆盖、三层棉被保温干式养护，确保了风机基础质量。在吊装过程中，克服了大风、大雾影响，及时配置 2400t 汽车吊，提高转场效率，利用好有限的窗口期，实现了

全程安全可控，确保节点目标实现。实施过程中，受高海拔影响，又处在冬季、大风季、大雾等恶劣气候，项目部从道路养护、安全设施设置等方面加强管控，用足安全经费，确保了安全底线。

该项目（一期）建成后，预计年发电量 3.8 亿kW·h，年可节约标准煤 9.11 万 t，减排二氧化碳24.59 万 t，减排二氧化硫 47.28 万 t。巨龙梁风电项目既有效利用了当地的风能资源，提高了区域供电能力，又对减少大气污染发挥了积极作用，具有明显的经济效益和社会效益，将为实现"双碳"目标作出贡献。

（中国安能集团第二工程局有限公司
齐建飞　曾伟杭）

彰武大四家子 99MW 风电场新建工程 2023 年建设进展情况

（一）项目概况

辽水清洁能源彰武大四家子 9.9 万 kW 风电场新建工程总投资 73549.97 万元，安装 4550kW 风力发电机组 20 台、4000kW 风力发电机组 2 台，风机塔筒采用分片式 6 段塔筒，组装完成后轮毂中心高度为140m，叶轮直径可达 191m，装机容量为 9.9 万 kW，理论年发电量为 35400 万 kW·h。

22 台风力发电机组经过 22 台 S18-5000/35kV 箱式变压器升压后，通过 4 回长约 24.322km 场内35kV 集电线路接入新建的宫家风电场 220kV 升压站，经 1 台新建的 SZ18-150000/230kV 升压变压器升压，再通过 1 回 220kV 架空线路接至彰东风电升压站至来虎变电站的送出线路上，线路型号采用 JL/G1A-240/30，长度约 18km。

该风电场新建工程升压站电气设备、35kV 集电线路、风力发电机组均已安装、调试完成，各项验收资料齐全，通过业主、监理、国网辽宁省电力有限公司、辽宁省电力质监站验收通过，于 2023 年 9 月 28 日升压站受电一次性成功。受电及试运行过程中二次设备遥信、遥测、遥调、遥控、遥视动作灵活、准确、可靠，无异常声响及卡顿。主变压器、高压电器（GIS、断路器、隔离开关、互感器、避雷器等）、无功补偿装置等设备试运行动作可靠、数据传输准确，各项性能指标满足规程、规范要求。

2023 年 9 月 29 日，首台风力发电机组并网发电；10 月 2 日，22 台风力发电机组全部并网发电；9 月 29 日～10 月 2 日，对 22 台风力发电机组进行了动态调试；10 月 9 日完成了 22 台风力发电机组单台试运行验收工作。10 月 9 日，随即进入风力发电机

组 240 小时试运行；10 月 22 日，风力发电机组 240小时试运行结束并签证。风力发电机组试运行期间控制功能正常、安全保护功能正常、中央监控、远程监控系统、保护定值设置正确，软件版本、电能质量符合要求，机组 240 小时试运行结果满足风力发电机组功率曲线要求，运行状态良好、数据传输准确。风力发电机组的各项性能技术指标符合设计及合同要求，机组调试报告、试运行记录齐全。

该风电场创新打造数字化风电场，通过在线监测与 BIM 技术的相互融合，从设计、安全、质量、进度、成本 5 个方面进行控制，从人、机、料、法、环、时进行管理；以全生态的业务场景为基础，通过全感知的基础设施接入，大体积混凝土、风机吊装实现了可视化管理，高强ุ灌浆作业实现远程测控。工程进度、质量检查、物资设备、技术管理、工程动态、施工模拟等模块数据实现了实时传输，辅以全计算的能力和全智能的自动分析，打造数字化智慧工地。

（二）主要进度

（1）交通工程。改扩建原场内道路约 18.2km，新建施工道路 3.4km，2022 年 9 月 9 日开工建设，2023 年 4 月 30 日完工。

（2）风力发电机组工程。2022 年 9 月 16 日开工，2023 年 10 月 24 日完工。

（3）35kV 集电线路工程。2022 年 10 月 26 日开工，2023 年 10 月 9 日完工。

（4）220kV 升压站建筑工程。2022 年 9 月 5 日开工，2023 年 5 月 17 日完工。

（5）220kV 升压站电气安装工程。2022 年 12 月2 日开工，2023 年 10 月 6 日完工。

（6）水土保持、环境保护方案落实情况。水土保持、环境保护方案已经编制、审批完成，随工程建设方案同步实施，所有边坡护坡施工完成，植被恢复条件已经实施，计划在风机全部竣工投产后 2 个月内完成各项水土保持、环境保护措施。

（中国水利水电第六工程局有限公司 张广宇）

高原山地大型风电工程施工关键技术与运用

"高原山地大型风电工程施工关键技术与运用"获 2023 年电力建设科学技术进步奖二等奖。研究依托四川凉山普格甘天地二期风电场工程及凉山普格采乃风电场工程实际，针对高原寒冷地区大型风电场建设过程中的道路保通技术、地基处理技术、基础混凝土施工技术、风机构件运输技术、风机安装施工技术、视讯通信技术、环保水保及消防防火等施工技术

进行了研究与实践，形成了"高原山地大型风电工程施工关键技术与运用"成果，有效地提高了施工效率，节约了施工成本，取得了良好的社会、经济和生态效益。因位置偏远、地质复杂、交通不便、气候恶劣，致使施工项目难度倍增。

其先进性及创新性主要体现在：

（1）风电场建设遭遇连续 6 个月的超长雨季，持续降雨及复杂山地路况严重制约风机构件及物资材料运输。通过健全指挥体系、安排专人值守巡视；采取突击处置常态维护、依情分段实时保通的方法措施，实现道路运输畅通，解决了风机构件及物料运输难题。

（2）针对高原寒冷地区八爪型风机基础混凝土施工，通过优化配合比提高风机基础混凝土力学性能，改善混凝土和易性，确保了混凝土质量；混凝土运输时，通过加强指挥调度，采用罐车编组运输，达到提升运输效率，缩短运输时间，提高了混凝土入仓质量；风机基础采用定型钢模板，在确保混凝土施工质量的同时加快了进度；高原高寒气候下，采用"天泵、布料机、溜槽"的组合入仓方式，有效提高了混凝土入仓效率。通过改进混凝土的浇筑方法，优化了基础部位浇筑顺序，采取台柱（核心筒）→底板→部分肋梁、全部环梁→部分台柱（核心筒）→剩余肋梁→剩余台柱（核心筒）的浇筑顺序，提高了混凝土的浇筑效率。

（3）在风机基础二次灌浆施工过程中，通过改进搅拌方式，采用"上下循环往复搅拌"的工艺，解决了二次灌浆料搅拌不均匀、搅拌质量不稳定的问题。

（4）针对不同风机类型，结合每台风机机位现场工况特点，逐机研究施工布置方案和吊装方案，采取"一机一案"的方式，科学精准实施吊装作业；针对天气复杂、风速多变的情况，采用"同期风速数据分析、提前预测吊装时段、规划实施吊装作业"的方法，解决了风机吊装效率低下的问题，有效地缩短了风机吊装时间。

（5）在复杂山地区域视讯通信不畅的情况下，通过搭建风光储互补联合自主供电的中继通信系统，采用"接收微弱通信信号、二次放大接力传播"的方式，实现了山地风电场施工区域内视讯通信信号全覆盖，解决了施工区域信号盲区内视讯通信问题，实施了有效的生产调度和对外沟通，确保项目的顺利实施。

（6）针对凉山州境内林草区域生态环境脆弱，环保水保要求高的现状，采取"稀有树木就近移植、施工时段裸土覆盖、浅层表土剥离回覆、撒播种草恢复植被"等措施降低风电场建设对生态环境的影响，环境保护指标满足要求。

通过对类似高原寒冷地区山地风电场施工建设情

况进行调研，通过开展技术研究，同等条件下同方量基础混凝土浇筑时间在 14～15h，风机基础单仓混凝土的浇筑时间缩短至 9～10h。针对不同风机类型，结合每台风机机位现场工况特点，逐机研究施工布置方案和吊装方案，采取"一机一案"的方式，单台风机吊装能够缩短工期 2～3 天。

通过应用课题研究的各项施工技术，保证了雨季时期物资供应和风机构件运输的及时高效，加快了风机基础浇筑的速度，提升了风机吊装的效率，节能降耗，累计节约成本 1278.2 万元。通过高原山地大型风电工程施工关键技术研究及应用，提升了高原寒冷地区山地风电施工领域整体施工水平，合同节点均提前完成，工程安全、质量均处于行业较高水平，同时保护了当地脆弱的生态环境，施工生产未发生安全质量、环保水保及森林失火事故，得到了业主、监理和地方政府的一致好评，社会效益良好。

（中国安能集团第二工程局有限公司
齐建飞　曾伟杭）

青洲六海上风电钢管桩制作情况

（一）工程概况

三峡阳江青洲六海上风电场项目位于阳江市阳西县沙扒镇附近海域，中心点离岸距离为 52km。该风电场水深范围为 36～46m，工程规划装机容量为 100 万 kW，规划场址面积约为 173km²，规划安装 74 台 GWH252-13.6MW 机型风机，全部采用裙装导管架基础型式。中水电四局（阳江）海工装备有限公司（以下简称阳江公司）承接中交三航局委托 10 套钢管桩制作任务，每套钢管桩由 4 根组成，其中单根钢管桩直径 3.3m，长度 100m 左右，单重约 350t，单套桩总重约 1400t，项目总工程量为 14549 万 t。

（二）主要工程节点

2022 年 5 月 12 日，开工下料；2022 年 7 月 4 日，首套桩顺利通过联合验收；2023 年 4 月 7 日，全部制作完成。

（三）质量管理情况

该风电钢管桩直径大且长度均在 100m 左右，焊接质量及精度控制要求较高。为确保项目质量，阳江公司质量管理部在项目开工前及施工过程中采取了多项有力措施。

（1）前期准备。阳江公司组织质量技术人员深入钻研项目图纸及技术规范要求，对项目质量目标进行明确。针对钢管桩直径大、长度长的特点，制定了详细的质量控制计划，包括原材料检验、焊接工艺控制、尺寸精度检测等多个方面，质量控制计划中特别强调了质量管控的重难点，如焊接缺陷的预防与控制、钢管桩的垂直度及直线度保证等。

（2）工艺优化。针对质量管控的重难点，质量技术人员进行了工艺优化研究，对焊接工艺进行了改进，采用了先进的焊接技术和设备，确保了焊接接头的质量和强度。对钢管桩的加工和安装工艺进行了优化，提高了加工精度和安装效率。

（3）工序三检制。在施工过程中，阳江公司严格遵守工序三检制，即自检、互检和专检。质量技术人员进行专业检查，对关键工序和部位进行重点监控。

（4）质量监控与改进。通过定期的质量检查和质量评估，及时发现并纠正质量问题。对质量数据进行统计分析，找出质量问题的根源，并制定相应的改进措施。定期组织质量技术交流和培训活动，提高员工的质量意识和技能水平。

（四）安全管理情况

（1）遵守法规。坚决贯彻执行国家有关安全生产的法规、法令，认真执行业主对安全生产提出的各项要求，全面推行安全生产责任制，逐级签订安全生产责任书，使其分工明确、责任到人、奖罚分明。

（2）健全规章制度。以完善安全生产管理制度作为确保安全生产目标实现的基础，其主要规章制度包括《安全生产责任制》《个人劳动保护用品发放管理办法》等。

（3）会议制度。班组每班都要召开"班前 5min 安全会"，每班结合当天的生产任务、天气、现场的实际情况交代施工中应注意的事项和预防措施，并对每个人的安全用品佩戴及身体情况进行检查，不留隐患，确保每天的施工安全。实行定期召开安全会议制度，将安全会纳入定期会议内容。每周召开一次有班组长以上参加的会议，检查本周重点，安排安全生产任务。全面实行班前 5min 安全会制度（包括工作安排、预知危险活动、安全设施检查、喊安全口号等）。

（4）安全培训与教育。遵照国家安全生产的法规、条令制定适应安全生产需要的《安全生产手册》，经常组织全员进行安全学习。加强对作业人员的安全操作技能培训和考核，对特殊工种必须获得特殊安全工种上岗证方可上岗。在安全知识教育中，重点针对安全操作知识与技能的培训，加强"三不伤害"和"五防"的知识教育。加强进场人员的入场前安全培训工作。

（5）严格安全检查制度。安全员每天对施工面巡视检查，同时坚持周安全生产检查和周通报制度，另外，针对具体情况进行的专项检查等，对检查提出的问题及事故隐患要求各班组限时认真整改。

（6）奖罚制度。为严格执行安全生产的规章制度，对安全生产进行严格检查，考核与奖罚，同时加大对各类违章和事故的处罚力度，对事故将实行责任追究制度。

（7）关键工序的安全控制措施。针对关键工序的安全控制，采取如下安全措施：①编制单列的专项安全技术措施，开展安全技术交底；②设置醒目的安全信号和警示牌，现场张贴安全风险告知；③开展安全风险分析，制定应急预案，并定期开展演练。

（五）管理情况

（1）技术管理。该风电钢管桩直径大且长度均在100m左右，单根重量约350t，制作难度较大。阳江公司积极对接业主及设计院，详细了解该项目相关技术要求，并于2022年4月28日召开技术交底会。同时，编制了专项焊接工艺规程及工艺评定，出具了下料坡口工艺、组对工艺、剪力键装焊工艺等，提交了专项制作方案、存储方案及运输方案，为项目顺利履约提供了有力的技术支撑。

（2）进度管理。该风电钢管桩项目履约期间成立项目管理小组，积极对接施工单位、总承包单位及业主单位，根据工期需求编排专项生产计划，由生产指挥中心落实执行，合理规划、科学部署，统筹兼顾，超前完成钢管桩厂内预制任务，为后续海上吊装作业奠定了坚实基础。

（六）科技攻关情况

该项目执行期间，中水电四局（阳江）海工装备有限公司研发中心积极组织开展多项科技攻关，取得较好的成果："一种大直径海上风电钢管桩室外焊接作业平台"成功取得发明专利授权；"超长芯柱嵌岩导管架基础钢管桩产业化制作技术研究"获得2023年中国施工企业工程建造微创新技术大赛三等奖；"大直径海上风电钢管桩总拼接长工法"获得2023年度中国电力建设集团有限公司施工工法。

（中国水利水电第四工程局有限公司
段鹏　张鹏　刘亨凡）

海上风电单桩基础优化设计计算

海上风机桩式基础优化设计时，提出了一种类似分层序列法的优化算法，通过有限次的有限元计算即可获得较为满意的计算结果。

（一）优化模型

建立优化问题的数学模型，模型中包括目标函数$F(X)$，以及约束条件$g_i(X)$和$h_j(X)$。两者之间存在函数关系。求解优化问题方法采用数值迭代法如罚函数法，将约束优化问题转化为非约束优化问题，通过迭代逼近目标函数极值。

Abaqus提供拓扑优化、形状优化和尺寸优化，但它不能满足对桩基长度与直径的优化需要，要进行二次开发。优化设计中影响海上风电单桩基础结构的设计参数分常变量和优化变量。常变量针对确定性分析，如水深、风、浪、流、冰等设计参数；优化变量，是保证结构特定功能要求时结构参数，包括钢管桩外径、桩长和壁厚。此外，状态变量是约束设计的数值，也是设计变量函数，它分结构动力特性工作状态、结构强度状态、结构刚度状态和结构疲劳破坏状态。最后，是目标函数，通过改变设计变量值达到改变目标函数值。海上单桩基础钢材用量即为控制目标。

可优化的参数为塔筒底直径、钢管桩壁厚、入土桩长。变截面桩可通过等效桩长换算。

（二）优化分析

海上风电桩基约束条件包括固有频率、基础变形、基础承载力及桩体应力。结构固有频率需避开风轮转动频率（1P）和叶片通过频率，并留有富余。基础变形控制采用厂家的风机正常运行的变形要求。如未提供，基础变形可控制泥面处水平位移不超过桩体入土深度$L/500$，或泥面处桩体转角不超过$0.25°$，或桩端位移最小不超过10mm或$L/5000$（L为桩体入土深度）。基础承载力按承载力极限状态计算与验算。材料应力，对钢材需满足屈服强度小于420MPa，管件径厚比不大于120，管件壁厚不小于6mm。

约束限制条件中，变形为重点控制对象。一般在合理桩长范围内，当水平位移值小于$L/500$时，转角及桩端位移皆能满足要求。当位移处于临界状态时，所得的桩质量最小。

（三）优化算法分析

首先，初步拟定桩基尺寸、优化范围及优化步长。再按规则对优化参数进行排序与数组构建。最后采用Python语言建模、数据提取及搜索路径选取。搜索获得的最优值不一定是最优解，但比较接近最优解，可满足工程优化的需要。

一般水平位移值与桩径、桩长及壁厚呈负相关性。假设将三参数按步长构造出$m \times n \times l$的l维（组）数组。通过Abaqus有限元分析，提取水平位移值S。假设数组中每一行从左至右，水平位移值一直增加，在同一列中，位移值一直减小。若计算第一组第一行第一列$S_{A_1B_1C_1}$大于$L/500$，则不满足位移控制条件，且第一行后续列值皆大于第一列数值。因此，后面列所表示桩不参与计算。下一步选择$A_2B_1C_1$计算。若$S_{A_2B_1C_1}$也大于$L/500$，选择$A_3B_1C_1$分析计算，若$S_{A_2B_1C_1}$小于$L/500$，选择$A_2B_2C_1$计算，至大于$L/500$为止。若最后一组还是小于$L/500$，则该值为最后最优值。否则，继续搜索。计算完成后验算固有频率、承载力和应力。如满足要求则继续分析计算，不满足则沿上述路径返回重算，直至满足要求。

（四）优化案例及结果分析

海南 CZ8 海上风电场位于海南西南部海域，砂土地层，采用 8.5MW 风电机组。可研阶段推荐单桩基础，单桩直径 7m，桩长 58m，壁厚 60～70mm，单桩重 672t。根据上述优化理论及搜索路径分析，采用 Python 语言编制搜索路径程序及后处理程序优化后结果见表 1。

表 1　　　　　优化结果（部分）

编号	桩前最大水平位移（m）	$L/500$	结论
s-85-50-85	0.063410	0.06	
s-80-50-85	0.056574	0.06	满足要求
s-75-50-85	0.080377	0.06	
s-70-50-85	0.088822	0.06	
s-65-50-85	0.091536	0.06	
s-85-50-80	0.063591	0.06	
s-80-50-80	0.056747	0.06	满足要求
s-70-55-65	0.066582	0.07	满足要求
s-70-60-65	0.054472	0.08	满足要求
s-65-60-65	0.05574	0.08	满足要求

注　表 1 中编号前两个数字为桩径（dm），中间两位数字为长度（m），最后两位为壁厚（mm）。

由表 1 可知，水平位移小于 $L/500$ 要求中，大部分桩体能满足要求。桩径对桩体质量影响最大，故将 s-70-55-65 和 s-65-60-65 桩体作为优化后最优解。经进一步分析，确认 s-65-60-65 桩体为最优尺寸，重量 625t，较可研阶段降低 7%。

从应力云图可知，桩最大应力 91.3MPa（小于钢材允许值），在加载方向前后两侧。桩土最大位移在桩顶，位移 0.166m，土体位移 0.056。选择钢管桩桩前泥面单元进行转角计算（转角 0.243°），满足要求。应力云图显示，土体最大位移在桩作用力合力方向上有两个高应力区，一是泥面下 1 倍桩径范围内，二是桩端，都未超过 2 倍桩径。说明模型尺寸可行。位移云图显示，最大位移在泥面处，位移影响区在 3 倍桩径范围内，桩内土体位移大于桩前位移。根据后处理提取结果，桩前最大水平位移值 0.056m，桩侧最大位移 0.064m。桩侧的位移值最大是基于土体抗力最大值在桩侧面，桩前后两侧受压，桩左右两侧鼓胀。桩前位移较桩侧位移小 14.3%。故选用桩前水平位移作为设计位移控制值。

（中国电建集团中南勘测设计研究院有限公司
吴有平　张靖　周轩漾
湖南城市学院土木工程学院　胡达）

北方冰区海上风电大直径桩—桶复合基础成功实施

2023 年 12 月 18 日凌晨 3 时，大连市庄河海上风电场址Ⅳ2 项目首台海上风电大直径桩—桶复合基础成功实施，完成重大节点目标。作为北方冰区首台海上风电大直径桩—桶复合基础，其顺利实施为国内多种复杂地质条件下海上风电建设提供了指导与借鉴。

大连市庄河海上风电场址Ⅳ2 项目位于辽宁省大连市庄河市海域，总装机容量 20 万 kW。场址呈六边形，场址南北跨度 7.9km，东西跨度 8.5km，规划面积约 37.9km²，场址中心距离岸海岸线 27km，场址整体比较平缓，海底高程多在 -26～-22m 之间，水深条件较好。该项目配套建设 1 座 220kV 海上升压变电站和 1 座陆上集控中心，220kV 海上升压变电站经 1 回 220kV 海缆线路登陆后，转陆缆接入陆上集控中心。

根据该项目地质勘测结果，项目场区内地形总体呈北高南低趋势，覆盖层厚度变化大、基岩面起伏较大，北侧位置卵石层和基岩埋深较浅，南侧位置相对较深。该项目安装 25 台海装 H220-8.0MW 风电机组，25 台风机呈南北两排分布，根据该项目风机基础的初步设计成果，场区南侧基岩埋深较深，13～25 号共 13 台风机全部采用单桩基础；场区北侧卵石层和基岩埋深较浅，需采用入土深度较浅的风机基础，根据各机位地质条件，4、8 号机位采用桩—桶复合基础，其余 10 个机位采用吸力桶导管架基础。

桩—桶复合基础，由钢管桩和桶型基础组成，钢管桩直径为 7.5～8.0m，钢管桩桩长 68m，壁厚 67～98mm，桩顶高程为 12.0m，桩顶通过法兰系统连接上部塔筒。桶体外径为 25.0m，内径为 9.0m，桶体内外壁高度均为 7m，桶体顶板厚度为 30mm，外壁厚度为 30/25mm。桶内设置 6 个分隔板，将桶体分为 6 个密封舱体。桶体顶板下设置径向、环向的加强板以满足顶板负压贯入要求。桶体与桩体间预留 0.5m 间隙，在完成桶体安装后灌入高强灌浆料，以保证桩—桶间发生可靠连接。钢管桩与桶体共同承受波浪、海流荷载及风机塔架传递的风荷载。为防止桶周冲刷，沿桶型基础一定范围内设置固化土冲刷防护。为减少海上施工吊装时间，附属构件采用集成式套笼结构，将靠泊结构、外平台结构、爬梯及外加电流系统等附属构件设计为整体套笼结构，安装于钢管桩上。海缆采用桩身开孔方案。

该项目是我国北方地区首个平价海上风电项目，总投资 23.68 亿元，由华能辽宁清洁能源有限责任公司投资建设，建设周期为 2022～2024 年。中国电建集团华东勘测设计研究院有限公司承担该项目的勘测设计工作。

（中国电建集团华东勘测设计研究院有限公司
李瑜 张杰 何奔 陈晓锋）

风电场工程建设中项目管理要点与强化措施

（一）风电场工程建设管理要点

1. 提高工程招标质量 在招标文件中，工程量清单占据关键位置，其风险因素较大。所以，编制工程量清单时需防止出现漏算或错算行为，增加造价管理难题。国内目前的评标方式包括最低投标价法与综合评价法，其中，后者可以明显拉开评分差距，通过有实践经验的专家对技术和商务分别评分，编写评标报告，推荐预中标单位排序，并由招标领导小组审定，评选出施工工艺高、价格合理的最佳中标单位，为高效按期投产打下坚实基础。

2. 进行进度检查工作 在完成建设进度计划的设计后，立刻转入审批阶段。等到审批工作结束后，则需要由投资方向施工方督促工程建设实施。在工程建设期间，也需要对建设计划的落实情况严格检查。如果出现实际建设情况和建设计划产生内容偏差，需要立即采用科学方式，对内容进行补救处理，避免和建设计划产生过大误差，延误工程建设。

（二）强化风电场工程建设管理的有效措施

1. 计及风力资源的风电场出力研究 新能源发电受自然资源因素分布的影响，在时间和空间上表现出一定的相关性和聚集性。目前新能源集群划分方法主要有聚类法、复杂网络社团发现法和智能优化法等3 类。通过建立描述电网节点的电气距离指标，采用聚类算法将电网划分多个区域，实现电网分区协调安全运行。建立兼顾系统模块度与有功功率平衡度指标，构建提高分布式电源消纳和储能系统经济性的集群储能控制模型，促进新能源消纳。通过建立电气距离和有功无功平衡度的综合指标，采用遗传算法划分电气耦合性较强的新能源集群，提升新能源调压能力以及电网的有功平衡度。

2. 风电场运行数据的风电功率波动 近年来，风电迅速发展，风电在电网中所占的容量不断增加。风电机组运行于湍流大气中，湍流除了影响机组的运行特性与疲劳载荷等，还会使风电功率的输出具有波动性、随机性及间歇性，这使风电并网应用存在无法满足供电的稳定性与可调性要求、对电网的电压和频率波动存在影响等一系列问题。当风电在电网中的容量占比较大时，会对电网的稳定性产生威胁。随着风电在全球能源结构中比重的不断增加，风电功率波动对电网影响的问题也变得愈发重要。因此，对风电波动特性的研究具有很强的必要性，其对于智能电网、储能设备、风电机组控制策略的设计以及区域电网能源配置的规划等都具有重要意义。目前学术界对风电功率波动已有了一定的认识与研究。风电功率波动由风的湍流波动主导。湍流风的功率谱遵循 Kolmogorov 谱，即与频率 f 的 5/3 次方和时间尺度 τ 的 2/3 次方相关，许多学者已证实，风电机组和风电场功率的功率谱也符合这一规律。通过概率密度函数法证明了风电场尺度的功率波动依然由大气湍流结构主导，湍流风的间歇性会通过风电机组传递至电网并放大。总的来说，对于湍流风波动到风电功率波动转换规律的研究具有重要意义，尽管学术界已经进行了一定的相关研究，但基于风电场实测数据的研究仍然较少，而针对国内实际情况的研究更为稀少。

3. 强化安全管理人员的风险辨识能力 近年来，随着我国科学技术的发展以及"碳中和"理念的提出，风电技术不断优化的同时，风电的应用也越来越广泛，这些都推动者风电自动控制水平的提高，因而这也对安全管理人员提出了更高的要求。因而，作为安全管理人员不仅需要能够制定风电机组运行方案，同时也要具备故障检验的能力，并且不断学习先进的只是技术，不断更新自己的知识体系，随着时代的发展和技术的进步，不断提高自己的知识和技术水平。目前的风电企业虽然会开展岗前培训、组织日常学习活动，但是在对工作人员的进修机会方面却有所不足，限制了安全管理人员能力的进一步提高，例如风险识别能力不足对于安全管理工作而言是一个巨大的缺陷，很容易在风电场运行的过程中形成危险点。这就需要风电场能够为安全管理人员提高是进修和培训学习机会，系统性地提高他们的风险意识、风险辨别能力。除此之外，还要对现有的培训体系进行完善，对于不同年龄段、知识层次的工作人员进行有针对性的技术培训工作。

4. 风电场工程建设项目管理措施

（1）建设单位的主动性。建设单位需主动加强与地方政府、相关单位、施工区域重点人员的沟通，在项目动工前完成各项手续的办理，能更多地得到政府的支持和村委人员的协助，减少外部干扰的发生。

（2）参建单位的纪律性。参加各方管理制度健全，对现场施工出现的问题奖罚分明，切不可偏心或随意处理，最终导致没有管理团队，没有纪律性，现场无法树立威信而导致施工人员随意施工，不听管理；对周例会、月度会及各种专题会严格执行，不可随意，计划的可行性进行探讨，未完成进度的原因要认真分析；现场施工流程及问题上报等流程严格执行。

（3）参建单位现场人员的主动性。参建各方要有管好自己个人业务的同时也兼顾同事的业务，发现问题，及时上报，及时沟通，不可以将别人的问题置之度外，自己的问题紧捏在手。建设单位管理人员也需常在现场把握现场情况，同时加强对监理单位的监督。监理单位在发现问题及时向施工提出，没得到及时整改的要及时通知建设单位协调。风电场工程目前总体体现出工作面宽、管理人员少、小问题牵大局等情况，因此各单位在全场管理的时候需有大局观和主动性，将一些出现的小问题及时处理，更好地推进全场的施工进度。

5. 继电保护的基本要求　继电保护必须具有正确区分被保护元件是处于正常运行状态还是发生了故障，是保护区内故障还是区外故障的功能。保护装置要实现这一功能，需要根据电力系统发生故障前后电气物理量变化的特征为基础来构成。

（1）选择性。指当电力系统中设备或线路发生故障时，继电保护仅将故障的设备或线路从电力系统中切除，当故障设备或线路的保护或断路器拒动时，应由相邻设备或线路的保护将故障切除。

（2）速动性。指继电保护装置必须尽快地切除故障，以减少故障部位对其他设备及系统的影响，降低设备的损坏程度，提高系统并列运行的稳定性。

（3）灵敏性。指在被保护范围内发生短路故障或异常情况时，继电保护的反应能力。继电保护对于范围内的故障，不论短路点的位置、短路类型、系统运行方式如何，都能正确反应动作。

综上所述，作为未来能源应用的主要方向，风力发电可以有效摆脱我国对化石能源的过度依赖，摸索清洁能源深度开发道路。建设单位及相关单位要对风电场工程建设中的影响因素进行科学、合理的分析，提高招标采购及项目管理质量，保障风电场工程顺利开展。

（中国电建集团中南勘测设计研究院有限公司
付英英）

环氧树脂灌浆在风机基础处理的应用

（一）风机基础环抬动原因及处理方案

青海共和 45 万 kW 风电项目的风机出现基础环抬动，导致风机沉降观测系统报警停机。现场钻孔、内窥镜检测发现基础环底法兰与混凝土结合处松动和有空洞，基础环水平度超标（最大 15mm）。原因是当地温差最大 35°，风机顶部垂直向下与水平荷载作用下，基础环底法兰处孔洞或混凝土压溃，基础环与基础主体混凝土连接部位刚度突变所致。

经比选确定使用千斤顶抬动纠偏调平基础环水平度，基础环钻孔采用化学灌浆加固混凝土与基础环。化学灌浆使用环氧树脂胶（HK-WG-22）灌浆材料。

（二）风机基础处理方法

1. 纠偏调平　纠偏时测量基础环水平度偏差，判定基础环最低点、最高点及基础环倾斜方向。对风机进行偏航，通过多次偏航和测量判断基础环水平度偏差最小时的机头位置。依据偏航后的水平度，确定基础环顶升最低点、最高点、倾斜方向，并确定顶升点、固定点、百分表的布置位置。结合风机机头偏心重量，用千斤顶顶升对基础环纠偏。

纠偏时手动液压千斤顶使其均匀施力，将水准测量较低侧法兰平整度调整至满足要求数值，在法兰最高侧和千斤顶周围用支撑稳固。水平度测量复核，确保其不超过 3mm。纠偏时定期观测基础环水平度，若现偏差用千斤顶修正偏差值。灌浆强度达要求后拆除千斤顶和支撑，再复核水平度和百分表读数，验证灌浆效果，记录基础环水平度。

6～10 个 100t 液压千斤顶，以风机塔筒倾斜角、基础环水平偏差最大值方向为轴线，呈扇形布置，千斤顶间至基础环中心夹角为 15°。将各千斤顶抬升至与基础环法兰面后，逐级对各千斤顶试顶，至千斤顶持压达理论计算值持续 30min，观测千斤顶及上部承载位置是否异常。正式顶升时，千斤顶按设计行程同步顶升，最大顶起（或回落）速度控制在 1mm/min 内。单点顶升力控制在 100t 内，总顶升力控制在 350t 内。每次同步顶升完成后保持 30min，待塔筒结构和施力系统稳定后再进行下一次顶升。

顶升完毕后，通过施工监测系统反馈。最大倾斜方向顶升高程接近基础环初始最大偏差值 3mm 内或达到基础环上法兰能承受最大顶升力时，即顶升完成。随后对其最终状态稳定持压，并在千斤顶周围及最高侧用型钢或钢板对基础环支撑，到灌浆强度达要求后拆除。

2. 灌浆　灌浆施工在基础环纠偏完成后进行。在基础环内环设 4 个灌浆深孔，4 个浅孔；外环 4 个深孔，4 个浅孔。先施工内外环的深孔，后施工内外环浅孔，内外环孔对称灌注。钻孔、洗孔必须在纠偏前完成。施工要点如下：

（1）灌浆深孔孔径 $\phi 25mm$，孔深 1.73m，钻孔与基础环夹角 3.3°，采用水钻钻孔。浅孔孔径 $\phi 16mm$，孔深 0.865m，钻孔与基础环夹角 13°，采用电钻钻孔。钻孔成孔后，尽量随水流冲出孔底碎渣。钻孔前用钢筋探测仪，或凿除原混凝土保护层，找出钢筋位置后再钻孔。钻进中遇竖向钢筋应重新选孔钻进。新孔位置不应超过原孔位 100mm。

（2）每台风机布置 1 个抬动观测，采用百分表观测。观测装置设在基础环偏移较大一侧，并紧贴塔筒壁，百分表紧贴混凝土面安装。洗孔、压水试验及灌浆时同步抬动观测。灌浆要确保在无抬动情况下进行，若发生抬动异常应立即降压、限流至不抬动为止。

（3）钻孔洗孔采用压力水冲洗，清洗孔的管子伸至孔底部，清洗至孔口流出的水清净为止。从基础环一侧开始，初始注水压力 0.1MPa，每级加压 0.05MPa。若加压至 0.32MPa 前，基础环内、外侧缝隙及孔口均有水流出，表明基础环混凝土内部缝隙已连通。此时维持该压力，直至缝隙或孔口流出水清净。当通过内侧管口（或外侧管口）加压，外侧缝隙和孔口（或内侧缝隙和孔口）无水排出，说明基础混凝土内部缝隙连通性差。

（4）采用抽取、吹干等方法排除孔内积水。

（5）用环氧砂浆封堵基础环与混凝土之间缝隙，以防灌浆浆液直接从缝隙流出。

（6）试验确定的浆液性能参数：浆液密度 $>1g/cm^3$，浆液黏度 $< 200mPa \cdot s$，抗压强度 $\geq 70MPa$，抗拉强度 $\geq 15MPa$，拉伸剪切强度 $\geq 8.0MPa$；干粘接强度 $\geq 4MPa$，潮湿粘接强度 $\geq 2.5MPa$，渗透压力比 $\geq 400\%$。按配合比配浆，搅拌 2～3min，混合均匀。第一次配浆量要少些（1～2kg）。灌浆中，在满足灌浆速度前提下，按少量、多次的原则配浆。

（7）采用单孔纯压式灌浆，小型化学灌浆泵注浆。注浆次序按孔号次序进行，先塔筒外后塔筒内，先灌深孔，后灌浅孔。

（8）灌浆压力 0.4MPa。灌浆时要逐级升压，直至最后压力达到稳定的 0.4MPa。

（9）灌注孔按从低往高进行。灌注同一类深孔或浅孔时需内外环对称灌注。灌浆时尽快升至设计压力，单孔灌浆结束后，依次灌注邻孔。若相邻孔内出浆则将孔口封堵，继续原孔灌注，直至达到灌浆结束标准后结束该孔灌浆。

（10）当停止吸浆压力逐级上升，若压力升至 0.3～0.4MPa，注入量小于 0.01L/min 时，保持灌浆压力 0.4MPa，持续灌 30min 后结束。如不到 30min 而浆液已凝，可直接结束。

（11）每台风机灌浆完成，强度达 70% 后用压浆试验法进行质量检查。检查孔设在吸浆量较大孔之间。合格标准为初始 10min 内注入量小于 0.01L/min。浆液固化后 1～2 天，去除灌浆管，用树脂砂浆封填平整，用 HK-EQ 环氧胶泥涂刷 1～2 道。

（12）灌前压水试验可能导致缝隙内水无法排除，因此不建议灌浆前进行压水试验。

（中国水利水电第四工程局有限公司
柳晓龙）

我国老旧风电场改造升级和退役面临的问题研究

2023 年 6 月 5 日，国家能源局发布《风电场改造升级和退役管理办法》（简称《办法》），指出鼓励并网运行超过 15 年或单台机组容量小于 1.5MW 的风电场开展改造升级，并网运行达到设计使用年限的风电场应当退役，经安全运行评估，符合安全运行条件可以继续运营。《办法》为我国老旧风电场的今生后世指明了发展方向。

我国自 20 世纪 80 年代开始探索发展风力发电，自 2005 年中国颁布《可再生能源法》后，国内风电才实现快速发展，并逐步向着国产化、高质量迈进。根据国家能源局统计，截至 2023 年底，全国发电装机容量 29.2 亿 kW，其中风电装机容量为 4.4 亿 kW，占全部装机容量的 15.1%。其中，单机容量在 1.5MW 以下的装机容量达 1119.3 万 kW，单机容量为 1.5MW 的装机容量为 8783.8 万 kW。符合《办法》中改造升级条件的老旧风电场规模达 1200 万 kW，达到《办法》中退役要求的老旧风电场规模约为 0.01 万 kW。由此可见，《办法》的提出将引领我国老旧风电场向着高质高效、技术创新、低碳环保的方向改造升级，进而带动风电后市场经济高速发展。

从 2023 年行业市场环境来看，《办法》提出后仅宁夏、甘肃、新疆等西北省区在小范围内开展了老旧风电场"以大代小"改造升级试点项目，并未出现设想的大范围老旧风电场改造升级的火热场面，产生这一现象的原因是多方面的。

从政策指引来看，省级能源主管部门在遵守执行《办法》时，要充分调查研究，了解行政管辖范围内发电企业的改造升级和退役需求；要结合本省省情，统筹考虑本省能源结构、资源禀赋、改造升级及退役的市场规模和需求；还要结合本地区风电发展规划和电力运行情况，科学严谨地按年度编制省级风电场改造升级和退役实施方案，即 2023 年下半年重点编制 2024 年度本省老旧风电场改造升级和退役实施方案。

从合规性角度来看，发电企业筹备开展老旧风电场改造升级和退役面临着诸多合规性文件的手续办理问题。老旧风电场改造升级和退役所需要办理的手续包括但不限于核准变更、电力业务许可变更、接入系统意见、用地预审、选址意见书、环评、水保手续等。因此，发电企业需自查自身老旧风电场工程的合规性文件，同时联合咨询单位开展老旧风电场改造升级和退役实施方案编制工作，然后将方案上报地方主管部门审查，取得各部门复函意见，完成老旧风电场改造升级和退役项目手续文件变更工作。

项目前期工作看似仅为流程问题，但从客观事实出发，我国在过去的十数年间，社会面貌发生了翻天覆地的变化，新时代赋予国家的时代发展主题已经发生根本性变化。以项目用地为例，存在老旧风电场场区范围的土地被纳入生态保护区情况，尽管地方主管部门依照《中华人民共和国土地管理法》和《中华人民共和国城乡规划法》中的有关规定对老旧风电场实际永久用地范围办理了用地转用审批手续，并核发了建设规划许可证，但无论是改造升级还是退役，只要破土动工，都必然面临侵占生态保护区，越过生态保护红线的违法违规问题。另外，国土空间规划对航空航道也提出了具体净空要求，包括军事和民航，进而造成资源条件、建设条件、社会效益都良好的老旧风电场无法开展改造升级工作。

从优惠政策角度来看，老旧风电场改造升级，仍可以按照办法享受电价补贴，但该项目必须为可再生能源发电补贴核查合规或已转合规的项目，且《办法》鲜明指出并网运行未满 20 年且累计发电量未超过全生命周期补贴电量的风电场改造升级项目，改造升级工期计入项目全生命周期补贴年限。改造升级完成后每年补贴电量按实际发电量执行且不超过改造前项目全生命周期补贴电量的 5%。风电场完成改造升级后，对并网运行满 20 年或累计补贴电量超过改造前项目全生命周期补贴电量的项目，不再享受中央财政补贴资金。这将意味着，无论改造升级后项目发电能力提升多少，该项目都无法超额获取补贴，且每年可享受的最高补贴为改造前项目 20 年生命周期内全部补贴电量的 1/20。

综上所述，对于发电效益好的老旧风电场在运行寿命满 15 年后，其原有贷款已基本偿还完毕，其剩余寿命期内的全部发电收益均为正收益，扣除运行成本后均为净利润，因此，此类发电企业开展老旧风电场改造升级的积极性将会大幅减弱。从《办法》规定也不难看出，此类发电企业主动开展老旧风电场改造升级时，会力求控制改造升级后并网时间接近但不超过原电力业务许可有效期，以追求其利益最大化。而对于发电效益不好的老旧风电场，尽管能通过改造升级实现在规则允许范围内尽可能多地享受补贴带来的收益，但需详细地计算改造升级后的收益能力和敏感性评估，以满足发电企业进行项目决策的要求。另外，由于同一项目无法重复抵押贷款，所以当老旧风电场存在原有贷款尚未偿还完毕而计划开展改造升级时，改造升级所需的总投资将不得不由发电企业自筹，而这将进一步打击发电企业开展改造升级的积极性。

从循环利用和处置角度来看，我国九成以上的老旧风电场属于国有资产，在风电场改造升级和退役过程中，其资产评估办法、处置方式、监督制度尚不清晰；有关风电场改造升级和退役的废弃物循环利用和废弃物处置的法律法规尚不明确；有关风电行业设备、物资的循环利用和废弃物的处置标准尚未确立；风电循环利用产业链体系仍处于初级探索阶段尚未建立。因此，老旧风电场改造升级和退役后产生的大规模老旧设备、废旧物资和废弃物的循环利用和处置体系的空白已经成为制约风电行业向着低碳、节能、环保、创新、高效的方向发展的主要矛盾之一。

能源是国家和社会发展的重要物质基础，环境是人类赖以生存的必要条件。我国受制于"富煤、贫油、少气"的资源国情，为保障国家安全，坚持能源安全和环境安全的发展战略意义重大，为此，我国确立了坚持以"双碳"为引领，大力发展清洁能源的工作目标。

面对我国老旧风电场改造升级和退役面临问题：

(1) 党中央国务院应明确风电行业国有资产处置办法、明确评估单位资质能力要求和评估办法、明确资产处置过程的监督检查机构。

(2) 全国人民代表大会及其常务委员会应积极推动有关立法和法条修编工作。

(3) 中国人民银行应积极推动四大行完善清洁能源行业金融管理制度。

(4) 国家能源局应会同有关部门和行业标准规范制修订工作，龙头企业、行业协会、第三方研究机构应积极参与、共同制定相关技术标准。

(5) 发电企业应继续担负起社会责任，把绿色经济、绿色发展理念贯穿于风电行业全生命周期的各个方面，协同推进降碳、减污、扩绿、增长，助力实现"双碳"目标。

（6）发电企业、设计企业、设备制造企业、回收企业、环保企业、施工企业、科研机构等有关单位应积极开展相关研究，在立法约束和政策指引下，在规划设计的技术支撑下，共同推动风电场改造升级和退役市场的健康发展；推动风电场改造升级和退役设备设施绿色拆除工作向着高精尖的方向迈进；建立健全风电设备设施拆除和循环利用产业链体系，培育壮大风电产业链和循环利用新业态；助力风电产业链实现"建链、延链、强链、补链"的集群化发展，开辟风电循环经济、科技兴国、创新驱动的发展新格局。

（中国电建集团北京勘测设计研究院有限公司
秦佳星）

阜康市 60 万 kW 光伏 + 60 万 kW·h 储能项目 2023 年建设进展情况

（一）工程概况

新疆阜康市 60 万 kW 光伏 + 60 万 kW·h 时储能项目位于新疆昌吉州阜康市境内，距离阜康市城区直线距离约 27km，项目总占地面积约 20201 亩，现状为戈壁。项目场址地形开阔平坦，周围无高大建筑物、山体造成遮挡。场区与省道 S303 相邻，附近有乡道通往，交通较便利，运输条件较好。该项目采用"光伏发电 + 储能"模式，将光伏发电与储能技术相结合，将光伏发电产生的电能以化学能方式存储起来，在用电低谷时储存电能，在用电高峰时释放电能，有效平抑峰谷，为稳电保供提供坚强支撑。同时，项目采用单晶硅双面组件，根据双面组件在戈壁地区运行情况，项目双面组件增益可达 4.7%，且组件间连接点少，施工进度快，能够减少故障率及线缆用量，减少系统整体损耗。

项目已批复总投资 35.53 亿元，工程内容包括新建一座 220kV 升压汇集站、一座 15 万 kW/60 万 kW·h 储能电站、60 万 kW 光伏发电场区，其中升压汇集站主要布置了主变压器、SVG、GIS 预制舱、二次预制舱、综合楼、水泵房等配电建（构）筑物；光伏电站共安装约 120 万块 655Wp 和 660Wp 的单晶硅光伏组件，总计 192 个发电单元，总装机容量约为 788.77MWp。光伏和储能分别以 29 路、5 路集电线路接入升压汇集站。预计电站 25 年运营期内平均年上网电量为 122551 万 kW·h，年等效满负荷利用小时 1554h。

该工程由中国水利水电第十一工程局有限公司与中国电建集团中南勘测设计研究院有限公司联合体以总承包形式建设实施。

（二）项目进展情况

（1）工程前期重大节点。2022 年 7 月 4 日，获取新疆维吾尔自治区发展改革委下发的建设指标，7 月 15 日获取项目备案证；2022 年 9 月 14 日，项目现场正式开工筹建。

（2）2023 年进度节点。5 月 22 日~7 月 7 日，光伏场区开展首批组件安装、首台主变顺利就位、送出线路获得初设批复、首台储能电池仓进行吊装、送出线路正式开工建设；9 月 18 日，220kV 升压汇集站的质量监督验收及整改闭环；9 月 22~24 日完成送出线路铁路跨越顺利封网、打通调度通信临时通道；9 月 24~27 日，与地州调度、省调度进行对点工作；9 月 28 日~10 月 13 日，召开 220kV 升压汇集站启委会、光伏和储能电站启委会及 220kV 升压汇集站倒送电工作；10 月 16 日~11 月 25 日，电建一线送电成功、随后电建储一线送电成功、实现全容量并网发电。标志着新疆阜康市 60 万 kW 光伏 + 60 万 kW·h 储能项目正式并网成功。

（3）项目特色。该项目为中国电力建设集团有限公司投建营一体化单体最大光储项目，储能电站按光伏装机容量的 25%，4h 配置，容量为 15 万 kW/60 万 kW·h。配置 51 个 0.28 万 kW/1.12 万 kW·h 储能单元（4 套 2800kW·h 容量的储能电池集装箱、1 套 3150kV·A 储能变流器，经过 2.8MV·A 箱式变压器升压至 35kV）和 3 个 0.245 万 kW/0.98 万 kW·h 储能单元（4 套 2450kW·h 容量的储能电池集装箱、1 套 3150kV·A 储能变流器，经过 2.45MV·A 箱式变压器升压至 35kV），电能通过 5 回 35kV 集电线路电缆汇集至 220kV 汇集站。

（4）工程效益。电站建成运营期内预计平均年上网电量为 122551 万 kW·h，满足约 132 万人的年用电需求，每年可节约标准煤 36.66 万 t。每年可减少二氧化硫排放量约 0.7 万 t、一氧化碳约 97.47t、碳氢化合物 39.82t、氮氧化物 0.4 万 t、二氧化碳 87.09 万 t，还可减少灰渣排放量约 11.28 万 t。项目建成后将有效提升阜康地区电网调峰能力，大大保障电网安全性，为全国电源侧储能项目建设运营积累经验，推动我国储能技术与装备产业化应用发展，实现经济效益和社会效益双赢。另对阜康落实"双碳"目标、推进能源转型，加快构建新型电力系统，持续提升绿电输送能力；对改善周边生态环境、带动经济高质量发展、加快优势资源转换、促进能源结构调整具有重大意义，为新疆新能源发展、新能源消纳、能源结构转型作出重要贡献。

（中电建新能源集团股份有限公司新疆分公司
李馨蕊）

溪古、斜卡水电站水光互补项目 2023 年建设进展情况

（一）工程概况

四川溪古、斜卡水电站水光互补项目是四川省首批水光互补示范项目，位于四川省甘孜州九龙县，地处青藏高原南缘，贡嘎山西南部，分为溪古水电站水光互补项目和斜卡水电站水光互补项目两个子项目，总装机容量 38.17 万 kW（直流侧 463.2MWp）。

（1）溪谷光伏场区位于九龙县呷尔镇，海拔介于 4059～4399m，为侵蚀剥蚀高山地貌，地表坡度为 5°～25°，局部地方坡度超过 25°，装机容量 25 万 kW（直流侧 300MWp），容配比为 1.2，主要建设内容包括：76 个光伏发电方阵；8 条 35kV 集线线路；新建 220kV 升压站一座，以一回 220kV 架空输电线路接入溪古水电站厂房，线路长度 20.9km。

（2）斜卡光伏场区位于九龙县三垭镇，海拔介于 3600～4400m，为冰碛地貌，场址整体坡度在 15°～25°，局部达到 30°，装机容量 13.17 万 kW（直流侧 163.2MWp），容配比为 1.24，主要建设内容包括：41 个光伏发电方阵；4 条 35kV 集线线路；新建 220kV 升压站一座，以一回 220kV 架空输电线路接入踏卡水电站厂房，线路长度 28.4km。

项目年均等效满负荷年利用小时数为 1425.41h（其中溪谷场区 1539.66h，斜卡场区 1215.51h），年均上网电量 66024.81 万 kW·h。项目建设总工期 12 个月。项目总投资 199034.28 万元，其中：送出工程投资 8625.23 万元。

（二）工程建设管理重难点

该项目施工作业区具有海拔高、战线长、昼夜温差大、森林防火形势严峻等特点。

（1）项目建设标准要求高。作为公司首个高原山地光伏项目，以"高标准、严要求"开展项目建设和管理，争创中国电力建设集团有限公司优质工程。

（2）安全管理难度大。项目区海拔高、气候多变，对参建人员身体影响大；溪古、斜卡均只有一条进场道路，受地形、地貌限制道路狭窄，大部分路段仅单边通行；雨季时间长，加之山体陡峻，坡面松散土石较多，易产生崩塌、落石；夏秋季节雷暴天气较多；劳务作业多为当地少数民族，文化水平偏低，语言交流存在一定障碍，安全管理难度大。对此，在建设过程中严格编审各项安全管理文件、认真落实安全管理措施，确保防护用品、安全设施设备、应急物资投入到位，加强现场安全督察检查，保障项目安全实施。

（3）进度目标控制难点多。项目区气候条件、生活条件恶劣，人员流动大、施工降效明显；现场运输条件差，物资供应难度大，送出工程大部分线路位于高山无人区，所有物资需由索道运输，保障工作尤为困难；溪古、斜卡项目距离较远，分布在不同的流域范围、相对车程约 8h，项目建设点多、面广、战线长；受天气、森林防火期、民族节日等影响，有效施工时间减少。为确保达成项目进度目标，在建设过程中加强各参建单位管理，做好资源投入保障，提前制定纠偏措施，积极主动应对影响风险。

（4）环水保要求高。发包人根据项目所处地理环境条件，提出更加严格的环、水、保要求，在建设过程中加强高原植被保护，严格执行环境保护和水土保持等措施，施工过程应尽量减少对原有植被的扰动、降低对原有生态环境的破坏，充分展现绿色施工优势，践行"绿色发展"的初心和使命。

（5）森林防火形势严峻。九龙县森林防火期较长，项目区周边森林覆盖率高，为高森林火险区，发包人要求参建各方需严格执行有关防火政策，防火及保障必须落实到位。

（三）工程建设情况

项目发电工程于 2022 年 12 月 26 日正式开工，利用冬季开展进场道路建设工作；2023 年 3 月 25 日，开始光伏区基础施工和升压站场坪开挖工作；6 月 19 日，完成溪古升压站主变压器就位安装，溪古升压站于 10 月完成全部设备安装调试；11 月 17 日，完成斜卡升压站主变就位安装，斜卡升压站 12 月初完成设备安装调试。项目送出工程受核准文件批复影响，开工较晚，12 月中旬完成送出工程建设；12 月 25 日项目实现全容量并网发电。

（中电建新能源集团股份有限公司西南分公司
栾怀东　汤福林　杨建明）

中国电建 30 万 kW 光伏发电项目 2023 年建设情况

（一）工程概况

兵团北疆石河子 100 万 kW 光伏基地项目中国电建 30 万 kW 光伏发电项目是新疆生产建设兵团 2021 年风电、光伏发电项目竞争性配置光伏项目，是国家首批风光大基地项目。场址范围位于东经 85°24′～85°36′，北纬 44°21′～44°30′。场址位于石河子第八师 142 团辖区，东南侧距离沙湾县约 16km，场区西侧有 S224 省道、南部紧邻连霍高速公路，场址周边乡村道路纵横交错，交通方便。场址海拔高度在 410～480m 之间，地形平坦，地势开阔，地表有稀疏

植被。

该项目规划建设光伏发电系统交流侧总容量为 30 万 kW，并按招标文件要求建设 4.5 万 kW/9 万 kW·h 的储能设备及相应配套上网设施，光伏组件选用 660/665Wp 高效单晶双面双玻组件，采用固定可调支架安装方式，直流侧装机容量约 400MWp。项目新建 1 座 220 kV 升压汇集站，汇集光伏发电系统及储能设备统一升压后，以 1 回 220kV 线路接入凤翔 220kV 变电站。该工程由中电建集团福建省电力勘测设计院以总承包形式建设实施。

（二）项目进展情况

（1）工程进度。该工程已于 2023 年 11 月 25 日全容量并网发电，截至 2023 年 12 月 31 日，该项目已完成上网电量 3577.12 万 kW·h。

（2）进展节点。2023 年 3 月 5 日，总承包项目部进驻到场，接洽工作；3 月 29 日，监理下发工程开工令；3 月 30 日，项目取得建设用地规划许可证；4 月 10 日，项目取得建设工程规划许可证；4 月 28 日，项目完成了能监办备案，顺利取得《电力建设工程项目安全管理备案登记表》；5～8 月期间，项目顺利完成可再生能源质监站、国网质监中心及天富电网公司多批次质监验收；8 月 22 日，取得了可再生能源发电工程质量监督站发放的 9.375MW 光伏发电单元的并网通知书；8 月 25 日，升压站及线路工程通过天富电网公司验收；8 月 27 日，取得了新疆中心站发放的项目配套 220kV 升压站及输电线路工程项目的并网意见书；8 月 30 日，项目完成了首批次 0.9375 万 kW 光伏发电单元并网发电；11 月 25 日，项目实现全容量并网发电目标；12 月 8 日，项目取得了《电力业务许可证》。

（3）创优策略。项目贯彻质量为本的管理理念，组织各参建单位签订质量责任承诺书，注重设计交底和按图施工，严格把控现场施工各环节工艺管控，以"三检制"守好质量关，并积极邀请质监专家到场扎实开展项目各阶段质量监督检查，通过专家现场指导，有力提升了项目施工质量。

（4）工程效益。该项目首年设计发电量为 61400.679 万 kW·h，首年利用小时数 1534.60h；运营期 25 年内的平均年发电量为 58017.376 万 kW·h，平均年利用小时数 1450.04h。项目投运后每年可节约标准煤 16.86 万 t，相应每年可减少烟尘量 18.57t，减少二氧化硫排放约 92.83t，减少氮氧化物排放约 103.85t，减少二氧化碳排放约 48.27 万 t。

（中电建新能源集团股份有限公司新疆分公司
李馨蕊）

酒泉东洞滩 200MW 光伏发电项目 2023 年建设进展情况

（一）工程概况

酒泉东洞滩 20 万 kW 光伏发电项目位于甘肃酒泉市肃州区东洞滩光伏示范园 C 区，地处肃州区东南约 15km 处，北距 G312 国道约 10km。项目周边乡镇区次干道分布，交通条件便利。项目区域整体地势由西南向东北逐渐降低，地形开阔且相对平坦。该项目占地面积约 5300 亩（升压站用地面积 35.36 亩），总装机容量 200MW，依据容配比 1∶1 进行建设，直流侧装机容量为 20.0004 万 kW。配置 64 台 0.3125 万 kW 集中式箱逆变一体机，采用分块发电、集中并网方案。同时，配备容量 3 万 kW/12 万 kW·h（15%，4h）的储能设备。为实现电力输出，项目新建一座 110kV 汇集升压站，配备两台容量为 120MV·A 的主变压器。在 35kV 侧配置两套 ±30Mvar 的 SVG 设备，新建 10 回 35kV 集电线路，包括 8 回光伏集电线路、2 回储能集电线路。110kV 中电建光伏升压站采用导线型号 JL/G1A-2×400mm²，通过 1 回 110kV 送出线路接入已建的 330kV 金光变电站，线路长度约 6.56km。

（二）工程建设进展

（1）光伏区建设进展。2023 年 3 月 27 日，完成光伏支架安装工作；3 月 30 日，完成直流汇流箱安装工作；4 月 12 日，完成光伏组件安装工作；5 月 23 日，完成低压侧电缆敷设工作；6 月 22 日，完成箱逆变一体机设备安装工作；7 月 10 日，完成高压侧电缆敷设工作；9 月 25 日，基本完成场内道路施工任务。

（2）升压站建设进展。8 月 24 日，基本完成配电楼主体工程及室内装饰装修任务；9 月 22 日，SVG 设备已全面到货并顺利完成安装；10 月 20 日，顺利完成站内土建施工任务；10 月 29 日，储能电池设备已全面到货并顺利完成安装；10 月 31 日，主变压器设备已全面到货并顺利完成安装；11 月 25 日，基本完成升压站各项设备安装任务；12 月 19 日，顺利完成升压站全部设备调试工作；12 月 20 日，项目成功实现并网发电。

（3）送出线路建设进展。9 月 18 日，线路项目正式启动建设；10 月 15 日，顺利完成 21 基铁塔基础浇筑工作；10 月 26 日，顺利完成 21 基铁塔组装架设工作；11 月 30 日，除跨铁路段导线架设外，所有施工任务均已完成；12 月 18 日，跨铁路段导线施工任务顺利完成，全线送电条件已具备。

（三）项目效益

该项目预计年度上网电量为 35421 万 kW·h，年平均发电小时数为 1600.7h。每年可为电网节省标准煤约 107998.63t，从而降低多种大气污染物的排放，具体包括减少 294702.72t 二氧化碳、56.67t 二氧化硫和 63.40t 氮氧化物的排放。此外，项目还能降低灰渣和烟尘的大量排放。对当地环境保护、减少大气污染具有积极推动作用。

（中电建新能源集团股份有限公司甘肃分公司
田文涛）

金塔 30 万 kW 光伏发电站 2023 年建设情况

（一）工程概况

金塔 30 万 kW 光伏并网发电项目位甘肃省酒泉市金塔县境内东部的光伏基地，北侧为杨家大庄村，南侧为 X264 县道及村村通道路。项目代表年太阳总辐射量 7354.1MJ/m^2，场址东西向长约 6.1km，南北向宽约 2.7km，场址可利用面积约 7500 亩。地形地貌为较为平坦的荒漠戈壁。内有部分丘陵。海拔高度为 1255～1265m。

该项目直流侧装机容量 333.111MWp，交流侧额定容量为 30 万 kW。该项目配套建设一座 110kV 升压站，站内主要包括综合楼、35kV 配电室、消防水泵房等主要建筑物，安装 2 台 150MV·A 主变压器、2 台 ±45Mvar SVG 无功装置补偿等设备。新建 2 回 110kV 送出线路接入 330kV 皓辉变电站，110kV 主接线采用单母线接线，35kV 主接线采用单母线接线，35kV 两段母线之间不设置分段。配套建设 60MW/120MW·h 储能设施，以 2 回 35kV 电缆接入升压站 35kV 侧。光伏区有 96 个固定式或可调式双面双玻高效单晶硅子方阵，以 16 回路 35kV 集电线路接至新建 110kV 升压站 35kV 侧。25 年平均发电量为 55499.5 万 kW·h，年平均利用小时数 1665h。

（二）主要工程节点

该项目于 2022 年 6 月 15 日开工建设，11 月 20 日桩基基础全部施工完成；8 月 18 日升压站正式开工；11 月 20 日综合楼主体完工。2023 年 1 月 11 日送出线路施工完成；1 月 15 日升压站站内电气设备调试完成；3 月 25 日支架及组件安装完成；6 月 30 日首批发电单元并网成功；7 月 15 日全容量并网发电。

（三）质量管理情况

该项目执行过程中，工程质量事故率为 0%，一次验收合格率为 98%，质量合格率 100%；原材料、中间产品、计量器具进场检验合格率达到 100%；合同履约率为 100%；质量体系内审覆盖率为 100%，质量投诉率为 0%；整改通知单回复率为 100%；顾客满意度为 100%；未发生任何质量事故和安全事故，实现了预算中的质量目标和安全目标。该项目检验批验收共完成 2227 项、分部工程验收完成 1146 项。原材料复检完成 171 份、混凝土试块性能检测完成 712 份、电气试验检测报告 268 份，检测结果均合格。主要控制措施包括：

（1）编制完成本项目技术、设计变更、质量管理办法。

（2）建立健全项目部质量管理班子，实行分级管理，责任落实到人。

（3）组织施工单位参加项目技术交底会议。

（4）审核并监督落实施工单位上报的施工组织设计、施工方案及各专项施工方案。

（5）监督施工单位在每道工序施工前对班组每个成员进行安全技术交底。

（6）每周组织一次生产例会，重点工序实行专项方案论证和样板先行。

（7）严格执行三检制，落实过程质量管控措施。

（8）进场原材料按时组织取样并监督送检。

（9）不定期组织现场质量安全大检查，设立曝光栏，提高全员质量安全意识。

（四）安全管理情况

完善安全防护措施，消除安全隐患；加大安全经费投入，落实质量责任制，层层分解责任。降低杜绝安全质量事故，减少安全质量事故等不必要的损失支出。项目部始终坚持"安全第一、预防为主、综合治理"的方针，层层落实安全生产责任制，搞好现场安全生产管理，加强重大危险源管理，强化设备缺陷管理，提高检修质量。加强职工安全教育和培训，规范职工安全作业，强化自主保安，杜绝"三违"，每周组织一次安全学习。严格执行安全质量标准化管理，由安全环保办公室组织每月开展一次对生产现场的安全生产大检查，查找薄弱环节，对发现的问题及时整改，消除安全隐患，杜绝人身和设备事故。

（五）技术管理情况

为实现合同约定的技术质量目标，对光伏基础土建、电气安装、组件安装、场内道路、集电线路施工工艺进行了全面策划，对各个工艺细节进行深入探讨，在不增加成本的前提下，尽可能做到精益求精。主要管理措施包括：

（1）开工前编制施工组织设计。

（2）准备和该工程有关的所有质量验收规范和有关施工技术手册。

（3）项目总工组织项目部有关人员参加图纸自审

工作，及时与设计、业主、建设单位对施工图纸中发现的各类问题进行沟通、解决。

（4）针对工程的施工重点和难点，对参与项目实施及过程控制的有关人员进行技术培训。

（5）工程开工前由公司向项目部进行技术交底，各单位工程开工前由项目总工向工程技术人员进行技术交底，技术部向施工班组进行技术交底。

（6）开工前召开技术研讨会，对施工中的技术难点进行讨论。

（7）整个施工中电气安装与土建施工在技术方面及时沟通、默契配合使得整个工程施工能顺利进行。

（六）进度管理情况

主要进度管控措施包括：

（1）建立以项目部经理为首的项目组织保证体系，实行项目经理负责制，层层把关。

（2）认真做好施工准备和提前策划，按计划组织人员、材料、施工机具到位，确保施工及时展开。

（3）灵活安排并加强施工生产调度，避开炎热天气影响，并同建设、设计及监理单位密切配合，定期召开现场协调会，及时解决施工中存在的各种问题。

（4）编制现场切实可行的施工计划，以总工期为主要控制依据和目标，编制出月、周、日作业计划，确保各控制点按期实现。

（5）加强设备和材料管理，保证所使用的材料提前准备，及时供应，对机械设备及时维修、保养，保证机械运行良好。

（6）积极开展劳动竞赛活动，评选出优胜者，实行奖励，充分调动广大施工人员的劳动积极性。

（七）科技攻关情况

为实现合同约定的质量目标，项目部严抓施工质量过程管控，严格执行工程行业标准，对光伏基础土建、电气安装、组件安装、场内道路、集电线路施工工艺进行了全面策划，对各个工艺细节进行深入探讨，在成本有效控制条件下，做到精益求精。并结合项目现场质量通病进行攻关，"控制光伏电站光伏区直流电缆敷设量的方法"，获得 2023 年度甘肃省质量管理小组活动三等奖；申报的 3 项实用新型专利获得国家知识产权局授权。

（中国水利水电第四工程局有限公司
南宝文　牛宏力　周永永）

新平岩子脚光伏电站 2023 年建设进展情况

（一）工程概况

新平岩子脚光伏电站位于云南新平县南部，距新平县城直线距离约 35km，由中电建新能源集团股份有限公司全资子公司中电建（新平）新能源有限公司投资开发，项目装机容量 18 万 kW，总投资约 80491 亿元，年等效利用小时数为 1353h，年均上网电量约 2.5 亿 kW·h，是国内山地光伏首个应用中空锚杆基础技术的项目。该项目于 2023 年 4 月 1 日开工建设，12 月 30 日实现首批并网 9 万 kW。

该电站场址总面积约 3200 亩，海拔在 750～1350m 之间。项目建设 64 个光伏方阵，共安装 358995 块光伏组件，由 18261 块 545Wp、54544 块 550Wp、286190 块 615Wp 单晶硅双面光伏组件构成，安装 64 座箱式变压器，安装 600 台 300kW 的组串式逆变器。每个光伏方阵经逆变升压后通过 35kV 集电线接入 220kV 岩子脚升压站，220kV 岩子脚升压站通过 220kV 岩干线接入 220kV 干坝光伏电站，最终通过 220kV 玉干线接入 500kV 玉溪变电站。

（二）项目建设特点及难点

（1）占地面积广，对外征（租）地协调难度大。该电站是中电建新能源集团股份有限公司云南分公司 2023 年建设项目中单体装机容量规模最大的项目，涉及 7 个村民小组的 120 多户，征地协调难度大。业主项目部紧紧依靠当地政府，主动报告存在的问题和困难，做协调沟通工作，经过多方多次组织召开征（租）地协调会，征地工作得以推进，项目最终按期投产。

（2）项目用地偏紧，容配比极低，实现全容量难度大。按照可研报告中推进的光伏组件是 545Wp，该项目最多可实现 185MWp 的直流侧容量，将会导致该项目容配比 1∶1.03，项目规模效应无法有效发挥。经过业主项目部不断研究最新的光伏组件技术和成熟度，最终将大部分组件由 545Wp 调整为 615Wp 型号，实现了 201MWp 直流侧容量的安装目标，将容配比提高到了 1∶1.12，实现了较好的经济效益和规模效应。

（3）地形坡度大，安全风险高。该电站项目地形坡度大，平均坡度约 38°、最大坡度超过 50°。坡度较大的施工区域，大型钻孔设备存在作业过程中跌落风险，安全风险突出，并且要大面积破坏地表植被，进行开台处理，环保风险高。为了有效应对上述风险，该项目业主项目部主动联系设计单位，提出采用双排桩＋中空锚杆基础的桩基形式，有效解决安全生产和环保风险。

（4）地质条件复杂，施工造孔基础成孔难。该电站整体地形陡峭，场区地坡度大，60% 区域施工机械无法进入，需人工钻孔，人工搬运材料，施工速度慢；且地质种类多，造孔施工难度极大。业主项目部多次组织设计、总包、监理单位详勘每一块地质后，再次进行设计研讨，在确保安全和质量前提下，采取优化及变更施工方案，最终完成施工任务。

（5）共建汇流站和送出线路，实施难度大。该电站以一回 220kV 送出线路接入 220kV 干坝光伏电站。干坝光伏电站为其他业主单位，同时干坝光伏电站还接入另外 3 家业主单位的光伏电站。不仅本项目的 220kV 送出线路本体施工协调难度大，同时还需要协调其他业主单位，签订共建协议，才能确保如期并网。

（三）项目进展情况

（1）工程建设主要时间节点。2023 年 4 月 1 日，举行开工仪式及前期准备工作；6 月 17 日，光伏阵列区开始钻孔作业及浇筑；7 月 1 日，升压站动工；9 月 19 日，升压站生产楼浇筑封顶；10 月 8 日，主变压器运至现场就位；11 月 21 日，主变压器完成安装、调试、验收；9 月 30 日，220kV 送出线路开工；12 月 19 日，35kV 集电线路完工；12 月 20 日，220kV 送出线路完工完成试验、验收具备带电条件；12 月 30 日，并网发电运行。

（2）技术创新。光伏支架基础是光伏发电工程项目中极其重要的组成部分，其形式多样。建设单位结合岩子脚光伏电站光伏场区坡度大的工程实际，针对大型钻孔设备无法施工，同时还须解决安全环保风险高的管理难题，与相关参建单位共同研究，提出了一种新型的光伏支架基础形式——中空锚杆灌注桩基础，该项目是国内首个应用中空锚杆基础技术的山地光伏项目。

（3）工程效益。该项目建成后，平均每年可向电网提供 25109.7 万 kW·h 电量，每年可获 7000 多万元发电收入，具有较好的经济效益。同时，按火力发电平均标准煤耗 305g/(kW·h) 计算，平均每年可节约标准煤 7.65 万 t。减少排放二氧化碳 2.04 万 t、二氧化硫 1554.7t、二氧化氮 526.6t，有十分显著的环境减排效益。

（中电建新能源集团股份有限公司云南分公司　徐宝）

迁西首钢矿业 100MW 光伏发电示范项目 2023 年建设进展情况

（一）工程概况

（1）项目合作模式。为深入贯彻落实服务国家能源安全新战略和"双碳"目标主体责任，中国电力建设集团有限公司充分发挥"投建营"一体化优势和能源电力规划设计前端优势，积极达成与首钢集团有限公司矿业公司（以下简称首钢矿业公司）合作，由中电建新能源集团股份有限公司投资，利用首钢矿业公司闭库尾矿库，开发建设地面光伏电站——中电建首钢集团有限公司矿业公司 10 万 kW 光伏发电矿山治理清洁能源示范项目落地河北省唐山市迁西县，是唐山市 2023 年重点工程，也是中国电力建设集团有限公司在河北省唐山市投资开发的全市首个"尾矿＋光伏"项目。

（2）项目规模。该项目光伏区位于尹庄乡首钢矿业公司尹庄尾矿库，总规划占地面积约 2963.5 亩。项目主要建设内容包括：32 个光伏发电子方阵，选用 550Wp 单晶硅双面 P 型组件 213720 块，580Wp 双面 N 型 topcon 组件 6760 块，690Wp 双面 N 型 HJT 组件 5720 块；选用 31 台容量为 0.3125 万 kW 逆变一体机，1 台容量为 0.315 万 kW 箱式变压器，采用 35kV 多点接入自发自用，余电上网运营模式。新建 1 座 35kV 开关站，通过 3 回 35kV 线路接入首钢矿业公司水厂 110kV 变电站，总投资 4.9 亿元。

（二）项目进展情况

（1）工程进度。截至 2023 年底，该项目光伏区 32 个光伏方阵（其中 28 个固定式支架光伏阵区，4 个柔性支架阵区）全部光伏组件安装完成，汇流箱、箱逆变一体机等设备安装调试完成，场内 8.5km 检修道路修建完成，新建 35kV 开关站一、二次设备安装调试完成，送出工程、首钢矿业公司水厂 110kV 站改造施工完成。

（2）进展节点。工程建设项目部 4 月 13 日进驻到场，开展工程前期筹备工作。5 月完成前期专题专项批复，6 月完成 EPC 总承包、监理单位合同签订，6 月 18 日监理下达开工令，主体工程正式开工建设。6 月 30 日光伏区首根固定支架桩开始浇筑；8 月 1 日首批固定支架开始安装；8 月 14 日 35kV 开关站动土施工；8 月 22 日首批光伏组件开始安装；9 月 20 日光伏区设备开始安装；9 月 26 日柔性支架区域开始施工；10 月 10 日集电线路开始敷设；10 月 18 日设备开始调试；12 月 25 日完成并网验收；12 月 29 日项目并网发电。

（3）创优策略。根据工程创优工作需要，着力提升质量工艺，编制完成工程创优实施方案。编制完成《高压电缆长距离施工的放线装置》《柔性支架安装维护设备》《边坡光伏柔性支架施工工法》等课题，并完成申报。

（三）工程效益

（1）循环利用、变废为宝，示范效应好。该项目是河北省先行、唐山市面积最大的尾矿库光伏电站，采用"光伏＋尾矿生态修复"模式，实现"板上发电、板下固沙"一举多得，为全省乃至全国尾矿库开发利用提供了新模式。

（2）绿色能源、低碳环保，综合效益好。将22万余块光伏板搭建在3000余亩的尾矿库土地上，让废渣堆积变成绿色能源的"聚宝盆"。项目建成后，工程平均年上网电量1.551亿kW·h，等效满负荷年利用1237.1h；每年可节约标准煤约4.68万t，每年可减少二氧化碳排放量约3.1万t、二氧化硫排放量约1248.7t，能够带来可观的生态效益。"绿电"由首钢矿业公司自用70%左右，每年为首钢矿业公司降成本2000余万元，这为国有企业产品出口提供了"绿色通行证"，能够为其创造巨大的经济效益。

（3）科技运用、安全高效，治理效果好。项目以光伏助力绿色矿山建设，采用当前最先进的单晶硅光伏组件和柔性光伏支架，依托尾矿库原有的地理形势进行开发建设，土地扰动少，不仅不破坏尾矿库的任何设施和排洪系统，还能够有效降低风力侵蚀和雨水冲刷，在保障光伏发电稳定运营的同时，提高了尾矿库安全运行水平。

（中电建新能源集团股份有限公司河北分公司

温子明 袁慧 王超）

武定万德村光伏电站2023年建设进展情况

（一）工程概况

武定万德村光伏电站位于云南武定县狮山镇东南部，由中电建新能源集团股份有限公司（以下简称电建新能源集团）全资子公司中电建（武定）新能源有限公司负责投资开发，项目装机容量15万kW，总投资约7.0965亿元，年等效利用小时数为1386h，年均上网电量约2.08亿kW·h。

该电站场址分为南北2个片区，总面积约3500亩。其中，北片区位于狮山镇赵家庄村附近，面积约1400亩，海拔在1750～2010m之间，距武定县城直线距离约3km；南片区位于河对门村村附近的花椒基地面积约1100亩，海拔在1880～2060m之间，距武定县城直线距离约12km。项目建设54个光伏方阵，由276724块峰值功率为545Wp的单晶硅双面光伏组件、54座箱式变压器、667台225kW的组串式逆变器组成。每个光伏方阵经逆变升压后通过35kV集电线接入220kV升压站，220kV升压站通过220kV万华线接入220kV龙华光伏电站，最终通过220kV厂华线接入500kV厂口变电站。

该项目于2022年3月17日开工建设，2022年5月31日通过接入系统过渡方案并网2万kW。2023年7月31日，该电站220kV升压站、220kV送出线路、35kV集电线路、15万kW光伏场区全部建设完

毕并验收合格，通过了可再生能源发电工程质量监督站专家组的质量监督，取得了可再生能源发电工程质量监督站出具的电力工程质量监督检查并网通知书，具备全容量并网条件。但因对侧项目建设影响，项目推迟投运，至2023年12月31日，该电站全容量并网发电。

（二）项目建设特点及难点

该电站装机容量15万kW，建设规模大，占地面积广，接入系统复杂。存在以下建设特点和难点：

（1）占地面积广，对外征（租）地协调难度大。该电站是中电建新能源集团股份有限公司云南分公司2022年建设项目中规模最大的项目，项目占地面积3500亩，场区靠近武定县城，涉及4个行政村，7个村民小组；220kV送出线路长12.5km，跨越楚雄州、昆明市，涉及武定、禄劝、富民3个县，项目征地协调难、跨越障碍多、跨距大，通过多方沟通协调，征地工作得以顺利推进，项目按期投产。

（2）跨输电线路审批办理复杂，且时间较长。该电站南北片区跨度大，集电线路长，需要跨越2条高速公路，2条35kV线路，6条10kV线路。跨输电线路需要向电网公司报停电计划和作业方案，审批完成后才能实施，办理跨高速手续正常审批时间需要3个月，在建设时间紧，施工任务重的情况下，业主项目部积极协调云南省交通厅和云南省交通投资建设集团有限公司，在1个半月内办完手续，为项目建设节省大量时间。

（3）地形陡峭，施工难度大。该电站北片区地形陡峭，最大坡度超过35°，施工难度大，部分区域施工机械无法进入，需人工钻孔，人工搬运材料，施工速度慢，建设人员坚持发扬不怕困难，敢于吃苦的精神，最终按时完工。

（4）该电站投产时间紧、任务重。项目受限于220kV厂华线建设进度，相关工作不具备开展条件；通过220kV厂华线OPGW光缆与云南中调通信，需要在投运前完成通信设备调试、自动化设备调试、远动上传、信号对点等工作，同等规模电站需7天以上才能完成相关工作，受限于220kV厂华线建设进度，相关工作不具备开展条件。直至2023年12月29日，该电站光路贯通，相关工作才得以开展。2023年12月29～30日，该电站仅用两天时间完成云南省调、楚雄地调、昆明地调一万多个点位的对点、设备联调、反送电冲击等工作，最终于2023年12月31日实现全容量并网发电。

（5）共用升压站，按容量分摊升压站建设费用。该电站是中电建新能源集团股份有限公司云南分公司第一个采用220kV电压等级并网的项目，以一回220kV送出线路接入220kV龙华光伏电站，龙华光

伏电站为三峡云能发电（富民）有限公司投资建设，该电站需按容量分摊龙华光伏升压站建设费用 208 万元，为公司节省投资 2800 万元。

（三）项目进展及效益情况

2023 年 7 月 31 日，该电站 220kV 升压站、220kV 送出线路、35kV 集电线路、15 万 kW 光伏场区全部建设完毕并验收合格；12 月 31 日，万德村光伏发电项目全容量并网发电。

（1）工程建设时间节点。2023 年 5 月 6 日，220kV 送出线路开工；7 月 10 日，35kV 集电线路完工；7 月 27 日，220kV 送出线路完工；7 月 28 日，1～54 号光伏方阵一、二次设备安装完毕；12 月 24 日，220kV 升压站一、二次设备安装调试完毕；12 月 31 日，项目全容量并网发电。

（2）工程效益。项目建成后，工程平均年上网电量 21244 万 kW·h，等效满负荷利用 1409h，每年可节约标准煤约 6.5 万 t，每年可减少二氧化碳排放量约 17.675 万 t、二氧化硫排放量约 34t、烟尘排放量约 6.8t、氮氧化合物排放量约 38t。

（中电建新能源集团股份有限公司云南分公司 徐宝）

博州 30 万 kW 光伏电站 2023 年建设情况

（一）工程概况

新华水力发电有限公司博州（精河）10 万 kW 储热型光热配建 90 万 kW 新能源项目位于新疆维吾尔自治区博尔塔拉蒙古自治州博乐市达勒特镇，距离博乐市 20km，项目额定容量 100 万 kW，海拔 600～700m，可通过县道 X168 到达场区附近，交通条件较好。

标段三、五交流测装机容量各为 30 万 kW，直流侧装机容量为 411.84MWp，容配比为 1.3728。光伏区由 96 个光伏方阵组成，采用 550Wp 双面双玻组件+固定式支架+3150kV·A 集中式箱逆一体机。每 20 路组串接入 1 台汇流箱，每 15 个汇流箱接入 1 台 3125kW 集中式箱逆变一体机。将输出的低压交流电升压至 35kV。汇流箱总数量为 1440 台，集中式箱逆变一体机数量为 96 台。标段三合同金额为 135313.40 万元，标段五合同金额为 110012.7 万元。

（二）2023 年建设情况

（1）三标段项目。2023 年 3 月三标段项目开工建设，7 月 20 日 PHC 管桩基础 100800 根全部施工完成，10 月 10 日光伏支架安装全部施工完成，10 月 20 日光伏组件安装全部施工完成，9 月 5 日箱逆变一

体机基础全部施工完成，10 月 25 日低压电缆 1×4mm² 电缆敷设全部施工完成，10 月 25 日低压电缆 1×6mm² 电缆、低压电缆 1×240mm² 电缆敷设全部施工完成，11 月 8 日 35kV 高压电缆施工全部完成，12 月 5 日升压站土建施工完成。

（2）九月五标段项目。2023 年 9 月五标段项目开工建设，10 月 22 日完成光伏场区 19.7km 围栏施工；10 月 30 日完成 96 台箱逆变基础浇筑；11 月 25 日 PHC 管桩基础 100800 根引孔全部施工完成；12 月 2 日 PHC 管桩基础 100800 根压桩全部施工完成；12 月 5 日 96 台箱逆变安装完成；10 月 20 日光伏组件安装全部施工完成；支架累计安装 5250 组。

（中国水利水电第四工程局有限公司 刘军 王忠海 张鹏）

国能共和光伏一期 30 万 kW 电站 2023 年建设情况

国能共和青豫直流二期外送共和光伏一期项目位于海南州生态太阳能发电园区南部，距离共和县城约 33km，场址呈微小的北坡地形走势，海拔介于 2989～3030m 之间，场地平坦开阔，为草场或半荒漠退化草场。场址邻近共玉高速和 G214 国道，对外交通条件便利。项目直流侧装机容量为 347.5472MWp，交流侧装机容量为 300MW，其中 100MW 采用 550Wp 单晶硅双面双玻组件+平单轴支架+300kW 组串式逆变器，200MW 采用 550Wp 单晶硅双面双玻组件+固定式支架+300kW 组串式逆变器。

（一）2023 年建设情况

2023 年国能共和青豫直流二期外送项目一期 30 万 kW 光伏项目 EPC 工程作为绿色低碳能源，清洁能源对改善能源结构、保护生态环境、实现经济社会可持续发展和实现碳达峰碳中的项目。先后完成了混凝土灌注桩浇筑、支架、组件安装等多项主要节点目标。

（二）投资完成情况

该工程总投资 32373.3 万元，2023 年完成投资 20169.42 万元，占总投资的 62.3%。累计完成投资 22807.86 万元，占总投资的 70.5%。

（三）主要工程形象进度

该项目固定支架及平单轴跟踪支架混凝土灌注桩、箱变基础、支架安装已全部完成；组件安装总计 11968 组，2023 年完成 9053 组；电缆敷设总长 5425.1km，2023 年完成 13.21km。

（四）质量管理工作完成情况

2023 年单元工程验收 1089 项，优良率达 70% 以

上，分项工程未验收。工程质量可控在控。

（五）土建施工关键技术

项目通过对组件支架基础混凝土灌注桩施工技术的改进，在孔位分散、孔径小、气候条件差以及环水保和质量控制要求较高等前提条件下，采用装载机改装的混凝土浇筑设备，钢膜、波纹管等不同形式的模板对比，综合各种常用模板性能、周转次数、成桩质量等，选择DN200mm的PVC管作为桩基外露混凝土的模板，此模板可周转3～5次，有效节省施工成本，提高施工功效，在保障进度的同时大大提高了桩基施工质量。

（中国水利水电第四工程局有限公司
叶春玲　彭斌　周伟）

库布齐光伏先导工程2023年建设情况

内蒙古库布齐沙漠鄂尔多斯中北部新能源基地项目先导工程1标段位于鄂尔多斯市达拉特旗昭君镇，达拉特旗县城西南侧约34km，处于库布其沙漠腹地，海拔1060～1150m。工程额定装机容量为50万kW，直流侧装机容量为600MWp，同时配置7.5万kW/15万kW·h储能系统（并预留扩建为10万kW/40万kW·h的条件），新建1座220kV升压储能站，采用1回新建220kV线路接入系统变电站220kV侧。光伏支架型式为固定36°倾角支架，箱变基础为钢筋混凝土框架结构，采用独立桩基础，组串逆变器固定在支架上。2023年12月24日，库布齐光伏项目先导工程首批回路并网发电，圆满完成年底并网发电目标。该项目由内蒙古三峡蒙能源有限公司投资，上海勘测设计研究院有限公司、电力规划总院有限公司、中国安能集团第二工程局有限公司联合体承建。

（一）工程进展情况

项目于2023年4月20日光伏场区开工；5月10日，升压站开工；7月17日，升压站辅房封顶；7月30日，综合楼封顶；8月15日，光伏场区桩基施工完成；8月26日，配电装置楼封顶；9月8日，1号SVG室封顶；9月15日，2号SVG室封顶。升压站主体建筑结构封顶后于10月紧密展开电气设备安装工作，11月24日站内电气一次、二次调试完成；12月23日，升压站倒送电一次成功；12月24日，首批回路（P、K、N、U 4条回路10.56万kW）并网发电，截至2023年12月31日，共计并网容量12.8万kW。

（二）质量安全情况

项目作为大基地项目先导工程，开工前便备受社会各界关注，项目部针对项目特点，积极组织管理人员开展光伏项目专业知识、系统学习。同时为保障工程顺利实施，项目部组织编制质量管理制度、安全制度汇编等纲领性文件；在项目开工后，项目部现场管理及质量部门人员对其施工质量进行严格把控，从管桩材料进场到电气一次、二次设备安装接线以及电气试验等，均有专人跟踪监管、动态纠偏。

因工程建设过程中，劳动力需求量大，场区面积广，最高峰时施工人员达1900人，项目部创新采取网格化管理方式，利用无人机、监控安全帽等现代化工具对升压站和光伏区进行分片管理，始终坚持"安全第一，预防为主，综合治理"的方针，深入宣传"安全责任重于泰山"的安全理念，时刻把安全生产放在工作的首位。同时在项目部塑造浓厚的安全文化氛围，构筑了安全生产的长效机制，确保了在工程施工中做到安全零事故，同时取得"电力安全生产标准化一级工程建设项目"证书。

（三）项目效益

该光伏项目全容量并网发电后，运行期平均每年可提供清洁电力92880.978万kW·h，与目前燃煤火电场相比，每年可节约标准煤约27.93万t，减少二氧化碳排放76.53万t，减少二氧化硫、氮氧化物、烟尘排放分别为77.09t、123.53、15.79t，将有效推动生态环境改善，促进地区绿色发展和能源绿色转型，为规模化开展沙漠治理和生态修复提供有益实践经验，对推动生态文明建设和我国"双碳"目标实现具有示范意义。

（中国安能集团第二工程局有限公司
齐建飞　曾伟杭）

吉塘一期20万kW复合型光伏发电项目2023年建设情况

（一）工程概况

昌都察雅县吉塘镇20万kW+16万kW·h储能牧光互补复合型光伏发电项目位于西藏自治区昌都市昌都市察雅县吉塘镇。该项目场区多平原、丘陵，整体较为平缓，海拔在3900～4200m之间。项目总装机容量为20万kW，与昌都察雅县吉塘2万kW牧光互补（配储能）复合型保供光伏发电项目（以下简称"保供项目"）合建一座220kV升压站，共61个子方阵，采用670Wp单晶硅组件+固定式支架+300kW组串式逆变器方案。

（二）建设情况

该项目2023年7月24日开工建设，项目多措并举，克服了恶劣环境、高海拔、泥石流、极端天气等不利因素，历时 106 天，如期实现了项目并网发电目标。让资源优势转化为经济优势成为现实，为昌都地区在贯彻新发展理念、践行新时代党的治藏方略上又增添了一笔有力措施。

（1）投资完成情况。吉塘光伏项目工程总投资 43900 万元，2023 年完成投资 26600.03 万元，占总投资的 60.6%。开工（截至 2023 年底）累计完成投资 39300.72 万元，占总投资 89.5%。

（2）主要工程形象进度。7 月 24 日，项目首桩顺利开工。9 月 11 日，螺旋钢管桩打桩全部完成。11 月 4 日，完成支架安装 11861 套，光伏组件 317866 块。11 月 11 日如期实现了并网发电目标。

（3）质量管理工作完成情况。2023 年共验收单元工程 1956 个，合格 1956 个，合格率 100%，其中优良 1894 个，优良率 96.8%，单元工程优良率高于年度及工程总控制指标，工程质量可控在控。项目积极开展 QC 小组活动、质量信得过班组等活动，2023 年完成 QC 成果 3 项，申报质量信得过班组 1 项，申报完成 1 项专利。

（4）土建施工关键技术。项目地处高海拔区域，存在光伏布置的效率和准确性较低导致太阳能利用率低下、区域地质条件差导致支架基础施工困难等一系列问题，为提高工作效率和成品质量，减少后期维修量。项目结合以往施工经验，对施工方法进行了改进，采用 BIM 技术对光伏电站进行建模，优化光伏排列安装布局，确定光伏支架最佳安装倾角，最大限度提高太阳能利用率。同时采用液压潜孔钻机结合工装进行引孔辅助螺旋钢管桩施工，解决了高海拔区域砂卵石层钻孔难钻进等问题，使安装质量得到可靠保障，使太能利用率达到最优，有效加快了施工进度，并大大提高了高海拔区域大型光伏电站建造的安全性、可靠性，有效解决了光伏布置的效率和准确性较低导致太阳能利用率低下、高海拔区域地质条件差导致支架基础施工困难等一系列问题。

（中国水利水电第四工程局有限公司

叶春玲　周永永　梁守锦）

毛尔盖 420MW 光伏发电项目 2023 年建设情况

（一）工程概况

毛尔盖水电站水光互补光伏发电项目位于四川省黑水县，场址总占地面积约 9490.8 亩。场址分为格窝和热窝两个片区，海拔在 3200～3500m 之间。场区土地利用主要类型为草地，海拔高差较大，交通运输条件一般。工程直流侧安装容量 520.905MWp，交流侧容量 42 万 kW，项目分为两个片区，其中格窝直流侧容量 286.825MWp，交流侧容量 23.136 万 kW；热窝直流侧容量 234.08MWp，交流侧容量 18.88 万 kW。132 个光伏子方阵、132 座箱式变压器房、1313 台 320kW 组串式逆变器。热窝片区新建 1 座 220kV 升压站，以 1 回 220kV 线路接入格窝 220kV 升压站，线路长度约 9.574km；格窝片区新建 1 座 220kV 升压站，汇集两个片区光伏电站电能后，以 1 回 220kV 线路接入毛尔盖水电站 500kV 升压站扩建间隔，线路长度约 23.831km（共计 33.405km，82 基塔），两个光伏片区电能再与毛尔盖水电站电能以水光互补的方式利用已建的 500kV 线路接入色尔古变电站。

（二）工程进展情况

2023 年度主要工程节点：11 月 27 日热窝片区毛路打通，于 12 月 30 日全线贯通；12 月 9 日格窝片区毛路打通，于 12 月 30 日全线贯通。

（三）质量安全情况

（1）质量情况。①针对进场道路做地基承载力试验，承载力均满足设计要求；②对道路挡墙浇筑混凝土施工进行施工过程把控，对水泥、砂石等原材料取样送检，把控砂浆、混凝土配合比符合要求；③每天召开班前会，每周召开生产周例会，对施工重点部位质量控制进行宣贯；对生产进度、质量进行原因分析，发现问题及时制定解决方案。

（2）安全情况。①做好新建道路扬尘治理工作，对进场新建道路实行洒水降尘措施，并安排人工对浮土较厚区域进行清理；②做好毛尔盖项目开挖区域的环境保护和水土保持工作，项目部积极在开挖区域实行裸土密目网覆盖措施，从而有效避免扬尘污染；③为助力四川毛尔盖光伏项目 2023 年防灾减灾工作，同时强化项目部全体职工和所有外协施工人员的地震灾害应急安全意识，开展 2023 年防范地震灾害的抗震应急演练活动；④项目部积极投入安全生产费用，投入满足现场施工需求；⑤加强现场森林草原防灭火宣传，做好日常森林草原防火值班值守，及时传递森林草原火险信息。做好施工现场的人员管控和火源管控，从根源上减少森林草原火灾风险。此外，施工现场每个点位均配备了灭火器和扑火铁扫把、打火鞭，项目部根据现场情况成立了义务扑火队伍，从而能够处理突发情况；⑥组织开展新入场人员安全教育培训、消防安全相关知识培训学习、上级文件培训、安全警示教育培训等；⑦项目组织开展安全检查，对于检查发现的隐患积极整改，安全隐患主要集中在施工用电，劳动防护用品管理，机械设备管理，特种作业人员管理，安全防护设施管理，交通车辆管理，安全标志、标牌，作业场所环境保护及文明施工，消防管理，应急管理。

（四）科技创新情况

毛尔盖光伏项目结合项目自身特点，开展高海拔山地光伏施工综合技术研究。针对基础混凝土工程施工进行深入研究，结合现场实际情况，在满足设计及规范要求前提下，从各施工工序入手，优化施工流程，主要对混凝土桩基浇筑方式、钢筋笼制安、模具制作、预埋件安装等进行优化设计，研究并形成适合项目的施工工艺，为今后高海拔山地光伏场区施工积累了一定的施工经验。

（五）工程进度保障情况

（1）按照光伏场区、升压站、送出线路分别进行倒排工期，主要包括剩余施工任务、计划完成时间、所需资源投入、物资设备供应、图纸供应等方面，制定目标、明确责任人，过程中动态调整，逐条销号，保证项目整体进度。

（2）专人专责。明确项目部管理人员职责分工，各个施工工作面专人负责，将每日生产进度管控责任落实到人。全力保障6.30首批并网节点目标。

（3）强度分析。根据每日施工进展情况，动态调整日施工强度，并在日报上体现，下发至各施工队伍，进行进度管控。

（4）施工人员、机械设备。该工程工期紧、施工难度大、天气影响恶劣，根据现场实际进展情况合理调配，陆续增加人员、机械。

（5）会议制度。每天召开碰头会，每周召开项目周例会，对施工进度、生产、安全、质量等全面把控，及时解决影响施工问题，保障施工进度。

毛尔盖光伏项目于2023年12月30日实现格窝、热窝段进场道路全线贯通，为格窝、热窝光伏场区施工打下坚实基础；经过对施工作业队伍及施工人员合理统筹安排，加大资源投入，顺利完成年度目标计划。

（中国水利水电第四工程局有限公司
袁浩 周伟 彭斌）

德润500MW渔光互补智慧能源项目2023年建设情况

（一）工程概况

德润500MW渔光互补智慧能源项目位于河北省沧州市黄骅市国营中捷农场沧州临港晶山盐业有限公司所属盐池内，光伏场区为盐场的养殖池，场区高潮位按50年一遇3.84m考虑（1985国家高程基准）。

D区总装机容量116.96MWp，共3个盐田，占地2100亩。该工程桩基采用PHC预制管桩，其中支架基础29760根［型号为PHC-400（95）AB，10m桩26880根；14m桩2880根］，箱变基础124根（型号为PHC-500B-100-13m）。组件共计178560（655Wp）块；支架共3107组，其中大支架2845组、小支架262组；箱逆变一体机31台；汇流箱372台。该项目于2023年12月31日实现首批并网发电。

（二）质量安全情况

该工程为水上光伏项目，桩基采用PHC预制管桩，采用打桩船冲击法施工。该项目临近渤海湾，易受海风影响，当风力大于4级时，无法进行打桩作业。其次，盐池内地质复杂，打桩时对桩身定位、桩顶高程、桩身垂直度影响很大。对此，项目采用"网络RTK＋全站仪"测量技术，在每条打桩船上安装2台RTK来确定桩位坐标，全站仪监控桩顶高程和桩身垂直度，在临近设计高程1m范围内采用"低锤密击"控制高程。因施工高峰期正值盛夏时节，气温酷暑难耐，作业人员易出现中暑、晕船现象，又当地大风、降雨频繁，影响桩基施工进度。项目部结合现场实际情况，及时调整施工进度，采取"早晚打（凌晨4：30、晚上20：30）、中午休"措施，保质量、抓生产。

（三）科技攻关情况

黄骅光伏项目结合项目自身特点，在日常生产经营活动中积极开展和实施科技创新活动，针对水上光伏施工进行深入研究，结合现场实际，在满足设计的前提下，从各施工工序入手，优化施工流程，主要对预压桩、场区电缆敷设等进行优化设计，研究并形成适合该项目的施工工艺，同时申报国家实用新型专利2项。

（四）项目保障情况

按施工进度计划执行是保证工程优质履约的关键：

（1）该项目坚持每天的"碰头会"制度，对当天的工作完成情况和第二天的工作计划安排，针对未完成的情况，进行原因分析，制定相应的赶工措施，并在第二填天的计划中进行调整。同时在碰头会可以讨论专业协调问题、施工中的难题等。在碰头会上可以直接安排项目部的指令，也可以转达业主、监理的意见，并在会议上落实。

（2）项目协调会，不仅协调工程进度的人力需求计划、机械需求计划、设备需求计划、图纸需求计划，还对工程的安全、质量、进度方面进行总结和安排，是该项目工程进展顺利的保障。

（3）冬季正直施工高峰期，光伏场区全面进入电缆敷设及设备调试阶段，但因天气寒冷，盐池结冰，现场施工困难。项目部统筹兼顾，加大人员投入，争分夺秒，在该年度顺利完成建设单位要求并网目标。

（中国水利水电第四工程局有限公司

赵敏　赵鹏　彭斌　刘亨凡）

格尔木 110 万 kW 光热光伏发电项目 2023 年建设情况

（一）工程概况

三峡能源青海格尔木 110 万 kW 光伏光热项目总装机容量 110 万 kW，规划 100 万 kW 光伏发电项目，配套 10 万 kW 光热项目，位于青海省海西州格尔木市乌图美仁太阳能发电基地内，场址地势平坦开阔，总体地势南高北低，现状为戈壁荒滩，海拔 2900 多米。场址区主要为盐碱地和沙地，规划总用地面积约 23km^2（光伏区占地面积约 18.70km^2），场址内布置有光热电站、光伏电站、升压站等设施。本期新建 100 万 kW 光伏项目，计划通过 35kV 集电线路接入拟建的 330kV 汇集站。

（二）合同内容

该 110 万 kW 光伏光热项目 100 万 kW 光伏项目 Ⅰ 标段总装机容量为 50 万 kW，施工范围包括工程光伏区、35kV 集电线路的勘察设计，以及与项目有关的全部设备（含组件、支架及逆变器等）和材料的采购供应、建筑（包括通水、通电、通路、场地平整等）及安装工程施工、项目管理、调试、验收、培训、移交生产、工程质量保修期的服务等内容。该项目于 2022 年 3 月 25 日正式签订合同，合同计划开工日期为 2022 年 4 月 15 日，完工时间为 2023 年 11 月 30 日，总工期 595 日历天。

（三）工程建设情况

该 EPC 总承包 Ⅰ 标段（50 万 kW）项目，克服了施工条件复杂、工期紧张、全球疫情蔓延等诸多不利因素，合理规划、科学部署，统筹兼顾，全速推动项目建设，超额完成年度生产经营目标。

2023 年 8 月 15 日首批光伏组件支架开始安装。项目部从生产组织、质量控制等方面着手，积极联合业主、监理、厂家进行安装技术研讨，精心编制组件安装专项施工方案，并在施工前严格开展安全、技术交底；9 月 5 日，全面进入光伏支架、组件安装阶段；10 月 14 日，项目箱式变压器提前 15 天安装完成；10 月 22 日，1673 台逆变器提前 20 天安装完成；10 月 30 日，光伏支架及组件全部安装完成，电气调试工作正式启动；11 月 20 日，最后一座铁塔组立完

成；11 月 30 日，具备并网发电条件；单位工程资料已完成 50%，子单位工程资料完成 70%，分部分项工程资料完成 90%。材料报审完成 100%，开工报审完成 100%，竣工图纸已交接中国电建集团北京勘测设计研究院有限公司出具，施工组织设计完 100%，安全类移交资料完成 100%。未发生任何质量事故和重大质量缺陷，工程质量总体合格。

（1）投资完成情况。合同价 54441.92 万元（其中合同价 53538.62 万元，集电线路预估变更 648.58 万元，总承包服务费 254.72 万元，由于组件为暂估价导致合同缩水，合同价由 64448.89 万元缩水至 53538.62 万元），计划 61448.89 万元，实际完成 50496.36 万元，自开工累计 53574.71 万元。

（2）主要设备工程量完成。①支架组件安装：完成场区 156 个方阵 19646 组的支架及组件安装。②箱式变压器：已完成 156 台箱变基础施工和 156 个箱式变压器安装。③逆变器：已完成 1673 台逆变器的安装及调试工作。④铁塔：完成铁塔组立 12 基，架空线路完成 41400m。⑤高压电缆：完成 35kV 高压电缆敷设 86486m。⑥电气试验：完成场区电气试验 156 个方阵，包括电缆耐压试验和箱变耐压实验。⑦集电线路：已完了烁煜 20 回的线路并网工作，并成功送至 330 升压站。

（四）主要工程建设进度

2022 年 7 月 30 日，场区网围栏安装；12 月 30 日，场内道路施工完成。2023 年 11 月 30 日，场区建安完成、场区集电线路完成、具备全容量并网条件。

（五）工程建设意义

该 EPC 总承包 Ⅰ 标段（50 万 kW）工程建成后将促进青海海西州经济发展，通过光热配比光伏电站的发展，可在当地打造光热配比光伏上下游产业链，为区域经济发展建立新的支撑点。加快新能源产业的发展和新能源综合利用，将推进海西州的优势资源转换、培育新的支柱产业。

（中国水利水电第四工程局有限公司

洪秀衡　牛宏力　张鹏）

尖扎牧光储一体项目 2023 年建设进展情况

（一）工程概况

尖扎滩乡牧光储一体建设项目位于青海省黄南藏族自治州尖扎县尖扎滩乡五星村，项目装机容量 40 万 kW，工程选用 540Wp 单晶硅双面光伏组件，采用固定支架安装方式，工程光伏发电单元为 0.3125

万 kW，直流逆变为交流，就地升压至 35kV 后分别以 16 回 35kV 线路接入该工程新建的 330kV 升压站 35kV 低压侧。新建一座 330kV 升压站经 330kV 送出线路送至 330kV 同仁变电站，项目配套新建一座 330kV 升压站，采用户外配电装置布置。电站建成后运行期内，设计年均发电量为 72198 万 kW·h，年利用小时数 1688h，配套建设 6 万 kW/24 万 kW·h 储能系统。项目总投资 177542 万元，项目建设期 12 个月，可研运行周期 25 年。

（二）工程特点及难点

（1）该工程支架基础选用螺旋钢管桩，光伏支架采用固定安装方式，倾角为 36°。

（2）该项目位于青海省黄南州尖扎县尖扎滩乡，地处高海拔地区、气候寒冷、昼夜温差大、氧气稀薄，施工区域海拔约 3200m，施工难度高，施工效率慢。

（3）该项目地处高原牧区，为当地第一个牧光储项目，支架最低高度为 1.8m，不影响牧民放牧。

（4）项目处于少数民族地区，文化差异大，建设期沟通协调难，施工推进缓慢。

（5）项目新建一座 330kV 升压站，为当地进一步发展起到了关键作用，为后续项目建设提供了极大方便，也带动了当地经济发展。

（6）该工程建设场址到尖扎县约 40km，道路较窄，设备材料运输困难。

（7）该工程建设内容主要由光伏厂区、330kV 升压站、送出线路三大部分，施工作业面广，安全质量管控难度大，设备种类多，调试工作复杂；项目整体资源投入大。

（8）尖扎县尖扎滩乡年平均风力达到 4~5 级，所以桩基施工要求高，项目建设区地质为粉土较多，部分区域常年降雨积土厚，地质较软，使桩基施工后拉拔力不足，对此制定了引孔、回填、夯实的特殊施工方法。

（三）项目总体进展情况

该项目 2022 年 8 月 6 日启动奠基，进入工程筹建阶段；2022 年 12 月 7 日监理签发开工令，项目正式开工建设。2023 年 8 月 7 日送出线路开始施工；12 月 25 日成功并网。

建设内容主要包括光伏厂区、330kV 升压站、送出线路三大部分，截至 2023 年 12 月底，项目总体完成情况如下：

（1）光伏厂区的螺旋钢管桩、集电线路施工，支架、组件、汇流箱、箱逆变一体机安装、调试工程均已完成。

（2）330kV 升压站的综合楼、35kV 配电室、控制楼、GIS 室等 17 个建筑单体土建工程已完成；室内外电缆沟、事故油池已完成；主变压器、站用变压器、GIS 室、构支架、35kV 室、控制室、SVG 等设备安装已完成；站内给排水、消防管网已完成；调试工程已完成。

（3）送出线路的桩基、铁塔组立、架线、附件安装工程已全部完成。

（4）项目的建成，按照火电标准煤耗 305g/（kW·h），每年可节约标准煤耗 235144.67t，每年可减少二氧化碳排放量约 1922018.56t、二氧化硫排放量约 57822.46t、氮氧化物排放量约 28911.23t。此外，每年还可减少大量的灰渣及烟尘排放，节约用水，并减少相应的废水排放，节能减排效益显著。同时，该项目的投运将会促进当地相关产业（如建材、交通）的发展，对扩大就业和发展第三产业将起到积极作用，从而带动和促进当地国民经济的发展和社会进步。

2023 年底，凭借尖扎项目的出色业绩，中电建新能源集团股份有限公司青海分公司收获黄南州发展改革委 2023 年度"安全生产文明单位""优质履约先进单位"及新能源项目管理"先进个人"等荣誉以及尖扎县 2023 年度"安全生产文明单位""固定资产投资完成先进单位"称号。

（中电建新能源集团股份有限公司青海分公司

李卓伦 鲍海良）

莺歌海盐场光伏电站
工程建设情况

（一）工程概况

莺歌海盐场纳潮湖光伏项目位于海南省乐东县莺歌海镇纳潮湖盐场，此区域水平面总辐照量为 6426MJ/m²，具有非常好的开发价值。项目规划总面积约 8000 亩，总规划容量 50 万 kW。其中，一期、二期容量为 20 万 kW，总占地面积约为 3600 亩。每期项目预计沉桩 31088 根，安装 217000 块 550Wp 单晶硅光伏组件，配置 319 台 300kW 组串式逆变器与 29 台 3300kW 箱式变压器，按交流测备案容量配置 25%·2h 储能。

（二）场址所在地建设条件的防腐蚀问题重难点分析

该场地处东南季风背风坡，光热充足，蒸发旺盛，海水盐度高，含盐海水在风浪、海岸间相互拍打易形成的盐雾，高温、高湿、高盐分的海洋性大气环境，电站腐蚀问题异常突出，在腐蚀性介质长期作用下，会对其建筑及电气结构的强度和性能等造成不利影响，给项目安全稳定运行带来隐患，并且由于停电检修导致的检修费用增加以及对供电可靠性的影响也不容忽视。

（1）光伏支架防腐分析及措施。该项目所采用支架为钢结构，腐蚀问题严重，必须采用可靠的防腐措施，通过综合比选，该项目采用热镀锌方法（厚度不小于85um），其施工较为便利，经济性较好。同时，为增强支架防腐性能，设计中针对不同钢结构部位预留单面腐蚀裕量，满足电站运营25年的需要。

（2）桩基础防腐蚀分析及措施。桩基防腐首先需提高桩的耐久性，在制作管桩时应选取合适的水灰比、抗渗等级、混凝土强度、保护层等。通过比较，该工程桩型采用PHC-400A-95，添加抗渗剂P12、抗硫酸盐外加剂和钢筋阻锈剂，同时设计混凝土保护层厚度不小于35mm，抗渗等级＞P12，加强对外部氯离子的抗腐蚀能力。

（3）电气设备防腐蚀分析及措施。盐雾中含有大量的钠离子，当组件表面玻璃上有盐雾沉积时，很容易在玻璃表面形成导电通道，影响光伏组件的抗PID性能。通过分析，该项目中光伏组件选用抗PID效应较强的双玻组件；选用更严密的封装材料，组件通过双85测试，提高电气绝缘性能；对接线盒以及连接器进行加强防护，直流升压变的印刷电路板（PCD）和电子元件需要有薄膜涂层、胶水或保护漆，以保护电路板免受潮气、盐雾和霉变；目前很多设备厂家针对水上光伏项目特殊的运行环境研发了专门的设备或构件，通常汇流箱或组串式逆变器的防护等级基本需在IP65及以上，同时设备壳体防腐等级需达到C5，以满足海水上的光伏运行环境需求。

（三）超软基光伏工程桩基施工重难点分析

相比陆上施工的光伏电站，滩涂光伏电站是建立在软基基础上，地质情况复杂，工程建设面临淤泥层厚、海水水位不高，层差较小等问题。成为滩涂光伏电站软基基础施工过程中亟需解决的工程难题。该项目通过开展超软基基础上桩基优化设计研究，对桩基承载力进行验算，提高了桩基设计水平。开展垂直度控制方法、防溜桩措施、设备漏油控制等关键技术研究，提出满足工程建设需求的系统化解决方案。

（四）水上作业安全管理重难点分析

滩涂光伏电站的施工、大多数安装位于水上作业，需要制作水上作业平台，施工难度大，安全风险高，易发生触电、淹溺、起重伤害等事故，且水面波动，涨落潮水频繁，施工作业不稳定。该项目在安装作业前，严格按照规范、标准、规定对安装作业人员进行交底和技能培训，认真落实水上作业等一系列安全措施，提高作业人员技术水平和风险意识。

（五）滩涂光伏电站运维方式重难点分析

滩涂光伏电站占地面积较大，且水上巡检交通不便，在无人值守环境下，可能出现偷盗、破坏的情况，影响运行安全。该项目依据现场情况，在光伏电站厂区周边及重要设施场所配置高清摄像头及周界入侵警告系统，支持24h在线智能化监测。运用智能诊断技术，建立全面、高效的电站运维能力，提升太阳能电池板检测、巡检效率，实现光伏场站光伏板面的自动巡检，实现少人巡检的目的。

（六）台风影响分析及抗台解决方案

该工程区域属热带季风海洋性气候，7～10月为台风多发期，最大风速37m/s，多年平均风速3.9m/s，强台风风荷载是最大的系统荷载，该项目考虑桩基安全稳固，风压根据当地气象数据以及50年一遇标准考虑设计。施工过程中通过制定优化措施：

（1）根据施工特点及时调整作息时间，避开大风时间作业。

（2）六级以上大风等恶劣天气，严禁露天高处作业，严禁露天焊接施工，并停止室外起重吊装作业。

（3）起吊迎风面积大的吊件风季吊装时必须绑扎溜绳，随时防止风吹打转。

（4）起重作业需多人配合施工时，应在施工前明确分工，施工中精力集中，协调作业。

（5）施工机械作好防风工作，垫吊车转到背风方向处。

（6）在大风天气，不进行油箱或封闭箱罐的清理及精细部套、部件的检查装配等作业，精密设备用篷布严密遮盖，防止粉尘进入设备内部。

（七）EPC管理组织重点难点和优化建议

该项目设计和施工要求高，但整体建设工期只有5个月，要完成发电并网，施工图设计、设备采购、现场施工，工期都高度紧张。针对该项目问题采取措施：

（1）该项目通过设计优化，有效提高发电小时，降低了工程造价。

（2）做好施工资源规划，开工前必须制定科学、合理的施工总体规划和施工总进度网络图，并在工程实施过程中及时调整优化。

（3）加强施工动态管理，通过设置专人监管，对事前、事中、事后全过程管控。

（4）建立组件、设备吊运、搬运安全管理规定，组件采用随用随运原则，采用人工小运的形式及时进行安装就位。

（5）建立项目部安全管理体系，制定安全管理制度，落实安全责任制，实行全员安全管理。

（6）针对水上作业等高风险作业，编制相应制度、设立专职管理人员巡查，并对作业过程检查考核。

（7）施工过程加强与发包方方、监理方及相关接口方之间的沟通协调，并成立专门的对外协调管理部门。

（中国电建华东勘测设计研究院有限公司
吴观庆　王永明　胡益平　刘瑞强）

海西州沙漠、戈壁、荒漠大型风光基地规划

（一）规划情况

2022年1月，国家发展改革委、国家能源局正式印发《以沙漠、戈壁、荒漠地区为重点的大型风电光伏基地规划布局方案》（简称《布局方案》），其中青海海西州柴达木沙漠基地规划在"十五五"时期建设新能源6000万kW、配套气电800万kW、抽水蓄能120万kW，新建自基地至中东部地区特高压直流输电通道4条。在《布局方案》的基本要求下，为落实海西柴达木沙漠基地开发建设方案，该项目详细梳理海西州柴达木沙漠地区的风电、光伏资源，研究了柴达木沙戈荒大型风光基地电源配置方案及场址布局，统筹考虑近区抽水蓄能发展及电网接入，提出柴达木沙漠基地详细规划布局和实施方案。2022年4月，中国电建集团西北勘测设计研究院有限公司正式启动开展海西州沙漠、戈壁、荒漠大型风光基地规划布局研究；同月，编制完成规划设计大纲；2022年9月，编制完成《海西州沙漠、戈壁、荒漠大型风光基地规划布局》。

（二）规划成果

青海省海西州"富光、风好"，可再生能源资源丰富，沙漠、戈壁、荒滩面积广阔，依托抽水蓄能灵活调节能力，在合理范围内配套建设一定规模的以风电和光伏为主的新能源发电项目，建设可再生能源一体化综合开发基地，实现一体化资源配置、规划建设、调度运行和消纳，以提高可再生能源综合开发经济性和通道利用率，实现抽水蓄能、新能源及输电通道"1+1＞2"的综合效益最大化，提升风光蓄开发规模、竞争力和发展质量，加快可再生能源大规模高比例发展进程。

海西州新能源资源丰富，可用于开发建设新能源土地面积大，光伏技术技术开发量为573000万kW，风电技术开发量为16350万kW，同时，也有一定的抽水蓄能站点资源，初步共布局9个站点，装机容量共计1190万kW，主要分布于格尔木市、大柴旦、德令哈、乌兰、天峻等地区。

（三）基地规划

该项目在分析海西州柴达木基地周边新能源资源情况及抽水蓄能站点布局和建设条件的基础上，围绕抽水蓄能站点等调节电源，在格尔木、德令哈、大柴旦共规划了格尔木乌图美仁、德令哈、大柴旦等3个一体化基地，总规模6690万kW，总上网电量约1032.88亿kW·h，每年可有效节约标准煤约3126

万t，每年可减少烟尘排放量约42.5万t、NO_2排放量约36.5万t、CO排放量约0.85万t、CO_2排放量约9400万t。

（1）格尔木乌图美仁一体化基地。该基地配置各类电源总装机规模2480万kW，抽水蓄能580万kW、光伏1600万kW、风电300万kW。基地总投资943亿元，一体化基地综合上网电价为0.3456元/（kW·h），新能源电量占比100%。

（2）德令哈一体化基地。该基地配置各类电源总装机规模1910万kW，抽水蓄能310万kW、光伏1200万kW、风电300万kW、气电100万kW。基地总投资787亿元，一体化基地综合上网电价为0.3323元/（kW·h），新能源电量占比78%。

（3）大柴旦一体化基地。该基地配置各类电源总装机规模2300万kW，抽水蓄能400万kW、光伏1200万kW、风电700万kW。基地总投资896亿元，一体化项目综合上网电价为0.3334元/（kW·h），新能源电量占比100%。

以风光蓄为主的可再生能源一体化开发是新时期可再生能源高质量发展的必由之路。该项目研究成果是对《布局方案》的细化、深化，在统筹柴达木沙漠新能源资源分布和抽水蓄能站点位置的基础上，提出了具有可实施性的、明确的大型风光基地规划布局方案，为后续基地规划建设提供了明确的规划指导，为柴达木沙漠风电光伏资源开发指明方向，有助于推动青海省新能源大规模、高质量发展，助力"双碳"目标任务如期实现。

（中国电建集团西北勘测设计研究院有限公司
顾垚彬）

2GW渔光互补发电项目高压配电室设计施工优化

（一）项目概述

滨州沾化区2GW渔光互补发电项目，建设地点位于山东省滨州市沾化区滨海镇，占地面积约65995亩，共规划建设光伏发电总装机容量为257.6.4102万kW，配套建设国内单体容量最大的220kV变电站一座，中国水利水电第十工程局有限公司承担该项目升压站及送出线路工程EPC总承包和光伏场区一标段PC总承包建设施工任务。

升压站及送出线路（EPC）工程总承包标段由中国水利水电第十工程局有限公司作为联营体牵头方与山东省环能设计院股份有限公司组成联营体负责实施，升压站占地面积60亩，设计8台250MW·A主变压器及其配套设施，为全国最大单体220kV变电

站，同时配置 220kV 送出线路。项目分 5 期建设，目前，升压站所有土建工作已经完成，一期、二期工程 4 台主变压器已投入生产运营。

（二）关键工艺

升压站 220kV 高压配电室和 35kV 高压配电室通过设计优化采用钢筋桁架楼承板屋面施工，220kV 高压配电室、35kV 高压配电室两个单体钢结构总工程量约为 312t，钢筋桁架楼承板安装面积约为 4688.71m²。钢筋桁架楼承板由底膜钢板、腹杆钢筋、上下弦钢筋组成，在施工过程中钢筋桁架作为受力构件，承担未凝固的混凝土自重和楼面施工载荷，混凝土凝固后钢筋与混凝土共同受力。

钢筋桁架楼承板铺设过程中连接部位进行点焊起临时固定作用，并沿钢梁上翼缘中心布置抗剪钉，加强型钢柱与混凝土之间的连接强度，进而保证工程结构的安全性和耐久性。钢筋桁架楼承板面增设附加受力钢筋，主要包括与桁架垂直方向分布的钢筋、楼承板断开处的连接钢筋、柱边加强钢筋、洞口边加强钢筋下部附加钢筋，如图 2-2，确保楼承板连成一个整体，使楼面具有更好的强度、承重能力，提高整体屋面的抗震性。

由于钢筋桁架模板采用自动化加工设备与制造工艺，实现了标准化、工厂化大规模生产，具有焊接质量稳定、钢筋分布均匀及产品尺寸精确等优势；采用机械化、工业化安装，改善了工人施工条件，有效确保施工质量。

钢筋桁架模板的防腐和防火性能基本等同于现浇楼板，无需防腐和防火处理，且底部钢板在住宅钢结构等无需吊顶的建筑中可采用不镀锌冷轧钢板，并可拆卸回收，降低了成本，有利于环保，还达到了客户的观感需求。

与传统现浇楼板相比，钢筋桁架楼承板替代了大量的木模板、钢管脚手架支撑，减少了对环境资源的浪费。满足了国家对建筑节能、节材及环保等可持续的新要求。总之，钢筋桁架楼承板在经济和社会效益都有出色的表现。

（三）项目效益

依托山东滨州沾化 2GW 渔光互补项目升压站及送出线路工程，把设计施工优化成果转化为生产力并进行应用，钢筋桁架楼承板作为一种新型的楼板配套组合模板，结合了现浇板和压型钢板组合楼板的众多优点，不仅节省常规屋面满堂脚手架搭设施工及混凝土临期拆模时间，而且屋面整体效果良好，性能稳定，最大限度满足项目整体施工要求。通过对滨州沾化区 2GW 渔光互补发电项目升压站及送出线路 EPC 工程项目变电站设计施工优化，使变电站施工设计更优化、整体布局更趋合理，设备采购设计更加优化，

整体成本降低，工期得到了有效保证，同时为新能源其他项目类似的变电站实施提供了参考经验。

（中国水利水电第十工程局有限公司　王雪昆）

钻孔灌注桩在沙漠地区光伏基础工程中的应用

（一）项目概述

中国电力建设集团有限公司阿克苏地区沙雅县 25 万 kW 光伏项目区位于阿克苏地区沙雅县盖孜库木乡西南侧的沙漠区域内，场地地层以第四系风积物全新统风积层（Q4 eol）为主。粉砂（Q4 eol），浅黄或灰白色；结构稍密～中实；稍湿；属风积成因；主要成分为石英、长石、云母等；颗粒均匀，形状不规则；级配不良，分选性差；钻进时有涌沙和塌孔现象，该层存在整个场地。由于场地内粉砂存在易扰动、保水性差等特性，为保证地基土力学特性不受影响和方便施工。该工程固定光伏支架基础采用前后双 C30 细石混凝土灌注桩基础。前桩长为 1.7m，外出地面 0.2m，入土深度 1.5m；后桩长 2.2m，外出地面 0.2m，入土深度 2.0m；桩径均为 200mm，预埋 D76×3.5Q355B 钢管，钢管下焊钢筋。前桩基础抗压承载力特征值为 14.0kN，抗拔力特征值为 8.0kN，水平承载力特征值为 8.0kN；后桩基础抗压承载力特征值为 18.0kN，抗拔力特征值为 11.0kN，水平承载力特征值为 8.0kN。

（二）钻孔灌注桩在沙漠地区应用难点

钻孔灌注桩技术在沙漠地区的应用比例相对较低，加上沙漠地区的自然环境复杂、地质条件与水文条件较差，因此在实际应用该技术时仍然会存在一些难点，且在实际成孔作业过程中，随着施工深度的增加，也需要结合实际情况调整钻孔灌注桩技术。例如，在地下土质结构相对松散的情况下，土层的地基承载力有限，此时需要将标贯击数控制在 5～25，预防因击打范围过大造成塌孔。而沙漠地区的建筑工程施工现场地多为砂层，土层较为松软，给基础工程建设造成一定困难，故此将数值调整到 40～100。

（三）钻孔灌注桩施工工艺及关键技术分析

1. 施工工艺　在沙漠地区砂土以及粉土等地质条件下用机械旋挖成孔灌注桩工艺等方面有明显优势。施工人员可借助机械进行反复循环施工直至成孔。由于该工艺成孔时存在木桶效应，因此孔壁在承受负压与出渣反复冲刷的条件下容易发生塌孔事故。

2. 关键技术　桩基础工程需要结合设备、工作原理、配置设施设置以及施工管理等进行实践。其中，钻孔灌注桩工艺使用时的关键技术如下：

（1）根据地质勘察报告、施工图等比选出性价比较高的工艺，然后根据工艺进行设备选型、原理分析，并在此基础上配置各项设施。

（2）施工过程需要按照地质条件分析→确定成孔工艺→施工准备→桩位放样→施工钻孔机就位→钻孔工艺→成孔质量检测等基本流程进行操作。在实践中往往需要对基本流程进行精细化处理，保障工艺流程的全面性。

（3）由于现代建筑项目桩基础工程施工与施工管理始终处于同步应用状态，因此要做好技术质量控制等配套工作。

（四）钻孔灌注桩在沙漠地区基础工程中的应用

1. 成孔工艺　首先，根据地质勘察结果将相对密实的粉砂层作为钢筋混凝土钻孔灌注桩的桩端持力层，并通过地基处理控制持力层极限侧阻力标准值在 35kPa、极限端阻力在 650kPa、水土平抗力系数的比例系数在 $14MN/m^4$ 以上，桩长度、直径分别设计为 1.7m/2.2m 与 0.20m。考虑到该工程所在区域地质和水文条件的复杂性以及土层结构的脆弱性，对施工场地中 1～72 号区域的单桩进行静载试验。设计值与检测值如下：

（1）后桩设计值与检测值：竖向抗压 18kN，极限检测值 36kN，合格标准为极限值施压≤40mm；竖向抗拔 11kN，极限检测值 22kN，合格标准为后值/前置≤5；水平抗压 8kN，极限检测值 8kN，合格标准为极限值施压≤10mm。

（2）前桩设计值：竖向抗压 14kN，极限检测值 28kN，合格标准为极限值施压≤40mm；竖向抗拔 8kN，极限检测值 16kN，合格标准为后值/前置≤5；水平抗压 8kN，极限检测值 8kN，合格标准为极限值施压≤10mm。

（3）前、后桩设计值与检测值：水平抗压 8kN，极限检测值 10.64kN，合格标准为极限值施压下水平位移≤10mm。

桩基桩身完整性检测依据机桩低应变检测仪波形判定。以光伏区 1～72 号方阵部分桩为例：

（1）检测部位与检测内容：5 号方阵桩基前桩竖向抗拔试验，合格标准为 16kN 的极限压力下后值/前置≤5，结论合格。

（2）检测部位与检测内容：29 号方阵桩基后桩竖向抗压试验，合格标准为施加 36kN 的压力下≤40mm，结论合格。

（3）检测部位与检测内容：70 号方阵桩基前桩水平抗压试验，合格标准为施加 10.64kN 的压力下≤10mm，结论合格。

根据以上临界荷载值、位移的数值数据显示，施工桩的水平承载力特征值符合相关规范、设计要求。

其次，以工程所在区域的地质条件、水文条件、桩设计参数以及静载试验结果为依据进行综合考虑后认为，长螺旋钻孔灌注桩工艺耗电量过大且存在钻孔困难问题，泵吸反循环成孔工艺比较费时费力，冲击成孔灌注桩工艺施工速度相对较慢，需要投入大量资源机械旋挖成孔灌注桩工艺则容易塌孔。因此，从优势互补的思路出发，利用"反循环＋旋挖"联合工艺规避不足，提升成孔质量。在常规流程基础上可将其工艺流程细化为 11 个具体环节：①准备→②桩位放样→③反循环钻机钻孔→④旋挖钻机钻孔→⑤清孔→⑥安放钢筋笼→⑦导管安装→⑧二次清孔→⑨灌注混凝土→⑩拆卸导管→⑪成桩。

2. 施工要点

（1）埋设护筒在该工程中发挥着重要作用，有效预防孔口坍塌，并在水头抬高的同时有效控制桩位。因此，将其高度控制设置为 1.7m/2.2m，直径设置为 0.2m。

（2）粉砂层层钻孔作业时根据双工艺流程进行操作，其中泵吸反循环成孔应用时先检查、启动并试运行离心泵，确认无误后进入正常循环工作状态；然后启动配套的钻机，并以实际进尺、排水量和出渣量为参考依据调整钻机速度。

（3）该工程中钢筋笼需要成孔后再进行安放，为防止下放钢筋笼时出现碰壁、挂壁以及成孔垮塌等问题，项目部专门设置了保护层垫块。具体设置时以 4 个为一组，每组间隔 2m 进行布置，确保桩基础保护层厚度为 50mm；安放时先调整好钢筋笼与孔位置，这样既保护了孔壁，也较好地完成了钢筋笼安放目标。需要说明的是，钢筋笼的制作与安放会直接影响后续的浇筑质量，因此需要对进场钢筋进行分批次抽检，确认其质量与施工设计标准相符合后，再入库堆放。进入施工阶段后，应该结合钢筋笼的制作与安装情况，对制作日期、桩位编号、主筋间距、箍筋规格间距、钢筋笼直径、钢筋笼搭接长度偏差、焊接质量及放置深度等因素进行细致检查。

（4）钢筋笼安放作业完成后进入 C30 细石灌注混凝土阶段。该工程中主要以预拌商品混凝土为灌注混合料，经工程质量检测员采集样品快速检验并确认合格后使用。初始灌注时混合料的量应控制在导管埋入深度 1m 以上，进入连续灌注状态后中途严禁中断作业，并根据测量结果实时调整导管埋深。另外，为了预防钢筋笼上浮，结合孔内混凝土与其位置距离调慢灌注进度并在灌注后面层超过钢筋笼底面 1.5m 位置时再提升导管，当导管底口提升至钢筋笼底面以上时则按照连续灌注时的正常速度进行作业。

（中国水利水电第十工程局有限公司

林伟鸿　丁海军）

中国长江三峡集团有限公司2023 年新能源项目开发情况

（一）装机规模实现历史突破

2023 年，中国长江三峡集团有限公司新增新能源并网装机容量 1848 万 kW，累计新能源装机容量达 5206 万 kW，其中海上风电装机容量 578 万 kW。第一批大型风电光伏基地项目完成 810 万 kW 并网任务；库布其"沙戈荒"新能源基地完成核准备案，工程一期全容量并网；规模最大漂浮式光伏项目——安徽阜阳南部风光电基地水面漂浮式光伏电站全容量并网，规模最大风光储一体化示范项目乌兰察布二、三期全容量并网，云南弥勒西、福建平潭外海、山东牟平等项目全容量并网，福建漳浦二期首批机组投运。

（二）资源获取取得突出进展

全年新增新能源资源超 6000 万 kW。成功获批国家第三批新能源基地 4 个项目、520 万 kW，参与福建、广东、云南等区域新能源资源竞配 10 余次，成功获取约 420 万 kW 建设指标。积极争取新疆、青海等地"沙戈荒"新能源基地资源，与新疆就"第四通道"配套新能源基地签署战略合作协议，研究形成若羌新能源开发利用规划、基地实施方案并报送至新疆维吾尔自治区发展改革委；研究形成青海海西新能源基地规划方案初步成果。按照与福建、山东等区域会谈及合作协议精神，研究形成福建闽南浅滩海上风电基地、山东千万千瓦级深远海海上风电基地初步方案。全力推进江苏、浙江、海南、天津、河北等区域海上风电基地以及内蒙古库布其第二外送基地、金沙江下游水风光基地等规划研究工作。

（三）新兴业态迸发蓬勃动能

阜阳南部基地、庆云二期、江苏如东等新型储能项目实现并网，全国首个万吨级新能源制氢项目——纳日松光伏制氢项目实现产氢；国内首艘氢燃料电池动力示范船"三峡氢舟 1"号完成首航；全球首个商用兆瓦级钙钛矿地面光伏项目成功并网；全球首个"双塔一机"风光热储一体化酒泉瓜州项目东西双塔全面封顶，青海海西、青豫直流、新疆哈密等光热项目建设全面推进；全球首台 1.6 万 kW 超大容量海上风电机组在福建平潭项目顺利并网发电，为批量化应用打下基础。

（四）管理水平迈上更高台阶

2023 年共计发布《新能源项目前期工作管理办法（试行）》《新能源项目工程建设管理办法（试行）》等 10 项制度、工作清单、指导意见，确保业务管理流程合规、高效、清晰。修编并发布《中国长江三峡集团有限公司新能源技术标准体系表》（2023 版），推动发布集团主编和参编新能源国家标准及行业标准 17 项、企业标准 7 项。

（五）重要工程建设进展情况

（1）青海海西基地 110 万 kW 光伏光热项目是国家首批以沙漠、戈壁、荒漠地区为重点的大型风电光伏基地项目之一。项目总装机容量 110 万 kW，其中 100 万 kW 光伏项目于 2023 年 12 月 29 日并网；配套建设 10 万 kW 光热项目，能够有效提升电力系统消纳可再生能源的能力，提升电力系统稳定性。光伏项目于 2022 年 5 月 16 日正式开工建设，2023 年 12 月 29 日实现全容量并网；光热项目于 2023 年 3 月 23 日正式开工建设，截至 2023 年底，项目完成吸热塔主体结构施工、定日镜桩基础施工。

（2）内蒙古鄂尔多斯市准格尔旗纳日松 40 万 kW 光伏制氢产业示范项目。2023 年 6 月 29 日，中国长江三峡集团有限公司首个光伏制氢项目——内蒙古鄂尔多斯市准格尔旗纳日松光伏制氢产业示范项目成功产出氢气。2023 年 12 月 29 日，项目光伏电站并网发电。该项目是中国长江三峡集团有限公司助力内蒙古自治区建设国家重要能源和战略资源基地的生动实践。项目于 2022 年 8 月 28 日正式开工建设，2023 年 6 月 29 日制氢场区成功产出第一方氢气，2023 年 12 月 29 日光伏部分实现全容量并网发电。

（3）云南省弥勒西风电场 550MW 工程。2023 年 3 月 30 日，三峡云南弥勒西风电项目全容量并网发电。项目总装机容量 55 万 kW，是我国西南地区达产运行的装机规模最大的风电项目，其所使用的 6.7MW 风机为当期国内山地风电单机容量之最。项目于 2022 年 4 月 25 日正式开工建设，2022 年 9 月 4 日完成首台风机吊装，2022 年 12 月 29 日实现首批机组并网发电，2023 年 3 月 30 日实现全容量并网发电。

（4）内蒙古库布其沙漠鄂尔多斯中北部新能源基地项目先导工程。2023 年 12 月 29 日，由中国长江三峡集团有限公司牵头开发的国家首批首个千万千瓦级"沙戈荒"大型风电光伏基地项目——内蒙古库布其沙漠鄂尔多斯中北部新能源基地项目（简称库布其基地项目）工程一期 100 万 kW 光伏项目全容量并网发电。库布其基地项目共建设光伏 800 万 kW、风电 400 万 kW、光热 20 万 kW，配套煤电项目 400 万 kW 及新型储能 500 万 kW·h。项目于 2022 年 12 月 28 日在达拉特旗举行开工仪式，2023 年 4 月 20 日正式开工建设，2023 年 12 月 29 日实现全容量并网发电。

（5）金沙江下游水风光基地云南侧首批 270 万 kW 项目。项目被国家能源局纳入第一批大型风电光伏基地建设清单,与溪洛渡、向家坝、乌东德、白鹤滩4座巨型水电站形成全球最大的沿江清洁能源走廊,分布在楚雄、昆明、昭通等州(市)境内,共24个光伏项目,总装机容量270万kW。2022年内,24个光伏项目陆续开工。在昭通区域,2022年9月17日,小羊窝项目并网发电;2023年7月27日,小坪子项目并网发电;2023年7月30日,秀水井项目并网发电;2023年9月28日,白沟林项目并网发电;2023年10月30日,新房子、羊窝头、八棵树、绿荫塘项目并网发电;2023年11月21日,海子山项目并网发电。在楚雄区域,2022年12月30日,弥兴项目并网发电;2023年8月28日,马游项目并网发电;2023年8月29日,官电项目并网发电;2023年11月30日,小黑箐、吴海项目并网发电;2023年12月2日,坛罐窑项目并网发电;2023年12月15日,平新、杨家湾子、李家庄项目并网发电。在昆明区域,2023年12月26日,汤朗项目并网发电;2023年12月30日,赤鹭、罗免、长坪子项目并网发电。在曲靖区域,2023年4月26日,火红马路项目并网发电。

(中国长江三峡集团有限公司　柳仁潇)

雅砻江流域水电开发有限公司2023年新能源项目开发情况

雅砻江公司新能源管理局成立于2018年4月,作为雅砻江流域水电开发有限公司(简称雅砻江公司)的二级机构负责雅砻江公司新能源项目建设和运营管理。雅砻江公司现有已投产新能源项目6个,包括柯拉一期光伏电站、会理黎州电站、冕宁大田电站和腊巴山风电项目、德昌风电场、铁达风电场;在建新能源项目2个,包括腊巴山二期风电项目和盐源扎拉山光伏电站,正在按计划开展建设工作。

(一)柯拉一期水光互补电站

柯拉一期光伏电站位于甘孜州雅江县,装机容量100万kW,由雅砻江公司新能源管理局柯拉项目部建设,两河口水力发电厂负责运营管理。电站场址面积约16km²、最高海拔4600m。电站通过500kV输电线路接入两河口水电站,实现光伏发电和水电互补运行后"打捆"送出至四川主网。电站共安装约212万块双面双玻光伏组件、5277台组串逆变器、312台箱式变压器,新建2座220kV升压站,布置312个3.2MW光伏方阵。电站于2022年7月开工建设,2023年6月25日投产发电,2023年9月30日全容量并网发电。柯拉一期光伏电站从开工至投产仅用时19个月,考虑极端天气、疫情等影响,有效工期仅6

个月,为业内同等规模光伏电站工期最短。面对高原缺氧、严寒地冻、地质条件复杂、设备降效等恶劣自然条件和技术难题,经过各方艰苦卓绝的奋战和通力协作,攻克了诸多难题,创造了大型光伏项目在高寒高海拔地区连续大规模施工的奇迹,为保障四川省迎峰度夏和大运会能源保供作出了重要贡献。2023年,柯拉一期光伏电站发电量64802万kW·h(庆达站33774万kW·h,解放站31028万kW·h)。

(二)腊巴山风电光伏基地项目

腊巴山风电项目位于凉山州德昌县,总装机容量25.8万kW,分两期建设,其中腊巴山总装机容量19.2万kW、二期项目总装机容量6.6kW,由雅砻江公司新能源管理局腊巴山项目部建设,德昌风电开发有限公司(雅砻江公司全资子公司)负责运营管理。一期项目于2023年9月21日全容量并网发电;二期项目于2023年10月15日开工建设,计划于2024年7月全容量并网发电。项目是国家首批大型风电光伏基地项目之一,也是"十四五"以来四川省已开工建设规模最大的风电项目。腊巴山风电项目建设者开发了"腊巴山风电工程数字建造系统",成功应用"高寒地区大体积混凝土施工新技术"等创新成果15项,工程建设获得可再生能源发电工程质量监督站专家高度肯定。2023年,腊巴山风电一期项目发电量9769万kW·h;二期项目累计完成基础开挖12台、锚栓安装11台、钢筋绑扎10台、浇筑7台。

(三)扎拉山光伏新能源项目

扎拉山光伏项目位于凉山州盐源县,项目包含87.4万根光伏支架基础、245万块单晶双面电池组件、5138台组串式逆变器和367台箱式变电站,占地超18km²,场址海拔高程3200m至4200m,装机容量117万kW。项目于2023年8月25日开工建设,计划于2025年全容量并网发电。截至2023年底,项目已完成现场测绘、详勘、试桩、前方营地建设等前期准备工作,Ⅱ、Ⅲ标支架基础开始开展大规模施工。项目投产发电后,年平均发电量21.5亿kW·h,每年可节约标准煤64万t,减少二氧化碳排放约180万t,对实现"双碳"目标,优化国家能源结构,助力构建清洁低碳、安全高效的现代能源体系具有示范引领作用。

(四)德昌风电项目

德昌风电位于凉山州德昌县,下辖德昌风电场和铁达风电场,总装机容量40.95万kW,其中德昌风电场总装机容量20.2万kW,铁达风电场总装机容量20.75万kW,由德昌风电开发有限公司(雅砻江公司全资子公司)负责运营管理。德昌风电场于2016年3月全部投产发电;铁达风电场于2020年1月全部投产发电。2023年,德昌风电场及铁达风电场总发电量 77014 万 kW·h。

（五）会理分布式光伏发电项目

会理黎州电站位于凉山州会理县，装机容量 2 万 kW，由雅砻江会理新能源有限责任公司（雅砻江公司控股子公司）负责运营管理，于 2015 年 12 月并网发电。2023 年，会理公司发电量 3032 万 kW·h。

（六）冕宁农光互补光伏发电项目

冕宁大田电站位于凉山州冕宁县，装机容量 1 万 kW，由雅砻江冕宁新能源有限责任公司（雅砻江公司控股子公司）负责运营管理，2015 年 12 月并网发电。

2023 年 9 月，国家能源局正式印发了《雅砻江流域水风光一体化基地规划》，同时四川省明确支持以雅砻江公司为主推进基地规划建设，雅砻江公司一体化基地建设迎来重大机遇。雅砻江公司新能源开发建设以"高起点、高标准、高质量，创一流"为总体要求，持续探索建立具有雅砻江特色的新能源建设管理体系，总结提升建设管理水平，全过程、全方位做好质量、安全、进度、环保、水保以及投资控制等方面的管控，确保各项建设管理目标的实现，着力打造新能源工程建设 2.0 版。

（雅砻江流域水电开发有限公司　赵忠倩）

中国葛洲坝集团电力有限责任公司承建两项新能源项目2023 年建设进展情况

一、三峡恒基能脉瓜州 70 万 kW "光热储能+" 项目

三峡恒基能脉瓜州 70 万 kW "光热储能+" 项目 EPC 总承包项目是 2022 年 10 月联合体方式中标项目，合同总金额 457521.0598 万元，其中联合体协议中中国葛洲坝集团电力有限责任公司实施部分金额为 222704.5042 万元。主合同于 2022 年 10 月 18 日签订，合同工期为至 2023 年 12 月 31 日各单项全容量并网发电。项目实际开工时间为 2023 年 2 月 16 日。

（一）主要工作内容

（1）40 万 kW 风电。包括风电场区、35kV 集电线路的勘察设计，以及与项目有关的全部设备（含风力发电机组、塔筒等）和材料的采购供应、监造检测、建筑及安装工程施工、项目管理、调试、验收、培训、移交生产、工程质量保修期的服务等内容，招标范围详"技术标准和要求"。

（2）20 万 kW 光伏。包括光伏区、35kV 集电线路的勘察设计，以及与项目有关的全部设备（含组件、逆变器等）和材料的采购供应、监造检测、建筑及安装工程施工、项目管理、调试、验收、培训、移交生产、工程质量保修期的服务等内容，招标范围详"技术标准和要求"。

（3）10 万 kW 光热。包括工程光热区、110kV 升压站、110kV 送出线路的勘察设计。

（二）工程进展情况

（1）风电场区。①3 月 30 日风机基础首基浇筑，8 月 3 日风电场基础浇筑完成。②6 月 28 日首台风机吊装，11 月 18 日完成全部风机吊装。③8 月 1 日开始箱变及电缆埋设施工，12 月 18 日全部完成。④3 月 10 日开始集电线路施工，12 月 20 日完成全部架空集电线路施工。⑤12 月 25 日风机全容量并网。

（2）光伏场区。①6 月 15 日开始灌注桩浇筑，10 月 16 日完成全部桩基础浇筑。②8 月 22 日开始支架安装，11 月 20 日完成全部支架安装。③8 月 25 日开始组件安装，12 月 10 日完成全部组件安装。④9 月 5 日开始箱式变压器安装，11 月 27 日完成全部箱式变压器安装。⑤10 月 21 日光伏区集电线路完成。⑥2023 年 12 月 20 日全容量并网。

（三）项目主要业绩

获得中国能源建设股份有限公司 2023 年度项目管理"十化"优秀示范项目；获得中国葛洲坝集团电力有限责任公司 2023 年度项目管理"十化"优秀示范项目一等奖。

二、京能岱海 150 万 kW 风电项目

京能电力乌兰察布 150 万 kW 风光火储氢一体化大型风电光伏基地项目Ⅰ标段位于乌兰察布市凉城县，是国家第二批以沙漠、戈壁、荒漠地区为重点的大型风电光伏基地项目，也是电力公司当前承接最大规模的风电工程。项目积极响应《北京市"十四五"时期能源发展规划》，所产电能经过"岱海—万全—顺义"500kV 输电线路送至京、津、冀地区，实现"绿电进京"。项目合同金额 16.5 亿元，总装机容量 50 万 kW，安装 70 台单机容量为 0.666 万 kW 和 5 台单机容量为 0.676 万 kW 的风电机组，新建 220kV 升压站一座，20 回 35kV 集电线路，场内道路 129km。2023 年度，项目累计完成营收 12.09 亿元。

（一）工程进展情况

2023 年 7 月 6 日，项目开工；7 月 24 日，首台风机浇筑完成；9 月 12 日，首台风机吊装完成；9 月 12 日，综合楼封顶（升压站主体全部封顶）；10 月

14 日，75 台风机浇筑完成。

（二）工程形象进度

截至 2023 年 12 月底，风机安装工程已完成风机基础浇筑 75 台、风机吊装完成 33 台及风机电装完成 10 台；集电线路工程已完成铁塔组立完成 392 基、导线展放完成 308 基；升压站土建及电气施工完成；场内道路施工完成。

（三）工程业绩

获评中国葛洲坝集团股份有限公司 2023 年度"三季度安全流动红旗"、2023 年度"最佳文明单位"、荣获公司 2023 年"三季度劳动竞赛优胜单位"。

（中国葛洲坝集团股份有限公司　曾智琦）

中国安能集团第三工程局有限公司承建 3 个光伏发电项目 2023 年建设情况

沙漠、戈壁、荒漠地区植被稀疏、气候恶劣，是人类生命的禁区，但这些地区风能、太阳能资源丰富。新疆和田就是利用"沙戈荒"大力发展新能源，开发的 40 万 kW 光伏发电 EPC 项目共分为 3 个子项目，情况如下。

（一）工程概况

（1）洛浦 20 万 kW 光伏发电项目位于新疆和田洛浦县境内，位于县城东南方向约 25km 处。项目场区南侧约 0.5km 处有 G315 公路呈西北向通过，交通较便利。直流侧装机容量为 258.7853MWp，容配比 1.29，采用 540Wp 单晶双面光伏组件，共计安装 479232 块。

（2）墨玉 15 万 kW 光伏发电项目位于新疆和田墨玉县境内，位于县城西南方距离约 27km，吐和高速公路距离项目场区南侧约 3km 东西向通过，铁路距离项目场区南侧约 0.3km 东西向通过，场外交通较为便利。直流侧装机容量 194.08896MWp，容配比为 1.29，采用 540Wp 单晶双面光伏组件，共计安装 359424 块光伏组件。

（3）策勒 5 万 kW 光伏发电项目位于新疆和田策勒县境内，距县城西南约 12km，G315 段国道距离项目场区北侧约 1.2km 东西向通过，交通较便利。直流侧装机容量 64.69632MWp，容配比为 1.29，采用 540Wp 单晶双面光伏组件，共计安装 119808 块光伏组件。

（二）施工进展情况

（1）洛浦 20 万 kW 项目。①光伏区。桩基施工累计完成 154152 个；支架安装总计 8652 组；组件安装总计 8652 组，累计完成 8056 组；完成比例

93.11％（目前甲供光伏组件约 18MW 未到货）；汇流箱施工总计 896 个；箱逆变施工总计 64 台；光伏区接地、集电线路、站区围栏均已完成施工。②110kV 升压站。SVG 集装、综合楼、消防泵房、警卫室、二次设备预制舱、35kV 一次设备预制舱、主变压器、事故油池、进站道路、储能站区土建部分、站区消防、视频监控、电子围栏等均已完成施工，已完成并网工作，目前正在协调全容量并网发电工作。

（2）墨玉 15 万 kW 项目。①光伏区。灌注桩钻孔 115578 个；灌注桩浇筑 115578 个；支架安装总计 6419 组；组件安装总计 6419 组；汇流箱累计完成 672 个；箱逆变吊装安装完成 48 台，光伏区接地、光伏区场平道路已施工完毕。②220kV 汇集站。综合楼及附属用房施工完成，电缆沟盖板工程完成；室外给水、排水、消防工程完成；站区道路完成；事故油池施工完成；架构件安装完成，35kV、110GIS、二次设备舱体、SVG、主变压器已就位，设备常规试验调试均已完成，目前已顺利完成全容量并网发电。③35kV 开关站。35kV 一次舱体、二次设备舱体完成安装调试，土建部分全部完成（包含储能），电缆沟盖板安装完成；道路浇筑；消防管网完成。

（3）策勒 5 万 kW 项目。①光伏区。灌注桩钻孔 38646 个；灌注桩浇筑 38646 个；支架安装总计 2147 组；组件安装总计 2147，汇流箱累计完成 224 个；箱逆变吊装调试完成 16 台；光伏区接地、集电线路、站区围栏全部完成。②110kV 升压站。综合楼施工完成，电缆沟施工及盖板、水泵房工程、室外给水、排水、消防工程、站区道路、警卫室工程、事故油池、储能土建部分等均已完成；架构件安装完成，35kV、110GIS、二次设备舱体、SVG、主变压器已就位，设备常规试验调试均已完成。已完成并网工作，目前计划本月内完成全容量并网发电工作。

（三）工程验收情况

（1）洛浦 20 万 kW 项目。①光伏区土建部分。已完成验收 1 个单位工程、64 个子单位、128 个分部工程、768 个分项工程．验收全部合格。电气部分。已完成验收 1 个单位工程、64 个子单位、512 个分部工程、1088 个分项工程；验收全部合格。②升压站、储能区土建部分。包括 8 个单位工程，其中包括 20 个子单位工程，69 个分部工程，184 个子分部工程，564 个分项工程，验收全部合格。电气部分包括 9 个单位工程，46 个分部工程，149 个分项工程，验收全部合格。

（2）墨玉 15 万 kW 项目。①35kV 土建工程分为 1 个单位工程、3 个分部工程、11 个分项工程、41 个检验批，经自检验收，分部分项工程均已验收合格，符合带电条件。②电气工程分为 1 个子单位工程、4

个分部工程、10 个分项工程，经自检验收，分部分项工程均已验收合格。③220kV 汇集站土建工程分10 个单位工程、20 个子单位、68 个分部工程、171 个子分部工程、546 个分项工程、692 个检验批工程，经自检验收，分部分项工程均已验收合格；电气工程分 10 个单位工程、57 个分部工程、173 个分项工程，经自检验收，分部分项工程均已验收合格。

（3）策勒 5 万 kW 项目。①光伏区土建部分，已完成验收 1 个单位工程、16 个子单位、32 个分部工程、192 个分项工程，验收全部合格。②电气部分，已完成验收 1 个单位工程、16 个子单位、128 个分部工程、272 个分项工程，验收全部合格。③升压站、储能区土建部分，电气部分质量验收表式采用 DL/T 5161.1—2018《电气装置安装工程质量检验及评定规程》。

3 个光伏电站从 2023 年 8 月陆续并网发电，将对和田地区的防风固工作及当地经济发展起到积极的推动作用，对建设资源节约型、环境友好型的大美新疆具有重要意义。

（中国安能集团第三工程局有限公司

陈佳栋　李伟伟）

中国电建集团贵阳勘测设计研究院有限公司两项新能源项目 2023 年建设情况

（一）锦屏西风电场二期项目 Ⅱ 标段 EPC 总承包项目

（1）工程概况。锦屏西风电场二期项目 Ⅱ 标段位于云南文山州丘北县，场址距丘北县城最远直线距离约 45km。S312 公路从场区南面通过，有县、乡公路从 S312 公路接入，贯穿场区，交通运输条件较为便利。

工程区属构造溶蚀中山地貌，由多条东南—西北向山脊及台地组成，海拔在 1900～2350m 之间。项目场区大部分为裸石地、稀疏灌木林地，间有部分旱地及天然草地，机位点均不涉及基本农田、生态红线、自然保护区等敏感对象及重要环境敏感区。场地内不良物理地质现象不发育，地层主要为黏土、碎石质黏土，下伏基岩为泥岩或灰岩。项目区抗震设防烈度为Ⅶ度，建筑场地类别为Ⅱ类。场地内地下水位埋深较大，对建筑物无影响；地基土对混凝土结构、对混凝土结构中的钢筋及钢结构具微腐蚀性。

该风电场二期项目 Ⅱ 标段风电场建设规模为14.375 万 kW，共安装 11 台 0.625 万 kW、19 台 0.4 万 kW 风电机组。年等效满负荷利用小时数约 2410h，容量系数为 0.275。有 12 台 5 万 kW 风电机组电能通过 3 回 35kV 集电线路汇集升压后，接入锦屏西风电场一期工程配套建设的 220kV 金龙山升压站，有 18 台 9.375 万 kW 风电机组电能通过 4 回 35kV 集电线路汇集后就近接入 220kV 蜜蜂山升压站。风电场共计 7 回 35kV 集电线路其支线采用直埋电缆敷设方式，主线采用架空架设方式。集电架空线路路径长度 110.5km，直埋电缆线路路径长度 17km。

（2）工程进展。2023 年 1 月，完成项目策划、施工组织总设计、施工方案及论证和其他相关施工方案制度编制及报审等；2 月 8 日，监理下达工程整体开工令；2 月 19 日，首台风机基础开挖完成；2 月 22 日，首台风机基础浇筑完成；5 月 19 日，首台风机吊装完成；6 月 30 日，首批风机并网发电（7 台风机）；12 月 24 日，项目全容量并网发电（30 台风机）。

（二）晴隆县苏家屯风光互补农业光伏电站项目

（1）工程概况。晴隆苏家屯风光互补光伏电站项目位于贵州省黔西南布依族苗族自治州晴隆县苏家屯南部，主要位于大厂镇、碧痕镇、鸡场镇。项目交流侧总装机容量 4 万 kW，光伏场区共布置 14 个方阵，采用 545Wp 单晶硅光伏组件，光伏组件总数 98756 块，配置 178 台 225kW 组串式逆变器，每个光伏子方阵的 14/8 台逆变器通过交流电缆直接接入 3150kV·A/2000kV·A 箱式变压器低压进线侧，配置 14 台箱式变压器。光伏场区通过 2 回 35kV 集电线路接入已建成的"苏家屯 110kV 升压站"，与苏家屯风电场共用该升压站。考虑到本期光伏工程接入，本期扩建升压站，增加 SVG、35kV 配电楼、40MW 主变压器和一套 GIS 装置及独立避雷针等。

（2）工程进展。①扩建升压站节点：2023 年 3 月 20 日，一、二次设备全部安装调试完成；3 月 25 日，电网联调工作完成具备带电条件；11 月 16 日，升压站基础开挖。②35kV 集电线路节点：2023 年 10 月 10 日，29 基塔架线完成；10 月 13 日，29 基塔架空线路具备带电条件。③光伏场区节点：2023 年 4 月 30 日，完成首批并网 0.48 万 kW；11 月 24 日，光伏场区全容量并网。

（中国电建集团贵阳勘测设计研究院有限公司

李静　姚良学）

中国水利水电第六工程局有限公司承担的两项光伏发电项目 2023 年建设进展情况

（一）小黑蚂 21 万 kW 项目

小黑蚂光伏发电项目位于云南省文山州丘北县，是云南省首个配备储能智能集成系统的集中式光伏发电项目，文山州装机规模最大的集中式光伏项目；项目规划装机容量为 21 万 kW，采用"分块发电、集中并网"模式，由 72 个光伏子方阵组成；新建 220kV 升压站一座，配置 1 台 210MV·A 主变压器，新建 1 回 220kV 线路接入 220kV 锦屏变电站，线路长度约为 44.37.km，采用 104 塔；集电线路分 1 回架空线路接入 220kV 升压站，送出线路长度约 43km；采用 480256 块峰值功率为 540Wp 的单晶硅双面光伏组件；300kW 组串式逆变器共 700 台，箱式变压器包含 4 台 3.6MV·A 箱式变压器、55 台 3.0MV·A 箱式变压器、4 台 2.7MV·A 箱式变压器、6 台 2.4MV·A 的箱式变压器、2 台 2.1MV·A 箱式变压器及 1 台 1.2MV·A 箱式变压器，通过高压电缆埋地敷设以 9 回 35kV 汇集线路接入新建 220kV 升压站。

项目投产发电后每年生产绿色电能 3.3 亿 kW·h，可节约标准煤 10.01 万 t，减少二氧化碳排放量约 27.49 万 t，结合丘北县经济发展需要，充分考虑光伏区用地效益，在不影响光伏件正常运行的前提下，计划配产中草药、灌木类果树、万寿菊等经济作物，对加快当地新能源产业建设布局、打造立体化的新能源体系具有重要意义。该光伏项目总投资 118643 万元，2023 年完成投资 95909.05 万元，占总投资的 80.83%。开工累计完后投资 96346.09 万元，占总投资的 81.20%。

该项目于 2023 年 3 月 10 日开工建设；9 月 21 日，送出线路组塔完成；11 月 22 日，送出线路施工完成，光伏厂区共计 68608 跟灌注桩，已完成 15700 组组串安装，439600 块光伏板安装；12 月 17 日，该电站首次并网成功；12 月 27 日，该电站全容量并网成功。

（二）沙河旭孚 15 万 kW 项目

中电建沙河旭孚 15 万 kW 光伏发电项目位于河北省沙河市新城镇、白塔镇、册井镇部分区域，项目占地面积 3004844m²，年平均上网电量为 24907.825 万 kW·h，该工程采用容量为 540Wp 双面光伏组件 357552 块，共建设 42 个 3.15MW、4 个 2MW、4 个 2.5MW 光伏方阵，在光伏电站场址内新建 110kV 升压站 1 座，主变压器规模为 150MV·A，配套建设 15MW/30MW·h 储能装置，以 1 回 110kV 线路接至新城变电站，线路长度约为 2.5km。电量可供当地 10 万余户家庭用电。若按照火电煤耗（标准煤）310g/(kW·h)，建设投运每年可节约标准煤 7.9 万 t，相应每年可减少多种大气污染物的排放，其中减少二氧化碳（CO_2）约 21.34 万 t、二氧化硫（SO_2）约 41.04t、氮氧化合物约 45.91t、烟尘 8.21t。

该光伏项目总投资 90176 万元，2023 年完成投资 29681 万元，占总投资 33%，开工累计完成投资 59451 万元，占总投资 66%。

该项目 2022 年 9 月 1 日开工建设；2023 年 5 月 10 日，送出线路全线贯通；7 月 15 日，沙河三王电站首次并网成功。2023 年共计完成桩基施工 3 万根，固定支架安装完成 2500 套，柔性支架安装完成 4680 套，组件 165000 块。

（中国水利水电第六工程局有限公司　袁莎莎）

能 源 消 纳

2023 年国家电网清洁能源运行消纳情况

（一）清洁能源装机概况

2023 年，国家电网公司经营区清洁能源装机仍然快速增长，但发展态势有所变化。从装机增速上看，仍然保持快速增长态势。年内新增清洁能源装机容量 23391 万 kW，占新增总装机容量的 72.9%，累计装机容量达 11.45 亿 kW，同比增长 25.7%；清洁能源在总装机中的占比达 49.3%，同比增加 3.8 个百分点。从装机类型看，风电、光伏持续快速增长、水电增速平稳。年内风电、光伏、水电分别新增装机容量 5067 万、17631 万、693 万 kW，同比分别增加 16.5%、52.4%、2.6%。从地域分布看，新能源新增装机向中东部地区转移，水电新增装机主要集中在西南地区。华北、华东、华中地区新增新能源装机容量 14159 万 kW，同比增加 104.5%，占全网的 62.4%；3 个地区风电和光伏新增装机占全网的比例分别为 44.6% 和 67.5%。

2023 年，国家电网公司经营区域内水电累计装机容量达到 2.79 亿 kW，同比增长 2.6%，占全网总装机容量的 12.0%。其中，华中、西南地区水电装机容量 17906.1 万 kW，同比增长 1.3%，占全部水电装机容量的 64.2%。

2023 年，国家电网公司经营区域内风电累计装机容量达到 3.54 亿 kW，同比增长 16.5%，占全网总装机容量的 15.2%。华北、东北、西北（简称"三北"）地区风电装机容量 2.5 亿 kW，同比增长 19.3%，占全部风电装机容量的 71.7%。其中，华北、东北、西北地区风电装机容量分别为 9706 万、5825 万、9806 万 kW，同比分别增加 28.7%、8.2%、18.2%。风电装机容量占总装机容量比例超过 25% 的省级电网有 6 个，依次为蒙东、冀北、吉林、甘肃、江西、黑龙江。目前，有 2 个省级电网风电成为第一大装机电源，分别为冀北和甘肃；有 6 个省级电网风电成为第二大装机电源，分别为山西、辽宁、吉林、黑龙江、蒙东、新疆。

2023 年，国家电网公司经营区域内光伏累计装机容量达到 5.13 亿 kW，同比增长 52.4%，占全网总装机容量的 22.1%。其中，"三北"地区光伏装机容量 2.9 亿 kW，同比增长 47.0%，占全部光伏装机容量的 56.8%。目前，光伏成为第一大装机电源的省份（地区）有 2 个，分别为河北、青海；光伏成为第二大装机电源的省份（地区）有 13 个，分别为北京、天津、山东、上海、江苏、浙江、安徽、河南、江西、陕西、甘肃、宁夏、西藏。

（二）清洁能源运行与消纳情况

1. 清洁能源消纳成效显著　2023 年，国家电网公司经营区清洁能源发电量 2.08 万亿 kW·h，同比增加 2194 亿 kW·h，增长 11.8%；清洁能源发电量占总发电量的比例达到 28.95%。水电利用小时数 3143h，同比减少 181h；风电利用小时数 2246h，同比增加 42h；光伏利用小时数 1220h，同比减少 42h。从水电消纳情况看，国家电网公司经营区水电消纳总量为 8659 亿 kW·h，同比增长 0.55%，全网消纳的水电占用电量的比例约 12.0%。从新能源消纳情况看，国家电网公司经营区风电光伏消纳总量分别为 7183 亿 kW·h 和 4992 亿 kW·h，同比增长 21.6%，占总发电量比例达 16.9%。

2. 弃电情况得到有效缓解　2023 年，国家电网公司经营区弃水损失电量 67.5 亿 kW·h，同比减少 38.7 亿 kW·h，下降 36.4%，利用率同比提升 0.4 个百分点。弃水主要发生在四川省，四川省全年弃水电量为 47.5 亿 kW·h，占全网弃水电量的 70%，较上年减少 32.1 亿 kW·h，同比减少 40.3%，利用率为 98.8%，同比提高 0.8 个百分点。

2023 年，国家电网公司经营区弃风弃光电量 330 亿 kW·h，同比增加 51.4 亿 kW·h，利用率 97.37%，同比增加 0.08 个百分点。弃风电量 220 亿 kW·h，同比增加 4.9%；弃光电量 110 亿 kW·h，同比增加 41.1%。从利用率看，风电光伏保持高利用率。国家电网公司经营区风电利用率为 97.0%，同比上升 0.25 个百分点；光伏利用率为 97.8%，同比下降 0.33 个百分点。

（三）促进清洁能源发展与消纳的相关措施

（1）全力做好并网服务。深化"新能源云"等平台应用，组织山东等相关省份印发储能并网服务手册，实现新能源和新型储能并网业务线上办理、透明服务、规范管理、应并尽并。建立第一批大型风电光伏基地月度会商和现场督办机制，确保不发生由于电网原因无法按期并网的情况。编制、修订近百项储能和新能源涉网技术标准。推动山东、安徽、河南、湖北等 7 省政府出台规范分布式光伏开发的政策文件。

（2）持续提升调节能力。建成投产白鹤滩—浙江、福州—厦门等重点工程，跨省跨区输电能力超 3 亿 kW。加快新能源受阻断面和主变改扩建，减少新能源断面受阻。投产河南天池等 7 座合计容量 515 万 kW 抽水蓄能电站。全力服务新型储能并网，全年新增并网容量约占总容量的 75%。完成煤电"三改联动"容量 9600 万 kW。

（3）不断完善市场机制。21 个省级现货市场启动试运行，调峰辅助服务市场基本实现全覆盖，中长期实现连续运营，绿电绿证交易规模持续扩大。各省均已推动集中式新能源参与市场交易，山东、山西等 6 个省储能参与现货市场，甘肃、安徽等 10 个省推动储能参与辅助服务市场。通过市场机制挖掘源网荷储调节潜力，提升储能利用水平，促进新能源消纳。全年新能源市场化交易电量约 5500 亿 kW·h，同比增长 38%。参与市场的储能年利用时长较平均水平高出 112h。

（4）全力保障高效利用。编制印发《新能源并网调度运行及消纳工作规范》《新型储能电站调度运行管理规范（试行）》，全面加强新能源和新型储能运行管理，完善提升管理技术手段。持续加强来水及新能源预测管理，优化水库群联合调度，强化抽水蓄能机组和新型储能调用管理，强化全网统一调度，多措并举促进水电和新能源大范围消纳，提高储能利用水平。

（国家电网公司国家电力调度控制中心　于婧）

2023 年南方电网清洁能源运行消纳情况

（一）清洁能源装机概况

2023 年，南方电网公司经营区（广东、广西、云南、贵州、海南）清洁能源装机保持快速增长，年内新增清洁能源装机 5147 万 kW，占新增总装机容量的 76.5%。其中，水电新增装机容量 192 万 kW，主要集中在广西和云南；风、光新增装机容量 4836 万 kW，主要集中在广东、广西和云南。

2023 年，南方电网公司经营区非化石能源累计装机容量达 2.9 亿 kW，同比增长 20.5%；非化石能源装机容量在总装机容量中占比达 58.5%。其中，水电累计装机容量达 1.45 亿 kW，同比增长 1%，占总装机容量的 28.7%；核电累计装机容量达 2080 万 kW，同比增长 6.1%，占总装机容量的 4.1%；风能累计装机容量达 5110 万 kW，同比增长 33.3%，占总装机容量的 10.1%；太阳能累计装机容量达 7840 万 kW，同比增长 79.9%，占总装机容量的 15.5%。

（二）清洁能源运行与消纳情况

2023 年，南方电网公司经营区非化石能源发电量 7470 亿 kW·h，占总发电量的 46.1%。其中，水电累计发电量 4350 亿 kW·h，同比减少 12%，占总发电量的 27%；核电累计发电量 1540 亿 kW·h，同比增加 7.7%，占总发电量的 9.5%；风能累计发电量 970 亿 kW·h，同比增长 21.3%，占总发电量的 6%；太阳能累计发电量 610 亿 kW·h，同比增长 66.8%，占总发电量的 3.8%。

2023 年，全网统调口径弃水电量 2.9 亿 kW·h，同比减少 4.3 亿 kW·h，水电消纳成效显著，实现连续 3 年主网零弃水，全网水能利用率超过 99.9%；全网新能源基本实现全额消纳，风、光发电利用率 99.8%，其中，风电利用率 99.87%，光伏利用率 99.7%。

（三）保障清洁能源发展与消纳的相关措施

（1）优化新能源并网管理。充分发挥政企联动、源网协同机制，主动服务新能源并网，因地制宜编制各省级电网新能源并网调度服务指南，优化精简风机并网审核流程，服务新能源规范并网。建设省地一体化新能源并网管理模块，规范开展并网条件审核、涉网试验流程管理。探索建立现货市场下并网管理新模式，建立广东现货与区域现货新设备并网管理、参数管理联动保障机制。

（2）动态调整水电运行策略。针对汛前南方区域异常严峻的电力保供形势，密切跟踪研判水情，提早发布预警，制定汛前水电蓄能考核方案，明确西部省区逐月水电蓄能目标，精细管控落实，以蓄能保供为抓手，促进政企联动、厂网协同做实做细保供措施，成功化解了汛前水电机组大面积失备限电重大风险，实现西部省区安全平稳入汛。汛期统筹做好保供应、保蓄水、保消纳工作，制定蓄水考核方案，着力抓好蓄水保供工作。

（3）多措并举保障西电东送规模。建立"分电到厂、优先计划月度调整、省间送电违约考核"三大机制，实现省间送电由"大锅饭"到"责任田"的历史性转变。进一步优化"西电东送"、扩大"北电南送"、常态化开展跨境互送，完善周交易机制，权利保障五省区电力有序供应。

（4）持续提升系统灵活调节能力。发布新型储能调度管理工作指引，规范新型储能、虚拟电厂并网调度管理，广东创新提出新型储能"一体多用、分时复用"调度模式，贵州建成南方区域规模最大的电化学储能基地完善新型储能调度运行机制。

（5）推动电力市场改革。完成区域"1+N+5X"南方区域电力市场规则体系修订，优化设计电力现货市场业务流程，持续提升市场运营水平。全年开展 5 次区域调电及 2 次结算试运行，在全国率先实现区域市场全域结算试运行。促进新能源及新兴主体参与辅助服务市场交易，发布独立第三方主体参与辅助服务市场实施细则，跨省区备用市场正式进入结算试运行，深圳积极推动虚拟电厂参与备用市场。

（南方电网能源发展研究院　刘正超　刘平）

2023 年华北电网积极消纳清洁能源情况

（一）新能源发展情况

（1）新能源资源分布总体情况。华北电网新能源资源丰富，其中京津唐、山西、山东及蒙西电网分布较多。京津唐电网风光资源主要在张家口、承德地区。河北南网风光资源主要在石家庄、保定、邯郸、沧州地区。山西电网新能源主要在大同和忻朔地区。山东电网风光资源主要在东部、北部沿海地区和潍坊、泰安、济宁、菏泽地区。蒙西电网新能源主要在巴彦淖尔、鄂尔多斯、包头、呼和浩特、乌兰察布及锡林郭勒地区。

（2）新能源装机情况。华北电网新能源保持高速增长态势。截至 2023 年底，华北电网新能源装机容量达 27996 万 kW。其中，风电装机容量 12872 万 kW，光伏（含分布式光伏）装机容量 15124 万 kW。各省电网新能源装机情况：京津唐（含锡盟特高压配套风电) 6986 万 kW, 河北南网 3423 万 kW, 山西 4833 万 kW, 山东 8229 万 kW, 蒙西 4525 万 kW。

(二) 新能源发电情况

(1) 新能源最大电力情况。华北电网新能源最大电力(含分布式光伏)达到 14142 万 kW, 其中风电最大电力 7714 万 kW, 光伏(含分布式光伏)最大电力 8865 万 kW。各省网风电最大电力情况: 京津唐(含锡盟特高压配套风电)2443 万 kW、河北南网 365 万 kW、山西 1907 万 kW、山东 2044 万 kW、蒙西 1921 万 kW。光伏(含分布式光伏)最大电力情况: 京津唐 1536 万 kW、河北南网 2044 万 kW、山西 1652 万 kW、山东 3511 万 kW、蒙西 1115 万 kW。

(2) 新能源发电量情况。华北电网新能源发电量(含分布式光伏)为 4327 亿 kW·h, 风电发电量 2632 亿 kW·h, 光伏(含分布式光伏)发电量 1695 亿 kW·h。

(3) 清洁能源外受电情况。华北电网通过多条跨区联络线消纳区域外部清洁能源。2023 年, 华北电网共计消纳跨区清洁能源 294.4 亿 kW·h, 积极践行了国家电网公司消纳新能源的战略部署。

(三) 保供电保消纳措施与成效

华北网调不断深化能源转型的认识, 促进华北电网的调节资源配置能力、新能源接纳和消纳能力"两个稳步提升"。

(1) 深化机制建设——强化区域协同源网荷储联动促消纳机制。建设区域协同的源网荷储促消纳机制, 从技术、管理提升多方面持续发力, 提高新能源消纳能力。一是强化区域互济、源网荷储联动的调度运行促消纳机制。统筹协调、有序调用全网调峰能力, 实现新能源最大化消纳。二是强化新能源消纳全流程管控。建设技术支持平台, 实现各类调峰资源的精细化管理。三是强化新能源功率预测管理。

(2) 开展技术创新——提高新能源外送与消纳能力。一是打造锡盟"沙戈荒"大基地示范区。华北分部以锡盟为样板, 探索应用"电磁暂态仿真 + 新型避雷器 + 新能源主动支撑 + 加装分布式调相机"组合拳, 将锡盟一期新能源送出能力由投产初期的 150 万 kW 提升至 600 万 kW, 2023 年下半年平均利用率达 92.5% (提升 11.3 个百分点), 全年利用小时 2939h。二是完善"柔直 + 抽蓄 + 新能源 + 储能 + 大电网"多维协同优化控制系统。充分发挥张北柔性直流工程"潮流控制器"和丰宁抽水蓄能电站"超级充电宝"作用, 优化 500kV 承唐外送通道和环渤海东纵通道潮流, 减少承德、上都近区新能源外送受限, 最大化消纳京津唐电网新能源。

(3) 发挥市场作用——全面提升市场资源配置能力。一是发挥跨区跨省中长期市场作用。2023 年华北跨区新能源交易电量达到 491.1 亿 kW·h, 占比全年跨区中长期交易总电量 23.0%。二是积极参与省间现货市场。2023 年华北参与省间现货市场卖出新能源电量 83.97 亿 kW·h, 同比增长 18.2%。三是精益运营华北"调峰 + 容量"辅助服务市场。2023 年华北省间调峰市场最大成交电力 1059 万 kW, 累计促进新能源消纳 27.75 亿 kW·h, 年均提高新能源利用率 0.6 个百分点。省网市场挖掘火电深调能力 774 万 kW, 火电平均负荷率最低 37.1%, 单机最低负荷率 15%。

(4) 挖掘调节潜力——多措并举提升新能源消纳能力。一是挖掘火电深调运行潜力。2023 年累计推动全网 282 台、13129 万 kW 机组深调改造, 提升调峰能力 2523 万 kW。二是挖掘新型储能调节能力。编制《直调新型储能调度运行管理规定(暂行)》, 明确新型储能并网管理、运行管理、检修管理等要求; 扩大新型储能应用场景, 接入华北多资源协调控制系统, 应对跨区大功率直流闭锁故障。三是挖掘负荷侧资源调节能力。推动冀北、河北、山东分时电价政策出台, 促进负荷由晚高峰向午间消纳困难时段转移, 增强午间新能源消纳和晚峰保供能力。四是挖掘全网抽水蓄能调节能力。全面加强抽水蓄能调度运行管理和统一调用, 2023 年全网抽水蓄能机组抽发电量 267.91 亿 kW·h, 同比提升 41.4%; 利用小时数 2564h, 同比提升 2.6%。

(四) 华北电网提升抽水蓄能利用水平的措施及成效

华北电网抽水蓄能装机容量达到 1147 万 kW, 抽水蓄能机组年抽发电量达 267.91 亿 kW·h, 同比提升 41.4%; 利用小时数 2564h, 同比提升 2.6%。华北网调深入贯彻落实《国调中心关于加强抽蓄机组调用、做好抽蓄调度管理的通知》要求, 统筹电力保供和新能源消纳, 统一优化全网抽发计划, 提升抽水蓄能利用水平。

(1) 为保证抽水蓄能机组在满足华北各省网日常调峰、保供需求的前提下, 合理控制月度使用量, 避免"大起大落", 华北网调编制《华北电网抽水蓄能年度使用方案》: 测算各省级控制区、各抽水蓄能电站的年度总使用需求, 并分解至逐月; 考虑月度每周对抽水蓄能使用需求量的不同, 将月度计划分解至周, 制定周预计划及抽发电量; 年内跟踪抽水蓄能使用年度计划进度并滚动修正后续月度分解方案。在此方案的指引下, 华北抽水蓄能圆满完成 2023 年度抽水蓄能使用计划。

(2) 为充分发挥迎峰度夏期间抽水蓄能机组顶峰保供、低谷促消纳的作用、提高抽水蓄能机组的利用率, 华北网调编制《华北电网 2023 年迎峰度夏保供抽蓄应用方案》，以"全网抽水蓄能发电用在顶峰时段、富余能力省间余缺互济、最大化发挥抽水蓄能保供能力"为目标，全网统筹制定抽水蓄能日抽/发计划，督导抽水蓄能电站加强运维巡检以及备足备品备件；督导抽水蓄能电站加强库容管理和补水协调；加强网厂沟通协调，合理安排度夏期间机组定检与消缺。

（3）为进一步做好抽水蓄能机组调度运行管理，华北网调在充分征求华北各抽水蓄能电站以及相关省调意见建议后，修订《华北电网抽水蓄能机组运行管理规定（试行）》，明确华北网调调度的抽水蓄能机组调峰和保供能力可根据电网运行需求进行全网统一调用原则，在出现有序用电、弃水、弃风、弃光前，按照能抽尽抽、能发尽发、能调尽调的原则开展抽水蓄能机组调度，充分发挥抽水蓄能机组在保安全、保供应、促消纳中的作用。

（4）永利抽水蓄能电站的容量费用由京津唐电网和河北南网平摊，其实际可用容量的50%纳入京津唐平衡、50%纳入河北南网平衡，其顶峰、调峰能力由京津唐、河北南网共享。为充分发挥永利抽水蓄能电站的调峰和保供能力，华北网调与河北省调编制并修订《永利抽水蓄能电站调用原则》，大大提升了永利抽水蓄能电站的调用灵活性，并为新建抽水蓄能机组的调度运行以及容量电费分摊提供了"样板"。

（国家电网有限公司华北分部调度控制中心
乔登科）

2023 年华东电网积极消纳清洁能源情况

（一）清洁能源消纳概况

（1）装机情况。华东全网调度口径（含分布式光伏，下同）装机容量 52593 万 kW（含阳城）。其中清洁能源装机容量 22862 万 kW，占 43.47%。主要包括：常规水电装机容量 2031 万 kW，占 3.86%；抽水蓄能机组装机容量 1791 万 kW，占 3.41%；核电装机容量 2743 万 kW，占 5.22%；风电装机容量 4465 万 kW，占 8.49%；光伏装机容量 11551 万 kW，占 21.96%；新型储能装机容量 281 万 kW，占 0.53%。

（2）发电情况。华东电网区内常规水电累计发电量 509.3 亿 kW·h，同比下降 5.89%，主要原因为 2023 年华东地区主要水库来水偏枯，且同比上年偏少 27.5%。全年风光累计发电 1980.04 亿 kW·h，同比增长 22.3%，占全网总发电量的 10.8%。其中，风电发电 1011.37 亿 kW·h，同比增长 6.8%，占全网总发电量的 5.5%；光伏发电 968.67 亿 kW·h，同比增长 44.1%，占全网总发电量的 5.3%。华东网内新能源最大出力 8433 万 kW，发生在 11 月 17 日；风电最大出力 3271 万 kW（2 月 21 日）；光伏最大出力 6297 万 kW（11 月 18 日）。通过提前发布预警，动员各方力量充分挖掘消纳潜力，华东区域实现新能源全额消纳。

（3）区外来电消纳情况。华东电网接入跨区直流达到 14 回，年度最大区外来电电力 7045 万 kW（较上年增加 1009 万 kW），创历史新高。累计消纳电量 3356.52 亿 kW·h，同比增加 9.19%。全年累计组织跨区域富余可再生能源现货交易消纳电量 137.66 亿 kW·h，同比下降 13.2%。

（4）区域辅助服务市场助力电网保供与清洁能源消纳。修订了调峰辅助服务市场规则，引入了新能源、储能等多元主体，华东辅助服务市场运行情况良好。调峰辅助市场成交量增长显著，同比增长 34.9%。备用辅助服务市场保障了电力有序保供，最大支援电力 601 万 kW，12 月转入正式运行。通过发挥市场机制作用，有效激发发电企业发电与调峰积极性，有力保障各省市的用电需求与清洁能源消纳需求。

（二）新安江节水调度及亚运保障工作措施成效

面对新安江水库流域连续干旱、保供任务重和亚运会保障要求高等多重压力，华东网调未雨绸缪，提前开展惜发蓄水调度，兼顾防汛安全，有效利用汛期实现既定蓄水目标，精准助力电网保供，圆满完成亚运期间顶潮及水上运动中心、上游环湖赛场等生态景观用水保障，切实履行了央企的社会责任，获得了杭州市政府、亚运会组委会的来函感谢。

（1）准确预判提前惜发蓄水。华东网调结合历年统计规律初步预判 2023 年新安江流域将维持枯水态势。考虑到电网度夏平衡存在缺口，9~10 月还将召开亚运会及亚残会，届时电网安全保供及亚运供水保障亟需新安江上库预留足够水量，为此，华东网调提前确定"抬升入汛水位、保供蓄水兼顾、全年惜水调度"的总原则。由于提前预判准确，在冬季全网平衡尚有裕度情况下安排新安江少发，月电量均少于 0.5 亿 kW·h，库水位自 1 月份小幅回落后触底回升。特别是主汛期的 6 月发电仅 0.22 亿 kW·h（仅为历史同期均值的 13%），居历史同期第三少（略多于 2007、2004 年），6 月末水位抬升至 103.49m。1~7 月流域实际来水处于历史同期第六枯，新安江电厂发电仅安排 2.96 亿 kW·h（历史同期第四少），7 月末水位高达 104.91m，为电网保供和亚运用水保障奠定坚实基础。

（2）承压果断抬升新安江入梅水位。4 月份召开的气象会给出汛期新安江流域降水偏少的预测意见。华东网调分析认为水库汛期度汛安全可控，果断将入梅前新安江水位控制目标提高至 101.4m（较近二十年均值提高 1.5m）。水库实际入梅水位 101.16m，接近预控值，从而成为严重干旱期达成预期蓄水目标的关键决断。6 月 17 日入梅后，仍延续少发多蓄的调度策略。7 月上中旬，流域降雨有所增多，仍维持惜水调度策略。7 月 11 日出梅当日，新安江水库回蓄至 104.66m，处于历年同期较高水平。5 号台风"杜苏芮"登陆前，新安江库水位最高回蓄至 104.95m（7 月 24 日），该水位为 2020 年大洪水以来的最高蓄水位，距浙江省水利厅《新安江、富春江水库保障亚运专项调度方案》设定的 7 月底 105.3m 预期目标仅差 0.4m。

（3）全力以赴保障亚运供水。亚运开幕前，新富水库自 9 月 18 日开始提前做好水量保障工作，22～23 日新安江电站更是实现 48h 满发。亚运及亚残会期间严格执行有关政府部门调度令和来函 7 份次，配合高低潮汛期安排不同级别下泄流量，全力保障上下游火炬接力、富阳水上运动中心及上游环湖赛场等赛事期间生态、景观用水，新安江为此动用 1.5m 库容，为亚运供电保障、钱塘江河口防潮和水环境安全提供了关键支撑。据统计，新安江、富春江电厂电站整个亚运保障（9 月 18 日～10 月 8 日）及亚残会保障期间（10 月 18～25 日）分别安排发电 15079 万、6299 万 kW·h，实现下泄水量 8.26 亿、16.61 亿 m^3，该电量已超过迎峰度夏期间最紧张 8 月的发电量。

（4）惜水调度结出经济节能硕果。由于合理采用低水位蓄水、高水位发电策略，新安江水库运行经济性极为显著。全年平均发电水耗为 5.3m^3/(kW·h)，比历年均值低 0.51m^3/(kW·h)（节约 9%），其中 8 月发电单耗低至 5.19m^3/(kW·h)。新安江和富春江电厂分别实现节水增发电量 1.612 亿 kW·h 和 0.4477 亿 kW·h，水能利用提高率分别为 9.95%、7.38%。

（国家电网有限公司华东分部调度控制中心　陆建宇）

2023 年华中电网清洁能源优化调度情况

（一）来水及水电运行概况

2023 年来水整体呈现"枯期平稳、汛期偏枯、鄂西秋汛明显"的年内分布特征。该年度，华中区域内重点水电厂来水总体较常年偏少超 2 成，与上年基本持平。清江流域来水较常年基本持平，较上年偏多超 4 成。溇水流域来水较常年偏少超 1 成，较上年偏多 5 成。沅水流域三板溪来水较常年偏少近 6 成，较上年偏少近 5 成；五强溪来水较常年偏少 5 成，较上年偏少 4 成。全网水电（不含三峡）年累计发电量 1019 亿 kW·h，同比减少 6.3%。其中，湖北（不含三峡）发电量同比增加 21.9%、湖南水电发电量同比减少 30.7%。

（二）新能源发展与消纳情况

（1）装机增长情况。华中电网新增新能源装机容量 4400 万 kW，其中风电 424 万 kW、光伏 3977 万 kW（新增分布式 2832 万 kW）。截至 12 月底，全网新能源装机容量达到 14024 万 kW，同比增长 45.7%，其中风电 4560 万 kW、光伏 9464 万 kW。

（2）促进新能源消纳开展的工作。在新能源超预期增长，用电量增长相对较慢情况下，内增外扩、多措并举，度电必争促进新能源消纳。①在华中区域新版"两个细则"修订过程中，提出加强新能源管理的相关建议；组织编制《五凌电力贵州清水江子基地新能源场站调度运行管理规定》；完成华中电网年度、季度新能源消纳测算与回算；针对新能源利用不理想情况，及时组织省调开展专题分析并提出应对措施。②在国调指导下积极发挥预测专班作用，常态化开展新能源预测问题分析及整改；针对预测偏差大的情况，组织省调分析原因并形成专题分析报告；将新能源预测准确率等纳入每月华中电网运行情况通报，督促各省持续提升预测水平；3 月起每月组织编制《新能源预测工作月报》，总结每月工作情况、预测准确率及考核情况以及新能源纳入平衡情况；度冬期间每天组织开展寒潮天气对新能源预测影响及风机覆冰、光伏覆雪停机情况统计分析，督促省调做好新能源日前预测尤其是晚峰最小出力预测，提升极端天气下新能源预测水平。2023 年，全网新能源功率预测准确率 97.82%，同比增加 0.33 个百分点。③配合完成五强溪扩机工程 2×25 万 kW、天池抽水蓄能 4×30 万 kW 新机投产；积极支持 45 台、2314 万 kW 火电机组完成灵活性改造；推动进一步提高抽蓄机组"两抽两发"覆盖率和加强新型储能调度运用，华中网调直调抽蓄两抽两发天数合计达到 416 天，同比增加 179 天。

（3）工作成效。新能源最大出力 5709 万 kW，同比增长 32.6%，电力渗透率达到 50.1%（同比增加 6.3 个百分点）；新能源发电量 1710 亿 kW·h，同比增加 27.1%，电量渗透率达到 17.9%（同比增加 4.1 个百分点）。新能源利用率 98.41%，优于公司下达指标（96.2%），其中风电利用率 98.29%，光伏利用率 98.55%，实现新能源"保量稳率"。

（三）水电精益化调度

（1）大力开展相关工作。①督促各直调水电厂全面梳理水库运行要求，重点核对生态调度、汛前消落、设备检修、中长期计划相关要求，在汛前完成水雨情测报和水库调度技术支撑系统维护、调试、改造。组织编制 2023 年华中电网直调水电年度和各季度直调水电运行方式，编制《2023 年华中电网区域重点水电厂库汛计划汇编》，全力配合完成 78 项水电机组检修消缺。②加强与气象、水利部门联系，密切跟踪天气及来水变化，及时召开流域水情会商会，明确入梅前、首场暴雨末、梅雨期末、7 月末和 8 月末等阶段性水位控制目标和调度策略。在梅雨期来临前，提前加大运行方式，将直调水电厂库水位均控制在汛限水位之下。③密切关注雨水情及出梅时机，抓住梅雨期末最后一轮降水过程（7 月 6～9 日），及时拦蓄尾洪，抬升直调水电厂水库水位。截至 7 月 10 日出梅时，隔河岩、江坪河水位较多年均值高 1.31、7.6m，南三省（湖北、湖南、江西）水电（不含三峡）蓄能值较入梅前增加 27.3%。④出梅后至 7 月下旬中期来水较少，在满足电网保供需要的同时，按照"精细调度、长短结合、滚动调整"原则，适当抬高清江梯级、江坪河等重点水库水位，全力保障沅水梯级蓄水。8 月上旬第二轮用电高峰期，采取"一厂一策"方式保供电，清江梯级、江坪河加大方式调峰运行，沅水五强溪动态调整方式控制水位，三板溪、白市、托口最小方式运行保水蓄水。⑤配合完成五强溪库区沅陵县传统龙舟赛，配合完成白市、高坝洲库区水体更换；配合完成五强溪扩机工程 6、7 号机组投产相关工作，完成水调自动化系统功能调整。

（2）工作成效。尽管年初水位严重偏低、全年来水整体偏少且不及预期，在圆满完成度夏保供的同时，仍取得了较好的蓄水和水能利用成效。①度夏期间，全网水电发电量 225 亿 kW·h，同比增加 4.7%，起到了重要保供支撑作用。8 月上旬，华中大部分地区持续晴热高温，用电负荷再次出现一轮高峰，全网水电晚峰平均出力 3254 万 kW，直调水电晚峰平均出力 618 万 kW，其中 8 月 4 日全网负荷创新高当日晚峰满发顶峰运行。②截至 2023 年底，华中区域重点水电厂水库总可调水量为 427.39 亿 m³，较上年同期增加 176.26 亿 m³；蓄能值达到 93.76 亿 kW·h，较上年同期增加 40.10 亿 kW·h；蓄能比 75.6%，较常年提升 13.1 个百分点。分省看，湖北、江西两省蓄水情况较好，其中湖北蓄能比 81.8%。③2023 年，全网水电水能利用提高率 7.76%，没有发生弃水电量损失，全网水电全额利用。

（国家电网有限公司华中分部调控中心　徐玮）

2023 年东北电网积极消纳清洁能源情况

（一）清洁能源消纳情况

截至 2023 年底，东北电网清洁能源装机总容量 10204.77 万 kW，其中风电装机容量 5825.49 万 kW，占总装机容量的 27.81%，光伏装机容量 2461.42 万 kW，占总装机容量的 11.75%。水电装机容量 1250.34 万 kW，占总装机容量的 5.97%。核电装机容量 667.52 万 kW，占总装机容量的 3.19%。

清洁能源发电量 2308.85 亿 kW·h，同比增长 16.27%，其中风电 1274.94 亿 kW·h，同比增长 24.31%；光伏 319.22 亿 kW·h，同比增长 20.89%；水电 213.76 亿 kW·h，同比减少 12.50%；核电 500.93 亿 kW·h，同比增长 10.89%。风电平均利用小时数 2488h，同比增长 43h；光伏平均利用小时数 1496h，同比下降 71h；水电平均利用小时数 1749h，同比减少 314h；核电平均利用小时数 7504h，同比增长 228h。

风电新增装机容量 1132.54 万 kW，增长率为 24.13%；光伏新增装机容量 601.08 万 kW，增长率为 32.31%。新能源受阻电量 40.00 亿 kW·h，同比上升 22.35%，其中风电受阻电量 35.68 亿 kW·h，同比增长 21.06%，光伏受阻电量 4.32 亿 kW·h，同比增长 34.23%；新能源受阻调峰原因占比 29%；网架原因占比 71%。网架制约为新能源受阻主要原因。新能源利用率为 97.55%，同比上升 0.02 个百分点，其中风电利用率为 97.28%，同比上升 0.07 个百分点，光伏利用率为 98.66%，同比下降 0.14 个百分点。实现新能源发电"量、率"双升，新能源利用率连续 4 年居"三北"电网首位。

（二）清洁能源消纳措施及成效

（1）持续提升新能源功率预测精度。东北电网一直以来精细化开展新能源场站可用机组容量管理，加强预测模型滚动更新与校核，全年累计更新预测精度较低的场站模型 498 次。引入测风塔实时气象监测数据参与预测，提升预测精度 0.5 个百分点。建立气象专家会商机制，平衡紧张时期开展 32 次预测可信度评估，提升新能源纳入平衡比例超过 10%。多措并举提升新能源预测精度，有效发挥预测对消纳的"前置支撑"作用。

（2）统筹优化抽水蓄能机组调度策略。在考虑新能源消纳最大化的基础上，增加调峰市场费用最小化控制目标，以 7 天为窗口，滚动调整抽水蓄能发用计划曲线，大风期抽水蓄能每日"两发两抽"常态化，合理提升抽水蓄能综合利用水平，降低新能源消纳成本。统筹安排抽水蓄能机组检修，安排蒲石河尾闸密封更换导致机组全停的检修工期尽量错开大风期，调整机组检修工期同步进行，减少机组停运小时。2023年，全网抽水蓄能机组抽水用电量 58.01 亿 kW·h，同比增长 14%，综合利用小时数 2519h，同比增加 67h。

（3）充分发挥市场作用消纳新能源。完善辅助服务市场规则，激励火电企业开展灵活性改造，通过市场化方式提升消纳能力和空间。2023 年通过深度调峰市场增发新能源 470 亿 kW·h，占新能源发电量的 34.2%；新能源每度受益电量分摊费用 0.199 元。积极组织参与跨区现货交易，2023 年新能源日前跨区现货成交 16032 笔，电量 49.84 亿 kW·h，日内成交 8641 笔，电量 6.56 亿 kW·h。

（三）应对紧急汛情采取的措施及成效

2023 年 7 月 28 日～8 月 13 日，在"七下八上"防汛关键时期，第 5 号台风"杜苏芮"和第 6 号台风"卡努"先后袭击东北地区，松花江流域多条河流发生编号洪水，严重威胁人民生命财产安全。面对副热带高压位置频繁变动、台风路径诡异多变、极端降雨点发多发等复杂防汛形势，东北电网深化政企协同联动，强化中朝界河国际合作，立足最不利情况，做好最充足准备，统筹主要流域七大水库防汛防台任务，精细开展水库调度工作，充分发挥水库调蓄作用，成功应对了双台风袭击。

（1）超前谋划做好超标洪水应对预案。在第 5 号台风"杜苏芮"和第 6 号台风"卡努"台风生成后且未对东北地区产生风雨影响前，东北网调就针对松花江和鸭绿江流域七大水库不同级别假想降雨，编制洪水预报调度方案 31 份，做好应对不同量级降雨及来水下各流域水库群调度预案。

（2）精准施策滚动优化水库调度策略。根据流域雨、水情变化，及时调整各水库发电计划，统筹兼顾水库防洪、蓄水需求。一是预腾库容保障沿岸城市防洪安全。深化政企协同联动，与水利部松辽水利委员会及时交流降雨预报信息，会商水库调度方案。针对"杜苏芮"残余云系以及"卡努"，先后两次调增白山—丰满梯级水库发电出流至下游工程设防流量（1100m³/s）。二是错峰洪峰保障嫩江下游堤防安全。"杜苏芮"残余云系带来的强降雨，导致嫩江中游支流雅鲁河发生洪水，为保证嫩江下游堤防安全，调减尼尔基水库发电出流至最小用水流量（150m³/s）。

（3）加大出流降低中朝界河弃水风险。强化中朝界河国际合作，积极对接朝鲜国家调度，及时通报雨、水情信息，适时增加水丰水库三成发电出流。台风"杜苏芮""卡努"期间，东北网调 2 次向朝鲜平壤调度通报台风路径和降雨预报情况，建议加大水丰水库发电出流。通过积极沟通、主动作为，将水丰水库发电流量提高至 1000m³/s，协助消落水丰水位，降低了水库弃水风险，确保了水丰水库下游中、朝两国人民生命财产安全。

（国家电网有限公司东北分部调度控制中心
葛林松）

2023 年西北电网清洁能源优化调度情况

（一）清洁能源消纳情况

截至 2023 年底，西北电网清洁能源装机总容量 25606 万 kW，其中风电装机容量 10070 万 kW，占总装机容量的 23.39%，光伏装机容量 11931 万 kW，占总装机容量的 27.71%。水电装机容量 3605 万 kW，占总装机容量的 8.37%，其中，新能源（风电、光伏）装机容量占比超过 51%，西北电网成为首个以新能源为装机主体的区域电网。

清洁能源发电量 3080.19 亿 kW·h，同比增长 17.25%，其中风电 1754.05 亿 kW·h，同比增长 12.43%；光 1246.08 亿 kW·h，同比增长 25.43%；水电 80.06 亿 kW·h，同比增加 8.85%；风电平均利用小时数 2075h，同比增长 70h；光伏平均利用小时数 1421h，同比减少 44h；水电平均利用小时数 221h，同比增加 11h。

风电新增装机容量 1761 万 kW，增长率为 21.2%；光伏新增装机容量 4342 万 kW，增长率为 57.22%。新能源受阻电量 140.16 亿 kW·h，同比上升 16.91%，其中风电受阻电量 74.87 亿 kW·h，同比减少 2.63%，光伏受阻电量 65.29 亿 kW·h，同比增长 51.86%。新能源利用率为 95.54%，同比上升 0.02 个百分点，其中风电利用率为 95.91%，同比上升 0.61 个百分点，光伏利用率为 95.02%，同比下降 0.83 个百分点。

（二）新能源消纳措施及成效

西北新能源消纳面临装机增长快、保供消纳矛盾突出等挑战，在国家电网有限公司总部及五省（区）电力公司共同努力下，西北电网克服诸多消纳困难，新能源消纳实现"三提升"：新能源发电量突破 3000 亿 kW·h，同比提升 17.5%；利用率 95.54%，同比提升 0.02 个百分点；新能源发电量占比 26.3%，居区域电网首位，同比提升 2.8 个百分点。西北新能源消纳实现"保量稳率"目标。

西北电网梳理新能源消纳中的痛点及难点，制定《2023 年促进西北新能源高效利用重点措施》，扎实有序推进各项工作，通过调节能力提升、市场机制增发、优化运行控制等手段，落实促消纳措施，增发新能源 188 亿 kW·h，提升利用率 6 个百分点。

（1）调节能力提升方面。西北电网完成超千万千瓦新型储能、首台抽水蓄能机组投运安全并网；共组织 59 台 2736 万 kW 火电机组改造，提升深调能力 421 万 kW。截至 2023 年底，公网 30 万 kW 及以上火电平均深调能力 29%；发挥梯级水电"绿色充电宝作用"，全年"158 充 207 放"；引导 1267 家可调节负荷、65 家独立储能注册并接入 I-GDP 平台，新增用户调峰容量 987.34 万 kW。

（2）市场机制增发方面。西北电网配合国调做好省间现货的运营组织和分析工作，通过省间现货促进西北电能跨区外送 77.98 亿 kW·h；统筹衔接机制，实现省间现货、省间调峰、省间备用市场等各类市场高效协同运作，促进新能源最大化消纳。

（3）优化运行控制方面。西北电网精益化制定联网通道运行控制方案，提升重要输电通道能力 160 万 kW；发挥 I-GO 平台梯级水电联合优化调度功能及断面优化控制功能，确保新能源大发时段送出断面平均负载率不低于 95%；深化生产能效管理，减小检修弃电。

（三）水电调度工作开展情况

（1）全力以赴确保流域安全。春灌、秋浇关键期务抗旱灌溉用水，保障了下游 2200 万亩灌区灌溉用水需求。推动水沙关系治理，在黄委精心调度下，首次开展黄河干流四座水电站长距离大流量联合拉沙工作，优化方式安排实现干流电站无弃水。确保度汛防凌安全，科学调度确保防汛、防凌关键期河道泄流平稳，实现黄河二十余年不断流、数十年无凌灾。

（2）守土有责保障民生保供。打好度夏保供攻坚战，通过向积极水利部黄河水利委员会争取，7~8 月龙羊峡较多年平均水平增发青海水电 18 亿 kW·h，大幅提升青海电网保供能力，降低企业用能成本 2.4 亿元。通过积极与水利部黄河水利委员会沟通协调，冬季防凌期，增加黄河梯级水电保供电量 50 亿 kW·h（青海 40 亿 kW·h、甘肃 10 亿 kW·h），帮助西北电网有效缓解度冬保供压力。创新预留防凌库容，1987 年龙羊峡建成以来首次实现四库（李、公、积、刘）联合预留防凌库容，共计 23 亿 m³（较防凌方案多 3 亿 m³），为青海提供冬季保供电量 41.5 亿 kW·h，防凌库容和支撑电量均创历史新高。

（3）全力以赴开展水量调度服务。配合救援及赛事，2023 年先后配合开展兰州马拉松、永靖县抢渡赛等多项赛事；配合公伯峡、积石峡被困群众救援，得到当地政府来函致谢。12 月 18 日在积石峡山县 6.2 级地震发生后，西北网调密切监视重点水库水位

变化情况，适时开展提门泄水，确保水库大坝安全；充分利用上游李家峡等水库调蓄能力，精心调度减少下游水电弃水 8000 万 m³、减少电量损失 2000 万 kW·h，确保防凌大局不受影响。

（国家电网有限公司西北分部调度控制中心

徐晨茜 金吉良）

2023 年西南电网清洁能源优化调度情况

2023 年西南电网清洁能源发展呈现水电增速放缓，新能源增速明显增加的形势。西南电网水能利用率再创历史新高，投运西南电网首座百万千瓦抽水蓄能电站，水库群电站蓄能保供作用充分发挥，圆满完成成都大运会（第 31 届世界大学生夏季运动会）保电任务。

（一）清洁能源运行概况

截至 2023 年底，西南电网调度口径水电装机容量 10952 万 kW，风电装机容量 964.8 万 kW，光伏装机容量 783.7 万 kW，占全网总装机容量的比重分别为 69.2%、6.1%、5.0%。2023 年全网累计新增水电装机容量 46 万 kW，增幅 0.4%；新增新能源装机容量 548 万 kW，增幅 45.6%。

2023 年，西南电网调度口径水电发电量共计 4165 亿 kW·h，同比增加 66 亿 kW·h，增幅 1.6%。其中，丰平期（5~11 月）水电累计发电量 2848.3 亿 kW·h，同比减少 23 亿 kW·h，增幅 0.8%。全网水电平均利用小时数 3816h，同比减少 204h。

2023 年，西南电网调度口径新能源发电量 286 亿 kW·h，同比增加 74.7 亿 kW·h，增幅 35.39%。其中，风电 204.8 亿 kW·h，同比增加 46 亿 kW·h，增幅 28.8%；光伏 81 亿 kW·h，同比增加 29 亿 kW·h，增幅 55.7%。

（二）清洁能源积极消纳情况

（1）水能利用率再创历史新高。2023 年西南电网攀西电网优化改造、川渝特高压交流、金上特高压直流等三大工程同时进行，对水电消纳造成一定影响。西南分部滚动测算消纳风险，精心安排水库运行方式，克服检修带来的不利影响，水能优化配置取得"两个提升、一个首次"的显著成效。①水电消纳规模稳步提升，消纳规模创历史新高。②水能利用率 6 年 6 提升。西南全网年水能利用率 98.4%，四川地区水能利用率 98.8%，均实现 6 年 6 提升。③受阻断面外水电首次零弃电。2023 年弃水全部发生在雅安、攀西、康定等受限断面内，断面外首次无大规模

弃水。

（2）圆满完成"成都大运会"蓄水保供政治任务。针对汛初四川主要流域来水偏枯 4~5 成，水库蓄能比不足 10% 的不利形势，国调中心、国网西南分部多措并举，尽力提升四川地区水库蓄能，四川电网水电蓄能比从 6 月初的 8% 回蓄至 30% 以上，四川水电最大顶峰能力提升 3000 万 kW，有效保障"成都大运会"供电安全。

（3）首座百万千瓦级大型抽水蓄能电站投产发电。12 月 1 日，重庆蟠龙抽水蓄能电站首台 1 号机组并网发电。电站总装机容量 120 万 kW，共设置 4 台 30 万 kW 可逆式水泵水轮发电机组。电站全部投运后，将有效提升西南电网调节能力，增强电网保供和消纳新能源能力，对保障西南电网安全稳定运行、促进清洁能源消纳、推动能源结构调整具有重要意义。

（三）清洁能源优化调度工作措施及成效

（1）滚动做好检修期间清洁能源消纳工作。国网西南分部以月、周为周期，滚动评估重点线路和地区消纳能力，研究降低消纳风险的针对性措施。精心组织断面内水库提前腾库工作，实施断面送出能力置换，实现了三大工程检修期间水电少弃晚弃、断面外水电首次零弃电的目标。

（2）积极组织跨区、跨流域调节。针对"成都大运会"蓄水保供任务目标和前期的不利形势，国调中心组织开展跨流域、跨区域的多类型电源调节，组织西北、华北、华东等 23 个地区支援四川蓄水保供，支援电量超 70 亿 kW·h，为水库蓄水创造良好条件。

（3）精细化实施丰水期"一库一策"方案。国网西南分部强化政企联动，研究制定丰水期水库蓄能保供预警办法，分地区、分流域、分断面、分类型、分阶段精细实施水库运用"一库一策"，全力做好水库蓄水，为"大运会"保供提供了有力保障。

（国家电网有限公司西南分部调度控制中心
周开喜　亢丽君）

2023 年河南电网清洁能源消纳情况

积极发展清洁能源，为中国式现代化提供安全可靠的能源保障，是能源电力行业坚决扛牢的政治责任。近年来，河南省电力公司全力保安全、促消纳，积极服务新能源高质量发展，助力能源绿色低碳转型。

（一）清洁能源发展及消纳现状

（1）装机规模快速增长。截至 2023 年底，河南清洁能源装机容量达 6444 万 kW，其中水电 535 万 kW、风电 2178 万 kW、光伏 3731 万 kW，清洁能源合计装机容量占全省发电总装机容量的 46.3%。

（2）电量占比快速提升。截至 2023 年底，河南省清洁能源全年累计发电量达 868.0 亿 kW·h，占全社会用电量的 21.2%，同比增加 158.2 亿 kW·h，同比增长 22.3%。其中，水电 129.5 亿 kW·h，同比增长 5.7%；风电 407.2 亿 kW·h，同比增长 6.7%；光伏 331.3 亿 kW·h，同比增长 60.9%。

（3）关键指标如期完成。截至 2023 年底，河南省年累计新能源利用率为 97.23%（风电 96.81%、光伏 97.75%）。2023 年可再生能源总量、非水可再生能源消纳责任权重分别为 33.4%、28.2%，分别高出国家给定目标 6.5、7.2 个百分点。

（二）清洁能源消纳管理措施

（1）政策引领。抢抓政策机遇、注重政企协同、坚持政策引领，参与河南省可再生能源发展目标规划、电力系统调节能力建设、新型储能发展及应用等多项政策的编制与修订工作。相关政策的颁发为依规开展新能源、储能调度运行管理，引导新能源健康有序发展提供了政策支撑。

（2）科学调度。创新新能源优先调度机制，优化各类机组发电时序，水煤风光储联合精益化调用；开展促进新能源消纳专项攻坚行动，统筹电力保供和新能源消纳，积极应对新能源大发与负荷水平低时空高度重叠局面；准确把握能源转型和电力市场化等形势变化，强化区域辅助服务市场余缺互济，充分发挥大电网调节能力。

（3）源储联动。加快电网调度控制方式从突出主网调度向全网协调调度转变，推动源网荷储友好互动。通过市场手段激励煤电机组开展灵活性改造，调峰能力满足国家政策要求，推动全国首台火电机组增加调相功能工程落地，提升电网调节能力和运行灵活性；服务储能项目及时并网，科学制定新型储能调度运行机制，推动储能参与辅助服务市场。

（4）务实创新。强化新能源领域科技攻关，建成"'新能源功率预测＋气象演变'联合可视化系统"，构建全省 25 个微气象、微地形特征区域，提升预测水平。将超短期、短期和中长期预测周期分别延长至 10h、14 天、45 天；开创性采用多尺度气象预测数据和长短期记忆神经网络算法，预测精度较现有相关标准提高 1.6 个百分点。

（三）分布式光伏管理体系建设情况

分布式光伏为近两年来河南新能源增长主体。2021 年 6 月以来，低压分布式光伏月均增加装机容量 100 万 kW 以上，于 2023 年底突破 3000 万 kW，占新能源总装机容量的比例超过 50%，占新能源总新增容量的比例为 81.6%。国网河南省电力公司建立完善分布式光伏全流程管理体系,多措并举促进分布式高质量发展。

(1)引导分布式健康有序发展。强化与政府沟通,滚动开展承载力测算,加大政策宣贯力度。促请河南省发展改革委出台《关于促进分布式光伏发电健康可持续发展的通知》(豫发改新能源〔2023〕545号),明确分布式光伏"接受统一调度,公平参与电力系统运行调节"。

(2)分布式调控能力建设。在国家电网系统内率先实现分布式光伏线上群调群控,贯通用采系统和调度 AGC 系统,接收调峰指令,实现分布式光伏群调群控。目前,已覆盖河南省 104 万光伏用户、21 万个台区,分合闸调控成功率达 96%,响应时间在 5min 以内。

(3)规范分布式光伏调控工作流程。及时向政府能源主管部门报送分布式消纳预警和调控执行情况;持续优化调控策略,并报政府部门备案;做好调控技术支持,逐步推广柔性调节,拓展本地自动复电功能应用。

(4)强化报装并网管理。加强分布式光伏报装业务全过程管控,严格把好入口关;组织地市公司开展存量户用光伏信息摸排,并向地方政府书面报告。

(5)推动完善市场体系与政策机制。开展分布式光伏以聚合方式参与现货市场研究,通过市场化手段增加系统运行调节手段;推动分时电价政策尽快落地,提升午间消纳能力。

(6)提升电网适应能力。加快分布式光伏配套电网改造项目实施,加强分布式光伏并网线路运行维护,持续提升供电可靠性,减少设备故障原因影响分布式光伏消纳。

(国网河南省电力公司河南电力调度控制中心
刘博 刘哲)

2023 年安徽电网新能源消纳情况

(一)清洁能源统计及运行特点

2023 年安徽省能源转型发展呈现以下三个特点。

(1)新能源装机增长加速。2023 年底,全省新能源装机容量 3945 万 kW,同比增长 43.7%,增速达到上年的 2.5 倍。整体呈现"光多风少"特点,光伏年增 1069 万 kW,累计达 3223 万 kW,风电年增 132 万 kW,累计 722 万 kW。

(2)分布式成为发展主力。全年分布式光伏增量达到 847 万 kW,累计装机容量 1937 万 kW,分布式光伏总装机容量已超过集中式光伏,容量位于国家电网系统第五位。

(3)新型储能规模化发展。2023 年末新型储能装机容量 177.7 万 kW/312.6 万 kW·h,同比增长 3.4 倍,3 年累计增长 8 倍以上。在市场激励和计划调用下,储能总充放电量达 6.16 亿 kW·h,同比增长 10.2 倍。

(二)保证清洁能源消纳采取的措施及成效

(1)服务新能源合规高质量并网。落实主管部门新能源并网竞争性配置要求,制定《安徽电网风电、光伏发电项目配套调峰能力认定细则(试行)》,推动电网调峰能力同步提升,运用新能源合规并网管理平台,助力全省 1205 万 kW 新能源高效并网。

(2)完善消纳管理工作机制。配合修订《华东电力调峰辅助服务市场运营规则》,完善《安徽电网新能源消纳调度运行保障预案》,结合市场机制实现对省内外调峰资源的高效利用。

(3)高效挖掘电网调峰资源。累计组织 2528 万 kW 火电机组 30% 调峰能力改造,占火电总量的2/3。服务 178 万 kW 新型储能合规并网,高效调用充分发挥调峰潜力。规划核准皖北断面重点线路工程,助力新能源高效送出,截至 2023 年底保持新能源全额消纳。

(4)推动分布式光伏规范有序发展。①政企联动规范分布式光伏发展。推动省能源局印发《关于进一步推进分布式光伏规范有序发展的通知》,管控分布式光伏并网规模、规范分布式并网技术要求、防范企业套用农户身份备案,促进分布式光伏健康发展。②规范开展承载力分析。率先建成并完善覆盖全省的分布式承载力计算平台,分层级开展电网实时承载能力及新能源消纳裕度分析,按季度公开分布式光伏开发红、黄、绿色区域,引导分布式光伏有序接入。③示范建设分布式"四可"能力。自研"直采直控"装置,在安庆、滁州等地区建成分布式光伏"可观可测可调可控"示范工程,经实践验证,控制系统具有低成本、易安装、高可靠等优点。

(三)新型储能高效示范运用成效

(1)建立"有效市场",激励储能利用水平提升。①推进调峰市场落地实施,"起步早、比例高"。2020年开始,安徽推动《安徽电力调峰辅助服务市场运营规则》修订,首次将储能纳入电力交易市场主体范围。发布《电源侧、负荷侧储能电站参与安徽电力调峰辅助服务市场规则》,截至 2023 年底,储能参与调峰市场比例达 76%。②推动现货、调频市场建设,"先谋划、齐推进"。推动安徽省能源局、华东能监局先后批复《安徽电力现货市场运营基本规则》及其配套细则、《安徽电力调频辅助服务市场运营规则》等文件,将储能纳入市场主体范围,明确 1 万 kW 及以上的省调管辖独立储能在现货市场中以"报量不报价"方式参与市场。在实时市场中原则上按照日前发电计划执行，在满足电网安全的基础上优先出清，接受现货市场价格。储能单日调用里程 629.1 万 kW，占比 3.6%，测算收益 3.8 万元。③完善配套价格政策，探索储能运行盈利机制。2023 年 5 月安徽省能源局印发《安徽省 2023 年绿色电力交易实施方案》，明确在现货市场未运行期间，独立储能电站充放电产生的损耗费用，由参与绿色电力交易的发电企业按实际结算交易电量分摊，储能企业按实际结算放电量获得补偿。

（2）落实"有为调度"，保障储能作用有效发挥。①坚守并网要求，保障储能合规优质入网。抓严抓实储能消防管理。率先落实主管部门关于储能消防管理工作要求，全面管控储能设备涉网性能。组织编制并发布了《安徽电网新能源场站和储能电站并网试验管理办法（试行）》，明确了储能并网后性能测试内容及标准，组织规范开展并网调试管理。完善机制保障并网流程合规，提升了储能并网合规管理水平。②完善运用机制，提升储能调度调用水平。编制印发《安徽电网电化学储能电站调度运行管理规定（试行）》，发布安徽公司《关于印发进一步推动新型储能参与电力市场和调度运用工作落实方案的通知》，再次强调了储能调度运行管理要求。制定印发《安徽电力调度控制中心关于明确新型储能调度运行管理分工的通知》和《安徽调度控制中心关于建立新型储能调用工作机制（试行）的工作通知》，建立了储能调用坚持"保消纳、保供应""市场优先、计划补充"和"省地县协同调度"的基本原则。③提升技术手段，支撑储能高效运用。坚持"电网一张图、数据一个源"目标，实现储能信息全量可观、实时感知和综合评价，有效提升储能运行信息监测、支撑能力评估等功能。搭建"源网荷储"多元互动体系。结合淮北谭家变储能示范项目，搭建源网荷储智能管理系统，完善中低压互联装置等物理基础，统一监视及管控谭家变源网荷储各侧数据，按照经济运行、绿色运行、安全运行、应急支撑等多种模式应用，优化站内集中式储能调度策略，实现对配网安全可靠运行的有力支撑。

（国网安徽省电力有限公司　李裕珺　李智）

2023 年湖北电网清洁能源消纳情况

（一）清洁能源装机规模

湖北电网新增水电装机容量 10 万 kW，风电装机容量 117 万 kW，光伏装机容量 879 万 kW，储能电站装机容量 122.47 万 kW/243.93 万 kW·h。截至 2023 年底，湖北电网全口径发电总装机容量 11115 万 kW·h，其中，水电 3793 万 kW，占 34.12%；火电 3998 万 kW，占 35.97%；风电 836 万 kW，占 7.53%；光伏 2487 万 kW，占 22.38%。储能电站可调用容量 138 万 kW/274 万 kW·h。

（二）清洁能源发电情况

湖北全省累计发电量 3195.79 亿 kW·h，同比增长 2.9%，其中，水电累计发电量 1312.61 亿 kW·h，同比增长 7.6%；风电累计发电量 168.78 亿 kW·h，同比增长 2.9%，光伏（含分布式）累计发电量 226.35 亿 kW·h，同比增长 75.16%。电化学储能电站累计充电电量 4.08 亿 kW·h，累计放电电量 3.35 亿 kW·h。①3 月 8 日 12 时 31 分，湖北电网新能源发电出力首次突破千万千瓦大关，达 1026.51 万 kW，占全省用电负荷的 40.4%。②湖北新能源最大发电电力达 1669 万 kW，最大渗透率（发电电力占用电负荷比重）达到 57.07%。③1 月 11～12 日，湖北电网首次开展电化学储能规模化调用调试并取得圆满成功。龙湖、龚家桥、耀洋、叶家河、寿安、长青、汀泗桥 7 家储能电站参加，参与调试总容量 19.97 万 kW/38.93 万 kW·h，最大充电功率 19.85 万 kW，最大放电功率 19.36 万 kW，累计充电电量 101.7 万 kW·h，累计放电电量 106.0 万 kW·h。

（三）保证清洁能源消纳采取的措施及成效

（1）保证清洁能源消纳措施。一是汛限水位动态控制，提升水电调蓄能力。度夏期间，协调水利部门实施动态汛限水位控制，湖北省内主力水电发挥顶峰作用的同时，动态调整汛限水位且未发生弃水，度夏期间，湖北省水电累计发电量 312 亿 kW·h，同比增加 34.1%。二是持续推进湖北省内火电灵活性改造。2023 年完成 22 台、1010 万 kW 火电机组进行灵活性改造，新增调峰能力 303 万 kW。三是充分调用抽水蓄能、储能灵活调节资源。2023 年，服务新型储能电站并网 20 座、容量 122.47 万 kW/243.93 万 kW·h；湖北省内两座抽水蓄能机组改为"两抽两发"，储能电站实现"两充两放"。四是充分发挥市场调节机制。通过积极申报省间调峰辅助服务市场和省间现货市场促进新能源消纳，累计购买省间调峰辅助服务电量 5.61 亿 kW·h，省间现货市场累计售电 8.45 亿 kW·h。五是积极开展"峰谷置换"，在国调大力支持下，国庆期间与华东置换三峡峰谷电力 150 万 kW，协调陕武配套电源平段及低谷深调至 40% 送鄂，最大增加调峰能力近 200 万 kW，累计多消纳新能源 2 亿 kW·h，全力保障清洁能源消纳。

（2）科学开展水库调度，成功应对华西秋汛。9

月中旬开始,受高强度、长时间华西秋雨影响,湖北省内各大流域来水暴增,各大流域丰枯急转,丹江口水库连续发生 2 次洪峰流量超 10000m³/s 的洪水过程,汉江流域防汛形势严峻。加之本轮水汛正值国庆中秋双节、大运会(第 31 届世界大学生夏季运动会)等重要保电时期,湖北电网用电负荷低、开机方式小、西电东送潮流重,湖北电网调控难度大。通过开展跨流域水库联合调度,协调专业处室优化检修方式、加强火电深调、组织新能源应急交易、深度挖掘省间电力调剂等措施,保证了水电厂近 2 个月持续满发,保障清洁能源最大程度消纳。同时一举扭转水电持续低水位运行状态,10 月末,统调水电蓄能值 102.88 亿 kW·h,蓄能率达 97.03%,创历史新高,为度冬保供创造了有利条件。

(3)促进储能发展、加强储能调用开展的工作。湖北储能累计充电 4.07 亿 kW·h,放电 3.35 亿 kW·h,助力保供的同时最大化促进清洁能源消纳。迎峰度夏期间湖北全网储能可调容量为 100.53 万 kW/200.06 万 kW·h,度夏期间顶峰运行 36 天,最大放电功率 87.9 万 kW,顶峰能力显著;同时协助断面运行控制 21 天,全面助力度夏电力保供并缓解局部供电卡口。坚持新型储能调度管理依法合规,一是编制印发《湖北电网电化学储能电站调度管理规定(试行)》,明确电化学储能电站调度管理职责界面、工作规范和业务流程,规范储能调度管理。二是编制《新能源场站、储能电站并网性能检测(评估)试验管理规定》,规范新能源及储能厂站并网试验内容、技术指标等,坚决杜绝储能带病入网、带病运行。三是推动安徽省能源局召开新型储能消防验收协调会,督导新型储能电站完成消防验收,保障储能电站规范管理和安全运行。

(4)布式光伏调度管理方面。湖北分布式光伏新增装机容量 402.26 万 kW,同比增长 119.78%,占电源新增装机容量 22.21%,占光伏新增装机容量 34.34%。截至 2023 年 12 月底,湖北分布式光伏累计装机容量 738.09 万 kW。分布式光伏累计发电量 53.12 亿 kW·h,同比增长 102.70%,保持全额消纳。建章立制方面,促请湖北省能源局出台《关于加强分布式光伏发电项目全过程管理的通知》,明确了分布式光伏界定规则,避免化整为零、违规接入等乱象,强化监督管理、优化办理流程、推动分布式光伏科学有序发展。构建省地分布式功率预测体系。在湖北省调建设了全省分布式发电预测模块;在武汉地调打造了基于分布式装机容量密度的气象布点体系,探索基于物理和统计方法结合的区域预测模型,基于 20 余种人工智能算法训练,提升分布式日前预测精度至 93%以上。

(国网湖北省电力有限公司电力调度控制中心
高力书 杨超然)

2023 年新疆电网新能源消纳情况

国网新疆电力有限公司举全公司之力服务新疆新能源发展和消纳,推动新能源发电项目"接得上""送得出""用得稳",以数字化手段推进新能源"能并尽并、能消尽消"。2023 年全区新增新能源装机容量 2251 万 kW,超过过去 8 年并网总和,创历史最高,新能源利用率 96.1%,阶段性实现了新能源发展"增量稳率"。截至 2023 年底,新疆电网水电装机容量 973.5 万 kW,年度水电总发电量 322.6 亿 kW·h,调峰弃水损失电量 0.46 亿 kW·h,水电利用率 99.8%,水电利用小时数 3504h。

(一)千方百计,全力做好新能源并网工作

(1)强化政企协同、网源联动工作机制,聚集新疆维吾尔自治区新能源年度发展目标,建立"季统筹、月安排、周协调、日管控,后评估"工作模式,定期组织召开新能源并网消纳工作推进会,以"网格化管理+项目化表单化方式"协同推进新能源有序并网。

(2)以数字化赋能推动新能源并网,按周跟踪新能源项目和配套送出工程进度,严格落实光热、储能、火电灵活性改造等配套调峰资源与新能源项目同步建成、同步投运。

(3)编制新能源投产"一张表、两张图",主动服务新能源业主、加强新能源项目并网指导,向拟并网新能源企业发布"并网告知书",明确投产计划报送、运行调试等并网要求,确保新能源项目安全高效并网。

(4)按照"关口前移、提级管理、全流程监测"原则,主动服务、积极对接、采取"班车+专车"模式,专人跟踪项目进展,准确掌握新能源项目节点进度和推进计划,全国首家完成第一批(540 万 kW)"沙戈荒"大型风光电光伏基地并网任务。

(二)千方百计,统筹"疆内+疆外"促进新能源消纳

(1)推动煤电"三联改",协同发电企业完成煤电机组灵活性改造并验收 61 台,容量 2728.5 万 kW,通过灵活性改造技术、热电解耦技术,深挖常规电源调节潜力。开展深度调峰 211 次,深调电量 8.11 亿 kW·h,启停调峰 31 次,启停电量 6.01 亿 kW·h,提升新能源利用率 1.5 个百分点。

(2)结合"乌—昌—石"大气污染治理,加大"新能源+自备电厂+高载能负荷"互动,完成新能

源与自备电厂绿色电能交易 2.36 万 kW·h，提升新能源利用率 0.3 个百分点。

（3）通过调峰辅助服务、省间现货市场、分时电价引导等市场化手段促进新能源消纳 31.83 亿 kW·h，提升新能源利用率 3.6 个百分点，助推全年新能源利用率 96.1%，实现阶段性增量稳率。

（4）发挥储能灵活调节作用，形成"新能源+储能"互动机制，2023 年储能充电电量 3.92 亿 kW·h，提升新能源利用率 0.4 个百分点。

（5）深化惯量在线监测系统建设，开展风光储主动支撑技术验证、推动构网型储能研究及试验验证，构网型 SVG 应用研究，累计消纳新能源 0.1 亿 kW·h，提升新能源利用率 0.01 个百分点。

（三）千方百计，精益求精提升新能源功率预测精度

（1）建立健全与新疆气象部门沟通机制，做好人工降雨、降雪等关键信息共享。结合中央气象台发布的重要天气提示和气象灾害预警等信息，协同自动化、计划和调度多专业，开展极端天气新能源运行预警分析。

（2）为掌握未来 3～10 天新能源发电能力，以卫星遥感数值天气与地面观测气象数据为基础，基于气候、气象、地理信息、新能源场站等海量数据，丰富应用国内外 14 种气象源，融合 810 余座新能源场站测风、测光信息，应用人工智能（AI）和深度机器学习等 10 余种算法，持续提升新能源功率预测精度。

（3）迭代升级新一代新能源功率预测系统，研发风带传递感知预测模块，通过对海量历史气象数据进行分析，利用风带轨迹辨识技术，发现了阿勒泰—昌吉—哈密、塔城—乌鲁木齐—吐鲁番两条明显风带。从空间上分析风带、从时间上计算风速传递规律和同一风带内各风区间的关系，2023 年全网风电功率短期预测准确率达到 95.9%，高于国家标准 10.9 个百分点。

（4）构建沙尘极端天气环境下的功率预测模型，研发极端天气预警系统，分析沙尘对光伏电站发电能力影响，可实现对沙尘极端天气未来 3～5 天的有效预警，可提高沙尘极端天气下光伏预测准确率，2023 年全网光伏短期预测准确率达到 96.1%，高于国家标准 6.1 个百分点。

（5）建立新能源数据质量管理机制，加强新能源功率预测管理，定期通报信息数据上报和数据质量情况。依托能源大数据中心，开展动态新能源预测后评估，挖掘新能源预测、运行和气象数据关键特性，分析数据间的相关性和趋势，为调度决策运行提供支撑。

（国网新疆电力有限公司电力调度控制中心
刘大贵）

2023 年四川电网水电消纳情况

2023 年，国网四川省电力公司按照"强电网、保内供、稳外送"思路，以打造"双典范"为实施路径，成立清洁能源消纳专项工作组，多措并举、综合施策，围绕"强化组织协调、优化运行方式、深化跨区互济、灵活组织交易、精益工程管控、保障设备可靠运行"的方针落实各方面具体工作，充分发挥大电网优势，努力克服多项重大工程施工的不利因素影响，最大化消纳富余水电，圆满完成迎峰度夏及大运会（第 31 届世界大学生夏季运动会）保电任务，实现了四川地区弃水电量"六连降"，水能利用率"六连升"。

（一）水电装机及发奔电情况

截至 2023 年底，四川地区全口径水电装机容量 10198.9 万 kW，占全口径装机比例为 76.2%。全年水电发电量 4064.8 亿 kW·h，同比增加 73.6 亿 kW·h，增幅 1.8%。全年水电外送电量 1655.5 亿 kW·h，同比增加 75.0 亿 kW·h，增幅 4.8%。全年水电弃水电量 47.5 亿 kW·h，同比减少 32.1 亿 kW·h，降幅 40.3%。全年水能利用率 98.8%，同比增加 0.8 个百分点。

（二）水电管理及水库运行情况

面对夏季来水历史最枯，负荷创历史新高的严峻考验以及迎峰度夏、大运保电等大战大考，国网四川省电力公司借助水调自动化系统和气象服务支持系统等技术装备，结合全年水电来水的实际情况，动态编制各水库电厂年、季、月和日运行方式及发电计划，坚持"精细调度、长短结合、滚动调整"的原则，根据用电需求和来水变化趋势灵活开展水库蓄放水安排，使水电运行管理工作在一系列保电任务中发挥了重要作用。开展的具体工作如下：

（1）强化会商研判，准确预估来水变化趋势。为进一步做好电网运行方式安排，全力确保迎峰度夏及大运会保电万无一失，强化水雨情会商研判，主要措施如下：①逐周滚动开展中长期水情会商。5 月底开始，每周收集融合多机构中长期水文气象趋势预测成果，组织四川省气象服务中心、省水利厅及网内各流域主要水力发电企业会商研判未来一个月全省及各流域降雨来水变化趋势 38 次，有效提升各大流域来水变化趋势预测准确性，会商结论有力支撑了政府主管部门及公司电力保供相关工作的开展。②邀请四川省气象预报员入驻公司逐日滚动开展未来 10 天天气变化研判。6 月起省气象预报员入驻公司，结合气象数据现场研判未来 10 天的四川天气变化趋势，精细

开展大渡河、雅砻江、岷江等主要流域降雨预测，全力回蓄关键水库。③主动作为，积极协调相关单位配合开展水库蓄水工作。紧跟各流域水雨情变化趋势和各水库蓄水进度，适时协调省气象制定专项人工增雨方案，科学组织实施人工增雨促蓄工作，适时启动水电站枯期生态流量下泄要求，特殊时期适度减泄生态流量，助力水库蓄水。

（2）枯期严控水库消落速度，确保水电具备持续可靠供电能力。受1月春节假期影响，水库电站消落幅度相对较小，月末全网水库蓄能水平达到历史同期最高。2月疫情之后经济复苏拉动用电大幅增长19.5%，为保障全网供电安全，水库电站大幅消落水库补水发电。为保障枯期后期全网供电需要，3月在火电能开尽开、留川电量能用尽用、外购电能买尽买、新能源最大化消纳的情况下，水库被迫快速消落局面缓解，水位缓慢下降。4月水电来水正常，为使得枯期末全网水库蓄能分布满足"三公"要求，采取"有序消落"与"区别控制"相结合的总体思路，月末全网预留水库蓄能14.4%，为应对枯丰转换季枯水来得早的被动保供局面奠定了一定基础，充分保障了水库电站在电网保安全、保供电中的托底作用。

（3）度夏期间超前安排"存住水"，保驾护航迎峰度夏及成都大运会保电。5月多轮降雨产流效果不佳，水电来水偏枯2成。6月四川水电再次遭遇特枯来水，其中直调水电集中的大渡河和岷江流域来水偏枯5成。面对6月来水历史最枯、负荷攀升快、蓄水困难的紧迫形势，积极争取国网调应急支援，严格落实"存住水、发好电，保住网、错好峰"要求，全力回蓄水库。为了确保迎峰度夏及大运会保电万无一失，四川公司紧跟各流域水雨情变化趋势和各水库蓄水进度，适时协调省气象制定专项人工增雨方案，科学组织实施人工增雨促蓄工作，特殊时期适度减泄生态流量，助力水库蓄水。在6月14日全网水库蓄能比最低降至10.4%的不利情况下，多方施策，通过增发火电、增加外购和外部电力应急支援后，6月15日全网水库蓄能水平触底反弹，7月27日回蓄至54.9%，超越多年同期蓄能水平1.9个百分点，大运会之前圆满完成蓄水保供目标。度夏关键期水库蓄水保供助力四川电网打赢了有史以来政治级别最高、保电规模最大、投入力量最多、社会各界评价最好的保电战役。

（4）汛末全力蓄水，夯实迎峰度冬电力保供基础。为最大限度发挥水库电站枯期发电能力，确保今冬明春全省电力稳定可靠供应，按照省经信厅《关于切实做好迎峰度冬枯水期主力水电站水库蓄水工作的通知》要求，按照蓄水优先、前蓄后稳的原则，综合考虑各水库电站的重要性和完成蓄水目标的难易程

度，明确分月分阶段蓄水目标，全力推进蓄水工作。11月底，全网直调水库总蓄能值55.2亿 kW·h，蓄能比95.3%，同比提高0.1个百分点；川西负荷中心区域水库总蓄能值23.8亿 kW·h，蓄能比97.9%，同比提高2.3个百分点。入冬前全网及川西水库的蓄能水平均达到了历史同期最高，且川西负荷中心区域水库蓄能水平更高，更利于保障度冬电力供应需要。

（国网四川省电力公司四川电力调度控制中心

银涛 李享）

2023年江苏电网积极消纳新能源情况

（一）新能源发展基本情况

2023年，江苏省新能源装机容量6212万 kW，同比增长32%，占全省总装机容量的35%，其中风电装机容量2284万 kW（海上风电1182万 kW、陆上风电1102万 kW），占新能源总装机容量的36.7%；光伏装机容量3928万 kW（集中式光伏1158万 kW、分布式光伏2770万 kW、低压分布式光伏2153万 kW），占新能源总装机容量的63.3%。年发电量累计为895亿 kW·h，同比增长16.6%，占全网总发电量的14%，连续19年实现新能源全额消纳。总体来看，江苏电网新能源装机呈迅猛增长态势，尤其是海上风电和低压分布式光伏增速较快，新能源对省内电力供应起到了关键作用，但同时其较大的间歇性和随机性，对电网的调节性能提出了一定的挑战。

（二）新能源消纳形势与举措

（1）问题与挑战。在"双碳"目标的引领下，江苏能源绿色低碳转型的步伐不断加快，新能源得到跨越式发展。但随着新能源装机的爆发式增长，新能源功率预测困难、电网调峰调频能力不足、关键断面输送能力不足等问题也日益显现，亟需解决手段以进一步提升新能源消纳水平。当前存在的突出问题如下：①新能源功率预测面临"瓶颈期"。高精度的新能源功率预测是确保新能源高效消纳、电网安全稳定运行的重要基础。随着"十四五"期间新能源装机容量的持续增长，特别是大规模海上风电及分布式光伏的并网，新能源功率预测面临更大挑战。伴随国内外相关研究的深入，新能源功率预测模型已相对完善，制约精度提高的关键在于缺乏满足功率预测需求的高精度数值天气预报。②电网调峰调频能力接近"天花板"。新能源发电的波动性特征明显，江苏新能源日最大峰谷差已超过装机容量的50%，常规火电机组配合调

峰调频能力已近上限。特别是新能源"大装机小电量""极热无风、晚峰无光"等特征给电力系统现有调节手段带来严重挑战，进而威胁全网电力电量平衡。③关键输电断面潮流时常"卡脖子"。新能源持续爆发式增长，部分风光资源丰富地区新能源装机容量已超过地区最大用电负荷，本地消纳空间不足问题凸显，大量潮流通过过江断面等关键通道输送，潮流越限问题严重。特别是迎峰度夏、度冬期间，常规电源需"能开尽开、能发尽发"，承担电力保供"压舱石"作用，其大开机方式进一步导致潮流"卡脖子"问题凸显。

（2）措施及成效。国网江苏省电力有限公司主要从建市场、挖潜力、调储能多个方面开展工作，推动新能源全额消纳，充分发挥新能源对江苏电网的支撑作用，助推新型电力系统建设。①深挖火电调峰能力。全面开展江苏省内常规机组深度调峰能力测试工作，深挖调峰能力。目前，超过90%的煤电机组已完成深度调峰试验，平均调峰深度34%，可为电网提供超1000万kW的调节能力。②强化储能调峰能力。国网江苏省电力有限公司强化科学调度发挥储能"调节器"作用。江苏省内已建有电化学储能、压缩空气储能、抽水蓄能等多种类型储能形式，各类储能具有不同的响应速度与充放电时长，可满足电力系统不同时间尺度的调节需求。针对新能源发电波动性强带来的消纳难题，采用抽水蓄能和压缩空气储能参与日前计划、电化学储能参与日内调节的多类储能协同调度方式，根据负荷变化态势及新能源预测情况，灵活调整储能状态，充分发挥其削峰填谷作用，拓展了新能源的消纳空间并缓解局部电网电力供需矛盾。③建设辅助服务市场。优先通过市场化手段满足新能源并网消纳需求，促请政府出台配套激励政策，引导新建的新能源厂站配建储能，激发发电企业开展灵活性改造、参与调峰市场的积极性。鼓励具备自备电厂、储能设施和分布式电源的市场化用户参与可调负荷辅助服务市场，充分利用用户侧可调负荷资源进行移峰填谷，探索新能源购买调峰资源的市场机制，引导发电企业低谷时段购买调峰资源。

（三）海上风电运行管理创新成效

江苏省规划的双千万千瓦级海上风电基地目前装机规模1182万kW，位居全国第一。国网江苏省电力有限公司认真落实国家电网有限公司电网运行管理工作要求，坚持"量率一体、保量稳率"，持续创新技术手段和管理举措，着力提升海上风电运行管理水平，有力保障电网安全稳定运行。①创新功率预测方法。根据地理特征和出力特性科学划分风机集群，统计分析气象、海况数据和风机集群出力曲线，建立不同集群间的出力链式响应关系，探索气象时空相关特

性的海上风电日内高频高精度气象预报技术，提升海上风电功率预测精度。②开展惯量支撑改造。改造风电场站调频控制和能量管理系统在监测到外部故障导致电力系统频率快速跌落时，控制风机并网变流器匹配发电机惯性特性，将风机叶片的旋转动能转化为额外电能输出，为电网提供秒级响应的紧急有功功率支撑，持续时间可达10s。③探索高效并网方式。完成国内首个采用柔直输电的海上风电并网发电，探索低频并网方案，研制低频变流器、变压器等设备，结合海上风电输电距离消纳方向等因素开展试验，探索海上风电安全高效、绿色经济并网新路径。

（国网江苏省电力有限公司江苏电力调度控制中心
杜云龙　张森）

基于消纳场景的风光耦合制氢系统一体化规划技术

可再生能源制备的绿氢是推动能源消费结构从化石能源向可再生能源转型、实现日益增长的可持续发展目标的重要替代选择，也是我国实现碳中和目标、迈向零碳未来的关键路径。通过优化风光资源配比，可以更有效地利用风能和太阳能，结合电解槽的优化配置方案以及下游用氢场景对于氢气需求的适配关系，综合提高风光资源利用率以及绿色氢气的产量，有助于解决当前绿氢供应系统效率低、成本高的问题，满足日益增长的能源需求。

开展基于消纳场景的风光耦合制氢系统一体化规划技术研究，系统优化波动电源与稳定负荷的天然矛盾，构建多维度协同的风光资源数据库，以精准优化的风光出力特性曲线为基础，挖掘不同技术路线、不同配比的电解槽配置方案，提高制氢系统运行效率，增加绿氢产量。研究柔性化化工工艺，优化用氢系统对于波动电源的适应性，提高风光耦合制氢项目经济性。

规划技术以实现技术经济最优为目标，结合绿氨/醇/航油的柔性工艺特性，通过模拟匹配上游风光出力与下游用氢负荷，规划基于消纳场景的风光耦合制氢系统方案研究，构建基于绿电—绿氢—绿氨醇、绿色航油一体化容量优化模型。首次构建涵盖上中下游的绿电—绿氢—绿氨/醇/航油全系统多变量一体化优化方法及软件；风光资源数据修订与氢消纳场景系统规划，首次实现绿电—绿氢—绿氨/醇/航油全系统多变量一体化容量设计方案优化，建立混合整数非线性随机规划模型。对构建的复杂数学模型进行层次化处理，外层模型主要优化设计变量和强非线性约束中的变量，内层模型主要优化运行操作变量和线性化约

束中的变量。通过定义二元整型变量或建立线性约束对模型中的非线性约束进行离散化处理，包括风光规模、储能规模、上下网电量、制氢规模、储氢规模以及氨/醇/航油规模与产量等，并通过先进的非线性规划与智能混合算法，达到耦合系统技术经济最优的目的。

（中国电建集团北京勘测设计研究院有限公司

刘琛祺）

面向受端电网的梯级水电站跨区消纳短期优化调度研究

（一）研究背景

西南水电跨区消纳是国家能源战略需要，受端电网对西南梯级水电站调度方式势必产生较大影响。当前水电传输过程和受端电网间歇性能源消纳对西南梯级水电站调度方式影响规律尚不明确，不合理的水电跨区送电计划限制了消纳潜能。

（二）研究成果

项目以"锦官电源组"梯级水电站为研究对象，研究基于深度学习的受端电网风电功率概率预测方法，表征受端电网风电功率不确定性及受端电网调峰需求；运用电网优化理论与方法，量化电力传输网络对梯级水电站调度形成的边界条件，解析电网约束对梯级水电站跨区消纳短期调度的制约关系；构建"电网—水电站"嵌套优化的跨区消纳分析框架，描述送电端梯级水电站和受端电网的互馈关系，揭示受端电网风电消纳对梯级水电站跨区消纳短期调度的影响规律。该研究有利于形成梯级水电站优化调度电网约束处理新思路，提出面向受端电网的梯级水电站跨区消纳短期调度新方式，可为制定合理的梯级水电站跨区消纳短期调度方式提供科学参考。

（1）提出了耦合时间序列特征深度挖掘的受端电网风电功率概率预测技术。构建了基于深度学习的风电时序数据预测通用框架，建立了耦合信号分解和贝叶斯理论的自适应优化概率预测方法，提升了风电功率点预测精度，并且在充分挖掘时间序列的频谱特征的基础上实现了风电功率预测结果不确定性的量化，可为风电功率的概率预测提供支撑。

（2）建立了电网优化框架下的梯级水电站跨区消纳短期优化调度电网约束处理方法。构建了"梯级水电站—水电外送线路—受端电网"的"交流—直流—交流"线性最优潮流模型，量化了梯级水电站跨区消纳短期调度电网约束，揭示了受端电网源荷特性，输电网络线损、输电线路容量限制等电网约束对梯级水电站运行方式的影响，形成了梯级水电站优化调度电网约束处理的新思路。

（3）构建了网源互馈的梯级水电站跨区消纳短期随机优化调度模型。提出了"电网—水电站"嵌套优化的跨区消纳分析框架，描述了送电端梯级水电站和受端电网的互馈关系；在此框架下，构建了梯级水电站短期随机优化调度模型，研发了基于智能优化算法的求解方法，探究了确定性优化与随机优化对梯级水电站消纳的影响，提出了面向受端电网的梯级水电站跨区消纳短期调度新方式。

（三）示范应用与推广前景

随着YJ下游水电开发战略的实施和国家电网特高压直流输电线路的建设、扩展和完善，未来西南水电外送将成为常态，考虑电力传输网络影响和受端电网源荷特性，制定合理的西南水电站调度运行方案是促进西南水电消纳的重要技术手段之一，项目研究成果具有广阔的应用前景。

（南京水利科学研究院）

中国水力发电年鉴

3

大中型水电工程

常规水电工程

巴塘水电站工程 2023 年建设进展情况

巴塘水电站位于四川省甘孜州巴塘县和西藏自治区昌都市芒康县交界的金沙江干流上，为金沙江上游河段13级开发的第九级，上游为拉哇电站，下游为苏洼龙电站，以发电为主。电站装机容量750MW，年发电量33.75亿kW·h（与上游梯级联合运行）；水库正常蓄水位2545m，死水位2541m，调节库容0.21亿m³，为日调节水库。该电站属于二等大（2）型工程，静态总投资为87.43亿元，动态投资为102.63亿元。

枢纽主要建筑物由沥青混凝土心墙堆石坝、左岸3孔开敞式溢洪道、左岸泄洪放空洞（前期兼做导流洞）、左岸明管引水地面厂房、生态放水管、鱼道等组成。

沥青混凝土心墙堆石坝坝轴线位于金沙江与巴楚河汇合口上游约660m，坝轴线方位角 NE46°34′8″，坝顶长348m，坝顶高程2549.00m，最大坝高69m，坝顶宽度10m。

溢洪道右侧紧邻沥青混凝土心墙堆石坝，左侧是明钢管引水发电系统及岸边地面厂房，主要由引渠段、堰闸段、泄槽段、鼻坎段及出口段组成，左、中、右孔溢洪道从堰闸段上游面至挑流鼻坎末端的总长度分别为320、300、285m。

泄洪放空洞则布置在引水发电系统与导流洞之间，由进水塔、有压洞段、工作闸室、出口泄槽、消力池与下游护坦组成，施工期参与导流，工作闸室后期建成。泄洪放空洞进水塔设2孔进水口，单孔进水口的孔口尺寸为6m×14m（宽×高），进口底板高程为2497.00m。

引水发电系统布置在左岸，由引水明渠、坝式进水口、压力管道、发电厂房、尾水渠等组成。发电厂房为地面厂房，安装3台单机容量为250MW的混流式水轮发电机组，采用单机单管引水，单机引用流量514.4m³/s；水轮机安装高程2478.00m，发电机层高程2497.00m，安装间高程2498.60m。主厂房全长160.5m，净跨度29m，最大高度73m。

生态放水管与导流洞、泄洪放空洞相结合布置，即与泄洪放空洞共用进水口，出口则由导流洞出口后期改建而成，下放生态流量138m³/s。

鱼道以明渠—隧洞—明渠的方式穿越条形山脊，由进鱼口、槽身段和出鱼口三部分组成，全长2.13km；其中明渠段全长1546.69m（进口明渠和出口明渠总和），隧洞段全长584.04m，综合坡比2.56%，整体爬升高度54.5m；出鱼口布置在库区左岸，距离枢纽区约1.5km（沿岸距离）。

2023年5月工程顺利通过蓄水验收，11月实现导流洞下闸；截至2023年底，大坝主体工程土建施工基本完成，金属结构设备完成安装调试，厂房土建施工完成，3台机组总装全面完成，主要电气设备及辅助系统设备完成安装调试工作，具备发电条件。

（中国华电集团有限公司　刘鹏　杜晓凡）

拉哇水电站工程 2023 年建设进展情况

拉哇水电站位于金沙江上游，水库总库容23.14亿m³，总装机容量2000MW。枢纽由混凝土面板堆石坝、右岸溢洪洞、右岸泄洪及放空洞、右岸地下厂房等建筑物组成。

该工程建设具有"五高、五大、五首次"特点。五高：①高围堰联合高边坡（上游围堰堰高60m，与基坑形成的联合边坡高达130m）；②高面板堆石坝（最大坝高239m，是目前在建和已建世界第二高混凝土面板堆石坝）；③高地震烈度（主要建筑物按Ⅸ度设防）；④高施工强度（高峰填筑强度达87.24万m³/月，持续时间长达10个月）；⑤高水下坝体（约80m深常年位于水下，大坝的湿化变形控制难度大）。五大：①围堰地基处理规模大（振冲碎石桩共4552根，有效桩长达130286.19m，是世界上振冲碎石桩处理围堰地基规模最大、深度最深的工程）；②溢洪洞单洞泄流量最大（流量达4400m³/s，为世界最大）；③衬砌承受外水压力及弧门运行推力大（泄洪放空洞弧门推力达上万吨，导流隧洞衬砌结构承受外水压力163m，洞身结构段长2208.95m）；④基坑湖相沉积层开挖难度大（覆盖层开挖深度最大厚度71.6m，开挖区纵向轴线长度超1.4km，开挖断面宽度最窄处仅约30m，地基承载力最低仅为120～180kPa，Q^{l-3}及Q^{l-2}层不固结不排水的黏聚力高）；⑤枢纽布置难度大（上、下游距离长达11km，高差约600m，工区内有效利用面积较小）。五首次：①首次采用振冲桩加固围堰地基；②首次采用光纤传感技术进行监测；③首次采用角闪片岩筑坝；④首次采用无人碾压机群；⑤首次大规模采用新能源汽车运输。

2023年6月，大坝基坑开挖完成开始转序填筑；7月，主厂房岩锚梁施工完成，泄洪洞、溢洪洞开挖完成并全面转入混凝土浇筑阶段；截至12月底，大坝填筑完成305万m³，地下厂房开挖至第Ⅷ层，泄洪系统混凝土浇筑完成497m。

中国水利水电第四工程局有限公司承建部分（导流洞及左右岸岸坡开挖支护工程的右岸边坡），完成投资24335.05万元，占年计划的130.79%；自开工累计完成投资110791.77万元，占调整后合同金额的97.92%。截至2023年底，主要工程形象进度如下：

（1）泄水建筑物进水口开挖及支护工程。边坡高程2612~2927m开挖支护全部完成，高程2905~2785m/高程2755m马道混凝土及栏杆施工完成，高程2927~2708.5m钢爬梯安装完成，高程2800m排水洞开挖支护及洞脸部位钢筋制安完成。

（2）输水发电进水口开挖及支护工程。边坡高程2708.5~2815m开挖支护全部完成，高程2679~2708.5m坡面浅层支护与深层锚索锚墩头浇筑完成，高程2641~2679m（引渠段）锚索锚固段注浆完成，高程2800m/高程2755m马道混凝土及栏杆施工完成，高程2800~2708.5m钢爬梯安装完成。

（3）大坝岸坡开挖及支护工程。边坡高程2708.5~2822m开挖支护全部完成，高程2664~2708.5m坡面浅层支护与深层锚固段注浆完成，高程2800m/高程2785m/高程2755m马道混凝土及栏杆施工完成，高程2800~2708.5m钢爬梯安装完成。

（4）开关站开挖及边坡支护工程。边坡高程2682~2778m开挖支护全部完成，高程2682~2708.5m贴坡混凝土浇筑完成。

（5）堆积体及危岩体处理工程。防护网已完成28.94万m²，PD50、PD26、PD16探洞施工完成。

（中国华电集团有限公司　刘鹏　杜晓凡
中国水利水电第四工程局有限公司　李凯　周伟）

叶巴滩水电站工程2023年建设进展情况

叶巴滩水电站位于四川与西藏界河金沙江上游河段上，系金沙江上游13个梯级水电站的第七级，水库正常蓄水位2889.00m，相应库容10.80亿m³，调节库容5.37亿m³，电站装机容量2240MW（510MW×4台+200MW）。

该工程建设具有"六高、四大、两长"特点。六高：①高寒（坝址区极端低温达零下23.5℃）；②高海拔（工程区域平均海拔2900~3800m）；③高温差（全年最大昼夜温差达37℃）；④高边坡（大坝边坡垂直高度达481m）；⑤高拱坝（最大坝高217m）；⑥高地应力（地下厂房实测最高地应力达37.57MPa）。四大：①工程规模大（国内海拔3000m以上的最高混凝土拱坝）；②工程技术难度大（国内常规水电中最大的调相机组，国内最大断面隧洞衬砌，高地应力硐室群开挖支护，高寒、高温差条件下混凝土温控防裂，砂石骨料云母含量高剔除难）；③安全风险大（高度达481m的边坡施工风险大，高地应力洞室群开挖风险大，白格滑坡体下滑堵江风险大，与川藏铁路局部施工交叉作业安全风险大）；④稳定风险大（人员稳定性差、流动性大，工效低、人工成本高，易发生民工纠纷事件）。两长：①长冬季（全年冬季施工期长达7个月）；②长尾水（两条尾水洞长度均超过3000m）。

2023年，工程主要进行大坝混凝土浇筑、主厂房开挖及机电安装等。截至2023年12月底，大坝最高浇筑至2782m高程，浇筑完成84万m³；坝体接缝灌浆2677~2704m高程灌区施工完成；进水口混凝土浇筑至2857m高程；主厂房开挖完成，廊道主帷幕完成23382.88m，搭接帷幕完成30266.4m，3、4号机组尾水肘管安装完成，4号机组肘管混凝土浇筑完成；出线竖井正井开挖完成249m；1、2号尾水调压室开挖完成；尾水隧洞混凝土衬砌完成2520m。

（中国华电集团有限公司　刘鹏　杜晓凡）

巴拉水电站工程2023年建设进展情况

2023年，巴拉水电站各关键节点工程按计划全面推进，工程安全、质量受控，主要建设进展情况如下：

1. 挡水建筑物　2023年6月6日，面板堆石坝填筑至2853.5m高程（达到围堰顶高程）；11月10日，大坝一期混凝土面板浇筑完成。至2023年底，大坝总体填筑完成68%（设计总方量364万m³）。

2. 泄水建筑物　2023年4月28日，泄洪放空洞身贯通完成；9月28日，溢洪洞洞身贯通完成。至2023年底，泄洪放空洞洞身衬砌完成30%。

3. 引水系统　2023年7月30日，引水隧洞进口贯通完成；8月6日，调压井穿顶开挖支护完成。至

2023 年底，引水隧洞上半洞开挖完成 95%（全长 6715m），洞身衬砌完成 29%（设计量 3370m）；调压井竖井扩挖完成 50%（竖井深 79m）；1 号压力管道竖井扩挖完成 52%（井深 171m）；2 号压力管道竖井扩挖完成 7%（井深 172m）；3 号压力管道竖井导孔完成 84%（井深 173m）。

4. 地下发电厂房系统　2023 年 3 月 20 日，1 号机组机坑开挖完成，实现混凝土转序；4 月 9 日，1 号机组首节尾水管成功吊装；4 月 30 日；厂房开挖完成。至 2023 年底，1、2、3 号机组蜗壳安装完成，混凝土浇筑分别至发电机层、水轮机层、水轮机层；主变压器室、母线洞均开挖支护完成，转入混凝土结构施工。

5. 尾水工程　2023 年 11 月 12 日尾水隧洞贯通完成。至 2023 年底，尾水连接洞开挖贯通，尾水调压室竖井扩挖完成 86%（井深 29m），尾水隧洞洞身衬砌完成 44%（设计量 1034m）。

（中电建水电开发集团有限公司　冯殿雄）

玛尔挡水电站工程 2023 年建设进展情况

玛尔挡水电站是黄河上游在建海拔最高、装机容量最大的水电站，装机容量 2320MW，水库正常蓄水位 3275m，总库容 16.22 亿 m^3，为一等大（1）型工程。其大坝为国内在建海拔最高的 200m 级特高混凝土面板堆石坝，坝顶高程 3283m，最大坝高 211m，坝顶长 342.5m，坝顶宽 12m，填筑总量约 1055 万 m^3，被誉为"高原第一高坝"。

2023 年，工程土建施工主要包括输水发电系统地下洞室群、泄洪消能建筑、电站进出水口、永久生态放水洞等部位开挖支护及混凝土浇筑，面板堆石坝坝体填筑，中坝二长岩料场开采等。11 月 14 日，电站下闸蓄水，实现年度关键节点；11 月 25 日，随着最后一车石料入仓，大坝填筑至设计高程，提前 5 天完成大坝节点目标。

另外，近坝库岸发育的 H07 滑坡的治理方案作了变更。H07 滑坡距离大坝约 6.5km，体积约 710 万 m^3，其所处地形陡峻，地表宏观变形明显，可行性研究报告审查基本同意对其进行削坡压脚处理。施工期，中国电建集团西北勘测设计研究院有限公司联合成都理工大学、地质灾害防治与地质环境保护国家重点实验室对 H07 滑坡开展了专题研究工作，通过大量现场勘探、测试等工作，结合施工期滑坡变形监测成果，对其稳定性、失稳涌浪及堵河风险等进行了进一步分析评价。专题研究认为，滑坡失稳形成涌浪

不会漫坝，对枢纽建筑物和周边环境的影响风险总体可控；同时，原可行性研究方案拟采取的削坡压脚处理方案布置的施工生产生活场地、临时施工道路等涉及生态红线、自然保护区等生态敏感区，存在环境制约因素；采取监测预警＋专项应急预案方案，施工难度小、施工安全风险低，在保证安全的前提下，可直接减少投资约 24580 万元，经济效益显著；治理方案的变更为玛尔挡水电站早日蓄水发电奠定了坚实基础。

（中国电建集团西北勘测设计研究院有限公司　付建伟　郭俊）

扎拉水电站工程 2023 年建设进展情况

扎拉水电站是西藏首个核准开工的百万千瓦级水电站工程，同时也是世界首台（套）500MW 高水头冲击式机组的依托工程。该电站为玉曲河干流下游河段梯级开发方案的第六级，主要开发任务为发电，并促进地方经济社会发展；采用混合式开发，坝址位于左贡县碧土乡扎郎村，厂址位于察隅县察瓦龙乡珠拉村，厂坝相距 17km。扎拉坝址控制流域面积 8546km²，多年平均流量 107m³/s，多年平均径流量 33.9 亿 m^3；水库正常蓄水位 2815m，总库容 914 万 m^3；电站总装机容量 1015MW（含生态电站 15MW），多年平均发电量 38.41 亿 kW·h。

该电站为二等大（2）型工程，由挡泄水建筑物、生态电站、鱼道和引水发电建筑物等组成。挡水建筑物为混凝土重力坝，坝顶高程 2820m，坝顶长 207m，最大坝高 70m。生态电站安装 3 台 5MW 混流式机组。鱼道采用竖缝式，总长 3031.10m。引水发电建筑由引水隧洞、调压室和电站厂房组成，引水隧洞采用两机一洞，断面为圆形，线路长约 5.5km；厂房为地面式，安装 2 台 500MW 冲击式水轮机组，额定水头 671m。

项目于 2020 年 12 月获西藏自治区发展改革委核准，2023 年建设主要进展情况如下：

1. 前期准备工程　主要包括场内道路、4 条施工支洞、项目建设管理营地、鱼类增殖站、导流洞及左右岸坝肩工程等项目。2023 年，场内交通Ⅱ标主要工程基本完工，3、4、5、7 号公路具备通行条件；2 号施工支洞（210m）及 4、4-1、4-2 号施工支洞开挖支护及洞身衬砌全部完成，进入主洞作业面；玉曲河公路桥已具备通车条件。鱼类增殖站建成投运，导流洞具备过流条件，项目建设管理营地封顶。

2. 主体工程　2023 年 5 月，主体工程标正式签

订合同并组织人员进场；6 月，世界首台（套）500MW 级高水头冲击式机组科研攻坚示范项目推进大会在西藏拉萨隆重召开，标志着电站主体工程正式开工建设。首部枢纽 C1 标主要进行相关临建设施（综合加工厂、智能制浆站、集中供风站、施工水厂、高位水池等）及主体工程（上下游围堰、引水隧洞、1 号施工支洞、坝肩）等施工任务。引水隧洞全长 3680.61m，分进口段、1 号施工支洞控制段、2 号施工支洞控制段 3 个段进行施工，其中 2 号支洞控制段总长 1580.6m，2023 年 6 月 9 日开始施工，至 2023 年底完成开挖支护 487m（另两段暂未施工）。1 号施工支洞总长 555m，2023 年度完成洞身开挖支护 40m。坝顶高程以上边坡开挖支护基本完成；引水隧洞进水口边坡土石方开挖 35836m³，完成设计的 90%；鱼道边坡完成土石方开挖 660m³，完成设计量的 9.3%。厂区枢纽工程，1、2 号压力钢管上平段和中平段 11 月开挖支护完成，厂房基坑 2003 年开挖完成 50 余万立方米。

3. 截流工作　2023 年 11 月 30 日，顺利通过可再生能源发电工程质量监督站组织的首次暨截流阶段质量监督检查；12 月 19 日，组织完成截流阶段专项安全鉴定，并顺利通过了工程截流移民安置验收；12 月 28 日，顺利通过截流验收。2023 年 12 月中旬，导流建筑全面完工，具备过流条件；下旬，完成大坝上游围堰戗堤进占等截流前所有准备工作，全面具备截流条件。

4. 工程关键科研技术研究工作　2023 年开展了闹中活动断裂特性研究、过鱼设施专题研究、500MW 冲击式机组研究 3 个方面的工作，修正、完善了闹中断裂的三维地质建模，对鱼道进行进一步的优化设计，水轮机转轮中心体锻件顺利通过验收。

5. 其他　中国水利水电第四工程局有限公司承担该电站首部枢纽 C1 标和场内交通 Ⅱ 标施工，合同总金额 132886.29 万元。2023 年完成投资 21917.80 万元，占总投资的 16.5%；至 2023 年底累计完成投资 36785.72 万元，占总投资的 27.7%。2023 年，公路工程单元评定验收 642 个，合格率为 100%；水工部分单元评定验收 421 个，优良率为 96%。场内交通 Ⅱ 标，应用高原高海拔变径薄壁空心高墩翻模法施工技术，共计完成高墩 161.5m（其中最高墩为 57.5m），节约 169.04 万元。

（西藏大唐扎拉水电开发有限公司　王南溪
大唐西藏能源开发有限公司　刘顺东
中国水利水电第四工程局有限公司
叶春玲　梁守锦）

JX 水电站工程 2023 年建设进展情况

JX 水电站是雅鲁藏布江干流中游沃卡河口至朗县县城河段规划 8 级开发的第三级，是中国华能集团继 ZM 和 JC 后在雅鲁藏布江干流开发建设的第 3 座大型水电站，是西藏自治区"十三五""十四五"规划开工的重点内需清洁能源项目。电站装机容量 600MW（3×200MW），多年平均发电量 28.35 亿 kW·h；水库正常蓄水位 3374m，相应库容 4749 万 m³，死水位 3367m，调节库容 985 万 m³。电站为二等大（2）型工程，工程坝址区地震基本烈度为 Ⅷ 度，枢纽主要由挡水建筑物、泄洪建筑物、消能防冲建筑物和引水发电建筑物等组成。挡水建筑物为混凝土重力坝，最大坝高 116m。

2023 年，大坝工程、厂房工程等标段已正式开工，鱼道工程和机电安装工程开展招标设计工作；12 月 30 日，成功实现大江截流；工程主要形象进度如下：

1. 导流隧洞　导流隧洞布置在右岸，1 号导流隧洞长约 756m，2 号导流隧洞长约 949m，城门洞型断面；2022 年 8 月 31 日开工建设，2023 年 12 月通过验收，实现过流。

2. S508 改线公路　S508 改线公路长约 3.2km，全线设隧道 2 座（萨龙隧道长约 473m、街需隧道长约 334m）、涵洞 9 座；2022 年 12 月 11 日开工建设，至 2023 年底，隧道已贯通，毛路已形成，计划 2024 年 6 月底施工完成。

3. 大坝工程　2023 年 8 月 8 日开工，至 2023 年底，砂石及混凝土生产系统完成 60%。

4. 厂房工程　2023 年 8 月 15 日开工，至 2023 年底，场内交通工程基本完成，大江成功截流，正在开展防渗墙和围堰填筑施工。

（华能雅鲁藏布江水电开发投资有限公司
JX 分公司）

硬梁包水电站工程 2023 年建设进展情况

硬梁包水电站位于四川省甘孜藏族自治州泸定县境内的大渡河干流上，为大渡河干流最新规划 28 级方案的第 14 级电站，上游为泸定水电站，下游衔接大岗山水电站；采用引水式开发，闸址处控制流域面积 59516km²，多年平均流量 897m³/s。水库正常蓄水位 1246m，相应库容 2075.4 万 m^3，调节库容 826 万 m^3，具有日调节性能。电站总装机容量 111.6 万 kW，建成后供电四川电网，参与川电外送。

该电站为二等大（2）型工程，采用混凝土闸和面板堆石坝+左岸引水系统+地下厂房的枢纽总布置方案。闸址处安装 3.6 万 kW 生态机组，以满足 134.7m^3/s 的最小生态流量下泄要求。主电站额定引用流量 1261.2m^3/s，通过 2 条长约 14.4km 引水隧洞在下游花石包地下厂房安装 4 台单机容量为 27 万 kW 的水轮发电机组。工程建设征地总面积 7928.51 亩，其中耕地 484.65 亩；共需生产安置移民 1161 人，建设征地移民安置规划补偿投资概算为 11.86 亿元。核准施工总工期为 78 个月，其中引水隧洞施工支洞施工纳入筹建期，主体工程（不含施工支洞）工期为 66 个月，完建工程工期为 12 个月。

2023 年，硬梁包水电站工程全面进入主体工程施工高峰，首部枢纽三期截流顺利完成。截至 2023 年底，电站首部枢纽 5 孔冲沙泄洪闸、铺盖护坦均已浇筑至设计高程，进水口除拦污栅外均已浇筑完成，生态厂房混凝土蜗壳层浇筑 1 层，左岸帷幕灌浆基本完成；引水隧洞累计完成开挖支护 28525.8m，占设计量的 98.9%，其中 2 号引水隧洞于 2023 年 10 月全线贯通，完成混凝土衬砌 23631.1m，占设计量的 81.9%；厂区枢纽调压室、主厂房、主变压器室及尾水闸门室四大洞室混凝土基本浇筑完成，2023 年 7 月首台机组浇筑至发电机层，12 月主厂房全面封顶。机电安装方面，闸坝 320T 门机、5 孔冲砂泄洪闸及引水隧洞进水口闸门、生态电站进水及尾水闸门等金属结构设备安装完成，首台机组转子吊装完成。

2023 年，"深厚覆盖层闸基ול滤振冲碎石桩的研制"获电力行业优秀 QC 小组活动成果一等奖、电力质量管理小组交流活动二等奖。

（华能四川能源开发有限公司
中国电建集团成都勘测设计研究院有限公司
王锋）

TB 水电站工程 2023 年建设进展情况

TB 水电站是澜沧江干流上游河段（云南省境内）规划的第四个梯级，属一等大（1）型工程，总装机容量 140 万 kW（4 台单机容量 35 万 kW 的混流式水轮发电机组），多年平均发电量 62.3 亿 kW·h。水库正常蓄水位 1735m，相应库容 12.15 亿 m^3。挡水建筑物采用碾压混凝土重力坝，坝顶高程 1740.00m，坝顶长 475.00m，最大坝高 158.00m。泄洪消能建筑物包括 4 个溢流表孔、1 个泄洪中孔、1 个生态泄水孔。

该电站于 2017 年 4 月 20 日通过国家发展改革委核准，2020 年 1 月导流隧洞开工，2021 年 10 月 26 日大江截流成功，2022 年 5 月 28 日大坝首仓碾压混凝土开仓浇筑。

2023 年，大坝碾压混凝土施工实现全坝段连续 5 个月平均升层 14m 的行业领先成绩，年底全线浇筑到顶。主厂房 1、2、3、4 号机组全部浇筑至发电机层，转入机电安装阶段。进水口坝段按期封顶，尾水出口塔体混凝土浇筑提前 105 天到顶。9 月 27 日，1 号机组水轮机转轮吊装就位，较计划提前 2 个月。蓄水验收工作稳步推进，12 月 7 日通过蓄水阶段移民专项验收州级初验，12 月 29 日通过蓄水阶段环境保护验收，完成蓄水阶段安全鉴定及质量监督工作。

大坝现场碾压混凝土压实度检测合格率 100%，成功取出一根 26.5m 碾压混凝土世界最长芯样。全年共计评选样板工程 21 个，取得省部级 QC 成果 5 个。

不断升级改造基建智能建造一体化系统平台，上线运行智能碾压、智能灌浆、智能温控等模块，有效提升大坝实体建设质量。

过鱼设施等专项环保措施按计划启动，组织澜沧江土著鱼类人工增殖放流，累计放流土著鱼类 30 余万尾。

（华能澜沧江水电股份有限公司托巴
水电工程建设管理局）

羊曲水电站工程 2023 年建设进展情况

羊曲水电站位于青海省海南州兴海县与贵南县交界处，额定水头 114m，安装 3 台单机容量为 400MW 的水轮发电机组，电站按"无人值班（少人值守）"设计。

（一）大坝与引水系统等三工程

面板堆石坝、引水系统和克周料场交通道路三工程由中国水利水电第四工程局有限公司承建，合同总金额变更后为 76798.02 万元。2023 年，完成投资 37762.67 万元，占总投资的 49%；开工累计完成投资 56292.99 万元，占总投资的 73%；主要工程形象进度如下：

1. 镶嵌混凝土面板堆石坝工程　7 月 21 日，完成镶嵌混凝土重力坝混凝土浇筑；10 月 25 日，完成左右趾板混凝土浇筑；12 月 14 日，面板堆石坝填筑完成。

2. 右岸开挖及引水系统工程　1号引水隧洞总长548.3m，本年度完成隧洞衬砌508.5m，累计完成隧洞衬砌526.5m；2号引水隧洞总长599m，本年度完成隧洞衬砌465.6m，累计完成隧洞衬砌577.2m；3号引水隧洞总长649.7m，本年度完成隧洞衬砌439.6m，累计完成隧洞衬砌602.6m。

2023年共验收单元工程4271个，合格4271个，合格率为100%，其中优良4074个，优良率为95.4%。

（二）电站机电安装工程

电站机电安装工程由中国水利水电第四工程局有限公司承担，合同金额9644.24万元，2022年12月18日正式开工，计划2024年8月首台机组（2号机组）投产。2023年，计划完成投资3200万元，实际完成2805.47万元；至2023年底，主要工程形象进度如下：

（1）1、2、3号机组尾水锥管、基础环、座环、蜗壳、机坑里衬、接力器坑衬、接力器基础安装完成。

（2）1、2号机组预埋管路全部安装完成；3号机组预埋管路安装至2594.45m高程。

（3）2号机组坑测定与座环加工完成；1号机坑测定完成。

（4）2号机组定子组装、吊装完成；1号机组定子机座焊完成，大等分定位筋调整验收完成。

（5）2号机组定子下线完成平台安装、防护棚搭设、绕包棚搭设，并完成线棒镶嵌、斜边垫块绑扎。

（6）2号机组转子支架组焊完成，副立筋安装、焊接、验收完成。

（7）1、2号桥式起重机安装、调试完成，负荷试验完成。

（中国水利水电第四工程局有限公司
叶春玲　王万明　洪秀衡　刘亨凡）

两河口水电站工程 2023 年建设进展情况

两河口水电站位于四川省甘孜州雅江县境内的雅砻江干流上，为雅砻江中、下游的"龙头"水库。水库正常蓄水位为2865m，总库容为106.53亿m³，消落深度为80m，调节库容65.24亿m³，具有多年调节能力；电站装机容量3000MW，多年平均年发电量110亿kW·h。工程静态总投资为478.25亿元。

该电站工程2015年实现大江截流，2020年11月初期下闸蓄水；2021年，8月29日首批两台机组

正式投产发电，12月24日大坝全断面填筑到顶；2022年3月18日，全部机组投产，主体工程完建。2023年两河口水电站工程建设主要工作情况如下：

1. 主要项目　①水库蓄水：2023年雅砻江遭遇极端异常枯水，蓄水期间（5～10月）入库流量较多年偏少25%，为2008年以来历史最枯纪录。面对极端不利形势，统筹考虑，不断优化蓄水速率，稳步推进三期蓄水各项工作，11月3日水库蓄水至2861.15m（正常蓄水位为2865m，总库容为107.67亿m³），成为四川省和雅砻江流域水电开发有限公司蓄能值最大的水电站（库容达96亿m³，调节库容61亿m³），使得雅砻江枯水期（11月至翌年4月）平均流量由256m³/s提高到648m³/s，能为雅砻江流域及下游已建成的12级电站增加平枯期发电量252亿kW·h，为国家能源安全和今冬明春国家迎峰度冬电力保供贡献力量。②竖井旋流泄洪洞工程：2023年7月31日，电站泄洪系统竖井旋流泄洪洞完工并高质量通过验收，标志着两河口水电站主体工程高质量全面收官，为电站由施工期全面转入运行期奠定了坚实基础。

2. 其他项目　①库岸治理项目：麦里隧道（一期）合同内容全部完成；麦里隧道（二期）除进出口明线段沥青面层外全部施工完成；杜米3号隧道实体工程土建与机电安装全部完成。②征地移民工作：完成两河口水电站临时用地复垦方案调规调概报告审查工作。

3. 档案工作　围绕专项验收工作要求，圆满完成各项归档工作任务。至2023年底，拥有馆藏文书档案15372件、科技档案141389卷、财务档案2607卷、光盘3183盘、实物73件、岩芯实物档案5582箱。

4. 获奖情况　"四川雅砻江两河口水电站泄洪消能工程设计""四川雅砻江两河口水电站边坡工程设计"获2023年度四川省优秀工程勘察设计工业工程设计一等奖。

（雅砻江流域水电开发有限公司　李会金
中国电建集团成都勘测设计研究院有限公司
许源）

孟底沟水电站工程 2023 年建设进展情况

孟底沟水电站是雅砻江中游七级开发方案中的第五个梯级，采用坝式开发，最大坝高198.00m，水库总库容8.85亿m³，安装4台单机容量为600MW的混流式水轮发电机组。工程总投资347.22亿元，总

工期 108 个月（不含筹建期）。2023 年，该电站导流洞工程正式开工建设；全年完成固定资产投资 13.08 亿元，为计划的 100%；主要工程形象进度如下：

1. 沟水处理工程 ①孟底沟沟水处理：永久排水洞开挖完成，洞身混凝土衬砌、回填灌浆基本完成；出口泄槽混凝土浇筑完成；永久挡水坝坝体填筑基本完成。②张牙沟沟水处理：永久挡水坝填筑完成；永久排水洞于 5 月 26 日浇筑完成，并已顺利过流；拦挡坝已于 8 月 26 日完成验收，并正常投入运行；八孟公路八窝龙渡口至八窝龙特大桥段全线施工内容已全部完成，11 月 18 日完成实体验收工作；沿江公路全线施工内容已全部完成。

2. 交通工程 ①场内交通工程：沿江公路隧道开挖支护已完成，明线路面浇筑完成，波形护栏安装完成。1 号公路的 2 号隧道洞挖及初支已完成 923.6m（占设计总量的 37.58%），3 号隧道已顺利贯通，4 号隧道开挖支护完成；101、104 号公路完成，102 号公路隧道开挖支护完成；2 号公路明线路基开挖完成；3 号公路隧道开挖支护完成 1261m（占设计总量的 32.82%）；5 号公路 1 号隧道洞身开挖支护和路面浇筑完成；604 号公路明线路基开挖完成，隧道明洞全部完成；9 号公路隧道开挖支护完成 267.2m（占设计总量的 23.90%）；11 号公路隧道开挖支护完成 171m（占设计总量的 25.67%）；302 号隧道洞挖及初支已完成 96.6m，完成设计总量的 12.02%；民爆器材库连接路隧道洞挖及初支完成 116m，完成设计总量的 37.78%。尼呷隧道开挖支护累计完成 442m，呷尔隧道开挖支护累计完成 297m。八孟路沿线绿化工程已完成。②场内跨江桥梁工程：2、3、4 号临时桥及孟底沟临时桥已完工并投运，八窝龙特大桥边坡开挖支护全部完成。③场外交通工程：伍孟路改建工程 I 标（约 57.5km）已完工；伍孟路改建工程 II 标陡坡段明线路基开挖完成，杨家坪大桥下部结构完成、上部结构 15 片单跨 20m 预制箱梁浇筑完成，7 号公路明线路基开挖完成；对外交通沿江公路 I 标惜金多 1 号隧道开挖支护完成 810m，惜金多 2 号隧道开挖支护完成 474.2m，西北宫沟 3 号隧道开挖支护完成 561.8m，明线段开挖完成 1.25km；对外交通沿江公路 II 标科邦隧道开挖支护完成 125m，三哑宫 1 号隧道开挖支护完成 60.4m，三哑宫 2 号隧道施工横洞开挖支护完成 218m，明线段开挖完成 2.54km。④临时水运工程：孟底沟 6 号和孟底沟 7 号两艘 7 车位车客渡船投入运行。

3. 施工供电工程 场外供电 I、II 标已完工；场内供电标杨家坪—张牙沟 35kV 线路、张牙沟—甲德 35kV 线路、甲德 35kV 变电站已投运，孟底沟、张牙沟、八窝龙 3 个区域已实现施工供电覆盖。

4. 营地工程 八窝龙业主临时营地已完工并入住；八窝龙业主永久营地场平工程完成；尼呷施工营地场平工程完成；营地建设工程施工标承包人进场开展前期准备工作。八窝龙场地平整工程，土石方开挖完成 24.8 万 m³，土石方填筑完成 16.27 万 m³，均完成设计总量的 100%；已完成上游侧场地移交工作；1～4 号表土堆存场覆土绿化已完成；渡口工程已完成全部施工，并已顺利移交；5 号供水站场地平整、连接路施工已经完成；加油站已于 2023 年 8 月 29 日顺利完成实体验收工作，具备验收移交条件。

5. 导流洞工程 导流洞上、下游标，分别于 2023 年 10 月 25、27 日开工；至 2023 年底，1、2 号导流洞 I 层洞挖分别累计完成 187、62m，各占总量的 37.4%、11.2%。

6. 危岩体治理工程 ①左岸：货运索道施工完成 1 套，并投入使用；B 区风水布置完成 30%；B 区危岩体施工便道修缮约 850m；D 区 WSL01、WSL02、WS52、GFGC03、WS37、WS56、WS35 便道完成，护栏安装完成；危岩体 WS21、WS22、WS23 表层清理、危石清除完成；E 区危岩体下方 2135m 高程被动网施工 60m。②右岸：完成 WS58、WS65、WS11、WS45、WS12 危岩清理，完成 WS06、WS08、WS15、WS17、WSR03 危岩清理安全防护措施。

中国水利水电第四工程局有限公司承建左岸场内交通及自然边坡防治工程、导流洞工程上游标、张牙沟沟水处理、八窝龙场地平整、绿化工程等，2023 年完成了公路分项验收评定 416 个、水工单元验收评定 788 个、房建分项验收评定 131 个以及左岸场内交通工程及自然边坡防治工程施工分项验收评定 26 个，所有项目的合格率均为 100%。

中国电建集团成都勘测设计研究院有限公司编制的电站大坝工程、引水发电系统工程和工程安全监测的招标设计报告，于 2023 年 10 月通过业主组织的审查，并于 11 月通过了中国水利水电建设工程咨询有限公司的咨询。

（雅砻江流域水电开发有限公司 邓玉星
中国水利水电第四工程局有限公司 白成 李远航
中国电建集团成都勘测设计研究院有限公司
张公平）

卡拉水电站工程 2023 年建设进展情况

卡拉水电站是雅砻江中游"一库七级"开发的第七级，总装机容量 102 万 kW，工程总投资约 171 亿元，是全周期采用 EPC 模式建设的百万千瓦级大型水电工程。

2023 年，该电站工程克服困难，统筹推进主体工程项目、防汛项目、辅助工程建设，大江截流各项准备工作基本完成，主要工程建设进展情况如下：

1. 导截流工程　全部施工完成，具备过流条件。

2. 枢纽区危岩体治理　左岸坝前系统开挖区开挖至 2155m 高程，坝肩 2130m 高程以上危岩体和坝后 2800m 高程附近危岩体基本处理完成；右岸危岩体 Y1、Y2 基本处理完成，Y3 区处理完成 60%。

3. 大坝边坡锚固洞工程　坝前 1947m 高程锚固洞开挖支护、一期混凝土衬砌及灌浆完成，1975.5m 高程锚固洞开挖支护及一期混凝土衬砌完成；坝肩 2030、2055m 高程锚固洞开挖支护及一期混凝土衬砌完成，2085m 高程 12、13 号锚固洞开挖支护完成。

4. 沟水及泥石流治理工程　大碧沟、纤维沟、九一三沟沟水处理施工完成，甲尔沟排水洞衬砌施工完成。

5. 场内交通工程　左岸危岩体交通洞、右岸低线交通洞、右岸绕坝交通洞、左岸绕坝交通洞、右岸上坝交通洞开挖支护完成，纤维沟跨沟桥施工完成，卡拉大桥拱座混凝土浇筑完成。

6. 引水发电系统　厂房第一层、第二层开挖支护全部完成，主变压器洞第二层开挖支护完成。

7. 其他辅助工程　纤维沟拌和系统、蔡家坪营地投运；上田镇滑坡体前缘防护工程旋挖桩、连接板浇筑全部完成，桩号 0+000～0+264.23 范围内的全部护坡混凝土浇筑完成。

2023 年工程整体质量优良，单元工程合格率为 100%，土建工程优良率为 98.5%，金属结构制造及安装工程优良率为 100%。

（雅砻江流域水电开发有限公司）

双江口水电站工程 2023 年建设进展情况

双江口水电站位于四川省阿坝州马尔康市、金川县境内大渡河上，采用坝式开发；开发任务以发电为主，参与长江中下游防洪，并促进地方经济社会发展。水库正常蓄水位 2500.00m，死水位 2420.00m，总库容为 28.97 亿 m³，调节库容 19.17 亿 m³。电站装机容量 200 万 kW，多年平均年发电量约 77.07 亿 kW·h。水库调蓄可增加下游大渡河 17 个梯级电站枯水年枯期平均出力 175.8 万 kW、枯期电量约 66 亿 kW·h。

该电站为一等大（1）型工程。枢纽由拦河大坝、泄洪建筑物、引水发电系统等组成。拦河大坝为土质心墙堆石坝，最大坝高 315m，坝顶高程 2510.00m。枢纽泄洪最大水头约 250m，最大下泄流量约 8200m³/s，泄水建筑物包括洞式溢洪道、深孔泄洪洞、竖井泄洪洞和放空洞，其中洞式溢洪道、深孔泄洪洞及利用 2 号导流洞改建的放空洞位于右岸，利用 3 号导流洞改建的竖井泄洪洞位于左岸。引水发电系统布置于左岸，发电厂房采用地下式，厂内安装 4 台单机容量为 50 万 kW 的混流式水轮发电机组，采用"单机单管供水"及"两机一室一洞"的布置格局。工程总投资为 370 亿元，施工总工期为 120 个月。

2023 年底，大坝填筑至 2330m 高程，填筑坝高 135m。同期地下厂房洞室群开挖支护结束，转序进入混凝土浇筑和机电与金属结构安装阶段。

（中国电建集团成都勘测设计研究院有限公司 王观琪）

新集水电站工程 2023 年建设进展情况

新集水电站位于湖北省襄阳市境内汉江中游河段，为二等大（2）型工程，总装机容量 120MW，年发电量 5.09 亿 kW·h；主要建筑物有左岸阶地土石坝、左岸连接土石坝、泄水闸、门库、厂房及安装间、右岸连接段、船闸段及主河床土石坝。

2023 年，该电站工程建设进入并网发电节点关键时期，顺利且圆满完成了"首台机组发电节点目标"。全年完成投资 8875.04 万元，完成土石方开挖 92.82 万 m³、土石方回填 88.52 万 m³、钢筋制安 0.1 万 t、混凝土 2.82 万 m³、混凝土防渗墙 1.30 万 m²、金属结构安装 503.63t。

截至 2023 年底，主要工程形象进度如下：

（1）电站土建施工及金属结构与机电安装工程土建部分已全部施工完成，金属结构部分安装完成并进行了移交。

（2）厂房机电设备安装：完成 4 台机组尾水管、管型座、导水机构、主轴、转轮、转子、定子、灯泡头及伸缩节安装；完成厂房 200t 桥式起重机及其滑线与轨道安装完成，完成新增 20t 桥式起重机安装；2023 年 6 月 13 日，厂区 10kV 高压室送电；6 月 14 日，厂区 400V 配电室上电。1、2 号机组安装、调试完成实现投产发电，其中 1 号机组 9 月 15 日整体移交业主，2 号机组 11 月 26 日整体移交业主；3 号机组安装完成具备调试条件，4 号机组盘车完成。厂房检修井、渗漏井与空压机室、油罐室的设备及管路安装，已完成并移交运行单位。

本年度单元（分项）工程验收评定 2257 个，一次验收合格 2257 个，优良 1927 个，优良率为 85.4%；工程自开工累计单元（分项）工程验收评定 6176 个，其中优良 5265 个，优良率为 85.2%。

（中国水利水电第四工程局有限公司
李勇辉 张鹏 洪秀衡 彭斌）

李家峡水电站扩机工程 2023 年建设进展情况

李家峡水电站位于青海省尖扎县和化隆县交界的黄河干流，设计安装 5 台单机容量为 400MW 的立轴混流式水轮发电机组，采用双排布置，上游侧为 2 号和 4 号机组，下游侧为 1、3、5 号机组；1、2、3、4 号机组已于 1999 年 11 月前投产发电。未安装的 5 号机组，尾水锥管段以下混凝土已经浇筑形成，仅预留锥管上口约 900mm 配割预留部分；基坑上、下游侧的墙体及柱子已浇筑至主厂房顶部，基坑左、右侧的副安装间及 3 号机组墙体均已浇筑至发电机层，引水压力钢管已经理至 5 号机基坑上游侧。

李家峡水电站扩机（5 号机组）主要在海南州特高压外送通道受端晚负荷高峰时段以及风光电出力较小或无出力时段内承担负荷发电，以满足受端用电需求；其土建及机电安装工程于 2022 年 2 月 15 日正式签订合同，合同金额为 4177.56 万元，总工期 653 日历天。

2022 年 3 月 1 日，埋入部分安装工程开工；10 月 18 日，蜗壳安装完成；10 月 22 日，定子定位筋安装调整完成；11 月，转子组装调整完成。

2023 年，工程主要进展情况如下：①5 月 26 日，转轮到货，开始进行泄水锥的组合焊接；6 月 1 日，泄水锥焊接完成；6 月 30 日，转轮吊装完成；7 月 2 日，顶盖吊装完成。②1 月 18 日，完成定子铁芯磁化试验；4 月 24 日，定子铁芯整体喷漆完成；4 月 26 日，定子整体吊装完成。③6 月 26 日，转子磁轭加热及热打键工作完成；7 月 11 日，转子磁极挂装完成；7 月 20 日，转子吊装完成。④8 月 18 日，机组盘车完成。⑤10 月 10 日，机组顺利通过 72 小时试运行，正式投产发电。

李家峡水电站扩机工程，自开工累计完成投资 4232.83 万元；共完成 2 个分部工程、41 个单元工程验收，验收全部合格，合格率为 100%。

（中国水利水电第四工程局有限公司
洪秀衡 王万明）

五强溪水电站扩机工程 2023 年建设进展情况

五强溪水电站扩机工程装机 2×250MW，枢纽建筑物包括岸塔式进水口、引水隧洞、调压室、压力管道、地面厂房及尾水渠，2023 年工程建设主要进展情况如下：

1. 引水工程 ①进水口工程：10 月初，预留岩坎水下拆除全部完成，累计完成水下开挖 16.03 万 m³。②引水隧洞工程：7 月 2 日和 8 月 19 日，分别完成 7、6 号机组引水隧洞混凝土衬砌。③调压室工程：8 月 10 日，调压室大井及闸门井结构混凝土全线浇筑至设计高程 121.7m。

2. 发电厂房工程 ①厂房：4 月 16 日，厂房主机间二期混凝土和厂房主体混凝土浇筑完成；全年浇筑混凝土 1.88 万 m³，累计浇筑 24.46 万 m³。②尾水渠：6 月 12 日尾水围堰拆除完成，8 月 28 日完成底板护底施工，9 月 8、28 日分别完成左、右边坡贴坡混凝土施工，10 月 30 日预留岩坎开挖完成；全年完成土石方开挖 9.68 万 m³，累计完成土石方开挖 35.92 万 m³、混凝土浇筑 1.44 万 m³。

3. 机电金属结构安装工程 尾水检修闸门于 4 月 26 日通过下放验收，两台机组主变压器于 6 月 23 日进场并安装就位；6 号机组分别于 6 月 26 日、7 月 11 日、8 月 31 日、9 月 9 日完成定子机座、转轮、转子、上机架的吊装就位；7 号机组分别于 9 月 7 日、9 月 25 日、10 月 14 日完成下机架、转子、上机架的吊装就位；快速闸门于 9 月 22 日完成下闸；6、7 号机组输水系统分别在 11 月 11 日和 11 月 20 日完成充水；11 月 26 日，6 号机组完成 72 小时试运行；12 月 3 日，7 号机组完成 72 小时试运行，扩机工程实现双机投产。

五强溪水电站扩机工程 2023 年完成质量验评 1608 个单元，合格单元数 1608 个，合格率为 100%；优良单元数 1528 个，优良率为 95.02%。

（五凌电力有限公司 张林卓）

东庄水利枢纽工程 2023 年建设进展情况

东庄水利枢纽位于陕西省淳化县与礼泉县交界的泾河干流，以防洪减淤为主，兼顾供水、发电及改善生态等综合利用，水库总库容 32.76 亿 m³，为一等大（1）型工程。

中国水利水电第四工程局有限公司承建东庄水利枢纽的大坝土建与金属结构安装工程标。2023 年，该标段由开挖全面转为混凝土浇筑，首仓混凝土于 2 月 13 日开始浇筑，较计划提前 30 天；原定年底大坝最低坝段浇筑至 626m 高程的重大节点目标，于 9 月 22 日实现，较计划提前 100 天；全年共完成投资 27321.3 万元，完成石方明挖 7.60 万 m³、石方洞（井）挖 3.24 万 m³、锚索 211 束、混凝土浇筑 55.31 万 m³、固结灌浆 7.36 万 m、帷幕灌浆 0.36 万 m、接缝灌浆 0.31 万 m²。主要工程进展情况如下：①左岸进水口高程 744～706m 二次退坡开挖完成。②截至 2023 年底，大坝最低坝段浇筑至高程 656m，最高坝段浇筑至高程 668m。③大坝坝基固结灌浆完成。大坝 578～599m 高程灌区接缝灌浆，剩余 870m 探洞混凝土回填，除右岸高程 780～720m 抗剪斜井外，其余洞室开挖支护完成；除右岸高程 592m 灌浆洞、左岸高程 685m 灌浆洞部分衬砌混凝土以外，其余洞室衬砌混凝土全部完成。④除水垫塘 BR1 边墙外，桩号垫 0+94m 范围以内水垫塘及连接板底板混凝土浇筑完成。

本年度大坝土建与金属结构安装标，验收完成 5 个分部工程，评定 758 个单元工程，全部合格；其中优良 725 个单元，优良率为 95.65%。

（中国水利水电第四工程局有限公司
李鸿吉　赵国辉）

尼雅水利枢纽坝后电站工程 2023 年建设进展情况

尼雅水利枢纽工程位于新疆维吾尔自治区和田地区民丰县境内尼雅河中上游河段，以灌溉、防洪为主，兼顾发电，为三等中型工程。水库正常蓄水位 2663m，死水位 2615m，总库容 4069 万 m³；电站总装机容量 6MW，多年平均发电量 1827 万 kW·h。枢纽由大坝、左岸溢洪洞、右岸导流兼泄洪冲沙洞、引水发电洞、压力管道、电站厂房等建筑物组成。大坝为碾压式沥青混凝土心墙坝，最大坝高 131.8m。厂房主机间平面尺寸为 38.5m×12m×21m（长×宽×高），布置 3 台卧式混流式机组。

中国水电基础局有限公司承建该枢纽的坝后电站，主要施工内容为厂房土建及配套机电设备、闸门等的采购安装；合同主要工程量包括土石方开挖 66919m³，回填 1560m³，混凝土浇筑 8348.15m³，钢筋制安 300t，室内装修 980m²，平面闸门 5 扇，桥式起重机 1 台，电动葫芦 1 套，水泵 17 台，各类电缆 8.55km，水轮发电机组 3 台套及发电控制系统等。

工程于 2023 年 4 月正式开工。截至 2023 年底，已完成厂房基坑开挖及边坡支护，完主厂房混凝土浇筑 3800m³、钢筋制安 190t，水轮发电机组、金属结构加工制造已完成，待出厂验收。

（中国水电基础局有限公司　李津生）

大石峡水利枢纽工程 2023 年建设进展情况

大石峡水利枢纽工程位于新疆温宿县与乌什县交界的大石峡峡谷出山口处，拦河坝最大坝高 247m，水库正常蓄水位 1700m，死水位 1590m，总库容 11.74 亿 m³，调节库容 7.19 亿 m³，防洪库容 0.85 亿 m³；电站装机容量为 750MW，安装 3 台机组，年发电量 18.93 亿 kW·h。

该工程初步设计报告于 2018 年 10 月通过水利部水利水电设计规划总院的审查，2019 年 2 月水利部正式下发《新疆大石峡水利枢纽工程初步设计报告准予行政许可决定书》（水许可决〔2019〕19 号）。2019 年 11 月 23 日，大河成功截流，主体工程开工。2020 年 9 月，大坝左岸趾板基础开始开挖。2021 年 11 月 9 日，大坝开始填筑。

大石峡水利枢纽工程具有"五高""一新""三复杂"的特点。"五高"即高坝、高边坡、高地震烈度、高泄洪流速、高挖填强度，"一新"是 PPP 管理模式新，"三复杂"即地形地质复杂、自然气候复杂、环境复杂。主要情况如下：

（1）工程远离人类居住区，气候条件严酷，冬季寒冷干燥，春秋季短且风多、风大，昼夜温差大，雨量少，对混凝土施工、建筑物防冻抗冻等提出较高要求。

（2）区域构造稳定性较差，地形地质条件复杂，地震设防烈度达 8 度；坝址区河谷地形为复式河谷，左右岸极不对称。

（3）最大坝高 247m，是在建的世界第一高混凝土面板坝和世界第一高砂砾石坝，已经突破了现有规范适应 200m 以下的规定。

（4）主要筑坝材料为天然砂砾料，粒径偏细。自青海沟后面板砂砾石坝溃坝失事后，国内坝工专家对采用天然砂砾料填筑高坝存在较大疑虑，需开展超常规、大量且平行对比科研工作。

（5）水库运行水位的消落深度达 110m，工程要满足春秋季灌溉、防洪、泄洪安全、蓄清排沙、下游生态、放空水库等综合利用要求，调度运用复杂；河道泥沙量大、泄洪水头高，泄水建筑物最大流速超过 50m/s，孔口启闭频繁，对混凝土抗冲耐磨要求非常高；排沙放空洞最高运行水头达 129m，超过一般 100m 左右的工程运用条件。

（6）泄水建筑物分四层布置，为国内第一座采用；具备水库运行初期 10 年内的放空检修条件，属国内首创。

（7）生态放水设施规模大，运行时间长，位居世界第一；而且，阀门运行水头约 120m，最高挡水水头超过 200m，国内没有采用类似锥阀、蝶阀超过 80m 的运行先例。

（8）该工程是国家发展改革委、财政部、水利部确定的国家层面联系的社会资本方参与重大水利工程建设运营的试点 PPP 项目，合作模式为"BOT＋可行性缺口补助"，合作期限 48.5 年（其中建设期 8.5 年、运营期 40 年）。

2023 年，该项目完成实物工程量均超年度计划，其中：土石方开挖完成 87.28 万 m³，为年度计划的 114.39％；大坝填筑完成 987.5 万 m³，占年度计划的 148.11％；混凝土浇筑完成 32.02 万 m³，为年度计划的 100.6％；钢筋制安完成 14176t，占年度计划的 103.47％；压力钢管安装完成 6798.6t，占年度计划的 117.22％。截至 12 月底，累计完成投资超 60 亿元，主要工程形象进度如下：

（1）拦河大坝：两岸趾板混凝土全部浇筑完成，最大填筑高度 194.5m，至 1654.5m 高程。

（2）泄水建筑物：溢洪道开挖支护已完成，进口堰闸段、挑流鼻坎段混凝土浇筑完成；泄洪排沙洞开挖支护已完成，挑流鼻坎段混凝土浇筑完成；排沙放空洞开挖支护已完成，有压段衬砌、挑流鼻坎段混凝土浇筑完成。

（3）联合进水口：开挖支护完成，3 个塔体浇筑高度分别为 46、57、68m，最高至 1680m 高程；3 条引水隧洞全部贯通，压力钢管安装全部完成，混凝土浇筑完成，金属结构设备制造完成 55％。

（4）厂房：开挖支护完成，安装间已封顶，主厂房桥机、尾水门机已安装完成；主厂房结构混凝土，1、2 号机组浇筑至 1514.00m 高程，3 号机组浇筑至 1505.88m 高程；1、2、3 号机组的上游副厂房分别浇筑至 1517.86、1517.00、1492.50m 高程；机组肘管锥管安装完成，1 号机组座环蜗壳安装完成。

（5）生态放水设施：开挖支护完成，初期生态放水孔、永久生态放水孔正在浇筑洞衬混凝土，锥阀室底板混凝土已浇筑完成，压力钢管正在制作。

（中国电建集团西北勘测设计研究院有限公司 卞全 中国葛洲坝集团股份有限公司 马忠祯 郭金雨）

库尔干水利枢纽工程 2023 年建设进展情况

库尔干水利枢纽工程位于新疆克孜勒苏柯尔克孜自治州阿克陶县境内库山河中游河段；水库正常蓄水位 2105m，死水位 2065m，总库容 1.25 亿 m³；电站装机容量 2.4MW，多年平均发电量 0.855 亿 kW·h；主要由大坝、溢洪道、导流兼泄洪冲沙洞、引水发电系统、坝后岸边式电站厂房、生态基流放水管、过鱼建筑物等主要建筑物组成。主河床布置沥青混凝土心墙砂砾石坝，最大坝高 82m，坝顶长 685m，右岸依次布置溢洪道、导流兼泄洪冲砂洞、发电洞等建筑物；电站厂房布置在坝下右岸；过鱼建筑物布置在电站尾水渠末端。

该工程具有综合利用任务多，规模较大，灌区涉及行政取水复杂、工作难度大的特点。工程总投资 17.0553 亿元，总工期 48 个月，计划 2025 年 6 月下闸蓄水，2025 年 10 月完工。2020 年 12 月 25 日，"四通一平"临建项目开工建设。2021 年 10 月 10 日，主体工程开工建设。2022 年 8 月 24 日导流洞贯通。

2023 年 4 月 28 日，工程通过截流验收并截流；5 月 31 日，上游围堰填筑到顶高程；12 月 4 日，防渗墙混凝土浇筑完成。至 2023 年底，已完成 2050m 高程以下帷幕灌浆、机组尾水肘管安装、导流洞弧形闸门安装，总体施工进度满足合同工期要求。

（新疆水利水电勘测设计研究院有限责任公司 王天伟）

玉龙喀什水利枢纽工程 2023 年建设进展情况

玉龙喀什水利枢纽工程位于新疆和田，为二等大（2）型工程，最大坝高 233.5m；水库正常蓄水位 2170m，死水位 2080m，总库容 5.36 亿 m³；电站装机容量为 200MW，每年可向南疆四地州电网输送 5.2 亿 kW·h 的电量；工程已于 2020 年 7 月 1 日开工建设，2021 年 12 月 26 日导流洞过流；2022 年 5 月 30 日，上游围堰填筑至设计高程。

2023 年 5 月 31 日，下游围堰填筑至设计高程，实现安全度汛。截至 2023 年底，服务于项目开展的大临时设施（砂石加工系统、供电设施系统、拌和系统、95t 火工仓库、600t 水厂、生产生活营地）以及交通工程（总长 30.5km，贯通隧洞 15 条共 14.9km）

均已建成投用；大坝Ⅰ期已完成设计填筑的 60%；左右岸坝肩及趾板开挖，累计完成设计量的 98%；大坝上游基坑清渣，累计完成设计量的 40%；1 号深孔放空冲沙洞及闸井、引水发电洞上平段、表孔溢洪洞上平洞均已完成开挖；2 号深孔放空冲沙洞累计完成开挖 35%；中孔泄洪洞累计完成开挖 80%；厂房边坡覆盖层已完成清理，基本完成主体工程建设的 45%以上。

（中国葛洲坝集团股份有限公司
马双狮　郭金雨）

AYAEZ 水利枢纽工程 2023 年建设进展情况

AYAEZ 水利枢纽工程是新疆"十四五"重点基础设施项目，已列入国家 150 项重大水利工程，是 2022 年自治区重点新开工项目之一。该工程位于新疆克孜勒苏柯尔克孜自治州阿合奇县境内 T 河中上游河段，是 T 河的控制性水利枢纽，承担灌溉、防洪兼顾发电等综合利用任务；距中国与吉尔吉斯斯坦边境线约 90km，属边界作业管理区。工程为二等大（2）型，主要建筑物包括主坝、副坝、泄水建筑物、发电引水系统和电站厂房等。主坝为沥青混凝土心墙砂砾石坝，坝顶高程 2470.5m，最大坝高 104.5m，坝顶长 519.0m，宽 12m；厂房为岸边式地面厂房，布置在坝后河床上，安装 4 台水轮发电机组（总装机容量 100MW）和 2 根生态放水管。

中国水电基础局有限公司承建项目，主要任务包括主坝与副坝填筑、厂房土建施工、机电设备及金属结构安装以及过鱼建筑物、交通工程、环境保护工程、水土保持工程、临时辅助工程的施工，于 2023 年 11 月 11 日开工。

截至 2023 年 12 月 31 日，上游围堰施工部位的表土剥离（工程量为 6000m³），已完成 8.9%；10 号路修建完成 100%；上游围堰防渗墙成墙面积 1252.83m²，已完成 36.54%；生活临建工作完成 30%；临时生产管理和生活设施准备工作完成 50%；混凝土生产系统建设完成 10%；料场复勘、上游围堰碾压试验已完成，沥青拌和站场平及部分基础施工也已完成；过渡料筛分场临建完成，筛分系统进场；P4 骨料场完成部分毛料开采，截流堤完成部分填筑。

（中国水电基础局有限公司　毕聪　喻世龙）

帕孜水利枢纽及配套灌区工程第一标段 2023 年建设进展情况

帕孜水利枢纽及配套灌区工程位于西藏日喀则市昂仁县境内，为二等大（2）型工程，主要建设任务是以灌溉、发电为主，结合城乡供水，为改善区域水生态环境创造条件。水库正常蓄水位 4325.00m，死水位 4290.00m，总库容 3.75 亿 m³；电站装机容量为 58MW，保证出力 10.58MW，多年平均发电量 2.063 亿 kW·h；设计灌溉面积 4.28 万亩，向县城供水 175 万 m³，向农村供水 86 万 m³。工程由枢纽工程、昂仁供水工程和配套灌区工程组成，主坝为沥青混凝土心墙砂砾石坝，最大坝高 108.0m，坝顶长 619.0m；副坝为复合土工膜砂砾石坝，最大坝高 11.6m，坝顶长 287.0m。昂仁供水工程从副坝处取水，采用管道输水至昂仁水厂，由取水口、取水竖井、提水泵站、高位水池、有压管道、末端事故调蓄池及附属建筑物组成。

中国水电基础局有限公司承担这一工程的第一标段，工期 60 个月，主要施工内容包括：沥青混凝土心墙砂砾石坝、溢洪道、导流兼泄洪放空洞、发电引水建筑物、电站厂房、鱼道、鱼类增殖站、复合土工膜砂砾石坝、昂仁供水线路取水口、竖井、提水泵站、高位水池、有压管道及调蓄池等。2023 年度主要进展情况如下：

1. 导流兼泄洪放空洞　布置于大坝左岸，最大泄量 659.63m³/s；有压段为圆形断面，总长 175.4m，衬砌后洞径 8.5m；无压段，城门洞断面，总长 356.3m，衬砌后尺寸 7.5m×8.5m；2023 年 11 月 20 日全线贯通，有压与无压段分别完成石方洞挖 14812.8、32486m³，钢拱架 72.33、152.98t。进口边坡完成锚杆 2071 根、排水管 1897m、石方开挖 12.91 万 m³、喷混支护 865m³、钢筋制安 22.114t；进口闸室完成混凝土浇筑 3118.5m³、钢筋制安 205.696t，闸井完成土石方开挖 145257m³、石方井挖 11077.84m³、钢拱架制安 54.31t。消力塘宽 56m，采用"护岸不护底"型式，截至 2023 年底，完成土石方开挖 583962.11m³、混凝土浇筑 9409.75m³、钢筋制安 730.65t、边坡喷混 558m³、排水管安装 960m。

2. 挡水建筑物　①上游围堰于 2023 年 7 月 7 日开始填筑，至 12 月 31 日，完成砂砾石填筑 30.78 万 m³、土工膜 1932m²、帽梁混凝土 260m³、抛石

3050m³、黏土填筑 5106.3m³、土石方开挖 25.7 万 m³、高喷防渗墙 4182.77m²。②右岸灌浆平洞于 2023 年 10 月 1 日开始施工，至 12 月 31 日完成 96m，完成石方洞挖 1644.5m³、喷混凝土 163.82m³、砂浆锚杆 1437 根。③右岸高边坡于 2023 年 6 月 19 日开始施工，至 2023 年底完成土石方开挖 33.92 万 m³、锚杆 1414 根、排水管 1583m、锚喷支护 1282m³。

3. 引水发电建筑物　布置在河道右岸，由进水口、发电引水洞、压力管道、钢岔管及支管组成，采用一洞三机联合供水的布置型式，总长 570.4m，设计引水流量 77.80m³/s。电站内经岔管设生态放水支管，并设阀室控制，保证特殊工况下生态放水，设计流量 10.15m³/s。发电引水洞进口高边坡高 88m，截至 2023 年 12 月 31 日，完成土石方开挖 34500m³、喷混支护 378m³。

4. 基础处理　防渗墙于 2023 年 10 月 4 日施工，12 月 2 日完工，成墙面积 5781.94m²；共计 49 个单元，一次验收单元合格率 100%，优良率 97.96%。

（中国水电基础局有限公司　马江飞）

天角潭水利枢纽工程 2023 年建设进展情况

天角潭水利枢纽位于海南省儋州市境内的北门江干流上，水库总库容 1.94 亿 m³，电站装机容量 5000kW。枢纽建筑物由主坝、副坝、引水发电建筑物、鱼道、总干渠、东岸干渠等组成。主坝采用碾压混凝土重力坝，最大坝高 52.0m；左、右岸垭口处布置四座副坝，1、3 号副坝采用土质防渗体分区土石坝，2 号副坝、巴黎副坝采用均质土坝。工程于 2021 年 11 月完成大江截流。

2023 年，该工程完成主坝封顶、下闸蓄水，以及主坝、鱼道、厂房电站金属结构安装，主要工程形象进度如下：

1. 主坝　浇筑至坝顶 62m 高程，全面封顶；启闭机房（共 5 座）装饰装修施工完成，坝顶沥青路面铺设及大理石栏杆安装完成。8 月 8 日，下闸蓄水；10 月 10 日，导流底孔封堵。

2. 副坝　1、2、3 号副坝和巴黎副坝全部施工完成。

3. 引水系统　进水塔塔身浇筑至 62m 高程、交通桥全部施工完成；启闭机闸室施工完成；隧洞洞身混凝土衬砌、压力钢管安装完成，全线通水。

4. 电站　渠首、坝后两电站主体结构和装饰装修全部施工完成，机电设备与金属结构安装完成。

5. 渠系　总干节制闸及东、西干渠分水闸启闭机室混凝土浇筑完成；总干渠、渡槽、东岸干渠施工完成。

6. 道路　1～4 号进库道路与 1～7 号场内道路均施工完成。

7. 鱼道　全部施工完成。

8. 鱼类增殖站　所有单体装饰装修施工完成；养殖设备及污水处理设备安装完成，室外工程施工完成。

9. 管理区房建　室外工程全部施工完成，场区沥青路面铺设完成。

（中国电建集团北京勘测设计研究院有限公司
胡冰
中国水利水电第四工程局有限公司
谢玉雄　牛宏力）

JH 二级枢纽双曲拱坝工程 2023 年建设进展情况

JH 二级枢纽位于新疆博尔塔拉蒙古自治州精河县境内，由混凝土拱坝、水垫塘及二道坝、发电引水系统和电站、生态放水洞、过鱼设施等建筑物组成，水库总库容 3.68 亿 m³。混凝土拱坝为抛物线型双曲拱坝，坝顶高程 880.5m，最大坝高 167.5m，坝顶全长 288.4m；坝顶设净宽为 2×10m 的自由溢流表孔，坝体中部设直径 2.4m、出口锥阀控制的管式放水底孔。水垫塘长度 141.8m，底宽 20m；二道坝最大坝高 22.5m。

中国水利水电第四工程局有限公司承建该枢纽混凝土拱坝工程，主要负责混凝土拱坝、水垫塘及二道坝、边坡及危岩体处理、过鱼设施等施工，计划完成土方开挖 0.5 万 m³、石方明挖 110.5 万 m³、石方洞挖 7.2 万 m³、土石方回填 4 万 m³、混凝土浇筑 105 万 m³、喷混凝土 1.7 万 m³、锚索 1260 束、锚杆 7.1 万根、回填灌浆 1.1 万 m²、接缝灌浆 4.6 万 m²、钢筋制安 1.01 万 t。2017 年 10 月 25 日正式开工。

2023 年，JH 二级枢纽混凝土拱坝工程完成投资 30420.17 万元，为计划的 109%；累计完成投资 87460.98 万元，占合同总金额的 118940 万元的 73.53%。主要工程形象进度如下：

（1）左右岸 880.5～713m 高程拱肩槽及上下游边坡开挖支护完成。

（2）左右岸灌浆平洞、抗力体排水洞、抗剪洞等洞室工程开挖、支护、混凝土衬砌已施工完成。

（3）混凝土双曲拱坝 3～12 号坝段浇筑至 822.5m 高程，13 号坝段浇筑至 813m 高程。

（4）水垫塘及二道坝：右岸全部浇筑完成，左岸第Ⅰ～Ⅳ段 732m 高程以下浇筑完成、第Ⅴ～Ⅺ段全部浇筑完成。水垫塘自然边坡：左岸 739～820m 高程支护完成，右岸 739～812m 高程支护完成。

（5）灌浆：1～16 号坝段固结灌浆全部完成，坝前坝后贴角固结灌浆至 780 高程。大坝 767m 高程以下接缝灌浆完成。左右岸 721、773、725m 高程灌浆平洞帷幕灌浆已完成，左岸 828m 高程灌浆洞帷幕灌浆施工完成 80%。

（6）大坝永久保温：7～12 号坝段 810m 高程以下聚脲喷涂施工完成。

（7）坝下交通桥灌注桩全部完成，水垫塘下游边坡挡墙混凝土浇筑完成 60%。

（中国水利水电第四工程局有限公司

曹永海　周永永）

白马航电枢纽工程一期工程 2023 年建设进展情况

白马航电枢纽是乌江干流开发规划的最下游一个梯级，坝址位于重庆市武隆区白马镇，上距银盘水电站约 46km，下距乌江河口约 43km；工程枢纽布置采用河床泄洪＋左岸河床式厂房＋右岸船闸枢纽布置方案。大坝为混凝土重力坝，最大坝高 87.5m；水库正常蓄水位为 184m，相应库容 3.74 亿 m^3；电站总装机容量 480MW，安装 3 台轴流式水轮发电机组。

中国水利水电第四工程局有限公司中标该航电枢纽工程的一期工程，合同金额为 112106.88 万元，主要承建纵向围堰、导流明渠及右岸一期边坡工程、上下游锚地建筑物及下游靠船墩工程、右岸交通工程（过坝交通洞、1 号公路、3 号公路）、白马大桥，2021 年 4 月 15 日开工。

2023 年，各个工作面的建设顺利进行，实际完成投资 30779 万元，占年计划的 100%；累计完成投资 65220.64 万元，占合同总金额的 58.18%；主要工程形象进度如下：

（1）3 月 6 日，3 号公路隧洞顺利贯通；本年度完成开挖支护 223m、混凝土衬砌 291m，累计开挖支护与衬砌 372m。

（2）11 月 12 日，过坝交通洞顺利贯通；本年度完成开挖支护 115m、混凝土衬砌 667m，剩余 44m 未衬砌。

（3）大面边坡施工进度良好，至 2023 年底，后缘上游侧开挖至 225m 高程，后缘下游侧开挖至 245m 高程，前缘开挖至 190m 高程；年度土石方开挖完成 540 万 m^3，累计完成 980 万 m^3。

（4）白马乌江大桥：7 月 12 日，拱肋及立柱吊装完成；9 月 6 日，钢管拱 C55 混凝土浇筑完成，混凝土方量 1374.5 m^3；12 月 28 日，大桥顺利通车。

（中国水利水电第四工程局有限公司

莫青生　刘亨凡）

老木孔航电工程 2023 年建设进展情况

老木孔航电枢纽是岷江乐山—宜宾河段规划的四级航电工程的第一级，下游为东风岩航电枢纽。水库正常蓄水位 358.00m，相应库容 1.421 亿 m^3，调节库容 0.11 亿 m^3，具有日调节能力；电站总装机容量 405.40MW，年发电量（联合运行）16.51 亿 kW·h。工程总投资 143.50 亿元，总工期 61 个月（准备期 12 个月，主体工程施工期 37 个月，完建期 12 个月）。

老木孔航电工程的业主为四川岷江港航电开发有限责任公司，设计单位为中国电建集团成都勘测设计研究院有限公司；2022 年完成筹建二标、主体工程一标等招标；现监理单位有湖南水利水电工程监理有限公司、四川省交通勘察设计研究院有限公司、四川省城市建设工程咨询集团有限公司，主要施工单位有中国安能集团第一工程局有限公司、中交第四航务工程局有限公司、中国水利水电第五工程局有限公司。

2023 年 12 月 7 日，老木孔航电枢纽工程一期围堰成功合龙，并进行了左岸一期消力池第一块底板首仓混凝土浇筑，标志着工程全面进入主体工程施工阶段。

（中国电建集团成都勘测设计研究院有限公司

石太军）

东风岩航电枢纽工程建设情况

（一）工程概况

东风岩航电枢纽是岷江乐山至宜宾河段航电梯级开发中的第 2 级，其上下游分别与老木孔航电枢纽梯级和犍为航电枢纽梯级衔接；坝址位于四川省乐山市五通桥区金粟镇金粟桥上游 300m 处，距五通桥区约 10.8km、距乐山市 40km、距成都市 176km；控制流域面积 126484km²，多年平均流量 2510 m^3/s。

该工程开发任务以航运为主，结合发电，兼顾改善供水条件，并促进地区经济发展。水库正常蓄水位 344.0m，相应库容 1.06 亿 m^3；电站装机容量 300MW，年利用小时 4371h，年发电量 13.11 亿 kW·h；航道等级为内河Ⅲ级，设计船型为 1000t 级干散货船、60 TEU 集装箱船、2×1000t 顶推船队，兼顾 3000t 干散货船及 100TEU 集装箱船。该航电枢纽为二等大（2）型工程，洪水标准为 100 年一遇设计、1000 年一遇校核；采用一字型布置格局，从左到右依次为：左岸混凝土挡水坝段（66m）、鱼道、电站厂房（300.5m）、泄水闸（735m）、船闸（78m）及右岸连接土石坝段（146m）；坝顶高程 349.00m，最大坝高 31.5m，坝轴线全长 1325.5m。工程总投资 120.69 亿元。

（二）主要建筑物情况

1. 船闸　纵轴线垂直于枢纽轴线，结构位于右岸河边滩地，坝顶人行工作桥跨闸室布置；单向年过闸船舶总载重吨位 2940 万 t，单向年过闸货运量 1520 万 t；采用分离式重力结构、透水底板，有效尺寸 220m×34m×4.5m（长×宽×门槛水深），最大设计水头 10m，采用闸墙长廊道侧支孔输水系统型式。上游最高通航水位 344.00m，最低通航水位 343.50m；下游最高通航水位 337.56m，最低通航水位 334.00m。

2. 泄水闸　为 31 孔净宽 20m 的开敞式平底板宽顶堰闸，闸孔总净宽 620m，溢流前沿总长 735m。

3. 电站厂房　安装 10 台贯流式水轮发电机组，单机容量为 30MW，总装机容量为 300MW；机组安装高程为 323m，安装场布置于主厂房左侧，副厂房主要集中布置于主厂房下游尾水管平台上。

4. 土石坝　为塑性混凝土心墙砂砾石坝，长 146m，坝顶高程 349.00m，坝顶宽度 10m，上下游坝坡均为 1：2.5，最大坝高为 30.75m。坝体主要分为五个区，塑性混凝土防渗墙区、过渡料区（心墙两侧）、砂砾石料坝壳区、反滤料区和排水棱体区等，采用塑性混凝土心墙防渗；坝基采用塑性混凝土防渗墙下接帷幕防渗。

5. 重力坝　坝顶高程 346.0～350.5m，最大坝高 31.5m，顶宽 10.0m，共分为 4 个挡水坝段，长 66m。

6. 过鱼设施　采用生态鱼道，布置在左岸岸边，总长度 1337m，其中暗涵段长度 30m，明渠段长度 1307m，明渠段占比 98%。鱼道最大设计水位差 10.0m，综合纵坡 0.75%，池室长度 4.2m，运行水深 1.5～2.0m，池室隔墙采用浆砌蛮石槛和格宾石笼等结构。鱼道主要结构物：进口、辅助诱鱼系统、补水系统、池室、上下游防洪闸、分流闸、出口控制闸等。

（三）工程建设情况

本工程分三期施工，一期工程围船闸＋右侧 13.5 孔泄水闸，由左侧主河床过流及通航，采用全年土石围堰。二期修建电站厂房，采用土石围堰围左岸电站厂房，由右岸已建泄水闸和中间束窄河床联合过流，中间束窄河床通航。三期围左岸剩余 17.5 孔泄水闸，由已建船闸通航。工程施工总工期为 62 个月，船闸通航工期 26 个月，首台机组发电工期为 46 个月。2023 年 11 月，工程正式启动建设，计划 2029 年 10 月全部机组具备发电条件。

（四）项目管理情况

东风岩航电枢纽工程业主单位为四川岷江港航电开发有限责任公司东风岩分公司。项目管理考虑上下游梯级联合调度，采用计算机综合自动化系统，将运行调度、控制、监测和保护等集为一体，并建设梯级联合调度和集控中心，使本工程全部达到自动化管理。

本项目建设采用 EPC 工程总承包模式，中标单位为四川港航建设工程有限公司、中国水利水电第五工程局有限公司、中交第四航务工程局有限公司、湖南省水利水电勘测设计规划研究总院有限公司、四川省交通勘察设计研究院有限公司等五个单位组成的联合体，现场成立岷江东风岩航电枢纽工程设计施工五星联合体总承包项目部。

（湖南省水利水电勘测设计规划研究总院有限公司
李强）

牙根二级水电站工程前期工作进展情况

牙根二级水电站位于四川省甘孜州雅江县境内的雅砻江干流上，为雅砻江中游 7 级开发方案中的第三级，上游为在建牙根一级水电站，下游为拟建的楞古水电站，距成都市公路里程约 578km。工程主要开发任务为发电，无其他综合利用要求。坝址控制集水面积 71586km²，多年平均流量 768m³/s。电站建成后将供电四川电网，并参与川电外送。

该电站工程前期工作进展情况如下：

（1）2006 年，完成《雅砻江中游（两河口至卡拉河段）水电规划报告》；2008 年 12 月，四川省人民政府批复同意雅砻江中游采用"一库六级"的开发方案，即两河口、牙根、楞古、孟底沟、杨房沟、卡拉 6 级梯级开发方案。

（2）2010 年，完成《四川省雅砻江两河口至牙根河段水电开发方案研究报告》，同年取得四川省发展改革委的审查意见，将牙根梯级开发方案调整为牙根一级和牙根二级两级开发。至此雅砻江中游（两河口—卡拉河段）确定为"一库七级"开发方案，自上而下梯级电站分别为：两河口、牙根一级、牙根二级、楞古、孟底沟、杨房沟、卡拉。

（3）2011 年，牙根二级水电站预可行性研究报告通过审查。

（4）为适应以新能源为主体的新型电力系统发展需要，优化工程设计方案，提高项目建设经济性和综合效益，雅砻江流域水电开发有限公司组织开展牙根二级水电站坝址河段选择专题研究并于 2021 年通过审查，牙根二级水电站坝址河段从茨玛绒调整至多吉。

（5）2022 年，《四川省雅砻江牙根二级水电站预可行性研究报告（重编）》通过水电水利规划设计总院审查。

（6）2022 年，《雅砻江牙根二级水电站可行性研究阶段正常蓄水位选择专题报告》通过水电水利规划设计总院审查，正常蓄水位为 2560m。同年，《雅砻江牙根二级水电站水库影响区地质专题报告》《雅砻江牙根二级水电站可行性研究阶段施工总布置规划专题报告》《雅砻江牙根二级水电站坝址坝型及枢纽布置专题报告》通过水电水利规划设计总院审查或咨询。

（7）2023 年，《雅砻江牙根二级水电站可行性研究装机选择专题报告》通过水电水利规划设计总院审查，总装机容量为 240 万 kW。同年，《雅砻江牙根二级水电站五小叶槭影响和保护措施规划专题报告》通过四川省林草局审查，并取得审查意见；牙根二级水电站取得四川省人民政府颁发的"封库令"。

（中国电建集团成都勘测设计研究院有限公司　黎满林）

古水水电站前期有关工作情况

争岗滑坡堆积体位于乌弄龙水电站库尾右岸争岗村一带，平面形态呈舌形，后缘呈圈椅状，分布高程 2180～3220m，宽近 1300m，总方量达 4750 万 m³。该滑坡堆积体治理及其附属工程项目是古水水电站重点筹建项目。中国水利水电第一工程局有限公司承担该项目的临时桥工程、五一河渣场工程和一期治理工程。

1. 临时桥工程　主要施工内容包含 2 座临时钢架桥、3 条引道及 3 座生产场地建设，其中 2 号桥为两跨、长 108m，3 号为三跨、长 108m，两桥设计荷载均为 60t，设计行车速度 5km/h。2023 年，2 号桥右岸边坡于 2 月开挖支护完成；而 3 号桥右岸连接线，边坡开挖支护于 4 月完成，第一级边坡锚索于 7 月施工完成，边坡植生带于 10 月施工完成。全年完成土石方明挖 35590.05m³、现浇混凝土 4796.97m³、钢筋制安 113.792t、无黏结锚索 11583m、灌浆 297.85t、喷混凝土 5862.56m³、格宾石笼 4104.1m³、植生带

1121.18m²、波形护栏 376m。

2. 五一河渣场工程　渣场下部坡脚设置拦渣坝，防洪采用修建拦水坝、隧洞排水方案，分两期堆渣。一期渣场总容量 31.4 万 m³，二期存渣为工程开挖料，用作混凝土骨料加工料源。2023 年 4 月，排水洞贯通；5 月，排水洞进口衬砌段施工完成；7 月，排水洞出口衬砌段施工完成。全年完成土石方明挖 413.33m³、石方洞挖 717.56m³、喷混凝土 36.82m³、锚杆 1038 根、挂网 2.46t、型钢拱架制安 6.44t、现浇混凝土 331.99m³、被动防护网 240m²。

3. 治理一期工程　施工内容包括争岗 1、2、3 号 3 条排水洞，跌槽工程，江边排水洞（1、2 号江边排水洞及支洞、岔洞），隧洞安全监测，爆破试验期爆破振动监测配合，智能悬臂式掘进机开挖排水洞专项试验及相应施工辅助工程。2023 年 7 月，1 号江边排水洞 A 支洞开挖支护完成；12 月，1 号江边排水洞主洞及 B 支洞开挖支护完成。截至 12 月 31 日，1 号江边排水洞 A 支洞岔洞开挖支护完成 828m，2 号江边排水洞开挖支护完成 380m，1 号争岗排水洞开挖支护完成 125m。全年完成土方明挖 120000m³、石方洞挖 185615.11m³、喷混凝土 8496.48m³、锚杆 17859 根、挂网钢筋 105.6t、型钢拱架制安 656.48t、超前小导管 33124.5m、灌浆 1417.09t、现浇混凝土 1883.38m³。

（中国水利水电第一工程局有限公司）

波罗水电站工程前期工作进展情况

波罗水电站是金沙江上游规划 13 级开发方案中的第六级，位于四川白玉县与西藏江达县境内的金沙江干流上；坝址控制流域面积为 160519km²，多年平均流量 683m³/s；工程现处于可行性研究设计阶段。

该电站地形地质条件较好，水库淹没损失小，环境方面也不存在制约工程开发的因素。2021 年，四川、西藏两省（自治区）下达"封库令"，生态环境部批复原则同意该电站纳入金沙江上游水电规划实施方案；2022 年，中国水利水电建设工程咨询有限公司对可行性研究阶段装机容量选择和机组台数比选作了推荐方案。

2023 年 3 月 10～11 日，水电水利规划设计总院在北京主持召开审查会，通过了《金沙江上游波罗水电站防震抗震研究设计专题报告》；3 月 16 日，水电水利规划设计总院在成都主持召开审查会，通过了《金沙江上游波罗水电站工程治安反恐防范设计专

报告》；3 月 17 日，水电水利规划设计总院在成都主持召开审查会，通过了《金沙江上游波罗水电站工程安全预评价报告》。2023 年 7 月，《金沙江上游波罗水电站建设征地移民安置规划大纲（西藏部分）》通过水电水利规划设计总院、西藏自治区水利厅审查；8 月，《金沙江上游波罗水电站建设征地移民安置规划大纲（四川部分）》通过水电水利规划设计总院、四川省水利厅审查；11 月，《金沙江上游波罗水电站建设征地移民安置规划大纲（西藏部分）》获得西藏自治区人民政府批复；12 月，《金沙江上游波罗水电站建设征地移民安置规划大纲（四川部分）》获得四川省人民政府批复。

（中国电建集团成都勘测设计研究院有限公司 杨敬）

春堂坝水电站通过工程竣工验收

春堂坝水电站位于四川省小金县境内的沃日河上，系沃日河干流日尔—春堂坝段梯级规划开发的第四级，工程开发任务主要为发电。水库正常蓄水位 2449.80m，相应库容为 85.4 万 m^3；死水位 2447.80m，相应库容为 59.8 万 m^3；调节库容 25.6 万 m^3。电站总装机容量 54MW（18MW×3 台），多年平均年发电量 23785 万 kW·h，年发电利用小时数 4405h。

2010 年 12 月 30 日，春堂坝水电站获得四川省发展改革委核准；2012 年 11 月 1 日，主体工程开工建设；2016 年 8 月 11 日，首台机组正式发电；2016 年 12 月 24 日，最后一台机组投入运行。

2023 年 7 月 14 日，四川省工程咨询研究院会同有关部门和单位组成春堂坝水电站竣工验收委员会，在成都组织召开了春堂坝水电站竣工验收会议。

春堂坝水电站项目建设单位四川小金川水电开发有限公司向验收委员会作了春堂坝水电站竣工验收总结汇报，各专项验收单位向验收委员会作了各专项验收工作情况介绍。按照国家能源局《水电工程验收管理办法》（2015 年修订版）（国新能源〔2015〕426 号）和《水电工程验收规程》（NB/T 35048—2015）的要求，春堂坝水电站已完成并通过了枢纽工程、建设征地移民安置、环境保护、水土保持、消防、劳动安全与工业卫生、工程档案、竣工决算审计等 8 个专项验收。

经会议讨论审议，验收委员会一致认为：春堂坝水电站报批手续齐备、建设程序符合国家和四川省有关规定，按审定的设计内容全面建成，无未完尾工，已经过 6 年多安全运行，经历了 6 个洪水期，每台机组正常运行时间均超过验收规定的时间要求，并通过了各专项验收，具备竣工验收条件，同意春堂坝水电站通过工程竣工验收。

（中电建水电开发集团有限公司 冯殿雄）

洪家渡水电站工程通过竣工验收

2023 年 8 月 25 日，洪家渡水电站工程通过水电水利规划设计总院组织的工程总体竣工验收。该电站位于贵州省黔西市与织金县交界的乌江北源六冲河下游，是乌江干流梯级开发的水电站中唯一具有多年调节水库的龙头水电站；于 1982 年 12 月开始规划工作，1992 年 12 月初步设计报告审查通过，2000 年 11 月 8 日正式开工建设，2001 年 10 月 15 日实现截流，2004 年底 3 台机组全部投产发电。

洪家渡水电站工程以建设一流精品工程，争创国家优质工程奖为目标，广泛采用新技术、新工艺，开展科研项目 24 项、较大设计和施工优化 17 项、新技术及新材料推广应用 25 项；获得国家科技进步二等奖 1 项、三等奖 1 项，贵州省科技进步二等奖 1 项、三等奖 5 项，荣获中国电力优质工程奖、中国土木工程"詹天佑奖"、中国建设工程"鲁班奖"、贵州省"黄果树杯优质工程奖"。"洪家渡水电站开工建设"作为国家西部大开发重点工程入选"中国共产党建党一百年历史成就"展览并编入《中国共产党一百年大事记》。电站装机容量 60 万 kW（3×20 万 kW），为一等大（1）型工程，由混凝土面板堆石坝、洞式溢洪道、泄洪洞、发电引水洞和坝后地面厂房等建筑物组成。大坝为混凝土面板堆石坝，最大坝高 179.5m，坝顶长 427.79m；水库正常蓄水位 1140m，总库容 49.47 亿 m^3，调节库容 33.61 亿 m^3。洞式溢洪道，无压隧洞长 754.54m，最大下泄流量 4591m^3/s。泄洪洞有压洞段长 401.88m，洞径 9.8m；无压洞段长 401.42m，断面尺寸为 7.0m×12.6m；最大下泄流量 1643m^3/s。采用三洞三机独立式进水口单元供水方式。引水隧洞直径 7.8m，钢管段直径 6.0m。地面厂房布置于坝后左岸。

2020 年 12 月，织金先锋 300MW、黔西团箐 150MW 农业光伏电站接入洪家渡发电厂 220kV 扩展母线，并经电厂 220kV 送出线路送出，电站正式成为百万千瓦级水光互补发电厂。

洪家渡水电站工程在先后完成竣工阶段枢纽工程、建设征地移民安置、环境保护、水土保持、消防、劳动安全与工业卫生、工程决算、工程档案等 8 个专项验收后，于 2023 年 8 月 25 日通过水电水利规划设计总院组织的工程总体竣工验收，成为电力体制改革后贵州省及中国华电集团公司首个通过工程总体竣工验收的大中型水电工程，为省内大中型水电站工程竣工验收提供宝贵经验。

（中国华电集团有限公司　刘鹏）

杨家湾水电站通过工程竣工验收

杨家湾水电站位于四川省小金县境内的抚边河上，系小金川支流抚边河水电梯级规划中第四级电站，工程开发任务主要为发电。水库正常蓄水位2574.0m，相应库容为96.1万m^3；死水位2572.0m，相应库容为75.2万m^3；调节库容20.9万m^3。通过左岸长11371m的引水隧洞引水至耿大地沟下游约800m处建地下厂房发电。电站额定引用流量53.4m^3/s，装机3台，单机容量20MW，总装机容量60MW，多年平均年发电量25752万kW·h，年利用小时数4292h。

2011年12月15日，杨家湾水电站项目获得四川省发展改革委核准；2015年4月12日，主体工程开工建设；2018年8月27日，首台机组投产发电；2018年9月23日，最后一台机组投产发电。2023年7月14日，四川省工程咨询研究院会同有关部门和单位组成杨家湾水电站竣工验收委员会，在成都组织召开了杨家湾水电站竣工验收会议。

杨家湾水电站项目建设单位四川小金川水电开发有限公司向验收委员会作了杨家湾水电站竣工验收总结汇报，各专项验收单位向验收委员会作了各专项验收工作情况介绍。按照国家能源局《水电工程验收管理办法》（2015年修订版）（国新能源〔2015〕426号）和《水电工程验收规程》（NB/T 35048—2015）的要求，杨家湾水电站已完成并通过了枢纽工程、建设征地移民安置、环境保护、水土保持、消防、劳动安全与工业卫生、工程档案、竣工决算审计等8个专项验收。

经会议讨论审议，验收委员会一致认为：杨家湾水电站报批手续齐备、建设程序符合国家和四川省有关规定，按审定的设计内容全面建成，无未完尾工，已经过近5年安全运行，经历了4个洪水期，每台机组正常运行时间均超过验收规定的时间要求，并通过了各专项验收，同意杨家湾水电站通过工程竣工验收。

（中电建水电开发集团有限公司　冯殿雄）

丹巴水电站可行性研究报告通过审查

2023年10月18~20日，水电水利规划设计总院在成都主持召开了四川大渡河丹巴水电站可行性研究报告审查会议。会议审查通过了这一电站可行性研究报告。

丹巴水电站位于四川省甘孜藏族自治州丹巴县境内的大渡河干流上，为大渡河干流22级梯级开发中的第八级梯级，上接巴底水电站，下临猴子岩水电站；工程采用混合式开发，坝址位于丹巴县城上游约20km的巴旺乡水卡子村，厂址位于丹巴县城下游小金河口上游约400m处；总装机容量1130MW，其中小金河河口地面厂房装机容量1100MW，河床式生态厂房装机容量30MW；为二等大（2）型工程，枢纽主要由首部枢纽建筑物（包括左右岸挡水坝段、生态厂房、泄洪冲沙闸、生态流量泄放闸和鱼道）、左岸引水系统和小金河河口地面厂房等组成。

中国电建集团华东勘测设计研究院有限公司（简称华东院）承担了丹巴水电站可行性研究阶段勘测设计工作。2010年10月，丹巴水电站预可行性研究报告通过审查；2011年启动可行性研究阶段的勘察设计工作，至2012年底先后完成了枢纽布置格局选择专题、正常蓄水位选择专题、施工总布置规划专题。2015~2019年，华东院持续开展可行性研究阶段各项设计深化研究工作，2020年6月完成《四川大渡河丹巴水电站可行性研究阶段重大技术问题专题研究报告》。

2021年5月6日，四川省人民政府以〔2021〕95号文发布《关于四川大渡河丹巴水电站建设征地范围内禁止新增建设项目和迁入人口的通知》。2022年9~10月，华东院编制完成了《四川大渡河丹巴水电站建设征地移民安置规划大纲》，并通过了水电水利规划设计总院的审查和核定，于2023年4月12日取得《四川省人民政府关于四川大渡河丹巴水电站建设征地移民安置规划大纲的批复》。2023年5月，华东院编制完成了《四川大渡河丹巴水电站建设征地移民安置规划》，并通过了水电水利规划设计总院审查，11月3日四川省水利厅下发《四川大渡河丹巴水电站建设征地移民安置规划（审定本）》审核意见。工程建设征地影响涉及丹巴县巴底镇、巴旺乡、甲居镇、章谷镇、墨尔多山镇共计5个乡（镇）17个行政村，涉及搬迁安置人口325户1067人；影响农村部分各类房屋面积 278511.48m²；征占用各类土地面积 9830.84 亩（其中：永久征收 6916.28 亩，临时征用 2914.56 亩）。

丹巴水电站为一座"高闸坝、长隧洞、大容量"电站，深厚覆盖层上建闸高度和长大引水发电系统规模位居国内外同类工程前列；引水隧洞沿线工程地质条件复杂；引水系统水力调节保证控制复杂。可行性研究阶段华东院联合国内科研院所、高校进行了一系列专题研究和试验，先后完成了科研及专题报告 40 余份。可行性研究报告通过审查这一里程碑目标的完成，标志着丹巴水电站的建设迈入了一个新的阶段，为后续的项目核准和开工建设奠定了坚实的基础。

（中国电建集团华东勘测设计研究院有限公司
徐江涛）

RM 水电站工程开工建设

RM 水电站于 2023 年 4 月取得项目核准，5 月 25 日工程正式开工建设，计划 2033 年 6 月首台机组投产发电、12 月主体工程完工。该电站位于 XZ 自治区 MK 县境内，是 LCJ 上游河段规划一库七级开发方案的第五个梯级，有 LCJ 上游河段唯一的"龙头"水库，对其下游 11 个梯级电站补偿调节作用明显。电站装机容量 2600MW，水库总库容 38 亿 m³，为年调节水库，属一等大（1）型工程；其大坝坝高 315m，是世界最高的在建黏土心墙堆石坝。2023 年，工程建设主要进展情况如下：

1. 导流洞工程　1、2 号导流洞平行布置在右岸，轴线中心距 60.00m，进口底板高程 2625.00m，出口底板高程 2594.00m；设计开挖断面 15.4m×17.5m(宽×高)，衬砌后净断面 13.2m×15.4m（宽×高），洞身长度分别为 3813.81、3643.61m，采用全断面钢筋混凝土衬砌。工程由中国水利水电第一工程局有限公司承建，于 2023 年 5 月 25 日正式开工；至 2023 年底，1 号导流洞一、二、三层开挖支护分别完成 3655.03、1938.00、1683.00m，2 号导流洞一、二、三层开挖支护分别完成 3593.00、2355.26、1943.00m，并顺利实现底板混凝土浇筑转序。全年石方开挖完成 1597412m³，普通砂浆锚杆累计完成 68698 根，挂网钢筋完成 1197t，喷混凝土完成 34572m³。

2. 交通及其他配套工程　电站左右岸低线公路、右岸上游联络线公路完工，右岸坝顶公路贯通，砂石系统全面投产，有用料转存场投入正常使用，其余配套项目有序推进。其中由中国水利水电第一工程局有限公司承建 1602 号路、1602-1 号路、尾水检修闸室

上部平台及通气洞全部施工完成；危岩体治理工程，主动防护网完成 62960m²，被动防护网完成 39345m²，张口式引导网完成 14550m²；安全监测紧跟开挖作业面，多点位移计施工完成 6 套，锚杆应力计施工完成 9 套，并取得监测值，保证现场安全。

3. 其他　①智能建设一体化平台提前部署完成，质量验评、试验检测、人员管理、设备管理等 7 个业务模块投入运行，绿色智慧砂石系统 22 个模块按期投入使用。②获得地方质量监督"受控"评价，荣获省部级 QC 成果 16 项、质量管理创新成果 2 项、企业级工法 1 项，省部级质量技术创新成果 2 项。③全年共获得 1 件发明专利授权，16 件实用新型专利授权。④持续开展设计优化工作，节约投资约 1.24 亿元。⑤"一种基于中国境内大地构造特征、地表运动及应力测试成果的地应力查询系统""基于倾斜摄影的高位危岩体调查方法及柔性防护技术在水电工程中的应用"两项科技成果获中国施工企业管理协会岩土工程技术创新应用一等成果、"无人机的通信增强方法和无人机"获 2023 年度电力建设科学技术进步奖三等奖、"青藏高原特高心墙堆石坝设计关键技术及应用"项目获 2023 年中国大坝工程学会科技进步奖特等奖。

（华能澜沧江水电股份有限公司如美·邦多
水电工程建设管理局
中国水利水电第一工程局有限公司）

凤山水库工程 2023 年建设
进展情况

凤山水库位于贵州省黔南布依族苗族自治州福泉市境内，是一座大（2）型工程。右岸坝后电站装机容量 5.0MW，多年平均发电量 1770 万 kW·h。中国水电基础局有限公司中标承担该水库工程的大坝主体土建及安装施工标段，主要工程量有土石方开挖 73.26 万 m³，坝体碾压混凝土填筑 40.96 万 m³，现浇混凝土 12.68 万 m³，钢筋制安 0.68 万 t，金属结构安装 654t，机电设备安装 164 台（套），回填灌浆 0.25 万 m²，固结灌浆 1.16 万 m，帷幕灌浆 2.57 万 m。2023 年，该标段工程进展良好，主要情况如下：

1. 大坝混凝土工程　截至 2023 年底，坝体混凝土浇筑全部完成，达到封顶高程（912.00m）；坝顶上游防浪墙、下游石材栏杆、坝顶路面施工全部完成，坝体迎水面喷涂聚脲防渗层及背水面防碳化已全部完成，大坝具备挡水条件。本年度完成碾压混凝土浇筑量 24832.5m³、变态混凝土浇筑量 3354m³、富胶凝碾压混凝土浇筑量 6780m³、常态混凝土浇筑

1264.5m³。2023 年 7 月，对 912m 高程以下坝体混凝土钻孔取芯，芯样直径 200mm，芯样获得率 100%，完整芯样长 25.3m，达到国内先进水平。芯样表面光滑致密、骨料分布均匀，层间结合良好。芯样抗压强度、抗冻及抗渗等级均满足设计要求。

2. 消能防冲工程　至 2023 年末，消力池混凝土、护坦混凝土、抛石防冲槽已全部完成。本年度完成混凝土浇筑 4213m³、抛石 2800m³。

3. 基础处理工程　2023 年 9 月，坝基帷幕灌浆、固结灌浆、岸坡坝段接触灌浆及坝体排水已全部完成。本年度完成固结灌浆 2666m、帷幕灌浆 6515m、接触灌浆 15337m²、排水孔 6942m。

4. 发电厂房及尾水系统　主、副厂房混凝土浇筑全部完成，1 号动能回收机组尾水调节池施工完成，尾水渠混凝土浇筑完成。本年度完成发电厂房混凝土浇筑 3903m³、尾水渠混凝土浇筑 7174m³。

5. 鱼类增殖站工程　已完成房屋建筑与装修工程、室外景观、绿化及道路、设备安装及调试等。本年度完成房屋建筑 2750m²、设备安装 268 台（套）。

6. 金属结构安装工程　取水口拦污栅、事故闸门、叠梁闸门、表孔检修闸门及弧形工作闸门、坝顶门机及液压启闭机等安装调试完成；压力钢管安装完成；尾水闸门及移动式电动葫芦、调节池节制闸及启闭机等安装调试完成；金属结构安装工程已全部完工。本年度完成闸门安装 11 扇、启闭设备安装 7 台、钢管安装 128t。

7. 机电设备安装工程　截至 2023 年底，水轮发电机组安装完成；大坝及厂房渗漏排水泵安装完成；供水管控制阀门安装调试完成；厂用变压器及电力变压器安装完成；电气盘柜已全部就位；接地系统安装全部完成。

8. 水土保持工程　截至 2023 年底，料山、弃渣场排水沟及截洪沟施工全部完成，土地平整及复垦基本完成。本年度浆砌石砌筑 9986m³、表土回填 90455m³。

本标段工程共划分为 3 个单位工程，30 个分部工程，1512 个单元工程。截至 2023 年 12 月 31 日，完成单元评定 1330 个，全部合格，其中优良 1280 个，优良率为 96.2%；验收 11 个分部工程，评定等级均为优良。11 月 30 日，凤山水库工程通过了初期蓄水阶段验收。

（中国水电基础局有限公司　潘洪）

平寨水库工程 2023 年建设有关情况

平寨水库工程位于贵州省黔南布依族苗族自治州惠水县蒙江（红水河水系）一级支流——坝王河上游；主要建设任务为供水、灌溉，兼顾发电；为三等中型工程，设计总供水量为 7722.9 万 m³，电站装机容量 3200kW，多年平均发电量 979 万 kW·h。工程建成后将有效解决惠水、平塘、罗甸三县 7 个乡镇共 22.91 万人口用水、13.67 万亩耕地灌溉及"中国天眼"天文科普文化园、边阳工业园区的用水紧缺问题。

中国水利水电第四工程局有限公司承建该水库工程右岸隧洞及电站土建及安装工程（施工 2 标），合同金额为 17894.69 万元，合同总工期为 40 个月，施工内容主要为基础处理工程（右岸下、上两层灌浆平洞及其施工支洞）、放空兼发电引水洞、发电厂房工程、取水工程（取水口、平寨取水隧洞前 1.2km）等，实际开工日期为 2019 年 7 月 22 日。

2023 年，该标段完成投资 4604.04 万元，为计划的 121.00%；至 2023 年底，累计完成投资 17604.04 万元；主要工程形象进度如下：

（1）右岸防渗帷幕工程：下、上两层灌浆平洞洞内帷幕灌浆完成，分别完成 32857、57251m；地表露天帷幕灌浆施工完成，共计完成 3279m。

（2）放空兼发电引水隧洞工程：混凝土及灌浆工程施工完成，出口闸门井及泄槽护坦土建施工完成，出口闸门井金属结构及启闭机安装完成，并完成闸门及启闭机调试与试运行。

（3）取水工程：平寨取水隧洞前 1.2km 混凝土衬砌、隧洞回填灌浆及固结灌浆完成。

（4）地面发电厂房工程：金属结构及启闭机安装完成，闸门及启闭机完成调试并试运行，1、2 号水轮发电机组安装完成，机电电气设备安装完成，房建工程施工完成，厂区交通公路施工完成。

2023 年 9 月 27 日，工程顺利通过下闸蓄水安全鉴定；12 月 15 日，工程顺利通过下闸蓄水阶段验收。

（中国水利水电第四工程局有限公司　唐加春　刘亨凡）

龙塘水库及灌区工程 2023 年建设进展情况

龙塘水库及灌区工程位于四川省凉山彝族自治州盐源县境内，枢纽由拦河坝、泄水建筑物、水电站等组成。电站总装机容量 11.6MW，水库总库容 1.46 亿 m³，由中国水利水电第一工程局有限公司承建，2023 年建设进展情况如下：

1. 枢纽工程　①左岸顶层灌浆平洞开挖贯通，

累计进尺 992.3m；底板浇筑完成，边顶拱衬砌完成 886.3m，剩余 106m；帷幕灌浆完成 7255m，剩余 49565m。②左岸底层灌浆平洞开挖贯通，累计进尺 1078.16m；底板浇筑完成 854m，边顶拱衬砌完成 825m；帷幕灌浆完成 17682.79m，剩余 92001m。③右岸顶层灌浆平洞开挖贯通，累计进尺 227.36m；帷幕灌浆总 15500m，累计完成 4685.7m，剩余 10814.3m。④右岸底层灌浆平洞开挖贯通，累计进尺 456.8m；帷幕灌浆总 44400m，累计完成 14630.44m，剩余 29769.56m。⑤右岸 2 号施工支洞，全长 537.37m，洞身开挖支护完成 321.0m，剩余 216.37m。

2. 灌区工程　①照壁山隧洞全长 1406.25m，已全部贯通，完成 36m 底板混凝土浇筑。②大龙塘隧洞全长 2902.5m，进出口累计开挖支护完成 2085.4m，剩余 817.1m。③右干渠：2 号暗渠全长 713.705m，完成衬砌 420m，剩余 295.705m，干海河倒虹吸全长 1412.89m，完成 PCCP 管安装 600m，剩余 810.89m。④干海河分干渠明渠全长 14731.42m，渠顶以上开挖完成 10157.5m。⑤棉垭分干渠明渠全长 16271.2m，渠顶以上开挖完成 12400m。⑥董家山隧洞，全长 2697.46m，进出口累计开挖支护完成 2540.82m，剩余 156.64m。⑦马坝河分干渠：1 号隧洞，出口洞身开挖支护累计进尺 114.78m，剩余 503.00m；4 号隧洞，出口开挖支护累计进尺 313.77m，进口洞身开挖支护累计进尺 112.84m，进出口累计开挖支护完成 426.61m，剩余 1085.26m；5 号隧洞，洞脸边坡支护完成，洞身开挖支护累计完成 204.7m，剩余 37.34m；6 号隧洞，洞脸边坡支护完成、洞身开挖支护累计完成 179.5m，剩余 465.84m；1 号倒虹吸施工全部完成，PCCP 管安装完成 168m。⑧马坝河支渠：倒虹吸 PCCP 管安装完成 390m；果场北支渠倒虹吸 PCCP 管安装完成 420m；1 号隧洞，出口开挖支护累计进尺 461.2m，剩余 154.8m。

（中国水利水电第一工程局有限公司）

东台子水库大坝工程 2023 年建设进展情况

东台子水库位于内蒙古赤峰市林西西拉木伦河中上游，设计总库容 3.21 亿 m^3；其大坝工程由沥青心墙堆石坝、混凝土坝、电站和鱼道等建筑组成，总投资 21.48 亿元。

（一）建设进展情况

1. 混凝土坝　引水坝段、底孔及溢流表孔坝段、挡水坝段、连接坝段全部施工完成，并全部通过分部工程验收。

2. 鱼道工程　混凝土 9 月 16 日全部完成。

3. 沥青混凝土心墙堆石坝　心墙及坝壳料填筑至设计高程，沥青混凝土心墙施工全部完成。

4. 电站及升压站工程　9 月 8 日电站厂房实现冷封闭；年底电站厂房混凝土、砌体等施工全部完成，门窗、室内墙面等部分装修工程也已施工完成；升压站基础混凝土施工全部完成。

5. 建筑工程　1、2 号底孔启闭机室及溢流坝顶启闭机室主体工程已全部完成，钢梯、钢爬梯、雨棚已安装完成，装修工程已完成干挂大理石，屋面工程已完成保温层、找坡层、找平层、防水层、保护层；码头卷扬机房主体工程已全部完成，装修工程已完成干挂大理石，屋面工程已完成保温层、找坡层、找平层、防水层、保护层。

（二）机电及金属结构安装工程

（1）引水坝段取水口上、下层拦污栅，2×250kN 门机，引水坝段进水口上、下层事故闸门，引水坝段上层叠梁门等安装与调试全部完成；底孔及表孔弧形工作门、1 号和 2 号底孔平面事故闸门、2×1000kN 表孔液压启闭机、2×1000kN 门机等安装与调试全部完成；挡水坝段预留孔拦污栅、预留供水口事故闸门等安装与调试全部完成。

（2）电站辅助设备预埋管路，电气设备预埋管路，1 号及 2 号大机组一期预埋、接地系统等施工完成，厂房内电缆桥架安装完成，桥式起重机（32t/5t）、2 套大机组重锤式液控蝶阀、1 套小机组重锤式液控蝶阀、DN1000 旁通管电动蝶阀，以及旁通管调流阀等机电及金属结构安装与调试施工完成。

（3）鱼道 2 套进口工作闸门、3 套出口工作闸门、1 台坝前挡水工作闸门及螺杆式启闭设备等安装与调试全部完成。

（中国水利水电第一工程局有限公司）

龙塘大坝枢纽改造工程 2023 年建设进展情况

南渡江龙塘大坝枢纽改造工程位于海口市琼山区，为二等大（2）型工程，主要施工项目为拦河闸（泄洪闸、控泄闸）、左岸连接段、右岸连接段、引水闸、鱼道出口闸、右岸副坝、防洪堤、鱼道、水力发电站、灵山干渠，2022 年 4 月 13 日开工。

截至 2023 年底，累计完成投资 48006.54 万元，占合同总金额的 63%；主要工程形象进度如下：

1. 管理区　4 栋单体工程主体全部施工完成，室内装饰装修施工完成，室外装饰装修完成 40%，室外工程完成 46%，旧楼修缮完成 30%。

2. 水文化馆 主体工程封顶，正在进行二次构造施工。

3. 拦河闸 一期右岸 4 孔，17.0m 高程以下已经全部完成施工；二期左岸 9 孔，有 5 孔已施工完成，其他 4 孔完成 17.0m 高程以下施工；右岸拦河闸上下游叠梁检修闸门、控泄闸弧形工作闸门、上下游门机、液压启闭机等安装均已全部完成。

4. 右岸渠系 渠身施工完成，引水闸浇筑至17m 高程，完成率 100%；引水闸工作闸门 2 套，设计完成 2 套；引水闸启闭机排架柱浇筑完成。

5. 鱼道 设计长度 787.17m，完成 745.5m，完成率 94.66%；出口围堰拆除完成，防护施工完成。

6. 排洪箱涵 长 125m，完成 80m，完成率 64%。

7. 灵山干渠 长 337.72m，完成 133m，完成率 39.46%。

8. 防洪堤、副坝填筑工程 副坝填筑完成；防洪堤填筑至 12m 高程，完成率 40%。

9. 右岸电站 1 号机组拆除已全部完成，2 号机组拆除完成总量的 70%；桥机改造、水轮机组配件采购、制作完成总量的 60%；电站旧房改造完成总量的 90%。

（中国水利水电第四工程局有限公司
荆雪娟 梁守锦 周永永）

南方电网储能股份有限公司2023 年工程项目进展情况

（一）投产电站情况

截至 2023 年底，南方电网储能股份有限公司（简称南网储能公司）已投产电站 28 座，其中，常规调峰水电站 14 座；抽水蓄能电站 7 座；电化学储能站 7 座。南网储能公司投运装机容量 1273.38 万kW（包括常规调峰水电站 203 万 kW，抽水蓄能电站 1028 万 kW，电化学储能项目 42.38 万 kW）。

（1）投产的常规电站：天二电站、鲁布革电站、南汀河电站、落水洞电站、小河沟电站、格雷二站、格雷一站、木坑电站、官寨电站、小秧补电站、碧松就电站、二河沟二站、二河沟三站、鸡街发电厂。

（2）投产的抽水蓄能电站：广州抽水蓄能电站、惠州抽水蓄能电站、清远抽水蓄能电站、深圳抽水蓄能电站、海南琼中抽水蓄能电站、梅州抽水蓄能电站、阳江抽水蓄能电站。

（3）投产的电化学储能站。深圳宝清储能电站、东莞黎贝储能电站、东莞杨屋储能电站、广州芙蓉储能电站、梅州五华储能电站、海口药谷储能电站、河北保定储能电站、佛山南海宝塘储能电站、五华粤智储能电站。

（二）在建电站情况

1. 在建抽水蓄能电站 ①广西南宁抽水蓄能电站按建设计划进行中；广东梅州抽水蓄能电站二期已完成主厂房开挖；肇庆浪江抽水蓄能电站已完成主厂房岩锚梁浇筑；惠州中洞抽水蓄能电站已完成主厂房Ⅱ层开挖。4 座共计装机容量 480 万 kW。②茂名电白、桂林灌阳、贵港、钦州灵山、玉林福绵等抽水蓄能电站项目前期工程分别于 4 月 6 日、4 月 8 日、4月 26 日、9 月 28 日、9 月 28 日开工建设。

2. 在建储能电厂 ①佛山南海储能电站项目（30 万 kW/60 万 kW·h）年初完成初设，6 月正式开工，9 月完成首次充电，12 月 31 日完成项目投产。该项目是粤港澳大湾区规模最大的储能电站，也是我国一次性建成最大的电网侧独立储能电站，直接提高广东在运新型储能总量约 20%。有效缓解南海片区峰荷时段电网负荷紧张和电网输送通道压力，提高区域系统运行灵活性，对于助力广东打造具有全球竞争力的新型储能产业创新高地，支撑新型电力系统和新型能源体系建设具有积极意义。②梅州五华粤智分布式电池储能项目（1.28 万 kW/1.28 万 kW·h）11 月中旬开工，正在安装调试中。

（三）年内核准抽水蓄能电站

①广东茂名电白抽水蓄能电站于 2023 年 8 月完成可行性研究审查；②广西桂林灌阳、贵港抽水蓄能电站于 2023 年 10 月完成可行性研究审查；③钦州灵山抽水蓄能电站于 2023 年 9 月完成可行性研究审查；④玉林福绵抽水蓄能电站于 2023 年 11 月完成可行性研究审查。5 座共计装机容量 600 万 kW。

（四）前期抽水蓄能电站开展情况

江门鹤山抽水蓄能电站于 2023 年 2 月完成预可行性研究审查，广东韶关新丰、潮州青麻园、清远下坪、广西防城港上思 4 个项目完成可研"三大专题"审查，柳州鹿案、南宁武鸣抽水蓄能电站于 2023 年 5 月完成预可行性研究审查，7 座共计装机容量 860 万 kW。

（五）新型储能

①梅州五华粤智分布式储能项目于 2023 年 7 月完成可行性研究批复；②梅州五华华城储能项目于 2023 年 4 月完成前期决策；③云南文山丘北独立储能项目于 2023 年 4 月完成前期决策；④广西钦州浦北傍浦储能项目于 2023 年 4 月完成前期决策；⑤广西梧州广信独立电池储能项目于 2023 年 7 月完成前期决策；⑥海南临高独立电池储能项目于 2023 年 4月完成前期决策。

（南方电网储能股份有限公司 曹娅）

国能大渡河流域水电开发有限公司 2023 年前期项目筹建情况

（一）老鹰岩水电站

老鹰岩水电站位于四川省雅安市石棉县境内，分两级开发，电站总装机容量 72 万 kW。2023 年，老鹰岩二级水电站先后完成安顺场文物影响、河段开发深入论证、鱼类栖息地保护等环境保护专题评审，6 月环境影响报告书获得生态环境部批复；先后完成了正常蓄水位、水库影响区地质及移民安置规划等专题报告复核和审查，并取得审查批复意见；12 月 26 日老鹰岩二级水电站获得国家发展改革委核准批复。2023 年，老鹰岩一级水电站围绕环评报批、可研收口和项目核准申请开展相关工作，环境影响报告书于 10 月通过技术评估，预计 2024 年初可获得环评批复。全力推进老鹰岩一级水电站项目核准、老鹰岩二级水电站开工建设。

（二）巴底水电站

巴底水电站位于四川省甘孜州境内，规划装机容量 72 万 kW。目前，核准要件已完成 70%，洪评报告通过长江委审查，环评、水保报告完成编制具备送审条件，移民大纲已报四川省政府审批，项目可行性研究及核准工作进入冲刺阶段。

（三）丹巴水电站

丹巴水电站位于四川省甘孜州境内，规划装机容量 113 万 kW。2023 年，丹巴水电站主要开展了项目核准各项专题的编制报批、前期筹建工程施工准备等工作。移民安置规划，洪水影响评价和项目用地预审等报告取得批复，可行性研究设计报告和安全监测报告取得审查意见，场内交通 3 座桥工程顺利开工。

（四）安宁水电站

安宁水电站位于四川省阿坝州金川县境内，规划装机容量 40 万 kW。2023 年，安宁水电站开展了设计优化及封库条件落实等工作。完成了正常蓄水位、施工总布置规划的复核评审，完成了项目投资及效益分析报告。项目基本具备封库条件。

（国能大渡河流域水电开发有限公司
杨鸿　姚应博　宋乃奎　柳玉兰）

国能大渡河流域水电开发有限公司 2023 年在建工程建设情况

国能大渡河流域水电开发有限公司（简称大渡河公司）是国家能源集团所属集水电开发建设和运营管理于一体的大型流域水电开发公司，业务涉及常规水电、抽水蓄能等清洁能源项目和光伏、风电等新能源项目开发，推进碳资产业务和国际合作项目。目前主要负责大渡河流域 17 个梯级电站的开发，涉及四川省三州两市（甘孜州、阿坝州、凉山州、雅安市、乐山市）12 个县，总装机容量约 1800 万 kW。

截至 2023 年底大渡河公司投运龚嘴、铜街子、瀑布沟、深溪沟、大岗山、猴子岩、枕头坝一级、沙坪二级、吉牛等 9 个大渡河流域电站和 12 个其他流域的电站，总装机容量 1173.5 万 kW，约占四川省调水电总装机容量的约 25%。在建水电项目有双江口、金川、枕头坝二级、沙坪一级 4 个水电站，总装机容量 352 万 kW；前期筹建水电项目有老鹰岩二级、老鹰岩一级、丹巴、巴底、安宁 5 个水电站，总装机容量 297 万 kW。形成了投产、在建、筹建稳步推进的可持续发展格局。

大渡河上具有多个标志性水电工程和多种大坝、机组类型，被誉为"水电博物馆"。水电工程先后荣获国家优质工程金奖、中国土木工程"詹天佑奖"、堆石坝国际里程碑工程等水电行业重要奖项。大渡河公司先后荣获全国脱贫攻坚先进集体、全国"五一"劳动奖状、全国文明单位、全国模范职工之家、全国企业文化建设最佳实践企业等荣誉称号，被评为中央企业先进基层党组织、中央企业思想政治工作先进单位。公司创新及智慧企业建设成果获得国家科技进步奖二等奖、中国产学研合作创新成果一等奖、全国企业管理现代化创新成果一等奖、四川省科技进步奖一等奖等省部级及全国性行业协会奖励 193 项，获授知识产权 844 项，主持及参编水电行业标准 97 项。

（一）金川水电站

金川水电站是大渡河干流水电调整规划的第六级电站，位于四川省阿坝州金川县、马尔康市境内。电站总装机容量 86 万 kW，枢纽建筑物由混凝土面板堆石坝、右岸溢洪道和泄洪放空洞、左岸输水建筑物及地下厂房等组成。2023 年完成了主副厂房、引水隧洞、尾水隧洞及右岸趾板开挖支护，完成河床段趾板混凝土浇筑、大坝基础处理，大坝填筑进入高峰期；完成溢洪道及生态泄水道引渠段、泄槽段开挖，完成泄洪放空洞工作闸门及启闭机安装调试、左岸 2258m 高程灌浆平洞固结灌浆。

（二）双江口水电站

双江口水电站是大渡河干流水电调整规划的第五级电站，位于四川省阿坝州马尔康县、金川县境内，是大渡河干流上游控制性龙头水库电站。电站总装机容量 200 万 kW，枢纽工程由拦河大坝、泄洪建筑物、引水发电系统等组成，最大坝高 315m，坝顶高程 2510m。截至 2023 年底，双江口水电站拦河大坝填筑至 2330m 高程、地下厂房开挖完成、进水口塔体浇筑完成、泄洪系统洞身开挖支护基本完成，洞式溢洪道出口边坡开挖至 2370m 高程，进口边坡开挖完成。完成主厂房桥机、4 台机肘管锥管及压力钢管、3 台机座环、1 台机蜗壳的安装工作。

（三）枕头坝二级、沙坪一级水电站

枕头坝二级、沙坪一级水电站分别是大渡河干流水电调整规划的第 22、23 级电站，位于四川省乐山市金口河区境内。枕头坝二级水电站装机容量 30 万 kW，沙坪一级水电站装机容量 36 万 kW。2023 年 3 月，两电站一期工程建设完成，同步实现二期截流；2023 年 4 月，两电站同步启动二期围堰填筑，围堰防渗墙全面开钻；2023 年 7 月，两电站二期围堰闭气，全面启动二期基坑开挖；2023 年 8 月，枕头坝二级完成二期首仓混凝土浇筑；2023 年 9 月，沙坪一级完成二期首仓混凝土浇筑；2023 年 11 月，两电站二期基坑开挖全面完成。

（国能大渡河流域水电开发有限公司综合管理部
柳玉兰　李星辰　刘润　刘海波　刘钊）

中国电力建设集团有限公司 2023 年重大工程项目情况

（一）海洋新能源综合勘测平台交付投运

2023 年 12 月 8 日，由中国电建集团所属华东院研发并投建的国内首座 75m 水深海上自升式勘测试验平台举行交付仪式。该平台是目前国内规模最大、技术指标最先进的海洋新能源综合勘测平台，对服务我国海洋发展战略，提高我国深远海资源开发利用水平具有重要意义。该平台为钢质、船型、桁架桩腿自升式平台，全长 79.68m，宽 34.8m，工作甲板面积超过 2000m²，可满足 60 人连续 20 天海上作业的需求。平台常规作业水深 75m，极限作业水深为 80m，在极端恶劣风暴状况时，最大可抗风 100 节，作业区域可覆盖我国规划各海域风电场。

（二）"核光储多能联合"互补滩涂光伏并网发电

2023 年 11 月 30 日，由中国电建集团所属华东院总承包的我国首个"核光储多能联合"互补滩涂光伏发电项目——中核三门滩涂光伏，实现首批光伏发电单元并网发电。"核光储"清洁能源多能互补是将包括太阳能、核能、电池的化学能等多种能源转化为电力，根据不同能源特点，组合形成的能量网络可形成互补，实现更好的社会效益。电站位于浙江省三门县，总装机容量 200MW，占地 2560 亩，是我国首个核电与新能源融合发展项目。电站配备了 24MW·h

的储能设备，做到"闲时储能，忙时出力"，避免光伏对电力系统产生的不稳定影响，保障发电项目可靠送出及并网消纳。

（三）承建的光伏治沙项目并网

2023 年 11 月 29 日，中国电建集团承建的"十四五"时期国家第一批开工建设的大型风电光伏基地项目之一、全国单体规模最大的光伏治沙项目——蒙西基地库布其 200 万 kW 光伏治沙项目成功并网。该项目是国内一次并网的最大单体光伏项目。建设内容包含 3 号升压储能站工程、交流侧容量 800MW 光伏工程、综合管理运营展示中心工程、200 万 kW 治沙及生态修复工程等。项目实现国内首个钙钛矿光伏组件并网发电及最大容量柔性支架并网发电，并配套实施治沙工程，形成"板上发电、板下种植、板间养殖、治沙改土、乡村振兴"的"光伏+"立体化新型产业模式。项目年均发电量约 41 亿 kW·h，每年可节约标准煤约 123 万 t，减少排放二氧化碳约 319 万 t，将修复治理沙漠面积达 10 万亩，年均减少向黄河输沙约 200 万 t，有效助力构筑北方生态安全屏障，保障黄河上游和京津冀地区生态安全。

（四）投建营的光储项目全容量并网发电

2023 年 11 月 25 日，中国电建集团投建营的最大单体光储项目——新疆阜康市 60 万 kW 光伏＋60 万 kW·h 储能项目全容量并网发电，标志着我国西北地区首台抽水蓄能机组正式投产发电，实现了新疆和西北电网调节性电源的新突破。该项目位于新疆昌吉回族自治州阜康市境内，项目总占地面积约 20201 亩，是中国电建集团首个进入阜康市 1 亿 kW 光伏产业发展概念性规划的工程，项目建成后，电站运营期内预计平均年上网电量为 122491 万 kW·h，可满足约 132 万人的年用电需求，每年可节约标准煤 36.66 万 t，折合原煤 51.33 万 t。相应每年可减少二氧化硫排放量约 0.7 万 t，一氧化碳约 97.47t，碳氢化合物 39.82t，氮氧化物 0.4 万 t，二氧化碳 87.09 万 t，还可减少灰渣排放量约 11.28 万 t。

（五）双排机电站全容量投产

2023 年 10 月 10 日，中国电建集团所属水电四局承建的李家峡水电站 5 号机组顺利通过 72 小时试运行，正式投产发电，标志着我国首次采用双排机布置，也是世界最大双排机布置。该电站位于青海省尖扎县和化隆县交界的黄河干流李家峡河谷中段，共安装 5 台单机容量 40 万 kW 的混流式水轮发电机组，总设计装机容量 200 万 kW，是当时国内在建单机容量最大的水电工程。电站于 1987 年 7 月开工建设，先后于 1997 年 2 月 16 日、1997 年 12 月 7 日、1998 年 5 月 26 日、1999 年 12 月 10 日实现 1～4 号机组的并网发电目标。该电站 5 号机组作为"青豫直流"特高压外送通道的重要调峰电源，主要配合光伏、风力发电间歇性电源运行，平抑风光电发电出力变幅，将新能源发电转换为安全稳定的优质电源，实现清洁能源打捆外送，将为推进青海海南藏族自治州千万千瓦级清洁能源基地建设，保障"青豫直流"特高压外送通道的稳定性、经济性作出重要贡献。

（六）新能源配套电化学储能电站并网

2023 年 6 月 21 日，由中国电建集团旗下电建核电公司新能源分公司建设的三峡能源安徽阜阳南部 120 万 kW 风光储基地项目储能系统首期项目实现全容量并网。阜阳风光储基地项目采用风电、光伏、储能、沉陷区治理有机结合的新能源基地化开发模式。项目主要包括 65 万 kW 光伏电站和 55 万 kW 风电场，同时配建储能电站。该工程地处安徽省阜南县中岗镇，占地约 5.7884hm²，总容量为 300MW/600MW·h，电站共配置 90 套磷酸铁锂电池组成的储能单元，电能通过 220kV 线路接入 220kV 唐坡变，并入大电网，是目前全国最大单体电化学储能电站。储能项目并网投运后，在用电低谷时充电，用电高峰

时放电，可以一次储存约 60 万 kW·h 的电量。阜南储能系统分两期建设，首期规模为 300MW/600MW·h，终期规模为 450MW/900MW·h，为调整地区能源结构、发挥电网削峰填谷功能、提升供电可靠性以及促进地区经济发展作出了积极贡献。

（七）水光互补电站投产发电

2023 年 6 月 25 日，中国电建集团设计采购施工总承包的柯拉光伏电站投产发电。该项目是雅砻江流域清洁能源基地"十四五"时期首个开工建设的水光互补电站。电站装机容量 100 万 kW，分 5 个标段同时开工。该电站建成后，每年发出的电量可节约标准煤超 60 万 t、减少二氧化碳排放超 160 万 t，对雅砻江流域绿色清洁可再生能源基地加快推进，对实现"双碳"目标、优化国家能源结构、助力构建"绿色低碳，安全高效"的现代能源体系具有示范引领作用。

（中国电力建设集团有限公司
魏立军　邸颂东）

抽水蓄能工程

松阳抽水蓄能电站工程 2023 年建设进展情况

松阳抽水蓄能电站位于浙江省丽水市松阳县境内，装机 4×350MW。2022 年 11 月，先导工程开工建设。2023 年 3 月，完成招标设计工作；11 月 20 日，电站主体工程开工动员大会在下水库现场举行，标志着电站主体工程进入全面施工阶段。

截至 2023 年 12 月底，主要工程进展情况如下：

（1）通风兼安全洞工程标：开挖至 TF1+364.13m，已全线贯通。

（2）筹建准备期进厂交通洞、导流泄放洞、上库进场公路、35kV 施工供电工程标：分别由中国安能集团第二工程局有限公司、中国安能集团第一工程局有限公司、中国水利水电第十二工程局有限公司、中国能源建设集团浙江火电建设有限公司承建；进厂交通洞已开挖至 JT1+618m；导流泄放洞的闸门井平台、后缘边坡开挖至 428m 高程，前缘边坡完成清坡以及井口支护；上库进场公路 1 号隧道进口段开挖至 K0+307m，累计进尺 18m；35kV 施工供电系统已

投运。

（3）上水库、引水系统土建和金属结构安装工程标（C1）：由中国水利水电第十二工程局有限公司承建，主体工程已完成开工申请。

（4）下水库、地下厂房和尾水系统土建及金属结构安装工程标（C2）：由中国安能集团第二工程局有限公司、中国华水水电开发有限公司联合体承建，中导洞已开挖至厂右 0+106m。

（中国电建集团华东勘测设计研究院有限公司　刘旸
覃昕慧
浙江松阳抽水蓄能有限公司　吴思源）

景宁抽水蓄能电站工程 2023 年建设进展情况

景宁抽水蓄能电站位于浙江省丽水市景宁县境内，装机 4×350MW，额定水头 630m，额定转速 500r/min，设计年发电量 14 亿 kW·h，年抽水电量 18.67 亿 kW·h；工程采用设计采购施工 EPC 总承包建设。该 EPC 总承包由中国电建集团华东勘测设计研究院有限公司、浙江华东工程咨询有限公司、杭

州华辰电力控制工程有限公司组成的联合体承接。按计划，该电站4台机组将分别于2027年6月28日、10月31日、12月31日和2028年2月29日投产。

2023年3月16日，该电站主机及其附属设备采购招标文件通过中国电建设备物资集中采购平台发布；经在线开标、专家评审、决标会议，确定中标单位为上海福伊特水电设备有限公司；8月17日下午，举行了"浙江景宁抽水蓄能电站主机及其附属设备采购合同"签约仪式，完成该电站工程主机及其附属设备招标。

2023年11月5～9日，浙江景宁抽水蓄能有限公司、EPC总包方、中国水利水电建设工程咨询北京有限公司、中国电建集团华东勘测设计研究院有限公司与上海福伊特水电设备有限公司在上海组织召开了第一次设计联络会。会议圆满完成了会议的各项议题，同时也初步确定了第二次设计联络会召开的时间。

景宁抽水蓄能电站工程，2022年11月开工建设，同时签订EPC总承包合同；2023年8月，主机及其附属设备采购合同签约；11月，主机及其附属设备第一次设计联络会顺利召开，各建设节点稳步推进。

（中国电建集团华东勘测设计研究院有限公司
党姚强 赵吉 方华杰）

宁海抽水蓄能电站工程 2023年建设进展情况

宁海抽水蓄能电站位于宁波市宁海县境内，总投资约79.5亿元，安装4台35万kW可逆式抽水蓄能机组，设计年平均发电量14亿kW·h，年抽水电量18.67亿kW·h，以两回500kV线路接入明州变电站，建成后主要承担浙江电网的调峰、调频、调相、储能、旋转备用、黑启动等任务。

该电站为一等大（1）型工程。其上水库大坝采用混凝土面板堆石坝，最大坝高59.8m，坝顶长550.0m；正常蓄水位611.00m，总库容1125万 m^3，调节库容841万 m^3。下水库大坝也采用混凝土面板堆石坝，最大坝高96.3m，坝顶长280.0m；正常蓄水位141.00m，总库容1324万 m^3，调节库容850万 m^3。下库溢洪道全长267.47m，堰净宽12m，泄槽净宽10m。下库导流泄放洞全长507.9m，城门洞形，宽4.0m、高5.5m；事故闸门井下游240m后改建为内套直径2.0m钢管；出口设置锥阀及消力池，锥阀直径2.0m。输水系统总长约2100.3m（沿3号机组），其中引水系统长约1171.4m，尾水系统长约

928.9m，距高比（ L/H ）为3.98，均采用二洞四机布置。地下厂房采用中部开发方式，主副厂房洞室开挖尺寸为179m×25m×57.0m（长×宽×高）。

该电站项目于2017年6月取得浙江省发展改革委的核准，2018年4月项目开工建设，2020年4月主体工程开工。主要进展节点为：

（1）引水系统。2022年11月8日全部开挖完成。

（2）上、下水库工程。2022年4月15日，大坝填筑登顶；12月20日，大坝面板浇筑完成；2023年4月24日，同步通过蓄水验收。

（3）机电安装。2023年电站首台机组（1号机组）于3月6日完成座环蜗壳整体吊入机坑；4月28日，机坑里衬整体吊入机坑；9月9日，发电机层混凝土浇筑完成；12月11日，发电机定子整体吊入机坑。

（中国电建集团华东勘测设计研究院有限公司
章梦捷 杨三喜）

长阳清江抽水蓄能电站 工程2023年建设进展情况

长阳清江抽水蓄能电站位于湖北省长阳土家族自治县龙舟坪镇，距宜昌市直线距离约为28km，距隔河岩水库大坝约5.5km，距长阳县城约3km；采用1回500kV出线接朝阳变电站，线路全长约23km；供电范围为湖北电网，承担电力系统调峰、填谷、储能、调频、调相和紧急事故备用等。

该电站装机容量1200MW（4×300MW），为一等大（1）型工程，额定水头417m，枢纽建筑物主要由上水库、下水库、输水系统、地下厂房、地面开关站等组成。上水库正常蓄水位516m，死水位488m，调节库容778.8万 m^3；下水库利用已建高坝洲水库，正常蓄水位78.28m，死水位76.28m，调节库容5400万 m^3。上水库主坝和4座副坝均采用钢筋混凝土面板堆石坝，主坝坝高61m，副坝坝高分别为36、26、25、24.5m，采用库周钢筋混凝土面板＋库底土工膜全库盆防渗；下水库大坝为混凝土重力坝，最大坝高57m。输水发电系统由进/出水口、引水隧洞、主厂房、主变压器洞、尾水闸门室、尾水调压室、尾水隧洞、地面开关站等组成；地下厂房采用首部式布置，引水、尾水系统均采用一洞两机布置。

长阳清江抽水蓄能电站项目于2022年6月29日获得湖北省发展改革委核准，2022年11月10日开工建设，为"十四五"期间鄂西地区首个开工建设的抽水蓄能电站。

2023 年，该电站工程处于筹建期，主要进行筹建准备期洞室及道路工程施工。截至 2023 年底，主要工程形象如下：

（1）排水洞。结合勘探平洞施工，开挖进尺 981m。

（2）通风兼安全洞。长 1282m，完成开挖进尺 1038m，混凝土衬砌 290m。

（3）上下库连接路。结合地方道路提质改造实施，全长 5.6km，完成中上段 3km 路基工程施工。

（4）保通工程。结合清江市政大桥工程实施，已完成南岸进场便道及钢栈桥施工，正在进行桥墩、桥台桩基施工。

（湖北清江水电开发有限责任公司　皮军华）

哈密抽水蓄能电站工程 2023 年建设进展有关情况

哈密抽水蓄能电站位于新疆哈密市天山乡境内，安装 4 台单机容量为 300MW 的混流可逆式抽水蓄能机组，额定发电水头 474m，属一等大（1）型工程，2019 年 1 月 8 日开工建设。

中国水利水电第一工程局有限公司承建该电站的水库工程，合同金额为 159371.67 万元，于 2022 年 12 月 2 日开工，计划于 2026 年 12 月竣工。

2023 年，水库工程主要进行上水库大坝及库盆，下水库大坝、库盆、库岸、拦沙坝及道路等工程的施工。下水库泄洪排沙（兼导流）洞 2020 年 11 月开始施工，2023 年 7 月 14 日通过专项质量监督检查，7 月 25 日通过专项安全鉴定。8 月 10 日，下水库截流通过验收；8 月 11 日，下水库截流成功。截至 2023 年底，主要工程进度如下：

（1）上水库大坝工程表土剥离完成 13521.15m³，土方明挖完成 50000m³，坝后任意料完成 1205144m³。

（2）上水库库盆工程表土剥离工程完成 77723.22m³，环库路以下土方开挖完成 221300m³，环库路以下石方明挖完成 821827.07m³。

（3）下水库大坝工程表土剥离工程完成 90085.42m³，土石方明挖工程完成 150000m³，孤石、危石处理工程完成 300m³，过渡料填筑（3A）完成 30000m³，坝后任意料填筑工程完成 250000m³。

（4）下水库库盆及库岸防护工程植被清理工程完成 73180.55m³，表土剥离工程完成 9004.93m³，土石方明挖工程完成 275489m³，孤石、危石处理工程完成 400m³。

（5）下水库拦沙坝工程表土剥离工程完成 20132m³，土石方明挖工程完成 77422m³，孤石、危石处理工程完成 50m³。

（6）下水库道路工程：4 号路土石方开挖完成 146466m³，边坡防护完成 9540m²；5 号路土石方完成 35000m³，边坡防护完成 4000m²；7 号路土石方完成 30000m³，边坡防护完成 1732.64m²；9 号路工程土石方完成 76106.78m³，边坡防护完成 11312.22m²；22 号临时路土石方完成 136825.8m³。

（中国水利水电第一工程局有限公司
中国电建集团西北勘测设计研究院有限公司
刘寅）

镇安抽水蓄能电站工程 2023 年建设进展情况

镇安抽水蓄能电站位于陕西省商洛市镇安县，是西北地区首座在建的抽水蓄能电站。电站装机 4×350MW，为一等大（1）型工程，2016 年 8 月 5 日开工建设，预计 2024 年 6 月首台机组发电。

截至 2023 年底，该电站主要工程形象面貌如下：

1. 下水库　工程基本完工，2023 年 4 月 24～28 日开展蓄水阶段质量监督活动，并完成整改工作；7 月 12 日，下闸蓄水；9 月 25 日，水位蓄至正常蓄水位。

2. 上水库　2023 年 10、12 月，进行 2 次蓄水安全鉴定活动，计划于 2024 年 5 月开始蓄水。

3. 输水系统　1 号输水系统，施工工程基本完工，2023 年 8 月 21～26 日开展充（排）水试验前专项质量监督活动，并完成整改工作；12 月，充排水试验完成（其中 1 号机尾水系统充排水试验于 8 月份完成）。2 号输水系统，施工工程基本完工。

4. 地下厂房系统　主厂房、副厂房、安装间、主变压器洞、母线洞、出线竖井平洞等的开挖支护、结构混凝土浇筑、装饰装修工程基本完成；厂房排水廊道及灌浆工程施工完成。

5. 地面开关站　继保楼、GIS 室、柴油发电机房等结构混凝土施工完成，装饰装修工程施工完成；出线构架、场地护栏及围墙等施工完成。

6. 机电安装　2023 年，首台机组（1 号机组）安装基本完成；10 月 30 日，由 330kV 系统经开关站送电至 1 号主变压器，倒送电试验完成，系统开始倒送电；11 月 20～25 日，1 号机组进行了启动阶段质量监督活动，并完成整改工作。

7. 消防　2023 年 10 月 17 日，商洛市建设工程消防技术服务中心对电站倒送电区域进行了消防预验收；11 月 10 日，陕西省住房和城乡建设厅消防中心组织商洛市住建局、市消防中心及镇安县住建局、县消防中心对电站首台机及倒送电区域进行了消防专项检查工作。

（中国电建集团西北勘测设计研究院有限公司 石爽）

张掖抽水蓄能电站工程建设有关情况

张掖抽水蓄能电站位于甘肃省张掖市甘州区和肃南县交界处，装机 4×350MW；上水库正常蓄水位 2332.0m，调节库容 679 万 m^3，总库容 696.0 万 m^3；下水库正常蓄水位 1745.0m，调节库容 678 万 m^3，总库容 718.0 万 m^3；属于一等大（1）型工程。

2023 年，该工程现场工作全面转入招标及施工图设计阶段。勘测工作陆续完成进厂洞洞口、业主营地、补水系统、施工辅企、开关站、尾水明渠、上下库连接路及下库坝后压坡体等部位的详勘或补勘工作。全年共计完成钻孔 2173.2m/74 孔，坑槽约 2100m^3，竖井约 230m。6 月 16 日，招标设计报告通过业主方评审；10 月，主体工程标及其他辅助设施工程标陆续挂网发售，工程正式进入施工阶段。

张掖抽水蓄能电站地处黑河出山口左岸盘道山及其山前地带，在大地构造上位于祁连山褶皱系北祁连优地槽褶皱带，区域构造背景复杂，新构造运动活跃。其上水库与下水库间的山前地带发育有榆木山东缘断裂（F1）。该断裂为全新世活动断层，全长约 110km，总体产状为 NW320°～350°SW∠60°～75°，具有逆冲兼右旋走滑特征，距离上、下水库分别约 1.23、0.11km。受限于该断裂的影响，张掖抽水蓄能电站自 1998 年开展前期规划工作以来，一直未能实现开工建设。本轮《抽水蓄能中长期发展规划（2021～2035 年）》发布以来，中国电建集团西北勘测设计研究院有限公司采用多种综合手段，对该断裂的发育位置、性状及活动性进行了系统的勘察评价，并开创性地以尾水明渠形式穿越该活动断层，获得了业内专家的一致认可，为国内首个获得核准开工的跨活断层的抽水蓄能项目。

（中国电建集团西北勘测设计研究院有限公司 程辉）

蛟河抽水蓄能电站工程2023 年建设进展情况

吉林蛟河抽水蓄能电站工程筹建期洞室道路及业

主营地工程（JHP/Q1 标）于 2022 年 7 月 10 日正式开工，水库工程标（JHP/C1 标）和输水发电系统工程标（JHP/C2 标）于 2023 年 11 月完成招标工作。

截至 2023 年 12 月底，主要工程形象进度如下：

1. 永久生产生活营地　主体结构和外墙装饰完成。

2. 66kV 施工中心变电站　场地的开挖、支护工作基本完成。

3. 开关站一期　总体开挖、支护工作已完成近 80%。

4. 进厂交通洞　总长 1709m，已完成洞内 1160m 范围的开挖及支护工作。

5. 通风兼出线洞　总长 1236m，已完成洞内 1179m 范围的开挖及部分支护工作。

6. 永久公路　1 号公路：道路的土石方工程、混凝土挡墙完成约 70%，排水涵洞完成约 80%；2 号公路：已完成该段道路的土石方工程、混凝土路面和排水涵洞等；3 号公路：已完成该段道路的土石方工程、混凝土路面和排水涵洞等；4 号公路：土石方工程已完成约 80%，挡墙混凝土浇筑已全部完成；11 号公路：土石方工程已完成约 65%，边沟已完成约 20%，排水涵洞已完成；该公路隧道全长 767.54m，进口明洞土石方开挖已完成约 85%，洞身开挖已完成约 80%、衬砌已完成约 65%；公路桥的下部构造、箱梁架设、现浇端横梁混凝土浇筑、桥面接缝钢筋焊接等已完成。

7. 供水管线　引水渠、取水池结构物已全部完成，一级泵站泵房工程已大部分完成，二级泵站挡土墙混凝土浇筑施工已完成近 60%；一级至二级泵站管线大部分镇墩、支墩的混凝土浇筑已完成，管线的输水钢管安装已完成近 20%。

（中水东北勘测设计研究有限责任公司 张殿双　金辉）

垣曲抽水蓄能电站工程2023 年建设进展情况

垣曲抽水蓄能电站位于山西省运城市垣曲县境内，安装 4 台单机容量 300MW 的混流可逆式抽水蓄能机组。工程总投资 79.6 亿元，由国网新源控股有限公司出资建设；安排筹建期 24 个月，准备期 6 个月，主体工程施工期 56 个月，工程完建期 9 个月，计划于 2028 年全部投产发电。2021 年 2 月，筹建期洞室道路工程正式开工；2022 年 9、12 月，上下水库工程、输水发电系统工程分别正式开工。

截至 2023 年 12 月 31 日，工程建设形象进度

如下:

1. 筹建期洞室道路及业主营地工程标（YQP/Q1）业主营地主体结构完成；110kV 施工中心变电站已投入运行，35、10kV 线路工程完成；开关站一期场地的开挖、支护已完成；进厂交通洞，全长 1787m，已开挖 1737.4m；通风兼出线洞已开挖支护完成，并移交至 YQP/C2 标。永久对外公路交工验收。永久 1 号公路，除隧洞外毛路贯通（隧洞全长 661m，已开挖 635.8m）；永久 2 号-1、4 号和 5 号-1 公路，具备简易通车条件；永久 3 号公路，具备通车条件；永久 6 号公路，全部完成。1 号施工支洞，已贯通，底板浇筑完成；3 号-1 施工支洞，全长 709m，已开挖 493.73m；2 号渣场排水洞，已贯通。施工供水工程，一级、二级、三级泵站土建施工完成。导流洞施工完成；下水库截流验收工作完成。

2. 上、下水库工程标（YQP/C1）上水库大坝坝基开挖完成约 50%，库盆库岸开挖完成约 25%；下水库大坝右坝肩开挖至 465m 高程，左坝肩开挖至 495m 高程。上、下水库的砂石加工及混凝土拌和系统，设备安装均已完成，生产线都带料生产。临时 7 号-1 路，路基开挖完成；临时 8 号路已完成；临时 13 号-1 路，毛路整平 250m；临时 18 号路，路面全部浇筑完成。

3. 输水发电系统工程标（YQP/C2）下水库闸门井平台已开挖完成，进出水口开挖至 450m 高程，交通桥桥墩桥台基础开挖完成；上层排水廊道，总长 1026.15m，累计开挖进尺 856.14m；排风平洞上层开挖进尺 8.8m，主厂房洞顶拱层开挖完成 90%，进出水口边坡完成 95%，主变压器洞顶拱开挖完成 30%；出线下平洞，总长 435m，累计开挖进尺 177.6m；尾调通风洞，总长 536m，累计开挖进尺 140.5m；永久 5 号-2 路，全长 2.65km，毛路开挖完成 520m；综合加工厂，场地开挖完成。

（中水东北勘测设计研究有限责任公司
李润伟 于洋
中国水利水电第三工程局有限公司
何坪 肖乾坤）

五岳抽水蓄能电站工程 2023 年建设进展有关情况

五岳抽水蓄能电站位于河南省光山县殷棚乡和罗山县定远乡，距光山县城、信阳市公路里程分别为 42、74km，安装 4 台单机容量为 250MW 的水泵水轮发电电动机组，设计年发电量 8.57 亿 kW·h，设计年抽水电量 11.43 亿 kW·h，以 500kV 线路接入河南电网，承担该电网调峰、填谷、调频、调相及紧急事故备用等任务。

中国水利水电第四工程局有限公司中标承担该电站机电设备安装（部分土建）工程施工，总合同金额 31118.9 万元。

本标段土建工程负责主厂房、主变压器洞、母线洞、集水井、地面开关站、进厂交通洞和通风兼安全洞、进厂大门、机电设备仓库土建及装修施工，工期为 1690 日历天，2021 年 8 月 30 日进场；2023 年，土建工程完成投资 6451.55 万元，占计划的 100.52%；至 2023 年底，累计完成投资 6796.83 万元。主要工程形象进度如下：

1. 主副厂房 副厂房于 10 月 30 日封顶，4 号机组蜗壳层、母线层、发电机层混凝土分别于 9 月 23 日、11 月 12 日、12 月 30 日浇筑完成；3 号机组水轮机层混凝土于 12 月 10 日施工完成；2 号机组蜗壳层 7.7m 及以下混凝土于 10 月 18 日施工完成。

2. 主变压器洞 4 号主变压器段及副厂房 8 月 24 日完成，比计划提前 60 天；3 号主变压器段 11 月 10 日完成。

3. 地面开关站 GIS 楼 7 月 14 日封顶完成，提前 47 天；继保楼 8 月 20 日封顶完成，比计划提前 52 天。

本标段机电安装工程负责除上、下水库进/出水口的金属结构、启闭设备，尾水事故闸门洞的桥机及闸门、启闭设备，下水库金属结构设备，500kV 电缆，地下厂房及地面开关站继保楼电梯，工业电视系统及门禁系统之外的全部电站机电设备安装工程，以及部分机电设备的采购工程；合同总价 12907.22 万元，2023 年计划完成 2012.31 万元，实际完成 2256.14 万元，自开工累计完成 3191.18 万元。2023 年 4 月 30 日，主厂房网架主体施工完成；6 月 8 日，4 号机组蜗壳座环吊装完成；6 月 26 日，3～1 号尾水管全部安装完成；7 月 12 日，4 号机组蜗壳水压试验完成；8 月 15 日，3 号机组蜗壳座环吊装完成；9 月 15 日，3 号机组蜗壳水压试验完成；9 月 23 日，4 号机组蜗壳层混凝土施工完成；10 月 9 日，4 号机组底环吊入；12 月 29 日，4 号机组定子铁芯磁化试验完成。全年累计验收评定单元工程 201 个，其中优良单元 195 个，优良率为 97.0%。

（中国水利水电第四工程局有限公司
裴正教 洪秀衡 周伟 王忠海）

滦平抽水蓄能电站工程 2023 年建设情况

滦平抽水蓄能电站位于河北省承德市滦平县小营镇，距滦平县、承德市公路里程分别为 55、45km，距首都北京公路里程 247km；为一等大（1）型工程，枢纽工程主要建筑物由上水库、输水系统、地下厂房及开关站、下水库等组成。

滦平抽水蓄能电站项目 EPC 工程于 2023 年 12 月 22 日正式签订合同，合同金额为 529343.29 万元，计划开工日期为 2024 年 1 月 1 日。

2023 年是滦平抽水蓄能电站建设筹备之年，工程完成投资 1665.914 万元，为计划的 108.6%，累计完成投资 1945.284 万元。主要工程形象进度如下：①通风兼安全洞，洞室开挖支护完成 790.737m，底板混凝土浇筑完成 780m。②厂房上部支洞，完成开挖 242m。

（中国水利水电第四工程局有限公司

朱永强　周永永）

肇庆浪江抽水蓄能电站工程 2023 年建设情况

肇庆浪江抽水蓄能电站位于广东省肇庆市广宁县，总装机容量 1200MW，为一等大（1）型工程。中国水利水电第四工程局有限公司承担了该电站的通风兼安全洞、进厂交通洞工程（L2）和引水发电系统工程（C3）。

2023 年，这两个标段工程建设情况如下：

（1）完成投资 19043.63 万元（L2 标 3068.25 万元、C3 标 15975.38 万元），占年度计划产值的 106%。

（2）7 月底，1、2、5 号施工支洞和尾调通风洞、尾闸通风洞等洞室均贯通；8 月 26 日，进厂交通洞贯通；12 月 21 日，厂房岩锚梁混凝土全部浇筑完成；12 月底，引水主洞上平段开挖完成；2023 年底，引水调压井开挖完成 22.7m，设备安装完成 80%。

（3）通风兼安全洞、进厂交通洞工程标（L2），共评定单元工程 268 个，全部合格，其中优良单元 257 个，优良率为 95.9%；引水发电系统工程标（C3），共评定单元工程 376 个，全部合格，其中优良单元 370 个，优良率为 98.4%。

（中国水利水电第四工程局有限公司

王二闯　郭建福　唐永刚）

乌海抽水蓄能电站工程 2023 年建设进展情况

乌海抽水蓄能电站位于内蒙古自治区乌海市海勃湾区境内，总装机容量 1200MW，为一等大（1）型工程。2022 年 1 月，该电站取得内蒙古自治区能源局项目核准的批复；5 月，可行性研究报告通过审查。工程总投资为 83.39 亿元，总工期为 72 个月。

2022 年，通风兼安全洞工程、交通洞工程、排洪洞工程、场内永久道路工程分别于 6 月 15 日、9 月 10 日、9 月 22 日、9 月 19 日开工。

2023 年，上水库、下水库于 8 月 26 日开工，地下厂房于 10 月 10 日开工；并完成上水库与引水系统土建及金属结构安装工程（C1 标）、下水库土建及金属结构安装工程（C3 标）、地下厂房及输水系统土建及金属结构安装工程（C2 标）、砂石加工系统建设及运行等招标阶段技术文件的编制工作。

截至 2023 年 12 月 31 日，工程建设主要形象进度如下：

（1）通风洞：开挖、支护已完成。

（2）交通洞：完成开挖支护 463.3m，完成部分路面浇筑。

（3）Y1、Y4、Y5 号道路：总长 6.5km，已贯通，正在进行电缆沟、边沟及支护工程。

（4）Y2 号道路：总长 9.4km，其中：3 号隧洞总长 84m，已贯通，初期支护及仰拱施工完成；4 号隧洞总长 277m，已贯通，初期支护 272m，仰拱施工完成；5 号隧洞总长 254m，已贯通，初期支护、仰拱施工完成；2 号隧洞总长 156m，已贯通，初期支护 156m，仰拱施工完成；L4 号隧道总长 242.4m，已贯通；1 号隧洞总长 213m，已贯通，初期支护 213m，仰拱施工完成；L3 号隧道全长 56.016m，已贯通；6 号隧道完成开挖 58m。

（5）排洪洞：已贯通，完成底板衬砌混凝土浇筑 436.81m。

（6）上水库：完成库盆土方明挖 806000m³、石方明挖 1172000m³。

（7）中支洞总长 657m，开挖 234.6m；上支洞总长 247m，开挖 90m。

（8）1 号渣场施工已完成。

（9）厂房Ⅰ层中导洞开挖 48.5m，尾调通风洞开挖 125m；TBM 组装段洞开挖 32m。

（10）下水库：堆石坝完成土石方开挖 25020m³，库盆完成土石方明挖 286500m³；1、2、3 号高边坡分别完成第四、五、二级马道开挖，4 号高边坡完成开挖第四级马道 60％，5 号高边坡完成开挖第五级马道 20％，6 号高边坡完成开挖第四级马道 80％。

（中国电建集团北京勘测设计研究院有限公司
夏天倚）

易县抽水蓄能电站工程 2023 年建设进展情况

易县抽水蓄能电站位于河北省保定市易县境内，安装 4 台单机容量为 300MW 的可逆式抽水蓄能机组。2023 年，6 月上水库大坝填筑到顶，8 月下水库大坝填筑到顶，12 月主厂房开挖完成向机电安装标交面。

主要建设进展情况如下：

1. 上水库　环库路以下库盆开挖，除进/出水口位置外都已完成；高边坡，右岸已完成开挖，左岸开挖至环库路 640m 高程，完成石方开挖 932.33 万 m³（完成总量的 97％）；3 月 10 日副坝填筑完成，6 月 8 日主坝坝体填筑完成，完成石方填筑 522.36 万 m³（占总量的 98％），完成沥青混凝土摊铺 15772.47m³（占总量的 19.8％）；1、2 号进出水口竖井全面贯通；库底廊道开挖与衬砌基本完成。

2. 下水库　7 月 22 日，溢洪道退水隧洞顺利贯通；8 月 29 日，大坝填筑完成；11 月 4 日，溢洪道竖井井身扩挖完成；至年底，左岸泄洪放空洞（兼导流洞）衬砌已完成，进出水口石方开挖及第二层贴坡混凝土浇筑全部完成。

3. 引水系统　5 月 3 日，1 号引水隧洞洞挖完成；9 月 10 日，2 号高压管道下斜井扩挖完成；10 月 26 日，1 号高压管道上斜井全面贯通；11 月 11 日，1 号高压管道下斜井顺利贯通；12 月 22 日，2 号高压管道上斜井扩挖全面贯通；至此，1、2 号引水系统均已开挖支护完成。

4. 地下厂房　3 月 11 日，岩壁梁混凝土浇筑完成；12 月 18 日，地下厂房开挖全部完成，顺利交面；12 月 9 日，15 号排水廊道洞挖完成。

5. 尾水系统　截至 2023 年底，尾水闸门室第一至第三层开挖支护全部完成；尾水隧洞，上断面洞挖支护全面贯通，下断面洞挖累计进尺 1247.5m（完成总工程量的 87.26％）；1～4 号尾水支管开挖支护全部完成。

6. 机电安装　2023 年 1 月 15 日，宿舍楼、食堂具备入住条件；4 月 23 日，1 号机首批尾水管、肘管正式进场，开始安装；7 月 23 日，安装间段桥式起重机轨道验收完成；8 月 19 日，主厂房 1 号桥式起重机顺利吊装就位；8 月 24 日，主厂房 2 号桥式起重机顺利吊装就位；10 月 31 日，排风机房主体结构封顶；11 月 22 日，开关站主体结构顺利封顶；11 月 29 日，桥式起重机荷载试验顺利完成。

由中国水利水电第四工程局有限公司中标承建的主体土建及金属结构安装工程标，2023 年完成投资 4.7 亿元（占计划的 105.67％），完成压力钢管生产 15033.556t（占总量的 88.43％），完成压力钢管安装 1999.23t（占总量的 11.7％）。

（中国电建集团北京勘测设计研究院有限公司
陆冬生
中国水利水电第四工程局有限公司
李昌启　洪秀衡）

潍坊抽水蓄能电站工程 2023 年建设进展情况

潍坊抽水蓄能电站位于山东省潍坊市临朐县境内，装设 4 台机组，总装机容量 1200MW，工程总投资 81.18 亿元。筹建期洞室及业主营地工程标于 2020 年 11 月开工，已基本完成；共建道路标于 2021 年 5 月开工，已全线通车；上水库工程标 2021 年 11 月开工，2022 年 5 月开始大坝填筑；输水发电系统工程标 2021 年 11 月正式开工。

2023 年，该电站工程建设主要进展情况如下：

1. 上水库工程　①大坝：坝顶高程 630.6m，2023 年底填筑至 595m 高程。②进/出水口：1 号竖井 583.1～575.9m 高程扩挖完成、井壁 583.1～578.1m 高程支护完成；2 号竖井 541.3～533.9m 高程扩挖完成、井壁 544～535.4m 高程支护完成。③库岸库盆：右库岸 SK2+036－SK2+139.519 已开挖至 670m 高程，左库岸 SK1+599.114　SK1+718.646 已开挖至 630.6m 高程；库盆 597m 高程以上石方开挖完成。右岸 SK2+017.5　SK2+172.739 段 670m 高程以上支护施工完成，671.5m 高程预应力锚索钻孔、下索施工完成；左岸 SK1+604－SK1+707 段的 650～643m 高程、SK1+200－SK1+352 的 650～630.6m 高程、大崮（SK1+055－SK1+104）的 710～690m 高程的支护施工完成，SK1+352　SK1+424 的 640～630.6m 高程钢筋挂网施工完成，SK1+510－SK1+604 的 650～636m 高程素喷完成，SK1+604－SK1+795 的 643～636m 高程锚杆钻孔和素喷完成，二崮（SK0+800.149－SK0+876.847）的 710m 高程至开口线锚杆施工完成。右岸外排廊道下游洞身开挖支护施工完成进尺 17m。

2. 输水发电系统工程　①地下厂房：顶拱和第四层开挖支护完成，岩壁吊车梁浇筑完成。②引水隧洞：下平段施工支洞开挖完成，正在进行主洞开挖。③尾水隧洞：布置了2条施工支洞，已开挖完成，正在进行主洞开挖。④下水库进出水口围堰防渗墙施工完成，正在进行进出水口开挖。⑤机电安装工程标2023年8月进场，正在进行施工准备工作。

（中国电建集团北京勘测设计研究院有限公司

张捷

中国水利水电第六工程局有限公司　卢熙舜）

浑源抽水蓄能电站工程 2023年建设进展情况

浑源抽水蓄能电站位于山西省大同市浑源县境内，安装4台单机容量为375MW的可逆式抽水蓄能机组；筹建期洞室及道路工程标已于2022年3月1日正式开工，上、下水库土建及金属结构安装工程标、输水发电系统土建及金属结构安装工程标于2023年3月1日进场，5月16日正式开工。

截至2023年12月31日，工程建设形象进度如下：

（1）通风兼安全洞全长1513.97m，洞身开挖、支护、二衬、一期路面全部完成，并于12月13日交面。

（2）进厂交通洞全长1713.513m，洞身开挖完成1202m，支护完成1100m，底板浇筑完成860m，二衬浇筑完成270m。

（3）泄洪排沙洞总长665.65m，洞身段开挖完成，二衬完成227m。

（4）35kV中心变电站设备安装调试等已全部完成。

（5）事故排水洞出口隧洞开挖桩号为70m，TBM准备工作已完全完成。

（6）拦河坝，右坝肩边坡开挖至1419m高程、支护面积约600m²，左坝肩边坡开挖至1430m高程；拦沙坝，左坝肩边坡开挖至1430m高程，右坝肩开挖支护已完成。

（7）上水库施工岔洞开挖支护全部完成，路面混凝土浇筑完成；引水上支洞开挖支护完成170m；引水中上支洞开挖支护完成9m。

（8）上水库库盆表土剥离基本完成。

（9）场内交通道路：Y1路总长5.994km，其中K0+000～K2+600段混凝土路面已施工完成，K2+600～K3+500段基开挖至设计高程；1号隧道已全线贯通，二衬已完成浇筑；晋家庄大桥完成主体施工。Y2路总长11.503km，其中K3+880～K4+389段开挖至设计高程；A1隧道全长1043m，洞身开挖1037m，支护891m，底板浇筑完成382m；A1+隧道全长188m，洞身开挖169m，支护32m；A2隧道全长1146m，洞身开挖578m、支护333m，仰拱浇筑完成24m；A3隧道全长435m，已全线贯通，初期支护完成，仰拱浇筑完成69m，底板浇筑完成370m；A4隧道全长142m，已全线贯通，初期支护完成，仰拱浇筑完成59m。Y3路总长3.255km，其中K1+000～K1+900段已开挖至设计高程；Y3-1号隧道全长155m，洞身开挖110m；Y3-2号隧道全长274m，已全线贯通，初期支护完成，底板完成浇筑100m，仰拱浇筑完成106m。Y4路总长0.644km，其中K0+000～K0+305段路基开挖基本完成；1号隧道全长289m，上台阶洞身开挖286m，下台阶开挖完成135m，洞身支护277m。

（中国电建集团北京勘测设计研究院有限公司

梁健龙）

丰宁抽水蓄能电站工程 2023年建设进展情况

丰宁抽水蓄能电站总装机容量3600MW，分两期建设，一、二期工程装机容量均为1800MW，其中一期工程安装6台（1～6号机组）单机容量300MW的定速水泵水轮发电电动机组，二期工程安装4台（7～10号机组）单机容量300MW的定速水泵水轮发电电动机组和2台（11、12号机组）单机容量300MW的变速水泵水轮发电电动机组，额定水头425m。

截至2023年底，上、下水库主体工程全部完成，一、二期引水系统主体工程全部完成，一、二期尾水系统主体工程全部完成。2023年下水库蓄能专用库运行最高水位1060.5m（6月3日，正常蓄水位1061m），最低水位1044.39m（1月19日，死水位1042m）；上水库运行最高水位1504.71m（1月19日，正常蓄水位1505m，2022年11月20日已蓄至正常蓄水位），最低水位1465.45m（6月3日，死水位1460m）；6条输水系统全部完成充排水试验。根据监测数据分析，各项指标均满足设计要求，工程处于安全运行状态。

2021年12月30日，首批机组（1、10号机组）正式投入商业运行；2022年2、3、4、9、8号共5台机组相继投入商业运行。

2023年3月20日，5号机组完成15天考核试运行投入商业运行；4月6日，7号机组结束15天考核试运行投入商业运行；5月17日，6号机组完成15天考核试运行投入商业运行；至此，总计10台定速机组已全部投入商业运行。

国内首台（套）变速机组 12、11 号机组已陆续进入调试阶段，预计 2024 年投入商业运行。

（中国电建集团北京勘测设计研究院有限公司
何敏）

尚志抽水蓄能电站工程
2023 年建设进展情况

尚志抽水蓄能电站位于黑龙江省尚志市境内，装设 4 台单机容量为 300MW 的可逆式抽水蓄能机组，属一等大（1）型工程，于 2022 年 7 月开工建设。

2023 年，该电站工程主要进行通风兼安全洞、交通洞、上水库、下水库、道路等工程施工，进展情况如下：

1. 筹建准备期洞室及道路工程 ①通风兼安全洞：累计进尺 923m，占总量的 90.1%；衬砌完成 45m，占总量的 5.4%；洞内一期路面累计完成 510m，占总量的 49.8%。②交通洞：洞挖累计进尺 518.5m，占总量的 36.3%；洞内一期路面累计完成 329m，占总量的 23.1%。③Y1 号公路：路基累计完成 3500m，占总量的 41.17%；路面水泥稳定级配基层累计完成 60m，占总量的 0.7%。

2. 道路工程 Y2 号公路路基修建累计完成约 1800m，占总量的 77%；1 号桥完成 1 根桩钻孔及浇筑，涵洞完成 6 个。

3. 上、下水库土建及金属结构安装工程 ①上水库大坝工程：表土剥离累计完成 41506m³，占总量的 95.7%；土方开挖累计完成 101890m³，占总量的 6.7%。②上水库库盆表土剥离累计完成约 45010m³，占总量的 90.4%；土方开挖累计完成约 50200m³，占总量的 11.6%。③上水库进出水口表土剥离累计完成 15466m³，完成 100%；土石方明挖累计完成 35040m³，占总量的 8.5%。④下水库进出水口表土剥离累计完成 23241m³，完成 100%；土石方明挖累计完成 210300m³，占总量的 19.6%。⑤下水库泄洪洞及溢洪道表土剥离累计完成 8904m³，占总量的 77.7%；土石方明挖累计完成 31515m³，占总量的 5.8%。⑥下水库库内平整区及砂砾石采料区表土剥离累计完成 150063m³，占总量的 47.9%。

4. 输水发电系统土建及金属结构安装工程 ①地面开关站：表土清理全部完成，土方开挖累计完成 44000m³，占总量的 90.18%；边坡锚杆累计完成 150 根，占总量的 68.49%。②拌和系统建设：拌和站外封闭施工完成 30%，成品料仓保温施工累计完成 80%，系统内住办公区、住宿区一层及试验室主体施工完成。③砂石系统建设：粗破车间、中碎车间、细碎车间、除泥车间、筛分车间、冲洗车间的土建施工全部完成，皮带桁架制作安装完成 20%，粗碎及中碎车间设备安装完成 60%。

（中国电建集团北京勘测设计研究院有限公司
王嘉淳）

尚义抽水蓄能电站工程
2023 年建设进展情况

尚义抽水蓄能电站位于河北省张家口市尚义县境内，总装机容量为 1400MW，属一等大（1）型工程。电站筹建期工程于 2020 年 9 月正式开工，主体工程标于 2021 年 9 月开始实施。

2023 年，工程主要进展情况如下：

1. 通风兼安全洞 2 月 25 日贯通，开挖已全部完成；本年度完成开挖进尺 147.99m。

2. 进厂交通洞 8 月 3 日开挖已全部完成。

3. 道路工程标 Y1 号公路施工基本完成（除地面开关站段），Y2 路施工基本完成，Y3 号公路施工完成，Y4 号公路涵洞施工及路基开挖完成。

4. 尾水隧洞工程 1 号隧洞总长 3203.06m，本年度完成开挖支护 1167m，累计完成开挖支护 2787m；2 号隧洞总长 3233.83m，本年度完成开挖支护 1332m，累计完成开挖支护 2992m。

5. 泄洪排沙洞工程 1 月 13 日，隧洞衬砌完成；9 月，主体工程完成并通过截流验收，进口启闭机房装修基本完成。

6. 上水库工程 进出水口 1343.5m 高程以上开挖支护和库盆 1396m 高程以上边坡开挖支护完成；趾板总长度约 750m，混凝土浇筑全部完成；大坝填筑至 1350m 高程。

7. 输水发电系统工程 引水上支洞，本年度开挖支护完成 31.28m，于 2 月 26 日贯通；引水中支洞，本年度开挖支护完成 325.65m，4 月 8 日贯通；引水下施工支洞，本年度开挖支护全部完成；引水 1 号隧洞，11 月 24 日贯通；2 号引水隧洞基本开挖完成。地下厂房，6 月 17 日中导洞贯通，9 月 9 日首层开挖支护完成，年底第二层开挖支护完成；主变压器室，中导洞开挖完成 67m；4 条母线洞首层贯通。尾调通气洞，本年度开挖支护完成 657.6m，12 月 25 日全部完成；1、2 号尾水隧洞，单条总长度约 3500m，开挖支护完成均约 3000m。

8. 下水库工程 拦河坝，5 月 15 日坝基开挖支护全部完成；9 月，完成截流工程验收；2023 年底，4~8 号坝段 887.2m 高程以下垫层混凝土施工完成。

拦沙坝，5月4日坝基开挖支护全部完成；2023年底，900.1m 高程以下碾压混凝土和 1、17 号坝段 934.00m 高程以下常态混凝土施工完成。进出水口，开挖支护完成。

2023 年，中国水利水电第四工程局有限公司承建工程部分完成投资 84733.34 万元，占总投资的 23%；自开工累计完成投资 150226.11 万元，占总投资的 41%；验收单位工程 4 个、分部工程 60 个、单元工程 3548 个（水工、房建、公路），合格 3548 个，合格率为 100%；优良 3264 个，优良率为 92%。

（中国电建集团北京勘测设计研究院有限公司
魏金帅
中国水利水电第四工程局有限公司
叶春玲　周永永）

抚宁抽水蓄能电站工程
2023 年建设进展情况

抚宁抽水蓄能电站位于河北省秦皇岛市抚宁区境内，安装 4 台单机容量为 30 万 kW 的可逆式水泵水轮发电电动机组。该工程筹建期洞室、道路及业主营地工程标，上、下水库土建及金属结构安装工程标和输水发电系统土建及金属结构安装工程标均已开工。

截至 2023 年底，主要工程建设形象进度如下：

1. 道路　Y1～Y4、Y7 道路已实现通车；Y6 道路路基已开挖完成。

2. 施工供水系统　一级、二级、三级、四级泵站主体结构完成，变压器及水泵已安装完成（除四级泵站）；一级泵站至三级泵站间供水管道施工完成。

3. 施工支洞　引水系统上部及中部施工支洞开挖支护全部完成；引水系统下部施工支洞设计 532.504m，已开挖施工完成，累计支护完成 490m。

4. 业主营地　主体结构已经完成。

5. 交通洞、通风洞　采用 TBM 开挖，全长 2243.738m，开挖支护已全部完成。

6. 出线洞　正在进行开挖支护施工。

7. 上水库　环库路扩挖，676.00m 高程左坝肩至进出水口范围基本贯通；2 号崩坡积体已开挖完成。

8. 下水库　坝体填筑至 179.8m 高程，趾板开挖支护基本完成，河床段趾板混凝土浇筑完成 5 仓；库内料场爆破开挖至 256m 高程，256m 高程以上边坡支护完成；左岸灌浆洞开挖支护完成；泄洪放空洞过流部位已全部完工，泄洪放空洞进水塔已浇筑至

226.00m 高程；溢洪道泄槽段底板混凝土浇筑完成。

9. 输水系统　下库进/出水口边坡开挖支护基本完成；1～2 号高压管道、1～2 号引水隧洞、1～4 号尾水隧洞正在进行开挖支护施工。

10. 厂房系统　岩锚梁已开挖完成，正在进行第二层开挖；主变压器洞第三层中部拉槽施工；1 号排水廊道 TBM 掘进正在施工；主变压器交通洞开挖已完成；主厂房排风洞开挖支护已完成；回车廊道及排风下平洞正在进行开挖支护施工。

（中国电建集团北京勘测设计研究院有限公司
王彩霞）

芝瑞抽水蓄能电站工程
2023 年建设进展情况

芝瑞抽水蓄能电站位于内蒙古自治区赤峰市克什克腾旗芝瑞镇，总装机容量 120 万 kW，设计年发电量 21.89 亿 kW·h。

2023 年，该电站工程主要进行上下水库、输水发电系统工程施工，机电安装标于 3 月开始施工准备。截至 2023 年底，主要工程完成形象如下：

1. 上水库　①库盆累计开挖完成 98%，堆石坝填筑累计完成 88%；1 号坝后压坡体填筑累计完成 57%；2 号坝后压坡体填筑累计完成 56%。②1 号进/出水口开挖支护完成，2 号进/出水口开挖支护完成 61.5%。

2. 输水发电系统　①1 号引水系统引水隧洞、高压管道上平段、上斜井、中平段、下平段开挖支护完成，下斜井已完成反井钻施工，正在进行开挖支护施工准备；2 号引水系统引水隧洞、高压管道上平段、中平段、下平段开挖支护完成，上斜井开挖支护完成 24%，下斜井开挖支护完成 24%。②地下厂房Ⅵ层开挖支护完成，正在进行Ⅶ层开挖支护准备。③主变压器洞 1～4 号母线洞开挖支护完成，交通电缆洞开挖支护完成，中间油罐室排风洞开挖支护完成，排风机房扩挖完成 68%。④1～4 号尾水隧洞平段开挖支护完成，尾水隧洞斜井正在进行开挖施工准备。

3. 下水库　①拦河坝坝体填筑完成，两岸灌浆洞开挖支护完成，放水管施工完成，坝后压坡体填筑完成 67%；拦沙坝坝体填筑完成 90%，两岸灌浆洞开挖支护完成。②进/出水口开挖支护完成，1～4 号尾水事故兼检修闸门井开挖支护完成。

（中国电建集团北京勘测设计研究院有限公司
王超）

云阳建全抽水蓄能电站工程 2023 年建设进展情况

云阳建全抽水蓄能电站是国家《抽水蓄能中长期发展规划（2021～2035 年）》中的"十四五"重点实施项目，位于重庆市云阳县高阳镇境内，距重庆市公路里程 350km，距云阳县城 41km；总装机容量 120 万 kW，装设 4 台单机容量为 30 万 kW 的可逆式水泵水轮发电电动机组，额定水头 332m；为一等大（1）型工程，主要承担重庆电网调峰、填谷、储能、调频及调相等多种任务。

2022 年 3 月 3 日，重庆云阳建全抽水蓄能电站项目获得重庆市发展改革委核准；8 月 19 日，开工建设；工程总投资 85.56 亿元，施工总工期为 72 个月。

2023 年 12 月，经北京产权交易所公开挂牌交易，中国南水北调集团新能源投资有限公司取得云阳县建全抽蓄能源开发有限公司 51% 控股权，云阳县建全抽蓄能源开发有限公司更名为"南水北调（重庆）新能源开发有限公司"。至此，该电站由中国南水北调集团新能源投资有限公司与中电建水电开发集团有限公司、中国电建集团中南勘测设计研究院有限公司共同投资开发建设。

2023 年 1 月 12 日，电站地下厂房 5 号施工支洞进洞施工；8 月 9 日，电站地下厂房主体工程开始开挖；8 月 29 日，上水库导流洞及泄洪洞全线贯通；10 月 14 日，下水库导流洞及泄洪洞全线贯通；10 月 28 日，地下厂房Ⅰ层中导洞顺利贯通；12 月 14 日，引水隧洞Ⅰ号施工支洞顺利贯通。

该工程建设标准高，致力打造"双示范一标杆"项目，即投资示范和 EPC 建设示范以及数字化、智慧化电站建设标杆项目；建设无筹建期，电站征地移民与现场施工同步进行，提前 22 天进入了主体工程施工阶段。

［中国南水北调集团新能源投资有限公司
南水北调（重庆）新能源开发有限公司］

衢江抽水蓄能电站工程 2023 年建设进展有关情况

衢江抽水蓄能电站位于浙江省衢州市衢江区黄坛口乡境内，总装机容量为 1200MW，多年平均发电量 12 亿 kW·h。上水库大坝采用折线型钢筋混凝土面板堆石坝，轴线折角 42°，坝顶高程 694.50m，最大坝高 114.50m，坝顶长 565.00m、宽 10.00m；下水库大坝采用混凝土面板堆石坝，坝顶高程 269.00m，最大坝高 98.00m，坝顶长 326.00m、宽 10.00m。

该电站水库工程标由中国安能集团第二工程局有限公司承建，2022 年 3 月 1 日正式开工，2023 年施工进展如下：

1. 上水库工程　大坝填筑至 650m 高程，累计完成 281.9 万 m³，完成工程总量约 60%；趾板于 6 月 16 日首仓浇筑，至 2023 年底，浇筑 44 仓、2556m³，全部完成；坝后压坡体填筑，累计完成 121.2 万 m³，完成工程总量 53%。

2. 下水库工程　大坝于 4 月 19 日开始填筑，2023 年底填筑至 245m 高程，累计完成 163.5 万 m³，完成工程总量的 70%；趾板于 6 月 14 日首仓浇筑，12 月底，浇筑 37 仓、2556m³，完成工程总量的 97%；坝后压坡体填筑，累计完成 103.4 万 m³，完成工程总量 45%。

3. 上水库进出水口工程　土石方明挖累计完成 153.1 万 m³，完成工程总量的 80%；洞挖于 9 月 16 日开挖，至 12 月底，平洞开挖完成，竖井扩挖累计完成 45m（为总量的 39%）。

4. 下水库溢洪道工程　9 月 1 日开始开挖，12 月底，开挖至 205m 高程，累计完成 18.6 万 m³，完成工程总量的 78%。

（中国安能集团第二工程局有限公司
齐建飞　卢文平）

嵩县抽水蓄能电站工程 2023 年建设进展情况

嵩县抽水蓄能电站位于河南省洛阳市嵩县车村镇境内，装机 6 台，单机容量 300MW，总装机容量 1800MW，发电额定水头 425m，年发峰荷电量 20.46 亿 kW·h，年抽水耗用低谷电量 27.28 亿 kW·h，属一等大（1）型工程，承担河南电网的调峰、填谷、储能、调频、调相及紧急事故备用等任务。上水库集水面积 4.3km²，正常蓄水位 1326m，相应库容 1290 万 m³，死水位 1298m，相应库容 106 万 m³；下水库集水面积 25.31km²，正常蓄水位 902m，相应库容 1436 万 m³，死水位 865m，相应库容 247 万 m³。

上水库枢纽主要建筑物由大坝和竖井式泄洪洞组成。大坝采用混凝土面板堆石坝，坝顶高程 1332m，最大坝高 94m，坝顶宽 10m，坝顶长 340m。竖井式泄洪洞与导流洞结合，布置于大坝左侧，溢流堰堰顶高程 1326m，堰口直径 9m，竖井直径 5m，竖井深度 78m，最大下泄流量 127m³/s。

下水库枢纽主要建筑物由大坝、溢洪道及泄洪放空洞组成。大坝采用混凝土面板堆石坝，坝顶高程909.00m，最大坝高112m，坝顶宽10m，坝顶长390m。溢洪道位于左岸，堰顶高程902，溢流前缘总长为60m，泄槽底宽20m，总长度404m，最大下泄流量为970.4m³/s，采用挑流消能；泄洪放空洞布置于溢洪道左侧山体内，由进水口、有压隧洞段、工作闸门井、无压隧洞段及出口挑流段组成，工作闸门孔口尺寸4m×3m（宽×高），最大下泄流量266.7m³/s，洞身总长度750m。

输水系统布置在小韦园沟和龙潭沟之间的山体内，整体呈东西走向，上、下水库进/出水口水平距离3040m，距高比7.15。引水、尾水系统均按三洞六机布置，设置上游调压室，水流进/出厂房方式采用斜进正出；引水系统立面采用"两平洞＋一级斜井"布置，尾水系统立面采用"平洞＋反斜井"的布置。输水系统总长3159.295m，其中引水隧洞总长2541.578m，尾水隧洞总长617.717m。

地下厂房采用中部偏尾部式布置方式，主副厂房洞、主变压器洞和尾水闸门室平行布置，洞室之间的岩体厚度均为40m。主厂房与主变压器之间布置有1条主变压器运输洞、6条母线洞、1条电缆交通洞。主厂房开挖总长度219m，主变压器洞开挖尺寸235.97m×20m×22.5m（长×宽×高）。

该电站于2022年8月通过可行性研究报告审查，同年12月项目获得河南省发展改革委核准；工程总投资115亿元，筹建期工期30个月，主体工程施工期7年。项目筹建期洞室及道路工程于2023年8月18日完成招投标工作，中标单位为中国安能集团第一工程局有限公司，并于同年10月27日举行开工仪式，陆续进场施工。截至2023年底，主要完成工程形象面貌如下：

（1）上水库进场路改造：完成了k0+000 k11+600道路整体提质改造工程以及相应维护保养、完成盘溪沟大桥的新建。

（2）下水库进场路改造：完成k0+000－k1+500段的道路改造。

（3）导流洞出口：完成导截水沟毛路开挖。

（4）1号便道：完成k0 k0+830毛路开挖，满足机械设备通行。

（5）8号便道：完成k0－k0+150毛路开挖，满足机械设备通行。

（中国安能集团第一工程局有限公司 田战锋）

南宁抽水蓄能电站工程2023年建设进展有关情况

南宁抽水蓄能电站位于广西壮族自治区南宁市境

内，总装机容量1200MW，共装设4台单机容量为300MW的水泵水轮发电电动机组，满装机容量发电时间为5h。

电站枢纽建筑物主要由上水库、下水库、输水系统及发电厂房系统等4部分组成。上水库位于武鸣区太平镇白凿山顶部，下水库位于上水库西南侧约3km的武鸣区太平镇均致村的坛均冲沟，上、下水库落差约470m。上水库建筑物包括1座混凝土面板堆石坝、库岸防护、进/出水口等；下水库建筑物包括沥青混凝土心墙堆石坝、竖井式泄洪洞、放水管、库岸防护、环库公路、进/出水口等；输水发电系统总体呈东北—西南走向；厂区建筑物包括地下厂房系统和地面开关站等。

截至2023年底，中国安能集团第一工程局有限公司施工部分的主要形象面貌如下：

1. 上下库连接道路Ⅰ标 路基、路面完成6770m（全部完成），六梨隧道（280m）、开关站交通洞（228m）开挖支护、衬砌混凝土全部施工完成，涵洞完成29道（全部完成）；边沟、电缆沟完成90%，交通安全设施完成75%。

2. 下水库土建工程C2标 导流洞完成隧道开挖支护388.49m（总504.99m），泄洪洞完成隧道开挖支护351.77m（总351.77m），进出水口边坡（370.5～254m高程）开挖至287m高程，进出水口检修闸门井（310.5～254m高程）开挖至306m高程，大坝防渗墙浇筑10槽段（总34槽），心墙基座混凝土浇筑117.25m（总380.7m），大坝上游围堰左幅填筑至262m高程（总278～244m高程），大坝下游排水棱体、排水体右幅填筑至247m高程（总310.5～244m高程），业主营地开挖至334m高程（总373～323m高程），环库道路路基完成1991m（总4188m）、路面完成675m（总4188m）、桥梁桩基完成8根（总18根）。

（中国安能集团第一工程局有限公司 时锴欣）

两河口混合式抽水蓄能水电站工程2023年建设进展情况

（一）工程概况

两河口混合式抽水蓄能电站位于四川省甘孜州雅江县境内的雅砻江干流上，是一座利用雅砻江中游两河口水电站为上库、牙根一级水电站为下库，扩建安装可逆式抽水蓄能机组形成的混合式抽水蓄能电站。上水库两河口水库正常蓄水位2865m，下水库牙根一级水库正常蓄水位2605m，蓄能发电有效库容1260万m³，具备日调节能力。电站安装4台单机容量为30万kW的变速可逆式抽水蓄能机组，总装机容量

120 万 kW。

该电站工程开发任务为发电、储能及促进新能源开发，并根据电力系统需要，发挥调峰、填谷、调频、调相等功能。电站周边的雅江、道孚、理塘、新龙四县的光伏资源量达到 2000 万 kW 以上，初步规划接入本电站 325 万 kW 新能源。电站开发，不新建上下水库，不改变两河口和牙根一级水库的正常蓄水位，不改变上下库的综合利用要求，工程施工范围均在各梯级原建设征地范围内。

两河口混合式抽水蓄能电站枢纽建筑物由左岸地下厂房及相应的引水、尾水系统等组成。引水发电系统采用二洞四机布置格局。上库进/出水口位于雅砻江左岸于庆大河瓦支沟料场下游侧，下库进/出水口位于雅砻江左岸 3 号临时桥下游侧。厂房布置方式为尾部式，位于两河口泄洪系统出口下游左岸山体内，主副厂房、主变压器室、尾水闸门室三大洞室平行布置，开关站建在地面。

（二）工程特点及难点

（1）两河口水电站和牙根一级水电站本身即有上下梯级协调的运行方式，蓄能电站运行后，对牙根一级调节库容运用提出更高要求，如何在有限库容约束下，合理协调抽水蓄能的运行，是值得研究的问题。

（2）上水库进/出水口位于两河口水库内，水库水位消落深度达到 80m，推荐采用侧式进水口，施工导流方案采用预留高岩坎＋子堰型式挡水。这岩坎规模巨大，又位于正在运行的电站库区，需研究安全拆除方案。同时，下水库进/出水口位于牙根一级库内，应重点研究在该水库蓄水前相对应施工方案。

（3）因水头、扬程变幅过大，采用常规定速抽水蓄能机组已不能满足全水头稳定运行的要求，需采用合适的抽水蓄能机型。

（4）下库进/出水口上下游河道需开展疏浚，但该河段采用常规水上施工难度大、安全风险高、且工效难以保证。该河道疏浚导流方案仍考虑采用枯水期围堰拦断河床、隧洞导流的方式。

（三）工程进展情况

2021 年 9 月，国家能源局正式发布《抽水蓄能中长期发展规划（2021～2035 年）》，两河口混合式抽水蓄能电站被列为"十四五"重点实施项目。

2022 年 7～9 月，编制完成电站预可行性研究报告；9 月 16～17 日，水电水利规划设计总院在湖南省长沙市主持召开了该预可行性研究报告审查会议，会议认为报告内容和工作深度基本满足预可行性研究报告编制规程的要求，基本同意该报告。

2022 年 12 月，四川省发展改革委核准了两河口混合式抽水蓄能电站项目；12 月 29 日，两河口混合式抽水蓄能电站正式开工。

2023 年 2 月，编制完成了电站可行性研究勘察设计工作大纲；4 月，编制完成了电站工程安全预评价报告（送审稿），并通过了水利水电规划设计总院组织的评审；5 月，编制完成了电站职业病危害预评价报告（送审稿）、治安反恐防范设计专题报告（送审稿）、建设用地地质灾害评估报告（送审稿），并通过评审；6 月，编制完成电站输水系统调节保证计算报告、地下厂房围岩稳定分析报告、枢纽区渗流分析报告、下库抽水可靠度专题报告等多项报告；7 月，编制完成了电站可行性研究报告（送审稿）；7 月 25 日，水电水利规划设计总院在四川省成都市主持召开了四川省两河口混合式抽水蓄能电站可行性研究报告审查会议；9 月，根据审查意见补充完善，提交了电站可行性研究报告（审定稿）。

2023 年 11 月 11～12 日，中国水利水电工程建设咨询有限公司在成都对《两河口混合式抽水蓄能电站招标设计报告》进行咨询。咨询专家组认为内容及深度满足招标设计阶段要求，可作为编制工程招标文件的基本依据。自 2023 年 3 月开始，两河口混合式抽水蓄能电站筹建期工程开始施工，主要进行厂房辅助洞室（进场交通洞及进风洞）开挖支护施工，截至 2023 年 12 月底，进场交通洞开挖完成、支护至 1+256.2 桩号。

（中国电建集团成都勘测设计研究院有限公司 杜超）

泰安二期抽水蓄能电站工程 2023 年建设进展情况

泰安二期抽水蓄能电站位于山东省泰安市东南徂徕镇境内，安装 6 台单机容量 300MW 的可逆式抽水蓄能机组，为一等大（1）型工程。2023 年，工程建设主要进展情况如下：

（一）水库工程

由中国安能集团第二工程局有限公司承建，于 2022 年 11 月 1 日开工；至 2023 年底，累计完成洞挖支护 870m、竖井开挖支护 39m、洞身衬砌 423m、土石方开挖 407.9 万 m³、混凝土浇筑 21500m³、下库主坝填筑 124 万 m³，主要工程形象进度如下：

1. 下库区域　拌和站、综合加工厂、二期围堰、分包商营地施工完成；导流洞洞身与竖井开挖支护完成；溢洪道开挖支护完成，溢洪道出水渠至消力池混凝土浇筑完成；主坝坝基开挖支护、压坡体挡墙浇筑、趾板混凝土浇筑均完成，主坝填筑至 174m 高程；副坝压坡体挡墙浇筑、坝基开挖支护完成。

2. 上库区域　临时营地、临时拌和站、石棚沟拌和站、砂石加工厂、围堰等施工完成。导流洞开挖支护、洞身衬砌完成；排水箱涵施工完成；主坝坝基开挖支护完成，进出水口开挖完成 32 万 m^3。

（二）筹建期洞室及道路工程

由中国水利水电第六工程局有限公司承担。2 号施工支洞、通风兼安全洞于 2023 年 4 月贯通，2 号隧道于 9 月贯通，1 号隧道、进厂交通洞于 10 月贯通。2023 年，施工供电工程 7 条供电线路全部送电验收，施工供水工程 1～9 号水池完成送水验收。

（三）输水发电系统工程

由中国水利水电第六工程局有限公司承担，2023 年 6 月 8 日开工，截至 2023 年底：1 号施工支洞（全长 986m），完成 565m，完成 57％；3 号施工支洞（全长 822m），完成 530m，完成 64％；6 号施工支洞，全长 485m 已完成（于 9 月 21 日贯通）；1～3 号引水中平洞（全长 1005m），完成 971m，完成 96.6％；主变压器排风洞，全长 195m 已完成（于 8 月 25 日贯通）；尾水隧洞全长 3381m，完成 703m，完成 20％；尾调通气洞全长 1110m，完成 461m，完成 41％；主厂房顶拱层，全长 233m，已完成并于 12 月 4 日通过安全性评价验收；主变压器洞顶拱层全长 229.6m，完成 213m。

（中国安能集团第二工程局有限公司
齐建飞 张子一
中国水利水电第六工程局有限公司
卢熙舜）

哇让抽水蓄能电站工程开工建设

2023 年 8 月 6 日，青海贵南哇让抽水蓄能电站工程开工仪式分别在西宁主会场和贵南县分会场举行。2022 年 12 月 30 日，青海省发展改革委以青发改能源〔2022〕930 号文发布核准批复，同意建设青海哇让抽水蓄能电站。

哇让抽水蓄能电站位于青海省海南藏族自治州贵南县境内，在拉西瓦水库中部，距拉西瓦坝址、龙羊峡坝址直线距离分别约 10、16km，距贵南县城、贵德县城及西宁市公路里程分别约 123、97、196km，距海南千万千瓦级可再生能源基地约 40km，距离哇让 750kV 升压站直线距离约 7km，上网条件便利。电站建成后，供电范围为青海电网（青海省含清洁能源基地外送），电站工程主要任务为承担电力系统储能、调峰以及调频、调相、紧急事故备用等。电站装机容量为 280 万 kW（8×35.0 万 kW）。枢纽由上水库、下水库进/出水口、输水系统、地下厂房及地面开关站等组成。

上水库（坝）位于黄河上游河段拉西瓦电站库区中段右岸哇让平台上，哇让平台南靠哇让岗，北邻黄河。平台总体较为平缓，地面高程 2845～2900m，地势南高北低，平均坡度在 2.8°左右。上水库正常蓄水位 2912.0m，死水位 2870.0m，总库容 2222 万 m^3（相应于校核水位），有效库容 2085 万 m^3。坝型为沥青混凝土面板堆石坝，坝顶高程 2915.00m，最大坝高 73m（坝轴线最低处至坝顶），环库轴线总长约 3000.3m，坝顶宽度 9m。坝顶上游"L"形防浪墙顶部高层 2916.20m，墙底高程 2914.00m，墙高 2.20m。坝体上游坡度为 1∶1.8，下游坡度为 1∶1.5。

下水库利用已建的拉西瓦电站水库，正常蓄水位 2452.00m，死水位 2440.00m，设计洪水位（$P=0.5％$）2452.00m，校核洪水位（$P=0.05％$）2457.00m。总库容 10.79 亿 m^3，调节库容 1.5 亿 m^3。永久性主要建筑物由混凝土双曲拱坝、坝身表孔深孔底孔、坝后水垫塘及右岸地下引水发电系统建筑物组成。

输水系统总长约 2350.1m（沿 1 号机组，下同），其中引水系统长约 1065.5m，尾水系统长约 1284.6m，电站距高比约为 4.4。引水系统采用四洞八机布置方案，尾水系统采用两洞八机布置方案，引水系统不设置调压室，尾水系统设置调压室。引水隧洞立面采用一级竖井布置，上平洞起点开始至厂房采用钢板衬砌。上平洞钢衬段直径 7.0～6.0m，竖井直径 6.0m，下平洞直径 5.4m，钢衬外回填混凝土厚 0.7m。尾水隧洞内径 11.4m，采用钢筋混凝土衬砌，衬砌厚 0.8m。

工程建设征地影响涉海南藏族自治州贵南县过马营镇的达拉村、多拉村，共计 1 个县 1 个乡（镇）2 个行政村，征占用土地总面积 6278.28 亩。至移民安置搬迁截止年（2023 年），该工程生产安置人口为 9 人，规划全部采取自行安置的生产安置方式。

中国电建集团华东勘测设计研究院有限公司承担了哇让抽水蓄能电站勘测设计工作。2019 年 1 月，该电站被国家能源局确定为青海电网 2025 年新建抽水蓄能电站推荐站点；2021 年 1 月，电站预可行性研究报告通过审查；2021 年 11 月，电站可行性研究工作开始；2022 年 7 月，可行性研究阶段正常蓄水位选择专题报告和施工总布置规划专题报告通过审查；2022 年 9 月，可行性研究报告通过审查。哇让抽水蓄能电站是目前西部地区核准建设的最大抽水蓄能，电站投产后，每年相当于替代燃煤 182 万 t、减少二氧化碳排放 455 万 t。

（中国电建集团华东勘测设计研究院有限公司
聂鹏 朱安龙 杨浩 冯仕能）

石台抽水蓄能电站工程 2023 年建设进展情况

石台抽水蓄能电站位于安徽省池州市石台县，属一等大（1）型工程，为日调节抽水蓄能电站，安装4台单机容量30万 kW 立轴单级混流可逆式水泵水轮发电机组，连续满发小时数 8h。设计年发电量14.71 亿 kW·h，设计年抽水耗电量 19.61 亿 kW·h，综合效率约为 75%，2023 年 7 月 28 日，该抽水蓄能电站主体工程开工仪式顺利举行，2023 年主要进行上水库导流洞、主副厂房第Ⅰ层、主变洞第Ⅰ层、上层排水廊道、进厂交通洞、下水库竖井泄放洞、下水库环库公路（左坝肩至进厂交通洞段）、2号施工支洞、7 号施工支洞等部位工程施工。截至2023 年底工程建设进展情况如下。

（一）施工进度

2023 年度主要施工进度情况：①上水库导流洞进出口边坡开挖支护基本完成。②主副厂房第Ⅰ层开挖及顶拱支护完成；主变洞（中导洞）开挖完成，主变洞第Ⅰ层开挖完成 55%；上层排水廊道上中下游段开挖完成 401m，完成总长度 63%。③进厂交通洞开挖支护完成 1385m，完成总长度 83%。④下水库竖井泄洪洞进出口边坡开挖支护已完成，洞身段开挖支护完成 178m，完成总长度 37%。⑤下水库环库公路（左坝肩至进厂交通洞段）共计完成土石方开挖约8 万 m³，开挖完成 20%。⑥2 号施工支洞洞脸边坡开挖支护完成，7 号施工支洞洞脸边坡已完成被动防护网安装。

（二）施工地质

2023 年度主要施工地质进展情况：①开展了上水库导流洞，地下厂房洞室群、进厂交通洞、下水库竖井泄放洞、下水库环库路等工程的施工地质工作，工程开挖揭露岩性主要为长石石英砂岩、泥质灰岩夹钙质页岩，隧洞围岩类别以Ⅲ类围岩为主，少部分Ⅳ类围岩；对大型地下洞室进行精细化地质编录，完成了施工地质简报 1 期、地质备忘录 200 余份、施工地质月报 12 期及相应的三维实景建模工作，参加工程例会、技术会商、相关检查 90 余次，陪同调研检查60 余次，参加基础验收 20 余次。②开展完成了业主营地详勘工作，完成了勘探钻孔共计 232.8m/17 个，提交了相应的详勘地质报告。

[长江三峡勘测研究院有限公司（武汉） 白伟]

黄龙抽水蓄能电站工程开工建设

2023 年 2 月 10 日，甘肃黄龙抽水蓄能电站项目获得甘肃省发展改革委核准；2 月 11 日上午，在甘肃省天水市麦积区举行了该电站工程开工仪式。

黄龙抽水蓄能电站是国家《抽水蓄能中长期发展规划（2021～2035 年）》中甘肃省抽水蓄能规划"十四五"重点实施项目之一，位于甘肃省天水市境内，距天水市公路里程约 69km，距兰州市公路里程约370km，地处陇东能源基地。电站装机容量2100MW，安装 6 台单机容量为 350MW 的混流可逆式抽水蓄能机组，额定水头 640m，距高比 3.11，采用 750kV 一级电压 2 回出线接入电力系统；设计满发利用小时数为 6h，年发电量 23.50 亿 kW·h，年抽水用电量 31.33 亿 kW·h，综合效率 75%。

该电站工程施工工期 78 个月，枢纽主要由上水库、输水系统、地下厂房及开关站、下水库、库尾拦沙坝、泄水、补水建筑物等组成。

上水库位于清水县史沟村附近，利用北峪沟和两流水沟，在两沟沟道筑坝，将两沟间山梁开挖连通形成；正常蓄水位 1895.00m，死水位 1880.00m，调节库容 987 万 m³；北峪沟、两流水沟的挡水坝均采用沥青混凝土心墙堆石坝，坝顶高程均为 1899m，最大坝高分别为 102、114m，心墙最大高度分别为94、106m。

下水库在麦积区三岔镇黄龙村庙坪沟沟口筑坝成库，正常蓄水位 1255.00m，死水位 1210.00m，调节库容 864 万 m³；挡水坝坝型采用沥青混凝土心墙堆石坝，最大坝高 141m，心墙最大高度 133m；旋流泄洪洞位于大坝右坝头，进口采用环形实用堰，由进水口起旋墩和环形堰、竖井、出水洞组成；泄洪放空洞布置在坝前右岸，为有压接无压型隧洞，隧洞总长约 910m。

输水发电系统布置于上、下库之间山体内，主要建筑物由上水库进/出水口、引水隧洞、高压管道、地下洞室群、尾水调压室、尾水隧洞和下水库进/出水口等组成，输水线路总长度约为 2372.42m。引水系统共3 个水力单元，采用一洞两机 3 级平洞、2 级斜井、垂直进厂的立面布置型式向 6 台机供水。尾水系统采用两机一洞"缓坡式"与下库进/出水口相接。地下厂房系统采用中部式布置方式，整体布置于咸水沟沟脑西北侧山梁，由主厂房、母线洞、主变压器室、750kV出线竖井/出线洞、尾水闸门洞、进厂交通洞、通风兼安全洞、排水廊道、排风排烟竖井等组成。

黄龙抽水蓄能电站作为甘肃省东南部地区第一个核准建设的抽水蓄能项目，同时也是甘肃在建装机容量最大抽水蓄能电站，其核准开工将改善电网运行条件，保障新能源产业健康发展，促进天水当地乃至甘肃东南部经济带的发展壮大。

（中国电建集团西北勘测设计研究院有限公司
彭睿哲）

布尔津抽水蓄能电站工程开工建设

2023 年 6 月 27 日，布尔津抽水蓄能电站项目获得新疆维吾尔自治区发展改革委的核准；7 月 10 日，该电站工程开工建设。

布尔津抽水蓄能电站位于新疆布尔津县城东北约 40km 处，距离阿勒泰市 60km，距北屯火车站 114km，距乌鲁木齐市直线距离约 450km；采用两洞四机布置，额定水头为 590m，距高比为 2.9；安装 4 台 350MW 的混流可逆式抽水蓄能机组，总装机容量 1400MW，设计年发电量 28.14 亿 kW·h，年抽水用电量 37.52 亿 kW·h；拟通过单回 750kV 线路接入喀纳斯 750kV 变电站，主要任务是优化北疆区域电能质量、服务于新能源外送。

该电站为一等大（1）型工程，首台机组发电工期为 63 个月，总工期 72 个月。

电站枢纽主要由上水库、下水库、输水发电系统等建筑物组成。上水库正常蓄水位 1470m，总库容 821.33 万 m³，调节库容 748 万 m³，最大坝高 75m；下水库正常蓄水位 878m，总库容 759.78 万 m³，调节库容 727 万 m³，最大坝高 61m。

布尔津抽水蓄能电站是新疆"十四五"首个核准开工建设的抽水蓄能电站项目。

（中国电建集团西北勘测设计研究院有限公司
王智琦）

若羌抽水蓄能电站工程开工建设

2023 年 9 月 25 日，新疆若羌抽水蓄能电站工程开工仪式在项目现场举行，标志着该抽水蓄能项目正式进入开工建设阶段。

新疆若羌抽水蓄能电站是国家《抽水蓄能中长期发展规划（2021～2035 年）》"十四五"重点实施项目，位于新疆维吾尔自治区巴音郭勒蒙古自治州若羌县境内。电站为日调节纯抽水蓄能电站，总装机容量

2100MW（6×350MW），额定水头为 652m，为一等大（1）型工程，设计年发电量为 26.25 亿 kW·h，年抽水用电量为 35 亿 kW·h。项目建成后，主要服务于南疆区域电网及新能源消纳，承担电力系统调峰、填谷、储能、调频、调相和紧急事故备用等任务。

该抽水蓄能电站是新疆单体装机规模最大的纯抽水蓄能电站；靠近塔克拉玛干沙漠南部，工程建设施工及运行受风沙影响大；地下厂房洞室开挖支护及围岩稳定问题突出；电站供水管线隧洞及自流排水洞长，均采用小断面 TBM 施工。

2023 年，新疆若羌抽水蓄能电站工程完成了预可行性研究报告和可行性研究报告审查，同年取得项目核准批文并开工建设。

（1）2023 年 1 月 12～13 日，水电水利规划设计总院在新疆若羌县主持召开了新疆维吾尔自治区若羌抽水蓄能电站预可行性研究报告审查会议并顺利通过审查；3 月 17 日，水电水利规划设计总院以水电规规〔2023〕128 号文签发了《关于印送〈新疆维吾尔自治区若羌抽水蓄能电站预可行性研究报告审查意见〉的函》。

（2）2023 年 5 月 10 日，顺利通过了《新疆若羌抽水蓄能电站可行性研究阶段正常蓄水位选择专题报告》《新疆若羌抽水蓄能电站可行性研究阶段施工总布置规划专题报告》及《新疆若羌抽水蓄能电站可行性研究阶段枢纽布置比选专题报告》（咨询稿）三大专题报告的审查和咨询；10 月 28～31 日，水电水利规划设计总院在新疆库尔勒主持召开新疆维吾尔自治区若羌抽水蓄能电站可行性研究报告审查会议并顺利通过审查。

（3）2023 年 9 月 21 日，新疆维吾尔自治区发展改革委对新疆若羌抽水蓄能电站项目核准进行了批复，同意建设新疆若羌抽水蓄能电站。

（中国电建集团西北勘测设计研究院有限公司
徐明）

大雅河抽水蓄能电站工程开工建设

2023 年 2 月 21 日，辽宁大雅河抽水蓄能电站工程获得辽宁省发展改革委的项目核准批复；3 月 18 日，国家电网有限公司组织召开集中开工动员大会；10 月 27 日，筹建期洞室及道路工程（Q1 标）开工。

该电站位于辽宁省本溪市桓仁县境内的大雅河上，安装 4 台单机容量为 40 万 kW 的可逆式抽水蓄能机组，以 500kV 电压接入辽宁电网，主要承担调峰、填谷、

储能、调频、调相及紧急事故备用等任务。枢纽建筑物主要由上水库、输水系统、地下厂房及开关站等组成，下水库利用在建的大雅河水利枢纽水库。

上水库位于大雅河左岸一撮毛山及其北侧相邻次高峰之间的鞍部，通过开挖鞍部南北向山脊并在其东西两侧筑坝形成；其集水面积 $0.207km^2$，正常蓄水位 1069.00m，死水位 1015.00m，总库容 745.00 万 m^3，调节库容 709.00 万 m^3；采用混凝土面板全库盆防渗，东、西主坝均采用混凝土面板堆石坝，坝顶高程 1073.00m，坝顶宽度 8m，最大坝高 52.00m，坝轴线长分别为 858.36、696.46m。

下水库位于大雅河流域中上游的吕家堡子附近，坝址控制流域面积 $383km^2$，多年平均流量 $5.17m^3/s$；正常蓄水位 425.00m，死水位 414m，总库容 3403 万 m^3，调节库容 1549 万 m^3；大坝采用混凝土重力坝，坝顶高程 431.00m，坝顶宽度 6m，最大坝高 46.30m，坝轴线长 296.60m；泄洪系统由 4 个溢流表孔和 1 个泄洪放空底孔组成，溢流表孔单孔净宽 9m，堰顶高程 420.00m，消能方式为挑流消能，最大泄量 $2217.00m^3/s$；泄洪放空底孔孔口尺寸 4m×6m，进口高程 390.0m，消能方式为挑流消能，最大泄量为 $469.20m^3/s$。

输水系统布置在大雅河左岸和一撮毛山北侧鞍部之间的山体内，距高比为 2.6。引水、尾水系统均采用一洞两机的布置型式，设置尾水调压室，总长（沿 1 号机组）2094.12m，其中引水系统长 1176.08m，尾水系统长 918.04m。上水库进/出水口采用侧向岸塔式；压力管道采用上竖井、下斜井的立面布置，钢板衬砌，高压引水钢岔管采用对称"Y"形内加强月牙肋钢岔管；尾水岔管采用"卜"形钢筋混凝土岔管，尾水主洞采用钢筋混凝土衬砌，调压室为阻抗式；下水库进/出水口采用侧向岸坡竖井式。

地下厂房洞室系统采用中部布置方式，进水方式为斜进斜出，进出水方向与机组纵轴线夹角为 70°，机组安装高程 324.00m；主厂房洞、主变压器洞及尾水闸门洞三大洞室从上游向下游依次平行布置，主厂房洞开挖尺寸 179.5m×26.9m×59.0m（长×宽×高，下同），主变压器洞开挖尺寸 154.85m×23.2m×24.3m，尾水闸门洞开挖尺寸为 150.9m×12.0m×27.3m。交通洞全长 1625m，断面尺寸为 8.0m×8.5m（宽×高），平均纵坡 5.6%。通风兼出线洞全长 1207m，断面尺寸为 8.0m×8.0m（宽×高），平均纵坡 6.3%。500kV 地面开关站场地高程 435.00m，场地尺寸 100m×65m（长×宽）。

工程建设征地涉及桓仁县两个乡镇、3 个行政村，总用地面积 4789.24 亩，其中永久占地 3032.68 亩，临时占地 1756.57 亩，无人口搬迁安置，生产安置人口为 3 人。

该电站工程施工总进度安排筹建期 17 个月，准备期 6 个月，主体工程施工期 57 个月，工程完建期 9 个月。主体工程计划开工时间为 2024 年 11 月，1 号机组计划投运时间 2030 年 7 月 15 日。中水东北勘测设计研究有限责任公司承担了辽宁大雅河抽水蓄能电站工程招标及施工图阶段勘察设计工作。

（中水东北勘测设计研究有限责任公司
王剑英 李亚文）

兴城抽水蓄能电站工程开工建设

2023 年 3 月 18 日，辽宁兴城抽水蓄能电站工程在辽宁省葫芦岛兴城市举行开工动员大会。该电站是国家能源局发布的《抽水蓄能中长期发展规划（2021～2035 年）》"十四五"重点实施项目，位于辽宁省葫芦岛市兴城市境内，站址距沈阳市、葫芦岛市、兴城市公路里程分别为 345、80、61km；安装 4 台混流水泵水轮发电电动机组，总装机容量 1200MW，额定水头 367m，年平均发电量 12.04 亿 kW·h，年平均抽水电量 16.05 亿 kW·h，综合效率 75%；以 2 回 500kV 线路接入宽邦 500kV 变电站，在系统中主要承担调峰、填谷、储能、调频、调相及紧急事故备用等任务。

该电站枢纽主要由上下水库、输水发电系统、地面开关站、补水系统和生产生活营地等建筑物组成。上水库采用沥青混凝土面板全库盆防渗，大坝采用沥青混凝土面板堆石坝，最大坝高 106m。下水库采用局部防渗，大坝采用混凝土面板堆石坝，最大坝高 50m；自由溢流溢洪道位于大坝左坝肩，泄洪放空洞兼顾施工期导流布置在大坝左岸山体内。

输水系统总长 2258.77m（沿 1 号机组），其中引水系统长 1106.25m，尾水系统长 1152.52m，电站距高比 5.5。地下厂房系统位于输水系统中部，主厂房洞尺寸 170.0m×27.0m×56.6m（长×宽×高），地面开关站布置在下水库进出水口北侧约 300m 环库路旁，平台高程 148.00m，场地尺寸 110.0m×63.0m（长×宽）。

上、下水库流域面积较小，来水量不足，需采取引水工程措施加以解决，在青山水库至葫芦岛供水加压泵站附近新建补水泵站向下水库补水。补水泵站位于塔子沟沟口东屯附近，水泵扬程 105m，抽水流量为 $1080m^3/h$。

2023 年 2 月 21 日，辽宁兴城抽水蓄能电站项目获得辽宁省发展改革委核准；3 月 18 日，举行开工动员大会；9 月 15 日，筹建期工程 XCP/Q1 标段开工，实现当年实质性开工。截至 2023 年底，通风洞开挖进尺约 80m，交通洞开挖进尺约 50m，开关站完成一期开挖至 148m 高程，1、2、3、13 号场内道路全面进行路基开挖和填筑。

（中水东北勘测设计研究有限责任公司
王剑英 董延超）

大悟抽水蓄能电站工程开工建设

2023 年 1 月 31 日，大悟抽水蓄能电站项目在湖北省孝感市大悟县举行开工仪式，标志着该项目正式进入建设实施阶段。

大悟抽水蓄能电站位于湖北省大悟县芳贩镇与阳平镇境内，距离大悟县城直线距离 14km，距离孝感市约 60km，距离武汉市约 100km。该项目是国家《抽水蓄能中长期发展规划（2021～2035 年）》"十四五"重点实施项目，也是湖北省省级重点项目。电站总装机容量 300MW，安装 2 台单机容量为 150MW 的可逆式水泵水轮发电电动机组，承担湖北电力系统调峰、填谷、储能、调频、调相、紧急事故备用等重要功能。

项目枢纽主要由上水库、下水库、输水系统、半地下式厂房等部位组成。上、下水库均采用混凝土面板堆石坝。上水库位于阳平镇大悟河支流徐家河上游，利用冲沟地形筑坝、扩库形成，坝顶高程 333.00m，最大坝高 78.0m，坝顶长 436.00m；正常蓄水位 328m，总库容 524.5 万 m^3，有效调节库容 363.1 万 m^3；下水库由芳贩大方冲水库改扩建而成，坝高 48m，正常蓄水位 124.00m，总库容 531.9 万 m^3，有效调节库容 377.6 万 m^3。输水发电系统布置在上下库间山体，总体呈北东至南西方向布置。上、下水库进/出水口之间的直线距离约 1686m，距高比为 8.60。输水线路水平长度约 1.7km，开挖直径 8.7m。电站发电额定水头 196.00m、最大水头 218.00m、最小水头 173.00m，额定流量 88.40m^3/s，连续满发小时数为 5h；抽水工况最大扬程 224.00m、最小扬程 182.50m，最大抽水流量 78.80m^3/s。厂房采取尾部式半地下厂房，主厂房由主机间和安装间组成，主厂房竖井开挖尺寸为 52.0m×24.00m×69.40m（长×宽×高）。

该电站项目于 2022 年 10 月获得湖北省发展改革委能源局核准。2023 年，完成工程 EPC 总承包招标，12 月 19 日工程开工建设，12 月 20 日厂房边坡完成第一次爆破作业。计划 2026 年 10 月 31 日首台机组投产。

（中国水利水电第九工程局有限公司）

平川抽水蓄能电站工程开工建设

2023 年 11 月 28 日，甘肃省发展改革委对甘肃平川抽水蓄能电站项目核准进行了批复，同意建设平川抽水蓄能电站；12 月 7 日，该电站工程开工建设。

平川抽水蓄能电站位于甘肃省白银市平川区种田乡和黄峤镇境内，距平川城区约 65km；总装机容量 1180MW（4×295MW），建成后主要承担甘肃电网的调峰、填谷、储能、调频、调相、黑启动和紧急事故备用等任务。电站枢纽工程主要建筑物由上水库、下水库、输水系统、地下厂房、地面开关站及补水工程等组成。

上水库采用全库盆沥青混凝土面板防渗，大坝为沥青混凝土面板堆石坝，坝顶高程为 2750.00m，坝顶宽 10m，坝轴线长 642m，最大坝高 105m；上游坝坡 1∶1.8，下游坝坡 2710m 高程以上为 1∶1.8、以下为 1∶1.6，下游坝坡设有压坡体，综合坡比 1∶2.5。

下水库采用局部防渗处理措施，大坝为钢筋混凝土面板堆石坝，坝顶高程 2330.00m，坝顶长 459m，最大坝高 92m，坝顶宽 10m；上游面坡比为 1∶1.6，下游坝坡 2290m 高程以上为 1∶1.7，2290m 高程以下设有压坡体，综合坡比 1∶2.75。

输水线路布置于上下水库间东西向的山体内，基本呈东西走向。引水和尾水系统均采用 2 洞 4 机的供水方式，高压隧洞和岔管均采用钢板衬砌，设置上、下游调压井。

地下厂房为中部布置方式，主副厂房洞、主变压器洞和尾水闸门洞采用平行布置，洞室净距分别为 40m 和 35m。主厂房尺寸 175.00m×26.50m×58.10m（长×宽×高），机组安装高程 2219.00m，安装场与副厂房均布置在主机间左侧，长度分别为 42.75、24m。主变压器洞尺寸 160.00m×20.00m×21.70m（长×宽×高），有 4 条母线洞、1 条主变压器运输洞和 1 条电缆交通洞。该工程征用各类土地 6493.55 亩，其中永久征收土地 3616.68 亩，临时征用土地 2876.87 亩。不涉及搬迁安置人口。该电站为二等大（2）型工程，总投资 99.7 亿元。

该项目由中国葛洲坝集团股份有限公司、中国葛洲坝集团机电建设有限公司、中国葛洲坝集团第二工程有限公司、中国电力工程顾问集团西北电力设计院有限公司、中国能源建设集团西北电力建设甘肃工程有限公司按 51%、28%、18%、8%、3% 比例出资建设，计划于 2029 年全部投产。2023 年 4 月，电站预可行性研究报告通过审查；8 月，可行性研究阶段三大专题报告通过审查；10月，甘肃省人民政府发布封库令；11月，建设征地移民安置规划大纲通过评审，项目获得甘肃省发展改革委核准；12月7日，电站工程开工建设。

（中国葛洲坝集团股份有限公司

喻冉 郭金雨）

永嘉抽水蓄能电站主体工程开工建设

2023年10月18日，永嘉抽水蓄能电站主体工程开工仪式在电站通风兼安全洞洞口场地平台举行，参建各方一同在现场参加。

永嘉抽水蓄能电站位于浙江省温州市永嘉县境内，地处浙江省东南部，站点距永嘉县城约6km，地处温、台、丽、浙南地区负荷中心，距三门核电及火电基地约125km，距苍南三澳核电一期、二期约75km；以2回500kV接入1000kV特高压温州变电站500kV母线。电站总装机容量1200MW（4×300MW），建成后主要承担华东电网的调峰、填谷、储能、调频、调相和事故备用等任务。

枢纽主要由上水库、下水库、输水系统、地下厂房和地面开关站等建筑物组成。

上水库位于樟岙溪支流垄山沟沟源处，坝址以上集水面积0.534km²；正常蓄水位687.00m，死水位653.00m，总库容682.0万m³，调节库容591.0万m³；主要建筑物有主坝、1号副坝、2号副坝、3号副坝等。主坝采用混凝土面板堆石坝，坝顶高程690.00m，最大坝高62.0m，坝顶长404.0m。3座副坝均采用混凝土重力坝，最大坝高分别为25.0、32.0、31.0m，坝顶长度分别为140.0、160.0、160.0m。

下水库位于樟岙溪干流，坝址位于桥下镇杨湾村上游约300m处，控制流域面积16.2km²；正常蓄水位108.00m，死水位77.00m，总库容863.0万m³，调节库容615.0万m³；主要建筑物有大坝、竖井式溢洪道、导流泄放洞等。大坝采用混凝土面板堆石坝，坝顶高程114.00m，最大坝高81m，坝顶长369.0m。竖井式溢洪道位于大坝右岸侧，全长约328.0m。导流泄放洞利用右岸导流洞改建形成，全长约499.0m。

输水系统总长约3729.8m，其中引水系统长约2594.6m，尾水系统长约1135.2m，均采用两洞四机布置，均设置调压井。上、下库进/出水口采用闸门竖井式布置。引水系统平面呈折线布置，压力管道立面采用两级竖井布置，从引水中平洞中下部至蜗壳进口采用钢板衬砌。尾水系统平面采用直线型布置型式，立面上采用一坡到底布置型式。

地下厂房位于输水线路的中部，三大洞室平行布置，主副厂房洞开挖尺寸为178.0m×24.5m×55.5m（长×宽×高，下同），主变压器洞开挖尺寸为182.6m×20.0m×23.0m，尾水闸门洞开挖尺寸为138.0m×7.8m×20.9m；引水隧洞经岔管分岔后以单管单机方式与厂房轴线成70°角进入厂房。进厂交通洞从厂房左端墙进入，全长约1914.0m。通风兼安全洞从厂房右端墙进入，全长约1259.0m。500kV高压电缆出线采用平洞方式，全长约1173.0m。三大洞室四周布置3层排水廊道。厂房内所有渗漏水和围岩渗水先汇至尾水闸门洞渗漏集水井内，再由排水泵抽排经尾水调压井，接入尾调通气洞自流出厂外。500kV地面开关站场地高程116.0m，尺寸为190m×40m（长×宽）。

工程建设征地涉及永嘉县3个乡镇（街道）6个行政村2个社区，征收征用各类土地面积2600.64亩，其中永久征收土地1902.21亩，临时征用土地698.43亩，至推算截止年（2023年），搬迁安置人口28户96人，生产安置人口456人。

该电站为一等大（1）型工程，总投资80.20亿元，由浙江永嘉抽水蓄能有限公司出资建设，计划于2028年全部投产。2022年6月，该电站预可行性研究报告通过审查；8月，可行性研究阶段正常蓄水位选择专题报告和施工总布置规划专题报告通过审查；11月，项目获得浙江省发展改革委核准，工程现场施工正式启动。2023年5月，电站可行性研究报告通过审查；10月18日，主体工程正式开工；12月15日，电站主机及其附属设备招标文件通过中国电建设备物资集中采购平台发布。

永嘉抽水蓄能电站工程采用设计采购施工EPC总承包建设，由中国电建集团华东勘测设计研究院有限公司、浙江华东工程建设管理有限公司、杭州华辰电力控制工程有限公司组成联合体承建。2023年12月，该EPC总承包合同签约。

（中国电建集团华东勘测设计研究院有限公司

王作彤 党姚强 曾勇 史郑燕）

紧水滩混合式抽水蓄能电站工程开工建设

2023年1月17日，紧水滩混合式抽水蓄能电站工程开工仪式在电站半地下厂房场地顺利举行，参建各方一同在现场参加。该电站位于浙江省丽水市云和县境内，距丽水市、金华市和衢州市的直线距离分别约为 50、95km 和 105km；安装 3 台单机容量为 9.9 万 kW 的可逆式水泵水轮发电电动机组，总装机容量 29.7 万 kW，设计年发电量 2.97 亿 kW·h。电站建成后以 220kV 电压接入华东电网，主要承担华东电网的调峰、填谷、储能、调频、调相及事故备用等任务。

电站上水库利用已建的紧水滩电站水库，下水库利用已建的石塘电站水库，枢纽工程主要建筑物由输水系统、半地下厂房、拦挡坝及排水洞等组成。

上水库正常蓄水位 183.971m，死水位 163.971m，总库容 13.73 亿 m³，调节库容 5.48 亿 m³，具有不完全年调节性能。下水库正常蓄水位 102.471m，死水位 101.071m，控制运行低水位 100.571m，总库容 7405 万 m³，调节库容 1254 万 m³。

输水系统采用一洞三机布置，总长度（沿 2 号机组）为 1445.7m，其中引水系统长 587.5m，尾水系统长 858.2m。主要由上库进/出水口、引水上平洞、引水斜井、引水下平洞、引水混凝土岔管、引水支管、尾水支管、尾闸兼尾水调压室、尾水混凝土岔管、尾水隧洞和下库进/出水口组成。引水隧洞平面呈折线布置，立面采用一级斜井布置；采用钢筋混凝土衬砌，直径 13.0m，衬砌厚度 0.8m。引水支管从厂房上游边墙 43.5m 处开始采用钢板衬砌，直径 6.0m。尾水隧洞平面呈折线布置，立面上采用"一坡到底"的布置型式，采用钢筋混凝土衬砌，直径 11.0m，衬砌厚度 0.6m。尾水支管直径 8.0m，采用钢板衬砌。

发电厂房布置在输水系统中部，为半地下厂房，位于紧水滩电站开关站东侧坑口坑沟内，安装场、机组段、副厂房从右至左"一"字并排布置。机组段地面高程以下采用竖井型式，开挖尺寸为 83.60m×30.10m×62.40m（长×宽×高）。竖井四周布置 2 层排水廊道，厂房内的渗水最终经排水廊道汇至渗漏集水井，再采用水泵抽排至厂外。副厂房地面层主要布置主变压器，二层主要布置 GIS，屋面布置 220kV 出线场。

拦挡坝采用混凝土重力坝，坝顶高程 169.00m，建基面最低高程 156.00m，最大坝高 13.0m，坝顶长度 38m。

排水洞布置在拦挡坝上游约 30m 处，进口采用竖井式，堰顶高程为 162m，竖井段深度为 46m，顶部 11m 段竖井直径由 9m 逐渐缩小至 5m，其余洞段直径为 5m。退水洞全长约 491.5m，平均坡度 3%，断面为城门洞形，断面尺寸为 4.0m×5.0m（宽×高），边墙及底板采用钢筋混凝土衬砌，厚 50cm，顶拱采用喷锚支护。出口段采用底流消能，设尾坎消力池，消力池长 32m，宽 10m，消力池后接箱涵排水至石塘水库内。

工程建设征地涉及云和县 2 个镇 3 个行政村，征占用各类土地 517.30 亩，其中永久占地 228.90 亩，临时用地 288.40 亩，房屋拆迁面积 765.16m²；至推算截止年（2023 年），搬迁安置人口 8 人，生产安置人口 10 人。该电站为三等中型工程，总投资 25.43 亿元，由浙江省电力实业总公司、云和县国有资本运营有限公司、国网新兴（上海）私募基金合伙企业（有限合伙）和中国电建集团华东勘测设计研究院有限公司按 60%、20%、15% 和 5% 的比例共同出资建设，计划于 2028 年全部投产。

中国电建集团华东勘测设计研究院有限公司承担了该电站勘测设计研究工作。2021 年 5 月，紧水滩混合式抽水蓄能电站被浙江省能源局确定为浙江省"十四五"期间重点核准开工建设建议项目。2022 年 4 月，被列入国家能源局印发的《关于加快抽水蓄能项目前期工作完成今年核准计划的函》中 2022 年核准项目；6 月，电站预可行性研究报告通过审查；7 月，电站可行性研究工作开始；8 月，施工总布置规划专题报告通过审查，枢纽布置格局比选专题研究报告通过咨询；11 月，建设征地移民安置规划大纲通过评审。2023 年 1 月 12 日，项目获得浙江省发展改革委核准；1 月 17 日，工程现场举办开工仪式。

（中国电建集团华东勘测设计研究院有限公司

王颂翔　姜兆宇）

和静抽水蓄能电站与滚哈布奇勒水电站工程开工建设

2023 年 11 月 28 日，全国首个抽水蓄能与常规水电一体化规划、开发、运营的电站——新疆和静抽水蓄能电站与滚哈布奇勒水电站工程开工仪式在项目现场举行，标志着两项目正式进入开工建设阶段。新疆和静抽水蓄能电站是国家《抽水蓄能中长期发展规划（2021～2035 年）》中新疆维吾尔自治区抽水蓄能规划"十四五"重点实施项目，装机容量 2100MW，其下水库与待建的滚哈布奇勒水电站水库共用。滚哈布奇勒水电站为开都河中游河段"两库七级"开发方案中的第四级，总装机容量 257MW（包括生态机组 32MW）。

中国电建集团西北勘测设计研究院有限公司承担两电站勘测设计任务。2022 年 6 月，预可行性研究报告通过审查。2023 年 1 月，可行性研究阶段三大专题报告通过审查咨询；11 月，可行性研究报告通过审查。两电站项目分别于 2023 年 9 月和 11 月获得核准。

受限于工程实际地形地质条件，和静抽水蓄能电站与滚哈布奇勒水电站建筑物集中布置于开都河左岸，洞室交错复杂，枢纽布置异常紧张，设计创新采用了下库进/出水口与滚哈布奇勒水电站进水口联合布置方式，并采取高效高精度 LES-RANS 数值模拟技术及和静—滚哈布奇勒电站联合泄/调水双向过流的整体物理模型相结合方式，对联合进水口水力特性关键技术进行研究，优化联合进水口工程布置方案。

和静抽水蓄能电站下水库与滚哈布奇勒水电站水库共用，交通、施工辅企工厂等共用，抽水蓄能电站和常规水电电价机制不同，势必存在两项目投资分摊的问题，设计采用了在开都河修建"影子下水库"的方案解决了两项目投资分摊的问题。

和静抽水蓄能电站最大坝高达 79m，土石方工程量大，在地勘试验基础上，采用三维设计，做到了较好的土石方平衡，没有设置弃渣场。通过对沥青面板试验研究解决严寒地区沥青低温冻断的问题。滚哈布奇勒水电站主坝为河床趾板建基于深厚覆盖层的混凝土面板堆石坝，河床覆盖层深 50 余米，且地震烈度达到Ⅸ度，设计联合科研院校，圆满解决了其抗震问题。

和静抽水蓄能电站预计年发电量为 25.2 亿 kW·h，投产后将充分发挥水电机组快速灵活调节优势，承担电力系统调峰、填谷、储能、调频、调相和紧急事故备用等任务，为实现"双碳"目标，构建新型电力系统助力，为国家能源集团绿色低碳转型助力，推动地方经济发展、高质量打造国家清洁能源产业基地。

（中国电建集团西北勘测设计研究院有限公司 张利平）

阜康抽水蓄能电站工程首台机组投产

2023 年 11 月 15 日，我国西北地区首台抽水蓄能机组——新疆阜康抽水蓄能电站 1 号机组正式投产。阜康抽水蓄能电站位于新疆昌吉回族自治州阜康市境内，安装 4 台单机容量为 300MW 的可逆式抽水蓄能机组，总投资 83.68 亿元，是国内首座采用 EPC 建设模式的抽水蓄能电站，也是新疆首座抽水蓄能电站项目，由中国电建集团西北勘测设计研究院有限公司牵头，联合中国水利水电第三工程局有限公司、中国水利水电第十五工程局有限公司组成联营体 EPC 总承包。项目于 2016 年 5 月 20 日获得核准，同年 12 月 8 日工程开工。

2023 年，该电站工程建设情况如下：

1. 上水库工程 6 月 1 日，大坝面板混凝土浇筑全部完成；7 月 15 日，库周面板浇筑完成；7 月 26 日，蓄水验收完成；8 月 15 日，正式启动蓄水工作。

2. 下水库工程 5 月 23 日，通过蓄水验收；6 月 4 日，下水库泄洪排沙兼导流洞闸门下闸，水库开始蓄水；6 月 5 日，下水库充水阀门打开，将汇集在拦沙坝前的河水快速注入下水库，下水库正式蓄水。

3. 输水系统 1 号输水系统（包含 1 号引水隧洞和 1 号尾水隧洞，其中引水隧洞全长 1556m，尾水隧洞全长 256.6m），4 月 4 日全部施工完成，8 月 14 日充排水试验完成。2 号输水系统，12 月 28 日开始进行充水。

4. 厂房系统 4 月 8 日，电站最后施工的 4 号机组混凝土浇筑至发电机层，主厂房主体混凝土施工全部完成；9 月 11 日，电力系统倒送电完成；9 月 18 日，3 号机组定子吊装完成；9 月 25 日，4 号机组转轮吊装完成；9 月 26 日，3 号机组转子吊装完成；11 月 15 日，该电站首台机组（1 号机组）顺利完成 15 天考核试运行，正式投产。

（中国电建集团西北勘测设计研究院有限公司 赵庆 中国水利水电第三工程局有限公司 刘伟 罗军 王帅兵）

厦门抽水蓄能电站工程首机组投产

2023 年 10 月 4 日，厦门抽水蓄能电站首台机组（1 号机组）通过 15 天考核试运行，顺利投产，成为国内首个全站监控系统使用全国产芯片的抽水蓄能电站。

厦门抽水蓄能电站从主体工程开工到首台机组投产发电，用时 47 个月，建设时间比同级别抽水蓄能电站缩短 7 个月，创造了国家电网系统抽水蓄能电站建设新速度。该电站工程共建 11 套污废水处理系统实现污废水"零排放"，开挖边坡植草绿化比例达 95%，水土流失率仅为允许值的 32.47%。该电站位于厦门市同安区汀溪镇境内，距福州市、泉州市和厦门市的公路里程分别为 276、86km 和 50km；安装 4 台单机容量为 350MW 的可逆式抽水蓄能机组，建成后承担福建电网调峰、填谷、调频、调相及紧急事故备用等任务。

上库主坝为混凝土面板堆石坝，最大坝高 62.30m，总库容 1024 万 m³；下库大坝为混凝土面板堆石坝，最大坝高 95.50m，总库容 1015 万 m³；输水系统采用一洞两机的布置方式，总长度为

2764.2m（1 号机组），其中引水系统长 1245.3m，尾水系统长 1518.9m；地下厂房主副厂房洞开挖尺寸为 177m×25（26.5）m×56.5m（长×宽×高，下同），主变压器洞开挖尺寸为 168.5m×19.5m×22.8m，尾水闸门洞开挖尺寸为 111.0m×8（9.0）m×19.0m。500kV 出线洞连接主变压器洞和 500kV 地面开关站；进厂交通洞长约 1813m，平均坡度约 5.61%；通风兼安全洞长约 1240m，平均坡度约 7.31%；开关站布置在下库库尾，场地高程为 321.00m，尺寸170m×40m（长×宽），布置有 GIS 室、继保楼及出线场。

该电站是福建省目前单机容量最大的抽水蓄能电站，列为省重点建设项目。其监控系统采用全"中国芯"设计，从根本上保障电站长期安全稳定运行，提升国家战略安全水平。

中国电建集团华东勘测设计研究院有限公司承担了该电站勘测设计工作。2013 年 11 月，项目可行性研究报告通过审查。2016 年 7 月，项目获得福建省发展改革委的核准。2016 年 12 月，项目开工建设。2019 年 11 月，主体工程开工。2023 年 8 月 9 日，500kV 系统倒送电顺利完成；10 月 4 日，首台机组完成 15 天考核试运行正式投产。

（中国电建集团华东勘测设计研究院有限公司
曾勇　李大圣　杨三喜）

清原抽水蓄能电站首台机组投产

2023 年 12 月 15 日，清原抽水蓄能电站首台机组（1 号机组）顺利通过 15 天考核试运行，各项指标优良，正式投产。该电站位于辽宁省抚顺市清原满族自治县北三家镇境内，额定水头 390m，安装 6 台 300MW 可逆式水泵水轮发电电动机组，总装机容量为 1800MW，是目前东北地区规模最大的抽水蓄能电站。工程采用设计牵头的 EPC 总承包模式进行建设，2019 年 5 月主体工程开工。

2023 年，该工程主要进行地下厂房机电设备安装，建设主要进展情况如下：

（1）上、下水库主体工程已全部完成，并已蓄水。

（2）主厂房、主变压器室、尾水闸门室等土建工程全部完成。

（3）1 号引水系统已全部完成施工，已充水；2 号引水系统混凝土施工全部完成；3 号引水系统混凝土施工完成 70%。

（4）机电设备安装：1 号机组于 12 月 15 日完成 15 天考核试运行，正式投产。截至 2023 年底，2 号机组进入整组调试；3 号机组安装完成，正在进行电

缆敷设及配线；4 号机组下机架安装完成，具备定子吊装条件；5 号机组转轮、顶盖安装完成；6 号机组底环开始安装。

（中国电建集团北京勘测设计研究院有限公司
谢刚
中国水利水电第六工程局有限公司
赵凯　刘佳琦）

永泰抽水蓄能电站工程全部机组投产

2023 年 3 月 28 日，永泰抽水蓄能电站最后一台机组（4 号机组）顺利结束 15 天考核试运行正式投产，标志着福建省属企业自主建设、自主运营的首个抽水蓄能电站全容量投产。该电站位于福州市下辖的永泰县白云乡，安装 4 台单机容量为 30 万 kW 的可逆式抽水蓄能机组，设计年发电量 12 亿 kW·h，年抽水用电量 16 亿 kW·h，承担福建电网调峰、填谷、调频、调相及紧急事故备用任务；工程总投资 67.3 亿元；项目于 2016 年 8 月获福建省发展改革委核准，2018 年 12 月主体工程开工，2022 年 1、2、3 号机组投产。

结合该电站工程建设和地方发展需要，新修建沿线公路 12.2km、隧道 2 个、桥梁 2 座，完善了白云乡农村交通基础设施，改善了 13000 多名山区群众出行条件；新建农村集中居民点 4 个、饮用水工程 2 处，安排永泰县城套房点 2 个，安置移民人口 265 户 720 人，提升了农村居住环境，改善了移民生产生活条件。

永泰抽水蓄能电站全面投产后成为福州电网的紧急备用电源，为福建电网增加可调节负荷，在促进清洁能源消纳、提高电网调节能力、保障能源供应安全、实现"双碳"目标等方面发挥重要作用。

（中国电建集团华东勘测设计研究院有限公司
陶建文　赵吉　葛银萍）

文登抽水蓄能电站全部机组投产

2023 年 9 月 19 日，文登抽水蓄能电站最后一台机组（6 号机组）结束 15 天考核试运行正式投入使用，至此，该电站全部 6 台机组正式投产。该电站位于山东省威海市文登区界石镇境内，安装 6 台单机容量为 300MW 的可逆式水泵水轮发电电动机组。上水库大坝为钢筋混凝土面板堆石坝，坝顶高程 628.6m，最大坝高 101m，正常蓄水位 625m，死水位 585m，

正常蓄水位以下库容 924 万 m³。下水库大坝为钢筋混凝土面板堆石坝，坝顶高程 141m，最大坝高 51m，正常蓄水位 136.0m，死水位 110.0m，正常蓄水位以下库容 1109 万 m³。

该电站于 2014 年 6 月通过国家发展改革委核准，2015 年 12 月 15 日开工建设，2017 年 7 月土建主体工程开工，2019 年 10 月机电安装标进场。下水库于 2022 年 1 月 1 日开始蓄水，上水库于 2022 年 11 月 20 日开始一期蓄水，2023 年 6 月 10 日开始二期蓄水。2023 年，首批机组（1、2 号机组）于 1 月 1 日完成 15 天考核试运行正式投产，3、4、5、6 号机组又分别于 5 月 1 日、6 月 15 日、8 月 28 日、9 月 19 日结束 15 天考核试运行正式投产，成功实现了"九月六投"的目标。

文登抽水蓄能电站在国内水电工程中首次大规模采用全强风化料作为混凝土面板堆石坝的坝料（占整个坝体的填筑量约 37%），首次在国内首次将硬岩全断面隧道掘进机（TBM）工法引入抽水蓄能电站工程建设领域。在上、下水库面板及尾水隧洞衬砌工程采用耐碱玻璃纤维类复合材料替代钢筋，有效解决混凝土结构中的钢筋腐蚀问题，为传统混凝土结构低碳、钢筋抗腐蚀等问题提供了新的解决思路。以文登抽水蓄能电站为依托，进行的绿色生态建设科研项目，针对抽水蓄能电站绿色生态建设设计，结合项目所在地的地域差异，编制形成了《抽水蓄能电站绿色生态建设设计导则》，填补了行业空白，对整个抽水蓄能行业具有重要的指导意义。同时设计的行业首个 500kV 智能化开关站，以高度集成自主智能数字化，助力运维管理，降本增效。

（中国电建集团北京勘测设计研究院有限公司 吕典帅）

"十四五"西北地区抽水蓄能电站逐步进入施工期

随着"十四五"规划的深入推进，西北地区多个抽水蓄能电站项目开工建设正式进入施工期。

2023 年 2 月 11 日上午，甘肃黄龙抽水蓄能电站工程开工仪式在甘肃省天水市麦积区举行。该电站是甘肃省东南部地区第一个核准开工建设的抽水蓄能项目，位于天水市麦积区清水县境内，总装机容量 2100MW，设计年平均发电量 23.50 亿 kW·h，年抽水用电量 31.33 亿 kW·h，综合效率 75%。

2023 年 7 月 10 日上午，新疆布尔津抽水蓄能电站项目开工仪式在阿勒泰地区布尔津县举行。该电站位于新疆维吾尔自治区阿勒泰地区布尔津县境内，总装机容量 1400MW，建设总工期 72 个月。中国电建集团西北勘测设计研究院有限公司（简称西北院）克服困难，解决难题，全力推进当前全国纬度最高、天气最冷的抽水蓄能项目前期工作，并保证了该项目作为新疆维吾尔自治区抽水蓄能中长期规划"十四五"重点实施项目中第一个核准的项目。

2023 年 7 月 12 日上午，甘肃永昌抽水蓄能电站在甘肃省金昌市举行开工仪式。该抽水蓄能电站装机容量 1200MW，额定水头 460m，是甘肃省"十四五"期间第六个核准开工建设的抽水蓄能项目。

2023 年 8 月 19 日上午，世界超高海拔地区装机容量、调节库容最大的抽水蓄能电站——青海格尔木南山口抽水蓄能电站项目开工活动在南山口项目现场举行，标志着南山口抽水蓄能项目正式全面进入开工建设阶段。电站装机容量 2400MW，额定水头 425m，连续满发小时数 6h。

2023 年 9 月 25 日上午，新疆装机容量最大，南疆首座抽水蓄能电站——新疆若羌抽水蓄能电站项目开工仪式在项目现场举行，标志着该抽水蓄能项目正式进入开工建设阶段。电站装机容量 2100MW，额定水头 650m，是新疆维吾尔自治区第二个核准开工建设的抽水蓄能项目。

2023 年 11 月 28 日上午，全国首个抽水蓄能与常规水电一体化规划、开发、运营的电站——新疆和静抽水蓄能电站与滚哈布奇勒水电站工程开工仪式在项目现场举行，标志着两项目正式进入开工建设阶段。新疆和静抽水蓄能电站装机容量 2100MW，其下水库与待建的滚哈布奇勒水电站水库共用。滚哈布奇勒水电站为开都河中游河段"两库七级"开发方案中的第四级电站，总装机容量 257MW（包括生态机组 32MW）。和静抽水蓄能电站预计年发电量为 25.2 亿 kW·h。

2023 年 12 月 7 日上午，陕西沙河抽水蓄能电站附属工程开工仪式在汉中市勉县顺利举行。工程位于陕西省汉中市勉县境内。电站装机容量 1400MW，连续满发小时数 6h，额定水头 483m。

2023 年 12 月 18 日上午，陕西佛坪抽水蓄能电站前期项目开工仪式在汉中市佛坪县举行。工程位于佛坪县境内，距汉中市直线距离 100km，距西安市直线距离 130km。电站装机容量 1400MW，设计年发电量 19.39 亿 kW·h，满发小时数 6h，额定水头 494m。

这一批"十四五"西北地区抽水蓄能电站陆续开

工建设为实现 30·60"双碳"目标，构建新型电力系统，助力国家绿色低碳转型，推动地方经济发展，促进新能源消纳，保障能源安全具有重大意义。西北地区作为国家能源战略的重要支点，其能源结构优化和新能源发展备受瞩目。在这一大背景下，西北院积极响应国家政策，推动西北地区抽水蓄能电站的建设工作，为区域能源转型和绿色发展贡献力量。

（中国电建集团西北勘测设计研究院有限公司

刘寅）

中国水力发电年鉴

4

工 程 勘 测

工程地质勘察与评价

贵阳抽水蓄能电站工程地质勘察与评价

贵阳抽水蓄能电站上水库设在乌江猫跳河红岩水电站库区右岸乌栗村，下水库为红岩水电站水库，电站包括上水库、下水库、输水系统、地下厂房系统和地面开关站。

（一）上水库（坝）

1. 上水库　上水库Ⅱ位于猫跳河六级红岩电站水库库尾右岸陡崖顶部台地上，库盆为浅切天然岩溶洼地。出露基岩为白云岩、灰岩、泥岩，发育3个小型岩溶漏斗及4个岩溶洼地。岩体弱透水，但受岩溶影响整体属中～强透水层。存在岩溶管道和裂隙渗漏问题，不具备垂直防渗条件，需全库盆防渗。库区无较大不良物理地质现象，边坡稳定条件较好，上库西、北侧陡崖卸荷弱发育，但岩体现状基本稳定。

2. 坝址　坝基主要位于娄山关群白云岩地层上，满足建坝要求。坝址南侧坝基大塘组、栖霞组第一段弱风化岩体为Ⅳ2C，允许承载力2MPa，该区域最大坝高45.2m，满足坝基承载力要求；梁山组弱风化岩体为Ⅴ类，允许承载力0.8MPa，该区域最大坝高34m，满足坝基承载力要求。坝基底部K05落水洞连接岩溶管道，洞口内空腔及竖井1规模较大且埋深较浅，建议回填处理。竖井1后岩溶管道规模小（宽度小于2m）且埋深大于40m，对坝基稳定影响小。

（二）下水库

下库红岩水电站大坝坝肩抗滑稳定，坝体及坝基防渗效果较好，拱坝及下游水垫塘两岸边坡整体稳定。抽水蓄能电站建成后，将与红岩电站联合运行，水库正常蓄水位及死水位与原红岩电站一致，对大坝基本无影响。

（三）输水发电系统

1. 地下厂房　厂房1～4号机组地基均为清虚洞组第一段第三层薄～中厚层泥灰岩夹钙质泥岩。断层fpd1-F3从4号机组附近穿过，断层fpd1-18从2号机组附近穿过。泥灰岩岩块强度较高，钙质泥岩夹层强度低、层厚薄，无强度实验数据，岩体完整性差，建议开挖后及时对地基封闭处理，局部夹杂较软弱泥岩、

断层破碎带需采取必要处理措施。估计厂房及其附属洞室群涌水量3500m³/天，厂房涌水量大，需考虑必要的排水措施。厂房开挖中存在沿断层破碎带及溶蚀裂隙带的涌水问题，厂房区需进行全封闭防渗及预排水处理，外水压力建议暂按0.5倍水头考虑。

2. 输水系统　引水事故闸门井围岩为娄山关群浅灰、灰色薄层至中厚层细粒白云岩，硬质岩，岩体完整，围岩以Ⅲ2类为主，具备成井地质条件；压力管道上平段及上弯段围岩为白云岩，硬质岩，围岩以Ⅲ2类为主，具备成洞地质条件；竖井段围岩为硬质岩，围岩以Ⅲ2类为主，具备成洞地质条件，高台组地层洞段及断层带为Ⅳ类围岩；下弯段围岩为白云岩及泥质条带灰岩，硬质岩，围岩以Ⅲ2类为主，具备成洞地质条件；下平段灰岩、泥质条带灰岩段岩体较完整，围岩以Ⅲ1类为主。薄～中厚层泥灰岩夹钙质泥岩段岩体完整性差，围岩以Ⅲ2类为主。断层带及局部裂隙密集带为Ⅳ类围岩；高压钢岔管及引水支管段围岩灰岩、泥质条带灰岩段岩体较完整，围岩以Ⅲ1类为主。薄～中厚层泥灰岩夹钙质泥岩段岩体完整性差，围岩以Ⅲ2类为主，断层带及局部裂隙密集带为Ⅳ类围岩；尾水钢管及尾水隧洞穿越地层为寒武系清虚洞组一段，围岩以Ⅲ2类为主。薄层钙质泥岩夹泥岩段岩体完整性差，围岩类别Ⅳ类。断层带及局部裂隙密集带为Ⅳ类围岩；尾水闸室岩体完整性差，局部较破碎，洞室围岩以Ⅲ类为主，局部稳定性差。局部断层及岩体破碎带为Ⅳ类；顶拱局部缓倾角裂隙与断层组合形成的不稳定块体，建议施工时及时采取随机支护处理措施；下库进/出水口部位岩体卸荷作用较弱，下游侧BT2崩塌堆积体将进行削坡减载及护岸处理，其余滑坡、泥石流等不良地质现象不发育。进/出水口段建筑物主要位于弱～微风化岩体中，薄～中厚层结构，围岩以Ⅲ类为主。进出口洞口边坡稳定性较好。

3. 开关站　开关站地基为强风化泥质粉砂岩夹粉砂岩、粉砂质泥岩地层，岩体质量差，局部泥岩地基需采取混凝土置换等措施。开关站边坡最大开挖高度40m，位于断层F7下盘影响带内。上部覆盖层厚4.5～10m，为坡积黏土夹碎块石。下部为强风化岩体，岩体完整性差，边坡稳定性差，建议加强支护。

（广东省能源集团贵阳抽水蓄能发电
有限公司　苏仁庚）

汨罗玉池抽水蓄能电站水库库岸边坡稳定性评价与防治

汨罗玉池抽水蓄能电站一等大（1）型工程，大坝为混凝土防渗墙堆渣坝，最大坝高25m，上游坝坡1∶3，下游坝坡1∶3，地震基本烈度为Ⅵ度。根据边坡所处位置及失事后可能造成的危害程度，按相关规范确定右坝肩库岸边坡等级为A类Ⅰ级，抗震设防类别为乙类。

（一）地形地质条件

大坝位于水库北侧低矮分水岭，主沟呈宽"V"形，谷底平缓，高程544.02～545.90m，正常蓄水位（563.00m）谷宽104m。坝址右岸山体单薄为条状山脊，地形坡度35°～45°。

右岸单薄山脊下伏基岩为花岗岩，强风化花岗岩力学强度低，弱风化及以下花岗岩较坚硬，力学强度高。山脊上部为残坡积层，厚0.5～2.0m，全、强风化下限埋深分别为12～17m、20～25m。地下水位19.3～32.1m，对应高程536.13～550.01m。

上水库单薄山脊边坡为自然边坡，边坡顶部有环库道路通过，沿道路进行边坡开挖，坝顶高程以下不进行边坡开挖。考虑到右岸条形山脊地下水位较低，为防止绕坝渗漏，因此该处采用防渗墙进行防渗。

（二）稳定性分析与评价

1. 稳定计算方法　选用简化毕肖普法法和摩根斯坦法等计算方法进行稳定计算分析。

2. 模型建立和参数选取　本计算在右坝肩选取一个剖面进行建模。按下列工况进行分析：持久设计状况，即边坡正常运行工况，采用基本组合进行设计；短暂设计工况，为运行期暴雨或久雨及地下或地表排水短期失效形成的地下水位增高，采用基本组合进行设计；偶然设计工况，为校核洪水位或遭遇地震工况，采用偶然组合进行设计。

根据岩石（体）物理力学试验成果，结合工程区工程地质条件，类比已有工程经验，确定边坡稳定分析采用的残坡积土和花岗岩的重度和抗剪断强度等物理力学参数。

3. 边坡稳定性评价　根据《水电工程边坡设计规范》确定边坡设计安全标准见1。

表1　　　　　　　　　　　　　　　边坡设计安全控制标准

边坡类别		边坡设计安全级别	控制安全标准		
			持久状况	短暂状况	偶然状况
A类	枢纽工程区边坡	Ⅰ	1.25	1.15	1.05

单薄山脊典型断面坝坡稳定计算结果（见表2）表明，在库水消落期及库水消落期叠加地震工况时，上游边坡的抗滑安全系数要求未达到规范要求。

表2　　　　　　　　　　　　　　单薄山脊典型断面坝坡稳定计算成果

计算工况		计算方法	上游	下游	安全系数标准
正常运用条件	正常蓄水位	Bishop	1.43	1.91	1.25
		MP	1.48	2.02	
	库水消落期	Bishop	0.91	1.90	
		MP	0.93	2.00	
非正常运用条件Ⅱ	施工期	Bishop	1.80	2.32	1.15
		MP	1.85	2.33	
	校核洪水位	Bishop	1.46	1.90	
		MP	1.50	2.00	
	暴雨	Bishop	1.45	1.83	
		MP	1.49	1.92	
非正常运用条件Ⅱ	正常蓄水位+地震	Bishop	1.37	1.82	1.05
		MP	1.43	1.92	
	库水消落期+地震	Bishop	0.88	1.82	
		MP	0.91	1.91	

注　库水消落期即正常蓄水位骤降至死水位工况。

（三）边坡防治措施和评价

大坝右岸单薄山脊上游位于库内，山脊顶部有环库道路通过，开口线外缘无其他流量汇入。若采用削坡、排水、锚索等方式进行治理，既不经济，也起不到良好的效果。右岸单薄山脊紧邻大坝，料场开挖料弃料较多，故考虑在山脊上游增加压坡体，其坡比1：3与大坝平顺相接。

在正常运用条件及库水位消落至死水位工况下，治理后山脊典型断面稳定计算的安全系数为1.28/1.32＞1.25。非正常运用条件Ⅱ及库水消落期+地震工况下，治理后山脊典型断面稳定计算的安全系数1.21/1.25＞1.05。

（中国电建集团中南勘测设计研究院
有限公司 胡娟 苏小波）

缓倾岩层地下厂房洞室围岩稳定性评价

（一）厂房区岩体及结构面发育特征

甘肃皇城抽水蓄能电站厂房内岩性以砂岩为主，岩石为细粒、中粗粒砂状结构，填隙物为少量杂基和胶结物。胶结物为铁泥质，颗粒支撑，接触式胶结。局部可见泥质砂岩为变余泥状结构，板状构造，含碎屑泥质，岩石具变余泥状结构、板状构造。

岩层整体断层不发育，分布于强、弱风化带，呈陡倾角状。结构面以裂隙为主（3组）：一组层面裂隙最发育，产状 NW290°～330°SW∠10°～25°，数量多、规模大、展布广，且切割其他裂隙；另外两组共轭陡倾角裂隙，NW290°～330°SW∠80°～85°及 NE40°～60°SE(NW)∠69°～75°，陡倾结构面产状陡，在岩体中与其他结构面相互组合，造成块体失稳和破坏。

结构面迹长1～3m最多，大多数在20m内，且层面或缓倾裂隙都比陡倾裂隙迹长更长，分布更广，陡倾裂隙迹长集中。结构面平直状为主，其次为起伏和弯曲状，不发育台阶状；表面光滑，较少见粗糙状；无充填结构面为主，其次为软弱夹层，少数充填石英和泥质物。

（二）地下厂房围岩分类及处理建议

厂房边墙中厚层状岩体较完整，洞室局部稳定差，以Ⅲ₁类围岩为主；互层状岩体完整性较差～较破碎，洞室不稳定～稳定性差，以Ⅲ₂类围岩为主；断层及其影响带附近多为碎裂、碎块状，岩体破碎，洞室不稳定，以Ⅳ类围岩为主。厂房区围岩层面缓倾，在层面作用下顶拱易塌落，且层面与陡倾结构面相互切割，易产生块体楔形破坏，建议加强支护。

岩壁梁岩体无大的地质构造通过，整体岩石较完整，总体基本稳定。开挖爆破使局部层面裂隙、共轭陡倾裂隙部位岩体发生塌落，需加固处理。优势结构面以层面为主，对边墙影响较小。NNW、NNE陡倾裂隙与层面裂隙组合在边墙局部有产生片状剥落及块体楔形破坏可能，且边墙陡倾结构面多伴随地下水深处，开挖后需及时支护处理。

（三）结构面组成对围岩块体稳定影响

1. 结构面组合及围岩岩体块体失稳模式 研究区岩性以缓倾层状砂岩与泥岩互层为主，层间缓倾结构面发育，开挖洞室内与临空面、切层结构面、共轭陡倾结构面相互交叉切割、组合，对洞壁产生破坏。洞壁失稳破坏模式：洞壁块体掉落、洞壁块体滑移—掉落、洞壁块体层状剥离、洞壁块体倾倒，洞顶块体掉落和洞顶层状剥离。

2. 局部围岩岩体块体稳定性评价 层面裂隙多为岩屑夹泥型，局部可见泥质岩体发育，抗剪断参数取值 $f' = 0.40$，$C' = 0.06$MPa。洞室发育的两组陡倾结构面裂面新鲜、闭合，强度较高，强度参数采用 $f' = 0.50$，$C' = 0.10$MPa。采用 unwedge 软件分析对应块体几何形态。分析可知，延展较大的缓倾结构面与两组共轭陡倾结构面组合易出现不稳定块体，主要区域为拱顶及洞室左右边墙上部，块体重量有限，建议在洞室表面块体周界完全暴露之前做好支护工作。

（四）厂房应力应变调整

1. 开挖后洞室群围岩变形特征 主副厂房开挖尺寸为76.5m×26.4m×58.5m(长×宽×高)。地下洞室群开挖后，洞室群围岩变形主要呈现为东西两壁变形大，南北两端变形小；其中东西两壁中间变形大，边缘变形小的分布规律。同时，相邻洞室之间将互相影响。主厂房上游壁与引水洞相交处，下游壁与母线洞相交处围岩变形均相对较大，在施工中应予以重视。开挖过程中围岩整体将表现出较好的自稳能力。

2. 开挖后洞室群围岩塑性区特征 地下洞室群开挖后，围岩内部将会发生应力重分布和应力集中，使洞室周围围岩沿切向应力增加、径向应力减小，导致洞室围岩破坏。尤其各洞室的洞顶拱跨交角、洞底墙脚交角、侧墙中部等易产生应力集中的区域，岩体可能发生强烈破坏。其中主厂房周边塑性圈较厚，围岩以剪切破坏为主，主厂房上游壁中部岩体为剪切和拉伸共同作用，主厂房底板与顶板区域均发生剪切破坏。主变室周边围岩塑性区厚度较小。尾调室周边围岩塑性区分布规律为，顶拱周边存在部分岩体未进入塑性状态，上游、下游壁附近围岩塑性区、厚度均远小于开挖半径，开挖后将呈现较好的自稳能力。

此外，受主厂房、主变室开挖的影响，主变搬运道周边围岩塑性圈也相对较大，靠近主厂房一侧围岩塑性圈厚度大于靠近主变室一侧塑性区厚度。同时，

3 条主变压器搬运道之间岩体也部分进入塑性状态。从塑性区三维分布特征图也可见，工程区岩体破坏形式主要为剪切破坏，其中主厂房和尾调室侧壁的破坏模式主要为拉伸破坏和剪切破坏的共同作用，3 条主变压器搬运道之间岩体进入塑性状态的区域较少。地下厂房区拱角、墙角受应力集中影响，可能存在破裂破坏，需及时采取支护措施或预防措施。

（中国电建集团西北勘测设计研究院
有限公司　李鹏）

旭龙水电站工程地质勘察及进展有关情况

　　旭龙水电站位于金沙江干流上游河段—云南省德钦县与四川省得荣县交界部位，距上游昌波坝址 75.5km，距下游奔子栏坝址 72.8km。旭龙水电站为一等大（1）型工程，主要开发任务为发电，是"西电东送"骨干电源点之一。电站正常蓄水位 2302m，死水位 2294m，装机容量 240 万 kW(4×60 万 kW)，多年平均发电量 105.14 亿 kW·h，水库总库容 8.47 亿 m³，调节库容 1.26 亿 m³，工程枢纽主要由高 213m 的混凝土双曲拱坝、泄洪消能建筑物、引水发电建筑物和过鱼设施等组成。

　　该水电站勘测工作始于 2004 年 10 月，开展了日冕水电站预可研阶段工程地质勘察工作，初选斯木达坝址、旭龙坝址开展工作。2011 年 11 月审查"同意以岗托为龙头水库的 13 级电站作为流域梯级布局及资源规划方案"，其中旭龙梯级即日冕梯级。经过多年勘察研究，查明了旭龙水电站上、下坝址的建坝地质条件，为坝址比选提供了可靠的地质依据。2017 年 8 月水电水利规划设计总院审查通过了《金沙江旭龙水电站预可行性研究报告》。2020 年 8 月水电水利规划设计总院对《金沙江上游旭龙水电站可行性研究

报告》审查并通过。预可研与可研阶段共完成勘探平洞 8908m/88 条、钻孔 25603m/265 个、室内物理力学试验 1629 组、现场力学试验 67 组、地应力测试 14 孔、平洞声波 23271m/32 条、钻孔声波彩电 9867m/86 个。

　　该坝址河段金沙江河势较顺直，河谷横断面为"V"形，两岸对称性较好。河谷宽高比为 1.82。坝址区主要为印支期侵入花岗岩、中元古界雄松群三段混合岩与斜长角闪片岩，均为坚硬岩石。高程 2500m 以下全强风化带缺失，岩体多呈弱风化至微新状。坝址区断层较发育，规模多较小，断层走向以与河流近正交为主，地应力总体属中等地应力水平。高程 2300m 以下两岸边坡除浅表部、孤立山嘴及地形突出部位见强卸荷现象外，岸坡岩体主要表现为弱卸荷，其水平卸荷深度 15～35m；高程 2300m 以上陡崖发育有强卸荷带，强卸带宽度一般小于 30m。主要建坝岩体质量以 ⅡA 类为主，部分为 ⅢlA 类；花岗岩与混合岩岩体基本质量为 ⅡA～ⅢlA 类；斜长角闪片岩岩体基本质量以 ⅡA～ⅢlA 类为主，局部片岩接触带为 Ⅳ 类。坝址区主要工程地质问题为高边坡稳定问题、拱座抗滑稳定问题、洞室围岩稳定问题。

　　2023 年 1～12 月，场内道路工程与地方过坝道路工程进行开挖支护，共计开挖了 2876m；两岸边坡及地下厂房三大洞室（主厂房、主变洞、尾调室）进行开挖支护，共计开挖了约 22.4 万 m²；开展了大坝工程、地下电站工程与道路工程相应的施工地质工作，完成了相应的施工地质简报、地质备忘录、地质预报单等，及相应的三维实景建模工作。大坝工程、地下电站工程与道路工程开挖揭露岩性为花岗岩、斜长角闪（片）岩、混合岩，围岩类别以 Ⅱ、Ⅲ 类围岩为主，少部分 Ⅳ 类围岩，局部工程地质问题均采取了必要的加强支护措施。

［长江三峡勘测研究院有限公司
（武汉）　张焕强］

工程地质问题处理

LW 水电站库区不良地质体 InSAR 数据可视化处理方法

（一）数据准备

　　LW 水电站库区不良地质 InSAR 变形监测采

用哨兵 1 号（Sentinel-1）卫星影像数据进行分析。考虑"V"形河谷滑坡潜在变形特性及雷达卫星视角，分别选用 2020 年 4～7 月间 5 景升轨、降轨影像对库区右岸、左岸边坡进行稳定性监测，以 2016 年 12 月影像作为基准。为提高两景影像间的相干性，采用直连数据处理方法进行干涉处理。监测期间每一景图像与基准图像相同栅格的雷达视线向（LOS）距

离变化即为该图像栅格处的累计变形量。

为实现三维场景内可视化展示,每景影像最小栅格单元需明确经度、纬度、高程及累计变形量共 4 项必要属性。此外,在 InSAR 成果数据导出时,也可将投影坐标系中栅格中心点的 X、Y 向坐标值、形变速率、时间相干性、时序形变标准差等其他属性值一并处理。

InSAR 数据准备中,影像栅格单元属性项,数据库字段名汇总见表 1。其中,多时序成果数据采用单表管理方式,每一期累计变形均以"D+年月日"作为字段名。最终数据采用 Excel 的 .CSV 格式文件存储。

表 1　　　　　　　　　InSAR 影像栅格单元属性及数据库字段说明

序号	属性名称	数据库字段名	备注
1	经度	LON	
2	纬度	LAT	
3	高程	HEIGHT	
4	最新累计变形量	CUMUL _ DISP	
5	时间相干性	COHER	
6	雷达多普勒坐标值 Sample	SVET	
7	雷达多普勒坐标值 Line	LVET	
8	时序变形量标准差	STDEV	
9	第 2 期累计变形	D20200414	2020 年 04 月 14 日
10	第 3 期累计变形	D20200426	2020 年 04 月 26 日
……	……	……	……

(二)矢量点云处理

考虑时间因素 InSAR 影像栅格单元具有四维属性(经度、纬度、高程及时间),时间与累计变形属同一维度,故可通过色彩对不同时期相同栅格单元进行累计变形可视化区分。

此文采用北京超图 iDesktopX 11i 软件的专题图制作功能实现多时序 InSAR 影像栅格单元的累计变形属性分离,每期观测成果对应一幅专题图。

1. 空间数据库创建　前期已将 InSAR 影像栅格单元的空间坐标,多时序累计变形等属性汇总于 .CSV 格式文件中。在使用超图 iDesktop 软件制作专题图前,首先需建立以全部影像栅格单元作为矢量点云的空间数据库。进入超图 iDesktopX 11i 软件主界面后,依次选择"开始"—"文件"—"新建文件型数据源",选择 .udbx 格式作为空间数据库类型。在左侧"工作空间"—"数据源"管理区,选择"导入数据集",将 .CSV 的 InSAR 数据进行导入。需注意,在导入数据时须勾选"导入空间数据"项,并依次选择 InSAR 数据表中经度、纬度及高程对应的列,源文件字符集类型选择"UTF-8"。数据导入完成后,须将空间数据库数值属性的字段类型由"宽类型"改为相应的"整型"或"双精度"。否则 iDesktop 软件在专题图绘制时无法识别字段是否为数值。此外,在"坐标系"选项卡中须选择 InSAR 影像栅格单元地理坐标对应的坐标系类型。空间数据库创建及导入完成

后,点击操作界面左侧"数据源"中相应数据集,在 iDesktop 图形绘制区域将显示出根据影像栅格单元的地理坐标属性绘制出的矢量点云图。

2. 专题图制作　为满足三维地球 GIS 场景加载要求,在制作专题图前,需在"工作空间"—"场景"新建"球面场景"作为专题图的三维 GIS 背景。选中球面场景后,在"工作空间"—"数据源"中找到之前导入的 InSAR 空间数据集,选择"添加到当前场景",会自动在"图层管理器"—"普通图层"中生成相应的数据图层。在该数据图层上依次选择"制作专题图"—"分段专题图"—"默认",绘图区域将显示默认分段的专题图。在操作界面右侧专题图属性栏,"分段表达式"选择累计变形量对应列(多时序对应多个专题图),"分段方法"选择"自定义分段",选择合适的"颜色方案"后根据显示效果确定分段数量。最终生成 InSAR 矢量点云数据专题图效果示意图。

3. 三维切片缓存生成　为提高海量 InSAR 矢量点云专题图在网页端加载效率,特对专题图进行三维切片缓存处理,生成矢量点云的瓦片模型。选择专题图所在的球面场景,点击"生成场景缓存",在设置界面"缓存类型"选择"三维切片","文件类型"选择"S3MB"格式。此外,也可根据实际设置地形缓存类型、分块大小等。

4. 三维切片缓存图层加载　选择 InSAR 矢量点

云数据专题图所在的球面场景，在"图层管理器"中移除全部已有的数据集、专题图图层。在"普通图层"选择"添加三维切片缓存图层"，完成矢量点云专题图三维切片缓存的加载。

至此，超图 iDesktop 软件对矢量点云数据的处理已全部完成，保存工作空间至三维切片缓存同文件目录即可。

（三）服务发布

为满足信息化平台"随时、随地"调用需求，本文采用超图的 GIS 服务引擎 iServer 11 对 InSAR 矢量点云数据处理完成后的工作空间进行在线发布。在服务器端运行 iServer 服务后，浏览器访问"http：//localhost：8090"，进入服务管理主界面。点击"快速发布一个或一组服务"—"下一步"—"远程浏览…"选择打开 .sxwu 格式的工作空间，随后勾选"REST-数据服务""REST-三维服务"，至此已完成工作空间的在线发布。以此次研究使用的工作空间名称为"project"为例，在服务器本地通过浏览器访问"http：//localhost：8090/iserver/services/3D-project/rest/realspace/scenes"，选择"以 WebGL3D（支持浏览s3m 缓存）形式浏览场景"即可通过本地或远程（将localhost 修改为服务器 IP）快速浏览发布的 InSAR 矢量点云的瓦片模型。

（四）模型调用

采用 B/S（浏览器端/服务器端）或 C/S（客户端/服务器端）架构的信息化平台可以在线调用InSAR 矢量点云瓦片模型，此处以基于 Cesium 开发的 B/S 架构信息化平台为例对模型调用过程进行说明。经过对多时序 InSAR 矢量点云数据的一系列加工和处理，最终得到了能够在线调用的多时序矢量点云瓦片模型。通过信息化平台的调用和控制，可实现集 InSAR 矢量点云单时序静态浏览、多时序动态演进、矢量点属性查询（如累计变形）等。

（中国电建集团中南勘测设计研究院有限公司
肖亚子　邬昱昆　樊恒通　谢新宇）

乌江渡水电站自然边坡
稳定性评价及处理

（一）边坡工程地质分析

边坡坡体位于青岗岭倒转背斜东翼与后坝向斜尾部过渡带，地层岩性为第四系素填土、残坡积土及崩塌堆积体（古滑坡体），下伏基岩为三迭系中统松子坎组（T2s）中厚层泥质白云岩夹钙质页岩、灰岩、泥质灰岩，泥化破碎夹层较为发育，厚度大于 100m。

研究区域属于亚热带季风气候，多年平均降水量为 1333mm。地表水较为发育，地下水类型主要以岩溶水为主，表层分布少量孔隙水，受大气降水补给。

（二）定性分析

1. 地层岩性　边坡坡体为第四系素填土、残坡积土及崩塌堆积体，下伏基岩为泥质白云岩夹钙质页岩、灰岩、泥质灰岩，泥化破碎夹层较为发育，厚度大于 100m。

2. 地质构造　区域以石炭、泥盆系为界，呈一东西向隆起带。受历次构造运动影响，使全部覆盖层产生强烈褶皱和断裂，加之喜马拉雅运动的影响，使区内的构造更趋复杂。

本区位于倒转背斜东翼与后坝向斜尾部过渡带。区范围内岩层在褶曲、倒转、扭动和断裂过程中产状多变，产生了多组小断裂构造，岩石受构造破坏严重。

3. 水文地质条件　地下水划分为第四系松散岩类孔隙水和岩溶水，主要为岩溶水，表层分布少量孔隙水。潜水地下水依靠大气降水补给，亦受气候因素控制，洪、枯期水位和流量变化幅度大，地下水的运移和赋存条件受地质结构控制，在断裂带和向斜轴部常形成富含水带。岩溶地下水赋水状态主要为管道流。区内地形陡，冲沟发育，有利于地下（地表）水径流和排泄。雨季或暴雨降水渗入松散层，易诱发第四系松散层滑坡。

4. 不良地质体　古滑坡堆积体平面分布范围，规模等级为中型。堆积体分布区地貌呈圈椅状，顺河无基岩裸露（其他河段均有裸露）。堆积体为碎石土，滑床底界面附近有一层黏泥分布。分析认为其来源于由页岩夹泥灰岩、泥质灰岩及少量的薄层白云质灰岩的三迭系中统松子坎组地层。该地层强风化带中泥化破碎夹层相当发育，众多泥化破碎夹层分布的顺向边坡为滑坡提供了好的滑动条件，在地下水等因素作用下，全、强风化岩体顺层产生滑动，形成该古滑坡堆积体。

综上分析，评估区工程建设项目多且集中，人类工程活动强烈，对地质环境的改造大。

（三）定量计算

1. 计算模型与工况　从勘查剖面可见，滑坡滑动面总体呈折线型。外部荷载主要是建筑荷载（10～60kPa）和大雨或特大暴雨的作用。滑体物质属强透水层，降雨增加滑体的重度。计算工况分三种：①工况一，自重＋建筑荷载，模拟天然状态（现状）；②工况二，自重＋建筑荷载＋暴雨，暴雨入渗增加滑体重量，滑体力学参数略有降低；③工况三，自重＋建筑荷载＋20 年一遇洪水，场区洪水入渗增加滑体重量，滑动带力学参数降低。

边坡稳定安全系数按规范一级永久建筑边坡取 $F_{st}=1.35$。计算分析不涉及地震工况。

2. 计算方法与计算结果 采用不平衡推力传递系数法计算滑坡稳定性系数，计算结果如下：Ⅰ-Ⅰ′剖面中滑面 1、2，工况一计算稳定系数分别为 1.32、1.69，状态分别为基本稳定和稳定；工况二稳定系数分别为 1.1、1.52，状态分别为基本稳定和稳定；工况三稳定系数 0.91（滑面 1），为不稳定。Ⅱ-Ⅱ′剖面滑面 1、2，工况一稳定系数分别为 1.47、1.45，状态均为稳定；工况二稳定系数分别为 1.23、1.3，状态均为基本稳定；工况三稳定系数 1.04（滑面 1），状态为欠稳定。Ⅲ-Ⅲ′剖面滑面 1、2，工况一稳定系数分别为 1.51、1.84，状态均为稳定；工况二稳定系数分别为 1.25、1.66，状态分别为基本稳定和稳定；工况三稳定系数 1.09（滑面 1），为基本稳定。Ⅳ-Ⅳ′剖面中滑面 1、2，工况一计算稳定系数分别为 1.88、1.73，均为稳定；工况二稳定系数分别为 1.58、1.62，均为稳定；工况三计算稳定系数 1.29（滑面 1），状态基本稳定。

3. 稳定性分析及趋势预测 根据计算结果结合边坡体实际情况，上部填土在自然工况及暴雨工况下整体处于稳定状态，局部（Ⅱ-Ⅱ′）暴雨工况下处于基本稳定状态；下部堆积体自然工况下处于稳定状态，暴雨工况下多处于基本稳定状态，不满足场地边坡稳定安全要求，局部（Ⅳ-Ⅳ′）处于稳定状态。此外，边坡在 20 年一遇洪水位饱和状态下，Ⅰ-Ⅰ′处于不稳定状态，Ⅱ-Ⅱ′处于欠稳定，Ⅲ-Ⅲ′和Ⅳ-Ⅳ′处于基本稳定状态。

坡脚前缘支挡形式为桩托挡墙支护，刚度小，支护安全系数未达边坡稳定要求，且上部建筑为老旧砖混结构，在连续暴雨下，边坡可能发生变形，使上部建筑物开裂变形破坏。

根据相关规范要求，本边坡工程整体稳定性不能满足一级边坡稳定安全系数要求。

（四）防治方案建议

1. 防治目标和原则 对边坡区进行综合防治，使治理后边坡保持稳定，在设计使用年限内边坡不发生整体或较大规模滑坡，不发生危及人身和财产安全的地质灾害。边坡防治要针对重点地区，防治措施应技术可行、经济合理、可操作性强又不破坏生态环境。

2. 防治方案 建议采用格宾笼或框架格构梁对斜坡前缘裸露斜坡进行冲刷防护；在建筑物前缘适当位置采用桩板墙支挡提高其安全系数，区内局部开挖时，做好临时支挡；建立边坡范围完善的排水系统，

对边坡上的冲沟、下水道作好防渗处理，对坡面汇水，引导降雨的汇集与排泄，防止雨季时地表水横溢漫流，影响滑坡的稳定性。

（贵州乌江水电开发有限责任公司
乌江渡发电厂　安凯旄）

三维地应力场回归分析在庆元抽水蓄能电站中的应用

（一）概况

庆元抽水蓄能电站地势北东高南西低，剥蚀切割峡谷形地貌，山坡陡峻。输水发电系统设在上、下库间山体内，总长 2469.74m，其中引水系统长 1923.03m，尾水系统长 546.71m，距高比 4.20。主厂房与主变压器洞间岩墙厚 40m，主变压器洞与尾闸洞间岩墙厚 38.5m。

（二）数值模拟方法原理

依据工程区边界范围进行建模，设定场区岩土层物理力学参数。工程区域内采集足够多具有应力测试数据采样点，并在边界上设若干待定载荷参数 j。利用多元回归方法获取荷载参数后，其重力和边界载荷参数均为已知，采用有限元程序得出工程区现今地应力场。在此计算结果基础上，对关心的工程部位，通过数据后处理，计算和显示出模型一系列剖面和平面内地应力场分布规律。

（三）三维构造应力场数值模拟

1. 地质-数值模型的建立 根据电站地质资料，结合区域地质背景，考虑模型边界效应影响，综合确定三维线弹性有限元应力场模拟区。

利用工程区 GCZK201、CFZK1、CFZK2 和 CFZK3 钻孔水压致裂地应力测量结果，作为模型边界主要约束条件。GCZK201 位于电站厂房，孔口高程 845.4m；CFZK2 和 CFZK3 位于电站引水隧洞，孔口高程分别为 1217.16、785.32m。在 4 个钻孔中开展 9 个测段印模定向试验确定场区水平最大主应力优势作用方向为 N39°W，以此作为有限元矩形计算区长边方向。

场区岩性为流纹质玻屑凝灰岩、晶玻屑凝灰岩和沉凝灰岩，故有限元数值模拟中，材料介质的弹性模量、泊松比和岩石密度取三种岩石参数平均值。模拟区内 F_2、F_3 断层带宽 1~3m，建模中取 2m，倾角简化为直立。参照工程区地表覆盖层厚度和相关室内试验中岩石密度、单轴极限抗压强度和泊松比测试数据，综合确定数值计算中模型材料参数见表 1。

表1   材料介质力学参数表

材料介质	弹性模量（GPa）	泊松比	密度（g/cm³）	备注
区内主要岩体	55.86	0.187	2.65	取流纹质玻屑凝灰岩、晶玻屑凝灰岩和沉凝灰岩参数平均值
地表风化层	2	0.28	2.3	岩体物理力学参数建议值表中Ⅳ类围岩建议值的中间值（覆盖层）
断层	12	0.28	2.5	弹性模量约取主要岩体的 1/5

2. 边界条件 有限元计算模型中，先对数值模型边界4个立面和底面进行法向位移刚性约束，上部自由面，在三维有限元模型上加载重力载荷（$g = 9.8\text{m/s}^2$），对模型进行初步校验。在重力作用下，计算模型垂向应力。垂向应力随深度增加而分层增大，说明垂向应力大小基本与上覆岩层重量相同。通过对重力场试算可知，有限元模型基本与实际情况一致。

在自重模拟基础上加载地质构造作用。场地内应力场主压应力方向为 N39°W。对模型边界施加外力，对模型底面垂直法向位移进行刚性约束，上边界为自由边界，模型西北和东北向边界法线向位移进行刚性约束，西南和东南向边界的内法线向施加水平构造作用。

基于上面4个钻孔水压致裂地应力实测数据作为有效应力数据约束，经反演计算及反复的参数调整，确定了未知载荷的作用方式及其量值。实测地应力资料与对应提取的模拟结果达较高拟合度。在此基础上，正演计算出研究区域内三维地应力场的空间分布。

3. 三维数值模拟结果 根据上述模型及边界条件，模拟计算了工程区三维地应力场。结果表明，主应力的空间分布特征总体上随着深度的增加而增大，由于地表高程起伏较大，沟谷处存在一定的应力集中现象，因模型整体的尺寸效应，该现象在三维云图中不太明显；总体上，模型底部最大主应力达35.80MPa，接近垂向应力量值水平，中间主应力达21.69MPa 左右，最小主应力达 15.40MPa 左右，重力和构造应力作用是控制工程区地应力场的主导因素。

（四）模拟与实测地应力对比结果分析

由 CFZK3、CFZK2、CFZK1 钻孔实测应力数据与模拟结果对比可知，吻合度均较好，说明数值计算结果可靠。受峡谷地形特征显著影响，应力集中效应使 GCZK201 吻合度较差。钻孔 CFZK2、CFZK3 的实测应力与模拟值对比，总体上吻合较好，拟合度分别为 0.9829 和 0.7871。

（中水北方勘测设计研究有限责任公司
牛明智 刘国强 邵祎迪）

勘测技术与设备

无人机摄影测量技术在 BZL 水电站工程中的应用

（一）测区概况和数据处理

BZL 水电站库区使用韦加中云图 F8 无人机，该机型具备实时差分和高精度惯导系统，利用该设备已实施 BZL 库区 180km² 的 1∶2000 地形图项目。工作内容包括：稀少像控 POS 空三加密；1∶2000 比例尺地形图测绘；真彩色数字正射影像图制作；制作 DSM 数字高程模型。

1. 制作流程 利用 POS 进行无控空三加密及 4D 产品制作流程如下：航线规划→执行 POS 航飞摄影→数据整理→POS 辅助空中三角测量区域网平差计算→立体测图、制作 DEM 和 DOM。其中航线规划使用韦加无人机航测系统自带地面控制站软件 IF-LYStation 提前进行航线规划，在上传航线前根据实地情况进行适当修改。POS 辅助空三加密使用 Photoscan 软件全自动进行空三加密、DSM 和 DOM 制作，再将空三加密结果导入航天远景 Mapmatrix 中进行立体测图。

2. 测区地理概况及主要资料 水电站库区交通较方便，天气以晴为主，常伴有微风，整个测区地势高起伏很大，无高大建筑物，大部分区域为高山地，裸露岩石。在 2016 年 12 月 7 日采用真彩色无人机低空摄影，航摄地面分辨率为 0.18，成图比例尺 1∶2000，测区面积 180km²，检查点 49 个，影像扫描分辨率 0.00476mm，航片总数 3286 张，航测 16 架次。

3. 内业数据处理　①数据整理。每架次完成后，IFLYStation 自动下载飞机高精度 POS 数据并与航飞影像自动匹配，再导入 photoscan 建立 16 个工程文件，利用 photoscan 将 16 个工程合并。②全自动选点与相对定向。利用 phtotoscan 软件全自动利用特征点提取算法从互相重叠的两幅影像上均匀选取明显特征点，再利用匹配算法进行两幅影像的特征点匹配。③空三加密。基于高精度 POS 全自动恢复每幅影像的外方位元素。④4D 产品制作。在无需人工干预情况下，全自动生成 DSM、DEM 和 DOM。整个区域正射影像色彩过渡自然、影像清晰、反差适中、层次

分明、纹理信息丰富，无图像处理所留下的痕迹。经过内业立体测图，生产出相应比例尺的地形图 DLG。

（二）成果精度统计与分析

1. 测区成果精度统计　①在稀少像控情况下，测区经过和空三加密后，将生产的无植被覆盖 DSM（裸露地面）和 DOM 叠加生成模型。以此模型进行立体采集，在野外实地进行精度检查。精度统计显示，在稀少像控情况下，直接进行相对定向和绝对定向，然后建立立体模型进行测图。大比例尺成图的平面精度优于规范要求，高程精度接近规范要求。同时，无论在地形平坦还是起伏较大的山地，其平面精度都优于规范要求。②在稀少像控下得到空三加密结果，经自动生产 DEM，并以此来正射纠正得到测区的正射影像。利用整个测区分布均匀的检查点对正射影像进行平面精度验证，结果见表 1。

表 1　　　　　　　　　　　　精度检查表

1∶2000 比例尺	检查点数量（个）	检测中误差（m）		规范要求中误差（m）	
		平面	高程	平面	高程
DLG（地形图）	35	0.18	0.51	0.6	2
DSM	35	无	0.2	无	2
DOM	35	0.2	无	0.6	无

经过对正射影像的平面精度的检查，在稀少像控条件下，制作大比例尺正射影像无论从检查点的单点中误差还是平均中误差都能满足相关规范的精度要求，同时在不同地形条件下，正射影像的平面精度均能达到相应的规范要求。

2. 与传统作业比较　无人机航测具有成本低廉、轻巧灵便、操作方便等特点。由表 2 可见，在 1km² 范围内，不考虑天气、信号等因素情况下，无人机航

测降低了作业人员劳动强度，减少了个人因素引起的误差，提高了人员的安全系数，生产的 4D 产品较丰富。但无人机航测带来了航空风险。在保证测绘标准成图精度情况下，综合考虑全面因素可得出无人机航测具有明显优势：酷暑天气下，无人机仍能正常作业，但实测劳动强度大大增加；植被茂密情况下，RTK 成图方式完全失效，全站仪作业效率大大降低，劳动成本大大增加。

表 2　　　　　　　　　　　不同作业方式效率对比

1∶2000 比例尺	人员劳动强度	仪器安全性	完成时间（天）	成果精度（中误差）		成果评价
				平面	高程	
数字化全站仪	较高	高	2（免棱镜）	0.1	0.20	单一
RTK	较高	高	4	0.15	0.38	单一
数字摄影测量	较低	较低	2	0.22	0.42	丰富（4D 产品）

（中国电建集团中南勘测设计研究院有限公司　姜丙波　彭云　周灯　胡旺　何竹青）

EIGEN-6C4 重力场模型在大高差水电工程高程测量中的应用

在抽水蓄能电站前期勘测设计中，传统的水准或

三角高程测量方法，已逐渐无法满足项目的需求。在西部地区探讨新型高程测量方法在大高差水电工程中的应用。

（一）重力场模型介绍

近年来，基于地球重力场模型的 GNSS 高程拟合方法备受关注，常用的有 EGM2008 模型、EIGEN-

6C4 模型。前者是由美国国家地理空间情报局（NGA）2008 年 4 月首次推出的全球重力场模型，球谐系数的阶数扩展至 2190，次数为 2159。后者是由德国 GFZ 和图卢兹的 GRGS 于 2014 年第四次发行的高阶次全球重力场模型，球谐系数的阶数和次数均为 2190。重力场模型主要采用 1985～2010 年的 LAGEOS 数据、2003～2012 年的 GRACE RL03 GRGS 数据、2009～2013 年的 GOCE-SGG 数据、DTU10 地面重力数据。EIGEN-6C4 模型使用的数据较 EGM2008 模型更丰富。

（二）高程拟合方法

通过高程拟合方法计算各电站 GNSS 控制点在 EGM2008 和 EIGEN-6C4 两种重力场模型下的正常高，并将这些数据与联测过二等水准或四等三角高程的常规测量高程成果进行比较。通过计算出两种重力场模型下各控制点的误差，借此对拟合精度进行评估。

1. 正常高计算　通过联测水准的国家 GNSS 控制点，获取各 GNSS 控制点位 WGS-84 椭球下大地高 H。分别计算各控制点位在 EGM2008、EIGEN-6C4 重力场模型下高程异常值 ξ_i。计算各点位在重力场模型下正常高 $h_i = H_i - \xi_i$（h_i 为待求点正常高，H_i 为已获取待求点大地高，ξ_i 通过两种重力场模型计算得到该点位高程异常值）。我国高程基准与重力场模型高程基准间有系统偏差。以联测国家控制点高程为基准点，计算该点上基准偏差 $\Delta h_0 = H_0 - h_0 - \xi_0$（$H_0$ 为基准点大地高，h_0 为基准点正常高，ξ_0 为重力场模型求得的基准点高程异常值）。各点正常高 $h_i = H_i - \xi_i - \Delta h_0$。

2. 精度评定　两种重力场模型在水电工程中外符合精度由常规测量高程与拟合后的高程较差求得，以此评估拟合模型与该工程符合度。计算公式为：$m = \pm\sqrt{\dfrac{v_i v_i}{n}}$（$n$ 为参与计算的控制点数量，v_i 为控制点两种模型拟合高程与常规测量高程之差）。

（三）实例分析

选取 13 个水电工程测绘项目，主要分布于陕西、甘肃、青海、宁夏、新疆和西藏。其中 3 个项目为测量施工控制网，GNSS 控制点平面观测等级为二等，高程施测等级为二等水准。另 10 个为前期勘测设计阶段控制网，GNSS 控制点平面观测等级为四等，高程施测等级为四等三角高程。其中控制点最低高差 235m，最大高差 1000m。共有 188 个 GNSS 控制点，数量最少 6 个，最多 25 个，覆盖面积 19～150km²。

高程拟合精度估算结果分析得到如下结论：

（1）从残差的最大值、最小值、平均值及外符合精度 4 个方面可以明显看出，EIGEN-6C4 模型的整体的拟合精度优于 EGM2008 模型的拟合精度。

（2）在高差小的区域，EIGEN-6C4 模型与 EGM2008 模型的符合精度较为接近，但在大高差区域，EIGEN-6C4 模型拟合精度优势较为明显。

（3）施工控制网 GNSS 控制点测量中，在提升 GNSS 平面施测等级后，EIGEN-6C4 模型的拟合成果精度也会随之提高。

（中国电建集团西北勘测设计研究院有限公司
王明　李祖锋　李贾亮）

基于 TGS360pro 的小断面隧洞超前地质预报

（一）TGS360Pro 系统简述

TGS360Pro 系统是世界上技术先进的地质预报系统。系统采用低功耗工控机，采集模块频率响应范围 12.5～1625Hz，动态范围大于 144dB，A/D 转换精度达 32 位。系统可预报地下流体动态参数，获取富水区位置、杨氏模量、泊松比、地震波速、溶洞位置、围岩应力。系统工作模式灵活，在大断面隧洞中可在掌子面布设检波器进行预报；在小断面、掌子面被 TBM 占据或掌子面发生坍塌无法布设检波器时，可采用双侧墙布设模式进行预报。

（二）两种布设模式的波形记录对比

掌子面布设模式：该模式实际检波器布设范围最大宽度仅 3.6m，横向上道间距也只有 1.2m。地震波传播时入射角度偏小，根据地震波传播 Snell 定律，距掌子面较远异常体的反射波将很难被检波器接收到，后期数据处理可能会成为"无米之炊"，如处理过程中参数设置错误，将会导致错误的预报成果。此外，因道间距过小，部分道间出现串扰，波形畸变，不利后续信号分析、处理和成果解译。最后，如通过减少检波器来增大道间距也不可取，配套处理软件至少 6 个检波点方可进行数据处理，否则计算误差极大，结果不可用。

双侧墙布设模式：该模式道间距仍可满足 2m 布设要求，而不受隧洞宽度（5m）影响。但因连续接收线缆势必要跨过掌子面，记录中的地震波形也出现同相轴的略微错断，后续数据处理中，可按检波器空间位置关系和同相轴错断程度进行校正。双侧布设通过带通滤波、初至拾取、拾取处理、炮能量均衡、Q 估计、反射波提取、P-S 波分离、速度分析、深度偏移、提取反射层等相关计算即可得到预报成果。

两种模式波形记录信噪比都较高，波形记录中明显可区分激发点位置。双侧墙布设模式波形记录在 750～1000ms 能量强于掌子面布设模式，有利于分析反射波信号。掌子面布设模式时，地震波信号收到左、右边墙多次反射，部分时段存在相干叠加或存在相位抵消。

（三）小断面隧洞超前预报实例

1. 引大济湟工程概况　该工程引水隧洞洞径5.6～6.1m，长24.3km，最大埋深1100m，线路长、地下水位高。主要工程地质问题：大断裂、高水压、涌水突泥，有害气体爆炸和高地应力硬岩岩爆。西干渠32号隧洞进口K55+116m处以断层碎裂岩、断层泥及断层碎屑为主，位于F138断层带，掌子面突水突泥、塌方。掘进时掌子面宽度小，塌方严重，且清理时仍有塌方风险。故超前地质预报无法用掌子面布设模式，只能用双侧墙布设模式。

2. 典型波形记录特征　西干渠工程32号隧洞进口K55+116～K55+216m超前地质预报有效预报长度100m。对采集的10炮有效数据进行软件处理、分析处理结果表明，各道之间能量得到了均衡，且对应的初至波清晰易辨，有利于预报成果的正确分析解译。

3. TGS360Pro预报成果分析　TGS360Pro系统可获取掌子面前方100m范围内岩体相对应力、含水概率、纵波波速、横波波速、纵横波波速比、泊松比、杨氏模量、围岩危险等级。结合工况及掌子面地质信息，并对参数综合分析，得到预报成果。K55+116～55+148m，围岩相对应力变化大，岩性为断层碎裂岩、断层泥及断层碎屑，V_p、V_s平均值为1990、780m/s，掌子面处（K55+116m）总体以碎裂结构为主；K55+122～55+126m段含水概率较高，结合泊松比和纵横波波速比分布图，推测基岩裂隙水发育，掌子面处有渗水，局部有涌水突泥风险，需加强支护；杨氏模量2.3～4.5GPa，危险等级1.1～3.1，综合判定本段围岩以V类为主，岩体质量差，存在风险。K55+148～55+198m，围岩相对应力变化小，岩性为断层碎裂岩、断层泥及断层碎屑，V_p、V_s平均值为2270、1100m/s，总体以碎裂结构为主；围岩裂隙水发育，掌子面处渗水严重，呈股状流水，局部有涌水突泥风险，需加强支护；杨氏模量平均值5.0GPa，危险等级2.1～2.5，综合判定围岩以Ⅳ类为主，岩体质量差，存在风险，开挖后易坍塌，可能出现大坍塌，侧壁经常小坍塌。K55+198～55+216m，围岩相对应力变化与掌子面相似，存在断层碎裂岩、断层泥及断层碎屑，V_p、V_s平均值分别为2020、880m/s，掌子面处（K55+116m）总体以碎裂结构为主；围岩裂隙水发育，掌子面处渗水严重，呈股状流水，局部存在涌水突泥风险，需加强支护；杨氏模量4.5～5.4GPa，危险等级1.9～3.1，综合判断围岩以Ⅳ～V类为主，岩体质量差。

4. 预报成果工程地质分析　分析认为测试段隧洞埋深浅（10～40m），洞身岩性为泥岩，饱和抗压强度低，存在坍塌、软化、流塑、涌水、突泥、冒顶等问题。洞段围岩为Ⅳ类，地下水水压较高，围岩强度低，施工安全风险高，易引发塌方、涌水、突泥、冒顶。

5. 开挖验证　为检验地质预报成果，后期进行开挖。实际开挖K55+116～55+148m段岩性为泥岩。K55+148～55+198m段为板岩，围岩较稳定。K55+198～55+216m岩性为泥岩，以V类为主；岩体质量差，存在断层碎裂岩、断层泥及断层碎屑，围岩稳定性差。

根据开挖编录验证，本次准确预报了K55+125、55+173m涌水、渗水，及55+134、K55+173m存在岩体破碎、稳定性差的情况，对掌子面前方地下水、围岩及稳定状况预报准确率85%以上。根据地质预报做好抽排水及支护措施应对预案，使开挖顺利通过不良地质洞段。

（中国电建集团西北勘测设计研究院有限公司　巨广宏　段君奇　张明财　张岩祥　岳军民　青海省引大济湟工程建设运行局　李海宁）

隧洞不良地质体高精度弹性波超前探测关键技术

现有隧洞超前探测技术在基础理论、数据处理和仪器装备等方面均存在局限性，难以满足长距离、高精度、高效率预报要求。面向地下工程安全建设与风险预警的重大需求，依托100余项国家级、省部级科研专项及重大工程科研项目，深入开展隧洞不良地质体弹性波场理论、高精度数据处理与反演成像技术、超前探测装备与信息化平台建设等一系列研究。历时近20年，持续科技攻关，取得了新方法、新技术、新装备等一批原创性科研成果，获得2023年湖北省科学技术进步奖二等奖。

主要研究成果及创新点如下：

（1）攻克了考虑空气介质的隧洞弹性波超前探测不良地质体全波场正演理论的难关。

项目提出了考虑隧洞空气介质的围岩非均匀复杂介质弹性波传播过程模拟方法，建立了隧洞围岩多物性结构不良地质体数值理论模型，揭示了复杂背景场条件下不良地质体弹性波场传播规律和响应特征，解决了超前探测观测系统优化布置关键技术难题，攻克了考虑空气介质的弹性波超前探测全波场正演理论难关。

（2）解决了隧洞空间超欠缺数据高精度处理与弹

性波联合反演成像关键技术难题。

在隧洞弹性波场特征分析基础上，创建了频谱分析、滤波处理及能量比法初至拾取等一系列高精度数据处理关键技术。提出了适用于隧洞复杂空间的二维、三维逆时偏移成像方法。构建了最小二乘偏移成像和贝叶斯非线性随机反演与全波形反演的联合反演方法体系。提高了隧洞不良地质体的成像分辨力及精度。

（3）研发了隧洞弹性波超前地质预报装备 TEP 及系列地震探测仪器装备。

研发了隧洞弹性波超前地质预报系统 TEP，发明了接收杆出露端蜂窝结构消噪装置。研制了基于 4G 数据传输的高精度超低功耗节点地震仪和高稳定性的分布式地震仪。发展了增强检波器电磁反馈技术，增强了超前探测检波器的信噪比，拓展了检波器的低频响应范围。提高了地震仪敏感性和适应能力。解决了长距离超前探测数据远端能量微弱与硬件响应匹配不足的技术难题。

（4）形成了一套"产—学—研—用—评"全链条、标准化、信息化的超前地质预报新模式。

独立研发了长科 TEP 隧洞地震数据处理系统，实现了重大工程软件自主可控。开发了超前地质预报信息集成管理平台和隧洞围岩地质勘察管理系统。相关成果被纳入国家能源、交通行业规程，实现了隧洞地灾风险动态预警防控和标准化、信息化运行管理。

（5）项目成果获国家发明专利 38 项，软件著作权 8 项。编制国家/行业标准 6 个、团体标准 2 个。发表论文 200 余篇，其中 SCI/EI 检索 83 篇，出版专著 5 部，3 项新技术被水利部认定为水利先进实用技术。成果已在滇中引水工程、宜万高铁、恩来高速公路等 100 余个国家重点工程成功应用。累计保障超 2000km 隧洞安全建设，近 3 年创收经济效益达 9.66 亿元。李术才、王复明、林君和朱日祥 4 位院士分别针对项目理论研究、技术创新、装备研发和预报信息化等方面给予高度评价。研究成果经水利部科技成果推广中心组织评价，达国际领先水平，经济、社会和生态效益显著，应用前景广阔。

（长江水利委员会长江科学院　周黎明）

中国水力发电年鉴

5

水 工 设 计

大 坝 设 计

桑皮勒水电站工程大坝设计

（一）工程概况

桑皮勒水电站工程位于新疆喀什地区塔什库尔干塔吉克自治县境内，采用混合式开发，为二等大（2）型工程。坝址多年平均年径流量 45.84 亿 m³，多年平均流量 145m³/s。水库正常蓄水位 2635.00m，设计洪水位 2637.30m，校核洪水位 2638.80m，总库容 4.16 亿 m³，电站总装机容量 962MW，多年平均发电量 31.6 亿 kW·h。其中主厂房装机容量 93 万 kW，保证出力 17.47 万 kW；生态机组厂房装机容量 3.2 万 kW。

工程由沥青混凝土心墙坝、表孔溢洪洞、深孔泄洪放空洞、发电引水系统、主厂房、生态机组引水洞、生态机组厂房等建筑物组成。泄水建筑物布置在左岸，自上游至下游依次为深孔泄洪放空洞、表孔溢洪洞。右岸布置发电引水系统，主要由进口闸井、上平洞、调压井、压力管道等组成，总长 10.0km。主厂房为地下厂房，安装 3 台 31 万 kW 的水轮发电机组。生态机组引水洞布置在左岸，至坝后压重平台下游生态机组厂房，安装 2 台 16MW 的水轮发电机组。

（二）工程地质条件

工程所在地地震烈度高，坝址场地 50 年内超越概率 P_{50} 为 0.10 的地表水平向地震加速度为 $350g$，100 年内超越概率 P_{100} 为 0.05 的地表水平向地震加速度为 $570g$。

两岸基岩为中厚层状二云石英片岩、黑云石英片岩，为坚硬岩。两岸边坡高陡，局部近直立，边坡发育多组裂隙，形成卸荷体、崩塌体。河床覆盖层为单一成因的冲积砂卵砾石层，结构密实，深度为 75～83.5m，透水性强，无地震液化问题。左坝肩透水率 $q \leqslant 3Lu$ 下限位于基岩面以下 12.2～113.9m；河床段 $q \leqslant 3Lu$ 下限位于基岩面以下 8.1～57.9m；右坝肩 $q \leqslant 3Lu$ 下限位于基岩面以下 27.4～120.3m。工程场地砂砾石料场储量丰富，各项质量指标均满足填筑料要求。

（三）大坝设计要点

（1）结合地形地质条件，选择防渗体位于大坝中心的沥青混凝土心墙坝作为推荐坝型。

（2）挡水建筑物为 1 级建筑物，其抗震设计标准采用地表 50 年内超越概率 P_{50} 为 0.10 的水平向地震动峰值加速度进行设计，100 年内超越概率 P_{100} 为 0.05 的水平向地震动峰值加速度进行校核。

（3）利用爆破料抗剪强度高以及河床砂砾石料储量丰富、变形较小的特点，采用"金包银"的分区方式，将爆破料布置在坝体外侧，以提高坝坡稳定性。尽可能多的利用河床砂砾石筑坝，爆破料采用各建筑物开挖料，以不单独开采爆破料场为原则。

（4）为防止地震时造成坝坡滑动破坏或产生过大的变形，结合新疆地震区已建工程经验，适当放缓上、下游坝坡。上游坝坡为 1：2.0，在高程 2610m 处设置宽 5m 马道。下游坝坡为 1：1.8，在 2613.80m 上部布置 0.4m 厚的网格梁浆砌石护坡，以下为 0.4m 厚的网格梁干砌石护坡。

（5）河床覆盖层布置混凝土防渗墙，宽度 1.2m，最大深度 83m，嵌入岩石 1m。

（四）大坝设计概述

大坝为沥青混凝土心墙坝，坝顶高程 2641.00m，防浪墙顶高程 2642.20m，最大坝高 120.0m，坝顶宽度 12m，坝顶长 406.0m，心墙基础坐落在弱风化层上限。主要分区包括：围堰砂砾料区、堆石料区、砂砾料区、过渡料区、沥青混凝土心墙及坝后压重区。

（1）堆石区：位于大坝外侧，采用建筑物爆破开挖料，为中厚层状黑云石英片岩，要求 $D_{max} \leqslant 800mm$，小于 5mm 含量 10%～20%，小于 0.075mm 含量 $\leqslant 5\%$，级配连续，便于压实，排水畅通。填筑标准为孔隙率 $n \leqslant 19\%$。

（2）砂砾料区：位于堆石料区内侧。顶高程为 2631.00m，宽度 3.0m，和堆石料区边界坡比为 1：1.8。要求 $D_{max} \leqslant 600mm$，小于 0.075mm 含量 $\leqslant 5\%$，填筑相对密度 $D_r \geqslant 0.85$。

（3）过渡料区：位于心墙两侧，起到心墙与砂砾料区的水力、力学过渡作用。水平宽度 3m，要求 $D_{max} \leqslant 80mm$，小于 5mm 含量 25%～55%，小于 0.075mm 含量 $\leqslant 8\%$，填筑相对密度 $D_r \geqslant 0.85$。

（4）沥青混凝土心墙：碾压式沥青混凝土心墙为垂直式，墙体轴线位于坝轴线上游 3.7m 处，心墙顶高程 2639.00m。高程 2611.00～2639.00m 心墙宽

0.5m；高程 2581.00～2611.00m 心墙宽 0.7m；高程 2551.00～2581.00m 心墙宽 0.9m；高程 2551.00m 以下心墙宽 1.20m。在底部做放大脚与混凝土基座相连，放大高度 3.0m，底宽 2.6m。左岸基础较陡处沥青混凝土心墙所用沥青含量较高，以便更加适应较陡边坡产生的心墙变形。

（5）下游压重平台区：采用枢纽区建筑物开挖、洞挖料进行填筑；平台顶高程 2580.00m，顶宽 50m，下游坡度 8%，上游与大坝下游面衔接。

河床采用混凝土防渗墙（C30、W12），墙厚 1.2m，最大深度 83m。岸坡固结灌浆设 5 排，深度 5m；防渗墙上下游砂砾石层各设固结灌浆 5 排，深度 10m。帷幕灌浆按透水率小于 3Lu 控制，左右岸水头较低处、防渗墙部位为单排，其余部位双排。

（新疆水利水电勘测设计研究院有限责任公司
胡小虎）

川江水库碾压混凝土重力坝施工设计

（一）工程概况

川江水库位于漓江上游支流川江上，由拦河大坝、引水系统、电站厂房和升压站等建筑物组成，是以城市防洪和漓江生态补水为主、兼顾灌溉、发电等效益的综合利用水利枢纽。水库总库容 9787 万 m^3，为三等工程。永久性主要水工建筑物有拦河大坝、补水发电隧洞的控制闸建筑物等按 3 级水工建筑物设计。

（二）碾压混凝土重力坝布置

拦河坝正常蓄水位为 274.00m，设计洪水位 275.00m，校核洪水位 275.17m，死水位为 230.00 m。大坝为碾压混凝土重力坝，坝顶高程 278.00m，最大坝高 83.00m；左岸非溢流坝段长 104.0m，横缝间距 25m。右岸非溢流坝段长 125.0m，横缝间距 25m。右岸非溢流坝段 0+171m 桩号设置施工断流期临时放水管（放空管），管径 1.60m。溢流坝布置在大坝中部靠左岸，溢流坝段长 30.00m，共布置 2 个表孔，最大下泄流量为 1970 m^3/s。采用开敞式 WES 实用堰，其上设 2 孔弧形工作闸门。溢流坝泄洪采用挑流消能；坝体内设 2 层廊道，底层为基础灌浆排水廊道，240.00m 高程设一层检查排水廊道。基础灌浆排水廊道断面尺寸为 3m×3.5m（宽×高）。检查排水廊道断面尺寸 2.5m×3m（宽×高）。在大坝坝体内设置一部运行管理电梯。大坝横缝设两道 1.4mm 厚铜止水，每一侧埋入混凝土内的长度为 20cm。铜止水片埋入基岩内的深度为 50cm。

（三）基础开挖及处理

河床段及坝高在 50m 以上的两岸坝段坝基置于弱风化中部基岩上，坝高小于 50m 的两岸坝段坝基置于弱风化中上部基岩上。两岸岸坡坝段建基面在坝轴线方向开挖成 10m 宽度的台阶状。坝基岩石总体上较完整，但局部地段可能存在节理较发育部位，对坝体抗滑稳定不利，须进行相应的技术处理，以增强坝基岩体完整性。设计中对重力坝坝基范围进行固结灌浆，固结灌浆孔的孔排距均为 3m，灌浆深度为 8m。坝基础采取帷幕灌浆防渗，防渗帷幕灌浆孔设一排，伸入相对不透水层以下 5.0m。左坝肩防渗帷幕需向山体内延伸 20m，右坝肩防渗帷幕需向山体内延伸 36m。

（四）坝体材料及分区

大坝坝体混凝土分为：Ⅰ区—上游坝体外部表面碾压混凝土；Ⅱ区—下游坝体外部表面碾压混凝土；Ⅲ区—基础垫层混凝土；Ⅳ区—坝体内部碾压混凝土；Ⅴ区—抗冲刷部位的常态混凝土。大坝上下游面、止水埋设处、廊道周边和其他孔口周边以及震动碾碾压不到的地方为变态混凝土。

Ⅰ区采用二级配+变态混凝土防渗结构型式。防渗结构总厚 3.0m，其中迎水面变态混凝土厚 1.0m。Ⅱ区采用 1.0 m 厚变态混凝土。Ⅲ区在河床部位采用常态混凝土，在岸坡部分采用变态混凝土，厚度均为 1.0m。Ⅳ区采用三级配碾压混凝土，施工缝及冷缝的层面铺 1.5～2.0cm 的水泥砂浆。Ⅴ区在溢流堰及中孔迎水面表层均设一层 1.5m 厚 $R_{90}400$ 常态混凝土防冲耐磨层。

（五）混凝土施工工艺

（1）混凝土后浇带技术。碾压混凝土重力坝在浇筑河床段基础垫层时，由于垫层混凝土分块较大，在坝纵 0+030.0m 处设计了一条混凝土后浇带，后浇带宽 1.2m，后浇带采用微膨胀混凝土，强度等级为 $R_{90}250$。

（2）外掺 MgO 技术。在高程 220m 以下的基础强约束区碾压混凝土采用外掺 MgO 技术，以实现混凝土微膨胀和防止开裂的目的。

（3）层间缝面处理。在基础垫层常态混凝土上施工碾压混凝土时，常态混凝土面需凿毛，碾压前在已浇混凝土面上先铺一层 2.0cm 厚的强度比碾压混凝土等级高一级的水泥砂浆。施工缝及冷缝的层面应采用人工凿毛或高压水枪冲毛等方法清除后再开展后续施工。

（六）温控措施

该工程温控关键技术采用冷却水管、现场喷雾等措施。确定须控制的大坝基础允许温差、坝体设计允许最高温度。

1. 温控方案 夏季（4月、9月）施工时在基础强约束区和新老混凝土的结合部位，将混凝土的浇筑温度控制在22℃以下，在坝体的其他部位，将混凝土的浇筑温度控制在28℃以下。

（1）降低混凝土的出机口温度。在骨料场料堆顶上搭设凉棚，挡住直射阳光；给水泥、粉煤灰储罐降温；拌和用水的降温。

（2）混凝土运输过程中的温控措施。自卸汽车混凝土运输过程中加盖保温被并减少运转次数；运输车辆防晒、仓面连续喷雾、及时覆盖等综合措施。

（3）混凝土仓内温度控制措施。在混凝土浇筑仓内上下游侧模板顶上架设喷雾管，改变仓内小环境；加快混凝土的入仓覆盖速度；外界温度达到25℃以上时，每5~8min喷雾1次，控制仓面温度、湿度。

2. 坝体通水冷却措施 在浇筑块内埋设冷却水管，进行通水冷却。冷却水采用河水，冷却水管在坝体沿坝轴线方向蛇形布置，水管布置为1.0m（层距）×1.0m（间距），单根长度不大于250m。通水历时15~20天。

冷却水管采用HDPE高密聚乙烯塑料冷却管，管外径φ32。水管在坝体混凝土内不允许有接头，冷却水管在铺设完毕和覆盖碾压混凝土后应分别进行通水试验；冷却水管使用完后，后期应进行灌浆回填。

（七）结论

川江水库碾压混凝土重力坝特点是：提出了大坝建基面岩石控制纵波波速；进行了大坝混凝土材料及分区设计，满足抗渗、抗冻、抗冲耐磨和抗腐蚀等耐久性要求；河床段基础垫层混凝土采用后浇带技术，加快了施工进度，大大增加了垫层混凝土的抗渗性能；基础强约束区碾压混凝土采用外掺MgO技术，实现混凝土微膨胀和防止开裂；温控技术采用冷却水管、现场喷雾等措施，保证了工程质量和工程进度。

（广西桂林市水利电力勘测设计研究院

梁俊群 凤鑫 韦洪枫）

文明水库坝址坝型比选 及大坝结构设计

（一）工程概况

文明水库坝址位于古城区大东乡圣洁河中游河段，圣洁河为金沙江右岸一级支流，属于长江流域金沙江水系。坝址以上汇水面积8.54km²，水库正常蓄水位2282.00m，校核洪水位2283.88m，总库容116.50×10⁴m³。工程任务为人畜饮水和灌溉供水，设计水平年（2035年）总供水量为255.5×10⁴m³/年。水库大坝推荐坝型为沥青混凝土心墙坝，最大坝高74m，工程规模属四等小（1）型。

（二）工程选址及坝型比选

1. 建坝河段比选 经现场踏勘并结合地形地质条件，将圣洁河分为3段进行论述：上游河段为源头至次里满处，长约3.3km；中游河段为次里满处至文明村，长约1.6km；下游河段为文明村至圣洁河与金沙江交汇处，长约4.7km；地质揭露上游、中游和下游河段地质条件较好，两岸边坡整体稳定，均适宜建坝。经水文条件、枢纽布置、施工条件、征地淹没等因素综合对比论证，中游河段较上游和下游坝段具有明显优势，优选中游河段为水库建坝河段。

2. 坝址选择 中游河段中：上游次里满附近河段坡降较陡，河床上部地形较开阔，两岸分布较多耕地及居民住宅楼，若在该段建坝成库，工程投资与移民征地搬迁投资均较大；下游文明村附近河段长约0.88km，河道顺直，河床两岸山体较陡，地形封闭性较好，且该段河道两岸无居民住宅，仅有少量耕地，便于水工建筑物布置，淹没投资小；加之该段有现有道路直达河床附近，交通便利，临建工程投资小，建坝材料较上游段经济，故选择在该段建坝。结合中游建坝河段的地形地质、库容、交通、临时工程及岸坡稳定等制约因素考虑，文明村上游约240m的河段，河道顺直，坡降较缓，两岸山体雄厚，按唯一坝址进行坝型比选及枢纽布置。

3. 坝型综合比选 重点结合地形地质、枢纽布置、施工条件、工程占地和总投资等因素，对沥青混凝土心墙坝、混凝土面板坝和碾压混凝土重力坝进行对比论证。

（1）地形地质条件。坝线两岸风化较深，面板坝、重力坝边坡开挖支护工程量较心墙坝大；虽然重力坝布置较为紧凑，但坝址处覆盖层较厚，坝体方量较大，限于当地环保政策，重力坝所需砂石料只能通过外购，工程投资较大。面板坝河床段坝壳建基面置于砂砾石土层上，为减小坝体变形，须采用固结灌浆进行基础加固。因此，在地形地质条件适宜性上，心墙坝略优于面板坝和重力坝。

（2）枢纽布置。碾压混凝土重力坝方案可利用主河道布置泄水建筑物，枢纽布置顺畅。而沥青混凝土心墙坝、混凝土面板坝方案，需修建岸边式溢洪道，大坝、溢洪道、取水兼放空建筑物布置分散。从枢纽布置来看，碾压混凝土重力坝方案较优。

（3）施工条件。沥青混凝土心墙坝、混凝土面板坝填筑料均从风化料场自采，运距0.1~1km。而重力坝所需砂石料只能通过外购，运距约25km。面板坝开挖、支护工程量较多，趾板对基础要求高且混凝土面板的接缝较多，若处理不当，容易造成渗漏。就施工条件而言，心墙坝施工条件优于面板坝和重力坝。

(4) 工程占地。沥青混凝土心墙坝、混凝土面板坝、重力坝枢纽区永久占地分别为 57.47、80.57、29.2 亩，重力坝优于前两者。

(5) 工程投资。沥青混凝土心墙坝、混凝土面板坝、碾压混凝土重力坝总投资分别为 5289.11 万、7732.88 万、9540.51 万元。心墙坝投资最低。

综上分析比较，心墙坝在地形地质条件、施工条件及经济性等方面均明显优于重力坝和面板坝。同时，沥青心墙坝具有施工技术较简单、可靠性高、工程投资小等优点。所以选择沥青混凝土心墙风化料坝。

(三) 沥青混凝土心墙设计

1. 大坝布置　沥青混凝土心墙风化料坝坝轴线呈直线布置，最大坝高 74.0m，坝顶高程 2284.00m，坝顶宽度 10.0m，坝长 138.50m，心墙基座建基面坐落于弱风化岩体上部，最低建基面高程 2210.00m。筑坝材料为全风化、强风化及弱风化玄武岩，坝基河床覆盖层较深，防渗体为沥青混凝土心墙。上游坝坡为 1∶2.4，下游坝坡为 1∶1.8、1∶1.6。下游坝脚设排水棱体，顶部高程 2234.00m，顶宽 3m，河床坝段心墙下游侧设 4.0m 厚水平排水区。

2. 坝体填料设计　采用碾压式沥青混凝土心墙，2250.00m 以下心墙厚度为 1.0m，2250.00m 以上为 0.5m，心墙往上游依次为过渡层、风化料坝壳、上游预制块护坡，往下游方向依次为过渡层、风化料坝壳、下游干砌块石护坡、排水棱体。坝体填料技术指标见表 1。

表1　　　　　　　　　　　　　　　　坝体填料技术指标

材料分区	坝壳	过渡层	心墙	排水带	排水棱体
材料	开挖利用料	灰岩料	灰岩料	灰岩料	堆石
D_{max}(mm)	800	≤80	≤19	≤400	≤800
$D<5mmP$(%)	5～15	25～35	—	5～15	—
$D<0.075mmP$(%)	0～5	0～5	—	≤5	—
设计干容重(kN/m³)	≥21.0	>21.0	≥24.00	≥21.00	≥20.00
孔隙率 n(%)	≤23%	≤20%	<3%	≤20%	≤28%
渗透系数	≥1×10³	≥1×10³	≤1×10⁸	>1×10¹	>1×10¹

3. 坝基处理　河床心墙垫座布置于弱风化岩体上部，两坝肩逐渐上升至强风化中上部，基槽开挖深度 2.0m，底宽 4.0～8.0m。心墙基座进行固结灌浆处理；心墙基座通过锚杆与基础连接，坝体区清除表层土体至砂砾石层后即可满足大坝基础要求。

4. 防渗处理　大坝基础防渗采用帷幕灌浆。心墙基础底座采用 C25W8 钢筋混凝土浇筑。坝基防渗帷幕与坝体心墙形成大坝防渗体，河床坝段防渗底界以透水率≤5Lu 为标准，并以 0.5～0.7 倍坝高为控制，进入至微新岩体；岸坡段防渗底界以透水率≤5Lu 控制，防渗线总长 228.00m，防渗帷幕后设排水孔。

(山东省水利勘测设计院有限公司贵州分公司
刘星波　四川大学水利水电学院　李东)

平坦原抽水蓄能电站下库堆石混凝土坝与碾压混凝土坝比选

(一) 工程概况

平坦原抽水蓄能电站位于湖北省黄冈市罗田县境内，其下水库主坝原设计方案为碾压混凝土重力坝，最大坝高 60.50m。碾压混凝土坝通常采用无纵缝通仓浇筑或横缝间距较大的施工方式，浇筑仓面大、块体长，使得上下层混凝土的温度应力均较大，容易造成坝体开裂。堆石混凝土筑坝技术具有工艺简单、施工快速、水化热温升低、成本低、环境友好等技术经济优势，因此该工程下水库主坝最终采用了堆石混凝土重力坝方案，这是此项技术在抽水蓄能电站主坝建设中的首次应用。从施工方案、施工组织、综合单价和环保效益四个方面对堆石混凝土筑坝技术与碾压混凝土筑坝技术开展比选研究，为同类工程应用提供借鉴。

(二) 两种坝型施工方案对比分析

1. 混凝土分区与材料对比　平坦原抽水蓄能电站的下水库主坝的堆石混凝土重力坝方案，坝顶高程 216.50m，最大坝高 60.50m，坝顶长度 237.50m。大坝由溢流坝段、底孔坝段和非溢流坝段组成。大坝基础面、坝体顶面为 $C_{90}20W8F100$ 三级配常态混凝土，溢流面、导墙及底孔周边为 $C_{28}30W8F100$ 二级配常态混凝土，坝体内部为 $C_{90}15W6F50$ 堆石混凝土，大坝上游防渗层为 $C_{28}20W10F100$ 高自密实性能混凝土，大坝下游面及廊道周边为 $C_{90}20W8F100$ 高自密实性能混凝土。原设计的碾压混凝土坝方案，大坝基础面、坝体顶面为三级配常态混凝土，溢流面、导墙及底孔周边为二级配常态混凝土，坝体内部为三级配碾压混凝土，大坝上游面为 $C_{90}20W10F100$ 二级配碾压混凝土和 $C_{90}20W10F100$ 二级配变态混凝土，大坝下游面、廊道周边、孔口周边等采用变态混凝土。堆石混凝土坝的主体以堆石混凝土和高自密实性能混凝土为主要筑坝材料，在大坝上游面、下游面、廊道周边及孔口周边均能够实现良好的自然衔接，从而增强了大坝整体性。

2. 施工工艺对比　堆石混凝土坝在施工浇筑过程中采用堆石混凝土分层施工，分层厚度为 $1.50\sim2.00m$，坝段分缝长度约 $20m$。施工工艺：自卸汽车运输堆石入仓—挖掘机辅助铺填平仓—高自密实性能混凝土送泵浇筑—仓面清洁冲毛—重复前述施工步骤直至完成。全程免振捣，工艺简单高效。碾压混凝土坝采用大仓面薄层连续多层短间歇浇筑，坝段横缝间距约 $20m$。施工工艺：机械将混凝土运输入仓—平仓振捣、摊平碾实—切缝、振动碾压—毛面处理—重复前述施工步骤直至完成。施工过程中工艺步骤复杂、机械设备种类繁多。相比于碾压混凝土坝，选用堆石混凝土坝的施工工艺具有以下显著优势：

（1）堆石混凝土中的堆石体积占比达到 55.00%，节省了高自密实性能混凝土及水泥等原材料用量。

（2）用高自密实性能混凝土浇筑填充堆石混凝土中体积占比达到 45.00% 的空隙，免去了混凝土振捣过程，加快了施工速度。

（三）两种坝型施工组织对比

碾压混凝土坝的施工机械设备，包括混凝土冲毛机、混凝土拌和楼、自卸汽车、塔式起重机、吊罐、平仓振捣机、振动碾、振捣器、切缝机。堆石混凝土坝的使用堆石入仓的挖掘机等设备，同时在混凝土生产、运输和浇筑设备方面单位产能大幅降低。此外，堆石混凝土坝无需埋设冷却水管。堆石混凝土坝的浇筑工期 10.5 个月，碾压混凝土坝的浇筑工期 11.5 个月。堆石混凝土筑坝施工速度有一定优势。

（四）综合单价对比

通过堆石混凝土与碾压混凝土综合单价对比，可以看出碾压混凝土的综合单价为 281.43 元$/m^3$，堆石混凝土的综合单价为 269.14 元$/m^3$，后者比前者综合单价下降 4.4%。此外，碾压混凝土层间需进行变态混凝土的浇筑，需进行振捣作业。综上，采用堆石混凝土筑坝方案的综合成本可下降 4.4% 以上。

（五）两种坝型环保效益对比

从大坝建设过程中的材料生产、运输、施工建造和运维 4 个方面对堆石混凝土坝和碾压混凝土坝的碳排放量进行了对比。经采用有关计算方法进行分析，计算结果见表 1。在原材料生产阶段，堆石混凝土坝产生的碳排放量比碾压混凝土坝减少了 $1940.33t$，降幅达 7.93%。

表 1　材料生产阶段的碳排放量对比

筑坝方案	堆石混凝土坝	碾压混凝土坝
碳排放量($t\ CO_2/t$)	22540.76	24481.09

在材料运输阶段，经计算分析，采用堆石混凝土坝产生的碳排放量与碾压混凝土坝差异较小，仅比后者增加了 $0.67t$。在施工建造阶段，现场机械设备的耗油耗电是最主要的碳排放源头。堆石混凝土施工过程中使用的机械设备种类数量更少，在施工建造阶段机械设备产生的碳排放量比碾压混凝土减少了 $771.87tCO_2$，降幅达到 48.35%。在运行维护阶段，通过计算得到出，堆石混凝土坝比碾压混凝土坝减少碳排放 $8164.67tCO_2$，降幅达到 11.43%。通过上述计算得出两种筑坝技术在大坝生命周期的碳排放量对比。采用堆石混凝土坝比碾压混凝土坝在大坝生命周期中减少碳排放量 $10876.2tCO_2$，降幅达到 11.15%。综上，堆石混凝土是一种更低碳环保的筑坝技术。

（中国电建集团中南勘测设计研究院

有限公司　郭冬云

清华大学水利水电工程系　田雷　周虎）

五岳抽水蓄能电站面板堆石坝沉降仪测点异常情况分析及处理

水管式沉降仪作为大坝内部沉降监测的主要仪器，在施工期的正常运行、检修及维护工作十分重要。由于其埋设于坝体内部，随着时间推移，坝体各个部位会发生不同程度的沉降，可能会导致水管式沉降仪发生故障，影响对大坝沉降数据的测读。

（一）水管式沉降仪安装情况

五岳抽水蓄能电站上水库混凝土面板堆石坝 A2′-A2′ 监测断面水管式沉降仪测点布置情况，其中水管式沉降仪 $VS_{A2}4$ 共 5 个测点，位于 $234.00m$ 高程附近。在大坝填筑至 $237.00m$ 高程后，按照设计图纸对水管式沉降仪管路进行挖沟槽埋设。由于大坝区域分区填筑，对管路进行分段埋设和回填，测点 $VS_{A2}4$-5、$VS_{A2}4$-4 先期埋设，$VS_{A2}4$-3 后期埋设，$VS_{A2}4$-1、$VS_{A2}4$-2 最后埋设。于 2021 年 12 月 29 日完成安装并取得初始值，然后进行施工期观测。截至 2022 年 2 月 23 日，$VS_{A2}4$ 各测点运行正常。各测点测值如表 1。

表1　　　　　　　　　　　　　　　　　　　　沉降观测成果表

测点编号 时间	VS$_{A2}$4-1	VS$_{A2}$4-2	VS$_{A2}$4-3	VS$_{A2}$4-4	VS$_{A2}$4-5
2021-12-29	178.9	162.0	154.5	123.8	100.1
2022-01-05	177.9	160.4	156.4	123.5	100.0
2022-01-19	177.4	160.3	156.2	123.5	100.0
2022-01-27	177.4	160.3	156.2	123.5	100.0
2022-02-08	177.4	160.1	156.0	123.4	99.9
2022-02-16	177.4	159.9	155.5	123.4	99.7
2022-02-23	177.3	159.9	155.5	123.2	99.6

（二）水管式沉降仪部分测点异常情况

2022年3月2日，在施工期观测时发现测点VS$_{A2}$4-1、VS$_{A2}$4-2、VS$_{A2}$4-3出现异常：向这3个测点进水管注入防冻液后（期间多次进行同样的操作），静置一段时间（至少1h）后进行观测，测量管里防冻液液面始终不再下降。排水管未见防冻液排出，后连续3天都是如此。测点VS$_{A2}$4-4、VS$_{A2}$4-5运行正常，具体数值如表2。

（三）部分测点异常原因分析

产生异常的原因可能有：

（1）不均匀沉降。受大坝分区填筑影响，现场采用分段埋设，大坝填筑期间出现不均匀沉降，且测点VS$_{A2}$4-1、VS$_{A2}$4-2、VS$_{A2}$4-3即将超出量程所致。

（2）通气管异常。由进水管注液的速度过快，向连通水管的注水速度大于排水管的排水速度，使沉降测头内腔的积水水位上升，溢出的水进入通气管所致。

（3）尼龙管自身结构。管径大小、管壁粗糙度、管路铺设后管子折弯情况等管子自身原因，可能会导致排水不畅。

（4）管内杂物堵塞。管道内长期存在液体可能会产生青苔、水垢等。

表2　　　　　　　　　　　　　　　　　　沉降观测异常情况成果表

测点编号 时间	VS$_{A2}$4-1	VS$_{A2}$4-2	VS$_{A2}$4-3	VS$_{A2}$4-4	VS$_{A2}$4-5
2022-03-02	184.8	175.1	176.2	123.6	99.6
2022-03-03	185.5	187.7	184.8	123.1	99.4
2022-03-09	186.5	187.4	185.8	122.9	99.1
2022-03-16	185.3	187.7	187.1	122.7	95.6
2022-03-21	186.6	194.1	190.6	121.5	95.5
2022-03-22	188.1	194.6	191.8	121.5	94.9
2022-03-23	194.4	193.9	189.9	121.4	94.4
2022-03-24	195.1	193.5	192.1	121.3	93.9

（四）部分测点异常处理措施

1.处理过程　采取将观测屏向上提升一定距离后，继续向测量管注入防冻液，静置一段时间后进行观测，测点VS$_{A2}$4-1、VS$_{A2}$4-2、VS$_{A2}$4-3管里的液面高程仍未下降，异常情况未能解决。证明测点VS$_{A2}$4-1、VS$_{A2}$4-2、VS$_{A2}$4-3并未超出量程。

对测点VS$_{A2}$4-1、VS$_{A2}$4-2、VS$_{A2}$4-3进行管路疏通，关闭进水管阀门，由通气管加气，使积在通气管内的水在压缩空气作用下流向测头内腔，由排水管排出，发现仪器管路畅通。然后向3个测点进水管注入防冻液，静置一段时间继续观测，管内液面仍未下降，随着防冻液的多次注入管内液面逐渐升高。

针对前期所做的处理，测点VS$_{A2}$4-1、VS$_{A2}$4-2、VS$_{A2}$4-3各管路是通畅的，产生异常的原因可能是通气管异常所致。

首先对测点VS$_{A2}$4-1、VS$_{A2}$4-2通气管路的防冻

液进行排除。先关闭进水管阀门；然后由加气泵向通气管充气，使积在通气管内的水在压缩空气的作用下流向测头内腔，由排水管排出，循环充气多次，保证通气管畅通；打开进水管注水阀门，连续不断向进水管充液排气，尽可能降低注液速度，保证测量管内液面不持续上升，直至由进水管杯口溢流出的防冻液从排水管排出，连通水管的气泡排尽为止。

静置一段时间后进行观测，测点 VS_{A2} 4-1、VS_{A2} 4-2 测量管内防冻液液面高程读数为 159.7、164.3cm，考虑近段时间大坝沉降量后，测值与测点出现异常前的测值基本吻合，后连续多天进行观测、验证，认为测点 VS_{A2} 4-1、VS_{A2} 4-2 恢复正常。

采取上述同样的方法对测点 VS_{A2} 4-3 通气管路的防冻液进行排除。在打开进水管注水阀门，连续不断向进水管充液排气，测量管液面高程读数在 175.5cm 附近时，管内液面高程不再下降，此时排水管无防冻液排出，随着防冻液的注入，管内防冻液面高程逐渐上升，最后液面高程读数接近 200cm。

将进水管里的防冻液全部排出，进行如下试验：

(1) 封闭进水管，向通气管、排水管吹气，通气管、排水管通畅。

(2) 封闭通气管或排水管，向进水管吹气，发现进水管不通畅，但采用加气泵向进水管充气，进水管可畅通。

由此认为测点 VS_{A2} 4-3 进水管局部折弯后不畅通而导致，不能正常运行。

2. 原因分析　由于测点 VS_{A2} 4-1～VS_{A2} 4-3 间的管路距基岩面较近，沉降量很小，而测点 VS_{A2} 4-3 之后的管路下部填筑层较厚，测点 VS_{A2} 4-3、VS_{A2} 4-4 间的管路出现不均匀沉降，导致局部出现折弯，致使测点 VS_{A2} 4-1、VS_{A2} 4-2 的排水管（$\phi14\times1$ 尼龙管）局部折弯后排水能力低于进水管（$\phi10\times1$ 尼龙管）的注水能力。在进行观测前，向进水管注入防冻液时，由于未控制注液速度，导致测点 VS_{A2} 4-1、VS_{A2} 4-2 注液速度大于排水管的排液速度，导致异常情况发生。

由于测点 VS_{A2} 4-3 测量管里的防冻液液面高程高于测头里的进水管杯口高程，该测点不能正常运行，暂做失效处理。

（中国电建集团中南勘测设计研究院有限公司
廖智勤　许爱平）

托帕水库沥青混凝土心墙坝应力变形分析

依托托帕水库沥青混凝土心墙坝工程，通过对心墙沥青混凝土进行三轴试验，分析邓肯-张 $E\text{-}B$ 模型参数，对沥青混凝土心墙坝进行应力变形分析，验证坝体及心墙的安全稳定性，为工程的安全建设提供保障。

（一）工程概况

新疆克州恰克玛克河托帕水库沥青混凝土心墙坝坝顶高程 2397.50m，坝顶宽度为 8.0m，最大坝高 61.5m，坝长 431.42m。上游坝坡为 1:2.5，下游坝坡布设"之"字形上坝公路，路面宽度为 8.0m，下游坝坡"之"字路间为 1:2.0，最大断面下游综合坡度约为 1:2.26。沥青混凝土心墙防渗体河床部位建在深 110m 的砂砾石覆盖层上，下部采用混凝土防渗墙进行防渗，防渗墙最大深度 110.6m，两岸建在弱风化基岩建基面上。沥青混凝土心墙底部与基座相连，底部高程为 2337.40m，心墙最大高度 58.1m，心墙底部从 2.0m 渐变至顶部 0.5m。

（二）静三轴试验

试验选用的沥青为库车 90 号沥青，粗细骨料与矿粉填料均满足 SL 501—2010《土石坝沥青混凝土面板和心墙设计规范》。试验的 4 个围压值分别为 0.3、0.5、0.7、0.9MPa，每种围压制备 3 个试件。按照 DL/T 5362—2018《水工沥青混凝土试验规程》进行试验。根据沥青混凝土静三轴试验结果，计算出沥青混凝土非线性 $E\text{-}B$ 模型。

（三）有限元模型建立

利用 ABAQUS 有限元软件，建立坝体三维模型，模型以上游地基底部为坐标原点，坝轴向长度 350m，向两岸各延伸 2 倍坝高，上下游岩体也各取 200m，基岩向下延伸 200m。中心墙、坝体、基座、防渗墙为模型计算的关键部位，采取 8 节点六面体 C3D8 单元进行模型的网格剖分，深厚覆盖层、基岩采用四面体网格剖分，单元数量共计 9362 个。基岩地面采用固定约束，模型四周采用法向约束。按照分级加载的形式模拟坝体施工全过程，共分为 6 个加载步模拟坝体填筑过程。

（四）本构模型及参数

坝体堆石、过渡层、沥青混凝土心墙、深厚覆盖层采用邓肯 $E\text{-}B$ 非线性本构模型；基岩、混凝土基座选用线弹性本构模型。沥青混凝土心墙采用室内三轴试验获得材料参数。堆石料、过渡料、河床砂砾石覆盖层计算参数均选取于《新疆托帕水库工程初步设计报告》，基岩参数由同类工程类比而来，基座、防渗墙采用 C25 混凝土。坝体有关参数见表1。

表1　　　　　　　　　　　　　坝体非线性材料计算参数

材料	密度 ρ (g/cm³)	切线模量 K	切线模量指数 n	破坏比 R_f	黏聚力 C (MPa)	内摩擦角 φ (°)	Δφ (°)	体积模量 K_b	体积模量指数 m	体积模量数 K_ur
堆石料	2.17	910	0.24	0.75	0.1	46	8	450	0.1	1820
过渡料	2.26	1019.4	0.28	0.75	0	49	6	500	0.2	2000
心墙	2.53	210.8	0.42	0.64	0.25	28.5	5.5	2156.2	0.57	700
覆盖层	2.22	1180	0.43	0.75	0	42	6	450	0.13	1000

（五）计算结果分析

1. 坝体变形与应力分析　经计算，竣工期坝体最大沉降值为26.8cm，出现在大约1/6坝高附近；坝体沉降监测最大值为20.5cm，计算与监测值仅相差6.3cm，验证了计算模型的准确性；预测蓄水期坝体最大沉降值为27.62cm，占最大坝高0.45%，满足小于坝高1%的要求。坝体施工与蓄水过程中的变形分布相似，与一般建在基岩上的堆石坝相比最大沉降位置均偏低。坝体沉降分布较为对称。

典型断面的上、下游方向水平位移均指向坝坡方向。竣工期向上游水平位移和向下游水平位移最大值均为6.13cm。坝体蓄水期，向上游水平位移最大值5.73cm，向下游水平位移最大值8.17cm。

竣工期、蓄水期坝体最大主应力最大值分别为0.79、1.21MPa。竣工期、蓄水期坝体最小主应力最大值分别为2.03、2.10MPa。各工况下坝体最大主应力和最小主应力的最大值均为压应力。由于蓄水期大坝受到水压力作用，所以其主应力最大值较竣工期大。

2. 心墙变形与应力分析　心墙竣工期最大沉降值为26.27cm，出现在2356.00m高程附近，心墙蓄水期最大沉降值为26.24cm，其值较竣工期略小。心墙竣工期顺河向最大位移为0.86cm，指向上游。心墙蓄水期顺河向最大位移为7.16cm，指向下游。

通过计算获得竣工期和蓄水期两种不同工况下心墙顺河向中心截面最大主应力和最小主应力图。由图1可知，心墙竣工期、蓄水期最大主应力的最大值分别为0.79、1.21MPa，最小主应力最大值分别为1.21、1.93MPa，均位于2346.00m高程附近。

3. 心墙水力劈裂判别分析　不同工况下的心墙与过渡料之间均没有产生明显沉降差，心墙与上、下游过渡料之间的最大沉降差分别为5.4mm和7.3mm。心墙两侧过渡料对心墙有一定拉伸作用，在心墙内部发生了"拱效应"，而强烈的拱效应会使心墙产生水力劈裂。对心墙能否发生水力劈裂进行判别，由图1可知，在同一高程处，心墙上游面竖向应力均大于水压力，所以该心墙发生水力劈裂的可能性非常小。

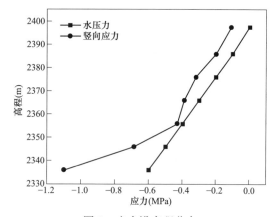

图1　应力沿高程分布

（中国水利水电第三工程局有限公司　田艳）

同德抽水蓄能电站上水库面板坝三维有限元应力变形分析

（一）工程概况

同德抽水蓄能电站位于青海省海南藏族自治州同德县河北乡境内，电站总装机2400MW，额定水头378m，安装8台机组。下水库利用玛尔挡水电站水库，正常蓄水位3275.00m，调节库容7.06亿m³；上水库为新建水库，利用黄河右岸岸顶缓坡地形，挖填形成库盆，正常蓄水位3665.00m，调节库容1765万m³。枢纽建筑物主要由上水库、输水系统、地下厂房及开关站等组成，属一等大（1）型工程。上水库挡水坝采用沥青混凝土面板堆石坝，坝顶高程3670m，最大坝高112m，坝顶长2052m。上游坝坡1:1.7，下游坝坡1:1.7～1:1.8。自上游至下游可分为：垫层区、过渡区、排水区、上游堆石区、下游堆石区、下游护坡、坝后任意料区。大坝防渗采用沥青混凝土面板，与库底土工膜形成全封闭的防渗体系。工程区地震基本烈度为Ⅶ度，上水库大坝抗震设防类别为甲类，设计地震、校核地震标准分别为基准期100年超越概率2%、1%，相应的基岩水平地动峰值加速度分别为401gal、493.3gal。抗震动力分析采用场地谱进行计算。

（二）数值计算条件和模型

1. 计算参数　结合三轴试验结果并参考同类工程，坝体各分区的静动力模型计算参数分别见表1、表2。

表1　　　　　　　　　　　　筑坝材料静力模型计算参数

坝体分区	$\rho(g/cm^3)$	$\phi_0(°)$	$\Delta\phi(°)$	K	n	R_f	n_d	c_d	R_d	孔隙率(%)
垫层区	2.24	48.7	8.4	865.6	0.29	0.75	0.65	0.47	0.68	18
过渡区	2.21	49.8	9.9	933.5	0.25	0.73	0.79	0.34	0.68	19
排水区	2.18	49.2	9.8	869.3	0.23	0.71	0.82	0.35	0.64	20
上游堆石区	2.19	48.5	9.6	782.9	0.23	0.71	0.84	0.37	0.66	20
下游堆石区	2.15	45.0	9.5	756.1	0.27	0.65	0.66	0.41	0.61	21
坝后任意料区	1.97	41.9	7.4	140.4	0.57	0.60	0.36	2.22	0.59	—

注　ρ 为密度；ϕ_0、$\Delta\phi$ 为强度指标；n_d、c_d、R_d 为体变参数。

表2　　　　　　　　　　　　筑坝材料动力模型计算参数

坝料	k_2	λ_{max}	k_1	n_2	$c_1(\%)$	c_2	c_3	$c_4(\%)$	c_5
垫层区	1837	0.215	28.5	0.390	0.78	0.91	0	7.09	0.85
过渡区	1995	0.205	29.2	0.363	0.75	1.02	0	6.98	1.00
排水区	1860	0.215	28.8	0.39	0.77	0.90	0	7.08	0.83
上游堆石区	1618	0.235	25.8	0.339	0.92	0.98	0	7.47	0.99
下游堆石区	1719	0.225	26.2	0.383	0.86	1.03	0	7.36	1.09
坝后任意料	340	0.30	22.6	0.25	0.88	1.08	0	9.12	1.10

2. 有限元模型　根据上水库坝体和库盆填筑情况建立三维有限元网格模型。模型共计节点123268个，单元128471个。其中，沥青混凝土面板与周围材料的刚度差异较大，在荷载作用下，两者接触面因变形不协调会发生相对位移，计算采用接触摩擦单元模拟。

（三）静力计算成果及分析

1. 坝体应力变形　竣工期和水位升降期坝体最大沉降分别为46.8cm和49.7cm，最大沉降量值约占坝高的0.44%，发生在坝轴线3615.0m高程处。受坝基面总体向下游倾斜影响，竣工期坝体以向下游变形为主，下游向水平位移最大值为11.1cm，水位升降期下游向水平位移最大值增至13.7cm。

2. 沥青混凝土面板应变与变形　沥青混凝土面板在坝体填筑完成后一次性碾压形成，竣工期面板变形和应变很小。水位升降期沥青混凝土面板挠度最大值为16.0cm，位于反弧段3636.0m高程处。水位升降期轴向和顺坡向压应变最大值分别为0.04%和0.03%，轴向和顺坡向拉应变最大值分别为0.09%和0.10%，压、拉应变均在沥青混凝土材料应变允许范围内（1.0%）。

3. 土工膜应变与变形　水位升降期土工膜最大主拉应变为0.55%，发生填方区挖填分界线边缘，拉应变远小于土工膜材料应变允许值。土工膜与面板的相对错动、沉陷和张开最大值分别为2.4、1.7cm和1.6cm，相对滑移均较小，土工膜与面板接头部位变形是安全的。

4. 考虑流变和湿化　假设面板与土工膜连接处发生破损，流变变形、湿化变形采用初应变法计算。蓄水运行5年后大坝变形趋于稳定，坝顶最终沉降29.9cm，约为坝高的0.27%，坝体沉降最大值由49.7cm增加至68.2cm，为坝高的0.61%。考虑流变与湿化作用后，坝体和防渗体系的应变变形也有较明显的增大，其中，沥青面板挠度最大值由16.0cm增加至26.5cm，顺坡向压、拉应变最大值分别由0.05%、0.10%增大至0.07%、0.11%；土工膜最大拉应变由0.62%增大至0.75%，土工膜与面板的相对错动、沉陷和张开最大值分别由2.4、1.7cm和1.6cm增加至3.0、2.2cm和2.0cm，但防渗体系的安全仍有保障。

（四）动力计算成果及分析

1. 坝体动力反应和震陷　根据计算结果，坝顶15～20m坝体的加速度放大系数明显增加，鞭梢效应显著。大坝动位移也随着坝高的增加而增大，最大动位移发生在坝后任意料区顶部。正常蓄水位+校核地震工况下坝体最大震陷量为51.7cm，震陷比约为0.46%，在土石坝震陷比统计范围内。

2. 沥青混凝面板应变与变形　正常蓄水位发生校核地震时，静动应变叠加后，沥青混凝土面板轴向压应变和拉应变最大值均为0.25%，顺坡向压应变和拉应变最大值分别为0.14%、0.25%，地震作用下沥青混凝土面板是安全的。

3. 土工膜应变与变形

（1）校核地震过程中土工膜最大动拉应变为0.30%，震后主拉应变最大值为0.70%，均发生在挖填分界线边缘。拉应变安全系数 F_{ab} = 30%/0.7% = 42.9，远大于规范允许值5.0；土工膜与面板的切向错动、沉陷和张开最大值分别为3.3、3.6cm和2.1cm，相对滑移均较小。

（2）在设计和校核地震下，上水库沥青混凝土面板堆石坝设计方案总体满足抗震安全性要求，设计方案是可行的。

（五）结论

基于青海同德抽水蓄能电站上水库沥青混凝土面板坝的三维有限元应力变形结果分析，结合有关科研试验成果，确定大坝及库盆防渗体系设计的合理性。

（1）上水库坝体的总体沉降变形在允许范围内，沉降率与同类坝相比处于中等偏下水平。

（2）上水库挡水坝应力分布规律性较好，应力值较小，应力水平均不超过0.45，各工况下均没有出现明显的剪切破坏区，坝体发生剪切破坏的可能性较小。

（3）静力条件下沥青混凝土面板最大压应变和最大拉应变分别为0.4‰、1.0‰，土工膜最大主拉应变为0.55%，地震后最大拉压应变略有增加，远小于沥青混凝土和土工膜允许的应变值，出现拉裂缝的可能性较小。

（4）应力、变形计算及防渗接头试验成果说明，大坝在各工况下的变形和受力是安全的，大坝分区合理，沥青混凝土面板和土工膜应变在材料应变允许范围内，防渗体系是安全的。

（国家能源投资集团有限责任公司　赵智伟
中国电建集团西北勘测设计研究院
有限公司　刘晓光　马秀伟
南京水利科学研究院　米占宽）

小山口水电站混合坝插入式接头有限元分析

重力坝与土石坝组合而成一种混合坝型，但混合坝接头部位变形差别大且应力分布不均匀，是设计的关键部位。接头连接型式有插入式和侧墙式。以小山口水电站混合坝插入式接头为例，采用岩土工程系列GEODYNA-三维非线性有效应力分析软件、FEM-STABLE-有限元动力稳定分析程序对接头部位进行有限元静动力分析。

（一）工程概况

开都河小山口水电站工程由混合坝、表孔溢洪道、导流兼泄洪底孔、发电引水系统和电站厂房组成。重力坝段最大坝高46.6m，面板坝坝段最大坝高37.6m。坝顶长度1181m。水库正常蓄水位1316m，设计洪水位1316.29m。电站装机容量49.5MW。混合坝由重力坝和面板坝组成，采用插入连接型式：在上下游设置圆包头连接重力坝和面板坝，上游圆包头段为钢筋混凝土面板坝结构，趾板基础坐在基岩强风化层，面板、趾板与重力坝迎水面止水型设置同面板坝段的周边缝；下游圆包头段为砂砾石填筑结构。坝址区基本烈度Ⅷ度，大坝抗震设计烈度Ⅸ度，50年超越概率10%的地震动峰值加速度为0.20g。河谷两岸左陡右缓，成不对称"U"形谷。基岩岩性为泥岩、砂岩夹砂砾岩。两岸及河谷基岩透水性弱，为不透水层水岩体。

（二）接头部位有限元分析

1. 分析内容　接头处接触面上的应力大小和开裂滑移区域分布是混合坝有限元分析的重点。

（1）建立面板堆石坝与接头部分整体模型，采用三维有限元进行静力计算，计算坝体和坝基应力、位移，为动力计算提供初始应力。

（2）开展动力反应计算，模拟大坝填筑和蓄水过程，计算坝体和坝基应力、位移，接头部位应力和相对位移，面板周边缝和中间缝的位移。综合评价混合坝接头部位的抗震安全性，提出优化方案。

2. 坝体有限元模型　为研究坝料静力参数变化对大坝应力和变形的影响，将筑坝料的 K 和 K_b 值折减到原值的80%，定义为工况2；折减到原值的60%，定义为工况3。计算工况见表1。重点分析工况1的应力、位移结果，三种工况计算结果汇总于相应表中。

表1 计算工况表

工况编号	主堆石区砂砾料		过渡料和垫层料	
	K	K_b	K	K_b
工况1	957.6	1143.9	785.1	1004.8
工况2 （K 和 K_b 折减到原值的 80%）	766.1	915.1	628.1	803.8
工况3 （K 和 K_b 折减到原值的 60%）	574.6	686.3	471.1	602.9

3. 接头部分重力坝静力计算结果　不同工况下的位移、主应力最大值列于表2。工况1接头部分重力坝的位移很小，其顺河向位移最大值为 0.41mm，发生在顶部；竖向位移最大值为 0.77mm。随着 K 和 K_b 的减小（由原值折减到 60%），接头部分重力坝的位移变化不大。接头部分重力坝最大压应力为 1.09MPa，发生在底部；最大拉应力为 0.09MPa。随着 K 和 K_b 的减小，接头部分重力坝的应力变化很小。

表2 满蓄期接头部分重力坝的应力、变形最大值

项目		各工况计算最大值		
		工况1	工况2	工况3
接头重力坝位移 （mm）	顺河向位移	0.41	0.42	0.45
	竖向沉降	0.77	0.78	0.80
	坝轴向位移	0.21	0.21	0.21
接头重力坝应力 （MPa）	最大压应力	1.09	1.13	1.19
	最大拉应力	0.09	0.10	0.12

4. 接头部分面板坝静力计算结果

(1) 圆弧段面板位移。不同工况下的位移最大值汇总于表3。工况1圆弧段面板顺河向位移最大值为 0.52cm，发生在水平段面板与圆弧段面板连接处1/3坝高的位置附近；面板竖向位移最大值为 0.84cm，发生在靠近面板中部1/3坝高处附近。随着 K 和 K_b 的减小，圆弧段面板顺河向位移最大值由 0.52cm 增大到 0.83cm，面板竖向位移最大值由 0.84cm 增大到 1.35cm。

(2) 圆弧段面板应力。不同工况下的应力最大值列于3中。工况1圆弧段面板大主应力表现为压应力，最大值为 3.08MPa，发生在面板中部1/3坝高处附近；面板小主应力也主要表现为压应力，最大值为 0.25MPa，顶部出现小范围的拉应力，最大值仅为 0.09MPa。随着 K 和 K_b 的减小，圆弧段面板压应力的最大值由 3.08MPa 增大到 4.21MPa。

(3) 圆弧段面板周边缝位移、面板竖缝位移见表3。

表3 满蓄期圆弧段面板应力、变形最大值

项目		各工况计算最大值		
		工况1	工况2	工况3
面板位移（cm）	沿顺河向	0.52	0.63	0.83
	沿竖向	0.84	1.03	1.35
	沿坝轴向	0.44	0.54	0.69
面板应力 （MPa）	最大压应力	3.08	3.54	4.21
	最大拉应力	0.09	0.07	0.13
周边缝位移 （mm）	沿趾板走向剪切位移	1.04	1.38	1.83
	沿面板法向剪切位移	2.75	3.32	4.36
	压缩位移	0.04	0.05	0.08
	张开位移	0.33	0.38	0.46

续表

项目		各工况计算最大值		
		工况 1	工况 2	工况 3
竖缝位移 （mm）	沿顺坡向剪切位移	0.84	1.05	1.41
	沿面板法向剪切位移	3.95	4.52	5.63
	压缩位移	0.08	0.18	0.12
	张开位移	1.43	1.56	1.82

5. 接头部分坝体地震响应计算

（1）接头部分重力坝静动叠加应力。最大压应力为 1.30MPa，发生在坝底处，最大拉应力为 0.22MPa，发生在坝顶处。

（2）接头部分圆弧段面板静动叠加应力。地震时面板最大压应力为 4.00MPa，发生坝高 1/3 处附近，最大拉应力为 1.08MPa，发生在圆弧段面板与水平段面板连接处的坝顶位置附近。

（3）周边缝静动位移叠加后的最大值分别为 1.16mm（沿趾板走向剪切）、2.76mm（沿面板法向剪切）、1.41mm（张开）、0.31mm（压缩）。竖缝静动位移叠加后的最大值分别为 1.85mm（沿顺坡向剪切）、4.21mm（沿面板法向剪切）、2.36mm（张开）、0.85mm（压缩）。

（新疆水利水电勘测设计研究院有限责任公司　陆云才）

引水发电建筑物设计

阜康抽水蓄能电站主厂房顶拱块体稳定性分析和支护设计

（一）工程概况

阜康抽水蓄能电站位于新疆昌吉回族自治州阜康市境内，电站装机容量 1200MW（4×300MW），设计年发电量 24.1 亿 kW·h。主厂房、主变压器洞及尾闸室三大洞室采用平行布置方式。主厂房埋深 263m 左右，开挖尺寸 185.50m×24.30（26.10）m×56.30m（长×宽×高），岩锚梁以上最大开挖跨度 26.10m。该电站地下厂房区断层与裂隙较发育，不同产状的结构面相互切割，形成不同大小、各种形状的块体。尤其在地下厂房第一层开挖后，弧形临空面与贯穿型结构面的不同组合，容易形成悬吊型不稳定块体。若不能在第一层开挖时及时发现并采取加固措施，将对后续下卧施工与电站运营带来安全隐患与处置难度。因此，对块体的稳定性分析与锚固措施校核是很有必要的。

（二）工程地质条件

1. 围岩结构特征　主厂房部位出露岩性为灰黑色、灰绿色硅质岩夹砂岩（C2-2），中厚层为主，层厚一般 20～50cm，岩层产状 NW270°～275°，NE∠30°～40°，岩层走向与厂房轴线方向呈大角度相交（70°～75°），岩体微风化～新鲜，断层影响带附近岩体强～弱风化。根据开挖揭露的围岩岩性、结构面发育情况及地下水活动性等，对地下厂房第一层洞室围岩进行了分类。总体上看，厂房顶拱围岩两端较差，中间较好，围岩以 Ⅱ～Ⅲ 类为主，少量Ⅳ类。其中 Ⅱ 类围岩占比 25.3%；Ⅲ₁ 类围岩占比 45.8%；Ⅲ₂ 类围岩占比 23.5%；Ⅳ类围岩占比 5.4%。

2. 结构面物理力学特征　主厂房各类断层及裂隙力学参数建议值如表 1 所示。

表 1　　　　　　阜康抽水蓄能电站主厂房断层及裂隙力学参数表

序号	结构面类型	抗剪断		备注
		f'	c'(MPa)	
1	岩屑夹泥型	0.35～0.40	0.04	宽度大于 20cm 的断层
2	岩块、岩屑型	0.40～0.45	0.065	宽度小于 20cm 的断层
3	岩屑、岩粉型	0.50	0.12	宽度大于 1cm 裂隙
4	硬性	0.62	0.15	宽度小于 1cm 裂隙

（三）块体稳定性分析方法

在此重点介绍拱顶悬吊型块体的分析方法。

1. 块体稳定性计算 根据本工程的实际情况，针对未完全贯通的结构面以及假设剪裂面组合形成的悬吊型块体，在不考虑支护、考虑原设计支护、考虑追加支护3种条件下的稳定安全系数如式（1）～式（3）所示。

（1）不考虑支护条件下的稳定安全系数计算公式：

$$K_0 = \frac{R(\cdot)}{S(\cdot)} = \frac{\sum_n c_i A_i}{G} \tag{1}$$

式中　K_0——不考虑支护条件下的稳定安全系数；

　　　$R(\cdot)$——块体抗滑力，kN；

　　　$S(\cdot)$——块体下滑力，kN；

　　　c_i——块体的第 i 个结构面的黏聚力，kPa；

　　　A_i——块体的第 i 个结构面在块体中的表面积，m^2；

　　　n——计算中考虑的结构面个数；

　　　i——所考虑的结构面序号，$i=1,2,\cdots,n$。

（2）考虑原设计支护条件下的稳定安全系数计算公式：

$$K_v = \frac{R(\cdot)}{S(\cdot)} = \frac{P_v + \sum_n c_i A_i}{G} \tag{2}$$

式中　K_v——考虑原设计支护条件下的稳定安全系数。

（3）考虑追加支护后的稳定安全系数计算公式：

$$K_z = \frac{R(\cdot)}{S(\cdot)} = \frac{P_v + P_z + \sum_n c_i A_i}{G} \tag{3}$$

式中　K_z——考虑追加支护后的稳定安全系数；

　　　P_z——追加的锚杆、锚索在铅垂向的设计支护力，kN。

2. 块体稳定最小安全系数要求 根据《水电站地下厂房设计规范》中关于块体稳定最小安全系数的规定，在持久工况下，该电站工程悬吊型块体稳定最小安全系数为2.00。

3. 块体稳定性分析流程 块体稳定性分析按照稳定块体、冒落、单面滑动、双面滑动等流程进行。

（四）块体稳定性分析结果

1. 块体分布情况 根据地质编录资料，对主厂房第一层开挖顶拱结构面可能切割形成的关键块体进行了详尽的分析。主厂房顶拱结构面切割形成的块体的破坏模式均为顶拱冒落，形成的块体体积在236.16～995.43m^3，最大埋深在3.74～7.85m。

2. 关键块体稳定性分析及支护措施 不考虑支护、考虑原设计支护、考虑追加支护三种条件下的块体稳定安全系数结果如表3所示。其中，所建议的连通率是在综合分析块体围岩类别、结构面特征以及敏感性计算结果基础上确定的。表3也显示了为了是块体稳定安全系数达到规范要求2.0所需锚索支护的数量。

表2　　　　　　　　　主厂房第一层开挖块体追加支护方案推荐表

块体编号	建议组合模式	抗滑力（kN）	不考虑原设计支护条件下的安全系数	设计支护力（kN）	考虑原设计支护条件下的安全系数	仍需追加支护力（kN）	需支护锚索数量（根）	考虑追加支护后的安全系数
ZC1-1	剪裂面J1连通率85%	9271	0.71	15449	1.89	1498	2	2.04
ZC1-2	剪裂面J2连通率70%	8312	0.67	14651	1.85	1840	2	2.01
ZC1-3	剪裂面J2连通率70%	10134	0.95	6543	1.56	4734	5	2.02
ZC1-4	剪裂面J1连通率40%	45670	1.66	7927	1.94	1549	2	2.02
ZC1-5	剪裂面J2连通率50%	26286	1.26	11890	1.83	3559	4	2.02
ZC1-6	剪裂面J1连通率80%	7214	1.10	3256	1.60	2613	3	2.06

（五）支护效果验证

根据洞室地质条件，在多个断面开展监测工作。位于厂左0+001.25顶拱中心线上的多点位移计 $M^4$03-CFA1 在主厂房第一层中导洞开挖完成后于2019年7月10日布设，该测点位于块体ZC1-2和ZC1-3附近。多点位移计 $M^4$03-CFA1 位移监测表明，随着第一层扩挖，表层0～2m围岩变形快速增加，达到14mm；后续第二、三层开挖，对围岩变形影响较小，说明采取追加锚索支护后拱顶块体及周边围岩目前趋于稳定状态。

（中国电建集团西北勘测设计研究院有限公司　景浩
中国科学院武汉岩土力学研究所　艾飞）

深厚砂性土地基大型
水闸闸基防渗设计

以尾闾综合整治工程深厚砂性土地基大型水闸为例，通过首先应用 AutoBank 软件对防渗墙不同深度方案进行渗流分析，随后应用 MIDAS 软件建立墙体及其周边岩土体二维计算模型进行应力变形计算分析，最终选择防渗墙深度方案及材料。

（一）工程概况

赣江下游尾闾综合整治工程为二等大（2）型工程，闸轴线总长 1346.70m，从左到右布置有左岸段、泄水闸段、中间连接段、船闸段、右岸段。地震设计烈度为Ⅵ度。

泄水闸沿河床布置，总长 752.8m，共设 17 孔，由 2 孔净宽 75m 的大孔闸和 15 孔净宽 30m 的常规泄水闸组成，均为开敞式平底闸。从左至右分为 3 个区域：一区布置于河床左岸滩地，共 8 孔，每孔净宽 30m；二区布置于河床中部，共 2 孔，单孔净宽 75m；三区布置于河床右侧深泓部位，共 7 孔，单孔净宽 30m；堰顶高程均为 6.0m。3 个区闸室底板顺河向长度均为 46m，上游均设置长 20m 的钢筋混凝土铺盖。泄水闸区覆盖层厚度 30.0～49.2m，平均厚度为 38.49m；下部为泥质粉砂岩，强风化带平均厚度为 1.97m；弱风化带上部平均厚度为 5.86m；弱风化带下部均未揭穿。泄水闸底板主要置于圆砾、砾砂之上，其渗透系数分别为 1×10^{-1}、5×10^{-1}cm/s，闸基具强透水性。

（二）闸基防渗设计

水闸上下游水位差为 10.23m，闸基为深厚砂性土，采用上游铺盖＋垂直防渗相结合的防渗型式。考虑到高喷帷幕灌浆地面钻杆的孔斜易造成孔底偏移进而影响防渗效果，初步设计时垂直防渗选用混凝土防渗墙方案。

1. 防渗墙深度设计　选取三区泄水闸作为典型计算断面，采用 AutoBank 软件分别对泄水闸不设防渗墙方案，设 10、15、20m 深防渗墙以及防渗墙伸入基岩 1m 等 5 个方案进行渗流分析。计算工况为泄水闸调控期控泄时的最不利运行工况，上游水位 15.5m，下游水位 5.27m，最大水头 10.23m。各方案计算结果见表 1。

表 1　　　　　　　　　　　　　　闸基渗流计算成果表

防渗措施	水平段最大坡降	水平段允许坡降	出口段最大坡降	出口段允许坡降	渗流量（m³/d）
无防渗墙	0.21	0.15	0.11	0.40	1514.9
10m 防渗墙	0.18	0.15	0.09	0.40	1114
15m 防渗墙	0.17	0.15	0.09	0.40	884.4
20m 防渗墙	0.16	0.15	0.08	0.40	767
防渗墙入基岩 1m	0	0.15	0	0.40	0.09

根据计算结果分析，不设防渗墙及设置 10、15、20m 悬挂式防渗墙时，闸基出口段最大坡降均小于出口段允许坡降值，而水平段最大坡降均大于允许坡降值，不满足要求。而设置防渗墙至基岩时，满足渗流要求且渗漏量小，因此闸基防渗措施选定该方案。

2. 防渗墙材料初选　可考虑采用刚性（如普通混凝土、粉煤灰或黏土混凝土等）或柔性材料（如塑性混凝土、固化或自凝灰浆等）。考虑到本工程水闸施工期地下水位较高，工程区粉煤灰材料运距远，且砂砾石粒径局部较大，采用常见的普通混凝土防渗墙方案与塑性混凝土防渗墙方案进行技术经济比较，从中选定防渗墙材料。

3. 防渗墙应力变形计算　采用有限元分析软件 MIDAS GTS 计算防渗墙采用普通混凝土和塑性混凝土时的应力变形状况，为相关参数设计提供依据。①模型建立。因防渗墙沿轴线向可视作平面应变问题，故简化建立二维模型进行计算。有限元模型共划分 29579 个单元，包含 29935 个节点。模型上游、下游边界固定 X 向位移，底部按固端考虑，顶面为自由面；防渗墙由界面单元与土体形成接触。模型中土层及混凝土材料主要参数按相应的参数选取。②计算成果。对普通混凝土和塑性混凝土防渗墙体进行二维有限元应力变形计算，经过数据后处理，得到防渗墙上游侧和下游侧的应力并沿防渗墙高度分布、普通混凝土和塑性混凝土防渗墙水平及竖向位移并沿防渗墙高度分布，并对其进行分析。综合分析表明，普通及塑性混凝土防渗墙水平位移分布规律基本一致，在上层圆砾区存在最大水平位移，其值约 2.7cm；由于塑性混凝土防渗墙的弹性模量低，在受压时塑性混凝土防渗墙竖向位移较大，最大值约 9.1cm，普通混凝土防渗墙竖向位移最大值为 0.9cm。

根据应力变形计算成果可知，塑性混凝土防渗墙具有一定柔性，与土层位移协调效果较好，其整体应力状态优于普通混凝土防渗墙。防渗墙成墙面积约22000m²，塑性混凝土防渗墙单价约为 1300 元/m²；C30普通混凝土防渗墙单价约 1400 元/m²；采用塑性混凝土可减少投资约 200 万元。经综合比选，防渗墙材料选定为塑性混凝土，其渗透系数不大于 $5×10^{-7}$cm/s，允许渗透坡降 $J>100$。

（三）结论

（1）选定的防渗墙方案为底部伸入相对不透水层即泥质粉砂岩 1m。不管是上游侧还是下游侧，防渗墙上部均以拉应力为主，这主要是由于防渗墙竖向沉降变形受周围土体摩擦限制导致，最大拉应力均未超过混凝土设计抗拉强度；防渗墙中下部以压应力为主；普通混凝土防渗墙模型中防渗墙最大压应力为4.49MPa，塑性混凝土防渗墙模型中防渗墙最大压应力为 1.17MPa；普通混凝土防渗墙底部嵌固端有较大拉应力，最大拉应力值为 1.46MPa，超过 C30 混凝土设计抗拉强度 1.43MPa，塑性混凝土防渗墙底部嵌固端无拉应力。

（2）采用二维简化模型对防渗墙应力变形进行研究，土体本构模型采用修正摩尔—库伦模型，混凝土本构模型采用弹性模型。根据有关研究，塑性混凝土具有与土体相似的本构关系，下一步将就塑性混凝土与土体相似的本构关系开展分析研究。

（中国电建集团中南勘测设计研究院有限公司
罗金山　李凌镐　钟乐　潘松　李嘉明）

数字化设计在果多水电站厂房中的应用

果多水电站位于西藏自治区昌都县，是扎曲水电规划五级开发方案的第二个梯级，电站装机容量160MW，属三等中型工程，枢纽建筑物由重力坝、泄洪冲沙系统和坝后地面式厂房等组成。工程地处高海拔、高严寒地区，枢纽布置紧凑、施工工期紧、难度大、要求高。在发电厂房设计中，涉及专业多、协同设计要求高，而传统二维设计相关专业相互之间的认识和关注不足，增加了协同设计难度。为满足业主对工程全生命周期管理的需要，实施工程的数字化移交，果多水电站在各专业设计过程中采用数字化设计技术，建立带有参数信息的发电厂房模型，发挥了巨大优势。

（一）数字化设计方案

该电站厂房基于 CATIA+VPM 平台，以骨架设计、参数化建模、关联设计、知识模板技术、二次开发等为核心技术，水工、地质、机电、金结等多专业协同，进行工程全生命周期三维数字化设计。从三维建模到结构计算、工程量统计、二维出图等，各专业协同设计，充分发挥三维设计的综合效益。各专业协同组装形成厂房三维整体模型。发电厂房数字化设计采用标准化设计流程，从项目任务分解到设计出图都有完善的规范标准，为业主提供常规二维设计图纸和移交三维数字化设计成果，利用数字化成果指导采购、施工、运行维护等，最终数字化模型实现为工程全生命周期服务的目标。

（二）数字化设计应用

1. 工程应用范围及深度

（1）多专业协同设计、碰撞检查应用。预可研、可研阶段，各专业联合运用 CATIA+ VPM 平台快速实现三维设计和方案变更，开展枢纽方案和发电厂房布置；施工图阶段，由厂房、建筑专业拟定土建框架，电一、电二、水机、金结、暖通等专业在土建框架模型基础上完成设备模型，组装形成三维整体模型，并通过碰撞检查完善。

（2）结构计算、工程量统计和工程出图。将CATIA 模型导入 CAE 软件对关键结构进行有限元分析；统计主要工程量；各专业利用 CATIA 工程图模块和其他辅助软件进行枢纽布置图、厂房结构钢筋图、机电设备及管路布置图等工程出图。

（3）建立机组吊装动态 DMU 仿真。通过建立果多水电站厂房内机组吊装动态 DMU 仿真，实现机组吊装的操作流程及工艺交付。

2. 数字化设计平台建设　果多水电站厂房三维数字化协同设计平台由基础系统、辅助系统、集成系统及仿真系统 4 部分组成。其中基础系统包含ENOVIA VPM、CATIA，VPM 作为测绘、地质、坝工、厂房、水道、水机、电气等多专业在线协同设计平台，CATIA 主要完成主要建筑物等建模，以及金结、电气、水机、暖通、消防等三维设计与设备管路布置等；辅助系统包括 Paradigm GOCAD 及Revit，主要完成枢纽区地形、地质建模、建筑建模和管路模型等；集成系统以 ANSYS、FLAC3D、PKPM 等软件为主的 CAE 应用体系，用于厂房结构计算分析；仿真系统为 3DVIA Composer，用于厂房机组吊装仿真成果演示。

3. 数字化设计产品质量　厂房数字化设计形成了包含全部设计对象数据、工程过程信息等内容的数字化设计成果。其产品质量主要表现在 5 个方面：

（1）完整性。数字化设计涵盖预可研、可研和施工图阶段。预可研、可研阶段，地质、水工、施工和路桥专业开展枢纽布置比选；施工图阶段，厂房、电

一、电二、水机和暖通等专业开展深化设计，数字化成果移交业主以实现运维可视化管理。

（2）准确性。各专业通过坐标控制和骨架驱动进行精确定位，并与施工现场坐标系吻合；通过专业协同减少施工中错、漏、碰、缺等问题；采用参数化建模和标准化模板，设计校审同一平台，减轻设计、校核、会签工作量和难度；基于准确三维模型生成工程图、工程量统计，利于设计产品质量控制。

（3）安全性。VPM 协同设计平台设置管理权限，结合结构树定义角色、分配权限，防止越级修改和误操作；采用标准化命名编码格式，将各专业产品有效标识，实现模型数据安全管理。

（4）适应性。基于三维模型渲染形成工程效果图，便于方案决策，三维轴测图可加强施工人员直观认识；自动生成二维工程图和工程量统计，简化设计流程；厂房内机组吊转动态 DMU 仿真，指导设备安装。

4. 三维出图质量和效率　三维模型完成后利用 CATIA 自带的工程图工具，投影生成平面图、剖视图、局部放大图、轴测图等，并完成标注。主要从 4 方面改进出图质量和效率：

（1）出图流程。加强模型校审，基于三维模型生成二维图纸，从而减轻校审、会签工作，缩短设计周期。

（2）出图方法。为满足不同阶段工程图要求，采用多种软件组合出图。

（3）出图质量。标准化建模流程可减少人为错误，提高建模过程可读性。利用三维模型直接抽取平、剖面图和轴测图等，提高出图质量；对三维模型的校审分为一般性检查、正确性检查和碰撞检查三个层次进行。

（4）出图效率。将二维工程图与三维模型关联，二维工程图可随三维模型自动更新；通过二次开发完成出图标注、美化工作。

5. 数字化设计的突出作用　数字化设计利用建模技术、信息技术、网络技术，实现了设计过程智能化、平台一体化、多专业协同化、成果数字化、可视化，应用成果全程化，形成了包含工程基本数据、过程信息等内容的数字化设计成果。果多水电站厂房数字化设计的突出作用体现 5 个方面：实现多专业协同设计；提高设计质量和设计效率；三维模型多重利用；实现建模、计算、出图、工程量统计一体化；提供可视化三维成果。

（中国电建集团贵阳勘测设计研究院有限公司
文浩　马青
成都理工大学　倪婷）

泄水建筑物设计

玛尔挡水电站泄水建筑物布置优化设计

（一）工程简介

玛尔挡水电站工程位于青海省海南藏族自治州同德县与果洛藏族自治州玛沁县交界处的黄河干流上，距玛沁县拉加镇约 5km，是龙羊峡以上黄河干流湖口—羊曲河段规划实施的第十二个梯级水电站。工程规模为一等大（1）型，坝址处多年平均流量 530m³/s，水库正常蓄水位 3275m，相应库容 14.82 亿 m³，死水位 3240m，调节库容 7.06 亿 m³，具有季调节能力，电站装机容量为 220 万 kW，多年平均发电量 72.394 亿 kW·h。大坝地震设防烈度采用Ⅷ度。枢纽泄水建筑物由右岸 3 孔溢洪道、右岸泄洪放空洞两层布置方案组成。消能建筑物主要由挑流鼻坎段、冲刷区左右岸岸坡及泄洪雾化高边坡防护组成。

（二）可行性研究阶段对放空建筑物布置的讨论意见

预可行性研究阶段的审查意见是：基本同意采用右岸岸边溢洪道和泄洪洞的泄洪总布置方案及其下游挑流消能方式。下阶段应结合水工模型试验，进一步研究调整泄洪消能建筑物布置及下游河道防护范围和措施。

2013 年 11 月，水电水利规划设计总院主持召开了玛尔挡水电站可行性研究阶段放空建筑物布置讨论会，形成的意见是：

（1）预可行性研究阶段泄水建筑物由布置于右岸的 3 孔开敞式溢洪道、1 孔泄洪洞组成，其中泄洪洞布置于溢洪道右侧、进水口底板高程 3190m。所设置的泄水建筑物基本具备特殊情况下降低库水位、实施部分大坝面板检修的功能，但水库最低水位仍高于大坝建基面 118m。

（2）水库库容约 15 亿 m³，大坝为高 211m 的混凝土面板堆石坝，工程位于高地震烈度区，为进一步增强紧急情况下水库放空能力，研究进一步降低水库水位的措施是必要的。

（3）结合本工程导流、初期蓄水、永久运行泄洪要求及筹建期现场情况，借鉴国内放空洞的实践经验，经研究比较，采用适当降低泄洪洞进水口底板高程（如降低15m），并改称泄洪放空洞的方案是基本合适的。

（4）鉴于泄水建筑物（溢洪道、泄洪放空洞）均进行了调整，应尽快开展水力学模型试验研究及复核工作，作为可行性研究阶段选定枢纽布置方案的必备技术支撑。

（5）泄洪放空洞水头高、流速大，其下部为地下厂房，应重视泄洪放空洞金属结构设备和洞身运行的安全性。结合单体水力学模型试验，研究其采用钢衬结构等必要的安全措施。

（三）泄水建筑物最终布置方案

在挡水建筑物、右岸引水发电建筑物布置格局，水库正常、设计、校核特征水位不变，死水位调整为3240m的前提下，对泄水建筑物进行两层、三层布置3个方案的分析比较；经地形地质条件的适应性、水库安全运行、满足库水位尽可能降低的功能性、泄水建筑物布置的合理性、水力学条件、泄水建筑物布置调整对枢纽布置格局及工程建设前期的影响程度、施工难度、工程直接投资、首台（批）机发电工期等方面综合比较，选取右岸3孔溢洪道+右岸1条泄洪放空洞两层布置方案为调整后的选定方案。泄水建筑物按1级建筑物设计，设计洪水1000年一遇（相应洪水流量5760m³/s），校核洪水为PMF（相应洪水流量8530m³/s）；下游消能防冲建筑物按3级建筑物设计，设计洪水100年一遇洪水（相应洪水流量4390m³/s）。

3孔开敞式溢洪道利用右岸平台地形紧靠面板坝布置，由引渠段、堰闸段、泄槽段、鼻坎段组成，总长约570.6m。溢洪道引渠段底板高程3247m，堰闸段长50.0m，单孔净宽11.0m，堰顶高程3258.0m；孔口尺寸11.0m×17m，设计水头17m，设计、校核（PMF）工况下泄流量分别为4393、6818m³/s。闸室顶高程3283.0m，3孔闸室段设检修门1扇和弧形工作门3扇。泄槽段由两中隔墙分开，分为左孔、中孔、右三孔，宽11.0～12.3m，其中泄槽渐变段长40m；底坡分别为i=1%和50.0%，泄槽陡坡段紧接鼻坎反弧段，依据整体模型试验成果，左、中、右3孔鼻坎分别为不对称、对称扩散舌型消能工、小差动坎布置。

泄洪放空洞位于溢洪道右侧，采用有压洞接无压洞布置型式，由引渠段、有压洞前段、事故门闸门竖井段、有压洞后段、工作门闸室段、无压洞段、鼻坎

段组成，总长度约为759.7m，其中泄洪放空洞流道长530.1m。引渠段进水口处底宽24.0m。有压洞前段（盲洞段）长94.0m，进水口为圆形体型，最低点底板高程3171.0m，由直径20.0m渐变至直径12.0m，底板高程3175.0m，标准断面洞径12.0m，坡比i=0。事故门闸门井竖井式布置，顺水流方向长12.0m，孔口尺寸6.0m×12.0m，顶高程3283.0m。有压洞后段长83.95m，首尾段分别设置渐变段，标准断面洞径9.5m，坡比i=0。工作门闸室洞段长28.0m，底板高程为3175.0m，工作弧门孔口尺寸7.0m×6.5m，设计水头100.0m，设计、校核工况下泄流量分别为1659、1723m³/s。工作门闸室为满足偏心铰弧形工作门布置，闸室有压出口段采用突扩、突跌体型，启闭机室底板高程3197.0m。无压洞段标准断面为城门洞型，尺寸为8m×14.1m，缓坡段坡比i=9%，陡坡段坡比i=37%，顶拱夹角为120°。依据整体模型试验成果，鼻坎段采用曲面贴角窄缝挑流消能工。

下游泄洪消能区左右岸采用混凝土护岸防护型式，左岸河道防护范围长约540m，混凝土护岸建基面高程为3065.0～3070.0m，护岸顶高程为3100.0～3105.0m；鼻坎段护岸及消能区右岸防护长度约为680.0m，鼻坎段护岸建基面高程为3075.0m，右岸建基面高程为3065.0m，右岸护岸顶高程为3105.0m。

（中国电建集团西北勘测设计研究院有限公司
韩鹏辉）

LW水电站陡窄河谷挑流消能下游边坡防冲试验研究

目前对挑流消能下游消能主要集中在基岩冲刷研究。物理模型试验采用河沙、卵砾石等散粒体模拟基岩，但散粒体在自然状态下无法堆积成陡峻边坡形态，陡边坡一般采用定床。由于定床无法对陡边坡冲刷特性准确分析，因而目前对下游陡边坡冲刷的研究较少。结合LW水电站溢洪洞挑流消能型式，通过透视化定床模型对比研究不同挑坎下游河道水力特性及边坡脉动特性。同时通过钢纱网覆盖散粒体模拟陡边坡，分析陡边坡的冲刷特性，并与定床条件下的水力学特性进行对比验证。

（一）工程概况及研究方法

1. 工程概况　LW水电站坝址位于金沙江上游川藏河段，为一等大（1）型工程，主要由混凝土面板堆石坝、2条溢洪洞、泄洪放空洞、输水发电系统、导流建筑物等组成。溢洪洞出口采用挑流鼻坎，

单洞最大泄量 4406m³/s，最大单宽流量约 294m³/s。消能防冲建筑物按 100 年一遇洪水设计。泄水建筑出口处两岸地形陡峭，河谷狭窄（宽 78～108m），消能防冲区两岸岸坡基岩裸露，为弱风化基岩陡壁。河床覆盖层最大厚度为 71.4m。

2. 研究方法　结合试验场地条件，模型试验几何比尺选为 1：80。对泄水建筑物典型出口斜切挑坎、扭曲挑坎进行对比研究。为分析陡边坡定床下的水力学特性，对下游河道边坡采用曲面透视板准确地模拟出实际形态，试验中可观察到河道内水流的运动状态，对边坡的脉动压力、近壁流速等进行检测。测点断面间距为 20～40m，范围为下游河道 400m；竖向高程间距为 4m；消能紊动强烈区域加密测点布置。为模拟陡坡的动床冲刷特性，对左岸陡边坡采用散粒体模拟：即在模型范围内设置多根横向支撑杆和竖向支撑杆，在支撑杆外侧布置钢纱网。根据边坡抗冲流速和模型试验比尺，换算得到的模型散粒料粒径为 8.7～17mm，中值粒径约 14mm。在钢纱网内填入动床冲刷散粒料并嵌固紧密。

（二）结果与分析

对比分析斜切挑坎、扭曲挑坎特征工况（$P=0.1\%$、$P=1\%$、$P=5\%$）的试验成果，对左岸坡定床条件下挑流水舌入水形态及消能区流态，左岸边水下沿程流速及左岸对冲区的脉动压力进行分析，同时与左岸坡动床条件下的冲刷进行分析。

1. 左岸坡定床　（1）水舌形态与流态。斜切挑坎水舌入水宽度为 49.7～54.8m，水舌挑距为 109.6～178.8m。扭曲挑坎出坎水舌扩散沿河纵向拉开呈狭长的带状入水，水舌入水宽度为 108.8～115.2m，挑距为 51.6～136.8m。分析认为：同流量下，斜切挑坎出坎水舌分散程度不足，入水较集中，水舌挑距略远，落点位于河道中泓线附近；扭曲挑坎左导墙扩散并后撤，增大了水舌束宽度，水舌入水宽度增加（约为斜切挑坎的 2 倍），降低了水舌入河单宽流量，水舌落点位于中泓线偏右并能挑离本岸边，可减轻对岸冲刷。从左侧透视河道模型观察下游河道水流内部流态，采用斜切挑坎在下泄 $P=5\%$ 以上洪水时，观测到挑射水流与下游水体混掺后阵发性地冲击左岸基岩边坡。扭曲挑坎挑流水舌进入下游河道后掺混、剪切消能的同时掺入了大量空气，消能区表面呈现乳白色水气混合物状态。

（2）岸边沿程流速。由于左岸岸坡的基岩抗冲流速为 6m/s，将斜切挑坎、扭曲挑坎消能区左岸边水下各桩号流速为 6m/s 的高程点连接形成等值线，即为基岩抗冲流速等值线。随着下泄流量的增大，等值线的高程逐渐降低；从横向上看，斜切挑坎 $P=0.1\%$、$P=1\%$ 工况基岩抗冲流速等值线深而长，而

扭曲挑坎等值线整体较平稳，说明当下泄流量较大时，斜切挑坎高流速范围明显变长，岸坡受水流的冲击范围更大；扭曲挑坎岸坡只在小范围内存在高流速区；斜切挑坎方案消能区左岸边基岩抗冲流速等值线最低点高程为 2514.50m，扭曲挑坎方案基岩抗冲流速等值线最低点高程为 2522.30m。与斜切挑坎方案相比，最低点高程抬高了 7.8～9.6m。

（3）脉动压力。两种挑坎体型左岸脉动压力成果表明，扭曲挑坎方案下的最大脉动压力均方根值明显小于斜切挑坎的。消能区左岸冲击压力 ΔP_{max} 指标扭曲挑坎方案较斜切方案减小（2.81～3.11）×9.81kPa，脉动均方根 σ_{max} 指标扭曲挑坎方案较斜切方案减小（1.89～2.74）×9.81kPa。同时扭曲挑坎最大冲击压力点高程明显高于斜切挑坎，与基岩抗冲流速等值线图最小高程呈现一致性。推荐扭曲挑坎为设计方案。

2. 左岸坡动床冲刷　对斜切挑坎、扭曲挑坎方案进行动床冲刷试验，主要对比 $P=0.1\%$、$P=1\%$（消能防冲）试验工况时对冲区岸坡及河中的冲刷形态。两方案试验成果见表 1。扭曲挑坎左岸坡冲刷范围较小，深度较浅。采用陡边坡散粒体模拟得出的试验成果与透视河道模型基岩抗冲流速等值线成果对比，可以看出其岸边冲刷形态与水下沿程流速成果基本吻合，可以认为两种试验方法得出的左岸坡防护范围基本一致。

表 1　陡边坡散粒模拟试验成果对比

方案	工况	岸坡冲刷（m）	
		最低点桩号	最低点高程
斜切挑坎	$P=0.1\%$	1805.3	2518.6
	$P=1\%$	1820.3	2520.2
扭曲挑坎	$P=0.1\%$	1801.5	2524.5
	$P=1\%$	1819.6	2528.6
成果对比		减小 5.9～8.4	

（三）结论

（1）针对 LW 水电站溢洪洞挑流消能提出了一种扭曲挑坎体型。扭曲挑坎左岸高于基岩抗冲流速的防护范围、深度明显减小。左岸的脉动压力明显减小，最大冲击压力点位置明显高于斜切挑坎。

（2）散粒体模拟陡峻基岩边坡的冲刷，岸边冲刷形态与水下沿程流速成果基本吻合，可作为陡边坡动床模拟的一种新方法。

（中国电建集团中南勘测设计研究院有限公司
周望武　魏杰　苗宝广　戴晓兵
中国水利水电科学研究院　任炜辰）

巴塘水电站泄洪放空洞"一室双孔"联合布置型式

（一）工程概况

巴塘水电站工程位于四川省巴塘县和西藏芒康县境内，是金沙江上游河段的第九级电站，上游为拉哇水电站，下游为苏洼龙水电站。坝址位于甘孜藏族自治州巴塘县巴楚河口（巴楚河入金沙江交汇处）上游约660m的金沙江干流上。水电站工程为二等大（2）型，枢纽主要建筑物为2级。电站以发电为主，正常蓄水位为2545.0m，死水位2540.0m，校核洪水位2547.90m，总库容1.415亿m³，调节库容0.21亿m³，具有日调节能力。枢纽建筑物主要由沥青混凝土心墙坝、左岸地面引水发电系统、左岸泄水建筑物、鱼道等组成。

泄水建筑物包括3孔开敞式表孔溢洪道、1条泄洪放空洞（施工期参与导流）。挡水、泄水建筑物按500年（重现期）一遇洪水设计，5000年一遇洪水校核，相应的洪峰流量分别为8700m³/s和10500m³/s；下游消能防冲建筑物按50年一遇洪水设计，相应的洪峰流量为6780m³/s。巴塘水电站由溢洪道及泄洪放空洞孔口全开联合下泄校核洪水。

（二）泄洪放空洞"一室双孔"布置型式

泄洪放空洞布置在左岸引水发电系统与导流洞间的山体内，出口消力池与导流洞共用。由进水塔、有压洞段、出口工作闸室、消力池连接段、消力池段与下游护坦组成。泄洪放空洞在施工期参与导流，出口工作闸室在后期建成。进水塔设2孔进水口，单孔进水口的尺寸为6m×14m（宽×高），进口底板高程为2497.00m。泄洪放空洞为有压洞，隧洞总长度为653.61m，隧洞断面为圆洞，过流断面直径为14.2m，设置转弯段，转弯半径200m。

泄洪放空洞出口设弧形工作门闸室，为施工导流后期改建。闸室为"一室双孔"布置，其中左孔泄洪孔工作门孔口尺寸为6m×9.5m（宽×高），右孔生态放水孔孔口尺寸为3m×5m（宽×高），两孔口底板高程均为2483.00m。为了改善水流流态，在泄洪放空洞出口渐变段及闸室下游各设置一段中隔墩分流。左、右两孔同时开启时，可满足下泄泄洪放空洞承担的校核洪水泄量要求；在库水位降低至设计死水位2540.00m高程时，右孔生态放水孔局开可满足下泄生态流量138m³/s要求；库水位为死水位至正常蓄水位2545.00m高程时，右孔生态放水孔通过调整弧门开度均可满足下泄生态流量138m³/s要求。

通过对泄洪放空洞出口闸室采取"一室双孔"的

泄洪孔—生态放水孔联合布置型式，生态放水孔与泄洪孔同步改建实施完成，不仅可满足环保部门的相关要求，且可以大幅缩减工程量及工程投资，具有显著的经济效益。该项布置型式已取得专利技术证书。目前工程现场已实施完成并投入运行。

（中国电建集团西北勘测设计研究院有限公司　朱颖儒）

花坝水库泄水建筑物设计

（一）工程概况

花坝水库工程位于贵州省桐梓县芭蕉镇北部，桥沟中游，坝址距桐梓县城约143km。水库总库容110.0万m³，属四等小（1）工程。工程任务为集镇、农村供水及农田灌溉。该工程分两部分，第一部分为水库枢纽工程，第二部分为输水工程。水库枢纽工程主要建筑物包括挡水建筑物（沥青混凝土心墙坝）、泄水建筑物（正槽式溢洪道）和取水兼放空建筑物（隧洞）等；输水工程主要由输水管及其附属设施等组成。

（二）泄水建筑物方案比选

1. 布置选择　水库大坝为沥青混凝土心墙坝，为柔性坝，根据所选坝型，泄水建筑物宜为岸边溢洪道。总体上左岸山体相对较完整，地形较陡，一般地形坡度30°～40°。右岸形成脊状山体，山体顺河向宽70～120m，一般地形坡度20°～40°，为斜坡—陡坡地形。据坝址勘探资料，坝址区两岸坡覆盖层厚度总体不大，且分布不均，主要为第四系残坡积含碎石砂、粉质黏土。2、3、4号冲沟内覆盖层相对较厚，局部陡坎、峻坡地带基岩裸露。河床主要被第四系冲洪积砂卵砾石、崩塌堆积块和碎石等覆盖。根据坝区地形地质条件，结合枢纽及施工组织总体布置，由于上坝公路及库区复改建公路位于左岸，该侧岸坡地形坡度较大；而右岸地形相对于左岸比较平缓，溢洪道布置在该侧，开挖工程量相对较少，边坡处理难度相对较低。综合考虑，溢洪道选择布置于大坝右岸。

2. 泄洪方案比选　花坝水库正常蓄水位附近两岸主要为林地、耕地，无重要防护对象，也不存在影响其他专项设施的控制性高程，且该水库坝址以上集雨面积相对较小，来水量不大，水库回水长度较短。综合考虑水库淹没、经济指标、运行管理及运行维护等因素，选择泄洪方案为开敞式自由泄洪。坝址处河床宽3～8m，根据选择的开敞式自由溢流方案，经布置比较分析，坝址处溢流净宽应控制在4～8m。因此选取溢流净宽4.0、6.0m和8.0m 3种不同宽度进行综合比较。溢流控制净宽4.0、6.0m和8.0m 3种方案上游最高库水位分别为 1020.57、1020.20、1019.98m，3 种方案上游最高库水位相差较小，对于沥青混凝土心墙坝而言，其对坝体工程量影响较小。但溢流净宽为 4.0m 方案上游最高库水位比 6.0m 方案高 0.37m，淹没范围略有增加。相较溢流净宽 6.0m 方案，溢流净宽 8.0m 方案淹没范围虽略有减少，但溢洪道本身的工程布置稍难，工程量也有所增加。综上所述，选择泄水建筑物型式为岸边开敞式不设闸的正槽式溢洪道，溢流净宽选择工程量适中的 6.0m 方案，堰顶高程 1018.00m。

（三）泄水建筑物结构设计

1. 溢洪道布置　布置于右岸，由引渠段、进口控制段（WES 实用堰）、泄槽段、消能段（消力池）和出水渠组成，平面长度 168.0m。进口不设闸自由溢流，为正槽式溢洪道。堰型为 WES 实用堰，溢流控制净宽 6.0m，溢流堰顶部高程 1018.00m，溢流面曲线方程为：$Y = 0.314X^{1.85}$。左右侧导水墙墙顶高程 1021.00m。泄槽段（桩号溢 0+018.53～溢 0+126.07），槽宽为 6.0～3.0m；其中桩号溢 0+018.53～溢 0+022.50 段底坡 $i = 0.35$，槽宽 6.0m；桩号溢 0+022.50～溢 0+042.50 段底坡 $i = 0.35$，槽宽由 6.0m 收缩到 3.0m；其余段底坡 $i = 0.35$，槽宽 3.0m。消能段和出水渠段均座落在基岩上，消力池长 22.0m，底宽 3.0m，池底高程

975.00m，消力池末端尾坎高 1m，顶宽 1m。

2. 水力计算　根据 SL 253—2018《溢洪道设计规范》规定，溢洪道泄洪能力校核洪水标准按 300 年（$P = 0.33\%$）一遇洪水下泄流量设计，消能防冲洪水标准按 10 年（$P = 10\%$）一遇洪水下泄流量设计。

（1）泄水能力计算。溢洪道为开敞式自由溢流。经计算，发生 300 年一遇洪水（校核洪水标准）时，$Q_{(P=0.33\%)} = 37.08 \text{m}^3/\text{s}$；发生 30 年一遇洪水（设计洪水标准）时，$Q_{(P=3.33\%)} = 23.87 \text{m}^3/\text{s}$；发生 10 年一遇洪水（消能防冲洪水标准）时，$Q_{(P=10.0\%)} = 17.83 \text{m}^3/\text{s}$。溢洪道泄水能力在上述各种工况下均满足要求。

（2）泄槽水面线计算。当发生校核洪水时（$P = 0.33\%$）时，溢洪道泄水槽段各断面水深与平均流速计算成果及当校核洪水位 1020.20m 时，溢洪道泄水槽段各断面掺气水深与平均流速计算成果见表 1。根据计算泄槽段各断面掺气水深及其连接形成的水面线，加 0.50～1.5m 超高后为溢洪道泄槽段边墙顶高程。

（3）消力池设计。经计算分析，消力池长取为 22.0m，池深 1.0m，边墙高 4.50m，消力池底板高程 975.00m，边墙顶高程 979.50m。

表 1　　　　　　　溢洪道各断面水深、掺气水深及流速成果表

桩号	0+018.53	0+022.50	0+042.500	0+126.07
流量（m³/s）	36.20	36.20	36.20	36.20
宽度（m）	6.0	6.0	3.0	3.0
分段长度（m）	4.21	20.19	88.54	
分段底坡	0.35	0.35	0.35	
水深（m）	0.548	0.506	0.807	0.605
掺气水深（m）	0.620	0.579	0.952	0.750

3. 结构计算

（1）边墙稳定计算。采用剪摩公式计算，与基岩接触面的 $f' = 0.45$，$c' = 0.25$。经计算，侧墙抗滑稳定系数 $K = 3.82 > [K] = 3.0$，边墙抗滑稳定满足规范要求。

（2）溢流堰稳定计算。溢流堰基础坐落在基岩上，与基岩接触面的 $f' = 0.45$，$c' = 0.25$。经计算，在设计洪水位 1019.64m 时 $K = 4.12 > [K] = 3.0$，在校核洪水位 1020.20m 时 $K = 3.88 > [K] = 2.5$，满足规范要求。

（遵义市水利水电勘测设计研究院有限责任公司　廖富桂）

四方井水利枢纽工程岸边溢洪道水工模型试验与设计优化

（一）工程概况

四方井水利枢纽工程位于赣江流域袁河支流温汤河下游，距宜春市中心城区约 7km，是以防洪、供水为主，兼顾发电等综合利用工程。水库正常蓄水位 152.00m，设计洪水位 153.93m（$P = 1\%$），校核洪水位 154.38m（$P = 0.05\%$），水库总库容 $1.1861 \times 10^8 \text{m}^3$。大坝采用黏土心墙坝，溢洪道布置于右岸垭口。岸边溢

洪道由进水渠、控制段、陡槽段、消能段及出水渠组成，全长 323.3m。控制段长 28.5m，3 孔，单孔净宽 10.0m，采用 WES 实用堰，堰顶高程 146.30m；泄槽段长为 180.0m，闸室往下游泄槽宽度由 35.0m

渐变至 34.0m，一级泄槽段长 80m，底坡 $i = 0.05$，二级泄槽段长 90m，底坡 $i = 0.364$，一级与二泄流段采用抛物线连接，出口采用底流消能，溢洪道剖面布置如图 1 所示。

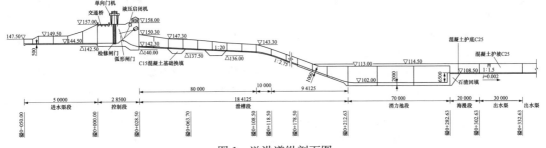

图 1　溢洪道纵剖面图

（二）模型试验制作

模型模拟溢洪道进口前沿库区、溢洪道及下游 1500m 的范围。溢洪道单体水工模型按照重力相似准则，模型几何比尺 $\lambda_L = \lambda_H = 50$，流量比尺 $\lambda_Q = \lambda_L^{5/2} = 17677.67$，流速比尺 $\lambda_v = \lambda_L^{1/2} = 7.07$，糙率比尺 $\lambda_n = \lambda_L^{1/6} = 1.92$，时间比尺 $\lambda_t = \lambda_L^{1/2} = 7.07$。模型制作中溢流堰采用 SMC 复合材料，对溢流堰表面进行刮灰打磨喷漆处理，泄槽溢洪道采用有机玻璃制作，模型糙率约为 0.008。

（三）溢洪道设计方案及优化

1. 泄流能力　试验复核了原设计方案（宽顶堰）3 孔全开时溢洪道的泄流能力，分别对各级特征频率洪水流量下溢洪道的泄流能力进行了测试。在设计洪水和校核洪水工况下，试验测得水库水位分别为 154.80m 和 155.86m，较相应的设计计算值分别高 0.87m 和 1.48m，表明泄流能力不满足设计要求。将原方案的宽顶堰优化调整为 WES 实用堰，同时对溢洪道进水渠段布置进行调整，试验结果：在设计洪水和校核洪水工况下，试验测得水库水位分别为 153.23m 和 154.18m，较相应的设计计算值分别低 0.70m 和 0.20m，泄流能力满足设计要求。

2. 水流流态

（1）进水口。原设计方案进水渠进水口为矩形断面，进水渠的水流流态较紊乱，靠近挡墙位置出现漩涡，且随着流量的增加愈发明显。优化方案将进水渠两侧导墙改为圆弧喇叭结构，进水比较平顺。

（2）控制段。控制段出口处，受中墩影响，水流相交重叠产生水翅，在流量达到 1330m³/s 时，水翅高度达到最大，左侧 1.5m，右侧 1.25m。建议将方型墩尾改为流线型。

（3）泄槽段。随着泄量增大，上陡槽段水面逐渐出现菱形冲击波，当流量达到 1330m³/s 时，菱形冲击波现象最明显，而在反弧段和下陡槽段水流逐渐趋于平稳。

（4）消力池段。当下泄流量较小时，形成完整的淹没水跃；当流量达到 550m³/s（消能工况）时，发生完整的淹没水跃，最大水深 11m，水流会跃出边墙；在设计洪水和校核洪水时，未形成完整的水跃，水跃长度超出消力池长度。

（5）护坦及出水渠段。在下泄流量较小的情况下，由于消力池内形成了完整的水跃，护坦及出水渠内水流比较平顺，流态稳定；在设计洪水和校核洪水工况下，水流已漫出水渠边墙，由于消力池长度不够，水跃跃出消力池到达护坦和出水渠内，使得护坦和出水渠一定范围内水流流态紊乱。

3. 沿程水深　试验分别测量了各级特征频率洪水流量时溢洪道左右边墙处的水深。当流量达到校核洪水时，由于受泄槽内菱形冲击波的影响，左右边墙水位存在一定的水位差。校核工况下溢洪道一级泄槽内的水深为 2.8～3.4m，左边墙水深较右边墙高，二级泄槽内左右边墙水流也存在相互冲击的现象，最大水深为 3.4m（桩号 0+155.09），其余位置水深均在 1.65～2.9m。在消能、设计和校核工况下，消力池内的水深均高于消力池的边墙（9.5m）。建议对消力池边墙进行加高。

4. 时均压强　试验中沿溢洪道全程共布置 18 根测压管。闸门局部开启时，溢流堰堰顶处各孔均出现了负压，负压值达 4.10m（0.04MPa），其他部位出现了较小的负压。校核洪水闸门全开时，堰顶负压值为 2.85m（0.028MPa）。试验复核了 250m³/s 泄量闸门全开时的堰面压力分布，在堰顶出现了负压，为 2.20m（0.02MPa），建议堰面应采用高强度抗蚀耐磨混凝土。

（四）优化方案及试验成果分析

（1）优化方案将进水渠两侧导墙矩形结构改为对

称圆弧喇叭结构，将宽顶堰调整为 WES 实用堰，优化后，在设计洪水和校核洪水相应泄量时，泄流能力满足设计要求。

（2）进水渠优化后，上游来流能够平顺进入到进水渠段，并均匀的进入到闸孔内，在校核洪水时闸前平均流速超过 4m/s，需进行安全防护。

（3）受中墩影响，闸室出口水流相交重叠产生水翅，影响泄槽内水流流态，将方型墩尾改为流线型。

（4）校核工况下，一级泄槽内左边墙水深较右边墙稍高，受此影响，二级泄槽内水流存在相互冲击现象。

（5）闸门局部开启时，设计洪水下的堰顶位置处负压值为 0.04MPa；校核洪水闸门全开时，溢流堰堰顶负压值为 0.028MPa，堰面应采用高强度抗蚀耐磨混凝土。

（6）消力池直线型边墙改为喇叭型，池长增加 25m，池底降低 1.5m。消力池及出水渠内水流流态有所改善，消能工况和设计工况下均形成完整的淹没水跃，消能效果较好；当泄量达到 1330m³/s 时，出水渠和下游河道内水流流速达到最大，出水渠内最大流速达 9.33m/s，河道和对岸山体位置处的最大流速分别达 6.44m/s 和 2.67m/s，设计拟对出水渠出口一定范围内河道进行防护，对河道左岸护岸进行加固。

（7）根据不同闸门开启方式试验结果，建议闸门运行方式为三孔均匀开启。

（中国电建集团贵阳勘测设计研究院有限公司
罗玮
江西省水利投资集团有限公司　周玮）

山阳抽水蓄能电站泄洪排沙洞布置设计

（一）工程概况

山阳抽水蓄能电站工程位于陕西省商洛市山阳县境内，电站属纯抽水蓄能电站，日调节，装机容量 120 万 kW。电站枢纽由上水库、输水系统、地下厂房系统、地面开关站、下水库、泄水建筑物等组成。下水库挡水主坝采用钢筋混凝土面板堆石坝，坝顶高程 583.00m；拦沙坝位于库尾，坝型为混凝土重力坝，坝顶高程 583.00m。下水库布置两条泄洪排沙洞兼导流洞，设计洪水标准为 200 年一遇，相应的洪峰流量 3190m³/s，校核洪水标准为 1000 年一遇，相应的洪峰流量 4500m³/s。

（二）泄洪排沙洞布置设计

该蓄能电站考虑到下水库独立成库，泄水建筑物按照河流改道的思路进行方案选择。除满足安全泄洪要求外，应充分考虑对上游河道的影响，在一定的洪水标准下基本不改变原始河道的行洪能力。下水库库区河谷平面呈"Ω"形态，右岸存在一单薄山梁，从地形上有利于泄水建筑物的布置。

为将河水引至下游，泄水建筑物可考虑明渠和隧洞两种方式，若采用明渠方案，两侧人工边坡高度将近 200m，且需要彻底截断单薄山梁，存在一定的地质风险，所以泄水建筑物初步考虑采用泄洪洞方案。鉴于下水库所在马滩河洪水规模较大，导致泄洪洞规模较大，从技术水平、水文条件、地形地质条件、泄洪洞泄洪对上游设施的影响等不同方面进行论证比选，选择 2 条泄洪排沙洞的布置型式。

泄洪排沙洞集中布置在右岸，进水口位于拦沙坝与胖鱼沟沟口之间，2 条洞平行布置，中心线间距 40.00m。洞身围岩以泥灰岩为主，洞室垂直向最大埋深 66～213m。下泄水流出口远离拦沙主坝下游坡脚。2 条泄洪排沙洞均依次由进水塔、无压洞段及出口段组成，洞身段平面上设置一个弯道，弯道段弯曲半径按不小于 5 倍洞宽控制，转角按不超过 60°考虑。隧洞进、出口直线段走向控制其与原河床主流的交角，使隧洞进流、归槽比较平顺，避免隧洞出口出现大面积回流，冲刷破坏下游岸坡。弯道转弯半径分别为 130m、170m，转角均为 35.89°。根据右岸地形地质条件，2 条泄洪排沙洞进口底板高程均为 537.00m，出口底板高程均为 526.00m，总长度分别为 519.00、622.00m，进水塔段底坡为平坡，塔后纵坡分别取 2.18%、1.81%。

进水塔段长 15m，设检修门槽 1 道，工作门槽 1 道，闸室底板高程 537.00m，底板厚 3.0m，工作门孔口尺寸 12.0m×16.5m（宽×高），由布置在闸顶操作室内的 2×800kN 双向门式启闭机操控。进水塔顶高程 575.00m，坝顶至操作室通过交通道路及工作桥相连。

综合考虑设计洪水洪峰流量，经水力计算，并参考国内外已建成工程，确定泄洪洞采用城门洞型，断面尺寸为 12.00m×13.00m～10.00m×13.00m（宽×高）。泄洪洞进口段，渐变段，出口段混凝土衬砌厚度均为 2.0m，断层及其影响带Ⅳ类及以下围岩洞段采用混凝土全断面衬砌，衬砌厚度为 1.2m，Ⅲ类围岩洞段采用混凝土全断面衬砌，衬砌厚度为 0.6m，并布置系统锚杆、固结灌浆和回填灌浆及排水孔。

隧洞出口位于拦河主坝下游右岸，出口高程 526.00m，后接 1∶3 缓坡，采用混凝土护板与下游河道衔接，混凝土护板高程 519.50m，起始宽度 10.00m；生态放水洞消力池左边墙向左岸扩 5°，右边墙不扩散，池长42.0m；泄洪排沙洞消力池两侧边墙则对称向两岸扩散，扩散角为5°，池长50.0m。消力池底板高程519.5m，消力池末端设尾坎。出口方向基本顺应河道，为防止洪水冲淘，在护板末端以及两岸回流区设置10m深的混凝土防淘墙。

山阳抽水蓄能电站泄洪排沙洞兼导流洞充分利用天然地形进行精心布置，较好地解决了工程导流及泄洪排沙的要求。

（中国电建集团西北勘测设计研究院有限公司
张丽花）

大庄里抽水蓄能电站
泄洪放空洞布置设计

（一）工程概况

大庄里抽水蓄能电站工程位于陕西省宝鸡市陈仓区境内，距宝鸡市直线距离约54km。电站属纯抽水蓄能电站，日调节，装机容量210万kW，属于一等大（1）型工程。枢纽建筑物主要由上水库沥青混凝土面板堆石坝、上水库沥青混凝土面板防渗系统、下水库沥青混凝土心墙坝、下水库右岸泄洪放空洞、上库/下库电站进水口/出水口、输水隧洞、高压管道、地下厂房和地面开关站等组成。上水库沥青混凝土面板堆石坝最大坝高83m（坝轴线处），总库容908.17万m³，下水库沥青混凝土心墙坝最大坝高114m，总库容931.21万m³。

（二）下水库泄洪放空洞布置设计

根据推荐坝址河段地形，下水库泄洪放空洞布置在凸岸即右岸山体内，洞线较短，下泄水流归槽较顺。下水库库址处1000年一遇洪水（校核洪水）洪峰流量为102m³/s。天然洪量较小，考虑到工期、造价影响，采用泄洪放空洞与导流洞结合的方式布置，下水库拦河坝为沥青心墙坝，大坝上游围堰与沥青混凝土心墙坝完全结合。根据施工进度安排，初期导流进行坝基开挖、坝体填筑的施工，上游来水由泄洪放空洞（兼导流洞）下泄。导流洞初期导流标准为20年一遇洪水，要求围堰前高水位1418.90m时下泄洪峰流量为47.8m³/s；当大坝填筑高度超过上游围堰高程1420.00m，进入中期度汛时段。主要进行坝体填筑、混凝土面板浇筑等施工，利用坝体临时断面挡水，河水由泄洪排沙洞兼导流洞下泄，导流标准采用全年50年一遇洪水，相应流量为57.7m³/s；导流洞的封堵施工，采用围堰进行挡水，在围堰保护下进行封堵段混凝土浇筑等施工，上游来水通过水泵抽排至下游沟道。导流洞封堵施工期导流标准采用坝址处10月～次年3月的20年一遇洪水，相应24小时洪

量为10.41万m³。

该工程下水库泄洪放空洞全长635m，由环形溢流堰、竖井、盲洞段、闸门竖井段、无压洞段、出口消能段等组成。导流期进水口底板高程1415.00m，导流结束后封堵，正常运行期采用环形溢流堰进流，堰顶高程同死水位1430.00m，堰顶内径6.0m，竖井内径4.0m，深15.0m，竖井后与导流洞结合，根据地形地质条件，泄洪放空洞轴线方向平面上沿SE152°1′52″转至SE108°54′27″，转弯半径50.0m，转角43°7′24″，弯道段位于有压盲洞段，盲洞段长221.0m，为直径4.0的圆形断面；竖井式闸室段长21.5m，宽11.0m，竖井顶高程1468.00m，底板厚3.0m，井深54.0m。竖井内设有平板检修门、弧形工作门各一道，检修门孔口尺寸为3.5m×4.0m（宽×高），工作门孔口尺寸为3.5m×3.0m（宽×高）。闸室后龙抬头型无压洞段平面总长度342.5m，下平段纵向坡度5‰，断面为城门洞型，尺寸为3.5m×5.0m（宽×高）。泄洪放空洞渐变段、出口段钢筋混凝土衬砌厚度为1.2m，断层及其影响带、Ⅲ类以下围岩洞段采用钢筋混凝土全断面衬砌，厚度为0.8m，Ⅲ类围岩段钢筋混凝土衬砌厚度为0.6m（顶拱除外）。同时进行洞周布置系统锚杆、固结灌浆、洞顶回填灌浆及排水孔。泄洪放空洞出口段位于坝下右岸，长50.0m，由出口明渠接挑流鼻坎，鼻坎高程1360.00m。

该工程泄水建筑物的设计原则为根据上游来水量全部下泄，考虑到上游河道来流量较小，为解决弧门小流量控流精确度问题，在闸室侧墙设置放水管，用于下泄小于平水年最大日流量0.51m³/s的来水，放水管进口布设在泄洪放空洞竖井的右侧边墙内，检修门下游，直径DN400，为防止泥沙淤积堵塞放水管，放水管底高程为1414.50m，在闸门井右边墙设阀门井，阀门井内设检修阀、控制阀等。

大庄里抽水蓄能电站下水库泄洪放空洞兼导流洞利用坝址处的地形进行布置设计，较好地解决了工程导流及泄洪放空的要求。

（中国电建集团西北勘测设计研究院有限公司
张丽花）

汨罗玉池抽水蓄能电站下
水库竖井式溢洪洞设计

（一）工程概述

汨罗玉池抽水蓄能电站下水库坝址集水面积2.96km²，水库总库容941.00万m³，调节库容826.00万m³。正常蓄水位为157.00m，设计洪峰流

量（$P=0.5\%$）44.20m³/s，校核洪峰流量（$P=0.1\%$）55.00m³/s。下水库大坝为混凝土面板堆石坝，汛期时有泄洪需求，应单独布置可靠的泄洪建筑物。下水库大坝左、右岸无低矮垭口，覆盖层及全风化层较深，且下游存在村庄，不适合设置岸边式溢洪道。最大下泄流量不大，从简化工程布置、节省工程投资、泄流能力等角度考虑，拟采用自由溢流的竖井式溢洪洞。

（二）竖井式溢洪洞设计

竖井式溢洪洞由环形溢流堰、圆形竖井及消能井、退水隧洞、出口消能段组成。溢流堰采用环形实用堰，堰面曲线为 1/4 椭圆曲线，堰口直径 6.50m，竖井内径 4m。溢流堰堰高 7.00m，堰顶不设闸门。圆形竖井高 58m，在竖井底部设 6m 深消能井。消能井后设长 380m 的无压退水隧洞，断面尺寸为 3m×4m（宽×高），均采用钢筋混凝土衬砌。退水隧洞出口设置 40m 长消力池。消力池出口设 120m 长的海漫，并对岸坡采用混凝土+锚杆进行防护。竖井溢洪洞泄流能力采用环形实用堰公式进行计算。

（三）水工模型试验

对竖井式溢洪洞开展水工模型试验，模型比尺 1:40。

1. 泄流能力　因调洪成果中 $P=0.05\%$、$P=0.1\%$ 和 $P=0.5\%$ 的下泄流量及上、下游水位完全一致，仅对 $P=0.1\%$ 频率洪水工况的水力学指标进行了观测。试验时重点观测不同流量下的溢流堰顶流态。在各种试验工况之下，环形堰呈自由堰流流态，水流紧贴堰壁下泄，竖井中间进气通畅，消能井内水体掺气明显。结合溢流堰泄流能力试验数据，对流量和堰顶水头进行拟合，可得到关系式 $Q=44.363(Z-157.00)^{1.5825}$，其中 Z 为库水位。将各特征水位下的试验值与相应的设计流量进行比较，校核水位时（$P=0.1\%$），试验值比设计值小 8.76%。

2. 竖井和消能井段水力特性　水流流经环形溢流堰后，在重力的作用下跌入竖井之中，水流沿着井壁下泄，水层较薄，水流掺气充分。当下泄 $P=1\%$、$P=0.1\%$ 流量时，除了堰顶为正压外，堰面其余测点测出较小的负压，实测堰面负压值最大为 -0.342×9.81kPa，负压值较小，满足规范要求。竖井壁面压强不时出现负压，最大负压值为 -1.07×9.81kPa。消能井内压强随着下泄流量的增加而增大，$P=0.1\%$ 工况最大压强为 14.61×9.81kPa。水流跌入消能井后，跌落的水流与消能井中的水垫相互碰撞，形成强混掺、强紊动、强掺气的流态，从而消耗了大部分能量。竖井内水面波动剧烈，试验实测

$P=1\%$ 工况时，消能井内的水深为 $10.80\sim13.20$m；$P=0.1\%$ 工况时，消能井内的水深为 $11.60\sim14.40$m。从流态上看，消能井底部可见少量清水区，说明消能井深度满足要求。竖井段的消能率根据实测资料进行计算，计算控制断面取隧洞连接段压坡段末端之后的测点断面。经计算，竖井消能率随着下泄流量的增加而减小。$P=1\%$、$P=0.1\%$ 洪水时的消能率分别为 90.10%、81.93%。

3. 退水隧洞段水力学特性　当下泄 $P=1\%$、$P=0.1\%$ 洪水流量时，退水隧洞压坡段的水流为有压流，压坡后水流波动不大。下泄 $P=1\%$ 洪水时，实测断面水深值为 $0.76\sim1.92$m，洞内流速在 $5.45\sim13.24$m/s，断面余幅在 51% 以上；下泄 $P=0.1\%$ 洪水时，实测断面水深值为 $0.88\sim2.00$m，隧洞沿程流速值为 $8.11\sim13.64$m/s，断面余幅在 46% 以上。随着下泄流量的减小，退水隧洞内沿程流速逐渐降低，水面波动亦随之减小。

4. 消力池的水力学特性　下泄 $P=20\%$ 洪水时消力池内为面流流态；下泄 $P=5\%$ 及以上频率洪水（含 $P=1\%\sim0.1\%$）时消力池内呈稳定的淹没水跃流态，跃首位于出口明渠段尾部。总体看，消力池内流态良好，未出现折冲水流和平面回流等不利流态。消力池内的水面波动随着下泄流量的增加而增大，水深在桩号泄 0+400.000m 达到最大，校核工况（$P=0.1\%$）测得该断面最大水深为 7.00m，略低于消力池导墙高度。各试验工况消力池内的底部流速小于 2.00m/s，尾坎处测得校核洪水（$P=0.1\%$）时的最大流速为 5.51m/s。各工况消力池下游明渠段的沿程流速在 $1.49\sim2.98$m/s 之间，大于明渠渠底的允许抗冲流速，需采取工程措施防护。池内测点压强基本随着下泄流量的增加而增大，校核洪水（$P=0.1\%$）时测得桩号溢 0+415.000m 处的最大压强为 5.90×9.81kPa。

5. 下游河道的水力学特性　各工况消力池内水流自尾坎自由下泄进入明渠段，测得明渠内桩号溢 0+450.000m 处的最大水深为 3.04m（工况 $P=0.1\%$）。工况 $P=1\%$，明渠段实测最大流速为 3.28m/s；工况 $P=0.1\%$，测得明渠段最大流速为 3.70m/s，大于下游明渠的抗冲流速，建议对明渠两侧边坡和底板进行适当防护。

（四）结论

（1）竖井式溢洪洞及其尾部消能工的平面布置与体型设计合理。消能井段掺气充分，消能效果好，宣泄 $P=1\%$ 及以上频率洪水时压坡段呈短有压流态，压坡后退水隧洞内流态良好，水面波动较小。竖井的消能率随着下泄流量的增加而减小。

（2）退水隧洞段实测最大径向水深值为 2.00m，断面余幅在 46％以上。消力池内流态良好，未出现折冲水流、平面回流等不利流态。

（3）消力池内水流自尾坎处自由下泄进入明渠，明渠内测得最大水深为 3.04m。$P=0.1$％工况实测明渠段最大流速大于抗冲流速，可设置海漫进一步消能。

（中国电建集团中南勘测设计研究院有限公司

胡娟　杨波）

施工导流与围堰设计

沙坪一级水电站
二期截流规划设计

（一）工程概况

沙坪一级水电站为大渡河干流 22 级水电梯级开发的第 20 梯级的第一级，上游为正在施工的枕头坝二级水电站，下游为已建成的沙坪二级水电站。开发任务以发电为主，采用河床式开发，总库容 2123 万 m^3，为二等大（2）型工程；安装 6 台单机容量为 60MW 的灯泡贯流式水轮发电机组，总装机容量 360MW，多年平均发电量 16.35 亿 kW·h。枢纽主要由泄洪闸、左岸河床式厂房、左岸鱼道坝段、右岸挡水坝段等建筑物组成，泄洪闸布置在河床右岸。根据坝址区地形及地质条件、水文特性、枢纽布置特点等因素，采用全年围堰分期拦断河床。二期截流后，右岸三孔泄洪闸过流，二期上下游横向围堰及纵向导墙挡水，进行左岸两孔泄洪闸及发电厂房施工。二期导流标准采用全年 10 年一遇洪水设计标准。

（二）截流规划设计

1. 截流标准、时段及流量选择　根据施工总体布置和总进度的安排，二期河床截流时段拟定为 3 月底，来水由右岸 3 孔泄洪闸下泄。戗堤预进占时截流流量约为 2746m^3/s；龙口合龙流量采用枕头坝一级水电站 2 台机发电流量叠加枕头坝至沙坪一级的 10 年重现期 3 月平均流量，截流流量约为 1375m^3/s。

2. 截流水力学计算及模型试验　考虑到沙坪一级的上游梯级电站具备控泄能力，能在截流关键阶段通过降低下泄流量协助下游电站截流。因此，在以截流流量 1375m^3/s 进行水力计算的基础上，额外增加上游枕头坝一级电站两台机发电流量叠加区间流量后的流量 690m^3/s 进行对比。

为了进一步掌握截流时期水流流速、流态分布情况，通过截流模型试验，以预测截流过程中可能发生的风险问题。河床截流模型试验利用施工导流整体模型进行，采用动床试验，模型几何比尺为 $\lambda_1=60$。截流模型试验和设计计算对比见表 1。

表 1　截流模型试验和设计计算值对比表

合龙流量 (m^3/s)		上游水位 (m)	下游水位 (m)	最终上下游落差 (m)	最大平均流速 (m/s)	最大单宽功率 [t·m/(s·m)]
1375	试验模型	561.38	560.1	1.28	3.15	7.54
	设计计算	562.54	561.27	1.27	3.93	9.11
690	试验模型	559.18	558.31	0.87	2.35	3.65
	设计计算	558.68	557.87	0.81	3.12	4.30

根据水力学计算及模型实验结果分析，在截流流量 1375m^3/s 以下，最大平均流速不超过 4m^3/s，上下游水位差均小于 1.3m，最大单宽功率不超过 10.0t·m/(s·m)，与国内已截流的较大水电工程截流指标相比均为较小值，因此该工程整体截流难度不高。

3. 龙口位置及宽度选择　根据二期上游围堰的地形和施工条件，截流时仅能从左岸向右岸的单向进占。根据水力计算及模型试验结果，龙口宽度确定为 55m，左岸预进占 45m，右岸预进占 10m。将龙口分为 3 个区，龙口宽 55～35m 为第Ⅰ区，龙口 35～10m 为第Ⅱ区，龙口 10～0m 为第Ⅲ区。

4. 截流戗堤布置　截流戗堤中心线布置于上游围堰轴线下游约 27.0m 处，全长 110m。戗堤顶高程

按 $Q=2746m^3/s$ 的截流设计流量进行设计，确定戗堤预进占顶高程为 566.5m。截流戗堤上游坡比 1：1.4，下游坡比为 1：1.5。截流戗堤顶宽取 20.0m。

（三）截流备料及施工规划

1. 截流备料及场地规划　考虑到实际截流时，存在设计流失量以及损耗等因素，各截流材料工程量均需考虑备料系数。石渣、中石、大石等总备料量为 43779m³，2.5m³ 的合金网兜需 2070 个，混凝土四面体 45 个。一期围堰拆除料提前备存于二期上游围堰截流戗堤右岸端头，块石就近利用一期围堰堰顶钢筋石笼拆除后的块石料；左岸截流戗堤预进占所需的石渣料备存于双凤溪大桥下的左岸台地上。

2. 截流施工道路　根据施工总进度安排，截流材料运输线路：桠溪沿江中转料场→桠溪沿江中转场道路→右岸 G245 国道→上游双凤溪大桥→左岸坝址上游沿河施工道路→截流戗堤；左岸施工台地→左岸坝址上游沿河施工道路→截流戗堤。

3. 截流强度及机械设备选择　本工程截流戗堤的龙口区抛投量为 12265m³。整个合龙时间按 19h 控制，小时平均抛投强度为 696m³/h，小时最大抛投强度约 939m³/h。按最大抛投强度计算，需配备自卸汽车 55 辆，设备利用率取 80%，共需配各自卸汽车共 69 辆。

（四）截流施工组织

（1）截流备料及堆放：龙口合拢段石渣料备料约 14734m³，龙口困难段所需的块石料备料约 9834m³，均就近备存于双凤溪大桥桥下的滩地上附近；在左岸堤头附近的双凤溪大桥桥头预制 C15 混凝土四面体 40 个（单重不小于 10t），同时备存 2.5m³ 的合金网兜 520 个。

（2）截流机械投入：截流前于截流戗堤右岸布置 4 台液压反铲、8 台自卸汽车、2 台油罐车及 4 台 25t 自卸汽车，于截流戗堤左岸布置 5 台液压反铲、16 台自卸车、15 台 25t 自卸汽车及 25 台 32t 自卸汽车；在左岸配备两台汽车吊。

（3）截流龙口施工：电站自 2023 年 3 月 28 日 9 时 30 分开始进行龙口段河床截流施工，并于当天 21 时 58 分完成戗堤合龙，施工总历时 12.5h。截流施工按龙口宽度主要分 3 个阶段，其中第三阶段耗时 6.5h。截流中 10t 的四面体及 2.5m³ 的合金网兜效果较好。

在实际施工过程中龙口困难阶段流量仅为 440m³/s，但龙口最大平均流速达到 3.5m/s，且上下游水位差达到 3.1m。对比截流设计与实际施工的技术指标，在上游已建电站的控泄作用下，实际截流过程中上游流量有所降低，降低了截流难度。该电站二期河床截流面临施工条件复杂、工期紧张、龙口流速大、河床覆盖层深厚等多项挑战。通过水力学计算及模型试验，选定了合理的截流方案及龙口布置，并对截流施工组织进行优化，制定合理的截流方案。在梯级电站施工条件下，上游电站控泄能有效降低截流难度。该水电站一次截流成功证明截流方案的合理性，可供类似工程参考。

（中国电建集团华东勘测设计研究院有限公司　聂鹏　陆高明　王哲鑫　张天仪）

沙坪一级水电站成功截流

2023 年 3 月 24 日傍晚，沙坪一级水电站一期下游围堰开始破堰拆除，正式拉开了工程施工转流的序幕，3 月 28 日夜间，工程二期上游围堰成功合龙，实现大江截流，标志着沙坪一级水电站又完成了一个关键性建设节点，为二期工程施工及电站按期投产发电提供了强有力的保障！

沙坪一级水电站位于四川省乐山市金口河区境内，坝址位于金口河城区下游约 7km 的大渡河干流上，是大渡河干流水电规划的 22 个梯级水电站中的第 20 级沙坪梯级水电站的第一级，上接枕头坝二级水电站，下邻沙坪二级水电站。电站位置靠近四川腹地，距成都和乐山直线距离分别约 176km 和 60km，交通里程分别约 237.5km 和 111.5km。现有 G245 国道可达坝址区右岸，对外交通便利。成昆铁路从坝址左岸以明线形式经过。

沙坪一级水电站采用河床式开发，开发任务为发电，为二等大（2）型工程。电站总库容 2123 万 m³；正常蓄水位 577.00m，相应库容 1867 万 m³；调节库容 491 万 m³，具有日调节性能。电站总装机容量 360MW，与双江口、瀑布沟联合运行，保证出力 119MW，多年平均发电量为 16.35 亿 kW·h。供电范围为四川电网。

枢纽主要由泄洪闸、河床式厂房、左右挡水坝段、鱼道等建筑物组成；坝顶高程 581.00m，坝顶全长 327m，挡水建筑物最大坝高 63m。泄洪闸布置在河床右岸，闸室下游采用护坦和防冲槽结构的消能防冲型式。发电厂房布置在河床左岸，主要由主厂房、副厂房、中控楼、进水渠、尾水渠等组成；厂内共布置 6 台单机容量为 60MW 的灯泡贯流式水轮发电机组。下游河道整治长约 1.75km，平均拓挖深度 3～4m，较天然尾水增加装机 90MW。枢纽工程施工采用分期导流方式，分两期施工，一期施工右岸挡水坝、右三孔泄洪闸及纵向混凝土导墙，由束窄后的原河床过流；二期施工左二孔泄洪闸、河床式厂房等建筑物，由已建的右三孔泄洪闸过流。

沙坪一级水电站的勘测设计工作由中国电建集团华东勘测设计研究院有限公司承担。2019 年 3 月，电站预可行性研究报告通过审查；2020 年 9 月，电站可行性研究报告通过审查；2020 年 12 月，沙坪一级水电站项目获四川省发展改革委核准。

（中国电建集团华东勘测设计研究院有限公司

叶甜 涂承义）

东庄水利枢纽胶凝人工砂石围堰碾压试验

（一）工程概况

东庄水利枢纽工程上游胶凝人工砂石围堰使用年限为 2.5 年，围堰建筑物级别为 4 级，初期导流采用全年 10 年一遇洪水标准。围堰堰顶高程 639.20m，最大堰高 55.2m，围堰顶宽 7m，最大断面底宽 62.22m，堰顶长 72.8m。堰顶采用 1m 厚 C10W2 加浆振捣胶结料，上游防渗层采用 C10W6 加浆振捣胶结料；堰体内部采用 C4W2 胶结料；下游保护层采用 C10W2 加浆振捣胶结料，厚度 1m；基础垫层采用 1m 厚 C10W6 加浆振捣胶结料。围堰采用碾压浇筑，现场压实度指标按≥98％控制，围堰胶凝人工砂石总方量约 6.7 万 m³，其中 C10W2 加浆振捣胶结人工砂石 2948m³。正式填筑施工前进行相关碾压工艺试验。

（二）工艺试验准备

1. 配合比试验 通过试验结果和数据对比分析，所有参数的实际强度值均满足设计强度指标 C4 的配制强度，选择的碾压胶结料在按体积比 8％的加浆振捣后，抗压强度满足 C10 的配制强度要求，抗渗等级均达到 W6 以上。根据专家咨询意见，对配合比各项参数进行了优化，完成了配合比最终确定。

2. 原材料 水泥为甲方提供的 P.O.42.5 普通硅酸盐水泥，粉煤灰为甲方提供的 F 类 I 级粉煤灰；上游围堰碾压填筑胶凝砂石料主要由位于右岸的胶凝人工砂石拌和系统生产，其中砂石骨料共需约 6.6 万 m³，主要采用开挖坝肩槽渣料。人工砂石料符合下列规定：①人工砂石宜质地坚硬，其表观密度应不小于 2450kg/m³；②人工砂石最大粒径不宜超过 150mm；③拌和时其中砂子的含水率不宜大于 6％；④人工砂石中的含泥量不宜超过 5％；⑤人工砂石中粒径小于 5mm 的砂料含量宜在 18％～35％，粗骨料中粒径为 5～40mm 的含量宜为 35％～65％。

（三）工艺试验过程

1. 试验过程 胶凝人工砂石现场试验地点位于 1 号渣场，场地尺寸为 20m×20m，模拟实际施工条件进行现场碾压试验。为调高施工质量，现场专门布置

一套设备生产能力不低于 200m³/h 的胶凝人工砂石拌和系统进行拌和。试验区沿高度方向共划分为两大升程层，每个大升层分 A、B、C 3 个区，碾压层厚分别采用 A 区 50cm、B 区 60cm、C 区 70cm（详见图 1），本次碾压试验分两次进行，填筑胶凝人工砂石料方量 612.5m³。第一次碾压试验浇筑历时 2h40min，共浇筑混凝土 265m³。第二次试验碾压试验浇筑历时 11h55min，共浇筑混凝土 347.5m³。

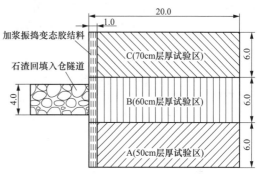

图 1 碾压试验平面图

2. 胶凝人工砂石料性能检测

（1）VC 值及损失。现场实测试验时段最高气温 12.4℃，最低 3.0℃，平均 7.4℃，从出机口到摊铺后的平均时间间隔 32.5min，VC 值平均损失 2.15s，满足胶凝人工砂石拌和物出机口 VC 值控制为±5s 的设计要求。后期围堰施工中根据天气及气温状况，随时动态调整胶结料出机口 VC 值。

（2）强度试验。在出机口进行胶凝砂石料的成型和浇筑现场进行变态混凝土的成型，分别测定其 7、14、28 天抗压强度，实测强度均满足设计强度指标。

（3）碾压试验。现场采用柳工 6626E-单驱 26t 全液压单钢轮振动碾，行走速度控制在 2.5～4km/h，碾压现场分别对不同铺层厚度行测试，进行静碾 2 遍后动碾 6、8 遍再加静碾 2 遍的组合碾压遍数试验。根据结果得出，在静碾 2 遍＋动碾 6 遍＋静碾 2 遍的组合下，碾压层厚为 70cm 时，压实度最大为 96.8％，小于 98.0％的设计要求；碾压层厚为 60、50cm 压实度均大于 98％；在静碾 2 遍＋动碾 8 遍＋静碾 2 遍的组合下，碾压层厚为 70cm 时压实度为 97.5％，仍不满足要求，碾压层厚为 60、50cm 时均满足要求。根据各项检测指标显示，选用机具行走速率、激振力等各项指标满足相关设计要求。最终推荐铺料厚度按 66cm 控制，碾压遍数按静碾 2 遍＋动碾 6 遍＋静碾 2 遍控制。

（4）变态料加浆量确定。现场变态料的加浆采用 5％、6％两种加浆量控制，浆液比重 1.8，第一层浇筑左侧模板边 1m 范围采用 5％加浆量，右侧模板面

采用 6% 加浆量。第二层浇筑左侧模板边 1m 范围采用 5% 加浆量，右侧模板面采用机制变态料。第三层加浆方式同第二层。混凝土振捣全部采用 ϕ100 高频振捣器。根据现场可振捣性及振捣拆模后的混凝土外观，加浆量为 6% 的区域及机制变态区域能满足振捣性能需求，外观质量较好。

（四）结论

（1）胶凝人工砂石料拌制采用单仓滚筒混凝土拌和站，拌和形式为混合料、水泥、粉煤灰、外加剂同时连续投料、连续搅拌、连续出料的方式，出料最高强度达 200m³/h，强度不能满足施工强度需要时，可以采用挖掘机现场拌制补充。

（2）VC 值按照 3～5s 进行控制，后期随着气温的升高可适当调整，确保胶凝人工砂石料的可碾性。

（3）铺料厚度按 66cm 控制，振动碾行走速度结合设备性能确定为 2.5～4.0km/h，碾压遍数为：静碾 2 遍+动碾 6 遍，最后收仓面增加静碾 2 遍。

（4）根据现场两次冲毛效果及间隔时间得出，近期由于气温在 2～15℃，冲毛时间间隔控制在 30～38h 之内，冲毛机压力 35～40MPa，后期随着气温的升高可适当调整间隔时间。

（5）原配合比中加浆量 8% 偏大，后续围堰施工采用加浆量 6% 变态料或机制变态料进行上游面防渗区、模板周边及左右岸岩体交接部位的浇筑，随碾压料 VC 值的波动可适当进行调整。

（6）70、60、50cm 条带区平均沉降量分别为 7.22、6.52、6.45cm。由于现场采用反铲平料，表面平整度差，且每一层的测点位置存在偏差，导致测出的沉降量误差较大，后续在围堰施工过程中，需增加平仓机，已提高平仓表面平整正度，结合围堰施工再次沉降量进行检测分析。

（中国水利水电建设工程咨询西北有限公司
董功华）

卡拉水电站导流隧洞闸门井布置与围岩稳定分析

（一）工程概况

卡拉水电站位于四川省凉山彝族自治州木里藏族自治县境内。工程任务为发电，由混凝土重力坝、泄洪建筑物、消力池及引水发电等建筑物组成，规模为大（2）型。施工导流采用枯水期导流方案，由围堰挡水、隧洞过流，汛期暂停基坑施工，洪水由隧洞和原河床基坑联合泄流。工程左岸布置 1 条导流隧洞，进口位于大碧沟沟口，洞身长约 900m，城门洞型净断面 12m×15m。其中闸门井位于左岸山体中，采用

钢筋混凝土结构，下部长 20m，中部长 9m。

（二）导流洞闸门井布置

1. 闸门井布置方案比选 结合左岸导流隧洞整体布置情况及地形地质条件，闸门井布置型式初拟两种方案：一是在进洞口处布置明式闸门井结构，可有效进行封堵期下闸挡水作业；二是在导流隧洞进口与永久堵头之间的山体内部开挖地下洞室布置井式闸门井结构，可满足封堵期下闸挡水功能要求。

为避免进口高边坡、深覆盖层以及地质条件不明朗等问题，不宜采用进口明式闸门井布置型式。如考虑将闸门井布置在左侧山体地下洞室内，布置在桩号导 0+259.51～导 0+279.51 段较为合适，该区域段出露地层岩性主要为变质砂岩夹砂质板岩、变质砂岩等，呈微风化～新鲜。经研究比选，该工程导流隧洞闸门井布置型式考虑采用洞式闸门井结构。

2. 闸门井结构布置 导流隧洞洞式闸门井平面布置图见图 1。

（1）闸门井：上覆岩石厚度为 38～78m，采用钢筋混凝土结构，下部长 20m，壁厚 2.5m，设置厚 3m 的中墩，长 9m，壁厚 1.5m，中墩厚 1m。

（2）操作室：尺寸为 22m×17m×10.2m，综合考虑确定闸门操作平台、卷扬机平台高程均为 1960m。

3. 闸门井初期支护 闸门井中上部支护方案：挂网喷混凝土，部分洞段视情况进行固结灌浆，布置系统砂浆锚杆；下部开口处布置锚筋束及随机预应力锚杆，局部视围岩变形情况增加锚索支护。闸门井下部支护方案：挂网喷混凝土，钢拱架，系统锚杆，随机超前小导管，门槽范围底板设置钢衬护底，设置随机排水孔。

（三）闸门井地下洞室稳定性分析与评估

1. 三维计算模型与初始条件 导流隧洞闸门井区域地下洞室岩体参数、结构面力学参数、支护材料参数等根据地质与试验资料选取。地下洞室三维数值模型建立包括导流隧洞、闸门井、交通洞等邻近洞室。根据测试结果，最大水平主应力走向与导流隧洞轴向近似平行，对闸门井上下游侧高边墙稳定相对不利。基于测试结果，闸门竖井区域最大主应力在 4～6MPa。

2. 地下洞室支护响应特征对比分析 通过对导流隧洞闸门井地下洞室在无支护与有支护状态下进行数值模拟计算，提出支护结构受力特征。

（1）变形特征。无支护状态下开挖完成后围岩顶拱变形一般在 25～35mm，上下游边墙变形整体较大，一般可达 50～70mm，下游边墙最大变形超过 80mm，开挖期间需重点关注断层出露部位潜在松弛破裂或组合块体稳定问题。有支护状态下开挖完成后围岩的变形特征与无支护相比，支护状态下围岩顶拱

变形 20～30mm，边墙变形 40～60mm，最大变形超过 70mm，支护使岩体变形整体降低了 12%～16%。

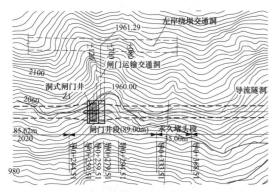

图 1　导流隧洞洞式闸门井结构平面布置图

（2）应力特征。无支护状态下，应力主要集中在山体侧墙角位置，最大主应力在 10MPa 左右，顶拱应力集中水平整体不高，下游侧拱肩区域最大主应力在 6MPa 左右。受断层 f139 影响，浅表层岩体处于受拉应力状态。有支护状态下围岩应力分布特征与无支护相比，围岩应力集中程度及区域无明显变化，应力主要集中在山体侧墙角位置，最大主应力在 10MPa 左右，但浅表层岩体应力松弛问题得到一定的改善，断层 f139 影响区域上盘岩体基本处于受压应力状态。

（3）围岩塑性破坏特征。无支护状态下开挖后洞周一定深度围岩发生塑性破坏，顶拱塑性区深度在 3m 左右。与无支护状态相比，有支护状态围岩洞周塑性破坏范围略有降低，但幅度很小，顶拱塑性区深度仍在 3m 左右，上下游侧边墙塑性区深度为 8～13m。

（4）支护结构受力特征。开挖完成后，支护结构大部分锚杆轴力在 150～250kN，锚筋桩轴力在 300～600kN（120～250MPa），最大轴力 913kN，主要位于 f139 断层影响区域。整体上大部分锚杆、锚筋桩受力在设计荷载以内，仅少量 f139 断层影响区域锚杆、锚筋桩，受力达到或超过其设计荷载。因此，建议在施工期可根据 f139 断层揭露情况，适当加强支护。

（四）成果分析

（1）基于电站左岸特殊的地形地质条件及导流隧洞布置情况，导流隧洞宜采用在导流隧洞进口与永久堵头之间山体内开挖地下洞室布置闸门井结构。

（2）导流隧洞闸门井地下洞室初期支护方案对围岩变形控制效果较好，支护状态下地下洞室围岩变形可降低 12%～16% 左右。

（3）f139 断层及其影响带对闸门井地下洞室围岩稳定影响较大，在施工期应根据变形监测成果，视情况适当加强断层带附近的支护强度。

（4）理论分析与数值模拟表明，该工程导流隧洞闸门井布置方案及初期支护措施基本可行、合理可靠。可供类似水工隧洞项目参考。

（中国电建集团华东勘测设计研究院有限公司
李东杰　李军　周子吉　周元）

老挝南屯 1 水电站导流洞闸门安装创新技术

（一）施工布置

1. 施工场地　导流洞进口 170m 修筑平台作为闸门装配场地（宽 8m）。在该 170m 平台，每个闸门槽孔口设 2 个 300H 型钢制 4m 高井字型支架，固定卷扬机。

2. 施工道路　导流洞封堵闸门从堆放处，用 70t 汽车吊和 40t 载重汽车，分节运至导流洞上部 170m 平台。运输道路应平整通畅，道路宽 6m，坡度小于 7%。

3. 用电用风　自导流洞附近二级配电箱取电源，架设电缆至导流洞工作场地附近安装的三级配电箱，以便满足安装使用。施工用风采用 0.9m³ 移动式空气压缩机。

（二）施工流程

导流洞封堵闸门安装流程：施工准备→门叶运至现场→门叶拼装→节间连接→防腐、验收→水封安装→检查验收→闸门整体下闸→总体验收。

（三）导流洞闸门装配

1. 闸门分节　闸门分 4 节：闸门上部结构、中部 1、中部 2、下部结构，各部分重量分别为 9477、7497、8116、7213kg（含混凝土配重 2032kg）。

2. 门叶拼装　闸门在导流洞闸门槽孔口平台装配。门叶节间用螺栓连接及焊接。拼装前，用 70t 汽吊起吊单节门叶进行试槽，检查门槽尺寸是否满足要求。

安装时，用 70t 汽吊将下节门叶吊至导流洞孔口。就位后对底节门叶定位，控制三方面尺寸，即水平、纵横及垂直度。定位后将其固定牢稳，再用 70t 汽吊将中部 1 门叶吊至导流洞孔口，与下节门叶用螺栓把合连接，调整闸门高度、宽度、扭曲度。满足要求后进行节间焊接。将安装水封位置的焊缝打磨平整，以免影响水封安装。随后拼装余下二节。

3. 附件安装　正向轮、侧向滑块、止水等闸门附件安装时，先安装正向轮。在轮装置处于完全共面（垂直面）状态下，再安装侧向滑块，最后安装止水。

止水安装时，水封接头要用韧性胶水粘合工艺。止水安装中注意转角部位的处理及水压缩量设定，以防漏水。

4. 水封装配　闸门的底部、两侧分别设有底水封及侧水封，顶部设有顶水封。水封粘接为现场热胶合，水封用水封压板及螺栓固定。检查闸门水封座的平面度。先将顶水封用水封压板进行号孔和钻孔，然后将顶水封安装到位，再调整侧水封并钻孔安装。水封钻孔采用电钻加空心钻头进行，钻出孔径应比螺栓小 1mm。

（四）导流洞下闸

1. 卷扬系统布置　在闸门孔口 170m 平台布置两个 300H 型钢制作的 4m 高井型支架，设两台 10t 卷扬机。其中钢梁下部设两组五轮 50t 滑轮组。钢梁及卷扬机与平台顶部埋件焊接牢固。两个井型架间横担 300H 型钢，用以固定平衡轮。

2. 受力计算　受力计算：滑轮组钢丝绳 ϕ21.5mm，经计算其安全系数 6.675＞6，满足要求。计算得卷扬机牵引力 6.97t＜10t，满足要求。H 型钢梁承受 40t 力时最大弯矩 305MPa＜345MPa，满足要求。闸门起吊和卸车用钢丝绳均为 ϕ21.5mm，其许用最大拉力 296kN，钢丝绳吊重后实际受力 61.73kN，满足要求。

3. 闸门安装　用 70t 汽吊吊起装配好的四节门叶，临时移开锁定装置，闸门缓缓下落。将最高顶部门叶锁定在储存锚上。下闸使用每孔 2 台 10t 卷扬机（配 2 组 5 轮 50t 滑轮组、16t 平衡轮）。固定好后，进行滑轮组及平衡轮的固定，然后穿起重钢丝绳，并调整钢丝绳。

不拆除锁定装置，进行两次闸门起落试验，检查各部位变化情况，无异常，重新将闸门锁在孔口。利用井字架及卷扬机下闸（在下闸过程中为防止水封损坏，需要随时对水封部位进行浇水）。下闸前要先利用水下摄像头检查门槽及底槛位置有无异物，如有异物则先清理干净，再进行下闸操作。下闸完毕后，将卷扬机上绳卡拆除，断开钢丝绳，将卷扬机拆除。割除支架固定锚，拆除井字架。视涨水情况而定，如果涨水过快，只拆除卷扬机。

（中国水利水电第三工程局有限公司

周若愚　苟美春）

卢旺达那巴龙格河二号水电站工程成功截流

2023 年 7 月 10 日，卢旺达那巴龙格河二号水电站（Nyabarongo Ⅱ HPP）工程顺利实现截流。该项目位于卢旺达最长河流那巴龙格河上，距离首都基加利 20.5km。工程开发任务为防洪、发电、下游生态流量泄放，兼顾下游灌溉用水。坝址以上流域面积 6500km^2，水库正常蓄水位 1410.00m，总库容 8.03 亿 m^3，电站装机容量 43.50MW，多年平均发电量为 2.819 亿 kW·h，发电机组年利用小时数为 6480h，本电站为二等大（2）型工程。

工程枢纽建筑物由黏土心墙土石坝、左岸开敞式溢洪道、引水发电系统和放空洞组成，最大坝高 59.0m，坝顶长度 363.0m，坝基全断面采用振冲碎石桩处理 40m 深淤泥质软土；左岸开敞式溢洪道全长 362.49m，控制段净宽 23m，设 3 个 6m×8m（宽×高）溢流孔，设计下泄流量 709m^3/s，出口采用挑流消能；引水系统布置于左岸，采用"一洞三机"引水方式，引水隧洞总长 287.11m，圆形断面衬砌后洞径 6.00m，钢岔管主管管径 5.60m，与三条钢支管相接，单条钢支管长 16.32～52.62m，支管管径 2.8m；放空洞布置于左岸，长度为 323.76m，马蹄形断面衬砌后洞径 3.50m，出口由水平明渠和挑流消能段组成。引水式地面厂房布置于大坝下游左岸，主厂房尺寸为 53.7m×18.0m×29.5m，共布置 3 台单机容量 14.50MW 立轴混流式水轮机组，额定水头 49m，单机额定流量 33.48m^3/s。

该工程采用河床全年围堰、隧洞导流。导流隧洞布置在左岸山体，进口、出口底板高程分别为 1357.00m 和 1355.00m。隧洞采用城门洞形，尺寸为 5.5m×6.0m（宽×高），隧洞全长 574.22m，纵坡 0.35%。隧洞出口与河道之间设置长约 280m 的明渠，明渠内设置消力池。围堰为土石围堰，迎水面采用宽 2m 的黏土进行防渗，上游围堰最大高度为 20m。

那巴龙格河二号水电站（Nyabarongo Ⅱ HPP）是中非合作论坛北京峰会（2018）八大行动计划的重点项目，是卢旺达最大的水电站工程，是中、卢两国合作的最大优惠贷款项目。项目业主为卢旺达能源集团（REG）下属能源发展有限公司（EDCL），业主咨询工程师为意大利 SP 公司，中国电建集团市政集团公司与中国电建集团华东勘测设计研究院有限公司联营体为工程总承包商，中国电建集团华东勘测设计研究院有限公司承担该项目勘测设计工作。工程总投资 2.14 亿美元，总工期 56 个，2022 年 4 月 15 日工程开工，2023 年 7 月 10 日顺利实现截流，计划 2026 年 8 月实现第一台机组发电，2026 年 12 月工程完工。

（中国电建集团华东勘测设计研究院有限公司

郑惠峰　郑南）

其　他

阿尔塔斯水电站工程设计

（一）工程概况

阿尔塔斯水电站工程是新疆喀拉喀什河山区河段第八座梯级水电站，采用堤坝式开发。坝址以上流域面积 1.96 万 km^2，多年平均年径流量 21.94 亿 m^3，多年平均流量 69.5m^3/s。水库正常蓄水位 2055.0m，校核洪水位 2057.1m，总库容 2.33 亿 m^3，电站装机容量 150MW，多年平均年发电量 4.7 亿 kWh，装机年利用小时数 3133h，保证出力 11.0MW。工程总工期 46 个月。

工程属二等大（2）型工程，主要由沥青混凝土心墙坝、表孔溢洪洞、深孔泄洪洞、发电引水洞、发电厂房等建筑物组成。最大坝高 97m，大坝为 1 级建筑物，泄水建筑物（表孔溢洪洞、深孔泄洪洞）、发电引水建筑物、发电厂房为 2 级建筑物。挡水、泄水建筑物进口设计洪水标准为 100 年一遇重现期，校核洪水标准为 2000 年一遇重现期；泄水建筑消能防冲建筑物设计洪水标准为 50 年一遇重现期；发电厂房及尾水建筑物的设计洪水标准为 100 年一遇重现期，校核洪水标准为 500 年一遇重现期。

（二）工程地质

工程区处于区域构造稳定性较差地区，但坝址区地震活动水平较弱，处在相对稳定的地块上，具备建坝条件。场地地表 50 年超越概率 10％的地震动峰值加速度为 0.2g，对应的地震基本烈度为Ⅷ度。坝址位于河湾处，河谷呈窄"U"形，谷底宽 60～80m。两岸地形不对称，地表覆盖大厚度的风洪积含碎石粉土，最大厚度约 57m。河床砂砾石厚 30～35m，自上而下分为两层：上部为 Q_4 地层，厚度 10～12m；下部为 Q_3 地层，局部具有泥钙质弱胶结。库区两岸分布多处塌岸，水库蓄水后以缓慢下滑的方式为主，产生大规模整体滑动的可能性不大。

（三）水库运行方式

阿尔塔斯水电站开发任务为发电，水库调节库容为 0.76 亿 m^3（淤积 30 年后为 0.5 亿 m^3），对径流具有一定的调节能力，在系统中具备承担调峰任务的能力，冬季承担调峰，夏季承担基、腰荷。发电时应尽量维持水库在高水位运行。考虑到河流泥沙较严重，水库运行后根据水库泥沙淤积的实际情况，必要时对水库泥沙调度运用方式进行调整，深孔泄洪洞具备排沙功能，可结合深孔泄洪洞将水位降低至死水位相机排沙，以减轻库容的损失。

（四）工程布置

该工程特点是坝址处两岸分布有古河槽，阶地覆盖层巨厚，库区塌岸问题突出，河道含沙量较大，泄洪规模较大，地震烈度较高。枢纽布置时考虑了以下因素：

（1）泄水建筑物采用表、深两层泄洪的布置型式，同时结合水库运行、施工导流、度汛、初期蓄水等要求，合理进行底板高程的选择和泄量分配。

（2）坝址位于峡谷区"S"形弯道处，左岸山体为河道"凸岸"；泄水建筑物布置在左岸，尽可能利用弯道地形"裁弯取直"。

（3）坝址处河谷呈窄"U"形，坝轴线右岸及左岸阶地上部分布大厚度的风洪积含碎石粉土覆盖层，岸坡近直立，左岸上游基岩顶高程 2022～2024m，低于正常蓄水位 2055m，引、泄水建筑物布置时，需考虑水库蓄水后库岸坍塌对进口的影响，避免淤堵进水口。

（4）引、泄水建筑物进水口布置时，应尽量避开高陡山梁，避免高边坡开挖，并避开不利的地质构造。

（5）泄水建筑物出口位置的选择，应充分考虑泄洪对下游河道及电站厂房的影响。

（6）枢纽布置时，应考虑泄水建筑物与导流洞相结合，以节省工程投资。

（7）表孔闸门具有操作灵活、安全可靠的特点，在泄量分配上应尽可能加大表孔的泄量。在设计（或校核）洪水位时宣泄洪水以表孔为主，其泄量占总泄量的 1/2～2/3。

（8）深孔的功能为泄洪、排沙。坝址断面多年平均含沙量为 2.55kg/m^3，含沙量较大，且水库蓄水后存在库岸坍塌问题，塌岸总量约 2450 万 m^3，深孔布置应兼顾发电引水洞进口"门前清"作用。

经过综合比较，确定工程总体布置主要由拦河坝、表孔溢洪洞、深孔泄洪洞、发电引水、坝后发电厂房组成。河床布设沥青混凝土心墙坝，引、泄水建筑物布置在左岸，由山内向岸外依次布设表孔溢洪洞（龙抬头与导流洞结合）、深孔泄洪洞、发电引水洞，在下游坝脚左岸布置电站地面厂房。

（五）前期工作进展情况

该项目已于 2023 年 10 月完成预可行性研究报告审查，计划 2024 年 3 月编制完成工程项目三大专题论证报告，具备咨询审查条件。

（新疆水利水电勘测设计研究院有限责任公司
陈刚）

库尔干水利枢纽工程
主要建筑物布置设计

（一）工程概况

库尔干水利枢纽工程位于新疆克孜勒苏柯尔克孜自治州阿克陶县境内，地处库山河中游河段，是国家"十四五"规划建设的山区控制性骨干枢纽工程，是国务院确定的 150 项重大水利工程之一，兼具灌溉、防洪、发电等综合利用功能，水库总库容 1.24 亿 m^3。库山河灌区包括疏勒灌区、英吉沙灌区和阿克陶灌区，现状灌溉面积 112.5 万亩。电站装机容量 24MW。库尔干水利枢纽为二等大（2）型工程，主要建筑物由大坝、右岸溢洪道、右岸泄洪冲沙兼导流洞、右岸发电引水洞、右岸岸边式地面厂房等组成。大坝、表孔溢洪道、泄洪冲沙洞为 2 级建筑物，发电引水洞洞身及出口段、电站厂房、过鱼建筑物为 3 级建筑物。

（二）枢纽建筑物布置

1. 大坝 挡水建筑物采用碾压式沥青混凝土心墙坝，坝顶高程 2109.50m，最大坝高 82.0m，坝顶长度 685m，坝顶宽度 10m，上游坝坡与围堰结合，坡比 1∶2.25，下游设"之"字形上坝道路，马道间局部坝坡为 1∶2.0，下游综合坡比为 1∶2.22。坝体填筑分区从上游至下游为：上游砂砾料区、上游过渡区、沥青混凝土心墙、下游过渡区、下游砂砾料区。心墙厚为 0.6~1.0m，在底部做放大基础与混凝土基座相连，心墙顶部距坝顶 2.0m，与坝顶防浪墙衔接，形成封闭的防渗结构。上游坝坡采用现浇混凝土护坡，下游坝坡采用混凝土网格梁回填砂砾料护坡，同时在 2107.5~2083.5m 高程坝顶区域内铺设钢塑土工格栅以增强抗震稳定性。

2. 溢洪道 开敞式溢洪道布置在右岸，其轴线与坝轴线正交，由进口引渠段、控制段、泄槽段、消能段组成，总长 804.78m。溢洪道设计泄量 353.03m^3/s，校核泄量 383.56m^3/s。控制段堰型采用驼峰堰，进口控制段位于大坝右坎肩。泄槽全长 188.95m，泄槽断面形式采用矩形断面，由四段陡坡段组成。出口采用底流消能，消力池长 46m，宽度

17m，池深 6.3m。下游护坦及退水渠段采用与泄洪冲沙兼导流洞出口联合的布置型式，总长度 533.80m。

3. 泄洪冲沙兼导流洞 泄洪冲沙兼导流洞与发电引水洞进口联合布置于坝址区河道右岸基岩内，位于发电引水洞左侧。闸井采用岸塔式，隧洞采用无压泄流方式，出口采用底流消能。主要任务是施工期导流，运行期泄洪冲沙。

泄洪冲沙兼导流洞由进口引渠段、闸井段、洞身洞及出口消能段等组成，总长度 950.80m。导流泄量为 132.8m^3/s。设计泄量为 223.7m^3/s，校核泄量为 224.6m^3/s。

4. 发电引水洞 发电引水洞布置在河床右岸，进口位于坝轴线上游 134.51m，出口在坝轴线下游 281.38m 处，闸井采用岸塔式。由引水渠、进口段、洞身段、高压管道、岔管和支管等组成，设计引水流量 46.8m^3/s，最大水头 87.8m，发电引水系统总长 599.68m。

5. 电站厂房 布置在坝轴线下游 300m 的右岸阶地上，由主厂房和副厂房组成，电站总装机容量 24MW，多年平均发电量 8550 万 kW·h，额定水头 58m。主厂房包括主机间和安装间两部分，主厂房尺寸为 65.0m×17.7m×27.8m（长×宽×高），主机间内共布置 4 台机组，容量 4×6MW，水轮机安装高程为 2014.80m，发电机层高程 2023.20m。副厂房尺寸为 65.0m×13.4m×27.5m（长×宽×高），布置于主厂房上游侧；主变压器布置于副厂房上游侧；户内式开关站布置在副厂房内。

6. 生态放水管 生态基流流量最小为 3.1m^3/s，最大流量为 6.2m^3/s。为保证电站停机检修时，生态流量能够继续下泄，故在主机间左侧增设 1 根生态放水支管段，支管管径 1.4m，采用壁厚 18mm 的钢管，外包钢筋混凝土厚 0.4m。管中心高程 2014.80m，出口设置检修阀和调流消能阀各一个，阀门采用 DN1400，工作压力均为 1.6MPa。

7. 过鱼建筑物 集运鱼系统布置方案采用"集诱鱼设施+运输车+投放平台"的方式。集诱鱼设施置于电站尾水渠末端。在集鱼渠平台设置双向门机进行吊装集鱼箱。投放平台设置在坝址上游库区末端，位于坝址上游约 5km 跨河大桥下游右岸。

（三）导流建筑物

该工程导流设计洪水标准采用 $P=5\%$（20 年一遇）的全年洪水，相应洪峰流量为 392.6m^3/s。根据施工进度安排，第三年汛期采用围堰挡水，泄洪冲沙兼导流洞泄流，洪水期过后坝体可施工至围堰设计高程以上，第四年汛期坝体临时断面挡水，泄洪冲沙兼导流洞泄流。第四年坝体临时断面挡水度汛的标准取

$P=2\%$，相应洪峰流量为 $621.0\mathrm{m}^3/\mathrm{s}$。根据挡水建筑物型式、枢纽布置、坝体填筑强度及高度，施工导流采用河床一次断流，上、下游围堰挡水，泄洪冲沙兼导流洞全年导流的方式。

泄洪冲沙兼导流洞布置在右岸，按永久建筑物设计。上游围堰与大坝结合布置，围堰迎水面边坡为 $1:2.25$，背水面边坡为 $1:1.5$，堰顶宽度选定为 $10\mathrm{m}$。上游围堰堰前水位为 $2065.75\mathrm{m}$，设计堰顶高程为 $2068.0\mathrm{m}$，最大堰高 $34\mathrm{m}$，帷幕灌浆平均深度为 $10\mathrm{m}$。

（新疆水利水电勘测设计研究院有限责任公司
李超）

基于模型试验实测数据的土坝溃决警兆识别与预警方法

（一）研究背景

我国水库大坝众多，其中 90% 以上为土石坝，溃坝事件时常发生。土石坝溃决预警，是当前面临的棘手而又紧迫难题。本项目结合原体土坝溃决试验监测资料、补充开展多组室内土坝溃决试验，获取坝体填筑、蓄水、运行、溃决全过程的渗流、温度以及变形等多场实测数据，开展除噪加工方法研究，获得多场科学数据。对多场实测科学数据进行分析，采用坝工理论、统计分析、数值模拟等，建立有限元校准模型，实施多场动态数值正反分析，研究渗流、变形等多场全过程演进规律，从实测物理量直观角度，揭示土坝溃决机理和特征。结合土坝溃口发展与流量等实测数据，对溃决期多场科学数据进行精细反分析，识别漫顶与管涌两种溃坝模式的警兆，建立相应的预警模型、提出预警阈值建立方法。通过研究，以期获得土坝全过程多场演进规律，揭示溃决灾变警兆特征，建立土坝溃决预警方法，成果可推动水库大坝溃决预警理论发展、提升大坝应急管理能力，具有重要理论意义和科学价值。

（二）研究成果

本项目结合原体土坝溃决试验测试成果，通过室内土坝溃决试验，获得土坝填筑、蓄水、运行、溃决全过程的渗流、温度以及变形等多场实测数据，开展土坝溃决警兆识别与预警方法研究。围绕土坝安全预测预警，分别开展一系列相关基础性研究。主要包括基于遗传算法优化支持向量机的大坝安全性态预测模型、基于灰狼优化算法的大坝变形预测模型、基于贝叶斯网络的土坝渗流性态评估、基于雷诺数的砂砾石管涌过程判别方法研究、NARX 在土石坝渗流预测中的应用研究、基于 Logistic-SSA-BP 的土石坝渗流压力短期预测研究等。

（1）全过程多场实测数据降噪处理方法研究。对获得的室内土坝与原体土坝溃决试验全过程多场实测数据进行特征分析，采用小波分析法、遗传算法等手段，实现了实测数据的除噪加工，获得了全过程多场科学数据，并对科学数据合理性进行验证分析，为后期研究奠定基础。

（2）基于雷诺数的砂砾石管涌过程判别方法研究。管涌破坏是堤坝险情发生乃至溃决主要原因之一，传统渗流力学涉及管涌机理、发展过程及控制措施，而管涌过程定量判别及非线性特征研究尚显不足。开展了不同级配砂砾石管涌试验，指出细颗粒含量及均匀程度是影响砂砾石管涌破坏的主要因素；分析管涌破坏过程中水流状态变化规律，提出了基于雷诺数 Re 的管涌过程判别方法。

（3）土坝全过程多场变化演进分析与灾变机理研究。在获得室内土坝试验与原体土坝试验全过程多场科学数据的基础上，分别开展了渗流场、压力场、变形场以及温度场等多场演进变化规律与溃决灾变机理分析。

（4）土坝溃决警兆识别研究。本部分研究结合溃口发展过程与溃口流量等实测资料，融合坝体溃决期的多场科学数据精细分析成果，识别出了土坝漫顶与溃决两种溃坝模式的溃决警兆。

（5）土坝溃决预警方法研究。基于土坝溃决期科学数据的精细分析与警兆识别成果，针对漫顶与管涌两种溃坝模式，挖掘出了相应的预警因子，利用突变理论与数理知识，构建相应溃决模式的多场突变预警模型以及预警阈值建立方法。

（三）项目成果转化及应用

本项目开展了土坝溃决监测试验，所得溃坝试验监测数据分析与研究成果，不仅促进了大坝安全监控预警发展，也提升了大坝安全监测水平，对大坝安全监测布设理论起到了积极指导作用。有关成果与理念已转化应用到《土石坝安全监测技术规范》《水利水电工程安全监测仪器安装与报废标准》《水利水电工程单元工程施工质量验收标准-安全监测工程》等相关技术标准制修订中。

（南京水利科学研究院）

泄水建筑物混凝土降黏抗裂耐磨技术

（一）技术简介

在西部大开发及"西电东送"战略推动下，高坝大库日趋增多，高水头、大流量泄水建筑物对抗冲磨材料提出了苛刻的要求。高强度抗冲磨混凝土黏度高，施工难度大，开裂风险高，因此抗冲磨混凝土技术的前沿是要同时兼顾抗冲磨性能、施工性能和抗裂性能。

基于流变学原理提出低水胶比混凝土降黏思路，通过玻化微珠与表面活性剂联合，在混凝土中形成"滚珠效应"，克服了高强度、低胶材抗冲磨混凝土工作性差的技术难题；建立了基于温湿度历程的膨胀剂组成设计方法，提出了根据混凝土自生收缩、温度收缩、干燥收缩等过程的发生时间调整膨胀历程的抗裂思路，解决了抗冲磨混凝土开裂问题；建立了基于三维图像扫描技术的混凝土冲磨破坏评价方法，研发了纳米改性硅粉抗磨蚀剂，可实现混凝土抗冲磨强度显著提高。

（二）技术创新

本技术先进性在于以"整体论"的思路综合平衡抗冲磨混凝土的工作性、抗裂性和抗冲磨性能，避免单一性能提升带来的其他性能劣化。采用本成果可使抗冲磨混凝土塑性黏度下降50%以上、开裂温降提高20℃以上、抗冲磨强度提高70%以上。

（1）建立了基于温湿度历程的膨胀剂组成设计方法，提出了根据混凝土自生收缩温度收缩、干燥收缩等过程的发生时间调整膨胀历程的抗裂思路。

（2）建立了基于三维图像扫描技术的混凝土冲磨破坏评价方法，研发了纳米改性硅粉抗磨蚀剂，可显著提高混凝土抗冲磨强度。

（3）编制国内唯一抗冲磨规范《水工建筑物抗冲磨防空蚀混凝土技术规范》（DL/T 5207）。

（三）推广应用前景

本技术主要适用于高水头、大流量、多泥沙环境下泄水建筑物抗冲磨混凝土配制，对施工性、抗裂性和抗冲磨性有显著改善。

依据水工建筑物情况调查，已建大中型水电工程中近70%存在冲磨破坏，导致混凝土表面不同程度剥蚀，不仅修复十分困难且需耗费大量人力、物力。随着我国系列发展战略的实施，一批大型高水头电站即将兴建，其泄流流速高达40～50m/s，对混凝土抗冲磨性能提出了更高要求。本技术以"整体论"思路平衡抗冲磨混凝土工作性、抗裂性和抗冲磨性能，对全面保障高水头大流量水库大坝泄水建筑物的建设与长期安全运行，具有广阔推广应用前景，经济社会效益显著。

（南京水利科学研究院）

水力式升船机输水系统三维数值模拟

（一）水力式升船机

景洪水电站水力式升船机根据升船机运行速度的要求，输水系统充泄水主管采用直径2.5m钢管。输水管进水口设在上游引航道右侧，管口中心高程580.5m，进水口最小淹没深度7.25m。进水口适当扩大，以减少进水口流速。引水管进口设有一扇快速平板闸门作为事故检修用，平板闸门前、取水口进口处设置半圆形拦污栅，防止污物进入输水管路。

进水口管路中心线在580.5m高程经一次水平转弯和一次斜面转弯转到升船机中心线与斜管相连，斜管以55°下降至上游控制阀室，再经两个垂直转弯下降至526.0m高程、船厢池底部的充泄水管路中。

输水系统采用16分支等惯性布置，主输水廊道直径2.5m钢管，底部中心线高程526.0m，在此高程平面上布置第1、2次分流，再在桩号0-127.3、0-155.7m立面上进行第3、4次分流。第1次分流口到第3分流口间分支管管径为2.5m，第3个分流口后到竖井出口处分支管管径缩小到1.6m。

泄水廊道在526.0m高程平面经一次水平转弯由升船机中心调整到左侧，再经一次斜面转弯由526.0m调整到533.05m进入下游控制阀室。泄水廊道经圆变方渐变段至出水口，出水口采用闸墙垂直多支孔布置方式。出水口设4个垂直支孔，对称于下闸首左墩布置。

上游控制阀室设在上游引水管水平段，充水阀门中心线高程540.00m。下游控制阀室布置于下游泄水管水平段，泄水阀门中心线高程为533.05m。

（二）数值模型

1. 基本方程 采用k-ε紊流数学模型，引入适用于分层两相流的VOF方法求解自由水面，采用标准k-e紊流模型计算。

2. 计算条件 取升船机输水系统进口至出口进行模拟计算，并建立系统三维模型。网格剖分情况见表1，计算工况见表2。

表1　　　　　　　　　　　　计算区域剖分情况表

区块	网格剖分范围			网格数			网格总数
	X向（m）	Y向（m）	Z向（m）	X向（m）	Y向（m）	Z向（m）	
1	18～18	9.5～50	535.5～591.5	72	81	112	3158100
2	18～18	9.5～168.5	524.5～591.5	72	237	134	

表 2   计算工况

编号	工况	上游水位（m）	下游水位（m）	备注
1	充水	602	535.14	上游阀门打开，下游阀门关闭
2	泄水	602	535.14	上游阀门关闭，下游阀门打开

（三）计算结果与分析

1. 流量　各工况流量见表3。

表 3　　　　各工况泄流流量表

编号	工况	时间（s）	流量（m³/s）
1	充水	460	0～76～0
2	泄水	502	88～0

2. 充水工况水力学数值模拟分析

（1）流速。由充水工况下等惯性输水系统中浮井及下部管道的流速等值线图可见，随时间推移，浮井内水面逐渐上升，且上升幅度基本一致。各浮井内流速及随时间变化基本一致。浮井表面流速在 0.15m/s 以内。下部支管流速在 3～5m/s。

左侧浮井与右侧浮井随时间推移水面上升幅度基本一致。

（2）压力。由泄水工况下等惯性输水系统中浮井及下部管道的压力分布情况可见，随时间推移，浮井内水面逐渐抬高，且抬高的幅度基本一致。各浮井内压力及随时间变化基本一致。最大压力为浮井水位最高时刻，约为 60m 水头，下部管道随水位升高压力逐渐增大。浮井内压力符合静态压力分布规律。

左侧浮井与右侧浮井随时间推移水面抬升幅度基本一致。

3. 泄水工况水力学数值模拟分析

（1）流速。由泄水工况下等惯性输水系统中浮井及下部管道的流速等值线图可见，随时间推移，浮井内水面逐渐降低，且降低的幅度基本一致。各浮井内流速及随时间变化基本一致。浮井表面流速在 0.15m/s 以内。下部支管流速在 3～5m/s。

左侧浮井与右侧浮井随时间推移水面降低幅度基本一致。

（2）压力。由泄水工况下等惯性输水系统中浮井及下部管道的压力分布情况可见，随时间推移，浮井内水面逐渐降低，且降低的幅度基本一致。各浮井内压力及随时间变化基本一致。最大压力为水位开始降落时刻，约为 60m 水头，下部管道随水位降低压力逐渐减小。浮井内压力符合静态压力分布规律。

左侧浮井与右侧浮井随时间推移水面降低幅度基本一致。

（四）数值模拟计算结果述评

通过三维数值模拟，可以较为直观地观察升船机输水系统的水流流态及浮井内水流同步上升及下降，较为准确地计算出泄洪建筑物的水深、流速、压力的分布情况。通过对充水、泄水的工况模拟及分析，认为升船机输水系统在两工况下水面上升和下降幅度基本同步，浮井内水流流态稳定，流速在 0.15m/s 以内。

（中国电建集团昆明勘测设计研究院有限公司
陈瑞华　杨吉健　唐良川）

堤坝非稳定渗漏快速航检技术

（一）技术简介

当前，堤坝渗漏检查方法主要是人工巡检法，效率较低。而用于探测隧洞及其他建筑物渗漏点的红外热像技术，主要是通过判定低温区域为渗漏点，但不适合用于堤坝体渗漏检测，因为堤坝表面坑凹、积水和植被覆盖情况普遍且都呈现低温，因此判别误判率高。

本技术以堤坝表面渗漏水持续来自库水的实际基础出发，并考虑日照和植被，以库水温与气温的差值作为渗漏判别条件，抓住了堤坝渗漏的本质特点。提出了基于内外水温度相关性的堤坝非稳定渗漏的识别思路，设计并实现了基于无人机和红外热成像的堤坝早期非稳定渗漏检测系统，包括搭载红外热像的无人机巡检装备、非稳定渗漏判定准则和现场巡检方法，解决了人工巡查坝体渗漏效率低和早期非稳定渗漏判定可靠度低的难题。

（二）技术创新

（1）搭载红外热像的无人机巡检装备包括检测设备、温度报警和渗漏面积计算系统，通过选型无人机等设备，实现了自由悬停、高精定位、长距图传等功能，获取高精度堤坝表面温度场图像；综合考虑气温、库水温度、光照状态及堤坝表面植被覆盖情况，设计了温度报警阈值计算方法；建立实物尺寸与像素数的关系，实现了测算低、高温区域面积。

（2）以水温与气温的差值作为渗漏判别变量，通过复飞比对、迭代报警阈值等方法，排除堤坝表面积水和植被覆盖干扰，提出非稳定渗漏判定准则。

（3）确定天气状况及植被覆盖分级标准，提出巡检路线设计及复飞间隔时间设定等关键参数确定方法，取得了判定非稳定渗漏、明确渗漏范围的应用效果。

与目前常用的检查方法相比，检查效率提高 3 倍，准确率提高 2 倍以上。

（三）推广应用案例

（1）采用堤坝非稳定渗漏快速航检技术对江苏省防汛抢险训练场护堤进行渗漏检查。该坝高 3m，上游坡度 1∶2，下游坡度 1∶2.5，坝顶宽 5m。首先设定了巡检航线，进行了首次航检：无人机飞行高度为 12m，测定气温 $t_1=25℃$，水表面下 0.5m 处的水体温度 $t_2=15℃$；设定了天气状况为阴天；阳光照射系数为 1.0；坝体下游面植被状态为有植被状态，植被影响系数为 0.9，报警温度阈值设定为 20.5℃。间隔 4h 后，进行了复飞航检，并根据此刻天气等状态重新确定了相关参数，根据非稳定渗漏判定准则，成功识别出了渗漏区域，并计算了渗漏面积。

（2）安徽省含山县汛期普降特大暴雨，河道迅速超过保证水位，大小 12 个圩口纷纷告急、出险。险情过后，对汛期出险段堤防进行检测研究，使用基于无人机和红外热成像的堤坝早期非稳定渗漏检测系统，并制定了现场复飞巡检方案，结合非稳定渗漏判定准则，明确了堤防现存状态，查明了非稳定渗漏区域。

（南京水利科学研究院）

YJBY 水电站工程数字化应用

（一）工程概况

YJBY 水电站位于雅鲁藏布江中游河段，采用坝式开发，坝址多年平均流量 $1010m^3/s$，水库正常蓄水位 3538m，相应库容 1.289 亿 m^3，装机 4 台，总装机容量 860MW，多年平均发电量 38.31 亿 kW·h。电站为二等大（2）型工程，枢纽方案由碾压混凝土重力坝＋坝身泄洪系统＋左岸地下厂房等建筑物组成。由于该工程地理位置特殊性和环水保、移民问题，决定采用多项数字化技术手段解决藏区工程项目在勘察设计中的一些共性问题。

（1）外业工作在高海拔高严寒地区开展，高边坡滚石落石常见，部分区域人无法到达，踏勘安全风险较大。

（2）藏区高山峡谷，施工场地限制极大，施工区域分散，水工建筑物集中，各施工区施工衔接难度极大。

（3）高原生态脆弱，对多专业协同设计要求高，枢纽方案比选，多专业精细化设计要求高。

（4）少数民族聚集，移民征地沟通协调难度大，

环水保中涉及海拔最高、落差最大的过鱼设施。

（二）工程数字化技术应用情况

1. 数字化踏勘　工程区河谷两岸山顶平均海拔在 5000m 以上，河谷最低高程 3440m，相对高差大于 1500m，年平均气温 8.7℃，气候条件相对恶劣。山高坡陡，平均坡度一般大于 40°，右岸坡度大于 50°，无钻孔及平硐施工的交通条件。河道水位落差大，汛期流量 $1000m^3/s$ 以上，河流湍急，不具备河心钻孔条件。在常规的勘察方法（地表测绘、坑探、钻探、洞探、物探、试验）基础上，充分利用 GIS、INSAR、高精度光学遥感、无人机航测、机载激光雷达、三维激光扫描、遥感解译等技术，多源多层次多方法进行综合勘察，降低了踏勘频次，节约了踏勘成本。

2. 全专业全过程协同设计　本工程采用强大的 3DE 平台＋GIS 平台，如图 1 所示，开展测绘、地质、水工、机电、金结、建筑等多专业协同设计，较好地解决了多专业协同设计问题。坝址区岸坡碎裂松动岩体发育，岩体卸荷、风化程度高，高边坡稳定问题相对突出，对枢纽布置比选造成极多限制因素。在坝轴线选择时，依托 BIM 地质模型研究影响自然边坡稳定性的环境因素、演化动力过程、变形破坏模式和边界条件，进行边坡稳定三维计算分析，提出边坡开挖、支护、排水等处理措施，进行边坡风险评估研究。在枢纽布置比选时，对拟定的坝后厂房方案和地下厂房方案进行 BIM 模型比较。经技术经济论证，采用厂坝分开布置的枢纽布局，缓解了场地空间有限的布置难题及高陡边坡对施工及运行的影响，有效降低了施工干扰。在施工总布置比选时，基于 BIM 模型虚拟布置，统筹解决了下游某电站与本电站施工场地布置的问题、高山峡谷区场内交通布置特别困难的问题，取得良好的经济与环保效益；确定了"坝肩开挖先截流后施工原则"，避免开挖过程中渣料下江，造成水土流失问题。

3. 移民征地及环水保数字化　采用三维航测的方式，通过移民系统对工程建设征地范围内的实物指标进行调查确认。采用 BIM＋GIS 技术进一步论证本工程的水生生物保护措施，制定了详细的增殖放流、过鱼设施、支流栖息地保护等鱼类保护措施。对拦挡措施、排水设施类型、后期植被恢复方案等进行精细化比选。

4. 全生命周期工程数字化规划　对电站全生命周期工程数字化进行规划设计，提升工程建设及运维管理效率与质量。在项目勘察设计前期，制定以下工程数字化规划方案：

（1）设计阶段：通过 BIM 技术覆盖全专业的三维协同设计，最大限度地优化设计方案，减少因设计

错误造成的后期变更和返工，提供智慧工程应用的 BIM+GIS 模型基础成果。

（2）实施阶段：基于 BIM+GIS 模型基础成果，研发智慧工程管理平台，做到投资节约、质量可靠、进度可控、安全保障和阳光廉洁，实现实物资产和全信息数字资产向运维阶段的整体移交。

（3）运维阶段：基于工程数字化资产，将打造智慧电厂平台，实现运维信息采集数字化，信息传输网络化，数据分析智能化，决策系统科学化。

5.BIM 设计成果输出　本工程采用数字化设计手段，改变了传统二维出图模式，工程设计图纸基于数字化设计成果的出图率已经达到了 80% 以上，其中厂房专业 100% 基于 Revit 软件出图，极大提升了设计效率，提升了设计品质。

6.项目效益及创新

（1）降低踏勘成本：数字化手段解决了地理位置限制问题，解决了踏勘过程的限制性问题，降低了踏勘综合成本。

（2）提升多专业协同设计效率：基于 GIS+3DE+Revit 平台解决多专业协同设计中的错漏碰问题，节约了专业间配合和沟通时间，促进形成设计方案的最优解。

（3）提高设计产品质量：基于数字化设计成果，输出三维图册、BIM 模型、效果图、三维动画，更直接有效展示设计意图。

（4）摸索出一些藏区水电项目勘察设计工程数字化应用方法，解决了藏区勘察踏勘难的问题，提升了协同设计效率和质量。

（中国电建集团贵阳勘测设计研究院有限公司
孙正华　陈毅峰　崔进　唐腾飞　龚刚　王锦）

海水抽水蓄能电站发展的主要设计问题与对策

海水抽水蓄能电站以海水为介质，一般利用海洋作为下水库，具备选址方便、占地面积小、水源充足等优点，是解决沿海大规模可再生能源消纳、支撑海洋资源开发的重要选项之一。我国海岸线长、海水资源丰富，为发展海水抽水蓄能电站提供了天然优势条件，对其关键技术进行研究具有前瞻性和现实性需求。针对海水抽水蓄能电站运行环境较复杂的情况，应加大对库水渗漏、海水腐蚀、生物附着、波浪扰动、含盐环境等工程问题研究力度，从设备选型、材料选择、技术方案及工程措施上采取相应的应对措施。这些问题给电站的安全稳定运行带来巨大影响。

（一）海水抽水蓄能电站的起源与现状

日本冲绳抽水蓄能电站是世界上第一座海水抽水蓄能电站。近年来，印度尼西亚、爱尔兰、苏格兰、葡萄牙、希腊、智利等国家均开展了海水抽水蓄能电站建设的前期可行性研究与站址比选工作。我国海洋资源丰富，海岸线总长度约 32000km，具有广阔的开发前景。2017 年，我国对国内具备海水抽水蓄能电站建设条件的地点进行初步摸排，分析确定 238 个海水抽蓄资源站点，总装机容量达 4208.3 万 kW。浙江、福建、广东三省的海水抽水蓄能资源占比最大，分别占总装机容量的 21.8%、25.1% 和 27.2%，其中浙江的资源站点个数最大，达到了 71 个。

（二）海水抽水蓄能电站设计的主要问题

由于工作介质和外部环境的不同，其工程设计面临以下主要问题：

（1）库水渗漏。海水渗漏会带来地表或地下水污染、破坏生态环境，海水中的盐分还会对周围的动植物产生不利影响，故海水抽水蓄能面临更严格的防渗要求。

（2）海水腐蚀。海水相比淡水化学性质较为活泼，海水腐蚀问题会大大缩短使用寿命，加大维修成本，因此对相关水工建筑物材料的防腐蚀性能提出更高要求。

（3）生物附着。海水抽水蓄能面临更为严峻的微生物附着问题，应着重考虑输水系统结构的防附着问题和可检修性，避免因微生物附着降低系统的整体效率。

（4）波浪扰动。海水抽水蓄能电站运行将直接面临潮汐、波浪等复杂多变的海洋水动力环境，下水库水体波动较大，需要削波防浪以保证电站安全稳定运行。

（5）含盐环境。空气盐雾含量高于陆地，大气环境具有含盐高湿的特点，需要分析和设计符合海洋环境的通风空调系统。

（三）海水抽水蓄能电站问题的解决路径

1.库水防渗　抽水蓄能电站的防渗工程多采用垂直帷幕防渗、黏土铺盖、沥青混凝土面板、钢筋混凝土面板、土工膜敷设等方案。沥青混凝土面板是较常用的防渗材料，其适应变形能力强，但对材料要求较高，施工工序复杂。钢筋混凝土面板施工简单，成本不高，但易受干缩、温度应力和不均匀变形等问题的影响，因此钢筋混凝土可以作为库岸防渗基材，但需要配合涂层保护提升混凝土的防渗性能。土工膜敷设是应用最为广泛的防渗方式，大量研究成果表明橡胶材料对海水侵蚀的耐受性也比较强，日本冲绳海水抽水蓄能电站正是采用 EPDM 三元乙丙橡胶材质的土工膜进行全库盆防渗，防渗性能较为优越，服役期间未发生海水渗漏迹象。

2. 抗金属腐蚀　根据不同部位的使用要求，综合考虑材料的力学性能、耐蚀性能和投资成本合理选材。海水抽水蓄能电站的关键部位工作环境苛刻，需采用耐蚀性能优异的不锈钢材料，例如组织中铁素体相和奥氏体相含量大致相同的双向不锈钢。有色金属及其合金材料在海洋环境中一般具有良好的耐腐蚀性，其中钛和钛合金是海洋工程中耐腐蚀性最好的材料之一。综合考虑，钛合金和双相不锈钢在海水中耐蚀性能较好，适用于海水抽水蓄能电站关键部位。适当的防腐措施也可以提高金属材料使用年限，目前比较成熟的方法有涂层防腐、镀层防腐与阴极保护法。常用的防腐涂层有环氧漆、氯化橡胶漆、乙烯漆等，但需保证涂层使用在检修周期内不发生严重脱落。

3. 防生物附着　海洋生物附着会堵塞海水循环通道，腐蚀管路，极大程度地影响电站的安全稳定运行。海洋生物防护物理法包括气泡屏障、涂层防护、超声波驱赶和同位素射线。化学防护法相较物理法更可靠有效，但使用有毒金属氧化物或有机毒物进行防护尚存在生态环境的影响。电化学法防止海洋生物附着目前在船舶中运用成熟，可有效防止海水水泵水轮机电化腐蚀。

4. 消波防浪　为防止水泵水轮机受到台风、潮汐、洋流等波浪扰动而影响机组的稳定运行，可在下库设置尾水围护结构，其作用是具备足够的消波、防浪功能，此外需兼顾防泥沙、漂浮物的要求。取排水方案优选是消波防浪需要关注的关键技术问题。通过管道排放到海洋水体表层以下为淹没排放，对海域潮流和泥沙冲淤影响小，但施工难度大，投资成本高，对于水深较浅、潮间带较宽的近岸海域，推荐采用明渠取水方式，在入口段设置例如折线形、弧形等规则几何形状布局的防波堤。

5. 厂房通风　海域环境下盐雾含量高于陆地，电站厂房环境除控制温湿度外，还应采取措施控制盐雾含量。过滤除盐雾技术具有除盐雾效率高、设备结构简单的优点。常规抽水蓄能电站地下厂房大多采用直流式通风空调方案。对海水抽水蓄能电站，进入地下厂房室外新风量越大，所需的除盐雾过滤器就越多。因此将室外新风量取最小值，即室外新风除盐后单独送入房间，当室外新风不足以消除室内余热时，加入局部空调。

（中国电建集团中南勘测设计研究院
有限公司　黄梓莘）

宜都抽水蓄能电站的额定水头选择

抽水蓄能电站额定水头的选择直接关系到电站的经济性和运行的稳定性，需综合考虑电力系统需求和机组稳定性等因素。2030年湖北省光伏装机容量将达到3700万kW，随着光伏大规模的接入，根据湖北光伏电站出力特性，午高峰时抽水蓄能电站将以水泵工况工作，晚高峰抽水蓄能电站将发挥调峰作用，以水轮机工况工作。对湖北省连续满发小时数为6h的新建上、下库的抽水蓄能电站进行统计，在选择算术平均水头为电站额定水头一般可满足3.0h左右不受阻，在电力系统中已经可以较好地发挥容量效益。

以湖北宜都抽水蓄能电站为例，在考虑机组稳定性运行的前提下，进行蓄能量计算，分析不同额定水头在下水库（已建水库）不同运行水位保证率情况下的受阻时长和有效容量，从技术选择的角度出发，选择宜都抽水蓄能电站额定水头为464m，分析成果可供参考。

（一）工程概况

宜都抽水蓄能站址位于湖北省宜都市潘家湾土家族乡境内。电站上水库集水面积约2.29km²；下水库利用已建熊渡水库，熊渡水库系渔洋河流域梯级开发的龙头水库，具有发电、灌溉为主，兼有防洪等综合效益。

宜都抽水蓄能电站开发任务是承担湖北电力系统调峰、填谷、储能、调频、调相和紧急事故备用任务，电站装机容量120万kW，装机4台，单机容量30万kW，连续满发小时数按9h设计。电站上水库正常蓄水位625.00m，死水位600.00m，调节库容1064万m³。下水库正常蓄水位144.567m，死水位125.067m，调节库容6110万m³。电站最大水头500.05m，最小水头444.08m。

（二）宜都抽水蓄能电站受阻分析及额定水头选择

1. 下水库（熊渡水库）运行特性　熊渡水库于1995年完成大坝竣工验收，分析1995~2019年实际运行资料，熊渡水库日内水位变幅较小，月尺度水位变幅较大，呈现明显的年调节特性，水库年内在正常蓄水位144.57m和死水位125.07m之间变动，年变幅为19.5m。抽水蓄能电站建成后，随着发电/抽水运行，日内水位在原运行水位基础上将有小幅升降相应变化。当下水库在死水位附近运行时，引起日内水位变化约4.49m，水库水位在125.01~129.56m之间变动，下水库在正常蓄水位附近运行时，抽发引起日内水位变化约 2.59m，水位在 141.98～144.57m 变动。

2. 宜都抽水蓄能电站受阻分析　宜都抽水蓄能额定水头选择影响因素主要包括电力系统的需求、机组稳定性和运行效率。

(1) 考虑下水库具有年调节性能，年内水位变幅较大，日内及周内水位变幅较小，因此参考相关规范和设计，宜都抽水蓄能电站额定水头不宜低于加权平均水头，可略低于算术平均水头。

(2) 从满足电力需求的角度分析，选择较低的额定水头有利于抽水蓄能电站在电力系统中的效益发挥。宜都抽水蓄能电站的主要任务为调峰、填谷，因此在兼顾机组稳定运行的同时，增加电站的不受阻时长是有必要的。

(3) 额定水头选择分析。选择两个额定水头方案进行蓄能量计算，分析宜都抽水蓄能电站不同额定水头对应不同运行水位保证率情况下的受阻时长和有效容量。方案 1：额定水头取算术平均水头 472m；方案 2：额定水头取加权平均水头 464m。宜都抽水蓄能电站抽水最大扬程与发电最小水头的比值 1.14，水位变幅相对较小，两个额定水头方案机组均能安全稳定运行。

根据蓄能量计算结果，方案 1 不同保证率不受阻时长为 0～5.4h，连续发电 3.0h 有效容量为 116.7 万～120 万 kW，方案 2 不同保证率不受阻时长为 3.0～8.1h，连续发电 3.0h 有效容量均为 120 万 kW。额定水头 472m 方案不受阻时长较短，464m 方案不受阻时长较长。

3. 宜都抽水蓄能电站额定水头选择　下水库（熊渡水库）为年调节水库，水库日内水位变幅较小，但月尺度、年尺度水位变幅较大，宜都抽水蓄能电站为周调节抽水蓄能电站，电站调节周期与下水库不同，下水库不同运行水位下抽水蓄能电站受阻情况也不相同，因此宜都抽水蓄能电站额定水头选择需在下水库运行特性的基础上选择，考虑宜都抽水蓄能电站两个额定水头方案均能满足机组稳定运行需求，从抽水蓄能电站在电力系统中能够充分发挥容量效益的角度分析，额定水头 464m 方案更优，因此选择额定水头 464m 为推荐方案。

(三) 结论

(1) 利用已建综合利用水库建设抽水蓄能电站有利于降低投资和缩短工期，但考虑综合利用水库的调节周期和新建抽水蓄能电站的调节周期不一致的情况下，电站额定水头的选择需分析其运行特性，简单选择算术平均水位为额定水头不能够充分发挥电站的容量效益。

(2) 提出了分析下水库运行特性，在满足机组稳定性的基础上，初拟额定水头 464m 和 472m 两个方案进行蓄能量计算与比较，从技术比较方面初选电站额定水头为 464m，后续应结合经济比较最终选定电站额定水头。

(中国电建集团中南勘测设计研究院有限公司
杨扬　马勇　孙方剑　贾函)

抽水蓄能电站库址筛选分析

抽水蓄能电站一般由上、下水库及输水发电系统等建筑物组成，其中，上、下水库库盆土石方工程量大、投资占比高、对工程投资指标影响大，直接制约项目可行性。通过归纳抽水蓄能电站上、下水库常见的库址形态，分析前期阶段动能指标拟定的过程，研究正常蓄水位和消落深度的确定方法，总结出库址筛选的基本流程，对前期库址筛选工作有借鉴作用。

(一) 动能指标初拟

与常规水电站不同，抽水蓄能电站上、下水库库址可选范围较大，一般由坝工专业牵头。主要动能指标包括特征水位、额定水头、发电小时数、装机容量、调节库容等；影响因素包括地形地貌、最大扬程、水头损失、消落深度等。抽水蓄能电站往往需要坝工专业初拟主要动能指标及总体枢纽布置，过程繁复。动能指标的最终确定需要多专业融合、协同工作，通过技术经济比较确定。

1. 水泵水轮机最大扬程与最小水头比　抽水蓄能电站存在发电和抽水两种运行工况，水泵水轮机水力设计要兼顾两种工况。一般情况下，利用水头越高，要求水头变幅越小，水头变幅一般以最大扬程与最小水头比值 K 来表达，国内部分已建抽水蓄能电站 K 值在 1.13～1.37。根据设计经验，水头比 K 的大小与利用水头、输水发电系统水头损失以及上、下水库消落深度有关。对于一个确定的上、下水库库址组合，枢纽布置基本是确定的，利用水头和水头损失变化对 K 值影响相对较小，上、下水库消落深度对 K 值影响最大。

2. 装机容量与调节库容　装机容量的确定需多专业协同工作，先由规划专业进行电网需求分析，由坝工专业根据上、下水库的工程建设条件共同提出装机比选方案，最终通过多专业技术经济比选确定。调节库容一般包括发电库容和备用库容两部分。可通过公式粗估发电库容。

3. 特征水位　抽水蓄能电站的特征水位包括正常蓄水位、死水位、防洪水位等。由于库盆投资占比较大，为了获得最优的经济效益，一般由坝工专业牵头初拟正常蓄水位、死水位等特征水位，最终应通过技术经济综合比选确定。根据上、下水库库址的地形、地貌及地质条件，尽量提高上水库正常蓄水位、降低下水库正常蓄水位；上、下水库的总消落深度由机组最大扬程与最小水头比 K 决定。为减少库盆土石方工程量，在对应水头段的 K 值允许范围内，宜采用最大的总消落深度。初拟时，可在地形图上或卫星地图上拟定上、下水库库址，并根据正常蓄水位对应的库面积和消落深度估算调节库容，如不能满足调节库容要求，应抬高正常蓄水位或加大消落深度。

（二）库址筛选

1. 上水库库址　上水库海拔相对较高，可利用台地、缓坡以及冲沟等。利用天然沟谷填筑成库较为常见，首选沟道宽缓、沟口封闭条件好的冲沟；利用天然平台挖填成库，坝高、坡高相对较低，建筑物规模小，较为经济。

2. 下水库库址　为了便于初期蓄水及运行期补水，下水库一般需要依托于河道布置，可利用的库址包括河道、已建水库、岸边滩地、低高程冲沟等。

3. 库址拟定　库址拟定的基本过程包括库址选择、坝线拟定、库盆防渗型式、特征水位初拟、库址组合方案与筛选。库址拟定完成后，进行库址组合并

通过定性分析或经济比较确定推荐方案。库址组合方案筛选的思路是：首先根据动能指标、工程特性等，从宏观上判断，定性筛除投资指标差的组合，选定2～3个库址比选方案；而后从地形地质、工程枢纽布置、建设难度、机电设备、建设征地、环境保护和水土保持等建设条件方面进行同等深度的技术经济比较，提出推荐方案。

（三）库址筛选示例

以某抽水蓄能电站为例，根据工程区的地形地貌、径流特性等条件，库盆需依托黄河一级支流某河布置，两岸河道陡峻并需考虑对已建电站、国道、宗教设施、基本农田等敏感因素的避让。下水库选择时，可选库址有两个，利用主河道一天然"Ω"形弯道布置下库1，在上游左岸支流羊智河岸边布置下库2。上水库选择时，主要利用大的冲沟和缓坡，共在左岸布置7个库址、右岸布置2个库址。

根据库址组合方案的原则，经过试配，大致存在9种可行库址组合方案。为定性筛选比选方案，利用Catia三维设计软件，进行库盆布置，开展初步土石方平衡，库址特性及土石方工程量见表1。

表1　　　　　　　某抽水蓄能电站各库址组合方案工程特性

项目		单位	方案1	方案2	方案3	方案4	方案5	方案6	方案7	方案8	方案9
装机容量		MW	1400	1400	1200	1400	1200	1200	1200	1200	1200
满发利用小时数		h	6	6	6	6	6	6	6	6	6
上水库	库址	—	上库1	上库2	上库3	上库4	上库5	上库6	上库7	上库8	上库9
	调节库容	万m³	585	582	839	583	496	673	532	928	644
	最大坝高	m	91	199	179	259	226	208	80	229	55
	坝轴线长度	m	332	647	687	856	605	627	511	832	1451
上水库	大坝填筑量	万m³	196	1750	1892	5694	3097	2047	241	3051	318
	库盆防渗型式	—	局部	局部	局部	局部	局部	局部	局部	局部	全库盆
下水库	库址	—	下库1	下库1	下库1	下库1	下库1	下库1	下库1	下库1	下库2
	调节库容	万m³	585	582	839	583	496	673	532	928	644
	最大坝高	m	108	108	116	108	106	110	109	118	131
	坝轴线长度	m	168	168	189	168	163	173	171	194	544
	大坝填筑量	万m³	62	62	83	62	57	67	65	88	880
	库盆防渗型式	—	局部	局部	局部	局部	局部	局部	局部	局部	全库盆
进/出水口间水平距离		m	3030	4218	2502	2005	1896	2816	3482	3483	1908
距高比		—	4.13	5.69	5.73	2.72	2.52	5.16	5.00	8.80	3.36

根据成果，初步剔除代表性较差的方案。定性分析，方案1与方案7工程量较优，输水线路长度相近，代表性较好，宜进行同等深度的技术经济比较来确定推荐方案，考虑到方案7装机规模略小、输水线

路需下穿河床，宜将勘探重点放到方案1。

（中国电建集团西北勘测设计研究院有限公司

马秀伟　皮漫）

中國水力發電年鑒

土 建 施 工

大 坝 施 工

羊曲水电站坝体填筑关键技术

羊曲水电站镶嵌混凝土面板堆石坝,最大坝高150m。坝体上游混凝土重力坝坝高60m。镶嵌混凝土堆石坝为不同坝型组合坝体,结构复杂。坝址岸坡陡峻、河床下闸,坝体施工场面受限,大坝主、次堆石填筑方量为319.49万 m³,施工工期13个月,工期紧且填筑质量要求高,为此,坝体填筑采用了无人驾驶碾压系统关键技术。

(一)主要施工技术

无人驾驶碾压系统主要关注土石坝施工中的碾压阶段的自动化、智能化,改装的施工机械主要为无人驾驶碾压机。

(1)系统组成。无人驾驶碾压系统主要由软件和硬件两大部分组成。软件部分包括远程监控软件、视频监控软件、数据后处理软件、振动碾车载控制软件等。远程监控软件是整个系统的控制软件,负责碾压任务的制定与发送,监测碾压机的运行状态,保存碾压机的施工数据。视频监控软件方便监控中心的操作人员实时了解施工现场的具体情况,同时监视碾压机的运行情况。数据后处理软件是针对远程监控软件记录的碾压施工数据进行处理分析的,在施工结束之后可以将该次施工的数据处理分析,形成施工报告。振动碾控制软件负责与远程监控软件进行通信,接收并执行远程监控软件的各项指令,并反馈车辆的实时状态信息。

无人驾驶碾压系统的硬件包括RTK-GPS定位系统、微波通信网络、监控中心、智能化改装的振动碾。RTK-GPS技术用于帮助摊铺机和振动碾在施工现场进行定位与导航,无线通信设备则用于构建覆盖整个施工现场的施工控制网络,连通监控中心与智能化改装后的振动碾、摊铺机。

(2)碾压机车载控制软件工作流程。振动碾车载控制软件可以分为两大部分,一部分是工控机内的振动碾无人驾驶程序,该程序向上通过通信网络与监控中心通信,接收监控中心控制端的指令并实时发送车辆状态信息,向下通过CAN总线与各个控制器连接,协调振动碾的速度、转角以及振动等动作;另一部分则是运行于控制板上的发动机、变量泵等控制子程序,由它们对具体执行机构发出控制信号,使振动碾完成动作指令。

(3)数据采集调试。振动碾改装并调试完成之后即可在不同的碾压料上开展碾压试验,依据碾压试验中采集的具体数据,开发碾压过程自动调频、调幅、调速系统,最终形成能够适应各种粒径坝料、具有人工智能学习与情况识别控制能力的综合碾压控制系统。

(二)应用情况

填筑采用无人驾驶碾压系统,成功实现了碾压遍数、碾压速度、碾压轨迹、碾压沉降、激振力、搭接宽度、坝料摊铺厚度的自动记录,并对碾压质量过程实时掌控,通过过程应用不断优化面板堆石坝无人驾驶碾压机作业参数;施工过程中全线压实真实数据能完好的记录和存档,有利于对管段压实质量进行全面分析,总结经验,指导下步施工。从而为后期的工程验收、安全鉴定和施工期、运营期安全评价提供强大的信息服务平台。

(中国水利水电第四工程局有限公司
叶春玲)

双江口大坝心墙盖板裂缝原因分析与处理

(一)初期盖板裂缝分析及处理

1. 盖板裂缝情况　河床盖板11号块于2019年4月下旬浇筑,此后至7月中旬固结灌浆,8月底发现长3.1m、宽0.15mm顺流向裂缝,其时14号块正固结灌浆,期间抬升23.26mm。河床盖板14号块2019年3月下旬浇筑,此后至9月固结灌浆,7月初发现3条宽0.1~1.6mm顺流向裂缝,其时14号块正固结灌浆。河床盖板19号块2019年3月下旬浇筑,8月19~9月17日固结灌浆,8月24日发现4条宽0.1~1.25mm顺流向裂缝,盖板在9月中旬前抬动16.37mm。左岸上游岸坡盖板64号块2019年6月下旬浇筑,岸坡未固结灌浆,8月底发现3条宽0.3~0.5mm近似竖直向裂缝。河床基础廊道底板3号块2019年6月下旬浇筑,未固结灌浆,7月初发现1条宽0.15~2.25mm顺流向裂缝,此时相邻11号块正固结灌浆。缝宽有所增大。

2. 盖板裂缝原因初步分析　主要原因如下：大坝心墙河床部位基础应力相对集中地应力高，河床开挖后产生回弹和顺河向裂缝，固结灌浆开始后回弹、松弛变形及开裂加剧；混凝土胶材用量局部偏多，施工跨过高温时段，导致混凝土内部最高温度严重超标，但此后降温速率偏大；固结灌浆时抬动时有发生，抬动变形明显加剧。

3. 初期处理建议　裂缝防控措施：控制最高温度不大于允许值，降温速率每天不大于1℃，保温覆盖至坝体填筑时；优化灌浆参数和工艺，适当降低灌浆压力，使混凝土不抬动；复核固结灌浆质量检查标准，必要时调整；研究改善"T"形止水结构受力的工程措施，必要时盖板结构缝间增设跨缝钢筋；已发生的结构性裂缝，除采取化学灌浆外，需对缝面封闭处理；岸坡岩体卸荷松弛较强部位，适当加强锚固；后续施工中，合理安排帷幕灌浆和坝体填筑施工时序，减小帷幕灌浆时可能的抬动。

4. 初期处理　采取以下措施。在设计方面：廊道和部分盖板上设观测孔，监测基岩应力和变形，进而优化设计参数和施工工艺；固结灌浆时降低第二段及后续段卡塞位置，适当降低终孔压力；用灌浆Ⅰ序孔补打部分深锚筋，加强盖板锚固；坝体填筑前再对裂缝消缺处理；利用廊道在坝体填筑到一定阶段进行必要补充灌浆；河床及基坑内低高程岸坡帷幕灌浆，在坝体填筑超出基坑范围，并确认基岩回弹变形终止后再进行。施工方面：有序安排灌浆孔位和时序；加强灌浆抬动监测；对盖板裂缝消缺处理时，需处理到位；监测盖板及廊道施工缝、结构缝变形情况。

（二）盖板裂缝处理跟踪检查

①裂缝检查情况　固结灌浆前，左岸岸坡心墙基础混凝土盖板、基础廊道及河床段盖板共检查21个单元，其中16个单元检出裂缝39条；右岸岸坡心墙基础盖板、基础廊道共检查24个单元，其中13个单元检出裂缝26条。②化灌后新增裂缝普查　裂缝处理完成后先后两次普查。第一次新增裂缝106条，裂缝长722.2m。第二次新增裂缝148条，裂缝长723.5m。总共新增裂缝254条。③跟踪检查结果　混凝土盖板产生裂缝比例较小，总占比3.91%。混凝土盖板第一次裂缝处理完后，由于长时间未覆盖填筑料，新增裂缝254条，总占比为15.27%。

（三）盖板裂缝原因深入分析及处理

1. 裂缝原因深入分析　根据检查的情况，专家组对裂缝增加原因分析如下：盖板混凝土浇筑及灌浆完成后，未及时填筑大坝，长时间外露；混凝土原材料质量不稳定，部分指标未达配合比要求；混凝土质量未得到控制；固结灌浆压力虽已控制到最低，但盖板抬动仍时有发生；岸坡开挖后长期裸露，岩石进一步风化、松弛，裂隙串通性增强，增加了盖板抬动可能性；岸坡岩层节理多为顺坡走向，浆液扩散范围远，受力面积大，导致压强随之增大，加大了盖板抬动可能性；两岸岸坡盖板混凝土坡面为高陡边坡，且盖板厚度仅0.5m/0.65m，明显偏小，发生抬动的可能性较大；大面积频繁的灌浆孔带压冲洗，增加劈裂破坏的可能性，从而导致盖板发生破坏性抬动。

2. 后续处理建议及措施　控制原材料质量的稳定性，将混凝土设计龄期延长至90天，优化混凝土配合比；加强混凝土保温保湿养护，适当提前和延长养护时间；加强固结灌浆压力控制和抬动监测，一旦抬动即停灌待凝，研究优化各孔序灌浆孔施工顺序；在不降低裂缝处理要求下，研究取消缝面刻槽处理，用柔性盖片或涂覆材料封闭代替，通过试验优选缝面封闭材料和化学灌浆材料及工艺参数；尽可能加快大坝填筑进度，裂缝处理施工工作面和大坝填筑工作面高差按2～3m控制，不能及时填筑区域的混凝土，采取有效保护措施；岸坡盖板浇筑前，清理建基面，对软弱挤压破碎带进行深度清理、置换混凝土处理；未浇筑部位加密、加深锚杆，加强现场锚杆入岩深度；靠近盖板一定范围内严控震动参数，选择适宜盖板上方的碾压方式，加快灌浆进度，与填筑面拉开距离；进一步探求适宜的灌浆压力，加强灌浆过程中抬动监测；岸坡心墙基础盖板区域，根据实际情况，在合适的位置设随机减压排水孔。

（中国水利水电第七工程局有限公司

曹优兰　何军）

白鹤滩水电站坝面保温材料拆除及保护剂涂刷关键技术

（一）关键技术

1. 保温料拆除及保护剂涂刷　在右岸大坝上游785m以上及下游全坝面进行。①保温材料拆除工艺。铲除表层保温材料→清理表面残留砂浆→混凝土表面打磨。保温材料拆除后对该区域坝面错台、挂帘、粘浆、粘接胶、残留材料等进行打磨修复处理，尽量保持混凝土原有肌理。②保护剂涂刷工艺。防水底漆滚涂两道→中间涂层滚涂一道→面层涂层滚涂两道。防水底漆滚涂后混凝土颜色稍稍加深，混凝土表面防水测试不渗水。中间涂层滚涂后混凝土颜色更加深，突出混凝土自然纹理。面层涂层滚涂后表面平整、洁净、颜色均匀、无色差，形成稳定均匀的保护膜。

2. 电动吊篮设计　电动吊篮由悬挂机构、工作平台、提升机、安全锁、钢丝绳等组成。为便于施工，减少吊篮周转过程中安拆时间，设计成整体可移动式吊篮。即采用定制前后支座，支座底部安装万向轮与顶托。使用过程中，将顶托支撑于地面保证支座稳定性，移位施工时升起顶托，万向轮受力后进行水平移位。对下游795.25m以下坝面，移动吊篮在坝后栈桥空间不足，故在下游永久坝后栈桥上设固定吊篮。固定吊篮安装前，用钻机在桥上钻φ56mm孔，孔顶左右岸两侧设配重支垫，将横梁搭在配重支垫上。再将主副钢丝绳捆绑于横梁上并用绳卡固定，钢丝绳穿过穿绳孔与下层坝后桥或扩大基础平台上的吊篮工作平台连接。

3. 吊篮安装工艺　①吊篮悬挂机构安装。按说明书拼装悬挂机构，拼装完成后紧固连接螺栓。将悬挂机构安设在工作位置，控制两套悬挂机构内侧间距等于悬吊平台长度，上紧悬挂机构与上支座的连接螺栓，将工作钢丝绳、安全钢丝绳从端部放下。②吊篮平台安装。安装前将各基本节水平放置，把基本节对接处对齐，装上篮片。低篮片放置于工作面一侧，用螺栓连接，预紧后保证整个平台框架平直。将提升机安装在侧篮两端，安装完成后均匀紧固全部连接螺栓。③安全锁及提升机安装。两者分别安装于吊篮平台两端，用专用螺栓将安全锁安装于吊篮平台安全锁支架上。安全锁安装时使摆臂滚轮朝向平台内侧。提升机安装于悬吊平台内，其背面的矩形凹框对准提升机支承，插入销轴并在提升机箱体上端用两帽连接螺栓将提升机固定在提升机安装架的横框上。④电控箱安装。电控箱安装于吊篮平台中间部位高栏上，电箱门朝向吊篮平台内侧，再将其固定在栏杆的方管上。将电源电缆、电机电缆、操纵开关电缆的接插头插入电箱下端的相应插座中。⑤穿工作钢丝绳。将钢丝绳穿过安全锁摆臂上滚轮槽后，插入提升机上端进绳口。转动转换开关并按下相应上升按钮，使钢丝绳平衡地自动穿绕于提升机转盘上。将穿出的钢丝绳通过提升机支架下端，垂直引放到悬吊平台外侧。两端提升机分别绕至钢丝绳拉紧时即刻停止，然后点动上升按钮，同时拉住悬吊平台两端，使其在自重作用下平衡处于悬吊状态。⑥穿安全锁钢丝绳。将位于悬挂机构前梁绳头外侧的钢丝绳，穿入安全锁内。穿绳时先将安全锁摆臂向上抬起，再将钢丝绳穿入端插入安全锁上方进绳口中。用手推进，自由通过安全锁后，从安全锁下方出绳口将钢丝绳拉出，直至钢丝绳拉紧。钢丝绳安装完毕后，在距顶80cm位置安装限位装置。⑦重锤安装。重锤固定在钢丝绳下端用来拉紧和稳定吊篮钢丝绳，防止悬吊平台摇摆，并在提升时将钢丝绳随向拉起，以免影响悬吊平台正常运行。安装时将两个半片夹在钢丝绳下端离地15cm，再用螺

栓紧固于垂直绷紧的钢丝绳上。⑧钢丝绳固定。绳夹夹座扣在钢丝绳工作段上，"U"形螺栓扣在钢丝绳尾端。吊篮在钢丝绳尾端对侧设4个"U"形口（绳夹），对齐布置。绳夹应从吊装点处开始依次夹紧，在最后绳夹和前一绳夹间的钢丝绳稍有拱起。

4. 吊篮移位及拆卸程序　①移位前将吊篮平台降至地面或平台上，退出安全钢丝绳和工作钢丝绳，切断主电源。移位悬挂机构前须先卸下配重块。如在同一平面平移，可整体搬移。如在不同高度上下移位，须拆卸悬挂装置，然后重新拼装。②底部工作平台拆卸前设安全警戒线，拆除安全钢丝绳下重锤，退出提升机及安全锁里面的钢丝绳，切断电源，将工作平台分解装车退场。顶部悬挂机构等在切断电源后拆除电缆，将钢丝绳和安全大绳收起，悬挂机构分解装车退场。

（二）应用情况

白鹤滩坝面保温材料拆除及保护剂涂刷总工期300天，拆除料67224.56m²，基面处理及保护剂涂刷66631.33m²，均采用电动吊篮作业。

（中国水利水电第八工程局有限公司　邓天明）

TB水电站大坝快速上升施工关键技术

云南TB水电站属一等大（1）型工程，挡水建筑物采用碾压混凝土重力坝，坝顶高程1740m，坝顶长475m，最大坝高158m。为加快混凝土浇筑速度，提高混凝土质量保证率，通过采取一系列施工技术，确保了大坝快速、连续上升。

（一）主要技术难点及特点

1. 坝体结构复杂　设计有三层廊道，贯通式廊道将大坝仓面分为多个独立小块，且10号坝段布置有泄洪中孔，14号坝段布置有生态孔，导致坝体无法快速施工。

2. 工期紧张　混凝土总量223.7万m³，工期仅18个月，最高月强度23万m³。

3. 温控难度大　TB水电站海拔1700m，最大昼夜温差21.4℃，最大瞬时辐射1978.5W/m²，最高气温38.06℃。浇筑高峰期处于高温季节和雨季，层间间隔时间和雨季施工控制为重点和难点。

（二）大坝快速上升施工关键技术

1. 模块化安全型制冷技术　TB水电站全面应用模块化安全型制冷技术，预冷混凝土生产系统设计生产能力与实际生产能力基本吻合，且达到了设计要求，为大坝快速上升创造了条件。2023年全年生产混凝土175万m³，突破最大月强度23万m³。

2. 快速跨廊道层施工技术　大坝三层廊道共1435m，廊道将大坝分割为若干小仓，备仓周期长、入仓困难，占用直线工期较长。实施中，钢筋和模板在仓外提前加工、拼装、吊装，加快备仓速度；廊道预留缺口使各仓面形成连通通道，同步快速浇筑，实现20天跨过一层廊道，保证了碾压混凝土浇筑质量，提升了1倍的浇筑速度。

3. 模板连续翻升技术　大坝采用全新悬臂连续翻转钢模板，主要尺寸为3m×3m，钢模板数量按4层配置（满足12m升层要求）。高仓面连续上升施工在混凝土浇筑前只进行6m或9m高度备仓验收即开仓施工，剩余高度备仓在混凝土浇筑期间完成，故开仓后仍需对剩余高度仓面备仓完成情况进行过程验收。碾压混凝土覆盖至仓面4.5m高时开始翻模，将最下层老混凝土面模板吊装至仓面内清理、涂刷脱模剂，之后吊装至最上层。吊车位置与浇筑条带方向相反，交替施工，即可完成模板翻升，且不影响大坝连续浇筑。施工中重点控制碾压混凝土层间结合的时间、模板清理、钢筋绑扎，低温季节实现平层一次连续上升18m，内部最高温度33.23℃，小于设计允许最高温度。

模板翻升时采用模板自动监测系统全程跟踪校模，基于带图像传输的全站仪＋带高精度转台和高清相机阵列组合的硬件设备进行全程测量跟踪校核。该系统的应用可提高模板测量精度，减少校模的安全风险。

4. 通仓大斜层施工技术　2023年4～10月为碾压混凝土施工高峰期，且为高温季节和雨季施工，要求层间间歇时间不得大于4h。为保障碾压混凝土施工进度和施工质量，采用通仓大斜层铺筑法施工。包括开仓端、连接段、收仓端，开仓端（4个坝段），备仓完成便可开仓浇筑。其余坝段在开仓端浇筑时继续进行模板、钢筋、止水等备仓工作，并在过程中进行验仓。结合拌和楼来料情况和其他仓面浇筑混凝土方量，通过改变坡比和起始、末端长度，动态调整碾压混凝土浇筑层面面积。斜层利于仓面排水，中小雨可继续施工。高温季节超过10000m² 的仓面采用6m斜层，10天一循环施工技术，充分发挥了碾压混凝土筑坝技术快速施工的优势。

5. 快速跨中孔施工技术　中孔坝段无法与大坝整体同步上升。为了加快中孔坝段施工，优化中孔预应力锚索；中孔从钢衬层开始分缝并采用台阶法浇筑；将上、下游结构复杂段独立施工，后同步上升满足度汛要求。待相应坝段浇筑至钢衬安装高程后，即开始钢衬安装施工。钢衬安装工期紧，工作量集中，在保证安装质量及安全前提下尽可能缩短安装工期，两个工作面同时施工。牛腿部位采用预制牛腿模板，减少牛腿部位的备仓时间，加快施工进度。

6. 温度控制技术　从原材料到混凝土浇筑全过程、全周期对混凝土温度进行控制。采用多级骨料预冷，遮阳运输，营造仓面小气候，智能通水等联动调节体系。提高施工管理水平，保障混凝土出机口、入仓、浇筑温度，内部温度控制在技术要求范围内。

（三）应用效果

TB大坝碾压混凝土施工中，取得了月最大上升15m，连续5个月平均上升14m，年最大上升126m的优异成绩。

（中国水利水电第八工程局有限公司

吴都督　安辉）

巴塘水电站大坝工程 2023年施工情况

（一）概述

巴塘水电站为二等大（2）型工程，主要建筑物包括导流洞、沥青混凝土心墙堆石坝、左岸开敞式溢洪道、左岸泄洪放空洞、左岸坝式进水口、明压力钢管及左岸地面主厂房、主变及GIS室、副厂房、尾水渠和生态放水管。

施工内容包括：河床截流，下游围堰填筑及防渗处理；坝基开挖，坝体填筑，大坝防渗施工，混凝土施工，帷幕灌浆廊道和左岸灌浆洞施工，右岸坝基排水洞施工；相关的照明、通信、监测、抽排水，相关的预埋件（管道）和线路。

（二）工程的特点及难点

（1）截流龙口流速大，龙口单宽功率高，上下游水位落差大，河床砂砾石覆盖层厚，启动流速低，大江截流是难点。坝区河谷相对较窄，主河床位于右侧。坝基深覆盖层主要为砂砾砾石层，透水性强。两岸岩体破碎，抗变形差，渗透强，对基坑抽排水要求高。

（2）受雄松—苏洼龙断裂带影响，如何确保灌浆质量是难点。坝基透水性强，存在渗漏和渗透稳定问题，特别是雄松—苏洼龙断裂穿过灌浆洞，且其分支断层F11在左岸坝顶通过。右岸灌浆洞开挖成洞中遇断裂带可能有超挖、塌方等安全问题，工期不可控。帷幕灌浆遇不良地质时会造成不吸浆，导致帷幕墙不能形成防渗体系，会留下质量和安全隐患。

（3）沥青混凝土心墙是大坝坝体的重要防渗结构，施工质量要求高。沥青混凝土从材料储存、加热、拌和、试验、保温、运输、摊铺、碾压及接缝到层间处理，一系列工序工艺复杂，施工难度大。尤其沥青混凝土温度控制，直接影响到心墙的防渗性、抗裂性、均质性及耐久性，是保证大坝防渗性能的关键。沥青心墙质量控制是重点。

（4）项目地质情况复杂，所处环境受外界影响因素多，确保安全是重点。尤其是右岸灌浆洞开挖，存在塌方等安全问题，洞室断裂带开挖安全施工是重点。

（三）施工保证措施

（1）充分利用现有条件和截流成功经验，做好截流设计和水力学计算及截流水力模型试验。将根据巴塘水文气象、地质地形等，联合有资质重点实验室提前进行截流水力学模型试验，为截流提供可靠的水力学参数和技术支持。

（2）施工中采用灌浆自动记录仪对主要参数实时监控和记录，准确记录灌注压力、瞬时流量、累积流量和水灰比，动态显示这些参数曲线，并提供一定的智能控制功能，为合理控制灌浆过程和正确评定工程质量提供可靠的依据。

（3）沥青混凝土心墙施工中优化方案，合理配置资源，抓好沥青混凝土拌和楼等临建设施的施工，加强施工设备日常维护保养。严格做好沥青混凝土的温控工作，做好沥青混凝土心墙横缝处理，重点做好岸坡处的碾压处理。

（4）在防渗墙中安装坝基帷幕灌浆孔预埋管，这样混凝土防渗墙轴线和坝基帷幕灌浆孔轴线一致，在坝轴线立面上形成一个同轴线、连续的防渗体。

（5）项目地质情况复杂，所处环境受外界影响因素多，确保安全是重点。灌浆洞开挖中，采用TSP、超前钻孔做好断层、节理裂隙和缓倾角层间错动带发育地质洞段的地质预报。围岩破碎、地质条件差、成洞困难时，采取超前锚杆、小导管预灌浆、钢支撑及喷混凝土（钢纤维、挂网）、随机锚杆等措施加强支护，确保系统支护紧跟掌子面。

（四）已完成工程形象面貌

截至2023年12月底，已完成工程主要形象面貌如下。

2020年12月28日完成大江截流。2021年，4月30日完成围堰填筑，9月11日完成振冲碎石桩施工，11月16日开始大坝填筑，12月2日灌浆洞、排水洞已全部贯通，12月31日完成大坝基础处理防渗墙施工。2022年，4月27日完成大坝基础廊道施工，11月6日完成大坝基础防渗帷幕灌浆，12月15日完成大坝沥青混凝土心墙及坝体填筑。截至目前，本合同关键节点均按时或提前完成。

（中国安能集团第三工程局有限公司
邱古格　卢泽）

TB水电站碾压混凝土坝通仓大斜层滚动浇筑技术

TB水电站位于云南澜沧江干热河谷，为碾压混凝土重力坝，坝高158m。坝址实测年平均降水量为792.1mm，年蒸发量为955.7mm，年最大风速为10m/s，太阳辐射强，混凝土浇筑难度大。施工中创新实施了通仓大斜层滚动浇筑技术，将具备合并条件的坝段统一合并为一个大仓，采用端退法，将大仓分为浇筑开仓上平段、斜坡段、下平段、备仓段等，开仓上平段端备仓完成即可开仓浇筑，其余段在开仓浇筑过程中同步备仓，通过过程全工序验收，实现左右方向边备仓、边浇筑的目的，且高程方向也可边浇筑边翻模、边安装钢筋，成功实施了9m升层、单仓18m升层碾压混凝土浇筑，实现了浇筑工期18个月内完成碾压混凝土223万m³，解决了建设工期紧、浇筑强度大、砂石加工及拌和系统产能不足等问题，刷新了碾压混凝土坝的浇筑工期纪录，为今后碾压混凝土高坝快速施工提供了成功经验。

大坝碾压混凝土仓面采用固定式大功率喷雾机、移动式雾炮车进行喷雾，营造仓面小气候。斜层碾压因浇筑面积较平层碾压更小，覆盖易操作，高效便捷、遮阳及防雨效果更好；且斜层碾压坡面覆盖防雨布后，雨水可快速排尽，减少对混凝土的浸泡及冲刷，优势明显。

大坝施工全过程应用了智能碾压系统，通过GNSS和北斗卫星等先进技术，实时对平仓机和碾压机的作业状况进行监控，层间覆盖时间控制精度达到分钟级，碾压遍数、轨迹、厚度等定位达到厘米级。实现了大坝碾压混凝土热升层、轨迹、遍数、速度、层厚、压实度、振动力等全过程数据采集、传输、反馈、分析及决策等流程的在线智能管控。

（华能澜沧江水电股份有限公司　倪磊）

玛尔挡混凝土面板堆石坝面板混凝土配合比试验研究

玛尔挡水电站面板堆石坝面板混凝土的抗冻性和抗裂性是配合比研究的重要指标，防止面板开裂是混凝土面板堆石坝的重中之重。

（一）试验方案

配合比试验方案分6组（见表1），均为二级配常态混凝土，坍落度均为50～70mm。

表1　　　　　　　　　　　　　混凝土配合比试验组合方案表

序号	水胶比	级配	配合比试验方案	掺合料品种及掺量
1	0.40	二	中热水泥+Ⅰ级粉煤灰+人工骨料+青海桥通外加剂+聚乙烯醇纤维	Ⅰ级粉煤灰20％
2	0.35	二	中热水泥+Ⅰ级粉煤灰+人工骨料+青海桥通外加剂+聚乙烯醇纤维	Ⅰ级粉煤灰20％
3	0.30	二	中热水泥+Ⅰ级粉煤灰+人工骨料+青海桥通外加剂+聚乙烯醇纤维	Ⅰ级粉煤灰20％
4	0.40	二	中热水泥+Ⅰ级粉煤灰+人工骨料+苏博特外加剂+聚乙烯醇纤维	Ⅰ级粉煤灰20％
5	0.35	二	中热水泥+Ⅰ级粉煤灰+人工骨料+苏博特外加剂+聚乙烯醇纤维	Ⅰ级粉煤灰20％
6	0.30	二	中热水泥+Ⅰ级粉煤灰+人工骨料+苏博特外加剂+聚乙烯醇纤维	Ⅰ级粉煤灰20％

（二）面板混凝土设计指标参数

面板二级配混凝土 3238m 高程以上指标；强度 $C_{90}30$，抗渗 W12，抗冻 F400，坍落度 50～70mm，90d 极限拉伸≥$1.0×10^{-4}$，强度保证率 95％；3238m 以下指标；强度 $C_{90}35$，抗渗 W12，抗冻 F300，坍落度 50～70mm，90d 极限拉伸≥$1.0×10^{-4}$，强度保证率 95％。

（三）面板混凝土试验原材料

水泥为 P·MH42.5 中热水泥，粉煤灰为 F 类Ⅰ级灰，均满足规范要求。粗细骨料采用筛分厂生产的人工砂、人工碎石；细骨料石粉含量、细度模数满足要求；粗骨料二级配的含泥量、表观密度满足规范要求。选用 PCA-I 型和 QT-1 型高性能缓凝型减水剂，及 AE 型和 QT-08 型引气剂，外加剂各项性能均满足要求。使用聚丙烯纤维，改善混凝土性能。

（四）最优配合比的推荐

根据配合比试验项目，结合混凝土拌和物性能的结果，确定了基本参数。试验方案是在试验室内环境及原材料稳定的情况下配制而成，实际施工中应根据原材料的变化情况适当调整。混凝土试验性能见表2，推荐不同厂家外加剂的最优配合比见表3和表4。

表2　　　　中热水泥+20％的 F 类Ⅰ级粉煤灰混凝土拌和物性能及抗压强度试验结果

序号	水胶比	级配	设计坍落度(mm)	设计含气量(％)	用水量(kg/m³)	胶凝材料用量(kg/m³)	粉煤灰掺量(％)	砂率(％)	减水剂(％)	引气剂(/万)	实测坍落度(mm)	实测含气量(％)	实测容重(kg/m³)	外加剂+纤维	抗压强度(MPa)			劈裂抗拉强度(MPa)
															7d	28d	90d	90d
1	0.30	二级	50～70	4.5～6.0	120	400	20	31	1.10	0.8	85	6.1	2360	苏博特+纤维0.9kg/m³	35.8	48.2	59.6	4.06
2	0.35				120	343	20	33	1.00	0.6	80	6.5	2340		30.4	39.9	50.6	3.90
3	0.40				120	300	20	35	0.95	0.4	85	5.1	2370		23.7	35.1	44.5	2.90
4	0.30	二级	50～70	4.5～6.0	120	400	20	33	1.35	0.6	80	4.6	2370	青海桥通+纤维0.9kg/m³	37.6	48.9	58.1	3.82
5	0.35				120	343	20	33	1.25	0.6	85	6.5	2310		27.1	38.5	50.1	3.68
6	0.40				120	300	20	35	1.15	0.6	75	6.1	2320		20.0	32.0	44.3	3.41

表3　　　　　推荐面板混凝土施工配合比（中热水泥＋F类I级粉煤灰＋苏博特外加剂）

编号	拟使用部位	混凝土设计等级	混凝土类别	水胶比	级配	坍落度(mm)	砂率(%)	粉煤灰掺量(%)	减水剂掺量(%)	引气剂掺量(/万)	每方混凝土原材料用量（kg/m³）									
											水	水泥	粉煤灰	砂	小石5~20(mm)	中石20~40(mm)	硅粉	纤维	减水剂	引气剂
MPHB-001	面板	$C_{90}30$ F400 W12	常态	0.38	二级	50~70	34	20	0.95	0.5	120	253	63	654	635	635	—	0.9	3.00	0.016
MPHB-002	面板	$C_{90}35$ F300 W12	常态	0.35	二级	50~70	33	20	1.00	0.6	120	274	69	626	636	636	—	0.9	3.43	0.021

表4　　　　　推荐面板混凝土施工配合比（中热水泥＋F类I级粉煤灰＋桥通外加剂）

编号	拟使用部位	混凝土设计等级	混凝土类别	水胶比	级配	坍落度(mm)	砂率(%)	粉煤灰掺量(%)	减水剂掺量(%)	引气剂掺量(/万)	每方混凝土原材料用量（kg/m³）									
											水	水泥	粉煤灰	砂	小石5~20(mm)	中石20~40(mm)	硅粉	纤维	减水剂	引气剂
MPHB-003	面板	$C_{90}30$ F400 W12	常态	0.38	二级	50~70	34	20	1.20	0.6	120	253	63	654	635	635	—	0.9	3.79	0.019
MPHB-004	面板	$C_{90}35$ F300 W12	常态	0.35	二级	50~70	33	20	1.25	0.6	120	274	69	626	636	636	—	0.9	4.29	0.021

（中国水利水电第三工程局有限公司　杜昭文　陈书军　王永周）

ABH 混凝土拱坝坝基固结灌浆试验声波测试

　　根据 ABH 拱坝坝基固结灌浆试验前后岩体的声波特征，通过对比分析，为固结灌浆处理效果进行定性和定量评价提供依据。

　　（一）现场检测

　　1. 测试方法　检测采用一发双收单孔测井声波法及声波透射法（跨孔测试）。单孔一发双收声波法是利用钻孔井壁传播的超声波来检测不同深度井壁的声速和信号衰减情况，进而检测钻孔不同深度处介质的特性及是否存在缺陷。目前，普遍采用的一发双收声系，通过测量声波沿钻孔井壁岩石滑行波的纵波速度和振幅情况，了解地层岩性的变化及岩层的弹性力学参数。声波透射法检测桩身结构完整性的基本原理是：由超声脉冲发射源激发高频弹性脉冲波，并用高精度的接收系统记录该脉冲波在测体内传播过程中表现的波动特征。跨孔对测时，通过水的耦合，超声脉冲信号从一测井中换能器发射出去，在另一测井管中声波管接收信号，仪器记录声时、幅度等，从而判断该位置两个声测管间岩体或混凝土是否正常。

　　检测使用仪器为 ZBL-U520 非金属声波检测仪，一发双收测井采用单孔换能器及主机配套跨孔测试的双孔径向换能器，检测过程中仪器性能稳定正常。

　　2. 灌前测试　2020 年 10 月 16、18 日进行 ABH 拱坝坝基固结灌浆生产性试验灌前一发双收单孔声波测试，共测 6 个孔，孔深均 22m，绘制了灌前检查孔声波测试成果图。检测成果表明，6 个孔波速平均值 3.121~3.876km/s。

　　3. 灌后测试　2020 年 11 月 28 日进行 ABH 拱坝坝基固结灌浆生产性试验灌浆区灌后一发双收单孔声波测试（6 孔）及声波透射法测桩（跨孔测试，3 孔），共测 9 孔，孔深 21~21.8m，绘制了灌后检查孔声波测试成果图。检测成果表明，6 个孔波速平均值 5.140～5.786km/s。

（二）灌浆前后声波检测结果对比分析

1. 一发双收单孔测试 检测结果反映灌后声波波速与灌前相比有明显提高，最大提高 64.7%，最小 40.5%，平均 52.4%，灌后波速平均提高 1.872km/s。灌后整体波速提高率较离散，一般说灌前局部波速较低者灌后波速提高较大，整体波速较低者灌后整体波速提高也较大。

根据设计要求，岩体波速测试应在该部位灌浆结束 14 天后进行，初步建议固结灌浆后Ⅲ₁ 级岩体声波速度应大于 5000m/s，小于 4500m/s 的测段比例

小于 5%；Ⅲ₂ 级岩体声波速度应大于 4500m/s，小于 4000m/s 的测段比例小于 5%。灌后不合格段不应集中在局部区域，并应消除集中分布的低速波段。灌后各孔符合设计要求点数见表 1。

由表 1 统计来看，多数孔测试段不能满足设计要求，还需要进一步研究确定。

2. 声波透射法（跨孔测试） 按相关检测技术规程规范有关规定进行判定，灌后跨孔测试孔符合设计要求点数详情见表 2，测试孔质量完整性检测结果表 3。

表 1　　　　　　　　　　　一发双收灌后测试孔符合设计要求点数详情表

孔号	测点总数	岩体类别	>5.000(4.500)(km/s)测点数	5.000～4.500(4.500～4.000)(km/s)测点数	<4.500(4.000)(km/s)测点数	<4.500(4.000)(km/s)测点数百分率（%）	结论
YGJS-W1	76	Ⅲ₂级	65	11	0	0	符合
YGJS-W2	76	Ⅲ₂级	45	19	2	2.6	符合
YGJS-W3	76	Ⅲ₁级	60	12	4	5.3	不符合
YGJS-W4	76	Ⅲ₁级	52	16	8	10.5	不符合
YGJS-W5	76	Ⅲ₁级	50	21	5	6.6	不符合
YGJS-W6	76	Ⅲ₁级	52	20	4	5.3	不符合

表 2　　　　　　　　　　　灌后跨孔测试孔符合设计要求点数详情表

孔号	测点总数	岩体类别	>5.000（4.500）(km/s)测点数	5.000～4.500（4.500～4.000）(km/s)测点数	<4.500（4.000）(km/s)测点数	<4.500（4.000）(km/s)测点数百分率（%）	结论
YGJS-W1～YGJS-W2	60	Ⅲ₂级	60	0	0	0	符合
YGJS-W3～YGJS-W4	61	Ⅲ₁级	61	0	0	0	符合
YGJS-W5～YGJS-W6	61	Ⅲ₁级	58	3	0	0	符合

表 3　　　　　　　　　　　跨孔对测测试孔质量完整性检测结果表

孔号	测试深度（m）	剖面	平均声速（km/s）	声速异常判定值（km/s）	孔身主要缺陷描述	均匀性等级	综合评判类别	整桩声速临界值（km/s）	管距（mm）	波幅离散系数（%）
YGJS-W1～YGJS-W2	15.00	1-2	5.635	5.378	检测范围内完整	A	Ⅰ类	5.378	2000	0.091
YGJS-W3～YGJS-W4	15.25	1-2	5.918	5.738	检测范围内完整	A	Ⅰ类	5.738	2000	0.126
YGJS-W5～YGJS-W6	15.25	1-2	5.240	4.870	检测范围内完整	A	Ⅰ类	4.870	2000	0.078

（中国水利水电第三工程局有限公司　温利利　唐利花　刘伟　王永周）

凹水河水库大坝外掺氧化镁碾压混凝土质量控制技术

凹水河水库位于黔西县、大方县两县界河上，工程等别为Ⅲ等，工程规模属中型。挡水建筑物采用碾压混凝土抛物线双曲拱坝，坝顶高程1290.50m，坝顶下游弧长129.35m，坝顶上游弧长137.89m，最大坝高153.00m。为加快碾压混凝土浇筑速度，降低工程造价，提高混凝土自身抗裂能力，优化了配合比和工艺，简化温控措施，保障混凝土施工质量，并对MgO混凝土延迟微膨胀特性进行了研究。

（一）施工配合比优化设计试验

1. 混凝土设计指标要求　凹水河水库工程大坝碾压混凝土采用全坝外掺氧化镁混凝土进行浇筑，设计强度等级为$C_{90}25$碾压混凝土。上游侧坝体防渗区为碾压二级配，下游坝体为碾压三级配。设计龄期极限拉伸值≥70×10^{-6}，线膨胀系数≤$7.5\times10^{-6}/℃$，28天绝热温升值≤$19℃$，并尽可能低。

2. 原材料选取　通过原材料优选试验后，确定使用水工轻烧氧化镁，P.O42.5普通硅酸盐水泥，F类Ⅱ级粉煤灰，LX-N800-01液体萘系高效减水剂（缓凝型）及LX-YQG引气剂，砂石骨料为灰岩人工骨料。

3. 施工配合比参数选定　通过配合比试验确定：碾压三级配混凝土用水量为86kg/m³，水胶比0.42，砂率35%，粗骨料比例30%:40%:30%（大石:中石:小石），粉煤灰掺量为60%，减水剂掺量1.30%，引气剂掺量0.03%，VC值3～5s，含气量2%～4%；碾压二级配混凝土用水量92kg/m³，水胶比0.44，砂率37%，粗骨料比例50%:50%（中石:小石），粉煤灰掺量50%，减水剂掺量1.30%，引气剂掺量0.03%，VC值3～5s，含气量2%～4%。

4. 施工配合比优化试验　优化后碾压三级配混凝土用水量85kg/m³，水胶比0.45，砂率35%，粗骨料比例30%:40%:30%（大石:中石:小石），粉煤灰掺量60%；碾压二级配混凝土用水量为93kg/m³，水胶比0.48，砂率39%，粗骨料比例50%:50%（中石:小石），粉煤灰掺量50%。碾压二级配及三级配减水剂掺量均为1.30%，引气剂掺量0.03%，VC值3～5s，含气量2%～4%。与原配合比相比，优化后配合比较原施工配合比胶凝材料减少16kg/m³。大量混凝土生产取样检测结果表明，混凝土各项指标满足设计要求。

（二）外掺氧化镁混凝土质量控制难点及特点

1. 碾压混凝土工艺试验　为使碾压混凝土快速上升施工，保证碾压混凝土压实质量，在大坝碾压混凝土正式施工前进行碾压工艺试验，检验碾压混凝土施工生产人员、机械设备、混凝土运输、仓面浇筑等施工组织配合与技术水平。根据碾压效果，混凝土各项检测指标综合评定，选取最佳碾压遍数为静碾2遍+振动碾压8遍，碾压泛浆效果较好，检测压实度满足设计要求。

2. 最佳搅拌时间及均匀性试验　碾压工艺试验前，对混凝土生产系统的性能进行测试。主要确定强制式拌和机在固定拌和方量条件下，根据确定的投料顺序，进行不同搅拌时间拌和物的均匀性检测。根据各项检测指标综合评定混凝土在不同拌和时间下的均匀性，从而确定最佳拌和时间为105s。

3. 混凝土浇筑均匀性试验　根据设计文件要求，依据贵州省标准全坝外掺氧化镁混凝土拱坝技术规范，碾压混凝土浇筑中，每1.5m，对出机口碾压混凝土分别在机前、机中、机后各取10个点检测混凝土中氧化镁分布均匀性及氧化镁含量。通过氧化镁含量离差系数判定混凝土中氧化镁分布均匀性。

4. 混凝土温控技术　为降低或延缓混凝土温升，从原材料到混凝土浇筑全过程、全周期对混凝土温度进行控制。混凝土入仓采用遮阳运输，通过喷雾营造仓面小气候，拌和用水制冷等联动调节体系，保障混凝土出机口、入仓、浇筑温度和内部温度控制在技术要求范围内。外加应用特制水工轻烧氧化镁材料配制混凝土，以其膨胀性能补偿混凝土收缩所产生的拉应力。

（三）应用效果

氧化镁微膨胀碾压混凝土全断面施工，是我国水利水电系统研究发展起来的创新技术。凹水河水库大坝碾压混凝土应用特制的轻烧氧化镁材料配制混凝土，以其微膨胀性能补偿混凝土收缩所产生的拉应力，达到防裂抗渗，简化温控措施，降低工程成本，加快工程建设的目的。施工中不断技术创新，提升工艺水平，加强质量控制，浇筑中未出现裂缝，全断面外掺氧化镁碾压混凝土施工质量取得了预期效果。

（中国水利水电第八工程局有限公司　屈登举　张孟洪）

龙塘大坝模袋混凝土施工技术

海口市南渡江龙塘大坝枢纽改造工程以供水为主，兼顾灌溉、生态补水、发电、旅游等，并改善上游防洪排涝条件，后期水源保护与通航矛盾解决后还可兼行航运。枢纽正常蓄水位 8.35m，相应库容为 1640 万 m³，校核洪水位 14.25m，水库总库容为 1.4 亿 m³，工程等别为 Ⅱ 等大（2）型，主要建筑物等级为 1 级，灌溉面积 9.6 万亩，年总供水量 3.1 亿 m³，电站装机容量 5000kW。龙塘大坝枢纽改造工程是保障海口市主城区和江东新区供水的重大民生工程，是海口市"六水共治"攻坚战中的重要项目，也是海南省和国家重点推进的 150 项目重大水利工程项目。新大坝完工后将以崭新的姿态为海南自贸港建设添上浓墨重彩的一笔。为加快总体施工进度，工程在汛期也安排进行施工，需要对一期纵向围堰迎水面进行防护处理。

（一）防护方案

防护方案选择分别从防护功能、施工工期、工程造价、过水后堰体破坏与基坑清理情况，以及后期拆除等多方面对模袋混凝土、钢筋石笼、抛填块石、喷混凝土防护进行对比分析，决定采用围堰迎水面模袋混凝土防护方案。一期围堰护面主要特性见表 1。

表 1　　　　　　　　　　　一期围堰护面主要特性表

序号	项目名称	单价（元）	单位	工程量	合计（元）
1	钢筋石笼	396.31	m³	4963.64	1967140.17
2	抛填块石	159.34	m³	3474.55	553634.48
3	喷混凝土	1872.01	m³	264.81	495726.97
4	50cm 厚模袋混凝土	954.60	m³	2481.82	2369145.37

（二）实施情况

模袋混凝土护坡具有施工简单迅速、机械化程度高、所需人员少、防护坡度大、整体稳定性强、使用寿命长、费用节省、维护成本低，特别是具有水下施工方便性，可充分解决围堰水下部分护坡施工的难题。采用模袋混凝土技术进行护坡处理是公司项目施工中首次进行应用。

纵向围堰模袋混凝土防护，边坡坡度 1：2.25，水深 6.5m，护坡长度 179.48m，采用 50cm 厚模袋混凝土进行迎水面水位线以下防冲防护。施工程序为：施工准备→坡面修整→摊铺模袋布→混凝土的配制、输送及充灌→清洗模袋混凝土表面及前期防护。模袋混凝土施工主要从平整基础、模袋布施工、混凝土配制、运输、充灌及后期养护等方面严格把控质量关，确保达到要求等级强度。其中，混凝土拌和物要求和易性好，流变性保持能力强，有较好的黏聚性和保水性，在运输和浇注中不发生分层、泌水、离析现象，以提高充灌的效率与工程的质量。为降低生产成本，模袋充填混凝土可掺用一定量的粉煤灰。既可以增加混凝土拌和物的流动性，还可以替代部分水泥，节约成本。施工过程主要利用模袋混凝土的透水性，充填浇注混凝土或水泥砂浆后，多余的水会从织物缝隙中渗出，混凝土水灰比迅速降低，加快混凝土固化速度，提高混凝土抗压强度。一次性浇筑成形，施工快捷。实践证明，模袋混凝土护坡效果理想，一期围堰经历两次暴雨，安全度过汛期。该模袋混凝土施工工艺工法被评为青海省省级工法。

（三）效益创收点

模袋混凝土总造价约 2369145.37 元，相较钢筋石笼、抛填块石、喷混凝土寄方案节省成本约 647356.24 元，所需成本相差较大，节约成本。模袋混凝土在深水护岸、护底等不需填筑围堰，可直接在水下施工，高度的机械化施工，加快施工进度，可大大大节省人力资源的投入、节约投资。模袋混凝土施工工艺具有很多优点，具有广阔的推广应用前景。

（中国水利水电第四工程局有限公司

焦韵鑫　周永永）

热带季风气候区碾压混凝土可振可碾施工关键技术

天角潭水利枢纽工程位于海南省儋州市境内的北门江干流，主要由 RCC 主坝、副坝、引水发电建筑物、过鱼设施等组成。工程等级为 Ⅱ 等大（2）型。水库正常蓄水位为 58.0m，死水位为 29.0m，兴利库容 1.54 亿 m³，死库容 0.09 亿 m³，总库容 1.94 亿 m³。工程以工业供水、农业灌溉为主，兼顾发电等综合利用。向洋浦经济开发区及北门江下游地区供水 13557 万 m³，控制灌溉面积 11.42 万亩；电站装机容量 5000kW，多年平均发电量 1775 万 kWh。该项目位于热带季风气候区，VC 值损失大，严重影响碾压混凝土（RCC）质量。筑坝期间，通过不断研究分析 RCC 的 VC 值动态控制标准，发现适当减小碾压混凝土 VC 值，使 RCC 具备可振可碾特性；现场采取多点卸料，碾压条带形成后进行推平碾压作业。堆料时的可振可碾 RCC 只有表面干燥泛白，堆料内部正常，碾压后混凝土层间结合良好，坝体压实度合格率较高。其关键技术主要从混凝土原材料、混凝土生产、运输、浇筑等几个方面进行动态控制。

（一）原材料控制

天角潭大坝 RCC 采用华盛天涯 P.O 42.5 级普通硅酸盐水泥、华能电厂 F 类Ⅱ级粉煤灰，骨料采用洋四漏骨料加工系统生产的人工骨料；外加剂采用山西奥瑞特建材料有限公司生产的 ATR 缓凝高效减水剂和 ATR 引气剂。

（二）RCC 可振可碾配合比

该项目在大坝 RCC 施工期间进行了大量试验研究，发现 RCC 混凝土可振可碾配合比需要根据不同季节、时段、气温变化进行动态调控，如白天出机口 VC 值按 0～3s 控制，夜晚出机口 VC 值按 2～5s 控制，以确保仓面 RCC 混凝土具备既可碾又可拉心特性，并推荐 RCC 可振可碾使用配合比，其配合比注意事项：①华盛天涯（P·O 42.5）普通硅酸盐水泥、华能电厂Ⅱ级（F）粉煤灰、减水剂为山西奥瑞特 ART-萘系高效减水剂、引气剂为山西奥瑞特 ART-引气剂（松香）。②二级配，小石：中石＝45：55；三级配，小石：中石：大石＝30：40：30。③VC 值每增减 1s，用水量需相应增减 3～5kg/m³。④含气量：二级配控制在 4.0%～5.0%，三级配控制在 3.5%～4.5%，生产中引气剂实际掺量以混凝土含气量为准。⑤可振可碾混凝土坍落度每增减 1cm，用水量需相应增减 2.5～3（kg/m³）。

（三）混凝土拌和

RCC 混凝土拌制，采用 360 拌和系统进行生产，拌和楼为 HL3620-2S6000L 型强制式拌和机，小时理论生产能力 360m³。

（1）投料顺序和搅拌时间。试验时通过砂浆密度偏差率和强度偏差率确定最佳的拌和时间及投料顺序，投料顺序为：人工砂→粗骨料→胶凝材料→水→外加剂。可振可碾 RCC 的拌和均按照均匀性试验确定的拌和时间进行。

（2）VC 值损失及凝结时间。试验确定白天出机口 VC 值控制在 0～3s，夜晚出机口 VC 值控制在 2～5s，并根据现场运输时间、天气及气温状况，测试混凝土 VC 值的损失情况。可振可碾 RCC 施工期间，自卸车至碾压现场平均所用时间约为 20min，在天气清朗，最高气温 26℃，最低气温 18℃时，摊铺后、碾压前的 VC 值损失平均约为 1.7s。

筑坝过程中的气温、日照、风速等对混凝土的 VC 值都有着极大的影响，筑坝时必须根据工程所处的位置、气温因素、原材料等实际情况，对 VC 值实行动态控制。RCC 混凝土施工时，采用造雾机进行喷雾，补充混凝土表面散失的水分，减少 VC 值的损失，保持可振可碾特性。

（四）质量评价及成果分析

RCC 混凝土施工中，成功应用了可振可碾筑坝技术，有效延长层间间隙时间，坝体 RCC 采用全断面摊铺，有效提高了层间结合质量，并可在模板周边直接振捣，减少了传统变态混凝土加浆工序，加快了大坝施工进度。项目于 2023 年 1 月 3 日成功取出 22.6m 长芯，刷新海南省 RCC 第一长芯记录，取得显著的经济及社会效益。

（中国水利水电第四工程局有限公司　葛文甲）

花岗岩水工面板沥青混凝土关键技术性能

水工沥青混凝土中沥青心墙建设已积累了不少采用酸性砂砾石料的成功经验，但针对酸性骨料在面板工程沥青混凝土中的应用研究偏少。为此，本文将对花岗岩骨料作为面板工程沥青混凝土的性能进行研究。

（一）试验材料和方法

1. 试验材料　采用克拉玛依 90 号沥青，花岗岩酸性骨料和石灰岩碱性骨料，水泥、消石灰、石灰石粉等填料，TJ-066 型非胺类抗剥落剂，试验材料技术指标均满足《水工碾压式沥青混凝土施工规范》（DL/T 5363—2016）要求。

2. 试验方案　采用研究获得的面板防渗层最优配（见表 1）比：级配指数 r 为 0.39，填料含量 F 为 12%，油石比 B 为 7%。配合比矿料级配采用丁朴荣公式计算，各级骨料采用单挡筛分。设石灰岩碱性骨料基准组，设置多组石灰岩与花岗岩以不同比例、不同形式混合方案（见表 2），填料为水泥、消石灰、石灰岩，添加抗剥落剂等措施增强花岗岩骨料与沥青的黏附性。按表 2 各方案对水损害后每组的水稳定性、小梁弯、斜坡等沥青混凝土面板性能进行试验研究，综合各项性能比选最优增黏措施。

表 1　　　　　　　　　　　　配合比的矿料级配表

筛孔尺寸（mm）	13.2	9.5	4.75	2.36	1.18	0.6	0.3	0.15	<0.075
总通过率（%）	100.0	87.8	66.6	50.4	38.1	28.9	21.7	16.2	12

表2　　　　　　　　　　　　　　　　试验方案

方案	粗集料	细集料	填料	TJ-066 抗剥落剂
1	石灰岩	石灰岩	石灰岩矿粉	无
2	花岗岩	花岗岩	石灰岩矿粉	无
3	花岗岩 50% 石灰岩 50%	花岗岩 50% 石灰岩 50%	石灰岩矿粉	无
4	花岗岩	石灰岩	石灰岩矿粉	无
5	花岗岩	花岗岩	石灰岩矿粉	0.4%
6	花岗岩	花岗岩	消石灰	无
7	花岗岩	花岗岩	水泥	无

3. 测试方法　水稳定性按《水工沥青混凝土试验规程》中试验方法进行。仿照水稳定性试验，水稳定性、小梁弯、斜坡流淌试验均成型 2 组试件，每组各 3 个试件，第 1 组试件放置在 20℃ 的空气中不少于 48h；第 2 组试件置于 60℃ 水中浸泡 48h，然后在 20℃ 水中恒温 2h。之后分别按照《水工沥青混凝土试验规程》（DL/T 5362—2018）进行水稳定性、小梁弯、斜坡试验。

（二）试验结论

依托新疆克州恰克玛克河托帕水库大坝主体工程，对花岗岩酸性骨料在面板中的适用性进行研究。将花岗岩与石灰岩骨料以不同比例、不同形式混合，利用水泥、消石灰等碱性填料替代矿粉，添加抗剥落剂等增黏措施。通过研究增黏措施及水损害对水工面板沥青混凝土关键性能的影响，得出以下结论。

（1）水工面板沥青混凝土抗压强度主要受骨料自身强度及骨料与沥青之间黏附性的影响。采用五种增加花岗岩骨料与沥青黏附性的措施，可不同程度改善花岗岩骨料沥青混凝土的水稳定性、抗弯、抗压性能。水稳定系数在 0.88~1.1 之间，斜坡流淌值均小于 0.8mm，二者均满足规范要求。添加抗剥落剂的沥青混凝土变形较消石灰、水泥、混合花岗岩与石灰岩骨料大。

（2）通过变异系数综合 TOPSIS 法，评价花岗岩骨料与沥青的不同增黏措施对沥青混凝土性能的影响。各指标权重大小依次为弯拉强度>斜坡流淌值>水稳定系数>弯拉应变，且经过综合评选，石灰岩沥青混凝土综合性能最优，花岗岩添加抗剥落剂次之，花岗岩最差，0.4%TJ-066 型抗剥落剂的掺加较其他增加骨料与沥青黏附性措施效果更优。

（3）添加抗剥落剂可使花岗岩骨料沥青混凝土抗水损性提高 1.18~1.25，其效果最优。水泥和消石灰替代矿粉可使花岗岩抗水损性优于石灰岩骨料沥青混凝土，花岗岩骨料与石灰岩骨料混合沥青混凝土抗水损性低于石灰岩骨料沥青混凝土。沥青混凝土抗压强度对水损害表现最不明显，斜坡流淌值、弯拉变形对水损害表现最明显。后续在酸性骨料沥青混凝土在水工面板中的应用研究中，应重点关注变形和斜坡稳定性。

（中国水利水电第三工程局有限公司
赵群　陈晨　王永周　王亚萍）

尚义抽水蓄能电站堆石坝坝料级配控制及地下厂房动态调整通风技术

（一）上水库堆石坝坝料级配控制技术

尚义抽水蓄能电站上水库混凝土面板堆石坝顶长 624.0m，坝轴线处最大坝高 115m，上游坝坡 1∶1.4，下游坝坡 1∶1.5，填筑总量约为 431.2 万 m^3，料源来自库盆开挖区。库盆出露基岩主要为中太古代麻粒岩，盆北、东、西三面岩石条件差异大，地质条件复杂，单一爆破设计无法达到预期效果，对填筑效率及质量产生影响。项目根据地质资料及设计要求制定多种爆破设计，对料源不同地质区进行多级爆破试验，筛选最优填筑料颗粒级配试验分析曲线，以实际地质条件实时动态调整爆破设计，从源头保证填筑料颗粒级配要求。

（1）主要施工工艺。①地质复勘及爆破试验。首先选取北、东、西三面进行主体试验区进行地质勘察分析，参考爆破规范及类似工程初拟定爆破单耗量 0.45、0.50、0.55kg/m^3，孔间排距 3.5m×2.5m、3.5m×3.0m、3.5m×3.5m，起爆网络为微差并列平行、V 型微差，堵塞结构为双堵塞、单堵塞等一系列组合爆破设计、爆破规模及最小抵抗线等主要指标。②爆破试验分析总结。爆破完成并消除安全隐患后，使用挖机立面开采混合料，按规定取量进行颗粒筛分试验，对爆堆形状、大块率、底部残留炮根及底部平整度观察分析并记录，将每次筛分试验成果绘制级配曲线，与设计规定的级配包络线进行比较。③调整爆破参数形成最优爆破设计。根据各区域初次爆破料级配试验结果偏差分析，调整相应爆破参数，再进行北、东、西开挖区不同地质爆破试验。开挖西区北区采用阿特拉斯 D7 液压钻机，爆破梯段为 10m，间排距 3m×3.5m，单孔装药 0.45kg/m³，双堵塞爆破，底板抵抗线 3.0m 的主体爆破参数；开挖东区采用 JK590 潜孔钻机，爆破梯段为 10.00m，间排距 3m×2.5m，单孔装药 0.50kg/m³，双堵塞爆破，底板抵抗线 3.0m 的主体爆破参数。整体采用毫秒微差挤压爆破，爆破孔采用连续耦合装药，预裂孔采用乳化不耦合间隔装药，竹片绑扎的爆破参数。后续爆破开挖依据已试验形成的主体爆破设计，根据开挖岩石条件变化进行动态微整，实时保证填筑料颗粒级配的优良性。

（2）应用效果。此项技术的应用，克服了复杂不良地质条件带来的填筑料级配不均衡问题，提高了大坝填筑施工的质量与进度，节约了工程施工成本，节省工期 60 天。

（二）地下厂房动态调整通风技术

尚义抽水蓄能电站地下厂房由主机间、安装场和副厂房组成，呈"一"字形布置，地下厂房开挖尺寸为 164.50m×24.0m×54.4m（长×宽×高），石方洞挖工程量为 18.03 万 m³、喷射混凝土 3575m³、钢筋挂网（含龙骨钢筋）105t、锚索 392 束、锚杆 10843 根。工期 22 个月。地下厂房施工通风具有历时性、阶段性、顺序性等动态特征，受建筑规模大、结构复杂、工作面多、交叉干扰多等特点影响，制约着厂房开挖进度。项目根据洞室群布局情况，分析地下厂房施工中不同阶段施工特点，经计算采用不同的通风方案，采用高效、节能、环保的通风设备与布置适合地下厂房特征的通风排烟孔相结合，使洞内达到良好的通风效果，解决洞内通风排烟问题，确保良好的施工环境。

（1）主要关键技术。①统筹规划分阶段不同的通风方案。根据施工进度总体计划，将厂房通风排烟划分为三个阶段，分别为初期、高峰期、末期。在施工高峰期时同步进行确保能够提前形成排风系统（排风机房及排风竖井），并经过参数计算选择满足要求的通风机，保证通风效果及机械利用率达到最佳。②创造"烟囱效应"减少通风占用时间。通过增设通风排烟孔与风机结合，创造"烟囱效应"加快洞内空气流通速率，通风孔下部 350m 范围洞内空气变化可观，相较于传统隧洞开挖排烟时间减少 2h，为后续工序节约时间，提高工作效率，创造良好的作业环境，保

障施工人员的健康和安全。③减少机械投入，实现降本增效。在传统地下厂房施工中，通风常将压入式与抽出式相结合，一方面增加了设备投入，另一方面需占用洞室空间，影响洞内机械出入。项目通过计算地下洞室群施工阶段的供风量，将压入式通风与主体通风排烟孔相结合，相较于投标阶段减少了 2 台 2×132kW 时的风机的投入，取消了洞内布设风机，减少了对洞内有效空间的占用，实现降本增效。④节能环保设备应用。选用安装简单快捷，噪声控制低于 80dBA 的 SWEDFAN2×132kW、2×110kW 风机作为变频风机，平均节能可达 50%，且采用 1.2m 直径环状拉链式风带，方便了破损风管的修复，风带布置采用隧洞导线观测用强制对中装置，确保风带平直无扭曲和送风顺畅。

（2）应用效果。通过对地下厂房不同施工阶段制定相应通风方案，采用先进的通风设备，实现了地下厂房内风流的有序流动更新，有效解决了地下厂房的通风问题，为洞室快速开挖提供了有利条件，保护了作业人员身体健康，大大节约了施工成本。

（中国水利水电第四工程局有限公司 叶春玲）

深厚覆盖层高混凝土面板砂砾石堆石坝智能建设技术

（一）概述

当地材料坝，特别是面板堆石坝，以其就地取材、适应性强、便于机械化施工等优势，成为发展最快、最具竞争力的坝型之一。据国际大坝委员会不完全统计，世界范围内已建、在建和拟建面板堆石坝数量超过 600 座。截至 2017 年底，坝高 30m 以上混凝土面板堆石坝已建约 277 座，在建 75 座，规划建设约 89 座。自 2000 年以来，我国建设的坝高 30m 以上典型大坝分类统计显示面板堆石坝最多。西部地区位置偏远、交通条件差、地质条件复杂、山高谷深，一般存在深厚覆盖层、陡窄河谷等不利地形地质条件。

项目重点依托新疆阿尔塔什水利枢纽混凝土面板砂砾石堆石坝工程，坝高 164.8m，覆盖层地基最大厚度为 94m，总高度达 258.8m，总填筑量 2588 万 m³。工程区气候环境恶劣，具有日温差>20℃，高蒸发，湿度<40%，3~5 月融雪，河水水温 13℃，常年干燥大风等"冷热风干凉"的特点。工程面临高边坡、高面板堆石坝、高地震带、大填筑量、大面板面积的三高两大一深的施工难点，坝体变形协调、面板防裂以及渗漏控制难度大，设计指标及施工质量标准高，被誉为"新疆三峡工程"。高堆石填筑料的摊

铺、碾压是关键施工工序，对大坝的变形协调、面板防裂以及渗漏控制等至关重要。

针对阿尔塔什面板坝工程特点和系列技术难题，项目在中国电建集团立项课题的支持下，通过近十年的产学研用协同攻关，围绕坝体变形协调控制、无人驾驶智能筑坝、面板机械化施工及智能养护及防裂等开展研究，形成了深厚覆盖层高面板砂砾石堆石坝智能建设成套技术，全面创新了面板堆石坝施工技术，社会经济和生态环境效益显著，推广应用前景广阔。

（二）关键技术创新点

（1）创建了堆石坝智能建设技术体系。发明了无人驾驶推土机装备，研制了无人驾驶重型振动碾，研发了坝面无人驾驶铺筑、碾压机群协同智能作业系统，首创摊碾经济运行模式和效率运行模式，形成了能效匹配、动态调控的坝体智能铺碾联合作业技术，变革了坝面传统施工方式，提高了堆石体填筑碾压密实性，有效控制了坝体变形。

（2）发明了垫层料摊压护一体机与技术。建立了振动夯板-垫层料动力学模型，提出了振频固动共谐、振幅冲压适宜的垫层料压实控制方法。研制了垫层料连续成型、柔性防护的摊压护一体机，形成了混凝土面板低约束支撑和坝面变形预留的垫层体摊压护配套施工工艺，实现了垫层料一体成型机械化作业。突破了传统方法垫层料碾压不密实、表面不平整和对面板约束大的技术瓶颈。

（3）研发了混凝土面板施工成套装备及技术。研制了面板钢筋网片工厂化加工、模块化运输和机械化安装设备。研发了穿心式液压滑模、坡面电动旋摆式水平布料和圆盘式压光等施工装备。创建了混凝土面板全流程机械化施工技术体系，保证了混凝土及止水系统施工质量。研发了智能养护系统，实现养护水温度、流量自动调节。研发了双层气垫膜+土工膜覆被保湿隔温方法，保证了"冷热风干凉"恶劣环境混凝土面板防裂。

（4）提出了深覆盖高面板坝时空全域变形协调控制技术。揭示了填筑加载过程覆盖层、坝体、基础防渗和面板应力变形演化规律。创新了坝前单防渗墙+双连接板+趾板固基的基础防渗结构。提出了坝体填筑分区施工程序，面板分期施工坝体超填沉降控制指标及连接板封闭施工时机，实现了深厚覆盖层高堆石坝坝基-坝体-面板的协调变形。

（三）取得的主要成果

研究成果获发明专利21项，实用新型专利72项，出版专著2部，主编《混凝土面板堆石坝施工规范》，获省部级工法51项。项目通过中国水力发电工程学会和中国电建集团组织的成果评价，马洪琪院士、张宗亮院士、周创兵院士等组成的专家组一致认

为成果达到"国际领先水平"。

项目成果在依托工程阿尔塔什水利枢纽成功应用，并推广应用于安徽绩溪、河南五岳抽水蓄能电站等工程。其中阿尔塔什水利枢纽建成后，每年减少约1000万人次的防洪投入，灌区面积增加到1100万亩以上，成为全国第二大灌区。2023年1月阿尔塔什水利枢纽工程入选水利部"人民治水·百年功绩"治水工程项目，先后4次被评为"全国有影响力十大水利工程"。习近平总书记在第三次中央新疆工作座谈会上指出："阿尔塔什水利枢纽等一批现代大型水利枢纽工程，解决了叶尔羌河千年水患，沿岸240万百姓受益。"

（中国水利水电第五工程局有限公司　袁幸朝）

白鹤滩水电站高拱坝深孔支铰大梁与坝体同步施工技术

白鹤滩水电站泄洪深孔周围结构复杂，钢筋密集，施工工序多，仓面狭窄，质量要求高。闸墩外挑悬臂牛腿最长达48m，并设置有环形预应力锚索，钢筋密集，埋件众多，金结安装量大且与混凝土浇筑交叉干扰；而过孔口阶段缆机吊运零活钩数增多，备仓周期加长，影响大坝整体上升速度。因此加快孔口及闸墩施工进度，确保孔口施工质量，是大坝混凝土工程施工的重点。

由于泄洪深孔支铰大梁结构尺寸大，左右跨度长、内部埋件密集（次锚索套管、钢筋、钢衬及模板支撑）等，采用传统的支撑系统进行施工工艺复杂，施工进度缓慢，且占压备仓直线工期。为快速施工过孔口坝段，实现大坝蓄水节点目标，决定优化钢衬及模板支撑型式，依托内埋式钢桁架与大梁底部钢衬结合作为大梁施工底部模板，采用支铰大梁与坝体同步浇筑上升的施工工艺，使其混凝土施工进度可控。

（一）技术特点

支铰大梁与坝体同步浇筑工法的关键，在于支铰大梁采用内埋式钢桁架作为钢衬内侧支撑结构，与钢衬共同作为混凝土浇筑的支撑模板。同步浇筑使得深孔出口闸墩及支铰大梁施工有序，极大降低埋件间的干扰，加快支铰大梁的备仓进度。

（二）施工流程

（1）同步浇筑分层。支铰大梁部位分层尽量与坝体整体分层高程保持一致，同时兼顾大梁内埋钢桁架、底部钢衬以及两侧闸墩支撑架强度变形和整体稳定性等满足规范要求。

（2）支撑架及桁架系统。施工顺序为：支撑架及桁架制作→钢衬及内埋桁架整体拼装→支撑架锚固件

埋设→支撑架吊装→底部钢衬及内埋桁架整体吊装。①支撑架及桁架系统制作拼装：支铰大梁支撑架及钢衬加劲桁架均需在结构件加工区内以图纸进行焊接施工。钢衬底板与上游侧钢板在场外拼装成整体，不设分节。钢衬环向加劲肋以给定的位置进行焊接，避免桁架与锚索套管产生干扰。②支撑架锚固件埋设：锚固件需逐点放样，混凝土浇筑过程做好点位保护，尽可能减少点位干扰。③支撑架吊装及内埋桁架整体吊装：将支撑架吊运至深孔闸墩安装部位上方，通过人工牵引微速降至指定位置。钢衬底板按照设计体型线下游侧向上仰，将钢衬和桁架整体偏转至与钢衬安装完成后偏转角相近的角度，结构到达支撑大梁上空后微速下降至指定位置。

（3）模板施工。施工顺序为：模板配置→模板加工→模板安装→模板拆除。①模板配置与加工：支铰大梁一期混凝土底面及上游侧采用钢衬兼做模板使用，二期混凝土部位定制加工定型木桁架以及木模板。根据模板配置加工模板。②模板安装与拆除：模板用缆机吊运至工作面，仓面吊运安装。牛腿部位最上层混凝土强度≥20MPa，且浇筑到上层后间歇3天，内拉外撑式结构模板方可拆除。

（4）出口段钢衬施工。施工顺序为：钢衬施工→钢衬焊接→钢衬防腐。①钢衬施工：以预埋件为着力点搭设底层钢衬安装用的钢排架，用于连接和加固钢衬。在底层钢衬对应的混凝土浇筑时埋设预埋件用于上一层钢衬安装加固，依次向上安装钢衬。②钢衬焊接与防腐：钢衬焊缝均采用手工电弧焊进行焊接。出口段钢衬现场焊缝两侧各约100mm范围内需进行防腐。

（三）应用及前景

白鹤滩水电站1～4号深孔采用深孔支铰大梁与坝体同步施工技术，使得深孔出口闸墩及支铰大梁施工有序，降低坝体埋件间的干扰，创造泄洪深孔单仓备仓13天及单孔封顶92天的世界纪录，提前20天完成年度浇筑。

深孔支铰大梁与坝体同步施工技术的应用，极大协调各专业施工，保证孔口坝段施工的各工序各环节高效有序进行，同时减小施工环境的干扰，降低安全风险管控。此技术的运用为水利水电工程深孔支铰大梁施工开辟新的施工技术，可为类似工程提人员支撑。

（四）经济社会效益

深孔支铰大梁同步浇筑技术优化施工工艺，强化施工组织，合理安排跳仓跳块，调整坝块高差和坝段领先顺序，并充分考虑大风不利影响，备仓周期极大缩短，加快孔口及闸墩施工进度，经济效益显著。深孔支较大梁同步施工技术成果为水利水电工程深孔支

较大梁施工开辟新的施工技术，为后续工程起到典范作用，社会效益显著，极具推广价值。

（中国水利水电第四工程局有限公司第三分局
赵江 焦翔 王万明）

多雨地区复杂结构体型面板堆石坝垫层料施工技术

（一）工程概况

五岳抽水蓄能电站上水库位于牢山寨北坡近顶部山坳处的牢山林场。上水库大坝为混凝土面板堆石坝，坝轴线按中间直线、两端圆弧线（凸向库外）方式布置，由左（西南侧）至右（东侧）依次为左2弧段，曲率半径185m，圆心角96.44°，坝轴线长311.38m；左1弧段，曲率半径382m，圆心角76.67°，坝轴线长511.20m；直线段，坝轴线168m，方位角为NE67.29°；右弧段，曲率半径185m，圆心角115.10°，坝轴线371.65m。坝顶高程351m，坝轴线总长1362.23m，约占上水库库盆轴线周长的65.61%。

（二）垫层料摊铺、碾压施工

改良了垫层料摊碾一体机的机械结构，并研发了与其配套的无人驾驶控制系统，开发了自动化作业程序，实现垫层料摊碾一体机自动获取卫星定位组件位置数据，并能实时与预设作业路径比对。在动态完成路径纠偏同时生成行走控制指令，完成弧线段垫层料摊铺、碾压精确自动作业。

垫层料摊碾一体机自动作业程序能自动读取机身姿态传感器和侧摊铺模具传感器数据，并与设定参数比对，生成自动作业控制指令，发送各下位机。由下位机控制各动作电磁阀执行，实现自动作业，有效解决了垫层料摊铺、碾压施工资源投入大、效率低等问题。

垫层料摊碾一体机自动作业程序接收下位机检测到的发动机转速、冷却水温、急停开关状态、机油压力、蓄电池电压等，转换成十进制数据显示于显示屏。下位机设通信监视程序。若下位机连续超过0.5s未收到上位机指令，则判定为通信异常而自动进入暂停状态，关闭所有动作输出，以确保运行安全，实现垫层料摊铺、碾压无人化、自动化施工。

（三）精细化垫层料坡面修整施工

基于Autodesk Maya、Adobe After Effects、Adobe Premiere Pro等软件，对五岳抽水蓄能电站上水库工程建设过程中关键工序及节点进行模拟仿真推演。利用全息投影技术，将实体沙盘与虚拟模型相结合，把整个上水库工程的建设情况以可视化方式进行

呈现。同时，建立高精度上水库工程三维模型，实现对弧形斜坡面结构坐标的精确抓取。

同时，引进挖掘机引导系统。该系统利用 GNSS+RTK 高精度定位技术获取厘米级定位值。结合 GNSS 姿态测量，通过位于挖掘机摇杆、斗杆、动臂和车身的高精度传感器和惯导倾斜传感技术综合计算出挖斗斗齿位置的三维坐标。将计算成果反馈至车载平板电脑，结合三维设计图纸，引导挖掘机操作手进行垫层料上游斜坡面修坡作业。系统精度控制主要采用北斗定位技术，GNSS 高精度定位技术和惯导倾斜传感技术，能将平面精度控制在 ±2cm，高程精度控制在 ±3cm，解决了在施工环境恶劣、视线较差时坡面成型精度难以保证的问题，实现复杂结构体型垫层料斜坡面修整的精细化施工。

（四）机械化垫层料斜坡面压实施工

研制了垫层料斜坡面连续夯击装置，并设计了与其配套的自动控制系统。装置的机械结构主要包括行走及动力系统、导向大臂、夯击结构三个部分。

行走及动力系统采用成熟的液压挖掘机履带底盘，能适应于恶劣、多变的施工环境，同时可利用发动机提供动力源，为夯板夯击提供动力。

导向大臂通过连接轴安装在底盘变幅部位。通过大臂变幅油缸同步固定，控制变幅油缸可使导向大臂支架与待夯实斜坡面大致平行。再通过精确调整升降装置油缸控制位移套筒与夯板的角度，使其与待夯斜坡面完全平行。根据导向大臂设计结构尺寸，夯板能够伸出斜坡面的距离为 4m。导向大臂为单梁式结构，采用 MGE 板导向。调整夯击位置时，控制伸缩油缸驱动套筒在导向大臂上移动，作业过程中只需提前设定搭接宽度数值，夯击位置即可由激光测距仪传感器、自动控制装置联合控制，精确移动至下一处待夯面。

夯击结构由加压立柱和液压夯板组成。加压立柱用可为液压夯板增压，同时可以使液压夯板实现升降运动。液压夯板作为设备的动力输出端，通过增设在驾驶室内部的液控阀控制，采用高压油管对其所置的液压马达偏心轮装置进行动力输入。夯板与套筒采用升降油缸连接，一方面能够减少夯击作业过程中导向大臂的振动，另一方面能够使该装置根据施工现场实际情况自动调节夯板角度、高度，增强工况适应性。

自动控制系统主要包括控制器，显示器，传感器，云端设备。其中，控制器作为主控设备承担数据收发与数据处理功能，对多种通信协议适配，以实现设备的自动夯击动作。显示器承担人机交互 HMI 的职责，显示设备状态并提供用户输出参数的设备接口。传感器包括安全用的急停开关，倾角传感器及激光测距传感器，承担了数据收集反馈的职责。云端设备有物联模块，物联云平台，GPS 天线以及手机电脑能终端设备接驳云平台，可实现远程监测设备状态或操作设备动作的功能。自动控制系统可控制设备在手动夯击施工与一键式自动化夯击施工之间自由切换，实现垫层料斜坡面压实的机械化施工，形成垫层料斜坡面压实紧跟坡面修整施工的新方法；提出了配合进行喷射砂浆护坡的新工艺；解决了传统施工方法中垫层料上游斜坡面护坡需在大坝填筑完成后一次性进行，填筑施工期间坡面无任何防护，极易受雨水冲刷而出现局部坍塌的问题。

（中国水利水电第五工程局有限公司　刘丽）

托帕水库沥青混凝土心墙施工技术及质量控制

托帕水库工程位于新疆高寒地区，主体工程为沥青混凝土心墙土石坝。

（一）施工工艺

1. 沥青混凝土试验　沥青选用 90 号 A 级道路石油沥青。粗细骨料均采用人工破碎天然砾石。细骨料为人工砂。填料采用粗骨料加工的粉料。

经试验确定沥青混凝土油石比 6.8%（误差为 +0.3%），级配指数 0.39。粗骨料粒径 9.5～19mm 含量 26%、4.75～9.5mm 含量 16%、2.36～4.75mm 含量 12%；细骨料粒径 0.075～2.36mm 含量 33%。填料粒径 <0.075mm，含量 13%。粗细骨料和填料误差均为 ±1%。

2. 沥青混合料拌制　冷骨料在倾角 3°～6° 的干燥加热筒中加热，温度 180℃±10℃。热料筛分后储存在热料斗内。沥青脱桶温度均匀加热，温度 120℃±5℃，沥青熔化、脱水一定时间后加热至 160℃±5℃，低温季节不超过 170℃，加热时间不超过 6h，恒温罐储存时间不可超过 72h。拌和前确认称量系统准确性和控制装置运行状况。拌和机进行预热，温度不低于 100℃，时间不少于 30。沥青混合料出机口温度上限 170℃，下限值应满足摊铺和碾压温度要求。拌制沥青混合料时，先将粗、细骨料和填料混合搅拌 15～25s，再喷洒热沥青湿拌 35～45s，拌好的成品直接入仓，入仓温度不低于 145℃。

3. 运输　沥青混合料允许运输时间根据气温确定，气温分别为 25、20～25、15～20℃ 时，允许运输时间分别为 80、30、20min。

4. 铺筑工艺　沥青混凝土底部不规则扩大段、岸坡心墙扩大段等不易机械施工的使用人工摊铺，其余部分用机械摊铺。

（1）人工摊铺要点。心墙采用水平分层，一次摊铺碾压成型。装载机卸料，两侧过渡料先用反铲摊铺，再人工摊铺整平。分层松铺厚30cm，压实后厚25～27cm。台阶法安装模板，将梯形改为台阶断面。心墙与岸坡接头扩大为梯形断面。

（2）机械摊铺要点。摊铺前清理基层表面。混合料仓内应储存不少于1/3余料，以防漏铺或薄铺。摊铺层如粗骨料集中，须人工剔除，重新回填新料，碾压至表面返油。摊铺机可摊铺宽度上限为3.5m，超出摊铺范围的过渡料先用反铲补铺，后用推土机摊平。

5. 接缝及层面处理

（1）坝基基座混凝土接缝面处理。施工前高压清洗机清理混凝土表面杂质并烘干。结合面选用砂质沥青玛蹄脂处理，其配比沥青∶石粉∶人工砂=1∶2∶1。用30号石油沥青和汽油按质量比3∶7配制成冷底子油。铺筑沥青玛蹄脂前对混凝土面均匀喷涂2遍冷底子油，待汽油挥发后再将沥青玛蹄脂铺设至要求厚度。

（2）岸坡混凝土接缝处理。结合处采用扩大梯形断面，铜止水两侧人工填满沥青混凝土。接缝处用振捣器将沥青混凝土表面振捣至返油，再用振动碾将横缝处混合料碾压密实。下次摊铺前，用工具去除斜坡尖角处沥青混凝土并清理表面杂质。摊铺时，用红外加热器或喷灯加热处理，层面加热温度在70℃以上，冬季施工时温度不低于80℃。

（3）横向接缝处理。尽量全线均匀上升，确保相同高程下铺筑、减少横缝。横缝无法避免时，可结合坡度做成缓于1∶3斜坡。上下层横缝错开不小于2m，横缝处先剔除表层粗骨料，用夯机夯实至表面返油，再用振动碾将横缝处沥青混合料碾压密实。

（4）层面处理与保护。连续铺筑压实、均匀上升且表面洁净沥青混凝土，表温大于70℃层面无需处理。隔天施工层面需覆盖处理，再次摊铺时将温度加热至70℃以上。对停工时间较久层面，需清理较脏部位，干燥后加热到70℃以上，涂刷1层冷底子油后再摊铺。回填芯样孔填料应高于心墙表面20～30mm，后进行人工夯实填平。

（二）施工质量控制

1. 碾压质量控制　碾压前调整摊铺机模板中线，与心墙轴线重合，模板中心线与心墙轴线偏差不超过10mm。碾压时碾轮表面清理干净，对摊铺温度、遍数等参数进行调整。碾压时匀速行走。碾压后表面应平整、无裂缝和蜂窝麻面等。

2. 冬季施工质量控制　冬季施工油石比为7%，可缩短压实过程。混合料运输和摊铺碾压在30min内完成。碾压段长10～15m，必要时使用2台振动碾，确保沥青表面温度不低于120℃。必要时采取保温措施，确保低温下铺筑段局部环境温度在5℃以上。施工控制指标：碾压遍数2静+10动+2静，骨料加热温度（180±10）℃，沥青加热温度（160±5）℃，干料拌和时间15～25s，混合料拌和时间35～45s，出机口温度＜175℃，入仓温度＞145℃，初压温度＞140℃。

3. 质量检测　为减少对心墙结构完整性破坏，每碾压一层采用无核密度仪测定其容重、孔隙率、渗透系数，每隔10～30m为一取样单位。采用渗气仪测定心墙渗透系数，每隔5～100m测一次。心墙升高至一定高度时钻取芯样，每升高3±1m钻芯取样一次，每升高11±1m增加三轴试验检测力学性能，检测合格后进行下一单元施工。沥青混凝土心墙共浇31层，摊铺至2396.1m，总浇筑量2457m³，检测结果均满足技术要求。

（中国水利水电第三工程局有限公司

王永周　刘斌　王亚萍）

湘河水库高海拔沥青混凝土心墙土石坝施工

西藏日喀则湘河水利枢纽及配套灌区工程以灌溉、供水及改善保护区生态环境为主，兼顾发电等，大（2）型工程。枢纽工程由大坝、洞式溢洪道、导流泄洪洞、引水发电系统、鱼道、发电厂房等组成，拦河坝为沥青混凝土心墙砂砾石坝，最大坝高51.0m，坝基覆盖层采用混凝土防渗墙135.0m。

（一）工程特点

①工程处于青藏高海拔地区，含氧量低、蒸发量大、气温低、昼夜温差大、多风、辐射强烈、多风。沥青混凝土心墙温控是工程施工的重点和难点。②高海拔地区环境艰苦，应积极采用机械化施工手段，应考虑机械设备高原降效。保证人员和设备的出勤率是工程施工的重点。③大坝基础采用混凝土防渗墙和帷幕灌浆进行防渗，防渗墙最大深度138.2m，施工难度大，防渗墙施工质量是工程施工的重点和难点。④坝址区属于青藏高原地区，生态环境相对脆弱，施工期环境保护及水土保持是工程的重点。

（二）筑坝技术

（1）防渗墙施工。覆盖层防渗墙厚度为1m，深入基岩1.0m，孔斜不大于0.4%，混凝土强度等级R28d不小于30MPa，R180d不小于35MPa，防渗墙墙渗透系数$K≤1×10^{-7}$cm/s，最大深度138.2m。

覆盖层成槽主要采取"冲击钻+液压抓斗+钢丝绳抓斗"设备组合，冲击钻主要针对砂砾地层进行冲击成槽，液压抓斗切削松软、中密、均匀的细颗粒地层、钢丝绳抓斗切削中硬地层解决、含孤石、漂（块）石比例高的深厚覆盖层成槽；槽孔泥浆置换采取"抽桶法＋气抽法"。

（2）帷幕灌浆。防渗墙下布置单排孔进行帷幕灌浆。在防渗墙施工过程中预埋 DNφ110mm 帷幕灌浆钢管，孔距 1.5m，孔径不小于 56mm，灌浆后基岩透水率小于 5Lu，灌浆深度至基岩 5Lu 以下 3m。浆液浓度、配比和压力根据灌浆试验确定，灌浆后渗透率＜5lu。

（3）沥青混凝土心墙砂砾石坝筑坝。沥青混凝土总量 1.8 万 m³。沥青心墙位于大坝轴线上游侧 1.5m 处，心墙基座以上 2m 范围内采用变厚度设计，底部宽度为 1.6m，顶部宽度为 0.7m，至顶均为等厚度 0.7m；心墙两侧为过渡料填筑，EL4079.00m 以下宽度为 4.0m，L4079.00m 以上宽度为 3.0m。试验确定的沥青混凝土施工配合比见表 1。

表1　　　　　　　　　　　　　　　　　　沥青混凝土施工配合比

骨料品种	沥青品种	级配指数 r	沥青含量 B（油石比）%	各级矿料理论质量百分比（%）				
				19～9.5（mm）	9.5～4.75（mm）	4.75～2.36（mm）	2.36～0.075（mm）	<0.075（mm）
灰岩	70 号	0.39	6.4（6.8）	23.6	18	13.8	32.6	12

（4）层间结合。①在与沥青混凝土相接的混凝土表面凿毛、清理并干燥，混凝土表面均匀喷涂 1～2 遍冷底子油，干涸后再涂抹沥青玛蹄脂，在沥青玛蹄脂和沥青混合料铺设时，注意保护和校正止水铜片。②沥青混凝土心墙尽量全线衡上升，减少横缝。当必须出现横缝时，其结合坡度应做成缓于 1∶3 的斜坡，上下层横缝错开 2m 以上。接缝施工时，人工剔除表面粗颗粒骨料，先用冲击夯夯击斜坡面至沥青混凝土表面返油，再用振动碾在横缝处碾压使沥青混合料密实。在下次摊铺前，人工凿除斜坡尖角处的沥青混凝土，并钢丝刷除去黏附在沥青混凝土表面的污物并吹净。摊铺时，按层面处理的办法先用加热器加热，使其层面温度达 70℃以上，再进行沥青混合料摊铺、碾压。③在已压实的心墙上继续铺筑前，应将结合面清理干净。污染面采用压缩空气喷吹清除。如喷吹不能完全清除，应用加热器烘烤污染面，使其软化后铲除。当沥青混凝土心墙层面温度低于 70℃时，采用加热器加热至 70～115℃。加热时，控制加热时间以防沥青混凝土老化。心墙面停歇时间较长时应覆盖保护。沥青混凝土铺筑前，应将结合面清理干净并干燥，加热至 70℃以上；必要时应另在层面上喷涂一层稀释沥青，待干涸后再铺筑上层沥青混合料。

（5）大坝砂砾石填筑。填筑前应开展碾压试验，确定碾压施工参数。填筑过程中应控制料源质量，严格铺料厚度和碾压遍参数，保证坝体质量。

（三）成果总结

该工程坝址区海拔高、气温低、昼夜温差大、多风、蒸发量大，沥青混凝土土石坝施工施工任务重，质量控制难度大。其中防渗墙、沥青心墙、坝体填筑尤为重要。①防渗墙成槽采用"冲击钻＋液压抓斗＋钢丝绳抓斗"设备组合，解决了超深覆盖层成槽的问题；槽孔泥浆置换采取"抽桶法＋气抽法"有效解决超深粉状颗粒较多地层清孔困难的问题；②通过试验确定沥青混凝土施工配合比，沥青心墙摊铺厚度在 30cm、沥青混凝土温度 140～170℃时，沥青心墙摊铺层间结合最好；③通过坝体填筑料试验，严格控制上坝料源，从源头控制坝体整体工程质量。

（中国水利水电第九工程局有限公司
张如广　杨璐）

温度因素对心墙沥青混凝土三轴力学性能的影响

沥青混凝土心墙坝是一种具有较强竞争力的坝型。沥青是一种温敏性较高的材料，沥青混凝土的力学特性不仅受组成材料的影响，亦受环境温度影响。现阶段我国大多数沥青混凝土心墙坝都位于环境温差较大的新疆、西藏等地区。因此，研究温度对沥青混凝土心墙力学性能等影响对其在温差较大的地区应用和发展具有重要意义。

（一）试验概况

试验结合工程所在地实际温度，开展 5～20℃试验温度条件下沥青混凝土静三轴试验，研究温度对沥青混凝土应力-应变全曲线、破坏偏应力、抗剪强度、弹性模量及吸能能力的影响。分析不同温度下试件拉压强度比和模强比变化规律，分析试件破坏形态变化。

（1）配合比及试件制备。试验中沥青混凝土试件均取自托帕水库沥青混凝土心墙，取样后切割而成。对芯样进行抽提试验，沥青混合料配比见表 1。

表1　　　　　　　　　　　　　　　　　配合比参数表

| 油石比（%） | 最大粒径（mm） | 级配指数 | 粗骨料（%） | | | 细骨料（%） | 矿粉（%） |
			9.5～19（mm）	4.75～9.5（mm）	2.36～4.75（mm）		
6.8	19	0.39	26	16	12	33	13

（2）测试方法。试验温度5、10、15、20℃；试验围压0.3、0.5、0.7、0.9MPa，加载速率0.1%/min。试件为ϕ100mm×200mm圆柱形试样。试验仪器为自制三轴压缩试验仪。试验前将试件放置在恒温水槽（温度±0.5℃）内24h保持温度均匀恒定。试验按设定的速率加载至试件破坏，每组取三次测试参数的平均值作为结果。

（二）试验结果及分析

（1）温度对沥青混凝土应力-应变的影响。同一围压、不同温度条件下试件应力-应变曲线形态相似，都经历了初始压缩、弹性、强度硬化和应力衰减四个阶段。随着温度升高，应力-应变曲线的弹性段更加平缓，峰值应力逐渐减小；围压0.5～0.9MPa时，5℃应力-应变曲线有明显峰值点，达峰后应力有所下降，但应力下降较小试件呈塑性破坏特征。10～20℃时应力-应变曲线无明显峰值，在荷载作用下持续变形至完全破坏，塑性破坏特性明显。同一围压下，随着温度升高，体应变最大值呈逐渐减小趋势。温度5～15℃时沥青混凝土试件先压缩再膨胀，温度20℃时沥青混凝土试件一直处于压缩状态。

（2）温度对沥青混凝土破坏偏应力的影响。同一围压下，沥青混凝土试件的破坏偏应力随温度升高而降低，不同温度范围内的变化是不均匀的。5～15℃时，随着温度升高破坏偏应力大幅下降；而在15～20℃时，破坏偏应力随温度变化有所减缓。

（3）温度对沥青混凝土抗剪强度的影响。试件黏聚力随温度升高逐渐从0.37减小至0.16；内摩擦角随温度升高逐渐增大但增幅不明显。随着温度的升高，沥青向黏弹性转变直至软化点失去抗剪能力。在15～20℃温度范围内，沥青的物理性质具有稳定的抗剪强度。随着温度升高，拉强度比α值呈先增后减趋势，但比值在0.32左右变化不明显。

（4）温度对沥青混凝土弹性模量的影响。在同一围压下，随着温度升高沥青混凝土试件的弹性模量逐渐减小。5～10℃的温度与弹性模量关系曲线较陡；10～20℃的弹性模量下降趋势明显变缓。

（5）温度对沥青混凝土吸能能力的影响。围压恒定时，沥青混凝土的吸能能力随着温度的升高逐渐减小。温度恒定时，沥青混凝土的吸能能力随着围压的增大而增大。围压越大试件的裂纹扩展速度越快，裂纹区域越大，能力也越大。

（三）破坏形态

随着温度的增加，试件表面的裂纹增加。尽管试件仍然保持圆柱体形态，但试件的直径变大，试件的高度变低，并且其体积有所减小。这是因为沥青材料的分子间距随温度的升高逐渐增大，沥青与骨料间的胶结约束作用减弱，导致沥青胶浆的强度以及骨料与沥青胶浆界面的黏附力减小。同时由于骨料和沥青胶浆在弹性模量和强度等方面存在巨大差异，使得裂缝多出现在沥青胶浆与骨料的界面层。同时，试件在达到峰值应力后仍具有一定承载和变形能力，试件呈延性破坏与应力应变分析结果一致。温度一定时，在低围压的条件下，试件表面开始有裂纹出现，并且沿着试件的轴线开裂，呈现出拉伸应变破坏特性。随着围压逐渐增大，试件表面形成多个宏观斜裂纹。此时内部沥青混合料通常已经损坏，破坏表现为剪切破坏。

（四）研究成果

通过试验研究可知温度是影响沥青混凝土心墙的力学性的关键因素，得到如下结论：①在围压恒定的条件下，随着温度的升高沥青混凝土心墙的破坏偏应力（峰值应力）、抗剪强度（黏聚力c和内摩擦角ϕ）以及弹性模量逐渐减小。在5～15℃过程中沥青混凝土心墙的物理性质由弹性向黏弹性转变；在15～20℃，沥青混凝土力学特性趋于稳定。沥青混凝土心墙的吸能能力随温度的升高逐渐减小。②沥青混凝土拉压强度比α在0.32左右。③围压恒定时，随着温度的升高，沥青混凝土强度比随温度的升高呈现先下降后上升的趋势。

（中国水利水电第三工程局有限公司
陈晨　焦凯　西安理工大学　温立峰）

狮子坪水电站大坝防渗系统2023年建设进展情况

（一）工程概况

狮子坪水电站砾石土心墙堆石坝采用"河床全封闭混凝土防渗墙＋两岸基岩帷幕灌浆"防渗方案，墙顶与心墙底部灌浆廊道直接相连。

1. 混凝土防渗墙　新建混凝土防渗墙布置在原坝基防渗墙上游侧，两墙净距 4.9m，与坝基廊道净距 2.75m。防渗续墙厚 1.2m，墙顶高程 2542m，墙底 2392m，最大深度 150m。其中施工平台高程 2535m 以上为明浇段，高 7.5m，面积 2092m²；2535m 以下为成槽段，总长 292.8m，最大成槽深度 150m（施工平台算起），成墙面积 25644.37m²。两岸防渗墙底嵌入混凝土盖板中竖直深度 150cm。

2. 心墙充填灌浆　前期检查表明心墙内很不密实，尤其在接触黏土附近可能有渗漏通道。为防止心墙内新建混凝土防渗墙成槽中塌孔漏浆，在其上下游侧各设一排充填灌浆孔。其中河床段最大孔深 143m，岸坡段按基岩透水率不大于 5Lu 入岩深度不小于 10m 控制，孔距 3m，灌浆材料为水泥黏土浆，水泥：黏土＝1：3。

3. 搭接帷幕灌浆　为保证新建防渗墙与原坝基防渗体系可靠连接，在坝基廊道内设 10 排辐射状搭接帷幕灌浆孔，沿坝轴线向孔距 2m、孔深 4～20m。坝基廊道结构内灌浆孔采用纯水泥浆，接触黏土及覆盖层范围内的灌浆孔采用水泥黏土浆，水泥：黏土＝1：1，最大灌浆压力 2MPa。其中坝体内搭接帷幕灌浆 570.1m，坝基覆盖层内搭接帷幕灌浆 2198.62m，混凝土内搭接帷幕灌浆 1315.7m。

4. 廊道补强灌浆　为保证搭接帷幕的可靠性，坝基廊道内的搭接帷幕灌浆范围向左右岸方向延伸，增加搭接帷幕灌浆共约 20m。新增范围的灌浆材料：基岩内纯水泥浆液，接触黏土及覆盖层内为水泥黏土浆液。最大灌浆压力不超过 2MPa。

5. 基岩帷幕灌浆　在新建防渗墙与原两岸灌浆帷幕间的部分基岩布设 3 排帷幕灌浆，排距 2m，孔距 2m，深度按入岩不小于 10m 且透水率不大于 3Lu 控制。

6. 基岩补强灌浆　通过新建防渗墙内预埋灌浆管及岸坡段心墙充填灌浆孔对基岩进行补强灌浆，其深度按基岩透水率不大于 5Lu 且入岩深度不小于 10m 控制。

7. 坝顶拆除和重建　现状大坝顶高程 2544m，坝顶宽 12m。坝顶拆除高度 9m。拆除后，顶部高程为 2535m，平台总宽度约 45m，可以满足防渗墙施工的要求。

高程 2535m 以下防渗墙完成后，墙顶凿毛清理并明浇墙体至 2542.5m，墙体两侧回填坝料并碾压密实，并恢复坝顶结构。坝顶拆除砾石土心墙、堆石料、块石、钢筋混凝土防浪墙等约 81308m³，重建填筑料 60800m³，干砌石和块石护坡 7540m³，浇筑混凝土防浪墙 2954m³，钢筋制安 236t，公路路面混凝土 4177m³。

（二）2023 年施工完成情况

1. 新建防渗墙　新建防渗墙明浇段混凝土分仓施工，每仓长度不超过 20m，高度控制在 3.75m 内。两仓间凿毛连接，并安装止水铜片。防渗墙槽孔段与明浇段安装橡胶止水条与涂刷界面剂连接。混凝土浇筑采用平铺法，铺料层厚 50cm，铺摊时间不超过初凝时间，及时摊铺振捣。钢筋密集部位，用软轴振捣棒振捣密实。跳仓浇筑，后续循环穿插浇筑。新建防渗墙（明浇段）2022 年 11 月 18 日开始施工，到 2023 年 5 月 5 日累计完成混凝土浇筑 2970.3m³。

2. 大坝坝顶恢复施工

（1）2542m 以下坝顶填筑。坝顶填筑分过渡料及堆石料。2542m 以下防渗墙两侧 3m 内为过渡料，其余部位填堆石料。2542m 以上均填筑过渡料。过渡料每层摊铺厚 40cm，3t 振动碾 2 遍静碾 8 遍动碾，后调整为动碾 10 遍；堆石料每层摊铺厚 80cm，22t 振动碾 2 遍静碾 8 遍动碾，后调整为动碾 10 遍。上游坝面坡比 1：1.667，下游坝面坡比 1：1.632。坝顶填筑 2023 年 3 月 25 日开始，到 2023 年 5 月 25 日累计完成填筑过渡料 14756.62m³，堆石料 43575.5m³。

（2）砌石护坡施工。上游侧先铺 0.3m 厚砂砾石垫层，再铺一层 1m 厚干砌块石。下游侧砌石及框格梁组合，在框格梁网格间先铺设 0.1m 厚砂砾石垫层再铺设 0.3m 厚干砌石。上游侧砌石护坡 2023 年 3 月 30 日开始，2023 年 6 月 10 日完成 5672.3m³；下游侧 2023 年 3 月 30 日开始，2023 年 7 月 7 日完成 806.5m³。

（3）框格梁施工。下游侧坝面钢筋混凝土框格梁，混凝土强度等级 C25，抗冻等级 F100，2023 年 3 月 30 日开始，到 2023 年 7 月 8 日完成 358.7m³。检测 50 组抗压试块，28 天抗压强度最大 31.6MPa，最小 28.2MPa，满足要求。

（4）防浪墙施工。坝顶防浪墙全长 314m，2023 年 11 月 12 日开始，2023 年 12 月 31 日已完成 156.48m，浇筑混凝土 2031.5m³，钢筋制安 220.69t。

3. 上坝公路施工　2023 年 5 月 14 日到 2023 年 7 月 8 日施工完成，共浇筑路肩 2843.78m，挡块 424 个，排水沟、路面、水泥稳定基层 1421.89m。

（中国水电基础局有限公司　原伟　何登强）

平江抽水蓄能电站防渗墙施工关键技术

（一）概述

平江抽水蓄能电站位于湖南省岳阳市平江县，电站装机容量 1400MW，主要担负湖南电力系统的调峰、填谷，兼有调频、调相、紧急事故备用等任务。下水库主坝、副坝防渗体系由坝体、坝基及坝肩组成。坝体防渗由设在坝轴线靠上游侧的沥青混凝土心墙承担，沥青心墙底部设混凝土基座与帷幕或防渗墙连接。坝基两岸防渗采用混凝土防渗墙下接灌浆帷幕，或沥青混凝土心墙下接帷幕的形式。全、强风化坝基和主、副坝之间的单薄山脊均采用混凝土防渗墙防渗。墙厚 0.8m，底部伸入弱风化岩体内 1m。混凝土防渗墙底部接灌浆帷幕。帷幕灌浆布置 1 排孔，孔距 2m，深入相对不透水层顶板线（$q \leqslant 3Lu$）以下深度不小于 5m。大坝左、右岸坝肩防渗体向两岸延伸至坝顶高程与地下水位线相交处，形成完整的封闭体。

防渗墙大部分在斜坡上建造，包括下水库主坝坝坡，右岸岸坡及山体，左岸岸坡和山体。受场地限制难以形成大施工平台，施工道路条件较差，不利于设备的运输、转场和安装。加之防渗墙最大成槽深度达 55m，防渗墙相对不透水层顶板线起伏极大，如何控制主副孔深度及相互之间的搭接是本工程的重难点。

（二）关键技术

1. 防渗墙施工平台布置　在斜坡面根据实际地形条件，采用挖填结合分台阶形成施工平台。1 号公路为基准高程，沿防渗轴线两侧挖填形成必要的施工平台，平台高程为 423.0m。

主坝右岸岸坡防渗墙施工平台，根据原地形在内侧开挖，外侧回填形成阶梯状防渗墙施工平台，平台高程分别为 423.0、414.4、403.0、38.0m。主坝左岸岸坡防渗墙施工平台，根据原地形在内侧开挖，外侧回填形成阶梯状防渗墙施工平台，平台高程分别为 420.0、417.0、410.0、397.5m。单薄山脊设计高程为 419.5m，考虑防渗墙顶部保护层厚度，防渗墙施工平台高程为 420.0m。

副坝设计高程 419.5m，顶宽 10m，难以满足防渗墙施工要求。在副坝上游侧增加楔形填筑体，楔形填筑体顶宽 10m，上游面坡比为 1∶1。副坝右岸岸坡防渗墙施工平台，根据原地形在内侧开挖，外侧回填形成阶梯状防渗墙施工平台，平台高程分别为 448.0、437.0m。副坝左岸坝顶防渗墙施工平台，根据原地形进行开挖、回填，在 448m 高程形成施工平台。

2. 陡坡段防渗墙施工　为保证防渗墙质量的可靠性，在防渗墙施工前，沿防渗墙轴线布置先导孔，进一步勘察并掌握防渗轴线的地质情况，以便拟定针对性措施。在岩层高程变化大的区域加密先导孔施工。

本项目防渗墙施工中，采用高标准控制主副孔的终孔深度，当两相邻主孔深度差大于 1m 时，其中间的副孔取岩芯进行基岩鉴定确定。同时，副孔深度满足其孔底高程不高于相邻两主孔孔底高程的平均值，且副孔与较深主孔的高程差不大于 1m。当两相邻主孔终孔深度差小于 1m 时，其中间副孔深度与较深主孔之差不大于相邻两主孔孔深之差的 1/3。其副孔的终孔标准，远高于其他水电站防渗墙工程，并以此保证防渗墙的施工质量。

防渗墙浇筑过程中，预埋墙下帷幕灌浆管。钢管预埋采用钢桁架整体下设工艺。钢桁架的宽度为 64cm，预埋钢管对接时采用大管径无缝钢管套接焊接，预固定辅助钢筋帮焊或 3 根长 30cm 角钢（∠28×28×3）帮焊。下设过程中，采用磁吸式水平尺随时测量预埋钢管的偏斜情况，确保预埋钢管的垂直度满足要求。防渗墙浇筑完成后，通过墙下帷幕灌浆，将大坝左、右岸坝肩防渗体向两岸延伸至坝顶高程与地下水位线相交处，形成完整的封闭体。

（三）工程实施情况

平江抽水蓄能电站下水库大坝岸坡段防渗墙于 2023 年 12 月 13 日正式完工，经工程检测，防渗墙施工合格率达 100%，工程运行至今，未出现任何质量问题。

（中国水利水电第八工程局有限公司　袁枭）

东庄水利枢纽库坝区防渗工程 2023 年施工情况

（一）工程概况

东庄水利枢纽工程是国务院确定的 172 项重大水利工程之一，坝址位于陕西省淳化县与礼泉县交界的泾河干流最后一个峡谷段出口。工程任务以防洪减淤为主，兼顾供水、发电及改善生态。枢纽由混凝土双曲拱坝、坝下消能防冲水垫塘和二道坝、左岸发电引水系统、供水洞、排沙洞、库区防渗工程及码头等组成。水库总库容 32.76 亿 m³，混凝土双曲拱坝最大坝高 230m，为一等大（1）型工程。发电引水洞按 1 洞 4 机布置，电站厂房为地下厂房，主厂房、主变洞、尾水闸室按典型的三洞室布置，电站装机 110 MW，尾水洞采用 4 机 1 洞明流洞型式。总体计划工期 95 个月，其中库坝区防渗工程计划工期 1978 日历天。

（二）施工内容及设计参数

公司承建东庄水利枢纽库坝区防渗工程，主要包括：左右岸施工支洞及灌浆平洞洞室石方开挖，通风竖井石方开挖，锚喷支护及混凝土衬砌施工，回填灌浆、固结灌浆、搭接帷幕灌浆、帷幕灌浆、排水孔施工,钢结构制安,永久通风及照明系统安装,安全监测等。大坝左、右岸五层灌浆廊道自上而下高程依次为804、751、685、640、592m。施工支洞开挖断面为4.2m×4.8m(宽×高),8条支洞总长3216.72m。灌浆平洞左右岸共10条,标准断面为底部2层3.0m×3.5m,顶部3层4.0m×4.5m,平洞总长11196.64m。通风竖井开挖标准断面3.5m,左岸井深210.14m,右岸井深214.45m。库坝区防渗标准为不大于3Lu。回填灌浆6.4万m²,固结灌浆6.6万m,帷幕灌浆92.2万m,竖向帷幕最大钻孔深度175m。

回填灌浆孔位于顶拱120°以内区域,排(环)距均为3m,钻孔深度穿过混凝土后入岩10cm,纯压式灌浆,压力0.3MPa。固结灌浆孔位于廊道全断面区域,排(环)距均为3m,钻孔深度穿过混凝土后入岩3m,纯压式灌浆。Ⅰ序孔灌浆压力0.3MPa,Ⅱ序孔灌浆压力0.4MPa。中热硅酸盐42.5(中抗)水泥,水灰比采用3:1、2:1、1:1、0.5:1四个比级。

搭接帷幕孔深要求入岩10m,排距0.65m,孔距2.0m,排间角度差为5°,孔径56mm。搭接帷幕灌浆孔均布置于灌浆洞上游侧墙部位,592m高程布置四排,其余廊道布置三排。各层灌浆廊道通过搭接帷幕与帷幕灌浆交叉衔接,共同形成防渗帷幕。592、640m高程左右岸帷幕灌浆布置三排帷幕,孔距2m,排距1.1m;685、751、804m高程左右岸帷幕灌浆布置二排帷幕,孔距2m,排距1.2m,防渗标准3Lu,钻孔角度0°(铅直孔)~11°。孔口封闭灌浆法进行帷幕灌浆,灌浆压力随钻孔深度增加而增大,最大灌浆压力6MPa。帷幕灌浆采用硅酸盐42.5(中抗)水泥浆液,水灰比5:1、3:1、2:1、1:1、0.7:1、0.5:1六个比级,开灌水灰比为5:1。浆液由稀到浓逐级变换,变换过程由智能灌浆系统自动控制。

(三)2023年主要施工完成情况

2023年主要施工任务为剩余隧洞开挖支护、衬砌及灌浆施工(见表1)。

表1　　　　2023年各洞室施工完成情况明细表

项目	开挖支护 (m)	衬砌混凝土 (m³)	回填灌浆 (m²)	固结灌浆 (m)	搭接帷幕 (m)	帷幕灌浆 (m)
WMR1	—	660	1894.91	2732	4968.2	5662.63
WMR2	—	3476	2615.73	5229	4032.6	3770.23
WMR3	55.05	6198	2765.76	1622	—	—
WMR4	—	7876.5	—	—	—	—
WMR5	—	4105.5	—	—	—	642.45
WML1	—	11185.5	2018.67	319	—	—
WML2	—	9522	2657.98	36	—	—
WML3	—	7767	—	—	—	—
WML4	443.04	5595	—	—	—	—
WML5	42.1	2483.5	—	—	—	—
合计	540.19	58869	11953.05	9938	9000.8	10075.31

各洞室形象进度节点如下:1月14日WMR1灌浆洞回填浆开始施工;3月30日右岸灌浆平洞WMR1衬砌施工完成;4月14日WML4灌浆平洞顺利贯通,标志着防渗标洞室开挖全部完成;7月27日WMR1灌浆洞回填灌浆主体施工完成;8月16日

WMR1灌浆洞帷幕灌浆1号试验区检查孔施工完成;8月21日WMR2灌浆洞回填灌浆施工开始,9月4日WMR1灌浆洞固结灌浆主体施工完成;11月3日WMR2灌浆洞回填灌浆施工完成;11月18日WMR3灌浆洞回填灌浆施工开始;12月19日

WMR3 灌廊道衬砌施工完成；12 月 21 日 WML1 灌浆洞固结灌浆施工开始；12 月 29 日 WMR1 灌浆洞搭接帷幕灌浆施工完成，WML2 灌浆洞固结灌浆施工开始。

至 2023 年 12 月 31 日，累计完成洞室开挖支护 15835m，衬砌混凝土 6.1 万 m^3，回填灌浆 1.2 万 m^2，固结灌浆 1.0 万 m，搭接帷幕灌浆 0.9 万 m，帷幕灌浆 1.0 万 m，左右岸 425m 通风竖井全部完成。

（中国水电基础局有限公司　吕建国　吴晓飞）

龙溪口航电枢纽工程大体积混凝土快速入仓技术

龙溪口航电枢纽工程混凝土工程量大，施工条件复杂，为保证混凝土浇筑质量和施工进度，采取大体积混凝土快速入仓技术。

（一）工程重难点

枢纽工程的重难点为厂房底板施工。河床式水电站发电厂房底板大体积混凝土施工时段是混凝土入仓强度的一个高峰，且施工时段为夏季，混凝土初凝时间短；发电厂房底板大体积混凝土施工较为集中、工期紧张及单仓混凝土量大，对混凝土入仓强度要求高。

（二）入仓方式选择

从可靠性、经济性、难易性、时间性等方面考虑，选用桁架式方法入仓。采用该方法混凝土入仓能力强、覆盖面广、安全可靠、造价低、设备操作简单、施工速度快，且与其他机械设备互不制约。大体积混凝土连续快速入仓系统结构：集料装置、输送装置、下料装置和控制系统。

（三）结构装置分析

经研究确定混凝土入仓结构装置采用液压集料斗、移动传输装置、下料装置加设柔性半弧瓣膜、自动控制系统，使大体积混凝土上料系统达到最佳效果。

（1）集料装置使用集料液压料斗集料，底部设液压弧门，控制混凝土的放料速度。

（2）输送混凝土使用移动传输装置，对输送皮带做好设计。根据骨料粒径设置橡胶输送隔板，防止骨料分离。采用固定皮带与移动皮带相结合的传输方式。固定皮带支架为单桁架式，底部使用钢管立柱支撑。皮带传送机头的特定位置上，设一个周转平台，用作固定输送皮带的上料点和支撑点。固定皮带通过旋转平台与移动皮带连接。

（3）下料装置加设柔性半弧瓣膜，布料机垂直下料缓冲装置采用柔性半弧瓣膜缓冲。

（4）控制系统为智能控制。布料机作业员开启布料机，通过联动开关，同时开启固定防骨料分离皮带与移动防骨料分离皮带，系统开始运转。集料液压料斗内混凝土输送完毕后自动关闭弧门。关闭后触发延时联动开关，经过（L1/v）s 后关闭固定防骨料分离皮带，（L2/v）s 后关闭可移动皮带（L1、L2 分别为固定防骨料分离和移动防骨料分离输送皮带长度，v 为皮带运转速度），将传送带上混凝土全部运输至布料机，由布料机将混凝土水平分配到指定仓位。系统另设急停装置，如发生异常情况可使整个系统停止运转。

（四）搭设结构布置形式

（1）根据自卸汽车卸料斗大小和混凝土入仓强度，在骨料液压料斗底部设液压弧门控制混凝土下料速度。料斗底部基岩下挖 1.2m，浇筑 C20 垫层混凝土，安装料斗并固定，再浇筑 C20 混凝土至原设计面。为保证自卸汽车能够正常卸料，在门机基础外侧现浇 0.6m 宽混凝土。

为了避免混凝土在输送过程中出现骨料分离，设置了 650mm 的输送带，根据骨料的粒径，安装了高 3cm 的橡胶输送隔板。

（2）在现场测量定位确定传输皮带的位置。移动传输装置布置时，混凝土通过固定带+移动带进料。将跳跃的固定带设置在下游。使用计算机辅助设计进行模拟布置。固定的皮带可在与移动式皮带交叉处将物品转移到移动式皮带上，并进入布料机进料口。此时，移动式皮带会以 14° 爬升角度向上移动 6m。通过下料口，固定皮带上的混凝土能被转移到移动皮带上。布料机基座为混凝土，基座尺寸 4.0m×4.0m×2.0m。布料机塔架立柱高 12m，上部集料结构高 7m，布料杆长 25m，为伸缩式桁架，布料范围：min2.84～max25.0m。

布料机垂直下料缓冲装置采用柔性半弧瓣膜进行缓冲。混凝土料筒直径 50cm，为橡胶圆筒。圆筒内部设有半弧瓣膜，半弧瓣膜与下料筒夹角为 45°，间距 30cm；它们布置成类似花瓣形状。当出现异常情况时，通过紧急停止装置可以使整个系统停止工作。

（五）取得的效果

通过对现有大体积入仓系统结构的分析，在保证混凝土在无骨料分离情况下满足快速连续入仓，保证整个装置安全、稳定、高效地工作的要求。通过提高混凝土入仓效率，减少了施工工期，降低了施工成本，保证了工程质量。

（中国水利水电第五工程局有限公司　简震）

引水发电建筑物施工

鲁古河水电站引水隧洞伸缩缝漏水治理

鲁古河水电站输水建筑物从上游至下游由 1 号穿山隧洞、跨冲沟渡槽（压力钢管）、2 号穿山隧洞、2 号隧洞出口段等组成。输水隧洞洞径 2.2m，长 2660m；压力钢管管径 1.6m，长 214m，设计水头 111.7m。其中 2 号隧洞出口段包括：调压井、钢筋混凝土隧洞衔接段、出口钢衬管段等，围岩为泥质粉砂岩、粉砂岩夹砂岩，风化较强，节理发育，钢筋混凝土隧洞衔接段设有 3 道伸缩缝，伸缩缝采用沥青卷材填缝并设止水铜片一道。

（一）问题描述

电站运营 12a 后，隧洞出口混凝土镇墩底部明显渗水，汇流集水管排出后呈有压出水状。在未完全断流情况下进洞检查发现：在外水压力情况下伸缩缝环状明显渗水，3 道伸缩缝局部出现点漏和线漏现象，部分洞段存在线状湿痕。遂在未完全断水情况下伸缩缝周边注水泥净浆方法进行堵漏治理，4d 灌浆完毕后马上恢复通水，发现集水管处仍有水流成无压出水状，出水断面为 1/4 管断面；3 月后，汇流管渗漏出水情况恢复至治理前状态。决定进行断水后渗漏处理。

（二）渗漏处理

1. 处理方案　采用内外设防形成双道防线。一是采用径向注浆方法对隧洞段进行渗漏通道封堵，防止水从环向伸缩缝进入渗漏通道；同时采用聚硫密封胶对伸缩缝止水铜片至隧洞内壁的老化沥青油毡进行置换，形成两道内部防线；二是采用外壁橡胶止水带跨伸缩缝封堵，形成外部封堵防线。收缩缝周边采用重复注浆方式，第一次采用水泥浆灌注，待收缩后进行化学灌浆，填充收缩缝；采用分序注浆和缝边加强注浆方式进行，隧洞段注浆分Ⅰ序、Ⅱ序梅花注浆方式进行，临近伸缩缝 1m 范围内加密注浆。

2. 注浆参数设计　按调压井最高涌浪水位与井底高差 61.4m 计算隧洞内水压力为 0.6MPa，隧洞一般段固结充填注浆孔间距 1000mm 梅花型布置，环缝周边加强帷幕段布孔间距 500mm；灌浆材料应具备快速凝结性能，防止材料被稀释或流失。水泥采用早强型，注浆压力为 0～0.8MPa；化学灌浆材料

采用弹性较大的水溶性聚氨酯灌浆材料，注浆压力为 0～0.6MPa；水泥注浆、化学注浆均采用单液灌浆法，遵循"分序加密"原则进行，水泥灌浆、化学灌浆分别遵循"适量、少次"和"少量、多次"的原则。

3. 跨缝封堵设计　跨缝封堵采用止水橡胶，橡胶两侧采用不锈钢压板压紧固定，橡胶与混凝土面接触基面进行界面处理。界面处理包括混凝土面磨平及界面剂涂刷；压板采用不锈钢膨胀螺栓收紧固定，使橡胶与混凝土接触紧密，同时把螺栓外露多余部分机械切割，以减少水头损失。

4. 填缝处理　对原有止水铜片外的填缝材料进行清除，包括水泥砂浆、沥青油毡等，并对缝进行清洗和干燥处理后，采用聚硫密封胶进行置换填缝。

（三）堵漏实施

堵漏工序流程为来水引排—钻孔水泥灌浆—钻孔化学灌浆—伸缩缝及界面处理—跨缝封堵。输水隧洞较长且没有方便的出入口，隧洞湿滑，运营停水施工中应高度注意安全；把出口斜管段进入孔打开，可以与调压井形成通风廊道，有利于改善工作环境。

1. 来水引排　上游来水包括闸门渗漏水、上游隧洞渗漏水等，引排通过 1 号与 2 号隧洞间跨冲沟渡槽处的钢管进人孔进行集中排水，采用防水帆布砂包形成堵水围堰，把上游来水排至钢管体外；下游隧洞渗漏水通过在 1 号伸缩缝上游和 3 号伸缩缝下游堆筑小堰体挡水，采用导管引排至 3 号伸缩缝围堰下游，从而形成干地作业条件。

2. 水泥灌浆　采用手持式钻孔机钻孔，钻孔深度穿过混凝土衬砌面与围岩面并进入岩体 10cm，通过钻孔过程孔内溢渣判定钻孔深度。钻孔完成后泵压清水冲出粉屑。固结水泥灌浆按分Ⅱ序加密采用机械泵灌浆。

3. 化学灌浆　环向缝两侧各布置两排帷幕化学灌浆孔，钻孔直径比水泥灌浆孔小一等级；孔深进入岩体 5cm；先灌缝最下游排，再上游排，最后中间两排；采用手摇泵灌浆。

4. 伸缩缝及界面处理　化学灌浆完毕后，清除伸缩缝内的沥青油毡、化灌溢出物及砂浆杂物等，施工时注意保护止水铜片；在伸缩缝两侧各 15cm 宽度内采用手持砂轮打磨表面至平整；用高压水把缝内及打磨面冲洗干净。

5. 跨缝封堵 采用喷灯把缝内及周边界面干燥，在伸缩缝内填充聚硫密封胶，同时把打磨的界面凹陷部位填充处理，在打磨面涂抹 3mm 厚跨缝聚硫密封胶层，形成一个弹性界面层。聚硫密封胶界面层施工完毕后，把量裁后的止水带固定在封缝处，用不锈钢压板压紧，压板采用不锈钢螺栓与混凝土洞身连接。

（四）实施效果

隧洞堵漏完毕完工场清，整体外观平整，质量和充填效果良好；隧洞输水后连续观察半年，整个 2 号隧洞出口段未见渗漏点，汇流集水管无水流出。一年半后关闭上游闸门进洞检查，环向伸缩缝无点状、线状漏水，洞壁无湿痕，橡胶止水带无破损脱落，不锈钢压板完好，引水隧洞伸缩缝漏水治理取得成效。

（广东水电二局股份有限公司 张元海）

芝瑞抽水蓄能电站高压岔管薄壁异型结构开挖控制技术

芝瑞抽水蓄能电站引水高压管道末端分为两支岔管，由大断面分岔为两个小断面，开挖断面尺寸由 8.65m×7.2m 变为 4.6m×4.6m，分岔处为异型薄壁尖角岩柱。该岩柱开始端厚度很小，且岩石较破碎，开挖成型难度大。经研究，采用玻璃纤维锚杆进行预加固并同时采用爆破控制手段来进行开挖体型控制。

1. 控制技术简介 按照短进尺、弱爆破、紧支护、勤观测原则，对高压岔管洞口前端分为多个区域，爆破进尺控制在 1.5m，保证分岔部位成型效果；分为左右两个岔洞独立进尺。每个循环爆破前采用 $\phi25$，$L=4.5m$ 玻璃纤维锚杆垂直爆破抵抗线方向对尖角区域进行超前预支护，间排距根据现场岩石破碎情况确定，不宜大于 1.5m。

2. 玻璃纤维锚杆施工 按照设计要求确定好锚杆孔位、角度，采用单臂钻造孔，孔径 $\phi42mm$，孔深必须达到设计要求，偏差不大于 5cm；孔钻后，用高压水枪或风枪清洗干净；采用先注浆后插杆程序，先注 M30 水泥砂浆，保证注浆饱满；注浆后立即安插锚杆，孔口用水泥纸堵塞防止浆液倒流，然后打入木楔子固定锚杆；砂浆凝固前，不得敲击、碰撞和拉拔锚杆。锚杆长度采用无损检测法，实测入孔长度不小于设计长度的 95% 为合格。

3. 爆破施工

（1）主要爆破参数：①保护区一侧光爆孔间距缩小至 43cm，其他部位光爆孔间距可按照 50cm 控制，光爆孔装药线密度不超过 150g/m；②炸药单耗不超过 1.2kg/m³，具体可根据围岩类别调整；③在保护区一侧的辅助孔部位设计少量的空孔，减少爆破对保护区的影响；④爆破进尺不超过 1.5m；⑤将掏槽孔的部位向非保护区一侧偏移，减少掏槽孔对保护区的影响。

（2）钻孔作业：采用手风钻水平钻孔，孔径为 42mm，要求"平、直、齐"，周边孔偏差不大于 5cm，爆破孔偏差不大于 10cm。用高压风冲扫炮孔，采用 $\phi32mm$ 乳化炸药、电子雷管；崩落孔连续装药，周边孔间隔装药。由前排依次向后排起爆，采用毫秒微差电子起爆网络。采用 3m³ 侧卸装载机配合 20t 自卸车出渣，清底主要采用反铲进行。

4. 挂网喷混凝土

（1）清除开挖面的浮石、石渣和堆积物，处理光滑岩面，用高压风水枪冲洗喷面，埋设好喷厚控制标志。

（2）钢筋网应按设计图纸沿开挖面铺设，与岩面距离宜为 30～50mm；应同锚杆连接牢固，相邻钢筋网应搭接，搭接长度不应小于 200mm。

（3）湿喷采用湿喷台车进行，潮/干喷采用潮/干喷机施工。喷嘴至岩面的距离为 0.8～1.2m，与受喷面垂直，并稍微偏向喷射的部位（倾斜角不大于 10°）。混凝土终凝 2h 后，喷水养护，养护时间一般部位为 7 天，重要部位为 14 天。

5. 实施效果 利用玻璃纤维锚杆抗拉强度高而抗剪强度低的特点，能够很好地对临时结构断面起到预支护作用，并在爆破冲击波的作用下被沿着结构面剪断，省去了后续处理的难题。加上采用光面爆破技术和弱爆破、短进尺的爆破机理，高压岔管中部的尖角岩柱能够很好的保留下来，经过现场测量，最大超挖不超过 15cm，无欠挖情况存在，有效保证了施工质量，节省了后期超挖超填处理的费用。

（中国水利水电第七工程局有限公司 付红刚 杨云志）

巴拉水电站工程特大断面隧洞开挖工艺

公司承建的巴拉水电站引水隧洞全长 4715m，隧洞为圆形断面，Ⅱ、Ⅲ类围岩开挖断面直径 14m，Ⅳ类围岩 12.9m，Ⅴ类 13.4m，均为特大断面隧洞。特大断面隧洞开挖，在不良地质洞段易造成工程事故，故确定适宜开挖工艺是保证开挖顺利安全进行的关键因素。

（一）主要技术创新点

1. 爆破开挖控制 引水隧洞标全长 4715m，其中Ⅲ类围岩占 48%，Ⅳ类围岩占 40%，Ⅴ类围岩占 12%，且因隧洞围岩变化较快，施工中经常出现Ⅲ、

Ⅳ类围岩交替情况。根据围岩地质及隧洞的断面设计,特大断面采用分台阶开挖,Ⅲ类围岩上半洞开挖高9.1m,Ⅳ类上半洞开挖高7.65m,Ⅴ类上半洞开挖高7.9m。

施工中根据地质预报及围岩地质、水文情况,在允许范围内适当调整爆破孔数、孔距,将设计平均单耗量1.16kg/m³降到1kg/m³左右。既确保施工效率及施工安全,降低了爆破单耗量,也将隧洞整体超欠挖控制在可控范围之内。

2. 液压升降台车设计与应用 引水隧洞不同围岩的开挖设计断面直径不一致,且设计基准为底板衬砌后的过水断面。故不同围岩中心线不在同一高程上。Ⅲ类围岩开挖高度比Ⅳ类围岩开挖高度高1.45m,Ⅳ、Ⅴ类围岩高度相差0.25m。

正常情况下台车制作按Ⅳ、Ⅴ类围岩高度考虑,Ⅱ、Ⅲ类围岩开挖需垫渣才能满足施工高度要求,影响了施工进度。施工中决定将原有的台车优化为液压升降台车,通过四个液压油缸使顶层施工平台可升降,以满足不同围岩类别开挖支护高度需求。液压油缸为140/70-1100型,缸径140mm,杆径70mm,液压泵站压力等级16MPa,速比1.33,最大推力24.6t。现场实测升起或降低最大高度约花2min。相较于普通开挖支护台车,液压升降台车能灵活调整操作平台高度,满足不同围岩开挖支护需求,且施工安全,操作简单,推行方便,升降行程平稳。使施工难度降低,并减少洞挖及支护循环的工序,效率明显提高。

3. 纳米回弹抑制剂应用 断面开挖中的临时支护,根据围岩情况分为Ⅲ类围岩"锚杆+顶拱270°挂钢筋网喷混凝土",Ⅳ、Ⅴ类围岩"拱架+锚杆+顶拱270°挂钢筋网喷混凝土"两种支护方式,喷射混凝土工程量合计约28465m³。

为减少喷射混凝土回弹量,降低施工成本,在喷射材料中引入纳米回弹抑制剂。纳米回弹抑制剂具有降低水泥用量、代替喷射混凝土中减水剂、防腐剂、气密剂,降低喷射混凝土回弹率、提高喷射混凝土强度等优点。

喷射混凝土中添加纳米材料后,相较于普通配合比的喷射混凝土,每方混凝土回弹率降低3.81%。在保证喷射混凝土施工质量的同时,既提高了施工效率,加快施工进度,也降低了材料损耗率,减少了回弹物清理的成本投入。

(二)经济效益或社会效益

1. 经济效益 通过本课题研究,保证了特大断面隧洞开挖施工的质量、安全和进度,现场测算取得了良好的经济效益。其中采用爆破开挖控制,在施工中洞挖炸药节约0.16kg/m³,石方洞挖量为708907m³,炸药单价为8968.45元/t,节约成本约101.72万元。采用液压升降台车相较于传统支护台车,节约人工、机械费约166.6万元。采用纳米回弹抑制剂,相较于普通喷射混凝土,降低了混凝土回弹率,节约喷射混凝土材料及减少清理回弹物费用,考虑纳米回弹抑制剂的价格,累计节约材料、人工费用83.42万元。累计节约施工成本351.74万元。

2. 社会效益 本课题的研究在巴拉水电站引水隧洞工程建设中起到了较好的效果,特大断面隧洞开挖质量、进度及安全性等指标均达到了预期效果。采用纳米回填抑制剂,不仅降低了综合成本,起到了提质增效、降本增效目的,且有利于节能环保。将原有台车改为液压升降台车,解决了由Ⅲ类、Ⅳ类围岩之间因开挖高度差较大(1.45m)造成增加施工工序的问题,使每个洞挖支护循环减少约2h。根据已开挖围岩类别统计,洞挖按3.5m/循环计算,共计650个循环,共节约工期65天(一天按20h计),为巴拉水电站按期发电奠定了坚实的基础。由此得到参建各方好评,也为项目建设创造了良好的社会效益。

(中国水利水电第十工程局有限公司　蒋保东)

垣曲水库洞室开挖施工技术

山西垣曲抽水蓄能电站3#-1施工支洞全长708.74m,城门洞形断面净尺寸7.5 m×6.5m。开挖支护主要内容有超前大管棚、洞身石方暗挖、排水孔、系统锚杆、挂钢筋网、喷混凝土、钢拱架等,施工支洞支护型式有A、B、C和锁口段4种。

(一)施工工艺技术

将3#-1施工支洞洞脸边坡的覆盖层及岩石挖除,待开挖至设计底板高程后对洞脸进行管棚锁口施工,保证进洞安全。管棚支护主要用于洞口围岩,管棚管径选用108mm自制注浆钢管。由洞口向内单向掘进,洞身开挖采用简易钻爆台车,YT28手风钻造孔,全断面掘进方式。

(二)洞身开挖

(1)施工方法。采用YT28手风钻配钻爆台车造孔,3.0m卸装载机装车,20t自卸车出渣。施工测量以及导线控制网采用全站仪完成。放样内容:隧洞中心线和顶拱中心线、底板高程、掌子面桩号、设计轮廓线、两侧腰线或腰线平行线,并按爆破设计要求在掌子面放出炮孔孔位。钻孔深度根据现场围岩情况确定,Ⅲ类围岩钻孔深度为3m,Ⅳ类围岩钻孔深度为2m。

Ⅲ类围岩全断面开挖单循环时间按13h考虑,理论每月可掘进45个循环,单循环进尺2.8m,理论月进尺 126m，考虑工序间衔接加之不可预见因素影响，结合类似工程经验，平均月进尺 110m。Ⅳ类围岩台阶开挖，上层按一掘一支护程序施工，上层导洞开挖单循环时间按 16.5h 考虑，理论每月可掘进 43.6 个循环，单循环进尺 1.5m，理论月进尺 65m，考虑施工干扰和其他不可预见因素影响，结合类似工程经验，平均月进尺 58m。

（2）不良地质洞段施工措施。断层破碎带等不良地质段施工需做好安全防护、超前地质预报、钻孔爆破、安全支护、安全监测等工作。不良地质洞段施工应调查地质条件，做好地质预报，采取预防措施；施工中采取"超前支护、勤量测、短进尺、弱爆破、及时反馈、及时补强"等措施，采用钢支撑支护、超前支护、喷钢纤维混凝土、挂网喷混凝土、锚喷支护等适时支护。预防塌方做到勤观测、短开挖、强支护。工程地质和水文变化情况观察监测要贯穿于整个施工过程；在不良地段开挖须严格限制进尺，减少因爆破造成的局部应力集中；防止岩体因松动、脱落而坠落，严重断层裂隙带采用"一喷、二锚、三支护"的强支护施工方法施工。

（三）施工支护

（1）洞口管棚施工。洞口管棚施工可自下而上、先单数孔（单数孔为花管）后双数孔分序施工。施工工艺流程：施工准备→钻孔→清孔→安插钢管→孔内注浆→孔口封堵。

（2）锚杆施工。"先注浆后插杆"锚杆施工工艺流程：施工准备→测量布孔→钻孔→清孔→孔深检查验收→注浆→（锚杆加工）锚杆安装→注浆实密度检测。

（3）挂网＋喷射混凝土施工。喷射混凝土施工分两序进行，初喷施工紧跟开挖作业面，喷射厚度 3～5cm；素喷部位一次喷到设计厚度，挂筋网部位按"喷→网→喷"的程序进行。钢筋网由光圆 $\phi 8$ 钢筋加工而成。钢筋网与锚杆连接要牢固，且尽量紧贴岩面。

（4）钢支撑施工。钢支撑施工工艺流程：钢支撑制作试拼→施工准备→测量定位→现场准备→安装施工→安装连接筋→喷混凝土，然后进行下一循环。钢拱架构件按图纸给定的参数准确下料和弯曲加工，各单元之间采用接头板、螺栓连接。工字钢拱架现场安装时各分段、各榀之间连接牢固。为使工字钢拱架及时承担围岩早期压力，岩体与工字钢拱架缝隙应打设楔块，对称施打并喷混凝土填塞缝隙。

（5）超前小导管施工。小导管自下而上分序施工，单号孔注浆完成再施工双号孔。

（四）技术建议

从垣曲抽水蓄能电站 3#-1 施工支洞施工过程来看，不同岩石结构、不同部位能够因地制宜、针对性地采用不同的支护形式，通过及时监测，动态调整喷、锚、堵等措施，保证了隧洞的施工进度与施工安全。

（中国安能集团第一工程局有限公司　姜长录）

南宁抽水蓄能电站隧道不良地质洞段防排水施工

在隧道不良地质浅埋段穿越冲沟时，受雨季大量地表水、岩体裂隙发育和自稳能力差等因素影响，洞内渗流水较大，可能引发隧道涌水、坍塌、冒顶等安全生产事故，严重制约隧道安全开挖施工。目前隧道防排水主要遵循"防排截堵结合，因地制宜、综合治理"的基本原则，通过南宁抽水蓄能电站六田隧道等多个工程，总结了一套针对隧道不良地质冲沟段的复合式防排水工法，有效提高了隧道开挖安全和质量。

（一）工法特点

针对不良地质浅埋冲沟段隧道开挖，在复合式衬砌结构防水基础上，按照"超前探水、高低有别、防排结合，因情施策"的防排水思路，通过洞外地表水截水引流和洞内超前探水、注浆堵水和引流等复合防排水措施，减少了隧道渗水对矿山法施工洞挖结构影响，有效降低了机械排水耗能，具有适应面广、施工简便、安全性高和环境友好等特点。

（二）工艺原理

在穿越不良地质冲沟段前，先对洞外地表水采用小型截水墙截水、波纹管引流等措施，减少地表水对围岩裂隙水的补给和渗流压力，防止地表冲沟水在洞内形成通道无法封堵；洞内通过超前地质钻探，针对性采用全断面注浆堵水、局部注浆止水、导管引流、集水坑排水结合的方法，结合隧道复合式衬砌自防水结构，减少渗水对隧道开挖和运行期的不良影响。

（三）操作要点

（1）洞外地表水处理工艺流程为：施工准备→场地清表→冲沟水围堵改道→清理基面→砌筑挡水墙→铺设塑料模→波纹管安装→覆土固定圆管→恢复过水。选定隧道下穿处冲沟上游 50～80m，利用机械挖出土方或围起土沟进行截排水；人工辅助挖机进行基面清理，适当平整安装波纹管处场地。采用不低于 C15 混凝土浇筑挡水墙基础，埋深不低于 0.5m，基础宽度不低于 2m，墙宽不低于 1m，墙高视最大水流及圆管尺寸而定。使用砂浆砌筑或混凝土浇筑时应与圆管结合紧密，防止水流渗出。波纹管安装可根据地形弯转角度铺设。并注意坡度，确保排水顺畅。圆管涵安装长度需超过隧道下穿处 30m 以外。

（2）洞内超前物探及综合治理。通过超前地质勘探预报、探测涌水量。每次探水段长 7.5m 开挖 5m，保留 2.5m 开始下一循环探水。探水孔终孔孔径 55mm，钻孔偏角为 10 度。在孔口处安装水表可得到超前探孔探水的涌水量。当有 5 孔出水且总水量大于 10m³/h 时，先进行水泥浆液进行全断面注浆；当探水中出现特大涌水影响后续工作时，采用双液浆机单孔双液灌注止水；当注浆加固范围为开挖轮廓线外 5m，止浆岩盘位于出水段前 2m 时，应对大的裂隙进行封堵，再喷 4cm 厚 C25 混凝土，再结合锚桩布设 A8 钢筋网@20×20cm，复喷混凝土至 20cm 厚。如果止浆岩盘在注浆过程中严重漏浆、跑浆，无法正常注浆时，应在原止浆岩盘上加做 C25 混凝土 1.5m 的止浆墙；当含水量超过 30m 时，注浆后开挖必须留出 2m 作为下一段的止浆岩盘。整个浅埋段含水段注完后，必须保证注浆段超过含水带 5m，确保地下水封堵效果。注浆材料可采用水泥-水玻璃双液浆液，水泥采用 P.O.42.5 普通硅酸盐水泥，水灰比 W/C=0.6～1.1，水玻璃浓度 30-40Be 双液体积比 C/S=0.7～1.4 胶凝时间根据现场情况确定。对于总出水量小于 10m³/h，个别孔出水大于 2m³/h 的地段采用局部注浆方法，注浆范围为开挖轮廓线 5～6m，采用全液压钻孔机呈伞状辐射钻孔，注浆孔径 108mm 外露 20cm；孔口管管口应有法兰盘或外丝口变径接头，以利注浆管和止浆塞的安装。孔口管的孔洞钻凿应使用 A150mm 钻头，周边用麻絮塞紧，固定时应压双液浆。注浆采用双液注浆，逐孔注浆。对于开挖面小股水或裂隙渗漏水部位时在喷混凝土前进行导管引流，保证喷射效果。对于距开挖面 6m 以内的出水部位，手风钻钻孔 3m 深，插入管径 A42mm 花管，梅花型布置，间距 0.5×0.5m，伸出喷混凝面 5cm，将围岩裂缝中的水定向引至排水处。

隧道支护中应按设计做好防水混凝土、防水隔离层、施工缝、变形缝、排水管（沟）排水通畅；同时要加密布设纵向排水管。

（中国安能集团第一工程局有限公司
郝建强　罗小生　谢龙盼）

压力管道长斜井裸岩固结灌浆施工技术

（一）概述

JH 项目压力管道采取斜井布置，斜井轴线与水平夹角 60°，主管径 6.2m。调压室中心线至 1 号岔管中心主管长 828.16m。岔管为 Y 型对称布置，分岔角 74°，一分二，二分四形式。压力管道斜井段管 0+050～0+332.191m 长 282.191m（包括上弯段及下弯段）。其中上、下弯段各长 20.944m，斜井直段长 240.303m。裸岩固结灌浆 2632m。

JH 项目压力管道斜井布置均为斜井上弯段、直线段及斜井下弯段。斜井是整个工程施工难度较大，不安全因素较多的项目。斜井施工按工序分为开挖、裸岩固结灌浆、回填混凝土、回填接触灌浆。斜井裸岩固结灌浆施工时，先进行斜井下弯段施工，再自下而上施工至上弯段。裸岩固结灌浆使用钻孔灌浆台车进行。传统的斜井直线段固结灌浆作业平台车由两台同型号卷扬机牵引，两台卷扬机钢丝绳分别固定在灌浆作业平台车的两侧进行牵引。由于卷扬机的不同步，台车运行过程中易发生倾斜。本工程采用双卷扬矿用绞车作为斜井裸岩固结灌浆的提升设备，矿用绞车较传统卷扬机更安全可靠，更能提高安全系数。

施工中的难点，一是如何通过设备选型计算，选择合理的提升设备，确保设备运行的安全，二是斜井裸岩固结灌浆施工过程中如何确保安全。

（二）施工方法

1. 绞车安装　绞车安装前，须对设备基础进行认真检验。设备基础除用来承受设备全部重量外，还承受和消除因动力作用产生的振动。如基础达不到设计要求，就会产生倾斜、沉陷，甚至导致设备损坏、精度降低，最终停产。

洞内空间较小，吊车无法作业，采用平板车将各部件运至安装面，再用挖机吊装作业。

绞车安装时，在设备机座与基础间加设垫铁，以调整设备标高和水平；也能承担设备重量和拧紧地脚螺栓的预紧力；设备振动也通过垫铁传给基础，以减少设备振动；使设备与基础间有一定空隙，便于二次灌浆。在一定意义上说，设备的平衡性取决于垫铁平稳性。

轨道中心线符合要求，偏差不得大于±50mm。双轨中心线距离上偏差不大于 20mm，下偏差不得大于 10mm。轨距标准为 1.5m，上偏差不得大于+5mm，下偏差不得大于 2mm，弯道要求平滑无硬弯。两条轨道顶面高低差不得大于 5mm。轨缝不得大于 5mm。左右高低偏差不得大于 2mm。同一线路必须使用同一型号轨道。轨道线路和轨面应平、直、齐、顺。所有轨道，轨道接口处不得悬空。斜井轨道使用期间应加强维护，定期检修。

2. 灌浆平台施工方法　在钻孔灌浆施工前，需对斜井上弯段进行清理，并在斜井上弯段平台前端面设置高 1.2m 的安全防护栏杆，确保上平段施工人员的安全。

（1）绞车布置与施工。绞车提升系统沿用斜井开挖支护期间绞车的提升系统。提升设备采用 1 台 4t

双卷筒绞车，牵引两根钢丝绳使运输小车及灌浆平台上、下运行，用于运输灌浆机具至灌浆工作面。

（2）灌浆运输小车。灌浆运输小车采用斜井开挖支护时的运输小车，运输小车已在斜井开挖支护时应用。灌浆运输小车在上平段进行安装。安装完成后利用绞车牵引系统进行牵引，通过绞车提升系统沿轨道下放至斜井直线段。

在灌浆作业平台、运输小车提升、下放过程中，加强管理，控制好平台提升、下放速度，同时斜井井底不允许任何作业。

斜井灌浆完成后，采用钢丝绳先将运输小车及灌浆平台固定在斜井上平段。固定牢固后从上至下进行拆除。拆除顺序为：灌浆平台护栏→平台钢筋网及骨架→运输小车工字钢。

（3）灌浆平台系统。灌浆平台焊接在输运小车上。斜井段开挖支护施工完成后，在压力管道上平段焊接灌浆平台。

斜井灌浆台车上层由Ⅰ14工字钢、ϕ90钢管、ϕ48钢管、ϕ12螺纹钢、5cm厚木板等加工制作而成，为钻孔平台；下层由ϕ12螺纹钢焊接成网格状，为灌浆平台。连接部位均采用双面焊接。平台焊接完成后根据施工需要在上面铺设5cm厚木板并固定牢靠，并在平台周边设1.2m高防护栏杆。斜井坡道上使用的移动式灌浆平台除应有专用牵引系统外，停留在灌浆作业面时，应设置保险绳。保险绳采用2t手动葫芦，灌浆平台上布置3个保险绳吊点。在Ⅳ、Ⅴ类围岩有钢拱架洞段采用钢拱架作为吊点，在Ⅲ类围岩无钢拱架洞段采用砂浆锚杆作为吊点。在灌浆平台两侧安装顶托，防止灌浆时平台晃动。

灌浆作业平台车安装在压力管道上平段进行。平台车的拆除也在压力管道上平段进行。拆除顺序：吊走灌浆设备→拆除平台木板→拆除钢管→拆除工字钢→拆除运输小车。

（三）施工效果

本工程采用双卷扬矿用绞车提升设备，配合灌浆平台，安全有效地完成斜井裸岩固结灌浆。斜井裸岩固结灌浆施工于2023年2月26日开始，2023年5月18日完成。

（中国水利水电第五工程局有限公司　罗福勇）

RM水电站碎削流堆积体岩层浅埋隧道成洞关键技术

RM电站右岸低线公路工程施工区海拔2680m，隧道洞口地质为山体多年冲刷形成的碎削流堆积体覆盖层，堆积体高度约100m，堆积体覆盖层在洞口方向范围约为K0+990.000－K1+033.000m桩号，其余洞段为三叠系中统竹卡组（T2Z）英安岩，地下水类型主要为基岩裂隙水和第四系孔隙水。

在覆盖层范围内设计图纸采用了"先明挖，后掩埋"方式，K1+012　K1+033段进行明挖后设置明洞，在K1+033桩号与暗洞衔接。若按照原设计图纸，施工在将洞口开挖至K1+033桩号，势必会破坏隧道上部堆积体的自身稳定，造成高堆积体垮塌，处理成本将大幅增加，故提出采用提前进洞方式穿越厚碎削流堆积体覆盖层方案。

进洞前，在进洞口顶拱范围120°设置双排超前大管棚，管棚规格ϕ108×6mm，深入岩体5m，环向间距40cm，排距70cm，管棚间搭接不小于1.0m；钻孔过程中套管跟进，同时将套管连接方式改为内连接形式。为预防管棚间局部注浆不密实，在管棚之间加设一排超前小导管，规格为ϕ42、L=3.5m，环向间距40cm；小导管端头加设钻头，在钻进过程中，遇到孤石或碎石密集区时，采用手风钻通过钻杆带动端部钻头，完成小导管钻进施工。

研究项目一种小导管结构获国家实用新型专利授权，一种可钻进式小导管结构获得五小成果三等奖，提高高海拔、高烈度地区浅覆盖层隧道开挖超前小导管一次成孔率获QC成果一等奖，形成了峡谷区碎削流堆积体岩层隧道成洞施工工法。

（华能澜沧江水电股份有限公司　张帆）

易县抽水蓄能电站地下厂房首层快速开挖支护关键技术

河北易县抽水蓄能电站为大（1）型Ⅰ等工程，工程主要由上水库、输水系统、地下厂房及开关站及下水库等建筑物组成。电站地下厂房布置在输水系统中部，主厂房由安装间、主机间和副厂房组成，呈"一"字形布置，副厂房和安装间分别布置在主机间的左、右两端，主厂房断面为城门洞型，总长173.00m，上部开挖宽度25.5m，下部开挖宽度25.00m，最大开挖高度为54.50m。主机间长度为108.50m，机组间距25.50m；厂房地表为官座岭沟，沟两岸山体较雄厚，两侧地形较完整，左岸地形坡度20°～30°，右岸地形坡度30°～40°。地下厂房地表高程340～400m，洞室顶拱上覆岩体厚度130～190m。在电站地下厂房首层开挖过程中，顶拱出现断层、节理、裂隙密集带及蚀变带，多处裂隙交互切割，局部形成不稳定块体，发生掉块。围岩类别按长度计Ⅲ类占比为61%，Ⅳ类占比为39%，尤其在厂右0+070.000～0+137.000段主要以Ⅳ围岩为主。

1. 关键技术

地下厂房开挖支护施工过程中,首层开挖采用中导洞先行、上下游侧洞错距跟进的施工方法,采用新能源电动装备进行施工,减少废气排放,缩短通风排烟时长,践行了地下厂房绿色施工理念。在蚀变及断层发育的顶拱部位,采用新材料预应力树脂-砂浆锚杆和改造的多臂凿岩台车进行钻孔、卷扬机一体式穿索施工工艺进行施工,及时施加浅层及深层预应力,保证了复杂地质条件下顶拱围岩稳定。

(1) 蚀变及断层发育复杂地质条件下地下厂房首层采用中导洞先行、上下游侧洞跟进方式,短进尺、弱爆破、强支护措施进行施工。

(2) 开挖出渣采用 DW3-180 电动多臂凿岩台车、HP3-3015 电动湿喷车、$1m^3$ 电动反铲、$2.3m^3$ 电动装载机、$21m^3$ 电动自卸车、$9m^3$ 电动搅拌运输车等装备进行施工,改善了洞内作业环境,达到了节能、减排、降噪、环保的目的。

(3) 采用预应力树脂-砂浆锚杆($\phi32mm$、$L=9.0m$)施工,既满足了快速施加预应力的要求,又满足了耐久性要求,同时保证了在蚀变及断层发育复杂地质条件下的施工安全。

(4) 为保证地下厂房顶拱围岩稳定在顶拱布置有 169 束 $P=1000kN$、$L=25m$ 的无黏结预应力锚索,采用改造的多臂凿岩台车进行钻孔、卷扬机一体式穿索施工工艺进行锚索施工,加快深层支护进度。

2. 应用情况

易县抽水蓄能电站地下厂房顶拱开挖过程中,采用了新能源设备进行施工,降低了运输作业成本,改善了洞室内作业环境,助力国家"碳达峰、碳中和"目标达成,同时采用预应力树脂-砂浆锚杆进行快速浅层支护,采用改造的多臂凿岩台车进行钻孔、卷扬机一体式穿索施工工艺进行锚索施工,加快了深层支护进度,保证了安全。

(中国水利水电第四工程局有限公司
周艳平　张振伟　熊亮　周效峰　李昌启)

垣曲抽水蓄能电站地下厂房顶拱开挖技术

(一) 工程概况

垣曲抽水蓄能电站由上水库、下水库、地下厂房洞室群、地面开关站、场内交通道路、输水系统等组成,大(1)型工程。主厂房、副厂房开挖尺寸为 156.6m×27.5m×60.2m,顶拱开挖半径 18.75m,顶拱设计高度 6.0m,设计开挖宽度 27.5m。

地下厂房所处位置地层岩性以花岗岩为主,建设位置避开花岗岩侵蚀严重地带及规模较大断层。厂房围岩以微风化-新鲜花岗岩为主,呈整体块状结构,围岩为Ⅰ～Ⅳ类。地下厂房顶拱所在位置存在两条断层,破碎带宽 0.05～0.2m。

(二) 地下厂房顶拱开挖技术要点

1. 顶拱开挖顺序　电站地下厂房第Ⅰ层高度为 10m,主厂房开挖面积 224.08m^2,副厂房开挖面积 221m^2,分三个区域施工。Ⅰ区为导洞开挖,开挖尺寸 10m×10m;Ⅱ区为两侧扩挖,扩挖宽度 8.75m。首先开挖Ⅰ区中导洞,完工后对顶拱预留保护层扩挖施工,再Ⅰ区底板施工,后向上下两侧扩挖施工。

开挖施工程序:测量放样→爆破设计→钻孔→爆破作业→支护择→不良地段施工。

2. 施工准备　顶拱开挖前确保施工用水、用电准备就绪,落实安全防护措施,确保人员、机械设备、作业平台等到位,并对管理和施工人员进行技术交底。

3. 测量放样　测量放样采用全站仪,放出周围孔位及隔孔放线点。洞室开挖放样时,先检查上排炮欠挖情况。如有欠挖立即标注出确切位置,并对测量放线结果进行交底。随着洞室开挖掌子面向前移动,在进洞方向同侧洞壁上每 10m 做一个桩号和高程标记,便于现场人员查看。顶拱开挖施工期间,对所有控制点进行周期性全面检查和复测,保证顶拱开挖施工质量。

4. 爆破设计　洞室开挖前,根据地质条件、围岩性质等进行爆破设计,制定安全的爆破计划,确定周边孔、中孔爆破计划。爆破时遵照爆破图纸中确定的爆破参数进行。在施工中,若爆破效果不理想,可根据现场情况予以调整。

5. 钻孔　钻孔作业前准备好控制孔向工具,确保能在最佳状态下开展钻孔作业。钻孔前对钻孔位置、方向加以确定。指派熟练的钻工进行周边孔和其他爆破孔钻进,钻孔作业需严格按爆破设计图纸进行,钻孔需做到"平、直、齐",钻孔误差不应>5cm,爆破钻孔误差不应>10cm。

对于因前一次爆破而产生倾斜的孔口,采取手工凿孔方式,保证开孔点孔位的准确性。对于孔内超挖大于 5cm 的孔,点位移超过其最大值的一半,可降低两排炮之间的错位高度,提高纵向平整度,降低对围岩的损伤深度,从而保证岩体安全和稳定。

6. 装药、连线、起爆　装药前,先用高压空气冲洗炮眼,并按核准的爆破设计,确保装药数量和起爆次序。爆破中采用乳化炸药,起爆装置使用无电起爆装置。崩落井用 $\phi32mm$ 药筒,连续装填,周围孔用 $\phi32mm$ 药筒,将药筒绑在竹片间隔装置上,间隔装填,将炮眼完全封闭。装填完毕炮手和技术人员重新核对,确定准确无误后疏散全部现场人员和装备，由炮工引爆，完成爆破施工。

7. 支护 主、副厂房的第一层以Ⅲ类围岩为主，其余支护组分主要是随机支护组分和系统锚喷组分。对于Ⅳ类围岩、断层、岩脉和软弱破碎带，视情况进行超前支护，包括锚筋束、管棚、固结灌浆等，具体参数需经现场或试验后确定。

对开挖掌子面Ⅲ类围岩不稳定块体、不利结构面和局部破碎部位，应及时采用随机喷锚支护。基于随机支护，系统喷锚滞后掌子面10~20m。对Ⅳ类围岩应在施工中采用随机、系统两种支护方式，并结合施工中暴露出的地质状况，按设计要求采取加固措施，包括超前锚杆、超前管棚、钢拱架、加固灌浆等。

厂内体系锚固用直径ϕ28，9m/12m普通灰浆锚固。锚固采用多臂钻钻进，孔径ϕ76mm，用M30水泥砂浆灌浆。锚杆由加工厂加工，自卸车运输到工地，手工将其固定在设计平台上，由注浆机注浆。随后采取"先打桩，后灌浆"的施工方法。

8. 不良地质段施工 在地质条件较差的地段，按"提前支护，短进尺，弱爆破""强支护、勤量测"的规定施工。以开挖揭露岩石为依据，结合地质资料，制订有效的施工方案。采用超前锚杆、超前小导管、超前固结灌浆，实现事前控制；采用控制进尺（1.5~2.0m，破碎区域为1.0m），进行事中控制；采用钢拱架、加强网喷支护、锚筋桩等，实现事后控制。

（中国水利水电第三工程局有限公司 何坪）

易县抽水蓄能电站地下厂房顶拱预应力锚索快速施工

河北易县抽水蓄能电站4台可逆机组总装机容量1200MW，地下厂房由安装场、主机间和副厂房组成，呈"一"字形布置，城门洞形总长173.00m；厂房下部宽度为25.00m，上部宽度为25.50m，最大开挖高度54.50m。主厂房、主变室平行布置，净距40m。工程进度计划显示，厂房预应力锚索按常规技术施工将影响整体工期，为确保蓄水和提前半年发电目标实现，研究采用预应力锚索快速施工技术势在必行。

（一）地下厂房地质条件

地下厂房布置在输水系统中部，地表为官座岭沟，上覆岩体厚度130~200m，围岩为燕山期闪长岩，微细粒结构，块状构造，岩质坚硬。厂房区域共出露8条断层破碎带，宽度0.1~1.0m，主要由碎裂岩、蚀变泥组成。其中断层fc1、fc2、fc3、fc9出露在主厂房顶拱部位；断层fc6、fc7、fc8出露在主变洞顶拱部位。厂房区域共出露3条节理密集带。其中Jc1出露在主厂房顶拱部位；Jc2与Jc3出露在主变洞

顶拱部位。厂房区域共发育12组裂隙。其中主厂房4组、主变洞8组。厂房首层顶拱多处发现蚀变现象，集中于桩号厂右0+070m~厂右0+137m一带；揭露有4条蚀变带，分别为Sc1、Sc2、Sc3、Sc5。地下厂房首层顶拱Ⅲ类围岩长度113m，约占61%；Ⅳ类围岩长度72m，约占39%。

（二）预应力锚索快速施工

1. 选择无黏结预应力锚索型式 根据围岩稳定性分析，厂房顶拱主要采用柔性喷锚支护为永久支护结构，以预应力树脂锚杆、预应力砂浆锚杆、预应力锚索等方式进行锚定加固。考虑到洞顶及洞室两侧断层裂隙发育，预应力锚索应快速施工并及早发挥作用。有黏结预应力锚索需要对锚索孔洞先进行预灌浆，使其形成较为完整孔壁后再穿索灌浆，需两次灌浆；无黏结预应力锚索钢绞线外侧包裹层形成自由段，穿索后灌浆一次即可。为了便于快速施工，选择无黏结的预应力锚索作为洞室顶拱断层出露部位的加强支护型式，锚索L=25m，锚固段长7m，设计张拉力为1000kN。

2. 无黏结预应力锚索施工方法 从施工程序分析，要实现快速施工，一是在地质条件差的洞段精准造孔成孔是关键，钻孔设备尤为重要；二是锚索安装要快，安装要采用机械辅助先进安装方法；三是需优化浆液配合比，提高早期强度，缩短张拉时间。①精准钻孔。全站仪测量定位锚索孔位并标记；造孔中应记录该孔孔径、斜度、孔深、钻进速度、岩石颜色、岩石性质等。钻孔结束后应对孔壁进行清洗，保证孔内岩粉等清除干净，复核孔深。对5%的孔位进行实时拍照、声波检查，确认符合规范。钻孔设备采用改造钻臂的DW3-180三臂凿岩台车，孔位偏差≤10cm，孔斜误差≤孔深的2%，穿锚索误差≤1%；终孔深度不得超过设计深度40cm，孔径不小于设计孔径10mm。②锚索安装方法的选择。锚索运输采用专业平板运输车；锚索安装采用机械辅助人工进行安装。锚索安装前应仔细核实其编号，并确保其绑定牢固，锁体和其他配件完好。使用探孔器复查岩孔是否塌孔、堵孔及残留废渣污物。然后在锚索孔两侧预埋ϕ25mm孔深1.5~2m锚杆，将定滑轮通过焊接固定在锚杆上，吊锚索至孔口，把卷扬机钢丝绳一端与锚索体用铅丝绳紧密捆扎（长度60~80cm），卷扬机或手提葫芦将其抬起向孔内送索；人工操纵使其保持轴线一致，送索方向正确。每上升60~80cm，断开铅丝将锚索和牵引钢丝绳分离。钢丝绳作牵引，安全绳辅助。剩余2~3m距离时，使用手提葫芦将锚索精确地投放到孔中。为确保锚索的完整性和稳定性，安装中曲率半径应超过5m。③灌浆浆液配合比的优化。锚索体安装完毕后从进浆管开始灌浆直到回浆管中浆

液完全流出。水泥浆水灰比控制在 0.38～0.45 之间，添加微膨胀剂和早强剂，10 天左右可满足张拉设计要求。可在排气管上安装压力表，以便进行有效的循环灌浆。灌浆压力依据围岩条件设定在 0.3MPa 以下，防止压力过大使裂隙张开，屏浆压力 0.3～0.4MPa，屏浆持续时间 20～30min。在浆液凝固之前再进行补充灌浆。灌浆过程应现场取样，检查浆料抗压强度，从而确定锚索张拉时间。注浆完成前，禁止任何形式的拉伸或移动锚索。封孔灌浆期间，爆破应控制质点振动速度 3～7d 内不超过 1.5cm/s，浆体强度超过 75% 时才能够继续施工，并要求质点的振动速度不得超过 7cm/s。

（三）成果结论

（1）选择有效的锚固方式。针对顶拱存在多个断层及裂隙的复杂地质条件，选择无黏结预应力锚索锚固方式，保证了内锚段质量，取消了二次自由段注浆步骤。

（2）选择适宜的钻孔设备。适宜的钻机对于保证项目的顺利实现至关重要。由于岩体完整性差、钻孔精度高、施工时间短、施工环境狭窄，选择三臂凿岩台车（DW3-180）。

（3）使用先进的锚固技术。鉴于顶拱锚索复杂，不能仅靠人力操作，需采用卷扬机将锚索精确地拉到孔口，最终将锚索稳固地抬起放置于孔底。

（4）优化锚固浆体配合比。浆液里添加灌浆剂和锚固剂，大幅改善预应力锚索的锚固性能，增强内锚段浆液及垫层砂浆的早期强度，大大缩短其等强期，保证了水泥浆或水泥砂浆在 28d 内具备不低于 40MPa 的抗压强度。

针对某县抽水蓄能电站地下厂房地质条件复杂、施工环境狭窄、工期要求紧张特点，提出的施工工艺保证了穹顶锚索质量、加快了锚索施工进度，可为同类工程借鉴。

（中国水利水电第四工程局有限公司　　柳晓龙　郭智荣　中国电建集团西北勘测设计研究院有限公司　李超）

复杂地质地下厂房开挖施工光面爆破技术研究与应用

大渡河干流某水电站为二等大（2）型工程，采用坝式开发，电站安装 4 台单机容量 225MW 的混流式水轮发电机组，总装机容量为 900MW。厂区三大主要洞室地下厂房、主变室和尾闸室平行布置，主厂房、安装间、副厂房呈"一"字形布置。地下厂房结构尺寸为 183.5m×25.3m×64.25m。厂房埋深约 250m，最大主应力 8MPa，属低地应力场。主副厂房围岩为浅灰色中厚层状变质细砂岩夹薄层状变质细砂岩、灰黑色碳质千枚岩，岩体为微新岩体，岩体平均完整性系数为 0.52，顶拱发育有 13 条断层和 3 组优势裂隙。Ⅲ1 类围岩仅占 37.4%，其他为Ⅲ2 类和Ⅳ类围岩。开挖揭示，地下厂房围岩呈碳质千枚岩、薄层砂板岩互层，缓倾角裂隙较多。其中 f31 断层宽度较大，分布有多个小断层，多以顺层为主，充填角砾岩、糜棱岩、断层泥，f20 平缓断层在顶拱圈附近揭露，充填角砾岩、糜棱岩。

（一）初期爆破试验评价

期初爆破试验是从副厂房向主厂房中导洞先行开挖中进行的，共 12 个循环。从光面爆破效果看，仅 2 个循环残孔率达到设计要求的 25%，其余 10 个循环残孔率平均值仅为 13%，远低Ⅳ类围岩残孔率 30% 的招标要求。同时，由于围岩应力释放，光爆面岩石出现掉落，地质超挖现象普遍。

（二）爆破参数优化设计

1. 优化思路　借鉴微量装药软岩光面爆破技术，确立改进思路为：

（1）按硬质岩光爆设计，将周边孔再加密，孔眼密集系数适当调整取 0.7～0.9。

（2）以千枚岩、砂岩松动爆破药量单位耗量为基准，减少光爆层单耗，周边孔采取微量装药结构。

（3）考虑成本控制，周边孔内仍采用直径 32mm 的 2 号乳化炸药，仅用导爆索传爆、电子雷管起爆，尽可能使线装药密度均匀，在底部适当加强药量。

（4）控制光爆层厚度，使其易于脱落。

（5）将直径 32 药卷按分布药量切成段后用食品膜包裹捏细，满足不耦合系数 1.5～2.5，大幅度降低爆炸作用在炮孔壁上的压力，达到提升爆破残孔效果。药卷切割后直径不得小于爆炸临界直径 12～16mm 的规定，以防微量装药后拒爆。

2. 爆破参数设计

（1）孔径：钻孔设备 Y-28 汽腿手风钻钻头直径 $d=42$mm。

（2）孔距：Ⅳ类、Ⅲ2 围岩参照软岩取小值，实际取 $a=35$cm，较常规取值减小了 30%，Ⅲ1 类围岩参照软岩取大值 $a=45$cm。

（3）最小抵抗线 W：根据经验一般光爆层厚度取光爆孔中心距的 1.2 倍，结合实际围岩特性取 0.5m。

（4）线装药密度：因围岩破碎，Ⅲ2、Ⅳ类围岩线装药密度取 60g/m，Ⅲ1 类围岩取 70g/m。

（5）单位岩石耗药量：地下厂房中导洞断面积约 76m²，单位岩石耗药量 0.51kg/m³，光爆层单位岩石耗量 0.25kg/m³。根据设计最大质点振动速度要求，光爆层最大单响药量控制在 10kg 左右。

（6）装药结构：①周边孔内采用竹片+导爆索起爆，不耦合间隔装药，尽量使药卷与炮孔同心或靠主爆区侧壁装药；②分段延迟起爆时间25～50ms；③周边孔单孔装药量120g，其中孔底加强药量为60g，其余60g均匀分布；④最大单响药量控制在10.0kg以内。

（三）改进后爆破效果分析

1. 残孔率明显提升　残孔率能达到60%以上，最高达到79%。Ⅲ类围岩在主变洞厂右0+84.55～厂右0+60.55洞段再次实践残孔率达到85%以上，炮孔残留率、平整度满足设计要求。

2. 超挖及平整度可控　主副厂房最大超挖67.4cm，最小超挖0.2cm，平均超挖22.6cm，不平整度6.1cm；主变室最大超挖53.5cm，最小超挖0.3cm，平均超挖20.4cm，不平整度5.4cm。基本满足设计要求。

3. 最大单响药量与最大质点振动速度　最大单响药量控制在10～15kg时，距爆源中心10m观测点监测数据显示，主厂房及主变洞质点振动速度小于规定的爆破振动最大安全允许值15cm/s。从实测爆破振动波形分析，各段爆破振动基本分隔开，最大峰值质点振速均是由底孔爆破引起的，主变室最大峰值质点振速分别出现在约0.12s和0.16s，主厂房最大峰值质点振速出现在约0.07s，振动峰值没有出现叠加现象。

（四）总结与建议

（1）科学借鉴经验，精心做好爆破设计。严格坚持"一炮一设计"和"一炮一总结"，不断调整和优化爆破参数。

（2）加强对孔位布设和入岩角度测量控制，提高钻孔精度，提升爆后轮廓面的平整度，降低超挖值。做到布孔准确，深度相同，方位及孔斜率一致，开孔位置偏差不大于3cm。

（3）采取微量装药，在满足安全质点振动速度的前提下，周边孔同一段位同时起爆，以保证相邻两孔间应力波有利叠加，提升爆破效果。

（中国电建集团华东勘测设计研究院有限公司
汤光华　魏翔　李磊）

复杂地质条件下地下厂房顶拱开挖质量控制

金川水电站位于四川省阿坝州金川县境内，是大渡河干流规划的第6级电站，上游与双江口水电站衔接、下游为安宁水电站。电站地下厂房安装4台225MW的混流式水轮发电机组，总装机容量900MW。地下厂房总长183.5m，顶拱宽25.3m，厂房区围岩以弱下风化～新鲜岩体为主，局部断层破碎带及其影响带岩体为弱上风化。岩性为T2z2（3）～T2z2（5）岩组，围岩声波测试平均波速为4706.5m/s，岩体平均完整性系数Kv为0.52。地下厂房地段揭露最为发育的5组结构面产状分别为①NW285°～352°、SWZ40°～89°和NW305°～330°、NEZ30°～89°；②NE70°～89°、NWZ30°～89°；③NW310°～350°、NEL80°～89°；④NE80°SEZ13°和NW300°SW26°；⑤NE40°～80°、SEZ80°～89°。另外还发现较多的缓倾角裂隙，如f20破碎带，宽度70～100cm，充填断层角砾岩、糜棱岩，产状NE40°SEL6°，倾向山内，可见迹长90m以上。主厂房Ⅲ1类围岩68.5m约占37.3%，Ⅲ2类围岩64m约占34.9%，Ⅳ1类围岩51m约占27.8%。

（一）质量目标及要点

1. 质量控制目标　炮孔残留率在完整岩石中不少于85%，较完整和完整性差的岩石中不少于60%，较破碎和破碎岩石中不小于25%的要求。对于无衬砌、喷混凝土的平洞允许超挖值为20cm。

2. 质量控制要点　地下洞室顶拱开挖均采用YT-28手风钻造孔，主掏孔以孔间排距、孔深及装药量为质量控制要点，其目的为光爆孔提供可靠的临空面同时不破坏光爆效果。光面爆破孔以孔间排距、孔向、孔深、装药结构、装药量、联网起爆方式为质量控制要点，其目的保证洞室顶拱开挖的半孔率、平整度及超欠挖质量标准。

（二）质量控制措施

1. 布孔及放样　根据实际掌子面测量情况及围岩变化情况设计布孔，精确测量放点。放点自洞室轴线向两侧沿洞轮廓线等间距确定周边孔，隔孔标识后视点及相对超挖值。

2. 钻孔工艺　Y-28汽腿手风钻，孔径42mm，开钻前，通过钢卷尺测量钻杆与后视点的间距，调整开钻角度。

3. 爆破参数及爆破试验　在规模施工前，应根据经验提前确定爆破参数，并选择相似场地进行爆破试验。金川电站地下电站主厂房顶拱开挖前利用中导洞进行了爆破试验，最终确定了顶拱周边孔爆破参数为：周边孔孔径42mm、孔深2m、间距0.35m；掏槽孔深度2.5m、间距0.45m；崩落孔深度2.5m、间距0.8～1.0m；底孔深度2.6m、间距1.0m时，爆破效果最佳。

4. 装药联网　考虑到本工程未采购到φ25的光爆药卷，均为φ32的药卷，主要采取将药卷用刀具切断剖开，底部按照爆破设计药量在竹片插入前端装好，剩余单孔药量按1.5cm长分段切断后，或剖开或捏成长条用保鲜膜裹好，均匀布置竹片上，装药间距可在装药前用标识于竹片上。

（三）成果与总结

（1）通过试验，针对复杂地质条件下，本工程地下洞室爆破孔钻孔参数为：周边孔孔径42mm、孔深2m、间距0.35m；掏槽孔深度2.5m、间距0.45m；崩落孔深度2.5m、间距0.8～1.0m；底孔深度2.6m、间距1.0m时，爆破效果最佳。

（2）通过爆破试验，对周边孔的线装药密度调减至60g/m，底部加强装药量为55g左右，即取线装药密度的0.91倍，较常规实施参数予以适当调低，保证周边孔线装密度尽量均匀，可有效地控制爆轰波对掌子面岩体的冲击破坏；其次对爆破设计装药联网分段数予以增加，减少最大单响药量，减小质点振动速度，可以最大程度的保留爆破后的残孔。针对Ⅳ类围岩最大单响药量控制在10kg以内，一般控制在9kg左右，针对不良地质段最大单响药量控制在7kg以内，一般控制在6kg左右。

（3）通过爆破试验，地下厂房平均超挖由29.6cm降低至16.9cm；开挖半孔率平均值由13%提升至50.45%。超欠挖值和半孔率得到了极大的改善。

（4）通过对地下厂房开挖质量控制，爆破开挖中坚持"一炮一总结"，严密组织，认真总结，全程跟踪，根据各类不同围岩及时对爆破参数及工艺进行调整、改进，保证了爆破开挖质量可控。地下厂房Ⅳ类围岩段爆破后残孔率由原先的12.5%提高到了60%以上，最高达到79%。

综上，针对复杂地质条件下地下洞室联网装药工艺，采用周边孔单孔药量为0.12kg，线装药密度为60g/m，底部0.1m加强装药量0.05kg，孔内采用竹片+导爆索起爆，孔口采用D形电子雷管分段延迟时，爆破效果达到最佳。

（中国电建集团华东勘测设计研究院有限公司
张涛　李磊　周道刚）

叶巴滩水电站尾水出口闸室施工技术

（一）概述

叶巴滩水电站1～2号尾水洞出口设检修闸门室，闸室结构由闸墩（闸室边墙）、底板及横撑连接构成，高32m。闸室末端与明渠段用扭面连接，扭面段及明渠底宽为渐扩式。闸室段长12m，闸室底板宽22.4m，底板厚2m，闸墩边墙底宽4m，顶宽5m，闸底高程2683.5m，闸墩与底板为分离式结构。闸顶平台高程2715.5m，闸顶在闸墩间回填混凝土形成交

通桥。检修闸门孔口尺寸14.4m×14.4m。尾水渠自尾水出口底板高程2685.5m以1：4反坡至尾水渠末端与河道衔接，平面上自闸后扩散延伸入河道。尾水渠底板浇筑长度17m，尾部设挡砂坎。

（二）工程重点难点

施工工期紧，工作面狭窄，存在上下交叉作业，施工难度大。结构尺寸多样，渠道扭面变化较大，施工过程中相关工序增多。施工机械设备及材料等投入多，对现场施工组织要求高。结构预埋件较多，尾水出口闸室连系梁跨度14.4m，底部宽2.5m，梁高3、5m，如何对预埋件保护，保证模板及混凝土内外观面质量，确保连系梁施工期安全是重难点。

（三）施工方法

1. 混凝土施工分块分层　根据尾水出口建筑结构及设计要求，混凝土施工分块主要以混凝土标号、建筑结构，一、二期混凝土界线为分块规则。闸室混凝土为块①，回填混凝土为块②，未占压段渠道混凝土为块③，占压段渠道混凝土为块④，二期混凝土为块⑤。

将每条尾水出口分为相对独立的三部分施工，即闸室混凝土、回填混凝土及明渠混凝土，其中回填混凝土分两序施工。

结合模板的选型考虑模板实用性和经济性。闸室混凝土施工分层以3m层高分层，胸墙和连系梁等特殊部位分层高度根据施工要求和具体情况适当调整。整个尾水出口闸室（含胸墙）混凝土共分11层施工。回填、明渠混凝土根据各部位的结构特点分层高度以3m层高为主。根据机电设备安装要求，门槽二期混凝土作为一个独立单元在相应部位二期埋件完成后进行浇筑，结合仓面的空间环境，门槽二期混凝土的分层高度控制在4～6m。

2. 施工程序　两条尾水出口混凝土施工平行作业，在本仓混凝土浇筑同时，进行其余仓面钢筋安装绑扎，模板安装施工，交错浇筑，达到混凝土不间断施工。

3. 闸室底板混凝土施工　闸室底板混凝土厚2m（2683.5～2685.5），宽11.4m，长12m，一次性浇筑。底板混凝土采用溜管、溜槽入仓。底板浇筑到设计高程表面时用2m的铝合金直尺收面整平。在初凝前人工及时抹面压光，要求局部不平≤6mm。

4. 渠道底板混凝土施工　按分缝线一次浇筑完成，全段长17m，混凝土厚1.04m。封堵模板采用P3015组合钢模板和普通木模板拼装，并采用φ48钢管整体加固，利用拉筋和斜撑固定，人工立模，φ12拉筋加固，顶部采用盖膜。溜管、溜槽入仓，平铺法铺料。

5. 闸室混凝土施工　闸室混凝土浇筑高程

2685.5～2715.5m，高 30m，分 10 层浇筑。层高以 3m 为主，一次性浇筑厚度最大 3.6m。模板为平面翻转大型钢模板（3m×3m）、组合钢模板为主，辅以木模。混凝土以溜管、溜槽、溜桶入仓为主，吊罐、泵送入仓为辅。

连系梁浇筑高度 3m，一次性浇筑施工，严控浇筑速度及高度。

尾水出口闸室连系梁、胸墙混凝土支撑体系采取 $\phi48×3.5$ 钢管满堂脚手架做支撑。满堂架横距 0.6m，纵距 0.6m，步距 1.5m。连系梁满堂架宽 4.5m，长 14.4m，高 15.1m。排架上口布置 T32 调节支撑头，调平后安装 I16 工字钢次梁，次梁上安装连系梁底模。模板用铁丝绑扎在次梁上，并一次铺到位。连系梁及胸墙以上混凝土施工按需安装施工平台。

模板主要采用平面翻转大钢模、组合钢模，辅以木模、胶合板施工。模板用 $\phi12$ 拉筋加固，即在已浇筑混凝土内预埋插筋或连接至初期支护系统锚杆，侧模采用对穿拉筋加固。

第一层连系梁已浇筑完成并满足 28 天龄期后，结合连系梁 2710.5～2715.5m 结构尺寸和施工特点，在第一层连系梁支撑体系基础上搭设满堂支撑脚手架。脚手架按 2700.9～2703.9m、2703.9～2710.5m 高程分两层。第一层脚手架在第一根连系梁两侧，尺寸为 0.6m×0.6m（纵距×横距），步距 1.2m，底部设 18 号工字钢，搭设高度 3m。第二层在第一根连系梁与第二根连系梁间，支撑在已浇混凝土基础上。脚手架底部设 18 号工字钢，将第一层脚手架与第一根连系梁顶部连成整体。工字钢间距 0.6m，工字钢顶部设满堂支撑架，满堂架顶部设 18 号工字钢，0.6m×0.6m（纵距×横距），步距 1.5m，搭设高度 6.6m。

6. 渠道混凝土施工 按分缝线分两部分，全段长 17m，高程 2685.5～2715.5m，端头模板采用平面翻转大型钢模板（3m×3m），圆弧部位及顶部坡面采用 P3015 组合钢模板和普通木模板拼装搭设脚手架施工，混凝土入仓以溜管、溜槽为主。

7. 回填混凝土施工 回填混凝土浇筑高程为 2705～2715.5m，高 10m，分层与闸室混凝土相同，层高为 3m，滞后闸墩混凝土 2 层浇筑。模板主要为平面翻转大型钢模板（3m×3m）为主，辅以普通钢模及木模，入仓以溜管、溜槽、溜桶入仓为主，泵送为辅。

8. 门槽二期混凝土施工 门槽二期混凝土在闸室混凝土完成后浇筑，$\phi150$ 溜管入仓，溜管沿井壁敷设，用拉筋头焊接固定，并按间距 15m 设置缓降器。

（中国安能集团第三工程局有限公司 梁大中）

阜康抽水蓄能电站引水钢岔管施工技术

新疆阜康抽水蓄能电站引水隧洞采用一洞两机布置。引水系统在主厂房轴线上游 70m 处设两个对称"Y"形钢岔管，分岔角 70°，主管直径 4.6m，支管直径 3.2m，设计最大内水压力 840m，钢材采用 Q690E，管壁厚 58mm（主岔），月牙肋板厚 130mm。岔管材质为 790MPa 级，单个引水钢岔管重 43t。钢岔管中心高程 1669.00m。

（一）施工场地布置

1. 天锚布置 施工支洞天锚洞断面为圆形，开口直径 4.5m，顶端直径 1.5m，深 4.5m，天锚洞扩挖时素喷 8cm 厚混凝土。开挖完成后施工砂浆锚杆。检验合格后，其上焊接钢板把锚杆连接起来，形成托架。起重吊耳设在钢板托架上。

2. 卷扬系统布置 在天锚中心沿进洞方向向右侧洞壁上扩挖长 5m，深 4.1m，高度沿洞壁 2.5m 处成 7 度角向内扩挖，并素喷 8cm 厚混凝土。开挖完成后打设卷扬机地锚，即直径 25mm7 根砂浆锚杆。锚杆长 3m，入岩 2.5m。锚杆孔直径 42mm，深 2.5m。

3. 天锚与卷扬机导向锚杆布置 天锚与卷扬机位置确定后，布置天锚与卷扬机间钢丝绳导向，预埋 16 根砂浆锚杆直径 25mm，长 3m，入岩 2.5m。锚杆孔直径 42mm，深 2m。

4. 钢岔管卸车及卷扬机布置 钢岔管拖板车运至地下厂房安装间，安装间 300t 桥机卸至运输台车。用装载机牵引至 4 号支洞口，再用 12t 卷扬机运输至安装位置。岔管轨道运输时，在托架下部设挡块，防止岔管掉轨。

5. 洞内运输轨道布置 铺设安装间段—进厂交通洞—4 号支洞洞口—卸车天锚处的运输轨道，轨道为 60mm×40mm 方钢。高压支管（岔管）段轨道为 I20a 工字钢，间距 2m。轨道在洞内居中布置，其中心线偏差 10mm，高程偏差 ±5mm。

（二）钢岔管整体拼装

1. 钢岔管拼装 钢岔管分 5 个部分：主岔管 C1～C3、主锥管 ③/⑤，在钢管加工厂拼装。管口截面平行于地面，用门式起重机辅助拼装。预装完毕经验收合格后，焊接定位块并做好标识。

2. 钢岔管焊接 钢岔管对称焊接。施焊前确定定位焊点和焊接顺序，从构件受约束较大部位开始焊接，向约束较小处推进。纵缝焊接设引弧和熄弧用的助焊板。定位焊的引弧和熄弧在坡口内进行。多层焊层间接头应错开，焊条电弧焊、半自动气体保护焊和自保护药芯焊丝焊接等的焊道接头错开 25mm 以上，埋弧焊、熔化及自动气体保护焊和自保护药芯焊丝自动焊错开 100mm 以上。

每条焊缝一次连续焊完。因故中断焊接时，应采取防裂措施。焊接层间温度不低于预热温度，高强钢不应高于 200℃。焊缝无损探伤在焊接完成 48h 后进行，水压试验后进行 100% 着色渗透探伤检查。钢岔管拼装、焊接验收合格后，进行水压试验，合格后按要求进行防腐。

（三）钢岔管水压试验

测试内容：水压试验前、后的焊接残余应力测试，水压试验应力测试，钢岔管变形测试，水压试验水量-压力曲线测试及水压试验过程中岔管内水温测试。试验分两个阶段：预压试验和水压试验。水压试验加载采用重复逐级加载，缓慢增压。试验的加载速度以不大于 0.05MPa/min 为宜，每升压 0.5MPa，稳压 10min。

（四）钢岔管运输及就位安装

运输路线：钢岔管装车运输→进厂交通洞→地下厂房 300t 桥机卸车→吊放至运输台车上→装载机牵引至 4 号支洞洞口→4 号支洞卷扬机将钢岔管牵引至安装部位工作面。

安装岔管前对安装位置进行测量放点，控制点位于岔管三个管口的下中位置。由于涉及三个轴向调整，须经过多次调试才能完成。调整时用 12t 卷扬机配合 50t 机械千斤顶及 16t 千斤顶进行。初步调整到位后，采用 I20a 工字钢在岔管下部焊接钢板凳，之后利用千斤顶再进行调整。调整完成后对岔管进行初步加固，加固部位为离岔管各个管口 400mm 处，将其牢固连接在岔管外壁的吊耳与岩壁的锚杆上。严禁直接在岔管外壁加固焊接。加固材料与岩壁接触位置无锚杆，采用型钢将周边锚杆与加固材料可靠连接。

岔管整体安装加固完成后，浇筑混凝土。浇筑过程中在岔管各管口安装百分表，随时监测岔管的位置，保障岔管的安装精度。

岔管焊接工艺按相应材质焊接工艺评定成果的工艺参数进行，岔管现场安装环缝采用焊条电弧焊焊接。环缝焊完后按要求进行外观检查、无损检测及缺陷处理等，并按设计技术要求和 GB 50766—2012 规范要求执行。

（中国水利水电第三工程局有限公司
周若愚 苟美春）

泄水建筑物施工

拉哇水电站泄洪洞灌浆工程 2023 年建设进展情况

（一）工程概况

拉哇水电站枢纽主要由混凝土面板堆石坝、右岸溢洪洞、右岸泄洪洞及放空洞、右岸地下厂房等组成。电站安装 4 台机组，总装机容量 2000MW。

拉哇水电站泄洪放空与生态放水洞布置在金沙江右岸，位于①溢洪洞左侧。泄洪放空洞与生态放水洞采用有压接无压隧洞的型式，由岸塔式进口、有压隧洞段、工作闸门室、无压隧洞段和出口挑流段组成。进口底板高程 2617.500m，进口塔底板基础高程 2612.000m，塔顶高程 2709.000m。弧形工作闸门布置于工作闸门室内，孔口尺寸 10.00m×7.70m（长×宽）。有压洞段为圆形断面，洞径 12m，底坡为 $i=0.001136$，无压洞段为城门洞形断面，标准过流断面尺寸 11m×19m（宽×高），底板综合纵坡 $i=0.074$，出口采用挑流消能。洞身总长 1308m，设 2 条补气平洞、4 条掺气平洞、3 条掺补气竖井和 5 道掺气坎。

（二）泄洪洞灌浆工程

1. 灌浆孔布置形式

（1）有压段灌浆包括有压段有盖重固结灌浆、有压段帷幕段补强搭接固结灌浆及有压段穿大坝帷幕段帷幕灌浆。有压段有盖重固结灌浆呈环形布置，其中进口渐变段（36m）为 A 型布置（排距 2m，入岩 15m）；洞身段（分别长为 103、135、9 8m）为 B 型布置（排距 3m，入岩 8m）；洞身段（另 2 段，分别长为 60、47.6m）为 C 型布置（排距 2m，入岩 8m）；洞身段（另 1 段，12m）及闸室上游渐变段为 D 型布置（排距 1.5m，入岩 8m）。有压段帷幕段补强搭接固结灌浆（5m）有盖重固结灌浆呈环形布置（排距 2m，入岩 12m/16m）。有压段穿大坝帷幕段帷幕灌浆设单排帷幕，共布设 11 孔。

（2）工作闸门室固结灌浆包括下部无盖重固结灌浆（排距 2.5m，入岩 8m）、中部有盖重固结灌浆（上游及左右边墙排距 2.5m，入岩 8m，下游侧排距 2.5m，入岩 18m）、上部无盖重固结灌浆（排距 2.5m，入岩 8m）。

（3）无压段灌浆包括无压段有盖重固结灌浆及无压段有盖重固结灌浆。顶拱线下1m以下及底板固结灌浆为无盖重固结灌浆，环形布置（排距3m，入岩6m）。顶拱线下1m以上为有盖重固结灌浆，环形布置（排距3m，入岩6m）。

2. 主要工程量 有压段有盖重固结灌浆（φ56，L=8m/15m）29730m，工作闸门室有盖重固结灌浆（φ56，L=8m/18m）1238m，工作闸门室无盖重固结灌浆（φ56，L=8m）5864m，无压段无盖重固结灌浆（φ56，L=6m/8m）28044m，无压段有盖重固结灌浆（φ56，L=6m/8m）13046m，有压段帷幕段补强搭接固结灌浆468m，有压段穿大坝帷幕段帷幕灌浆185.78m。总工程量约77922m。

（三）2023年建设进展情况

2023年主要开展了无压段固结灌浆试验，有压段灌浆及工作闸门室固结灌浆，受衬砌及其他工序影响暂未开展灌注施工。无压段位于泄洪放空与生态放水洞泄0+491.000～泄1+308.000部位。

无压段无盖重固结灌浆根据衬砌断面共划分66个灌浆单元进行施工。其中第4单元及第7单元作为固结灌浆试验对比单元进行相关施工试验。第4单元试验区（分段灌注）于2023年4月9日开始施工，2023年4月22日完成施工，随后进行第5、6单元分段灌注施工。根据现场商定进行第7单元试验区（全孔一次灌注）进行对比试验。第7单元于2023年5月10日开始施工，2023年6月8日完成施工。进行施工对比分析后，全部调整为全孔一次灌注施工。无压段无盖重固结灌浆钻孔采用自行式履带锚固钻机，灌浆方式采用"全孔一次灌浆法"循环式灌浆法进行施工。

无压段无盖重固结灌于2023年4月9日开始钻孔灌浆，截至2023年12月31日完成第4单元至第40单元固结灌浆15606m。全年累计投入4台套智能灌浆系统，自行式履带锚固钻机1台套，曲臂式升降台车1台套，FECAutoZJ-800A制浆系统1台套，3SNS灌浆泵8台。

（中国水电基础局有限公司 牟毓 祝鹏）

大石峡水利枢纽工程抗冲耐磨混凝土配合比试验研究

大石峡水利枢纽工程位于新疆阿克苏的库玛拉克河上，主要建筑物有拦河坝、左岸引水发电系统、左岸泄洪建筑物等。拦河坝为混凝土面板砂砾石坝，最大坝高247m，左岸泄洪建筑物由岸边溢洪道、中孔泄洪排沙洞、深孔排沙放空洞和生态放水设施等组成，中孔泄洪排沙洞最大泄量1034m³/s，最大流速44.62m/s。深孔排沙放空洞的有压隧洞内最大流速34.1m/s，泄槽段内最大流速48.52m/s，泄槽末端的最大流速40.4m/s。工程多年平均入库输沙量1.534×104t，多年平均流量154.5m³/s，多年平均含沙量3.15kg/m³，每年7、8月入库沙量占全年的77%，最大日平均含沙量达91.7kg/m³。由于大石峡深孔泄洪排沙放空洞及中孔泄洪排沙洞具有泥沙含量大、泄洪水头高、泄量大、超高速水流、水力条件复杂等特点。排洪洞下游段超高流速时压力较低，易发生空化现象引起过流面磨损和空蚀破坏。混凝土的配合比设计是大石峡水利枢纽工程长期运营的关键因素。

（一）原材料

试验用水泥为阿克苏天山多浪水泥有限责任公司P·MH 42.5中热硅酸盐水泥，粉煤灰为巴州鹏昌工贸有限公司提供的F类I级粉煤灰，硅灰为北京正源益清新材料技术有限公司经销的青海硅灰，减水剂、引气剂为五家渠格辉新材料有限责任公司缓凝型聚羧酸高性能减水剂和引气剂，抗冲耐磨剂为甘肃巨才电力技术有限公司HF剂，抗裂降粘剂为南京瑞迪建设科技有限公司混凝土抗裂降粘剂。微合成纤维采用上海掘燊新材料科技有限公司PP纤维和CE纤维素纤维。相关材料性能指标均满足相关规范及规定技术要求。

试验所使用的细骨料分别为现场骨料破碎的机制砂和外购烟台道勤耐磨有限公司的铸石砂成品。机制砂由工程现场岩石机械破碎制成，母岩为灰黑色中厚层微晶灰岩夹少量薄层微晶灰岩，饱和抗压强度61MPa。表观密度2790kg/m³，饱和面干吸水率1.6%，细度模数3.1；石粉含量10.7%。铸石砂表观密度2980kg/m³，饱和面干吸水率0.1%。

试验使用的粗骨料为工程现场母岩机械破碎成碎石，分为小石和中石两种，岩性相同，粒径范围分别为5～20mm和20～40mm。

（二）抗冲磨混凝土基准配合比试验

泄洪建筑物抗冲磨混凝土有C9055W8F300、C9050W8F300、C40W8F200三个强度等级。针对较高的抗冻等级，初步提出混凝土配合比按含气量为5.0%±0.5%、坍落度出机口50～70mm、最大骨料粒径≤40mm进行设计配合比设计。

1. 混凝土配制强度 结合强度保证率和概率度系数进行配制强度计算。C40和C9050、C9055抗冲磨混凝土配制强度分别为46.4、56.4MPa和63.3MPa。

2. 水胶比 抗冲磨混凝土水胶比应小于0.40。鉴于水泥28、90天胶砂强度分别为55.7MPa和67.5MPa，对于3种强度等级混凝土水胶比初设为0.30～0.40。混凝土抗冲磨技术方案共包括2种胶凝材料组成形式：①单掺 25％粉煤灰；②复掺 25％粉煤灰和 5％硅灰。为进一步确定水胶比，针对"25％粉煤灰""25％粉煤灰＋5％硅灰"两种胶凝材料体系分别设计了 0.30 水胶比、0.34 水胶比、0.38 水胶比等 3 种混凝土，共 6 种混凝土。通过配合比调试，所有混凝土的坍落度为 50～70mm，含气量为 5.0％±0.5％。

3. 配合比其他参数选择　减水剂和引气剂基准掺量分别为 1.0％和 0.1‰；单位用水量 130kg/m³；二级配粗骨料小石与中石比例 45：55；砂率 34％；单掺粉煤灰 25％，硅灰掺量 5％。按照实际配制强度略大于计算配制强度的基本原则，确定 C9055W8F300、C9050W8F300、C40W8F200 配制强度分别为 65MPa（90d）、60MPa（90d）和 49MPa（28d）。利用插值法可计算三者配制强度对应的水胶比。"25％粉煤灰"三方案水胶比分别为 0.31、0.33 和 0.36；"25％粉煤灰＋5％硅灰"三方案的水胶比也是 0.31、0.33 和 0.36。

（三）抗冲磨混凝土性能研究

通过混凝土工作性能检测、抗压强度试验和水下钢球法冲磨试验，主要对抗冲磨混凝土在 5 种抗冲磨技术方案中进行比选：①硅灰＋聚丙烯纤维混凝土（SP55）；②HF 剂混凝土（HF55）；③硅灰＋抗裂降黏剂混凝土（SR55）；④铸石砂混凝土（ZH55）；⑤硅灰＋纤维素纤维混凝土（SCE55）。在坍落度 50～70mm、含气量 5.0％±0.5％、水胶比 0.31 的前提下，对上述 5 种抗冲磨技术方案开展了混凝土配合比优化。

（四）研究成果

试验研究得出如下结论：

（1）对于单掺 25％粉煤灰或复掺"25％粉煤灰＋5％硅灰"的胶凝材料体系，5％±0.5％含气量条件下，C9055W8F300、C9050W8F300、C40W8F200 抗冲磨混凝土的水胶比均分别为 0.31、0.33 和 0.36。

（2）抗冲磨混凝土配合比基准参数，粉煤灰 25％，硅灰 5％，减水剂 1.0％，引气剂 0.1‰，粗骨料小石与中石质量比为 45：55，砂率 34％，用水量 130 kg/m³。

（3）5 种混凝土凝结时间均满足施工要求；SR55 混凝土整体抗压强度和抗压模量略高于其余 4 种。

（4）水下钢球法抗冲磨强度 HF 混凝土为 12.50h/(kg/m²)，铸石砂混凝土较之提高约 20％；掺硅粉三种方案较之提高 39％～49％，"硅粉＋抗裂降粘剂"与"硅粉＋纤维素纤维"抗冲磨性能接近，"硅粉＋PP 纤维"抗冲磨强度最高为 18.62h/(kg·m²)。C9055W8F300 强度等级下抗冲磨性能方面，"硅粉＋聚丙烯纤维"＞"硅粉＋抗裂降黏剂"＞"硅粉＋纤维素纤维"＞铸石砂混凝土＞HF 混凝土。

（中国葛洲坝集团市政工程有限公司　高建福　刘利　褚浩羽　沈伟　新疆维吾尔自治区塔里木河流域大石峡水利枢纽工程建设管理局　钱国文）

碾盘山水利水电枢纽工程施工围堰及导流明渠工程施工

（一）工程概况

湖北省碾盘山水利水电枢纽工程位于湖北省荆门市的钟祥市境内，上距在建的雅口航运枢纽 58km，距丹江口水利枢纽坝址 261km，下距钟祥市区 10km。工程的开发任务为以发电、航运为主，兼顾灌溉、供水，为南水北调中线引江济汉工程良性运行创造条件。

碾盘山枢纽为二等大（2）型工程，正常蓄水位采用 50.72m，装机 180MW，年平均发电量 6.16 亿 kW·h，航道标准为Ⅲ级，船闸设计标准 1000t 级。碾盘山水利水电枢纽工程坝轴线为 NE2°46′51″，从左至右依次布置左岸连接土坝、泄水闸、电站厂房、连接混凝土重力坝（含鱼道）、鱼道及船闸，轴线总长 1200.0m。枢纽为河床式电站，采用围堰一次性拦断河床，左岸河滩地开挖明渠导流。一期先围右岸船闸、厂房、全部 24 孔泄水闸，左岸开挖明渠导流；二期进行左岸连接土坝施工，由右岸已完建的 24 孔泄水闸导流。

（二）施工内容

本标段工程主要建设内容为：导流明渠工程、纵向围堰、上下游横向围堰、施工道路及其他施工临时工程、左岸副坝、汉江堤防连接段、左岸连接土坝段、供水取水口（含土建工程、金属结构制作及安装；电气设备采购及安装）、安全监测及消防工程、施工期环境保护与水土保持工程等。项目于 2019 年完成一期工程，包括导流明渠、纵向围堰、一期上下游横向围堰、左岸副坝及供水取水口工程等。二期工程于 2022 年 6 月开始，主要包括一期上下游横向围堰拆除、导流明渠截流封堵、二期上下游围堰及左岸连接土坝工程。

（三）2023 年度工程进展情况

2023 年本项目主要进行左岸连接土坝的施工，主要包括左岸连接土坝填筑、防渗墙及防护工程。左岸连接土坝坝体左侧为枢纽左坝肩，上游与左岸副坝衔接，下游与汉江干堤相接。大坝右侧与泄水闸衔接。大坝坝顶高程 53.80m，坝底为导流明渠的开挖高程37.92m，受导流明渠通水后的冲刷影响，目前实测坝轴线处最低点高程为27.0m，最大坝高为26.80m，顶宽10m，坝顶临水侧设1.35m高栏杆及电缆沟，背水侧设1.35m高栏杆及排水沟。坝顶设7m宽沥青混凝土路面，路面倾向下游侧，坡度1%，以利排除雨水。大坝上游平台以下与上游围堰及截流戗堤相接，下游平台以下与下游围堰相接。大坝上游坝坡比1∶3，至47.30m高程与上游围堰顶部高程相接。上游采用0.30m厚C20混凝土护坡，混凝土护坡以下设0.15m厚的级配碎石垫层，护坡底部在47.30m平台设1m×1m的C20混凝土脚槽。47.30m平台设35cm厚干砌石护面。大坝下游坝坡为1∶3，50.00m以上为草皮护坡，在50.0m处设贴坡排水，排水顶部宽度1.85m，至47.00m边坡为1∶3，47.00m以下为堆石头棱体，棱体顶部宽度为3m，以1∶2的边坡至43.00m高程。43.0m平台设35cm厚干砌石护面。排水棱体为梯形结构，顶部高程为47.00m，顶宽3m，两侧边坡1∶2，棱体采用块石回填，棱体与大坝回填砂壤土间设三层反滤，分别为中砂、粗砂和砂砾石，分别厚30cm。排水棱体至草皮护坡之间为贴坡排水，采用30cm干砌石，其下设中砂、粗砂和砂砾石三层反滤，分别厚20cm。坝体材料共分为防渗体、坝体填筑和护坡等区，防渗体型式采用混凝土防渗墙。大坝与泄水闸空箱衔接处采用黏土填筑，坝体回填（横0+000～横0+392.9）均采用砂壤土填筑（一期围堰拆除料及导流明渠开挖料）。

（1）左岸连接土坝填筑及防渗墙工程。左岸连接土坝所在二期基坑于2023年1月6日开始抽水，1月22日左岸连接土坝开始坝体填筑，2023年3月27日左岸连接土坝填筑至顶。二期围堰与左右岸一期防渗墙接头处高喷于2023年2月8日开钻，4月15日围堰防渗墙接头处高喷完工。2023年3月30日连接土坝塑性砼防渗墙开工，5月14日连接土坝塑性砼防渗墙完工。枢纽工程于2月14日通过初期蓄水阶段验收，5月5日正式下闸蓄水，6月6日蓄水至初期水位46m。6月26日首台机组正式投产发电。左岸连接土坝完成土方填筑38.7万m³；高喷墙完成钻喷36孔共1186m；塑性混凝土防渗墙11476m²。

（2）左岸连接土坝防护工程。左岸连接土坝上游47.3m平台干砌石护面于2023年6月28日开工，9月4日完工，完成干砌石铺设4554.78m³；左岸连接土坝下游43m平台干砌石护面于2023年7月18日开工，8月22日完工，完成干砌石铺设4392m³。左岸连接土坝迎水侧护坡脚槽于2023年5月20日开始施工，6月20日完成，共浇筑混凝土453m³。护坡面板于2023年10月24日开始施工，目前共浇筑混凝土2799.3m³。

（中国水电基础局有限公司　马文辉）

涔天河工程泄洪洞衬砌混凝土淡水壳菜侵蚀处理防护

（一）概述

湖南省涔天河水库扩建工程导流洞与2号泄洪洞部分结合。检查时发现洞身边墙受到严重腐蚀，其原因是与吸附生物淡水壳菜有关。淡水壳菜的群栖特性和分泌物对混凝土有侵蚀危害和淤积影响，对水泥水化产物有侵蚀分解作用，从而改变混凝土表面特性，加速混凝土碳化和粉化，降低水工建筑物的使用年限。因此，需要对泄洪洞内的淡水壳菜生物侵蚀进行针对性处理。

（二）试验材料

淡水壳菜防治主要有物理防治法、化学防治法、生物防治法等。研究表明环氧树脂类、聚脲类是合适的混凝土表面防附着材料。涔天河扩建工程采用防护涂料保护法处理。

1. 高渗透环氧基液　高渗透环氧底胶是环氧树脂类材料，它由改性环氧树脂、助剂、特殊固化剂组成，初始黏度极低，能渗透到混凝土表面微细缝隙中，对表面形成致密的一体式防水防腐涂层，且黏接强度较高。主要技术指标：抗压强度≥50MPa，抗拉强度≥10MPa，与混凝土黏结强度（干燥面）＞3MPa，与混凝土黏结强度（潮湿面）＞2MPa。

2. 环氧腻子　以环氧树脂、固化剂及特种填料等为基料而制成的高强度、抗冲磨蚀、黏结牢固的新型薄层修补材料。根据现场气候变化和工况可适当调节固化时间。主要技术指标：抗压强度≥60MPa，抗拉强度≥12MPa，与混凝土黏结抗拉强度＞4MPa，抗冲磨强度7h·m²/kg，抗压弹性模量1487MPa，碳化深度0.02mm，抗冲击性10.2kJ/m²，毒性物质（苯）含量合格。

3. 聚脲专用界面剂　具有良好的渗透力，能封闭混凝土基层的水分、气孔以及修正基层表面微小缺陷，固化时间短，可在0～50℃范围内正常固化。界面剂能适用于潮湿基层。性能指标：表干时间≤6h，黏结强度≥2.5MPa。

4. 刮涂聚脲　刮涂聚脲在大气环境作用下发生聚合反应之后即可固化成弹性膜，并对绝大部分基材拥有良好的黏接性和优异防水性、耐冲磨性，产品无毒，符合环保要求。性能指标：固含量≥90%，表干时间≤4h，实干时间≤10h，拉伸强度≥20MPa，断裂伸长率≥350%，低温弯折性≤−30℃，不透水（0.4MPa×2h），黏结强度＞2.5MPa，撕裂强度≥70N/mm，与基层剥离强度≥6N/mm，硬度（邵

A)≥80，耐磨性≤20(1000g/500r)，吸水率<2％。

（三）表面处理方法

2号泄洪洞表面处理不仅修复破损结构，还要对淡水壳菜侵蚀进行防护。对被侵蚀的混凝土表面用环氧腻子修补平整，手刮聚脲进行表面保护。

1. 处理流程　高压水冲洗衬砌表面，清除浆皮和松动骨料→刮涂环氧腻子嵌填密实腐蚀孔洞→在衬砌表面干燥、干净情况下涂刷界面剂→手刮2mm厚聚脲。

（1）初步表面处理。先做基面处理，用电动角磨机或手持式风镐打磨混凝土表面，使其平整度达标。再对混凝土表面渗水缝采用化学灌浆处理。基面处理后清洗干净，再对潮湿处用喷灯烘干或自然风干。

（2）刮涂环氧腻子。取底层基液A组分和B组分各一桶，将B组分倒入A组分桶内，用基液搅拌器搅拌2～3min，基液拌制后，用毛刷或刮板均匀地涂在基面上。基液涂刷要求薄而均匀，不流淌、不漏刷。底漆拌制现拌现用，以免因时间过长而影响涂刷质量，造成材料浪费和黏结质量降低。按比例称取环氧腻子的A组分、B组分，充分拌和均匀，拌和好的环氧腻子应颜色均匀一致。小型抹刀把混凝土面上的气孔、麻面用环氧腻子填满。待上述施工的环氧腻子表干后，用刮刀刮抹第二遍环氧腻子，要求刮抹薄而均匀，以遮住混凝土底色为准。刮抹好的施工层表面要平整无施工抹搭缝。

（3）刮涂聚脲。手刮聚脲前须涂刷聚脲专用界面剂，按比例称取界面剂A组分、B组分，搅拌2～3min，搅拌均匀。根据1h操作时间内滚涂界面剂的总量进行配制。在保证均匀前提下，涂刷界面剂越薄越好。界面剂施工完成后，表干即可分层刮涂聚脲。聚脲总厚2mm，既要足够厚，且要均匀、平整、无流挂、无漏涂、无针孔、无起泡、无开裂。聚脲施工养护期为7天。养护期间的完成面应避免硬物撞击、摩擦等。

2. 注意事项　严禁雨天、大风施工，温度在5℃以上，湿度在85％以下为宜。混凝土基面上的孔洞、麻面应被环氧腻子嵌填密实，表面不平整度满足设计要求。聚脲涂层施工完成后，12h内禁止沾水。聚脲涂层各部位厚度满足设计要求。

（四）处理效果

经处理后，2号泄洪洞内混凝土衬砌表面结构完整，表面光滑，淡水壳菜附着明显减少，防护效果明显。扩建工程已通过竣工验收。

（中国水利水电第三工程局有限公司
田科宏　屈高见　王永周）

金川水电站导流洞进口爆破振动控制和监测

（一）概述

金川水电站导流洞设在右岸，进口底板高程2155m，洞身长1035.75m。导流洞进口开挖支护包括进口边坡、进水塔基坑和导流洞渐变段。进口边坡设3级开挖边坡，马道高程分别为2221、2201m，坡比1∶0.33。2175m以下为垂直坡。开挖边坡总高84m。2165m以下为导流洞进水塔基坑，基坑开挖尺寸长26m×宽24m×深13m。进水塔后渐变段长20m，由矩形渐变为城门洞形，开挖断面宽16.9m×高(20.24～18.70)m。导流洞进口岩性为变质细砂岩夹碳质千枚岩。进水口边坡高陡，岩体深卸荷，岩石破碎裂隙发育，并位于Bxt2倾倒变形体下方，对爆破振动敏感。边坡开挖宜少挖强支护、先坡后洞，且做到随挖随支护。

根据规程规范要求，爆破振动安全允许值可参考《爆破安全规程》中相关规定。实际施工中，往往安全允许质点振动速度取值比允许标准值要小。

（二）规范允许的最大段装药量

爆破工程中常用经验公式：$V = k(Q^{1/3}/R)^a$ 计算质点振动速度 V。由公式可知当通过多次爆破试验采用线性回归得出 a、k 值时，质点振动速度 V 与 Q、R 成一定比例关系。最大段装药量 Q 越大，V 值增大，爆破振动越大，对保护对象危害就越大。规范规定：预裂爆破或光面爆破最大一段起爆药量，不大于50kg；台阶爆破最大一段起爆药量，不大于300kg；邻近设计建基面和设计边坡台阶爆破及缓冲孔爆破最大一段起爆药量，不大于100kg。施工中因地质情况等，单响药量（段装）取值比允许段最大装药量要小，以确保边坡和周边建筑物安全稳定。

（三）导流洞进口开挖

开挖爆破器材包括数码电子雷管、2号岩石乳化炸药（φ32、φ70）、导爆索。

1. 边坡开挖　2021年7月20日，进口3级边坡全部开挖完成。第一级边坡山体很薄，一排预裂孔和几个缓冲孔，预裂爆破开挖。第二级边坡山体较薄，一排预裂孔和几个主爆孔，预裂爆破+液压反铲破碎锤开挖。第三级边坡，液压反铲破碎锤（边坡塌方后不允许爆破开挖）。预裂爆破孔径φ90，孔距80cm，不耦合系数2.81，线装药密度0.18～0.25kg/m。

2. 渐变段（岩塞段）开挖　渐变段上层光爆（循环进尺1m）+预留核心土，中层光爆+拉槽逐孔起爆（单孔单响），下层光爆+拉槽逐孔起爆。

中、下层拉槽开挖爆破：单孔单响，孔装药量 8～14kg，孔间延时 100ms，单耗 0.36～0.42kg/m³。光爆孔线装药密度 0.18～0.22kg/m。

3. 进水塔基坑开挖　采取预裂+逐孔起爆。预裂爆破孔径 $\phi 90$，孔距 80cm，不耦合系数 2.81，线装药密度 0.22～0.30kg/m。主爆孔间排距 2.0/2.5m×2.0m，孔深 5～6m，单孔单响，单响装药量 8～12kg，孔间延时 100ms，单耗 0.35～0.40kg/m³。2021 年 8 月 22 日，导流洞进口渐变段和基坑全部开挖完成。

（四）边坡塌方

2020 年 12 月 26 日第二级边坡坡面塌方。2021 年 3 月 10、20 日开挖边坡开口线外下游侧原公路边坡山体塌方。2021 年 5 月 10 日第三级边坡开挖到 2171m 时，开口线外下游侧原公路边坡塌方，并拉裂已支护边坡。第三级边坡都是开挖 5m 就锚索支护 5m，完成后再往下开挖。

（五）边坡安全监测

对爆破振动及开挖"切脚"后引起的边坡变形/位移，除采用质点振动速度监测外，还采用表观监测棱镜、锚杆应力计、多点位移计和锚索测力计等监测。

1. 边坡表面变形观测　每次塌方发生，表面监测数据都突然增大，表明塌方引起边坡表面变形和位移。控制单响（孔）药量和合理设置孔间微差时间后，渐变段和基坑开挖爆破振动对边坡表面变形/位移影响很小。

2. 多点位移计监测　2021 年 3 月 10 日和 5 月 10 日两次塌方发生，表面监测数据都突然增大，表明塌方引起边坡深层变形和位移。控制单响（孔）药量和合理设置孔间微差时间后，渐变段和基坑开挖爆破振动对边坡深层变形/位移影响很小，边坡趋向安全稳定。

3. 锚索测力计监测　2021 年 3 月 10 日和 5 月 10 日两次塌方发生，表面监测数据突然增大，塌方引起边坡变形导致荷载增加。控制单响药量和合理设置孔间微差时间后，渐变段和基坑开挖爆破振动对边坡深层变形/位移影响很小，边坡趋向安全稳定。截至 2021 年 12 月 8 日，监测数据表明：导流洞进口边坡表面位移、岩石内部位移、锚杆应力及锚索测力计荷载变化均较小，边坡处于相对稳定状态。当然，边坡的安全稳定锚索等支护也起了很大作用。

（中国安能集团第一工程局有限公司　唐浩杰）

旭龙水电站超大断面导流洞围岩支护施工技术

旭龙水电站采用河床一次拦断全年围堰、隧洞导流方式导流，在左岸布置 2 条导流洞，呈"高低、大小"布置。导流洞总长 2759.85m，导流洞进口位于 F2 断层下游侧边缘。

（一）超大断面围岩支护施工技术选择

根据导流洞实际情况，选择以下方法进行导流洞围岩支护。

1. 锚杆支护　采用锚杆钻机成孔，钻孔偏差控制在 10cm 内。钻孔完成后，用高压风将孔内松散的岩粒、粉尘等清理干净。锚杆注浆配合比通过工艺试验确定，并将砂浆干缩率控制在允许范围内。注浆量 Q 按公式 $Q = \pi r^2 L \eta$ 计算。式中 r 为浆液扩散半径，按锚孔中心间距的 0.6～0.7 倍计算，L 为锚孔有效长度，η 为地层孔隙率（Ⅳ、Ⅴ类围岩取 3%～5%，Ⅱ级围岩取 2%～3%，软岩取 1%～2%，堆积体取 12%）。

2. 挂网喷射混凝土支护　系统支护钢筋网片由 $\phi 6$ 光圆钢筋制作，网格尺寸 15cm×15cm。网片紧贴受喷岩面铺设，与锚杆连接牢固。钢筋网保护层初喷 8cm 厚混凝土。喷混凝土支护采用湿喷工艺，喷射作业分段、分片、分层自下而上依次进行，分段长不大于 6m。喷射前将低洼处喷平，再按序往复喷射。洞口段及Ⅳ、Ⅴ类围岩洞身段喷射厚 25cm。

3. 钢拱架支护　导流洞围岩结构破碎且存在断层破碎带，开挖完成后自稳能力差。钢拱架可为周边围岩体提供足够支撑。导流洞设计拱架采用 I20 工字钢，在洞口段及Ⅳ、Ⅴ类围岩中拱架间距 100cm，段与段之间用螺栓连接。I20 工字钢焊接在 20cm×24cm×1.5cm 的钢板上，钢支撑纵向采用钢筋连接。纵向连接筋 $\phi 22$，环向间距 1m。与钢支撑焊接采用双面焊，焊接厚不小于 5mm。钢支撑纵向间距 100cm，$\phi 25$ 锁脚、锁腰锚杆共 8 根。拱架焊接接头焊缝饱满，接头处采用 10cm×10cm 钢板焊接密实。槽钢拱架加工完成后，进行预先试拼，确保拱部半径准确，与拱部平顺贴合；确保拱架横向宽度合格，拱身不发生扭曲变形。试拼误差控制在±3cm 以内，平面翘曲控制在 2cm 以内。

（二）支护效果验证

1. 锚杆锚固效果验证　锚杆对周边岩体的作用分早期、中期、后期，分别起到控制岩体滑动失稳、提供锚固强度及防止下沉，降低围岩位移变形的作用。故用 Midas 有限元分析软件验证锚杆锚固效果时，不可只考虑单一锚杆作用，应考虑整个锚固体锚固作用。利用有限元分析软件分析锚杆长度分别为 4、5、6m 时对锚固体应力的影响。分析结果表明，最大应力均发生于锚杆中部，锚固体长度每增加 1m，锚固体应力增加约 4.5MPa。

2. 喷射混凝土支护效果　导流洞围岩开挖面若

开挖后未及时覆盖，长期与空气接触会导致其力学性质逐步劣化，使导流洞周边围岩稳定性变差。喷混凝土使开挖围岩面与空气隔绝，降低其风化程度，一定程度上可降低因开挖面围岩与隧道涌水接触软化导致土粒子流失。

喷射混凝土会产生抵抗围岩体剥离的附着力和沿接触面的抗阻剪力，在导流洞洞身周边围岩体内形成沿洞身结构的拱状应力带。由此可知，喷射混凝土支护施工需要喷射及时、初凝快、早期强度高，可充分发挥喷射混凝土支护作用。

利用 Midas 有限元软件模拟喷射混凝土不同厚度的工况，分析喷射混凝土支护层在围岩应力作用下的位移及应力变化情况来判定喷射混凝土的支护效果。喷射混凝土采用 C25 混凝土，模拟喷射厚度分别为 15、25cm，可以得到相应的位移和应力变化情况。

分析结果表明，当喷射混凝土厚度为 15cm 时，喷射混凝土层产生的最大应力为 3.69MPa，且在支护拱部及底板部位存在大面积应力分布不均情况，加之喷射混凝土厚度较薄，后期在拱部及底板应力集中处较易发生裂缝，甚至破坏。此工况下，由于围岩体自重应力作用，在拱顶上部 1m 范围内产生最大位移变形 3.27cm，拱顶部喷射混凝土层最大位移变形量为 3.14cm，且向下均匀衰减扩散。当喷射混凝土厚度为 25cm 时，喷射混凝土层与锁脚位置处产生的最大应力为 2.35MPa，相较于厚度 15cm 时，应力扩散更均匀，破坏发生机率较小。同样在拱顶部产生最大位移变形，最大变形量为 2.37cm，相较于 15cm 厚度工况，变形量降低了 24.5%。

（中国安能集团第一工程局有限公司 雷雪）

拉哇水电站泄洪系统工程 2023 年施工情况

（一）概述

拉哇水电站枢纽包括河床混凝土面板堆石坝，右岸溢洪洞，右岸泄洪放空洞，右岸地下输水发电系统。泄洪放空与生态放水洞为有压接无压隧洞，包括岸塔式进口，有压隧洞段，工作闸门室，无压隧洞段和出口挑流段。进口塔塔体尺寸 30m×25m×97m（长×宽×高）。弧形工作闸门布置于工作闸门室内，孔口尺寸 10.0m×7.7m（长×宽）。有压洞段为圆形断面，洞径 12m。无压洞段为城门洞形，标准过流断面 11m×17m（宽×高）。出口采用挑流消能。洞身总长 1308m，设 2 条补气平洞，4 条掺气平洞，3 条掺补气竖井和 5 道掺气坎。

泄洪放空洞与生态放水洞无压洞段纵向轴线为波浪形，沿轴线方向有斜坡段 15 处，平坡段 5 处及掺气坎 5 处。斜坡段坡比不相同，沿轴线方向洞身开挖断面变化大。无压洞段还设 3 处补气圆形竖井。泄洪洞钢筋混凝土衬砌，无压段衬砌厚 1.0～2.0m，衬砌后断面 11.0m×19.0m（宽×高）城门洞形；有压段衬砌厚 1.0～2.5m，衬砌后断面为直径 12m 圆形。泄洪洞无压段顶拱及起拱线下 2m 范围为二级配 C30W8F150，无压段底板及起拱线 2m 下范围二级配为 C_{90}50W8F150；有压段为二级配 C35W10F150；它们均为温控钢筋混凝土衬砌。洞身无压段边墙及顶拱混凝土衬砌，采用边墙及顶拱各一套钢模台车浇筑，泄洪洞有压段采用全圆针梁底拱横向滑模衬砌钢模台车浇筑。后期对无压段掺气坎，闸门室出口渐变段，闸门室进口渐变段及有压段进口渐变段，采用组合及定型钢模板进行浇筑。

（二）工程的特点及难点

①工程规模大，项目多干扰大，质量标准要求高，地质条件复杂，地下洞室复杂。②泄洪洞有压段承受 90m 内水压力，且穿过大坝防渗帷幕，洞室防渗问题突出。③溢洪洞单洞泄流量 4400m³/s，对泄洪系统衬砌混凝土施工质量和平整度要求高。④无压段底板综合纵坡 7.4%，坡度缓、掺气难大，导致无压段体型复杂，故施工质量控制标准高。工作弧门挡水水头约 90m，弧门推力超过 1 万 t。⑤无压段纵轴线为波浪形，衬砌时钢模台车在不同斜坡段的固定难度大。⑥高原上施工，对控制泄洪洞混凝土运输过程中温度及防风措施是重难点。⑦泄洪洞有压段渐变段、圆形洞段底部混凝土施工质量控制是重难点。

（三）施工方案

（1）开挖。分上、中、下三层开挖，上层施工完成后，开挖中层，下层滞后中层 30m。

（2）爆破。开挖中及时绘制断面图，测量放线中及时告知超挖和欠挖情况。

（3）支护。Ⅳ、Ⅴ类围岩稳定性差，掘进中先喷射混凝土封闭，进行系统锚杆施工，再铺设钢筋网，安装型钢拱架，同时喷射第二次混凝土即可满足隧洞开挖安全。

（4）衬砌。泄洪洞无压段浇筑先边墙再顶拱最后底板。边墙常态混凝土，自卸车运输扒渣机配合皮带机及台车布料系统入仓。顶拱泵送混凝土，泵送入仓，堵头采用普通钢模板，局部为木模板。底板自卸车运输扒渣机配合皮带机入仓。有压段衬砌一次浇筑成型，混凝土罐车运输加输送泵入仓，圆形段钢模台车用底部横向滑模，人工平仓、振捣、抹面。

（5）养护。泄洪洞无压段顶拱混凝土初凝后用喷雾剂喷养护剂养护；底板人工洒水养护；边墙挂花管流水养护，按 15L/min 通水流量养护。白天不间断流水，夜间间断流水养护，养护时间不少于 28 天。有压段混凝土浇筑完成且拆除后即开始养护，混凝土上铺设和固定土工布，安装冷却水管，花管流水养护。顶拱压力水人工喷水养护。

（四）已完成工程形象面貌

截至 2023 年底泄洪系统工程完成形象面貌如下：泄洪放空与生态放水洞全线贯通 1308m；泄洪洞无压段边墙混凝土衬砌 184.5m，顶拱混凝土衬砌 50m，有压段混凝土衬砌 12m；泄洪放空与生态放水洞出口交通洞全线贯通 368.195m，并完成全部衬砌；泄洪洞工作闸门室交通洞全线贯通 329.819m；泄洪系统补气洞泄 1 全线贯通 385.041m，并完成衬砌 140m，补气洞泄 2 全线贯通 183.75m；掺气洞泄 1 全线贯通 208.259m，并完成衬砌 90m，掺气洞泄 2 全线贯通 77.651m，并完成衬砌 75m，掺气洞泄 3 全线贯通 129.138m，并完成全部衬砌，掺气洞泄 4 全线贯通 122.343m，并完成全部衬砌；泄洪系统②施工支洞全线贯通 227.3m，泄洪系统④施工支洞全线贯通 27.3m，泄洪系统⑧施工支洞全线贯通 406.1m；泄洪洞无压段④道路上游新增交通洞全线贯通 160m，泄洪洞无压段④道路下游新增交通洞全线贯通 80m，有压段新增交通洞全线贯通 107m；下游河道治理①支洞全线贯通 386.36m，下游河道治理②支洞全线贯通 538.13m，下游河道治理③支洞全线贯通 260.98m；下游河道治理防冲桩完成 363 根；Ⅰ型面板支护区完成支护 422m，Ⅱ型面板支护区完成支护 260m，Ⅲ型面板支护区完成支护 232m，面板混凝土浇筑 52 仓，桩顶连梁浇筑 24 仓；临建场地让通沟 D 区平台综合加工厂及让通沟 B 区平台生活营地建设完成。

（中国安能集团第三工程局有限公司
徐飞　苏冠文）

扎拉水电站导流隧洞及左岸边坡处理技术

扎拉水电站主要施工任务包括左岸近坝库岸防护及左坝肩开挖支护，导流隧洞工程，QD02 倾倒变形体治理工程，场内道路桥梁工程（2 号公路、6 号公路、1-1 号公路、1-2 号公路、大坝下游临时公路桥），进水塔金属结构制造与安装工程。

（一）工程特点及难点

（1）扎拉水电站位于西藏昌都左贡县碧土乡玉曲河下游河段峡谷内，海拔 2600～3000m，对外交通仅 S203 省道可与外部联通，地理位置偏远，电力、交通、通信和医疗等落后，工程物资匮乏。高原地区冬季气温低，昼夜温差大，雨季集中在 6～9 月，有效施工时间短。

（2）项目所处西藏高海拔地区地壳运动活跃，生态环境脆弱。玉曲河为怒江支流，属于怒江流域，怒江为国际河流，对生态环境的保护要求较高。

（3）项目地处西藏少数民族聚居区，当地藏族居民主要信仰藏传佛教。

（4）施工内容较多，上下交叉作业，左岸近坝库岸边坡高度超过 100m。

（二）施工保证措施

（1）合理选择、配置充足的人员和机械，确保满足设计文件对工程工期进度的要求。在设备选型方面，优先考虑选择质量好，效率高的进口机械设备或高原型国产设备。

（2）合理优化施工组织，充分利用有效工期。由于高原特殊的气候条件，现场施工管理必须充分考虑影响施工的各种不利因素，加强现场施工管理预见性。优化施工组织设计方案，结合施工季节性，精心组织，妥善安排好工程各部分、各项目间衔接。工期安排充分利用有效工期进行施工，根据土石方、混凝土等工程的施工特点，合理安排工期。

（3）加强施工措施，保证施工质量。高原地区有特殊水文、气象、气候、地质情况，这些因素直接影响工程施工和工程质量。项目部具有高原水利水电工程施工的丰富经历，对类似工程施工有足够的经验。对高原地区混凝土浇筑施工都有成熟的施工技术措施。

（三）已完工程形象面貌

截至 2023 年 12 月底已完工程情况如下：

（1）生活营地、试验室、钢筋加工厂房、拌和系统全部完成，并通过验收投入使用。

（2）导流洞进水塔 2780m 以上混凝土未浇筑，启闭机及闸门未安装，其余全部完成。进口边坡喷射混凝土 1373.99m³，砂浆锚杆 135 根，锚筋桩 182 束，预应力锚索 20 束，排水孔 100 个，被动防护网 160m²。进口明渠总长 4m，总浇筑量 212m³。出口边坡喷射混凝土 574.66m³，砂浆锚杆 592 根，锚筋桩 158 束，预应力锚索 58 束，排水孔 275 个，被动防护网 500m²，主动防护网 6017.25m²。出口明渠总长 20.483m，总浇筑量 642m³。抛石护坡 634m³，钢筋石笼 676m³。洞身段总计开挖及衬砌 378.4m，开挖总量 38240.68m³，混凝土衬砌 9478.47m³，钢筋制安 888.85t。初期支护挂网喷混凝土 1575.79m³，系统锚杆 3830 根，超前注浆小导管 1730 根，锁脚锚杆 3125 根。排水孔岩石钻孔 2574m，固结灌浆岩石钻孔 3210m，回填灌浆 3751.67m²。

（3）已完成左岸坝肩全部开挖施工，2850m 以上支护全部完成，2835～2850 支护完成 95%，2819.5～2835 支护完成 30%。土石方开挖 845938.33m³，完成 97.41%。混凝土浇筑 7524m³，完成 59.62%。钢筋制安 523.64t，完成 42.5%。系统锚杆 6587 根，完成 70.83%。预应力锚索 14 束，完成 10.23%。排水孔 23639m，完成 75.02%。喷混凝土 2527.33m³，完成 37.75%。植生袋装填 6823.95m²，完成 32.75%。

（4）1-1 号公路完成土石方开挖 412m，完成 74.5%。6 号公路完成上游段浇筑量 90%。1-2 号公路路基开挖及路面拓宽施工已完成，2 号公路路基施工已完成，均具备通车条件。

（5）QD02 施工完成 2844m 以上全部开挖支护，锚筋桩 226 束完成 18.69%，喷混凝土 189.11m³，混凝土浇筑 92.39m³ 完成 11.25%，钢筋制安 8.45t 完成 13.8%。

（中国安能集团第三工程局有限公司　何宇寰）

旭龙水电站大断面导流洞底板裂缝成因分析及处理

（一）导流洞底板施工工艺及现状

旭龙水电站 2 条导流洞洞身平行布置，洞长分别为 1308.18、1446.77m。导流洞混凝土施工把导流洞分为上、下游 2 个工作面同时进行，先底板后边顶拱顺序，采取全幅施工方式。泵送混凝土浇筑，12m³ 搅拌罐车运输，2 台 HBT60 泵入仓，分层台阶法浇筑。分层厚 40～50cm，$\phi50$ 、$\phi70$ 振捣器振捣。底板施工中，埋设冷却水管，用江水冷却。浇筑前和浇筑中以不低于 0.2MPa 压力持续循环通水。

1、2 号导流洞底板浇筑完成后，发现 1 号导流洞底板进口段处有一条横向裂缝，基本垂直于导流洞进口轴线。裂缝长 5.8m，最大缝宽 1.2mm。

（二）底板裂缝成因分析

1. 裂缝形成机理　裂缝原因，一是外部荷载作用在混凝土结构上，结构承受应力超出自身材料极限应力；二是混凝土自身变形，如结构温度变化、混凝土收缩膨胀等导致的结构变形裂缝。

2. 裂缝类型及成因　具体叙述如下：底板混凝土初凝阶段，水分蒸发，结构内水分往表面移动，导致混凝土在塑性阶段体积收缩，形成塑性收缩裂缝；混凝土凝结期间，水泥水化反应释放大量热量，内部温度逐渐升高导致体积膨胀，外部随气温下降导致体积收缩，从而形成温度收缩裂缝；混凝土浇筑完成后，自身强度还未达设计要求就承受荷载或超出其强度等级承受荷载，形成荷载变形裂缝；混凝土结构表

面都会产生微裂缝，这是自身固有属性，通常情况可忽略不计，但当混凝土结构受较大外力作用时，微裂缝将变成宏观裂缝，对混凝土结构产生影响。

（三）裂缝处理措施

1. 裂缝灌浆处理　采用化学灌浆处理。施工工艺：灌浆孔间距 0.8m，沿裂缝两侧各平行布置两排；灌浆孔采用压力水冲洗清孔，水压小于 0.2MPa；采用单孔压水逐孔观察是否渗水或密实，试压压力 0.2MPa；沿裂缝中心线在裂缝顶面凿出宽 0.2m，深 0.1m V 形槽，清理干净槽内后用环氧砂浆回填封闭；采用环氧树脂浆液灌浆，压力 0.3MPa，单孔填压式灌注，注满后即封闭注浆孔；灌浆部位洒水养护 7d 以上。用压水试验检查效果，试验压力从 0.2MPa 逐步提升至 0.3MPa，持压 30min。试验结果所有检查孔吸水率均为 0。

2. 碳纤维布加固补强　裂缝表面用碳纤维布加固补强处理，以防止裂缝扩散。工艺流程如下：基面处理→涂刷底胶→粘贴面修补→粘贴碳纤维布→养护→外表面固化保护。

基面处理时清理干净裂缝表面，并打磨平整，再清理干净表面。在处理范围内，均匀平整地涂刷一层碳纤维底胶，厚度均匀一致。使用修补胶将混凝土结构表面坑洼部位填补平整。按加固范围及尺寸裁剪好碳纤维布，裁剪后在碳纤维布上均匀涂刷一层碳胶溶液，然后根据确定好的加固区粘贴于混凝土结构面，随后用刮板刮平。碳纤维布粘贴完成后，用塑料布覆盖进行养护。养护时间根据环境温度而定，环境温度 10℃ 以下，养护约 2d；环境温度 10～20℃，养护 1～2d；环境温度 20℃ 以上养护 1d。待碳纤维布固化后，在外表面采用砂浆防护层。碳纤维布加固处理完成后，现场检查底板表面没有明显凸起及凹陷，且无任何拉裂现象。混凝土与碳纤维布之间无相对变形。

应力检测结果表明，碳纤维布加固后，混凝土应力大幅度降低，且混凝土应力值远低于碳纤维布。采用碳纤维布加固后，两者整体协同受力，底板表面无相对位移，但碳纤维布弹性模量远大于混凝土，导流洞底板产生变形时，大部分应力由碳纤维布承担。说明碳纤维进行混凝土加固处理，不仅可防止裂缝进一步扩散，还可在变形发生时为混凝土结构承担大部分应力，保证结构整体强度。

3. 混凝土仿生自愈合技术　该技术是一种新型混凝土裂缝处理措施，它效仿生物体组织受创后，分泌或产生某种物质使创伤自动愈合的机理。在混凝土中添加能促进愈合的特殊成分（如含黏接剂的液芯纤维及胶囊），使混凝土内部形成仿生自愈合神经网络系统。混凝土产生裂缝时，这些材料即发挥作用，分泌出黏合纤维使裂缝自行愈合。

4. 后续预防措施　混凝土裂缝预防措施如下：提前分析施工部位的地质情况，对可预见的隐患及时进行处理；从水泥品种、用量、骨料级配和砂率等方面调整混凝土配合比，并严格控制混凝土拌制、浇筑质量；合理使用外加剂，控制混凝土坍落度以及和易性；环境温度较高时，采用必要降温措施，如使用冷水拌和、仓面喷雾降温和避开高温时段施工等；混凝土浇筑完成后及时养护，可采取洒水、蓄水和覆盖等养护措施。

（中国安能集团第一工程局有限公司　项捷）

勐野江水电站改扩建泄洪排沙洞出口闸墩预应力锚索施工

根据水文系列延长后洪水复核结果，勐野江水电站现有泄流能力不足，需将其出口断面由2孔3.5m×5.0m扩建为2孔4.5m×9.0m（宽×高）。工作闸门段长26.94m，分两孔，每孔宽4.5m，中墩厚4.5m，边墩厚4m，底板厚3m。工作门为弧形钢闸门，单扇闸门4.5m×9.0m。闸墩为预应力结构，尾部为预应力混凝土支铰大梁结构，支铰大梁断面5.4m×4.3m。

（一）预应力锚索设计

闸墩预应力锚索均为有黏结预应力锚索，设在混凝土墩体内，分主锚、次锚和平衡锚索。主锚索和平衡锚索设计张拉吨位4300kN。每个边墩靠流道侧设5层、2排水平主锚索；远离流道侧设3层、1排水平平衡锚索。中墩每侧设5层、2排水平主锚索，共40根主锚索、6根平衡锚索。主锚索在立面方向均与闸墩边线方向平行布置，与弧门水推力方向一致，围绕推力方向发散布置，发散角16°。每层锚索夹角4°，各排锚索第一、五层长度20.7m，第三层长21.4m，第二、四层长24.0m。平面上靠流道侧2排锚索与闸墩边线夹角2.2°，非靠流道侧1排平衡锚索与闸墩边线平行。次锚索设计张拉吨位3080kN，沿弧门推力中心线对称水平布置在支铰大梁处，次锚索按4层、3排布置，长度20.7m，共12根。

（二）预应力锚索施工

1. 施工流程　测量→预埋件安装→闸墩混凝土浇筑→编索、穿索→锚索张拉→管道灌浆→锚头保护。

2. 预埋件安装、固定　锚索预埋件包括锚垫板、螺旋筋、预埋钢管。在闸墩混凝土浇筑前安装锚索预埋件。锚垫板、预埋钢管应架立牢固，按设计锚索方向安放。锚垫板中心与预埋钢管中心对齐，偏差不得大于0.5mm。锚垫板端面与预埋钢管轴线正交，偏

差不得超过0.5°。严控锚垫板中心、预埋管中心位置，与给定点位间误差控制在3mm内。混凝土浇筑完成前，检查孔道，封堵处理，并保持浇筑阶段管道稳定与安全。

3. 编索、穿索　主锚索由24根φ15.7mm钢绞线构成，次锚索由17根φ15.7mm钢绞线构成，平衡锚索由24根φ15.7mm钢绞线构成。钢绞线下料长度计算如下：主锚索、平衡锚索钢绞线下料长度＝计算长度＋2.5m（工作锚厚度＋张拉千斤顶工作长度＋钢绞线预留长度）；次锚索钢绞线下料长度＝计算长度＋1.5m（工作锚厚度＋张拉千斤顶工作长度＋钢绞线预留长度）。检查合格后发放许可证。混凝土龄期28d后进行锚索穿索。穿索前检查孔编号、锚索编号。入孔前，需穿牵引绳。锚索穿锚施工材料用吊车吊运，锚索安装采用搭设钢管排架施工。分别在支铰大梁左、中、右闸墩外侧搭设宽3m、长4m、高4m排架进行闸墩预留孔部位锚索施工；支铰大梁右边墩右侧搭设宽4m、长4m、高4m排架进行闸墩预留孔部位锚索施工。排架钢管直径4.8cm，排架立杆间距1.5m，水平连接杆间距1.5m，排架顶部铺设5cm厚木板作为施工平台。

4. 锚索张拉

（1）锚夹具安装。安装测力计（用于需进行应力监测锚索），测力计与工作锚板同步安装，且与锚索孔道对中。依次安装好工作锚板、夹片和限位板，工作锚板、工具锚板均应按孔位编号进行钢绞线穿孔。安装千斤顶前检查工作锚板安装情况，工作锚与孔道对中情况及锚孔中夹片数量，再依次安装液压顶压器、千斤顶，千斤顶尾部安装工具锚板。

（2）锚索张拉顺序。闸墩和支铰大梁混凝土强度达设计强度后进行锚索张拉。主锚束一端张拉、另一端固定。固定端设在上游闸墩预留锚洞内，张拉端设在下游支铰大梁位置（封孔灌浆前，预应力损失超设计张拉力10%时补偿张拉）。次锚束支铰大梁一侧（靠山侧）固定，另一侧张拉（封孔注浆前，预应力损失超设计张拉力10%时补偿张拉）。闸墩张拉应保证结构受力均衡。张拉顺序从中心由内向四周对称、跳束、分序同步张拉，先张拉次锚索，再张拉主锚索。

（3）锚索张拉。张拉端在上游闸墩张拉预留锚固洞内。优先选择有永久观测设备的闸墩进行张拉。预紧时逐根张拉钢绞线，所有锚索全部预紧完毕后，方可整束张拉。锚索张拉力分级施加，逐级增加至超张拉荷载，持荷10min后锁定。超张拉吨位：闸墩主锚索和平衡锚索4550kN/每束；次锚索3270kN/每束。设计张拉吨位：主锚索与平衡锚索4300kN/每束，次锚索3080kN/每束。

5. 管道灌浆　张拉完毕后 3d 内灌浆，灌前清洁孔道。灌浆用水泥为 42.5 普通硅酸盐水泥，水灰比 ≤0.4。主锚索灌浆从上游闸墩张拉预留锚洞处进浆，待下游锚块端出浆浓度与进浆浓度一致时屏浆。屏浆压力 0.3MPa，30min 后打开放浆口，放浆 5min 后第二次屏浆。第二次屏浆 20min，再打开放浆管放浆，5min 后封闭进浆和放浆孔口，灌浆完毕。

6. 锚头二期混凝土浇筑、上游闸墩锚洞封堵　锚头二期混凝土浇筑及上游闸墩锚洞封堵在管道灌浆后进行，锚洞内钢绞线端头不切除。浇筑前端面混凝土凿毛，清除端面、支承垫板、锚头上水泥浆等。闸墩锚洞回填 C35 微膨胀混凝土，回填前老混凝土面打毛。浇筑时锚具处混凝土必须密实。浇筑完成后及时养护。低温季节及遭遇寒潮时采取保温措施。

7. 实施效果　2023 年 1～6 月测力计监测数据分析表明，预应力锚索所受载荷整体稳定，闸门等在运行过程中未出现异常情况，闸墩、支铰大梁安全稳定。

（中国安能集团第一工程局有限公司　张义超）

基 础 处 理

双江口水电站灌浆工程 2023 年建设进展情况

双江口水电站为坝式开发，水库总库容 28.97 亿 m^3，电站装机容量 2000MW，为一等大（1）型工程，由拦河大坝、泄洪建筑物、引水发电系统等组成。拦河大坝为砾石土心墙堆石坝，最大坝高 315m，坝顶高程 2510m，坝体填筑总量 4400 万 m^3。

（一）灌浆工程概述

1. 灌浆工程主要工作内容

（1）左岸坝肩基础及地下厂房（地下厂房简称"厂区"）、河床及右岸坝肩基础的帷幕灌浆。其中竖井泄洪洞，运行期生态供水洞，1 号导流洞，施工期生态供水洞，2 号导流洞，放空洞，深孔泄洪洞为封堵段搭接帷幕灌浆；左右岸各层坝肩灌浆平洞，厂区灌浆平洞，左岸坝肩岸坡廊道，河床廊道和右岸 2390m 高程以下岸坡廊道底板的固结灌浆施工。

（2）左岸坝肩在 2510、2450、2395、2340、2280m 高程设 5 层帷幕灌浆平洞。立面上帷幕总深度为 403m，最大主帷幕灌浆孔入岩深度约 93m。厂区与左岸坝肩灌浆平洞对应，从 2280m 至 2510m，共设 5 层灌浆平洞，从下至上依次编号为 ZG5～ZG1。

（3）右岸坝肩在 2510、2450、2390、2330、2280、2204m 高程设 6 层帷幕灌浆平洞。立面上帷幕总深度为 420m，从下至上依次编号为 YG6～YG1。

2. 灌浆参数　左右岸坝肩 2450m 高程以上布置 1 排主帷幕灌浆孔，孔距 1.5m；2450m 高程及以下灌浆平洞设 2 排主帷幕灌浆孔，间距 2m，排距 1.5m，梅花型交错布置；2450m 高程及以下三角区设 2 排主帷幕灌浆孔，间、排距 1.5m，梅花型交错布置。最大主帷幕灌浆孔入岩深 93m，位于左岸靠河床部位，左右岸坝肩其他部位主帷幕灌浆孔入岩深 13～93m。三角区帷幕孔，左岸坝肩 2510m 高程 "Z1'-ZG1-Z3" 间的非直孔帷幕孔角度及开孔位置根据现场情况调整，但须保证帷幕连续，不得出现开叉不连续现象。其余部位帷幕灌浆，当下层有灌浆平洞时，帷幕孔向上游倾斜 5°，无下层灌浆平洞时，采用铅直灌浆孔。每层帷幕灌浆灌至下层灌浆平洞底板以下 5m 或灌浆底线。帷幕灌浆压力设计值见表 1。

表 1　　　　　　　帷幕灌浆压力设计值（MPa）

段次	I 序孔		II 序孔		III 序孔	
	起始压力	目标压力	起始压力	目标压力	起始压力	目标压力
第 1 段	0.6	1	0.8	1.2	1	1.5
第 2 段	1	1.5	1.2	2	1.5	2
第 3 段	1.5	2	2	2.5	2	2.5
第 4 段	2.5	3	3	3.5	3	3.5
第 5 段	3	3.5	3.5	4	3.5	4
第 6 段	3.5	4	4	4.5	4	4.5

续表

段次	I 序孔		II 序孔		III 序孔	
	起始压力	目标压力	起始压力	目标压力	起始压力	目标压力
第 7 段	4	4.5	4.5	5	4.5	5
第 8 段	4.5	5	5	5.5	5	5.5
第 9 段及以下	5	5.5	5.5	5.5	5.5	5.5

3. 主要工程量　固结灌浆 12847.7m，搭接帷幕灌浆 87085m，主帷幕灌浆约为 311173m，总灌浆量 411105.7m。

（二）2023 年建设进展情况

2023 年度主要开展 ZG5 灌浆平洞及以下三角区，ZG4 灌浆平洞及以下三角区，CG5 灌浆平洞，CG4 灌浆平洞，CG3 灌浆平洞，YG6 灌浆平洞，YG5 灌浆平洞，YG4 灌浆平洞及以下三角区，压力管道阻水帷幕，竖井泄洪洞阻水帷幕，深孔泄洪洞阻水帷幕施工。

根据业主下发的双江口水电站帷幕灌浆工程 2023 年度目标计划完成各类灌浆 120000m，截至 2023 年 12 月 31 日，帷幕灌浆标完成各类灌浆 120483.04m，完成率 100.40%。自开工以来已累计完成固结灌浆 8056.7m，占固结灌浆总量的 62.7%；累计完成搭接帷幕 51643.6m，占搭接灌浆总量的 59.3%；累计完成主帷幕灌浆 127058.4m，占主帷幕灌浆总量的 40.8%。累计完成各类灌浆 186758.7m，占总设计量的 45.4%，满足总体进度计划要求。

各部位施工进度统计见表 2。

表 2　　　　　　　　　　　各部位施工进度统计

部位	设计工程量（m）	完成工程量（m）	剩余工程量（m）	形象面貌
ZG3	17689	0	17689	ZG3 三角区未交面，根据情况启动三角区临建施工
CG3	26072	5000	21072	搭接灌浆基本完成
ZG4	24245	7600	16645	搭接灌浆基本完成
CG4	28451	26472	1979	剩余主帷幕
ZG5	43884	36527	6882	1 号导流洞、生态洞影响区不具备条件，三角区剩余 3772m
CG5	29677	28222	1455	1455m 为压力管道交通洞对应部位不具备施工条件
YG3	25163	0	25163	YG3 未交面，根据交面情况启动临建施工
YG4	19316	18931	385	剩余过坝交通洞未施工，根据情况启动 F1 断层化学灌浆
YG5	31844	27528	4316	剩余三角区未施工，已启动三角区临建施工
YG6	44789	44136	653	F1 断层水泥灌浆剩余 653m，根据情况启动 F1 断层化学灌浆

（中国水电基础局有限公司　姚福拴　徐文峰）

洪水河水库砂质泥岩地层固结灌浆压力精细化质量控制创新技术

洪水河水库位于甘肃省酒泉市肃州区以南的洪水河干流上，大坝为沥青混凝土心墙砂砾石坝，坝高 82.4m，水库总库容 4910 万 m³，兴利库容为 3510 万 m³，属 III 等中型工程。水库大坝按 2 级建筑物设计。大坝基础为砂质泥岩地层，固结灌浆中，若按照常规灌浆压力控制方法，因压力控制不精确易造成地层抬动，严重危害施工质量。为保证灌浆质量及施工进度，经研究决定，将制浆站、灌浆设备布置于大坝上游高程 1892m 平台，灌浆压力自动化采集设备及控制阀均设置在靠近孔口位置（整体装置），以方便精细化控制灌浆压力，并总结出一套泥质岩层固结灌浆的施工方法及参数。

为防止砂质泥岩地层固结灌浆发生抬动，项目成立了固结灌浆质量管理小组，对方案策划组织、技术指导、数据收集以及数据分析等方面进行了详细分工，以确保不断改进工艺措施，提高工程质量。QC活动的开展取得了固结灌浆控制在易操作、经济性及便捷性方面的探索成果。

针对固结灌浆压力采集及控制装置布置位置会存在高差大和距离远，压力误差和管路损失易形成压力采集不准确问题，采取将灌浆现有压力控制及采集装置布置位置挪移至灌浆孔同一高程或在孔口位置设置一个压力控制及采集装置，并采用孔口装置安装控制阀及压力表单人操作控制压力和孔口装置安装压力计自动化记录灌浆压力双重控制措施，实现了仅需1人就可以对灌浆压力进行精准化控制与收集，大大降低了操作难度，减少了人力需求，使控制过程更加简便易行。单人操作模式在灌浆作业环境中具有显著的优势，特别工作地点狭小或人员有限情况下更加明显。

通过项目实施，我们总结出了一种砂质泥岩地层固结灌浆压力精细化控制方法，该固结灌浆采用将灌浆自动化数据收集装置及控制阀均设置在灌浆孔附近进行双重控制，与常规的回浆管单重控制相比灌浆数据的收集及灌浆压力控制更加精细，更加具有易操作性、经济性、便捷性。

（中国水利水电第四工程局有限公司
连瑞雄 王忠海）

枕头坝二级水电站右岸全覆盖层压力分散型预应力锚索施工技术

枕头坝二级水电站位于四川省乐山市金口河城区上游，采用堤坝式开发，主要由左岸非溢流坝段、泄洪闸坝段、河床厂房坝段以及右岸非溢流坝段组成。坝址右岸河床覆盖层总体较深厚，一般为11.30～35.20m，右岸张村沟口处覆盖层厚度最大，厚约47.20m。电站为垂直防渗墙内嵌锚索施工的深基坑，设计了无黏结压力分散型全覆盖层锚索，施工部位为右岸防护墙及抗滑桩，主要包括1000、2000、3000 kN锚索195束，1000kN型采用7束钢绞线3组承载体，2000kN采用14束钢绞线5组承载体，3000KN型采用19束钢绞线6组承载体。通过详细介绍全覆盖层锚索的施工工艺，以期为类似工程提供借鉴。

（一）工程地质条件

坝址区张村沟口以上河段，河床主河道偏右岸，左岸为堆积岸，右岸为冲刷岸。张村沟口河段，受洪积扇堆积侵占河床影响，主河道偏左岸，左岸演变为冲刷岸，右岸演变为堆积岸。因受河岸演变影响，左右岸河床覆盖层分布特性不同。根据河床覆盖层物质组成及颗粒、结构等特征，自下而上将其划分为3层。

含泥砂卵（块）砾石层夹砂：堆积于河谷底部，以粒径3～10cm的块、砾石为主，最大粒径可达40cm，块石颗粒呈棱角-次棱角状，砾石以粗粒为主，颗粒呈不规则次圆状；砂粒多为细砂、粉细砂。该层厚度不大，延伸性较差，骨架连续，结构紧密。

多成因漂卵石、含泥砂碎块石，粉细砂（砂壤土）互层：分布于河床中下部，磨圆度较差，厚度较大，延伸较稳定，漂卵石层粒径一般为5～25cm，最大粒径约50cm，块、碎石层随位置不同分布迥异，细砂、粉细砂层反复出现在该层中，一般多含有10%～20%细砾石，厚度以0.15～0.85m为主，局部段2.5m，最大砂层厚度可达9.20m，薄层状、透镜体构造，与含泥碎块石"共生"堆积。

现代河流漂卵石层：分布于坝址区河床及其两侧高低漫滩或Ⅰ级阶地，由漂卵石夹砂、砾质砂、砂质结构构成，分选性好，卵砾石多呈浑圆状或半浑圆状。该层厚度一般4.00～12.20m，其顶面高程578.00m，底面高程565.80m。

（二）锚索生产性试验

选取该区域有测力计的锚索作为试验锚索，具体为M233、M235锚索。试验锚索均为单孔多锚头锚索，承压板级数6级，设计吨位3000kN，锁定吨位1450kN，钻孔直径190mm，钻孔深度54m，钻孔倾角15°，钢绞线19根；M233、M235锚索锚固段长度分别为31、9m，固结灌浆水灰比均为0.45～0.50。

1. 锚索造孔 先直钎造孔破除预埋钢管外侧混凝土，然后采用φ178mm偏心跟管钻具跟φ194mm套管护壁成孔，过程中遇孤石则换直钎（ND55A）冲击器造孔，打穿孤石后换偏心钻具钻进。开孔时，在设计孔位搭设钢管固定钻机，复核钻机钻具轴线倾角与方位角；必要时在钻杆上安装扶正器、防卡器等；钻孔应遵循"小钻压、低转速、短回次、多排粉"的原则钻进，避免卡钻及重复破碎。如遇岩体破碎或地下水渗漏严重，可进行灌浆固结及阻水；钻进应做好记录，为判断孔内地质条件提供依据。一组采用3000kN传统拉力型锚索，直接钻进至基岩；二组采用3000kN压力分散型锚索，锚索总长54m，锚固段长31m，按6级分级（4-3-3-3-3-3）。实施过程中，由于M235孔深90m未见基岩，经参建各方现场确定，MD233采用孔深54m。跟管造孔至设计孔深，下锚索包括套管，锚固段灌浆。MD233（7号桩）试验锚索灌浆总量42.8t。M235（11号桩）采用

60m、3000kN压力分散型锚索，施工方法：跟管造孔至设计孔深，下注浆管（至少两根），拔出锚固段套管，锚固段灌浆。MD235（11号桩）试验锚索灌浆总量14.895t。

2. 试验成果及分析 锚索测力计监测情况分析表明，张拉完成后，以3d损失率为是否需进行补偿张拉的条件，锚索预应力损失未超过设计张拉力的10％，不需要进行补偿张拉。同时持续监测表明，试验锚索施工工艺合理，满足规范及设计要求。

（三）全覆盖层锚索实施情况

已完成全覆盖层锚索钻孔均采用全段跟管跟进造孔，然后下锚索（包括灌浆管），拔出锚固段套管。实际灌浆量42.9～111.22L/m，平均灌浆量在理论灌浆的2倍左右（理论灌浆量为32.26～34.27L/m）；锚索张拉采用单根分组分级张拉施工工艺；经监测，3个月锚索测力计累计变化量为 4.98～31kN，监测数据稳定无异常，满足设计及规范要求。

（四）成果总结

针对覆盖层压力分散型预应力锚索锚固段施工，采用先跟管造孔，再拔出锚固段跟管进行固壁灌浆的方式以利于锚索成孔，在一定程度上减少了锚索灌浆工程量。按要求留存外锚头锚具外的钢绞线保护外锚头，采用刚性保护或柔性保护方式实施。施工开挖边坡稳定，防护墙土压力计、锚索测力计、钢筋计等监测表明，覆盖层锚索为垂直防渗墙内垂直覆盖层边坡开挖提供了有利条件，实现了设计意图，可以为类似工程提供借鉴。

（中国安能集团第一工程局有限公司 陈力军）

狮子坪大坝隐患治理坝基灌浆及超深防渗墙关键技术应用

狮子坪水电站位于四川省阿坝州理县，是杂谷脑河的龙头电站，首部枢纽由大坝、泄洪放空洞及电站取水口等组成，属Ⅱ等大（2）型工程，地震设防烈度8度。水库死水位2460m，正常水位2540m，总库容1.327亿m³，电站装机容量195MW。大坝为砾石土心墙堆石坝，最大坝高136m。坝基覆盖层最深100.8m，采用混凝土防渗墙+两岸基岩帷幕防渗。2017年水库二期蓄水以来，大坝出现坝体变形大、心墙防渗差、坝基廊道偏转且压剪破坏、裂缝及渗水量增大等问题。2019年4月被国家能源局大坝中心认定为重点关注的一般隐患。水电总院组织多轮治理方案评审确定：坝基防渗墙轴线按孔距1.0m、孔深10m灌浆；两侧按孔距0.67m、孔深上游6m、下游15m，倾角3°、9°、15°灌浆。心墙内新建1.2m厚防渗墙，深入覆盖层15m，与坝基防渗墙搭接。

（一）关键技术

1. 廊道加固灌浆 廊道施工承压水头50余m，钻孔涌水涌砂压力高、流量大，且灌浆控制难；覆盖层地质复杂，成孔率低。①钻孔施工。直径108mm、镶铸长1.5m带法兰孔口管，无涌水浓浆镶管，有涌水膜袋灌浆镶管。涌水时用带阀门法兰盘封孔、测水压、流量及涌砂量，水玻璃水玻璃双液浆或速凝抗分散浆材纯压式灌浆阻水，闭浆3～4h再钻进。②灌浆施工。采用纯水泥浆、水泥水玻璃双液浆、速凝抗分散浆材等进行灌注。无涌水涌砂孔段采用纯浆灌注；涌水量、水压较小时，添加聚丙烯酰胺、羟乙基纤维素等增稠剂灌注。倾角15°涌水涌砂孔采用水泥浆液掺加10％～15％水玻璃灌注。倾角9°、3°涌水涌砂孔采用硫铝酸盐水泥添加外加剂的速凝抗分散浆材灌注，以控制浆液初凝时间和增稠抗水流冲刷。纯浆及添加增稠剂均无法封堵时更换速凝浆材；仍不能封堵时灌注双液浆浆液。双液浆流量超过60L/min时限流灌注，双液浆注入率小15L/min时纯浆灌至结束。

2. 超深防渗墙 新建防渗墙与坝基防渗墙轴线间距6.1m，与廊道净距仅2.75m，最大深度150m；心墙局部松散架空，覆盖层含漂石、大孤石；复杂地质条件导致在设备选型、造孔成槽、清孔、混凝土浇筑及坝基廊道安全等方面均存在极大难度。①设备选型。采用双轮铣+抓斗+旋挖钻+冲击钻等设备组合施工。距廊道20m内采用改型SX50液压双轮铣非振动成槽施工。工程创双轮铣成槽深度150.53m新纪录，验证双轮铣超深防渗墙施工可行性及优势。②造孔成槽。槽段主孔采用冲击钻配平底钻头施工，采用"钻抓法""钻铣法"和"钻抓铣法"等成槽，MMH正电胶泥浆护壁。槽墙下布设高压旋喷桩或预灌浓浆技术解决砂卵石层架空、高水位施工漏浆、塌孔等难题。工程拔管灌浆钻灌143m深度打破了国内深厚覆盖层拔管灌浆施工纪录。③孔斜控制。设计允许偏斜率0.2％。采取加大检测频率、地质变化处减缓钻进、钻头焊钢筋及反方向焊耐磨块、加装孔口限位或回填石料等措施及时纠偏；抓斗和双轮铣实时监测孔深孔斜等，及时启用纠偏装置保证孔斜。④清孔。采用气举反循环法清孔，将孔底浆渣排出，孔口分离，使泥浆含砂量满足设计≤2％的要求；浇筑前沉淀超标二次清孔；浇筑中泥浆稠度变大、含砂量增加，再次清孔。⑤混凝土浇筑。单槽混凝土最大方量超过1300m³，浇筑时间长，为防止出现混浆、堵管、埋管等，配备足够能力的拌和、运输设备和备用电源，保证混凝土连续供料；对下料导管进行水密性检测，浇筑中控制导管提升速度和埋深。⑥墙段连接。采用接头管法施工，接头孔形好，浇筑前采用钢丝刷进行接头刷洗,确保两期混凝土紧密结合。接头管采用"限压拔管法"、智能拔管等技术,保证连接质量。

3. 搭接灌浆　新建防渗墙与坝基防渗墙之间沿坝轴线布置 10 排孔距 2.0m、孔深 4～20m 的辐射状孔帷幕灌浆。

(二)治理效果

经取芯、压水、声波、孔内摄像及弹性波 CT 等物探检测,灌浆及防渗墙质量均满足设计及规范要求。治理后,廊道渗水量由 16.5L/s 降至 0.3L/s,降幅 98%。下堆石区及压重区渗压计水位明显降低,坝基扬压力水位最大降低 93.71m,防渗墙后渗压计最大降低 35.23m。综合检测和监测表明,大坝各部位变形量均较小,变形趋势符合一般规律,大坝隐患治理效果明显,防渗系统防渗效果良好,目前大坝运行正常。

(中国华电集团有限公司　刘鹏　胡德春)

TB 水电站智能灌浆施工关键技术

(一)工程概况

TB 水电站位于云南省迪庆州维西县中路乡境内,是澜沧江干流上游(云南段)河段规划的第四个梯级,其上游梯级为里底水电站,下游梯级为黄登水电站。澜沧江上游梯级沿江公路从 TB 水电站左坝头经过,可以通往大理等地,距维西县城、香格里拉(中甸)及昆明市道路里程分别约 56、269、694km。

灌浆工程主要包括大坝帷幕灌浆、固结灌浆和接触灌浆以及各洞室的顶拱回填灌浆、堵头固结灌浆、接触灌浆和接缝灌浆施工。帷幕灌浆设计工程量 6.03 万 m,固结灌浆设计工程量 5.99 万 m,接触灌浆设计工程量 1.95 万 m^3。

(二)智能灌浆系统布置

1. 自动制浆控制系统　为满足灌浆施工要求,左右岸坝顶 1740m 高程分别布置一个集中制浆站,每个制浆站各配置 3 套 XG-HZJ-80 自动制浆控制系统。该制浆控制系统实现输灰、计量、制浆、输浆、记录的自动化,及数据自动存储等。

2. 智能灌浆控制系统　为满足 TB 水电站大坝坝基河床段固结灌浆高峰期施工强度,共配置 25 套 IGC-V3.0 型号智能灌浆控制系统。该智能灌浆控制系统由智能控制模型 iGCM、智能灌浆站 iGC 组成,是集压力控制、无级配浆、工艺控制和无线接入云管理平台等功能为一体的智能系统。

3. 智能灌浆管理云平台　云平台布置于左岸坝顶 1740 高程智慧指挥中心大屏,承包人营地,建管局营地电脑客户端。通过收集地质信息,建立地质模型及浆液扩散模拟等手段,实现灌前可灌性分析及灌浆策略智能生成,灌中实时监控和特殊情况识别及策略生成,灌后质量评价及成果分析处理等功能。

(三)主要关键技术和施工工艺

1. 灌前可灌性分析及灌浆策略生成　智能灌浆控制系统作业前(灌前),将钻孔地质资料编录数据,岩体声波值数据,灌前透水率数据,灌浆规范或设计要求控制值及其他灌浆孔的基本参数数据,编录至智能灌浆云平台数据库。通过深度学习算法,线性回归及多元统计等方法进行分析,建立起单位注灰量与透水率、声波值、岩芯三率、地质构造、围岩类别之间的函数关系,推演施工部位的地质情况,模拟优化施工参数和施工过程。

2. 灌中实时监控和特殊情况识别及策略生成

(1)灌浆作业施工现场的基本流程是,钻孔→裂隙冲洗→压水试验→灌浆→封孔,除钻孔外。全过程均由智能灌浆控制系统进行控制,实行自动化灌浆施工。

(2)智能灌浆控制系统一键启动,自动结束。灌浆作业时(灌中),通过智能灌浆控制系统操作平台终端,一键启动智能灌浆控制系统。制浆→输浆→自动配浆→自动调压→自动变浆→特殊情况识别→特殊情况处理→自动结束灌浆,全流程压力 P、流量 Q、密度 ρ、温度 T、抬动 D 信息数据自动采集,并上传至坝顶智慧指挥中心智能灌浆云管理平台大屏幕实时监控。

(3)智能灌浆云平台实时监控。智能灌浆云平台在接收到智能灌浆控制系统信息数据后,实时在智慧指挥中心大屏进行展示。展示信息包括正在灌浆的孔段数量、各段孔号、段次、段长、压力 P、流量 Q、密度 ρ、温度 T、抬动 D、灌前透水率 q 等。

(4)特殊情况识别及策略生成。灌浆过程中智能灌浆控制系统通过对压力 P、流量 Q、密度 ρ、温度 T、抬动 D 各参数关系曲线进行分析,判断出灌浆过程中是否有注入量超大、劈裂、抬动、失水回浓等异常情况,系统自动作出预警并给出具体的参考解决措施。

3. 灌后质量评价及成果分析处理　灌浆作业后(灌后),根据规范及设计要求进行灌后质量检查。检查包括压水试验,岩体波速测试,钻孔录像等。相关检查资料由智能灌浆云管理平台进行数据归集管理，并对该范围的灌浆成果进行分析总结，形成各类数据成果报表。

智能灌浆云管理平台根据施工资料，利用数字孪生技术和BIM，展现还原施工过程，模拟重现浆液在地层中扩散路径，并结合灌后压水试验，岩体波速测试，钻孔录像等资料对灌浆区域进行质量评价。

（中国水利水电第八工程局有限公司　袁枭）

中河水库左坝肩高边坡框格梁施工及其质量缺陷处理

中河水库位于大别山腹地金寨县乌鸡河上。河道长12km，流域面积24.6km²。坝址左坝肩边坡276.0m以上部位分8级马道施工，开挖坡比为1:1。高程316.0m以上部位采用锚索+框格梁支护，高程276.0～316.0m部位采用锚索+长锚杆+框格梁支护。

（一）高边坡框格梁施工

1. 框格梁支护形式　左坝肩高程276.0m以上部位的框格梁分8级边坡浇筑，高程316.0m以上坡面设置C30钢筋混凝土框格梁（断面尺寸60cm×60cm），框格梁节点布置预应力锚索，锚索长度为20～30m，锚固段长8m，进入弱风化岩石内，间排距5m×5m。高程276.0～316.0m坡面设置C30钢筋混凝土框格梁（断面尺寸40cm×40cm），框格梁节点布置D36水泥砂浆锚杆，锚杆长度9m或12m，进入弱风化岩石内，间排距3m×3m，同时每级边坡设置一排预应力锚索，锚索长度为20～30m，锚固段长8m，进入弱风化岩石内，间距6m。左坝肩框格梁浇筑完成后，对高程276.0m以上坡面喷播植草。

2. 高边坡框格梁施工　①调整左坝肩高程346m以上锚墩，在保证锚墩与坡面接触面最小受力面积不变的情况下，将锚墩与坡面接触面由梯形改为正方形（1.65m×1.65m），并顺时针旋转45°，以方便施工。②锚索跟套管钻孔。左坝肩岩体较为松散、破碎，多为泥夹石，在锚索钻孔过程中塌孔现象较为频繁。在高程316.0m以上边坡采用潜孔钻钻孔，直径128mm、壁厚5.5mm、长1m的套管随潜孔钻机跟进。③卷扬机运输材料。施工需要的大量锚杆、模板、混凝土等材料，而左坝肩地势陡峭，垂直高度较大，材料运输极其困难。考虑采用额定拉力为5T的卷扬机，安装在左岸高程276.0m下游侧附近平台处，通过槽钢滑轨运输材料。槽钢作为滑轨按1.5m间距布置，将12#槽钢作为支撑锚固至基岩面，在面层上采用5mm×5mm混凝土层固定槽钢，增加其稳定性。框格梁采用泵送方式浇筑，在C30混凝土中掺入适量早强剂，按照先浇筑竖梁再浇注横梁的顺序依次进行。在混凝土浇筑时，浇筑作业连续进行，边浇筑边振捣。

（二）框格梁外观质量缺陷处理

1. 框格梁外观质量缺陷分类　左坝肩高边坡框格梁在浇筑混凝土后发现部分部位存在外观质量缺陷，包括：蜂窝（表面缺少砂浆造成石子外露大于5mm，但小于保护层厚度）、孔洞（孔穴深度、长度超过保护层厚度）、气泡（浆集比偏小，集料不密实，形成孔隙）、外形缺陷（缺棱掉角、棱角不直、翘曲不平、飞边凸肋）等。

2. 外观质量缺陷原因分析　①蜂窝。配合比不准确、搅拌不均匀、浇筑方法不当、模板严重漏浆等。②孔洞。局部缺少混凝土，骨料粒径过大、钢筋配置过密、混凝土和易性差、分层离析、振捣不实。③气泡。振捣不均匀、振捣时间不够、浇筑过厚、骨料级配不合理等。④外形缺陷。模板浇筑前湿润不够，棱角处混凝土水分被模板吸收，混凝土强度降低，拆模造成棱角损坏；模板接缝不严密，支撑刚度不够造成线条不直。

3. 框格梁缺陷处理措施　①蜂窝处理。将松动的石子凿除，形成2.5～3.0cm深的"U"形槽，冲洗干净，保持修补基面湿润并喷涂水泥浆，预缩砂浆分层填实、木槌拍打捣实；对于外露面，将黑、白水泥掺和均匀，调成原色，抹平表面，4～8h内设专人养护，保湿养护7d。②孔洞处理。将松散的混凝土凿除，顶部凿成斜面，冲洗干净；采用更高一级强度的细石混凝土分层浇筑，捣振密实，初凝前，用1:2的水泥砂浆将其表面抹平。③气泡处理。清除气泡表面薄层，将气泡内污垢乳皮清洗干净；将黑、白水泥掺和均匀，砂浆强度不低于M30，调成原色，对气泡缺陷部位进行修补、抹平并压光；处理后混凝土表面无瑕疵，均匀密实。④外形缺陷处理。若缺陷部位较小，则凿除石子，用钢丝刷洗刷并清水冲洗，水泥砂浆填补抹平；对缺失较大的棱角，凿掉附近混凝土，重新支模，用高强度的细石混凝土填补。

（三）技术建议

高边坡框格梁的施工质量好坏关系到坝肩边坡的稳定，影响主体工程施工进度。中河水库左坝肩框格梁施工及缺陷处理可为后续类似工程施工提供指导。

（中国安能集团第一工程局有限公司　何起　李兴朝　王铭嵩　谷安民）

其　他

大藤峡水利枢纽右岸主体工程混凝土快速施工关键技术

大藤峡水利枢纽工程位于广西桂平珠江流域西江水系的黔江河段末端，水库总库容 34.79×10^8 m^3，8 台 200MW 轴流转浆式水轮发电机组装机容量 1600MW，工程规模 I 等大（1）型。混凝土拦河主坝最大坝高 81.51m，坝顶长 1243.06m。主河床中部布置有 26 孔泄水闸，河床式厂房一左一右分布在泄水闸两侧，左侧布置 3 台机组，右侧布置 5 台机组。右岸主体工程包含 4 孔泄流低孔、1 孔泄流高孔、5 台机组、11 个重力挡水坝段。主厂房长 207.06m，最大宽度 98.85m。顺水流方向依次为发电进水口、主机间、尾水副厂房。混凝土总量 186.39 万 m^3，主体浇筑工期 25 个月。大藤峡水利枢纽河床式厂房结构复杂，混凝土浇筑工期紧、强度高，综合难度大，有必要对混凝土快速施工的关键技术进行研究总结。

（一）施工导流

施工分二期导流。一期导流先围左岸，江水由束窄的右岸河床过流、通航；在一期围堰保护下，施工左岸主体工程；二期导流围右岸，江水由一期建成的左岸 20 孔泄流低孔、1 孔泄流高孔过流；在二期围堰保护下，施工右岸主体工程。

（二）工程难点

（1）厂房坝体结构复杂。每台机组 3 孔进水口、每孔 3 道胸墙、3 个通气孔、3 道门槽，坝体结构异常复杂。进水口闸墩与胸合并浇筑后，单仓混凝土超 1000m^3。

（2）混凝土温控标准高。坝址区常年高温多雨，夏季平均气温 30℃。温控技术要求全年浇筑温控混凝土，允许混凝土浇筑温度 15℃，出机口温度最低为 7℃。

（3）工期紧张强度高。主体混凝土工期 25 个月，受不良地质条件影响开挖滞后 132 天，挡水目标提前 31 天，工期压缩了 163 天。

（4）安全管理难度大。多工种、多专业、多项危大工程同步施工与赶工，安全面临考验。厂房进水口型钢支撑体系、门槽云车、高大排架，均为超规模危大工程。

（三）主要施工关键技术

1. 门槽一期直埋技术　右岸厂房有拦污栅、事故门、检修门，5 台机组总计 45 个门槽。门槽插筋多、空间小、高度大，二期混凝土易分离产生质量缺陷，高排架安全风险高。创造性提出引进 45 台门槽云车作为作业和支撑平台，采用门槽一期直埋工艺同期浇筑。门槽云车高 9m，单台重量 15t，采用 4 台 7.5t 电动葫芦自爬提升，每次 6m。下游侧高精度定位面支撑主轨，上游面螺杆调整装置支撑反轨；门槽固定托架安装在主轨和反轨调节装置的前端。门槽云车施工时段 8.5 个月，节约工期 3 个月。浇筑完成复测门槽精度，均满足规范要求；进水口闸门顺利下闸无卡阻，蓄水后无渗漏。

2. 混凝土入仓技术　右岸工程混凝土月高峰强度近 10 万 m^3，且超 9 万 m^3 强度持续时间 12 个月。为保证入仓强度，布置了 11 台门塔机用于垂直运输，其中泄水闸 3 台，厂房 5 台，安装间 2 台，挡水坝段 1 台。另配置有 4 台布料机、2 条皮带机用于混凝土浇筑。为有效解决中上部混凝土入仓问题，配置 2 台天泵泵送混凝土补充浇筑，经试验研究确定其最高温度标准为 35℃，同时采取控制混凝土胶材用量、缩小仓面冷却水管间距、降低通水水温和智能调节通水流量等措施。右岸工程泵送混凝土约 45 万 m^3，占比 23%。其最高温度符合率 90% 以上，未出现深层裂缝。右岸工程混凝土实现月高峰强度 12.8 万 m^3，2021 年全年 117 万 m^3。

3. 混凝土温控技术　混凝土温控标准提高后，出机口温度从 14℃ 降为 7℃，已建拌和系统骨料一次风冷制冷容量不能满足要求，需增加 200 万 Kcal/h 的制冷容量。改液氨制冷剂为 R507A 制冷，增加 4 台集装箱式氟利昂制冷设备，系统预冷采用地面一次风冷骨料＋拌和楼二次风冷骨料＋冷水＋片冰模式。采用新购的 45 辆保温车运输混凝土。仓面按规定埋设冷却水管，通 8～10℃ 的冷却水，时间不少于 20 天，目标温度 25～26℃。施工采用了智能采集混凝土内部温度，自动控制通水流量的智能通水技术。混凝土表面喷涂 4cm 聚氨酯保温材料。温控数据显示：运输温升 1.5℃，浇筑温升 3.5℃，满足浇筑温度 15℃、最高温度 30～39℃ 要求。检查未发现危害裂缝。

4. 流道全钢衬及分缝优化　将厂房流道全部调

整为钢衬结构，工厂化加工现场安装，不占用现场加工场地并节省备仓时间，流道体型与外观质量大幅提升。在进水口 EL19.95m 高程以上边墩、中墩新增一道施工缝，使闸墩可单独浇筑上升，避免了金结、土建相互制约，为坝顶预制梁、门机梁提前架设、快速形成坝顶交通等创造有利条件。将厂房高程 26.8m 以下左右错峰分缝结构改为直缝，增设缝内键槽和插筋满足缝面连接要求，使得厂房三个区域均可以独立上升，减少施工交叉影响 30 天左右。

（四）结束语

大藤峡右岸主体工程 2020 年 9 月混凝土正常浇筑，2022 年 4 月具备挡水条件，主体混凝土施工历时 20 个月，较合同工期优化 163 天。通过采取门槽一期直埋、综合入仓方式、混凝土温控、流道全钢衬、分缝优化等关键技术，克服了坝体结构复杂、温控标准高、安全管理难度大等困难，取得了良好实施效果，混凝土质量优良率 93.6%；创造性采用的门槽直埋技术荣获 2021 年全国水利安全生产标准化建设成果一等奖，相关关键技术可为后续类似工程借鉴。

（中国水利水电第八工程局有限公司

周洪云　周德文　胡家骏）

两河口水电站施工期
安全监测管理

（一）监测范围及分标

安全监测范围包括砾石土心墙堆石坝；主厂房、副厂房、主变室、尾水调压室、尾水隧洞、电站进水口、压力管道、出线系统与地面开关站；洞式溢洪道、深孔泄洪洞、放空洞、旋流竖井泄洪洞；导流洞、上下游围堰；土石料开采场、主要工程边坡及近坝库岸变形体等。安全监测分初期导流期监测，开挖工程监测，外观监测，大坝和泄水建筑物监测，引水发电系统监测，安全监测自动化系统。

（二）监测项目管理

1. 监测管理体系　两河口建设管理局是雅砻江公司现场管理代表，其工程技术一部是电站监测归口管理职能部门，也是监测项目设计和实施的管理部门。安全监测中心是安全监测专业管理机构，代表管理局对电站监测设计、施工、监理、仪器采购验收进行管理，并对监测数据进行收集、管理、分析、发布与反馈。安全监测现场监理为土建工程相应标段监理机构，由业主工程技术部门归口管理。

2. 监测仪器的采购、检验、率定管理　监测仪器由业主负责采购提供。安全监测中心收到供货清单后 24h 内，按仪器种类分别编写供货通知单发给供应商。供应商在合同设备发运前 3 天将装箱单提供给中心，经同意后才能发运；按合同规定时限内将发货装箱单等配套资料及业主要求的其他资料，与设备一起发运至要求地点。

监测仪器到达工地后，由监测项目部、监理工程师、安全监测中心与供应商开箱验收。内容如下：到货数量和型号是否与发货通知单一致；仪器外观是否有损伤痕迹；仪器使用说明书、出厂合格证等配套是否齐全；电缆线路是否断路，绝缘度是否可靠，测值是否正常；验收合格仪器设备及配套资料在现场移交给承包商；验收不合格或短缺的仪器，供应商在 7 天内更换或补齐。仪器设备检验 72h 前将检验计划报监理。设备到货后 14 天内按规范和设计要求、厂家提供的方法，对仪器设备测试、校正和率定，并出具检验报告。自己不能检验的仪器设备及现场不具备检验条件，可委托有资质单位检验。应向监理提供已检仪器数量及性能参数资料，检验时间距埋设时间不得超过 6 个月。

3. 监测仪器安装埋设及观测管理　安装埋设 48h 前通知监理，得到监理的检查认证。在仪器安装埋设 24h 前，应通知监理对仪器安装埋设进行旁站监督。按规范、设计文件、合同和厂商使用说明书等要求安装埋设。使用编码系统，对仪器设备统一编号。仪器档案卡应有名称、出厂编号、规格型号，安装埋设位置，仪器埋设、电缆走线示意图，出现的问题及处理，埋设和检查的人员、日期。安装就绪后按规程规范和合同要求，测取初始值，确定基准值。监测观测须按规定项目、观测频次和时间进行，做到无缺测、无漏测、无违时、无不符合精度。为满足连续性和精度要求，必要时按监理指示及现场情况，调整观测频次。

4. 监测数据和资料的管理　监测数据、仪器安装埋设资料等由中心汇总，并经审核后存储在系统。中心对监测数据初始值、基准值进行复核和评价。对录入的监测数据进行检查、检验后，若判定监测数据不符合要求，应要求立即重测。中心采取根据两河口工程特点编制的安全监测信息管理平台对监测资料进行统一管理，形成电子文档台账。根据工程进展和现场实际需要，按时向业主提交合格的监测报告，并予以发布。监测信息、报告的提交进度及内容如下：

（1）监测快报：遇紧急或监测数据异常情况下，测读数据后 6h 内将监测成果资料形成快报书面提交。

（2）监测周/月报：本周/月施工进度，安装埋设、监测成果、巡视检查情况，存在问题，下周/月监测计划，需解决的问题。

（3）监测年报：每年 1 月 15 日前提交上年度监测年报。

（4）专项、专题报告：根据工程进展和现场需要，向业主提交专项、专题报告，包括边坡竣工和建筑物的监测评价报告，外部质量巡检专题报告。

（5）阶段验收报告：下闸蓄水安鉴安全监测报告和监测资料分析评价报告，机组发电安全监测汇总报告和监测资料评价报告，阶段验收报告。

（6）完工总结报告：工程完成后 30 天内提交工程安全监测布置、实施、管理总结报告，60 天内向业主提交施工期监测资料分析综合评价报告文件。

5. 验收及移交管理　由监测项目部完成的安全监测项目及其与仪器设备安装埋设相关的土建工程全部完工后，项目部按合同及管理局的相关规定向监理人申请完工验收，并按合同规定提交完工资料。所有安装埋设就绪的监测仪器设备在竣工验收前，均应通过监理的测试鉴定。达不到要求的仪器设备由监测项目部修复，直至达到要求。监测系统移交时，监测项目部向监理移交所有领用、埋设、安装的仪器设备和材料的档案资料，含竣工图（含电缆走线图）、仪器设备埋设记录、使用说明书及保修卡、观测原始记录，并向监理提供全部观测数据的纸质和电子文件。

（三）监测项目管理成效

监测项目管理的成效表现在以下几方面：

（1）加强了各方沟通协调，确保按时完成仪器安装埋设。

（2）规范监测仪器管理，确保仪器质量，仪器采购到货完好率 100%。

（3）加强了监测仪器保护，提高监测仪器存活率，仪器存活率达 95.1%，其中大坝监测仪器完好率 96.8%。

（4）规范监测观测工作，提高数据可靠性。

（5）加强了监测资料分析，及时指导施工。

（中国电建集团中南勘测设计研究院有限公司
罗鹏飞　曹文彬　董燕君）

构皮滩 200m 级高拱坝三级升船机通航工程关键技术研究及应用

项目依托的贵州乌江构皮滩水电站通航建筑物工程位于贵州省余庆县，是构皮滩水电站 200m 级高拱坝三级升船机通航工程，建筑物等级为Ⅳ级，可通行 500t 级船舶，年双向设计通过能力为 143 万 t，通航水头 199m、单级扬程 127m、主提升设备提升力 18000kN，是首座位于高山峡谷河段 200m 级高拱坝枢纽上的大型过坝通航建筑物，于 2021 年 8 月 1 日投入试运行。行业众多院士专家一致认为构皮滩通航建筑物为通航领域的世界里程碑工程，其多项技术指标为世界之最：①世界首座采用三级升船机方案的通航建筑物。②世界通航水头最高的通航建筑物，最大通航水头达 199m。③世界单级扬程最大的垂直升船机，第二级升船机单级扬程达 127m。④世界规模最大、提升力最大的下水式升船机，第一、第三级 500t 级下水式升船机，主提升力达 18000kN。⑤世界规模最大的通航渡槽，三级升船机之间通航水深达 3m，通航渡槽最大墩高超过 100m。⑥国内首次采用通航隧洞穿越山体方案并成功应用。

（一）主要成果和创新点

（1）研创了"三级升船机+通航隧洞+渡槽+明渠"的组合式通航建筑物布置型式，创建了通航隧洞设计方法，提出了"疏桩筏板基础+分层强约束"塔柱结构新型式和高架渡槽与高耸塔柱抗风抗震变形协调设计方法，研发了"分层定向透水式隔流堤+交错式导流墙"水流控导新技术，破解了峡谷地区高拱坝枢纽通航工程总体布置难题。

（2）研发了 500t 级下水式升船机低速重载减速器，提出了基于主提升机减速器疲劳等效载荷最小化的平衡重总重及主提升机额定提升力计算方法，研发了超高扬程升船机大直径卷筒高精度螺旋绳槽制造技术，攻克了世界规模最大的下水式升船机和提升高度最高的全平衡升船机制造安装关键技术。

（3）提出了预制装配式筒体混凝土施工工艺、大型可拆装高精度钢结构定型框架模板、混凝土定点入仓方式等垂直升船机特高塔体快速施工技术，研发了逐层精准控制、实时跟踪测量校正的体型控制技术，加快了施工进度，保证了工程质量。

（4）研发了船厢多吊点动态同步及钢丝绳张力均衡控制技术，开发了国内首套 500t 级下水式升船机电气传动系统及集中控制系统，构建了三级升船机高效联运调度模型，建立了多级升船机船舶行驶、会让、停泊等安全标准体系，保障了升船机和船舶航行安全稳定运行。

（二）应用情况及推广前景

项目取得的研究成果成功应用于乌江构皮滩三级升船机设计、施工、制造、调试与运行，解决了全平衡钢丝绳卷扬提升式升船机、入水式垂直升船机、中间渠道航行等重大安全技术难题。项目研究提出的一系列标准与方法如船舶进出船厢最大速度、船厢对接允许误差、船厢水深控制标准、安装调试规程填补了行业标准空白。先后制定了《升船机设计规范》《钢丝绳卷扬提升式垂直升船机》《钢丝绳卷扬提升式垂直升船机验收规范》《升船机调试规范》《升船机安全检测与评估技术规范》等国家、行业标准，研究方法及理论计算公式促进了通航建筑物学科发展，具有广阔的推广应用前景。

（三）项目研究单位

贵州乌江水电开发有限责任公司、贵州乌江水电开发有限责任公司构皮滩发电厂、杭州国电机械设计研究院有限公司、长江勘测规划设计研究有限责任公司、中国水利水电第八工程局有限公司。

（四）项目研究人员

侯晋、雷辉光、湛伟杰、唐雪景、娄方显、田小兵、袁晓斌、马要坡、全志杰、李倩、王曾兰、陆永亚、吴俊东、陈小虎、徐国强。

（中国华电集团有限公司　刘鹏）

洪屏抽水蓄能二期洞室爆破对一期地下厂房振动影响研究

洪屏抽水蓄能电站二期装机容量1800MW。地下厂房与一期工程轴线方向平行。工程岩性单一，为致密坚硬含砾中粗砂岩，围岩以Ⅱ类、Ⅲ类为主，断层小，节理不发育，厂区中等地应力。为掌握二期洞室爆破对一期地下厂房振动影响，利用二期PDE1探洞开挖开展了9次爆破试验，爆破采用直孔掏槽形式。由于掏槽孔爆破时临空面少，夹制作用强，且通常采用耦合装药结构，爆炸冲击波作用大，导致爆破诱发围岩质点峰值速度通常较大。为此，一期地下厂房振动影响主要对掏槽孔爆破诱发围岩振动响应进行研究。

（一）等效爆炸荷载

爆炸荷载是炸药爆炸作用在孔壁岩体上的冲击波压力，是岩体爆破动力效应分析的基础。炮孔爆炸荷载压力变化用最常用的三角形爆炸荷载等效模型描述。PDE1探洞爆破试验采用2号岩石乳化炸药，药卷直径32mm，炮孔直径为42mm。粉碎区、破碎区分别取3、10倍装药半径，掏槽孔爆破等效荷载如表1所示。

表1　二期工程PDE1探洞爆破试验掏槽孔等效荷载计算值

炸药密度（kg/m³）	爆轰波速（m/s）	等熵指数	药卷直径 R_b（mm）	炮孔直径（mm）	泊松比	粉碎区半径（mm）	破碎区半径（mm）	等效爆炸荷载峰值（MPa）
1050	3600	3.0	16	42	0.21	48	160	87.67

（二）动力参数反演分析

利用动力有限元Ansys-Lsdyna软件建立模型，爆破区域边界长123m，宽103m，高103m，模型四周设置无反射边界和对称约束条件，底面设置无反射边界和全约束条件。数值计算模型的单元数与节点数分别为2429349和2380143。

根据动力有限元计算结果，在隧洞模型中提取相应位置测点的爆破振动时程数据，与实测掏槽孔爆破振动波形进行对比，显示各测点的波形均具有较强的一致性，且与PPV大小较为接近，模型岩体物理参数可反映工程区域内爆破振动的衰减规律。模拟结果所采用的动力学参数，可用于研究爆破对一期厂房的影响。

（三）爆破等效数值模拟

结合保护对象与爆源的相对位置，在三维动力有限元模拟中考虑开挖进尺3.0、3.5m和4.0m等3种工况。建立一期厂房整体三维CAD模型，并导入到有限元软件中进行CAE分析，模型尺寸362m×132m×150m，单元数与节点数分别为2385191和2291542，开挖面距一期地下厂房边界约为110m。在一期厂房发电机层、水轮机层关键部位布置多个监测点，记录不同位置测点振动分布规律。根据各监测点振动速度时程曲线，统计出3种开挖工况下各监测点爆破振动速度峰值数据。可知：①开挖进尺为3、3.5、4m时，发电机层各监测点最大质点峰值振速分别为0.052、0.061、0.070cm/s；水轮机层各监测点最大质点峰值振速分别为0.043、0.050、0.057cm/s，随着开挖进尺的增加，最大单段药量增加，掏槽孔爆破诱发水轮机层和发电机层爆破振动响应越明显。②同一进尺工况下，随着机组距爆源中心距离增加，掏槽孔爆破诱发水轮机层和发电机层爆破振动响应减弱，同一机组水轮机层振动响应小于发电机层。③监测点质点峰值振动速度以沿隧洞轴向的振速最大。

（四）一期工程厂房安全影响

1. 爆破振动安全控制标准　根据《爆破安全规程》并参考多个扩机工程及抽蓄工程类似经验，建议二期洞室爆破开挖时一期工程主要保护对象的速度控制标准如表2所示。

表2　二期工程洞室爆破开挖时一期工程地下厂房振动安全控制标准

保护对象名称	最小水平距离（m）	振动控制标准（cm/s）
水轮机层	132	0.9
发电机层	132	0.9

2. 爆破振动影响评价　通常，水电工程洞室开挖最大单响药量小于40kg。据此，根据各监测点质点峰值振动速度和拟合得到的洞室爆破开挖爆破振动衰减规律，给出了二期工程爆破开挖时沿洞轴线方向爆破振动速度随单响药量及距离的衰减变化曲线。可知，当最大单响达到40kg时，诱发距离开挖面30m左右围岩质点峰值振动速度理论上小于0.9cm/s。工程距离一期厂房最近的为连通洞，开挖中最大单响药量通常不会超过40kg，即二期工程连通洞等地下洞室爆破开挖对一期厂房主要保护对象影响较小。

（五）研究成果

研究主要结论如下：

（1）将三角形脉冲爆炸荷载施加到掏槽孔开挖面上，反演得到的围岩振动速度时程曲线与爆破振动实测曲线各测点的波形均具有较强的一致性，PPV大小也较为接近，由此反演得到的岩体动力学参数可较好反映爆破振动衰减规律。

（2）采用三维动力有限元模拟连通洞掏槽孔爆破诱发一期厂房结构动力响应时，随着开挖进尺增加爆破振动响应明显；同一进尺下机组距爆源中心距离变远爆破振动响应减弱；同一机组时水轮机层振动响应小于发电机层。二期洞室施工应着重监测发电机层爆破振动响应并重点关注隧洞轴向点峰值振动速度。

（3）最大单响药量小于40kg时，二期工程洞室爆破开挖对一期厂房主要保护对象的影响较小。

（中国电建集团华东勘测设计研究院有限公司
朱鹏　王永明　任金明）

TGS360Pro数据处理中波速对预报结果的影响及其改进

TGS隧道地质超前预报系统不仅可实现对断层、破碎地层、软弱夹层等岩体构造异常的有效预报，还可实现对富水异常体、岩溶等有效探测，并以三维或切片形式呈现岩石力学物理性能参数。

（一）波速对TGS360Pro预测结果影响分析

假设隧道前方有一异常地质体为溶洞构造，当预测用的地震波速值高于真实围岩波速值时，预测的溶洞将比实际位置偏远，溶洞尺寸偏大；反之，当使用的波速值低于真实波速值时，预测的溶洞将比实际位置偏近，溶洞尺寸偏小。选取地震波速度值与实际围岩波速值的误差越大，预测结果可靠性越差。由预报距离与地震波速度关系式可知，随预报距离增大，预测结果不可靠性不断积累，最终预测结果将与实际结果毫无可比性。故符合实际的波速是准确预报的前提。

以滇中引水隧洞工程某次TGS数据为例，掌子面揭露地质特征为砂岩、钙质泥岩，灰黑色、浅灰色、中风化、碎裂结构，岩体破碎，节理裂隙发育。推测波速在1000～2500m/s，得到一系列反演结果图。结果图中一些区域为低含水概率，一些区域为高含水概率。高含水率概率区域易出现渗水、滴水、溶腔、溶洞等不良地质情况。

预测速度模型取值不一致时，对应图中高含水概率区形态、位置、尺寸出现较大差异，预报结果有所不同。当预测波速1500m/s时，图中出现明显高含水概率区，此处可能出现渗滴水情况。随着波速增加，异常区域后移，且异常规模（沿预报里程方向）不断增大。当波速等于2500m/s时，小波速存在的异常区在预报结果中完全消失，得到与1500m/s初始速度模型截然不同预报结果。且预报结果的不可靠性随着预报距离增加不断积累，如预测波速为1500m/s时，图中在35m和90m附近均存在高含水概率区。当波速增加到2500m/s时，位于35m处附近高含水率异常（波速为1500m/s含水概率图），在75m处附近有所体现，但位于90m（波速为1500m/s含水概率图）附近高含水率异常在含水概率图上完全消失。因此预报解译中，选取准确的预测波速才能实现可靠的超前地质预报，且预测波速越接近真实围岩波速（预报里程段波速平均值），预测效果越好；反之预测波速误差越大，预测准确性越低，预报可参考性就越差。

（二）TGS360Pro波速选取的改进措施

1. TGS360Pro数据处理波速选取方法　在TGS数据处理解译过程中，波速的选取主要依现场采集过程中获得的地质素描结果（掌子面及围岩揭露的岩性特征）及相关地质资料（隧洞岩层地质年代、埋藏深度），得到预测地震波速的范围。再在该范围内，根据TGS采集的地震记录信号，计算波速值作为预测波速。

因TGS数据处理过程智能化，是依托数据分析软件自动运行，用户想通过地震波形分析和预测波速人工拾取以获得预测波速模型的可操作性较小，波速的计算多为一键计算，预测波速选取较粗放，偶然误差较大。因而导致对同一掌子面预报，不同人员会得到不同预测波速和大相径庭的预报结果。

2. 预测波速改进措施　结合TGS预测波速选取特点，根据对TGS预报开挖数据结果比对，发现在TGS数据解译过程中，预报结果掌子面前8～10m范围与预测速度模型一致，在预报结果曲线图上显示为直线段，且波速大致分布均一。说明选取的波速值接近真实波速值，预报结果显示的地质异常与实际异常位置一致度较高。

以前述隧洞为例，实际开挖中掌子面前方 35m 处开始突涌水，存在溶洞。掌子面出露岩性为中薄层状钙质砂岩与浅灰色泥岩互层，岩石质软，强风化，岩体极破碎散体状结构，洞壁潮湿。根据《铁路隧道超前地质预报技术规程》推测波速在 1500～3000m/s 间。由于掌子面洞壁较潮湿，初步预测波速范围比规范上规定波速范围略低，为 1000～2500m/s 间。数据解译中根据地震波形计算预测波速结果，根据反演掌子面速度曲线不断修正预测速度模型。当预测波速修正为 1565m/s 时，波速曲线前 8m 出现直线段，波速分布大致以预测波速为背景波速，实际反演解译掌子面前方的溶洞位置与实际开挖位置一致。故采用预报结果曲线速度模型作为初始速度模型修正的依据，可取得校准确的预报效果。

（中国水利水电第七工程局有限公司
母丽程　周继中　杨森　王开华　尹秀）

桐城抽水蓄能电站水库工程 2023 年建设情况

（一）工程概况

安徽桐城抽水蓄能电站总装机容量 128 万 kW，4 台单机容量 32 万 kW 水泵水轮发电机组。工程为 Ⅰ 等大（1）型工程，电站包括上、下水库，输水系统，地下厂房系统和地面开关站。

上水库大坝为混凝土面板堆石坝，最大坝高 109.5m，坝顶长 557m，坝顶宽 10m。上游坝坡 1∶1.4，下游坝坡每 20m 设一级宽 2m 马道，下游坝坡为干砌块石护坡。大坝防渗采用 C25 钢筋混凝土面板，面板顶部厚度 0.3m，面板与基础间设 C25 钢筋混凝土趾板。趾板基础采用帷幕灌浆防渗。上水库东、西库岸近坝段山体采用垂直帷幕防渗，库岸帷幕深入 1Lu 线以下 5m，东库岸帷幕线长 366m，深 25m，西库岸帷幕线长 250m，深 15m。

下水库包括挡水大坝、泄洪洞和泄洪放空洞。混凝土面板堆石坝最大坝高 80m，坝顶长 300m，坝顶宽 8m。上游坝坡 1∶1.4，下游坝坡每 20m 设一级宽 2m 马道，下游坝坡为干砌块石护坡。大坝防渗采用 C25 钢筋混凝土面板，面板顶部厚 0.3m，面板与基础间设 C25 钢筋混凝土趾板。趾板基础采用帷幕灌浆防渗，帷幕深入 3Lu 线下 5m。下水库东、西库岸近坝段山体采用垂直帷幕防渗处理，帷幕深入 3Lu 线以下 5m。左坝头帷幕线长 205.5m，深 16m，右坝头帷幕线长 75.7m，深 26m。泄洪洞进口为环形实用堰。环形堰竖井泄洪洞包括进水口潜水起旋墩、环形堰、竖井、平洞、出口消力池和海漫。进水口 8 个潜

水起旋墩轴对称布置，墩宽 1.5m、长 8m。环形堰直径 19m，堰高 2.7m。竖井直径 8m。平洞断面宽 6m，高 8m。隧洞出口通过斜坡与消力池连接，下接钢筋混凝土海漫，与原河道平顺连接。

泄洪放空洞在下水库右岸，进口位于坝轴线上游 420m，长 680m，包括进水口、洞身段、闸门井及出口消能工。隧洞中部设事故检修闸门，其上下游断面宽 4.5m，高 5.5m，下接工作弧形闸门。隧洞出口下接消力池、钢筋混凝土海漫，再与原河道平顺连接。

地面开关站平台长 106m，宽 62m，最高开挖边坡约 76m，分 8 级开挖。

（二）重难点分析及施工保障措施

1. 坝体填筑质量控制　上库坝体长 557m，高 100m，下库坝高 80m，填筑量巨大。应对措施：堆石料和过渡料的爆破料进行级配试验，采用微差挤压爆破技术，使级配满足要求。堆石料充分湿化：开挖料场洒水，使堆石料提前湿润软化，备料场堆存料洒水后湿化一段时间再上坝；上坝路上为运输填料汽车加水；下一层铺料碾压前，坝面人工均匀洒水。加强坝体岸坡接触带填筑，由技术人员跟班作业；挖除大块石料回填过渡料，填筑中多洒水；振动碾沿岸坡方向碾压，局部用平板夯或薄层人工夯实。创建大坝填筑 BIM 模型，确定大坝各层取样频次及合理分布，满足碾压质量全数据分析。随时测量坝体分区和体型，严控填筑料分界。加强堆石体级配和密实度检测，减少堆石体孔隙率，提高堆石体干容重。

2. 坝体分区分期与变形控制　通过优化爆破和填筑碾压工艺，使坝体填筑满足技术指标。主要控制措施为：增加设备和人员投入，提高坝体填筑强度，合理安排施工进度，确保坝体足够沉降时间；做好填筑碾压试验，坝体过渡料、堆石料均采用 20～26t 以上自行式振动碾碾压，垫层料采用小型振动碾碾压，边角部位用小型碾及夯板压实；施工中严控堆石料级配、铺料厚度、洒水量和碾压遍数，做好填筑接合部处理，坝体垫层区与过渡层区及过渡层区与堆石区的界面处理，挤压边墙附近垫层料的压实；分期填筑接合处骑缝碾压；统一管理、合理安排，使填筑面层次和分区分明，作业面平整，均衡上升。

3. 上坝运输交通安全　下库填筑施工运输距离长，施工时间长，运输量大，交通安全风险较大。为此，采取如下措施：配备专职交通保畅员，统一计划、协调、指挥交通保畅工作，保障双通路段正常安全通行；对上坝道路加强管理和维护，做到标志齐全，确保养路质量；在陡险急弯路段，设置防护设施和照明，在车辆繁忙地段设交通标志或检查人员，做好上坝道路日常维护管理，发现问题，及时处理；加强道路指挥，繁忙路段进行交通管制，尽量走循环

线路。

（三）已完成工程形象面貌

截至 2023 年底水库工程完成情况如下：①上库导流隧洞 663m 全线贯通，导流隧洞底板衬砌全部完成，具备过流条件。②上库大坝坝基开挖完成，主堆石料填筑施工开始。③下库上游围堰施工完成，堰顶高程 150m，满足下库大坝 2024 年度汛条件。④下库大坝坝基及趾板开挖完成，开始主堆石料填、水平段趾板浇筑。⑤下库旋流竖井开挖支护完成 60m，全井贯通。⑥下库泄洪放空洞闸门井高程 132m 以下一期、二期混凝土浇筑完成，工作门、检修门门槽安装完成。

（中国安能集团第三工程局有限公司　于志强）

帷幕灌浆孔偏斜成因及 KXZ-1A 型数字测斜仪的应用

长河坝水电站大坝主防渗帷幕在平洞内进行，主帷幕深 40～66m，最深 170m，顶角偏向上游 0°～9°，孔斜控制难度大，帷幕工程总量 230949.42m。

（一）深孔帷幕成孔质量控制难点

长河坝坝址区岩性为花岗岩、石英闪长岩，局部发育辉长岩脉、石英脉、辉绿岩脉。左岸以Ⅱ、Ⅲ类岩为主，右岸以Ⅲ、Ⅳ类岩为主，并伴有Ⅴ类围岩，软硬岩共存。钻头在同一接触面上有软硬不同岩层，极易导致钻孔偏斜。钻孔的偏斜对灌浆质量影响较大，应做好测斜工作，了解钻孔的实际情况。

（二）钻孔偏斜成因及主要影响

①场地平整度和密实度差，钻机安装不平整或钻进过程发生不均匀沉降，导致钻孔偏斜。②钻杆弯曲、钻杆接头间隙太大，造成钻孔偏斜，降低钻进效率。③钻头翼板磨损不一，钻头受力不均，造成偏离钻进方向。④钻进中遇软硬土层交界面或倾斜岩面时，钻压过高使钻头受力不均，造成偏离钻进方向，从而不能采用快速钻进方法，且钻具易折断。⑤钻进过程中未根据地质情况采取合理措施控制孔斜。

需选用合宜设备对孔斜监控测量，确保孔斜偏斜率控制在要求范围内。

（三）测斜设备及主要参数

测斜设备选型中主要考虑 KXZ-1A 数字测斜仪，它可用于垂直或定向孔的顶角和方位角高精度测量，也可用于定向钻孔控制顶角、方位角和工具面向角高精度测量，同时准确地测量钻孔深度。仪器由自备笔记本电脑、地面控制单元、测斜探管组成。主要功能：采用数据编码长线传输技术，电缆传输数据准确可靠；高性能传感器测量结合数字信号处理技术，测量结果精度高、稳定性好；由 RS-232 串行口直接将数据上传至笔记本电脑，显示清晰、直观的测量数据及平面、剖面、侧面投影图，且可存储测量数据；连接打印机可打印测斜数据、平面、剖面、侧面投影图和空间轨迹图；测斜时可同时测量钻孔深度；仪器操作简单、适合于野外作业。

KXZ-1A 数字测斜仪的侧斜最大深度 1200m；测量范围与精度：顶角测量范围 0°～50°，顶角 0°～20°时测量精度为±0.1°，顶角 20°～50°时测量精度为±0.2°，方位角测量范围 0°～360°，顶角 1°～3°时测量精度为±3°。

灌浆孔钻孔顶角 0°～9°，方位角 N8°E，KXZ-1A 数字测斜仪能满足灌浆施工的需要。因此，本工程选用 KXZ-1A 数字测斜仪。

（四）KXZ-1A 型数字测斜运行情况

测试时先打开资料设置页面，输入灌浆孔号，工程名称等信息。再进入测量页面，点"仪器检查"，待顶角方位角归零后，逐段进行测量。测量完毕后"保存数据"。点击"打印"进入打印预览页面，可根据测量资料以此生成平面、剖面、侧面及空间投影图。

（五）KXZ-1A 型数字测斜仪成果

自 KXZ-1A 型数字测斜仪用于长河坝帷幕成孔质量控制以来，成孔质量管控效果显著，孔底偏差均在规范规定范围内。例如，左岸 1640 灌浆平洞 CZ2WJS1-8-3 孔，钻孔深度 10～50m，顶角 5.18°～5.45°，方位角 N12.5°E～N11.8°E；右岸 1520 灌浆平洞 CY4W4-2-8-2 孔，钻孔深度 10～50m，顶角 0.05°～1.05°，方位角 N28.2°E～N36.7°E；主防渗墙墙下帷幕 ZXYM-047 孔，钻孔深度 10～90m，顶角 0.14°～0.87°，方位角 N32.9°E～N32.6°E；右岸 1697 灌浆平洞 CY1W6-1-2-2 孔，钻孔深度 10～50m，顶角 4.97°～5.16°，方位角 N22.8°E～N27.1°E。

长河坝工程中，KXZ-1A 型数字测斜仪在帷幕钻孔施工中测量频率是：0～20m 孔深每 5m 测量 1 次，20m 以下每 10m 测量 1 次。KXZ-1A 型数字测斜仪，既减轻了因成孔质量低下带来的返工风险，节省了建设成本，又保证了帷幕成孔质量，提高了单元成孔一次性合格率，从根本上保证了帷幕灌浆的质量。

（中国水利水电第七工程局有限公司　吴玉良
中国水利水电第五工程局有限公司　康路明）

TB 水电站智能建造施工技术

云南 TB 水电站遵循"全面感知、真实分析、实时控制"的闭环智能控制理论，采用独立自主研发的互联网+BIM+GIS+大数据建立BIM数字工程平台，将智能化技术与水电工程建设深度融合，确保坝体安全、高效浇筑完成。

（一）关键技术

1. 视频监控系统　TB水电站采用远程视频监控系统，在现场各作业面覆盖高清摄像头，仅需1人1机便可了解现场实时动态，实现不出户、知天下的管理效果。

2. 智能拌和系统　智能拌和系统实现操作人员工厂化办公，车辆自动识别，灰罐自动监测，骨料含水率、混凝土温度、生产数据实时自动监测、采集、传输等功能，提高了工作效率和混凝土生产强度。

3. 智慧物料系统　智慧物料系统对钢筋厂进行全流程的任务监控，系统可以随时看到钢筋的库存、加工明细、配送明细、出库明细等，通过智慧物料，实现钢筋自动加工，降低了损耗，提高了生产效率。

4. 模板自动监测系统　研发了一种基于AI视觉的连续翻升模板自动监测系统，采用带图像传输的全站仪+带高精度转台和高清相机阵列组合的硬件设备进行测量，实时分析模板翻升应力，提高模板测量精度，保证模板翻升安全。

5. 智能碾压系统　智能碾压系统基于"监测-分析-反馈-处理"的仓面施工质量控制体系，对大坝碾压速度、碾压遍数、热升层、压实度、振动力等进行监测、预警，并实时纠偏，实现全天候管理，实时在线管理，精细化管理，远程管理，数据集成至指挥系统。TB大坝在数字碾压基础上，首次在RCC坝中创新应用了智能导引、智能压实度预测、无人碾压等模块，提高碾压作业一次达标率，实现由智能化减人向智能化无人的推进。系统共监控碾压混凝土59仓，共1502层，层间覆盖时间合格率99.1%，摊铺厚度合格率98.5%，碾压遍数合格率99.2%，压实度合格率100%。

6. 智能温控系统　智能温控体系主要以保证结构安全、降低内部温度和提升施工效率为优化目标，通过云仿真平台，自动计算为混凝土内部温度调控选择最优的通水策略进行降温，实现全方位、透明化、知冷暖的智能温控管理系统。大坝共浇筑常态和碾压混凝土255仓，埋设温度计975支，冷却水管3760套。出机口温度合格率达95%以上，浇筑温度合格率达97.2%以上，最高温度合格率达97.4%，坝体温度总体控制良好。

7. 智能灌浆系统　TB大坝应用小型化、轻量化超高压成套智能灌浆设备，实现了灌浆全过程自动控制，实时监测灌浆过程中压力、流量等参数。做到灌浆前可灌性分析，灌浆中智能监控和灌浆后质量综合

评估，实现了灌浆全过程自动控制。

8. 混凝土施工管理系统　采用混凝土施工管理系统可形成整个流程的跟踪管理，实现从仓面设计、要料、配料、拌和生产、调度、盯仓、施工质量全流程线上管理，对关键施工工艺和主要业务流程进行督促、快速审批，实现无纸化办公。

（二）应用情况

TB水电站从首仓开始全过程应用智能建造系统，解决了碾压混凝土大坝快速上升存在的监测、调度的难题，弥补了传统水电工程现场管理的一些问题，对大坝各参数进行实时管控，实现了大坝施工参数可见、可控、可调。

（中国水利水电第八工程局有限公司　安辉　吴都督）

旭龙水电站高陡边坡无排架控制爆破随层支护技术

随着水利水电基础设施建设不断向江河上游高海拔地区推进，高陡边坡施工问题日益凸显。传统依靠排架支护施工方法不仅效率低下，而且存在较大的安全隐患。为此，研究提出一种无排架控制爆破随层支护新技术。

（一）问题及解决方法

旭龙水电站导流洞出口高边坡高度达140m，深基坑25m，开挖难度大、安全风险高。开口线上部岩体强卸荷，有松动破碎岩体大量发育，松动体边坡岩体破碎，边坡稳定性差。传统的爆破后搭设排架进行支护施工的方法已无法满足现场需求。为此，研究提出了一种新的无排架施工工艺，即利用每15m一级的马道，预裂爆破后下挖5m作为施工平台，采用JK590潜孔钻机进行边坡支护，完成后再行开挖。即一次预裂到底，随层支护控制爆破的无排架高陡边坡施工技术。主要工艺特点是先预裂边坡岩面，再通过控制爆破破碎岩体，而后分层开挖支护形成边坡稳定结构体系。

（二）工艺原理及适用性

无排架施工取消了常规的排架搭设，对每级边坡利用一次预裂到底分次爆破，分次开挖、支护（锚杆、挂网、喷混凝土），而后逐层向下开挖，形成稳定的边坡结构体系。每级边坡均利用地势及钻机因地制宜进行预裂爆破、控制爆破和开挖支护，相互协调配合施工，通过一次预裂到底，再分层开挖与支护的工艺进行施工。在爆破控制技术方面，结合萨达夫斯基爆破振动强度公式，可得出合适的爆破参数，最大限度地避免了在高陡边坡上排架搭设，节省了时间，提高了施工效率。由于不需要搭设排架，降低了支护

作业高度，增大了工作平台，施工工具摆放更合理，提高了不良天气条件下的施工安全。

（三）控制爆破与随层支护技术

1. 主要技术指标　高陡边坡无排架支护施工主要涉及锚喷指标、预裂方式、缓冲孔方式等技术要点。控爆破技术在高陡边坡施工中甚为关键，关系到边坡保护。依据工程出口段边坡的地形态势，选择合理的布孔方式和爆破参数并根据现场爆破试验适当作调整。采用垂直主爆孔结合水平预裂孔的方式进行爆破开挖，并喷混凝土护面。钻孔采用液压钻和潜孔钻，预裂爆破通过人工装药实施；中部大面爆破采用孔内微差延时爆破技术。

导流洞出口明挖分层梯段高度为 7.5m，建基面开挖采用预留保护层的方式进行。控制爆破的梯段爆破最大一段起爆药量通过试验确定，且满足质点振动速度要求。实际爆破控制参数，通过现场施工评分法对方案各因素进行无量纲赋值后，依据模糊综合评判理论确定隶属度后建立模糊综合评判矩阵，按最大隶属度原则确定控制爆破的最优方案。

2. 随层支护施工技术　在爆破预裂后，先进行被动网防护，同时进行开挖作业，并分层分段进行锚杆施工、混凝土喷射面等防护。随层支护中需注意排水和及时清运渣土，避免次生灾害。影响随层支护的因素包括钻孔倾斜角、孔间距、开挖深度、最小抵抗线、炸药单耗、锚杆嵌入深度等影响因素，其中最小抵抗线、炸药单耗以及开挖深度是影响支护效果的主要因素。

3. 边坡围岩稳定分析　高陡边坡的围岩应力与位移关系遵循弹塑性力学原理。通过能量表达式分析可知，岩体应力与支护应力之和应始终大于锚索施工钻入岩体内的应力值，以维持岩体工程的平衡稳定。在变形协调状态下，岩体岩面保持稳定不变。

（四）技术总结

通过对旭龙水电站导流洞出口高陡边坡支护进行了技术分析，研究采取了无排架支护施工技术，主要结论如下：

（1）依据现场地形和现有设备，先进行每级边坡一次预裂到底施工，然后岩体控制爆破，分层开挖并支护的施工工艺可提高施工效率，降低安全风险。

（2）随层支护方法主要通过锚喷混凝土达到及时封闭、稳定，提炼出影响随层支护因素的12种组合权重，提出最小抵抗线、炸药单耗及开挖深度等主要影响因素。

（中国安能集团第一工程局有限公司
由淑明　项捷　刘常俊）

基于 Excel 水电站高边坡预应力锚索支护施工管理工具研究与应用

金川水电站溢洪道引渠段及堰闸段底板开挖高程 2225m，开挖开口高程约 2390m，设置 9 级马道，设计共布置无黏结预应力锚索 1866 束。锚索工程量大，需采取必要的管理手段确保锚索施工进度可控。

（一）锚索施工进度管理工具总体思路

作为溢洪道预应力锚索施工进度管理工具，须形象化、自动化，操作简易，记录准确，为管理者提供准确的锚索施工工序进度信息。锚索施工进度管理工具需实现以下功能：①准确统计每束预应力锚索各主要施工工序的完成时间；②填写各工序完成日期后，形象进度图能够自动填充对应工序颜色；③自动统计开孔用时、成孔用时及全工序用时；④结合每束锚索施工工序进展，对未满足进度要求的工序预警。根据功能需求，采用 Excel 同一工作簿中添加多个工作表的形式形成管理工具基础。其工作表界面分为两类：①"形象进度图"界面，主要体现锚索形象进度；②"工序统计表"界面，将锚索布置区域按照同山脊同级边坡设置一个工作表的原则建立多个工作表，表内主要体现孔号、工序、用时、预警等功能区。

（二）锚索形象进度自动统计功能

（1）通过计数统计确定锚索工序进度。在"工序统计表"界面"用时统计"功能区设置计数列，其主要记录"工序统计"功能区对应的锚索工序情况，由现场管理人员每日填报。结合锚索实际进度对应表格填写相应日期，计数列将自动计数。以某锚索为例，其对应工序统计单元格范围为 C5：I5，则对应计数列函数为"＝COUNT（C5：I5）"，函数返回结果与工序的对应分别为：1 钻孔，2 固壁，3 成孔，4 下索，5 灌浆，6 锚墩浇筑，7 张拉。计数列单元格名称为 M5，函数结果作为形象进度图中锚索形象进度统计的数据来源。

（2）通过跨工作表引用、条件格式统计当前形象进度。在"形象进度图"界面中，对该单元格 UV37 设置条件格式，通过单元格填充颜色表现形象进度。各颜色对应的锚索工序及"工序统计表"明细如下：青色—1 钻孔；灰色—2 固壁；绿色—3 成孔；蓝色—4 下索；玫红色—5 灌浆；黄色—6 锚墩浇筑；红色—7 张拉。基于对应关系，对"形象进度图"界面单元格 UV37 设置 7 个条件格式，分别按颜色新建规则。以"钻孔"工序为例，选择"使用公式确定要设置格式的单元"，将格式设置为"填充青色"，并绝对引用锚索 AMS4-2 对应的"工序统计表"中的计数列单元"引渠段第 2 级！M5"，在该单元格返回值为 1 时，将"形象进度图"界面 UV37 单元格填充为青色，输入公式为"＝IF（引渠段第 2 级！M5=1，1，0）"。

（三）锚索关键工序耗时统计功能

以锚索钻孔作为关键工序控制，分别对锚索开孔用时、钻孔用时、全工序用时进行统计，通过 IF 函数实现。以 AMS4-2 为例，各功能实现方式为：1）开孔用时统计。反映锚索开孔总用时，以天数表示，统计自开孔开始至锚索全工序完成后停止，本单元格输入函数为"＝IF（C5<>0，（IF（K5=0，TODAY()-C5+1，IF（L5=0，TODAY()−C5+1，L5)))，0)"，若未开孔，数值则为 0。2）钻孔用时统计。反映锚索钻孔累计用时，以天数表示，统计自开孔至成孔总用时。本单元格输入函数为"＝IF（E5<>0，E5−C5+1，0）"，若未开孔，数值则为 0。3）全工序施工用时统计。反映锚索全工序施工累计用时，以天数表示，统计自开孔至锚索张拉总用时。本单元格输入函数为"＝IF（M5=7，I5−C5+1，0）"，若全工序未完成，数值则为 0。

（四）锚索工序进度预警功能实现

预警功能通过 IF 函数嵌套及 TODAY 函数实现，以 AMS4-2 为例，各功能实现方式为：①钻孔预警。按照锚索钻孔平均水平，设定条件为"开始钻孔后超过 2d"为预警触发条件，则本单元格输入函数为"＝IF（K5<>0，""，IF（J5>2，"预警"，""）)"；未开孔、开始钻孔后未超过 2d 等的，则预警不会触发，锚索成孔后预警将消失。②下索预警。设定条件为"锚索成孔后未下索"为预警触发条件，则本单元格输入函数为"＝IF（E5<>0，IF（F5<>0，""，"预警"），""）"，锚索未成孔则预警不会触发，下索则预警将消失。③灌浆预警。设定条件为"锚索下索后未灌浆"为预警触发条件，则本单元格输入函数为"＝IF（F5<>0，IF（G5<>0，""，"预警"），""）"，锚索未下索则预警不会触发，锚索已灌浆则预警将消失。④锚墩浇筑预警。设定条件为"锚索下索后未及时浇筑锚墩"为预警触发条件，则本单元格输入函数为"＝IF（F5<>0，IF（H5<>0，""，"预警"），""）"，锚索未下索则预警不会触发，锚墩浇筑完成后则预警将消失。⑤张拉预警。按照常规锚索锚固段及锚墩浇筑强度满足张拉要求的天数，设定条件为"锚索锚固段灌浆达到 14d 强度且锚墩浇筑达到 7d 强度后未及时进行锚索张拉"为预警触发条件，则本单元格输入函数为"＝IF（I5=0，IF（AND（H5<>0，G5<>0），IF（AND(TODAY()−G5+1)>=14，TODAY()−H5+1>=7)，"预警"，""），""），""）"，锚索未灌浆、浇筑锚

墩则预警不会触发，锚索张拉完成后预警将消失。

（五）管理工具应用

高边坡预应力锚索支护施工进度管理工具应用于现场管理后，准确地反映了每束锚索的形象进度，还对不正常锚索发出预警，提供的准确信息确保了锚索施工进度可控。

（中国安能集团第一工程局有限公司　李臻）

旭龙水电站左岸高位边坡被动防护网施工技术

（一）概述

旭龙水电站左岸高位边坡治理包括高程 2700m 以下，河谷谷底高程 2150m 以上自然边坡，防治范围以上游围堰为界，下游以 3 号堆积体下游侧为界。设被动防护网 5 层，其中缆机平台以上 3 层（位于 6 号堆积体内）被动防护网施工直接影响大坝边坡的开挖进程。

6 号堆积体呈沟梁相间地貌，整体坡度 25°左右。前缘平缓，后缘逐渐变陡至 30°～40°。6 号堆积体防治高程 2450～2700m。堆积体坡表分布有孤石，方量大于 10m³ 孤石 109 个。

（二）主要施工方法

被动防护网施工程序：坡面清理→测量放线→基座安装→钢丝绳锚杆安装→钢柱及拉锚绳安装→上下支撑绳、固定边柱、辅助钢丝绳安装→挂缠绕型环形网→挂双绞六边形网。

1. 测量放线　根据设计图纸和实际地形，对钢柱基础、上拉和侧拉锚杆基础位置放样。如地形起伏大难以沿同一等高线直线布置时，网轴线位置及钢柱间距可做适当调整。

2. 基座安装　在基岩或覆盖层很薄时，基座采用岩锚；覆盖层较厚时，基座采用混凝土基础。覆盖层人工开挖基坑并浇筑混凝土，混凝土基座尺寸不小于 0.6m×0.8m×1.0m。

混凝土基础人工采用风镐或电镐开挖。若覆盖层不厚，开挖至基岩但尚未达到设计深度时，可在基础内锚孔位置处钻凿锚杆孔。锚杆插入基岩并注浆后浇筑上部混凝土基础。

被动防护网基座锚杆施工方法同锚杆一样，可参照危岩体锚杆施工方法。

浇筑时，混凝土入基座后，人工推铺，振捣密实。基础混凝土达到强度要求后，将基座套入地脚螺栓并用螺母拧紧，再用扳手通过固定螺栓将钢柱固定于基座上。

3. 钢丝绳锚杆安装　钢丝绳用钻孔锚固，锚杆

用手风钻钻孔。现场拌制水泥砂浆，人工插杆注浆进行锚杆安装，浆液标号不低于 M20。钢丝绳锚杆布置在覆盖层中时，用较大体积混凝土对锚杆进行锚固。混凝土强度不小于 C20，断面尺寸不小于 0.4m×0.4m。

4. 钢柱与拉锚绳安装 锚杆砂浆及钢柱基座混凝土养护 3 天且强度达设计值 70% 以上后，安装拉锚绳和钢柱。钢柱顺坡向上放置，使底部位于基座处。将上拉锚绳挂于钢柱柱顶挂座上，将拉锚绳另一端与对应上拉锚杆环套连接用绳卡暂时固定。钢柱抬起对准基座，底部插入基座，用连接螺杆拧紧。再按设计方位调整钢柱方位，拉紧上拉锚绳并绳卡固定。

5. 支撑绳安装 上支撑绳安装时，将上支撑绳主体部分通过柱顶和基座。支撑绳锚固段穿过支撑绳锚杆鸡心环，用绳卡暂时固定。再次调整减压环位置，排列整齐后张紧支撑绳并用绳卡紧固。下支撑绳的安装方法同上支撑绳。

6. 环形网安装 环形网片每一个圆环用一个卸扣与对应支撑绳连接。中部环形网片每一个圆环用两个卸扣与对应的上下两个圆环连接。环形网每个圆环用一个卸扣与边柱固定绳连接。在每跨上下支撑绳两个并结绳卡之间，缝合绳将环形网与两根支撑绳缝合缠绕在一起。在并接绳卡与同侧钢柱之间，缝合绳应将网仅与该侧不带减压装置的一根支撑绳缝合缠绕在一起。缝合绳两端在网块下部中点处应重叠 1m 以上，然后将缝合绳端头缠绕到环形网上，用不少于两个绳卡锁定。对部分存在竖向支撑绳的钢柱，在环形网缝合完毕后，用绳卡将环形网与竖向支撑绳联结，联结点间距 1m。

7. 双绞六边形网安装 双绞六边形网铺挂在环形网的内侧，叠盖环形网，用扎丝将环形网与双绞六边形网联结在一起。双绞六边形网底部与下支撑绳用扎丝固接。

（三）施工要点

左岸被动防护网施工区域边坡高陡，进场道路（高程 2180m）至第一级被动防护网（高程 2700m）高差 500 余米，且无行车通道，人员进入及材料运输需要通过危岩体、强烈卸荷松弛岩体及崩坡积堆体，施工道路布置困难，材料设备运输难度大，且上部施工易造成不稳定块体失稳，对下部施工造成较大安全隐患。

通过深入现场，合理规划现场临时设施及施工道路，在一级台地周边相对平缓处边坡布置影响工期较大的材料堆放平台。交通条件恶劣地段采用钢管搭设栈桥或钢梯，净空条件较好的路线布置溜槽。施工设备与材料采用人工或牲畜沿便道或钢管栈桥运至各作业面，部分设备与材料通过索吊将设备及材料运至高程便道，转运至各作业面。

总体按"自上而下、分区治理、主次有序、先清后锚"的原则施工。6 号堆积体前缘部分平缓（25°左右），后缘坡度逐渐变陡至 30°～40°，采用永临结合设防渣网滚落措施。即 L-B3 被动防护网为第一道防护措施。同时，采用小药量松动爆破开挖清除危岩体，避免产生爆破飞石。爆破孔间排距控制在 1.5m 以内，炸药采用 2 号岩石乳化炸药，ϕ32mm 药卷。第二道防护措施，是在坝顶 2308m 平台外侧铺设钢筋石笼防止滚落。钢筋石笼采用 ϕ22mm 钢筋制作，长 2m，宽 1m，高 1m，按品字形安装，安装高度 3m。

采取措施后，左岸高位边坡缆机平台以上 3 级被动防护网如期完成施工。

（中国安能集团第三工程局有限公司 刘昌宇）

旭龙水电站高位自然边坡施工通道技术

旭龙水电站位于川滇交界的金沙江干流上游河段，拦河大坝为混凝土双曲拱坝，最大坝高 213m，坝体开挖形成高达 200～500m 工程边坡，边坡开口线以上的环境边坡还高达数百米。坝址区自然边坡稳定问题是旭龙电站建设的关键工程地质问题，对施工安全和工程造价都具有重要影响。高位自然边坡治理施工环境多为高山陡坡，悬崖峭壁，材料倒运难度极大，施工人员需要在高边坡爬上爬下，存在极大安全隐患，且施工效率低，治理进度直接制约后续坝肩开挖。施工通道成为关键。

（一）施工难点

旭龙水电站自然边坡治理主要以主、被动防护网防护、危岩体清除锚固为主，治理范围自上游导流洞进口到下游导流洞出口、高程 2700m 至河谷高程 2150m，施工通道建设难点主要有：①范围广、高差大。左岸自然边坡治理施工面积总量达 100 万 m² 以上，高差范围在 500～600m 之间。施工通道总长度约 3000m，其中垂直段需设置钢爬梯 780m，悬空段需设置钢栈桥 220m，水平段施工便道（临边设置防护栏杆）2000m。②工期紧，节点严。施工通道布设直接影响自然边坡治理施工的开始时间，而对枢纽区安全威胁较大的治理区域必须在坝肩、厂房进水口施工前完成，否则直接导致坝肩、厂房进水口开挖时间延后，影响后续电站建设。③条件苦、环境差。左岸边坡陡峻，原始高山峡谷地貌水土流失严重，山上植被稀疏，地质条件复杂，无施工平台可直接利用，无人员和设备通道可直接同行，施工通道布设无异于在原始地貌的拓荒，施工难度大。

（二）技术研究

左岸高位自然边坡治理施工通道，一要研究所需材料运输手段和转运方式，二要研究布设路线及通道型式。经研究，确定采用缆索吊运输方式输送材料，采用钢管搭设"之"字形爬梯、栈桥、护栏等形成到达作业面的施工通道。同时借助于无人机技术从高空进行全方位勘察，利用其VR全景影像资料做施工布置、项目策划等工作。

（三）施工应用

（1）缆索吊施工。缆索吊采用t缆索吊。其施工包括锚杆锚固、锚固点及卷扬机基座施工、缆索吊安装及试运行等。根据卷扬机系统特性，确定上、下锚固点并放样。锚杆采用Φ16柔性锚杆，水泥砂浆标号为M30。当下锚点为土质基础时，选用C25混凝土浇筑3m×4m×1.5m块，其中预埋16柔性锚杆；当下锚点为岩质基础时，采用风钻成孔，预埋3根2m长的2Φ16钢丝绳锚杆用作锚拉，灌注水泥砂浆锚固，面层采用C25混凝土浇筑。在混凝土强度达到70%设计强度时，安装卷扬机用地脚螺栓固定。承重索安装前将索体线路5m范围内的坡面灌木清理；在靠近卷扬机锚点处用倒链将承重索张紧、固定、夹接，绳卡间距应满足要求。将跑车系统安装到承重绳承重支架上，通过承重轮悬挂在承重索上，再安装分配梁及挂架，然后用辅助绳两端将牵引绳引至上、下锚点锚固，最后穿好跑车承重绳，完成安装。缆索吊跑车设制动机制，若发生紧急情况，跑车可自动制动，以防跑车及吊货发生倒滑。

（2）护栏、钢梯、钢栈桥施工。护栏采用Φ48钢管，高度1.2m，采用实量定做，现场安装；护栏立柱底部由砂浆锚杆与基础牢固连接，立柱间距2.5m；护栏上横杆与外扶手、下横杆与地面间距均为10cm；护栏端部设置立杆固定件与基岩面采用4Φ32锚杆、间距1.2m、深入基岩1m连接牢固；护栏安装完后，侧推力≥80kN，手扶栏杆无晃动。钢梯梯梁采用Φ48钢管制作，宽度80cm，钢管踏板宽15cm，踏步高20cm，扶手高120cm，立柱间距100cm；钢梯两端固定件采用4Φ32锚杆、间距1.2m，深入基岩1m；钢梯与防护栏杆采用扣件紧密连接；钢梯端部须与基岩牢固连接，安装后无晃动。钢栈桥底板宽80cm，铺设2.5mm钢板，钢板底部采用Φ48钢管支撑，间隔1m；钢栈桥纵向支撑采用16a工字钢搭建，踏步采用双钢管；钢栈桥两侧护栏采用Φ48钢管加装钢丝防护网；钢栈桥与防护栏杆应采用焊接牢固连接，钢栈桥端部须与基岩牢固连接无晃动。护栏、钢梯马钢栈桥安装后应做好除绣防腐涂装。

（四）技术总结

高位自然边坡治理施工通道技术的研究及应用，与国内同类施工技术相比，综合性地解决了高边坡治理材料运输及施工人员高边坡通行的难题，提高了施工效率，最大限度地保障了施工人员安全，达到了施工进度要求，既缩短了工期，又降低了施工成本，可作为高位自然边坡施工通道的典型案例，推广应用。

（中国安能集团第一工程局有限公司　雷雪）

阜康抽水蓄能电站钢筋混凝土斜井台车衬砌施工工艺

（一）概述

阜康抽水蓄能电站尾水斜井为带有上下弯段的钢筋混凝土衬砌斜井。项目施工时，创新性地采用了自主设计的斜井一次性衬砌成型模板及台车，通过台车在下弯段"正向＋正向"组装形成正曲面结构，斜直段"正向＋反向"组装形成标准圆结构，上弯段"反向＋反向"组装形成反曲面结构，实现"S形尾水斜井"一套模板连续作业，衬砌快速成型的施工方法，在保证混凝土内外质量、施工进度和安全方面均有了很大的提升。

（二）施工工艺分析

1. 解决的主要问题　斜井一次性衬砌成型模板及台车解决了以下问题。①解决了带上下弯段的钢筋混凝土衬砌斜井一次衬砌成型的问题，减少了施工缝的设置，有利于结构阻水。②解决了带上下弯段的钢筋混凝土斜井施工周期长，周转材料耗费多，后期拆除及倒运出作业面难的问题。③解决了斜井衬砌成型断面（满堂架基本为拼模，接缝多，平整度差）拉筋头多，衬砌后处理难度大，蓄水后可能进行二次处理等质量问题。④解决了穿行式台车运行问题（采用双丝杠系统，一层为钢支撑结构，一层为浇筑的承重结构），保证台车正常穿行。⑤台车质量较大，采用动滑轮组解决了受限空间下卷扬机的选择问题。⑥解决了单套模板满足整个系统结构的问题：上下弯段为相反的弧形结构，采用单环"月牙形"断面，并通过单环上下翻转的方式解决了上弧形、下弧形、标准圆形的结构问题，节约了模板材料。⑦在台车上设置翻转系统，保证模板翻转的自由度，为施工提供了极大的便利，解决了翻模耗时多、费用消耗多的问题。

2. 达到的效果　台车有效地提高了上下弧段与标准圆形段变换部位连接顺畅性，也有效地提高了连接部位的接缝质量。连接部位未出现错台情况发生，且衬砌浇筑完毕混凝土表面平整度及光滑度相较于常规拼模及普通滑模施工效果更加优良，相较于其他衬砌形式，新采用的台车衬砌工艺更具质量保证优势，能有效提高实体施工质量，并兼具施工过程安全性。

3. 工艺原理　此台车为混凝土衬砌台车，具备可翻转和自承穿心功能。将整套台车模板分为多段，每段分为顶模、双侧模和底模以及楔块，其中顶模底模为标准圆环结构，侧模为"月牙形"结构，楔块为楔形体。

工艺原理为通过自带的穿心台车，将模板分段、分块进行运输和重组形成模板系统。台车自带液压系统，可满足支模、脱模使用。侧模为"月牙形"结构，通过"正＋正""正＋反""反＋反"组合形成正弧形、标准圆、反弧形结构，达到一套模板完成带上下弯段的钢筋混凝土斜井单仓一次成型的目的。

模板上自带附模振捣器，并在顶部预留振捣孔，确保混凝土内在质量满足需求。

4. 工艺流程　仓号清理→测量定位→钢筋安装→复测钢筋→预埋件等安装→垫块安装→首仓底模安装→副轨铺设→a穿心台车单环运输侧模与顶模→b安装单环侧模与顶模→重复ab工序→测量验收→支撑杆安装→浇筑。

其工艺流程多数为常规流程，浇筑、振捣与普通穿行式全圆针梁台车相似，不再过多叙述。上述工艺流程中需说明的工序如下。①垫块安装。垫块作用为支撑台车体系。设置前需对垫块的数量、强度进行计算，使其满足承重要求。另外，垫块与台车接触面为弧面，应注意垫块弧面收面。②穿心台车单环运输侧模与顶模。侧模顶模依靠自带的穿心台车进行运输。同时，台车具备翻转功能，在需要翻转时进行自行翻转。需要注意的是，台车末环模板不拆除，其专门布设24个爬升锥，作为下一仓的支撑结构。

（中国水利水电第三工程局有限公司
刘伟　罗军　王帅兵）

格尔木南山口抽水蓄能电站施工控制网观测项目进展

青海格尔木南山口抽水蓄能电站是青海省抽水蓄能电站"十四五"重点实施项目，是我国超高海拔地区最大抽水蓄能电站，建成后主要服务青海电网及清洁能源外送。工程将发挥储能功能，重点服务海西可再生能源基地开发，兼顾青海省电力系统的调峰、调频、调相和紧急事故备用等。工程位于青海省格尔木市境内，距格尔木市35km，距海西州可再生能源基地直线距离40km，距西宁市830km。

2023年，中国电建集团西北勘测设计研究院有限公司承担该工程的施工控制网建网及首次观测工

作。南山口抽水蓄能电站施工控制网是为电站施工建设提供平面坐标、高程基准服务的专用控制网，是工程建设重要基础支撑，对工程开工有重大意义。主要工作内容：控制网桩点的图上与实地勘选优化，控制网桩点土建造埋，控制网测量等。在海拔高、交通困难，土建施工条件差，可用社会资源少情况下，建网及观测工作难，还面临建网精度要求高，测量难度大，观测时间长等情况。

2023年3月，项目人员进场进行施工控制网桩点实地勘选和土建造埋工作。5月完成控制点造桩土建工作。6月初自然沉降期完成后，开始进行观测工作。7月中旬观测工作完成，外业人员撤场。8月底完成控制网计算及资料整理归档。10月通过业主组织的专家组验收，本控制网建网及首次观测工作结束。

项目共完成点位造埋39个（平面观测墩27个，水准点12个），观测建立工程高等级平面控制网（二等GNSS网＋局部二等边角检核网）和高程控制网（二等水准网＋三等三角高程网）。

项目部成员克服困难，发扬追求极致、百折不屈的工匠精神，以各工程为基本单元，以设计进度和工程施工准备情况为依据，按时保质完成了任务，也在大型抽水蓄能电站施工控制网测量方面积累了宝贵经验。

（中国电建集团西北勘测设计研究院有限公司
张钊）

首台自动化钢筋台车研制

（一）依托工程隧洞情况

引江补汉工程输水总干线出口段输水隧洞二次衬砌后直径10m，二次衬砌厚度400、540、550、555、560、650、700、800mm。衬砌层设四层钢筋，从洞壁至洞中心依次为环筋、纵筋、纵筋、环筋，环筋直径18mm，纵筋直径14mm。隧洞二衬首先完成仰拱钢筋绑扎及仰拱混凝土浇筑，然后在仰拱面上铺垫层，最后绑扎边顶拱钢筋及二衬混凝土浇筑。

（二）自动化钢筋台车参数及构成

适用钢筋绑扎洞径范围10.0～11.6m，钢筋直径10～32mm，台车尺寸15000mm×9600mm×8500mm（长×宽×高），控制系统为无线遥控。自动化钢筋台由以下8个模组构成。

1. 环筋上料预制模组　由两台互相垂直成型机构成。第一台成型机沿隧洞方向，经过第一台成型机后环筋实现90°成型。经过第二台成型机实现沿着隧洞截面理论半径成型。

2. 环筋脱模移动就位模组 由脱模气缸、回转电机、脱模小车、运送小车及配套的液压系统组成。

3. 纵筋分料模组 由分料平台、分料盘、旋转电机等组成。

4. 纵筋抓取就位模组 由5组电动伸缩杆、机械爪、电动气缸、液压等组成。

5. 纵筋运送模组 由中空旋转平台、电机、轨道、齿条、齿轮等组成。

6. 纵筋顶升就位模组 由液压系统、横梁、机械爪等组成。

7. 台车行走模组 由四个带电机和减速机的橡胶轮驱动构成。

8. 台车对中模组 由顶升油缸、限位立柱、升降套筒、连接耳板、限位块、滚轮、横移油缸、地面支撑座、台车架、行走大梁、油缸支撑座组成。

(三) 自动化钢筋台车纵筋施工方法

纵筋施工工艺流程:卸料→分料→运送→顶升就位→人工绑扎→回至初始位置。

1. 卸料 钢筋运输车行驶至自动化钢筋台车的正下方,用自动化钢筋台车上两台2t电动葫芦卸料,放置在左右两侧第一层平台上的纵筋分料平台上。

2. 分料 钢筋从分料斜平台上滑至分料盘卡口位置,通过伺服电机带动分料盘固定轴旋转,将钢筋旋转至分料盘最高点,停止旋转。然后第二层平台下5组电动伸缩杆上的抓钩抓取分料盘上钢筋,5组电动伸缩杆同时动作,将钢筋送至横梁上机械爪正上方。气缸将机械爪打开,钢筋放在机械爪内,气缸把机械爪关闭。重复动作,将5根钢筋依次从分料盘运送至横梁上的机械爪内。

3. 运送 分料完成后,纵筋运送小车上的中空旋转平台旋转,然后纵筋运送小车沿着轨道行走至钢筋理论安装位置停止。

4. 顶升就位 运送小车行走到位后,通过顶升系统的液压缸伸长。液压缸上安装的位移传感器控制液压缸伸出长度,将钢筋顶升至理论半径位置。

5. 人工绑扎 钢筋顶升就位后,首先人工临时固结,然后纵筋运送模组上的气缸将机械爪打开,最后人工完成钢筋的绑扎。

6. 回至初始位置 纵筋运送小车回至第一层平台初始位置,将机械爪旋转至水平状态,准备接取钢筋。

(四) 自动化钢筋台车环筋施工方法

环筋施工工艺流程:上料→成型→脱槽→环筋回转→环筋存储→环筋从脱模小车上送至环筋运送小车上→环筋运送→环筋顶升就位→环筋绑扎→环筋运送小车回至初始位置。

1. 环筋上料 钢筋运输车行驶至环筋上料平台位置,将钢筋卸至平台上,人工将钢筋送至第一台成型机入口处,钢筋完全被第一台成型机上的传送轮咬合牢固后人方可离手。

2. 环筋成型 钢筋经第一台数控成型机后实现钢筋一次90°成型,经第二台成型机第二次成型。钢筋成型半径与设计半径相同,钢筋沿成型槽环向行走。当遇套筒时,传感器感应到套筒后,通过液压缸收缩带动从动轮收回,实现了套筒的依次避让,套筒通过后液压缸伸长带动从动轮依次复位。

3. 环筋脱槽 环筋成型后,通过环筋脱模小车上油缸和环筋成型槽两侧布置的气缸同时伸长,将钢筋从成型槽里脱出放置在回转轮上。

4. 环筋回转 为满足边顶拱钢筋与仰拱环筋搭接接头错开的规范要求,需要交替将环筋回转,通过回转电机的转动,实现环筋的回转。

5. 环筋存储 环筋成型后储存在环筋脱模小车上的链条卡槽内,环筋成型后在环筋脱模小车上可存储5~10根环筋。

6. 环筋从脱模小车传送至环筋运送小车 当环筋脱模小车存储5根以上钢筋后,环筋脱模小车液压缸升高,高于环筋运送小车。通过链条的运动将环筋从环筋脱模小车上传送至环筋运送小车的链条上,环筋运送小车每次运送5根环筋。

7. 环筋运送 环筋运送小车沿着环形轨道将钢筋运送到设计位置后停止。

8. 环筋顶升就位 环筋运送小车上的液压缸伸长,将环筋顶升至理论半径位置,用位移传感器控制液压缸的伸缩长度,两侧通过平台下的液压将环筋顶升就位。

9. 环筋绑扎 环筋就位后,人工临时绑扎。绑扎牢固后,环筋运送小车的液压缸收缩,两侧平台下的液压收缩,最后人工绑扎环筋。

10. 环筋运送小车回至初始位置 环筋运送小车返回至初始位置后,等待环筋的运送。

(五) 自动化钢筋台车行走及对中

钢筋台车采用4个橡胶轮驱动行走。自动化钢筋台车在行走中中心会偏离隧洞中心,通过4件台车对中模组的顶升油缸伸长将整个台车顶起,再通过对中模组的水平油缸伸缩调整使台车中心与隧洞中心重合,最后收回对中模组的顶升油缸,完成台车的一次对中。

(中国水利水电第五工程局有限公司 孙学良)

硬梁包水电站大型洞室全圆针梁衬砌台车施工技术

（一）工程概况

硬梁包水电站为大渡河干流水电规划28个梯级电站的第13个梯级电站。电站4台机组总装机容量118万kW。水电站采用低闸长引水式开发，由首部枢纽、引水系统和厂区枢纽等组成。引水线路布置于德威闸址-观音崖段之间的大渡河左岸山体中，两条引水隧洞（1号、2号）平行布置，平均长度约14.4km，衬砌后洞径13.1m。洞室开挖半径随围岩情况分别为Ⅲ1类围岩7.05m、Ⅲ2类围岩7.15m、Ⅳ类围岩7.62m、Ⅴ类围岩7.82m。引水隧洞地质条件复杂多变，实际揭露以Ⅳ、Ⅴ类围岩条件为主，Ⅲ类、Ⅳ类、Ⅴ类占比分别为43.98%、51.98%、4.04%，较投标阶段围岩相差较大。

（二）CⅡ标投标阶段衬砌施工安排

硬梁包水电站引水隧洞工程施工CⅡ标混凝土浇筑在各施工段开挖支护完成后进行，分底拱、边顶拱浇筑。底拱混凝土浇筑先行，边顶拱混凝土衬砌跟进，接着进行回填灌浆、固结灌浆。各施工支洞洞口与底拱、边顶拱相交仓位混凝土浇筑，采取预留门洞的形式保证洞内施工交通。预留门洞后期与施工支洞封堵一同进行。按招标文件控制性工期要求开工后47个月内（2023年11月30日前）混凝土浇筑灌浆完成。由于受新冠疫情影响，加上前期施工支洞辅助标段移交工作面时间滞后，因此，项目主要控制性节点工期调整为，混凝土衬砌于开工后47个月内（2024年1月15日前）主洞衬砌及灌浆完成。

（三）全圆针梁台车应用背景

依据设计要求，为保证引水隧洞混凝土整体浇筑质量，原则上要求引水隧洞混凝土浇筑时不设置纵向施工缝。同时，考虑混凝土环向整体受力，减少混凝土内部裂缝，有效提高防水效果及外观质量，更好地保证混凝土质量，缩短混凝土节点工期，将投标阶段分底拱和边顶拱浇筑全部改为全圆针梁衬砌台车一次成型。

（四）应用全圆针梁台车缩短工期

根据总体工期要求及钢模台车规划方案，1号施工支洞控制段4个作业面拟投入3台全圆针梁台车进行衬砌，2号施工支洞控制段4个作业面拟投入4台全圆针梁台车组织施工。2号引水隧洞处于关键线路，共投入4台针梁台车。综合考虑引水隧洞混凝土衬砌按照3～4天/仓进行编排施工进度。

投标阶段采用先底拱后边顶拱浇筑，2号引水隧洞计划于2021年5月1日开始浇筑，2023年12月26日完成，计划工期742天。对比底拱+边顶拱混凝土浇筑，采用全圆针梁衬砌台车，实际2号引水隧洞于2022年6月24日开始，2023年12月30日结束，工期554天，较投标计划工期提前415天。2023年非承包方原因影响事件主要有"6·26"特大泥石流，突发意外停电，砂石骨料供应不足等。"6·26"特大泥石流灾害，使拌和系统严重受损，影响混凝土供应32天。2023年8h以上意外停电4次，砂石骨料供应不足累计11次。在诸多影响因素下，CⅡ标克服种种困难，按工期节点顺利完成混凝土浇筑。特大断面（ϕ13.1m）全圆针梁台车衬砌施工中，项目部通过优化施工工艺，加大资源投入，严把工程质量安全关，有序开展各项工作，创新采用大型拖泵泵送+全自动液压进料的入仓，混凝土衬砌施工效率得到了较大提升，平均3～4天完成1仓，最高纪录1～2号上游面完成9仓/月/工作面，两条引水隧洞用时740天完成混凝土衬砌。

（五）全圆针梁台车衬砌使进度、质量有保证

2号引水隧洞衬砌混凝土于2022年6月24日开始，2023年12月30日结束，历时554天，率先在全工区内完成混凝土衬砌重大节点目标。同时，通过对针梁台车底拱120°范围内模板结构，混凝土入仓下料方式及振捣工艺等的优化，有效消除底拱衬砌混凝土气泡、水纹、浮浆、错台等质量缺陷。全圆针梁台车一次成型浇筑，减少纵向施工缝，大型洞室衬砌混凝土质量得到保证，提升了衬砌混凝土施工质量。实践证明，特大断面隧洞采取针梁台车衬砌既缩短了工期，保证了质量，又降低了费用，其资金、人力、物力、管理等成本投入较传统衬砌分底拱、边顶拱两序施工工艺要少许多，产生直接经济效益上千万元。

（中国安能集团第三工程局有限公司　徐梦楠）

全圆针梁台车在老挝南俄4水电站引水隧洞衬砌中的应用

南俄4水电站引水隧洞前段长7820m，纵坡坡比0.2%。引水隧洞马蹄形开挖及圆形衬砌，衬砌厚0.4～0.6m，衬砌后内径6.2m。引水隧洞衬砌厚薄，且设双层钢筋，人员无法进入仓内振捣。为按期实现节点目标，确保混凝土质量，隧洞衬砌采用全圆针梁台车施工。

（一）施工工艺

1. 施工程序　针梁台车的钢模台车由针梁和外层模板组成，台车全长12.1m，模板半径3.1m。混凝土采用泵送混凝土浇筑，10m³混凝土罐车运输，

卸入 HBT60 混凝土输送泵集料斗泵送入仓。混凝土振捣采用针梁台车配套的附着式振捣器,局部位置通过窗口用 Φ50、Φ70 软轴振捣器辅助振捣密实。

2. 施工方法 严控混凝土浇筑上升速度,初拟 0.5～1m/h。浇筑时通过台车预留窗口观察振捣情况,确保混凝土下料均匀对称,振捣密实。浇筑顶拱混凝土时,通过观察孔观察,防止浇注过量。严禁用一个进料管向整个台车供料,防止压力过大。顶拱用一级配混凝土浇筑,若混凝土和易性较差不能泵送,需通知试验人员确定处理方式(如加减水剂),严禁随意加水。因故障导致混凝土不能连续浇筑时,将仓内混凝土平仓振捣密实。

3. 改进措施 主要采取以下改进措施:研制了防钢丝绳脱槽装置;改进支撑杆及撑板材质提高了刚度,满足台车运行要求;研制电路、油管线路防护罩,降低了混凝土废渣对运行影响;台车底孔两侧各增加 8 台附着式振捣器,解决了衬砌断面底部气泡较多及振捣不充分问题;提出了针梁台车柔性搭接方案。

(二)施工质量控制

侧模确保刚度和强度,表面光洁平整,接缝严密,不漏浆。模板安装定位后,设置可靠的拉撑系统。结构缝及施工缝内止水安装需固定牢靠,防止浇筑时移位。

下料需均匀,不得只从单个窗口下料,避免骨料分离,防止台车变形。浇筑时下料顺序从已衬砌端向外,将洞室渗水及混凝土泌水排出仓外。

底孔部位增加的附着式振捣器,在混凝土未覆盖至附着式振捣器位置时不得使用,防止空振。此时应通过窗口用 Φ50、Φ70 软轴振捣棒振捣密实,确保施工质量。

(三)应用情况

南俄 4 水电站引水隧洞衬砌采用全圆针梁台车一次衬砌成形技术,于 2023 年 12 月初完成全部衬砌施工。相对常规钢模台车,全圆针梁台车具有衬砌施工速度快,质量保证好,操作程序化等优点。

(中国水利水电第八工程局有限公司 郑清钢)

荒沟抽水蓄能电站工程清水混凝土施工技术

(一)清水混凝土施工常见问题

1. 原材料选择问题 常用的原材料有水泥、骨料和外加剂。要求严格选择高质量原材料,并按行业标准做好原材料配合比设计与试验。如忽视这些问题,必然对混凝土结构性能构成严重威胁。实际调查

可见,清水混凝土配比设计中,如添加过量水泥,由于内部碱量大于行业添加标准,会与集料产生化学反应,在改变混凝土结构表面颜色的同时,甚至还会降低结构的性能。如添加过量骨料,与标准添加量比较,混凝土结构表面颜色会加深。如碎石中针片状石子含量大,会导致混凝土质量与颜色都不够均匀,加之较大粒径粗骨料,会制约正常混凝土浇筑环节的进度与质量,更是麻面及蜂窝等病害出现的根本原因。

2. 浇筑问题 要做到平顺浇筑、振捣及抹面等作业。要想在快速施工效率下,稳步提升整个清水混凝土结构的性能与质量,要求施工人员在浇筑中必须严格遵循操作规范,高质量完成每一个施工环节。在浇筑环节有时会出现超出 2m 倾倒混凝土的问题,则造成不同离析问题的发生,后期会出现混凝土病害。此外,较厚混凝土结构浇筑时,一旦施工人员忽视严格执行操作标准,不按分层施工原则,则拆模后发现混凝土结构表面有麻面。

3. 振捣问题 之前我国大多数地区清水混凝土振捣施工后,经常会出现蜂窝及缺角等病害。究其原因,是施工人员未按要求妥善控制好混凝土振捣周期,或采用了不合理施工手段,这些会影响混凝土密实度,导致结构内部不同程度存在空隙及气泡,从而影响混凝土结构性能;操作中混凝土振捣出现过度现象,造成混凝土扩张,使最终的混凝土结构,与设计要求不相符;振捣器作业时,碰撞钢筋、模板、预埋件等,造成露筋、跑模等问题。

(二)清水混凝土施工技术分析

1. 表面质量与装饰效果标准 土建工程中,清水混凝土表面的平整性误差应小于 3mm,并避免外表出现气泡;表面裂纹宽度应小于 0.15mm;确保清水混凝土表面的色泽,无污染和损坏,无漏浆、脱模、臌胀,结构无错台与冷缝。根据土建施工的装饰标准,预留缝条,形成比较规则的分隔缝;装饰线条外形均衡、平整、顺直。

2. 模板的选择与处理 清水混凝土的定型处理和早期维护是在拆除模板前进行的。选择和安设模板时,应尽量防止产生环向模板拼缝,且 2 个竖向拼缝在施工阶段要尽量防止产生漏浆和错台现象。为了满足设计要求,制作模板时,应对环向钢板采用满焊连接模式,并打磨焊缝处,保证清水混凝土表面的平整。

3. 脱模剂的选择 清水混凝土施工技术的关键环节之一即脱模剂的选用。脱模剂种类多,包括硬脂酸锌、聚酰胺树脂、硅油类脱模剂等。脱模剂的选取要结合工程需要和注射制品用材决定。目前,使用最频繁、操作较便利的是喷涂雾化脱模剂,使用数量以制品能顺利脱模为原则,尽可能少用。用量过多会影

响制品外观性能，产生油斑或令制品外表变暗，尤其对色泽要求很高的制品有很大影响。有时需禁止使用。另外，实践证明在脱模剂中可添加适当光亮剂，在样板测试后，既便于脱模，且成型后混凝土表面较光滑，效果显著。

4. 混凝土浇筑　浇筑中应注意以下几点。①浇筑时分层下料与振捣，分层厚度不大于 40cm。②浇筑时重视模板与钢筋看护，浇筑结束后整理混凝土结构上部的裸露钢筋，使之就位。③各层下料后，用 60kHz 振捣棒振捣。第 1 层混凝土振捣时间控制在 20s，防止过度振捣产生跑浆，其余各层振捣时间控制在 30s 以上。快插慢拔，振捣棒插入被振捣混凝土 50mm 以下。

5. 修补方法　土建工程中清水混凝土表面出现的质量缺陷，最常见的是混凝土表面气泡等。这些问题需要及时处理。拆模后先清理混凝土表面，采用相同物料在有问题的位置重新修补，待填充物料凝结后进行打磨。

混凝土浇筑阶段出现裂缝是一个难以处理的缺陷。一方面是材料不达标造成裂缝，另一方面是浇筑工艺引起的。为避免产生裂缝，需选用良好、规整、无碱性的粗细骨料，严控浇筑速度，浇筑结束后做好碾压与抹平工作。

6. 养护方法　清水混凝土施工结束后，需要及时养护。清水混凝土的养护有很多需要注意的细节，当混凝土模板的内压力达到 1.2MPa 时，要使用塑料薄膜包裹清水混凝土结构，降低水分的流失，保证清水混凝土结构表面的湿润性，养护周期要保证在 7 天。

（中国水利水电第三工程局有限公司　袁永强）

NQJD 水电站工程施工支洞衬砌施工技术

NQJD 水电站导流洞设 2 条施工支洞。1 号施工支洞位于导流洞前部和右岸上游 1 号桥附近，用于导流洞上层洞身施工，全长 395.42m。2 号支洞位于导流洞出口洞段和右岸下游 10 号路尽头处，用于导流洞下层洞身施工，洞长 337.35m。断面尺寸均为 8.0m×6.5m。

（一）施工支洞衬砌施工方案

1. 施工准备　洞身二衬施工前，对洞身初支断面测量检查，如有欠挖予以处理。同时，监测洞身未衬砌段围岩。备好二衬合格的原材料、机械设备和人员，制定好施工方案。

2. 钢筋施工　钢筋在洞外弯制成形，运至洞内安装。每隔一定间距设定位钢筋，各类钢筋按要求安装，严控主筋、分布筋间距及数量。内层钢筋由测量人员定出控制点，控制点设在已安装好外层钢筋上。安装中控制好内外层间距、保护层厚度。确保钢筋锚固长度为 40d，焊接长度 10d。

3. 台车就位　就位前检查各部件及拼装后结构净空尺寸，合格后投入使用。打磨台车模板，使其表面平整、光洁，并均匀涂刷脱模剂。检查台车底部轨刚度和钢轨间距（误差不超过 5mm）。然后台车按放线位置就位，并检查台车尺寸、方向、标高、稳定性。检查符合要求后，安装橡胶止水带和带注浆管膨胀止水条等。模板拱顶预留注浆孔，间距 3m。

4. 模板施工　衬砌标准段采用 6m 整体钢模台车作内模，交叉段人工拼装钢模板。标准段利用台车自带装置支撑稳妥。挡头模板采用 5cm 厚木板与 10cm×10cm 方木在现场拼装。模板台车在洞外拼装，沿钢轨铺道至洞内。每施工一循环混凝土，由测量组放样，施工人员根据放样线使台车就位，并安装挡头模板。就位前模板除锈，清洗，涂刷脱模剂。

5. 混凝土施工　混凝土原材料检测合格后方能使用。按试验配比计量，按重量投料。经常测定粗细骨料含水率，雨天施工及时调整配比。混凝土搅拌时间不小于 3min。运输中确保不发生离析、漏浆、严重泌水及坍落度损失。运输已拌好混凝土时以 2～4r/min 转速搅动。在运输中同时拌制混凝土时，从加水后算起至全部卸出，历时不大于 90min。对两侧顶面凿毛，用高压水冲洗干净。投料口至浇筑面高度不大于 2m。台车前后混凝土高度差不超过 0.6m，左右不超过 0.5m。混凝土运输、浇筑及间歇时间不超过混凝土初凝时间，浇筑时进行坍落度试验（要求 160～200mm）。留同条件养护试件 2 组，标养试件 2 组。浇筑中采用附着式结合插入式捣固棒振捣，捣固器移动间距不超过 50cm 左右，与侧模保持 5～10cm，插入下层混凝土 5～10cm。边墙二衬混凝土强度达 8MPa 后方可脱模。拆模后混凝土表面及时保湿养护，养护时间不少于 14 天。

（二）衬砌质量问题防治

1. 混凝土裂缝防治　洞内衬混凝土裂缝有干缩裂缝、温度裂缝、外荷载作用产生的变形裂缝、施工缝处理不当引起的接茬缝等。

2. 混凝土裂缝的处理　有害裂缝采用灌注水泥净浆处理。

3. 预防混凝土裂缝的措施　严控原材料质量，严格按配料单计量，定期校正计量装置。加强砂石料含水率检测，及时调整用水量。控制混凝土的入模温度。适当放慢灌注速度，对称分层灌注。拆模时强度必须符合设计或规范要求，脱模时不得损伤混凝土。

4. 错台的预防　保证模板台车模板的加工精度，设备和机具要确保不大于 2mm 的错台。确保模板台车的定位质量，防止模板移位，浇筑中模板两侧混凝土对称、连续灌注。

5. 隧洞防渗漏措施　加强原材料进货检验，外加剂经试验确定最佳掺量。提前进行配合比试验。混凝土生产严控搅拌时间，运输中不发生离析、漏浆、严重泌水及坍落度损失过多，灌注混凝土连续进行。当温度、湿度不满足养生要求时，须进行保温或喷水养护。混凝土施工接缝设排水孔。

6. 保证内衬表面颜色、光泽的措施　确保混凝土生产质量，选用质量稳定的原材料，保证混凝土生产质量和均衡、稳定，连续生产。加强模板清理，确保模板外表面平整、光滑、干净。脱模剂涂刷均匀，不出现漏刷、积聚成堆或流滴现象。在混凝土运输和灌注过程中，加强封堵，杜绝发生漏浆现象。加强捣固，确保衬砌混凝土密实度，消除漏捣和过捣现象。

（中国安能集团第三工程局有限公司

重庆分公司　刘德平　梁攀飞）

防渗墙顶部切除施工技术在芝瑞抽水蓄能电站中的应用

芝瑞抽水蓄能电站拦沙坝和拦河坝混凝土（C30）防渗墙轴线分别长 411.16、356.72m，墙厚为 0.8m，按要求防渗墙顶和与心墙基座接头处要切除部分混凝土。

（一）存在问题及解决方案

若对长 767.88m，厚 0.8m 的防渗墙用常规机械设备切除，可能对墙身抗渗性和结构稳定造成破坏。若人工配合电镐等切除，成本高工期长。常用切除设备有劈裂机、圆盘切割机、绳锯，经比较绳锯施工方便，操作简单，对主体结构无损切割，扰动小，且适应复杂的地形条件。故选用绳锯对防渗墙顶部进行切除。

（二）防渗墙顶部切除施工程序

墙顶切除包括防渗墙两侧填方开挖、导墙拆除、顶部墙体切除。先切除防渗墙和帷幕灌浆已验收合格的墙体部位，未完成部位，有待验收合格后施工。切除时按防渗墙槽段进行，或根据绳长可跨多个槽段进行切割。施工要点如下。

1. 施工准备　施工前布置好用电和水管线路，以及切割用风设备。主要设备有 1 台 20m³ 油动空压机，1 台 10t 洒水车，1 台潜水泵。

2. 施工方法　防渗墙和帷幕灌浆施工完成后，清理墙两侧，用 1.2m³ 反铲挖除导墙外侧形成宽约 100cm 的沟槽，并确保沟槽稳定。破碎锤对导墙混凝土破碎，渣土用反铲＋自卸汽车运出。在露出的防渗墙设计顶高程钻 φ100mm 穿墙孔，便于穿锯绳，在墙体靠近绳锯机侧安装膨胀螺丝，固定导轮与万向轮。除首段防渗墙切割外，后续防渗墙切割万向轮固定于 1.2m×0.6m×0.3m 移动混凝土板上。然后沿防渗墙设计高程按槽段水平切割墙体，在槽段连接处用破碎锤凿断，并破碎锤就地破碎，反铲装自卸汽车运出。或完成切割的墙体竖向再次切割成混凝土块，用吊车加自卸汽车运出。

3. 施工工艺流程　施工准备→测量放线→导墙两侧土方槽挖→导墙拆除→绳锯安装→防渗墙顶部墙体切割→防渗墙块体破碎→挖装运输。

（1）导墙两侧土方用反铲开挖成沟槽，便于导墙拆除。导墙采用破碎锤破除，渣土用反铲加自卸汽车运出。

（2）绳锯机（重 380kg）运至工作面后，利用绳锯机底部车轮进行位置调整。在选定并测量好锯绳长度后用剪线钳剪断。用钳子拔出绳子两端头至第一粒串珠处的橡胶（有弹簧一并拔出），并预留适当长度。将绳子绕过设备飞轮及被切割对象，手拉锯绳，磨平混凝土锐角，形成所需锯路，选一自由端进行扭圈。

（3）初始扭圈为 3～4 圈/m 或以上。扭圈完成后绳子两端头塞入接头内并压实。锯绳使用初始阶段采用大接头，消耗过半后可换用小接头。

（4）采用水磨钻或风钻在防渗墙槽段连接位置钻穿绳孔。绳锯沿混凝土切割线布置，安装膨胀螺丝，固定导轮、万向轮，采用 1.2m×0.6m×0.3m 预制板固定万向轮。预制板重 518kg 大于绳锯机重。绳锯机和导向轮固定牢固后，根据切割路线，将金刚石绳锯按一定顺序缠绕在主动轮和辅助轮上。导向轮边缘与穿绳孔中心对准，确保切割面切割速度和切割方向。安装完成后连接主电缆线。

（5）当安装调试好绳锯机，准备开启之前，仔细检查绳锯机的各个关键部件是否连接正常，安装好安全防护装置。安装完成后，绳锯切割工作面采用临时围挡或警戒带进行维护，非机械操作人员禁止进入。

（6）绳锯机安装调试完成后，启动马达，通过控制盘调整主动轮提升张力，启动循环冷却水，再启动另一电动马达，驱动主动轮带动金刚石绳索回转切割。切割中确保金刚石绳运转线速度 20m/s 左右，也应有足够冲洗水量。绳锯机在导轨上快运行到终点位置时，如场地条件允许，采用前后导轨置换方法继续锯切。如场地条件不允许，才可采用移机剪绳的方法继续进行锯切作业。

根据现场实际布置，导向轮若安装在已切割的防渗墙墙体上，不影响切割的情况下，可将剩余面直接切透；导向轮安装在正在切割墙体时，在剩下大约0.3～0.5m²时，停止切割，拆除导向轮，可将剩余面继续切透。

（三）施工效率分析

采用绳锯对防渗墙顶部切除，对防渗墙主体结构零损伤，切割面光滑、平整，施工噪声小、无粉尘、无废气排放，施工速度快，切割功率可达到6m²/h。考虑单次转运设备、穿绳等准备工作需要3h，每天正常切割时间为5h。对于宽0.8m防渗墙，单台切割机每天可切割37.5m，施工效率较高，既能够满足不扰动防渗墙主体结构要求，又能快速切割。

（中国水利水电第七工程局有限公司
付红刚　杨云志）

乌海抽水蓄能电站砂石加工系统建设技术

乌海抽水蓄能电站位于内蒙古乌海市境内的海勃湾区，电站安装4台单机容量300MW单级混流可逆式水泵水轮机组。电站砂石加工系统承担主体工程混凝土骨料和上、下水库沥青混凝土骨料的生产供应，需生产砂石料168.76万t。

（一）系统设计要求

根据施工总进度安排，考虑冬季备料的需求，该加工系统处理能力不小于380t/h，成品料生产能力不小于300t/h。下水库沥青混凝土骨料二次加工系统原料，为下水库砂石加工系统生产半成品料，根据施工总进度安排，加工系统处理能力不小于140t/h，成品料生产能力不小于110t/h。

下水库区冬季12月初至次年2月中旬平均气温均为零下，系统在冬季此时时段停工，故需考虑冬季备料。经过对施工进度分析，按冬季备料需求考虑成品料容量，高峰备料量为3万m³。

（二）砂石加工系统生产工艺及系统布置

1. 生产工艺选择　乌海市属温带大陆性气候，年平均日照时间3079.6h，年平均相对湿度42.2%，年平均降水量154mm，多年平均气温9.7℃，历年极端最高气温41.1℃，历年极端最低气温－32.6℃。工程所在地干旱少雨，毛料含水率较低，泥土干燥不黏结，易于筛分和选除，可通过设置除土筛分去除毛料中小于10mm物料。采用风选去粉，成品砂中石粉含量可满足要求。

湿法生产工艺在低温季节会因供水水管或水处理系统冻结而无法生产，每日有效运行时间短，系统生产规模需加大才能满足混凝土浇筑强度要求。若使用干法生产，则不受低温影响。且湿法生产工艺需配置脱水装置，成品砂需经72h自然堆存，含水率低于6%后才能使用。采用干法制砂，成品砂无脱水要求，成品砂在低温季节不会发生冻结现象，能全年连续生产混凝土。

干法生产成品砂含水率低且稳定，成品砂拌湿后含水率低仅1%～2%。干法生产通过收尘器和选粉机去粉，储存在石粉罐，然后通过自卸车运输至渣场或销售，相比湿法生产产生的泥饼更容易处理。

综上所述，乌海电站工程生产砂石骨料采用干法生产工艺。

2. 加工系统产品及双系统组合设计　砂石料加工系统和下水库沥青混凝土骨料二次加工系统生产的成品骨料数量见表1、表2。表1混凝土骨料总量中，有33.31万t中石用于沥青骨料加工。

表1　　　　　砂石料加工系统各粒径范围成品骨料数量表

粒径分布（mm）	砂<5	瓜米石5～10	小石5～20	中石20～40	合计
比例（%）	27.92	3.52	23.01	45.55	100
混凝土骨料（万t）	47.12	5.94	38.83	76.87	168.76

表2　　　　　沥青混凝土骨料各粒径范围成品骨料数量表

粒径分布（mm）	<2.36	2.36～4.75	4.75～9.5	9.5～16	16～19	合计
比例（%）	34.35	16.45	22.72	23.15	3.34	100
沥青混凝土骨料（万t）	11.44	5.48	7.57	7.71	1.11	33.31

生产水工混凝土所需4种骨料的粒径见表1。沥青混凝土所需5种骨料的粒径见表2。根据表1、2砂石骨料粒径范围分析：沥青骨料（4.75～9.5mm）与水工混凝土瓜米石骨料粒径相近，可通过筛网调节；沥青骨料（16～19、9.5～16、4.75～9.5mm）与水工小石骨料粒径范围接近，可利用筛分车间筛网进行调控。

考虑抽水蓄能电站混凝土浇筑时段和强度等因素，理论估算的供料强度，一般情况下均会出现波动。为此，将水工混凝土骨料生产系统和沥青混凝土骨料生产系统进行组合,有利于灵活调整生产,提高砂石骨料供应的保障性。

3. 砂石加工系统基础处理　砂石加工系统场地地形平缓,地基土均匀,但表层为第四系风积砂,承载力较低,轻型动力触探测得承载力特征值为80kPa。系统主要车间及设备基础、成品料仓地弄、胶带机基础设计采用石渣换填碾压进行地基处理,换填深度根据构筑物地基承载力要求确定。

根据基础承载力要求,将石渣换填分为Ⅰ区(≥200kPa)与Ⅱ区(≥150kPa)。换填Ⅰ区压实度要求不低于0.93,Ⅱ区压实度要求不低于0.90,填料以石渣为主且最大粒径不大于300mm,并小于填筑层厚度的2/3。根据现场试验确定施工中最优含水率为5%,施工时填料的含水量尽量控制在最优含水量附近。碾压设备采25t自行振动平碾,铺料厚度60cm,碾压遍数6~8遍。

(三)应用情况

乌海抽水蓄能砂石加工系统采用双系统组合设计,具备同时生产水工骨料、沥青骨料的能力,可根据用料情况灵活调整生产级配,在一定程度上降低了抽水蓄能电站前期用料不均衡的影响,减少循环破碎量,降低了骨料生产成本。

(中国水利水电第八工程局有限公司　王希森)

龙溪口航电枢纽特细天然砂筛分系统设计

(一)概述

岷江龙溪口航电枢纽开发任务是以航运为主,航电结合,兼顾防洪、供水、环保等综合利用。工程等别为二等,工程规模为大(2)型,船闸级别为Ⅲ级。

龙溪口航电枢纽左岸筛分系统临河布置,对外交通十分便利,占地面积约143000m²,布置高程350~340m。系统主要给左岸(包含厂房、重力坝、左岸13孔泄洪闸等)提供各级混凝土成品砂石料。岷江流域天然砂砾石骨料储量丰富,其中卵石性能指标均能满足水工混凝土粗骨料的质量要求,试验得知龙溪口工程大部分天然砂细度模数为1.41的特细砂。

(二)特细天然砂筛分系统设计

1. 工艺流程　筛分系统加工工艺分为三级破碎、三级筛分。即粗碎→中细碎→超细碎,第一筛分、第二筛分、第三筛分。筛分系统由粗碎车间、中细碎车间、半成品料堆、第一筛分车间等多个车间及料堆组成,加工流程如下。

加工毛料通过自卸汽车从毛料堆场运输进入粗碎车间。≤150mm料经2台VF561-2V型棒条给料机

直接进入胶带机送入半成品料堆;>150mm石料经2台VF561-2V型棒条给料机进入2台PE-500×750型鄂式破碎机,破碎后≤150mm料由胶带机送入半成品料堆,再经廊道送入第一筛分车间。第一筛分车间设有4台重型圆振动筛2YKR2060H及4台圆振动筛2YKR2060,筛分楼布置上下各4台,筛网80、40、20、5mm,分离出>80mm超径石进入中细碎车间调节料仓等待破碎。40~80mm的大石一部分进入成品料堆,一部分进入中细碎调节料仓等待破碎。5~20、20~40mm料进入成品料场。≤5mm成品料脱水处理后进入成品天然砂堆。

中细碎车间主要设备为2台HP400型圆锥式破碎机,经第一筛分车间分级处理后的料(>80、40~80mm)进入中细碎车间调节料仓。经振动给料机供料至2台圆锥式破碎机进行破碎,待破碎完毕,物料进入第二筛分车间筛分。第二筛分车间布置2台3YKR2460型圆振动筛,>40mm料回中细碎车间破碎,≤5mm的成品料通过洗砂机和直线振动筛脱水处理后进入成品人工砂堆。5~40mm混合料进入超细碎车间调节料仓,经振动给料机供料至4台B9100SE型立轴式冲击破碎机破碎,中石(40~20mm)和小石(20~5mm)进入立轴破碎机进行整形和制砂,破碎料进入第三筛分车间筛分。

第三筛分车间主要设备为4台2YKR3060型圆振动筛,筛网5~40mm物料进入成品料堆,部分中石和小石返回超细碎进行循环破碎,≤5mm成品料通过洗砂机和直线振动筛脱水处理后进入成品人工砂堆。

2. 工艺特点　细度模数控制:根据料源勘探资料,天然砂细度模数为0.88~1.65,属特细砂。通过配合比试验研究调整,确定特细砂和机制砂掺配比例,加入细度模数3.0左右机制砂后(60%机制砂+40%特细砂),能有效改善天然砂的细度模数。当配合后的细度模数为2.6~2.7时,混凝土工作性能和力学性能达到最佳值。同时,采用低热水泥和提高粉煤灰掺量,降低特细混合砂混凝土水化热,据此完成特细砂防裂混凝土配合比的设计。

精准掺配:系统设三级破碎工艺,隔离天然砂料仓与人工砂石料仓。在生产工艺中采用立轴破制砂工艺,生产机制砂。天然砂和机制砂通过过料仓底下廊道内称重系统,精确控制每种料的输料重量,分别计量精准掺配后用于混凝土拌和生产,提升了成品砂质量。

含泥量、含粉量控制:生产工艺采取湿法生产,第一筛分车间为楼式布置,从而增加料源的冲洗和脱水时间,有效控制成品粗骨料含泥量。同时,湿法生产也有效控制了破碎骨料中石粉含量。根据以往工程经验,水洗后的砂石骨料含粉量均在8%~12%

左右。

含水率控制：为保证成品砂细度模数能有效脱水，满足成品砂含水率≤6%要求，除设4个成品砂仓分区取料外，成品砂出料前均进入直线振动筛脱水。采取成品料仓分层堆存、底板铺垫碎石、设排水盲沟、集水沟及防雨棚等措施，实现成品料含水率稳定可控。

粗骨料针片状控制：根据料源情况分析试验，砂砾石粒型较好。通过设计布置三级破碎，针片状含量控制主要考虑40mm以上进入中细碎破碎后的骨料。对此采用将经过中细碎破碎后40～5mm的骨料进入超细碎整形，以进行针片状含量超标的控制。超细碎车间布置4台立轴冲击式破碎机，中、细碎小于40mm进超细碎整形后，根据施工经验数据，成品中石针片状含量为7.2%左右，成品小石针片状含量为8.0%左右，满足水工规范≤15%的要求。

系统封装：采用彩钢瓦、檩条等多种材料，将各级破碎、筛分车间及传送皮带进行外包封装。防止扬尘扩散，有效降低噪音污染。筛分系统场内传送皮带封装设施喷淋系统，对场内车辆经过部位设喷淋花洒喷头。此外，废水处理、散水、雨水收集，做到零排放，从而实现全方位、多角度环境保护。

（三）特细天然砂筛分系统评价

目前，龙溪口枢纽闸址特细天然砂已在厂房、重力坝、左岸13孔泄洪闸等多个结构施工中应用，应用效果显著，混凝土抗裂性能优良，充分保障了混凝土外观质量及实体质量。

筛分系统设计的先进性，克服了特细天然砂自身属性的影响，实现砂石料精准筛分掺配，显著提高了特细砂混凝土的性能，提高了混凝土质量，节约了施工成本，为航电枢纽带来显著的经济社会效益。

（中国水利水电第五工程局有限公司　王亮）

缓坡斜井精准反导井正挖法施工技术

阳江抽水蓄能电站电缆洞斜井倾角36°，长262.93m（含弯段），城门洞形，断面6.0m×5.4m（宽×高）。

（一）施工工艺比较

针对阳江电站缓倾角电缆洞，开展30°～45°斜井工艺研究。几种施工方法比较如下。

1. 正向法开挖　斜井自上而下全断面开挖，提升设备成本高。挖运设备无法进入工作面，出渣效率低。上下交叉作业安全风险高。掌子面积水环境差，内外工作面干扰大。

2. 反向法开挖　斜井自下而上全断面开挖。爬罐法设备投资大，辅助时间长，隧洞排烟难，作业环境差，造孔质量控制难。其缺点同爬罐法，效率更低，风险更高。

3. 反井钻机法　开挖导井时钻头竖向分力大，易偏斜。钻机无定位，无纠偏功能。导井扩径时刀盘受力不均易破损，钻杆易断裂；爆渣易堆积，堵井风险高。

精准反导井正挖法通过MWD、RMRS定位技术实现钻头定位，定向钻机纠偏，导孔精准，改进型反井钻机反扩溜渣导孔。模型试验论证溜渣可行性，控制爆破技术实现正向开挖。

（二）精准反导井正挖法施工工艺

缓坡斜井反井法的核心在于导孔的精准贯通及导井溜渣，并有效控制爆破。

1. 钻机、钻具和洗井液　通过MWD、RMRS定位技术，采用定向钻机施工导孔，辅以专用定向钻具，结合钻进轨迹分析，实施钻进控制纠偏。

（1）钻机选型。结合钻进长度、钻孔直径、岩层情况、偏斜控制标准，复核定向钻机的最大回托力、最大回转扭矩、回转速度、给进压力等参数，从而选择合适的钻机。

（2）定向钻机钻具组合。采用斜井坚硬岩石定向钻具。钻具组合为牙轮钻头＋磁短节＋单弯螺杆＋浮阀＋扶正器＋无磁钻铤3根（内置测斜仪）＋扶正器＋加重钻杆9柱＋普通钻杆。

（3）泥浆洗井液。经现场试验确定了泥浆洗井液的性能（见表1）。

表1　　　　　　　　　　　　　　　　定向钻机泥浆性能技术指标

相对密度	黏度（s）	静切力（Pa）	失水量（mL/30min）	泥皮厚度（mm）	胶体率（%）	pH值
1.1～1.2	<30	4.9～19.6	10～20	<3	100	7.0～8.5

（4）测斜纠偏。定向钻具前端安装MWD随钻测斜仪，可探测钻进数据并发送至井口，经计算钻头实际角度、方位，用于调整钻具至理论角度，再通过高压泥浆压力驱动钻头钻进纠偏。再次纠偏、重新测量钻头方位，直至调整到设计井斜。导孔从入钻点至出钻点50m前，采用MWD测斜仪对钻头定位。导孔

距出钻点小于 50m 时，透孔点下部设置 RMRS 测斜系统对钻头（旋转的短磁节）进行闭合定位，综合 MWD、RMRS 两项数据校正导孔。

2. 反井钻机改造　对反井钻机的主要受力构件及基座进行改造。

（1）反井钻机基础设计。缓坡斜井钻进时重力方向受力大，在大扭矩作用下易发生机械故障。因此，宜采用实心混凝土凹型基础，且与反井钻机调脚靴板平行，使钻杆轴线与基础斜面垂直。斜面上预埋 H 型钢，固定反井钻机。基础内沿斜井钻进中心线预埋钢管。

（2）反井钻机适应性改造。包括钻机底座与支撑梁增加 2 组液压千斤顶，千斤顶支撑梁连接部位设三角撑，千斤顶底座连接部位设矩形支撑；为提升入钻点准确度，将脚板增加 2 组液压千斤顶，脚板预留锚固孔，基础板与脚板通过螺栓连接；采用两组液压系统，分别控制大、小臂；选用两组改进型液压马达，使其轻量化。

钻机改造后，实现了缓坡斜井反井钻机稳定反扩，顺利完成导井施工。

3. 缓坡斜井适合溜渣的粒径　在模型试验基础上，开展缓坡斜井溜渣可行性研究。

（1）通过单颗粒岩块运动学理论研究和室内试验，及群岩块模型试验，定量分析岩块运动特性，论证了缓坡斜井在适合条件下能满足溜渣需求。模型试验得出小于 30mm 以下的颗粒不超过 20%，最大粒径不超过 700mm，且 200～700mm 粒径不超过 50%，否则可能堵井。本工程最优爆渣颗粒指标：小颗粒含量 10%～20%，中颗粒含量 40%～50%，大颗粒含量 40%～50%。

（2）缓坡斜井扩挖爆破粒径控制。现场爆破试验确定，爆破进尺 2m，主爆孔间距 50～60cm。最优级配粒径区间及含量：小颗粒试验粒径 0～5mm，实际爆破粒径 0～25mm，占比 10%～20%；中颗粒试验粒径（5～20mm)/(20～40mm)，实际爆破粒径（25～100mm)/(100～200mm)，占比均为 20%～25%；大颗粒试验粒径 40～140mm，实际爆破粒径 200～700mm，占比 40%～50%。

（3）全断面扩挖溜渣技术。实行 3 个优化：一是掌子面倾角优化，为提升渣料下溜率，便于爆破造孔，将挖掌子面倾角与水平线控制在 20°～30°；二是溜渣井位置优化，基于导井高精度贯通，为有效减少下半洞渣量，将溜渣导井布置于底板，更好引导爆破渣料下溜，减少扒渣工作量，溜渣中使用 5L/min 助溜剂，助溜剂由 0.1%植物油和 99.9%水组成；三是爆破设计优化，以导井为中心，炮孔采用菱形+中心孔布置，孔距控制在 50～60cm，全断面分上半

洞两序延时（880ms）爆破，以提高爆渣落入导井量，提升施工效率，降低堵井风险。

（中国水利水电第七工程局有限公司　郑尧）

胶凝材料细微颗粒级配对超高性能混凝土力学性能的影响

（一）试验材料和试验方法

1. 试剂与材料　选用 P·O 42.5 级水泥，SF94 级硅灰（粒径 1500～2000 目），Ⅰ级粉煤灰，S95 矿渣粉，石灰石粉（10～30μm)，粒径模数 2.5 的中砂（0.15～2.36mm)，镀铜微细纤维（长 13mm)，无水乙醇，高效聚羧酸减水剂。经检验原材料满足要求。

2. 试验方法　胶凝材料混合物制备流程：在干燥条件下各组分预混 15min，加入无水乙醇和高效减水剂。低速搅拌 3min，高速搅拌 7min。倒入模具填充。重复试验求得固体浓度即填料密度。超高性能混凝土（UHPC）制备流程：将水泥、硅粉、矿粉、石粉、粉煤灰、河沙混合低速搅拌 90s。再加入所有拌和水和减水剂，低速搅拌 90s，高速搅拌 120s。加入所有钢纤维，高速搅拌 240s，低速搅拌 60s，即制备好 UHPC。

采用相关标准测定水泥、硅灰、粉煤灰、矿渣粉、石粉的密度。使用激光粒度分析仪测量各种粉末粒度分布。按相关标准制备 40mm×40mm×160mm 的水泥胶砂试件，测试超高性能混凝土的力学性能。

（二）试验结果与讨论

本研究依托苏洼龙水电站取得了有益的试验成果。试验结果如下。

1. 石灰石粉粒径对胶凝材料细微颗粒最大固体浓度的影响　选取研磨时间为 5、20、25、30、50min 石灰石粉进行胶凝材料细微颗粒级配试验。基准配比：水泥 1、硅灰 0.3、矿渣粉 0.45，总计 1.75。试验配比：水泥 0.9125、硅灰 0.3、矿渣粉 0.45、石灰石粉 0.0875，总计 1.75。

由石灰石粉粒径与胶凝材料细微颗粒固体浓度的关系曲线，可知胶凝材料细微颗粒最大固体浓度随石粉粒径的增大而减小，表明加入石粉越细，粉末堆积效果越好。当石粉粒径为 6.43～22.45μm 时，胶凝材料细微颗粒固体浓度下降较缓；当石粉粒径为 22.45～32.26μm 时，其浓度大幅下降。因为水泥、硅灰、矿渣粉组成的三元体系的粒径分布范围在 4～23μm 内，加入石粉粒径在此范围时对原有堆积效果影响较小，当超出该粒径范围石粉加入时，会对当前堆积效果较好的体系产生影响甚至破坏原有堆积

效果。

2. 石灰石粉掺量对胶凝材料细微颗粒最大固体浓度的影响　进行 3 组试验，其配比水泥含量分别为 0.54、0.52、0.50，研磨时间为 25min 的石灰石粉含量分别为 0.03、0.05、0.07，硅粉、矿渣粉含量分别均为 0.18、0.25。试验结果表明，胶凝材料细微颗粒的固体浓度随水胶比降低先升后降，存在最大固

体浓度；随水胶比靠近最大固体浓度所对应的水胶比，固体浓度间差距开始变小。此外，随石粉掺量增大，最大固体浓度逐渐减小。3% 石灰石粉掺量级配堆积效果最佳。由此可知石粉掺量对最大固体浓度影响较小。

3. 石粉粒径对 UHPC 的影响　采用 0.2 水胶比作为 UHPC 基本配合比（见表 1）。

表 1　　　　　　　　　　　UHPC 配合比设计

| 编号 | 水泥 | 硅灰 | 矿渣粉 | 石灰石粉 | | 砂胶比 | 钢纤维（体积掺量）（%） | 减水剂（%） |
				掺量	粒径（μm）			
P1	0.54	0.18	0.25	0.03	17.49	1.18	1.3	2
P2	0.52	0.18	0.25	0.05	32.26	1.18	1.3	2
P3	0.52	0.18	0.25	0.05	22.45	1.18	1.3	2
P4	0.57	0.18	0.25	—	—	1.18	1.3	2
P5	0.52	0.18	0.25	0.05	17.49	1.18	1.3	2
P6	0.52	0.18	0.25	0.05	10.62	1.18	1.3	2
P7	0.52	0.18	0.25	0.05	6.43	1.18	1.3	2
P8	0.50	0.18	0.25	0.07	17.49	1.18	1.3	2

试验结果表明，UHPC 抗折和抗压强度随石粉粒径增大逐渐减小。同时，发现石粉粒径对胶凝材料细微颗粒的固体浓度的影响规律是一致的，据此可以推断，石粉粒径通过影响胶凝材料细微颗粒的固体浓度进而影响 UHPC 的抗压抗折强度。此外，UHPC 流动度随石粉粒径增大先升后降。

4. 石粉掺量对 UHPC 的影响　试验结果表明，随石粉掺量增加 UHPC 抗折强度和抗压强度均呈现出先增后降趋势，发现对 UHPC 力学性能的改善效果，石粉掺量 3%＞5%＞7%。掺 3% 的 UHPC 抗折与抗压强度最高，与基准相比分别提高了 5.8% 和 2.3%。这与石粉掺量对胶凝材料细微颗粒的影响规律是一致的。由此推断，石粉掺量通过影响胶凝材料细微颗粒进而影响 UHPC 的性能。此外，UHPC 流动度随石粉掺量增加先增大后减小。

5. 不同水胶比对 UHPC 性能的影响　采用 3 组水胶比即 0.2、0.18、0.16，相应的水泥、硅灰、粉煤灰、砂胶比、减水剂均分别为 0.65、0.19、0.16、1.18、3，钢纤维（体积）掺量均为 2%。试验结果表明：UHPC 抗折强度和抗压强度均随水胶比增大而降低，发现 7d 和 28d 抗折和抗压强度变化基本符合线性关系，说明水胶比是影响 UHPC 强度的关键因素，与普通混凝土的规律基本一致。

（中国水利水电第三工程局有限公司
马强强　王永周）

破碎地质条件下长竖井开挖施工技术

（一）工程概况

JH 一级电站引水系统调压室包括上室和竖井。竖井圆形断面（二次衬砌后）内径 12m，底板高程 1104.62m，顶部平台 1225m，竖井高 120.38m。上室二次衬砌后长 200m，城门洞形 8m×（10～12)m（宽×高），进口底板高程 1202m，倾向竖井排水底坡 1%。调压室检修闸门设在竖井下游侧，平板闸门尺寸 6.2m×6.2m。

调压室所在边坡出露地层岩性以凝灰质砂岩、凝灰质硅质砂岩为主。受区域性构造影响，岩层产状多变，浅部岩体风化及卸荷裂隙发育，岩体破碎。1225～1180m 围岩为 Ⅴ 类，1180～1104.62m 围岩 Ⅳ 类为主，Ⅴ 类次之。竖井开挖主要问题为塌方，井壁稳定性差。

（二）施工情况

引水系统竖井的溜渣井，在施工组织设计和专项方案中，均采用反井钻机法施工。溜渣井开挖直径 1.4m，形成溜渣井后，不对其二次扩挖和支护，直接作为竖井扩挖和上室开挖弃渣的溜渣通道。竖井所在位置地质条件特别差，溜渣井施工前，按设计要求，在竖井顶高程以下 50m 范围内、竖井开挖轮廓

线外侧 30cm 布置 32 个深孔预固结灌浆孔（孔深 50m），对竖井围岩固结处理。同时，在竖井开挖线外侧的 32 个深孔预固结灌浆孔内安装 3Φ28 锚筋束，以此提高竖井围岩整体稳定性。另外，在开挖期间，为保证溜渣井井壁围岩整体稳定，在溜渣井所在区域周边也布置 4 个深孔预固结灌浆孔（孔深 50m）。竖井井筒扩挖前，已按要求完成竖井顶部锁口钢筋混凝土施工。具体开挖情况如下。

1. 开挖参数 竖井设计开挖断面直径为 16.4m，完成一次支护后断面直径为 16m。

2. 支护参数 Ⅳ类围岩段支护采用系统砂浆锚杆Φ25@150×150cm，$L=5$m，梅花形布置，360°范围内喷厚 20cm C30 混凝土，钢筋网 Φ8@200×200mm。施工程序：素喷混凝土 3～5cm 厚（视超挖情况）→砂浆锚杆→挂网钢筋→喷 C30 混凝土 15cm 厚。

Ⅴ类围岩段采用 360°范围内喷厚 20cm C30 混凝土，系统砂浆锚杆Φ5@1.5×1.5m，$L=5$m，梅花形布置，钢筋网 Φ8@200×200mm，钢拱架为 I20a，排距 0.8～1m（根据围岩调整），Φ28 外八字锚杆固定，每节设 1 对，$L=4.5$m，型钢间采用Φ22@500 联系钢筋交错布置。施工程序：开挖→素喷混凝土 3～5cm 厚（视现场情况）→型钢拱架→注浆锚杆→挂网钢筋→喷混凝土。

3. 前期施工方法 采用 LM-300 反井钻机施工形成溜渣井，长度为 120.38m。竖井自上而下扩挖。围岩完整性差的断面采取全断面机械开挖，完整性好的采取半断面爆破法开挖。渣料从溜渣井溜至竖井底部闸室段。采用 ZL50C 装载机装 20m³ 自卸汽车运至渣场。

竖井开挖采用爆破法，PC110 反铲在开挖掌子面半幅移动。爆破时，用防护板覆盖。喷锚料、钢筋、工字钢等物料，采用 20t 门机吊运。围岩一次支护，开挖一层支护一层。

4. 施工中出现的问题和原因分析 竖井围岩自稳性差，在调压室上室开挖时，溜渣井底部溜出的开挖弃渣料比循环进尺开挖弃渣料多出一倍，判定为溜渣井内部发生塌方。

采用成像技术对溜渣井内部进行观察和测定。通过观察和分析，溜渣井内部两处发生大面积塌方。为此初步决定在溜渣井内安装直径为 1.2m 的钢管并进行加固，再对塌方部位、管壁与井壁之间的缝隙回填渣料，并适当灌浆处理。

（三）施工应对措施

防止溜渣井井壁塌方范围继续扩大，并对塌方处进行处理，需采取适当措施。

1. 螺旋钢管制作与安装 使用 DN1200 螺旋钢管（每根管长 12m）作溜渣井内支撑。由 15m 长平板拖车将螺旋钢管运至竖井顶部加工场平台，再用 25t 汽吊辅以人工两两组对接成 24m 长螺旋钢管，最后用 80t 载重汽车自上而下沿溜渣井安装螺旋钢管（24m/节）。垂直吊至竖井内部溜渣井上口支撑平台时，利用支撑平台锁住螺旋钢管口，再吊装下一节（24m/节），并与之前锁住的螺旋钢管对接、焊接作业。汽车吊提升螺旋钢管，取出锁定梁，继续安装。按此循环作业，直至 108m 螺旋钢管安装完毕。

2. 螺旋钢管加固 螺旋钢管安装到竖井底部堆渣料顶部附近时，回填渣料至距溜渣井底部高程以下 1.5m，并形成一个长 7m×5m 作业平台和螺旋钢管安装支撑平台。螺旋钢管安装完成后，挂钢筋网（Φ25，100×100mm）。钢筋网与锚筋、工字钢焊接固定，在钢管四周安装 4 块钢板（厚 5mm），并加固牢靠，将其作为喷射混凝土底部模板。喷 20cm 厚 C30 混凝土。在钢板与原一次支护间选择适当位置向空腔区预埋两节 Φ120mm 泵送混凝土管，管长 3m，用于底部空腔区内混凝土回填。此后，将钢螺旋钢管固定在竖井内部溜渣井上口锁定梁上，再进行竖井底部施工作业平台清理。

在安设好螺旋钢管后，接着对溜渣井内钢管与井壁间空腔回填处理。在高程 1191m 处钢管上切割 1.2m×1m 方孔，并吊入一块 3m×0.9m，厚 20mm 钢板。钢板斜搭接在钢螺旋钢管开口处，倾斜角 60°。钢板预留 35mm 小孔与 32mm 钢丝绳连接，通过卡扣与锁定梁连接。钢板四周焊接钢板形成挡板，以提高空腔回填效率。回填完成后，对回填料适当灌浆处理。

（四）施工效果

采取处理措施后，溜渣井功能得以恢复。溜渣过程中，也未发生塌方。利用该溜渣井，顺利完成了上室和竖井扩挖和支护作业，也保证了施工期人员和工程的安全。

（中国水利水电第五工程局有限公司 罗福勇）

BIM 技术在水电站工程中的应用

（一）传统水电工程建设存在的问题

1. 信息传递效果差 信息在工程全生命周期各阶段流失严重，主要因为在设计过程中使用的图纸等设计资料不容易收集和整理，且原始资料的提交方式使得间接相关人员在获取上需要经过传递，正是传递的过程造成了信息流失。另外，资料提交格式没有统一标准也会造成信息流失，从而会对设计增加难度，对施工造成延误或对运维形成阻碍。

2. 项目设计效率低　由于图纸内的信息无法进行有效关联,使得设计人员在查找时费时费力。如果修改图纸,则牵一发而动全身,无法联动修改,也会耗费大量的人力和时间。

3. 施工管理效率低　水电工程项目的施工现场一般都包含若干个大的施工区域,交通复杂,加上传统的图纸时代信息传递不连续不确切,使得施工质量得不到保证,工期延误,施工效率低下的情况屡见不鲜。

4. 运营维护阻力大　水电工程主体建筑大多体型庞大,结构复杂,出现突发状况的几率高。发生紧急状况后需及时准确地分析应对,但复杂的结构会对此造成障碍。在平时维护中,维护信息难以收集整合,所以运维效率低下。

（二）BIM技术在水电站工程中的应用优势

传统施工技术在保证施工安全方面起到了一定作用,但施工中安全事故却仍有发生。在此前提下,BIM技术应运而生。BLM技术对施工安全的控制主要通过虚拟的安全控制系统来实现,该系统能实现对施工过程实时监控,并及时对安全隐患进行反馈,不仅节约人力,也提高了安全控制精确度。

1. 设计阶段　相对于传统技术而言,可视化是BIM技术的一个主要应用优势,在水电站工程施工过程中,基于BIM技术的可视化仿真施工已经成为主流趋势。可视化仿真施工需要在应用AutoCAD等软件的基础上实现,而通过相应软件的应用,工程将会以整体的形式呈现在工作人员眼前。这对工作人员从全局出发控制施工将起到极大的促进作用。传统的二维图纸具有"出图周期长""反馈更新难""理解偏差大"等缺点。利用BIM进行设计和建模可消除这些缺点。在模型创建过程中,可以对各个构件的属性进行定义,并对相关构件进行关联,便于图纸的修改和反馈更新。BIM技术可视化,可将设计师的思想充分、完整地反映在三维模型中,真正做到"所想即所得"。

对设计方来说,BIM的优势为:依托BIM进行三维建模,可准确生成大坝工程各部分剖面图,减少传统设计中绘制剖面图的工作量,提高设计效率;BIM建模之后,所有视图、剖面及三维图具备联动功能,一处更改其他自动更新,方便设计修改;各专业最新设计成果可实时反映在同一BIM上,减少管线碰撞、交叉干扰等情况出现。

2. 施工阶段　对图纸时代施工质量不能保证、施工效率低、工期进度拖延的问题,在应用BIM后,不仅可以完整、多维实时观测项目的进展,也可利用模型构件来检测"错、漏、碰、缺"的设计失误。在3D施工基础上增加时间和造价维度,更加精确施工和精细化管理,最终达到缩短工期、降低成本的目的。

对施工方来说,BIM的优势为:通过BIM建模,进行三维施工演示,与施工进度结合进行时间序列上的四维模拟建设,通过与造价结合进行五维成本核算分析;BIM可大大提高工作人员的效率和准确度;BIM可有效协调施工现场管理工作优化施工方案,并自动计算工程量,提高效率,缩短工期,减少成本。

3. 运维阶段　将BIM运用到运维管理上可得到明显的效益。在BIM参数模型中,施工阶段的修改全部实时更新并形成最终的BIM模型。竣工模型将作为各种设备管理的数据库,为系统的维护提供依据。对水电工程这样的大型建筑设施,BIM的数据记录和空间定位可充分发挥优势。结合运维系统,合理制定专人维护方案,自动提醒,维护结束后更新数据,使建筑物在使用过程中出现突发状况的概率大为降低。即使出现突发状况,也可迅速调出某构件的参数、维护状况等信息,进而准确快速地找出原因,解决问题。

对运营方来说,BIM的优势为:BIM可有效整合各个阶段不同专业的信息,减少传统图纸整理的繁杂过程,避免人为错误,提高效率,优化管理;建筑运营过程中出现突发状况或正常需要加固和改造的情况,可直接通过BIM分析处理,减少工作量。

目前,在镇安抽水蓄能电站项目上,我局内部拟用BIM技术参与项目管理。

（中国水利水电第三工程局有限公司
赵付鹏　马春艳）

矿物掺合料对高性能混凝土抗硫酸盐侵蚀性能的影响

（一）试验材料与试验方法

1. 原材料　采用P·O42.5级普通硅酸盐水泥,28d胶砂强度为48.9MPa。F类Ⅱ级粉煤灰,需水量比91%。S95级矿粉,需水量比96%,活性指数100%。细骨料为河沙,中砂,细度模数2.8,表观密度2640kg/m³;粗骨料由粒径5～10、10～20mm碎石按质量比3:7混合后使用,表观密度2760kg/m³。减水剂为FX-1H缓凝型高性能聚羧酸减水剂,减水率30%;拌和水为自来水。

2. 混凝土配合比　A组为基准混凝土,B组为单掺粉煤灰混凝土,C组为复掺粉煤灰＋矿粉混凝土。混凝土配合比见表1。

表 1 混凝土配合比

编号	水胶比	粉煤灰掺量（%）	矿粉掺量（%）	砂率（%）	单位材料用量（kg/m³）							坍落度（mm）
					水	水泥	粉煤灰	矿粉	砂	碎石	减水剂	
A1	0.33	0	0	39	159	482	—	—	662	1036	3.856	215
B1	0.33	10	0	39	159	434	48	—	662	1036	3.808	220
B2	0.33	20	0	39	159	386	96	—	662	1036	3.785	215
B3	0.33	30	0	39	159	337	145	—	662	1036	3.736	220
B4	0.33	40	0	39	159	290	192	—	662	1036	3.720	210
C1	0.33	10	30	39	159	289	48	145	662	1036	3.794	215
C2	0.33	20	20	39	159	289	96	96	662	1036	3.784	220
C3	0.33	30	10	39	159	289	145	48	662	1036	3.755	220

3. 试验方法　将试块养护 56 天后进行抗硫酸盐侵蚀试验，测定抗压强度和耐蚀系数、质量损失率、相对动弹模量。

（二）试验结果与讨论

此研究依托玛尔挡水电站工程取得了试验成果。主要试验结果如下。

1. 粉煤灰-水泥二元体系高性能混凝土抗硫酸盐侵蚀试验结果

（1）干湿循环下粉煤灰的加入，混凝土早期强度均有不同程度降低，但后期强度增长。在标养环境下，B1 组混凝土 180、210、240、270、300 天抗压强度比 A1 组提高了 -2.9%、-0.1%、-0.3%、0.6%、0.3%；B3 组混凝土 180、210、240、270、300 天抗压强度比 A1 组提高 0.5%、1.3%、1.4%、1.5%、0.6%；B2 和 B4 组混凝土各龄期混凝土抗压强度均小于 A1 组。此外，B3 组抗蚀系数一直大于 100%，B1、B2、B4 组强度下降龄期分别为 270、240、210 天，说明 B4 组最先出现侵蚀现象。侵蚀龄期达到 300 天时，B3 组试块抗压强度变化最小，侵蚀系数 100.3%，强度仍保持增长，为基准组的 1.04 倍。B1、B2、B4 组耐蚀系数分别为 97.9%、98.7%、96.1%，分别是基准组的 1.01、1.02、0.99 倍。由此可知，粉煤灰二次水化反应能消耗 Ca(OH)₂，并效降 C3A，使混凝土密实度提高，抗硫酸盐侵蚀性增强，掺加一定量粉煤灰有利于提高混凝土抗硫酸盐侵蚀。粉煤灰掺量 30% 时，抗硫酸盐侵蚀效果最好，掺量为 40% 时，抗硫酸盐侵蚀效果最差。

（2）随粉煤灰掺量增加，混凝土质量先增后减，但质量增长速率不同。A1、B1、B2、B3、B4 组质量减小龄期分别为 210、210、240、240、210 天。经 300

天侵蚀龄期后，各组质量损失率分别为 -0.17%、0.16%、0.19%、0.24% 和 0.02%。从质量损失率分析，粉煤灰混凝土抗硫酸盐侵蚀从优到劣掺量依次为：30%＞20%＞10%＞40%。

（3）随粉煤灰掺量增加，相对动弹性模量有减小趋势，后期有所提高。B1、B2、B3、B4 相对动弹性模量峰值依次为 104.4%、102.7%、104.6%、102.5%，对应龄期为 210、240、240、180 天，总体是峰值降低和对应龄期延长。侵蚀临期 300 天时，相对动弹性模量 B1 为 98.4%，B2 为 99.3%，B3 为 100.2%，B4 为 95.2%，分别为 A1 组的 1.01、1.02、1.03、0.98 倍。从相对动弹性模量分析，粉煤灰混凝土抗硫酸盐侵蚀从优到劣掺量依次为：30%＞20%＞10%＞40%。

适当掺入粉煤灰可降低材料成本，提高混凝土抗硫酸盐侵蚀性，掺量不宜超过 40%。

2. 粉煤灰-矿粉-水泥三元体系高性能混凝土抗硫酸盐侵蚀试验结果

（1）粉煤灰和矿粉使混凝土初始强度减小，但后期强度增长程度大，对侵蚀有不同程度改善。侵蚀龄期 300 天时，C2 组试块抗压强度最高，侵蚀系数为 100.78%，强度仍保持增长，为基准组的 1.04 倍。C1、C3 抗蚀系数分别为 97.43%、99.88%，分别为基准组 1.01、1.03 倍；各组抗压强度分别为 83.5、90.0、84.2MPa，分别为基准组的 0.97、1.05、0.98 倍。C2 为最优复掺比例。

（2）粉煤灰对早期动弹性模量呈负相关，随矿粉增加早期负相关性减小，但总体动弹性模量早期增长均缓慢，后期不同程度增加。相对动弹性模量峰值 C1、C2、C3 依次为 101.8%、104.8%、101.7%，对应时间节点均 180 天。侵蚀龄期 300 天时，相对动弹性模量 C1 为 95.3%，C2 为 100.5%，C3 为 99.0%，分别为 A1 的 0.98、1.04、1.02 倍。

（3）各组混凝土质量先增后减，质量增加速率及拐点龄期各不相同。C1、C2、C3 质量下降时间分别为 210、240、270 天，最大损失变化率分别为 −0.36%、−0.49% 和 0.49%。经过 300 天的侵蚀龄期后，各组的质量损失率分别为 −0.03%、−0.29%、−0.39%。

（中国水利水电第三工程局有限公司

王永周　刘斌）

平江抽水蓄能电站斜井 TBM 施工关键技术

（一）工程概况

平江抽水蓄能电站设两条引水主洞，引水主洞由上平段、上斜井、中平段、下斜井和下平段组成。上平段坡度 5%，长度均为 50.375m，后接倾角为 50° 的上斜井。上斜井（含弯段）长度分别为 492.405、495.075m。中平洞坡度 8%，长度分别为 209.421、164.326m。下斜井倾角 50°，长度（含弯段）分别为 501.072、508.398m。下平洞水平布置，中心线高程 292.60m，长度分别为 70.455、74.672m。

引水洞上平段、上斜井、中平段上游 30m 采用钢筋混凝土衬砌，从中平段 30m 起至高压支管均采用钢板衬砌。引水洞上平段、上斜井直径 6.5m，中平段直径 6.0m，下斜井、下平段前段直径为 5.0m，下平段后段直径为 3.8m。

引水洞斜井采用全球首台大坡度、竖曲线转弯及可变径斜井岩石隧道掘进机施工。

（二）关键技术

1. 大坡度斜井 TBM 掘进　掘进机主机结构采用双护盾机型，整机由刀盘、盾体、推进系统、撑靴、后配套 ABS 撑靴、防溜系统、电气系统、液压流体系统、支护系统、通风除尘系统、出渣系统、物料运输系统等组成。

针对大坡度掘进中存在姿态控制难和溜车等问题，TBM 在掘进和换步过程设有 4 套撑紧系统配置，确保任何情况下至少有 2 套撑紧系统撑紧于洞壁。4 套撑紧系统为：前盾撑紧系统、撑紧盾撑紧系统、后配套双 ABS 撑紧系统及机械防溜装置，各系统具有连锁控制，可适应 0°～60° 坡度的斜井掘进。

为满足 TBMφ6.5～φ8m 级开挖直径变径需求，TBM 整机遵循模块化、轻量化、装配化的设计理念，最大程度降低 TBM 大变径过程中对变径洞室尺寸，起吊设备能力，人员操作技术的要求。TBM 变径主要包括刀盘、盾体及后配套的变径。

2. 斜井 TBM 高效出渣　施工中分为 1 号下斜井、1 号上斜井、2 号下斜井、2 号上斜井四个区掘进出渣，每个区出渣姿态分三个阶段，可互相调整和模式转化。第一阶段为 TBM 水平状态进入上坡掘进阶段，采用 TBM 主机皮带机，后配套临时皮带机，自卸车配合出渣。第二阶段延续第一阶段掘进至 TBM 主机进入斜直段，具备溜渣条件后，采用自溜渣+下弯段多级接力皮带机系统+自卸车配合出渣。第三阶段为 TBM 完成上弯段至水平段掘进，此区间采用主机皮带机+上弯段地面皮带机+溜槽+井下接力皮带机系统+自卸车配合出渣。以此实现 TBM 掘进出渣作业。

3. 斜井 TBM 物料运输　TBM 掘进分两段施工，第一段直径 6.53m，第二段直径 8.03m，且存在 50° 斜上陡坡，平洞转斜井，斜洞转平洞，小半径竖曲线转弯等工况，TBM 单次掘进距离 600m，最大运距 700m。受到洞径尺寸、洞内场地条件的约束，故采用绞车牵引运输喷射混凝土、施工人员和其他掘进物料。

提升运输系统以提升机为动力，采用钢丝绳牵引进行人员、物料、工具的运输。提升机放在下平洞，钢丝绳从提升机引出沿洞壁向上，绕过 TBM 上换向轮后折返向下，再与运输人车或平板车连接。为保证下平洞的钢丝绳占用空间，提升机采用下出绳的方式出绳。牵引绞车设在下部平洞末端，TBM 辅助撑紧机构下部设换向滑轮，钢丝绳从绞车出来后通过沿途布置导向滑轮、附绳压绳轮、地辊、换向滑轮、主绳压绳轮，再与平板车相连接。

4. 不良地质段卡机脱困　为有效应对可能存在的不良地质导致 TBM 设备卡机，进行了针对性设计，具备刀盘扩挖，盾体倒锥形可伸缩，超前探、超前注浆支护，大马力、强配置功能，以便在遇到不良地质时安全稳步通过。

（1）刀盘扩挖。当地层突变岩层较软或者半径方向需要更大超挖时，通过在滚刀刀轴支撑区域增加不同规格的超挖垫块及安装不同规格超挖楔块，满足刀盘半径方向 50mm 的连续超挖。同时，更换大圆环区域铲刀，提高铲刀刀高，降低大圆环区域刀高差，提高刀盘出渣效率和滚刀使用寿命。

（2）盾体倒锥形可伸缩。对软岩大变形地层，为预防斜井 TBM 盾体卡机，根据项目特点对主机盾体进行针对性设计，采用大倒锥、阶梯型、可伸缩设计，主驱动、前盾、撑紧盾依次偏心，在适应 TBM 掘进的条件下，尽可能增大盾体与洞壁间隙以减小 TBM 盾体卡机风险。

（三）应用情况

"天岳号"斜井可变径 TBM 于 2023 年 8 月 15 日

始发，2023 年 9 月 3 日完成了 R50m 超小竖曲线转弯掘进，标志着"天岳号"TBM 实现首个小半径竖向转弯掘进施工，为后续大坡度竖向转弯可变径 TBM 掘进施工积累了宝贵的施工经验。

（中国水利水电第八工程局有限公司

余征宇　蒋建伟　李戴华）

洛宁抽水蓄能电站工程 TBM 斜井施工取得成功

2023 年 12 月 14 日，河南洛宁抽水蓄能电站斜井 TBM 项目精准贯通，标志着国内首台大倾角、大直径、斜井硬岩掘进机的试验应用取得成功，填补了我国抽水蓄能领域 TBM 斜井施工建设领域的技术空白，为我国抽水蓄能电站工程机械化施工提供了新思路、新方法。

河南洛宁抽蓄电站是国家"十三五"规划的重大能源项目，也是华中地区在建装机容量最大的抽水蓄能电站，总装机容量 140 万 kW。该项目首次采用将引水上斜井、中平洞和下斜井优化成一级斜井的施工方案，开创了国内抽水蓄能电站建井的新模式。

工程施工采用的 TBM 为中国水利水电第六工程局和中铁装备工程集团有限公司共同研制造。针对大倾角坡度防设备下滑、下溜出渣、渣水分离、物料运输等一系列技术难题，精准施策，对 32 个系统进行创新性改进。TBM 负责施工的 1 号引水斜井总长超 927m、垂直落差超 550m、直径超 7m、坡度超 36°，并穿越 2 条断层破碎带。

在施工过程中，项目团队创新思维，研究了多项关键技术：国内首次应用配置有双撑靴＋双 ABS 系统的针对性大坡度斜井 TBM 设备，国内首次采用大坡度步进弧形板配合液压顶推进洞内 TBM 步进技术，国内首次采用溜渣槽溜渣形式完成 TBM 掘进石渣输送技术，国内首次采用洞内渣水分离系统完成 TBM 掘进石渣处理技术，国内首次集成采用大荷载绞车/大荷载齿轨运输系统自斜井底部牵引轨道运输技术……多项国内首次运用的关键技术为今后抽水蓄能斜井 TBM 施工打下坚实基础。同时，施工中强化"数字"赋能，基于数据集成与处理的物联网平台，应用 TBM 施工全过程数字化管控平台，实现了施工全过程可视化、全流程数字化、全周期数字孪生一体的"人、机、料、法、环"全要素的数字化管理，用"科技化管人、智能化减人、机械化换人"理念开创智慧掘进新时代。

（中国水利水电第六工程局有限公司　陈梁）

霍尔古吐水电站 6 号施工支洞开挖技术

（一）概述

霍尔古吐水电站是新疆开都河中游河段察汗乌苏水库上游一库四级梯级规划的第三座水电站，电站装机容量 426.5MW（主机组 420MW，生态小机 6.5MW），单独运行时多年平均年发电量为 16.196 亿 kW·h，引水隧洞长度约 17.5km。

6 号施工支洞是引水隧洞、斜井、调压井施工运输的主干道。支洞全长 326m，断面为 9m×7.7m 城门洞形，洞身围岩以Ⅳ围岩为主，岩石为泥钙质板岩及绢云母石英岩，岩石破碎、节理发育较普遍。隧洞施工面临掌子面坍塌、变形、掉块等问题，安全风险高，工艺要求严。

（二）关键施工技术

（1）在洞口位置增加超前小导管灌浆，有利于增加洞口围岩的稳定及强度，保证了 6 号施工支洞顺利进洞。

（2）洞身掘进坚持"有疑必探，先探后掘"的方针，通过 TSP 超前地质预报获取有关信息采取相应的主动措施。同时，提前准备超前小导管、超前锚杆作为地质缺陷处理措施预案。

（3）洞身开挖采用手风钻造孔，全断面开挖，中部楔形掏槽，周边光面爆破。洞身支护主要采用单臂钻和湿喷台车进行锚喷支护，岩石破碎部位增加工字钢拱架支撑。同时，减少工字钢拱架间距，坍塌部位增加副拱，确保洞身围岩稳定。掌子面增加超前锚杆，在提前形成的围岩锚固圈的保护下进行开挖、装渣、出渣等作业。

（三）应用情况

通过遵循"短进尺、弱爆破、强支护、勤量测、快封闭"的原则，科学编排施工方案，合理调配资源，强化过程管控，在确保质量的前提下，实现 6 号施工支洞"安全零事故"顺利贯通，标志着霍尔古吐水电站地下工程正式进入主体施工阶段。

（中国水利水电第八工程局有限公司

胡家骏　糜贵颜）

大断面长距离浅埋式地下洞室群施工关键技术

（一）工程概况

卡鲁玛水电站是乌干达境内维多利亚尼罗河上规

划 7 个梯级电站的第 3 级，电站安装 6 台单机容量为 100MW 水轮发电机组。地下厂房洞群位于引水支洞与尾水支洞间，包括地下厂房、主变洞、母线洞和出线竖井。地下厂房由主厂房、副厂房、安装间组成，长宽高分别为 226.5m×21.2m×56.5m，厂房上覆岩体厚度 81～84m。

调压室为大型洞室，长 312m，宽 21m，高 63m，顶高程 986m。调压室分为左右两个单元，中部设置厚 21.4m 的隔墩，隔墩中部高程 943m 布置 5m 宽的连通洞。

尾水洞工程共有两条尾水隧洞，1、2 号尾水洞分别长 8544.790、8451.411m，均为平底马蹄形断面。开挖洞径 13.7～14.8m×13.45～14.8m（宽×高），混凝土衬砌后洞径 12.8m×12.8m（宽×高），底板宽度 10.5m。

（二）关键施工技术

1. 大型浅埋地下洞室群围岩稳定控制　根据工程地质、水文地质信息，及室内和现场试验获得的岩体物理力学参数，基于现场地应力测试及地应力分布格局研究获得场区地应力场分布，采用三维离散单元法对地下厂房洞室群进行围岩稳定分析，评价大型浅埋地下洞室群的围岩稳定性。在此基础上，结合工程经验类比及工程地质条件，拟定合理的系统支护参数和针对性处理措施，并通过数值计算方法验证支护方案的合理性和可靠性，形成复杂浅埋洞室群的围岩稳定控制方案。

2. 地下洞室施工通风　在首部、尾水洞各布置 2 个通风竖井，通过增设通风竖井的方式，综合利用机械通风与自然通风。同时，主通道通风设备兼顾后期支洞通风进行选型，构建了安全、经济、有效的通风网络。尾水隧洞采取轴流风机压入供风与射流风机辅助排风相结合形成混合式通风，成功解决了无轨运输条件下长隧洞内独头通风中排风困难的技术难题。

3. 大洞室快速开挖支护　主厂房根据分布在不同高程，不同部位的施工通道，自上而下分六层开挖。每层分三块施工，分别为中导洞和两侧扩挖块。大洞室开挖支护时，采用中导洞领先，两侧扩挖跟进的方法施工。中导洞施工超前两侧 30～50m。增加平行作业面且避免相互干扰，最大限度发挥人机效能，节约了工期。通过对开挖造孔设备选型、造孔精度控制及爆破参数制定等进行系统的对比研究，选择最优爆破设计，使地下洞室超挖控制在 12cm 以内，爆破半孔率达到了 90%以上，有效控制了质点爆破震动速度、减小了边墙变形，保证了高边墙围岩的安全稳定。

4. 大断面长隧洞掏槽开挖　采用"分部楔形掏槽"创新技术，将楔形掏槽孔分为上、下掏槽孔两

部，在不影响掏槽质量前提下，减少钻孔数量。同时将分部楔形掏槽与"水平 V 型掌子面"相结合，成功地将硬岩开挖爆破钻孔利用率从 79.4%提高到 98.5%以上，将平均单循环进尺从 2.62m 提高到 3.25m，有效地加快了开挖进度。

5. 地下洞室快速衬砌　在国内外类似地下工程尚无先例的情况下，首次采用对撑式滑模施工技术进行地下结构衬砌混凝土及结构混凝土施工。采用对撑式滑模施工可使混凝土浇筑上升速度保持 1.5～2m/天，较传统的组合钢模施工速度有显著提升，成功解决了组合钢模施工速度慢，排架搭设量大的问题，且混凝土外观质量较之有明显提高。为进一步保证施工进度，制定了整体式滑模拆除方法（被评为电建集团工法）。将 35t 重滑模从 37m 高空整体一次性拆除，并将其整体平移至附近浇筑块，一次性整体安装完成，缩短了滑模拆装时间及周转周期，规避了高空分解拆除带来的安全隐患。

（三）应用情况

（1）变频风机在卡鲁玛电站的应用，既满足施工需要又不浪费能源，与同型号非变频风机对比，具有通风能耗低、噪声小的优势，能耗相对较低。

（2）采用分部楔形掏槽技术，隧洞上层开挖单面月进尺创造了 286m 卡鲁玛速度，隧洞开挖较原计划缩短 6 个月，降低了炸药、雷管单耗。其中上层开挖平均单耗为 0.82kg/m³，下层开挖炸药单耗为 0.43kg/m³，平均降低 0.145 kg/m³。采用 Φ32 药卷光面爆破技术及间隔、不耦合、未绑扎光爆孔装药方法，光面爆破半孔率达到 90%以上，实际平均超挖 10.1cm，减少了超挖工程量，节省了混凝土回填成本。

（3）对撑式滑模及滑模整体式拆除工艺技术的应用，为卡鲁玛尾水隧洞尾调室衬砌混凝土施工节约了 4.5 个月工期，给隧洞如期充水试验和机组有水调试提供了保证。

（中国水利水电第八工程局有限公司　郭大军）

复杂地质地下洞室开挖支护技术

山西垣曲抽水蓄能电站引水隧洞地处石英砂岩地层，岩石破碎。施工支洞布置于左侧山坡，地面高程为 600～630m，距厂房地面直线距离约 500m。施工支洞为城门洞形隧洞，全长 708.74m，断面净尺寸 7.5m×6.5m；支洞洞口为露天洞口，末端与引水隧洞中平洞相接。隧洞埋深 34～110m，F6 断裂带下盘出露石英砂岩，层理、节理发育，岩体风化强烈，岩

体较破碎，围岩不稳定；F6断裂带上盘出露安山岩，节理发育，岩体风化强烈，岩体较破碎，围岩不稳定。

（一）施工异常情况及处理方案

（1）塌方。施工中拱顶左侧和右侧各有1次塌方，方量约50m³；采取措施如下：利用台车对塌腔部位全方位素喷混凝土封闭，再对塌腔口形成钢筋网片封闭；向塌腔内安装回填灌浆管、回浆兼排气管及排水管。灌浆、回浆管预埋长度根据塌腔形态按照1、2、3、4m紧邻布置，间排距控制在0.5m以内；排水管预埋穿过已施做的钢筋网四周。在回填石渣反压下对塌腔进行回填灌浆，回填灌浆分4次进行，回填高度按照1m/次控制；完成后对处理质量进行检查评估，确认安全后逐层清除回填石渣（控制清除速度，随时观察拱架、喷混凝土变形及开裂情况），进行钢拱架支护作业至初期支护设计断面，施打排水孔重新安装排水花管（排水花管开斜孔、月牙口便于排水）。

（2）涌水。施工中涌水发生部位位于右侧边墙起拱线以下，为岩石裂隙水，无压，水量较大，边墙及顶部岩体处于稳定状态。处理措施如下：支立钢拱架、锁脚锚杆完成后，立即喷混凝土至初期支护设计断面，然进行系统排水孔及随机排水孔施工。系统排水孔按设计间排距施打，孔深根据实际情况调整，随机排水孔布置在明显涌水处，采用无缝钢管制作；做好涌水段水流引排工作，涌水由排水管引至积水坑，水泵抽排至洞外。

（3）局部变形。施工支洞经一个月的变形监测，发现4个监测断面的收敛量分别为33.25、28.56、28.17、25.99mm，日均收敛变形0.58～6.57mm。分析变形原因：支洞开挖后变形段110m范围内出露1条沿洞线方向宽度22.67m的断层F6（南窑—西北庄断裂）和7条宽度0.8～2.5m的断层F59、f02～f07；变形段断层密集，为岩块岩屑型结构面，断层带胶结差、性状差；断层间围岩节理发育，岩体较破碎，围岩不稳定，应力重新分布后沿开挖断面产生了变形；洞挖中未及时设置变形监测，设置后经一个月连续监测，发现最大收敛量超过3mm/d，局部累计收敛变形量达到48.31mm，存在较大隐患。采取措施：洞室开挖作业暂停，作业人员撤至洞外，并在洞口做好警戒；商定方案进行加固处理。

（二）调整设计方案

针对施工支洞Ⅳ类偏差围岩地质资料，以及前期揭露的地质条件和洞室围岩变形情况，进一步划分围岩类别，研究调整围岩支护参数（如加密锚杆间距、适当加长部分锚杆长度等），加强支护，保证施工支洞后续开挖支护施工安全。后续开挖施工中，严格遵循"管超前、严注浆、短开挖、强支护、早封闭、勤量测、速反馈、控变形"的开挖支护要求，细化"防塌方、防突水突泥"等应急方案；锚杆工艺做到先注浆、后插杆、注砂浆，不成孔时可用小导管取代。为增加锚杆与围岩的握裹力，可采取在锚杆表面焊接铁碎片等简便措施；施工支洞断层带采用初期支护工字钢支撑为开口结构，采用注浆小导管或锚筋束等方式，加强钢支撑锁脚支护强度；加强施工现场协作配合，联合超前地质预报、短距离地质预报等信息，快速调整设计和施工方案，加强现场施工组织和施工期监测。

（三）应用效果

结合现场实际情况，调整开挖支护参数后，每天开挖循环进尺1.25m，经过每20m的持续监测，洞室围岩变形收敛量每天保持在0.5mm内，表明调整后的开挖支护参数适合Ⅳ类偏差围岩。在复杂地质条件下的隧洞开挖不能忽视系统锚杆的作用，越是地质条件比较差的围岩，系统锚杆起到的作用越大，越应重视砂浆锚杆的作用。工程实践对国内类似地质条件下的隧洞开挖可提供借鉴和参考。

（中国安能集团第一工程局有限公司　张广辉）

中国水力发电年鉴

机电及金属结构

水电机组与辅机

乌江渡发电厂机组推力瓦温升高原因分析及处理

乌江渡发电厂机组推力轴承为自润滑、自调整弹性液压式，14 块塑料瓦，瓦温 55℃告警、65℃事故停机；采用强迫油循环水冷方式，冷却水供水压力正常范围为 0.25～0.6MPa；外循环设置 4 台冷却器，机组正常运行时自动启动 3 台，一台备用，并依据运行时间自行切换。2021 年，该厂 5 号机组在汛期满负荷情况下长期运行之后，出现推力瓦温度升高，且趋近告警值现象。为防止进一步恶化，利用机组检修期间进行处理。

（一）原因分析

（1）推力外循环油泵故障。通过查询，发现 4 号推力油泵投入运行时，推力瓦温平均值较投入前升高约 2℃。由此可以判断该油泵运行工况较差，是原因之一。

（2）机组运行在振动区。通过查询，机组在满负荷运行时各部振动摆度数据均在正常范围之内，因此该因素并未对推力瓦温造成影响。

（3）冷却器供水水压不足。经查巡视记录，机组满负荷连续运行期间，冷却水供水压力为 0.4MPa，满足设计要求，因此该因素不是。

（4）推力油劣化变质。经专业人员通过观察、采样化验，机组推力油油色正常、且无油混水现象，化验结果显示无劣化变质，因此该因素也不是。

（5）推力油中断。经现场检查，冷却器油流示流器显示正常，压力表显示压力在正常范围之内；调取监控系统时间记录及 ON-CALL 信息均未发现油流中断信号发出，因此可以确定该因素不是造成的原因。

（6）推力油槽油位降低。经对油槽油位模拟量变化情况进行统计，无明显变化，且均在正常范围；同时，经过现场检查，风洞内并无油污聚积情况，因此可以确定推力油槽油位没有发生降低情况。

（7）推力轴承油滤网堵塞。因机组运行时无法拆开滤网油箱对其内部进行检查，故只能在机组检修期间对其检查处理，以确定是否系滤网堵塞导致推力轴承瓦温升高。

（二）处理措施

（1）推力外循环冷却器水管路清洗：机组检修时

进行。检查发现，进水管路确有堵塞现象。对冷却铜管和水室进行认真清洗，并分别对油腔和水腔作密封耐压试验。

（2）推力外循环冷却器油泵电机检修：去除定子、转子表面高点、毛刺，检查定子线圈完好，清扫表面灰尘、杂质及导电物质；检查叶轮无高点、毛刺，无摩擦痕迹，无严重空蚀；轴承内表面无毛刺与高点，间隙、粗糙度等符合设计要求。

（3）推力外循环油滤网清洗：推力外循环总进油、排油阀全关后打开油滤网油箱盖板，将油箱内部积油清出。滤网整个圆柱表面上已被污渍覆盖，按检修规程要求进行清洗。

（三）实施效果

措施实施之后，机组推力轴承瓦温最高值为 49.2℃，较之前最高瓦温 52.5℃降低约 3℃，成效显著。机组推力轴承瓦温降低，证实所采取措施效果明显，为机组高负荷长时间连续安全运行提供强有力的保障。

（贵州乌江水电开发有限责任公司乌江渡发电厂　郑攀登）

硬梁包水电站分瓣座环现场焊接及变形控制

硬梁包水电站 1～4 号机组，由东方电气集团东方电机有限公司设计制造，单机容量为 27 万 kW。其水轮机座环外径为 9650mm、高度为 4659mm，受运输条件的限制，加工完成后分为 2 瓣到货，单件最大重 70t。座环上、下环板板厚 160mm，且有低焊接裂纹敏感性高强钢 610CF、低合金高强钢 Q355 系列、不锈钢 06Cr19Ni10 等。该座环在工地组装焊接，保证上/下环板的平面度、圆度及同心度是难点；同时，焊缝均为 I 类缝，局部空间狭小焊接操作困难，整体尺寸大、板材厚、预热温度高。

（一）座环焊接

全部采用焊条电弧焊进行，顺序为：座环上下环板焊接→立圈 1 焊接→环板 2 焊接→立圈 2 焊接→环板 3 焊接→上下过渡板焊接→上下导流板焊接。

定位焊为正式焊缝的一部分，焊前在定位焊位置及其周围 150mm 范围内预热 100～120℃；安排 4 名焊工按照规定的焊接工艺、且保持相同的焊接速度在环板过流面侧进行，要求在环板焊缝长度方向前后各焊接 1 段 150mm 长、厚度不小于 20mm。

为减少焊接变形，安装座环内支撑，单台机上、下环板共两副内支撑。

上、下环板分瓣面焊缝为"U"形坡口，由 2 名焊工同时进行单侧方向的焊接。为防止相互干扰，先同时焊接上侧，再焊接下侧，仰焊缝的根部 2 道焊缝焊接方向由内向外、其余各层焊接方向交替相反。在整个焊接过程中，除打底焊道和盖面焊道外，其余各层均应用 CZ6 型风镐锤击消应处理。

在焊接完成坡口深度的 1/3 后，停止焊接割除把合板，把合板割除过程中不允许伤及母材，割除后将把合板焊缝打磨光滑并作 PT 探伤然后继续焊接。

环板焊接完成后，打磨或用碳弧气刨在上、下环板内圆侧开出 5mm 坡口焊缝，进行封水焊。

（二）工艺及过程控制

上、下环板的焊接工作量占座环焊接工作量的 80%，焊接变形大，应始终坚持对上、下环板焊接变形的监测。对于上、下环板平面度的控制，主要是：

（1）严格对称焊接，并且保持相同的焊接速度。

（2）在环板的内外两侧，在坡口的两边，用刻度线标识坡口的深度，以便于检查每一轮焊接平焊与仰焊的焊接量是否相当（由于平焊焊道每一层的厚度略小于仰焊，所以不能以相同的焊接层数来衡量平焊与仰焊完成的工作量）。

（3）在环板坡口顶部两端用刻度线作出标记，用以检测焊接过程中焊缝收缩量的变化值。

（4）焊接工艺适当，尤其要控制平焊的焊接电流符合焊接工艺评定，且采用工艺评定中较小的焊接电流进行焊接。

（5）采用薄层多道焊接，避免焊接线能量超标。

座环焊接应该注意以下几点：

（1）直流电源、极性直流反接，采用短弧、多层、多道、分段、对称、退步、窄道的焊接方式，且应随时监测焊接变形，以便调整焊接顺序和焊接量。

（2）多层多道焊各层的焊接接头应错开 30～50mm，每焊完一道应清渣一次并作检查，如发现缺陷应及时清除，修补后再作检查，不允许带缺陷进行下一步操作。

（3）焊缝应连续焊接完成，若中途停止焊接则必须采取保温措施，恢复施焊时应达到预热温度要求。

（4）焊接时上下对称均匀进行，打底焊宜采用 $\phi 3.2mm$ 的焊条、小电流、摆动宽度不大于 3 倍焊条直径，使用直径 $\phi 4.0mm$ 焊条焊接时摆幅宽度为其直径的 3～4 倍，焊缝的每层厚度约为 5mm。

（四川华能泸定水电有限公司）

别选里水电站对水轮机座环进行喷涂补强

别选里水电站位于新疆克州境内，为径流式电站，采用明渠引水，一、二级电站各安装 4 台单机容量为 31MW 的水轮发机组。该电站地处的托什干河流域，大部分地区植被相对稀松，沿途流域含沙量非常大，泥沙硬度高、颗粒粒径大，棱角分明，石英质等硬质颗粒含量高。这给电站水轮机座环等过流部件带来了严峻的磨蚀、冲蚀损伤破坏。目前各电站通过枢纽布置、水库调度，并采取在发电洞前设置拦沙坎、冲沙廊道及透水导沙隧等措施，过机泥沙含量有所减少，发电洞泥沙颗粒级配有所降低，但仍不能明显解决汛期过机泥沙含量大的问题。

结合历年检修期间检查情况，别选里水电站机组座环在经历 1 个大修周期后，受高速水流冲击影响，座环及基础环原防腐耐磨防护层已完全脱落。因失去原防护层的保护作用，座环基体出现了严重腐蚀、磨蚀深坑损伤。冲蚀损伤缺陷的出现，缩短了机组的检修周期，增加了检修及运营成本，同时，严重影响整个机组发电效率及安全运行。另外，座环部件作为水电站现场的固定金属部件，不可拆卸，无法进行返厂维修及加工处理。因此，针对上述座环部件面临的严重腐蚀、磨蚀损伤情况，为消除上述安全隐患，2023 年，根据机组实际检修计划，采用先进超音速火焰喷涂防护技术，逐步开展别选里水电站 4 台机组座环补强改造工作，有效地提高其抗腐蚀、磨蚀损伤能力，延长部件使用寿命，提高机组运行安全性。

这一喷涂技术延长了设备的使用周期及设备的运行效率，减少检修工作频率，大大提高了机组运行效率，为以后在砂石严重造成转轮及导水机构严重的地区机组运行提供了解决思路。

（中国水利水电第十工程局有限公司　赵怀泽）

古城水电站 2 号机组运行摆度过大成功处理

古城水电站位于四川省平武县境内涪江上游干流，装机 2×50MW，最大水头 56.5m。2023 年 4 月 17 日，电站 2 号机组由于主变压器雷击导致甩满负荷，且调速器故障机组纯机械式过速动作（机组转速达 152%）；恢复后运行时，上、下导摆度严重超标，下导最大时达到 500μm，上导最大时达到 400μm；同时，瓦温有明显上升，最高温度已经达到 62℃（与同样运行工况上、下导平均上涨 3℃ 左右，水导上涨 2℃ 左右），噪声加大，机组运行存在严重的安全隐患。

根据相关技术标准，该机组运行摆度（双幅值）应不大于 75% 的轴承总间隙，上、下导摆度应控制在 300μm 内，水导摆度应不大于 255μm。2 号机组上、下导瓦为分块瓦，水导瓦为筒式瓦。

中国水利水电第十工程局有限公司承担了该电站的机组检修。经拆机后检查各导轴承瓦面与上、下导楔子板情况，实测各导轴承间隙，拟定水导间隙不作调整，对上、下导进行瓦面研刮和间隙调整。

通过调整后，按机组检修计划回装，空转时上下水导摆度合格，瓦温考核也合格；机组带负荷后，各工况下摆度、振动值均符合要求；试运行 24h。经过近半年的观察，2 号机组经检修处理，运行摆度（双幅值）降至规定值内，瓦温正常，机组存在的安全隐患得以消除。

（中国水利水电第十工程局有限公司
龚文智　杜六军）

善泥坡发电厂 1 号机组蝴蝶阀接力器油渗漏处理

善泥坡发电厂机组进水蝴蝶阀型号为 DT-HD7QS41X-16C，公称直径 DN4200；其接力器属于全液控操作结构，每台阀左右各布置 1 台，采用高压透平油作为动力。其中 1 号机组蝴蝶阀的接力器已投入运行 6 年之久，缸体内上下油腔窜油并溢出，接力器锁定装置易误动。2022 年，A 级检修发现：活塞上的两道 YX 密封圈、缸体腔盖内的"O"形密封、防尘圈等密封元件均有不同程度的受损，已完全失去其密封特性；接力器全开锁定装置底座受损，出现断裂；接力器腔体下端面出现多处锈蚀痕迹，有连接成块状分布趋势。接力器上下腔窜油、腔盖处向外渗油，会使液压站蓄能器组储存压力降低，油泵频繁启动补压，当补压效果不明显时，就会进一步扩大为蝴蝶阀向全关方向运动，最终酿成事故。

（一）原因分析

（1）密封元件受损是导致接力器窜油、跑油、渗油和保压不严的直接原因之一。密封元件设计不合理、制作工艺质量差、安装不到位，会加快其老化和损坏；接力器腔体内壁、活塞及轴严重锈蚀，也会加剧密封元件失效和损坏，而发生锈蚀主要原因是液压油中混有颗粒物和其他杂质，使液压油氧化、乳化和酸化，油运动黏度下降，油膜破坏，造成硬铬保护膜破坏。

（2）蝴蝶阀液压站控制系统设计不合理。本蝴蝶阀接力器的启闭两腔压力未接入监控系统，未设置压

力降低报警信号，腔体发生窜跑压泄漏油现象时，不能及时发现采取措施处理。液压站两组蓄能器进出油管共用一根 φ28×4 钢管，当接力器腔体中压力降低过快时，将无法及时对储能器进行补油提压；采用高压软管接入接力器及锁定装置，固定不牢固，机组振动较大时，就会引起锁定装置位移传感器接触不良，造成接力器活塞及轴来回运动，进一步破坏接力器密封圈。

（二）检修处理

蝴蝶阀接力器各部件拆卸清洗后，对接力器缸体内壁拉伤和毛刺处进行了打磨，对活塞及轴动中心线偏移进行了校正；对轴表面重新镀上硬铬保护膜，对锁定装置底座损坏进行修复，高压软管改为无缝钢管并固定牢固；选购优质密封件进行更换，特别是在接力器开腔侧活塞上增加一道 YX 型密封件，两道 YX 型密封件互备，活塞两侧启闭腔标记密封件开口方向，方便正确安装使用。回装后，注入化验合格的透平油，按设计油压的 1.5 倍 24MPa 进行耐油压试验，保压 30min 无渗漏，并做好保压记录；然后再进行 2~3 次动水开关阀试验，确保接力器运行正常。

（三）修后的运行效果

该蝴蝶阀接力器 A 级检修后投入运行以来，腔体液压油压力稳定，保持在额定值 16MPa，修前的滴跑窜漏油现象从根本上得以消除（按处理前平均50mL/h 左右的渗油量计算，每月可节约 0.036t 透平油），液压油泵启动补油由原来的间隔 2h 变为每月一次，锁定装置易误动现象也已消除，现地或者远方启闭接力器正确动作率为 100%，接力器动作可靠性有效提高。也因此，在天然来水较往年同比减少22.42% 的情况下，保证机组高利用小时运行，实现单机年运行达 4400h，创造发电效益 7.5 亿 kW·h，完成年度发电目标的 112%。

（贵州西源发电有限责任公司　王国兵）

拉拉山水电站机组轴线调整质量控制

拉拉山水电站位于四川省甘孜州巴塘县境内巴楚河干流上，装设 2 台单机容量为 48MW 的立轴混流式水轮发电机组，2014 年 12 月投产发电。

该电站 2 号机组 A 级检修对机组轴线进行调整，采用机械盘车方式。通过水轮机轴与发电机轴联结盘车，确定在推力头与镜板间加入铜皮垫处理，最大厚度 0.20mm。回装再盘车测量，下导 X 表处净摆度最大为 0.04mm，下导 Y 表处净摆度最大为 0.07mm，按 GB/T 8564《水轮发电机组安装技术规范》相对摆度要求计算，允许值为 0.10mm，因此合格；水导 X

表处净摆度为 0.12mm，水导 Y 表处净摆度为 0.11mm，按 GB/T 8564 相对摆度要求计算，允许值为 0.22mm，满足规范要求。随后复盘检验两次机组轴线调整数据，符合检修标准。

中国水利水电第十工程局有限公司承担本机组检修，轴线调整质量严格按如下要点控制：

（1）使用精确的测量表计对机组轴线进行测量，记录相关数据。

（2）对测量数据进行整理、分析，找出轴线偏差原因。

（3）根据分析结果，制定针对性的轴线调整方案、调整参数。

（4）在轴线调整过程中，采用合适的监控设备和手段。

（5）调整完成后进行全面检验，确保轴线调整的准确性、有效性。

（6）全过程严格遵守检修作业规范，保持现场整洁有序，做到文明检修。

（中国水利水电第十工程局有限公司　王恒）

超大型立式水轮发电机组定子机坑组装精准定位技术

大型立式水轮发电机组定子在机坑内装配对安装质量极为有利。其中心定位通常采用"反设机组中心基准点"的方法，即定子组装前，将机组中心由水轮机下止漏环反设至定子附近，组装过程中定子半径及中心利用安装在中心位置的定子测圆架进行测量、控制。而一旦将定子测圆架和定子施工平台安装就位，发电机层和水轮机层之间将被完全隔开，均需后视定子附近的引测控制基准点进行定位和过程中的测量监控。该方法的主要缺点有两个：

（1）引测的中心控制基准点需要经过多次反设确定，而且测量时使用的是长距离内径千分尺，以及基准桩上测点的加工精度等多个环节，都存在较大的反点测量误差。

（2）在实际施工中，由于震动、定子重力的增大等因素，定子测圆架和定子都可能出现不同的移动，而所测量的数据无法准确判断是定子移动还是测圆架移动，从而影响施工质量。

为了解决定子机坑内组装中心定位不精准的问题，中国水利水电第七工程局有限公司研发了一种新的定位技术，即安装"假轴"装置，参见图 1，该"假轴"与水轮机下止漏环同高，中心及水平可调整，先调整它与止漏环中心重合，然后以"同轴度外测法"原理，测量和调整定子测圆架中心与假轴中心重合，从而实现定子机坑内组装中心的精确定位。

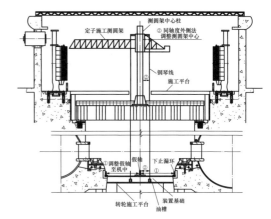

图 1　立式机组定子机坑组装中心精准定位布置

通过"机组中心、假轴中心、定子测圆架中心"三心重合技术，可以大大提高定子中心测量及调整的精度，从而避免定子在机坑内组装后可能需要进行二次调整。应用上述装置，总结形成了一种较为先进的发电机定子机坑内组装中心精准定位施工方法，并且在白鹤滩、杨房沟、金沙等水电站成功应用，解决了工程实际难题。

定子机坑内组装中心精准定位实施步骤要点如下：

（1）"假轴"装置的定位：将"假轴"装置的基础安装在水轮机基础环上，并确保该装置的中心柱与下止漏环同一高程；使用框式水平仪测量中心柱垂直度，调整至不大于 0.02mm/m；使用内径千分尺精确测量中心柱上下两个断面与下止漏环的距离，调整中心柱中心偏差值不大于 0.05mm、垂直度不大于 0.02mm，使中心柱处于机组中心。

（2）定子测圆架的定位：在定子测圆架中央柱外侧沿 X、Y 轴线 4 个方位安装 4 根下端挂重锤的钢琴线（上端悬挂在定子测圆架上，重锤放入油桶内）；基于"电测法"原理，利用内径千分尺分别测量定子测圆架中心柱和"假轴"装置中心柱与钢琴线的距离，调整定子测圆架中心柱与"假轴"装置中心柱的同心度，偏差应不大于 0.05mm，测圆架中心柱的垂直度（上、下 2 个测点的偏差）应不大于 0.02mm。

（3）施工过程中测圆架中心校核：应按照相关规定进行，方法与上一步骤相同，从而确定定子测圆架中心是否发生位移。

应用此定位技术，实现了定子测圆架的精准定位及校核，弥补了传统定位方法的不足，大幅提升了施工效率和安装精度，应用效果良好。

（中国水利水电第七工程局有限公司
谢守斌　李传法　莫斌伟）

卡洛特水电站机组盘车技术及镗孔工序优化

卡洛特水电站是巴基斯坦境内吉拉姆河（Jhelum）的第四级电站，装设 4 台单机容量为 180MW 的立轴混流式水轮发电机组。机组共设置上导、下导、水导 3 部导轴承和 1 部推力轴承，推力头和下导轴领为一体，推力轴承为支柱弹性油箱支撑结构。机组轴系由上端轴、转子、推力头带镜板、发电机轴、水轮机轴及转轮等构成，镜板直径 2350mm，镜板至上导、下导、法兰、水导的距离分别为 4396、388、4025、8497mm。

（一）机组轴线检查与调整

盘车采用只将下导轴承抱紧的刚性盘车方式，用电驱动装置驱动。轴线调整前期以转子下法兰面为基准，待转子与推力头调整同心后，再以下导轴领（推力头）为基准进行分析计算。现以 4 号机组盘车数据为例，分析计算机组摆度值，主要情况如下：

（1）由盘车各部位百分表读数算出各转动部位的全摆度，再计算出各转动部件相对于转子下法兰的净摆度，计算结果见表 1。

表 1　各盘车部位相对于转子下法兰面的净摆度

单位：0.01mm

部位		1-5	2-6	3-7	4-8
上导-转子下法兰面	+X	49	34	1	32
	+Y	-46	-32	0	32
下导-转子下法兰面	+X	19	21	12	4
	+Y	-17	-21	-11	5
水导-转子下法兰面	+X	70	94	59	7
	+Y	55	92	78	15

（2）根据表 1，得出上导 5 号点位置百分表读数最大，且 +X、+Y 的最大摆度方位趋势吻合，故将上端轴与转子上法兰联结螺栓间隔对称松开，上端轴向 1 号点位置推 0.24mm 左右；下导则是将转子与推力头的联接螺栓松开，将"5、6"号点中间偏 6 号点位置向 1、2 方向推 0.1mm；水导则是将发电机主轴与转子下法兰的联接螺栓松开，将"2"号点向"6"号点推 0.46mm 左右。

（3）通过上述调整，最终由盘车数据计算出各转动部位的全摆度，上导、水发连轴处和水导的绝对摆度分别为 0.05、0.06、0.06mm，相对摆度分别为 0.011、0.015、0.007mm/m，均在规范允许值内。

（二）镗孔及回装工序优化

1. 镗孔　机组轴线调整完成后，为使销套与孔配合间隙最优，对转子下法兰与发电机轴上法兰进行镗孔。镗孔进刀量一般为 0.1～0.2mm，并根据电机功率适当调整，且最后两刀必须使用新刀片，最后一次进刀时最好不超过 0.05mm。

2. 回装工序优化　1、2 号机组镗孔，3 天完成 1 孔，一台机共 12 孔，工期 40 天。但受疫情的影响，工程进度严重滞后，如依旧采用 1、2 号机组先将所有孔镗完后再进行机组回装工序，将无法按合同要求日期完成试运行。因此 3、4 号机组优化相关工序，采用镗孔、回装同时进行的方法。盘车合格后，现场根据各孔销套数据，按 90°方向逐个对称钻铰销套孔，镗完一个孔即回装一颗联轴螺栓，并控制其拉伸的长度为 0.57±0.05mm，先完成 6 颗螺栓回装；随后进行机组盘车，合格后即可进入机组总体回装工序，并同步进行其余联轴螺栓的镗孔工作。4 号机组由于回装与镗孔同时进行，在 2022 年 4～5 月仅用 32 天就实现从镗孔开始至回装完成，而 1 号机组从镗孔开始至回装完成花费 81 天直线工期。

（三）机组运行情况

满负荷运行时，1 号机组上导、下导、水导的 X/Y 摆度分别为 45/46、77/72、73/63μm，上机架、下机架、顶盖、定子机座的水平/垂直振动分别为 35/18、4/12、6/5、17/4μm；4 号机组上导、下导、水导的 X/Y 摆度分别为 62/64、82/78、70/69μm，上机架、下机架、顶盖、定子机座的水平/垂直振动分别为 23/15、4/11、6/7、14/8μm。两机组摆度、振动情况基本一致，均符合相关规程规范及设计技术要求，并且运行平稳。

（中国水利水电第七工程局有限公司
苏大　吴志超）

大藤峡水利枢纽工程水轮发电机组安装关键技术

大藤峡水电站安装 8 台国内最大的轴流转桨式水轮发电机组，单机容量 200MW，水轮机转轮直径 10.4m，高 7.5m，定子机座外径 20.2m，转子最大直径 16.4m，起吊总重量 940t。

（一）机组安装主要技术难点及特点

（1）拼装工程量大且空间有限。右岸 5 台发电机组的定子、转子、转轮等构件总重量约 2.9 万 t，均在 38.0m 高程平台（占地面积约 1800m²）进行组装，同时受工期压缩、设备到货滞后、组装场地空间有限等影响，拼装任务十分艰巨。

（2）安装难度大、精度要求极高。机组定子铁芯重 187.8t，由 20 万张硅钢片叠装而成，施工技术要求极其严格；定、转子这两个超大直径部件精准对中的控制间隙误差不超 1mm，水轮机座环、转轮室中心及方位安装精度控制在 0.5mm 内。

（3）拼装及安装施工环境要求高。如定子铁芯叠装场地应有防尘措施，施工时温度不宜低于 5℃、空气相对湿度应在 80% 以下。

（二）机组安装关键技术

（1）座环吊装采用履带吊：座环分 8 瓣到货，最大瓣运输尺寸为 8.6m×5.3m×3.6m，单瓣约重 57t。根据施工工期计划，机坑具备座环安装条件时厂房上下游承重墙未上升至桥式起重机轨道安装层，无法使用厂房桥式起重机进行座环吊装。同时由于施工工期压缩，为保证厂房Ⅱ区正常浇筑，满足挡水目标，将座环吊装方案调整为采用 750t 履带吊在机组上游侧进行吊装的特殊方式施工。

（2）屋架交叉作业防护采取加设钢管并满铺竹夹板措施。钢管在屋架系杆位置、按 2m 间距、截水流方向铺设，并与屋架系杆绑扎牢固，钢管上部满铺竹夹板。这措施确保了右岸厂房主机间上部屋架安装与下部定子安装交叉作业不受影响，确保施工进度。

（3）定子吊装采取临时防护措施。主厂房机窝通过采取增加临时屋顶防护结构，无需等待屋面完全封顶就可以开始定子吊装，减少主厂房封顶占压的直线工期。

（4）转子组装增设工位。针对转子组装的特点及工期要求，在安装间 38.0m 高程平台选择板梁柱满足承载力要求的相应部位增设一个转子工位，进行转子支臂的组拼及焊接，缩短转子直线工期，保证节点目标实现。

（5）增设机架、顶盖等临时倒换工位。为提高安装效率，根据机组段 38m 高程楼板承重能力，增加导水机构及上、下机架拼装及临时存放工位，保证机电安装工序无缝衔接。

（6）定子防尘棚搭设。为保证定子叠片环境质量，搭设了定子防护棚。定子防尘棚除配备了立式空调 3 台，轴流风机 4 台，LED 照明灯具 12 盏，温湿度测量仪等设备。

（中国水利水电第八工程局有限公司
邱宝剑 周德文 于可辉）

大藤峡 200MW 轴流转桨式机组推力轴承安装技术

大藤峡水利枢纽安装 8 台单机容量为 200MW 的轴流转桨式水轮发电机组，发电机为半伞式。其推力轴承总负荷达 3800t，采用刚性支撑，支柱螺栓上装有锥形支撑；设置一套推力瓦受力监测装置，在支柱螺栓中心孔内装有测量杆和位移传感器，通过电子仪表测量支柱螺栓受力后螺纹以上部分的压缩变形量而得到各瓦载荷。该机组推力轴承安装的关键技术及创新点如下：

（一）推力轴承预装

下机架在预装调整合格、基础垫板加固、浇筑二期混凝土并到期后吊到安装间，对推力轴承进行预装配。

（1）清扫油槽、轴承座、支柱螺栓、锥形支撑、推力瓦装配、镜板等部件，将浸油表面残余的型砂和污物清理干净，并补刷与厂家同型号的耐油漆；去除推力瓦表面的高点、毛刺，检查瓦上的温度计孔和高压油顶起装置管接头孔、丝堵孔，测量瓦的厚度、并做好相应的记录。

（2）调整下机架水平不大于 0.02mm/m，按要求安装轴承座、支柱螺栓和推力瓦负荷测量装置的测量杆和位移传感器。

（3）吊装推力瓦到锥形支撑上，通过支柱螺栓调节，使所有推力瓦在同一高程，并做好装配标记；吊装镜板，调整其水平不大于 0.02mm/m。

（二）推力轴承正式安装

按预装方位回装下机架，把紧基础螺栓；采用电子水准仪对轴承座安装面高程及水平进行复测，调整镜板水平，偏差控制在 0.02mm/m 内。

（三）推力轴承的受力调整

（1）在机组转子吊装完成、轴线调整之前，应把推力轴承的受力调整在合格范围内。

（2）连接位移传感器与电子仪表，开启推力瓦受力监测装置；用移动油泵车通过制动器把转子顶起 4～6mm，同时启动高压油顶起装置使镜板与推力瓦分离，设置受力监测装置初始值为 0；移动油泵泄压，落转子，使转子所有重量落到推力瓦上，记录数据并根据数据调整分块瓦支柱螺栓。重复以上步骤反复多次调整，使各支柱螺栓压缩量与平均压缩量之差控制在 ±0.005mm 内。

（3）在机组轴线调整完成后，复测推力轴承受力情况；若不满足要求，重复以上步骤进行受力调整。

（四）其他

（1）机组轴线调整完成、推力轴承受力复测调整合格、机组中心定位后，推力轴承临时用油应排干净。

（2）完成测温电阻安装及布线，再次清扫推力油槽，并联合监理、业主进行验收。

（3）安装油冷却器，注意检查密封；调整挡油圈与大轴同轴度，使其满足要求。

2023 年 8 月，大藤峡水利枢纽 8 台机组全部投入商业运行，机组振动摆度数据优良，推力瓦温满足规范及设计要求。

（中国水利水电第八工程局有限公司
陈允兵 陶钻）

坦桑尼亚朱利诺水电站主进水蝶阀翻身技术

坦桑尼亚朱利诺水电站安装 9 台单机容量为 235MW 的混流式机组。其主进水阀采用双密封蝶阀，重达 451t（其中本体重 330t）、长 8700mm、高 7220mm、宽 2410mm、过流断面直径即内径为 6350mm。受运输限制，蝶阀在制造厂组装及试验合格后，需分解运输，在施工现场再组装。由于该蝶阀需要水平放置才能装配阀体、活门、阀轴及轴承等，装配后阀本体需进行垂直 90°翻身。

（一）吊装设计

该电站厂房内共设 3 台桥机，分别为 2 台 QD 型 400/80t 吊钩桥式起重机、1 台 QD 型 30t 吊钩桥式起重机。蝶阀翻身能用的为 400/80t 桥式起重机。考虑到副钩的承载能力及主钩、副钩之间距离太近（仅为 3m），而阀体水平状态时两吊点之间的距离为 7.9m，会导致钢丝绳脱槽等因素，采用一台 400/80t 桥式起重机主、副钩配合翻身不可行；同样，由于两台 400/80t 桥式起重机主钩之间间距为 12.3m，而蝶阀翻身至垂直状态时两吊点之间距离仅为 3.2m，也会导致其中 1 台桥机钢丝绳脱槽，所以，采用两台 400/80t 桥式起重机翻身仍不可行。经过一系列核算及论证，决定采用一台 400/80t 桥式起重机作为主起吊点，另用一台 XCA200 型全地面起重机（最大额定起重量为 200t）作为辅助吊点，进行蝶阀本体 90°翻身。

（二）翻身技术及工艺流程

（1）主进水蝶阀翻身流程如下：①平吊至翻身工位；②地面起重机开至阀正后方；③蝶阀活门固定检查；④翻身专用钢丝绳与吊具连接；⑤钢丝绳与桥式起重机主钩连接；⑥地面起重机吊钩调整幅度和臂长，并与蝶阀吊具辅助吊点钢丝绳连接；⑦各连接点及螺栓紧固情况最终检查；⑧双机配合翻身。

（2）检查各连接点安全可靠后，桥式起重机主钩与地面起重机吊钩缓慢受力。在两个吊钩拉直受力以后，检查蝶阀翻身靴并确保两个翻身靴均未脱离地面。

（3）缓慢起升桥式起重机主钩，使蝶阀缓慢上升，同时利用大车行走机构，确保桥式起重机主钩和阀主吊点在同一铅垂线。随着蝶阀翻身状态的改变，收缩地面起重机起重臂，保证其吊钩和阀具辅助吊点在同一铅垂线。注意地面起重机起重臂端部不能与桥式起重机钢丝绳及其他部位有任何碰撞。此外，全程观察翻身靴状态，确保其不离开地面。

（4）在蝶阀接近垂直时，观察地面起重机吊钩受力状态及吊钩位置，调整好起重臂臂长和幅度，确保不发生水平方向的位移。待蝶阀完全垂直，再次调整臂长和幅度，检查翻身靴状态，待地面起重机吊钩不受力，阀体不晃动之后，拆除主进水蝶阀辅助吊点处钢丝绳，地面起重机收缩起重臂，收回支腿，开出安装间。

（5）缓慢升起桥式起重机主钩，待翻身靴离开地面约 200mm 后，稳定蝶阀；缓慢下降主钩，待翻身靴底部接触地面后，用水平尺检查阀体底座沿水流方向的水平度。如果底座不水平，采用吊起阀体、在翻身靴底部垫方木、再降下的方法进行调整，直至阀体底座水平。底座水平符合要求后，拆除翻身靴，结束蝶阀翻身工作。

（中国水利水电第八工程局有限公司 储召奎）

德尔西水电站 500m 级水头段冲击式水轮发电机组现场效率试验

德尔西水电站装有 3 台单机容量为 60MW、额定水头 495m 的冲击式水轮发电机组，业主为厄瓜多尔国家电力公司，EPC 合同规定需按照 IEC 标准、采用热力学法进行水轮机现场效率试验、采用量热法进行发电机现场效率试验。承包商按要求认真实施，试验过程和试验数据获得业主及欧美咨询高度认可。现将该电站 1 号机组现场效率试验情况简介如下：

（一）机组结构特点及主要参数

该机组由中国的浙江富春江水电设备有限公司中标。水轮机型号为 CJ-L-203.8/6×17.4，立轴 6 喷嘴，转轮公称直径为 2.038m，额定转速 450r/min、额定流量 $14.1m^3/s$。发电机采用立轴悬式结构，型号为 SF60-16/4800，额定容量 66.67MV·A、额定频率 60Hz、额定电压 13.8kV。

（二）水轮机效率现场试验

（1）热力学法效率试验原理简介。通过测量水轮机高压断面与低压断面的压力、温度等参数，并结合水轮机功率等来计算水轮机效率，不需要直接测量过机流量。

（2）试验方法。高压测量断面布置在水轮机进水球阀的下游短管上，从预留的测孔中插入取样器，间接测量高压侧的水温；高压侧的压力测量，直接引用机组仪表盘中相应的压力监测数据。低压测量断面布置在距离机组中心线 10m（约为转轮直径的 5 倍）处，而冷却器布置在距离机组中心线 20m 外，以避免冷却器产生的热量交换对低压测温数据造成影响。为了测量尾水的平均温度，试验前布置了测温支架（由 3 根均布 $\phi 8mm$ 测量孔的钢管组成），测量孔正对来流方向，每根钢管中布置温度传感器。此外，还需要从电站 SCADA 系统中接入发电机输出功率、无功功率、喷嘴开度等数据。为了减少白天温差带来的影响，试验选择在夜晚 22 时 30 分至次日早上 8 时 30 分期间进行。

（3）试验结果。经与外方业主、咨询沟通，最终确定考核工况：在水头为 526m 时，进行 60%、80%、100% 额定功率的水轮机加权平均效率考核，加权因子均为 33.3%。在调整试验工况时，需调节 2、3 号水轮机的出力，以保证 1 号水轮机在不同负荷的试验工况时始终处于同一水头。从 25%~100% 额定功率，共计进行了 12 个工况点的数据采集，涵盖了 2 喷嘴、4 喷嘴和 6 喷嘴的运行工况。考核工况的效率试验结果见表 1，其加权平均效率为 91.35%，高于合同保证值。

表 1　考核工况的水轮机效率
试验结果（水头为 526m）

水轮机额定功率的百分比	水轮机功率（MW）	效率	加权平均效率试验值	合同保证值
60%P_r	37.14	91.3%		
80%P_r	49.52	91.66%	91.35%	91%
100%P_r	61.9	91.12%		

（三）发电机效率现场试验

（1）量热法效率试验原理（略）。

（2）试验方法。空冷器在冷却水总管进口和出口安装电阻温度计（PT100），以测量冷却水温升；在进水管路上安装法兰式电磁流量计（精度 0.5 级），以测量冷却水流量。对推力/上导轴承和下导轴承的损耗测量方式与空气冷却器一样。注意电磁流量计的布置位置应满足要求。在发电机上盖板外表面、集电环室顶部、风罩外墙、发电机下盖板等处布置表面温度变送器（精度 ±0.1℃）及环境温度变送器（精度 ±0.1℃）。集电环装置的损耗根据励磁系统设计按比例进行折算。推力轴承损耗以及推力轴承油槽外表面损耗应由发电机、水轮机共同分担，发电机只承担发电机转动部分重量所产生的损耗的部分。输出功率测量采用三相有功功率变送器测量，功率变送器精度为 0.2 级，其他参数如发电机定子绕组及铁芯温度、定子电压、定子电流、励磁电压与励磁电流等数据从电站 SCADA 系统中进行采集。试验数据采集时，发电机应稳定运行，且应达到各种工况下的热平衡稳定状态，各冷却水的流量和温度变化应满足 IEC 标准要求的稳定条件，如发电机发热部件的温升在 1h 内的变化均不能超过 2K，冷却水的温升在 1h 内不超过 ±1% 等。

（3）试验结果。考核工况设置与水轮的相同。进行了空转、空载、短路 3 种特殊运行工况，以及功率因素为 0.9 时机组带负荷工况（分别为 40%、60%、80%、100% 额定负荷）的数据采集。其中空转工况试验主要是为了得到通风损耗，空载工况试验主要是为了得到铁损和转子铜损，短路工况试验主要是为了杂散损耗。采用总体损耗法和分项损耗法分别计算了 1 号发电机在不同负荷下的效率，结果见表 2，两种方法计算的发电机效率比较接近。采用总体损耗法，考核工况的加权平均效率为 97.78%；采用分项损耗法，考核工况的加权平均效率为 97.76%，均高于合同保证值。

表 2　发电机效率试验结果
（功率因数为 0.9）

发电机额定功率的百分比	发电机输出功率（MW）	发电机效率		合同保证值
		总体损耗法	分项损耗法	
40%P_r	24	96.69	96.65%	
60%P_r	36	97.55	97.50%	97.5%
80%P_r	48	97.96	97.93%	
100%P_r	60	98.12	98.13%	

德尔西水电站机组现场效率试验的方法、过程和精度均满足 IEC 相关标准要求，效率试验结果高于合同保证值，为该电站的验收和移交奠定了重要基础。

（中国电建集团西北勘测设计研究院有限公司
刘君　刘国峰　范家瑞）

TB 水电站主变压器液压顶推滑移就位技术及机组安装三维激光跟踪测量技术

（一）主变压器液压顶推滑移就位技术

TB 水电站的地下厂房主变压器采用液压顶推滑

移技术进行卸车、运输、安装就位。传统地下厂房内主变压器的卸车方法，需要在安装间使用桥式起重机卸车，之后采用卷扬机系统，在交通洞通过预埋的轨道运输至安装位置，要求安装间、主变压器洞室开挖尺寸大。采用液压顶推滑移施工技术节约了洞室开挖成本和减少运输轨道预埋，加快施工进度。TB水电站主变压器重量为91.2t，采用液压顶推滑移作业就位。液压推移就位施工法中的核心设备是在轨推移机，其工作原理是利用活塞伸缩与尺蠖运动机构结合，逐步将设备推移到指定的安装位置。液压顶推系统可成套采购，其滑移由夹紧器和推移器两部分组成，配以电动油泵站进行推移作业，承载能力大（可达4000kN），能满足各种变压器移动的需求，并可重复利用。

（二）机组安装三维激光跟踪测量技术

TB水电站水轮发电机组安装应用三维激光跟踪测量仪进行施工测量。三维激光跟踪测量仪作为一种高精度、便携式的测量设备，测量过程中配合Polyworks软件系统，自动实时获取测量数据，并以三维形式直观显示测量点位置，可在笔记本电脑上直接给出被测量物体的圆度、垂直度、水平度等测量数据。其3D测量包括水平角测量Hz、竖直角测量V、距离测量D，通过2个旋转轴使用直驱电机跟踪反射球（靶球）的移动，实时获取反射球的三维坐标。三维激光跟踪测量仪的典型测量精度为±(7.5μm+3μm/m)，在10m的距离上，点位测量中误差为±37.5μm；其测量范围在80m以上，最长160m。激光跟踪仪的精度和测量范围满足水轮发电机组安装测量控制精度的要求，具有精度高、效率快、能自动分析的特点，所采集的目标数据能直观显示偏差，可提高工作效率、减少人为测量误差、提升施工质量，可节省人力物力、简化测量工序和测量流程，有较好的经济效益和社会效益。三维激光跟踪测量仪的成功应用，推动了水轮发电机组安装工程施工领域的技术革新。

（华能澜沧江水电股份有限公司
托巴水电工程建设管理局
中国水利水电第十四工程局有限公司机电安装公司）

抽水蓄能机组水力激振成因及解决措施

（一）水泵水轮机过流部件水力激振

1. 导水机构水力激振 主要原因是导水机构在运行中产生了与机构固有频率接近的水力激振，从而引发共振。当机组在小开度工况运行时，进出口压差较大，造成了导叶的自激振动，该类振动通常包含常规振动和扭转振动，在发电工况和抽水工况均有出现，同时导叶的自激振动也会与无叶区自激振动相互激励，影响机组的稳定运行，并引起厂房结构的振动。解决措施：增加导水机构的机械阻尼，或改变机组的空载开度，避免机组长时间在小开度工况下运行。

2. 无叶区的水力激振 水泵水轮机的水头较高，叶片数量较少，转轮进口处的入流冲角较大，动静干涉现象明显，导致较强的水力激振，主频多为叶片通过频率或两倍叶片通过频率。可引发三类后果：

（1）引发水泵水轮机的结构部件振动，甚至引发共振，造成机组部件的损坏，影响电站的稳定及安全运行。

（2）引发厂房土建结构及外部设备设施的振动（机组部件的振动相对不明显）。

（3）与引水系统水体振动相位重合，发生相位共振，主要向上游侧传递，穿透力强，会影响到地面建筑物，出现振感、结构开裂等问题。

为避免此类问题，可采用：

（1）优化水力设计，降低无叶区的压力脉动强度，同时复核激振频率和部件固有频率。

（2）在厂房设计时，应适当添加减噪及阻尼装置，同时使结构的固有频率远离叶片通过频率及其倍频。

（3）在机组设计前期，需进行相位共振的相关复核。

3. 转轮室间隙激振 转轮室间隙主要指止水间隙密封（上、下止漏环），由于流道尺寸极小、流动情况较为复杂，内部的不稳定流动易产生水击，形成水力激振。该处的激振能量源主要来自无叶区，激振主频接近，容易造成机组振动及噪声。但在模型实验中，对于小尺寸、小功率机组，水力激振现象一般很难表现出来。目前相关研究主要集中在利用三维软件建立水泵水轮机全流道三维模型，利用CFD软件进行仿真研究。

4. 转轮室内部叶道涡激振 在部分负荷下运行时，由于转轮叶片附近空化现象比较严重，容易出现叶道涡现象。叶道涡的存在，会堵塞转轮室内部的流道，造成机组转轮室内部出现旋转失速，影响机组效率并造成强压力脉动和激振。目前相关研究多集中于模型试验及CFD仿真。

5. 尾水管空化激振 水泵水轮机不可避免地会在偏离水轮机最优工况下运行，此时尾水管内部会产生涡带，涡带的旋转运动会造成尾水管内部强烈的压力脉动，该压力脉动向上游传播从而引起整个机组的振动。涡带现象总是伴随着空化的发生，空化涡带的运动会增大压力脉动的强度，空泡的不断产生、发展和溃灭也加剧机组的振动。由于尾水管区域存在大量的涡带及空泡，故该区域造成的振动主要是低频振动，主频范围在 0.25～0.5 倍转动频率之间。降低措施：电站设计时尽可能降低水头变幅；优化水力设计，降低尾水管压力脉动的幅值；复核压力脉动频率。

（二）抽水蓄能电站进水球阀水力激振

水泵水轮机进水球阀在长时间使用后产生的自激振动，会引发引水系统水体的自激振荡，其振动峰峰值高达静水压的两倍，振动规律不收敛且在无干扰状态下不会停止。该类现象在桐柏、十三陵、广蓄二期等抽水蓄能电站均有出现。球阀密封漏水是引发该种自激振动的根本原因，具体原理可解释为：密封腔内部存在泄漏，即投入腔内部的高压水向退出腔流动，密封投入时所需要的压力环境被破坏，密封将在投入与退出动作间反复交替，导致球阀自激振动的发生。

故应定期更换进水球阀密封，并考虑对密封面进行堆焊来解决密封漏水问题，从而减轻进水球阀的自激振动现象。

（中国电建集团华东勘测设计研究院有限公司
苏文博　郑应霞　李成军
浙江省抽水蓄能工程技术研究中心
舒峻峰　陈顺义）

蟠龙抽水蓄能电站转子磁轭环叠装技术

蟠龙抽水蓄能电站转子最大外径 $\phi5268$mm。其磁轭总高度 3190mm，采用磁轭环叠装，共 9 大段，用 28 根拉紧螺杆整体把合，与中心体共设 7 组径、切向组合键。磁轭环采用优质高强度 B780C 钢板、分 5 小段由高强度螺杆把合，在厂内制成。该电站转子磁轭现场叠装的技术要点如下：

（一）施工准备

（1）检查、处理转子中心体的支墩基础及支墩的表面，将支墩吊放就位并用螺栓把紧，检查其上平面水平应在 0.02mm/m 以内，并垫上一层 0.1mm 厚的铜皮。

（2）清扫转子中心体，试装其与主轴法兰的联接销钉，涂抹防锈油脂；吊装转子中心体，用螺栓把紧在支墩上。调整转子中心体，上法兰面水平应不大于 0.02mm/m，上下法兰止口同心度应符合要求，挂钩高程应满足图纸要求、高差不大于 0.5mm，同一键槽两侧的挂钩高差不大于 0.3mm，各立筋垂直度应不大于 0.2mm/m。

（3）清扫、整理测圆架构件，将测圆架底座安装于转子中心体上，调整其中心与上平面水平；再将回转轴装配安装于底座上，然后安装前臂、配重臂、配重、测量杆。完成后，调整测量其支臂旋转合成水平（放置合像水平仪测）应不大于 0.02mm/m，支臂外侧旋转一周的跳动量应不大于 0.20mm，与转子中心体下法兰的同心度应不大于 0.05mm。

（4）转子测圆架每次进行测量之前，需先推动前臂或后臂跑合 3～4 圈；重复测量圆周上任意点的半径误差不得大于 0.02mm，旋转一周的回零偏差值不得大于 0.02mm。

（二）首段磁轭环吊装

第一段磁轭环最重，含下风扇约 27t。

（1）采用专用工具吊装，下降速度不得超过 0.6m/min；当下端距中心体立筋挂钩约 100mm 时，停止下降，手动对齐键槽，再落在立筋挂钩上。

（2）调节各支墩上的楔子板并将楔子板轻轻打紧，使得楔子板与下风扇接触。

（3）在相互间隔 90°的 4 个立筋切向键键槽内各打入一对短的工具楔形键，调节磁轭周向位置，最大偏差不大于 0.30mm，调整到位后退出楔形键。

（4）在 7 个立筋径向键的键槽内均打入楔形调节键，测量并调整磁轭与主轴同心度在 0.10mm 以内，磁轭与挂钩之间应无间隙，允许局部有间隙不超过 0.1mm。

（5）按图纸及防错牙工具要求安装磁轭段间调节工具。

（三）第 2～9 段磁轭叠装

（1）吊装第二段磁轭环，要求主钩、副钩的高度偏差不大于 25mm，使之键槽与导向键对齐，保证导向键顺利插入磁轭。

（2）吊装完成后，应保证键槽与段间调整工具对齐，并均匀把紧段间调整工具的螺栓，调整上下两段磁轭环的同心度与错牙值。

（3）第 3～9 段磁轭叠装，重复（1）、（2）步骤即可。

（4）测量磁轭的圆度不大于 0.40mm，磁轭偏心不大于 0.1mm，磁轭周向错牙不超过 0.15mm，径向错牙不超过 0.1mm。

（5）9 大段全部叠装并调整完成后，按图纸要求安装磁轭拉紧螺杆，螺杆拉紧力矩为 2500N·m。

采用磁轭环整体叠装工艺，减少了以往叠片的整形、测量次数，在保证施工质量的前提下进一步缩短了工期，降低施工成本；但每叠装一次磁轭环，测圆架需要装拆调整一次，时间成本会有所增加，现场为缩短测圆架调整时间采用测量相对值与电脑计算数据，保证磁轭环安装精度。

（中国水利水电第八工程局有限公司　廖上普）

丰宁抽水蓄能电站转子组装关键技术

丰宁抽水蓄能电站 7~10 号机组转子由支架、磁轭、磁极及附件组成。

（一）施工准备

1. 转子磁轭叠装平台　平台采用盘扣式脚手架搭设，分 3 层，高 6.5m，内径 5.2m，外径 6.4m。当转子磁轭叠装到适当高度时，搭设磁轭叠装平台。平台沿转子圆周方向搭设。

2. 试验准备　根据发电电动机励磁电压，查阅标准规范，确定交流耐压试验电压；选取合适电压等级和容量的工频试验变压器，及与之配套的调压器操作箱；选取兆欧表，智能电参数测试仪；选择合适的电源和电源线；试验设备和仪器仪表准备齐全，布置有序。

（二）组装工艺

1. 支架就位调整　转子支架吊起后放在支墩上，并用千斤顶调整主轴垂直度。使上下法兰同心度和水平满足要求。水平仪调整转子支架中心体上法兰水平（偏差≤0.02mm/m），挂钩水平高差不超过 0.5mm（同一键槽两侧挂钩高差不大于 0.3mm），磁轭凸键径向垂直度不超过 0.05mm/m。调整合格后将转子支架与中心体支墩圆周点焊 8 处。

转子立筋磁轭键槽处划出键槽中心线，为磁轭叠装作准备。在转子支架中心体周围均布 4 个磁轭支墩，初步调整顶高程（偏差 1mm 内）和水平。检查键的配合需满足规范要求。

2. 测圆架安装　首段磁轭吊装完成后安装测圆架。然后测量及调整首段磁轭圆度。第二段磁轭吊装前，拆除测圆架横梁及测量杆。吊装完成后，回装测圆架横梁及测量杆，进行第二段磁轭的圆度测量及调整。以此类推。

3. 磁轭叠装　利用厂房桥机主、副钩联合抬吊吊装首段磁轭。起吊中为使磁轭始终处于水平，要求桥机主副钩下降不得超过 0.6m/min，其同步偏差不得大于 25mm。磁轭落至立筋挂钩上，全圆周都要落实，用 0.05mm 塞尺检查挂钩间隙，应满足要求。

在首段磁轭圈相互间隔 90°方位的 4 个立筋安装磁轭径向键及在切向键键槽内各打入一对切向调节键，调节磁轭周向和径向位置。当磁轭径向和周向偏差均不大于 0.30mm 时，认为磁轭键槽中心线与转子轴立筋键槽中心线对齐。然后调整磁轭中心与转子支架中心同心。首段磁轭调整完成后，将 7 对径向键和 14 对切向键全部安装并从下往上打紧，利用垫板及螺栓、螺母将所有键固定牢靠。

吊装第二段磁轭，当其靠近第一段磁轭时，使两段磁轭 T 尾基本对齐。缓慢落下直至距首段磁轭 20mm 左右，均布安装 14 件磁轭段间调整及固定工具。检查并调整两段磁轭间错牙（不大于 0.05mm），缓慢落下磁轭圈，把紧螺栓。第二段磁轭固定后，沿圆周检查磁轭半径。将磁轭导向键移至下一段磁轭。其余各段磁轭安装方法同第二段磁轭段安装方法。每段磁轭环调整好后，沿圆周检查磁轭半径、整体圆柱度及与转子支架的同心度。

安装磁轭拉紧螺杆，上端螺母下方需放垫圈。安装时垫圈有倒角面与磁轭圈接触。把紧前，螺栓、螺母及螺纹表面均涂螺纹润滑剂。拉紧螺杆拉紧后下端部超出螺母不大于 5mm。然后复查转子支架垂直度及测圆架水平，检查并调整磁轭半径及圆柱度、与主轴同心度。

4. 磁轭冷打键　每根转子立筋下面设临时支撑千斤顶。将磁轭径向键放在转子立筋键槽内，在磁轭径向键主副键摩擦配合面上涂二硫化钼润滑剂。磁轭径向主键伸出磁轭径向副键长度，满足磁轭冷打键和热打键要求并留余量。将磁轭切向键放在键槽相应位置，在磁轭切向键摩擦面上涂抹一层二硫化钼。切向键伸出磁轭径向键长度应满足要求并留余量。用大锤对磁轭径向键进行冷态打紧，打紧过程中检查、调整磁轭圆度及同心度。磁轭键打紧后，磁轭键伸出磁轭的长度应满足热打键的要求。

5. 磁轭热打键　根据热打键紧量计算磁轭键打入长度，在磁轭主键上划线标记。转子磁轭热套加热，采用履带式加热器加热磁轭。加热器均布在转子磁轭上下。间隙符合要求后停止加热，并按转子磁轭热打键标记，对称均匀地打紧磁轭键。转子磁轭冷却后，按要求用扳手对磁轭再次压紧，割去多余部分，将磁轭键主副键间、磁轭键与转子支架搭焊牢靠。再次打紧磁轭切向键，割去多余部分，磁轭切向键之间、切向键与转子支架搭焊牢靠。

6. 磁极挂装　根据磁极编号，用磁极挂装工具吊装磁极，采用对称挂法。安装并打紧磁极键（隔 12h 打紧 1 次）。打紧检查确认后再打紧 3 次，直至连续 3 锤磁极键位移量不大于 1mm。打紧后，磁极键上端部预留量符合要求，下端部不得突出于磁轭下端面。校核转子磁极挂装高程、半径、圆柱度及同心度满足要求。按要求安装磁极连接线等附件。磁极挂装后对转子进行绝缘电阻、交流阻抗及耐压试验，最后按厂家要求进行喷漆防腐。

（三）质量控制措施

1. 中心体调整　调整时严控中心体水平度和垂直度，检查上端法兰面水平，测量各立筋垂直度符合要求。中心水平度和垂直度不超过 0.02mm/m。

2. 磁轭叠装　通风槽片导风带与衬口环高度和位置符合设计要求，衬口环间高差不大于 0.2mm；磁轭套装时监控磁轭与中心体的同心度、水平、垂直度；磁轭圆度，各半径与设计半径之差满足规范要求，不大于设计空气间隙值±1%；打紧时控制周向键接触面积、打紧力度和顺序，反复进行刮配、严格按厂家工艺进行打紧。

3. 磁极挂装　磁极线圈在压紧情况下，其压板与铁芯的高度差，应符合设计要求，无规定时不应超过 1～0mm；按磁极号检查极性及装配质量，并按制造厂编号顺序挂装磁极。按制造厂规定，在磁极挂装后角度满足设计要求，对称方向不平衡质量不超过规范要求，配重时一般计入引线及附件的质量；磁极挂装后检查转子圆度，各半径与设计半径之差不大于设计空气间隙值±1%。转子整体偏心值最大不应大于设计空气间隙的 0.15mm。

（中国水利水电第三工程局有限公司　周若愚）

丰宁抽水蓄能电站蜗壳水压试验技术

丰宁抽水蓄能电站额定水头 425m，属额定水头较高的电站。在蜗壳/座环安装完成后未浇筑蜗壳外包混凝土前，对蜗壳/座环进行水压试验。

（一）打压设备安装

1. 蜗壳打压设备及水源准备　水压试验压力 11.2MPa，蜗壳设计压力 7.47MPa，打压试验采用三柱塞高压往复泵。水压设备设在球阀层尾水锥管进人廊道处。试验管路安装后用试验最高压力单独打压并保压 30min。

2. 蜗壳供排水管路布置　按座环蜗壳打压工具图，在蜗壳排水管上安装引水管路、排水管、阀门并连接高压软管。保压浇筑完成后排水，通过设计的蜗壳层周边排水沟与预埋竖向排水管汇集排至尾水层检修排水廊道内。通过设沙袋挡水槛，布置 2 寸水泵接引 PVC 排水管至 2 号含油污水处理池。2 号含油污水处理池内设置 1 台 2 寸的污水泵接引 2 寸 PVC 排水管通过蜗壳层预留的吊物孔，沿二期厂房上游边墙经二期厂房下部施工支洞至下部交通洞沉淀池。沉淀池内设置的 1 台 3 寸污水泵，将沉淀池内污水通过 3 寸排水主管，经下部交通洞排至 2 号尾水隧洞施工支洞内的钢制集水箱。

厂房施工供水从 2 号通风洞端头位置 12m³ 钢制水箱内接引一套 2 寸 PVC 供水管通过水压自流供二期厂房主机间施工用水。在机组上游侧接引一根施工用水供水管，接至打压设备引水管上，从引水接口向

蜗壳充水。待蜗壳充水完毕，先后关闭截止阀、球阀和排气孔，加注水完成后，检查所有阀门和孔洞是否漏水。

3. 封水环安装　封水环吊装前，要求座环与封水环配合的每个平面的平面度满足 0.20mm/m。然后用桥机吊装就位，调整封水环与座环上、下密封面同心度不得大于 1mm。调整合格后，拧紧座环与封水环间把合螺栓。

4. 试验闷头安装　按蜗壳打压管路图安装密封圈。将试验闷头吊装就位，安装连接螺柱和螺母，再安装蜗壳打压工具其余零部件并进行试验。零部件安装检查合格后，按图进行相应管路连接并进行通流和压力试验。

5. 蜗壳进入门及水力管路安装　按要求安装蜗壳测压管路，蜗壳消水环管、蜗壳回水排气管及蜗壳排水管。

6. 变形监测设施布置　在座环 +X、−X、+Y、−Y 安装检测支架，焊在下部混凝土预理基础上。每个支架设 2 块百分表，分别测量座环上法兰面轴向位移和径向位移，以及座环下法兰面的轴向位移和径向位移。蜗壳 4 个断面水平及垂直部位设 8 块百分表，监测蜗壳的变形与座环的水平变化。蜗壳闷头设 1 块百分表，直管段设 2 块，舌板（鼻端导叶）处设 1 块百分表，共 20 块百分表。

（二）水压试验工艺

试验中不得带压对各种仪表、阀体进行拆换。加压时升降压力不得过快，并不得超过设计值。水压试验过程中严禁对蜗壳敲击、焊接。

1. 蜗壳充水　打开蜗壳充水阀门及顶部排气阀，从引水接口向蜗壳充水。待蜗壳充水完毕且压力表显示 0.1MPa 后，先后关闭截止阀、球阀和排气孔，检查所有阀门和孔洞是否漏水。蜗壳水压试验水温不低于 5℃，用红外测温监控。

2. 水压试验　蜗壳充水中，检查蜗壳测压接头、排水阀、取水口、封水环、管路接头等处应无渗漏。否则，应对蜗壳排水处理，处理完渗漏点后再次充水。

蜗壳加压中，检查蜗壳测压接头、排水阀、取水口等接头部位，应无渗漏。试验最高压力为 11.2MPa，加压速率为 0.2MPa/min，减压速率为 0.4MPa/min。

试验过程：0MPa → 2.33MPa → 1.17MPa → 4.67MPa → 2.33MPa → 7.47MPa → 3.73MPa → 9.33MPa→5.28MPa（此前各级和本级压力均保压 5min）→11.20MPa（保压 30min）→7.47MPa（保压 30min）→3.73MPa（保压浇筑混凝土）。前 25min 将压力升到 2.33MPa，保持 5min 后降压至 1.17MPa，保持 5min，如此依次按蜗壳打压流程曲线图进行。

保压过程中，全面检查蜗壳焊缝及密封部位，如有渗漏或开焊，应立即应急排水。

（三）水压试验结论

蜗壳异常位移设计值：最大综合位移 3.6mm，最大径向位移 2.34mm，最大竖向位移 1.49mm。通过丰宁抽水蓄能电站 10 号机蜗壳水压试验监测数据据分析，得出如下结论。

（1）设计压力 7.47MPa 时，蜗壳最大变形量 2.11mm(+X 水平方向)，接近设计值，其余数值均小于设计变形量。

（2）压力 11.2MPa 时，蜗壳最大变形量为 3.34mm(+X 水平方向)，为设计值的 1.4 倍。考虑到蜗壳变形与焊接、安装等因素有关，最大变形量不超过设计值的 1.5 倍，满足设计要求。

（3）座环变形值均满足设计要求。

（中国水利水电第三工程局有限公司　周若愚）

电　气

大渡河沙坪一级水电站机电优化设计

沙坪一级水电站位于大渡河干流下游，装设 6 台单机容量 60MW 灯泡贯流式水轮发电机组。根据电站特点，对机电设备进行了优化设计。

（一）厂房布置优化

（1）电站巡视通道优化：传统灯泡贯流式水电站厂房各机组间无法直接相通，需通过高而陡的爬梯才能完成巡视，巡视线路长且不顺畅。为优化巡视线路，在主厂房管道层上游侧设置全厂贯通的连通廊道，该廊道与各台机组的发电机机坑相通；每台机组主厂房设置纵向母线廊道，用于布置母线，自发电机机坑封水盖板通过斜向爬梯可以至母线廊道，并直通下游副厂房；每相邻两台机组间设置一条共用管路廊道，用于布置机组油气水管路，管路廊道与上游连通廊道联通，且也直通下游厂房，使该电站的巡视线路缩短且顺畅。

（2）调速器布置优化：将调速器布置远离安装间侧，且每台机组同向均布，便于安装间大件设备的翻身吊装，统一了调速器管路布置，使运维、检修便捷且整体布置协调美观。

（3）廊道层轴承回油箱布置优化：灯泡贯流式电站轴承回油箱体积大，通常布置主厂房的最底层导水机构下侧，机组设备结露水滴至回油箱上影响设备安全。为解决上述问题将回油箱布置于相邻两台机组的尾水闸墩下，避免受设备结露滴漏的影响。

（二）主机设备优化

（1）发电机冷却方式优化：灯泡贯流式机组定子通风散热较立式机组困难，该电站单机容量大、汛期河道水质较差，因此优化发电机冷却方式，采用一次冷却+二次冷却的组合式冷却方式。一次冷却为非循环冷却方式，从河道取水，经水泵加压、滤水器过滤后至发电机空冷器；二次冷却为密闭式循环冷却方式，利用河道水冷却发电机冷却套夹层内的一次性灌入的、纯净的循环冷却水。两种冷却方式可根据电站实时情况按需进行切换，使其运行于最佳状态。

（2）灯泡体内设备防结露措施优化：①发电机进人筒设置顶盖，以阻断发电机舱外潮湿空气进入机舱内部；②灯泡头和进人筒内表面喷涂专用隔热层；③加大除湿机功率，并优化除湿机布置，在机组停机时发电机舱内的空气循环除湿；④优化加热器布置，在定子上游、下游侧绕组端部分别布置加热器，对其空气加热，以降低灯泡体内空气相对湿度。

（3）空冷器供水环管排污措施优化：灯泡头内发电机空冷器供水环管底板设置排污管，机组运行中根据空冷器运行情况适时打开排污阀，使环管底部积沙排出，以保证冷却效果。

（三）尾水管安装设计方案优化

按常规设计，尾水管里衬安装需先浇筑两侧边墩，采用支墩、底部拉锚及水平拉锚进行固定。为缩短工程的总体工期，优化采用无边墩的设计方案，即：不起两侧边墩就对尾水管里衬进行安装，采用钢支墩、底部拉锚及斜拉支撑进行固定，取消水平固定拉锚。为避免底部支撑受到侧向力弯曲变形，各钢支墩安装后利用槽钢将相邻支撑连接成整体，并对尾水管里衬内部支撑进行加强，同时加强外部斜拉支撑，防止混凝土浇筑过程中尾水管的变形及上浮。采用此方案，多台机组尾水管可以在同一基准面上同步进行安装施工，大大加快了施工进度。

（中国电建集团华东勘测设计研究院有限公司　方晓红　赵士正　杜博闻）

拉西瓦水电站自动发电控制调节性能优化提升

拉西瓦水电厂装有 6 台 700MW 混流式水轮发电机组，承担西北电网第一调频调峰的任务，其自动发电控制（AGC）功能集成于监控系统。根据西北网调对机组 AGC 性能要求，水电机组 AGC 响应时间不大于 10s，小指令调节（调节量不大于 25％机组容量）调节速率不低于 25％P_n/min，大指令调节调节速率不低于 50％P_n/min。拉西瓦水电厂 AGC 响应时间长，大于 10s；低负荷工况时，调节速率较慢，低于 50％P_n/min。为提升 AGC 的调节响应时间和调节速率，研究分析调节过程中那个环节未及时响应，并对该环节进行优化。

（一）原因分析

（1）下位机不能接收相同的负荷设定值，调度主站收到的功率反馈曲线存在 3～5s 的"平台"现象，即功率在 3～5s 测值无变化，影响调度端评估机组 AGC 的响应时间性能。

（2）监控系统 AGC 有功控制与一次调频关系不协调。由于调速器为开度控制模式，功率闭环在监控系统下位机 PLC 实现，一次调频动作时有功调节量和 AGC 机组有功目标值不能在调速器或监控系统实现叠加，监控系统下位机 PLC 功率闭环会拉回一次调频动作的机组有功调节量，影响 AGC 功能响应时间和调节速率，同时影响一次调频的响应积分电量。

（3）机组下位机 PID 参数 $K_P = 8$、$K_I = 0$、$K_D = 0$。监控系统只能通过优化 K_P 参数来提升 AGC 调节品质，K_I、K_D 参数设定均无法达到预定结果，反而会导致机组调节不稳。

（4）6 台机组均存在有功调节超时导致退出 PID 有功调节。下位机 PLC 收到上位机下发的有功目标值后，若在 180s 内未能检测到功率调整至 AGC 死区且上位机未下发新的有功目标值，PID 有功调节则会超时退出。

（5）1、2、3 号机组共用 1 个尾水调压井，4、5、6 号机组共用 1 个尾水调压井，尾水压力脉动造成机组有功功率波动较大，可达 20～30MW，当功率波动幅值超出调度端 AGC 死区（±1.5％P_n）时，调度端会再次下发与前次指令相同的有功目标值。

（6）各机组日调节频次高达 2500 次左右，调频次数偏多，导致水轮机导水机构磨损加剧，机械死区变大。机组水头高、转动惯量大，无法在短时间内作出不同方向的两次快速响应，导致第二个方向的有功调节响应时间会出现大于 10s 的情况，调节性能降低。

（二）优化策略

（1）修改监控系统下位机 PLC 程序：优化了远动装置 104 组播程序，使得监控下位机可以接收相同的负荷设定值，并消除了功率曲线的"平台"现象。

（2）优化 AGC 与一次调频协调逻辑：电厂 AGC 控制系统频率在 50±0.02Hz 范围之内，机组一次调频人工死区是 50±0.05Hz，调频模式下 AGC 优先，下位机 PLC 程序中 PID 有功功率调节闭环到有功目标值进入死区 10s 后开环，这时若一次调频动作则正常调节，AGC 不把机组有功目标值拉回原目标值；一次调频动作过程中下位机 PLC 接收到新的 AGC 指令，PID 有功功率调节闭环，功率调节目标值以新的调度 AGC 指令为目标值进行调节。

（3）差异化设置首开脉冲脉宽：根据不同调节量、调节方向、功率测量源，设置不同首开脉冲（收到调度主站有功目标值后，开出的第一个脉冲）的脉宽，提升机组有功调节响应时间。

（4）分段设置 PID 参数：根据不同工况以及不同调节量，设置不同下位机 PLC 程序 KP 参数来保证调节的快速与稳定性。

（5）采用调节有功实际值：将 PLC 程序中 PID 最小脉宽由 200ms 改为 0ms，在调节超时保护判断中增加"P. SET_VALUE＝P. SET_VALUE_OLD"。

（6）提高开度给定操作速率：测试中发现 6 号机组调节速率较其他机组慢，为 1.5％/s，而其他机组为 2.0％/s，故将 6 号机组调速器上的"开度给定操作速率"由 1.5％/s 提高为 2.0％/s，与其他机组统一。

（三）优化提升效果

响应时间明显缩短，调节速率明显加快。在统计的 30 次试验数据中，响应时间均在 5s 以下，平均为 3.46s；调节速率均在 50％P_n/min 以上，平均为 104％P_n/min。3 号机组功率从 580MW 增至 620MW，响应时间为 4.2s，调节速率为 144％P_n/min。5 号机组功率从 210MW 减至 170MW，响应时间为 2.8s，调节速率为 136％P_n/min。

（兰州现代职业学院　朱婧玮
西安交通大学　彭汝嘉
东北电力大学　韩霖飞
国家电投拉西瓦发电分公司　彭维新　秦会会）

盐锅峡水电厂机组 AGC 调节优化

盐锅峡水电厂计算机监控系统的上位机于 2021 年 3 月完成改造，AGC 等策略沿用原监控配置，而调度采用更严格的 AGC 考核策略。为满足调度对于电厂侧 AGC 要求，决定对 AGC 进行优化，主要针对调节速率和响应时间。

（一）停机态时有功测值归零

通过查询历史记录，发现机组在停机时有功变送器测量值跳变较大，全厂有 10 台机组，导致调度运算的全厂总有功存在一定的偏差。为了防止机组停机时有功零漂，在 DUMMYIO 和 PID_P 程序段中，增加在停机态或者检修态时机组有功功率置为 0。优化效果：1 号机组优化前停机时有功测值在 0.8～0.9MW 之间跳变，优化后停机时 1 号机组有功测值为 0，不再波动。

（二）采样值平滑处理

检查监控系统有功功率和调速器有功功率采样值，发现功率都存在波动，而调度要求的全厂死区只有 4MW，需要对有功测值进行一定的优化。采用加权平均算法对有功、无功测值进行滤波处理。程序修改为：①增加变量；②在 MAIN 中调用 AI_PROC_EN，每 500ms 刷新一次；③在 AI_PROC 中做有功和无功加权平均；④将 P_JQ 替换有功变送器测值。结果：优化前 1 号机组有功测值跳变频繁且在－1.05～1.1MW 跳变，优化后明显稳定。

（三）PID 调节增加精调节功能

为了解决低速震荡问题，引入了精调程序，在接近调节目标值时，大于精调节死区，小于粗调节死区时，采用精调节功能进行调节。优化后，调度设定值有变化时，实发值能快速响应，并能迅速调稳。

（四）AGC 水头优化

增加水头对象计算，对人工水头设定值进行合法性判断；重新设定最大出力和振动区；画面增加自动水头控制。

（五）优化小负荷分配

AGC 中小负荷分配阈值原为 4MW，优化为 10MW。小于 10MW 的负荷调节采用 1 台机组调节，尽可能满足响应速度；还可根据机组投入 AGC 台数自动计算小负荷阈值，每台机组小负荷设定值为 10MW，每增加 1 台机组，小负荷阈值增加 5MW，最大不超过 20MW。

盐锅峡水电厂经过 AGC 优化处理后，机组有功功率跳变问题已经有明显改善，PID 调节不会像之前那样有大幅度超调现象，响应时间和调节速度都得到了极大的提升。

（青海黄河上游水电开发有限责任公司　三梅英
南京南瑞水利水电科技有限公司　刘养涛
中国电建集团西北勘测设计研究院有限公司　王飞）

旋转备用补偿模型在乌江渡水电站的运用

旋转备用是指为了保证可靠供电，由电力调度机构指定发电侧并网主体通过预留发电容量所提供的服务。旋转备用必须在 10min 内能够调用，电网会按规定标准给予补偿。为避免因旋转备用带来效益损失，建立了旋转备用补偿效益模型。现将该模型在乌江渡水电站的运用情况简介如下：

（一）模型简介

模型的内容：机组处于旋转备用状态时的发电量效益＋补偿电量效益≥同等耗水量等效在额定水头、额定出力下产生的发电量效益，避免因旋转备用带来效益损失。按南方电网的补偿标准，经推导，对应某台机组负荷不变的某个时段，模型效益公式为：$P_1[0.5R_4-R_1(1-\eta_1/\eta_0)]\leq 0.2P_eR_4$；按高峰时段的补偿规定，模型效益公式为：$P_1[R_4-R_1(1-\eta_1/\eta_0)]\leq 0.4P_eR_4$。式中：$P_e$ 为额定出力；P_1 为当前机组出力；η_0 为基准耗水率，额定水头下、带额定出力时的机组耗水率；η_1 为当前水头下、当前机组出力时的耗水率；R_4 为旋转备用补偿标准；R_1 为电站电价。

模型求解方法如下：

（1）对水轮发电机耗水率和发电水头、负荷的设计资料进行回归分析，拟合出不同水头下发电负荷和耗水率关系曲线。

（2）将拟合得到的发电负荷和耗水率关系曲线方程，代入效益公式，化简后得到一个新的目标函数方程。

（3）分别将不同水头下的发电负荷和耗水率关系曲线方程参数、基准耗水率代入目标函数式，求出其合理解，得到水轮发电机各水头下低负荷发电时效益最优的运行区间。

（二）实例运用

乌江渡水电站装机 5×250MW，最大水头 131.9m、最小水头 104.0m、设计水头 116.0m，单机额定流量为 240m³/s。

（1）效益方程。按照设计资料绘制各水头下出耗水率—出力曲线，并拟合出相应曲线方程。结果发现可用一元三次多项式表示，表达式为：$y=ax^3+bx^2+cx+d$。式中：y 为耗水率，m³/(kW·h)；x 为负荷，kW；对于确定的水头，a、b、c、d 的值确定。代入效益公式，并设 $A=aR_1$，$B=bR_1$，$C=cR_1$，$D=(dR_1+0.5R_4\eta-R_1\eta)$[高峰时段为 $(dR_1+R_4\eta-R_1\eta)$]，$E=0.2R_4P_e\eta$（高峰时段为

$0.4R_4P_e\eta$），则方程形式转化为 $f(x) = Ax^4 + Bx^3 + Cx^2 + Dx - E$。

（2）求解效益方程（略）。

（3）优化运行区间图。制作运行图，如图1、图2所示，两图中上方的直线是发电机额定容量的40%，是获得旋转备用补偿的上限负荷值，下部的折线是优化运行时所带负荷的下限，低于该范围时效益损失显著增大。

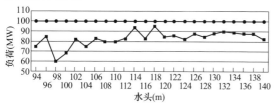

图1　低谷时段低负荷时的优化运行区间

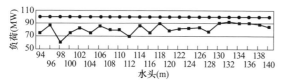

图2　高峰时段低负荷时的优化运行区间

（4）结果验证。分别在优化运行图上取优化范围内和优化范围外的负荷进行验证，计算结果汇总如表1所示。

表1　　　　　　　验证表

		低谷		高峰	
出力（MW）		96	80	96	80
耗水率 [m³/(kW·h)]	124m 水头	3.8434	3.96	3.8434	3.96
	102m 水头	4.41	4.66	4.41	4.66
旋转备用状态时的发电量效益与补偿电量效益之和 E（元）	124m 水头	23359	19549	23379	19648
	102m 水头	23359	19549	23379	19648
同等耗水量等效在额定水头、额定出力下产生的发电量效益 E_{eq}（元）	124m 水头	25966	22295	25966	22295
	102m 水头	29794	26236	29794	26236
效益损失（元）	124m 水头	2607	2746	2587	2647
	102m 水头	6435	6687	6415	6588
优化效益（元）	124m 水头	139		60	
	102m 水头	252		173	

以上分析表明，机组在旋转备用状态，在给定的优化区间内运行，可以减少效益损失，同时出力越高，损失效益越少。还表明，在保证大坝安全的前提下，尽量提高水库水位，提升机组运行水头，降低发电耗水率，可以显著减少低负荷运行时的效益损失。

（贵州乌江水电开发有限责任公司
水电站远程集控中心　朱明星）

构皮滩发电厂水轮发电机组开机流程优化

构皮滩发电厂安装5台单机容量为600MW混流式水轮发电机组，水头高、上下游水位变幅大、开/停机及负荷调整频繁，机组采用导叶大启动开度（即加速开度）的启动方式。该启动方式，机组从静止达到额定转速所用时间约为66.9s；导叶第一启动开度约为空载开度的110%～200%，当机组转速约达额定转速的90%时压回到比空载开度略大的第二启动开度，当机组转速约达额定转速的95%时调速器投入频率调节PID控制。

这种导叶大启动开度启动方式存在如下问题：

（1）机组启动开度的设定和切换时刻的选择带有任意性，机组的空载开度随水头、效率变化存在很大差异，加之导水机构死区和导叶间隙变化，造成开机参数的整定很难把握、与水头关系依赖性大、参数变化范围大，运行中要人为修改开机参数。

（2）机组开机时，导叶第一启动开度大，但启动用时较少（2～3s），导叶开度变化量瞬时增大，转速上升率较快，将加剧转轮动应力、扭振、轴向水推力和引水管道压力的变化，易导致机组运行稳定性变差、转轮裂纹。

构皮滩发电厂2号机组开机时，水导摆度 X 向峰峰值最高达到590μm（厂设置一级报警值为330μm，二级报警值为450μm），超过了二级报警值；上导摆度326μm、下导摆度251μm，下机架水平振动 X 向达464μm，顶盖垂直及水平振动峰峰值已超过传感器量程（1000μm）；大轴中心补气管隔离阀机构严重磨损、活动导叶端面严重磨损、推力轴领严重磨损。经主机厂家分析，这与开机方式选择有密切关系。

因此，决定进行开机流程优化。

经过技术验证，硬件上满足当前要求，未进行改动。软件方面，通过制定导叶大启动开度的启动方式、导叶小启动开度的启动方式、开环+闭环开机方式等三个开机方式，进行试验对比，得出最优方案。将导叶大启动开度启动方式修改为导叶小启动开度启动方式，即导叶启动开度约为空载开度的60%（导叶控制输出的变化速率限制于1.25%/s左右），等待8s后，切至空载开度加8%的第二启动开度，当机组转速约达额定转速的 90% 时压回到比空载开度大 5% 的第三启动开度，当机组转速约达额定转速的 95% 时，调速器投入频率 PID 调节。

2 号机组采用优化后开机方式，开机时间增加了 10s，但机组稳定性得到了明显改善，振动、摆度峰峰值均有大幅度降低。其中：下机架水平振动最大降低 88%，下机架垂直振动下降 45%，下导摆度最大降低 50%，上机架水平振动最大降低 5%，上机架垂直振动下降 6%，水导摆度最大降低 40%，上导摆度最大降低 38%，顶盖垂直振动最大下降了 80%（水平振动没有下降）。

通过开机流程的优化每年能直接产生经济效益 1183.76 万元，提升机组寿命带来间接经济效益 4563.35 万元。

（贵州乌江水电开发有限责任公司构皮滩发电厂
何宇平　陈志　方贤思　叶紫）

东风发电厂研发与应用新的防水淹厂房保护系统

贵州乌江水电开发有限责任公司东风发电厂的厂房为地下式，与大多水电厂地下式厂房一样，防水淹厂房保护系统采用简单越限逻辑报警设计，存在水位元件仅有一对触头输出，控制策略仅发报警，功能不满足标准要求，管理制度不完善，系统稳定性差、可靠性低，经常出故障、误报警等问题。鉴于国内有发生水淹厂房事故的惨痛案例，为保证整个水电厂安全，东风发电厂研发了一套稳定、可靠的防水淹厂房保护系统，并应用。

（一）方案简介

选择在两个厂房最底层廊道、渗漏井处布置 4 个监测点，分别各安装一套集成式第三方水位计，通过现场防水型采集端子箱引出信号至公用现地控制单元，每个监测点有 3 个采集信号，每个信号分布在公用现地控制单元的各个子站 I/O 采集模件，相互独立，通过三选二控制逻辑判断，输出报警信号及出口动作信号，经机组压板可靠控制，启动紧急事故停机流程，关闭进水口闸门或进水蝶阀。

（二）设备配置

机架、紧固螺栓、接线箱、元件外壳等均采用不锈钢材质。将投入式、电容式、浮球式不同原理的水位信号采集元件组合成一套集成式第三方水位计；每支元件均设置两个信号触头输出，且采用"防外因干扰式"不锈钢保护结构进行封装保护；装置顶部引线出口处采用防护等级为 IP67 级航空插头对插连接，现地采集端子箱采用 IP67 级防水型设计。

（三）控制策略优化设计

（1）信号抗干扰优化：主要在现地控制单元内部程序从开关量抖动、模拟量突变、模拟量值失效等方面进行科学判断，如开关动作时需经 2s 过滤延时，模拟量对前后采集值反复逻辑比较以作判断；此外，采用了抗干扰信号电缆，且在控制柜终端进行电缆外壳屏蔽处理。

（2）水淹厂房报警信号逻辑判断：每个监测点均有 3 支水位采集信号进入现地控制单元 PLC 进行逻辑判断，每支水位采集元件均可设置两个限值分别对应于第一上限"水淹厂房报警信号"水位、第二上限"水淹厂房事故出口动作"水位。当任意两个采集信号均达到第一上限时，通过三选二逻辑"与"方式实现第一上限报警，通过计算机监控系统、ON-CALL 系统发出信号通知相关人员进行及时处理，避免重大事故发生。

（3）水淹厂房事故动作出口逻辑判断：同理，当任意两个采集信号均达到第二上限时，通过三选二逻辑"与"方式实现第二上限事故出口动作，通过公用现地控制单元分别输出独立的水淹厂房动作信号至机组现地控制单元实现机组紧急事故停机，同时启动厂房事故广播系统，发出事故 ON-CALL 信号，迅速可靠切断水源。为便于模拟试验，每台机组现地控制单元采用硬压板进行可靠的投退控制，确保不发生误动作现象。

（四）实际演练

首先开展静态试验，退出跳闸压板，采用人为方式分别模拟调整水位计第一上限、第二上限各种组合报警动作；其次开展动态试验，投入跳闸压板单机试验，在水位计安装现场通过设置围堰方式注入水，慢慢提高水位，当水位达到第一上限报警时，三只水位计几乎均能同一时间发出告警，整定误差在允许范围内；当水位达到第二上限时，立即出口动作紧急事故停机流程，计算机监控系统发报警信号，联动厂房事故广播系统，发出 ON-CALL 报警信号。

（五）完善管理制度

为确保系统长期正常稳定运行，该厂针对保护系统完善了巡检内容及计划、定期维护内容及计划、校验方法及标准、定期演练等制度内容。

东风发电厂通过对传统水淹厂房保护系统的分析和总结，有针对性地研究和设计了一套可靠、稳定及安全的防水淹厂房保护系统。投运半年来未发生误报警、误动作情况，系统运行良好。

（贵州乌江水电开发有限责任公司东风发电厂
彭俊先）

构皮滩发电厂 600MW 水轮发电机组黑启动的可行性分析及试验实施

目前，国内 600MW 以上容量的大型水轮发电机组实现黑启动还较少，但有实现的必要性。构皮滩发电厂对其 600MW 水轮发电机组实现黑启进行了研究与试验实施。

（一）黑启动可行性分析

1. 机组的选择及全厂失压条件判据　构皮滩发电厂发变组采用单元接线，500kV 系统采用 3/2 接线，通过两回同塔双回输电线路与电网联结。系统以 3、1、4、2、5 号机组的优先顺序切机，汛期 5 台机组运行，枯期及晚低谷时段在 1～3 号机组选择 2 台或 3 台机组调压运行。因此，优先选择 5、2 号机组作为黑启动对象，并选择 500kV 两段母线无压、全厂 10kV Ⅰ～Ⅳ 段厂用电无压作为全厂失压判据。

2. 成功实现的关键技术保障

（1）水轮发电机组：2、5 号机组均采用弹性金属塑料瓦，推力轴承油温不低于 5℃允许机组启动，冷却水中断后可运行 20min，甩负荷后可不经任何检查并入系统，从制造厂提供技术上看，在无机组冷却水和推力外循环油泵不运行情况下是可以启动的，只是应时刻注意瓦温不超过事故停机整定值。因此，被选黑启动机组及电气一次设备只要无影响机组启动运行的故障，机组推力外循环、主变压器外循环可考虑不启动。

（2）自动控制系统：调速器应在油压装置压力未降至事故低油压前启动机组；励磁系统需要考虑他励方式，即设置交直流启励电源，确保黑启动机组启动时能够正常启励。

（3）计算机监控系统：需对监控上位机、机组 LCU、厂用电系统开关信号及监控控制功能等设备进行完善。要完成全厂失压条件的判断，要将黑启动机组与系统隔离，即将与系统连接的开关断开，同时将拟要恢复的厂用电母线联络开关断开，确保需要启动的电气设备与其他无关设备设施做到可靠的电气隔离。机组控制的顺控流程应完善，黑启动开机流程应与正常开机流程有所区分，原则上尽可能减少流程判据（如推力油泵未启动显流信号、机组供水阀未开等）。

（4）其他：直流系统的蓄电池容量必须满足事故情况下开关操作、保护及自动装置等设备的控制要求。厂用电应按照重要性逐级恢复，首要考虑 400V 厂用电恢复，同时恢复直流充电装置的电源，随后恢复厂房抽排水系统和气系统的动力电源。

（二）技术保证控制及试验

1. 技术保证控制

（1）黑启动机组启动前，将发电机出口主断路器 GCB 合上，才能在启动机组升压过程中带主变压器和高压厂用变压器一并零起升压，正常后才能带厂用电。

（2）转子剩磁较弱时，应增设直流起励回路或延长机端电压起励时间判据及减小 U_g 判据。

（3）若黑启动机组带 500kV 线路空载充电运行方式，有可能导致发变组及线路过电压，应作论证。

2. 试验实施过程

（1）检查黑启动机组进水口闸门应全开，主机、励磁与调速系统无故障，油压在 5.6MPa 以上，直流系统正常。

（2）下发黑启动指令，检测全厂系统 500kV 两段母线及 10kV Ⅰ～Ⅳ 段厂用电应无电压，相关联断路器应全部分闸。

（3）机组制动闸落下、冷却水开启、主轴密封水正常、围带退出、锁锭拔出，调速器开机，转速达 95%N_e 以上（空转态）时合发电机出口 GCB 断路器，机端电压达 85%U_e 进入空载态。

2017 年构皮滩发电厂 2、5 号机组在完成相关技术改造和设备整治后，均成功实现黑启动并带本机组厂用电，整个启动试验过程约 27min。

（三）黑启动机组恢复系统时的自励磁问题

在机组对输电线路进行空载充电过程中，发电机发生自励磁是最大风险之一。发电机自励磁是指发电机定子绕组电感与外电路容抗配合产生的一种参数谐振现象，在发电机及变压器产生很高过电压，对主设备造成严重后果。

当线路容抗 X_c、发电机直轴同步电抗 X_d、发电机交轴同步电抗 X_q、变压器短路阻抗 X_t 满足 $X_q + X_t < X_c < X_d + X_t$ 关系时，将产生自励磁，反之则不会产生自励磁。其中 $X_c < X_q + X_t$ 时产生的异步自励磁情况不作考虑。

以 5 号发变组及 500kV 线路参数进行计算，结果：$X_c = 7.37\Omega$，$X_t = 0.071\Omega$，$X_d = 0.457\Omega$。$X_c > (X_d + X_t)$，5 号机组对 500kV 皮施线（单回线）空载充电时不会产生机组自励磁。

但由于输电线路分布电容的助磁作用，在发电机机组对空载线路充电过程中，仍会在发电机端及主变压器高压侧产生暂态过电压。为保证在黑启动机组空充线路过程中主设备的安全，可通过仿真试验来验证。

（贵州乌江水电开发有限责任公司构皮滩发电厂　冯德才　方贤思）

小浪底工程黑启动电源35kV 系统接地故障排查及处理

我国电力系统35kV电压等级一般采用中性点不接地方式,在该系统中发生单相接地故障时,系统线电压仍保持对称性,三相系统的平衡没有遭到破坏,此种工况下,国家规范规定可以带故障点运行不超过2h,因此利用有效的时间科学消除故障尤其重要。西沟(浪清)水电站作为小浪底水利枢纽的"黑启动"电源,安装2台单机容量1万kW的混流式水轮发电机组,西沟水电站出线以35kV线路T接东河清变电站和蓼坞变电站,然后通过110kV线路接入洛阳市电网。桥沟(峪口)水电站位于小浪底水利枢纽管理区内西沟水电站下游、桥沟河与小浪底尾水渠交叉口的右岸滩地之上,距离其上游的西沟水电站约650m,利用西沟水电站尾水发电,安装2台单机容量0.225万kW的轴流定桨式水轮发电机组,桥沟水电站出线送至西沟电站35kV母线,经西沟电站出线送出。浪清水电站1、2号机组并网运行,浪1号机组带负荷1025万kW,浪2号机组带负荷1028万kW,厂用电取自站内;峪口水电站1、2号机组并网运行,峪1号机组带负荷190万kW,峪2号机组带负荷195万kW,厂用电取自站外。

(一)故障现象

浪清水电站上位机报"主变后备保护告警总信号动作""零序过压保护动作""35kV消弧消谐接地报警动作"等报警信号;浪清水电站现地35kV消弧消谐柜上"35kV A相弧光接地"报警、变压器后备保护模块上"零序过压保护动作";峪口水电站上位机报"主变后备保护告警总信号动作""零序过压保护动作"等报警信号;峪口水电站现地变压器后备保护模件上"零序过压保护动作"。

(二)现场应急处置、锁定故障范围

(1)按照程序汇报公司领导、电网调度,西沟水电站35kV系统接地故障。

(2)通知相关人员开展浪清、峪口两站35kV系统全面排查接地点,但未发现明显故障点。

(3)申请调度,依次停电排查故障点。

(4)峪口水电站2台机组相继停机、峪浪2断路器分闸、摇至试验位,故障不能复归。

(5)浪清水电站2台机组相继停机、浪351断路器分闸、摇至试验位,故障不能复归。

(6)断开1东浪2断路器出线断路器并摇至试验位,35kV系统接地故障消除,锁定故障范围为35kV母线。

(三)锁定故障点

为了便于全面细致检查,认真对母线连接及过柜重点部位、断路器动静触头、真空灭弧室、支撑绝缘子等部位进行逐一检查,但各器件外观完好,未发现明显放电痕迹。因此决定对浪清水电站35kV设备进行高压试验,以便快速准确排查出故障点。

(1)母线耐压试验。①西沟35kV母线A相工频耐压试验合格;②西沟35kV母线B相工频耐压试验合格;③西沟35kV母线C相交流耐压试验合格。

(2)断路器耐压试验。①峪浪线TV工频耐压试验合格;②出线断路器1东浪2工频耐压试验合格;③35kV TV柜内高压真空接触器真空包工频耐压试验合格。

(3)避雷器耐压试验。①浪35kV TV柜内过电压保护器直流耐压试验数据合格;②浪35kV TV柜内过电压保护器交流耐压试验合格;③浪35kV TV绕组极性—变比试验合格;④浪35kV TV A相倍频感应耐压试验不合格;⑤浪35kV TV A相二次绕组励磁特性试验不合格。

故障点在35kV母线电压互感器,彻底找出。设备生产商为合肥科达互感器有限公司,生产时间为2008年10月,型号为JDZX9-35KXR,额定电压比为$35000/\sqrt{3}$、$100/\sqrt{3}$、$100/3$,绝缘为浇注绝缘。

(四)故障处理

故障TV为电站保护、计量、同期的重要测量元件,必须进行更换才能恢复4台机组发电。

(1)新TV交接试验。①完成新TV三相绝缘测试;②完成新TV倍频感应耐压试验;③完成新TV三相9个绕组极性—变比试验;④完成新TV三相9个二次绕组励磁特性试验;⑤完成新TV三相绝缘测试,交接试验完成。

(2)新TV回装。完成新TV一次母排安装;完成新TV二次绕组接线。

(3)设备恢复运行。①工作票终结、安全措施解除;②浪清1号机组带主变压器、35kV母线零起升压,检查新TV一次和二次接线正常,新TV投运正常;③峪口至浪清峪浪线、浪清35kV出线线路送电;④浪清1、2号机组并网发电;⑤峪口1、2号机组并网发电。

(五)经验总结

电站一次设备自2009年1月投产至今,远超电气设备8~12年的使用寿命。受电场、温度、机械力、湿度、周围环境等因素长期作用,绝缘老化最终导致绝缘失效,设备故障。在电站日常巡视维护中,应对该类设备加强关注、做好电气设备预防性试验,重点做好试验数据趋势分析,尽早发现事故苗头,尽早改造更换,推动电站安全生产从事后应急向事前预防转变。

（黄河小浪底水资源投资有限公司

胡长春　潘淑改）

宁波溪口抽水蓄能电站
定子接地故障处理

宁波抽水蓄能电站装机容量 $2\times40MW$，采用发变组单元接线，以一回 110kV 接入电网，电站利用两台真空断路器发电开关 52G 与抽水开关 52M 开关实现电气换相。2017 年 8 月 14 日，1 号机组抽水并网运行正常，2 号机组抽水开机至转速接近 100% 额定转速，进入 SFC 同期并网调整阶段，发现监控操作员站出现 1、2 号机组定子接地保护动作，1、2 号机组保护装置报警，SFC 系统跳闸等报警信号，同时 1、2 号机组监控系统触发 ESD 抽水停机流程。

（一）故障时 1、2 号机组状态

（1）2017 年 8 月 14 日 00:01:05 1 号机组抽水开机，00:04:15 1 号机组抽水并网，抽水开关 1+52M 处于合闸位置，其余 1+52ICB、1+52OCB、1+52G、1+52SB 开关均处于分闸位置，1 号机组已进入水泵稳态运行工况。

（2）2017 年 8 月 14 日 00:06:17 2 号机组抽水开机流程启动，00:08:02 2 号机组抽水开机流程 100 步 SFC 启动拖动流程中，2 号机组 2+52ICB、2+52OCB 开关处于合闸位置，2+52M、2+52G、2+52SB 处于分闸位置，00:09:06 SFC 拖动 2 号机组转子转速至 100% 额定转速。

（3）监控系统事件清单：00:09:06 1GM_MK1_AL07 定子接地保护动作、1GM_MK1_SD01 机组保护报警、2GM_MK1_AL07 定子接地保护动作、2GM_MK1_SD01 机组保护报警、0XSC_BPA10_AL02 SFC 跳闸、1_ESD 1 机组 ESD 动作、2_ESD 2 机组 ESD 动作等事件信号。

（二）现地检查情况

（1）现地检查确认两台机组保护装置均为定子接地保护动作，保护出口红灯亮。

（2）检查 SFC 报警信息为：001 外部跳闸；076 T ICB2 Line CB Protection。

（3）1、2 号机组定子外观无明显异常及异味。一次连接部分亦无直接接地现象。

（三）故障原因排查

（1）该站机组保护为国电南自的 DGT801U-C 数字式保护装置，采用 AB 套冗余结构，定子接地保护原理采用 $3U_0$ 定子接地保护，机组中性点经高阻接地，$3U_0$ 电压取自中性点 TV。两台机组保护装置均显示 AB 套定子接地保护同时动作，可以确定两台机组都发生了定子接地保护动作。

（2）排查两台机组定子绕组及引出线绝缘情况。对 1、2 号机组定子绕组及引出线对地绝缘进行测量，结果均正常。判断不是定子绕组及引出线对地绝缘异常而产生接地故障。

（3）全面排查电气一次系统，对两台机组的各机端 10kV 设备全面进行绝缘检测，对地绝缘检查结果均正常，目视检查并未发现明显的接地点或放电痕迹等异常情况。

（4）当时 2 号机组处于 SFC 拖动过程中，查找故障代码表确认 076 报警为机组保护动作跳开 2+52ICB 所致，排除 SFC 系统内部故障引起两台机组定子接地保护动作的可能性。

（5）由于抽水蓄能机组启动频繁，各 10kV 出口开关动作频繁，10kV 开关信号变位并没有设置成启动录波的，另外机组以 SFC 系统启动过程中，会产生大量谐波，为避免录波器频繁启动，原设计考虑故障录波器在 SFC 启动中暂时闭锁高次谐波启动录波的功能。故本次两机定子接地保护动作时，故障录波器并未启动录波，暴露出录波器启动逻辑不完善的问题，为本次定子接地故障排查及原因分析增加难度。

（四）故障原因分析

根据电气预试报告，发电电动机、开关等 10kV 母线设备的电气预防性试验数据均为正常。故障发生时两台机组的定子接地电流，两者数值较为接近。从两台机组保护装置录波的机端电压 B 相偏小，电压波形也较为相似，接地保护几乎同时动作，怀疑两台机组发电机定子发生接地故障可能属于同一接地回路。

正常情况下，两台机组 10kV 系统之间是不会发生电气连通的。定子接地故障发生时，如果 1+52OCB 真空断路器存在性能劣化问题，那么两台机组各自的中性点接地回路相互为对方定子接地回路，必将同时发生定子接地故障而跳机。经验证检查测试，结果可以确定 1+52OCB 开关 B 相存在严重设备缺陷，特别是 B 相真空度不合格，完全存在耐压能力不足被击穿的可能性。B 相主回路接触电阻偏大一个数量级，意味该相断口动静触头电弧烧损严重。1+52OCB 柜更换新的真空断路器，重启动机组开机抽水试验，同时监视开机过程中两台机组中性点 $3U_0$ 电压变化，情况正常，故障得到消除。

（五）优化建议

由于抽水蓄能电站机端电气设备多，主接线较一般水电站更为复杂，存在两台机组 10kV 系统因某些意外的原因连通在一起，必将导致两台机组定子接地保护同时动作，这种异常情况发生。建议：

（1）对机组定子接地保护计算逻辑进行完善，避免两台机组同时跳机的问题，减少跳机次数和降低水泵工况双机甩负荷的风险。

（2）优化电站故障录波器启动逻辑，增加各机组保护、主变压器保护动作信号等保护动作信号启动故障录波功能。

为避免类似故障再次发生，建议对于动作次数多、使用周期长的开关设备，增加断路器的真空度检测及机械特性等试验项目，以便全面评估断路器的性能和状态。此次故障排查和成功处置的经验，对于存在相似情况的其他抽水蓄能电站有较大的参考和警示作用，可提前采取必要的预防和改进措施。

（浙江大学电气工程学院　周昊）

南津渡 1 号机组导叶调节系统故障分析及处理

南津渡电站采用卡普兰灯泡贯流式水轮发电机组，电厂原调速器系统为奥地利 VOITH 公司的 SPSRb 电液型。为增强水能利用效率、提高机组性能，在 2007 年分别对 3 台机组调速器系统进行技术改造，采用国产数字式可编程微机调速器。使用日本三菱系列可编程控制器电柜替代原电柜，用全新的无油电液转换器取代原调速器电液转换部分，原调速器系统其余部分保持不变。2010 年在电厂增效扩容改造项目过程中，更换为 CVZT-100 调速器，它兼顾了机械液压动作的可靠性、微机的适用性和阀的简单化。导叶接力器为直缸固定活塞式，通过调速环对导叶开度进行调节，轮叶接力器为缸动活塞式，均为奥地利 VOITH 公司生产。

（一）存在问题

2019 年 5 月中旬以来，1 号机组发生多次事故停机故障，经运行与检修人员协同检查发现是由于导叶没有跟踪给定值执行开启命令，导叶开启实际值与导叶给定值偏差超过系统设定值，继而导致系统给机组发出停机指令。正常情况 CVZT 微机调节器接收 LCU 命令，根据采集得到的机频/网频、有功、水头、开度等信号，通过软件进行调节规律的综合，进而得出相应的控制量，其控制量通过开关量接口与智能功放板驱动液压随动系统的高速开关阀；最终实现对导叶接力器及其机组的相应调节与控制。经多次对机组进行增减负荷试验，发现 1 号机组在加负荷至 15 MW 左右时常会出现导叶无法继续打开的现象，此时导叶实际开度达不到上位机所给的指令值，若继续发出开导叶命令，当偏差值达到预设值就会导致系统判定导叶控制故障，从而使得系统发出事故停机命令。

（二）原因分析

导叶调节系统设备分为电气和机械两部分，因此查找事故原因从这两个方面入手。经排查，调速器压力油罐油压正常，调速器油泵能正常启动，调速器控制柜内电气设备无异常，因此排除电气方面的因素。机械设备故障可能由以下几个方面所造成。

1. 导叶卡塞或轴套磨损　如果在机组运行时有异物卡在导叶与内、外配水环之间，或者导叶轴套磨损严重，阻力过大，将导致导叶不能正常开启和关闭，对水轮发电机组的正常运行和开停机造成巨大的影响。

2. 调速环内不锈钢滚珠磨损　当机组开停机时，调速器控制导叶接力器腔体进行上下运动，导叶接力器的重锤会带动调速环转动，导叶的开度角也会发生变化。调速环内的不锈钢滚珠由润滑脂包裹，能够极大地减少其与外配水环之间的摩擦力，是保证其操作能力的关键，但当机组运行的年限过长时，润滑脂不足，滚珠极有可能发生磨损，从而使得它们不再是一个规则的圆球，控制导叶开关过程的灵敏度自然大受影响。

3. 导叶接力器串压　本电厂使用的导叶接力器为直缸固定活塞式，在密封破损或活塞变形的情况下，开机过程中开启腔的压力油在达到一定的压力时就会通过活塞渗入关闭腔，导致操作杆上升的高度不足，导叶打开不到位。

4. 调速器液压随动系统故障　调速器液压随动系统包括高速开关（数字）阀、逻辑插装阀基本单元组合而成的液压功率驱动主控阀组（起到主配的作用）、开关机时间、紧急关机时间调整螺杆、可换滤芯的滤油器并带有堵塞发讯器、手动排气阀、滤油器堵塞、失效或切断时旁通保护阀、开停机脉冲阀、紧急停机阀、流量调节阀（流量—压差线性转换器）等。若高速开关阀、流量调节阀、插装阀和管道等部件发生破损、渗漏等状况，从油压装置到达导叶接力器的压力油在经过这些地方时，油量必定有所损失，油的压力也会随之降低，对导叶开度的调节效果就大打折扣。

（三）处理措施

（1）检查导叶与配水环之间是否有异物卡塞，有无物体横在转动部件之间，清理杂物、垃圾，将所有导叶的轴套拆卸、打磨，更换 16 片导叶的内外导叶轴密封圈。

（2）将调速环内不锈钢滚珠拆下，发现有较多滚珠有不同程度的磨损，遂对所有滚珠进行打磨、抛光处理，更换磨损较为严重的滚珠，并将滚珠总数由 378 颗增加到 382 颗，回装后重新添加润滑脂、更换密封圈。

（3）导叶接力器解体检查，清洗油污、渣滓，并未发现明显故障。

（4）对高速开关阀、流量调节阀、插装阀等设备进行解体检查、清洗、更换密封圈，查看设备磨损状况，有损伤的部件及时更换。

（四）处理效果

经以上处理措施，在冬修结束后开1号机组试运行，验收结果良好，机组故障完美修复，但因对机组多个可能的故障点均进行了细致处理，且在检修过程中皆发现了不足之处，因此并不能判定此次机组故障发生的真正原因。以上分析结果只是最有可能导致导叶不能完全打开的机械故障，并不能代表所有的事故发生的原因，若试运行时导叶仍然开度不足，可以考虑如导叶传动机构锁死、油量不足、管道堵塞、管道泄漏等因素。

（湖南省南津渡水力发电有限公司　王丹）

阿尔塔什水利枢纽工程电气节能设计要点

（一）设计原则

阿尔塔什水利枢纽工程位于新疆喀什地区和克孜勒苏柯尔克孜自治州交界处，是一座具有防洪、灌溉和发电等综合利用任务的水利水电工程，电站总装机容量755MW。工程节能设计本着合理利用能源，提高能源利用效益的原则，贯彻节能降耗设计思想和具体要求，将工程设计建设成资源节约型工程和环境友好型工程。在电气节能降耗设计过程中，首先遵循国家法律法规和方针政策，国家和行业标准规范，国家、行业和省级人民政府节能规划和节能措施的有关规定；其次结合工程特点，进行枢纽布置时做到布置合理，各种建筑物在满足自身功能的前提下，进行主要建筑物型式和控制尺寸的比较优化，从而达到节省工程量、降低能耗的目的；最后开展针对性节能设计，优化用能工艺，通过技术经济比较确定最优的电气设备型号和布置方案。

（二）优化用能工艺

1. 主变压器节能　生态电站2台40MV·A主变压器布置在户外，变压器本体采用自然风冷，无需增加冷却风机就能达到很好的散热效果；主电站受厂区狭小影响，经技术经济比较，4台220MV·A主变压器须布置在室内，其冷却方式采用强油水冷，冷却负载较大。

为降低变压器产生的电能损耗，变压器铁芯采用优质高导磁低损耗的冷轧晶体取向硅钢片制成，线圈均用99.9％以上的半硬无氧铜作为线材，同时要求制造厂采取导线换位等措施以降低环流损耗等。根据电站运行工况和电网要求，主变压器一般是不退出运行的，空载损耗和负载损耗对应的运行小时数基本是固定的，所以要提高变压器的运行效率，重要的是选用高能效等级的变压器。本工程主变压器选用满足国家1级能耗要求的S11型，具有较好的节能效果。

2. 厂用变压器节能　厂用电负荷按照负荷点划分可分为厂房内用电负荷和坝区左、右岸用电负荷，各负荷点选择10、0.4kV两级电压供电，利用10kV将电能送至负荷中心，再降压至0.4kV供设备使用，大大减少了0.4kV电压的供电半径，有效降低了电能损耗。各厂用变压器均采用满足国家1级能耗要求的SCB13型节能变压器，节能效果明显。

厂房内根据需求设置多台厂用变压器供电，厂用变压器按照互为暗备用设计。该工程采取采暖变压器独立配置方案，仅在采暖期投入运行，有效降低了厂用变压器损耗。坝区左右岸用电负荷点根据位置设置多台10/0.4kV箱式变电站供电，并采用自动投切干式电容器组在变压器低压侧母线处集中无功补偿，可提高配电变压器低压负荷的总体功率因数，实现无功就地平衡，以减少电能输送过程中无功功率造成的电能损耗。

3. 母线节能　发电机与主变压器之间采用离相封闭母线进行电气连接，主变压器与GIS高压开关设备之间采用GIL母线进行电气连接，导体均为铝（合金）材质。降低母线损耗的方法主要是从缩短母线长度上来考虑。本工程按照电能送出的工艺流程将发电机组-发电机出口电压配电装置—主变压器—GIS—220kV出线呈"流水线作业"的方式进行布置，可避免母线的交叉反复，缩短母线长度，从而起到节能降耗的作用。

4. 照明节能　照明节能是一项系统工程，需在保证照度水平、照明质量的基础上做好节约用电，主要从在保证照度标准的基础上提高照明效率和减少用电时间来考虑。首先要积极利用自然光，通过与土建专业配合设置采光窗来降低照明系统的应用；其次在满足显色性的基础上采用高光效光源，可在保证照度要求的情况下降低光源耗电量；对不需要长时间照明的场所，便于做到人走灯灭；最后在满足各工作区照度水平的前提下，合理调整灯具的位置分布，以满足照明功率密度限制（LPD）的要求，做到避免浪费，达到绿色照明的标准。具体措施：

（1）选择节能型灯具LED灯具。

（2）优化照明控制，对大范围工作区域灯具采用集中控制，楼梯间内照明灯具采用声光控延时开关控制，户外照明采用光控与时控结合的控制方式。

（3）合理确定照明设计方案，将厂房各层细部划分为作业面、作业面临近区、非作业面和通道，并采用不同的照度要求，这样通过局部调整灯具的位置分布，既能保证作业人员的实际视觉需求，又能降低实际功率密度值。

（三）工程效能

阿尔塔什水利枢纽工程的节能降耗设计，符合国家、地方及行业的政策及规范要求，电站采用利用率较高的工艺，节能主要体现在设备选型环节。各主要用能机电设备选择节能产品推荐目录中的优质产品，采取的节能措施合理，提升了水利水电工程的经济和社会效益，具有可操作性。

（新疆水利水电勘测设计研究院有限责任公司
汪栋）

大藤峡水利枢纽电站机电控制系统核心设备实现国产化

2023 年 8 月 24 日，广西大藤峡水利枢纽工程右岸 5 号机组顺利通过 72 小时试运行，正式投入商用，至此大藤峡水利枢纽工程 8 台机组实现全部投产发电。继 2022 年 11 月 1 日右岸首台机组投产发电后，在短短 10 个月的时间里，右岸 5 台机组全部投产发电，再次创造了我国巨型轴流转桨电站建设佳绩。

该枢纽工程坐落于广西桂平，为国家 172 项节水供水重大水利工程的标志性工程，也是珠江—西江经济带和"西江亿吨黄金水道"基础设施建设的标志性工程，是两广合作、桂澳合作的重大工程，被喻为珠江上的"三峡工程"。

该枢纽工程核心机电设备全部由国内厂家生产，南瑞集团为该枢纽工程项目提供了全厂计算机监控系统、枢纽计算机监控系统、左右岸辅助设备控制系统及在线监测系统等产品，其中水轮机发电机组部分包括：全站的计算机监控系统、水轮机调速器系统、状态监测系统、继电保护系统、多目标调度优化系统及流量计等。

该枢纽工程计算机监控系统采用南瑞集团 SSJ-3000 系统，包含计算机监控软件 NC3.0、全厂 8 台机组、开关站、公用、坝区、防水淹厂房、辅机控制系统等。工程按全分布、全开放、模块化、结构化方式设计，系统实时性好、抗干扰能力强、设备稳定可靠，助力大藤峡水利枢纽设备安全稳定运行。水轮机调速器方面：采用了双冗余控制器及智能切换单元架构，配置了国内同类机组体积、容量最大的液压系统。调速器电气柜采用了双冗余控制器及智能切换单元架构，配置了与监控系统的以太网通信、IRIG-B 码对时，可实现调速系统实时录波、在线监测、故障诊断等功能。软件功能方面，提出了加速度关联转速偏差的闭环控制策略，定制 PID 动态参数可变调节，发明了转速双微分 PID 控制技术和智能启动策略，攻克了巨型轴流转桨机组启动过程流量和转速强非线性变化影响机组快速并网的技术难题，与进口系统相比，机组启动并网速度提高 20% 以上。液压系统配置了"25+25+10"总容积 60m³ 的压力罐，50m³ 的回油箱，研制并应用了通径 250mm 的事故配压阀、分段关闭、压力油切换装置，可完全满足单机容量 20 万 kW 的轴流转桨式水轮发电机组各种工况下的过渡过程调节要求，极大提高了系统对电网频率响应的快速性、稳定性。

南瑞集团为大藤峡水利枢纽项目提供的各子系统在项目试验及运行期间，数据稳定、准确，设备操控可靠、便捷，得到了用户的高度评价。南瑞集团将继续发挥自身在科研、技术、产品、服务等方面的综合优势，持续不断提升软硬件研发实力，提供更为完善的技术服务支撑和水电控制领域一体化解决方案，为我国水利水电事业的发展作出新的贡献。

该工程单机容量 20 万 kW，推力负荷 3800t，技术指标位居国内同类型机组首位。转轮直径 10.4m，高 7.5m，发电机定子铁芯外径 17.2m，转子最大直径 16.4m。机组尺寸巨大，技术复杂，设计、制造、安装难度极高。配套控制系统的设计和制造均属世界级水平，早期我国在这一领域一直依赖进口，随着大藤峡水利枢纽工程的成功投产，标志着我国已全面掌握了低水头、超大容量轴流转桨机组控制系统制造和设计技术，对满足我国水利枢纽的大规模建设，提升我国高端电工装备的自主创新能力和竞争力具有重要意义。

（南瑞集团有限公司 许栋 袁鹏展
蔡卫江 何林波 李华威）

文登抽水蓄能电站机电控制系统核心设备实现国产化

文登抽水蓄能电站是山东省目前最大的抽水蓄能电站，安装 6 台单机容量 30 万 kW 单级混流可逆式水泵水轮机组，以两回 500kV 出线接入山东电网，设计年发电量 27.1 亿 kW·h，年抽水电量 36.1 亿 kW·h，其主要任务是承担山东电网调峰、调频、调相、负荷备用与紧急事故备用等任务。

该抽水蓄能电站核心机电设备全部由国内厂家生产，其中水轮发电机组由哈尔滨电机厂制造，全站计算机监控系统、水轮机调速器系统、发电机励磁系统、继电保护系统、静止变频启动装置（SFC）全部由南瑞集团制造，也是南瑞集团继安徽响水涧、安徽绩溪、黑龙江牡丹江、山东沂蒙抽水蓄能电站机电系统全国产化后取得的又一重大突破。

该抽水蓄能电站机电设备取得了多项创新，计算机监控系统采用了南瑞集团自主知识产权的 N500 系列高端可编程控制器（PLC），静止变频启动装置首次在新建电站中应用，水轮机调速器方面：调速器电气柜采用了双冗余控制器及智能切换单元架构，增加了与监控系统的以太网通信、IRIG-B 码对时，实现了调速系统实时录波、在线监测、故障诊断等。软件功能方面，提出了加速度关联转速偏差的闭环控制策略，攻克了可逆转机组启动过程流量和转速强非线性变化影响机组快速并网的技术难题，与进口系统相比，机组启动并网速度提高 20% 以上。配置了"黑启动"和"联网"工况下的优化参数以及切换策略，针对可逆式机组研制了专门的导叶分段关闭装置，满足水轮机和水泵两种工况下的过渡过程调节，极大提高了系统对电网频率响应的快速性、稳定性。

该抽水蓄能电站的成功投产，标志着我国已全面掌握了超高水头、大容量、高转速可逆式机组控制系统制造和设计技术，对满足我国抽水蓄能大规模建设，提升我国高端电工装备的自主创新能力和竞争力具有重要意义。

（南瑞集团有限公司　蔡卫江
许栋　初云鹏　何林波）

峡江智慧水电厂建设项目顺利投运

峡江水电厂位于赣江中游峡江老县城巴邱镇上游 4km 处，是赣江干流上一座以防洪、发电为主，兼具灌溉、航运、养殖等效益的控制性水利枢纽工程，电厂安装有 9 台单机容量为 4 万 kW 的灯泡贯流式水轮发电机组。2013 年 9 月首台机组正式发电，2015 年 4 月全部投产运行，多年发电量超 10 亿 kW·h，有效缓解江西电力供需紧张状况，确保电力供应，工程总投资 99.22 亿元。

南瑞集团承担了峡江智慧水电厂建设任务，项目采用南瑞集团自主研发的 IMC 智能一体化管控平台软件，根据现场业务痛点、难点及需求，并结合现有管理业务现状综合考虑，将智慧电站边平台规划业务架构分为三大技术领域：基础设施和软件平台、基础业务能力建设、智能业务应用。峡江智慧水电厂系统按照感知层、网络层、平台层、应用层 4 层总体设计，以标准规范体系为基础，以安全防护体系为保障，集成对接内外部相关系统，架构柔性可靠易扩展，满足不同需求。

峡江智慧水电厂主要分为智能水工、智能运行、智能点检、智能预警、状态检修、智能安防、三维可视化 7 个方面进行实施建设。

（1）状态检修以峡江电厂 1~9 号灯泡贯流式水轮机和发电机为目标对象，获取电站设备状态监测、生产实时监控和生产管理信息的数据，构建了涵盖数据管理、事件中心、规则库、检修项目库、故障库、定期工作等的状态检修全流程管理软件应用体系，建立满足标准要求的灯泡贯流式机组状态量计算指标集和转轮室振动动态阈值预警方法，实现机组运行状态在线辨识、异常状态告警预警、健康状态量化评价和状态评估决策支持，解决传统的机组健康状态管理方式过于依赖人工经验和离线数据分析的问题，本技术的引入为峡江电厂及国家电投江西电力有限公司的水电设备集中运维管理和状态评估工作的推行提供技术和管理抓手。

（2）三维可视化通过三维数字孪生应用技术，尽可能地复刻出了峡江水电厂内环境、地形、水工建筑物、设备等真实场景，并且能展示出电站内的设备信息，电气信息，监控视频等多源数据，接入感知装置实现水电场站的智能化虚拟巡检，同时结合 VR 和协同式演练手段，为水电厂的安全应急管控提供数字孪生支撑，提高对新员工的培训效果。新员工可以通过不入厂房熟悉厂房的效果，可节约培训人员对新员工的培训时间，并且通过三维及 VR 技术的应急及消防演练等方式，不仅让员工更熟悉应急流程，节约应急和消防演练所需的设备，提高员工应急能力。

（3）智能安防中包括了鹰眼视频监控、智能视频识别、可视化烟雾探测、周界入侵报警、船只监视、人员进出管理、车辆出入口控制、水面漂浮物识别等。在水电厂的左岸右岸山坡上设置 AR 全景摄像机实现大范围无死角监控，可实时监控整个水电厂的整体动态。针对水电厂监控点位多、视频信息量大、无效视频信息多，通过智能视频分析过滤功能过滤大量无用视频信息，有效降低了工作人员的监控压力。通过智能安防系统可以主动发现水电厂内的异常情况（如非法闯入、设备运行异常、未佩戴安全帽），在事件突发时及时发现并进行控制，从而减少设备突发事故、预防人身伤亡事故。监测到外界人员非法发生入侵行为后，第一时间能发出警示，并能及时告知安保人员进行处理，防止外界人员非法闯入进行破坏；船只监视能对周边船只活动情况以及人员非法捕鱼活动的全面监视，在夜间也能够进行报警，减少人员监视船只的工作量；通过水面漂浮物识别系统对水面漂浮物进行定量估量，能够准确识别出水面漂浮物面积过大的情况，自动报警提醒值班人员及时清理，防止巡检人员未能及时发现漂浮物过多造成进水口堵塞从而影响电力生产，保证机组发电效率。

（4）智能运行通过日调节水电厂发电优化运行方法及系统，在保证维持水库高水位运行时获得最大发电效益，同时减少电站机组调整频次和厂用电率，合理安排水电厂发电时机，满足电网和电厂的发电需求，提升日调节水电厂水电调一体化运行和源网协调水平。

（5）智能预警通过获取机组及其相关辅助设备的运行数据，对数据进行整合分析，动态获取报警阈值，每台机组及其辅助设备之间由于工况不同，同种设备的报警阈值也不同，这种报警信息更贴合各机组实际工况，使得报警更加智能化。获取厂房中泵（如压油泵、漏油泵、渗漏排水泵等）的间歇时间、运行时间，不同的泵拥有不同的间歇时间和运行时间，且每个月间歇和运行时间报警阈值能够动态更新，能够展现出漏水漏油的实际情况和不同泵的运行效率；通过获取并分析各设备的温度情况（如集电环温度、发电机定子温度、主变压器绕组温度等），同样温度量每个月进行报警阈值的动态更新，有效防止由于不同季节的外界温度变化导致报警不及时或误报的情况发生，保证报警的智能化和准确性。智能预警通过建立设备分析模型，结合现场运行维护的实际经验，采集汇聚最新样本数据，构建报警动态阈值，能对潜在的故障、风险进行准确预测，提示生产运行人员进行相应安全检查，避免故障或事故导致生成和经济损失。

（6）智能点检系统通过 Web 端结合点检仪的方式，配合 NFC 标签的使用。点检系统可以自由地配置点检线路和点检任务、制定任务的巡查周期和下发频次、各部门点检人员的名单、查看任务的完成进度和点检结果、了解检查点的隐患情况并进行定位追踪。点检系统固定了点检路线，使得点检更具有针对性，提高了点检人员的点检质量，点检时需要在移动端填写点检设备的检查项目，防止点检人员错检、漏检的情况发生。管理人员通过在网页 Web 端查看到各点检专业的点检任务完成情况统计、当月点检情况、待点检和点检中的任务、点检异常项目、隐患统计等，让管理人员直观地了解到所有点检的情况，进一步提高管理效率。并将所有的点检信息记录下来，用于点检情况的保留统计和问题追溯。

（7）智能水工的水情系统包含天气趋势及洪水预报功能，集成了水情水调系统数据以及外网水文局、气象局发布的流域水情水位信息和气象预报信息，实现天气预报信息、测站水情、雨情信息、机组信息、闸门信息、实时洪水预报等统一汇聚管理展示。在大屏展示中将峡江上游的一周内的雨量进行预报，让电站人员直观地了解到未来一周的雨量情况，预测水位

及机组发电情况。通过水情系统，将所有的水情数据进行汇总分析展示，减少水情人员查询数据时间，提高水情人员工作效率，使得查看水情数据更方便快捷。

该项目具有 3 个创新点：

（1）首次提出灯泡贯流式机组健康状态量化评价、状态检修辅助决策、工况自适应振动异常预警和智能巡检一体化联动策略。

（2）突破了传统 GIS 对于微观场景表达的不足，引入基于数字孪生仿真的协同演练技术，实现高质量低成本虚拟演训软件。

（3）建立了分时电价收益最大化等多目标的电站机组发电优化模型，提出了日典型负荷曲线预设和滚动修正方法以及计及节能管理的多因素机组优先级方法，并应用于智能运行中。

该项目获得了两项软件著作权，发表了两篇论文，3 项发明专利已受理。

该项目为国家电投集团江西电力有限公司创新性项目，2023 年 8 月实施完成，实际运行效果也证明了相关科研成果的有效性、针对性和经济性，形成以工程数据为基础、智能应用为核心、智慧运维管理为目标的峡江智慧电厂，降低电厂电力生产管理和运维成本，保证电厂安全高效运行，充分发挥电厂的经济效益。

（南瑞集团有限公司 李志强 贺洁 袁帅）

新丰江水电站全自主可控 LCU 改造投运

2023 年 5 月 14 日，粤电新丰江水电站首台（3号）机组顺利并网归调，正式投入商业运行。该水电站位于广东省河源市，为我国自行设计、自行施工、自行安装的大型水电工程，电站总装机容量 33.61万 kW。

该水电站上位机及 3 号机组 LCU 全国产化自主可控改造任务由水电公司承建，机组及公用、开关站等现地 LCU 的核心 PLC 采用南瑞集团自主可控采用国产芯片的 N510 系列智能可编程控制器，N510 系列智能可编程控制器是南瑞集团基于多年 PLC 研发经验基础上开发的自主可控全国产化智能 PLC，采用高性能国产多核处理器，处理速度快，内存容量大，通信接口丰富，达到国内外同档次产品的领先水平，广泛应用于多种行业。上位机系统采用最新的智能一体化管理与控制平台软件，采用了冗余化和开放式系统结构，提高了系统的安全可靠性。数据库采用南大通用历史库，国产麒麟操作系统。此次改造也满

足了上、下位机 100% 全国产化自主可控的要求。监控系统在调试试验期间，各项数据稳定、准确，设备操作便捷，得到了用户的高度评价。

南瑞集团自主设备的成功应用，为电站基于国产自主可控技术水电厂的改造工作奠定了坚实的基础。

（南瑞集团有限公司　李璐　袁帅）

南瑞集团助力阜康抽水蓄能 电站首台机组投产发电

2023 年 11 月 26 日，新疆阜康抽水蓄能电站首台机组投产发电仪式在电站举行，标志着 1 号机组正式进入商业运行。该抽水蓄能电站位于新疆昌吉州阜康市，安装 4 台 30 万 kW 可逆式水泵水轮发电机组。电站以三回 220kV 输电线路接入新疆电网，用于整个西北地区，在电力系统中承担调峰、调频、调相、储能、系统备用和黑启动等任务。电站全面投产后，每年可减少二氧化碳排放 49.6 万 t，一年可节省电力系统燃煤消耗量约 16.5 万 t，有效促进节能减排，激活天山深处的绿色动能。

电站计算机监控、调速器、大坝安全监测等系统均采用南瑞集团自产产品。其中，计算机监控系统为 SSJ-3000 监控系统，上位机使用 IMC 一体化平台软件，现地控制单元控制核心采用自产 N500 系列智能可编程控制器。

系统以厂网协调发展的"无人值班"（少人值守）模式为基本要求，为自动化系统提供开放、统一的一体化管控平台，满足不同类型监测、保护、控制与调节设备的集成和交互。实现电厂生产运行坚强可靠、经济高效、友好互动和绿色环保的目标，满足智能电网的要求。

系统集成度高、可扩展性强、人机界面友好、运行维护便捷。调速器系统采用南瑞集团 SAFR-2000H 调速系统，电气部分采用两套可编程控制器组成完全双冗余容错控制系统，控制软件拥有完全自主知识产权的变结构变参数改进型并联 PID 算法，机械部分核心部件采用自产 MDV 系列主配压阀，可满足抽水蓄能电站各种复杂工况下的安全运行需求。大坝安全监测系统采用 DAU3000 现地数据采集装置，并配备沉降仪、测缝计、测斜仪等多种自产设备，通过准确可靠的观测数据，及时分析判断大坝和引水发电系统运行状态，为首台机组安全、稳定、经济运行提供有力的技术支持。

（南瑞集团有限公司　陈伏高　杨晓文）

鸭绿江界河流域集控 中心全面投产

2023 年 1 月 12 日，鸭绿江界河流域集控中心升级改造工程顺利完成竣工验收，为东北电网安全稳定运行和促进新能源消纳提供了坚强保障。

该界河流域集控中心位于丹东振兴区，于 2014 年完成建设，2017 年正式投入运行。2021 年在原系统设备基础上将其升级改造，实现云峰、望江楼、太平湾、长甸 4 座水电站远程集控。此次项目结合界河流域集控中心建设现状，按照"业务深度融合，综合智能集控"的原则，开展功能升级完善工作。

界河流域集控中心采用南瑞集团自主研发的智能一体化平台，实现生产控制设备的实时监控、水情水调、生产信息管理等电厂生产运行管理环节的智能一体化应用，具备数据存储、系统管理、数据分析、图表分析展示、各类智能报警等功能，系统整体技术先进、可靠性高。

该集控中心计划在现有基础上进一步扩大功能应用，将开发设备诊断分析、设备运行状态智能告警/预警，安全管控、应急指挥等高级应用，逐步将鸭绿江流域集控中心建成智能化集控中心，并朝着智慧化建设方向持续迈进。

（南瑞集团有限公司　蔡守辉）

金　属　结　构

蟠龙抽水蓄能电站座 环加工技术

蟠龙抽水蓄能电站单机容量 300MW，机组由东方电气集团东方电机有限公司制造，蜗壳座环分瓣到货、现场组拼焊接，采用厂家的提供专用工具进行座环加工。

该座环加工的技术要点如下：

（1）蜗壳座环在混凝土养护合格后，复测座环上法兰面周向水平，确定座环上法兰面的打磨量与打磨区域。

（2）加工磨床检查调整，要求横梁的旋转端跳小于 0.1mm。

（3）磨床平台安装完成后将磨床旋转体基座吊入机坑，测取安装中心位置、选取合适样点作为加工基准，经计算确认所有平面都能够进行精磨加工后将磨床基座安装就位。

（4）座环上法兰面打磨，要求周向水平高差小于 0.2mm，径向上内外高差小于 0.05mm。在开始打磨前，在座环上法兰面涂抹红丹粉，以便监测打磨区域是否正确。

（5）座环其余 4 个法兰面打磨，要求周向水平高差小于 0.2mm，X、Y、Z 实际测量值与计算值之差小于 0.05mm。

（6）座环下镗口打磨：以上镗口中心为基准，调整磨削工具的旋转中心，偏差小于 0.05mm；分上下两次进行，接缝应避开底环与座环密封圈位置；每次打磨一周后涂抹红丹粉，以监测打磨区域及打磨量是否正确。打磨完后测量下镗口直径，并局部修磨两次打磨接缝处。

（7）现场实际加工通常采用半幅加工方式，加工完成半圈座环面后调整机床加工另一半圈座环；加工完成后测量水平，随后根据多次测量数据对个别区域进行修磨。加工座环上法兰双环面时，要求外环比内环低 0.05mm，实际加工过程中局限于加工人员操作水平及机床调整差别，存在外环比内环高的情况。等待座环加工完成后依靠框式水准仪对外环面进行人工修磨，保证座环外环面低于内环面。

蟠龙抽水蓄能电站现场实际应用的磨床采用自动控制，加工速度可调节，可避免随机旋转，安全系数高；但加工精度不足，总有一个方向误差较大，基座安装复杂、焊接工作多，磨头未配置横纵水平指示装置、水平调整复杂，相对耗时。

（中国水利水电第八工程局有限公司　陈成）

硬梁包水电站压力钢管瓦片洞内组拼技术

（一）工程概况

硬梁包水电站总装机容量 111.6 万 kW，安装 1 台 3.6 万 kW 轴流转桨式水轮发电机组，压力管道采用单机单管供水，共设 4 条压力管道。压力管道由上平段、竖井段及下平段组成，轴线间距 30m。下平段设计为钢衬结构，管道内径 7～8.50m，单节平均长 3m，板厚 32～42mm，钢管为 Q345R。钢管全长均

设有加劲环。加劲环间距 1.5～1.65m，加劲环板厚 32mm，高度 250mm，进口处首节设有阻水环。阻水环板厚为 32mm，高度为 400mm。

（二）施工难点及解决对策

（1）钢管制造厂距安装现场较远，途经 211 省道，路面平均净宽 8m。压力钢管直径 9.3m，运输前需向道路运输部门申请交通管制（临时堵路），协调难度大，可操作性不强。且场内交通洞宽为 10m，运输时洞内两侧剩余空间仅 0.3m，整体运输困难大、风险高。

解决对策：经对制造厂位置、运输路径、钢管尺寸和储存等综合分析，确定压力钢管在制造厂内完成瓦片制作、加劲环焊接、防腐和储存。待现场交面后将瓦片运至洞内完成组圆、纵缝焊接、组对和环缝焊接。在 1、3 号压力管道内布置组圆平台，不影响其他车辆通行，在其上部布置 4 组 20t 天锚和电动倒链，用天锚进行钢管卸车和组拼工作。

（2）钢管组圆完成后，管口呈垂直方向放置，环缝安装时管口为水平方向，故需对钢管翻身（直径 9.3m，长 3m，重 28t）。洞内空间有限，大件吊装作业风险高、难度大。

解决对策：在拼装平台上锚固 4 组天锚，在天锚上挂装电动导链与钢管连接。翻身时四组导链同时向上将钢管上提一定高度，然后两点导链同时向上提升钢丝绳，另外两点导链向下放钢丝绳，直到管口调整为水平方向。BIM 模拟得出翻身最大直径 9500mm，在两端预留 500mm 的安全空间，则为 10500mm。故拼装平台处向下扩挖 3m，以满足翻身条件。扩挖后拼装平台高程低于洞内底板高程，会导致平台排水不畅产生积水。因此，在拼装平台附近设计 1 个积水洞，用水泵强排至排水沟。

（3）组装平台布置 1、3 号洞内，2、4 号钢管运至交叉位置时需完成转向，增设天锚成本高、操作复杂、风险大。

解决对策：为方便钢管洞内运输及转向，制作一辆拼装运输台车，台车底部设置 4 组液压油缸，用 1 台 5t 的卷扬机配合 1 套滑轮组为台车提供行走的动力。在交通洞和 4 条压力管道内铺设轨道，钢管运至交通洞与压力钢管交叉口后，使用台车顶升装置的四台油缸同时向上顶升使台车轮高于轨道高度，然后将 4 个车轮旋转 90°，对齐轨道后，同时降下 4 台油缸，通过改变运输台车的方向实现钢管的转向。

（4）压力钢管直径 9.3m，壁厚 40mm，洞室直径 10.1m 与钢管间隙仅为 0.4m，直径大、管壁厚、作业空间有限，导致压力钢管环缝对接难度大、风险高。

解决对策：钢管运至安装位置后，使用运输台车

液压装置将钢管顶升至设计高度，完成环缝大致对接，再使用拼装台车环缝压缝装置，实现环缝准确对接。该工装由6个液压油缸、支臂和旋转铰座组成，能实现360°环向同时顶伸，以实现两节钢管内壁对齐。

（5）手工焊接效率低、质量不可控，且作业空间受限，操作难度大，导致环缝一次探伤合格率较低，钢管安装进度和质量难以得到保证。

解决对策：在环缝焊接中引入无轨道爬行焊接机器人。无轨道爬行焊接机器人实现焊机的全位置行走和机头的全位置自动化操作，焊接速度快，熔池小，热影响区窄，焊件焊后的变形小，可自动化操作。焊接时将管口沿着逆时针方向，分为4等份，4台机器人分别在Ⅰ、Ⅱ、Ⅲ、Ⅳ象限对称布置。采用多层、多道、分段退步焊接方式进行焊接，极大提高了环缝焊接效率和焊接质量。

（6）钢管凑合节分为3块瓦片，单个重约8t。安装时两节钢管之间距离不足3m，运输台车轨距4m，钢管与洞臂间距不足0.4m，瓦片难以运输就位。作业空间有限，导致凑合节安装难度大，风险高。

解决措施：安装凑合节前先将钢管按水流方向从左至右分为3块瓦片，编号为1、2、3号。用10t随车吊依次将3号和1号瓦片吊装至安装位置，根据现场实际尺寸进行瓦片的配割，随后进行定位焊。3号和1号瓦片拼装就位后，将2号瓦片吊放在1号瓦片外侧，在凑合节两侧压力钢管上焊接门型架，安装上一组导链，将2号瓦片拉到顶部安装位置。根据现场实际尺寸进行凑合节瓦片的配割，拼装完成后凑合节进行纵缝和环缝焊接。

（7）压力钢管管壁薄、重量大，浇筑时顶部混凝土会造成钢管塌陷，需要在钢管内部焊接钢支撑，内部固定支撑会影响焊接台车的移动。

解决措施：采用DN100的焊接钢管作为压力钢管井字型活动支撑。每根支撑顶部都有丝杆可以进行顶升，两根垂直的支撑配有轮子可以在钢管内移动。单根支撑长约7.5m，在每节钢管进口和出口750mm处各设置一组支撑。待压力钢管焊接完成后进行支撑的安装，完成一个循环（约7节）压力钢管支撑后，移交土建浇筑。混凝土达到设计强度后收回顶撑的丝杆，进行下一循环钢管的支撑。

（中国水利水电第五工程局有限公司　路学军）

洛宁抽水蓄能电站洞内压力钢管管节组焊技术

（一）概述

洛宁抽水蓄能电站引水系统采用一管两机布置。

引水斜井采用TBM开挖，开挖直径7.2m。1号斜井全长928.297m，TBM掘进长度914.233m；2号斜井全长872.979m，TBM掘进长度859.681m。斜井与上下平洞交叉段分别设拆机和组装洞室，便于TBM设备组装调试与拆卸。

单节压力钢管长3m，重28.2t，管壁材料Q490SD。斜井段钢管数量多，开挖直径仅7.2m，若组焊6m长钢管运到斜井组焊，则焊接工作量大，焊接效率低，焊缝质量不易保证，且会延缓进度。故考虑组焊9m或12m后再运输到位安装，即3、4小节组焊为1大节。

（二）洞内组焊施工技术

施工支洞扩挖后，完全可以满足洞内多节钢管组焊为大节的基本施工条件。

1. 洞内组焊施工设备选择　钢管运输设备方面，运输28.2t单节3m长钢管时，选择4轴半挂车；运输56.4t双节钢管时，选择专用重载运输车。为便于钢管卸车，可使车头向外，倒车行走进洞。

钢管组焊设备，采用洞内智能组焊钢管安装工艺，即利用多功能滚焊台车结合自动埋弧焊接小车进行洞内钢管大节管对滚焊。为方便管节组对焊接，多功能滚焊台车应有4台（2台含主动滚轮，另2台为被动滚轮），自动埋弧焊接小车至少1台。

2. 施工安装准备　准备工作包括，钢管卸车工位处顶部的扩挖，组焊工位中部高度和长度方向扩挖；在洞外加工厂中将钢管加工为3m或6m一节，检验合格后可运输出厂；钢管运输时，要保护好管节及其坡口，并与运输车捆绑牢固；在卸车处布置好天锚及卸车吊具；在组焊工位处布置P38轨道作为多功能滚焊台车的行走轨道，轨距3m。

3. 主要施工流程　安装及场地准备→钢管运至组焊工位处→钢管对焊接→转运安装。

4. 施工要点　将卸车和组焊工位相应位置扩挖至所需尺寸并加固后，在卸车工位隧洞顶部安装好天锚和吊具。将组焊场地整平后，地面铺装轨距为3m的P38轨道，并固定牢固。将4台多功能滚焊台车分两组，1台主动台车和1台从动台车为一组，分别布置于轨道前后两端，组焊时每组台车承载一节钢管。将管节运输到洞内组焊工位，并吊装转运到前侧的一组多功能滚焊台车上，另一待组焊3m或6m管节转运到后侧的一组多功能滚焊台车上。利用多功能滚焊台车自带的行走功能将两节钢管组对为大节钢管，再用人工进行两节钢管环缝的定位焊。安装在钢管内最下部的自动埋弧焊接小车进行内部环缝焊接，安装在钢管外最上部的自动埋弧焊接小车进行外部环缝焊接。利用两台主动滚焊台车作为主动力，被动滚焊台车作为辅助，驱动两节待组焊管节同步旋转进行环缝的滚焊。在受力足够情况下，也可只使用 1 台主动滚焊台车和 1 台从动滚焊台车进行管节的滚焊。自动埋弧焊接小车上安装有角度传感器，可检测焊接小车与钢管管壁的角度，并根据角度状况实时调整自身行走速度，确保其始终位于管内最下部或管外最上部。在两节钢管滚焊同时，可继续将后续管节运输进洞，根据施工进度可将其存放在临时管节存放区。两节钢管滚焊完成为大节后，利用吊具将其起吊转运放置于前侧一组滚焊台车上，并将后侧一组滚焊台车移出，用于承接下一组待组焊管节。重复以上步骤，完成所有钢管管节的洞内组焊施工。洛宁电站只考虑在洞内组焊为 12m 长大管节的运输安装。

（三）效益对比

传统的水电站压力钢管施工，大量采用手工焊或气保焊。大部分手工焊一次探伤合格率 90%～95%。多功能滚焊台车结合埋弧焊自动埋弧焊接小车进行施工作业，效率明显优于传统的手工焊接，其一次探伤合格率高于 99%，最高达 99.7%。此外，根据工期预测，洞内安装单节 3m 管节的工期约 3.15 天。

采用洞内组焊施工技术，斜井安装一节钢管从溜放到焊接完成不考虑缺欠要 4.5 天。在上平段制作大的单节钢管工序流程要 3.5 天，组焊和溜放安装可同时作业，故上平段制作工期满足安装要求。不采用洞内组焊施工技术需 3.15 天安装 1 节 3m 管，即 1 天安装 1m。采用洞内组焊施工技术，4.5 天安装 12m，即 1 天安装 2.6m。对整个施工周期带来了量的提升。

（中国电建集团中南勘测设计研究院有限公司

王炳豹　张建国　朱静萍）

有限空间内压力钢管运输与焊接定位技术

金寨县中河水库引水隧洞设计流量 $0.47m^3/s$，压力钢管采用 Q355C 螺旋钢管，规格型号为 $\phi820mm×10mm×12000mm$。压力钢管出隧洞后，分为 3 个管径 DN500 支管，分别为生活供水管、灌溉供水管和生态补水管，3 个支管分别设检修阀、流量计和调压阀。

（一）压力钢管运输

引水隧洞压力钢管运输分为场外运输和洞内运输两部分。场外运输采用货车运输至洞口，分别存放在出洞口和进洞口部位；洞内运输通过简易运输小车和简易提升装置实现压力钢管进洞。运输过程中需全部做防破损处理，保证到达施工现场后完整无损易。

1. 场外运输　成品管运输时，在钢管底部放置草织垫，厚度大于 150mm，间距为 4～8m；车厢侧壁与成品管之间及成品管与成品管之间垫草织垫，并将成品管固定。不允许成品管管体间相互接触，每根成品管上至少安套两个保护圈。压力钢管运输分出洞口和进洞口两条线路。出洞口线路为古碑镇现有乡村公路→关爱小学门口→黄集村道路→出洞口位置，将压力钢管运至古碑镇光爱小学门口后，通过简易自制小车二次或三次倒运，将钢管运至引水隧洞出口钢筋加工厂临时堆放区，计划堆放钢管约 1680m。进洞口线路为进场道路→左岸巡库路→坝上游生活区临时道路→进洞口位置，将压力钢管沿左岸巡库路运至大坝上游生活区附近的空地临时堆放区，计划堆放钢管约 828m。

2. 洞内运输　引水隧洞洞径较小，且进洞口设有进水口塔架，对压力钢管进洞影响较大。为顺利实施，在进洞口外侧架设 1 台 QTZ80（5610）塔机，用于压力钢管起吊装运。隧洞底板坡度较小，采用动力三轮车牵引自制小车的方式布管。钢管运至作业面时，通过葫芦吊放钢管。

（二）压力钢管焊接定位

引水隧洞在开挖过程中部存在超欠挖现象，无法保证压力钢管安装在同一高程。为使压力钢管施工质量满足要求，结合现场实际情况，对压力钢管的焊接定位高程作出调整。

1. 焊接定位　隧洞内信号较弱，测量仪器无法准确定位，为保证压力钢管定位准确，采取调整压力钢管管道中心线高程方式：桩号引 0+002～引 0+075 维持管道中心线高程 249.50～249.46m 不变；桩号引 0+075～引 1+200 段管道中心线高程调整为 249.46～249.12m；桩号引 1+200～引 2+000 段管道中心线高程调整为 249.12～248.96m；桩号引 2+000～引 2+378 段管道中心线高程调整为 248.96～248.50m。根据设计图纸确定支架桩号位置后，按压力管道标高确定支架顶部高程。支架采用 16 槽钢制作，钢管运输到位，通过葫芦将钢管置于临时支架上，再用外对口器进行管道组对；管道焊接遵循布管顺序进行；镇墩、支墩浇筑与压力钢管安装交叉进行；用于支撑压力钢管的临时支架待压力钢管施工完成后拆除。

2. 管口焊接及防腐处理　管口焊接应进行预热，预热温度比主缝温度高 20～30℃，预热范围由规范要求的坡口两侧各 75mm 增加为坡口两侧各 120mm，预热完成即进行焊接。焊接采用 CO_2 气体保护焊，管口部位内壁采用熔结环氧树脂粉末热喷涂（涂层厚度≥350μm），外壁涂敷聚乙烯防腐涂层（涂层厚度≥2.5mm）。管口部位防腐处理时，先将焊缝表面的焊瘤、焊渣、氧化皮、铁锈等清除干净，然后将原涂层修磨成宽 20～30mm 的毛面过渡段，将表面打磨平滑。管口内壁防腐处理时，人工在管道内热喷熔结环氧树脂涂料进行补口施工，接头外壁用聚乙烯热收缩带补口。补口涂层与原有涂层搭接宽度聚乙烯为100mm、环氧树脂为 30mm。

3. 焊缝质量检测　压力钢管所有焊缝均需进行外观质量检测，焊缝不允许有裂纹；对接接头焊缝宽度：手工焊为盖过每边坡口宽度 1～2.5mm，自动焊为盖过每边坡口宽度 2～7mm，均为平缓过渡；角焊缝焊脚 $K \leqslant 12$ 时 $K+2$，$K > 12$ 时 $K+3$。

钢管焊接完成应采用超声波探伤的方式对钢管进行无损检测。如超声波检查存在盲区，则在距管端300mm 范围内采用手动超声波检查。为保证焊缝质量，前 6 道焊缝每焊完 1 道便进行 1 次无损检测；待焊接人员经验丰富后，剩余焊缝最终一并检测。每条焊缝都应自检，对不合格焊缝及时返修，同一部位返修次数超过二次重新制定返修措施。

4. 试压　静水压试验压力表应在试验前用静载试验机校准。试验压力根据钢管外径和壁厚计算，使管壁应力达到该钢级规定的 95% 最小屈服强度。加压时分级加载，加压速度不大于 0.05MPa/min。先缓升至工作压力并保持 30min，此时压力表指针保持稳定，无颤动现象。对压力钢管检查正常可继续加压，升至最大试验压力保持 30min，此时压力表指示的压力无变动，然后下降至工作压力保持 30min。静水压试验压力上限波动范围应控制在 0.5MPa。

（三）技术建议

在有限空间内进行压力钢管运输及焊接，是关乎施工质量的重要因素。通过优化运输路线、制作简易运输小车、洞口处设置简易提升装置、实时调整焊接安装高程等，实现了有限空间内压力钢管安装，有效缩短了施工工期，达到了良好的效果，可为类似工程借鉴。

（中国安能集团第一工程局有限公司　李兴朝）

洛宁抽水蓄能电站长斜井压力钢管安装关键技术

（一）工程概况

洛宁抽水蓄能电站引水斜井开挖直径 7.2m。1号斜井长 928.297m，上坡坡度 36.236°，TBM 掘进长 914.233m；2 号斜井长 872.979m，上坡坡度38.742°，TBM 掘进长 859.681m，斜井与上下平洞交叉段分别设拆机和组装洞室。斜井上部混凝土衬砌段断面洞径 5.8m，衬砌厚 0.5～0.6m；下部钢板衬砌段断面洞径 5.6m，混凝土厚 0.6～0.7m。钢衬起

点位置设在 3 号施工支洞上方，1 号斜井 3 号施工支洞以上钢衬长 210m，以下钢衬长 472m。2 号斜井 3 号施工支洞以上钢衬长 208m，以下钢衬长 444m，钢管内径 5.6m，壁厚 46～58mm。

2 号支洞设在引水上平洞调压井上游侧，洞身长865m，平均纵坡 9.56%，断面为城门洞形 7.5m×6.5m（宽×高），可运输 3m 长管节，无法运输 6m长管节。3 号施工支洞设在原引水上斜井与下斜井间的中平洞，洞身长 1279m，平均纵坡 1.51%，断面为城门洞形 7.5m×7.8m（宽×高），可运输 6m 长钢管。

（二）斜井压力钢管安装

1. 设备选型　6m 大节钢管最大节重 61t，溜放采用台车（重 5t）无轨运输，选用 55t 卷扬机。单根钢丝绳溜放钢管，钢丝绳选用抗拉强度 1960MPa，直径 62mm 钢芯钢丝绳。9m 大节钢管最大节重 90t，溜放采用台车（重 5t）无轨运输，选用 80t 卷扬机。单根钢丝绳溜放钢管，钢丝绳选用 1960 级，直径76mm 钢芯钢丝绳。

2. 工序衔接　洞内组焊时，在斜井前一大节钢管溜放同时，需即时将后一大节（或后两大节）的各小节钢管运至洞内组焊室拼装、焊接。待前一节钢管安装调整及焊接完成后溜放下一大节钢管，依此类推作业。洞外组焊时，斜井段钢管在加工厂拼焊成 6m大节，通过平板车运至洞内上平段卸车，然后用卷扬机牵引、溜放。

3. 超长引水斜井压力钢管安装　2 号支洞只能运输 3m 一节钢管，待运输至洞内组焊室拼装成 6m或 9m 一大节，再用卷扬机进行钢管溜放及安装。根据工期情况，2022 年 7 月 1 日 TBM 进场，次年 4月 15 日完成 1 号斜井开挖，然后斜井多个工序施工。为满足工期进度要求，1 号斜井钢管安装不宜超过 10.5 个月，2 号斜井钢管安装不宜超过 9个月。

（三）3 号施工支洞去留的钢管安装方案

1. 取消斜井中部 3 号施工支洞　压力钢管可考虑在洞内焊接或洞外焊接，两者在技术上均可行，需比选施工场地布置，加工厂设备配置，道路及支洞开挖扩建等情况。

在运输吊装方面，若选择 9m 一大节钢管斜井溜放安装，其溜放钢丝绳直径较大，实际施工操作难度很大，需进行充分调研及可行性分析论证。

在施工工期方面，超长斜井钢衬长度较大，超900m，且安装工作面单一，运输吊装难度较大。洛宁电站因 TBM 设备进场较晚，斜井开挖滞后，无论选择 3、6、9m 一节安装，都无法满足原定进度要求。对一般抽蓄项目，可考虑 6、9m 一节钢管施工

方案。

2.保留斜井中部 3 号施工支洞　则采取常规400m 级斜井压力钢管安装施工。压力钢管的加工、运输、吊装等均按常规方法进行，施工道路也可满足钢管运输要求。

由于钢管安装工作面不唯一，施工工期较宽松，一般不选用 9m 一大节钢管施工方案。中部施工支洞以上斜井钢衬工程量不大，尽量选用 3m 一节运输安装，可减少交通隧洞尺寸，节约投资。支洞以下400m 级斜井，推荐 6m 一节钢管施工方案，施工进度更为可控。

（四）抽水蓄能电站采用压力钢管智能化焊接技术

目前，国内采用洞内智能化组焊钢管制安工艺的工程皆为常规水电站，主要是平洞工程。抽水蓄能电站由于水头较常规水电站高，压力钢管材质、质量要求均高于常规水电站，且洛宁项目安装在引水长斜井部位，施工难度也远高于平洞部位。压力钢管智能安装技术填补了我国在抽水蓄能电站引水斜井压力钢管智能化施工的空白。采用智能化施工技术，可优化抽水蓄能电站引水系统施工工场地布置，研究成果在工程安全、工程质量、职业健康等方面将产生显著的价值和效益。

（水能资源利用关键技术湖南省重点实验室
中国电建集团中南勘测设计研究院有限公司
王炳豹 朱静萍）

组合吊装工艺在泄洪放空洞改造施工闸门安装的应用

云南省普洱市江城县勐野江水电站为混合式开发水电站，装机容量 68MW。主要建筑物有面板堆石坝、溢洪道、泄洪排沙洞、引水系统、发电厂房及升压站等。工程于 2013 年 12 月完工并进入商业运营阶段，2022 年因泄洪设施泄流能力不足而对泄洪排沙洞出口进行改扩建。改建的泄洪排沙洞出口设弧形工作闸门 2 套，每套弧形闸门在门叶中心设置一竖缝将门叶分为两节，闸门上方为启闭机房。为满足工期要求，闸门安装与启闭机排架施工同时进行，无法采用大型起重机械对闸门门叶、支臂和支绞等进行吊装，需采用组合吊装工艺技术。

（一）闸门安装顺序及吊装方案

1.闸门安装顺序　埋件安装→支铰支座安装→支臂裤衩安装→门叶安装→下支臂安装→上支臂安装→支臂联结杆件安装→启闭机机架安装→启闭机油缸安装→启闭机液压站、管路及电气安装→液压油缸与闸门连接→设备调试、试运行。

2.埋件吊装方案　由于闸门安装与启闭机排架施工同时进行，无法使用大型吊装设备。利用闸墩顶部架置起重钢梁，采用"吊车+起重钢梁+电动葫芦"组合方案进行安装。

（二）起重钢梁设计

1.起重钢梁受力分析　闸室两边闸墩在 711.62m高程净距 6.1m，起重梁设计长度为 7.1m。门叶吊装质量 33.5t 最大，以其作为受力工况。采用 4 台 20t链式电动葫芦起吊，每台受力 8.2625t 即 80.9725kN，起重钢梁最大剪切力 109.172kN，最大弯矩 352.23kN·m。

2.起重钢梁结构设计　起重钢梁采用 3 根工字钢（材质 Q235B）拼装，中间和起重挂点处用 δ20mm 钢板连接。3 根工字钢重 1712.52kg，单根起重梁自重 2013.96kg。

3.起重钢梁强度校核　按起重钢梁最大剪切力109.172kN、最大弯矩 352.23kN·m 计算，最大应力安全系数为 2.864>2.25、最大剪应力安全系数 29.94>2.25，安全，其结构满足要求。

（三）弧形闸门安装

1.安装前准备工作　安装前应检查弧形工作门各构件定位线及标记情况，定位标记应清晰；弧形门安装基准为弧门支铰中心，复核工作门底坎安装基准点及其引出的弧门安装基准—支铰中心；采用焊接线架形式设置支铰调整控制线；标记门叶底槛中心线、弧形工作门面板弧线；对埋件进行复测并记录，检查混凝土外形尺寸。

2.辅助工装制作　在固定铰座下方、支臂与活动支座连接部位搭设临时作业平台；根据安装需要在构件上设置吊耳；在锚栓架周围埋设型钢作为支铰就位辅助埋件，用以挂设手拉葫芦辅助调整支铰就位；准备 2 台 20t 平板滑车并焊接支架转运门叶。

3.支铰支座吊装　支铰质量 28.38t，使用 40t平板车将支铰转运至安装孔口内。在支铰就位顶部设置 2 根起重钢梁，每根钢梁悬挂 1 台 20t 电动葫芦，使用 2 台电动葫芦将支铰吊至地面。先预起吊支铰离开地面，收放 2 台 20t 葫芦链条长度，调整固定支铰座板面角度，起升支铰至与预埋螺栓连接处，缓慢调整支铰使预埋螺栓穿入固定支铰座板，并拧上螺栓。检查支铰中心里程、高程及左右岸方向，微调到位后，紧固预埋螺栓螺母。

4.弧门门叶吊装　弧门门叶分左右 2 片，单片重 33.05t。使用 40t 平板车将门叶运至溢流道下游孔口后，采用 50t 汽车吊将门叶卸至型钢连接的 2 台20t 平板滑车上，门叶在小车上用枕木垫实并固定。前方 5t 卷扬机牵引平板滑车，尾部用 5t 卷扬机进行拖拽，前后两台卷扬机均收紧后共同点动配合，后松前拉将闸门拖运至闸室闸门安装位置。在高程711.62m布置2根起重钢梁，每根钢梁悬挂2台20t电动葫芦，4台电动葫芦同时起吊将门叶提起，将平板滑车拖走后门叶落在闸门底部枕木上。利用门叶上部2台电动葫芦及底部2台电动葫芦配合使门叶翻身至垂直状态，在门叶底部采用型钢与门槽底槛临时固定，门叶上部可利用门槽顶部埋件焊接挡桩固定门叶上部，为支臂吊装就位预留空间。

5. 弧门支臂吊装 受空间限制，先将支臂部件运至流道内放置，待门叶全部就位临时锁定再进行支臂吊装；支臂安装将分为支臂裤衩、下支臂、上支臂及支臂连接件等进行分体吊装。支臂裤衩重8.7t，采用1根起重钢梁悬挂1台20t电动葫芦吊装。下支臂重11.19t，采用2根起重钢梁分别悬挂1台20t电动葫芦吊装。上下支臂联结杆件重0.325～1.8t，采用

悬挂2根起重钢梁上的电动葫芦逐一吊装，3t手拉葫芦配合就位。每根联结杆件就位后与下支臂联结，并用型材支撑固定。上支臂吊装就位与支臂裤衩连接。将下支臂、上支臂与门叶联结，拧上支臂与门叶联结螺栓。检查门叶曲率半径等安装尺寸，保证门叶与门槽间隙均匀。将支臂与门叶联结螺栓紧固，上下支臂联结杆件与上支臂固定、焊接。

（四）技术总结

通过工程探索实践，在大型吊装设备使用受限的情况下，采用"吊车+起重钢梁+电动葫芦"组合吊装工艺，顺利完成了勐野江电站泄洪排沙洞闸门安装，有效解决了水利水电项目经常遇到的吊装难题，为工程建设大部件吊装积累了经验。

（中国安能集团第一工程局有限公司 郝建强）

中国水力发电年鉴

8

科学研究与技术创新

科 学 研 究

苏洼龙水电站沥青混凝土心墙堆石坝综合施工关键技术研究及应用

（一）研究背景

该项目以金沙江上游苏洼龙水电站为依托。苏洼龙水电站大坝为沥青混凝土心墙坝，受坝址河段地形地质条件、极端气候条件、深厚覆盖层、生态环保要求和社会环境等复杂内外部因素影响，工程设计、施工和建设管理困难重重，难点突出，为切实解决项目施工难点、堵点、痛点，高质量推进苏洼龙水电站建设，综合开展泄洪消能、覆盖层渗流监测、沥青混凝土施工、鱼类保护等方面研究是十分必要的。

（二）创新点

（1）首次应用分布式光纤测温系统进行深厚覆盖层渗流性态的动态监测。在坝基深厚覆盖层上基于常规测压管渗流监测，应用光纤测温系统，根据大坝渗流场和温度场实测数据，开展了坝基覆盖层温度场与渗流场相关性机理研究，提出了坝基渗流安全监测的新方法。

（2）研发溢洪道泄槽透空齿坎和导流洞出口异型反台阶新型消能工，提高了消能率，减小了下游河道冲刷和泄洪雾化。

（3）基于高精度卫星定位、传感器、无线通信等技术，首次开发了沥青混凝土心墙温度自动监控系统，并融入大坝填筑过程智能监控系统，提高了沥青混凝土心墙堆石坝的智能建造水平。

（4）研发了沥青混凝土混合料转运平台系统，解决了沥青混凝土混合料长距离运输问题，并通过改进摊铺机及控制系统，使沥青心墙机械最大摊铺宽度达1.5m，实现了高效连续铺筑。

（5）研发了集光诱鱼、吸鱼泵集鱼于一体的下行过坝集运鱼系统及其设备，为库区鱼类苗种下行提供了安全通道，提高了下行鱼类成活率。

（三）推广应用情况

（1）该项目研究成果成功应用于苏洼龙水电站工程建设，有效节省工程投资约3.7亿元，效果显著。

（2）该项目在工程布置、料源选择、泄洪消能、安全监测、鱼类保护、工程施工等方面的多项创新成果，有效地促进行业技术进步，为今后同类工程提供经验和借鉴。

（中国华电集团有限公司　刘鹏　杜晓凡）

高抗裂耐久碾压混凝土筑坝关键技术研究及应用

（一）项目概况

为顺应坝工建设可持续发展新形势，适应高抗裂耐久碾压混凝土（RCC）技术新挑战，长江水利委员会长江科学院联合武汉大学、中国水利水电第十六工程局有限公司，围绕水利水电工程当地筑坝材料匮乏、温控防裂与混凝土耐久性要求高、工程结构与服役环境复杂、施工难度大等技术难题，在国家科技部委和工程科研项目支持下，针对材料设计理论与制备技术、高抗裂耐久性提升与测试评价、高效高质筑坝施工技术等方面开展系统研究，取得了一系列原创性科研成果，形成了高抗裂耐久碾压混凝土筑坝关键技术研究与应用体系，推动了水工混凝土筑坝技术进步。

（二）主要研究内容

（1）提出了高抗裂耐久RCC设计理论与制备方法。率先提出全粒级紧密填充的RCC配合比设计原则，建立了RCC配合比设计方法，开发了四级配RCC技术；提出了低温升高抗裂RCC制备技术，绝热温升低于15℃，首次实现了低热硅酸盐水泥RCC全坝应用；掌握了地缘性矿物掺和料开发技术，提出了适用于水工RCC的关键控制指标，制定了行业技术规范。

（2）建立了高抗裂耐久性提升与测试评价技术。全面探明了水工RCC性能发展演变规律，创建了渗透溶蚀理论，为RCC高坝的建设及长效服役奠定了基础；建立了基于RCC材料特性与时间效应的抗裂评价方法，揭示了抗裂能力的时变规律，开发低热低收缩防裂技术；提出了施工层面凝结性态判断方法，建立了层面结合质量控制标准；发展和完善了水工RCC试验技术，成果纳入行业标准。

（3）形成了高效高质RCC筑坝施工技术。研创了箱式满管输送系统、通仓斜层碾压、异种混凝土同步浇筑上升新工法，提高施工效率，技术成果纳入施工规范；提出了四级配RCC现场环境VC值匹配准则，制定了骨料抗分离措施与碾压工艺参数，形成了四级配RCC施工工艺；研发了适用于高海拔大温差地区RCC内外一体智能防护成套技术，提出了基于渗透结晶原理的RCC表面及层间防渗强化处理方法。

（三）成果应用情况

成果已纳入10余项国家及行业技术标准，出版专著4部，获国家及省部级施工工法各1项、发明专利10项，发表论文176篇。已成功应用于三峡、龙滩、光照、索风营、沙沱、乌东德、龙潭嘴、丰满、西藏DG、周宁等水利水电工程中，促进了水工混凝土性能提升与技术进步，为这些重大工程建设提供了重要科技支撑，累计经济效益25.16亿元，推动了混凝土筑坝技术发展。成果经评价"整体处于国际领先水平"。

（长江水利委员会长江科学院 石妍）

高延性混凝土提升抗冲耐磨性能试验研究

水电工程导流隧洞与其他泄洪洞相比具有常年过流、流态复杂、流速不大但冲磨介质主要为推移质等特点，导致普遍存在底板与侧墙混凝土磨损破坏、钢筋被冲出甚至冲断、影响导流隧洞结构安全等问题，成为业界关注焦点。合理选择导流隧洞护面抗冲耐磨混凝土成为JX水电站工程需要重点研究的内容。

（一）高延性混凝土

高延性混凝土（HDC）是一类典型的纤维增强水泥基材料，其在基体中掺加了一定体积分数的有机纤维、钢纤维等，基于微观力学和断裂力学原理，结合性能驱动材料设计理念和结构材料一体化配制而成，具有高强度（60~150MPa）、高延性、高韧性、高抗裂性和高耐损伤能力，在拉伸和剪切作用下表现出延展性，具有典型的多裂缝开展和应变硬化特征，显著改善了混凝土本身的固有脆性。

高延性混凝土加固砌体结构振动台试验表明：采用10mm厚度（等效实际工程20mm左右）的HDC面层加固震损砌体结构，加载至9度罕遇地震动时，模型面层只出现轻微受损，延缓了结构在强震作用下的刚度退化，增加了结构的耐损伤能力，并有效提高震损砌体结构的变形能力。在高延性混凝土板抗落石冲击性能试验研究中发现：①在相同的冲击荷载下，HDC板产生的裂缝宽度小，裂缝数量多，呈现出"裂而不散"的破坏形态，板底只有少量的混凝土碎块喷出，完全自身消耗冲击能量，使HDC板具有良好的抗冲击性能。②普通钢筋混凝土板破坏面整齐光滑，混凝土板破坏时，冲击中心被击穿，钢筋未屈

服。HDC板冲击中心并未被击穿，带裂工作能力强，吸收冲击能量较普通混凝土更强，破坏时钢筋屈服甚至拉断，表明HDC与钢筋之间具有良好的黏结能力。

（二）研究目的

结合工程投资、工期等因素，提出采用高延性混凝土面层作为导流隧洞抗冲耐磨防护层，研究以JX水电站导流隧洞为测试段，进行高延性混凝土防护层抗冲耐磨功能测试。

（三）试验内容

（1）试验区域选择及测试方案。为满足测试要求，应选择水流流速大、推移质含量高、易于观察测试效果的洞段。鉴于导流隧洞已基本完工，测试区域选择在1号导流隧洞进口衬砌混凝土上分别选取宽2m、长10m底板和高2m、长10m边墙的区域进行测试，高延性混凝土厚度均为20mm。测试块分别采用表层直接浇筑和墙面后期抹面两种方式。

（2）材料选择及施工配合比。测试采用的高延性混凝土材料由西安五和新材料科技集团股份有限公司提供的材料。根据施工方式不同选择两种配合比。两种配合母料相同、用水量相同，不同在于内掺纤维不同。浇筑施工配合比采用掺钢纤维，抹面施工配合比采用掺有机纤维，另外添加适量的纤维分散辅剂。具体施工配合比见表1。

表1 高延性混凝土施工配合比

型号	施工方式	母料质量（kg）	用水量（kg）	钢纤维（kg）	有机纤维（g）	辅剂（g）
WGM-Ⅶ	浇筑	40± 0.5	4± 0.5	1	—	—
	抹面				120	6

（3）力学性能指标。高延性混凝土28天龄期的主要力学性能指标：抗压强度≥120MPa、抗折强度≥20MPa、等效弯曲韧性≥100kJ/m³、等效弯曲强度≥12MPa。因纤维不同，材料抗折、等效弯曲韧性、等效弯曲强度力学性能会有所差异，但抗压强度差异不大。

（四）现场试验段试验

（1）搅拌设备与搅拌工艺。因高延性混凝土内含纤维，材料黏度大，考虑到搅拌效果，搅拌设备宜采用卧轴式强制式搅拌机，搅拌机转速宜为45~70r/min，搅拌叶片与搅拌机桶内壁间距不应大于5mm。搅拌前，先在搅拌设备中加入适量水润湿搅拌机，然后倒掉多余水分；按施工配合比加入全部水，然后加入母料搅拌5min至均匀，加入纤维，再搅拌5min直至纤维完全分散无结团。

（2）现场施工工艺。①采用凿毛设备对测试区进

行凿毛处理，凿毛厚度 20mm±3mm。②采用高压水枪对凿毛区域进行处理，清除浮灰、碎渣等。③采用强制式搅拌机搅拌高延性混凝土。④对底板采用内掺钢纤维的高延性混凝土，直接进行浇筑施工，收平；对已成型边墙采用内掺有机纤维的高延性混凝土，进行人工抹面施工，分两次压抹完成，第一遍先进行铺料打底，第二遍人工进行压实整平，第三遍表面收光，两次压抹施工间隔不超过 4h。⑤现场温度低于5℃时，应采取冬季施工措施。

（五）技术总结

试验以 JX 水电站导流隧洞为测试段，进行高延性混凝土防护层的抗冲耐磨功能测试。相关测试结果也可用于指导大坝的溢流口、消能池的抗冲耐磨性能提升。①高延性混凝土具有高强度、高韧性、高抗裂性和高耐损伤能力，其现场取样试块抗压强度对比表明，高延性混凝土同龄期混凝土抗压强度远高于普通混凝土。②抗冲耐磨能力对比需测试区域经历一个汛期后，关闭 1 号导流隧洞，排空存水，进行现场观察，确定高延性混凝土抗冲耐磨性能。

（中国安能集团第三工程局有限公司

王英孝 吴志伟）

土石坝填料测试关键技术与变形分析理论及工程实践

（一）项目概况

我国高土石坝数量及规模居世界之首，保证高坝大库建设与长期运行安全是国家经济和公共安全保障的重大需求。长期以来，坝工理论落后于工程实践，筑坝粗粒土本构关系与土石坝安全性论证存在理论与技术难题。迫切需要在粗粒土力学特性试验方法和大坝变形分析理论方面取得创新和突破。

长江水利委员会长江科学院项目团队历时 20 余年，在国家科技支撑、国家自然科学基金和工程科研等项目的支持下，研发了粗粒土宏细观力学特性试验设备与测试技术，揭示复杂应力条件下粗粒土力学特性变化规律，提出了能合理反映粗粒土组构特性的本构模型与土石坝变形计算方法，并应用于多个高土石坝工程实践，解决了土石坝工程的关键技术难题，保障了土石坝建设和长期运行安全。

（二）主要科技创新

（1）创新研制了粗粒土宏细观力学特性测试设备。提出了整体接触变为分散式接触、滑动摩擦变为滚动摩擦的减摩方法，攻克了大变形条件下三维独立微摩擦加载关键技术难题，研制了大尺寸、高应力、微摩擦、高精度土工真三轴仪，填补了国内外在大型

土工真三轴试验技术领域的空白；解决了与 CT 机适配的三轴仪结构，CT 无伪影合金遴选难题，研发了实时 CT 三轴仪，实现了岩土体颗粒结构变化的精准监测。

（2）构建了粗粒土本构模型与土石坝变形计算方法。深入揭示了粗粒土复杂应力条件下力学规律及细观机理，首次提出了颗粒集合体的宏观最小能比原理，揭示了粗粒土变形模量与中主应力无关的变形规律，构建了能反映粗粒土散粒体特征的 K-K-G 本构模型，解决了土石坝应力变形分析与预测技术难题。

（3）提出了旁压模量当量密度法的试验缩尺方法。研发了超大型旁压模型试验系统和高压大旁胀量旁压仪探头，揭示了粗粒土旁压模量与应力、级配、密度的变化规律，提出了旁压模量当量密度法的粗粒土试验缩尺方法，为破解粗粒土力学参数缩尺效应难题提供了新的途径。

（4）揭示了复杂环境下土石坝应力变形规律与破坏机理。提出了土石坝渗流、固结、湿化、蠕变、接触等多因素的耦合算法，首次准确揭示了混凝土面板堆石坝面板应力分布规律及挤压破坏机理、混凝土心墙坝心墙端部刺入土体的相互作用机理、黏土心墙坝应力变形时空演化规律及水力劈裂机理，显著提升了土石坝长期服役性能安全评价技术水平，为大坝的设计与安全控制提供了关键技术支撑。

（三）成果应用

该成果获国家专利 52 项（其中发明专利 20 项）、软件著作权 13 项；主要成果纳入 4 部国家和行业规范，3 项技术列入"水利先进实用技术重点推广指导目录"；出版专著 3 部，发表论文 200 余篇（其中SCI/EI 检索 100 余篇）。成果应用于三峡围堰、水布垭、两河口、卡洛特等国内外 50 多座高土石坝工程设计论证，近三年累积产生经济效益超过 6.2 亿元，取得了显著的社会与经济效益，具有广阔的推广应用前景。

（长江水利委员会长江科学院

潘家军 程展林 王艳丽 左永振 周跃峰等）

淮河中游河道治理关键技术研究及应用

"淮河中游河道治理关键技术研究及应用"是中国水利水电科学研究院 2023 年度科学技术奖获奖成果。

（一）研究背景

淮河是我国七大江河之一，在我国具有重要的战略地位。历史上淮河是独流入海，自 12 世纪黄河频

繁夺淮后，淤塞了入海水道，从此水患不断。中华人民共和国成立后，治淮成效显著，但洪涝灾害远未得到根治：洪涝灾害频发，蓄滞洪区使用频繁，关门淹严重。这些问题的根本症结在于干流洪水位居高不下，主要原因为：淮干河道过水断面小，入湖河段河床呈倒比降，洪泽湖顶托。如何有效降低干流洪水位成为治淮的首要任务。

（二）主要内容

（1）研究淮河中游干流河道演变规律，揭示造床流量与平滩流量的内在关联，为寻找治淮新措施提供理论依据。

（2）建立论证不同治理措施对降低洪水位的技术方法，为治理措施的可行性和效果论证提供技术支撑。

（3）论证冯铁营引河、河道疏浚等单一措施及它们的组合措施对降低洪水位的效果，回答经过 30 年冲淤演变后的维持情况，确保治理措施的长效性。

（三）创新点

（1）理论突破：深入揭示了淮河中游干流河道演变规律，首次发现了淮河中游干流河道第二造床流量远大于平滩流量，从机理上解释了河道有通过冲刷使平滩流量逼近第二造床流量的动力，为通过疏浚降低淮河中游洪水位且不发生明显回淤提供了理论依据，治淮思路和措施取得了重大创新突破。

（2）技术创新：基于非均匀不平衡输沙的先进理论，研发了非均匀不平衡输沙数学模型，推导了降低洪水位与河道疏浚长度和断面疏浚深度的定量关系式，以疏浚后挟沙能力等于来流含沙量为约束条件，提出了断面极限疏浚面积和疏浚深度的计算方法，为论证疏浚降低洪水位具体效果和确定合理疏浚规模提供了技术方法。

（3）应用创新：系统论证了河道疏浚、冯铁营引河等单一措施及它们的组合措施对降低淮河中游干流河道洪水位的具体效果及长效性，结果表明单独实施河道疏浚或开辟冯铁营引河都能明显降低洪水位，若同时实施河道疏浚和冯铁营引河可使蚌埠至浮山河段洪水位平行下降 1.8m，且不会发生明显回淤，疏浚效果可以长期保留，消除了疏浚后回淤的担忧。

（四）推广应用情况

该研究成果为淮河干流河道疏浚工程的设计、实施夯实了理论基础，提供了可靠的技术支撑。已在淮河正阳关—峡山口和蚌埠—浮山河道治理中得到应用，为确定疏浚长度、疏浚断面型式等参数和评估治理效果提供了直接技术支撑。其中蚌浮段治理工程已经完成，河道行洪能力显著提高，取得了显著的防洪减灾和社会经济效益。实践证明该项目提出的疏浚降低洪水位措施是可行的有效的，不仅适用于淮河，对其他相似类似河道治理也具有重要的推广应用价值。

（中国水利水电科学研究院　顾艳玲）

爬高型堰塞坝漫顶溃决机理研究

堰塞湖通常由地震或降雨导致山体滑坡、崩塌、泥沙流等堵塞河道而形成。我国西南地区地质、地貌条件特殊，是堰塞坝的易发地。按碎屑体堆积模式堰塞坝分为：爬高型、滑入型和折返型。爬高型堰塞坝坝体结构特征特殊，过流位置通常靠近细颗粒堆积区，一旦发生漫顶破坏，水流迅速冲刷坝体，对下游造成严重洪涝灾害。因此，为了降低爬高型堰塞坝漫顶溃决的潜在风险，从堰塞坝溃决过程和溃决洪水方面探究堰塞坝漫顶溃决机理，有助于为后续除险减灾工作提供理论指导。

（一）试验设计

天然形成的堰塞坝几何形态不规则、坝体结构稳定性差别大、坝料通常是不均匀宽级配物质组成。滑入型堆积体近岸高，对岸低，过流位置一般在对岸，过流部位的坝体粗颗粒相对较多，抗冲蚀性相对较好；折返型堆积体两岸高，中间低，过流位置一般在坝体中间，过流部位的坝体上部多为细颗粒薄层，易被冲蚀，下部粗颗粒抗冲蚀性较好；爬高型堆积体近岸低，对岸高，过流位置一般在近岸，过流部位的坝体细颗粒相对较多，抗冲蚀性相对较差。

（1）试验设备试验。试验水槽规格 12m×0.4m×0.4m（长×宽×高），底部和侧面由钢化玻璃构成，水槽坡度可小范围内调节，供水系统搭载流量控制系统、变频器、水泵、电磁流量计等。

（2）试验参数。以 2018 年 11 月 3 日白格堰塞坝为原型，模型与原型比尺关系：重力 $\lambda_g = 1$、纵向 $\lambda_L = 1:1000$、垂向 $\lambda_Z = 1:500$、横向 $\lambda_H = 1:1000$、时间 $L/(\lambda_H)0.5$。综合考虑不同坝高工况及试验耗时等，试验最终标定来水流量 $0.7m^3/s$。①坝料级配：参考白格堰塞坝原型级配，材料密度取 $1850kg/m^3$，孔隙比 e 取 0.475，内摩擦角取 $30°$，取样材料的最大粒径分别为 80、40、20mm，不同粒径级配根据试验要求和标准检验筛将坝体材料筛成 10 种不同粒径材料。②堰塞坝下游坡比：基于现场勘测的数据计算上下游坡比，得到上游坡比为 1:2，下游坡比为 1:3，按上游坡比保持 1:2 不变，下游增设两组 1:2.5 和 1:3.5 坡比，以模拟过流冲刷影响过程。③坝顶形态：通过对白格堰塞坝、唐家山堰塞坝、叠系古镇堰塞坝、戈龙布滑坡堆积体、加郡古滑坡堆积体、金沙江虎跳峡滑坡堆积体等实测典型堰塞坝坝顶形状进行数据拟合，得出具有一定代表性的爬高型堰塞坝坝顶形状。假定拟合的爬高型曲线起点和终点位置不变，通过改变宽深比大小以增设两组对照组。天然堆积的爬高型堰塞坝堆积体形态结构近岸侧细颗粒居多，对岸侧粗颗粒较多，模型填筑时需要分区填料。

（3）试验方法及工况。采用正交试验法分析堰塞坝漫顶溃决过程，将土石料级配、背水面坡比及爬高型堰塞坝坝顶形状作为主要的研究参数，通过控制不同参数的变化来分析参数对堰塞坝漫顶溃决的影响。在堰塞坝上游水位刻度标尺、坝体侧面及坝体下游位置架立三台高清摄像机，通过电脑端控制上游来流量为恒定值。各组试验以水流进入泄流槽为起始，1号机记录下游坝面溃口变化过程，2号机记录坝体侧面水流对坝体的冲刷过程，3号机记录坝前水位变化情况。当水位逐渐上升至坝顶最低点后，水流开始漫顶，堰塞坝开始发生漫顶溃决破坏，记录各工况的试验结果。

（二）试验结果分析

试验从漫顶溃决过程、溃口流量过程、下游淤积情况对试验结果进行分析。

（三）研究成果

试验可得到以下结论：①爬高型堰塞坝主要在地势低的近岸侧；近岸侧细颗粒居多，冲刷过程中下切冲蚀发展较快，横向扩展以向对岸侧展宽为主；其溃决初期溃口冲刷强度较高，溃口发展速度较快，流量峰值出现时间较早，溃坝风险高。②溃后残留溃口大小与土石料级配呈负相关、与背水面坡度呈正相关、与坝顶形状（宽深比）呈正相关。③土石料级配越宽坝体整体稳定性增强，在河床演化中形成粗化区，致使坝体、河床抗冲刷能力增强，漫顶溃决历时延长，削弱了峰值流量，延长了峰现时间；背水面坡度越陡，水流在势能转化为动能过程中获得的动能越大，增大的水流流速加快了溃口垂向和横向发展，在溯源冲蚀阶段更易形成跌水，加快溃决进程；坝顶形状宽深比越小，溃口位置相对较低，溃决中形成的水头差小，溃口发展迟缓，峰值流量偏小，峰现时间延长。④下游泥沙淤积主要取决于水流动力条件和泥沙抗刷能力等因素。泥沙冲刷的距离随着土石料级配变窄、背水坡面越陡、溃口高度增加而变远，同时，距坝趾相同截面泥沙淤积厚度越薄。

（中国水利水电第三工程局有限公司　岳亮）

深大水库水生态环境多要素立体监测技术研发及应用

"深大水库水生态环境多要素立体监测技术研发及应用"是中国水利水电科学研究院2023年度科学技术奖获奖成果。

（一）研究背景

澜沧江梯级水电建设改变了河流天然径流的特征，形成了一座座首尾相连的高坝大库，新生的深大水库生态过程尚不稳定，加之工程规模宏大，环境演化特征时空异质性较强，常规的水文水化学监测远远不足以深入刻画水库物理水文、水库生态演替相互作用的场景，相关科学认知的程度依然十分有限。该成果研发的深大水库水生态环境多要素立体监测技术和分析评价手段，将切实提升深大水库的综合监测和感知预警能力，为流域综合管理和可持续发展提供支持。

（二）主要内容

（1）澜沧江典型深大水库水生态环境多要素立体监测浮标技术研发。研发了具有自主知识产权的深大水库水生态环境多要素立体监测浮标技术及装备，获取了糯扎渡水库典型剖面长序列的水质及界面水碳通量、气候的科学观测数据，弥补了澜沧江基础研究工作薄弱、监测数据精度低、监测技术水平较低等现状。

（2）深大水库立体监测浮标BIM可视化及数据管理系统设计和应用。设计开发了糯扎渡水库水质安全与数据高效利用的集成管理平台，实现了对浮标站剖面水质数据、界面水碳通量、气象监测数据、人工检测数据、无人机监控视频及系统运行安全等各类信息的统一管理和浮标BIM可视化展示，服务于库区的水质安全管理和综合决策。

（3）深大水库水环境演化关键过程及效应分析。基于深大水库站网布控以及浮标站高精度监测数据，阐明了糯扎渡水库典型剖面温跃层溶解氧极小值特征及其衍生的可能生态风险，识别了深大水库水体层化的关键参数及微生物作用机制和环境效应，为库区针对性管理保护提供了有力支撑。

（三）创新点

（1）在关键技术研发方面，实现了深大水库生态环境多要素立体监测浮标技术及装备的研发和应用。成果集成并优化多参数剖面测量、涡度相关界面水碳通量监测等技术，突破了200m级水深条件下气象—水环境—水碳通量等20余项要素同步的高精度在线实时监测，提升了深大水库水环境实时动态监控能力。

（2）在系统集成管理方面，研发了深大水库各类异构监测成果数据的综合管理平台。成果整合了浮标水质数据、气象数据、视频监控数据等多源数据，构建了统一的数据存储平台，实现应用服务间的数据交换与共享，为各类环境监测信息与分级预警提供三维可视化展示，对库区生态安全提供技术保障。

（3）在关键过程创新方面，揭示了深大水库剖面层化的溶解氧极小值特征及其环境效应。突破了深大水库典型剖面精细化在线监测等技术瓶颈，基于深大水库典型剖面长序列监测数据，明晰了水体层化的时空分布特征及其环境效应，为认知深大水体层化机制及环境影响调控提供数据和理论基础。

（四）推广应用情况

成果于2021年5月在澜沧江糯扎渡水库进行了现场布放和运行调试，目前设备已运行两年半，实现了200m水深剖面厘米级的水温、溶解氧、电导率、pH、叶绿素a及气象、水碳通量等20余项参数的实时在线监测，可为澜沧江深大水库水环境和水生态演化关键过程的认知和评价提供重要的数据基础和决策支撑。

（中国水利水电科学研究院　顾艳玲）

三峡水库消落带重金属生物地球化学过程

"三峡水库消落带重金属生物地球化学过程"是中国水利水电科学研究院2023年度科学技术奖获奖成果。

（一）研究背景

三峡工程，国之重器；三峡水库，关乎国计民生。当前，三峡水库的生态环境保护已成为我国生态文明建设和长江大保护战略的重要内容。库区采用"冬蓄夏泄"的反季节调蓄模式，形成了水位变幅高达30m的消落带，该区域不仅物质、能量交换频繁，亦是库区最为敏感的生态环境脆弱区域。自三峡水库蓄水至今，库区重金属污染问题一直是国内外关注的热点问题。溶解性有机质（DOM）作为环境中影响重金属迁移转化和生物有效性的重要载体，其分子结构和组分的变化直接影响重金属的迁移行为。而三峡水库特有的反季节调蓄模式打破了原有的水文节律，这势必会改变消落带原有的水土环境，在自然和人为等多重因子的干扰和影响下，三峡水库消落带重金属的生物地球化学过程更为复杂。因此，全面把握三峡水库消落带重金属长序列时空演化特征及驱动因子，从原位和微生物学角度探明反季节调蓄模式对其生物地球化学过程的影响机制，对保障长江流域水源安全及水生态健康意义重大，同时也是长江大保护和流域生态文明建设等国家重大发展战略的关键所在。

（二）主要内容

（1）聚焦三峡水库消落带重金属的演变特征和驱动机制，基于长序列野外监测数据，揭示了三峡水库消落带重金属的时空演变规律及其主要驱动机制；基于梯度薄膜扩散技术阐明了消落带重金属有效态的时空分布模式及其水—土界面释放动力学机制；基于光谱和高分辨质谱技术识别了消落带土壤中DOM结构组成及来源的变化特征，从分子水平探明了土壤中DOM对消落带重金属有效态迁移转化的内在驱动因素。

（2）突破了以重金属总量为基础的传统研究体系，针对重金属有效态评价体系和标准的缺失问题，基于地球化学基线模型与改进型富集因子模型，科学识别了三峡水库消落带的优控重金属污染物；构建了重金属有效态原位信息提取与生态毒性风险评估预测技术，科学评估了消落带重金属的生态毒性风险；揭示了三峡水库反季节调蓄模式下消落带重金属有效态的释放通量及其环境风险，率先估算了消落带土壤重金属有效态的入库负荷。

（3）聚焦三峡水库反季节调蓄的特性，结合野外调研和室内模拟，研发了重金属有效态原位高分辨同步分析识别及其释放动力学解析技术，揭示了三峡水库反季节调蓄模式下消落带土壤重金属有效态的迁移特征及释放动力学过程；构建了多价态重金属有效态、价态分析方法，进一步探明了三峡水库反季节调蓄模式对消落带多价态重金属有效态价态转化的影响机制，明晰了微生物介导下消落带重金属有效态及价态的迁移转化规律及其驱动因素。

以上成果发表在水文、环境科学、土壤科学领域高质量SCI期刊Water Research、Journal of Hydrology、Science of the Total Environment、Environmental Pollution等，得到业内人士的广泛认可，推动了国内外相关学科的发展。

（三）创新点

（1）基于高分辨质谱和原位监测技术，率先从分子水平揭示了三峡水库消落带土壤中DOM对重金属有效态迁移释放的内在驱动机制。

（2）基于"地球化学基线模型＋改进型富集因子模型—重金属有效态＋生态毒性数据—土壤侵蚀模型＋降雨淋溶模型"，构建了"综合环境风险—生态毒性风险—有效态入库通量"的科学评价体系，科学评估了消落带重金属的综合环境风险和生态毒性风险，率先估算了消落带重金属有效态的入库释放通量。

（3）阐明了三峡水库反季节调蓄模式对消落带多价态重金属有效态迁移释放及其价态转化的影响机制，进一步探明了微生物介导下重金属有效态及价态的迁移转化规律及其驱动因素，加深了对三峡水库消落带重金属生物地球化学行为的科学认识。

（中国水利水电科学研究院 顾艳玲）

高烈度区高架大型输水渡槽抗震及减隔震关键技术及应用

"高烈度区高架大型输水渡槽抗震及减隔震关键技术及应用"是中国水利水电科学研究院 2023 年度科学技术奖获奖成果。

（一）研究背景

地震高烈度区大型高架渡槽的抗震安全是我国西南地区长距离调水工程建设及运行过程中难以回避的重大挑战。渡槽抗震安全分析与评价涉及场地地震动输入、渡槽结构与槽内水体动力相互作用、结构非线性动力响应、结构基础动力相互作用、渡槽减隔震技术等多学科、多领域理论知识与技术的融合。研究团队依托"十三五"国家重点研发计划课题及南水北调中线洺河渡槽抗震安全复核项目，开展渡槽场地地震动输入、渡槽结构与槽内水体动力相互作用、结构非线性动力响应、结构基础动力相互作用、渡槽减隔震技术的研究，取得了一系列重要科研成果，并在滇中引水工程和南水北调中线工程中得到应用。

（二）主要内容

（1）研究建立地震动渐进反应谱统计模型，开发拟合目标渐进反应谱合成地震动时程的方法，生成幅值和频率均非平稳的地震动人工波时程。

（2）通过大型振动台动力模型试验及理论分析方法，研究大型薄壁渡槽—水体动力相互作用机理，探索大型渡槽抗震分析中水体动力响应的科学实用模拟方法。

（3）以滇中引水工程的高架大型渡槽结构为研究对象，研究建立渡槽基础—结构—水体动力相互作用数值模拟方法，开发适用于大型高架渡槽高效动力非线性整体分析的数值模型与大规模并行计算方法及软件，并应用于南水北调中线洺河渡槽抗震复核研究。

（4）开发适用于大型高架渡槽的自复位减震支座技术。

（5）开展渡槽槽身预应力布置方式对结构抗震特性的影响研究。

（三）创新点

（1）提出可反映工程场地和地震动特性的渡槽场址地震动输入时程选取和合成的改进方法，较好反映实际地震动的时频非平稳特性，可用于渡槽工程结构的非线性地震反应分析。

（2）通过模型试验定量确定了渡槽内流体冲击作用与对流作用，验证了渡槽—水体相互作用等效模型的有效性及应用于渡槽工程抗震设计的可行性。

（3）基于非线性波动分析理论研发了考虑桩基础、槽墩、渡槽结构和水体相互作用的非线性波动分析的大规模并行计算软件。

（4）研发了具有良好减隔震效果和自复位功能的斜面导向式自复位支座，有效防止高架渡槽因地震发生脱落。

（5）建立了渡槽结构运行期预应力损失评估模型，为渡槽结构抗震安全评估提供支撑。

（四）推广应用情况

研究成果在滇中引水工程大型渡槽初步设计与技术实施阶段得到应用，在南水北调中线洺河渡槽抗震复核中得到应用，社会和经济效益显著，具有良好的推广应用前景。

（中国水利水电科学研究院 顾艳玲）

复杂多层结构混凝土界面脱空无损诊断技术与实践

"复杂多层结构混凝土界面脱空无损诊断技术与实践"是中国水利水电科学研究院 2023 年度科学技术奖获奖成果。

（一）研究背景

混凝土结构多处于复杂的多层结构体中，如水闸下部结构由钢筋混凝土底板、地基组成，沉管隧道或蜗壳结构由钢板（衬）、混凝土组成。混凝土结构的界面脱空是影响结构寿命及工程安全的重要因素之一。无水环境或素混凝土条件下可通过电磁等方法实现混凝土界面脱空的快速检测。鉴于水或金属结构对电磁信号的强吸收或屏蔽，水下及钢板（衬）混凝土结构检测精度较难保证。弹性波可在各类介质内传播，通过深入研究弹性波在多层结构传播的波场特征可实现混凝土界面脱空的无损检测。

该研究以解决复杂多层结构混凝土界面脱空无损检测技术难题为目标，依托国家重点研发计划、广东省重点领域研发计划等项目，结合世界在建规模最大的海底钢壳混凝土沉管隧道及 20 座运行水闸工程，通过理论方法、特征分析、软硬件研发、模型试验、原型试验等手段，研究了成套的复杂多层结构混凝土界面无损检测技术，包括算法模型、软件系统和检测装备，实现了复杂环境下多层结构混凝土界面脱空的快速、高效、精准化无损检测，经模型试验或现场钻孔取芯验证准确率达到 91%，远超日本的 70%，为工程的高质量建设和长期运行安全提供了有力的技术支撑。

（二）主要内容

①复杂多层结构弹性波数值模拟方法研究；②复杂多层结构弹性波传播的波场特征研究；③复杂多层结构混凝土界面脱空弹性波诊断模型研发；④复杂多层结构混凝土界面脱空检测装备及软件系统研发；⑤钢壳混凝土足尺模型试验及带水运行水闸原型试验；⑥工程应用。

（三）创新点

（1）建立了复杂多层结构的动力学数值方程、耦合本构和高效求解算法，揭示了弹性波在复杂环境下多层、多相介质中传播的波场特征，为复杂多层结构混凝土界面脱空无损诊断提供了理论支撑。

（2）提出了反映混凝土界面脱空缺陷的动力学敏感指标，建立了非线性映射关系下的无损脱空诊断最优数学模型以及机器学习模型，实现了复杂多层结构混凝土界面脱空缺陷的高效、精准识别。

（3）研发了多层结构混凝土界面脱空的智能化无损检测装备和软件系统，检测装备包括带水运行环境下水闸底板非接触式弹性波检测装备和钢壳混凝土结构弹性波智能化检测装备，软件系统具有智能采集、实时分析及可视化显示等功能，实现了混凝土界面脱空无损检测的工程化应用。

（四）推广应用情况

钢壳混凝土界面脱空无损检测技术，已成功应用于世界规模最大的深中通道钢壳混凝土海底沉管隧道工程，检测点 70436627 个，有力支撑了工程高质量建设。带水运行环境下的水闸无损检测技术，在广东、河北雄安新区、山东等 20 座水闸工程得到广泛采用，为工程的长期运行安全提供了保障。研究成果获水利部及浙江省先进实用技术推广证书。

（中国水利水电科学研究院　顾艳玲）

冰雪融水河流多沙水库排沙关键技术及应用

"新疆冰雪融水河流多沙水库排沙关键技术及应用"是中国水利水电科学研究院 2023 年度科学技术奖获奖成果。

（一）研究背景

新疆地处内陆干旱区，水库工程作为水资源调度的枢纽节点，优化水资源空间分布，保障水资源安全。新疆大部分河流为冰雪融水河流，水沙变化高度同步，水库蓄水与排沙的矛盾极为突出。全区 520 座水库中有 272 座都存在不同程度的泥沙淤积问题，其中 131 座的淤积问题已经影响水库功能，水库防沙排沙问题是水库建设运行急需解决的关键技术难题之一。冰雪融水河流多沙水库排沙关键技术的研究，对于现有水库排沙减淤、恢复部分有效库容，保障水库功能的正常发挥有着现实的意义。研究成果也可作为新疆新建水库工程提供科学依据与借鉴。

（二）主要内容

①冰雪融水河流水库水沙特性、泥沙运动机理与排沙阈值指标研究；②冰雪融水河流水库的排沙调度方案研究；③多沙水库的泄洪排沙建筑物布置方案及其合理性研究；④冰雪融水河流水库泥沙调控体系及排沙效果分析。

（三）创新点

（1）采用物理模型试验研究了水库淤积泥沙沿程冲刷与溯源冲刷的互馈机制和三维复杂流态下的冲沙漏斗形成机理，解决了多沙水库排沙设施选型、排沙流量与排沙水位选择、排沙时机等关键技术难题。

（2）基于冰雪融水河流来水来沙特性，提出多沙水库分阶段动态水位排沙调度的最优水沙协同调度体系，缓解了水资源利用和水库排沙之间的尖锐矛盾。

（3）针对不同类型水库取水排沙需求的差异性，提出大型水库的高低双排沙洞布置方案、中小型水库的发电排沙组合式进水塔布置方案，为冰雪融水河流水库的排沙建筑物布置提供了典型案例。

（4）开发了冰雪融水型多沙河流上采用一库带多级、"以库代沉"的梯级减沙防沙模式，大大降低了下游梯级电站建设防沙沉沙设施的成本，突破了多沙河流水电站安全取水的技术瓶颈。

（四）推广应用情况

研究成果缓解了新疆地区特殊的自然地理地质条件造成水资源供求失衡的矛盾，提高现有水库对水资源的配置和利用能力。分阶段动态水位排沙调度方案的运用和排沙建筑的优化，能有效延长水库的使用寿命，增加发电时长和效益。以库代沉的梯级开发模式，大幅降低下游梯级水电站沉沙设施的建设成本，并减少今后的运行维护费用。该研究成果的应用和推广对于新疆已建和新建水库的排沙减淤有着重要的意义。同时，尼泊尔、印尼、巴基斯坦等南亚国家河流也多属于冰雪融水河流，成果可应用于"一带一路"沿线国家类似水电站项目开发中的泥沙问题研究。

（中国水利水电科学研究院　顾艳玲）

中国长江三峡集团有限公司 2023 年科学研究与技术创新情况

2023 年，中国长江三峡集团有限公司（简称中国三峡集团）深入实施创新驱动发展战略，加快培育和发展新质生产力，持续优化顶层设计、全力保障研发投入、狠抓科技平台建设、勇于创新示范应用，奋力打造国家战略科技力量，紧扣科技创新、产业控制、安全支撑三大作用，推动创新链产业链资金链人才链深度融合，科技创新工作不断取得新突破，科技创新实力得到系统性提升，企业核心竞争力显著增强。

（一）科技创新顶层设计持续加强

中国三峡集团党组加强党对科技工作的统一领导，成立集团公司科技工作领导小组。成立中国三峡集团科学技术协会，架起管理层联系科技工作者的纽带和桥梁。成立中国三峡集团上海科创中心，建设上海科创高地。《关于进一步加强科技创新工作的决定》（简称科技创新四十条）、《关于进一步建立健全科技创新支持保障政策的通知》（简称365号文）两份大力支持科技创新工作的顶层设计文件穿透式落地取得突破性进展，成为强化企业科技创新主体地位的重要抓手。

（二）研发投入稳步增长

建立差异化的考核机制，压实主要产业单位研发投入主体责任。稳步推进重大科研项目实施，有力保障研发投入。依托重大工程深入挖掘科技创新篇，科学归集研发投入，携手合作单位共同实现科技进步，推动重大装备提质升级。联合专业机构开展检查与辅导确保研发投入合规统计。多措并举持续加大研发投入，2023年中国三峡集团研发投入强度达到3.06%，完成了国务院国资委科技创新唯一量化的考核指标。

（三）科技创新平台提质增量

与怀柔国家实验室共建可再生能源研究院，并获批水风光多能互补等4个国家实验室重大专项。海岸和近海工程国家重点实验室完成共建重组协议签订。长江经济带生态环境国家工程研究中心完成筹建期中期评价。深远海海上风能开发利用工程技术研发中心、钙钛矿光伏技术重点实验室成功入选国家能源局"十四五"首批"赛马争先"创新平台名单。高坝大库运行安全湖北省重点实验室、三峡库区珍稀资源植物湖北省重点实验室、天津市太阳能高效利用重点实验室获批成立。

（四）重大科技攻关成效显著

中国三峡集团承担的国家级项目进展顺利，成果丰硕。其中，16MW超大容量海上风电机组单日发电量38.72万kW·h刷新世界纪录，全球单机容量最大3.6MW超高海拔风电机组并网发电。国内首艘500kW级氢燃料电池动力船"三峡氢舟1"号完成首航，国内首个内河码头型制加氢一体站"中国三峡绿电绿氢示范站"顺利投产，国内首个万吨级新能源制氢项目成功产氢。水电站工控系统成套装备实现国产化替代，80万kW水电机组控制系统实现"芯片级"自主可控。管网探测、污泥、水污染治理等领域的多项技术成果在长江大保护项目得到示范应用。

国家（省部）级科技攻关项目申报再获佳绩，科技攻关国家队能力进一步彰显。新增获批牵头国家级项目4项，其中获批"氢电耦合交直流混合智能微网示范工程"实现中国三峡集团氢能领域国家级攻关项目"零"的突破，获批首个中国三峡集团牵头承担的国家自然科学基金重点项目"长江流域大型水库碳汇的界面机制及调控：通量、过程与途径"，获批"十四五"国家重点研发计划项目"大型海上风电机组测试与性能提升""资源循环—能源自给型污水处理厂构建与沿江群链式应用"。

（五）科技创新成果捷报频传

2023年度获国家、省部及行业学会科学技术奖励55项，其中，中国三峡集团作为第一完成单位的"海上风电安全高效开发成套技术和装备及产业化"荣获2023年度国家科学技术进步奖一等奖，"巨型水电工程建设智能管控关键技术"获湖北省科学技术进步奖一等奖，"生态友好的水利水电工程调控关键技术与应用"获湖北省技术发明奖一等奖。"16MW海上风力发电机组整机和主轴承重大部件"等6项成果入选国家能源局第三批能源领域首台（套）重大技术装备（项目），占项目总数58项的11%，位居能源央企首位。建立中国三峡集团首台（套）重大技术装备培育机制并完成首批31项成果入库。发布首版《中国三峡集团科技成果推广目录》，推荐深远海海上风电施工装备等3项成果申报国务院国资委中央企业科技创新成果推广目录（2023年）。

（中国长江三峡集团有限公司　张清）

华能澜沧江水电股份有限公司 2023年科技创新工作情况

2023年，华能澜沧江水电股份有限公司全面深化科技创新体制机制改革，系统谋划了未来十年公司科技发展方向，提出了公司科技创新总体要求、"1234"改革战略方向、"2+5"改革战略路径，制定实施科技创新改革若干措施，为公司高质量发展和加快创建世界一流现代化绿色电力企业注入强劲动能、提供强力支撑。印发众创项目管理办法、技术标准工作指引、科技奖励申报工作指引等制度文件，编制科技创新先进个人和先进集体评选奖励实施方案，科技创新管理制度进一步完善。积极开展技术创新中心等高级别创新平台申报和建设，马洪琪院士工作站三期获批建设，云南省水风光一体化工程技术创新中心、西藏自治区澜沧江清洁能源安全绿色智能建设技术创新中心获批筹建，5个基层技术创新工作室获中国华能集团有限公司（简称华能集团）考评A级。

（一）重大技术攻关

2023年，公司建立涵盖规划、基建、生产、环保、新能源、信息化等各领域的3年科技项目策划库，立项2项国家重点研发计划课题、12项华能集团科技项目、24项众创项目，4项科技项目经后评价获优秀。突破高坝抗震风险快速评估、200m级深大水库水环境在线监测等6项关键技术，建立了高坝抗震、库岸边坡等专项科研平台6个，建成投运集业务管理和重大科研于一体的全国首个流域公司级大坝智能在线监控平台，开创大型流域梯级大坝安全运维管控新模式，提高了流域梯级水电工程治理管控能力。围绕"高海拔、高寒、高地震烈度、低气压"环境下水电建设世界级难题制约，开展了24项水电基建重点科研攻关，研发"300m级高心墙堆石坝变形控制"等7项关键技术，突破"高坝结构构筑、防渗安全保障及低气压快速泄洪"等3项重大技术，逐步形成了具有国际领先水平的"高海拔水电工程建设"体系，有力支撑RM工程核准建设，BDa、GS工程通过可研审查。全面升级水电绿色智能建造技术，在国内率先研发流域级水电工程智能建设一体化平台，以数字赋能全面提升筑坝水平。

（二）重点科技项目情况

（1）高坝强震风险快速评估与防震减灾应用平台。项目提出了基于SSI算法和DBSCAN聚类的高拱坝模态参数自动识别方法，提出了大工改进的土石坝静动统一的全过程广义塑性模型，建立了基于安全与经济分析的地震应急决策支持模型。建立了高拱坝以坝体震后1阶自振频率下降百分比和高土石坝以坝顶震陷率、坝体滑移量为高坝抗震安全分级评价指标的体系。开发了高坝强震风险快速评估与防震减灾应用平台，分别在小湾水电站和糯扎渡水电站实现工程应用示范，在2023年11月17日缅甸5.9级地震实例中获得应用。

（2）TB地下工程施工智能动态管控技术研发与应用。项目研发了围岩损伤机器人监测设备，采用三维激光扫描测绘技术、围岩损伤机器人监测设备及钻孔摄像监测设备等监测技术和手段，对地下工程关键部位的变形与受力进行跟踪监测与结果验证，实现了围岩变形的自动监测、数据采集与结果分析。建立了施工过程的智能动态安全预警管理标准，基于监测数据对当前层进行安全评估，提前15d对下一层进行安全评估与预警。提出了完整的闭路循环、快速监测与智能动态反馈集成分析方法，研发了地下工程施工过程安全智能动态管控技术，实现了TB地下工程设计支护措施优化目标。项目获省部及行业级科技奖励3项，其中一等奖2项。

（3）水电计算机监控系统国产化研发及实施。项目基于IEC 61850标准构建了完整的水电站计算机监控系统架构，开发出大容量数据动态推送、高分辨率软SOE技术的实时水电控制器，实现了分时扫描的模件程序冗余纠错和多任务轮询的SOE数据闭环传输功能，研制了高可靠的全国产水电I/O模件。基于CPU+FPGA主协计算架构的冗余型AGC/AVC装置及水电监控系统与励磁、调速器协同控制的GOOSE设备，提出了基于负荷曲线自适应和AGC配套调节的机组自启停技术。提出了水电计算机监控数据库与密码设备的代码级"内嵌改造及融合"方法，建立了基于国密证书体系的身份鉴别系统。研制了基于水电计算机监控系统业务的动态迭代网络安全防御系统，完成了全国产水电计算机监控系统研发。

（三）技术标准管理

公司主导行业首部IEC《智慧水电》白皮书、1项团体标准、10项华能集团企业技术标准立项。主编《胶凝砂砾石围堰设计规范》1项能源行业标准、《中小型水电站溃坝情景模拟技术规范》等3项团体标准、参编IEC《零碳电力系统》白皮书、《智能制造应用互联第1部分：集成技术要求》1项国家标准、《水电工程升船机调试试验规程》《水电工程升船机运行维护规程》《水电工程升船机安全检测技术规程》等3项能源行业标准发布，完成《水轮发电机状态检修导则》等11项华能集团企业标准审查。

（四）科学技术奖励

2023年，获省部级及华能集团科技奖励24项，其中"水利水电工程流域库岸变形监测新技术及应用"获云南省科技进步一等奖。公司牵头研制"650MW水轮发电机组调速控制系统""650MW水轮发电机组励磁系统""700MW水轮发电机组继电保护设备"入选能源领域首台（套）重大技术装备，华能睿渥水电机组国产化监控系统在澜沧江流域电厂推广。"水力式升船机""水电机组四大核心控制系统"2项成果获中央电视台报道。

（五）知识产权管理

发布专利质量提升措施，编制高价值专利培育及转化应用方案、专利成果收益分配指导细则，深入探索科技成果转化机制。全年授权专利652项，申请发明专利量超700项，较2022年增长3倍。

（华能澜沧江水电股份有限公司　聂兵兵）

华能四川能源开发有限公司 2023 年科技创新工作情况

（一）科技项目攻关

（1）"深厚覆盖层基础处理智能振冲控制技术"为中国华能集团有限公司十大科技示范工程研究项目，研究建立智能振冲质量管理平台，实现智能振冲施工交互管理，研制自动引孔设备及吊车式智能振冲设备，多项关键指标及设备国际、国内领先，填补行业空白，达到世界一流水平，并在硬梁包水电站二期振冲碎石桩施工中全面示范应用，累计完成 40 余项专利申报受理，其中已授权 17 项，完成 4 项企业标准编制和发布。

（2）"高地震烈度区坝基砂层液化影响及处理工程技术研究"通过模型构建，结合离心振动试验、现场试验和数值仿真分析，对硬梁包坝基软弱砂土层抗液化处理工程措施方案进行验证和设计优化。优化后的基础处理方案和抗震结构设计，其变形、应力、动力响应表现主要设计指标均满足规范，对比硬梁包水电站可研报告，振冲碎石桩优化 8.4 万 m，框格式地连墙优化 0.2 万 m^2，节约概算投资约 5000 万元。

（二）科学技术奖励

2023 年获得行业科技奖励 5 项、中国华能集团有限公司科技奖励 6 项，其中"AIdustry 测试项目工业互联网平台试验"获中国电力企业联合会 2023 年度电力创新奖一等奖。

（三）技术标准管理

2023 年发布团体标准《中小型水电站溃坝情景模拟技术规范》等 3 项，发布企业标准 4 项。

（四）知识产权管理

2023 年申请国际专利 3 件、发明专利 199 件、实用新型专利 74 件，获授权国际专利 3 件、发明专利 66 件、实用新型专利 241 件。

（华能四川能源开发有限公司　胡杨）

雅砻江流域水电开发有限公司 2023 年度科技工作情况

（一）科技创新体系建设情况

（1）组织机构。2023 年为雅砻江流域水电开发有限公司（简称雅砻江公司）"科技元年"，雅砻江公司将科技创新纳入重要业务单元，全方位，立体式推进创新研究。通过组建科技与数字化部，全面负责统筹全公司科技创新和数字化工作，跟踪研究数字创新前沿科技，将"数字驱动，协同创新"与公司业务深度融合，在组织机构层面奠定科技创新基础。

（2）博士后工作站。2023 年，雅砻江公司博士后工作站第五批博士后出站；同时，工作站招收了首个粒子物理学科博士后，并申报获批公司首个四川省博士后创新人才支持项目。

（3）企业技术中心。2023 年，根据省经信委对省级企业技术中心要求，5 月完成省级企业技术中心 2023 年度考核报告的报送，目前中心运行维护情况良好。

（4）中国锦屏地下实验室。2023 年，雅砻江公司积极开展"加强基础研究，实现高水平科技自立自强"的要求，大力支持国家前沿基础科学研究。12 月 7 日，"国之重器"世界最深、最大深地实验室锦屏大设施正式投入科学运行。锦屏大设施投运之初，就汇集了十个深地科研团队形成了多学科交叉开放共享的公共实验平台，为我国提升基础科研能力，构建基础学科研究中心注入强劲动力。雅砻江公司作为第一依托单位成功获批"四川省重点实验室""四川省科普基地"，并通过"四川省国际科技合作基地"评审。

（5）科技创新管理平台。科技创新管理平台旨在借助信息化手段提升雅砻江公司科研管理水平，实现科技创新成果的共享和利用。2023 年雅砻江公司继续完善科技创新平台的各项功能，并计划下一年度对平台进行升级。

（6）战略合作。为构建以企业为主体的技术创新和人才培养体系，雅砻江公司从 2022 年开始与华为技术有限公司签订新一轮战略合作协议；与上海交通大学共建联合培养研究生基地并推进新一轮战略合作协议签订；与清华四川能源互联网研究院、四川大学共同推进天府永兴实验室建设。目前各种科研联合运行正常。

（二）合作创新有关情况

（1）雅砻江联合基金。雅砻江公司与国家自然科学基金委员会分别于 2005 年和 2016 年联合设立了两期雅砻江联合基金，引导和集聚顶尖科研力量，共同推进雅砻江流域清洁能源开发建设和深地基础科学的发展。2023，持续发挥雅砻江联合基金重要作用，完成第三期雅砻江联合基金第一批项目评审和第二批指南发布，资助总规模超 2.5 亿元。11 月，雅砻江公司获批为国家自然科学基金依托单位。

（2）国家重点研发计划课题和专题研究。2023 年，雅砻江公司共承担了 2 项国家重点研发计划课题和 3 项专题，以及 1 项四川省重点研发项目，按计划开展了相关研究及结题验收工作。其中，"引水隧洞水下机器人系统集成与示范应用"课题于 2019 年立项，完成锦屏二级引水隧洞水下机器人示范应用实施，完成课题财务审计及课题绩效评价工作；"基于时空大数据的梯级水电站智能调度与优化运行"课题于 2020 年立项，完成研究成果在集控中心一体化平台中的应用，完成课题财务审计及课题绩效评价工作；"水电开发对下游水温情势影响模式研究"专题、"风电场选址风资源多尺度耦合数值模拟评估方法研究"专题、"引水隧洞结构安全风险分析与评价"专题均配合课题完成财务审计及绩效评价工作；四川省重点研发项目"液氙暗物质探测器超高纯本底的实现与测量"已完成项目研究，完成项目结题验收工作。

（3）联合创新及合作。2023 年，雅砻江公司分别与华为、南瑞联手设立联合创新中心，推动解决全球最大的水风光一体化基地智能建设、智能运营等复杂关键技术，实现水风光资源综合效益最大化，并提供可借鉴、可复制、可推广的经验。与中国电建集团北京勘测设计研究院联合设立雅砻江抽水蓄能规划设计（经济技术）研究院，全面提升公司全过程抽水蓄能管理能力，进一步推动雅砻江流域水风光蓄高质量建设，为我国其他流域一体化基地建设提供示范和借鉴。与上海交通大学共建联合培养研究生基地，第一批联培生已于 2023 年 9 月入学。

（三）科技成果情况

2023 年，雅砻江公司获得全国性行业协会及以上科技奖 41 项，国家授权专利 50 项。

（雅砻江流域水电开发有限公司　张一　杜成波）

南方电网储能股份有限公司 2023 年科技创新工作情况

2023 年，南方电网储能股份有限公司（简称南网储能公司）高度重视科技创新工作，本着勤勉尽责的原则，积极履行职责。科技创新成果显著。

（一）持续完善创新管理体制机制

南网储能公司印发《科改行动科技创新专项提升方案举措管控表（2023 年）》，其中包含了 6 个主任务、30 个子任务和 153 项具体举措，涵盖了研发投入、科技成果转化、科研人员管理、创新平台建设等方面。印发《科技成果自行产业化收入计算办法》，规范统计公司科技成果自行产业化收入，为推动公司创新发展提供准确的数据支持。印发《研究与试验发展（R&D）经费投入统计标准》，明确公司创新项目、生产项目、基建项目、信息化项目的研发经费统计标准，明确科研人员统计口径，制定科研人员工时统计机制并实施。印发《科技成果转化工作指引》，规范公司科技成果转化管理，明晰了科技成果转化流程，方便各单位高效开展科技成果转化工作。印发《市场化项目管理办法》，构建了科学规范、协同高效的市场化项目管理体系，保证项目高质量的组织与实施。印发《知识产权管理专项提升方案》和《知识产权保护指南》，将推动知识产权创造由追求数量向提高质量转变，聚焦公司关键核心技术领域，加强专利布局，培育高价值专利。

（二）积极申报科技创新平台

南网储能公司牵头申报国资委中央企业新型储能创新联合体，主要参与工信部国家地方共建新型储能创新中心建设，努力提升新型储能领域协同创新能力、成果转化能力和产业化推广能力。成功入选国家自然科学基金委员会央企机构依托单位。申报项目成功入选中国科协 2023 年度"科创中国"创新基地"产学研协作类示范项目"。公司作为南网系统内唯一一家入围单位，成功入选广东省科协"广东省科技专家工作站"。

（三）重点实施国家级、省部级项目

南网储能公司牵头多项储能与智能电网等国重专项的申报工作：策划申报"7.2 百兆瓦级动态可重构电池储能技术"等 5 项国重项目；完成广东省"锂离子电池储能电站热失控灾害抑制与火灾防控关键技术研究及应用示范"、云南省"离子电池储能系统优化设计及安全预警"省重项目申报工作。公司持续推进国家级重点研发计划项目"大直径长引水隧洞水下检测机器人系统研发及示范应用""锂离子电池储能系统全寿命周期应用安全技术""国际锂离子电池储能安全评价关键技术合作研究"项目实施。

（四）扎实推进数字化转型建设

2023 年，南网储能公司全面落实南方电网公司"十四五"数字化规划数字化转型建设，基于领域模型研发设备状态大数据分析系统（XS-1000D），开发指标钻取、试验分析、机器学习在线分析等多个数字化模块，支持不同场景的业务，新增算法增至 1000 种，2023 年共发现缺陷 38 项，其中 17 项可能恶化导致发生影响机组启停等事件。运营管控数字化方面，完成 40 项业务模块的功能优化设计并形成业务模型文件。网络安全防护方面，顺利完成年度护网"三不一零"的既定目标，《基于 DNS 的新型威胁检测及防御技战法》入选公安部优秀技战法汇编，确保全年全国两会、杭州亚运会、"一带一路"高峰论坛等重大活动期间网络安全零事件，公司信息系统与网络安全稳定运行。

（五）持续产出高质量创新成果

2023 年，南网储能公司获得国资委 2022 年度科改企业"标杆"称号，科改工作成效显著。公司多项成果亮相"国资委科改推进会"和"国际数字能源展"，获行业普遍认可和广泛报道。"南方电网抽水蓄能人工智能数据分析平台 XS-1000D"等 7 项科技成果经鉴定达到国际领先水平。国家重点项目"海水可变速抽水蓄能关键技术装备研发"科技成果通过鉴定，整体技术达到国际先进水平。我国首套 300MW 抽水蓄能机组"芯片级"自主可控励磁系统和调速器系统成功在广蓄 7 号机组投运。荣获"中国水力发电工程学会水力发电科学技术奖"等 7 个奖项，其中"40 万 kW、700m 级高稳定性抽水蓄能机组关键技术与应用""800m 级水头抽水蓄能电站超高压钢筋混凝土压力管道建设关键技术""抽水蓄能电站安全稳定调控关键技术及应用"获得行业学会科技类奖励一等奖。2023 年新增发明专利 149 件，累计发明专利 340 件；成功通过 2023 年知识产权管理体系认证，所属单位担任广东知识产权保护协会副会长单位。2023 年成果转化 36 项，收入增长率超过 20%。

（南方电网储能股份有限公司 曹娅）

长江科学院 2023 年科研工作情况

2023 年，长江水利委员会长江科学院（简称长科院）紧紧围绕治水治江重点工作任务，统筹推进各项工作，取得了一系列新成效。

（一）科技支撑作用

（1）在流域治理管理方面。参与长江流域防洪规划修编，承担完成江湖关系演变趋势预测、山洪灾害防治等专题研究。参与长江流域（片）水土保持规划、区域水网建设规划编制。牵头承担的防洪法修订思路与条文框架研究通过水利部验收，助推其列入第十四届全国人大常委会立法规划。牵头开展丹江口库区及上游流域保护立法研究，参与全国水土保持空间管控制度研究与制订，牵头编制的《长江水利委员会水土保持科研工作顶层设计方案》印发实施。承担的长江流域水利技术标准体系研究项目通过水利部验收，5 项水利技术标准修订项目通过长江委验收。选派专家 140 余人次参与水库水闸和堤防工程险工险段安全运行、河湖管理、农村饮水安全等水利行业监督检查。

（2）在水旱灾害防御方面。选派专家十余人次赴水旱灾害防御现场提供技术支撑，协助开展应急处置。积极参加长江水利委员会防汛会商和流域水工程统一联合调度研究。高质量完成长江流域各省旱警水位成果复核、三峡水库应急抗旱能力及其效益评估、旱限水位调度方式研究。技术负责长江中下游灌区灌溉需水预报平台开发、长江流域控制性水利工程综合调度支持系统泥沙调度子系统研究。

（3）在水资源节约集约利用方面。牵头编制长江流域农村供水高质量发展工作方案。技术支撑江西、四川等 6 省（区、市）85 个县域节水型社会达标建设现场复核、近 700 家重点监控用水单位节水管理情况调查。完成四川、重庆 2 省（市）用水定额评估和近 50 家长江水利委员会委管取用水户延续取水评估工作。编制的岷沱江、赤水河流域 2024 年度水量调度计划通过技术审查。承担宁都县水资源承载能力评价和"四水四定"工作方案编制，助力长江流域县域"四水四定"先行先试工作扎实推进。

（4）在水生态保护修复方面。持续做好丹江口水库水质监测、水源地安全保障达标评估和新污染物研究等工作，开展丹江口水库泗河、浪河等库湾藻类应急监测 200 余次，全力配合开展丹江口水库支流重金属污染应急监测和模拟分析，为有效应对水质突发事件提供了有力支撑。继续做好长江生态环境保护修复驻点跟踪研究工作，牵头的荆州市驻点跟踪研究（二期）通过中期考核。在河湖管理和保护方面。牵头编制的国家"十四五"150 项重大水利工程之一长江安庆河段治理工程可研报告历经十年不断完善，终获国家发展改革委批复。编制的跨省河湖龙感湖已建水利水电工程生态流量核定与保障先行先试报告通过水利部技术审查。牵头编制西南诸河流域中小河流治理总体方案，参与编制长江流域中小河流治理总体方案、三峡库区地质灾害防治（2026～2035 年）中长期规划。参与洞庭湖四口水系综合整治工程可行性研究。牵头完成长江水利委员会科技委组织的长江流域水库清淤及淤沙资源化利用专题调研工作。参与促进三峡工程安全运行和扶持库区高质量发展需求分析并承担河势控制与崩岸治理、完善三峡工程监测体系等专题研究。

（5）在数字孪生水利建设方面。技术牵头的"数字孪生丹江口水质安全模型平台与四预业务"获评水利部数字孪生先行先试优秀案例，并作为水利系统唯一代表参展第六届数字中国建设峰会。研发的数字孪生江垭皂市平台在长江水利委员会 2023 年水库防汛抢险应急演练中发挥重要作用。积极参与数字孪生长江、三峡、南水北调中线以及长江流域全覆盖水监控系统建设。

（6）在水利援扶和乡村振兴方面。选派 6 名干部援藏援疆。牵头完成水利部科技组团式帮扶西藏三年行动计划。持续为新疆水利建设和改革发展提供技术指导和培训。扎实开展重庆市城口县和万州区、宜昌市秭归县等地科技帮扶以及委内单位帮扶工作。

（二）科技创新研究

（1）智囊作用发挥有力。长江中下游地下水资源战略储备选址有关研究成果获中央领导批示，《从国家层面加强对长江源湿地"碳库"保护》提案获全国政协采纳并转送有关部门，《长江流域重要饮用水水源地安全问题及意见建议》获中央部门采纳。提出的湖泊生态韧性、河流崩岸预警等领域 10 余项科技建议被列入国家科技计划项目指南。牵头编制变化环境下长江保护修复提质增效、国家水网建设与运行管理等 2 项重大科技项目选题动议报水利部。

（2）重点科研取得新进展。牵头承担的 1 项国家重点研发计划项目通过综合绩效评价，12 项国家自然科学基金项目、10 项水利部重大科技项目通过验收，3 项长江水科学研究联合基金项目通过中期检查。围绕水旱灾害防御、"双碳"战略、国家水网构建及智慧水利建设等领域自主设立 51 个项目开展科技攻关。取得了一系列重要科研成果：首次记录长江南源"第六种鱼类"斯氏高原鳅；量化识别长江源区雪线、冰川、冻土活动层变化过程的极值特征；研发了跨尺度多维水沙运动模拟、长江中下游崩岸监测预警等技术，攻克河道保护治理关键难题；提出了新型河湖底泥脱水—改良—土层结构优化综合利用技术，开拓湖库淤积物资源化利用新途径；提出了丹江口水库与引江补汉工程联合调度、南水北调西线工程调水线路与可调水量等方案，有力支撑重大工程规划论证；研发了湖泊底泥营养物质原位修复关键技术，助力江汉平原水网区湖泊污染综合治理；探明了长江流域土壤碳功能基因变化特征及其环境驱动机制，为流域碳通量估算与调控提供关键理论依据；提出了基于多源遥感的区域水土流失变化监测技术，解决了水土流失监测评价周期长、精细化程度不高等"痛点"问题；持续 39 年开展三峡工程花岗岩骨料碱活性长龄期试验研究，为三峡大坝混凝土长期安全性评价提供了有力的科学依据；提出了大坝混凝土耐久性提升理论与方法，研制系列水工新材料；研发了水工深埋隧洞软岩大变形灾变风险防控关键技术，有力支撑滇中引水等重大引调水工程建设；自主研发的过滤器可拆换式新型减压井技术在长江干堤险段得到应用；研发了 300m 级堆石坝级配料开采智慧爆破调控关键技术，应用于两河口、双江口以及浙江天台抽水蓄能电站等重点水电工程建设；优化升级 CK 系列大坝安全监测自动化系统；建成引江补汉工程水力控制方案物理模型，基于模型的试验成果将推动攻克长距离输水隧洞充/退水过程中的复杂水气两相瞬变流难题。

（3）重大科研立项取得新突破。获批各类科技计划项目 110 余项，其中国家重点研发计划项目 3 项、课题专题 19 项，长江水科学研究联合基金项目 6 项，国家自然科学基金项目 14 项，水利技术示范项目 3 项，首次获批湖北省自然科学基金杰出青年项目 1 项，其他省市科技计划项目 70 余项。

（4）科研成果量质齐升。形成科技成果报告 1100 余份。发表高水平论文 300 余篇，出版专著 12 部。授权专利 120 余项（其中发明专利 90 余项），登记软件著作权 60 余项。主编的《堤防技术抢险导则》《水库清淤技术规范》2 项行业标准通过水利部审查，获批《水利枢纽泥沙模型试验研究报告编制导则》等团体标准 5 项。13 项技术入选水利部先进实用技术重点推广指导目录，10 项技术入选成熟适用水利科技成果推广清单。牵头获各类科技奖励 30 余项，其中湖北省科技进步一等奖 1 项，湖北省科技型中小企业创新奖 1 项，中国大坝工程学会科技进步一等奖 2 项，中国发明协会发明创业奖创新奖一等奖 1 项，荣获第五届北马其顿国际发明展金奖，首次获得世界水挑战奖杰出奖。参与的 1 项科研成果获中国爆破行业协会科学技术奖特等奖。

（三）成果转化和市场开拓

（1）加强统筹协同。进一步强化院级统筹和专业协同，积极开展质量回访和合作洽谈，深化实化与各级水行政管理部门、行业兄弟单位战略合作。充分发挥重庆分院、成都分院窗口作用，依托"科研＋""信息＋"等新模式不断强化"全院一盘棋"合力开拓科技服务市场。

（2）聚力工程科研。面向国家水网及重大水利工程建设，多专业协同、高质量服务乌东德、白鹤滩、滇中引水、引江济淮、引江补汉、引绰济辽、引大济岷、珠三角水资源配置、环北部湾广东水资源配置、新疆北水南调等工程建设运行，积极参与三峡水运新通道和葛洲坝航运扩能工程研究论证，一批管用实用新技术、新材料、新产品成功转化应用。

（3）拓展服务领域。水利科技服务市场持续巩固，河湖治理、抽水蓄能、智慧水利、水环境保护、水生态修复等领域业务有力拓展。首次独立承担设计、咨询、施工、运维全过程服务项目"西藏阿里地区中曲幸福河湖建设"，首次承担设计施工总承包项目"大观区西江江豚迁地保护基地与长江干流连通及水体交换工程"。完成涉水工程防洪影响评价、水资源论证、河湖健康评价、水土保持监测与评估等咨询服务 200 余项。多专业组团服务庄河、泰安、石台、阳江、平坦原、长阳、远安等抽水蓄能电站建设。

（4）数字孪生技术结硕果。先后承担数字孪生三峡近坝区库区安全管理（监控中心）、东深供水工程、吉林引松供水工程、新疆奎屯河引水工程、湖北汉江兴隆水利枢纽等一批数字孪生水利项目，项目数量、经费取得新突破。

（5）经济发展稳中有进。在科技服务国民经济社会发展的同时，长江院经济发展继续保持稳中有进的良好势头，事业部分新增合同额同比增长 21%，企业部分新增合同额同比增长 32%，均再创新高。

（四）科研平台条件再上台阶

与武汉市水务集团联合成功申报首个国家城市水资源计量数据建设应用基地。成功获批长江水利委员会长江流域湖库功能恢复及淤沙资源化利用技术创新中心，高质量完成水利部、湖北省重点实验室、委级创新基地年度考核，其中流域水资源与生态环境科学湖北省重点实验室在考核中获评优秀（标杆），依托各科研平台资助开放基金项目 40 项。完善流域野外科学观测研究站体系建设，完成赤水河分站基础设施建设竣工验收和金沙江分站、丹江口分站、三峡分站、长江中下游分站建设前期工作。长江下游安庆至南京段黄金水道建设对河势与防洪影响研究实体模型建设项目通过竣工验收，长江防洪模型升级改造项目成功获批立项，青年公寓建设、材料楼修缮、洞庭湖试验厅周边道路维修改造、科创大厦电梯和卫生间改造等项目顺利实施。进一步规范和加强试验（实验）厅（室）管理、重大仪器设备使用管理，大力推进科研基础设施和大型科研仪器开放共享。

（长江水利委员会长江科学院）

河海大学 2023 年科研工作情况

（1）在科研经费方面。全年科技合同经费 11.13 亿元，到款科技经费 8.99 亿元。获国家自然科学基金资助项目 179 项，资助经费 10045.5 万元，其中杰出青年基金项目 2 项、优秀青年基金项目 4 项、联合基金项目重点支持项目 5 项；主持国家重点研发计划 10 项（其中政府间国际科技创新合作 2 项，青年科学家项目 2 项）；获批江苏省自然科学基金 44 项，其中杰出青年基金项目 2 项，优秀青年基金项目 1 项。获批国家社科基金资助项目 12 项，资助经费 300 万元，其中一般项目 7 项、青年项目 4 项，重大项目 1 项；获批教育部社科基金资助项目 7 项，资助经费 60 万元，其中规划基金项目 2 项，青年项目 4 项，高校思想政治理论课教师研究专项项目 1 项；获批江苏省社科基金资助项目 19 项，资助经费 90 万元，其中重点项目 2 项、一般项目 4 项、青年项目 8 项、后期资助项目 1 项、专项资助项目 3 项、自筹经费项目 1 项。

（2）在科技奖励方面。获省部级奖励 97 项，其中主持 24 项，包括江苏省科学技术奖一等奖 1 项、三等奖 1 项。在科技成果及基地方面，发表 SCI 论文 2488 篇，授权国内发明专利 722 件，授权外国发明专利 17 件，软件著作权登记 295 件。水灾害防御全国重点实验室完成重组答辩并顺利通过，并组织申请省科技计划专项；组织申报江苏省应用力学中心、江

苏省工程研究中心、自然资源部野外科学观测研究站及水利部野外科学观测研究站。获批江苏省流域地理空间智能工程研究中心及南京海气界面野外科学观测研究站。

（3）产学研合作方面。持续构建"五位一体"成果转移转化模式；依托苏州研究院，探索形成了"校地共建、研究所+公司、拨投结合"的科技成果转化新模式；对接政府、行业企业等，开展领域共性关键技术研发，建设专业所、共建联合实验室、工程中心，形成"院—所—联合实验—孵化企业"协作运行模式，构建成果转移转化与产业化创新生态。与长江电力、中建七局二公司等 30 多家单位开展政产学研对接，推进重大项目合作交流、创新平台建设和成果转化，有组织落地机器人等 60 多项技术研发和成果转化项目。推进校地融合发展，与常州市重大科研平台智能制造龙城实验室签署合作协议，签约河海大学金坛华罗庚技术转移中心（二期）项目，优化布局服务地方经济社会发展的成果转化平台。与地方政府部门合作举办科技成果推介暨人才项目路演等活动，累计遴选 100 余项成果，组织教师 200 余人，对接 100 多家企业。

（4）期刊工作方面。主办 6 种期刊：《河海大学学报（自然科学版）》《河海大学学报（哲学社会科学版）》《水利水电科技进展》《水资源保护》《水利经济》和《Water Science and Engineering》（WSE）。全年共出版正刊 34 期，共刊登论文 575 篇。《河海大学学报（自然科学版）》2023 年获评中国精品科技期刊、江苏省高校精品期刊，入选科技期刊世界影响力指数（WJCI）。《河海大学学报（哲学社会科学版）》获江苏省委宣传部年度省优秀社科学术期刊资助 B 类，入选首届江苏"期刊主题宣传好文章"，被全国高等学校文科学报研究会评为"全国高校精品社科期刊"、被江苏省高等学校学报研究会评为江苏省高校精品期刊。《水利水电科技进展》2023 年被评为"江苏省高校精品期刊"。《水资源保护》2023 年获评中国精品科技期刊、江苏省高校精品期刊，入选科技期刊世界影响力指数（WJCI）；20 篇文章入选 F5000。《水利经济》2023 年被江苏省高等学校学报研究会评为江苏省高校优秀期刊。《WSE》2023 年入选"中国国际影响力优秀学术期刊"，被评为"江苏省高校精品期刊"。

（5）学术交流方面。共组织各类学术活动 300 余场次。其中，主办或承办的大型国内外学术活动 16 场，包括"IAHR 水利与海岸工程基础冲刷国际研讨会""流域地理学发展战略研讨会""第九届水利、土木工程国际学术会议暨智慧水利与安全工程论坛""首届长三角科技智库大会""2023 全球滨海论坛会

议'海岸侵蚀防护与生态修复'专题研讨会""第四届水安全与可持续发展国际高端论坛暨第一届国际水利与环境工程学会全球水安全会议""黄河流域生态保护和高质量发展先行区水与可持续发展（平罗）论坛""第五届水利水电信息化和智能化论坛""庆祝欧美同学会建会110周年""第五届河海大学丰收节系列学术报告""2023年中国机械工程学会生产工程分会（生产系统）学术年会暨智能制造实践论坛""2023江苏力学大会""第三届环境与灾害力学学术研讨会""第三届计算力学与工程'前沿学术论坛'""全国新能源专业联盟第九届年会""第三届力学与可再生能源学术论坛暨首届新能源装备研究生学术沙龙"等。加强对学术交流专项经费资助的管理，重点资助参加国内外大型学术会议，利用学校专项资金，资助20余名教师参加国内各类学术活动。

（河海大学）

中国电力建设集团有限公司 2023年科技创新工作情况

（一）科技创新规划与建设

中国电力建设集团有限公司制定未来产业实施方案，明确未来产业领航计划任务责任主体、资金来源、组织方式和配套工作计划，为"十四五"及后续未来产业培育提供了科学依据。组织制定公司流域梯级清洁能源基地、新能源开发利用（含深远海、太阳能）、超深基础与深地空间、水资源与环境、深远海风电开发利用的原创技术策源地实施方案，明确了各策源地技术图谱、攻关计划、技术目标、能力目标和行动台账计划，确立了策源地组织管理架构和机制安排、参与单位任务清单，以确保策源地建设工作井然有序，按期达标。

（二）重大科技攻关

指导各级子企业以原创技术策源地建设和专项攻关为抓手，组织推进深远海、光热领域5项"1025专项"（二期）攻关任务；组织公司积极参与焕新计划、启航计划任务。择优遴选优势子企业，深化启航计划任务研究内容、技术路线和预期成果论证；组织开展远海风电柔直送出、风光制氢、超深地下工程灾变（强震、高地温、高水头）防控、土壤修复等8项核心技术攻关"揭榜挂帅"；围绕绿色生态环保产业主动布局，完成了《中国电建土壤修复技术体系建设方案》《中国电建绿色砂石智慧矿山建设实施规划方案》等业务创新指导文件，大力推动集团级绿色砂石智慧矿山重大科技专项攻关和标准体系建设、土壤修复和固废治理研究中心建设等专项工作。

（三）科技创新体制机制

组织完成《科学技术奖励办法》《科技成果评价管理办法》《知识产权管理办法》《技术标准管理办法》《工程建设工法管理办法》修订；组织制定《高价值专利产品库管理办法》。横向覆盖战新领域，纵向涵盖重点实验室、工程研究中心、技术创新（研发）中心的多层次、多功能的省部级研发组织体系。推动从产业布局、市场需求、示范验证和原创性产品推广的全链条保障机制建立，完善支持科技自立自强的企业科技创新政策支撑体系。强化了国内外创新协同机制，牵头申报中央企业BIM创新联合体，组织参与重大零部件创新联合体和新型电力系统产业技术联盟参建工作，组织参与新型储能联合体、深地空间开发联合体，持续扩大创新合作朋友圈。

（四）研发平台建设

组织完成平台需求调研、功能框架和核心模块设计及平台原型开发等。组织制定了承揽国家级平台建设任务成员企业的考核奖励办法，积极筹划水风光储清洁能源、地热等领域国家技术创新中心突破；积极谋划了海外研发平台的建设升级。

（五）科技标准与工法

组织完成涵盖"水、能、城、数"融合国家标准、行业标准和企业标准的中国电建技术标准体系初稿编制，收录国家标准、行业标准、集团企业标准近7000项。组织完成《绿色砂石标准体系研究报告》及4项绿色砂石智慧矿山企业标准制定发布；在新能源领域，组织完成支撑集团风电塔筒和光伏支架品牌化建设的4项企业标准制定发布。组织推进电力行业水电施工和水轮发电机及电气设备2个标委会行业标准制修订。加强与上级主管机构沟通对接，组织参加中国工程建设标准国际化论坛、住建部建设标准"走出去"座谈会、国家能源局标准化支撑能源高质量发展座谈会。年内组织参编发布国际标准5项、主编发布行业标准60余项；新增立项主编国家标准1项、行业标准140余项。

（六）科学技术奖励

印发《中国电建子企业经营业绩考核科技创新加分实施细则（2024年）》《中国电建加强应用基础研究、科技攻关和成果转化激励保障政策工作方案》等激励考核制度，推动公司科技体制机制改革各项任务落地实施。进一步完善成员企业负责人年度与任期业绩考核制度，完善工资总额管理办法，给予科技创新绩效突出的成员企业工资总额奖励、科技创新突出贡献人员工资总额单列激励、科技创新领域卓越贡献的团队和个人专项奖励。

（七）知识产权成效

组织公司高价值专利软课题研究，建立高价值专利评价体系及工作流程，形成工程建设领域高价值专利评价与培育研究报告及《专利价值评价手册》《高价值专利培育手册》《高价值知识产权流程管理文件》等成果文件。持续完善集团专利综合数据库。组织中国专利奖申报推荐，获中国专利优秀奖 5 项，创历史新高。年内，共申请专利 6454 项，其中发明专利 1974 项，新增授权专利 7960 项，其中发明专利 1475 项，发明专利年度增幅创历史新高。另有 PCT 专利申请 8 项。

（八）科技兴安成果转化

完成科技创新成果推荐目录技术产品遴选，共评选出 93 项创新成果，形成科技创新成果推荐目录（2023 年版），涵盖"水、能、城、数"主营业务，涉及先进工艺、基础软件、高端装备等领域。持续更新"1025"攻关成果、央企推荐目录及国家能源局首台套清单入选产品的年度推广应用情况。积极组织参加国务院国资委第四届中央企业熠星创新创意大赛，共推荐申报 51 个项目，涉及新能源、工业软件、人工智能、新材料、新一代移动通信等 5 个赛道。

（九）双碳工作

按时完成《2022 年碳达峰工作总结和碳达峰碳中和行动 2023 年工作计划》编制并及时向国务院国资委报备。精心组织各个企业编制碳达峰行动方案，组织召开多次专题会议，指导各子企业根据自身业务形态和中长期发展规划，研究制定《温室气体排放核算与统计管理规定》《温室气体减排项目管理办法》《碳排放权交易管理办法》和《碳资产管理办法》4 个管理办法（送审稿），系统开展碳资产管理专题研究，完成碳资产管理专题研究，摸清了碳资产家底，有效指导全集团碳资产交易开展，组织电建国际公司编制、发布了《国际工程项目温室气体排放标准》《国际工程项目碳足迹/碳中和工作标准》和《国际工程项目能源工作标准（共 7 册）》。2023 年 12 月首次取得 ISO 50001：2018 能源管理体系认证证书。

（中国电力建设集团有限公司

魏立军 邴颂东）

水电水利规划设计总院 2023 年科技创新工作情况

2023 年，水电水利规划设计总院（简称水电总院）面对新形势、新任务、新要求，水电总院围绕建设"国际一流智库和咨询公司"战略目标，深入实施创新驱动发展战略，坚持技术立院、服务兴院、创新强院，坚持面向世界科技前沿、面向经济主战场、面向国家重大需求、面向人民生命健康，不断强化科技创新顶层设计、完善科技创新体系、强化关键核心技术攻关、持续加大研发投入、加强科技人才队伍建设，为水电总院改革发展提供了有力支撑。

（一）持续强化创新体系和创新机制建设

一是新型科技创新组织体系建设提质升级。经过多年努力，水电总院获批国家自然科学基金依托单位，获得独立申请和承担国家自然科学基金项目的资格。获批建设国家防汛抗旱技术研究中心，为进一步强化新时代中国特色应急管理体制下国家防汛抗旱战略科技力量奠定基础。国家能源水电工程技术研发中心运行管理进一步规范，修订了中心章程和管理办法，工作会、技术交流会常态化举办。组织开展中国电建绿色砂石产业技术研究中心筹建工作。多管齐下、多专业协同，推进科技创新平台建设，努力打造专业突出、能力过硬的国家级创新平台，强化战略科技力量。二是支撑创新驱动发展的制度体系持续优化。围绕提高创新体系整体效能，持续完善项目管理、绩效考核、成果评价等办法，为总院科技创新奠定制度和政策基础。三是创新工作领导机制不断完善。强化顶层设计，建立总院公司科技创新工作会常态化机制，全面总结年度科技创新工作，系统分析存在问题，并安排部署年度重点工作任务，为科技创新重点任务落实提供机制保障。四是全力打造内联外拓研发体系。与辽宁省发展改革委、山东省能源局等多家单位签订战略合作协议，不断拓展科技创新"朋友圈"，深化"政产学研用"融合。

（二）持续推动重大技术攻关

以"双碳"目标为引领，加快开展源网荷储研究，推动新型能源体系和新型电力系统建设。积极参加国家重大战略性、基础性科技课题研究。牵头和参与的国家"十四五"重点研发计划《典型场景鱼类智能传感器与监测系统研发及应用》等 3 个项目有序推进，牵头负责的国家自然科学基金课题、发展改革委"揭榜挂帅"项目、西藏自治区科技重大专项有序开展。聚焦氢能、农村能源、新型储能、源网荷储等新兴领域开展关键技术研究和科技攻关，成果有力有效支撑行业高质量发展。

（三）持续推动科技成果转化

加大学（协）会等省部级、集团级科技奖项策划力度，2023 年共荣获中施企协科技进步特等奖等各类奖项 21 项。获中国工程建设标准化协会标准化"领军人才"称号等个人或集体奖项 8 项。同时，2023 年，水电总院加大专利和软著等知识产权申报力度，完成 18 项发明专利、3 项实用新型专利和 5 项软件著作权组织申报工作，获得授权发明专利 5 项、实用新型专利 12 项、软件著作权 3 项。

（四）持续强化科技创新与标准化互动发展

水电总院作为能源行业标准化管理机构之一，负责我国能源行业 6 个水电标委会、6 个水电分标委会和 2 个风电分标委会的管理工作。截至目前，共管理可再生能源领域国家、行业、地方、团体、企业中外文标准 1132 项，其中，2023 年组织完成 138 项能源行业标准立项。组织开展了《抽水蓄能电站技术标准体系研究》验收会，《压缩空气储能电站可行性研究报告编制规程》等一批关键技术标准取得成效。

（水电水利规划设计总院　吴海燕）

中电建水电开发集团有限公司 2023 年科技工作情况

2023 年，中电建水电开发集团有限公司高度重视科技创新工作，联合大专院校、设计单位、施工单位、装备企业积极开展科技创新活动，科技进步整体情况较上年度取得长足发展，多项科研成果获奖。

（一）重大科技项目策划

联合水电五局、电建装备集团成功申报电建集团《抽水蓄能地下工程高效掘进装备研制和施工关键技术》核心技术研发项目 1 项；联合电建集团技术中心、中南院、水电六局、水电八局申报的《投建营一体化＋EPC 模式的数字抽蓄关键技术研究》获得电建集团 2023 年度重点科研立项。

（二）科创管理平台建设

全面优化调整科创系统组织构架；设置了年报系统和科研立项、科技成果申报流程、科研立项和科技进步奖评审操作流程，实现了与 OA 系统的对接，确保了科技工作的全要素全流程信息化。

（三）项目获奖情况

"梯级小水电水光蓄互补联合发电系统工程研究与示范应用"获得 2023 年度电建集团科技进步一等奖；"多泥沙河流高水头混流式水轮机抗磨蚀关键技术研究"获得 2023 年度电建集团科技进步三等奖；"高水头水电站多泥沙处理综合研究"获得四川水力发电科学技术奖二等奖；"小散远水电站'柴光储充'一体化自备电源示范项目研究与应用"获得四川省电力行业协会课题成果二等奖；"水电站全生命周期环保管控提升与标准化体系研究"获得四川省电力行业协会课题成果二等奖；"电力现货报价决策支持系统—面向市场化的多流域水电现货竞价辅助系统研究应用"获得四川省电力行业协会课题成果三等奖。

（四）获得授权专利情况

获得国家授权发明专利 3 项，实用新型专利 20 余项，取得软件著作权 6 项。公司主编的《抽水蓄能建设项目文件收集与归档实施细则（试行）》升格为

电建集团技术标准，并由集团推荐申报电力行业标准。

（五）产、学、研开展情况

联合武汉大学开展水力机械专业先进技术交流，掌握在抽水蓄能电站机电方面的先进技术和先进经验；联合四川大学联合申报聚源兴川科研应用项目，推动水电工程防空蚀抗冲磨防渗降糙减阻提质增效成套技术与成果转化应用；联合西华大学申报省部级"流体机械及工程四川省重点实验室"。公司所属的克州新隆能源开发有限公司通过国家高新技术企业的认定。

（中电建水电开发集团有限公司　冯殿雄）

中国电建集团贵阳勘测设计研究院有限公司 2023 年科技质量工作情况

（一）创新体系和平台效能不断改革提升

2023 年是"十四五"的关键年，中国电建集团贵阳勘测设计研究院有限公司（简称贵阳院）紧紧围绕"科改示范"和对标世界一流企业价值创造行动各类指标要求，全面贯彻"12335"发展战略，部门全体员工奋力拼搏，真抓实干，努力为院可持续高质量发展注入创新动能，引领工程领域核心技术发展，助力市场营销与高效履约，全面提升院科技创新和技术质量两大体系管理水平。年内获贵州省"关于支持中国电建贵阳院可再生能源院士工作站建设发展"的支持文件。贵阳院 2022 年"科改示范专项考核首获"标杆企业"以来，聘任南京水科院胡亚安、南昌大学周创兵两位院士为贵阳院国家企业技术中心首席科学家，国家企业技术中心和国家高新技术企业通过评价、认定持续保持有效。"国家能源水电工程技术研发中心流域与水电工程生态分中心""中国电建新型储能研究中心"（参与）获批成立。贵阳院博士后科研工作站实体化运作，签订罗超（生态）、张云龙（岩土）两位博士入站开题研究。依托健全的科技创新管理体系，全年积极争取获得研发费用加计扣除税收减免 1001 万，完成技术合同登记备案 22 亿。

（二）各层级、各领域科研立项及科技奖项取得突破

获得"基于数字孪生的通航建筑物工程安全与运行仿真关键技术研究"等 6 项省厅级科技项目，"大跨度装配式柔性支架光伏产业与生态治理融合发展研究"等 2 项电建集团重点科技项目，自主立项"水电水利工程智能设计平台研发及其在抽水蓄能设计中的

示范应用"等 3 项院级重大专项（揭榜挂帅），7 项院级重点项目。获各级科学技术奖、工程奖、专利奖 52 项，包含特等奖 3 项、一等奖 5 项，其中院主持申报的"高面板堆石坝面变形自适应联控技术"获贵州省 2022 年技术发明奖二等奖，"数据与知识协同驱动的混凝土坝安全诊断关键技术与应用"获得 2023 年度水力发电科学技术奖一等奖，"一种水库库区干支流汇口处人工鱼类产卵场"获 2023 年度电力建设科学技术进步奖（专利类）一等奖，"梯级水电开发流域水生生态空间胁迫效应及重构修复关键技术"等 2 项获电建集团 2023 年度科技进步奖一等奖。

（三）科技成果种类、数量、质量全面提升

新获得标准制定任务 11 项，其中主编/主译 8 项，参编 3 项；正式发布标准 18 项，其中主编/主译 9 项，参编 9 项。发明专利授权数量和海外专利授权取得历史性突破，全年共获得专利授权 223 件，其中中国发明专利 132 件、PCT 专利 3 件。发布《2023 年度贵阳院推广应用科技成果目录》，获集团级以上科技创新成果 4 项，专有技术 3 项。《BIM 标准应用与创新》等 6 部专著正式出版发行，全年发表论文首次突破 200 篇，含 SCI 收录 7 篇，EI 收录 18 篇，出版了《水电与抽水蓄能》贵阳院专刊和期刊"特别策划—中国心墙堆石坝的发展与展望"。

（四）铸造内外人才梯队加强学术交流与影响

贵阳院董事长许朝政和院副总工程师郭维祥获贵州省第 10 批"省委联系专家"，常434获批贵州省第八批高层次创新型"百"层次人才，张合作等 4 人获"千"层次人才，邱焕峰获评第三批电力行业杰出青年专家，贵阳院获电建集团 2022 年度科技创新先进团队、先进个人、管理先进工作者，评选出贵阳院首批"十百千"科技人才 139 人。承办了中国大坝工程学会 2023 学术年会活动、西南地区第五次岩石力学与工程学术交流大会、2023 西部水电发展论坛、参展 2023 年中国水博览会等。

（五）凝炼技术优势提升技术质量

紧扣新时期"能、水、城、砂、数"的新业态、新方向和新要求，凝炼"岩溶地区工程勘察设计与处理技术"等十大核心技术优势。组织开展了贵阳院工程总承包质量记录可追溯性体系和院安全技术保障实施体系两项专项建设，确保了安全技术控制程序履行的有效性和合规性。发布《贵阳院工程创优五年（2023～2027 年）滚动规划》，全年共获得各类工程奖 9 项，其中参与的"丰满水电站""DG 水电站"获得国家优质工程奖（金奖）。

（中国电建集团贵阳勘测设计研究院有限公司　耿东君）

中国电建集团国际工程有限公司 2023 年科技创新工作情况

2023 年，中国电建集团国际工程有限公司（简称电建国际公司）全面落实电建集团关于科技创新的规划部署，积极推动水电行业科技创新工作做深做实。

（一）协同创新情况

（1）产学研合作。2023 年，电建国际公司与国资国企研究院共同成立了《金砖国家能源合作机制建设研究转型国际合作方略和市场路径研究》课题组。确定了报告编制大纲，邀请国资国企研究院来公司调研，收集了金砖国家能源电力领域的相关材料，目前完成《新成员，新机遇—基于金砖国家扩容前后能源产业与政策的比较研究》论文 1 篇。

联合清华大学、河海大学、中国科学院空天信息创新研究院等单位立项的"基于人工智能的大坝安全评估技术研究"科技项目取得关键进展。目前大坝安全智慧管控平台研发成功，平台聚焦流域"安全监测、防洪度汛、隐患缺陷、监督管理"4 大业务，以"数据采集—数据处理—业务应用—信息发布—大屏展示"为主线，实现了"一网管控"和"一屏尽览"，在澜沧江流域梯级电站进行示范应用，开创了流域梯级大坝安全运维管控新模式。目前正在编制项目总结报告，编写/发表论文 10 篇，获得/申请软著 6 项、专利 5 项。

（2）产业技术创新战略联盟。电建国际公司牵头和参与产业技术创新联盟 10 余家，涵盖了水利水电、水环境、新能源等业务领域。与水电行业相关的产业技术创新联盟除水力发电学会海外分会外，主要有国际新能源解决方案平台（INES）。截至 2023 年底，INES 已累积推动合作落地项目 77 个，总装机容量 15.61GW（含储能 1.55GWh），联合推动项目 94 个，总装机容量超过 20GW。2023 年，在第 14 届国际基础设施投资与建设高峰论坛期间，电建国际公司承办了平行论坛；新能源国际合作，邀请了 5 家 INES 企业围绕新能源国际合作进行演讲和高端对话；为了加快推进电建集团海外新能源高质量发展，电建国际公司承办了 2023 年度电建集团（股份）国际新能源高级研修班，邀请 4 家 INES 企业围绕光伏、风电、氢能、储能、智能电网等领域，就新能源趋势、关键技术、典型案例、风险防范等方面进行深入研讨。

（二）重大科技成果情况

（1）基于人工智能的大坝安全评估技术研究。该项目于 2021 获得电建股份公司重点科技项目立项。项目主要研究内容包括基于增强现实的大坝智能巡检关键技术研究与设备研发，基于多源多轨道及多时序 InSAR 的地质灾害智能监测关键技术研究，基于大数据及人工智能的大坝安全评估预警技术研究，大坝安全智慧管控平台 2.0 版研发，2023 年各项研究任务基本完成。目前行业正在进行水电站大坝安全监测智能移动终端应用技术规程编制，根据要求对研发技术与设备进行迭代改进，算法正在华能糯扎渡水电站心墙堆石坝（最大坝高 261.5m，居同类坝型世界第三）开展示范应用。基本完成澜沧江流域梯级电站示范应用。编写/发表论文 10 篇，获得/申请软著 6 项、专利 5 项。

（2）国际水电工程技术标准研究及应用。2023 年应电建股份公司要求，有关单位继续开展国际工程技术标准应用研究。根据研究任务，电建国际公司作为牵头和主要参与单位，和水电水利规划设计总院联合主办了"中国电建 2023 年国际工程水电设计规范对比研究成果"专题培训，培训采用线上与线下相结合的方式，集团共计有 20 个单位 130 多人次参加。通过规范对比研究，可以加速推动对外设计的国际化管理能力，加强水电行业国际标准应用和中国标准国际化的水平，助力公司开启国际业务高质量发展新局面。

（3）获工法、标准、软著情况。2023 年，电建国际公司参编 1 项国家标准《水轮发电机组安装技术规范》于 11 月 27 日发布实施。参与提交 2 项软件著作权受理审查。

（三）重大科技成果转化情况

（1）中国标准国际化工作。按照国际主流标准〔GRI、联合国可持续发展目标（SDGs）等〕，电建国际公司将 ESG 发展理念融入公司战略规划，积极推进 ESG 体系建设。2023 年，补充编制了《合规管理手册》《能源管理体系手册》《社会责任管理手册》以及《国际工程项目合规工作标准（8 册）》《国际工程项目能源工作标准（7 册）》《国际工程项目社会责任工作标准（18 册）》；编制了《国际矿山采掘项目 HSE 管理导则》，为公司迅猛增长的国际矿山业务 HSE 管理奠定了基础；对原 76 项《国际工程项目 HSE 工作标准》进行了修订完善，增加了生物多样性保护、温室气体排放、碳足迹/碳中和等 12 个 HSE 工作标准，编制完成了《国际工程项目 HSE 工作标准（基础，88 册）》；为突出和强化行业 HSE 管控，编制了矿山、工业建筑、民用建筑、水利水电、海上风电、光伏、地铁等 7 个行业的安全管理标准，形成了各行业的《国际工程项目 HSE 工作标准》体系。2023 年 12 月，公司取得质量、职业健康与安全、环境、能源、合规管理体系的 ISO 认证证书，为践行 ESG 理念，推进公司 ESG 管理能力提升，实现公司高质量、绿色低碳发展提供了坚实的制度保障。

（2）对外设计咨询业务高质量发展。为促进对外设计咨询业务高质量发展，组织开展了《境外 EPC 项目设计管理指导书》《海外水电项目 EPC 设计指导书》和《海外水务 EPC 设计指导书》的编制工作。根据研究任务，电建国际公司作为牵头和主要参与单位，和水电水利规划设计总院策划组织了"中国电建 2023 年国际工程水电设计规范对比研究成果"专题培训，培训采用线上与线下相结合的方式，电建集团共计有 20 个单位 130 多人次参加培训。

（3）科技成果丰硕。2023 年，电建国际公司全面落实集团发布的科技体制机制改革三年攻坚实施方案。参与研究的项目《数据与知识协同驱动的混凝土坝安全诊断关键技术与应用》荣获 2023 年度水力发电科学技术奖一等奖，牵头编写的《水轮发电机组安装技术规范》（国家标准）于 2023 年 11 月 27 日正式发布，取得 2 项实用新型专利，4 项授权发明专利在审，2 项软件著作权。牵头开展电建股份公司重点科技项目 3 项、标准研究科研课题 1 项、参与股份核心技术攻关项目"揭榜挂帅"1 项，2023 年度新申请电建股份公司原创技术策源地核心项目 2 项、重点科技项目 3 项均获得立项，牵头开展的《大坝智能监控与安全评估关键技术研究与集成应用》研究获电建股份公司科学技术奖三等奖，公司科技影响力显著提升。在世界自然基金会等 7 机构主办的"2023 零碳使命国际气候峰会"之"2023 绿色发展年度致敬"评选典礼上，电建国际公司荣登"共建'一带一路'ESG 卓越 TOP10"榜单。

（中国电建集团国际工程有限公司）

中国水利水电第一工程局有限公司 2023 年科技工作情况

2023 年，中国水利水电第一工程局有限公司（简称水电一局）持续围绕高新技术企业管理要求，大力加强科技攻关，围绕"水、能、砂、城"领域工作部署，以"改革""创效"为主要目标，严格按照公司管理办法要求，依托在建项目开展科技创新工作，累计科技投入 31449.86 万元，占营业收入的 3.42%。

（一）技术创新体系建设情况

2023 年，水电一局持续以高新技术企业建设为中心，以省级技术中心为核心研发平台，建立以"科技委"为领导的水电一局总部、二级单位、项目部三级创新管理体系。水电一局充分发挥技术策划在创新实施中的前置作用、专业总师团队的创新带头作用及创新创优奖励激励作用，开展产学研合作管理体系创建工作。

（二）核心技术攻关情况

2023 年，水电一局持续加强科技攻关，依托在建项目开展科技项目立项工作，确定《风化地貌高陡边坡支护关键技术研究》等 58 项科技项目为 2023 年度立项研究科技项目，确定年度研发投入预算指标 33224.24 万元，为历年最高，确定《高海拔地区金属矿山立体式联合开拓及采运施工技术研究》等 9 项科技项目为合同制科技项目，共获水电一局资助 350 万元。研究题材涵盖了水利水电工程、市政工程、水环境生态工程、房屋建筑工程、输变电工程和新能源光伏电站工程等多个领域，发挥老牌水电施工企业优势，向多领域不断发展。同时，为不断推进数字化转型，除基础技术研究外，充分融合了智慧工地、智能建造、BIM 技术等数字化手段，开展不同行业、不同类别的"数字建造"技术研究，响应国家"双碳"战略目标，采用有利于节约资源、保护环境、减少排放、提高效率、保障品质的建造方式，探索废水"零排放"、智能通风、绿色砂石、以电动代替油动设备等绿色施工技术，实现绿色建造、可持续发展。

（三）技术中心建设情况

水电一局持续围绕高新技术企业建设，建立健全科技创新体制机制，以省级技术中心为核心研发平台，设立省级技术中心各专业分中心，引导各二级单位围绕各自专业特色开展重点技术攻关。2023 年与六所高校签订产学研合作协议，与吉林省科技开发交流中心签定哈长城市群技术服务协议，同时依托在研科技项目帮助培育高校学生，实现资源共享，优势互补。

（四）重大科技成果情况

2023 年，水电一局着力提升科技创新成果质量，获专利授权 166 项，其中发明专利 1 项，实用新型专利 165 项，有效专利总量突破 500 项；水电一局参与的"丰满水电站重建工程生态功能修复与提升关键技术"获 2023 年度电力建设科学技术进步一等奖；主持研究的"城市有限作业条件下水环境治理工程地下管网施工技术研究"成果获评 2023 年中国电建科学技术奖；主持申报的《复杂地层双模盾构施工关键技术》成果首获中国电建科技创新成果推荐目录（2023 年版）；水电一局《特大断面地下洞室顶拱、高边墙开挖施工工法》等 23 项工法参加中国施工企业管理协会首届工程建设企业数字化、工业化、绿色低碳施工工法大赛并获奖；《大型水电站地下厂房免装修混凝土施工工法》等 6 项工法获评中国水利工程协会工法；《超长地下暗涵污染治理施工工法》等 6 项工法

获评中国电建工法；《山地光伏电站 U 型预埋螺栓施工工法》等 9 项工法获评吉林省工法。

（五）科技人才队伍建设及奖励情况

2023 年，水电一局持续推进"百千万"人才工程建设，完善高端科技人才选拔培养制度，科学构建水电一局科技人才队伍。本年度推荐百人战略科技人才 1 人、评选千人领军科技人才 10 人、万人青年科技人才 68 人，选拔使用高、精、尖专业人才，拓宽优秀员工职业发展通道，充分调动和激发员工的工作积极性、主动性和创造性，根据水电一局干部管理规定，正式印发《中国水利水电第一工程局有限公司专家岗位管理办法》。

水电一局科技进步奖励工作按计划开展，由水电一局工程技术部组织各二级单位的总工程师组成评审委员会，并对评审工作全程监督。评审委员会对水电一局属各单位申报的科技进步奖项目依据《中国水利水电第一工程局有限公司科学技术进步奖管理办法》予以评选，其中"复杂山地、复合型数字光伏电站设计施工一体化关键技术研究"与"300MW 抽水蓄能机组大修关键技术研究"获评水电一局科技进步一等奖；"薄混合复杂地层筑坝料爆破施工关键技术研究与应用""水电站高陡边坡开挖与支护安全快速施工技术研究"与"非洲地区不同品质胶凝材料与卵砾料对拱坝碾压混凝土力学性能影响的研究"获评水电一局科技进步二等奖；"城市地下超长暗涵污染治理技术的研究与应用""施工机械物联网平台应用技术研究""砂石骨料系统干法环保制砂技术研究""水电站 200m 级高陡边坡安全环保开挖支护施工关键技术研究"及"标准化工业厂房施工技术研究"获评水电一局科技进步三等奖，评选工作规范。依据水电一局创新创优奖励办法，对全年 273 项创新创优成果奖励 234.9 万元。

（中国水利水电第一工程局有限公司）

中国水利水电第六工程局有限公司 2023 年科技创新工作情况

中国水利水电第六工程局有限公司（简称水电六局）为国家"高新技术企业"，辽宁省省级"技术中心"，连续 9 年通过辽宁省经信委年度评价，以深部工程与智能技术为研发方向，与东北大学共同组建成立了辽宁省重点实验室。2023 年企业不断加大科技投入，联合大专院校、科研单位、设计单位开展科技创新，取得多项科技成果。

（一）协同科技创新

2023 年，联合科研单位、大专院校、行业内企

业积极参与中国电建集团科技项目立项申报。其中，牵头和参与原创技术策源地核心项目3项、牵头和参与中国电建集团未来产业核心项目3项、参与中国电建集团重点科技项目1项、牵头中国施工企业协会重点研发项目1项。

（1）中电建集团批准立项的科技项目。成功申报中电建集团批准立项的科技项目：①复杂地质条件长大隧洞TBM智能掘进技术；②深部地下空间全断面斜井掘进技术与装备；③超深地下工程灾变（强震、高地温、高水头）机理与防控关键技术；④南方稻田重金属污染土壤减量化修复技术；⑤水电站地下洞室群压缩空气储能关键技术；⑥超大跨洞室及洞室群智能安全施工技术；⑦投建营一体化+EPC模式的数字抽水蓄能关键技术研究与应用。

（2）中国施工企业管理协会批准立项的科技项目。2023年成功申报中国施工企业管理协会批准立项的"大型抽水蓄能电站1000MW级超高强压力钢管智能化制作及数字化安装关键技术研究"项目。

（二）科技成果转化

（1）"复杂城区雨污管网及其配套工程施工关键技术"科研成果。水电六局将完成的"复杂城区雨污管网及其配套工程施工关键技术"成果及时产业化，在东莞市磨碟河片区雨污管网及配套工程、驷马涌流域清污分流工程、石龙仔片区内涝系统治理工程等工程等项目实施，取得了良好的效果，有效解决了雨污管网及其配套工程种类繁多、施工环境复杂，交叉作业干扰大、复杂地质沉降问题突出、安全风险高等难题。获实用新型专利11件，工法6项，论文3篇，取得了较好的经济和社会效益。

（2）"抽水蓄能电站主机及辅机设备数字化安装关键技术研究与应用"科研成果。水电六局将完成的"抽水蓄能电站主机及辅机设备数字化安装关键技术研究与应用"成果及时产业化，在黑龙江荒沟抽水蓄能电站机电安装工程等项目实施，取得了良好的效果，实现精准高效安装，提升了数字化智能化建造水平，获得发明专利4件、实用新型专利5件，工法3项，软著2项，省（部级）级BIM大赛奖项2项，取得了显著的经济和社会效益。

（3）"抽水蓄能电站压力钢管智能化安装关键技术研究与应用"成果。水电六局将完成的"抽水蓄能电站压力钢管智能化安装关键技术研究与应用"成果及时产业化，在清原抽水蓄能电站压力钢管安装工程等工程等项目实施，取得了良好的效果，实现了压力钢管智能化安装，获授权发明专利3件、实用新型专利8件、论文2篇、软件著作权3件，取得了显著的经济和社会效益。

（三）科技成果丰硕

2023年，科技研发投入48602.47万元，1项中国电建集团重点科技项目通过验收，获中国土木工程詹天佑奖2项、省部级（含集团级）科学技术奖33项、其他国家行业协（学）会科技奖7项、工程建造微创新技术大赛奖7项、工程建设行业高推广价值专利大赛奖6项、工程建设企业数字化工业化绿色低碳施工工法大赛奖26项、地市级科技进步奖16项、国家专利165项（其中，发明专利21项）、计算机软件著作权5项、省部级工法9项，4项团体标准、3项地方标准于本年度正式发布实施。

（中国水利水电第六工程局有限公司　何金星）

技 术 创 新

多沙河流高水头水电站水轮机抗沙蚀关键技术研究及应用

"综合措施下多沙河流高水头水电站水轮机抗沙蚀关键技术研究及应用"为湖南省水利科技重大项目，由湖南省水利水电勘测设计规划研究总院有限公司、中电建水电开发集团有限公司共同承担，牵头单位为湖南省水利水电勘测设计规划研究总院有限公司，项目于2018年2月启动，2023年6月完成结题验收。

（一）项目背景

新疆克孜河中游河段水电梯级规划为二库六级开发方案，推荐的近期开发工程为塔日勒嘎、夏特、八村3个梯级，采用首尾相连的开发方式。塔日勒嘎水电站是该河段水电梯级规划的第二个梯级，也是近期开发方案中唯一具有径流调节能力的小龙头水库，装机5万kW，额定水头45m，为三等中型工程，枢纽由拦河大坝（黏土心墙砂砾石坝）、左岸导流兼泄洪冲沙隧洞、右岸溢洪道、左岸发电引水隧洞、电站厂房、开关站、退水渠等主要建筑物组成。夏特水电站工程为规划的第三个梯级电站，属三等中型工程，装机容量24.8万kW，最大水头280m，电站从塔日勒嘎厂房尾水取水，由引水渠进水节制闸、引水渠、溢流侧堰、进水前池、发电引水隧洞、电站厂房及开关站等主要建筑物组成。

克孜河多年平均流量 61.7m³/s，多年平均悬移质含沙量 6.2kg/m³，平均粒径 0.0676mm，最大粒径 1.13mm，小于 0.05mm 的颗粒含量为 70.2%，泥沙硬度高，石英质含量为 30%～45%，长石含量为 15%～25%，对水库防沙及机组磨蚀极为不利。

我国是多泥沙河流大国，水轮机泥沙磨损非常严重，泥沙问题处理的好坏，直接关系到工程的成败。随着我国西部大开发的持续推进，将陆续建设一批重点水利水电工程，因此，结合新疆克孜河中游河段水电梯级开发"一库三级"中的塔日勒嘎、夏特水电站工程设计，对过机泥沙磨蚀进行深入研究总结分析，对今后高水头含沙水电站的开发和已建高水头含沙水电站的经济安全运行有重要意义。该项目高水头水电站抗泥沙磨蚀处理措施的研究成果，可以直接为工程建设服务，延长机组的使用周期，降低后期更换设备的费用，并可为类似高水头水电站泥沙处理提供经验和参考。

（二）主要研究内容

（1）从源头上采取工程措施，减少机组的过机泥沙。①通过对"一库三级"的龙头水库——塔日勒嘎水电站水库泥沙二维数学模型计算分析及冲沙物理模型试验，确定了塔日水库的进水口结构形式和运行调度方案，以库代池，有效减少机组的过机泥沙。②在夏特水电站进水渠位置，论证分析设置沉沙设施的必要性及合理性，以进一步减少夏特电站的过机泥沙，经分析研究，采取预留沉沙设施位置暂不实施，根据实际运行效果决定后期是否建设的方案。

（2）机组采取一定的抗磨蚀措施，延长机组使用寿命。①从水轮机参数选择上选取空化性能优秀，稳定性高的转轮（通过对水轮机不同参数进行对比来进行选择）。②从水轮机制造材料、结构及工艺方面采取抗泥沙磨蚀措施，并对过流部件进行喷涂，对不同的喷涂材料进行比较，最终选择适合夏特水电站的喷涂材料。③水轮机运行方面，建议电站运行时，加强对过机泥沙和水轮机泥沙磨损量的监测，找出对水轮机磨损量与泥沙含量的关系，在泥沙含量大的季节停机，以减少机组的磨损。

（三）创新点

水库调度是软件，工程措施是硬件，以库代池，软硬结合，提出高水头电站抗泥沙磨蚀处理综合措施，延长机组的使用周期，降低后期更换设备的费用，并为类似高水头水电站泥沙处理提供经验和参考。

（四）推广应用

①运用该研究成果，第一级塔日勒嘎水电站已成

功运行 8 年，水库淤积可控，电站运行良好，至今未更换转轮等重大设备，远超预期。②第二级夏特水电站已运行 2 年，经检查，机组设备磨蚀情况不严重，无需大修或更换，达到前期目标。③第三级八村水电站已完成可研，正抓紧报批，即将开工建设。

（湖南省水利水电勘测设计规划研究总院有限公司
胡正福 林飞 陆昕炜
中电建水电开发集团有限公司 王学仁）

苏洼龙水电站升鱼机和集运鱼系统双向过鱼设施关键技术研究与应用

（一）项目背景

水电水利工程建设和运行对鱼类的影响主要包括生境的破碎化、鱼类栖息生境的变化和阻隔影响等，为减缓工程建设对鱼类的阻隔影响，需要建设过鱼设施。国内外实例证明在大坝上修建过鱼设施可用来改善河流连通性，使鱼类能顺利上行或下行过坝。鱼类过坝设施对维持河流生态系统的连通性、保护珍稀鱼类、维持河流的遗传及生物多样性具有重要意义。该研究根据苏洼龙水电站环评要求，基于国内外升鱼机和集运鱼系统研究与应用情况，为支撑苏洼龙水电站升鱼机和集运鱼系统的设计与运行，开展了项目研究，以保证苏洼龙升鱼机和集运鱼系统的设计、建设和运行，从而维持苏洼龙坝上、坝下鱼类之间的基因交流，减少种群数量带来的遗传分化等问题，为金沙江上游鱼类的长久生存创造条件。

（二）主要研究内容

（1）升鱼机研究。升鱼机可分为集鱼系统、运鱼系统、放流系统和补水系统四大部分。为了提高设施过鱼效率，选择设施合理布置位置，方便后续操作研究，针对升鱼机进行了 7 项研究：集鱼系统布置位置研究、集鱼系统研究、赶鱼系统研究、补水系统研究、升鱼机过坝系统研究、升鱼机放流系统研究、升鱼机专用设备研究。

（2）下行集运鱼系统研究。针对下行集运系统，开展了 2 项研究：集运鱼船研究、集运鱼专用设备研究。主要研究集运鱼船结构、设备组成、集鱼方式方法等。

（3）过鱼设施智慧运行管理系统研究。传统的过鱼设施存在升鱼机、集运鱼系统、多进出口鱼道需控制设备多、操作环节复杂、运行管理效率低等问题，为了解决这些操作和运行上的不便，针对运行管理系统进行了 2 项研究：智慧运行管理系统研究、鱼类智能识别系统研究。

（三）主要创新点及成果

（1）研发集新型赶鱼、双向导航运鱼的升鱼机组合系统及其设备集成。根据坝下流场模型试验成果，通过尾水渠底坡改进，改善河道流场分布，强化集鱼效果；研发了新型赶鱼系统、双向导航运鱼车和升鱼机鱼类专用设备组成的升鱼机组合系统；研发了新型赶鱼系统和赶鱼小车设备，由一套驱动装置实现赶鱼栅四个方向的运动，提高了操作的便利性和赶鱼效率。

（2）研发集光诱鱼、吸鱼泵集鱼于一体的下行过坝集运鱼系统及其设备。研究了利用灯光、饵料的诱集鱼装置；研发了自动观测、计数集鱼效果与转运的智能监测系统。

（3）首次研发双向过鱼设施在线监测与智慧化管理系统。研发了过鱼设施智能联动控制装置，根据过鱼设施设备的状态信息，智能控制补水电动阀、赶鱼启闭机、集鱼启闭机等，提高诱集鱼的效果；研发了鱼类智慧识别系统，提高了鱼类统计效率。

（四）社会和经济效益

（1）社会效益。该研究取得的成果技术先进，多项成果应用国内尚属首例，填补了国内空白，为行业标准《水电工程升鱼机设计规范》编制提供了技术参考及依据，对国内其他升鱼机和集运鱼系统的设计、建造和运行提供技术参考和借鉴，解决制约水电水利工程开发鱼类保护的技术瓶颈，大力促进水电水利行业的健康、可持续发展。

（2）经济效益。该电站最大水头为91.78m，若采用传统鱼道设计，长度约为6.7km，投资约20659.29万元，除鱼道建设投资外，还占用了苏洼龙乡大片良田，涉及新增移民和征地，结合该项目成果采用升鱼机方案投资7338万元，可节约投资成本约1.3亿元。

（中国华电集团有限公司　刘鹏　杜晓凡）

数字孪生江垭皂市研究

"数字孪生江垭皂市研究"是2022年湖南澧水流域水利水电开发有限责任公司委托长江水利委员会长江科学院研究的项目，2022年12月正式启动，2023年12月完成水利部先行先试阶段验收工作。

（一）项目背景

数字孪生江垭皂市作为"十四五"期间首批重点水利工程数字孪生建设项目之一，在已有信息化基础设施和已建应用系统的基础上，综合运用物联网、大数据、云计算、数字孪生等新一代信息技术，建设物理空间与数字空间互馈的数字孪生水利工程体系，实现数字工程与物理工程的同步仿真运行，支撑江垭皂市工程安全与调度运行。

（二）研究内容

数字孪生数字江垭皂市建设主要包括5个方面，分别是信息化基础设施升级、数据底板建设、模型库与知识库建立、智能业务应用扩展和系统集成部署。通过新一代信息技术与工程实际业务的深度融合，全方位支撑工程安全与调度运行工作，保障工程综合效益的充分发挥。

（三）主要成果和创新点

（1）主要成果。①完成江垭皂市大坝安全监测、视频监控、雨水情遥测设施、机房及会商环境升级改造，解决了雨水情遥测数据传输效率低、传输不稳定的问题，提升了大坝安全信息的动态感知能力。②完成澧水流域L2级和江垭皂市工程L3级数据底板制作，采用GIS+BIM+UE相结合的技术方案，实现宏观全景GIS模型和微观精细化BIM模型的有机融合。③自主研发了一系列多维多尺度的防洪兴利模型，工程安全分析预警模型，智能识别模型及可视化模型，初步构建了模型引擎，实现洪水"降雨—产流—汇流—调度—演进"全过程模拟和工程安全"监测分析—预测—预警—评价"全链条专业模型，可完成多场景灵活构建，实现在线计算快速推演。④初步构建了数字孪生江垭皂市工程水利知识图谱、预报调度方案库、工程安全知识库等知识库，并搭建完成了知识平台，实现了知识图谱、调度规则库、预案方案库的可视化查询和展示。⑤定制开发了江垭皂市工程的安全分析预警、防洪兴利调度、生产运营管理、库区巡查、综合决策支持5项业务应用的核心功能，并成功得到应用。⑥构建了数字孪生江垭皂市平台并上线试运行，顺利通过水利部数字孪生流域建设先行先试阶段验收。

（2）特色亮点。①多维立体感知数据底板构建。采集江垭、皂市大坝及上下游河段的倾斜摄影、数字正射影像、数字高程模型，制作江垭、皂市大坝枢纽工程高精度BIM模型，实现了"天—空—地—水"多维立体感知体系，初步建成了澧水流域L2级和江垭皂市工程L3级数据底板。同时，利用GIS+BIM+UE技术，构建了水库库区及大坝下游河道实景三维数字化场景，实现对物理流域与工程的数字化映射。②防洪调度智能模型库研发。融合机理模型和智能优化算法，构建一系列多维水文、水动力和工程调度模型，精准实现"降雨—产流—汇流—调度—演进"全过程模拟；采用分布式并行加速算法，一维模拟澧水流域干流1天洪水过程计算耗时仅0.7s，二维模拟重点城镇河段1天洪水过程计算耗时20s以内，实现了洪水预演结果的快速生成。通过水库防洪调度、河道洪水演进、城镇洪水淹没等防洪兴利模型的组件式耦合，完成多场景灵活构建，实现在线计算快速推演，极大提升预报调度预演一体化的时效性和精准度。③工程安全智能分析预警技术研发。基于数字孪生平台，集成安全监测自动化系统，构建工程安全全生命周期业务应用，综合运用数理统计、结构计算与机器学习算法，构建了工程安全"监测分析—预测—预警—评价"全链条专业模型，强化了工程安全"四预"应用，可有效提升特大洪水等极端工况下的工程安全监控预警能力，能够在 5min 内实现江垭皂市工程安全性态全面诊断与即时预警。

（四）成果应用

（1）支撑长江水利委员会 2023 年水库防汛抢险应急演练。2023 年 5 月首次利用数字孪生平台开展长江水利委员会 2023 年水库防汛抢险应急演练；2023 年 11 月，以本次演练为案例，在水利部办公厅开展的"2023 年全国水利安全生产应急演练成果评选活动"中，澧水公司报送的"2023 水库防汛应急演练"获得一等奖。

（2）支撑"流域防洪"水利业务中取得良好效益。在 2023 年洪水调度中，基于数字孪生江垭皂市平台，江垭皂市水库妥善应对洪水过程，拦蓄洪量分别为 2.5 亿 m³ 和 3.85 亿 m³，有效提高了水资源利用效率，为迎峰度夏供电提供了坚强保障。

（3）支撑"水利工程建设与运行管理"水利业务取得良好成效。通过大坝安全监测自动化升级改造及工程安全智能分析预警业务应用，实现了工程安全性态动态感知、全面诊断与即时预警。

（4）支撑"河湖长制与河湖管理"水利业务取得良好成效。数字孪生江垭皂市的库区巡查业务应用，为"2+N"中的河湖长制与河湖管理水利业务提供有效支撑，破解了库区无法实时掌握库区动态，管理难度大等问题。

该项目研发的相关技术可应用于全国范围内数字孪生流域和水利工程数字孪生系统建设，提升水库数字化、网络化和智能化水平，具有良好的推广应用前景。

（长江水利委员会长江科学院 元媛）

长江源典型高寒湿地碳储量估算专项研究

长江源典型高寒湿地碳储量估算专项是三江源生态保护基金会委托长江水利委员会长江科学院开展的项目，2023 年 4 月正式启动，2023 年底完成。

（一）项目背景

长江源区对中下游水量和气候起着重要的调节作用，是我国青藏高原生态安全屏障的重要组成部分，在全国生态文明建设中具有特殊重要的地位。深入了解全球气候变化和人类活动对江河源头的生态环境状况的影响，可为保护长江源湿地生态环境与碳中和战略提供科技支撑。为深入贯彻习近平总书记"共抓大保护，不搞大开发"的指示精神，在三江源生态保护基金会和三江源国家公园管理局的支持下，长江水利委员会长江科学院联合青海省水文水资源测报中心等单位，在长江源区盐湖周边湿地、查旦湿地两处高寒湿地开展了该项目的研究。

（二）主要研究内容

（1）长江源典型高寒湿地的实地观测和采样。综合利用"天—空—地"遥感影像确定湿地的采样位置，分析路径可达性，深入海拔 4000m 以上高寒湿地的重要断面实地考察，观测水、土、植被的分布规律，无人机获取高分影像，在干流、支流、热熔湖塘等范围采集水、土、植被样本约 100 份，并利用 RTK 设备同步记录位置信息，野外考察总时长超过 20 天，总里程将近 10000km。

（2）长江源水、土、植被碳含量空间分布规律探究。利用进口仪器 TOC 总碳分析仪实测了长江源高寒湿地水、土、植被样本的碳含量，在 ArcGIS pro 3.0 制作碳含量分布的专题图，分析了碳含量的空间分布规律，结合单变量 Moran's Index 揭示了空间相关性。

（3）初步估算了长江源两处典型高寒湿地的碳储量。结合高分、高光谱等多源多时相遥感影像和人工判别解译获取的水体、植被等矢量范围，建立了水土植被碳储量估算模型，实现了长江源高寒湿地碳储量估算。

（三）主要成果和创新点

（1）深化了长江源高寒湿地碳含量空间分布规律的科学认知。研究选取了长江源两处重要的高寒湿地，在关键断面实地采集了水、土、植被样本并化验获取了碳含量本底信息，为深化长江源高寒湿地减源增汇的科学认知提供了宝贵的数据支撑。

（2）填补了长江源高寒湿地碳储量空白。研究首次估算了长江源高寒湿地的碳储量，分析了水土植被碳含量的空间分布差异，为高寒湿地固碳潜力评估提供了参考，为高寒湿地保护提供了辅助建议。

（四）成果应用

长江源典型高寒湿地水、土、植被碳含量"本底"数据和碳储量初步估算的报告已提交给三江源生态保护基金会和三江源国家公园管理局，为三江源国家公园科学管理和湿地保护提供了基础资料，也为高寒湿地碳储量估算提供了参考。

（长江水利委员会长江科学院 张双印）

基于磁感应非接触式位移传感技术研究开发与应用

（一）项目概况

水平位移作为大坝在内、外荷载和地基变形等因素作用下最直观、有效的状态反映，是大坝安全监测中不可或缺的一部分。大坝水平位移监测方式多采用垂线法，常用的监测仪器垂线坐标仪根据测量原理区分有 CCD 式、电容式、步进式等。目前常用的垂线坐标仪都具有一定的环境局限性，而大坝廊道通常是高湿度高粉尘的环境，会造成测量不准确甚至仪器失效，产生险情误报或漏报。针对此问题，长江科学院工程安全与灾害防治研究所提出了基于磁感应技术的大坝水平位移监测新方法，研发了具有高精度、高稳定性、高适应性的磁感应式垂线坐标仪，在达到目前垂线坐标仪的最高精度情况下，同时满足适用于高湿度高粉尘环境下的长期监测。

磁感应位移传感方法源于磁通量检测技术，基于磁通量不受非铁磁性介质影响的特点，应用于位移测量时，磁通量的大小仅与磁路磁芯与被测物之间的距离和介质的磁导率有关，而非铁磁性介质的磁导率均与空气相同。采用非铁磁性材料对传感器进行封装，可实现目前监测仪器无法满足的全闭合，最大程度隔绝外部环境，减弱仪器内部锈蚀程度，提升位移监测仪器的稳定性及可靠性。因此，将磁感应位移传感方法应用于大坝位移监测中，可以最大程度降低大坝高湿高粉尘环境对位移测量的影响，为大坝水平位移监测提供一种新的技术框架，解决水平位移监测无法长效可靠运行的问题。

（二）项目主要特色

（1）创新提出一种大坝磁感应位移传感方法，采用磁通量作为传感媒介，利用被测物与传感器之间的磁阻不受非铁磁性材料磁导率影响的特点，消除非铁磁性介质对测量的影响，针对性的解决大坝位移测量受高湿度高粉尘环境影响的问题，为大坝安全监测领域提供了一种新的思路和技术路径。

（2）提出磁感应传感器对向差分结构。针对磁感应垂线坐标仪中磁传感器受外界电磁场干扰影响较大等问题，采取对向一组磁感应传感器进行差分计算的方式，可有效减弱外界干扰带来的影响，同时增大垂线位移带来的电压变化，有效提高传感器灵敏度。

（3）提出一种迭代拟合标定算法。针对磁感应传感器数据的非线性及二维拟合精度差的问题，采用二维平面网格化拟合标定，将二维拟合降维，通过垂线坐标仪两个测量方向的一维拟合曲线依次迭代计算，

获取更精确的位移值，提高测量精度。

（三）创新成果

研究成果获授权专利 5 项（发明专利 2 项），计算机软件著作权 4 项，在国内外期刊和重要会议发表论文 5 篇，获批国家自然科学基金青年基金 1 项。研究成果已推广应用到白鹤滩水电站并将逐步推广至其他水电站，研究成果为保障大坝水平位移长期可靠监测发挥了重要的支撑作用，具有良好的社会和经济效益。

（长江水利委员会长江科学院　李端有）

混凝土坝结构安全数字孪生模块

（一）项目概况

大坝安全数字孪生模块需准确、及时地反映大坝性态的实时变化。对于混凝土坝而言，大坝状态的变化受蓄水、筑坝材料特性、气候环境（水温、气温、日照、风速等）和水库流域演变的影响，是水利工程数字孪生系统的重要组成部分。该项目研究了混凝土温度场和应力场的有限元算法、日照辐射温度场模拟算法、混凝土结构接触快速算法、大规模线性方程组的多 CPU＋GPU 异构并行求解方法和前馈神经网络阈值设计方法，系统研究了大坝结构安全多物理场耦合仿真技术，研发了大坝结构安全数字孪生模块，解决了大坝温度场、应力场和变形、接触、稳定等关键性能的实时动态分析问题，为数字孪生技术在水利行业的应用和发展提供了重要支撑。

（二）主要研究成果

（1）提出了物理机制—监测感知互馈驱动的数字孪生系统驱动模式，突破传统数据驱动模式在映射的完整性、准确性存在的瓶颈，通过研发有限元多物理场耦合仿真模块，引入参数快速反演技术，形成仿真—监测互馈修正的数字孪生驱动新模式。

（2）研发了考虑环境（气温、水温、日照、风速）、材料（热学、力学、变形等）、结构（接缝、钢筋、锚杆等）、施工（分层、分块、冷却、保温等）、运行（蓄水、泄水等）影响的混凝土坝性态多物理场三维有限元耦合仿真程序，并完成了轻量化封装，形成混凝土坝结构安全数字孪生模块。

（3）提出了大规模线性方程组的快速求解算法，开发了相应的 CPU 串行/CPU 并行/GPU 并行/CPU＋GPU 异构并行求解器；同时，引入了接触分析快速算法，有效提升了动态仿真计算效率，满足了数字孪生系统对大坝结构性态分析计算效率的需求。

（4）统计了大坝监测数据，解析了仿真分析中的固有误差和初始参数误差，基于深度学习算法开发了

"积误修正、动态调整"的大坝物理参数预处理模块，提高了数字孪生技术的虚拟模型对大坝实际运行状态反映的准确性。并基于前馈神经网络预测，确定了在可能极端运行条件下的大坝安全状态多级预警阈值，为水利水电工程混凝土坝长期安全服役提供技术保障。

（三）成果应用情况

该项目成果推广应用前景广阔，目前已成功应用于丹江口数字孪生一期工程，促进了行业技术进步，具有重要的科学和工程意义。

（长江水利委员会长江科学院　颉志强）

水工混凝土高耐候防护修复材料与成套技术

（一）项目概况

水利水电工程安全关系到国计民生。由于工程所处环境复杂、服役年限长等原因，水工建筑物混凝土普遍出现裂缝、磨蚀、碳化、污损等缺陷，严重影响工程安全运行和服役寿命。该项目围绕国家大中型水利水电工程建设与运行安全需求，针对老坝深层隐蔽渗漏、高速水流磨蚀、高寒地区高频冻融破坏等水工混凝土复杂缺陷处理技术难题，依托科技部国际科技合作项目、国家自然科学基金、科研院所技术开发专项以及丹江口大坝等国家重点工程科研项目，开展了混凝土高耐候防护修复材料、配套工艺和评价指标体系研究，取得了新材料、新工艺、新装备和新方法原创性科研成果，形成了水工混凝土防护修复成套技术和系统解决方案。

（二）主要研究成果

（1）提出了基于分子结构调控、纳米改性和有机无机复合的混凝土防护修复新材料设计理论与方法，研发了高渗透环氧树脂裂缝灌浆材料、水免疫慢反应聚脲抗冲磨材料，解决了饱水、强紫外（日均辐照量 $20MJ/m^2$）、大温差（年极端温差近 $80℃$）、高频冻融（年均 200 次以上）等条件下材料适应性和耐候性不足的技术难题，形成了适用于复杂严苛环境的水工混凝土高耐候防护修复系列材料。

（2）揭示了多环境因素耦合下的防护修复材料与混凝土界面特性演化规律，提出了复杂施工条件下保障防护修复耐久性的调控技术，建立了高寒条件下水工混凝土防护修复效果评价方法与指标体系，填补了国内外空白。

（3）提出了全封闭分序灌浆封堵的大坝横缝渗漏处理技术，研发了黏结—缓冲—耐磨多层多功能抗冲磨保护结构，研制了自动计量智能控制化学灌浆泵等配套装置，解决了混凝土内部裂缝、深层渗漏（埋深

30m）、高速水沙磨蚀（流速 50m/s）等复杂缺陷处理的技术难题。

（三）成果应用情况

项目成果入选全国水利系统优秀产品招标重点推荐目录，被水利部认定为水利先进实用技术，成果已在南水北调中线、小湾、西藏藏木、丰满等多个重点大中型水利水电工程中得到成功应用。通过本成果技术的推广应用，解决了多个水利水电工程复杂缺陷防护修复处理的重大技术难题，消除了工程安全隐患，对确保工程效益发挥和长期安全运行发挥了重要作用。成果辐射至交通、市政等领域，应用前景广阔。

（长江水利委员会长江科学院　肖承京）

砂石系统高效节水与回水资源化利用技术

（一）项目概况

我国水利水电工程建设大多位于生态环境脆弱地区，水利水电工程砂石骨料生产加工系统排放的废水规模巨大且悬浮物（SS）浓度高，直接排放会带来严重的生态环境威胁；为使废水达标排放，需要配套建设污水处理厂，占用大量场地且工艺复杂。开展砂石骨料加工系统高效节水及回水资源化利用技术研究，不仅可从源头上减小废水排放规模，还可实现废水回收利用，是水利水电工程践行生态优先、绿色发展的重要技术举措。

该项目依托金沙江上游叶巴滩、平坦原抽水蓄能等多个重点水利水电工程，在系统调研与总结国内典型砂石骨料加工系统及废水处理工艺的基础上，围绕砂石系统高效节水技术、反复加药处理对水—砂品质影响、智能化投药系统及砂石系统中水回用标准等方面，系统开展了砂石系统高效节水与回水资源化利用技术。

（二）主要科技创新

（1）研发了采用螺旋喷嘴和梯度布局出水点的新型喷淋工艺，提出了砂石骨料筛分系统高效节水方法，通过变化喷嘴型式、冲洗角度以及出水点的喷淋工艺与喷雾式布置方式，在不降低砂石品质前提下，冲洗用水量约为传统方式的 50%，末端需处理废水总量也相应降低。

（2）针对砂石废水中固悬物 SS 浓度高达 $10×10^4mg/L$ 数量级以及常规废水处理前端水质难以监测的现状，研发了超宽范围、高浓度悬浮固体废水的在线自动检测装置，实现废水水质的快速智能感知。

（3）基于前端废水水质在线检测与监测，结合"智能算法"与"离心泵＋调节阀"新型投加模式，

开发了砂石废水智能加药系统，可使废水处理药剂投放量节约30%以上，且实现废水处理过程中药剂投放的闭环式、高精度、全过程一体化智能控制。

（4）提出了基于氯离子含量限制的砂石废水加药处理循环次数的分析方法及中水回用控制标准，首次提出固悬物浓度不超1800mg/L可回用于混凝土拌和系统的控制指标，突破了常规水电工程施工组织规范等标准的限制，并与常态混凝土拌和用水标准兼容。

（三）成果应用前景

该技术充分将现代信息技术与传统工程建设的生态环保需求对接，通过试验研究与现场应用示范，在砂石废水处理系统高效节水—自动化运行—废水零排放的技术、工艺、装备与标准等方面取得了系列创新性成果，对绿色智能砂石系统建设起到了良好的示范效应，具有广阔的应用前景与显著的推广价值。

（长江水利委员会长江科学院 陈霞）

岩石高边坡开挖爆破效应调控关键技术与工程应用

（一）项目概况

工程岩体安全高效爆破开挖是大型水利水电工程特别是峡谷地区高坝建设关键技术之一，科学地利用炸药能量破碎岩体形成开挖轮廓并合理控制有害效应是需要解决的核心问题。近20年来，研究团队以小湾、锦屏一级、溪洛渡、乌东德以及白鹤滩等国家重大水利水电工程为依托，以国家973项目、国家重点研发计划、国家自然科学基金以及重大工程科研项目等为支撑，围绕岩石高边坡爆破效应计算理论与力学判据、岩石高边坡开挖爆破控制成套关键技术、岩石高边坡爆破效应测试与评价方法等三大方面，形成了峡谷地区高坝岩基开挖爆破精细调控理论与技术体系。

（二）主要技术创新

（1）建立了岩石高边坡近、中远区开挖爆破效应的计算方法与力学判据。揭示了岩体爆破损伤技术，提出了岩体爆破损伤计算模型与数值仿真方法；揭示了岩石高边坡开挖扰动下地震波衰减规律，建立了高边坡爆破振动全历程响应预测模型；揭示了爆破荷载作用下岩石高边坡动力失稳机制，提出了岩石高边坡动力稳定性的力学判据。

（2）提出了基于主爆区—缓冲区—轮廓孔爆破能量分区调控的高边坡爆破方法，建立了整齐主爆区—谨慎缓冲区—精细轮廓区的边坡保护层爆破控制技术，发展了临近岩体开挖轮廓面的量化爆破设计方法；针对软弱岩体开挖爆破成型，研发了预灌浆岩体光面爆破技术；针对高拱坝拱肩槽强约束区，研发了

深切河谷拱肩槽分段轮廓爆破成型技术；提出了开挖爆破扰动下岩石高边坡动力稳定性分析方法与控制技术。

（3）研发了岩石高边坡爆破效应测试与评价方法。研制了国内第一款具有无线远程传输功能的爆破振动监测仪器，研发了基于近景摄影和激光扫描技术的岩体开挖半孔率及平整度测试技术，提出了基于P波上升时间的岩体爆破损伤检测技术；建立了涵盖信息感知、智能设计与反馈优化的水工岩石高边坡爆破信息化管理系统。

（三）成果应用情况

该研究成果已在小湾、锦屏一级、溪洛渡、乌东德、白鹤滩以及巴基斯坦卡洛特水电站等国内外80余个大中型水利水电工程中得到成功应用，解决了我国水利水电工程岩石基础开挖爆破设计、施工和安全控制技术难题，成果辐射至交通、市政等领域，应用前景广阔。项目成果参与编写国家标准1部、主持行业标准4部；授权发明专利70项，软件著作权10余项，授权行业工法10余部；发表学术论文100余篇，其中SCI、EI及ISTP检索收录80余篇，相关成果他引超过6000次。项目研究培养了一批水利水电工程建设优秀人才，多人入选"国家杰出青年基金""国家万人计划"与"中国爆破行业有突出贡献科技专家"等，项目成果推动了我国工程爆破行业的科技进步与发展。

（长江水利委员会长江科学院 胡英国）

冻融与冰推共同作用下土石坝护坡破坏机理及数值模拟方法研究

（一）研究背景

寒区土石坝护坡破坏异常严重，现有规范对土石坝护坡结构设计以工程经验为主，且缺乏对冰冻荷载的规定。该项目从护坡水位变化区的土石混合体经受冻结、融化及冰推角度出发，提出长期的冻融、冰推作用是护坡破坏的主导因素。开展低围压冻融作用下土石混合体的强度试验，建立冻融冻胀作用下土石混合体含水量、砾石量、负温与其强度之间的内在关系，阐明冻融冻胀作用对土石混合体强度的影响机理，提出低围压下冻融冻胀作用对土石混合体冻胀变形和强度特性的影响规律；开展冻融与冰推共同作用下护坡的离心模型试验，通过对护坡土石混合体的变形、含水量、孔压、温度等指标监测，辅助粒子图像测速（PIV）和图像处理技术，研究揭示冻融与冰推共同作用下的土石坝护坡破坏模式和破坏机理；基于上述三轴和模型试验，编制有限元计算程序，建立考虑冰荷载

作用的土石坝护坡水、热、力耦合数值分析方法。

(二) 研究成果

以寒区某水库土石坝护坡土石混合体为研究对象，开展了冻融循环作用下低围压土石混合体的物理力学特性试验研究，分析了冻融循环作用下土石混合体的应力—应变曲线、破坏强度、弹性模量的变化规律，为寒区土石坝护坡防冻胀破坏机理提供试验和理论依据；开展了冻胀作用下低围压土石混合体的物理力学特性试验研究，探讨了含石量、温度对土石混合体力学特性的影响，分析了不同温度和含石量情况下的应力—应变、体变—应变曲线、内摩擦角和黏聚力的变化规律，阐明了影响冻结土石混合体力学特性的主要因素；进行了冻结膨胀土的拉伸特性研究，具体采用巴西劈裂试验分析了加载方式、试样高径比、加载速率、温度、干密度和含水率对冻结膨胀土力—位移曲线、抗拉强度的影响；采用自研的土石混合体水分迁移冻结模型试验装置系统，开展补水条件下单向冻结模型试验，研究温度、含石量、水分迁移对寒区某土石坝工程护坡土石混合体冻胀特性的影响，研究成果可为研究寒区土石坝护坡防冻胀设计和运行管理提供科学依据；针对土石坝护坡的冰冻破坏问题，提出了护坡动冰压力与静冰压力的计算方法，该方法的计算结果与规范对应情况良好，克服了规范仅给出经验值的缺点，具有较强实用性；采用 Comsol Multiphysics 有限元软件建立了考虑水—热—力耦合作用下的土石坝计算模型，开展了土石坝护坡在库水位、水分迁移以及冰推作用下冻胀破坏的过程研究，对土石坝护坡冻胀进行水、热、力三场耦合分析，揭示了土石坝护坡在温度场、水分场和位移场的变化规律；提出了多种土石坝护坡防冰推冰拔结构。

(三) 示范应用与推广前景

项目研究成果已应用于宁夏张家嘴头、夏寨、庙台等多座水库护坡防冻胀中，完成的"寒区土石坝护坡防冻胀技术（技术）"列入水利部《水利先进实用技术重点推广指导目录》。

参编完成《水工隧洞安全监测技术规范》水利行业标准、《寒冷地区渠道安全监测技术规程》《寒冷地区渠道冻害评价导则》水利行业团体标准编制工作，并在水利行业实施应用。

（南京水利科学研究院）

水电开发下河流氮赋存形态变化特征及机制

(一) 研究背景

氮是水生态系统中的重要生源要素之一，对其平衡与稳定产生着深远影响。在水生态系统中，不同形态的氮具有不同的生态学功能。主要的氮形态包括颗粒态氮、溶解性有机氮和溶解性无机氮。在溶解性无机氮中，氨氮、硝态氮和亚硝态氮是生物可利用性较强的类型。然而，它们之间存在着差异，氨氮相较于硝态氮和亚硝态氮更易被浮游植物吸收，但在高浓度下具有更大的生物毒性。因此，了解水体中氮的存在特征及其影响因素对于维护水生态系统的健康和居民饮用水的安全至关重要。为了解决全球能源危机和气候变暖的挑战，世界各国正在积极推进水电开发，以优化能源结构。然而，水电站大坝所产生的水环境问题已经引起了广泛关注。研究表明，水库的建设和运行改变了河流的水文情势，从而影响了河流生态系统中的氮转化过程。目前，人们已经开始关注建库河流中氮转化的变化，并进行了大量研究，但是建库对河流水体中氮的存在形式以及其驱动机制仍然不甚清楚。该研究以水电开发的河流为对象，旨在揭示建库对河流水体中氮组分的影响及其机制，为深入研究水电开发的生态环境效应提供理论基础。选取了建坝河流作为研究对象，并利用 CiteSpace 软件梳理了大坝建设对氮循环及其他生态效应的影响，以此厘清了相关研究的历史演变和未来发展趋势。

(二) 研究成果

该研究以建坝河流为研究对象，梳理了大坝建设对氮循环及其他生态效应，揭示了水动力对氮循环的影响及微生物学机制，阐明了水库泄水悬浮泥沙对碳氮循环影响过程、机制及其效应，提出了仿悬浮泥沙硝化—反硝化耦合模式的污水低碳脱氮解决方案。

（1）梳理了大坝建设对氮循环及其他生态效应。河流为生源要素从陆地到海洋的重要运输通道。在过去的几十年里，为了水资源管理，全球诸多河流都建造了大坝，相关的生态影响已引起广泛关注。利用 CiteSpace 回顾了大坝对泥沙和氮磷等生源要素截留效应这一主题的研究进展，总结了以往文献的研究结果。

（2）揭示了水动力对氮循环的影响及微生物学机制。河流水动力学过程，如水流速度、水体湍流性质、水体底质输运和沉积等，直接影响了氮在河流系统中的输移、转化和分布。深入研究河流水动力学与氮循环的关系，对于有效管理和保护河流生态系统、维护水体健康具有重要的理论和实践意义。以平原地区水系为研究对象，通过监测 N_2O 通量与分析微生物分析，探讨水动力对河流氮循环的影响。

（3）阐明了水库泄水悬浮泥沙对碳氮循环影响过程、机制及其效应。了解水库泄水悬浮泥沙对水体氮循环的影响具有重要意义，不仅有助于更好地理解水体生态系统的演变过程，还有助于指导水库管理和水资源保护措施的制定和实施。研究调查了我国黄河三门峡水库下游河道在沉积物冲刷期间的 CO_2、CH_4 和 N_2O 排放情况。运用三维荧光技术分析有机物组分和 q-PCR 技术分析了微生物群落,阐明了 CO_2、CH_4 和 N_2O 排放机制。

（4）提出了仿悬浮泥沙硝化—反硝化耦合模式的污水低碳脱氮解决方案。研究测试了轻质多孔材料为人工湿地填料,监测了不同填料填充度下的氮去除效果与 CO_2 和 CH_4 排放,分析了人工湿地内氮去除过程,并利用 q-PCR 技术阐明了相关的微生物学机制。研究结论有望为低碳人工湿地技术研发提供理论依据。

（南京水利科学研究院）

溃坝洪水风险区 Na-Tech 事件演化机制及风险评估方法

（一）研究背景

我国现有 9.8 万余座水库在发挥功能的同时也存在各类潜在风险。风险一方面源于大坝工程安全,且与下游人口、基础设施分布及经济发展水平密切相关,并可能导致风险区危险设备及有害物质释放与扩散,从而造成更严重后果。现有研究忽略了次生衍生 Na-Tech 事件影响,缺乏有效评估此类风险的方法。首先通过国内外溃坝与工业设施意外案例数据库,基于共现理论识别洪水风险区 Na-tech 事件要素集及级联关系,建立系统动力学模型探明“水—物—人”动力学特征,揭示 Na-tech 事件次生衍生演化机制;建立风险区危险设备抗力临界值与关键因子量化模型,提出危险设备脆弱性评估方法计算失效概率;基于大数据研究淹没区风险人口时空分异规律,构建风险人口热力图精确计算生命损失,从而建立溃坝洪水风险区 Na-tech 次生衍生灾害风险评估方法。研究成果对揭示溃坝次生衍生灾害成灾机制、科学定量评估其后果与风险、完善防灾减灾体系提供方法和依据。

（二）研究成果

依托国内外溃坝与工业设施意外案例数据库,基于共现理论识别洪水风险区 Na-tech 事件要素集及级联关系,建立系统动力学模型探明“水—物—人”动力学特征,揭示 Na-tech 事件次生衍生演化机制;建立风险区危险设备抗力临界值与关键因子量化模型,提出危险设备脆弱性评估方法计算失效概率;基于大数据研究淹没区风险人口时空分异规律,构建风险人口热力图精确计算生命损失,从而建立溃坝洪水风险区 Na-tech 次生衍生灾害风险评估方法。研究成果对揭示溃坝次生衍生灾害成灾机制、科学定量评估其后

果与风险、完善防灾减灾体系提供方法和依据,为加快构建具有‘四预’（预报、预警、预演、预案）功能的智慧水利体系助力,确保实现“人员不伤亡、水库不垮坝、重要堤防不决口、重要基础设施不受冲击”目标。

（1）基于共现理论的溃坝次生衍生 Na-tech 事件关联要素挖掘。基于知识结构及映射原则进行潜存水库大坝溃决导致的次生衍生灾害事件关联检索词词频抽取,建立 Na-tech 事件要素集（元事件集合）及其级联关系;考虑关联事件对象的分散属性,基于改进的 Salton-Jaccard 指数法建立相关系数矩阵,计算溃坝次生衍生 Na-tech 事件要素关联度,识别溃坝洪水风险区典型危险设备系统（如影响区域内危险品存储设备）抗力的关键因素,作为溃坝洪水淹没区次生衍生灾害风险评估依据。

（2）溃坝洪水风险区次生衍生 Na-tech 事件演化机制研究。从知识元层面对溃坝洪水风险区次生衍生过程的元事件要素及客观事物系统的环境要素进行深入分析,分别构建溃坝事件元模型和影响区内典型危险设备系统知识元模型,确定表征原生溃坝事件与次生衍生事件的属性知识结构;基于系统动力学理论研究溃坝洪水风险区内“水—物—人”三元系统动力学特征以及 Na-tech 事件级联反应的扩散路径,构建次生衍生事件演化的系统动力学模型,揭示溃坝影响区次生衍生事件演化机制。

（3）溃坝洪水风险区危险设备脆弱性评估方法研究。通过调研研究区域内危险设备的建造特征,构建抗灾、孕灾与受灾等基本属性集合表征;结合溃坝洪水严重性与危险设备属性模型,基于脆弱性函数建立设备设施孕灾与受灾属性估计模型;建立风险区危险设备抗力临界值与关键影响因子之间数学模型,提出基于损伤概率溃坝洪水风险区危险设备脆弱性评估方法,为科学评估溃坝洪水影响区次生衍生灾害风险提供依据。

（4）溃坝洪水风险区次生衍生 Na-tech 事件风险评估方法研究。在上述研究内容的基础上,利用研究区域高分辨率地形数据和二维水动力模型,基于 GIS 模拟溃坝洪水风险图;通过统计分析溃坝事件元模型严重性、危险设备属性模型及可能扩散的有害物质属性模型,耦合衍生事件系统动力学演化机制,研究可能 Na-tech 事件组合的似然估计及其发生概率;基于大数据研究溃坝淹没区风险人口时空分异规律,构建风险人口热力图,精确计算溃坝洪水淹没区风险人口,建立溃坝洪水风险区 Na-tech 次生衍生灾害风险评估方法。

（三）示范应用与推广前景

该项目对溃坝洪水引发风险区的 Na-tech 次生

衍生事件演化机制进行深入研究，可为科学准确评估风险以及突发事件的应急处置提供决策支持，从而有效降低次生衍生事件引发的灾害损失，减轻事件的后果与影响，对于水库大坝突发事件的应急管理具有重要的理论和现实意义。结合项目研究进展起草了《重大水利基础设施安全风险评估办法实施细则》并报水利部，督促指导开展重大水利基础设施安全风险评估工作，有力支撑经济社会健康稳定发展，规范重大水利基础设施安全风险评估工作。

（南京水利科学研究院）

中小型水电站计算机监控系统国产化研发及实施

"中小型水电站计算机监控系统国产化研发及实施"是中国水利水电科学研究院 2023 年度科学技术奖获奖成果。

（一）研究背景

原来大部分水电厂计算机监控系统采用的服务器、PLC、交换机等重要部件均由国外厂家提供，这些设备存在如下问题：

（1）采购"卡脖子"问题：由于国外厂商对中国的封锁以及疫情的原因，服务器的核心设备——芯片的供货异常艰难，采购周期大大加长，严重影响了国内项目的实施。

（2）服务"卡脖子"问题：国外厂商的人工费用非常昂贵，如果现场设备出现问题，服务人员无法及时上门服务；如果出现的问题较难解决，还需要与国外研发部门联系后方能解决。这大大延长了解决问题的时间，降低了时效性。

（3）数据泄露问题：由于采用的全部是国外生产的芯片，一旦留有后门，黑客就可以通过后门进入系统，盗取我国电力、水情、防洪等重要数据，这将加大重要数据泄露风险。

为解决上述问题，水电厂计算机系统亟需完成国产化升级改造，提升设备安全性，解决"卡脖子"问题，设计一套全国产化计算机监控平台，替换原有的国外设备。

（二）主要内容

对服务器、操作系统、数据库、PLC、人机界面、同期合闸装置、转速装置等国产设备开展了调研；完成了国产化操作系统与国产化服务器的适配；构建了基于国产 CPU 架构的计算机监控系统模型；研发了计算机监控系统与国产 PLC 之间的通信协议转换器；构建了中小型机组 PLC 程序模型；研发了一种水电站功率调节方法；提出了一种水电厂计算机监控系统的状态评价方法；研发了一种基于嵌入式系统的水电站监控系统串口数据采集装置；优化了现地 LCU 盘柜设计；完成了监控系统整体测试。

（三）创新点

（1）构建了中小型机组 PLC 程序模型，实现了数据上下行、数据预处理、时间处理、跳闸矩阵处理、功率调节、处理器切换、典型流程标准化等功能，通过模型的建立可以为中小型机组提供编程依据，提高中小型机组运行的安全性及可靠性。

（2）研发了一种水电站功率调节方法，包括：启动功率调节；基于采集数据与给定值之间的关系，选择对应的功率调节方式进行功率调节；同时，在功率调节过程中对功率调节失败及异常情况进行监控。该调节方法可以广泛应用于水轮机组的功率调节中，可以大幅缩短功率调节时间，而且可以避免因为定周期脉宽调节造成的超调问题。

（3）研发了一种基于嵌入式系统的水电站监控系统串口数据采集装置，该装置能够将现地设备的多路数据转换为统一数据接口，以解决现有水电厂监控系统各自动化设备通信采集的困难。通过数据采集模块、接口模块和串口模块实现接口转换，并利用数据采集模块实现数据采集，增强了数据传输的可靠性。

（4）提出了一种水电厂计算机监控系统的状态评价方法，通过实现对状态评价指标的拓展来提高水电厂计算机监控系统状态评价的准确性。

（四）推广应用情况

国产化计算机监控系统目前已被成功应用于徐村水电厂。

（中国水利水电科学研究院　顾艳玲）

中国长江三峡集团有限公司2023 年重点科研项目开展情况

（一）规模化储能系统集群智能协同控制关键技术研究及应用

该项目是中国三峡集团在储能领域牵头承担的第一个国家重点研发计划项目，聚焦规模化储能运行特性对新型电力系统平衡与稳定运行的影响作用机理这一重大科学问题，围绕储能支撑系统平衡与稳定运行的规划运行、协调调控、评估范式等核心问题开展研究，力争突破支撑新型电力系统平衡与稳定运行的规模化储能规划运行技术体系、与异质电源协同的规模化储能动态调控技术与集群控制平台、规模化储能主动支撑能力与辅助服务价值评估范式等关键技术瓶颈，并进行工程示范、评估、推广相关技术成果，为我国新能源开发和能源转型提供技术支撑。该项目执行期为 2021 年 12 月～2024 年 11 月。截至 2023 年底，已完成储能协调控制装置、风光储协调控制装置、集群协调控制装置的研发及集群智能运行控制策略的集成，完成了规模化储能电网主动支撑能力评价指标体系构建、大数据平台的开发，初步设计了综合价值评估与市场仿真平台的功能架构与原型，集成了辅助服务边际成本量化分析等功能。项目于 2023 年 9 月通过中期检查。

（二）长江流域城市水环境治理提质增效关键技术研究与示范

该项目着重围绕河湖污染源头以及溢流污水和初期雨水污染控制、排水管网问题非开挖检测、污水处理厂以及水环境治理产生的多源污泥基质化转化，开展关键技术及装备研发，实施多源污水—污泥—生态统筹的资源化处置和厂网河湖一体化提质增效综合示范，形成可复制推广的城市水环境治理模式，为长江流域城市水环境质量持续改善提供科技支撑。项目执行期为 2021 年 12 月～2025 年 11 月。截至 2023 年底，研发了浅水作业基于轮毂驱动操作管道破损精确监测装备，形成了雨水管网混接点位精确检测技术、污水管网破损、错接数值化精确检测技术、碱性 pH 强化污泥厌氧发酵产短链脂肪酸技术等 3 项新技术和酸性矿山土壤重金属最大淋溶潜力检测方法，建立了九江市政管网图数据库、九江排水管网物联网在线监测动态数据库。项目于 2023 年 12 月进行中期检查。

（三）长江经济带典型城市多源污泥协同处置集成示范

该项目研究多源污泥"时—空—量—质"多维度数据图谱解析与资源利用规划方案，贯通升级高质量厌氧转化与热化学耦合转化两条全链条处理处置和资源化利用技术途径，构建环境风险防控体系，构建多源污泥全过程智慧管控平台，选择长江流域上、中、下游的大、中、小型典型城市开展集成示范，形成长江经济带可复制可推广的多源污泥协同处置商业模式，实现"污泥全收集、处理全达标、污染全核销、资源全利用"的多源污泥协同处理处置目标。项目执行期为 2020 年 11 月～2024 年 10 月。截至 2023 年底，完成城市污水污泥生物协同转化处置成套技术等 21 项、研发活性微生物筛选新型厌氧反应器等装备 7 套，正在打造六安多源污泥处置综合示范亮点。项目于 3 月 13 日通过科技部中期检查。

（四）大型水电站坝体水下智能缺陷检测机器人系统研制及应用验证项目

该项目针对大型水电站大深度水下坝体安全监测重大需求，突破高稳性深水检测机器人总体与轻量化设计、高效作业抗流抗扰智能控制、水下惯性自主组合定位导航、表面缺陷精准测量与在线识别、水下供电与通信等关键技术，研制大型水电站坝体水下智能缺陷检测机器人系统，满足水下坝体水平面、直立面和斜坡面等多种工况检测要求，实现水下坝体大范围裂缝、掉块、露筋等表面缺陷检查、定位、尺寸精准测量等功能，在三峡大坝等重大工程中开展应用验证。项目执行期为 2022 年 11 月～2025 年 10 月。截至 2023 年底，开展了仿生流线构型水动力性能与操纵动力学研究、坝面吸附与浮游功能集成化研究等，完成了机器人本体结构的方案设计和设备布局、水下机器人安全冗余应急自救机构方案设计和耐压结构设计、水面动力浮标整体系统方案设计、水下缺陷检测子机系统方案设计、智能控制系统设计和优化等。

（五）长江流域大坝生物洄游通道恢复关键技术研发与应用

该项目选择金沙江、大渡河、乌江、湘江、汉江和赣江等 6 条支流建立数据库、构建鱼类洄游通道决策支持系统、建立决策模型，提出流域尺度的鱼类洄游通道决策优化方案；针对高坝枢纽集运鱼，以及低水头中大型工程鱼道效率提升涉及的技术难点开展攻关，分别在苏洼龙、乌东德、白鹤滩和彭水等 4 个高坝枢纽，以及安谷、长沙、崔家营和峡江等 4 个低水头中大型工程进行试验示范，实现集鱼效率提升 20% 以上、过鱼效率提升 30% 以上。项目执行期为 2022 年 11 月～2026 年 10 月。截至 2023 年底，开展了鱼类综合数据库构建的基础数据收集、决策支持系统构建；通过系统开展典型过鱼对象生理、生态和行为学研究，揭示典型过鱼对象生态行为学特征，定量解析坝下鱼类集群效应并塑造喜好的流态；开展主动和辅助诱导技术研发，优选调度方式，开展高精度鱼类标记跟踪并取得了较好的测试结果；开展仿自然鱼道对照性过鱼试验模型初步设计、闸门切换方式对鱼道沿程水力特性的影响三维数值模拟等工作；完成了过鱼设施过鱼效果评估指标体系构建，总结发现影响鱼类洄游的关键生态因子。

（六）城市污水管网智慧化管控关键技术研发与示范应用

城市排水管网运行效能低是制约"城市水环境质量提升"的重要因素，该项目围绕污水管网运行动态监测、非常规运行状态诊断、生化过程控制优化运行调度和智慧管控数字孪生，开展污水管网智慧化管控关键技术和装备研究及集成示范，形成可复制可推广的城市污水管网智慧化管控模式，为城镇污水处理提质增效提供科技支撑。项目执行期为 2022 年 11 月～2026 年 5 月。截至 2023 年底，完成基于全断面扫描的污水管网水量监测设备样机试制，开发城市排水系统动态监测预警系统；研发的污水管网状态智能检测系统、异常诊断技术等显著推动了污水系统管理技术水平的提升，部分研发成果已经在六安市的片区管网进行了试点应用；通过污水管网恶臭协同碳源损耗控制智慧管控，提升污水污染物有效收集负荷；在六安市凤凰桥污水处理厂和古城路泵站搭建了实验研究基地，针对污水管网污染物沉积、清水入流入渗等影响污水污染物收集效能的关键问题开展模拟实验测试。

（七）大型海上风电机组测试与性能提升关键技术与应用

围绕大型海上风电机组复杂多工况整机动力学性能测试与优化设计需求，突破大功率风电机组性能提升关键技术。具体包括：大型海上风电机组叶片—机舱（含传动链）—塔架—基础多子系统耦合机理研究；整机刚柔耦合动力学特性测试、基于实测数据的整机模态与动载荷识别技术；大型海上风电机组整机修正动力学模型与整机试验一致性技术；正常和极端工况下风电机组整机综合性能评价与寿命预估技术；大型海上风电机组优化迭代与性能提升验证技术。项目执行期为 2023 年 12 月～2027 年 11 月。项目于 2023 年 12 月 15 日获批"十四五"国家重点研发计划项目。

（八）资源循环—能源自给型污水处理厂构建与沿江群链式应用研究

该项目围绕污水处理厂低碳短流程高效控氮、化学能高效转化与有价物质回收利用、多能协同优化分配及运行控制、数字孪生及智能调控等方面，开展关键技术和装备研究及集成示范，形成可复制、可推广的群链式规模化应用模式，支撑长江经济带高质量发展。项目执行期为 2023 年 12 月～2027 年 11 月。项目于 2023 年 12 月 22 日获批"十四五"国家重点研发计划项目。

（中国长江三峡集团有限公司 柳东）

哈尔滨电机厂有限责任公司 2023 年主要科研成果情况

（一）水力开发技术保持领先

哈尔滨电机厂有限责任公司（简称哈电电机）完成世界单机容量最大（50 万 kW）的扎拉冲击式水轮机水力研发，并联合中国第一重型机械股份公司成功研制轮毂锻件和水斗锻件，解决了超大型冲击式转轮制造"卡脖子"技术难题；两河口混抽、卡拉、魏家冲项目水力模型同台对比试验，关键性能指标领先竞争对手，主泵水力开发成功突破减振降噪、低流阻系数设计技术瓶颈，填补公司主泵产品关键技术空白，

水力设计核心技术继续保持行业领先。

（二）电机技术能力稳步提升

哈电电机突破 30 万 kW 抽水蓄能机组发电电动机 11 对极 4 支路特殊绕组接线方式技术瓶颈，填补国内技术空白；成功研制世界最大的全尺寸大型灯泡贯流水轮发电机可倾瓦径向轴承试验台，开发了适用于银江大型贯流机组的分块瓦导轴承；成功开发出 28kV 等级空冷发电机定子防晕系统，满足高海拔电站机组应用要求。

（三）智能运维开发取得新成就

哈电电机完成"工信部数字孪生专项—哈电工业数字孪生智能运维系统"、抽水蓄能服务网站、三峡工业数字孪生管理系统等 17 项数字化、智能化运维项目的技术研发工作，建立电站在线数据库，并在数字孪生物理场分析、CAE 可视化关键技术、发电机组健康管理与寿命评估、动态阈值算法研究及应用、虚拟现实/增强现实技术等方面均取得实质性进展，支撑公司数字化产业发展。

（四）核心技术取得突破

哈电电机解决了可变速机组系统匹配设计关键技术难题，实现可变速机组发电电动机电磁方案的自主化设计；攻克了可变速机组发电电动机电磁、冷却、绝缘、材料等关键核心技术，完成了国内首个不加载电源的真机比例转子模型样机试验，验证了 U 形螺杆固定转子绕组的关键结构设计、关键计算、关键工艺，全面识别出了变速机组的设计关难点，验证成功的设计结构已经应用于中洞和泰安二期两个可变速机组的设计中；完成了 900MPa 高强磁轭钢板、1000MPa 高强蜗壳钢板应用性能研究，在天台项目中实现了 1000MPa 高强钢板国内首次应用。

（哈尔滨电机厂有限责任公司 刘保生 丁军锋）

东方电气集团东方电机有限公司 2023 年主要科研成果情况

（一）大型冲击式机组研制

（1）6 月 7 日，自主研制的国内单机容量最大的金窝水电站 150MW 级冲击式水电机组完成国产化改造，成功并网发电，标志着具有全产业链完全自主知识产权的国产化首台 150MW 级大型冲击式转轮成功实现工程应用。金窝冲击式水电机组转轮重约 20t，最大直径约 4m。依托 150MW 级大型冲击式转轮国产化项目，东方电气集团东方电机有限公司（简称东方电机）冲击式转轮水力开发、造型设计、软件开发、模型装置研制等实现了完全自主化，填补了多项国内技术空白。转轮结构设计、材料应用、加工工艺

等关键核心制造技术取得了突破性进展，实现了我国高水头大容量冲击式水电机组关键核心技术“从无到有”的历史性突破。

（2）8月31日，世界首台单机容量最大功率500MW冲击式水电机组转轮中心体锻件先后通过包括业主在内的三方联合检测，各项指标优秀，成功下线，实现了500MW级高水头大容量冲击式水电机组研制新突破。转轮是水电机组中研发难度最大、制造难题最多的核心部件，中心体锻件则是高水头大容量冲击式转轮的重要组成部分。该锻件锻造重量接近150t，成品锻件达到百吨级，将应用于现阶段国内唯一可开展500MW级高水头大容量冲击式机组研制及应用示范的水电项目——大唐集团扎拉水电站。

（二）大型变速抽水蓄能关键技术研究

（1）3月31日，国内首台自主研制的变速抽水蓄能机组超大直径护环锻件在东方电机成功下线，解决了变速转子整体护环结构研制的卡脖子难题，填补了超大直径（约5m）非磁性金属护环锻件国产化制造空白。

（2）在大型变速抽水蓄能机组领域，2023年完成大型变速抽水蓄能发电电动机高可靠性转子结构、大容量交流集电系统的设计和样机测试验证，完成大型变速抽水蓄能机组过渡过程等关键技术研究，完成变转速机组不同应用场景的控制策略研究和变速机组功率控制器研制，成功获得国家能源领域首台（套）重大技术装备项目肇庆300MW变速抽水蓄能机组合同。

（三）大型混合式抽水蓄能水力研发

11月，完成国内第一个大型混合抽水蓄能项目两河口混蓄水力研发，成功开发出集安全、稳定、高效于一体的优秀转轮。全工况运行最大压力脉动不超过33.5%，远低于招标要求47%；水泵和水轮机加权平均效率分别达到了93.2%和91.65%，处领先地位；空化和驼峰等稳定性指标达到行业先进水平。

（四）大型抽水蓄能机组定子绕组特殊接线技术

3月28日，永泰抽水蓄能电站4号机组投产发电，标志着永泰抽水蓄能电站的全面投运。永泰抽水蓄能电站是东方电机首个300MW级14极抽水蓄能采用四支路特殊接线技术的机组，其成功投运，验证了单根线棒接线理论的工程应用可行性，其定子环流控制达到行业领先水平，为后续其他转速采用该技术扩大定子支路数选择奠定了理论基础。

（五）国网新源抽水蓄能水泵水轮机1号模型试验台

12月14日，承建的国网新源公司抽水蓄能水泵水轮机1号模型试验台顺利通过专家组鉴定验收，正式投入运行。专家组成员从能力、精度、计算方法、功能和特色特点五个方面对试验台能量试验、空化试验、飞逸试验、压力脉动试验、全特性试验等开展了鉴定工作，一致认为试验台设计合理、系统及设备运行稳定可靠、测试数据准确可信，试验台模型效率测试综合误差≤0.2%，可按照规程规范要求开展相关试验研究工作。

（六）新型冷却方式

12月15日，由东方电机和中科院电工所联合开发的电机喷雾蒸发和空气联合循环新型冷却方式通过工程样机试验验证。该冷却方式可明显改善电机内部温度分布的均匀性，提高电机运行的安全性和可靠性，延长电机服役寿命。东方电机和中科院电工所于2015年联合提出了构建旋转电机雾化蒸发冷却系统专利方法，双方研究人员通过三维数值仿真、模型实证等技术手段，先后开展了雾化蒸发冷却原理可行性研究，工程样机关键技术研究及验证等科研工作。攻克了一系列技术难题，取得了重要成果，实现了该冷却方式在电机上成功应用。

（七）8.35MW永磁半直驱风力发电机

6月13日，8.35MW永磁半直驱风力发电机完成型式试验。发电机温升、振动、效率等参数均优于国标和合同要求。8.35MW永磁半直驱风力发电机具有高性能、低振动、低噪声、轻量化等技术优点，能更好满足能源市场需求。在8.35MW永磁半直驱风力发电机的研制过程中，东方电机创新性地攻克了结构、电磁、通风、刚强度、绝缘等难题，通过电磁场、温度场、应力场多场迭代分析及试验对比论证，确保电机的各项参数满足技术要求，实现了永磁半直驱风力发电机技术经济性的新突破。

（八）13MW海上风电电机

6月30日，自主研制的13MW海上风电电机在福建平潭外海风电场成功并网发电，标志着东方电机已完全具备13MW级大容量海上风电电机自主研发、制造能力。13MW海上风电电机有完全自主知识产权，是目前亚洲地区单机容量最大的永磁直驱海上风电电机，是实现海上重大装备国产化、打造海上风电大国重器的重要成果，是东方电机针对福建、广东等Ⅰ类风区推出的一款旗舰产品，可抵御77m/s的超强台风。

（九）18MW直驱海上风电机组

11月10日，由东方电机联合中国华能集团有限公司研制，拥有完全自主知识产权的18MW直驱海上风电机组成功下线。这是目前已下线的全球单机容量最大、叶轮直径最大的直驱海上风电机组。该产品是针对海上Ⅰ类风速区域开发的海上直驱风力发电机，采用平台化设计，延续了“永磁直驱+全功率”

变流技术路线，突出成熟、稳定、高效、安全、低运维成本的特性，并网性能优越，可靠性高。东方电机研制该机组配套的电机。

（十）BDO 高压化工屏蔽泵

5月11日，自主研制的 BDO 装置循环液泵顺利通过专家鉴定，技术性能指标达到国际先进水平，这标志着东方电机成功实现了 BDO 装置循环液泵国产化、填补了国产 BDO 装置循环液泵在化工行业应用空白，打破国外公司在该领域的长期垄断。目前，已成功攻克了 BDO 装置循环液泵所有的关键核心技术，形成了定型化的 BDO 装置循环液泵系列产品，所配备的屏蔽电机功率可覆盖 80～250kW，能覆盖目前所有 BDO 生产线容量需求。

（十一）高温蒸汽热泵系统

5月18日，东方电机、金路树脂联合研发的高温蒸汽热泵系统通过验收，各项技术参数优异，标志着国内工业领域首个吨级高温蒸汽热泵系统研发成功，可满足国内工业领域连续产出吨级以上蒸汽需求。该高温蒸汽热泵系统利用 50～70℃ 余热废水作为热源，产生吨级 100～150℃ 高温蒸汽直接进入工艺管网，实现了废热的循环利用，单台热泵系统年节电 401 万 kW·h，减少二氧化碳排放 2000t。

（十二）最大 BDO 装置循环液泵

7月17日，自主研制的内蒙古君正化工 BDO 装置循环液泵成功下线发运。该泵设计压力 35.5MPa，是迄今为止全球采用炔醛工艺的单线产能最大的 BDO 装置循环液泵。内蒙古君正化工 BDO 项目是全球首套单线年产 30 万 t BDO 项目，项目产线全部 6 台 BDO 装置循环液泵均由东方电机自主研制供货。

（十三）屏蔽式炉水循环泵

11月18日，华美热电有限公司锅炉炉水循环改造项目圆满收官。东方电机为该项目自主研制的 2 台屏蔽式炉水循环泵，实现了 100% 国产化，各项性能指标优异。这标志着首批全国产化屏蔽式炉水循环泵在国内热电机组锅炉启动系统成功应用，开创了国产屏蔽式炉水循环泵在锅炉启动系统的应用先河，填补了行业空白。

（十四）20Mvar 隐极分布式调相机

5月21日，东方电机自主研制的国内首台 20Mvar 隐极分布式调相机顺利完成型式试验。试验结果表明，调相机动态参数、损耗、轴振、温升等均优于国标及合同要求。20Mvar 隐极分布式调相机由东方电机全新设计开发，外形紧凑、现场安装调整方便、运行损耗低。该调相机将应用于华源张北选将营风电场，东方电机为项目提供全部 2 台调相机及其附属设备。东方电机自主研制的 50、10Mvar 隐极调相

机已先后成功投运。

（东方电气集团东方电机有限公司

丁小莉　邓飞　朱忠英）

哈尔滨电机厂有限责任公司 2023 年重点水电工程科研项目情况

（一）天台抽水蓄能机组

天台抽水蓄能电站位于浙江省台州市天台县境内，安装 4 台抽水蓄能机组，均由哈尔滨电机厂有限责任公司（简称哈电电机）研制。电站额定水头 724m，目前为世界最高；单机容量 42.5 万 kW，是我国综合难度最大的抽水蓄能电站工程项目之一。哈电电机针对项目特点，研究出 6 长、6 短的长短叶片转轮，可有效保证超高水头水泵水轮机高扬程工况下的稳定性，解决引水系统管路超长、机组过渡过程复杂等问题，水力稳定性在同水头段机组中最优，各主要性能指标取得了根本性突破。1月14日，哈电电机开发的天台抽水蓄能电站水泵水轮机模型顺利通过验收试验，参加验收的中国三峡集团及行业专家对哈电转轮模型各项性能指标及稳定性给予高度肯定。

（二）TB 水电站机组

TB 水电站位于云南省迪庆州维西县中路乡境内，是澜沧江干流上游河段（云南省境内）规划的第 5 个梯级。该电站共装设 4 台单机容量 35 万 kW 的水电机组，总装机容量 140 万 kW，全部由哈电电机研制。3月2日，TB 水电站首台导水机构预装、圆筒阀动作试验，顺利通过业主验收，为打造 TB 精品工程奠定了坚实基础。TB 水电站导水机构具有尺寸大、吨位重、精度要求高、在制周期长等特点，装配总重约 369.4t，外圆直径 9.02m，装配高度达 7.385m，TB 水电站筒型阀电气液压控制系统首次采用数字阀液压同步控制系统形式，技术先进、布置美观，同时，具有现场管路连接少、电站施工及运维方便等特点。此外，该系统采用双冗余 PLC 控制，可实现双机热备和无扰切换，提高系统安全性和可靠性，其同步控制最大偏差小于 1mm，高于同行业水平。7月19日，TB 水电站首台转轮顺利通过会检，实现"零配重"精品制造，TB 水电站首台机组水轮机转轮，最大直径 6.4m，高 3.515m，总重量 154t。全部焊缝 97.5m，焊后检查一次合格，精加工后全部测量指标达到标准要求；转轮外圆处残余重量仅为 10kg，优于技术要求的 11.35kg 标准，实现"零配重"精品制造。

（三）文登抽水蓄能机组

文登抽水蓄能电站作为山东省新旧动能转换重点

项目、胶东地区首座抽水蓄能电站，总装机容量达180万 kW，共安装 6 台单机容量 30 万 kW 的抽水蓄能水轮发电机组，全部由哈电电机提供。9 月 19 日，山东文登抽水蓄能电站 6 号机组正式投入商业运行。至此，由哈电电机研制的文登抽水蓄能电站 6 台机组于 2023 年当年全部顺利投产发电，全部机组各项技术指标优良，运行稳定，实现"九月六投"，创造了抽水蓄能行业机组投产新纪录。

（四）扎拉水电站机组

扎拉水电站是国家"藏电外送"骨干电站，藏东南清洁能源一体化基地核心电站，也是世界在建综合难度最大的冲击式水电项目，共装设 2 台世界单机容量最大 50 万 kW 冲击式水电机组。作为国家能源局能源领域首台（套）重大技术装备项目，是目前国内唯一的 50 万 kW 级高水头、大容量冲击式水电机组研制及应用示范项目。电站具有高海拔、高水头、大容量等特点，即将建设的 50 万 kW 冲击式机组，是服务国家"加快西南水电基地建设"重大战略需求的主力机型。由于机组容量、工况条件、运行载荷等原因，机组的水斗转轮是研制难度最大的部件之一，转轮采用了锻焊结构制造工艺，转轮轮毂锻件和水斗锻件具有大、厚、重的特点，其制造难度远超世界现有转轮锻件产品，9 月 27 日，与中国第一重型机械股份公司联合研制的成套结构的转轮锻件成功完工下线，该转轮轮毂锻件采用了 300t 级马氏体不锈钢钢锭，锻造重量超过 160t、外圆直径近 5m，最大厚度1.2m，成品轮毂锻件重量达到 107t，是目前世界最大规格的马氏体不锈钢转轮锻件，该锻件的成功研制，标志着世界单机容量最大的冲击式水电机组转轮轮毂锻件、水斗锻件全序制造取得重大突破，解决了超大型冲击式转轮制造"卡脖子"技术难题。为此哈电电机还牵头起草了"冲击式转轮不锈钢锻件技术条件"行业标准，为我国构建完整的具有自主知识产权的冲击式水电机组全产业链，服务我国西南清洁能源基地建设夯实了基础。

（五）梯级水光蓄互补联合发电项目

"梯级水光蓄互补联合发电关键技术、装备研发及应用"项目由国网四川省电力公司、中电建水电开发集团有限公司牵头，依托国家重点研发计划等 5 项科技项目，联合多家单位参与形成，哈电电机主要承担全功率变速发电电动机的研发和制造工作，哈电电机突破了全功率变速发电电动机设计中的电磁、通风、绝缘等各项关键技术难题，提出了适应快速响应、宽变速范围等特点的最优电磁方案及电机结构，形成了全功率变速发电电动机机组设计、制造等完整成套技术，填补了国内空白，助力攻克了全功率变速抽水蓄能机组成套设备关键技术"卡脖子"难题，该

项目共安装 1 台变速恒频可逆式抽水蓄能发电机组，装机容量 0.5 万 kW，年发电量 1265 万 kW·h，装机年利用小时 2530h，该项目作为国内首座全功率变速抽水蓄能示范电站，世界首座支撑新型电力系统的全功率变速抽水蓄能电站，投运世界首例梯级水光蓄互补联合发电系统的示范工程。3 月 15 日，在中国电力企业联合会组织的鉴定会上，一致认为，项目研究成果整体达到国际领先水平，同意通过成果鉴定，项目的研制成功，为水光蓄多能互补一体化开发提供了示范样板。

（哈尔滨电机厂有限责任公司　刘保生）

哈尔滨电机厂有限责任公司 2023 年创新平台运营情况

（一）水力发电设备全国重点实验室

在水力发电设备全国重点实验室方面，圆满完成水力发电设备全国重点实验室优化重组，成功获批进入能源领域全国重点实验室新序列；成功召开重点实验室第一届第一次学术委员会会议；理顺重点实验室、工程中心、策源地及哈尔滨大电机研究所有限公司（简称哈电电机研究所）关系，搭建了"一公司两体系"的运营模式。

（二）哈电电机研究所实体化建设

在哈电电机研究所实体化建设方面，系统谋划、制定公司实体化运营建设方案与推进方案，明确建设指导思想、发展定位、目标、运营模式，制定运营亟需的制度，开立薪酬、社保、公积金等账户，完成136 名人员注入，公司实体化运营迈出实质性的一步。全面升级科研基础设施建设，系统规划水轮机、电机、绝缘、金属材料、综合 5 个实验室建设方案并取得阶段性成果，现已完成高水头水力机械试验台一台改造一期工程建设，并全面启动高水头水力机械试验台二台升级改造、综合实验室等建设。

（三）国家水力发电设备工程技术研究中心

国家水力发电设备工程技术研究中心方面，高质量完成《三峡工程机电设备评估报告》的编写与出版，有效记录、传承三峡工程机电设备技术、研究精神和管理经验。

（四）挂靠行业组织工作

在挂靠行业组织工作方面，中国机械工业检测中心成功取得"检验检测机构资质认定、实验室认可内审员"证书，全年出具检测报告 65 份，同比增长16%；全国水轮机标委会等行业标委会、协会、学会成功组织召开 IEC/TC4 国际标准工作组会议等重要会议 28 次，组织制修订国家标准 17 项、行业标准 6

项、团体标准 7 项。

《大电机技术》期刊入选"中国科技核心期刊""高质量科技期刊分级目录",并首次实现网络首发。

（哈尔滨电机厂有限责任公司　丁军峰　刘保生）

东方电气集团东方电机有限公司 2023 年科技创新平台建设情况

2023 年，东方电气集团东方电机有限公司（简称东方电机）研发经费投入较 2022 年增长 14% 以上，投入强度达到 6.04%。承担国务院国资委 1025 攻关项目二期 1 项，参与国家重点研发计划和国家自然科学基金项目各 1 项，获得省部级科技进步奖 9 项，其中一等奖 3 项，获各种学协会奖励 6 项。

（一）构建开放协同创新体系

2023 年，东方电机深入贯彻落实习近平关于注重发挥科技领军企业"出题人""答题人""阅卷人"作用的重要指示，面向国家重大战略需求，凝聚优质创新要素，联合 6 所高校和科研院所组建技术协同创新团队，由企业出题，高校和科研院所答题共同推进基础及应用基础研究、关键共性技术攻关和重大装备国产化研发，构建开放协同创新体系。

（二）大力推进科改示范行动

2023 年首次发布《东方电气集团东方电机有限公司科研项目指南（2023～2025 年度）》，并以科研项目指南为核心，编制系列配套制度，组成了公司科技创新从出题、答题、评价到应用的"1+N"完整体系，系统回答了科研"做什么、谁来做、怎么做、如何评、如何用"五个核心问题，是公司科技创新有史以来最体系、最全面的改革，有力支撑了集团和公司战略落地落实，扎实推动科改示范行动"两个重构""双轮驱动"任务高质量完成，2023 年，指南立项完成率已超过 80%。

（三）产品数字化研发创新平台

1 月 10 日，东方电机产品数字化研发创新平台全面应用启动，该平台由产品的项目管理、研究试验、结构设计、工艺设计、工装设计、检验设计、包装设计、安装设计、自动化设计 9 大环节功能体，虚拟化子平台和数据内外部发布中心等构成，是东方电机数字化转型建设的三大业务平台之一，为企业产品研发创新提供平台支撑，是企业实现数字化转型的重要基础。

（四）西藏林芝产研基地

10 月 9 日，东方电气西藏林芝产研基地在西藏林芝正式开工建设。该基地是世界首个高原水电机组产研基地，对服务国家加快西南水电基地建设，推进我国高水头大容量巨型冲击式水电机组自主研发和工程应用，助力西藏加快建设国家清洁能源基地，推动产学研深度融合，提高科技成果转化，培养水电开发人才等具有积极意义。

（五）菲迪克 2023 年全球基础设施奖项

9 月 12 日，菲迪克 2023 年全球基础设施奖颁奖典礼在新加坡举行，由东方电机自主研制并为白鹤滩水电站左岸全部 8 台机组供货的白鹤滩水电站荣获该年度菲迪克工程项目奖最高奖项"卓越工程项目奖"。白鹤滩水电站是当今世界技术难度最高、全球单机容量最大的水电工程。电站装机规模达 1600 万 kW，安装 16 台单机容量 100 万 kW 的水电机组。

（东方电气集团东方电机有限公司　丁小莉）

河海大学 2023 年主要科研情况

（一）柱状节理岩体界面渗流—应力耦合灾变演化机理与控制理论研究

项目类别：国家自然科学基金重点项目，结题时间：2023 年 12 月。

针对巨型白鹤滩水电站枢纽工程坝高 279m、进水口高边坡差 600m、导流洞围岩与坝址区基岩为地质构造相对单一柱状节理玄武岩易劈裂、透水性强、拱坝基础稳定性差之特点，通过室内大尺寸真三轴不同应力路径加卸荷压缩试验、柱状节理相似材料界面渗流试验、物理相似模型洞室开挖过程渗流耦合试验研究、揭示界面渗流—应力耦合过程中柱状节理岩体劣变机理，结合现场原位承压板试验和导流洞变形监测数据，运用各向异性力学理论、界面断裂力学、渗流力学、数值计算方法等，建立柱状节理岩体各向异性本构模型和界面渗流控制方程，提出非连续柱状节理岩体各向异性本构关系多参数确定计算方法，从而构建柱状节理岩体渗流—应力耦合损伤本构模型及界面渗流力学理论。将研究成果应用于白鹤滩水电站进水口高边坡和导流洞稳定性评价，可发挥较大的经济效益。此课题的解决是各向异性岩石力学理论的突破与创新，且对西部类似地质工程岩体具有重大的应用价值。

（二）含主动负荷的综合负荷在线建模基础研究

项目类别：国家自然科学基金重点项目，结题时间：2023 年 12 月。

越来越多采用电力电子接口的新型负荷设备接入电网，其功率变化不但受电压和频率的影响，还受其内部控制而自变，表现出显著的"主动"特性。这一变化导致现有负荷模型不完全适用，为此本项目开展含主动负荷的综合负荷在线建模基础研究。基本思路是模型结构做到定性正确，模型参数做到定量准确。取得的主要进展如下：①在动负荷模型机理方面：首先建立了有源类和无源类主动负荷的详细模型；然后分析了负荷的频率和电压特性，指出主动负荷的功率受频率影响很小，有功功率受电压影响较小，无功功率受电压影响明显；最后，从灵敏度和动态特性两方面得出了主动负荷的降阶模型一般不需超过2阶的结论。②在主动负荷模型结构方面：首先提出了有源类和无源类主动负荷的简化模型，接着提出了计及低压脱网的主动负荷模型聚合方法；然后，提出了广义综合负荷模型的结构，并提出了一种非机理的动静综合负荷模型，同时考虑了电压变化对于主动负荷功率稳态和动态的影响。③在主动负荷模型参数方面：基于总体测辨路线，通过实验和仿真相结合的方法，得到有源类和无源类主动负荷集群的典型参数；分别提出了基于小扰动和大扰动的负荷成分比例辨识方法。基于在线统计综合路线，为更好适应负荷构成的时变性，提出了基于多源数据融合和基于多层感知机的两种负荷构成分析方法，提出了温度敏感负荷、有源类主动负荷的比例估算方法。④在主动负荷模型验证方面：首先通过实验验证了所提主动负荷简化模型表征多种有源类和无源类主动负荷的有效性；然后，将本项目提出的广义综合负荷模型和在线建模方法应用于冀北电网和华东电网，在华东电网构建了在线建模系统，验证了模型和建模方法的有效性。

（三）深海土与抗拔结构界面的演化机制与分析方法

项目类别：国家自然科学基金重点项目，结题时间：2023年12月。

项目以深海土—抗拔结构界面特性作为研究重点，将土体微结构损伤演化作为研究基础，以海底抗拔结构承载力作为研究出口。首先从深海土的微观结构入手，探究复杂荷载作用下（小幅值低频循环剪切）深海土微结构坍塌演化、水膜富集特性与机理，分析微结构胶结与触变过程，提出两个重要的土体微结构参量，分别定量描述土体孔隙、黏粒形状及排列和界面水膜富集情况，阐明了土—结构界面演化特性；建立了土—结构界面统计损伤模型、双变形机制界面弹塑性本构模型和土—结构界面分数阶塑性本构模型；提出了深海土—结构作用数值模拟方法；结合大比尺模型试验和大型鼓式土工离心机试验，分析了典型深海抗拔基础结构承载特性，揭示了吸力锚基础上拔破坏模式，提出了吸力锚基础抗拔承载力简化计算公式，可用于深海工程海底结构安全设计与评价。

（四）交直流混合主动配电网数据—模型融合感知与安全域约束调度

项目类别：国家自然科学基金智能电网联合基金，结题时间：2023年12月。

为了适应分布式电源的规模化接入和快速发展，配电网由"被动"变为"主动"，实现配电网智能化、主动化和高效化的转型任务十分迫切。为此，本项目从系统量测建模分析、模型—数据融合状态估计、鲁棒安全域和多阶段调度决策四个方面开展了深入研究，解决了可疑量测智能识别、实时状态感知、快速安全评估和可靠调度决策等一系列难题。具体研究成果包括：①建立了交直流混合主动配电网"源—网—荷—储"模型，提出了主动配电网混合量测模型，构建了多源数据融合的伪量测模型，提出了可疑量测智能辨识方法。②提出了状态预测辅助的交直流混合主动配电网自适应鲁棒状态估计模型，提出了机理模型—数据驱动的最优融合准则，建立了交直流混合主动配电网模型—数据融合的智能感知。③构建了基于凸包络的高维非线性安全域模型，实现了对交直流混合配电网中负荷以及光伏波动空间安全域的高精度描述，构建了基于机器学习的鲁棒安全域构造理论，保证了实时安全域生成的时效性与精确性，定量评估了灵活性负荷以及分布式资源对安全域空间的影响。④构建了安全域约束下的主动配电网运行调度模型，为主动配电网在线运行提供了快速调度决策方案，构建了交直流混合主动配电网的多阶段随机优化运行模型，制定了灵活性资源的高效互动协调机制。

（五）怒江与梯级开发河流生源物质输移过程对比研究

项目类别：国家自然科学基金重点项目，结题时间：2023年12月。

项目以西南典型自然河流怒江为研究基准，以怒江和梯级开发河流生源物质输移过程对比研究为核心，探讨了怒江生源物质空间分布规律及季节差异，通过对比怒江与澜沧江生源物质输移与微生物作用机制，探明梯级水电开发对河流生源物质通量的影响及其累积效应，可为梯级水电开发河流的决策管理提供数据支持与理论基础。结果表明，怒江水体生源物质表现出天然河流连续体性状，主要受降雨、自然地质背景和外源输入影响，梯级开发促进了生源物质氮磷及其生物可利用态的累积，理化条件是影响生源物质组成的主要因子；怒江水体和沉积物微生物群落种类、组成、结构具有继承性，而梯级水电开发增加了微生物多样性，生源物质对浮游细菌群落结构影响作用增强；两江溯源分析结果显示，物质及微生物连通性是河流连通性变化的良好指示指标，梯级水电开发显著降低水体和沉积物物质及微生物连通性，产生了"阻隔效应"。生源物质通量计算结果表明，怒江及澜沧江自然河段生源物质输移表现为释放效应，而澜沧江梯级开发并行段生源物质输移因水库拦蓄作用，释放效应大大减弱。水力停留时间是影响氮磷库内循环的重要因子，土地利用导致的外源输入和梯级水库的水文调节导致了氮磷累积效应的季节差异，春季，外源污染叠加水库泄水，生源物质逐级累加，秋季水库截留，生源物质累积效应减弱，波动性增强。项目组基于广义相加模型，确定了梯级河流微生物群落累积影响的弹性阈边界和定量关系。

（六）山东近海风电场复杂桩基础与水沙动力环境耦合作用机理及其冲刷防护方法研究

项目类别：国家自然科学基金重点项目，结题时间：2023 年 12 月。

项目依托山东典型近海风电场工程，采用现场原位勘测、物理模型试验和数值模拟分析相结合的手段，研究复杂桩基础在波流共同作用和高浓度泥沙环境中的土体弱化—冲刷耦合机理，阐明复杂桩基础在动床冲刷过程中自振频率降低、桩体变形累积、承载力退化等结构力学性能弱化特性；建立多尺度耦合的水动力—结构物—海床响应—泥沙运动—地貌演变三维数学模型，揭示复杂桩基群对邻近海域水沙运动和海岸冲淤演变的影响机制，提出复杂桩基础冲刷的创新防护方法，为山东规模化近海风电场的建设提供科技支撑。取得的成果包括：①开展了现场综合调查分析，获得了部分海域地形水深、水文泥沙条件、海域沉积物参数等资料，用于数值模型验证。②采用CFD技术研究风浪流联合荷载精确模拟，并实现了荷载快速计算。③开展了复杂桩基础冲刷演变试验，明确了不同来流强度和角度下复杂桩基础桩腿冲刷深度发展模式。④获得了静、动力荷载作用下复杂桩基中桩-桩相互作用机制及冲坑对复杂桩基础静、动力特性的影响。

（河海大学）

水利水电工程流域库岸变形监测新技术及应用

"水利水电工程流域库岸变形监测新技术及应用"获 2023 年度云南省科学技术进步奖一等奖。

项目针对传统流域库岸变形监测存在的测点覆盖率不足 1%，且成本高、灵活性差、现场制约因素多，导致隐患点排查不全面不及时，无法满足流域精细化管理的要求，流域库岸变形监测技术亟待突破。通过近十年产学研联合攻关，项目在方法体系、设备技术、理论模型、平台集成四方面取得了自主创新成果，形成了"全过程、高效率、全覆盖、智能化"的流域库岸变形监测成套技术体系。

系统创建"星载 SAR 普查—船载 SAR 巡查—地基 SAR 详查"的"三查"技术思想，采用星载 SAR 普查框定变形异常范围，采用船载 SAR 巡查确定重点部位，采用地基 SAR 详查获取重点部位重点时段变形数据，提出滑坡监测各阶段工作准则及技术标准。

（一）主要成果及创新点

（1）首次提出采用船载 SAR 进行库岸巡查的方法，研制了全球首套船载 SAR，突破了平台不稳定、路径与姿态随机、监测误差大等技术难题，构建了船载 SAR 监测技术体系；研制了基于高精度 MEMS 传感器的柔性智能位移计，开发了集扭转自动校正、断点自动剔除和边缘计算功能于一体的数据采集与分析模块，提升了流域库岸变形监测的可靠性和智能化水平。

（2）首次研发了提取永久散射体与同分布点目标为有效监测点及消除大气效应的时空滤波方法两项核心技术，建立了一种基于星载 SAR 影像的库岸边坡变形全新解算方法，显著提高了高山峡谷复杂环境下星载 SAR 监测点密度和变形解算精度，突破了星载 SAR 数据解算技术的瓶颈；创建了零空间基线和双天线差分干涉变形解算新模型，大幅提升了船载 SAR 变形监测精度。

（3）研发了库岸变形自动探测、监测数据自动处理、隐患点智能辨识、风险分析评价与决策支持等技术，开发了新型流域库岸变形监测智能协同管理平台并进行了示范应用，实现了多元数据融合分析、滑坡风险实时发布，显著提升了流域库岸集成化、精细化、智能化风险管理水平与灾害防控能力。

项目获得授权发明专利 21 项，发表论文 77 篇，成果填补了水利水电工程流域库岸非接触式变形监测体系的空白，由院士大师组成的评价组认为，成果达到国际领先水平。

（二）应用情况与推广前景

成果连续 5 年应用于澜沧江流域库岸变形监测预警，流域级滑坡风险点识别准确率达 92%，重点滑坡持续变形监测精度达到毫米级，滑坡隐患得到及时有效处置，推广应用于乌江、清江、大渡河、红水河等流域库岸变形监测，保障了水库大坝安全运行，共取得经济效益 6.17 亿元。船载 SAR 监测技术入选水利部水利先进实用技术重点推广指导目录。项目成果推动水利水电工程库岸变形监测技术迈向新台阶，经济、社会和生态环境效益显著，应用前景广阔。

（三）获奖单位

华能澜沧江水电股份有限公司、武汉大学、中国电建集团昆明勘测设计研究院有限公司、中国科学院精密测量科学与技术创新研究院、贵州省水利水电勘测设计研究院有限公司。

（华能澜沧江水电股份有限公司）

40 万 kW、700m 级高稳定性抽水蓄能机组关键技术与应用

"40 万 kW、700m 级高稳定性抽水蓄能机组关键技术与应用"获 2023 年度水力发电科学技术奖一等奖。

广东阳江抽水蓄能电站是《水电发展"十三五"规划》确定的我国 40 万 kW、700m 级超高水头超大容量抽水蓄能机组设计制造自主化依托项目。通过电站建设掌握有关机组制造关键技术，对提升我国装备制造水平具有重要意义。阳江抽水蓄能电站装机规模 240 万 kW，一期建设规模 120 万 kW。水泵水轮机额定出力 40.816 万 kW，最大扬程 705.9m，额定转速 500r/min，机组具有超高水头、高转速、国内已投运单机容量最大、技术指标最高、设计制造难度国内最大等特点。阳江抽水蓄能电站机组为 40 万 kW 蓄能机组的第一个实践者，是检验抽水蓄能打捆招标是否成功的最终标志性工程。

（一）主要成果及创新点

该团队历经十年科研攻关，攻克了多项技术难题，形成了多项具有自主知识产权的关键技术，将我国 40 万 kW、700m 级抽水蓄能机组技术提升至国际领先水平，主要创新点如下：

（1）首次在 40 万 kW、700m 级水泵水轮机上实现了水力设计、结构设计、应力控制等协同优化。提出了双向分流性能控制的混流式水泵水轮机叶片设计方法，创新了长短叶片的多向变异优化的"C"形大扭转翼型，显著降低了水泵水轮机压力脉动，能量性能和稳定性能均优于同类机组。

（2）提出了三维流固耦合与结构设计双向反馈分析方法，研发了高耐压抗抬升上法兰顶盖、三塔式上止漏环、阶梯式下止漏环等结构，解决了水泵水轮机结构的流激振动难题，提升了机组的安全运行水平。

（3）发明了锻钢整体磁轭导向分流通风结构，研制了精准可靠的磁极线圈新型双面通风冷却系统和 20kV 少胶 VPI 定子绝缘系统，攻克了发电电动机的转子冷却和定子高压绝缘难题。

项目获得授权专利 21 件（其中发明专利 6 件），发表论文 12 篇，研究成果已在依托工程阳江抽水蓄能电站成功应用，使我国 700m 水头段、40 万 kW 抽水蓄能机组自主研发的核心技术取得了重大突破，解决了超高水头、超大容量、高转速水泵水轮机水力稳定性和能量特性难以兼顾的世界性难题，是我国抽水蓄能发展的新里程碑。

（二）应用情况与推广前景

项目研究成果已在依托工程阳江抽水蓄能电站成功应用，阳江抽水蓄能电站机组自 2022 年 1 月 1 日首台机组投运以来，机组设备的振动、噪声、压力脉动等核心运行指标创造了国内外同类机组最优水平，启动成功率 99.89%。同时该项目成果已应用于多个重大工程，创新成果具有较强的移植性和推广性，经济和社会效益明显，应用项目包括惠州中洞、浙江天台等 10 余个在建抽水蓄能电站。

（三）获奖单位

南方电网储能股份有限公司、哈尔滨电机厂有限责任公司、广东省水利电力勘测设计研究院有限公司、清华大学。

（四）获奖人

覃大清、刘学山、吴新平、王正伟、林恺、刘涛、王焕茂、李育林、石良、蔡明志、李洪超、毕慧丽、雷兴春、杨小龙、秦光宇。

（水力发电科学技术奖励工作办公室　孙卓　王怡）

抽水蓄能电站安全稳定调控关键技术及应用

"抽水蓄能电站安全稳定调控关键技术及应用"获 2023 年度水力发电科学技术奖一等奖。

抽水蓄能具有调峰、调频等六大功能，可保障大电网安全、促进新能源消纳，是我国实现"双碳"目标的关键支撑。我国抽水蓄能建设经历探索发展期，正处于蓬勃发展期，目前装机容量已位居世界第一，并将迎来爆发增长期。电站系统设计优化和安全稳定

运行调控是突出的问题，水—机—电耦合的抽水蓄能电站系统研究具有多变量、多工况、多尺度、非线性等理论与技术难点，安全稳定调控理论系统性缺失，且机理性模型实验平台和数值模拟方法存在技术瓶颈，导致实际电站调保参数超标、压力脉动剧烈、功率振荡等问题时常发生，甚至抬机等严重事故亦见报道。该项目紧密围绕行业需求，开展了近30年研发与实践，取得了系列创新成果。

（一）主要成果及创新点

项目组针对电站安全稳定调控理论系统性缺失、全系统实验相似率和多尺度数值求解精度难题、水泵水轮机与流道的复杂特性匹配优化瓶颈，在理论、方法、技术层面开展了科研攻关和工程实践，形成了电站"设计—预测—反演—调控"的全周期应用体系，主要技术创新点如下：

（1）创新了抽水蓄能电站多尺度动态响应及设计调控理论，填补了电站安全稳定调控理论系统性的缺失，解决了多变量、多尺度、非线性系统的时频响应机理、表征与控制理论难点。

（2）提出了水—机—电耦合系统整体模型实验及高精度数值模拟方法，解决了全系统实验相似率和多尺度数值求解精度难题，提升了我国自主研发的模型实验平台与计算分析软件综合性能。

（3）研发了抽水蓄能电站安全性极值控制及稳定性提升技术，突破了水泵水轮机与流道的复杂特性匹配优化瓶颈，解决了实际电站"设计—预测—反演—调控"多阶段的安全极值超标、运行振荡失稳事故频发问题。

（二）应用情况与推广前景

研究成果已应用于广州、清远、长龙山等22座已投运电站；缙云、宁海、垣曲等22座在建电站；滦平、泰顺、奉新等7座拟建电站，为工程安全稳定运行提供了关键技术支撑，产生了重大的经济社会与环境效益。我国抽水蓄能电站建设正处于蓬勃发展期，预计2030年容量比当前翻两番，支撑12亿kW以上新能源消纳，形成万亿级产业链，该项目成果有力地促进了我国抽水蓄能电站建设行业的科技进步，具有广阔的推广应用前景。

（三）获奖单位

河海大学、武汉大学、国网新源集团有限公司、南方电网储能股份有限公司。

（四）获奖人

张健、徐辉、杨建东、程永光、杨威嘉、倪晋兵、林恺、俞晓东、杨桀彬、陈胜、赵志高、丁景焕、雷兴春、桂中华、曾威。

（水力发电科学技术奖励工作办公室　孙卓　王怡）

数据与知识协同驱动的混凝土坝安全诊断关键技术与应用

"数据与知识协同驱动的混凝土坝安全诊断关键技术与应用"获2023年度水力发电科学技术奖一等奖。

中国混凝土坝数量、高度居世界首位，建设水平国际领先。但在运行方面的研究不足，不能满足我国水利水电工程"建运并重"新阶段、高质量发展新要求。当大坝出现病变而不能准确诊断时，只能通过降低水位、盲目修补或暂停运行来避险，造成巨大经济损失，引起社会恐慌，负面影响恶劣。

该项目针对混凝土坝结构运行性态演化机理认识不深；传统感知手段落后、监测数据少、覆盖面有限；多专业知识融合不充分，已有监控方法不能精确反映大坝真实运行性态的问题，聚焦结构性态演变、精细感知、安全诊断等关键科学问题，融合多学科交叉知识与技术，持续17年产学研用联合攻关，构建了保障混凝土坝安全高效运行的成套技术，项目成果达到国际领先水平。

（一）主要成果及创新点

（1）提出了混凝土坝整体结构性能渐变分析模型及分形分析方法，系统揭示了混凝土坝整体性态演化规律；创立了考虑内时损伤影响下多场耦合作用的渗流模型；建立了数据与物理融合的混凝土坝整体性态自适应分析模型，突破了仅依赖单一数据评价混凝土坝运行性态的技术瓶颈。

（2）研发了光纤传感的高精度大坝结构性态、渗流识别与精确定位监测装置，提出了适应混凝土运行环境的光纤施工工法以及海量光纤数据的解译方法。研发了大坝整体与分层的"温度—变形—渗流"多场耦合成套监测装备，推动了混凝土坝性态全域精准感知技术的进步。

（3）率先集成云原生技术，创新开发了多类型、多厂家、多系统的外部数据统一接口，攻克了多源异构数据集中处理难题。研发了"仪器—参量—部位—建筑物—枢纽"五层级多维度综合评价智能平台，实时融合海量数据与领域专家知识，实现了数据与知识协同驱动的综合诊断，填补了混凝土坝运行安全快速诊断领域"通用性与独特性统一"的空白。

项目获授权发明专利13项，实用新型专利7项，软件著作权7项，省级工法2项；主编标准1部；出版专著3部；发表论文11篇。培养了高级以上工程师50人，已成为国际坝工安全领域领军人物和技术骨干。

（二）应用情况与推广前景

项目成果被国内外建设、管理单位及科研院所广泛应用，创造直接经济效益 15.6 亿元，有效解决了国内光照、乌东德、构皮滩、龙滩、金安桥、石门子以及国际洪都拉斯帕图卡Ⅲ水电站、几内亚苏阿皮蒂水利枢纽、坦桑尼亚尼雷尔水电站等全球范围 90 多座混凝土坝工程安全诊断技术难题，为实现"中国水电走出去"的目标和愿景发挥了重要的作用，推广应用前景广阔。

（三）获奖单位

中国电建集团贵阳勘测设计研究院有限公司、河海大学、中国电建集团国际工程有限公司、长江水利委员会长江科学院。

（四）获奖人

郭法旺、王新槐、顾昊、余波、彭浩、杨光、李波、朱延涛、龙起煌、毛鹏、周以林、易伟、王飞、朱宝强、顾太欧。

（水力发电科学技术奖励工作办公室　孙卓　王怡）

白鹤滩特高拱坝超大规模不对称泄洪消能关键技术及应用

"白鹤滩特高拱坝超大规模不对称泄洪消能关键技术及应用"获 2023 年度水力发电科学技术奖一等奖。

白鹤滩水电站位于我国西南部的高山峡谷地区，枢纽总泄量达 42350m³/s，泄洪总功率超 9000 万 kW，由坝身 6 个表孔、7 个深孔和左岸 3 条泄洪洞三套泄洪设施承担泄洪任务，具有"窄河谷、高水头、巨泄量"的特点。拱坝坝身单宽泄流量等多项水力指标为同类工程之最。工程的泄洪消能在工程规模巨大、泄洪能量巨大的基础上，叠加了地形和结构不对称、枢纽边坡安全、消能与发电协调等难题，对工程安全构成严峻挑战。在我国泄洪消能技术整体水平处于国际领先的基础上，项目围绕上述关键问题，攻克解决极不对称条件下的枢纽泄洪水力安全和多功能枢纽水力协调难题，推动我国高坝工程泄洪消能技术进一步提升。

（一）主要成果及创新点

（1）研发了世界规模最大的水工全整体枢纽模型，构建了多尺度、多要素、全过程水力学综合模拟技术体系，揭示了泄洪消能主要水力要素的比尺效应，创建了基于原型和多尺度模型反演及预测的枢纽水力安全评价体系，实现了巨型水电工程水工模拟与水力安全评价技术体系的重大跨越。

（2）发明了基于水舌轨迹控制的碰撞消能均匀性评价方法，创新了"孔口体型控制、消能均衡控制、结构安全控制"的极不对称泄洪消能技术，构建了基于"局部拱"机理的大型反拱水垫塘结构设计体系，解决了坝身超大泄量和极不对称布置条件下的泄洪消能水力安全难题。

（3）发明了近坝区密集进水口空间分层引流技术，建立了河道水位波动、泄洪雾化等水力要素与河谷地形的相关关系，构建了基于河道承载力的坝身、岸边容许泄量预测模型，研发了电站尾水位和冲刷堆丘耦合的动水调度技术，解决了狭窄河谷巨型枢纽泄洪、消能、发电、生态水力协同控制难题。

（4）创建了长缓坡大流量高水头无压泄洪洞水力安全设计方法，创新了大型泄洪洞群掺气坎独立补气技术，首创横向三支臂大型弧形钢闸门和支座结构设计方法，攻克了超长无压泄洪洞群水力与结构安全控制难题。项目成果经科技鉴定达到国际领先水平。

（二）应用情况与推广前景

项目成果已在白鹤滩水电站的设计、建设及运行中成功应用，工程蓄水后已经历多次大流量泄洪运行考验，累计安全运行超过 200 多小时，近三年累计产生经济效益 70689 万元。

项目提出的系统性创新成果，攻克了多项世界级技术指标工程技术难题，推动了高坝泄洪消能试验模拟与工程设计技术进步，今后可为我国正在开发的金沙江上游、中游干流，以及雅砻江干流的 200m 级以上高坝工程泄洪消能提供技术支撑，极具推广应用前景。

（三）获奖单位

中国电建集团华东勘测设计研究院有限公司、水利部交通运输部国家能源局南京水利科学研究院、中国三峡建工（集团）有限公司、河海大学、中国水利水电科学研究院、四川大学、天津大学。

（四）获奖人

徐建荣、胡亚安、彭育、赵建钧、赵兰浩、辜晋德、孙双科、薛阳、周孟夏、王宇、李会平、张法星、柳海涛、程璐、张文远。

（水力发电科学技术奖励工作办公室　孙卓　王怡）

区域特大干旱形成机理及梯级水库群适应性管理关键技术研究与应用

"区域特大干旱形成机理及梯级水库群适应性管理关键技术研究与应用"获 2023 年度水力发电科学技术奖一等奖。

干旱是发生频繁、影响范围广、对社会经济影响深远的自然灾害之一。近年来，全球变暖和高强度人类活动加剧了水循环时空变异，我国各大流域极端干旱事件频发，给区域水资源管理、水电能源安全和社会经济可持续发展带来严重影响。科学认识特大干旱的孕育机理、发展过程及其对水电运行的影响，充分发挥水库群联合调度在区域水资源安全与电力供应保障中的作用，既是当前国际水文水资源科学领域的研究前沿，也是面向我国水安全、能源安全等国家重大战略亟需解决的难点。该项目以全球变化和水利水电工程为核心切入点，开展了区域特大干旱形成机理及梯级水库群适应性管理关键技术研究与应用，为流域性干旱预警及适应性管理提供重要技术支撑。

（一）主要成果及创新点

围绕区域特大干旱形成机理及梯级水库群适应性管理关键技术问题，以揭示规律、阐明机制和综合应对为研究主线，在变化环境下与水循环物理过程联系的干旱评估、干旱归因和水利水电工程应对干旱的适应性管理等方面开展了创新性研究。取得的成果有：

（1）研发了干旱非平稳评估的时变非线性方法，提出了特大干旱事件三维连通体识别方法，提高了干旱事件辨识的准确性和效率，系统揭示了我国主要流域特大干旱的时空演变机理。

（2）科学辨识了特大干旱发展的驱动因素，提出了基于流域水循环物理过程的干旱变化逐步归因模型及算法，量化了气候变化、下垫面变化和水利水电工程运行对干旱形成与变化的贡献，发展了耦合物理机制和机器学习的干旱中长期预测方法，提高了干旱预测准确率。

（3）提出了具有普适性的水库中长期优化调度解析（函数）方法，构建了耦合干旱中长期预测的全时段水库分期调度函数，研发了耦合干旱发生发展过程的梯级水库群适应性调度技术。

（二）应用情况与推广前景

项目成果为三峡水利枢纽梯级调度通信中心、汉江水利水电（集团）有限责任公司、湖北清江水电开发有限责任公司等单位的梯级水库群抗旱决策及发电调度等工作提供了重要的指导作用。在全球变化越演越烈及极端干旱事件频发的背景下，项目成果可广泛应用于全国大中型水利水电枢纽的综合运行调度，具有广阔的推广应用前景。

（三）获奖单位

武汉大学、中国长江电力股份有限公司。

（四）获奖人

佘敦先、夏军、张利平、杨旭、李波、陈森林、胡辰、陈杰、张艳军、宋志红、张俊、万飚、刘任莉、唐宇萌、张潇雨。

（水力发电科学技术奖励工作办公室　孙卓　王怡）

深厚湖相沉积覆盖层高围堰稳定控制关键技术及应用

"深厚湖相沉积覆盖层高围堰稳定控制关键技术及应用"获2023年度水力发电科学技术奖一等奖。

项目依托拉哇水电站深厚湖相沉积层软基上建设围堰，拉哇水电站堰塞湖沉积层具有"厚度大、承载力低、渗透系数小、抗剪强度低、压缩性高"等特点，最大深度在71.63m。其上填筑围堰后，软弱地基土将形成较高超孔隙水压力，消散时间长，围堰沉降变形、水平位移大，边坡稳定问题突出，控制工程沉降及水平变形技术难度大。针对拉哇水电站堰塞湖相沉积层的工程难点，该项目研发了一套深厚湖相沉积层高围堰体稳定控制关键技术成功解决了深厚湖相沉积层与围堰形成高达130m复合土石围堰体的安全稳定问题，在水利水电工程中尚属首次。

（一）主要成果及创新点

（1）创建了深厚湖相沉积层高围堰稳定分析方法与控制措施体系。提出了变荷载作用下复合地基超静孔隙水压力时程解析表达式，揭示了碎石桩提高高围堰体抗滑稳定性和控制变形的机制。研发了大直径超深碎石桩和抽降水井相结合地基稳定加固技术，成功解决了130m高围堰体抗滑、变形和渗透稳定控制难题。

（2）研发了超深碎石桩施工装备及智能施工技术体系。发明了可调节振冲器下放位置的伸缩式导杆，研开发了"超深护筒+上部旋挖引孔+下部振冲器造孔加密"施工技术。构建了基于BIM+GIS技术的振冲碎石桩施工过程实时监测软件平台，实现了地层辨识、桩体感知、多维监测，首次形成了70m超深碎石桩智能化施工成套技术体系。

（3）研制了高精度智能安全监测设备及安全监测评价体系。研制了抗冲击型土压力计、渗压计和新型"柔性智能位移计"，构建了一套深度融合三维变形、渗流和应力监测系统，建立了高围堰体实时预警体系，成功解决了高围堰体10m级大变形的监测难题。

（4）研发了深埋饱和低液限软土层原状土取样技术。采用了"活塞式不锈钢长样筒薄壁取土器、改性植物胶冲洗液"的新型取样工艺，获取了深厚湖相沉积层原状芯样，确定了层次结构及物质组成；通过现场试验，取得湖相沉积层的力学参数。

（二）应用情况与推广前景

该项目针对拉哇水电站深厚湖相沉积覆盖层"深""软"及分层复杂多变特点，首次研究出一套针对深厚软弱覆盖层上筑坝具有代表性的研究技术路径和工作方法，填补了国内外水电行业在深厚湖相沉积层基础处理工程的关键技术的空白，进一步提升了勘探研究及施工技术水平，研究成果已成功应用在拉哇水电站工程，为雅鲁藏布江下游开发等类似深厚湖相沉积层高围堰体设计、施工及安全监测提供了借鉴与参考，推广应用价值巨大。

（三）获奖单位

华电金沙江上游水电开发有限公司、中南勘测设计研究院有限公司、中同水利水电科学研究院、中国水电基础局有限公司、中电建振冲建设工程股份有限公司、武汉大学、中国水利水电第十二工程局有限公司。

（四）获奖人

陈祖煜、郑顺祥、潘江洋、范雄安、田应辉、魏永新、张毅、鄢勇、罗文君、王庆祥、张幸幸、赵军、卢伟、练新军、程翔。

（水力发电科学技术奖励工作办公室　孙卓　王怡）

大型水电工程鱼道关键技术研究与应用

"大型水电工程鱼道关键技术研究与应用"获2023年度水力发电科学技术奖一等奖。

作为主要环保措施，鱼道在克服闸坝阻隔影响、保护鱼类资源方面具有不可替代的作用。鱼道运行效果欠佳是世界范围内普遍存在的问题，我国已建鱼道普遍存在诱鱼效果差、通过率低、通过时间长等问题。我国鱼道的过鱼对象以四大家鱼和裂腹鱼为主，不能照搬国外以鲑鱼、鳟鱼为主的已有经验。已建鱼道过鱼效果欠佳的根本原因，在于对鱼类的上溯行为机制研究不够深入，且在鱼道设计、建设、运行管理等方面均未形成完善的技术体系。大型水电工程鱼道具有水位落差大、路线长、运行条件复杂等技术特点，鱼道设计与建设面临更大挑战。因此，亟需通过深入系统研究，构建一整套理论方法和技术体系，以支撑我国水电建设的高质量、可持续发展。

（一）主要成果及创新点

（1）揭示了不同水流结构对鱼道过鱼效果的影响机制，构建了鱼道池室结构水力设计方法与体系。首先针对四大家鱼和裂腹鱼分别开展了系统性对照过鱼试验，识别了过鱼效果更好的鱼道水流结构，上溯成功率提升20%以上，上溯时间缩短22%以上；提出了竖缝式鱼道常规池室"主流居中"的水力设计原则，给出无量纲化的设计方法；提出了适于我国鱼道

过鱼对象特点的无钩隔板布置新体型，上溯成功率提升33%，上溯时间节省20%。

（2）研发了鱼道进口与出口布置的优化设计方法与高效集诱鱼集成技术。建立了优化选择鱼道进出口位置的流场信息分级分区量化分析方法；发明了自适应水位变动的无闸控制鱼道进口与溢流式鱼道出口新方案；针对集鱼廊道内诱鱼主流不显著问题，提出了采用正向补水的集鱼渠改进方案；研发了适用于高流速条件的分流墙技术和适用于低流速条件的导鱼堰技术；基于鱼类生理偏好，发明了利用温升、局部配色、补水射流、气泡幕等集诱鱼新技术，填补了技术空白。

（3）构建了涵盖过鱼设施布置、水力设计、运行管理和效果监测评价的鱼道适应性管理技术体系。首次提出了鱼道适应性管理理念与技术内涵，从工程设计、政策制定、技术创新和工程示范多层次推动已建鱼道工程适应性管理的落地实施，2005年以来，推进了40余座已建鱼道的适应性改进工作，取得显著成效。

（二）应用情况与推广前景

成果在雅鲁藏布江、大渡河等大型江河23座鱼道中得到应用，解决了大量实际工程难题，累计经济效益达到2.39亿元。采用该成果最新技术建成的DG鱼道落差80m，是目前我国落差最大的鱼道；多布和ZM鱼道经适应性管理和改造，年过鱼数量分别增加80、10倍；JC鱼道2021～2022年总过鱼数量达到16.6万尾，是目前我国过鱼效果最好的大型鱼道，起到了很好的示范作用。研究成果得到生态环境部等主管部门和业主单位的高度认可，具有广泛的推广应用前景。

（三）获奖单位

中国水利水电科学研究院、水电水利规划设计总院、生态环境部环境工程评估中心、三峡大学、华能西藏雅鲁藏布江水电开发投资有限公司。

（四）获奖人

孙双科、顾洪宾、曹晓红、石小涛、杨佐斌、李广宁、薛联芳、温静雅、郑铁刚、陆波、郭新蕾、柳海涛、夏庆福、柯森繁、张超。

（水力发电科学技术奖励工作办公室　孙卓　王怡）

高温干旱复合灾害下水电站群水—机—坝一体化安全保供关键技术及装备

"高温干旱复合灾害下水电站群水—机—坝一体化安全保供关键技术及装备"获2023年度水力发电科学技术奖一等奖。

中国是世界水电第一大国，总装机规模和水力发电量稳居全球首位。但我国水电资源分布极不均衡，70%水电装机集中在西南地区，承担区域绝大部分能源供应任务。这种独有的水电主导型能源供给结构，存在抵御自然灾害能力不足的弊病。特别在高温干旱复合灾害下能源安全与枢纽稳定面临双重挑战：干旱导致入库流量骤减，高温导致用水及电力负荷剧增，大型水库水位快速降低逼近死水位，机组长期极低水位运行出力受限。在此背景下，对兼顾机组高强度超限出力、水位快速大变幅下库坝结构安全的水电站群枯水调度提出严苛要求。

（一）主要成果及创新点

项目从应急调控理论、机组超限运行、库坝病害诊治等方面开展持续攻关，突破了复合灾害下"控水位—保机组—稳库坝"一体化保障技术，打造了具备国产自主知识产权的能源保供与安全保障的成套技术装备，取得一系列创新成果。

（1）提出了时变参数误差补偿的水文模型结构缺陷诊断理论，发明了耦合决策期、滚动期和余留期效益风险的三阶段风险辨识技术，构建了鲁棒调度区间的水文水温耦合多目标生态调度方法。

（2）提出了极低水位下水电机组稳定运行区间扩展方法，发明了超高频故障特征信息重构、故障阻隔动态模拟及真机试验技术，建立了长历时死水位下水电机组安全运行控制标准。

（3）揭示了水位大变幅下坝体变形机理及坝体隐患发生发展规律，研发了库坝广域图像智能解译的微变形监测技术，建立了基于电磁波谱反演和声发射层析重构的隐伏病险无损检测方法。

（4）研发了大型水轮发电机组 GHz 级局部放电测试、定子槽放电采集、接地故障穿越成套装备，突破国外技术垄断；开发了大坝渗漏隐患车载探测装备与水下缺陷的应急诊断和修复装备。

项目成果申请发明专利 63 项，已授权 37 项，出版专著 7 部，发表论文 147 篇，纳入国家/行业规范 6 部。研发了国内外首套装置 3 项，突破国外技术垄断。

（二）应用情况与推广前景

项目成果在大渡河流域、雅砻江流域、金沙江流域的 70 余座水电站广泛应用。经 2022 年四川地区极端高温天气检验，全面支撑"最高极端高温、最少来水量、最高电力负荷"情况下的能源可靠供给，大渡河公司实现水库快速消落 37.8m，应急调控水资源约 3.5 亿 m³，增加保供电量近 8 亿 kW·h，四川 38% 统调水电 30 余台大型机组超限运行 1287h，树立了能源央企保供典范，经济社会效益显著，引领了水利水电枢纽群调控运行技术发展。

（三）获奖单位

国家能源集团科学技术研究院有限公司、武汉大学、水利部交通运输部国家能源局南京水利科学研究院、国能大渡河瀑布沟发电有限公司、国能大渡河大岗山发电有限公司、国家能源集团新疆开都河流域水电开发有限公司。

（四）获奖人

刘攀、杨宏强、陆俊、杨胜、易瑞吉、武颖利、宋坤隆、李登华、李光华、钟启明、刘鹤、丁占涛、蒋致乐、廖朝雄、吴智平。

（水力发电科学技术奖励工作办公室
孙卓　王怡）

深埋长隧洞智能 TBM 掘进关键技术及其工程应用

"深埋长隧洞智能 TBM 掘进关键技术及其工程应用"获 2023 年度水力发电科学技术奖一等奖。

我国已在深埋长隧洞 TBM 施工领域取得了显著成就，如锦屏Ⅱ级电站、吉林引松工程。未来将建设更多的深埋长隧洞，如南水北调西线工程（长 264km、埋深 1150m）、雅下工程（长 30km、埋深 2000m）。考虑大埋深、长距离、环境恶劣等综合因素，TBM 是深埋长隧洞施工首选方案之一。由于深埋长隧洞地质条件复杂，面临强岩爆、大变形、突水突泥等地质灾害制约，TBM 施工难度大，重大安全事故频发，直接关系到工程的安全、进度、甚至成败。目前 TBM 施工存在信息全面感知难、掘进参数适应性差及确定难等不足，且感知、决策和控制的集成水平有待进一步提升，难以保障 TBM 安全高效掘进。为此，需要开展复杂地质条件下深埋长隧洞 TBM 智能化掘进新理论、新方法和新技术研究。

（一）主要成果及创新点

该项目围绕深埋长大隧洞 TBM 掘进技术难题，开展精细勘探、智能 TBM 和精准衬砌系列研究，形成掘进信息全面精细感知、掘进参数智能确定决策、掘进衬砌自适精准支护创新成果。

（1）研发了深埋隧洞岩体结构与力学特性随钻超前探测技术，提出了深部岩体力学参数智能识别技术与 TBM 可掘性评价方法，构建了基于物元可拓理论的岩爆倾向性预测新模型，建立了岩爆孕育过程非均匀波场微震事件精确定位方法，研制了 TBM 搭载自动传感安装回收的智能微震监测装置。

（2）研发了 TBM 机载的激发极化定量探水与隧道地震超前探测技术，建立了基于反演波速和相干因子的不良地质识别逆时偏移成像方法；研发了 TBM

模拟试验系统，揭示了 TBM 穿越断层破碎带受压荷载传递机制与刀盘卡机机理；研发了 TBM 盾尾防渗新型注浆材料，形成了配套工艺。

（3）建立了岩—机相互作用模型，提出了可统一同构和异构 TBM 施工时空多源信息的融合方法，构建了自适应岩体条件的 TBM 掘进参数智能决策优化方法，制定了面向地质条件差异性的 TBM 掘进多模态和专家经验复合控制策略，研制了可跨平台部署的 TBM 智能掘进系统。

（4）提出了可主动改变支护力的结构形式，形成了双护盾管片衬砌与喷锚支护隧洞围岩加固转换方法，研发了全隧洞衬砌温度场自动监测技术。

（二）应用情况与推广前景

项目成果已应用于引绰济辽工程输水工程、新疆某引水输水工程等，实际工程应用效果良好，有力支撑了国家重大水利工程建设，突破了信息全面感知难、掘进参数适用性差及确定难等技术瓶颈，有效破解了地质条件多变深埋长隧洞 TBM 安全高效掘进的关键性难题；得到了专家、同行和行业的高度认可；产生了显著的经济社会、生态环境效益，推动了本领域科学技术进步；未来可推广应用于雅下、南水北调西线以及其他深埋长隧道（洞）工程。

（三）获奖单位

清华大学、华能西藏雅鲁藏布江水电开发投资有限公司、中国科学院武汉岩土力学研究所、山东大学、中铁工程装备集团有限公司、北京笃信天健信息咨询有限公司、中国水利水电第六工程局有限公司。

（四）获奖人

李庆斌、杜三林、李邵军、张庆松、张庆龙、邵堃、肖亚勋、简鹏、韩志杰、朱光轩、郑赢豪、兴海。

（水力发电科学技术奖励工作办公室　孙卓　王怡）

南水北调大型泵站群优化调度和远程集控成套关键技术

"南水北调大型泵站群优化调度和远程集控成套关键技术"获 2023 年度水力发电科学技术奖二等奖。

南水北调工程是国家水网的主骨架和大动脉，是优化水资源配置、保障群众饮水安全、复苏河湖生态环境、畅通南北经济循环的生命线。南水北调东线工程是典型的利用梯级泵站提水的跨流域调水工程，拥有世界上规模最大的大型泵站群。一直以来，东线江苏段工程面临复杂水系水资源优化配置难、泵站关键控制装备自主可控难、远程集控安全保障难、高效运维管理难等关键技术难题。项目团队经多年的研究积累和技术攻关，坚持产学研用相结合，在多项国家重点工程项目支持下，开展了系统性的研究，取得了系列技术突破，全面实现大规模调水工程的远程集控、智能管理、智慧调度，对后续国家水网建设具有重要意义。

（一）主要成果及创新点

（1）创新了复杂跨流域调水系统水量—水力协同调控理论与方法。提出了数据、机理双驱动的多因子相似分析预报技术，实现了复杂产汇流条件下多尺度河湖水文高精度预报；构建了调水效益—风险对冲的水量优化调度方法，实现了复杂调水系统水量时空均衡调配；提出了考虑水力响应特性的实时水量—水力协同调控理论与方法，攻克了多扰动变化导致梯级泵站运行效率不高的难题。

（2）提出了大型泵站群远控模式下设备故障全链条智能预警成套技术。创建大型泵站水—机—电设备故障协同预警技术，创新了行业内泵站机械故障声纹监测预警的新方法；提出大型泵站群故障全要素全链条智能预警技术，将设备故障定位时间提升至分钟级；提出了大型泵站群智能管理新模式，突破了泵站群运行安全依赖大量人力的行业现状。

（3）自主研发了大型泵站自主可控智能化运行控制软硬件系统与成套装备。首次建立具备机器语义理解能力的设备信息模型，有效提升了泵站全站设备的集成和维护效率；研发了基于国产芯片的泵站控一体化智能测控装置，突破了国产化替代设备性能、散热、稳定性等技术瓶颈；研制了大型泵站自主可控计算机监控软件系统，实现了泵站运行控制核心装备软硬件 100％国产化替代。

（二）应用情况与推广前景

项目研究成果在南水北调东线江苏段、胶东调水等多个国内大型调水工程中应用，有效提升了调水经济效益，显著提高了设备运行监控预警与应急处置能力，摆脱了关键设备进口依赖，提升了工程调度运行的可靠性。项目成果解决了大型调水泵站群运行调度面临的共性瓶颈问题，具有较高的行业推广应用价值，可促进和带动相关基础研究和产业发展，推动行业技术进步。研究成果在同类调水工程的推广应用，将会取得更大的经济、社会、生态效益。

（三）获奖单位

南水北调东线江苏水源有限责任公司、中国水利水电科学研究院、国电南瑞科技股份有限公司、河海大学、南京南瑞水利水电科技有限公司。

（四）获奖人

袁连冲、王超、吴学春、谈震、莫兆祥、闻昕、徐方明、黄富佳、夏臣智、孙庆宇。

（水力发电科学技术奖励工作办公室　孙卓　王怡）

白鹤滩水电站大坝关键施工技术

"白鹤滩水电站大坝关键施工技术"获 2023 年度水力发电科学技术奖二等奖。

白鹤滩水电站的开发任务以发电为主，兼顾防洪，并有拦沙、发展库区航运和改善下游通航条件等综合利用效益，是西电东送骨干电源点之一。白鹤滩工区气象条件恶劣，极端最高气温 42.7℃，极端最低气温 0.8℃，7 级以上大风占全年 65.5%。枢纽工程由拦河坝、泄洪消能建筑物和引水发电系统等主要建筑物组成，全坝使用低热混凝土，混凝土方量约 810 万 m³。坝址区出露柱状节理玄武岩，岩质相对较软，且左岸谷肩以下高程 770~620m 临江由近 SN 向 70°陡壁构成，陡壁高度由上游至下游逐渐增高，主要技术指标位居世界水电工程前列。须针对工程各阶段研究制定科学、合理、经济的施工技术，确保在复杂地质、结构及极端天气条件下准点完成工程建设。

（一）主要成果及创新点

（1）依托基于 BIM 技术的智能建造管理系统，提出了标准化、模块化、集约化施工组织整体方案，构建了多维度交通体系，研发了高度机械化、全流程无缝衔接的高效协同混凝土施工技术，实现了全坝均衡高效施工。

（2）针对柱状节理玄武岩和角砾熔岩卸荷松弛等特殊地质条件下高陡边坡开挖稳定、岩体保护、轮廓控制等技术难题，提出了"精细爆破、快速支护、先固后挖、精准保护"的建基面开挖原则，发明了复合消（散）能爆破技术，研发了深孔台阶精细爆破技术和配套装置，首创了预留岩石盖重固结灌浆工艺，实现了建基面优质高效开挖施工。

（3）提出了温度梯度控制实施策略，研发了基于低热水泥特性的大坝混凝土施工配合比，研制了供水管网水温自动切换装置，研发了一体化智能通水安装平台及管网标准化布置工艺，创建了特高拱坝全方位保温保湿养护体系，实现了无温度裂缝的大坝建造目标。

（4）研制了直（斜）门槽云车、液压自爬升模板、多型预制模板、可调节跨仓钢栈桥和自爬升转梯，研发了装配式牛腿施工、深孔钢衬优化安装、闸墩与支铰大梁同步施工系列工艺技术，提高了工效，保证了安全质量。

（二）应用情况与推广前景

项目所研究的关键施工技术已成功地应用于白鹤滩大坝工程建设实践中，攻关解决了多项技术难题，实现了特高拱坝筑坝技术新突破。项目研究取得发明专利 4 项、实用新型专利 56 项、省部级工法 32 项、省部级 QC 活动成果奖 33 项，科技成果奖 19 项，经济社会与生态环境保护效益显著，推广应用前景广阔。白鹤滩的建成为 300m 级低热混凝土拱坝开辟新的施工技术，推广应用前景广阔。

（三）获奖单位

中国水利水电第四工程局有限公司、中国水利水电第八工程局有限公司。

（四）获奖人

张文山、王雄武、于永军、李晓涛、梁金亮、孙德炳、郭建福、谢卫东、张建清、苏江。

（水力发电科学技术奖励工作办公室　孙卓　王怡）

高寒强震区复杂条件高面板堆石坝安全控制关键技术

"高寒强震区复杂条件高面板堆石坝安全控制关键技术"获 2023 年度水力发电科学技术奖二等奖。

目前我国西部以及东北部高面板坝建设面临着诸多复杂条件，主要包括严寒的自然环境、不规则的河谷地形、高强度的地震动、深卸荷的岸坡岩体、库水位的大变幅循环涨落等，存在强震条件下的抗震安全性、恶劣气候条件下的耐久性、狭窄河谷条件下的变形协调性、深卸荷岩体条件下的防渗性、库水位反复大消落条件下的长期劣变性等问题突出，大幅增加了坝体及防渗系统的控制难度，给设计和施工带来了巨大的困难与挑战，制约了高面板堆石坝设计坝高的提升和筑坝技术的提高，并威胁到了大坝的安全性。已有的理论、规范和经验不能满足高混凝土面板堆石坝建设需求，亟需实现相关技术的突破和创新，消除工程界的担忧，确保高坝大库安全运行。

（一）主要成果及创新点

研究结合大石峡、玛尔挡、金川等数十座高面板工程，十余项重大科研课题，产学研用紧密协作联合攻关，围绕复杂条件下高面板坝变形机理和劣化机制（科学问题）及复杂条件下高面板坝安全保障关键技术（工程问题），系统研究筑坝材料动力特性、防渗系统材料及防渗结构的物理力学特性和耐久性、高坝地震损伤破坏与长期性能劣变演化规律与机理、严寒条件下防渗体的损伤与劣化机制、适应复杂环境的高面板坝建设与运行的工程措施与防护技术等多项内容，建立了高面板堆石坝抗震安全分析方法与评价控制标准、严寒与水位大变幅条件下高面板堆石坝运行性态评价方法、狭窄河谷高面板坝变形控制体系与岸坡深卸荷岩体趾板建基控制标准等系列创新成果，形成了一套解决复杂条件下高面板堆石坝建设与长效性能安全保障难题的关键技术与标准体系。

研究取得了国家专利 33 项，其中发明专利 21 项，获软件著作权 12 项，发布技术标准 6 项、省部级工法 2 项，出版技术专著 5 部，发表论文 71 篇，其中 SCI/EI 检索 45 篇。

（二）应用情况与推广前景

成果已应用于大石峡、玛尔挡、羊曲、阜康、南俄Ⅲ（老挝）等多座已建、在建的高面板坝工程，并拟应用于茨哈峡、江达等 20 余座前期研究的高面板坝中。研究成果成功解决了高面板堆石坝设计建设和运行过程中的强震、严寒等一系列复杂工程难题。仅开具的应用证明，累计节省工程投资和创造经济效益共 10.5 亿元，经济社会效益显著，推广应用前景广阔。

（三）获奖单位

中国电建集团西北勘测设计研究院有限公司、大连理工大学、中国水利水电科学研究院、黑龙江水利科学研究院、哈尔滨工业大学。

（四）获奖人

周恒、邹德高、陆希、苗喆、严祖文、苏安双、甘磊、高小健、刘原茂、徐泽平。

（水力发电科学技术奖励工作办公室　孙卓　王怡）

大型水轮发电机组稳定性监测与控制关键技术及应用

"大型水轮发电机组稳定性监测与控制关键技术及应用"获 2023 年度水力发电科学技术奖二等奖。

水电为我国输送近 20％的能源，极大保证和改善了国家能源供给、防洪安全和绿色发展。水电机组近年向大容量、大尺寸方向发展，且新型能源体系要求水电机组宽负荷乃至全负荷工况运行，大型水电机组的稳定性问题越来越成为影响水电站甚至电网运行的重要安全因素。而水电机组结构及内部流动极其复杂，在稳定性研究领域，不稳定流动与压力脉动规律、泥沙磨损试验与精确预测、稳定性检测与监测以及预警与控制等，一直是世界性技术难题。

在国家和地方的多个重点计划和基金支持下，项目针对大型水电机组稳定性监测与控制世界性关键技术难题开展了 10 多年科研攻关，实现了中国水电机组稳定性监测与控制研发水平从跟跑到领跑世界，取得了一系列创新性成果。

（一）主要成果及创新点

（1）揭示大型水轮发电机组稳定性机理，建立模拟方法。揭示水轮机内部流态三维演变与压力脉动特性间的内在联系，以及空化系数、流态参数等对真机稳定性的影响机理，建立水轮机内部旋涡流精确预测模型；研发水轮机泥沙磨损绕流试验方法及系统，建立水轮机泥沙磨损精确预测方法（准确度达到 95％以上），攻克泥沙磨损试验及预估精度低的难题。

（2）研制大型水轮发电机组稳定性检测与监测系统。研发不稳定流检测技术，实现水轮机不稳定流精准识别；研制水电机组低频振动传感器（频率响应低至 0.2Hz）、振摆传感器综合校准仪（校准频率最低至 0.16Hz）、多功能高精度性能测试分析仪以及发电机转子测温传感器；建立水电机组振动峰—峰值精确计算方法（精度提高 10％以上），建立精确监测机组稳定性的传感器选择和布置方法。

（3）研发大型水轮发电机组稳定性预警系统与控制技术。建立水轮发电机组健康样本和故障样本库（基于长江流域近 100 台巨型水电机组），研发基于数据和知识驱动的大型水轮发电机组稳定性分析预警系统；开发水轮发电机组轴线智能调整控制系统（精度提高 40％以上）；研制水轮发电机组关键部件稳定性监测预警及控制系统。

（二）应用情况与推广前景

项目应用成效显著，已成功应用于三峡、白鹤滩、葛洲坝、溪洛渡、向家坝、乌东德、瀑布沟等 30 余座水电站的建设。近三年节约标准煤 27 万 t，减少二氧化碳等温室气体排放 249 万 t，经济效益达 7.1 亿元。项目成果为大型水轮发电机组的智慧运行与安全保障提供了强有力的技术支撑，极大地推动了水电行业技术进步，提升了我国水电自主创新和核心竞争力。

（三）获奖单位

中国长江电力股份有限公司、西华大学、国能大渡河检修安装有限公司、大唐水电科学技术研究院有限公司。

（四）获奖人

冉毅川、刘小兵、李友平、徐波、史广泰、谭鋆、张春辉、侯远航、张海库、曾永忠。

（水力发电科学技术奖励工作办公室　孙卓　王怡）

南水北调中线工程特殊输水期调度关键技术

"南水北调中线工程特殊输水期调度关键技术"获 2023 年度水力发电科学技术奖二等奖。

南水北调中线工程全年全天候输水，历经正常调度、生态补水、冰期调度、汛期输水等各类场景。输水线路长、调控元件多、调蓄空间小、运行工况多是中线工程输水调度的典型特点，使得工程安全、平稳、高效运行难度大，特别是汛期频繁降雨和冰期极寒天气影响下，输水调度难度进一步凸显。

为此，中国南水北调集团中线有限公司和中国南水北调集团有限公司联合中国水利水电科学研究院，围绕"汛期多维扰动影响下的工程适应性调控"和"冰期冰害风险干扰下的输水能力提升"两大核心难题，开展长期、持续科技攻关，建立了南水北调中线工程特殊输水期调度关键技术体系，为强化全天候供水安全保障，充分发挥社会、经济、生态、环境效益提供了重要支撑。

（一）主要成果及创新点

在精准感知方面，构建了长距离明渠水情监测数据治理及非恒定流精准模拟技术。针对多重扰动下调水工程水力要素模拟的不确定性，研发了水情监测数据倒挂难题的系统治理方法，构建了数据驱动的水力参数动态识别模型和一维非恒定流快速模拟模型。

在汛期调度方面，建立了汛期降雨扰动下水量水力协同优化调控技术。针对中线大规模闸群精细调控的难题，构建了考虑水位和流量的动态约束的渠池蓄量滚动优化调度模型，研发了耦合水动力过程的串联闸群水力预测调控方法，提出了汛期暴雨应急情景下雨区下游优化分区供水方案。

在冰期调控方面，构建了冰害防控约束下的冰期输水能力提升方法。针对冰害水力防控与输水能力提升矛盾，构建了长序列水冰情监测资料驱动的冰害防控水力条件识别体系，建立了基于冰情生肖过程定量预测的冰期输水状态时空优化方法，研发了串联闸群冬季工况切换过程的多目标优化调控模型。

在高效管控方面，创建了信息—指令—业务多流程跨层级协同管控模式。面向常态与特殊工况下调水工程输水调度自动化与智能化需求，提出了基于闸站自动检测和视频自动跟踪的远程指令执行双重保障模式，研发了调度信息、调控设备、调水业务多要素高效协同的中线输水调度综合管理平台。

（二）应用情况与推广前景

相关成果在南水北调中线全线推广应用，且应用效果显著。在经济效益方面，累计实现增收节支4亿元。在社会效益方面，累计保障各大工程安全平稳供水超过550亿 m³，应急情景下累计减少退水超过1.3亿 m³。在生态环境效益方面，使极端暴雨情景下的渠道被动退水量减少70%，有利于引水的充分利用。

该技术进一步丰富了长距离串联闸群明渠调水工程输水调度理论方法，同时可在具有类似特点的灌溉工程、防洪工程中进行推广应用。随着南水北调工程的长期稳定运行和我国大型跨流域调水工程规模的不断扩大，必将具有广阔的应用前景。

（三）获奖单位

中国南水北调集团中线有限公司、中国南水北调集团有限公司、中国水利水电科学研究院。

（四）获奖人

陈晓楠、雷晓辉、靳燕国、张召、顾起豪、卢明龙、任炜辰、刘爽、李景刚、王艺霖。

（水力发电科学技术奖励工作办公室
孙卓　王怡）

深埋复杂地质超长隧洞 TBM 施工关键技术

"深埋复杂地质超长隧洞 TBM 施工关键技术"获 2023 年度水力发电科学技术奖二等奖。

当前，随着我国大规模基础设施建设的不断深入以及"一带一路"倡议实施过程中的强劲需求，越来越多的长大隧道（洞）工程已进入规划实施或快速建设阶段。全断面岩石隧道掘进机受到了国际工程界的广泛重视，并在隧洞建设领域获得大量应用。然而 TBM 对不良地质的适应性差，在施工中经常遇到软岩大变形、突涌水突泥、塌方冒顶及岩爆等地质灾害，严重制约了 TBM 掘进效率。新疆 ABH 输水隧洞Ⅲ标采用 TBM 施工，隧洞最大埋深约 2300m。由于隧洞穿越天山山脉，受喜山运动的影响，隧洞工程区围岩存在较高的构造应力。大埋深、大坡度、长洞段是该隧洞典型的工程条件特征，TBM 掘进过程中面临断层破碎带、软岩大变形、强岩爆、突涌水、高地温等复杂工程地质难题。

（一）主要成果及创新点

（1）提出了"TRT 远程宏观识别"与"全里程覆盖超前地质钻探"互补的岩体结构超前探测方法，研发了岩体原位贯入测试技术，提出了深埋复杂地质应力场探测表征及反演方法，解决了 TBM 掘进深部复杂地层岩体结构超前探测和地应力场合理确定的难题。

（2）发展了挤压变形卡机灾害孕育演化过程预测与"锚注"支护控制模拟的连续—非连续模拟方法，提出了深埋复杂地质 TBM 掘进围岩稳定性分步联合控制理论，构建了基于围岩分级的大变形地层分步联合控制标准体系，形成了大变形等灾害模拟预测和支护控制的理论基础。

（3）建立了深埋复杂地质 TBM 选型和系统适应

性设计理论，创新了 TBM 地质适应性系统设计方法，构建了 TBM 适应性及施工安全综合评价指标体系与模型，开发了 TBM 选型及掘进适应性智能评价决策系统。

（4）提出了 TBM 掘进岩爆预警、突涌水预测、大变形与高地温监测等系列控制方法，形成了岩爆、突涌水、大变形、高地温等深埋复杂地质 TBM 掘进成套施工关键技术，实现了 TBM 安全高效掘进，有效解决了工程难题。

针对以上问题，该项目研究形成了成套深埋复杂地质超长隧洞 TBM 设计施工关键技术，申报专利 18 项；编制国家和行业标准 8 项；获批省部级工法 3 项；发表论文 11 篇。

（二）应用情况与推广前景

项目成果在 ABH 输水隧洞Ⅲ标工程（TBM1）得到了完全应用，实现了超大埋深复杂地质长隧洞的安全高效掘进，按期完成了合同掘进任务，并完成合同外 3.34km 接续掘进，累计掘进 18.76km，创造了超大埋深、复杂地质条件、无检修洞室、独头掘进最长、综合难度最大的世界纪录，成果应用显著提高了 TBM 掘进效率，平均月进尺达到 535m。该成果推广应用于 6 项国家重点工程，保障 TBM 安全高效掘进。研究成果应用前景广阔。

（三）获奖单位

中国水利水电第三工程局有限公司、武汉大学、中水北方勘测设计研究有限责任公司、中国铁建重工集团有限公司、新疆伊犁河流域开发建设管理局。

（四）获奖人

李东锋、李伟伟、黄继敏、魏明宝、刘泉声、池建军、毕晨、龙斌、孔海峡、刘进。

（水力发电科学技术奖励工作办公室　孙卓　王怡）

穿越活动断裂带长大深埋隧洞灾变机理与安全保障技术

"穿越活动断裂带长大深埋隧洞灾变机理与安全保障技术"获 2023 年度水力发电科学技术奖二等奖。

国家"十四五"规划明确提出要面向服务国家重大战略，实施"国家水网"等重大工程。《国家水网建设规划纲要》中明确实施重大引调水工程建设。我国正在规划和建设中的中西部大型引调水工程也基本以长大深埋输水隧洞为主体，由于隧洞线路长，不可避免穿越区域性活动断裂带，断裂带其"勘测难、烈度高、变形强"等特性严重威胁长大深埋输水隧洞建设与运行安全。长大深埋隧洞穿越活动断裂带安全保障和灾变防控的重大课题事关我国水网事业高质量发展和党中央安全发展理念的落实。

（一）主要成果及创新点

（1）创建了穿越活动断裂带隧洞工程赋存环境"区域—工程"跨尺度评价方法与技术，研发了用于探测活动断裂带空间展布、分带特性、应力特征等关键地质信息的系列装备与技术体系，阐明了活动断裂带对隧洞围岩地应力、岩体力学性质的影响规律，解决了穿越活动断裂带隧洞工程的构造、地质、力学等赋存环境评价难题。

（2）研发了活动断裂带与深埋隧洞相互作用的大型物理模型试验平台，解决了模型试验中高地应力加载难题（对应原型超 30MPa），精细刻画了不同错断作用下隧洞工程变形破坏特征（倾滑—走滑耦合加载），揭示了强构造活动背景下长大深埋隧洞错断变形规律及孕灾机制。

（3）提出了隧洞穿越断裂带时围岩大变形控制支护技术，并针对低压与高压输水隧洞，分别研发了穿越活动断裂带的"缓冲＋铰接"混凝土衬砌与"钢管＋波纹管"组合等新型抗错断结构，形成了长大深埋隧洞穿越活动断裂带灾变防控成套技术，解决了输水隧洞抗亚米级错断的结构适应性难题。

（4）提出了考虑隧洞失效路径监测优化布置与险情诊断方法，构建了变化环境下隧洞灾害事件应急机制和处置方法库，研发了穿越活动断裂带深埋隧洞结构全过程一体化安全监测与馈控技术，为隧洞工程全寿命安全保障提供了技术支撑。

（二）应用情况与推广前景

项目成果成功应用于滇中引水、引汉济渭、引黄济宁、新疆 ABH 隧洞、引江补汉、牛栏江—滇池补水等重大工程，促进活动断裂带勘察、深埋隧洞穿越等相关工作工期累计提前 10.5 个月，产生经济效益 6.804 亿元，其中节约直接工程投资约 7040 万元。项目研究成果显著提升了我国穿越复杂活动断裂带隧洞工程的勘察、设计、施工、科研及管理水平，对推动我国水利水电行业科技进步，对支撑南水北调西线、雅鲁藏布江下游水电基地开发等国家战略具有重要作用。

（三）获奖单位

长江勘测规划设计研究有限责任公司、中国科学院武汉岩土力学研究所、水利部交通运输部国家能源局南京水利科学研究院、武汉大学、长江三峡勘测研究院有限公司（武汉）。

（四）获奖人

颜天佑、杨启贵、崔臻、周云、董志宏、李宏恩、伍鹤皋、张传健、翁文林、李建贺。

（水力发电科学技术奖励工作办公室　孙卓　王怡）

全断面岩石掘进机关键理论及相应技术的规模化应用

"全断面岩石掘进机关键理论及相应技术的规模化应用"获 2023 年度水力发电科学技术奖二等奖。

以盘形滚刀线性滚压破碎岩石试验为基础研制的、用于水利水电等岩石质地层隧洞全断面施工的全断面岩石掘进机（Full Face Rock Tunnel Boring Machine，TBM），在工程施工中，一般表现为：作业刀具寿命低，如刀具消耗费用和换刀耗时分别占工程施工成本和工程工期的四分之一到五分之一，当地质条件不好时，此值达三分之一左右；此外，刀盘和盘形滚刀座开焊、刀盘连接螺栓断裂等时有发生，已成为影响 TBM 施工工程工期和成本的关键科学技术难题，在有些地质条件下，甚至直接威胁到 TBM 施工工程的成败。

（一）主要成果及创新点

（1）盘形滚刀理论与实施技术。以盘形滚刀圆形滚压破碎岩石的实验和现场实际应用研究为基础，提出并建立了盘形滚刀理论和实施技术，有效提高了盘形滚刀破岩效率和作业寿命，杜绝了盘形滚刀非正常失效并降低了施工过程对围岩的扰动，减小了围岩坍塌等地质灾害发生的概率。

（2）盘形滚刀磨损量预测理论与实施技术。经过现场实验和理论研究对比，发现了正刀和中心滚刀、过渡滚刀和边刀的磨损机理；据此提出了盘形滚刀寿命系数及其修正系数，实现了刀盘上各刀位盘形滚刀磨损量的准确预测。

（3）刀盘上盘形滚刀平衡布置理论与实施技术。针对刀盘上数十把甚或上百把盘形滚刀平衡布置的国际难题，提出并建立了刀盘上盘形滚刀平衡布置理论和求解策略。降低了作业刀盘上载荷的不平衡量，有效减小了施工 TBM 刀盘振动。

（4）TBM 刀盘刚度强化理论与实施技术。发现了影响 TBM 刀盘刚度的因素，提出并建立了刀盘支撑理论、刀盘钢板厚度理论、变厚度刀盘理论、曲面刀盘理论等及其实施技术，有效提高了作业刀盘刚度，降低了 TBM 故障率。

（二）应用情况与推广前景

项目成果已在多家企业成功应用，产品分别在国家引水、煤矿巷道等工程领域发挥重大作用；并出口德国、伊朗、奥地利、澳大利亚、巴西、印度等国家，正在为国家"一带一路"战略实施作出重大贡献。

（三）获奖单位

华北电力大学、中铁十九局集团轨道交通工程有限公司、水利部科技推广中心、北方重工集团有限公司。

（四）获奖人

张照煌、曹景华、纪玮、许成发、马文帅、周俊、刘书兵、武鑫、宋玉旺、黄少东。

（水力发电科学技术奖励工作办公室 孙卓 王怡）

高水头大容量抽水蓄能机组关键制造技术研究与应用

"高水头大容量抽水蓄能机组关键制造技术研究与应用"获 2023 年度水力发电科学技术奖二等奖。

抽水蓄能机组是水力发电设备制造行业中研制难度最大的机型，被喻为行业技术领域"皇冠上的明珠"。中国抽水蓄能机组起步晚，关键制造技术长期受制于西方国家技术封锁，必须进行自主创新，实现技术突破，才能服务国家能源发展战略规划。

项目以绩溪、敦化、长龙山抽水蓄能机组为依托，针对超厚截面及狭小空间结构的焊接、转动部件超高精度的加工、复杂部套高质效的装配等技术难题，开展关键制造技术研究与应用，打破国际垄断、填补技术空白、破解关键制造技术瓶颈，形成了具有自主知识产权的高水头大容量抽水蓄能机组制造技术体系。

（一）主要成果及创新点

（1）基于窄间隙模式的智能焊接技术创新。发明了适用于窄间隙自动氩弧焊和埋弧焊复合焊接技术的狭小空间深坡口单面焊双面成型焊接方法，开发了窄间隙模式厚板、超厚板机器人多层多道焊接解决方案，减少 60% 焊接量，在同行业中率先实现了抽水蓄能机组智能焊接技术创新及规模化应用。

（2）转轮分叶盘工艺结构设计及制造技术创新。开发了转轮分叶盘结构设计及制造技术，该创新突破了高水头抽水蓄能转轮制造瓶颈，将转轮出厂型线制造偏差从 3mm 降低至 1.5mm，转轮焊缝避开工件高应力区，焊接量减少 70%，单台转轮制造周期由 12 个月可缩短至 6 个月。

（3）超长轴系高精度制造技术创新。发明了超长轴系的加工及联轴找摆方法，建立了瓶形轴及带镜板主轴等非均匀轴加工技术体系。采用万向节+多托架工艺，消除了机床旋转精度的影响，提出了轴系挠度精准分析算法，确保卧式加工的精度与联轴找摆的准确性。引领抽水蓄能机组三部导轴承的摆度值进入 5 道时代。

（4）导水机构数字化装配技术创新。发明了基于工业扫描的导水机构数字化装配技术。开发了基于装配约束下的数据分析、建模及求解算法，实现了数字化预装的绿色制造模式。该创新为行业首创，能为用户建立数字孪生产品模型和档案，使导水机构装配效率提升 4 倍，缩短交付周期 45 天。

（二）应用情况与推广前景

项目研究成果经鉴定达到国际领先水平，已在依托项目成功应用，并全面推广应用于东方电机高水头大容量抽水蓄能机组，共计 56 台机组，合同金额总价值达 112 亿元。取得了显著的社会经济和生态环境效益，推广应用前景广阔。按照《抽水蓄能中长期发展规划（2021～2035 年）》，未来国家大力发展抽水蓄能产业，其年产能需求约为当前年产能的 5 倍，形成批量化的产出，关键制造技术成果将是支撑批量化产出的前提条件。

（三）获奖单位

东方电气集团东方电机有限公司。

（四）获奖人

杨王波、张翔、范潇、周亮、冯涛、刘宏伟、罗兰、王能庆、李浩亮、胥海波。

（水力发电科学技术奖励工作办公室　孙卓　王怡）

抽水蓄能电站智能选址关键技术

"抽水蓄能电站智能选址关键技术"获 2023 年度水力发电科学技术奖二等奖。

碳达峰、碳中和发展目标下，我国新能源迎来大规模高比例发展。然而新能源出力具有随机性、间歇性、波动性，大规模并网将对电力系统安全稳定经济运行造成严重冲击。作为技术最成熟、经济性最优、最具大规模开发条件的优质灵活调节电源，加快建设抽水蓄能电站势在必行。

规划选址是抽水蓄能工程全生命周期中首要、重要环节。新形势下抽水蓄能选址呈现出选址区域更广、站点数量与规模更大、多要素协调需求更迫切、选址时间要求更短等新特征。传统抽水蓄能选址主要依靠人工执行，存在工作效率低、易遗漏站点等诸多问题，已难以适应新形势与新要求。近年来，我国数字经济蓬勃发展，为抽水蓄能选址技术赋能升级提供了新机遇。

（一）主要成果及创新点

首次利用 GIS、云计算、人工智能、高性能计算等信息化技术深度融合赋能抽水蓄能选址技术。

（1）适应复杂地形和广域范围的水库智能高速识别技术。首次构建水库成库地形量化评价指标体系，提出"微观选线、中观选库、宏观定库"的水库智能

识别模型，研发基于分布式计算的水库高速识别技术，实现自动、高效、全面、准确识别水库。水库识别效率比人工提升 400 倍以上，且漏选率大幅降低。

（2）大批量、多类别抽水蓄能站点智能高速识别技术。首次提出上下水库智能组合方法，建立水能参数优化模型与求解算法，研发基于分布式计算的站点高速识别技术，实现自动、高效、全面、准确识别站点。与人工比，站点识别效率提升 1100 倍以上，且漏点率大幅降低。

（3）基于人机交互的抽水蓄能站点智能高效优选技术。创新建立基于多源空间数据融合的抽水蓄能站点智能评估技术，研发基于人机交互的站点多目标协调优选技术，显著提升抽水蓄能站点综合优选能力和决策效率。

（4）抽水蓄能电站智能选址数字化平台。提出实时动态场景的抽水蓄能选址任务在线创建技术，研发基于云服务器群的选址任务管理系统，创新研发抽水蓄能电站智能选址数字化平台，实现多用户、一站式、高效率、高质量选址。

（二）应用情况与推广前景

项目成果在国内近 30 个省和海外 10 余个国别抽水蓄能规划中成功应用，应用面积超 200 万 km²，智能识别站点总装机容量超过 10 亿 kW，高质量支撑了华东地区各省抽水蓄能中长期规划和大量抽水蓄能电站勘测设计。水库智能选址技术已在综合利用水库、常规水电选址等其他领域推广应用。成果在降低人力成本、优化工程设计等方面成效显著。

（三）获奖单位

中国电建集团华东勘测设计研究院有限公司。

（四）获奖人

刘强、林子珩、刘健、戴逸雯、刘加进、计金华、徐玲君、姚晨晨、钟娜、赵佩兴。

（水力发电科学技术奖励工作办公室　孙卓　王怡）

大规模抽水蓄能电站群全域设备大数据人工智能分析与决策关键技术研究及工程应用

"大规模抽水蓄能电站群全域设备大数据人工智能分析与决策关键技术研究及工程应用"获 2023 年度水力发电科学技术奖二等奖。

在"双碳"战略背景下，我国抽水蓄能电站规模不断扩大，传统运维管理模式与人力资源、设备可靠性的高要求的矛盾日益显现，急需利用数字技术提高劳动生产率和设备可靠性。但是，数字化转型存在以下问题：①设备数据集成未成体系，各厂站数据分

散、信息孤岛普遍存在，不同系统数据模型、应用架构不一，数据难以开发利用；②数据分析挖掘未成体系，单一片面、无法成套应用，效率和准确度不高，对运维决策支持力度不足；③传统专家分析系统智能化水平低，分析场景脱离实际，甚至增加了建设和维护的工作量。

项目团队自主研发了抽水蓄能电站群全域设备大数据人工智能分析系统，解决上述难题，形成了一系列创新性成果和完备的技术体系。

（一）主要成果及创新点

项目研究了多源数据融合的抽水蓄能电站群大数据分析技术体系，实现设备全面可观可测和数据驱动、数据智能分析和决策支持，解决设备数据体系不贯通、应用智能化程度低等难题，形成了一系列创新性成果和完备的技术体系。

（1）首次建成并运行的抽水蓄能电站群全域设备大数据系统，研究抽水蓄能电站群多源数据集成体系，包括海量数据的采集、通信、传输、存储、服务和治理方法，完整实现设备状态数据全域透明监测，完整构建了南网储能公司所辖电站群设备状态数据全域透明监测体系，打通各系统数据孤岛，云端集成9个厂站70个系统超35万个数据测点，全面感知所辖设备。

（2）首次提出多源数据融合的抽水蓄能电站群数据分析技术体系，根据各类分析原理和需求，自主研发了设备可视化与决策分析工具，研发了算法中台和算法工具辅助算法的高效管理和持续迭代，实现了无代码经验用户快速、动态部署分析应用，形成系列自主知识产权的多源数据智能挖掘方法，精准评价设备运行状态、提前发现设备异常，推动行业进步。

（3）研发了适用于抽水蓄能电站群运维管理数据应用体系，打造了数字装备，创新研发抽水蓄能设备深度学习模型，实现关键物理量趋势预判和安全边界计算；自主生成设备评价报告，分析设备健康状态；设计深度融合巡检需求的机器视觉感知模块，能识别多类故障模式，替代人工作业。

（4）融合数据分析与RCM决策体系，提升运维准确度，制定数据资产管理规范，常态化提升数据质量，实现经验决策向数据决策转变，现场人工设备管理向云端数据智能分析转变。

（二）应用情况与推广前景

研究成果已在南网储能公司所辖7座抽水蓄能电站、2座常规调峰水电站应用。①在市场方面，抽水蓄能电站当前建设和运维规模快速扩大，对设备可靠性和人力资源有很高要求，项目推广的市场前景广阔。②在成果优势，项目研发的成套系统技术架构先进、实用性高，可以推广提供数据集成标准、数据分析设计、数据分析服务、整套系统集成四大服务，可在国内抽水蓄能行业快速推广及部署，也可有效推广应用至传统水电及电力行业其他领域，为行业变革和技术进步作出重要贡献。

（三）获奖单位

南方电网调峰调频发电有限公司检修试验分公司，北京华科同安监控技术有限公司。

（四）获奖人

巩宇、杨铭轩、刘轩、吴昊、于亚雄、邱小波、俞家良、李青、徐开炜、朱玉良。

（水力发电科学技术奖励工作办公室 孙卓 王怡）

低损耗热边界层隔离重载滑动轴承及其重大工程应用

"低损耗热边界层隔离重载滑动轴承及其重大工程应用"获2023年度水力发电科学技术奖二等奖。

推力轴承是水电机组的核心部件，其根据动压润滑原理支承机组旋转部件工作，最大负载可达4325t，而承载油膜仅为几十微米，性能要求极高。随着机组容量及转速提升，传统轴承设计难度不断增加，并且面临三大难题：安全、高效与清洁。传统轴承均采用浸泡于润滑油方式运行，根据理论及试验研究，浸泡式润滑引起的搅拌损耗极高，不仅降低机组效率，致使轴承运行温度高，轴承瓦热变形大，降低了轴承性能和可靠性，并且增加了润滑油内部气泡，加重了油雾外逸问题，给电厂环境带来污染。为此，急需找到进一步提升轴承性能的全新方法，研究降低推力轴承运行损耗及油雾的先进技术及机理。

（一）主要成果及创新点

东方电机与西安交通大学合作历时八年，从基础理论研究着手，开展轴承损耗理论研究，从机理分析、CFD计算、模型试验三方面入手，分析轴承损耗组成成分，完成搅拌损耗占比分析，进而开发出低损耗热边界层隔离重载滑动轴承技术，彻底解决了这一行业难题。

（1）在世界上首次实现大型立式水电机组滑动轴承非浸泡无搅油运行，轴承损耗降低40.5%，彻底消除轴承甩油现象、机组油雾明显减少。

（2）攻克非浸泡轴承全工况安全供油难题。发明了瓦间独立油室供油方法，开发出新型瓦间储油喷油结构，储油结构在瓦间存储冷油，满足油膜供油，同时可以对推力瓦和托瓦进行冷却，加强了镜板和轴瓦的冷却。

（3）采用研究轴承热边界层隔离技术，降低轴承瓦温 20K 以上。发明热边界层隔离降温技术及隔离装置，通过阻断附着于镜板表面高速旋转的边界层高温热油流动，大幅提升轴承性能。

（4）优化轴承计算方法和边界条件，提高计算准确性。发明了基于瓦间油流与油膜流固热多场耦合的推力轴承润滑计算方法，提出更符合实际情况的边界条件以提高轴承计算准确性，解决了模化试验中试验轴承与真机轴承热不相似的难题，计算结果通过 1∶1 全工况试验验证误差小于 5％。

（二）应用情况与推广前景

项目成果已成功应用于 20 个电站，78 台机组，合同总金额达 182.6 亿元。其中世界单机容量最大 100 万 kW 白鹤滩首台机组于 2021 年 6 月 28 日投运，机组各项指标优于精品机组指标。成果应用近三年销售收入超 60 亿元，其中涉及滑动轴承及其循环冷却系统约 9.1 亿元，新增利润超 12 亿元，新增税收超 3.1 亿元。项目降耗明显，性能优异，有利于国家"双碳"目标实现，应用前景十分广阔。

（三）获奖单位

东方电气集团东方电机有限公司、西安交通大学。

（四）获奖人

郑小康、廖毅刚、钟海权、张天鹏、骆林、裴仕源、王伟、叶宏、邹应冬、杨培平。

（水力发电科学技术奖励工作办公室 孙卓 王怡）

百万千瓦巨型水轮发电机组安装关键技术

"百万千瓦巨型水轮发电机组安装关键技术"获 2023 年度水力发电科学技术奖二等奖。

白鹤滩水电站是金沙江下游河段的第二个梯级电站，单机容量全球第一、技术难度最高。电站左右岸地下厂房各安装 8 台单机容量百万千瓦的立轴混流式机组，单台机组总重量达 7480t、总高度 54m，机组摆度安装要求≤0.1mm，水轮机最优效率达到 96.7％，发电机额定效率超过 99％，安装质量要求为世界之最。机组部件尺寸巨大、结构复杂，全球最大重量、最快转速（混流式）、超长轴线的物理结构与最小摆度的技术要求之间，呈现不可调和的矛盾。应用传统安装技术，无法满足中国三峡集团提出的安装技术指标要求，将导致严重安全运行事故。攻克世界最大的水轮发电机组安装难题，是国家能源发展战略的重大需求。

（一）主要成果及创新点

面向水电工程巨型机组安装技术"无人区"，项目组产学研用协同攻关，完成了巨型混流式机组安装关键技术系统性研究。

（1）构建了巨型混流式机组"零部件—安装—调试"建模预演方法。建立了巨型混流式机组零部件仿真模型、虚拟安装调试仿真模型，研发了巨型混流式机组工程智能建造数字平台，实现了巨型混流式机组安装调试技术"无人区"的机组安装、调试全流程仿真预演，保障巨型混流式机组安装"零失误"。

（2）创建了巨型混流式机组高精度安装方法。发明了定子机坑安装中心间接测量和三维激光跟踪测量方法，发明了水轮发电机转子磁轭高效紧固方法，首创了机器人窄间隙、熔化极、弱约束控制变形焊接方法，攻克了巨型混流式机组安装难度高的技术难题，实现了巨型混流式机组"高精度"安装。

（3）首创了巨型机组轴系高精度调整技术。首创了智能自动盘车技术和轴线调整优化计算方法，发明了机组"动平衡"相位角测量方法，解决了巨型水轮机组高精度轴线调整难题。创造了水电史上首个"零配重"精品机组，提高了机组运行的稳定性，实现了世界首台百万千瓦机组"首稳百日"的运行目标。

（二）应用情况与推广前景

项目成果在百万千瓦巨型水轮发电机组建模预演、主体安装、轴系调整等方面，填补了国内外空白，从根本上解决了巨型水电机组安装效率低、精度低、不平衡力矩大、机组运行稳定性不高等普遍性关键技术难题，保障了白鹤滩等电站的安全稳定运行，有力支撑了国家能源战略的实施，具有良好的社会效益，可推广应用至水电行业立轴混流式机组安装调试工程汇总，应用前景广阔。

（三）获奖单位

中国葛洲坝集团机电建设有限公司、西华大学、四川大学、浙江大学、哈尔滨电机厂有限责任公司、华电郑州机械设计研究院有限公司、中国葛洲坝集团三峡建设工程有限公司。

（四）获奖人

陈强、刘小兵、卫书满、汪颖、童哲铭、江启峰、胡美玲、李军、赵华、孙文、李志宏、蔡春华、马少甫、袁峥、马献成。

（水力发电科学技术奖励工作办公室 孙卓 王怡）

流域水库群防洪风险与应急调度关键技术

"流域水库群防洪风险与应急调度关键技术"获 2023 年度水力发电科学技术奖二等奖。

近年来，全球气候变化不断加剧，极端天气频发，使得流域水资源的时空分布格局发生变化，增加了流域水库群面临的洪水风险，给流域水库群水资源开发利用带来了重大挑战。全球变暖背景下如何提高洪水预报精度、衡量气候变化对水库群防洪安全的影响，以及溃坝事故发生后如何通过水库群的协同应急调度降低灾害损失，是现阶段及未来水利水电工程安全、高效运行面临的关键问题。因此，研究流域水库群防洪风险评估及应急调度关键技术，对流域防洪安全和水库群整体效益提升具有重要科学意义和实用价值。

（一）主要成果及创新点

项目针对流域水库群多场景多模型洪水预报、防洪风险评估及溃坝应急调度等关键难题，深入研究了相应的模型、算法和技术，为水库群运行管理、风险评估及应急调度提供了有力的理论和技术支撑，对流域防洪安全和水库群整体效益的提升具有重要的科学意义和实用价值。项目主要技术创新如下：

（1）研发了流域特征值快速提取—水文模型构建—洪水预报方案生成技术。改进冰川融水计算模块、Erlang 分布蓄水容量曲线；构建通用化水文预报算法库，研制了多模型耦合的洪水预报系统，提高了水文模型的通用性和预报方案的构建效率。

（2）研发了变化环境下集径流发电预测和风险评估于一体的水库群发电能力与防洪风险评估技术。提出了基于全序列径流随机模拟的水库未来防洪风险计算方法，构建了变化环境下水库群发电能力与防洪风险评估系统。

（3）研发了耦合溃决洪水的水库群自适应应急调度技术与通用工作平台。建立了溃决洪水演进与应急调控智能优化调度模型方法库，建成了集流域水库群洪水预报、风险评估和应急调度于一体的流域水库群防洪风险评估及应急调度平台。

（二）应用情况与推广前景

研究成果已在金沙江、雅砻江、大渡河、乌江、嘉陵江、汉江、黄河、闽江和老挝南欧江等流域及100 余座水库成功应用，取得了显著的社会经济和生态环境效益。中国水力发电工程学会组织的科技成果鉴定一致认为：项目成果总体达到国际领先水平。成果经实践考验，经济社会效益显著，推广应用前景广阔。依托该项目主编和参编行业技术标准共 4 项，获授权国家发明专利 15 项、实用新型专利1 项、软件著作权 23 项；出版专著 3 部，发表论文54 篇。

（三）获奖单位

中国电建集团华东勘测设计研究院有限公司、华中科技大学、河海大学、水电水利规划设计总院、国家能源局大坝安全监察中心。

（四）获奖人

刘加进、郭靖、陈璐、闫宝伟、张磊磊、计金华、杨百银、王加虎、张发鸿、唐俊龙。

（水力发电科学技术奖励工作办公室 孙卓 王怡）

白鹤滩水电站地下洞室群安全高效绿色建造关键技术

"白鹤滩水电站地下洞室群安全高效绿色建造关键技术"获 2023 年度水力发电科学技术奖三等奖。

白鹤滩水电站总装机容量 1600 万 kW，单台装机容量 100 万 kW，是全球在建总装机容量最大、单台装机容量最大、地下洞室群规模最大的水电工程，被誉为新时代的大国重器。白鹤滩水电站超大地下洞室群施工技术难度极高，一方面，高地应力条件下开挖引起的硬脆围岩片帮剥落、松弛破裂及错动带围岩大变形、垮塌给超大洞室群的施工安全及变形控制带来极大挑战；另一方面，由于深埋地下洞室群结构复杂、通透性差，多工作面、工序平行交叉作业使密闭洞室群的空气环境保障极为困难。如何克服复杂地质条件和超大洞室群结构耦合影响下，围岩开挖支护与变形稳定控制以及保障复杂洞室群密闭空间空气环境质量的难题，确保洞室群安全高效高质量建成，是亟待解决的科技问题。

（一）主要成果及创新点

围绕超大地下洞室群施工安全保障重大需求，历经近十年产学研联合攻关研究，取得了以下系统性创新成果：

（1）建立了深埋硬脆玄武岩宏细观断裂损伤的时效变形破坏模型，提出了围岩变形调控的支护结构最佳实施时机确定方法，研发了全螺纹玻璃纤维增强等新式锚杆和大吨位分散式预应力锚索新型压浆材料，解决了深埋超大洞室群高效开挖支护与变形稳定控制的难题。

（2）研发了深埋超大地下洞室群三维整体变形的非接触监测技术，提出了全局表观形变与局部内观响应的多源数据融合方法，构建了超大地下洞室群围岩多源信息协同反馈体系，实现了超大洞室群全局实时监测与开挖支护动态馈控。

（3）提出了高地应力硬脆裂隙围岩的千吨级荷载岩锚梁微创开挖技术，研制了岩锚梁钢筋安装台车和单circle式混凝土浇筑钢模台车，构建了大吨位岩锚梁保护性开挖与混凝土台车浇筑的施工工法体系，实现了大跨度高边墙岩锚梁的优质高效机械化施工。

（4）研发了复杂密闭洞室群通风散废施工仿真系统，提出了"分期布局、新污分流、送排结合、变频节能"全局通风与"喷淋隔断+雾化降尘"定点清浊相结合的绿色散废技术，改善了深埋超大洞室群施工环境，保障了施工人员生命健康。

（二）应用情况与推广前景

项目成果成功应用于白鹤滩水电站地下洞室群的施工建设，有力支撑了大国重器白鹤滩水电站的安全准点投产发电。

项目成果还推广应用于杨房沟等十余个水电工程超大地下洞室群的开挖建设，有效解决了金沙江、雅砻江、大渡河等流域水电开发以及东中部地区抽水蓄能电站建设过程中的重大工程技术难题，取得了显著的社会经济效益，有力推动了我国水电工程地下洞室群建设的技术进步，具有广阔的推广应用前景。

（三）获奖单位

中国水利水电第七工程局有限公司、中国三峡建工（集团）有限公司、四川大学。

（四）获奖人

高峰、韩进奇、杨勇、段兴平、周家文、杨帆、曾强。

（水力发电科学技术奖励工作办公室　孙卓　王怡）

乌东德水电站地下厂房洞室群 复杂围岩精准勘察技术

"乌东德水电站地下厂房洞室群复杂围岩精准勘察技术"获 2023 年度水力发电科学技术奖三等奖。

我国西南地区水力资源丰富，河流深切、河谷狭窄、谷坡高陡，地质条件复杂、新构造运动活跃、地质灾害强烈发育，水力发电厂房往往采用地下式布置；大型地下电站又往往存在厂房埋深大、规模巨（大跨度、高边墙），地层岩性多变、地质构造复杂、岩体结构难定、地质问题多样，对地质勘察工作要求高，地质厂房精准勘察关乎水电工程安全与投资。目前要做到地下厂房精准勘察，勘察技术方法与手段受限，亟待创新研究、突破超越。

项目通过 16 年的科研攻关，以金沙江乌东德水电站为依托，围绕地下厂房洞室群控制性地质界面精准勘探、复杂结构岩体精细分析、围岩稳定性精确评价等关键技术问题，开展了系统深入研究，取得了系列创新性成果。

（一）主要成果及创新点

（1）提出了地下厂房洞室群布置控制性边界精准勘探技术，包括地下厂房洞室群立体勘探方法、水平（斜）深孔精准定向钻探技术、多源信息融合的三维可视化分析管理系统，解决了复杂围岩"控制效果差、精准定向难、碰撞分析难"的勘探难题，提高了

关键地质界面勘探效率与精度。

（2）研发了地下厂房洞室群复杂结构岩体精细勘察技术，包括地下洞室可视化地质编录技术、结构面性状精细描述方法、复杂结构岩体内部三维几何边界分析方法，解决了复杂围岩"结构面庞杂、编录效率低、空间分析难"的结构面分析难题，大幅提高了结构面地质编录与分析效率与精度。

（3）创建了地下厂房洞室群围岩稳定性精确评价体系，包括大型洞室稳定问题标准化分类评价方法、高边墙陡倾小夹角层面围岩稳定性评价方法、大跨度顶拱缓倾角裂隙围岩稳定性评价方法，解决了高边墙大跨度地下洞室复杂围岩"分类不系统、评价不定量、支护不针对"的稳定性评价难题，为针对性支护设计提供了依据。

（二）应用情况与推广前景

研究成果成功应用于乌东德水电站勘察中，并推广应用于金沙江旭龙水电站、秘鲁圣加旺水电站等水电站、滇中引水等水利工程地下泵站、石台等抽水蓄能工程地下厂房等，取得了重大技术经济、社会和环境效益，显著提升了水电工程大型地下洞室的勘察技术水平，对推动我国水力发电行业科技进步、支撑雅鲁藏布江下游水电开发等国家战略具有重要作用。

（三）获奖单位

长江勘测规划设计研究有限责任公司、长江三峡勘测研究院有限公司（武汉）。

（四）获奖人

李会中、黄孝泉、肖云华、刘冲平、王吉亮、向家波、郝文忠。

（水力发电科学技术奖励工作办公室　孙卓　王怡）

高寒高海拔高拱坝智能建设 关键技术研究及应用

"高寒高海拔高拱坝智能建设关键技术研究及应用"获 2023 年度水力发电科学技术奖三等奖。

项目依托国家重点研发基金"高寒复杂条件混凝土坝建设与运行安全保障关键技术"和中国华电集团有限公司重大课题"金沙江上游叶巴滩水电站高寒高海拔高拱坝温控防裂关键问题研究"，围绕高海拔寒冷地区高拱坝建设过程中面临的协同设计、质量控制与施工管理中的几大难题，采用先进的人工智能、物联网、大数据计算等智能化手段，创新高海拔寒冷地区特高拱坝智能建设关键技术，从 BIM 设计、智能建设管理与集成平台几个方面开展技术攻关，突破了高海拔寒冷地区特高拱坝施工过程智能管控技术瓶颈，有效地解决了工程现场的系列建设难题，推进了

特高拱坝智能建设由被动管理向主动预防迈进。

（一）主要成果及创新点

（1）构建了基于正向设计的高寒特高拱坝 BIM 模型。提出了高海拔地区多源异构数据的工程勘察 BIM 技术，提出了全专业多平台多格式数据融合协同方法，形成了协同设计整套解决方案；集成了三维实景数字化地质测绘、无人机前端信息快速采集、岩体结构智能识别等技术，实现全专业多场景 BIM 正向设计及数字化交付，为高海拔寒冷地区特高拱坝智能建设提供了重要数据与模型基础。

（2）首创了高寒地区特高拱坝施工多要素智能管控体系。建立了高寒条件下特高拱坝智能管控框架；开发了混凝土浇筑施工全流程管控系统，实现了混凝土施工过程智能管控；提出了低温环境混凝土温度与强度特性耦合模型，开发了大温差地区智能温控系统，实现了叶巴滩拱坝冬季不间断高强度施工；开发了高寒地区特高拱坝智能灌浆关键技术，实现灌浆施工质量全过程受控。

（3）研发了叶巴滩高拱坝工程智能建设平台。以 BIM 技术、物联网技术、人工智能与大数据等新一代计算机技术为依托，研发了集成设计三维移交、施工日志智能构建、基于多维数据融合的智慧工地预警模型、高寒地区施工资源管理体系等为一体的智能建设平台，构建了智能建设管控体系，实现了高寒特高拱坝全面智能建设，有效地解决了高寒高海拔特高拱坝施工过程高效管控与科学决策管理难题。

（二）应用情况与推广前景

项目创新的高寒高海拔特高拱坝智能建设关键技术已大规模实施应用，并在叶巴滩水电站、拉哇水电站等国内大型水利水电工程中得到推广，取得了显著的社会、经济和环境效益。智能管理系统已实现了管理人员应用全覆盖，目前系统访问量已达到 60 余万次；累计完成 946 个合同管理，共计超过 138 亿元；实现工区所有参建单位变更、计量签证线上审批，大大提高了工程管理效率；累计集成了 20 余个各类专业系统，实现数据融合，取得了显著的管理效益。

（三）获奖单位

华电金沙江上游水电开发有限公司、中国电建集团成都勘测设计研究院有限公司、中国水利水电科学研究院、中国水利水电建设工程咨询西北有限公司。

（四）获奖人

胡贵良、刘强、邓兴富、张磊、夏勇、赵恒、何建华。

（水力发电科学技术奖励工作办公室 孙卓 王怡）

自主可控巨型水轮发电机组调速系统

"自主可控巨型水轮发电机组调速系统"获 2023 年度水力发电科学技术奖三等奖。

调速系统国内外主要生产厂家有能事达、南瑞、东电、哈电、福伊特、安德里茨及通用电气等。自三峡电厂地下电站调速系统投运后，开启了巨型水电站调速系统国产化应用的序幕，国内主要厂商能事达和南瑞均已实现整套设备完全国产化及工程应用，在近年巨型机组调速系统的市场份额达到 99％以上。但是针对世界最大单机容量百万千瓦水轮发电机组调速系统的国产化，这在国内尚为首次，无相关经验可借鉴，百万千瓦水电机组调速系统集水、机、电等多专业于一体，技术难度大，需攻克调速系统控制器硬件系统及软件系统国产化设计、控制器芯片选型与兼容性设计、控制器交叉冗余结构设计、巨型水轮机调速器主配压阀国产化研制等。

（一）主要成果及创新点

（1）采用完全自主可控 ACS400 系列 PLC 作为调速系统控制器，ACS400 系列大型工业可编程自动化控制器 CPU 核心芯片采用国产自主可控飞腾系列芯片，充分吸收国际前沿技术和最新成果，严格遵循国内外工业标准，采用全国产化设计，产品能够实现芯片级自主可控，在保证功能性的前提下，安全性也得到了保障。

（2）控制器基板采用多种通信总线，满足数据高速交互要求，实现远程更新程序功能。软件方面，移植并集成基于控制器平台的国产化操作系统及编译系统。

（3）采用不对称冗余方式，基于不同控制结构的独立双通道控制模式，适应多种机组型式的需求，双机信息交换冗余结构采用通信方式和硬接点冗余作为双机信息交换，切换动作可靠。

（4）首创具有机械液压自复中功能的调速器主配压阀结构，实现不依赖电气或弹簧的机械液压自复中功能，该技术为国内外独有，即能实现断电自复中亦能断电自关闭的方式可灵活选择，符合中国国情的设计应用理念。

项目共取得专利 15 项，软件著作权 6 项。项目成果通过了中国电器工业协会的新产品技术鉴定，鉴定结论认为：该系统综合性能指标达到国际先进水平，其中智能测频性能达到国际领先水平。

（二）应用情况与推广前景

项目研制调速系统安装于白鹤滩水电站 9 号机

组，于 2022 年 12 月 20 日随 9 号机组一起并网投运，投运至今运行状况良好。通过在白鹤滩水电站调速系统的应用，自主可控调速系统具有丰富的应用前景，覆盖了不同容量等级的混流式、轴流转桨式、可逆式以及冲击式等水力发电机组，同时将自主可控大型清洁能源工业智能化控制系统推广应用在水电及抽水蓄能、风电和内河船舶等多个工业控制领域中。

（三）获奖单位

中国三峡建工（集团）有限公司、能事达电气股份有限公司、中国三峡武汉科创园。

（四）获奖人

王良友、张成平、金和平、胡伟明、李志国、刘海波、刘洁。

（水力发电科学技术奖励工作办公室

孙卓　王怡）

海洋工程勘探装备与勘察关键技术研究及应用

"海洋工程勘探装备与勘察关键技术研究及应用"获 2023 年度水力发电科学技术奖三等奖。

随着"海洋强国"战略、"海上丝绸之路"倡议、"碳达峰、碳中和"战略的提出，海上清洁新能源将成为我国能源的重要供应主体。海洋岩土工程勘察是为海洋工程建设提供基础和保障的核心环节。随着我国海洋工程建设的持续推进，海洋岩土工程勘察面临的地质条件更为复杂，存在的主要瓶颈：①海洋岩土工程勘察面临的地质环境条件恶劣且复杂，传统的勘察装备及技术无法保障深水、高浪、急流海况下的作业安全、质量和效率，缺乏适用于海洋环境的专业化工程勘察装备；②传统岩土工程勘察方法在海洋工程中的适宜性差、系统性不足，严重影响岩土工程勘察的精度；③海洋岩土工程勘察评价技术体系存在空白，海洋工程设计和施工缺乏科学依据。

（一）主要成果及创新点

（1）研发了适用于复杂海况和地质条件下的集智能钻探、原位测试和土工试验于一体的多功能勘探平台，开发了随钻监测钻机，研制了新型护壁泥浆配方和护壁方法，发明了新型海洋土体系列取样器，创新了原位测试装备，形成了成套工程勘察装备，攻克了近海海洋工程勘探装备瓶颈，实现了强风暴潮下平台的安全、高精度和高效作业，为海洋岩土勘察提供现代化装备保障。

（2）创新了海上精准定位及三维测深技术、海洋土体测试和试验技术，突破了海洋工程探测与测试技术瓶颈，为海洋工程勘测提供技术支撑。

（3）首次提出海底浅层气和沙丘沙坡分类与判别标准以及考虑区域构造稳定、地基条件和边坡稳定、地震灾害的建筑抗震地段划分标准，提出基于静力触探的土体参数取值新技术，开发海洋工程桩基承载特性评价技术及海洋土—桩基础界面参数评价技术，建立了较为完备的海洋土体工程地质评价体系。

以该项目创新成果为依托，主编国家标准 1 部、行业标准 4 部，授权发明专利 20 项（其中美国专利 5 项），实用新型专利 34 项，发表高水平论文 35 篇（其中 SCI/EI 检索论文 25 篇），编写专著 2 部。

（二）应用情况与推广前景

研究成果现已成功应用于海上风电、海洋水利、海洋水运等 100 余项，为海洋工程安全建设和稳定运营提供全面的支撑，有效地带动了海洋工程行业勘察技术与装备水平的进步，支撑完成了全球首座潮间带风电项目、世界最长的海底高铁隧道、亚洲最大并网容量海上风电项目、全国首个系统海底观测网、浙江省首个海洋牧场项目。累计新增利润 4270.90 万元，累计新增税收 4594.11 万元，累计节支总额 30.33 亿元，社会和经济效益显著，推广应用前景广阔。

（三）获奖单位

中国电建集团华东勘测设计研究院有限公司、浙江华东建设工程有限公司。

（四）获奖人

单治钢、孙森军、汪明元、张祖国、郭增卿、倪卫达、金忠良。

（水力发电科学技术奖励工作办公室　孙卓　王怡）

水利水电工程压力管道关键技术研究与工程实践

"水利水电工程压力管道关键技术研究与工程实践"获 2023 年度水力发电科学技术奖三等奖。

国家"十四五"规划和 2035 年远景纲要指出，要推进能源革命，建设清洁低碳、安全高效的能源体系，提高能源供给保障能力，水电作为清洁能源，在我国现代能源体系中占有重要作用。同时"十四五"规划指出，要加强水利基础设施建设，立足流域整体和水资源空间均衡配置，加强跨行政区河流水系治理保护和骨干工程建设，推动南水北调东中线后续工程、引汉济渭、引江补汉等、滇中引水、珠三角水资源配置重大引调水工程建设。压力管道在水利水电工程中得到了广泛的应用，由于工程规模大、跨越空间大、地质条件复杂，压力管道设计遇到了巨大的挑战。

（一）主要成果及创新点

（1）首次提出了水利水电工程回填钢管的完整设计方法，解决了水利水电行业缺乏回填钢管设计理论与方法的难题。①建立了内压复圆效应的定量计算方法，提高了计算精度。②构建了回填钢管与镇墩相互作用力计算方法。③提出了浅埋钢管柔性敷设方法，解决了软基大 HD 值压力钢管布置难题。

（2）创新了岔管的设计方法，改进了岔管的体形，以满足岔管工程布置与使用功能的需求，并解决了岔管体形设计与计算的难题。①研究提出了采用参数化方法设计排水方便的平底岔管，实现了体形设计与有限元计算的无缝对接。②提出了对称梁式三分岔管的设计方法，提高了设计效率高。③研发了受力合理、尺寸紧凑、方便制造的腰线折角为零的钢岔管结构。

（3）集成创新了压力管道内的重要装置与结构设计，节省了工程量、提高了使用寿命，解决了压力管道安全运行的突出问题。①研发了可降低引水式电站管道内泥沙含量的埋设在隧道内的漏斗式排沙装置。②研发了引水式水电站隧道内具有双层闭气功能的气垫式调压室。③研发了利用水力启闭的压力管道的水力弧形阀帽门。④研发了对管道内流体流态影响小、操作方便的压力管道封堵装置。

（二）应用情况与推广前景

研究成果已在乌东德水电站、旭龙水电站、扎拉水电站、巴基斯坦卡洛特水电站、秘鲁圣加旺Ⅲ水电站、埃塞俄比亚大复兴水电站、石台抽水蓄能电站、西藏拉洛水利枢纽及配套灌区工程、陕西省引汉济渭工程黄金峡枢纽工程、金沙江金沙水电站、巴基斯坦NJ水电站、十堰中心城区水资源配置工程、渝西水资源配置工程、罗田水库—铁岗水库输水隧洞工程、公明水库—清林径水库连通工程、北坑水库工程、藻渡水库工程、滇中引水工程、引江补汉工程等水利水电工程及部分国外工程中得到了广泛应用。国内大型设计院也采用《水利水电工程压力钢管设计规范》（SL/T 281—2020）对相关工程进行了设计。

（三）获奖单位

长江勘测规划设计研究有限责任公司。

（四）获奖人

王小毛、汪碧飞、熊绍钧、崔玉柱、李月伟、王启行、齐文强。

（水力发电科学技术奖励工作办公室 孙卓 王怡）

土石堤坝渗漏隐患层析扫描识别与应急处置关键技术及应用

"土石堤坝渗漏隐患层析扫描识别与应急处置关键技术及应用"获2023年度水力发电科学技术奖三等奖。

项目成果属于水利工程建设与运行科学技术领域。我国已建成各类水库98000余座，江河堤坝总长度31万多千米。由于建设质量、年久失修等原因，90%以上的水库大坝存在渗漏。渗漏隐患是引发渗透破坏与水力侵蚀、威胁堤坝安全的主要因素。据统计，46.1%的堤坝失事是由渗漏造成的。修复堤坝渗漏隐患，面临渗透破坏机理复杂、渗漏通道探测难度大等困难，且需要高效、快速、生态的渗漏隐患应急处置技术。为此，中国安能集团第三工程局有限公司和重庆交通大学等单位依托四川、重庆等地的土石堤坝渗漏探测与加固系列工程，围绕土石堤坝渗漏隐患探测与应急处置关键技术难题开展攻关，取得了系列创新成果。

（一）主要成果及创新点

（1）发展了土石堤坝渗漏与水力侵蚀分析理论。研制了应力动态联动式渗漏变形试验系统，揭示了侵蚀—应力耦合作用下渗漏隐患诱发土体渗透破坏机理，建立了渗透变形数学模型及渗漏隐患致灾分析理论。

（2）形成了基于层析扫描的土石堤坝渗漏隐患识别技术体系。提出了非均质介质三维层析扫描刻画算法，开发了基于三维层析扫描的渗漏通道与入口的精准定位技术与装备系统，研发了基于综合示踪的渗漏隐患反演技术与装备系统，形成了多类型物探、多维度数据治理与智能融合技术。

（3）提出了渗漏进口防渗铺盖快速应急处置技术，开发了数字模块化大管径真空虹吸快速泄流技术与装备系统，研发了病险土石堤坝应急排水技术与装备系统。该项目授权发明专利20项、实用新型专利17项，发表论文60篇（其中SCI、EI检索35篇），获批软件著作权10项。成果应用于四川巴塘水电站、重庆金佛山等大中型水利设施及100余座小型水库，社会、经济和环境效益显著。

经中国水力发电工程学会组织的科技成果鉴定，专家组认为成果整体达到国际先进水平，其中渗漏隐患探测与识别技术达到国际领先水平。

（二）应用情况与推广前景

项目技术成果成功推广应用于四川巴塘水电站、剑河水库、羊曲水电站、重庆鲤鱼塘水库等重大水利工程，并针对南川金佛山、黔江老窖溪等近百座水利枢纽的升级改造工程进行了安全监测设施建设，并为《重庆市水库大坝安全监测监督平台建设实施方案》编制提供了技术支撑，提高了堤坝安全运行水平，保护了堤坝及周边生态环境，实现了巨大的经济和社会效益。

（三）获奖单位

中国安能集团第三工程局有限公司、重庆交通大学、河海大学。

（四）获奖人

于广斌、梁越、孙士国、陈亮、汪魁、周鑫、邱古格。

（水力发电科学技术奖励工作办公室　孙卓　王怡）

水库淤积影响评价与功能恢复关键技术及应用

"水库淤积影响评价与功能恢复关键技术及应用"获 2023 年度水力发电科学技术奖三等奖。

水库是开发利用水资源、改善水资源时空分布、缓解水资源供需矛盾的重要措施，同时也是调蓄洪水、削减洪峰的重要手段。我国是世界上水库数量最多的国家，水库淤积严重。水库淤积会造成供水、防洪、发电、航运等功能下降。水电是重要的可再生能源，减少水库淤积、保障水库发电功能效益，对促进节能减排和实现"双碳"目标有重要支撑作用。我国在水库功能恢复方面已经开展了大量工作，取得了较好的经济效益。但相关的水库功能恢复措施多依据日常工作经验，缺乏相应的理论支撑，也无系统的技术体系。深入研究水库淤积影响评价与功能恢复关键技术，对于水库的高质量发展举足轻重，对社会经济发展和生态保护具有重大的意义。

（一）主要成果及创新点

（1）提出了水力学与土力学相耦合的黏性沙起动力学模式，建立了黏性沙起动拖曳力公式，弥补了传统河流动力学理论中只有非黏性沙拖曳力公式的不足；研发了动态自识别滩槽形态的水库泥沙模拟技术，突破了传统准二维水沙数学模型难以自动捕捉河床演变过程中滩、槽位置变化的瓶颈问题；构建了同一边界"流量—水位"约束条件的坝区水沙数学模型，克服了传统二维数学模型不能在同一边界同时考虑水位条件和流速条件的不足。

（2）建立了防洪、发电、供水、航运等不同功能的水库淤积影响评价模型；提出了水库清淤功能恢复效益的计算方法，构建了成本和效益最优控制的水库功能恢复决策模型；首次开发了水库泥沙淤积影响评价及功能恢复决策系统（AIRS-V3.1.6）。突破了系统理论缺乏、评价方法不确定的难题，实现了对不同功能水库泥沙淤积影响的综合评价。

（3）研制了具有自主知识产权的清淤物快速分离的成套装备，研发了高效、绿色环保的泥浆复合絮凝剂和工程废弃物循环利用的疏浚淤泥固化配方，实现了水库清淤物"泥—水—沙"的快速分离和细颗粒泥沙低碳、低成本固化利用的目标。

（二）应用情况与推广前景

该项目"水库泥沙淤积影响评价及功能恢复决策系统（AIRS-V3.1.6）"在新安江水库、石兜水库等水库进行了应用，优化了设计方案，节省了设计时间和成本。项目开发的滩、槽自识别水沙模拟技术和多约束条件坝区水沙数学模型应用于王甫洲水库、新集水库、崔家营水库，对水库的水流和泥沙进行了研究，提高了工程设计效率，为航道设计中关键参数的确定提供了理论支撑，具有良好的社会效益。

（三）获奖单位

河海大学、利部交通运输部国家能源局南京水利科学研究院、中国电建集团华东勘测设计研究院有限公司。

（四）获奖人

吴腾、赵根生、郦建锋、王瑞彩、倪菲菲、许慧、陈珺。

（水力发电科学技术奖励工作办公室　孙卓　王怡）

水口电站 235MW 轴流转桨式水轮机关键技术研究与应用

"水口电站 23.5 万 kW 轴流转桨式水轮机关键技术研究与应用"获 2023 年度水力发电科学技术奖三等奖。

项目依托于国网福建水口集团水口电站水轮机增容改造项目。水口电站位于福建省闽江干流中游，是一座以发电为主、兼有航运和木竹过坝等综合利用效益的一等大（1）型水利水电枢纽工程。电站原设计总装机容量 140 万 kW，1996 年 11 月机组全部投入商业运行。电站装有 7 台立轴轴流转桨式水轮发电机组，水轮机单机额定容量 20.4 万 kW，是世界上单机容量最大的高水头轴流转桨式水轮发电机组。

多年来电站受下游河道持续无序挖沙的影响及上游河沙补给减少，使得电站下游尾水位持续降低，水轮机运行条件因此明显改变，吸出高度达不到原设计要求，机组出现了较严重的振动，转轮叶片本体上汽蚀严重。水口电站水轮机改造要求在不改变额定转速、额定水头、转轮直径的前提下，仅仅更换水轮机转轮，将水轮机额定输出功率从 20.4 万 kW 增加至 23.5 万 kW，并解决空蚀及振动问题。

（一）主要成果及创新点

依托于水口电站机组水轮机增容改造项目，对转轮进行优化改型设计。转轮开发采用水力设计、数值计算、模型试验相结合的方法，开发出满足水口电站水轮机增容改造要求的具有优良的空化特性、较高的效率、较好的稳定性的转轮。在转轮的结构设计中，引入疲劳设计理念，在有限的布置空间内采用矩阵式活塞杆固定结构作为转轮操作系统设计，满足转轮操作系统疲劳特性的要求。目前该电站已经陆续完成多台机组的改造并投入运行，各项指标优于改造前。改造后的水口电站仍然保持转桨式水轮机单机容量最大的世界纪录。

（1）创新提出大叶栅稠密度及二次挠曲叶片骨线的水力设计方法，有效改善高水头大流量轴流转桨式水轮机的空化性能，并提出了区分叶片正面、背面及间隙空化的判断准则。

（2）运用具有自主知识产权的参数化叶片设计及水轮机空化两相分析关键技术，准确预测了间隙流动特性。

（3）首创操作架与活塞杆矩阵式螺栓固定结构，提高了活塞杆抗疲劳断裂性能。

（二）应用情况与推广前景

项目研究成果直接应用于水口电站全部 6 台水轮机增容改造。在课题研究过程中，通过对轴流转桨式水轮机空化现象的深入研究和模型试验，总结出提高轴流转桨式转轮空化性能的手段，可以为同类型的高水头大容量的大型轴流转桨式水轮机水力开发提供借鉴；首创操作架与活塞杆矩阵式螺栓固定结构，安全可靠、形式优良，此结构可以推广使用。

（三）获奖单位

哈尔滨电机厂有限责任公司、福建水口发电集团有限公司、哈尔滨大电机研究所有限公司。

（四）获奖人

陶红、黄光斌、崔金声、林家洋、李伟刚、黄建荧、王威、王晓航、张涛。

（水力发电科学技术奖励工作办公室 孙卓 王怡）

复杂环境多源遥感影像高精度快速处理关键技术研究与应用

"复杂环境多源遥感影像高精度快速处理关键技术研究与应用"获 2023 年度水力发电科学技术奖三等奖。

研究成果属于测绘遥感技术领域，重点针对清洁能源工程的高原高寒、高陡峡谷、厚植被覆盖、空域受限、交通困难、人员安全风险高等多种复杂工况下高精度快速测绘遥感的精度不足、效率低、多源数据融合难以辅助设计等工程问题，攻克了基准建立、卫星影像高精度几何定位、机载激光雷达与光学影像混合建模、无人机免像控点测图与三维建模及基于高精度时空数据三维辅助设计等五个关键技术，研究成果提供了一系列复杂环境下提高工程测绘精度、效率和三维辅助设计的技术方法。

（一）主要成果及创新点

（1）提出了条带约束单视光学卫星影像高精度定位方法，使单视卫星影像定位精度优于 1 个像素，解决了地面控制缺失的影像定位误差难以精确修正的难题。

（2）提出了基于可见卫星边界条件的 GNSS 星历预报、工程测量优化设计与数据处理的方法和模型，解决了复杂环境清洁能源工程测量基准精度控制困难与测量效率低下的问题。

（3）提出了附加综合误差参数无人机免像控点空三平差方法，研制了固定翼无人机免像控航测系统装备，解决了高山峡谷区无人机测绘几何精度依赖地面像控点的难题。

（4）提出了基于工程三维场景的陆上风电场风机位置智能微观选址、交通困难区水电工程远程无人机工程查勘等方法，解决了高山峡谷、无交通区域难以获取高精度地形和查勘数据的技术瓶颈问题。

研究成果已获授权发明专利 16 项，实用新型专利 8 项，省部级施工工法 2 项，开发软件系统 8 套，出版专著 2 部，编写标准 2 部，发表学术论文 36 篇（SCI、EI 检索 12 篇）。

（二）应用情况与推广前景

成果已成功应用于"疆电外送"第三通道配套新能源及储能项目、哈密北 400 万 kW 风光储基地式新能源示范项目、新疆大石峡水利枢纽、西藏 ZY 水电站、西藏 XQ 水电站、西藏 NQJD 水电站、新疆额敏抽水蓄能电站工程等 40 余个大中型工程。技术可广泛在风电、水电、抽水蓄能等清洁能源工程的空间数据高精度快速处理和 BIM+GIS 三维辅助勘测设计，显著推动了数字工程三维辅助设计水平，具有广泛的适用性。

（三）获奖单位

中国电建集团西北勘测设计研究院有限公司、湖北工业大学。

（四）获奖人

尚海兴、李祖锋、曹金山、巨广宏、黄文钰、张西龙、张钊。

（水力发电科学技术奖励工作办公室 孙卓 王怡）

大型引调水工程供水安全保障应急抢险关键技术与装备

"大型引调水工程供水安全保障应急抢险关键技术与装备"获 2023 年度水力发电科学技术奖三等奖。

大型引调水工程是优化水资源配置格局的重要基础设施，事关战略全局、事关长远发展、事关人民福祉。工程一般横跨多个流域和地区，地质、环境、运行维护条件复杂，面临渠道边坡失稳、衬砌结构破损、渠堤渗漏等险情考验，而沿线受水区对工程依赖较高，开展停水检修的条件尚不成熟，供水条件下险情的精准识别、抢险修复和快速处置在国内外几乎无工程可供借鉴，有以下技术难题：①缺乏大范围、长距离渠道边坡变形的快速实时监控、检测技术，险情精确定位技术欠缺。②急需研发不断水条件下可快速施工新型装配式围堰，研发快速修复新材料、新技术及装备。③需充分利用现代信息技术融合多源异构数据，实现应急抢险与调度决策智能化、可视化。

（一）主要成果及创新点

项目针对大型引调水工程供水安全保障应急抢险关键技术问题，从险情识别、抢险处置和应急管理的需求入手，系统研发了快速监测与精准检测、抢险应急处置专用技术、材料、工艺和成套装备，以及配套的应急调度和决策支持系统，形成了大型引调水工程供水安全保障应急抢险系统性解决方案，主要创新点：

（1）渠道险情实时监控、快速检测、精确定位技术与装备。研发了渠堤变形高精度空中高效巡检及内部隐患地面三维精细探测技术和装备，解决了传统监测和检测耗时长、精度低、易遗漏、缺陷难识别等问题，实现渠道内外部隐患及险情的实时监控、快速检测、精确定位。

（2）不断水条件下渠道应急抢险和快速修复技术与装备。发明了安装便捷、环境友好的渠道修复新型装配式钢围堰成套技术与装备，研发了渠堤边坡快速修复膨胀可控的环保型高聚物注浆材料、技术及装备，解决了大型引调水渠道主要险情不断水快速修复难题。

（3）供水安全保障智慧化决策技术和系统平台。研发了抢险检修工况输水影响减免的供水安全保障智慧决策技术，构建了基于云技术的应急抢险与调度决策系统平台，解决了多源信息融合险情智能诊断、多水源联合分级分步供水保障问题，实现了不断水抢险与检修的科学调度决策。

研究成果获授权专利31项（其中发明17项）、软件著作权3项，成果纳入3项技术标准，出版著作5部，发表论文41篇。

（二）应用情况与推广前景

项目成果成功应用于南水北调中线、贵州新民水库、高泉水库、黄浦江堤防等工程，经济、社会、生态效益显著，实现了不断水条件下险情的精准识别、抢险修复和快速处置、供水安全保障智慧决策，提升

工程抢险修复技术和智能化水平，为大型引调水工程充分发挥效益提供了重要保障，推广应用前景广阔。

（三）获奖单位

长江勘测规划设计研究有限责任公司、郑州大学、水利部交通运输部国家能源局南京水利科学研究院。

（四）获奖人

谢向荣、李蘅、倪晖、张建清、李双平、周嵩、王超杰。

（水力发电科学技术奖励工作办公室　孙卓　王怡）

特高双曲拱坝液压自升式悬臂重型模板关键技术及工程示范

"特高双曲拱坝液压自升式悬臂重型模板关键技术及工程示范"获2023年度水力发电科学技术奖三等奖。

乌东德大坝为世界最薄的双曲拱坝，坝体为双向大曲率结构，部分坝段设置业内罕见的不规则过渡缝结构，结构异常复杂，模板需同时具备前倾后仰爬升、左右倾斜爬升的功能，方能适应坝体的曲率变化，爬升系统设计难度极大。坝址处于金沙江干热河谷，全年超过四分之一的天数有7级及以上大风发生，最大风速达34.4m/s，模板需在大风条件下正常作业、爬升，同时，为满足进度要求，还需要满足4.5m高升层施工的要求，如此大的风力、如此高的浇筑升层使得模板的架体、锚锥等结构受力面临巨大的挑战。

（一）主要成果及创新点

（1）发明了高升层抗强风模板结构体系，解决了抗强风安全问题，混凝土升层达到了4.5m。独创了新型桁架式竖向围图，研发了一种BIM辅助大坝仓面设计的方法，形成并发布了《混凝土坝厚层浇筑施工规范》，实现了4.5m高浇筑升层在特高双曲拱坝工程的大规模应用；支撑体系与爬升体系采用分离式设计，并设计了抗风拉杆和防风板等结构，极大地降低了大风对施工的影响。

（2）发明了曲面爬升系统，首次实现了液压爬升模板在大体积曲面混凝土结构中的应用。模板通过调节螺杆实现前倾后仰爬升，通过爬轨左右转动实现左右倾斜爬升，减少了模板施工对吊装手段的依赖，创新了水电领域大体积混凝土模板施工技术。

（3）发明了重型拱坝模板快速安全施工结构体系，提高了模板施工效率。独创了快速退模合模装置、可调节操作平台，实现了重型模板的快速退模合模，以及各层操作平台随坝体曲面变化而实时调平，

保证了施工安全。

（4）研发了模板面板设计仿真方法，保证了模板与曲面混凝土结构的精确契合。创新性地引入matlab软件进行运算模拟，按每米计算一次的密度，进行液压爬模爬升轨迹的模拟绘制，为模板设计提供可靠的数据支撑，保证模板完全拟合大坝双曲结构尺寸，大坝混凝土最大体形偏差仅1cm。

（二）应用情况与推广前景

特高双曲拱坝液压自升式悬臂重型模板已在水电工程大体积曲面混凝土施工中成功应用，解决了曲面爬升、高升层、抗强风、模板与曲面结构精确契合等多种行业难题，攻克了最复杂多变的结构施工难题，属于模板设计的集大成之作，可直接推广应用于拱坝、重力坝等各类大体积混凝土工程，以及公路、市政等领域的高墩、高塔等结构，市场前景广阔。

（三）获奖单位

中国葛洲坝集团三峡建设工程有限公司、多卡（上海）新材料科技有限公司、中国三峡建工（集团）有限公司。

（四）获奖人

李友华、张建山、曹中升、杨宁、王涛、刘晓华、乔雨。

（水力发电科学技术奖励工作办公室　孙卓　王怡）

基于自主研发的 BIM 图形引擎关键技术研究与应用

"基于自主研发的 BIM 图形引擎关键技术研究与应用"获 2023 年度水力发电科学技术奖三等奖。

当前阶段，BIM 已经成为引领工程建设行业新一次变革的一个重要驱动力，但随着 BIM 应用的推广和深入，以及行业对于 BIM 价值认知的不断提升，目前 BIM 应用已经从之前关注建模、出图、专业协调、可视化，转向了更多关注 BIM 在建筑全生命周期中的集成应用。BIM 数据的集成、施工配合、运维管理等 BIM 数据延展应用成了 BIM 应用新的热点和方向，而这也正是 BIM 数据价值最大化的主要方向和体现。因此，如何更加有效的收集和管理 BIM 数据，从而更进一步的将 BIM 数据与传统业务结合，进一步提升行业的管理和经济效益，是全行业需要探索的一个重点。虽然这一应用方向的价值已经为行业所认可，但一直没有一个完善和健全的平台出现，来实现 BIM 数据管理和综合应用。

（一）主要成果及创新点

（1）多源三维模型轻量化关键技术。自主定义了面向 WEB 交互的"参考—实例"轻量化模型数据存储结构，解决了多源三维数据统一及融合的难题。提出基于二次开发组件技术的模型解析与信息提取的方法，突破了模型信息不完整或精度差的技术难题。形成了轻量模型数据到自定义轻量化文件的存储及优化方法，实现了轻量数据的优化存储，模型压缩率进一步提升。

（2）三维图形核心关键技术。提出以 OpenGl＋WebGL2.0 为底层的三维图形核心技术，研发了三维图形内核，解决了大体量复杂模型的快速加载难题。开展了图元创建、几何计算等图形核心方法研究，创建了图形底层算法库，实现多项国际领先的图形特性，突破了三维轻量化数据产生后无法变更的局限，解决了模型数据在工程全生命周期的深化应用难题，在理论和技术方面填补了国际空白。

（3）三维图形平台构建关键技术。自主研发了 BIM 图形引擎，提出以轻量化模型为基础的工程数字化应用方法。提出了三维基本图元在线动态创建方法，实现了网页端模型动态生成。提出了空间几何在线分析方法，实现了在线模型分析，助力工程项目高效经济运行。创建了三维模型在线编辑方法，突破了轻量数据无法修改的局限，提高了数据在工程全生命周期的深化应用融合能力。

（二）应用情况与推广前景

课题研究成果已成功应用于大石峡、金川、玛尔挡、公伯峡等大型常规水电站工程，镇安、阜康等抽水蓄能电站工程，青海共和光热、乌兰察布风力发电等共计 10 余个数字化项目。基于 BIM 图形引擎实现了数据流、业务流、信息流的有机统一，有效提升了工程管控水平，从而节省投资，创造更多的经济效益。据统计以该课题成果指导下开展的 10 余个数字化项目，带来工程优化投资的累计经济效益超 2 亿元。综上所述，经济及生态效益显著。

（三）获奖单位

中国电建集团西北勘测设计研究院有限公司。

（四）获奖人

刘晓东、刘立峰、栗煜、刘源、李尔康、韩娅娜、韩江涛。

（水力发电科学技术奖励工作办公室　孙卓　王怡）

抽水蓄能机组动平衡关键技术研究及便携式动平衡仪研制

"抽水蓄能机组动平衡关键技术研究及便携式动平衡仪研制"获 2023 年度水力发电科学技术奖三等奖。

随着以大规模、高比例新能源为主体的新型电力系统加速建设，抽水蓄能作为重要组成迎来了发展的高峰期，预计到2030年我国投产装机规模达到1.2亿kW。抽水蓄能机组具有水头高、转速快及双向旋转的技术特点，易出现动不平衡引发的机组振动摆度过大问题，严重威胁机组的安全稳定运行。抽水蓄能机组动平衡试验是保障机组安全稳定运行的重要环节。目前市场上现有的便携式动平衡仪大多存在测量通道少且只提供单面法配重计算功能，无法满足抽水蓄能机组双面法配重计算的需要，此外，现有基于低通滤波的不平衡相位求取方法及未考虑蠕动振动摆度影响的配重计算方法均存在精度不高的不足，而这些恰恰是动平衡试验技术的关键与难点所在，为此开展本项目研究。

（一）主要成果及创新点

项目开展了抽水蓄能机组动平衡理论研究、设备研制和工程应用，主要发明点如下：

（1）发明了"基于傅里叶变换及其逆变换"和"键相信号近似理想化处理"求取旋转机械不平衡相位的方法；发明了考虑蠕动振动摆度影响的幅相影响系数配重计算方法。提高了不平衡相位的求取精度及配重计算准度，减少了配重次数，提高了动平衡试验效率。

（2）发明了自动确定键相信号阈值的方法，实现了键相信号中全部脉冲的捕捉，可准确获得机组转速变化及计算出不平衡相位；发明了基于信号变化梯度、正负阈值和二次多项式插值的脉冲干扰滤除方法，提高了时域与频域参数的准确度。

（3）研制了便携式多功能抽水蓄能机组动平衡仪，开发了融合单面法、双面法、配重合成及矢量计算的动平衡配重专用分析软件，实现了多路模拟信号高精度的实时采集及分析，并提供了手动、连续自动和周期自动三种数据采集控制模式。

（二）应用情况与推广前景

项目成果已成功应用于洪屏、张河湾、富春江等8座抽水蓄能（水电）电站共计17台机组的动平衡试验及稳定性试验中，大幅降低了机组的振动摆度，显著提升了机组的稳定运行性能，有效缩短了机组的调试与检修工期，使得机组提前投入运行，还减少振动问题导致的机组消缺时间，节省设备更换费和人工费，以及延长设备使用寿命。本项目成果具备极强的工业实用性和广阔的推广应用前景，并为促进抽水蓄能事业的持续健康发展发挥积极作用。

（三）获奖单位

国网新源控股有限公司抽水蓄能技术经济研究院。

（四）获奖人

唐拥军、周攀、孙慧芳、于姗、曹佳丽、董阳伟。

（水力发电科学技术奖励工作办公室　孙卓　王怡）

缺资料地区水文智能监测与工程水文计算关键技术与应用

"缺资料地区水文智能监测与工程水文计算关键技术与应用"获2023年度水力发电科学技术奖三等奖。

缺资料地区水文监测与计算是国际水文科学领域面临的最具挑战性的关键科学问题之一，也是当前国内外水电工程水文设计亟待解决的首要难题和新型挑战，已成为限制国内西南地区以及"一带一路"沿线国家水力资源开发利用的重大技术瓶颈之一。随着水电开发建设逐渐走向缺少实测水文气象资料的边远且环境恶劣地区，尚没有切实可行的有效方法满足缺资料地区水电工程实践应用，由此带来了诸多工程技术难题。当今，大数据时代海量信息的挖掘与整合为解决缺资料地区水文监测与计算难题带来了新机遇。系统研究多源大数据驱动的缺资料地区水文监测与计算技术成为当前亟待开展的前沿课题，满足缺资料地区水电工程对水文监测信息及设计成果的迫切需求。

（一）主要成果及创新点

项目面向缺资料地区水文领域国际科学前沿问题，深度挖掘缺资料地区径流形成与转化过程中隐藏的水文大数据信息。

（1）揭示了典型缺资料地区水文循环过程演变机理，重点突破了适应缺资料地区客观实际资料条件的水文多要素智能监测、流域相似区划识别、多尺度流量资料反演、水文空间统计分析、可能最大降水/洪水计算等多项关键技术。

（2）建立了适应环境恶劣地区"高寒湿温偏"特征的水文多要素在线智能远程高可靠性监测技术，解决了环境恶劣地区常规水文监测方法及设备适用性差的难题；创建了多源大数据驱动的相似识别—资料反演—空间分析"三位一体"水文设计方法体系，推动了缺资料地区水电工程水文设计领域技术进步。

（3）提出了缺资料地区基于卫星遥感降水的流域可能最大降水/洪水计算方法，发展了缺资料地区可能最大降水/洪水计算技术；自主研发了系统平台及成套设备；形成了一整套具有高可靠性、高适应性的缺资料地区水文智能监测与工程水文计算技术体系，为国内外缺资料地区水力资源开发利用、水旱灾害防治和生态环境保护等科学研究和生产实践提供重要科学判据和关键技术支撑。

项目获得发明专利13项、实用新型专利7项、软件著作权13项，主编规范3项、教材2项；发表论文40余篇。

（二）应用情况与推广前景

该项成果已被水电水利建设单位、科研院所、能源水利主管部门等单位应用，广泛应用于国内西藏、四川等省区以及国外老挝等缺资料地区水电水利工程及有关涉水项目中，涉及国内雅鲁藏布江、金沙江上游、朋曲以及国外南欧江等多个流域。研究成果在推动西南地区水力资源开发利用方面作出了重要贡献，助力国家雅鲁藏布江下游水电开发重大工程实施，有力推动了"一带一路"建设走深走实，推广应用前景十分广阔。

（三）获奖单位

中国电建集团成都勘测设计研究院有限公司、中国电建集团中南勘测设计研究院有限公司、水电水利规划设计总院。

（四）获奖人

余挺、夏传清、石瑞格、杨百银、马顺刚、李国芳、张军良。

（水力发电科学技术奖励工作办公室　孙卓　王怡）

抽水蓄能电站辅助设备控制系统典型设计

"抽水蓄能电站辅助设备控制系统典型设计"获2023年度水力发电科学技术奖三等奖。

抽水蓄能电站机组设备技术含量高，制造难度大，我国早期建设抽水蓄能电站的主机和控制保护设备均由国外技术引进，国外厂商垄断着市场，抽水蓄能辅助设备控制系统更多的像个"黑盒子"，每个工程为优化设备控制保护等均投入了大量人力、物力、财力进行方案研究。该辅助设备控制系统作为一个综合系统，它又被分为多个独立的而且相互联系的分系统，主要包括油气水等辅助设备。虽然是电站的辅助设备控制系统，但是对电站运行与安全具有极其重要的作用，因此重视电站辅助设备的运行与控制，重视控制系统的技术改造和升级，不仅有利于进一步提高水电站运行的可靠性和安全性，而且具有良好的社会、经济效益。

（一）主要成果及创新点

抽水蓄能电站辅助设备控制系统典型设计可完善现场辅助设备系统的控制逻辑和功能，避免设备潜在的隐形缺陷，有效降低设备故障风险，提高机组启动成功率，保障电站安全、稳定、可靠运行，同时可大大降低电站运维人员的工作量，提高了工作效率，也可省去在技术改造和设备建设过程中设计单位的设计费用，经济和社会效益明显。主要创新点如下：

（1）攻克抽水蓄能主辅机协调控制技术难关，提出了辅助系统的现场测点、元件配置要求，明确了控制器输入、输出信息，优化了控制器控制逻辑流程，典型化二次控制回路功能，形成了17项企业技术标准，提高了抽水蓄能机组运行的可靠性、安全性。

（2）提升抽水蓄能设备控制技术水平，提出的基于设备健康平衡的电站辅助系统自动控制方法获得授权发明专利，反映研究成果的原创性、先进性，技术成果属于世界首创。

（3）创新实践控制系统工程技术研究方法，从认识对象需求、掌握控制流程、可靠回路设计、落地控制要求，全过程消化吸收国外工程"黑盒子"控制技术内容，为消化引进国外工程监控技术方法提供了借鉴，打破国外垄断推动我国抽水蓄能设备控制实现国产化、自主化。

（二）应用情况与推广前景

该典型设计已在国网新源公司各个生产单位开展应用。相关电站在实际应用过程中，进一步完善现场辅助设备系统的控制逻辑和功能，避免了设备潜在的隐形缺陷，有效降低了设备故障风险，提高了机组启动成功率，电站服务电网能力得到提升。

据不完全测算，采用该项目研究的成果，"十三五"至"十四五"期间，在国网新源公司和抽水蓄能辅助装备、设计、调试等上下游企业节约成本超6亿元。

（三）获奖单位

国网新源集团有限公司、南瑞集团有限公司、国网新源股份有限公司回龙分公司、安徽响水涧抽水蓄能有限公司、华东宜兴抽水蓄能有限公司、福建仙游抽水蓄能有限公司、北京十三陵抽水蓄能发电厂。

（四）获奖人

李国和、张鑫、宋旭峰、喻洋洋、吕志娟、张博、郝国文、卢国强、庄坚菱、姜涛、刘福、狄洪伟、魏李、夏斌强、张斌。

（水力发电科学技术奖励工作办公室　孙卓　王怡）

葛洲坝电站170MW轴流转桨式水轮发电机组更新改造

"葛洲坝电站17万kW轴流转桨式水轮发电机组更新改造"获2023年度水力发电科学技术奖三等奖。

葛洲坝电站17万kW机组水轮机转轮直径11.3m，发电机定子外径17.6m，迄今为止仍是世界上尺寸最大的低水头转桨式水轮发电机组，被誉为"世界卡普兰式水轮机的里程碑"，完全由我国自主设计、制造和安装，其工程规模宏大、施工难度大、技术要求高，创造了当时我国水利水电史上的奇迹。自

1981 年并网发电以来，17 万 kW 机组高效稳定运行，为经济社会发展提供源源不断的绿色动力。近年来，17 万 kW 机组受当时设计水平、设备材料和加工工艺的限制，以及机组长期保持年 6000h 以上运行的现状，对其进行更新改造，提升性能迫在眉睫。

（一）主要成果及创新点

（1）全面提升机组性能并实现智能化监测。水轮机预想功率提高幅度达 5%～10%，实现全范围水头（9.1～27.0m）下安全稳定运行；加权平均效率提高 6.12%，最优效率提高 4.25%，额定工况效率提高 9.65%，同时降低尾水管压力脉动，实现水轮机安全稳定运行；大幅提升空化性能，额定工况临界空化安全裕量提升 17.5%。通过优化柔性支承结构设计和挡风板间隙，并将防暑结构由原涂敷结构更改为一层成型结构，提高了发电机绝缘性能及冷却效率。研发了一套大型轴流转桨式水轮发电机组全面监测方案，为后续设备评估及诊断提供了丰富的数据支撑。

（2）促进智能制造新技术在水电行业应用。开发应用叶片高精密全数控加工技术及三维激光检测技术，达到叶片一次成型以及型线偏差仅 1mm 的效果。优化机器人智能焊接、高精密轴孔配镗等工艺，解决转轮体过流面不锈钢层手工堆焊周期长、焊接质量较差、新旧部件接口尺寸精度难以控制等问题。开发应用三维数字化装配工艺，进一步提高装配准确度与装配效率。

（3）创新轴流转桨式机组更新改造新技术。首创高压水射流技术完成大体量转轮室混凝土拆除。首次成功应用等离子技术完成大尺寸转轮室里衬不锈钢板切割。提出了轴流转桨式机组更新改造基准中心及高程确定新方法。

（二）应用情况与推广前景

在不改变已有流道和水库运行条件下，通过新技术、新材料、新工艺的应用，葛洲坝电站 17 万 kW 水轮发电机组已成功完成更新改造。新机组完全由我国自主设计制造，代表了我国巨型轴流转桨式水轮发电机组最高研发制造能力，达到了世界先进水平。其安装工程规模宏大、施工难度极高、技术要求苛刻，创造了我国水利水电史上新的奇迹。改造后，机组稳定性大幅提升，对于同样为轴流转桨式机组的水电站，此项目具有示范引领作用，推广前景广阔。

（三）获奖单位

中国长江电力股份有限公司葛洲坝水力发电厂、中国长江电力股份有限公司检修厂。

（四）获奖人

吴炜、刘绍新、耿在明、陈钢、耿乾坤、张家治、文宇。

（水力发电科学技术奖励工作办公室　孙卓　王怡）

大型水电机组 LCU 自主可控研究及示范应用

"大型水电机组 LCU 自主可控研究及示范应用"获 2023 年度水力发电科学技术奖三等奖。

70 万 kW 混流式机组 LCU 自主可控研究及示范应用项目实施前，三峡水电站机组 LCU PLC 均为施耐德、ABB 外资品牌，尚没有国产自主可控大型 PLC 的运用。一旦外资品牌厂家断供大型 PLC，机组 LCU 面临着无可用 PLC 备件的局面，可能导致机组不能正常的进行发电监视和控制。70 万 kW 混流式机组 LCU 自主可控研究及示范应用作为中国三峡集团 1911 科研项目（国家发展改革委拨款科研项目）的重要组成部分，也是 1911 科研项目最早执行的项目，对 1911 科研项目后续开展起到了较好的推动作用。

为保证葛洲坝电厂监控系统设备的自主可控，防止"卡脖子"事件发生，从底层到设备再到应用层，通过科研计划做好技术储备，研究探索 100% 自主可控国产产品在水电站机组 LCU 的应用。

（一）主要成果及创新点

70 万 kW 混流式机组 LCU 自主可控研究及示范应用主要技术创新点如下：项目实现中国三峡集团 70 万 kW 混流式水轮发电机组首台 LCU 自主可控，PLC 控制器、同期装置、电源模件、触摸屏、PLC 编程软件、上位机应用软件、操作系统均实现自主可控。形成可复制的混流式水轮发电机组自主可控 LCU 改造方案，数据库、程序、网络结构、硬件选型、测试方案、实施方案等均可直接应用。对 PLC 功能和性能，进行 100 余项试验，发现并解决 25 个主要问题；研发出适用于水电站复杂环境下的 PLC 模件。开发出中国三峡集团 S. CTG EdgeBrain L2 PLC 与左岸监控系统上位机 H9000 V6.0 系统通信规约，S. CTG EdgeBrain L2 PLC 与 H9000 V6.0 计算机监控系统采用 Modbus TCP/IP 通信协议进行数据交换，上下位机之间数据及命令处理具有安全稳定、可维护性较高等特点。

轴流转桨机组 LCU 自主可控研究及示范应用主要技术创新点如下：葛洲坝水电站 6 号机组 LCU 的电气元件全部为国产化自主可控产品，包括 CPU、内存芯片、操作系统、组态软件、测速装置、同期装置、触摸屏、工控机、网络通信设备、继电器、接触器、开关电源等，是中国三峡集团首台套 100% 全自主可控 LCU。实现了 LCU 现地操控和上位机的同源互备，采用平板工控机，实现了监控系统画面、现地画面的一致性，同时实现互补，提高了设备可靠性，降低了维护工作量。

（二）应用情况与推广前景

70万kW混流式机组LCU自主可控研究及示范应用项目已经在三峡电厂三峡电源电站监控系统自主可控改造、三峡水电站闸坝电控系统自主可控改造等近10个项目，中国三峡集团流域管理中心船闸工业控制系统国产化仿真测试平台建设，向家坝水力发电厂全站控制系统自主可控改造项目，葛洲坝水力发电厂葛洲坝船闸工控系统自主可控改造项目等得到了较好的推广应用。轴流转桨机组LCU自主可控研究及示范应用项目在葛洲坝电厂厂内得到了推广应用。

（三）获奖单位

中国长江电力股份有限公司、北京中水科水电科技开发有限公司、南京南瑞水利水电科技有限公司。

（四）获奖人

夏国强、杜云华、谢秋华、张家治、黄家志、吕晓勇、孙监湖。

（水力发电科学技术奖励工作办公室　孙卓　王怡）

流塑状淤泥干化—固化协作技术及应用

"流塑状淤泥干化—固化协作技术及应用"获2023年度水力发电科学技术奖三等奖。

疏浚河湖产生的淤泥具有含水率高、流动性强、富含有机质等特点。2022年疏浚淤泥总量接近90亿 m^3，直接堆存处置既占用大量土地，还存在污染环境风险。因此，为保护生态环境，迫切需要深刻认识淤泥的特殊性，提出创新性的经济适用处理技术，促进水利工程及生态环保等领域的发展。

（一）主要成果及创新点

（1）提出利用磷石膏降低淤泥含水率新方法，研制了配套干化设备。流塑状淤泥掺入磷石膏基密实团粒后，干燥的磷石膏基团粒吸附淤泥中自由水；磷石膏与矿渣等反应生成钙矾石，将自由水转变成结晶水，自主调控淤泥初始含水率。与已有方法相比，掺自研絮凝剂和助滤剂，压滤时间由503s/mm降至276.7s/mm，余水中悬浮物达到污水综合排放标准一级标准；总磷和氨氮达到地表水环境质量标准Ⅲ类指标。

（2）研发了磷石膏基团粒硬化成核和粉体水化胶凝的协同固化技术。磷石膏基团粒改善淤泥级配，并形成骨架，增强固化土内摩擦角；磷石膏基粉体同时增强淤泥颗粒间、淤泥颗粒与磷石膏基团粒的胶结，形成团粒—胶结并存固化体系。与已有技术相比，无需机械脱水，含水率降幅达40%以上；强度增速为

水泥固化2倍，但固化剂材料成本仅为水泥1/2。

（3）揭示了淤泥中有机质含量与腐殖酸释放浓度的规律，提出构建碱性微环境预降解有机质及偏高岭土增强淤泥固化土耐久性的方法。磷石膏、矿渣和水泥反应生成大量微膨胀钙矾石，挤压和充填固化淤泥颗粒间孔隙，提升了固化淤泥土耐久性。与已有技术相比，掺入3%偏高岭土，提升了水泥固化淤泥土强度30%，有机质量减少3.15%，固化淤泥土抗侵蚀能力提高3.3倍。

（二）应用情况与推广前景

项目以降低淤泥固化成本和提高固化淤泥长期性能为目标，围绕淤泥干化—固化协作和环境友好型资源化利用两大关键问题，提出了磷石膏基团粒硬化成核和磷石膏基粉体固化胶凝的协同固化方法，既改善淤泥颗粒级配，又增强淤泥颗粒连接；揭示了磷石膏基团粒和粉粒协同机理，开发了淤泥干化—固化协作技术，验证了固化淤泥耐候性和环境友好性，为处理疏浚淤泥提供理论和技术支撑。

（三）获奖单位

三峡大学、武汉大学、三川德青科技有限公司、长江科学院、东华大学。

（四）获奖人

谈云志、王东星、陈益人、黄绪泉、杨爱武、孙文静、李金凤。

（水力发电科学技术奖励工作办公室　孙卓　王怡）

大规模镜场优化布置及新型瞄准策略技术与应用

"大规模镜场优化布置及新型瞄准策略技术与应用"获2023年度水力发电科学技术奖三等奖。

塔式光热电站聚光集热系统主要由定日镜场及吸热器组成，作为整个电站的能量输入端，其设计与运行水平直接影响着电站整体效益。定日镜场通常由成千上万面定日镜组成，高效合理的镜场布置设计对提高电站土地利用率及提升镜场对太阳辐射的利用效率具有关键性作用；当完成了镜场和吸热器的初步方案设计后，相应的镜场瞄准策略即决定着每面定日镜在吸热器上的光斑位置，进而决定电站聚光集热的总体表现。面对瞬息万变的太阳能辐射情况和多样的运行工况，应在保证系统安全的前提下，通过定日镜之间的协调尽可能将更多的能量送入吸热器，获得尽可能高的效率。以上问题尚无成熟解决方案，亟待深入系统的研究与突破。

（一）主要成果及创新点

项目针对塔式光热电站设计运行特点及需求，依托我国首批光热发电示范项目—中电建青海共和5万kW塔式光热电站示范项目，对聚光集热系统以上关键技术

问题开展系统性研究，主要成果及创新点如下：

（1）镜场光学效率计算模型及效率叠加蒙特卡洛混合光线追迹方法研究。完成了塔式光热电站镜场余弦效率、阴影及遮挡效率、大气衰减效率等各项光学效率的计算建模，并通过各项效率叠加与蒙特卡洛光线追迹法的有机耦合，创新性地提出吸热器表面能流密度混合光线追迹计算方法，解决了传统光线追迹法计算量大、计算耗时影响控制精度的难题。

（2）大规模定日镜场高效布置技术研究。针对由数万面定日镜组成的大规模镜场布置要求，首次提出了基于最大密度布置与仿生螺线型布置组合的定日镜场排布方法，相比现有主流布置方法镜场年均效率计算值提高 1.5% 以上。

（3）镜场新型瞄准策略及调度方案研究优化。基于塔式光热电站多样的运行工况，创新性地提出了最低能流区域填充动态瞄准策略方法，在保证较高的镜场截断效率前提下，可快速获得均匀的吸热器表面能流密度分布，适用于多种工况下的吸热器瞄准策略优化，保证设备的安全和长期运行。经中国可再生能源学会组织的专家鉴定，以上研究成果达到国际领先水平。

（二）应用情况与推广前景

项目研究创新性强，研究成果成熟度及转化度高，已成功应用于依托工程"中电建青海共和 5 万 kW 塔式光热电站""三峡能源青海青豫直流 10 万 kW 光热项目""中电建青海共和 10 万 kW 光热项目"等多个光热发电项目设计及建设中，对光热发电行业技术水平提高以及相关产业发展具有重要的理论意义和工程实用价值，为"双碳"目标作出实际贡献，具有广阔的推广应用前景。

（三）获奖单位

中国电建集团西北勘测设计研究院有限公司、水电水利规划设计总院。

（四）获奖人

肖斌、周治、牛东圣、王昊轶、张思远、王晓、部振鑫。

（水力发电科学技术奖励工作办公室　孙卓　王怡）

"双碳"目标下抽水蓄能中长期发展规划研究

"'双碳'目标下抽水蓄能中长期发展规划研究"获 2023 年度水力发电科学技术奖三等奖。

如期实现"双碳"目标，能源绿色转型是关键。新能源是实现"碳达峰、碳中和"目标、构建新型电力系统的主力军，天然具有随机性、波动性、间歇性的特征，系统支撑和调节能力不足已成为制约其大规模高比例发展的重要因素。抽水蓄能是当前技术最成熟、经济性最优、最具大规模开发条件的绿色低碳清洁灵活调节电源，较煤电、新型储能具有安全性高、带动风光新能源能力强等优势。抽水蓄能作为构建新型电力系统、促进新能源高质量发展的重要支撑，面对中长期新机遇，需要明确抽水蓄能发展的新目标、新任务，以新思路制定新规划，以新规划引领新发展。结合国家能源局组织开展的新一轮抽水蓄能中长期规划编制的工作部署，开展本课题研究。

（一）主要成果及创新点

（1）科学确定抽水蓄能需求规模。从资源、环境、电价等多个维度分析抽水蓄能电站的可持续发展条件，以约束条件下抽水蓄能可开发资源为基础，以电力系统合理需求为边界，统筹考虑火电、气电、新型储能等调节电源，科学分析抽水蓄能不同水平年合理需求规模。

（2）构建了抽水蓄能规划项目库，明确发展目标和项目实施建议。考虑全国发展目标、各省发展需求、合理布局及区域间协调互济等，以项目的生态环境可行性为重点，创新性地提出重点实施项目库和规划储备项目库，并梳理提出相应项目清单及各省布局。

（3）提出了新阶段抽水蓄能电站四大功能定位，系统梳理抽水蓄能发展重点任务。创新性地提出新阶段抽水蓄能电站四大功能定位，建设新型电力系统的关键支撑、构建风光蓄大型基地的核心依托、流域可再生能源一体化基地的重要组成、规模化拉动经济发展的重要手段，以新定位引领新发展。

（4）研究紧跟新形势、着眼全产业链、强化实际应用。着眼于规划-设计-施工-装备制造—投资等全产业链发展，研究提出重点发展方向和主要工作任务，强化研究成果实际应用，实现支撑国家发展规划、助力行业优化发展的目标。

（二）应用情况与推广前景

该研究是《抽水蓄能中长期发展规划（2021～2035 年）》的重要基础，为规划提出重点实施项目和储备项目提供技术支撑。提出的 2030 年抽水蓄能电站装机容量达到 1.2 亿 kW 左右的目标，已被国务院《2030 年前碳达峰行动方案》采纳。研究中提到的重点任务和保障措施，在后续工作中不断落实落地，推动建立了规划滚动调整机制，行业标准体系不断完善，水风光蓄多能互补新业态逐渐显现，促进了抽水蓄能市场化发展。

（三）获奖单位

水电水利规划设计总院。

（四）获奖人

赵增海、韩冬、崔正辉、彭才德、刘一兵、朱方亮、任伟楠。

（水力发电科学技术奖励工作办公室　孙卓　王怡）

水电工程耐碱玻璃纤维增强复材筋的研究与应用

"水电工程耐碱玻璃纤维增强复材筋的研究与应用"获2023年度水力发电科学技术奖三等奖。

目前，已建和在建的水电工程中所使用的混凝土结构一般都以钢筋作为主要筋材。在当前日益强调建材绿色、环保、节能的要求下，如何更好地利用筋材的特性，在一些工程部位使用新型筋材代替普通钢筋，也是本次应用的出发点。大坝面板、尾水隧洞等水工混凝土结构作为水电工程中的重要结构，需要寻找一种在混凝土开裂后耐腐蚀性强的筋材，通过多方调研，新型耐碱玻璃纤维增强复合材料筋（AR-GFRP筋）正好具有耐碱性强，使用寿命长的特点，已经在水利、铁路、市政、建筑、军工等工程领域得到广泛应用，在水电工程领域文登抽水蓄能电站工程是首次应用。

（一）主要成果及创新点

（1）研发并生产了适合水电工程特点的 AR-GFRP筋，其抗拉强度、剪切强度与弹性模量分别达到1000、180MPa和60GPa以上，性能均超过 GB 50608 要求。经耐久性试验，评估预期寿命可达到 100 年以上。

（2）提出了采用 AR-GFRP 筋配筋的混凝土面板堆石坝等水工混凝土结构设计方法，明确了混凝土结构保护层厚度、搭接长度、筋材间距等构造要求，并采用三维有限元分析手段进行对比验证，实现了 AR-GFRP筋大面积替代钢筋，减少钢筋用量。

（3）形成了 AR-GFRP 筋水工混凝土结构成套施工工艺。结合文登抽水蓄能电站上水库大坝面板、尾水隧洞衬砌和进出水口明渠底板等部位替代传统钢筋进行施工，提出了相应的施工工法，有效提高了施工效率。

（二）应用情况与推广前景

AR-GFRP 筋在文登抽水蓄能电站主要应用下水库大坝面板8号试验块、上水库进出水口明渠底板、3 号引水隧洞、3 号尾水隧洞和上水库大坝面板。其中上水库大坝面板采用 AR-GFRP 筋进行配筋等直径替换，占整个面板面积的 90%。文登抽水蓄能电站在调研分析的基础上，首次将该种材料引入水电工程混凝土结构中进行应用，带动了工程设计、施工和管理理念的转变，为水电工程传统混凝土结构在绿色、低碳方面开辟出一条新的道路。

（三）获奖单位

山东文登抽水蓄能有限公司、中国水利水电建设工程咨询有限公司、山东斯福特实业有限公司。

（四）获奖人

吴宏炜、喻葭临、焦裕钊、王可、刘建新、刘福胜、孙乙庭。

（水力发电科学技术奖励工作办公室 孙卓 王怡）

基于大数据的水—风电站群生产管控平台关键技术研究应用

"基于大数据的水—风电站群生产管控平台关键技术研究应用"获2023年度水力发电科学技术奖三等奖。

在"双碳"战略目标下，建设新能源创新基地，推动水电、风电高质量发展，实现能源绿色低碳转型，现实意义重大。大唐重庆分公司作为重庆市最大的清洁能源企业，水电存在环境复杂危险，现场管控难度大，数据分散、标准不统一，智能应用无法全面展开，高山风电场存在地理跨度大，人工登塔巡检周期长、强度大、风险高，设备故障缺少事前预警，状态检修开展困难等问题。企业急需通过数字化建设，提升企业智能化、信息化水平，解决现场难题，降低人员劳动强度和安全作业风险。

（一）主要成果及创新点

（1）提出了一种基于工业分布式体系的边缘侧数据接入技术。研发部署了以信息物理系统（CPS系统）为框架的边缘数据平台，实现数据的统一接入、管理和应用；提出了基于 LoRa 技术数据采集无线传输新方法，解决了布线困难、环境危险的边缘设备数据传输困难和常规无线数据接入规模有限的问题。

（2）提出融合机理模型和机器学习的设备智能预警方法和构建新型检修决策体系。由单点阈值报警升级为多点关联和多维分析的趋势预警，实现设备诊断预警、智能分析；提出故障模式与影响分析和风险优先数分析方法，构建了以可靠性为中心的检修（RCM）决策体系，实现水轮发电机组检修状态的量化评估。

（3）研发了基于大数据的清洁能源智慧管控平台。构建了大数据、安全管控、技术支持等五大中心；发明一种复杂环境下的漏油实时精准监测技术和基于边缘计算的烟火智能感知技术；开展基于北斗地基增强技术的地质灾害自动化监测研究，实现人员、设备、环境的统一闭环管理。成果支撑大型水电"运检维一体"、中小水电"无人值班"和"无人风场"等生产模式转变。

研究获国家发明专利 10 项、实用新型专利 23 项、著作权 30 项、论文 25 篇、出版著作 1 本、行业技术标准 1 项。

（二）应用情况与推广前景

项目成果已应用于乌江、芙蓉江、郁江等流域，涵盖重庆、四川、云南、广西、甘肃和山西等6省10县的12座大、中、小型水电站、1省4区县的8个风电场和大型集控中心，成果支撑电厂设备数字化改造、安全生产、运行检修、地灾监测等方面业务，为企业数字化转型提供成功的建设经验和技术标准，具有行业全面推广应用前景。

（三）获奖单位

中国大唐集团有限公司重庆分公司、重庆大唐国际彭水水电开发有限公司、重庆市科源能源技术发展有限公司。

（四）获奖人

熊雄、刘荣、周奋强、周新宇、董振、段美前、李正家。

（水力发电科学技术奖励工作办公室　孙卓　王怡）

获得 2023 年度国家科学技术奖的水电及新能源科技项目

根据国家科学技术奖励办公室 2024 年 6 月 24 日公布的 2023 年度国家自然科学奖、国家技术发明奖和国家科学技术进步奖的获奖项目，水电科技及新能源科技获奖项目有关情况见表 1 和表 2。

表1　　　　　　　　　　获得 2023 年度国家科学技术进步奖一等奖项目

序号	编号	项目名称	主要完成人	主要完成单位	提名者
1	J-217-1-01	海上风电安全高效开发成套技术和装备及产业化	王良友、练继建、林毅峰、刘润、王武斌、赵迎九、刘世洪、高宏飙、吕鹏远、毕亚雄、雷肖、时蓓玲、肖世波、赵生校、王海军	中国长江三峡集团有限公司、天津大学、华电重工股份有限公司、东方电气风电股份有限公司、上海勘测设计研究院有限公司、中国三峡新能源（集团）股份有限公司、金风科技股份有限公司、中交第三航务工程局有限公司、中天科技海缆股份有限公司、明阳智慧能源集团股份公司	中国电机工程学会

表2　　　　　　　　　　获得 2023 年度国家科学技术进步奖二等奖项目

序号	编号	项目名称	主要完成人	主要完成单位	提名者
1	J-217-2-02	超大容量风电能量转换系统的高性能服役关键技术及应用	黄守道、王耀南、陈秋华、邹荔兵、彭超义、李进泽、周宇昊、高剑、吕铭晟、杨志勃	湖南大学、中车株洲电机有限公司、华电电力科学研究院有限公司、金风科技股份有限公司、明阳智慧能源集团股份公司、西安交通大学、株洲时代新材料科技股份有限公司	湖南省
2	J-222-2-02	复杂条件高坝工程智能建设关键技术及应用	钟登华、祁宁春、周华、周业荣、胡贵良、王永潭、黄河、王金国、吴斌平、王佳俊	天津大学、雅砻江流域水电开发有限公司、华能澜沧江水电股份有限公司、国能大渡河流域水电开发有限公司、华电金沙江上游水电开发有限公司、国网新源集团有限公司、中国电建集团成都勘测设计研究院有限公司	中国大坝工程学会

（本年鉴编辑部摘编）

获得 2023 年度中国电力技术奖的水电及新能源科技项目

根据中国电机工程学会和中国电力科学技术奖励工作办公室 2023 年 11 月 23 日公布的《中国电力科学技术奖奖励通报（2023 年度）》，获得 2023 年度电力科学技术进步奖的水电、风电科技项目有 25 项，有关情况详见表 1 和表 2。

表1　　　　　　　　　　获得 2023 年度中国电力技术发明奖的科技项目

序号	等级	获奖项目	受奖人	推荐单位
1	三等	水电站罩式气垫式调压室关键技术	郝元麟（中国电建集团成都勘测设计研究院有限公司）、陈子海（中国电建集团成都勘测设计研究院有限公司）、杜鹏侠（中国电建集团成都勘测设计研究院有限公司）、余挺（华能四川能源开发有限公司）、刘德有（河海大学）、夏勇（中国电建集团成都勘测设计研究院有限公司）	中国电力建设集团有限公司

表 2 　　　　获得 2023 年度中国电力科学技术进步奖的水电及新能源科技项目

序号	等级	获奖项目	受奖单位	受奖人	推荐单位
2	一等	巨型混流式机组安装关键技术及应用	中国葛洲坝集团机电建设有限责任公司、四川大学、西华大学、浙江大学、哈尔滨电机厂有限责任公司、中国葛洲坝集团股份有限公司、华电郑州机械设计研究院有限公司、中国葛洲坝集团三峡建设工程有限公司、电子科技大学天府协同创新中心	汪颖、卫书满、刘小兵、童哲铭、江启峰、李军、胡美玲、李志宏、孙文、赵华、马少甫、张明、袁峥、罗彬、马献成	中国能源建设集团有限公司
3	二等	700m级大型抽水蓄能机组关键技术及工程应用	国网新源控股有限公司、吉林敦化抽水蓄能有限公司、中国电建集团北京勘测设计研究院有限公司、东方电气集团东方电机有限公司、哈尔滨电机厂有限责任公司	马信武、刘德民、魏玉国、李宁、易忠有、于辉、骆林、曲扬、訾士才、田侃	国家电网有限公司
4	二等	狭窄河谷强震区猴子岩特高面板坝关键技术与应用	中国电建集团成都勘测设计研究院有限公司、国能大渡河流域水电开发有限公司、大连理工大学、四川大学、河海大学	余挺、郑正勤、张顺高、朱永国、窦向贤、何顺宾、邹德高、张有山、王晓东、叶飞	中国电力建设集团有限公司
5	二等	大型水轮发电机定子绕组主绝缘关键技术研究及重大工程应用	哈尔滨大电机研究所有限公司、哈尔滨电机厂有限责任公司、中国三峡建工（集团）有限公司、河北丰宁抽水蓄能有限公司、黑龙江科技大学、华能澜沧江水电股份有限公司检修分公司、哈尔滨理工大学	孙永鑫、满宇光、冯超、赵霞、康永林、陈阳、张天栋、杨增杰、曹宏玉、马金东	中国电机工程学会
6	二等	西南水电基地梯级水库群鱼类栖息地保护关键技术	中国电建集团贵阳勘测设计研究院有限公司、水电水利规划设计总院有限公司、中国水利水电科学研究院、四川大学、水利部中国科学院水工程生态研究所、国能大渡河流域水电开发有限公司、贵州黔源电力股份有限公司	常理、顾洪宾、严登华、安瑞冬、陶江平、秦天玲、脱友才、薛联芳、王猛、魏浪	中国电力建设集团有限公司
7	二等	太阳能光热发电站特种结构关键技术及应用	中国电力工程顾问集团西北电力设计院有限公司、同济大学、湖南大学、西安建筑科技大学	李红星、冯世进、陈政清、姜东、何邵华、杜吉克、易自砚、许可、唐六九、胡昕	中国能源建设集团有限公司
8	二等	浅层气聚集海域风电场地基基础一体化成套技术及应用	中国电建集团华东勘测设计研究院有限公司、中国科学院武汉岩土力学研究所、浙江华东建设工程有限公司、中国海洋大学、中电建华东勘测设计院（深圳）有限公司、天津城建大学、浙江工业大学	汪明元、单治钢、王勇、王栋、张祖国、孙淼军、王宽君、狄圣杰、王振红、李强	中国电力建设集团有限公司
9	二等	大型风电机组多层级效能提升关键技术及应用	华电电力科学研究院有限公司、湖南大学、浙江运达风电股份有限公司、新疆金风科技股份有限公司、中车株洲电机有限公司、西安交通大学、安徽容知日新科技股份有限公司	黄守道、孔德同、周璐、史晓鸣、杨志勃、黄晓辉、汪文涛、薛长志、郭亮、刘伟江	中国华电集团有限公司
10	三等	大型新能源基地网源协调优化与送出能力提升关键技术	国家电网有限公司华北分部、华北电力科学研究院有限责任公司、中国电力科学研究院有限公司、上海交通大学、新疆金风科技股份有限公司	王茂海、刘辉、赵峰、訾鹏、刘一民、苏田宇、罗亚洲	国家电网有限公司

序号	等级	获奖项目	受奖单位	受奖人	推荐单位
11	三等	大规模新能源接入下电力规划生产模拟方法及电源优化	中国电力工程顾问集团西北电力设计院有限公司、电力规划总院有限公司、西安交通大学、中国电力工程顾问集团西南电力设计院有限公司、中国电力工程顾问集团东北电力设计院有限公司	杜忠明、邵成成、王昭、刘世宇、李丁、徐东杰、孙沛	中国能源建设集团有限公司
12	三等	水电富集电网频率振荡防控与调频能力提升技术及应用	国网四川省电力公司电力科学研究院、中国电力科学研究院有限公司、南京南瑞水利水电科技有限公司、四川大学、国网重庆市电力公司电力科学研究院	韩晓言、李文锋、陈刚、刘天琪、叶希、范成围、魏巍	中国电机工程学会
13	三等	海上风电全景监控—实景测试—数字模拟涉网试验体系、装备及应用	广东电网有限责任公司、清华大学、南方电网电力科技股份有限公司、华南理工大学、清华四川能源互联网研究院	杨银国、沈沉、盛超、吴国炳、陆秋瑜、易杨、谢平平	中国南方电网有限责任公司
14	三等	高水头动水条件下深厚覆盖层帷幕灌浆关键技术及应用	四川华电泸定水电有限公司、中国水电基础局有限公司、中国电建集团成都勘测设计研究院有限公司、中国水利水电建设工程咨询有限公司	李宏国、王晓飞、李晓军、塞超、金伟、刘超、肖恩尚	中国华电集团有限公司
15	三等	抽水蓄能机组非稳态流固系统安全关键技术及应用	国网新源控股有限公司抽水蓄能技术经济研究院、清华大学、中国水利水电科学研究院	王正伟、倪晋兵、韩文福、荆岫岩、桂中华、李海玲、刘殿海	国家电网有限公司
16	三等	乌东德水电站复杂地质特大洞井群安全高效施工技术	中国水利水电第六工程局有限公司	聂文俊、黄为、叶明、何金星、刘海冰、蒋森林、江钧雄	中国电力建设集团有限公司
17	三等	高面板坝结构安全技术创新与工程实践	中国电建集团西北勘测设计研究院有限公司、水利部交通运输部国家能源局南京水利科学研究院、中国水利水电科学研究院、河海大学、中国水电建设集团十五工程局有限公司	苗喆、米占宽、陆希、徐耀、甘磊、徐泽平、魏匡民	中国电力建设集团有限公司
18	三等	水电站智能门机研制	中国水利水电第七工程局有限公司、中国水利水电夹江水工机械有限公司、宜宾四川大学产业技术研究院	曾文、蒋从军、杨芳、胡晓兵、徐建洪、吴思够、范如谷	中国电力建设集团有限公司
19	三等	特大型电力工程企业集团HSE智慧管理体系与平台研发应用	中国电力建设股份有限公司、北京华科软科技有限公司、中电建建筑集团有限公司、中国电建集团西北勘测设计研究院有限公司、中国水利水电第十一工程局有限公司	宗敦峰、张仕涛、高统彪、马宗磊、吴张建、蒋波、赵晓琬	中国电力建设集团有限公司
20	三等	区域风光电站群天气节律适配人工智能功率预测关键技术与工程应用	华北电力大学、大唐（赤峰）新能源有限公司、中国电力科学研究院有限公司、上海远景科创智能科技有限公司	阎洁、韩爽、马亮、丁煌、刘永前、孙红凯、杨恢	华北电力大学
21	三等	风电机组国产化全景监测和智能诊断系统	西安热工研究院有限公司、安徽容知日新科技股份有限公司、北京威锐达测控系统有限公司、西人马联合测控（泉州）科技有限公司、上海应普科技有限公司	赵勇、邓巍、汪臻、赵民、刘腾飞、方世康、曹治	中国华能集团有限公司

续表

序号	等级	获奖项目	受奖单位	受奖人	推荐单位
22	三等	新能源场站无人机多场景巡检集中管控平台关键技术及应用	国华能源投资有限公司、众芯汉创（北京）科技有限公司	史明亮、刘长磊、刘海龙、孙金龙、王承凯、李大钧、张欣	国家能源投资集团有限责任公司
23	三等	《储存风光输送梦想》新能源发电丛书编制与科普推广	国网冀北张家口风光储输新能源有限公司、中国电机工程学会、北京电机工程学会、英大传媒投资集团有限公司	王平、肖兰、翟化欣、周缨、郭亮、伍晶晶、牛虎	中国电机工程学会
24	三等	支撑系统惯量/电压的大型风电场机—场协同控制技术及应用	国网冀北电力有限公司、清华大学、河北工业大学、新疆金风科技股份有限公司、华锐风电科技（集团）股份有限公司	吴林林、刘京波、乔颖、张家安、李琰、刘志、丁然	中国电机工程学会
25	三等	海上风电关键设备智能监测与健康管理技术研究及应用	中国大唐集团科学技术研究总院有限公司华北电力试验研究院、大唐国信滨海海上风力发电有限公司、清华大学、天津大学	阴晓艳、张丽、郑大勇、李理、杨玉新、祝京旭、范玉鹏	中国大唐集团有限公司

（本年鉴编辑部摘编）

DG水电站工程荣获国家优质工程金奖

2023年12月9日，中国施工企业管理协会印发《关于表彰2022～2023年度国家优质工程奖的决定》（中施企协字〔2023〕124号），西藏DG水电站工程成功荣获国家优质工程金奖。这是中国华电集团有限公司第二个获此殊荣的水电项目。

DG水电站位于西藏山南市桑日县，是中央支持西藏经济社会发展的重大项目，总装机容量660MW，是目前西藏投产装机规模最大的内需水电站。大坝是世界海拔最高的碾压混凝土重力坝，坝顶高程3451m，最大坝高117m，坝顶长385m；坝后式厂房，共布置4台单机容量为165MW的混流式水轮发电机组。工程于2015年12月开工，2016年12月大江截流；2021年创造了"一年四投""当年全投"的国内高海拔大型水电站投产速度新纪录。

电站建设严格执行中国华电集团有限公司精品工程创建指导意见要求，团结参建各方从"优质、创新、绿色、效益、数字、廉洁"六个维度全力推进。优质：工程开工至今实现安全生产"零事故"；大坝实现"零裂缝"，并取出26.2m三级配碾压混凝土芯样，打破世界纪录，被中国国家博物馆实物收藏；坝体实测总渗流量2.9L/s，远优于设计值40.5L/s。创新：形成高寒高海拔碾压混凝土筑坝等成套技术，累

计获各类科技创新成果200余项。绿色：实现污水"零排放"、料场"零开采"，建成世界海拔最高、落差最大装配式智慧鱼道，"四节一环保"成效显著。效益：荣获"全国脱贫攻坚先进集体""全国脱贫攻坚组织创新奖"，累计上缴利税超2亿元。数字：实现全过程数字化建模实时管理，成为西藏首个实体电站与数字电厂同步投运的大型水电项目。廉洁：连续两年荣获华电集团"三清"企业创建先进单位荣誉称号。

工程取得国家专利146件，其中发明专利27件、实用新型专利119件；获国家级质量奖1项，获省部级科技进步奖14项，其中一等奖4项；形成省部级工法13项、QC成果22项。获各类国家级集体荣誉7项，省部级集体荣誉13项。2023年还先后荣获"水电行业优秀工程设计一等奖""工程建设设计水平评价一等成果""中国电力优质工程""西藏自治区'雪莲杯'优质工程奖""中国安装工程优质奖（安装之星）"。

DG水电站作为拉萨保供电源、西藏重大内需电源和西藏电网"顶梁柱""压舱石"电源项目，已累计发电超60亿kW·h，为西藏电网稳定和藏区人民生产生活提供了坚实的能源保障。电站投产至今，机组零非停、人员零伤亡、安全零事故，2023年发电量25.9亿kW·h，占西藏全区用电量19.2%，在全区电站中年发电量位列第一。

（中国华电集团有限公司　刘鹏　廖浚成）

复杂环境下水电工程泄洪消能技术

"复杂环境下水电工程泄洪消能技术"获中国大坝工程学会 2023 年度科技进步二等奖。

（一）研究背景

金沙江上游沿线地质条件复杂，河床覆盖层深厚，流域地质构造稳定性差，强震频发；气象条件恶劣，环境脆弱，村庄集镇集中，社会环境敏感目标多。作为我国地质灾害频发且严重的区域，金沙江上游历史上曾发生过多次滑坡堵江，2018 年发生两次白格堰塞湖溃堰洪水，堰塞体形成的溃堰洪水会给流域水电建设带来巨大的安全和破坏风险。该项目以金沙江上游流域第十级苏洼龙水电站为依托，聚焦高山峡谷大型电站的枢纽布置、高土石坝筑坝技术与抗震、深厚覆盖层利用处理与渗流监测、深厚覆盖层深基坑安全保障、围堰快速修复技术、复杂条件下导流洞水力学、高水头大流量溢洪道消能、重大自然灾害应对等方面技术难题开展科技攻关研究，攻克了水电工程建设中亟需解决的关键技术难题，保障了工程建设安全。

（二）主要创新点及成果

（1）首次提出新型进口消涡结构和出口反台阶消力池，解决了复杂条件下导流洞水力学问题，保证了大水位变幅、大单宽流量和低佛氏数导流洞过流安全。导流洞在"10.11"白格堰塞湖溃堰洪水期间，成功地宣泄了 4955m³/s 流量。提出岸边溢洪道"透空齿坎消能工＋消力池"的泄洪消能新技术，强化消力池消能效果，缩短了消力池长度。上述创新成果对促进水工建筑物底流消能技术进步作出了重要贡献。

（2）利用覆盖层系统测温光纤、坝基测压管，建立多物理量耦合分析方法，提出了坝基渗流安全监测新方法，实现坝基深厚覆盖层渗流和渗漏量监测。工程光纤总长度 7500m，基本覆盖了下游坝基范围，为光纤技术在水工建筑物渗流控制领域的应用和相关研究作出了有益的尝试。

（3）研发了用于防渗墙的低强高韧性塑性混凝土，抗压强度大于 3MPa，模强比小于 230，提高了塑性混凝土适应深厚覆盖层变形的能力；研发了新型塑性混凝土吸水率性能测定装置与方法，提高了吸水率测试结果的准确性。创新成果推动了我国水工建筑物塑性混凝土防渗墙技术的应用。

（4）提出应对溃堰洪水的策略，系统提出了施工期和运行期应对大规模溃堰洪水的措施，在"11.3"溃堰洪水应急抢险过程中被决策采纳，为下游香格里拉、丽江地区和梨园水电站提供了安全保障。

（三）成果推广应用及社会经济效益

该项目所取得的多项技术创新成果成功应用于苏洼龙水电工程建设。泄洪消能方面的创新，解决了工程导截流和泄洪消能方面的技术难题，保证了导流安全和泄洪安全，减少了工程量和投资，导流洞工程自 2017 年 11 月大江截流到 2021 年 1 月下闸蓄水，3 年间成功经历两次白格堰塞湖溃堰洪水考验，运行正常。同时，新型的深厚覆盖层渗漏监测方法，为评价大坝运行安全提供了可靠的手段，丰富了工程经验，为类似工程提供有效借鉴。

（中国华电集团有限公司　刘鹏　杜晓凡）

南水北调中线沙河南—黄河南段潮河段工程

"南水北调中线沙河南—黄河南段潮河段工程"获中国水利工程优质（大禹）奖。

2023 年 5 月 5 日，中国水利工程协会官网公布，南水北调中线一期工程总干渠沙河南—黄河南段潮河段工程荣获 2021～2022 年度中国水利工程优质（大禹）奖，"大禹奖"作为水利工程行业优质工程的重要奖项，获奖工程充分体现了该工程建设规范、设计优秀、施工先进、质量优良、运行可靠、效益显著，达到国内领先水平。

南水北调中线一期总干渠潮河段工程，起自河南省新郑市梨园村，终点位于郑州市管城区毕河村，全长 45.85km，担负着向河南省新郑市、中牟县、郑州新郑国际机场及其以北豫冀京受水区的输供水任务。

由中国安能集团第三工程局有限公司参建的总干渠潮河段 1 标，位于河南省新郑市新村镇，全长 8.42km，是南水北调中线一期工程总干渠潮河段工程设计单元的重要组成部分。在施工过程中，积极探索新工艺、新方法，先后克服膨胀岩段渠坡施工、高地下水砂质渠坡水泥改性土换填施工、渠道地震液化段地基处理、渠道开挖可用料的不均一等施工难题。研发运用 HHJG-1 型渠道铺砂机，实现了渠道反滤层砂砾料的机械化施工，形成了多项科技成果、创新应用和发明创造，为水利工程施工总结了一批先进的施工工艺，在工程质量、进度、成本控制方面均取得良好效果。潮河段工程于 2014 年 12 月 12 日正式通水，截至 2022 年 6 月 30 日，工程已经安全输水 2757d，累计输水 460 亿 m³，沿线 7900 万人口受益。受水地区缺水问题得到有效解决，生态环境得到显著改善。河道倒虹吸、排洪渡槽在汛期为总干渠安全度汛发挥了积极作用。一渠清水绕城而过，沿线绿树成林，该工程成功投用，使所经城市风景更加秀丽、环境更加宜居。极大提升了市民生活的幸福感和城市品质，凸显了以人为本、改善生态的理念，更为地区经济的发展提供了保障、注入了生机，在国计民生中发挥了巨大的社会效益、经济效益和良好的生态、环境效益。

（中国安能集团第三工程局有限公司　陶元贵）

高海拔寒冷地区高拱坝混凝土冬季浇筑防裂关键技术研究

"高海拔寒冷地区高拱坝混凝土冬季浇筑防裂关键技术研究"获2023年度中国大坝工程学会科技进步奖一等奖。

（一）研究背景

高海拔寒冷地区冬季施工面临许多挑战：采用常规的施工方法极易造成冬季混凝土浇筑温度太低无法满足强度发展要求进而破坏混凝土拱坝的整体性；极端的昼夜温差条件和寒冷的水温使得混凝土表面容易出现裂缝并进一步发展，同时容易因为混凝土温度发展不合理而出现内部裂缝。为做好叶巴滩水电站大坝连续浇筑和温度控制，有效控制施工质量和进度，保障项目安全有序推进，项目结合叶巴滩水电站高寒高海拔特高拱坝施工开展冬季浇筑防裂关键技术研究十分必要。

（二）主要研究内容

项目聚焦叶巴滩水电站工程建设"六高四大两长"等难题，主要研究适用于高海拔寒冷地区纤维混凝土、保水材料及新型水工高性能抗冲耐磨材料；研究构建浇筑温度与浇筑时间、气象环境参数等影响因素的数学模型，创新综合蓄热法和薄层短间歇法等施工技术方法，开发温度应力实时分析软件，构建混凝土坝全过程温控指标关联优化及动态调控系统等内容，有效解决冬季大面积混凝土浇筑防裂难题。

（三）主要创新点

（1）提出了高海拔寒冷地区混凝土质量提升新技术。研发了高氧化铁含量人工砂中游离云母高效剔除技术；研制了适用于高海拔寒冷地区的玄武岩纤维混凝土；研发了混凝土新型保水材料及新型水工高性能抗冲耐磨材料。

（2）提出了高海拔寒冷地区混凝土冬季连续施工综合保障技术。定量测试了初凝前混凝土的表面放热系数的导热系数，建立了浇筑温度和坯层覆盖时间、气象环境参数等因素的数学模型；提出了适用于高海拔寒冷地区混凝土浇筑温度控制标准；研发了保温新材料、组合结构与配套措施，构建了综合蓄热法和薄层短间歇法相结合的浇筑温度综合保障技术体系。

（3）研发了高海拔寒冷地区智能温控防裂技术和系统。建立了保温效果实时评估和预警模型；开发了温度应力实时分析方法和软件；建立了混凝土坝全过程温控指标关联优化及动态调控方法与系统。

（四）成果应用及效益

项目成果达到国际领先水平，成功应用于DG水电站和叶巴滩水电站等项目，有效支撑了DG水电站大坝混凝土浇筑过程温控标准和温控措施的制定和优化，指导了现场防裂设计和施工，极大地提高了大体积混凝土温控防裂的施工效率，保障了工程质量。同时首次在叶巴滩水电站实现高寒高海拔地区混凝土特高拱坝全年无间歇连续施工，为高原地区严酷复杂环境下大型水电站工程全年连续施工和高质量建设提供了新思路。项目研究成果的成功应用和有效推广经济效益巨大，目前已经产生经济效益14亿元，预计在叶巴滩水电站大坝全部浇筑完成后可产生的总经济效益达到28.86亿元。

（中国华电集团有限公司　刘鹏　杜晓凡）

松散堆积体成坝施工关键技术

"松散堆积体成坝施工关键技术"获2023年度工程建设科学技术进步一等奖。

（一）研究背景

随着"一带一路"倡议和新一轮西部大开发战略的深入推进，水利水电工程建设不断向地质灾害频发、地质条件复杂、天然筑坝材料匮乏的西部山区延伸。在这些地区建设水利水电工程时，常遇到自然崩塌、滑坡、泥石流和人工无序无碾压堆积的松散堆积体。对松散堆积体进行综合整治利用，改造成为坝体是一种除害兴利、绿色低碳的工程方法，具有重大工程需求。松散堆积体成坝的关键问题是防渗和加固，然而由于松散堆积体具有"级配宽、结构散、架空大、胶结弱、有动水"等特点，与传统（土）堆石坝具有较大差异，且成坝施工无成熟经验。

（二）主要成果和创新点

项目依托云南牛栏江红石岩堰塞湖整治工程，通过深入研究论证，提出了松散堆积体"坡脚浅层密实、坝体改性加固、坝体坝基一体化深层防渗"的新理念，通过理论研究、技术研发与工程应用，形成了深厚松散堆积体成坝施工关键技术，形成技术创新成果如下：

（1）研发了复杂地质条件松散堆积体的坝体坝基一体化深层防渗施工技术。研发了防渗墙大孤（块）石群多点延时连续预爆破及改进钻劈法成槽、大架空强漏失地层预灌浆以及智能接头拔管等施工技术；研制了可远程控制的适用于受限空间、复杂地形快速就位成孔的小体型大功率全液压履带式跟管钻机，研发了靶向灌浆技术及复合灌浆材料；解决了空间变异大、架空部位多、渗漏量大松散堆积体的高质量防渗技术难题。

（2）研发了松散堆积体的浅层动力密实技术。研制了米级尺度强夯、浅层冲击碾压和变频振冲模型试验装置，建立了动力加固试验相似定律，综合揭示了松散堆积体宏细观动力密实机制，提出了适用于松散宽级配堆积体材料的密实加固参数。

（3）研发了流动性可控、动水不分散、适应大架空结构的改性砂浆和改性混凝土材料，形成了动水条件下松散堆积体"灌—填"联合施工技术，解决了松散堆积体加固工程难题。

（三）应用情况及推广前景

项目依托云南牛栏江红石岩堰塞湖整治工程，针对松散堆积体"级配宽、结构散、架空大、胶结弱、有动水"等特点，通过理论研究、室内试验、技术开发、设备研制、材料研发与工程应用，形成了松散堆积体成坝施工关键技术，并在四川大渡河长河坝水电站围堰、泸定水电站大坝坝基异常渗漏处理、巴郎河华山沟水电站大坝病害治理工程、江西昌景黄高铁昌江特大桥围堰以及老挝南欧江梯级水电站大坝防渗等20余项国内外水利水电工程中推广应用，在保证质量、提高效率、节省工期和投资、安全度汛等方面发挥了重要作用。该技术实现了宽级配松散堆积地层加固和防渗技术的重大创新，为新时期水利水电工程的高效精益、绿色建造提供了强有力的技术支持，支撑服务了西部大开发战略和"一带一路"倡议，并正推广至水运、桥梁、地铁、风电等领域，应用前景十分广阔。项目研究成果获发明专利11件、实用新型专利4件，获省部级工法2项，主编行业标准2部，发表论文19篇，出版专著1部。

（四）获奖单位

中国水电基础局有限公司、水利部交通运输部国家能源局南京水利科学研究院、中国水利水电科学研究院、中国电建集团昆明勘测设计研究院有限公司、北京中水科工程集团有限公司。

（五）获奖人员

肖恩尚、赵明华、占鑫杰、赵卫全、叶玉麟、石峰、周彦章、周建华、程凯、李明宇、唐玉书、朱群峰、路威、赵克欣、胡微。

（中国水电基础局有限公司 胡微）

基于 PWM 的水电站自动发电控制关键技术研究及应用

"基于 PWM 的水电站自动发电控制关键技术研究及应用"获 2023 年度长江水利委员会科学技术奖一等奖。

在国家"双碳"的目标引领下，新能源产业将迎来跨越式的发展，新能源装机占比将大幅提升，随即带来的问题会对电网安全稳定运行造成冲击和影响，而水电机组具备的能量转换方式快、系统响应速度快、负荷调整灵活性高等特点，使得新形势下的水电站在电力系统中的调峰调频作用变得更加重要。

自动发电控制（Automatic Generation Control，AGC），是并网发电厂提供的有偿辅助服务之一，其作用是使发电机组在规定的出力调整范围内，跟踪电力调度交易机构下发的指令，并按照一定调节速率实时调整发电机组出力，以满足电力系统频率和联络线功率控制要求的服务。由于在 2017 年国家能源局华中监管局发布的"两个细则"（《华中区域并网发电厂辅助服务管理实施细则》和《华中区域发电厂并网运行管理实施细则》）中，对 AGC 功能的调节速率和调节精度的要求大幅提高，AGC 在全厂方式下调节速率 V_e 由原来 $60\% P_N/min$ 上调至 $80\% P_N/min$（P_N 取最大机组额定容量），调节精度偏差 e 由原来的 $e<0.03$ 上调至 $e<0.01$，明显的影响了水电机组的 AGC 考核和补偿。以成果主要应用的江垭水电站为例，在江垭水电站库区来水量较少时，若机组运行水头长时间在额定水头（80m）以下，将出现 AGC 功能投入运行时，获得"两个细则"补偿明显减少且被考核电量大幅增加的情况。在此背景下，为解决脉宽调制（PWM）调节模式下的水电机组有功调节速率、调节精度在 AGC 调节过程中难以满足"两个细则"要求的难题，2018 年开始，湖南澧水流域水利水电开发有限责任公司会同湖南省湘电试验研究院有限公司、北京中水科水电科技开发有限公司等单位，共同开展了基于 PWM 的水电站自动发电控制关键技术研究及应用的探讨，并为解决相关问题进行了深入实践研究。项目提出的关键技术对提高水电机组发电综合效益，保障电网调峰调频性能和电力系统安全稳定运行具有重要的意义。

（一）主要成果及创新点

研究揭示了 AGC 调节过程的影响因素，以及 PWM 有功调节模式下的水轮发电机组面临的 AGC 调节拒动、调节参数与水头无法动态匹配、功率超调和功率反应滞后等问题，明确了投入自动发电控制功能的水轮发电机组功率调节优化方法，构建了基于PWM的水电站自动发电控制关键技术，主要创新点如下：

（1）研究提出了一种防止调节拒动的AGC策略，应用于水电站的AGC程序，用来解决AGC程序的负荷分配过程中，因受水力因素影响引起的机组频繁调节、水头数据扰动、水头和出力参数匹配性不足导致AGC调节过程拒动的问题。通过在AGC程序设定每台机组的动态步长循环分配、对扰动的水头数据进行取多个平均值并滤波、配置多组水头出力曲线参数等方式，防止了AGC程序在调节过程中的拒动，提高了AGC程序的负荷分配可靠性。

（2）研究了一种关联水头及带功率边界的可变周期PWM有功调节程序软件，用来解决PWM有功调节模式的水电机组存在的有功调节速率、调节精度不能满足要求的问题。通过在机组控制程序中配置有功调节参数与水头实时匹配的程序逻辑结构、根据有功调节偏差的不同配置功率边界并选择不同的有功调节程序等方式，实现了PWM模式下的水电机组有功调节速率和调节精度的提高，并减少了有功超调和调节反应滞后等问题。

（3）研究采用了一种双偏差输入结构的调速器导叶开度调节方式，用来优化水轮发电机组的调速器导叶开度调节过程。在调速器控制过程的比例、积分环节，通过将频率死区的频率偏差作为一路输入，将导叶开度偏差与永态转差系数的乘积作为另一路输入，来完成调速器导叶开度的调节。通过这种双偏差值的输入结构使频率调节与开度调节的功能相互融合，更好的预测机组频率变化的趋势，达到提高水电机组调速器的响应速度和功率稳定性的目的。

（二）应用情况与推广前景

研究成果可以在各类型水电站得到广泛的应用，具有较大的实用价值。目前已成功应用于多个水电站的机组中，主要应用于江垭水电站（3×10万kW）、皂市水电站（2×6万kW）、碗米坡水电站（3×8万kW）等水轮发电机组，并有部分创新成果在凤滩水电站（2×20万kW）、柘溪水电站（2×25万kW）、东江水电站（4×14万kW）、挂治水电站（3×5万kW）、凌津滩水电站（9×3万kW）、空洲水电站（6×3万kW）等得到了应用，取得了显著的社会效益和经济效益。

基于PWM的水电站自动发电控制关键技术，通过计算机监控系统AGC程序策略优化、机组有功调节参数和水头的动态匹配、设计有功调节过程的功率边界判断和增加小功率闭环调节程序等技术优化措施，有效提高了AGC功能的调节速率和调节精度，使机组的安全稳定运行得到了保障，实现了发电综合效益的最大化。

目前水轮发电机组的负荷调节方式中，导叶开度调节模式因其调节可靠性高的特点仍被广泛采用，这一技术创新方法能够满足华中网"两个细则"的要求，该优化方法成本不高，效果显著，在提升水电机组运行经济效益方面，可为采用同种有功负荷调节方式参与AGC调节的水电站提供值得借鉴的经验，具有普遍推广意义。

（三）获奖单位

湖南澧水流域水利水电开发有限责任公司。

（四）获奖人

张桉榕、谭哲文、毕智伟、龚传利、李志坚、古明亮、谢迪、张俊伟、冯志伟、李卫星、张旭杰、李磊、刘勇、易强、欧阳钢。

（湖南澧水流域水利水电开发有限责任公司
李卫星）

中国长江三峡集团有限公司2023年度科技成果获奖情况

（一）海上风电安全高效开发成套技术和装备及产业化获国家科学技术进步奖一等奖

项目针对我国海上风电开发面临强台风、软地基、短施工窗口期和低电价的挑战，经近20年的长期科技攻关，在海上风电"新结构—一体化设计—高效施工—抗台机组—集中送出"全产业链技术创新上取得多项里程碑的突破，创新系列海上风电新型基础结构，创立复杂海洋环境海上风电设计理论方法体系，解决了强风浪流冰作用下复杂地基海上风电"高耸"结构安全性难题；提出复杂海洋环境条件下海上风电安全高效施工安装成套技术，研制新型施工安装装备；破解不同类型风电结构重载—高耸—恶海况施工安装难题；创建海上风力发电机组抗台风与智慧运维技术体系，解决了大功率海上风电机组抗台风难题；攻克了高电压大容量海上风电电力集中送出关键技术与装备，实现自主创新和产业化。成果成功应用于我国70%以上海上风电项目，容量超过2400万kW，再造一个海上三峡。涵盖了我国海上风电所有10个突破性里程碑工程，支撑我国海上风电装机跃居世界第一，约占全球的50%。经济社会效益十分显著，应用前景极广阔。大力推动了我国海上风电技术和产业由"跟跑并跑到领跑"。

（二）巨型水电工程建设智能管控关键技术获湖北省科学技术奖一等奖

项目依托三峡工程与乌东德、白鹤滩等巨型水电工程建设管理，以开创巨型水电数字化建造与全面管控为总目标，围绕巨型水电工程投资大、风险大、长期复杂不确定性的挑战，从理论、技术、平台和示范层面开展了巨型水电工程建设和管理的研究与实践，形成了系列创新技术，提出了巨型水电工程建设质量、成本、进度、安全、环境（"五控+"）全面管控的数字化适应性管控模型与综合控制方法；突破了巨型水电工程策略协同的集成控制和数据驱动的决策智能技术；研发了巨型水电工程高可靠、高安全、强适应性的自主可控数字化管控平台。经湖北技术交易所鉴定专家组一致认为该研究成果达到国际领先水平。成果已成功应用于三峡工程、白鹤滩、溪洛渡、乌东德、向家坝等5座世界前11大巨型水电工程和巴基斯坦卡洛特、马来西亚沐若、老挝南椰等海外水电工程，以及乌江、大渡河等流域73个大型水利水电工程，并广泛推广到长江大保护87个生态环保项目、561个风电光伏新能源项目、北京大兴等63个机场项目、京沪高铁等8个铁路项目和奥运国家游泳中心等168个建筑项目，管控资金达3万亿元，累计经济效益近300亿元。项目通过产学研用相结合，完成了多领域规模化应用和验证，转化应用程度高，取得了显著的经济和社会效益，具有广阔的推广应用价值。在行业内率先形成成套水电工程建设数字化标准，突破水电工程建设管控的数字化关键技术和平台建设难题，有力支撑、推动了行业数字化科学技术进步。

（三）生态友好的水利水电工程调控关键技术与应用获湖北省科学技术奖一等奖

项目围绕鱼类繁殖生态调控这一主线，发明了不同鱼类生境调控、精准预报、智能监测和控制关键技术，为生态友好的水利水电工程调控提供了系统解决方案。发明了保障四大家鱼等产漂流性卵鱼类、产粘沉性卵鱼类、长江珍稀特有鱼类种群等成套生态调控技术；研发了"气象预报—水文水动力精细模拟—水生态风险预警"技术，满足生态调控一体化耦合模拟与预报需求；发明了生境调控监测与智慧控制关键技术，研制面向生态的梯级水电站群综合调度技术和产品，实现"卡脖子"关键技术的突破，保障面向生态的调控目标实现。成果首创性、先进性、系统性、实用性突出。关键技术已应用于全球装机容量前11大水电站中的5座，以及60多项国内外水利水电工程中，经济、社会、生态效益显著。

（四）10MW级海上风力发电机组关键技术与应用获四川省科学技术奖一等奖

项目解决了超大尺寸海上风电机组叶片关键部件设计、制造和质量检测，大功率风电机组低载、稳定、高效控制，海上风电机组运行可靠性验证和智能运维平台建设等三大难题，实现了多项创新与关键技术突破，成功研制了具有自主知识产权的10MW功率等级海上风力发电机组，完成了工程样机示范运行与产业化推广应用，项目总体技术水平处于国际先进。项目成果已应用于中国三峡集团福清兴化湾二期项目、中国三峡集团福建长乐外海C区等项目中东方电气10、7.5MW和7MW系列海上风电机组，累计投运110万kW（其中10MW机组31台），订单总额超63亿元，新增利润超6亿元，取得了显著的经济和社会效益。项目创新性强，有力支撑了我国海上风电产业的自主发展。

（五）能源装备超大型铸锻承载结构件关键成形技术及应用获北京市科学技术奖一等奖

项目突破了超大型铸锻件的成形和材料的关键技术，实现了世界上最大的水电机组的白鹤滩1000MW水电站和核电机组等所需关键铸锻承载结构件的成功应用，解决了国家重大工程建设"卡脖子"难题。项目研究成果技术难度大、创新性强、应用效果显著，整体技术达到国际领先水平。项目成果被评为"十二五"中国机械工业重大科技成果，"百万千瓦水电机组转轮交付"被评为中国十大科技进展。系列技术标准被国内及国际水电重点企业普遍采用。研究成果不仅有效地解决了我国能源装备超大型结构件制造的瓶颈问题，推动了我国重大装备制造行业跨越式发展，而且依靠鲜明的技术特色走出国门。

（六）创新型吸力桩基础在深远海风电场规模化应用获中国电力创新奖技术类一等奖

为实现深远海海上风电的健康、经济、快速发展，经多年科研攻关，实现了深远海海上风电基础勘察设计、制造施工一体化技术创新，创下目前海上风电场吸力桩导管架基础数量最多、吸力桩尺寸最大、单机容量最大、基础总高度最高的多项世界纪录海上风电场工程。技术成果在福建、浙江、河北等海上风电场进推广应用，应用单位节支增收达20多亿元，取得显著经济和社会效益，为我国海上风电实现弯道超车，为"双碳"战略目标如期实现作出重大贡献。

（中国长江三峡集团有限公司 张丽）

长江水利委员会长江科学院
2023年度科技成果获奖情况

长江水利委员会长江科学院2023年度科技成果获奖情况见表1。

表1　　　　　　长江水利委员会长江科学院2023年度科技成果获奖情况

序号	项目名称	获奖情况
1	三峡工程河库系统生境演化规律及水沙适应性调控	湖北省科技进步奖一等奖
2	城市水土流失生态防控关键技术	湖北省科技进步奖二等奖
3	城镇缓滞河湖多级水质提升关键技术及应用	湖北省科技进步奖二等奖
4	长江流域干旱演变规律与旱灾风险综合评估及应对方法	湖北省科技进步奖三等奖
5	高抗裂耐久碾压混凝土筑坝关键技术研究与应用	湖北省科技进步奖三等奖
6	武汉长江控制设备研究所有限公司	湖北省科技型中小企业创新奖
7	乌东德水电站巨型地下洞室群稳定控制关键技术及应用	湖北省科技进步奖二等奖
8	河湖采砂全过程智慧监管关键技术及应用	江西省科学技术进步奖二等奖
9	巴基斯坦 Karot 水电站泥沙专题研究	全国优秀工程咨询成果奖二等奖
10	河南省平原区立体水网协同调控与功能提升关键技术及应用	河南省科学技术进步奖二等奖
11	面向智慧水利的河湖智能感知与协同监管关键技术与应用	测绘科学技术奖二等奖
12	重点水源区综合监测分析关键技术与应用	测绘科学技术奖二等奖
13	数据与知识协同驱动的混凝土坝安全诊断关键技术与应用	水力发电科学技术奖一等奖
14	水下高耸薄壁混凝土止水墙拆除爆破关键技术	中国爆破行业协会科学技术奖二等奖
15	大水位差强渗流地层大型浅基础悬索桥锚碗关键技术	中国公路学会科学技术奖二等奖
16	原生景观平衡石爆破稳定性评估及保护关键技术	中国爆破行业协会科学技术奖二等奖
17	复杂条件下退役重力坝精细爆破拆除关键技术研究	中国爆破行业协会科学技术奖二等奖
18	混凝土重力坝爆炸毁伤机理与试验技术	中国爆破行业协会科学技术奖特等奖
19	峡谷山区特大跨悬索桥锚碇基础及边坡稳定评价与控制关键技术	四川省科学技术进步奖三等奖
20	两河口特高堆石坝级配料开采智能爆破关键技术研究	中国爆破行业协会科学技术奖二等奖
21	长江上游水库淤积规律及防治技术研究与应用	中国大坝工程学会科学技术奖一等奖
22	寒区河流观测模拟与健康动态诊断关键技术及应用	长江科学技术奖科技进步奖二等奖
23	干旱风险下长江流域干支流多源供水协同调控关键技术	中国大坝工程学会科技进步奖一等奖
24	重金属污染稻田生态水利修复关键技术研发及规模应用	中国产学研合作创新与促进奖产学研合作创新成果奖二等奖
25	长江流域典型湖泊内源磷污染治理关键技术及应用	长江科学技术奖二等奖
26	长江流域典型农村小流域水污染治理技术体系开发与工程应用	长江科学技术奖二等奖
27	数据与机理驱动的干旱演化监测模拟与动态评估关键技术及应用	地理信息科技进步奖二等奖
28	大坝变形多维度实时感知与数据融合关键技术及应用	长江科学技术奖科技进步奖一等奖
29	葛洲坝船闸输水效率与安全提升关键技术研究与应用	长江科学技术奖二等奖一等奖
30	高山峡谷暴雨洪灾北斗预警与孪生应用关键技术及应用	卫星导航定位科技进步奖
31	特高拱坝微膨胀低热硅酸盐水泥混凝土关键技术	建筑材料科学技术进步奖一等奖
32	沿江大型水工建筑物复杂地基处理及基础施工关键技术研究与应用	工程建设科学技术进步奖二等奖
33	水工深埋地下洞室岩体大变形灾变风险防控关键技术及应用	中国发明协会发明创业奖一等奖
34	高土石坝变形破坏机理与模拟技术及工程应用	中国大坝工程学会科技进步奖特等奖
35	鄱阳湖洪泛系统水文连通及其生态环境效应评估关键技术	长江科学技术奖科技进步奖二等奖

（长江水利委员会长江科学院　张池）

华能西藏雅鲁藏布江水电开发投资有限公司 2023 年度科技成果获奖情况

2023 年，华能西藏雅鲁藏布江水电开发投资有限公司修订完善了《公司科学技术工作管理规定》和《公司科技项目管理办法》，建立科定期会议、科技项目课题组负责制、科技工作者权利保障等机制，科技管理职责更加明确、流程更加清晰、管理更加规范。JC、ZM 电厂依托创新工作室，积极开展众创项目，充分调动职工创新积极性，众创项目技术成果显著。获奖科技成果见表 1。

表 1　　　华能西藏雅鲁藏布江水电开发投资有限公司 2023 年度科技成果获奖情况

序号	项目名称	获奖情况
1	高海拔大温差地区水工混凝土关键技术研究及工程应用	西藏自治区科学技术奖二等奖
2	水利水电工程过鱼设施鱼类智能识别技术	中国大坝工程学会二等奖
3	大型水电工程鱼道关键技术研究及应用	中国水力发电工程学会一等奖
4	深埋长隧洞智能 TBM 掘进关键技术及其工程应用	中国水力发电工程学会一等奖
5	华能雅鲁藏布江加查水电站工程	中国电力建设企业协会中国电力中小型优质工程
6	一种适用于高海拔区重大工程创面生态修复的土壤重构技术研究与应用	中关村绿色矿山产业联盟二等奖

（华能西藏雅鲁藏布江水电开发投资有限公司　张建东）

水电水利规划设计总院 2023 年度科技成果获奖情况

水电水利规划设计总院 2023 年度科技成果获奖情况见表 1。

表 1　　　　　　水电水利规划设计总院 2023 年度科技成果获奖情况表

序号	项目名称	获奖情况
1	水电工程设计施工一体化数字技术研发与应用	中国施工企协工程建设科学技术进步奖特等奖
2	黄河拉西瓦水电站果卜库岸变形研究与风险防控方案专题咨询成果	中国工程咨询协会全国优秀工程咨询成果奖二等奖
3	高面板堆石坝坝面变形自适应联控技术	贵州省技术发明奖二等奖
4	丰满水电站重建工程生态功能修复与提升关键技术	2023 年度电力建设科学技术进步一等奖
5	规模化生物天然气集成技术与核心装备国产化应用研究	2023 年电力建设科学技术进步奖三等奖
6	大型水电工程安全防范技术研究及应用	中国安全生产协会科技进步奖一等奖
7	大型水电工程鱼道关键技术研究及应用	水力发电学会科学进步奖一等奖
8	风险与应急调度风险与应急调度关键技术	水力发电学会科学进步奖二等奖
9	"碳达峰碳中和"目标下抽水蓄能中长期发展规划研究	水力发电学会科学进步奖三等奖
10	缺资料地区水文智能监测与工程水文计算关键技术与应用	水力发电学会科学进步奖三等奖
11	大规模镜场优化布置及新型瞄准策略技术与应用	水力发电学会科学进步奖三等奖
12	金沙江溪洛渡水电站工程水土保持设计	中国水土保持学会优秀设计一等奖
13	澜沧江黄登水电站工程水土保持设计及库周消落带治理试验研究	中国水土保持学会优秀设计一等奖
14	全国光伏可再生能源设施遥感监测与建设潜力评价关键技术及应用	地理信息科技进步奖一等奖
15	《碾压式土石坝设计规范》（NB/T 10872—2021）	中国工程建设标准化协会 2023 年度"标准科技创新奖"项目奖一等奖、2023 年电力建设科学技术进步奖二等奖

续表

序号	项目名称	获奖情况
16	《水工建筑物荷载标准》（GB/T 51394—2020）	中国工程建设标准化协会 2023 年度"标准科技创新奖"项目奖三等奖
17	《光伏发电系统效能规范》（NB/T 10394—2020）	中国工程建设标准化协会 2023 年度"标准科技创新奖"项目奖三等奖、2023 年电力建设科学技术进步奖三等奖
18	《水电工程施工组织设计现范》（NB/T 10491—2021）	2023 年度电力建设科学技术进步奖二等奖
19	《河流水生生物栖息地保护技术规范》	2023 年度电力建设科学技术进步奖二等奖
20	《水电工程建设征地移民安置技术通则》	电力行业优秀标准设计一等奖
21	《水电工程建设征地移民安置规划设计规范》	电力行业优秀标准设计二等奖
22	《水电工程建设征地移民安置补偿费用概（估）算编制规范修订》	电力行业优秀标准设计三等奖

（水电水利规划设计总院　吴海燕）

中国水利水电第三工程局有限公司
2023 年度科技成果获奖情况

中国水利水电第三工程局有限公司 2023 年度科技成果获奖情况见表 1。

表 1　　　　　中国水利水电第三工程局有限公司 2023 年度科技成果获奖情况

序号	项目名称	获奖情况
1	大跨度槽式钢箱梁长距离曲线单向顶推施工关键技术	陕西省总工会、陕西省科学技术厅陕西省职工优秀创新成果一等奖
2	大跨度槽式钢箱梁长距离曲线单向顶推施工关键技术	中国能源化学地质工会全国委员会第三届（2023）电力企业班组创新创效优秀项目成果特等奖
3	超大埋深复杂地质长隧洞 TBM 施工关键技术	中国大坝工程学会科学技术进步奖一等奖
4	富水砂层复杂环境地铁站隧安全高效施工关键技术	中国施工企业管理协会工程建设科学技术进步奖二等奖
5	大型辉绿岩砂石骨料加工系统工艺研究	中国施工企业管理协会工程建造微创新技术大赛二等成果
6	富水砂层地质地铁工程施工关键技术研究	中国施工企业管理协会岩土工程技术创新应用成果二等成果
7	水电站高强钢压力钢管单面焊双面成型运用关键技术研究	中国施工企业管理协会工程建造微创新技术大赛二等成果
8	一种整体转移式船坞扶壁墙高大施工结构及方法	中国施工企业管理协会工程建设行业高推广价值专利大赛三等专利
9	一种桥梁钢箱梁顶推施工用临时连接结构	中国施工企业管理协会工程建设行业高推广价值专利大赛三等专利
10	一种钢筋桁架楼承板与混凝土梁组合结构	中国施工企业管理协会工程建设行业高推广价值专利大赛优胜专利

续表

序号	项目名称	获奖情况
11	大型钢结构人行天桥石材曲面高精度铺装技术研究	中国施工企业管理协会工程建造微创新技术大赛优胜成果
12	复杂条件下市政道路工程成套施工技术研究	中国施工企业管理协会工程建造微创新技术大赛优胜成果
13	基于物联网的绿化智慧喷灌系统研究	中国施工企业管理协会工程建造微创新技术大赛优胜成果
14	超高层建筑施工 BIM 技术研究	中国施工企业管理协会工程建造微创新技术大赛优胜成果
15	复杂地质条件下防渗墙液压抓斗施工关键技术	中国施工企业管理协会工程建造微创新技术大赛优胜成果
16	复杂地质条件下地铁隧道浅埋暗挖法施工技术研究	中国施工企业管理协会工程建造微创新技术大赛优胜成果
17	复杂环境水下岩坎快捷拆除爆破关键技术	中国爆破行业协会科学技术奖三等奖
18	一种竖向孔洞用整体吊装式模板结构及混凝土施工方法	中国电力建设企业协会电力建设科学技术进步奖（专利类）三等奖
19	一种混凝土大坝坝段基坑排水及其坝基浇筑方法	中国电力建设企业协会电力建设科学技术进步奖三等奖
20	隧洞围岩裂隙通道超前钻孔复合灌浆堵水施工技术	陕西省建筑业协会陕西省建设工程科学技术进步奖一等奖
21	跨江大跨度双塔双索面钢混组合梁斜拉桥施工技术研究	陕西省建筑业协会陕西省建设工程科学技术进步奖一等奖
22	非直线型等厚水泥土防渗墙 TRD 与 CSM 施工技术研究	陕西省建筑业协会陕西省建设工程科学技术进步奖二等奖
23	区域性河流生态治理技术研究	陕西省建筑业协会陕西省建设工程科学技术进步奖二等奖
24	淤泥质软土地质沟槽开挖钢板桩支护技术研究	陕西省建筑业协会陕西省建设工程科学技术进步奖二等奖
25	立体交通网中复杂钢结构天桥施工技术研究	陕西省建筑业协会陕西省建设工程科学技术进步奖二等奖
26	基于物联网的绿化智慧喷灌系统研究	河南省工程建设协会河南省工程建设科学技术成果特等奖
27	高地下水位混凝土筏板施工技术研究	河南省工程建设协会河南省工程建设科学技术成果二等奖
28	复杂条件下市政道路工程成套施工技术研究	河南省工程建设协会河南省工程建设科学技术成果二等奖
29	新型膨润土防水毯大面积铺垫施工技术研究	河南省工程建设协会河南省工程建设科学技术成果二等奖
30	高水位液化土层水泥土搅拌桩施工工艺研究	河南省工程建设协会河南省工程建设科学技术成果二等奖

（中国水利水电第三工程局有限公司　刘雅晨　王梦泽）

中国水利水电第四工程局有限公司
2023 年度科技成果获奖情况

2023 年中国水利水电第四工程局有限公司获得各类科技奖 34 项，其中省部级科技进步特等奖 1 项；省部级科技进步一等奖 2 项；省部级科技进步二等奖 6 项；省部级科技进步三等奖 1 项。集团级科技进步特等奖 7 项。另外，获中国施工企业管理协会举办的第三届工程建造微创新技术大赛各类奖项 13 项；4 项成果入选中国生产力促进中心协会 2022 年度"中国好技术"项目库，其中 A 类 1 项、B 类 3 项。有关情况见表 1。

表 1　　　　　中国水利水电第四工程局有限公司 2023 年度获得省部级科技奖情况

序号	项目名称	获奖情况
1	蓄集峡混凝土面板堆石坝智能建造关键技术及应用	青海省人民政府科学技术进步奖一等奖
2	水利水电工程高陡边坡全生命周期安全控制关键技术	中国大坝工程学会特等奖
3	水工碾压混凝土施工规范及关键技术研究	中国大坝工程学会二等奖
4	环境友好型旋流泄洪消能关键技术及应用	中国大坝工程学会一等奖
5	白鹤滩水电站大吨位缆机群智能化控制与综合运维技术	中国施工企业管理协会科学技术进步二等奖
6	大功率直驱式海上风电机组定转子支架制造关键技术	中国施工企业管理协会科学技术进步二等奖
7	白鹤滩水电站大坝关键施工技术与应用	中国水力发电工程学会二等奖
8	新型洞内泄洪消能技术研究与实践	中国电力规划设计协会二等奖
9	成都轨道公司 18 号线土建 7 标施工测绘保障项目	中国测绘学会银奖
10	海上风电钢管桩接桩全自动焊接技术研究	中国电力技术市场协会三等奖
11	大吨位缆机群智能化控制与综合运维技术	中国生产力促进中心协会 A 类
12	高拱坝深孔斜门槽一期直埋施工技术	中国生产力促进中心协会 B 类
13	短边工作井下挖隧道测量控制技术研究与应用	中国生产力促进中心协会 B 类
14	30t 平移式缆索起重机安装施工技术	中国生产力促进中心协会 B 类
15	超大断面河渠护岸三维开放式柔性生态毯施工技术	中国施工企业管理协会优胜奖
16	大管棚在复杂地质条件下的隧洞开挖施工技术	中国施工企业管理协会优胜奖
17	航道护砌联锁混凝土体工厂化生产施工技术	中国施工企业管理协会优胜奖
18	绞吸式挖泥船水下疏挖河渠施工技术	中国施工企业管理协会三等奖
19	圆形长隧洞开挖快速掘进施工技术	中国施工企业管理协会优胜奖
20	白鹤滩大吨位缆机群智能化控制与综合运维技术	中国施工企业管理协会一等奖
21	白鹤滩水电站大坝关键施工技术	中国施工企业管理协会二等奖
22	连续多孔超高进水塔施工方法	中国施工企业管理协会优胜奖
23	7MW 导管架基础海上风电塔架底塔制作安装技术研究与应用	中国施工企业管理协会三等奖

续表

序号	项目名称	获奖情况
24	薄壁型海上风电塔筒双层叠运技术研究	中国施工企业管理协会三等奖
25	不锈钢复合钢衬制作施工技术	中国施工企业管理协会优胜奖
26	超长芯柱嵌岩导管架基础钢管桩制作技术研究	中国施工企业管理协会三等奖
27	大型工字钢混组合桥梁高效制作施工技术	中国施工企业管理协会三等奖

（中国水利水电第四工程局有限公司　雷永红　董涛）

中国水利水电第五工程局有限公司 2023 年度科技成果获奖情况

中国水利水电第五工程局有限公司 2023 年度科技成果获奖见表 1。

表 1　　　中国水利水电第五工程局有限公司 2023 年度科技成果获奖情况

序号	成果名称	奖项
1	白鹤滩高流速大泄量巨型泄洪洞群建造关键技术研究与应用	中国大坝工程学会科学技术奖一等奖
2	超大异型调压井施工关键技术	中国大坝工程学会科学技术奖二等奖
3	面板堆石坝无人驾驶推碾作业系统技术	中国大坝工程学会科学技术奖二等奖
4	时速 140km 城轨快线安全保障关键技术	中国交通运输协会科学技术奖一等奖
5	特高地温深埋特长公路隧道修建关键技术研究	中国交通运输协会科学技术奖二等奖
6	复杂重丘高速公路互通立交枢纽施工关键技术	工程建设科学技术奖二等奖
7	超大异型调压井施工关键技术	工程建设科学技术奖二等奖
8	复杂条件下沿海高等级公路施工关键技术与应用	工程建设科学技术奖二等奖
9	超大异型调压井施工关键技术	电力建设科学技术奖三等奖
10	基于变形协调控制的深厚覆盖层面板坝分期规划及施工技术	电力建设科学技术奖三等奖
11	面板混凝土机械化施工及智能养护成套技术	电力建设科学技术奖三等奖
12	基于数值图像处理的坝料级配快速检测技术	电力建设科学技术奖三等奖
13	面板堆石坝无人驾驶推碾作业系统技术	电力建设科学技术奖三等奖
14	面板坝垫层料摊压塑型护坡一体机的研发与应用	中国质量协会质量技术奖二等奖
15	两河口特高堆石坝级配料开采智能爆破设计与应用技术	中国爆破行业协会科学技术奖二等奖
16	BIM 技术在施工阶段正向应用的探索	中国建筑材料流通协会科学技术奖三等奖
17	基于 BIM 的智能化动态沉降监控技术	中国建筑材料流通协会科学技术奖三等奖
18	复杂重丘高速公路互通立交枢纽施工关键技术	中国公路建设行业协会科学技术进步奖二等奖
19	面板坝垫层料摊压塑型护坡一体机的研发与应用	电力科技成果"金苹果奖"三等奖
20	面板混凝土机械化施工及智能养护成套技术	电力科技成果"金苹果奖"三等奖

（中国水利水电第五工程局有限公司　袁幸朝）

中国水利水电第六工程局有限公司
2023 年度科技成果获奖情况

中国水利水电第六工程局有限公司 2023 年度科技成果获奖情况见表1。

表1　　　　　　中国水利水电第六工程局有限公司 2023 年度科技成果获奖情况

序号	项目名称	获奖情况
1	贵州乌江构皮滩水电站	第二十届中国土木工程詹天佑奖
2	江苏溧阳 6×250MW 抽水蓄能电站工程	第二十届中国土木工程詹天佑奖
3	乌东德水电站复杂地质特大洞井群安全高效施工技术	中国电力规划设计协会电力工程科学技术进步奖一等奖
4	不良地质大直径深水岩塞爆破施工技术研究与应用	中国电力规划设计协会电力工程科学技术进步奖三等奖
5	深埋超大规模地下实验站爆破开挖关键技术	中国爆破行业协会科学技术奖一等奖
6	乌东德水电站复杂地质特大洞井群安全高效施工技术	中国产学研促进会产学研合作创新成果奖优秀奖
7	大型水电站水力机械辅助系统工厂化预制于数字化安装关键技术	中国大坝学会科技进步奖二等奖
8	大型中微子实验站超深地下空间施工关键技术	中国大坝学会科技进步奖二等奖
9	水电站大管径压力钢管数字化工厂化制作关键技术研究与应用	中国安装协会科学技术进步奖一等奖
10	乌东德水电站复杂地质特大洞井群安全高效施工技术	中国安装协会科学技术进步奖二等奖
11	大型中微子实验站超深地下空间施工关键技术	中国安装协会科学技术进步奖三等奖
12	基于 BIM 技术电缆三维敷设及数字化安装关键技术研究	中国安装协会科学技术进步奖三等奖
13	乌东德水电站复杂地质特大洞井群安全高效施工技术	辽宁省人民政府辽宁省科学技术奖二等奖
14	乌东德水电站复杂地质特大洞井群安全高效施工技术	中国电机工程学会电力科学技术奖三等奖
15	刘家峡水库减淤与水沙电联合调控技术	甘肃省人民政府甘肃省科学技术奖一等奖
16	水电工程设计施工一体化数字关键技术研发与应用	中国施工企业管理协会工程建设科学技术奖特等奖
17	大型水电站复杂钢筋混凝土结构水下施工技术	中国施工企业管理协会工程建设科学技术奖二等奖
18	丰满水电站重建工程生态功能修复与提升关键技术	中国电力建设企业协会电力建设科学技术进步奖一等奖
19	不良地质大直径深水岩塞爆破施工技术研究与应用	中国电力建设企业协会电力建设科学技术进步奖（技术发明类）二等奖
20	复杂严苛条件下深埋特大竖井开挖衬砌施工关键技术	中国电力建设企业协会电力建设科学技术进步奖三等奖
21	水电站大管径压力钢管数字化工厂化制作关键技术研究与应用	中国电力建设企业协会电力建设科学技术进步奖三等奖
22	大峡谷急流箱体式拦漂系统施工关键技术	中国电力建设企业协会电力建设科学技术进步奖三等奖
23	一种压力钢管瓦片及加劲环组对施工系统	中国电力建设企业协会电力建设科学技术进步奖（专利类）三等奖
24	大型电站厂房清水混凝土精细化施工关键技术与应用	中国电力规划设计协会电力工程科学技术进步奖二等奖

序号	项目名称	获奖情况
25	抽水蓄能电站机电设备数字化智能化安装关键技术及应用	中国电力规划设计协会电力工程科学技术进步奖三等奖
26	水电站大管径压力钢管数字化工厂化制作关键技术研究与应用	中国电力规划设计协会电力工程科学技术进步奖三等奖
27	400m级超深压力斜井施工技术	中国电力规划设计协会电力工程科学技术进步奖三等奖

（中国水利水电第六工程局有限公司　何金星）

中国水利水电第七工程局有限公司 2023 年度科技成果获奖情况

中国水利水电第七工程局有限公司 2023 年度科技成果获奖情况见表 1。

表 1　　　　中国水利水电第七工程局有限公司 2023 年度科技成果获奖情况

序号	项目名称	获奖情况
1	高寒高海拔地区大型水电站智能建造与运维关键技术及应用	西藏自治区科学技术二等奖
2	水利水电工程高陡边坡全生命周期安全控制关键技术	中国大坝工程学会科技进步特等奖
3	杨房沟水电站高拱坝智能建设关键技术及应用	中国大坝工程学会科技进步特等奖
4	大型水轮发电机组安装智能化测控及精准定位技术	中国大坝工程学会科技进步一等奖
5	大型水轮发电机组安装智能化测控及精准定位技术	中国电力规划设计协会电力工程奖二等奖
6	水电站智能门机研制	中国电力规划设计协会电力工程奖三等奖
7	白鹤滩水电站压力钢管成套安装设备和技术研发及应用	中国电力规划设计协会电力工程奖三等奖
8	时速140km城轨快线安全保障关键技术	中国交通运输协会科技一等奖
9	高掺量改性磷渣粉混凝土制备关键技术及应用	中国电力建设协会管理协会科技进步三等奖
10	白鹤滩水电站压力钢管成套安装设备和技术研发及应用	中国电力建设协会管理协会科技进步二等奖
11	800m级水头引水隧洞施工关键技术	中国电力建设协会管理协会科技进步二等奖
12	灌浆与锚固智能化系统研发及施工技术	中国电力建设协会管理协会科技进步二等奖
13	多种岩性人工砂石粉对水工混凝土性能影响的研究	中国电力建设协会管理协会科技进步三等奖
14	碾压混凝土筑坝精准控制关键技术	中国电力建设协会管理协会科技进步三等奖
15	不对称 V 型峡谷超高沥青混凝土心墙堆石坝施工关键技术	中国电力建设协会管理协会科技进步三等奖
16	地铁隧道自行式无轨作业平台车研发与应用	中国施工企业管理协会技术发明二等奖
17	金沙江梨园水电站工程	中国施工企业管理协会科技进步一等奖
18	多种岩性人工砂石粉对水工混凝土性能影响的研究与应用	中国施工企业管理协会科技进步二等奖
19	白鹤滩水电站地下洞室群安全高效绿色建造关键技术	中国水力发电学会科技进步三等奖
20	杨房沟水电站高拱坝设计施工及全面数字化建造关键技术	中国电力企业联合会电力创新奖二等奖

续表

序号	项目名称	获奖情况
21	砂卵石—泥岩复合地层地铁大直径盾构施工关键技术	中国电力技术市场协会金苹果奖二等奖
22	多种岩性人工砂石粉对水工混凝土性能影响的研究	中国电力技术市场协会金苹果奖三等奖
23	超深埋隧洞高水压大流量涌水处理技术	中国电力技术市场协会金苹果奖三等奖
24	大型水电工程建设智能安全管控关键技术及应用	中国安全生产协会安全科技进步二等奖
25	大型水电站陡倾角坝基边坡工程爆破关键技术及应用	中国安全生产协会安全科技进步二等奖
26	金沙江叶巴滩水电站智能建设关键技术研究与应用	中电建协科技进步三等奖
27	极破碎岩体水工隧洞变形破坏监测预警与安全控制关键技术	中电建协科技进步三等奖
28	地震损伤高陡工程边坡安全监控与治理关键技术	中国大坝工程学会科技进步二等奖
29	深部地下工程岩体灾变监测预警与安全控制关键技术	中国职业安全健康协会科学技术奖一等奖
30	路面层状结构黏韧提升关键技术及工程应用	中国公路学会科学技术奖一等奖
31	300m级特高拱坝复杂地基灌浆质量控制技术研究与应用	中国质量技术协会质量技术奖二等奖
32	大型水轮发电机组安装智能化测控及精准定位技术	中国能源研究会

（中国水利水电第七工程局有限公司）

中国水利水电第八工程局有限公司 2023年度科技成果获奖情况

中国水利水电第八工程局有限公司2023年度科技成果获奖情况见表1。

表1　　　中国水利水电第八工程局有限公司2023年度科技成果获奖情况

序号	项目名称	获奖情况
1	水电工程设计施工一体化数字关键技术研发与应用	工程建设科学技术奖特等奖
2	乌东德850MW水轮发电机安装与调试技术	工程建设科学技术奖二等奖
3	雄安新区特大型绿色砂石基地智能化产供关键技术	工程建设科学技术奖二等奖
4	雄安新区特大型绿色砂石基地智能化产供关键技术	质量技术奖二等奖
5	300m级高拱坝智能建造信息系统建设关键技术	电力创新奖二等奖
6	水工碾压混凝土施工规范及关键技术	电力建设科学技术进步奖二等奖
7	极寒气候复杂地质条件下超长输水隧洞TBM施工关键技术	电力建设科学技术进步奖三等奖
8	白鹤滩水电站大坝关键施工技术与应用	水力发电科学技术奖二等奖
9	白鹤滩水电站大坝关键施工技术与应用	中国大坝工程学会科技进步奖一等奖
10	大藤峡水利枢纽深水陡变河床截流及围堰建设运行关键技术	中国大坝工程学会科技进步奖一等奖

（中国水利水电第八工程局有限公司　杨承志）

中国电建集团北京勘测设计研究院有限公司 2023 年度科技成果获奖情况

中国电建集团北京勘测设计研究院有限公司 2023 年度科技成果获奖情况见表 1。

表 1　　中国电建集团北京勘测设计研究院有限公司 2023 年度科技成果获奖情况

序号	项目名称	获奖情况
1	抽水蓄能地下洞室群 TBM 应用关键技术研究	中国电力规划设计协会电力工程科学技术进步三等奖
2	复杂地质条件下大型地下泵站关键技术研究与应用	中国电力规划设计协会电力工程科学技术进步三等奖
3	乏资料风资源中小尺度耦合技术的研究与应用	中国电力规划设计协会电力工程科学技术进步三等奖
4	严寒复杂条件下抽水蓄能电站地下工程建设关键技术与应用	河北省政府科学技术二等奖
5	《碾压式土石坝设计规范》（NB/T 10872—2021）	中国工程建设标准化协会标准科技创新一等奖
6	《水工建筑物荷载标准》（GB/T 51394—2020）	中国工程建设标准化协会标准科技创新三等奖
7	700m 级大型抽水蓄能机组关键技术及工程应用	中国电机工程学会中国电力科学技术二等奖
8	水电工程设计施工一体化数字关键技术研究与应用	中国施工企业管理协会工程建设科学技术进步特等奖
9	丰满水电站重建工程生态功能修复与提升关键技术	中国电力建设企业协会电力建设科学技术一等奖
10	大型深竖井硬岩掘进机研制及工程应用	中国电力建设企业协会电力建设科学技术一等奖
11	《碾压式土石坝设计规范》（NB/T 10872—2021）	中国电力建设企业协会电力建设科学技术二等奖
12	《水电工程施工组织设计规范》（NB/T 10491—2021）	中国电力建设企业协会电力建设科学技术二等奖
13	不对称 V 型峡谷超高沥青混凝土心墙堆石坝施工关键技术	中国电力建设企业协会电力建设科学技术三等奖
14	河南省平原区立体水网协同调控与功能提升关键技术及应用	河南省政府科学技术二等奖

（中国电建集团北京勘测设计研究院有限公司　海显丽）

中国电建集团中南勘测设计研究院有限公司 2023 年度科技成果获奖情况

中国电建集团中南勘测设计研究院有限公司 2023 年度科技成果获奖情况见表 1。

表 1　　中国电建集团中南勘测设计研究院有限公司 2023 年度中南院科技成果获奖情况

序号	项目名称	获奖情况
1	湖南商学院经管教学楼、经管实验实训综合大楼项目	国家优质工程奖
2	（1）泰国 GNP 风电总承包项目；（2）越南文教 1（Van Giao1）、文教 2（Van Giao2）光伏 EPC 总承包项目	湖南省建设工程芙蓉奖
3	承压渗流条件下不良地质体灌浆技术研究与应用	湖南省技术发明二等奖
4	水电站巨型水轮—发电机组黑启动方案研究及实施	中国大坝科技进步奖二等奖

续表

序号	项目名称	获奖情况
5	不良地质体原位高压冲挤灌浆新技术	中国大坝技术发明奖三等奖
6	缺资料地区水文智能监测与工程水文计算关键技术	四川省科学技术进步奖三等奖

（中国电建集团中南勘测设计研究院有限公司　周轩漾）

中国电建集团成都勘测设计研究院有限公司 2023 年度科技成果获奖情况

中国电建集团成都勘测设计研究院有限公司 2023 年度科技成果获奖情况见表 1。

表 1　　　中国电建集团成都勘测设计研究院有限公司 2023 年度科技成果获奖情况

序号	项目名称	获奖情况
1	青藏高原复杂地质条件下双护盾 TBM 公路隧道建造关键技术	西藏自治区科学技术一等奖
2	高海拔大温差地区水工混凝土关键技术研究及工程应用	西藏自治区科学技术二等奖
3	重大水电工程边坡倾倒变形破坏机制及安全控制关键技术	电力工程科学技术进步一等奖
4	水利水电工程高陡边坡全生命周期安全控制关键技术	中国大坝工程学会科技进步特等奖
5	高坝工程强剪切消能关键技术研究与应用	中国大坝工程学会科技进步特等奖
6	高海拔高寒地区特高土石坝安全监控关键技术及应用	2022 年度电力创新二等奖
7	机组技术供水系统的变频泵节能自动控制技术	2022 年度电力创新二等奖
8	乌东德 300m 级薄拱坝绿色智能筑坝关键技术	湖北省科学技术进步奖
9	双护盾 TBM 隧道安全高效建造关键技术	2023 年度中国岩石力学与工程学会科学技术特等奖
10	川藏高海拔地区低温季节混凝土浇筑关键技术研究及应用	2023 年度长江科学技术二等奖
11	特高拱坝缆机安全高效运行关键技术及工程应用	2023 年度长江科学技术二等奖
12	水电站罩式气垫式调压室关键技术	电力技术发明三等奖
13	狭窄河谷强震区猴子岩特高面板坝关键技术与应用	电力科技进步二等奖
14	隧道工程病害预防与病害整治系列创新技术	电力创新奖一等奖（电力职工技术创新奖）
15	缺资料地区水文智能监测与工程水文计算关键技术与应用	水力发电科学技术三等奖
16	高寒高海拔高拱坝智能建设关键技术研究及应用	水力发电科学技术三等奖
17	水电工程设计施工一体化数字关键技术研发与应用	工程建设科学技术特等奖
18	高海拔寒冷地区高拱坝混凝土冬季浇筑防裂关键技术	中国大坝工程学会科技进步一等奖
19	峡谷库区滑坡灾害监测预警与防控减灾关键技术	中国大坝工程学会科技进步二等奖
20	青藏高原深切河谷区重大水电工程泥石流灾害评价与安全防控关键技术	中国电力工程科学技术奖

续表

序号	项目名称	获奖情况
21	《碾压式土石坝设计规范》（NB/T 10872—2021）	电力建设科学技术进步二等奖
22	《水电工程施工组织设计规范》（NB/T 10491—2021）	电力建设科学技术进步二等奖
23	金沙江叶巴滩水电站智能建设关键技术研究与应用	电力建设科学技术进步三等奖
24	金属屋面围护结构抗风分析理论与监测关键技术	华夏建设科学技术一等奖
25	恒河三角洲软弱地基超大型污水处理厂建造关键技术	中华环保联合会科技进步特等奖
26	隧道工程病害预防与病害整治系列创新技术	电力专委会职工技术创新成果三等奖
27	工程建设企业科技体制机制改革创新	首届工程建设企业科技创新管理成果奖二等奖

（中国电建集团成都勘测设计研究院有限公司　吉华伟）

中国电建集团贵阳勘测设计研究院有限公司 2023 年度科技成果获奖情况

中国电建集团贵阳勘测设计研究院有限公司 2023 年度科技成果获奖情况见表 1。

表 1　　中国电建集团贵阳勘测设计研究院有限公司 2023 年度科技成果获奖情况

序号	项目名称	获奖情况
1	水风光互补调度与全生命周期装机容量配置一体化关键技术	中国大坝工程学会技术发明奖
2	青藏高原特高心墙堆石坝设计关键技术及应用	中国大坝工程学会科学技术奖
3	800m 级水头抽水蓄能电站超高压钢筋混凝土压力管道建设关键技术	中国大坝工程学会科学技术奖
4	基于多维安全的水电运行控制与风险管控系统关键技术及应用	中国大坝工程学会科学技术奖
5	贵州省抽水蓄能中长期规划	中国工程咨询协会全国优秀工程咨询成果奖
6	复杂地形条件下光伏智能规划设计平台研发与应用	中国电力企业联合会电力科技创新奖
7	特大型电力工程企业集团 HSE 智慧管理体系与平台研发应用	中国电力企业联合会电力创新奖
8	水电工程施工组织设计规范	中国电力建设企业协会电力建设科学技术进步奖
9	一种平拉索桥及其架设方法	中国电力建设企业协会电力建设科学技术进步奖（专利类）
10	丰满水电站全面治理（重建）工程	中国施工企业管理协会国家优质工程奖
11	西藏雅鲁藏布江大古水电站	中国施工企业管理协会国家优质工程奖
12	一种微型圆钢管混凝土桩极限抗弯承载力计算方法	中国电力建设企业协会电力建设科学技术进步奖（专利类）
13	一种水库库区干支流汇口处人工鱼类产卵场	中国电力建设企业协会电力建设科学技术进步奖（专利类）
14	贵州省石朱桥水库水土保持生态修复设计	中国水土保持学会第四届优秀设计奖
15	鸡鸠水库混凝土面板堆石坝单位工程	贵州省水利工程协会水利工程优质（甲秀）奖
16	水电工程建设征地移民安置技术通则	中国电力建设企业协会电力建设科学技术进步奖

续表

序号	项目名称	获奖情况
17	丰满水电站重建工程生态功能修复与提升关键技术	中国电力建设企业协会电力建设科学技术进步奖
18	碾压混凝土拱坝设计规范	中国电力建设企业协会电力建设科学技术进步奖
19	河流水生生物栖息地保护技术规范	中国电力建设企业协会电力建设科学技术进步奖
20	高地应力大断面隧洞变质软岩大变形控制关键技术	中国施工企业管理协会工程建设科学技术奖
21	复杂地形条件下光伏智能规划设计平台研发与应用	中国电力建设企业协会电力建设科学技术进步奖
22	复杂山区风电开发建设一体化关键技术	中国电力建设企业协会电力建设科学技术进步奖
23	复杂山地风电场规划设计体系与工程建设关键技术	中国可再生能源学会科学技术奖
24	数据与知识协同驱动的混凝土坝安全诊断关键技术与应用	水力发电科学技术奖
25	西南水电基地梯级水库群鱼类栖息地保护关键技术	中国电机工程学会电力科学技术奖
26	丰满水电站全面治理（重建）工程	中国电力规划设计协会水电行业四优奖
27	一种微型圆钢管混凝土桩极限抗弯承载力计算方法	中国施工企业管理协会专利大赛奖
28	减轻弧门铰链重量和提高铸造质量的方法及铰链结构	中国施工企业管理协会专利大赛奖
29	一种水库库区干支流汇口处人工鱼类产卵场	中国施工企业管理协会专利大赛奖
30	冷弯薄壁型钢轻混凝土保温装饰复合一体墙板浇筑工艺	中国施工企业管理协会专利大赛奖
31	一种引水隧道止水拼装模板施工辅助机构	中国施工企业管理协会专利大赛奖
32	一种面板坝的坝体和面板的变形控制与适应方法	中国施工企业管理协会专利大赛奖
33	高面板堆石坝面变形自适应联控技术	贵州省技术发明奖
34	丰满水电站全面治理（重建）工程	中国电力建设企业协会中国电力优质工程奖
35	华电西藏雅鲁藏布江大古 4×165MW 水电站工程	中国电力建设企业协会中国电力优质工程奖
36	贵州省 1000km² 以上 40 条（段）河道管理范围划界 9 标工程测量	中国电力规划设计协会电力行业四优奖
37	贵州芙蓉江官庄水电站工程	中国电力规划设计协会电力行业四优奖
38	山融海智®山地光伏规划设计系统	中国电力规划设计协会电力行业四优奖
39	水电工程建设征地移民安置技术通则	中国电力规划设计协会电力行业四优奖
40	贵阳市轨道交通 2 号线一期工程勘察 1 标详细勘察阶段三桥站—二桥站岩土工程勘察	中国电力规划设计协会电力行业四优奖
41	藏区复杂地质条件下综合物探勘探技术	中国电力规划设计协会电力行业四优奖
42	四川省水洛河固滴水电站工程设计	中国电力规划设计协会电力行业四优奖
43	罗甸县木引农业光伏电站	中国电力规划设计协会电力行业四优奖
44	宁夏灵武兴黔风电项目	中国电力规划设计协会电力行业四优奖
45	高土石坝变形破坏机理与模拟技术及工程应用	中国大坝工程学会 2022 年度科技进步奖
46	设计施工一体化"数据流转"关键技术研究及系统应用	中国大坝工程学会 2022 年度科技进步奖
47	高地应力大断面隧洞变质软岩大变形控制关键技术	中国大坝工程学会 2022 年度科技进步奖
48	赫章县海雀水库工程	中国电力规划设计协会优秀工程项目管理
49	岩溶地区海绵城市技术集成研究与示范	中国电力规划设计协会电力工程科学技术进步奖
50	西藏 DG 水电站机电设备安装工程	中国安装协会中国安装工程优质奖

（中国电建集团贵阳勘测设计研究院有限公司）

中国电建集团国际工程有限公司
2023 年度科技成果获奖情况

中国电建集团国际工程有限公司 2023 年度科技成果获奖情况见表 1。

表 1　　　　　中国电建集团国际工程有限公司 2023 年度科技成果获奖情况

序号	项目名称	获奖情况
1	数据与知识协同驱动的混凝土坝安全诊断关键技术与应用	中国水力发电工程学会一等奖
2	2023 电力行业设备管理与技术创新成果一等奖	中国设备管理协会一等奖
3	基于物联网的大坝安全测控装置及系统研发	中国职工技术协会三等奖
4	新建中老铁路磨丁至万象段工程	中国建筑业协会中国建设工程鲁班奖（境外工程）

（中国电建集团国际工程有限公司）

中国葛洲坝集团股份有限公司
2023 年度科技成果获奖情况

中国葛洲坝集团股份有限公司 2023 年度科技成果获奖情况见表 1。

表 1　　　　　中国葛洲坝集团股份有限公司 2023 年度科技成果获奖情况

序号	项目名称	获奖情况
1	城市浅水湖泊底泥源汇转换动力学精准调控与修复关键技术及应用	湖北省科学技术进步奖二等奖
2	乌东德 300m 级薄拱坝绿色智能筑坝关键技术	湖北省科学技术进步奖二等奖
3	高海拔大温差地区水工混凝土关键技术及工程应用	西藏自治区科学技术进步奖二等奖
4	深部地下工程开挖致灾机制与动态智能防控关键技术	河南省科学技术进步奖二等奖
5	大型船闸快速检修技术	中国安装协会科学技术进步奖二等奖
6	极寒地区石化项目半装配式管道工厂化预制技术研究与应用	中国安装协会科学技术进步奖三等奖
7	深竖井载人载物提升机关键技术	中国安装协会科学技术进步奖三等奖
8	双向大曲率抗强风高升层液压自升式悬臂模板关键技术与应用	中国施工企业管理协会技术发明奖一等奖
9	复杂地质隧洞开挖致灾机制与智能防控关键技术	中国施工企业管理协会科学技术进步奖二等奖
10	复杂地质条件下特大跨度地下厂房精品岩壁梁施工关键技术	中国施工企业管理协会科学技术进步奖二等奖
11	极寒地区石化项目半装配式管道工厂化预制技术研究与应用	中国施工企业管理协会科学技术进步奖二等奖
12	高速泄洪系统双曲扭面非对称扩散斜切式挑流鼻坎施工关键技术	中国施工企业管理协会科学技术进步奖二等奖
13	公路边坡工程安全监测平台与关键技术研发与应用	中国施工企业管理协会科学技术进步奖二等奖
14	大跨度平移式缆机安全高效施工及多功能辅助系统设计关键技术	中国施工企业管理协会科学技术进步奖二等奖
15	百万千瓦巨型水轮发电机组安装关键技术创新与实践	中国电力建设企业协会科学技术进步奖一等奖
16	白鹤滩水电站巨型地下厂房施工关键技术	中国电力建设企业协会科学技术进步奖二等奖

续表

序号	项目名称	获奖情况
17	国际 500kV 输电线路设计施工关键技术创新与工程实践	中国电力建设企业协会科学技术进步奖二等奖
18	超高压输电线路档中快速 T 接技术研究	中国电力建设企业协会科学技术进步奖三等奖
19	特殊环境下风机吊装方式及机具的研发及应用	中国电力建设企业协会科学技术进步奖三等奖
20	输电线路档中 T 接结构	中国电力建设企业协会科学技术进步奖（专利类）二等奖
21	百万千瓦巨型水轮发电机组安装关键技术	中国水力发电工程学会科学技术奖二等奖
22	特高双曲拱坝液压自升式悬臂重型模板关键技术及工程示范	中国水力发电工程学会科学技术奖三等奖
23	高风险等级公路边坡安全监控及预警关键技术研发与应用	中国公路建设行业协会科学技术进步奖三等奖
24	白鹤滩水电站巨型地下厂房施工关键技术	长江技术经济学会科学技术奖二等奖
25	联合储库无人驾驶智能行车的应用研究	中国建筑材料流通协会科技进步奖二等奖
26	水泥窑协同处置生活垃圾生产线中旁路放风系统的量化评估及优化改造	中国建筑材料流通协会科技进步奖二等奖
27	高韧性耐磨机场道面专用水泥的研究与应用	中国建筑材料流通协会科技进步奖二等奖
28	巨型混流式机组安装关键技术及应用	中国电机工程学会科技进步奖一等奖
29	世界最大水轮发电机组安装调试关键技术及应用	中国电力企业联合会技术成果奖一等奖
30	白鹤滩百万千瓦巨型水轮发电机组安装调试关键技术及应用	中国大坝工程学会科技进步奖一等奖

（中国葛洲坝集团股份有限公司 程志华 郭金雨）

中国安能集团第一工程局有限公司 2023 年度科技成果获奖情况

中国安能集团第一工程局有限公司 2023 年度科技成果获奖情况见表 1。

表 1 中国安能集团第一工程局有限公司 2023 年度科技成果获奖情况

序号	项目名称	获奖情况
1	金沙江梨园水电站工程	2023 年工程建设科学技术奖一等奖
2	梨园水电站关键技术及应用	2022 年度中国大坝工程学会科技进步奖二等奖
3	金川水电站工程（金川水电站极破碎岩体水工隧洞变形破坏监测预警与安全控制关键技术）	2023 年度电力建设科学技术进步奖三等奖

（中国安能集团第一工程局有限公司 李炳钦）

中国安能集团第三工程局有限公司 2023 年度科技成果获奖情况

中国安能集团第三工程局有限公司 2023 年度科技成果获奖情况见表 1。

表 1 　　　中国安能集团第三工程局有限公司 2023 年度科技成果获奖情况

序号	项目名称	获奖情况
1	深厚覆盖层土石堤坝渗漏隐患多源协同探测与修复处置关键技术	电力创新奖二等奖
2	土石堤坝渗漏隐患层析扫描识别与应急处置关键技术及应用	水力发电科学技术奖三等奖
3	高流速泄洪明渠边墙内外模一体式混凝土浇筑台车	中施企协微创新技术大赛三等奖

（中国安能集团第三工程局有限公司　贺宁波）

湖南澧水流域水利水电开发有限责任公司 2023 年度科技成果获奖情况

湖南澧水流域水利水电开发有限责任公司 2023 年度主要科技成果获奖情况见表 1。

表 1 　　湖南澧水流域水利水电开发有限责任公司 2023 年度主要科技成果获奖情况

序号	项目名称	获奖情况
1	基于 PWM 的水电站自动发电控制关键技术研究及应用	长江水利委员会科学技术奖一等奖
2	发电机制动控制系统集成设计	长江水利委员会青年科学技术奖二等奖
3	水电厂集电装置温度优化设计	湖南省水利水电科技进步奖二等奖
4	水电企业自动发电控制调节性能提升管理实践	湖南省电力行业协会管理创新成果二等奖
5	220kV 皂盘线线路保护与断路器保护改造项目	湖南省继保专业技术监督优秀项目一等奖
6	江垭水电站水轮发电机组自主检修中的设备优化设计实践与探索	长江委青年"创新创效创优"竞赛二等奖
7	水轮发电机组功率调节控制技术提升研究及应用	长江委青年"创新创效创优"竞赛优秀奖

（湖南澧水流域水利水电开发有限责任公司　杨恒玲　喻晋芳）

专 利 项 目

华能西藏雅鲁藏布江水电开发投资有限公司 2023 年度获得国家授权专利情况

2023 年，华能西藏雅鲁藏布江水电开发投资有限公司共获得国家授权专利 63 项，其中发明专利 21 项、实用新型专利 42 项，发明专利详细情况见表 1。

表1　　华能西藏雅鲁藏布江水电开发投资有限公司 2023 年度获得国家授权发明专利情况

序号	标　　题	专利号	专利类型	授权公告日
1	一种应用于水电站主轴密封的净化装置	202111515987.7	发明	2023 年 3 月 10 日
2	一种利用 InSAR 升降轨形变数据的滑坡深度反演方法	202111123816.X	发明	2023 年 3 月 21 日
3	一种斜向剪切作用下结合带渗透和剪切试验装置及方法	202210841525.2	发明	2023 年 4 月 7 日
4	具有内修复能力的隧洞围岩复合衬砌结构	202210486260.9	发明	2023 年 4 月 14 日
5	滚石冲击测量方法	202210397285.1	发明	2023 年 5 月 2 日
6	具有自我疏通功能的隧洞排水系统	202210501945.6	发明	2023 年 5 月 5 日
7	一种单组份地聚物注浆料及其制备方法	202210527424.8	发明	2023 年 6 月 2 日
8	模拟冰坝及冰碛坝蓄水溃决的试验系统及试验方法	202210745818.0	发明	2023 年 6 月 27 日
9	一种水电站主轴密封控制系统	202111472320.3	发明	2023 年 6 月 30 日
10	一种碎石连续墙施工装备及其施工方法	202210197175.0	发明	2023 年 7 月 4 日
11	土料渗透系数的测定方法	202210326416.7	发明	2023 年 7 月 7 日
12	土料渗透系数快速测定装置	202210325440.9	发明	2023 年 7 月 14 日
13	一种基于全寿命周期的径流预报模型评价方法	202211405142.7	发明	2023 年 8 月 1 日
14	一种用于隧道掘进的掘进机器人及远程移动终端指挥系统	201910068376.9	发明	2023 年 8 月 25 日
15	一种双须叶须鱼放流苗种标记试剂及标记方法	202210101364.3	发明	2023 年 8 月 29 日
16	一种发电机组故障原因判定可信度的自调节方法	202111186278.9	发明	2023 年 9 月 19 日
17	氨基化磁性水热碳—MOFs 吸附剂及其制备方法和应用	202210783596.1	发明	2023 年 10 月 27 日
18	一种混凝土搅拌装置	202210912940.2	发明	2023 年 12 月 1 日
19	一种具有阻拦防护的水下清理装置	202211008235.6	发明	2023 年 12 月 1 日
20	一种免维护自清理的水下闸门	202210601812.6	发明	2023 年 12 月 1 日
21	一种启闭机止水装置	202210601770.6	发明	2023 年 12 月 1 日

（华能西藏雅鲁藏布江水电开发投资有限公司　张建东）

国能大渡河流域水电开发有限公司 2023 年度获得国家授权专利及软件著作权登记证书情况

国能大渡河流域水电开发有限公司 2023 年度获得国家授权专利 66 件，其中发明专利 13 项，实用新型专利 48 项，外观设计专利 5 项，发明专利及外观设计专利情况见表 1。

表1　　国能大渡河流域水电开发有限公司 2023 年度获国家授权发明及外观设计专利情况

序号	专利名称	专利类型	专利号	授权公告日
1	以水电氢为核心的车用加氢站现场制氢系统经济控制方法	发明	ZL202111483063.3	2023 年 12 月 22 日
2	固体氧化物电解水制氢装置及其运行控制方法	发明	ZL202111489375.5	2023 年 11 月 24 日
3	水电站辅助设备的监测系统、方法、电子设备及存储介质	发明	ZL202310207108.7	2023 年 9 月 22 日
4	故障诊断方法、装置、存储介质及电子设备	发明	ZL202310295489.9	2023 年 12 月 29 日

序号	专利名称	专利类型	专利号	授权公告日
5	一种梯级水电站群控制信号自动管控系统及方法	发明	ZL202010151377.2	2023 年 6 月 6 日
6	基于边缘计算的水轮发电机局部放电分析系统及方法	发明	ZL202211435809.8	2023 年 6 月 27 日
7	水轮发电机局部放电信号重构方法及装置	发明	ZL202211438533.9	2023 年 7 月 14 日
8	一种多变量水轮发电机组推力瓦温调控方法	发明	ZL202211497168.9	2023 年 4 月 18 日
9	多类型测量仪器同轴调整装置	发明	ZL201711349335.4	2023 年 12 月 8 日
10	大型灯泡贯流式机组水轮机尾水管快速安装工具及方法	发明	ZL201810812435.4	2023 年 9 月 8 日
11	一种地下洞室模拟实验装置及实验方法	发明	ZL202311223063.9	2023 年 11 月 28 日
12	一种出口断路器合闸回路结构及其工作方法	发明	ZL201710428941.9	2023 年 8 月 4 日
13	水电站生产控制方法及系统	发明	ZL202110255948.1	2023 年 4 月 7 日
14	带智慧化管控平台图形用户界面的显示屏幕面板	外观	ZL202230814233.0	2023 年 12 月 5 日
15	带水电站系统图形用户界面的显示屏幕面板	外观	ZL202230497441.2	2023 年 3 月 21 日
16	带水电站综合管理平台图形用户界面的显示屏幕面板	外观	ZL202230784580.3	2023 年 4 月 14 日
17	带存取票系统图形用户界面的显示屏幕面板	外观	ZL202230477105.1	2023 年 2 月 28 日
18	带高压电缆状态监测图形用户界面的显示屏幕面板	外观	ZL202330141754.9	2023 年 3 月 22 日

由国能大渡河流域水电开发有限公司开发的 69 项软件，2023 年度取得中华人民共和国国家版权局颁发的计算机软件著作权登记证书，有关情况见表 2。

表 2　国能大渡河流域水电开发有限公司 2023 年度获得国家计算机软件著作权登记证书情况

序号	软件著作权名称	登记号	登记日期	证书号
1	基于业财融合的财务智能系统 V1.0	2023SRO896610	2023 年 8 月 4 日	软著登字第 11483783 号
2	智能审计模型管理系统［简称：模型管理］V1.0	2023SRO410274	2023 年 3 月 29 日	软著登字第 10997445 号
3	智能审计决策分析系统［简称：决策分析］V1.0	2023SR1022429	2023 年 9 月 6 日	软著登字第 11609602 号
4	智能审计预警监控系统［简称：预警监控］V1.0	2023SRO410275	2023 年 3 月 29 日	软著登字第 10997446 号
5	智能审计数据库管理系统［简称：审计数据库］V1.0	2023SR1022421	2023 年 9 月 6 日	软著登字第 11609594 号
6	"瀑-深-枕"三站电压无功可视化监测系统 V1.0	2023SR0939994	2023 年 8 月 16 日	软著登字第 11527167 号
7	人力资源辅助管理软件	2023SR0054736	2023 年 1 月 10 日	软著登字第 10641907 号
8	智慧互动培训考试系统	2023SR0050701	2023 年 1 月 10 日	软著登字第 10637872 号
9	大岗山机组碳刷在线监测系统	2023SR0050703	2023 年 1 月 10 日	软著登字第 10637874 号
10	大数据人员多维度评价系统	2023SR1349559	2023 年 11 月 1 日	软著登字第 11936732 号
11	智能工作票管控系统 V1.0	2023SR0493583	2023 年 4 月 23 日	软著登字第 11080754 号
12	工作票智能监管系统 V1.0	2023SR0493582	2023 年 4 月 23 日	软著登字第 11080753 号
13	深度学习技术智能菜品推荐软件	2023SR0855630	2023 年 7 月 19 日	软著登字第 11442801 号
14	基于深度学习的园区智慧客房数据管理软件	2023SR0855985	2023 年 7 月 19 日	软著登字第 11443156 号
15	无人机驱动控制系统	2023SR0711754	2023 年 6 月 26 日	软著登字第 11298925 号
16	无人机巡检应用系统	2023SR0678798	2023 年 6 月 15 日	软著登字第 11265969 号
17	思想动态感知 APPV1.0	2023SR0342795	2023 年 3 月 16 日	软著登字第 10929966 号

续表

序号	软件著作权名称	登记号	登记日期	证书号
18	思想动态感知平台 V1.0	2023SR0342759	2023 年 3 月 16 日	软著登字第 10929930 号
19	智慧园区管理系统 V1.0	2023SR0438724	2023 年 4 月 4 日	软著登字第 11025895 号
20	基于超声波技术的设备在线监测系统	2023SR0525289	2023 年 5 月 9 日	软著登字第 11112460 号
21	财务报表管理系统	2023SR0932676	2023 年 8 月 14 日	软著登字第 11519849 号
22	财务数据分析工具软件	2023SR0711830	2023 年 6 月 26 日	软著登字第 11299001 号
23	智能安全管理系统	2023SR0780180	2023 年 7 月 3 日	软著登字第 11367351 号
24	停车位智能管理系统 V1.0	2023SR0438725	2023 年 4 月 4 日	软著登字第 11025896 号
25	人员流动管理技术分析软件	2023SR1402518	2023 年 11 月 8 日	软著登字第 11989691 号
26	高压电缆状态监测软件	2023SR1512780	2023 年 11 月 27 日	软著登字第 12099953 号
27	无人机航线规划故障报警系统	2023SR1743792	2023 年 12 月 25 日	软著登字第 12330965 号
28	无人机安全运维智能分析系统	2023SR1746424	2023 年 12 月 25 日	软著登字第 12333597 号
29	全电流检测数据分析软件 V1.0	2023SR0943798	2023 年 8 月 16 日	软著登字第 11530971 号
30	基于深度学习的水电站中低压气系统健康评价系统 V1.0	2023SR1744823	2023 年 12 月 25 日	软著登字第 12331996 号
31	站级油量全过程管理系统 V1.0	2023SR1731988	2023 年 12 月 22 日	软著登字第 12319161 号
32	轴流转桨式机组油量监测系统 V1.0	2023SR1736798	2023 年 12 月 22 日	软著登字第 12323971 号
33	电气一次设备污闪监测系统 V1.0	2023SRO224560	2023 年 2 月 10 日	软著登字第 10811731 号
34	开关站输配电设备健康诊断系统 V1.0	2023SRO534466	2023 年 5 月 11 日	软著登字第 11121637 号
35	BPM 轻应用设计平台	2023SR0454608	2023 年 1 月 11 日	软著登字第 11041779 号
36	水电站人身风险预控平台	2023SR0454607	2023 年 1 月 16 日	软著登字第 11041778 号
37	基于光栅光纤智能感知技术的水电站设备健康管控及故障预警系统	2023SR0076689	2023 年 1 月 13 日	软著登字第 10663860 号
38	一种以可靠性为中心的维修分析与管理系统	2023SR0969185	2023 年 8 月 23 日	软著登字第 11556358 号
39	基于多源数据融合的水电机组监测预警系统	2023SR0989088	2023 年 8 月 30 日	软著登字第 11576261 号
40	大渡河流域机组闸门协同调度平台 V1.0	2023SR0270358	2023 年 2 月 22 日	软著登字第 10857529 号
41	智能数据管控系统 V1.0	2023SR0228016	2023 年 2 月 13 日	软著登字第 10815187 号
42	典型事件库信号原因识别系统 V1.0	2023SR0282732	2023 年 2 月 27 日	软著登字第 10869903 号
43	潜在异常信号识别系统 V1.0	2023SR0282731	2023 年 1 月 13 日	软著登字第 10869902 号
44	值班日志助手 V1.0	2023SR0222631	2023 年 2 月 10 日	软著登字第 10809802 号
45	瀑深枕四站 EDC 系统 V1.0	2023SR0309954	2023 年 3 月 9 日	软著登字第 10897125 号
46	大渡河流域电网水情数据自动报送软件 V1.0	2023SRO524176	2023 年 5 月 8 日	软著登字第 11111347 号
47	关键电机及传动设备故障诊断与智慧评估平台	2023SR1012951	2023 年 9 月 5 日	软著登字第 11600124 号
48	可视化数字预案管理平台软件	2023SR1727096	2023 年 12 月 22 日	软著登字第 12314269 号
49	可视化应急指挥平台软件	2023SR1728698	2023 年 12 月 22 日	软著登字第 12315871 号
50	水电站智能巡检与故障诊断软件	2023SR1572523	2023 年 12 月 6 日	软著登字第 12159696 号
51	应急指挥综合管理平台软件	2023SR1729067	2023 年 12 月 22 日	软著登字第 12316240 号
52	一体化智能联动应急指挥管理平台 V1.0.0	2023SR0939164	2023 年 3 月 28 日	软著登字第 11526337 号
53	基于高转速冲击式机组励磁碳刷的设备故障综合管理分析平台 V1.0.0	2023SR0204280	2023 年 2 月 7 日	软著登字第 10791451 号

续表

序号	软件著作权名称	登记号	登记日期	证书号
54	氢能区块链管理平台 V［简称：氢能区块链］V1.0	2023SR0211938	2023 年 2 月 8 日	软著登字第 10799109 号
55	氢能信息采集与监测基础服务系统 V1.0	2023SR0219077	2023 年 2 月 9 日	软著登字第 108066248 号
56	氢能区块链智能合约系统 V1.0	2023SR0211936	2023 年 2 月 8 日	软著登字第 10799107 号
57	氢能区块链交易平台 V1.0	2023SR0212333	2023 年 2 月 8 日	软著登字第 10799504 号
58	远程电源智能控制软件［简称：智能控制软件］V1.0	2023SR0516118	2023 年 5 月 5 日	软著登字第 11103289 号
59	云计算稳定性检测管理系统 V1.0	2023SR0890405	2023 年 8 月 2 日	软著登字第 11477578 号
60	边坡智慧监测管理系统 V1.0	2023SR0889140	2023 年 8 月 2 日	软著登字第 11476313 号
61	水利水电大数据管理系统 V1.0	2023SR1066409	2023 年 9 月 4 日	软著登字第 11653582 号
62	水利水电监测预警管理系统 V1.0	2023SR1145877	2023 年 9 月 22 日	软著登字第 11733050 号
63	水利水电安全风险等级评估管理系统 V1.0	2023SR1008795	2023 年 9 月 4 日	软著登字第 11595968 号
64	雷电预警与电源智能管控系统 V1.0	2023SR0651508	2023 年 6 月 14 日	软著登字第 11238679 号
65	森林草原防灭火智慧监测系统 V1.0	2023SR0044100	2023 年 1 月 9 日	软著登字第 1063171 号
66	数字化电站管理平台	2023SR0912939	2023 年 8 月 9 日	软著登字第 11500112 号
67	地下洞室安全监测智能管理软件	2023SR1262880	2023 年 10 月 19 日	软著登字第 11850053 号
68	工业控制安全综合测试平台［简称：工控安全综合测试平台］V1.0	2023SR1284487	2023 年 10 月 24 日	软著登字第 11871660 号
69	基于流量的工控协议逆向分析系统［简称：工控协议逆向分析系统］V1.0	2023SR1284589	2023 年 10 月 24 日	软著登字第 11871762 号

（国能大渡河流域水电开发有限公司　柳玉兰）

湖北清江水电开发有限责任公司 2023 年度获得国家授权专利情况

湖北清江水电开发有限责任公司 2023 年度申报专利 84 项、其中发明专利 40 项，授权专利 46 项、其中发明专利 11 项，专利申请和授权数量实现大幅增长，同时发明专利占比提升，质量提升显著，发明有关情况见表 1。

表 1　　　　　　　　　湖北清江水电开发有限责任公司
2023 年度获得国家授权发明专利情况

序号	专利名称	专利类别	专利号	授权时间
1	一种高精度齿轮拆卸装置及其使用方法	发明	ZL202010470433.9	2023 年 10 月 27 日
2	一种深井泵联轴器拆卸卡钳及其使用方法	发明	ZL202010561557.8	2023 年 10 月 27 日
3	一种水轮发电机定子线棒铁芯自动清扫装置及其清扫方法	发明	ZL202010647008.2	2023 年 10 月 31 日
4	一种灌胶防水型火灾探测器终端盒	发明	ZL202010739069.1	2023 年 5 月 16 日
5	应用投影分析法进行水轮发电机组轴线调整的方法	发明	ZL202110043963.X	2023 年 2 月 7 日
6	水电站发电机组运行区间智能告警系统	发明	ZL202110355880.4	2023 年 2 月 7 日
7	耦合预报的梯级水库群两阶段弃水风险评估方法	发明	ZL202110400655.8	2023 年 7 月 11 日

续表

序号	专利名称	专利类别	专利号	授权时间
8	一种水轮机多层叠片式轴承呼吸器及其使用方法	发明	ZL202111334224.2	2023 年 7 月 11 日
9	水电站机组孤网运行成组调节系统及方法	发明	ZL202111537575.3	2023 年 10 月 27 日
10	宫格式防洪大堤加固修复装置及方法	发明	ZL202210675287.2	2023 年 12 月 1 日
11	一种大型水轮发电机磁极撑块拆装工装及方法	发明	ZL202210988076.4	2023 年 7 月 11 日

（湖北清江水电开发有限责任公司　刘汶）

长江科学院 2023 年度获得国家授权专利和软件著作权登记证书情况

长江水利委员会长江科学院 2023 年度共获得专利 130 项，其中，获美国授权专利 2 件、南非专利 1 件，尼日利亚专利 1 件，中国专利 126 件（含发明专利 92 件，实用性型专利 34 项），国外专利及中国发明专利有关情况见表 1。

表 1　长江水利委员会长江科学院 2023 年度获国外专利及国内发明专利授权情况

序号	专利名称	专利类别	专利号	授权日期
1	METHOD FOR IMPROVING STABILITY OF SOIL NITROGEN	国外	NG/PT/NC/2023/6987	2023 年 3 月 16 日
2	Experimental system of surrounding rock and lining structure under unequal surrounding pressure and water pressure	国外	US11774335B2	2023 年 10 月 3 日
3	围岩与喷层接触粘结试验原位方样获取装置及实施方法	国外	US11648707	2023 年 5 月 16 日
4	Yielding Bolt with Adjustable Pressure Yielding Parameter	国外	2022-11349	2023 年 2 月 22 日
5	半植入式孔底光纤光栅应变计地应力测量装置及方法	发明	ZL106918415B	2023 年 1 月 6 日
6	一种集雨型水库水质提升治理的方法	发明	ZL112340932B	2023 年 1 月 6 日
7	TBM 刀盘破岩噪声源的多波采集系统及超前探测方法	发明	ZL113267806B	2023 年 1 月 10 日
8	大埋深隧洞软岩大变形锚固控制效果评价方法	发明	ZL111551438B	2023 年 1 月 17 日
9	一种深埋长隧洞软隧岩大变形超前量化预报方法	发明	ZL111551427B	2023 年 1 月 17 日
10	模拟外源污染物对泥沙起动和沉降影响的实验装置及方法	发明	ZL107574786B	2023 年 1 月 24 日
11	一种低温季节大坝混凝土浇筑用暖棚及浇筑方法	发明	ZL114108633B	2023 年 1 月 24 日
12	一种基于多频背向散射原理的超声悬移质测量系统及方法	发明	ZL112504926B	2023 年 2 月 3 日
13	一种水工 ECC 材料及其应用	发明	ZL114685117B	2023 年 2 月 14 日
14	一种飞灰固氯与重金属稳定化的方法	发明	ZL114712767B	2023 年 2 月 14 日
15	一种水封石油洞库深井潜水泵除垢封堵装置	发明	ZL113605854B	2023 年 2 月 28 日
16	一种模拟和观测黏性泥沙起动的试验装置及其试验方法	发明	ZL108426698B	2023 年 2 月 28 日
17	一种基于区块链的水利数字孪生仿真模拟方法	发明	ZL115688491B	2023 年 3 月 10 日
18	一种基于新型多频超声探头的悬移质粒径和级配测量方法	发明	ZL112525778B	2023 年 3 月 24 日
19	一种基于边界缝合与拓展的复杂水域网格再生方法	发明	ZL110111397B	2023 年 3 月 24 日

序号	专利名称	专利类别	专利号	授权日期
20	一种基于新型多频超声探头的悬移质含沙量测量方法	发明	ZL112525785B	2023 年 3 月 24 日
21	一种获取弃渣场松散渣料天然密度的方法	发明	ZL111735733B	2023 年 3 月 24 日
22	一种钻杆底部试验设备状态控制系统及方法	发明	ZL107313722B	2023 年 3 月 31 日
23	消除粉尘和废气中多种污染物的多级组合湿式净化系统	发明	ZL107441921B	2023 年 4 月 7 日
24	一种鱼类环境 DNA 动水归趋特性测试方法及装置	发明	ZL110305942B	2023 年 4 月 7 日
25	一种崩岗的自动识别方法及系统	发明	ZL114972991B	2023 年 4 月 7 日
26	垂线坐标仪自动化标定装置及其标定方法	发明	ZL109282833B	2023 年 4 月 7 日
27	一种基于区块链的水环境自动监测与分析评价方法	发明	ZL112217868B	2023 年 4 月 18 日
28	地形断面的数字高程数据的校正方法、装置及校正设备	发明	ZL111145347B	2023 年 4 月 25 日
29	一种隧洞喷射混凝土厚度雷达检测辅助装置及方法	发明	ZL114152225B	2023 年 4 月 25 日
30	一种基于时间序列遥感影像和水位监测数据的洲滩枯水位以上地形重建方法	发明	ZL111951392B	2023 年 4 月 25 日
31	一种河源干旱区水资源挖潜与高效利用效果的社会经济效益核算方法	发明	ZL112633645B	2023 年 5 月 2 日
32	一种降雨影响下开挖边坡稳定性研究的模型试验装置	发明	ZL111999476B	2023 年 5 月 2 日
33	一种用于河湖生态护岸的高强生态混凝土及试块制备方法	发明	ZL114988794B	2023 年 5 月 5 日
34	一种爆破振动信号的 P 波振相初至识别方法和系统	发明	ZL115146678B	2023 年 5 月 9 日
35	一种高寒地区坝体变形控制方法、装置及控制器	发明	ZL109492261B	2023 年 5 月 12 日
36	一种隧道超前地质预报快速安全施工装置及施工方法	发明	ZL113323725B	2023 年 5 月 26 日
37	兼顾床面稳定和快速排水的河工模型排水系统及设计方法	发明	ZL106759072B	2023 年 5 月 26 日
38	一种通航河流水库水沙联合调度方案生成方法	发明	ZL111461419B	2023 年 5 月 30 日
39	高精度地温梯度自动化测量设备及方法	发明	ZL106895926B	2023 年 6 月 6 日
40	一种超高水头船闸自均衡出流输水系统	发明	ZL115324020B	2023 年 6 月 6 日
41	一种引水隧洞衬砌内监测电缆预埋装置及方法	发明	ZL111244859B	2023 年 6 月 9 日
42	一种加速富营养化水体内源磷释放并回收利用的装置及方法	发明	ZL114890643B	2023 年 6 月 13 日
43	一种小流域地面雨量站密度的确定方法	发明	ZL113722924B	2023 年 6 月 13 日
44	水华蓝藻吸附杀灭浓缩一体化装置及方法	发明	ZL107098515B	2023 年 6 月 16 日
45	融合主被动微波遥感信息的洪水淹没范围动态模拟方法	发明	ZL112084712B	2023 年 6 月 16 日
46	一种基于粒子群-细菌觅食的水电站调度方法及系统	发明	ZL109635999B	2023 年 6 月 20 日
47	泥沙淤积物干容重变化的自动控制实验装置及其实验方法	发明	ZL106226195B	2023 年 6 月 23 日
48	一种平原河流枯水位卡口识别方法、系统及介质	发明	ZL115982917B	2023 年 6 月 23 日
49	用于多缺陷长锚索质量无损检测的信号采集装置及方法	发明	ZL113252782B	2023 年 6 月 23 日
50	一种岩石高频高载的循环动载试验装置及试验方法	发明	ZL112986026B	2023 年 6 月 30 日
51	一种精细化河道地形快速生成方法	发明	ZL113656852B	2023 年 7 月 4 日
52	生态系统稳定性评估方法、装置、电子设备及存储介质	发明	ZL116011879B	2023 年 7 月 4 日

续表

序号	专利名称	专利类别	专利号	授权日期
53	一种高陡边坡危岩运动轨迹测量及坡段参数计算方法	发明	ZL113408121B	2023 年 7 月 11 日
54	半包体直接贴片地应力解除测试装置及方法	发明	ZL108414129B	2023 年 7 月 14 日
55	一种含凝灰岩粉的混凝土复合掺和料及其制备方法	发明	ZL115259730B	2023 年 7 月 14 日
56	基于模糊—贪婪搜索决策的多传感器协同监测方法及系统	发明	ZL112464997B	2023 年 7 月 14 日
57	一种 CAD 任意多段线批量快速拼接方法	发明	ZL110503727B	2023 年 7 月 18 日
58	一种河湖底泥原位固化改良种植土的方法及装置	发明	ZL113317164B	2023 年 7 月 18 日
59	一种基于 3D 打印制备光纤光栅模型土工格栅的装置及方法	发明	ZL113752541B	2023 年 7 月 18 日
60	山洪小流域雨量站网布局优化方法	发明	ZL115545344B	2023 年 7 月 21 日
61	一种基于改进的 U-net 模型的崩岗提取方法及系统	发明	ZL114913424B	2023 年 8 月 1 日
62	一种水轮机调速器桨叶随动优化方法及系统	发明	ZL115355130B	2023 年 8 月 11 日
63	一种实时自动测量隧道断面变形的方法和装置	发明	ZL109323682B	2023 年 8 月 11 日
64	一种基于深钻孔孔径变形测定的地应力测试装置及方法	发明	ZL108301828B	2023 年 8 月 11 日
65	一种大量程全天候滑坡体倾斜变形监测装置及方法	发明	ZL114577134B	2023 年 8 月 15 日
66	一种锚杆/锚索剪切屈服破坏断裂模拟计算方法	发明	ZL111931383B	2023 年 8 月 15 日
67	径流量变化归因方法、装置、电子设备及存储介质	发明	ZL116433054B	2023 年 8 月 18 日
68	用水总量的分解方法、系统、电子设备及存储介质	发明	ZL116307936B	2023 年 8 月 18 日
69	堆积体滑坡大变形柔性监测装置及监测与分析方法	发明	ZL109115168B	2023 年 8 月 22 日
70	一种原位电动脱除河湖底泥污染物的装置及方法	发明	ZL115466025B	2023 年 8 月 25 日
71	一种膨胀土的微生物生态改性方法	发明	ZL114737557B	2023 年 8 月 25 日
72	一种分布式水量水质配置方法及系统	发明	ZL116402410B	2023 年 8 月 25 日
73	一种底泥修复深度精准定位的原位电动分层修复装置及方法	发明	ZL115477451B	2023 年 8 月 29 日
74	一种冬季输水明渠动态控制方法	发明	ZL116400763B	2023 年 9 月 1 日
75	面向统筹协调的分布式水资源配置方法及系统	发明	ZL116484647B	2023 年 9 月 5 日
76	用于山区减脱水河道修复的防渗型阶梯-深潭系统	发明	ZL109853460B	2023 年 9 月 22 日
77	一种坡耕地农业面源污染综合防治系统及方法	发明	ZL107853121B	2023 年 9 月 26 日
78	一种水力侵蚀迁移过程物理模拟装置及模拟方法	发明	ZL109580915B	2023 年 9 月 29 日
79	快速移动式堤防孔洞瞬变电磁连续探测系统及方法	发明	ZL109655925B	2023 年 10 月 3 日
80	深埋隧洞围岩与衬砌结构联合承载仿真试验方法	发明	ZL113686603B	2023 年 10 月 13 日
81	一种水电站调峰调度方法	发明	ZL112434876B	2023 年 10 月 20 日
82	一种便携组装式生产建设项目水土保持监测装置及其测量方法	发明	ZL114859012B	2023 年 10 月 27 日
83	一种柔性千斤顶	发明	ZL109534211B	2023 年 10 月 27 日
84	一种底泥修复深度自适应的原位修复装置及方法	发明	ZL115466024B	2023 年 10 月 27 日
85	一种基于 GNSS PWV 降雨监测方法	发明	ZL115857057B	2023 年 11 月 7 日
86	基于随机分形—逐次逼近算法的梯级电站调度方法及系统	发明	ZL112488564B	2023 年 11 月 14 日

续表

序号	专利名称	专利类别	专利号	授权日期
87	基于SWAT改进模型的水稻灌区水文和产量模拟方法及系统	发明	ZL116432424B	2023年11月17日
88	支流入汇顶托作用转换点识别与强度分区方法及系统	发明	ZL116821609B	2023年11月21日
89	一种有机废水处理装置及方法	发明	ZL111072214B	2023年11月28日
90	一种方体油缸及用于该方形油缸中的密封圈和密封结构	发明	ZL110118211B	2023年11月28日
91	一种批量河道断面图的自动化绘制方法	发明	ZL116910887B	2023年12月8日
92	一种基于预构泥沙信息库的水沙联合优化调度方法	发明	ZL111539153B	2023年12月8日
93	一种水利设施模型的编码方法、装置、终端设备及介质	发明	ZL116257922B	2023年12月15日
94	一种自扶正的大水深淤积物取样装置及方法	发明	ZL115615736B	2023年12月19日
95	一种基于多种群协作粒子群算法的水库群调度方法和系统	发明	ZL112132469B	2023年12月22日
96	一种联合数值计算和块度筛分的爆破块度控制方法	发明	ZL111814372B	2023年12月29日

由长江水利委员会长江科学院完成的53项软件成果，2023年度获得国家版权局颁发的计算机软件著作权登记证书，有关情况见表2。

表2 长江水利委员会长江科学院2023年度获得国家计算机软件著作权登记证书情况

序号	软件名称	登记号	登记时间	证书号
1	发电与引水多维决策自动化调度系统V1.0	2023SR1668748	2023年12月18日	软著登字第12255921号
2	生产建设项目水土保持措施视频智能解译与监测系统	2023SR0731954	2023年6月27日	软著登字第11319125号
3	长江流域水利工程群抗旱智慧调度系统平台V1.0	2023SR1560866	2023年12月4日	软著登字第12148039号
4	从连续介质模型到非连续介质模型的转换软件	2023SR0514922	2023年5月5日	软著登字第11102093号
5	任意形态多边形块体接触判断的进入环路生成算法软件	2023SR0738902	2023年6月28日	软著登字第11326073号
6	农村水电站安全生产标准化信息管理系统	2023SR1234411	2023年10月13日	软著登字第11821584号
7	水土流失严重区和生态脆弱区划定协同工作平台V1.0	2023SR0605946	2023年6月8日	软著登字第11193117号
8	湖泊水量平衡观测分析系统	2023SR0010590	2023年1月4日	软著登字第10597761号
9	适应非平稳条件下的水库汛限水位优化设计V1.0	2023SR0233989	2023年2月13日	软著登字第10821160号
10	水下地形数据快速处理与优化计算软件V1.0	2023SR1211843	2023年10月11日	软著登字第11799016号
11	水尺视频智能识别与预警系统V1.0	2023SR0540556	2023年5月15日	软著登字第11127727号
12	土石坝流固耦合分析软件V1.0	2023SR1254383	2023年10月18日	软著登字第11841556号
13	基于球应力p—偏应力q控制单线法湿化模型的土石坝分析软件V1.0	2023SR1053160	2023年9月13日	软著登字第11640333号
14	数字孪生水利专业模型平台	2023SR1361319	2023年11月2日	软著登字第11948492号
15	数字孪生水利知识平台	2023SR1361309	2023年11月2日	软著登字第11948482号
16	水利工程标准化管理考核系统	2023SR1234711	2023年10月13日	软著登字第11821884号
17	安全监测报告自动生成系统	2023SR1089102	2023年9月18日	软著登字第11676275号

序号	软件名称	登记号	登记时间	证书号
18	大坝安全监测云服务系统	2023SR1088518	2023 年 9 月 18 日	软著登第 11675691 号
19	水利水电工程隐患排查治理系统	2023SR1086191	2023 年 9 月 18 日	软著登字第 11673364 号
20	变形监测数据平差处理系统	2023SR1082351	2023 年 9 月 15 日	软著登字第 11669524 号
21	数字孪生水利工程安全状态预演系统	2023SR1234414	2023 年 10 月 13 日	软著登字第 11821587 号
22	大数据洪水风险图像绘制系统 V1.0	2023SR0437693	2023 年 4 月 4 日	软著登字第 11024864 号
23	河流实时水位监测预警系统 V1.0	2023SR1234709	2023 年 10 月 13 日	软著登字第 11821882 号
24	流溪河梯级小水电调度系统	2023SR1717274	2023 年 12 月 21 日	软著登字第 12304447 号
25	基于异构并行的山洪演进动力学模拟系统	2023SR0341791	2023 年 3 月 15 日	软著登字第 10928962 号
26	长距离有压输水管道水力过渡过程模拟系统	2023SR1041061	2023 年 9 月 11 日	软著登字第 11628234 号
27	设备现场调试软件	2023SR0454104	2023 年 4 月 10 日	软著登字第 11041275 号
28	水轮机调速器 PCC 控制器测量控制软件	2023SR0426215	2023 年 3 月 31 日	软著登字第 11013386 号
29	水轮机调速器 AB 控制器测量控制软件	2023SR0426214	2023 年 3 月 31 日	软著登字第 11013385 号
30	出差人员管理软件	2023SR0426199	2023 年 3 月 31 日	软著登字第 11013389 号
31	水轮机调速器 M340 控制器测量控制软件	2023SR0426199	2023 年 3 月 31 日	软著登字第 11013370 号
32	大石峡灌浆质量参数采集程序软件	2023SR1456630	2023 年 11 月 17 日	软著登字第 12043803 号
33	大石峡灌浆 OCR 智能修正程序 V1.0	2023SR1266124	2023 年 10 月 19 日	软著登字第 11853297 号
34	各户回访管理软件	2023SR0426094	2023 年 3 月 31 日	软著登字第 11013265 号
35	一种计算稻田田间水量平衡的软件 V1.0	2023SR0436351	2023 年 4 月 4 日	软著登字第 11023522 号
36	禁种铲毒监测与地面核查管理系统	2023SR0543127	2023 年 5 月 16 日	软著登字第 11130298 号
37	禁种铲毒外业核查系统（移动端）	2023SR0574967	2023 年 5 月 31 日	软著登字第 11162138 号
38	地下洞室建造智能评估与安全预警系统 V1.0	2023SR1345903	2023 年 10 月 31 日	软著登字第 11933076 号
39	水压致裂地应力测量重张压力模拟分析软件 V1.0	2023SR0825802	2023 年 7 月 10 日	软著登字第 11412973 号
40	钻孔崩落法地应力计算分析软件 V1.0	2023SR0825803	2023 年 7 月 10 日	软著登字第 11412974 号
41	三维随机山体-隧道体系建模分析系统	2023SR0536266	2023 年 5 月 11 日	软著登字第 11123437 号
42	基于分布式水文模型的气象干旱评估系统 V1.0	2023SR0310185	2023 年 3 月 9 日	软著登字第 10897356 号
43	区域水量-水质-水效分布式模拟与调控系统 V1.0	2023SR0310175	2023 年 3 月 9 日	软著登字第 10897346 号
44	区域水功能区水质达标自动识别系统 V1.0	2023SR0310188	2023 年 3 月 9 日	软著登字第 10897359 号
45	分布式水—经济社会耦合模拟系统 V1.0	2023SR0310187	2023 年 3 月 9 日	软著登字第 10897358 号
46	城市建成区多源分质供水分布式模拟系统 V1.0	2023SR0310140	2023 年 3 月 9 日	软著登字第 10897311 号
47	水土保持业务成果归档平台	2023SR0519196	2023 年 5 月 6 日	软著登字第 11106367 号
48	水保动态监测数据质检平台	2023SR0521078	2023 年 5 月 8 日	软著登字第 11108249 号
49	湖泊水环境监测反演系统 V1.0	2023SR0429227	2023 年 4 月 3 日	软著登字第 11016398 号
50	武汉市水务遥感监测成果管理平台	2023SR0430278	2023 年 4 月 3 日	软著登字第 11017449 号
51	长江流域野外观测站数据共享平台	2023SR0672631	2023 年 6 月 15 日	软著登字第 11259802 号
52	基于北斗定位的高精度地灾监测预警平台	2023SR0337391	2023 年 3 月 14 日	软著登字第 10924562 号
53	农村供水抗旱应急管理平台 V1.0.0.0	2023SR1503265	2023 年 11 月 24 日	软著登字第 12090438 号

（长江水利委员会长江科学院　张池）

哈尔滨电机厂有限责任公司
2023 年度获得国家授权专利情况

　　2023 年，哈尔滨电机厂有限责任公司通过加强专利工作一系列管理举措，取得了优异的成绩。其中，在水电方面共获得授权专利 39 项，其中发明专利 31 项，实用性型专利 8 项。发明专利情况详见表 1。

表 1　哈尔滨电机厂有限责任公司 2023 年度水力发电设备方面获得国家授权发明专利情况

序号	专利名称	专利类别	专利号	授权时间
1	一种提高水泵水轮机水泵工况来流稳定性的锥管结构	发明	ZL202310243673.9	2023 年 11 月 28 日
2	一种特厚钢板起弧孔穿孔装置及穿孔方法	发明	ZL202310281028.6	2023 年 6 月 27 日
3	一种窄间隙气体保护焊辅助抽蓄转轮分环装焊方法	发明	ZL202310288300.3	2023 年 9 月 19 日
4	一种水斗式水轮机喷嘴夹角测量装置	发明	ZL202110392023.1	2023 年 3 月 10 日
5	一种水轮发电机组油槽轴向密封装置	发明	ZL202110418595.2	2023 年 4 月 25 日
6	一种定子端部变截面组合屏蔽结构	发明	ZL202310415941.0	2023 年 7 月 7 日
7	一种复合通风定子端部漏磁通屏蔽结构	发明	ZL202310415926.6	2023 年 7 月 18 日
8	一种水轮发电机微增压自适应调节方法、系统及存储介质	发明	ZL202310469122.4	2023 年 7 月 7 日
9	一种冲击式连续入流水轮机转轮	发明	ZL202310548827.5	2023 年 8 月 18 日
10	一种变磁路式励磁绕组紧固结构	发明	ZL202310551527.2	2023 年 8 月 18 日
11	一种水电超高水头机组测头体焊接结构	发明	ZL202210650046.2	2023 年 11 月 14 日
12	一种模型水轮机折向器静态力矩测量装置	发明	ZL202310712886.1	2023 年 12 月 19 日
13	一种冲击式水轮机喷针行程测量结构	发明	ZL202110922555.1	2023 年 3 月 14 日
14	一种特厚板不开坡口的埋弧焊接制造方法	发明	ZL202210966225.7	2023 年 9 月 19 日
15	一种水轮发电机主立筋弧焊接制造方法	发明	ZL202210974944.3	2023 年 9 月 19 日
16	一种端部灌胶结构的发电机现场灌胶工艺方法	发明	ZL202311030012.4	2023 年 11 月 10 日
17	一种端部灌胶结构发电机更换单根定子线圈的工艺方法	发明	ZL202311035489.1	2023 年 10 月 20 日
18	一种大型双侧密封阀的加工方法	发明	ZL202211112795.6	2023 年 9 月 19 日
19	一种优化混流式水轮机自然补气效果的方法	发明	ZL202311221234.4	2023 年 12 月 22 日
20	一种模型水轮机导叶开度自动调节结构	发明	ZL202111134432.8	2023 年 6 月 27 日
21	一种发电机组故障原因判定可信度的自调节方法	发明	ZL202111186278.9	2023 年 9 月 19 日
22	一种定子线棒电老化试验消除截尾数据误差的方法	发明	ZL202111184849.5	2023 年 11 月 17 日
23	一种发电机组智能诊断故障原因概率的自修正方法	发明	ZL202111190449.5	2023 年 11 月 14 日
24	一种发电机定子绕组闪络放电路径的确定方法	发明	ZL202111202725.5	2023 年 12 月 22 日
25	一种水轮机转轮装焊三角块的方法	发明	ZL202111213413.4	2023 年 11 月 14 日
26	一种支架结构的佩尔顿涡轮轮毂	发明	ZL202111218818.7	2023 年 3 月 10 日
27	大型水轮发电机推力轴承热损耗测量系统	发明	ZL201710985164.8	2023 年 4 月 25 日
28	一种适用于大型凸极同步发电机阻尼系统	发明	ZL202111225116.1	2023 年 7 月 25 日
29	一种加工水电站返修主轴联轴孔的工艺方法	发明	ZL202111231088.4	2023 年 11 月 14 日
30	一种叶栅叶型的制造方法	发明	ZL202111324157.6	2023 年 11 月 14 日
31	一种保留原磁轭更换转子支架的工艺方法	发明	ZL202011283931.9	2023 年 4 月 25 日

（哈尔滨电机厂有限责任公司　刘保生　遇莹莹）

东方电气集团东方电机有限公司 2023 年度获得国家授权专利情况

截至 2023 年底，东方电气集团东方电机有限公司共拥有有效专利 712 件，其中发明专利 226 件，发明专利占比 31.7%；新增授权专利 142 件，其中发明授权 76 件，新增海外授权专利 4 件。新增中国专利申请 199 件，PCT 专利申请 16 件。2023 年 7 月，"一种降低组合推力轴承搅油损耗的方法"专利荣获第 24 届中国专利奖。2023 年发明专利情况详见表 1。

表 1　　　　　东方电气集团东方电机有限公司 2023 年度获得国家授权专利情况

序号	专利名称	专利类型	专利号	授权公告日
1	一种定子绕组温度预警方法	发明	202110865263.9	2023 年 1 月 6 日
2	一种水轮发电机螺杆绝缘状态自动巡检及故障定位装置	发明	202010710541.9	2023 年 1 月 24 日
3	一种组合式冲击式水轮机转轮	发明	202111372907.7	2023 年 1 月 31 日
4	一种活门阀轴坡口结构、活门阀轴、焊接方法及焊接系统	发明	202111041565.0	2023 年 2 月 3 日
5	一种削弱特定频次永磁同步电机电磁振动及噪声的方法	发明	202110868428.8	2023 年 3 月 10 日
6	一种关于定子绕组端部电磁和结构耦合动力学分析方法	发明	202111461340.0	2023 年 3 月 24 日
7	轴承冷却结构及风力发电机	发明	202110345446.8	2023 年 3 月 28 日
8	一种轴流式水轮机转轮支撑工具	发明	202110857370.7	2023 年 4 月 7 日
9	一种基于 5G 通信和边缘计算的柔性化自动化叠片系统	发明	202210083497.2	2023 年 4 月 7 日
10	一种笼型电机起动性能分析方法	发明	202210338141.9	2023 年 4 月 7 日
11	一种大型立式水泵芯包整体拆装方法	发明	202210003789.0	2023 年 4 月 7 日
12	一种发电机转轴与外接滑环轴连接结构	发明	202211331547.5	2023 年 4 月 11 日
13	采用副槽供风横向风隙冷却的汽轮发电机转子	发明	201510889663.8	2023 年 4 月 14 日
14	一种碳刷的温度监测模块及发电机的智能监测装置	发明	202210342970.4	2023 年 4 月 18 日
15	一种水力瞬态过程实测压力数据分析方法	发明	202210131523.4	2023 年 4 月 18 日
16	一种汽轮发电机回形油密封结构	发明	201611154711.X	2023 年 4 月 21 日
17	水操作冲击式水轮机双调机构	发明	202210274733.9	2023 年 4 月 21 日
18	一种水泵水轮机导水机构悬浮式柔性预装装置及方法	发明	202210274989.X	2023 年 4 月 21 日
19	一种水轮机蜗壳水推力补偿结构	发明	202110854605.7	2023 年 4 月 25 日
20	寿命评价方法、装置、系统以及计算机可读存储介质	发明	202210145245.8	2023 年 5 月 9 日
21	故障检查方法、装置、系统以及计算机可读存储介质	发明	202210145238.8	2023 年 5 月 9 日
22	风机控制方法、计算机设备以及存储介质	发明	202210332734.4	2023 年 5 月 12 日
23	基于一种楔形辅助装置的水轮机转轮定位装焊方法	发明	202111507599.4	2023 年 5 月 26 日
24	一种水轮机进水阀门	发明	202110857397.6	2023 年 5 月 26 日
25	一种上导滑转子系统有限元分析方法	发明	202210135205.5	2023 年 5 月 26 日
26	一种电机滑动轴承的散热方法	发明	202111464729.0	2023 年 5 月 26 日
27	一种水轮机分瓣式蜗壳座环的制造方法	发明	202210003741.X	2023 年 5 月 26 日

序号	专利名称	专利类型	专利号	授权公告日
28	一种转子线圈端部成型工具加工制造工艺	发明	202210079201.X	2023 年 5 月 26 日
29	一种水轮机转轮湿模态分析方法	发明	202110659639.0	2023 年 6 月 13 日
30	绝缘监测方法、装置、电子设备和存储介质	发明	202210369360.3	2023 年 6 月 13 日
31	微压蒸汽回收系统及方法	发明	202210285155.9	2023 年 6 月 16 日
32	一种智能车间 AGV 充电站位置优化布置方法	发明	202111157654.1	2023 年 6 月 27 日
33	一种贯流机封闭式小腔体碳粉吸尘结构	发明	202210275117.5	2023 年 6 月 27 日
34	一种基于支持向量机建模对发电机绝缘系统进行寿命预测的方法	发明	202010264836.8	2023 年 6 月 30 日
35	一种定子绕组温度在线计算方法	发明	202110865249.9	2023 年 6 月 30 日
36	一种用于水涡轮机的混流式转轮装置	发明	202110865207.5	2023 年 6 月 30 日
37	一种基于 5G 通信和边缘计算的柔性化自动化叠片方法	发明	202210083426.2	2023 年 6 月 30 日
38	一种基于超声的发电机端部齿根裂纹识别方法	发明	202210538276.X	2023 年 6 月 30 日
39	一种转子线圈测温装置	发明	202210458942.9	2023 年 7 月 4 日
40	绝缘监测回路的检测方法、装置、电子设备及存储介质	发明	202210369379.8	2023 年 7 月 7 日
41	一种减振支架及采用该减振支架的电动机	发明	201710798788.9	2023 年 7 月 14 日
42	轴承润滑系统运行方法、旋转设备以及计算机可读存储介质	发明	202210836849.7	2023 年 7 月 18 日
43	一种整体实心结构的凸极同步电机转子	发明	201711347381.0	2023 年 7 月 25 日
44	一种凸极同步电机转子励磁绕组的弹性支撑装置及其装配方法	发明	201711347983.6	2023 年 7 月 25 日
45	一种工况监测方法、装置、电子终端、存储介质	发明	202210195650.0	2023 年 8 月 8 日
46	一种用于镜板泵轴承的润滑油循环系统	发明	202210047017.7	2023 年 8 月 25 日
47	一种水轮机转轮不平衡力矩计算的修正方法	发明	202110863727.2	2023 年 8 月 25 日
48	一种配水环管	发明	202210184906.8	2023 年 8 月 29 日
49	汽轮发电机转子端部线圈两路外冷通风结构	发明	201810022571.3	2023 年 9 月 5 日
50	一种水泵水轮机顶盖底环数字预装的最优配对方法	发明	202210372264.4	2023 年 9 月 5 日
51	一种冲击式模型水轮机喷嘴装配找正方法	发明	202210185137.3	2023 年 9 月 15 日
52	一种冷却水阀开度计算方法	发明	202110858333.8	2023 年 9 月 29 日
53	定子铁芯压紧状态故障检测装置、检测方法、发电机组监测系统及计算机可读存储介质	发明	202210343387.5	2023 年 10 月 13 日
54	定子铁芯压紧状态监测装置、监测方法及监测设备	发明	202210343349.X	2023 年 10 月 13 日
55	一种发电机碳粉收集装置及收集方法	发明	201710939603.1	2023 年 10 月 20 日
56	一种电机换向装置及加工方法	发明	201710799202.0	2023 年 11 月 17 日
57	导风板的制作方法	发明	202210772048.9	2023 年 12 月 22 日
58	一种凸极同步电机磁极绕组的冷却结构	发明	202210047026.6	2023 年 12 月 29 日

（东方电气集团东方电机有限公司　丁小莉　方琴）

中国电力建设集团有限公司 2023 年度获得国家授权 发明专利情况

中国电力建设集团有限公司 2023 年度获得国家授权发明专利 1096 项，表 1 所列已剔除所属相关子公司在本卷年鉴中所列的授权发明专利统计，其余详情见表 1。

表 1　　　　中国电力建设集团有限公司 2023 年度获得国家授权发明专利情况

序号	所属单位	专利名称	专利编号	授权公告日
1	中电建南方建设投资有限公司	一种基于 OFDR 和 Flex 传感器的注浆压力监测系统	ZL202110280151.7	2023 年 1 月 3 日
2	水电水利规划设计总院	一种行政区域界河水质污染的溯源方法	ZL202311140614.5	2023 年 12 月 15 日
3	水电水利规划设计总院	一种运用于光伏项目的储能在线监控系统	ZL202310593494.8	2023 年 11 月 21 日
4	水电水利规划设计总院	一种利用大数据优化风力发电效率的方法	ZL202311100906.6	2023 年 10 月 31 日
5	水电水利规划设计总院	一种复杂形态土料场开挖量计算方法	ZL201910512253.X	2023 年 4 月 14 日
6	水电水利规划设计总院	一种基于多维信息模型的土料场开采规划方法	ZL201910512246.X	2023 年 4 月 7 日
7	水电水利规划设计总院	一种基于深度学习的鱼类资源快速识别方法和系统	ZL202210862899.2	2023 年 4 月 7 日
8	中电建新能源集团股份有限公司	一种塔式光热发电定日镜调度优化方法	ZL202310581721.5	2023 年 8 月 22 日
9	中电建新能源集团股份有限公司	一种风电设备维护策略决策系统	ZL201810013791.X	2023 年 8 月 1 日
10	中电建建筑集团有限公司	一种基于 5G＋物联网的数字监管指挥调度方法	ZL202310148629.X	2023 年 11 月 3 日
11	中电建建筑集团有限公司	一种基于 5g 网络的观测信息融合定位关键技术方法与系统	ZL202310148609.2	2023 年 10 月 13 日
12	中电建建筑集团有限公司	一种河道生态修复装置和修复方法	ZL202210891669.9	2023 年 10 月 3 日
13	中电建建筑集团有限公司	一种超径厚比钢卷焊接预热清扫装置	ZL202211390224.9	2023 年 9 月 22 日
14	中国水利水电第九工程局有限公司	一种土地治理用具有石子自动剔除功能的整平装置	ZL202210406261.8	2023 年 12 月 19 日
15	中国水利水电第九工程局有限公司	一种基于数据分析的墙体混凝土裂缝监测预警系统	ZL202311261963.2	2023 年 12 月 8 日
16	中国水利水电第九工程局有限公司	基于数据分析的施工现场材料精细化管理系统	ZL202311053487.5	2023 年 11 月 28 日
17	中国水利水电第九工程局有限公司	基于人工智能的墙体防渗检测方法及相关装置	ZL202311149557.7	2023 年 11 月 21 日
18	中国水利水电第九工程局有限公司	基于 BIM 模型的脚手架力学分析方法及系统	ZL202311126445.X	2023 年 11 月 17 日

序号	所属单位	专利名称	专利编号	授权公告日
19	中国水利水电第九工程局有限公司	一种止水钢板加工装置	ZL202311121371.0	2023 年 11 月 3 日
20	中国水利水电第九工程局有限公司	一种经济绿色矿山恢复治理系统及治理方法	ZL202011332831.0	2023 年 10 月 31 日
21	中国水利水电第九工程局有限公司	施工墙体的建模方法、装置、设备及存储介质	ZL202311020850.3	2023 年 10 月 31 日
22	中国水利水电第九工程局有限公司	一种基于互联网的污水处理设备远程控制系统	ZL202311070306.X	2023 年 10 月 27 日
23	中国水利水电第九工程局有限公司	一种边坡加固支架焊接设备	ZL202311070595.3	2023 年 10 月 20 日
24	中国水利水电第九工程局有限公司	一种边坡加固支架激光切割设备	ZL202311054603.5	2023 年 10 月 17 日
25	中国水利水电第九工程局有限公司	一种明挖基坑侧壁防坍塌开挖施工方法	ZL202111407770.4	2023 年 9 月 22 日
26	中国水利水电第九工程局有限公司	基于水利工程的衬砌局部变形裂缝监测装置	ZL202111513111.9	2023 年 8 月 11 日
27	中国水利水电第九工程局有限公司	一种水利工程施工用引水渠整平设备	ZL202111294869.8	2023 年 7 月 28 日
28	中国水利水电第九工程局有限公司	一种土壤检测用具有过滤强光结构的测试仪	ZL202210368772.5	2023 年 7 月 21 日
29	中国水利水电第九工程局有限公司	一种双层钢结构网架复合膜结构建筑物屋顶施工方法	ZL202110275996.7	2023 年 7 月 11 日
30	中国水利水电第九工程局有限公司	一种用于水利工程的农业灌溉水渠	ZL202111294865.X	2023 年 7 月 7 日
31	中国水利水电第九工程局有限公司	一种电动车辆低消耗露天矿山开采方法及电动车电能回馈系统	ZL202011297094.5	2023 年 6 月 27 日
32	中国水利水电第九工程局有限公司	一种用于道路维护设备上的多级缓冲防撞装置	ZL202210849826.X	2023 年 6 月 16 日
33	中国水利水电第九工程局有限公司	一种跟管钻进成孔回填灌浆施工方法	ZL202010942387.8	2023 年 6 月 9 日
34	中国水利水电第九工程局有限公司	一种重型筛筛网更换方法及重型筛	ZL202110169307.4	2023 年 4 月 18 日
35	中国水利水电第九工程局有限公司	零排放砂石生产废水处理系统及工艺	ZL202110215794.3	2023 年 4 月 7 日
36	中国水利水电第九工程局有限公司	矿山车辆智能甄别引导控制系统	ZL202110672834.7	2023 年 3 月 24 日
37	中国水利水电第九工程局有限公司	一种混合砂生产系统及其细度模数的控制方法	ZL202110425626.7	2023 年 3 月 17 日
38	中国水利水电第九工程局有限公司	矿石量化均质搭配智能控制方法	ZL202110674196.2	2023 年 3 月 14 日
39	中国水利水电第九工程局有限公司	一种砂石分类筛机及砂石分类筛分施工工艺	ZL202110169320.X	2023 年 1 月 31 日

续表

序号	所属单位	专利名称	专利编号	授权公告日
40	中国水利水电第九工程局有限公司	一种复杂气候条件下碾压混凝土VC值动态控制的施工方法	ZL202011520484.4	2023 年 1 月 20 日
41	中国水利水电第九工程局有限公司	基于水利工程的水资源引流灌溉渠道	ZL202111540403.1	2023 年 1 月 17 日
42	中国水利水电第十工程局有限公司	一种改进滚刀安装结构的 TBM 施工方法	ZL202310368344.7	2023 年 12 月 12 日
43	中国水利水电第十工程局有限公司	一种稳固的适用于 50m 高空的锚杆钻机	ZL202111671399.2	2023 年 11 月 24 日
44	中国水利水电第十工程局有限公司	空心墩内外协调浇筑装置	ZL202210569231.9	2023 年 10 月 20 日
45	中国水利水电第十工程局有限公司	承插式自来水管接头渗漏不停水快速封堵装置	ZL201711020695.X	2023 年 6 月 16 日
46	中国水利水电第十一工程局有限公司	特重设备运输车辆通过轻型小桥的临时便道施工方法	ZL202211032096.0	2023 年 12 月 5 日
47	中国水利水电第十一工程局有限公司	基于斜支臂增设中支臂构建弧门三支臂的设计与计算方法	ZL202011178535.X	2023 年 11 月 17 日
48	中国水利水电第十一工程局有限公司	一种针对平原风场风机基础喀斯特地基渗水刻槽处理方法	ZL202210964012.0	2023 年 11 月 3 日
49	中国水利水电第十一工程局有限公司	一种 EPDM 材料的铺设方法	ZL202210368169.7	2023 年 10 月 17 日
50	中国水利水电第十一工程局有限公司	一种坝体土工膜三维应力变形计算方法	ZL202110498284.1	2023 年 3 月 17 日
51	中国水利水电第十二工程局有限公司	隧洞开挖周边光爆孔的精度控制钻孔方法	ZL202010457258.X	2023 年 11 月 24 日
52	中国水利水电第十二工程局有限公司	一种水利工程施工用灌浆装置	ZL202110939748.8	2023 年 11 月 14 日
53	中国水利水电第十二工程局有限公司	一种玄武岩纤维混凝土面板原料的混合装置	ZL202310725338.2	2023 年 11 月 7 日
54	中国水利水电第十二工程局有限公司	一种水利工程用地基岩土自动检测取样装置	ZL202211518327.9	2023 年 11 月 3 日
55	中国水利水电第十二工程局有限公司	一种光伏发电装置	ZL202310328883.8	2023 年 10 月 20 日
56	中国水利水电第十二工程局有限公司	一种水利工程施工用土壤智能分析检测装置	ZL202211455299.0	2023 年 8 月 8 日
57	中国水利水电第十二工程局有限公司	一种引水隧洞施工的循环使用的支承装置及实施方法	ZL202211418210.3	2023 年 6 月 20 日
58	中国水利水电第十二工程局有限公司	景观建筑结构的制作方法及装配式景观建筑的建造方法	ZL201710556787.3	2023 年 6 月 13 日
59	中国水利水电第十二工程局有限公司	一种水利水电工程门槽二期混凝土拆除装置及方法	ZL202111653857.X	2023 年 6 月 2 日
60	中国水利水电第十二工程局有限公司	一种陡倾角高边坡心墙盖板混凝土输送装置及入仓方法	ZL202110619866.0	2023 年 5 月 16 日

序号	所属单位	专利名称	专利编号	授权公告日
61	中国水利水电第十二工程局有限公司	用于滩涂光伏单体间的行走机构和光伏系统	ZL202110991159.4	2023 年 4 月 25 日
62	中国水利水电第十二工程局有限公司	一种有压地下水的混凝土底板渗漏处理装置及方法	ZL201710405184.3	2023 年 4 月 11 日
63	中国水利水电第十二工程局有限公司	钢筋笼定型装置	ZL201710585920.8	2023 年 3 月 24 日
64	中国水利水电第十二工程局有限公司	一种大倾角长斜井控制测量方法	ZL202010662135.X	2023 年 3 月 14 日
65	中国电建市政建设集团有限公司	轨道台车及其在大直径压力钢管施工中的使用方法	ZL201710207327.X	2023 年 10 月 20 日
66	中国电建市政建设集团有限公司	重力坝面板浇筑用无支撑钢模安装结构及安装方法	ZL201710833581.0	2023 年 9 月 29 日
67	中国电建市政建设集团有限公司	一种简易多功能建筑材料运输车	ZL201810848088.0	2023 年 9 月 22 日
68	中国电建市政建设集团有限公司	一种盾构法施工中管片拼装点位选择的模型	ZL201810986250.5	2023 年 9 月 22 日
69	中国电建市政建设集团有限公司	一拖二正反转同步可调节卷扬机传动装置	ZL201910080704.7	2023 年 9 月 15 日
70	中国电建市政建设集团有限公司	一种可自加热保温的沥青混凝土运输车	ZL201810846892.5	2023 年 8 月 11 日
71	中国电建市政建设集团有限公司	基于 AI 图像识别的 CFG 桩智能纠偏方法及纠偏装置	ZL202210292623.5	2023 年 8 月 8 日
72	中国电建市政建设集团有限公司	一种新型导流塞式冲砂闸门	ZL202210574659.2	2023 年 7 月 14 日
73	中国电建市政建设集团有限公司	一种地砖抹灰找平工具	ZL202211247718.1	2023 年 6 月 23 日
74	中国水利水电第十四工程局有限公司	一种用于基坑内定子下线的防尘棚	ZL201810556744.X	2023 年 12 月 1 日
75	中国水利水电第十四工程局有限公司	一种隧道预埋滑槽安装固定器及应用	ZL201710679899.8	2023 年 9 月 29 日
76	中国水利水电第十四工程局有限公司	一种对河道冲刷下切治理方案优化的方法	ZL202110809170.4	2023 年 9 月 29 日
77	中国水利水电第十四工程局有限公司	一种市政沟槽工程用破碎清理装置	ZL202310890747.8	2023 年 9 月 12 日
78	中国水利水电第十四工程局有限公司	一种盾构空推通过矿山法隧道的施工方法及辅助装置	ZL201810999084.2	2023 年 8 月 22 日
79	中国水水电第十四工程局有限公司	一种多功能的承重钢盖板	ZL201710595734.2	2023 年 8 月 22 日
80	中国水利水电第十四工程局有限公司	一种平洞环向浇筑混凝土的滑模台车及方法	ZL202110396756.2	2023 年 8 月 22 日
81	中国水利水电第十四工程局有限公司	一种装配式可消能防撞墙及其装配方法	ZL202210471174.0	2023 年 8 月 11 日
82	中国水利水电第十四工程局有限公司	一种建筑基坑支护用组合装置	ZL202210596319.X	2023 年 7 月 4 日

序号	所属单位	专利名称	专利编号	授权公告日
83	中国水利水电第十四工程局有限公司	一种适用真空吸盘吸附的钢管片结构及其制作方法	ZL201810999050.3	2023年6月9日
84	中国水利水电第十四工程局有限公司	一种盾构主动铰接密封更换方法	ZL202110845579.1	2023年6月9日
85	中国水利水电第十四工程局有限公司	一种管环对接辅助装置和更换盾尾刷的方法	ZL201711071345.6	2023年5月9日
86	中国水利水电第十四工程局有限公司	一种大直径圆筒式尾水调压室的开挖方法	ZL201810823176.5	2023年5月9日
87	中国水利水电第十四工程局有限公司	一种盾构机在带砂层的复合地层中接收施工方法	ZL202111564772.4	2023年5月9日
88	中国水利水电第十四工程局有限公司	一种三臂凿岩台车凿岩机油雾润滑系统	ZL202110994238.0	2023年2月3日
89	中国水电建设集团十五工程局有限公司	一种水利工程施工用分段围堰导流设备	ZL202310614765.3	2023年12月12日
90	中国水电建设集团十五工程局有限公司	一种后浇带免拆式复合止水模板的施工方法	ZL202111351902.6	2023年10月27日
91	中国水电建设集团十五工程局有限公司	一种环境监测预警监控装置	ZL202210799855.X	2023年9月26日
92	中国水电建设集团十五工程局有限公司	混凝土闸墩滑模液压施工方法	ZL202210424182.X	2023年6月20日
93	中国水电建设集团十五工程局有限公司	一种均质坝土料制备方法	ZL202210615168.8	2023年6月20日
94	中国水电建设集团十五工程局有限公司	一种用于小型水库均质坝坝体的防渗加固处理方法	ZL202211212922.X	2023年6月2日
95	中国水电建设集团十五工程局有限公司	一种污泥消化气热电联发应用中的沼气生物脱硫工艺	ZL202110946514.6	2023年5月12日
96	中国水电建设集团十五工程局有限公司	一种用非均质砂岩生产砂的方法	ZL202210612397.4	2023年3月14日
97	中国水利水电第十六工程局有限公司	旧水坝的拆除方法	ZL202010620358.X	2023年10月3日
98	中国水利水电第十六工程局有限公司	人工砂石骨料生产系统	ZL201710781114.8	2023年9月29日
99	中国水利水电第十六工程局有限公司	中间继电器校验台	ZL201810988207.2	2023年8月29日
100	中国水利水电第十六工程局有限公司	旧坝溢流坝段爆破拆除方法	ZL202010618156.1	2023年7月21日
101	中国水利水电第十六工程局有限公司	袖阀注浆的工艺	ZL202110833637.9	2023年2月14日
102	山东电力建设第三工程有限公司	一种燃气轮机—黑启动系统启动方法	ZL202110302530.1	2023年11月21日
103	山东电力建设第三工程有限公司	一种适用于卤水锂矿开采的太阳能多能互补系统及方法	ZL202111606865.9	2023年11月3日

序号	所属单位	专利名称	专利编号	授权公告日
104	山东电力建设第三工程有限公司	一种用于光热—风电—光伏联合发电系统的配置优化方法	ZL202111606862.5	2023 年 10 月 24 日
105	山东电力建设第三工程有限公司	一种基于密集光流法的云遮挡预测方法	ZL202210651845.1	2023 年 8 月 15 日
106	山东电力建设第三工程有限公司	一种全场精细化 DNI 预测方法	ZL202210976310.1	2023 年 7 月 11 日
107	山东电力建设第三工程有限公司	一种施工升降机标准节轨道状态监测方法	ZL202111137339.2	2023 年 4 月 21 日
108	中国电建集团湖北工程有限公司	一种地基补强结构及处理施工方法	ZL202210013080.9	2023 年 8 月 22 日
109	中国电建集团湖北工程有限公司	一种可中断负荷电力用户参与需求响应的可靠性评价方法	ZL202110711636.7	2023 年 6 月 16 日
110	中国电建集团海外投资有限公司	一种基于公有云的数据发送方法	ZL202110897186.5	2023 年 10 月 27 日
111	中电建路桥集团有限公司	湿陷性黄土地区碎石桩地基的施工方法	ZL202210243142.5	2023 年 12 月 22 日
112	中电建路桥集团有限公司	一种基于不同时效下的预制梁片养护智能监测系统及方法	ZL202211620545.3	2023 年 12 月 8 日
113	中电建路桥集团有限公司	一种混凝土灌注面感应器	ZL202211096601.8	2023 年 11 月 28 日
114	中电建路桥集团有限公司	一种装配式钢结构建筑体系及其节能方法	ZL202310262954.9	2023 年 11 月 17 日
115	中电建路桥集团有限公司	连续箱梁施工易裂化区域识别及全过程数字化监测方法	ZL202211607933.8	2023 年 11 月 10 日
116	中电建路桥集团有限公司	一种铝合金模板组装系统施工载荷检测方法及检测系统	ZL202010504527.3	2023 年 11 月 7 日
117	中电建路桥集团有限公司	一种灌注桩施工用灌注混凝土	ZL202210996498.6	2023 年 10 月 27 日
118	中电建路桥集团有限公司	一种带有清淤板的公路路基横剖沉降管	ZL201710265317.1	2023 年 10 月 17 日
119	中电建路桥集团有限公司	一种混凝土垫层快速脱落设备	ZL202111498974.3	2023 年 10 月 13 日
120	中电建路桥集团有限公司	一种模板调节装置	ZL202210267685.0	2023 年 9 月 29 日
121	中电建路桥集团有限公司	一种基于微纳米组分的混凝土及其制备方法	ZL202211451277.7	2023 年 9 月 29 日
122	中电建路桥集团有限公司	斜拉桥塔梁安装结构及其空间异位交互施工方法	ZL202111423434.9	2023 年 9 月 22 日
123	中电建路桥集团有限公司	一种类岩堆体隧道围岩质量评价方法	ZL202010668175.5	2023 年 9 月 22 日
124	中电建路桥集团有限公司	一种桥梁结构温度场监测方法	ZL202010584147.5	2023 年 9 月 15 日
125	中电建路桥集团有限公司	一种快速拆卸贝雷盘扣支架体系中分配梁的装置	ZL202210544915.3	2023 年 9 月 5 日
126	中电建路桥集团有限公司	一种数字化自主双层摊铺装置及摊铺方法	ZL202211289222.0	2023 年 9 月 1 日
127	中电建路桥集团有限公司	一种基于离散单元法联合荷载结构法的类岩堆体隧道结构分析方法	ZL202011030386.2	2023 年 8 月 25 日

续表

序号	所属单位	专利名称	专利编号	授权公告日
128	中电建路桥集团有限公司	隧道双孔折板拱结构钢筋主体及其施工方法	ZL202210340381.2	2023年8月18日
129	中电建路桥集团有限公司	一种地铁隧道的变形和渗漏监测装置	ZL202111531413.9	2023年8月4日
130	中电建路桥集团有限公司	一种公路隧道环境控制装置及方法	ZL202210070300.1	2023年7月21日
131	中电建路桥集团有限公司	一种法式风格穹顶结构施工方法	ZL202210361624.0	2023年7月7日
132	中电建路桥集团有限公司	一种基于机器视觉的坑槽识别分割方法	ZL202210406637.5	2023年7月4日
133	中电建路桥集团有限公司	永久路面结构模型	ZL202210807955.2	2023年6月23日
134	中电建路桥集团有限公司	一种胶轮式高水位粉砂土路基压实装置	ZL202111622237.X	2023年6月23日
135	中电建路桥集团有限公司	一种预制梁翼板免凿毛止浆带的辅助拆装装置	ZL202110950825.X	2023年6月16日
136	中电建路桥集团有限公司	拖挂式布灰装置	ZL202210465407.6	2023年6月16日
137	中电建路桥集团有限公司	一种钢梁安装精准定位装置	ZL202210380651.2	2023年6月9日
138	中电建路桥集团有限公司	一种预应力混凝土桥梁体裂缝预处理系统及方法	ZL202210278928.0	2023年6月6日
139	中电建路桥集团有限公司	一种坑槽深度图像降噪修复装置及其修复方法	ZL202210405324.8	2023年6月6日
140	中电建路桥集团有限公司	路基差异性沉降控制方法和结构	ZL202210681633.8	2023年5月26日
141	中电建路桥集团有限公司	单层沥青混凝土路面结构	ZL202111334676.0	2023年4月14日
142	中电建路桥集团有限公司	制冷剂循环装置及制冷剂循环控制方法	ZL202110010568.1	2023年4月11日
143	中电建路桥集团有限公司	一种软土深基坑钢筋砼支撑结构及其施工工艺	ZL202111509220.3	2023年4月7日
144	中电建路桥集团有限公司	沥青混凝土单层全断面摊铺施工方法	ZL202111479110.7	2023年4月7日
145	中电建路桥集团有限公司	一种超耐久自密实混凝土及其制备方法	ZL202011072037.7	2023年3月31日
146	中电建路桥集团有限公司	均质水坝排水结构及其施工方法	ZL202111070157.8	2023年3月21日
147	中电建路桥集团有限公司	一种新型具有高抗裂功能的沥青混合料级配设计方法	ZL202210412628.7	2023年3月21日
148	中电建路桥集团有限公司	高速公路复杂软基路基施工中沉降控制监控系统	ZL202110314868.9	2023年3月10日
149	中电建路桥集团有限公司	一种道路扩建用地基处理设备	ZL202211341776.0	2023年2月10日
150	中电建路桥集团有限公司	多工况多目标下液体粘滞阻尼器参数优化方法	ZL202010320463.1	2023年1月31日
151	中电建路桥集团有限公司	一种吊舱式小气候效应装置	ZL202111117918.0	2023年1月24日
152	中电建路桥集团有限公司	一种钢筋混凝土企口管接口	ZL202111112696.3	2023年1月24日

序号	所属单位	专利名称	专利编号	授权公告日
153	中电建路桥集团有限公司	一种主楼标准层施工混凝土浆铺设振动摊平装置	ZL202110959702.2	2023 年 1 月 24 日
154	中电建路桥集团有限公司	一种隧道爆破降尘装置及降尘方法	ZL202011347927.4	2023 年 1 月 17 日
155	中电建铁路建设投资集团有限公司	基于数字孪生技术的施工过程安全风险管控系统	ZL202211410585.5	2023 年 12 月 22 日
156	中电建铁路建设投资集团有限公司	对既有地下管线的原位保护悬吊方法	ZL202111087648.3	2023 年 3 月 24 日
157	中电建铁路建设投资集团有限公司	一种泥浆制备泡沫混凝土方法	ZL202111562061.3	2023 年 3 月 14 日
158	中电建铁路建设投资集团有限公司	一种废弃混凝土免烧砖及其制作方法	ZL202111396611.9	2023 年 1 月 24 日
159	中电建铁路建设投资集团有限公司	一种地铁盾构下穿施工的危险预警方法	ZL202211283629.2	2023 年 1 月 6 日
160	中电建生态环境集团有限公司	一种有机物—重金属复合污染土壤的铁碳基修复材料及其制备方法和使用方法	ZL202210683824.8	2023 年 12 月 19 日
161	中电建生态环境集团有限公司	用于污染地下水修复的横向去污吸附管	ZL201711120508.5	2023 年 11 月 28 日
162	中电建生态环境集团有限公司	两栖生态清淤装置	ZL201711120348.4	2023 年 11 月 28 日
163	中电建生态环境集团有限公司	用于污染地下水修复的横向去污生物管	ZL201711120347.X	2023 年 11 月 28 日
164	中电建生态环境集团有限公司	用于污染地下水修复的横向去污生物管	ZL201711120363.9	2023 年 11 月 28 日
165	中电建生态环境集团有限公司	用于污染地下水修复的横向去污生物管	ZL201711120374.7	2023 年 11 月 28 日
166	中电建生态环境集团有限公司	生态清淤设备属具	ZL201711120354.X	2023 年 8 月 8 日
167	中电建生态环境集团有限公司	生态清淤用绞吸装置	ZL201711120340.8	2023 年 8 月 8 日
168	中电建生态环境集团有限公司	生态清淤设备	ZL201711120324.9	2023 年 8 月 8 日
169	中电建生态环境集团有限公司	调蓄池内水质检测样本分析系统	ZL202110287371.2	2023 年 7 月 25 日
170	中电建生态环境集团有限公司	河道阻水桥梁改建施工用定位移动装置	ZL202110622127.7	2023 年 7 月 25 日
171	中电建生态环境集团有限公司	河道淤泥分层取样器	ZL202110622153.X	2023 年 6 月 16 日
172	中电建生态环境集团有限公司	一种无人驾驶智能清漂船	ZL202110104510.3	2023 年 4 月 18 日
173	中电建生态环境集团有限公司	滨海软土深基坑支护结构及施工方法	ZL202110324978.3	2023 年 3 月 21 日
174	中电建生态环境集团有限公司	充气橡胶闸门系统	ZL202110622138.5	2023 年 2 月 28 日
175	中电建生态环境集团有限公司	不同环境条件下污染水对人工湿地污染模拟试验装置	ZL202110620838.0	2023 年 1 月 24 日
176	中电建生态环境集团有限公司	一种人工湿地用水质取样设备	ZL202110620839.5	2023 年 1 月 24 日
177	北京华科软科技有限公司	一种基于 BIM 的水电工程工法管理应用系统	ZL202011003504.0	2023 年 9 月 19 日

序号	所属单位	专利名称	专利编号	授权公告日
178	北京华科软科技有限公司	一种面向一体化的 EPC 项目管理平台	ZL201910870408.7	2023 年 4 月 18 日
179	中国电建集团华东勘测设计研究院有限公司	一种基于配点法考虑风电场出力随机性最优潮流求解方法	ZL202111246048.7	2023 年 12 月 29 日
180	中国电建集团华东勘测设计研究院有限公司	一种可提升河岸净污能力的增氧与吸附耦合的渗透反应墙及应用	ZL202210010002.3	2023 年 12 月 29 日
181	中国电建集团华东勘测设计研究院有限公司	兼具高储热能量密度和功率密度的多元醇纳米复合相变材料	ZL202210871249.4	2023 年 12 月 26 日
182	中国电建集团华东勘测设计研究院有限公司	基于中深层干热岩的地热能压缩二氧化碳储能系统及方法	ZL202210873574.4	2023 年 12 月 26 日
183	中国电建集团华东勘测设计研究院有限公司	一种基于反演数据和实测数据融合的水文预报方法及系统	ZL202111136496.1	2023 年 12 月 15 日
184	中国电建集团华东勘测设计研究院有限公司	可控制阻抗孔面积的调压室装置、系统和控制方法	ZL201811516639.X	2023 年 12 月 15 日
185	中国电建集团华东勘测设计研究院有限公司	一种混凝土—岩体—喷层接触面抗剪强度的原位测试装置及测试方法	ZL202010904530.4	2023 年 12 月 12 日
186	中国电建集团华东勘测设计研究院有限公司	一种流固耦合作用下岩石损伤程度测试方法	ZL202010913138.6	2023 年 12 月 12 日
187	中国电建集团华东勘测设计研究院有限公司	一种基于 BIM 的水工隧洞施工进度信息化管理方法	ZL202111037707.6	2023 年 12 月 12 日
188	中国电建集团华东勘测设计研究院有限公司	一种土石坝排水方法和压坡体排水结构	ZL201810417810.5	2023 年 12 月 12 日
189	中国电建集团华东勘测设计研究院有限公司	一种用于多重圆弧模型稳定性分析效果检验的模型试验系统及方法	ZL202111312355.0	2023 年 12 月 8 日
190	中国电建集团华东勘测设计研究院有限公司	基于四桶导管架复合基础的海上风机安装系统及安装方法	ZL201810822041.7	2023 年 12 月 8 日
191	中国电建集团华东勘测设计研究院有限公司	盖重装置、有盖重的固结灌浆系统及灌浆方法	ZL201711051013.1	2023 年 12 月 5 日
192	中国电建集团华东勘测设计研究院有限公司	一种大型水电站渗漏集水井紧急事故排水系统	ZL202210432347.8	2023 年 12 月 5 日
193	中国电建集团华东勘测设计研究院有限公司	重力坝上游面土工膜防渗排水结构及其施工方法	ZL201910045879.4	2023 年 12 月 1 日
194	中国电建集团华东勘测设计研究院有限公司	一种熔结凝灰岩石粉协同强化再生骨料、制备方法及水泥稳定碎石基层	ZL202211041257.2	2023 年 12 月 1 日
195	中国电建集团华东勘测设计研究院有限公司	异型幕墙施工纠偏方法、装置、存储介质及系统	ZL202110902200.6	2023 年 11 月 28 日
196	中国电建集团华东勘测设计研究院有限公司	一种基于海上风机高桩承台基础的养殖网箱设备	ZL201811132901.0	2023 年 11 月 28 日
197	中国电建集团华东勘测设计研究院有限公司	一种适用于高压地下储气洞的波形衬砌结构	ZL202310672612.4	2023 年 11 月 28 日

序号	所属单位	专利名称	专利编号	授权公告日
198	中国电建集团华东勘测设计研究院有限公司	基于溃坝风险的土石坝防洪标准确定方法	ZL202010451264.4	2023 年 11 月 28 日
199	中国电建集团华东勘测设计研究院有限公司	一种针对突变风速的风电超短期功率预测方法	ZL202111072010.2	2023 年 11 月 21 日
200	中国电建集团华东勘测设计研究院有限公司	一种多功能土柱固结渗透模型试验系统	ZL202111295359.2	2023 年 11 月 17 日
201	中国电建集团华东勘测设计研究院有限公司	一种止回式混合冲桩装置及方法	ZL202311136975.2	2023 年 11 月 17 日
202	中国电建集团华东勘测设计研究院有限公司	一种中低压合缸型汽轮机轴封供汽系统及运行方法	ZL202210458086.7	2023 年 11 月 17 日
203	中国电建集团华东勘测设计研究院有限公司	使用自注意机制和双线性融合的风电超短期功率预测方法	ZL202110199424.5	2023 年 11 月 14 日
204	中国电建集团华东勘测设计研究院有限公司	一种全长防腐有黏结型预应力锚索	ZL201810959020.X	2023 年 11 月 14 日
205	中国电建集团华东勘测设计研究院有限公司	一种自启动无功耗有机工质膨胀—闪蒸发电系统及工艺	ZL202111345161.0	2023 年 11 月 14 日
206	中国电建集团华东勘测设计研究院有限公司	用于适配固定式海上风机的防冲刷海洋养殖网箱结构	ZL202210965855.2	2023 年 11 月 14 日
207	中国电建集团华东勘测设计研究院有限公司	一种压缩二氧化碳储能系统大容积承压储气装置	ZL202310905827.6	2023 年 11 月 14 日
208	中国电建集团华东勘测设计研究院有限公司	海上风机基础防冲刷保护结构及其施工方法	ZL201811426268.6	2023 年 11 月 10 日
209	中国电建集团华东勘测设计研究院有限公司	卸料口堵料监测方法及系统	ZL202111577596.8	2023 年 11 月 10 日
210	中国电建集团华东勘测设计研究院有限公司	一种岩土材料高速剪切试验装置及其试验方法	ZL201810748477.6	2023 年 11 月 10 日
211	中国电建集团华东勘测设计研究院有限公司	一种回收 BOG 的液氢加氢站系统	ZL202211033702.0	2023 年 11 月 7 日
212	中国电建集团华东勘测设计研究院有限公司	降低超高面板堆石坝面板挤压应力的坝体结构及实施方法	ZL201811455183.0	2023 年 11 月 7 日
213	中国电建集团华东勘测设计研究院有限公司	一种海上风电混合储能系统的实时控制方法	ZL202210527294.8	2023 年 10 月 31 日
214	中国电建集团华东勘测设计研究院有限公司	一种城市隧道智能照明系统及调光方法	ZL202111043973.X	2023 年 10 月 31 日
215	中国电建集团华东勘测设计研究院有限公司	无真空膜真空预压处理软基装置与处理方法	ZL201711144994.4	2023 年 10 月 31 日
216	中国电建集团华东勘测设计研究院有限公司	一种装配式厌氧氨氧化脱氮装置及运行方法	ZL202210494734.4	2023 年 10 月 24 日
217	中国电建集团华东勘测设计研究院有限公司	光催化与人工湿地复合型燃料电池及污水处理方法	ZL201910988222.1	2023 年 10 月 20 日
218	中国电建集团华东勘测设计研究院有限公司	单一盐溶液湿度控制下土体变形与土水特性试验装置	ZL202311008103.8	2023 年 10 月 20 日

序号	所属单位	专利名称	专利编号	授权公告日
219	中国电建集团华东勘测设计研究院有限公司	一种用于抽水压缩空气储能的水气换热系统及方法	ZL202310027430.1	2023 年 10 月 20 日
220	中国电建集团华东勘测设计研究院有限公司	一种既有隧洞上部竖井开挖出渣的控制装置	ZL202011486431.5	2023 年 10 月 13 日
221	中国电建集团华东勘测设计研究院有限公司	热二极管、热整流涂层、相变蓄热供热装置及热量监控方法	ZL202210131701.3	2023 年 10 月 13 日
222	中国电建集团华东勘测设计研究院有限公司	基于中深层干热岩的紧凑型地热能压缩空气储能系统、方法	ZL202210762205.8	2023 年 10 月 13 日
223	中国电建集团华东勘测设计研究院有限公司	基于地质能的柔性抽水蓄能系统及其工作方法	ZL202210970195.7	2023 年 10 月 13 日
224	中国电建集团华东勘测设计研究院有限公司	一种废弃矿山修复用削坡防护装置及使用方法	ZL202210758884.1	2023 年 10 月 10 日
225	中国电建集团华东勘测设计研究院有限公司	双腔式的地下恒温阶梯储气系统及其工作方法	ZL202210956956.3	2023 年 10 月 3 日
226	中国电建集团华东勘测设计研究院有限公司	一种 GIS 电缆沟的布置结构及布置方法	ZL202210041513.1	2023 年 10 月 3 日
227	中国电建集团华东勘测设计研究院有限公司	一种风电场用驱鸟装置	ZL202210680699.5	2023 年 10 月 3 日
228	中国电建集团华东勘测设计研究院有限公司	储能型 MMC 电池荷电状态相内主动均衡控制方法	ZL202310835525.6	2023 年 9 月 29 日
229	中国电建集团华东勘测设计研究院有限公司	一种海上高桩承台串联防撞吸能结构	ZL201810465906.9	2023 年 9 月 26 日
230	中国电建集团华东勘测设计研究院有限公司	一种海上风电交流海缆网络送出系统的谐波参数优化方法	ZL202010135612.7	2023 年 9 月 26 日
231	中国电建集团华东勘测设计研究院有限公司	一种混流式水轮机水力特性的生成方法	ZL201910799561.5	2023 年 9 月 22 日
232	中国电建集团华东勘测设计研究院有限公司	一种桩基施工间距精准控制的装置	ZL202210915560.4	2023 年 9 月 22 日
233	中国电建集团华东勘测设计研究院有限公司	以风险辨识库将风险管控和隐患排查治理建立关联的方法	ZL202110556309.9	2023 年 9 月 19 日
234	中国电建集团华东勘测设计研究院有限公司	一种有无压管道混连的输水发电系统阀门及机组联合精准调控方法	ZL202111323659.7	2023 年 9 月 19 日
235	中国电建集团华东勘测设计研究院有限公司	一种检验多重圆弧模型计算设计推力效果的模型试验系统及方法	ZL202111312349.5	2023 年 9 月 15 日
236	中国电建集团华东勘测设计研究院有限公司	一种海上浅层地震勘探的竖直测线系统及应用	ZL201711483748.1	2023 年 9 月 12 日
237	中国电建集团华东勘测设计研究院有限公司	库底土工膜防渗铺盖集气排气结构及其施工方法	ZL201910045876.0	2023 年 9 月 12 日
238	中国电建集团华东勘测设计研究院有限公司	一种双层同时同向开挖的深埋隧洞岩爆解除结构及其应用	ZL201710328731.2	2023 年 9 月 12 日
239	中国电建集团华东勘测设计研究院有限公司	修复重金属、氨氮和硝酸盐污染地下水的可渗透反应墙系统	ZL202210298944.6	2023 年 9 月 12 日

序号	所属单位	专利名称	专利编号	授权公告日
240	中国电建集团华东勘测设计研究院有限公司	一种海洋潮汐能离岸流发电系统	ZL202310404767.X	2023 年 9 月 8 日
241	中国电建集团华东勘测设计研究院有限公司	一种干热岩损伤破裂试验用试块切割装置	ZL202210719562.6	2023 年 9 月 8 日
242	中国电建集团华东勘测设计研究院有限公司	一种分块式重型密闭防水盖板装置	ZL201810381959.2	2023 年 9 月 5 日
243	中国电建集团华东勘测设计研究院有限公司	一种基于海底地形监测的自提升平台下桩辅助决策方法	ZL202310778024.9	2023 年 9 月 1 日
244	中国电建集团华东勘测设计研究院有限公司	一种具有固化地基作用的珊瑚砂旋孔装置及方法	ZL202211564546.0	2023 年 8 月 29 日
245	中国电建集团华东勘测设计研究院有限公司	一种南方高密度建成区面源污染重点区域的整治与管理方法	ZL202110510601.7	2023 年 8 月 29 日
246	中国电建集团华东勘测设计研究院有限公司	一种用于冻土层勘探的快速组装自动取样钻具	ZL202210709330.2	2023 年 8 月 29 日
247	中国电建集团华东勘测设计研究院有限公司	适用于超大跨度地下洞室顶拱矢跨比确定的优化设计方法	ZL201910796193.9	2023 年 8 月 22 日
248	中国电建集团华东勘测设计研究院有限公司	一种防振消磁线圈托架、建筑防磁结构及施工方法	ZL202210781050.2	2023 年 8 月 22 日
249	中国电建集团华东勘测设计研究院有限公司	一种手车式液体自动添加集成装置	ZL202210037015.X	2023 年 8 月 22 日
250	中国电建集团华东勘测设计研究院有限公司	一种海上电气平台结构快速优化的设计方法	ZL201910490928.5	2023 年 8 月 18 日
251	中国电建集团华东勘测设计研究院有限公司	一种基于倾斜摄影和 BIM 的矿山加工系统设计方法	ZL201811349174.3	2023 年 8 月 18 日
252	中国电建集团华东勘测设计研究院有限公司	一种具有折线式土石围堰的围堰群结构及施工方法	ZL202010324339.2	2023 年 8 月 18 日
253	中国电建集团华东勘测设计研究院有限公司	一种兼顾趾板与导水墙功能的面板堆石坝与溢洪道导墙连接方法和结构	ZL201810370291.1	2023 年 8 月 15 日
254	中国电建集团华东勘测设计研究院有限公司	一种编码属性管理的方法及系统	ZL202011201683.9	2023 年 8 月 15 日
255	中国电建集团华东勘测设计研究院有限公司	一种智能环保的建筑骨料快速装车方法及系统	ZL202111274276.5	2023 年 8 月 15 日
256	中国电建集团华东勘测设计研究院有限公司	一种单芯电缆在线故障定位装置及方法	ZL202111319191.4	2023 年 8 月 15 日
257	中国电建集团华东勘测设计研究院有限公司	一种海底桩基压密注浆设备及实现方法	ZL202310468139.8	2023 年 8 月 11 日
258	中国电建集团华东勘测设计研究院有限公司	一种海上地震勘探的水平拖缆装置及应用	ZL201711479917.4	2023 年 8 月 8 日
259	中国电建集团华东勘测设计研究院有限公司	一种电气三维系统照明设计方法	ZL201811368955.7	2023 年 8 月 8 日
260	中国电建集团华东勘测设计研究院有限公司	一种基于 SAR 影像的洪涝风险区自动提取方法	ZL202110718205.3	2023 年 8 月 8 日

续表

序号	所属单位	专利名称	专利编号	授权公告日
261	中国电建集团华东勘测设计研究院有限公司	一种基于倾斜摄影测量技术的建筑信息模型重构的方法	ZL202010115956.1	2023年8月4日
262	中国电建集团华东勘测设计研究院有限公司	具有永临结合多功能排水箱涵的大坝结构及其施工方法	ZL201811426308.7	2023年7月25日
263	中国电建集团华东勘测设计研究院有限公司	一种可移动耐冲击的定位机构	ZL202210753885.7	2023年7月25日
264	中国电建集团华东勘测设计研究院有限公司	一种清污设备	ZL202210978502.6	2023年7月21日
265	中国电建集团华东勘测设计研究院有限公司	一种含浅层气地层的勘探孔内简易气样采集装置及方法	ZL201811039975.X	2023年7月18日
266	中国电建集团华东勘测设计研究院有限公司	一种生物质潜流人工湿地及在污水处理方面的应用	ZL202110957345.6	2023年7月14日
267	中国电建集团华东勘测设计研究院有限公司	湿拖自安装式海上变电站和海底大数据中心整体结构及安装方法	ZL202110144644.8	2023年7月7日
268	中国电建集团华东勘测设计研究院有限公司	光伏电板的清洁装置及清洁系统及清洁方法	ZL202210421294.X	2023年7月7日
269	中国电建集团华东勘测设计研究院有限公司	三维地质罗盘及测量方法	ZL201911320219.9	2023年6月30日
270	中国电建集团华东勘测设计研究院有限公司	一种用于房建工程建筑的通风装置	ZL202010936930.3	2023年6月30日
271	中国电建集团华东勘测设计研究院有限公司	一种用于大型海上电气平台的分体式高桩承台基础及建立方法	ZL202010769992.X	2023年6月27日
272	中国电建集团华东勘测设计研究院有限公司	一种集中式模块化 DC Chopper 拓扑及控制方法	ZL202011075530.4	2023年6月27日
273	中国电建集团华东勘测设计研究院有限公司	一种基于5G的清风储能式电锅炉综合能源多级供暖系统及方法和用途	ZL202110446520.5	2023年6月27日
274	中国电建集团华东勘测设计研究院有限公司	一种燃氢供能装置水汽回收节能箱系统	ZL202310086100.X	2023年6月27日
275	中国电建集团华东勘测设计研究院有限公司	一种具有防冻、供暖及智能调配功能的水电站技术供水系统	ZL202111649588.X	2023年6月27日
276	中国电建集团华东勘测设计研究院有限公司	一种模拟地面出入式盾构隧道开挖的试验装置及方法	ZL202010776387.5	2023年6月23日
277	中国电建集团华东勘测设计研究院有限公司	一种发电机中性点接地装置及参数选择方法	ZL201711178149.9	2023年6月23日
278	中国电建集团华东勘测设计研究院有限公司	基于真空负压的粗粒土强度和变形特性测定装置	ZL201710053743.9	2023年6月13日
279	中国电建集团华东勘测设计研究院有限公司	基于凸松弛的电力系统潮流计算方法	ZL202210096330.X	2023年6月9日
280	中国电建集团华东勘测设计研究院有限公司	一种地下洞室的柱状节理围岩防松弛支护方法	ZL202011255739.9	2023年6月6日
281	中国电建集团华东勘测设计研究院有限公司	一种用于海底地震波法探测的模型试验系统及方法	ZL201610882994.3	2023年6月2日

序号	所属单位	专利名称	专利编号	授权公告日
282	中国电建集团华东勘测设计研究院有限公司	一种软岩基础防渗墙槽底沉渣处理方法及软岩基础防渗墙槽底结构	ZL201710967836.2	2023 年 6 月 2 日
283	中国电建集团华东勘测设计研究院有限公司	一种黏土隧洞钢衬混凝土浇筑抗浮结构及施工方法	ZL202011387055.4	2023 年 6 月 2 日
284	中国电建集团华东勘测设计研究院有限公司	一种结合趾板基础处理的心墙坝加高为面板堆石坝的施工方法和结构	ZL202010586209.6	2023 年 6 月 2 日
285	中国电建集团华东勘测设计研究院有限公司	一种智能调节型输水发电装置及其监测反馈方法	ZL202110004175.X	2023 年 6 月 2 日
286	中国电建集团华东勘测设计研究院有限公司	基于时间域分析法的水轮机调节参数优化选择方法	ZL201910694998.2	2023 年 6 月 2 日
287	中国电建集团华东勘测设计研究院有限公司	代替海上平台柴油发电机系统的应急电源系统及控制方法	ZL202110355573.6	2023 年 6 月 2 日
288	中国电建集团华东勘测设计研究院有限公司	一种避开谐振区的海上风电场集电系统拓扑优化方法	ZL202110195032.1	2023 年 6 月 2 日
289	中国电建集团华东勘测设计研究院有限公司	可独立运行的无岔口式压气储能地下高压储气系统及方法	ZL202211535611.7	2023 年 6 月 2 日
290	中国电建集团华东勘测设计研究院有限公司	一种装配式海上风电浮动基础结构及其施工方法	ZL202111396432.5	2023 年 6 月 2 日
291	中国电建集团华东勘测设计研究院有限公司	基于磁性液态金属的余热式梯级储能供热系统	ZL202210049798.3	2023 年 5 月 30 日
292	中国电建集团华东勘测设计研究院有限公司	一种用于软土地基盾构隧道的加固装置及使用方法	ZL202011446709.6	2023 年 5 月 26 日
293	中国电建集团华东勘测设计研究院有限公司	一种无黏性粗粒土相对密度试验现场测试方法	ZL202210980976.4	2023 年 5 月 26 日
294	中国电建集团华东勘测设计研究院有限公司	基于卷积神经网络的大坝监测数据发展模式识别方法	ZL202011403617.X	2023 年 5 月 16 日
295	中国电建集团华东勘测设计研究院有限公司	折线布置的沥青混凝土心墙坝布置结构及施工方法	ZL202111058062.4	2023 年 5 月 5 日
296	中国电建集团华东勘测设计研究院有限公司	一种溢洪道无支臂工作弧门装置及施工方法	ZL202110319085.X	2023 年 5 月 5 日
297	中国电建集团华东勘测设计研究院有限公司	一种大型缓倾角软弱结构面下部围岩高地应力集中带破坏模式的预测方法	ZL201910665829.6	2023 年 5 月 5 日
298	中国电建集团华东勘测设计研究院有限公司	一种高水头、大落差作用下的鱼道池室补水系统	ZL202110950329.4	2023 年 5 月 5 日
299	中国电建集团华东勘测设计研究院有限公司	一种水轮发电机组水喷雾灭火控制系统及方法	ZL202210108649.X	2023 年 5 月 5 日
300	中国电建集团华东勘测设计研究院有限公司	一种可变刚度、质量与阻尼的振动台试验加速度放大装置	ZL202110080049.2	2023 年 5 月 5 日
301	中国电建集团华东勘测设计研究院有限公司	剩余污泥发酵联合可渗透反应墙修复污染地下水的装置及方法	ZL202210323206.2	2023 年 5 月 2 日

序号	所属单位	专利名称	专利编号	授权公告日
302	中国电建集团华东勘测设计研究院有限公司	一种融合小波和峭度的脉冲信号去噪方法	ZL202211194853.4	2023 年 4 月 28 日
303	中国电建集团华东勘测设计研究院有限公司	一种海上嵌岩桩灌浆护筒结构及施工方法	ZL202111386241.0	2023 年 4 月 28 日
304	中国电建集团华东勘测设计研究院有限公司	可自动调节背压的双向挡水底轴驱动翻板闸门液压启闭机	ZL202110079148.9	2023 年 4 月 7 日
305	中国电建集团华东勘测设计研究院有限公司	铝锆改性沸石、制备方法及控制污染底泥中氮、磷释放的方法	ZL202010711350.4	2023 年 4 月 7 日
306	中国电建集团华东勘测设计研究院有限公司	气水共容罐及抽水压缩空气储能系统	ZL202211611491.4	2023 年 4 月 7 日
307	中国电建集团华东勘测设计研究院有限公司	尾矿坝防渗墙塑性混凝土及其制备方法	ZL202210956620.7	2023 年 4 月 7 日
308	中国电建集团华东勘测设计研究院有限公司	一种盾构隧道加固结构及施工方法	ZL202011305380.1	2023 年 3 月 31 日
309	中国电建集团华东勘测设计研究院有限公司	一种新的软弱岩体流变本构模型的构建及参数识别方法	ZL202110412106.2	2023 年 3 月 31 日
310	中国电建集团华东勘测设计研究院有限公司	一种结构裂缝处土体渗蚀试验装置	ZL202011307723.8	2023 年 3 月 28 日
311	中国电建集团华东勘测设计研究院有限公司	一种适用于钻孔灌注桩柔性钢筋笼的加强箍装置及使用方法	ZL202110399307.3	2023 年 3 月 28 日
312	中国电建集团华东勘测设计研究院有限公司	一种新型集鱼站结构	ZL202110959319.7	2023 年 3 月 28 日
313	中国电建集团华东勘测设计研究院有限公司	一种基于 GPU 加速的用于岩土材料本构模型参数识别的改进粒子群方法	ZL202110509992.0	2023 年 3 月 28 日
314	中国电建集团华东勘测设计研究院有限公司	一种适用于海上风电场的网络组网及监控系统配置结构	ZL202110453815.5	2023 年 3 月 28 日
315	中国电建集团华东勘测设计研究院有限公司	一种压缩空气储能盐穴恒温系统	ZL202211436949.7	2023 年 3 月 28 日
316	中国电建集团华东勘测设计研究院有限公司	一种利用泡沫混凝土快速填充深厚垫层的分层浇筑设计方法	ZL202110120180.7	2023 年 3 月 28 日
317	中国电建集团华东勘测设计研究院有限公司	一种 66kV 集电线路接入的柔性直流海上换流站	ZL202010973963.5	2023 年 3 月 28 日
318	中国电建集团华东勘测设计研究院有限公司	桶状结构面试样制作方法及外切内阻式桶状剪切仪	ZL202110388355.2	2023 年 3 月 21 日
319	中国电建集团华东勘测设计研究院有限公司	一种用于测试库岸高填方中桩基负摩阻参数的试验装置及方法	ZL202111650749.7	2023 年 3 月 14 日
320	中国电建集团华东勘测设计研究院有限公司	一种架空直立式框架码头与架空斜坡道码头韧性连接结构	ZL202210174531.7	2023 年 3 月 10 日
321	中国电建集团华东勘测设计研究院有限公司	一种砂石骨料生产系统直观仿真系统	ZL201911063924.5	2023 年 2 月 28 日
322	中国电建集团华东勘测设计研究院有限公司	一种应用于海上电气平台的吸力桶—桩基础复合结构及施工方法	ZL201911248221.X	2023 年 2 月 28 日

序号	所属单位	专利名称	专利编号	授权公告日
323	中国电建集团华东勘测设计研究院有限公司	一种心墙坝加高为面板堆石坝的施工方法和结构	ZL201911278773.5	2023 年 2 月 28 日
324	中国电建集团华东勘测设计研究院有限公司	一种用于有给定点位中间环的管片排版方法	ZL202011437877.9	2023 年 2 月 28 日
325	中国电建集团华东勘测设计研究院有限公司	一种泄水建筑物过流面组合结构型式及其施工方法	ZL202110080078.9	2023 年 2 月 28 日
326	中国电建集团华东勘测设计研究院有限公司	一种桁架拉索型漂浮式海上风电机组结构	ZL202011374876.4	2023 年 2 月 28 日
327	中国电建集团华东勘测设计研究院有限公司	一种地下厂房超高出线竖井及出线平洞的布置结构	ZL202110603767.3	2023 年 2 月 28 日
328	中国电建集团华东勘测设计研究院有限公司	一种提高重力流供水工程安全性的布置结构及调控方法	ZL202111026697.6	2023 年 2 月 28 日
329	中国电建集团华东勘测设计研究院有限公司	一种格栅式结构的海上风电机组漂浮式基础及施工方法	ZL202010315116.X	2023 年 2 月 24 日
330	中国电建集团华东勘测设计研究院有限公司	一种依附于大型海上变电站的海底大数据中心及安装维护工艺	ZL202110005696.7	2023 年 2 月 24 日
331	中国电建集团华东勘测设计研究院有限公司	一种光伏跟踪支架阵列运行精度的测量方法和装置	ZL202110676912.0	2023 年 2 月 24 日
332	中国电建集团华东勘测设计研究院有限公司	一种船闸闸底垂直分流消能结构及其施工方法	ZL201710427729.0	2023 年 2 月 14 日
333	中国电建集团华东勘测设计研究院有限公司	一种基于 BIM 技术的电气盘柜自动出图方法	ZL202010119108.8	2023 年 2 月 14 日
334	中国电建集团华东勘测设计研究院有限公司	一种填方施工区树木就地保护结构及施工方法	ZL202010228235.1	2023 年 2 月 14 日
335	中国电建集团华东勘测设计研究院有限公司	基于 BIM-3DGIS 和数据自动解析技术的轨道交通施工可视化监测管理系统	ZL202010326423.8	2023 年 2 月 14 日
336	中国电建集团华东勘测设计研究院有限公司	一种适用于未来气候变化情景下的水库防洪风险预估方法	ZL202010675264.2	2023 年 2 月 14 日
337	中国电建集团华东勘测设计研究院有限公司	一种基于深度学习的区域水土流失动态监测方法	ZL202010471474.X	2023 年 2 月 14 日
338	中国电建集团华东勘测设计研究院有限公司	一种影响海上风电场热带气旋的路径分析方法	ZL202010840353.8	2023 年 2 月 14 日
339	中国电建集团华东勘测设计研究院有限公司	一种基于改进模块度指标的供水管网优化分区方法	ZL202011517573.3	2023 年 2 月 14 日
340	中国电建集团华东勘测设计研究院有限公司	大型海上电气平台分体式导管架基础及上部组块对接的精确安装方法和结构	ZL202110542044.7	2023 年 2 月 14 日
341	中国电建集团华东勘测设计研究院有限公司	一种滑坡稳定性分析及抗滑桩设计推力计算方法	ZL202111064813.3	2023 年 2 月 14 日
342	中国电建集团华东勘测设计研究院有限公司	一种多阶段溃坝智能优化应急调度方法	ZL202111104545.3	2023 年 2 月 14 日

序号	所属单位	专利名称	专利编号	授权公告日
343	中国电建集团华东勘测设计研究院有限公司	一种可逆式水轮机组特性曲线的获取方法、装置、设备及存储介质	ZL202111501888.3	2023年2月14日
344	中国电建集团华东勘测设计研究院有限公司	一种电化学储能电站全生命周期内增补方法	ZL202110676265.3	2023年2月14日
345	中国电建集团华东勘测设计研究院有限公司	一种浸水挡土墙及其施工方法	ZL202110429034.2	2023年2月14日
346	中国电建集团华东勘测设计研究院有限公司	电一气互联系统的二次凸松弛优化方法	ZL202111147288.1	2023年2月14日
347	中国电建集团华东勘测设计研究院有限公司	一种风机监测数据时频特征分级细化分析的方法	ZL202111089162.3	2023年2月14日
348	中国电建集团华东勘测设计研究院有限公司	一种海上单桩基础风电柱的海水网箱构造和养殖操作方法	ZL202110921495.1	2023年2月10日
349	中国电建集团华东勘测设计研究院有限公司	一种基于河道容量的泄洪枢纽布置方法	ZL202111586586.0	2023年2月3日
350	中国电建集团华东勘测设计研究院有限公司	贫信息条件下的大坝异常监测数据自动识别方法	ZL202011439773.1	2023年1月31日
351	中国电建集团华东勘测设计研究院有限公司	一种高地震区黏土心墙堆石坝的抗震结构及施工方法	ZL202010895558.6	2023年1月6日
352	中国电建集团华东勘测设计研究院有限公司	一种离心机实验舱室侧门防护结构	ZL202110492064.8	2023年1月6日
353	中国电建集团华东勘测设计研究院有限公司	闸门用锁定限制装置	ZL201710423698.1	2023年1月3日
354	中国电建集团西北勘测设计研究院有限公司	耙吸式潜水疏浚机器人	ZL202010052006.9	2023年12月22日
355	中国电建集团西北勘测设计研究院有限公司	风力发电机故障预警方法及装置	ZL202310696591.X	2023年12月1日
356	中国电建集团西北勘测设计研究院有限公司	用于风电塔筒的降水资源处理装置	ZL202311225924.7	2023年12月1日
357	中国电建集团西北勘测设计研究院有限公司	一种自动分层取水方法及系统	ZL202211276924.5	2023年12月1日
358	中国电建集团西北勘测设计研究院有限公司	三层过滤底栏栅坝结构	ZL202111421923.0	2023年12月1日
359	中国电建集团西北勘测设计研究院有限公司	一种用于光伏组件安装的连接结构	ZL201810512968.0	2023年11月28日
360	中国电建集团西北勘测设计研究院有限公司	一种深埋隧洞断裂分析的钻岩取样装置	ZL202311063280.6	2023年11月14日
361	中国电建集团西北勘测设计研究院有限公司	一种低塑性混凝土材料坝预制排水混凝土模块及施工方法	ZL202210723638.2	2023年11月7日
362	中国电建集团西北勘测设计研究院有限公司	一种深埋隧洞开挖的钻孔定位导向装置	ZL202311063313.7	2023年11月7日
363	中国电建集团西北勘测设计研究院有限公司	一种砂石加工骨料可调节筛分系统及使用方法	ZL202210619489.5	2023年11月3日

序号	所属单位	专利名称	专利编号	授权公告日
364	中国电建集团西北勘测设计研究院有限公司	土石坝水管式沉降仪水平敷设施工方法	ZL202210030669.X	2023年11月3日
365	中国电建集团西北勘测设计研究院有限公司	一种环境监测装置	ZL202310780695.9	2023年10月20日
366	中国电建集团西北勘测设计研究院有限公司	一种倒崖立面精细倾斜航摄装置与摄影方法	ZL201910301843.8	2023年9月26日
367	中国电建集团西北勘测设计研究院有限公司	一种用于砂砾场地的降水管井及施工方法	ZL202210533864.4	2023年9月26日
368	中国电建集团西北勘测设计研究院有限公司	一种防止防渗土工膜鼓胀的方法	ZL202210547689.4	2023年9月26日
369	中国电建集团西北勘测设计研究院有限公司	基于差分法的时序数据粗差识别方法及系统	ZL202310651665.8	2023年9月22日
370	中国电建集团西北勘测设计研究院有限公司	一种平缓地形下在役风电场能效评估方法及系统	ZL202211030947.8	2023年9月5日
371	中国电建集团西北勘测设计研究院有限公司	一种振动环境模拟装置	ZL202310239888.3	2023年7月18日
372	中国电建集团西北勘测设计研究院有限公司	一种餐厨垃圾和畜禽粪污协同处理制备生物天然气系统及制备方法	ZL202011130054.1	2023年7月14日
373	中国电建集团西北勘测设计研究院有限公司	一种曲线型定向钻地质勘探钻孔布设方法	ZL202310340979.6	2023年6月30日
374	中国电建集团西北勘测设计研究院有限公司	一种风雪环境风洞模拟装置	ZL202310191719.7	2023年6月13日
375	中国电建集团西北勘测设计研究院有限公司	一种振动环境模拟装置	ZL202310241914.6	2023年6月13日
376	中国电建集团西北勘测设计研究院有限公司	一种直线型定向钻地质勘探钻孔布设方法	ZL202310220402.1	2023年6月13日
377	中国电建集团西北勘测设计研究院有限公司	精密几何水准测量立尺扶直装置及其操作方法	ZL201710102377.1	2023年5月30日
378	中国电建集团西北勘测设计研究院有限公司	一种确保排水箱涵三维点云坐标转换精度的方法	ZL202210185063.3	2023年5月5日
379	中国电建集团西北勘测设计研究院有限公司	一种大面积定日镜支撑结构	ZL202110463102.7	2023年5月2日
380	中国电建集团西北勘测设计研究院有限公司	一种基于高原城乡绿色发展的矿山排土场监测装置	ZL202310051132.6	2023年5月2日
381	中国电建集团西北勘测设计研究院有限公司	一种漂浮式海上测风平台	ZL202210351672.1	2023年5月2日
382	中国电建集团西北勘测设计研究院有限公司	岩土体各向异性渗透系数的综合测试系统及方法	ZL202210391206.6	2023年4月18日
383	中国电建集团西北勘测设计研究院有限公司	一种综合能源系统调度管理平台	ZL201911110292.3	2023年4月18日
384	中国电建集团西北勘测设计研究院有限公司	用于确定均质坝料渗透系数的测试系统及方法	ZL202210404676.1	2023年4月11日

序号	所属单位	专利名称	专利编号	授权公告日
385	中国电建集团西北勘测设计研究院有限公司	一种风电场风机位置三维可视化优选方法	ZL201910893661.4	2023 年 3 月 31 日
386	中国电建集团西北勘测设计研究院有限公司	一种基于数值计算的湿陷性地层湿陷变形量的评价方法	ZL202010096049.7	2023 年 3 月 28 日
387	中国电建集团西北勘测设计研究院有限公司	一种适用于水平孔或上仰孔孔内成像的自动控制装置	ZL202211610340.7	2023 年 3 月 28 日
388	中国电建集团西北勘测设计研究院有限公司	一种消除边壁绕流效应的多用途渗透仪装置及使用方法	ZL202110340950.9	2023 年 3 月 24 日
389	中国电建集团西北勘测设计研究院有限公司	逐级加载作用下非连续等效渗透系数测试系统及方法	ZL202210414113.0	2023 年 3 月 24 日
390	中国电建集团西北勘测设计研究院有限公司	一种适于二维数值计算的地下洞室开挖方法	ZL201911130897.9	2023 年 3 月 21 日
391	中国电建集团西北勘测设计研究院有限公司	基于 BIM 的三维模型专业爆炸方法	ZL202210876122.1	2023 年 3 月 14 日
392	中国电建集团西北勘测设计研究院有限公司	一种简易渗透仪及渗透系数测定方法	ZL202210504817.7	2023 年 3 月 10 日
393	中国电建集团西北勘测设计研究院有限公司	一种通过限制水库水位抬升速率控制边坡变形的方法	ZL202110383317.8	2023 年 3 月 7 日
394	中国电建集团西北勘测设计研究院有限公司	一种适合渔光互补的超大跨度索结构光伏支架系统	ZL202210491876.5	2023 年 3 月 7 日
395	中国电建集团西北勘测设计研究院有限公司	一种用于混凝土增韧抗裂的植物纤维界面强化方法	ZL202210563268.0	2023 年 3 月 7 日
396	中国电建集团西北勘测设计研究院有限公司	一种海绵城市建设项目的数据库系统	ZL201911218690.7	2023 年 2 月 17 日
397	中国电建集团西北勘测设计研究院有限公司	一种用于管廊的数据库系统	ZL201911225176.6	2023 年 2 月 17 日
398	中国电建集团西北勘测设计研究院有限公司	基于模型试验的蜂巢约束系统抗冲性多因素优化配置方法	ZL202110175787.5	2023 年 2 月 17 日
399	中国电建集团西北勘测设计研究院有限公司	一种用于竖井旋流泄洪洞涡室进口的结构	ZL202110253413.0	2023 年 2 月 17 日
400	中国电建集团西北勘测设计研究院有限公司	一种基于等效土压力作用的边坡抗剪强度参数反演分析方法	ZL202110834984.3	2023 年 2 月 17 日
401	中国电建集团西北勘测设计研究院有限公司	一种利用三点弯曲加载预制胶砂试件裂缝的方法	ZL202210128220.7	2023 年 2 月 10 日
402	中国电建集团西北勘测设计研究院有限公司	适用于深软土地层的台阶式河道护岸施工方法	ZL202111423259.3	2023 年 1 月 24 日
403	中国电建集团西北勘测设计研究院有限公司	一种低能耗生态型超高性能混凝土及其制备方法	ZL202210050526.5	2023 年 1 月 13 日
404	中国电建集团昆明勘测设计研究院有限公司	基于倾斜实景三维模型的建筑物轮廓提取方法	ZL202311297123.1	2023 年 12 月 19 日
405	中国电建集团昆明勘测设计研究院有限公司	一种机场装配式道面安装调平的测量方法	ZL202210095883.3	2023 年 12 月 15 日

序号	所属单位	专利名称	专利编号	授权公告日
406	中国电建集团昆明勘测设计研究院有限公司	基于倾斜实景三维模型的地面曲面提取方法	ZL202311303864.6	2023 年 12 月 12 日
407	中国电建集团昆明勘测设计研究院有限公司	一种矿山资源模型的创建方法、装置、设备及存储介质	ZL202311190497.3	2023 年 12 月 5 日
408	中国电建集团昆明勘测设计研究院有限公司	一种有轨电车的通行优化方法、装置、设备及存储介质	ZL202311124017.3	2023 年 11 月 10 日
409	中国电建集团昆明勘测设计研究院有限公司	一种地下深层空洞的探测方法、装置、设备及存储介质	ZL202311045561.9	2023 年 11 月 10 日
410	中国电建集团昆明勘测设计研究院有限公司	抽水蓄能电站水能参数的快速确定方法	ZL202311089919.8	2023 年 11 月 10 日
411	中国电建集团昆明勘测设计研究院有限公司	一种高原山地复杂地形的光伏阵列自动排布方法	ZL202310990410.4	2023 年 11 月 10 日
412	中国电建集团昆明勘测设计研究院有限公司	基于压浆工艺用于较硬地层的光伏支架预制桩施工方法	ZL202210615389.5	2023 年 10 月 24 日
413	中国电建集团昆明勘测设计研究院有限公司	一种基于距离搜索的点云剖面生成系统及方法	ZL202111053108.3	2023 年 10 月 20 日
414	中国电建集团昆明勘测设计研究院有限公司	一种土石方调运机械的配置方法、装置、设备及存储介质	ZL202310933013.3	2023 年 10 月 20 日
415	中国电建集团昆明勘测设计研究院有限公司	一种交叉口的车辆预警方法、装置、设备及存储介质	ZL202310838116.1	2023 年 9 月 29 日
416	中国电建集团昆明勘测设计研究院有限公司	一种基于盲道的识别感应方法、装置、设备及存储介质	ZL202310673810.2	2023 年 9 月 8 日
417	中国电建集团昆明勘测设计研究院有限公司	一种增强型水泥稳定碎石挡墙结构及施工方法	ZL202211273294.6	2023 年 8 月 22 日
418	中国电建集团昆明勘测设计研究院有限公司	一种公路横断面线批量生成方法	ZL202110785974.5	2023 年 8 月 18 日
419	中国电建集团昆明勘测设计研究院有限公司	一种基于深度学习的土石坝材料本构模型构建方法	ZL202010615929.0	2023 年 8 月 15 日
420	中国电建集团昆明勘测设计研究院有限公司	OSGB 三维模型快速顶层重建方法	ZL202310690352.3	2023 年 8 月 11 日
421	中国电建集团昆明勘测设计研究院有限公司	基于 LSTM 深度学习的岩石时效变形预测方法及其系统	ZL202010754069.9	2023 年 7 月 28 日
422	中国电建集团昆明勘测设计研究院有限公司	一种适用于淤泥质海岸带的潮间带结构及布置方法	ZL202210652860.8	2023 年 7 月 25 日
423	中国电建集团昆明勘测设计研究院有限公司	机场跑道用雨水分质回收处理装置	ZL202211294892.1	2023 年 7 月 21 日
424	中国电建集团昆明勘测设计研究院有限公司	一种基于三维模型瓦片的网络地理信息服务系统	ZL202010126252.4	2023 年 7 月 14 日
425	中国电建集团昆明勘测设计研究院有限公司	一种水准测量有向图的布局方法、装置、设备及存储介质	ZL202310462505.9	2023 年 7 月 7 日
426	中国电建集团昆明勘测设计研究院有限公司	一种用于监测倒垂测线拉力的监测系统及使用方法	ZL202110892997.6	2023 年 6 月 9 日

序号	所属单位	专利名称	专利编号	授权公告日
427	中国电建集团昆明勘测设计研究院有限公司	一种基于虚拟现实的水工建筑物实测性态多维度分析方法及系统	ZL201610796759.4	2023年6月6日
428	中国电建集团昆明勘测设计研究院有限公司	一种装配式机场铺面体系设置方法	ZL202210094338.2	2023年6月2日
429	中国电建集团昆明勘测设计研究院有限公司	一种基于装配式道面板结构修复机场道面的方法	ZL202210095896.0	2023年6月2日
430	中国电建集团昆明勘测设计研究院有限公司	控制真空预压环境影响的开合式隔离桩及其隔离方法	ZL202210828327.2	2023年6月2日
431	中国电建集团昆明勘测设计研究院有限公司	水库拱桥形冰盖形成模拟及整体形态演变测量方法	ZL202310236977.2	2023年5月30日
432	中国电建集团昆明勘测设计研究院有限公司	一种水库冲刷淤积计算方法	ZL202110711302.X	2023年4月21日
433	中国电建集团昆明勘测设计研究院有限公司	一种具有持水防冲刷功能的干热河谷地区公路结构	ZL202210632898.9	2023年4月11日
434	中国电建集团昆明勘测设计研究院有限公司	一种基于IFC扩展的水利水电工程BIM模型转换方法	ZL202010850305.7	2023年3月31日
435	中国电建集团昆明勘测设计研究院有限公司	一种基于热力学原理模拟计算水库冰厚变化的方法	ZL202110547622.6	2023年3月14日
436	中国电建集团昆明勘测设计研究院有限公司	一种基于自然子流域的通用流域水循环模拟计算方法	ZL202011463721.8	2023年3月10日
437	中国电建集团昆明勘测设计研究院有限公司	基于TOPMODEL模型的改进模型、区域径流和洪水风险设计的方法	ZL202011461625.X	2023年3月7日
438	中国电建集团昆明勘测设计研究院有限公司	升船机钢丝绳卷扬传动式逃生装置及其使用方法	ZL202111122867.0	2023年2月28日
439	中国电建集团昆明勘测设计研究院有限公司	一种高原湖滨生态景观修复规划的评估识别方法	ZL202011463687.4	2023年1月13日
440	中国电建集团昆明勘测设计研究院有限公司	一种基于标准图集管理的监测BIM模型快速加载交互方法及系统	ZL201610787719.3	2023年1月3日
441	中国电建集团河北省电力勘测设计研究院有限公司	一种基于AutoCAD的等高线自动着色方法	ZL202110977894.X	2023年12月15日
442	中国电建集团河北省电力勘测设计研究院有限公司	基于压缩空气储能电站异轴多转速透平机的基础设计方法	ZL202310279481.3	2023年12月15日
443	中国电建集团河北省电力勘测设计研究院有限公司	一种结合火电的压缩空气储能系统及运行方法	ZL202310581808.2	2023年12月15日
444	中国电建集团河北省电力勘测设计研究院有限公司	一种地下电力隧道工程高程测量方法	ZL202210076010.8	2023年11月17日
445	中国电建集团河北省电力勘测设计研究院有限公司	一种大型压缩空气储能电站的电气接线系统及运行方法	ZL202310998506.5	2023年10月24日
446	中国电建集团河北省电力勘测设计研究院有限公司	一种利用压缩空气储能压缩热余热供暖的方法	ZL202310156411.9	2023年10月3日

续表

序号	所属单位	专利名称	专利编号	授权公告日
447	中国电建集团河北省电力勘测设计研究院有限公司	一种基于智能识别的电厂升压站电气五防系统及方法	ZL202110766681.2	2023 年 9 月 26 日
448	中国电建集团河北省电力勘测设计研究院有限公司	一种基于激光点云的线路塔基地形自动提取与成图方法	ZL202011040495.2	2023 年 8 月 15 日
449	中国电建集团河北省电力勘测设计研究院有限公司	一种生物质锅炉烟气余热回收系统	ZL202110915339.4	2023 年 8 月 15 日
450	中国电建集团河北省电力勘测设计研究院有限公司	一种压缩空气储能电站的高压厂用电系统及其布置方式	ZL202310470771.6	2023 年 6 月 27 日
451	中国电建集团河北省电力勘测设计研究院有限公司	一种垃圾焚烧飞灰与重金属废水合成方钠石同步封装重金属的方法	ZL202010627993.0	2023 年 5 月 26 日
452	中国电建集团河北省电力勘测设计研究院有限公司	一种槽式太阳能集热管热损计算方法	ZL201910874868.7	2023 年 5 月 19 日
453	中国电建集团河北省电力勘测设计研究院有限公司	一种全天候光热复合压缩空气储能系统及方法	ZL202310052757.4	2023 年 5 月 19 日
454	中国电建集团河北省电力勘测设计研究院有限公司	一种狭小空间锚桩式支护结构及设计方法	ZL202110768324.X	2023 年 5 月 5 日
455	中国电建集团河北省电力勘测设计研究院有限公司	一种长距离供热管网运行蓄热调节方法	ZL202111515923.7	2023 年 3 月 14 日
456	中国电建集团河北省电力勘测设计研究院有限公司	基于 AutoCAD 的不规则场地内光伏板自动布置方法	ZL202010922217.3	2023 年 3 月 3 日
457	中国电建集团河北省电力勘测设计研究院有限公司	使用煤矸石和氧化钙复合稳定垃圾焚烧飞灰重金属的方法	ZL202110768371.4	2023 年 3 月 3 日
458	中国电建集团华中电力设计研究院有限公司	网络切片下拥塞链路检测方法、装置和电子设备	ZL202210365371.4	2023 年 12 月 1 日
459	中国电建集团江西省电力设计院有限公司	采用两级进行换热的烟气再循环系统	ZL201810862497.6	2023 年 12 月 19 日
460	中国电建集团江西省电力设计院有限公司	一种拼装后顶部防水的集装箱	ZL202210864960.7	2023 年 11 月 24 日
461	中国电建集团江西省电力设计院有限公司	一种水位测量误差分析与控制方法及系统	ZL202310603123.3	2023 年 11 月 24 日
462	中国电建集团江西省电力设计院有限公司	一种复合式手摇麻花钻起拔工具及其钻进起拔方法	ZL202011604699.4	2023 年 10 月 13 日
463	中国电建集团江西省电力设计院有限公司	一种用于拼装集装箱的光伏系统	ZL202210880960.6	2023 年 9 月 19 日
464	中国电建集团江西省电力设计院有限公司	FCB 功能机组紧急停机保护装置	ZL202111365556.7	2023 年 9 月 12 日
465	中国电建集团江西省电力设计院有限公司	变电站选址的方法、装置和服务器	ZL201811507671.1	2023 年 8 月 25 日
466	中国电建集团江西省电力设计院有限公司	可级联拼装的标准集装箱	ZL202210873760.8	2023 年 8 月 15 日
467	中国电建集团江西省电力设计院有限公司	可拼装的标准集装箱单元的运输方法	ZL202210864959.4	2023 年 6 月 16 日

序号	所属单位	专利名称	专利编号	授权公告日
468	中国电建集团江西省电力设计院有限公司	一种非饱和状态下的岩土体干湿循环试验系统及方法	ZL202111357436.2	2023年6月6日
469	中国电建集团江西省电力设计院有限公司	一种负序电流综合补偿的控制方法	ZL202210324237.X	2023年5月30日
470	中国电建集团江西省电力设计院有限公司	一种BIPV用透光自然通风设备	ZL202210705838.5	2023年5月23日
471	中国电建集团江西省电力设计院有限公司	一种9H级联合循环燃气机组汽动给水泵密封水系统	ZL202210342343.0	2023年4月28日
472	中国电建集团江西省电力设计院有限公司	基于AHP的复杂地形风电场发电量折减系数取值方法	ZL202210172471.5	2023年4月28日
473	中国电建集团江西省电力设计院有限公司	进口温度补偿型氢气隔膜压缩机及对进口氢气降温的方法	ZL202210631132.9	2023年4月18日
474	中国电建集团江西省电力设计院有限公司	一种提升风电场覆冰期间风机运行效率的方法	ZL202110583639.7	2023年3月24日
475	中国电建集团江西省电力设计院有限公司	优化孤岛电网调频的控制方法及系统	ZL202111026804.5	2023年3月24日
476	中国电建集团福建省电力勘测设计院有限公司	基于电信号处理的电力设备降噪系统	ZL201811517834.4	2023年12月15日
477	中国电建集团福建省电力勘测设计院有限公司	220kV母线加长型单列布置GIS设备	ZL201810320960.4	2023年11月10日
478	中国电建集团福建省电力勘测设计院有限公司	沿海台风地区输电线路杆塔改造优先度评估方法	ZL202010467240.8	2023年10月24日
479	中国电建集团福建省电力勘测设计院有限公司	海上棘爪式钢管混凝土桩基础、适配钻头和基础施工方法	ZL202210027854.3	2023年9月22日
480	中国电建集团福建省电力勘测设计院有限公司	基于三取二模式的新型柔性直流换流变消防灭火系统	ZL201811576950.3	2023年9月19日
481	中国电建集团福建省电力勘测设计院有限公司	用于变电站预制舱的分布式交直流电源模块	ZL201710157396.4	2023年5月30日
482	中国电建集团福建省电力勘测设计院有限公司	基于一体化储热的联合循环热电联产系统	ZL202110708172.4	2023年4月21日
483	中国电建集团福建省电力勘测设计院有限公司	自耦变压器调节无功容量的补偿方法	ZL201710417361.X	2023年3月31日
484	中国电建集团福建省电力勘测设计院有限公司	基于小型燃机作为黑启动电源的燃机黑启动方法	ZL202110073202.9	2023年2月3日
485	中国电建集团福建省电力勘测设计院有限公司	一种应用于台风区变径结构的500kV防风偏复合绝缘子	ZL202110964925.8	2023年2月3日
486	中国电建集团福建省电力勘测设计院有限公司	一种输电线路多分裂导线激光扫描点云去噪方法	ZL202111498489.6	2023年1月24日
487	上海电力设计院有限公司	一种通风地沟和隔离装置	ZL201710707349.2	2023年9月12日
488	上海电力设计院有限公司	混凝土风电塔筒预制用小车	ZL202111612760.4	2023年8月15日
489	上海电力设计院有限公司	高压电气设备耐压试验辅助平台	ZL201610876520.8	2023年7月18日

序号	所属单位	专利名称	专利编号	授权公告日
490	上海电力设计院有限公司	光电缆敷设方法、装置、设备和介质	ZL201910430751.X	2023 年 5 月 16 日
491	上海电力设计院有限公司	基于配电网过渡方案三层规划模型的计算机辅助规划方法	ZL201910748489.3	2023 年 4 月 18 日
492	上海电力设计院有限公司	塔式光热圆筒形吸热塔自振周期的计算方法	ZL201910085530.3	2023 年 3 月 24 日
493	上海电力设计院有限公司	一种 Revit 图元标注方法、装置、设备及储存介质	ZL202011410745.7	2023 年 3 月 24 日
494	上海电力设计院有限公司	箱型梁全栓接刚接连接节点及其设计制造方法	ZL202111024024.7	2023 年 3 月 14 日
495	上海电力设计院有限公司	5G 网络切片在智慧能源领域的配电自动化系统通信方法	ZL202111667767.6	2023 年 3 月 14 日
496	四川电力设计咨询有限责任公司	一种山地风电场优化设计系统及方法	ZL202010535772.0	2023 年 8 月 8 日
497	四川电力设计咨询有限责任公司	输电铁塔错心节点的强度设计方法	ZL202010130774.1	2023 年 7 月 18 日
498	四川电力设计咨询有限责任公司	一种箱型截面钢柱连接结构	ZL202111391787.5	2023 年 4 月 25 日
499	四川电力设计咨询有限责任公司	用于装配式剪力墙的分仓施工装置	ZL202111263574.4	2023 年 2 月 21 日
500	四川电力设计咨询有限责任公司	用于冻土地区型钢支架覆板装配式基础	ZL202110818268.6	2023 年 2 月 3 日
501	四川电力设计咨询有限责任公司	一种微电网去中心化的组网系统及方法	ZL202110274996.5	2023 年 1 月 20 日
502	中国电建集团贵州电力设计研究院有限公司	一种岩土工程边坡用高安全性加固装置	ZL202210385157.5	2023 年 12 月 15 日
503	中国电建集团贵州电力设计研究院有限公司	一种用于光伏电站的电缆线盘运输机械	ZL201911184691.4	2023 年 11 月 7 日
504	中国电建集团贵州电力设计研究院有限公司	一种焊条保温筒	ZL201910045368.2	2023 年 11 月 7 日
505	中国电建集团贵州电力设计研究院有限公司	一种用于顺向岩质边坡的房屋结构修建方法	ZL202210911741.X	2023 年 10 月 20 日
506	中国电建集团贵州电力设计研究院有限公司	一种高精度管道对接装置	ZL201910660609.4	2023 年 7 月 21 日
507	中国电建集团贵州电力设计研究院有限公司	一种土层桩基纠偏方法	ZL202110761567.0	2023 年 4 月 28 日
508	中国电建集团贵州电力设计研究院有限公司	一种基于点云网格化的输电线路隐患点快速检测方法	ZL202110745126.1	2023 年 4 月 28 日
509	中国电建集团贵州电力设计研究院有限公司	一种脚手架沉降监测系统及使用方法	ZL202110658846.4	2023 年 4 月 28 日
510	中国电建集团贵州电力设计研究院有限公司	一种输电线路地质灾害监测数据处理分析系统及使用方法	ZL201910878933.3	2023 年 4 月 18 日

序号	所属单位	专利名称	专利编号	授权公告日
511	中国电建集团贵州电力设计研究院有限公司	一种光伏组串最优间距计算系统和计算方法	ZL202011451158.2	2023 年 4 月 7 日
512	中国电建集团贵州电力设计研究院有限公司	一种用于山地环境的高低位光伏板浇筑结构的使用方法	ZL202111643944.7	2023 年 3 月 21 日
513	中国电建集团贵州电力设计研究院有限公司	一种融合三维设计和激光点云的输电线路模型生成方法	ZL202110035261.7	2023 年 2 月 14 日
514	中国电建集团贵州电力设计研究院有限公司	一种钻孔加工升压站刀闸的活动夹具及其使用方法	ZL202110541854.0	2023 年 2 月 14 日
515	中国电建集团贵州电力设计研究院有限公司	一种 CT 安装攀爬器及使用方法	ZL202110536784.X	2023 年 2 月 14 日
516	中国电建集团贵州电力设计研究院有限公司	一种自然风冷却式光伏板降温结构及控制方法	ZL202011584479.X	2023 年 1 月 31 日
517	中国电建集团贵州电力设计研究院有限公司	一种异形电缆沟盖板搭建装置及方法	ZL202111070658.6	2023 年 1 月 31 日
518	中国电建集团贵州电力设计研究院有限公司	一种输电线路精细化点对点气温预测方法	ZL202111616203.X	2023 年 1 月 31 日
519	中国电建集团青海省电力设计院有限公司	基于信息测度的增量配电网规划评价指标体系优化方法	ZL202010175784.7	2023 年 8 月 11 日
520	中国电建集团青海省电力设计院有限公司	多分布式电源的独立微电网多时间尺度协同优化调度方法	ZL202010571446.5	2023 年 7 月 4 日
521	中国电建集团青海省电力设计院有限公司	一种陆上风资源数字信息化开发方法	ZL202110617957.0	2023 年 5 月 23 日
522	中国电建集团青海省电力设计院有限公司	基于场景法的增量配电网多目标优化调度模型	ZL201910879089.6	2023 年 4 月 18 日
523	中国电建集团青海省电力设计院有限公司	基于 MPC 的风电—光伏—光热—火电联合发电优化调度方法	ZL201910222826.5	2023 年 3 月 24 日
524	中国电建集团青海省电力设计院有限公司	一种基于鲁棒随机模型的光热电站最优报价决策方法	ZL202010563779.3	2023 年 3 月 14 日
525	中国电建集团山东电力建设有限公司	一种天然气管道漏气检测装置	ZL201810189434.9	2023 年 10 月 13 日
526	中国电建集团山东电力建设有限公司	塑料管口黏结外层剥离切割装置及切割方法	ZL202110892222.9	2023 年 4 月 11 日
527	中国电建集团山东电力建设有限公司	异种管道搭桥焊接连接结构及连接方法	ZL202110892190.2	2023 年 3 月 31 日
528	山东电力建设第一工程公司	特高压输电线路拉线塔拉线终紧辅助装置、方法及应用	ZL201710356801.5	2023 年 12 月 29 日
529	山东电力建设第一工程公司	9%～12%Cr 马氏体耐热钢大径厚壁管道充氩加热保温工装及方法	ZL201710961714.2	2023 年 7 月 25 日
530	山东电力建设第一工程公司	一种可自动卸载的大截面钢绞线立式缠绕设备及方法	ZL201710482578.9	2023 年 5 月 26 日
531	山东电力建设第一工程公司	一种直掏斜插式掏挖基础用插入角钢的装置及方法	ZL201710481632.8	2023 年 3 月 28 日

续表

序号	所属单位	专利名称	专利编号	授权公告日
532	中国电建集团核电工程有限公司	剪线钳	ZL.202310861723.X	2023 年 11 月 24 日
533	中国电建集团核电工程有限公司	回收装置	ZL.202011611333.X	2023 年 2 月 28 日
534	中国电建集团河南工程有限公司	弹簧式预埋垫铁施工方法	ZL.201810617258.4	2023 年 11 月 10 日
535	中国电建集团河南工程有限公司	分层模块化的蜂窝式电极除尘除雾器	ZL.201810610939.8	2023 年 9 月 29 日
536	中国电建集团河南工程有限公司	液压链式自动盘车装置	ZL.201810358853.0	2023 年 9 月 29 日
537	中国电建集团河南工程有限公司	大型调相机机组静止变频启动系统的施工方法	ZL.201911243536.5	2023 年 9 月 1 日
538	中国电建集团河南工程有限公司	小径管焊接头焊后热处理无冷却感应加热器及其制作方法	ZL.201910969072.X	2023 年 7 月 21 日
539	中国电建集团河南工程有限公司	一种无冷却垂直焊缝感应加热器及制作方法	ZL.201910969045.2	2023 年 6 月 27 日
540	中国电建集团河南工程有限公司	一种汽机旁路系统单回路双调节对象控制方法	ZL.202111008432.3	2023 年 6 月 27 日
541	中国电建集团河南工程有限公司	小径排管焊后热处理无冷却感应加热器及其制作方法	ZL.201910969064.5	2023 年 5 月 12 日
542	中国电建集团河南工程有限公司	光伏电站一体化打桩钻孔机构及施工方法	ZL.202111363929.7	2023 年 5 月 12 日
543	中国电建集团河南工程有限公司	重型燃气轮机安装施工方法	ZL.201911195158.8	2023 年 4 月 18 日
544	中国电建集团河南工程有限公司	基于 BIM 技术的锅炉小管道施工方法	ZL.201710584320.X	2023 年 4 月 18 日
545	中国电建集团江西省电力建设有限公司	一种畜禽粪污和生活垃圾综合处理系统及方法	ZL.201911184099.4	2023 年 12 月 22 日
546	中国电建集团江西省电力建设有限公司	一种 AR 眼镜收纳盒及应用其的 AR 智能眼镜	ZL.202211484649.6	2023 年 12 月 15 日
547	中国电建集团江西省电力建设有限公司	一种辐照特征聚类的光伏发电功率预测方法	ZL.202310268379.3	2023 年 7 月 18 日
548	中国电建集团江西省电力建设有限公司	光伏逆变器参数异常分析方法、系统	ZL.202110988413.5	2023 年 7 月 11 日
549	中国电建集团江西省电力建设有限公司	一种计及涉网保护的再生能源电力系统频率稳定控制方法	ZL.202011482438.X	2023 年 5 月 26 日
550	中国电建集团江西省电力建设有限公司	一种计及涉网保护的再生能源电力系统电压稳定控制方法	ZL.202011474044.X	2023 年 5 月 19 日
551	中国电建集团江西省电力建设有限公司	一种机械往复式多级炉排检修施工方法	ZL.202010998847.9	2023 年 4 月 7 日
552	中国电建集团江西省水电工程局有限公司	一种针对风电装备运输进行数值碰撞实验模拟的方法	ZL.202210026964.8	2023 年 5 月 12 日
553	中国电建集团重庆工程有限公司	一种仪表管路布置样法及热控仪表管路	ZL.202111036476.7	2023 年 8 月 1 日
554	中国电建集团贵州工程有限公司	一种海上钻井平台用电缆收卷保护装置	ZL.202210519834.8	2023 年 10 月 31 日

续表

序号	所属单位	专利名称	专利编号	授权公告日
555	中国电建集团贵州工程有限公司	一种分体卡板组件与锚板的安装施工方法及分体卡板组件	ZL202210094327.4	2023年9月26日
556	中国电建集团贵州工程有限公司	漂浮式海上风机承台坐底的整装施工方法	ZL202211324469.1	2023年8月4日
557	中国电建集团贵州工程有限公司	舱室油漆喷洒修复装置	ZL202210499609.2	2023年5月23日
558	中国电建集团贵州工程有限公司	漂浮式海上风机靠桩系泊的整装施工方法	ZL202211324457.9	2023年5月23日
559	中国电建集团贵州工程有限公司	一种光伏太阳能安装高空作业支架及系统	ZL201710671963.8	2023年5月16日
560	中国电建集团贵州工程有限公司	一种用于山地光伏电站监测的传感器网络部署装置	ZL202110474535.2	2023年4月18日

（中国电力建设集团有限公司　魏立军　郤颂东）

中国葛洲坝集团股份有限公司 2023年度获得国家授权专利情况

2023年，中国葛洲坝集团股份有限公司获得国家授权专利334项，其中实用新型专利272项，发明专利62项，发明专利详细情况见表1。

表1　　　中国葛洲坝集团股份有限公司2023年度获得国家授权发明专利情况

序号	专利名称	专利类型	专利号	授权时间
1	一种桩孔孔底泥浆取样装置	发明	ZL202010412482.7	2023年1月24日
2	砂石料场自动化快速装载装置及方法	发明	ZL202110542332.2	2023年1月31日
3	一种基于专家库偏差修正的腐蚀自动跟踪监控方法	发明	ZL202110246692.8	2023年2月3日
4	盾构施工门式起重机压梁式安装方法	发明	ZL202011619072.6	2023年2月3日
5	一种爆破施工填报系统及方法	发明	ZL202011223036.8	2023年2月3日
6	一种用于机制砂混凝土的和易性调节剂	发明	ZL202210044507.1	2023年2月7日
7	一种节能型脱硫废水浓缩干燥零排放系统	发明	ZL202110740178.X	2023年2月14日
8	一种连续刚构桥现浇托架预压装置及预压方法	发明	ZL202110413640.5	2023年2月24日
9	活性污泥性能的快速检测方法	发明	ZL202110453501.5	2023年2月28日
10	一种聚乙烯再生料、其制备方法及实壁管材	发明	ZL202011289562.4	2023年3月10日
11	泡沫板材切割装置	发明	ZL201710651011.X	2023年3月14日
12	桥梁高墩的自动喷淋养护装置及养护方法	发明	ZL202110474729.2	2023年3月31日
13	一种微咸黑臭水体射流曝气电化学氧化修复系统	发明	ZL201710288565.8	2023年3月31日
14	一种精确调整激光指向仪的支架装置及测量方法	发明	ZL201710374208.3	2023年3月31日
15	一种用于提高安全性的房建吊篮	发明	ZL202210056998.1	2023年3月31日
16	一种实时监测导管插入混凝土深度的装置及方法	发明	ZL202111503319.2	2023年3月31日
17	地质模型的处理方法、装置、设备及计算机可读存储介质	发明	ZL202011475267.8	2023年4月7日
18	一种软弱地层盾构用一体化预支护掘进装置及其掘进方法	发明	ZL202110205734.3	2023年4月11日

序号	专利名称	专利类型	专利号	授权时间
19	一种沥青混凝土矿料加工系统及其加工方法	发明	ZL201710464908.1	2023 年 4 月 11 日
20	钢围堰下放滑箱微调大弧面定位装置及操作方法	发明	ZL201710592109.2	2023 年 4 月 14 日
21	一种模板支架系统	发明	ZL202111249436.0	2023 年 4 月 18 日
22	工厂式大型渡槽施工系统及方法	发明	ZL201710720250.6	2023 年 4 月 21 日
23	一种利用汉堡车辙确定沥青路面预养护时机的方法和系统	发明	ZL202210925249.8	2023 年 4 月 21 日
24	一种井下导流作业封堵结构及封堵方法	发明	ZL202110746603.6	2023 年 4 月 25 日
25	地铁车站基坑内大跨度超高压电力管沟悬吊装置及方法	发明	ZL202110826959.0	2023 年 5 月 2 日
26	抓梁防跌落锁定装置及锁定方法	发明	ZL201910086894.3	2023 年 5 月 2 日
27	一种用于固定门机的双向锚定装置	发明	ZL201810167218.4	2023 年 5 月 2 日
28	大型圆盘支架的弱约束焊接工艺	发明	ZL202210380249.4	2023 年 5 月 9 日
29	一种用于提升高流速高含沙河道水质的复合生境系统	发明	ZL202110728726.7	2023 年 6 月 16 日
30	一种用于建筑物外表面的辐射降温涂层结构及其制造方法	发明	ZL202210232403.3	2023 年 6 月 27 日
31	一种挥发性有机污染物和黄磷污染土壤修复系统	发明	ZL202210258922.7	2023 年 6 月 30 日
32	一种浮式钻孔平台及施工方法	发明	ZL201810163026.6	2023 年 7 月 7 日
33	一种家装水泥专用外加剂及其制备方法和应用	发明	ZL202110714237.6	2023 年 7 月 11 日
34	一种降低水泥中锰元素浸出毒性的固化剂及其方法	发明	ZL202110145969.8	2023 年 7 月 11 日
35	综合海上飞行和发电平台	发明	ZL202111503850.X	2023 年 7 月 11 日
36	一种降低污染土壤含水率和重金属含量的预处理系统	发明	ZL202210095574.6	2023 年 7 月 14 日
37	钢管桩垂直度检测装置及深水钢管桩施工方法	发明	ZL201710311703.X	2023 年 7 月 14 日
38	一种用于引水式水电站截流的施工方法	发明	ZL202111322838.9	2023 年 7 月 21 日
39	一种压力钢管焊缝自动校平焊接装置及焊接方法	发明	ZL201710827947.3	2023 年 8 月 8 日
40	近场继航无人机危岩监测系统及方法	发明	ZL202010509311.6	2023 年 8 月 18 日
41	渡槽存槽台扁担梁托运装置及方法	发明	ZL201810254485.5	2023 年 8 月 25 日
42	一种动态无序载荷条件下的井筒稳定性预测方法	发明	ZL202211128796.X	2023 年 9 月 1 日
43	一种电子雷管高效注册与问题反馈系统	发明	ZL202011223039.1	2023 年 9 月 8 日
44	隧道拱圈与电缆沟侧墙一体化二衬钢模台车	发明	ZL201910013363.1	2023 年 9 月 8 日
45	一种卵石层大型深水基础施工平台及方法	发明	ZL201810169053.4	2023 年 9 月 8 日
46	一种层次化鉴权分析系统	发明	ZL201811655125.2	2023 年 9 月 12 日
47	一种含单质磷污染土壤开挖面烟雾收集设备	发明	ZL202111396851.9	2023 年 9 月 19 日
48	浆砌卵石生态鱼道施工方法	发明	ZL202110465613.2	2023 年 9 月 22 日
49	一种控制输电线路斜插角钢坡比的装置及应用	发明	ZL201611056082.7	2023 年 10 月 27 日
50	压裂灌浆锚固分级施工装置及方法	发明	ZL202111501776.8	2023 年 10 月 27 日
51	一种土石坝沉降管接力安装埋设结构及其方法	发明	ZL202210636208.7	2023 年 10 月 27 日
52	构建物安装单元识别系统及方法	发明	ZL201710025328.2	2023 年 10 月 31 日
53	实时监测导管插入混凝土深度的方法	发明	ZL202310163764.1	2023 年 10 月 31 日
54	隧道二衬混凝土拱顶回填注浆装置	发明	ZL201710942595.6	2023 年 11 月 3 日
55	深水桩基施工用潜水钻机	发明	ZL201710312072.3	2023 年 11 月 10 日

续表

序号	专利名称	专利类型	专利号	授权时间
56	一种基于房建中钢筋切断机的送料设备	发明	ZL202210037748.3	2023 年 11 月 28 日
57	航电枢纽贯流式机组流道形体控制装置及方法	发明	ZL201810086428.0	2023 年 12 月 1 日
58	一种炸药中包翻转机构	发明	ZL201811454795.8	2023 年 12 月 8 日
59	一种自爬升液压翻模	发明	ZL201910007300.5	2023 年 12 月 12 日
60	一种高速公路建设项目碳排放量预测方法及系统	发明	ZL202310150742.1	2023 年 12 月 15 日
61	拌和楼输冰系统电气自动化碎冰装置及碎冰方法	发明	ZL201910336151.7	2023 年 12 月 22 日
62	泵送混凝土入口封孔装置及其封孔方法	发明	ZL201811543597.9	2023 年 12 月 26 日

（中国葛洲坝集团股份有限公司　程志华　郭金雨）

中国电建集团北京勘测设计研究院有限公司 2023 年度获得国家授权专利情况

中国电建集团北京勘测设计研究院有限公司 2023 年度获得国家授权专利 68 项，其中实用新型专利 42 项，发明专利 26 项，发明专利详细情况见表 1。

表 1　　中国电建集团北京勘测设计研究院有限公司 2023 年度获得国家授权发明专利情况

序号	专利名称	专利号	授权公告日
1	一种采用河湖珍稀种质资源迁移保护设备的迁移施工方法	ZL201711162641.7	2023 年 1 月 24 日
2	一种文物三维建模方法	ZL202010662617.5	2023 年 1 月 24 日
3	一种考虑排污口位置影响的中小型河段纳污能力核算方法	ZL202110122141.0	2023 年 1 月 24 日
4	一种分期导流水电工程坝基处理的施工方法	ZL202110899034.9	2023 年 1 月 24 日
5	一种潜泥滚吸式清淤系统及其清淤方法	ZL201711307337.7	2023 年 3 月 14 日
6	一种堤坝防渗墙无损检测装置及其检测方法	ZL202210159467.5	2023 年 4 月 7 日
7	一种用于混凝土构件加固碳纤维布的预应力张拉机具	ZL201711272470.3	2023 年 4 月 25 日
8	一种周期性脉动压力驱动下河床垂向潜流交换试验装置的实验方法	ZL201710371546.1	2023 年 4 月 28 日
9	一种渗流监测装置和方法	ZL202310039870.9	2023 年 5 月 12 日
10	严寒地区抽水蓄能电站沥青混凝土心墙砂砾石坝坝体分区结构	ZL202111329815.0	2023 年 5 月 23 日
11	一种适用于不良地质条件下圆形调压井的支护系统及方法	ZL202310310668.5	2023 年 6 月 20 日
12	用于管道取水的可拆卸式取水口	ZL201810204780.X	2023 年 6 月 6 日
13	一种抽水蓄能电站上下库连接公路的比选模型的构建方法	ZL202111089716.X	2023 年 6 月 6 日
14	一种水利水电工程生态调度方案的优化方法	ZL202110122134.0	2023 年 6 月 6 日
15	一种基于 OpenGL 的实时洪水灾害可视化仿真方法	ZL201910490919.6	2023 年 7 月 4 日
16	一种河湖污染底泥生态清淤一体化设备及其清淤方法	ZL201711162597.X	2023 年 7 月 4 日
17	一种实现继电保护闭锁及防止继电保护拒动的方法	ZL202310162553.6	2023 年 8 月 22 日
18	一种人工湿地巡检用机器人及巡检方法	ZL202311068850.0	2023 年 10 月 27 日
19	一种适用于海上风电低桩承台基础的抗冰结构及其施工方法	ZL201711078452.1	2023 年 10 月 20 日
20	一种带通气口的无压隧洞检修通道	ZL201810828259.3	2023 年 10 月 20 日

续表

序号	专利名称	专利号	授权公告日
21	一种位于台阶状建基面上的大体积空腔式连接坝段结构	ZL201810826200.0	2023 年 10 月 20 日
22	一种用于岩体应力测量中小孔岩粉泥沙的清洗装置	ZL202210352743.X	2023 年 10 月 20 日
23	一种水压致裂地应力测试印模器加卸压卸水系统及方法	ZL202311094707.9	2023 年 11 月 14 日
24	全功率变频抽水蓄能机组的电气主接线结构和方法	ZL202211441570.5	2023 年 11 月 14 日
25	一种地下水污染的治理系统及地下水污染的治理方法	ZL201711080119.4	2023 年 11 月 24 日
26	一种适用于单母线分段接线的差动保护连接系统及其跳闸逻辑方法	ZL201810205722.9	2023 年 11 月 24 日

（中国电建集团北京勘测设计研究院有限公司　次鹏）

中国电建集团中南勘测设计研究院有限公司 2023 年度获得国家授权专利情况

中国电建集团中南勘测设计研究院有限公司 2023 年度获得国家授权专利 136 项，其中发明专利 62 项、实用新型专利 74 项，发明专利详细情况见表 1。

表 1　中国电建集团中南勘测设计研究院有限公司 2023 年度获得国家授权发明专利情况

序号	专利名称	专利号	授权公告日
1	一种隔水幕墙顶部过流高度年逐日变化数据的分析方法	202011262926X	2023 年 1 月 24 日
2	大流域河系洪水预报调度一体化方法、系统、设备及介质	2021114161278	2023 年 1 月 31 日
3	地表水质参数预测方法、系统、计算机设备及存储介质	2021116028793	2023 年 1 月 31 日
4	降雨-径流模型参数率定方法、系统、设备及存储介质	2021110160384	2023 年 1 月 31 日
5	无人机低空遥感的 GNSS 辅助稀疏像控布设方法及系统	2018115577838	2023 年 1 月 31 日
6	一种抽水蓄能电站机组甩负荷试验反演预测方法	2019112735406	2023 年 1 月 31 日
7	一种磁致水位计及其测量方法	2020116330223	2023 年 1 月 31 日
8	一种多属性数据插值方法	2020112604116	2023 年 1 月 31 日
9	一种洪水风险分析成果数据的三维动态渲染展示方法	201911352774X	2023 年 1 月 31 日
10	一种基于监测数据的辅助预警方法	2020102168712	2023 年 1 月 31 日
11	一种靠船建筑物及系统	2017105696450	2023 年 1 月 31 日
12	一种标识物投送装置及测量水体渗漏量的方法	2020105601734	2023 年 2 月 7 日
13	一种海上风电场集电线路设计方法	2021102293026	2023 年 2 月 7 日
14	基于 BIM 模型的拓扑数据结构创建方法、系统、设备及介质	2020115989407	2023 年 2 月 10 日
15	三维地质覆盖层界面建模方法、装置、设备及存储介质	2019113539253	2023 年 2 月 10 日
16	一种地下管线分布分析方法及系统	2021115253328	2023 年 2 月 10 日
17	一种隔水幕墙压强计算结果修正方法	202011260301X	2023 年 2 月 10 日
18	一种基于分段进水的生物脱氮除磷的装置及方法	202110070841X	2023 年 2 月 10 日
19	一种曲面曝气器及曝气方法	2017103553132	2023 年 2 月 10 日
20	一种新安江模型云计算方法	2020104494932	2023 年 2 月 10 日
21	一种准胶体浆液及其制备方法	2022100198712	2023 年 2 月 24 日

序号	专利名称	专利号	授权公告日
22	一种取水分流用排水洞结构	202111485759X	2023 年 3 月 10 日
23	一种混合式统一电能质量控制器的调控方法及系统	2019112742630	2023 年 3 月 14 日
24	一种聚四溴双酚 A 腈阻燃剂、树脂基复合材料	2021111988984	2023 年 3 月 14 日
25	一种控制阀及水压致裂测地应力试验装置	201710256332X	2023 年 4 月 7 日
26	一种水温模型电站下泄流量边界条件的修正方法	2019101826543	2023 年 4 月 7 日
27	有源电流电能质量补偿装置及方法	2020112850017	2023 年 4 月 14 日
28	小河流洪水预报方法	2019113567041	2023 年 4 月 18 日
29	一种弧形闸门重心计算方法、重力矩计算方法	2019112830167	2023 年 4 月 18 日
30	一种侧式进/出水口扩散段体型的设计方法	2020104603802	2023 年 4 月 28 日
31	用于监测裂缝三向变形的组件及监测方法	2017105898819	2023 年 5 月 9 日
32	一种风钻孔声波测试装置及其测试方法	2016109175782	2023 年 5 月 16 日
33	一种公路路基建模方法及系统	2021104860331	2023 年 5 月 16 日
34	一种心墙堆石坝	2018102327054	2023 年 5 月 16 日
35	一种河湖底泥的资源化利用方法及应用	2022104052495	2023 年 5 月 30 日
36	一种抽水蓄能电站水沙数值模拟计算方法	201911354683X	2023 年 6 月 13 日
37	一种水力学物理模型结构及边坡稳定性的判别方法	2020106812338	2023 年 6 月 13 日
38	一种心墙堆石坝	2018102035889	2023 年 6 月 13 日
39	一种深水钻探隔水套管升沉补偿装置及方法	2020116030318	2023 年 6 月 16 日
40	一种具有防磨套的水下地锚结构	2018102036951	2023 年 6 月 20 日
41	一种钻、灌、喷、挤一体复合灌浆成套系统及工艺	2018102818681	2023 年 6 月 27 日
42	一种降低挡水幕墙下端边壁处水流泄漏量的刚性阻水结构	2017112965466	2023 年 7 月 25 日
43	一种幕坝型温度异重流拦挡装置	2018101318081	2023 年 7 月 25 日
44	支撑结构的收敛监测装置及监测方法	2018106583365	2023 年 7 月 25 日
45	一种好氧悬浮载体及其制备方法	2022107369685	2023 年 9 月 26 日
46	一种水库低温水治理装置	201711296570X	2023 年 9 月 26 日
47	一种灌注/压注型环氧树脂结构胶及其应用	2022104335009	2023 年 10 月 27 日
48	一种环氧树脂灌浆材料和应用	2022100198676	2023 年 10 月 31 日
49	一种降低挡水幕墙下端边壁处水流泄漏量的柔性阻水结构	2017112965697	2023 年 10 月 31 日
50	一种埋件结构及其闸门系统	2018104934992	2023 年 10 月 31 日
51	一种适用于 TBM 施工的水电站引水斜井开挖直径的确定方法	2021102901727	2023 年 10 月 31 日
52	一种用于水下定位的装置及定位方法	2018105003470	2023 年 10 月 31 日
53	边坡覆绿装置及其施工方法	2022106986803	2023 年 11 月 7 日
54	深水钻探隔水套管倾斜度测量装置及其测量方法	2020109895440	2023 年 11 月 7 日
55	一种边坡排水系统	2019101827584	2023 年 11 月 7 日
56	一种具备兼养反硝化功能的缺氧悬浮载体及其制备方法	2022104785388	2023 年 11 月 7 日
57	一种具有多种泄洪消能方式的消能结构及消能方法	2022109498727	2023 年 11 月 7 日
58	一种孔底动力钻进双层隔离套管跟管系统及工艺	2020116042480	2023 年 11 月 7 日

序号	专利名称	专利号	授权公告日
59	一种孔口封闭器及钻灌装置	201811256292X	2023 年 11 月 7 日
60	一种水下地锚结构	2018102036947	2023 年 11 月 7 日
61	一种溢洪道及其施工方法	2019101827423	2023 年 11 月 7 日
62	一种用于高压旋喷桩防渗墙顶部的连接结构	2018102326390	2023 年 11 月 7 日

（中国电建集团中南勘测设计研究院有限公司　白治军）

中国电建集团成都勘测设计研究院有限公司 2023 年度获得国家授权专利情况

中国电建集团成都勘测设计研究院有限公司 2023 年度获得国家授权专利 284 项，其中实用新型专利 130 项，发明专利授权 154 项，发明专利详细情况见表 1。

表 1　中国电建集团成都勘测设计研究院有限公司 2023 年度获得国家授权发明专利情况

序号	专利名称	专利号	授权日期
1	软岩长期强度值确定方法以及软岩承载力确定方法	ZL202010497526	2023 年 1 月 24 日
2	一种 TBM 刀盘结构	ZL202110275207.X	2023 年 1 月 24 日
3	炉内三维物理场在线可视化方法	ZL202111430698.7	2023 年 1 月 24 日
4	应用于有限元分析的地质剖面分区赋值方法	ZL201910968260	2023 年 1 月 24 日
5	崩塌堆积体的防渗处理方法	ZL202210001982	2023 年 1 月 24 日
6	一种碎粒型结构面及结构带抗剪强度参数获取方法	ZL202010218479.1	2023 年 2 月 3 日
7	一种小型化智能振捣设备振捣关键指标感知的方法	ZL202110750227.8	2023 年 2 月 3 日
8	自修复高分子防水卷材及其制备方法	ZL202010436164.4	2023 年 2 月 24 日
9	水利工程用自清洁管道	ZL202111186621.X	2023 年 2 月 24 日
10	一种判别超前地质预报体系准确率的方法及系统	ZL202010788511.X	2023 年 2 月 28 日
11	振冲碎石桩施工质量的联合控制系统及控制方法	ZL202110623294.3	2023 年 2 月 28 日
12	层状反倾岩体失稳模式的辨别方法	ZL202210001774	2023 年 3 月 7 日
13	结构面产状测量仪器	ZL201710020422.9	2023 年 3 月 10 日
14	用于拱坝体形设计合理性及运行期工作状态的评价方法	ZL202011384017.3	2023 年 3 月 10 日
15	重心式结构面产状测量仪器	ZL201710019960.6	2023 年 3 月 14 日
16	用于减小有压尾水系统水力波动的结构	ZL202111367749.6	2023 年 3 月 14 日
17	水电站引水系统排气结构	ZL202111392447.4	2023 年 3 月 14 日
18	一种砂石破碎设备辅助选型方法	ZL201911318244.3	2023 年 3 月 17 日
19	拱坝的拱座抗滑稳定安全度计算方法	ZL202011511064.X	2023 年 3 月 17 日
20	一种现场测量土体毛细水上升高度装置及其使用方法	ZL202210331443.3	2023 年 3 月 17 日
21	加强型振冲碎石桩施工方法	ZL202210651931.2	2023 年 3 月 21 日
22	基于 GIS＋图数据库的城市地下综合管网连通性分析方法	ZL202210571507.7	2023 年 3 月 21 日
23	岩体直剪试验试件剪切面起伏度编录方法	ZL201910759819.9	2023 年 3 月 24 日

续表

序号	专利名称	专利号	授权日期
24	一种基于 BIM 技术的地下厂房岩壁吊车梁设计方法	ZL202110129226.1	2023 年 3 月 31 日
25	基于仓面浇筑间歇期的多维仿真方法	ZL201910803003.1	2023 年 4 月 7 日
26	深厚覆盖层河床大坝渗漏量检测方法	ZL202110718247.7	2023 年 4 月 7 日
27	基于卫星反演降水产品的雨量站网优化方法及装置	ZL202210388404.7	2023 年 4 月 7 日
28	滑坡深部位移监测装置	ZL202111423543	2023 年 4 月 7 日
29	一种融合刚体极限平衡法和有限元法的地下洞室块体稳定分析方法	ZL202111409221	2023 年 4 月 7 日
30	生成含层理岩石的矿物晶体模型的方法	ZL202111135497.4	2023 年 4 月 7 日
31	一种粗土料相对密度测试及碾压参数测算方法	ZL202011154560.4	2023 年 4 月 7 日
32	基于项目管理系统的综合评价方法	ZL202111658241.1	2023 年 4 月 7 日
33	BIM 模型数据结构构建方法	ZL202111571641.9	2023 年 4 月 7 日
34	一种无人机上全景相机安装结构	ZL201710493176.9	2023 年 4 月 7 日
35	一种不均匀软弱结构面抗剪断参数取值方法及系统	ZL202111365036.6	2023 年 4 月 11 日
36	基于信息系统的工程项目综合管控与评价方法	ZL202111213837	2023 年 4 月 18 日
37	高或超高地应力地区的脆性岩体的最大破裂角的确定方法	ZL202210588102.4	2023 年 4 月 18 日
38	一种大坝 GNSS 多路径改正模型优化方法	ZL202110480970.6	2023 年 4 月 21 日
39	水斗式水轮机飞逸转速计算方法	ZL202111020149.2	2023 年 4 月 28 日
40	隧洞顶部空腔支护方法	ZL202210313949.1	2023 年 4 月 28 日
41	一种高边坡施工脚手架安全监测系统	ZL202111423538.X	2023 年 4 月 28 日
42	水垫塘排水、充水系统	ZL201711145981.9	2023 年 4 月 28 日
43	基于 Revit 的任意混凝土浇筑块内机电埋件拆分方法	ZL202111112303.9	2023 年 4 月 28 日
44	超重型动力触探试验的锤击数修正方法	ZL202110869826.1	2023 年 4 月 28 日
45	一种基于水热耦合平衡原理的月径流预测方法	ZL202010825395.4	2023 年 4 月 28 日
46	高围压层状岩体地下洞室纵轴线布置方位的设计方法	ZL202111367569.8	2023 年 4 月 28 日
47	用于批量获取原状土样的砂浆材料及取样施工方法	ZL202210472558.4	2023 年 4 月 28 日
48	深切河谷区地下洞室群地应力场的预测方法	ZL202210613271.9	2023 年 4 月 28 日
49	一种改进的贴边岔管计算模型	ZL201910967849.9	2023 年 4 月 28 日
50	GNSS 变形监测的参考点校验系统及方法	ZL201910193664.7	2023 年 4 月 28 日
51	临空面岩石在围压—温度—水耦合作用下的试验装置及方法	ZL202111215205.8	2023 年 4 月 28 日
52	一种高陡危地形岩体 RQD 的获取方法、系统及装置	ZL202113312916.7	2023 年 4 月 28 日
53	扩径型振冲碎石桩的施工方法	ZL202210653182.7	2023 年 4 月 28 日
54	基于 Revit 和 Dynamo 生成尾水肘管模型的方法	ZL202210209169.2	2023 年 4 月 28 日
55	隧洞塌方处理方法	ZL202111541780.7	2023 年 4 月 28 日
56	水电站厂房消防供水系统	ZL202210088869	2023 年 5 月 2 日
57	岩石的力学参数确定方法	ZL202110886254.8	2023 年 5 月 5 日
58	基于扫描全站仪与 GNSS 的边坡变形监测方法及系统	ZL202111434240.9	2023 年 5 月 5 日
59	一种测定黏性土料渗流保护所需反滤粒径的装置及方法	ZL202211024720.2	2023 年 5 月 5 日
60	光伏电站年出力保证率模型优化方法	ZL202211343632.9	2023 年 5 月 5 日

序号	专利名称	专利号	授权日期
61	基于信息系统的全方位进度管理方法	ZL202110869058.X	2023 年 5 月 9 日
62	水斗式水轮机转轮内宽计算方法	ZL202111020378.4	2023 年 5 月 9 日
63	一种适用于山地风电场开发的主山脊线自动提取方法	ZL202211301830.9	2023 年 5 月 12 日
64	爆破工程空气间隔装药装置	ZL201710775250.6	2023 年 5 月 16 日
65	一种基于流域属性距离的流域相似判别方法	ZL202010831080	2023 年 5 月 16 日
66	边坡工程的进度监控预警系统	ZL202111366668.4	2023 年 5 月 16 日
67	基于自动定位定向技术的水土保持监测方法	ZL202010332353.7	2023 年 5 月 26 日
68	超重型动力触探试验的锤击数修正系数模型的构建方法	ZL202110869834.6	2023 年 5 月 26 日
69	一种钢绳冲击式钻机钻孔倾斜度控制和测量装置及方法	ZL202210466597.3	2023 年 5 月 26 日
70	一种梯级水电站群中长期发电能力评估方法	ZL202111227015.8	2023 年 5 月 26 日
71	适用于竖井闸室抛物孔快速封堵的封堵装置及方法	ZL202210504103.6	2023 年 5 月 26 日
72	适用于产漂流性卵鱼类的梯级电站生态调度系统及方法	ZL201811595073.4	2023 年 6 月 9 日
73	基于低空遥感和三维重建技术的挖填土石方量计算方法	ZL201811285383.6	2023 年 6 月 13 日
74	一种拱坝体形设计的方法	ZL202111127996.9	2023 年 6 月 13 日
75	洞塞泄洪洞下平段排气通道断面面积计算方法	ZL202210020575.4	2023 年 6 月 13 日
76	一种考虑历史洪水的非连序洪水频率分析方法	ZL202011008693	2023 年 6 月 16 日
77	一种基于人脸检测框回归安全帽位置的方法	ZL201910978449.8	2023 年 6 月 20 日
78	高速水流明流泄水洞补气结构建造方法及补气结构	ZL201710269508.5	2023 年 6 月 20 日
79	强降雨诱发岩质滑坡模拟试验装置	ZL202111120806	2023 年 6 月 23 日
80	一种隧洞边墙垮塌处的支护结构	ZL201710239750.8	2023 年 6 月 27 日
81	用于模拟复杂地质的模型系统	ZL202211045576	2023 年 6 月 27 日
82	一种拱坝体形设计的方法	ZL202111128001	2023 年 6 月 27 日
83	边坡施工期简易预警系统	ZL202111423523.3	2023 年 7 月 4 日
84	土料渗透系数的测定方法	ZL202210326416.7	2023 年 7 月 7 日
85	土体渗透系数的获取方法及装置、模型构建方法	ZL202111319998.8	2023 年 7 月 7 日
86	鱼道内鱼类行为分析方法	ZL202211546879	2023 年 7 月 11 日
87	土料渗透系数快速测定装置	ZL202210325440.9	2023 年 7 月 14 日
88	一种大埋深窄通道竖井电动取样装置及取样方法	ZL202011125442	2023 年 7 月 18 日
89	缺口分流式二道坝结构	ZL201710801793	2023 年 7 月 25 日
90	集雨池及用于干旱地区的自动补水灌溉系统	ZL201711166885.2	2023 年 7 月 25 日
91	高拱坝导流洞永久堵头的检修布置结构及检修方法	ZL201710343564.9	2023 年 7 月 25 日
92	可收放和连续调节的无人机全景视频采集相机安装结构	ZL201710493093.X	2023 年 7 月 25 日
93	基于 DEM 的升压站场坪雨水口设置区域分析方法	ZL201911192045.2	2023 年 7 月 25 日
94	一种考虑谷幅变形作用的拱坝变形监控方法	ZL202011332971.8	2023 年 7 月 25 日
95	一种高陡危地形的地质编录方法	ZL202111085153.7	2023 年 7 月 25 日
96	一种倾倒变形体监测预警装置及监测预警方法	ZL202111422234.1	2023 年 7 月 25 日
97	富硫共聚物材料、锂硫电池正极材料及其制备方法和应用	ZL202210556662.1	2023 年 7 月 25 日

续表

序号	专利名称	专利号	授权日期
98	高外水压力下密闭空间渗漏竖井混凝土回填方法	ZL202211222639.5	2023 年 7 月 25 日
99	管道穿墙套管、翼环和穿墙孔洞的自动建模方法及终端	ZL202310464454.3	2023 年 7 月 25 日
100	深孔装药空气间隔装置	ZL201711456527.5	2023 年 8 月 1 日
101	风电机组扩展式基础	ZL202210728888.5	2023 年 8 月 1 日
102	聚光真空管以及高聚光比槽式集热装置	ZL201810320423.X	2023 年 8 月 8 日
103	大跨度地下洞室穹顶支护结构	ZL202111388324.3	2023 年 8 月 8 日
104	一种应变控制式现场直剪试验设备及方法	ZL202110874411.3	2023 年 8 月 18 日
105	空腔型挑坎结构	ZL201710983840.8	2023 年 8 月 22 日
106	便于狭小仓面施工的组装式冷却水管	ZL201811271608.2	2023 年 8 月 22 日
107	具有持水功能的植草沟结构	ZL201810368881	2023 年 8 月 22 日
108	闸门水封防冻装置	ZL201810516818.7	2023 年 8 月 22 日
109	高坝生态供水洞封堵段衬砌结构	ZL201710731369.3	2023 年 8 月 22 日
110	TBM 施工隧洞断层破碎带洞段处理结构	ZL201710730782.8	2023 年 8 月 22 日
111	双向深部土体力学参数原位测试装置及测试结构	ZL202011348945.4	2023 年 8 月 22 日
112	地下洞群式调节池及多级串联式电站系统	ZL202210896773.7	2023 年 8 月 22 日
113	水—力作用下隧道大变形滞后时效性数值模拟方法	ZL202210497877	2023 年 8 月 29 日
114	峡谷区高坝沟水处理工程的布置结构的导流施工方法	ZL201711330256.9	2023 年 9 月 1 日
115	拱坝地基地质不对称的处理设计方法	ZL202111439919.7	2023 年 9 月 1 日
116	120m 超深覆盖层钻取 275mm 级大直径原状样的方法	ZL202210492851.7	2023 年 9 月 5 日
117	一种生态治理用水土保持边坡保护系统	ZL202211209490.7	2023 年 9 月 5 日
118	放空洞与引水管结合布置结构	ZL201810620627.5	2023 年 9 月 8 日
119	高烈度地区框架结构柱梁节点整体结构	ZL201811595384	2023 年 9 月 19 日
120	索道桥风缆	ZL201810516816.8	2023 年 9 月 19 日
121	用于沟水处理的排水隧洞进口结构	ZL201811443958.2	2023 年 9 月 19 日
122	低洼沼泽地区吹填特细砂路基结构	ZL201811443944	2023 年 9 月 19 日
123	大坝上游基坑辅助防渗铺层结构	ZL201810516497	2023 年 9 月 26 日
124	一种便于后期改建的泄水渠结构	ZL201811592807.3	2023 年 9 月 26 日
125	一种适用于高陡边坡的岩体块度测量装置	ZL202111314671.1	2023 年 9 月 26 日
126	一种岩土软弱夹层现场环剪试验系统	ZL202210481441.2	2023 年 9 月 26 日
127	复合水泥基高温动水注浆材料及其制备方法	ZL202211061326.6	2023 年 9 月 26 日
128	深孔爆破装药空气间隔装置	ZL201811454506.4	2023 年 10 月 3 日
129	一种基于 Revit 和 Dynamo 的蜗壳模型创建方法	ZL202010300407.1	2023 年 10 月 13 日
130	基于 3DEXPERIENCE 平台的拱坝建基面开挖边坡模型建模方法	ZL202111353093.2	2023 年 10 月 13 日
131	超深厚覆盖层中的坝基防渗结构	ZL201811408349.3	2023 年 10 月 20 日
132	一种用于人工挖孔桩井下作业的防护装置及挖孔方法	ZL202210581304.6	2023 年 10 月 20 日
133	用于引水发电工程的引水系统	ZL201711160720.4	2023 年 11 月 7 日
134	适用于薄壁混凝土的冷却水管装置	ZL201811394243.2	2023 年 11 月 7 日

续表

序号	专利名称	专利号	授权日期
135	一种用于圆形过水隧洞衬砌结构的综合量化设计方法	ZL202110941771	2023 年 11 月 7 日
136	一种用于检测危岩体崩落影响范围的物理试验装置	ZL202210042451.6	2023 年 11 月 14 日
137	一种基于唯一标识的地质分析过程信息追溯方法	ZL202210168327.4	2023 年 11 月 17 日
138	高山峡谷地区边坡勘探平洞布置结构	ZL201811131480.X	2023 年 11 月 21 日
139	闸门快速闭门液压阻尼调速系统	ZL201811454604.8	2023 年 11 月 21 日
140	基于光纤的面板堆石坝混凝土面板缝间渗流监测系统	ZL201910184534.7	2023 年 11 月 21 日
141	TBM 施工条件下全时段地应力测试系统	ZL201711225570	2023 年 11 月 21 日
142	洞室平交岔口结构	ZL201811392391	2023 年 11 月 21 日
143	温度深度链的温度校准方法	ZL202311119862.1	2023 年 11 月 24 日
144	便携式岩芯结构面倾角野外测量装置	ZL201810331138.8	2023 年 11 月 28 日
145	一种应用于砂石骨料料堆或料库的给料系统	ZL202210138800.4	2023 年 11 月 28 日
146	一种用于三轴试验土样制备装置	ZL202111120846.5	2023 年 11 月 28 日
147	双护盾 TBM 隧道掌子面岩体三维影像成像装置	ZL201910535900.9	2023 年 12 月 1 日
148	用于洞室顶拱结构面产状的辅助测量装置	ZL201910561981.X	2023 年 12 月 1 日
149	取土器	ZL201810834253.7	2023 年 12 月 1 日
150	双护盾 TBM 掌子面岩体强度快速测试装置	ZL201910535713	2023 年 12 月 5 日
151	用于高海拔高地温长隧道的热压式隧道通风系统	ZL201910610604	2023 年 12 月 5 日
152	断续陡缓裂隙诱发岩体倾倒变形破坏的试验分析方法	ZL201711225303.3	2023 年 12 月 5 日
153	一种自动监测系统的精确定时唤醒方法	ZL201710984392.3	2023 年 12 月 19 日
154	一种用于分离和测量渗出土水的试验装置以及试验方法	ZL202310716122.X	2023 年 12 月 26 日

（中国电建集团成都勘测设计研究院有限公司　吉华伟）

中国电建集团贵阳勘测设计研究院有限公司 2023 年度获得专利授权情况

　　中国电建集团贵阳勘测设计研究院有限公司 2023 年度获得国家授权专利 359 项，其中实用新型专利 84 项，外观设计 1 项，发明专利 274 项，发明及外观设计专利情况见表 1。

　　表 1　　中国电建集团贵阳勘测设计研究院有限公司 2023 年度获得国家授权发明专利情况

序号	专利名称	专利类型	专利号	授权公告日
1	一种根据水位变幅自动升降的浮动式分层取水闸门装置	发明	ZL202210237874.3	2023 年 12 月 29 日
2	一种水风光储一体化基地电力生产模拟方法	发明	ZL202311317453.2	2023 年 12 月 29 日
3	一种隧道施工用注浆装置	发明	ZL202111539859.6	2023 年 12 月 19 日
4	一种用于智慧建造与运维的广域窄带数据无线采集系统	发明	ZL202211652868.0	2023 年 12 月 19 日
5	一种渣库渗漏通道口的电法测试方法	发明	ZL202110270487.5	2023 年 12 月 12 日
6	一种三维建筑建模方法及系统	发明	ZL202311237346.9	2023 年 12 月 12 日
7	一种智慧建造工地运维管控定位方法及系统	发明	ZL202311255594.6	2023 年 12 月 12 日

序号	专利名称	专利类型	专利号	授权公告日
8	引水隧洞止水铜片固定装置	发明	ZL202210188022.X	2023 年 12 月 8 日
9	一种基于数字孪生的茶光互补光伏电站监测系统及方法	发明	ZL202311220302.5	2023 年 12 月 1 日
10	一种用于光伏电站的施工装置	发明	ZL202111408203.0	2023 年 11 月 28 日
11	一种超高延性混凝土的制备工艺	发明	ZL202210232354.3	2023 年 11 月 28 日
12	一种抗台风型漂浮式风机	发明	ZL202210439314.6	2023 年 11 月 28 日
13	一种漂浮式海上风力发电设备用浮体	发明	ZL202210439308.0	2023 年 11 月 28 日
14	一种半潜式平台立柱上弧形壁板的加工装置	发明	ZL202210492064.2	2023 年 11 月 28 日
15	一种用于光伏电站的太阳能资源缺测数据插补方法	发明	ZL202211177360.X	2023 年 11 月 24 日
16	一种土工膜与混凝土墙连接部位的加固结构和施工方法	发明	ZL201811473954.9	2023 年 11 月 21 日
17	一种拦截净化面源污染的湖滨带及其构建方法	发明	ZL201910290698.8	2023 年 11 月 21 日
18	一种用于监测隧道开挖地表脱空的装置及安装方法	发明	ZL202010291776.9	2023 年 11 月 21 日
19	复杂电网下判断水光互补一体化光伏规模的方法	发明	ZL202011038158.X	2023 年 11 月 17 日
20	一种水风光储一体化基地电力生产模拟方法	发明	ZL202311317453.2	2023 年 12 月 29 日
21	一种尾水冷却器检修闸门的改进方法及水封结构	发明	ZL201811505218.7	2023 年 11 月 14 日
22	一种尾水洞检修闸门的锁定方法及装置	发明	ZL201811506476.7	2023 年 11 月 14 日
23	一种管网管道漏损快速修复方法	发明	ZL202210451249.9	2023 年 11 月 14 日
24	一种基于 3DE 平台的桥梁智能设计系统及方法	发明	ZL202310948043.1	2023 年 11 月 14 日
25	一种适用于智能建造的预制梁腹板构造及其建造方法	发明	ZL202210821711.X	2023 年 11 月 3 日
26	一种用于装配式建筑的组合结构板	发明	ZL202210989234.8	2023 年 11 月 3 日
27	一种基于测光数据的光伏电站太阳能资源评估方法	发明	ZL202211644761.1	2023 年 11 月 3 日
28	一种可便捷安装的测风塔	发明	ZL202211478169.9	2023 年 11 月 3 日
29	一种三维建筑建模方法及系统	发明	ZL202311237346.9	2023 年 12 月 12 日
30	一种智慧建造工地运维管控定位方法及系统	发明	ZL202311255594.6	2023 年 12 月 12 日
31	轮辐式分级压力检测装置	发明	ZL201710451437.0	2023 年 10 月 31 日
32	一种堆石坝坝身溢洪道阻滑结构	发明	ZL201810801661.2	2023 年 10 月 31 日
33	一种兼顾交通功能的上游围堰加高方法及结构	发明	ZL201810765453.1	2023 年 10 月 31 日
34	一种具有鱼类趋流性研究功能的集鱼堰系统	发明	ZL201811465772.7	2023 年 10 月 31 日
35	一种仿自然过鱼通道结构及其设计方法	发明	ZL201811526225.5	2023 年 10 月 31 日
36	一种固废处置场的调节池防渗膜保护结构	发明	ZL202210689575.3	2023 年 10 月 31 日
37	一种竖井防坠装置	发明	ZL201810525165.9	2023 年 10 月 27 日
38	一种用于覆盖层地基上的尾水渠结构	发明	ZL201810568327.7	2023 年 10 月 27 日
39	一种用于水坝闸门系统的排沙装置	发明	ZL201811592429.9	2023 年 10 月 27 日
40	一种市政园林用雨水收集装置	发明	ZL201811504463.6	2023 年 10 月 27 日
41	一种用于修复路面的快速修复设备	发明	ZL202211078236.8	2023 年 10 月 27 日
42	一种基于数字孪生的茶光互补光伏电站监测系统及方法	发明	ZL202311220302.5	2023 年 12 月 1 日
43	一种油缸悬挂装置的改进方法及可拆卸油缸悬挂装置	发明	ZL201610120043.2	2023 年 10 月 20 日
44	一种可调节油缸防挠托架	发明	ZL201810765434.9	2023 年 10 月 17 日

序号	专利名称	专利类型	专利号	授权公告日
45	一种泄放生态流量与闸门充水平压的消能控流装置	发明	ZL202111668410.X	2023 年 10 月 13 日
46	一种咸水沙漠砂泡沫混凝土及其制备方法	发明	ZL202211594970.X	2023 年 10 月 13 日
47	水位下降产生动水压力等效为滑体下滑速度的装置及方法	发明	ZL202211077694.X	2023 年 10 月 10 日
48	一种坝身过滤结合坝顶溢流的生态蓄水坝结构	发明	ZL201810555531.5	2023 年 10 月 3 日
49	一种用于海绵城市的透水装置	发明	ZL201810479818.4	2023 年 10 月 3 日
50	一种海绵城市用复合地基结构	发明	ZL201810643784.8	2023 年 10 月 3 日
51	一种半潜式平台的浮筒建造工艺及其加工装置	发明	ZL202210302243.5	2023 年 10 月 3 日
52	一种高地温公路隧道隔热路面结构	发明	ZL202111490592.6	2023 年 10 月 3 日
53	一种降低混凝土蜂窝麻面的浇筑设备及浇筑方法	发明	ZL202210318134.2	2023 年 10 月 3 日
54	一种用于装配式建筑的一体化墙板	发明	ZL202210826997.0	2023 年 10 月 3 日
55	一种用于装配式建筑的线槽	发明	ZL202210968004.3	2023 年 10 月 3 日
56	一种可减弱塔影效应的测风塔	发明	ZL202211506789.9	2023 年 10 月 3 日
57	一种基于 BIM 的装配式建筑智慧管理数据存储方法	发明	ZL202211462807.8	2023 年 10 月 3 日
58	一种基于 3DE 平台的隧道智能设计系统及方法	发明	ZL202310957498.X	2023 年 10 月 3 日
59	一种高坝泄流挑流水舌的变密度三维仿真方法	发明	ZL201911162427.0	2023 年 9 月 29 日
60	一种低层导流洞挡水结构及封堵方法	发明	ZL201811569883.2	2023 年 9 月 26 日
61	一种多用途的鱼类增殖站野化训练系统及使用方法	发明	ZL201811198435.6	2023 年 9 月 26 日
62	一种土工膜心墙防渗体加固结构	发明	ZL201811545099.8	2023 年 9 月 26 日
63	一种水利工程排水装置及其使用方法	发明	ZL201811495317.1	2023 年 9 月 22 日
64	一种深层取水系统及其操作方法	发明	ZL201811569922.9	2023 年 9 月 22 日
65	一种碾压混凝土坝跨孔快速施工方法	发明	ZL202111675257.3	2023 年 9 月 22 日
66	一种拱形超高延性混凝土实验样品竖向载力测试装置	发明	ZL202111641616.3	2023 年 9 月 22 日
67	一种用于升鱼机系统池体的水闸机构及升鱼方法	发明	ZL202210859424.8	2023 年 9 月 22 日
68	一种高压大流量地下水超前封堵结构及封堵方法	发明	ZL201811559932.4	2023 年 9 月 19 日
69	一种场内道路沥青混凝土路面设计计算方法	发明	ZL202310835660.0	2023 年 9 月 8 日
70	一种基于 3DE 平台的桥梁智能设计系统及方法	发明	ZL202310948043.1	2023 年 11 月 14 日
71	一种基于 3DE 平台的隧道智能设计系统及方法	发明	ZL202310957498.X	2023 年 10 月 3 日
72	一种用于饱和高填方路基处理的方法	发明	ZL201810557007.1	2023 年 8 月 25 日
73	一种水电站涌水部位灌浆施工方法及灌浆设备	发明	ZL202111544104.5	2023 年 8 月 25 日
74	一种降低混凝土蜂窝麻面的振捣装置及振捣方法	发明	ZL202210317749.3	2023 年 8 月 25 日
75	一种用于沙漠地区的装配式混凝土墙板	发明	ZL202210670207.4	2023 年 8 月 25 日
76	一种用于岩体管廊结构	发明	ZL201710678573.3	2023 年 8 月 22 日
77	一种高拦污栅的栅槽结构及清污方法	发明	ZL201811505267.0	2023 年 8 月 22 日
78	一种生态装配式框架支护形式的构建方法	发明	ZL201810592682.8	2023 年 8 月 15 日
79	一种水光互补能源基地抑制低频振荡的方法	发明	ZL202110796793.2	2023 年 8 月 8 日
80	一种场内道路沥青混凝土路面设计计算方法	发明	ZL202310835660.0	2023 年 9 月 8 日
81	一种水利工程闸门区域水质水量检测设备	发明	ZL201710611813.8	2023 年 8 月 4 日

续表

序号	专利名称	专利类型	专利号	授权公告日
82	一种收集积水和洒水的推车	发明	ZL201810801540.8	2023年8月4日
83	一种原位检测挤压边墙抗压强度的试验装置及方法	发明	ZL202010489465.3	2023年8月4日
84	抗滑桩设计中倾斜滑面滑坡剩余下滑力计算方法	发明	ZL201911168266.6	2023年8月1日
85	确定双缸后拉式液压机上铰点中心位置的方法	发明	ZL202210157181.3	2023年8月1日
86	一种水文地质勘探采用止压力水塞子及使用方法	发明	ZL201910080180.1	2023年7月25日
87	一种降低隧道扰动的聚能装药结构及爆破方法	发明	ZL202211221793.0	2023年7月21日
88	一种水下建筑物摄像装置及摄像方法	发明	ZL201710249476.2	2023年7月18日
89	一种弹性地基上梁的计算方法	发明	ZL201710443667.2	2023年7月18日
90	一种便于疏通的可装卸式隧道侧壁泄水孔装置	发明	ZL202011085214.5	2023年7月18日
91	一种清理水灾滑坡体的机器人	发明	ZL202211043300.9	2023年7月11日
92	一种位移传感器立式智能检验仪及检测方法	发明	ZL201710530066.5	2023年6月27日
93	一种水电工程三维动画的制作方法	发明	ZL201810568291.2	2023年6月20日
94	一种将二维地质剖面转换为FLAC3D计算模型的方法	发明	ZL202110567223.6	2023年6月20日
95	一种测算施工现场沥青混合料自身排放CO_2的计算方法	发明	ZL201811456908.8	2023年6月6日
96	一种可便携安装和拆除的岩石顶管管外自动清渣设备	发明	ZL202111433502.X	2023年6月6日
97	一种岩质边坡非预应力锚索有效锚固长度的计算方法	发明	ZL201810906304.2	2023年5月26日
98	一种岩溶地区的洼地-泉水系统水均衡计算方法	发明	ZL201910276336.3	2023年5月23日
99	一种可便捷安装的测风塔	发明	ZL202211478169.9	2023年11月3日
100	一种水文地质钻探同径多次抽水装置及使用方法	发明	ZL201910080199.6	2023年5月16日
101	基于含空间位置信息极点等密图的结构面间距的计算方法	发明	ZL201910746335.0	2023年5月16日
102	一种用于钢结构的"S"型节点	发明	ZL202111654490.3	2023年5月16日
103	一种基于BIM的装配式建筑智慧管理数据存储方法	发明	ZL202211462807.8	2023年10月3日
104	一种低能耗农村雨污水生态化利用处理系统	发明	ZL202111069288.4	2023年5月12日
105	一种岩土地质勘察深度的测量方法及装置	发明	ZL201811191255.5	2023年5月9日
106	一种高耸混凝土结构中钢梯改造为混凝土楼梯的方法	发明	ZL202110660200.X	2023年5月9日
107	一种提高工程地质勘察压水试验准确度的方法及装置	发明	ZL201811192057.0	2023年5月2日
108	一种用于智慧建造与运维的广域窄带数据无线采集系统	发明	ZL202211652868.0	2023年12月19日
109	一种双向平面闸门止水装置的改进方法及装置	发明	ZL201610276760.4	2023年4月25日
110	一种水轮机运转特性曲线效率值读取方法	发明	ZL201810488822.7	2023年4月25日
111	一种水电站裂隙冲洗设备	发明	ZL202111530133.6	2023年4月18日
112	一种水工隧洞底板抗冲耐磨混凝土施工方法	发明	ZL202110612137.2	2023年4月11日
113	一种电力工程用的电力设备移动装置	发明	ZL202111188297.5	2023年4月11日
114	一种进口可移动的岸坡嵌入式过鱼系统	发明	ZL202210090109.3	2023年4月11日
115	一种观光过鱼系统及过鱼方法	发明	ZL202210805623.0	2023年4月11日
116	采用卡扣连接的碾压混凝土坝内预制廊道结构及实现方法	发明	ZL201710774153.5	2023年4月7日
117	一种高窄大孔口进水闸门排水方法及装置	发明	ZL201810327258.0	2023年4月7日

序号	专利名称	专利类型	专利号	授权公告日
118	一种降低环境变化影响的山区风电叶片	发明	ZL202110772185.8	2023年4月7日
119	一种咸水沙漠砂泡沫混凝土及其制备方法	发明	ZL202211594970.X	2023年10月13日
120	一种基于测光数据的光伏电站太阳能资源评估方法	发明	ZL202211644761.1	2023年11月3日
121	一种小孔口整体铸造潜孔弧门	发明	ZL201710464560.6	2023年3月31日
122	一种光伏发电用太阳能集成板装配结构	发明	ZL202011592170.5	2023年3月31日
123	一种堤坝边缘防水连接体及其施工方法	发明	ZL202111633320.7	2023年3月31日
124	一种高窄大孔口主纵梁潜孔弧门的制作方法及结构	发明	ZL201710317312.9	2023年3月28日
125	一种现场原级配堆石料力学参数推测方法	发明	ZL202110467299.1	2023年3月28日
126	一种超磁致伸缩钻孔变模测量探头及测量方法	发明	ZL201610768213.8	2023年3月24日
127	一种生态取水口拦污装置	发明	ZL201711072750.X	2023年3月24日
128	一种兼具大小泄量的泄槽结构	发明	ZL201810327458.6	2023年3月24日
129	一种垂直式液压机吊头与闸门吊耳的连接结构	发明	ZL201810326805.3	2023年3月24日
130	一种用于中硬及以上均质地层的胎体PDC取心钻头	发明	ZL202011186955.2	2023年3月24日
131	一种城市主干道路横断面优化系统及雨水处理方法	发明	ZL202110897491.4	2023年3月24日
132	一种可减弱塔影效应的测风塔	发明	ZL202211506789.9	2023年10月3日
133	一种用于光伏电站的太阳能资源缺测数据插补方法	发明	ZL202211177360.X	2023年11月24日
134	基于钻杆内管水位的深岩溶渗漏通道探测结构及方法	发明	ZL201610702187.9	2023年3月21日
135	一种悬挂漂浮式拦污装置	发明	ZL201710943606.2	2023年3月14日
136	一种水电站出线锚点锚固方法	发明	ZL201711384258.6	2023年3月14日
137	一种纵向水平位移计锚固端安装结构及施工方法	发明	ZL201711434058.7	2023年3月14日
138	一种田园景观型生态沟渠用氮磷拦截装置	发明	ZL202110559533.3	2023年3月3日
139	一种生态取水口圆锥形拦污栅	发明	ZL201711072768.X	2023年2月28日
140	一种降低滑坡涌浪对大坝危害的方法及装置	发明	ZL201711376913.3	2023年2月28日
141	一种多级放空洞仿真模拟调试系统及仿真模拟调试方法	发明	ZL202010099324.0	2023年2月28日
142	一种长下坡路段紧急避险车道系统及车辆避险方法	发明	ZL202210025993.2	2023年2月28日
143	一种小孔口整体铸造平面滑动式拦污栅	发明	ZL201711070388.2	2023年2月24日
144	一种防止启闭机活塞杆在启闭过程中弯曲的方法及装置	发明	ZL201711440915.4	2023年2月24日
145	一种隧道初期支护与防排水联合系统及施工方法	发明	ZL202011171507.5	2023年1月31日
146	一种尾水洞检修闸门的锁定方法及结构	发明	ZL201711485240.5	2023年1月24日
147	一种诱导堆积体滑坡的结构及其施工方法	发明	ZL202110282399.7	2023年1月24日
148	一种受陡缓倾角控制的碎裂松动岩体边坡稳定性分析方法	发明	ZL202111662044.7	2023年1月24日
149	一种网格状刚性填埋场运行期防雨装置及方法	发明	ZL202110224920.1	2023年1月20日
150	一种基于雨污分流市政道路初期雨水收集装置	发明	ZL202110826262.3	2023年1月20日
151	一种具备旅游观赏功能的过鱼系统及过鱼方法	发明	ZL202210487766.1	2023年1月20日
152	一种降低隧道扰动的聚能装药结构及爆破方法	发明	ZL202211221793.0	2023年7月21日
153	一种用于装配式建筑的组合结构板	发明	ZL202210989234.8	2023年10月3日
154	一种用于装配式建筑的线槽	发明	ZL202210968004.3	2023年10月3日

序号	专利名称	专利类型	专利号	授权公告日
155	一种适用于智能建造的预制梁腹板构造及其建造方法	发明	ZL202210821711.X	2023 年 11 月 3 日
156	一种用于装配式建筑的一体化墙板	发明	ZL202210826997.0	2023 年 10 月 3 日
157	水位下降产生动水压力等效为滑体下滑速度的装置及方法	发明	ZL202211077694.X	2023 年 10 月 10 日
158	一种清理水灾滑坡体的机器人	发明	ZL202211043300.9	2023 年 7 月 11 日
159	一种用于修复路面的快速修复设备	发明	ZL202211078236.8	2023 年 10 月 27 日
160	一种用于升鱼机系统池体的水闸机构及升鱼方法	发明	ZL202210859424.8	2023 年 9 月 22 日
161	一种观光过鱼系统及过鱼方法	发明	ZL202210805623.0	2023 年 4 月 11 日
162	一种降低混凝土蜂窝麻面的浇筑设备及浇筑方法	发明	ZL202210318134.2	2023 年 10 月 3 日
163	一种用于沙漠地区的装配式混凝土墙板	发明	ZL202210670207.4	2023 年 8 月 25 日
164	一种固废处置场的调节池防渗膜保护结构	发明	ZL202210689575.3	2023 年 10 月 31 日
165	一种半潜式平台立柱上弧形壁板的加工装置	发明	ZL202210492064.2	2023 年 11 月 28 日
166	一种高地温公路隧道隔热路面结构	发明	ZL202111490592.6	2023 年 10 月 3 日
167	一种管网管道漏损快速修复方法	发明	ZL202210451249.9	2023 年 11 月 14 日
168	一种根据水位变幅自动升降的浮动式分层取水闸门装置	发明	ZL202210237874.3	2023 年 12 月 29 日
169	一种漂浮式海上风力发电设备用浮体	发明	ZL202210439308.0	2023 年 11 月 28 日
170	一种超高延性混凝土的制备工艺	发明	ZL202210232354.3	2023 年 11 月 28 日
171	一种抗台风型漂浮式风机	发明	ZL202210439314.6	2023 年 11 月 28 日
172	一种半潜式平台的浮筒建造工艺及其加工装置	发明	ZL202210302243.5	2023 年 10 月 3 日
173	一种具备旅游观赏功能的过鱼系统及过鱼方法	发明	ZL202210487766.1	2023 年 1 月 20 日
174	快速精确定双缸后拉式液压机上铰点中心位置的方法	发明	ZL202210157181.3	2023 年 8 月 1 日
175	引水隧洞止水铜片固定装置	发明	ZL202210188022.X	2023 年 12 月 8 日
176	一种降低混凝土蜂窝麻面的振捣装置及振捣方法	发明	ZL202210317749.3	2023 年 8 月 25 日
177	一种拱形超高延性混凝土实验样品竖向载力测试装置	发明	ZL202111641616.3	2023 年 9 月 22 日
178	一种长下坡路段紧急避险车道系统及车辆避险方法	发明	ZL202210025993.2	2023 年 2 月 28 日
179	一种受陡缓倾角控制的碎裂松动岩体边坡稳定性分析方法	发明	ZL202111662044.7	2023 年 1 月 24 日
180	一种进口可移动的岸坡嵌入式过鱼系统	发明	ZL202210090109.3	2023 年 4 月 11 日
181	一种碾压混凝土坝跨孔快速施工方法	发明	ZL202111675257.3	2023 年 9 月 22 日
182	一种堤坝边缘防水连接体及其施工方法	发明	ZL202111633320.7	2023 年 3 月 31 日
183	一种水电站裂隙冲洗设备	发明	ZL202111530133.6	2023 年 4 月 18 日
184	一种隧道施工用注浆装置	发明	ZL202111539859.6	2023 年 12 月 19 日
185	一种泄放生态流量与闸门充水平压的消能控流装置	发明	ZL202111668410.X	2023 年 10 月 13 日
186	一种城市主干道路横断面优化系统及雨水处理方法	发明	ZL202110897491.4	2023 年 3 月 24 日
187	一种用于钢结构的"S"型节点	发明	ZL202111654490.3	2023 年 5 月 16 日
188	一种水电站涌水部位灌浆施工方法及灌浆设备	发明	ZL202111544104.5	2023 年 8 月 25 日
189	一种用于光伏电站的施工装置	发明	ZL202111408203.0	2023 年 11 月 28 日
190	一种可便携安装和拆除的岩石顶管管外自动清渣设备	发明	ZL202111433502.X	2023 年 6 月 6 日
191	一种电力工程用的电力设备移动装置	发明	ZL202111188297.5	2023 年 4 月 11 日

续表

序号	专利名称	专利类型	专利号	授权公告日
192	一种低能耗农村雨污水生态化利用处理系统	发明	ZL202111069288.4	2023 年 5 月 12 日
193	一种基于雨污分流市政道路初期雨水收集装置	发明	ZL202110826262.3	2023 年 1 月 20 日
194	一种水光互补能源基地抑制低频振荡的方法	发明	ZL202110796793.2	2023 年 8 月 8 日
195	一种高耸混凝土结构中钢梯改造为混凝土楼梯的方法	发明	ZL202110660200.X	2023 年 5 月 9 日
196	一种降低环境变化影响的山区风电叶片	发明	ZL202110772185.8	2023 年 4 月 7 日
197	一种田园景观型生态沟渠用氮磷拦截装置	发明	ZL202110559533.3	2023 年 3 月 3 日
198	一种水工隧洞底板抗冲耐磨混凝土施工方法	发明	ZL202110612137.2	2023 年 4 月 11 日
199	一种将二维地质剖面转换为 FLAC3D 计算模型的方法	发明	ZL202110567223.6	2023 年 6 月 20 日
200	一种现场原级配堆石料力学参数推测方法	发明	ZL202110467299.1	2023 年 3 月 28 日
201	一种诱导堆积体滑坡的结构及其施工方法	发明	ZL202110282399.7	2023 年 1 月 24 日
202	一种渣库渗漏通道口的电法测试方法	发明	ZL202110270487.5	2023 年 12 月 12 日
203	一种网格状刚性填埋场运行期防雨装置及方法	发明	ZL202110224920.1	2023 年 1 月 20 日
204	一种光伏发电用太阳能集成板装配结构	发明	ZL202011592170.5	2023 年 3 月 31 日
205	一种便于疏通的可装卸式隧道侧壁泄水孔装置	发明	ZL202011085214.5	2023 年 7 月 18 日
206	一种用于中硬及以上均质地层的胎体 PDC 取心钻头	发明	ZL202011186955.2	2023 年 3 月 24 日
207	复杂电网下便捷判断水光互补一体化光伏规模的方法	发明	ZL202011038158.X	2023 年 11 月 17 日
208	一种隧道初期支护与防排水联合系统及施工方法	发明	ZL202011171507.5	2023 年 1 月 31 日
209	一种原位检测挤压边墙抗压强度的试验装置及方法	发明	ZL202010489465.3	2023 年 8 月 4 日
210	一种用于监测隧道开挖地表脱空的装置及安装方法	发明	ZL202010291776.9	2023 年 11 月 21 日
211	一种多级放空洞仿真模拟调试系统及仿真模拟调试方法	发明	ZL202010099324.0	2023 年 2 月 28 日
212	抗滑桩设计中倾斜滑面滑坡剩余下滑力计算方法	发明	ZL201911168266.6	2023 年 8 月 1 日
213	一种高坝泄流挑流水舌的变密度三维仿真方法	发明	ZL201911162427.0	2023 年 9 月 29 日
214	基于含空间位置信息极点等密图的结构面间距的计算方法	发明	ZL201910746335.0	2023 年 5 月 16 日
215	一种拦截净化面源污染的湖滨带及其构建方法	发明	ZL201910290698.8	2023 年 11 月 21 日
216	一种岩溶地区的洼地—泉水系统水均衡计算方法	发明	ZL201910276336.3	2023 年 5 月 23 日
217	一种土工膜心墙防渗体加固结构	发明	ZL201811545099.8	2023 年 9 月 26 日
218	一种仿自然过鱼通道结构及其设计方法	发明	ZL201811526225.5	2023 年 10 月 31 日
219	一种多用途的鱼类增殖站野化训练系统及使用方法	发明	ZL201811198435.6	2023 年 9 月 26 日
220	一种深层取水系统及其操作方法	发明	ZL201811569922.9	2023 年 9 月 22 日
221	一种水文地质钻探同径多次抽水装置及使用方法	发明	ZL201910080199.6	2023 年 5 月 16 日
222	一种水文地质勘探用止压力水塞子及使用方法	发明	ZL201910080180.1	2023 年 7 月 25 日
223	一种低层导流洞挡水结构及封堵方法	发明	ZL201811569883.2	2023 年 9 月 26 日
224	一种高压大流量地下水超前封堵结构及封堵方法	发明	ZL201811559932.4	2023 年 9 月 19 日
225	一种水利工程排水装置及其使用方法	发明	ZL201811495317.1	2023 年 9 月 22 日
226	一种用于水坝闸门系统的排沙装置	发明	ZL201811592429.9	2023 年 10 月 27 日
227	一种市政园林用雨水收集装置	发明	ZL201811504463.6	2023 年 10 月 27 日

续表

序号	专利名称	专利类型	专利号	授权公告日
228	一种土工膜与混凝土墙连接部位的加固结构和施工方法	发明	ZL201811473954.9	2023年11月21日
229	一种具有鱼类趋流性研究功能的集鱼堰系统	发明	ZL201811465772.7	2023年10月31日
230	一种高拦污栅的栅槽结构及清污方法	发明	ZL201811505267.0	2023年8月22日
231	一种尾水冷却器检修闸门的改进方法及水封结构	发明	ZL201811505218.7	2023年11月14日
232	一种尾水洞检修闸门的锁定方法及装置	发明	ZL201811506476.7	2023年11月14日
233	一种提高工程地质勘察压水试验准确度的方法及装置	发明	ZL201811192057.0	2023年5月2日
234	一种岩土地质勘察深度的测量方法及装置	发明	ZL201811191255.5	2023年5月9日
235	一种岩质边坡非预应力锚索有效锚固长度的计算方法	发明	ZL201810906304.2	2023年5月26日
236	一种收集积水和洒水的推车	发明	ZL201810801540.8	2023年8月4日
237	一种水轮机运转特性曲线效率值读取方法	发明	ZL201810488822.7	2023年4月25日
238	一种水电工程三维动画的制作方法	发明	ZL201810568291.2	2023年6月20日
239	一种堆石坝坝身溢洪道阻滑结构	发明	ZL201810801661.2	2023年10月31日
240	一种兼顾交通功能的上游围堰加高方法及结构	发明	ZL201810765453.1	2023年10月31日
241	一种可调节油缸防挠托架	发明	ZL201810765434.9	2023年10月17日
242	一种用于饱和高填方路基处理的方法	发明	ZL201810557007.1	2023年8月25日
243	一种用于覆盖层地基上的尾水渠结构	发明	ZL201810568327.7	2023年10月27日
244	一种海绵城市用复合地基结构	发明	ZL201810643784.8	2023年10月3日
245	一种用于海绵城市的透水装置	发明	ZL201810479818.4	2023年10月3日
246	一种坝身过滤结合坝顶溢流的生态蓄水坝结构	发明	ZL201810555531.5	2023年10月3日
247	一种生态装配式框架支护形式的构建方法	发明	ZL201810592682.8	2023年8月15日
248	一种竖井防坠装置	发明	ZL201810525165.9	2023年10月27日
249	一种垂直式液压机吊头与闸门吊耳的连接结构	发明	ZL201810326805.3	2023年3月24日
250	一种高窄大孔口进水闸门排水方法及装置	发明	ZL201810327258.0	2023年4月7日
251	一种兼具大小泄量的泄槽结构	发明	ZL201810327458.6	2023年3月24日
252	一种防止启闭机活塞杆在启闭过程中弯曲的方法及装置	发明	ZL201711440915.4	2023年2月24日
253	一种降低滑坡涌浪对大坝危害的方法及装置	发明	ZL201711376913.3	2023年2月28日
254	一种尾水洞检修闸门的锁定方法及结构	发明	ZL201711485240.5	2023年1月24日
255	一种纵向水平位移计锚固端安装结构及施工方法	发明	ZL201711434058.7	2023年3月14日
256	一种水电站出线锚点锚固方法及结构	发明	ZL201711384258.6	2023年3月14日
257	一种生态取水口圆锥形拦污栅	发明	ZL201711072768.X	2023年2月28日
258	一种悬挂漂浮式拦污装置	发明	ZL201710943606.2	2023年3月14日
259	一种小孔口整体铸造平面滑动式拦污栅	发明	ZL201711070388.2	2023年2月24日
260	一种生态取水口拦污装置	发明	ZL201711072750.X	2023年3月24日
261	一种用于岩体管廊结构	发明	ZL201710678573.3	2023年8月22日
262	采用卡扣连接的碾压混凝土坝内预制廊道结构及实现方法	发明	ZL201710774153.5	2023年4月7日
263	一种弹性地基上梁的计算方法	发明	ZL201710443667.2	2023年7月18日
264	一种双向平面闸门止水装置的改进方法及装置	发明	ZL201610276760.4	2023年4月25日

续表

序号	专利名称	专利类型	专利号	授权公告日
265	一种水利工程闸门区域水质水量检测设备	发明	ZL201710611813.8	2023 年 8 月 4 日
266	一种位移传感器立式智能检验仪及检测方法	发明	ZL201710530066.5	2023 年 6 月 27 日
267	一种油缸悬挂装置的改进方法及可拆卸油缸悬挂装置	发明	ZL201610120043.2	2023 年 10 月 20 日
268	一种小孔口整体铸造潜孔弧门	发明	ZL201710464560.6	2023 年 3 月 31 日
269	轮辐式分级压力检测装置	发明	ZL201710451437.0	2023 年 10 月 31 日
270	一种高窄大孔口主纵梁潜孔弧门的制作方法及结构	发明	ZL201710317312.9	2023 年 3 月 28 日
271	一种水下建筑物摄像装置及摄像方法	发明	ZL201710249476.2	2023 年 7 月 18 日
272	基于钻杆内管水位的深岩溶渗漏通道探测结构及方法	发明	ZL201610702187.9	2023 年 3 月 21 日
273	一种超磁致伸缩钻孔变模测量探头及测量方法	发明	ZL201610768213.8	2023 年 3 月 24 日
274	钻孔勘探多档位绞车	外观设计	ZL202230689630.X	2023 年 2 月 28 日

（中国电建集团贵阳勘测设计研究院有限公司　张栋）

中国水利水电第一工程局有限公司
2023 年度获得国家授权专利情况

2023 年，中国水利水电第一工程局有限公司获得国家授权专利 166 项，其中实用新型专利 165 项，发明专利 1 项，发明专利情况见表 1。

表 1　　中国水利水电第一工程局有限公司 2023 年度获得国家授权发明专利情况

序号	专利名称	专利类型	专利号	授权日期
1	一种预制装配式分段盖梁的安装支架及其使用方法	发明	202211120840.2	2023 年 3 月 14 日

（中国水利水电第一工程局有限公司）

中国水利水电第三工程局有限公司
2023 年度获得国家授权专利及软件
著作权登记证书情况

中国水利水电第三工程局有限公司 2023 年度获得国家授权专利 222 件，其中实用新型专利 184 件，发明专利 37 件，外观设计 1 件，发明及外观设计专利情况见表 1。

表 1　　中国水利水电第三工程局有限公司 2023 年度获得国家授权发明及外观设计专利情况

序号	专利名称	专利类型	专利号	授权日期
1	一种斜井 S 弯全断面衬砌模板系统及衬砌施工方法	发明	202210909553.3	2023 年 2 月 14 日
2	一种 TBM 刀盘及 TBM	发明	202011417965.2	2023 年 2 月 24 日
3	一种小孔径隧道衬砌施工体系及方法	发明	202210310931.6	2023 年 2 月 28 日
4	一种采空区多级分段精准充灌深成桩施工方法	发明	202111157942.7	2023 年 3 月 10 日
5	一种不良地质段斜井反拉扩孔施工卡钻处理方法	发明	202111670020.6	2023 年 3 月 21 日
6	一种公路工程筑路用土取样装置	发明	202211188532.3	2023 年 4 月 14 日
7	一种蓄能电站压力钢管集水槽钢安装装置及方法	发明	201811318789.X	2023 年 4 月 18 日

续表

序号	专利名称	专利类型	专利号	授权日期
8	一种敞开式 TBM 主机无扩洞式洞内拆卸方法	发明	202110887769.X	2023 年 4 月 25 日
9	一种无缝结构的抗裂装置	发明	202210739163.6	2023 年 5 月 2 日
10	高层建筑混凝土结构二次优化施工方法	发明	202211368422.5	2023 年 5 月 5 日
11	压力钢管纵缝焊接及焊缝探伤检验操作装置及其使用方法	发明	201711319892.1	2023 年 5 月 12 日
12	一种河道堤坝生态护坡结构	发明	202210799174.3	2023 年 5 月 12 日
13	一种防水卷材定位固定夹具	发明	202011403281.7	2023 年 5 月 12 日
14	超高层建筑深基坑地基与支护施工方法	发明	202211384854.5	2023 年 5 月 23 日
15	一种用于桥梁基桩的施工工艺以及装置	发明	202210982130.4	2023 年 5 月 23 日
16	一种大型钢管预弯模具更换装置及方法	发明	201811316060.9	2023 年 5 月 26 日
17	砂石料加工用脉冲筒式除尘器	发明	202210636099.9	2023 年 6 月 16 日
18	一种竖井钢管安装对中测量装置及方法	发明	201910865991.2	2023 年 6 月 23 日
19	一种桥梁施工用淤泥清理装置	发明	202011454152.0	2023 年 6 月 27 日
20	一种老旧工业厂区岩土控制爆破方法	发明	202211495143.5	2023 年 6 月 27 日
21	一种异形钢管加劲环安装固定结构及方法	发明	201910865252.3	2023 年 6 月 30 日
22	适用于丹霞地貌地区的帷幕灌浆施工方法	发明	202211380498.X	2023 年 7 月 7 日
23	一种可模拟改良剂注入的土压平衡盾构防喷涌试验装置	发明	202211418635.4	2023 年 9 月 19 日
24	一种空调室外机安装装置及方法	发明	201811316403.1	2023 年 10 月 3 日
25	一种抗硫酸盐侵蚀植物纤维混凝土及其制备方法	发明	202310573926.9	2023 年 10 月 20 日
26	一种大坝、库盆垫层面板混凝土横纵滑模结合施工方法	发明	202310528650.2	2023 年 10 月 20 日
27	一种钻孔灌注桩深基坑支护结构	发明	202210858674.X	2023 年 10 月 24 日
28	一种预留洞施工装置	发明	202210930998.X	2023 年 10 月 24 日
29	一种复杂地形条件下压力钢管拆除安装方法	发明	202111024581.9	2023 年 10 月 31 日
30	一种大坝、水库库盆面板混凝土滑模衬砌机	发明	202310533700.6	2023 年 11 月 3 日
31	墩群翻模快速周转施工方法	发明	202310308397.X	2023 年 11 月 7 日
32	一种大型门机负荷试验装置及方法	发明	201910049245.6	2023 年 11 月 10 日
33	一种洞内压力钢管过交叉口的回转装置及方法	发明	201811302956.1	2023 年 11 月 17 日
34	一种用于引水渠道护坡衬砌的砂浆勾缝装置及其使用方法	发明	202310323812.9	2023 年 11 月 24 日
35	一种清水混凝土外观质量评价方法	发明	202011154621.7	2023 年 11 月 24 日
36	一种旋挖钻钻孔灌注桩桩板墙施工方法	发明	202310315856.7	2023 年 12 月 5 日
37	一种附着升降施工平台用快速组合爬梯	发明	202210739149.6	2023 年 12 月 6 日
38	法式建筑八角钢穹顶	外观设计	202230648163.6	2023 年 1 月 3 日

由中国水利水电第三工程局有限公司完成的 6 项计算机软件，2023 年取得国家版权局颁发的计算机软件著作权登记证书，有关情况见表 2。

表 2 　中国水利水电第三工程局有限公司 2023 年度软件著作权登记证书情况

序号	软件名称	登记号	登记日期	证书号
1	基于 BIM 的建筑工程施工平面布置软件 V1.0	2023SR0195489	2023 年 2 月 2 日	软著登字第 10782660 号
2	招投标保证金管理系统 V1.0	2023SR0130346	2023 年 1 月 20 日	软著登字第 10717517 号

序号	软件名称	登记号	登记日期	证书号
3	设备租赁管理软件系统 V1.0	2023SR0130347	2023 年 1 月 20 日	软著登字第 10717518 号
4	招标履约管理软件系统 V1.0	2023SR0398754	2023 年 3 月 27 日	软著登字第 10985925 号
5	专家评审软件管理系统 V1.0	2023SR0398694	2023 年 3 月 27 日	软著登字第 10985865 号
6	高铁项目智能化调度管理软件 V1.0	2023SR0550321	2023 年 5 月 18 日	软著登字第 11137492 号

（中国水利水电第三工程局有限公司　刘雅晨　王梦泽）

中国水利水电第四工程局有限公司
2023 年度获得国家授权专利情况

　　中国水利水电第四工程局有限公司 2023 年度获得国家授权专利 282 件，其中发明专利 31 件，实用新型专利 251 件，发明专利有关情况见表1。

表1　　　　中国水利水电第四工程局有限公司 2022 年度获得国家授权专利情况

序号	专利名称	专利号	专利类型	授权公告日
1	一种光伏支架基础预埋螺栓的焊接安装装置	202210558563.7	发明	2023 年 9 月 19 日
2	一种淤泥快速固化剂及其制备方法和应用	202211098456.7	发明	2023 年 7 月 21 日
3	一种海相泥浆改性阻隔海水离子侵蚀桥梁桩基的测试方法	202111108795.4	发明	2023 年 12 月 22 日
4	一种复杂地形小口径管道焊接辅助对正套装支架	202210444479.2	发明	2023 年 3 月 24 日
5	一种黄土山地地区人饮管道管材二次运输设备	202210497644.0	发明	2023 年 5 月 16 日
6	一种综合管廊用管道运输车	202210943590.6	发明	2023 年 6 月 16 日
7	一种抗震抗滑多层水闸结构	202211705480.2	发明	2023 年 6 月 30 日
8	一种用于光伏支架桩基施工的辅助设备	202310001351.3	发明	2023 年 7 月 21 日
9	一种水利工程用环保绿化型护坡装置	202211705482.1	发明	2023 年 10 月 13 日
10	一种隧道开挖支护结构及该支护结构的施工方法	201710390683.X	发明	2023 年 2 月 6 日
11	深厚淤泥地层中 U 型成槽监测装置	202110684126.5	发明	2023 年 4 月 11 日
12	一种土压平衡盾构机盾尾漏水漏沙临时处理方法	202111339150.1	发明	2023 年 6 月 27 日
13	一种建筑运输车爬坡辅助装置	202310295123.1	发明	2023 年 10 月 17 日
14	一种建筑装载用机械吊篮	202310317528.0	发明	2023 年 7 月 28 日
15	一种六等分钢管加劲环组拼设备	202110140208.3	发明	2023 年 1 月 6 日
16	一种风力发电场施工用地下强固预埋件	202111410892.9	发明	2023 年 2 月 3 日
17	一种施工建造用工字钢梁翻转装置	202110428643.6	发明	2023 年 2 月 24 日
18	一种水电站弧形闸门门叶反向拼装方法及专用工装	201710938745.6	发明	2023 年 4 月 18 日
19	一种门槽埋件主轨侧护板焊接工装	202111031825.6	发明	2023 年 5 月 16 日
20	一种风电场塔筒安装定位装置	202111364173.8	发明	2023 年 6 月 6 日
21	一种用于平单轴跟踪系统中的主轴连接结构	201710263697.5	发明	2023 年 8 月 25 日
22	一种风电发电塔筒圆度检测装置	202111392740.0	发明	2023 年 8 月 18 日
23	一种光伏电站施工用防止堆叠碰撞的光伏板转运装置	202310302573.9	发明	2023 年 9 月 26 日
24	一种适用于多型塔筒的存放托架	202210395307.0	发明	2023 年 10 月 31 日

续表

序号	专利名称	专利号	专利类型	授权公告日
25	一种光伏发电机的抗振散热安装座	202111329052.X	发明	2023年9月26日
26	一种平单轴跟踪系统中太阳能光伏板压紧用固定结构	201710263698.X	发明	2023年10月3日
27	一种导管架基础海上风电塔架底塔防腐结构	202210845018.6	发明	2023年10月31日
28	一种具有排水功能的多角度光伏发电板安装支架	202111329045.X	发明	2023年11月24日
29	一种防煤矿溃水溃沙固化煤层治理方法	202111227878.5	发明	2023年4月7日
30	一种快速、高效的大型水轮发电机组下机架预装方法	202211346367.X	发明	2023年5月16日
31	一种发电机定子线棒吊装装置	202310208428.4	发明	2023年10月10日

（中国水利水电第四工程局有限公司　雷永红　董涛）

中国水利水电第五工程局有限公司 2023年度获得国家授权专利和软件 著作权登记证书情况

中国水利水电第五工程局有限公司2023年度获得国家授权专利207项，其中实用新型专利188项，发明专利15项，外观设计专利4项。发明专利及外观设计专利见表1。

表1　中国水利水电第五工程局有限公司2023年度获得国家授权发明及外观设计专利情况

序列	专利名称	专利类型	专利号	授权公告日
1	一种针梁台车上预埋灌浆钻孔的导向定位装置	发明	ZL201710695425.2	2023年10月27日
2	一种大坝垫层料摊压机	发明	ZL201710351656.1	2023年1月31日
3	一种放炮后尘土及炮烟有害物质清除装置	发明	ZL201710580112.2	2023年10月27日
4	一种高土坝不均匀砾石土料掺混方法、系统及筛分方法	发明	ZL202210945177.3	2023年8月25日
5	一种盾构台车二次注浆机气动搅拌罐	发明	ZL202111150996.0	2023年5月30日
6	一种隧洞污水絮凝处理系统	发明	ZL202110545964.4	2023年3月14日
7	一种房建剪力墙施工轻质钢筋卡具	发明	ZL202210488809.8	2023年11月10日
8	一种滚偏摆锤驱动弹片塑性压槽装置	发明	ZL202210064541.5	2023年11月10日
9	一种基于充泥管袋的感潮区围堤施工方法	发明	ZL202111401876.3	2023年2月3日
10	一种高架桥曲线段钢箱梁支持体系在既有桥梁上施工方法	发明	ZL202111332339.8	2023年3月21日
11	使用台车装置铺设防水板和安装二衬钢筋的施工方法	发明	ZL202110029478.7	2023年3月31日
12	铜止水自动填充机	发明	ZL201810397668.2	2023年8月29日
13	一种混凝土面板浇筑表面保温材料铺设装置	发明	ZL201810382735.5	2023年9月26日
14	一种路拌法一体化智能施工装置	发明	ZL201711415666.3	2023年10月20日
15	一种防渗土工膜垫层中混凝土与土石回填区的过渡结构	发明	ZL201710373503.7	2023年1月20日
16	止漏环安拆架	外观设计	ZL202330460571.3	2023年12月22日
17	砂的相对密度检测仪	外观设计	ZL202230605559.2	2023年1月20日
18	运输车（水电站压力钢管运输专用）	外观设计	ZL202230536432.X	2023年1月20日
19	安装调整支架（用于主进水球阀连接管安装）	外观设计	ZL202230359507.1	2023年1月20日

中国水利水电第五工程局有限公司完成的44项软件成果，2023年度获得中华人民共和国国家版权局颁发的计算机软件著作权登记证书，有关情况见表2。

表 2 中国水利水电第五工程局有限公司 2023 年度获得的计算机软件著作权证书情况表

序号	软件著作权名称	登记号	登记日期	登记证书号
1	砂石加工生产系统技术资料管理软件 V1.0	2023SR1756638	2023 年 12 月 25 日	软著登字第 12343811 号
2	水文气象数据融合及应用平台	2023SR1753166	2023 年 12 月 25 日	软著登字第 12340339 号
3	钢丝绳受力及强度验算软件	2023SR1749351	2023 年 12 月 25 日	软著登字第 12336524 号
4	爆破参数计算软件	2023SR1746664	2023 年 12 月 25 日	软著登字第 12333837 号
5	砂石加工成品料销售系统	2023SR1744475	2023 年 12 月 25 日	软著登字第 12331648 号
6	机电设备安装监测与管理系统软件	2023SR1751189	2023 年 12 月 25 日	软著登字第 12338362 号
7	机电设备安装与维护数据管理系统软件	2023SR1753830	2023 年 12 月 25 日	软著登字第 12341003 号
8	水利工程智能监控与预警系统	2023SR1747561	2023 年 12 月 25 日	软著登字第 12334734 号
9	抽水蓄能电站洞室通风风机控制系统	2023SR1548231	2023 年 12 月 6 日	软著登字第 12135404 号
10	砂石加工生产现场环境监控系统	2023SR1554540	2023 年 12 月 4 日	软著登字第 12141713 号
11	基于岩土体材料特性的土质边坡稳定性分析软件	2023SR1559771	2023 年 12 月 4 日	软著登字第 12146944 号
12	地基承载力计算软件	2023SR1547249	2023 年 12 月 1 日	软著登字第 12134422 号
13	基于可靠度的隧道围岩安全评估软件	2023SR1549462	2023 年 12 月 1 日	软著登字第 12136635 号
14	脚手架纵向水平杆支座反力计算软件	2023SR1552361	2023 年 12 月 1 日	软著登字第 12139534 号
15	脚手架纵向水平杆挠度验算软件	2023SR1547277	2023 年 12 月 1 日	软著登字第 12134450 号
16	主数据分发数据标识自动更新软件	2023SR1394272	2023 年 11 月 7 日	软著登字第 11981445 号
17	水利工程安全评估与风险预警系统	2023SR1279073	2023 年 10 月 23 日	软著登字第 11866246 号
18	抽水蓄能电站工程周转材料共享调拨系统	2023SR1271753	2023 年 10 月 20 日	软著登字第 11858926 号
19	抽水蓄能电站工程现场施工日志搜集管理系统	2023SR1271934	2023 年 10 月 20 日	软著登字第 11858926 号
20	地铁冷源监测与控制系统	2023SR1270278	2023 年 10 月 20 日	软著登字第 11857451 号
21	脚手架纵向水平杆抗弯验算软件	2023SR1272290	2023 年 10 月 20 日	软著登字第 11859463 号
22	机电设备安装质量检测系统	2023SR1265200	2023 年 10 月 19 日	软著登字第 11852373 号
23	抽水蓄能电站地下厂房开挖进度管理系统	2023SR1265074	2023 年 10 月 19 日	软著登字第 11852247 号
24	抽水蓄能电站施工人员安全防护平台管理系统	2023SR1167237	2023 年 9 月 27 日	软著登字第 11754410 号
25	超高层建筑施工进度控制系统	2023SR1022323	2023 年 9 月 6 日	软著登字第 11609496 号
26	水电站运行数据可视化分析系统	2023SR1022410	2023 年 9 月 6 日	软著登字第 11609583 号
27	光伏电站缺陷检测与诊断系统	2023SR1017846	2023 年 9 月 5 日	软著登字第 11605019 号
28	抽水蓄能电站地下洞室群智能化排水控制系统	2023SR1017372	2023 年 9 月 5 日	软著登字第 11604545 号
29	水电站大直径压力钢管安装进度控制系统	2023SR0762761	2023 年 7 月 11 日	软著登字第 11349932 号
30	水利水电 BIM 施工设计分析软件	2023SR0762793	2023 年 6 月 30 日	软著登字第 11349964 号
31	抽水蓄能电站地下洞室环境监测系统	2023SR0761967	2023 年 6 月 30 日	软著登字第 11349138 号
32	抽水蓄能电站混凝土配合比管理软件	2023SR0762757	2023 年 6 月 30 日	软著登字第 11349928 号
33	抽水蓄能电站地下洞室施工方案管理系统	2023SR0762798	2023 年 6 月 30 日	软著登字第 11349969 号
34	风电功率预测智能化分析软件	2023SR0762791	2023 年 6 月 30 日	软著登字第 11349962 号
35	抽水蓄能工程项目资料管理软件	2023SR0762762	2023 年 6 月 30 日	软著登字第 11349933 号
36	超大跨度地铁车站隧道防水板铺设质量检测系统 V1.0	2023SR0593989	2023 年 6 月 8 日	软著登字第 11181160 号

序号	软件著作权名称	登记号	登记日期	登记证书号
37	超大跨度地铁车站隧道衬砌大体积混凝土水化热温度自动控制系统 V1.0	2023SR0584463	2023 年 6 月 6 日	软著登字第 11171634 号
38	工地设备管理系统	2023SR0417192	2023 年 3 月 30 日	软著登字第 11004363 号
39	地下工程项目部劳务信息管理系统	2023SR0417191	2023 年 3 月 30 日	软著登字第 11004362 号
40	航电枢纽工程施工现场可视化管控平台	2023SR0417190	2023 年 3 月 30 日	软著登字第 11004361 号
41	建筑施工资料管理系统	2023SR0417189	2023 年 3 月 30 日	软著登字第 11004360 号
42	SHB5BIM_ExportLayers 软件	2023SR0246158	2023 年 2 月 24 日	软著登字第 10833329 号
43	施工现场试验室物料管理系统	2023SR0241018	2023 年 2 月 14 日	软著登字第 10828189 号
44	测量放线数据采集记录系统	2023SR0241020	2023 年 2 月 14 日	软著登字第 10828191 号

（中国水利水电第五工程局有限公司　袁幸朝）

中国水利水电第六工程局有限公司 2023 年度获得国家授权专利和软件著作权登记证书情况

中国水利水电第六工程局有限公司 2023 年度获得国家授权专利 165 件，其中发明专利 21 件，实用新型专利 144 件，发明专利情况见表 1。

表 1　　中国水利水电第六工程局有限公司 2023 年度获得国家授权发明专利情况

序号	专利名称	专利类型	专利号	授权日期
1	适用于自动焊的短管固定工具	发明	ZL202110859969.4	2023 年 3 月 14 日
2	一种大直径竖井开挖爆破炮孔布置方法	发明	ZL202110563755.2	2023 年 5 月 12 日
3	导流洞混凝土运输装置	发明	ZL202111106108.5	2023 年 4 月 25 日
4	盾构区间降水施工工法	发明	ZL202210375313X	2023 年 5 月 5 日
5	拉模施工装置	发明	ZL202210451882.8	2023 年 4 月 28 日
6	深基坑降水施工结构及施工方法	发明	ZL2022104117273	2023 年 5 月 9 日
7	压力钢管加劲环制作施工方法	发明	ZL202111078153.4	2023 年 4 月 25 日
8	盾构施工装置	发明	ZL202210340053.2	22023 年 5 月 23 日
9	座环打磨装置	发明	ZL202111148017.8	2023 年 6 月 6 日
10	一种多层地下空间开挖支护的施工方法	发明	ZL202110396627.3	2023 年 8 月 1 日
11	混凝土输送系统	发明	ZL202211151938.4	2023 年 6 月 16 日
12	一种接地预留端子模板免开孔施工方法	发明	ZL202210727324.X	2023 年 8 月 4 日
13	水轮发电机转子磁轭加热方法	发明	ZL202111148057.2	2023 年 7 月 25 日
14	基于 BIM 的预制管路生产管理系统	发明	ZL202110830683.3	2023 年 7 月 25 日
15	一种复合支撑拱受力体加强支护方法	发明	ZL202111307802.3	2023 年 8 月 4 日
16	用于辅助管路焊接的固定装置	发明	ZL202110858246.2	2023 年 8 月 15 日
17	一种大直径竖井开挖支护施工方法	发明	ZL202110500310.X	2023 年 11 月 14 日
18	一种定向钻回拖施工中防止钻杆回弹的工装及其使用方法	发明	ZL201810295491.5	2023 年 9 月 29 日

续表

序号	专利名称	专利类型	专利号	授权日期
19	土石坝料压实质量评价方法	发明	ZL202110700076.5	2023 年 2 月 7 日
20	一种湖泊底泥污染修复活性材料及其应用	发明	ZL202210158841.X	2023 年 11 月 17 日
21	基于 BIM 的电缆敷设方法	发明	ZL202111148016.3	2023 年 12 月 19 日

由中国水利水电第六工程局有限公司完成的 5 项软件成果，2023 年度获得中华人民共和国国家版权局颁布的计算机软件著作权登记证书，有关情况见表 2。

表 2　中国水利水电第六工程局有限公司 2023 年度获得的计算机软件著作权证书情况

序号	软件著作权名称	登记号	登记日期	登记证书号
1	水电六局焊接智能监测控制系统 V1.0	2023SR0070679	2023 年 1 月 12 日	软著登字第 10657850 号
2	基于 BIM 的施工现场质量安全管理系统 V1.0	2023SR1150055	2023 年 9 月 25 日	软著登字第 11737228 号
3	数字钢筋加工管理系统 V1.0	2023SR1272798	2023 年 10 月 20 日	软著登字第 11859971 号
4	项目精细化管理系统 V3.0	2023SR1635847	2023 年 12 月 14 日	软著登字第 12223020 号
5	抽水蓄能电站数字化施工管理系统 V1.0	2023SR1634506	2023 年 12 月 14 日	软著登字第 12221679 号

（中国水利水电第六工程局有限公司　何金星）

中国水利水电第七工程局有限公司 2023 年度获得国家授权专利和软件著作权登记证书情况

中国水利水电第七工程局有限公司 2023 年度获得国家授权专利 340 件，其中发明专利 76 件，（含国际专利 1 项），实用新型专利件 263 件，外观设计专利 1 项，发明及外观专利详细情况见表 1。

表 1　中国水利水电第七工程局有限公司 2023 年度获得国家授权专利情况

序号	专利名称	专利类别	专利号	授权时间
1	中空夹层钢管混凝土支撑系统及其施工方法	发明	ZL202210720763.8	2023 年 6 月 13 日
2	一种钻孔灌注桩长护筒安装工艺的改进方法	发明	ZL202210132355.0	2023 年 10 月 20 日
3	一种可移动式混凝土旋转分料系统	发明	ZL201811161163.2	2023 年 12 月 29 日
4	一种自动定位压实度无损检测车	发明	ZL202310673470.3	2023 年 8 月 29 日
5	一种装配式机场铺面体系设置方法	发明	ZL202210094338.2	2023 年 6 月 2 日
6	一种整体式变截面空心墩爬模	发明	ZL202211361391.0	2023 年 6 月 16 日
7	一种振冲桩反滤层施工方法	发明	ZL202111649012.3	2023 年 5 月 16 日
8	一种闸门分段启闭方法及其启闭装置	发明	ZL201710755399.8	2023 年 7 月 28 日
9	自清洗温度计、清洗筒及自清洗温度计控制方法	发明	ZL202011043705.3	2023 年 6 月 27 日
10	一种淤泥质土条件下平原临河库盆递进开挖的施工方法	发明	ZL202210510812.5	2023 年 5 月 16 日
11	一种用于制备高早强低回弹混凝土的交联单体制备方法	发明	ZL202310191849.0	2023 年 12 月 1 日
12	一种用于降低喷射混凝土回弹组合物的制备及使用方法	发明	ZL202210750922.9	2023 年 5 月 2 日
13	一种用于监测垂直预埋管的防水装置及其施工方法	发明	ZL201910204520.7	2023 年 12 月 15 日
14	一种用于固定预制梁桥面泄水管的装置	发明	ZL201710677032.9	2023 年 5 月 5 日
15	一种用于超高早强喷射混凝土的缓释型添加剂及其制备方法	发明	ZL202210786449.X	2023 年 4 月 7 日

续表

序号	专利名称	专利类别	专利号	授权时间
16	一种压力钢管安装移动式自动化压缝车	发明	ZL201710407474.1	2023 年 9 月 19 日
17	一种污水管道中泥沙平均淤堵高度的确定方法	发明	ZL201911317111.4	2023 年 6 月 2 日
18	一种外加剂、应用该外加剂的水稳基层及其制备方法	发明	ZL202110872522.0	2023 年 7 月 21 日
19	一种土工膜机械摊铺焊接一体化作业设备及方法	发明	ZL202111650258.2	2023 年 10 月 3 日
20	一种陶粒研磨设备及吸音板原材料处理系统	发明	ZL202210621122.7	2023 年 12 月 8 日
21	一种隧洞工程监测数据的远程接口方法	发明	ZL202310815362.5	2023 年 9 月 22 日
22	一种隧道无轨自行式变质量平台车的重心位置动态计算方法	发明	ZL201910968739.4	2023 年 5 月 23 日
23	一种水下修补用抗分散自密实混凝土及其制备方法	发明	ZL202210787395.9	2023 年 4 月 7 日
24	一种双自锁步进式自行行走机构及控制方法	发明	ZL201810990007.0	2023 年 12 月 22 日
25	一种双壁钢管片的制造方法	发明	ZL202110375652.3	2023 年 3 月 3 日
26	一种竖井掘进机管片持住和掘进推进方法	发明	ZL202011585708.X	2023 年 7 月 14 日
27	一种手持式三维激光扫描测量堆石坝试坑体积方法	发明	ZL202110262956.9	2023 年 4 月 25 日
28	一种碾压混凝土压实质量实时可视化馈控方法	发明	ZL201910157043.3	2023 年 5 月 12 日
29	一种门槽成型施工方法	发明	ZL202210886857.2	2023 年 5 月 26 日
30	一种氯氧镁水泥改性剂及其制备方法和氯氧镁水泥	发明	ZL202111188643.X	2023 年 5 月 16 日
31	一种可制作多形式榫头的盾构隧道管片模具	发明	ZL201810832888.3	2023 年 6 月 23 日
32	一种可移动式电控盾构始发装置及其控制方法	发明	ZL202210590033.0	2023 年 5 月 30 日
33	一种可变式伸缩横移钢筋台车	发明	ZL201810069011.3	2023 年 5 月 19 日
34	一种架桥机适应小曲线架梁的锚固装置	发明	ZL201810560040.X	2023 年 9 月 8 日
35	一种基于自动全站仪的隧道净空自动检测方法	发明	ZL202310968533.8	2023 年 11 月 3 日
36	一种基于数值模拟的岩溶地层盾构隧道溶洞处理范围判断方法	发明	ZL202110198661.X	2023 年 6 月 2 日
37	一种基于三维圆心拟合的护筒校核方法、装置和设备	发明	ZL202310279252.1	2023 年 6 月 23 日
38	一种基于力反馈的塔式起重机操作虚拟培训系统	发明	ZL202110646775.6	2023 年 3 月 17 日
39	一种基于激光扫描的三维爆破可视化设计方法	发明	ZL201911316994.7	2023 年 6 月 16 日
40	一种基于多维信息的塔式起重机建模方法	发明	ZL202110646423.0	2023 年 6 月 16 日
41	一种基于点云数据的土石坝填筑实时坝面变形监测方法	发明	ZL202110575850.4	2023 年 7 月 28 日
42	一种基于 GA-BP 网络的碾压混凝土压实度评价方法	发明	ZL201910157058.X	2023 年 1 月 10 日
43	一种基于 BIM 和 FEM 协同的钢箱梁整体同步顶推安装方法	发明	ZL202210530007.9	2023 年 11 月 17 日
44	一种混凝土浇筑施工保温棚	发明	ZL202210055553.1	2023 年 5 月 9 日
45	一种缓斜井导孔轨迹控制方法	发明	ZL202110809986.7	2023 年 5 月 5 日
46	一种滑模防裂测试控制装置、系统及方法	发明	ZL202311102175.9	2023 年 12 月 1 日
47	一种灌注桩孔底清渣除水装置	发明	ZL202210589037.7	2023 年 10 月 3 日
48	一种拱架焊接方法	发明	ZL202110217557.0	2023 年 7 月 11 日
49	一种拱坝牛腿 U 型锚索施工方法	发明	ZL202210886848.3	2023 年 11 月 14 日
50	一种公铁合建单管双层盾构隧道	发明	ZL201910231179.4	2023 年 10 月 17 日

续表

序号	专利名称	专利类别	专利号	授权时间
51	一种分散剂的制备及应用方法	发明	ZL202210750921.4	2023 年 4 月 7 日
52	一种多终端数据同步方法、装置及系统	发明	ZL202211298775.2	2023 年 1 月 24 日
53	一种低缓凝、高初期活性磷渣粉及其制备方法	发明	ZL202210799693.X	2023 年 7 月 21 日
54	一种地下空间围岩灾害综合预警与辅助决策方法	发明	ZL202310778679.6	2023 年 9 月 22 日
55	一种地下结构泄水减压抗浮的实验装置	发明	ZL202111559356.5	2023 年 9 月 15 日
56	一种大型升船机的卷筒和卷筒轴的装配方法	发明	ZL202210503009.9	2023 年 6 月 27 日
57	一种大型设备安拆步骤检测方法	发明	ZL202110646769.0	2023 年 7 月 25 日
58	一种成膜保护型水下混凝土用抗分散剂及其制备方法	发明	ZL202210787393.X	2023 年 6 月 23 日
59	一种超高空心薄壁墩大断面横隔板及施工方法	发明	ZL202210350447.6	2023 年 11 月 10 日
60	一种不良地质隧道三岔口施工方法	发明	ZL202111191949.0	2023 年 7 月 25 日
61	一种变截面超高墩竖直度测控方法	发明	ZL202211496271.1	2023 年 3 月 10 日
62	隧道施工人员识别方法、装置及系统	发明	ZL202311212229.7	2023 年 12 月 22 日
63	水流冲刷生态河堤室内模型试验平台装置及其试验方法	发明	ZL202111213935.4	2023 年 3 月 21 日
64	适用于起重机小车应力及变形建模分析方法	发明	ZL202010465019.9	2023 年 8 月 4 日
65	施工隧道通行控制方法、装置及系统	发明	ZL202310794640.3	2023 年 9 月 22 日
66	施工隧道通行控制方法、装置及系统	发明	ZL202310757209.1	2023 年 8 月 22 日
67	施工监测信息存储计算方法、存储介质、设备及系统	发明	ZL202310629244.5	2023 年 7 月 28 日
68	基于智能应变纤维的混凝土构件挠度实时监测系统及方法	发明	ZL202210398505.2	2023 年 12 月 5 日
69	基于图像处理的隧道施工监测方法、装置及可读存储介质	发明	ZL202311054762.5	2023 年 11 月 21 日
70	基于数字孪生的邻近既有建筑雨污管沟施工安全监控系统	发明	ZL202111309894.9	2023 年 9 月 8 日
71	基于 Python 语言的设备计算公式的计算方法、装置及电子设备	发明	ZL202211298781.8	2023 年 1 月 24 日
72	富水地层盾构隧道同步注浆浆料性能的试验方法	发明	ZL202210091126.9	2023 年 9 月 1 日
73	多模态智能化大型设备安拆培训系统	发明	ZL202110646425.X	2023 年 9 月 22 日
74	多类型监测信息存储及计算方法、系统	发明	ZL202310871045.5	2023 年 12 月 1 日
75	软岩隧道的初期支护方法	发明	ZL202111565099.6	2023 年 12 月 29 日
76	一种适用于振动实验的传感器强磁性嵌套夹紧装置结构	国际发明	尼日利亚专利局 014266	2023 年 8 月 9 日
77	保温棚（大体积混凝土冬施工）	外观设计	ZL202330169899.X	2023 年 8 月 4 日

　　由中国水利水电第七工程局有限公司完成的 64 件软件成果，2023 年度获得中华人民共和国国家版权局颁布的计算机软件著作权登记证书；有关情况见表 2。

表 2　中国水利水电第七工程局有限公司 2023 年度获得国家计算机软件著作权登记证书情况

序号	软件名称	登记号	登记日期	登记证书号
1	装配式预制构件 MES 管理软件 V1.0	2023SR0448204	2023 年 4 月 7 日	软著登字第 11035375 号
2	装配式预制构件 ERP 管理系统 V1.0	2023SR0439854	2023 年 4 月 6 日	软著登字第 11027025 号

序号	软件名称	登记号	登记日期	登记证书号
3	智慧边坡监测预警系统 V1.0	2023SR0891630	2023 年 8 月 2 日	软著登字第 11478803 号
4	智慧安全教育培训管理系统软件 V1.0	2023SR0858306	2023 年 7 月 20 日	软著登字第 11445477 号
5	制造执行系统（MES）应用软件 V1.0	2023SR0505882	2023 年 4 月 26 日	软著登字第 11093053 号
6	协同建造管理平台 V2.0.1	2023SR0563875	2023 年 5 月 24 日	软著登字第 11151046 号
7	项目智慧安全验收管理系统软件 V1.0	2023SR0858304	2023 年 7 月 20 日	软著登字第 11445475 号
8	危险作业实时管控系统软件 V1.0	2023SR0849461	2023 年 7 月 18 日	软著登字第 11436632 号
9	天锚强度校核快速计算软件 V1.0	2023SR1113551	2023 年 9 月 20 日	软著登字第 11700724 号
10	隧道人员智能视觉定位系统 V1.0	2023SR0374450	2023 年 3 月 21 日	软著登字第 10961621 号
11	隧道 AI 视觉安全预警系统 V1.0	2023SR0374441	2023 年 3 月 21 日	软著登字第 10961612 号
12	水厂安全预警系统 V1.0	2023SR0958925	2023 年 8 月 21 日	软著登字第 11546098 号
13	数字档案系统 V1.0	2023SR1750320	2023 年 12 月 25 日	软著登字第 12337493 号
14	视频识别程序系统 V1.0	2023SR0446804	2023 年 4 月 7 日	软著登字第 11033975 号
15	视频监控综合管理系统 V1.0	2023SR0504753	2023 年 4 月 26 日	软著登字第 11091924 号
16	施工三维可视化系统 V1.0	2023SR1563849	2023 年 12 月 5 日	软著登字第 12151022 号
17	施工测量离在线一体化系统 V1.0	2023SR0325026	2023 年 3 月 13 日	软著登字第 10912197 号
18	三维模型搭建管理软件 V1.0	2023SR1174582	2023 年 9 月 28 日	软著登字第 11761755 号
19	三维动态图像视频扫描生成软件 V1.0	2023SR1156053	2023 年 9 月 26 日	软著登字第 11743226 号
20	三维动态拆解数据分析系统 V1.0	2023SR1158558	2023 年 9 月 26 日	软著登字第 11745731 号
21	如美砂石生产自动化管理系统软件 V1.0	2023SR1531651	2023 年 11 月 29 日	软著登字第 12118824 号
22	如美砂石生产发运系统（发运小程序）V1.0	2023SR1549096	2023 年 12 月 1 日	软著登字第 12136269 号
23	如美砂石设备管理系统（巡检小程序）V1.0	2023SR1534556	2023 年 11 月 29 日	软著登字第 12121729 号
24	人脸识别模块计算程序软件 V1.0	2023SR0439868	2023 年 4 月 7 日	软著登字第 11027039 号
25	人脸识别门禁应用平台 V1.0	2023SR0497156	2023 年 4 月 24 日	软著登字第 11084327 号
26	桥梁结构现浇箱梁超长单端张拉有效预应力分析软件 V1.0	2023SR0130563	2023 年 1 月 20 日	软著登字第 10717734 号
27	企业资源计划（ERP）管理软件 V1.0	2023SR0501520	2023 年 4 月 25 日	软著登字第 11088691 号
28	控制网离在线一体化系统 V1.3	2023SR0325020	2023 年 3 月 13 日	软著登字第 10912191 号
29	建设管理平台系统 V1.0	2023SR1556653	2023 年 12 月 4 日	软著登字第 12143826 号
30	监测数据管理平台 V1.1	2023SR0966015	2023 年 8 月 23 日	软著登字第 11553188 号
31	监测数据大屏控制平台 V1.1	2023SR0964905	2023 年 8 月 23 日	软著登字第 11552078 号
32	监测报告模板管理平台 V1.1	2023SR0968261	2023 年 8 月 23 日	软著登字第 11555434 号
33	基于 BIM 模型综合管廊排布设计系统 V1.0	2023SR1418340	2023 年 11 月 10 日	软著登字第 12005513 号
34	基于 BIM 模型地下管廊数据展示系统 V1.0	2023SR1436748	2023 年 11 月 15 日	软著登字第 12023921 号
35	基坑自动化监测系统软件 V1.0	2023SR0270014	2023 年 2 月 22 日	软著登字第 10857185 号
36	基坑施工三维可视化管理系统软件 V1.0	2023SR0270047	2023 年 2 月 22 日	软著登字第 10857218 号
37	基坑监测数据管理系统 V1.0	2023SR1351353	2023 年 11 月 2 日	软著登字第 11938526 号
38	基坑监测日报 APP V1.0	2023SR0543687	2023 年 5 月 16 日	软著登字第 11130858 号
39	后张法超长单端张拉预应力损失计算软件 V1.0	2023SR0136942	2023 年 1 月 20 日	软著登字第 10724113 号

续表

序号	软件名称	登记号	登记日期	登记证书号
40	焊缝质量实名制管理系统 V1.0	2023SR1174969	2023 年 9 月 28 日	软著登字第 11762142 号
41	管路模型自动组合软件 V1.0	2023SR0021921	2023 年 1 月 5 日	软著登字第 10609092 号
42	固化快速计算软件 V1.0	2022R11L1827634	2023 年 1 月 18 日	软著登字第 10695196 号
43	供水管网爆管预警系统 V1.0	2023SR0976954	2023 年 8 月 25 日	软著登字第 11584127 号
44	工程监测离在线一体化系统 V2.3	2023SR0325019	2023 年 3 月 13 日	软著登字第 10912190 号
45	高程网数据处理系统 V1.8	2023SR0325018	2023 年 3 月 13 日	软著登字第 10912189 号
46	钢管脚手架智能安全监测及调整系统	2023SR0891838	2023 年 2 月 2 日	软著登字第 11479011 号
47	风险辨识与安全隐患排查治理管控系统软件 V1.0	2023SR0858305	2023 年 7 月 20 日	软著登字第 11445476 号
48	盾构管片抹面视觉检测软件 V1.0	2023SR1066274	2023 年 9 月 14 日	软著登字第 11653447 号
49	盾构管片模具自动清理与喷涂脱模剂设备控制软件	2023SR1074862	2023 年 9 月 15 日	软著登字第 11662035 号
50	盾构管片模具自动清理设备控制软件 V1.0	2023SR1065470	2023 年 9 月 14 日	软著登字第 11652643 号
51	盾构管片模具脱模剂喷涂设备控制软件 V1.0	2023SR1072367	2023 年 9 月 15 日	软著登字第 11659540 号
52	盾构管片模具视觉定位软件 V1.0	2023SR1074839	2023 年 9 月 15 日	软著登字第 11662012 号
53	盾构管片模具清理清洁度视觉检测软件 V1.0	2023SR1074773	2023 年 9 月 15 日	软著登字第 11661946 号
54	盾构管片模具喷涂脱模剂视觉检测软件 V1.0	2023SR1066122	2023 年 9 月 14 日	软著登字第 11653295 号
55	盾构管片精抹面控制软件 V1.0	2023SR1074753	2023 年 9 月 15 日	软著登字第 11661926 号
56	盾构管片粗抹面控制软件 V1.0	2023SR1074799	2023 年 9 月 15 日	软著登字第 11661972 号
57	洞内钢管环缝焊接自动识别控制软件 V1.0	2023SR1282792	2023 年 10 月 24 日	软著登字第 11869965 号
58	导流预警移动端软件 V1.0	2023SR0533967	2023 年 5 月 10 日	软著登字第 11121138 号
59	大型设备安拆培训管理系统 V1.0	2023SR1134849	2023 年 9 月 21 日	软著登字第 11722022 号
60	测量基础信息共享系统 V2.0	2023SR0325021	2023 年 3 月 13 日	软著登字第 10912192 号
61	报告自动生成及分析平台 V1.1	2023SR0967813	2023 年 8 月 23 日	软著登字第 11554986 号
62	MR 建造助手软件 2.0.1	2023SR0559909	2023 年 5 月 23 日	软著登字第 11147080 号
63	顶管施工智能纠偏分析软件 V1.0	2023SR0797087	2023 年 7 月 5 日	软著登字第 11384258 号
64	园光互补光伏组件面积计算决策支撑系统 V1.0	2023SR1649527	2023 年 12 月 15 日	软著登字第 12236700 号

（中国水利水电第七工程局有限公司　伍佳）

中国水利水电第八工程局有限公司 2023 年度获得国家授权专利和软件著作权登记证书情况

　　中国水利水电第八工程局有限公司 2023 年度获国家授权专利 134 件，其中发明专利 18 件，实用新型专利 116 项，发明专利授权情况见表 1。

表 1　　中国水利水电第八工程局有限公司 2022 年度获得国家授权发明专利情况

序号	专利名称	专利号	授权公告日
1	基坑支护桩兼作塔吊基础的配筋计算方法、系统及介质	ZL201910105124.9	2023 年 2 月 10 日
2	一种高压泥浆护壁施工方法	ZL202210172235.3	2023 年 4 月 7 日

续表

序号	专利名称	专利号	授权公告日
3	一种拱坝支撑大梁模板结构及施工方法	ZL201810762184.3	2023 年 4 月 25 日
4	用于地铁隧道松散地层预加固施工方法	ZL202210368767.4	2023 年 5 月 9 日
5	一种大体积混凝土冷水供应装置	ZL201711078241.8	2023 年 6 月 6 日
6	一种脱水清淤底泥的资源化利用方法	ZL202111347428.X	2023 年 6 月 6 日
7	水利水电工程河道截流水力计算成果自动生成方法、系统及介质	ZL201911119361.7	2023 年 6 月 9 日
8	水环境治理用水体净化装置	ZL202110489134.4	2023 年 6 月 9 日
9	一种开挖面底部沉降变形监测装置及其使用方法	ZL201710183667.3	2023 年 6 月 13 日
10	一种造槽机及造槽方法	ZL202210720051.6	2023 年 6 月 30 日
11	悬索桥施工方法及起吊装置	ZL202111064226.4	2023 年 7 月 25 日
12	一种预制构件通用组合侧模、模具	ZL201811238416.1	2023 年 8 月 29 日
13	一种半预制半现浇型构造柱及其组装结构和施工方法	ZL202111213695.8	2023 年 9 月 19 日
14	一种悬挂式防护架、防护结构及双重防护方法	ZL201710897727.8	2023 年 9 月 26 日
15	TBM 后配套设备轨道	ZL201810540303.0	2023 年 10 月 31 日
16	水利水电工程大体积混凝土快速计算任意部位工程量的方法、系统及介质	ZL201911293082.2	2023 年 10 月 31 日
17	一种无人值守地磅称重系统及其控制方法	ZL202110911108.6	2023 年 11 月 7 日
18	一种自爬升液压翻模	ZL201910007300.5	2023 年 12 月 12 日

由中国水利水电第八工程局有限公司完成的 4 项软件成果，2023 年度获得中华人民共和国国家版权局颁发的计算机软件著作权登记证书，有关情况见表 2。

表 2　中国水利水电第八工程机有限公司 2023 年度获国家计算机软件著作权登记证书情况

序号	软件名称	登记号	登记日期	登记证书号
1	水电八局财务共享报表机器人软件 V1.0	2023SR0398600	2023 年 3 月 27 日	软著登字第 10985771 号
2	土石方工程量参数化分层统计软件 V1.0	2023SR1386387	2023 年 11 月 6 日	软著登字第 11973560 号
3	数据交互平台 V1.0	2023SR1576442	2023 年 12 月 6 日	软著登字第 12163615 号
4	超深地下空间物联监测平台 V1.0	2023SR1693141	2023 年 12 月 20 日	软著登字第 12280314 号

（中国水利水电第八工程局有限公司　杨承志）

中国水电基础局有限公司
2023 年度获得国家授权专利情况

中国水电基础局有限公司 2023 年度获得国家授权专利 86 项，其中实用新型专利 71 项，发明专利 15 项，发明专利详细情况见表 1。

表 1　　中国水电基础局有限公司 2023 年度获得国家授权发明专利情况

序号	专利名称	专利类别	专利号	授权日期
1	实现预制混凝土渗透反应墙框体的方法及其外框装置	发明	ZL202010787137.1	2023 年 1 月 31 日
2	混凝土入仓成套的方法及修复水电站明渠的方法	发明	ZL202110169859.5	2023 年 3 月 17 日
3	基于矿渣—粉煤灰基地聚物的风积沙路基材料及制备方法	发明	ZL202210995610.4	2023 年 3 月 17 日

序号	专利名称	专利类别	专利号	授权日期
4	一种混凝土防渗墙液压抓斗支撑装置	发明	ZL202210494704.3	2023 年 3 月 28 日
5	一种双层 HDEP 膜片锁接头连接装置及使用方法	发明	ZL202210491004.9	2023 年 3 月 28 日
6	一种用于混凝土防渗墙施工用液压抓斗	发明	ZL202210497495.8	2023 年 3 月 28 日
7	一种防渗墙钢板橡胶止水带及其制备方法	发明	ZL202111151406.6	2023 年 3 月 31 日
8	一种光纤传感器信号采集及处理装置	发明	ZL202110797585.4	2023 年 8 月 22 日
9	一种双轮铣槽机的安装方法	发明	ZL202210680453.8	2023 年 9 月 15 日
10	一种带有防尘功能的潜孔钻机及其使用方法	发明	ZL201811012179.7	2023 年 9 月 19 日
11	一种 3D 打印变开度裂隙岩体注浆试验系统及方法	发明	ZL202310735847.3	2023 年 9 月 26 日
12	一种快速降低填筑土体孔隙水压的装置和方法	发明	ZL201910109613.1	2023 年 11 月 14 日
13	一种水利工程施工用清淤设备	发明	ZL202211003520.9	2023 年 11 月 24 日
14	一种称重装置及卧式水泥仓	发明	ZL201910425378.9	2023 年 12 月 12 日
15	一种拔管法施工地下连续墙接头孔的保护装置及方法	发明	ZL201910109604.2	2023 年 12 月 19 日

（中国水电基础局有限公司　叶玉麟　王辉）

中国安能集团第一工程局有限公司 2023 年度获得国家授权专利情况

中国安能集团第一工程局有限公司 2023 年度获得国家授权专利 84 件，其中实用新型专利 83 件，发明专利 1 件，发明专利有关情况见表 1。

表 1　　　中国安能集团第一工程局有限公司 2023 年度获得国家授权发明专利情况

序号	专利名称	专利类型	专利号	授权公告日
1	软弱围岩支护系统	发明	CN116446932B	2023 年 9 月 26 日

（中国安能集团第一工程局有限公司　李炳钦）

中国安能集团第三工程局有限公司 2023 年度获得国家授权专利情况

中国安能集团第三工程局有限公司 2023 年度获得国家专利授权 52 项，其中发明专利 4 件，实用新型专利 48 件，发明专利情况见表 1。

表 1　　　中国安能集团第三工程局有限公司 2023 年度获得国家授权发明专利情况

序号	专利名称	专利类型	专利号	授权公告日
1	一种原位测量河床含水层渗透系数的方法和装置	发明	ZL202210496381.1	2023 年 10 月 03 日
2	基于双向 LSTM 网络的黄土塌陷预测方法及装置	发明	ZL202210684143.3	2023 年 4 月 28 日
3	一种隧道二次衬砌模板台车	发明	ZL202211473451.8	2023 年 09 月 29 日
4	一种针对深厚覆盖层土石围堰渗漏快速修复方法	发明	ZL202210492127.4	2023 年 12 月 26 日

（中国安能集团第三工程局有限公司　贺宁波）

中国水力发电年鉴

国际合作与技术交流

9

国际技术交流

2023 年小水电国际交流与合作工作情况

1. 援外培训工作持续稳步发展　受国家国际发展合作署、商务部、外交部、水利部、科技部、发展改革委、联合国开发计划署、联合国工业发展组织、粮农组织、国际劳工组织、东盟秘书处等机构的委托，水利部农村电气化研究所自 1983 年起组织对发展中国家的援外培训，迄今已成功举办援外培训项目 158 期，为 132 个发展中国家累计培养管理人才、技术专家达 5323 人次。经过 40 余年的经验积累，援外培训工作实现了培训地点从境内到境内外，培训形式从多边到多双边、从线下到线上线下相结合，培训语言从英语单语种到英、法、俄、越、西多语种，培训级别从技术班、官员研修班到部级研讨班，培训内容从小水电到水利水电、水资源、可再生能源、气候变化、防灾减灾、减贫脱贫、社区可持续发展等多领域的五大跨越。被国际社会公认为"世界小水电之家"，被商务部赞誉为"南南合作的典范"。

2. 全球环境基金"中国小水电增效扩容改造增值"项目成效显著　水利部与联合国工业发展组织合作申请的全球环境基金"中国小水电增效扩容改造增值"项目利用全球环境基金先进的理念和资金，依托中国"十三五"农村水电增效扩容改造项目的实施，完成了政策和制度框架建设研究，提出了中国小水电绿色发展的规划建议，形成了由行业标准、宏观政策、技术指南和发展规划组成的制度框架体系；19 个试点电站完成增值改造，提高了试点电站能效和自动化水平，促进了电站及周边社区的经济发展，实现了温室气体减排与河道生态恢复。

3. 小水电标准国际化取得新突破　继 2022 年国际标准化组织批准成立小水电技术委员会（ISO/TC 339）后，2023 年，国家标准化管理委员会正式批准由张建云院士担任 ISO/TC 339 主席，由国际小水电中心承担 ISO/TC 339 秘书处和国内技术对口单位职责。目前，ISO/TC 339 已有印度、挪威等 29 个成员国。2023 年 6 月，成功召开了 ISO/TC 339 第一次全体会议，芬兰、印度、意大利等 9 个国家，联合国工业发展组织、ISO 中央秘书处等机构的 42 名代表以线上线下相结合的方式参加了会议，会议通过了战略业务计划、新提案立项和后续工作安排等。为在全球范围内促进小水电发展，以应对气候变化，构建新型电力系统，水利部主导推动的"中国水利部、国家标准化管理委员会与联合国工业发展组织签署基于小水电国际标准协同推进乡村可持续发展的合作谅解备忘录"列入第三届"一带一路"国际合作高峰论坛务实合作项目清单。

4. 编制发布世界小水电发展报告　国际小水电中心与联合国工业发展组织共同编制了《世界小水电发展报告（2022 年）》，2023 年 9 月在联合国工业发展组织官网上正式上线，同年 11 月在"2023 国际维也纳能源与气候论坛"期间正式发布。该报告包括中、英、俄、法、西等 5 种语言版本的综合摘要、全球概览报告（英文）、166 个国家报告、20 个区域概要报告，以"小水电促进社会发展""小水电技术方案""绿色小水电"为主题 12 个案例研究报告和以"性别赋权""青年参与""气候变化"为主题 3 份专题报告，并建立了全球第一个小水电数据库。

（水利部农村水利水电司　张丽
水利部农村电气化研究所　张华）

长江科学院 2023 年国际学术交流情况

（一）极端洪旱灾害风险管理国际研讨会

2 月 28 日，极端洪旱灾害风险管理国际研讨会（Risk Management：Extremes of Flood and Drought）在武汉以线上线下相结合的方式召开。本次活动由长江科学院、联合国教科文组织水资源综合管理研究中心（AUTH UNECO CIMWRM）联合主办，亚洲开发银行、国际水利与环境工程学会、中国水科院、全球水伙伴（中国长江）共同协办。来自欧洲、亚太地区及国内科研院所、高校、企事业单位的 100 余名专家学者参加视频会议，另有 500 余名海内外学者在线观看会议直播。

该会议聚焦气候变化下全球洪旱灾害风险管理重大问题，旨在分享灾害风险管理研究成果及经验、交流与探讨水旱灾害防御能力建设，共同推进气候变化适应能力提升。活动特邀希腊雅典国立科技大学教授

Demetris Koutsoyiannis，中国水科院水资源所副所长严登华交流讲学。Demetris Koutsoyiannis 作题为"工程设计的极端降雨建模"的报告，介绍了一种基于区域尺度的极端降雨建模方法，并展示了该方法在希腊地区的应用情况。严登华作题为"极端水文的生态与环境效应及适应性调控"的报告，介绍了干旱、洪涝灾害的演变规律与驱动机制，分析了洪涝、干旱及洪涝急转等方面的生态与环境效应，详细阐述了适应性调控的新思路及关键技术。

会议专题研讨环节，亚洲开发银行高级水资源专家 Au Shion Yee、长科院副总工程师许继华、江西省水文监测中心副主任李国文、意大利布雷西亚大学教授 Roberto Ranzi 分别就变化环境下的流域综合管理、干旱致灾机理及应对策略研究、河湖水文监测及预警预报、旱涝急转的有效应对等进行了分享交流，并就推动科研成果在灾害防御中的实际应用、联合开展洪旱灾害机理研究等方面进行了深入讨论。

（二）智慧水利国际研讨会

6月28日，智慧水利国际研讨会（Smart Water：Digital Water and Responses to Climate Change）在武汉以线上线下相结合的方式召开。本次活动由长江科学院、联合国教科文组织水资源综合管理研究中心（AUTH UNECO CIMWRM）联合主办，国际水利与环境工程学会、丹麦水利研究所、全球水伙伴（中国长江）共同协办。来自世界各地区及国内科研院所、高校、企事业单位的100余名专家学者参加视频会议。

该会议旨在分享智慧水利建设科研成果，共同探索未来智慧水利科技发展方向。活动特邀英国皇家工程院院士、欧洲科学院院士、英国埃克塞特大学教授 Dragan Savic，长江水利委员会副总工程师黄艳交流讲学。Dragan Savic 作题为"数字水利转型中的机遇与挑战"的报告，简要介绍了当前智慧水利建设过程中的机遇和挑战，并分享了人工智能、增强现实、遥感及云计算、自然计算和数字孪生等技术在数字水利中的应用示范。黄艳作题为"数字孪生长江的发展与实施——示范与经验"的报告，详细介绍了数字孪生长江在数据采集、模型建立、知识平台搭建等方面的研究进展及实施情况，深入阐述了数字孪生长江对提升长江治理能力的重要性。

会议专题研讨环节，意大利西西里中部自由大学教授 Gabriele Freni、DHI 水资源全球业务部门水务局副总裁 Jan Kwiatkowski、三峡智慧水务科技有限公司副总经理郭宇峰分别就智慧水利在应对气候变化方面的作用、智慧水利技术未来发展方向、智慧水利与经济社会发展等方面进行了分享交流，并就数字化场景与现实动态交互、模型计算精度与效率等智慧水利关键技术问题开展深入讨论。

（三）第18届世界水资源大会"大江大河大湖保护与治理"专场会议

9月12日，第18届世界水资源大会"大江大河大湖保护与治理"专场会议在北京中德国际会议会展中心召开，会议由长江水利委员会主办，长江科学院承办。

该会议围绕河湖保护与治理重要议题展开，深入探讨了水生态保护、一库碧水守护、长江河口保护与综合治理等内容，邀请国内外水利专家学者交流研讨。会上，大自然保护协会高级政策顾问 Bob Tansey（鲍勃·坦西），华东师范大学河口海岸科学研究院院长、教授何青，中国科学院武汉植物园首席研究员张全发，荷兰三角洲研究院亚洲地区经理 Tjitte Nauta（吉特·瑙塔），长江科学院水环境所所长林莉分别以《流域高质量发展与适应气候变化：流域系统管理》《长江之水：从流域到河口》《南水北调中线水源地水生态安全》《莱茵河及默兹河三角洲保护与治理》《气候变化下长江源区水生态环境演变及适应性保护》为题作专题报告。与会专家学者在听取报告后展开深入探讨，共同分享治水经验。会议吸引国内外近百位水利专家学者参加。

（四）中国—东盟水技术交流与合作研讨会

10月12日，中国—东盟水技术交流与合作研讨会在武汉以线上线下形式召开，会议由长江水利委员会主办，长江科学院和长江水利委员会水文局共同承办。长江水利委员会副主任吴道喜、老挝自然资源与环境部国家湄委会副秘书长西瓦纳科·马里瓦出席会议并致辞，湄委会秘书处首席执行官阿努拉克·季提坤视频致辞。

该会议以"应对气候变化条件下的防洪抗旱及水资源综合管理"为主题，由开场致辞、主旨发言、合作项目分享交流、专家讨论、会议总结等五部分组成，邀请了来自东盟国家以及国内企事业单位和高校的专家学者，分享在防洪抗旱及水资源管理方面的观点见解，交流已开展合作经验，共同推动中国与东盟国家间的水技术交流与合作，携手应对全球气候变化带来的洪旱灾害挑战。

会议采取线上与线下相结合的方式，长江水利委员会设主会场，柬埔寨国家湄委会、越南水利大学、老挝水生生物资源研究中心、新加坡公共事业局等东盟国家有关部门及单位和长江水利委员会有关单位线上分会场，来自东盟各国政府部门、高校、科研机构、国际组织以及中方单位的领导、专家及管理技术人员共约130余人通过线上线下方式参加会议。

（长江水利委员会长江科学院）

中国长江三峡集团有限公司 2023 年国际技术交流情况

（一）服务国家总体外交大局，推动构建人类命运共同体

2023 年 6 月，中国长江三峡集团有限公司（简称中国三峡集团）雷鸣山董事长赴德参加第 11 届中德经济技术合作论坛及中德企业家圆桌会，并在主论坛"携手共促绿色发展—加速中德经济绿色转型"讨论环节发言，展示了中国三峡集团清洁能源发展和长江大保护工作积极成果，共同探讨与德国企业围绕绿色能源等谋划新合作项目。2023 年是共建"一带一路"倡议提出的十周年。2023 年，由中国三峡集团支持的"一带一路"主旋律电影《巴铁女孩》在巴基斯坦首映礼活动被列为"中巴经济走廊成立十周年庆典暨成果展示活动"之一；巴基斯坦国家遗产与文化部向影片颁发"巴基斯坦文化杰出贡献奖"。该影片还曾于 2019 年被列为第六届丝绸之路国际电影节唯一开幕式影片。

（二）多维度参与国际交流平台，讲好三峡故事

（1）在传播三峡声音方面，2023 年，中国三峡集团深度参与重要国际会议活动，联合主办第 24 届亚太电协大会，支持举办 2023 世界水电大会，协办第 18 届世界水资源大会，中国三峡集团领导作开幕式发言及主旨演讲，向国际社会讲述中国清洁能源故事，展示了中国三峡集团的行业引领地位，扩大了中国三峡集团的国际影响力。其中，2023 世界水电大会发布《关于推动可持续增长的巴厘岛声明》，中国三峡集团作为国际水电协会董事会成员单位，参与推动了该声明的制定与发布，该声明已向第二十八届联合国气候变化大会（COP28）递交。积极参与多个双、多边国际会议和论坛交流，包括参加第三届"一带一路"国际合作高峰论坛、全球生态文明建设（洱海）论坛、柏林全球对话、"2023 鼓岭缘"中美民间友好论坛等，开展多领域多维度国际对话与交流互鉴。

（2）在展示三峡成果方面，2023 年世界水电大会期间，中国三峡集团围绕集团 30 年水电建设成就进行展览，展示在中国政府领导下，中国清洁能源企业对能源转型、绿色低碳可持续发展和应对气候变化的积极作为；遵循共商共建共享原则，参与全球清洁能源开发合作和"一带一路"建设成果；以工业互联网、大数据、人工智能等数字化技术的叠加效应助推创新，重塑产业经济结构；以及开展珍稀动植物保护、河流生态调度与生态修复等方面的成果。

（3）在树立三峡引领形象方面，在 2023 世界水电大会期间，中国三峡集团白鹤滩建设部原主任汪志林被授予国际水电协会 2023 年"莫索尼水电杰出成就奖"，体现了国际业界对中国三峡集团以及中国水电人卓越贡献的高度认可。

（4）在传播三峡智慧和经验方面，中国三峡集团两项案例《三峡集团推动水运产业绿色转型升级》《三峡集团助力巴西生物多样性保护》入选《中国落实 2030 年可持续发展议程进展报告（2023）》，展示了中国企业在海内外推动落实联合国 2030 年可持续发展目标的生动实践；白鹤滩水电站、长乐 A 区和平潭海风项目、安徽淮南水面光伏案例入选 2023 全球能源互联网大会发布的《全球能源电力绿色转型创新案例 2023》，展示了中国三峡集团在能源电力绿色、低碳、可持续发展领域的创新工程实践；第 24 届亚太电协大会，中国三峡集团 6 篇论文入选《2023 亚太电协大会优秀论文》；白鹤滩水电工程案例在国际期刊 Hydrolink 上刊发。

（中国长江三峡集团有限公司　朱丹）

河海大学 2023 年国际合作与交流情况

（一）首届淮河国际论坛暨第八届世界水谷论坛

3 月 24～26 日，由河海大学主办的首届淮河国际论坛暨第八届世界水谷论坛在江苏盱眙举办。论坛吸引了来自国内外各界的 200 多位精英参加，论坛围绕"淮河生态治理，沿淮经济发展，淮水文化提升"主题展开深入探讨。中国工程院院士、河海大学党委书记、淮河研究中心主任唐洪武，水利部淮河水利委员会党组成员、副主任杨锋，江苏省水利厅党组成员、副厅长韩全林，中共淮安市委副书记、一级巡视员赵正兰，中国水力发电工程学会常务副理事长、秘书长郑声安，河海大学校长、世界水谷研究院理事长、调水工程研究院院长徐辉，华夏文化促进会会长、国家质检总局原总检验师项玉章，中共盱眙县委书记邓勇等出席开幕式。俄罗斯东北联邦大学校长 Anatoly Nikolaev 和 IPMA 国际项目管理组织副主席 Mladen Vukomanović 为论坛开幕式录制致辞视频。开幕式上还举行了"一定要把淮河修好"邮票捐赠仪式，"两山智库和世界水谷示范基地"揭牌仪式，大运河百里画廊驿站设计战略合作协议交换、公益设计师授牌仪式以及主旨演讲等活动。论坛举办期间，河海大学世界水谷研究院和世界水谷淮河生态经济文化研究院（盱眙）举办了理事会活动，理事会成员围绕研究院工作进展和未来发展路径展开交流研讨。与会

嘉宾还考察了河海大学世界水谷研究院与盱眙围绕校地融合、产学融合、政企融合的合作进展。

（二）中美知识产权比较研究国际研讨会

4月1日，中美知识产权比较研究国际研讨会在河海大学举行。河海大学副校长郑金海、台湾铭传大学副校长王金龙参加研讨会并致辞。来自国内外高校和知识产权律师事务所的相关专家、学者和师生代表参加了研讨会。本次研讨会就当前知识产权法领域的热点、难点问题以及中美知识产权保护的比较等方面展开了深入的研讨，旨在促进中美知识产权政策与司法审判领域的研究和交流，为"创新型国家"和"知识产权强国"建设献计献策。会议期间，河海大学法学院还与台湾东吴大学法学院签订了学术合作交流协议。来自英国和美国等国外高校的专家学者通过线上的方式参加了此次研讨会。

（三）西共体区域和国别研究战略研讨会

6月2日，"西共体区域和国别研究战略研讨会"在河海大学西康路校区举行。外交部非洲司司长吴鹏、教育部国际合作与交流司副司长贾鹏、江苏省外办副主任杨菁致辞，第十三届全国政协委员、中国欧盟协会副理事长兼秘书长、中国人民对外友好协会原副会长宋敬武，驻塞内加尔大使肖晗，前驻非盟使团公使衔副代表苟皓东，河海大学客座教授、新华社《参考消息》报社原社长王朝文，中国经济信息社党委常委、董事、副总裁李月，以及来自新华社、中国社会科学院、中非发展基金、南京大学、湖南大学、国防科技大学、南京农业大学、上海师范大学、上海对外经贸大学、广东外语外贸大学等单位的专家学者参会并作报告，共200余人参加本次论坛。河海大学校长杨桂山教授出席论坛并致欢迎辞，主论坛开幕式由河海大学副校长郑金海教授主持。在主论坛的主旨报告会环节，由宋敬武、苟皓东、蔡辉、李月、李向阳、郑金海六位专家围绕中非合作及区域和国别研究分别做了题为《发挥智库优势，推动中欧非合作》《几内亚湾地区和国别研究的几点浅见》《中国军队参加联合国非洲维和行动情况》《西非涉华舆论生态研究及应对之策》《秉承正确义利观，推动一带一路框架下的中非合作》《推动中国西非三联通的河海实践》的主旨报告，主旨报告会环节由河海大学原副校长张兵教授主持。当天下午，与会专家学者们在三个分论坛分别就"中国-西共体发展合作与新时代中非关系""中国-西共体发展合作与外语学科的区域国别研究""高校区域国别学科建设与人才培养"三个主题进行报告及研讨。

（四）IAHR水利与海岸工程基础冲刷国际研讨会

9月4～6日，IAHR水利与海岸工程基础冲刷国际研讨会（IAHR International Workshop on Scour around Hydraulic and Coastal Structures）在河海大学召开。中国工程院院士、河海大学党委书记、会议科学委员会主席唐洪武在开幕式上致辞，IAHR前主席、英国皇家工程院院士、澳门科技大学校长李行伟教授通过视频发来祝贺。开幕式由会议科学委员会执行主席、河海大学副校长郑金海教授主持。会议邀请新西兰皇家科学院院士、奥克兰大学Bruce Melville教授，B. M. SUMER海岸工程研究院负责人B. Mutlu. Sumer教授，澳大利亚工程院杰出院士、华南理工大学程亮教授，Journal of Hydraulic Engineering-ASCE主编、加利福尼亚大学戴维斯分校Fabian Bombardelli教授，佛罗里达大学D. Max Sheppard教授，南洋理工大学Yee-Meng Chiew教授，国家级特聘专家、浙江大学程年生教授、丹麦科技大学David R. Fuhrman教授和河海大学张继生教授做大会主题报告。会议设立了"水工建筑物基础冲刷"和"海工建筑物基础冲刷"两个分会场，邀请了16位国内外知名学者做分会场邀请报告。会议共吸引来自美国、丹麦、新西兰、新加坡、土耳其、意大利、澳大利亚和中国等8个国家、40家单位的110余名冲刷研究领域学者参会，广泛交流了水利与海岸工程基础冲刷最新研究成果，深入探讨了目前冲刷防护研究与工程设计面临的难题与对策，共同展望了未来冲刷研究的前景与方向。此次会议由河海大学与奥克兰大学联合主办，旨在为水利与海岸工程基础冲刷研究领域国内外学者提供了一个深入交流与合作的国际学术平台，对于推动该领域学科发展、科技创新、人才培养以及社会服务具有重要的作用。

（五）第九届水利、土木工程国际学术会议暨智慧水利与安全工程论坛

9月22～24日，第九届水利、土木工程国际学术会议暨智慧水利与安全工程论坛在河海大学召开。此次会议主题为"智慧水利与安全工程"。中国工程院院士王复明，中国工程院院士张宗亮、澳大利亚技术科学与工程院院士郝洪、江苏省水利学会理事长叶健、国际大坝委员会抗震专委会主任马丁·维兰德、河海大学校长杨桂山等参加此次会议，开幕式由河海大学副校长陆国宾主持。会议特邀了王复明，张宗亮，郝洪，马丁·维兰德，中国电力建设集团有限公司首席科学家张春生，中国长江三峡集团有限公司科技创新部原主任李文伟，郑州大学副校长胡少伟，河海大学顾冲时，澳大利亚新南威尔士大学宋崇民，悉尼科技大学吴成清，水利部水利水电规划设计总院原副院长兼总工程师刘志明，长江设计集团有限公司总工程师王小毛，武汉大学周伟，河海大学陈达等14位业内专家，分别就堤坝与地下工程渗漏防控与"工

程医院"建设、水利水电工程数字化设计、智能化建造与智慧化运维、大坝动力响应的材料本构等方面作了分享。大会由河海大学主办、清华大学等二十多家单位协办、AEIC国际学术交流中心承办。会议还设立了水利工程、土木工程和综合学科三个分会场。40余家单位的约200名专家、学者和师生参会，广泛交流了水利、土木及相关学科最新研究成果，深入探讨了目前面临的难题与对策，共同展望了未来水利、土木工程的前景与方向。会议还收到近400篇高质量交流论文。

（六）2023全球滨海论坛会议"海岸侵蚀防护与生态修复"专题研讨会

9月26日，由河海大学、加泰罗尼亚理工大学、江苏省地质局、中国海洋大学、华东师范大学联合主办的2023全球滨海论坛会议"海岸侵蚀防护与生态修复"专题研讨会在盐城召开。中国科学院院士苏纪兰、英国皇家工程院院士伊恩·汤恩德、自然资源部海洋预警监测司副司长褚骏、江苏省自然资源厅总规划师陈小卉等百余位嘉宾参加了专题研讨会。研讨会上，自然资源部第三海洋研究所蔡锋所长围绕"基于云模型理论的中国海岸侵蚀脆弱性评价"，德国亥姆霍兹国家研究中心联合会研究中心陈炜博士围绕"河口系统修复的水动力—地貌—生态耦合模拟"，上海市水利工程设计研究院有限公司季永兴总工程师围绕"长江口北支上段生态基底演变与保护效果"，加泰罗尼亚理工大学哈维尔·桑切斯博士围绕"三角洲修复的水动力—地貌—生态耦合模拟"，河海大学周曾教授围绕"江苏海岸侵蚀现状与生态防护技术"，以及英国皇家工程院伊恩·汤恩德院士围绕"海岸侵蚀与恢复力：以英国为例"作主旨报告。与会专家们的报告系统性介绍了生态潜堤技术、牡蛎礁生态防护技术、盐沼、海草床植被修复技术、生态浮动湿地消浪技术等当前海岸带保护修复领域先进的技术方法，并以案例分析的方式探讨了这些技术的应用对全球不同地区海岸侵蚀防护的效果，指出基于生态和自然的保护修复技术方案是全球变化背景下海岸侵蚀防护领域的未来发展趋势，具有重大需求，也亟待产学研合作与科研协同攻关。

（七）全球水安全与可持续发展国际高端论坛

10月30日，由国际水利与环境工程学会、中国水利学会、河海大学和南京水利科学研究院主办，长江保护与绿色发展研究院等单位共同承办的第四届水安全与可持续发展国际高端论坛暨第一届国际水利与环境工程学会全球水安全会议在河海大学常州新校区正式开幕。河海大学校长杨桂山，常州市市长盛蕾，英国皇家工程院院士、中国工程院外籍院士、国际水利与环境工程学会（IAHR）原主席、论坛学术委员会主席Roger Falconer，中国工程院三局局长高战军，中国水利学会理事长、应急管理部原副部长、水利部原副部长周学文分别致辞。中国工程院院士、长江保护与绿色发展研究院院长、南京水利科学研究院名誉院长、论坛组委会主席张建云主持开幕式。来自世界各地的相关流域机构、科研院所、高校、企业和世界气象组织等国际组织的专家学者、师生参加了此次论坛。

（八）第六届国际青年学者论坛

10月31日～11月1日，河海大学举办第六届国际青年学者论坛。河海大学校长杨桂山出席并致辞，江苏省委组织部人才工作处处长叶绪江、江苏省教育厅教师工作处副处长杨菲菲出席论坛，会议由河海大学常务副校长李俊杰主持。本届论坛全球线上直播，并设有欧洲录播专场，供不同时区的青年学者一同参与论坛。来自剑桥大学、帝国理工大学、新加坡国立大学、多伦多大学、清华大学、北京大学、南洋理工大学、东京大学、麦吉尔大学、不列颠哥伦比亚大学等10多个国家和地区的100多名学子齐聚河海，交流成果，同叙情谊，共商未来。

（九）2023江苏高校国际产学研用合作交流周环境工程分论坛

11月1日，作为江苏高校国际产学研用合作交流周系列活动之一的环境工程分论坛在河海大学常州新校区举办。来自加拿大、英国、法国、巴基斯坦等国家的200余位专家和师生参加此次分论坛。河海大学副校长郑金海，江苏省教育厅二级调研员庾卫东，中国工程院外籍院士、长江保护与绿色发展研究院讲习教授Roger Falconer在分论坛开幕式上致辞。在专家报告环节，加拿大工程院院士、约克大学机械系教授Alidad Amirfazli，国际水利与环境工程学会（IAHR）主席、法国尼斯综合理工大学前校长Philippe Gourbesville，河海大学海水淡化与非常规水工程研究中心主任郭有智分别作了题为"结冰和防冰技术的表面工程方法""国际培训新范式、需求与期望"以及"中国海水淡化利用现状问题与对策"的主题报告。江苏宏远科技工程有限公司高级工程师葛晶与参会师生分享了国内外校企产学研用合作优秀成果"高等级航道桥梁防撞设施的技术研发与工程实践"。分论坛特设圆桌讨论环节，5位专家代表与主持人交流了在中外高校人才联合培养与产学研用合作过程中的互融互通经验和心得，并一致表示国际产学研用为全球经济发展注入不竭动力，国际人才链创新链产业链的有机衔接对于形成全方位、宽领域、多层次的教育对外开放格局具有重要意义。

（十）第四届水安全与可持续发展国际高端论坛分论坛

11月2日，由国际水利与环境工程学会、中国水利学会、河海大学和南京水利科学研究院主办，珠江水利委员会珠江水利科学研究院、广东省水利水电科学研究院等单位共同协办，河海大学水科学研究院承办的第四届水安全与可持续发展国际高端论坛分论坛在南沙举办。中国工程院院士、河海大学党委书记唐洪武，广州市南沙区管委会总经济师林少礼，水利部珠江水利委员会副总工程师何治波分别致辞。中国科学院院士、中国科学院地理科学与资源研究所研究员周成虎，英国皇家工程院院士、香港科技大学（广州）副校长吴宏伟以及国家发展改革委、国家气象局、水利部淮河水利委员会水文局（信息中心）、广东省水利厅、长江设计集团有限公司、南京水利科学研究院、珠江水利科学研究院、广东省水利水电科学研究院、广东省水利学会、广东省水利水电行业协会、广东省环境保护基金会以及南沙区有关单位等水利行业机关、事业单位、科研院所、高等院校、知名企业的领导、专家、学者参加了此次论坛。开幕式后的论坛上，周成虎、吴宏伟、唐洪武以及来自各地水利科学研究院、高校的教授和设计集团相关负责人等，就其自身及团队在专精方面的研究进行了分享和报告。与会专家学者对水安全与可持续发展问题进行了广泛的讨论和深入交流，提出了一系列具有指导性和可操作性的解决方案，本次论坛将为粤港澳大湾区、广州市和南沙区水利高质量发展提供新的智力支持。

（十一）第一届海岸水库与可持续水管理国际会议

11月6日，由河海大学、国际水协会（IWA）和国际海岸水库研究协会（IACRR）共同主办的第一届海岸水库与可持续水管理国际会议在常州金坛正式开幕。来自世界各地的相关流域机构、科研院所、高校、企业和联合国教科文组织等单位的专家学者、师生百余人参加此次会议。开幕式由英国皇家工程院院士、中国工程院外籍院士、国际水利与环境工程学会（IAHR）原主席、IACRR前主席 Roger Falconer 主持。河海大学副校长郑金海、国际海岸水库研究协会主席 Muttucumaru Sivakumar 先后在开幕式上致辞。在专家报告环节，美国工程院院士、中国工程院外籍院士、国际水协会前主席 Glen Daigger，英国皇家工程院院士、中国工程院外籍院士 Roger Falconer，IACRR主席 Sivakumar 教授，西湖大学教授李凌，我国最大海岸水库青草沙水库设计主要参与人员袁建忠，爱尔兰高威大学教授 Mike Hartnett，英国卡迪夫大学教授 Reza Ahmadian，四川大学教授

林鹏智，联合国教科文组织水科学政府间水文计划处能力发展与家庭水协调部门主任 Rahmah Elfithri 等一大批国际顶尖专家做了报告。

（十二）2023智能通信与网络国际学术会议（ICN 2023）

11月10～11日，由河海大学主办的2023智能通信与网络国际学术会议（ICN 2023）在常州金坛举办。大会以线上线下结合的方式举行，累计参会人数超500人。河海大学副校长郑金海教授在开幕式上致辞。本次会议聚焦智能通信与网络的最新研究领域和热点问题，以学术交流为载体，充分发挥高校科研和人才集聚优势，深入讨论领域内研究成果，促进成果转化一体化。来自北京大学、清华大学、东南大学、深圳大学、香港城市大学和埃塞克斯大学等高校的专家学者围绕智能通信与网络等前沿话题分享最新研究成果、新颖思路和技术创新，进行主题报告。此次大会为国内外高等院校、科学研究所、企事业单位的专家学者等提供一个分享专业经验、扩大专业网络、展示研究成果的国际学术交流平台，对推动相关研究与应用的发展与进步，推进学科的创新发展和促进科技人才培养有重要意义，同时对促进领域内的协同创新起到了正向积极的推动作用。

（十三）第五届SEG岩石物理与地下流体检测国际研讨会

12月8～10日，第五届SEG岩石物理与地下流体检测国际研讨会在河海大学召开。本次会议聚焦"环境资源地球物理勘查及地下流体检测理论、方法与技术应用"，大会开幕式由河海大学副校长郑金海、SEG中国执行总裁黄旭日分别致辞，来自国内外100余位专家学者参加此次研讨会。研讨会上，来自伯明翰大学、普渡大学、澳洲科廷大学、伊迪斯·科文大学等国外高校、科研机构的专家学者聚焦地质能源探索与二氧化碳封存主题深入探讨，提出了一系列二氧化碳捕集、封存、监测和安全等方面的前沿技术。通过整合绿色转型进程中各国知识流动和国际合作交流，在碳中和愿景下，为未来实现"双碳"目标提供了重要的理论研究与技术发展思路。来自清华大学、中国石油大学（北京）、河海大学、中国石油长庆油田勘探开发研究院等的国内高校、科研机构专家学者围绕陆上深层、深水、非常规三大领域油气资源勘探开发主题深入探讨，从多个领域多个维度分析了我国在深地深水以及非常规油气高效勘探开发等领域面临的科研生产难题，提出一系列先进的油气勘探开发基础理论与关键技术，对引领行业发展、推动技术进步具有重要指导意义，进而为我国"十四五"期间能源体系建设、油气高效勘探开发以及保障国家能源安全发挥作用。50余位业内专家学者作了大会报告，介

绍了各自在岩石物理相关领域的科研成果，报告涉及岩石物理理论及实验、地层参数精细反演、地下流体检测方法、工程应用实例及示范等方面最新的研究成果。

（河海大学）

中国电力建设集团有限公司2023年共建"一带一路"情况

（一）共建"一带一路"经营情况

截至2023年底，中国电力建设集团有限公司（简称中国电建）在122个国家设有513个驻外机构；境外从业人数合计122345人；在139个国家或地区执行项目合同3704份，合同总金额9835亿元；在14个国家有投资项目29个，项目总投资784亿元，境外控股电力装机容量697.6万kW。根据2023年美国《工程新闻记录》（ENR）排名，中国电建在全球工程设计企业150强中排名第一；在全球工程承包商250强中位列第六位，在能源电力领域位列全球第二。

中国电建积极参与"一带一路"建设，截至2023年底在153个"一带一路"共建国家中的108个国别设有437个驻外机构；在其中119个沿线国家执行3470份项目合同，合同金额超过9000亿元，参建了中老铁路、雅万高铁、巴基斯坦卡西姆电站等一大批重点工程；近年经习近平总书记见证签约的项目19个。

（二）参加第三届"一带一路"国际合作高峰论坛主要成果

（1）紧抓国家主场外交机遇，大力推动高端营销，取得了丰硕的成果。在峰会效应的推动下，中国电建在海水淡化、水利、水电、新能源、垃圾发电、输变电、工民建、交通、矿业等多个领域累计签约项目33个，总金额合计约110亿美元，涉及东南非、亚太、中东北非、美洲、欧亚和中西非等区域。其中，企业家大会现场签约沙特PIF第三轮Saad 2光伏项目、阿根廷波德综合水利枢纽项目和老挝色贡100万kW风电项目设计、采购、运输合同等共15个项目，金额约63.21亿美元。

（2）作为首批发起单位启动"绿色发展投融资合作伙伴关系"，列入高峰论坛九大成果之一。中国电建受邀出席由生态环境部牵头举办的"绿色发展"高级别论坛，在论坛上，中国电建代表建筑央企受邀上台以首批发起单位身份共同启动"绿色发展投融资合作伙伴关系"，该"伙伴关系"纳入本届高峰论坛九大成果之一。中国电建与中外政府部门、企业、金融机构、慈善基金等携手推动绿色发展投融资务实合作，体现了中国电建在"一带一路"绿色发展投资领域的重要作用及国际影响力。

（3）围绕高峰论坛开展的26场高端对接洽谈活动取得丰硕成果。中国电建紧抓契机，主动出击开展高端营销，优化外部经营环境。在论坛期间，共安排26场会见外方司局级及以上政商要员的商务活动，会见了肯尼亚总统鲁托、阿根廷总统费尔南德斯、巴基斯坦总理卡卡尔以及沙特皇室内阁成员兼能源大臣阿卜杜拉阿齐兹亲王等4个国家元首或政府首脑级嘉宾，出席智利总统丰特、印尼总统佐科等2个国家元首主持的商务活动；会见了安哥拉水利能源部、津巴布韦交通与基础设施发展部、阿根廷图库曼省工程部等多个国家的政府高级官员；会见了印尼国家电力公司、越南BCG集团等多个国家的业主及合作伙伴，取得了一系列丰硕的成果。

（三）共建"一带一路"重点项目取得积极进展

（1）国家元首见证项目。由习近平主席见签优惠贷款协议的孟加拉国达舍尔甘地污水处理项目正式投产，该项目是南亚最大单体污水处理厂，是中孟两国共建"一带一路"框架下的重点项目。

（2）重点水利水电及新能源项目。①塔吉克斯坦格拉夫纳亚水电站技改项目最后一台技改机组（1号机组）发电并完工验收，总统埃莫马利·拉赫蒙出席仪式。②刚果（金）最大基础设施项目：布桑加水电站举行落成典礼，总统出席并剪彩。③尼日利亚在建最大规模水电站：宗格鲁水电站项目工程正式获得业主签发的竣工移交证书。④老挝孟松风电项目开工，老挝副总理兼外长沙伦赛出席仪式。⑤阿联酋首个风电项目：阿联酋风电示范项目投入运营。⑥世界最大河道整治工程：孟加拉国帕德玛大桥河道整治项目全面完工。

（3）获得嘉奖的水利水电及新能源项目。①越南富美33万kW地面光伏电站EPC工程荣获2023年度中国电力优质工程奖。②阿联酋风电示范项目收到英国安全委员会颁发的国际安全卓越奖杯，荣获2023年度国际安全奖最高等级奖项。③阿布扎比塔维勒海水淡化项目荣获2023全球水奖。④老挝南欧江六级水电站荣获第五届堆石坝国际里程碑工程奖。

（四）打造"共赢竞合"新模式，与利益相关方共享发展成果

截至目前，中国电建与美国、英国、法国等国家55家企业达成第三方市场合作共识，聚焦能源电力、基础设施、水资源与环境等优势互补领域开展合作，取得一系列务实成果。中国电建正在建设和重点推动的第三方市场合作项目共有110个，涉及28个国别。项目金额共计约403.56亿美元。

（五）积极开展国际交流与合作，履行社会责任，为促进"民心相通"贡献力量

中国电建积极践行社会、环境责任，多个项目荣获境外可持续基础设施奖和国际工程绿色供应链管理杰出项目奖。在巴基斯坦洪涝灾害期间积极捐资捐物，并派出救援队携带大型机械设备参加抢险救灾，组织专家组提供风险评估及防洪减灾规划。澳大利亚牧牛山项目积极融入社区，举办"塔州大学师生参观开放日"等活动，获得社会赞誉。在尼日利亚、安哥拉组织的"百企千村——爱点亮世界"光伏产品捐赠活动深受好评。在圭亚那为印第安村捐建节能环保的太阳能路灯。

中国电建在建设赞比亚下凯富峡水电站项目期间，投资150万美元兴建了赞比亚中国水电培训学院，取得当地办学资质，累计培训毕业332人。马里古伊那水电站在项目建设期间，为当地提供了上千个直接就业岗位和数万个间接就业岗位，属地化用工率达到了86%。

（六）大力推动海外项目技术创新与应用

中国电建以科技创新完善业务技术体系，支撑业务可持续发展，培育海外业务核心竞争力，开拓市场，为促进所在国自主创新、填补产业链空缺、优化产业结构、提升工业能效、实施绿色制造、提高投资效益，带动当地新型企业和技术发展发挥了重要作用。①孟加拉国达舍尔甘地污水处理厂项目实现了中国自主知识产权的"喷雾干化＋回转窑焚烧工艺"专利技术和设备第一次在海外建成投运。②沙特拉比格三期项目是世界最大单体反渗透海水淡化厂，已载入吉尼斯世界纪录，项目采用世界最先进的反渗透技术，项目的供水价格仅为0.53美元/m³，创造沙特最低海水淡化价格。③新加坡大士净水厂项目采用全过程BIM咨询，实现了模型出图、施工仿真、数字化管控。在整个项目周期内减少了60%的设计变更、节省了约120天工期、成本追踪和成本预算效率提升了近200%。④老挝南欧江梯级水电站建立了老挝目前规模最大、覆盖面积最广的具有水情自动测报功能的系统和公司首个具有自主知识产权的全流域智能化调度的系统，被评为"2023能源企业信息化创新成果与实践案例"。

（中国电建集团国际工程有限公司）

水电水利规划设计总院可再生能源国际合作工作情况

2023年，水电水利规划设计总院（简称水电总院）不断深化与国际组织、政府部门等深入对话与交流，持续深化可再生能源国际合作，助力全球清洁能源伙伴关系的建立和完善。

（一）国际智库合作业务

（1）参加金砖能源部长报告编制。2023年金砖能源部长年度报告中国部分内容由水电总院牵头编写。报告从全球能源转型进展情况、发展趋势、面临机遇与挑战、推进能源转型对就业市场的影响等方面展开分析，提出了金砖国家发挥自身优势，加强互补合作，健全人才能力建设体系的意见建议。该报告是2023年度金砖能源部长会重点成果之一。未来，水电总院作为金砖国家能源智库代表，将继续为金砖国家能源转型建言献策，为持续推进金砖国家能源领域务实合作发挥积极作用。

（2）成功协（承）办重要国际会议。2023年9月，由国家能源局、江苏省人民政府和国际可再生能源署共同主办，水电总院等单位协办的2023年国际能源变革论坛在江苏省苏州市举办。论坛期间发布了《全球清洁能源合作伙伴关系倡议》《2023能源变革指数蓝皮书》等一系列成果，提升水电总院在国际可再生能源领域影响力。同时，水电总院协助筹备了"中国能源革命十周年"主题展览，协助制作了"能源革命，中国在行动"主题视频等。11月，深度配合国家能源局，水电总院联合承办了第六届亚太能源监管论坛，得到了参会各方的高度认可。

（3）持续推动国际能源合作。①作为中阿清洁能源培训中心技术支撑单位和光伏领域能力建设组织实施单位，持续推进中国—阿盟清洁能源合作。与沙特阿卜杜拉国王石油研究中心在可再生能源尤其是氢能方面达成一系列共识；提出的中阿清洁能源培训中心2023～2025年培训计划列入"中国—欧亚科技人文交流三年行动计划"重点国际合作项目清单。②持续推进中巴经济走廊能源合作方面，积极协助筹备中巴经济走廊联合能源工作组第12次会议，积极磋商并草拟中国—巴基斯坦在可再生能源方面合作的谅解备忘录，并推动谈判与签署工作。③持续推进中欧风电创新合作，联合电建华东院、电建贵阳院、挪威船级社等单位，共同推进中欧海上风电开发建设管理和标准体系对标分析与合作研究；与英国大使馆联合召开2023年中英漂浮式海上风电合作研讨会，围绕万宁漂浮式海上风电项目、中英海上风电技术与产业合作等议题进行了深入交流和探讨；发布《中欧漂浮式海上风电关键技术与产业链对比分析与合作潜力》英文简版报告。

（二）国际可再生能源署（IRENA）合作办公室落地水电总院

2023年4月，国家能源局局长章建华与国际可再生能源署（IRENA）总干事拉·卡梅拉共同为中

国—IRENA合作办公室揭牌，办公室落地水电总院。并同意建立由合作指导委员会、合作办公室和专项工作组组成的"1+1+N"合作机制，其中合作办公室由水电总院承担具体工作。截至目前，合作办公室在参加机制性会议、组织参加双边会见、开展专业性合作、举办国际交流活动、搭建中国—IRENA合作网络、开展宣传和调研等方面开展了系列工作，工作成果受到IRENA总干事等高层职员的高度认可，逐步提升了中国在IRENA内部的影响力，同时也通过IRENA提升了中国在全球能源治理中的话语权。

（三）中国—东盟清洁能源合作中心

根据第20届"东盟＋3"能源部长会议共识，2023年8月，在第41届东盟能源部长会议及系列会议闭幕活动上，水电总院与东盟能源中心共同签署了关于中国—东盟清洁能源合作中心的谅解备忘录，标志着中国东盟清洁能源合作中心取得新的阶段性成果。2023年9月，在首届中国—东盟清洁能源合作周期间，国家能源局局长章建华、东盟秘书长高金洪、印度尼西亚能矿部长阿里芬·达斯里夫以及外交部亚洲司参赞吴骏共同为水电总院和东盟能源中心授"中心执行机构"牌。

（四）积极推动中国—非盟能源伙伴关系

中国—非盟能源伙伴关系合作不断深入。2023年，水电总院多次组织开展在阿尔及利亚中资企业需求调研会，并与阿尔及利亚能矿部召开线上讨论会，协助建立中阿能源合作机制；与非盟驻华代表处联合举办"首届能源合作项目推介会"，并组织召开中非清洁能源合作项目库建设启动会议，整合合作资源，促进信息互通，增强对非合作的系统性；派遣工作组赴非能委执行联合工作任务，顺利完成中国—非盟能源伙伴关系谅解备忘录的重要对非派员任务；COP28期间，水电总院在SDG主题馆成功举办"创新引领中非合作，释放'光伏＋'潜能"边会，加速器项目及提出的"小而美"中非能源合作方案反响热烈。

（水电水利规划设计总院）

中国电建集团国际工程有限公司 2023年国际交流情况

2023年，中国电建集团国际工程有限公司（简称电建国际公司）依托中国水力发电工程学会海外分会，大力推动国际交流，积极组织及参与多项国际行业研讨会议，并于多个国际组织、公司及行业学协会展开广泛交流。

（一）《中国企业在巴基斯坦绿色能源产业发展前景》研究报告发布仪式暨学术研讨会

3月1日（当地时间），《中国企业在巴基斯坦绿色能源产业发展前景》研究报告发布仪式暨学术研讨会在巴基斯坦首都伊斯兰堡隆重举行，会议由中国电力建设集团有限公司（简称中国电建）、巴基斯坦知名智库巴中学会、全巴中资企业协会与中国水力发电工程学会巴基斯坦代表处联合主办。巴基斯坦驻华前大使纳赫马纳·哈什米、巴计划部特别助理达沃德·穆罕默德·巴雷阿赫、气候变化部特别助理赛义德·穆杰塔巴·侯赛因等巴方政要出席会议。

中国电建巴基斯坦国别代表、全巴中资企业协会会长杨建多在发言中表示，报告的顺利发布将成为在巴基斯坦绿色能源领域投资人的宝贵资源。报告全面分析了巴基斯坦绿色能源行业现状以及中资企业投资风能、太阳能、水电等绿色能源项目的前景，结合中国在可再生能源方面取得的研究成果及行业经验，为中巴双方在巴基斯坦绿色能源基础设施领域的进一步合作奠定了良好的理论基础，中国电建将充分利用自身优势及经验持续助力巴基斯坦能源结构改善，造福当地民生。

本次活动旨在加强绿色开发与环保综合利用理念的宣传，展现中国电建等中资企业在中巴经济走廊项目建设及绿色能源等方面的成就贡献，体现中巴两国合作共赢的成果。中国长江三峡集团有限公司、国家电网有限公司等中巴经济走廊重点企业代表，高校教授、专业学者等各方知名人士，以及新华社、黎明报等中巴主流媒体参加活动。

（二）2023国际水电发展大会

4月18日，2023国际水电发展大会在北京举行。会议以"抽水蓄能—构建未来新型能源体系的重要支撑"为主题，由国家能源局和国际可再生能源署（IRENA）指导，中国水力发电工程学会牵头主办，国家电网有限公司、中国南方电网有限责任公司、中国长江三峡集团有限公司、中国电力建设集团有限公司、中国—国际可再生能源署合作办公室联合主办，中国电建集团国际工程有限公司、水电水利规划设计总院、国网新源控股有限公司、南方电网储能股份有限公司、中国三峡建工（集团）有限公司联合承办，北京水力发电工程学会协办。

国家能源局总工程师向海平、中国水力发电工程学会理事长张野、国际可再生能源署总干事弗朗西斯科·拉卡梅拉、国际水电协会主席罗杰·吉尔出席会议。电建集团（股份）公司党委常委、副总经理王小军出席会议并发表致辞。会议由电建国际公司党委书记、董事长、中国水力发电工程学会海外分会主任委员季晓勇主持。电建股份公司科技与工程管理部副主任熊海华，电建国际公司党委副书记、总经理陈观福参加会议。

来自行业各方的中外专家和代表 230 多人在北京主会场参会，300 多名代表线上参会，超过 120 万人通过多个视频网络平台观看大会同步直播。

（三）国际可再生能源署第六次及第七次水电合作框架会议

（1）5 月 3 日，国际可再生能源署（IRENA）第六次水合作框架会议以线上形式召开。国际可再生能源署总干事弗朗西斯科·拉卡梅拉、创新和技术中心主任罗兰·罗施、国际水电协会首席执行官艾迪·里奇及 IRENA 水电合作框架新任主席国代表等出席会议，电建国际公司咨询吴文豪应邀代表水电学会出席会议并讲话。会议由加拿大自然资源部可再生能源和电力政策司司长迈克尔·帕勒斯库主持，来自 46 个组织的 83 名代表参加会议。

（2）11 月 2 日，国际可再生能源署（IRENA）第七次水电合作框架会议在印度尼西亚巴厘岛举行。国际可再生能源署创新和技术中心主任罗兰·罗施，国际水电协会主席、澳大利亚前总理马尔科姆·特恩布尔，首席执行官艾迪·里奇，国际可再生能源署水电合作框架主席国及成员国代表等出席会议，来自 40 多个组织的近百名代表参加会议，会议由罗兰·罗施主持。电建国际公司咨询吴文豪应邀出席会议并讲话。

国际可再生能源署 2020 年发起水电合作框架，致力于加快持续水电部署实现全球可再生能源转型进程的对话、合作和协调行动。截至目前，国际可再生能源署已经召开了六次水电合作框架会议，来自 100 多个国家的行业协会和银行从业者参加了会议。

（四）第 18 届世界水资源大会

9 月 11~15 日，第 18 届世界水资源大会在北京召开。电建国际公司咨询吴文豪受邀参加于 9 月 13 日举行的"双碳目标下的水电可持续发展与智慧能源转型"分会并作题为"发挥水电力量，实现可持续能源转型"的主旨报告。世界水资源大会是国际水资源学会组织的世界性学术会议。自 1973 年开始，世界水资源大会一般每 3 年召开一次，每次参会人员规模超过千人。本次会议为第 18 届大会，为该会首次在中国举办。

（五）第七届中阿能源合作大会

9 月 19~20 日，第七届中阿能源合作大会在海南省海口市隆重召开。国家能源局局长章建华、埃及电力与可再生能源部副部长奥萨马·阿里·阿斯兰、阿盟副秘书长阿里·易卜拉欣·阿尔·马尔基、海南省省长刘小明、海南省委常委兼海口市委书记罗增斌等出席会议。电建国际公司咨询吴文豪受邀出席会议

并在可再生能源与氢储分论坛高端对话环节中作交流发言。中阿能源合作大会是"中国—阿拉伯国家合作论坛"框架下重要机制之一，主要讨论中阿能源合作前景，促进中阿开展能源合作，是中国和阿盟国家能源领域最高级别和最具影响力的多边、双边国际合作盛会。

（六）2023 世界水电大会

10 月 31 日~11 月 2 日，2023 世界水电大会在印度尼西亚巴厘岛召开，本届世界水电大会是水电行业领导者的官方会议，旨在讨论如何进一步助力全球可持续增长。印度尼西亚总统佐科，澳大利亚前总理、国际水电协会主席马尔科姆·特恩布尔，印度尼西亚能源与矿产资源部部长阿里芬·塔斯里夫，马来西亚沙捞越州总理阿邦·佐哈里，塔吉克斯坦能源和水资源部部长达勒·朱马等出席会议。电建国际公司咨询吴文豪受邀参会并在"融资水电实现 2050 净零排放"专题论坛中作主旨报告。自 2007 年开始，以"推动水电的可持续发展"为主题，国际水电协会（IHA）每两年牵头举办一次世界水电大会（WHC），本次大会为第 9 届会议，来自 40 多个国家的政府、金融机构、水电相关企业、社会团体、学术团体等组织的近千名代表参加会议，对全球可持续水电的发展产生积极而深远的影响。

（七）2023 中欧海上新能源发展合作论坛

11 月 21 日，以"海上风光助力低碳发展、中欧合作共享绿色未来"为主题的 2023 中欧海上新能源发展合作论坛在江苏盐城举行。来自中欧双方能源主管部门、能源企业、行业智库、研究机构及相关驻华使领馆代表齐聚"风光名城"，围绕海上可再生能源领域热点议题进行深入探讨和交流，促进产业资源整合，挖掘中欧合作潜力。本次论坛由国家能源局、江苏省人民政府指导，水电水利规划设计总院、中国欧盟商会和盐城市人民政府共同举办。电建国际公司咨询吴文豪受邀出席会议。

会议期间，电建国际公司咨询吴文豪与国际可再生能源署（IRENA）创新和技术中心主任罗兰·罗伊施进行双边会谈，就 IRENA 水电合作框架 2023~2024 年工作计划进行了交流探讨，结合了 IRENA 本年度的合作框架报告《水电不断变化的角色：挑战与机遇》中突出的发现和挑战，探讨如何引导框架内的对话，以及从会员国和合作伙伴收集该报告涉及领域中的良好实践。双方均表示，IRENA 和中国水力发电工程学会在业务上有很多契合点，在水电可持续发展、投融资以及技术和运营优化方面有巨大的合作空间。双方愿意加强合作，共同推进全球水电可持续发展，助力低碳能源转型。

此外，双方还就中国—IRENA专项工作组的筹备交换了意见。

（八）国际航运协会内河航道和航运结构研讨会

11月29日，国际航运协会（PIANC）内河航道和航运结构研讨会在南京举行。会议由国际航运协会主办，南京水利科学研究院承办，中国水力发电工程学会海外分会参与协办。中国工程院院士胡亚安、国际航运协会内河委员会主席菲利普·里戈、副主席亚斯娜·穆斯卡提洛维奇等出席会议，会议由国际航运协会秘书长格尔特·范·卡佩伦主持，电建国际公司咨询吴文豪受邀出席会议。

（九）澜沧江—湄公河全流域合作研讨会

12月2日，为了更好地了解澜沧江—湄公河各流域国对于全流域合作治理的需求，推动全流域合作深入开展，促进流域社会经济的可持续发展，澜沧江—湄公河全流域合作研讨会在南京举行。会议由河海大学主办，河海大学商学院、世界水谷研究院等承办，中国水力发电工程学会为会议支持单位。会议由河海大学商学院副院长唐震主持，来自19个组织的36名专家和代表参加会议。电建国际公司咨询吴文豪受邀出席会议并作发言。

（中国电建集团国际工程有限公司）

对外经营与国外工程

中国长江三峡集团有限公司 2023年国际业务开展情况

（一）国际业务概述

2023年，中国长江三峡集团有限公司（简称中国三峡集团）积极探索国际化经营之路，取得一系列重要成果，为推动高质量共建"一带一路"贡献三峡力量。一是经营指标持续增长。国际业务新增发电并网装机容量20.6万kW，呈现投资业务占比不断提升、业务结构不断优化的良好态势。截至2023年底，境外可控装机容量超过1100万kW，装机规模、资产总额以及利润、净利润等指标在同行业中保持领先。二是项目开发取得新进展。中巴经济走廊首个水电站项目卡洛特水电站提前实现商业运营、完成竣工验收，秘鲁圣加旺Ⅲ水电站引水隧洞全线贯通，巴西Palmeira风电和Arinos光伏项目开工建设，埃及约旦Catalyst光伏项目、IFC股权回购完成交割，澳门电力项目签订收购协议。

（二）国际业务投资

聚焦经济发达、投资环境良好的重点优势国家和地区开展国际业务投资，坚持投资并购与绿地开发"双轮驱动"，重点投向水电、风电、光伏等清洁能源领域，主要包括巴西Palmeira新能源项目、秘鲁圣加旺水电站项目、埃及约旦Catalyst光伏项目、秘鲁Arrow光伏项目、巴西Arinos光伏项目等。

（三）国际电力生产和运营

集团所属企业三峡国际能源投资集团有限公司现有近40家海外子企业和分支机构，市场覆盖欧洲、美洲、亚洲和非洲。截至2023年底，可控投产装机容量1178万kW，2023年全年发电量429亿kW·h，获得惠誉、标普、穆迪分别为"A+""A"和"A1"评级结果，得到国际评级机构和国际资本市场的高度认可。

（中国长江三峡集团有限公司 沈之旸）

中国电建集团北京勘测设计研究院有限公司 2023年国际业务开展情况

2023年中国电建集团北京勘测设计研究院有限公司（简称北京院）积极参与"一带一路"建设，紧跟中国电建集团国际化发展步伐，服务平台公司，加强与国内电源公司和民企合作，多措并举开展市场营销，全年公司跟踪海外项目50多项，签订合同7项。

清洁能源领域，积极跟踪孟加拉国、匈牙利、波黑、南非、保加利亚等国的新能源项目，总装机容量超过2400MW；加快海外蓄能市场布局，重点推进埃及、沙特、澳大利亚相关抽水蓄能项目，为北京院近2~3年的国际项目经营发展做好了坚实的项目储备。

2023年北京院国际业务成功签订了合同金额约9亿元，包括几内亚首都科纳克里供水项目境外工程项目拟内部委托实施意向书、印度尼西亚巴塘水电站闸门类金属结构设计技术服务合同、尼泊尔上马相迪A水电站技术尽调咨询服务合同、匈牙利奈斯美依（Neszmely）82.8MW光伏项目工程可行性研究报告编制合同、波黑科曼耶山 KomanjeBrdo105M 光伏项目可行性研究报告编制合同等；此外，积极配合电源公司和中国电建集团开展不同国别项目的技术咨询与评估。

在建项目方面，柬埔寨斯登眉登项目部全力配合业主各项工作，使得该项目顺利开工；印尼巴塘项目部和几内亚阿玛利亚项目部克服各种困难全力保障图纸供应，保证了项目顺利实施。

（中国电建集团北京勘测设计研究院有限公司　王双友）

中国长江三峡集团有限公司 2023 年境外重点项目开展情况

（一）巴西阿里努斯（Arinos）光伏项目

该项目位于巴西东南部米纳斯吉拉斯州，装机容量 41.26 万 kW。项目于 2024 年 6 月 29 日实现首批并网发电，预计于 2024 年 12 月底前完成全容量并网发电。项目是中国三峡集团海外新能源绿地建设的先行项目和海外市场在建最大光伏项目，是央企作为产业链"链长"带动中国制造集体出海的成功典范，对于优化三峡国际海外发电资产配置和人才培养储备有着重大意义。建成后每年生产的电能可满足 24 万当地家庭的日常用电需求，能够为巴西经济发展提供高质量的清洁能源支持。

（二）巴西帕尔梅拉（Palmeira）风电项目

该项目位于巴西东北部帕拉伊巴州，装机容量 64.8 万 kW。项目于 2023 年 10 月 31 日正式开工，预计于 2025 年 12 月底前实现并网发电，建成后年均上网发电量 25.54 亿 kW·h，每年可为电网节约标准煤约 77.9 万 t，减轻排放温室效应性气体二氧化碳 212.5 万 t。项目是中国三峡集团海外最大的风电绿地项目，体现了集团公司产业链齐全的竞争优势，有利于带动人民币融资、为中国三峡集团海外大规模开发建设新能源绿地项目积累经验，助力巴西能源转型。

（三）埃及、约旦卡特利斯（Catalyst）光伏项目

该项目总装机容量 10.9 万 kW，全部为光伏电站，其中包括：埃及 1 座电站，位于本班光伏园，装机规模为 6.5 万 kW；约旦 4 座电站，装机规模为 4.4 万 kW。2023 年 6 月 8 日完成项目股权交割。项目是中国三峡集团继 2021 年 8 月 Alcazar 项目交割后，在中东北非区域清洁能源市场的又一次投资，有利于中国三峡集团进一步扩大在该区域业务规模、持续提升市场地位，并在该区域发挥协同效应，通过资源整合，降低运维成本，提升资产运营效率和经营效益。

（四）西班牙贝尔维斯（Belvis）光伏项目

该项目位于西班牙西南部埃斯特雷马杜拉自治区卡塞雷斯省，总装机容量 10.45 万 kW，2023 年一季度开工建设。项目现场场平与挖掘工作开展过程中，陆续发现古罗马考古遗址。三峡国际公司严格遵守当地法规，与相关方密切合作，在做好现场考古遗址的挖掘和保护工作的同时，全力推进项目物资设备采购及现场施工工作。项目预计 2024 年 12 月底前实现投产发电。项目投产后可与西班牙现有运维项目进行统筹管理，发挥协同效应，在资产管理和电站运维方面实现降本增效，并进一步巩固中国三峡集团在西班牙新能源的行业地位，提升中国三峡集团在欧洲清洁能源市场的影响力。

（五）哥伦比亚巴拉诺瓦 I 期（Baranoa I）光伏项目

该项目位于大西洋省巴拉诺瓦市附近，总装机容量 2.3 万 kW。项目于 2023 年 5 月 3 日开工建设，是中国三峡集团在哥伦比亚投资的第一个清洁能源项目。项目的实施有利于哥伦比亚能源结构转型，有助于提升三峡品牌在拉美市场的影响力，进一步带动中国光伏企业走出去。

（中国长江三峡集团有限公司
单海超　高寅星　郑霞　李鹤立　徐静征）

中国电力建设集团有限公司承建的重大国际项目 2023 年进展情况

（1）印度尼西亚巴塘水电站。该项目是印度尼西亚国家战略工程，也是印度尼西亚在建规模最大、技术难度最高的水电工程，坐落于北苏门答腊省的巴丹托鲁河上。项目合同总额为 10.35 亿美元。该电站采用碾压混凝土拱形重力坝，大坝坝顶长 137.44m，最大坝高 74m，共分为 6 个坝段，混凝土总方量约为 20.5 万 m³。2023 年 11 月 17 日，大坝首仓混凝土开仓浇筑。

（2）尼日利亚宗格鲁水电站。该项目枢纽工程主要包括拦河大坝、坝式进水口、坝身溢洪道及消力池、坝后式厂房及尾水渠、开关站和输变电线路等。设计装机容量为 4×17.5 万 kW，项目合同金额为 12.94 亿美元，于 2013 年 9 月开工。该项目是"一带一路"非洲区域的重要项目，也是尼日利亚使用中国进出口银行"两优"贷款的最大规模电站融资项目。2023 年 8 月 15 日，获得竣工移交证书，标志着该项目建设已全部完工并移交业主，进入 12 个月的

质保期。

（3）赞比亚下凯富峡水电站。该项目是中赞合作"一号工程""一带一路"典范工程，是赞比亚40年来投资开发的第一座大型水电站，合同金额约15.65亿美元。水电站设计装机容量为75万kW，库容0.83亿m³，大坝为碾压混凝土重力坝，高度130.5m，坝顶长度374.5m，混凝土总方量130万m³。水电站首台机组于2021年7月1日投产发电。2023年3月24日，项目举行5号机组发电仪式，标志着该水电站全部机组投产运行。

（4）乌干达卡鲁玛水电站及其电力输出工程。该项目位于乌干达西北部，距离首都约270km。总装机容量60万kW，是乌干达最大的水利水电工程，同时也是世界上第14大地下水电站，项目总投资16.88亿美元。电站设计年平均发电量约40亿万kW·h。其配套的输变电线路工程由"四站三线"组成，线路总长379km，400kV的输变电线路刷新了乌干达电力高压输送的纪录。2023年12月7日，水电站6号机组并网发电。

（5）卢旺达那巴龙格河二号水电站。该项目位于卢旺达北部省与南部省交界的那巴龙格河流上，坝址距首都基加利约20.7km，工程开发任务主要为防洪、发电、下游生态流量泄放，兼顾下游灌溉，工程枢纽由黏土心墙堆石坝左岸开敞式溢洪道、左岸引水发电系统冲沙兼放空洞和输电线路组成，总库容约8亿m³，挡水建筑物大坝59m，总装机容量4.35万kW，项目合同金额约2.14亿美元。于2022年4月15日开工，合同工期56个月，资金来源于中国进出口银行优惠贷款。2023年7月，项目实现工程截流。

（中国电力建设集团有限公司　魏立军　郗颂东）

老挝南欧江梯级水电站一期工程通过竣工验收

（一）工程概况

老挝南欧江梯级水电项目位于老挝南欧江流域，按"一库七级"分两期开发。一期项目（二、五、六级水电站）总装机容量54万kW，于2012年10月主体开工建设，2015年11月首台机组并网发电，2017年1月进入商业运行。

南欧江二级水电站总装机容量为12万kW，采用闸坝式开发，枢纽主要建筑物由左岸非溢流坝段、泄水建筑物、引水发电建筑物、右岸非溢流坝段等组成。

南欧江五级水电站总装机容量为24万kW，枢纽主要建筑物由碾压混凝土重力坝、坝身进水口和坝后式厂房、溢流表孔和消力池、冲沙底孔及泄槽、下游护岸等组成。

南欧江六级水电站总装机容量为18万kW，枢纽主要建筑物由复合土工膜面板堆石坝、溢洪道、放空洞、引水系统及地面厂房、护岸工程等组成。

南欧江二、五、六级水电站分别荣获中国电建优质工程奖，六级水电站还荣获陕西省建设工程长安杯奖、中国建设工程鲁班奖（境外工程）、国际里程碑堆石坝奖，并入选中外水电国际合作优秀案例。

（二）竣工验收

（1）验收组织。2022年10月，成立老挝南欧江一期工程竣工验收委员会，下设验收专家组和验收工作组。

（2）专项验收情况。2019年会计事务所出具竣工财务决算审计报告；2020年完成档案、建设征地移民安置、环境保护、水土保持、消防等专项验收，并通过竣工安全鉴定；2022年1月通过枢纽工程专项验收。

（3）竣工验收技术审查。2023年1月验收工作组和专家组考察枢纽工程运行和电站生产调度、流域集控中心远动操作现状，对竣工验收依据性文件资料进行检查，确认工程缺陷和遗留问题处理情况，形成工程竣工验收专家组意见。

（4）竣工验收会议。2023年1月16日，验收委员会组织召开竣工验收会议，会议认为，枢纽工程专项验收、工程档案和竣工决算提出的遗留问题已妥善处理、整改完成，建设征地移民安置、环境保护、水土保持、消防、劳动安全与工业卫生符合当地标准和法律法规，满足合同和政府要求，无验收遗留问题，同意通过工程竣工验收。

（中国电建集团海外投资有限公司
白存忠　邵岩华）

巴基斯坦DASU水电站工程2023年建设进展情况

（一）工程概况

DASU水电站工程位于巴基斯坦开伯尔普赫图赫瓦（KPK）省科希斯坦（Kohistan）区印度河流域达苏镇上游7km处，距首都伊斯兰堡约350km。项目业主单位为巴基斯坦水电开发署（WAPDA），设计咨询单位为达苏水电咨询公司（DHC）。工程总装机容量540万kW，分两期工程建设。中国葛洲坝集团股份有限公司负责项目一期工程，一期装机6台，共装机容量为216万kW（6×36万kW），分为大坝、厂房一期、左岸改线道路、右岸进场道路四个标段。

大坝高 242m，长 570m，设计碾压混凝土工程量为 470 万 m³，电站建成后年发电量约 120 亿 kW·h，升压站电压等级为 765kV。

项目合同类型为"土建施工＋金属结构 EPC"，合同金额总计约 19.37 亿美元，项目资金来源为"世界银行贷款（21.73%）＋业主自有资金（13.78%）＋商业贷款（64.49%）"。大坝标合同工期为 68 个月，厂房标合同工期为 69 个月。

（二）主要工程内容

大坝标主要围绕导流洞混凝土、大江截流、大坝左右岸坝肩开挖、大坝砂石和拌和系统临建施工，厂房标主要围绕地下厂房、主变压器室、尾水隧洞、开关站、等地下洞室群开挖与支护施工，左岸和右岸改线道路主要围绕土石方明挖施工。

（三）工程进展情况

①2 月 18 日，项目主体工程截流成功；②3 月 6 日，项目部搬迁至 KASS 主营地；③8 月 11 日，左岸交通洞贯通通车；④9 月 2 日，右岸坝肩开挖开始；⑤10 月 17 日，左岸坝肩开挖开始；⑥12 月 1 日，厂房第三层开挖启动；⑦截至 12 月底，项目总体完成 23.08%，其中大坝标累计已完成 26.7%、厂房标累计已完成 17.33%、左岸改线道路标累计已完成 22.38%、右岸改线道路标累计完成 5.20%。

（中国葛洲坝集团国际工程有限公司　李建彬）

老挝南龙 2 水电站工程 2023 年建设进展情况

（一）项目概况

南龙 2（NamLong2）水电站工程位于老挝北部中低山区，南龙 2（NamLong2）水电站拦河坝离上游已建南龙 1（NamLong1）水电站约 5km。主要建筑物由拦河坝、进水口、发电输水隧洞、调压井、压力管道、发电厂房和升压站等组成。拦河堰采用混凝土实用堰，堰顶总长 35m，堰高 7m（河床以上），堰顶高程 684.00m；泄洪冲砂闸位于拦河堰右侧，为 2 孔，单孔净宽 8m；进水口位于泄洪冲砂闸上游右岸，后接发电引水隧洞，引水隧洞为城门洞形有压隧洞，长约 1887.321m，开挖断面 3.1m×3.36m，衬后断面 2.5m×2.76m；引水隧洞尾部设调压井，上室衬后内径 3.1m；调压井后为压力管道，长度 329.539m，采用钢衬，衬后内径 1.9m；发电厂房位于拦河堰下游约 3.2km 处右岸滩地，为引水地面式，装机容量为 2×0.45 万 kW；升压站为户外式。

（二）工程地质情况

坝址区山峦起伏，峡谷众多，该区有众多的河流，沿小的河流到大的 NamMa 河支流以及西南边界的湄公河，猛龙县多为肥沃的冲积平原，高程为 1200～1500m 之间，多有陡坡，地表植被茂密。工程区山脊走向为 NE-EW 向，山脊的最大高程为 1200m 左右，主要由砂岩、页岩、玄武岩、凝灰岩组成；玄武岩覆盖区多形成台地。受岩性组合特征和地质构造面的控制，在玄武岩组成的河谷或溪流中，常有 2～5m 的瀑布出现。该区出露的岩层主要有中生代的沉积岩页岩、砂岩（P1-2）、火山成因的玄武岩、凝灰岩（P2）及第四系松散堆积物（Qpal）。中生代砂岩中发育舒缓的背斜或向斜，构成了猛龙县盆地的基底，在猛龙县的四周，亦有较大面积出露，形成了突出的山脊。在猛龙县地区有两条大的区域性断裂构造带：①猛龙县区域性断裂，走向 NE22°，近直立，延伸长约 40km，宽约 50～100m，岩体较破碎，穿越猛龙城。②Bphakheng 区域性断裂，走向 NE35°，性质不明。

（三）工程设计要求

（1）拦河建筑物。①拦河堰：拦河堰采用混凝土 WES 实用堰，堰顶总长 35m，堰高 7m（河床以上），堰顶高程 684.00m；上游边坡 1：0.6，下游边坡 1：0.8。②泄洪冲砂闸：泄洪冲砂闸位于拦河堰右侧，为 2 孔，单孔净宽 8m；采用弧形钢闸门。闸下游以 2.2% 的坡度与下游河床相接。③下游护坦：下游设 10m 长护坦，采用 60cm 厚 C25 钢筋混凝土。④交通桥：堰顶设两跨宽 2m 钢桥，净跨 35m，桥顶高程 690.0m。

（2）发电输水建筑物。①进水口：进水口位于泄洪冲砂闸上游右岸，孔口尺寸 2.4m×2.4m（宽×高），引水流量 9.3m³/s。闸室采用 C25W6 钢筋混凝土结构，长 11.43m，宽 7.7m。进口处设固定式拦污珊一道，底槛高程 679.0m。闸室设事故闸门一道，采用平板钢闸门，卷扬机启闭。②发电输水隧洞：为城门洞形有压洞，长 1887.321m，纵向坡度为 1.8%，全部进行混凝土衬砌。开挖断面 3.1m×3.36m，衬砌厚度 0.3m，衬后断面 2.5m×2.76m。衬砌段全断面需进行固结灌浆，灌浆孔深入围岩 1.5m，间距 2～3m。顶拱 90°～120° 范围进行回填灌浆，灌浆孔间距 2～3m 结合固灌浆孔布置。隧洞开挖临时支护采用 10cm 厚 C25 喷混凝土，必要时设 φ22 随机锚杆。③调压井：压力引水道尾部设调压井，洞底高程 651.695m，开挖直径 2.5m，衬后直径 1.9m，调压井顶高程 705.0m，高度 46.0m，开挖直径 3.7m，衬砌厚度 0.3m。调压井开挖临时支护采用 10cm 厚 C25 喷混凝土，必要时设 φ22 随机锚杆。灌浆孔深入围岩 2m，间距（2～3）m×（2～3）m。④压力管道：调压井后为压力管道，长度 329.539m，开挖洞径

3.3m，采用 Q345c 钢板内衬，衬后内径 1.9m。压力钢管段围岩需进行固结灌浆，灌浆孔深入围岩 1.8m。顶拱 90°～120° 范围需进行回填灌浆，灌浆孔间距（2～3）m×（2～3）m，结合固灌浆孔布置。钢衬与回填混凝土间需进行接触灌浆。

（3）发电厂房及升压站。①厂区布置：厂址位于坝址下游右岸约 3.2km 处，厂区地面高程 572m。建筑物由主厂房、副厂房、升压站、进厂公路桥等组成，呈"一"字布置。②主厂房：主厂房长 30.8m，宽 12.4m，由安装场和主机段组成，2 台机组间距 9.5m。安装场尺寸 12.4m×7.0m（长×宽），高程 571.5m。发电机组中心高程 563.5m，水轮机中心安装高程 561.5m。厂内安装一台跨度为 10.5m、起吊重量为 32/5t 电动桥式起重机。③副厂房：长 19.39m，宽 16.5m，内布置有中控室、开关室、厂变室、电试室、值班室等。④尾水渠：长 17.87m，宽 12.55m，尾水平台高程 572.0m，宽 2.51m，尾水出口处设尾水检修闸门一道，两孔共用一扇门。⑤升压站：尺寸 10.74m×11.48m，地坪高程为 572.20m，为户外式。升压站内布置有主变压器及出线构架等，四周设围栏和排水沟。

（4）施工导流。该工程导流建筑物有左岸导流明渠及挡水围堰。明渠底宽 8m，明渠左边坡靠河道左岸山体，开挖边坡坡度为 1∶1，明渠右边坡下部靠开挖形成，通过围堰填筑形成，明渠右边坡坡度 1∶1。左岸导流明渠在通过 10 年一遇洪水时水位高程为 677.83m，明渠右边坡围堰顶设计高程为 678.5m。明渠进口底板高程 676.35m，明渠出口底板高程 675.59m，渠道全长 152m。挡水围堰分两期施工，一期挡水围堰围右岸基坑，由上游围堰、纵向围堰、下游围堰组成一个连续的整体挡水结构，围堰采用黏土心墙土石围堰。根据一期围堰拦枯期 10 年一遇洪水，上游水位高程为 677.83m，下游水位高程 676.77m，下游围堰堰顶高程取 677.4m。围堰堰顶宽 2.5m。堰面采用大块石护坡；围堰采用黏土心墙防渗。一期挡水围堰心墙采用黏土填筑，围堰堰体采用河道左岸开挖的土石渣或坝肩开挖的土石弃渣填筑。

（四）建设进展情况

（1）准备工作施工进展情况。①施工主要内容及设计技术指标。主要施工进场道路、通往大坝道路、通往调压室顶部的通道、大坝施工导流、混凝土拌和站、承包商营地、供水供电。此处施工内容无设计图纸，主要根据与业主代表联合测量确定施工范围，完工后提供工程量计算工程等数据进行工程量签证确认，部分施工内容如道路涵管预埋、承包商营地布局等提供给业主方简易施工图经确认后施工。②施工完

成情况。完成承包商营地建设 1 套，大坝区混凝土拌和站已完成，厂房区混凝土拌和站基础完成、相关设备进场，进场道路清表 10200m²，土方开挖约 2272.69m³，涵管预埋 24 根，砾石道路 589.5m³，通往大坝道路清表 2100m²，土方开挖 960.66m³，大坝一期施工导流完成 100%，大坝及厂房施工区生活区供水供电，正常验收合格率 100%。

（2）主要土建工程及压力钢管施工进展情况。①设计优化。南龙 2 水电站的设计优化根据现场前期工作原有设计图纸开展，优化设计已初步完成并上报业主方，等待审核意见。②施工完成情况。12 月 10 日，大坝左岸明渠开挖完成；12 月 25 日，一期挡水围堰施工完成，完成主要工程量土方开挖 2987m³，石方开挖 214m³。

（中国水电基础局有限公司　候荣杰）

卢旺达那巴龙格河水电站 2023 年建设进展情况

（一）工程概况

卢旺达那巴龙格河二号水电站位于卢旺达北部省与南部省交界的那巴龙格河干流上，坝址距首都基加利直线距离约 20.5km。开发任务为防洪、发电、下游生态流量，兼顾下游灌溉用水。水库总库容 8.03 亿 m³，枢纽布置为拦河坝为黏土心墙堆石坝，最大坝高 59m，安装 3 台 1.45 万 kW 的混流式水轮发电机组。该水电站项目是中非合作论坛 2018 年北京峰会"八大行动"计划的重点项目之一，也是中卢两国经贸合作规模最大的优惠贷款项目。

（二）主要建设内容

工程主要建设内容：①振冲碎石桩工程，采用振冲振冲碎石试处理淤泥质土，提高坝基承载力和降低不均匀沉降；②防渗墙工程，采用两道塑性混凝土防渗墙，配合墙下帷幕灌浆与坝肩帷幕灌浆，形成综合的防渗系统，减少坝体渗漏，避免渗透破坏；③灌浆工程包括导流洞、引水洞溢洪道等部位的回填灌浆和固结灌浆，提高周围岩体的整体性保证相关工程的安全运行；④桩体检测，施工完成后采用静力触探、动力触探、静载试验方法，对桩间土、单桩承载力和复合地基承载力进行检测。工期为 2022 年 5 月 1 日～2026 年 12 月 14 日。

（三）工程进展情况

（1）振冲碎石桩工程。振冲碎石桩于 8 月 6 日开工，截至 2023 年末大坝上游 0.2 置换区完成 93.98%，上游 0.25 置换区完成 95.96%，上游 0.30 置换区完成 26.24%，上游 0.35 置换区完成

46.78%，下游 0.25 置换区完成 5%，下游 0.30 置换区完成 28.09%，下游 0.35 置换区完成 48.33%。该年度累计完成碎石桩 119908.73m。

（2）导流洞灌浆工程。导流洞灌浆工程于 5 月 1 日开工，2023 年度完成导流洞回填灌浆 3456.5m²，导流洞固结灌浆 3830.55m，导流洞排水孔 690.75m。

（3）坝基灌浆工程。坝基灌浆工程于 8 月 23 日开工，分别进行了坝基帷幕灌浆试验和固结灌浆试验，帷幕灌浆采用孔口封闭和 GIN 灌浆两种方法，孔口封闭方法试验完成 485.73m，GIN 灌浆试验完成 431.32m，坝基固结灌浆试验完成 105.43m，左岸坝肩固结灌浆完成 1209.8m，2023 年度累计完成帷幕灌浆 917.05m，固结灌浆 1315.23m。

（4）现场检测

碎石桩桩体试验检测于 9 月 2 日开始，在碎石桩施工完成区域，根据设计和业主的要求随机选取实验点进行检测，2023 年度完成动力触探试验 22 个，标准贯入试验完成 2 个，等桩体达到恢复龄期后分别进行了单桩承载力载荷试验和复合地基承载力载荷试验，单桩静载试验完成 8 个，复合静载试验完成 4 个，静载试验共计完成 12 个。

（中国水电基础局有限公司　李阳阳）

坦桑尼亚朱利叶斯·尼雷尔水电站 2023 年建设进展情况

（一）工程概况

朱利叶斯·尼雷尔水电站工程位于坦桑尼亚东南部的 Rufiji 河上，工程坝址以上控制流域面积 15.8 万 km²。多年平均流量 894m³/s，多年平均径流量 282.6 亿 m³。该枢纽工程包括一座 131m 高的碾压混凝土重力主坝，包含 1 座 22m 高的碾压混凝土自由溢流堰及 3 座 5～12m 高的土石副坝。泄水建筑物包含坝顶 7 孔溢流表孔、2 个中孔、2 个底孔及垭口辅助溢洪道。引水系统由进水口、引水隧洞、调压井及压力钢管组成。发电厂房为岸边式地面厂房，厂内安装 9 台单机容量 23.5 万 kW 的立轴混流式水轮机组。该水电站以发电为主，兼顾防洪、灌溉等功能。引水系统及大坝金属结构施工由中国水利水电第四工程局有限公司承担。引水建筑物由进水口、引水隧洞、调压井、压力钢管等组成。

（二）工程意义

项目建成后，将使坦桑尼亚发电能力在现有基础上翻一番，为农村地区提供更加廉价的电力；此外，将有助于坦桑尼亚实施其他战略性项目，为坦中央铁路标轨项目的运行提供足够的电力；同时，坦桑尼亚

每年砍伐树木以制造木炭或薪柴等不可持续的做法将能够减少，水资源也可以得到更加科学的管理。

（三）工程建设情况

（1）土建部分。完成进水口边坡、拦污漂墩柱、启闭机室、1、2、3 号调压井地面以上井筒全部浇筑完成；完成 1、2、3 号引水隧洞、1、2、3 号进水塔启闭机室装饰装修施工、调压井固结灌浆；完成压力钢管连接段安装及施工支洞混凝土封堵回填；完成项目装修等工作。①2 月 5 日，启闭机室混凝土全部浇筑完成。②2 月 26 日，进水口边坡混凝土全部衬砌完成。③4 月 5 日，压力钢管及施工支洞砼全部回填完成。④4 月 18 日，引水隧洞固结灌浆全部完成。⑤5 月 17 日，调压井井筒混凝土全部浇筑完成。⑥9 月 23 日，调压井固结灌浆全部完成。

（2）金属结构部分。完成进水塔拦污栅安装；完成大坝坝顶门机安装；完成 7 套表孔弧门埋件、闸门及起闭设备安装；完成 18 套尾水液压门埋件、闸门及起闭设备安装；完成全部闸门干调试。①2 月 2 日，坝顶门机安装工作完成。②4 月 23 日，进水口充水监测。③9 月 15 日，溢洪道弧门无水调试工作完成。④12 月 8 日，尾水充水调试。

（3）投资完成情况。完成混凝土浇筑 18209.1m³，钢筋安装 1952.75t，金属结构安装 7293t。计划完成 24340 万元，实际完成 20396.77 万元，自开工累计 157175.80 万元。

（中国水利水电第四工程局有限公司

来宝欢　牛宏力）

刚果（金）ZONGOⅡ水电站 2023 年工程建设进展情况

（一）工程概况

ZONGOⅡ水电站位于刚果民主共和国下刚果省境内，是一座以发电为单一目标的混合式开发水电站。该工程主要由首部拦河坝、引水系统、岸边式地面厂房三部分组成。电站最大净水头 114.6m，最小净水头 104.8m，设计引水流量 160.5m³/s。安装 3 台混流式水轮发电机组，单机容量 5 万 kW，多年平均年发电量约 8.619 亿 kWh，保证出力 4.71 万 kW，年利用时长达 5746h。

该水电站由刚果（金）政府采用中国政府优惠贷款建设，主要技术规程与规范采用中国现行技术规程与规范，根据刚果（金）政府与中国水利水电建设集团国际有限公司于 2009 年 5 月签订《关于 ZONGOⅡ水电站开发合作商务合同》有关规定，ZONGOⅡ水电站由中国水电建设集团以 EPC 总承包方式承建，

中国水利水电建设集团国际工程有限公司委托中国水利水电第一工程局有限公司负责该项目实施。

（二）工程建设进展情况

2018年11月22日，刚果（金）国家电力公司正式接管水电站，独立负责日常运维工作，电站正式进入商业运行阶段。

2020年6月24日，刚果（金）ZONGO Ⅱ 水电站 EPC 项目最后一批备品备件和钥匙移交至电厂。

2023年输电线路工程基础开挖完成160基（设计总量160基）；基础混凝土浇筑完成160基（设计总量160基）；铁塔组立完成160基（设计总量160基）。12月28日，输电线路工程通过临时验收。

（中国水利水电第一工程局有限公司）

印度尼西亚巴塘水电站 2023年建设进展情况

巴塘水电站位于印度尼西亚北苏门答腊省南部的巴丹托鲁河中下游，站址距省会棉兰（Medan）市约400km，距西苏门答腊省省会巴东市约410km。电站采用混合式开发，具有6h日调节能力，为引水式调峰电站，电站额定水头270.0m，水库正常蓄水位为432.5m，死水位427.5m，安装4台水轮发电机组，装机容量524MW，上网容量510MW，多年平均发电量2228.14GW·h，年利用小时数4368.9h。枢纽建筑物由首部挡/泄水建筑物、输水系统、发电厂房等组成。大坝坝顶高程436m，最大坝高74m，坝顶长度112m；引水隧洞总长12.23km，采用钢筋混凝土砌衬，内径8.8m；压力钢管总长1.3km；地面厂房尺寸为112m×47.8m×49.3m。

中国水电建设集团国际工程有限公司与北苏门答腊水电公司（NSHE）签订了印尼巴塘项目EPC总承包合同，并将项目委托给中国水利水电工程第十工程局有限公司与中国电建集团北京勘测设计研究院（简称北京院）组成的联营体组织实施。截至2023年12月31日，项目进展情况如下。

（一）北京院设计进展情况

（1）地质勘探和测量。已完成所有工程部位补充勘探工作。

（2）工程设计。①基本设计。大坝、引水系统、厂房、机电、金属结构等均已完成基本设计阶段设计工作。②详细设计。附属工程中道路、渣场、料场、支洞的详图设计已经完成；大坝、引水系统、厂房、机电、金属结构等也已进入详图阶段。其中7月10日完成项目截流，11月16日完成大坝坝基验收。

（3）特殊设施。输电线路（开关站至接入点）及开关站详细设计部分获得当地国家电网（PLN）的批准。

（二）施工进展情况

（1）首部枢纽部分进度情况。①3号和5号坝段已浇筑至高程379.0m，4号坝段浇筑至高程380.8m，共计浇筑混凝土达50000m³（总约210000m³）。②河床坝基固结灌浆已完成，帷幕灌浆完成高程436.0m左岸测试孔。③事故闸门井控制室和楼梯间已浇筑至高程443.25m；④R8-1、R8-2及R8-3道路（导流洞出口）基本开挖完成。⑤15号道路桥头已经降至高程390.0m（桥头高程390.0m）。⑥大坝区拌和系统结构安装完成，第一台180拌和站已经调试完成，具备使用条件。

（2）引水系统部分进度情况。引水隧洞1、2、3、4、5号支洞已进入主洞施工，1号支洞引水隧洞上游累计完成1558m，剩余191m贯通，2号支洞引水隧洞上下游已开挖完成。3号支洞下游完成832m，4号支洞上游完成1208m，3-4号支洞之间引水隧洞剩余121m贯通。4号支洞至引水隧洞末端洞段均已贯通。1-2号支洞间引水隧洞已完成衬砌303m。调压井阻抗井开挖至高程212.5m，大井已衬砌完成。压力钢管段竖井段剩余63.5m未开挖完成，其余洞段已经开挖完成。

（3）厂房部分进度情况。厂房后边坡目前开挖至高程163m（最终高程148m），基坑开挖至高程125m（最终高程111m）。①安装间。上下游侧排架柱已浇筑至高程156.5m。②4号机。球阀支墩浇筑至高程125.90m，上游墙及排架柱浇筑至高程144.85m，下游墙浇筑至高程136.05m，尾水闸墩浇筑至高程139.55m，左端墙建筑至高程141.25m。③3号机。球阀支墩浇筑至高程125.90m，上游墙及排架柱浇筑至高程141.25m，下游墙浇筑至高程136.05m，尾水闸墩浇筑至高程139.55m。④2号机。上游墙浇筑至高程127.15m，下游墙浇筑至高程129.60m，尾水闸墩浇筑至高程129.60m，尾水管锥管二期浇筑至高程124.15m。⑤1号机。上游墙浇筑至高程130.45m，下游墙及下游副厂房浇筑至高程131.95m，右端墙浇筑至高程130.45m，尾水管锥管二期浇筑至高程132.00m。

（中国电建集团北京勘测设计研究院
有限公司　林易澍）

几内亚阿玛利亚水电站 2023年建设进展情况

阿玛利亚（Amaria）水电站位于非洲几内亚共和国孔库雷河（Konkoure）干流上，是孔库雷河（Konkoure）干流四级水电开发方案的最后一级，位于孔库雷河（Konkoure）最下游，电站距几内亚首都科纳克里（Conakry）公路里程 129km，距弗利亚市（Fria）公路里程约 12km。阿玛利亚（Amaria）水电站坝址控制流域面积 16200km²，多年平均流量 520m³/s，多年平均年径流量 164 亿 m³。水库正常蓄水位为 56m，水库总库容 16.47 亿 m³，正常蓄水位以下库容 15.66 亿 m³，电站额定水头 42m，电站装机容量 300MW，电站为一等大（1）型工程。该电站采用坝式开发，枢纽布置由左岸混凝土重力坝＋右岸土工膜心墙堆石坝挡水、重力坝坝身（表孔＋底孔）泄洪、左岸河床式厂房组成。主要建筑物有混凝土重力坝、泄洪表孔和底孔、土工膜心墙堆石坝、河床式厂房及敞开式开关站等。坝轴线总长 812.0m，最大坝高 78.0m（厂房坝段）。

2019 年 1 月特变电工沈阳变压器有限公司与中国电建集团北京勘测设计研究院有限公司（简称北京院）签署该项目勘察、设计及技术服务合同；2019 年 4 月 30 日，特变电工沈阳变压器集团有限公司与几内亚政府签署《阿玛利亚水电站特许经营权协议》，与几内亚国家电力公司签署《阿玛利亚水电站购电协议》。截至 2023 年 12 月 31 日，项目进展情况如下。

（一）设计进展情况

（1）地质勘探和测量。已完成所有工程部位勘探工作，补勘工作将根据基础开挖揭示情况进行。

（2）招标设计。土建、机电、金属结构等均已完成基本设计阶段设计工作。

（3）详图设计。①一期围堰及基坑开挖图纸通过特变水电部专家评审。②大坝、厂房、机电、金属结构等已进入详图阶段。

（二）施工进展情况

2023 年主要施工在首部枢纽区域，各工作面进度情况如下。①6 月，围堰填筑完成。②7 月，下游尾水料场围堰拆除至指定桩号，至此导流明渠符合度汛要求。③11 月，左案非溢流坝段、表孔、底孔坝段基础开挖至设计高程。④12 月，厂房基础开挖至高程 10m，完成 90％。

（中国电建集团北京勘测设计研究院
有限公司　吴梓煜）

坦桑尼亚朱利叶斯·尼雷尔水电站多孔超高轨道二期混凝土连续快速施工关键技术

（一）工程概况

朱利叶斯·尼雷尔水电站引水系统进水塔主要由拦污栅墩和闸门井组成，每条引水隧洞对应一套进水塔和一座闸门井，每条引水隧洞之间设置一道长 21.3m×宽 16.5m×高 17.0m 的隔墩。每套拦污栅墩二期体形为 50cm×55cm，高程 127～190m（63m），分为 4 孔。闸门井二期体形为 144cm×80cm，高程 127～185m（58m）。

（二）关键技术

进水塔拦污栅二期由于结构尺寸较小，轨道加固的拉筋阻碍了千斤顶的爬升，采用预埋爬杆的方法无法进行施工。采用了门槽外安装爬杆的方法进行施工，将爬杆通过缩管机缩管后，承插焊接并在承插处钻孔安装螺杆，保证爬杆接头处牢固，将千斤顶和液压系统安装在门槽顶部，将爬杆一次安装完成，底部与模体牢固连接。而滑框倒模施工工艺与滑模施工工艺最主要的不同点，在于改变了滑升时模板与混凝土之间的相对滑动，为滑道与模板之间的相对滑动，混凝土脱模方式也由滑动脱模变为拆倒脱模。这样容易保证混凝土表面质量，且滑升阻力也明显减少。

1、2、3 号进水塔拦污栅及事故检修闸门二期是引水系统关键线路，根据进水塔二期结构混凝土施工特点和以往类似工程施工经验，可以采用滑动模板及滑框倒模进行混凝土浇筑施工。由于该工程进水塔主体外形复杂、界面较大、有板和多道连系梁相结合、预埋件多、施工空间狭小，因此混凝土浇筑施工难度较大，质量也难以保证，滑模施工工艺受到限制。同时，施工人员在受限空间内施工，安全风险很高。为保证施工质量，降低安全风险，结合工程结构实际情况采用了不同的滑模施工工艺和方法进行进水塔主体混凝土浇筑施工。

（三）应用情况

根据进水塔二期工程结构实际情况采用不同的滑模施工工艺进行混凝土浇筑的施工方案，经过系列研究、试验过程后，最终获得满意成效，实际应用减少了施工成本支出。

（中国水利水电第四工程局有限公司
祝晓涛　钱文辉　齐强　李永森　尉佳明）

坦桑尼亚朱利叶斯·尼雷尔水电站连续多孔超高进水塔快速施工关键技术

（一）工程概况

朱利叶斯·尼雷尔水电站引水系统进水塔主要由拦污栅墩和闸门井组成，每条引水隧洞对应一套进水塔和一座闸门井，进水塔底部高程 124.00m，顶部高程 190.00m，进水塔垂直水流向宽 3m×34m，顺水流向长度 30m。每条引水隧洞之间设置一道长 21.3m

×宽16.5m×高17.0m的隔墩，进水塔由直立连通式拦污栅及喇叭口状渐变段组成，顺着水流方向成收缩状。每一套拦污栅由3个宽度为2m，长度6m的隔墩分为4孔，墩头迎水在高程127.00～191.00m为圆弧曲线，背水面在高程127.00～163.00m为圆弧曲线，在高程163.00～191.00m与连系梁连接，变为矩形。拦污栅与闸门井在高程163.50m高程以上，由三道板、梁结构联成整体。1、2、3号进水塔塔体高66m，是引水系统工程关键线路。塔体设计混凝土浇筑总量为58487.71m³。

（二）关键技术

进水塔主体部位结合工程结构实际情况采用不同的滑模施工工艺进行混凝土浇筑。底板、胸墙、连系板、梁及塔顶结构采用钢木组合模板进行施工。引水系统进水塔混凝土施工顺序紧跟进水塔底部垫层及底板混凝土浇筑施工进行，先进行进水塔拦污栅墩滑模施工，由于闸门井胸墙混凝土结构限制，待闸门井部位滑升至进水塔胸墙底部，将滑模进行拆除后采用承重脚手架配合钢木组合模板分层现浇的方式，对进水塔胸墙部位进行施工。然后根据进水塔分块图组装滑模，进行进水塔主体闸门井、拦污栅墩及边墙部位滑模的施工。最后采用滑模桁架作为支撑体系，进行封顶施工，最后用拆卸的桁架用其组装成二期拦污栅墩以及事故闸门二期混凝土滑模模体进行施工。

（1）采用的滑升模板结构布置，其布置结构稳定功能齐全，操作人员在高处有一定作业空间。桁架在后期施工中重复利用。在技术上切实可行，施工简单、方便、安全、环保。

（2）对结构进行分块，解决了滑模施工资源配置比较集中的问题，减少了人、材、机的投入。在滑升过程中在保证了滑模的平衡，同时也保证了工程的结构安全。

（3）在滑模施工中对混凝土结构的特殊部位采用了"滑框倒模"的施工方法。解决了在插筋、过缝钢筋及埋件、阴阳角等部位采用普通滑模施工存在的角拉裂、插筋影响模体滑升等问题，保证了施工质量。

（4）滑模施工的结构一般较高，采用承重架脚手架和桁架作为支撑进行封顶层的施工，成本较高，安全风险较大，也影响底部的交叉作业，通过计算将滑模作为封顶层支撑平台进行封顶层混凝土施工。不仅加快了施工进度，而且保证了施工安全。

（5）对滑模过程中遇到的连系梁及连接板，普通方法采用预留梁窝，施工相对比较复杂，根据不同部位采用了对连系梁受力钢筋提前预埋套筒，板的钢筋较小可做90°弯钩预埋（直径小的钢筋），确保了滑模快速持续的滑升。

（6）通过对滑模工艺的优化变通，解决了二期混凝土因空间狭小，轨道加固拉筋阻碍了千斤顶爬升的施工难题，其方法将液压千斤顶安装在门槽顶部，底部与滑模模体牢固连接，爬杆一次安装完成后安装在二期混凝土外侧，进行滑模施工，其平均滑升速度为10m/d，加快施工进度的同时降低了成本。

（三）应用情况

根据进水塔工程结构实际情况采用不同的滑模施工工艺配合钢木组合模板分层进行混凝土浇筑的施工方案在实践中经历了一系列的研究、试验过程后，最终获得满意成效。该水电站引水系统66m高进水塔混凝土浇筑施工不但避免了施工人员被机械设备损伤、高处坠落以及高空滑模混凝土浇筑作业过程中模体失稳、偏移及坍塌的安全风险，且从根本上保障滑模混凝土浇筑整体连续性和解决了混凝土质量外观缺陷等问题，极大地降低作业人员安全风险；减少了不必要的安全防护措施；为项目取得了较大的经济效益和社会效益，同时很大程度节约了工期，减少了施工成本。

（中国水利水电第四工程局有限公司

祝晓涛 杜秀增 齐强 钱文辉 来宝欢）

中国水力发电年鉴

技术标准与图书

10

标准化工作管理

2023 年电力标准化管理工作情况

2023 年，全年经国家标准委下达国家标准计划 43 项，经国家能源局下达电力行业标准制修订计划项目 363 项；全年经有关政府部门发布标准 423 项，其中国家标准 61 项、行业标准 362 项；完成标准报批 407 项，其中国家标准 52 项，行业标准 355 项。

（一）标准化法规政策及规划

（1）法律法规。①8 月 31 日，国家市场监督管理总局令第 83 号发布了修订的《企业标准化促进办法》，该办法修订的主要内容包括：一是调整企业标准管理模式；二是构建企业标准政策体系；三是完善产品包装标准的明示要求；四是强化企业标准事中事后监管。②12 月，国家市场监督管理总局令第 86 号公布了修订的《行业标准管理办法》，该办法聚焦政府职能转变，推动标准化改革创新，强化标准协调配套，为破除行业垄断和市场限制提供规范支撑，以标准化工作引领和支撑全国统一大市场建设进程。修订的主要内容：一是着力健全行业标准协调机制；二是重点防范利用行业标准限制竞争；三是系统构建行业标准监管制度；四是促进行业标准依法公开。

（2）政策制度。①3 月 28 日，国家能源局印发《关于加快推进能源数字化智能化发展的若干意见》。该意见要求，完善能源数字化智能化标准体系。立足典型场景应用需求，加强能源各行业现行相关标准与数字技术应用的统筹衔接，推动各行业加快编制一批数字化智能化关键技术标准和应用标准。持续完善能源数字化智能化领域标准化组织建设，加强标准研制、实施和信息反馈闭环管理。完善数字化智能化科技成果转化为标准的评价机制和服务体系，广泛挖掘技术先进、市场推广价值优良的示范成果进行技术标准化推广应用。②8 月，国家标准委与国家发展改革委、工业和信息化部等五部委联合印发《氢能产业标准体系建设指南（2023 版）》。该指南提出了涉氢电力领域标准制修订工作重点，主要包括燃料电池、氢内燃机、氢气锅炉、氢燃气轮机等氢能转换利用设备与零部件以及储能、发电工业领域氢应用等方面标准。部署了核心标准研制行动和国际标准化提升行动

等"两大行动"，提出组织实施有关措施。③12 月 13 日，国家发展改革委、国家能源局、工业和信息化部、市场监管总局印发《关于加强新能源汽车与电网融合互动的实施意见》。该实施意见指出，加快建立车网互动标准体系。优先完成有序充电场景下的交互接口、通信协议、功率调节、预约充电和车辆唤醒等关键技术标准制修订；力争在 2025 年底前完成双向充放电场景下的充放电设备和车辆技术规范、车桩通信、并网运行、双向计量、充放电安全防护、信息安全等关键技术标准的制修订。积极参与车网互动领域的国际标准合作，提升中国标准的国际影响力。

（3）发展规划。①3 月 24 日，国家标准化管理委员会印发《2023 年全国标准化工作要点》。该工作要点明确，一是要制定标准化与科技创新互动发展指导性文件，建立重大科技计划项目与标准化工作联动机制，在科技研究中强化标准核心技术指标研究，及时将先进适用科技创新成果融入标准；二是要积极稳妥推进落实"碳达峰、碳中和"标准计量体系实施方案，印发"双碳"标准体系建设指南，下达一批"双碳"标准专项计划；三是要履行我国担任国际标准化组织常任理事国义务，持续深化参与国际标准化组织治理和重大政策规则制定，贡献中国智慧。②4 月 6 日，国家能源局印发《2023 年能源工作指导意见》，要求加快《能源法》立法进程，做好《电力法》《可再生能源法》《煤炭法》《石油储备条例》《核电管理条例》《石油天然气管道保护法》《电力监管条例》制修订工作，研究起草《能源监管条例》。建立健全能源数据管理制度，强化数据安全治理。加强新型电力系统、储能、氢能、抽水蓄能、CCUS 等标准体系研究，重点支持能源碳达峰碳中和相关标准立项，加快重点标准制修订。③4 月 22 日，国家发展改革委、国家标准委、工业和信息化部等 11 个部门印发《碳达峰碳中和标准体系建设指南》，指出围绕基础通用标准，以及碳减排、碳清除、碳市场等发展需求，基本建成碳达峰碳中和标准体系。到 2025 年，制修订不少于 1000 项国家标准和行业标准（包括外文版本），与国际标准一致性程度显著提高，主要行业碳核算核查实现标准全覆盖，重点行业和产品能耗能效标准指标稳步提升。实质性参与绿色低碳相关国际标准不少于 30 项，绿色低碳国际标准化水平明显提升。

（二）电力标准化组织建设

电力标准化组织机构不断完善。2023 年，能源行业电力市场标准化技术委员会成立，筹建能源行业氢电耦合标准化技术委员会（见表1）。先后完成电力行业供用电标委会、能源行业风电标委会风电电器设备分技术委员会、能源行业电网设备智能巡检标委会、全国电力需求侧管理标委会、全国电力系统管理及其信息交换标委会、电力行业火电建设标委会、电力行业信息标委会、能源行业电动汽车充电设施标委会、中电联配电网规划设计标委会等标委会进行换届或委员调整。为规范专业标委会运行及管理，召开2023 年电力专业标准化技术委员会考核评估专家评审会，对 11 个中电联标委会进行考核评估，其中，

电力行业变压器标委会等 4 个标委会获评一级，电力行业高压开关设备及直流电源标委会等 3 个标委会获评二级，中电联电力系统用电力电子器件标委会等 4 个标委会获评三级。中电联负责管理 22 个全国标委会、55 个行业标委会和 43 个中电联标委会，以及负责对口承接 21 个专业的国际电工技术委员会的中国业务，专家人数达 3500 多人。中电联本部承担能源行业电动汽车充电设施标委会、电力行业节能标委会、电力行业可靠性管理标委会秘书处工作和能源行业风电标委会秘书处支撑单位工作，继续承担能源行业风电标委会风电场运行维护及并网管理两个分技术委员会工作。

表1　　　　　2023 年批复筹建/批复的国家、行业、中电联标准化技术委员会

编号	标委会名称	工作范围	秘书处挂靠单位
NEA/T C 43	能源行业电力市场标准化技术委员会	电力市场标准体系研究，电力市场基础与通用、电力市场建设、电力市场运营、电力市场监测与风险防范、电力市场技术支持系统、其他等方面的标准化工作	中国电力企业联合会、南瑞集团有限公司、南方电网科学研究院有限责任公司
筹备中	能源行业氢电耦合标准化技术委员会	制氢系统接入电网互动、燃料电池发电入网等氢电耦合场景下的基础与通用、电力氢安全、电力制氢、电力储氢、氢能发电、氢能并网与运行、氢电耦合相关评价与检测等方面的标准制修订	—

（三）国家、行业和中电联标准建设

（1）国家行业标准。为加强标委会管理，健全标委会激励、约束机制，修订印发《电力专业标准化技术委员会考核评估办法》。电力标准化工作围绕电力产业政策发展方向，在能源互联网、新能源发电、电动汽车充电设施以及电力生产建设急需等领域，加快标准的制修订步伐，2023 年经有关政府部门发布标准 423 项，其中国家标准 61 项、行业标准 362 项（中文版 339 项，英文版 23 项）；完成标准报批407 项，其中国家标准 52 项，行业标准 355 项。经国家标准委下达国家标准计划 43 项，经国家能源局下达电力行业标准制修订计划项目 363 项（中文版319 项，英文版 44 项）；组织开展 2023 年度工程建设国家标准复审工作，完成推荐性国家标准和 116 项工程建设国家标准和计划复审工作，并同步启动复审结论为修订的国家标准计划立项工作。

（2）中电联标准。团体标准是深化标准化工作改革的新事物，改革的总体目标是要使强标更强、推标更优、团标更活、企标更高。通过近年来的工作探索，中电联逐渐明确了团体标准的定位：①坚持"一个原则"。坚持中电联标准、电力行业标准和电力国

家标准的协调发展。②维护"两个统一"。保持电力标准体系的统一；保持标准化组织机构的统一。③发展"三个重点"。一是电力新兴技术领域、二是电力行业有特殊要求领域、三是现有国家、行业技术条款的细化和实施等领域标准化工作。④建立"四个机制"。一是建立理事长、副理事长单位企业标准与中电联标准之间的沟通机制；二是探索中电联标准向国家行业标准转化的机制；三是探索中电联标准向国际标准的转化机制；四是探索团体标准的联合发布机制。最终形成配套补充、协调统一的电力技术标准体系，满足电力行业对标准化工作的需求。2023 年中国电力企业联合会批准发布中电联标准 152 项，下达中电联标准计划 297 项，涉及户用光伏、电厂化学、抽水蓄能、电力金具、充电设施、信用评价等热点领域。

（四）电力标准项目计划及发布

（1）电力标准计划下达。2023 年国家有关部门下达计划共 406 项，其中国家标准计划 43 项，包括住房和城乡建设部国家标准计划 2 项，国标委国家标准计划 41 项；国家能源局行业标准计划 319 项；能源行业标准英文版翻译计划 44 项。中国电力企业联

合会下达中电联标准计划 297 项。自 2010 年以来，国家和行业下达的标准制修订计划数（不含英文计划）稳定在 250～700 项，火电、水电、核电、新能源等领域标准计划合计占 55%，电网标准计划约占年度计划的 45%。

（2）电力标准发布。2023 年国家有关部门发布标准共 423 项，其中国家标准 61 项，包括国家标准化管理委员会批准发布 60 项；能源局批准发布行业标准 339 项，行业标准英文版 23 项。中国电力企业联合会公告发布中电联标准 152 项。2012～2015 年，国家和行业发布标准数量稳定在 200 多项，2016～2022 年，发布标准数量稳定在 250～600 项。

（3）电力标准报批。2023 年标准化工作以智能电网、新能源发电、配电网建设、电动汽车充电设施以及电力生产建设急需为重点，制定并报批标准 575 项，其中国家标准 61 项，行业标准 362 项，中电联标准 152 项。

（五）多项电力标准获中国电力创新奖

中国电力创新奖是中国电力企业联合会设立的电力创新奖项，旨在推动电力工程技术及行业管理创新，奖励在电力工程技术、电力行业管理等领域有突出创新的单位和个人。2023 年，GB/T 38969—2020《电力系统技术导则》获得创新大奖；IEC 63119《电动汽车充电漫游服务信息交换》国际标准、《城市电网与敏感用户电压暂降兼容性评估》系列标准、对标国际先进，创新重构我国架空输电线路设计荷载电气结构等系列标准、JJF 1872—2020《直流电压比例标准装置自校准方法》等多项标准获得中国电力创新奖标准类一等奖；《继电保护装置检验测试等 12 项标准

研制与应用》、GB/T 51311—2018《风光储联合发电站调试及验收标准》、《工业废水处理回用技术评价方法》、IEEE 2747—2020《电力金具节能技术评价导则》4 项标准，DL/T 2024—2019《大型调相机型式试验导则》等 11 项标准、《燃气分布式能源系统检测评估》系列标准、《多场景大容量"光储直柔"高质高效供电关键技术与系统及应用》等 9 项系列标准，《漂浮式水上光伏发电系统》系列标准、DL/T 2151.1—2020《岸基供电系统　第 1 部分：通用要求》等 2 项标准获得中国电力创新奖标准类二等奖。

（中国电力企业联合会　马晓光　马海伟　马小琨　陈彦洁　孟令胜　唐攀攀　王佳鑫）

2023 年农村水电技术标准制修订情况

2023 年，水利部农村水利水电司一是围绕绿色发展，持续优化体系。提出新增小水电绿色改造、生态流量、安全鉴定等相关技术标准需求清单，以及与小水电绿色发展不相适应的技术标准处置意见。二是按照时序要求，组织做好在编标准制修订。组织编制并审核提交 5 项拟编标准项目建议书，完成《小型水电站施工技术规范》报批稿审查会，完成《小型水电站生态流量确定技术导则》《小型水电站技术管理规程》等 4 项标准制修订、意见处理及审查提交等工作。2023 年度在编标准共 8 项，在编技术标准详情见表 1。

表 1　　　　　　　　　　2023 年农村水电在编技术标准情况

序号	标准名称	制定/修订	性质	完成情况
1	农村水电工程项目规范（小型水电站工程项目规范）	制订	行业标准	送审稿审查会
2	小型水电站安全检测与评价规范	修订	国家标准	送审稿审查会
3	小型水电站技术管理规程	制订	行业标准	报批稿审查
4	小型水电站建设工程验收规程	修订	行业标准	报批稿审查
5	小型水电站可行性研究报告编制规程	修订	行业标准	立项
6	小型水电站生态流量确定技术导则	制订	国家标准	送审稿复审会
7	小型水电站施工技术规范	修订	行业标准	报批稿审查
8	小型水利水电工程退出技术导则	制订	国家标准	立项

（水利部农村水利水电司　赵虹　水利部农村电气化研究所　周丽娜）

2023 年水电水利规划设计总院标准化管理工作情况

2023 年，水电水利规划设计总院（简称水电总院）深入贯彻落实《国家标准化发展纲要》《能源碳达峰碳中和标准化提升行动计划》精神，持续强化标准化平台建设、着力完善可再生能源技术标准体系、抓紧推动关键核心技术标准研制，不断提升标准化管理水平，各项工作取得了显著成绩。

截至 2023 年 12 月底，共管理可再生能源领域国家、行业、地方、团体、企业中外文标准 1131 项，其中已发布中文标准 485 项、标准外文版 185 项、在研中文标准项目 346 项、在研标准外文版项目 115 项。

（一）持续强化标准化平台管理

一是结合世界标准日活动，多次组织召开可再生能源行业标准化工作研讨会、交流会、标委会座谈会等，搭建可再生能源行业交流平台，凝聚行业共识。二是加强标准化管理内控制度建设，印发了《水电总院可再生能源标准化管理中心工作规则》（可再生标准〔2023〕71 号）等多项标准化管理制度，理顺工作机制、严控标准编制流程、规范委员管理。三是配合标委会开展委员调整工作，完成能源行业水电勘测设计标准化技术委员会及水工设计、工程勘测分技术委员会，能源行业水电规划水库环保标准化技术委员会及规划、水库移民分技术委员会，能源行业水电水力机械标准化技术委员会，能源行业水电工程技术经济标准化技术委员会等 3 批次，8 个标委会（分标委）22 人次委员调整工作。

（二）不断完善新能源和可再生能源领域标准体系

一是完善水电和抽水蓄能标准体系建设工作。在系统梳理水电工程共用标准和抽水蓄能专用标准的基础上，建立了《抽水蓄能电站技术标准体系》，并于 2023 年 1 月通过验收。同时，与中电联、电器工业协会等行业标准化管理机构，联合启动《水电行业技术标准体系（2017 版）》修订工作。二是组织开展了光伏、生物天然气、可再生能源制氢、多能互补综合发电等领域标准体系研究工作。

（三）着力推动全文强制性标准和关键核心标准编制

持续推进全文强制性国家标准《风力发电工程项目规范》和《太阳能发电工程项目规范》编制工作。紧密围绕水电工程技术发展新要求，推出了《水电工程深埋隧洞技术规范》《抽水蓄能电站经济评价规范》

等一系列关键性标准，以及《水电工程应急设计规范》《水电工程安全管理和保护范围规定》等行业关注度高的安全应急标准。结合光伏电站改造与退役、沙戈荒能源大基地建设、海上新能源、可再生能源制氢等行业发展热点和痛点，加快推动《光伏发电工程改造及退役设计导则》《海上光伏发电工程设计导则》《可再生能源电力制氢规划报告编制规程》等标准研制。同时，在新型储能领域，紧扣压缩空气储能电站建设关键环节，加快推动《压缩空气储能电站设计规范》《压缩空气储能电站可行性研究报告编制规程》《压缩空气储能电站工程初步设计报告编制规程》等由团体标准转化为能源行业标准。

（四）积极开展标准培训宣贯

围绕水电工程等级划分及洪水标准、大坝设计、征地移民、勘察设计费、工程信息化数字化、反恐防范，风电场工程规划与施工、风光水火储多能互补等重点领域，组织开展 7 场专题宣贯和培训会，共有学员 810 余人参加培训，培训与宣贯效果反响热烈，获一致好评。同时，利用水电总院微信公众号、可再生能源标准化管理中心信息系统等平台，针对新发布标准、重要标准，发布解读文章近 20 篇，帮助相关领域工作者更深入理解和把握标准，促进标准应用。此外，开展了标准高质量研编培训，来自业主、设计、施工、高校等单位共 90 余位标准主编参加培训，提升了标准编制能力。

（五）持续推动标准国际化

一是组织开展"国际工程技术标准应用研究""中欧海上风电开发建设管理和标准体系对标分析与合作研究"等标准国际化课题研究。二是在 2023 中欧海上新能源发展合作论坛上，启动"零碳产业园标准体系建设暨国际认证联盟"建设工作。三是有步骤地全面推动水电、风电、太阳能领域国家标准和能源行业标准外文版翻译工作，2023 年完成 44 项外文版发布。

（六）注重标准化人才激励与培养

一方面，着重标准化青年人才队伍建设，以观察员身份等吸纳优秀专业人才进入标委会，注重"传帮带"强化标委会人才梯队建设。另一方面，对于有重要技术创新的标准和在标准化工作方面有突出贡献的个人，积极推荐标准化奖项申报，积极调动标准化工作者的积极性和创造性。其中，《碾压式土石坝设计规范》《光伏发电系统效能规范》等多项标准获中国工程建设标准化协会 2023 年"标准科技创新奖"。《水电工程建设征地移民安置技术通则》获电力行业优秀标准设计奖。

（水电水利规划设计总院　安再展）

中国长江三峡集团有限公司 2023 年参与技术标准编制情况

2023 年，中国长江三峡集团有限公司主编及参编的 60 项国际、国家及行业技术标准均已发布。详细情况见表 1。

表 1　　　　　中国长江三峡集团有限公司主编及参编国际、国家及行业技术标准情况

序号	标准编号	标准名称	主编/参编	实施日期
1	GB/T 11345—2023	焊缝无损检测 超声检测 焊缝内部不连续的特征	参编	2024 年 6 月 1 日
2	GB/T 29711—2023	焊缝无损检测 超声检测 验收等级	参编	2024 年 6 月 1 日
3	GB/T 29712—2023	焊缝无损检测 超声检测 技术、检测等级和评定	参编	2024 年 6 月 1 日
4	GB 39800.6—2023	个体防护装备配备规范 第六部分：电力	参编	2025 年 1 月 1 日
5	GB/T 42600—2023	风能发电系统 风力发电机组塔架和基础设计要求	参编	2023 年 5 月 23 日
6	GB/T 4798.3—2023	环境条件分类 环境参数组分类及其严酷程度分级 第 3 部分：有气候防护场所固定使用	参编	2023 年 12 月 1 日
7	GB/T 14092.1—2023	机械产品环境条件 第 1 部分：湿热	参编	2023 年 12 月 1 日
8	GB/Z 43464—2023	海洋能转换装置电能质量要求	主编	2024 年 7 月 1 日
9	GB/T 43462—2023	电化学储能黑启动技术导则	参编	2024 年 7 月 1 日
10	GB/Z 43521—2023	海洋温差能转换电站设计和分析的一般指南	参编	2024 年 7 月 1 日
11	GB/T 43056—2023	沙漠光伏电站技术要求	参编	2024 年 1 月 1 日
12	NB/T 11221—2023	光伏电站频率监测与控制装置技术规范	参编	2023 年 11 月 26 日
13	NB/T 11352—2023	漂浮式光伏发电站运行维护规程	主编	2024 年 6 月 28 日
14	NB/T 11353—2023	漂浮式光伏发电站施工规范	主编	2024 年 6 月 28 日
15	NB/T 11354—2023	光伏发电工程项目质量管理规程	主编	2024 年 6 月 28 日
16	NB/T 11355—2023	海上风电场应急预案编制导则	主编	2024 年 6 月 28 日
17	NB/T 11356—2023	海上风电场重大危险源辨识规程	主编	2024 年 6 月 28 日
18	NB/T 11365—2023	海上风电场运行风险管理规程	主编	2024 年 6 月 28 日
19	NB/T 11366—2023	海上风电场生产准备导则	主编	2024 年 6 月 28 日
20	NB/T 11369—2023	海上风电场检修规程	主编	2024 年 6 月 28 日
21	DL/T 1209.1—2023	电力登高作业及防护器具技术要求 第 1 部分：抱杆梯、梯具、梯台及过桥	参编	2024 年 4 月 11 日
22	DL/T 1209.2—2023	电力登高作业及防护器具技术要求 第 2 部分：拆卸型检修平台	参编	2024 年 4 月 11 日
23	DL/T 1209.3—2023	电力登高作业及防护器具技术要求 第 3 部分：升降型检修平台	参编	2024 年 4 月 11 日
24	DL/T 1209.4—2023	电力登高作业及防护器具技术要求 第 4 部分：复合材料快装脚手架	参编	2024 年 4 月 11 日
25	NB/T 11086—2023	海上风电场工程风电机组复合筒型基础技术规范	参编	2023 年 8 月 6 日
26	NB/T 11379—2023	漂浮式海上风电机组动态电缆设计导则	主编	2024 年 6 月 28 日
27	NB/T 11378—2023	漂浮式海上风电机组基础及系泊系统设计导则	主编	2024 年 6 月 28 日

序号	标准编号	标准名称	主编/参编	实施日期
28	NB/T 11376—2023	海上风电机组重力式基础设计导则	主编	2024 年 6 月 28 日
29	T/CPCC 1059—2023	高标准农田建设质量验收规范	参编	2023 年 3 月 20 日
30	T/ZSA 148—2023	产品碳足迹评价种类规则 风力发电机组	参编	2023 年 8 月 24 日
31	AQ 6111—2023	个体防护装备安全管理规范	参编	2025 年 1 月 1 日
32	NB/T 11175—2023	抽水蓄能电站经济评价规范	参编	2023 年 11 月 26 日
33	NB/T 11179—2023	水电工程环境监测技术规范	参编	2023 年 11 月 26 日
34	NB/T 11181—2023	水电工程竣工环境保护验收技术规程	参编	2023 年 11 月 26 日
35	NB/T 11182—2023	水电工程气象观测规范	参编	2023 年 11 月 26 日
36	NB/T 11183—2023	水电工程生态调度效果评估技术规程	主编	2023 年 11 月 26 日
37	NB/T 11193—2023	水轮机筒形阀安装调试规程	主编	2023 年 11 月 26 日
38	NB/T 11189—2023	水电工程鱼类增殖放流效果评估技术规程	参编	2023 年 11 月 26 日
39	NB/T 11201—2023	彩色镀膜光伏组件技术要求	参编	2023 年 5 月 26 日
40	NB/T 11223—2023	硅基薄膜异质结光伏组件技术要求	参编	2023 年 5 月 26 日
41	GB/T 43311—2023	球墨铸铁管设计方法	参编	2023 年 11 月 27 日
42	NB/T 11066—2023	锌基液流电池安装技术规范	参编	2023 年 2 月 6 日
43	NB/T 111194—2023	新能源基地送电配置新型储能规划技术导则	参编	2023 年 5 月 26 日
44	NB/T 11319—2023	水电工程项目质量管理规程	主编	2024 年 4 月 11 日
45	GB/T 43595—2023	水轮机、水泵水轮机和蓄能泵启动试验及试运行导则	参编	2025 年 1 月 1 日
46	GB/T 14285—2023	继电保护和安全自动装置技术规程	参编	2024 年 3 月 1 日
47	DL/T 2582.6—2023	水电站公用辅助设备运行规程 第 6 部分：桥式起重机	主编	2023 年 11 月 26 日
48	DL/T 2582.4—2023	水电站公用辅助设备运行维护规程 第 4 部分：供暖通风与空气调节系统	主编	2023 年 11 月 26 日
49	DL/T 2592—2023	大型混流式水轮发电机组型式试验规程	主编	2023 年 8 月 6 日
50	DL/T 2654—2023	水电站设备检修规程	主编	2024 年 4 月 11 日
51	DL/T 1006—2023	水电站设备检修管理导则	主编	2024 年 4 月 11 日
52	DL/T 2582.5—2023	水电站公用辅助设备运行规程 第 5 部分：消防系统	主编	2023 年 11 月 26 日
53	NB/T 11190—2023	水电工程专用水文测站技术规范	主编	2023 年 11 月 26 日
54	NB/T 11186—2023	水电工程水文测验及资料整编规范	参编	2023 年 11 月 26 日
55	NB/T 11184—2023	水电工程水情自动测报系统更新改造技术导则	参编	2023 年 11 月 26 日
56	DL/T 1197—2023	水轮发电机组状态在线监测系统技术条件	参编	2024 年 4 月 11 日
57	DL/T 583—2018	大中型水轮发电机静止整流励磁系统及装置技术条件	参编	翻译标准
58	DL/T 1013—2006	大中型水轮发电机微机型励磁调节器的试验与调整导则	参编	翻译标准
59	DL/T 1802—2018	水电厂自动发电控制及自动电压控制系统技术规范	参编	翻译标准
60	DL/T 1625—2016	梯级水电厂集中监控系统基本技术条件	参编	翻译标准

（中国长江三峡集团有限公司　柳仁潇　郑必江　杨威）

哈尔滨电机厂有限责任公司 2023 年技术标准制修订情况

2023 年,在国家标准化管理委员会、中国机械工业联合会、中国电器工业协会等上级部门的指导下,在秘书处挂靠单位哈尔滨大电机研究所有限公司的大力支持下,在全体委员及委员单位的共同努力下,全国大型发电机标准化技术委员会、全国水轮机标准化技术委员会和全国海洋能转换设备标准化技术委员会秘书处组织行业单位编制完成 20 项国家标准及行业标准,在编标准情况见表 1。

表 1　　　　　　大电机、水轮机、海洋能转换设备 2023 年在编标准情况表

序号	标准编号及名称	工作要求	当前状态
1	水轮机、蓄能泵和水泵水轮机流量的测量超声传播时间法	修订 GB/T 35717	上级部门审查阶段
2	混流式水泵水轮机基本技术条件	修订 GB/T 22581	上级部门审查阶段
3	水力机械 混流式水轮机压力脉动换算	制定 GB/Z ××××	上级部门审查阶段
4	大中型水轮机进水阀门基本技术规范	制定 GB/T ××××	报批阶段
5	大中型水轮机进水阀门规格及技术参数	制定 GB/T ××××	报批阶段
6	水轮发电机基本技术要求	制定 GB/T 7894 英文版	报批阶段
7	发电电动机技术要求	修订 GB/T 20834	报批阶段
8	发电机定子铁芯磁化试验导则	修订 GB/T 20835	报批阶段
9	水轮发电机组状态在线监测系统技术导则	修订 GB/T 28570	起草阶段
10	动态响应同步调相机技术要求	制定 GB/T ××××	报批阶段
11	变频器供电同步电动机设计与应用指南	修订 GB/T 24625	报批阶段
12	同步电机励磁系统　第1部分:定义	修订 GB/T 7409.1	报批阶段
13	潮流能转换装置 海上试验技术要求	制定 GB/T ××××	征求意见阶段
14	海洋能 波浪能、潮流能及其他水流能转换装置 第3部分:机械载荷测量	制定 GB/Z ××××	报批阶段
15	海洋能 波浪能、潮流能及其他水流能转换装置 第102部分:用已有运行测量数据评估波浪能转换装置在另一布放地点的发电性能	制定 GB/Z ××××	征求意见阶段
16	海洋能 波浪能、潮流能及其他水流能转换装置 第4部分:新技术鉴定	制定 GB/Z ××××	征求意见阶段
17	海洋能 波浪能、潮流能及其他水流能转换装置 第10部分:海洋能转换装置锚泊系统评价	制定 GB/Z ××××	报批阶段
18	测量高压交流电机线圈介质损耗角正切试验方法及限值	修订 JB/T 7608	报批阶段
19	大型交流电机集电环与刷架	修订 JB/T 2650	报批阶段
20	大型高压交流电机定子绝缘耐电压试验规范	修订 JB/T 6204	起草阶段

(哈尔滨电机厂有限责任公司　周谧　刘婷婷　柴博容　刘保生)

南方电网储能股份有限公司 2023 年标准化工作情况

2023 年，南方电网储能股份有限公司完成 39 项企业及以上标准立项，发布 25 项企业及以上标准。①国际标准发布 1 项，联合主导了《智能水电厂技术导则》。②国家标准发布 11 项，主编的有《电化学储能电站生产安全应急预案编制导则》《电化学储能电站检修规程》《电化学储能电站监控系统技术规范》。③行业标准立项 17 项、发布 6 项。主编的有《可逆式抽水蓄能机组启动调试导则》。④团体标准立项 17

项、发布 7 项，主编的有《抽水蓄能电站水力过渡过程现场试验反演计算及预测分析导则》《抽水蓄能机组振动和压力脉动现场测试规程》《抽水蓄能机组现场性能试验导则》《抽水蓄能电站输水发电系统水力激振预控导则》《抽水蓄能电站渣场技术规范》《抽水蓄能电站建设征地移民安置规划大纲编制规程》。⑤企业标准立项 5 项。主编的有《钠离子蓄电池通用规范》《电化学储能电站物联网关信息采集规约》《水电厂二次系统布置接线技术导则》《以可靠性为中心的电力设备检修导则：抽蓄机组部分》《抽水蓄能多厂站集中控制系统技术规范》。主编参编技术标准见表 1。

表 1　　　　2023 年南方电网储能股份有限公司主编参编技术标准发布情况

序号	标准名称	参与类型	标准类别	备注
1	ANSI/CAN/UL 9540：2023《Energy Storage Systems and Equipment》	联合主导/参与	国际标准	
2	GB/T 42314—2023《电化学储能电站危险源辨识技术导则》	联合主导/参与	国家标准	
3	GB/T 42317—2023《电化学储能电站应急演练规程》	联合主导/参与	国家标准	
4	GB/T 42313—2023《电力储能系统术语》	联合主导/参与	国家标准	
5	GB/T 42312—2023《电化学储能电站生产安全应急预案编制导则》	主导/主持	国家标准	
6	GB/T 42315—2023《电化学储能电站检修规程》	主导/主持	国家标准	
7	GB/T 42726—2023《电化学储能电站监控系统技术规范》	联合主导/参与	国家标准	
8	数据质量 第 63 部分：数据质量管理：过程测量	联合主导/参与	国家标准	
9	信息技术 数字孪生 第 1 部分：通用要求	联合主导/参与	国家标准	
10	水轮机基本技术要求	联合主导/参与	国家标准	
11	设施管理 过程管理指南	联合主导/参与	国家标准	
12	设施管理 信息化管理指南	联合主导/参与	国家标准	
13	DL/T 2593—2023《可逆式抽水蓄能机组启动调试导则》	主导/主持	行业标准	
14	火储联合调频项目后评估导则	联合主导/参与	行业标准	
15	发电厂氢气系统在线仪表检验规程	联合主导/参与	行业标准	
16	电化学储能电站施工图设计内容深度规定	联合主导/参与	行业标准	
17	电能质量在线监测装置在线比对技术规范	联合主导/参与	行业标准	
18	抽水蓄能电站建设征地移民安置规划设计规范	联合主导/参与	行业标准	
19	抽水蓄能电站水力过渡过程现场试验反演计算及预测分析导则	主导/主持	团体标准	
20	抽水蓄能机组振动和压力脉动现场测试规程	主导/主持	团体标准	
21	抽水蓄能机组现场性能试验导则	主导/主持	团体标准	
22	抽水蓄能电站输水发电系统水力激振预控导则	主导/主持	团体标准	
23	抽水蓄能电站渣场技术规范	主导/主持	团体标准	
24	抽水蓄能电站建设征地移民安置规划大纲编制规程	主导/主持	团体标准	
25	知识产权利用鉴定指南	联合主导/参与	团体标准	

（南方电网储能股份有限公司　曹娅）

中国电建集团北京勘测设计研究院有限公司 2023 年标准化工作情况

2023 年，中国电建集团北京勘测设计研究院有限公司共承担国家、行业、团体技术标准制定、修订项目 108 项（其中主编技术标准 20 项，技术标准英文版翻译项目 6 项）。发布参编国家标准 1 项，主编行业标准 15 项、参编行业标准 14 项。2023 年新立项国家、行业技术标准 56 项（其中主编行业标准 6 项）。详细情况见表 1。

表 1　中国电建集团北京勘测设计研究院有限公司 2023 参与国家、行业技术标准发布情况

序号	标准编号	标准名称	实施日期	制/修订	主/参编
1	GB/T 42768—2023	公共安全 城市安全风险评估	2023 年 5 月 23 日	制定	参编
2	NB/T 11087—2023	水电工程退役项目用地处理设计导则	2023 年 8 月 6 日	制定	主编
3	NB/T 11090—2023	水电站引水渠道及前池设计规范	2023 年 8 月 6 日	修订	主编
4	NB/T 11093—2023	胶凝砂砾石围堰设计规范	2023 年 8 月 6 日	制定	主编
5	NB/T 11096—2023	水电工程安全隐患判定标准	2023 年 8 月 6 日	制定	参编
6	NB/T 11099—2023	水电工程铁磁性钢丝绳在线监测技术规程	2023 年 8 月 6 日	制定	参编
7	NB/T 11100—2023	水电工程螺栓应力在线监测技术规程	2023 年 8 月 6 日	制定	参编
8	NB/T 10883.1—2023	水电工程制图标准 第 1 部分：基础制图	2023 年 11 月 26 日	修订	主编
9	NB/T 10883.2—2023	水电工程制图标准 第 2 部分：水工建筑	2023 年 11 月 26 日	修订	主编
10	NB/T 10883.7—2023	水电工程制图标准 第 7 部分：水土保持	2023 年 11 月 26 日	制定	参编
11	NB/T 11172—2023	水电工程对外投资项目造价编制导则	2023 年 11 月 26 日	制定	主编
12	NB/T 11173—2023	抽水蓄能电站建设征地移民安置规划设计规范	2023 年 11 月 26 日	制定	参编
13	NB/T 11174—2023	梯级水库泥沙调度设计规程	2023 年 11 月 26 日	制定	参编
14	NB/T 11175—2023	抽水蓄能电站经济评价规范	2023 年 11 月 26 日	制定	主编
15	NB/T 11178—2023	水电工程后评价技术导则	2023 年 11 月 26 日	制定	主编
16	NB/T 11179—2023	水电工程环境监测技术规范	2023 年 11 月 26 日	制定	主编
17	NB/T 11180—2023	水电工程建设征地移民安置后评价导则	2023 年 11 月 26 日	制定	主编
18	NB/T 11181—2023	水电工程竣工环境保护验收技术规程	2023 年 11 月 26 日	制定	主编
19	NB/T 11187—2023	水电工程突发环境事件应急预案编制规程	2023 年 11 月 26 日	制定	参编
20	NB/T 11188—2023	水电工程泄洪雾化防护技术导则	2023 年 11 月 26 日	制定	参编
21	NB/T 11189—2023	水电工程鱼类增殖放流效果评估技术规程	2023 年 11 月 26 日	制定	参编
22	SL/T 820—2023	水利水电工程生态流量计算与泄放设计规范	2023 年 11 月 7 日	制定	参编
23	NB/T 11318—2023	水电工程应急设计规范	2024 年 4 月 11 日	制定	参编
24	NB/T 11319—2023	水电工程项目质量管理规程	2024 年 4 月 11 日	制定	参编
25	NB/T 35029—2023	水电工程测量规范	2024 年 4 月 11 日	制定	主编
26	DL/T 1197—2023	水轮发电机组状态在线监测系统技术条件	2024 年 4 月 11 日	制定	主编
27	NB/T 11373—2023	陆上风电场工程安全监测技术规范	2024 年 6 月 28 日	制定	参编
28	GB/T 11372—2023	风电场工程施工质量检验与评定规程	2024 年 6 月 28 日	制定	参编
29	NB/T 11408—2023	水电工程设计概算编制规定	2024 年 6 月 28 日	制定	主编
30	NB/T 11409—2023	水电工程费用构成及概（估）算费用标准	2024 年 6 月 28 日	制定	主编

（中国电建集团北京勘测设计研究院有限公司　海显丽）

中国电建集团成都勘测设计研究院有限公司2023年标准化工作情况

2023年，中国电建集团成都勘测设计研究院有限公司积极参与国家、行业、团体等标准制修订工作和主编标准外文版翻译工作。共发布《砌石坝设计规范》《河流水电规划编制规范》《风光水火储多能互补发电工程规划报告编制规程》等主编行业标准14项，发布《水轮机、蓄能泵和水泵水轮机模型验收试验》《水工挡土墙设计规范》《水电工程深埋隧洞技术规范》《水电工程泄洪雾化防护技术导则》等参编国家、行业标准39项，发布主编团体标准1项，见表1；发布《水电工程沉沙池设计规范》《水工隧洞设计规范》等行业标准英文版15项，见表2。

表1　中国电建集团成都勘测设计研究院有限公司2023年发布国家、行业、团体标准表

序号	标准属性	标准编号	标准名称	制定/修订	主编/参编
1	行业标准	NB/T 11082—2023	风光水火储多能互补发电工程规划报告编制规程	主编	制定
2	行业标准	NB/T 11098—2023	水电工程水土保持监理规范	主编	制定
3	行业标准	NB/T 11170—2023	河流水电规划编制规范	主编	修订
4	行业标准	NB/T 11171—2023	砌石坝设计规范	主编	制定
5	行业标准	NB/T 11186—2023	水电工程水文测验及资料整编规范	主编	制定
6	行业标准	NB/T 11187—2023	水电工程突发环境事件应急预案编制规程	主编	制定
7	行业标准	NB/T 11190—2023	水电工程专用水文测站技术规范	主编	制定
8	行业标准	NB/T 11191—2023	水电站水轮机抗泥沙磨损技术导则	主编	制定
9	行业标准	NB/T 11192—2023	水力发电工程CAD制图技术规定	主编	修订
10	行业标准	NB/T 11318—2023	水电工程应急设计规范	主编	制定
11	行业标准	NB/T 11323—2023	水电工程完工总结算报告编制导则	主编	制定
12	行业标准	NB/T 11324—2023	水电工程执行概算编制导则	主编	制定
13	行业标准	NB/T 11417—2023	水电工程钢闸门辅助装置标准	主编	制定
14	行业标准	NB/T 35050—2023	水力发电厂接地设计技术规范	主编	修订
15	国家标准	GB/T 15613—2023	水轮机、蓄能泵和水泵水轮机模型验收试验	参编	修订
16	国家标准	GB/T 7894—2023	水轮发电机基本技术要求	参编	修订
17	国家标准	GB/T 28545—2023	水轮机、蓄能泵和水泵水轮机更新改造和性能改善导则	参编	修订
18	行业标准	NB/T 11083—2023	风电信息管理数据质量评估及治理技术规范	参编	制定
19	行业标准	NB/T 11089—2023	水工挡土墙设计规范	参编	制定
20	行业标准	NB/T 11092—2023	水电工程深埋隧洞技术规范	参编	制定
21	行业标准	NB/T 11095—2023	水电工程档案信息化导则	参编	制定
22	行业标准	NB/T 11096—2023	水电工程安全隐患判定标准	参编	制定
23	行业标准	NB/T 11099—2023	水电工程铁磁性钢丝绳在线监测技术规程	参编	制定
24	行业标准	NB/T 11100—2023	水电工程螺栓应力在线监测技术规程	参编	制定
25	行业标准	DL/T 5863—2023	水电工程地下建筑物安全监测技术规范	参编	制定
26	行业标准	SL/T 525.1—2023	建设项目水资源论证导则 第1部分：水利水电建设项目	参编	修订
27	行业标准	NB/T 11174—2023	梯级水库泥沙调度设计规程	参编	制定
28	行业标准	NB/T 11179—2023	水电工程环境监测技术规范	参编	制定

续表

序号	标准属性	标准编号	标准名称	制定/修订	主编/参编
29	行业标准	NB/T 11181—2023	水电工程竣工环境保护验收技术规程	参编	制定
30	行业标准	NB/T 11182—2023	水电工程气象观测规范	参编	制定
31	行业标准	NB/T 11183—2023	水电工程生态调度效果评估技术规程	参编	制定
32	行业标准	NB/T 11188—2023	水电工程泄洪雾化防护技术导则	参编	制定
33	行业标准	NB/T 11189—2023	水电工程鱼类增殖放流效果评估技术规程	参编	制定
34	行业标准	NB/T 35003—2023	水电工程水情自动测报系统技术规范	参编	修订
35	行业标准	NB/T 11320—2023	水电工程清污机设计规范	参编	制定
36	行业标准	NB/T 11321—2023	水电工程建设征地移民安置总体规划编制规程	参编	制定
37	行业标准	NB/T 35029—2023	水电工程测量规范	参编	修订
38	行业标准	DL/T 2628—2023	水电站水工建筑物缺陷管理规范	参编	制定
39	行业标准	DL/T 2681—2023	电力勘测设计企业安全生产标准化实施规范	参编	制定
40	行业标准	DL/T 5113.15—2023	水电水利基本建设工程单元工程质量等级评定标准 第15部分：安全监测工程	参编	制定
41	行业标准	NB/T 10341.4—2023	水电工程启闭机设计规范 第4部分：液压启闭机设计规范	参编	修订
42	行业标准	NB/T 11405—2023	混凝土坝智能温控系统规范	参编	制定
43	行业标准	NB/T 11406—2023	水电企业档案分类导则	参编	制定
44	行业标准	NB/T 11407—2023	水电企业档案鉴定销毁管理规程	参编	制定
45	行业标准	NB/T 11408—2023	水电工程设计概算编制规定	参编	制定
46	行业标准	NB/T 11409—2023	水电工程费用构成及概（估）算费用标准	参编	制定
47	行业标准	NB/T 11411—2023	抽水蓄能电站环境评价技术规范	参编	制定
48	行业标准	NB/T 11412—2023	水电工程生态流量实时监测设备基本技术条件	参编	制定
49	行业标准	NB/T 11416—2023	抽水蓄能电站水土保持技术规范	参编	制定
50	行业标准	NB/T 11420—2023	水电工程升船机运行维护规程	参编	制定
51	行业标准	DL/T 2687—2023	柔性测斜仪	参编	制定
52	行业标准	DL/T 2699—2023	大坝安全监测仪器检验规程	参编	制定
53	行业标准	DL/T 5869—2023	水电工程安全监测仪器封存与报废技术规程	参编	制定
54	团体标准	T/SCEPA001—2023	玻璃纤维增强内肋硅芯层塑料电缆导管	主编	制定

表2　中国电建集团成都勘测设计研究院有限公司2023年发布行业标准英文版表

序号	标准编号	标准中文名称	标准外文名称
1	NB/T 10340—2019	水电工程坑探规程	Specification for Pit Exploration of Hydropower Projects
2	NB/T 10333—2019	水电工程场内交通道路设计规范	Code for Design of On-Site Roads for Hydropower Projects
3	NB/T 10338—2019	水电工程建设征地处理范围界定规范	Code for Defining Land Requisition Treatment Scope of Hydropower Projects

续表

序号	标准编号	标准中文名称	标准外文名称
4	NB/T 10345—2019	水力发电厂高压电气设备选择及布置设计规范	Code for Design of High Voltage Electrical Equipment Selection and Arrangement for Hydropower Plants
5	NB/T 35109—2018	水电工程三维激光扫描测量规程	Specification for 3D Laser Scanning Measurement of Hydropower Projects
6	NB/T 10138—2019	水电工程库岸防护工程勘察规程	Specification for Engineering Geological Investigation of Reservoir Bank Protection for Hydropower Projects
7	NB/T 10141—2019	水电工程水库专项工程勘察规程	Specification for Investigation of Reservoir Special Items for Hydropower Projects
8	NB/T 10351—2019	水电工程水库地震监测总体规划设计报告编制规程	Specification for Preparation of Reservoir Earthquake Monitoring Overall Planning Report for Hydropower Projects
9	NB/T 10390—2020	水电工程沉沙池设计规范	Code for Design of Desilting Basin for Hydropower Projects
10	NB/T 10391—2020	水工隧洞设计规范	Code for Design of Hydraulic Tunnel
11	NB/T 10498—2021	水力发电厂交流 110kV～500kV 电力电缆工程设计规范	Code for Design of AC 110 kV～500 kV Power Cable Systems for Hydropower Station
12	NB/T 10129—2019	水电工程水库影响区地质专题报告编制规程	Specification for Preparation of Special Geological Report on Impoundment-Affected Area for Hydropower Projects
13	NB/T 10241—2019	水电工程地下建筑物工程地质勘察规程	Specification for Engineering Geological Investigation of Underground Structures for Hydropower Projects
14	NB/T 10339—2019	水电工程坝址工程地质勘察规程	Specification for Dam Site Engineering Geological Investigation of Hydropower Projects
15	NB/T 10347—2019	水电工程环境影响评价规范	Code for Environmental Impact Assessment of Hydropower Projects

（中国电建集团成都勘测设计研究院有限公司　鞠琳）

能源行业水电规划水库环保标准化技术委员会规划分会归口技术标准 2023 年工作进展情况

根据国家能源局关于同意成立能源行业水电勘测设计标准化技术委员会工程勘测分技术委员会等 6 个分技术委员会的复函（国能函科技〔2020〕53 号），同意成立能源行业水电规划水库环保标准化技术委员会规划分技术委员会（简称规划分标委会），职责范围为负责水电规划、水文、气象、泥沙、水能利用、动能经济、水库及电站运行调度设计等方面的标准化工作。

2023 年，规划分标委会贯彻实施《国家标准化发展纲要》行动计划，聚力标准引领，强化归口管理，围绕"双碳"目标，重点完善水电和抽水蓄能标准化建设与管理工作，开展水风光综合能源开发利用标准示范行动，有序推进规划行业技术标准的制修订和报批工作，保障了能源行业水电规划标准化工作的协调有序发展。2023 年，规划分标委会完成了 9 项中文标准、1 项英文标准的报批工作，标准范围涉及水电工程的经济评价、水电规划、后评价、泥沙调度等水能规划及动能经济方向，以及水电工程的气象观测、专用水文站、水情测报等水文方向，上述标准的报批，加快完善水电行业标准体系，助推标准化工作高质量发展。

（一）《抽水蓄能电站经济评价规范》印发

长期以来，抽水蓄能电站经济评价工作主要以1998年原电力工业部印发《抽水蓄能电站经济评价暂行办法》、1999年原国家电力公司印发《抽水蓄能电站经济评价暂行办法实施细则》为依据，距今已二十多年。随着"双碳"目标的提出，《中共中央、国务院关于完整准确全面贯彻新发展理念做好碳达峰碳中和工作的意见》《国务院关于印发2030年前碳达峰行动方案的通知》等重要指导文件出台，以及《抽水蓄能中长期发展规划（2021~2035年）》印发，抽水蓄能产业迎来新发展机遇。与此同时，随着电力市场体制不断深化、抽水蓄能电站电价机制不断完善，编制完成《抽水蓄能电站经济评价规范》有利于规范和支持行业健康有序发展。该标准适用于抽水蓄能电站预可行性研究和可行性研究阶段的经济评价。主要技术内容包括：总则、术语、国民经济评价、财务评价、不确定性分析与风险分析、综合评价。

（二）《水电工程后评价技术导则》印发

近年来，我国先后发布了《中央企业固定资产投资项目后评价工作指南》《水利建设项目后评价报告编制规程》《河流水电开发环境影响后评价规范》《流域综合规划后评价报告编制导则》等规范性文件和技术标准，上述文件对于指导国内水电水利项目以及河流水电开发后评价工作具有重要意义。中国是水电大国，目前已有超过4万座水电站投产运行。为检验项目建成后达到的实际效果，部分电站开展了后评价工作，在检验效果的同时，总结经验教训，提出对策建议同样显得至关重要。但是，国内对水电项目后评价尚未提出专门的规范性文件，随着我国已建、在建水电站项目不断增多，为提高水电项目的投资决策水平和投资效益，规范水电建设项目后评价工作，《水电工程后评价技术导则》的制定将有利于水电工程建成后对标核准的工程任务和目标，对项目决策、建设实施和运行管理各阶段及工程建成后的效益作用和影响进行综合分析，找出差别，分析原因，评价合理性；结合自然和社会变化情况，提出存在问题和改进措施，为工程长期安全稳定运行，提高工程效益，完善运行维护管理提供指导，为改善水电工程勘测设计、建设和运行管理提供帮助。该导则适用于水电工程后评价。主要技术内容包括：总则、术语、基本规定、项目概况、前期决策评价、工程勘测设计评价、建设准备评价、建设实施评价、建设征地移民安置评价、环境保护和水土保持评价、工程投资评价、运行管理评价、效果和效益评价、目标实现程度和可持续性评价、后评价结论及建议。

（三）《河流水电规划编制规范》印发

此次河流水电规划修订，主要考虑三点：一是规划的基础，二是规划间的关系，三是规划的新特点。第一，随着国土空间规划作为上位规划提出，是"多规合一"的基础。河流水电规划必须以国土空间规划为指导和约束。第二，"双碳"目标背景下，实施可再生能源替代行动，新能源是主体，水电开发应服务于新能源大规模、高比例发展。河流水电规划必须充分考虑与周边新能源开发利用的协同关系。第三，发展和安全是两大主题，河流水电规划不仅兴利，还要除害。在流域梯级开发格局下，水电梯级综合管控是关键。梯级水库安全问题在规划之初就必须进行预判和防控，从源头上避开风险区，拟定合理布局。该规范适用于河流水电规划编制及修编。主要技术内容包括总则、基本规定、基本资料、综合说明、综合利用与开发任务、规划方案拟定、水文泥沙、工程地质、建设征地移民安置、环境保护、工程设计、规划方案选择、规划实施意见、结论与建议。

（水电水利规划设计总院 宋培兵）

技术标准制定、修订情况

2023年国家标准化管理委员会下达的电力国家标准制修订计划项目

2023年，国家标准化管理委员会下达的电力国家标准制定或修订计划项目41项，见表1。

表 1 　　　2023 年国家标准化管理委员会下达的电力国家标准制定或修订计划项目

序号	计划编号	项目名称	制定/修订	代替标准
1	20230042-T-524	核电厂电动机调试技术导则	修订	GB/T 25738—2010
2	20230043-T-524	光伏发电站安全规程	修订	GB/T 35694—2017
3	20230044-T-524	光伏发电站无功补偿技术规范	修订	GB/T 29321—2012
4	20230045-T-524	光伏发电站应急管理规范	制定	
5	20230046-T-524	电力储能用飞轮技术规范	制定	
6	20230047-T-524	电力储能系统　并网储能系统安全通用规范	制定	
7	20230048-Z-524	用户端能源管理系统和电网侧管理系统间的接口第3部分：架构	制定	
8	20230049-T-524	太阳能光热发电站熔融盐储热系统技术要求	制定	
9	20230050-T-524	太阳能热发电站 第3-2部分：系统与部件—大尺寸抛物面槽式集热器通用要求与测试方法	制定	
10	20230519-T-524	电力突发事件风险评估与应急资源调查工作规范	制定	
11	20230520-T-524	变电站二次系统　第3部分：通信报文规范	制定	
12	20230521-T-524	变电站二次系统　第4部分：网络安全防护	制定	
13	20230522-T-524	变电站二次系统　第5部分：保护控制及相关设备	制定	
14	20230523-T-524	变电站二次系统　第6部分：站内监控系统	制定	
15	20230524-T-524	变电站二次系统　第7部分：集中监控系统	制定	
16	20230525-T-524	变电站二次系统　第8部分：电气操作防误	制定	
17	20230526-T-524	变电站二次系统　第9部分：建设规范	制定	
18	20230527-T-524	变电站二次系统　第10部分：试验与检测	制定	
19	20230528-T-524	电力现货市场运营技术规范　第2部分：省级技术支持系统	制定	
20	20230529-T-524	电力现货市场运营技术规范　第1部分：术语	制定	
21	20230530-T-524	电力现货市场运营技术规范　第3部分：省间技术支持系统	制定	
22	20230531-T-524	电力现货市场运营技术规范　第4部分：负荷预测	制定	
23	20230532-T-524	电力现货市场运营技术规范　第7部分：备用容量管理	制定	
24	20230533-T-524	电力现货市场运营技术规范　第6部分：调频容量	制定	
25	20230534-T-524	电力现货市场运营技术规范　第9部分：市场力监测与缓解	制定	
26	20230535-T-524	电力现货市场运营技术规范　第10部分：运行评估	制定	
27	20230536-T-524	电力现货市场运营技术规范　第8部分：多周期电力电量平衡	制定	
28	20230537-T-524	电力现货市场运营技术规范　第5部分：新能源参与电网平衡	制定	
29	20230538-T-524	变电站二次系统　第1部分：通用要求	制定	
30	20230539-T-524	变电站二次系统　第2部分：数据与模型	制定	

续表

序号	计划编号	项目名称	制定/修订	代替标准
31	20230540-T-524	立式圆筒形熔融盐储罐技术要求	制定	
32	20231020-T-524	风光储联合发电站运行评价规程	制定	
33	20231758-T-524	特高压变压器用分接开关技术要求与试验方法	制定	
34	20231892-T-524	电力自动化通信网络和系统 第9-2部分：特定 通信服务映射（SCSM）—基于 ISO/IEC 8802-3 的采样值	制定	
35	20231895-T-524	带电作业工具设备基本技术要求与设计导则	修订	GB/T 18037—2008
36	20232157-T-524	储能电站安全标志技术规范	制定	
37	20232158-T-524	电力调频用飞轮储能系统调试规范	制定	
38	20232159-T-524	电化学储能电站应急物资技术导则	制定	
39	20232160-T-524	发电工程数据移交	修订	GB/T 32575—2016
40	20232161-T-524	压缩空气储能电站接入电网技术规定	制定	
41	20232449-T-524	电力储能电站 钠离子电池技术条件	制定	

（中国电力企业联合会 马晓光 马海伟 马小琨 陈彦洁 孟令胜 唐攀攀 王佳鑫）

2023 年住房和城乡建设部下达的电力工程建设国家标准制修订计划项目

2023 年，住房和城乡建设部下达的电力工程建设国家标准修订计划项目 2 项，见表 1。

表 1　　　　　　　　2023 年住房和城乡建设部下达的电力国家标准修订计划项目

序号	计划编号	项目名称	制定/修订	代替标准
1	2023-1	±800kV 及以下换流站构支架施工及验收规范	修订	GB 50777—2012
2	2023-2	±800kV 及以下直流换流站土建工程施工质量验收规范	修订	GB 50729—2012

（中国电力企业联合会 马晓光 马海伟 马小琨 陈彦洁 孟令胜 唐攀攀 王佳鑫）

2023 年国家能源局下达的电力行业标准制修订计划项目

2023 年，国家能源局下达的电力行业标准制定或修订计划项目 337 项，其中，水电、新能源及电气等部分（即未含火电、核电、电动汽车）计划项目 260 项，见表 1。表中有"替代"为修订，否则为制定。

表 1　　　　　　　2023 年国家能源局下达的电力行业标准制定或修订计划项目

序号	计划编号	标准项目名称	代替标准
1	能源 20230878	光电式 CCD 双金属管标仪	DL/T 1273—2013
2	能源 20230879	电能计量封印技术规范	DL/T 1496—2016

序号	计划编号	标准项目名称	代替标准
3	能源 20230880	低压电能计量箱技术条件	DL/T 1745—2017
4	能源 20230886	互感器运行检修导则	DL/T 727—2013
5	能源 20230887	变压器油中溶解气体分析和判断导则	DL/T 722—2014
6	能源 20230888	10kV～35kV 干式空心限流电抗器使用导则	DL/T 1535—2016
7	能源 20230889	高压交联聚乙烯绝缘电力电缆敷设规程　第 1 部分：直埋敷设	DL/T 57441—2016
8	能源 20230890	35kV 及以下绝缘管型母线技术规范	DL/T 1658—2016
9	能源 20230891	高压交联聚乙烯绝缘电力电缆敷设规程　第 2 部分：排管敷设	DL/T 57442—2016
10	能源 20230892	高压交联聚乙烯绝缘电力电缆敷设规程　第 3 部分：隧道敷设	DL/T 57443—2016
11	能源 20230893	低压无功补偿控制器选用导则	DL/T 597—2017
12	能源 20230894	柔性直流输电设备监造技术导则	DL/T 1793—2017
13	能源 20230895	电气装置安装工程　电气设备交接试验报告统一格式	DL/T 5293—2013
14	能源 20230896	电站调节阀选用导则	DL/T 1536—2016
15	能源 20230903	电站钢制对焊管件	DL/T 695—2014
16	能源 20230904	焊工技术考核规程	DL/T 679—2012
17	能源 20230907	电站在役铁磁性换热器管远场涡流检验技术导则	DL/T 883—2004
18	能源 20230908	电力用蓄电池交直流和直流变换设备技术规范	DL/T 857—2004
19	能源 20230909	变压器有载分接开关现场试验导则	DL/T 265—2012
20	能源 20230910	电力系统暂态过电压在线测量及记录系统技术导则	DL/T 1351—2014
21	能源 20230911	现场耐压试验电压测量导则	DL/T 1323—2014
22	能源 20230912	电力变压器绕组变形频响分析法	DL/T 911—2016
23	能源 20230913	换流阀现场试验导则	DL/T 1568—2016
24	能源 20230914	交流输电线路工频电气参数测量导则	DL/T 1583—2016
25	能源 20230915	电能信息采集终端可靠性验证方法	DL/T 1593—2016
26	能源 20230916	35kV 及以下配网防雷技术导则	DL/T 1674—2016
27	能源 20230920	电力系统继电保护及安全自动装置柜（屏）通用技术条件	DL/T 720—2013
28	能源 20230921	大型发电机变压器继电保护整定计算导则	DL/T 684—2012
29	能源 20230922	标称电压高于 1000V 架空线路用绝缘子使用导则 第 3 部分：交流系统用棒形悬式复合绝缘子	DL/T 10003—2015
30	能源 20230923	供电系统供电可靠性评价规程　第 2 部分：高中压用户	DL/T 8362—2016
31	能源 20230924	电力可靠性管理信息系统数据规范　第 2 部分：输变电设施	DL/T 18392—2018
32	能源 20230925	电力可靠性管理信息系统数据规范　第 4 部分：供电系统	DL/T 18394—2018
33	能源 20230932	发电企业生产实时监管信息系统技术条件	DL/T 1338—2014
34	能源 20230933	混凝土面板堆石坝接缝止水技术规范	DL/T 5115—2016
35	能源 20230934	水电水利工程模板施工规范	DL/T 5110—2013
36	能源 20230935	水轮机调节系统及装置运行与检修规程	DL/T 792—2013

序号	计划编号	标准项目名称	代替标准
37	能源 20230936	水电水利基本建设工程单元工程质量等级评定标准　第 4 部分：水力机械辅助设备安装工程	DL/T 51134—2012
38	能源 20230937	水电水利基本建设工程单元工程质量等级评定标准　第 5 部分：发电电气设备安装工程	DL/T 51135—2012
39	能源 20230938	电力行业电子数据恢复和销毁技术要求	DL/T 1757—2017
40	能源 20230939	电力科技成果分类与代码	DL/T 517—2012
41	能源 20230940	电力作业用软梯技术要求	DL/T 1659—2016
42	能源 20230941	输变电工程施工机具产品型号编制方法	DL/T 318—2017
43	能源 20230942	架空输电线路施工抱杆通用技术条件及试验方法	DL/T 319—2018
44	能源 20230943	电力工程接地用锌包钢技术条件	DL/T 1457—2015
45	能源 20230948	风电场调度运行信息交换规范	NB/T 31109—2017
46	能源 20230949	风电场有功功率调节与控制技术规定	NB/T 31110—2017
47	能源 20230953	风电场运行指标与评价导则	NB/T 31045—2013
48	能源 20230954	风力发电机组偏航、变桨轴承型式试验技术规范	NB/T 31141—2018
49	能源 20230955	12kV～405kV 户外高压开关运行规程	DL/T 1081—2008
50	能源 20230956	12kV 户外高压真空断路器检修工艺规程	DL/T 391—2010
51	能源 20230957	35kV～110kV 变电站自动化系统验收规范	DL/T 1101—2009
52	能源 20230958	农网工频载波通信系统技术规范	DL/T 1443—2015
53	能源 20230959	架空平行集束绝缘导线低压配电线路设计与施工规程	DL/T 5253—2010
54	能源 20230960	中低压配电网改造技术导则	DL/T 599—2016
55	能源 20230961	农村低压电力技术规程	DL/T 499—2001
56	能源 20230962	带电作业用绝缘服装	DL/T 1125—2009
57	能源 20230963	绝缘工具柜	DL/T 1145—2009
58	能源 20230964	带电作业工具、装置和设备使用的基本要求	DL/T 877—2004
59	能源 20230965	500kV 及以上电压等级变电站保护和控制设备抗扰度要求	DL/Z 713—2000
60	能源 20230966	电化学储能电站设备可靠性评价规程	DL/T 1815—2018
61	能源 20230967	变电设备在线监测装置技术规范　第 4 部分：气体绝缘金属封闭开关设备局部放电特高频在线监测装置	DL/T 14984—2017
62	能源 20230968	变电设备在线监测装置检验规范　第 4 部分：气体绝缘金属封闭开关设备局部放电特高频在线监测装置	DL/T 14324—2017
63	能源 20230969	智能变电站以太网交换机技术规范	DL/T 1912—2018
64	能源 20230970	智能变电站以太网交换机测试规范	DL/T 1940—2018
65	能源 20230971	变电站测控装置技术规范	DL/T 1512—2016
66	能源 20230972	智能变电站监控系统技术规范	DL/T 1403—2015
67	能源 20230973	电力调度控制大厅设计导则　第 2 部分：设计原则	DL/T 5755—1999
68	能源 20230974	电力调度控制大厅设计导则　第 3 部分：电力调度控制室的布局原则	DL/T 5756—1999
69	能源 20230975	电力调度控制大厅设计导则　第 5 部分：调度控制台的布局和尺寸	DL/T 5758—1999

序号	计划编号	标准项目名称	代替标准
70	能源 20230976	远动设备及系统　第5部分：传输规约 第102篇：电能累计量传输配套技术规范	DL/T 719—2000
71	能源 20230977	电能量远方终端	DLT 743—2001
72	能源 20230978	电力系统的时间同步系统　第4部分：测试仪技术规范	DL/T 11004—2018
73	能源 20230979	电力系统的时间同步系统　第5部分：防欺骗和抗干扰技术要求	DL/T 11005—2019
74	能源 20230980	变压器油中溶解气体在线监测装置选用导则	DL/Z 249—2012
75	能源 20230981	六氟化硫气体泄漏在线监测报警装置运行维护导则	DL/T 1555—2016
76	能源 20230982	六氟化硫电气设备分解产物试验方法	DL/T 1205—2013
77	能源 20230983	六氟化硫电气设备故障气体分析和判断方法	DL/T 1359—2014
78	能源 20230984	六氟化硫气体净化处理工作规程	DL/T 1553—2016
79	能源 20230985	六氟化硫电气设备气体监督导则	DL/T 595—2016
80	能源 20230986	电力调度数据网设备测试规范	DL/T 1379—2014
81	能源 20230987	电力系统安全稳定控制技术导则	DL/T 723—2000
82	能源 20230988	电力系统安全稳定计算技术规范	DL/T 1234—2013
83	能源 20230989	带电设备红外诊断应用规范	DL/T 664—2016
84	能源 20230990	高压测试仪器设备校准规范　第2部分：电力变压器分接开关测试仪	DL/T 16942—2017
85	能源 20230991	继电保护测试仪校准规范	DL/T 1153—2012
86	能源 20230992	电力安全工器具配置与存放技术要求	DL/T 1475—2015
87	能源 20230993	变电站用接地线绕线装置	DL/T 1413—2015
88	能源 20230994	光纤复合架空地线（OPGW）用预绞式金具技术条件和试验方法	DL/T 766—2013
89	能源 20230995	全介质自承式光缆（ADSS）用预绞式金具技术条件和试验方法	DL/T 767—2013
90	能源 20230996	电力金具制造质量　第5部分：铝制件	DL/T 7685—2017
91	能源 20230997	间隔棒技术条件和试验方法	DL/T 1098—2016
92	能源 20230998	电力金具制造质量　第7部分：钢铁件热镀锌层	DL/T 7687—2012
93	能源 20230999	输电线路钢管杆塔用法兰技术要求	DL/T 1632—2016
94	能源 20231000	输电线路金具磨损试验方法	DL/T 1693—2017
95	能源 20231001	架空输电线路涉鸟故障风险分级及分布图绘制	DL/T 1570—2016
96	能源 20231002	架空输电线路导地线机械震动除冰装置使用技术导则	DL/T 1922—2018
97	能源 20231003	1100kV 交流空心复合绝缘子技术规范	DL/T 1277—2013
98	能源 20231004	1000kV 输电线路铁塔、导线、金具和光纤复合架空地线监造导则	DL/T 1184—2012
99	能源 20231005	电力企业管理体系整合导则	DL/T 1004—2018
100	能源 20231008	发电企业碳排放权交易技术指南	DL/T 2126—2020
101	能源 20230261	压缩空气储能电站设计规范	
102	能源 20230370	太阳能热发电站熔盐电伴热系统设计规范	

序号	计划编号	标准项目名称	代替标准
103	能源 20230371	太阳能热发电厂防凝防冻保温技术规程	
104	能源 20230372	太阳能热发电厂节能设计规范	
105	能源 20230373	光热发电建设项目文件归档与档案整理规范	
106	能源 20230385	水电站大坝安全防汛检查规程	
107	能源 20230386	水电站大坝运行安全应急物资基本配置标准	
108	能源 20230387	水电工程北斗卫星导航系统变形监测设备技术条件	
109	能源 20230388	水工建筑物运行维护规程编制深度导则	
110	能源 20230389	水工建筑物观测规程编制深度导则	
111	能源 20230390	水工作业安全规程编制深度导则	
112	能源 20230391	水电站大坝安全无人机巡检技术规程	
113	能源 20230392	气体绝缘金属封闭输电线路检修导则	
114	能源 20230393	发电厂污水生化处理技术导则	
115	能源 20230394	发电机内冷水系统化学清洗导则	
116	能源 20230395	同步调相机励磁系统现场试验导则	
117	能源 20230396	变压器冷却器冷却性能评估及冲洗验收规范	
118	能源 20230397	电力变压器（电抗器）用组部件和原材料选用导则　第 12 部分：胶囊式储油柜	
119	能源 20230398	高压电缆夹具选用导则	
120	能源 20230399	500kV 交联聚乙烯绝缘电力电缆附件安装规程　第 1 部分：户外终端	
121	能源 20230400	500kV 交联聚乙烯绝缘电力电缆附件安装规程　第 2 部分：GIS 终端	
122	能源 20230401	500kV 交联聚乙烯绝缘电力电缆附件安装规程　第 3 部分：接头	
123	能源 20230402	振荡抑制用幅相校正电容器成套装置通用技术要求	
124	能源 20230405	柔性直流换流阀控制保护系统技术规范	
125	能源 20230406	构网型柔性直流输电系统暂态性能要求	
126	能源 20230407	柔性低频交流输电用交换流器技术导则	
127	能源 20230408	构网型柔性直流输电系统稳态性能要求	
128	能源 20230409	变电站、换流站装配式混凝土结构施工及验收规程	
129	能源 20230410	电站阀门检修导则　第 5 部分：闸阀和截止阀	
130	能源 20230411	能动阀门驱动力在线检测技术导则	
131	能源 20230412	电站阀门检修导则　第 8 部分：电站抽汽逆止阀	
132	能源 20230414	熔盐阀门选用导则	
133	能源 20230419	金属材料微型试样冲击性能试验规程	
134	能源 20230420	空冷机组高背压供热改造技术导则	
135	能源 20230422	高压交流断路器机械特性现场试验导则	
136	能源 20230423	高压电气设备声学成像现场测试导则	

序号	计划编号	标准项目名称	代替标准
137	能源 20230424	换流站动态无功补偿电压控制技术导则	
138	能源 20230427	2MHz～12MHz 低压电力线高速载波通信系统　第 2 部分：技术要求	
139	能源 20230428	2MHz～12MHz 低压电力线高速载波通信系统　第 3 部分：检验方法	
140	能源 20230429	2MHz～12MHz 低压电力线高速载波通信系统　第 4 部分：物理层通信协议	
141	能源 20230430	2MHz～12MHz 低压电力线高速载波通信系统　第 5 部分：数据链路层通信协议	
142	能源 20230431	2MHz～12MHz 低压电力线高速载波通信系统　第 6 部分：应用层通信协议	
143	能源 20230432	耗能型多柱并联限压器使用导则	
144	能源 20230434	生活垃圾焚烧发电机组调试技术规范	
145	能源 20230436	风光储场站并网孤岛保护配置与整定技术规范	
146	能源 20230437	多端直流线路与汇流母线保护技术规范	
147	能源 20230438	移相器保护配置及整定技术规范	
148	能源 20230441	高压架空线路用硬质聚合物绝缘子验收交接技术导则	
149	能源 20230442	以可靠性为中心的电力设备检修导则　第 1 部分：通用	
150	能源 20230445	水工泄洪建筑物聚氨酯类修复材料试验规程	
151	能源 20230446	水电工程筑坝堆石体密度附加质量法检测技术规程	
152	能源 20230447	水电水利工程砂砾石料压实质量密度桶法检测技术规程	
153	能源 20230448	水电水利工程锚索锚固力检测技术规程	
154	能源 20230450	水电工程船闸控制系统运行维护技术规程	
155	能源 20230451	水电站机组检修监理规范	
156	能源 20230452	水电站永久设备制造监理通用技术规范	
157	能源 20230453	水轮发电机组设备制造监理技术规范	
158	能源 20230454	水电站桥式起重机制造监理技术规范	
159	能源 20230455	电力 5G 网络安全测试规范	
160	能源 20230456	电力桌面终端安全防护技术要求与检测方法	
161	能源 20230457	电力 5G 轻量化模组通信连接技术要求	
162	能源 20230458	电力无人机北斗设备　第 2 部分：测试方法	
163	能源 20230467	电力作业用高压放电棒技术要求	
164	能源 20230468	架空输电线路施工用悬索式跨越架	
165	能源 20230469	输电线路施工用螺旋锚钻进机	
166	能源 20230470	基于北斗定位系统的输电线路弧垂观测技术规范	
167	能源 20230471	光伏电站巡检机器人通用技术条件	
168	能源 20230472	高压交流海底电缆接地系统技术导则	
169	能源 20230473	高压直流接地极综合状态评价与维护技术导则　第 2 部分：参数测试与评价	

序号	计划编号	标准项目名称	代替标准
170	能源 20230474	水电站气象预报应用技术规范	
171	能源 20230475	变电站地震灾损评估技术规范	
172	能源 20230476	变电站智能巡检导则 第3部分：智能协同巡检	
173	能源 20230477	综合能源服务 智慧运行管控平台技术规范	
174	能源 20230478	带电作业工器具安全管理系统技术要求	
175	能源 20230479	变电站无线感知设备抗扰度试验技术要求	
176	能源 20230480	压缩空气储能电站效率指标计算方法	
177	能源 20230481	电化学储能电站经济评价导则	
178	能源 20230482	压缩空气储能电站经济评价导则	
179	能源 20230483	户用电化学储能系统设计规范	
180	能源 20230484	电化学储能电站并网验收技术规范	
181	能源 20230485	电力储能直流耦合系统技术规范	
182	能源 20230486	压缩空气储能电站可行性研究报告编制规程	
183	能源 20230487	压缩空气储能电站初步设计报告编制规程	
184	能源 20230488	新型储能电站统计技术导则	
185	能源 20230489	户用电化学储能系统验收规范	
186	能源 20230490	变压器（电抗器）状态综合监测装置技术规范	
187	能源 20230491	输电线路通道监拍装置技术规范	
188	能源 20230492	变电设备在线监测装置现场测试应用导则 第3部分：超声波局部放电在线监测装置	
189	能源 20230493	变电设备在线监测装置现场测试应用导则 第5部分：红外成像在线监测装置	
190	能源 20230495	电网资产绩效评价技术导则	
191	能源 20230496	电力调度控制云系统技术要求 第5部分：调控数据管理与服务规范	
192	能源 20230497	虚拟电厂术语	
193	能源 20230498	齿轮油氧化安定性的测定快速氧化法	
194	能源 20230499	并网发电企业涉网二次系统现场作业技术规范	
195	能源 20230500	电力系统安全稳定控制系统实时仿真测试规范	
196	能源 20230501	新能源设备电磁暂态实时仿真封装模型调用接口技术规范	
197	能源 20230502	电力系统宽频振荡计算分析及风险评估技术规范	
198	能源 20230503	电网故障处置预案技术规范	
199	能源 20230504	可调节负荷并网运行与控制技术规范 第14部分：电力负荷实时调节终端	
200	能源 20230505	可调节负荷并网运行与控制技术规范 第15部分：检验试验规范（电动汽车）	
201	能源 20230507	高电压测试设备通用技术条件 第9部分：高频局部放电测试仪	
202	能源 20230508	配电网单相接地故障真型试验技术导则	

续表

序号	计划编号	标准项目名称	代替标准
203	能源 20230509	换流变压器现场试验技术规程	
204	能源 20230510	架空输电线路限位式防舞装置技术规范	
205	能源 20230511	二次反射塔式太阳能光热发电站集热系统技术规范	
206	能源 20230512	太阳能光热发电站环境保护技术监督规程	
207	能源 20230513	太阳能光热发电站汽轮机技术监督规程	
208	能源 20230514	太阳能光热发电站集热系统技术监督规程	
209	能源 20230515	太阳能光热发电站储热换热系统技术监督规程	
210	能源 20230516	架空输电线路无人机通道巡视技术规范	
211	能源 20230517	架空电力线路无人机红外检测技术规范	
212	能源 20230518	架空输电线路动态增容运行技术导则	
213	能源 20230519	低压配电系统分布式资源即插即用信息模型技术规范	
214	能源 20230520	光伏发电企业安全生产标准化实施规范	
215	能源 20230523	水力发电企业安全生产标准化实施规范	
216	能源 20230524	光伏发电企业档案分类导则	
217	能源 20230525	智慧综合能源企业档案分类导则	
218	能源 20230526	漂浮式水上光伏发电系统用浮体检测规范	
219	能源 20230527	户用光伏发电系统安全规程	
220	能源 20230528	低碳清洁氢能评价标准	
221	能源 20230529	质子交换膜燃料电池用氢气品质检测移动式实验室通用 技术规范	
222	能源 20230530	质子交换膜燃料电池系统性能测试规范	
223	能源 20230531	碱性水电解制氢系统性能测试规范	
224	能源 20230538	生物质电厂燃料采制化管理规范	
225	能源 20230539	农林生物质发电锅炉燃料含硫化合物检测技术导则	
226	能源 20230540	电力物资及服务类供应商质量保障能力评价导则	
227	能源 20230541	抽水蓄能电站设备在线监测系统技术规范	
228	能源 20230542	抽水蓄能机组同期并网技术规范	
229	能源 20230543	抽水蓄能电站钢岔管水压试验规程	
230	能源 20230544	水电站生产运行评价技术规范	
231	能源 20230545	电力无人机北斗装置 第1部分：技术要求	
232	能源 20230546	电力设备大气辐射试验方法 第2部分：高压功率器件中子单粒子效应	
233	能源 20230547	高压交流开关设备制造监理导则	
234	能源 20230548	电力微型智能传感器技术要求 第1部分：总体要求	
235	能源 20230549	输电线路微型智能传感器配置技术要求	
236	能源 20230550	电力人工智能术语	
237	能源 20230551	电力工程测绘三维数据交付导则	
238	能源 20230552	架空输电线路激光扫描数据数字化建模技术规范	

序号	计划编号	标准项目名称	代替标准
239	能源 20230553	电力企业标准化工作指南	
240	能源 20230554	电力企业合规管理体系有效性评价指南	
241	能源 20230555	输电领域知识图谱构建技术要求	
242	能源 20230556	电力标准知识图谱构建指南	
243	能源 20230639	风电场并网通信系统技术规范	
244	能源 20230640	风力发电机组齿轮箱骨架密封性能及可靠性试验方法	
245	能源 20230641	风力发电机组主轴承台架试验方法	
246	能源 20230642	风力发电机组焊接件有限元分析技术规范	
247	能源 20230650	海上风电场安全生产标准化实施规范	
248	能源 20230651	陆上风电场安全生产标准化实施规范	
249	能源 20230652	风力发电机组螺栓在线监测技术规范	
250	能源 20230653	风力发电机组阻尼器运行维护规程	
251	能源 20230654	风力发电机组叶片防冰涂覆改造技术规程	
252	能源 20230655	风力发电机组叶片前缘防护改造技术规程	
253	能源 20230656	风力发电场设备检修管理导则	
254	能源 20231121	电力安全工作规程　高压直流换流站电气部分	
255	能源 20231122	高压直流换流站运行规程	
256	能源 20231123	高压直流换流站消防设施配置规范	
257	能源 20231124	高压直流换流站设备检修试验规程	
258	能源 20231125	特高压换流站技术监督导则	
259	能源 20231126	特高压混合直流输电工程系统试验	
260	能源 20231127	高压直流输电晶闸管阀用阀基电子设备联调试验规程	

（中国电力企业联合会　马晓光　马海伟　马小琨　陈彦洁　孟令胜　唐攀攀　王佳鑫）

2023 年国家能源局下达的电力行业标准英文版翻译计划项目

2023 年，国家能源局下达的电力行业标准英文版翻译计划项目 44 项，见表 1。

表 1　　　　　2023 年国家能源局下达的电力行业标准英文版翻译计划项目

序号	标准项目名称（外文）	标准项目名称（中文）	标准编号
1	Elastic wire resistance earth pressure cell	差动电阻式土压力计	DL/T 2164—2020
2	Technical specification for online safety monitoring system of hydropower dam in operation	水电站大坝运行安全在线 监控系统技术规范	DL/T 2096—2020
3	Elastic wire resistance type sensor readout	差动电阻式仪器测量仪表	DL/T 1742—2017
4	Elastic wire resistance type displacement meter	差动电阻式位移计	DL/T 1063—2021

序号	标准项目名称（外文）	标准项目名称（中文）	标准编号
5	Elastic wire resistance type anchor line dynamomete	差动电阻式锚索测力计	DL/T 1064—2021
6	Elastic wire resistance type anchor rod stress meter	差动电阻式锚杆应力计	DL/T 1065—2021
7	Elastic wire resistance type pore pressure meter	差动电阻式孔隙压力计	DL/T 2342—2021
8	Technical specification earth-rockfill dam safety monitoring system construction	土石坝安全监测系统施工技术规范	DL/T 5839—2021
9	Guide for the quality acceptance of water quality analyzers in power plant	发电厂水质分析仪器质量验收导则	DL/T 913—2020
10	Guideline for chemistry supervision of thermal equipments during power station capital construction	电力基本建设热力设备化学监督导则	DL/T 889—2015
11	Guideline for cycle chemistry in thermal power plant-Part 1：Guideline for oxygenated treatment for feed -water system of boiler	火电厂汽水化学导则　第1部分：锅炉给水加氧处理导则	DL/T 8051—2021
12	Guide for detection and evaluation of corona defects on stator winding overhangs of generator	发电机定子绕组端部电晕检测与评定导则	能源 20210702
13	Laying code of high voltage cross-linked polyethylene power cable -Part 1：Direct burial laying	高压交联聚乙烯绝缘电力电缆敷设规程　第1部分：直埋敷设	DL/T 5744.1—2016
14	Laying code of high voltage cross-linked polyethylene power cable -Part 2：Duct laying	高压交联聚乙烯绝缘电力电缆敷设规程　第2部分：排管敷设	DL/T 5744.2—2016
15	Laying code of high voltage cross-linked polyethylene power cable -Part 3：Tunnel laying	高压交联聚乙烯绝缘电力电缆敷设规程　第3部分：隧道敷设	DL/T 5744.3—2016
16	Terminology of the fuel coal machinery for power plants	电力燃煤机械名词术语	DL/T 2487—2022
17	Code of safety operation in power engineering construction -Part 2：Power transmission line	电力建设安全工作规程　第2部分：电力线路	DL 5009.2—2013
18	Technical specification for fire protection of construction of flue gas desulfurization absorber of thermal power plant	火电厂烟气脱硫吸收塔施工作业防火技术规范	DL/T 2375—2021
19	Code for operation of semi-dry flue gas desulfurization system	半干法烟气脱硫系统运行规程	DL/T 2505—2022
20	Code for maintenance of semi-dry flue gas desulfurization system	半干法烟气脱硫系统检修规程	DL/T 2504—2022
21	Guide of calculating settings of relay protection for large generator and transformer	大型发电机变压器继电保护整定计算导则	DL/T 684—2012
22	Drawing method of pollutant distribution map for electric power system-Part 1：AC systems	电力系统污区分布图绘制方法第1部分：交流系统	DL/T 3741—2019

序号	标准项目名称（外文）	标准项目名称（中文）	标准编号
23	Room temperature vulcanized silicon rubber anti-pollution coating for insulators	绝缘子用常温固化硅橡胶防污闪涂料	DL/T 627—2018
24	Accelerated electrolytic corrosion test methods for metal fitting of cap and pin type ceramic or glass insulators for DC systems	直流系统用盘形悬式瓷或玻璃绝缘子金属附件加速电解腐蚀试验方法	DL/T 1581—2016
25	Guide for electric braking of hydro-generators	水轮发电机电气制动技术导则	DL/T 2287—2021
26	Basic specifications of automatic components for hydropower plant	水电厂自动化元件基本技术条件	DL/T 1107—2019
27	Guide of non-electrical protection for pumped storage power units	抽水蓄能机组非电气量保护系统技术导则	DL/T 2396—2021
28	Testing device for dynamic property of safety hamlet used in power system	电力用安全帽动态性能测试装置	DL/T 2134—2020
29	Technical requirements for climbing and protective equipment for electrical work-Part 1: Ladder for pole climbing, ladder utensil, ladder platform and bridge	电力登高作业及防护器具技术要求 第1部分：抱杆梯、梯具、梯台及过桥	DL/T 1209.1
30	Technical requirements for climbing and protective equipment for electrical work-Part 2: Demountable maintenance platform	电力登高作业及防护器具技术要求 第2部分：拆卸型检修平台	DL/T 1209.2
31	Technical requirements for climbing and protective equipment for electrical work-Part 3: Lift maintenance platform	电力登高作业及防护器具技术要求 第3部分：升降型检修平台	DL/T 1209.3
32	Technical requirements for noise reduction materials and noise reduction devices of substations	变电站降噪材料和降噪装置技术要求	DL/T 2085—2020
33	All dielectric self-supporting optical fiber cable	全介质自承式光缆	DL/T 788—2016
34	Optical fiber composite overhead ground wires	光纤复合架空地线	DL/T 832—2016
35	Standard test method for chlorine content in the phosphate ester fire-resistant fluids by energy dispersive X-ray fluorescence spectrometry	磷酸酯抗燃油氯含量的测定能量色散X射线荧光光谱法	DL/T 1653—2016
36	Determination of mineral oil content in phosphate ester fire-resistant fluid used in power plant	电力用磷酸酯抗燃油中矿物油含量测定法	DL/T 1979—2019
37	General technical specification of DC instrument transformers test set	直流互感器校验仪通用技术条件	DL/T 2187—2020
38	General specification for electrical energy measurement device of distribution network transmission loss over the same period	配电网同期线损测量装置通用技术条件	DL/T 2180—2020
39	Electric power testing and measuring vehicles-Part 7: Testing vehicles for insulating oil and gas in the electrical equipment	电力试验/检测车 第7部分：电力设备油气试验车	DL/T 13997—2021

续表

序号	标准项目名称（外文）	标准项目名称（中文）	标准编号
40	Calibration specification for high voltage test instruments-Part 9：Power transformer no -load and load loss tester	高压测试仪器及设备校准规范　第9部分：电力变压器空、负载损耗测试仪	DL/T 1694.9—2021
41	General technical specification for SF6 gas tester-Part 1：SF6 gas density monitor calibrator	六氟化硫测试仪通用技术条件　第1部分：六氟化硫密度继电器校验仪	DL/T 2437.1—2021
42	Digital electric energy metering system-Part 1：General technical requirements	数字化电能计量系统　第1部分：一般技术要求	DL/T 2440.1—2021
43	Technical requirements and tests for helical fittings of OPGW	光纤复合架空地线（OPGW）用预绞式金具技术条件和试验方法	DL/T 766—2013
44	Technical requirement and tests for helical fittings of ADSS	全介质自承式光缆（ADSS）用预绞式金具技术条件和试验方法	DL/T 767—2013

（中国电力企业联合会　马晓光　马海伟　马小琨　陈彦洁　孟令胜　唐攀攀　王佳鑫）

2023 年由水电水利规划设计总院归口管理的技术标准制修订计划项目

2023 年，由水电水利规划设计总院归口管理的技术标准制修订计划项目共 114 项，详细情况见表 1。

表1　　　　　2023 年由水电水利规划设计总院归口管理的技术标准制修订计划项目

序号	项目编号	标准项目名称	制定或修订	代替标准	主编起草单位
1	建标函〔2023〕42 号	水利水电工程金属结构及启闭设备通用规范	制定		水利部产品质量标准研究所、水电水利规划设计总院等
2	能源 20230275	水电工程水下声呐探测规程	制定		中国电建集团贵阳勘测设计研究院有限公司、中国电建集团华东勘测设计研究院有限公司等
3	能源 20230276	抽水蓄能电站压力管道岩体测试规程	制定		中国电建集团中南勘测设计研究院有限公司、中国电建集团华东勘测设计研究院有限公司等
4	能源 20230277	水电工程岩土试验仪器设备校验规程　第2部分：比重瓶	制定		中国电建集团北京勘测设计研究院有限公司等
5	能源 20230278	水电工程岩土试验仪器设备校验规程　第3部分：试验筛	制定		中国电建集团北京勘测设计研究院有限公司等
6	能源 20230279	水电工程岩土试验仪器设备校验规程　第4部分：密度计	制定		中国电建集团北京勘测设计研究院有限公司等
7	能源 20230280	水电工程岩土试验仪器设备校验规程　第5部分：环刀	制定		中国电建集团北京勘测设计研究院有限公司等

序号	项目编号	标准项目名称	制定或修订	代替标准	主编起草单位
8	能源 20230282	水电工程岩土试验仪器设备校验规程　第 7 部分：光电式液塑限联合测定仪	制定		中国电建集团北京勘测设计研究院有限公司等
9	能源 20230283	水电工程岩土试验仪器设备校验规程　第 8 部分：碟式液限仪	制定		中国电建集团北京勘测设计研究院有限公司等
10	能源 20230284	水电工程岩土试验仪器设备校验规程　第 9 部分：透水板	制定		中国电建集团北京勘测设计研究院有限公司等
11	能源 20230285	水电工程岩土试验仪器设备校验规程　第 10 部分：砂的相对密度仪	制定		中国电建集团北京勘测设计研究院有限公司等
12	能源 20230286	水电工程岩土试验仪器设备校验规程　第 11 部分：轻型和重型击实仪	制定		中国电建集团北京勘测设计研究院有限公司等
13	能源 20230292	水电工程岩土试验仪器设备校验规程　第 23 部分：粗粒土相对密度仪	制定		中国电建集团成都勘测设计研究院有限公司等
14	能源 20230293	水电工程岩土试验仪器设备校验规程　第 24 部分：粗粒土击实仪	制定		中国电建集团成都勘测设计研究院有限公司等
15	能源 20230294	水电工程岩土试验仪器设备校验规程　第 25 部分：粗粒土渗透仪	制定		中国电建集团成都勘测设计研究院有限公司等
16	能源 20230295	水电工程岩土试验仪器设备校验规程　第 26 部分：粗粒土固结仪	制定		中国电建集团成都勘测设计研究院有限公司等
17	能源 20230296	水电工程岩土试验仪器设备校验规程　第 27 部分：粗粒土三轴仪	制定		中国电建集团成都勘测设计研究院有限公司等
18	能源 20230297	水电工程岩土试验仪器设备校验规程　第 28 部分：粗粒土直剪仪	制定		中国电建集团成都勘测设计研究院有限公司等
19	能源 20230300	水电工程岩土试验仪器设备校验规程　第 31 部分：十字板剪切仪	制定		中国电建集团北京勘测设计研究院有限公司等
20	能源 20230301	水电工程岩土试验仪器设备校验规程　第 32 部分：标准贯入仪	制定		中国电建集团北京勘测设计研究院有限公司等
21	能源 20230302	水电工程岩土试验仪器设备校验规程　第 33 部分：静力触探仪	制定		中国电建集团北京勘测设计研究院有限公司等
22	能源 20230303	水电工程岩土试验仪器设备校验规程　第 34 部分：动力触探仪	制定		中国电建集团北京勘测设计研究院有限公司等

续表

序号	项目编号	标准项目名称	制定或修订	代替标准	主编起草单位
23	能源 20230304	水电工程岩土试验仪器设备校验规程　第 35 部分：旁压仪	制定		中国电建集团北京勘测设计研究院有限公司等
24	能源 20230306	水电工程岩土试验仪器设备校验规程　第 37 部分：岩石三轴试验机	制定		中国电建集团北京勘测设计研究院有限公司等
25	能源 20230307	水电工程岩土试验仪器设备校验规程　第 38 部分：岩石直剪试验仪	制定		中国电建集团北京勘测设计研究院有限公司等
26	能源 20230308	水电工程岩土试验仪器设备校验规程　第 39 部分：岩石超声波参数测定仪	制定		中国电建集团北京勘测设计研究院有限公司等
27	能源 20230309	水电工程岩土试验仪器设备校验规程　第 40 部分：岩体剪切试验装置	制定		中国电建集团北京勘测设计研究院有限公司等
28	能源 20230311	水电工程岩土试验仪器设备校验规程　第 42 部分：水压致裂法岩体应力测试装置	制定		中国电建集团北京勘测设计研究院有限公司等
29	能源 20230312	水电工程岩土试验仪器设备校验规程　第 43 部分：应力解除法岩体应力测试装置	制定		中国电建集团北京勘测设计研究院有限公司等
30	能源 20230314	抽水蓄能电站水库工程设计规范	制定		中国电建集团北京勘测设计研究院有限公司、中国电建集团中南勘测设计研究院有限公司等
31	能源 20230315	抽水蓄能电站进/出水口设计规范	制定		中国电建集团华东勘测设计研究院有限公司、中国电建集团昆明勘测设计研究院有限公司等
32	能源 20230316	抽水蓄能电站压力管道设计规范	制定		中国电建集团中南勘测设计研究院有限公司等
33	能源 20230318	水电工程混凝土防渗墙设计规范	制定		中国电建集团成都勘测设计研究院有限公司、中国电建集团西北勘测设计研究院有限公司等
34	能源 20230319	水电工程地下建筑物施工通风设计规范	制定		中国电建集团华东勘测设计研究院有限公司、中国电建集团北京勘测设计研究院有限公司等
35	能源 20230322	水电工程施工供电设计规范	制定		中国电建集团华东勘测设计研究院有限公司、中国电建集团昆明勘测设计研究院有限公司等

续表

序号	项目编号	标准项目名称	制定或修订	代替标准	主编起草单位
36	能源 20230323	抽水蓄能电站泥沙设计导则	制定		水电水利规划设计总院、中国电建集团中南勘测设计研究院有限公司等
37	能源 20230325	抽水蓄能电站经济评价实施导则	制定		水电水利规划设计总院，国网新源集团有限公司等
38	能源 20230326	抽水蓄能电站规划环境影响评价规范	制定		水电水利规划设计总院、中国电建集团中南勘测设计研究院有限公司等
39	能源 20230327	抽水蓄能电站环境保护设计规范	制定		水电水利规划设计总院、中国电建集团北京勘测设计研究院有限公司等
40	能源 20230328	抽水蓄能电站环境保护验收技术规程	制定		水电水利规划设计总院、中国电建集团华东勘测设计研究院有限公司等
41	能源 20230329	抽水蓄能电站水土保持设计规范	制定		水电水利规划设计总院、中国电建集团西北勘测设计研究院有限公司等
42	能源 20230330	抽水蓄能电站水土保持设施验收技术规程	制定		水电水利规划设计总院、中国电建集团华东勘测设计研究院有限公司等
43	能源 20230331	抽水蓄能电站设备在线监测系统设计导则	制定		中国电建集团中南勘测设计研究院有限公司、水电水利规划设计总院
44	能源 20230332	抽水蓄能电站发电电动机电压配电装置设计规范	制定		中国电建集团西北勘测设计研究院有限公司、中国电建集团北京勘测设计研究院有限公司等
45	能源 20230333	抽水蓄能电站气体绝缘金属封闭输电线路设计规范	制定		中国电建集团西北勘测设计研究院有限公司
46	能源 20230334	水轮机顶盖取水技术规范	制定		中国电建集团昆明勘测设计研究院有限公司、中国电建集团华东勘测设计研究院有限公司等
47	能源 20230335	水泵水轮机抗泥沙磨损技术导则	制定		中国电建集团西北勘测设计研究院有限公司、水电水利规划设计总院等
48	能源 20230336	可变转速水泵水轮机技术条件	制定		中国电建集团华东勘测设计研究有限公司，水电水利规划设计总院等
49	能源 20230337	水电站针形阀技术条件	制定		中国电建集团中南勘测设计研究院有限公司、水电水利规划设计总院等

序号	项目编号	标准项目名称	制定或修订	代替标准	主编起草单位
50	能源 20230338	水电建筑工程概算定额 第 1 部分：总则	制定		水电水利规划设计总院（可再生能源定额站）、中国电建集团西北勘测设计研究院有限公司等
51	能源 20230339	水电建筑工程概算定额 第 2 部分：土方工程	制定		水电水利规划设计总院（可再生能源定额站）、中国电建集团北京勘测设计研究院有限公司等
52	能源 20230340	水电建筑工程概算定额 第 3 部分：石方工程	制定		水电水利规划设计总院（可再生能源定额站）、中国电建集团昆明勘测设计研究院有限公司等
53	能源 20230341	水电建筑工程概算定额 第 4 部分：堆砌石工程	制定		水电水利规划设计总院（可再生能源定额站）、中国电建集团华东勘测设计研究院有限公司等
54	能源 20230342	水电建筑工程概算定额 第 5 部分：混凝土工程	制定		水电水利规划设计总院（可再生能源定额站）、中国电建集团中南勘测设计研究院有限公司、中国电建集团成都勘测设计研究院有限公司等
55	能源 20230343	水电建筑工程概算定额 第 6 部分：锚喷支护工程	制定		水电水利规划设计总院（可再生能源定额站）、中国电建集团西北勘测设计研究院有限公司等
56	能源 20230344	水电建筑工程概算定额 第 7 部分：砂石备料工程	制定		水电水利规划设计总院（可再生能源定额站）、中国电建集团中南勘测设计研究院有限公司等
57	能源 20230345	水电建筑工程概算定额 第 8 部分：地基处理工程	制定		水电水利规划设计总院（可再生能源定额站）、中国电建集团成都勘测设计研究院有限公司等
58	能源 20230346	水电建筑工程概算定额 第 9 部分：疏浚工程	制定		水电水利规划设计总院（可再生能源定额站）、中国电建集团华东勘测设计研究院有限公司等
59	能源 20230347	水电建筑工程概算定额 第 10 部分：其他工程	制定		水电水利规划设计总院（可再生能源定额站）、中国电建集团贵阳勘测设计研究院有限公司等

序号	项目编号	标准项目名称	制定或修订	代替标准	主编起草单位
60	能源 20230348	水电设备安装工程概算定额	制定		水电水利规划设计总院（可再生能源定额站）、中国电建集团北京勘测设计研究院有限公司等
61	能源 20230349	水电工程施工机械台时费定额	制定		水电水利规划设计总院（可再生能源定额站）、中国电建集团成都勘测设计研究院有限公司等
62	能源 20230351	水电工程施工资源消耗量测定及成果编制导则	制定		水电水利规划设计总院（可再生能源定额站）、中国电建集团成都勘测设计研究院有限公司等
63	能源 20230352	抽水蓄能电站输水系统闸门及启闭机设计规范	制定		中国电建集团北京勘测设计研究院有限公司、中国电建集团华东勘测设计研究院有限公司等
64	能源 20230353	水电工程金属结构设备管理系统技术规程	制定		中国电建集团华东勘测设计研究院有限公司等
65	能源 20230354	水电工程三支铰弧形闸门技术规程	制定		中国电建集团华东勘测设计研究院有限公司、葛洲坝集团机电建设有限公司等
66	能源 20230355	水电工程金属结构原型观测技术规程	制定		中国电建集团昆明勘测设计研究院有限公司、水利部交通运输部国家能源局南京水利科学研究院等
67	能源 20230356	抽水蓄能电站闸阀式尾水事故闸门及启闭机技术规程	制定		中国电建集团中南勘测设计研究院有限公司、中国电建集团华东勘测设计研究院有限公司等
68	能源 20230359	光伏发电工程改造及退役设计导则	制定		水电水利规划设计总院、中国电建集团西北勘测设计研究院有限公司等
69	能源 20230360	海上光伏发电工程设计导则	制定		水电水利规划设计总院、中国电建集团西北勘测设计研究院有限公司等
70	能源 20230361	海上光伏发电工程规划报告编制规程	制定		中国电建集团华东勘测设计研究院有限公司等
71	能源 20230362	海上光伏发电工程可行性研究报告编制规程	制定		中国电建集团华东勘测设计研究院有限公司等
72	能源 20230363	海上光伏发电工程勘测规范	制定		中国电建集团华东勘测设计研究院有限公司、中国电建集团西北勘测设计研究院有限公司等

序号	项目编号	标准项目名称	制定或修订	代替标准	主编起草单位
73	能源 20230364	复合型光伏发电工程技术规范	制定		水电水利规划设计总院、中国电建集团中南勘测设计研究院有限公司等
74	能源 20230366	光伏项目沙戈荒生态治理设计规范	制定		中国电建集团北京勘测设计研究院有限公司等
75	能源 20230367	柔性支架光伏发电系统设计规程	制定		水电水利规划设计总院、上海电力设计院有限公司等
76	能源 20230368	光伏发电项目经济评价规范	制定		中国电建集团西北勘测设计研究院有限公司、中国电建集团华东勘测设计研究院有限公司等
77	能源 20230369	光伏供热设计规范	制定		中国电建集团中南勘测设计研究院有限公司等
78	能源 20230374	风电光伏与光热一体化发电项目规划报告编制规程	制定		水电水利规划设计总院、中国电建集团西北勘测设计研究院有限公司
79	能源 20230375	风电光伏与光热一体化发电项目可行性研究报告编制规程	制定		中国电建集团西北勘测设计研究院有限公司、水电水利规划设计总院等
80	能源 20230376	多能互补项目经济评价规范	制定		水电水利规划设计总院、中国电建西北勘测设计研究院有限公司等
81	能源 20230381	生物天然气工程工艺设计导则	制定		中国电建集团西北勘测设计研究院有限公司等
82	能源 20230382	生物天然气工程后评价报告编制规程	制定		中国电建西北勘测设计研究院有限公司等
83	能源 20230383	电力制氢可行性研究报告编制规程	制定		中国电力工程顾问集团华北电力设计院有限公司、中国电建集团华东勘测设计研究院有限公司等
84	能源 20230643	风电场工程信息模型技术规范	制定		中国电建集团华东勘测设计研究院有限公司、中国电建集团中南勘测设计研究院有限公司等
85	能源 20230644	风电场升级改造工程投资编制导则	制定		水电水利规划设计总院、中国电建集团西北院勘测设计研究院有限公司等
86	能源 20230645	陆上区域风电可开发量评估技术规范	制定		水电水利规划设计总院、中国电建集团成都勘测设计研究院有限公司等
87	能源 20230646	风电场升级改造工程可行性研究报告编制规程	制定		水电水利规划设计总院、中国电建集团北京勘测设计研究院有限公司等

续表

序号	项目编号	标准项目名称	制定或修订	代替标准	主编起草单位
88	能源 20230647	漂浮式海上风电场工程可行性研究报告编制规程	制定		水电水利规划设计总院、中国电建集团中南勘测设计研究院有限公司等
89	能源 20230648	漂浮式海上风电场工程风机布置及发电量计算技术规程	制定		水电水利规划设计总院、中国电建集团中南勘测设计研究院有限公司等
90	能源 20230658	漂浮式海上风电场工程施工组织设计导则	制定		中国电建集团中南勘测设计研究院有限公司、中交第三航务工程局有限公司等
91	能源 20230659	风电场工程项目建设工期定额	制定		水电水利规划设计总院等
92	能源 20230486	压缩空气储能电站可行性研究报告编制规程	制定		水电水利规划设计总院，中国电力建设集团中南勘测设计研究院有限公司等
93	能源 20230487	压缩空气储能电站初步设计报告编制规程	制定		水电水利规划设计总院，中国电建集团华东勘测设计研究院有限公司等
94	能源 20230261	压缩空气储能电站设计规范	制定		中国电建集团河北省电力勘测设计研究院有限公司、水电水利规划设计总院等
95	能源 20230313	混合式抽水蓄能电站设计规程	制定		中国电建集团成都勘测设计研究院有限公司、中国电建集团西北勘测设计研究院有限公司等
96	能源 20230320	抽水蓄能电站信息化数字化设计规范	制定		水电水利规划设计总院、中国电建集团北京勘测设计研究院有限公司等
97	能源 20230321	抽水蓄能电站智能建造设计规范	制定		水电水利规划设计总院、中国电建集团华东勘测设计研究院有限公司等
98	能源 20230350	水电工程信息化数字化专项投资编制细则	制定		水电水利规划设计总院（可再生能源定额站）、中国电建集团中南勘测设计研究院有限公司等
99	能源 20230384	地热能项目能源利用和消费量评估规范	制定		水电水利规划设计总院、中国电建集团华东勘测设计研究院有限公司等
100	能源 20230317	水电工程信息分类与编码通则	制定		中国电建集团成都勘测设计研究院有限公司等
101	能源 20230324	抽水蓄能电站正常蓄水位选择专题报告编制规程	制定		水电水利规划设计总院、中国电建集团西北勘测设计研究院有限公司等
102	能源 20230950	海上风电场工程设计概算编制规定及费用标准	修订	NB/T 31009—2019	水电水利规划设计总院、中国电建集团华东勘测设计研究院有限公司

续表

序号	项目编号	标准项目名称	制定或修订	代替标准	主编起草单位
103	能源 20230951	陆上风电场工程可行性研究报告编制规程	修订	NB/T 31105—2016	水电水利规划设计总院、中国电建集团西北勘测设计研究院有限公司
104	能源 20230952	风电场工程微观选址技术规范	修订	NB/T 10103—2018	中国电建集团河北省电力勘测设计研究院有限公司、水电水利规划设计总院等
105	能源 20231013	水电工程地震勘探技术规程	修订	NB/T 35065—2015	中国电建集团成都勘测设计研究院有限公司等
106	能源 20231014	水电工程土工膜防渗技术规范	修订	NB/T 35027—2014	中国电建集团华东勘测设计研究院有限公司、水电水利规划设计总院等
107	能源 20231015	水电工程施工总布置设计规范	修订	NB/T 35120—2018	中国电建集团西北勘测设计研究院有限公司、中国电建集团北京勘测设计研究院有限公司等
108	能源 20231016	水力发电厂继电保护设计规范	修订	NB/T 35010—2013	中国电建集团中南勘测设计研究院有限公司、水电水利规划设计总院等
109	能源 20231017	水力发电厂电气试验设备配置导则	修订	DL/T 5401—2007	中国电建集团昆明勘测设计研究院有限公司、中国电建集团中南勘测设计研究院有限公司等
110	能源 20231018	水力发电厂水力机械辅助设备系统设计技术规定	修订	NB/T 35035—2014	中国电建集团北京勘测设计研究院有限公司、水电水利规划设计总院等
111	能源 20231019	水电工程水土保持专项投资编制细则	修订	NB/T 35072—2015	水电水利规划设计总院（可再生能源定额站）、中国电建集团华东勘测设计研究院有限公司等
112	能源 20231020	水电工程固定卷扬式启闭机通用技术条件	修订	NB/T 35036—2014	中国水利水电夹江水工机械有限公司、中国电建集团中南勘测设计院有限公司等
113	能源 20231021	水电工程压力钢管制作安装及验收规范	修订	DL/T 5017—2007	中国水利水电第七工程局有限公司、水电水利设计规划总院等
114	能源 20231022	水电工程移民安置独立评估规范	修订	NB/T 35096—2017	水电水利规划设计总院、中国电建集团北京勘测设计研究院有限公司等

（水电水利规划设计总院　安再展）

2023 年由水电水利规划设计总院归口管理的技术标准送审稿审查项目情况

2023 年，水电水利规划设计总院组织标委会委员和有关专家对《水电工程环境风险应急预案编制规程》等 129 项在编的能源领域行业标准及标准英文版开展了审查工作，同时，根据审查会意见和建议，组织编制单位对标准做进一步修改完善，形成报批稿，并及时上报国家能源局批准发布实施。水电水利规划设计总院 2023 年标准送审稿审查项目情况见表 1。

表1　　　　2023 年水电水利规划设计总院标准中、英文送审稿审查项目情况表

序号	项目编号	项目名称	备注
1	能源 20190368	水电工程环境风险应急预案编制规程	
2	能源 20170916	生物质能发电热电联产工程技术规范	
3	能源 20170915	太阳能热发电项目监测评估规程	
4	能源 20170875	水电工程制图标准　第 2 部分：水工建筑	
5	能源 20190366	水电工程建设征地移民安置总体规划编制导则	
6	能源 20220237	抽水蓄能电站建设征地移民安置规划设计规范	
7	20180774-T-624	水力发电工程运行管理规范	
8	能源 20170911	水电工程项目质量管理规程	
9	能源 20200575	水电工程测量规范	
10	能源 20170868	抽水蓄能电站 SFC 设备选型设计导则	
11	能源 20180376	水电工程清污机设计规范	
12	能源 20180375	水电工程钢闸门及辅助装置系列标准	
13	能源 20200323	陆上风电场工程安全监测实施技术规范	
14	能源 20170897	水电工程升船机调试试验规程	
15	能源 20170900	水电工程升船机运行维护技术规程	
16	能源 20200317	海上风电机组重力式基础设计导则	
17	能源 20200312	海上风电场工程吸力桩式导管架基础设计导则	
18	能源 20180386	水电工程档案分类导则	
19	能源 20180389	水电工程档案鉴定销毁管理规程	
20	能源 20190388	水电工程智能建造技术通则	
21	能源 20170901	水电工程升船机安全检测技术规程	
22	能源 20200316	漂浮式海上风电机组动态电缆设计导则	
23	能源 20220275	风电场工程竣工决算编制导则	
24	能源 20190395	生物天然气项目初步设计报告编制规程	
25	能源 20170864	水电工程信息分类与编码　第 1 部分：水文泥沙	
26	能源 20200572	水力发电厂厂用电设计规范	
27	能源 20200315	漂浮式海上风电机组基础及系泊系统设计导则	
28	能源 20190890	风电工程物探规程	
29	能源 20220282	风电场工程施工质量检验与评定规程	
30	能源 20200311	风电场工程海上换流站设计规范	
31	能源 20190344	水下岩塞爆破设计规范	

续表

序号	项目编号	项目名称	备注
32	能源 20190374	水电工程生态流量实时监测设备基本技术条件	
33	能源 20220239	抽水蓄能电站环境影响评价技术规范	
34	能源 20210687	水电工程建设征地移民安置验收规程	
35	能源 20220236	水电工程建设征地移民安置实施补偿费用技术导则	
36	能源 20190385	水电水利工程液压启闭机设计规范	
37	能源 20180921	分布式光伏发电系统工程技术规范	
38	能源 20220240	抽水蓄能电站水土保持技术规范	
39	能源 20190381	水电工程水土保持设施维护技术规程	
40	能源 20200571	水力发电厂接地设计技术规范	
41	能源 20200314	海上风电场工程漂浮式测风与评估技术规范	
42	能源 20200321	海上风电场工程基桩检测技术规程	
43	能源 20170913	水电工程信息分类与编码 第8部分：建设征地移民安置	
44	能源 20170867	水电工程信息分类与编码 第9部分：环境保护	
45	能源 20210690	水力发电厂照明设计规范	
46	能源 20200569	梯级水电站水调自动化系统设计规范	
47	能源 20210691	水力发电厂通信设计规范	
48	能源 20210503	海上风电机组地基基础防冲刷保护设计导则	
49	能源 20210504	风电场工程抗震设计规范	
50	能源 20210502	风电机组与支撑结构及地基基础一体化设计导则	
51	能源 20210411	干旱半干旱区光伏电站生态环境保护技术导则	
52	能源 20210398	水电工程有限元数值分析导则 第2部分：土石坝	
53	能源 20200243	水工建筑物伸缩缝聚脲（氨酯）防水材料技术条件	
54	能源 20170865	水电工程信息分类与编码 第2部分：规划	
55	能源 20220800	抽水蓄能电站选点规划编制规范	
56	能源 20210408	水风光储可再生能源综合开发项目技术规范	
57	能源 20210688	水电工程建设征地移民安置规划大纲编制规程	
58	能源 20210689	水电工程建设征地移民安置规划报告编制规程	
59	能源 20170914	水电工程信息分类与编码 第10部分：造价	
60	能源 20200568	水轮发电机组推力轴承、导轴承安装调试运行维护导则	
61	能源 20200573	水工钢闸门和启闭机安全检测技术规程	
62	能源 20170834	海上风电场土建工程施工质量检验与评定标准	
63	能源 20180910	太阳能热发电工程概算定额	
64	能源 20190345	混凝土坝智能温控设计导则	
65	能源 20230317	水电工程信息分类与编码通则	
66	能源 20180365	水电工程标识系统编码标准	
67	能源 20170899	水电工程压力钢管运行维护技术规程	
68	能源 20170893	水电工程信息分类与编码 第7部分：施工组织设计	

序号	项目编号	项目名称	备注
69	能源 20170869	水电工程信息分类与编码 第 11 部分：施工	
70	能源 20210404	水电工程多波束地形测绘技术规范	
71	能源 20200574	水电工程地质观测规程	
72	能源 20210414	水电工程机电设备更新改造设计导则	
73	能源 20210417	水电工程压力钢管智能化组焊施工技术规程	
74	能源 20170881	水电工程信息分类与编码 第 6 部分：金属结构	
75	能源 20200319	海上风电工程柔性直流海底电缆选型敷设技术导则	
76	能源 20190896	陆上风电场工程拆除技术规范	
77	国能综通科技〔2020〕106 号	水电工程库岸防护工程勘察规程	英文版
78	国能综通科技〔2020〕106 号	海上风电场工程概算定额	英文版
79	国能综通科技〔2020〕106 号	海上风电场工程设计概算编制规定及费用标准	英文版
80	国能综通科技〔2020〕106 号	水电工程水温原型观测技术规范	英文版
81	国能综通科技〔2021〕92 号	水电工程珍稀濒危植物及古树名木保护设计规范	英文版
82	国能综通科技〔2020〕106 号	水电工程水库地震监测总体规划设计报告编制规程	英文版
83	国能综通科技〔2020〕106 号	水力发电厂水力机械辅助系统流量监视测量技术规程	英文版
84	国能综通科技〔2020〕106 号	水电工程电法勘探技术规程	英文版
85	国能综通科技〔2020〕106 号	水电工程启闭机设计规范 第 1 部分：固定卷扬式启闭机设计规范	英文版
86	国能综通科技〔2021〕92 号	水电工程沉沙池设计规范	英文版
87	国能综通科技〔2021〕92 号	水工隧洞设计规范	英文版
88	国能综通科技〔2020〕106 号	水电工程水库专项工程勘察规程	英文版
89	国能综通科技〔2020〕106 号	水力资源调查评价规范	英文版
90	国能综通科技〔2020〕106 号	水电工程通信设计内容和深度规定	英文版
91	国能综通科技〔2020〕106 号	水电站多声道超声波流量计基本技术条件	英文版
92	国能综通科技〔2020〕106 号	风电场工程道路设计规范	英文版
93	国能综通科技〔2021〕92 号	水电工程劳动安全与工业卫生后评价规程	英文版
94	国能综通科技〔2020〕106 号	水电工程坝址工程地质勘察规程	英文版
95	国能综通科技〔2021〕92 号	水电工程水土保持生态修复技术规范	英文版
96	国能综通科技〔2022〕96 号	水力发电厂交流 110kV～500kV 电力电缆工程设计规范	英文版
97	国能综通科技〔2020〕106 号	水电工程启闭机设计规范 第 3 部分：螺杆式启闭机设计规范	英文版
98	国能综通科技〔2020〕106 号	风电场工程劳动安全与工业卫生验收规程	英文版
99	国能综通科技〔2020〕106 号	水电工程探地雷达探测技术规程	英文版
100	国能综通科技〔2020〕106 号	水电工程环境影响评价规范	英文版
101	国能综通科技〔2020〕106 号	光伏发电工程电气设计规范	英文版
102	国能综通科技〔2020〕106 号	水电工程软弱土地基处理技术规范	英文版
103	国能综通科技〔2020〕106 号	压力钢管安全检测技术规程	英文版
104	国能综通科技〔2019〕58 号	生物质锅炉供热成型燃料产品贮运技术规范	英文版

续表

序号	项目编号	项目名称	备注
105	国能综通科技〔2019〕58 号	生物质锅炉供热成型燃料工程设计规范	英文版
106	国能综通科技〔2019〕58 号	生物质锅炉供热成型燃料术语	英文版
107	国能综通科技〔2019〕58 号	生物质锅炉供热成型燃料工程运行管理规范	英文版
108	国能综通科技〔2019〕58 号	生物质锅炉供热成型燃料试验方法通则	英文版
109	国能综通科技〔2021〕92 号	水电工程施工期防洪度汛报告编制规程	英文版
110	国能综通科技〔2020〕106 号	水电工程物探规范	英文版
111	国能综通科技〔2020〕106 号	水电工程水库区工程地质勘察规程	英文版
112	国能综通科技〔2020〕106 号	水电工程建设征地实物指标分类编码规范	英文版
113	国能综通科技〔2020〕106 号	生物质成型燃料锅炉房设计规范	英文版
114	国能综通科技〔2021〕92 号	水电工程泄水建筑物消能防冲设计导则	英文版
115	国能综通科技〔2020〕106 号	水电工程岩爆风险评估技术规范	英文版
116	国能综通科技〔2020〕106 号	水电工程地下建筑物工程地质勘察规程	英文版
117	国能综通科技〔2021〕92 号	水电工程景观规划设计规范	英文版
118	国能综通科技〔2021〕92 号	水电工程水库塌岸与滑坡治理技术规程	英文版
119	国能综通科技〔2020〕106 号	水电工程岩芯收集与归档规范	英文版
120	国能综通科技〔2021〕92 号	水电工程水温实时监测系统技术规范	英文版
121	国能综通科技〔2020〕106 号	水电站调节保证设计导则	英文版
122	国能综通科技〔2020〕106 号	水电工程启闭机设计规范　第 2 部分：移动式启闭机设计规范	英文版
123	国能综通科技〔2021〕92 号	光伏发电系统效能规范	英文版
124	国能综通科技〔2019〕58 号	光伏发电站直流发电系统设计规范	英文版
125	国能综通科技〔2020〕106 号	水电工程水库影响区地质专题报告编制规程	英文版
126	国能综通科技〔2020〕106 号	水电工程声像文件收集与归档规范	英文版
127	国能综通科技〔2020〕106 号	水电工程地球物理测井技术规程	英文版
128	国能综通科技〔2020〕106 号	可持续水电评价导则	英文版
129	国能综通科技〔2021〕92 号	河流水生生物栖息地保护技术规范	英文版

（水电水利规划设计总院　安再展）

《水电工程深埋隧洞技术规范》编制情况

随着我国西部大开发战略、西电东送等能源战略的稳步推进与实施，大中型水电工程开发向着地质条件更加复杂、地震烈度更高、气候状况更为恶劣的西部高海拔地区快速挺进，也迎来了一批特长、深埋隧洞建设的高峰期。这些深埋隧洞建设通常面临着岩爆、软岩挤压大变形、涌水突泥、高地温、有害气体及放射性等一系列的地质风险预防和治理问题，亟需对其中涉及的特有地质风险问题和工程技术难题进行

全面性、系统性、原则性的规定或指导。随着工程实践的深入，我国在水电工程深埋隧洞的勘察、设计、施工及运维中已取得了一批丰富的创新性成果，积累了一系列成功的经验。此外，随着"一带一路"倡议下国际水电市场的进一步拓展，我国相关领域也面临着与国际标准和规范的接轨与对标的问题。《水电工程深埋隧洞技术规范》的制定，充分反映了国内外水电工程深埋隧洞建设的先进理念和技术水平，代表了水电工程深埋隧洞技术的发展方向。

《水电工程深埋隧洞技术规范》，根据《国家能源局综合司关于下达 2022 年能源领域行业标准制修订计划及外文版翻译计划的通知》（国能综通科技〔2022〕96 号）的安排进行的，为首次编制。由中国

电建集团华东勘测设计研究院有限公司承担编制，于 2022 年 10 月完成征求意见稿并向行业征求意见，2022 年 12 月完成报批稿，2023 年 2 月 6 日国家能源局公告（2023 年第 1 号）批准发布，整体达到国际先进水平。于 2023 年 8 月 6 日实施。

该规范内容包括地质勘察与评价、隧洞设计、隧洞施工、地质风险预防和治理、运行与维护、数字化应用等 9 个章节，对水电工程深埋隧洞全生命周期的建设及运营提出了指导意见。为我国能源行业水电工程深埋隧洞的勘察、设计、施工和运维等提供规范依据，为我国水电工程深埋隧洞高质量的建设提供重要的技术支撑。

（中国电建集团华东勘测设计研究院有限公司
张春生　徐建军　张洋）

《水电工程启闭机设计规范第 4 部分：液压启闭机设计规范》修订情况

根据《国家能源局综合司关于下达 2019 年能源领域行业标准制（修）订计划及英文版翻译出版计划的通知》（国能综通科技〔2019〕58 号）的安排，由中国电建集团华东勘测设计研究院有限公司（简称华东院）承担《水电工程启闭机设计规范第 4 部分：液压启闭机设计规范》的主要修订工作。

为满足水电工程液压启闭机技术发展的需要，更好的指导水电工程液压启闭机设计，本规范在《水电水利工程液压启闭机设计规范》（NB/T 35020—2013）的基础上，认真总结其发布以来的实际应用经验，结合国内外最新技术及行业发展趋势，根据水电行业现行标准、规范的相关要求进行相应的修订。该规范修订后与《水电工程启闭机设计规范第 1 部分：固定卷扬式启闭机设计规范》（NB/T 10341.1—2019）、《水电工程启闭机设计规范第 2 部分：移动式启闭机设计规范》（NB/T 10341.2—2019）和《水电工程启闭机设计规范第 3 部分：螺杆式启闭机设计规范》（NB/T 10341.3—2019）构成了水电工程启闭机设计系列标准。

该规范的主要修订的内容是：增加了"安全"一章，增加了双吊点同步控制回路采用压力偏差信号的有关规定；增加了环境可接受型液压油的有关规定；增加了闸门因液压系统泄漏下滑时液压缸无杆腔补油的有关规定；增加了液压缸内油液热胀冷缩的有关规定；增加了 5600、7100、9000、11000、14000 启闭力系列参数；修改了螺钉（栓）安全系数的有关内容；修改了附录 G 吊头 A-A 断面计算公式，增加了应力集中系数 α；修改了结构件材料要求。

2023 年 9 月，能源行业水电金属结构及启闭机标准化技术委员会主持召开了《水电工程启闭机设计规范第 4 部分：液压启闭机设计规范》送审稿审查会，该规范经送审稿审查会直接形成了报批稿，专家组投票一致认定"达到国际先进水平"。12 月 28 日国家能源局公告（2023 年第 8 号）发布，该规范于 2024 年 6 月 28 日实施。

华东院是国内最早开展水电工程液压启闭机设计的工程设计单位，承担了国内数百座水电站的液压启闭机产品设计，经过几代人的知识传承，积累了大量设计资料和经验，除主编该规范以外，还主编了《双吊点弧形闸门后拉式液压启闭机系列参数》（NB/T 10503—2021）和《卧式液压启闭机系列参数》（NB/T 35019—2022）。未来，华东院将以积极开拓和大胆创新精神，继续努力为水电工程液压启闭机行业发展作出贡献。

（中国电建集团华东勘测设计研究院有限公司
沈燕萍　金杯　郝楠楠　王靖坤　滕楷）

《水电工程建设征地移民安置总体规划编制规程》修编情况

2006 年 7 月，国务院以第 471 号令发布《大中型水利水电工程建设征地补偿和移民安置条例》（简称《移民条例》），为贯彻执行《移民条例》的相关要求，2021 年国家能源局批准发布了《水电工程建设征地移民安置规划设计规范》（NB/T 10876）等系列规范，对移民安置规划的编制深度和要求做了明确规定，但对移民安置规划大纲编制的内容、形式未做详细规定，需要进一步明确和规范移民安置规划大纲编制的要求。

移民安置规划大纲的编制，既涉及需行政确认的内容，又涉及移民安置方案技术论证内容。因此需考虑行政批复依据性文件和规划论证技术文件两种形式的体现。对于移民安置规划大纲，主要反映有关移民安置规划方案和编制工作的结论意见情况；而移民安置总体规划专题报告，详细反映有关移民安置规划大纲编制涉及的经济社会参数、重要的基础数据、不同类别的移民安置项目规划方案、管理程序履行过程等内容。2016 年，水电水利规划设计总院组织完成《水电行业技术标准体系研究报告》与《水电行业技术标准体系表》成果上报国家能源局，计划编制水电工程全生命周期的推荐性行业技术标准体系。该体系共有技术标准 775 项，其中建议制定标准共 136 项，

《水电工程建设征地移民安置总体规划编制导则》（标准体系编号：A09-10）是建议制定标准其中一项。2019年7月9日，国家能源局下达了《国家能源局关于下达2019年能源领域行业标准制（修）订计划及英文版翻译出版计划的通知》（国能综通科技〔2019〕58号），《水电工程建设征地移民安置总体规划编制导则》获准立项（编号：20190366）。主编单位为水电水利规划设计总院和中国电建集团贵阳勘测设计研究院有限公司，参编单位为中国电建集团成都、中南、华东、昆明、西北、北京勘测设计研究院有限公司，中国长江三峡集团有限公司。据此，成立编制组，开展编制工作。

移民安置总体规划是移民安置规划大纲编制的技术性支撑文件，为规范水电工程建设征地移民安置总体规划编制的依据、原则、内容、方法、深度和成果要求制定。原立项标准名称中的"编制导则"不能准确体现本标准的含义和作用。为更好地体现标准的主要技术内容，并与正在修订的《水电工程建设征地移民安置规划大纲编制规程》和《水电工程建设征地移民安置规划报告编制规程》进行衔接。2023年2月22～23日，在能源行业水电规划水库环保标准化技术委员会水库移民分技术委员会召开的审查会上，专家组建议将《水电工程建设征地移民安置总体规划编制导则》更名为《水电工程建设征地移民安置总体规划编制规程》（简称《总体规划编制规程》），并将该更名建议写入"水电规水环标〔2023〕5号"印发的审查意见。

在开展移民安置规划时，面临与地方社会经济发展规划搭接或与地方社会经济发展结合问题；梯级电站的征地时序和移民政策衔接问题；农村、城镇、专业项目之间相互衔接问题，总体方案与项目之间衔接问题。移民安置总体规划是确定移民安置任务及方案、工程建设标准和规模的主要手段。目前还没有专门针对大中型水电工程建设征地移民安置总体规划编制工作的技术标准，用以进一步规范水电工程建设征地移民安置规划编制工作，对项目整体性分析和规划之间进行统筹安排。移民规划大纲作为政府批复文件，要进行信息公开，总体规划的编制纳入中大量的技术论证参数、标准选取、方案比选、论证和拟定等工作内容，作为技术文件论证的中间过程不需要公开。区别于规划大纲，总体规划从宏观层面上协调衔接区域、行业等规划的标准、内容和边界条件，在移民安置规划中更好地体现"多规合一"理念，提高水电工程建设征地移民安置规划的可实施性、可操作性。

《总体规划编制规程》是指导移民安置总体规划编制的技术标准。编制总体规划可进一步完善建设征地移民设计技术接口，将总体规划作为移民安置规划的前置性和基础性技术文件，强调移民安置总体规划的重要性，充分衔接移民区和安置区各类规划，从而提高移民安置规划成果质量。因此，通过衔接市政、交通、通信、电力等专项规划，协调衔接区域经济发展、城镇、乡村振兴等各类规划。制定《总体规划编制规程》，用以指导水电工程建设征地移民安置总体规划编制工作，统一移民安置总体规划编制内容、深度、方法和成果等要求，规范移民安置总体规划编制工作，提高设计成果质量。

为较好地完成好编制工作，按照国家能源局"国能综通科技〔2019〕58号"和启动会议的总体要求，水电水利规划设计总院、中国电建集团贵阳勘测设计研究院有限公司作为主编单位，中国电建集团成都、中南、华东、昆明、西北、北京勘测设计研究院有限公司及中国长江三峡集团有限公司作为参编单位，抽调工作经验较为丰富的技术人员成立编制组。编制组于2020年11月编制了《水电工程建设征地移民安置总体规划编制规程编制工作大纲》（简称《编制工作大纲》），并由水电水利规划设计总院在北京主持召开了评审会议。随后，编制组根据评审意见进行了认真修改、补充和完善，形成了《编制工作大纲》（核定稿）。2022年3月，移民分标委在成都主持召开了编制工作大纲的核定会议。据此，编制组开展《总体规划编制规程》的编制工作，2022年至2023年内五次讨论、修改，以及征求相关单位的意见和审查，国家能源局于2023年10月11日以2023年第5号公告批准了该项行业标准。

《总体规划编制规程》对移民安置总体规划工作的主要内容、工作深度及要求、主要技术成果等提出技术要求，重点在可行性研究阶段，主要技术内容包括总则、基本规定、概述、建设征地处理范围界定、实物指标调查、规划依据和原则、移民安置任务、规划目标和安置标准、移民安置环境容量分析、移民安置规划布局、农村移民安置、城镇处理、专业项目处理、机关和企事业单位处理、水库库底清理、项目用地、生活水平预测、听取与征求意见、附件。

（中国水电学会水库专业委员会
中国电建集团贵阳勘测设计研究院
有限公司　冯雪）

《水电工程建设征地移民安置验收规程》修编情况

2013年6月，为切实维护移民合法权益，加强水电工程验收管理，规范水电工程建设征地移民安置验收工作，促进水电工程顺利建设和发挥效益，国家能源局发布了《水电工程建设征地移民安置验收规程》（NB/T 35013—2013），并于 2013 年 10 月实施。规程在指导水电工程建设征地移民安置验收工作中发挥了重要作用。

由于近年来国家出台了一系列关于水电工程建设征地移民安置的新政策，对水电工程建设征地移民安置行政管理及技术管理的要求更加具体，且水电工程建设征地移民安置相关规程规范也在不断更新，为适应我国法律、法规、政策规定变化和现行的水电工程建设征地移民安置技术标准体系，有效解决水电工程建设征地移民安置验收工作中存在的技术问题，经广泛调查和深入研究，总结吸收了我国水电工程建设征地移民安置验收的实践经验，开展了《水电工程建设征地移民安置验收规程》修订编制工作。

国家能源局于 2021 年 9 月 30 日发布的《关于下达 2021 年能源领域行业标准制修订计划及外文版翻译计划的通知》（国能综通科技〔2021〕92 号），将《水电工程建设征地移民安置验收规程》列入了修订编制计划。规程编制单位为水电水利规划设计总院、中国电建集团华东勘测设计研究院有限公司。编制单位组织成立了编制组。2022 年 3 月，编制组提出了规程编制工作大纲并通过审查；2023 年 6 月，编制组提出了规程征求意见稿，移民分标委广泛征求了相关地方政府移民主管机构、项目法人、设计单位的意见，编制组根据反馈意见对规程征求意见稿进行了修改、补充和完善，于 2023 年 7 月提出规程送审稿。2023 年 9 月，能源行业水电规划水库环保标准化技术委员会水库移民分技术委员会在北京市组织召开了规程送审稿审查会议。2023 年 10 月，能源行业水电规划水库环保标准化技术委员会水库移民分技术委员会在杭州市组织召开了定稿会议。2023 年 12 月 28 日国家能源局以 2023 年 8 号公告发布，标准编号为 NB/T 11414—2023，计划 2024 年 6 月 28 日施行。

该规程的主要技术内容是：总则、基本规定、验收组织、验收程序、验收范围及条件、验收内容、方法及评定、验收成果。规程修订的主要技术内容：增加了"基本规定"；修订了初验组织和终验组织相应内容；修订了初验程序和终验程序相应内容；修订了阶段性验收和竣工验收的验收条件、验收范围；修订了阶段性验收和竣工验收的验收内容；增加了阶段性验收和竣工验收的验收方法和验收评定相应内容；修订了验收成果；修订了附录名称及相应内容；修订了验收主要依据和必备资料、争议处理的相关内容。

（中国水电学会水库专业委员会
中国电建集团华东勘测设计研究院
有限公司　邹其会）

《水电工程建设征地移民安置实施补偿费用技术导则》编制情况

为推动移民安置前期规划设计与实施阶段工作的有效衔接，指导移民安置实施阶段补偿费用管理工作，以《水电工程建设征地移民安置技术通则》（NB/T 10798—2021）、《水电工程建设征地移民安置规划设计规范》（NB/T 10876—2021）和《水电工程建设征地移民安置补偿费用概（估）算编制规范》（NB/T 10877—2021）为基本依据，在广泛调查和系统梳理总结全国水电工程重点省建设征地移民安置实施阶段补偿费用管理和实践经验的基础上，开展了《水电工程建设征地移民安置实施补偿费用技术导则》编制工作。

2022 年 10 月 8 日，国家能源局发布《关于下达 2022 年能源领域行业标准制修订计划及外文版翻译计划的通知》（国能综通科技〔2022〕96 号），将《水电工程建设征地移民安置实施补偿费用技术导则》列入了编制计划。主要起草单位为水电水利规划设计总院、中国电建集团华东、北京、昆明勘测设计研究院有限公司。主编单位组织成立了编制组。2022 年 3 月，编制组提出了导则编制工作大纲并通过审查；2023 年 6 月，编制组提出了导则征求意见稿，移民分标委会广泛征求了相关地方政府移民主管机构、项目法人、设计单位的意见，编制组根据反馈意见对导则征求意见稿进行了修改、补充和完善，于 2023 年 8 月提出导则送审稿。2023 年 9 月 6～7 日，能源行业水电规划水库环保标准化技术委员会水库移民分技术委员会在北京市组织召开了导则送审稿审查会议。2023 年 12 月 28 日国家能源局以 2023 年 8 号公告发布，标准编号为 NB/T 11415—2023，计划 2024 年 6 月 28 日施行。

该标准提出水电工程移民安置实施阶段应开展建设征地移民安置补偿费用概算分解技术工作，宜开展费用决算技术工作，必要时开展费用调整和概算调整技术工作，主要内容包括：总则、术语、基本规定、概算分解、费用调整、概算调整、费用决算、工作要求和成果。

（中国水电学会水库专业委员会　水电水利规划设计总院　李湘峰）

《水电工程建设征地移民安置后评价导则》编制情况

《国务院关于投资体制改革的决定》（国发〔2004〕20号）要求"建立政府投资项目后评价制度"以来，国家有关部委相继发布了《中央企业固定资产投资项目后评价工作指南》（国资发规划〔2005〕92号）、《水利建设项目后评价管理办法（试行）》（水利部水规计〔2010〕51号）、《水利建设项目后评价报告编制规程》（SL 489—2010）、《项目后评价实施指南》（GB/T 30339—2013）、《中央政府投资项目后评价管理办法》和《中央政府投资项目后评价报告编制大纲（试行）》（发改投资〔2014〕2129号）等政策文件和标准，对项目后评价概念、内容、方法、实施程序、成果应用等作出了规定。

在水电工程领域，《水电工程环境影响后评价技术规范》（NB/T 10140—2019）已于2019年发布实施。2019年7月9日，国家能源局综合司印发国能综通科技〔2019〕58号通知，将《水电工程建设征地移民安置后评价导则》列入2019年能源领域行业标准制订计划。《水电工程建设征地移民安置后评价导则》旨在配合水电工程项目后评价要求，在项目竣工或投产多年后，结合委托单位要求，适时对水电工程建设征地移民安置规划、移民安置实施、移民安置效果等进行评价，总结经验教训、提出相应对策建议。移民安置后评价范围与移民安置规划报告的规划范围一致。当移民安置任务发生变更或移民安置规划报告未能全面反映移民安置实际情况时，应根据设计变更和移民安置实施情况，结合移民安置后评价调查对评价范围进行适当调整。工作范围包括水库淹没影响区、枢纽工程建设区以及移民安置区。时间跨度上，移民安置后评价应覆盖工程建设征地和移民安置全过程。

移民安置后评价主要分析评价方法是对比法，即根据后评价调查得到的项目实际情况，对照项目立项时所确定的直接目标和宏观目标，以及其他指标，找出偏差和变化，分析原因，得出结论和经验教训。移民安置后评价指标主要包括移民安置规划、移民安置实施和移民安置效果3个层面的指标。移民安置规划后评价以批准的移民安置规划报告为基准确定评价对象、规划值，以竣工验收报告为基础确定实际值，以事实为基础侧重梳理差别产生的历史演变过程、内部原因和外部条件，对比规划值与实际值的差别，分析差别产生原因。移民安置实施后评价应以有关法律法规、政策文件、涉及行业相关规程规范、主管部门的项目管理要求及技术文件为基础确定规范值，以招投标文件、主要合同、工程概算调整报告、移民综合监理报告、独立评估报告、竣工验收报告及其相关的批复文件与资料，与项目有关的审计报告、稽查报告和统计资料等确定实际值，对比规范值与实际值的差别，分析差别产生原因。移民安置效果评价重点评价移民生产生活水平恢复情况、专业项目功能恢复对区域经济社会的影响。

为较好地完成好修编工作，按照国家能源局有关文件和启动会议总体要求，水电水利规划设计总院作为主编单位、中国电建集团北京、中南、贵阳勘测设计研究院有限公司、中国长江三峡集团有限公司、国家能源投资集团大渡河流域水电开发有限公司等作为参编单位抽调工作经验较为丰富的技术人员成立编制组。编制组于2020年11月编制了《水电工程建设征地移民安置后评价导则编制工作大纲》，并由水电水利规划设计总院在北京组织召开了修订大纲评审会议。随后，编制组根据评审后的修订大纲开展《水电工程建设征地移民安置后评价导则》的编制工作，经过2020～2023年长达4年的编制、多次的讨论和审查，以及征求相关单位的意见，2023年5月26日，国家能源局以2023年第4号公告批准了该项行业标准。

该导则的主要技术内容包括基本规定、后评价程序和方法、移民安置情况调查、移民安置规划后评价、移民安置实施后评价、移民安置效果后评价、后评价结论与建议。

（中国水电学会水库专业委员会　水电水利规划
设计总院　郭瑾瑜）

《水电工程后评价技术导则》修编情况

（一）编制背景

近年来，国内相继发布了《中央企业固定资产投资项目后评价工作指南》（国资发规划〔2005〕92号）、《水利建设项目后评价报告编制规程》（SL 489—2010）、《河流水电开发环境影响后评价规范》（NB/T 35059—2015）、《流域综合规划后评价报告编制导则》（SL/Z 727—2015）等规范性文件和技术标准。以上文件实施以来，对国内水电水利项目以及河流水电开发后评价工作发挥了重要的指导作用。

我国水电行业经过近几十年的蓬勃发展，已有大批水电项目投产运行，为检验项目建成后达到的实际效果，部分水电站开展了后评价工作，在检验效果的同时，总结经验教训，提出对策建议。但国内对水电项目后评价尚未提出专门的规范性文件，随着我国已建、在建水电站项目不断增多，为提高水电项目的投资决策水平和投资效益，规范水电建设项目后评价工作，能源行业水电规划水库环保标委会规划分标委会组织开展了《水电工程后评价技术导则》（NB/T 11178—2023）编制工作，对水电项目后评价提出指导原则和技术要求。

（二）主要技术内容

该导则结合我国水电站多年以来设计、建设和运营经验，系统地规定了水电工程后评价的评价内容、方法和要求，具有很强的行业针对性。

（1）主要内容包括总则、术语、基本规定、项目概况、前期决策评价、工程勘测设计评价、建设准备评价、建设实施评价、建设征地移民安置评价、环境保护和水土保持评价、工程投资评价、运行管理评价、效果和效益评价、目标实现程度和可持续性评价、后评价结论及建议。

（2）水电工程后评价应收集前期决策、建设准备、建设实施、竣工验收、项目运营等各阶段的资料和自评价报告，根据工程特点制定规范、科学、系统的后评价指标，采用定性和定量相结合的方法，对项目决策、建设实施、运行管理等各阶段以及工程建成后的效益和影响进行综合分析，找出差别，分析原因，评价合理性。结合自然和社会变化情况，提出存在问题和改进措施，为工程长期安全稳定运行，提高工程效益，提升运行维护管理水平提供指导。

（3）综合考虑项目实施各阶段情况、实施效果评价结论等，对项目成功达到决策目标的程度给予评价。

（三）对行业发展的重要指导意义

《水电工程后评价技术导则》（NB/T 11178—2023）的实施不仅完善了水电工程标准体系，也为水电工程后评价工作提供了技术支撑，有利于提高水电工程后评价工作质量，提升项目决策、勘测设计、工程实施和运营管理水平，为合理利用资金，提高投资效益，改进管理，制定相关政策等提供了科学依据，有利于水电行业科学、健康发展。

（水电水利规划设计总院　安再展）

《抽水蓄能电站经济评价规范》修编情况

（一）编制背景

长期以来，抽水蓄能电站经济评价工作主要以1998年原电力工业部印发《抽水蓄能电站经济评价暂行办法》（电计〔1998〕289号）、1999年原国家电力公司印发《抽水蓄能电站经济评价暂行办法实施细则》（国电计〔1999〕47号）为依据，距今已二十多年。随着"双碳"目标提出，《中共中央、国务院关于完整准确全面贯彻新发展理念做好碳达峰碳中和工作的意见》（中发〔2021〕36号文）《国务院关于印发2030年前碳达峰行动方案的通知》（国发〔2021〕23号）等重要指导文件出台，《抽水蓄能中长期发展规划（2021～2035年）》印发，抽水蓄能产业迎来新发展机遇。与此同时，随着电力市场体制不断深化、抽水蓄能电站电价机制不断完善，亟需编制《抽水蓄能电站经济评价规范》，规范和支持行业健康有序发展。

（二）主要技术内容

该标准结合我国抽水蓄能电站相关政策和多年来抽水蓄能电站经济评价工作经验，系统地规定了抽水蓄能经济评价的原则、方法、参数、内容和要求，具有很强的行业针对性。

（1）标准的编制以规范和指导抽水蓄能电站经济评价为出发点，主要内容为前言、总则、国民经济评价、财务评价、不确定性分析与风险分析、综合评价、附录、条文说明等。

（2）在合理配置社会资源的前提下，从国民经济整体出发，计算项目对国民经济的贡献，分析项目的经济效率、效果和对社会的影响，评价项目在宏观经济上的合理性。

（3）在国家现行财税制度和价格体系的前提下，从财务主体和投资方出发，计算项目范围内的财务效益和费用，编制财务报表，计算评价指标，分析项目的盈利能力和偿债能力，评价项目在财务上的可行性。

（4）为分析不确定因素变化对经济评价指标的影响，估计项目可能承担的风险，要求重点对未来电力市场条件和项目建设条件可能变化及其对建设项目可能造成的影响程度进行不确定性分析与风险分析。

（5）根据国民经济评价、财务评价、不确定性分析与风险分析的结论，综合评价项目的经济合理性、财务可行性和抗风险能力。同时，评价项目在电力系统的作用、促进新能源消纳的效果，分析促进地区经济社会发展、节能减排作用。

（三）对行业发展的意义

标准的制定完善了抽水蓄能电站技术标准体系，对于抽水蓄能电站经济评价工作具有良好的指导意义，有利于提高经济评价工作质量，促进抽水蓄能行业有序健康发展，助力双碳目标实现。

（水电水利规划设计总院　安再展）

《抽水蓄能电站建设征地移民安置规划设计规范》编制情况

（一）编制背景

长期以来，抽水蓄能电站与常规水电共用一套移民安置规划设计技术标准，主要以《水电工程建设征地移民安置规划设计规范》等一系列规范为依据；但抽水蓄能电站建设征地移民工作具有范围集中、移民规模小、补偿费用较少等特点，原有技术标准缺乏相应规定。

随着《关于印发 2030 年前碳达峰行动方案的通知》（国发〔2021〕23 号）、《中共中央 国务院关于完整准确全面贯彻新发展理念做好碳达峰碳中和工作的意见》和《抽水蓄能中长期发展规划（2021～2035年）》等一系列重要指导文件印发，抽水蓄能产业迎来新的发展机遇，开发建设进度明显加速。为适应抽水蓄能电站建设征地移民安置特点，优化建设征地移民技术工作内容和方法，顺利推进抽水蓄能电站建设征地移民安置工作，助力抽水蓄能电站健康发展，亟需编制《抽水蓄能电站建设征地移民安置规划设计规范》。

（二）编制过程

2022 年 10 月 8 日，国家能源局印发《关于下达 2022 年能源领域行业标准制修订计划及外文版翻译计划的通知》（国能综通科技〔2022〕96 号），将《抽水蓄能电站建设征地移民安置规划设计规范》列入编制计划。编制单位组织成立了编制组。2022 年 6 月，编制组提出了规范编制工作大纲并通过审查；2022 年 11 月，编制组提出了规范征求意见稿，移民分标委广泛征求了相关地方政府移民主管机构、项目法人、设计单位的意见，编制组根据反馈意见对规范征求意见稿进行了修改、补充和完善，于 2023 年 1 月提出规范送审稿。2023 年 2 月，能源行业水电规划水库环保标准化技术委员会水库移民分技术委员会在浙江省丽水市组织召开了规范送审稿审查会议。2023 年 5 月 26 日国家能源局以 2023 年 4 号公告发布，标准编号为 NB/T 11173—2023，计划 2023 年 11 月 26 日施行。

（三）主要内容

该规范为专用标准，是抽水蓄能电站技术标准体系的重要组成部分，与《水电工程建设征地移民安置规划设计规范》（NB/T 10876—2021）是并列关系。标准结合我国抽水蓄能电站建设征地移民安置特点，充分吸收多年来抽水蓄能电站建设征地移民安置工作的经验，在 NB/T 10876—2021 的基础上，创新了技术要求，优化了技术工作内容和方法，具有很强的行业针对性。

（1）该规范正文分为 14 章，包括总则、基本规定、建设征地处理范围界定、实物指标调查、移民安置总体方案、生产安置规划、搬迁安置规划、专业项目处理、机关和企事业单位处理、水库库底清理、项目用地、建设征地移民安置补偿费用概（估）算、其他、阶段工作要求及成果；与 NB/T 10876—2021 在章节设置方面，主要区别在于"农村移民安置和城镇处理"调整为"生产安置规划"和"搬迁安置规划"两章；同时将"实施组织设计""后期扶持措施""听取与征求意见"三章合并为一章"其他"。

（2）在建设征地范围界定方面。一是完善了枢纽工程建设区的规定，提出对外交通、现场运行管理营地、施工供电和供水工程用地范围应按枢纽工程施工总布置方案、地方相关规划和用地取得方式分析确定；二是明确了利用已建水库处理原则，提出使用已建水库、租赁已建水库、占用已建水库、对已建水库进行改扩建四种情况的建设征地范围处理界定要求；三是简化回水计算要求，提出对于集雨面积较小、回水长度较短、回水影响不显著的水库，人口、耕地和园地、房屋及附属建筑物、专项设施等处理范围可在正常蓄水位基础上加 2m 确定。

（3）在移民安置规划方面。一是强调后靠搬迁安置需注意安全距离，提出库周后靠安置的新址应考虑抽水蓄能电站建设和运行特点，在满足安全要求的前提下预留安全距离；二是简化了生产安置规划和生产安置费用平衡内容，提出生产安置人口和影响主要生产资料较少的抽水蓄能电站可简化生产安置规划内容，非农业安置可不进行生产安置费用平衡分析；三是明确了使用或占用已建水库的处理原则，提出使用已建水库应研究对水库运行方式的影响，分析水位、水量变化产生的设施影响和实物资产损失，提出处理方案；四是强调交通工程复建规划与电站场内道路的衔接；五是缩小水库库底清理范围，提出开挖形成的上下水库的库盆开挖部分不应纳入水库库底清理范围。

（4）在项目用地方面。一是强调临时用地复垦与水保的衔接，提出临时用地复垦规划应按不重不漏的原则，与水土保持规划方案相衔接；二是衔接国土管理新政策，水库淹没区占用一般耕地的应提出进出平衡方案，水库淹没区占用永久基本农田和枢纽工程建设区占用耕地的应提出耕地占补平衡方案。

（5）在概算编制方面。一是调整了项目构成，按照项目用地费用、搬迁安置费用、专业项目处理费用、机关和企事业单位补偿费用、水库库底清理费用、独立费用和预备费进行划分，其中明确了项目用地费用包括征收、收回和征用土地补偿费用，建设期租赁用地费用，生产安置措施补助费用，农村宅基地处理费用等；二是调整了独立费用取费原则，提出对于计费基数显著偏低，按规定计算的建设单位管理费、实施管理费、综合设计费等独立费用不能满足实际工作需要的，可根据相关工作量测算，通过协商确定。

（四）指导意义

该规范创新了移民安置技术要求，优化了抽水蓄能电站移民安置技术内容和方法。规范的实施进一步完善了抽水蓄能电站技术标准体系，对于抽水蓄能电站移民安置工作具有良好的指导意义，有利于提高移民安置规划设计工作质量和效率，促进抽水蓄能行业有序健康发展，助力"双碳"目标实现！

（水电水利规划设计总院　安再展
中国水电学会水库专业委员会
中国电建集团华东勘测设计研究院
有限公司　邹其会）

新 颁 标 准

2023 年国家标准化管理委员会
发布的电力国家标准

2023 年，国家标准化管理委员会发布的电力国家标准 59 项，见表 1。

表 1　　　　　　　　2023 年国家标准化管理委员会发布的电力国家标准

序号	标准编号	标准名称	代替标准	实施日期
1	GB/T 14285—2023	继电保护和安全自动装置技术规程	GB/T 14285—2006	2024 年 3 月 1 日
2	GB/T 14416—2023	锅炉蒸汽的采样方法	GB/T 14416—2010	2023 年 12 月 1 日
3	GB/T 15544.1—2023	三相交流系统短路电流计算　第 1 部分：电流计算	GB/T 15544.1—2013	2023 年 10 月 1 日
4	GB/T 18487.1—2023	电动汽车传导充电系统　第 1 部分：通用要求	GB/T 18487.1—2015	2024 年 4 月 1 日
5	GB/T 20234.4—2023	电动汽车传导充电用连接装置　第 4 部分：大功率直流充电接口		2024 年 4 月 1 日
6	GB/T 2317.4—2023	电力金具试验方法　第 4 部分：验收规则	GB/T 2317.4—2008	2023 年 10 月 1 日
7	GB/T 24834—2023	1000kV　交流架空输电线路金具　技术规范	GB/T 24834—2009	2024 年 7 月 1 日
8	GB/T 25320.11—2023	电力系统管理及其信息交换　数据和通信安全　第 11 部分：XML 文件的安全		2024 年 7 月 1 日
9	GB/T 25320.6—2023	电力系统管理及其信息交换　数据和通信安全　第 6 部分：IEC 61850 的安全	GB/Z 25320.6—2011	2024 年 7 月 1 日
10	GB/T 26865.2—2023	电力系统实时动态监测系统　第 2 部分：数据传输协议	GB/T 26865.2—2011	2023 年 9 月 7 日
11	GB/T 27930—2023	非车载传导式充电机与电动汽车之间的数字通信协议	GB/T 27930—2015	2024 年 4 月 1 日

序号	标准编号	标准名称	代替标准	实施日期
12	GB/T 31239—2023	1000kV 变电站金具技术规范	GB/T 31239—2014	2024 年 7 月 1 日
13	GB/T 34120—2023	电化学储能系统储能变流器技术要求	GB/T 34120—2017	2024 年 7 月 1 日
14	GB/T 34131—2023	电力储能用电池管理系统	GB/T 34131—2017	2023 年 10 月 1 日
15	GB/T 34133—2023	储能变流器检测技术规程	GB/T 34133—2017	2024 年 7 月 1 日
16	GB/T 36276—2023	电力储能用锂离子电池	GB/T 36276—2018	2024 年 7 月 1 日
17	GB/T 36280—2023	电力储能用铅炭电池	GB/T 36280—2018	2024 年 7 月 1 日
18	GB/T 36545—2023	移动式电化学储能系统技术规范	GB/T 36545—2018	2024 年 7 月 1 日
19	GB/T 36558—2023	电力系统电化学储能系统通用技术条件	GB/T 36558—2018	2024 年 7 月 1 日
20	GB/T 38775.8—2023	电动汽车无线充电系统 第 8 部分：商用车应用特殊要求		2023 年 9 月 7 日
21	GB/T 42312—2023	电化学储能电站生产安全应急预案编制导则		2023 年 10 月 1 日
22	GB/T 42313—2023	电力储能系统术语		2023 年 10 月 1 日
23	GB/T 42314—2023	电化学储能电站危险源辨识技术导则		2023 年 10 月 1 日
24	GB/T 42315—2023	电化学储能电站检修规程		2023 年 10 月 1 日
25	GB/T 42316—2023	分布式储能集中监控系统技术规范		2023 年 10 月 1 日
26	GB/T 42317—2023	电化学储能电站应急演练规程		2023 年 10 月 1 日
27	GB/T 42318—2023	电化学储能电站环境影响评价导则		2023 年 10 月 1 日
28	GB/T 42320—2023	能源互联网规划技术导则		2023 年 10 月 1 日
29	GB/T 42322—2023	能源互联网系统 主动配电网的互联		2023 年 10 月 1 日
30	GB/T 42711—2023	立体停车库无线供电系统 技术要求及测试规范		2024 年 3 月 1 日
31	GB/T 42715—2023	移动式储能电站通用规范		2023 年 12 月 1 日
32	GB/T 42716—2023	电化学储能电站建模导则		2023 年 12 月 1 日
33	GB/T 42717—2023	电化学储能电站并网性能评价方法		2023 年 12 月 1 日
34	GB/T 42726—2023	电化学储能电站监控系统技术规范		2023 年 12 月 1 日
35	GB/T 42731—2023	微电网技术要求		2024 年 6 月 1 日
36	GB/T 42737—2023	电化学储能电站调试规程		2024 年 7 月 1 日
37	GB/T 43025—2023	用户接入电网供电方案技术导则		2023 年 9 月 7 日
38	GB/T 43033—2023	分布式供能工程标识系统编码规范		2024 年 1 月 1 日
39	GB/T 43052—2023	电力市场交易运营系统与售电技术支持系统信息交换规范		2023 年 9 月 7 日
40	GB/T 43055—2023	农村低压安全用电通用要求		2024 年 1 月 1 日
41	GB/T 43056—2023	沙漠光伏电站技术要求		2024 年 1 月 1 日
42	GB/T 43188—2023	发电机设备状态评价导则		2024 年 4 月 1 日
43	GB/T 43259.302—2023	能量管理系统应用程序接口（EMS-API）第 302 部分：公共信息模型（CIM）的动态部分		2023 年 11 月 27 日
44	GB/T 43333—2023	独立型微电网调试与验收规范		2024 年 7 月 1 日

续表

序号	标准编号	标准名称	代替标准	实施日期
45	GB/T 43334—2023	独立型微电网能量管理系统技术要求		2024 年 6 月 1 日
46	GB/T 43451—2023	配电网运营评价导则		2024 年 4 月 1 日
47	GB/T 43456—2023	用电检查规范		2024 年 7 月 1 日
48	GB/T 43462—2023	电化学储能黑启动技术导则		2024 年 7 月 1 日
49	GB/T 43463—2023	微电网群运行控制要求		2024 年 7 月 1 日
50	GB/T 43509—2023	能源互联网交易平台技术要求		2024 年 7 月 1 日
51	GB/T 43522—2023	电力储能用锂离子电池监造导则		2024 年 7 月 1 日
52	GB/T 43526—2023	用户侧电化学储能系统接入配电网技术规定		2024 年 7 月 1 日
53	GB/T 43528—2023	电化学储能电池管理通信技术要求		2024 年 7 月 1 日
54	GB/T 43540—2023	电力储能用锂离子电池退役技术要求		2024 年 7 月 1 日
55	GB/T 8564—2023	水轮发电机组安装技术规范	GB/T 8564—2003	2023 年 11 月 27 日
56	GB/Z 25320.1001—2023	电力系统管理及其信息交换 数据和通信安全 第 100-1 部分：IEC 62351-5 和 IEC TS 60870-5-7 的一致性测试用例		2024 年 7 月 1 日
57	GB/Z 25320.1003—2023	电力系统管理及其信息交换 数据和通信安全 第 100-3 部分：IEC 62351-3 的一致性测试用例和包括 TCP/IP 协议集的安全通信扩展		2024 年 7 月 1 日
58	GB/Z 40104.103—2023	太阳能光热发电站 第 1-3 部分：通用气象数据集数据格式		2024 年 6 月 1 日
59	GB/Z 42722—2023	工业领域电力需求侧管理实施指南		2023 年 12 月 1 日

（中国电力企业联合会 马晓光 马海伟 马小琨 陈彦洁 孟令胜 唐攀攀 王佳鑫）

2023 年住房和城乡建设部发布的电力国家标准

2023 年，住房和城乡建设部发布的电力国家标准 2 项，见表 1。

表 1　　　　　　　2023 年住房和城乡建设部发布的电力国家标准

序号	标准编号	标准名称	代替标准	实施日期
1	GB/T 421518.1—2023	电力自动化通信网络和系统 第 8-1 部分：特定通信服务映射（SCSM）映射到 MMS（ISO 9506-1 和 ISO 9506-2）和 ISO/IEC 8802-3		2024 年 7 月 1 日
2	GB/T 50633—2023	核电厂工程测量标准	GB 50633—2010	2024 年 5 月 1 日

（中国电力企业联合会 马晓光 马海伟 马小琨 陈彦洁 孟令胜 唐攀攀 王佳鑫）

2023 年国家能源局发布的电力行业标准

2023 年，国家能源局发布电力行业标准 339 项，其中，水电、新能源及电气等部分 255 项，见表 1。

表 1　　　　　　　　　　　　2023 年国家能源局发布的电力行业标准

序号	标准编号	标准名称	代替标准号	实施日期
1	NB/T 11079—2023	光伏发电站跟踪系统及支架检测技术规范		2023 年 8 月 6 日
2	NB/T 11080—2023	光伏组件电致发光（EL）检测技术规范		2023 年 8 月 6 日
3	NB/T 11081—2023	光伏组件红外热成像（TIS）检测技术规范		2023 年 8 月 6 日
4	DL/T 309—2023	1000kV 交流系统电力设备现场试验实施导则	DL/T 309—2010	2023 年 8 月 6 日
5	DL/T 1462—2023	发电厂氢气系统在线仪表检验规程	DL/T 462—2015	2023 年 8 月 6 日
6	DL/T 2151.7—2023	岸基供电系统　第 7 部分：岸电电源检验技术规范		2023 年 8 月 6 日
7	DL/T 2586—2023	港口岸电系统接入电网技术规范		2023 年 8 月 6 日
8	DL/T 2587—2023	高压柔性直流设备交接试验		2023 年 8 月 6 日
9	DL/T 2589—2023	垃圾发电厂智能点巡检系统技术规范		2023 年 8 月 6 日
10	DL/T 2590—2023	馈能装置接入配电网技术要求		2023 年 8 月 6 日
11	DL/T 2591—2023	垃圾发电厂垃圾储运系统运行规程		2023 年 8 月 6 日
12	DL/T 2592—2023	大型混流式水轮发电机组型式试验规程		2023 年 8 月 6 日
13	DL/T 2593—2023	可逆式抽水蓄能机组启动调试导则		2023 年 8 月 6 日
14	DL/T 2594—2023	电力企业标准化工作评价与改进		2023 年 8 月 6 日
15	DL/T 2595—2023	发电厂海水淡化工程运行和维护导则		2023 年 8 月 6 日
16	DL/T 5860—2023	电化学储能电站可行性研究报告内容深度规定		2023 年 8 月 6 日
17	DL/T 5861—2023	电化学储能电站初步设计内容深度规定		2023 年 8 月 6 日
18	DL/T 5862—2023	电化学储能电站施工图设计内容深度规定		2023 年 8 月 6 日
19	DL/T 5863—2023	水电工程地下建筑物安全监测技术规范		2023 年 8 月 6 日
20	DL/T 259—2023	六氟化硫气体密度继电器校验规程	DL/T 259—2012	2023 年 11 月 26 日
21	DL/T 266—2023	接地装置冲击特性参数测试导则	DL/T 266—2012	2023 年 11 月 26 日
22	DL/T 267—2023	油浸式全密封卷铁芯配电变压器使用技术条件	DL/T 267—2012	2023 年 11 月 26 日
23	NB/T 578—2023	水电厂计算机监控系统基本技术条件	DL/T 578—2008	2023 年 11 月 26 日
24	DL/T 624—2023	继电保护微机型试验装置技术条件	DL/T 624—2010	2023 年 11 月 26 日
25	DL/T 669—2023	电力行业高温作业分级	DL/T 669—1999	2023 年 11 月 26 日
26	DL/T 802.1—2023	电力电缆导管技术条件　第 1 部分：总则	DL/T 802.1—2007	2023 年 11 月 26 日

序号	标准编号	标准名称	代替标准号	实施日期
27	DL/T 802.3—2023	电力电缆导管技术条件 第3部分：实壁类塑料电缆导管	DL/T 802.3—2007	2023 年 11 月 26 日
28	DL/T 802.4—2023	电力电缆导管技术条件 第4部分：波纹类塑料电缆导管	DL/T 802.4—2007	2023 年 11 月 26 日
29	DL/T 802.7—2023	电力电缆导管技术条件 第7部分：非开挖用塑料电缆导管	DL/T 802.7—2010	2023 年 11 月 26 日
30	DL/T 802.8—2023	电力电缆导管技术条件 第8部分：塑钢复合电缆导管	DL/T 802.8—2014	2023 年 11 月 26 日
31	DL/T 846.14—2023	高电压测试设备通用技术条件 第14部分：绝缘油介质损耗因数及体积电阻率测试仪	DL/T 1305—2013	2023 年 11 月 26 日
32	DL/T 1057—2023	自动跟踪补偿消弧线圈成套装置技术条件	DL/T 1057—2007	2023 年 11 月 26 日
33	DL/T 1071—2023	电力大件运输规范	DL/T 1071—2014	2023 年 11 月 26 日
34	DL/T 1090—2023	串联补偿装置可靠性评价指标导则	DL/T 1090—2008	2023 年 11 月 26 日
35	DL/T 1250—2023	气体绝缘金属封闭开关设备带电超声局部放电检测应用导则	DL/T 1250—2013	2023 年 11 月 26 日
36	DL/T 1366—2023	电力设备用六氟化硫气体	DL/T 1366—2014	2023 年 11 月 26 日
37	DL/T 1381—2023	涉电力领域市场主体信用评价规范	DL/T 1381—2014	2023 年 11 月 26 日
38	DL/T 1382—2023	涉电力领域市场主体信用评价指标体系分类及代码	DL/T 1382—2014	2023 年 11 月 26 日
39	DL/T 1383—2023	电力行业供应商信用评价规范	DL/T 1383—2014	2023 年 11 月 26 日
40	DL/T 1384—2023	电力行业供应商信用评价指标体系分类及代码	DL/T 1384—2014	2023 年 11 月 26 日
41	DL/T 1400.3—2023	变压器测试仪校准规范 第3部分：油浸式变压器测温装置	DL/T 1400—2015	2023 年 11 月 26 日
42	DL/T 2213.2—2023	交流标准功率源 第2部分：模拟量电压—电流输出型功率源的特殊要求		2023 年 11 月 26 日
43	DL/T 2213.3—2023	交流标准功率源 第3部分：模拟量电压—电压输出型功率源的特殊要求		2023 年 11 月 26 日
44	DL/T 2213.4—2023	交流标准功率源 第4部分：数字量电压—电流输出型功率源的特殊要求		2023 年 11 月 26 日
45	DL/T 2379.3—2023	就地化保护装置检测规范 第3部分：变压器保护		2023 年 11 月 26 日
46	DL/T 2379.4—2023	就地化保护装置检测规范 第4部分：母线保护		2023 年 11 月 26 日
47	DL/T 2438.2—2023	静止同步串联补偿器 第2部分：系统设计导则		2023 年 11 月 26 日
48	DL/T 2438.4—2023	静止同步串联补偿器 第4部分：控制保护系统技术规范		2023 年 11 月 26 日

续表

序号	标准编号	标准名称	代替标准号	实施日期
49	DL/T 2555.2—2023	配电线路旁路作业工具装备 第2部分：旁路开关		2023年11月26日
50	DL/T 2582.4—2023	水电站公用辅助设备运行规程 第4部分：供暖通风与空气调节系统		2023年11月26日
51	DL/T 2582.5—2023	水电站公用辅助设备运行规程 第5部分：消防系统		2023年11月26日
52	DL/T 2582.6—2023	水电站公用辅助设备运行规程 第6部分：桥式起重机		2023年11月26日
53	DL/T 2596—2023	智能电能表现场运行可靠性试验规程		2023年11月26日
54	DL/T 2597—2023	电能表自动化检定系统技术规范		2023年11月26日
55	DL/T 2598—2023	发电厂水汽中低浓度溶解氧在线测量导则		2023年11月26日
56	DL/T 2599.1—2023	电力变压器用组部件和原材料选用导则 第1部分：总则		2023年11月26日
57	DL/T 2602—2023	电力直流电源系统保护电器选用与试验导则		2023年11月26日
58	DL/T 2603—2023	电容型设备相对介质损耗因数及电容量比值带电测试方法		2023年11月26日
59	DL/T 2604—2023	高压并联电抗器现场局部放电试验装置通用技术条件		2023年11月26日
60	DL/T 2605—2023	电力电容器去极化电流绝缘参数试验规程		2023年11月26日
61	DL/T 2606—2023	直流转换开关振荡特性现场试验方法		2023年11月26日
62	DL/T 2607—2023	配电自动化终端即插即用技术导则		2023年11月26日
63	DL/T 2608—2023	配电自动化终端运维技术规范		2023年11月26日
64	DL/T 2609—2023	主动干预型消弧装置验收运维规范		2023年11月26日
65	DL/T 2610—2023	配电网设施可靠性评价指标导则		2023年11月26日
66	DL/T 2612—2023	电力云基础设施安全技术要求		2023年11月26日
67	DL/T 2613—2023	电力行业网络安全等级保护测评指南		2023年11月26日
68	DL/T 2614—2023	电力行业网络安全等级保护基本要求		2023年11月26日
69	DL/T 2615—2023	电力作业用电缆输送机		2023年11月26日
70	DL/T 2616—2023	电力用个人保安线通用技术条件		2023年11月26日
71	DL/T 2617—2023	20kV配电线路带电作业技术规范		2023年11月26日
72	DL/T 2618—2023	10kV带电作业用自动接引工具		2023年11月26日
73	DL/T 2619—2023	压缩空气储能电站运行维护规程		2023年11月26日
74	DL/T 2621—2023	直流输电线路参数测试仪通用技术条件		2023年11月26日
75	DL/T 2622—2023	1000kV高压并联电抗器局部放电现场测量技术导则		2023年11月26日
76	DL/T 2623—2023	1000kV特高压交流系统用开关型可控金属氧化物避雷器技术规范		2023年11月26日

续表

序号	标准编号	标准名称	代替标准号	实施日期
77	DL/T 2625—2023	区域能源互联网综合评价导则		2023 年 11 月 26 日
78	DL/T 2626—2023	输变电工程合成孔径雷达监测技术规程		2023 年 11 月 26 日
79	NB/T 11298—2023	风电机组优化效果评估方法		2024 年 4 月 11 日
80	NB/T 11300—2023	交流充电接口电路模拟器技术条件		2024 年 4 月 11 日
81	NB/T 11301—2023	直流充电接口电路模拟器技术条件		2024 年 4 月 11 日
82	DL/T 277—2023	高压直流输电系统控制保护整定技术规程	DL/T 277—2012	2024 年 4 月 11 日
83	DL/T 298—2023	发电机定子绕组端部电晕检测与评定导则	DL/T 298—2011	2024 年 4 月 11 日
84	DL/T 326—2023	步进式引张线仪	DL/T 326—2010	2024 年 4 月 11 日
85	DL/T 327—2023	步进式垂线坐标仪	DL/T 327—2010	2024 年 4 月 11 日
86	DL/T 346—2023	设备线夹	DL/T 346—2010	2024 年 4 月 11 日
87	DL/T 347—2023	T 型线夹	DL/T 347—2010	2024 年 4 月 11 日
88	DL/T 536—2023	交流耦合电容器及电容分压器使用技术条件	DL/T 536—1993	2024 年 4 月 11 日
89	DL/T 653—2023	高压并联电容器用放电线圈使用技术条件	DL/T 653—2009	2024 年 4 月 11 日
90	DL/T 678—2023	电力钢结构焊接通用技术条件	DL/T 678—2013	2024 年 4 月 11 日
91	DL/T 689—2023	输变电工程液压压接机	DL/T 689—2012	2024 年 4 月 11 日
92	DL/T 725—2023	电力用电流互感器使用技术规范	DL/T 725—2013	2024 年 4 月 11 日
93	DL/T 726—2023	电力用电磁式电压互感器使用技术规范	DL/T 726—2013	2024 年 4 月 11 日
94	DL/T 756—2023	悬垂线夹	DL/T 756—2009	2024 年 4 月 11 日
95	DL/T 759—2023	连接金具	DL/T 759—2009	2024 年 4 月 11 日
96	DL/T 850—2023	电站配管	DL/T 850—2004	2024 年 4 月 11 日
97	DL/T 906—2023	仓泵进、出料阀	DL/T 906—2004	2024 年 4 月 11 日
98	DL/T 1066—2023	水电站设备检修管理导则	DL/T 1066—2007	2024 年 4 月 11 日
99	DL/T 1092—2023	电力系统安全稳定控制系统通用技术条件	DL/T 1092—2008	2024 年 4 月 11 日
100	DL/T 1127—2023	等离子体点火系统设计与运行导则	DL/T 1127—2010	2024 年 4 月 11 日
101	DL/T 1190—2023	绝缘穿刺线夹	DL/T 1190—2012	2024 年 4 月 11 日
102	DL/T 1197—2023	水轮发电机组状态在线监测系统技术条件	DL/T 1197—2012	2024 年 4 月 11 日
103	DL/T 1209.1—2023	电力登高作业及防护器具技术要求 第 1 部分：抱杆梯、梯具、梯台及过桥	DL/T 1209.1—2013	2024 年 4 月 11 日
104	DL/T 1209.2—2023	电力登高作业及防护器具技术要求 第 2 部分：拆卸型检修平台	DL/T 1209.2—2014	2024 年 4 月 11 日
105	DL/T 1209.3—2023	电力登高作业及防护器具技术要求 第 3 部分：升降型检修平台	DL/T 1209.3—2014	2024 年 4 月 11 日

续表

序号	标准编号	标准名称	代替标准号	实施日期
106	DL/T 1209.4—2023	电力登高作业及防护器具技术要求　第4部分：复合材料快装脚手架	DL/T 1209.4—2014	2024 年 4 月 11 日
107	DL/T 1215.3—2023	链式静止同步补偿器　第3部分：控制保护监测系统	DL/T 1215.3—2013	2024 年 4 月 11 日
108	DL/T 1228—2023	电能质量监测装置运行规程	DL/T 1228—2013	2024 年 4 月 11 日
109	DL/T 1268—2023	三相组合电力互感器使用技术规范	DL/T 1268—2013	2024 年 4 月 11 日
110	DL/T 1476—2023	电力安全工器具预防性试验规程	DL/T 1476—2015	2024 年 4 月 11 日
111	DL/T 1523—2023	同步发电机进相试验导则	DL/T 1523—2016	2024 年 4 月 11 日
112	DL/T 1663—2023	智能变电站继电保护在线监视和智能诊断技术导则	DL/T 1663—2016	2024 年 4 月 11 日
113	DL/T 2025.6—2023	电站阀门检修导则　第6部分：安全阀		2024 年 4 月 11 日
114	DL/T 2475.2—2023	电气设备电压暂降及短时中断 耐受能力测试技术规范　第2部分：低压开关设备和控制设备		2024 年 4 月 11 日
115	DL/T 2599.9—2023	电力变压器用组部件和原材料选用导则第9部分：吸湿器	DL/T 1386—2014	2024 年 4 月 11 日
116	DL/T 2627.1—2023	输变电设备状态预测技术导则 第1部分：通用技术要求		2024 年 4 月 11 日
117	DL/T 2628—2023	水电站水工建筑物缺陷管理规范		2024 年 4 月 11 日
118	DL/T 2629—2023	电能计量设备用磁开关传感器技术规范		2024 年 4 月 11 日
119	DL/T 2630—2023	电力电缆线路用接地箱技术规范		2024 年 4 月 11 日
120	DL/T 2631—2023	城市综合管廊内电力电缆线路技术要求		2024 年 4 月 11 日
121	DL/T 2632—2023	电容器放电线圈运维规程		2024 年 4 月 11 日
122	DL/T 2633—2023	柔性直流换流器用直流电容器技术导则		2024 年 4 月 11 日
123	DL/T 2634—2023	35kV 及以下陶瓷电容传感器型局部放电监测装置技术规范		2024 年 4 月 11 日
124	DL/T 2635—2023	直流输电用直流耦合电容器及电容分压器用技术条件		2024 年 4 月 11 日
125	DL/T 2636—2023	柔性直流输电运行人员控制系统监控功能规范		2024 年 4 月 11 日
126	DL/T 2637—2023	混合式高压直流断路器现场试验规范		2024 年 4 月 11 日
127	DL/T 2639—2023	变电站间隔内设备集成式接线试验方法		2024 年 4 月 11 日
128	DL/T 2640—2023	电力设备剩磁检测及工频去磁现场试验技术导则		2024 年 4 月 11 日
129	DL/T 2641—2023	宽频电压测量装置选用导则		2024 年 4 月 11 日
130	DL/T 2645—2023	配电网分布式保护技术规范		2024 年 4 月 11 日
131	DL/T 2646—2023	数模一体继电保护试验装置技术规范		2024 年 4 月 11 日
132	DL/T 2647—2023	智能变电站配置文件运行管控系统技术规范		2024 年 4 月 11 日
133	DL/T 2648—2023	精准切负荷安全稳定控制系统技术规范		2024 年 4 月 11 日

续表

序号	标准编号	标准名称	代替标准号	实施日期
134	DL/T 2649—2023	串联变压器继电保护技术导则		2024 年 4 月 11 日
135	DL/T 2650—2023	电力工程接地金属材料技术监督导则		2024 年 4 月 11 日
136	DL/T 2651—2023	配电带电作业人员高空救援技术导则		2024 年 4 月 11 日
137	DL/T 2652—2023	带电作业用便携式升降装置		2024 年 4 月 11 日
138	DL/T 2653—2023	柔性直流电网安全稳定分析导则		2024 年 4 月 11 日
139	DL/T 2654—2023	水电站设备检修规程		2024 年 4 月 11 日
140	DL/T 2655—2023	发电企业安全生产标准化实施指南		2024 年 4 月 11 日
141	DL/T 2657—2023	发电厂供热管网腐蚀与结垢控制导则		2024 年 4 月 11 日
142	DL/T 2658—2023	快速动态响应同步调相机技术规范		2024 年 4 月 11 日
143	DL/T 2659—2023	电站高加三通阀选型导则		2024 年 4 月 11 日
144	DL/T 2663—2023	高压直流保护试验装置通用技术条件		2024 年 4 月 11 日
145	DL/T 2664—2023	工业园区综合能源供能系统规划技术导则		2024 年 4 月 11 日
146	DL/T 2665—2023	变电站厂界噪声排放测量方法多重相干函数法		2024 年 4 月 11 日
147	DL/T 2666—2023	变电站噪声仿真分析技术导则		2024 年 4 月 11 日
148	DL/T 2667—2023	电力资产全寿命周期管理体系实施指南		2024 年 4 月 11 日
149	DL/T 2668—2023	电力系统调峰能力评价技术规范		2024 年 4 月 11 日
150	DL/T 2669—2023	电力系统惯量支撑和一次调频能力技术要求		2024 年 4 月 11 日
151	DL/T 2670—2023	电力系统电压支撑强度计算规范		2024 年 4 月 11 日
152	DL/T 2671—2023	电力系统仿真用电源聚合等值和建模导则		2024 年 4 月 11 日
153	DL/T 2672—2023	电力系统仿真用负荷模型建模技术要求		2024 年 4 月 11 日
154	DL/T 2673—2023	电力系统网源协调复核性试验导则		2024 年 4 月 11 日
155	DL/T 2674—2023	新能源高占比电力系统规划段电网方式选取技术规范		2024 年 4 月 11 日
156	DL/T 2675—2023	高压直流系统调度运行规程		2024 年 4 月 11 日
157	DL/T 2676—2023	水电调度运行指标计算方法		2024 年 4 月 11 日
158	DL/T 2677—2023	电力用绝缘隔板技术规范		2024 年 4 月 11 日
159	DL/T 2678—2023	架空输电线路防鸟挡板技术规范		2024 年 4 月 11 日
160	DL/T 2679—2023	电力建设工程安全生产标准化实施规范		2024 年 4 月 11 日
161	DL/T 2680—2023	电力建设施工企业安全生产标准化实施规范		2024 年 4 月 11 日
162	DL/T 2681—2023	电力勘测设计企业安全生产标准化实施规范		2024 年 4 月 11 日
163	DL/T 5113.15—2023	水电水利基本建设工程单元工程质量等级评定标准 第 15 部分：安全监测工程		2024 年 4 月 11 日
164	DL/T 5864—2023	柔性直流输电换流阀现场交接试验规程		2024 年 4 月 11 日

续表

序号	标准编号	标准名称	代替标准号	实施日期
165	DL/T 5865—2023	综合管廊电力舱技术导则		2024 年 4 月 11 日
166	NB/T 11340—2023	新能源场站智能化建设基本技术规范		2024 年 6 月 28 日
167	NB/T 11342.1—2023	光伏发电站柔性薄膜光伏组件机械性能测试 第 1 部分：卷曲		2024 年 6 月 28 日
168	NB/T 11342.2—2023	光伏发电站柔性薄膜光伏组件机械性能测试 第 2 部分：拉伸		2024 年 6 月 28 日
169	NB/T 11342.3—2023	光伏发电站柔性薄膜光伏组件机械性能测试 第 3 部分：振动		2024 年 6 月 28 日
170	NB/T 11342.4—2023	光伏发电站柔性薄膜光伏组件机械性能测试 第 4 部分：压痕		2024 年 6 月 28 日
171	NB/T 11343—2023	光伏发电资源利用率评估导则		2024 年 6 月 28 日
172	NB/T 11344—2023	光伏发电站阻抗特性评估技术规范		2024 年 6 月 28 日
173	NB/T 11345—2023	光伏发电站安全可视化标识规范		2024 年 6 月 28 日
174	NB/T 11346—2023	光伏电站维护规程		2024 年 6 月 28 日
175	NB/T 11347—2023	发电企业生产运营中心光伏发电数据接入系统技术规范		2024 年 6 月 28 日
176	NB/T 11348—2023	光伏发电站电势诱导衰减治理技术规范		2024 年 6 月 28 日
177	NB/T 11349—2023	户用光伏并网箱技术规范		2024 年 6 月 28 日
178	NB/T 11350—2023	新能源发电集群控制系统功能规范		2024 年 6 月 28 日
179	NB/T 11351—2023	光伏发电统计技术导则		2024 年 6 月 28 日
180	NB/T 11352—2023	漂浮式光伏发电站运行维护规程		2024 年 6 月 28 日
181	NB/T 11353—2023	漂浮式光伏发电站施工规范		2024 年 6 月 28 日
182	NB/T 11354—2023	光伏发电工程项目质量管理规程		2024 年 6 月 28 日
183	NB/T 11355—2023	海上风电场应急预案编制导则		2024 年 6 月 28 日
184	NB/T 11356—2023	海上风电场重大危险源辨识规程		2024 年 6 月 28 日
185	NB/T 11357—2023	智能风电场一体化管控平台技术要求		2024 年 6 月 28 日
186	NB/T 11358—2023	风力发电机组后备电源运行维护规范		2024 年 6 月 28 日
187	NB/T 11359—2023	风力发电机组安全保护系统现场试验规程		2024 年 6 月 28 日
188	NB/T 11360—2023	超期服役风电机组设备健康状态评估规程		2024 年 6 月 28 日
189	NB/T 11361—2023	风电场能量管理系统技术规范		2024 年 6 月 28 日
190	NB/T 11362—2023	风力发电机组重大事故防范规程		2024 年 6 月 28 日
191	NB/T 11363—2023	风力发电机组偏航系统运行性能测试规程		2024 年 6 月 28 日
192	NB/T 11364—2023	风力发电场状态检修导则		2024 年 6 月 28 日
193	NB/T 11365—2023	海上风电场运行风险管理规程		2024 年 6 月 28 日
194	NB/T 11366—2023	海上风电场生产准备导则		2024 年 6 月 28 日
195	NB/T 11367—2023	风力发电机组升降机安全管理技术规范		2024 年 6 月 28 日

序号	标准编号	标准名称	代替标准号	实施日期
196	NB/T 11368—2023	风力发电机组免爬器安全管理技术规范		2024 年 6 月 28 日
197	NB/T 11369—2023	海上风电场检修规程		2024 年 6 月 28 日
198	DL/T 408—2023	电力安全工作规程发电厂和变电站电气部分	DL 408—1991	2024 年 6 月 28 日
199	DL/T 409—2023	电力安全工作规程电力线路部分	DL 409—1991	2024 年 6 月 28 日
200	DL/T 947—2023	土石坝监测仪器系列型谱	DL/T 947—2005	2024 年 6 月 28 日
201	DL/T 988—2023	高压交流架空送电线路、变电站工频电场和磁场测量方法	DL/T 988—2005	2024 年 6 月 28 日
202	DL/T 1006—2023	架空输电线路巡检系统	DL/T 1006—2006	2024 年 6 月 28 日
203	DL/T 1032—2023	电气设备用六氟化硫（SF_6）气体取样方法	DL/T 1032—2006	2024 年 6 月 28 日
204	DL/T 1046—2023	引张线式水平位移计	DL/T 1046—2007	2024 年 6 月 28 日
205	DL/T 1047—2023	水管式沉降仪	DL/T 1047—2007	2024 年 6 月 28 日
206	DL/T 1133—2023	钢弦式仪器测量仪表	DL/T 1133—2009	2024 年 6 月 28 日
207	DL/T 1148—2023	电力电缆线路巡检系统	DL/T 1148—2009	2024 年 6 月 28 日
208	DL/T 1191—2023	电力作业用手持式电动工具安全性能检验规程	DL/T 1191—2012	2024 年 6 月 28 日
209	DL/T 1292—2023	配电网架空绝缘线路雷电防护导则	DL/T 1292—2013	2024 年 6 月 28 日
210	DL/T 1312—2023	电力工程接地用铜覆钢技术条件	DL/T 1312—2013	2024 年 6 月 28 日
211	DL/T 1435—2023	速差式防坠器疲劳试验装置技术要求	DL/T 1435—2015	2024 年 6 月 28 日
212	DL/T 1437—2023	手拉葫芦无载动作试验装置技术要求	DL/T 1437—2015	2024 年 6 月 28 日
213	DL/T 1461—2023	风力发电机组用齿轮油维护管理导则	DL/T 1461—2015	2024 年 6 月 28 日
214	DL/T 1482—2023	架空输电线路无人机巡检作业技术导则	DL/T 1482—2015	2024 年 6 月 28 日
215	DL/T 2555.3—2023	配电线路旁路作业工具装备　第 3 部分：旁路电缆车		2024 年 6 月 28 日
216	DL/T 2555.4—2023	配电线路旁路作业工具装备　第 4 部分：移动箱变车		2024 年 6 月 28 日
217	DL/T 2555.5—2023	配电线路旁路作业工具装备　第 5 部分：移动环网箱车		2024 年 6 月 28 日
218	DL/T 2555.6—2023	配电线路旁路作业工具装备　第 6 部分：移动开关车		2024 年 6 月 28 日
219	DL/T 2555.7—2023	配电线路旁路作业工具装备　第 7 部分：辅助工具		2024 年 6 月 28 日
220	DL/T 2682—2023	中性点混合补偿接地装置技术规范		2024 年 6 月 28 日
221	DL/T 2683—2023	电力用齿轮油水分含量的测定		2024 年 6 月 28 日
222	DL/T 2684—2023	变压器有载分接开关油中溶解气体分析导则		2024 年 6 月 28 日
223	DL/T 2685—2023	变压器油中环氧树脂的测红外光谱法		2024 年 6 月 28 日
224	DL/T 2687—2023	柔性测斜仪		2024 年 6 月 28 日

序号	标准编号	标准名称	代替标准号	实施日期
225	DL/T 2688—2023	电力用直流电源系统验收规范		2024 年 6 月 28 日
226	DL/T 2691—2023	电网设备缺陷智能识别技术导则		2024 年 6 月 28 日
227	DL/T 2694—2023	变电站巡检机器人与人工协同巡检规范		2024 年 6 月 28 日
228	DL/T 2695—2023	输电线路安全风险多工况智能评估导则		2024 年 6 月 28 日
229	DL/T 2696—2023	架空输电线路智能巡检建模技术导则		2024 年 6 月 28 日
230	DL/T 2698—2023	主动干预型消弧装置选用导则		2024 年 6 月 28 日
231	DL/T 2699—2023	大坝安全监测仪器检验规程		2024 年 6 月 28 日
232	DL/T 2700—2023	水电站泄水建筑物水力安全评价导则		2024 年 6 月 28 日
233	DL/T 2701—2023	水电站水工建筑物水下检查技术规程		2024 年 6 月 28 日
234	DL/T 2702—2023	水电站大坝运行安全管理导则		2024 年 6 月 28 日
235	DL/T 2704—2023	斜温层储热罐热力性能验收试验规程		2024 年 6 月 28 日
236	DL/T 2705—2023	空气透平热力性能验收试验规程		2024 年 6 月 28 日
237	DL/T 2713—2023	电力用便携式电动绞磨		2024 年 6 月 28 日
238	DL/T 2715—2023	工业园区能源互联网协同运行技术导则		2024 年 6 月 28 日
239	DL/T 2716—2023	六氟化硫混合气体充补气装置技术规范		2024 年 6 月 28 日
240	DL/T 2717—2023	间接空冷系统验收导则		2024 年 6 月 28 日
241	DL/T 2719—2023	测斜管装置		2024 年 6 月 28 日
242	DL/T 2720—2023	测压管装置		2024 年 6 月 28 日
243	DL/T 2721—2023	水电站大坝安全监测智能移动终端应用技术规程		2024 年 6 月 28 日
244	DL/T 2722—2023	抽水蓄能电站电气制动开关技术条件		2024 年 6 月 28 日
245	DL/T 2723—2023	电力行业知识管理导则		2024 年 6 月 28 日
246	DL/T 2724—2023	架空输电线路三维地理信息系统技术规范		2024 年 6 月 28 日
247	DL/T 2725—2023	电网设备知识图谱构建技术导则		2024 年 6 月 28 日
248	DL/T 2726—2023	电网企业温室气体排放核算指南		2024 年 6 月 28 日
249	DL/T 2727—2023	电力工程接地用铜覆钢使用导则		2024 年 6 月 28 日
250	DL/T 5168—2023	110kV 及以上架空输电线路施工质量检验规程	DL/T 5168—2016	2024 年 6 月 28 日
251	DL/T 5710—2023	电力建设土建工程施工技术检验检测规范	DL/T 5710—2014	2024 年 6 月 28 日
252	DL/T 5729—2023	配电网规划设计技术导则	DL/T 5729—2016	2024 年 6 月 28 日
253	DL/T 5866—2023	电气装置安装工程盘、柜及二次回路接线施工及验收规范		2024 年 6 月 28 日
254	DL/T 5867—2023	110kV 及以上架空输电线路施工及验收规范		2024 年 6 月 28 日
255	DL/T 5869—2023	水电工程安全监测仪器封存与报废技术规程		2024 年 6 月 28 日

（中国电力企业联合会　马晓光　马海伟　马小琨　陈彦洁　孟令胜　唐攀攀　王佳鑫）

2023 年国家能源局发布的电力行业标准英文版目录

2023 年，国家能源局发布的电力行业标准（水电）英文版共 18 项，见表 1。

表 1   2023 年国家能源局发布的电力行业标准（水电）英文版目录

序号	标准编号	行业标准名称	行业标准英文名称
1	DL/T 1558—2016	大坝安全监测系统运行与维护规程	Code for operation and maintenance of dam safety monitoring system
2	DL/T 5178—2016	混凝土坝安全监测技术规范	Technical specification for concrete dam safety monitoring
3	DL/T 1056—2019	发电厂热工仪表及控制系统技术监督导则	Technical supervision guide for instrument and control system in power plant
4	DL/T 400—2019	500kV 交流紧凑型输电线路带电作业技术导则	Technical guide for live working in 500kV AC compact transmission line
5	DL/T 995—2016	继电保护和电网安全自动装置检验规程	Testing regulations on relay protection and power grid stability control equipment
6	DL/T 1341—2014	±660kV 直流输电线路带电作业技术导则	Technical guide for live working on ±660kV DC transmission line
7	DL/T 1394—2014	电子式电流、电压互感器校验仪技术条件	Technical requirement of electronic current and voltage transformer error test sets
8	DL/T 1502—2016	厂用电继电保护整定计算导则	Guide of calculating settings of relay protections for auxiliary system of power
9	DL/T 1744—2017	循环流化床锅炉煤制备系统选型导则	Guide on selection of coal preparation system for circulating fluidized bed boiler
10	DL/T 2025.2—2019	电站阀门检修导则 第 2 部分：蝶阀	Guide of the maintenance for power plant valve -Part 2：Butterfly valve
11	DL/T 5756—2017	额定电压 35kV（U_m ＝ 40.5kV）及以下冷缩式电缆附件安装规程	Cold shrinkable accessories installing code of power cables for rated voltages up to 35kV(U_m ＝ 40.5kV)
12	DL/T 5758—2017	额定电压 35kV（U_m ＝ 40.5kV）及以下预制式电缆附件安装规程	Premoulded accessories installing code for cross-linked polyethylene power cables for rated voltages up to 35kV（U_m＝40.5kV）
13	DL/T 521—2018	真空净油机验收及使用维护导则	Guide for acceptance usage and maintenance of vacuum purifier
14	DL/T 1754—2017	水电站大坝运行安全管理信息系统技术规范	Technical specification for safety management information system of dams for hydropower station in operation
15	DL/T 2155—2020	大坝安全监测系统评价规程	Code for assessment of dam safety monitoring system
16	DL/T 5211—2019	大坝安全监测自动化技术规范	Technical specification for automation of dam safety monitoring

续表

序号	标准编号	行业标准名称	行业标准英文名称
17	DL/T 5784—2019	混凝土坝安全监测系统施工技术规范	Technical specification for concrete dam safety monitoring system construction
18	DL/T 5796—2019	水电工程边坡安全监测技术规范	Technical specification for hydropower slope safety monitoring

（中国电力企业联合会　马晓光　马海伟　马小琨　陈彦洁　孟令胜　唐攀攀　王佳鑫）

2023 年发布的水利技术标准

2023 年，水利技术标准共发布 17 项，其中国家标准 4 项，行业标准 13 项，详细情况见表 1。

表 1　　　　　　　　　　　2023 年发布的水利技术标准清单

序号	标准名称	标准编号	实施日期
（一）国家标准			
1	取水计量技术导则	GB/T 28714—2023	2024 年 4 月 1 日
2	地下水监测工程技术标准	GB/T 51040—2023	2024 年 5 月 1 日
3	机井工程技术标准	GB/T 50625—2023	2024 年 5 月 1 日
4	水利水电工程节能设计规范	GB/T 50649—2011（2023 年版）	2024 年 5 月 1 日
（二）行业标准			
5	节水产品认证规范	SL/T 476—2023	2023 年 6 月 17 日
6	堤防隐患探测规程	SL/T 436—2023	2023 年 6 月 27 日
7	堤防工程养护修理规程	SL/T 595—2023	2023 年 6 月 27 日
8	建设项目水资源论证导则　第 1 部分　水利水电建设项目	SL/T 525.1—2023	2023 年 8 月 17 日
9	流域防洪工程联合调度方案编制导则	SL/T 818—2023	2023 年 10 月 12 日
10	生态清洁小流域建设技术规范	SL/T 534—2023	2023 年 10 月 18 日
11	水库生态流量泄放规程	SL/T 819—2023	2023 年 11 月 7 日
12	水利水电工程生态流量计算与泄放设计规范	SL/T 820—2023	2023 年 11 月 7 日
13	水利基本建设项目竣工财务决算编制规程	SL/T 19—2023	2023 年 11 月 16 日
14	水文站网规划技术导则	SL/T 34—2023	2024 年 1 月 24 日
15	水利风景区评价规范	SL/T 300—2023	2024 年 2 月 1 日
16	泵站设备安装及验收规范	SL/T 317—2023	2024 年 2 月 1 日
17	节水规划编制规程	SL/T 821—2023	2024 年 2 月 1 日

（水利部国际合作与科技司　蒋雨彤　中国水利学会　周静雯）

2023 年发布的由水电水利规划设计总院归口管理的技术标准

2023 年，由水电水利规划设计总院归口管理的水电技术标准，以及风电、光伏、生物质能等新能源领域技术标准，共发布 92 项，详细情况见表 1。

表 1   2023 年发布的由水电水利规划设计总院归口管理的技术标准

序号	标准名称	标准编号	代替标准编号	实施日期
1	风光水火储多能互补发电工程规划报告编制规程	NB/T 11082—2023		2023 年 8 月 6 日
2	风电信息管理数据质量评估及治理技术规范	NB/T 11083—2023		2023 年 8 月 6 日
3	海上风电场工程建（构）筑物荷载规范	NB/T 11084—2023		2023 年 8 月 6 日
4	海上风电场工程结构安全监测建设规范	NB/T 11085—2023		2023 年 8 月 6 日
5	海上风电场工程风电机组复合筒型基础技术规范	NB/T 11086—2023		2023 年 8 月 6 日
6	水电工程退役项目用地处理设计导则	NB/T 11087—2023		2023 年 8 月 6 日
7	水电工程招标设计报告编制规程	NB/T 11088—2023	DL/T 5212—2005	2023 年 8 月 6 日
8	水工挡土墙设计规范	NB/T 11089—2023		2023 年 8 月 6 日
9	水电站引水渠道及前池设计规范	NB/T 11090—2023	DL/T 5079—2007	2023 年 8 月 6 日
10	水电工程安全标识	NB/T 11091—2023		2023 年 8 月 6 日
11	水电工程深埋隧洞技术规范	NB/T 11092—2023		2023 年 8 月 6 日
12	胶凝砂砾石围堰设计规范	NB/T 11093—2023		2023 年 8 月 6 日
13	水下自护混凝土技术导则	NB/T 11094—2023		2023 年 8 月 6 日
14	水电工程档案信息化导则	NB/T 11095—2023		2023 年 8 月 6 日
15	水电工程安全隐患判定标准	NB/T 11096—2023		2023 年 8 月 6 日
16	水电工程安全管理和保护范围规定	NB/T 11097—2023		2023 年 8 月 6 日
17	水电工程水土保持监理规范	NB/T 11098—2023		2023 年 8 月 6 日
18	水电工程铁磁性钢丝绳在线监测技术规程	NB/T 11099—2023		2023 年 8 月 6 日
19	水电工程螺栓应力在线监测技术规程	NB/T 11100—2023		2023 年 8 月 6 日
20	生物天然气工程设计导则	NB/T 11101—2023		2023 年 8 月 6 日
21	生物天然气工程等级划分及设计安全标准	NB/T 11102—2023		2023 年 8 月 6 日
22	生物天然气项目规划报告编制规程	NB/T 11103—2023		2023 年 8 月 6 日
23	水电工程制图标准　第 1 部分：基础制图	NB/T 10883.1—2023	DL/T 5347—2006	2023 年 11 月 26 日
24	水电工程制图标准　第 2 部分：水工建筑	NB/T 10883.2—2023	DL/T 5348—2006	2023 年 11 月 26 日
25	水电工程制图标准　第 3 部分：金属结构	NB/T 10883.3—2023		2023 年 11 月 26 日
26	水电工程制图标准　第 7 部分：水土保持	NB/T 10883.7—2023		2023 年 11 月 26 日
27	河流水电规划编制规范	NB/T 11170—2023	DL/T 5042—2010	2023 年 11 月 26 日
28	砌石坝设计规范	NB/T 11171—2023		2023 年 11 月 26 日
29	水电工程对外投资项目造价编制导则	NB/T 11172—2023		2023 年 11 月 26 日
30	抽水蓄能电站建设征地移民安置规划设计规范	NB/T 11173—2023		2023 年 11 月 26 日
31	梯级水库泥沙调度设计规程	NB/T 11174—2023		2023 年 11 月 26 日
32	抽水蓄能电站经济评价规范	NB/T 11175—2023		2023 年 11 月 26 日
33	太阳能热发电项目监测评估规程	NB/T 11176—2023		2023 年 11 月 26 日
34	生物质热电联产工程技术规范	NB/T 11177—2023		2023 年 11 月 26 日

序号	标准名称	标准编号	代替标准编号	实施日期
35	水电工程后评价技术导则	NB/T 11178—2023		2023 年 11 月 26 日
36	水电工程环境监测技术规范	NB/T 11179—2023		2023 年 11 月 26 日
37	水电工程建设征地移民安置后评价导则	NB/T 11180—2023		2023 年 11 月 26 日
38	水电工程竣工环境保护验收技术规程	NB/T 11181—2023		2023 年 11 月 26 日
39	水电工程气象观测规范	NB/T 11182—2023		2023 年 11 月 26 日
40	水电工程生态调度效果评估技术规程	NB/T 11183—2023		2023 年 11 月 26 日
41	水电工程水情自动测报系统更新改造技术导则	NB/T 11184—2023		2023 年 11 月 26 日
42	水电工程水土保持监测实施方案编制规程	NB/T 11185—2023		2023 年 11 月 26 日
43	水电工程水文测验及资料整编规范	NB/T 11186—2023		2023 年 11 月 26 日
44	水电工程突发环境事件应急预案编制规程	NB/T 11187—2023		2023 年 11 月 26 日
45	水电工程泄洪雾化防护技术导则	NB/T 11188—2023		2023 年 11 月 26 日
46	水电工程鱼类增殖放流效果评估技术规程	NB/T 11189—2023		2023 年 11 月 26 日
47	水电工程专用水文测站技术规范	NB/T 11190—2023		2023 年 11 月 26 日
48	水电站水轮机抗泥沙磨损技术导则	NB/T 11191—2023		2023 年 11 月 26 日
49	水力发电工程 CAD 制图技术规定	NB/T 11192—2023	DL/T 5127—2001	2023 年 11 月 26 日
50	水轮机筒形阀安装调试规程	NB/T 11193—2023		2023 年 11 月 26 日
51	水电工程水情自动测报系统技术规范	NB/T 35003—2023	NB/T 35003—2013	2023 年 11 月 26 日
52	海上风电场工程光纤复合海底电缆在线监测系统设计规范	NB/T 11299—2023		2024 年 4 月 11 日
53	水电工程应急设计规范	NB/T 11318—2023		2024 年 4 月 11 日
54	水电工程项目质量管理规程	NB/T 11319—2023		2024 年 4 月 11 日
55	水电工程清污机设计规范	NB/T 11320—2023		2024 年 4 月 11 日
56	水电工程建设征地移民安置总体规划编制规程	NB/T 11321—2023		2024 年 4 月 11 日
57	生物天然气工程初步设计报告编制规程	NB/T 11322—2023		2024 年 4 月 11 日
58	水电工程完工总结算报告编制导则	NB/T 11323—2023		2024 年 4 月 11 日
59	水电工程执行概算编制导则	NB/T 11324—2023		2024 年 4 月 11 日
60	水电工程测量规范	NB/T 35029—2023	NB/T 35029—2014	2024 年 6 月 28 日
61	水电工程启闭机设计规范 第 4 部分：液压启闭机设计规范	NB/T 10341.4—2023	NB/T 35020—2013	2024 年 6 月 28 日
62	海上风电场工程基桩检测技术规程	NB/T 11371—2023		2024 年 6 月 28 日
63	风电场工程施工质量检验与评定规程	NB/T 11372—2023		2024 年 6 月 28 日
64	陆上风电场工程安全监测实施技术规范	NB/T 11373—2023		2024 年 6 月 28 日
65	海上风电场工程吸力桩式导管架基础设计导则	NB/T 11374—2023		2024 年 6 月 28 日
66	陆上风电场工程噪声影响评价导则	NB/T 11375—2023		2024 年 6 月 28 日
67	海上风电机组重力式基础设计导则	NB/T 11376—2023		2024 年 6 月 28 日

序号	标准名称	标准编号	代替标准编号	实施日期
68	风电场工程竣工决算编制导则	NB/T 11377—2023		2024 年 6 月 28 日
69	漂浮式海上风电机组基础及系泊系统设计导则	NB/T 11378—2023		2024 年 6 月 28 日
70	漂浮式海上风电机组动态电缆设计导则	NB/T 11379—2023		2024 年 6 月 28 日
71	混凝土坝智能温控系统规范	NB/T 11405—2023		2024 年 6 月 28 日
72	水电企业档案分类导则	NB/T 11406—2023		2024 年 6 月 28 日
73	水电企业档案鉴定销毁管理规程	NB/T 11407—2023		2024 年 6 月 28 日
74	水电工程设计概算编制规定	NB/T 11408—2023		2024 年 6 月 28 日
75	水电工程费用构成及概（估）算费用标准	NB/T 11409—2023		2024 年 6 月 28 日
76	抽水蓄能电站投资编制细则	NB/T 11410—2023		2024 年 6 月 28 日
77	抽水蓄能电站环境影响评价技术规范	NB/T 11411—2023		2024 年 6 月 28 日
78	水电工程生态流量实时监测设备基本技术条件	NB/T 11412—2023		2024 年 6 月 28 日
79	水电工程水土保持设施维护技术规程	NB/T 11413—2023		2024 年 6 月 28 日
80	水电工程建设征地移民安置验收规程	NB/T 11414—2023	NB/T 35013—2013	2024 年 6 月 28 日
81	水电工程建设征地移民安置实施补偿费用技术导则	NB/T 11415—2023		2024 年 6 月 28 日
82	抽水蓄能电站水土保持技术规范	NB/T 11416—2023		2024 年 6 月 28 日
83	水电工程钢闸门辅助装置标准	NB/T 11417—2023	DL/T 835—2003	2024 年 6 月 28 日
84	水工钢闸门和启闭机安全检测技术规程	NB/T 11418—2023		2024 年 6 月 28 日
85	水电工程升船机调试试验规程	NB/T 11419—2023		2024 年 6 月 28 日
86	水电工程升船机运行维护规程	NB/T 11420—2023	NB/T 35008—2013	2024 年 6 月 28 日
87	水电工程升船机安全检测技术规程	NB/T 11421—2023	NB/T 35044—2014	2024 年 6 月 28 日
88	分布式光伏发电系统工程技术规范	NB/T 11422—2023	NB/T 35050—2015	2024 年 6 月 28 日
89	太阳能热发电工程概算定额	NB/T 11423—2023		2024 年 6 月 28 日
90	水力发电厂照明设计规范	NB/T 35008—2023		2024 年 6 月 28 日
91	水力发电厂厂用电设计规范	NB/T 35044—2023		2024 年 6 月 28 日
92	水力发电厂接地设计技术规范	NB/T 35050—2023		2024 年 6 月 28 日

（水电水利规划设计总院　安再展）

2023 年大电机、水轮机新颁标准

2023 年，由哈尔滨大电机研究所归口管理的大电机、水轮机技术标准，新发布技术标准 7 项，详细情况见表 1。

表 1 　　　　　　　　　　2023 年大电机新颁技术标准情况

序号	标准编号	标准名称	实施日期
1	GB/T 7894—2023	水轮发电机基本技术要求	2024 年 4 月 1 日

续表

序号	标准编号	标准名称	实施日期
2	GB/T 15613—2023	水轮机、蓄能泵和水泵水轮机模型验收试验	2023 年 10 月 1 日
3	GB/T 28545—2023	水轮机、蓄能泵和水泵水轮机更新改造和性能改善规范	2024 年 7 月 1 日
4	GB/T 43595—2023	水轮机、水泵水轮机和蓄能泵启动试验及试运行导则	2025 年 1 月 1 日
5	GB/Z 43464—2023	海洋能转换装置电能质量要求	2024 年 7 月 1 日
6	GB/Z 43465—2023	河流能资源评估及特征描述	2024 年 7 月 1 日
7	GB/Z 43521—2023	海洋温差能转换电站设计和分析的一般指南	2024 年 7 月 1 日

（哈尔滨电机厂有限责任公司　刘婷婷　周谧　柴博容　刘保生）

水电及新能源新书

中国电力出版社 2023 年部分水电及新能源新书

2023 年中国电力出版社出版的部分水电及新能源新书目录见表 1。

表 1　　　　　　　中国电力出版社 2023 年部分水电及新能源新书

序号	书号	书名	作者	定价（元）
1	978-7-5198-5064-7	抽水蓄能电站辅助设备控制系统典型设计	国网新源控股有限公司	120.00
2	978-7-5198-7347-9	国家电网有限公司水电厂重大反事故措施辅导教材（第二版）	国家电网有限公司水新部	90.00
3	978-7-5198-7171-0	现代水轮机调速器实用技术及试验、维护	时雷鸣、陈小翠	180.00
4	978-7-5198-7428-5	中国水力发电年鉴　第二十六卷	中国水力发电工程学会	450.00
5	978-7-5198-7438-4	新型抽水蓄能与西部调水	刘泽洪	96.00
6	978-7-5198-6249-7	中国电力工业史 水力发电卷	中国电力企业联合会、中国水力发电工程学会	390.00
7	978-7-5198-5476-8	严寒地区碾压混凝土重力坝温控防裂技术	夏世法	70.00
8	978-7-5198-7584-8	水电站运营管理标准体系建设	福建水口发电集团有限公司	98.00
9	978-7-5198-7429-2	土石坝技术 2020 年论文集	水电水利规划设计总院、中国水力发电工程学会混凝土面板堆石坝专业委员会等	130.00
10	978-7-5198-7492-6	大中型水电站运行检修系列　大中型水电机组现场检修管理	国网浙江紧水滩电厂	56.00

续表

序号	书号	书名	作者	定价（元）
11	978-7-5198-7678-4	水电工程质量管理典型案例分析	丰满大坝重建工程建设局、吉林蛟河抽水蓄能有限公司	80.00
12	978-7-5198-7600-5	工程 GIS 勘测设计技术研究与实践	徐鹏	160.00
13	978-7-5198-7552-7	大中型水电站运行检修系列大中型水电站水库调度自动化	国网浙江紧水滩电厂	45.00
14	978-7-5198-7960-0	中国能建项目管理手册　总论	中国能源建设股份有限公司	175.00
15	978-7-5198-7961-7	中国能建项目管理手册　水利水务篇水利分册	中国能源建设股份有限公司	81.00
16	978-7-5198-7962-4	中国能建项目管理手册　传统能源篇水电分册	中国能源建设股份有限公司	162.00
17	978-7-5198-7963-1	中国能建项目管理手册　传统能源篇输变电分册	中国能源建设股份有限公司	108.00
18	978-7-5198-7969-3	中国能建项目管理手册　新能源和综合智慧能源篇　储能（抽水蓄能）分册	中国能源建设股份有限公司	99.00
19	978-7-5198-7976-1	中国能建项目管理手册　新能源和综合智慧能源篇　陆上风电分册	中国能源建设股份有限公司	81.00
20	978-7-5198-7974-7	中国能建项目管理手册　新能源和综合智慧能源篇　海上风电分册	中国能源建设股份有限公司	81.00
21	978-7-5198-7968-6	中国能建项目管理手册　新能源和综合智慧能源篇　太阳能发电（光伏）分册	中国能源建设股份有限公司	72.00
22	978-7-5198-7970-9	中国能建项目管理手册　生态环保篇生态环保分册	中国能源建设股份有限公司	121.00
23	978-7-5198-7810-8	水电站大坝运行安全关键技术	中国电建集团华东勘测设计研究院有限公司	288.00
24	978-7-5198-6872-7	高碾压混凝土重力坝设计与研究	冯树荣	350.00
25	978-7-5198-7248-9	升船机调试	贵州乌江水电开发有限责任公司、杭州国电机械设计研究院有限公司	90.00
26	978-7-5198-7756-9	小水电机组效率监测和负荷优化分配	贵州电网有限责任公司电力学科研究院，文贤馗	60.00
27	978-7-5198-8019-4	2023 中国水电青年科技论坛论文集	中国水力发电工程学会	280.00
28	978-7-5198-8011-8	抽水蓄能电站工程技术（第二版）	中国电建集团北京勘测设计研究院有限公司	398.00
29	978-7-5198-8217-4	抽水蓄能电站招标采购典型案例库	国网新源物资有限公司	58.00
30	978-7-5198-8378-2	中国能源研究会抽水蓄能专委会年会论文集 2023	中国能源研究会抽水蓄能专业委员会	98.00
31	978-7-5198-7579-4	新能源发电事故隐患重点排查手册	华能山东发电有限公司、中国华能集团清洁能源技术研究院有限公司	238.00
32	978-7-5198-7465-0	能源与电力分析年度报告系列　2022 中国电源发展分析报告	国网能源研究院有限公司	88.00

续表

序号	书号	书名	作者	定价（元）
33	978-7-5198-7466-7	能源与电力分析年度报告系列　2022中国新能源发电分析报告	国网能源研究院有限公司	88.00
34	978-7-5198-7467-4	能源与电力分析年度报告系列　2022国内外能源与电力价格分析报告	国网能源研究院有限公司	88.00
35	978-7-5198-7468-1	能源与电力分析年度报告系列　2022国内外能源互联网发展分析报告	国网能源研究院有限公司	88.00
36	978-7-5198-7469-8	能源与电力分析年度报告系列　2022国内外电网发展分析报告——面向新型电力系统的电网发展	国网能源研究院有限公司	88.00
37	978-7-5198-7470-4	能源与电力分析年度报告系列　2022国内外电力市场化改革分析报告	国网能源研究院有限公司	88.00
38	978-7-5198-7471-1	能源与电力分析年度报告系列　2022国企改革发展关键问题分析报告	国网能源研究院有限公司	88.00
39	978-7-5198-7472-8	能源与电力分析年度报告系列　2022国内外能源电力企业数字化转型分析报告	国网能源研究院有限公司	88.00
40	978-7-5198-6982-3	风电场设备典型故障分析与处理100例	中国电力技术市场协会	260.00
41	978-7-5198-7666-1	分布式光储微电网系统设计、施工与维护	刘继茂、郭军	50.00
42	978-7-5198-7441-4	境外新能源并购项目尽职调查工作指引	国家电力投资集团有限公司	50.00
43	978-7-5198-7569-5	陆上风电场EPC项目履约创新与实践	中国电建集团华东勘测设计研究院有限公司、浙江华东工程建设管理有限公司，任金明、周垂一、朱鹏、郭晨、胡小坚	90.00
44	978-7-5198-7975-4	风力发电生产人员岗位技能提升培训教材　技能鉴定操作实务	华能吉林发电有限公司新能源分公司	60.00
45	978-7-5198-7233-5	分布式光伏电站项目开发实用手册	姚杰等	108.00
46	978-7-5198-7931-0	海上风电事故分析及风险防范	陈伟球、颜云、杜尊峰	68.00
47	978-7-5198-8035-4	国家电网有限公司服务新能源发展报告2023	国家电网有限公司	100.00
48	978-7-5198-8099-6	2023中国新能源发电并网分析报告	《2023中国新能源发电并网分析报告》编写组	88.00
49	978-7-5198-7986-0	新能源发电项目前期开发实用技术手册	中国电力建设工程咨询中南有限公司	80.00
50	978-7-5198-7908-2	新能源并网测试技术及工程应用	丛雨、刘永江、曹斌等	118.00
51	978-7-5198-8064-4	新能源场站典型隐患排查图册	深能北方能源控股有限公司	54.00
52	978-7-5198-8038-5	海上风电工程安质环管理丛书　海上风电工程隐患排查指引	中广核工程有限公司	130.00
53	978-7-5198-8038-8	海上风电工程安质环管理丛书　海上风电工程一站式安健环管控指引	中广核工程有限公司	105.00
54	978-7-5198-7442-1	新能源发电作业危险点分析及控制　集中式光伏分册	华能（浙江）能源开发有限公司清洁能源分公司	108.00

续表

序号	书号	书名	作者	定价（元）
55	978-7-5198-7443-8	新能源发电作业危险点分析及控制 分布式光伏分册	华能（浙江）能源开发有限公司清洁能源分公司	80.00
56	978-7-5198-8032-3	新能源发电设备技术监督及典型案例分析	刘永江、丛雨、曹斌等	88.00

（中国电力出版社）

《严寒地区碾压混凝土重力坝温控防裂技术》出版发行

随着碾压混凝土筑坝技术的发展，国内外在严寒地区修建碾压混凝土重力坝日趋增多。而由于严寒地区独特的气候特点及碾压混凝土坝本身采取通仓浇筑、不分纵缝以及越冬长间歇式的施工方法，使严寒地区碾压混凝土重力坝具有独特的温度、应力时空分布规律。我国在严寒地区修建的碾压混凝土重力坝出现的裂缝较多，严重影响了坝体的安全性、耐久性以及工程建设的经济性。《严寒地区碾压混凝土重力坝温控防裂技术》一书针对严寒地区碾压混凝土重力坝温控防裂技术展开研究，于2023年4月由中国电力出版社出版发行。该书主要从以下方面进行了阐述：

（1）用FORTRAN语言开发大体积混凝土温度场及徐变应力场三维仿真计算程序。该计算程序可模拟大坝从第一仓混凝土开始的浇筑施工、蓄水过程，考虑施工过程中各种温控措施的作用、各种材料热力学参数随时间的变化、边界条件的变化及外界环境影响等条件，进行大坝温度场和徐变应力场全过程的计算分析。

（2）针对严寒地区碾压混凝土重力坝极易出现温度裂缝的问题，通过在施工现场跟踪某百米级碾压混凝土重力坝的整个施工过程，利用三维仿真计算程序对严寒地区大坝施工过程中浇筑温度、水管冷却、临时保温、永久保温、越冬保温等施工期温控措施的防裂效果进行研究。通过施工期大坝温度的实际监测资料，对典型坝段进行热学参数反演并进行施工反馈分析，调整施工现场的温控措施及温控指标。总结提出严寒地区碾压混凝土重力坝配套的防裂措施，有效防止大坝危害性裂缝的出现，特别是解决了越冬水平层面开裂这一在国内外严寒地区碾压混凝土重力坝中普遍出现的问题。

（3）针对严寒地区碾压混凝土重力坝局部位无法实施永久保温的问题，初步研究诱导缝这一在拱坝中经常采用的结构措施在削减严寒地区碾压混凝土重力坝高应力区应力的作用效果。在高应力区设置诱导缝，与常规温控措施配套使用，可以进一步简化施工，具有较好的经济效益。

（4）针对严寒地区碾压混凝土重力坝实际施工过程中基础温差控制指标经常出现超规范要求的现象，通过某已建碾压混凝土重力坝的工程实践，研究严寒地区碾压混凝土重力坝在实施推荐的配套温控措施后大坝温度及应力的变化规律。提出对于严寒地区碾压混凝土重力坝，在实施永久保温后可适当放松基础温差，严格控制内、外温差和上、下层温差的观点。

（5）研究严寒地区重力坝内部置换混凝土及下游贴坡混凝土的温控防裂问题，并根据研究结果提出合理化工程建议。

（6）针对大坝施工过程中需要管理海量数据信息及大坝施工过程中三维可视化仿真的问题，与北京工业大学联合开发大坝施工期动态模拟及管理系统，并成功应用于某重力坝和拱坝两座大坝的实际施工。

该书具有较强的指导性和实用性，为以后类似工程的建设提供了全面、系统的参数经验借鉴。该书可供大体积混凝土结构设计、施工及管理人员使用，也可供有关院校师生及相关领域的科研人员参考。

（中国电力出版社 安小丹）

《高碾压混凝土重力坝设计与研究》出版发行

大坝是水电工程中最重要的建筑物，是工程建设投资、工期和工程安全的关键所在，也是水电工程科技创新的重点所在。在水电工程大坝建设中研究采用新结构、新材料、新工艺和新的设计方法以缩短建设周期、降低工程造价、提前发挥效益，已成为工程建设的重大课题。

20世纪80年代，日本、美国率先研究采用碾压混凝土筑坝，分别建成了岛地川坝（1981年）和柳溪坝（1983年）。我国通过引进、消化、吸收再创新，大力推广碾压混凝土筑坝技术，取得世界领先水平的技术成就。除最早建成的福建坑口碾压混凝土重力坝外，还在岩滩水电站、棉花滩水电站、江垭水电站、龙滩水电站、大朝山水电站、向家坝水电站、官地水电站、金安桥水电站、黄登等工程开展碾压混凝土材料、施工装备和工艺、混凝土温度控制、质量控制、变态混凝土、斜层碾压、层间结合和高温雨季施工措施等研究，取得一系列重要创新成果，形成了中国特色碾压混凝土筑坝技术，被世界同行认可具有国际领先水平。中国特色碾压混凝土筑坝技术具有水泥用量少、胶凝材料用量适中、混凝土绝热温升低、掺合材料掺量高、抗渗和抗冻性能好的特点。

《高碾压混凝土重力坝设计与研究》于2023年由中国电力出版社出版发行。该书是中国电建集团中南勘测设计研究院碾压混凝土筑坝技术团队冯树荣、肖峰等同志多年工程实践与辛勤付出的结晶，结构严谨、编写规范、内容丰富、数据翔实、质量精优。以我国大量研究成果和工程应用为基础，并吸收国外碾压混凝土的部分研究成果，总结我国高碾压混凝土重力坝的建设经验的基础上，重点介绍了碾压混凝土原材料及配合比、碾压混凝土性能、碾压混凝土层面性能、变态混凝土、坝体防渗结构、坝体断面设计、碾压混凝土重力坝温控防裂等技术内容，涵盖了高碾压混凝土重力坝设计中的主要方面，以期对我国高碾压混凝土重力坝的建设提供借鉴和参考。

中国工程院院士、水利水电工程专家马洪琪为该书作序，充分肯定了该书的研究内容和编写价值。评价该书资料翔实、内容全面，具有较高的理论水平和实用价值，为行业标准碾压混凝土重力坝设计规范的编制提供了重要参考依据，也可供碾压混凝土坝设计、施工、科研和运行等领域的专业人员参考。

(中国电力出版社 孙建英)

《海上风电事故分析及风险防范》 出版发行

海上风电行业得到高速发展的同时，行业缺乏理论指导、相关技术不够完善、作业规程与监管不够规范等问题逐渐凸显，海上风电事故时有发生并呈现逐年增多趋势。海上风电作为一项高投入、高技术的产业，具有政策相关性强、投资额度大、项目技术要求高、建设周期长、风险隐患多、风险损失大等特点，事故的发生往往严重威胁到工程人员的生命安全，并对企业造成难以挽回的经济损失和社会不良影响。

《海上风电事故分析及风险防范》一书于2023年10月由中国电力出版社出版发行。全书共分为6章：第1章概述了海上风电产业的基本情况，并梳理了国内外发展现状及我国海上风电产业相关政策；第2章概述了海上风电工程风险的定义、特征及风险管理的方法，并介绍了我国海上风电工程保险的发展现状、种类及采购流程与理赔情况；第3章梳理了海上风电场的建设过程，并对各建设环节中存在的风险进行了具体的识别与分析；第4章介绍了海上风电场运维内容及运维设备的发展情况，并对运维期存在的风险进行了具体的识别与分析；第5章总结分析了近年来国内外海上风电事故的发生趋势，并对典型的事故案例进行了分析；第6章结合此前的风险评估与事故案例分析，针对海上风电项目风险防范与控制提出了相应措施及建议。

该书旨在帮助读者较快地把握海上风电行业脉搏，结合风险管理理论，较全面地理解和掌握海上风电项目的建设、运维过程及各类风险因素，并透过大量真实事故案例，深入理解掌握风险控制的意义及有效的防范措施。相信该书的出版对于提高我国海上风电技术水平，培养新能源人才，加强相关从业人员对海上风电行业风险的认识，建立事故预想、谨防事故发生、促进海上风电行业长远发展，具有重要的现实意义。

该书对加强相关从业人员对海上风电行业风险的认识，建立事故预想、谨防事故发生、促进海上风电行业长远发展，具有重要的现实意义。

(中国电力出版社 匡野)

中國水力發電年鑒

11

水电建设管理

工 程 管 理

白鹤滩、乌东德水电站工程质量监督模式实施情况

金沙江白鹤滩、乌东德水电站装机容量分别为1600万 kW 和 1020万 kW，是目前我国第二大和第四大水电站。白鹤滩、乌东德水电站工程建设目标为建设世界一流精品水电工程，工程建设质量要求高，质量安全控制难度大。传统上，国家对水电工程质量监督实行专职质监机构不定期巡检模式，工作方式主要有年度检查、随机抽查、专项和阶段性质量监督检查，对工程责任主体质量行为以及工程实体质量进行监督检查。受限于监督次数和检查时间，难以实现全方位、全过程监督。在监督效果上，受监方被动接受，监督成效也难以持久和固化。为此，可再生能源发电工程质量监督站（总站）借鉴现代管理、经济和发展理论，将宏观管理与微观管理相融合，探索实行"总站+项目站"相结合的监督新模式，及"监督+服务+引领+共享"的监督新机制，取得了很好的监督成效，实现了工程建设的质量目标，2023年这两座国家重大电站工程均已通过枢纽工程竣工阶段质量监督。这里将两座水电工程采取的创新质量监督模式分述于后。

（一）"总站+项目站"监督模式

可再生能源发电工程质量监督站（总站）为适应白鹤滩、乌东德水电工程建设质量目标要求，决定在工程现场设立白鹤滩项目站和乌东德项目站，实行总站常规巡检和项目站驻站监督相结合的监督新模式。①在"总站+项目站"模式下，总站完成大纲规定内容的监督，以宏观监督为主，重点对参建各方主体责任落实和工程总体质量进行监督。项目站开展施工全过程质量监督，以微观监督为主，着重促进参建各方质量理念提高、质量行为规范和工程实体质量提升。②在监督过程中，总站根据工程建设进展，指示项目站加强专项质量监督。项目站将现场质量状况及时报告给总站，总站根据现场情况对监督内容与方式进行动态调整，两者良性互动，相辅相成，实现了监督检查的全覆盖和监督成效的最大化。③总站受限于监督次数，难以面面俱到。项目站发挥常驻的作用，每月根据工程建设进展及总站意见，选取一个侧重点开展

工作，组建相应专业的专家组。在某专业项目即将启动施工之前，项目站当月重点对该专业施工各方的质量管理体系、质量行为进行重点检查；在该项目进入施工高峰期后，又择机对该项目进行专项监督，对该专业工程实体质量、质量行为进行重点检查。从工程启动施工即介入"把脉问诊"，最终使工程建设的各专业、各方面都得到了全面的监督，促进了工程质量的整体提升。

（二）项目站监督机制创新

乌东德、白鹤滩项目站是在工程现场设立的首个质量监督项目站，自然承担了质量监督机制探索的任务。项目站创建之初，就开始顶层设计，将管理学上 X 理论与 Y 理论相结合，对传统监督模式进行完善，探索受监方主动接受、自主改进、自发提高的监督新机制。通过质量监督实践，逐步形成了一套行之有效的监督工作机制，其核心内容为"监督+服务+引领+共享"。

（1）严格监督，保障工程过程质量始终受控。①项目站严格依据国家法律、法规和工程建设强制性标准进行监督，规定内容一个也不能少。采取现场检查、原始记录抽查、抽样检测、座谈了解、参加会议、调查研究、施工方案审查等多种工作方式，深入了解工程质量状况，既关注大的质量安全问题，也关注细部质量安全问题。除了日常现场检查外，严格执行《建设工程质量条例》，对涉及主体工程结构安全和主要使用功能的工程实体质量和主要原材料质量，以及重要部位、关键工序和隐蔽工程质量开展抽测验证，保障工程施工质量始终处于受控状态。②项目站对现场质量检查执行"三不定、不提前"原则，即事先不定点、不定期、不定检查内容，不提前告知。到现场前，除事先通知建设单位外，不通知其他参建方，建设单位接到通知后也不通知参建方。专家组的现场检查工作内容、地点、路线等事先不通知各方，采用随机方式检查现场，避免了受检单位做表面文章，促进了现场作业的规范性，促进了参建单位质量行为的规范和工程实体质量的提高。③日常检查中，项目站勇于发现问题、指出问题，敢于较真，保持高压态势，对发现的质量问题，严格要求有关责任单位进行整改。为保证质量监督意见整改落到实处，项目站还对质量问题的整改要求举一反三，进行"回头看"复查，实现检查—整改—提高的 PDCA 循环，

促使工程质量不断提升。

（2）热情服务，持续为工程质量提升出谋划策。①项目站在驻站监督工作中，积极探索监督与服务融合机制，既指出存在的问题和不足，又提出改进方向，帮助参建各方解决质量问题。收到了好的效果。②项目站充分发挥质监专家见多识广、经验丰富的优势，通过介绍其他工程质量亮点和质量控制措施，提出了很多保障工程质量的高价值建议。保障了工程建设质量。③在日常工作中，项目站深入现场，深入车间，从不同侧面、不同角度深入了解工程质量状况，与参建单位共同分析、共同研究、共同促进施工过程质量问题的解决。结合工程施工状况进行对比分析，提出解决问题的方向和建议措施，并与参建单位一道观察现场施工效果，所遇问题最终获得较好解决。④项目站还探索了一种"自查为主、监督为辅"的工作模式，即参建单位自报问题，专家帮助"把脉问诊"。召开座谈会，由参建各方介绍现场施工中存在的待改进的质量问题及其他问题，邀请了行业内权威专家，帮助剖析原因，提出解决办法和建议。

（3）加强培训，持续提升参建各方质量安全理念。①在日常工作中，通过培训持续提高参建各方的质量安全理念。针对泄水建筑物质量事故案例的剖析和防范措施培训，让参建各方认识到建设者有责任留给后人一个"免修补工程"的重要性，激发了参建单位的自主性，追求精雕细琢，一次成优，实现了混凝土工程"零缺陷"。②通过专题培训，参建单位深受启发，决定将底板抗拔锚杆质量标准全部提高到Ⅰ级锚杆，并在施工中得以实现，保障了关键部位工程质量的可靠性。③乌东德大坝是目前世界上最薄的高拱坝，其体形偏差控制难度大，项目站专门邀请对拱坝体形有深入研究的专家进行培训，让参建各方从原理上认清了拱坝体形控制的难度和重要性，通过采取强有力措施，乌东德薄拱坝的体形偏差符合率也达到了国内中厚特高拱坝的水平。④为追求内在质量与外观质量的统一，项目站收集了近30座水电精品工程资料，对工程外观质量提升进行总结，对建设者进行专门培训，在提升乌东德和白鹤滩优美的外观质量方面发挥了促进作用。

（4）搭建平台，引导参建各方向高质量目标迈进。①项目站引领参建各方向高质量建设目标不断迈进，邀请其他优秀水电工程的专家来白鹤滩、乌东德工程指导质量工作，带领白鹤滩、乌东德质量管理人员走出去观摩、调研，通过"请进来、走出去"，激发参建各方"比、学、赶、超"的热情，助推工程建设质量迈向高端水平。②通过质量监督平台，引导白鹤滩工程与黄登、丰满等优秀水电工程建设者开展观摩和交流，提高了白鹤滩工程厂房免装修混凝土、大

坝坝顶工程的质量水平。

（5）警示提醒，防范工程重大质量安全风险。①项目站在监督过程中，充分发挥质监机构的信息和技术优势，提供"理念共享、知识共享、经验共享"。②项目站通过大数据分析，从同类工程质量事故案例中萃取质量管理理念、防控知识和经验，开展了泄水建筑物破坏分析及防范、渗流破坏及防范、引水发电建筑物破防分析及防范、下闸封堵安全风险分析及防范等系列培训，警示质量事故的多发性和严重性，防控同类工程质量问题的发生。③白鹤滩大坝混凝土骨料料场开挖后地质条件发生较大变化。项目站组织地质专家深入现场查勘，及时提醒建设单位组织复核和补充地勘工作。通过采取扩大开挖、加强开采控制等措施，保证了大坝供料和施工未受影响，消除了因供料中段可能造成的大坝裂缝、冷缝、层间结合不良等重大质量隐患。④导流洞下闸封堵如果对风险认识不足，可能产生异常渗漏，导致延误工期、影响蓄水和发电、造成重大经济损失的后果。项目站通过会议、资料介绍等多种宣贯形式，提高了各参建方认识，加强防范。按照质量监督建议，两工程在导流洞下闸前，均安排了多次进洞检查和试抽水，提前发现了隧洞底板冲磨破坏、门槽部位钢衬破损、下门卡阻、下闸渗漏大等安全隐患，通过及时修复、排险等措施，消除了后期下闸可能产生的质量安全事故风险。

（6）勇于变革，积极探索质量监督的长效机制。项目站尝试探索质量监督的激励机制和长效机制，借助国家能源局水电工程质量案例通报表彰了乌东德、白鹤滩工程质量亮点和管理特色，在行业内广泛宣传白鹤滩、乌东德精品工程建设效果，起到很好的激励作用。

（三）监督成效

监督成效是检验监督模式的唯一权威。十年来，可再生能源发电工程质量监督站及项目站不断创新监督模式和监督机制，取得了很好的监督成效，获得了国家和地方能源主管部门的肯定。对白鹤滩、乌东德水电工程共提出各类监督意见和建议约3000条，对提高参建各方质量理念，消除质量安全隐患，保障和提升工程质量发挥了重要作用，被中国三峡工程报赞誉为"大国重器高质量建设的忠诚守护者"。通过参建各方和质监机构共同努力，白鹤滩、乌东德水电站工程已安全实现蓄水和全部机组投产发电，建成了无温度裂缝的300m级高拱坝，打造了具有"镜面混凝土"效果的泄洪洞工程，建设了渗控效果优良的"地下大坝"工程，创建了亮点纷呈的地下厂房工程，实现了世界一流精品水电工程的建设目标，对提升我国水电工程质量具有很好的引领作用。

（水电水利规划设计总院　李太成）

EPC 模式下大型水电工程保发电费用计算方法

此文基于 EPC 总承包合同框架，就大型水电工程保发电相关费用的组成部分、计算原则、计算方法、处理方式进行简单阐述，并对 EPC 模式下相关费用处理方式、方法及优缺点进行总结。

（一）保发电有关合同规定

①若发包人要求承包人提前完工，应由发包人、监理人与承包人共同协商，在确保工程安全、质量的前提下，采取加快工程进度的措施。发包人要求承包人提前完工，双方依据合同约定另行协商，承包人有权要求发包人增加费用。②承包人若实现工期提前，按专用条款规定，对承包人进行奖励。

（二）保发电具备基础条件

①现场条件具备：大坝挡水系统混凝土转序顺利完成，混凝土浇筑节奏平稳上升，质量可控；引水发电系统开挖提前完成，混凝土浇筑稳中有进，为机电安装创造条件；拌和系统、缆机系统等辅助工程正常运行有保障，关键物资提前采购、有序储备，其他对外交通运输风险可控。②技术上可行：总承包人已完成建设项目工期调整可行性分析，保发电关键技术研究分析与论证报告、保发电施工组织设计报告已通过有关方审查。③安全上有保障：总承包人已完成保发电安全影响论证与评估报告并通过有关方审查，保发电各项工作质量有措施，安全有保障。④经济上合理：总承包人已完成保发电工期技术可行性及经济合理性分析，保发电方案有利于工程项目提前发挥经济效益。

（三）保发电费用组成部分

（1）专项措施费。根据保发电可行性研究设计分析报告及施工组织设计报告，保发电的措施项目分为设计技术保障措施、专项措施、施工辅助措施。①设计技术保障措施费用：主要是设计技术保障措施（如：关键技术研究论证、总进度调整设计专题研究、施工导流下闸蓄水专题研究等）。②专项措施费：工程措施费用（如：平台加宽、预留宽缝、隧道封堵、缆机保障、基础处理等）；施工措施费用（如：土建工程新增的台车、定型模板、散装模板、架管、扣件等周转性材料，安装工程新增的工器具、工装等）；技术措施费用（如：混凝土配合比调整、分层调整、入仓方式调整、温控冷却、物资保障等，包括安全保障措施、质量保障措施、环保水保措施等）。③施工辅助措施费：包括新增的施工风、水、电、通信、照明、通风、营地、仓库、机修库、通道等临建

措施；包括新增的根据投标原则可以单独列项的卫生检疫、工程保险、咨询会务、垃圾处置、大型设备安拆等费用；施工资源进出场措施费等。

（2）资源投入及窝工降效费用。①施工资源投入、管理资源投入。因保发电目标增加的资源投入包含：设计管理资源投入、施工管理资源投入、施工作业人员投入、施工机械设备投入，以及总承包人采取的组织措施、经济措施。②窝工闲置、降效费用。保发电施工组织设计增加了有限工作面的作业人工和机械数量，有效提高工作面的生产强度，缩短备仓工作时间。但是各工序间的理论搭接时间和实际衔接时间存在差异，工序间的流水节拍难免存在不均衡、不协调的情况，存在彼此干扰的情况，造成人员和机械降效。③关键线路上如大坝孔口段、结构仓、地厂机窝、机组安装等施工强度大幅增加，有限空间、有效作业时间内的劳动力、施工机具、机械设备等资源的组织、调度、协调难度加大，难免存在人员、设备提前进场等待，机械空转的情况，势必导致现场资源窝工、闲置。

（3）奖励费用。结合行业内的通常做法，为充分调动基层作业人员的积极性，设置关键节点目标奖励费用。

（4）其他费用。主要包括安全生产费、价差调整费、间接费、利润、税金等。

（四）保发电费用计算原则

①单价项目：原合同有类似单价参照原合同单价执行；无类似单价参照投标原则重新组价；新增项目依据定额重新组价。②合价项目：按照原合同取费基础和标准计算增加费用。③专利技术、咨询、服务类项目：按照签订的专利使用、技术咨询、服务合同载明的金额并按照合同约定取费。④根据多方案比较，保发电专项措施费相对独立，且按照计算原则费用变化不大。奖励费用根据建设单位习惯、工程规模、发电效益的差异而不尽相同，不具有共性参考价值，以下重点介绍增加资源投入及窝工闲置降效费用的处理。

（五）保发电费用计算方法

（1）原合同提前发电奖励方法。①根据合同约定，"经总承包人努力，首台机组实现并网发电，发包人将按提前天数每天 B 万元给予总承包人奖励，末台机组提前实现并网发电，每天奖励 B 万元。提前发电奖励总额上限为 X 万元。"②投标阶段：施工组织设计承诺总承包人首台机组提前发电 A 天，发包人按照 B 元/天标准进行奖励，奖励金额为 $P = A \times B$。③保发电方案：目标发电工期较原招标文件约定的工期略有提前，即首台机组较原合同提前发电 A_1 天（$A_1 > A$），保发电方案可实现的提前发电奖励金额为 $P_1 = A_1 \times B$。

（2）增加资源降效系数计算法。因保发电方案较原合同方案增加投入施工资源，在提高施工强度加快进度的同时，因资源过度集中、提前进场、相互干扰等造成施工效率降低，主要分析施工人员降效系数和机械设备降效系数。

$$P = \sum M_1 \times f_1 + \sum M_2 \times f_2 \quad (1)$$

式中：P 为增加资源降效补偿费用＝施工人员降效补偿费＋机械设备降效补偿费；$\sum M_1$ 为保发电期间剩余合同产值人工费分解之和（含机上人工）；$\sum M_2$ 为保发电期间剩余合同产值机械设备一类费用之和；f_1 为人工费降效系数＝$1/(1-\Delta W_1/\sum W_1 \times$ 合同对应工日单价）；f_2 为机械费降效系数＝$1/(1-\Delta W_2/\sum W_2 \times$ 合同对应机械一类费台时单价）；$\Delta W_1 = \sum$ 保发电人工工日数之和（含机上人工）×合同对应工日单价－$\sum$ 原方案人工工日数之和（含机上人工）×合同对应工日单价；$\Delta W_2 = \sum$ 保发电机械台时数×合同对应机械一类费台时单价 $\sum$ 原方案机械台时数×合同对应机械一类费台时单价；$\sum W_1$：原方案人工工日数之和（含机上人工）；$\sum W_2$：原方案机械台时数之和。

①施工人员资源增加投入。以经审批的保发电施工组织设计为研究对象，分析保发电工期调整期间拟投入的人工工日与投标阶段承诺数的变化幅度。其中投标阶段承诺数以投标方案中《拟投入本标的人力资源计划表》为基础，扣减管理人员配置。②机械设备资源增加投入。以经审批的保发电施工组织设计为研究对象，分析保发电工期调整前后主要机械设备配置变化幅度，以机械一类费用为基础。

（3）关键线路高峰强度计算法。保发电工期调整方案主要通过：①加大施工资源投入，提高备仓和浇筑效率，缩短关键线路和部分非关键线路有关工作的持续时间，以实现加快施工进度的目的；②优化调整关键线路和部分非关键线路上有关工作之间的逻辑关系，将部分依次作业的工作调整为平行作业，达到缩短工期的目的。通过保发电施工组织设计报告及网络计划图可知：①增加的施工资源主要位于关键线路挡水系统上；②保发电施工资源增加、减少变化曲线与混凝土峰值曲线均呈正态分布，峰值接近；③保发电资源投入与混凝土高峰强度的变化存在某种关系。关键线路高峰强度分析法是以混凝土高峰强度的变化计算保发电增加资源补偿费用。

$$S_0 = K \times S_1 + K \times S_2 \quad (2)$$

其中：
$$K = \frac{Q_1}{Q_0} - 1$$

式中：S_0 为保发电增加资源投入费用；K 为关键线路混凝土高峰强度系数；Q_0 为原合同关键线路混凝土高峰强度；Q_1 为保发电关键线路混凝土高峰强度；S_1 为 $\sum$ 合同剩余分部分项清单分解人工费＋$\sum$ 机上

人工费；S_2 为 $\sum$ 合同剩余分部分项清单分解机械设备一类费＋$\sum$ 二类费。

（4）加班工资补偿法。保发电期间延长作业工人有效作业时间实现加快施工进度的目的，按照国家劳动法应支付作业工人加班工资。

①保发电增加资源费用＝人工加班补偿费用＋机械补偿费用；②人工加班补偿费用＝人工加班直接费＋增加人工间接费；③人工加班直接费＝加班总工时数×合同工时综合单价×β；④增加人工间接费＝人工加班直接费×合同约定间接费费率；⑤加班总工时数＝$\sum$ 各部位完成工程量所需工时数×保发电方案提前天数/原合同工期；⑥合同工时综合单价＝保发电合同剩余产值人工费分解之和/保发电剩余合同产值分解总工时数；⑦β：人工加班工资补偿系数＝[节假日加班工时数×节假日工资补偿系数（300％）＋双休日加班工时数×双休日工资补偿系数（200％）＋正常工作日加班工时数×正常工作日工资补偿系数（150％）]/加班总工时数；⑧保发电时段内节假日、双休日、正常工作日加班工资系数按照《劳动合同法》规定的标准分别按原工资的 300％、200％、150％计算；⑨机械设备补偿方法参照"增加资源降效系数计算法"计算。

（5）类似项目对比法。横向参照国内或流域类似项目激励费用设置比例计算保发电激励考核费用。该费用为全口径激励考核，不再单独设置资源增加投入费用。

（六）保发电费用处理方式

（1）DBB 模式下：国内在建、完建水电工程项目中，提前发电商务费用多以事后友好商议的原则处理。其优点是通过实物量法统计分析，发包人可以较准确的掌握承包人实际投入情况。其缺点：①承包人的施工利润不可期，积极主动性不强；②监理人、承包人消耗大量人力开展计量、签证工作，成本太高；③发包人投资不受控，投资收益难以评估。

（2）EPC 模式下：提倡发、承包双方事前协商处理，提倡按照附属 EPC 模式总价包干处理。其优点：可有效激发总承包人的积极性，推动设计、施工高度融合，合同责权利清晰明了，减少总承包合同后期商务问题；同时发包人投资回报可以提前锁定，有利于企业财务核算和可持续战略发展。

（中国水利水电第七工程局有限公司　黄从钢）

北支江上游水闸船闸工程 EPC 总承包项目实施亮点

（一）工程管理亮点概述

（1）北支江上游水闸船闸工程位于富春江北支段

入口处，原状上堵坝下游 50m 处，位于现代版富春山居图的首卷位置。工程的主要任务为恢复河道原有功能以满足富阳防洪安全，满足亚运会赛事用水要求，兼顾改善区域水环境、提升两岸景观、满足旅游船舶进出要求和提高内江配水工程保证率等。项目设计人员，明确了遵循工程建筑融于山水、隐于周边景观环境的设计理念，水闸、船闸整体结构位于水下，不侵占北支江原有岸线，不影响河道行洪能力。工程采用底轴驱动式液压翻板闸门设计，闸门为双向挡水闸门，汛期不挡洪水，枯水期可维持内江 5.4m 的景观水位。水闸闸墩及顶部配套音乐喷泉及灯光效果设计，整体设计风格现代化、景观化。工程建成后景观效果极佳。

（2）2018 年 2 月，在确定中标亚运场馆及北支江综合整治 PPP 项目后，华东院组建项目管理成员进场开展各项前期准备工作，开展了各项前期策划讨论工作。①组织机构策划。针对项目跨水利、市政、房建等多个行业的特性，创新性地提出了子项目加职能部门的矩阵式管理形式。②管理体系文件策划。项目人员进场后，识别形成了项目管理技术文件 444 项清单。③技术难点实施策划。该工程基础位于深厚透水砂层，岩层埋设超过 50m，地下层压水复杂。提出了分区分序降水的设计降水方案；施工上形成了针对本工程的《高压旋喷桩施工作业指导书》《三轴水泥搅拌桩作业指导书》等多项成果。④评优创杯策划。该工程采取底轴驱动式液压翻板闸门，在项目建设初期，由建管公司牵头召开了项目评优创杯策划会议，明确了创优目标，编制了工程创优方案及计划。通过提前策划，组织完成了多项科研、QC、工法、专利成果的申报，为工程评优创杯奠定了基础，目前上游水闸船闸工程已作为"钱江杯"推荐名单上报到省建筑厅，且正在进行大禹奖申报前的各项准备工作。

（3）项目在开工前期根据项目特色制定了分包进度考核管理办法，每月月末对施工进度、质量、安全等方面执行情况进行考核，考核结果直接与月度工程款支付挂钩。开工前申报了项目施工总进度计划，每月对进度完成情况进行总结并编制下月进度计划，出现偏差及时组织召开项目进度纠偏会议，进度管理遵循 PDCA 的管理流程，定期总结、纠偏，调整施工资源确保关键线路施工进度计划满足总进度计划要求。同时根据总进度计划，每年年末编制子项目年度总结及下一年施工进度计划。

在项目主体工程建设期经历了 2020 年初新冠疫情突发、新安江水电站九孔泄洪导致工程位于经历超标准洪水、2019 年特大台风"利奇马"等不可抗力事件，对工程土建施工、金属结构制作等进度造成了非常不利的影响。2020 年疫情第一次解封后，为缓解不可抗力事件导致项目进度滞后的影响，EPC 项目部积极协商项目业主、监理、施工方，制定了一系列的赶工措施。经过多措施努力，在经历开工时间滞后及诸多不可抗力事件对整体工期的影响后，项目完工时间基本满足合同约定，合同工期调整经过了项目业主及政府实施方的认可。项目进度管理效果显著。

（4）现场实施严格监管，工程实体工程质量优良。项目在前期策划中，组织完成了项目质量管理体系文件、质量工作计划、质量管理办法、分包质量考核细则等一些列质量管理文件。在现场实施过程中，结合 EPC 项目部各职能部门的监管，对现场施工质量严格控制，工程施工高峰期每日进行现场质量巡视，发现问题通过口头沟通、工作联系单、整改通知单、罚款单等一系列由松至紧的管理手段进行质量控制，出现不良势头及时组织参建各方召开工程质量专题会议。每年年度对质量管理优良工期颁发流动红旗，建议项目业主对质量管理干将进行经济奖励。通过一系列质量管理措施的落实，项目实体工程质量优良，未发生质量事故，被质量安全监督单位认定为工程质量优良

（5）高度重视标准化建设，安全管理一流。上游水闸、船闸工程为北支江第一个开工的子项目，在项目安全管理中，电建集团、华东院、建管公司、水电六局安全部门多次组织人员对工程现场及内业资料进行了专项检查，由建管公司安全部牵头，组织完成了工程标准化图集的编制并应用到项目现场实施中。通过多轮的标化提升，使北支江上游水闸船闸工程标准化建设达到了市级标准化工地建设的要求，实施过程中多次被其他工地借鉴学习，杭州市、富阳区领导对工地标化建设进行了多次肯定及正面的宣传。项目实施过程中未发生安全事故，项目安全目标顺利达成，标准化工地建设被杭州市水利局评定为水利工程标化工地，被浙江省住建厅认定为建筑施工安全标准化优良工地。在做好施工过程的安全管理的同时，也为工程评优创杯打下了坚实的基础。

（6）该项目为华东院设计牵头的 PPP+EPC 项目，在项目前期方案设计中，华东院耗费了大量的人力物力进行专项方案设计，经过多轮的讨论调整再讨论，最终确定了独具特色的北支江各项枢纽建筑物。在项目实施过程中，设计部门遣派多名设计人员常驻现场办公。设计人员全面参与现场管理的同时，积极解决施工难题，针对政府方的要求，积极响应优化调整，极大程度的减少了沟通时间，加快了现场施工进度，有效地解决了现场施工难题。充分发挥了设计牵头 EPC 的独特优势。

（7）工程位于北支江的入口处，上游利用现状堵坝作为围堰，左岸与现状泵站及景观公园相接，右岸

紧靠东洲岛小沙村。工程占地、围堰吹填、基坑降水及开挖、土方外运、混凝土自拌等各个环节均与地方村民有交叉，且 PPP 项目管理层级复杂，项目现场实施协调推进难度大。项目在前期管理策划中制定了项目沟通管理办法，对不同层级进行了项目干系人整理分类，根据不同层次的问题，采用不同的人员出面协商解决。在项目建设前期，针对项目推进实施过程中的问题，与项目建设指挥部协商制定了项协商例会制度，形成定期召开了指挥部会议、五方协调会议的制度。在项目政府主管部门的高度重视下，在 EPC 总承包项目部的全力协调下，顺利完成了各个阶段的协调工作。

（8）亚运场馆及北支江综合整治工程在开工初期为建管公司直管项目，项目设计方案特点鲜明，创新点丰富，在工程合同签订初期就确立了创优质工程，在建管公司主要领导的推动下，在项目经理的组织下，在项目开工初期通过了项目创优策划。北支江上游水闸船闸工程确定了确保"钱江杯"，争创"大禹奖"的创优目标。在项目实施过程中，严格按照优质工程进行各项管理活动，组织开展了多项 QC、工法、论文、专利、科研成果的编制总结工作，各项成果丰硕。

（二）EPC 总承包模式下管理优势

（1）近年来，EPC 总承包项目在各大专业均呈现发展扩大趋势，EPC 总承包项目对比其他建设模式在工程实施进度、工程管理方面具一定的优势。华东院作为传统设计企业，在 EPC 项目经营、履约过程中充分利用了设计优势，在设计方案选择，工程技术重点、难点问题解决方面具有常规施工管理企业不具有的优势。

（2）经过多年的优质履约，华东院在水利工程EPC 总承包管理领域已逐渐被地方政府及同行业的认可，积累了一定的品牌效应，进一步征得了为EPC 项目的经营起到了带动作用。

（3）经过多年的 EPC 总承包项目管理，华东院培养了许多 EPC 总承包管理经验丰富的员工。通过不断的梳理更新，形成了 EPC 总承包管理的固定模式及诸多标准化管理文件，进一步指导了新的 EPC总承包项目的履约管理。

（4）通过多年的积累、经营，形成了一支经验丰富的专家团队，专家团队之间与各大高效科研组也建立了一定的联系。每当项目实施过程中出现实施重点、难点时，华东院总能在第一时间与相关问题专家取得联系，通过内部、外部咨询的形式，切实解决项目实施难题。

（中国电建集团华东勘测设计研究院有限公司
张立锋　邓渊　张磊　王晓勃）

抽水蓄能项目 EPC 总承包
设计助力项目经营管理

（一）EPC 总承包管理模式下设计工作对项目管理的作用

①引导设计人员转变设计观念。在 EPC 总承包模式下，设计工作面对的对象除了业主，还有来自EPC 总承包项目内部履约需求，设计人员站位和视角已发生巨大改变，要引导设计人员转变观念，依托EPC 总承包合同，牢固树立项目投资控制和经营成本意识，全面满足总承包项目对投资成本、分包采购、进度管理、质量和安全管理需求，尤其是总承包项目经营管理方面的投资控制与成本管理需求。②加强设计管理是实现 EPC 总承包项目盈利增效的重要途径。相对于施工总承包项目管理，EPC 总承包项目除了可以通过施工管理实现成本节约和项目盈利，还可以通过加强设计管理提升项目经营效益，实现施工管理和设计管理双管齐下，两条腿走路经营格局。

（二）将设计管理纳入 EPC 总承包项目管理

在 EPC 总承包合同模式下，虽然设计工作属于总承包履约范围和内容，但大多数总承包单位由于公司内部管理机制和习惯以及项目管理者原因，形成了设计和 EPC 项目经营管理"两张皮"现象，EPC 总承包项目的履约更多停留在施工管理。①如何挖掘设计助力项目经营管理的潜力，关键还是在于加强设计人员与总承包项目技术人员、项目总工的高效沟通。除了选派有经验的设计人员驻场，加强平时工作交流，参加由总承包项目总工统筹主持的定期设计交流会议和图纸审查会议则非常有必要。可以对设计供图进度进行管理，通过召开面对面的线下图纸审查会议，对设计图纸可实施性、投资和成本控制等内容进行审查优化，并形成可实施的图纸审查会议纪要。②由于设计阶段的设计工作对工程造价和施工成本影响重大，将设计管理实实在在纳入 EPC 总承包项目管理对项目履约和经营管理意义巨大。将设计管理实实在在地纳入 EPC 总承包项目管理体系，充分发挥设计在 EPC 总承包项目管理模式下的龙头引领优势，提升总承包项目经营管理效果。

（三）在设计管理工作中推行限额设计，实现设计与项目经营管理紧密结合

EPC 工程总承包的合同基础通常为可研阶段设计，随着 EPC 总承包合同的履行，总承包人完成的设计成果逐步满足施工图预算编制要求，在合同履约过程中要做到预算跟随设计，并及时将预算结果与可研阶段概算同步进行经济比较，如出现超概算或

EPC合同价格情形，则要及时组织设计人员、合同造价预算工程师共同参与开展限额设计工作，从设计源头做好项目成本控制，提升项目经营管理效果。

（四）落实选派有经验的设计工程师驻场管理

设计为龙头，现实形成的设计和项目经营管理"两张皮"现象，无法真正实现EPC总承包合同模式下设计和施工管理的无缝对接，未体现出EPC总承包合同下设计对项目经营管理带来的有利优势，所以应落实选派有经验设计工程师驻场管理，实现EPC总承包合同模式下，设计、合同和技术经济三位一体真正意义上的EPC总承包管理，保证项目经营管理效益最大化。

（五）狠抓优化设计，深化设计和设计优化工作

在EPC总承包模式下，合理减少施工图纸设计工程量，无疑为总承包项目经营管理提供巨大空间。在总承包履约过程中，建议重点开展以下几方面工作：①优化设计。EPC工程总承包模式下，承包人在满足发包人要求和提供的设计文件的技术标准前提下，实施优化设计的一项重要工作，是实现成本节约、效益提高的最佳方法。如：在抽水蓄能电站项目以洞室施工为主的开挖支护施工中，如果洞室围开挖实际揭露出来的断面岩类别好于预期，那么设计可以根据现场情况对支护方式进行优化设计。②深化设计。对EPC工程总承包项目，是承包人在满足发包人要求和提供的设计文件技术标准的前提下，进行深化设计实现设计施工一体化，以便有效改进设计可施工性，提高生产效率，降低成本。在抽水蓄能电站项目施工中，现场各种施工条件和影响因素相对于前期可研阶段设计条件越来越具体和清晰。通过深化设计改进设计的可施工性，提高功效，达到降低施工成本。如：可研阶段对洞口边坡设计不同深度的锚杆支护，对钻孔施工机具配置提出不同要求等。③设计优化。在EPC工程总承包模式下，承包人进行设计优化是对发包人原设计文件的合理化建议。因此，需要经发包人和原设计单位的同意和批准。发包人批准的构成设计变更。在抽水蓄能电站项目中同样可结合现场实际进行设计优化。由于设计优化构成设计变更，承包人在进行设计优化时要根据EPC总承包合同文件规定，确定是否构成合同调价条件。如果构成合同调价条件，应按照合同文件时限、流程和要求，做好相关合同调价。

（六）做好设计变更的专项管理

EPC总承包合同模式下工程变更与采用施工图进行施工总承包的变更定义和范围已有所区别。根据中价协《建设项目工程总承包计价规范》关于EPC总承包工程变更定义：指工程总承包合同实施中，由发包人提出或由承包人提出经发包人批准对"发包人要求"所做的改变；以及方案设计后发包的，发包人对方案设计所做的改变；初步设计发包的，发包人对初步设计所做的改变。参考《中华人民共和国标准施工招标文件》（2007版）的通用合同条款中对于以施工图设计进行施工总承包的工程变更的范围和内容，工程变更主要包括：①取消合同中任何一项工作，但被取消的工作不能转由发包人或其他人实施；②改变合同中任何一项工作的质量或其他特性；③改变合同工程的基线/标高/位置或尺寸；④改变合同中任何一项工作的施工时间或改变已批准的施工工艺或顺序；⑤为完成工程需要追加的额外工作。⑥增加或减少合同中关键项目工程量超过其项目工程总量约定百分比。

由上可见，EPC总承包模式和施工总承包模式下工程变更定义有所不同，二者变更基础有所不同，EPC总承包模式下对方案设计或初步设计进行的变更，自由度更大，而相对于施工图设计的施工总承包下的变更自由度则更小。鉴于不同设计变更会对EPC合同总价有不同影响，为避免总承包方和发包人后续由于设计变更对合同总价发生争议和纠纷，EPC总承包方项目管理中需严格按照EPC合同约定，梳理施工设计图纸同合同订立基础所用的概算图纸（方案设计/可研设计）所发生的设计变更，实行设计变更专项管理。按照合同约定及时取得发包人或监理人对变更的立项审批，调价分类定性审批，报价审批以及EPC合同总价调整等全流程资料，做好设计变更台账管理和实时更新，以规避后续因设计变更出现合同总价结算纠纷和审计核减。

（七）做好设计按计划供图和图纸存档发放专项管理

设计是龙头在EPC总承包模式下同样适用，由于设计出图的后端有施工图纸审查优化、物资设备采购、分包采购、施工分包结算以及设计变更梳理等相关经营管理工作，设计供图计划需要充分考虑后端工作时间周期，为后续施工图纸审查、设计优化、限额设计，物资设备和分包采购、现场施工准备等工作提供必要条件。对已经出的设计图纸要依次做好纸质和电子版登记，存档、印制和分发等专项管理，避免图纸版本出现混乱，引发项目经营管理不良连锁反应，严格做好按计划供图和图纸存档发放专项管理。

（中国电建集团华东勘测设计研究院有限公司
袁平　崔淞皓　牛耀国）

基于自组网的羊曲水电站工程智能安全管控系统

（一）工程概况

黄河羊曲水电站工程位于黄河干流，工程主要任

务是发电,属于一等大(1)型水利水电工程。电站厂房位于大坝下游左岸坡脚,为岸边式地面厂房,施工高峰期多个施工队同时在厂房及压力管道等建筑物施工时受到地形限制,运营商信号无法有效覆盖,造成安全管控工作难以实现全面、实时及精准管控。因此,智能安全管控系统建设呼之而出。①通过自组网技术和智能安全管控平台的联动,可以实时监测人员违章行为和设备运行状态,及时发现和预警各类安全隐患和故障,减少事故发生的风险,提高水电工程的安全性和稳定性。②信息化管理。自组网可以实现水电工程各个节点之间的实时通信和数据共享,进而智能安全管控系统则可以对海量的数据进行集中管理和分析,提供决策支持和业务优化。通过信息化管理,可以提高管理效率和准确性,优化资源配置,提升运营效益。③智能化管控。自组网技术和智能安全管控平台的联动,可以实现设备之间的智能互联和协同工作。通过智能化技术,可以对水电设备进行智能监测、自动控制和优化调度,实现智能化建设和管理,降低人工干预的需求,提高水电工程的智能化水平。

(二)自组网技术介绍

(1)自组网概述。自组网是一种与传统无线网络完全不同的新型无线网络,由一组移动设备或节点组成的网络,这些设备通过自主地建立和维护连接,形成一个分散式的网络结构。自组网不需要中心化的基础设施,节点可以直接通过无线通信进行数据传输。在水电工程中,自组网可以实现水电站内部各个节点设备之间的直接通信,并形成一个覆盖面广的网络。

(2)自组网技术的特点及优势。①高效传输。②灵活部署。③全面覆盖。④高安全性。⑤自修复能力。

(3)自组网技术难点。①覆盖范围与传输带宽的矛盾。②受安装环境制约。

(三)基于自组网的智能安全管控系统结构

基于自组网的智能安全管控系统中,以微波传输和自组网作为基础网络架构,在此架构上部署羊曲水电站施工现场的智能安全管控系统。

(1)网络传输系统结构。针对羊曲水电站现场实际环境特征和运营商信号覆盖现状,该文提出了一种以微波传输的自组网专网通信系统联动智能安全管控系统,解决了施工现场无通信覆盖的难题,可实现连50km的长距离通信传输。通过在现场布设自组网覆盖通信设备和无线微波点对点传输等设备,实现施工建设区域内通信网络的全面覆盖,施工现场的车载视频、固定点视频及布控球视频可通过自组网传输终端接入视频监控系统进行存储管理,再向上传递给电网现场作业平台。便于智能安全管控中心进行音频、视频等数据信息的实时交互。

(2)智能安全管控系统构架。针对羊曲水电站施工数字化管理方面的需求,系统自下而上采用5层构架设计,分别为:①设备层;②网络层;③数据层;④平台层;⑤应用层。综上所述,智能安全管控系统的5层架构提供了一个完整的体系,实现了对水电工程安全领域的全面管控和管理。每一层都承担着不同的功能和任务,通过各个层次之间的协作与交互,实现了整个系统的高效运行和智能化管理。

(四)系统功能组成

(1)视频监控系统。视频监控系统采用前端摄像机和监控设备实时获取现场视频图像,用于全方位、多视角、无盲区、全天候式的不间断监控,实现统一安全管理和实时监控,方便指挥调度。系统对接功能支持与门禁、人员识别,实现系统之间的视频联动和信息共享。图像监控系统可实现与第三方系统对接和通信,接收信号并按联动关系将相关视频推送至指定客户端,并触发报警,便于监控人员及时查看重要事件发生部位视频图像信号。

(2)AR全景系统。AR全景系统主要目的是对水电站坝体施工区域实现更加精细化的视频管控,在此基础上通过空间定位标签,建立局部精细化场景透视的映射关系掌握局部精细化状态。对于部分无法覆盖区域采用联动跟踪捕捉施工区作业画面,通过球机自动或手动跟踪人和车辆等目标,实现人员和车辆的智能跟踪。对全局实景中获取的行人参数进行密度分析,掌握指定区域内的人员数量,并对异常状态分析,及时发现不按时间规定、人数规定的作业现象。

(3)作业管控系统。当工作人员进入作业区时,全景摄像机将人员进行聚焦跟踪,全程记录该人员在该作业区域的作业过程。进入作业区时对所有人员进行身份识别及安全帽佩戴情况,作业过程中系统平台会对未佩戴安全帽作出告警提示,虚拟电子围栏会对在岗的安保人员进行检测,人员数量低于在岗要求,或长时间离岗时将统计为离岗事件检测。当工作人员完成作业内容离开场所后,对该作业区域进行物品遗留检测,一旦发现警戒区内有物品遗留超过规定时间后,立即发出报警并用报警框标识出该物品的位置。

(4)人员防疲劳系统。实时监测驾驶员的疲劳、分神、抽烟、打电话、红外阻断、DSM摄像头遮挡、驾驶员异常、驾驶员变更、DSM摄像头故障等行为,对这些不规范行为作出警报语音提示并上报平台,系统中的CMS平台还可实现施工现场的工程车辆管理,具有以下功能:车辆实时定位、行车轨迹跟踪、远程实时视频监控、远程录像回放、报警信息查询及统计、TTS语音、图像抓拍、远程参数配置、动态查岗、区域提醒、路线偏离提醒。

（五）应用效果

基于自组网的水电工程智能安全管控系统应用效果主要体现在5个方面：①降低成本。②维护便利。③安全问题实时响应。④智能预警、精准识别。⑤全景管控、闭环管理。

（黄河上游水电开发有限责任公司工程建设分公司
杨云峰　窦晓亮　张建　薛宇良
中国电建集团西北勘测设计研究院有限公司
侯彦峰　刘新庄
西安建筑科技大学资源工程学院　王晨曦）

TB 水电站智能建造技术助推工程建设新时代

2023年，TB水电站在建设过程中全面应用了水电工程智能建造技术。该技术集成大数据、物联网传感器、移动通信等先进技术，针对大型水电工程建设大坝碾压、混凝土温控、机电安装、砂石骨料生产等质量管控重点、难点，建立了基于"全面感知、真实分析、智能控制、优化提升"智能建造闭环控制理论的一体化质量管控平台，实现大型水电工程建设质量管控精准化、智能化，工程质量过程透明、质量问题可追溯，确保工程质量全面可控，取得了良好应用效果。

（1）大坝碾压施工采用智能碾压全过程数据采集、传输、反馈、分析及决策等流程的在线智能管控，实时监控1502个混凝土热升层，实现层间覆盖时间合格率99%，摊铺厚度合格率99%，碾压遍数合格率99%，压实度合格率100%，提高了混凝土实体质量。

（2）大坝智能温控系统使用520套智能通水设备通过自动四通换向阀智能通水，自动采集数据，实时监测230万m³混凝土内部温度，实现个性化通水和温控措施实时优化迭代。

（3）研制应用小型化、轻量化超高压成套智能灌浆设备，实现了灌浆全过程自动控制。

（4）采用智慧绿色砂石加工系统进行在线监测，有效提升了砂石骨料质量。

（5）建立地下工程安全智能动态管控云平台，智能设计+智慧感知+动态管控联动分析，实现大型地下洞室群的高效、绿色、安全、智能建造。

（6）机电安装中搭设可视化无尘伸缩电控防护棚，对定、转子组装进行创新，提高设备安装质量及施工效率。

智能建造技术的全面应用，有效保障了TB水电工程的安全、优质、绿色、高效的建设。大坝取得了

月最大上升15.0m、连续5个月平均上升14m、年最大上升126m、18个月浇筑至坝顶的同类坝型最快建设记录，同时取出26.5m世界最长碾压混凝土芯样。地下厂房的围岩整体安全稳定，施工人员的健康得到了有效保障，建设工期得到保障。砂石加工过程中的污染防治和能耗控制成效显著，产能提升。电站较可研工期提前一年发电。

后续，该智能建造一体化管控平台还将移植、扩展为澜沧江流域水电工程智能建造一体化管控平台，不断升级迭代、优化完善，持续高效助力澜沧江上游西藏段水风光一体化示范基地建设。

（华能澜沧江水电股份有限公司托巴
水电工程建设管理局）

水电站工程建设中的风险管理分析

水电站工程建设是一项涉及多门学科、错综复杂的综合性系统程，项目风险管理和项目建设各个环节紧密相连，而水电站建设项目，自身的特点决定了项目风险来源广与风险损失大，目前来看，我国对于水电站工程建设进度、质量以及在安全方面的风险管理、风险控制意识还有待增强，而项目风险管理能够对建设项目所存在的风险进行有效地辨别、预防、管理、控制，因此，将项目风险管理引入水电站工程建设中能够增强水电站建设项目实施的安全性，有助于充分发挥水电站建设项目的功能。因此有必要采系列的控制措施、管理方法、技术手段来对项目自建设实施过程中存的风险进行预防与控制，最终将建设项目原本存在的风险对项目产物的不利影响程度降至最低，以最小的成本确保建设项目顺利完成。

（一）水电工程项目风险类型

（1）环境风险。由于水电站工程相关施工场地，在具体的社会环境及自然环境的影响下，会造成类型各异的风险状况。①自然环境，其所造成风险因素主要为施工地区，相应气候变化及地理环境，诸如洪水及地震等不可抗逆的自然灾害。此外，施工场地具体水文条件、地质及地形等也会造成一定影响，由于受到恶劣自然环境，水电工程在主体结构总体方面出现各类问题，如地下水渗漏、崩塌及结构断裂等。②社会环境，其主要因素可能存在政府征用及工人罢工等问题。此外，针对水电工程项目相应通信设备、电缆及管线等方面的问题。③施工场地，还存在一定的居民文化素质和社会治安等问题所造成的影响。

（2）管理风险。在实际水电工程项目建设过程中，基于管理方面所出现的问题致使风险的产生案例

也较多，就水电工程项目基础内容来讲，其不仅包含质量检测、安全、施工方法及监理单位的管理等方面，还包括施工单位、设计单位、设备的供应商及材料等方面的内容，此外，还存在工程施工建设人员自身的道德素质、个人保险及施工具体的自己投入等内容。

（3）技术风险。在建设施工中，对水电工程项目造成影响的因素中还有技术风险，在实际水电工程相应建设过程中，不管是基于理论层级方面相应错误的操作及施工技术方面的错误，还是水电工程相应对质量予以检测的具体方法、材料的具体选择、设备的实际使用及日常维护等也会造成相应技术风险。此外，施工场地在具体的高处作业方面的安全问题、防火措施及防爆措施等方面也同样会造成技术风险，在实际技术使用过程中，则需对技术相应成熟性及先进性予以充分考量，此些问题及状况均会对水电工程项目建设造成相应影响。

（4）市场价格风险。影响水电工程的风险因素中还有市场价格的变动。由于市场经济状况及趋势均处于相应变化当中，在水电工程相应建设当中所涉及到的设备及材料价格，均会依随市场价格波动而作出相应调整，至此也会对水电工程建设当中相应影响。

（二）水电站工程项目风险管理的特征分析

水电站工程项目风险管理的特征分析主要是从管理的特点和风险因素划分两个方面来研究。

（1）水电站工程风险管理的特点。由于水电站工程建设自身的特点及规律，风险产生因素的不仅多种多样，而且错综复杂，导致了水电行业风险的多样性和多层次性。因此与其他工程相比，水电站工程具有以下特征：①多样性：水电站建设工程包含了多个单位工程，如：水工建筑物、输变电及开关站、计算机保护系统等。②独特性：水电站建设场址是固定的，水电站工程结构复杂，技术工艺、工程地质、项目目标都与民建项目不同，因此其具有独特的唯一性。③安全工作。水电站的安全生产管理工作，关系着施工人员和人民群众的生命安全，因此需要特别加强安全工作。④为保证水电站建设工程质量，在寒冬或酷暑季节，要做好保暖或降温工作。同时施工过程易受地表径流、电网调度和运行、海啸、台风等不可抗力的影响。

（2）水电站工程风险因素划分。水电站工程风险因素划分主要从3个方面分析：①水利水电工程发展阶段。这一阶段的风险主要指勘察设计招投标阶段风险、施工阶段风险和运行阶段风险。②风险产生原因及性质。主要包括暴雨、飓风等引发的自然风险；因外部政治环境变化而带来的政治风险；市场预测错误、市场经济规律的变化、汇率变动等导致的经济风

险；由于科学发展所导致的技术风险；因个人疏忽、组织过失所造成的行为风险；因相关方关系不协调引发的组织风险。③水利水电工程项目体。主要指项目建设中业主承担了投资、自然和管理等方面的风险；承包商贯穿于工程项目全过程的风险；设计单位、勘察单位等在项目建设过程中所承担的风险。

（三）水电站工程建设中的风险管理策略

（1）水电站工程风险识别。水电站工程风险识别过程是贯彻整个项目的建设阶段的。常用的水电站工程风险识别方法主要包括：专家调查法、财务报表法、流程法、经验数据法以及风险调查法等，具体需结合建设项目所处的阶段来选取风险识别方法。如：通过经验数据法对水电站在工程建设过程中可能遇到的恶劣天气等自然风险进行识别；利用流程图法对水电站在项目建设过程中因各组织方关系不协调而可能出现的组织风险进行识别等。

（2）水电站工程风险评估。水电站工程风险评估工作是在风险识别的基础上进行的，风险评估又称风险衡量，即通过对以往风险事故资料的收集、整理、分析，利用概率论以及数理统计法等对识别出的风险的发生概率、损失程度进行定量的估算或者估计某单一风险给水电站工程建设带来的损失。常用的风险评估方法主要有主客观评估法、外推法和蒙特卡洛数学仿真法。

（3）水电站工程风险应对。首先，风险转移。风险转移指项目方有意识地将工程建设风险转移至其他组织方。风险转移措施主要包含购买保险与完善合同条例两个方面。由于水电建设项目工期较长，所面对的施工环境复杂多变因此，通过购买保险可以有效地将项目投资者的风险转移至保险公司。其次，风险规避。风险规避措施指通过合理的手段与措施从源头上规避水电工程建设面临的风险，风险规避手段常用来处理水电工程建设所面临的大概率风险（极易发生）或者是会给建设单位造成大损失的风险。如：施工方放弃或拒绝工程项目、向招标方提出合理条件以及采取保守的施工方案等都属于风险规避措施。

（4）风险控制。风险规避与风险管理的前提是做好对风险控制，针对水利建设项目而言，风险控制主要包括做好工程合同的风险控制、利用合同形式进行风险控制与优化设计方案进行风险控制。工程合同作为水电站工程建设的主要法律效力文件，是确保建设项目组织方合法权益的保障。因此，水电站项目管理人员应具有较强的风险意识，在签订合同时应逐条对条款进行阅读，充分考虑到条款中是否存在对己方不利的风险因素，防止后期出现扯皮问题。同时，可通过合同形式对风险进行有效地控制。

（5）风险降低。索赔是有效地降低风险损失的重

要手段，工程索赔是水电站建设项目实施过程中的关键环节。工程索赔贯穿于项目的整个阶段，当水电站建设项目出现施工条件变化、组织方案变化设计变更、不良地质条件等时，各组织方均可按照合同条款进行工索赔，确保自身合法权益，降低工程风险。

（中国水利水电第三工程局有限公司

赵付鹏 马春艳）

国际工程项目材料调差方法与管理实务

近年来，随着国际工程市场竞争日趋激烈，项目价格调差与索赔、变更并称承包商创收的"三大支柱"。对于合同规定可以调差的国际项目，如何做好调差管理工作，以规避合同风险、增加调差收益，是国际工程承包商应当研究的重要课题。

（一）国际工程价格调差现状

国际工程价格调差的方式在 FIDIC 合同条件等基础上，逐步发展变形出许多种类。按照其计算公式的特质，可以概括为两大主类：①指数公式法调差。传统的国际工程价格调差方式主要采用价格指数公式法调整，也叫公式法，应用于劳动力、设备、材料等各类项目实施成本波动影响合同价格时所进行的价格调整。②实物量法调差。经过长期的发展和使用公式法调差，国际项目中逐渐演变出了新的调差公式，以克服公式法所存在的困难和缺点。类似于国内工程"票证法"的形式，业主规定部分主材进行调差，通过材料用量与其价格变化的乘积来确定调差款。

（二）实物量法材料调差实务

（1）基本公式。实物量法材料调差的基本公式通常为：$\Delta P = Q_p \times (U_{pp} - U_{rp}) \div U_{rp} \times B_p$。其中：$\Delta P$ 为某调差周期内某种材料的调差补偿款；Q_p 为某调差周期内可调差材料数量；U_{pp} 为调差当期对应材料价格指数或参考价格，用相应支付货币表示；U_{rp} 为基准日期对应材料价格指数或参考价格，用相应支付货币表示；B_p 为基准日期对应材料市场价格。该公式的 Q_p 是票证法的主要参数，即调差材料的数量；而 $(U_{pp}\ U_{rp}) \div U_{rp}$ 则引用了指数调差法中的材料价格指数上涨幅度的计算方式；B_p 代表对应材料的单价绝对值，是补偿单价基数。以上设定形成了指数公式调差法和票证法相结合的方式。

（2）可调差材料数量。作为该调差方式中的重要一环，不同项目对此的合同规定细致程度不同。有的项目可能会详细介绍如何确定材料的用量（如联合计量），而有的项目可能仅将可调差材料数量概括性的定性为投入工程（或仅永久工程）的某材料用量。在

执行此类合同时需要特别注意，临时工程、施工工艺的需要、甚至返工等其他原因消耗的材料是否能够按照合同条件计入可调差范畴。此外，对于加工、施工过程中合理的损耗材料，是否也应视为构成永久工程，符合调差条件。

（3）价格指数。价格指数来源通常由业主在招标文件中规定，往往为项目所在国的统计机构发布数据或承包商材料来源/产地的统计机构数据。除价格指数，部分国家和地区由于经济落后，当地官方指数可能不健全，也会用部分实际采购价格作为物价指数的反映指标。部分材料如果存在官方指导售价（如油料），还可能直接以官方指导价替代价格指数，从而将调差公式变形为：$\Delta P = Q_p \times (U_p - B_p)$ 其中：U_p 为当期对应材料官方价格；B_p 为基准日期对于材料官方价格。从而形成了"据实补差"的调差方式。

（4）当期指数的时间标准。FIDIC 合同条件所制定的当期指数时间应为特定付款证书期间最后一天的 49 天前，即截至 8 月 25 日的中期结算应使用 7 月 7 日的价格指数作为调差费用的计算依据。而实物量法调差实际操作中，除了采用上述形式以外，常见的调差当期价格指数的时间还有材料的购买时间、到场时间、或构成永久工程的时间（使用时间）。由于材料的采购、运输到场、使用三者存在时间差，当价格波动较为频繁时，以不同的时间确定的材料价差可能差异很大。同时，承包商可能会事先采购大量材料，而不是多批次采购，如果按材料使用时间确定当期材料价格指数，则并不一定能够反映出实际施工过程中使用的材料真实价格。如不考虑时间价值的前提下，当部分材料市场处于先结清货款后交付材料的交货条件中，则承包商的实际材料采购价格在货物订购时即已经确定。

（三）实物量法调差实操中常见问题

（1）可调差材料数量的计算。实物量法调差中的材料数量的确定是实操过程中的关键工作。相当于国内工程采用的"票证法"，承包商应和业主联合确定某种材料的可调差数量，确认过程通常以工程量计算或实物计量两种方式进行。对于通过工程量计算的材料，如水泥、钢筋，可以按照批复的结算工程量进行理论计算：混凝土中的水泥调差量按照批准使用的配合比计算水泥消耗；钢筋按照结算工程量计算重量。通过工程量计算的材料，需要注意的主要问题在于是否能将各个施工环节、工序中合理的损耗计入调差材料数量中，包括加工损耗、混凝土的运输损耗、钢筋的架立筋等。如果只能按照理论计算数量，则承包商应当在合同价格中考虑损耗部分的材料涨价预备费。

以某国际工程为例，该项目钢筋调差数量由结算工程量确定，而架立筋是构造要求的非受力钢筋，业

主在提供施工图时不做设计，由承包商自行配置。在结算中，业主也将其定性为受力钢筋附属（即施工需要），不予计量，从而拒绝批复架立筋的结算和调差，形成合同争议。对于不通过工程量计算材料（如燃油），或者特殊管控材料（如炸药），可以由双方人员共同鉴证验收，确定到货数量，进行调价计算。这一方法重点问题在于到货数量为理论消耗量，业主或咨询工程师存在质疑：如让售给其他单位、质量缺陷造成返工、甚至发生丢失等现象，因其未用于工程目的，造成的数量减少应当从调差范围中扣除。

（2）指数来源与调差对象匹配程度。项目实施过程中所使用的材料品种繁多，主要材料也存在来源、规格、品种等区别。业主在招标文件中设置的调差指数来源往往无法照顾到承包商可能使用的各种材料。因此，招标文件或合同文件中规定的指数是否能恰当地反映项目实际使用材料的价格波动，容易形成合同执行中的争议。

举例来说，某项目规定钢材调差指数来源采用伦敦金属交易中心官方现汇买价—钢坯价格。项目基准日期为2016年3月30日，合同签订日期为2018年8月31日。双方签署合同后发现，钢坯价格指数早已在2017年3月之后停止发布，而发布停止前显示该指数上涨600%（50USD上涨至300USD）。承包商由此提出钢材调差分段调整：2017年4月之前采用钢坯指数；2017年4月之后采用同样来自伦敦金属交易中心的Steel Rebar或Steel Scrap指数，以期获得钢坯指数暴涨带来的可观收益。而业主显然不会轻易接受这样的要求，发承包双方对钢材调差指数的确定形成争议。

另有非洲某项目，合同规定水泥调差指数来源采用香港统计部门发布的价格指数—普通波特兰水泥；调价水泥数量根据每期结算中各标号混凝土完成工程量乘以对应配合比中的水泥含量确定。项目执行过程中，承包商出于质量和成本控制原因，对混凝土配合比设计进行调整，将普硅水泥替换为矿渣水泥。业主对此提出异议，以C20标号为例，使用普通硅酸盐水泥需要240kg，而矿渣水泥需要297kg。从而导致调差水泥数量提高，业主负担了更多的调差费用。该项目水泥调差指数也成为双方的长期争议。为避免合同争议，承包商可以在投标阶段仔细研究和策划实际使用主要材料与招标文件中规定指数的匹配程度。利用澄清、合同谈判等机会，将可能遇到疑问、模棱两可规定提前确定。

（四）实物量法调差实务总结

实物量法调差适用于业主对部分主要材料承担涨价风险的项目。其操作程序简单直观，忽略了各类调差因子的权重这一主观因素，使得调差补偿更加直接和客观。但实施过程中存在的细节问题，包括调差材料的数量的确定等，给实际操作也带来了一定难度和变数。同时，工程实施的成本涨落并不局限于业主规定的某几种材料，承包商在应对此类合同条件时，还需要将调差材料以外其他成本上涨、汇率变动等因素考虑入投标报价。虽然说，通常情况下项目的调差公式、指数来源、权重系数等都由业主在招标文件中规定，承包商难以更改。但通过对材料调差实际操作过程进行总结，可帮助承包商利用合同谈判、实施中的协商等机会，实现对调差机制改善、避免争议、降低合同风险。

（中国水利水电第七工程局有限公司

陈世超 龙海剑）

企 业 管 理

中国长江电力股份有限公司2023年生产经营情况

中国长江电力股份有限公司（简称长江电力）是由中国长江三峡集团有限公司作为主发起人设立的股份有限公司。公司创立于2002年9月29日，2003年11月在上交所IPO挂牌上市，股票代码600900。2020年9月，长江电力所发行的"沪伦通"全球存托凭证在英国伦敦证券交易所上市交易。长江电力主

要从事水力发电、投融资、抽水蓄能、智慧综合能源、新能源和配售电等业务，经营区域覆盖中国、秘鲁、巴西、巴基斯坦等多个国家，是中国最大的电力上市公司和全球最大的水电上市公司。长江电力运营管理的乌东德、白鹤滩、溪洛渡、向家坝、三峡、葛洲坝六座梯级电站，构成了世界最大清洁能源走廊，有效保障了长江流域防洪、航运、补水和生态安全，为我国经济社会绿色发展提供了强劲动能。2023年，长江电力迎来上市二十周年。面对国际形势复杂多变、长江天然来水偏枯、改革发展任务繁重等困难挑战，公司坚持"高水平巩固大水电、高质量拓展新空

间、高站位推进科技创新、高标准深化党的建设"总体部署,全面完成了年度各项任务,市值首次突破5800亿元,稳居国内电力上市公司首位。

（一）迎难而上、挖潜增效,高水平巩固大水电基本盘

安全生产再创佳绩。长江电力连续第14年实现安全生产"零人身伤亡、零设备事故"目标,梯级电站非计划停运次数创历史新低,电站设备等效可用系数等关键指标均达到国际先进水平。三峡大坝顺利通过首次大坝安全定期检查,乌东德大坝高分注册为甲级。以"五大安全风险管控巡查"为核心的安全督察机制运转有效。公司应急指挥平台和安全智能管控平台建成投运;能源保供坚强有力。梯级电站全年累计发电2762.63亿 kW·h,较上年增加5.34%,圆满完成全国"两会"、成都"大运会"、杭州"亚运会"等多轮次电力保供任务。梯级电站机组全年启停调峰超2万次、日调峰量最高达3379万 kW,单日最大发电量14.68亿 kW·h,连续53天单日发电量超10亿 kW·h,有效缓解受电区域供电紧张局面;水库调度取得突破。金沙江下游梯级水电站"调控一体化"管理全面实施,全年实现零弃水损失电量,水资源综合利用率再创历史新高。三峡水库汛前消落目标水位首次提高至150m,梯级电站全年节水增发电量121.3亿 kW·h。乌东德水库首次蓄至正常蓄水位 975m,梯级水库首次实现按期蓄满。梯级水库年补水总量超242亿 m³,有力保障航运和生态安全;挖潜增效扎实推进。溪洛渡、向家坝水电站机组装机容量调整取得实质性突破。向家坝水电站扩机项目取得国家相关部委支持意见,葛洲坝水电站扩机项目积极推进前期研究工作。

（二）锐意进取、突破瓶颈,高质量拓展新赛道新空间

①抽水蓄能业务有序发展。积极稳妥开展抽水蓄能项目开发、投资、运营。推动甘肃张掖抽水蓄能电站主体工程开工,公司首个"抽蓄+"清洁能源基地初具雏形,获取安徽休宁抽水蓄能项目并实现核准,新一批抽水蓄能项目有序推进。全面受托运维长龙山抽水蓄能电站,实现年度"零次非计划停机"。②新能源差异化优势放大。聚焦"水风光储"（指水电、风力、光伏和储能综合利用）多能互补,高质量运营金沙江下游"水风光储"一体化基地已投产新能源项目,累计接管运行装机近200万 kW。深入研究新能源与大水电、抽水蓄能、智慧综合能源协同发展路径,"流域性水风光多能互补一体化关键技术研究"项目成功申报湖北省级科技重大专项并全面启动实施。③智慧综合能源初具规模。与宜昌市等4个主体签订"城市绿色综合能源管家"合作协议,在建已建光伏、储能规模均突破1GW,实现分布式光伏与储

能领域双级跃升。"三峡氢舟1"号成功首航并入围央企2023年度十大国之重器评选,"中国三峡绿电绿氢示范站"顺利投产。国际业务实现提质增效。持续深化境外公司管控,不断完善治理结构。境外业务全年净利润约14.5亿元,经营业绩再创历史新高。巴基斯坦卡洛特水电站、巴基斯坦三峡风电和三峡巴西大水电技改等海外运维项目平稳有序开展。

（三）创新引领、科技赋能,高站位塑造新优势新动能

①科研体系改革高效实施。健全科技创新体制机制,快速建成符合新形势下科研要求和规律的科研管理体系,组建科学技术研究中心并成立科技创新部。出台科技创新人才队伍激励保障措施,持续优化科研考核、容错、激励、协同创新等机制。年度研发投入达20.68亿元（不含税）,推动公司由传统电力生产企业向全球领先的创新型清洁能源企业转型。②科研平台建设扎实有效。基本建成分工明确、职责清晰的国家级、省级、企业级科研平台体系。水资源高效利用与工程安全国家工程研究中心、湖北省智慧水电技术创新中心等平台高质量运行,获批筹建省级水电运营产业计量测试中心,公司首个博士后科研工作站实质性运转,完成水风光多能互补联合实验室建设,首批科研项目进入实施阶段。③科技创新成果集中涌现。联合高校院所和产业单位申报国家及省部级重点项目总计12项。获国内专利授权1173项（发明专利187项）,获得国际专利授权8项,获评"国家知识产权优势企业"。形成公司科技创新成果183项,涌现出"面向新一代水电行业集成创新的工业大脑解决方案""特大型水电机组智能运维关键技术、成套装备及产业化""基于 FPGA 技术的同步发电机励磁系统无弧灭磁装置"等一批典型科技成果。

（四）政治引领、凝心聚魂,高标准党建护航行稳致远

①党建工作持续深化。以政治建设为统领,深入学习贯彻党的二十大精神,高质量完成第一批、第二批主题教育,切实以主题教育成效推动公司改革发展。全面深化"三基"建设,扎实开展"七抓"工程,深入实施"强基""提质"行动,持续完善党建制度体系,提升党建工作质量。②品牌形象持续提升。实施社会责任项目60项,投入捐赠资金3.27亿元,推进帮扶地区乡村振兴。组织"幸福微笑""长电阳光班"等公益活动,积极传播公司可持续发展实践成效。公司入选"2023中国品牌价值500强""央企 ESG 先锋100",获评"中国上市公司乡村振兴最佳案例""企业诚信建设十佳案例"等荣誉。

（中国长江三峡集团有限公司

张吉娇　王锦瑞）

黄河上游水电开发有限责任公司 2023 年度经营管理情况

黄河上游水电开发有限责任公司（简称黄河公司）是国家电力投资集团有限公司（简称国家电投集团）控股的大型综合性能源企业，截至 2023 年底，黄河公司资产总额超 1700 亿元，电力总装机容量 3053.29 万 kW，清洁能源占比 91.42%。已形成新能源装机规模 1597.05 万 kW，其中光伏装机容量 1071.99 万 kW，风电装机容量 525.06 万 kW；供热生产能力 1478t/h；拥有年产 3300t 电子级多晶硅、110 万 kW 太阳能电池、62.5 万 kW 组件、60 万 t 电解铝及 30 万 t 碳素生产能力。

（一）战略发展

（1）完成公司"十四五"规划优化，将装机规模调整为 4064 万 kW。主动承接地方政府区域发展规划 7 项，与省、市（州）签订战略合作协议 23 份，与企业签订合作协议 4 份，保障海南州戈壁基地、平顶山基地等重点项目有序推进。编制黄河上游多能互补清洁能源基地、绿电转化等专项规划 13 项。

（2）全年核准新能源项目 197 万 kW，开工 175 万 kW。海南州戈壁基地外送通道已纳入国家"十四五"电力发展规划，完成沙化封禁区光伏治沙技术可行性研究，龙羊峡储能一期项目已上报核准申请。茨哈峡及配套抽水蓄能项目用地已调出生态保护红线范围。共和多隆抽水蓄能项目完成预可研报告编制。成功取得宁夏中宁 100 万 kW 抽水蓄能项目开发权、中标海西州 50 万 kW 夜间风电项目。伏山 100 万 kW 源网荷储项目、海南州光储一体化实证基地项目、黄南州尖扎滩 30 万 kW 光伏、大庆市林甸县 20 万 kW 草光互补光伏等共计 215 万 kW 项目通过投资决策。

（3）全年全口径新增电力装机容量 204.3 万 kW，电力总装机达到 3050.97 万 kW。李家峡水电站 5 号机组扩机项目顺利投产，标志着世界最大双排机布置水电站全容量并网。羊曲水电站首台机组定子吊装成功，大坝填筑至 2717.5m 高程。巴沟河四座小水电站完成拆除补偿协议商谈。海南基地共和县 100 万 kW 光伏项目、青豫直流二期 2 标段 90 万 kW 光伏项目首批 10 万 kW、大庆基地二期剩余 10 万 kW 建成投运。伏山 10 万 kW 领航者智慧光伏示范项目已具备发电条件。拉西瓦水电站通过工程竣工验收，公伯峡水电站补充开垦 2398 亩耕地录入青海省占补平衡指标交易库，节约投资 3.72 亿元。

（4）全年新增储备规模 138.8 万 kW。沙特红海综合智慧能源项目 70 万 kW 光伏项目土建工程完工，累计投运光伏权益装机容量 4.9 万 kW、储能 31 万 kW·h。埃及 50 万 kW 光伏项目取得国家电投集团批复，首个控股开发油田供电项目完成立项。乌兹别克斯坦绿氢项目完成联合开发协议签署。

（5）全力打造绿色发展示范样板，谋划推动甘河工业园综合智慧能源项目、河湟新区零碳产业示范园绿电供应项目，获取西北首个绿能零碳交通示范城市建设项目。积极开展"雪炭 N 行动"，实现省内 31 个脱贫县和省外 3 个脱贫县全覆盖，开发总量与进度位列国家电投集团前五。

（二）安全环保管理

（1）扎实开展领导班子"分片包干"联点工作，实现 32 家单位 50 个班组"点对点"帮扶。完成 170 名关键岗位人员履职评价，不断提升安全生产履职能力。

（2）提升全员安全意识，建立两级整改行动项清单，固化整改销号工作机制，全面提高事故整改质量，4 起事故事件共计 136 项问题一次性通过国家电投集团整改验证。

（3）构建安全生产人才梯队，补充安全生产人员 149 人，完成水电、新能源、火电等 6 个领域 51 人专业技术通道和操作技能通道评聘工作，32 家生产型单位专职安全总监全部配备到位。委派 129 名人员进驻承包商班组，逐步扭转"以包代管、包而不管"现象。全面推进班组安全建设，343 个班组全部达标。25 家生产型单位安健环体系达到"三钻"以上。鑫业公司获得安全生产标准化一级企业认定。

（4）圆满完成拉西瓦果卜岸坡变形体塌滑及防汛演练。高效应对积石山"12·18"地震灾害，积石峡水电站 3 台机组震后 4 小时内全部顺利并网发电，公伯峡水电站孤网运行，全力确保电力可靠供应。公司应急处置工作得到国家有关部委、行业主管部门及国家电投集团充分肯定，两座电站受到西北电网调度中心表扬。

（三）生产经营管理

（1）以 SPI、JYKJ、SDSJ 三大管理体系为抓手，全年完成发电量 726.39 亿 kW·h，实现营业收入 337.42 亿元，净利润增幅高于利润总额增幅，利润总额增幅高于营业收入增幅，增产增收增利的协调性进一步增强。公司归母利润排在国家电投集团二级单位第一名，利润总额、资产规模、控股装机、发电量等主要指标稳居国家电投集团前三名，圆满完成国家电投集团考核目标和稳增长任务。

（2）聚焦产业提质、节支增收、存量资产优化、电力营销 4 个维度，全年提质增效贡献利润 6.01 亿元。全年售电均价同比提升 7.74 元/（kW·h），市场化交易电价同比提升 15.91 元/（MW·h），贡献利润 3.33 亿元。积极争取 700m³/s 黄河以上大流量封河，增加出库水量 4.82 亿 m³、增发电量 8.97 亿 m³，通过提升水能利用率贡献利润 3726 万元。强化新能源生产对标、提高深度维检质量，减少检修电量损失，弃风率下降 3.38%，贡献利润 8310 万元。全力降低供电煤耗，贡献利润 9672 万元。加强与电网调度部门沟通联系，最大程度多发效益电，三家火电单位同比减亏 11.69 亿元，西宁发电分公司实现投产以来首次盈利，实现历史性突破。优化电解铝工艺路线，想方设法降本增效，贡献利润 5011 万元。大力开展技术攻关、市场开拓，IBC 电池及组件远销海外，全年盈利 2090 万元。

（3）水电集控平台建成投运，初步实现流域梯级水电站集中监控、综合展示、运营分析、生产调度功能，试点水电站实现"无人值班、远程集控"目标。新能源集控系统累计完成 74 座场站、升压站远方动态试验，实现新能源场站远程控制功能。扎实开展光伏电站直流侧集中消缺、长停风机治理，累计消缺 8.6 万条。研究风机叶片修复技术，顺利完成 18 台风机叶片修复，积累了高寒高海拔地区风机叶片现场修复经验。全年累计实现 18 座光伏电站、12 座风电场 200 日无故障目标。提高运维水平，火电机组实现"零非停"。

（4）水电机组等效可用系数达到 94.7%，高出国家电投集团下达指标 2.7 个百分点，达到行业先进水平。拉西瓦水电站 2、3 号机组获评全国发电机组可靠性对标标杆机组称号，成为国家电投集团 40 万 kW 以上唯一获评水电机组。火电入厂标煤单价降至 956 元/t，同比降低 211 元/t，降幅居国家电投集团第一。供电煤耗完成 307.77g/（kW·h），同比降低 6.17g/（kW·h）。电解铝铝液综合交流电单耗达到 13429kW·h/t 铝，单位产品能耗水平达到省内最低、集团前列。扎实开展质量提升专项攻关，多晶硅碳含量、施主杂质含量同比降低 21%、23%。镍金属回收率达 60%，实现达标达设。

（5）发行青海省首单、总规模 69.6 亿元类 REITs 项目，降低公司资产负债率 4.13 个百分点，提升投资能力 210 亿元。以 61 亿元完成矿业公司 36% 股权转让，较相应股权投资溢价近 16 倍。镍钴矿两非剥离、类 REITs 发行项目获得国家电投集团年度资本运作优秀项目。优化 236 笔存量借款，利息支出同比减少 6.98 亿元。争取到 LPR 下浮近 40% 的煤炭清洁高效利用贷款、制造业专项贷款、项目短贷共计 17.5 亿元，节约成本费用 3000 万元。享受西部大开发、公共基础设施三免三减半等所得税优惠 5.1 亿元。持续深化"双亏"治理，亏损子企业同比减少

3 户，亏损额同比减少 4.75 亿元。

（四）管理创新

（1）引导广大干部员工树立创新发展意识。全年研发投入 3.08 亿元，同比增加 20%。新申请专利 296 件，取得授权发明专利 14 件，专利申请数突破 2000 件，专利授权数突破 1000 件，公司被国家知识产权局认定为"国家知识产权优势企业"。"一种晶硅太阳能电池"发明专利获得第 24 届中国专利奖优秀奖，"大型并网光伏电站荒漠化土地治理""坝群性态感知信息化研发应用"2 项科技项目获得青海省科技进步三等奖，"绿色智能碳电极清理系统的研发及应用"荣获中国有色金属工业科学技术一等奖。2023 年科技创新绩效评价在国家电投集团 15 家产业依托类企业中排名第一。

（2）光伏创新中心深挖国家光伏、储能实证实验平台产业数据价值，成功发布首期工程首年度实证实验数据成果报告，形成高纬度寒温带地区 265 项实证实验对比数据，全面体现实证基地价值，行业影响力不断提升。储能创新中心推动青海省先进储能实验室实体化运行取得突破，全面推进多能互补绿色储能全国重点实验室第二轮申报工作。大坝中心制定 8 项大坝管理制度及技术标准，完成国家电投集团境内 143 座大坝监督检查全覆盖。抽蓄中心持续开展专业研究，向国家电投集团提出 6 省抽水蓄能产业布局发展建议，助推项目落地。

（3）加快科研成果转化应用，集成式逆变升压一体机升级至第四代，光储集成同步发电机完成样机研制，具备大规模对外转化和生产应用条件。组件回收中试已具备整线连续运行能力，综合回收率达到 92.5%，达到国际领先水平，获得国家电投集团科技进步一等奖。

（五）企业治理

（1）完成格尔木分公司等 6 家单位和档案中心等 11 家职能中心组织机构优化、职责界面调整。研究谋划火电产业体制机制改革。设立环保部，进一步加强生态环保管理。推进实施生产运营调度中心分立运作，优化调整物资采购管控模式，充分发挥决策支持、资源协同、服务共享的集约化管理成效。

（2）持续完善"1+N"法人治理制度体系，建立健全"1+4+N"董事会高效协同运作体系。多渠道建立董事会与经理层沟通协作机制，形成高效运转、同向发力的良好治理格局。完成西宁热电、大通火电董事会改组，研究提出合规、高效、统一治理体系运行路径。

（3）扎实开展"创一流"专项行动、对标一流企业价值创造行动，工作成效得到国家电投集团高度评价。持续狠抓工作作风，大力整治文山会海，"精文

减会"常态化工作机制成功创建集团公司"穿石"行动样板间。构建"靠谱用心 我问我行"制度自查改进常态化机制，持续提升制度建设质量。

（4）积极投身积石山"12·18"抗震救灾，公司和广大干部员工累计捐款捐物约 2700 万元，得到青海省委省政府和国家电投集团充分肯定。统筹推进乡村振兴与共同富裕，全年向 6 个县拨付帮扶资金 1905 万元，13 个帮扶项目为接续推进乡村振兴注入"强心针"，惠及农牧民群众 1.6 万人，累计帮助百余名学生接受教育，清洁能源助力乡村振兴取得新成效。

（黄河上游水电开发有限责任公司　郑慧敏）

国能大渡河流域水电开发有限公司 2023 年经营管理情况

2023 年，国能大渡河流域水电开发有限公司（简称大渡河公司）认真落实国家能源投资集团有限责任公司（简称国家能源集团）发展战略和"41663"总体工作方针，聚焦加快水电和新能源发展，以高质量党建引领高质量发展，以加强安全保供体现发展政治责任，以加快项目建设体现发展成效，以加大资源储备拓展发展空间，以提升运营效益巩固发展成果，以完善治理体系提升发展能力，以实干担当增进发展活力，以和谐稳定营造良好发展环境，推动大渡河清洁能源基地建设蓄势聚能、攻坚突破，有力有效推进各项重点工作任务，连续 17 年保持国家能源集团考核 A 级，形成了稳中有进、进中向好的发展态势。

（一）安全管理

大渡河公司深入贯彻各级安全环保工作要求，严格落实国家能源集团安全环保一号文件要求，持续强化安全环保管理体系和能力建设，深入推进安全风险分级管控和隐患排查治理双重预防机制建设，稳步提升安全环保工作水平，实现安全"零事故"、环保"零事件"。截至 2023 年底，大渡河公司连续安全生产 6698 天。安全基础持续巩固，4 家单位通过安全生产标准化一级达标评级，5 家单位通过安全生产标准化二级达标评级，4 家单位通过集团健康企业达标评审验收，2 家单位分别建成全国、四川省安全文化建设示范企业，3 家单位通过治安反恐评审验收，瀑电总厂入选全国健康企业建设优秀案例。生态环保持续提升，积极参加国家水电行业鱼类增殖放流联合行动并获得好评，大渡河水生陆生生物多样性保护成果入选联合国《生物多样性公约》缔约方大会宣传案例，建设投运流域全过程监测系统，铜街子鱼道主体

工程完工并通过验收。科学防灾有力有序，建强企地联防联控机制，彰显央企担当，防灾救灾工作成效得到地方政府认可，参加北京和南宁国际应急展，洪灾、地灾应急管控技术获得好评。

（二）生产经营

2023 年，大渡河公司发挥流域一体化协同优势，强化电站运检协同、流域调蓄协同、市场量价协同，不断提升供给成效、经济运行水平，增强价值创造能力。加强设备管理，圆满完成 2022～2023 年度检修任务，修后设备均一次性启动成功，连续 18 年"零非停"。强化电力保供，大渡河公司坚决扛起能源电力保供政治责任，研究制定保供方案和极端天气应对措施，高质量完成迎峰度夏、大运会保电以及重要时段和成都负荷中心保电任务，及时调整水库消落计划，增加供水 3 亿 m^3，有效缓解长江中下游缺水情势，受到水利部长江委表扬。强化市场营销，积极争取电量指标，科学制定电价策略，电价、辅助服务、售电量等考评指标均超额完成任务。优化经济运行，在全年来水偏少情况下，通过中小洪水实时调度、水位浮动控制等技术，增发电量 3.5 亿 kW·h，水能利用率创历史最好水平。推进降本增效，强化成本费用及执行进度管控，优化内部筹资比例，持续压降融资成本，推进治亏工作常态化，形成了较成熟的治亏长效机制，2023 年，公司所有子企业均实现盈利，圆满完成国务院国资委下达的各项治亏目标任务。

（三）科技创新

大渡河公司全面贯彻国家和国家能源集团发展战略，全面抓实科技创新任务，不断提升创新活力。统筹布局科技项目立项，强化实施管理，集团十大科技攻关项目"基于国产 BIM 的水电工程数字化关键技术研究"、揭榜挂帅课题"中小水电站智慧化运行关键技术研究"高质量通过验收。推进四川省智慧水电工程技术研究中心建设，集团水电智慧企业研究中心具备验收条件，系统谋划智慧企业建设"七统一"。6 项成果鉴定达到国际领先水平，获全国行业协会奖励 18 项，获得知识产权授权 135 项，发布主编行业标准 2 项。

（国能大渡河流域水电开发有限公司

李星辰　杨亚刚　李理想

吴飞宇　刘会兰　柳玉兰）

华能澜沧江水电股份有限公司 2023 年生产经营管理情况

2023 年，华能澜沧江水电股份有限公司（简称澜沧江公司）以开展主题教育为牵引，全力以赴稳安全、抢发展、提效益、深改革、抓创新。已投产装机

容量达 2752.79 万 kW，年发电量超千亿千瓦·时，保持"运营一批、建设一批、储备一批"的发展态势，持续为我国新型能源体系建设提供有力支撑，为社会经济发展贡献强大动力。

（一）安全管理

一是电力保供担当有为。坚决扛牢电力安全保供政治责任，高效统筹水风光顶峰保供，水电优化调度提升水能效率，新能源加快投产提升装机规模，年发电量超千亿千瓦·时，有效缓解了云南用电紧张形势。二是加强安全生产管控。深化安全保证体系与监督体系协同发力，扎实开展安全管理强化年和重大隐患专项排查整治行动，隐患排查整改率 99.17%；抓细抓实防洪度汛各项工作，实现安全度汛；保密、信访维稳、网络安全、新闻舆情保持稳定。三是生产管理更加精益。强化机组可靠性管理，完成 82 台次水电机组检修，主设备完好率 100%；强化精品机组创建，水电精品机组达 59 台、同比提升 21.7%，糯扎渡、乌弄龙等 8 个水电站连续 4 年实现"零非停"。四是环保水保有力有效。糯扎渡等 3 个电厂通过华能集团首批水电环保管理标准化验收；苗尾水电站被评为国家水土保持示范工程。

（二）绿色发展

深度融入国家"双碳"战略，加快推动澜沧江水风光一体化清洁能源基地开发。一是水电开发有序推进。严把安全关、质量关和进度关，TB 水电站大坝全线浇筑到顶。黄登水电站获国家优质工程金奖，乌弄龙水电站获电力优质工程奖。二是新能源发展提质提效。创新工作方式方法，在滇核准（备案）、开工、投产新能源项目规模省内排名第一；5 个光伏项目通过漫湾打捆送出，打造云南首例水光多能互补先行示范。抢抓国家面向南亚、东南亚发展有利契机，有序开展境外水电项目预可研勘察设计和前期工作。

（三）经营管理

一是经营效益大幅增长。深入实施经营工作"1+8"和提质增效"1+N"方案，深挖成本管控潜力，三项费用同比下降，财务费用同比减少。2023年末综合融资成本 3.07%、同比下降 60 个基点、再创新低。积极应对境外复杂形势，境外经营保持稳定。二是资本运作取得新突破。积极履行上市承诺，完成上市以来首次资本运作，收购华能四川能源开发有限公司 100%股权。强化上市公司管理，2023 年内市值涨幅超 30%，云南省内排名第一，连续五年获上海证券交易所信息披露评价 A 级。

（四）科技创新

一是改革创新基础更加稳固。召开首次科技创新改革工作会，部署制定十个方面、26 项改革措施，明确打造高水平创新型企业目标。建成全国首个智能建造一体化平台、流域级大坝智能在线监控平台。发布全国首个水电行业企业级 BIM、GIS 标准。主导行业首部 IEC《智慧水电》白皮书立项。二是科技成果提质增量。加强科技资源投入，深入挖掘高价值成果，授权高水平专利 120 项。华能睿渥调速器、励磁系统及继电保护设备获国家能源局"2023 年能源领域首台（套）重大装备项目"称号，在小湾、糯扎渡、景洪完成 41 台（套）国产化控制系统改造。澜沧江公司获省部级科技奖励 23 项，连续 6 年获华能集团科技进步一等奖。三是数字化建设持续推进。深化智慧能源平台建设，实现 8 大业务版块 19 个界面数据分析处理。智能巡检等 8 个智慧电厂项目在糯扎渡、小湾建成，率先实现 5G+智慧水电管理，获评国家能源局能源领域 5G 应用优秀案例。

（五）企业改革

一是世界一流创建全面加强。澜沧江公司制定世界一流现代化绿色电力企业和专业领军示范企业创建方案，健全完善评价认定体系。澜沧江公司成功入选国务院国资委创建世界一流专业领军示范企业、华能集团创一流示范引领试点单位和云南省重点产业领军企业。二是治理能力提档升级。持续健全制度体系，完成制度立改废 93 项。强化内控合规管理，有效防范各类风险，持续加强法治建设，高效开展 33 个项目审计，澜沧江公司被评为全国内部审计先进集体。三是国企改革深入推进。圆满收官改革三年行动，6项改革案例入选国有企业深化改革实践成果。全面启动新一轮国企改革深化提升行动，制定 99 项改革任务，全力增强核心功能、提高核心竞争力。优化"分区域、全过程"新能源基建管理模式，建管效能进一步提升。

（六）和谐水电

积极践行中央企业责任与担当，聚焦人民需求，秉承"建设一座电站、带动一方经济、保护一片环境、造福一方百姓、共建一方和谐"的社会责任理念，打造新时代"百千万工程""帮县包乡带村"和"强基惠民"三大特色帮扶模式。以"四抓实、四到位""七看七力戒"高质量推进第一批、第二批主题教育走深走实，开展调研 400 余次，形成调研成果167 份，完成检视问题整改 183 项；充分发挥"大监督"体系作用，一体推进"三不腐"，持续营造高压态势。扎实开展"微腐败"专项治理。打造忠诚、干净、担当纪检干部队伍，高质量完成纪检监察干部队伍教育整顿。2023 年实施 59 项惠民工程，得到受援地群众和政府党委的一致好评，连续 6 年荣获云南省驻滇单位定点帮扶考核"好"的评价，3 名员工荣获年度优秀驻村第一书记。

（华能澜沧江水电股份有限公司）

中电建新能源集团股份有限公司2023年经营管理情况

中电建新能源集团股份有限公司（简称新能源公司）成立于2021年12月，注册资本75亿人民币，是中国电力建设集团有限公司（简称中国电建）的重要子企业，是中国电建旗下唯一从事国内新能源投资与运营的发电企业，是中国电建为推动新能源业务实现高质量、跨越式发展而设立的集团公司，是中国电建服务国家能源安全新战略和"双碳"目标的中坚力量。

新能源公司全面参与了我国陆上风电、海上风电、光伏发电、光热发电和离网型风光柴储配电网等项目的开发建设，积极开展新型能源示范项目探索，在清洁能源领域投资建成了多个标杆工程，开创了众多行业第一。投资开发的海南万宁100万kW漂浮式海上风电项目，是目前全球最大规模商业化漂浮式海上风电项目；筹建的山东即墨115万kW海上光伏项目，是我国首批规模化应用的海上光伏项目；投资运营的河北张北风电项目，是国内首个百万千瓦级风电基地项目之一；投资运营的青海共和光热发电项目，荣获第六届中国国际光热示范项目推动奖；投资运营的新疆荣和风光柴储配电网项目，是中国规模最大、技术最复杂、海拔最高的离网型风光柴储配电网。

（一）组织机构

按照中国特色现代企业制度建设要求，新能源公司建立完善法人治理结构，以实现战略目标为导向，建立了一流管控体系。坚持统筹兼顾、精简合理、集约高效、运转灵活的原则，设置"本部部门＋区域公司＋电厂（项目公司）"三级管控体系。截至2023年底，公司有本部部门19个、区域公司17个、项目运营分公司2家、控股（或全资）项目公司540家、项目投资类夹层公司15家以及子公司3家。业务分布在全国30个省（市、自治区）。

其中，新能源公司本部部门是核心管理机构和执行机构。区域公司按照分公司设置（非独立法人机构），级别与本部部门平级，接受本部部门的指导和管控。区域公司是公司在本区域内全权代表和资源配置共享中心，负责统筹整合和优化配置本区域内的人力资源、市场资源、社会资源和财务资源，最大化发挥共性资源的功能和统筹管理的优越性，推动实现公司管理的区域化、集约化和专业化。项目公司具有独立法人资格，是公司开发项目的法人主体，是公司的全资或控股子公司，按照其二级单位来管控。纳入区域公司管理的项目公司，与区域公司实行"多块牌子、一套人员、统筹分工"的合署办公管理模式。

（二）人力资源

截至2023年底，新能源公司共有员工2578人，平均年龄为35岁；其中经营管理人才占比11％，市场经营人才占比17％，建设管理人才占比12％，技能人才占比54％，科研技术人才占比5％；具有正高级职称的64人、副高级职称的249人、中级职称713人、初级职称603人，拥有职称员工占60.71％。

（三）经营管理

2023年末，新能源公司资产总额1018.51亿元，投产运营项目装机规模1578万kW，其中风电项目装机规模794万kW，光伏项目装机规模超729万kW，光热项目装机规模5万kW，储能项目55万kW。2023年度，公司实现上网电量192.58亿kW·h，营业收入87.01亿元，完成利润总额29.01亿元，实现净利润25.08亿元。公司获得由中诚信国际信用评级有限公司出具的AAA稳定信用评级报告。

2023年，新能源公司扎实推动增资引战落地，成功引入10家战略高度契合、资本实力雄厚、协同赋能较强的战略投资人，募集资金76.25亿元，是2022年以来国内新能源运营商最大单笔私募融资。

（四）科技创新

2023年，新能源公司举办首届科技创新大会，确立"技术策源、科创引领"基本原则和目标方向；着力打造创新研发平台，首个集团公司级研发平台"中国电建新型储能研究中心"成功获批；参与编制国家能源局氢能战略性规划报告，成功揭榜集团公司多个核心技术攻关项目。截至2023年底，公司取得授权专利31项（其中发明专利7项）、软件著作权5项，获得集团级及以上奖项2项。

（五）党的建设

2023年，新能源公司党委紧紧围绕高质量发展首要任务，以"1358"党建工作思路推动"双引双建"对标提升，通过突出"一个引领"、建强"三个品牌"、实施"五五工程"、紧抓"八个方面"，全面构建大党建工作新格局，不断增强党组织政治功能、组织功能，进一步探索发挥党组织的价值创造功能，努力实现党建统领优势层层放大、党建工作效能整体跃升，为实现高质量党建引领保障公司高质量发展增添全新动能。

站在新的历史起点上，新能源公司将秉承"自强不息、勇于超越，守正创新、能赋未来"的企业精神，紧紧围绕国家"碳达峰、碳中和"战略部署，充分发挥中国电建"投建营"一体化优势和能源电力规划设计前端优势，快速打造企业核心竞争力，切实承担起社会绿色发展排头兵、清洁能源开发国家队、中国电建结构转型主力军的光荣使命，努力把电建新能源集团建设成为质量效益型一流新能源投资运营企业，以实际行动为我国能源清洁低碳转型和新型电力系统建设作出新的贡献。

（中电建新能源集团股份有限公司
段琼 田欢）

中国水利水电第六工程局有限公司 2023 年生产经营管理情况

中国水利水电第六工程局有限公司（简称水电六局）成立于1958年11月。经过多次变更，2008年4月更名为现名。注册资本金20.89亿元，全国"五一劳动奖状"获得单位，国家高新技术企业。2023年，实现科技型企业股权激励；成功入选国资委"双百企业"。参建的丰满水电站全面治理工程、西藏DG水电站获评"国家优质工程金奖"；贵州乌江构皮滩水电站工程、江苏溧阳抽水蓄能电站工程获评"中国土木工程詹天佑奖"；丰满水电站全面治理机电设备安装工程、武清区生活垃圾焚烧发电工程、荒沟抽水蓄能电站机电安装工程获评"中国安装之星"；南水北调中线汉江兴隆水利枢纽工程、南水北调中线一期工程总干渠沙河南至黄河南段宝丰至郏县段设计单元工程获评"大禹奖"。

（一）主要经济指标

2023年，水电六局利润总额5.2亿元，较上年增长18.78%；营业现金比率3.44%，较上年增长0.87个百分点；资产负债率74.35%，较上年降低0.12个百分点；研发经费投入强度3.12%，实现利润总额5.2亿元，较上年增长18.78%；营业收入利润率为3.16%，较上年增长0.05个百分点；年末资产总额165.48亿元，较上年增长27.55%；经济增加值（EVA）6.49亿元，较上年增长19.08%；全员劳动生产率46.12万元/人，较上年增长7.03%。

（二）改革发展

2023年，不断优化完善现代公司治理体系，在人才引入、政策扶持、治理优化、改革赋能等方面为公司提供强大发展动力。公司股权结构进一步优化，实现建信股东对公司二次增资4亿元；实现科技型企业股权激励，员工增资2.22亿元，累计增资6.22亿元。加强董事会建设，实行董事会授权周期性管理；建强董事会支撑体系，新增提名委员会；持续加强外部董事履职支撑，持续推进改革引领企业高质量发展。深入实施两级经理层任期制与契约化管理，开展总部中层管理人员任期制和契约化管理；继续深入推行星级项目经理、全员绩效管理、超额利润分享、项目全周期等激励政策，形成人才能上能下、薪酬能升能降的选人用人及分配机制；在重要及关键岗位实施公开选聘、竞争上岗，落实区域人才选聘策略，市场化选聘各类核心骨干人才模式基本成熟。

（三）科技创新

水电六局拥有的辽宁省省级"技术中心"连续9年通过辽宁省经信委年度评价，与东北大学共同组建成立了辽宁省重点实验室，研发方向为深部工程与智能技术。2023年，牵头和参与中国电建原创技术策源地核心项目3项、牵头和参与中国电建未来产业核心项目3项、参与中国电建重点科技项目1项、牵头中国施工企业协会重点研发项目1项，1项中国电建重点科技项目顺利通过验收，科技研发投入48602.47万元。获中国土木工程詹天佑奖2项、省部级（含集团级）科学技术奖33项、其他国家行业协（学）会科技奖7项、工程建造微创新技术大赛奖7项、工程建设行业高推广价值专利大赛奖6项、工程建设企业数字化工业化绿色低碳施工工法大赛奖26项、地市级科技进步奖16项、国家专利165项（其中发明专利21项）、计算机软件著作权5项、省部级工法9项，4项团体标准、3项地方标准于本年度正式发布实施。享受创新政策减免税额5237.99万元，其中享受高新技术企业税收优惠减免税额2039.96万元、享受研发加计扣除减免税额3198.03万元。

（四）经营管理

2023年，严格落实"管理提效赋能年"各项要求，项目管理稳步提升，严格审核分包审批事项等工作；风险防控不断强化，全年批复变更索赔金额3.29亿元；全力以赴抓好款项回收，清收存量应收账款17.3亿元，保函置换保证金提前回款2568万元；推动预付账款能清尽清，预付账款较年初下降1.04亿元，年末余额6399万元。加快财务共享和司库体系建设，实现境外项目全级次上线运行。持续提升集中采购力度，集采率97.81%，较投标均价节约资金共计2.46亿元。强化管理人员安全发展理念，健全问责机制，首次承接国家能源局委托课题任务，完成了"抽水蓄能工程建设施工项目安全风险评估标准"研究成果。将合法合规性审查作为重大经营决策和业务开展的必经前置程序。从内部管理薄弱点、问题风险易发点、经济责任、关键环节、重点领域、境外资产等方面揭示问题风险。

（五）走向海外

2023年，水电六局贯彻执行集团公司海外业务发展战略，市场开发方面，聚焦"水能城矿"四大业务领域，进一步优化市场布局，顺利签署赤道几内亚—加蓬边境电网互连项目、几内亚GBG铝土矿前期配套等项目。项目履约方面，作为中赤几两国建交

50 周年的象征，援赤道几内亚新涅方医院项目顺利移交，获得赤道几内亚总统奥比昂的高度认可。几内亚科纳克里管道替换工程以高质量履约成效受到世界开发银行几内亚区域执行经理以及当地政要的高度评价。肯尼亚马拉瓜、欧卡娄、马萨贝特等三个项目克服诸多不利因素顺利竣工移交，获得了肯尼亚水利部、中国驻肯尼亚大使馆的点赞。

（六）重大项目

2023 年，水电六局承担的水电、新能源项目如期履约，受到业内外一致嘉奖和好评。①清原抽水蓄能电站，是由中国电建北京院牵头，与水电六局、水电八局组成联合体的 EPC 项目。2023 年结算产值 251395 万元，12 月 15 日提前完成首台机组投产发电的节点目标。水电六局承建上水库、引水系统、主厂房以及 6 台套水泵水轮机及其附属设备安装工程等施工任务。②洛宁抽水蓄能电站，实现了斜井 TBM 项目精准贯通，填补了我国抽水蓄能 TBM 斜井施工建设领域的技术空白。2023 年完成结算 6766 万元。③句容抽水蓄能电站机电安装工程，2023 年结算产值 14473 万元，创造了地下厂房交面至首台机组浇筑至发电机层用时 11 个月的施工佳绩。④两河口柯拉光伏电站，水电六局承建的Ⅲ标段工程于 6 月 25 日投产发电。⑤丘北小黑蚂 21 万 kW 光伏发电工程，2023 年结算产值 101530 万元，该项目为水电六局首个从单一施工到"投建营"一体化项目，是水电六局首个配备储能智能集成系统的集中式光伏发电项目，12 月 17 日并网成功。

（七）强化管理

2023 年，围绕公司改革发展，组织深化改革和战略新兴业务、新能源业务、投资业务等内容学习研讨 7 次；深入实施各单位中心组学习质量提升行动，整改 40 余次。高质量开展主题教育，一体推进理论学习、调查研究、推动发展、检视整改等重点工作，两次接受国务院国资委主题教育督导组现场督导，均获得肯定和好评。在"双引双建"建设方面，聚焦项目急难险重任务。在干部人才队伍建设方面，加大培养选拔和优进劣退力度，强化激励约束。在全面从严治理方面，坚持政治巡察定位，加大执纪问责力度，推进"1+3+N"监督问责体系。在释放群团活力方面，广泛开展群众性经济创新、"号手岗队"创建等主题活动，引领青年岗位建功。在践行央企使命担当方面，高质量推进驻地共建，在服务亚运、抗汛救灾、爱心助学以及国际医疗义诊等活动中，得到各驻地政府及所在国的高度评价。

（中国水利水电第六工程局有限公司）

湖北清江水电开发有限责任公司 2023 年经营管理情况

2023 年，湖北清江水电开发有限责任公司（简称清江公司）全力以赴创一流、保安全、谋发展、促改革，超额完成年初既定目标任务，全年发电 74.03 亿 kW·h，实现营业总收入 24.32 亿元。全年未发生安全事件，所属电厂 24 台机组实现"零非停、零障碍"目标，公司安全生产在业务范围增加、管理难度加大的情况下创历史最好水平。长阳抽水蓄能项目成为鄂西地区首个通过投资决策的抽水蓄能项目，项目前期工作顺利收官，转入工程建设新阶段。

（一）安全管理

完善全员安全生产责任清单，推动安全生产责任制覆盖全员和生产经营管理全过程、责任落实到全部岗位。修编安全风险责任金管理标准，全面推进安全生产约谈和隐患"说清楚"机制建设，加大安全生产考核和奖惩力度，形成强激励、硬约束的工作机制。严格管控在建工程和外包项目作业行为，在合同中明确安全责任和考核内容，坚决堵塞安全管理漏洞。聚焦各类安全检查发现的问题、设备设施改造中出现的安全风险，及时开展约谈提醒和警示剖析，切实将安全生产压力压到各层级、传到最末端。

编制安全风险评价与控制措施清单 2327 项、重点关注安全风险清单 16 项，持续完善安全双重预防机制。开展重大安全专项督查等 14 个专项检查，消除隐患 328 项，上级单位历年安全检查发现问题整改清零。对 69 个外包、检修项目和在建工程实行动态风险分级管控，落实危大工程施工作业旁站监督制度，确保施工安全。加强消防、交通、保密及网络安全管理，所属 4 个电厂全部通过反恐达标验收，各类安全风险可控在控。坚持以演促练、以练备战，落实专项应急预案三年演练规划，开展极端降雨防范、消防应急疏散逃生等应急演练 142 次，不断完善预案并优化处置流程。强化水库放水安全预警管理。

（二）电力生产

汛前加大水库抬蓄力度，于 5 月末将隔河岩、水布垭两库水位成功蓄至正常区间。主汛期及时申请机组大发满发，在平衡梯级水头效益和弃水风险的基础上，7 月两库相继超汛限水位运行，一举逆转 2022 年以来水位大幅偏低的被动局面。秋汛期间严密监视跟踪水雨情，精确控制水位，推迟检修计划，适时调整发电负荷，成功避免弃水，实现防洪安全和水库精准高效调度。抓住有利时机开展 19 次人工增雨作业，增发电量 1.82 亿 kW·h。全年水库调度与水雨情高度契合，节水增发电量 9.53 亿 kW·h，水能利用提高率达到 15.4%，创历史最好成绩，全年耗水率 3.91m³/(kW·h)。

坚持"应检必检、检必到位，应修必修、修必修好"理念，科学安排检修工期，及时处理各类缺陷，加强设备设施全生命周期管理。水布垭四台机组 A 修改造顺利收官，隔河岩 3 号机组 A 修进展顺利，高坝洲 110kV 郭口线改造通过完工验收，高坝洲 3 号机组 A 修准备工作有序推进。高坝洲自备电站实现连续 204 天超长周期孤网保电。全年完成机组检修 36 台次、线路及母线检修 5 条次，处理重大隐患 22 项，紧急消缺 11 台次。开展检修作业"安全记分制"，检修公司电气检修部二次班获评全国电力行业质量信得过 5A 级班组。

加强标准化与信息化、智能化的深度融合，在三峡集团先行先试开展大坝安全标准化管理。扎实做好水布垭大坝第二次定检和隔河岩大坝第四次定检，完成水布垭大坝面板检测及局部维修、水布垭放空洞工作闸门室渗漏处置等工作。配合完成隔河岩边坡预应力锚索挖取。加强峡口塘滑坡体监测，密切关注库岸变形体情况。

（三）投资发展

长阳抽水蓄能项目妥善解决复杂地质条件下的厂房位置优选问题，加快推进项目可研收口工作，成为鄂西地区首个通过投资决策的项目。强化安全、质量、进度管控，完成勘探平洞全部开挖，提前 5 个月完成通风兼安全洞工程第一阶段开挖任务。协调地方政府加快推进上、下水库连接路和下水库保通工程配套工程施工。严格按照上级主管部门批复的环境保护与水土保持方案组织前期施工。峡口塘水电站尾工建设以"钉钉子"精神全力推进征地移民、尾工施工、竣工决算等工作，枢纽工程顺利通过正常蓄水阶段省级移民验收，实现 464m 正常蓄水，大坝通过竣工安全鉴定，环境整治三期工程施工按期完成。妥善解决耕地占补平衡和进出平衡问题，土地报批取得实质性进展。

（四）提质增效

紧跟电力市场改革新形势和湖北能源整体利润指标要求，认真研究新版"两个细则"，通过申诉减免、调整运行方式、设备技术改造等方式提高辅助服务补偿。反应合理诉求，争取政策支持，最大限度减少辅助服务市场分摊费用。继续做好清能公司绿证交易工作，所属电厂可再生能源项目全部实现建档立卡，助力能源绿色低碳转型。

严格预算执行管控，坚决压减非必要开支，非生产性费用较预算结余 10%。精细开展资金管理，多管齐下降低融资成本，在扩修改造和项目建设力度不断加大的情况下，综合资金成本同比下降 20%，财务费用同比减少 2900 万元。持续强化"两金"管控工作力度，剔除电费影响后"两金"增幅低于收入增幅。积极争取财税优惠政策，落实宜昌市产业扶持资金 6481 万元和峡口塘水电站增值税留抵退税资金 2562 万元。充分发挥资产效益，盘活用好存量资产。加大经营性资产招租力度，房产出租率达到 95.75%。

（五）企业管理

按照"一个首要任务、两个重要途径、三个重点融入、四个核心关键"的总体工作思路，高质量制订《深化改革暨对标全国一流企业价值创造行动实施方案》，压茬推进 7 大改革发展任务、34 项工作要点和 69 项工作目标。坚持"两个一以贯之"，修编完善公司党委前置研究讨论事项清单，完善子公司法人治理制度，规范非法人单位党支部议事范围，实现公司法人治理制度建设全覆盖，各级党组织议事决策机制更加规范。

编制"三个清单"，完善"三道防线"，按期整改完成南方投资管理总部注销等合规经营风险，推进合规管理与经营管理深度融合。建立健全内部审计领导体制，做好公司领导离任经济责任审计和峡口塘水电站竣工决算审计整改，自主开展物资采购管理和水布垭电厂运营管理专项审计工作。公司持续保持质量、环境、职业健康安全"三标"管理体系认证资质，再次荣获全国电力行业认证优秀企业称号。

（湖北清江水电开发有限责任公司 陈大昕）

国网新源集团有限公司2023年经营管理情况

国网新源集团有限公司是国家电网有限公司专业化开发建设和经营管理抽水蓄能电站及部分调频水力发电厂的平台企业。截至 2023 年末，管理单位 89 家，分布在 22 个省（市、自治区），管理资产总额 2050.80 亿元，员工总数 7900 余人。管理装机容量 9313.4 万 kW（含已核准待开工项目），其中，管理抽水蓄能电站 69 座，装机容量 8818 万 kW（运行 27 座 2887 万 kW、在建 42 座 5931 万 kW），调频水力发电厂 6 座 495.4 万 kW。

（一）安全生产

严格落实安全生产责任制，积极推动完善行业标准和管理制度，从根本上明确建设单位负组织、协调、监督管理责任，施工单位对施工现场负主体责任、监理单位负监理责任、勘察设计单位负设计责任，依法依规促进参建各方履责，形成合力共保安全。强化现场安全管控，深入开展"三查一联防"，集中整治问题隐患。全系统推广"一图一表一示例"风险管控典型管理法，所属 14 家基层单位获得国家电网有限公司机组检修无违章示范现场称号。密切跟踪监测气象情况，及时研判发布预警 238 期，有效应对台风"杜苏芮"、强降雨等极端天气。积极发挥抽水蓄能和调频水电厂灵活调节作用，机组长周期保持可靠运行、响应迅速、随调随启，全力服务清洁能源大规模、高比例接入电网，2023 年累计消纳电网低谷和新能源电量超过 400 亿 kW·h。保持全国两会、杭州亚（残）运会等重大活动期间机组"零故障"记录，有力保障了电力供应和电网安全。

（二）经营管理

统筹发展规模、站址布局和开发时序，科学开展抽水蓄能电站前期工作。全年共开展 26 个项目预可研，完成 11 个项目可研工作，大雅河等 6 个项目获得核准。积极配合做好首轮抽蓄成本监审核价工作，有序推进新老电价衔接。大力实施提质增效，强化集团集中统一融资，加强集团投资能力建设。扎实推进绿色现代数智供应链建设，搭建水电主机 LCC 可量化成本模型，升级 WMS 智能仓储管理系统，深化 EIP 抽水蓄能品类中心应用，发布抽水蓄能电站设备制造巡检导则系列企标。统筹战略引资、项目合作，优化股权和股东结构，构建更广泛的战略协同和更良好的投资合作环境。

（三）工程建设

狠抓安全质量、工期优化、造价管控，加强标准化建设、机械化施工，全年新开工电站 9 座、1200 万 kW，投产机组 17 台、515 万 kW，天池、文登电站全面投产。兴城项目核准至筹建期工程开工用时 7 个月，创集团实质性开工新纪录。阜康、蟠龙项目首台机组提前投产，实现了西北和西南电网抽水蓄能调节电源的新突破。制定抽水蓄能建设定性定量评价标准，发布专业化管理提升措施和制度标准清单，全面构建基建"六精四化"管理体系。加强新技术、新工艺应用，丰宁电站国内首台变速机组成功并网，洛宁电站斜井 TBM 施工试点成功，填补了我国抽水蓄能工程斜井 TBM 技术空白。绩溪电站荣获国家水土保持示范工程称号，荒沟等 3 座电站荣获中国安装之星称号，丰满水电站全面治理（重建）工程荣获"国家优质工程金奖"。

（四）科技创新

推进重大核心科研攻关，抽水蓄能电站 40 万 kW 开关设备完成样机研制，自主可控监控系统和继电保护系统完成试点应用，可逆式水泵水轮机模型 1 号试验台顺利投运。年内获得省部（行业）级科学技术奖 21 项（其中一等奖 4 项），科技创新效益凸显。参与

编制的首个国际标准《智能水电厂技术导则》发布，填补了国际智能水电厂技术领域空白。成功申报国家工信部"创新发展工程"项目，参与研发国家级工业互联网安全漏洞检测工具。加大网络安全基础设施投入，扎实开展网络安全隐患整治，圆满完成各类网络攻防演习任务。

（五）党的建设

深入贯彻新时代党的建设总要求和新时代党的组织路线，落实国家电网有限公司党组关于加强党的建设的部署要求，持之以恒抓党建、带队伍、聚合力、强作风。深入开展学习贯彻习近平新时代中国特色社会主义思想主题教育，深刻领悟"两个确立"的决定性意义，坚决做到"两个维护"。坚持大抓基层的鲜明导向，创新开展基层党建管理提升专项行动，选树基层党建专业标杆。推动党建与生产经营深度融合，围绕重大保电、工程建设等重点任务，实施"党建+"项目化管理。高质量开展政治巡察，驰而不息纠治"四风"，持续加强新时代廉洁文化建设，全面实施纪检干部"能力素质提升工程"，严的基调、严的措施、严的氛围进一步浓厚，全面从严治党不断向纵深推进。深化集团 3×3 思想政治工作体系，打造党支部思想政治工作链条模式。抽水蓄能沙盘亮相中国品博会和碳博会，"蓄能山水间"获评年度全国电视行业"最佳作品"。新安江水电站建设档案入选中国档案文献遗产名录，丰满水电站入选中央企业工业文化遗产名录。

（国网新源集团有限公司　王一燊）

华能西藏雅鲁藏布江水电开发投资有限公司 2023 年生产经营管理情况

（一）安全生产保持平稳态势

风险防控扎实有效，没有发生集团公司安全生产考核事件。ZM、JC 两厂实现"零非停"，ZM 电厂荣获西藏首个全国安全文化建设示范企业表彰，集控中心从林芝平稳搬迁到山南，JX 电站实现安全度汛。雅江中游环保工作获生态环境部现场调研组表扬。

（二）绿色发展谱写新篇章

新能源实现新突破。面对激烈的市场竞争环境，公司上下迎难而上，克难奋进，主动作为，以"蹲守""跑办"的工作姿态，全力争取资源，成功获得加娃等 110 万 kW 光伏项目开发权，完成 50 万 kW 项目备案，公司总装机容量突破 100 万 kW。雅中基地全力推进。创新工作思路，多层次协调、全方位沟通，争取各方面支持，推动基地规划及外送通道研究

成果获得有关方面的初步认可，并上报自治区能源局。开展保障内需和外送方案加深研究，积极回应各方关切。参加永木二级抽水蓄能竞争性配置，完成沃卡抽水蓄能预可研报告咨询。基本建设有序推进。各基建单位、项目部不等不靠、主动出击，有效克服高海拔缺氧环境、地质条件复杂、设备供货紧张、建设周期短等重重困难，安全、优质、高效完成年度建设任务，进一步鼓舞了士气。加查水电站高标准通过达标投产验收，并获得"中国电力优质工程奖"。街需电站顺利实现大江截流重要里程碑节点目标，正式转入主体工程施工阶段。白那、扎西岗共 15 万 kW 光伏项目具备并网条件。普兰、江达、琼结屋顶分布式光伏项目完成专项验收。

（三）经营效益创历史新高

电力营销积极作为。公司水电、光伏利用小时数分别领先同类型机组 421 小时和 233 小时，区域对标第一。市场交易电量，超容量占比 18 个百分点。全年成交计划外外送电量 2.18 亿 kW·h。Ⅱ类水电电价保持不变，争取到电价补贴机制逐步退坡，有效降低电价政策调整给公司经营带来的风险。降本增效成效显著。制定落实提质增效 20 项重点措施。招标采购节约资金 17 亿元，合同变更审减 1100 余万元。办理低息贷款 28 亿元，置换固定资产贷款 10 亿元，公司综合融资成本同比下降 0.23 个百分点，继续保持区域同行业和集团公司最低。

（四）科技创新取得新成效

创新机制更加完善。修编印发公司《科学技术工作管理规定》等 4 项制度，建立课题组负责制、科研人员权益保障、科技工作例会等机制，进一步规范完善科技项目策划、立项、执行、后评价全过程管理，为科技创新活动有序开展提供制度保障。科研项目有序推进。水轮机智能顶盖螺栓项目结题验收，街需智能建造平台管理模块全部上线，土壤改良等在研项目按计划有序推进，4 个新增项目获得集团公司批准。3 个科技项目完成自治区 2024 年科技计划出库公示。科技创新年活动、高价值专利劳动竞赛、2023 西部水电论坛等活动取得良好成效，高原水电科普基地被认定为自治区级科普教育基地，进一步提升了公司形象。成果凝练再获佳绩。全年获得发明专利授权 17 项、实用新型专利授权 19 项，完成知识产权折算数 31 个。凝练 12 项科技成果申报各类奖项，获得自治区科技进步二等奖 1 项、中国水力发电科学技术一等奖 2 项、中国安全科技进步三等奖 1 项，完成科技成果折算数 9.5 个。

（华能西藏雅鲁藏布江水电开发投资有限公司
任泰运）

万家寨水利枢纽有限公司 2023 年经营管理情况

黄河万家寨水利枢纽有限公司聚焦"打造工程管理国家队、推进公司治理现代化"核心任务，统筹发展和安全，安全生产形势持续稳定，枢纽综合效益充分发挥，防凌防汛任务圆满完成，数字孪生万家寨基本建成，年度发电任务超额完成，各项生产经营管理指标优于预期。全年发电 35.66 亿 kW·h，供水 5 亿 m³，其中向永定河生态补水 2.17 亿 m³。

（一）安全生产

一是公司领导带头落实"一岗双责"，各单位履行"第一责任人"安全职责，逐级签订安全目标责任书，压实全员安全责任。二是健全落实安全生产风险管控"六项机制"和双重预防体系，制作安全风险"四色图"和岗位风险告知卡 534 张，辨识、评估危险源 953 项，落实管控措施。开展安全检查 143 次，治理隐患 900 余项。6 项隐患排查成果获得水利行业安全隐患排查成果评价奖项。三是持续开展作业安全年活动。积极防范"七下八上"防汛关键期第 5 号台风"杜苏芮"影响，有效应对凌汛期万家寨水库两次流凌、两次封河突发情况，扎实做好万家寨历史极寒低温天气防御工作。四是加强制度建设，新增安全制度 18 项，修编应急预案 25 项。完成防洪抢险、黑启动等 65 场次应急演练，6 项标准化应急演练成果，获全国水利安全生产应急演练成果评选二等奖。安全生产管理系统建成投运。

（二）防凌防汛

严格执行《万家寨、龙口水库联合调度规程》和黄河水利委员会调令，发布凌情通报，加强冰情巡查，精细防凌调度和水库调度，发挥枢纽防凌关键控制节点作用。主汛期，锚定"四不"目标，开展汛前、汛中、汛后安全检查，开展 16 个场景的防汛应急演练，完成万家寨、龙口枢纽防洪能力评估。为实现黄河北干流防凌防汛安全作出突出贡献。

（三）排沙供水发电

坚持"电调服从水调"，万家寨、龙口水库集中下泄近 45 小时，向黄河下游补水 2.33 亿 m³。依托水调系统和数字孪生平台科学精细调度，有效清理枢纽下游河道堆碛，发电耗水率再创新低。万家寨水库入库水量 164.34 亿 m³，同比减少 2.16%，发电量同比增加 3.72%，节水增发电 1.39 亿 kW·h。坚持水库可持续发展和电力生产两手抓、两促进，万家寨、龙口水库历经 11 天 12 小时 56 分钟的联合敞泄排沙，出库沙量分别为 2195 万 t、2937 万 t，年度排沙比分别为 90%、125%，基本实现了水库泥沙冲淤平衡目标，保持有效库容稳定。

（四）设备设施

按照"应修必修、修必修好"的原则，压茬推进、有序实施设备检修、更新改造，完成 1 台次机组 A 级检修、8 台次机组 C 级检修、2 台次机组 D 级检修等任务，年度检修计划完成率 100%，全年设备检修完好率 100%，主设备完好率 100%，操作底孔、排沙孔等闸门 209 次，执行操作 4200 余项，调峰 3558 次，继电保护和自动装置正确动作率 100%，确保了设备设施在关键时刻"开得起、稳得住、顶得上"。开展万家寨机组稳定性研究，摸清机组健康状况，为科学合理确定机组检修周期、检修级别和检修项目提供重要依据；克服实施难度大、作业风险高等多重挑战，在确保厂用电系统安全运行前提下圆满完成万家寨水电站厂用电 6kV 系统设备更新改造；集中清理龙口水电站尾水渠淤积物 896m³，减轻了淤积物对机组安全稳定运行影响及尾水水工建筑物的冲击破坏；强化"四新"技术应用，检修中引进碳化钨防护涂层、激光熔覆无损焊接等新技术，有效解决定子机座水平振动超标及机组过流部件磨蚀等重难点问题；广泛调研，攻坚克难，龙口机组推导油槽甩油"老大难"问题得到有效治理。

（五）三项先行先试任务

数字孪生万家寨建设、万家寨水利枢纽雨水情监测预报"三道防线"水利测雨雷达建设、现代化水库运行管理矩阵建设三项工作先后被水利部确定为先行先试单位。①数字孪生万家寨建设方面，聚焦安全两大核心任务，已初步构建水沙模型、冰凌模型和大坝安全分析评价模型等 16 个水利专业模型，正式上线防洪调度、防凌调度、泥沙调度、大坝安全分析、库区管理、综合决策等 6 大业务系统并成功应用。数字孪生万家寨建设先行先试任务已通过水利部验收。②水利测雨雷达建设先行先试方面，聚焦提高万家寨区间流域洪水预报预见期、预报精度等核心业务，编制的《万家寨水利枢纽雨水情监测预报"三道防线"水利测雨雷达建设先行先试实施方案》通过水利部审查。③现代化水库运行管理矩阵建设先行先试方面，制定《黄河万家寨、龙口水利枢纽工程运行管理矩阵建设实施方案》，实现"四全"管理，完善公司"四制（治）"体系，明显提升"四预""四管"工作。

（六）库区管理

万家寨库区设立黄河流域（偏关段）生态保护人民检察院监督联系点。督促清理小沙湾黄河大桥主河道和左侧小沙湾沟内违规弃渣约 32300m³，有效改善该河段泥沙淤积状况，保障河道行洪畅通。划定万家寨、龙口工程管理与保护范围，加强库区巡查，发现

并处置违法违规问题 9 个。在库区上下游左右岸原有 48 个视频站点基础上，新增 35 个，实现了库区视频监控的全覆盖。深入推进万家寨库区蒙祥煤矿岸坡水土保持治理，示范型库区建设奠基起步。中水回收利用约 5.94 万 t，库区水质保持在地表水 Ⅱ 类水平。开展义务植树活动，有序推进枢纽区环境整治，绿化美化整治面积约 1.4 万 m²。

（七）生产经营管理

一是加强经营管理，根据来水和经营情况，及时启动龙口枢纽供水设施综合整治等 7 个调剂项目。坚持过"紧日子"，中标金额较预算节约 1800 余万元，采购降本增效成效显著。年度固定资产采购、清查工作全面完成。二是加强财务预算管理，合理编制年度预算，开展两家子公司全面预算试编工作。印发财会监督工作方案，开展全覆盖审计并强化结果运用。提高资金利用效率，财务成本支出大幅减少，全年实现利息收入约 820 万元。三是加强内控管理。全年新增、修编制度 21 项，开展制度有效性评估及执行情况检查。顺利通过水利档案工作规范化管理一级单位综合评估复查，节水型单位建设通过水利部验收。生产、生活及办公场所安全文化、水文化建设等成效明显。四是对外发展取得突破。清水河万家寨 20 万 kW 风水互补项目正式投产发电。万家寨抽水蓄能电站项目列入山西省省级重点工程中期增补项目库。

（黄河万家寨水利枢纽有限公司　张芳）

华能四川能源开发有限公司 2023 年生产经营管理情况

2023 年，华能四川能源开发有限公司攻坚克难、积极作为，有效应对超预期不利因素影响，各项工作取得新成效。

（一）安全生产保持平稳

一是安全保供坚强有力。圆满完成成都大运会、迎峰度夏等重要时段保电任务。获四川电力行业 2023 年保供先进单位称号，所属宝兴河、涪江公司获先进集体称号。二是安全基础不断夯实。持续开展安全生产责任制巡查评估，统筹推进重大事故隐患专项排查整治、水电站大坝安全提升专项行动、电力二次系统安全专项检查、发承包工程规范化管理等专项工作；所属宝兴河公司获"全国安全文化建设示范企业"称号。三是应急管理科学有效。全面排查薄弱环节；加强应急演练和应急准备，有效应对地震、暴雨、泥石流、高温等多重考验；严格执行放水安全协调和预警联动机制，有效管控水库放水安全风险。

（二）经营业绩逆势增长

一是市场营销成效显著。2023 年，公司积极克服流域来水偏枯等不利影响，年度发电量同比正增长，单日、单月发电量均创历史新高。积极应对市场竞争，批发市场签约电价稳中有升，零售市场代理电量、用户数量连续四年增长。科学制定交易方案和持仓策略，动态优化指标结构，平衡电量 46 亿 kW·h，各类交易累计创收超过 1.2 亿元。积极应对外部风险，电费实现全额回收，"两个细则"考核费用同比下降 1841 万元。二是降本增效更加有力。抓住有利时机压降融资成本，综合融资成本 3.28%，较年初下降 0.51 个百分点。加强采购集中管理，全年节资率为 10.27%。

（三）转型发展取得重要成效

一是硬梁包水电站建设扎实推进。克服地震频发、地质条件差等不利因素影响，主体工程施工安全高效，进水口及尾水出口闸门下闸、2 号引水隧洞全线贯通、主厂房 4 台机组浇筑至发电机层、首台机组转子完成吊装，现场具备三期截流实施条件。二是新能源发展实现重要突破。作为唯一电力央企与甘孜州签订战略合作协议，致力共同打造千万千瓦级清洁能源基地；道孚亚日 50 万 kW 光伏项目顺利开工；50 万 kW 理塘奔戈光伏项目取得四川省发展改革委备案；阿坝地面分布式光伏、东西关电站分布式光伏建成投产，江苏如皋工商业屋顶分布式光伏首个子项目并网。三是氢能项目电解槽满负荷产氢。全球商业示范的单体产氢量最大的碱性电解槽——彭州水电解制氢示范项目顺利产出氢气，多项关键性能指标达到国际领先水平，作为唯一绿氢提效降本示范案例入选达沃斯论坛白皮书。

（四）科技创新取得佳绩

一是创新成果持续涌现。"大型高效碱性制氢电解槽关键技术及应用"获华能集团 2023 年科技进步一等奖；7 个项目分获集团级或行业级二等奖、三等奖；2 项专利获华能集团 2023 年专利奖；2 项团体标准、4 项华能集团企业标准正式发布。二是科技赋能成效突出。"深厚覆盖层基础处理智能振冲控制技术"成果在硬梁包水电站二期振冲碎石桩施工中全面示范应用，"高地震烈度区坝基砂层液化影响及处理工程技术研究"成果节约硬梁包水电站投资约 5000 万元，"调压室混凝土浇筑滑模施工工艺"创造多项纪录，实现国内同类型混凝土浇筑工艺新突破。三是数字化转型稳步推进。生产数据监视系统建成投运，实现对所有流域设备及经营管理主要指标的全面监管；营销管理系统通过验收。

（五）企业改革深入推进

一是改革深化提升行动和创一流工作全面实施。

高质量制定改革深化提升行动实施方案、创一流工作方案、对标一流价值创造行动实施计划；积极开展宣传推广，绿氢和智能振冲科技成果亮相第十一届中国科博会，硬梁包水电站 2 号引水隧洞贯通被央视新闻报道；高效完成四川公司资产注入华能水电工作。二是三项制度改革不断深化。高质量推进经理层任期制和契约化管理，探索向中层正职人员延伸；深化全员绩效考核，实现本部及各基层企业员工绩效考核全覆盖；推动薪酬分配向高技术技能人才、生产一线关键岗位、突出贡献人员倾斜，提升了干部职工干事创业精气神。三是管理水平不断提升。优化完善"三重一大"事项决策清单，开展公司治理专项检查，推动基层企业治理水平进一步提升。完善合规工作体系，设立首席合规官，建立"三道审查机制"。

（六）社会责任切实履行

2023 年，公司健全"大监督"体系，做实专项监督，深化落实中央八项规定精神，开展"微腐败"专项治理；干部人才队伍建设不断加强，涌现出"全国电力行业技术能手""四川省技能大师""成都工匠"等一批优秀专业人才；积极践行社会主义核心价值观，积极履行社会责任，捐赠资金共 1043.72 万元。一是向定点扶贫的道孚县捐赠扶贫资金 963 万元用于加强教育医疗保障、培育特色产业、基层党建和人才培养等方面实施定点帮扶项目，开展栋梁工程助学行动、同舟工程救急难行动和祝福工程兴农行动，巩固拓展脱贫攻坚成果同乡村振兴有效衔接，助力定点帮扶地区全面振兴。积极履行社会公益，向四川省见义勇为基金会捐款，支持阿坝州 70 周年庆祝活动，资助宝兴县灵关镇贫困学生。

（华能四川能源开发有限公司）

五凌电力有限公司 2023 年安全生产管理情况

2023 年，五凌电力有限公司已建在建项目装机容量 1722 万 kW（在运装机容量 1355 万 kW，在建装机容量 367 万 kW），其中水电 535 万 kW、火电 120 万 kW、风电 367 万 kW、光伏 670 万 kW、储能 30 万 kW。资产分布在湘、黔、宁、晋等 22 个省（自治区）及孟加拉国。

2023 年积极应对湖南近 60 年来最长高温干旱天气，通过优化水库调度、人工增雨等措施，完成发电量 91.56 亿 kW·h。全年未发生人身轻伤及以上事件，未发生一类障碍及以上设备和质量事故，未发生生态环保突发事件，保持了长周期安全生产记录，安全局面总体稳定。开展了如下安全生产管理工作。

（一）践行央企担当，能源保供平稳有序

积极践行央企责任担当，高质量完成"保电、保水、保民生"任务，能源保供工作得到湖南省政府及省公司来信感谢。高效完成机组检修 54 台次，确保用电高峰时刻全容量可供可调。健全"一网、两单、三制"较大风险管控体系，辨识风险 289 项，消除 222 项，高风险作业项目保持稳定。保持国内大中型水电安全生产最长运行记录。

（二）强化安全管控，安环基础持续巩固

全年非停、事故事件均为零，安全管理良好实践在系统内广泛推广，安全绩效在国家电投集团同类单位排名第一。健全安全管控机制，增设 5 家单位安全总监和监督机构。开展安全履职评价 117 人次，建成安全智能监管平台，促进"强监督、强基础"有效落实。110 人持有注安师资格，468 人通过安全取证培训，队伍安全素质和能力普遍提升。严抓"四个一"罚则落地，承包商安全风险可控在控，公司获评湖南省安全生产优秀单位。

（三）实现五扩新机投产，完成沅水开发收官战

扩机工程年底完成双机投运，新增装机容量 50 万 kW。投产后，五强溪水电站水量利用率由 80% 提高至 90%，调度容量提高至 175 万 kW，极大改善和优化了湖南电网能源结构，全面助力湖南经济社会高质量发展。五扩新机投产标志着五凌电力圆满完成沅水流域开发的收官之战。

（四）深化设备隐患治理，机组可靠性大幅提升

强化水电设备隐患治理，组织重大设备问题专题研究 15 次，完成现场技术协调 24 次，下发"督办单" 34 份，"白市 2 号机活动导叶裂纹"等 5 项挂牌隐患摘牌，"资江总厂马迹塘电站 2 号主变压器高压侧 C 相套管末屏对地绝缘电阻偏低""三板溪高压开关静屏蔽侧与外壳绝缘冗余度偏小"等 120 余项重要设备缺陷隐患得到有效治理。积极开展水电行业对标，凌津滩 3 台机组荣获电力行业常规水电"1 万 kW 及以上常规贯流式水电机组 3A、4A、5A 级"称号。

（五）强化大坝安全管理，确保安全度汛

组织开展大坝安全管理专项培训班及大坝安全监测技能竞赛，提升大坝专业人员技能水平。深入推进库区地灾治理，三板溪库区东岭信地质灾害风险分级由Ⅲ级降为Ⅱ级、取消乃寿老渡口地质灾害点风险Ⅲ级等级和该给、下革东、党学等 5 处Ⅰ级地质灾害隐患风险等级，成功摘除集团挂牌地灾隐患。扎实推进大坝安全提升专项行动，从建设大坝运行安全在线监控系统、开展输水设备设施安全鉴定和定检、加强泄洪及发电放水安全管理等方面深入查摆大坝管理问题、短板和薄弱环节，梳理和整治大坝管理遗留问

题，提升大坝管理规范化和信息化水平，确保公司水电站（水库）大坝运行稳定和安全度汛。

（五凌电力有限公司　王小君）

糯扎渡水力发电厂 2023 年生产经营管理情况

2023 年，糯扎渡水力发电厂全面深化示范引领效能，获评中国华能集团有限公司（简称华能集团）爱国主义教育基地、建功澜沧江标兵单位、在华能集团系统实现了水电 5A 级优胜机组"零"的突破，管理创新成果获国有企业深化改革实践成果特等奖。

（一）夯实安全基础，安全生产再攀新高

坚持安全至上，全面发挥全国安全文化建设示范企业引领效应。一是安全管理基础持续夯实。有序开展安全管理强化年和安全生产专项整治"百日攻坚"行动，完成安全专项大检查 25 次，查出隐患并完成整改 1546 项。二是安全主体责任有效落实。严格落实安全管理人员包保责任制，严格执行"五确认五到位"标准化安全检查，各级安全管控层层加强。三是安全管理标准化建设成效显著。电厂安全生产标准化达标评级为一级，并通过水电重大基础设施试点安全风险评审；水工班、观测班获评中国安全生产协会安全管理标准化示范班组，观测班获评集团青年安全生产示范岗，水库管理班、观测班、运维四班获评公司安全管理标准化班组。四是安全专项工作亮点突出。抓牢抓实防洪度汛各项措施，有效应对暴雨预警并处置 2 次，实现安全度汛；网络安全、治安维稳、交通消防等各项工作总体保持稳定；参与制定的《水电站大坝安全防汛检查规程》等 5 项电力企业标准成功在国家能源局立项；高质量承办华能集团水电厂安全生产应急演练。

（二）聚力精益运维，设备管理再攀新高

"生产精益型"电厂建设持续深化，生产管理水平持续提升，机组设备可靠性不断加强。一是机组保持安全稳定运行。扎实推进设备运维检和缺陷处理，机组连续开停机成功次数突破 6200 次，年内成功率保持 100%，5 号机组荣获全国发电机组可靠性标杆机组。二是机组检修成效突出。全面开展状态检修和自主检修，高质量完成 7 台次机组检修，发现并处理缺陷 165 项；大力开展精品机组创建，9 台机组全部达到精品机组标准，各项性态指标达到历史最优。三是设备专项治理实现突破。通过自主攻关进一步处理定子机座水平振动，8 号机组定子机座水平振动值由修前 76μm 降至 46μm，继在 2022 年降至 80μm 以下后再次取得突破；顺利完成转轮修型和 GCB 传动部

件升级专项工作收关。

（三）坚持技术攻关，科技创新再攀新高

始终把创新作为引领发展的第一动力，聚焦国家科技战略和自身运营需求，加强关键核心技术攻关，全面塑造发展新优势，获评华能澜沧江公司科技创新先进单位。一是国产化改造高质量推进。完成6台机组调速器、励磁，7台机组筒阀控制系统的国产化改造，实现了励磁控制系统芯片、底层软件以及自动化元件100％国产化，其中调节装置、测控装置、监控终端等多项关键技术填补了国内空白。二是成果转化能力显著增强。授权发明专利4项、实用新型专利58项，获云南省科学技术进步奖1项、华能集团专利奖1项。三是数字化转型深入推进。"云边协同"全面落地，联合华能澜沧江公司信息中心发布《水电厂工艺标识系统编码导则》，高质量开展"生产设备与测点编码'二码合一'方法研究以及在电厂三维建模中应用"青创澜沧江项目，为业务数据资产价值深度挖掘提供了有力支撑。

（四）扛牢发展责任，新能源建设再攀新高

深入落实华能澜沧江公司"水电与新能源并重"发展战略，克服集中开工建设项目多，安全、质量、进度管控难度大等困难，全力推进普洱片区新能源发展。一是整体进度取得阶段性突破。有效解决各项目土地流转滞后、建设用地报批、施工资源投入不足等制约难题，推动开工、建设、投产各环节有序衔接，普洱片区共11个新能源建设项目，其中2个已投产发电，6个已开工，3个具备并网条件。二是机制运转水平不断提升。按照"专业＋项目管理"模式组建新能源建设管理组，编制《项目监理工作月度评价办法》《现场施工考核办法》《风险分级管控清单》等制度体系文件，持续提升标准化、流程化、规范化水平。三是安全质量管控有力到位。持续构建系统完整、责权清晰、监管高效、运转顺畅的现场安全生产监管体系，深度介入外包分包队伍管理，抓严抓实资质审查、进场开工、过程检查、动态考核等，成功扭转了外包安全管理的严峻形势，新能源建设质效持续提升。

（五）推进改革提升，管理水平再攀新高

全面深化推进一流电厂创建，深化提升"六个一流力量"。一是制度体系现代化有序推进。严格对照国家行业、华能集团及华能澜沧江公司最新要求，动态开展制度"立改废"和时效性审查，完成修订制度27个，废止制度5个，制度体系适用性和合规性持续增强。二是依法治企水平不断提升。加强风险内控合规管理，作为华能澜沧江公司"大坝水库安全管理""发电运行安全管理"审计首家试点单位，积极配合完成现场审计工作，构建闭环机制确保各项审计问题整改到位。三是管理创新成果不断涌现。获全国企业管理现代化创新成果二等奖1项，全国电力企业管理创新论文大赛二等奖2项、三等奖1项。

（六）履行央企责任，品牌形象再攀新高

坚持把履行社会责任，"水电胜境、华能荣光"品牌形象持续彰显。一是生态环保效应保持良好。环保设施设备运行稳定，制定专项措施有效解决淡水壳菜防治问题；实现污水"零排放"；完成珍稀鱼类网捕过坝、增殖放流10万余尾。二是帮扶援助力度持续加强。开展第三期"华能希望班"办学项目，助推边疆地区教育高质量发展；实施云仙彝族乡芦山村绿美村庄建设等项目。三是企地和谐建设不断深化。与地方政府、周边派出所、消防队等有关部门共建联动机制，获赠周边群众锦旗1面，感谢信2封，形成内部团结稳定、周边和谐融洽的良好局面。四是高质效大力度推动外宣。年内总计刊发各类新闻宣传报道700余篇，公众号、视频号等新媒体平台报道60余条，多篇稿件分别在新华网、中国电力网等平台刊登和发布，多渠道、多形式传播糯扎渡故事，品牌形象不断塑造。

（七）强化人才培养，队伍建设再攀新高

树牢"以奋斗者为本、以奋斗者为荣"的人才理念，全力做好人才队伍建设工作。一是突出"讲担当、重作为"的用人导向，深入推进干部竞争上岗，培养选拔优秀年轻干部，着力提升"七种能力"，打造了一支忠诚干净担当的高素质干部队伍，提任中层干部8人，均为80后干部。二是大力推进人才队伍"双通道"建设，选拔聘任1名电力安全专业技术带头人，1名水工监测专业技能带头人，完成9名技术技能带头人年度动态考核，1人获评官渡区学术和技术带头人；持续提升以劳模工作室等"五大工作室"为主体的实训中心管理水平，切实发挥示范引领作用。三是结合职责持续优化岗位序列设置，完成岗薪调整81人次，完善业绩考核、综合评价、专业测评"三位一体"考核体系，进一步激发职工队伍活力。四是培训转正29名2022级见习员工，全面承接50名2023级见习员工入职培训，向华能澜沧江公司系统输送管理人才和专业技术骨干24人；技术技能竞赛获集团级奖项1项。

（华能澜沧江水电股份有限公司糯扎渡水电厂）

中国水力发电年鉴

12

水电站生产运行

电力生产及管理

三峡水力发电厂 2023 年电力生产管理情况

（一）电力生产情况

2023 年，三峡水力发电厂安全生产保持良好态势，有效管控安全风险，实现安全生产"双零"目标，获评"全国安全文化建设示范企业"称号。年度累计发电 802.71 亿 kW·h，其中 5 月 13 日 13 时 35 分，历年累计发电量突破 16000 亿 kW·h，充分发挥了三峡电站能源保供和电力系统关键支撑的"顶梁柱"作用。面对年初存水少、流域来水枯的不利形势，精确调度、精益运行、精心维护，实现设备等效可用系数 94.12%，综合耗水率 4.16m³/(kW·h)，水能利用提高率 6.12%，节水增发电量 49.04 亿 kW·h，全年调峰开停机 4600 余台次，圆满完成"两会""大运会""亚运会"等多轮次能源保供任务。

（二）主要亮点工作

（1）全自主可控调速器取得新突破。安全稳妥完成 31 号机组调速器自主可控改造，电气控制、机械执行机构及自动化元器件全部实现自主可控，为国内 700MW 混流式水轮发电机组首个成功应用案例，成功实现技术"破局"，率先解决调速器硬件和软件"卡脖子"问题。

（2）大国重器换上"中国芯"。高标准完成"1911"项目示范应用年度任务，电源电站监控系统、12 套闸坝电控系统完成自主可控改造，在行业内首次实现了与水电站控制相融合的可信计算、认证加密、IPV6 等技术的集成应用，促进了工控系统自主可控及安全防护技术的发展。

（3）智能水电建设成效显著。国家数字孪生专项、长江电力揭榜挂帅项目——三峡电站水轮发电机组数字孪生系统顺利通过工信部验收，项目成果达到国际领先水平。第二代压力钢管检测机器人、混凝土爬壁机器人登场亮相，"智行者""健行者""天行者"等智能巡检机器人诞生投运，智能机器人累计突破 30 台，大国重器新型智能"钢铁侠"守护团队应运而生。基于物联网技术的三峡储备基地智能库建成投运，实现三峡坝区物资库仓储信息可视化、流程电子化、操作便捷化、管理动态化、作业自动化、数据互

联化，打造了智慧仓储新标杆。

（4）大坝安全管理卓有成效。顺利完成三峡大坝首次定检，高分获评正常坝（A级）。三峡水库第 13 次按期蓄满。提前备汛，扎实防汛，顺利度汛，高标准发挥三峡大坝长江流域核心枢纽作用，为保障长江安澜作出贡献。

（5）创新成果井喷式增长。年度研发投入 1.06 亿元，同比增长 5.38 倍。全年申请国内专利 351 件，获得国内专利授权 136 件。获得国际专利授权 3 件，国际专利实现"零"的突破。电气部艾远高创新工作室被命名为湖北省职工（劳模、工匠）创新工作室。"特大型水电机组智能运维关键技术、成套装备及产业化"成果获得湖北省科技进步奖一等奖。

（三峡水力发电厂　陶文莉　王晨雷）

向家坝水力发电厂 2023 年电力生产管理情况

（一）电力生产情况

2023 年，向家坝水力发电厂连续 12 年实现"零人身伤亡事故、零设备质量事故、零环保事件"的"三零"目标，连续安全生产达 4325 天，实现全年"零非停""零弃水"，获得"2023 年全国电力安全文化建设精品工程"称号。全年发电量 311.32 亿 kW·h，圆满完成全国"两会"、成都"大运会"等多轮次电力保供任务，历年累计发电量超 3382 亿 kW·h。年度累计通航 339 天、过船量 4048 艘、载货量超 195 万 t，三项指标均创历史新高。提前 115 天完成年设计货运量指标，连续 4 年超升船机设计货运量指标。完成科技创新研发投入 7693 万，超额完成三峡集团知识产权"登高计划"，年度提交专利申请 439 件，获得授权专利 237 件，其中发明专利授权 46 件、国际专利授权 1 件。

（二）主要亮点工作

（1）实现首台套 80 万 kW 水轮发电机组关键控制系统芯片级自主可控。顺利实施 2 号机组控制系统硬件、软件、核心技术完全国产化替代，实现三峡集团范围内大型水电机组首台套机组工控系统自主可控研究与示范应用，项目成果鉴定获评为国内首创，总体上达到国际先进水平。

（2）500kV 输电"大动脉"首次成功换管。积极防范化解同厂家同型号高压电缆运行风险，历时 77 天顺利完成 5 号机组 500kV 高压电缆换管，大幅提升电站高压电缆输电可靠性，为电力行业同类型工作开展提供"长电方案"。

（3）三大数字化系统建设助推电站数智化转型新突破。研发投用水电站设备运维全过程管理系统，将检修管理、设备管理、生产技术管理、任务管理、精益管理等各类型任务纳入数字化系统。建成坝区管理系统，涵盖数字坝区、智慧安防等 4 大类 19 个功能项，为坝区管理数字化、信息化转型提供有力支撑。完成综合管理系统功能搭建，进入落地实施环节，推动电厂各项管理及综合服务业务全过程标准化、信息化。

（4）首创基于数智化过程管控的新型运行管理体系。遵循"集中管控、全程跟踪"核心理念，创建以远程集控对现场作业全过程管控及评价为核心的运行作业管控模式，形成基于数智化过程管控的新型运行管理体系。提供水电厂作业过程管控新范式。建成投运集现场作业过程管控、工作预备可视化办票、沉浸式应急演练和全视角实景操作推演等多功能于一体的作业管控中心。

（5）"三园式"坝区建设持续提升电站"颜值"与"气质"。高标准完成右岸滨江绿道整修、电站东北角门户环境整治，显著提升电站门户形象。推进爱教基地配套建设，完成向家坝水电站展览厅展陈布置，接待 20 余批次、600 余人；完成坝区楼宇、道路、广场命名；完成坝区红色氛围布置，设置红色雕塑等标识 40 余处，打造向家坝坝区红色文化元素，发挥爱基地红色功能。

（6）"夯基础，强管理，创示范"管理提升行动提升管理效能。围绕"创建国际一流电厂，打造水电示范基地"目标，组织开展"夯基础，强管理，创示范"管理提升行动，推进管理流程构建、制度体系完善、履职能力提升等 7 方面 11 项提升举措落实落地，初步构建现代化全电站管理体系，显著提升全电站管理效能。

（7）有效拓展人才培养渠道，释放人才发展活力。深入推进全员岗位技能提升达标工作，完成职能部门和干部层级 127 人岗位达标考试，分两年实现首轮全员岗位提升达标工作。分专业建立 6 个人才培养工作站，通过综合测评、面试考核等方式，选拔各专业共计 36 名后备人才入站培养，完成首次后备人才选拔工作。

（8）"同心圆·向心力"提升党建工作质效。在"同心圆·向心力"品牌框架下，各基层党组织深入推进党建品牌创建，形成"三有党总支""四色党支

部""红色蜂巢""心心向融""8150"等 19 个基层党建品牌，基层党建百花齐放。

（向家坝水力发电厂　梁江川）

溪洛渡水力发电厂
2023 年电力生产管理情况

（一）电力生产情况

安全生产超 4000 天，年度发电量 549.34 亿 kW·h，无责任性弃水电量，实现"双零"安全目标。深化全电站"大安全"管理格局，实现预警发布全覆盖。完成全部 ABB GCB 灭弧室轴套升级改造等年度岁修任务，圆满完成寒潮保电、迎峰度夏、成都大运会、杭州亚运会等保电工作。

（二）主要亮点工作

（1）科技创新。科研项目级别、专利申请和授权量均创新高。2 项成果分获科技成果"金苹果"奖一等奖、三等奖，1 项专利获评首届能源行业高价值专利，多项成果分获水力发电和新能源行业专有技术、中国电力发展促进会科学技术奖、云南省科学技术奖等；创新工作室实现专业全覆盖。

（2）智能电站建设。完成部分生产区域智能巡检机器人安装、2 台哈电机组推导轴承在线监测系统增设、首批次厂房 EPS 改造、GIS/GIL 设备在线监测技术优化研究、1 台机组定子铁芯在线监测技术研究、电力电缆管理及监测系统研究与应用、管理信息机房运行环境建设。

（3）经营管理。牵头完成世界最大清洁能源走廊应用直升机通勤、抢修、抢险可行性研究前期调研。实施单项成本费用分类考核。完成安防监控中心大楼建设，坝区安防系统基本建成投运；坝区首批充电桩建成投运，完成三坪营地供水管网改造，全面完成电厂值班公寓楼整修，实现三坪游泳馆恒温功能。

（4）人才队伍。开发能力素质模型，持续系统推进人才梯队建设；张承俊创新工作室获评四川省劳模和工匠人才创新工作室；保护分部被授予"四川省工人先锋号"荣誉称号；协办四川省职工职业技能大赛，斩获一等奖 1 名、二等奖 2 名、三等奖 3 名；参加四川省能源企业职业技能大赛，团体、个人均荣获二等奖。

（5）党建和党风廉政建设。深入学习贯彻党的二十大精神，扎实开展主题教育；高质量配合中央巡视组工作；认真接受公司党委巡察并推进问题整改；推进溪洛渡工程展厅建设，组织 1600 余人次参观见学；建设红色坝区，提炼 1386 区域党建工作法。以 10 个

事项、31 项任务"清单式"推进政治监督具体化。完成雷波三峡中学捐赠协议签订。

（溪洛渡水力发电厂　侯春尧　赵娜）

乌东德水力发电厂
2023 年电力生产管理情况

（一）电力生产情况

2023 年，乌东德水力发电厂坚持高标准高质量开展电站运维管理，严格规范开展设备巡检、监视、消缺等工作，持续强化设备运行趋势分析和状态评估，常态化开展设备隐患排查治理，实施机组快速门快闭回路改造等设备技改，设备稳定性可靠性进一步提升，成功经受全年 6218 台次开停机考验，电站运行安全稳定、技术指标优异，全年发电 349.14 亿 kW·h，设备等效可用系数 94.54%，圆满实现年度安全生产"双零"目标。

（二）主要亮点工作

（1）10 月，《金沙江乌东德水电站运行水位重大变动环境影响评价报告书》正式获生态环境部批复，标志着乌东德水电站完全具备按正常蓄水位 975m 运行条件。

（2）10 月 18 日，乌东德电站正式蓄水至 975m，首次正式实现 975m 蓄水位运行，乌东德工程发电、防洪、航运等方面能效得到充分释放，发电能力和调峰能力得到有效提高，大国重器综合效益充分发挥。

（3）充分发挥电网调峰骨干作用。乌东德电厂严格执行电网调度指令，全年开停机 6218 台次，单日最大开停机 44 台次，最大调峰量 856 万 kW，连续 2 年调峰运行天数超 360 天，圆满完成年度迎峰度夏、度冬以及"两会"等多轮次重要活动保电任务，为保障电网安全运行和电力可靠供应作出积极贡献。

（4）完成年度分层取水、基荷发电、人造洪峰等生态调度试验，有效促进流域水生态保护。完成大坝首次安全登记注册评级，大坝安全管理实绩考评得分 86 分，高分获评"甲级"大坝。电力安全生产标准化达标评级综合得分 95.5 分，高分取得电力安全生产标准化一级企业称号。

（5）高站位开展科技创新工作，全年开展科研项目 111 项，申请专利 282 项，获得授权专利 85 项。大型水电站表计智能识别及数据采集传输研究、发电机定子线棒接地故障综合检测装置、一键开导叶排水、智能地线箱等多项科创成果应用于生产实际，切实解决生产痛点难点，有效助力安全生产提质增效。

（6）大力推进智慧电站建设，完成工业互联网平台乌东德侧建设并上线运行，水电站物理场应用研究及关键设备物理场在线监测应用开发研究在 12 号机组成功应用。

（乌东德水力发电厂　王海）

白鹤滩水力发电厂
2023 年电力生产管理情况

（一）电力生产情况

2023 年，白鹤滩水力发电厂秉持"精益运行、精心维护"理念，坚持"零缺陷"理念，克服新电厂边建设边生产、边检修边运行等复杂局面，高质量完成年度各项生产经营指标和重点工作任务，全年未发生人身伤亡和设备伤害事故事件。持续探索百万机组、高坝大库运行规律，积极推进机组稳定性及相对效率特性研究等，不断提升百万机组运行管理核心能力。全面投产首年，即实现"五百五零"挑战性目标，全年发电 573.24 亿 kW·h，历年累计发电 1129.68 亿 kW·h，圆满完成迎峰度夏、成都大运会、杭州亚运会亚残运会等重要时段保电任务，充分发挥了国家重大工程作用。

（二）主要亮点工作

（1）安全环保。持续开展风险"吹哨""五防"巡查，以及"用数据实时发声，让违章无处藏身"专项行动。建立并全面落实"风险一张图""措施一张表""管控一张网"安全管理体系。创新建立风险识别率、隐患受控率、隐患整改率、隐患重现率"四率"管理机制。推动第二批 12 台百万机组并网安全性评价一次通过，得分率 97.37%。2 个班组获评全国安全管理标准化一级班组称号，3 个班组获评二级班组称号。"白鹤滩水电站以本质安全为目标的安全管理实践"管理成果获评"2023 年度电力行业安全文化优秀工程"。提出的"金沙江流域减缓贝类危害研究"课题入选"长江流域治理保护与绿色发展领域十大科技问题"。

（2）科技创新。积极响应国家创新驱动发展战略，鼓励和引导全体员工依托白鹤滩百万机组、高坝大库平台，大力开展科技创新。2023 年，电厂共申请专利 456 件，其中发明专利申请 145 件；授权专利 279 件，其中发明专利 24 件。专利申请和授权数量分别为年度目标的 323% 和 297%，实现"爆发式"增长。大力推进自主可控，研制的国产碳化硅电阻单片储能容量达 100kJ，通过国内外两家机构的测试。

（3）人才培养。充分把握人才成长规律，科学制定人才培养工作计划，多措并举助力员工成长成才。组织 7 名员工参加湖北省、云南省、三峡集团维修电工技能竞赛，分别荣获湖北省第 1 名、第 2 名、第 7

名，云南省第1名~第6名，三峡集团第1名、第4名、第9名，创造了"三连冠"的优异成绩。李高朋荣获湖北省"五一劳动奖章"，林奕秀荣获湖北省"技术能手"。

（4）党建引领。坚持围绕中心、服务大局，把党的领导融入电站运行管理全过程各方面。在接百万机组、守大国重器的生动实践中，将领袖嘱托融入电厂"党建＋"特色党建品牌打造，通过"一支部一特色"等基层党建工作创新实践，不断探索、构建、完善党建品牌，"党建＋"品牌创建经验得到人民网报道。持续丰富和完善贺信精神引领的白鹤滩特色企业文化建设，编制发布《白鹤滩电厂企业文化手册》。持续四年开展"暖冬行动"，组织全厂职工认领巧家县药山镇座脚小学学生"微心愿"，累计为800余名学子送去过冬物资、文具及专项助学资金等超20万元。

（白鹤滩水力发电厂　杨平东　吴潇　王广浩）

葛洲坝水力发电厂
2023年电力生产管理情况

（一）电力生产概况

2023年，葛洲坝水力发电厂连续安全生产7584天，创安全生产新纪录；连续二十年实现"零人身伤亡、零设备事故"目标，连续四年实现"零非停"目标。全年发电176.88亿kW·h，实现"零责任性弃水"。机组等效可用系数93.58%，台平均运行小时6713.4小时，单机最高运行小时8752.6小时（5号机组），自动开、停机成功率100%。

（二）主要亮点工作

（1）安全环保态势持续向好。开展安全生产标准化达标复评和安全管理标准化班组创建，扎实开展安全管理强化年行动；健全危险源辨识与风险管控清单，深入开展重大事故隐患排查整治和大坝安全提升专项行动，进行反"三违"等专项检查，强化问题隐患整改，双重预防机制日臻完善；安全文化建设成果《践行"五项兴安"核心理念 推动本质安全企业建设》荣获"2023年全国电力安全文化建设精品工程"。

（2）21台机组更新改造全面收官。历时18年，高质量完成21台大型轴流转桨式水轮机组更新改造。通过优化设计，研发应用激光熔覆、新旧部件高精度对接等关键技术，提升了机组设备性能。

（3）科技创新取得新突破。积极落实知识产权"登高计划"，畅通专利申请加速通道，提升专利产出效能，累计专利受理235件（其中发明专利103件），专利授权95件，策划科研项目85项，研发投入达

7070万元，均创历史新高；获全国行业协会科技类奖励6项。实现国内首台大型轴流转桨式水电机组（2号机组）全机组自主可控。实现对GIS设备、高压电缆等一次设备运行状态的实时监测、趋势分析、故障预警。完成全息监测高级应用系统的阶段性建设和应用，实现机组智能检修维护、智能风险管控和智能辅助决策；优化完善班组业务支撑系统，新增并优化8个功能模块，系统全年访问量超8万次。

（4）2号机组转轮部件正式入藏国家博物馆。4月27日，葛洲坝电站2号机组转轮部件移交国家博物馆，8月8日，捐赠仪式在国家博物馆举行，正式在国家级平台展示我国水电工业文化的辉煌历史。捐赠部件为2号机组核心部件，承载着我国水电从弱到强、从追赶到引领的历史印记，是展示水电工业文化的"历史教科书"。

（5）水电文化广场建成亮相。高质量建成葛洲坝枢纽水电文化广场，成为彰显中国水电事业发展光荣历史、弘扬中国水电工业文化的新地标。

（葛洲坝水力发电厂　李建金）

小湾水力发电厂
2023年生产运营情况

2023年，小湾水力发电厂以开展主题教育为牵引，以"六个深化提升"为主线，全力以赴保安全、提绩效、谋发展、强党建，推动"六个方面"再上新台阶，全面完成年度各项目标任务。

（一）着力控风筑防线，安全形势总体平稳

一是电力保供坚强有力。积极配合电网调度发挥调蓄作用，切实将装机优势和龙头水库优势转化为电量优势，服务能源安全保供。圆满完成"两会"、亚运会等重要时段安全保障任务，完成发电量170.38亿kW·h。二是安全管控持续加强。有效落实安全主体责任，强化专项整治，有序开展安全管理强化年和安全生产专项整治"百日攻坚"行动，抓实抓细反违章及隐患排查治理，发现并处置各类安全隐患759项，整改率达100%；强化"三基"建设，实现安全管理资质100%持证上岗，7人取得注册安全工程师资质；深入开展班组安全管理能力提升活动，3个班组获得中安协安全管理标准化班组；强化文化育安，推进安全文化"四个工程"建设，获应急管理部企业安全文化"最佳十大案例"；高质量通过反恐一级达标验收，是云南省内首家反恐防范达标建设示范电力企业，获评"云南省健康企业"称号，入选国家卫健委优秀案例。三是生态保护有力有效。依法合规开展生态环保工作，积极开展库区泥沙、水温、水质观测

和气象站运行维护管理，完成两江清漂 $13000m^3$；联合地方政府开展库区生态环保巡查巡检，打造绿色生态靓丽名片；规范危废物全过程管理，环保设施完好率 100%，污水处理达到检测标准，未发生环水保违规事件。

（二）聚力强核心谋突破，生产管理提质挖潜

精益运维提质增效。深度应用工业互联网平台，年度设备消缺率 100%，缺陷数量同比下降 13%，连续三年自动开停机成功率 100%，创造了 6791 次连续自动开停机成功的历史纪录。全面开展设备状态评估，优化调整检修方式，机组可用小时增加约 384h，可用系数提升 3.2%，检修间隔增加至 22.63 个月，为电量增发作出积极贡献。不断优化工业互联网应用，利用工业互联网系统及时发现 6 项缺陷，保障机组长周期安全稳定运行。

设备治理取得突破。全力开展防油雾装置改造，油雾治理取得良好成效。持续推进主设备重大缺陷、隐患治理，定子振动、推力瓦温攻关成效明显，6 台机组均具备顶盖取水运行条件，发电机运行安全裕度得到提升。"一机一策"推进精品机组创建，5 台机组精品指标平均提升 2.5 项，3 台机达精品机组 C级。5 台机组获评华能集团发电设备 A 级，3 台机获评电力行业单机 70 万 kW"AAAA 级"机组。技术监督现场评价得分率为 96.17%，为历年最高。

高坝大库管理有序。规范做好日常及特殊工况库坝巡检监测，大坝监测评分连续 2 年排名澜沧江公司第一。严格开展防汛值班，做好道路应急保通及防汛设施检修，年内实现安全度汛。完成华能集团水工运维实训室第一阶段建设，为水工专业人员培养奠定坚实基础。建成智慧水库、监测运维信息化、强震风险快速评估平台，推进基于国产化边坡北斗监测系统关键技术研究，持续提升库坝管理智能化水平。成果《新形势下以"五建设五强化"为核心的特高拱坝运行安全管理》获 2023 年全国电力行业设备管理创新一等奖。

（三）全力抓创新促发展，智慧电厂建设不断深化

一是控制系统国产化改造全面推进。持续发挥产、学、研、用多方技术力量，完成 6 台机组监控、发变组保护，5 台机组励磁及 2 台机组调速系统国产化改造，国产化继保系统获国家能源局"2023 年能源领域首台（套）重大技术装备项目"称号。二是智慧电厂建设深入见效。高质量推进智慧项目建设，5G 专网搭建接入，智慧安防、智能巡检、智慧水库 3 个系统投入正式运行，5G 专网建设成果获云南省5G 融合应用标杆示范项目。开展系统集成及移动端拓展，智慧检修及智慧管理平台投入试运行。深耕智能倒闸操作功能研发，在澜沧江流域率先实现机组黑启动试验、发变组状态转换等自动倒闸功能，操作时间由手动"小时级"缩短至"分钟级"，大幅提高倒闸效率、作业安全性及应急处置能力，相关成果获电力行业设备管理与技术创新二等奖、华能集团职工技术创新二等奖。电厂获 2023 年度设备管理数智化标杆单位。三是创新管理增量提效。切实加强创新管理策划，获得国家级管理创新奖 1 项，国家行业级管理创新奖 2 项；行业级科技进步奖 2 项，集团科技进步奖 1 项，优秀专利奖 1 项，华能集团优秀科技创新团队 1 个。抓实专利"质""量"双提升，获得授权发明专利 3 项、实用新型专利 20 项，受理国际发明专利 1 项、国内发明专利 48 项。

（四）合力攀高峰创一流，改革质效优化提升

一是一流创建全面深化。全面对标，把全员责任固化到 43 个创一流责任区上，完成整改 500 余项。二是国企改革深入推进。构建"岗位聘任＋部门绩效＋个人绩效＋专项激励"的立体考核激励体系，修编《员工岗薪管理办法》，完成岗位及岗级职等动态调整 57人。加强分层分类考核分配，制定专项奖励 16 项，拿出 30% 绩效工资自主分配，进一步激发了员工干事创业激情。三是价值创造显著提升。通过顶盖取水节约厂用电 400 余万 kW·h，连续两年获中电联"发电耗水率指标最优水电站"称号，全年生产成本同比下降 33.10%，利润同比增加 26.87%。四是新能源发展推进有力。派出 9 名骨干赴凤庆全力推进老黄坪、松山等 8 个项目建设，8 个项目均已具备开工条件。

（五）奋力强堡垒树形象，党建引领提质赋能

一是主题教育成效明显。抓实"奋战四季度、打赢收官战"主题实践，广泛开展"建言献策""立足岗位做贡献""学习身边榜样"等活动。深入开展调研 30 余次，形成调研报告 7 个，推动解决调研问题34 项；领导班子成员带头联系科技创新攻关项目及效率效益重点工作 10 项，圆满完成安全保供、科技创新、国企改革等重点任务。电厂获电力行业文化品牌影响力企业，被命名为第二批中国华能爱国主义教育基地。二是队伍建设坚强有力。加大年轻干部发现培养选拔力度，打好"选育管用"组合拳，选人用人质量明显提高，37 人获澜沧江公司级及以上表彰。加快技术技能人才"双通道"建设，选聘技术技能带头人 10 人，充分发挥带动作用，培养"华能工匠"1人。三是群众性活力持续迸发。承办华能集团"华能工匠杯"水电检修技能竞赛，参赛 4 人分获一、二等奖，电厂获评"特殊贡献奖"。广泛开展劳动和技能竞赛 13 项，4 项职工创新成果获华能集团、能源化学工会表彰。荣获"全国电力行业最美职工之家"、全国大型水电厂（站）劳动竞赛"优胜单位"，荣获全国大型水电厂青年工作先进单位。

（华能澜沧江水电股份有限公司小湾水电厂）

藏木水力发电厂 2023 年生产运行情况

2023年，藏木水力发电厂充分发挥安全支撑作用，连续安全生产3331天，年累计发电量20.60亿 kW·h。

（一）筑牢安全基础，安全生产平稳

2023年，不断深化领导现场安全工作巡查，加强生产区域巡查力度，狠抓各项问题整改，完成安全生产责任制巡查评估暨安全生产标准化达标评级工作。持续完善双重预防机制，提升应急管理能力，深化风险隐患排查治理，严格落实各项防汛措施，圆满完成2023年度防洪度汛任务及各项安全检查14次、应急演练6次。推进班组安全建设，规范发承包工程安全管理，强化作业人员安全意识，完善旁站监督制度，有效遏制安全生产事故发生。强化网络安全管理，筑牢保密思想防线，完成各重点时段网络安全保障工作及保密审查工作，电厂荣获西藏首个全国安全文化建设示范企业表彰。

（二）强化生产管理，能源保供取得实效

全面落实保安全、保供电措施，切实扛起能源保供政治责任，完成各重要时段电力保供任务。严格执行"两票三制"，加强设备缺陷管理，提高设备健康水平，确保设备安全运行，两票合格率100%，缺陷处理率100%。严格执行"三措两案"，强化检修策划管理，规范检修流程，完成4号机组C级检修、2号机组B级检修及全厂机电设备状态检修设备评价工作，有效提高设备可靠性。

（三）开展升级改造，提升设备可靠性

强化对施工组织管理、安全措施落实、全过程质量监督、项目工期管控等关键工作进行优化和部署，克服时间紧、任务重、疫情影响等不利因素，先后安全、优质、高效地完成了1号主变压器拆除、返厂运输、绝缘加强驻厂监督、返回运输、主变压器回装、现场试验、冲击合闸操作。2024年2月7日，1号主变压器绝缘加强工作圆满完成，消除了雷击损坏主变压器绝缘的隐患，保障了电网的安全稳定，为汛期迎峰度夏、机组稳发创造了条件。

完成藏木水电站1~3号机组振动区修改，解决了1~3号机组长期处于振动区运行的问题，有效改善了机组振动情况。实施排水系统软启动器配置过流保护及上位机增加运行电流监视合理化建议，在电流发生过载情况后自动触发保护机制，阻止水泵带故障运行，降低水泵损坏几率。

同时，结合实际生产情况，实施了藏木水电站厂房直流系统蓄电池组改造、藏木水电站及山南集控中心UPS系统改造、藏木水电站厂区加厚防风门窗改造等技改项目，有力提高了电厂安全运行的可靠性。

（四）加强科技创新，推动电厂高质量发展

持续推进技术创新工作，电厂2023年取得3项发明、3项实用新型专利授权，申报11项发明专利、2项实用新型专利，发表学术论文3篇，雅江中游展厅获西藏自治区科协及水电总院全国水电科普教育基地、科普教育基地授牌，为电厂高质量发展奠定了基础。

（华能雅鲁藏布江水电开发投资有限公司
藏木水电厂）

加查水力发电厂 2023 年生产运营情况

2023年，加查水力发电厂攻坚克难、主动作为，各项工取得新成效。安全生产总体平稳，圆满完成重要时段安全保供任务，全面实现了生产、经营、政治和形象安全。截至2023年12月31日，连续安全生产1237天，全年累计完成发电14.821亿 kW·h。

（一）安全环保形势保持平稳

安全基础不断夯实。深入学习习近平总书记关于安全生产重要论述和重要指示批示精神，从讲政治、讲大局的高度认识抓好安全生产工作的极端重要性，进一步筑牢安全生产思想防线；切实落实全员安全生产责任制，强化风险管控，落实隐患治理排查，全年完成128项隐患排查整治；狠抓安全教育培训，全年开展各类安全培训教育560余人次、应急演练7次，组织6人参加华能集团安全管理人员和注册安全工程师继续教育培训，5人取得消防值班人员资质，切实提升全员安全技能；荣获山南市2023年"安全生产月"安全生产知识竞赛企业组一等奖。

持续深化防洪度汛安全管控。落实防洪度汛责任，组织开展汛前、汛中、汛后安全专项检查，严格大坝24h值班制，强化防洪度汛值班值守和应急演练，提升全员防汛意识和应急响应能力，2023年泄洪闸门操作共计1023次，实现全年度汛安全、平稳。

生态保护持续加强。顺利实施鱼类产卵季节反调节工作，完成珍稀鱼类增殖放流5.7万尾，鱼道年度过鱼4.3万尾。全年未发生环保违规事件，获得山南市2023年度"无废工厂"荣誉称号。

（二）生产经营创佳绩

生产管理水平不断提升，设备功能不断完善。一是以安全生产为中心，认真分析安全生产形势，分解落实年度生产目标，制定设备检修计划，扎实开展每日巡视巡察、每月专业巡检和"零非停"检查，主动开展隐患排查和缺陷治理工作，先后完成22个公用系统和3台机组检修，大大提升了设备可靠性，实现设备消缺率100％，机组自动开停机成功率100％，为顺利完成各项电力保供工作奠定坚实基础。二是结合工作实际，积极开展自主更新改造工作，先后完成柴油发电机一键倒闸、辅助控制系统人机界面功能完善、机组顶盖排水液位计改造、机组风闸行程开关改造、门式起重机动力电缆自动换向卷线改造等10余项自动化改造提升工作，有效提高了设备自动化水平。1人荣获华能集团2023年度水电检修技能竞赛三等奖，并被授予"中国华能集团有限公司技术能手"荣誉称号。

找差距补短板，采购及物资管理成效显著。一是强化采购计划和执行管理，严控采购方式和采购流程，全面完成公司批复的年度采购计划，全年采购项目节支率达23％。二是围绕安全生产物资保障和精细化管理要求，完成数字化仓库建设，物资采购实现数字化管理，物资采购效率和准确性显著提升，物资信息及对标管理指标及时、准确、完整，生产物资单位库存指标降低明显，全年为0.71元/kW。

（三）科技创新成效显著

扎实推进解难题促生产。紧贴安全生产需要，积极开展职工技术创新成果转化，自主研发鱼道闸门自动控制技术的运用，极大提高了鱼道运行效率，有效降低了人员工作强度和运行安全风险，树立了高原水电鱼道运行管理标杆。

成果凝练成效显著。全年取得2项发明专利和15项实用新型专利，申报10项发明专利；工业气瓶智能存储柜等两项成果分别荣获中国电力技术市场协会一、二等奖。

（四）企业管理水平稳步提升

扎实推进管理水平。一是结合实际开展制度时效性审查，针对性开展制度修编，全年完成制度修编1项，新增17项，应急预案修编59项。二是严格档案收集、整理、归档和编目等工作，确保了档案资料的全面性、完整性和系统性，在档案年度工作评价中获A级评分。三是紧抓国家安全及保密维稳工作，全年未发生失泄密事件，年度保密对标达到标杆单位标准。

（华能雅鲁藏布江水电开发投资
有限公司加查水电厂）

刘家峡水电厂
2023年生产管理情况

2023年，刘家峡水电厂全年完成发电量58.48亿kW·h，上网电量57.92亿kW·h，节水增发电量3.52亿kW·h；平均发电耗水率4.05m³/(kW·h)；综合厂用电量5646.45万kW·h；机组等效可用系数98.39％；实现安全生产8195天。

（一）安全生产局面持续稳定

安全体系建设顺利通过省公司示范性验收，初步建成了具有"国网特色、水电特点"的安全管理体系。抓严抓实安全生产管控，春季安全大检查，累计查改问题384项，整改率100％；秋季安全生产检查，发现问题43项，整改率93.02％；重大事故隐患专项行动累计排查较大隐患4项、一般隐患35项。持续加强应急体系建设，组织开展防汛综合、地震综合等各类应急演练，成功承办中部电网大面积停电暨反恐处突政企协同联动应急演练，全员风险防范意识、应急处置能力持续提升。积石山6.2级地震后，第一时间启动应急响应，迅速完成震后排查，高效处置330kV开关站Ⅰ母线保护间隔导体松动放电故障，全力保障大坝及设备设施安全稳定运行，国务院抗震救灾指挥部工作组高度肯定厂应急处置工作。

（二）"三大责任"全面落实

始终将履行好"防洪度汛政治责任、顶峰保供首要责任、精益运维基本责任"放在首要位置，在服务大局中展现更大担当，作出更大贡献。防洪度汛措施有效落地，严格执行调度命令，严控下泄流量，全力确保流域安全。优化检修策略，合理安排检修工期，最大限度减少设备检修对电力保供的影响。精益运维、精心操作，确保机组"随调随启，应发尽发"，年内累计开停机3790次。加强精益运维管理，持续提升机组运维水平，4号机组获电力设备管理协会"2022年度电力行业年度标杆水电机组"荣誉称号。

（三）经营质效持续提升

合规管理持续加强，重点突破疑难问题，6、7、8号机组取水证顺利取得，洮河口排沙洞及扩机工程圆满完成整体竣工验收，累计解决历史遗留问题32项。提质增效持续深化，扎实开展优化策略提质增效三年行动，盘活闲置资产增收41.21万元，取得财产保险理赔收入16.25万元，争取个人所得税手续费返还10.30万元，申领稳岗补贴48.61万元。基层基础持续夯实，扎实开展"学标杆、结对子、促提升"活动，34个班组完成学习先进、结对共建，班组全部通过达标层级评价、32％通过良好层级评价，两个班组分获全国"专业级"质量信得过班组、"中央企业青年文明号"。

（四）转型发展步伐坚定

改革工作多向发力，全力推进宽带薪酬套改工作，深化岗位绩效工资制度改革，产业单位顺利开展工商变更登记、财务并账并表，改革任务高效完成。科技创新成果丰硕，加大新工艺、新技术应用力度，大型水轮发电机组座环机加工、非对称分瓣转轮等新技术在机组改造过程中成功应用，"刘家峡水库减淤与水沙电联合调控技术"荣获甘肃省科技进步奖一等奖，"大型水轮机过流部件盲孔内套拔出装置的研制与应用"荣获国际发明创新展览会金奖。品牌作用充分彰显，持续加大对中心工作的宣传力度，厂春灌工作首次在新闻联播等央视媒体宣传报道，开展《黄河安澜》新书发布会暨"黄河安澜·光明先锋"故事会，不断扩大企业品牌影响力，持续深化爱国主义教育基地内质外形，基地作用发挥得到国网公司、甘肃省委和公司领导的批示肯定。

（国网甘肃刘家峡水电厂　岳文亭）

黄河上游水电开发有限责任公司所属大中型水电站2023年生产管理情况

（一）班多水电站

2023年，发电量16.067亿kW·h，完成年计划发电量的104.33%；综合厂用电1207.7万kW·h，为计划值的95.66%；耗水率为10.25 m³/(kW·h)，较计划指标降低0.15m³/(kW·h)，连续安全运行4461天。

组织开展安全生产重大隐患排查、安全生产制度标准建设；严格落实分公司《2023年安健环管理体系提升工作方案》，"三标一体"成功通过管理体系监督再认证。应急管理实现从"被动应对"向"主动保障"转变、从"灾后抢险"向"灾前预防"转变。组织开展了45次专题业务技术讲课活动。全年共有42人次升岗。完成第二次大坝安全注册换证。组织开展实施"百日安全生产雷霆行动"，从七个方面开展行动，共计开展行动项108项。

认真学习贯彻黄河保护法，修订3项防汛专项预案，组织3次预案演练。开展排洪沟、集水井及生态防水孔、鱼道杂物清理项目，组织开展库区漂浮物打捞。通过抓4项措施，健全风险数据库应用场景。2023年度监测过鱼196尾。持续推进高原"花园式"电站建设。实现"三零"目标。2023年，开展了3项数字化项目建设。较好完成了年度利润目标，年内

6个月利润目标受公司激励。组织开展库区实验性拉沙，拉除水库淤沙厚度约4m，拉沙量约30万m³，着力降低耗水率、综合厂用电率，全年增发电量1384.94万kW·h，提质增效贡献利润值315.35万元。强化"三基"建设，健全班组台账，积极推进班组安全管理规范化、标准化，不断提升班组安全管理水平，推动分公司班组安全建设达标，分公司生产班组已全部通过黄河公司安全达标验收。

（二）龙羊峡水电站

2023年，发电量56.9536亿kW·h，完成计划的87.38%；综合厂用电量3898.764万kW·h，为计划值的81.94%；耗水率完成情况耗水率为3.33m³/(kW·h)，较计划指标降低0.02m³/(kW·h)，连续安全运行3223天。

开展重大事故隐患专项排查整治2023行动，共发现隐患132项，目前整改完成112项。将各岗位考核标准统一归类为A、B两类，修订后形成了4项部门、106项岗位安全生产责任制。修订完善《承包商安全管理规定》等，截至10月底承包商入场安全教育培训310余批次706余人次，对不服从安全管理、资质造假拉入黑名单3人，承包商因各类违章处罚9次，共计处罚金额24450元。修订和完善公司风险评估工作规定，主要对82个系统、373个单元、1578个设备进行风险评估，形成作业任务311项，从4个方面共识别风险3031条。建立并发布7个方面30项危险作业清单，严格审核施工作业"四措两案"；认真落实防汛责任，严格实行24h值班制度，建立完善防汛物资和设备台账；与地方防汛部门建立防汛应急联动机制，及时函告水库水位变化情况，全面提升本质安全水平。全年共执行工作票1650份，操作票482份，两票合格率100%，消缺率100%。全年共计完成机组检修4台次，利用技术监督手段发现了3号主变压器异常情况，及时处理了3号水轮机双联臂螺栓脱开、1号机组真空破坏阀水箱焊缝开焊、厂内排水管路喷水、3号机组尾水人孔门门框裂纹和机组励磁滑环打火等缺陷；全力推进加装电梯、厂内排水加装泥浆泵、作业智能安全管控系统建设等重点工程项目。顺利通过330kV GIS改造工程竣工验收；年内共申请免考核19次，共免考核7805分。3项数字化项目均已完成实施。

共制定生态环保专项整治行动20项，共种植枸杞苗和沙柳800余株，全年完成"两金"压控42.5万元，为原计划的101.24%，完成678项报废固定资产、97项废旧物资和157项低值易耗品的报废处置；分公司现行有效标准共计423部，其中技术标准147部、管理标准193部、岗位标准83部。年内共制（修）订技术标准8部、管理标准66部、岗位标

准10部,废止4部。组织开展中层干部述职测评会议、员工绩效考评;组织开展2023年度安健环管理体系内审和管理评审工作,内部评估过程管理得分率为78.3%,内部评估等级为"三钻三星";全力推进班组建设和质量管理体系建设工作,先后获得青海省电力行业协会和青海省清洁能源持续发展促进协会"QC活动优秀成果"奖、黄河公司"QC活动三等奖"、青海省质量管理协会"QC活动二等成果"奖。

(三)拉西瓦水电站

2023年,发电量93.49亿kW·h,为年计划值的82.8%。耗水率2.07m³/(kW·h),指标值为2.04m³/(kW·h)。综合厂用电量6116.7万kW·h,指标值为7202.89万kW·h,未突破下达值。截至2023年底,累计发电1551.48亿kW·h,安全纪录5437天。

组织全员签订安全生产目标责任书,完善双重预防机制管理标准,动态发布TOP10风险管控清单,修订38部安全管理标准,年度安健环体系内部评估得分91.65分,达到"四钻"三星水平,顺利通过"三标一体"年度监督审核。加强设备隐患排查及整改闭环力度,全年共发现设备缺陷168条,处理缺陷165条,待消缺陷3条,消缺率98.2%;深入开展承包商专项整治行动,建立专项整治"两清单",承包商人员列入"黑名单"8人次,考核金额22300元。现场安全巡察12次,开展职工生态环境保护培训3次,全力配合开展中央生态环境保护督察工作,年内未发生环保违纪问责事件。

以3F机组B级检修创质量标杆机组为抓手,组织开展应急预案演练12次,成功开展积石山县6.2级地震灾后各项应急处置工作;年内共组织安全检查16次,发现问题366项,已整改357项,整改率98%,下发各类处罚单47张,处罚107人次,处罚金额5.38万元;发出嘉奖单11张,奖励30人次,奖励金额7.63万元;圆满完成B级检修1台次,C级检修3台次,优质高效完成4B主变压器专修任务;年内完成2、3号机组励磁系统改造、110kV变电所改造等六项生产工程技改项目。全年与调度主动联系4326次,成功4261次,成功率98.48%,水电AGC考核率较年初下降近60%,光伏电站自3月起实现"两个细则"补偿分值大于考核分值的跨越式进步;组织开展JYKJ经济运行分析会,年内完成水电压控123.69万元,光伏压控3.57万元,超额完成"两金"压控目标。年内共签订各类合同173份,合同金额16177.05万元。年内处置备品备件9项,废旧物资169项,固定资产8项,有效压降流动资金。年度审计反馈的5个方面13项具体问题已全部完成整改。健全组织机构,完善应急物资管理,开展智慧应急平台试点工作。完成三级联动应急演练工作,完成预案演练12次。组织开展应急能力评估,细化落实应急管理要求。开展识灾避灾避险基本知识和防范自救技能宣传教育。修订完善《生态环境保护管理标准》等制度,完成行动项12项,持续开展4项,遗留的1项,全年开展巡察12次。持续开展11项法律法规宣传活动,将风险管控工作融入每个岗位;全年发布标准208部,QC创新成果被评为青海省第45次质量管理小组技术成果二等奖;申请计算机软件著作权1件、实用新型专利2件、发明专利3件,发表科技论文6篇,创新工作室获评集团"示范创新工作室"。

2023年,公司被评为中电联标准化良好行为"AAAA"企业,获得"贵德县文明单位""海南州文明单位""海南州民族团结进步示范单位"、黄河公司"先进单位""先进集体""安全生产先进集体"等荣誉称号。

(四)李家峡水电站

2023年,发电量52.61亿kW·h,为年计划的82.94%;综合厂用电量2581.752万kW·h,为年计划的89.99%;发电耗水率3.59m³/(kW·h)较计划值升高0.13m³/(kW·h);安全运行8608天。

建立全员安全生产责任制,分层、分级签订安全目标责任书;开展春查、节前检查、秋冬季安全大检查等专项检查共计18次,发现隐患243项,已整改235项,整改率96.7%;发现管理问题145项,已全部完成整改;修订《大坝安全管理标准》等4项制度。制定年度防汛与大坝安全重点工作计划,严格落实防汛24h值班制度,编制大坝安全提升工作行动项47项;对废油废料、生产生活垃圾和污水严格按规定处理,年度内未发生环保事件;建立体系要素与管理标准的对应关系,制定23条具体实施措施和4项保障、激励措施;制定安全文化建设3年规划及年度工作计划;对作业、设备等4大类及11小类风险数据库进行修订完善,进一步提高了各类风险数据库质量。针对5号机组扩机工程,制定质量监督计划,完成7台次的机组检修工作,其中C级检修6台次,D级检修1台次。在机组检修期间,依据质量验收标准,做好检修质检点验收,开展设备检修后评价及技术监督工作,持续提升检修质量。通过多项线路设备设施维修等工程项目实施。积极组织班组开展质量信得过班组创建、QC课题研究,自控班获得质量信得过"AAAA"班组,保护班、机械班、电气班获得"AAA"班组,电气班"降低厂内电梯运行故障频次"QC课题荣获中国电力市场协会三等成果。

全年实现利润7.43亿元,年末两金余额92.79万元,顺利完成年度两金压降目标。按照"以评促建"的原则制定班组安全建设"小指标竞赛"方案,完成 4 次班组安全建设"小指标竞赛"活动，对班组"三会一活动"开展程序、内容进行优化，使质量显著提升；先后 2 次组织班组骨干到集团内外部安全管理先进单位对班组安全建设情况进行调研、学习、借鉴外部单位在班组建设中的良好经验和做法；以机械班为样板，提升班组基础设施水平。

（五）公伯峡水电站及苏只水电站

因管理职责调整，2016 年起公伯峡水电站、苏只水电站均由青海黄河水电公司公伯峡发电分公司管理。2023 年，公伯峡水电站发电量 49.0921 亿 kW·h，为年计划的 86.72%；综合厂用电量为 3373.95 万 kW·h，为年计划的 121.94%；耗水率为 4.03 m³/(kW·h)，较计划指标增加 0.13m³/(kW·h)，连续安全运行 3968天；苏只水电站发电量 8.5557 亿 kW·h，为年计划发电量的 87.23%；综合厂用电量为 580.42 万 kW·h，为年计划的 94.22%；耗水率较计划指标降低 0.72m³/(kW·h)，连续安全运行 3968 天。

更新发布作业、设备、职业健康、环境保护"四大类"和火灾、交通、建（构）筑物、安保"四小类"基准风险数据库；补充完善公苏两站目视化设置，组织开展安健环体系内部评审和管理评审。分级建立隐患排查治理"两清单"，年内共计各类隐患198 条，已全部完成整改。细化工作措施共 203 项。压实各级人员安全生产履职，形成"三大体系"共同发力的良性循环机制。修订完善 65 部有关安全生产管理标准。推行管理标准任务清单应用，签订安全目标责任书，分解目标指标。编制承包商安全管理示范建设工作方案，编制发布长期承包商"三个一律"实施方案，全年加强承包商全过程安全管理，年内未发生承包商不安全事件。制订 2023 年三站（含小禹光伏）设备维护计划，重点完成公站机组导叶摩擦装置间隙值测量、转子绝缘检查等缺陷处理及检查。完成公苏两站 1 台次 A 修、1 台次 B 修和 4 台次 C 修，年度公、苏两站等效可用系数分别为 93%、95.57%。

制定《2023 年度防汛与大坝安全管理工作计划》，修订完善《防汛管理办法》等制度。明确各级人员防汛工作责任，组织开展两站的汛前、汛后专项检查工作，并形成闭环。组织开展防汛事件处置专项应急实战（双盲）演练、局部暴雨处置专项应急实战演练，并有针对性苏站开展垮坝事故处置专项应急桌面演练、超标准洪水处置专项应急桌面专项演练。安排专人负责每日向上级报送防汛日报、防汛零报告；完成 29 部应急预案的修订、审核、内外部评审和备案工作。年内按计划完成包括全厂停电及黑启动专项应急演练等 12 次专项应急演练。统筹推进反恐达标，2023 年 7 月通过青海省反恐达标验收。

年内修订发布采购文件、合同、评审报告等 10

部模板，年内完成 132 部合同全过程资料的经营合规自查及整改工作；年内组织开展 2 次鱼类增殖放流活动，共流放各种鱼类 28 万尾。制定印发 2023 年度培训计划。截至年底，完成分公司层面各类培训 18 次，参培 549 人次，培训课时人均达 256 课时。编制 8 部班组安全建设指导手册。截至年底，生产部 6 个班组安全达标率 100%，其中保护班、自控班、电气班保持黄河公司示范班组命名；共发布事故经验反馈单36 份（B 级 32 份，C 级 4 份），行动项共 363 项，已全部完成整改。截至年底，处理违章行为共 16 起，涉及人数共 31 人次，清退承包商 1 人，考核金额6.886 万元，上报公司违章 85 起，其中管理类和装置类违章分别为 18、12 起。

2023 年，获得"全国安全文化建设示范企业"、青海省 2022 年"安全生产工作表现优秀企业"、黄河公司 2023 年安全生产先进单位等荣誉称号，生产部6 个班组获得中国水电质量协会质量信得过班组荣誉称号，《危险作业风险管控》获得全国电力设备管理创新成果二等项目，安全文化论文获《第四届企业安全文化优秀论文》二等奖。

（六）积石峡水电站

2023 年，发电量 32.69 亿 kW·h，为年计划的87.52%。综合厂用电量 2388.45 万 kW·h，同比减少了 456.66 万 kW·h；年均耗水率 6.15m³/(kW·h)，高于指标值 5.95 m³/(kW·h)，安全生产 4800 天。

深化双重预防机制建设，开展安全管理专项检查28 次，发现问题隐患 425 项并落实整改，处理违章31 起，考核 27 人次共计 12880 元。狠抓承包商等同化管理，严格落实八个"等同化""三个一律"管理要求。落实上级单位防汛相关要求，进行地质灾害隐患排查、地震抗震设防烈度检查、汛前详查等各类检查，完成 7 项问题整改，组织开展专项应急演练，严肃防汛值班纪律，安全度汛。通过防汛专业组的汛前详查、防汛互查、公司防汛检查、水淹厂房隐患排查等各类检查、整改。承办海东市防汛综合应急演练，开展防汛演练 5 次。通过 2023 年度质量、环境、职业健康安全管理体系监督审核，安健环、三标一体等体系建设工作实现年度目标，体系内审得分率81.52，达标"四钻一星"水平。

年内完成公用 UPS 电源、1 号机组在线监测系统、大坝内外观测系统改造等 8 项技改，完成公用UPS 电源系统换型改造、1F 机组在线监测系统换型改造、1F 发电机励磁滑环碳粉收集装置改造、全厂工业电视换型改造等项目。组织开展电站接入集控自评估、梳理监控通信点表 13000 余个，年内发现并消除缺陷 145 条，消缺率达到 100%，圆满完成 4 台次机组检修。完成环保督查 16 项问题整改，规范处理废油 5.053t。及时清理库区漂浮物 1560m³，宣传黄河保护法、鱼类保护知识，开展放流活动。

12 月 18 日突遇 6.2 级地震，造成 3 台机组事故停机、孟清线跳闸，办公区域建构筑物不同程度受损，立即启动地震灾害专项应急预案 I 级应急响应，在震后 4 小时内将 3 台机组全部并网发电，5 天时间内恢复工作生活秩序。修订完善现场处置方案 49 部，以双盲实战演练为主开展应急演练 13 次。开展应急能力外部评估工作，得分率达到 90.26%。处置低效无效资产收益 1.31 万元，全年两金压降 234 万元。主动申请调整负荷 412 次，同意调整 286 次，全年"两个细则"补偿 27229.947 分，补偿总分同比增加 13.22%。开展班组安全建设自评工作，6 个专业班组、6 个承包商班组达标率 100%。获评青海省质量管理协会质量信用 A 等企业称号。依托创新工作室、QC 活动、科研项目开展自主创新，三项 QC 课题分获青海省第 45 次质量管理小组活动成果交流二、三等奖，年内获得软件著作权登记 1 件，发表论文 12 篇；提前完成设备安装调试。年内电气班获公司"示范班组"称号，保护班通过"示范班组"复审，其余 4 个班组达到"安全建设示范班组"标准。

（七）盐锅峡水电站及八盘峡水电站

2023 年，盐锅峡水电站发电量 23.3184 亿 kW·h，为年初计划的 95.27%；综合厂用电量 1953.97 万 kW·h，较计划减小 709.03 万 kW·h；耗水率 10.59m³/kW·h，较计划值降低 0.16m³/(kW·h)，连续安全运行 7928 天。八盘峡水电站发电量 10.0629 亿 kW·h，为调整计划的 101.25%；综合厂用电量 1103.72 万 kW·h，较计划值减小 212.28 万 kW·h；耗水率 27.81m³/(kW·h)，较计划值降低 0.69m³/kW·h，连续安全运行 4240 天。全年营业收入 45426.07 万元，利润总额 13692.8 万元，完成年度利润基准目标值的 158.12%。

制定并落实《公司安全管理强化年行动工作方案》，全年管理者代表现场办公 13 次，共下发检查问题整改计划 13 期，检查发现问题 284 项，已完成整改 280 项，整改完成率 99%。优质高效完成两站 12 台机组检修、5 台机组励磁系统改造及 2 条 110kV 母线、10 条 110kV 出线和 5 台主变压器检修预试工作；强化电站汛限水位（运行控制水位）管理，制定落实机组"零非停"管控措施，提高机组效可用系数。制定落实《生产安全事故隐患排查治理管理标准》等，建立公司安全隐患台账，无重大及较大隐患，含一般隐患 16 项，均已完成整改。编制下发《防汛管理手册》，使公司防汛工作逐步规范化标准化。联合地方政府进行 2023 年度地企联合防汛专项应急实战双盲演练，参加 139 人。根据黄河防总、黄河公司防

办、甘肃省防指发布的预警信息及要求，共发布汛情及气象预警 15 期。

按照"整体规划、分布实施"的原则，自主设计制作安装的盐八两站 5 台门式起重机地锚装置，实现公司实用新型专利"零"的突破。积极应对积石峡地震，启动地震灾害专项应急预案。持续实现站区污水零排放；委托有资质单位对两站废矿物油进行处置；在八盘峡库区开展黄河鱼类增殖放流活动；实施两站站区绿化工程。通过精确预测暂估收入、控制成本结算、提高资产处置收益，节省财务费用 99 万元。年底存货共 30.23 万元，较目标值 34.2 万元降低 11.61%。在合同谈判中降价，共节约费用 69.2 万元。账面价值 50.78 万元，成交金额 254.3599 万元，增利 203.5799 万元。组织召开项目管理流程宣贯及讨论会，对部门各项工作以"高"的工作标准、"严"的管理手段；修订《经济活动分析管理标准》等文件，从"建立三个模板、搭建三个平台、推行两个建设"抓起。编制印发《教育培训手册》，在省级二类劳动竞赛和技能竞赛中取得团体二等奖、个人竞赛第二名、第九名的优异成绩；取得国家版权局软件著作权一项，全年开展 QC 小组活动 4 项，形成"五小"活动成果 7 项，推进创新项目 12 项，开展揭榜挂帅项目 8 项，共计奖励 20 个项目；职工撰写论文 45 篇；向甘肃省水力发电工程学会报送 31 篇，其中 25 篇在《西部可再生能源与微电网》上发表。

（八）青铜峡水电站

2023 年，完成发电量 11.47 亿 kW·h，为年计划的 85.39%；综合厂用电量为 1469 万 kW·h，为年计划的 83.3%；耗水率 20.39m³/(kW·h)，较计划指标降低 0.61m³/(kW·h)，连续安全运行 1881 天。

制定印发安全管理强化年实施方案，安排 52 项工作，从六个方面强化本质安全建设。修订完善岗位安全生产责任制，全员分层分级签订安全目标责任书，严格按照规程、标准制定执行标准化作业文件包，公司"三标一体"通过外部审核通过。严控"安全、质量、工期"，检修机组实现一次起动成功，年内，水电完成 6 台次机组检修，累计发现 C、D 类缺陷 101 项，消除 97 项，消缺率 96.04%。光伏累计发现缺陷 74 项，消除 74 项，消缺率 100%。年内水电实现"零非停"，光伏实现无故障运行 365 天。制定大坝安全提升专项行动实施方案，从管理和隐患整治提升大坝安全管理能力。落实大坝定检、注册、巡查审查意见 15 项问题整改工作。改造更换 8 套泄水管工作门。水情自动测报系统运行畅通率 100%，系统可用度 100%。汛末水库拉沙输沙量约 1292.54 万 t，达到历年最好效果。全年共清理拦污栅 217 孔次，累计清污量约 1937m³。提高水能利用率，排漂清污增

发电量 1254.92 万 kW·h；利用灌溉机组发电退水 3.64 亿 m³，增发电量 14.53 万 kW·h。机组等效可用系数 96.57%，高于计划值 1.72 个百分点。光伏加强运维管理，落实 2 小时消除零支路措施。

全年节约修理费及材料费成本 846.94 万元，年度电费回收率 100%。向地方政府申请企业稳岗补贴资金 53.63 万元。青铜峡发电公司、中宁太阳能公司、宁电分公司企业所得税退税 1.55 亿元。制定发布《青铜峡发电公司 2023 年安健环管理体系提升工作方案》，明确 200 项行动内容；建立生态环保保证、监督和支持三大体系。严控尘、二氧化硫、氮氧化物等污染物，确保排放不超标。针对前方生产区生活污水，建造了污水处理设施，处置污水水质满足要求。强化外委处置单位的转移运输联单管理，确保废油等危险废物储存、转移和处置过程符合规定要求。制定印发 2023 年安全建设示范班组深化工作方案，查找班组安全建设存在的问题，制定整改措施并严格落实。公司 8 个生产班组安全建设已全部达标。8 个生产班组均成立 QC 小组，各 QC 小组申报课题共 8 个，截至 12 月底，已择优推荐 3 个成果参加宁夏电力行协 QC 成果发布，其中 1 个成果获得一等奖，2 个成果获得三等奖。

（黄河上游水电开发有限责任公司　郑慧敏）

黄河水利水电开发集团有限公司 2023 年电力生产运行情况

黄河水利水电开发集团有限公司（简称黄河公司）是水利部小浪底水利枢纽管理中心所属企业，承担小浪底水利枢纽和西霞院反调节水库运行管理、维修养护及防洪（凌）、减淤、供水、灌溉、发电等功能发挥工作；接收并执行小浪底水利枢纽管理中心下达的调度指令。

（一）水库来水运用及电力生产

2023 年，小浪底水利枢纽坚持黄河水资源统一调度原则，历时 20 天高质量完成汛前调水调沙任务，小浪底水库净下泄水量 41.85 亿 m³，净排沙量 0.9 亿 t，排沙比 2.94，排沙效果明显，进一步凸显了小浪底水利枢纽水沙调控功能，维持了下游中水河槽稳定和水库有效库容，综合效益得到充分发挥。汛期，主动应对泾渭河流域强降雨过程，小浪底水库拦蓄调节洪水 35.79 亿 m³，有效减轻了黄河下游洪水威胁。通过时空调节，全年累计增加供水 73.37 亿 m³，为下游工业生产用水、抗旱保灌用水和湿地生态用水提供了稳定的水源。黄河连续 24 年不断流，为黄河下游河段和河口三角洲湿地保护修复提供了有力保障。利用有限水资源应发尽发，全年两站（小浪底水利枢纽和西霞院反调节水库）上网电量 64.23 亿 kW·h，超额完成发电目标。

（二）检修情况

2023 年，小浪底、西霞院工程设备设施运行高效。积极开展小浪底 3 号机组孤网试验和小浪底电站黑启动试验，应急电源安全可靠性得到验证。顺利完成西霞院反送电保电运行任务。小浪底 2 台发电机组获得全国"标杆机组"荣誉称号。小浪底电站自投运以来首次实现发电机组"零非停"。维修改造顺利实施。完成小浪底泄水渠边坡和基础加固，扎实推进西霞院坝前防冲刷工程，首次开展小浪底防淤闸、溢洪道和西霞院发电洞事故门液压油缸大修，水工闸门监控系统改造项目顺利通过竣工验收；完成机组备用转轮首次返厂检修，完成 5 台机组发电机出口开关大修、1 台机组 A 级检修、7 台机组 C 级检修、5 台主变压器排油内检，推进小浪底发供电系统电缆整治；完成 110kV 朝东线大修、小浪底南岸供水管道更新改造，设施设备可靠性稳定性进一步提高。

（三）安全运行

2023 年，黄河公司安全生产状况连续三个季度位列部直属重点工程第一。开展重大事故隐患专项排查整治 2023 行动，组织开展公司级安全检查 39 次，接受上级督查检查 10 次，隐患整改率 100%。以科学的教育培训抓安全，组织开展"安全生产月""消防宣传月"活动；组织各层级、各专业安全教育培训 1305 人次。健全完善应急预案体系，统筹开展各类应急演练 59 次；深入排查整治涉水区域安全隐患，积极构建水库放水应急处置机制。两个工程顺利通过水利部工程标准化管理评价验收，持续巩固深化运行管理标准化创建成果，积极推进现代化水库运行管理矩阵建设先行先试工作。确保枢纽安全稳定运行。

（四）科技创新

2023 年，开发公司科技成果量质齐升。持续搭建科技创新平台，落实科研激励机制，启动 8 项创新资金项目，创新活力竞相迸发、成果不断涌现；两个项目成功入选水利部重大科研项目；2 项成果入选水利先进实用技术重点推广指导目录；1 项技术列入成熟适用水利科技成果推广清单；1 项施工工法被认定为水利行业工法；主编 1 项团体标准；6 项技术成果荣获河南省水利科技创新成果一等奖，2 项成果荣获二等奖；12 项科技创新成果、9 项优秀质量管理小组成果获得小浪底管理中心表彰，16 项精益改善奖成果获得黄河水利水电开发集团有限公司表彰。积极开展科普活动，小浪底 2023 年科技活动周活动被评为全国优秀科普活动，受中国科协表扬。

（五）智慧枢纽

2023年，黄河公司持续优化强化算据、算法、算力，高质量完成数字孪生小浪底建设先行先试任务，主要完成小浪底和西霞院工程L3级及L3+级BIM模型建设，L2级空间场景搭建；建成适应"四预"功能需要的模型库，完成相关水利专业模型、遥感影像智能分析模型、智能识别模型的研发工作；初步完成知识平台建设，搭建工程安全知识库、预报调度方案库、经验库及历史场景库；全面完成防汛调度、泥沙冲淤、工程安全、库区管理等方面"四预"应用建设。以优异的建设成绩迎来数字孪生水利建设现场会在小浪底召开，数字孪生小浪底建设成果得到水利部肯定，受到业内外高度关注，100余批1000余人次来到小浪底调研学习，新华社、水利部网站、河南日报等媒体多次报道，建设成果在第18届世界水资源大会、中国水利学术大会展出。智慧枢纽建设深入推进。坚持"应用至上"，利用数字孪生小浪底防汛和安全"四预"功能，先后支撑黄河防洪调度演练、小浪底水利枢纽防汛应急抢险综合演练，全过程模拟预演调水调沙。水工闸门监控系统、发电运行各系统、供水供电监控系统全部接入集控中心。加快实施安全监测数据采集自动化改造，优化升级泥沙在线监测系统，推进无人测船、无人机摄影测量、机器人等新型智能监测设备深度应用。系统总结智慧小浪底1.0和数字孪生小浪底建设经验，编制印发《智慧小浪底2.0建设规划》，推动智慧小浪底建设迈入以数字孪生和国产化为核心的数字赋能新阶段。

（黄河水利水电开发集团有限公司
董华 梁国涛 赵涛）

尼尔基水利枢纽
2023年生产运行情况

2023年，嫩江尼尔基水利水电有限责任公司（简称尼尔基公司）积极履职尽责、主动作为，加快各项事业发展步伐，全面完成年度各项工作任务，公司经营管理工作取得新成效，为流域经济社会高质量发展作出了新贡献。

（一）枢纽概况

尼尔基水利枢纽是国家"十五"计划重点项目，也是国家实施西部大开发标志性工程之一。枢纽是以防洪、城镇生活和工农业供水为主，结合发电，兼顾改善下游航运和水环境，并为松辽流域水资源优化配置创造条件的大型控制性工程。尼尔基水利枢纽位于嫩江干流中游段，控制流域面积6.64万km²。水库正常蓄水位216.00m，总库容86.1亿m³，其中防洪库容23.68亿m³，兴利库容59.68亿m³。电站总装机容量25万kW，多年平均发电量6.22亿kW·h。通过水库调节，可合理配置嫩江水资源，为开发嫩江平原广阔的土地资源和当地城市及工业发展提供可靠的水源保证；可为东北电网提供电力电量和调峰容量；还可改善嫩江干流航运，缓解下游水环境状况，并为松辽流域的水资源优化配置创造条件。

尼尔基水利枢纽由主坝、副坝、溢洪道、电站厂房、灌溉输水洞等建筑物组成。大坝总长7265.55m，最大坝高41.50m。工程总投资76.59亿元。于2001年6月1日开始施工，同年11月8日实现大江一期截流。2004年9月15日大江二期截流，2005年9月11日下闸蓄水。2006年7月16日首台机组并网发电，9月16日四台机组全部并网发电，2006年底主体工程全部完工。2021年9月，尼尔基水利枢纽工程通过竣工验收。

（二）枢纽效益

2023年，尼尔基公司深入贯彻落实上级有关水旱灾害防御和水库安全度汛工作部署，强化"四预"措施，贯通"四情"防御，全面压实防汛工作责任。进一步细化实化汛前准备、汛期应对等各项防范措施，统筹安排水雨情预报预测、水库调度、枢纽泄洪、发电运行、大坝监测、巡查巡视、汛情报送、值班值守等重点工作，持续强化了水旱灾害防御体系、水资源优化配置体系安全保障能力和水平，有效保障了人民群众的生产生活安全，推动了流域经济社会发展。

全年入库水量63.64亿m³，较多年均值偏少4成。统筹洪水防御、抗旱供水、生态保护、电力保障等实际需求，科学精细实施水库调度，充分发挥综合效益。春耕期累计补偿供水23.1亿m³；为黑龙江、吉林两省提供抗旱应急补水5.3亿m³，缓解了下游沿江部分灌区取水困难；全年累计向讷河、莫旗直供灌区供水0.4亿m³，有效满足直供灌区用水需求。7月水库连续52小时零出流，应对嫩江中下游强降雨过程，为下游洪水错峰作出贡献；年末蓄水达46亿m³，有力保障明年春灌用水。公司被齐齐哈尔市政府授予"2023年度抗洪救灾先进集体"荣誉称号。截至2023年底，累计向东北电网输送清洁绿色能源近105.4亿kW·h，对缓解电网调峰容量紧缺和减少碳排放起到重要作用。

（三）安全良好

尼尔基公司认真贯彻落实水利部和松辽委关于安全生产各项决策部署，坚持人民至上、生命至上，以构建水利安全生产风险管控"六项机制"和水利重大事故隐患专项排查整治专项行动为重要抓手，严格落实安全生产责任制，奋力做好安全生产各项工作。坚持关口前移、源头治理，紧盯重点领域、关键场所、重大项目、薄弱环节、敏感时段等，建立隐患排查清单，细化安全生产排查整治，不断健全风险查找机制，高度关注危险源风险变化情况，及时更新重大危险源和一般危险源清单，进一步提升风险发现能力；以数字孪生尼尔基建设为契机，推动实现自动采集报送、分析研判、预警发布，提高公司风险监测预警的智能化水平，并利用大坝安全监测自动化系统、电厂计算机监控系统、机组在线监测系统、门机桥机监控系统、水情自动测报系统、消防联动控制系统等，切实做好监测系统的运行维护、检测校验和日常检查，不断健全风险预警机制，进一步提升高效应对能力；坚持问题导向，不断完善安全生产制度体系建设，修订完善《生产安全事故应急预案》和《灭火和应急疏散预案》，进一步建立健全涵盖目标责任、风险管控、现场管理、教育培训等多方面管理的安全生产制度体系，安全管理制度化、规范化水平持续提升；扎实开展发供电设备设施检修维护，实施重大设备升级改造12项，处理设备缺陷126项；密切跟踪设备及系统运行状态，严格规范"两票三制"管理，加强安全监察和技术监督，有效保障发电生产平稳运行。

2023年，尼尔基公司安全生产形势持续稳定向好，未发生一起安全责任事故，累计实现连续安全生产5964天，并在水利部组织的安全生产应急演练成果评选展示活动中荣获一等奖，实现了枢纽防洪安全、供水安全和发电安全。

（嫩江尼尔基水利水电有限责任公司　王化非）

雅砻江流域水电开发有限公司 2023年电力生产情况

（一）投产装机情况

截至2023年12月31日，雅砻江流域水电开发有限公司（简称雅砻江公司）水电总装机容量达到1920万kW，新能源装机容量162.45万kW。

（二）安全生产情况

2023年，雅砻江公司努力践行"流域化、集团化、科学化"的发展与管理理念，以"安全生产、稳发满发"为目标，通过深入开展流域电站设备管理、建立隐患排查常态化机制、开展行业对标等举措，高质量完成流域水电设备设施年度检修，持续提高流域水电联合运行水平和设备设施可靠性，有效保障流域梯级电站稳定发电能力。一方面，有序推进柯拉光伏、腊巴山一期风电项目新能源电力生产准备工作，顺利实现两站"接机发电"及设备安全稳定运行；另一方面，利用小风季完成新能源设备检修维护，提升

新能源设备可利用率，提升新能源场站发电能力。同时，雅砻江公司全力克服汛期来水异常偏枯的不利因素，流域"两河口、锦屏一级、二滩"三大水库首次实现全年无弃水，截至2023年12月31日，雅砻江公司全年电力安全生产情况总体良好，未发生直接责任性一般及以上人身伤亡事故、直接责任性较大及以上事故，各电力生产单位安全运行天数分别为：二滩水力发电厂5939天、官地水力发电厂3338天、锦屏水力发电厂4021天、杨房沟水力发电厂914天、两河口水力发电厂855天，集控中心4391天。

（三）水库运行情况

2023年，雅砻江流域来水偏枯，其中三大控制性水库：①二滩水库为季调节水库，天然来水频率为93.1%，全年平均天然入库流量1248m³/s，比多年同期平均来水偏少23.6%，比2022年同期来水偏少16.5%，全年最大入库洪峰流量2780m³/s，入库总水量392.92亿m³；②锦屏一级水库为年调节水库，天然来水频率为76.4%，全年平均天然入库流量1043m³/s，比多年同期平均来水偏少15.5%，比2022年同期来水偏少14.1%，全年最大入库洪峰流量3580m³/s，入库总水量310.53亿m³；③两河口水库为多年调节水库，天然来水频率为66.7%，全年平均天然入库流量595m³/s，比多年同期平均来水偏少12.9%，比2022年同期来水偏少11.7%，全年最大入库洪峰流量2050m³/s，入库总水量187.75亿m³。

梯级抗旱保供调度方面：1、2、12月迎峰度冬保供期间同比多发约56亿kW·h；3~4月，增加出库流量为下游补水，累计为下游补水约80亿m³，为缓解长江中下游旱情、保障民生用水作出了积极贡献；5~7月雅砻江流域来水较多年均值偏少4成，雅砻江公司全力以赴做好流域蓄水蓄能，加快两河口、锦屏一级、二滩三大水库蓄水；完成梯级联合蓄能82亿kW·h，约占全省水电总蓄能的53%，圆满完成成都大运会及迎峰度夏保供任务。

（四）发电情况

2023年，雅砻江公司完成发电量858.01亿kW·h，水电完成发电量842.40亿kW·h，新能源完成发电量15.61亿kW·h。其中，桐子林水电站完成发电量22.49亿kW·h，比2022年增加0.31亿kW·h；二滩水电站完成发电量163.54亿kW·h，比2022年减少18.75亿kW·h；官地水电站完成发电量111.20亿kW·h，比2022年减少13.30亿kW·h；锦屏二级水电站完成发电量230.42亿kW·h，比2022年减少16.87亿kW·h；锦屏一级水电站完成发电量166.05亿kW·h，比2022年减少22.63亿kW·h；杨房沟水电站完成发电量60.52亿kW·h，比2022

年增加 2.94 亿 kW·h；两河口水电站完成发电量 88.17 亿 kW·h，比 2022 年增加 25.49 亿 kW·h；德昌风电场完成发电量 7.701 亿 kW·h；腊巴山风电场完成发电量 0.977 亿 kW·h；柯拉光伏电站完成发电量 6.48 亿 kW·h；冕宁光伏电站完成发电量 1529.33 万 kW·h；会理光伏电站完成发电量 3002.25 万 kW·h。

（五）技术指标

（1）主设备完好率。2023 年，桐子林、二滩、官地、锦屏一级、锦屏二级、杨房沟、两河口水电站主设备完好率、水工建筑物完好率均为 100%。

（2）机组等效可用系数。2023 年，桐子林水电站机组等效可用系数为 86.18%，比 2022 年提高 7.24%；二滩水电站机组等效可用系数为 97.01%，比 2022 年提高 3.71%；官地水电站机组等效可用系数为 93.15%，比 2022 年提高 0.57%；锦屏二级水电站机组等效可用系数为 91.79%，比 2022 年降低 0.19%；锦屏一级水电站机组等效可用系数为 93.47%，比 2022 年降低 2.98%；杨房沟水电站机组等效可用系数为 94.5%，比 2022 年增加 1.76%；两河口水电站机组等效可用系数为 94.31%，比 2022 年降低 2.39%。

（3）发电平均利用小时数。2023 年，桐子林水电站发电设备平均利用小时数为 3747.53h，比 2022 年增加 51.27h；二滩水电站发电设备平均利用小时数 4955.9h，比 2022 年减少 568.2h；官地水电站平均利用小时数为 4633.33h，比 2022 年减少 554.32h；锦屏二级水电站平均利用小时数 4800.49h，比 2022 年减少 351.49h；锦屏一级水电站平均利用小时数 4612.58h，比 2022 年减少 628.55h；杨房沟水电站平均利用小时数 4034.99h，比 2022 年增加 195.84h；两河口水电站平均利用小时数 2939.06h，比 2022 年增加 778.76h。

（4）发电耗水率。2023 年，桐子林水电站发电耗水率 18.69m³/(kW·h)，比 2022 年增加 2.64%；二滩水电站发电耗水率 2.41m³/(kW·h)，比 2022 年增加 4.33%；官地水电站发电耗水率 3.32m³/(kW·h)，比 2022 年增加 0.35%；锦屏二级水电站发电耗水率 1.33m³/(kW·h)，与 2022 年持平；锦屏一级水电站发电耗水率 1.98m³/(kW·h)，比 2022 年增加 6.45%；杨房沟水电站发电耗水率 3.88m³/(kW·h)，比 2022 年减少 0.77%；两河口水电站发电耗水率 1.88m³/(kW·h)，比 2022 年减少 10.48%。

（5）生产用厂用电。2023 年，桐子林水电站生产用厂用电量为 1203.49 万 kW·h，生产厂用电率为 0.535%，比 2022 年增加 0.141%；二滩水电站生

产用厂用电量为 2584.35 万 kW·h，生产厂用电率为 0.158%，比 2022 年增加 0.017%；官地水电站厂用电量 1417.79 万 kW·h，生产厂用电率 0.127%，比 2022 年增加 0.014%；锦屏二级水电站厂用电量 3022.86 万 kW·h，生产厂用电率 0.131%，比 2022 年增加 0.010%；锦屏一级水电站厂用电量 3414.20 万 kW·h，生产厂用电率 0.213%，比 2022 年增加 0.036%；杨房沟水电站厂用电量 1847.52 万 kW·h，生产厂用电率 0.305%，比 2022 年增加 0.024%；两河口水电站厂用电量 1875.16 万 kW·h，生产厂用电率 0.213%，比 2022 年降低 0.038%。

（六）检修情况

（1）机组检修。2023 年，雅砻江公司完成桐子林、二滩、官地、锦屏二级、锦屏一级、杨房沟、两河口 7 座水电站共计 31 台次机组 C 修工作，5 台次机组 D 修工作，1 台次机组 A 修工作。

（2）技术改造。2023 年，雅砻江公司完成二滩水电站机组 PMU 系统改造、400V 配电盘改造、光通信系统改造、GIS 开关大修及汇控柜改造、辅助控制系统改造；官地水电站 1~3 号机组调速器控制系统改造、机组推力外循环冷却器改造、220V 蓄电池在线监测系统改造、国网朗讯光传输设备改造、计算机监控系统历史数据服务器改造、封闭区治安反恐设施升级改造；锦屏二级水电站 3~8 号机组状态在线监测系统升级改造、3、8 号机组调速器控制系统升级改造、2、4 号引水隧洞排水阀改造、7 号机组发电机推力及下导轴承油雾治理专项改造、六氟化硫气体泄漏在线监测报警装置改造、国网朗讯光传输设备改造；锦屏一级水电站 1~5 号机组水轮机主轴密封供水系统过滤器改造、1~5 号机组进水口闸门控制系统改造、1~5 号机组状态在线监测系统升级改造、1~4 号机组发电机上盖板及顶罩改造、1、3、4 号机组调速器控制系统升级改造、六氟化硫气体泄漏在线监测报警装置改造、国网朗讯光传输设备改造、WiFi 设备改造、行政通信网络系统升级改造等技改项目。

（雅砻江流域水电开发有限公司）

三门峡黄河明珠（集团）有限公司所属两个水电站 2023 年生产管理情况

（一）三门峡水力发电公司

三门峡水力发电公司即三门峡水力发电厂，共有 7 台水轮发电机组，5 台单机容量为 6 万 kW 的轴流转桨式机组，2 台单机容量为 7.5 万 kW 的混流式机

组，总容量 45 万 kW。

2023 年黄河来水充沛，三门峡水库入库水量 270.7 亿 m³，较 2022 年多 6.36 亿 m³。年初，黄河上游来水较往年偏大，加之疫情期间社会工业生产用电负荷严重下降，发电上网形势十分严峻。三门峡水力发电公司积极研判水情与电网情况，加强与调度的沟通，抢抓时机及时停机水检，正确预估持续大流量进库，整个汛期，在确保防汛安全的同时，克服大量泥沙、杂物损伤机组过流部件难题，提前研判水情，创造了防汛、发电双赢的良好局面。2023 年，全年发变电设备运行情况良好，利用小时数 4773.8h，较 2022 年增加 539.8h；厂用电率为 0.24%，损耗率为 1.14%；年累计发电 21.48 亿 kW·h，比 2022 年增加 12.75%。非汛期发电耗水率为 11.58m³/(kW·h)。

2023 年汛期发电期间，三门峡水库入库水量 88.94 亿 m³，较 2022 年同期减少 19.22%；发电用水量 83.52 亿 m³，较 2022 年同期减少 3.8%；汛期发电量 5.246 亿 kW·h，较 2022 年增加 1342.404 万 kW·h，同比增加 2.63%。机组平均负荷率 70.66%，较 2022 年减少 9.58%。汛期发电耗水率 16.21m³/(kW·h)，较 2022 年同期减少 6.46%。

制定三门峡水库标准化管理工作完善方案及任务清单，扎实开展构建现代化水库运行管理矩阵试点前期工作。完成三门峡水库大坝注册登记复查换证工作。扎实开展水资源保护专项行动，强化取用水监管。三门峡水电站贯彻"设备零缺陷、消缺零延时"理念，不断加强技术管理、备品管理、质量管理、人员管理，先后处理了 3 号机组工作闸门落门时间过长、"三 221"开关控制回路接地等缺陷，确保设备安全可靠运行。修订完善清污制度 4 项，不断探索新的清污方式，确保拦污栅前后压差长期保持在 40cm 以下，为汛期发电创造有利条件。推动坝区污草处理方式研究，首次实现污物无害化处理，节约资金 26 万余元。

数字孪生和智慧枢纽建设强力推进，构建完成潼关—三门峡 L2 数据底板、三门峡枢纽主体建筑物及关键机电设备 BIM 模型，编制完成三门峡枢纽大坝安全监测系统鉴定及改造方案，三门峡闸门集控系统建设设计方案和故县大坝安全监测系统提升方案，为数字孪生枢纽下一步建设打下了基础。积极推进技术革新，针对汛期发电机组剪断销锈蚀严重、更换困难的问题，自主研究改进剪断销拔出装置，节省人力和时间成本的同时，有效提高施工作业的安全性。

（二）河南明珠洛河水力发电有限公司

河南明珠洛河水力发电有限公司即故县水力发电厂，共有 3 台单机容量为 2 万 kW 的水轮发电机组，总装机容量 6 万 kW。

2023 年，电厂所在的故县水库以上流域降雨较往年明显偏多，全年，累计降雨量为 1030.2mm，年来水量为 17.48 亿 m³（历史第三位），全年共发生 5 次洪峰流量超 500m³/s 的洪水过程，最大流量 1360m³/s（7 月 3 日），最大下泄流量 300m³/s，削峰率达 78%。故县水力发电厂汛期充分抓住持续降雨，流域来水丰沛的有利时机，在光伏、风电优先上网政策和电网负荷需求较低等外部不利条件下，加强与电调协调沟通，取得洛阳供电公司支持，保持了机组满负荷连续运行，最大限度提高发电效益，实现了 5、6、7、10 月四个月月度发电量突破历史最高纪录，全年年度发电量 2.84 亿 kW·h 再创历史新高。

2023 年，故县水力发电厂先后完成了完成寻峪变电站寻 1 号主变压器更新改造、监控自动化系统公用部分及 1 号机组部分的改造、厂房故 2 号主变压器更新改造等，完成了 3 台机组水下部分检查、全厂电气设备预防性试验、变压器油检验、压力容器安全阀检验、压力表及压力变送器校验，以及绝缘工器具预防性试验、2 号机组上导油质变黑拆机检查等工作，全年共办理一种票 19 份，二种票 58 份，机械票 48 份，发现处理各类缺陷 83 项，执行各类操作票 41 份。确保设备全年安全稳定运行。

［三门峡黄河明珠（集团）有限公司　刘佳琪］

四川华能嘉陵江水电有限责任公司 2023 年生产运行情况

四川华能嘉陵江水电有限责任公司（简称嘉陵江公司）与四川华能东西关水电股份有限公司实行"两块牌子，一套人马"，管理嘉陵江上的青居水电站和东西关水电站，两站总装机容量 34.6 万 kW。截至 2023 年 12 月 31 日，两座水电站分别实现连续安全生产 7158 天和 9766 天。嘉陵江公司圆满完成 2023 年各项安全生产目标任务，荣获华能集团 2023 年度"安全生产先进单位"。

（一）落实责任，固安增效

嘉陵江公司围绕"强基固本，管理回归基础"总基调，落实全员安全生产责任制和生态环保主体责任，确定 2023 年为"设备管理年"，同步开展安全管理强化年专项行动、安全生产责任制巡查评估等工作。2023 年，两站设备缺陷率同比降低 35%，两台机组分获中电联对标优胜机组 4A 级和 3A 级。东西关 GIS 设备技改更换项目在两段母线不同时停电的方式下顺利完工，减少弃水电量约 1000 万 kW·h；青居 4F 机组提前 21 天完成 A 修及转轮室技改；东西关水电站闸坝下游导墙修复项目优化施工方案，增发电量超 1400 万 kW·h。公司综合施策，顺利完成"两会""大运会""亚运会"等重要时段保供任务。

（二）风险管控，关口前移

公司编制印发风险分级管控及责任清单，每月定期分析设备和作业安全风险，对新增作业面动态分析制定针对性防控措施并监督落实。抓实常态化隐患排查，全年共排查安全隐患 196 项、完成整改 146 项，剩余 50 项正在整改中。组织 770 余人次学习事故通报、上级公司安全文件，吸取教训，举一反三，排查隐患，落实防控措施。各职能部门加强日常监督，落实闭环整改，着力从根本上消除事故隐患，不断提升本质安全水平。

（三）多措并举，安全度汛

为有效降低两站减水河段放水风险，嘉陵江公司通过警报器控制系统、智能广播系统和临水临边风险预警系统，实现首次开闸前减水河段鸣警，来水增大时提醒河段沿岸居民和玩耍人员尽快撤离，将相关视频推送至后台管理系统存储等功能，同时加大宣传和地企联动力度，全面提升减水河段放水安全管控水平。在汛期，公司加强值班值守，常态化开展水情会商，规范投入防洪设施，确保安全度汛。开展电站大坝安全提升专项行动，建立"两个清单"，完善大坝管理制度和标准体系，东西关第四次大坝安全注册以历次最高分通过现场检查，保持"甲级"。

（四）科技兴安，服务生产

围绕安全生产开展科技创新，获得发明专利受理 25 件，美日欧专利授权 1 件，实用新型专利授权 42 件。"导叶开度不均匀检测方法"获得华能集团 2022 年优秀专利二等奖；"东西关水电站保护及控制系统时钟同步一体化应用研究"获得华能集团 2023 年职工技术创新优秀成果三等奖，"闸门定轮及固定启闭机滑轮结构优化研究""水电站临水临边风险预警系统"获得华能集团 2023 年职工技术创新优秀成果优秀奖。研究成果应用于防汛风险管控和安全生产管理，取得重要成效。

（五）充分挖潜，狠抓发展

2023 年 11 月，东西关光伏电站投产运行，额定容量 0.199 万 kW，为川东地区并网容量最大的分布式光伏电站。公司紧密结合产业工人建设改革，"培训+项目+实践"相结合，探索建立出"E+PC"地面分布式光伏建设管理模式，为光照资源一般地区积累光伏电站管理、运维经验。东西关光伏电站建成后，每年节省标准煤 529t，减少二氧化碳排放约 1328t，减少二氧化硫排放 1.13t。

（华能四川能源开发有限公司　颜天成）

湖北清江水电开发有限责任公司 2023 年生产运行情况

2023 年，湖北清江水电开发有限责任公司，面对市场竞争日趋激烈、起调水位严重偏低、流域来水极度不均等严峻考验，主动作为、科学调度，以保障安全为原则，圆满完成各项生产经营任务。

（一）2023 年清江梯级总体运行情况

（1）水情情况。①水布垭水库降水量 1629.6mm，较上年同期偏多 47.7%，较多年平均值偏多 17.6%；入库水量 93.69 亿 m³，较上年同期偏多 48.6%，较多年平均值偏多 3.8%。②隔河岩水库入库水量 104.71 亿 m³，较上年同期偏多 11.3%，较多年平均值偏少 13.8%。

（2）发电情况。清江梯级三电厂发电 71.87 亿 kW·h，较上年同期增加 9.5%。其中：水布垭电厂发电 36.50 亿 kW·h，较上年同期增加 14.7%；隔河岩电厂发电 26.39 亿 kW·h，较上年同期增加 5.3%；高坝洲电厂发电 8.98 亿 kW·h，较上年同期增加 2.8%。

（3）综合厂用电率。清江梯级三电厂累计厂用电量 6422.51 万 kW·h，综合厂用电率 0.9%。其中：水布垭电厂 3692.59 万 kW·h，综合厂用电率 1.0%；隔河岩电厂 1596.89 万 kW·h，综合厂用电率 0.6%；高坝洲电厂 1133.03 万 kW·h，综合厂用电率 1.3%。

（4）节水增发。清江梯级三电厂累计节水增发电量 9.53 亿 kW·h，累计增发率 15.4%。其中：水布垭电厂 3.98 亿 kW·h，累计增发率 12.2%；隔河岩电厂 4.96 亿 kW·h，累计增发率 23.6%；高坝洲电厂 0.59 亿 kW·h，累计增发率 7.2%。

（5）机组检修。年度计划检修 26 台次，完成 26 台次（含 2 台次跨年项目）。其中：水布垭电厂扩大检修 1 台次，C 级检修 4 台次，D 级检修 3 台次；隔河岩电厂 A 级检修 1 台次，C 级检修 3 台次，D 级检修 4 台次；高坝洲电厂 C 级检修 3 台次，D 级检修 3 台次；峡口塘电厂 C 级检修 2 台次，D 级检修 2 台次。隔河岩电厂 3 号机组 A 级检修正在进行中。

（二）生产管理

2023 年，下达安全生产工作计划共 169 项，部署安全生产工作共 124 项，各项工作完成率均在 95% 以上。全年共调整检修计划 14 次，有力保障了各项工作正常进行。在各单位和部门的协同合作下，取得考核最佳效益。在检修突发情况较多不利条件下，保证了公司和梯级电厂各项考核指标满足要求。

清江梯级电厂实现"双零"目标，平均等效可用系数93.5%，综合厂用电率0.89%。针对年初梯级水库起调水位严重偏低，上半年来水偏枯的情况，抓住一切有利时机开展人工增雨作业。截至10月，水布垭以上流域共进行19次人工增雨作业，比多年平均多10次。通过实施人工增雨作业增加水布垭水库来水约2.25亿 m^3，为多年平均2.05倍，梯级增加电量1.82亿 kW·h，比多年平均增加1.04倍。通过多重措施优化水库调度，提高水能利用率，水能利用率由多年平均4%左右提高到15.43%，累计水能利用率提高增发电量9.53亿 kW·h。

制定详细技术监督工作计划，有序开展相关检测、试验等工作，针对检修、技改、建设项目实施过程中的金属结构、电气一、二次设备、涉网设备等需重点检测进行严格试验，为水布垭电厂1号机组扩修，柳树坪水电站机组振摆偏大问题的解决及隔河岩电厂3号机组A修等设备更新改造、设备检修、试验等方面提供技术支持；对特种设备加强监督检验，及时制定应对措施，对高坝洲电厂、隔河岩电厂进行特种设备专项检查，对国家最新规定进行宣贯，积极推进相关政策落实到位；顺利完成公司2023～2026年度设备检测委托管理相关合同签订。协调完成各单位仪器仪表校验210余个，协调各项检测、试验22项，共计收到各单位上报技术监督异常报告单共计20项，保障相关整改均闭环管理。年度技术监督计划完成率达95%以上，十二项技术监督的完成率、合格率等指标均超过标准要求。

（三）科技环保

完成科研项目、知识产权制度修订2项，新增科研项目金点子奖励制度1项。完成研发投入7926万元。开展知识产权培训活动，提升技术人员知识产权保护意识，国内专利授权、发明专利授权、国内专利申请、发明专利申请分别为50、13、84、39项。1项参编的国家标准已发布；4项专利获评能源行业高价值专利（技术）成果；1项成果荣获第六届楚天杯工业设计大赛优秀奖；2项项目申请三峡创新发展联合基金项目指南，8项专利申报三峡专利奖。加强科技人才培养，湖北省青年科技人才晨光托举工程入选1人，三峡集团知识产权专家入选1人。年初发布公司年度生态环境保护工作计划，4月，修编公司环保相关制度，包括《生态环境保护管理办法》《生态环境保护责任清单》《环境因素识别、评价管理标准》《环境运行与监控管理标准》四个制度，监督公司年度环保计划项目按要求完成，梯级水库水质、水生生态、水温监测正常，生态流量控制满足相关要求。5月，取得湖北省水利厅关于湖北长阳清江抽水蓄能电站水土保持方案的批复。6月，取得湖北省生态环境

厅关于湖北长阳清江抽水蓄能电站环境影响报告书的批复。

（四）防汛度汛

年初下发了防汛工作计划和防汛设备设施维修计划，制定防洪度汛工作方案；印发《清江公司水电站大坝安全提升专项行动实施方案》和《2023年大坝安全管理重点工作计划》，结合公司实际深入排查整治大坝安全管理领域存在的不足和问题，有效提升公司大坝安全总体水平。3月编制《清江梯级水库汛期调度运用计划》并及时报批，对特定条件下水布垭、隔河岩水库防洪库容动态运用成果进行了优化；4月18日，省水利厅转发长江水利委员会批复。主汛期主动预判气象情况，积极与防汛主管部门汇报、沟通、协商，取得同意后实施清江梯级水库提前蓄水，隔河岩超蓄水量为0.51亿 m^3，水布垭超蓄水量为0.78亿 m^3，梯级电厂合计超蓄折算电量为0.79亿 kW·h。

对重点部位、重点项目、控制测点以及环境量资料进行重点分析。4～5月，完成水布垭、隔河岩、高坝洲三座大坝共49个部位154个项目的巡视检查。4月17～27日，深入5个片区开展春季安全质量暨防汛大检查，梳理汇总问题清单37项，均在主汛期前完成整改。完成工程防汛设备设施检修项目685项。完成清江流域56个水情遥测站点的设备检修及系统消缺工作。梯级电站25扇泄洪闸门均进行了起落门试验，运行正常，具备随时泄洪的条件。

强化汛期巡检监测监控，与地方防汛相关部门、单位保持良好的沟通和协调联动。及时掌握流域雨情水情动态，通过网站、短信、邮件等多种方式及时转发预警信息。从5月1日起，严格落实领导带班制度和汛期24h值班值守制度，确保应急通信畅通，信息报送及时准确。加强对大坝及泄洪设备设施的巡视检查，做好大坝安全监测、水情测报和水库调度工作，确保泄水建筑物闸门和有关设施按照规定安全运行。组织完成湖北能源2023年防汛演练、清江水布垭水电站大坝历史极端降雨防范应对复盘应急演练。

（湖北清江水电开发有限责任公司
汪旻　周月波）

湖南澧水流域水利水电开发有限责任公司所属两个水电站2023年生产管理情况

（一）江垭水电站

江垭水电站共有3台单机容量为10万 kW 的水轮发电机组，全年累计发电量5.3756亿 kW·h。

2023年，江垭水库年累计降雨1678.5mm，累计

来水 27.3651 亿 m³，较运行以来多年同期分别偏多 7.8%、−18.2%。针对来水偏枯等不利因素，加强水雨情实时监测分析，积极与省防办、中调及水文气象部门协调联动，在确保防洪安全、生态基流达标的前提下，强化汛期运行水位动态控制成果转化运用、增发电量，年耗水率 4.53m³/(kW·h)，较设计值偏小 11.1%，相当于多发电量 6008 万 kW·h。

江垭水库共有 3 次洪水过程，分别为"6·18"号洪水、"7·26"号洪水、"8·27"号洪水，其中"6·18"号洪水洪量最大、历时最长，洪峰流量达到 1772m³/s。由于江垭水库防洪库容较大，通过科学调度、调蓄精准，错峰拦洪及时、准确，在 3 次洪水调度中，发挥了显著的社会效益，有效提高了澧水下游的防洪标准，极大缓解了洞庭湖及长江中下游地区的防洪压力。

2023 年，江垭水电站圆满完成 2 号机组导叶套筒和抗磨块改造 B 级检修、3 号机组导叶套筒和抗磨块改造 B 级检修、1 号机组调速器油压装置和管路改造、江垭水电站 2 号机组 B 级检修。

电站共开展安全大检查、隐患排查 13 次，开展安全督查 60 余次，共发现问题 268 项，整改 257 项，整改率 95.9%。按照计划开展"电梯困人""水淹厂房""全厂失压事故""五十年一遇洪水调度"演练等 16 项，承办长江水利委员会 2023 年工程应急抢险演练科目二，全面检验了电站应急预案的可操作性，演练成果获全国水利安全生产应急演练成果评选展示活动一等奖。编制完场现场处置方案 44 个，按照《发电企业应急能力建设评估规范》推进应急能力建设。11 月底，经专家现场静态、动态评查，顺利通过应急能力评估，评定结论合格。

科技创新有突破，申报创新课题 2 项、科技奖励 3 项、水利先进实用技术重点推广指导目录项目 1 项、专利及发明 4 项。其中"基于 PWM 的水电站自动发电控制关键技术研究及应用"获长江水利委员会科学技术一等奖，"水轮发电机制动控制系统集成设计"获长江委青年科学技术二等奖。按要求组织数字孪生建设初步完成防洪"四预"和工程安全"四预"、生产运营、库区巡查等业务应用功能，初步建设完成数字孪生江垭皂市系统平台并上线试运行。推进水库工程标准化建设，完成管理手册初稿，厘清管理事项 14 类 230 项标准。

（二）皂市水电站

皂市水电站共有 2 台单机容量为 6 万 kW 的水轮发电机组，全年累计发电量 1.95 亿 kW·h。

2023 年，皂市水库年累计降雨 1468.4mm，累计来水 20.57 亿 m³，较多年同期分别偏少 2.83%、23.08%。针对来水偏少等不利因素，加强水雨情实

时监测分析，积极与省防办、中调及水文气象部门协调联动，在确保防洪安全、生态基流达标的前提下，强化汛期运行水位动态控制成果转化运用、增发电量，年耗水率 7.83m³/(kW·h)，为历史最优值。

皂市水库共有 4 次洪水过程，分别为"5·26"号洪水、"6·17"号洪水、"7·26"号洪水、"8·27"号洪水，其中"6·17"号洪水洪量最大、历时最长，洪峰流量达到 2906m³/s。由于皂市水库防洪库容较大，外加调度科学、调蓄精准，错峰拦洪及时、准确，在 4 次洪水调度中，发挥了显著的社会效益，有效提高了澧水下游的防洪标准，极大缓解了洞庭湖及长江中下游地区的防洪压力。

2023 年，皂市水电站圆满完成 2 号机组 B 级检修、1 号机组 C 级检修，实现机组并网一次成功。扎实做好设备巡视维护，定期开展设备运行数据统计与分析，完成发电机空冷器、主变冷却器及其控制柜、视频监控设备更换，发现处理等各类缺陷 153 项，办理两票 268 份，合格率 100%，确保设备全年安全稳定运行。推进水库工程标准化建设，完成管理手册初稿，厘清管理事项 14 类 230 项标准。

（湖南澧水流域水利水电开发有限责任公司

喻晋芳　李卫星　吕宙）

中国长江电力股份有限公司抽水蓄能业务 2023 年生产管理情况

2023 年，中国长江电力股份有限公司（简称长江电力）深入贯彻落实三峡集团抽水蓄能业务"预投建运"机制，切实履行抽水蓄能项目投资和运营管理主体责任，精心组织，审慎研判，顺利实现甘肃张掖项目主体工程开工，圆满完成长龙山抽水蓄能电站受托运维任务，实现"零非停"，稳妥推进重庆奉节、安徽休宁等一批抽水蓄能项目前期工作。

（一）甘肃张掖项目主体工程开工

甘肃张掖抽水蓄能电站是国家《抽水蓄能中长期发展规划（2021～2035 年）》"十四五"重点实施项目，位于甘肃省张掖市境内，电站设计安装 4 台单机容量为 35 万 kW 的立轴单级混流可逆式水泵水轮发电机组，总装机容量 140 万 kW。电站于 2022 年 10 月 20 日取得核准，2023 年 12 月 28 日正式启动主厂房开挖，计划于 2028 年实现首台机组发电。长江电力依托甘肃张掖抽水蓄能电站项目，成功获取张掖南滩 10 万 kW 光伏项目建设指标，建成张掖首个智慧综合能源项目——张掖中学零碳校园示范项目，长江电力首个"抽蓄+"清洁能源基地初具雏形。

（二）长龙山抽水蓄能电站运营管理

长龙山抽水蓄能电站位于浙江省安吉县天荒坪镇，共安装 6 台单机容量 35 万 kW 的立轴单级混流可逆式水泵水轮发电机组，总装机容量 210 万 kW，是三峡集团首个投运抽水蓄能项目。2023 年，长江电力正式受托运维长龙山抽水蓄能电站，传承大水电运维先进管理体系、经验和人才技术优势，编制形成三峡集团首套抽水蓄能电站运维管理体系。受托运维后，电站综合效率、电量、利用小时数等运行指标均优于设计指标，实现"零非停"。

（中国长江电力股份有限公司　王俊娇）

技　术　改　造

中国长江电力股份有限公司流域梯级电站电力设备设施检修情况

2023 年，检修厂精益高效完成流域电站机组 A/B 修 9 台次，主变压器或并联电抗器大修 11 台次，开关大修 4 台次，水工金属结构整体检修等 70 余项检修任务，检修后设备设施经受住长周期、大负荷和汛期运行考验，保障了公司清洁能源生产，在保电保供中彰显检修担当，在公司巩固大水电基本盘中，积极发挥"压舱石""主力军""特种兵""专家门诊"的作用。圆满完成 2022～2023 年度检修工作，2023～2024 年度检修工作进展顺利。

（一）检修工作情况

（1）三峡区域。上半年完成了 3 台机组（8F、21F、32F）A 级检修，3 台主变压器（8B、21B、32B）、5213 并联电抗器及 18 号发电机出口开关大修，500kV GIS 断路器操动机构分解专项检修等。下半年开展了 3 台机组（11F、18F、22F）A 级检修，2 台主变压器（11、18 号）、5221 并联电抗器、18 号发电机制动开关大修，10 号和 12 号深孔弧形工作门及流道检修等整体检修，500kV GIS 断路器操动机构分解检修等专项检修。

（2）葛洲坝区域。上半年完成了 2 号机组 A 级检修及水轮机发电机改造和 2 台机组（12F、18F）B 级检修；2 号主变压器和 14 号发电机出口开关大修，2 号机组进水口及尾水管流道检修等整体检修，0 号机组输变电设备改造等专项检修。下半年开展 2 台机组（4F、9F）B 级检修，2 台主变压器（4B、9B）大修，2 台机组（4F、9F）进水口及尾水管流道整体检修等，15 号机组集电环研磨等专项检修。

（3）溪洛渡区域。上半年完成了 2 台机组（5F、14F）A 级检修，5 号主变压器大修，水垫塘及二道坝检修等整体检修，2 号尾水洞门槽水下修补等专项检修。下半年开展了 16 号机组 A 级检修，16 号主变压器大修，16F 机组进水口快速门及液压启闭机、进水口及尾水管流道检修等整体检修。

（4）向家坝区域。上半年完成了 2 号机组 A 级检修，2 号主变压器大修，2 号和 4 号中孔弧形工作门液压启闭机检修等整体检修，机组进水口拦污栅槽水下检查清理等专项检修。下半年开展了 3 号机组 A 级检修，3 号主变压器及 3 号发电机出口开关大修，6 号中孔弧形工作门液压启闭机检修等整体检修，机组进水口拦污栅槽水下检查清理等专项检修。

（二）主要工作亮点

（1）爬坡过坎不松劲，中心工作亮点纷呈。圆满完成 2022～2023 年度流域 6 座电站 9 台机组 A/B 修等 77 项检修任务。节约岁修工期 78 天，溪向区域机组 A 修首次进入百日内；实现安全生产"双零"目标，未发生异物遗留、"三漏"等；9 台机组修后经历汛期长周期、大负荷运转的考验，实现零非停，运行关键指标优良，全部达到精品机组标准，安全质量工期均创历史最好成绩，为圆满完成全年发电任务和流域枢纽安全度汛提供了可靠保障。周密做好 2023～2024 年度岁修策划实施，截至 12 月 31 日，检修项目已开工 44 项，开工率 65.7%。完工 24 项，完工率 35.8%，各检修项目进展顺利。

（2）多管齐下铸金盾，安全质量持续巩固。①安全方面。全年开展"安全管理强化年"等专项活动 17 项，组织安全检查 164 次，管控一般及以上风险作业 299 项，整治问题隐患 391 条；疏通"神经末梢"，编制《安全风险管控一图读懂》《典型安全隐患 300 条》系列矩阵产品，找准安全生产"敏感点、发热点"；强力推进铁腕治安，考核金额较上年同比增长近 20 倍，安全监督"宽松软"现象得到有效遏制；夯实班组安全基础，提升班组长履职能力，电气二分部、水工金属结构二分部获评安全管理标准化班组、水工金属结构二分部主任吕开明获评优秀班组长；②质量方面。制定、修编《检修厂质量奖惩管理实施细则》《检修厂设备设施检修验收管理细则》，发布《流域电站检修机组精品考核评价标准》，进一步完善质量管理体系；全面推广流域检修支持系统 SOP 过程记录及验收模块，过程数据、缺陷记录、验收记录全面实现无纸化管理；常态化开展"QC 小组"活动，通过成果固化夯实质量基础，《提高水轮机组转轮室激光熔覆效率》获中国职工技术学会 2023 年第一批 QC 小组成果特等奖，机械五分部、电气四分部获评质量信得过班组 5A 班组称号。

（3）革故鼎新求实效，改革发展蹄疾步稳。完成"十四五"规划中期修编，明晰优化检修厂"十四五"后半程工作重心和总体发展目标；全面强化管总职能，进一步规范领导班子议事决策机制，强化决策的民主性和科学性；激励约束全面升级，全年发放特别奖总计 452 万元，激励力度历年最高；统筹谋划能力进一步提升，21 项年度重点工作分解为 66 个进度节点，OKR 清单化推进全年重点工作取得成效。

（4）勇攀高峰图破壁，科技创新厚积薄发。强化科技创新顶层设计，修编检修厂"十四五"规划科技创新部分；增配引进专职科研人员，以专业研究机构模式打造水电检修技术研究所，为检修厂和公司高质量发展提供强有力的科学技术支撑；推进实施"水下机器人"和"库坝"两项国家重点研发计划，取得阶段性成果，为申请执行国家级、省部级重点项目积累宝贵经验；全年专利授权量 262 项，其中发明专利 32 项，多于 2014～2022 年 9 年总和；研发投入金额总计 15421.76 万元，为 2022 年的 2.7 倍。

（5）数智协同强赋能，数字转型长足发展。构建数字化检修管理体系。流域检修支持系统二期对检修数据进行结构化梳理和治理，形成检修知识库，支撑涵盖生产全过程的 71 个模块，为检修现场提供及时技术支持；建设现场安全生产监控系统，实现检修现场全天候实时可视化；协同办公平台二期在一期 37 个模块基础上，进一步增设并推广使用员工管理、业务招待、督办事项、媒体资源库、意见建议直通车等 21 个大项，优化用印申请、公寓管理等一期项目，行政事务流程线上办理覆盖面进一步扩大，渠道进一步畅通。意见建议直通车征集投诉、意见、咨询共 64 条，办理满意率 100%。

（6）抢抓机遇谋发展，检修业务有序拓张。牵头"三峡氢舟 1"号研制，完成氢船研发、建造、调试、航行、检验取证等系列工作；10 月 11 日"三峡氢舟1"号成功首航，实现了我国内河氢燃料电池动力船舶从无到有的重要突破，荣获公司特别贡献奖特等奖，并入围央企 2023 年度十大国之重器评选。成立抽水蓄能电站检修筹备工作组及金下新能源检修工作组，做好长龙山 B 级以上检修及应急检修准备，助

力拓展新空间。

（7）激励约束增活力，队伍建设纵深推进。研提 3～5 年人力资源需求规划，为后续人力资源工作提供纲领性指导；岗位技能培养考评体系延伸至管理岗，实现全员学习地图全覆盖；与三峡大学合作开展企校联合培养，后备人才梯级培养二期 20 名培养人全部顺利出站。《后备人才梯级培养体系建设创新与实践》获得 2023 年（第十一届）全国电力企业管理创新论文大赛一等奖，刘代强获得湖北青年五四奖章、梁绍龙获得全国电力电缆安装运维竞赛 10kV 中压组个人一等奖、被授予"银牌技工"，张国容获得湖北"工匠杯"职业技能大赛企业人力资源师赛一等奖。

（8）塑形铸魂凝合力，"勇攀·出彩"文化落地生根。大力推进"勇攀·出彩"文化体系化落地，首次举办"勇攀奖"颁奖暨故事展演，11 个团队和 12 个个人的勇攀故事，成为践行三峡精神、落实"精益—责任"文化的生动实践。全员共创员工行为守则——修为之道八条，成为检修人专属行为信条。持续推广跨区域文化布置，改善办公环境，文化赋能增强员工的幸福感、归属感。

（9）强根固魂正航向，党建品牌持续擦亮。以主题教育为契机，围绕"学思想、强党性、重实践、建新功"要求，聚焦六个专题，以"精品机组 100%""氢船首航"等检修业绩检验主题教育成果。编制"四亮四比"党建标准化图谱，出台检修厂党建工作考核实施方案，实现党建考核与行政考核同步下达，促进党建与中心工作深度融合。检修厂党委连续 3 年公司考核"优秀"，获三峡集团 2023 年先进集体、先进基层党委。

（长江电力检修厂　胡鹏　梁强　许丽）

构皮滩发电厂 500kV 开关站采用一次设备不全停电方式进行 LCU 改造

构皮滩发电厂 500kV 开关站 LCU 自主可控改造，采用了一次设备不全停电的改造方式进行，现将有关情况简介如下。

1. 改造方案选择　项目对一次设备全部停电、单串逐步停电、两串同时停电、单串停电几种改造方法进行了分析。通过多次与南方电网就一次设备全停进行沟通，未得到甲、乙两送出线停电的机会，在对比各个方案对系统运行影响范围、流域流量、发电计划等因素后，最终选择了单串停电改造方式。此方式能在本地 LCU 柜及 400V 远程柜改造期间，一次设备无需停电，且逐个改造远程柜时只需要将所改造的

远程柜对应串的一次设备停运即可，一次设备不全停电。主要做法为：在开关站旧 PLC 旁搭设一套临时 PLC，临时 PLC 采用机组 LCU 拆下的报废 PLC 组成，并将临时 PLC 接入上位机监控系统；临时 PLC 只具备上送信号功能，不具备同期功能和开出功能；将所有远程柜从原主 PLC 断开，并接入临时主 PLC；将原计量柜中变送器输出上送监控系统的重要信号从原开关站 LCU 中断开，接入临时主 PLC，然后将临时主 PLC 接入监控系统；将两串远程柜改造完成后与新 PLC 调试，调试完成后将新 PLC 转为主用；后对其余远程柜进行改造，完成后接入新 PLC，完成整个项目改造。

2. 改造主要过程

(1) 绝缘检查：设备安装完成后，对设备外观、卫生状况、设备型号及接线情况进行检查并对个回路绝缘进行测量，确保各电源回路绝缘满足要求。

(2) 电源检查：确认电源回路绝缘正常、交直流电源线和各测点信号线接好无误后，接通盘柜电源，对柜内电源进行检查测量，确保各供电正常。

(3) 设备功能检测：设备上电后对 PLC、触摸屏、通信管理机等各系统功能进行检测。测试结果：PLC 模块的开关量、模拟量、TI 量、DO 量均合格，双机切换功能、交换机、触摸屏通信功能检测合格，"调试"按钮有效性检查合格。

(4) 同期试验：开关站 LCU 最重要的控制为线路开关的同期合闸，在上电后检查同期装置各参数显示应正常；检查同期装置参数的设定，应满足调度要求；并对同期装置进行校验，合格后进行实际操作，2022 年 11 月 12 日同期合闸成功。

LCU 改造，严格执行电力建设施工技术规范、水电厂自动化元件（装置）及其系统运行维护与检修试验规程、水电厂自动化元件基本技术条件、二次接线设计技术规程等各项管理标准，严格把控设备调试、定值下发、设备校验等流程，改造过程中未发生一次设备误动、数据突变、通信中断等事故，在一次设备不全停电的情况下完成了开关站 LCU 改造。

3. 应用及效果 通过搭建临时 PLC，使 LCU 改造期间保持与中调、总调的重要信号通信不中断，保证全厂 AGC、AVC 的正常投入运行。通过搭设临时 PLC 与监控系统通信的光纤及各信号输入的电缆，建立一套临时 PLC 的切割步骤，保证了主 PLC 与临时 PLC 之间切割的安全性。临时 PLC 柜的组件为机组改造的报废物资，修旧利废节约了成本。

经计算，本次改造直接产生经济效益 876.85 万元；厂用电无需从电网购买，又可节约 75.6 万元。

（贵州乌江水电开发有限责任公司构皮滩发电厂
何宇平 陈志）

构皮滩发电厂 1 号机组励磁系统换型改造为国产自主化高性能励磁系统

构皮滩发电厂 5 台 600MW 水轮发电机组，原配装国内组装的瑞士 ABB 公司 UNTROL5000 型励磁系统。这 5 台励磁系统为上一代励磁系统，经超过 10 年的运行，器件老化、故障率上升，已进入退役期。瑞士 ABB 公司该型号的励磁系统已经停产，备品备件已无法正常提供，因此无法在原有设备上进行修改改造。在功能方面，ABB UNITROL-5000 型励磁系统不具备对时功能，故障或异常时，经常出现上位机与现场时间有很大区别，给问题处理带来困难；功率柜风机正常运行时不能自动切换，两组风机运行时长极度不平衡，给风机稳定运行带来一定隐患；使用的 CPU 容量小，快速闭环运算周期时间较长；人机交互页面复杂、软件运行缓慢、试验难操作，有时会出现人机页面卡死情况；均流功能相对较差，精度维持达到 95%。考虑故障处理、备品备件供应依赖国外厂商，会经常出现不及时情况，1 号机组 A 修时，将励磁系统换型改造为国产的 EXC9200 型励磁系统。

EXC9200 型励磁系统是中国电器科学研究院有限公司/广州擎天实业有限公司开发的第六代微机励磁系统，其核心控制单元采用主频 800MHz、带双精度（64 位）浮点运算器的高性能 CPU 为主处理器，内部集成 RAM 和多路 DSP 的大容量 FPGA 芯片为协处理器。这一国产自主化高性能励磁系统，实现 B 码对时功能，对故障分析提供极大帮助；功率柜风机在运行时会根据开停机自动轮换，试验时不需要在调节柜上进行参数修改，避免了因人为原因导致事故发生；调试助手 Debug 采用了可视化图形交互界面，简单易操作；采用低残压快速起励技术，减小了励磁系统辅助起励电源的容量；功率柜采用具有发明专利的智能均流技术，柜间均流系数大于 95%。

EXC9200 型励磁系统丰富了励磁控制功能：①非线性鲁棒 NR-PSS 功能，大大提高了电力系统的大干扰稳定性；②电力系统电压调节器 PSVR，不仅可提高发电机输出的无功功率极限，而且提高了系统电压的稳定性，暂态电压恢复更快。

构皮滩发电厂 1 号机组励磁系统调节控制系统改造，保留功率、灭磁部分的主回路，对励磁系统的控制、测量等二次回路进行改造。对现有励磁系统进行国产化，实现励磁系统关键技术的自主可控，从本质上提升设备运行可靠性。

（贵州乌江水电开发有限责任公司构皮滩发电厂
刘万　梅千宇）

亚曼苏水电站机组过流部件抗磨蚀防护喷涂改造

亚曼苏水电站位于新疆阿克苏地区乌什县境内的托什干河上，装设 3 台 70MW 和 1 台 34MW 混流式水轮发电机组；2022 年汛后 A 修检查发现，机组整体磨蚀损伤严重；为保证机组后续的安全运行，对 4 台机组过流部件进行抗磨蚀防护喷涂改造，取得了较好的效果。

该改造经过调研，决定采用先进的 AC-HVAF 喷涂防护技术，主要防护改造范围为顶盖的抗磨板、内环面、上止漏环，底环的抗磨板、内环面、下止漏环，导叶的瓣体、上下端面、裙边，转轮的上止漏环、上冠密封面、下止漏环、下环密封面、上冠流道过水面、下环流道过水面、长叶片过水面、短叶片过水面。

1. 技术简介　西安热工研究院有限公司基于华能集团科技项目“水轮机过流部件磨蚀损伤治理对策研究”开发了“电站流体机械抗磨蚀微纳米复合涂层关键技术”。该技术包含先进的微纳米复合涂层材料、高致密度高强度的 HVAF 喷涂技术、复杂曲面机器人联动拟合程控技术、小尺寸内壁涂层制备技术等四大核心技术，在华能集团系统内外应用已达 70 台次以上，取得了良好的应用效果，获得发明专利 10 余件。

2. 关键技术指标　涂层厚度为 0.2～0.4mm；结合强度不小于 90MPa；硬度不小于 1200HV0.3；涂层孔隙率不大于 0.2%；涂层表面粗糙度 Ra1.6；抗磨蚀性能是传统 HVOF 涂层的 1.5 倍以上，过流部件投运 1 个汛期，涂层脱落损伤面积不超过 10%。

3. 技术特点

（1）首次提出了涂层中硬相颗粒的结合强度、涂层内聚强度以及致密性是影响涂层抗磨蚀性能的主要因素。

（2）基于活化燃烧超音速火焰喷涂（AC-HVAF）技术开发了抗磨蚀微纳米金属陶瓷复合涂层，并应用于过流部件抗磨蚀防护，延长了过流部件的使用寿命。

（3）基于开发的“小口径管道及弯头内壁涂层制备技术”，实现水轮机过流部件、管道的窄空间全位置喷涂，提高过流部件整体的抗磨蚀能力，有效解决了制约机组长期连续运行的叶片断裂、顶盖排水管磨蚀泄漏等难题。

（4）研究制订了“水轮机过流部件磨蚀损伤修复与喷涂防护技术导则”，用于指导水轮机过流部件的焊接修复和表面防护施工。

4. 应用效果　西安热工研究院有限公司完成了该电站过流部件抗磨蚀喷涂防护改造。经 2023 年汛后检查，机组过流部件运行情况较防护前明显改善。

（1）涂层质量及设备状态：改造前，经过 1 个汛期后，机组过流部件磨蚀深度普遍达 10～30mm，转轮叶片明显减薄，存在不同程度开裂、脱落现象；顶盖底环抗磨板、导叶密封线及上、下端面等位置型线严重缺损，导水机构关水不严、漏水严重，底环下止漏环局部出现冲蚀孔洞。改造后，经过 1 个汛期后，涂层脱落损伤面积小于 2%，整体保留良好，局部磨蚀损伤区域磨蚀深度在 5mm 以下。

（2）机组运行情况：改造前，在 2022 年度汛期运行期间，1 号机组出现了顶盖泄漏、上止漏环脱落情况 1 次，2 号机组出现了下止漏环穿孔泄漏情况 1 次，4 台机组汛期顶盖排水管漏水处理 24 次。改造后，在 2023 年度汛期运行期间，电站 4 台机组持续保持安全稳定运行，全年未发生任何因过流部件磨损而造成的被迫停机消缺情况，机组运行稳定。

（3）经济效益：2023 年度，电站 4 台机组设备利用小时数同比增加 430h，同比增发电量 1.05 亿 kW·h，新增经济效益约 3000 万元。

（华能新疆能源开发有限公司托什干河水电分公司）

加查水电站工程大坝渗漏排水泵改造

加查水电站采用河床式厂房，安装 3 台 120MW 发电机组，最大坝高 84.5m。大坝渗漏排水系统配置 6 台长轴深井泵，集水井分为两格，各设置 3 台泵，互为备用；每台水泵抽排管路预埋 ϕ500 套管，配置 ϕ159 扬水管；集水井底部高程 3162.5m，泵房地面高程 3193.7m，水泵排水高程 3207.5m。由于大坝渗漏集水井水质差、淤泥多，已装的长轴深井泵不具备排污功能，运行出现集水井清淤工作频繁、深井泵容易磨损问题。潜水排污泵专门设计用于处理含有杂质的污水，能够有效应对集水井中的淤泥等杂物，减少集水井内淤泥的堆积。为解决集水井清淤问题、延长设备使用寿命，决定将 1、4 号深井泵改造为潜水排污泵。

项目实施流程为：拆除原长轴深井泵→调整扬水管长度及防腐→测试对夹式蝶阀→改造出水口基础板和底座→安装潜水排污泵→安装对夹式蝶阀→回装扬

水管并连接动力电缆→出水口改造→调整软启控制参数→潜水排污泵测试→尾工处理（防腐、场地清洁等）→验收→完工。

潜水泵安装要点如下：

（1）新泵放置于集水井底部，配管长度637mm，与对夹式止回阀相连，上方管路使用原长轴深井泵管路。

（2）装好后，点动检查水泵的运转方向是否正确，确定无误后方可带负荷运转。开泵连续运转2h，各法兰连接处不得有泄漏，螺栓不得有松动；电机电流不应超过额定值，三相电流应平衡；运转应平稳、无异常声音，水泵、弯座、管道无较大的振动；电机绕组与轴承温升应正常，热保护监测装置不应动作。

通过此次改造，延长了大坝渗漏集水井的清淤周期，减少了清淤工作成本；同时，也延长了另外4台长轴深井泵的使用寿命，提高了整个大坝渗漏排水系统的可靠性和稳定性。

（中国水利水电第十工程局有限公司　王光玉）

加查水电站实现 10kV 厂用电应急电源一键倒闸操作

加查水电站设有一台10kV厂用电柴油发电机，以备全厂失电紧急提供电源。人工操作，运行值班人员需到厂用电10kV室进行倒闸，再到10kV柴油发电机室启动柴油发电机。由于电站地处青藏高原，海拔较高，氧含量常年低于正常水平，运行操作人员需从尾水层走楼梯到水轮机层操作相关断路器，往返会消耗大量的时间和精力。在操作中人员会出现疲劳、体力不支现象，容易出现误操作，甚至造成水淹厂房。为提高自动化水平、保证安全生产，电站将10kV柴油发电机控制及相关监视信号接入计算机监控系统，实现10kV柴油发电机的远程启、停及监视功能，并设置厂内10kV一键倒闸功能。

10kV厂用电应急电源一键倒闸的实施要点如下：

1. 硬件设备安装　10kV柴油发电机出口侧增加电压、电流变送器模拟量信号和合闸允许、综合故障、启动成功、发电正常、运行、停止、故障停机、蓄电池电压低等信号；511开关接入分合闸命令信号及分合闸反馈和储能信号，接入鱼道LCU现地控制单元，用于监测发电机当前的状态，作为发电机启动判据。

2. 下位机自动控制逻辑编程　根据一键倒闸功能需求，梳理柴油发电机自动控制逻辑，进行自动控制逻辑编程；上位机画面及数据库，增加10kV柴油发电机控制对象。

3. 功能测试

（1）静态测试及单步矩阵测试：将公用LCU和鱼道LCU开出信号进行闭锁，由上位机下令启动10kV柴油发电机一键倒闸流程，单步对测点进行强制，将程序流程进行至成功，检查整体控制逻辑正常。静态流程测试正常后进行单步开出矩阵测试，由上位机下令将单步信号开至单独部分设备，测试上位机至单步设备开出信号正常，设备动作正常。

（2）动态测试及试运行：在静态测试完成并满足要求后，进行一键倒闸动态测试。动态测试完成后，进行了一键倒闸试运行，试运行期间正常。

10kV柴油发电机手动倒闸到启动合闸最快时间为27min，一键倒闸程序开出最快3min便合闸成功。通过该项目改造，最大程度上避免了人员误操作，降低了客观因素造成的安全风险。相关成果获得西藏自治区"全区职工先进操作法优秀成果"命名。

（华能雅鲁藏布江水电开发投资
有限公司加查水电厂）

水情预报与调度

中国长江三峡集团有限公司 2023 年水电站水库管理情况

（一）水文泥沙

2023年，三峡水库入库水量较多年平均明显偏少，入库沙量相应减少。全年入库悬移质输沙量约为2290万t（不含区间来沙），较多年平均值、2003～2022年均值分别偏少93％、84％。在不考虑区间来沙情况下，输沙量法计算2023年三峡水库淤积泥沙量为2103万t，水库排沙比为8.2％。断面法计算得到库区干流淤积泥沙量为3360万m³，其中变动回水区淤积泥沙量为21万m³，常年回水区淤积泥沙量为3339万m³。从库区垂向分布看，淤积主要集中在死库容内。

2023 年，金沙江下游梯级水库入库水量减少，入库沙量相应减少。乌东德入库泥沙 2405 万 t（含未控区间估算值），较初步设计值偏少 80.4%；白鹤滩入库泥沙 2695 万 t（含未控区间估算值），较初步设计值偏少 85.4%；溪洛渡入库泥沙 1483.3 万 t（含未控区间估算值），较初步设计值偏少 94.0%；向家坝入库泥沙 412.2 万 t（含未控区间估算值），较初步设计值偏少 98.3%。

（二）水库清漂

2023 年，受长江上游来水偏枯的影响，三峡水库漂浮物总体来量较少。三峡坝前全年共出动各类清漂船只 1500 多船次，作业人员 6200 多人次，累计清理漂浮物 10000t，并全部进行无害化处理。自主研发建造的"三峡清漂 5 号"船完成试运行并进入坝前清漂常态化值班，三峡坝前清漂力量进一步增强，整体清漂能力得到有效提升。2023 年，累计清理乌东德坝前漂浮物 1831t、溪洛渡坝前漂浮物 4.36t、向家坝坝前漂浮物 400t，白鹤滩坝前无漂浮物。所有漂浮物均进行可回收利用和无害化处理。

（三）水库地震监测

2023 年，三峡重点监视区地震活动水平整体不高，地震以 M1 级以下极微震居多。三峡工程重点监视区记录到 $M \geqslant 0$ 的地震 273 次，其中最大地震是 5 月 1 日巴东县东瀼口镇 M2.1 级，强度属微震级别。地震空间分布主要集中在巴东沿江两岸及高桥断裂、周家山断裂附近、仙女山断裂北端的郭家坝镇、仙女山中段杨林桥镇以及九畹溪断裂附近。地震活动频次略高于上年同期（224 次），强度略低于上年同期（M2.8 级），处于弱地震活动状态。

（四）库岸地质监测及处置

2023 年，三峡水库近坝库岸调查表明，近坝库段干、支流岸坡稳定性好，岸坡不具备产生较大规模整体滑动条件，未发现新的较大的崩塌、滑坡等不利地质体，水库蓄水后岸坡的破坏形式主要为局部小型崩塌、变形、泥石流及库岸再造，与前期地质工作结论基本一致。野猫面滑坡监测结果表明，滑坡体整体处于基本稳定状态，与前期野猫面滑坡勘察结论"在正常高水位及降水位情况下，滑坡体主体部分仍属基本稳定"一致。白鹤滩库区岸坡变形破坏现象较往年同期有所趋缓，新增土质塌岸破坏数量较前期明显减少，所监测的 22 处岸坡变形，除会东县溜姑集镇岩山沟变形体和甘葫路黄泥坡段岸坡变形有所加剧外，其余变形速率基本保持稳定，针对上述两处变形加剧的岸坡，已采取了防灾减灾措施，确保安全。乌东德水电站所监测的 10 处岸坡变形，除河门口滑坡在高水位期间略有加速，其余变形速率基本保持稳定，针对河门口滑坡加速现象，加强了监测分析和现场巡视

工作，并提请地方政府加强群测群防工作，出现异常情况及时处理。向家坝、溪洛渡两座水电站蓄水均已超过 10 个完整水文年，岸坡总体稳定。

（中国长江三峡集团有限公司

时玉龙　张海龙　李斯媛）

中国长江电力股份有限公司梯级电站 2023 年调度运行及水资源研究情况

2023 年，长江干流梯级水库呈现年初存水少、流域来水枯的严峻形势，长江干流六座梯级电站全面发挥流域水资源调节"稳定器"的作用，高效利用水资源，梯级水库首次实现全部蓄满，联合调度效益显著提升，圆满完成流域抗旱补水、冬夏电力保供、生态调度试验等重点任务，切实保障最大清洁能源走廊和长江黄金水道综合效益发挥。

（1）来水发电方面。2023 年，乌东德水库年来水量 1029.08 亿 m^3，较多年均值偏枯 14.7%；三峡水库年来水量 3428.46 亿 m^3，较多年均值偏枯 24.0%，位列 1881 年以来倒数第六。面对来水偏枯的不利条件，不断拓展调度空间、提升调控能力，金沙江下游梯级电站全面实现"调控一体化"管理，金沙江下游梯级水库防洪库容首次实现整体运用并分阶段释放，三峡水库汛前消落目标水位自建库以来首次提高至 150m，乌东德水库首次完成 975m 蓄水任务，梯级水库首次未产生弃水损失电量，水资源综合利用率高达 99%，再创历史新高。长江干流 6 座梯级电站年度发电量达 2762.63 亿 kW·h，相当于节约标准煤 0.83 亿 t，减排二氧化碳 2.28 亿 t，全年累计节水增发电量 121.3 亿 kW·h，均创历史新高，为受电区域经济高质量发展注入了绿色动力。其中，三峡水电站年发电量 802.71 亿 kW·h，葛洲坝水电站年发电量 176.88 亿 kW·h，溪洛渡水电站年发电量 549.34 亿 kW·h，向家坝水电站年发电量 311.32 亿 kW·h，乌东德水电站年发电量 349.14 亿 kW·h，白鹤滩水电站年发电量 573.24 亿 kW·h。

（2）能源保供方面。充分发挥大水电"压舱石"作用，梯级电站圆满完成"两会""大运会""亚运会""进博会"等重要时期电力保供任务，单日最大发电量达 14.68 亿 kW·h，连续 53 天日电量超 10 亿 kW·h，全力输送绿色、清洁、优质电能，为促进国家能源结构绿色低碳转型贡献力量。迎峰度夏期间，充分发挥大水电调峰能力，梯级电站调峰量连续刷新历史纪录，最大日调峰量达 3379 万 kW，相当于 28 座 120 万 kW 抽水蓄能电站的调节能力，有效缓解受

电区域供电紧张局面，在保障电网安全稳定运行方面发挥重要作用。

（3）生态补水方面。梯级水库克服枯水期水资源紧张难题，统筹兼顾中下游取水和长江航道航运需求，梯级水库加大联合补水力度，枯水期累计补水量达 242.86 亿 m³，平均抬升向家坝和葛洲坝下游通航水深 1.17m 和 0.77m，其中金沙江下游梯级水库补水量达 178.95 亿 m³，补水力度创历史新高。全年累计开展各类生态调度试验 12 次，其中三峡水库连续第 13 年开展"人造洪峰"生态调度试验，漂流性鱼卵规模为历年最高纪录，为改善长江生态环境作出积极贡献。

（中国长江电力股份有限公司　廖萌　李榉　郭乐）

中国长江三峡集团有限公司 2023 年金沙江下游梯级水库 水资源调度情况

2023 年，梯级水库来水整体呈现"持续偏枯、汛期极枯"的特点。面对梯级水库年初存水少、来水连续枯、保供任务重等复杂调度形势，三峡集团严格执行长江水利委员会调度指令，科学精细开展梯级水库联合优化调度，圆满完成年度抗旱补水、生态调度等各项工作，梯级水库首次实现全部蓄满，水资源高效利用再上新台阶，有力保障梯级枢纽补水、发电、航运、生态等综合效益充分发挥。

（1）来水情况。2023 年，乌东德水库累计来水 1029 亿 m³，较初步设计（1959～2013 年）均值（1207 亿 m³）偏少约 15%，较 2022 年（1088.6 亿 m³）偏少 5.8%；乌东德水库年平均入库流量为 3250m³/s，年最大入库流量 10500m³/s，出现在 9 月 3 日，年最小入库流量 1100m³/s，出现在 1 月 13 日。

三峡水库累计来水 3428 亿 m³，较初步设计（1877～1990 年）均值（4510 亿 m³）偏少 24.0%，较 2022 年（3404.44 亿 m³）略偏多 0.7%；三峡水库年平均入库流量为 10900m³/s，年最大入库流量 35000m³/s，分别出现在 7 月 4 日、8 月 27 日，年最小入库流量 3600m³/s，出现在 1 月 26 日。

（2）补水调度。金沙江下游梯级水库于 2022 年 11 月逐步开始消落，消落过程中配合三峡水库开展联合补水，消落到位时间均为历史最早，平均运行水位均为全面投产运行以来最低，累计补水量 178.95 亿 m³，创历史新高。受 2022 年极端枯水影响，三峡水库 2022 年最高蓄至 160m（2022 年 11 月 4 日），2022 年 11 月 5 日，三峡水库开始消落，起始水位 160m。消落过程中，三峡水库按照调度规程要求科

学控制消落进程，结合主汛期长江上游来水偏枯的滚动预报成果，统筹兼顾航运、生态补水、能源保供、库岸稳定、生态调度等综合利用需求，于 2023 年 6 月 10 日消落至 150m，首次未消落至 145m。消落期间，三峡水库累计为下游补水 63.9 亿 m³。

（3）生态调度。2023 年，金沙江下游—三峡梯级水库累计开展叠梁门分层取水、针对产粘沉性卵鱼类、促进产漂流性卵鱼类自然繁殖等 3 类 12 次生态调度试验。其中，三峡水库两次"人造洪峰"生态调度响应期间，宜都江段四大家鱼总产卵规模达 147 亿粒，创最高纪录。

（4）汛期调度。2023 年汛期，长江上游来水总体偏枯，考虑主汛期预测来水偏枯、极端高温、流域防洪库容预留充足、长江中下游干流及两湖水位偏低等情况，积极优化控制梯级水库汛期运行水位。三峡水库汛前消落水位首次按 150m 控制，优化控制向家坝水库按不超过 375m 消落。

按照水利部和长江水利委员会批复的长江流域水工程联合运用计划和金沙江下游梯级水库联合优化调度方案，金沙江下游梯级水库防洪库容可整体打捆运用，在确保防洪安全前提下，逐步释放防洪库容，7 月白鹤滩与溪洛渡逐步回蓄至汛限水位以上，8 月乌东德与白鹤滩开始蓄水，溪洛渡、向家坝配合调度，金沙江下游梯级逐步释放防洪库容。三峡水库自 6 月 10 日开始保持高水位运行，7～8 月结合涨水过程抬升库水位，增加水资源储备，6～8 月三峡水库平均运行水位 154.14m，较近 5 年均值偏高约 5m。

（5）蓄水期调度。金沙江下游梯级水库自 8 月 1 日（乌东德、白鹤滩）起蓄，10 月 18 日（乌东德）结束；三峡水库自 9 月 10 日起蓄，10 月 20 日 13 时蓄至正常蓄水位 175m。本轮蓄水过程中，在汛期动态优化水库运行水位基础上，白鹤滩起蓄水位较 2022 年同期高 12.92m，溪洛渡、三峡起蓄水位较近 5 年均值分别高 12.43、4.95m，梯级水库实现全部蓄满，三峡水库第 13 次完成 175m 蓄水目标。蓄水期间，金沙江下游—三峡梯级水库累计蓄水量 251.16 亿 m³，其中，金沙江下游梯级累计蓄水量 112.93 亿 m³，三峡水库累计蓄水量 138.23 亿 m³。

（中国长江三峡集团有限公司　时玉龙）

干旱风险下长江流域干支流 多源供水协同调控关键技术

"干旱风险下长江流域干支流多源供水协同调控关键技术"由长江水利委员会长江科学院联合清华大

学、河海大学、武汉大学、水利部长江水利委员会水文局、水利部信息中心、中国长江电力股份有限公司等单位，依托水利部科技项目、国家自然科学基金、国家重点研发计划、国家国际科技合作专项等多个科研项目，历时10余年研究完成。获得2023年为中国大坝工程学会科技进步一等奖。

（一）项目背景

全球气候变化背景下，极端水文气象事件频发。长江流域虽处于湿润半湿润地区，但近年来干旱呈现广发多发态势，威胁到流域/区域水安全、粮食安全、能源安全、航运安全和生态安全。湿润半湿润地区干旱形成机理和致灾过程较为复杂，受到降水和气温等气象条件、农业种植方式和灌溉条件、河流来水、水库蓄水和取水条件等诸多因素的影响，因此干旱监测评估与抗旱减灾工作的技术难度大、极具挑战。

（二）研究内容

该研究成果以流域干旱演变和旱情预报、旱灾风险评估及多水源协同调控的关键科学与技术问题为研究对象，综合考虑气候变化、人类活动、极端水文过程、水利工程调度运行等诸多因素的影响，紧密围绕全球规模最大的长江水库群复杂工程需求，以提高长江流域旱情评估预测和供水调度能力为目标，以"干旱情势研判预测→旱灾风险动态评估→多源供水协同调控"为研究主线，以理论推导、模拟仿真、态势推演和工程实践为研究手段，建立了干旱风险下长江流域干支流多源供水协同调控技术体系。

（三）创新成果

（1）提出了长江流域干支流干旱情势预测预报技术。揭示了长江流域干旱多尺度演变规律，探明了干旱致灾全景演化过程与多因素耦合驱动机制，提出了多源信息融合的旱情模拟预测模型，显著提升了旱情预测的时效性和准确性。

（2）提出了长江流域旱警指标与旱灾风险评判技术。构建了河道径流洪枯衰减模拟与枯水演进模型，首次建立了长江干支流主要河段控制断面旱警指标，研发了多驱动因子旱灾风险定量动态评估及区划技术，完善了长江流域江河湖库旱情预警体系与旱灾风险量化评判技术方法，提升了长江流域旱灾风险评估能力。

（3）提出了干旱风险下长江流域多源供水协同调控技术。构建了面向多互济供水的分布式水资源优化配置模型，提出了干旱条件下长江流域分级供水容量与抗旱减灾极限能力确定方法，建立了统筹不同区域取用水安全优先级的河湖库渠多源供水调度模型，制定了长江流域干支流水库群与区域蓄

供水工程协同抗旱调度模式与分层分级精细化调度方案，显著提高了特大干旱风险下长江中下游供水安全保障。

取得的成果包括论文169篇、专著6部、国家专利23项、软件著作权20项、水利先进实用技术推广证书4项。

（四）成果应用及社会效益

该研究成果已被水利部水利水电规划设计总院、长江水利委员会水旱灾害防御局、云南省水利厅、湖北省水利厅、江西省水利厅、三峡梯调等业务主管部门采纳，为国家、流域、区域等旱情评估预测、旱灾风险区划、抗旱调度决策、水安全保障规划、引调水工程建设提供了重要技术支撑。

成果应用取得了显著的经济社会效益，年均减少干旱成灾面积8%～12%，年均减灾效益约8.96亿元；干旱时段可利用水资源量提高10%～30%，年均减少因旱饮水困难人口15%～20%，为水安全和粮食安全提供重要保障。

研究成果纳入《气候变化持续加剧我国水安全风险亟待实施协同智慧应对》等3份政策咨询建议，并被中办、国办及相关部委采纳。研究成果有效支撑了2022年的长江流域极端干旱应对工作，改变了"大旱必有大灾"的历史宿命，形成了《2022年长江流域干旱特征分析与新时期抗旱减灾应对模式探讨》《极端干旱天气对经济民生领域影响分析及对策建议》等系列性科技专报，并提交至业务主管部门，向流域相关省（市）发出旱情通报和枯水预警，提醒加强水库、湖泊、塘堰蓄水引水保水工作，全面支撑了2022年长江流域水库群抗旱保供水联合调度专项行动，累计补水61.6亿 m³，有效改善了长江中下游沿江取水条件。

（长江水利委员会长江科学院　许继军）

南水北调陶岔渠首枢纽工程电站和引水闸自适应联动调度研究

2023年5月19日，作为全国首创的发电与引水闸自动化精准协调系统，长江水利委员会长江科学院（简称长江院）承担的南水北调陶岔渠首枢纽工程电站（装机容量5万 kW）和引水闸自适应联动调度项目顺利通过中国南水北调集团中线有限公司渠首分公司组织的项目验收。

（一）项目背景

陶岔枢纽过水建筑物包括电站机组和引水闸两类建筑物，两建筑物均参与调水工程供水。电站运行首先应满足供水要求，按"以水定电"的原则运用。但

陶岔水电站过流量和引水闸过流量尚无精准的控制系统，其过流量与下游水位密切相关，由于两类建筑物联合过流时各自的下游水位又相互联动。因此电站和引水闸目前尚不具备输水流量的精准控制，更不具有自适应调节功能。

在满足引水要求和充分发电方面存在协调困难，主要体现在电站和引水闸的下游水位与输水流量关系复杂，制约因素多；中线干渠输水流量及水位稳定性要求高；自动化控制系统的精度要求极高。

（二）研究内容

为解决陶岔枢纽引水和发电相关技术痛点及难点，长科院水力学所收集整理了陶岔枢纽运行以来的电站机组和引水闸的运行数据，充分结合了水力学传统优势和自动化控制专业，通过三维数值计算模型，分析比选了电站和引水闸的各种联动调度方案，提出了满足引水流量和充分发电要求的水、电自适应联动调度方案和应急调度预案，并在工程现场进行了安装、调试、试运行。解决了调度生产过程中引水需求和发电方面的协调困难问题。

（三）主要成果和创新点

（1）该项目为全国首创的发电与引水闸自动化精准协调系统，枢纽电站和引水闸自适应联动调度方案确保了在正常的过程中提高了精准调度的工作水平，同时在确保下泄流量满足调度要求的前提下充分发挥了发电效益。

（2）应急调度方案确保在紧急情况下能够做到即时响应，快速完成总干渠的流量恢复，控制了总干渠水位波动。

（3）将自主研发的"发电与引水多维决策自动化调度系统"集成嵌入现有的厂内电站计算机监控系统平台，通过水电联调 LCU 控制箱中的 PLC 来完成联动调度方案中的数据采集、调度模型解算，并将调度模型解算的调度控制指令下发给各机组和引水闸执行。控制效率高、系统稳定，人机交互界面直观，操作简便。

中国南水北调集团中线有限公司渠首分公司领导和现场运行人员对长科院水力学所开发的水电联调自动化控制系统给予了充分肯定，认为水电联调自动化控制系统实现了陶岔渠首枢纽生产期间机组流量和引水闸流量的自适应调节，解决了调度生产过程中引水需求和发电方面的协调困难问题。系统试用期间，合理地提供了调度运行方案，提升了调度人员的工作效率，提高了精准调度的工作水平。同时，该系统在确保下泄流量满足调度要求的前提下充分发挥发电效益方面，具有重要意义。水电联调自动化控制系统的投入为陶岔渠首枢纽工程精准调度提供了有力支撑，同时也提升了陶岔中控室的精准调度工作效率。

（长江水利委员会长江科学院）

大坝安全管理

2023 年水电站大坝注册与备案工作情况

2023 年，国家能源局大坝安全监察中心严格按照要求办理大坝安全注册登记和登记备案的相关工作。年初梳理、核实已注册和备案水电站大坝运行单位和管理单位的安全责任人名单，并由国家能源局向社会正式公布。

该年度共受理 201 座大坝注册登记申请（首次注册登记的 30 座，注册登记换证的 171 座），受理并办结 19 座大坝首次登记备案，见表 1。

截至 2023 年 12 月 31 日，在国家能源局注册和备案水电站大坝共计 681 座，其中注册登记水电站大坝 629 座（甲级 593 座，乙级 36 座），登记备案水电站大坝 52 座。

表 1　　　2023 年注册登记与登记备案大坝统计表

工作类型	大坝名称
受理注册登记申请（共 185 座）	初始 30 座：新藏、博瓦、杨房沟、燕子坡、磨子、沂蒙上库坝、沂蒙下库坝、三江口、DG、勐野江、怡木萨、金沙、乌东德、大河口、云南天生桥、二道桥、敦化上库坝、敦化下库坝、白河（夹河）、蟒塘溪、俄日、红卫桥、荒沟上库坝、古瓦、出居沟、瓦村、修山、东谷、长龙山上库坝、长龙山下库坝。

续表

工作类型	大坝名称
受理注册登记申请（共185座）	换证171座：那邦、仁宗海、青羊沟、陈村、纪村、南山一级、泉水、公伯峡、苏只、铁门关、大山口、富春江、洪坝、湾坝、五一桥、天生桥一级、构皮滩、宁朗、撒多、天荒坪上库坝、天荒坪下库坝、洪家渡、金家坝、塔日勒嘎、华山沟、中梁一级、大河家、下桥、金银台、东西关、大孤山、金鸡滩、金牛坪、老江底、昭化、晴朗、野三河、龙桥、仙居上库坝、三道湾、龙首一级、龙首二级、宝瓶河、汉坪嘴、洪屏上库坝、洪屏上库坝、九龙峡、枕头坝一级、东水峡、马马崖一级、善泥坡、古学、娘拥、乡城、洞松、天生桥、大洴潭、竹格多、西龙池上库坝、西龙池下库坝、安康、梨园、鲁地拉、等壳、石泉、龙头石、蓬辣滩、鲁布革、松山、小山、石龙、双沟、龙马、崖羊山、居甫渡、土卡河、戈兰滩、石门坎、华安、察汗乌苏、柳树沟、烟岗、东津、罗湾、红枫、百花、修文、窄巷口、红林、红岩、云峰、万安、天生桥二级、金汉拉扎、木星土、沙尔布拉克、岩滩、街面、水东、雍口、腾龙桥二级、阿鸠田、葛达、白沙河、吉林台一级、塔勒德萨依、温泉、尼勒克一级、萨里克特、沙沱、十三陵上池、南水、漫湾、大寨、泰安上库坝、堵堵洛河二级、张河湾上库坝、张河湾下库坝、普西桥、丹珠河、金平、金元、金康、黄金坪、长河坝、查龙、狮泉河、清蓄上库坝、清蓄下库坝、洛古、联补、地洛、别迭里、桐柏上库坝、桐柏下库坝、白莲河上库坝、盐锅峡、八盘峡、马迹塘、流溪河、卧罗桥、江口、叶茂、铜湾、清水塘、西津、平班、浯溪、直岗拉卡、拉气、金汉拉扎、木星土、江边、石板水、狮子滩、上硐、回龙寨、下硐、大洪河、索风营、东风、徐村、官庄、大兴、龙凤、瀑布沟、深溪沟、花木桥、紧水滩、石塘、大广坝
受理并办结登记备案（共19座）	天池上库坝、天池下库坝、锅浪跷、永泰上库坝、永泰下库坝、宁海上库坝、宁海下库坝、文登上库坝、文登下库坝、拉旗、厦门上库坝、厦门下库坝、阜康上库坝、阜康下库坝、蟠龙上库坝、蟠龙下库坝、清原上库坝、清原下库坝、新集

（国家能源局大坝安全监察中心　郭玉嵘）

2023 年水电站大坝安全定期检查工作情况

2023年，国家能源局大坝安全监察中心按照计划要求，启动了82座大坝的定期检查工作，召开了86座大坝定期检查专家组首次会议、5座大坝定期检查专家组中间会议、75座大坝定期检查专家组末次会议。该年度完成了72座大坝定期检查工作，其中59座大坝被审定为正常坝（A级），13座大坝被审定为正常坝（A⁻级），见表1，截至12月31日。

第五轮定期检查自2017年开始以来，已启动455座大坝安全定期检查工作，其中367座大坝已完成定期检查工作，51座大坝已完成定期检查专家组工作，见表2，截至2023年12月31日。

第六轮定期检查自2023年开始以来，已启动82座大坝安全定期检查工作，其中3座大坝已完成定期检查专家组工作，见表3，截至2023年12月31日。

2023年，湖北鄂坪溢洪道泄洪冲损破坏、新疆温泉深孔泄洪洞流态紊乱等2座大坝的较大工程隐患已完成治理。2023年9月四川巴郎口大坝定检发现坝前华山沟、红岩沟存在发生较大或中等规模泥石流的风险，影响水库、挡水和泄洪等建筑物运行安全，被评为较大工程隐患，随后，着力开展治理方案研究工作。

表1　　　　　　　　　　2023年定期检查工作开展情况统计表

工作类型	大坝名称
召开首次会大坝（共86座）	规划内75座：大洪河、狮子滩、明台、龙滩、水东、纪村、华安、花园、炳灵、河口、洛东、引子渡、托口、溧阳上库坝、溧阳下库坝、白山、红石、积石峡、喜河、三棵树、太平驿、沙湾、民治、黄金坪、金康、金元、溪洛渡、果多、漫湾、华光潭一级、华光潭二级、马岩洞、牛栏口、浩口、冗各、上尖坡、龙背湾、玉林桥、映秀湾、金溪、羊湖枢纽、春堂坝、泥猪河、沙尔布拉克、斯木塔斯、齐热哈塔尔、象鼻岭、隔河岩、朝阳寺、蒲石河上库坝、蒲石河下库坝、猴子岩、吉鱼、小沟头、沙坪二级、溪古、柯赛依、堵堵洛河二级、螺丝湾、黄登、观音岩、重庆江口、宝泉上库坝、宝泉下库坝、干溪坡、城东、池潭、深蓄上库坝、琼中上库坝、琼中下库坝、凤滩、龙洞、新马、汗牛河、苗尾。 规划外11座：东水峡、普西桥、白龙江沙湾、哈德布特、三岔河、渔子溪、九龙峡、大河家、木加甲一级、竹格多、四川江口

工作类型	大坝名称
召开二次、 三次会的大坝 （共 5 座）	规划内 2 座：三峡（二次、三次会）。 规划外 3 座：洪屏上库坝、洪屏下库坝、甲岩
召开末次会 （共 75 座）	规划内 42 座：三峡、硗碛、红花、长潭、牛头山、百花、京南、狮泉河、直孔、太平湾、牛路岭、达拉河口、黄龙滩、柘林、宝珠寺、红林、红枫、金银台、云峰、万安、棉花滩、丰源、琅琊山上库坝、长湖、槽渔滩、昭平、达开、鲁布革、糯租、福堂、铜街子、杨村、吉沙、三板溪、松山、弄另、惠州蓄能上库坝、惠州蓄能下库坝、水布垭、东风、三道湾、竹洲。 规划外 33 座：桥巩、呼蓄上库坝、呼蓄下库坝、大岗山、洪屏上库坝、洪屏下库坝、ZM、等壳、宁朗、撒多、晴朗、小漩、烟岗、枕头坝一级、野三河、南极洛河、苗家坝、清蓄上库坝、清蓄下库坝、梨园、尼勒克一级、萨里克特、塔勒德萨依、沙沱、善泥坡、马马崖一级、旺村、毛滩、舟坝、金平、塔日勒嘎、南山一级、巴郎口
完成审查 意见评审 （共 74 座）	规划内 48 座：三峡、查龙、鄂坪、天生桥一级、天生桥二级、老渡口、泗南江、龙首一级、鱼剑口、龙头石、金河、洪口、回龙上库坝、回龙下库坝、罗湾、宜兴上库坝、宜兴下库坝、石堤、硗碛、红花、以礼河一级、长潭、牛头山、新安江、水口、百花、京南、狮泉河、直孔、太平湾、牛路岭、达拉河口、黄龙滩、柘林、红林、红枫、东西关、木座、自一里、金银台、云峰、万安、棉花滩、丰源、琅琊山上库坝、长湖、达开、竹洲。 规划外 26 座：大河口、银盘、沙阡、俄公堡、古学、向家坝、斜卡、仙居上库坝、蟒塘溪、东水峡、龟都府、桥巩、呼蓄上库坝、呼蓄下库坝、大岗山、洪屏上库坝、洪屏下库坝、ZM、等壳、宁朗、撒多、晴朗、塔日勒嘎、南山一级、巴郎口、多布
完成审查 意见下发 （共 72 座）	正常坝（A 级）59 座：大河口、银盘、沙阡、俄公堡、古学、向家坝、斜卡、仙居上库坝、蟒塘溪、东水峡、龟都府、桥巩、呼蓄上库坝、呼蓄下库坝、大岗山、宁朗、撒多、塔日勒嘎、南山一级、巴郎口、多布、查龙、鄂坪、天生桥一级、天生桥二级、老渡口、泗南江、龙首一级、鱼剑口、龙头石、金河、洪口、回龙上库坝、回龙下库坝、罗湾、宜兴上库坝、宜兴下库坝、石堤、硗碛、红花、以礼河一级、长潭、牛头山、新安江、水口、牛路岭、柘林、红林、红枫、百花、东西关、木座、自一里、金银台、云峰、万安、棉花滩、丰源、竹洲。 规划内 38 座：查龙、鄂坪、天生桥一级、老渡口、泗南江、龙首一级、鱼剑口、天生桥二级、龙头石、金河、洪口、回龙上库坝、回龙下库坝、罗湾、宜兴上库坝、宜兴下库坝、石堤、硗碛、红花、以礼河一级、长潭、牛头山、新安江、水口、牛路岭、柘林、红林、红枫、百花、东西关、木座、自一里、金银台、云峰、万安、棉花滩、丰源、竹洲。 规划外 21 座：大河口、银盘、沙阡、俄公堡、古学、向家坝、斜卡、仙居上库坝、蟒塘溪、东水峡、龟都府、桥巩、呼蓄下库坝、呼蓄上库坝、大岗山、宁朗、撒多、塔日勒嘎、南山一级、巴郎口、多布
	正常坝（A⁻级）13 座：鄂坪、天生桥一级、大河口、东水峡、硗碛、以礼河一级、牛路岭、柘林、云峰、塔日勒嘎、南山一级、巴郎口、多布。 规划内 7 座：鄂坪、天生桥二级、硗碛、以礼河一级、牛路岭、柘林、云峰。 规划外 6 座：大河口、东水峡、塔日勒嘎、南山一级、巴郎口、多布

表 2　　　　　　　　　　　第五轮定期检查工作开展情况统计表

工作类型	大坝名称
已完成 定期检查工作 （共 367 座）	规划外（53 座）：响水、大勐统、久隆洪坝、偏桥、班多、红岩子、湘祁、红叶二级、桃源、思林、灰洞、橙子沟、阿海、潘口、松山河口、桐子林、拉拉山、锦屏一级、锦屏二级、毛尔盖、安谷、喜儿沟、代古寺、凉风壳、黛溪、上培、青羊沟、纳子峡、云南天生桥、毛家河、中梁一级、那邦、大河口、银盘、沙阡、俄公堡、古学、向家坝、斜卡、仙居上库坝、蟒塘溪、东水峡、龟都府、桥巩、呼蓄上库坝、呼蓄下库坝、大岗山、宁朗、撒多、塔日勒嘎、南山一级、巴郎口、多布。

续表

工作类型	大坝名称
已完成 定期检查工作 （共 367 座）	规划内（314 座）：金汉拉扎、鱼潭、姜射坝、桑坪、坪头、丹珠河、高坝洲、龙桥、白市、界竹口、脚基坪、玉田、雍口、托海、浮石、流溪河、洞坪、尼那、桐子壕、泰安上库坝、太平哨、陈村、巴江口、渡口坝、盖下坝、二滩、徐村、抱子石、岗曲河一级、青铜峡、北津、双口渡、千佛岩、鲁基厂、铅厂、柳树沟、阿墨江三江口、大田河落生、天荒坪上库坝、天荒坪下库坝、李家峡、大峡、小峡、龚嘴、百龙滩、大化、西津、海甸峡、那兰、天桥、左江、雪山湖、桓仁、回龙山、乌江渡、白沙、官地、洞巴、九甸峡、崖羊山、撒鱼沱、张窝、赛珠、沙溪、苍溪、小岩头、高砂、大山口、功果桥、叶茂、大盈江四级、腾龙桥二级、索风营、普定、拉气、刘家峡、藤子沟、松树岭、挂治、龙首二级、鱼塘、莲麓、土卡河、石门坎、石垭子、锁儿头、杨柳滩、金鸡滩、金沙峡、老江底、沙溪口、沙河上库坝、杂谷脑古城、大兴、金家坝、青龙、芹山、周宁、照口、张河湾上库坝、张河湾下库坝、仙游上库坝、仙游下库坝、响水涧上库坝、响水涧下库坝、龙凤、宝瓶河、别迭里、百花滩、凤仪、老虎嘴、龙开口、木里河沙湾、洪家渡、金牛坪、百丈漈一级、新丰江、枫树坝、水津关、瓦屋山、马堵山、苏只、龙羊峡、公伯峡、安康、寺坪、金安桥、小石峡、糯扎渡、富春江、白沙河、吉牛、泉水、柴家峡、以礼河一级、以礼河三级、以礼河四级、广州蓄能上库坝、广州蓄能下库坝、双河口、蜀河、沙县城关、桐柏上库坝、桐柏下库坝、天生桥、新政、六郎洞、紧水滩、石塘、近尾洲、小天都、八盘峡、盐锅峡、绿水河、东江、小东江、南沙、南桠河三级、大朝山、冶勒、落坡岭、珠窝、碧口、云鹏、大花水、大寨、安砂、古田溪一级、彭水、街面、合面狮、白水峪、湖南镇、黄坛口、拉浪、麻石、酉酬、大广坝、乌金峡、康扬、铜头、水牛家、岩滩、龙马、紫兰坝、洪江、碗米坡、过渡湾、花木桥、涪江古城、查龙、鄂坪、天生桥一级、老渡口、泗南江、腊寨、河口、水泊峡、华光潭一级、华光潭二级、宝兴、孔头、铁门关、蒲石河上库坝、蒲石河下库坝、滩坑、大盈江二级、傈马、巴山、石板水、克田、江边、五一桥、库什塔依、山秀、毛尖山、蔺河口、景洪、苏家河口、董箐、下桥、黑麋峰上库坝、黑麋峰下库坝、潘家口下池、西龙池上库坝、西龙池下库坝、下六甲、天花板、汉坪嘴、平班、古顶、石泉、大盈江三级、雷打滩、格里桥、团坡、黄花寨、蓬辣滩、乐滩、溪口上库坝、溪口下库坝、青居、耿达、地洛、联补、洛古、双沟、小山、察汗乌苏、葛洲坝、庙林、凌津滩、构皮滩、陡岭子、马迹塘、清水塘、铜湾、高滩、上犹江、石龙、瀑布沟、深溪沟、仁宗海、白莲河上库坝、大埔、坡甲、陇彧、温泉、小湾、马鹿塘二期、船场溪、东坪、株溪口、居龙滩、直岗拉卡、冲江河（二期）、回龙寨、上硐、金造桥、南河、大孤山、小孤山、龙首一级、鱼剑口、天生桥二级、龙头石、金河、洪口、回龙上库坝、回龙下库坝、罗湾、宜兴上库坝、宜兴下库坝、石堤、硗碛、红花、长潭、牛头山、新安江、水口、牛路岭、柘林、红林、红枫、百花、东西关、木座、自一里、金银台、云峰、万安、棉花滩、丰源、竹洲
已完成 专家组工作 （共 51 座）	规划外（24 座）：洪屏上库坝、洪屏下库坝、晴朗、南极洛河、善泥坡、小漩、枕头坝一级、马马崖一级、苗家坝、清蓄上库坝、清蓄下库坝、野三河、舟坝、沙沱、烟岗、梨园、尼勒克一级、萨里克特、塔勒德萨依、金平、旺村、毛滩、等壳、ZM。 规划内（27 座）：昭平、琅琊山上库坝、达开、鲁布革、糯租、杨村、长湖、槽渔滩、福堂、吉沙、铜街子、水布垭、惠州蓄能上库坝、惠州蓄能下库坝、弄另、松山、三板溪、三道湾、东风、三峡、达拉河口、狮泉河、直孔、宝珠寺、太平湾、京南、黄龙滩
专家组工作 正在进行中 （共 37 座）	规划外（22 座）：洞松、娘拥、乡城、白龙江沙湾、九龙峡、木加甲一级、竹格多、甲岩、官帽舟、昭化、飞仙关、周公河沙坪、罗闸河二级、角木塘、铜钟、鲁地拉、普西桥、哈德布特、三岔河、渔子溪、布仑口、大河家。 规划内（15 座）：五强溪、水东、高凤山、戈兰滩、居甫渡、光照、长洲、吉林台一级、南水、大洪河、狮子滩、镜泊湖、莲花、明台、龙滩

表 3   第六轮定期检查工作开展情况统计表

工作类型	大坝名称
已完成 专家组工作 （共 3 座）	规划内（3 座）：玉林桥、朝阳寺、堵堵洛河二级

续表

工作类型	大坝名称
专家组工作正在进行中（共 68 座）	规划外（1 座）：四川江口。 规划内（67 座）：纪村、华安、花园、炳灵、河口、洛东、引子渡、托口、溧阳上库坝、溧阳下库坝、白山、红石、积石峡、喜河、三棵树、太平驿、沙湾、民治、黄金坪、金康、金元、溪洛渡、果多、漫湾、华光潭一级、华光潭二级、马岩洞、牛栏口、浩口、冗各、上尖坡、龙背湾、映秀湾、金溪、羊湖枢纽、春堂坝、泥猪河、沙尔布拉克、斯木塔斯、齐热哈塔尔、象鼻岭、隔河岩、蒲石河上库坝、蒲石河下库坝、猴子岩、吉鱼、小沟头、沙坪二级、溪古、柯赛依、螺丝湾、黄登、观音岩、重庆江口、宝泉上库坝、宝泉下库坝、干溪坡、城东、池潭、深蓄上库坝、琼中上库坝、琼中下库坝、凤滩、龙洞、新马、汗牛河、苗尾
启动通知已发（共 11 座）	规划内（11 座）：十三陵上池、筱溪、东津、华山沟、仁宗海、铁门关、威远江、大岩洞、大洑潭、浯溪、江西江口
取消（共 1 座）	规划内（1 座）：平地哨

（国家能源局大坝安全监察中心　杜雪珍）

2023 年水电站大坝安全应急管理工作情况

2023 年，国家能源局大坝安全监察中心（简称大坝中心）立足"防大汛、抗大险、救大灾"，持续强化防汛值班和水电站大坝汛情监察，时刻绷紧"防汛弦"，奋力筑牢"安全坝"。日常工作中，强化大坝运行灾情险情监控及风险研判，遭遇突发事件后向电力企业及时预警，在北京暴雨、甘肃积石山地震等事件中，第一时间赴现场为各能源派出机构和电力企业提供应急技术支撑，经各方共同努力下，全行业未发生水电站大坝溃坝、漫坝责任事故。

（一）《水电大坝运行安全应急管理办法》宣贯落实

2022 年 11 月发布的国家能源局印发《水电站运行安全应急管理办法》（简称应急管理办法），作为《水电站大坝运行安全监督管理规定》配套规范性文件。应急管理办法共分 8 章 33 条，明确了大坝运行突发事件预防、应急准备、监测预警和应急响应、总结评估、信息报送和监督管理等要求。中心通过大坝官方微信公众号、2023 年全国大坝安全工作年会等渠道对应急管理办法进行了宣贯解读。此外，国家能源局 2023 年 2 月印发的《水电站大坝安全提升专项行动方案》，对应急管理办法关于风险评估、应急能力评估、应急预案编制、应急资源保障、应急联动机制建立重要条款落实提出了明确要求，通过专项行动推动了电力行业大坝应急管理能力提升。

（二）金沙江白格滑坡监测监控

2022 年 11 月，西藏自治区江达县金沙江白格滑坡体部分区域变形加剧，局部出现明显下滑，形成滑坡台坎，少部分滑坡碎屑滑入金沙江，但未造成堵江。2023 年 1 月 10 日国家能源局主持召开金沙江白格滑坡体滑动及下游水电站风险防控专题视频会议，提出了务必高度重视、加强监测预警、做好应急管理、及时掌握信息、强化协调联动等方面的工作要求。大坝中心与华电金上公司建立了"每周更新滑坡体变形监测情况，每日更新金沙江上游梯级电站水情，特殊情况及时报告"的信息报告制度，持续开展滑坡体稳定状况分析及对下游水电站影响研判。2023 年 2 月 27 日～3 月派员赴白格滑坡体及下游在建的叶巴滩、拉哇、巴塘水电工程和在运苏洼龙水电站大坝开展防汛应急准备工作检查，指导华电金上公司完善各在建工程防御白格滑坡的专项应急预案并做实做细防汛、应急各项准备工作。2023 年 8 月 20～23 日，金沙江上游发生洪水，白格滑坡下游的叶巴滩至苏洼龙区间各站点洪峰均为 2018 年 11 月白格堰塞湖溃决以来的最大值，白格滑坡体在本次洪水期间未发现异常。

（三）大坝运行突发事件

大坝中心积极应对地震、台风和大坝运行事故等各类突发事件，第一时间收集事件信息，分析研判灾害事件对大坝安全的影响，为电力企业应急处置提供技术指导。

2023 年发生超 5 级且影响范围内有距离较近大坝的地震共 9 次，大坝中心及时跟踪、了解地震影响范围内大坝震损影响，监控大坝运行状态，及时评估地震对大坝运行安全的影响，并向国家能源局及时报告相关情况。其中"12·18"甘肃临夏州积石山县 6.2 级地震对部分水电站大坝运行安全造成一定影响，大河家水电站超过设防烈度，地震后电站发电进水口检修闸门掉落，右岸砂砾石坝坝顶出现两条裂缝，大坝上游坝面与防浪墙之间出现约 10cm 错动沉降，上游坝面局部破损，防浪墙在临近泄洪闸部位结构缝张开；积石峡水电站 330kV 孟清线因差动保护动作跳闸，右坝头坝顶路面上、下游方向新增一条浅表层裂缝，防浪墙结构缝局部张开、错动；炳灵水电站大坝左岸坝肩上游危岩有松动，边坡有落石。

2023 年西北太平洋和南海共有 17 个台风生成，中心对其中 4 号台风"泰利"（台风级）、5 号台风"杜苏芮"（超强台风级）、6 号台风"卡努"（超强台风级）、9 号台风"苏拉"（超强台风级）、11 号台风"海葵"（超强台风级）启动了Ⅳ级应急响应，跟踪收集事件信息，研判事态发展，提醒有关单位做好防范措施。

2023 年发生影响水电站大坝运行的地质灾害事件 2 起，分别是四川汶川县山洪泥石流事件、吉林敦化抽水蓄能电站交通道路垮塌事件，上述地质灾害未对相关水电站大坝安全造成重大影响。6 月 27 日凌晨，四川汶川县境内受短时强降雨影响，绵虒镇板子沟、威州镇新桥沟两处突发山洪泥石流灾害，事件发生后，板子沟下游 2.7km 处的福堂水电站及时开闸放空水库，当日 19 时恢复正常发电。8 月 4 日，吉林敦化抽水蓄能电站受局地暴雨影响成灾，造成现场道路局部塌方，导致对外交通和通信中断，事件发生后，敦化抽水蓄能电站运行人员通过卫星电话报告了突发事件情况。

（四）水电站大坝防洪度汛

大坝中心通过大坝汛情信息管理平台，多渠道获取大坝运行汛情信息、运行性态和库区降水情况，落实国家能源局局领导关于防汛度汛、应急处置和隐患排查治理的指示批示要求，实行大坝度汛安全"零报告"制度。分析研判大坝度汛安全情况，编制大坝汛期运行安全日报、周报，发现问题及时向监管机构和电力企业提示反馈，督促企业做好风险管控。汛期共有 28 座水电站大坝共 43 次遭遇中洪水以上洪水。

青海纳子峡大坝 7 月 13 日遭遇特大洪水，最大入库洪峰流量 1362m³/s，超重现期 50 年设计洪峰流量 1270m³/s，库水位最高达 3199.05m，低于汛限水位 3201.50m，大坝开闸泄洪。

河北张河湾下水库坝 7 月 31 日遭遇特大洪水，最大入库洪峰流量 3601m³/s，超重现期 50 年设计洪峰流量 3420m³/s，库水位最高达 483.53m，超汛限水位 5.53m，大坝开闸泄洪。

7 月 31 日～8 月 1 日，北京落坡岭大坝及下苇甸水电站厂房受北京门头沟极端强降雨影响，受灾严重，结合上、下游水文测站洪峰流量，推测坝址洪峰流量达到 3000m³/s 左右，达到大洪水级别（接近重现期 50 年），7 月 31 日 11：00 供电系统失电前测得库水位最高达 201.90m（失电后无法监测），大坝开

闸泄洪，但由于落坡岭坝区泄洪供电电源中断和应急电源受损，河流中大量漂浮物涌至泄洪闸孔并顶撞闸门，导致 2 号和 8 号工作闸门被毁坏冲走，同时下苇甸水电站厂区受苇甸沟山洪影响，厂房进水受淹。

2023 年 8 月 3～6 日，敦化抽水蓄能电站工程区普降暴雨，下水库 24 小时累计降雨量 254mm，上水库超过 300mm，远超该地区有记录以来的最大 24 小时降水量 130mm。下水库 24 小时入库洪量 815 万 m³，最大平均入库流量达到 307m³/s，均超过重现期 1000 年校核洪水标准。下水库最高库水位 719.60m（8 月 4 日 3 时），超过校核洪水位 717.40m 达 2.2m，距离坝顶高程 720.00m 仅 0.4m。

黑龙江镜泊湖堤坝 8 月 5 日遭遇特大洪水，最大入库洪峰流量 5860m³/s，超重现期 100 年设计洪峰流量 4100m³/s，接近 1000 年校核洪峰流量 6030m³/s，水库最高水位超过汛限水位 0.2m。

（五）大坝安全应急管理工作调研

根据国家能源局的统一部署和要求，大坝中心开展了水电站大坝应急管理相关工作调研，摸排电力企业《水电站大坝运行安全应急管理办法》落实情况，推进水电站大坝安全应急能力建设。6 月 5～10 日，赴华能澜沧江水电股份有限公司、云南大唐李仙江流域水电开发有限公司；7 月 24～28 日，赴国能大渡河流域水电开发有限公司、大唐国际发电股份有限公司四川分公司开展防洪度汛和应急管理调研，期间观摩指导糯扎渡溃坝应急预案演练。

（国家能源局大坝安全监察中心
孟相君 杨彦龙）

2023 年水电站大坝信息化建设情况

（一）大坝中心监察履职信息化能力建设

（1）信息化建设及应用情况。2023 年，国家能源局大坝安全监察中心（简称大坝中心）持续推进信息化能力建设，提升水电站大坝安全监察平台（简称监察平台）的功能性和实用性。目前大坝安全监察业务工作已经全部利用监察平台进行日常管理，实现了大坝安全注册（备案）、定期检查、监测监控、防汛应急管理、隐患与问题管控等各项工作的全过程信息化管理，大大提高了工作效率，为监察履职发挥了重要作用。

截至 2023 年底，已完成监测信息接入监察平台的大坝共有 600 余座，接入测点 8 万多个，已报送监测数据 15 亿余条，年用户登录数 17 万余次。大坝中心利用该平台对各水电站大坝上报的信息进行审核梳

理、设定监控指标，已经实现对 600 多座大坝上报的监测信息进行监控，通过对系统内数百万条报警信息进行排查、处理，及时发现大坝结构性态或监测系统存在的问题，并将 2581 条问题反馈给运行单位，督促其整改，并对重要监测点、水雨情异常数据以及巡检缺陷进行实时预警，有效推进运行单位的大坝安全管理工作。

2023 年，全国各地洪涝灾害、地震地质灾害较为频繁。中心利用监察平台获取的监测、汛情、气象、地震等信息，在防汛、应急、日常监测监控等方面开展了大量工作，主要包括以下内容：①接收、处理电力企业报送的汛情数据 147569 条，报送的防汛资料 15 份，并向未及时报送信息的单位发送催报短信 234 条。②自动捕获国内地震、台风等应急事件 131 条，发送应急事件通知短信 624 条，并及时处理了电力企业反馈受影响大坝的安全状况信息 56 条。③全年对所有完成信息接入大坝进行了总计 276804 次安全状态评价，对评价发现的各类问题，及时提醒运行管理人员处理，累积发送信息 2218 条，为及时发现问题，消除问题，保障大坝安全发挥了重要作用。

（2）网络安全情况。为确保监察平台数据的安全性，中心全力推进网络安全工作，定期对信息系统进行漏洞渗透测试，及时修复系统存在的问题，在杭州亚残运会等重大活动期间安排专人全程 24 小时值班值守，坚守岗位，发现问题及时处置，充分保障系统的安全防护能力。同时，还通过应急演练，提升网络安全应急处突能力，确保在应急情况下，监察平台依旧能发挥其在电力行业中信息枢纽的重要作用，经过一整年不懈努力，2023 年监察平台运行安全稳定。

（二）行业水电站大坝安全信息化能力建设

2023 年 2 月，国家能源局发布了《水电站大坝安全提升专项行动方案》（国能发安全〔2023〕19 号），对信息化建设方面提出了以下几点要求：①全面启动大坝安全在线监控系统建设工作，2024 年底前电力企业需建立在线监控系统或具备在线监控功能。②认真做好大坝安全信息报送工作，2023 年 6 月前报送升级改造工作计划，并于 2024 年底前完成升级改造。③加强北斗卫星导航、遥感、人工智能等新技术在大坝安全领域的应用，加大对大坝安全技术装备研发、试点和推广应用等工作的投入和支持力度。

2023 年是电力行业持续推进数字化、智能化大坝安全管理转型发展的一年，以大数据、云计算、人工智能、5G 通信、数字孪生等新一代信息技术作为技术监督与管理升级的"新引擎"，以"空天地一体化"的物联感知体系，推进大坝安全工作智能化转变，不断提升大坝安全管理水平。以无人机、AI 视频、轨道机器人、北斗、数字孪生等为代表的新技术在大坝安全领域的应用不断深化，同时各电力企业还加大了对大坝安全技术装备研发、试点和推广应用等工作的投入和支持力度并取得了丰硕成果。沙河抽水蓄能电站、莲花水电站已引入无人机巡检，有效减少了运行管理人员在巡检过程中登高等操作的安全风险；溧阳抽水蓄能电站、柘林水电站已具备 AI 视频巡检能力，实时监控重点部位，通过使用深度学习算法和图像识别技术，智能识别大坝裂缝、析钙等缺陷；大岗山水电站引入了轨道机器人巡检技术，实现自动化巡检，减少了人工巡检工作量和风险，提高了工作效率；长龙山抽水蓄能电站建设了大坝数字孪生模型，实现了实时监测、模拟分析功能，可以更好地了解掌握大坝运行状态和潜在风险，从而及时采取措施预防事故的发生；龙滩水电站引入了北斗短报文技术，提高了应急环境下数据的传输能力，为应急决策提供有效支撑。

（国家能源局大坝安全监察中心　刘雨佳）

2023 年电力行业大坝安全领域标准化工作开展情况

（一）大坝安全领域新发布标准情况

2023 年，国家能源局新批准发布共计 17 项大坝安全领域行业制修订标准，具体如下：

（1）DL/T 5863—2023《水电工程地下建筑物安全监测技术规范》内容涵盖了水电工程地下建筑物安全监测设计、施工、监测与反馈、运行与维护等方面的技术要求，适用于 1、2、3 级水工隧洞、调压室（井）、地下厂房等水电工程地下建筑物的安全监测。该标准对于规范水电工程地下建筑物全生命周期监测工作，提升水电工程地下建筑物安全监测工作技术水平具有重要意义。

（2）DL/T 2702—2023《水电站大坝运行安全管理导则》规定了水电站大坝运行安全的管理总体要求、水库调度、水工建筑物运行维护、金属结构运行维护、大坝安全应急管理等要求，适用于水电站大坝运行安全管理。该标准归纳总结了水电站大坝运行安全管理主要开展的工作，明确了水电站大坝运行安全管理具体工作要求，为提升电力行业水电站大坝运行安全管理的能力和水平起到规范和指导作用。

（3）DL/T 2701—2023《水电站水工建筑物水下检查技术规程》规定了水电站水工建筑物的缺陷、渗漏、淤积与冲刷等水下检查的项目、内容、成果整理技术要求，适用于水电站挡水建筑物、泄水消能建筑物、输水发电建筑物、通航建筑物、金属结构等水下检查工作。该标准为电力企业开展水电站水工建筑物水下检查选取的方法、内容、要求以及成果整理提供依据和指导。

（4）DL/T 5113.15—2023《水电水利基本建设工程 单元工程质量等级评定标准 第15部分：安全监测工程》规定了水电水利基本建设工程安全监测工程环境量监测、变形监测、渗流渗压监测、应力应变及温度监测、专项监测、监测自动化、监测土建设施及钻孔等单元工程质量等级评定要求，明确了安全监测单元工程质量检验项目、质量标准及检验方法，适用于水电水利工程安全监测单元工程质量评定。该标准对规范安全监测质量评定验收、提高水电工程监测系统质量、保证系统可靠运行具有指导作用。

（5）DL/T 2628—2023《水电站水工建筑物缺陷管理规范》规定了水电站水工建筑物缺陷的分类分级、识别认定及处置要求，适用于挡水建筑物、泄水消能建筑物、输水发电建筑物、过坝建筑物、近坝库岸、枢纽区边坡、水工金属结构设备等运行中发现的缺陷管理，其他建筑物缺陷管理也可参照执行。该标准明确了水电站水工建筑物缺陷管理的内容、方法及要求，对于提升电力行业水工建筑物缺陷管理的能力和水平具有重要意义。

（6）DL/T 2700—2023《水电站泄水建筑物水力安全评价导则》规定了水电工程泄水建筑物水力安全评价的水力性态评价、结构性态评价及综合评价的内容和方法，适用于运行期1～3级泄水建筑物，其他级别泄水建筑物也可参照执行。该标准为规范水电站泄水建筑物水力安全评价工作、保证大坝安全评价中泄水建筑物水力安全评价的可靠性和准确性提供基础依据。

（7）DL/T 5869—2023《水电工程安全监测仪器封存与报废技术规程》规定了监测仪器鉴定、监测仪器封存条件及管理、监测仪器报废条件及管理等技术内容，适用于水电工程安全监测仪器的封存与报废。该标准为水电工程安全监测管理和运行工作的单位提供统一的通用技术要求，进一步规范和细化水电工程安全监测仪器封存与报废相关技术工作。

（8）DL/T 2721—2023《水电站大坝安全监测智能移动终端应用技术规程》规定了水电站大坝安全监测智能移动终端应用软件的功能、性能、信息安全和建设要求，适用于水电站大坝安全监测智能移动终端应用软件的设计、开发、测试、验收和运行维护。该标准为电力企业和相关技术单位开展水电站大坝安全监测智能移动终端应用提供统一的依据，对于提升行业监测工作信息化技术水平具有推动作用。

（9）DL/T 2699—2023《大坝安全监测仪器检验规程》规定了大坝及其他岩土工程安全监测中监测仪器、监测电缆安装埋设前检验，以及测量仪表的周期检验的检验项目与技术指标、检验设备及方法、检验记录与结果，适用于大坝及其他岩土工程安全监测中监测仪器、监测电缆安装埋设前的检验，以及测量仪表的周期检验。该标准对于规范电力行业内部大坝及其他岩土工程安全监测中监测仪器安装埋设前的检验，以及测量仪表周期检验工作提供基础依据。

（10）DL/T 947—2023《土石坝监测仪器系列型谱》规定了土石坝变形、渗流、压力（应力）及温度、动态监测仪器的基本分类、仪器系列及主要技术参数，适用于土石坝的安全监测。该标准对于土石坝监测仪器产品的研制、试验测试及选用具有指导作用。

（11）DL/T 2687—2023《柔性测斜仪》规定了柔性测斜仪的结构与规格、技术要求、试验方法、检验规则、标志、使用说明书、包装、运输与贮存、安装要求等，适用于水电水利及其他岩土工程中测量位移、倾斜、挠度等的柔性测斜仪。该标准对柔性测斜仪这一新兴产品的发展起到规范化和标准化的作用，可推动该设备在工程中的应用和发展。

（12）DL/T 2719—2023《测斜管装置》、DL/T 2720—2023《测压管装置》两项标准分别规定了测斜管、测压管装置的产品规格、技术要求、检验方法、检验规则和标志、包装、运输、贮存的要求。《测斜管装置》适用于测量水工建筑物、边坡及滑坡体等垂直于初始管轴线位移的测斜管装置；《测压管装置》适用于新建、改建工程的水工建筑物的扬压力、渗透压力，以及岩土体的渗透压力、地下水位等量测的测压管装置。两项标准将为各自产品的设计、生产、试验、检验、安装埋设、使用及维护提供基础依据。

（13）DL/T 327—2023《步进式垂线坐标仪》、DL/T 326—2023《步进式引张线仪》、DL/T 1133—2023《钢弦式仪器测量仪表》、DL/T 1047—2023《水管式沉降仪》、DL/T 1046—2023《引张线式水平位移计》均为新修订标准。这些标准的修订和执行将为规范该类设备、仪器的研制开发、生产制造、检验测试等提供技术依据，对规范这些仪器的生产及应用起到推动作用。

2023年，国家能源局批准发布包括 DL 5784—2019《混凝土坝安全监测系统施工技术规范》、DLT 5796—2019《水电工程边坡安全监测技术规范》、DLT 1754—2017《水电站大坝运行安全管理信息系统技术规范》、DL T 2155—2020《大坝安全监测系统评价规程》、DLT 5211—2019《大坝安全监测自动化技术规范》共计 5 项电力行业大坝安全英文翻译标准。

（二）大坝安全领域下达标准制修订计划项目情况

2023年，国家能源局批准下达了包括《水电站大坝安全防汛检查规程》《水工建筑物运行维护规程编制深度导则》《水工建筑物观测规程编制深度导则》《水工作业安全规程编制深度导则》《水电站大坝运行安全应急物资基本配置标准》《水电站大坝安全无人机巡检技术规程》《水电工程北斗卫星导航系统变形监测设备技术条件》《光电式CCD双金属管标仪》共计8项大坝安全领域标准制修订计划。

（三）大坝安全领域标准制修订工作情况

2023年，电力行业大坝安全监测标准化技术委员会通过能源标准化信息管理平台、中国电力企业联合会官网、国家能源局大坝安全监察中心门户网站、中国水力发电工程学会大坝安全专业委员会微信群、大坝安全QQ等向社会公开征求《大坝安全监测系统验收规范》《水电站泄水建筑物水力安全评价导则》等7项国家、行业标准征求意见稿。

组织审查了《大坝安全监测系统验收规范》《水电站大坝运行安全管理导则》等17项制修订国家、行业标准和DL/T 5784—2019《混凝土坝安全监测系统施工技术规范》等5项电力行业英文翻译标准。

审核并报批了《水电水利基本建设工程单元工程质量等级评定标准 第15部分：安全监测工程》《水电站水工建筑物缺陷管理规范》等19项制修订国家、行业标准和DL 5784—2019《混凝土坝安全监测系统施工技术规范》等5项电力行业英文翻译标准。

（四）大坝安全领域标准宣贯工作情况

2023年，电力行业大坝安全监测标准化技术委员会协同国家能源局大坝安全监察中心，在9、11月由国家能源局大坝安全监察中心举办的"水电站大坝安全管理培训班""水电站大坝安全监测技术网络培训班"，对新发布的大坝安全标准进行了宣贯和解读，来自全国29个省、市、自治区353个单位的共计1699名学员参加了学习。

（国家能源局大坝安全监察中心　韩荣荣）

雅砻江流域水库大坝2023年度安全管理情况

（一）扎实统筹推进雅砻江流域水电站大坝安全提升专项行动，并取得阶段实效

雅砻江流域水电开发有限公司（简称雅砻江公司）按照国家能源局水电站大坝安全提升专项行动部署，研究制定公司大坝安全提升专项行动工作方案及任务清单，统筹实施雅砻江流域7座大坝安全提升工作。公司积极与上级主管单位对接交流，深入落实专项行动。3月，赴国家能源局大坝安全监察中心（简称大坝中心）调研交流；4月，参加国家能源局2023年全国水电站大坝安全工作会议；5月，邀请中心专家培训交流指导；7月，与大坝中心开展大坝安全提升党建联建活动。公司层层压实责任，统筹协同落实专项行动。对照专项行动具体要求，持续深入排查整治大坝安全各类问题，建立大坝安全问题与措施"两个清单"，并实行动态管理。2023年，公司修订完善大坝安全管理制度；升级完善流域大坝安全监测系统；扎实开展流域大坝安全在线监控系统建设；广泛推广应用北斗高精度变形监测技术、水下无人检查技术、无人机巡检与图像缺陷智能识别等技术，用科技赋能大坝安全，提升大坝安全技术水平。同时以专项行动为契机，进一步培养锻炼专业人员，不断提升大坝安全技术人员技能本领。

（二）深入贯彻依法管坝，保障流域大坝健康运行，巩固夯实水安全根基

水电站大坝安全是能源安全的重要保障，是水安全根基。2023年5月高质量完成杨房沟大坝初始注册，注册等级为甲级。流域运行电站历次大坝安全注册登记、定期检查均获评最高等级。持续深化流域集中与现场管理相结合的大坝安全管理模式，加强流域统筹和现场协作，全力保障流域大坝依法合规、精益运行。2023年，公司进一步完善提升大坝安全应急能力，深刻汲取四川泸定6.8级地震大岗山水电站应急处置经验教训，以极端工况、底线思维全面梳理核查电站监测系统工作状况并完善应急监测措施，扎实开展流域大坝安全在线监控、大坝安全监测自动化系统升级改造。2023年，公司全面贯彻落实国家能源局水电站大坝安全提升工作部署，扎实做好大坝运行安全各项工作，提升大坝本质安全和精细化管理水平，用实际行动守好"大国重器"安全。严格执行长江水利委员会调度指令，科学调度雅砻江梯级水库。2023年长江流域降水时空分布不均，上半年主要江河来水显著偏少，长江中下游各主要控制站水位较历史明显偏低，沿江地区用水形势严峻，雅砻江也遭遇极端异常枯水。公司克服重重困难，科学实施梯级水库联合优化调度，2023年4月，两河口、锦屏一级、二滩三大水库累计向下游补水102亿m³，占长江上游水库群合计补水量的30%。2023年汛末三大水库总蓄水量达119亿m³，梯级蓄能值237亿kW·h，全力保障长江流域供水安全、航运安全和能源安全。2023年12月，水利部长江水利委员会发来感谢信，对公司科学调度雅砻江梯级水库，全力保障长江流域供水安全、航运安全和能源安全表示感谢。大坝中心对公司扎实推进雅砻江流域水电站大坝安全运行、应

急管理、信息化建设，积极配合完成大坝安全监察各项任务，以及发挥技术专长为电力行业大坝安全贡献力量等方面作出的突出贡献表示感谢。

（三）2023 年度大坝安全监测设施运行维护管理情况

①雅砻江桐子林、二滩、官地、锦屏二级、锦屏一级、杨房沟、两河口水电站监测仪器设备运行良好，现场自动化系统运行总体稳定，各工程监测仪器完好率均在 95%以上，数据缺失率均≤3%。②各电站均按规定频次开展监测设施、监测系统定期检查，并对检查中发现的异常，及时进行了维护处理。各电站大坝运行安全信息均按照要求正常报送。年内，流域各电站大坝安全监测设施运行维护管理工作满足相关规程规范要求。③扎实推进雅砻江流域大坝运行安全在线监控体系建立及在线监控系统建设工作。

（四）2023 年度流域运行大坝安全监测成果分析

2023 年，桐子林、二滩、官地、锦屏二级、锦屏一级、杨房沟、两河口水电站等 7 座大坝及基础部位各监测成果受库水位等环境量影响均呈规律性变化。

（1）桐子林大坝。大坝顺河向最大实测位移为 15.16mm，变化量较小。坝基渗压监测正常。导流明渠左导墙各监测成果变化量较小，处于稳定状态。

（2）二滩拱坝。大坝最大水平径向累计绝对位移为 132.40mm，较 2022 年最大值减小 4.80mm，变化量较小。大坝总渗流量在 1.70～3.31L/s 间，坝基渗压监测正常。

（3）官地大坝。大坝顺河向最大位移为 35.50mm，较 2022 年最大值减小 0.40mm，变化量较小。坝体渗流总量在 1.15～1.50L/s 间，坝基渗流总量在 7.23～8.35L/s 间，渗流量总体变化较小。坝基渗压变化正常。

（4）锦屏二级闸坝。闸坝坝顶顺河向最大位移为 4.96mm，较 2022 年最大值增大 0.27mm；闸坝基础最大累计沉降量为 15.11mm，较 2022 年最大值增大 0.60mm。基础渗压计变化正常。

（5）锦屏一级拱坝。大坝最大水平径向累计绝对位移为 45.30mm，较 2022 年最大值增大 0.50mm，变化量较小。大坝及基础渗流总量在 14.83～24.15L/s 间，渗流总量最大值较 2022 年减小 2.33L/s，其中左岸高程 1595m 排水廊道最大渗流量为 12.03L/s，较 2022 年最大值减小 2.20L/s，渗流量总体变化呈减小趋势，符合多年监测规律。坝基渗压监测正常。

（6）杨房沟拱坝。大坝最大水平径向累计绝对位移为 41.94mm，较 2022 年最大值增大 2.69mm，变化量较小。大坝及基础渗流总量在 0.91～1.26L/s 间，坝体渗流量总体较小，坝基渗压变化正常。

（7）两河口水电站。大坝心墙最大沉降量为 3282mm，当前，坝体沉降已逐渐趋缓，符合一般规律。大坝渗流总量在 0.80～115.14L/s，渗流量较大时段与坝址区降雨有关，其余时段总渗流量均小于 5L/s，总体无异常。坝基渗压最大值为 1916kPa，年变化 587kPa。坝基渗压变化与库水位呈良好的正相关性，符合一般规律，属正常监测状态。

（雅砻江流域水电开发有限公司大坝中心
李小伟 刘健）

皂市水库大坝 2023 年度安全管理情况

（一）水库大坝获评一类坝

2023 年，湖南澧水流域水利水电开发有限责任公司皂市水库大坝安全等级审定为正常坝 A 级，大坝安全类别评定为一类坝。

皂市水库自启动首次大坝安全鉴定工作以来，对照工作要求，强化责任落实，细化任务分工，明确阶段成果目标，及时整理鉴定相关资料，编制大坝安全鉴定工作大纲，按要求扎实开展枢纽工程安全检查、金属结构专项检测及安全监测自动化系统检定等现场工作，有序完成枢纽工程运行管理报告、现场安全检查报告、安全检测报告、大坝监测资料分析报告及安全评价报告编制，组织开展内部审查并完善。2 月 21～24 日，长江水利委员会建设与运行管理局在石门县主持召开湖南澧水皂市水库大坝安全鉴定会，完成现场查勘、资料查阅、成果汇报及问题答疑等工作。

4 月 26 日，长江水利委员会印发《皂市水库大坝安全鉴定报告书》，安全鉴定结论：皂市水库大坝现状防洪能力满足要求，无明显工程质量缺陷，各项复核计算结果均满足规范要求，安全监测等管理设施完善，维修养护到位，管理规范，能按设计标准运行。皂市水库大坝工程质量评价为合格，大坝运行管理评价为规范，大坝防洪能力、渗流安全、结构安全、抗震安全、金属结构安全均评为 A 级。皂市水库大坝安全综合评定为一类坝。本次大坝安全鉴定是对大坝运行以来的工作性态和运行管理进行综合评价和鉴定的一项工作，通过对大坝的各项性能进行检测和分析，及时发现和预警可能存在的潜在危险，防止灾害事故发生，保障人民生命和财产安全，为大坝后续正常安全运行提供有利保障。

皂市大坝首次注册登记时间为 2015 年 8 月 10 日，注册登记机构为湖南省水利厅，有效期 10 年。2023 年完成注册登记变更，注册登记机构变更为水利部长江水利委员会，发证日期为 7 月 26 日。

（二）大坝安全监测设施运行情况

2022 年 11 月由长江科学院对皂市安全监测自动化系统进行升级改造工作，2023 年 3 月底完成自动化监测项目改造。此次改造升级了监测自动化系统通信组网设备及通信线路，并部署了大坝安全监测管理系统，对监测数据进行实时采集、高效传输及集中管理，实现了大坝安全信息采集、存储、处理、分析、监控及预警全生命周期业务应用，改造后的系统具有较强的环境适应性，提高了皂市水电站安全监测的稳定性和可靠性。皂市水电站按规定频次开展监测设施、监测系统定期检查，并对检查中发现的异常，及时进行了维护处理，2023 年度共计完成维护 46 次，保证了监测系统正常运行。

目前，皂市水电站监测仪器设备运行良好，现场自动化系统运行总体稳定，2023 年皂市水利枢纽安全监测自动化缺失率为 18.7%，主要原因为 2022 年 11 月由长江科学院对皂市安全监测自动化系统进行升级改造工作，导致后续自动化数据中断，直至 2023 年 2 月各自动化监测项目陆续恢复运行并进行调试，所采集数据基本满足本年度安全监测成果分析使用。

（三）大坝安全监测巡视情况及成果分析

2023 年共完成枢纽工程一等水准和边角网观测 2 次，排水孔观测 24 次（其中 12 次为 30 个特征孔观测），大坝 8、9 号坝段排水孔渗压渗漏观测 24 次，大坝量水堰观测 39 次，消力池量水堰观测 39 次，边坡量水堰观测 28 次，大坝测压管观测 24 次，消力池测压管 24 次；边坡测压管 12 次；边坡多点位移、锚索测力计各 4 次；三向测缝计观测 12 次；厂房渗压计 12 次，钢筋计、测缝计各 8 次；边坡测斜孔 4 次。此外，按照电站要求对大坝▽118m 高程廊道、排水交通廊道▽82m 高程 4 号坝段渗漏量分别观测 60 次、63 次，▽118m 高程廊道 14 号坝段垂线 9 房渗漏观测 72 次。2023 年共完成巡视检查 32 次，其中汛期巡视检查 20 次，非汛期巡视检查 12 次。

2023 年皂市水库大坝安全监测成果表明，年度内大坝变形、渗流、应力应变及温度，以及坝后厂房变形、渗流、应力等测值处于历史测值范围或相当，大坝左右岸边坡、金家沟崩塌积体、水阳坪—邓家嘴滑坡体、导流洞堵头测值年度变化很小，测值变化符合一般规律，枢纽工程结构运行状态良好。

（湖南澧水流域水利水电开发有限责任公司

喻晋芳　吕宙）

大坝安全监测与分析

2023 年水电站大坝安全监测管理工作情况

（一）大坝安全监测现状

为了解我国水电站大坝安全监测工作情况，发现当前监测工作存在的突出问题，为研究制定对策提供依据，促进电力行业大坝安全监测工作水平提升和监测技术发展，2023 年国家能源局大坝安全监察中心（简称大坝中心）对注册和备案水电站大坝安全监测系统、监测工作（含巡视检查）、信息报送、监测问题整改等情况进行年度统计分析，并按照《水电站大坝安全监测工作管理办法》（国能发安全〔2017〕61 号）第 28 条的相关要求，发布《水电站大坝安全监测工作情况报告（2023 年度）》。截至 2023 年底，在国家能源局注册和备案大坝的 681 座大坝安全监测系统运行情况总体良好，监测工作开展总体正常。监测工作主要亮点如下。

（1）大坝安全监测自动化水平稳步提升。目前自动化监测系统已投运和在建的大坝共 496 座，占 74%，连续三年稳步提升。

（2）大坝安全监测人员培训力度不断加强。97% 大坝的监测专业人员参加全国水电站大坝安全监测技术培训班或其他内外部培训等，有效提升了监测管理水平。

（3）大坝安全监测系统定期维护工作开展有序，监测系统维修改造投入保障增强。98% 的大坝能按规定开展监测系统的日常、年度检查维护以及自动化系统人工比测工作，2023 年共有 132 座大坝进行了监测系统的更新改造。

（4）大坝安全监测新技术应用持续发展。卫星导航或测量机器人变形监测、无人机（船）航测、数字化巡检、视频监控、缺陷智能识别、InSAR 测量技术等新技术进一步向规模应用发展，至少应用 1 项以上新技术的大坝达 275 座。

（二）日常监测监管工作

通过在线监测管理，及时了解和掌握各水电站大坝安全监测情况，持续强化对水电站大坝安全监测系统完备性、可靠性、实用性监督考核，以满足异常诊断、在线监控、应急响应等对安全监测的需求，对监测管理中所发现的问题实行闭环管理。2023年主要工作：

（1）督促、指导监测系统瘫痪或故障排除。因地震、地质灾害、大洪水等突发情况造成监测系统瘫痪或监测工作中断，如2023年"12·18"积石山地震发生后，根据地震信息及影响范围大坝分布情况，中心督促、指导14座大坝运行及主管单位及时做好监测系统修复和监测恢复工作，开展大坝安全检查及加密监测工作，动态分析大坝运行状态。

（2）检查核查监测系统完备性或可靠性。对报送测点完好率较低，变形、渗流等重要监测设施运行不可靠等大坝开展检查核查工作。当监测系统功能、性能指标、监测项目、设备精度及运行稳定性等方面存在问题，导致不能满足大坝运行安全要求时，督促电力企业及时开展监测系统更新改造。

（3）利用数据智能清洗新技术加强对大坝信息报送数据有效性的检查和反馈。定期进行大坝安全监测数据异常情况专项督查，根据问题类别、严重程度分级督办，如多期监测数据雷同、监测数据与实际情况不相符、观测精度低、计算公式有误、报送软件异常等情况，督促企业及时制定整改计划（包括整改措施、完成时间、责任人等），并闭环落实。

（4）根据《水电站大坝安全监测工作管理办法》（国能发安全〔2017〕61号）规定，对大坝监测系统封存停测、报废，监测频次调整，监测系统更新改造，监测自动化系统实用化验收等工作开展程序规范性、手续完备性进行监督、检查和指导。

（三）大坝安全监测技术培训

为进一步规范大坝安全监测工作，宣贯监测相关法律法规、标准规范的要求，2023年9月25日～10月11日中心以网络教学形式举办了2023年度大坝安全监测技术培训班，来自全国29个省（自治区、直辖市）353家单位的1533名学员参加了学习。

培训继续应用大坝安全监测在线培训平台，进一步扩大运行单位水工或监测从业人员参加技术培训的覆盖面。平台深度整合大坝安全监测管理相关知识体系，涵盖大坝安全监测工作规定、监测资料整编、监测系统运行与维护、在线监测管理要求、北斗监测技术应用等工作内容。培训依托大坝安全监测在线培训平台，结合专题授课、课程小测、结业考试等多种形式，实现了培训过程数据化、培训效果易认定、培训结果可追溯。通过系统的培训，学员对监测工作的内容和要求有了更加清晰的认识，进一步促进了大坝安全监测管理和技术水平的提高。

（四）监测工作提升要点

根据水电站大坝安全监测管理、日常监测监管掌握的情况，针对行业存在的主要问题，提出工作提升要点如下：①加强监测系统运行维护，规范开展监测系统更新改造工作；②提升监测自动化系统实用化水平，及时开展实用化验收工作，推进强震等特殊条件下触发自动化监测应用，确保不同工况下自动化系统均能运行稳定可靠；③严肃开展监测仪器封存停测及报废工作，按相关法规要求及技术标准规定开展技术分析论证，履行相应审批程序；④强化大坝运行安全信息报送工作，实现全面自动报送，确保报送信息的及时性、完整性、准确性；⑤深化北斗、人工智能等新技术应用，持续提升大坝安全监测技术水平。

（国家能源局大坝安全监察中心 许雷）

2023年水电站大坝安全监控管理情况

（一）日常大坝运行信息监控

截至2023年底，在国家能源局注册、备案的大坝共681座，比2022年净增21座。安全监测信息接入全国水电站大坝运行安全监察平台（简称监察平台）的大坝有670座，其余尚在有序接入中。2023年注册、备案大坝监测信息报送及时率平均为95%，比2022年提高了6%，连续两年均有较大提高。国家能源局大坝安全监察中心（简称大坝中心）按照"风险预控、重点突出"的原则，分重点监控和非重点监控两种模式开展日常监控工作。对存在较大及以上工程隐患、一般工程隐患（涉及结构运行性态安全问题）、处于存在安全风险的施工期、坝高大于200m或库容大于100亿m³，以及日常监控、运行中发现存在结构运行性态安全问题的大坝实行重点监控，2023年重点监控大坝共63座。根据运行单位报送的监测、汛情和巡检等大坝运行安全信息，基于监察平台在线监控，研判大坝运行安全状况，及时对报警信息、异常等级升级等情况进行检查、处理、反馈，必要时进行技术会商及督促整改处理。

日常监控将大坝的安全性态分为4类，分别为正常、轻微异常、一般异常和严重异常。根据2023年监控情况，严重异常大坝2座、一般异常14座、轻微异常12座，异常情况主要表现为：①大坝渗漏量偏大，或坝基渗压、坝后地下水位偏高，存在渗透破坏风险；②近坝区边坡变形较大，尚未收敛；③面板堆石坝周边缝变形较大，或坝体存在较大趋势性沉降变形，尚未收敛；④心墙等防渗体存在明显裂缝且渗水，防渗体内渗压偏高；⑤坝肩边坡存在渗水及渗透变形问题，渗漏量较大；⑥个别坝段变形明显大于其他坝段，且存在趋势性；⑦坝顶、泄水闸启闭机主梁等部位裂缝严重。

（二）度汛安全监控

大坝中心转发《水电站上下游河道安全风险提示单》，对电力企业做好水电站运行调度中泄洪放水预警各项工作提出明确要求；印发《关于开展2023年水电站大坝汛情报送工作的通知》，对2023年汛情报送提出具体要求；细化2023年度汛安全监控要求，对相关基础信息进行全面校对；拓展水雨情信息获取渠道，进一步完善监察平台相关功能。

大坝中心联合派出机构对重点大坝开展督查和防汛检查，包括金沙江白格滑坡体及下游在建水电站，华能澜沧江公司、云南大唐李仙江公司、国电投黄河公司、国能大渡河公司、大唐国际四川分公司等所属水电站，四川、重庆、江苏、云南、西藏、安徽、浙江等区域水电站等，并结合注册现场检查，对其他约40座水电站大坝开展防汛检查。

大坝中心及时获取各电力企业报送的汛情信息和大坝运行性态；根据中国气象局全国降水预报和实况数据、台风路径实时发布系统，分析影响范围内超汛限水位运行情况、洪水及泄洪情况、大坝运行安全状况等；编制全国水电站大坝汛期运行安全周报9期、日报117期。根据对"杜苏芮"台风残余环流带来强降雨的影响判断，在度汛日报中发出风险预警，提醒加强上游白格滑坡体监测预警和风险防范。

（三）大坝安全在线监控系统建设

按照《水电站大坝运行安全监督管理规定》，"对坝高100m以上的大坝、库容1亿m³以上的大坝和病险坝，电力企业应当建立大坝安全在线监控系统"。

2022年11月，国家能源局发布《水电站大坝运行安全应急管理办法》，要求"已在国家能源局安全注册登记或者登记备案的大坝应当在本办法实施后的二年内具备安全在线监控功能"。

2023年2月，国家能源局发布《水电站大坝安全提升专项行动方案》提出所有注册、备案大坝在2024年底前建立在线监控系统或具备在线监控功能的要求。

截至2023年底，对于符合国家发展改革委令第23号要求的大坝（即坝高100m以上、库容1亿m³以上的大坝和病险坝）总数为298座，大坝安全在线监控系统已建设的约172座，占58%；正在建设中约105座，占35%；尚未建设的约21座，占7%。其他大坝376座，已建设的约74座，占20%；正在建设中约223座，占59%；尚未建设的约79座，占21%；另有7座大坝无结构监测设施，无需建设。随

着提升专项行动的发布，在线监控系统（功能）建设加速推进，正在建设中的比例大幅提升。

（国家能源局大坝安全监察中心　沈静）

向家坝水电站安全监测自动化系统通过实用化验收

2023年10月11日，向家坝水电站安全监测自动化系统建设实用化验收会，在向家坝工程建设管理中心召开，相关单位负责人和代表参加了会议。此次实用化验收专家组划分为硬件测试组、软件测试组和资料审查组，对向家坝水电站安全监测自动化系统进行了全面考核。

验收结果表明向家坝水电站安全监测自动化系统是国内已建成规模最大的安全监测自动化系统之一，项目质量满足设计要求，经过为期一年的试运行，自动化系统运行稳定，各项考核指标满足规程规范要求，采用的数据采集装置采集速度快，准确性和可靠性高，可全面代替人工观测，能够为工程安全实时监测预警提供技术支撑。

长江水利委员会长江科学院承担了金沙江向家坝水电站安全监测自动化系统建设，是国内规模最大的安全监测自动化系统之一，系统按监测站、监测管理站和监测管理中心站三级设置，主要采用冗余星型结合局部环形网络拓扑结构，系统建设包括监测中心站1个、监测管理站11个、监测站149个，安装了500余套通道数据采集装置、垂线坐标仪、引张线仪等设备，铺设了近30km的通信光纤，并开发部署了安全监测信息管理系统。此外，系统还完成了向家坝水电站43个坝基渗控监测点的自动化接入，并将坝基渗控监测智能化系统集成至安全监测信息管理系统中，实现了安全监测全要素的数据采集、传输、处理、分析和预警功能。相比同类系统，向家坝水电站安全监测自动化系统具有以下特点：

（1）自动化系统采用工业以太网和TCP/IP协议，构建了基于分布式、多级连接、冗余星型结合局部环形网络拓扑结构型式的物联网采集平台，实现了服务器端和采集装置的并行通信与同步采集模式，在采样速率、传输速率、系统稳定性等关键指标上具有明显优势，可实现实时监测预警。

（2）自动化系统核心硬件采用了基于物联网技术的安全监测智能采集终端，可实现通道复用、多种通信接口及人工比测，具备远程在线升级功能；另外，可通过采集振弦式传感器的频率波形和回波参数，基于谱分析算法准确评价振弦式传感器质量。

（3）基于B/S模式和微服务架构开发了向家坝

水电站安全监测信息管理系统，集成安全监测理论与方法，实现了采集、管理、整编、分析与监控预警全业务应用，为工程运行安全提供了信息化支撑和决策支持平台。

（4）向家坝安全监测自动化系统集成了坝基渗控系统，实现了坝基渗控系统流量、压力的自动化监测和实时预警。

（长江水利委员会长江科学院　李端有）

导线综合法在洪畈大坝水平位移监测中的应用

（一）导线法观测及精度估算

（1）导线布设及观测。由直线将已知点与各选定点依相邻次序连接而形成的连续折线称为导线，观测各导线边的边长和导线转折角（折角），再根据已知点坐标即可确定各导线点的坐标。导线布置形式可分为闭合导线、附合导线、支导线、结点导线和导线网。

（2）导线观测精度估算。观测误差对导线终点的影响包括测边误差及测角误差的共同影响。因直伸形状的导线可以将测边误差和测角误差对导线终点误差的影响分离开，简化计算过程，所以分析导线精度时采用直伸导线。对于导线法监测大坝水平位移，不论是直线型或曲线型大坝，基本为垂直于导线方向的横向位移和平行于导线方向的纵向位移，大多情况下（导线点偏离闭合边的距离不大于闭合边边长的1/10）其监测精度可以按照直伸导线进行估算。实际工程中，对于明显不满足直伸导线的情况，可通过平差软件进行导线精度计算。

（二）导线综合法监测水平位移设计

导线法适用于拱坝或折线形大坝以及视线间不能直接通视或视线过长导致测角条件不理想情况下的水平位移监测。在拱坝或折线形大坝坝顶、廊道内布置折线形导线，用以测量大坝导线点（位移测点）的水平位移。在大坝左右岸基点不通视的情况下可以通过大坝左右岸基点作为附合导线已知点，大坝位移测点作为导线点，按附合导线观测并计算各导线点的坐标。为提高导线法监测精度及工作效率，宜将导线点作为增设工作基点，采用导线法观测各增设工作基点的坐标，分段在各增设工作基点综合视准线、极坐标等方法监测其余位移测点的水平位移，即导线综合法。对布设有多条纵向监测断面的土石坝水平位移，通过坝顶导线首先观测纵向监测断面上的位移测点坐标，再将该位移测点作为增设工作基点通过极坐标法观测该位移测点横断面上的其他位移测点坐标，以提高工作效率。在观测平面坐标的同时进行垂直角观测，即可得到位移测点三维坐标，适用于较长的直线形或折线形土石坝水平、垂直位移监测。

导线综合法在大坝水平位移监测精度控制，主要在于如何控制测角引起的横向误差。科学合理地进行导线综合法的布设、现场观测及平差计算对提升导线综合法在大坝水平位移监测工程中的应用效果起到决定性作用。为提高导线综合法监测精度及工作效率，应控制导线边长、减少导线点数（边数）、优化测角条件。如将导线边长控制在 200m 以内，按测角中误差 $m_\beta = \pm 1.0''$、$m_S = \pm \sqrt{1.0^2 + (2.0 \times S)^2}$ 考虑，为满足混凝土位移测点最弱点横向水平位移坐标中误差不超过 ± 1.0mm 要求，布设双定向直伸附合导线，混凝土坝导线 AB 全长 L 最大可控制在 600m，共布设 3 条导线边（导线边上布设若干位移测点，导线点至位移测点最大视线长度 100m）；按测角中误差 $m_\beta = \pm 0.7''$、$m_S = \pm \sqrt{0.6^2 + (1.0 \times S)^2}$ 考虑，混凝土坝导线 AB 全长 L 最大可控制在 800m，共布设 4 条导线边（导线边上布设若干位移测点，导线点至位移测点最大视线长度 100m）、拱坝导线 AB 全长 L 最大可控制在 1600m，共布设 8 条导线边。如将导线边长控制在 200m 以内，按测角中误差 $m_\beta = \pm 1.0''$、$m_S = \pm \sqrt{1.0^2 + (2.0 \times S)^2}$ 或 $m_S = \pm \sqrt{0.6^2 + (1.0 \times S)^2}$ 考虑，为满足土石坝位移测点最弱点纵横向水平位移坐标中误差不超过 ± 3.0mm 要求，布设双定向直伸附合导线，土石坝导线 AB 全长 L 最大可控制在 1600m，共布设 8 条导线边；按测角中误差 $m_\beta = \pm 0.7''$、$m_S = \pm \sqrt{1.0^2 + (2.0 \times S)^2}$ 或 $m_S = \pm \sqrt{0.6^2 + (1.0 \times S)^2}$ 考虑，土石坝导线 AB 全长 L 最大可控制在 2000m，共布设 10 条导线边。

（三）导线综合法应用于洪畈大坝水平位移监测

洪畈水库位于浙江省龙游县，拦河坝为折线形均质土坝，最大坝高 18.1m，坝顶总长 1565m，其中西副坝曲线长 470.0m，大坝表面位移监测工作基点间因建有水质检测站房而无法直接通视，工作基点至位移测点最大可通视长度约 800m，测角条件不理想。为监测大坝表面水平位移，结合现场地形条件（无合适的已知定向点），主坝布设一条无定向直伸（接近直伸）附合导线，基右为固定的已知点、2-3 三维坐标由固定的已知点 A、B 推算得到。导线 AB 全长 L 约 1100m，总共有导线边 n=4（2-3～2-4、2-4～2-6、2-6～2-8、2-8～基右），导线点 2-8 处折角为 210°，在坝顶导线点处共布设 4 个表面水平垂直位移横向监测断面，各导线点之间的位移测点水平位移采用极坐标法进行观测。

导线测边中误差 $m_S = \pm \sqrt{0.6^2 + (1.0 \times S)^2}$ mm、测角中误差 $m_\beta = \pm 1.0''$。几种同样长度、同样边数的不同布置形式导线，可得出其最弱点位移量中误差。计算结果表明，通过无定向附合导线进行水平位移监测，坝顶位移测点最弱点 2-7（位于距离 2-6 导线点右岸侧 140m 处，采用 2-6 测站极坐标法观测）纵横向水平位移坐标中误差均分别为 ±1.16mm、±2.12mm，均满足规范规定的 ±3.0mm 要求。

（四）结论

①导线综合法适用于拱坝或折线形大坝以及视线间不能直接通视或视线过长导致测角条件不理想情况下的水平位移监测。当视线间可直接通视且通视条件良好（两基点间总长在五百米以内）、测角条件较理想情况下，应首选视准线、极坐标等方法监测水平位移；②导线综合法宜采用导线法观测各增设工作基点（导线点）的坐标，分段在各增设工作基点设站采用视准线、极坐标等方法进行水平位移监测；③各种水平位移观测方法的精度及可靠性，需进行必要的现场测试、精度计算及可靠性分析等综合评估；④为提高导线法监测大坝水平位移的精度和可靠性，导线应布设成附合导线，且宜布设成双定向、单定向附合导线；⑤为提高导线的观测精度，除限制导线全长外，还应该减少导线的点数、提高导线转折角及边长观测精度；⑥考虑到全站仪测距固定误差、仪器对中、目标偏心及旁折光等误差影响，为提高观测精度，可采用隔点或隔多点设站法进行观测，可减少角度及边长观测误差的传递，即在一个测站上观测前后各二个或多个测点的水平方向及边长；采用偏心尽量小的可调平目标棱镜，避免短边作为后视点；测点及视线应远离障碍物 1m 以上。

（龙游县水利供水开发有限公司　王云翔
中国华电集团有限公司衢州乌溪江分公司
濮久武）

万家沟水库坝体自身防渗堆石混凝土重力坝渗流监测与分析

（一）工程概况

万家沟水库位于习水县仙源镇小獐村路通组境内，地处仙源镇西北面的两叉河上游，工程的任务是仙源集镇供水，保障仙源集镇区 2.5 万人口共计 103 万 m^3/a 的用水需求。坝址区主要出露泥岩、砂质及钙质泥岩等，该水库工程主要建筑物包括大坝、泄水建筑物、取放水建筑物等组成。工程属小（2）型水库。大坝为堆石混凝土重力坝，坝顶高程 1492.00m，最大坝高 35.0m，坝顶宽度 6.0m，坝轴线长 101.0m；上游坝坡 1：0.2，起坡点高程 1473.00m，下游坝坡 1：0.8，坝底最大宽度 31.4m。水库正常蓄水位 1490.00m，总库容 44.5 万 m^3，泄水建筑物布置在河床中部，为开敞式不设闸泄洪方式，共 1 孔，孔宽 8.0m，堰顶高程 1490.00m。泄洪表孔顶部设工作桥连接大坝两端。溢流堰型采用 WES 实用堰，溢洪表孔出口采用底流消能，消力池底板高程 1458.00m，消力池护坦长 17.0m 与下游河段衔接。取放水建筑物布置在右坝段，紧靠溢洪道右侧墙，采用坝内穿管，进口中心高程 1473.00m，DN200mm 放水管末端与输水管连接，DN800mm 的放空管出口接入溢洪道消力池内。大坝主要采用 $C_{90}15$ 堆石混凝土（抗渗等级 W6，抗冻等级 F100）浇筑。该工程大坝上游面未设置防渗层，采用坝体自身防渗。

（二）大坝渗流监测设计

坝基扬压力采用渗压计监测，在桩号坝 0+045.00 处设置 1 个监测断面，断面上布置 3 个测点，P1 布置于帷幕线前，P2、P3 布置于帷幕向后；坝体未设置竖向排水孔，坝基排水孔布设于大坝基础灌浆廊道（底部高程 1465.00m）下游排水沟内，共 1 排，孔径 110mm、孔距 3.0m，渗水通过廊道排水沟排往下游。河床段坝基、坝体渗流量采用量水堰监测，布置于大坝基础灌浆廊道出口排水沟内；坝体浇筑层间渗流采用钻孔埋设渗压计监测，分别在桩号坝 0+032.00 和坝 0+055.00 处各设置 1 个监测断面 SL1 和 SL2，SL1 监测断面分别在 1461.00、1467.00、1473.00、1479.00m 高程布置 4 个测点，SL2 监测断面分别在 1464.00、1470.00、1476.00、1482.00m 高程布置 4 个测点，大坝渗流监测布置示意图详见图 1。

（三）渗流监测成果分析

（1）坝基渗流监测成果。水库于 2018 年 5 月 17 日下闸蓄水，2018 年 10 月 9 日蓄至正常蓄水位 1490.00m。2017 年 4 月 4 日～2018 年 10 月 9 日，渗压计 P1 最大测值 13.667m，最小测值 0.953m；渗压计 P2 最大测值 6.362m，最小测值 0.487m；渗压计 P3 最大测值 8.827m，最小测值 0.224m。总体上，布设在帷幕线前的渗压计 P1 测值受库水位变化较明显。帷幕线后渗压计 P2、P3 测值相对稳定，变化不大。

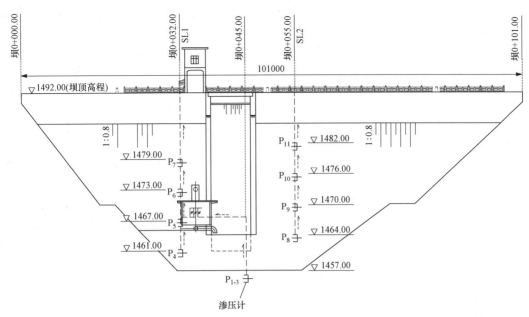

图 1　大坝渗流监测布置示意图（单位：m）

（2）坝体渗流监测成果。水库于 2018 年 5 月 17 日下闸蓄水，2018 年 10 月 9 日蓄至正常蓄水位 1490.00m，其间量水堰最大渗流量 0.0385L/s，最小渗流量 0.00123L/s，平均渗流量 0.01131L/s。其数值较小，在允许范围内。

（3）堆石混凝土浇筑层间渗流监测成果。①水库于 2018 年 5 月 17 日下闸蓄水，2018 年 10 月 9 日蓄至正常蓄水位 1490.00m，其间渗压计 P4 监测最高水位 1471.68m，最低水位 1465.80m；渗压计 P5 监测最高水位 1474.38m，最低水位 1468.39m；渗压计 P6 监测最高水位 1480.00m，最低水位 1473.17m；渗压计 P7 监测最高水位 1482.54m，最低水位 1479.32m。随库水位不断上升，绘出坝体浇筑层间 SL1 监测断面各渗压计水位高程与库水位变化过程线图。随着库水位的上升起伏变化不明显。②渗压计 P8 监测最高水位 1473.36m，最低水位 1465.16m；渗压计 P9 监测最高水位 1473.83m，最低水位 1471.08m；渗压计 P10 监测最高水位 1480.07m，最低水位 1476.08m；渗压计 P11 监测最高水位 1486.49m，最低水位 1482.32m。随着库水位不断上升，绘出坝体浇筑层间 SL2 监测断面各渗压计水位高程与库水位变化过程线图。

（4）渗流监测成果分析。为了更好地分析渗流监测成果，此文定义渗压折减系数 α，$\alpha = (H - H_i)/(H_0 - H_i)$，其中，$H$、$H_i$、$H_0$ 分别代表渗压计测量水位、渗压计埋设高程和库水位。根据水库蓄水过程中库水位变化过程线，分别选择观测时间

2018 年 5 月 26 日（库水位 1476.80m）、2018 年 6 月 24 日（库水位 1480.10m）、2018 年 9 月 11 日（库水位 1484.50）和 2018 年 10 月 9 日计算渗压折减系数 α。①坝基渗流监测成果分析。坝基渗流监测渗压计 P1 埋设在帷幕前，其测值受库水位变化较明显，其余渗压计 P2、P3 测值稳定，变化不大。平均渗压折减系数从帷幕前 0.46 折减到 0.22、0.18，帷幕效果良好。河床段坝基设有防渗帷幕和排水孔，坝踵处的扬压力作用水头为水库上游水头 H_1，坝趾处为水库下游水头 H_2，排水孔线上为 $H_2 + \alpha(H_1 - H_2)$，其间各段以直线连接，设计扬压力折减系数取为 0.25。正常蓄水位 1490.00m 时，河床段坝基设计扬压力分布图面积为 402.33m²，实际扬压力分布图面积为 317.72m²，降低了 21%，故大坝坝基抗滑稳定和防渗满足要求。②坝体渗流监测成果分析。坝体未设置竖向排水孔，布置在大坝基础灌浆廊道出口的量水堰监测渗流量全为大坝基础渗流，自 2018 年 5 月 17 日下闸蓄水，至 2018 年 10 月 9 日蓄至正常蓄水位 1490.00m，量水堰最大渗流量 0.0385L/s，最小渗流量 0.00123L/s，平均渗流量 0.01131L/s。蓄水初期渗流量随库水位上升起伏较大，后期渗流过程中可能由于渗流通道被钙化封堵，渗流量逐渐减少，水位蓄至正常蓄水位 1490.00m 时，渗流量为 0.00123L/s，渗流量在允许范围内。③堆石混凝土浇筑层间渗流监测成果分析。坝体堆石混凝土浇筑层间渗流监测断面 SL1、SL2 仪器距离上游坝面最小距离为 1.5m，渗压计 P5、P8、P11 平均渗压折减系数为 0.21、0.43、

0.64，渗压随库水位上升呈正相关，说明渗压计所在位置与库水连通，产生渗流；渗压计 P4、P6、P7 平均渗压折减系数为 0.45、0.22、0.30，渗压随库水位上升至一定数值后不再上升，说明渗压计所在位置与库水局部连通，渗流通道不完全贯通。渗压计 P9、P10 平均渗压折减系数为 0.15、0.22，渗压变化和库水位变化不相关，说明渗压计所在位置与库水不连通，未产生渗流。综上所述，坝体堆石混凝土浇筑层间在上游挡水厚度为 1.5m 时，防渗效果较好，仅局部存在少量渗流。

（四）大坝质量检测及蓄水运行检验

（1）大坝质量检测。在大坝坝顶 1492.0m 高程布置 5 个钻孔，其中 2 个取芯孔、3 个压水孔（YS1 孔、YS2 孔、YS3 孔）。其中 1 号孔及 YS1 孔布置在右坝段，2 号取芯孔及 YS2 孔，YS3 孔布置在左坝段。钻孔取芯累计进尺 50.2m，其中不足龄期堆石混凝土进尺 12.12m，足龄期堆石混凝土进尺 38.08m。①足龄期堆石混凝土，所取柱状芯样长 36.01m，其中外观光滑，胶结优良的 32.46m，芯样外观优良率 90.14%。芯样总体情况表面基本光滑，界面胶结良好，堆石混凝土芯样外观质量合格。②压水试验完成钻孔 82m，压水 15 段/次，YS1、YS2 及 YS3 孔压水试验表明：YS1 孔 4 段/次压水试验中，透水率为 1.1871Lu 至 2.9000Lu；YS2 孔 7 段/次压水试验中，透水率为 0.4611Lu 至 2.8733Lu；YS3 孔 4 段/次注水试验中，透水率为 1.1250Lu 至 2.0333Lu。均满足堆石混凝土坝体透水率不大于 3Lu 设计要求。③声波测试表明：YS1 孔波速 3320～5380m/s，平均值为 4670m/s，YS2 孔波速 4010～5360m/s，平均值 4500m/s；YS3 孔波速 3910～5340m/s，平均值 4550m/s。钻孔电视成像表明：YS1、YS2 及 YS3 孔局部孔壁有明显层面或裂隙，其余段孔壁完整。④所取混凝土芯样轴心抗压强度 12.1～16.9MPa，平均值 14.3 MPa；所取混凝土芯样容重 2320～2460kg/m³，平均值 2390kg/m³，满足设计要求。

（2）蓄水运行检验。工程于 2018 年 5 月下闸蓄水，2018 年 10 月蓄满运行。下游坝面未见集中渗漏，运行正常。

（五）监测结果

通过重力坝渗流监测设计、渗流监测成果分析、大坝质量检测及蓄水运行效果监测分析，得出主要结论如下：①坝基渗流监测均渗压折减系数从帷幕前 0.46 折减到 0.22、0.18。正常蓄水位 1490.00m 时，河床段坝基设计扬压力分布图面积为 402.33m²，实际扬压力分布图面积为 317.72m²，降低了 21%。大坝坝基抗滑稳定和防渗满足要求。②蓄水过程中，坝体渗流监测量最大值 0.0385L/s，最小值 0.00123L/s，平均值 0.01131L/s，渗流量随库水位升高逐渐减小，最后趋于稳定。③坝体堆石混凝土浇筑层间在上游挡水厚度为 1.5m 时，防渗效果较好，仅局部存在少量渗流；大坝质量检测及蓄水运行检验表明：坝体堆石混凝土浇筑层间胶结良好，下游坝面未见集中渗漏，运行正常。

（遵义水利水电勘测设计研究院 何涛洪 曾旭 张全意 张文胜）

基于 SPSS 的皂市水利枢纽工程大坝水平位移多元回归分析

一、工程概况

皂市水利枢纽工程是"98 大水"之后国务院批准的长江流域防洪治理的国家"十五"重点水利工程，位于洞庭湖水系澧水流域的 I 级支流渫水上，为大（1）型水利工程，控制流域面积 3000km²。工程以防洪为主，兼顾发电、灌溉、航运等功能，主要由拦河大坝、右岸坝后式厂房、左右灌溉渠首等建筑物组成。坝顶长 351m，坝顶高程 148m，最大坝高 88m。水库总库容 14.39 亿 m³；防洪库容 7.83 亿 m³；正常蓄水位 140.00m，为年调节水库。电站装机容量 120MW，年设计发电量 3.26 亿 kW·h。工程于 2016 年 7 月通过竣工验收，2023 年 2 月首次完成大坝安全鉴定，鉴定结果为一类坝。

二、研究背景

皂市水利枢纽水平位移主要由垂线及引张线进行观测（见图 1）。位于 6、9、14 号坝段各布置一套正倒垂线，其中 6 坝段垂线分别在廊道 ▽74.4m、▽90m、▽118m 高程布设测点，9 号坝段垂线分别廊道在▽64m、▽90m、▽116m 高程布设测点，14 号坝段垂线分别廊道在▽90m、▽118m 高程布设测点，双金属标作为垂线的工作基点。位于大坝▽90m 高程廊道及坝顶▽148m 高程沿坝轴线方向分别布设一条引张线系统，观测相应高程 7～13 号坝段的水流方向位移，引张线以 6 和 14 号坝段的垂线作为工作基点。引张线自 2012 年 4 月开始以自动化观测为主，经过运行调试，引张线系统在 2013 年运行基本稳定，因此该文主要针对 2013 年 1 月 1 日～2018 年 12 月 31 日的引张线数据进行分析坝体上、下位移的变化特点。

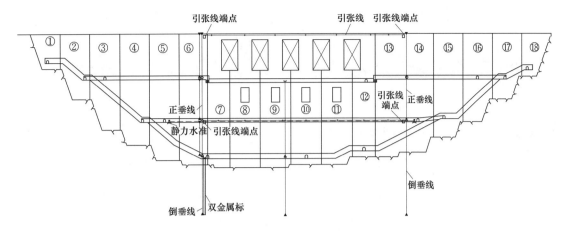

图 1　皂市水利枢纽变形监测布置图

三、研究内容

为分析坝体水平位移随库水位、温度及时间的变化规律，检验自动化系统引张线观测成果是否合理，需要对引张线向下游水平位移观测成果进行统计模型分析。大坝水平位移监测量的统计模型表达为：

$$\delta = \delta_H + \delta_T + \delta_t \tag{1}$$

式中：δ_H 为上游水位变化引起的位移分量；δ_T 为温度变化引起的位移分量；δ_t 为时效位移分量。根据皂市大坝的具体特点，确定大坝的水平位移统计模型表达式为：

$$\delta = a_0 + a_1 H + a_2 H^2 + a_3 H^3 + b_1 \sin S + b_2 \cos S + b_3 \sin^2 S + b_4 \sin S \cos S + \sum_{i=1}^{7} c_i \frac{t}{t + k_i} + c_8 t + c_9 \ln(1 + t) \tag{2}$$

式中：a_0 为常数项；H 为库水位变化量，即库水位与 2013 年 1 月 1 日库水位差值；$S = 2\pi \dfrac{t}{365}$，其中 t 为从 2013 年 1 月 1 日开始起算的天数；$a_1 \sim a_3$ 为水位分量的待定系数；$b_1 \sim b_4$ 为温度分量的待定系数；$c_1 \sim c_9$ 为时效分量的待定系数；$k_1 \sim k_7$ 为常数，依次为 50、100、200、300、600、1000、1500。

四、工程应用与效果

根据计算结果（见表 1）可知，大坝▽90m 及坝顶▽148m 引张线 10 号坝段测点位移拟合模型的复相关系数分别为 0.9 和 0.96，方程高度显著，拟合度较好。从各分量来看，大坝▽90m 廊道 10 号坝段温度位移分量为 0.3mm（−0.16～0.14mm）；水位位移分量为 0.71mm（−0.16～0.57mm）；时效位移分量为 0.19mm（−0.18～0.01mm）。坝顶▽148m 高程 10 号坝段温度位移分量为 3.33mm（ 1.6～1.73mm）；水位位移分量为 0.57mm（−2.57～−2.00mm）；时效位移分量为 1.61mm（ 0.7～0.91mm）。

表 1　典型坝段水平位移统计模型特征值

坝段	高程 （m）	复相关 系数	剩余标准差 （mm）
10 号	90	0.90	0.06
10 号	148	0.96	0.22

五、展望

通过对皂市水利枢纽大坝▽90m 廊道及坝顶▽148m 高程 10 号坝段引张线数据回归模型的分析，得到如下结论：

（1）通过回归模型分析，可以看到坝体水平位移具有较好整体性，符合重力坝基本变化规律，大坝▽90m 廊道处位移主要受水库水位变化影响较为明显，大坝坝顶▽148m 高程处位移主要受坝体温度影响较为明显，总体来说，大坝水平位移与库水位正相关，且存在一定滞后性，与坝体温度负相关。具体表现为：上游库水位升高、低温季节，坝体向下游位移，反之坝体向上游回弹。此外，通过现有分析数据来看，时效位移分量均较小。结果表明皂市大坝坝体水平位移工作性态正常合理，挡水建筑物是安全可靠的。

（2）计算结果表明，通过使用 SPSS 进行多元逐步回归分析对重力坝变形预报所计算结果精度较高，计算过程较为便捷，可应用于大坝水平位移及其他分析计算。

（湖南澧水流域水利水电开发有限责任公司　程诚　曾兴颖　陈荃）

其 他

东方电气集团东方电机有限公司 2023 年水电机组投运情况

（一）丰宁抽水蓄能电站 7 号机组投产

4 月 1 日，国网新源丰宁抽水蓄能电站 7 号机组顺利完成 15 天考核试运行，各项性能指标优良，进入商业运行，标志着东方电气集团东方电机有限公司（简称东方电机）丰宁二期项目圆满收官。丰宁抽水蓄能电站位于河北省承德市丰宁满族自治县境内，总装机容量 360 万 kW，是目前世界在建装机容量最大的抽水蓄能电站，也是国家电网推进特高压电网建设、服务清洁能源发展的重大工程。电站分两期开发，东方电机负责二期工程 4 台 30 万 kW 抽水蓄能机组研制供货。

（二）云南大朝山水电站首台转轮顺利通过 1 年期运行考核

4 月 28 日，东方电机自主研制的云南大朝山水电站首台改造机组圆满完成 1 年期运行考核，以优异的性能指标顺利通过专家验收。大朝山水电站首台机组改造后，长期稳定运行负荷范围从原来的 16～22.5 万 kW 扩大至 5～22.5 万 kW，全负荷范围内机组振动、摆度、噪声等运行指标均满足安全稳定运行要求。据了解，云南大朝山水电站共装有 6 台单机容量 22.5 万 kW 的混流式水电机组，首台机组验收通过后，东方电机已开始另外 5 台机组转轮的制造工作。

（三）李家峡水电站全容量投产发电

10 月 10 日，东方电机研制供货的李家峡水电站扩机工程 5 号机组顺利完成 72h 试运行，标志着李家峡水电站全容量投产发电。李家峡水电站是黄河上游龙青段规划中的第三座大型梯级水电站，是中国首次采用双排机布置的水电站。电站共安装 5 台单机容量为 40 万 kW 的混流式水轮发电机组，1999 年一期 4 台机组全部投产发电。李家峡水电站扩机工程安装 1 台单机容量 40 万 kW 水轮发电机组，是世界最大双排机布置的水电站。项目建成后，李家峡水电站将作为"青豫直流"特高压外送通道的重要调峰电源，配合光伏、风力发电互补运行，助力清洁能源打捆外送，服务地方经济社会高质量发展。

（四）高新沙泵站首台大泵完成无水调试

11 月 9 日，东方电机研制供货的首个大型引水工程水泵项目——珠江三角洲水资源配置工程高新沙泵站首台大泵完成无水调试，水泵机组各项参数均满足设计要求，主要试验结果均优于安装标准，其噪声测量值为 65dB，低于设计标准 13.2%。高新沙泵站是珠江三角洲水资源配置工程三大泵站之一，共装设 6 台套东方电机自主研制供货的立式单级单吸蜗壳离心泵。该泵设计流量 15m³/s、设计扬程 56m，是目前国内单机流量最大的立式单级单吸离心泵，具有扬程变幅大、水力性能参数高等特点。

（五）我国西北地区首台抽水蓄能机组投产发电

11 月 25 日，东方电机研制供货、承担整组启动调试任务的新疆阜康抽水蓄能电站首台机组正式投产发电，实现了我国西北地区大型抽水蓄能运行机组零的突破。新疆阜康抽水蓄能电站位于新疆维吾尔自治区昌吉回族自治州阜康市，是新疆首座大型抽水蓄能电站，也是东方电机首个高海拔地区抽水蓄能项目。电站总装机容量 120 万 kW，安装 4 台套单机容量 30 万 kW 的抽水蓄能机组，全部机组由东方电机研制供货，2024 年将全面投产。

（六）重庆蟠龙抽水蓄能电站首台机组投产发电

12 月 7 日，东方电机研制供货的我国西南地区首座百万千瓦级大型抽水蓄能电站——国网新源重庆蟠龙抽水蓄能电站首台机组投产发电。重庆蟠龙抽水蓄能电站位于重庆市綦江区中峰镇，是我国西南地区首座大型抽水蓄能电站。电站总装机容量 120 万 kW，4 台 30 万 kW 抽水蓄能机组均由东方电机研制供货。建成后，将承担重庆电力系统的调峰、填谷、调频、调相和事故紧急备用等重要能源电力保供任务，为当地经济社会发展全面绿色转型作出重要贡献。

（七）国内在运单机容量最大的双转速发电电动机改造完成

12 月 22 日，潘家口抽水蓄能电站升级改造项目首台机组顺利投产发电，标志着目前国内在运单机容量最大的双转速变速抽水蓄能机组升级改造取得成功。潘家口抽水蓄能电站位于河北省迁西县境内滦河上游，共装设 3 台 9 万 kW 国外厂家供货的变极变速抽水蓄能机组，是我国第一座中型混合式抽水蓄能电站。2022 年，东方电机成功获得该电站 3 台机组转子改造项目的研制供货任务，这也是国内厂家首次对国外进口双转速机组发电电动机核心部件实施改造。

（八）坦桑尼亚朱利诺水电站机组设备完工发运

12月29日，东方电机研制供货的朱利诺项目9号机组定子发运，标志着朱利诺水电站机组主设备全部完工。朱利诺水电站是坦桑尼亚迄今最大的水电项目，装机容量超过全国现有装机总容量的三分之一，朱利诺项目是迄今为止中国自主品牌一次性出口容量最大的水电设备项目。项目总装机容量211.5万kW，共装设9台单机容量为23.5万kW的立式混流水轮发电机组，全部机组由东方电机研制供货。

（东方电气集团东方电机有限公司 丁小莉）

三峡水库清淤及淤积物综合利用试点实施情况

（一）项目背景

三峡水库是治理和开发长江的关键性骨干工程，水库库容保持是其发挥防洪、发电、航运、水资源利用等功能及综合效益的重要保障。近年来，随着长江上游梯级水库的陆续投运和水土保持工程持续建设，三峡水库入库沙量呈逐年减少趋势，但淤积总量依然较大。截至2022年11月，175m高程下库区干、支流累计淤积泥沙19.850亿m^3，淤积在水库防洪库容内的泥沙为1.500亿m^3，占175m高程下库区总淤积量的8%。

一方面，泥沙持续淤积对水库防洪功能发挥、库区局部河势稳定及通航安全、库区水生态环境安全等带来一定不利影响；另一方面，在长江流域"减沙"背景下，泥沙的资源属性愈发凸显。因此，开展三峡水库清淤及淤积物综合利用研究，推进库区淤积沙资源化利用，不仅可有效恢复淤损库容，保障三峡水库综合效益的可持续发挥，还能为库区及周边区域建设发展提供大量泥沙资源，并为全国其他大中型水库清淤及淤沙综合利用提供参考路径，具有显著的社会、经济及生态价值。

（二）清淤试点实施情况

结合前期在四川省乐山、沙湾水库清淤及淤沙利用的实践经验，2023年度长江水利委员会长江科学院在三峡库区长江干流涪陵段开展了清淤试点。试点水域位于坪西坝右汊中下部，试点区域沿水流方向长970m，垂直水流向长110m，试点区域内河床高程在146～153m之间，清淤总量为20万m^3。此次试点采用气动式清淤工程船，采用在船上进行泥沙分选、固化处理后直接装驳外运。泥沙输送方式如下："工程船舶抽泥→淤泥筛分→淤泥沉淀浓缩→溜槽取浆→砂浆泵高压输送→压泥设备压滤干化→泥饼上船→船运至上岸码头→运输至使用单位"。

（三）淤积物综合利用试点实施情况

此次清淤试点淤积物中砂（石）泥比例为3∶7。砂（石）主要用于市场化建筑材料，淤泥主要用于坪西岛"山水林田湖草保护修复项目"的生态农业园建设及大业科技矿山生态修复。①坪西岛是涪陵区在三峡工程建成蓄水后唯一留存的孤岛，岛内地势平缓，自然生态优势明显，是重庆市三大特色水果之一"涪陵龙眼荔枝"的发祥地。坪西岛目前正在实施"山水林田湖草保护修复项目"，此次试点通过对水库淤泥压制而成的泥饼添加生态基材和肥料进行调理调质后，用作农业种植土，能有效提升土地肥力，并能节约外购种植土的成本。坪西岛生态农业园可利用土地面积约500亩，设计补充30cm厚种植层，可消纳10万m^3淤泥种植土。②大业科技矿山2023年修复矿山面积500亩。根据相关技术标准，要求种植土酸碱度在6.5～8.5之间，有效土层厚度不低于50cm，需30cm淤泥，且能够支持植被生长和土地利用，可消纳淤泥种植土10万m^3。

（四）下一步工作建议

（1）加快制定水库清淤及淤积沙综合处置相关政策及法规规程。目前河道采砂领域已出台相应的法律法规，建立了四联单等监管制度，但水库清淤沙的利用监管领域还有一定的空白，建议出台"水库清淤疏浚指导意见"，按照"谁调度、谁审批"原则明确审批管理单位。省级人民政府制定"水库清淤及泥沙资源化利用管理办法"，将水库淤积砂石资源列入地方砂石替代资源加以综合利用，通过税收减免、财政资金补助等方式鼓励疏浚沙的资源化利用，明确行政区域内水库疏浚沙综合利用责任主体、事权划分、组织实施及监督管理等相关要素。

（2）各级政府及部门加大政策上的支持与保障力度。一方面加强资金保障：在现有相关部门专项中统筹安排清淤资金；制定鼓励多元化投资的政策，鼓励和引导社会资本参与清淤。另一方面加大用地支持：淤泥堆放、固化处理所需用地建议按临时用地办理相关手续；清淤及淤泥处置纳入农业用地的优惠政策范围。此外，还需加大产业扶持：积极引进和培育淤泥快速固化处理等高新技术企业；将以淤泥为原料的建材、复合肥等产品列入政府优先采购目录；将生态环保清淤及淤泥处置的新技术、新设备、新工艺等优先列入水利部、地方政府的年度推广目录，鼓励地方积极选用。

（长江水利委员会长江科学院 刘亚）

水电站集控运行中的安全风险与对策分析

目前，国内各大发电集团通过整合数据、智慧诊断、智慧监盘，均实现了少量运行人员监控多个电站、多条流域的运行模式，优化了人员配置、降低了运维成本。实现了减员增效的目标，为水电厂远程集控运行进行了深入探索。从行业发展趋势来看，跨流域水电厂的远程集控运行已是大势所趋。

（一）水电站远程集控模式分析

远程集控模式最大的特点就是实现了对水电站资源的进一步整合，使得流域、区域综合经济效益得以最大化，并在一定程度上实现对水电企业运营成本的控制。现阶段，水电站远程集控模式主要应用于水库调度、发电实时控制两个方面。对于水库调度工作而言，主要是通过建设水库调度自动化系统，借助广域网在信息传输和采集方面的优势，实时处理水电站群水情、发电量以及泄洪闸信息。结合水文预报需求，不仅可以实现对水文信息的精准及时预报，同时也可以为防洪阶段的优化调度提供可靠的执行技术，优化发电调度的合理性和协调性。对于发电实时控制工作而言，主要是通过建设分层分布式计算机监控系统实时处理水电站群的数据信息，并将处理结果作为发电控制与调节的基础，在安全监视条件下，对发电机组的运行情况实施相应的指导与管理。不仅如此，通过对海量信息汇集挖掘，也可以实现对设备性能的远程评估，对设备的状态作出判断。

（二）现场管理方式

远程集控下的电站采用"少人（无人）值守＋（ONCALL）模式"，值守人员负责接受集控中心指令和紧急情况下的应急处置。现场维护人员负责设备维护、检修管理。

（1）现场运行值守人员负责整个流域电站正常运行保障工作，工作内容包括倒闸操作、巡回检查、设备缺陷、事故处理、定期工作、设备 6S 等工作。工作内容如下：①倒闸操作：负责操作票制度的执行，进行设备倒闸操作，负责检修设备的安全措施。②巡回检查：负责进行设备的重点巡回检查和全面巡回。③设备缺陷：参与设备缺陷处理，负责工作票制度的执行。④事故处理：负责进行事故处理及应急处置工作。⑤定期工作：负责进行设备定期试验切换和运行分析。⑥设备 6S：负责所属电站设备设施 6S 工作。

（2）现场维护人员负责整个流域电站电气、机械、通信、辅机设备进行维护消缺和检修技改。平时既独立工作又与运行人员相互协作。设备计划检修、全停电工作、重大缺陷处理期间，运行人员同维护班专业人员一起开展工作。工作内容如下：①消缺作业：值班期间负责实施设备消缺作业，保证设备稳定运行。②设备保养：负责设备巡回、主动维护、定期保养工作。③设备管理：负责设备技术监督，设备安全状态评级、设备检修技改管理。④应急处理：负责协助事故处理及应急维修工作。⑤专业点检：定期对流域电站设备进行专业点检，掌握设备的健康状态。

（三）应对风险的防范措施

（1）整个集控系统安全风险管理。①对于水电站集控运行安全风险的管理，应该积极贯彻国家有关安全生产的方针，对职工开展安全教育培训，明确安全风险管理的目标，将安全风险管理的总目标逐层分解，将目标与责任同时落至个人。②加强安全生产信息化管理，由于水电站集控中心一旦断电，则其监控功能便会丧失，为了确保集控中心与水电站之间保持联系，通过该信息化管理系统，可在断电的情况下使集控中心仍能够与水电站群保持联系。③加强安全检查，主要包括防汛检查、系统运行定期检查、人员操作检查等内容，并对检查结果进行记录，便于回溯。④对危险源进行管理，将构成危险源的设施设备、建筑场所、人员操作等内容列为重点风险防控危险源，加强危险源的日常管理。

（2）人才队伍建设。跨流域远程集控，需要集控人员全面掌握所控站点设备运行情况、设备性能。现有情况下，人员还无法完全满足远程集控要求，因此在实施远程集控前，需要对两条流域电力生产人员进行有针对性的培训及主要岗位人员在两条流域之间轮换，确保值班人员掌握两条流域的设备及运行情况，为少人（无人）值班、远程集控打下基础。尤其是对于监控已实现"无人值班"受控水电站的集控中心，集控运行人员能否胜任相应运行工作、提升运行管理水平则尤为重要。为了更好地提高运行人员的应变能力、事故处置能力以及综合素质水平，应制定运营人才培养工作计划，可以考虑组织公司内部综合技能竞赛活动，参与各级调度机构组织的调度培训班，参与集团以及全国性综合技能竞赛。

（3）设备管理用房。对于大多数的水电站而言，设备管理用房机械防排烟系统的位置均位于地下楼层，在具体的构成上，主要可以分为机械加压送风装置、加压送风口、送风管道装置和防烟防火阀。借助远程集控模式，对其实施消防联合维护管理时，主要在发生火灾期间，对机械加压送风系统的运行状态进行调节。对环境的实时状态信息进行监控。对于不同的消防安全警情，实施差异化的管控措施。当集控中心显示监测数据存在烟雾浓度超标情况时，通过调整不同区域的送风量，形成压力递进的环境。其中，送风压力值最大的区域为防烟楼梯间，其次是前室区域，最后是走道空间的送风压力值。通过这样的方式防止出现烟气侵入的情况。

（4）系统及设备安全风险管理。系统及设备安全风险也是造成水电站集控运行模式出现安全风险的重要因素。①应该重视信息网络安全，构建系统网络以及数据安全管理制度，实施网络专用和安全分区，实时监控病毒及黑客入侵；②应加强供应商管理，对供应商提供的设备材料进行全面的监管，并对供应商资质及业绩进行审查，还要加强供应商提供的设备质检工作；③开展节能管理和环境保护，避免设备在生产时出现污染事故，要注意粉尘、噪声以及生活污水的排放，必须达到标准。

（5）跨流域增加了统一调度难度。由于受地理位置限制，两条流域电站跨度大，流域电站之间没有水的必然联系，特别是给汛期防洪调度、枯水期经济运行调度带来一定困难。因此，要远程集控建立或完善水情测报系统，通过整合水情测报系统，实现流域之间水情信息互通，从而指导集控人员开展水库调度工作。

综上所述，从相对宏观的角度对水电站远程集控模式进行分析，主要是通过集中对电站设备进行监视，获取电站设备的实时运行状态，实现对发电的适应性控制，在此基础上，调整其他水电生产相关职能的落实方式和落实途径。将其应用到水电站防排烟系统与消防联动维护管理工作中，也将进一步改善防排烟系统的性能以及消防安全程度。

（中国电建集团中南勘测设计研究院有限公司
刘政　张晓光　潘建　戴陈梦子　李鸿程）

洮河上游水电站冬季运行期排放冰凌的分析与处理

洮河位于甘肃省西南部，是黄河十大支流之一，就洮河流域甘南州段梯级电站运行而言，电站夏季运行方式与冬季运行方式是不同的；夏季是各电站利用洪峰流量加足马力发电，追求最大效益化的阶段，电站运行方式始终是小负荷发电蓄水，大负荷发电泄水的循环往复，坝前水位也始终是一个高低水位变化的过程；冬季运行则是一个维持一定经济效益下的稳定运行状态，追求的是运行的平稳和安全。

（一）洮河冰凌概况

洮河冰情分3个阶段，即流凌期、封冻期和解冻期。一般在11月上中旬开始流冰，流冰以"冰花"和"冰花团"为主，挟带少许冰块，当地俗称"麻浮"，容重小于冰，黏结力比冰大，在流速较缓河床

较宽的河段，"麻浮"滞入水面以下60～80cm处，呈云块状漂移，在流态频变的河段和建筑物附近，"麻浮"全部掺混在水中，形成冰水混流，且在河湾地段形成不稳定的岸冰，但此阶段对电站冬季运行尚不构成大的危害。12月中旬至次年3月上旬，河道完全封冻，这时夜间气温一般在-20℃～-25℃之间，封冻一般自河道狭窄及河湾处开始，封冻后过水断面逐渐缩小，直至河道完全堵塞、形成冰盖、冰桥，并向上游逆推蓄积，狭窄河段还易于形成冰塞，冰块在局部河段顶破冰桥，抬高冰面，形成高低不平的冰堆和连续性冰桥。据长期运行取得的实测资料，河冰厚约1.0m，岸冰厚2.0m，冰桥厚一般5m左右。3月中旬气温回升至约4℃，冰温约2.6℃时，首先在河面开阔处开始消融，并有大块厚冰坍落水下，解冻时沿河堆积的岸冰脱落，冰桥融塌，大量冰块下泄，4月中旬冰块全部融化。根据洮河下巴沟站1960～1990年31年资料统计，一般在10月下旬～11月上中旬开始结冰，4月上旬全部融化。资料显示洮河均有封冻，封冻最长126天。岸边最大冰厚2.18m，河心最大冰厚1.42m。

（二）原因分析

造成洮河上游，尤其是峡村电站以上流域凌汛严重的原因是多方面的，概括起来主要有气候原因，设计缺陷原因，运行方式原因。

（1）气候原因。洮河上游至峡村电站段多产"麻浮"，至下游段"麻浮"量呈逐渐减弱态势。甘南州每年发生冰壅现象或造成部分危害多发生在此段，这是气候客观原因形成的，是无法改变的客观事实。

（2）设计缺陷原因。早年设计的电站，在电站冬季运行方面认识不足，对危害认识有限。因此，多数电站存在冬季壅冰库容不够问题，易形成壅冰并逐渐推向上游，造成一定危害。

以上两个客观原因无法回避，经过不断摸索、掌握运行规律、严格管控坝前冰盖水位的前提下，冬季运行都十分平稳和顺利，均度过了冬季运行的困难期。

（3）运行方式原因。目前正处在洮河冰情的流凌期，是"冰花""冰花团"形成并逐渐增加的发育阶段，也是电站冬季运行建立坝前冰盖面科学管控的关键时期，在这一时期就发生壅冰现象在以往多年的运行实践中极为少见，是极寒气候因素造成的，还是人为造成的，经分析认为：造成此次洮河上游区域凌汛严重的主要原因还在于运行方式的改变或调整，也就说运行方式原因造成了壅冰现象的提前发生。

冬季运行追求的是运行的平稳和安全，要实现冬季运行的平稳和安全，就需要在流凌期逐渐建立坝前冰盖，任何试图利用11～12月尚可的河道流量实现

发电效益想法，都会祸及整个流域电站的安全。长期运行摸索经验表明，冰盖的建立是一次性的，利用尚可的水量实现发电增收，势必形成冰盖的多次建立，走向冰盖雏形形成、塌陷、再建立冰盖的不良循环当中，多次建立冰盖就会增加河道冰量，形成壅冰并逐渐推向上游。

（三）洮河排冰凌可能造成的危害

（1）洮河排冰凌不但不会减少河道冰凌量，反而会使河道冰凌剧增。一般年份，11月上中旬开始流冰，在河湾地段，由于河床宽浅、河道流速较缓，开始形成不稳定的岸冰，初冰现象形成，至12月中旬至次年元月上旬，冰岸逐渐向河心延伸，至次年3月冰盖完全形成。此次排冰凌，表面看，排除岸冰就会减少岸冰数量，减缓冰壅。其实不然，岸冰排除至下游各电站，会增加下游电站冰壅数量，同时上游电站库区、岸坡也会很快形成新的岸冰，排除的冰凌就是新增的冰量，使得排冰凌成为造冰的推手。

（2）提闸排泄冰凌缺乏实际操作经验，存在巨大安全生产隐患。从表面来看，提闸排泄冰凌，冰凌数量就会减少，造成灾害的几率就会降低，初衷可以理解，但会适得其反：一方面，排泄冰凌将增加河道冰凌数量；另一方面提闸排泄冰凌缺乏实际操作经验，初期提闸排泄冰凌，河道有一定流量，"冰花""冰花团"可排泄至下，后期河道流量减少后大量的"冰团"由于水动力不足而滞留在库区及坝前，同时冰团的滞留也会使电站"冰盖运行"可顺利排除的"麻浮"成为新的冰源，造成无法挽回、不可逆的巨大的安全生产隐患，甚至事故！

电站冬季运行是通过科学管控来实现安全运行的，凌汛演变十分复杂，非常迅猛，凌汛灾害难于预测。经分析认为，就可能造成的危害列举如下：①可能造成下游电站冬季无法发电的状况。冬季提闸极易造成钢闸门结构、橡胶水封、启闭机等设备损坏，造成财产损失；提闸排泄冰凌可能造成冰塞阻挡闸门置放。根据上游电站逐级排冰、蓄水的过程，下游电站

有可能持续10天左右的时间，取水口闸门有可能被冻结在门槽，蓄水后闸门提不起来，造成下游水电站整个冬季无法生产的风险。②可能造成下游电站冰桥、冰库的状况，对水工建筑物尤其是坝体结构造成威胁。洮河上游电站多为径流引水式电站，一旦造成冰库采用溢流堰溢流尚有一线余地，"麻浮"还可通过水流翻越堰顶下泄带出库区。但鹿儿台电站是洮河流域唯一一座河床式电站，一旦排泄冰凌造成冰库，就没有任何的泄冰排水通道和回旋余地，形成冰库后轻则坝体结构受损，出现位移、坝体变形，重则可能出现由于冰体热缩冷胀摧毁坝体的后果。③现阶段小流量排冰没有效果，库区电站大流量排冰，造成冬季人为制造凌汛（冰凌洪水），有可能在某个河段形成冰坝或者形成堰塞湖，有淹没沿途两岸村庄、耕地、公路等风险。④部分水电站坝体是土石坝，坝体内部有水浸入，如果放空水库，将可能产生冻融破坏，给洮河下游城镇人民生命财产安全埋下隐患。

（四）意见和建议

①目前，正值洮河冰情的流凌期，是建立冰盖运行的关键时期，应尽快查明造成此次冰壅提前触发的根本原因，科学分析研判，提出切实可行的技术处理方案，指导电站冬季安全运行，确保安全生产。②借鉴相关流域冬季安全运行经验，改变出现壅冰水电站运行方式，指导冬季安全运行，如甘肃河西地区电站冬季运行模式。③充分认识夏季、冬季运行方式特点，采取合理措施进行局部围堵，保证冰情不再蔓延扩大，确保相应阶段的运行安全。④洮河上游的气候因素，决定了处于此范围水电站只能采用冰盖方式发电，应建立冰盖运行监管模式，控制低水位运行。实践证明，在甘南州洮河流域这个特点的气候条件下，采用"冰盖运行"方式是切实可行的，也是确保电站冬季安全运行的惟一方式。

（临潭鹿儿台水电有限责任公司
马小平　董呈荣　晏红云　赵怀显　吾杰班玛）

中国水力发电年鉴

13

环境保护与水库移民

环 境 保 护

玛尔挡水电站升鱼机系统专项设计

（一）工程概况

玛尔挡水电站位于青海省海南藏族自治州同德县与果洛藏族自治州玛沁县交界处的黄河干流上，是黄河上游湖口至尔多河段规划的第9个梯级电站。该水电站采取堤坝式开发，混凝土面板堆石坝，最大坝高211m；水库正常蓄水位3275m，相应库容14.82亿m³，死水位3240m，调节库容7.06亿m³，具有季调节性能；电站总装机容量220万kW，电站多年平均年发电量70.54亿kW·h，年利用小时数3206h。电站距西宁公路里程约369km，西宁—果洛G227国道从坝址右侧肩通过，对外交通较为便利。

（二）升鱼机系统设计

根据河段鱼类资源调查，该水电站升鱼机系统主要过鱼对象为厚唇裸重唇鱼、黄河裸裂尻鱼、花斑裸鲤、极边扁咽齿鱼、骨唇黄河鱼、拟鲇高原鳅，其他土著鱼类作为兼顾过鱼对象；重点过鱼时段选择在4～6月，7～8月为兼顾过鱼季节；按照鱼类遗传种质交流保证要求，过鱼对象每个过鱼时段过鱼数量为600尾/种。根据鱼类游泳能力试验，升鱼机诱鱼口进口流速建议值范围为0.64～1.04m/s，最佳区间0.64～0.78m/s。

玛尔挡升鱼机系统运行最低和最高水位定位3080.24m和3084.76m，水位差4.52m，可满足大多数时段过鱼。根据水力学模拟计算结果，综合考虑场地布置条件、流场分布，确定玛尔挡水电站诱鱼设施布置在位置坝下挡墙区域和2号尾水洞处。工程在大坝下游挡墙与2号尾水渠左侧各布置一个诱集鱼建筑物，分别是河道物理屏障的最上游和鱼类能够上溯到良好水力学条件区域的最上游。升鱼机的诱集鱼建筑物由进水口、集鱼槽、进鱼口、防逃笼、集鱼箱及提升机构、拦鱼网等组成。

坝下诱集鱼建筑物工作原理是利用进水口将回溯水流与补水泵站泵入流量导入集鱼槽中，再通过3个设有防逃笼的进鱼口流出，3个进口彼此相隔一段距离，与进水口呈不同距离，因此出流流速不同，适合不同游泳能力的鱼类进入。集鱼槽进水端设有拦鱼网，避免鱼类从进水端逃逸，集鱼池内流速较缓，适合鱼类休息。坝下诱集鱼建筑物整体长度10.7m、宽度8.8m；进鱼口底板高程3079.00m，顶高程3093.00m，为3个1.9m宽的矩形结构，每个进口之间相隔1m，内设金属防逃笼；集渔池内宽4m，长9.2m；集鱼箱位于集渔池底部，宽3.9m，长9.1m，高1.15m，底部采用倾斜结构，并留有存水部分，存水深度约0.4m。2号尾水诱鱼建筑物工作原理是利用导流墙将发电尾水导入集鱼箱中，再通过2个设有防逃笼进鱼口流出，2个进鱼口彼此相隔一段距离，与进水口呈不同角度，因此出流流速不同，适合不同游泳能力鱼类进入。集鱼池进水端流速较大，鱼类无法从进水端逃逸。集鱼池内流速较缓，适合鱼类休息。2号尾水诱鱼建筑物整体长度13.7m、宽度10.5m；进鱼口底板高程3067.00m，顶高程3093.00m，为2个1.9m宽矩形结构，每个进口之间相隔0.8m，内设金属防逃笼；集渔池内宽4m，长10.0m；集鱼箱位于集渔池底部，宽3.9m，长9.9m，高1.15m，底部采用倾斜结构，并留有存水部分，存水深度约0.4m。

坝下诱集鱼建筑物和2号尾水诱鱼建筑物共用一套分拣系统，集鱼建筑物与分拣观察室之间采用金属溜槽连接。分拣观察室采用现浇混凝土排架结构，排架总高度为27m，分拣观察室高程范围为3097.50～3105.00m，长度为14m，宽度为6m，分拣观察金属设备布置在3097.50m高程，主要功能是将收集的鱼类进行分拣、暂养，作相关统计，并装载进入运鱼车中。电气室排架与分拣观察室排架共同浇筑为一体，电气室高程范围为3097.50～3105.00m，长度为6.8m，宽度为5m，电气室电气设备布置在3097.50m高程，主要功能是盛放电气设备。根据河段鱼类栖息特点，玛尔挡升鱼机放流地点为库尾支流泽曲河，通过运鱼车搭载运鱼箱进行转运，根据河段鱼类长距离运输研究，6h以内运输鱼类存活率为100%，可以满足远距离运输要求。运鱼车到达放流地点后，通过连接放流软管和放流滑槽进行放流。

《黄河玛尔挡水电站升鱼机系统专项设计报告》于2023年8月28日获得审查意见。目前，升鱼机系统已完成土建施工，正在进行金属设备安装，计划于2024年4月完工并投入运行。

（中国电建集团西北勘测设计研究院有限公司　陈浩）

巴塘水电站工程鱼道设计情况

（一）工程概况

金沙江巴塘水电站位于金沙江上游四川省和西藏自治区的界河上，右岸为西藏昌都市芒康县，左岸为四川甘孜藏族自治州巴塘县，坝轴线位于金沙江与巴楚河汇合口上游约660m，是已获得批复的金沙江上游水电规划的13个梯级电站中第9级，上游为拉哇水电站，下游为苏洼龙水电站。工程以发电为主，水库正常蓄水位2545m，死水位2540m，总库容1.42亿 m³，调节库容0.21亿 m³，为日调节水库。电站装机容量75万 kW，年发电量33.75亿 kW·h（与上游梯级联合运行）。G318国道从坝址下游通过，对外交通便利。

巴塘水电站为二等大（2）型工程，挡水、泄洪、引水发电等永久性主要水工建筑物为2级建筑物，永久性次要水工建筑物为3级建筑物。枢纽建筑物由沥青混凝土心墙堆石坝、左岸开敞式溢洪道、左岸明钢管引水地面厂房、左岸泄洪放空洞和鱼道等建筑物组成。各建筑物的洪水标准：挡水坝、泄水建筑物按500年一遇洪水设计（相应的洪峰流量为8700m³/s），5000年一遇洪水校核（相应的洪峰流量为10500m³/s）；电站厂房按200年一遇洪水设计（相应的洪峰流量为7950m³/s），500年一遇洪水校核（相应洪峰流量为8700m³/s）；泄水消能防冲建筑物按50年一遇洪水设计（相应洪峰流量为6780m³/s）。

（二）鱼道设计

1. 鱼道布置　巴楚河位于坝址下游左岸，在天然条件下，巴楚河为鱼类上溯洄游的主要通道之一，随着工程建设的阻隔影响，巴楚河会成为鱼类主要的上溯洄游通道。根据巴塘水电站所处区域独特的地理位置条件，鱼类通过干流上溯至巴楚河，借助巴楚河使鱼上溯至2490m高程附近，在巴楚河右岸设置明渠段鱼道进口，鱼道以明渠—隧洞—明渠的方式穿越条形山脊，出鱼口布置在库区左岸，距离枢纽区约1.5km（沿岸距离）。

鱼道全长2.176km，由进鱼口、槽身段和出鱼口三部分组成。进鱼口布置在巴楚河右岸岸边，距离巴楚河汇口约1.85km；出鱼口布置在巴塘水库左岸岸边，距离枢纽约1.5km；鱼道槽身段分为进口明渠段、隧洞段和出口明渠段三段，其中进口明渠段长1473.084m，隧洞段全长573m，出口明渠段长130m，综合坡比2.42%。鱼道整体爬升高度52.6m。

2. 鱼道建筑物设计　①进鱼口设计。进鱼口布

置在巴楚河右岸岸边，为适应巴楚河河道水位变化，布置两个进鱼口，两个进鱼口并排布置，底板高程分别为2488.40、2489.40m。1号进鱼口与水流方向夹角为36°，长81.967m，坡度2.73%，底板高程由2488.40m升至2489.50m；2号进鱼口与巴楚河水流方向夹角36°，长19.807m，底板高程由2489.40m升至2489.50m。鱼道进口控制水深1.0~2.0m，控制流速为0.7~1.2m/s。进口明渠段主要采用渡槽的形式盘旋布置，底板高程由2488.40m升至2524.303m，综合坡比为2.432%。②出鱼口设计。鱼道出口明渠段长130m，设1个出鱼口。出口明渠段鱼道底高程由2539.454m抬升至2541.00m，工作水位2542.00~2545.00m。出鱼口工作水深1.0~4.0m。出口设置一道平板工作闸门，其孔口尺寸为0.7m×4m，闸门前2545.00m高程以上设置胸墙。③池室设计。该工程采用矩形断面的垂直竖缝式鱼道，竖缝宽度为0.3m。鱼道池室净宽为2m，池室长度为2.5m，室纵坡度为2.73%，池室水深取1.0~2.0m。④泄水渠设计。为调节鱼道水位，泄水渠布置于鱼道右侧，底宽1.0m，泄流时水深≤0.5m，最大泄量≤0.6m³/s。隧洞段泄水渠采用矩形断面，上部为人行通道；进口明渠段泄水渠为矩形断面，泄槽坡比1∶0.712，末端为8.0m长消力池，消力池底高程为2492.00m。消力池末端与鱼道进鱼口补水池联通，向补水池补水。

（中国电建集团西北勘测设计研究院
有限公司　张华明）

多布水电站鱼道工程设计符合性检验及改进措施

（一）工程概况

多布水电站工程位于西藏自治区林芝市境内尼洋河干流，鱼道全长1100.46m，结构型式选用垂直竖缝式，主要由进鱼口、休息池、观测室、出口等组成。鱼道工程共设置1号和2号进鱼口，均位于厂房尾水出口下游左侧边坡上；设置2个出鱼口，1号出口布置在枢纽上游约270m的左侧边坡上部，2号出口布置在枢纽左侧边坡上部；设置2个观察室，分别位于在鱼道2号出鱼口附近和鱼道下游。鱼道池室长度2.5m，宽度2m；鱼道内间隔设置隔板、导板以控制流速，导板长度为0.5m，隔板和导板间竖缝宽度为0.3m，竖缝断面处流速0.85~1.05m/s；为避免出现不利于鱼类上溯的水流流态，设置7处转弯段休息室，净宽2m，长度5m。多布水电站鱼道主要过鱼时间为每年3~6月，主要过鱼对象为巨须裂腹鱼、

异齿裂腹鱼、拉萨裂腹鱼和尖裸鲤。

（二）研究方法

对照多布水电站鱼道设计方案，采用鱼道设计参数实物复核、鱼道通过性试验、运行方式和设备安装调查等方法，开展鱼道工程设计符合性检验。研究人员采用徕卡激光测距仪和卷尺等仪器对鱼道池室竖缝尺寸、池室长宽、导板宽度等尺寸参数进行测量；采用旋桨式流速仪和手持式表面流速仪等仪器测量鱼道竖缝和池室内流速；将调查测量结果与设计方案进行对比，开展设计符合性分析；若工程布置、结构参数、设备数量等与设计方案一致，则为符合设计；反之则为不符合。

采用PIT标记试验法，在鱼道进口段和鱼道出口段分别布置PIT感应线圈，在鱼道内部放流标记鱼，统计分析标记鱼通过时间、数量和游向，从而验证鱼道通过性。分别在鱼道池室修缮前2019年7月、修缮后2020年5～6月和2020年6～7月开展PIT标记放流试验3次，放流点位和PIT感应线圈位置均相同，记为2019-1试验、2020-1试验、2020-2试验。

（三）结果分析

（1）鱼道设计参数复核。现场调查结果表明，该电站鱼道进出口、池室和观察室等布置位置及数量均与设计方案一致。多布鱼道共计450个池室（包含进出口池室），通过对鱼道内部池室结构参数和流速进行调查和量测。①对449个池室导板长度进行测量，有255个池室导板长度符合设计值，占调查总数的57％；有194个池室导板长度与设计值存在偏差，占调查总数的43％。在测量的428个池室中，有13个池室长度符合设计值，仅占调查总数的3％；有415个池室长度与设计值存在偏差，占调查总数的97％。对438个池室竖缝宽度进行测量，有62个池室竖缝宽度符合设计值，占调查总数的14％；有376个池室竖缝宽度与设计值存在偏差，占调查总数的86％。②对90个池室竖缝流速进行测量，符合竖缝流速设计值的有19个池室，占调查总数的21％；有71个池室竖缝流速与设计值存在偏差，占调查总数的79％。鱼道设计参数复核结果表明，该电站鱼道部分池室尺寸和流速设计符合性存在问题。可能是在建设过程中，由于高原气温变幅大、施工条件较差，施工工艺和作业方法适宜性不足等因素造成鱼道工程实际建成与设计方案存在偏差。

（2）鱼道通过性试验。经对比鱼道修缮前后的3次试验结果（见表1），鱼道修缮前2019-1试验鱼类上行通过率低，整体通过时间长，而修缮后的2次试验结果鱼类上行通过率明显提升，整体通过时间降低。可能原因是部分池室导板竖缝尺寸小于设计参数导致竖缝流速过高，对体形较小、游泳能力弱的鱼

上溯造成水力学阻碍；部分池室导板竖缝尺寸大于设计参数导致竖缝流速过低，对体形偏大、游泳能力强的鱼类诱导吸引力小，影响鱼类上溯效果。当存在问题的鱼道池室进行修缮后，导隔板倾斜、竖缝宽度参差不齐等现象得到改善，鱼道内水力学参数符合设计要求，鱼道通过性明显提高。

表1　　PIT标记试验结果统计

试验编号	标记放流数量（尾）	上游接收信号（个）	未接收
2019-1	118	18	0
2020-1	94	40	8
2020-2	50	23	5

（3）设备安装调查。该研究还对鱼道内安装的设施设备数量和运行情况进行详细调查，通过与设计方案对比后，发现存在鱼道观测设备数量不足、安装不符合要求以及不能正常运行等问题。

（四）鱼道设施改进

①池室结构修缮。2019～2020年非过鱼期鱼道停止运行期间，建设单位根据鱼道设计参数复核结果，采用拆除重新筑、切割修整、环氧砂浆涂面等方法对鱼道池室进行修缮，使得池室长度、宽度和竖缝宽度、流速等均满足设计值。②完善监测设备安装。针对鱼道观测设备数量不足、防护栏安装不符合要求、部分设备不能正常运行等问题，建设单位补充安装了鱼道在线监控系统、观测室内观测视频等设备；对上、下游观测室池室进行改造，利用过水网进行断面束窄并标注水尺，在视频监测的池室上方加装固定的遮光设施，并设置照明灯。③其他改进措施。研究人员还结合现场监测存在的薄弱环节，提出鱼道运行辅助设施的改进措施。在进鱼口设置诱鱼灯，并调整1号进口补水管的流量和角度，引诱上溯鱼类发现并进入鱼道；对鱼道池室进行编号标定并安装标牌，在鱼道内安装钢直梯，鱼道边墙安装安全护栏；在鱼道1、2号出鱼口安装拦污栅，并在非运行期对鱼道各控制闸门的启闭控制效果进行检修复核。

（中国电建集团西北勘测设计研究院有限公司　高繁　寇晓梅　牛乐　水电水利规划设计总院　崔磊　陕西省四主体一联合河湖生态系统保护与修复校企联合研究中心　高繁　寇晓梅）

小石峡水电站集鱼系统布置方案选择

（一）项目概况

小石峡水电站位于新疆阿克苏河支流库玛拉克河上游，为径流式已建电站，与上游在建的大石峡水利枢纽衔接；电站枢纽主要由混凝土面板砂砾石坝、右岸溢洪道、左岸坝后厂房及尾水渠组成；电站装机容量 13.75 万 kW，满发流量为 357.5 m^3/s；水库正常蓄水位 1480m，死水位 1478m，调节库容 590 万 m^3，具有日调节能力；电站于 2012 年建成投产发电，当时未建过鱼设施。2016 年在大石峡水利枢纽项目前期环保论证中提出，为恢复库玛拉克河连通性，在小石峡水库坝下补建集鱼系统，采用运鱼车转运至大石峡大坝上游的方式，一并解决小石峡与大石峡两座大坝对鱼类的阻隔影响。根据调查，库玛拉克河主要分布有斑重唇鱼等裂腹鱼类和长身高原鳅等鳅类，裂腹鱼类有短距离生殖洄游习性，繁殖期集中在 5～8 月。因此，过鱼季节主要为每年的 5～8 月，且洪水期间不过鱼。

（二）集鱼系统类型选择

小石峡水电站为已建电站，厂房尾水诱鱼水位变幅相对较小，且根据调查大坝下游鱼类集群位置较为固定，鱼群易受发电尾水常泄水流吸引，常常沿左、右两岸上溯聚集在厂房尾水出流处；而电站下游水域岸边水深较浅，不利于集鱼船通行，集鱼船噪声、振动也会影响集诱鱼。因此，小石峡水电站选择固定式集鱼系统。

（三）集鱼系统布置方案拟定

根据已有研究和现场观察，小石峡电站集鱼系统布置主要原则为：①宜布置于电站尾水等经常有水流下泄处，或鱼类洄游路线及经常集群地附近；②进鱼系统下泄水流应使鱼类易于分辨和发现；③与电站枢纽建筑布置相协调，不影响行洪安全；④根据场地条件选取布置型式，尽量少破坏现有建筑物。该水电站尾水是通过 320m 长尾水渠流入坝下约 600m 河道中，集鱼系统宜在该河段布置，左岸可选择尾水渠上游和尾水渠下游，右岸因行洪安全、交通条件等问题可选择位置少，初选在尾水渠下游 250m 处。电站尾水渠较长且河段整体较平顺，集鱼系统宜采取鱼道型式或集鱼槽型式，其中尾水渠上考虑少破坏渠道宜选取鱼道型式，尾水渠下游左岸因场地有限不宜选取鱼道型式而宜选取集鱼槽型式，右岸因补水条件限制也宜选取集鱼槽型式。

综上考虑，拟定四个集鱼系统布置方案。①方案 1：左岸鱼道型式（尾水渠下段）；②方案 2：左岸集鱼槽型式（距尾水渠末端 50m）；③方案 3：左岸集鱼槽型式（距尾水渠末端 350m）；④方案 4：右岸集鱼槽型式（距尾水渠末端 250m）。

（四）集鱼系统布置方案比选研究

（1）集诱鱼水流条件。通过对库玛拉克河鱼类游泳能力试验研究可知，集鱼系统进鱼口宜设置在流速值范围为 0.63～1.15m/s 的水流平顺区域。根据水工模型试验及数值模拟成果，对厂房尾水河段集诱鱼区流场进行研究，分析各方案集诱鱼水流条件。①方案 1 中诱鱼道 1 号进鱼口在尾水渠主流区，附近流速偏大，大部分工况均不具备集诱鱼的水流条件，且受限于已建尾水渠不能改善；诱鱼道 2 号进鱼口仅在部分工况下满足集诱鱼的水流条件，但此时 1 号进鱼口均不满足。②方案 3 进鱼口满足集诱鱼水流条件的流量范围较小，在大、小流量工况均不满足集诱鱼的水流条件。方案 4 大部分工况下均不满足集诱鱼水流条件。③相比之下，方案 2 集诱鱼水流条件整体较优，大部分工况均具备条件，进鱼口附近流速在 0.63～1.15m/s 的范围内，满足诱鱼要求，下游也存在鱼类上溯的贯穿性通道。方案 2 还可通过调节闸门开度措施优化集鱼槽进口附近流速。

（2）鱼类集群调查。根据现场鱼类调查成果，方案 1 位置单网渔获量仅斑重唇鱼 1 尾，方案 3 位置单网渔获量仅长身高原鳅 1 尾，方案 4 位置单网渔获量斑重唇鱼 6 尾、长身高原鳅 4 尾；相比之下，方案 2 位置单网渔获量较大，其中斑重唇鱼 37 尾，长身高原鳅 1 尾。结合电站布置、河道地形、流场及鱼类调查分析，河段鱼类分布的集群水域位于方案 2 位置，该区域是厂房尾水渠出口附近，是经常性泄流水域，尾水渠内流速较大，鱼类进入尾水渠的较少，因此多在出口附近汇集。

（3）发电尾水影响。①方案 1 布置于厂房尾水渠上，取水设施和 1 号诱鱼道伸入尾水渠，对厂房尾水有一定影响，会一定程度抬高尾水水位，减少电站发电量、降低电站收益。②方案 3、4 集鱼槽建筑物顺水流方向布置，且均距离厂房尾水渠较远，对厂房尾水位无影响，不会影响电站发电效益。③方案 2 集鱼槽建筑物顺水流方向布置，小流量时河道过流断面无变化，对电站尾水位无影响，最大流量 840m^3/s 时河道过流断面会略有束窄，岸边局部阻水作用下，仅上游约 80m 范围水位有一定壅高，对上游 370m 处厂房出口附近水位无影响。因此，方案 2 对厂房尾水位也无影响，不会影响电站发电效益。

（4）行洪安全影响。方案 1、2 和 3 均布置于左岸，不影响河段的行洪安全，同时受电站泄水建筑物泄洪影响较小。方案 4 从地形形态可看出，所在位置位于河床右岸，受电站泄水建筑物泄洪影响较大，泄洪时上游随水流排出的泥沙易堆积在该部位，可能会封堵集鱼建筑物上游水流进口，影响进流条件。

（5）施工期影响。方案1施工期需对厂房尾水渠进行改造，临时围堰位于尾水渠内，会抬高厂房尾水水位，对尾水影响较大。同时施工处于尾水渠内，施工难度大、费用高，施工安全也不易保障。方案2所处河道宽阔顺直，方便布置导流围堰，左岸有场地可供施工布置，交通可利用电站已建道路，施工期不会破坏电站已有建筑物，临时围堰对厂房尾水影响较小。方案3、4施工条件基本同方案2，但缺点是均需额外新修交通道路，道路投资增加较多，相对施工运距较长。

（6）综合比选推荐。通过上述对比分析，方案2整体优于方案1、3、4，其位置集诱鱼水流条件最好，调查显示为鱼类集群区，集诱鱼效果将良好，同时方案2位置及布置型式对电站自身的发电尾水位和行洪安全没有影响，施工期影响也较小，综合比选推荐方案2为小石峡集鱼系统布置方案。

（中国电建集团西北勘测设计研究院有限公司
潘文光 寇晓梅 万帆 周琳）

鱼道过鱼效果监测评估关键技术研究

长江科学院承担的"鱼道过鱼效果监测评估关键技术研究"为水利部重大科技项目。

（一）项目背景

水利水电工程在防洪、发电、灌溉、航运及供水等方面发挥了巨大作用，但同时对鱼类生境及资源分布造成了一定的负面影响，导致河流鱼类丰富度和生物多样性下降。鱼道作为一种重要的过鱼设施，可为鱼类提供洄游通道，是沟通水工程上下游的重要纽带。目前，我国大多数鱼道还未开展运行效果监测和评估，且在监测评估指标、技术及方法等方面存在较大差异，监测结果多样，评估结果不具有可比性。随着河流开发理念的转变和国家对水生态保护的重视，未来河流筑坝开发和管理过程中需更加合理的考虑鱼道运行期的监测评估，持续性优化设计方案和运行管理方式。

（二）研究内容

在监测评价技术现状方面，项目剖析了国内外已有技术种类，分析了每种技术的适用性和优缺点，为指标体系建立提供技术支撑；在鱼道运行情况调研方面，开展了长江流域典型鱼道运行情况的现场调研，基于收集的运行资料，分析了运行效果及潜在问题；

在国内鱼道特征方面，收集了国内不同水系129座鱼道基础信息，包括数量、类型、设计参数及过鱼对象游泳能力等，分析了鱼道结构参数和水力因子分布特征，评估了不同水系鱼道设计水力适合度；在鱼道效果评价指标体系方面，基于压力—状态—响应框架，构建了效果评价指标体系，压力程度功能区包含水力条件适宜度、环境因子适应性、内部结构符合度3组准则层，状态效果功能区由过鱼有效性1组准则层组成，响应水平功能区包含运行管理适应性1组准则层。经标准化处理后，最终确定了18个评价指标；在鱼道效果间接评价技术方面，在全面收集分析国内鱼道监测数据的基础上，确定生物指标层和非生物指标层组成的评价框架，分析不同指标层之间的关联性，计算每个指标的权重，量化每个指标的优劣区间，建立了基于非生物指标的鱼道效果间接评价模型；在鱼道效果综合评价技术方面，基于物元可拓理论，确定了压力、状态和响应指标量值范围和权重，构建了鱼道效果综合评价模型。

（三）主要成果和创新点

①基于PSR框架，构建了鱼道效果评价指标体系，提出了每项指标的计算方法，构建了指标数据集。②建立了2套鱼道效果评价技术（基于非生物指标的鱼道效果间接评价技术、基于物元可拓理论的鱼道效果综合评价技术），量化了指标适宜度、优劣区间和权重等重要参数，并基于竖缝式鱼道开展实例分析。

该项目研发了2套鱼道效果评估技术方法；已申请发明专利2项，发表论文1篇；项目成果为鱼道效果评价和问题诊断提供了新的思路和解决方案，可推动鱼道建设和运行管理的科学化和精细化，提升鱼道问题的量化诊断能力，应用前景广阔。

（长江水利委员会长江科学院 郭辉）

罗源霍口水库工程高坝过鱼设施研究与应用

（一）项目背景

福建省罗源霍口水库工程位于敖江干流，是敖江干流6级开发中的第2级，主坝为碾压混凝土重力坝，最大坝高91m，坝顶长度338m；副坝为黏土心墙堆石坝，最大坝高29.50m，坝顶长度168m。可行性研究阶段环境影响报告书批复的过鱼设施采用仿生态鱼道+工程鱼道组合方式，为此成立高坝过鱼设施课题研究，福建省水利水电勘测设计研究院联合南京水利科学研究院承担了该课题的科研攻关工作。课题为福建省水利厅委托开展的2018年度科研项目。

（二）主要研究内容

①通过游泳能力试验，研究过鱼对象的趋流特性、克流能力和疲劳时间，获得鱼类的感应流速、持续游泳速度、耐久游泳速度和突进速度指标，来指导进口流场设计以及鱼道内部流速设计。②通过研究水库运行水位和不同来水情况的河道流场结构，来确定鱼道进口布置以及拦鱼诱鱼系统布置。③通过研究工程鱼道和仿自然鱼道池室水流结构和流速指标，得出鱼道隔板型式、底坡和边坡型式。④通过研究天然河道水流情势和流场结构，探明鱼道流量和大王里河不同频率流量组合工况下流场结构计算，论证天然河道改造成仿自然鱼道的可行性。⑤通过准整体模型研究，确定工程鱼道和仿自然鱼道的结构过渡型式提出过渡段设置方法；提出水流形态过渡型式，并确定补水点和补水流量；提出休息池的布置型式。⑥通过研究水库运行方式，深化鱼道出口研究，得出大水位变幅情况下出口布置型式，满足过鱼需求。⑦研究论证出口辅助提升系统布置方案。

（三）主要创新点

①创建了高坝大库"仿生态鱼道+天然河道+工程鱼道"联合布置技术方案体系，攻克了仿生态鱼道、天然河道和工程鱼道之间水力过渡协调关键技术难题，实现了高坝连续过鱼重大技术突破。②基于大变幅库水位精准排频技术，首次将传统鱼道出口与辅助提升系统（小型升鱼机）进行技术融合，攻克了多型出口联合布置关键技术，有效解决了40m大水位变幅条件下过鱼设施与上游库区有效衔接的技术难题。③通过研究鱼类生态习性、河流水文特性、工程多目标调度、河道水动力特性之间的互馈作用机制，构建了"生态改造、多点位补水和电赶拦鱼"的鱼道进口综合诱鱼体系，克服天然河道不利水流条件，提升进口诱鱼效果。

（四）推广应用情况

课题结合霍口水库工程区天然河流条件、鱼类行为特点及水库运行特性，在高坝限制连续过鱼的不利条件下，利用下游天然支流大王里溪作为仿生鱼道，链接敖江仿生态鱼道及上游工程鱼道；将高坝连续过鱼成为现实，通过生态改造，改善进鱼口不利水流条件；出口设置闸室出口+辅助提升系统解决水库落差达40m鱼道出口难题。

霍口水库过鱼设施研究包括了仿生态鱼道、工程鱼道、升鱼机、进出口以及各建筑物的衔接，覆盖了全套过鱼建筑物，所有过鱼设施均可借鉴，研究成果已推广指导福建省一闸三线、白濑及晋江水生态修复、闽西南水资源配置、木兰溪系统治理、北溪引水工程、西溪水闸重建工程、宁德上白石水利枢纽等省市重点工程过鱼设施的设计研究工作，可为国内外大坝过鱼设施建设提供经验与借鉴，其技术、经济、生态环境及社会效益显著，应用前景广阔。

（福建省水利水电勘测设计研究院有限公司 姚秀梅）

苏洼龙水电站工程双向过鱼设施成功运行

苏洼龙水电站位于西藏自治区和四川省交界的金沙江干流上，为金沙江上游13个规划梯级电站中的第10级，其上游为巴塘水电站，下游与昌波水电站尾水衔接。电站装机容量120万kW，多年平均发电量为53.98亿kW·h，为一等大（1）型工程。工程以发电为主。电站枢纽工程主要由沥青混凝土心墙堆石坝、溢洪道、泄洪洞、生态泄放洞及岸边式地面厂房等组成。水库正常蓄水位2475.00m，相应库容6.38亿m³，死水位2471.00m，调节库容0.72亿m³。

该水电站建设运行对工程江段裂腹鱼等鱼类产生了阻隔影响，为帮助鱼类洄游过坝和保护鱼类生物多样性，建设了由鱼类上行升鱼机及下行集运鱼系统组成的双向过鱼设施。其中，升鱼机主要由坝下集鱼设施、过鱼隧洞、自动运鱼车、运鱼箱等组成，集运鱼系统主要由集运鱼船、诱集鱼设备、放流槽等组成。升鱼机与集运鱼系统组成双向过鱼设施协同运行，升鱼机坝下集鱼设施集鱼后，由自动运鱼车搭载运鱼箱沿过鱼隧洞将鱼运至库区码头，再由码头起吊装置将运鱼箱吊至集运鱼船上，集运鱼船将上行鱼类运至放流地点进行放流；集运鱼船将上行鱼类放流后，行驶至集鱼点诱集下行鱼类苗种，鱼类诱集完毕后，集运鱼船将下行鱼类运至库区码头，再由码头起吊装置将装有下行鱼类的运鱼箱吊至自动运鱼车上，自动运鱼车将鱼运至坝下放流地点进行放流。

2022年该水电站双向过鱼设施成功运行以来，至2023年升鱼机成功诱集到四川裂腹鱼、短须裂腹鱼等上行鱼类，集运鱼系统则在库区顺利诱集到下行鱼类苗种，实现了鱼类的双向洄游过坝，为工程江段鱼类生物多样性保护提供了重要支撑，对水生生态系统稳定起到了重要作用。该水电站双向过鱼设施作为长江流域第一座投入运行的双向过鱼设施，其成功运行践行了以高水平保护支撑高水平发展的理念，同时体现了人类对自然的尊重和保护，是技术创新与生态平衡相结合的典范。

（中国电建集团北京勘测设计研究院有限公司 常毅）

铜街子水电站新建过鱼设施工程 2023 年建设进展情况

铜街子水电站鱼道沿右岸岸坡布置，全长 1355.94m，由鱼道进口、进口段、岸坡绕行段、坝后开挖段、过坝段、出口明渠段及鱼道出口组成，结构采用竖缝式。

中国水利水电第四工程局有限公司中标承建铜街子水电站新建过鱼设施工程，合同金额为 5213.04 万元，工程项目主要有过鱼设施工程、10kV 线路改迁工程、值班房拆除及恢复工程、新华水电站进厂公路恢复工程、生活用水机井工程等，合同工期 25 个月，实际开工时间为 2022 年 9 月 21 日。

2023 年，实际完成投资 2847 万元，占年计划的 105.4%；主要工程形象进度如下：①鱼道进口段：12 月 31 日，主体工程建设、砌体工程全部完成。②鱼道绕闸段：9 月 30 日，主体工程建设全部完成；至年底，零星工程（含装饰、电气）完成 70%。③鱼道坝后段：6 月 5 日，主体工程全部完成；至年底，零星工程全部完成。④鱼道过坝段：4 月 30 日，主体工程全部完成，闸门顺利落闸。⑤鱼道出口段：4 月 30 日，主体工程、装饰装修工程、砌体工程、零星工程，全部完成。⑥生活用水机井工程：年底，主体工程、装饰装修工程、砌体工程、给排水、电气工程全部完成。

（中国水利水电第四工程局有限公司
单申伟 彭斌）

梯级水库对圆口铜鱼性腺发育的影响及其转录组学机制

（一）研究背景

鱼类种群规模和结构可以有效反映整个河流的健康状况，而繁殖活动是保障鱼类种群延续的基础，性腺健康发育是鱼类繁殖活动的前提。鱼类性腺发育不仅受到自身激素水平的调节，还与外部环境因子息息相关，如温度、流速等。水电梯级开发显著改变了河流的流场和温度场及其变化节律，从而影响了鱼类的繁殖。该研究以金沙江下游梯级水库为研究区域，针对特有鱼类圆口铜鱼开展研究。围绕鱼类群落结构变化，鱼类性腺发育，基于野外调查和现代分子生物学手段，通过转录组测序技术，揭示了圆口铜鱼对温度、流速联合作用及累积效应的响应。

（二）研究成果

该研究以金沙江下游为研究区域，以圆口铜鱼为研究对象，通过传统生态学手段与现代分子生物学技术，量化了性腺发育相关功能基因的表达差异，探究了关键信号通路和调控网络，揭示了圆口铜鱼性腺发育对温度和流速联合作用影响下的分子适应机制，从而系统阐明了梯级水库建设运行下温度累积效应和流速变缓趋势对圆口铜鱼性腺发育的联合作用机制，丰富和积累了鱼类性腺发育的基础理论，对梯级水库生态调度和鱼类保护措施建立具有现实指导意义。

（1）阐明了水电梯级开发下圆口铜鱼种群数量和分布的变化规律，揭示了梯级水库建设对鱼类群落结构组成的影响机理，为梯级水电开发下当地土著鱼类的生态保护提供了重要数据支撑。梯级水电开发导致河流被分成不同的流速区间，根据不同流速范围，将水库分为河相段、过渡段和湖相段。其中河相段和过渡段为当地土著鱼类如铜鱼、圆口铜鱼等提供了狭小但赖以生存的空间；湖相段则为四大家鱼等喜缓流性鱼类提供了广阔的生存空间；河相段和过渡段则为四大家鱼创造了产卵的有利条件，导致圆口铜鱼等土著鱼类的生存空间被进一步压缩。随着水库运行时间的推移，四大家鱼将成为优势种，而圆口铜鱼等土著鱼类将主要集中在库区的自然河相段，种群活动空间越来越小。

（2）通过控制变量和长期适应实验，明确了圆口铜鱼性腺组织结构变化，识别了影响性腺发育关键基因和蛋白及其表达水平，对圆口铜鱼性腺 RNA 进行转录组测序，识别了 mRNA 编码的基因产物参与的代谢通路及其行使的生物学功能，揭示了性腺中关键信号通路、蛋白通路以及各种神经内分泌激素随温度和流速交互影响下的响应规律，从转录水平的角度阐明了温度和流速联合作用对圆口铜鱼性腺发育影响的分子机制。根据对圆口铜鱼性别决定关键基因的分析发现，与卵巢分化相关的基因转录本 had17b4 在静水组的相对表达量高于流水组，hsd17b7 在低温条件下的相对表达量低于正常水温与高水温，这些转录本的变化一定程度上说明了较高的温度和静水条件更有利于圆口铜鱼卵巢的发育。水流速度和温度都能影响性别决定基因的表达，这为后续研究和梯级水库运行下特有鱼类的保护提供了新思路。

（南京水利科学研究院）

龙溪口航电枢纽仿自然生态鱼道施工技术

（一）工程概况

岷江龙溪口航电枢纽工程位于岷江乐山至宜宾中下游河段，总库容 3.24 亿 m³，总装机容量 480MW，河床式水电站，闸坝式挡水建筑物，Ⅲ级船闸（单级）通航 1000t 级船舶。二等大（2）型工程。枢纽主要建筑物一字形布置，厂房和船闸分岸而设，从左至右布置有左岸接头重力坝段（含鱼道）、厂房坝段、泄洪冲砂闸坝段、船闸段、右岸接头重力坝段。坝轴线长 948.87m，坝顶高程 324.5m。

（二）仿自然生态鱼道结构布置

鱼道整体结构为藕节梯形，总长 2533.5m，池底宽 3.0m，藕节底宽 1.5m，两侧坡比 1∶1.25，高 3.0m，藕节与池室采用渐变段连接。梯形结构断面：底板 C20 混凝土垫层 18cm，边坡 C20 混凝土挂网喷护厚 18cm，底板及边坡面层均为 30cm 浆砌卵石层。鱼道内池室间距 6.5m，隔墩为鱼浆砌卵石结构，厚 0.8m。鱼道深潭休息室、扭面渐变段、进口直立边墙段、坝体上下游侧连接直立挡墙段均为混凝土结构。

（三）仿生态鱼道施工关键技术

1. 渠道开挖体形精准控制　基于鱼道超长长度、多弯折、藕节型结构的特殊情况，尽可能模拟天然河流的水流流态，提高过鱼效率，有效修复河道生态鱼类。鱼道各段结构开挖坡度不尽相同，超挖处理难度较大。尤其池室、藕节渐变段的施工难度大。在施工过程中，充分应用无人机航测、智能全站仪测量、红外线激光测距等新型测量技术，精准控制多弯折渠道开挖体形，提高鱼道渠道开挖的体形控制。主要体形控制措施如下：①无人机地理信息航测（GIS）。渠道开挖前期，通过无人机航测获取鱼道基础地理信息并生成模型，伴随开挖过程不断更新开挖模型，依托模型直观展现并分析体形数据变化。②GPS+RTK 放样。深入结合 GPS+RTK 放样，对比采集基准站的载波相求差解算坐标及测量出卫星到测量信号接收点之间距离，针对开挖过程中开口线、坡脚线进行精准测量，精细化控制现场开挖。③智能全站仪测量+BIM 技术。应用智能全站仪，通过输入关键开挖参数自动测量开挖体形，采用单向、对向和中点法三角高程测量三种方法进行精密三角高程测量。通过软件与硬件的整合，将 BIM 与智能全站仪进行集成应用，利用 BIM 模型中的三维空间坐标数据驱动智能型全站仪进行测量放样、点位复核。④激光测距。通过红外线激光技术控制鱼道渠道开挖过程横向距离精准测量，有效保证开挖宽度。

2. 混凝土喷射、搅拌一体化施工　针对鱼道超长长度（2.55km），在藕节型梯形结构边坡喷射混凝土施工时，为保证现场施工效率，同时保持良好的作业环境，采用喷射混凝土搅拌、喷射一体化施工工艺。

施工中将混凝土搅拌机、喷射机有机组合，置于移动封闭操作间内。操作间预留砂石料、水泥入料口，方便从操作间外上料。掺料、搅拌均处于移动封闭操作间内，并通过操作间内设除尘设备降尘。混凝土喷射机、混凝土搅拌机通过法兰转盘有机组合，利用法兰转盘水平、竖向运转带动混凝土搅拌机拌制完成的混合料自卸进入混凝土喷射机。

通过混凝土喷射、搅拌一体化施工，一方面保留了干喷作业机动灵活，对作业人员技术要求不高，设备回弹多余喷射混凝土回收率高等优点；另一方面大大提高施工效率，基于密闭空间施工隔绝外界环境，保护了现场施工环境，应用效果良好，经济社会效益显著。

3. 浆砌石原料施工、砌筑一体化施工　基于整体鱼道渠道面层和鱼道隔墙均为浆砌卵石砌筑，因此浆砌卵石层施工质量及效率对鱼道水流控制具有重要意义。在施工中，采用浆砌石原料施工、砌筑一体化装置。支撑及滑移平台的中部设石料出料口，支撑及滑移平台的上部设石料储料斗和砂浆储料斗。石料储料斗底部的出料口位于石料出料口的上方，石料储料斗的出料口处设有仓门开闭装置。砂浆储料斗的底部出口通过管道控制阀连接有砂浆输送管道，砂浆输送管道设于支撑及滑移平台的后部。砂浆输送管道的底部设有开口以便于砂浆漏出。在鱼道浆砌石砌筑过程中，施工砌筑一体化工艺有效实现了护坡浆砌石施工原材料、半成品运输及砌筑施工的机械化。采用自动卸料装置替代传统施工工艺人工进行砌筑料转运和施工，省时省力，大大加快了施工进度，也增加了石料振实及浆砌石表面二次收面工序，显著提升浆砌石砌筑施工质量。

4. 模拟生态深潭休息室布置　为达到适宜鱼类生存环境，现场就地取材，在深潭休息室底部散铺卵石。通过卵石错落堆放，充分增大卵石间空隙。同时，在深潭休息室内结合种植金鱼菜、苦草、大茨藻、菹草、穗状狐尾藻等沉水植物，实现动态模拟河流水生态环境，为鱼道提供良好的迁徙休息环境，从而打造自然生存环境。

（中国水利水电第五工程局有限公司　洋强）

中国长江三峡集团有限公司 2023 年生态环境保护工作情况

2023 年，中国长江三峡集团有限公司（简称中国三峡集团）认真践行生态优先、绿色发展理念，有效推进节约能源与生态环境保护相关政策执行，统筹水电开发和生态保护，完成乌东德水电站运行水位重大变动环评审批，有序推动乌东德、白鹤滩水电站竣工环境保护和水土保持验收。成功争取长江大保护政策支持，长江大保护高质量发展路径不断拓宽。支持长江经济带国家生态环境工程研究中心建设，多措并举做好生物多样性保护工作。以高水平保护，支撑高质量发展。

（一）统筹水电开发和生态保护

完成乌东德水电站运行水位重大变动环评审批。技术层面，研究确定分层取水、黑水河生态修复、库尾水环境保护等关键环保措施后续工作安排，高质量组织编制《金沙江乌东德水电站运行水位重大变动环境影响评价报告书》；行政审批层面，主动请示，积极汇报，高效协调，成功于9月底得到了生态环境部的批复，较同类型项目审批时限缩短约60余天，为乌东德水电站在2023年完成975m蓄水争取到非常关键的时间窗口。第一时间组织相关单位对环评批复提出的生态环境保护措施任务进行了分析和研究，制定并印发了工作分工方案，督促相关单位将工作纳入2024年度工作计划中，尽快实施，为及时完成竣工环境保护验收奠定基础。乌东德水电站提升至975m水位运行，预计每年增发电量21亿kW·h，流域梯级电站发电效益得到有效提高。

（二）长江大保护

深化与地方政府合作，克服PPP政策收紧的影响，围绕城市管网短板弱项等突出问题，加大人、财、物等资源投入，通过打好管网攻坚战，推广复制"水管家"模式，探索清洁能源与大保护互促互哺的"两翼"融合投资模式等多种方式，多措并举加大有效投入，推动沿江水环境基础设施提质增效。2023年，宜昌首个"管网攻坚战"项目中标落地，六安水管家标杆效应不断显现，首个"两翼"融合合作投资协议与襄阳市襄州区成功签订，长江大保护累计完成投资213.2亿元，新增污水处理规模28万t/d，新增管网长度2289km。截至2023年底，长江大保护落地项目投资规模超2200亿元，累计完成投资1141.5亿元，累计污水处理规模达442万t/d，管网长度超2.1万km。

（三）碳达峰碳中和

积极跟踪全国碳市场配额分配和清缴履约政策动态，所属重点排放单位全部完成年度碳排放清缴履约。实现碳资产和绿证收益2130万元，万元产值综合能耗（可比价）0.0426t标准煤/万元，万元产值二氧化碳排放（可比价）1.3037t二氧化碳当量/万元；烟气各项污染物排放浓度保持稳定，完成二氧化硫排放量1045.943t，完成氮氧化物排放量3175.615t，排放绩效均优于全国平均水平。截至2023年底，中国三峡集团累计并网装机容量1.46亿kW，2023年全年发电4136亿kW·h，可再生能源发电量稳居世界第一。清洁能源装机规模稳步提升，占比高达95%；实现工业总产值1464亿元，总发电量4136亿kW·h，其中清洁能源发电量3918亿kW·h，占总发电量比例95%。中国三峡集团总结凝练绿色低碳发展实践和经验，成功入选中国工业经济联合会工业碳达峰"领跑者"，申报的典型案例获中国设备管理协会一等奖、中国企业家联合会2023企业绿色低碳发展优秀实践案例、中国电力企业联合会2023年度电力创新一等奖等多项奖励。

（四）生态修复

积极开展生态保护修复，不断加强对生态敏感区的保护。在生态环境部、农业农村部、国家林草局等部委指导下，完成长江上游珍稀特有鱼类国家级自然保护区生态补偿项目实施方案及执行计划。加快推动乌东德库尾河段、黑水河等鱼类栖息地保护修复项目，策划开展金沙江下游环境影响回顾性评价，长江和金沙江下游河流连通性研究，深入开展金沙江下游消落带试验。

（五）生物多样性保护

珍稀鱼类保护方面。坚持开展梯级水库生态调度试验，加大中华鲟、圆口铜鱼增殖放流规模，切实帮助种群恢复。2023年，生态调度试验响应期间，长江宜都江段产漂流性卵鱼类繁殖规模达到310.7亿粒。其中，长江中游江段四大家鱼繁殖规模约147亿粒，超历史最好水平。2023年共计放流259万尾珍稀特有鱼类，创历史新高，获得行业主管部门高度赞扬。珍稀植物保护方面。坚持实施珍稀特有与重要经济植物种质资源保护并推广利用。截至2023年底，中国三峡集团已在长江流域建设运行7个珍稀动植物保护基地和4个省部级科技平台。拥有近万平方米的研究实验室，2万多平方米的智能温室，100多万平方米的特有珍稀资源性植物资源圃。创建珍稀濒危植物高海拔到低海拔梯级保护新模式，累计迁地保护珍稀植物1950种、3.53万余株，总体成活率达90%以上。

（六）生态环保科研平台建设和科技创新成果

长江经济带生态环境国家工程研究中心（简称工程中心）于2011年经国家发展改革委批准成立，由中国三峡集团负责组建。2023年，中国三峡集团加快指导推进工程中心建设，锚定建设期各项任务，成功帮助工程中心申报三峡库区珍稀植物湖北省重点实验室，推动首届理事会召开并完成创新研发中心选址及报备。截至2023年底，工程中心已基本形成"1个中心+5个技术验证基地"建设方案，实现了"研发—小试—中试—工程应用—反馈研发"全周期科研到生产功能闭合循环。此外，中国三峡集团生态环保部强化集团公司参建的国家长江联合研究中心等科研平台功能，以流域生态环境监测和重大科研项目为抓手，加快培育形成生态环保新质生产力。2023 年，基于长江生态环境保护修复联合研究（第一期）产出的研究成果"长江生态环境保护修复技术与管理体系及应用研究"获评中国科协 2022 年度中国生态环境十大科技进展。

（七）生态环境技术监督

2023 年，对中国三峡集团水电和抽水蓄能、新能源、长江大保护、火电等业务领域 111 个在建或在运项目开展了现场监督检查，并结合排查摸底、信息监测等方式，发现部分环境风险隐患，督促指导相关责任单位落实整改，切实提高生态环境保护管理水平及生态环境风险防范能力。同时，组织开展危险废物、长江黄河流域生态环境保护、环保设施风险隐患和环境监测数据造假等专项整治工作，进一步加强生态环境风险防控，持续提升生态环境管理水平。

（中国长江三峡集团有限公司　陈宇枫）

雅砻江流域水电开发有限公司 2023 年生态环境保护工作情况

2023 年，雅砻江流域水电开发有限公司秉承"流域统筹、和谐发展"的环保理念，不断完善生态环境保护管理体系；流域各项环保水保管理工作高质量开展，在建和投产项目环保水保工作持续受控，新闻媒体广泛报道宣传，获得国家开发投资集团有限公司和省、州多个奖项。

（一）提高站位，持续完善生态环境保护管理体系

进一步提高政治站位，深入学习贯彻落实习近平生态文明思想和党的二十大关于生态文明建设决策部署，完善学习贯彻机制，将习近平总书记关于生态文明建设最新重要讲话和重要指示批示纳入公司党委"第一议题"学习内容，第一时间学习讨论、制定贯彻措施、强化督察推动、抓实跟踪问效，推动落地见效。成立了公司资源节约与生态环境保护领导小组，定期召开领导小组会议，学习习近平生态文明思想、党中央和国务院有关重大决策部署等，研究落实公司党委重要工作部署，推进环境保护管理重点工作，同步通过公司工程建设月例会、生产月例会等方式及时宣贯相关内容和要求，在基建和生产等工作中进一步提升生态环境保护意识。

（二）扎实开展生态环境保护基础管理攻坚活动

以深入开展生态环境保护"基础管理攻坚年"活动为主线，制定 2023 年生态环境保护重点工作任务

清单暨年度攻坚任务清单 29 项，明确了行动方案和责任部门、单位和人员，清单内全部任务均已完成；组织各单位严格按照《集团生态环境保护排查整治100 项工作清单》开展专项排查整治；针对国投集团、国投电力近两年环保检查通报问题，组织开展"举一反三"对照排查，着力解决生态环境保护基础管理重点、难点问题，持续提升公司环境保护管理水平。

（三）环保水保清单化管理再上新台阶

在对危险废物、水力发电厂、新能源项目试行开展环保水保工作清单化管理的基础上，梳理并制定了适用流域所有项目环保水保管理工作清单，明确了41 项重点工作内容和要求，已作为清单运用于近期的现场检查，拟在后续进一步完善后在全流域推行；组织各单位制定风险分级防控清单，建立隐患排查治理台账。以小步快跑的方式，构建起了流域项目环水保清单化管理的框架和基础，弥补了现场操作岗位环水保管理专业水平欠缺的不足。

（四）有序推进项目前期环保水保各项工作

主动与省、州、县各级林业主管部门、行业权威专家当面沟通协调和专题汇报 30 余次，凭借负责任的态度和扎实的工作成果，逐渐取得了四川省林业和草原局、州县两级林业主管部门和行业权威专家的认可和支持，促成省林业和草原局召开了牙根二级五小叶槭影响与保护措施规划专题报告审查会并取得审查意见。协调道孚县编制了桑其柯流域综合规划和规划环评，并在项目环评送审前及时取得批复；水土保持方案报批前开展了 2 次专题咨询，技术审查后开展了3 轮专家复核，解决了道孚抽水蓄能项目沟道型渣场选址、防护措施论证、工程征占地等一个又一个难题，为道孚抽水蓄能电站项目的核准开工建设奠定了坚实的基础。

（五）项目现场环保形象及管理规范化水平持续提升

卡拉水电站按照"三同时"制度要求实施了各项环保水保措施，实施绿化面积超 5.3 万 m³，现场环保水保形象面貌良好；孟底沟水电站开展了水土保持专项整治，沿江公路及各施工作业面实施钢筋石笼挡护 1.7 万 m³、临时绿化 12.6 万 m³，现场水土保持形象面貌显著提升；狠抓危废专项管理，各项目危废储存库建设和管理水平进一步提升。定期开展电力生产单位环保水保现场监督检查，发现问题及隐患要求及时完成整改闭合；依托制定印发的电厂环保水保主要工作清单及相关标准文件，持续提升电力生产单位环保水保管理规范化水平。

（六）鱼类增殖放流数量再创新高

各鱼类增殖放流站年内完成鱼苗放流 304.1 万

尾,其中锦屏·官地水电站鱼类增殖放流站放流178.2万尾,二滩·桐子林水电站鱼类增殖放流站放流41.3万尾,两河口·牙根水电站鱼类增殖放流站放流35.6万尾,中游鱼类增殖放流站完成鱼苗放流49万尾。6月5日,流域4座鱼类增殖放流站参加了水电水利规划设计总院和中国水力发电工程学会共同举办的"2023年世界环境日水电行业鱼类增殖放流联合行动"。活动当日各站共放流鱼苗91万尾,锦屏·官地水电站鱼类增殖放流站作为"国投集团分会场"作在线主场直播展示,公司增殖放流宣传展板在北京主会场展示。

(七)顺利推进各项目竣工环保水保验收

两河口、杨房沟水电站制定了竣工阶段环保水保验收工作清单,明确了相关工作目标、内容、要求及责任人。通过在正式验收前开展验收咨询、以创建国家水土保持示范工程引领等措施,借助验收调查单位、验收咨询单位、监理监测单位专业力量完成符合验收要求的现场整改、资料准备工作,精心组织现场核查、咨询会和验收会,高标准完成杨房沟水电站竣工环保水保验收,两河口水电站基本具备竣工环保水保验收条件,腊巴山风电项目、柯拉光伏项目环保水保竣工验收工作有序推进。

(八)组织开展多种形式的宣传教育活动

在世界环境日、植树节和首个全国生态日期间,公司通过主题海报、宣传栏、微信推文及科普视频等方式,宣贯习近平生态文明思想,宣传公司绿色清洁能源开发过程中生态环境保护良好形象。参加了水电首次在公司新入职员工培训中作专门的环境保护管理培训;举办2023年生态环境保护公益讲座,国家植物园科普馆馆长开展现场授课。通过形式多样的宣传活动和针对性的培训,扩大了生态环境保护的覆盖面和影响力,切实提高了公司员工的生态环境保护思想认识,加深对生态环境保护的了解,增强了业务知识和专业技能。

(九)生态环保工作受到多方高度认可

在4月中央广播电视总台《对话》栏目中,四川省省长黄强把公司誉为将"绿水青山"变为"金山银山"的典范;6月,公司参加"2023年世界环境日水电行业鱼类增殖放流联合行动"获得了行业内高度评价;国内多家新闻媒体、微信公众号、宣传栏等形式对公司环保管理工作进行了报道宣传,公司生态环保形象不断提升。4月,公司锦屏·官地和中游增殖放流站荣获"凉山州水生生物保护工作先进集体";7月,公司副总经理王金国在两河口水电站古树名木保护工作中的突出事迹获得四川省绿化委和林草局发文通报表扬;8月,公司荣获国投集团首届"资源节约与生态环境保护先进单位",多个奖项的获得充分体现集团、地方政府和行业对公司环境保护工作的高度认可。

(雅砻江流域水电开发有限公司　田潘)

华能西藏雅鲁藏布江水电开发投资有限公司2023年生态环境保护工作情况

2023年,华能西藏雅鲁藏布江水电开发投资有限公司坚持以习近平生态文明思想为指导,深入贯彻党的二十大和历次全会精神,全面落实习近平总书记关于生态环境保护的重要论述,严格遵守环境保护"三同时"制度,积极落实雅江中游鱼类保护措施,连续9年累计放流各类雅江特有鱼类128万尾,连续的鱼类增殖放流有效维持了雅江种群数量的稳定,进一步筑牢了雅江生态安全屏障,生态环保效益显著。

(一)增殖放流成效显著

作为成功实施高原鱼类增殖放流的典型代表,ZM水电厂被选为全国水电行业81座水电站参与增殖放流活动的8个分会场之一,连续两年全国现场直播了"世界环境日水电行业鱼类增殖放流联合行动"的增殖放流盛况,人民日报等主流媒体进行了专题报道,2023年放流珍稀鱼类23.1万尾,至此,ZM水电站已连续9年累计放流各类雅江特有鱼类野生亲本子一代二龄鱼苗128万尾,连续的鱼类增殖放流有效维持了雅江种群数量的稳定。

(二)创新鱼道过鱼效果监测

公司坚持以科技创新争取环保高质量发展主动权,创新开发出智慧鱼道监测系统。监测系统具备监测断面过鱼种类识别、计数、长度、水环境因子的实时识别和收集功能。为满足雅江水文的变化,首次在鱼道监测断面采用声呐进行过鱼监测,实现运行期范围内全监测、计数。系统首创鱼类AI识别,借助已有各类型鱼类物理特征大数据,实现实时自动识别鱼类、运行方向、大小,准确率在95%以上。建设过鱼数量鱼环境因子数据耦合库,耦合分析结果与往年科研监测结果基本一致。监测系统的高效和鱼类精准识别,为一段时间内的鱼道过鱼监测技术提供了发展方向,也为鱼道监测技术交流提供了环境。

(三)开展水电站周边小气候机理研究

为科学探究库区水位抬升、淹没面积增加等变化对区域环境气象的可能影响及程度,公司联合清华大学团队开展水电站周边小气候及生态环境影响机理研究,从降水量、空气湿度、气温、风速、气压、地表植被遥感等方向开展WRF建模分析,结果显示水电站建成后,项目附近相对湿度增加,库区周边植被呈增加趋势,有利于周边环境改善。

(华能雅鲁藏布江水电开发投资有限公司)

华能澜沧江水电股份有限公司 2023 年生态环境保护工作情况

2023 年,华能澜沧江水电股份有限公司(简称澜沧江公司)认真贯彻落实习近平生态文明思想,严格执行国家生态环境保护重大决策部署,扎实开展污染防治管理,深入推进前期项目环保水保报批、建设项目环保水保"三同时"管理,环保科研创新等工作,强化环境敏感点动态管控,生态环境风险得到有效控制,未发生生态环境违法违规行为、未发生生态环境事件。

(一)践行绿色发展理念,推动生态文明建设

1 月 3 日,澜沧江公司召开 2023 年环保工作会,深入贯彻习近平生态文明思想,认真分析面临的形势和问题,部署全年生态环保工作,要求抓好环水保措施"三同时"落实和合规性管控,强化生态风险防范,坚决守牢生态环保红线,努力构建生态环保综合防护体系,尽最大努力保护电站周边良好生态环境,积极践行中央企业在生态文明建设中的社会责任。

(二)保护生物多样性,守护生态安全

2023 年,龙开口水电站建成投运的长江干流首个大型水电站集运鱼系统、国内首例世界提升高度最高黄登水电站升鱼机等国内水电行业多个具有开创性的水生保护措施在公司得到全面应用,运行取得良好效果。在国内首次实现巨魾、后背鲈鲤、长薄鳅等澜沧江土著鱼类增殖技术突破,目前共放流人工增殖土著鱼类 1000 余万尾,为保护生物多样性作出了积极贡献。苗尾、TB、糯扎渡等电站承办 2023 年世界环境日水电行业鱼类增殖放流联合行动主会场活动,累计放流土著珍稀鱼类 13 万尾,取得良好生态和社会效益。

(三)严格落实措施,强化"三同时"管理

2023 年,澜沧江公司结合生态环保工作新要求和藏区生态特点,推行水电工程环水保标准化工地建设,制定完成《环保水保标准化工地建设方案》,打造生活污水处理系统、砂石系统生产废水处理、砂石系统全封装扬尘控制、危废暂存间等 5 个环保标准化示范工作面,为下一步水电基建项目建设环保标准化工地打下了坚实基础。公司在建项目环保管理中积极推行"动态一张图、管控一清单、数据一报告、管理一本书",动态掌握环保措施落实情况,全面提升了环保管理水平。

(四)创新环保科技,铸就绿色能源走廊

2023 年,澜沧江公司充分发挥科技的引领作用,加大环保科技投入,建成澜沧江流域生态环境智慧监测平台,成为国内首个流域梯级水电开发全过程环境监测数据化管理示范项目。在藏区 RM、GX 等水电项目积极探索工程措施和生态修复相融合方案,开展高陡硬质陡立边坡生态修复研究并初现成效。统筹计划,开展澜沧江上游鱼类重要生境系统性保护与效果评估等藏区生态环保科研项目,全面提升了澜沧江水电开发中生态含量。

(五)注重生态修复,获评国家水土保持示范工程

2023 年,澜沧江公司苗尾水电站积极落实各项水土保持措施,苗尾水电站水土保持典型经验纳入水利部水土保持先进案例,受到水利部水保司的高度肯定,苗尾水电站获得水利部授予的 2022 年度"国家水土保持示范工程"荣誉称号,发挥了引领示范作用。2023 年 3 月澜沧江公司荣获西藏自治区"2022年度拉萨南北山绿化先进单位"称号,为拉萨南北山绿化工程贡献了"华能力量"。

(华能澜沧江水电股份有限公司)

华能四川能源开发有限公司 2023 年生态环境保护工作情况

2023 年,华能四川能源开发有限公司(简称华能四川公司)深入学习贯彻习近平生态文明思想,持续压紧压实生态环保风险防范主体责任,各项生态环境保护工作有序开展。

(一)落实生态环保责任

华能四川公司成立环境保护工作领导小组,主要负责人认真履行第一责任人职责,相关部门严格落实生态环境保护"三管三必须"要求,完善生态环境保护履职清单,年初制定 2023 年生态环境保护工作要点,推动各项工作不折不扣落到实处。系统各单位履行主体责任,坚持问题导向,认真开展在建项目环保"三同时",落实生产电站环保措施,持续深入打好蓝天、碧水、净土保卫战。

(二)强化生态环保管理

加强生态环保日常管理工作。组织排查各类环境风险隐患,编制风险隐患清单,加强隐患闭环治理。履行环保职责,按照水电站"一站一策"方案,做好生态流量下泄工作。有序开展水电站库区漂浮物整治工作,加大漂浮物打捞力度和运送频次,保证库区及大坝管理区域整洁常态化,持续强化"危废"等重点领域管理工作。深入打好污染防治攻坚战,建设生产

生活废水处理系统，实现生产生活废水综合回用、规范外排。硬梁包水电站砂石系统坚持"场地全封闭、砂石全利用、废水全处理、资源全利用"原则，在扬尘重点防控部位设置喷淋系统，在皮带运输环节采用雾炮降尘，生产废水采用"平流沉淀式机械预处理—高效辐流沉淀—压滤脱水"工艺进行处理，废水处理后循环利用，循环利用率达 90% 以上。

（三）积极开展渔业资源补救行动

坚持绿色发展理念，根据《中华人民共和国渔业法》等法律法规，结合落实中央"长江禁渔"等相关要求，华能四川公司在宝兴河流域开展鱼类增殖放流、水生生物和生态环境监测、野外保护站建设与救护中心运行、栖息地保护建设等渔业资源补救行动。2023 年开展增殖放流活动，累计放流重口裂腹鱼、齐口裂腹鱼、鲈鲤等 8~10cm 规格的鱼苗和 30cm 以上的成鱼 13.51 万尾，为电站流域鱼类基因交流和鱼类种族遗传多样性的稳定发挥重要作用。硬梁包水电站建立保护水生生物增殖站，切实做到截流前具备投运条件，2023 年孵化重口裂腹鱼 2.5 万尾、齐口裂腹鱼 2.7 万尾，目前已有 3 万尾达放流规格（10cm 以上）。

（四）坚持开展"创绿、增绿、护绿"行动

华能四川公司牢固树立绿水青山就是金山银山的理念，持续开展电站周边环境绿化工作，对影响电站周边植被的区域进行河道修复，防止水土流，同时失抓好重点时段、重点区域的植被恢复和保护，截至目前已累计种植草皮 1.8 万 m^2、植树 1130 棵、撒播草籽 16 万 m^2，不断实现生态治理工作的常态长效开展，积极践行华能绿色发展使命。

（五）持续开展环保水保教育培训

华能四川公司定期组织开展环保、水保知识培训，聘请行业专家系统全面讲解生态环保监督管理重点、水土保持监管监测管理内容，并对电力工程建设中出现的质量安全、环保、水保突出问题和重难点问题进行了剖析，不断提高全员环保意识和管理水平。

（华能四川能源开发有限公司）

2023 年水电行业生态环境保护优秀案例

经多年实践和积累，水电行业生态环境保护工作构建了以法律、法规、政策、制度等为基础的"预防、减缓、修复"措施体系，特别是环境保护法和环境影响评价法颁布以后，系统开展了流域梯级水电建设的生态累积影响和滞后效应研究，水环境、水生生态和陆生生态保护等方面研究不断深入，技术不断创新，取得了丰硕成果。

（一）鱼类增殖放流联合行动

6 月 5 日，在生态环境部及国家能源局指导下，以六·五世界环境日为契机，水电水利规划设计总院（简称水电总院）、中国水力发电工程学会联合华能集团、大唐集团、华电集团、国家电投集团、三峡集团、国家能源集团、国家开发投资集团、中国电建集团等行业各单位开展了"世界环境日水电行业鱼类增殖放流联合行动"，超 100 座水电站在全国各大流域以"现场+云互动"形式共同开展鱼类增殖放流活动，在长江、黄河、金沙江、雅鲁藏布江、雅砻江、松花江、大渡河等我国主要水电基地放流 2000 余万尾，包括 23 种国家珍稀保护鱼类、43 种流域特有鱼类、18 种重要经济鱼类。同时组织了倡议书签订、专家访谈、增殖站观摩、技术经验交流、鱼类科普和知识问答等丰富多彩的活动环节，邀请了当地主管部门、学生、志愿者等社会公众参与活动，新华社、人民日报、新华网等多家媒体拍摄采访和跟踪报道，在行业引起强烈反响，向公众彰显了水电行业绿色形象。

（二）黄河源水电站拆除及生态修复

2022 年 6 月，黄河源水电站因安全隐患突出、丧失发电效益而拆除大坝。黄河源水电站是黄河源头的第一座水电站，也是我国大江大河上拆除的第一座水电站。2022 年 7 月、2023 年 7 月，水电总院对黄河源水电站拆除后情况进行了跟踪监测，结果显示：原黄河源水电站大坝主河槽段已拆除，河流基本恢复天然状态，安全隐患已消除；库尾垫高区域（长 300m，宽 100m）基础稳定，下游大量鱼类上溯，实现了河湖连通性的目标；库尾河床相比拆坝前整体垫高了约 3m，能够将鄂陵湖水位维持在拆坝前水平（4270.15m）。大坝拆除料主要用于大坝上下游、溢洪道、河道护岸以及库尾垫高工程，未新设渣场。施工完成后对裸露区域进行了生态修复，其中大坝拆除区植被恢复 260 亩，库尾垫高区植被恢复 20 亩，效果良好。

（三）大渡河上游鱼类栖息地保护得到落实

川陕哲罗鲑是我国国家一级重点保护野生动物，大渡河上游是其重要分布区和栖息地，因受人为活动及生境变化影响，大渡河流域鱼类资源总体呈下降趋势，川陕哲罗鲑资源量、栖息地范围也明显萎缩。为保护大渡河上游川陕哲罗鲑等鱼类资源，在相关主管部门的支持下，重新划定了鱼类保护区、提高保护区级别，大渡河上游省级水产种质资源保护区将于 2024 年初成立，栖息地恢复与重建等针对性保护措施均已按要求完善、落实。持续开展川陕哲罗鲑人工繁殖研究，最新研究成果表明，在人工养殖情况下，川陕哲罗鲑子一代鱼苗可以达到性成熟并能繁殖，子二代能在增殖站繁殖成功。结合增殖放流措施，落实川陕哲罗鲑的保护举措，对大渡河上游川陕哲罗鲑及其他保护鱼类种群数量、鱼类物种多样性和赖以生存的生境保护具有重要意义。

（四）三板溪水电站隔水墙工程建成投运

三板溪水电站位于贵州省黔东南苗族侗族自治州锦屏县境内，是沅水干流梯级电站中唯一具有多年调节性能的龙头水电站。三板溪水电站下游及支流自然条件优越，有鱼类产卵场分布，为使4～6月下游水温满足鱼类产卵繁殖适宜水温，需通过工程措施提高三板溪水电站的下泄水温。在坝前一定位置建设有效深度的不透水柔性隔水幕墙，借助浮箱上卷扬机调整隔水幕墙运行高程，根据坝前水温分层结构，设置合适的挡水高度，将中层和底层水体阻隔在幕墙前，使表层温度较高水体通过幕墙。效果模拟结果表明，顶部过流高度越小，水温改善效果越好。当顶部过流高度为15m时，在4月平均可提高下泄水温至14.1℃，升温1.5℃；5月可提高下泄水温至18.1℃，升温2.3℃；6月可提高下泄水温至21.2℃，升温1.2℃。三板溪水电站隔水幕墙措施可满足下游鱼类产卵繁殖适宜水温，减缓长期低温水环境给鱼类繁殖带来的不利影响，在国内低温水减缓工作上具有一定的创新意义。

（五）双江口水电站岷江柏移栽关键技术总结

双江口水电站是大渡河水电开发方案中规划的干流上游龙头控制性水库电站，其建设范围内分布有约28万株国家Ⅱ级保护植物岷江柏。环评要求"移栽具备移栽条件的6.0万株国家Ⅱ级重点保护野生植物岷江柏"。岷江柏根系分布复杂、移栽成活率低，为攻克岷江柏移栽关键技术，中国水利水电建设工程咨询有限公司、北京林业大学、中国林业科学研究院等8家单位40余位研究人员组成项目组，在深入分析岷江柏生态学和生物学特征的基础上，建立"岷江柏生长－区域生态环境"大数据模型和"株高/地径－根系分布"数学模型，选择有适宜性、代表性的岷江柏植株和移栽地，移栽中按"一株一策"最大限度保存植株完整根系，采用精细化作业和智能监测养护系统保障移栽成活率。移栽443株岷江柏的先导试验表明，植株成活率高达98.65%，其中胸径＞5cm大树成活率100%。项目成果攻克了岷江柏移栽成活率低的难题，为后续6万株移栽提供了科学依据与可行路径。

（六）水电水利建设项目全过程环境管理信息平台试运行

水电水利建设项目全过程环境管理信息平台包含"环评审批""措施落实""设施运行""生态流量""水温水质""增殖放流""生态地质"等13个模块，实现了用户访问权限分级、原始资料查询及调取、项目事中事后的监管、异常预警与部分数据自动分析等功能，通过信息化手段，实现对水电工程环评审批、环保措施落实、环保设施运行、流域环境质量等多源数据的统一监测和评估分析。2023年，平台录入了全国水电站的基础数据，接入了黄河上游流域、雅砻江流域、大渡河流域、澜沧江等流域和丰满等水电站的生态环境监测数据，与水利部、气象局等政府部门建立了数据专线，实时获取全国980座水文站、2169座气象站、1561座国家水质站的在线监测数据。获得生态环境部、环境工程评估中心的认可与好评，在促进水电行业高质量与可持续发展、解决重大问题、影响领导决策等方面发挥了重要作用。

（水电水利规划设计总院　任胜男）

JC水力发电厂2023年生态环境保护工作情况

2023年，华能JC水力发电厂始终坚持生态保护第一，牢固树立"绿色青山就是金山银山，冰天雪地也是金山银山"和绿色发展的理念，全面落实"三同时"制度，严格执行环保批复相关内容，环保总体工作可控在控。

（一）压实责任、完善制度，全面夯实环保工作组织保障

电厂成立了以厂长为主任的环保委员会以及三级安全环保体系网络，全面负责电厂环保工作。环保委员会下设办公室（设在安全监察与环境保护部），具体负责环保管理工作。结合电厂实际，相关设备、设施的日常运行操作维护由运维部负责，安排专人开展日常巡检及消缺工作。电厂年初召开安全环保工作会，对各项年度环保工作进行总体部署，并与各部门签订《安全环保目标责任书》，层层压实了环保责任；每月组织召开安全生产与环境保护委员会，电厂主要负责人对环保工作进行安排和部署，确保环保管理责任层层落实。电厂修订完善《环境因素识别与评价管理标准》《废弃物管理标准》《水土保持及环境保护管理标准》3项环保管理制度及《环境污染事故应急预案》，各项制度执行良好。

（二）聚焦关键、精准施策，扎实有力开展环保各项工作

开展JC水电站放流雅鲁藏布江珍稀土著二龄鱼苗5.7万尾。通过人工增殖放流，把水生生物资源养护作为改善水域生态环境、建设生态文明社会、共建幸福西藏的重要措施；通过增殖放流，有效减缓工对水生生态环境的影响，为保护相关水域生态资源提供重要基础数据，实现人与自然和谐共处、协调发展。3月1日前电厂对鱼道设施设备开展了年度检修维护工作，确保设施设备可靠稳定运行。2023年JC水电站鱼道总过鱼4.3万尾，鱼道过鱼期监测过鱼种类9种，异齿裂腹鱼、巨须裂腹鱼、拉萨裂腹鱼3种主要过鱼对象过鱼数量占比超过95%，其中异齿裂腹鱼约占70%，巨须裂腹鱼和拉萨裂腹鱼约占28%，其他鱼种约占2%，监测到最大的过鱼个体体长超过480mm，最小个体体长约50mm（幼鱼）。从鱼道过鱼效果来看，JC水电站鱼道有效地发挥了其作为鱼类迁移、洄游通道的功能。

电厂利用水电站水情自动测报系统及机组发电量，每月安全监察与环境保护部开展了生态流量监测工作，通过每月最大、最小流量以及平均出库流量分析，JC水电站最低出库流量满足环保部规定的最低出库流量153m³/s的要求。

（三）多方联合、协同发力，不断开创环保工作新局面

JC水电厂制定2023年《JC水电站运行期鱼类产卵季节反调节生态调度方案》并报送国网西藏电力有限公司调度控制中心批复同意，于3～5月按照《JC水电站运行期鱼类产卵季节反调节生态调度方案》要求开展反调节生态调度工作，践行华能"绿色"公司理念、履行央企社会责任。

电站建设了污水处理系统，主要包括调节池、进口潜污泵、污水处理主体设备、风机室和控制柜等设备，对电站的生活污水进行处理达标后用于绿化用水，实现了"零排放"；电站与西藏国策环保科技股份有限公司山南分公司加查项目部签订了垃圾填埋处理协议，电站生活垃圾运往山南市垃圾填埋场进行统一处理；电站严格按照规范要求，加强废油收集、存放管理，委托资质单位西藏嘉合环保科技有限公司对电站的废油进行规范处置。

（华能雅鲁藏布江水电开发投资
有限公司JC水力发电厂）

清原抽水蓄能电站工程实现施工期污废水处理和资源化利用

清原抽水蓄能电站由中国电建集团北京勘测设计研究院有限公司（简称北京院）牵头组成EPC总承包联合体进行建设，该电站装机容量为180万kW，枢纽工程主要由上水库、下水库、输水系统、地下厂房系统和地面开关站等建筑物组成。工程自开工以来，EPC总承包部始终重视生态环境保护，明确要

求将生态环境保护工作与安全、质量、进度工作放到同一重要位置，压紧压实环保责任，将绿色理念贯穿工程建设全流程，树立了绿色生态文明工程典范，在历次生态环境保护检查中得到当地政府、国家电网及中国电建专家的一致好评，2022年被国网新源公司评为"争当环保卫士、共建绿色电站"先进单位。

2018年6月9日，受中国电建辽宁清原抽水蓄能电站EPC总承包项目管理部的委托，北京院承担了施工期污废水施工详图阶段专项设计，北京院坚持以资源节约、环境友好为导向，以绿色技术创新为驱动，全面推进抽水蓄能污废水综合处置利用，积极降低能耗、物耗，实现资源全面节约和水资源循环利用，包括1处砂石料生产废水处理站、4处地下洞室排水处理站、2处生活污水处理站、4处混凝土拌和站生产废水处理站、2处生态蓄水池。根据不同废水水质采取不同处理工艺，使处理后的中水达到城市污水再生利用水质标准，全部回用于生产、洒水降尘、草木绿化等，实现了污废水全处理、中水全利用、污废水"零排放"。

（1）砂石料生产废水处理。采取直接将"板框或箱式压滤机脱水"作为核心工艺环节的新工艺，经测试处理后废水中悬浮物浓度稳定处于20mg/L以下，远优于行业100mg/L的出水要求，处理效率高达99.9%，与传统工艺比较，该工艺减少了2个处理环节和大量设备，建设成本减少约25%，电费减少约47%，运行费用减少约32%。砂石料生产废水处理的主要难点在于，废水悬浮物浓度高、沉降快、易板结，排泥设施易堵塞损坏，构筑物底泥排泥难、管道淤堵严重，容易造成系统瘫痪，产生使系统无法连续运行的问题。跳出压滤机只能作为污泥处理单元的思维定式，前置板框压滤机直接处理废水，通过板框压滤机滤布的物理截留大部分悬浮物，降低后续处理单元负荷，保证系统的稳定运行，在板框压滤机后增加絮凝沉淀环节，前置板框压滤机降低了后续沉淀池的处理负荷，板框压滤机的作用是直接处理废水而非脱泥，初步去除废水中的大量悬浮物，解决浆料易板结导致构筑物底泥排泥难、管道淤堵严重而使系统无法连续运行的问题。

（2）地下洞室排水处理。采取"混凝沉淀+过滤"工艺，处理效率高达99.8%。

（3）生活污水处理。采取"AO+MBR+化学除磷"工艺，处理效率高达99.9%，冬季暂存于生态蓄水池中。

（4）混凝土拌和站生产废水处理。采取"混凝土沉淀"工艺，处理效率高达99.8%。

（5）生态蓄水池处理。保证废污水"零排放"，可使抽水蓄能电站施工期废污水资源利用率提高至近

100%，可有效减少抽水蓄能电站新水使用需求，降低工程建设期供水设施建设及运行费用，位于 EPC 总承包营地，占地面积约 2500m²。生态蓄水池于 2020 年 4 月投入使用，同年 5 月 EPC 总承包部投入约 10cm 的金色、红色锦鲤幼鱼 40 余尾。经过近几年成长，幼鱼均已成长为成年锦鲤且已繁殖了上千尾。现在生态蓄水池已形成"大鱼跳跃、小鱼成群"的自然和谐景观，已成为 EPC 总承包部及各工区职工业余休闲理想之地、晚饭后最佳散步之地。职工自觉对生态蓄水池进行保护、对锦鲤进行呵护，职工亲切的称呼生态蓄水池为清原抽水蓄能电站的后花园。

所有废污水处理工程出水均满足设计出水标准，具有投资低、占地少、自动化操作简单、耗电量小，系统运行稳定性高，污水资源化利用等特点。以该工程为依托，这些技术体系已应用于 4 个标准规范，包括已发布的行业标准《水电工程移民安置生活污水处理技术规范》（NB/T 10869—2021）和中国电力企业联合会团体标准《抽水蓄能电站环境保护设计导则》（TCEC 5073—2022），以及正在编制的行业标准《抽水蓄能电站环境保护设计规范》（能源 20230327）、《水电工程砂石系统废水处理设备基本技术条件》（能源 20220241）。申报了 12 项国家专利，目前已有 3 项获得国家专利授权（2 项发明专利和 1 项实用新型专利），另外 3 项发明专利和 6 项实用新型已经受理。这些技术可应用于拟建抽水蓄能电站的环境保护设计、在建和已建工程的环境保护设施优化和环境管理中，也可为其他类似工程提供借鉴和参考，具有很高的应用和推广价值。

（中国电建集团北京勘测设计研究院
有限公司　崔小红　金弈）

移 民 工 程

2023 年水利部水利工程移民安置工作情况

2023 年，全国水利基础设施建设投资规模再创历史新高，移民安置也迎来新的高峰，水利部坚持以人民为中心的发展思想，将群众满意度作为移民工作的首要标准，全年共完成大中型水利工程搬迁移民 5.5 万人，完成征地移民投资 425 亿元，陕西引汉济渭、西藏拉洛、四川亭子口等 79 项重大水利枢纽工程有序开展移民安置验收，移民安置与工程建设实现了齐头并进、相互促进、良性发展。会同财政部下达中央水库移民扶持基金 443 亿元支持群众增收致富，不断增进民生福祉，提高移民生活品质，帮助 2546 万移民群众稳步迈上共同富裕之路。

（一）移民安置前期工作扎实推进

针对移民安置前期工作中的突出制约因素，加大协调力度，解决好水利工程立项要件问题。重点推动地方人民政府科学合理确定停建范围、停建时机，为实物指标调查提供前提；针对淹没影响范围内的搬多少、补多少等个性问题，综合考虑各方关切，尊重客观实际，合理解决各方诉求，形成一致意见。上述举措，有效加快了移民安置前期工作进度。

（二）移民安置规划质量有效提升

各地结合区域实际，探索多元化移民安置方式。更加注重当地及周边资源环境，尽量将移民安置点选择在交通便利、生产生活条件较好的地方。坚持以集中安置为主，后靠分散安置为辅，将移民安置与当地新型城镇化建设结合起来，向城集镇合理集中。土地容量充足的，以农业安置为主；不足的结合货币化补偿、养老保险等方式进行安置。在规划编制过程中，严格按照规定开展移民意愿调查，广泛征求移民群众意愿，充分尊重地方政府意见，把以人民为中心的发展思想贯彻到规划编制的全过程。

（三）移民搬迁进度平稳加快

各地认真落实水利工程移民搬迁进度月报制度，流域管理机构负责对管辖范围内重大水利工程月报审核把关，保障移民搬迁进度数据真实可靠。针对搬迁安置推进较慢的工程进行重点协调，及时开展现场督导，找准问题症结，落实各方责任，推动问题解决。移民搬迁进度总体上满足工程建设进度需要，有力保障了工程顺利建设。

（四）移民安置管理制度有效落实

加强移民安置工作建章立制，强化移民安置工作管理。严格执行移民安置监督评估制度，进一步落实项目法人和地方政府"双委托"要求，积极发挥省级移民管理机构的监督指导作用。着力加强新修订的移民安置验收办法的培训、宣贯和落实，进一步规范验收流程，推进验收进度。压紧压实各级验收主体责任，落实流域管理机构对管辖范围内移民安置验收工作的指导监督职责，采取有效措施，解决遗留问题，着力推动验收工作有力有序开展。

（水利部水库移民司　宋向阳）

2023 年水利部水库移民后期扶持及监督管理工作情况

2023 年，财政部、水利部全年下达中央水库移民扶持基金 443 亿元，支持加快移民美丽家园建设、产业发展和就业能力提升等。各地围绕"十四五"水库移民后期扶持规划目标任务，不断探索创新，集中力量实施了一大批优质项目，2023 年水库移民人均可支配收入达到 2.1 万元。

2023 年，水利部组织对 18 个省（市、区）54 个县水库移民后期扶持政策实施情况和 6 个在建水利工程移民安置资金管理情况进行监督检查，以"一省一单"印发了整改意见。各地在完善监管制度、推进监督管理工作上取得新进展、新转变、新经验、新成效。

（一）后期扶持工作

（1）水库移民突出问题着力解决。各地深入贯彻落实习近平总书记关于"吃水不忘挖井人，要继续加大对库区的支持帮扶"的重要指示精神，紧盯库区发展难、增收难、就业难等问题，按照财政部、国家发展改革委和水利部的要求，适当集中资金，优先实施一批解决水库移民突出问题的项目，涉及优势特色产业扶持、移民村人居环境整治、库区和安置区基础设施提升等。

（2）项目资产管理持续加强。各地认真落实《水利部办公厅关于进一步加强大中型水库移民后期扶持项目管理和资产监管的通知》精神，加强后期扶持项目库建设，做好项目储备，提高项目建设效率。鼓励地方适当集中资金，采取竞争性立项等方式，建立项目资产台账，做好清理登记工作，提高资金使用效率。

（3）美丽移民村建设提档升级。水利部印发《关于推广浙江"千万工程"经验进一步推进美丽移民村建设的通知》，指导各地加快美丽家园建设、产业发展、就业能力提升等重点项目实施，推动美丽移民村建设提档升级。各地把移民后期扶持与乡村全面振兴紧密衔接，大力开展美丽移民村建设，逐步实现从"家里美"到"村里美"的转变。

（二）监督管理工作

（1）监管机制逐步完善。根据新形势、新要求，结合以前年度监督检查发现的问题，水利部及时修订印发了《水库移民工作监督检查办法 2023 年版问题清单》，重新编制了《2023 年版水库移民监督检查手册》，制度的不断完善，有力保障了监督检查工作开展。

（2）监管方式不断创新。及时调整工作模式，由技术支撑单位建立专家库，随机选取，组织培训。各地也结合本地实际积极创新监管方式，合并开展监测评估、绩效评价、资金运行监控等，既整合了监管力量，又减轻了基层负担。

（3）监管工作统筹推进。按照《水利部关于强化流域治理管理的指导意见》提出的对各流域机构监督检查工作授权赋能的要求，将水库移民监督工作职能向流域管理机构延伸，建立与流域管理机构的日常协调联络机制，科学制定年度计划，指导协调各流域管理机构开展工作。

（4）监管力度持续强化。水库移民监督检查工作在坚持中深化，在深化中发展，靶向更加精准，工作格局更加健全，力度持续加大，做到了发现问题和解决问题一体推进。各地充分发挥监督管理作用，跟踪督办，实行对账销号，推进工作。

（水利部水库移民司　武斌　张金生）

南方电网储能股份有限公司 2023 年征地移民工作情况

（1）梅州抽水蓄能电站项目。征地移民安置工作已基本完成，正在开展移民安置竣工验收准备工作。

（2）阳江抽水蓄能电站项目。征地移民安置工作已基本完成，正在开展移民安置竣工验收准备工作。

（3）南宁抽水蓄能电站项目。2 月 4 日，该项目取得建设用地批复，移民安置区建设及移民安置工作进行中。

（4）肇庆浪江抽水蓄能电站项目。9 月 15 日，该项目获得国家自然资源部关于广东肇庆浪江抽水蓄能电站项目用地土地征收的批复，移民安置区建设及移民安置工作进行中。

（5）中洞抽水蓄能电站项目。12 月 4 日，该项目获得自然资源部关于广东惠州中洞抽水蓄能电站项目用地土地征收的批复，移民安置协议签订中。

（6）其他抽水蓄能电站项目。茂名电白项目于 11 月核准，桂林灌阳、钦州灵山、贵港港北、玉林福绵项目于 12 月核准。移民安置协议也在签订中。

（南方电网储能股份有限公司　曹娅）

灵寿抽水蓄能电站工程移民安置规划通过审查

（一）电站概况

灵寿抽水蓄能电站位于河北省石家庄市灵寿县境内，上水库位于磁河右岸的漆油沟，下水库位于大清河系支流磁河右岸的沙岭沟。电站距北京市、石家庄市、灵寿县直线距离分别为 250、70、40km。该工程为一等大（1）型工程，电站规划装机 4 台，单机容量 35 万 kW。上水库正常蓄水位 1000m，下水库正常蓄水位 373m，工程筹建期 24 个月，准备期 6 个月，主体工程施工期 54 个月，完建期 12 个月，工程建设总工期 72 个月。

（二）移民安置规划情况

2022 年 8 月 25 日，河北省人民政府发布了《河北省人民政府关于河北灵寿抽水蓄能电站项目水库淹没区及枢纽工程建设区禁止新增建设项目和迁入人口的通告》。

通过实物指标联合调查组对建设征地范围内的实物指标的全面调查，实物指标调查成果得到了调查者和被调查者的签字认可并进行公示。9 月 23 日，灵寿县人民政府以《灵寿县人民政府关于对河北灵寿抽水蓄能电站可行性研究报告阶段建设征地影响实物指标成果的确认函》对建设征地实物指标调查成果进行了确认。

2022 年 9 月 26～27 日，河北省水利厅会同水电水利规划设计总院对《规划大纲》进行了审查。会后，北京院根据审查意见，进一步对《规划大纲》进行了修改和完善，形成了《规划大纲》（审定本）。

2022 年 10 月 22～23 日，河北省水利厅会同水电水利规划设计总院组织召开《河北灵寿抽水蓄能电站移民安置规划》评审会。10 月 25 日，水电水利规划设计总院以水电规库〔2022〕346 号文印发《关于印送〈河北灵寿抽水蓄能电站移民安置规划审查意见〉的函》，10 月 26 日，河北省水利厅以冀水审〔2022〕5511 号文印发《关于河北灵寿抽水蓄能电站移民安置规划的审核意见》。

（三）规划设计成果

（1）实物指标。灵寿抽水蓄能电站建设征地涉及灵寿县寨头乡、陈庄镇 2 个乡（镇）7 个行政村，涉及土地总面积 6676.93 亩，其中耕地 156.36 亩、园地 41.63 亩、林地 4449.90 亩（其中国有林地 2.70 亩）、草地 1825.09 亩、工矿仓储用地 22.62 亩、住宅用地 25.04 亩、交通运输用地 28.88 亩、水域及水利设施用地 127.06 亩（其中国有内陆滩涂 5.93 亩）、

其他土地 0.35 亩。建设征地涉及搬迁人口 107 人，涉及各类房屋面积 5795.53m²；征地涉及三级公路 0.27km，农村道路 2.88km，10kV 输电线路 1.754km，通信线路 2.01km，涉及探矿权 1 处，不涉及文物古迹。根据第三次全国国土调查成果及"三区三线"划定成果，建设征地不涉及永久基本农田、基本草原、国家一级公益林及国家Ⅰ级保护林。

（2）移民安置方案。至推算截至年 2024 年，①电站建设征地涉及生产安置人口 246 人，规划采取自行安置方式；涉及搬迁安置人口 108 人，规划采取分散安置。②电站建设征地涉及水源井（潜孔钻井）1 眼、引泉池 5 座、挡水墙 4 座和引水管道（PE63）1416m，（PE50）1800m，（PE40）1000m，（PE32）500m，规划按照原标准、恢复原功能的原则进行复建。③电站建设征地涉及陈孟公路（X012）0.27km，结合电站 Y1 号施工永久道路，恢复该条道路的交通功能，移民安置规划不再考虑；涉及机耕道 2.88km，规划由权属单位结合库周剩余耕地和林地情况，自行复（改）建，恢复其功能。④电站建设征地涉及灵寿县供电公司 2 条 10kV 电力线路 1.754km，其中砂岭沟分支 10kV 电力线路 1.254km，1 台变压器，0.4kV 电力线路 2.8km，不需要进行复建，规划采取一次性补偿处理；漆油沟分支 10kV 电力线路 0.5km，规划按照"三原"原则进行复建。⑤电站建设征地涉及联通公司通信光缆（24 芯）1.5km，不需要进行复建，采取一次性补偿处理；涉及电信公司通信光缆 0.5km、光缆终端设备 1 个和铁塔公司架空钢绞线 0.7km、角钢塔 1 座和监控摄像头 1 个，均用于藤龙山森林防火监控，规划按照"三原"原则进行复建。

根据河北省文物局 2022 年 9 月 23 日印发的《河北省文物局关于灵寿抽水蓄能电站工程项目意见的函》（冀文物函〔2022〕106 号）提出：同意灵寿抽水蓄能电站工程项目选址方案，《根据中华人民共和国文物保护法》有关规定，工程开工前需对工程涉及区域进行必要的文物勘探等文物保护工作。根据 2022 年 9 月河北省地质矿产勘查开发局编制的《河北灵寿抽水蓄能电站建设项目压覆矿产资源评估报告（送审稿）》，电站建设征地范围内涉及探矿权 1 处，矿种为铁矿，规划按照国家和河北省有关政策规定进行处理。

（3）补偿费用。灵寿抽水蓄能电站建设征地移民安置补偿费用为 64685.49 万元，其中，静态费用 62167.87 万元，价差预备费 2517.62 万元。

（中国水电学会水库专业委员会
中国电建集团北京勘测设计研究院
有限公司 孔维威）

隆化抽水蓄能电站工程移民安置规划通过审查

（一）电站概况

隆化抽水蓄能电站位于河北省承德市隆化县韩麻营镇，电站下水库位于韩麻营镇龙王庙村，利用大昌及新村矿业公司已有采矿矿坑，电站上水库位于韩麻营镇大顺子沟。该工程为一等大（1）型工程，电站安装 8 台单机容量 35 万 kW 的立轴单级混流可逆式水泵水轮机，上水库正常蓄水位 895m，死水位 860m，调节库容 1640 万 m³。下水库正常蓄水位 428m，死水位 400m，调节库容 1740 万 m³，具备日调节能力。

（二）移民安置规划情况

2022 年 10 月 20 日，隆化县人民政府印发了《隆化县人民政府关于抽水蓄能电站水库淹没区及枢纽工程建设区暂停办理新增建设项目及迁入人口审批的通知》。

通过实物指标联合调查组对建设征地范围内的实物指标的全面调查，实物指标调查成果得到了调查者和被调查者的签字认可并进行公示。11 月 10 日，隆化县人民政府出具了《关于河北隆化抽水蓄能电站可行性研究阶段建设征地实物指标调查成果的确认函》。

2022 年 11 月 14～15 日，河北省水利厅会同水电水利规划设计总院组织对《规划大纲》进行了审查，并提出修改意见。会后北京勘测设计研究院对《规划大纲》进行了修改完善，并形成了《河北隆化抽水蓄能电站建设征地移民安置规划大纲》（审定本）。

2022 年 11 月 21 日，河北省人民政府印发《河北省人民政府关于同意河北隆化抽水蓄能电站建设征地移民安置规划大纲的批复》（冀政字〔2022〕53 号），对《规划大纲》（审定本）进行了批复。

2022 年 11 月 26～27 日，河北省水利厅会同水电水利规划设计总院组织召开《河北隆化抽水蓄能电站移民安置规划》评审会。11 月 28 日，水电水利规划设计总院以水电规库〔2022〕405 号文印发《关于报送〈河北隆化抽水蓄能电站移民安置规划审查意见〉的函》，同日，河北省水利厅以冀水审〔2022〕6613 号文印发《关于河北隆化抽水蓄能电站移民安置规划的审核意见》。

（三）规划设计成果

（1）实物指标。河北隆化抽水蓄能电站建设征地涉及隆化县韩麻营镇、苔山镇共 2 个镇 5 个行政村，电站建设征地涉及土地总面积 4366.60 亩，其中耕地 390.68 亩、园地 3.51 亩、林地 1835.94 亩、草地 347.69 亩、商服用地 3.25 亩、工矿仓储用地 1679.65 亩、住宅用地 25.93 亩、公共管理与公共服务用地 0.18 亩、交通运输用地 53.47 亩、水利及水域设施用地 22.21 亩、其他土地 4.09 亩。

建设征地涉及搬迁人口 93 人，涉及房屋面积 4943.00 m²；涉及二级公路 2 条 0.97km，汽车便道 1 条 1.08km，35kV 电力线路 1 条 1.93km，10kV 电力线路 7 条 4.24km，变压器 6 台，0.4kV 低压线路 5 条 2.55km，电信光缆 15.66km，广播电视光缆 3.40km，文物遗址 1 处，矿产资源 8 处、探矿权 2 处、采矿权 2 处，企业 2 家。

根据第三次全国国土调查成果及"三区三线"划定成果，并经县人民政府确认，建设征地不涉及永久基本农田、基本草原、国家一级公益林及国家Ⅰ级保护林。

（2）移民安置方案。至推算截至年 2023 年：①电站建设征地涉及生产安置人口 338 人，规划采取自行安置方式；涉及搬迁安置人口 93 人，规划采取后靠分散安置。②电站建设征地涉及汽车便道 1.08km，规划进行复（改）建，恢复其功能。③涉及的输变电设施包括隆化县供电公司的 35kV 线路 1.93km，10kV 线路 4.24km，0.4kV 线路 2.55km 以及 6 台变压器，其中孤山 521 线大顺子沟里段鉴于后期其服务对象，规划采取一次性补偿处理，由权属单位统筹解决分散安置移民居民点的外部供电；其余涉及的输变电设施规划按照"三原"原则进行复建。④涉及通信线路共 15.66km，规划按照"原规模、原标准或恢复原功能"的原则进行复（改）建，规划复建长度 9.36km。⑤涉及大顺子沟遗址一处，根据河北省文物局 2022 年 11 月 10 日印发的《河北省文物局关于河北隆化抽水蓄能电站建设项目意见的函》提出：同意河北隆化抽水蓄能电站建设项目选址方案，《根据中华人民共和国文物保护法》有关规定，工程开工前需对遗址进行必要的考古勘探和发掘等文物保护工作，对项目的其他可能存在文物的区域应进行进一步的考古调查和勘探。

根据河北省地质矿产勘查开发局第六地质队提供的《河北隆化抽水蓄能电站工程建设项目压覆重要矿产资源评估报告》（初稿），经河北省自然资源厅及拟建项目所在市、县自然资源和规划局等相关部门的矿权查询，该建设项目评估范围涉及矿业权 4 处（探矿权 2 处，采矿权 2 处），矿产地 8 处。规划根据国家及河北省的相关规定进行处理。

电站建设征地涉及新村矿业有限公司修车厂 1 处，规划采取一次性补偿方式进行处理。

（3）补偿费用。河北隆化抽水蓄能电站建设征地移民安置补偿费用为 40108.79 万元，其中，静态费用 39214.95 万元，价差预备费 893.84 万元。

（中国水电学会水库专业委员会
中国电建集团北京勘测设计研究院
有限公司 孙亚东）

朝阳抽水蓄能电站工程移民安置规划通过审查

（一）电站概况

朝阳抽水蓄能电站位于辽宁省朝阳县和龙城区境内，距朝阳市直线距离 30km，距沈阳市直线距离 280km。上水库位于龙城区西北部联合镇沈杖子村西侧山沟沟脑处，下水库位于朝阳县北沟门子乡于家店村至瓦房店村之间、大凌河一级支流老虎山河干流左岸。该工程为一等大（1）型工程，电站安装 4 台，单机容量 32.5 万 kW 的竖轴单级混流可逆式水泵水轮机组。上水库正常蓄水位 725.00m，死水位 697.00m，调节库容 1016.00 万 m^3，死库容 62.00 万 m^3。下水库正常蓄水位 375.00m，死水位 350.00m，调节库容 1102.00 万 m^3，死库容 54.0 万 m^3。

（二）移民安置规划情况

4 月 25 日，辽宁省人民政府发布了《辽宁省人民政府关于禁止在辽宁朝阳抽水蓄能电站水库淹没影响区及枢纽工程建设区新增建设项目和迁入人口的通告》。

通过实物指标联合调查组对建设征地范围内的实物指标的全面调查，实物指标调查成果得到了调查者和被调查者的签字认可并进行公示。5 月 16 日，当地政府分别出具《龙城区人民政府关于辽宁朝阳抽水蓄能电站可行性研究阶段实物指标调查成果的确认函》（朝龙政函〔2023〕2 号）、《朝阳县人民政府关于辽宁朝阳抽水蓄能电站可行性研究阶段实物指标调查成果的确认函》（朝县政函〔2023〕9 号）。

5 月 29～30 日，辽宁省水利厅会同水电水利规划设计总院对《规划大纲》进行了审查，并提出修改意见。会后北京勘测设计研究院对《规划大纲》进行了修改完善，并形成了《辽宁朝阳抽水蓄能电站建设征地移民安置规划大纲》（审定本）。

7 月 4～5 日，辽宁省水利厅会同水电水利规划设计总院在朝阳市主持召开了辽宁朝阳抽水蓄能电站移民安置规划审查会议。9 月 15 日，水电水利规划设计总院以水电规库〔2023〕284 号文印发《关于报送〈辽宁朝阳抽水蓄能电站移民安置规划审查意见〉的函》，9 月 21 日，辽宁省水利厅以辽水行审

〔2023〕258 号文印发《关于印发〈辽宁朝阳抽水蓄能电站移民安置规划审核意见〉的通知》。

（三）规划设计成果

（1）实物指标。朝阳抽水蓄能电站建设征地涉及龙城区联合镇和朝阳县北沟门子乡、西五家子乡等 2 个县区 3 个乡镇 3 个行政村，以及国营朝阳县贾家店农场和国营朝阳县联合林场。①电站建设征地涉及土地总面积 5224.33 亩（国有 2315.98 亩），其中耕地 1995.01 亩（国有 706.68 亩）、园地 17.13 亩（国有 6.53 亩）、林地 1687.91 亩（国有 1077.20 亩）、草地 1420.48 亩（国有 471.16 亩）、住宅用地 0.18 亩、交通运输用地 32.46 亩（国有 17.04 亩）、水域及水利设施用地 53.63 亩（国有 37.37 亩）、其他土地 17.52 亩。②电站建设征地范围不涉及搬迁人口，涉及养殖场 5 户；涉及三级公路 1.40km、机耕道 5.44km，电力线路 3.45km，电信线路 2.50km，广播电视线路 1.40km，文物古迹 2 处，采矿权 1 处，探矿权 1 处；涉及企业单位 2 家。

根据 2021 年度国土变更调查成果，并经两县区人民政府及相关部门确认，电站涉及国家二级公益林 1460.39 亩，涉及 II 级保护林地的有林地 781.98 亩，临时占地中渣场占用 II 级保护林地中的非有林地 432.22 亩，电站不涉及永久基本农田、军事管理区域、国家一级公益林及 I 级保护林。取土场等料场用地不涉及 II 级保护林中的有林地。

（2）移民安置方案。至推算截至年 2024 年：①电站建设征地涉及生产安置人口 169 人（朝阳县 141 人，龙城区 28 人），规划采取自行安置方式。不涉及搬迁安置人口。②电站建设征地涉及三级公路 1.40km，规划进行复（改）建，恢复其功能。③电站建设征地涉及机耕道 14 条，共计 5.44km。对影响的机耕道 7 条道路规划采取复改建处理；1 条道路的原服务对象为拉拉营子养殖场，为个人投资建设，在电站开工前将全部征收无需复改建，规划一次性补偿处理。其余 6 条不做处理：其中 4 条因征地丧失服务对象，2 条结合其他道路进行功能性替代。④电站建设征地涉及 10kV 电力线路长度 3.45km，规划对建设征地影响 10kV 贾家店主干线、10kV 贾家店拉南分支线采取迁改建处理；建设征地涉及变压器 9 台，规划对 1 台 200kVA 变压器进行迁改建处理，其余 8 台由权属人自行处理。⑤电站建设征地涉及中国联合网络通信有限公司朝阳县分公司通信线路共 2.50km，规划对建设征地影响的联通北沟门支局至拉拉营子养殖场架空线 2.50km 采取一次性补偿方式进行处理。⑥电站建设征地涉及朝阳天兴网络技术开发有限公司广播电视线路 1.4km，规划对建设征地影响贾家店至北沟门主干光缆 1.4km 采取迁改建

处理。

电站建设征地涉及古遗址 2 处，一处为辽宁省第九批省级文物保护单位——黑山头遗址，另一处为于家店遗址。9 月中旬，辽宁省文物局印发《关于朝阳抽水蓄能电站工程占地区域考古勘探工作报告的审查意见》(辽文物发〔2023〕226 号)，该审查意见认为，"你院对朝阳抽水蓄能电站工程占地区域考古勘探工作程序符合相关法律法规，文物保护工作建议符合实际情况，原则同意此报告""鉴于地下文物的不可预知性，在工程建设过程中若发现文物，建设方应当保护现场并立即报告当地文物行政部门，由文物行政部门提出意见"。

根据辽宁有色勘察研究院有限责任公司提供的《辽宁朝阳抽水蓄能电站可行性研究阶段压覆矿产资源评估报告》，建设征地范围直接压覆探矿权 1 处，不直接压覆采矿权，外扩 300m 涉及采矿权 1 处。涉及采矿权状态为已过期，且建设征地未直接影响，项目建设单位与矿业权人已签订互不影响协议，经双方确认后，不作压覆处理。

电站建设征地涉及国营朝阳县贾家店农场、国营朝阳县联合林场，规划采取一次性补偿方式进行处理。

(3) 补偿费用。辽宁朝阳抽水蓄能电站建设征地移民安置补偿费用为 38646.15 万元，其中，静态费用 37796.83 万元，价差预备费 849.32 万元。

(中国水电学会水库专业委员会
中国电建集团北京勘测设计
研究院有限公司　杨洋)

太子河抽水蓄能电站工程移民安置规划通过审查

(一)电站概况

太子河抽水蓄能电站位于辽宁省本溪市本溪满族自治县和明山区境内，电站装机容量 180 万 kW，连续满发小时数 6h，为一等大 (1) 型工程，上水库正常蓄水位 688.00m，下水库正常蓄水位 251.00m。工程由上水库、输水系统、地下厂房系统、下水库、泄洪及补水系统等建筑物组成。

(二)移民安置规划情况

9 月 27 日，辽宁省人民政府印发了《辽宁省人民政府关于禁止在辽宁太子河抽水蓄能电站工程水库淹没影响区及枢纽工程建设区新增建设项目和迁入人口的通告》。

通过实物指标联合调查组对建设征地范围内的实物指标的全面调查，实物指标调查成果得到了调查者和被调查者的签字认可并进行公示。11 月 6 日，本溪满族自治县人民政府出具了《关于辽宁太子河抽水蓄能电站可行性研究阶段建设征地实物指标调查成果的确认函》，对本溪县实物指标调查成果进行确认。

11 月 2～4 日，辽宁省水利厅会同电力规划设计总院召开了《辽宁太子河抽水蓄能电站移民安置规划大纲》审查会议。12 月 7 日，辽宁省人民政府印发了《辽宁省人民政府关于辽宁太子河抽水蓄能电站移民安置规划大纲的批复》(辽政〔2023〕88 号)。

11 月 27～28 日，辽宁省水利厅会同电力规划设计总院组织召开《辽宁太子河抽水蓄能电站移民安置规划》评审会。12 月 14 日，电力规划设计总院以电规发电〔2023〕803 号文印发了《关于印送〈辽宁太子河抽水蓄能电站移民安置规划审查意见〉的函》。12 月 17 日，辽宁省水利厅以辽水行审〔2023〕367 号文印发了《关于印发辽宁太子河抽水蓄能电站移民安置规划审核意见的通知》，同意该规划报告。

(三)规划设计成果

(1) 实物指标。根据辽宁太子河抽水蓄能电站规划报告，建设征地区涉及土地总面积 5027.02 亩，水库淹没影响区面积 1474.64 亩，枢纽工程建设区永久占地面积 2597.44 亩，临时用地面积 954.94 亩。建设征地区涉及搬迁人口 73 户 221 人，各类房屋面积 9599.11m²，个体工商户 6 家；涉及四级公路 0.66km，机耕道 15 条 12.77km；涉及 66kV 输电线路 1.37km，10kV 电力线路 1.9km，涉及联通线路 3 条 9.67km，5G 基站 1 座，移动线路 2 条 5.90km，广播电视线路 3 条 4.13km。建设征地区涉及永安寺遗址 1 处。

(2) 移民安置方案。至推算截至年 2025 年，电站建设征地涉及生产安置人口 269 人，规划采取自行安置的方式进行安置。涉及搬迁安置人口 221 人，规划采取分散安置的方式进行安置。规划对农村小型专项设施、四级公路、10kV 电力线路一次性补偿处理。规划对 66kV 输电线路改复建处理。规划对部分机耕道及通信设施改复建处理，对未复建的机耕道和通信设施一次性补偿处理。规划对永安寺遗址进行发掘保护处理。

(3) 补偿费用。辽宁太子河抽水蓄能电站建设征地移民安置补偿费用为 60812.85 万元，其中，静态费用 58952.74 万元。

(中国水电学会水库专业委员会
中国电建集团北京勘测设计研究院
有限公司　冯涛)

乌海抽水蓄能电站工程建设征地移民安置规划报告通过审查

（一）电站概况

乌海抽水蓄能电站位于内蒙古乌海市境内的海勃湾区，上水库位于甘德尔山中北段西侧、骆驼峰东侧的一条东西向的冲沟中，下水库位于黄河东岸甘德尔山西侧的白石头沟内，电站规划装机4台，单机容量30万kW。上水库正常蓄水位1638.0m，死水位1609.0m，调节库容824万m³。下水库正常蓄水位1225.0m，死水位1187.0m，调节库容783.7万m³。枢纽工程建筑物主要由上水库、水道系统、地下厂房系统、下水库等部分组成。该工程为一等大（1）型工程，永久性主要建筑物为1级建筑物，永久性次要建筑物为3级建筑物。

（二）移民安置规划过程

2021年6月24日，内蒙古自治区人民政府发布了《内蒙古自治区人民政府关于禁止在内蒙古乌海抽水蓄能电站水库淹没区及枢纽工程建设区范围内新增建设项目和迁入人口的通告》（内政字〔2021〕52号）。

通过实物指标联合调查组对建设征地范围内的实物指标的全面调查，实物指标调查成果得到了调查者和被调查者的签字认可并进行公示。2021年7月12日，海勃湾区人民政府发文对实物指标调查成果进行了确认。

2021年7月23～24日，内蒙古自治区发展改革委会同水电水利规划设计（简称水电总院）总院在乌海市召开了内蒙古乌海抽水蓄能电站建设征地移民安置规划大纲审查会议。会后，根据审查会议精神，北京勘测设计研究院对电站施工总布置方案进行了调整，并征求了乌海筹备处及水电总院的意见。

2022年1月11日，内蒙古自治区发展改革委会同水电总院在呼和浩特市召开了《内蒙古乌海抽水蓄能电站移民安置规划》审查会议。2022年1月20日，水电水利规划设计总院印发了《关于印送〈内蒙古乌海抽水蓄能电站移民安置规划审查意见〉的函》（水电规库〔2022〕27号）。2022年1月25日，内蒙古自治区发展和改革委员会印发了《内蒙古自治区发展和改革委员会关于印发内蒙古乌海抽水蓄能电站建设征地移民安置规划审核意见的通知》（内发改农字〔2022〕120号）。

（三）规划设计成果

（1）实物指标。乌海抽水蓄能电站建设征地涉及乌海市海勃湾区，电站建设征地涉及土地总面积6135.72亩，包括草地3191.02亩、林地1617.83亩、交通运输用地62.26亩、水利及水域设施用地65.49亩、其他土地1199.12亩。水库淹没影响区面积952.07亩，涉及草地452.51亩、林地391.58亩、水利及水域设施用地17.79亩、其他土地90.19亩。

枢纽工程建设区永久占地面积2863.50亩、涉及草地1703.54亩、林地464.09亩、交通运输用地48.47亩、水利及水域设施用地46.71亩、其他土地600.69亩。枢纽工程临时用地面积2320.15亩，涉及草地1034.97亩、林地762.16亩、交通运输用地13.79亩、水利及水域设施用地0.99亩、其他土地508.24亩。

建设征地不涉及人口及房屋，涉及乌海市治沙站灌溉管道、乌海市道路绿化管理站灌溉管道、内蒙古蒙草生态环境（集团）股份有限公司（简称蒙草公司）灌溉设施、人工湖、以及场内道路等；涉及10kV输电线路0.4km；中国移动通信集团内蒙古有限公司乌海分公司通信光缆9.3km，乌海凯洁燃气有限责任公司天然气管道1.20km，乌海市气象局人工增雨烟炉1个。

电站涉及内蒙古自治区乌海市海勃湾区五一农场九队长城控制地带及保护范围，古墓葬3座。电站建设征地范围内不涉及采矿权、探矿权。

（2）农村移民安置方案。乌海抽水蓄能电站不涉及搬迁安置和生产安置任务。

（3）专业项目处理。对甘德尔变电站10kV9113黄白茨线甘德尔旅游分支线路。电力线路按原标准迁建，电杆采用15m混凝土杆JKLYJ-10-185mm²进行复改建，规划将16号杆向西平移13m，移至Y1路西侧红线外，改建长度100m。对涉及中国移动通信集团内蒙古有限公司乌海分公司线路9.3km。规划按照原标准复建，通信光缆采用24芯直埋光缆进行复建，复建光缆总长度23km，新增光缆总长度8km。对涉及乌海凯洁燃气有限责任公司凯洁公司至党校段、党校至实训中心段天然气管道，合计1.2km，规划按照原标准进行复建，天然气管道材质采用Pe100De110管，管道埋深1.5m，规划长度1.35km。对涉及内蒙古自治区乌海市气象局人工增雨烟炉1个，规划在LE地块征地范围线边界外侧进行复建。

对涉及内蒙古自治区乌海市海勃湾区五一农场九队长城控制地带及保护范围。根据《国家文物局关于秦汉长城——五一农场九队长城保护区划内乌海抽水蓄能电站工程项目的批复》（文物保函〔2021〕1490号），原则同意在秦汉长城——五一农场九队长城保护区划内实施乌海抽水蓄能电站工程项目。根据《乌海抽水蓄能电站项目考古调查勘探报告书》，电站上水库区有古墓葬 3 座,下一步将明确墓葬等级、保护方案并履行相关程序。

(4)补偿费用。该电站建设征地移民安置补偿静态总费用 9555.61 万元,其中:农村部分补偿费 3936.38 万元、专业项目处理补偿 524.43 万元、企事业单位处理费用 490.15 万元、库底清理费 115.05 万元、独立费用 4048.59 万元、基本预备费 441.01 万元。

(中国水电学会水库专业委员会
中国电建集团北京勘测设计研究院
有限公司 朱瑜)

庄里抽水蓄能电站工程
移民安置规划通过审查

(一)电站概况

山亭抽水蓄能电站位于山东省枣庄市山亭区境内,规划装机 4 台,单机容量 29.5 万 kW,设计年发电量 19.74 亿 kW·h,为二等大(2)型工程。上水库位于凫城镇石门村东北侧石门沟内,正常蓄水位 370m,下水库利用已建庄里水库,正常蓄水位 114.56m。电站距枣庄市、济南市直线距离分别为 31、248km。电站建设征地主要涉及山亭区山城街道东江村、岩头村、吴庄村、小王庄村和凫城镇榆树村、牛角峪村、滴水村。工程筹建期 15 个月,准备期 2 个月,主体工程施工期 52 个月,完建期 9 个月,工程建设总工期 63 个月。

(二)移民安置规划情况

2022 年 11 月 9 日,山东省人民政府发布了《山东省人民政府关于枣庄庄里抽水蓄能电站项目水库淹没区及枢纽工程建设区禁止新增建设项目和迁入人口的通告》。

通过实物指标联合调查组对建设征地范围内的实物指标的全面调查,实物指标调查成果得到了调查者和被调查者的签字认可并进行公示。12 月 20 日,山亭区人民政府以《山亭区人民政府关于对枣庄庄里抽水蓄能电站可行性研究报告阶段建设征地影响实物指标成果确认的函》对实物指标调查成果进行了确认。

2023 年 4 月 18 日,水电水利规划设计总院组织了对《规划大纲》的评审会,会议要求"进一步复核建设征地处理范围、复核移民安置任务、安置标准及规划方案,复核完善交通工程等部分专业项目处理规划等内容"。

2023 年 7 月 5~6 日,水电水利规划设计总院组织了对《移民安置规划》的评审会;7 月 20 日,山东省人民政府印发了《山东省人民政府关于枣庄庄里抽水蓄能电站工程建设征地移民安置规划大纲的批复》(鲁政字〔2023〕115 号)。

2023 年 7 月 30 日,山东省水利厅会同自然资源厅组织会议对《移民安置规划》(送审本)进行审核;9 月 1 日,山东省水利厅印发了《山东省枣庄庄里抽水蓄能电站工程建设征地移民安置规划审核意见的通知》(鲁水发规函字〔2023〕27 号)。

(三)规划设计成果

(1)实物指标。庄里抽水蓄能电站建设征地涉及山亭区山城街道、凫城镇 2 个镇(街道)7 个行政村,涉及土地总面积 3980.21 亩,其中耕地 174.28 亩(其中国有 9.80 亩)、园地 2234.01 亩(其中国有 0.55 亩)、林地 974.17 亩、草地 172.35 亩、水域及水利设施用地 300.35 亩(其中国有 296.26 亩)、住宅用地 78.88 亩(其中国有 0.31 亩)、交通运输用地 44.48 亩(其中国有 14.21 亩)、公共管理与公共服务用地 0.62 亩、其他用地 0.51 亩、特殊用地 0.58 亩。建设征地涉及搬迁人口 267 人,房屋面积 20642.88m²;涉及四级公路 1.77km、汽车便道 6.87km、机耕道 6.01km、10kV 电力线路 2.91km、0.4kV 电力线路 2.28km,通信线路 18.26km;涉及中广核风力发电有限公司风机 4 台(总装机容量 8.2MW)、供电杆塔 10 根及相关配套设施。

根据《山东省枣庄庄里抽水蓄能电站工程压覆重要矿产资源评估报告》及《枣庄市自然资源和规划局关于采矿权的说明》,建设征地范围内不涉及探矿权及采矿权;根据《枣庄市山亭区枣庄庄里抽水蓄能电站项目考古调查勘探工作报告》,建设征地范围内涉及 1 处不可移动文物。

根据 2021 年度国土变更调查成果及山亭区林地"一张图"数据,并经区人民政府确认,建设征地涉及国家二级公益林 746.57 亩、省级公益林 714.83 亩,不涉及永久基本农田、国家一级公益林和基本草原;采石(砂)场、取土场不涉及Ⅱ级保护林地中的有林地。

(2)移民安置方案。①农村移民安置规划。移民安置规划。生产安置:至推算截至年,电站建设征地涉及生产安置人口 1032 人,规划采取自行安置的方式。搬迁安置:至推算截至年,电站建设征地涉及搬迁安置人口 269 人,规划采取集中安置的方式,集中居民点位于驮山头社区南侧的杏子山居民点。②农村小型专项设施处理。电站建设征地涉及雪亮工程光纤 1900m、光包 3 个、尾纤 20 根、监控设备 25 个,涉及机井 7 口(其中 20m≤深度<50m 的 2 口、深度大于 250m 的 5 口)、机井房地下电缆(48 芯)2860m、机井房至石门村电缆(24 芯)2120m、健身器材 5 套。规划对以上小型专项进行一次性补偿,由其权属

单位或村集体自行复建。③其他项目处理。规划修建公墓对建设征地涉及的 1265 冢坟墓进行集中安置，规划公墓建设面积 6 亩，位于山城街道驳山头村东侧，驳山头东山南侧。

（3）专业项目处理规划。①交通运输工程。电站建设征地涉及四级公路长度为 1.77km，其中榆树村与牛角峪村通村路 1.26km，其他通村路 0.51km。涉及汽车便道 6.87km，均为生产道路。涉及机耕道 6.01m，均为耕作道路。规划对榆树村石门段外部 2.43km 汽车便道、2.97km 机耕道及岩头村 0.79km 机耕道采取一次性补偿，由村集体自行复建；对榆树村石门段内部 1.65km 汽车便道在安置点进行统一恢复；对榆树村与牛角峪村通村路按"三原"原则进行改建；其他道路结合场内交通恢复。②电力工程。电站建设征地涉及山亭区供电中心 10kV 电力线路 2.91km，0.4kV 电力线路 2.28km，其服务对象为榆树村石门居民，沿榆树村—牛角峪村通村道路架设。集中居民点将对以上专项进行统一规划恢复功能，专业项目处理中不再重复规划。③电信工程。电站建设征地涉及联通、移动和电信 3 家单位 6 条通信线路 8.93km，广电线路 9.33km，规划按照"三原"原则进行复建；榆树村石门段线路将在集中居民点进行统一恢复，专业项目处理中不再重复规划。④文物古迹。根据《枣庄市山亭区枣庄庄里抽水蓄能电站项目考古调查勘探工作报告》，建设征地范围内涉及青石岗遗址 1 处不可移动文物，规划调整业主营地布局对其进行避让。⑤压覆矿产。根据《枣庄市自然资源和规划局关于采矿权的说明》，"山东省枣庄市山亭区响泉地区金刚石详查"探矿权已于 2016 年 12 月 31 日到期，未办理探矿权延续手续，无查明的金刚石矿产，不具备探矿权转采矿权的条件。因此电站建设征地不涉及探矿权及采矿权。

（4）企事业单位处理规划。①电站建设征地涉及中广核风力发电有限公司（枣庄）风力发电设施 4 台、供电杆塔 10 根及相关配套设施，规划按"原规模、恢复原功能"的原则进行择址迁建。②经项目建设单位与庄里水库管理服务中心沟通，水库管理服务中心同意使用庄里水库作为庄里抽水蓄能电站下水库，项目建设单位通过购买水库部分库容作为蓄能电站发电库容，目前双方正在签订有关协议。

（5）补偿费用。枣庄庄里抽水蓄能电站建设征地移民安置补偿总费用为 65816.92 万元，其中，静态费用 64526.75 万元，价差预备费 1290.17 万元。

（中国水电学会水库专业委员会
中国电建集团北京勘测设计研究院
有限公司 刘铮）

绛县抽水蓄能电站工程移民安置规划通过审查

（一）电站概况

山西绛县抽水蓄能电站位于山西省运城市绛县境内，规划装机 4 台，单机容量 30 万 kW，为一等大（1）型工程。上水库位于北沟梁左侧北沟沟首，正常蓄水位 1160m，下水库位于续鲁峪河柴坪至石门河段，正常蓄水位 735m。电站距运城市、太原市的直线距离分别约为 120、360km。山西绛县抽水蓄能电站枢纽工程由上水库壅水建筑物、下水库挡水及泄水建筑物、输水系统、地下厂房及其附属建筑物、补水系统等组成。

（二）移民安置规划情况

2022 年 11 月 18 日，山西省人民政府发布了《关于禁止在绛县抽水蓄能电站水库淹没区及枢纽工程建设区新增建设项目和迁入人口的通告》（简称停建通告）。绛县人民政府成立山西绛县抽水蓄能电站项目建设征地移民安置工作领导小组，负责实物指标调查、移民安置规划等工作。

通过实物指标联合调查组对建设征地范围内的实物指标的全面调查，实物指标调查成果得到了调查者和被调查者的签字认可并进行公示。2023 年 3 月 27 日，绛县人民政府以《绛县人民政府关于山西绛县抽水蓄能电站可行性研究阶段建设征地实物指标调查成果的确认函》（绛政函〔2023〕13 号）对实物指标复核成果进行了确认。

2023 年 4 月 11～12 日，山西省水利厅会同水电水利规划设计总院召开了《规划大纲》审查会议；5 月 10 日，山西省人民政府以《山西省人民政府关于山西绛县抽水蓄能电站建设征地移民安置规划大纲的批复》（晋政函〔2023〕47 号）对《规划大纲》进行了批复。

2023 年 5 月 25～27 日，山西省水利厅会同水电总院召开了《移民安置规划》审查会议；7 月 1 日，山西省水利厅以《山西省水利厅关于山西绛县抽水蓄能电站建设征地移民安置规划审核意见》（晋水审批决〔2023〕321 号）对《移民安置规划》进行了批复。

（三）规划设计成果

（1）实物指标。山西绛县抽水蓄能电站建设征地涉及运城市绛县 2 个镇 3 个行政村以及南樊林场，建设征地总面积 5820.03 亩，涉及耕地 443.25 亩、林地 4737.06 亩、草地 262.46 亩、交通运输用地 41.46 亩、住宅用地 31.77 亩、工矿仓储用地 24.46 亩、水域及水利设施用地 274.66 亩、其他土地 4.92 亩；不涉及搬迁人口，涉及农民专业合作社 2 家，各类房屋 6121.61 m²；涉及四级公路 5.05km，10kV 电力线路 8.33km，电信线路 6.30km，绛县山洪灾害预警简易监测站 1 处，未定级文物 1 处（董家湾门楼）；涉及事业单位 1 家、企业 1 家。

（2）移民安置方案。至推算截至年，山西绛县抽水蓄能电站建设征地涉及生产安置人口 489 人，规划采取自行安置方式。项目建设征地涉及农民专业合作社 2 家，为绛县建弘养殖专业合作社和续鲁峪村养殖园区，均规划进行一次性补偿处理。涉及续鲁峪村防洪堤，规划对村民的建设投入部分进行一次性补偿。①建设征地涉及的等级公路为"北坂—续鲁峪村"线。经与主管部门协商，通过采用与电站场内交通道路（Y1 号公路）和对外交通道路共用的方式来恢复原有交通。考虑当地村民对左岸林地管护及林下经济生产需要，规划新建柴坪—煤园人行便道。②涉及国网绛县供电公司 10kV 电力线路，其中 554 三晋线续鲁峪支线和煤园分支线，规划按照原标准进行复建；杨家门分支线、洞坪分支线、董家湾分支线、柴坪分支线共 4 条电力线路服务对象已通过易地扶贫搬出，无复建必要性，不进行处理。涉及 50kVA 变压器、0.4kV 电力线路服务对象已通过易地扶贫搬出，无复建必要性，不予处理。③电站建设征地涉及电信 1 家单位，36 芯主干基站光缆，12 芯宽带光缆规划按照"原规模、原标准或者恢复原功能"的原则进行复建。④建设征地范围涉及全国第三次不可移动文物普查登记的不可移动文物董家湾门楼，规划进行原址保护。⑤电站建设征地涉及事业单位 1 家，为中条山国有林管理局南樊林场，经征求林场及其主管单位意见，规划对收回的土地和地上附着物按照土地管理政策进行一次性补偿处理方式。电站建设征地涉及企业单位 1 家，为绛县垚鑫建材有限公司，规划对该公司受影响设施采取一次性补偿处理。

（3）补偿费用。山西绛县抽水蓄能电站建设征地移民安置补偿费用为 47925.99 万元，其中，静态费用 46791.76 万元，价差预备费 1134.23 万元。

（中国水电学会水库专业委员会
中国电建集团北京勘测设计研究院
有限公司　张松岩）

蒲县抽水蓄能电站工程移民安置规划通过审查

（一）电站概况

山西蒲县抽水蓄能电站位于山西省临汾市蒲县黑龙关镇和乔家湾镇境内，黄河一级支流昕水河上游附近，距太原市约 290km，距临汾市约 60km。电站规划装机 4 台机组，单机容量 30 万 kW，日连续满发 5h。上水库正常蓄水位为 1670m，死水位 1635m，正常蓄水位以下水库容 550 万 m³。下水库正常蓄水位 1165m，死水位 1131m，正常蓄水位以下水库容 874 万 m³。工程初拟筹建期 21 个月，施工总工期 69 个月，其中准备期 6 个月，主体工程施工期 54 个月，完建期 9 个月；首台机组发电工期 60 个月。

（二）移民安置规划情况

2023 年 1 月 9 日，山西省人民政府发布了《关于山西蒲县抽水蓄能电站水库淹没区及枢纽工程建设区禁止新增建设项目和迁入人口的通告》。

通过实物指标联合调查组对建设征地范围内的实物指标的全面调查，实物指标调查成果得到了调查者和被调查者的签字认可并进行公示。2023 年 2 月 1 日，蒲县人民政府以《蒲县人民政府关于山西蒲县抽水蓄能电站可行性研究阶段建设征地实物指标调查成果的确认函》（蒲政函〔2023〕3 号），对建设征地实物指标调查成果进行了确认。①3 月 1 日，山西省水利厅会同水电水利规划设计总院（简称水电总院）在临汾市召开了山西蒲县抽水蓄能电站建设征地移民安置规划大纲审查会。随后，北京勘测设计研究院（简称北京院）编制完成《规划大纲》（审定本）。②4 月 24 日，蒲县人民政府以《关于确认山西蒲县抽水蓄能电站建设征地移民安置规划的函》对《移民安置规划》出具了确认意见，北京院在征求意见基础上编制完成《移民安置规划》（送审稿）。③5 月 8 日，山西省水利厅会同水电总院召开了《移民安置规划》审查会议；5 月 13 日，山西省水利厅以《山西省水利厅关于山西蒲县抽水蓄能电站建设征地移民安置规划审核意见》（晋水审批决〔2023〕230 号）对《移民安置规划》进行了批复。随后，北京院编制完成了《移民安置规划》（审定本）。

（三）规划设计成果

（1）实物指标。蒲县抽水蓄能电站建设征地涉及临汾市蒲县乔家湾镇和黑龙关镇，涉及土地总面积 5039.19 亩、其中，水库淹没区面积 950.71 亩、枢纽工程建设区面积 4088.48 亩（其中永久占地面积 2988.41 亩，临时用地面积 1100.07 亩）。建设征地涉及耕地 27.26 亩（全部为临时占用）、林地 4644.94 亩、草地 23.23 亩、交通运输用地 71.12 亩、工矿仓储用地 88.47 亩、水域及水利设施用地 184.17 亩；建设征地范围内不涉及搬迁人口；涉及专业项目主要为交通道路 4.56km，电力线路 2.80km、通信线路共 28.20km、广播电视线路 5.50km、铁塔 1 座，未定级文物 1 处；涉及企事业单位 4 家。电站建设征地范围内不涉及永久基本农田；不涉及国家一级公益林，涉及国家二级公益林 3895.28 亩，料场、取土场不涉及 Ⅱ 级保护林地中的有林地；不涉及具有保密性质的军事管制区；不压覆国家重要矿产资源。

（2）移民安置方案。①农村移民安置规划。蒲县抽水蓄能电站建设征地范围内不涉及生产安置人口和搬迁安置人口，涉及前进村腰湾子组饮用水管道 0.50km，规划向西择址迁建，迁建长度 0.50km。②专业项目处理规划。ⓐ交通运输工程。电站建设征地涉及岔堡线 4.10km，复建采用隧道方案，全线采用沥青混凝土路面。电站建设征地涉及罗克线至宏联胜养殖场连接路 460m，因电站建设过程对原有道路继续利用，保持原有通行功能，故不纳入专业项目处理任务。ⓑ电力工程。电站建设征地涉及山西地方电力有限公司蒲县分公司 110kV 双回输电线路蒲前 Ⅰ、Ⅱ 线 1.40km，复建长度 2.72km，迁建单回路铁塔 7 基；电站建设征地涉及国网山西省电力公司临汾供电公司 220kV 输电线路罗蒲 Ⅱ 线 1.40km，迁建单回路架空线路长 2.70km，并新建 1 基单回路耐张塔。ⓒ电信工程。蒲县抽水蓄能电站建设征地范围内涉及肖家湾、佃沟—五孔桥段移动公司线路 5.5km，复建光缆线路长度 10.20km。抽水蓄能项目部微站线路 3.1km 为蓄能电站的单独临时工程，电站勘探工作结束后，原功能丧失，规划进行线路拆除，相关工程量及费用计入库底清理部分。蒲县抽水蓄能电站建设征地范围内涉及蒲县中心局—五孔桥段联通公司杆线路 5.5km，复建光缆线路长度 10.20km。电信公司设施：蒲县抽水蓄能电站建设征地范围内涉及肖家湾、佃沟—五孔桥段电信公司杆线路 5.5km，复建光缆线路长度 10.20km。抽水蓄能项目部微站线路 3.1km 为蓄能电站的单独临时工程，电站勘探工作结束后，原功能丧失，规划进行线路拆除，相关工程量及费用计入库底清理部分。长途线务公司设施：蒲县抽水蓄能电站建设征地范围内涉及蒲县中心局—五孔桥段长途线务公司杆线路 5.5km，复建光缆线路长度 9.36km。蒲县抽水蓄能电站建设征地范围内涉及铁塔公司铁塔 1 座，规划对涉及的铁塔采取复建的方式进行功能恢复。ⓓ广播电视工程。蒲县抽水蓄能电站建设征地范围内涉及蒲县中心局—五孔桥段融媒体中心线路 5.50km，复建光缆线路长度 9.36km。ⓔ文物古迹。建设征地范围涉及已公布不可移动文物前进祖师庙，规划进行原址保护。排查范围内涉及的已公布不可移动文物岔上文革桥，目前已通过施工总布置方案调整避让。ⓕ压覆矿产。项目建设征地范围涉及山西省河东煤田蒲县明珠一号勘查区煤炭普查区，根据《蒲县自然资源局关于山西蒲县抽水蓄能电

站建设项目压覆重要矿产资源的审查意见》（蒲自然资发〔2023〕3 号），同意该项目按照不压覆重要矿产资源办理用地报批手续。③企事业单位处理规划。ⓐ吕梁山国有林管理局克城林场。采取一次性补偿处理方式。ⓑ蒲县华昌拌和有限公司。采取一次性补偿处理方式。ⓒ蒲县达盛昌石料加工厂。电站建设征地涉及蒲县达盛昌石料加工厂，采取一次性补偿处理方式。ⓓ蒲县宏联胜养殖专业合作社。电站建设征地涉及蒲县宏联胜养殖专业合作社电力、电信及水管线路等外部专有基础设施，规划按照"原规模、原标准或者恢复原功能"的原则进行复建。

（3）补偿费用。蒲县抽水蓄能电站建设征地移民安置概算总费用共计 50870.58 万元。其中，静态总费用 49737.29 万元，价差预备费 1133.29 万元，农村部分补偿费用 20291.43 万元，专业项目处理补偿费用 14086.26 万元，企事业单位处理费用 824.34 万元，库底清理补偿费 141.81 万元，独立费用 12388.52 万元，基本预备费 2004.93 万元。

（中国水电学会水库专业委员会
中国电建集团北京勘测设计研究院
有限公司 付玉成）

那曲河江达水电站建设征地移民安置规划

（一）电站概况

那曲河江达水电站是那曲河段规划梯级的第六座水电站，位于那曲索县江达乡上游约 13.6km 的那曲河干流上。工程以发电为主，电站正常蓄水位 3892m，总库容 21.07 亿 m³，具有年调节能力，电站装机容量 120 万 kW，多年平均发电量 45.03 亿 kW·h。那曲河江达水电站工程枢纽建筑物由混凝土面板堆石坝、左岸溢洪道、左岸生态（放空）洞、右岸竖井泄洪洞、右岸地面厂房（引水发电系统）组成。工程规模为一等大（1）型工程。

2023 年 3 月 13 日，西藏自治区人民政府印发了《西藏自治区人民政府关于西藏那曲江达水电站建设征地移民安置规划大纲的批复》（藏政函〔2023〕8 号）。3 月 21～23 日，水电水利规划设计总院会同西藏自治区水利厅对《西藏那曲江达水电站建设征地移民安置规划》进行审查。6 月 2 日，水电水利规划设计总院印发了《西藏那曲江达水电站建设征地移民安置规划审查意见》（水电规库〔2023〕140 号）的函。6 月 14 日，西藏自治区水利厅印发了《西藏那曲江达水电站建设征地移民安置规划》（藏水规〔2023〕15 号）审核意见的通知。

（二）实物指标

那曲河江达水电站工程建设征地区涉及西藏自治区那曲市2县6乡（镇）51个村。那曲河江达水电站建设征地区总面积59158.55亩，涉及总搬迁人口330户2273人。

农村部分涉及土地总面积58797.48亩，其中耕地3515.21亩、林地38646.40亩、草地3748.91亩；淹没影响搬迁人口279户2022人，各类房屋7.88万m²，零星树木9179株。集镇部分涉及土地面积160.70亩，涉及加勤乡搬迁人口51户251人，各类房屋1.37万m²，零星树木709株，涉及企业单位4家，香曲乡涉及企业单位4家，行政事业单位6家。专项设施主要涉及三级公路19.68km、四级公路40.89km、汽车便道20.23km、交通桥梁19座、35kV输电线路1.8km、10kV输电线路51.63km、0.4kV电力线路17.07km，影响通信线路合计杆路长度61.91km，影响水电站1座，涉及文物古迹2处，无已查明的矿产资源；涉及独立行政机关和企业单位2家。

（三）移民安置规划方案

①农村部分。江达水电站规划水平年生产安置4624人，生产安置方案采取以逐年货币补偿为主、自行安置为辅的方式，其中逐年货币补偿安置3587人，自行安置1037人。江达水电站规划水平年农村搬迁人口为279户2274人，搬迁安置方案采取集中安置和分散安置相结合的方式。规划江达居民点安置40户249人；加勤集镇雪村居住区安置129户1108人；剩余未选择集中居民点安置的110户917人移民将分散安置。②集镇部分。涉及2个集镇，分别为加勤集镇和香曲集镇。ⓐ加勤集镇雪村居住区规划安置人口规模为170户1352人，包括加勤集镇雪村移民41户244人，加勤乡区域内威巴村、嘎米卡村、帕峨贡村、色库村、达雄村、布德村、叶麦村、莫囊村及贡塔雪等农村的部分移民129户1108人。雪村剩余10户41人规划分散安置。ⓑ香曲集镇涉及企业4家，涉及行政事业单位6家，对企业单位采取货币补偿处理，对行政事业单位由地方政府结合"十四五"规划统一自行迁建处理，恢复原有功能。③独立企业单位。河江达水电站涉及独立行政机关和企事业单位2家，分别为香曲乡养殖场、加勤乡苗圃基地，分别规划采取原址抬高垫地处理和货币补偿处理。④专业项目。对涉及交通工程、电力线路、通信线路等，规划采取抬高复建处理，恢复原有功能。复建道路长度87.50km，其中三级公路复建长度22.04km、四级公路复建长度为63.75km、机耕道复建长度1.716km；复建跨江桥梁11座，其中那曲河段6座、索曲河段2座、热玛曲河段3座。规划35kV线路复建长度9.14km，规划复建10kV配电线路71.86km，规划复建0.4kV配电线路1.94km。规划复建电信线路总长度244.45km，规划复建移动线路总长度295.78km，共建共享工程杆路长度61.92km。⑤对涉及的比如水电站，采取补偿损失装机进行处理。建设征地涉及文物古迹2处，规划对尼日库摩崖造像群的7尊造像进行切割，异地存放于博物馆或有条件保存的文物库房内，规划对热玛曲甲桑桥遗址进行异地搬迁恢复重建。

（四）建设征地移民安置补偿费用概算成果

江达水电站建设征地移民安置补偿费用为725112.79万元，其中静态补偿费用为706770.43万元，价差预备费为18342.35万元。静态补偿费用中，农村部分补偿费139870.50万元、集镇部分补偿费为45666.77万元、专业项目处理费323147.38万元、独立行政机关和企事业单位补偿处理费1496.28万元、库底清理费4666.27万元、独立费用164212.36万元、基本预备费27710.89万元。

那曲河江达水电站是国家"十四五"支持西藏经济社会发展重大项目。移民规划设计团队克服了各种不利因素影响，保质保量的完成了移民安置规划报告总报告及相关专题报告48本，得到了水电总院和西藏自治区水利厅的高度评价。《移民安置规划》是项目核准的要件之一，取得西藏自治区水利厅的审核意见，标志着项目取得了重要的阶段成果，为下一步江达水电站项目核准奠定了坚实基础。

（中国电建集团西北勘测设计研究院有限公司　辛乾龙　杨锐）

金安桥水电站工程建设征地移民安置通过竣工验收

2023年4月20日，云南省搬迁安置办公室会同水电水利规划设计总院共同组织召开了金沙江金安桥水电站工程竣工建设征地移民安置终验委员会专家组会议，并于2023年5月7日，以云搬领办发〔2023〕14号文印发《云南省移民搬迁安置工作领导小组办公室关于印发金沙江金安桥水电站工程竣工建设征地移民安置终验委员会验收意见的通知》，至此，金沙江金安桥水电站工程竣工建设征地移民安置通过验收。

（一）电站概况

金安桥水电站坝址位于丽（江）—永（胜）公路跨金沙江的金安桥大桥上游2.5km处，上游与阿海水电站相接，下游紧接龙开口水电站尾库。该水电站坝址以上控制流域面积23.74×104km²，大坝为碾压混凝土重力坝，最大坝高 160m，坝顶长度 640m。电站装机容量 240 万 kW，多年平均发电量 $110.43×10^8$ kW·h。

（二）征地移民概况

金安桥水电站建设征地涉及丽江市永胜县、宁蒗县、古城区和玉龙县等 4 个县（区）9 个乡（镇）21 村民委员会 71 个村民小组。建设征地总面积 $29.42km^2$（其中陆地 $21.30km^2$、水域 $8.12m^2$），其中耕地 3270 亩、园地 1131 亩、林地 13172 亩、商服用地 2 亩、住宅用地 425 亩、交通运输用地 128 亩、水域及水利设施用地 12174 亩、其他土地 13826；搬迁人口 2969 人，影响房屋总面积 26.9 万 m^2；涉及街场 2 处；建设征地影响企事业单位 4 个，三级公路 11.9km，四级公路 1.7km，机耕路 36.1km；35kV 线路 16.3km，10kV 线路 35.2km，通信线路 13.4km，文物古迹 2 处。

（三）移民安置综合监理

2005 年 4 月，省搬迁安置办和金安桥水电站有限公司通过公开招投标，共同委托中国电建集团北京勘测设计研究院有限公司（简称北京院）承担金沙江中游河段金安桥水电站建设征地移民安置综合监理工作。为了使该电站建设征地移民安置综合监理工作的顺利开展，并便于与有关各方的工作联系，北京院于 2005 年 5 月组建金沙江中游河段金安桥水电站移民综合监理部，全权负责该水电站建设征地移民安置综合监理工作。

（四）验收过程

①2022 年 11 月，金安桥水电站有限公司以《金安桥水电站有限公司关于请求开展金沙江金安桥水电站工程竣工建设征地移民安置验收工作的请示》（金电发〔2022〕192 号）申请开展金安桥水电站移民安置竣工验收工作。随后，云南省移民搬迁安置工作领导小组办公室以《关于印发〈金沙江金安桥水电站工程竣工建设征地移民安置验收工作方案〉的通知》（云搬领办发〔2022〕76 号）对金沙江金安桥水电站工程竣工建设征地移民安置验收工作进行了安排部署。②2022 年 12 月 16 日～19 日，永胜县、古城区、玉龙县、宁蒗县人民政府分别向丽江市人民政府申请开展金安桥水电站工程竣工阶段建设征地移民安置竣工验收初验。③2022 年 12 月 27～29 日，验收专家组先后开展了金安桥水电站工程竣工丽江市建设征地移民安置验收现场检查工作，在现场检查、讨论交流、查验资料和会议审议的基础上，形成了《金沙江金安桥水电站工程竣工丽江市建设征地移民安置初验专家组意见》并召开了初验会议，验收专家组建议初验委员会通过金沙江金安桥水电站工程竣工丽江市建设征地移民安置初验。④2023 年 3 月，丽江市人民政府向云南省移民搬迁安置工作领导小组办公室（云南省搬迁安置办公室）申请开展终验。云南省移民搬迁安置工作领导小组办公室以《关于成立金沙江金安桥水电站工程竣工建设征地移民安置终验委员会的通知》（云搬领办发〔2023〕8 号）成立了验收委员会，对竣工验收终验工作作出了安排。⑤2023 年 4 月 26 日，金安桥水电站工程竣工建设征地移民安置终验委员会召开了验收会议，验收委员会认为金安桥水电站工程竣工开展的县级自验、市级初验工作程序符合相关规定，所需资料完备，金安桥水电站建设征地移民安置具备竣工验收条件，同意通过验收。5 月 7 日，云南省移民搬迁安置工作领导小组办公室印发了《云南省移民搬迁安置工作领导小组办公室关于印发金沙江金安桥水电站工程竣工建设征地移民安置终验委员会验收意见的通知》（云搬领办发〔2023〕14 号），金安桥水电站顺利通过移民安置竣工验收。

（中国水电学会水库专业委员会 中国电建集团北京勘测设计研究院 有限公司 冯涛）

中国水力发电年鉴

14

农村水电及电气化

农村水电建设

2023 年黄河流域小水电清理整改工作情况

2023 年，水利部按照《黄河流域生态保护和高质量发展规划纲要》"以国家公园、重要水源涵养区、珍稀物种栖息地等为重点区域，清理整治过度的小水电开发"要求，指导沿黄省区扎实推进黄河流域小水电问题整改。

1. 明确工作目标，压实工作责任　2023 年初，在与各省充分沟通的基础上，水利部制定印发年度工作任务清单，明确先期完成 300 座以上电站整改任务。组织召开沿黄省区视频会商会，指导参照节点目标细化工作内容，压实工作责任，落实工作措施。

2. 强化组织协调，加强培训指导　水利部组织召开七部门视频通气会，通报工作进展，研判存在问题，共商对策措施。经商国家发展改革委等相关部门同意，水利部办公厅印发关于加强黄河流域小水电清理整改验收销号工作的通知，指导规范问题整改，严格验收销号管理。加强整改工作培训指导，联合黄河水利委员会农村水利水电局在河南郑州举办现场技术培训，重点培训问题整改和验收销号工作要点、信息平台操作及信息管理要点等，交流典型经验做法，累计培训行业管理和技术人员 600 余人次。

3. 加强调度督导，推进工作进度　水利部建立调度督导台账，按月实施调度。将黄河流域小水电清理整改工作纳入 2023 年国家最严格水资源管理制度考核。以水利部办公厅文件印发工作进展通报并抄送沿黄省区省政府办公厅。联合黄河水利委员会先后组织赴河南、陕西、山西、青海等省现场督导调研，推动各地严格整改措施，加快整改进度。

沿黄省区通过召开工作推进会，印发总河长令、领导小组办公室或部门（联合）文件，出台相关政策，举办培训班，纳入河湖长制或最严格水资源管理制度考核，现场督导等，多措并举推进电站问题整改。陕西省水利、发展改革等 6 部门联合印发整改类电站审批手续完善工作意见，青海、甘肃、宁夏、山西、山东等省区落实清理整改经费 6800 多万元。截至 2023 年底，沿黄省区已启动电站整改 680 余座，初步完成 340 余座电站整改，在复苏河湖生态环境、

维护河流健康生命，推动黄河流域生态优先、绿色发展方面初见成效。

另外，水利部持续巩固长江经济带小水电清理整改成果，指导长江经济带、黄河流域以外省份推进小水电分类整改，各项工作均有序推进。

（水利部农村水利水电司　赵虹
水利部农村电气化研究所　杨佳）

2023 年绿色小水电示范电站创建工作情况

2023 年，水利部深入学习贯彻习近平生态文明思想，按照中央关于发展绿色小水电的要求，加大培训指导力度，严格示范创建要求，规范申报审核程序，严格期满延续复核，强化宣传推广，积极组织各地做好绿色小水电示范电站创建工作。举办全国绿色小水电示范创建培训班，协调专家参与省级创建培训班授课指导；充分利用新媒体加大典型宣传力度，展示示范创建成效；组织召开全国绿色小水电示范电站现场会，加强典型经验交流。

各地按照水利部统一部署，加大培训指导力度，组织电站对标评价标准和创建要求，做好绿色改造提升，开展安全生产标准化建设，完善生态流量泄放和监测设施，实施河流生态修复，开展减水河段治理，积极做好创建申报和期满延续工作。安徽、湖南、广东、广西等 10 余个省份举办省级培训班，累计培训示范创建工作人员 2000 余人次；辽宁、福建、湖南、四川、云南、甘肃等省均结合本省实际将示范创建工作纳入河湖长制、年度水利重点工作内容进行考核评价；安徽、重庆、广东、辽宁、贵州等省先后组织赴吉林、海南、陕西等省份交流激励政策出台、示范创建工作经验做法，提升创建工作水平；为引导电站业主积极开展创建，已有 18 个省份先后出台绿色小水电上网电价、资金奖补激励政策或纳入河湖长制、年度水利重点工作内容进行考核评价。

2023 年，山西省武安等 130 座电站成功创建为绿色小水电示范电站，不符合新标准新要求的 27 座电站退出示范电站名录，全国绿色小水电示范电站已达 1067 座。绿色小水电示范电站在促进河流生态修复、提高安全生产管理水平、助力乡村全面振兴等方

面充分发挥了示范引领作用。绿色小水电示范电站已成为行业转型升级、绿色发展的一张闪亮名片。

（水利部农村水利水电司　张爽
水利部农村电气化研究所　杨帆）

水利部公布2023年度绿色小水电示范电站名单

2024年1月2日，水利部印发《水利部关于公布2023年度绿色小水电示范电站名单的通知》（水电〔2024〕1号），公布2023年度绿色小水电示范电站名单，该通知全文如下。

部机关有关司局，部直属有关单位，各省、自治区、直辖市水利（水务）厅（局），新疆生产建设兵团水利局：

为贯彻落实中央关于发展绿色小水电的决策部署，按照水利部开展绿色小水电示范电站创建工作的要求，各地积极组织开展示范创建，做好期满延续工作。经电站申报、省（自治区、直辖市）级初验、水利部审核和公示，确定山西省晋城市武安等130座电站为2023年度绿色小水电示范电站；同意山西省晋城市栓驴泉等89座示范电站的期满延续申请；决定河北省石家庄市土贤庄等27座电站退出示范电站名录（名单详见附件），现予以公布。

希望获得称号和通过期满延续的单位再接再厉，继续加大工作力度，巩固提升创建成果，总结经验、凝练亮点，切实发挥示范引领作用。各地各单位要以示范电站为标杆，广泛开展对标达标活动，为推动行业绿色发展、复苏河湖生态环境、增进民生福祉、助力碳达峰碳中和、促进乡村全面振兴提供有力支撑。

（一）2023年度绿色小水电示范电站名单（130座）

山西省（1座）：武安水电站

内蒙古自治区（2座）：察尔森水电站、内蒙古河套灌区总干渠第二分水枢纽水电站

吉林省（6座）：满台城水电站、宝泉三级水电站、陡沟子水电站、龙海水电站、东北岔水电站、青川二级水电站

黑龙江省（1座）：西山水电站

浙江省（8座）：分水江五里亭水电站、毕浦水电站、北溪二级水电站、潜明水电站、直源水电站、百龙水电站、黄水水电站、为农水电站

安徽省（13座）：高板岩一站、高板岩二站、白莲崖水电站、水口二站、烂泥坳二站、孔家河四站、五道河水电站、团山水电站、青山水电站、燕子河水电站、丰坪水电站、丰乐水电站、牛角冲水电站

福建省（5座）：谟武水电站、长潭峡水电站、沿江水电站、黄墩水电站、良浅水电站

江西省（27座）：双河口水电站、茅山岗水电站、天临水电站、沙坂水电站、港口三级水电站、双溪水电站、盘石山水电站、花厅水电站、七一水电站、金钟山水电站、石孔一级水电站、煌固水电站、漆水坪水电站、靖安水电站、岭底水电站、洋里水电站、鸟坪水电站、浪港一级水电站、安福渠水电站、人渡水电站、仙人陂水电站、康阳水电站、小坑水电站、外湾水电站、杨家水电站、金鸡口水电站、铁家山水电站

河南省（1座）：盘石头水电站

湖北省（10座）：玉皇滩水电站、九子溪水电站、庙儿岗水电站、高岚河水电站、长丰水电站、三堆河水电站、双路水电站、许家岗水电站、七里湾水电站、鲍河水电站

湖南省（7座）：狮子岩水电站、老坡口水电站、内下二级水电站、若水水电站、水口水电站、耒中水电站、宏源水电站

广东省（6座）：正果拦河坝水电站、七星河二级水电站、揭阳市三洲拦河闸水电站、亚公角水电站、台板水电站、合江口一级水电站

广西壮族自治区（3座）：那比水电站、那多水电站、四滩水电站

海南省（2座）：毛阳河二级水电站、石带水电站

重庆市（2座）：土城二级水电站、土坎一级水电站

四川省（7座）：金岩水电站、石盘滩水电站、三合堰水电站、银河水电站、两河口水电站、横山庙水电站、赵沟水电站

贵州省（4座）：南江水电站、三岔湾水电站、白水泉水电站、平中水电站

云南省（3座）：老窝河四级水电站、黑白水一级水电站、黑白水二级水电站

陕西省（20座）：仁河水电站、李河水电站、莲花台水电站、钓鱼潭水电站、官元水电站、红光水电站、迎太水电站、浪河水电站、斐河水电站、叶坪水电站、明家河水电站、相子坝水电站、郑家坝水电站、红土岭二级水电站、板桥二级水电站、张家坝水电站、黑河坝后水电站、桃园水电站、狮子岩水电站、大草坝水电站

甘肃省（1座）：三甲水电站

青海省（1座）：宝库河三级水电站

（二）绿色小水电示范电站期满延续名单（89座）

山西省（2座）：栓驴泉水电站、北留水电站

辽宁省（3座）：观音阁水电站、西江水电站、东方红水电站

浙江省（29座）：下岸水电站、雅溪一级水电站、通济桥水电站、金坑岭一级水电站、横锦一级水电站、宜平溪二级水电站、大砚石水电站、长诏水电站、棣山水电站、艇湖水电站、五里亭水电站、八源水电站、玉溪水电站、开潭水电站、毛洋水电站、上标一级水电站、岩樟溪二级水电站、南阳二级水电站、安民一级水电站、安民二级水电站、谢村三级水电站、浣溪二级水电站、岭头方水电站、周公源一级水电站、周公源二级水电站、周公源三级水电站、盘溪六级水电站、富山一级水电站、桥墩水电站

安徽省（4座）：蚌埠闸水电站、九里沟水电站、响洪甸水电站、梅山水电站

福建省（1座）：高唐水电站

江西省（2座）：盘溪水电站、白鹅水电站

湖南省（1座）：上堡水电站

广东省（6座）：湾头水电站、古兴水电站、春水水电站、东乡水电站、广阳水电站、牛岐水电站

广西壮族自治区（1座）：那板水电站

海南省（11座）：丹村水电站、合口水电站、向阳左岸水电站、空伦水电站、大隆坝后水电站、南改二级水电站、南改三级水电站、南改四级水电站、水贤水电站、石带河水电站、南伟坝后水电站

重庆市（2座）：鸭江大桥水电站、大溪河水电站

四川省（1座）：开元水电站

贵州省（6座）：落脚河水电站、坡恒水电站、方竹水电站、阿珠水电站、清溪水电站、观音岩水电站

云南省（5座）：石楼梯水电站、龙川江一级水电站、乌泥河水电站、宜格水电站、象达水电站

陕西省（8座）：杨凌水电站、魏家堡水电站、滴水岩水电站、齐园水电站、金淌水电站、龙安水电站、桂花水电站、深阳水电站

甘肃省（4座）：盈科水电站、龙渠一级水电站、龙渠二级水电站、龙渠三级水电站

青海省（3座）：玉龙滩水电站、小干沟水电站、乃吉里水电站

（三）退出绿色小水电示范电站名录名单（27座）

河北省（2座）：土贤庄水电站、乏驴岭水电站

山西省（3座）：赤壁水电站、柏叶口水电站、候壁水电站

浙江省（3座）：岩樟溪一级水电站、杉坑桥水电站、横锦二级水电站

福建省（1座）：柳塘水电站

江西省（1座）：大墈水电站

湖北省（1座）：大龙潭水电站

广东省（1座）：曲滩水电站

广西壮族自治区（3座）：平福水电站、大王滩水电站、容城水电站

海南省（2座）：毛拉洞坝后水电站、初保水电站

四川省（1座）：双河水电站

贵州省（2座）：印桥水电站、诸葛洞水电站

云南省（5座）：南界田水电站、榜样河水电站、大勐统水电站、大寨子水电站、漾洱水电站

青海省（2座）：大干沟水电站、雪龙滩水电站

（水利部水利水电司）

农村水电管理

2023 年农村水电安全监管工作情况

2023 年，水利部贯彻落实习近平总书记关于安全生产重要论述和重要讲话指示批示精神，统筹高质量发展和高水平安全，严格落实水利安全生产风险查找、研判、预警、防范、处置、责任"六项机制"，认真履行行业安全监管法定职责，把安全发展理念落实到小水电站建设、运行、管理等各领域、各环节，持续开展小水电安全风险隐患排查整治，牢牢守住小水电站安全底线，确保生产安全和度汛安全。

1. 开展小水电站大坝安全提升专项行动　2023 年，水利部聚焦小水电站大坝等重点部位和安全管理薄弱环节，将小水电站大坝安全提升专项行动纳入国务院安全生产委员会办公室 2023 年工作要点。印发《小水电站大坝安全提升专项行动方案》，明确目标任务和工作要求，计划两年内对全国 4.1 万余座小水电站大坝开展全覆盖摸底排查，实施分类处置，推进大坝注册登记工作。在四川绵阳举办全国小水电站大坝安全评估培训班，指导地方科学开展大坝安全评估工作。借助信息化管理手段，建立小水电站大坝安全鉴定和安全评估台账，进一步增强大坝安全常态化动态监管能力。截至 2023 年底，

全国 4.1 万余座小水电站全面落实安全生产"三个责任人"，7900 余座库容达到水库规模的小水电站完成了大坝安全鉴定，4200 余座库容 10 万 m³ 以下小水电站完成了大坝安全评估。

2. 持续推进安全风险隐患排查整治　印发《关于切实做好 2023 年小水电站安全生产和安全度汛工作的通知》，指导各地做好汛前检查、安全风险隐患排查整治等工作，全年累计自查整改安全风险隐患问题 2 万余个。升级改造风险隐患排查系统，加强排查成果质量管理与应用，对县级水行政主管部门排查无问题或问题单一的情况进行提醒推送，同时将此类信息作为省、部级暗访抽查线索依据。以"四不两直"方式，对福建等 10 个省份 30 个县（市、区）300 座小水电站开展检查。针对检查发现的可能威胁公共安全隐患问题，印发"一省一单"并实施问题整改月调度，督促有关省份落实"问题排查、整改、销号"闭环管理。截至 2023 年底，排查出的安全隐患问题已全部整改销号。

3. 积极推动安全生产标准化建设　印发农村水电站安全生产标准化一级证书续期换证工作的补充通知，加强省级审核和动态管理，规范了一级安全生产标准化达标评级要求。各地积极推动小水电站安全生产标准化建设，出台了安全生产标准化激励政策，其中吉林、海南将安全生产标准化达标评级纳入电价激励政策，山西、江西、湖南、广东将小水电安全标准化达标评级纳入省财政资金支持范围，湖北、四川等省部分市县制定了奖励办法，发挥了极大的引导促进作用。截至 2023 年底，全国新增安全生产标准化电站 564 座，全国安全生产标准化电站累计达 5264 座。

（水利部农村水利水电司　侯开云
水利部农村电气化研究所　杨帆）

2023 年农村小水电生态流量监管工作情况

2023 年，水利部联合有关部门积极稳妥推进小水电分类整改，把全面落实生态流量作为整改重要内容，持续强化小水电站生态流量监管，推动逐站落实生态流量。年初，组织完成全国 4.1 万余座小水电站生态流量泄放评估，强化评估结果应用，指导各地规范电站泄放监测行为。加强工作指导，推进各地加强省级监管平台建设，全国 24 个有生态流量泄放需求的省份全部建成省级平台。组织编制小水电站生态流量在线抽查管理手册和专家操作指南，开展专家培训，在线抽查 23 个省份 1580 多座电站，通报抽查情况，加大问责力度，并将抽查结果作为最严格水资源

管理制度考核依据，推动逐站落实生态流量。各地结合本地区实际积极采取有效措施，全面加强小水电站生态流量泄放监管，小水电生态流量保障工作取得积极成效。福建省水利厅联合生态环境部门加强生态流量监督检查，建立"一月一通报、半年一考核"制度，会同有关部门逐月通报不合格水电站名单，加强在线监管，强化执法力度，将水电站生态问题整改纳入党政领导生态环境保护目标责任书、河湖长制考核内容，层层传导压力，推动小水电逐站落实生态流量。四川坚持"线上和线下相结合、明查和暗访相结合、行政和技术相结合"，开展多部门协同生态流量监督检查。截至 2023 年底，全国 4.1 万多座小水电站已基本落实生态流量，对恢复河流连通性、复苏河湖生态环境，推进幸福河湖建设发挥了重要作用。

虽然各地小水电生态流量保障工作取得积极成效，但从近几年中央环保督察、审计巡视等披露的涉小水电生态流量泄放问题来看，一些地方仍然存在小水电生态流量泄放不足、监测监控不到位等问题，生态流量监管的长效机制尚未全面建立，由于小水电站多处偏远山区，地理条件差，情况复杂，持续巩固生态流量保障成果的困难多、压力大。下一步，将深入贯彻习近平生态文明思想和"十六字"治水思路，统筹生态保护、绿色发展与民生改善，以分类整改倒逼小水电转型升级、绿色发展，持续强化小水电站生态流量监管，组织开展在线抽查，指导各地完善配套监管措施，强化部门协作，建立健全奖惩机制，推动逐站落实生态流量，助力复苏河湖生态环境，维护河湖健康生命。

（水利部农村水利水电司　邹体峰　王帅）

水利部办公厅印发《智能化小型水电站技术指南（试行）》

2023 年全国水利工作会议明确要求实施小水电绿色改造和现代化提升工程，推进建设智能集约的现代化小水电。为加强对此项工作的指导，推广运用数字孪生、人工智能等新一代信息技术，2023 年 7 月 10 日，水利部办公厅以办水电函〔2023〕596 号文印发《智能化小型水电站技术指南（试行）》，该"指南"全文如下。

智能化小型水电站技术指南（试行）

智能化小型水电站应达到无人值班并实现远程监控的要求。应具有获取水（雨）情信息的有效途径，可根据来水情况、设备状态、电网信息等决策电站运

行方式。应具备远程监视与控制功能，在无法远程控制电站设备时，电站现场应能实现电站设备的自主控制。宜配置水工建筑物、主要设备和区域水（雨）情的在线监测系统。

一、水（雨）情测报

电站水库宜具有库区（或区间）水（雨）情测报系统，能够根据库区内降雨量通过产汇流计算和调洪演算，得出坝前水位变化过程线。电站应有上游水位和与其相对应的尾水水位自动监测装置，使智能化系统能动态计算电站水头参数，根据上游水位或水位变化率（水位对时间一阶导数）进行开机及带负荷决策。

具有水（雨）情共享条件的电站，应当具有根据电站区间实时降雨量修正共享信息的能力，并动态获取上游电站下泄流量信息，以提供给电站智能化系统分析决策。

二、设备

应对站内水轮机导水机构、机组制动装置、主阀、闸门、电气设备、油气水系统等配置自动操作机构，使其具备现地自动控制和远程控制功能。

机组在进水隔断、机组和电网解列核心功能上，宜具备直接或间接冗余设计，确保在设备故障状态下，机组能实现与电网解列和阻断输水通道，防止事故扩大。对于条件限制无法实现冗余改造的，应评估核心功能设备失效带来的事故风险，并具备相应的应急预案。

调速系统应具备转速监测及充足的储能单元，在失去外电网电源情况下，能够依靠备用电源或自身储能单元可靠关机，宜具备黑启动能力。

应按要求装设生态流量监测设备设施，具备实时监测生态流量及信息远传能力。

宜对水轮发电机组振动、摆度和油气水系统实现自动监测。

当设备发生故障时，有冗余配置的设备应能无扰动自动切换。

机组的现地控制单元应具备独立完成运行控制的能力。

应按照《小型水电站监控保护设备应用导则》（SL 692）的要求配置保护设备。

高压机组电站应配置统一的时间同步系统，为电站设备提供时间同步信号。

宜在引水口或前池配置自动清污机。

低压机组电站在设备自动化方面可以根据实际有所简化，但必须满足无人值班的基本要求。

三、电源

应具备可靠的操作电源和后备储能电源，并按要求配备防汛备用电源。

四、通信

电站通信系统设计应满足国家和行业有关标准要求。电站与集控系统或其他外部系统通信时，机组监控等涉及电站安全运行的数据通信应采用专线或VPN方式传输，宜配备两条及以上不同的传输通道；视频等不涉及电站安全运行的数据可利用公网传输。

与电力调度机构之间有远动通信要求的电站，应按照电力系统二次安防相关要求，配备防火墙、加密装置、正反向隔离等网络安全装置；其他电站宜参照二次安防要求配备网络安全装置。

电站应具备与不同集控系统通信兼容能力，支持Modbus协议或IEC60870-5-104协议，并开放相关数据地址点表。

电站与集控系统通信时，应能实现采集信息、自诊断信息和报警信息传输至集控系统，应能接收和处理集控系统下达的遥控、遥调等命令。

电站与集控系统互连时，应具备控制权限的无扰动切换。同一时刻某一具体被控设备只允许执行一个控制层级的遥控和遥调命令。

五、防雷和接地

电站防雷和接地应符合《水力发电厂接地设计技术导则》（NB/T 35050）的相关规定。

电站内二次回路接地应符合《电气装置安装工程盘、柜及二次回路接线施工及验收规范》（GB 50171）的相关规定。

监控系统应设有防雷和防止过电压的保护措施。

应在各种装置的交、直流输入处设电源防雷器。

六、安防监控、监测

电站应具备发电、泄洪等自动预警和信息自动推送功能。重要巡检点位宜装设视频监控设备，并具备将视频信息传输给集控中心、实现联动的能力。无人值守的电站还宜增设厂区、前池等区域人员闯禁监测设备，并实现智能语音报警提醒。

电站宜加设烟雾、水浸、异响与压力管压力的监测设备。应配置防火、防盗、水淹报警等功能，并宜具备数据远传能力。

库区水（雨）情监测设施宜配置高清摄像头。大坝宜配置渗流和位移监测设备。泄洪闸、进水闸等，宜具备闸门开度监测及闸门自动化控制能力。宜对库区泄洪闸等设备进行自动化改造，具有自动投入应急电源等能力。宜在引水渠关键位置加装监测点。

七、智能化系统

应具备按水位或水位变化率自动决策开停机、调整负荷的能力，能够按调度或集控指令自动运行。宜支持一定程度的设备智能诊断、故障自处理和自恢复能力。

宜支持经济（优化）运行、智能多机协同、动态调节和分配功率的能力。

宜对测量点抖动、突变等异常变位情况及时预判、报警，并能进行统计分析；宜具备各类设备操作和事故动作记录、统计分析能力。

宜具备智能巡检，实时定位功能和巡检现场画面影像远方传输能力。

宜具备基于移动终端的数据和视频监控及运维管理能力。

八、安全技术措施

现地控制单元应配置用于事故停机的独立跳闸回路。独立跳闸回路动作应能执行事故停机流程，独立跳闸回路电源应与现地控制单元主控制器电源分开。当主控制器故障或电源消失时，独立跳闸回路应动作停机。

电站主要设备出现故障或需要紧急事故停机时，监控系统应自动停机并根据电站实际情况联动关闭进水闸门或阀门。电站远方和现地操作均应具备完善的防误闭锁措施。

九、安全管理要求

应开展电站安全风险分级管控和隐患排查治理，消除生产安全事故隐患。

应按要求完成电站大坝注册登记和安全鉴定（评估），大坝安全鉴定（评估）结果达到二类坝及以上。

应开展电站安全生产标准化建设，达到安全生产标准化三级及以上要求。

（水利部农村水利水电司）

水利部办公厅印发《小水电集控中心技术指南（试行）》

2023 年全国水利工作会议明确要求实施小水电绿色改造和现代化提升工程，推进建设智能集约的现代化小水电。为加强对此项工作的指导，推广运用数字孪生、人工智能等新一代信息技术，2023 年 7 月 10 日，水利部办公厅以办水电函〔2023〕596 号文印发《小水电集控中心技术指南（试行）》，该"指南"全文如下。

小水电集控中心技术指南（试行）

小水电集控中心技术指南（试行）小水电集控中心建设应遵循"安全分区、网络专用、安全防护"原则，采用开放式分层分布系统，系统应高度可靠、冗余，其本身的局部故障不影响现场设备的正常运行。集控中心应能根据流域水（雨）情、电站状态、电网信息通过集控系统对各电站进行远程实时控制、经济（优化）运行、安全监视及调度管理，提供事故预警、故障报警、生产业务管理、安全分析、专家诊断、大数据分析等功能。有条件的地区，可按照数字孪生水利工程要求构建数字孪生场景，优化专业模型集成运用方式，实现电站运行分析仿真、大坝安全预警、防汛调度决策支持等功能。

一、系统框架

宜根据区域或流域水电站的数量、流域水系、区域分布、装机等具体情况，满足电站就近管理与远程管理相结合以及相关管理模式逐渐磨合等要求，建设集控中心。根据水电站群规模和区域分布，集控中心下可增设若干集控分中心，实现分层管理。

二、系统配置

1. 计算机设备

根据实际需要配置服务器、工作站等硬件设备。

主要计算机设备应采用冗余配置。

计算机设备应易操作、维护和升级，便于扩展，并具备重新上电时自动启动的功能。

2. 网络设备

网络设备应包含交换机、路由器，宜配置纵向加密、横向隔离装置、硬件防火墙。

网络设备宜具有支持自身网管软件的功能。交换机、路由器等核心网络设备宜采用冗余配置。双网之间应实现无扰动切换。

集控系统与站级监控系统之间网络宜配置路由交换设备。

3. 电源

电源配置应符合《水电厂计算机监控系统基本技术条件》（DL/T 578）的相关规定。

4. 时钟

集控系统应设一套时钟同步装置，实现系统的时钟同步。时钟同步装置应采用北斗卫星对时系统和全球定位系统（GPS）双信号源作为时间同步信号源。

5. 软件

系统软件和应用软件宜采用开源或国产品牌软件。

应用软件宜包含自动发电控制（AGC）、自动电压控制（AVC）、经济调度控制（EDC），所有应用软件应在统一的支撑平台上实现，具有统一风格的人机界面。

系统软件应具备二次开发条件。

三、系统功能

1. 数据采集和处理

自动采集各电站监测和控制所需信息，包括实时运行数据、实时计算数据。

对采集数据进行有效性和正确性检查，更新实时数据库，形成历史数据，保证数据连续。

生成各类事故报警记录，发出事故报警音响、语音报警，条件具备时宜启动报警信息推送功能。

进行趋势分析量的记录，事件顺序记录及处理，事故追忆和相关量记录，各电站主辅设备及继电保护等自动化设备运行有关参数统计和记录。

生成各电站各类运行报表。

其他辅助服务功能。

2. 安全运行监视

应监视如下信息：各电站机组、开关站设备及公用设备的运行状态和参数；各电站机组开停机过程；各电站消防、安防监控系统数据；各电站继电保护运行及故障信息系统数据；各电站计算机监控系统运行状态、运行方式；通信通道。

3. 控制与调节

集控系统应根据当前运行控制方式，对接入电站进行控制和调节。

系统控制方式应分为集控控制方式、厂站控制方式、现地控制方式，控制权限从低到高。控制权限应实现无扰动切换。

控制调节功能应包括机组开停机及事故停机、断路器操作、机组负荷调节，宜实现辅助设备操作、闸门操作以及各接入电站自动发电控制和自动电压控制投退及设定操作。

4. 趋势分析

应能在趋势显示画面上以曲线形式显示趋势数据。进行趋势分析的量可以选择和定义。宜具有电站主设备在线监测和专家诊断功能。

5. 报警

集控系统应能接收电站的报警信息。发生事故时，应自动推出相应事故画面，画面闪烁和变色。

应根据报警类型发出语音报警和显示信息，并采用闪烁或变色等方式提醒操作人员。条件具备时宜启动报警信息推送功能。

6. 事故追忆和相关记录

事故追忆应实现对事故前后水电站运行主要参数的记录保存功能，存储点应至少包含事故发生前 10 个采样点和事故发生后 30 个采样点的主要参数及数据采样值。

事故相关量记录应可以选择和重新定义。

7. 人机接口

画面图符及显示颜色应符合 DL/T 578 的有关规定。

按组设置用户操作权限，设置用户登录口令强度功能，防止无口令或简单口令登录，设置防止同个 ID 用户同时登录的功能。宜对超级用户登录口令进行特殊设计，增加其登录口令的强度。

8. 时钟同步

集控系统应通过接收时钟同步装置的时钟同步信息，保持全系统的时钟同步。

9. 系统自诊断和自恢复

集控系统应具备硬件和软件自诊断和自恢复的能力。

10. 梯级电站经济调度控制

梯级电站接入时，系统宜具备经济调度控制（EDC）功能。

11. 区域或流域水电站群调度和管理

宜根据区域水（雨）情、电站状态、电网信息等，开展联调联控。宜基于大数据开展安全分析与管理。

12. 视频监控

各电站重要视频宜采用视频 AI 技术自动识别，并实现异常自动推送；条件具备时，实现与其他系统联动。

四、通信

1. 与站级监控系统通信

集控系统与站级监控系统间宜采用以太网通信接口，网络通信带宽应在 2Mbit/s 以上。集控系统与站级监控系统间数据通信应采用专线或 VPN 方式传输，视频等不涉及电站安全运行的数据可利用公网传输。宜配置物理独立的双网络通道，通道故障时应实现通道间无扰动切换。

集控系统应具备接入符合国家、电力行业相关标准或 IEC 相关标准远动规约的能力。

2. 与电力调度通信

集控系统与电力调度通信的设备、通信接口、通信协议等应满足电力调度的要求。

3. 与其他系统的通信

集控系统与其他外部系统通信应符合 DL/T 578 的相关规定。

集控系统宜具备与水（雨）情测报系统接口互连的能力，实现与水（雨）情测报系统的数据交互。条件允许时，宜实现水库调度与电力调度一体化。

集控系统宜具备与生产运维管理信息系统接口互连的能力。

集控系统宜具备与水电站生态流量和环保监测系统接口互连的能力。

集控系统宜具备与风光储能厂站系统接口互连的能力，实现多能互补、智能互联。

集控系统宜具备与其他水电平台系统接口互连的能力。

五、网络安全

1. 网络通道选择

网络通道可采取自建网络、租用运营商专用网络、无线网络、公网等方式，宜采用自建网络和租用运营商专用网络等安全性较高的方式。网络通道应考虑网络的带宽需求、稳定性和安全性因站制宜选择。可根据需要增加北斗短报文等应急备用通信信道。

2. 网络安全

集控中心的网络安全建设应根据网络要求、集控系统规模等分别采用不同的网络安全措施，应具有防入侵、防病毒功能或措施，满足网络信息安全等级保护要求。

集控系统与电力调度部门网络相连的，应根据当地电力调度部门安全防护要求进行网络配置。

（水利部农村水利水电司）

2023 年小水电绿色改造与现代化提升工作情况

2023 年 7 月，水利部印发《智能化小型水电站技术指南（试行）》《小水电集控中心技术指南（试行）》，加强对小水电绿色改造和现代化提升的技术指导。组织开展小水电绿色改造和现代化提升专题调研，坚持点面结合，通过实地、电话及书面调研等形式，深入摸底调查典型省份做法，调查了解浙江、安徽、福建等 10 余个省份创新体制机制，"两手发力"支持电站绿色改造和现代化提升的做法经验、进展成效、难点堵点等，建立项目储备台账，进一步夯实工作基础，引导行业高质量发展。

各地政府和市场坚持"两手发力"，用好用足信贷优惠政策，借助水电集团公司、行业协会和第三方机构平台等力量，积极开展小水电绿色改造和现代化提升试点，通过设施设备除险加固、电站智能化改造、集控中心建设、生态修复、蓄能改造等方式，推进小水电智能化改造、集约化运营、物业化管理。江西、云南等 10 余个省份投运了小水电站集控中心和分中心 200 多处，推动 4000 余座电站完成了智能化改造、集约化运营，水资源利用效率、安全生产标准化水平、生态友好程度全面提升，取得了较好的综合效益。浙江将小水电绿色发展与现代化改造项目纳入省级资金补助范围，对符合条件的项目按照生态水电示范区标准给予补助。浙江丽水创新推出取水权质押贷款——"取水贷"，融资 10 亿元用于小水电绿色改造，成功破解融资难题。贵州、重庆印发指导文件，推动实施小水电绿色改造与现代化提升试点。

（水利部农村水利水电司　侯开云
水利部农村电气化研究所　杨帆）

水利部公布符合农村水电站安全生产标准化续期换证条件单位名单

2023 年 7 月 24 日，水利部印发《水利部关于公布符合农村水电站安全生产标准化续期换证条件单位的公告》（中华人民共和国水利部公告 2023 年第 14 号），全文如下。

根据《水利部关于印发农村水电站安全生产标准化达标评级实施办法（暂行）的通知》（水电〔2013〕379 号）、《水利部关于水利部安全生产标准化评审有关事项的通知》（水监督函〔2018〕206 号）和《水利部办公厅关于农村水电站安全生产标准化一级证书续期换证工作的通知》（办水电函〔2019〕526 号），经中国水利企业协会审核，东阳市水库水电运行中心横锦水库电站等 27 家单位符合农村水电站安全生产标准化一级证书续期换证条件，现予公告，详细情况见表 1。

表 1　　　　　符合农村水电站安全生产标准化续期换证条件单位名单

序号	电站名称	证书编号
1	东阳市水库水电运行中心横锦水库电站	水安标 ISD20180002
2	苍南县玉鹤水利发展有限公司桥墩水电站	水安标 ISD20180003
3	金华市水务投资建设有限公司沙畈电厂	水安标 ISD20180004
4	金华市水务投资建设有限公司安地一级、二级电站	水安标 ISD20180005

序号	电站名称	证书编号
5	杭州临安区里畈水库电站	水安标 ISD20180006
6	龙山县湘源电力有限公司湾塘水电站	水安标 ISD20180007
7	金华市蓝波能源有限公司九峰电厂	水安标 ISD20180008
8	金华市沙畈二级电站有限公司沙畈二级电站	水安标 ISD20180009
9	瑞安市林溪水电站	水安标 ISD20180010
10	宁波市水库管理中心白溪水库电站	水安标 ISD20180011
11	湖南联诚高峰发电有限公司高峰一级水电站	水安标 ISD20180012
12	宜章县电力有限责任公司黄岑三级电站	水安标 ISD20180013
13	湖南联诚高峰发电有限公司高峰二级水电站	水安标 ISD20180014
14	浙江景宁上标水力发电有限责任公司上标一级电站	水安标 ISD20180015
15	安徽梅山水电有限公司梅山水电站	水安标 ISD20180016
16	江苏省骆运水利工程管理处洋河滩闸水电站	水安标 ISD20180017
17	泰顺县南山水力发电有限公司南山水电站	水安标 ISD20180018
18	浙江北溪水电开发有限公司北溪水电站	水安标 ISD20180019
19	江山市月亮湖水利水电开发有限公司碗窑电站	水安标 ISD20180020
20	杭州临安青山殿水电开发有限公司青山殿水电站	水安标 ISD20180021
21	恩施清江大龙潭水电开发有限公司大龙潭水电站	水安标 ISD20180022
22	浙江浙能华光潭水力发电有限公司华光潭水电站	水安标 ISD20180023
23	浙江省景宁英川水电开发有限责任公司英川水电站	水安标 ISD20180024
24	中国水电顾问集团正安开发有限公司沙阡水电站	水安标 ISD20180025
25	吉林省地方电力有限公司枫林电站项目分公司	水安标 ISD20180026
26	重庆市庆隆水电开发有限公司鸭江大桥水电站	水安标 ISD20180027
27	武隆水电开发有限公司大溪河三级水电站	水安标 ISD20180028

（水利部农村水利水电司）

农村水电改造

大龙潭水电站电气一次设计

大龙潭水电站位于云南省楚雄州，安装 2 台单机容量为 6000kW 的水轮发电机组；以一回 35kV 线路接于 110kV 大姚县中心变电站 35kV 母线上，输送容量为 12MW、距离约 20km，另预留一回。该电站电气一次设计情况如下。

1. 电气主接线方案　经扩大单元接线与单元接线 2 个方案的技术经济比较，扩大单元接线在主变压器故障时会导致电能无法送出，但电站装机容量较小，停电损失小；而综合投资，扩大单元接线方案比可单元接线方案少 39 万元，故推荐采用扩大单元接线。

2. 短路电流及主要电气设备选择

(1) 短路电流计算（略）。

(2) 主要电气设备选择。①主变压器 1 台，型号为 S10-16000/35，额定电压 $38.5 \pm 2 \times 2.5\%/6.3kV$，额定容量 16000kVA，接线组别为 YN，d11，冷却方

式为油浸自冷式；②低压侧硬母线 3 根，型号 LMY 100×10，额定电压 6.3kV；③厂用变压器 1 台，型号 SC9-250kVA，额定电压 6.3±22.5%/0.4kV，额定容量 250kVA，接线组别 D，yn-11；④厂用变压器 1 台，型号 S9-250kVA，额定电压 35±2×2.5%/0.4kV，额定容量 250kVA，接线组别 D，yn-11；⑤低压配电屏 6 台，型号 GCS；⑥35kV 避雷器 1 组，型号 HY5WZ-51/134。

3. 电气设备布置 不设升压站，35kV 高压开关柜、6.3kV 高压开关柜布置在副厂房，主变压器布置在 6.3kV 高压开关柜室外面场地，35kV 出线则从 35kV 高压开关柜室外引出，平台上放置有耦合电容器和避雷器。

4. 电站厂用电、坝区用电 厂用电 400V 采用机组自用电和全厂公用电混合的供电方式，单母线，正常情况下由引接至发电机母线上的厂用变压器供电，当该台厂用变压器故障时，备自投装置将自动投入另一台引接自 35kV 母线上厂用变压器运行。坝区离厂房约 2km，不由厂用电供给，而从附近农村电网接入，设置一台 50kW 柴油发电机组作备用电源。

5. 照明 照明配电盘布置在继电保护室内，工作照明采用交流 380/220V 三相五线制，事故照明采用交、直流供电方式，直流经过逆变电源供电。

6. 电站绝缘配合、防雷和接地设计

（1）防雷：主、副厂房屋顶敷设避雷带，主变压器场装设单根 18m 的避雷针，每台发电机出口、6.3kV 母线以及主变压器的低、高压侧各装设一组避雷器，35kV 架空输电线路电站以外 2km 架设避雷线；在 35kV 引出线出口处各装一组氧化锌避雷器。

（2）主接地网由自然接地体和人工接地体两部分组成。尽可能充分利用自然接地体，在尾水渠及附近敷设水下接地网，在厂房附近设置一定数量的垂直接地极，用两根接地干线连接，干线截面不得小于 50mm×5mm 的扁钢或直径 18mm 的圆钢。

（贵州省水旱灾害防御中心 何锴君
贵州省水利投资集团有限责任公司黔中分公司
余位权
铜仁供电局 何科）

白渔潭水电站水轮机改造优化设计

白渔潭水电站位于湖南省衡阳市，为我国第一座低水头径流式水电站，共装有 8 台机组，总容量 2.19 万 kW。水电站 8 号机组为苏联从芬兰拆卸后安装在白渔潭水电站，机组严重老化，1999 年下游水位抬高，上游河道沙场开挖导致的淤积问题，使机组长期低于设计水头运行，机组效率低下，严重影响电站经济效益，因此急需进行更换改造。由于历史久远图纸资料不全，改造前该机组电站已停止发电。根据电站要求和实际情况，于 2012 年对其中最老的 8 号机组进行了改造，使机组最大出力由改造前的 1600kW 增加到 2300kW。

（一）机组主要基本参数

改造前机组参数，机组最大水头 8m，额定水头 6.2m，转轮直径 3.35m，额定转速 115.4r/min，额定出力（发电机）3200kW，吸出高度 4.01m，装机高程 47.0895m；改造后机组参数，机组最大水头 7.5m，额定水头 5.3m，最小水头 3.5m，转轮直径 3.35m，额定转速 115.4r/min，水轮机额定出力 2421kW，发电机额定出力 2300kW，发电机最大出力 2500kW。

（二）优化水力设计

电站建于 20 世纪 60 年代初，投产已 50 余年，电站现有水头比原设计水头下降约 1m，8 号机组原设计额定出力 3200kW，由于水头的变化，加上当时各种条件所限，水头与转轮选型不匹配，机组运行远偏离最优工况且效率低下，改造前最大出力仅能达到 1600kW。改造的基本思路：用优秀的转轮代替老转轮，采用 CFD 技术，在原流道基础上优化转轮叶片与导叶叶型、优化导叶与桨叶协联，同时采用新材料、新结构、新工艺进行各部件设计、制造，从而达到增容和改善水力效率的目的。8 号水轮机使用了适合该水头段的优秀转轮，清华大学对活动导叶和桨叶进行了优化设计和 CFD 分析，使原有固定导叶和优化后的活动导叶以及转轮合理匹配。

（三）设计特点

8 号水轮机改造的主要部件有转轮、水轮机轴、导轴承、主轴密封、导叶及导水机构、桨叶及其操作机构、接力器及控制环、受油器及叶片操作油管、顶盖排水设备；另外底环、转轮室里衬、尾水管里衬、座环、蜗壳根据实际情况维持原样，不进行改造。水轮机改造设计中采用新的结构特点：①导叶上、中、下轴套采用铜基镶嵌自润滑轴承，相应轴径部位镶嵌不锈钢轴套，确保导叶转动灵活。铜基轴承特点是承载能力高、摩擦系数低、耐磨损、耐高温、使用寿命长，近年来尤其在机组改造中使用较多，成本虽有所提高，但会减少电站的检修频率和工作量，给电站增加效益。②过流面容易磨损、气蚀的部位堆焊不锈钢材料。如顶盖设有 12mm 厚的不锈钢板、转轮体过流面堆焊 8mm 厚的不锈钢。③转轮叶片轴颈与轮毂体的密封采用成熟的"V"形密封，该结构即使长期运行过程中产生磨损，也能靠弹簧和油压的压紧来自动保证密合面的密封，安全可靠、装拆方便，多年来在轴流式转轮中得到广泛应用，可确保叶片不渗油。④活塞与转轮体之间的密封采用新型的导向环加组合密封的型式，代替传统的铸铁活塞环，其结构简单、安装方便、密封效果好。⑤导叶端面密封采用不锈钢压板加橡胶的型式，立面密封采用刚性密封，确保导叶全关时漏水量很小，密封型式完全适合该水头段机组。⑥主轴密封采用了简单的盘根密封，盘根材料由聚四氟乙烯浸滞碳纤维填料代替传统的石棉材料，延长使用寿命。⑦水导轴承采用自循环稀油润滑带毕托管的轴承结构，其结构简单紧凑、安全可靠、易于安装、维护。经计算不设油冷却器。⑧受油器采用浮动瓦结构，能有效防止操作油管磨损和烧瓦现象，漏油量小、且安装、检修方便，运行可靠。

（四）应注意的事项

①由于年代久远，原设计图纸上所标高程与实际高程有出入，至使大轴设计数据短于现场实测高程15mm。所以今后进行改造设计前，要对实际高程进行认真的复核测量，以便跟高程有关的各部件尺寸设计正确，确保机组安装顺利进行。②接力器在安装过程中发现与现场安装尺寸不符，原控制环与接力器的连接通过上、下拐臂及转换轴来进行连接的，该结构不同于现有常规结构，需在原有图纸的基础上进行现场复核，才能将新的接力器与原接力器基础正确的匹配，以确保接力器行程的正确。

（五）改造成效

8号水轮机已于2013年4月正式投运，改造后机组运行稳定，各项指标达到预期目标，在毛水头5.4m左右，发电机出力达到2300kW，各轴承温度不超过50℃，水导摆度0.13mm，振动0.07～0.08mm。均符合国家有关标准的规定，说明改造是成功的。对我国老旧电站的增效扩容改造提供了很好的借鉴作用，具有推广应用价值。

（杭州杭发发电设备有限公司
张鹏程　张银果　杨慧）

双涧溪水电站水轮机增效扩容改造

双涧溪水电站始建于20世纪80年代，原电站总装机为2×3200kW。由于年代久远，机组各方面状态大不如前转轮气蚀严重，机组出力效率明显降低，原水轮机出力为3170kW，不能满足发电机满发3200kW的需求。因此为充分合理利用水资源，结合双涧溪水电站工程特性，对水轮机部分部件进行技术改造，优选技术可行、经济性好的技改方案，以提升机组出力，增加电站经济效益。

（一）改造方案

（1）主要改造内容。①改造转轮。厂房内、新转轮上冠、下环、叶片均采用铸造不锈钢材质，上冠上设有止漏环。止漏环与上冠为同一本体结构；转轮叶片采用数控加工，以确保型线。转轮完成加工后，应当进行静平衡试验，经检验合格后才能出厂。②改造活动导叶，并配衬套和导叶密封。新的导叶采用铸造不锈钢材质，导叶型线适应新转轮运行。导叶采用数控加工，以确保型线。衬套及导叶密封适应新导叶及改造后的顶盖底环。③改造底环、顶盖及其止漏环底环保留本体，拆除护板，密封环；新护板及密封环采用不锈钢板材。顶盖保留本体，拆除护板，新做护板、护环；新护板采用不锈钢板材。新止漏环采用铸造不锈钢材质；底环、顶盖改造和新止漏环的加工创造要充分考虑新转轮与导叶等综合因素，以利于机组运行。

（2）改造方案。该电站原机型为HLA216-LJ-84，此次改造在水轮机转轮的选取要充分考虑该电站的具体水头参数情况，选择效率更优、抗汽蚀性能更好、运行稳定性更佳的新型转轮，才有利于保证电站改造后的效益。改造后水轮机额定出力为3500kW，能够满足电机满发3200kW的需求，经过比选，推荐采用C451转轮作为此次改造方案的推荐转轮。

（二）增效扩容改造前后对比

（1）性能分析。双涧溪水电站原HLA216-LJ-84型水轮机，在原设计参数不变的情况下，经过技术改造，水轮机出力可达3500kW，水轮机模型综合特性曲线对比数据表如表1所示，前后出力对比数据如表2所示。

（2）改造成效分析。①生态效益。进行水轮机增容改造的同时，可以同步实时生态修复工程，构建绿色水电。水轮机增效扩容改造可以增加水电站的发电能力，减少对其他形式能源的依赖，从而减少对天然资源的开采和破坏，有利于保护野生动植物及其栖息地。通过增加水轮机的效率和产能，可以充分利用水资源，减少对水资源的浪费，实现资源的可持续利用。②社会效益。水轮机增效扩容改造可以增加水电站的发电能力，为社会提供更多的清洁、可再生能源，减少对传统能源的需求，推动低碳经济的发展。在提升发电效益的同时巩固供水、灌溉、防洪、交通等综合效益，对周边地区的社会经济发展起到推动作用。③经济效益。通过提高水轮机的效率和产能，可以增加发电量，从而提高水电站的经济收入。能够满足不断增长的能源需求，有利于降低电力供应成本，并提高能源市场的竞争力。其次，改造项目通常采用先进的技术和设备，提高了水轮机的运行效率，减少了维护费用和能源消耗，降低了水电站的运营成本。此外，水轮机增效扩容改造能够延长设备寿命，减少故障和维修次数，降低了维护和修复的成本。

表 1　　　　　　　　　　　　　水轮机模型综合特性曲线对比数据表

项目	效率限制	空化系数限制	单位流量限制
改造前（HLA216）水轮机	89.5%	0.065	500L/s
改造前（HLC451）水轮机	94.43%	0.06	600L/s

表 2　　　　　　　　　改造前后发电机出力对比表（水头 109m，导叶开度 83%）

运行方式	技改前		技改后	
	1 号机组（kW）	2 号机组（kW）	1 号机组（kW）	2 号机组（kW）
开单机	3280	3100	3450	3430
开双机	3100	2930	3260	3250

（三）改造成果

（1）双涧溪水电站经过改造后，转轮 HLC451 比原转轮 HLA216 在转轮效率、抗气蚀性能、运行稳定性各方面都有很明显的优势，从长期安全稳定运行和改造后出力更有效的满足改造要求的角度考虑，建议优先采用 HLC451 型转轮来保证达到改造目的。

（2）水轮机增效扩容改造在生态效益、社会效益和经济效益三个方面都具有明显的优点。从生态角度看，它能提高资源利用效率、减少环境污染，并促进生物多样性保护。在社会层面，它为社会提供清洁能源、增加就业机会，并建设基础设施。而从经济角度，它能增加发电量、降低运营成本、提高电力系统稳定性，对电力行业和整体经济带来明显的效益。

（浙江宇丰水电集团有限公司　林长产
泰顺县双涧溪水力发电有限公司　张翼
泰顺仙居水力发电有限公司　吴庆超）

青山四级电站增容改造

（一）电站概况

青山四级电站位于湖北省崇阳县城关天城镇，距青山三级电站约 5km，承接陆水河上游干流和支流青水河的来水，区间降雨丰沛，河流来水流量较大。电站为河床径流式，装机 5×500kW，总装机容量 2500kW，设计多年平均发电量 870 万 kW·h。电站于 1979 年 12 月动工，1984 年 5 月竣工，5 台机组全部投产发电。

1. 电站存在问题　①水轮机工作水头变幅大，在枯水期，水轮机振动大，无法正常运行；②电站机电设备制造技术水平低，水资源浪费严重，电站经济效益低下；③原机组服役 30 多年，设备老化磨损严重，安全隐患多。

2. 增容改造内容和目标　维持电站整体结构和主要水工建筑物现状不变，对现有的 5 台套水轮发电机组及电气设备进行扩容更新改造，设计装机 5×630kW，总装机容量 3150kW，增容 650kW。

（二）电站改造主要参数

该电站增效扩容的设计参数为：设计水头为 4.5m，转轮直径为 φ2000mm（转轮室不动），导叶高度 900mm（座环不动），单机出力达 630kW，单机增容幅度达 26%。

（三）水轮机改造

对于青山四级电站技改的要求是在不改变电站原有流道的前提下，实现较高的增容目标，这对于低水头轴流定桨式水轮机技改而言难度较大。

1. 转轮选择　该电站原水轮机型号为 ZD760-LH-200，ZD760 转轮是 20 世纪 60 年代的技术水平，其效率低下，因此选择新型高效、大流量的模型转轮是保证技改成功的关键。从目前国内轴流机中选出几个模型转轮进行比较，与电站最匹配的模型转轮分别是 ZDK400、ZDYJ03T。经分析发现，该电站设计参数与已技改完成的白渔潭水电站非常接近，电站额定水头 4.7m，额定出力 2316kW，转桨式转轮，转轮直径 3.3m。在白渔潭水电站技改过程中，对电站进行全流道的 CFD 计算，研发出新转轮 ZZYJ03T，取得了理想的效果，因此确定此次技改将参考白渔潭水电站进行。

2. 机型确定　由于此次增容改造采用常规技改方法进行，而且电站水头变化大，机组不能长期稳定运行，因此在设计技改方案时，经过充分研究分析，采用将电站 5 台机组，分为 3 台定桨式转轮与 2 台调桨式转轮结合的技改思路，这样即可以确定定桨式水轮机，通过调桨式水轮机桨叶角度调节，找到最优转轮叶片安放角，又可满足电站的水头变化情况。通过调整调桨式水轮机桨叶角度，以适应水头与负荷变化，以保证机组长期稳定运行。

3. 定桨式转轮叶片安放角度确定　根据转桨式水轮机的真机运行区间图，确定定桨式水轮机转轮叶片安放角，理论上应该采用 ≈+22.5°。但是在实际改造过程中，转轮叶片安放角选择与白渔潭水电站相同，并且通过到白渔潭水电站现场复测转轮最优的叶片安放角，确定电站在最大出力时其叶片安放角为+27.5°。最终确定以+27.5°角度作为此次定桨机组的转轮叶片安放角。

4. 定桨机组改造情况　技改选择4号机组进行，在完成定桨式转轮安装后，电站反映新转轮耗水多，出力不及旧机组。经对现场考查，发现水轮机在相同条件下，出力稍低于旧机组，且尾水流态差，在打开尾水补气阀后，补气管补进大量空气，机组出力可增加40kW。尾水管内部出现大的漩涡，并伴随气泡，这表明转轮出口环量分布与下游尾水管不匹配，水轮机运行工况偏离了设计工况。这一情况完全符合浙江富安水力机械研究所和西安理工大学的分析结果，即在通过ANSYS CFX软件对电站机组进行全流道数值模拟，分析了原型电站机组在最优工况下各通道部件的水力损失，计算结果表明损失主要集中在尾水管（5.35%）和转轮（4.5%），尾水管内部弯肘段和扩散段有脱流，大大增加水力损失。通过对转轮叶片几何进行优化，使得叶片正背面压力分布均匀，同时使得转轮出口环量分布与下游尾水管的相匹配，从而降低损失，提高效率。从改造后的4号机组运行尾水流态情况可以判断定桨式水轮机的叶片安放角是不合理的。

5. 调桨式转轮技改　①此次技改采用蜗轮蜗杆结构式的调桨结构设计。在水轮机与发电机连接法兰处，增加1组蜗轮蜗杆，在当机组停机时，在水轮机层操作手柄旋转蜗轮旋转，带动蜗杆作上下运动，实现转轮叶片角度调整，叶片转角0°～30°；②同时转轮结构也进行了优化设计，转轮轮毂取消叶片枢轴支撑孔，采用法兰连接固定，法兰与轮毂体之间设置自润滑抗磨块。需要将转轮在全关位置，叶片水平中心线以上车削成圆柱面，叶片水平中心线以下，车削成球面，以适应原圆柱形转轮室（转轮室不动）；③叶片可随意调整叶片角度，完成了水头与桨叶角度的协联动作，对负荷变化的适应性较好，运行区域较宽广，平均效率较高；同时解决转桨转轮普遍存在的漏油、串油等问题；④在完成调桨式水轮安装调试过程中，通过叶片角度的调整，水轮机在相同运行工况下，找到最佳的效率工况点，即叶片安放角在+20°～+22.5°范围内，机组出力达650kW，此时机组运行稳定，噪声低，尾水流态好。因此确定后续定桨转轮均按+20°～+22.5°的角度来制造。

6. 定桨转轮叶片安放角最终确定　在确定了定桨式转轮的叶片安放角后，于是将厂内的两个定桨转轮均按+22.5°进行了处理，到电站完成安装后，均取得跟调桨式机组相同的效果，在额定水头下单机出力可达650kW，此时机组运行稳定，噪声低，尾水流态也好，并对4号机转轮的叶片角度进行了返厂处理。

（四）改造后的效果

该电站完成改造后，经过一段时间运行，电站反映此次技改方案的设计是合理的，在额定水头下单机出力可达650kW，机组更稳定，噪声小，在水头变幅大时运行调桨式水轮机，机组振动小，改造后的水轮机各项技术指标参数均表现优秀，电站客户表示满意。

（湖南云箭集团有限公司　解再益）

赤水市小水电生态流量核定与泄流改造

（一）概述

赤水市隶属贵州省遵义市，位于贵州省西北部，赤水河中下游属四川台坳、四川盆地分区泸州小区，全市为中亚热带湿润季风气候区，冬暖春早，全年日照少，立体气候和地区差异显著。全市境内属长江水系，包括赤水河流域、大同河流域、习水河流域、枫溪河流域等。目前该市小水电站共有68座小水电站，分布于各干流和支流上，总装机容量9.29万kW，其中装机容量在5000kW以上的小水电仅4座，大多数小水电装机容量在1000kW以下。分布于习水河、大同河、枫溪河等10条河流，其水电站分别为22座、16座、10座，占总量的70.6%，其余7条河流小水电占比29.4%。赤水市小水电站主要建于2010年之前，仅有1座电站建于2010年之后。由于建成时间较早，建设时期主要强调发电、灌溉等，对于生态流量考虑较少，在调查中发现，由于引水发电，多处河流出现减流甚至断流的情况，脱水河段达到31.13km，对水生生态产生严重破坏。

（二）生态流量核定与泄流改造

1. 生态流量核定　目前计算生态流量的方法比较多，最常用的两种方法是Tennant法和7Q10法。①Tennant法。Tennant法是指将天然情况下多年平均月径流从小到大排序，前6个月为少水期，后6个月为多水期，根据2个时期多年平均流量的百分比和河道内生态与环境状况的对应关系，直接计算维持河道一定功能的生态与环境需水量。而对于大多数水生生命，10%的平均流量，是建议支撑短期生存栖息地的最小瞬时流量，因此对水电站取水点以上集雨面积较大或有特殊生态需要的断面，采用多年平均流量法，选取多年平均流量的10%比拟核定生态流量。②7Q10法。7Q10法是指将90%保证率的连续最枯7

天的平均流量作为最小生态流量，但由于标准要求高，因此我国在《制定地方水污染物排放标准技术原则和方法》中规定，将计算方法更改为90%保证率最枯月平均流量。因此对于电站取水点以上集雨面积较小的，采用此方法，选取每年最枯月平均流量形成最枯月平均流量系列进行频率分析，选取频率为90%最枯月平均流量核定生态流量。

2. 泄流改造　根据赤水市小水电站的具体情况，采用改造已建闸门以及改造现有阀门泄放生态流量。

(1) 改造已建闸门泄放生态流量。采用闸门限位的方式，通过闸门行程控制器或在闸门底部设置控制闸门不完全关闭的水泥墩，利用闸门不完全关闭泄放生态流量，此方法可以充分利用现有构筑物，不会因新增泄水建筑物而影响坝体结构。可按照宽顶堰上闸孔出流公式 (1) 进行计算：

$$Q = \mu_0 \sigma_s b e \sqrt{2gH_0} \tag{1}$$
$$\mu_0 = 0.6 - 0.176e/H$$

式中：Q 为下泄流量，即核定的最小生态流量；b 为闸孔宽度；e 为闸孔开度；g 为重力加速度，取 9.8m/s^2，H 为闸前水深，在闸前最小发电水位情况下，也可保证生态流量的泄放；H_0 为包括行近流速水头的堰上水头，一般情况下，行近流速水头较小，可忽略，此处取闸前水深 H；σ_s 为闸孔出流的淹没系数，闸孔自由出流时，$\sigma_s = 1$，闸孔淹没出流时，查表取值；μ_0 为闸孔出流的流量系数，采用南京水利科学院经验公式计算。

(2) 改造已建阀门泄放生态流量。对设有锥形阀的，可直接利用其泄放，对设有闸阀的，可增设旁通放水管泄放。采用或改造现有阀门泄放生态流量，方法简单，改造成本低，具有较好的经济性。旁通放水管出流可按有压管流公式 (2) 进行计算：

$$Q = \mu_c A \sqrt{2gH_0} \tag{2}$$
$$\mu_c = 1/\sqrt{1 + (\lambda l/d + \sum \zeta)}$$

式中：Q 为下泄流量，即核定的最小生态流量；A 为管道断面面积；g 为重力加速度，取 9.8m/s^2；H_0 为包括行近流速水头的作用水头，一般情况下，行近流速水头较小，可忽略，自由出流时，闸前水深 H，淹没出流时，取上下游水面高程差；μ_c 为管道流量系数；l 为管道计算段长度；d 为管道内径；λ 沿程水头损失系数；$\sum \zeta$ 管道计算段中各局部水头损失系数之和。

(三) 工程实例分析

1. 响水洞水电站　该电站位于宝源乡联华村，即大同河支流宝源河中上游段，为引水式电站，拦水坝为重力坝，最大坝高 1.5m，总装机容量 1000kW，目前处于正常运行状态。电站拦水坝位于厂房所在河

流上游，电站拦水坝左岸设有引水渠，并设0.9m×0.9m泄流闸，用于生态流量下放，根据现场调研，应对泄流闸进行改造。

该电站坝址以上集雨面积为 37.1km²，利用水文比拟法以及 Tennant 法计算确定坝址处需下放的生态流量为 0.094m³/s。将其代入式 (1) 计算可得，闸门开度 e 为 0.075m，即闸门开度不小于 75mm，在泄水闸螺杆安装控制器，保证闸门开度不小于 75mm，即可满足下游河道生态流量要求。

2. 平华水电站　该电站位于宝源乡联华村，即大同河支流宝源河中上游河段，为引水式开发，拦水坝为重力坝，最大坝高 1m，总装机容量 630kW，目前处于正常运行状态。拦水坝位于电站所在河流宝源河的支流，厂房间河道长度 1.5km。拦水坝已设有 DN50 的泄流管，根据核定的生态流量进行改造。

根据计算得出水电站核定生态流量为 0.019m³/s，将其代入式 (2) 计算可得，管道内径 d 为 0.065m，即管道内径不小于 65mm，已有的 DN50 泄流管内径过小，导致生态流量下泄不足，因此对泄流管进行改造，将原有管道进行封堵，增设 DN80 泄流管，即可满足下游河道生态流量要求。

(四) 改造后运行情况

赤水市小水电站建成投入使用时间大多较早，对当地的电力供应发挥了巨大的作用，对社会经济发展具有一定促进作用，但水资源的过度带来的生态环境恶化问题越发明显。按照核定的生态流量下放生态水量后，赤水市小水电下游脱水河段有了明显改善，河道流量增加，河道纳水能力提升，生态需水得到保障，水生态系统的功能完整性得到有效恢复和改善，并使周边生态环境、河道景观产生较大改观，小型河流生态系统得到修复，具有较大的生态效益。同时通过改善河流生态环境，提升了当地人民的生活质量，进一步促进了美丽乡村以及绿色水电的建设。

(贵州省赤水市水务局　秦岭
贵州省水利水电勘测设计研究院有限公司
管允棕)

灯泡贯流式机组管型座整体吊装有限元分析及改进

大容量灯泡贯流式水轮发电机组管型座内壳体和立柱整体组装后高度可达十多米，重量达到上百吨，整体吊装方案设计时，对其进行严格的应力和变形计算是十分必要的。

1. 管型座及吊装方案简介

该机组单机容量 53.34MW，其管型座如图 1 所

示，高 20400mm、内壳体直径 φ9500mm、轴向宽度 3950mm，按分块吊入机坑组焊设计；后应业主和安装单位要求改为整体吊装，追加吊耳长 500mm、高 410mm、厚 90mm。在安装间将管型座内壳体、上下立柱组装及拼焊成整体，整体重量为 173.5t。采用两

台 250t 桥式起重机，先水平吊装至机坑位置；然后起升上立柱桥式起重机主钩、降低下立柱桥式起重机主钩，逐渐将管型座从水平状态翻身至竖立状态；再摘除下立柱桥式起重机主钩，用另一台桥式起重机将管型座吊装就位。

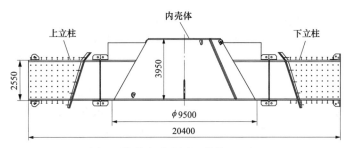

图 1　管型座示意图（单位：mm）

2. 有限元分析

（1）计算工况：选取水平状态和竖立状态两个工况。

（2）有限元模型：选取组焊后的上下立柱和内壳体整体模型作为有限元分析对象，通过 SE 三维建模软件建立管型座几何模型，有限元模型共计单元 165 万，节点 272 万。采用 ANSYS 2020R1 新推出的缆索单元 CABLE280 单元模拟钢丝绳。管型座和吊耳材料为 Q235B 碳素结构钢，屈服强度 215MPa，抗拉强度 370MPa。

（3）边界条件及载荷：约束钢丝绳吊钩端平动位移，所有计算工况仅考虑结构自重。

3. 计算结果与分析

（1）钢丝绳轴力验证：吊点 1 有限元计算为 729kN，理论计算为 727kN，误差 0.3%；吊点 2 有限元计算为 427kN，理论计算为 425kN，误差 0.5%。钢丝绳和卸扣的规格大于轴向力，满足强度要求。

（2）水平状态时结构整体应力水平很低，小于 40MPa，远小于材料的许用应力。但吊点附近的应力较大，吊点 1 处最大应力 260MPa，位于吊耳孔受压面，焊缝最大应力 172MPa，大于许用应力。吊点 2 处最大应力 147MPa，位于吊耳与管型座焊接部位，略大于许用应力，但考虑到吊点 3 的受力，吊点 2 处的最大应力将小于许用应力。管型座最大竖向位移为 6.5mm，位于内壳体，主要为钢丝绳变形。排除钢丝绳变形对管型座竖向位移的影响，管型座最大竖向位移为 2.1mm，结构刚度满足要求。

（3）竖立状态时结构整体应力水平很低，小于 20MPa，仍小于材料的许用应力。但吊点附近的应力较大，吊点 2 处最大应力 252MPa，吊点 3 处最大应力为 216MPa，均位于吊耳与管型座焊接部位，大于

许用应力。管型座最大竖向位移为 4.5mm，主要为钢丝绳变形，排除钢丝绳变形对管型座竖向位移的影响，管型座最大竖向位移为 1.2mm。

（4）结果评估：由计算结果可知：水平状态和竖立状态管型座强度不满足要求，水平状态时吊点 1 处应力超过许用应力，竖立状态时吊点 2 和吊点 3 处应力超过许用应力。

4. 结构改进

（1）吊点 1 利用已有吊孔由两个吊孔起吊改为四个吊孔起吊。

（2）吊点 2、3 吊耳两侧增加筋板，吊点 2 管型座增焊支撑筋板；吊点 2 和吊点 3 焊缝高应力处补焊并打磨圆角，补焊至角焊缝大于 20mm，打磨至过渡圆角大于 30mm。

对改进后的起吊方案进行有限元分析，水平状态时吊点 1 处最大应力 131MPa，焊缝最大应力为 100MPa，满足材料许用应力要求；竖立状态时，吊点 2 处最大应力 137MPa，焊缝最大应力为 134MPa，吊点 3 处最大应力为 139MPa，满足材料许用应力要求。

5. 现场吊装实施情况　该管型座成功吊装。

（中国华电集团有限公司衢州乌溪江分公司
周宁刚　童康
浙江富春江水电设备有限公司
许学庆　王铭）

CFD 技术在五福水电站贯流式机组改造中的应用

（一）工程概述

重庆江津五福水电站是我国最早研制的贯流式机组，也是我国第一台灯泡贯流转浆式机组，机组研制

始于 1964 年，由于各种原因，直至 1978 年才投产发电。在当时无完整资料，又无经验可循的情况下，完全靠自主研制，因此在设计、制造和安装上出现了效率低、出力小、振动大、漏水大、机组运行不太正常等方面的问题。为了提高效率、减小机组振动等问题，2012 年对五福水电站进行技术改造。

为了解决这些问题，通过利用 CFD 技术对机组进行流态分析，对转轮叶片与导叶叶型、导叶与浆叶的协联进行优化，除进、出口流道不动外，其余全部重新设计改造制造。因在设计中，成功利用 CFD 技术，对机组进行 CFD 流态分析，取得了较好的改造效果。

（二）电站基本参数

电站上游正常高水位 200.44m，下游正常尾水位 195.62m，下游最低尾水位 194.70m，机组安装高程 191.62m。电站装有 2 台灯泡式机组，原机组转轮直径 $D_1 = 2.75$m，机组转速 $n_r = 150$r/min，水轮机出力 $N_s = 1720$kW。现要求改造后的转轮直径 $D_1 = 2.75$m 不变，机组转速提高 $n_r = 166.7$r/min；在额定水头 $H_r = 4.9$m 时，$Q_r = 51.15$m^3/s（$Q_{11} = 3.055$m^3/s）；水轮机出力 $N_s = 2258$kW，发电机出力 $N_g = 2100$kW，即增加出力 13.1%；在最高水头 $H_{max} = 5.9$m 时，$N_t = 2580$kW，$N_g = 2400$kW；在最低水头 $H_{min} = 3.0$m 时，水轮机出力 $N_t = 1020$kW。

（三）改造方案

在老电站改造中，一般是用较先进的转轮来替代老转轮，并计算增加出力，传统技术但对流道的影响是难以估计的（一般效率修正为 2%）。因该电站用的是早期转轮，可采用目前较先进的 4 或 3 叶片转轮改造。从计算可知，用 4 叶片或 3 叶片新转轮，如考虑流道差异 2% 的影响，都达不到用户的要求。

（四）CFD 技术分析

利用计算流体动力学（CFD）软件，分析改造电站水轮机的内部流动特性，计算其能量特性，并分析其空化性能。按原有电站流道，建立 ϕ350mm 模型机组的三维造型，包括进水流道、管型座、导水机构、转轮、尾水管等在内的整体流道。输入原电站的导叶、转轮叶片的参数，选取 6 个典型工况点，计算能量特性，与原模型试验值做比较，如基本符合，说明计算时所选取的系数是合理的；如相差较大，要调整系数值，直至计算值与原试验值相符。然后将改进后的导叶、转轮叶片参数输入，计算同样的工况点并比较是否比原转轮好。

对于该电站来说，在原电站流道下（灯泡体段外径 ϕ5.0m），采用 3 叶片转轮，在 $H_r = 4.9$m，$n_r = 166.7$rpm 时，其额定工况的出力曲线如下所示（见图 1）。

由图 1 知，出力达不到要求，分析认为是灯泡体

段直径太小，后将其外径增至 ϕ6.0m，将导流板宽由 1.4m 减至 1.3m，扩径起始点为离转轮中心线 7.0m 处。最后进行流道扩径后的 CFD 计算：按要求，对最高水头 5.9m、额定水头 4.9m、最低水头 3.0m 共 12 个典型工况进行计算。由计算成果可知，工况 3，表明最低水头下出力达到 1.23MW，超过电站改造的 1.02MW 要求；工况点 8，在额定水头下出力达到 2.48MW，超过 2.258MW 的要求；工况点 12，在最高水头时，出力可达到 2.92MW，也超过 2.580MW 的要求。

为显示整体流道的流动状况，对额定水头、最高水头和最低水头的较优工况进行数值分析，在额定工况时的资料显示，尾水管内部的流动相对不均匀，活动导叶和转轮叶片在不同柱面展开面上的流线，显示整体流态合理，导叶区和浆叶区的能量特性较好。分析了最小水头、最高水头的流动状态均较合理，且都达到了用户的出力要求，说明改造后的流道，能保证电站的能量特性。

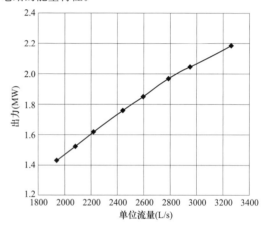

图 1 电站原流道下（ϕ5.0m）的出力曲线

（五）改造后机组试运行记录实测

实测数据表明：机组改造后，各部温度较低，机组出力基本达到了预想要求，说明用 CFD 技术来改造老电站是可行的。

（六）水轮机流道改造后典型工况空化性能分析

该电站机组安装高程为 191.62m，按下游最低尾水位 194.7m，计算至 $3/4D_1$ 处，$H_s = -2.39$m，电站装机空化系数 $\sigma_y = 2.484$。在 $Q_{11} = 3.055$m^3/s 时，如采用 4 叶片转轮，$\sigma_m = 1.8$、$K = 1.38$。如采用 3 叶片转轮，$\sigma_m = 2.1$、$K = 1.182$。说明电站在安装高程不变的条件下，水轮机的空化裕量是足够的。

现用 CFD 来分析水轮机的空化性能，需要将水轮机流道内点的绝对压力与空化压力比较。若绝对压力低于空化压力，则该区域易发生空化，一般取空化压力约为 3500Pa。数值模拟计算中，可以读取流道内点

的相对静压力,记为读数 p,流道内点的绝对压力记为 p',可由 p 换算而得。由于计算中考虑了重力的影响,给定边界条件时,设尾水管出口中心静压力为 0,尾水管中心处的绝对压力 p_{dt} 可表示为:$p_{dt} = p_a + \rho g^*$(尾水位高程-尾水管出口中心高程)。

其中,p_a 为大气压力,取值 10.1325Pa,尾水位高程取下游最低水位 194.7m,尾水管出口中心高程为 191.27m,流道内各点的绝对压力 p' 可表示为:$p' = p + p_{dt}$。

其中,p 代表流道内点的相对静压力,通过数值模拟计算结果可以读取。由此获得流道内点的绝对压力 P',当其低于空化压力时发生空化。用流道内点的相对静压力分布图表示出可能出现空化的区域可见,用 CFD 来分析水轮机的空化性能。在大流量大开度工况下,如工况 4($K = 0.99$)、工况 8($K = 0.88$)和工况 12($K = 0.94$),K 值均<1,引起低压易空化区域范围较大,空化性能较差,但已属于超功率的非运行工况,其他工况的空化性能是良好的。

(七)成果分析

实践表明,在老电站改造中,利用 CFD 技术,不仅可以分析导叶、转轮叶型以及导叶与转轮叶片协联对水轮机性能影响,而且还可以分析流道对水轮机的能量性能和空化性能的影响,比只更换新转轮的老方法更符合实际,而且可省去水轮机模型试验的环节。

通过该项目的改造实施,掌握了 CFD 技术在贯流机组电站改造中的应用。通过工厂试验和实际电站示范应用,验证了该技术的稳定可靠、性能优越、电站建设成本低、运行维护方便,具有推广应用价值。

(杭州杭发发电设备有限公司
张鹏程 张银果 杨慧)

过军渡水电站贯流式机组新型冷却方式的应用

过军渡水电站位于四川省遂宁市龙凤场涪江干流河段,采用灯泡贯流式机组,总容量为 2×22.5MW。其定子、转子的冷却方式为常压、强迫通风闭路循环、水一水二次冷却,空冷器的冷却水来自发电机冷却锥,循环路径:水泵→空冷器(油冷器)→冷却锥→水泵;轴承润滑油的冷却采用强迫循环冷却方式,循环路线:高位油箱→导轴承(水导、发导)和正、反向推力轴承→回油箱→油泵→油冷却器→高位油箱,油冷却器的冷却水来自发电机冷却锥内的循环水。经长期运行,冷却锥由于外表面附上水生物、泥垢而冷却效果逐渐变差,夏季高温高负荷运行时线圈及铁芯温度一般都在 109℃ 左右,最高达到 113.7℃,超出规定的允许温度 100℃;而轴承测得温度最高达到 63℃,虽未超过最高允许温度,但因传感器安装位置问题,实际温度比这测得的温度值高。

为使机组安全稳定运行,在原油冷却器进出口两端再并联 1 套油冷却散热器对循环润滑油进行强化冷却,在原循环水冷却系统的管路中串联一套水冷却散热器强化循环水的冷却,形成了一种新式冷却系统,见图 1。增设的散热器与原系统既可同时运行亦可单独运行,设备切换灵活;冷却水均取自前池、排入尾水,能自流,带走的热量直接排掉而未重新进入循环,冷却效果和节能效果方面相比原冷却系统有较明显的优势。

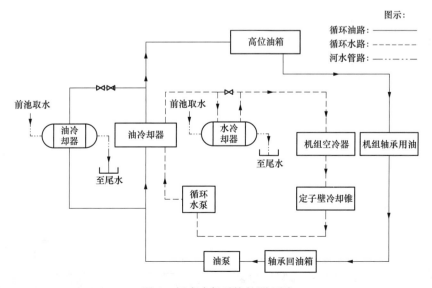

图 1 新式冷却系统的原理图

新冷却方式应用后的 2023 年与应用前的 2020～2022 年的夏季机组运行比较，1 号机组瓦温降幅平均约 3℃、线圈与铁芯温度降幅达到 10℃；2 号机组瓦温降低约 1～2℃，线圈与铁芯温度降幅不明显。

投运以来，整体效果较好，但也存在一些问题：①油温下降会引起油泵的出油量减少，导致备用泵不时启动；②油冷却器、水冷却器都投入时水量不够，存在"抢水"现象，水冷却器的功能不能完全发挥。按当初设想，定子及转子的温度下降，可将冷却风机退出或退出一部分，以节约厂用电，但未实现。拟采用供水侧分离、共用出水管方式，使油冷却器、水冷却器用水独立，油冷却器不再出现抢水，水冷却器的冷却效果得以提升。

（四川明星电力股份有限公司　刘伟）

刘老涧水电站机组摆度异常增大的处理

刘老涧水电站位于江苏省宿迁市境内的中运河上，是南水北调东线第五级梯级电站之一，1996 年建成，2019 年进行改造，总装机容量为 8800kW。2021 年 5 月，2 号机组运行突然发现运行摆度增大、振动剧烈的情况，调取振摆监测系统波形图发现，摆度发生跳跃性突变，增幅值达到 5 倍左右，持续约 1h，之后摆度稳定在原来的 2 倍左右。

1. 问题分析　该机组振摆传感器为改造时新装的，运行时间短，发生故障可能性小；调取水文资料，并没有发现低水位、大量来草堆积拦污栅的情况，也基本可以排除进水流态变差的影响；可能性较大的原因是导轴承损坏、叶轮室内部有异物、机组的轴线发生变化，需要解体检查。

电站组织对 2 号机组进行检修，经测量检查，发现电机下导摆度 0.16mm、上水导摆度 0.43mm、下水导摆度 0.13mm；联轴器上法兰最大摆度 0.10mm、下法兰最大摆度 0.19mm，有明显错位。另外，上水导冷却器供水管有水垢和淤泥，轴瓦损坏。

因此，基本可判断 2 号机组运行摆度突然增大的原因为电机轴和水泵轴轴线与其旋转中心不重合、偏差较大，上水导轴瓦磨损烧坏。

2. 处置措施　经过与厂家协调确定了维修方案：上水导轴瓦重新浇铸、加工、安装；定制专用工具推动下法兰，使其与上法兰达到同一中心，再对连接螺栓孔重新铰制，并重新加工、安装大轴连接螺栓；采用分开上下法兰用方挫磨削水泵法兰上止口，调整大轴摆度符合规范要求。

调整后，机组运行摆度已在规范允许范围内。

（江苏省骆运水利工程管理处
崔晓远　徐立建　陈勇）

转桨式水轮机纯水液压叶片调节技术在农本水电站的应用

减少或消除油品泄漏，是当前全球绿色水电标准对水轮机的主要要求之一。我国小型水电站提标和改造，基本解决了传统转桨式水轮机的油品泄漏问题，但随着技术升级，纯水液压传动技术的应用潜力开始受到关注。广西农本水电站安装 3 台轴流式机组，原总装机容量为 9600kW，调速器的操作油压等级为 4.0MPa；2016 年进行增效扩容改造，装机容量提升至 3×3750kW，导叶操作油压提升至 16MPa，但桨叶操作油压保持不变，维持在 4.0MPa。桨叶油压操作，存在系统漏油对环境产生负面影响问题，且压力等级比导叶操作的低，易发生串油，影响正常开启，导致协联失调、发电效率下降。为解决这些问题，开展了纯水液压水轮机桨叶调节器研发。经过多年努力，采用纯水作为液压介质的水轮机桨叶调节系统在该电站成功应用。

（一）纯水介质叶片调节器简介

该调节器由高压水供应系统、叶片驱动机构以及智能控制系统三大核心组件构成，其额定压力为 16MPa，境温度为 1～50℃、内泄水量 20～60mL/min、位置不准确度不大于 0.5% 总行程、平均无故障间隔时间（MTBF）为 4 年、最大转速 500r/min、全行程伸出时间与全行程缩回时间均为 10～30s、接力器操作推力为 360～480kN、接力器操作拉力为 300～400kN，各项性能及技术指标均满足或超过了国内外相关技术标准和规范要求。

1. 高压水系统　如图 1 所示，考虑到水具备较

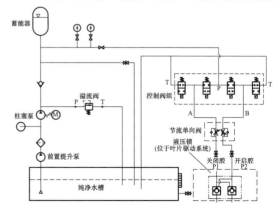

图 1　农本电站高压水系统原理图

强的腐蚀性质，该系统中的全部静态组件均采用不锈钢制造。由于水在一些高速运转的机械部件中可能触发空蚀，系统特别在柱塞泵的前端配置了一台预增压泵，以确保泵系统始终在正压环境下运行，从而显著降低了空蚀的风险。采用传统小型高油压调速器经常使用的三位四通滑阀进行桨叶控制，内泄因水介质的动力黏度远小于油而难达到控制所需要求，因此采用了由4个单独的密封性能较好的两位两通电磁阀组合联动的方式。

2. 叶片驱动系统　如图2所示，该系统涉及一系列机械与液压传动元件，范围从受水器至水轮机内部。在受水器组件中，对密封性能提出了更严格的要求，采用了一种新型亲水复合材料。此外，轴头和衬套部分选用了具有更强耐蚀性的2205双相不锈钢作为主要材料，配合间隙约为$10\mu m$。在这样的条件下，即便是微量的金属锈蚀或通过流体介质传播的微小锈蚀颗粒也有可能引发卡阻，导致该旋转组件的温度显著升高，甚至抱死。为提高系统的可靠性，设计了一种主受水器与副受水器串联的冗余结构。当主受水器出现明显卡阻时，该冗余设计允许备用受水器继续正常运转，同时生成警报，提示主受水器已经出现卡阻，从而便于后续的维护和修理工作。

（二）对于性能特点的讨论

经分析，受水器与受油器相比，并没有明显的温升劣势；水在控制响应速度和精度方面还有一定优势，在一些关键的PID控制场景下，如导叶关闭过程的大波动，能更好地体现其高灵敏性和可靠性。纯净水的生命周期碳排放当量约为$0.004t\ CO_2\ e\cdot m^{-3}$，而液压油则在$1t\ CO_2\ e\cdot m^3$数量级，显示出水在碳排放减缓方面具有巨大的潜力。

但使用水作为工作介质，设备成本高，在高纬度地区可能需要额外的冗余温度控制设备，可能引发"水锤"，给厂房布局和管路设计带来新的挑战。

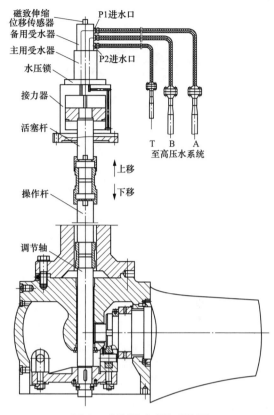

图2　叶片驱动系统系统图

（深圳市恩莱吉能源科技有限公司　郑吉斯
广西桂水电力股份有限公司崇左发电分公司
李志华
中水淮河规划设计研究有限公司　晋成龙）

中国水力发电年鉴

15

机构与学术团体

机　　构

水电建设单位情况一览表

单位名称	地址	邮政编码
国家电网有限公司	北京市西城区西长安街 86 号	100031
国网新源集团（控股）有限公司	北京市西城区骡马市大街 18 号中再保险中心	100052
中国南方电网有限责任公司	广东省广州市黄埔区科学城科翔路 11 号	510663
南方电网储能股份有限公司	广东省广州市龙口东路 32 号	510630
中国华能集团有限公司	北京市西城区复兴门内大街 6 号	100031
中国大唐集团有限公司	北京市西城区广宁伯街 1 号	100033
中国华电集团有限公司	北京市西城区宣武门内大街 2 号	100031
国家能源投资集团有限责任公司	北京市东城区安定门外西滨河路 26 号	100011
国家电力投资集团有限公司	北京市西城区金融大街 28 号院 3 号楼	100033
中国长江三峡集团有限公司	湖北省武汉市江岸区六合路 1 号	430010
中国长江电力股份有限公司	湖北宜昌市西坝建设路 1 号	443002
国投电力控股股份有限公司	北京市西城区西直门南小街 147 号	100034
中国南水北调集团有限公司	北京市丰台区东管头 1 号院 3 号楼 2048-79	100038
新华水力发电有限公司	北京市丰台区海鹰路 1 号院 7 号楼万润大厦	100070
中国三峡建工（集团）有限公司	四川省成都市高新区府城大道东段 288 号	610041
雅砻江流域水电开发有限公司	四川省成都市双林路 288 号	610051
华能四川能源开发有限公司	四川省成都市人民南路四段 47 号华能大厦	610041
华能雅鲁藏布江水电开发投资有限公司	四川省成都市武侯区科园一路 125 号航利中心	610041
大唐四川发电有限公司	四川省成都市蜀金路 1 号	610091
国能大渡河流域水电开发有限公司	四川省成都市高新区天韵路 7 号	610041
华电四川发电有限公司	四川省成都市高新区蜀绣西路 100 号	610041
华电金沙江上游水电开发有限公司	四川省成都市高新区蜀绣西路 100 号	610041
国能四川发电有限公司	四川省成都市天晖北路 9 号	610041
四川华电杂谷脑水电开发有限公司	四川省成都青羊工业园区（东区）同城路 8 号 B16	610009
国能四川发电有限公司南桠河水电分公司	四川省成都市高新区天晖北街 9 号	610041
中电建水电开发集团有限公司	四川省成都市高新区天府二街 139 号	610041
四川美姑河水电开发有限公司	四川省成都市温江区人和路 368 号	611130
国投云南大朝山水电开发公司	云南昆明市官渡区新昆洛路新亚洲城星都国际 63 栋	650213
华能澜沧江水电股份有限公司	云南省昆明市官渡区世纪城中路 1 号	650214
华能澜沧江上游水电有限公司	云南省昆明市官渡区世纪城中路 1 号	650214

单位名称	地址	邮政编码
华电云南发电有限公司	云南省昆明市西山区红塔东路 6 号	650228
国家电投云南国际电力投资有限公司	云南省昆明市西山区滇池路 1302 号	650228
国能金沙江旭龙（奔子栏）水电开发有限公司	云南省迪庆藏族自治州德钦县升平镇南坪街 70 号	674500
贵州乌江水电开发有限责任公司	贵州省贵阳市南明区新华路 9 号	550002
贵州黔源电力股份有限公司	贵州省贵阳市南明区都司高架路 46 号	550002
龙滩水电开发有限公司	广西南宁市民族大道 126 号	530022
广西桂冠电力股份有限公司	广西南宁市民族大道 126 号	530022
五凌电力有限公司	湖南省长沙市天心区五凌路 188 号	410004
湖南澧水流域水利水电开发有限责任公司	湖南省长沙市香樟路 393 号	410014
湖北清江水电开发有限责任公司	湖北省宜昌市东山大道 95 号清江大厦	443000
福建水口发电集团有限公司	福建省福州市台江区白马南路 333 号	350004
汉江水利水电集团有限责任公司	湖北省丹江口市环形路 3 号	442700
陕西汉江投资开发有限公司	陕西省西安市高新区沣惠南路 32 号	710065
国投甘肃小三峡发电有限责任公司	甘肃省兰州市七里河区敦煌路 353 号	730050
黄河上游水电开发有限责任公司	青海省西宁市五四西路 43 号	810008
青海省水利水电集团有限责任公司	青海省西宁市西关大街 57 号	810001
国能新疆吉林台水电开发有限公司	新疆伊犁州尼勒克县	835716
国能新疆开都河流域水电开发有限公司	新疆库尔勒市人民东路华誉商务大厦 14 楼	841000
国能阿克苏河流域水电开发有限公司	新疆阿克苏市塔中路 7 号金地美居大厦 4 楼 408 室	843000
中电建新能源集团股份有限公司	北京市朝阳区北辰西路 8 号北辰世纪中心 A 座 7 层	100101
华能西藏雅鲁藏布江水电开发投资有限公司	四川省成都市武候区科园二路 10 号航利研发中心 1 栋二单元	610093
广东省能源集团有限公司	广东省广州市天河东路 8 号、10 号	510630
广东省粤电集团有限公司	广东省广州市天河东路 2 号粤电广场	510630
江西赣能股份有限公司	江西省赣州市章贡区瑞金路 10 号呈祥中央首府	341000

（本年鉴编辑部）

水电设计单位情况一览表

序号	单位名称	主要领导及总工程师	职工人数	地址	邮编	电话	传真	网址
1	水电水利规划设计总院有限公司	董事长、党委书记：李昇　总工程师：赵全胜	386	北京市东城区安定门外大街甲 57 号	100011	010-51973283	010-62356230	http://www.creei.cn/
2	中国电建集团北京勘测设计研究院有限公司	党委书记、董事长：朱国金　总工程师：王可	1419	北京市定福庄西街一号	100024	010-51972599	010-65728792	http://www.bhidi.com/

续表

序号	单位名称	主要领导及总工程师	职工人数	地址	邮编	电话	传真	网址
3	中国电建集团华东勘测设计研究院有限公司	党委书记、董事长：时雷鸣 总工程师：徐建军	5442	浙江省杭州市高教路201号	311122	0571-56628888	0571-88076606	http：//www.ecidi.com/
4	中国电建集团西北勘测设计研究院有限公司	党委书记、董事长：尉军耀 总工程师：周 恒	2592	陕西省西安市雁塔区丈八东路18号	710065	029-88290001	029-88290000	http：//www.nwh.cn/
5	中国电建集团中南勘测设计研究院有限公司	董事长、党委书记：周 峰 总工程师：潘江洋	2821	湖南省长沙市雨花区圭塘香樟东路16号	410014	0731-85072055	0731-85047741	http：//www.msdi.cn/
6	中国电建集团成都勘测设计研究院有限公司	党委书记、董事长：何彦锋 总工程师：夏 勇	2680	四川省成都市温江区政和街8号	611130	028-60158195	028-87329997	http：//www.chidi.com.cn/
7	中国电建集团贵阳勘测设计研究院有限公司	党委书记、董事长：武建学 总工程师：湛正刚	1771	贵州省贵阳市观山湖区兴黔路16号	550081	0851-85388101	0851-85388999	http：//www.ghidri.com.cn/
8	中国电建集团昆明勘测设计研究院有限公司	党委副书记、总经理：黄海涛	2324	云南省昆明市人民东路115号	650051	0871-63062266	0871-63138701	http：//www.khidi.com/

（中国水力发电工程学会 殷利利）

水利设计单位情况一览表

序号	单位名称	主要领导及总工程师	在职职工人数	地址	邮编	电话	传真	网址
1	水利部水利水电规划设计总院	院长：李 明 总工程师：侯传河	197	北京市西城区六铺炕北小街2-1号	100120	010-63206623	010-62070508	www.giwp.org.cn
2	长江设计集团有限公司	董事长：胡向阳 总工程师：崔玉柱	3203	湖北省武汉市解放大道1863号	430010	027-82927792	027-82829202	www.cjwsjy.com.cn
3	黄河勘测规划设计研究院有限公司	董事长：安新代 总工程师：景来红（兼）	2048	河南省郑州市金水路109号	450003	0371-66026449 0371-66023501	0371-65959236	www.yrec.cn

序号	单位名称	主要领导及总工程师	在职职工人数	地址	邮编	电话	传真	网址
4	中水淮河规划设计研究有限公司	董事长：孙勇 总工程师：赵永刚	350	安徽省合肥市滨湖新区云谷路2588号	230601	0551-65707901 0551-65707003	0551-65707500	www.cwhh.com.cn
5	中水珠江规划勘测设计有限公司	董事长：蒋翼 总工程师：刘元勋	1100	广东省广州市天河区天寿路沾益直街19号	510610	020-38810724	020-38810724	www.prpsdc.com
6	中水东北勘测设计研究有限责任公司	董事长：马军 总工程师：李润伟	1052	吉林省长春市朝阳区工农大路888号	130021	0431-85092222	0431-85092000	www.neidri.com.cn
7	中水北方勘测设计研究有限责任公司	董事长：胡玉强 总工程师：吴正桥	1727	天津市河西区洞庭路60号	300222	022-28702841	022-28343991	www.tidi.ac.cn

（中国水利水电勘测设计协会　陈雷）

2023年水利水电施工单位情况一览表

序号	单位名称	主要领导及总工程师	地址	邮编	电话	传真	网址
一	中国电力建设股份有限公司	董事长：丁焰章 总工程师：张建文、和孙文	北京市海淀区车公庄西路22号	100048	010-58368693	010-58382888	http://www.powerchina.cn
1	中国水利水电第一工程局有限公司	董事长、总经理、法定代表人：霍福山 副总经理：李志刚	吉林省长春市经济技术开发区东南湖大路3799号	130033	0431-87975117	0431-87991536	http://www.zsyj.com/
2	中电建建筑集团有限公司	法定代表人、董事、总经理（主持全面工作）：刘庆 总工程师：应小军	北京市西城区六铺炕南小街1号	100120	010-86411266	010-86411071	http://jz.powerchina.cn/index.html
3	中国水利水电第三工程局有限公司	董事、总经理、法定代表人（主持全面工作）：王琪 总工程师：李东锋	陕西省西安市浐灞区世博大道4069号	710024	029-86178686	029-86252476	http://www.cteb.com
4	中国水利水电第四工程局有限公司	党委书记、董事长：徐银林 副总经理、总工程师：张文山	青海省西宁市城东区昆仑东路77号	810007	0971-8088261	0971-8088260	http://www.csdsj.com

续表

序号	单位名称	主要领导及总工程师	地址	邮编	电话	传真	网址
5	中国水利水电第五工程局有限公司	党委书记、董事长：李 峥 副总经理兼总工程师：赵云飞	四川省成都市一环路东四段8号	610066	028-84448159	028-84422633	http：//www.zswj.com/
6	中国水利水电第六工程局有限公司	党委书记、董事长：翟万全 总工程师：叶 明	辽宁省沈阳市浑南区智慧二街178号	110169	024-26209111	024-26209191	http：//6j.powerchina.cn
7	中国水利水电第七工程局有限公司	党委书记、董事长：张 桥 总工程师：高 峰	四川省成都市天府新区兴隆湖湖畔路南段356号	610213	028-81737069	028-81737888	http：//7j.powerchina.cn/
8	中国水利水电第八工程局有限公司	党委书记、董事长：姜清华 总工程师：于永军	湖南省长沙市天心区常青路8号	410004	0731-82822169	0731-82822169	https：//www.baju.com.cn/
9	中国水利水电第九工程局有限公司	党委书记、董事长：周正荣 总工程师：王 军	贵州省贵阳市观山湖区诚信南路501号（国际企业大厦）	550081	0851-87980581	0851-87980582	http：//9j.powerchina.cn
10	中国水利水电第十工程局有限公司	党委书记、董事长：范开平 总经理：陈 勇 总工程师：陈 茂	成都市金牛区金科东路50号国宾总部基地1号楼	610037	028-87772278	028-87766736	http：//10j.powerchina.cn/
11	中国水利水电第十一工程局有限公司	党委书记、董事长：朱晓明 总工程师：张卫东	河南省郑州市高新技术开发区莲花街59号	450001	0371-86019001	0371-86019003	http：//www.cwb11.com
12	中国水利水电第十二工程局有限公司	党委书记、董事长、刘光华 副总经理、总工程师：沈仲涛	浙江省杭州市西湖区灯彩街321号	310030	0571-86829018	0571-86829008	http：//www.water12.com
13	中国电建市政建设集团有限公司	董党委书记、董事长：高宗文 党委副书记、董事、总经理：张玉富 总工程师：王 操	天津市滨海高新区华苑产业区（环外）海泰发展五道2号	300392	022-58569000	022-58569002	http：//www.stecol.cn
14	中国水利水电第十四工程局有限公司	党委书记、董事长：王曙平 党委副书记、董事、总经理：李国瑞 总工程师：字继权	云南省昆明市官渡区凉亭中路673号水电十四局电建科研大厦	650041	0871-63335216	0871-63333460	http：//14j.powerchina.cn/

续表

序号	单位名称	主要领导及总工程师	地址	邮编	电话	传真	网址
15	中国水电建设集团十五工程局有限公司	董事长：梁向峰 总工程师：何小雄	陕西省西安市沣东新城沣东二路6号	710100	029-89502580	029-89502570	http://15j.powerchina.cn/
16	中国水利水电第十六工程局有限公司	党委书记、董事长：杨　刚 总工程师：陈祖荣	福建省福州市湖东路82号	350003	0591-87821294	0591-87853663	http://16j.powerchina.cn/
17	中国水电基础局有限公司	党委书记、董事长：杨铭钦 总工程师：无	天津市武清区雍阳西道86号	301700	022-29349688	022-29345523	http://www.chinafec.com
二	中国葛洲坝集团有限公司	总经理：宋　领 总工程师：郭光文	湖北省武汉市硚口区解放大道558号	430033	027-59270253	027-59270256	http://www.cggc.ceec.net.cn
1	中国葛洲坝集团第一工程有限公司	董事长：胡智军 总工程师：孙向楠	湖北省宜昌市东山大道54号	443002	0717-6719353	0717-685159	http://www.cggc1.ceec.net.cn/
2	中国葛洲坝集团第二工程有限公司	总经理：周献忠 副总经理：林本华	成都市青羊区广富路239号15栋5-12层每层1号、2号	610091	028-68253777	028-68338401	http://www.cggc2.ceec.net.cn/
3	中国葛洲坝集团第三工程有限公司	总经理：胡义重 总工程师：汪文桥	陕西省西安市雁塔区锦业路36号	710061	029-89678678		http://www.cggc3.ceec.net.cn/
4	中国葛洲坝集团三峡建设工程有限公司	董事长：赵献勇 副总经理：李友华	湖北省宜昌市东山大道11号三峡大厦	443002	0717-6791338		http://www.gzbsx.ceec.net.cn/
三	中国安能建设集团有限公司	董事长：周国平 总工程师：张利荣	北京市丰台区西三环中路88号南门	100055	18911868975 010-83999795	010-83999108	http://llqxwz2004@163.com
1	中国安能集团第一工程局	董事长：卢明安 总工程师：李春贵	广西南宁市良庆区春华路8号	530000	13768885278 0771-2390266	0771-2390886	http://www.andygcj.com/
2	中国安能集团第二工程局	董事长：卢路生 总工程师：胡继峰	江西省南昌市高新区艾溪湖三路1号	330096	13803520882 0791-87662888	0791-87662098	http://www.andegcj.cn/
3	中国安能集团第三工程局	董事长：李鸿均 总工程师：覃壮恩	四川省成都市温江区永宁镇永文路616号	611136	18980489998 028-65130299	028-65130951	http://www.china-an3.cn/
4	中国安能集团科工有限公司	董事长：息殿东 总工程师：刘立栋	北京市大兴区金星路22号	102627	18010197736 010-52203979	010-83999108	1729372223@qq.com

（中国电力建设股份有限公司　中国葛洲坝集团有限公司
中国安能建设集团有限公司）

学 术 团 体

中国水力发电工程学会 2023 年度工作情况

中国水力发电工程学会（简称水电学会）成立于1980年，是民政部"社会组织评估"4A 等级全国学会，业务主管单位是中国科学技术协会（简称中国科协）。水电学会现有个人会员 4 万余人，团体会员380 余个（其中省级水电学会 21 个），下设 43 个分支（分代）机构［包括 36 个专业委员会（简称专委会）、3 个工作委员会、2 个分会、2 个境外代表处］。

学会主办的期刊有《水力发电学报》（会刊）、《水电站机电技术》（会刊）、《大坝与安全》（会刊）、《水电能源科学》、《岩土工程学报》、《小水电》，协办的期刊有《水电与抽水蓄能》。每年编纂出版《中国水力发电年鉴》。

水电学会于 2008 年发起设立了"潘家铮水电科技基金"，截至 2023 年底本金规模为 5204 万元。自有奖项包括水力发电科学技术奖（技术发明奖、科技进步奖、创新团队奖）、潘家铮奖、水电青年科技奖（原"水电英才奖"）、杰出水电工程师国际奖、张光斗优秀青年科技奖（代评）、潘家铮水电奖学金、水电学会青年人才托举工程。受中国科协等委托，组织中国科学院和中国工程院院士候选人提名推荐，全国优秀科技工作者和科协高层次人才库入库人选推荐，中国工程科技光华成就奖、中国青年科技奖、全国创新争先奖、中国青年女科学家奖等候选人推荐工作。

2023 年，水电学会新成立青年工作委员会、期刊工作委员会 2 个分支机构。环境保护、水文泥沙、水电与新能源工程造价、自动化、碾压混凝土筑坝、水能规划及动能经济、高坝通航工程、水电与新能源控制技术等 8 个专委会完成换届。组织召开水电学会第九届常务理事会议共 7 次。3 月 1 日，水电学会2023 年度会员代表大会暨九届三次理事会议在北京以线上与线下相结合的方式召开。5 月 18 日，2023年水电学会分支机构和省级水力发电学会负责人工作会议在成都召开。随着我国水电事业不断发展壮大，水电学会已经成为国内水电建设行业中具有相当规模、活动十分活跃的全国性科技社团，为促进我国水电建设发展、科技创新进步、国内外学术交流、科学技术普及、科技人才培养等作出了重要贡献。

（一）学科研究及主要成果

水电学会牵头组织、中国工程院院士唐洪武担任主编的中国科协碳达峰碳中和系列丛书之《水风光多能互补导论》完成编撰并正式出版。抽水蓄能行业分会联合水电水利规划设计总院（简称水电总院）编制发布《抽水蓄能产业发展报告（2022）》《抽水蓄能新技术目录》（2023 年版），组织发布中国电建集团北京院专著《抽水蓄能电站工程技术》（第二版）。混凝土面板堆石坝专委会发布《国内 30m 以上堆石坝统计成果》。大坝安全专委会参与《水电站大坝运行安全关键技术》编写，水库专委会参与《水电移民安置实践管理创新丛书》《水电工程移民安置竣工验收关键问题研究》《水电工程建设征地移民安置技术手册》编撰。组织编纂出版《中国水力发电年鉴》（第 27卷）。

（二）咨询服务

1. 决策咨询 ①完成《南水北调西线调水对西南水电基地的影响研究》课题，报送中国科协形成《减小南水北调西线调水对长江流域水电基地和调水区影响》"科技工作者建议"，递送中办、国办和有关部委供决策参考。②参与《可再生能源法》（修改）"水电、储能和可再生能源制氢等纳入法律管理范畴的相关机制研究"专题、长江流域水能资源开发与保护研究等工作。③国际河流水电开发生态环境研究工作委员会组织召开"新形势下跨境河流水电开发面临的挑战及对策"闭门研讨会并形成建议报告。④抽水蓄能行业分会召开抽水蓄能产业链发展座谈会，组织专家进行抽水蓄能电站规划建设、关键设备技术特点、关键设备供应与运行管理、产业链发展等调研活动。⑤建立抽水蓄能行业重大项目建设用地需求和环评需求统计监测体系和工作机制，按年度开展需求统计工作。⑥大坝安全专委会就国家能源局印发的《水电站大坝安全提升专项行动方案》《水电站大坝运行安全应急管理办法》《水电站大坝工程隐患治理监督管理办法》等进行政策解读。⑦智能与智慧化专委会形成《支撑新型电力系统构建的抽水蓄能与新型储能技术发展研究》建议报告。⑧研究完成《新型电力系统建设过程中数字化技术深度融合应用》《水电能源灵活性改造发展》《关于加快水电工程智能建设研究和实践助力水电工程高质量发展》《抽水蓄能发展》等建议报告并上报中国科协。⑨新组建水库大坝安全与管理决策、长江珍稀水生动植物保护、太阳能热能发电及综合利用 3 个中国科协决策咨询专家团队。⑩征集遴选中国科协 2023 年"科创中国"系列榜单，组织报送中国科协"2023 年重大科学问题、工程技术难题和产业技术问题"12 个并在学会 2023 年年会上进行发布。

2. 课题研究　组织开展《服务特定电源的抽水蓄能价格机制和疏导模式研究》《规模化清洁能源综合利用基地建设技术咨询》等近 20 个课题研究项目。水电与新能源运行管理专委会开展水电灵活性改造、抽水蓄能投资建设和运行调度调研，气象资源预报、可再生能源发电功率预测、负荷特性诊断和系统调节能力充裕度评估等专题研究，推进多流域水电联合运行关键技术及精益调度平台建设项目。堆石混凝土技术作为具有自主知识产权的新型大体积混凝土解决方案，堆石混凝土坝专委会积极推广相关技术并已在 8 座大中型水电工程、24 座大中型水利工程、1 座国外中型水利工程，总计 170 余座大坝工程中成功应用。

（三）科普活动

水电学会获评 2023 年度中国科协全国学会科普工作优秀单位。①3 月 1~3 日，赴大理白族自治州洱源县对当地地热资源开发进行考察调研和提供技术支持；赴祥云县新兴苴水库地区进行调研并召开座谈会，为推动水库前期规划落地和提高项目批复速度等给予技术指导。②5 月 12 日，联合水电总院举办第二届水电开发与防灾减灾科普论坛暨全国水电站应急能力建设技术研讨会。来自行业内的知名专家、学者共 100 余人围绕流域水电开发、综合防灾减灾、应急能力建设等议题开展学术交流和研讨。线上观看直播 13 余万人次。③6 月 5 日，联合水电总院举办 2023 年世界环境日水电行业鱼类增殖放流联合行动。8 家央企集团、8 个分会场、105 座水电站、2000 余人参与，当日放流鱼类 900 余万尾、全年放流鱼类 2600 余万尾。④7 月 31 日~8 月 11 日，依托乌东德和白鹤滩水电工程，开展 2023 年大学生暑期水电社会实践教育活动，来自浙江大学等 17 所高校的 28 名水电相关专业优秀学生参加。⑤8 月 5 日，三峡工程博物馆（水电学会水电科技博物馆）正式开馆。面向 9 个国家 28 所海外华文学校师生开展《大国重器 三峡工程》水电科普实景课堂，线上直播参与活动师生及家长达 3.34 万人次。⑥8 月 26 日，在林芝与西藏农牧学院，组织开展"科普进校园"专家讲座活动，并为学院捐赠价值 8 万余元的科技科普图书。⑦9 月 22 日，学会组织在雄安举办农村能源转型与乡村振兴研讨会，现场 70 余人参会，线上观看直播 9.6 万人次。

组织和发动学会 24 家水电科普教育基地开展系列科普活动共 45 项，学会及南方电网储能股份有限公司获评 2023 年全国科普日活动优秀组织单位，三峡工程博物馆开展的"大国重器 三峡工程"实景课堂科普教育活动获评优秀活动。⑧学会官网 2023 年登载行业热点报道文章 4000 多篇，公众号发布 500 多篇。抽水蓄能行业分会公众号粉丝超 5.5 万，发布文章 854 篇（原创 199 篇）；动员引导会员单位新成立科技志愿服务队 6 个，发展科技志愿者 1580 人。

（四）学术期刊

水电学会会刊《水力发电学报》全年出版 12 期，共收到论文稿件 604 篇，印发 6000 册。已连续 8 年均有学报论文入选"中国科协优秀科技论文遴选计划"。学报 2023 年度影响力指数 CI 值 602.81、学科排序 5/79，影响因子 3.294、学科排序 7/79；联合主办《水电站机电技术》《水电能源科学》《大坝与安全》《岩土工程学报》《小水电》等 5 种学术期刊。

（五）科技奖励与人才举荐

2023 年，①"水力发电科学技术奖"，评出 9 项一等奖、14 项二等奖、23 项三等奖，获奖科技人员近 500 人。完成第三届水力发电科学技术奖励委员会换届和《水力发电科学技术奖励办法》修订。按照国家科学技术奖励工作办公室要求完成社会力量设奖重新备案，新设立水力发电创新团队奖、水电杰出工程师国际奖。②评定第五届水电英才奖，西藏农牧学院陈璐、中国长江三峡集团有限公司李新宇、长江设计集团有限公司漆祖芳等 10 人获奖。③推荐中国电建集团华东院张春生当选第三届全国创新争先奖。推荐2023 年两院院士候选人 5 人，有 3 人成为院士增选有效候选人。开展第十五届光华工程科技奖提名、第十九届中国青年女科学家奖候选人提名等。④5 月 20 日，在杭州召开 2023（第五届）中国水电青年科技论坛。会议由中国电建集团华东院承办，以"点亮精神火炬 引领水电未来"为主题，特别邀请院士作专题讲座，来自全国水电和新能源行业 50 余家单位的 170 多名专家学者和青年科技工作者参会，1000 多人线上观看直播。⑤开展第二届水电学会青年人才托举工程评定工作，新入选托举对象 20 人。⑥组织开展 2023 年度潘家铮水电奖学金评定，奖励来自 20 所高校和科研院优秀学生 62 名。4 月 28 日在四川大学举办第十四届潘家铮水电奖学金颁奖仪式，来自水电规划设计、建设施工、运营管理、设备制造、科研院等单位的领导和嘉宾，获奖高校及四川大学师生共 120 余人参会。

（六）标准化工作

1. 团体标准　2023 年水电学会新发布团体标准 5 项，另有近 20 项团体标准在立项和编制当中。清洁能源装备冷却技术、机械疏浚等专业委员会组织编制《电工术语——电机蒸发冷却系统》《疏浚与吹填工程监理规范》等多项团体标准。

2. 行业标准　水电监理专委会联合组织编制行业标准《水电水利工程总承包项目设计监理规范》、参与修订行标《水电水利工程施工监理规范》,堆石混凝土坝专委会推动行标《堆石混凝土筑坝技术导则》修订升级为《堆石混凝土坝设计规范》,风险管理专委会推动制定《水电工程隐患判定标准》等多部行业风险管理技术标准,水工金属结构、工程造价、抗震防灾、小水电、梯级调度控制等专委会组织参与相关专业领域国际、行标的编制、修订或翻译工作。水电与新能源运行管理、自动化专委会参与编制的国际双标(IEC/IEEE)《智能水电厂技术导则》完成发布。

(七)学术交流

1. 国内学术会议　①水电学会本部及分支机构共举办学术活动百余场次,参会近2万人次、视频参会和观看直播超450万人次,交流论文报告800多篇,征集论文1700多篇。②3月22日,水电学会和中国电力建设集团有限公司共同举办"双碳"目标下新能源与抽水蓄能科技论坛,多名工程院院士、专家学者出席并作主旨报告,近200人现场参会,72个分会场共2000余人视频参会,当日观看直播超90万人次。③4月3~4日,西南区小水电绿色低碳高质量发展论坛在昆明召开。会议由中国水利学会、水电学会联合主办,论坛旨在探讨小水电高质量发展关键问题,助力我国实现"双碳"目标。来自全国水利水电和新能源领域的200余名代表现场参会。④4月6~8日,水电学会水库专委会、水电总院、水利部水利水电规划设计总院、中国水利水电勘测设计协会、国家能源水电工程技术研发中心、中国电力规划设计协会征地移民专委会联合主办的2023年水库移民政策技术管理论坛暨水利水电工程征地移民规划设计技术交流会在北京召开。100余家单位近300名专家学者参会。⑤4月20~21日,水电学会联合西藏自治区科技厅在成都主办2023年西部水电论坛。大会设1个主论坛和新材料、工程安全、多能互补、生态环境4个分论坛,吸引了380余位业界专家学者和科技工作者现场参会、600多名代表线上参会;7月~9月,水电学会抽水蓄能行业分会共举办6期"蓄能未来"抽水蓄能线上培训和1期线下培训班,受众超5万人次,获点赞14万人次;7月3~6日,由水电学会承办的2023年清洁能源协同开发与生态环保技术转移转化能力提升高级研修班(第五期)在青海西宁举办。来自水电和新能源行业相关业主、设计、科研、施工、运营等单位技术和管理人员共100

余位学员参加了培训。⑥8月14~18日,由水电学会主办,新疆科协为指导单位,2023年电力行业储能产业发展与展望研讨会暨新能源与储能产业技能高级培训班在乌鲁木齐举办。来自行业30余家企业代表160多人参会。⑦8月23~24日,水电学会联合中国华电集团有限公司在北京主办2023年中国水电发展论坛暨水电学会年会。10余名院士参会指导。大会设置1个主论坛和水电科技奖成果交流、新型电力系统下水电与新能源发展、水电工程高质量建设管理交流研讨、抽水蓄能产业发展与装备制造、水电及新能源数字化智能化创新发展等5个热门分论坛,线下参会600余人,线上累计观看近400万人次。⑧8月25日,由水电学会承办的青藏高原清洁能源产业高质量发展论坛在西藏山南市举行。8位特邀专家到会并作报告。来自山南各县(区)、市直单位,水电和新能源行业投资开发、设计、制造、产业链供应等单位约160名代表参加会议;8月30日,由水电学会承办的2023绿色低碳高质量发展大会、2023清洁能源发展会议在烟台召开,来自相关产业单位的领导和专家100余人参加会议;9月13~15日,水电学会在成都举办水力发电提质增效关键技术论坛。来自政府电力主管部门管理人员、发电企业厂长和高级管理人员、科研院所及高等院校的专家学者共150余人现场参会,另有50多位专家和代表通过线上方式参会交流;10月27日,由水电学会主办,2023年水库大坝抗震防灾—大坝场址地震动专题学术交流会在上海召开。多名院士及来自全国抗震防灾领域的特邀专家学者、相关专业技术人员和代表共100多人参会;11月28日,水电学会联合行业多家单位发起创办"潘家铮讲座"并由中国电建集团华东勘测设计研究院有限公司在杭州承办了第一届讲座,邀请陈厚群院士进行首讲、钟登华院士主持。来自全国水利水电和新能源行业的科技工作者和专业技术人员共180余人现场参会,5000多人观看视频直播;11月9~11日,水电学会联合中国国际工程咨询协会在北京主办第一期工程企业国际业务战略研讨班,来自行业相关单位共30多名中高层管理人员和专家学者参加。⑨12月14日,由水电学会、中国电建集团北京院共同主办的《抽水蓄能电站工程技术》发布暨抽蓄技术发展研讨会在北京召开。多名院士及来自行业学协会和投资开发、勘测设计、施工建造、装备制造、科研院所等单位的200余名领导、专家和代表现场参会,153余万人次观看线上直播。⑩2023年水电学会及分支机构通过线上线下共举办培训活动60余场次。多个专委会举办相关技术培训和技术标准宣贯活动。

2. 国际学术会议及交流　①4月18日,水电学会联合国家电网有限公司、中国南方电网有限责任公司等多家单位组织举办 2023 国际水电发展大会。会议以"抽水蓄能——构建未来新型能源体系的重要支撑"为主题，230 多名中外专家在北京主会场参会，300 多名代表线上参会，超过 120 万人观看直播。②水电学会小水电专委会参与主办小水电国际技术标准应用与推广研讨会、小水电站群集控技术国际研讨会、第 18 届世界水资源大会边会——"一带一路"国家水资源管理及水环境治理对接交流会。③水电学会及国际河流水电开发生态环境研究工作委员会、海外分会等多家分支机构协办或支持举办第四届国际水利与环境工程学会水力机械及系统亚洲分会学术会议、2023 中国—东盟清洁能源合作周、第六届东亚峰会清洁能源论坛——水电技术可持续分论坛、中国—东盟清洁能源能力建设计划 2023 交流项目、国际航运协会（PIANC）内河委员会年会暨升船机工作组报告发布会、中国第六届国际疏浚技术发展会议、《中国企业在巴基斯坦绿色能源产业发展前景》研究报告发布仪式暨学术研讨会等近 20 场国际学术活动。④水电学会组织参加联合国气候变化大会第 27 次缔约方会议、2023IHA 世界水电大会、尼泊尔水电大会、发展中国家水电投资国际会议、第七届中阿能源合作大会、IRENA 第六次和第七次水电合作框架会议等 20 余场次国际交流会议活动并作交流发言。接待 IHA、IAHR 等国际组织高层来访 3 次。学会国际河流水电开发生态环境研究工作委员会与新加坡国立大学建立对话交流关系，与老挝能源与矿产资源部、老挝计划投资部经济发展研究院、老挝国家电力公司、老中合作委员会等开展合作对接。⑤水电学会联合中国水利学会、中国大坝工程学会开展水利水电能力国际互认工作，2023 年推荐 120 人参加互认。学会清洁能源装备冷却技术专委会推荐 1 人通过 IET（英国工程技术学会）国际注册工程师认证。学会推荐入选中国科协海智计划特聘专家 24 人和海智合作机构 2 个，推荐中阿清洁能源培训中心项目列入中国科协"双边科技人文交流合作三年行动计划（2023～2025）"，承接开展"中国科协学会公共服务能力提升项目国际科技奖项建设专项"。组织翻译 IRENA《水电的角色转变挑战与机遇》报告、IHA《世界水电展望报告》。整理发送会员《国际能源电力简讯》12 期。国际河流水电开发生态环境研究工作委员会完成《澜沧江—湄公河区域公司潜在开发项目环境社会影响分析》和《澜沧江—湄公河流域干旱特征及成因分析》研究报告，编制《国际河流水电动态报告》4 期。堆石混凝土坝专业委员会开展尼泊尔上崔树里 1（UTI）水电站、喀麦隆比尼瓦拉克水电站、巴基斯坦巴拉科特（balakot）水电站、老挝北本水电站等技术应用研究。

（八）科技成果鉴定及专有技术评价认定

①水电学会组织院士专家完成来自各会员单位不同专业领域的技术成果鉴定 76 项和成果咨询 3 项，包括：大型抽水蓄能电站输水发电系统安全调控关键技术、大型垂直升船机创新技术及应用、城市地下地质隐患排查与探测技术研究等。②组织开展两批次专有技术评价认定工作，有关会员单位共申报 43 项、通过认定 33 项，包括复杂空间结构水力学模型高精度快速制作方法、极寒地区大型水封石油储备库地下洞室群冬季施工通风技术、海上升压站数字化设计建造关键技术等。环境保护专业委员会组织协调有关设计院编制完成《水电水利和新能源工程环境保护与水土保持技术服务能力评价管理办法》。

（九）弘扬科学家精神

①水电学会组织申报的三峡工程博物馆入选中国科协等 7 部委第二批"科学家精神教育基地"。②5 月，水电学会邀请中国工程院院士胡亚安、王浩作讲座。学会获评中国科协 2023 年全国科技工作者日科学家精神弘扬优秀组织单位。应中国科协安排推荐中国工程院院士陈厚群录制"我的初心使命"专题党课宣传视频。③水电学会及电力系统自动化、混凝土面板堆石坝、海外分会、水能规划、信息化、控制技术、堆石混凝土坝、水文泥沙、抗震防灾等分支机构结合学术活动开展"百名科学家讲党课"20 余次，广泛组织会员和科技工作者观看中国科协"领航新时代 奋进新征程"科学家精神文艺展演。

（十）党建强会

学会制定学习宣传贯彻党的二十大精神工作方案并全力推动落实，在官网开辟"学习宣传贯彻党的二十大精神"专栏。承担完成中国科协党校"领航计划"科技人才团结引领专项—举办学习党的二十大精神线上培训班，邀请张宗亮院士等 6 位行业专家录制党课视频讲座，420 余名行业科技工作者参加培训。①10 月 25～27 日，水电学会承办的中国科协党校全国学会分校 2023 年第五期特色学习教育活动在武汉举行。来自中国科协学会服务中心党务干部、部分全国学会科技工作者和党务工作人员以及相关企业科技人员、武汉大学水利水电学院师生等 80 余人参加了活动。②召开水电学会理事会党委会议 10 次，坚持进行中心组学习，始终与党中央在思想上政治上行动上保持高度一致；前置审议"三重一大"事项近 100 项，以党建引领学会事业高质量发展。③水电学会秘书处党支部认真落实"三会一课""第一议题"制度，坚持每月集中学习 2 次并结合支部微信群灵活在线学习，推动"四服务"和"我为群众办实事"落地见效。41 个分支机构党的工作小组积极发挥功能，组织理论学习和审议把关本机构"三重一大"事项，贯流式水电站、继保励磁等专委会结合学术交流组织代表多形式开展主题党建活动。④开展中国科协 2023 年党建调研课题项目——"强化青年科技人才引领，大学思政课教育融入科学家精神研究"，探索将水电科学家精神延展融入大学生思想政治教育课堂，培养政治过硬的新时代科技人才。⑤3 月 2～4 日，在宜昌承办中国科协"党建强会计划"项目，有关全国学会推荐的 30 余位优秀青年科技工作者参加。⑥8 月 25～27 日，联合西藏农牧学院在林芝举办"铸牢中华民族共同体党建主题教育暨水电研学实践活动"。⑦9 月 14 日，水电学会秘书处党支部联合中国科协学会服务中心第四党支部，赴十三陵水库爱国主义教育基地开展支部共建活动，双方支部党员和积极分子共 25 人参加了活动。⑧11 月 21 日，组织举办党委

书记讲党课暨分支机构工作座谈交流活动，水电学会党委书记、理事长张野以"强化党建引领 争创一流学会"为题做专题报告。学会党委委员、监事会成员、分支机构及省级水电学会负责人和管理人员、学会秘书处人员共 210 余人参加。⑨11 月 29 日～12 月 1 日，水电学会党委组织赴浙江开展"众心向党，自立自强"主题教育联学共建活动，学会秘书处党支部、浙江水电学会党支部、上海水电学会党支部、中国电建华东院有关党支部及学会小水电专委会和大坝安全专委会党小组参加活动。活动赴浙江余村、南湖红船、长龙山抽蓄项目等地，学习巩固"两山"理论，传承革命精神，服务产业发展。

（中国水力发电工程学会秘书处　雷定演）

中国水力发电工程学会分支机构情况表

专委会名称	主任委员	秘书长	专业内容	挂靠单位
水能规划及动能经济专业委员会	赵增海	朱方亮	水能规划及动能经济	水电水利规划设计总院
水库专业委员会	龚和平	郭万侦	组织移民政策、管理、技术交流活动，开展水库经济政策研究，水库移民的调研、咨询、评估，为国家制定水库移民政策献计献策	水电水利规划设计总院
环境保护专业委员会	顾洪宾	崔磊	环境影响评价、咨询，环境保护设计，水土保持方案设计	水电水利规划设计总院
水文泥沙专业委员会	杨百银	高洁	水电领域水文泥沙相关专业的学术交流和技术总结	水电水利规划设计总院
地质及勘探专业委员会	张东升	郭德存	水电水利工程地质、测绘、物探、钻探、岩土试验专业的学术交流、技术咨询	水电水利规划设计总院
水工及水电站建筑物专业委员会	赵全胜	郝军刚	以水力发电为主要任务的水电站工程和以调峰、调频、调相、储能、紧急事故备用等为主要任务的抽水蓄能电站工程、地下储能工程及其各建筑物的设计、计算分析、试验监测、建设和运行管理、退役和拆除等方面的学术和技术交流	水电水利规划设计总院
水工水力学专业委员会	刘之平	空	组织开展水工建筑物水力学与工程安全、输水工程水力学、航道/船闸水力学、防洪工程水力学、冰工程水力学、火核电工程水力学、河口海岸水力学等专业领域的学术交流和技术咨询	中国水利水电科学研究院
高坝通航工程专业委员会	李云	空	通航技术交流、通航科技发展战略及政策咨询、委托项目论证	水利部交通运输部国家能源局南京水利科学研究院
碾压混凝土筑坝专业委员会	宗敦峰	和孙文	碾压混凝土筑坝技术（坝工、材料、运行、建设管理等）	中国电力建设股份有限公司

续表

专委会名称	主任委员	秘书长	专业内容	挂靠单位
混凝土面板堆石坝专业委员会	杨泽艳	王富强	混凝土面板堆石坝设计、施工、材料、变形观测、运行管理等技术交流、咨询	水电水利规划设计总院
水工金属结构专业委员会	朱增兵	陈敬支	水利水电工程闸门及其启闭设备、通航设备的设计、制造、安装及验收	水电水利规划设计总院
水力机械专业委员会	曾镇铃	韩伶俐	水力机械设计、试验、安装、运行、改造	水电水利规划设计总院
电气专业委员会	于庆贵	郑琳	电气一次专业	水电水利规划设计总院
自动化专业委员会	刘爱华	徐青	水电及新能源在自动化、智能化、信息化及数字化等领域相关内容的研究、设计、制造、应用实施等内容	南瑞集团有限公司（国网电力科学研究院有限公司）
继电保护与励磁专业委员会	尹项根	陈小明	重点关注发电机、变压器和高压线路的继电保护及自动化装置等专业方向，同时扩展了励磁、直流等二次专业，并积极关注大数据、互联网＋、5G应用和新能源领域	中国长江电力股份有限公司溪洛渡水力发电厂
施工专业委员会	宗敦峰	席浩	水利水电工程施工、技术咨询、复杂地质条件下工程施工技术研究、工程施工新技术的推广应用等	中国电力建设股份有限公司
水电与新能源工程造价专业委员会	郭建欣	殷许生	工程造价、工程经济技术管理	水电水利规划设计总院
信息化专业委员会	丁留谦	韩长霖	计算机及自动化技术在水电工程规划、设计、施工及电站运行中的应用	中国水利水电科学研究院
水电与新能源运行管理专业委员会	裴哲义	李晓斌	水电与新能源运行管理、水库经济调度、水风光互补运行	国家电网有限公司国家电力调度控制中心
抽水蓄能行业分会	侯清国（理事长）	路振刚	服务行业发展，与相关主管部门加强沟通汇报，定期开展行业宣传等活动；开展产业链协调，建立抽水蓄能行业重大项目建设用地需求和环评需求统计监测体系和工作机制，按年度开展需求统计工作；开展培训工作，面向行业内不同层面人员，提高项目建管、设计、施工、运行水平；进行行业发展监测，建立行业全产业链发展监测体系，开展行业发展情况监测和研究，按年度发布行业发展报告	水电水利规划设计总院
大坝安全专业委员会	黄维	赵花城	涉及运行维护、安全监测、安全评价、补强加固、缺陷处理、应急管理等相关业务领域	国家能源局大坝安全监察中心
水电与新能源控制技术专业委员会	王德宽	刘同安	水轮机调节系统、发电机励磁系统、水轮发电机组自动化元件（装置）及其系统、智能仪表等	中国水利水电科学研究院
抗震防灾专业委员会	李德玉	欧阳金惠	大型水利水电工程、电网工程、电器工程、风电工程的工程安全与抗震防灾科学技术、预案及对策研究，大型水利水电工程振动安全与减振技术研究	中国水利水电科学研究院
电力系统自动化专业委员会	程永权	谢秋华	水电厂自动化系统，自动调压、调频装置，水电长距离输电稳定装置	中国长江三峡集团有限公司
梯级调度控制专业委员会	赵云发	王玉华	流域梯级调度控制、流域水资源运用	中国长江电力股份有限公司

续表

专委会名称	主任委员	秘书长	专业内容	挂靠单位
机械疏浚专业委员会	詹敏利	范志强	机械疏浚与吹填工程、水环境综合治理工程技术交流，在业内推广新技术、新工艺及新材料，向学会推荐行业内先进科学技术成果和人才等	长江水利委员会 湖北长江清淤疏浚工程有限公司
小水电专业委员会	董大富	舒静	小水电方面学术交流、技术咨询、继续教育	水利部农村电气化研究所
水电监理专业委员会	王岩	孙玉生	水电监理经验与技术交流，监理技术与理论研究	中国电建集团北京勘测设计研究院有限公司
风险管理专业委员会	杜效鹄	周兴波	风险管理研究与实践，工程风险评估与技术咨询，灾害防治评估与咨询，应急能力提升、评估与咨询，学术交流、产品发布与科普活动，企业专项服务与培训，行业规范、标准的制定与推动，政府技术支持与服务	水电水利规划设计总院
国际河流水电开发生态环境研究工作委员会	顾洪宾	张木梓	组织开展澜沧江-湄公河等国际河流水电开发生态环境影响的研究工作，特别是对国际河流下游国家重点关注的问题进行长期跟踪和研究，同时组织开展或参与相关国际交流活动；为政府部门提供国际河流水电开发与环境保护的技术支持和技术服务，为水电开发业主提供技术咨询和建议	水电水利规划设计总院
贯流式水电站专业委员会	林汉伟	王义国	贯流式水电站运行管理、设计、制造、安装及科研	广东省水力发电工程学会
清洁能源装备冷却技术专业委员会	罗安	阮琳	组织开展清洁能源装备冷却技术领域的学科发展研究；围绕清洁能源装备冷却技术及配套设备，组织学术交流、产品发布、科普活动、技术咨询和技术培训等活动；架设技术与产品、技术与产业应用的桥梁；传播科学方法、推广先进技术、促进技术交流与企业合作	中国科学院电工研究所
工业控制系统安全专业委员会	黄澄清	王劲夫	水电、新能源行业控制系统安全；网络安全领域技术交流、技术研究、技术培训；政策贯彻落地及应用实践	中国电建集团成都勘测设计研究院有限公司
工程检测与物理探测专业委员会	王波	魏岩峻	水利水电、风电等清洁可再生能源工程的勘察设计、施工、运行阶段的基础岩体、混凝土、金属结构等的无损检测、监测和物理探测	中国电建集团贵阳勘测设计研究院有限公司
水电与新能源投资专业委员会	张维荣	胡勇	加强国内水电与新能源投资商之间的经验交流和沟通，以及相关业务的学术研究与探讨，为参会企业提供行业的对标和技术服务，研究交流水电与新能源投资商议模式、工程造价、电价机制等	中国电力建设集团有限公司
智能与智慧化专业委员会	刘国刚	王勇	组织行业智能与智慧化技术的国内外学术交流活动，跟踪智能与智慧化领域特别是水电智能与智慧化前沿技术，推动能源智能与智慧化事业的健康、快速发展；团结水电各企事业单位之间从事智能与智慧化的管理、技术人员，促进产、学、研、用间的交流与合作；组织业务培训、专家咨询、科普宣传	南方电网调峰调频发电有限公司

续表

专委会名称	主任委员	秘书长	专业内容	挂靠单位
海外分会	季晓勇	吴文豪	组织建立并归口管理海外分支机构；建设学会对外宣传和国际交流的高质量窗口；国际及各国水力发电及新能源政策及行业相关的金融、技术、运行、环境等的研究；打造学会国际学术论坛品牌影响力；推进水利水电行业工程师国际资格互认工作；设立具有广泛公信力和国际影响力的科学技术奖项；加强学会与国际组织的交流与合作；组织海外水电与新能源业务的相关培训等，全方位打造学会国际影响力	中国电建集团国际工程有限公司
堆石混凝土坝专业委员会	金峰	安雪晖	堆石混凝土技术	清华大学
青年工作委员会	唐云清	李君	紧密联系青年科技工作者，宣传党和国家的路线方针政策；发现、培养和推荐优秀青年科技人才；策划实施和青年科技人才有关的活动，积极推动国际交流与合作、学科交叉融合与创新	水利部交通运输部国家能源局南京水利科学研究院
期刊工作委员会	杜德进	李倩	水电、新能源期刊群的资源共享、工作协调和信息交流	国家能源局大坝安全监察中心
海洋能技术专业委员会	张建民	张永良	探索海洋能转换的新机制、新方法，推动海洋能技术的突破与升级；强化应用示范，加快海洋能技术的产业化、商业化进程；人才培养、学术交流与科技普及；推动规划和政策研究；推动海洋能标准化体系建立	中国海洋工程研究院（青岛）

（中国水力发电工程学会秘书处　殷利利）

各省、市、自治区水力发电工程学会组织情况表

名称	会员总数	理事长	秘书长	办事机构地点	邮编	学术专业设置	会刊学报
北京水力发电工程学会	1638	严旭东	郭清	北京市朝阳区定福庄西街1号	100024	无	内部期刊《水利水电勘测设计》，学会为协办单位
天津市水力发电工程学会	1353	翟兴无	徐立洲	天津市河西区洞庭路60号	300222	施工及基础处理专委会 水电成套设备专委会 水工专委会 机电专委会 大坝安全监测与管理专委会 动能经济及抽水蓄能专委会 勘测专委会	《水利水电工程设计》
河北省水力发电工程学会	156	赵永峰	韩晓锋	河北省秦皇岛市开发区泰山路251号	066001	无	无
山西省水力发电工程学会	743	裴峰	齐建华	山西省太原市新建北路45号	030002	无	《电力学报》（双月刊）

名称	会员总数	理事长	秘书长	办事机构地点	邮编	学术专业设置	会刊学报
江苏省水力发电工程学会	1065	徐 辉	李同春	江苏省南京市西康路1号河海大学水电馆管理楼410室	210098	水工结构专委会 水工水力学专委会 仪器仪表专委会 水电站运行调度专委会 自动化专委会 水力机械与系统专委会 青年工作委员会 科普工作委员会	无
上海市水力发电工程学会	302	蔡玮良	程海锋	上海市临新路65弄	200335	无	无
浙江省水力发电工程学会	1800	施俊跃	郑雄伟	浙江省杭州市上城区抚宁巷66号	310002	绿色水电专委会 大坝安全监测专委会 水电站运行管理专委会 机电设备专委会	《浙江水利水电》（内刊，学会通信）
安徽省水力发电工程学会	764	杜贵和	谢 辉	安徽省合肥市黄山路9号	230022	水工专委会 小水电专委会 水电站运行专委会	无
福建省水力和清洁能源发电工程学会	1187	林文彪	阮洪松	福建省福州市鼓楼区六一北路396号	350013	水能及新能源规划专业委员会 工程勘查专委会 水工及水电站建筑物专委会 水力机械及金属结构专委会 水电站电气及自动化专委会 水电建设管理专委会 水电站运行管理专委会 施工机械及施工管理专委会 水库经济专委会 水电厂防汛及水库调度专委会 光伏专委会 海上风电专委会 陆上风电专委会 学术工委会 科普工委会 组织工委会	《福建水力发电》
河南省水力发电工程学会	1360	张金良	景来红	河南省郑州市金水路109号	450003	水能规划及动能经济专委会 水工及水电站建筑物专委会 水电站电气及自动化专委会 施工机械及施工管理专委会 水电站运行管理专委会 水工金属结构专委会 中小型水电专委会 地质专委会 青年工作委员会 泥沙专业委员会	无

续表

名称	会员总数	理事长	秘书长	办事机构地点	邮编	学术专业设置	会刊学报
湖北省水力发电工程学会	1287	李文伟	胡志根	湖北省武汉市东湖南路8号武汉大学工学部第八教学楼	430072	水能规划及动能经济专委会 水工及水电站建筑物专委会 水工水力学专委会 水利水电工程施工专委会 水电站电气及自动化专委会 水电站运行管理专委会 水力机械专委会 中小水电专委会	《水电与新能源》
湖南省水力发电工程学会	2658	傅　胜	刘小松	湖南省长沙市雨花区香樟东路16号	410014	水电站运行管理专委会 施工专委会 水资源利用、水库调度和信息技术专委会 地质勘测专业委员会 水工及水电站建筑专委会 水库环保专委会 新能源规划设计专委会 风电运行专委会 风电设备专委会 光电运行专委会 抽水蓄能专委会	《中南水力发电》
广东省水力和新能源发电工程学会	1777	熊　凯	王义国	广东省广州市天河区天河东路2号1101房	510630	水能利用专委会 水工及水电站建筑专委会 水电建设管理及施工专委会 水电站运行及自动化专委会 风电及新能源专委会 光伏发电及可再生能源专委会	无
广西水力与新能源发电工程学会	2766	彭宇翔	王运明	广西南宁市民主路6号	530023	环境保护专委会 水能规划及动能经济专委会 水工及水电站建筑专委会 地质与勘测专委会 水力机械专委会 金属结构专委会 数字化专委会 电气及自动化专委会 工程造价与施工专委会 水电站及新能源运行管理专委会 新能源发电专委会	《红水河》
四川省水力发电工程学会	3016	余　挺	冯学敏	四川省成都市青羊区浣花北路1号	610072	地质勘测与灾害治理专委会 环境保护与移民专委会 电力市场专委会 施工与建设专委会 水电站运行与检修专委会 水工及水电站建筑物专委会	《四川水力发电》

名称	会员总数	理事长	秘书长	办事机构地点	邮编	学术专业设置	会刊学报
贵州省水力发电工程学会	2590	彭鹏	李家常	贵州省贵阳市新华路9号	550002	《贵州水力发电》编辑委员会 水电站管理专委会 学术工作委员会 可再生能源规划及动能经济专委会 水工与水电站建筑专委会 环境与资源专业委员会 地质及勘察专业委员会 小水电技术专业委员会 科普工作委员会 梯级调度控制专业委员会 水电站自动化专业委员会 施工管理专委会	《贵州水力发电》
云南省水力发电工程学会	2188	张虹	李静涛	云南省昆明市拓东路73号	650011	水工及水电站建筑物专委会 水能规划及动能经济专委会 水电站电气及自动化专委会 水力机械及金属结构专委会 施工机械及施工管理专委会 水电站运行管理专委会 工程经济定额预算专委会 地质及勘测专委会	《云南水力发电》《云南省水力发电工程学会简报》
陕西省水力发电与新能源工程学会	2188	廖元庆	熊登峪	陕西省西安市丈八东路18号	710065	能源产业规划专业委员会 水利水电工程建筑专业委员会 地质勘测专业委员会 水库与生态环境专业委员会 智能建造专业委员会 新能源与新型储能专业委员会 数字工程与智慧运维专业委员会 投资与造价专业委员会 城镇基础设施专业委员会 水库与大坝安全专业委员会 咨询工作委员会 青年科技工作委员会 科普工作委员会	内部期刊《学会简讯》、学会为《西北水电》支持办刊单位
甘肃省水力发电工程学会	1729	李永清	秦睿	甘肃省兰州市安宁区万新北路249号	730000	水电站建筑与施工管理专委会 地质及勘探专委会 动能经济及水库调度专委会 水力机械及金属结构专委会水电站运行管理专委会 风力发电专委会 电动汽车及充电设施专委会	内部期刊《西部可再生能源与微电网》

续表

名称	会员总数	理事长	秘书长	办事机构地点	邮编	学术专业设置	会刊学报
宁夏水力发电工程学会	360	田军仓	王红雨	宁夏银川市贺兰山西路539号宁夏大学土木与水利工程学院	750021	水电站运行专委会 水力机械气蚀磨损专委会 电气自动化专委会 工程地质及水工专委会 风力发电及新能源专委会	无
青海省水力和新能源发电工程学会	1121	王思德	金东兵	青海省西宁市五四西路43号-4002室	810008	小水电专委会 水工专委会 工程造价专委会 水能专委会	《青海水力发电》
西藏自治区水力发电工程学会	410	李超毅	崔同欢、张建东（常务副秘书长）	西藏自治区拉萨市北京西路12号	850033	新材料新技术专委会 高边坡专委会 环保专委会 工程安全专委会 多能互补专委会 金结机电专委会 绿色施工专委会	无

（中国水力发电工程学会秘书处　殷利利）

中国水力发电工程学会 2023 年分支机构学术活动

2023年，中国水力发电工程学会（简称水电学会）所属38个专业委员会（分会）和2个工作委员会充分发挥专业特色和学科带头作用，灵活组织召开大型学术年会或小型高端学术研讨，广泛交流探讨本专业的技术难题和发展方向，对创新技术理念、交流科技成果、促进学术繁荣等起到了积极推动作用。

1月11日，水电与新能源运行管理专业委员会2023年年会暨学术交流会在南京举行。会议主题为"清洁能源运行与新型电力系统"。

1月15日，国际河流水电开发生态环境研究工作委员会2022年工作总结及2023年计划会暨新形势下跨境河流水电开发面临挑战及对策研讨会在北京召开。

3月22~23日，水工金属结构专业委员会主办，中国电建集团贵阳院、杭州国电机械设计研究院、贵州乌江水电开发有限责任公司承办的水工金属结构专委会换届大会暨学术交流会在贵阳召开。

3月23日，大坝安全专业委员会2023年年会暨"水下检查检测与缺陷修补、中小型水电站大坝安全管理"学术交流会在山东青岛召开。

3月30~31日，梯级调度控制专业委员会、水电与新能源运行管理专业委员会在湖南省长沙市联合召开2023年学术交流会。

3月30~31日，电气专业委员会、水利水电电气信息网联合主办的2022~2023年度电气学术交流会议在广州市增城区召开。

4月6~8日，水库专业委员会、水电水利规划设计总院、水利部水利水电规划设计总院、中国水利水电勘测设计协会、国家能源水电工程技术研发中心、中国电力规划设计协会征地移民专业委员会联合主办的2023年水库移民政策技术管理论坛暨水利水电工程征地移民规划设计技术交流会在北京举办。

4月8日，造价专业委员会在武汉召开抽水蓄能电站投资控制管理研讨会。

4月10~11日，水力机械专业委员会第23次中国水电设备学术研讨会在桐庐举行。

4月10~13日，继电保护与励磁专业委员会在南京市举办核电厂继电保护实用技术及整定计算培训研讨会。

4月13~14日，贯流式水电站专业委员会在福州举办第17次年会暨技术交流会，广东省水电学会承办。

4月24日，水电与新能源投资专业委员会主办的抽水蓄能电价机制研讨会在海南三亚举办，中国电建地产集团有限公司协办会议。

4月25~26日，地质及勘探专业委员会、中国岩石力学与工程学会岩溶勘察与基础工程专业委员会

2023 年联合学术交流会议在贵阳召开。

5 月 11 日，自动化专业委员会主办的专业委员会换届大会暨 2023 年全国水电厂智能化应用学术交流会在南京召开。

5 月 12 日，风险专业委员会在北京召开第 2 届水电开发与防灾减灾科普论坛暨全国水电站应急能力建设技术研讨会。

5 月 13 日，水电学会组织的金沙江下游梯级开发现场调研暨水利水电技术学术研讨会在宜宾举行。

5 月 19～21 日，地质及勘探专业委员会与长江岩土工程有限公司联合主办、华东院（福建）有限公司承办的"第 19 届全国水利水电钻探暨岩土工程施工学术交流会"在福州市召开。

5 月 20 日，由水电学会主办、中国电建集团华东院承办的"2023 中国水电青年科技论坛"在杭州召开。

5 月 22～23 日，水工及水电站建筑物专业委员会和混凝土面板堆石坝专业委员会联合主办、中国电建集团成都院和四川省水电学会联合承办的全国水电工程深厚覆盖层建坝技术与工程实践学术研讨会暨水工及水电站建筑物专业委员会年会在成都举办。

5 月 25～26 日，继电保护与励磁专业委员会主办、国电南瑞科技股份有限公司南京电气控制分公司承办的"新型电力系统电力电子技术应用研讨会"在南京召开。

6 月 19 日，混凝土面板堆石坝专业委员会、水工及水电站建筑物专业委员会、国家能源水电工程技术研发中心、水利水电土石坝工程信息网联合主办的"新形势下高土石坝建设技术研讨会"在西宁举办。

6 月 28 日，水电水利规划设计总院和抽水蓄能行业分会联合主办的《中国可再生能源发展报告 2022》《抽水蓄能产业发展报告 2022》发布会在北京隆重举行。

7 月 4 日，堆石混凝土筑坝专业委员会主办线上第一期堆石混凝土线上青年学术沙龙。

7 月 12 日，机械疏浚专业委员会协办的"中国第六届国际疏浚技术发展会议"在深圳召开。

7 月 19 日，由水利部农村水电工程技术研究中心、中国水利学会水力发电专委会、小水电专委会主办，水利部农村电气化研究所、中国—巴基斯坦小型水电技术"一带一路"联合实验室承办的"小水电站群集中控制技术学术研讨会"在浙江杭州举办。

7 月 29 日，水电水利规划设计总院和水能规划及动能经济专委会联合主办的"第 8 届水能规划及动能经济专业委员会换届大会暨 2023 年学术研讨会"在西安举办。

8 月 1 日，水工金属结构专业委员会在湖南邵阳召开"水电水利工程液压产品国产化研讨会"。

8 月 1 日，国际河流工作委员会在北京召开"澜沧江公司潜在开发项目社会环境研讨会"。

8 月 5～7 日，继电保护与励磁专业委员会在天津仁爱学院召开"储能与智慧电站关键技术论坛会议"。

8 月 10～13 日，工控安全专业委员会主办的 2023 年"基于安全环境的数字化智慧抽水蓄能电站"技术研讨会在南京举办。

8 月 11～12 日，抽水蓄能行业分会在沈阳组织召开对抽水蓄能产业链协调发展等情况专题调研会。

8 月 29～30 日，水电学会和中国石油学会承办的"2023 清洁能源发展会议"在山东烟台召开。

9 月 7～8 日，继电保护与励磁专业委员会主办、中国长江电力股份有限公司向家坝电厂承办、南京南瑞继保工程技术有限公司协办的"数字化转型背景下的水电站保护与控制专题研讨会"在云南昭通水富市召开。

9 月 11～15 日，小水电专业委员会协办的第 18 届世界水资源大会边会—"一带一路"国家水资源管理及水环境治理对接交流会在北京召开。

9 月 13～15 日，电力系统自动化专业委员会 2023 年年会暨学术交流会在宜昌举办。

9 月 13～15 日，继电保护与励磁专业委员会主办的水力发电提质增效关键技术论坛在成都召开。

9 月 20～21 日，施工专业委员会、碾压混凝土筑坝专业委员会主办的 2023 年年会暨碾压混凝土筑坝技术学术交流会议在云南丽江召开。

9 月 19 日，国际河流工作委员会承办的 2023 中国—东盟清洁能源合作周水电可持续发展分论坛在海南省海口市召开。

9 月 25 日，抽水蓄能行业分会同水电水利规划设计总院，围绕抽水蓄能产业链协同发展主题开展现场调研活动并组织座谈。

10 月 9～10 日，清洁能源装备冷却技术专业委员会和中国科学院青年促进会共同主办的第三届清洁能源装备冷却技术论坛在西宁青海大学召开。

10 月 13 日，堆石混凝土坝专业委员会 2023 年学术研讨会在陕西杨凌召开。

10 月 18～21 日，信息化专业委员会、水电与新能源控制技术专业委员会 2023 年年会暨学术交流会在安吉召开。

10 月 18～21 日，水电监理专业委员会主办，中国水利水电建设工程咨询北京有限公司承办的水电监理专业委员会 2023 年年会暨经验交流会在江苏句容召开。

10 月 23 日～25 日，工程检测与物理探测专业委员会与湖南省地球物理学会 2023 年联合学术年会在湖南省长沙市召开。

10 月 25 日，国际河流工作委员会在新加坡国立大学与新加坡国立大学就环境保护以及水文站遥测开展交流研讨。

11 月 1 日，国际河流工作委员会在老挝万象与老挝能源与矿产资源部、老挝计划投资部经济发展研究院、老挝国家电力公司、老中合作委员会等相关单位进行座谈，就老挝能源电力规划政策、中老能源电力合作等重要内容进行了深入探讨。

11 月 4 日，水文泥沙专业委员会联合主办的第六届水文泥沙专业委员会换届大会暨 2023 年学术研讨会在长沙举办。

11 月 6 日，水能规划专业委员会在杭州举办第 8 届水能规划及动能经济专业委员会 2023 年学术研讨会。

11 月 8～10 日，水电与新能源运行管理专业委员会和梯级调度控制专业委员会在重庆联合召开了 2023 年年会暨学术交流会。

11 月 11～12 日，水库专业委员会在南京召开水利水电工程移民安置高质量发展创新研究研讨会。

11 月 17 日，继电保护与励磁专业委员会专题党课暨 2023 年年会、三峡集团四川分公司工会 2023 年四川省职工职业技能大赛金沙江继电保护员竞赛决赛颁奖大会在溪洛渡电厂联合召开。

11 月 17 日，水电学会、公安部网络安全等级保护评估中心主办、工业控制系统安全专委会、南京南瑞水利水电科技有限公司承办的第 4 届水电、新能源工业控制系统安全技术交流会在江苏省南京召开。

11 月 23 日，水工水力学专业委员会 2023 年年会暨换届筹备工作会议在成都召开。

11 月 28～29 日，高坝通航工程专业委员会换届大会暨第十六次全国通航建筑物学术交流会在南京举办。

12 月 14 日，水电学会、中国电建集团北京院联合主办，学会抽水蓄能行业分会、北京水电学会共同承办《抽水蓄能电站工程技术》发布暨抽蓄技术发展研讨会在北京召开。

12 月 15 日，水电学会海外分会主办的 2023 年会在昆明召开，中国水利水电第 14 工程局有限公司和中国电建集团昆明院联合承办。

（中国水力发电工程学会秘书处

王立涛　熊麒麟）

2023 年省级水力发电工程学会主要工作情况

各省（自治区、直辖市）水力发电工程学会作为我国水电行业科技社团的重要组成部分，坚持发挥学术交流基础作用，持续拓展和创新服务领域及方式，在学术交流科技咨询、政策研究标准编制、技术讲座专业培训、科技服务乡村振兴等方面积极探索发展，不断取得新成绩开创新局面，成为推动行业学术进步和科技创新的坚实力量。

北京水力发电工程学会　5 月 26 日，举办"永远的潘家铮"宣教活动。8 月 12 日，主办 2023 青年学术演讲比赛。9 月 20～26 日，学会选手毕吴瑕在第 24 届北京青年学术演讲比赛复赛中成功晋级决赛。推荐 5 人入选北京市科协 2024～2026 年度青年人才托举工程项目。组织开展第 17 届北京青年优秀科技论文征集推荐工作，共征得 134 篇论文，择优推荐 40 篇论文上报市科协。学会推荐《一起解锁水力发电的秘密》系列科普视频作品入选北京市科协"2022 优秀科普创新成果 TOP10"和"2022 最具网络人气科普作品 TOP10"。9 月 17 日，在北京举办北京市科协基层科普行动计划中央专项——智慧电亮生活科普服务活动。

天津市水力发电工程学会　6 月 30 日，首届河西人才节在天津举行，学会邀请全国工程勘察设计大师杜雷功做主旨演讲并参与专家对话。8 月 19 日，纪念淠史杭工程开工建设 65 周年大会在安徽六安召开，学会邀请全国工程勘察设计大师杜雷功作大会演讲。9 月 6 日，学会邀请水利部建安中心处长蔡奇解读《水利工程质量管理规定》。10 月 26 日，学会召开第 7 次会员代表大会，选举产生新一届理事会，天津市科协学会学术部提出工作建议，第 7 届理事会理事长翟兴无对学会未来发展进行规划与展望。

河北省水力发电工程学会　推举副理事长单位邯郸市水利水电勘测设计研究院参与第二界全国创新争先奖评选推荐工作。针对水利工程运行、小水电站管理等工作高位谋划部署，创新工作机制，常态化开展安全生产检查等工作。组织开展灾害防御演练、超标洪水防御、水库安全度汛等实战演练，不定期开展水库、闸站调度巡查，派出技术骨干开展水旱灾害防御工作技术指导。

河南省水力发电工程学会　参与 2023 年郑州"黄河流域生态保护和高质量发展国际工程科技战略

高端论坛",学会副理事长兼秘书长景来红作分论坛特邀报告。组织开展 2022 年度河南省青年人才托举工程、2023 年度"科创中原"青年人才托举工程、河南科技智库调研重点课题、河南科技智库调研一般课题等项目。组织年度中原英才计划青年拔尖人才申报、河南省优秀专家推荐。学会推荐的数字工程勘察产学研协作创新基地获"科创中原"协同创新服务平台认定。

福建省水力和清洁能源发电工程学会 4 月 13～14 日,学在福州协办中国水力发电工程学会贯流式水电站专业委员会学术交流会,组织代表到福建塘坂电站现场技术考察。6 月 20 日,在厦门承办 2023 海峡科技专家论坛分会场—海峡两岸能源电力融合发展论坛。8 月 24 日,在福建宁德举办"电亮八闽·新能源 新水电"学术论坛。9 月 14～15 日,在福州举办"清洁能源—海上风电技术与管理"研讨会。组织专家调研福建重点流域水电站生态情况并完成《福建省水电站生态流量研究报告》;组织专家调研福建海洋能资源并完成开发愿景报告。2023 年《福建水力发电》坚持内容与清洁能源结合,成为福建清洁能源能源行业获取新技术、新理论、新知识的重要平台。2023 年,阮洪松秘书长带领团队走访多家单位并调研会员单位,协助申报科技项目和完成技改项目后评价工作。宣传稿件数量位列省科协系统科技社团前十。与福建华电电力工程公司签订共建协议,设立福州鼓楼区"省学会创新驱动服务站"、学会专家库,组织开展科技成果评审鉴定。

江苏省水力发电工程学会 3 月,联合河海大学等举办企业交流学习活动;5 月,参加并主持水电开发与防灾减灾科普论坛的圆桌交流;4 月 12 日,举办"大国重器中的水力学问题"科普活动;5 月 20 日,邀请胡亚安院士在中国水电青年科技论坛宣讲科学家精神;6 月,协助扬州大学水利科学院举办水利工程建设交流会和国务院学位委水利学科评议组年会;6 月,副理事长胡亚安院士在中国水博览会上作主旨报告;7 月,协办中国水力发电工程学会青年工作委员会成立大会;7 月 22～23 日,学会副理事长胡院士为优秀大学生夏令营营员做专题讲座;8 月,组织全国首届高校智慧水利专业建设研讨会;8 月 9 日,参与"童心里的极美南京"公益研学活动;8 月底至 9 月初,协办中国水利学会调水专委会青年论坛;9 月 4 日,在溧阳抽水蓄能站开展了变压器局部放电检测和故障分析的科普讲座;9 月,协办首届长三角智库大会;10 月 13～14 日,在南京举办第 5 届水利水电信息化和智能化发展前沿青年学术论坛;11 月,协办水电、新能源工业控制系统安全技术交流会;7 月 1 日,对三家公司完成的 13 项水利水电工程建设

工法组织成果评价;7～9 月,主办两场专业培训;成功推荐了多个科技奖项,设立了学会科学技术奖;举荐多位人才入选省级及以上计划,当选国家级、省级人才及学会职务;积极参与并推动了产学研合作与成果转化;参与水情教育基地评价地方标准的起草与发布,并在国际、国内会议上宣贯和解读了智能水电厂国际标准;推荐的南京水利科学研究院的两个试验基地入选"全国航海科普教育基地",并推荐河海大学水电科普教育基地申报江苏省科普教育基地;在"世界地球日"期间,组织了绿色低碳发展主题的科普考察交流活动,并在全国科普日期间举办了江苏长江大保护摄影作品展及参加江苏省科普公益作品大赛。

浙江省水力发电工程学会 在世界水日、中国水周期间及 2 月举办多场科普宣传与培训活动;3 月 29～31 日,在建德举办首届长三角水论坛暨水利先进技术(产品)推介会;5 月 20 日,在杭州协办 2023 中国水电青年科技论坛;7 月 17～19 日,在杭州主办南方省(区)水电学会联络会;全年持续参与绿色小水电创建工作,并在浙江省内多个地区进行了资料收集与整理以响应《浙江水利年鉴 2023》的编纂;编辑出版《地方水利技术的应用与实践》论文集第 33 辑,并按季出版了 4 期会刊《浙江水利水电》。

上海市水力发电工程学会 承办"2023 年水库大坝抗震防灾—大坝场址地震动专题学术交流会",共同交流探讨大坝场址地震动研究和应用中存在的一系列共性与关键技术难题;筹备并召开学会理事会,明确了学会发展方向。

湖北省水力发电工程学会 5 月 21 日,在武汉成功举办第 6 届"水利水电科技创新高端论坛";8 月,在湖北省青年科技人才晨光托举工程中,推荐的青年科技人才 A 类入选者 1 人、B 类入选者 2 人;参与并有 3 篇论文入选 10 月 26～27 日在云南昆明召开的七省区水利水电工程施工技术学术交流会;学会有 2 篇推荐优秀论文入选湖北省科协优秀科技论文,并在多所高校评选出水电类优秀学生,发放奖学金;2023 年,《水电与新能源》期刊全年 12 期发表文章 229 篇,含基金项目文章 21 篇。

湖南省水力发电工程学会 5 月 15 日,在长沙召开 2023《中国水力发电年鉴》编纂工作座谈会;与中南院合作于 7 月 29～30 日举办阿根廷水电规划及开发研修班;7 月完成 8 个施工工法的关键技术评价工作;参加七省(区)施工专委会 2023 年学术交流会,其中邓琼星代表学会交流《多雨地区百米级碾压混凝土大坝快速筑坝技术研究》;与中南院合办的《中南水力发电》期刊,2023 年出版 4 期,发表 75 篇论文。

广东省水力发电工程学会 组织举办"云贵川青粤桂湘"七省区水利水电工程施工技术学术交流会、"粤黔桂"三省（区）水电厂技能竞赛、"闽粤"两省海上风电技术与管理学术研讨会、"粤桂"两省（区）"水资源精准调度和气象知识及解析南方电力现货市场"专题培训等一系列学术交流活动；积极协助会员单位申报和推荐并获得"2023年广东省企业"创新达人"和"宣讲代表"称号；推选的会员单位获批建立"广东省科技专家工作站"；利用学会网站宣传优秀的电力和新能源发电科技工作者先进事迹。

四川省水力发电工程学会 3月，完成《四川水力发电》第9届编委换届工作；4月21～23日，在西安召开"第三届中西部地区流域水生态环境保护研讨会"；5月8日，组织开展"高寒高海拔碾压混凝土高效筑坝关键技术应用"项目成果鉴定；7月26日，对"基于北斗智能化变形监测工法"进行了成果鉴定并出具鉴定意见；9月27日，在成都举办2023年学术交流会，共收到54篇论文，其中40篇被刊登在《四川水力发电》和《水电站设计》并作为会议论文集；10月26～27日，2023年"云、粤、青、桂、川、鄂、湘"七省（区）水利水电工程施工技术学术交流会在云南昆明召开；12月9～11日，联合四川省内6学（协）会举办工程水文地质学术大会；2023年，《四川水力发电》计划出版8期（正刊6期+增刊2期），截至11月10日已出版5期。

山西省水力发电工程学会 3月24日，晋阳湖省水法治执法基地举办"世界水日"和"中国水周"活动；5月30日，全国科技周主题活动在山西综改示范区举行；10月18日，全省小水电清理整改培训班在太原举办。

陕西省水力发电工程学会 2月16日，召开学会第8次会员代表大会和八届一次理事会，选举产生学会第8届理事会成员和学会领导人员，审议通过学会更名为"陕西省水力发电与新能源工程学会"议案；4月22～23日，联合主办"第3届流域水生态环境保护学术论坛"；6月初，承办水电行业施工专业技术与管理研讨会；8月20～21日，协办"中国科协氢能与储能青年科学家沙龙"；10月13～14日，协办"中国水电学会堆石混凝土坝专业委员会学术研讨会"；9月20～23日，在江西铅山县组织16名专家召开了江西铅山抽水蓄能电站可行性研究报告内部评审会议，并出具评审报告。11月13～16日，在新疆塔城组织8名专家召开了新疆额敏抽水蓄能电站三大专题评审会议，形成评审意见；加入"乡村振兴山阳合力团"，每年捐赠12000元，资助山阳县10名家庭困难儿童。

青海省水力发电工程学会 被评为2023年省科

协科普特色学会；3月28日，承办"2022年综合清洁能源技术交流会"；4月25日，学会组织召开智慧电厂技术交流会；5月29日，学会承办的"清洁能源与碳中和"科普讲座在青海西宁举办；7月3～6日，协办在共和举办的"2023年清洁能源协同开发与生态环保技术转移转化能力提升高级研修班"；《青海水力发电》2023年完成4期编辑，发表79篇科技论文。

贵州省水力发电工程学会 2023年，《贵州水力发电》会刊按时出版2期，含33篇技术论文、每月按时发布《简报》；联合广东、广西水电学会举办三省（区）水电厂技能竞赛；9月17～22日，在乌江渡发电厂举行第三届大坝安全监测技能竞赛；开展"贵州省水电优秀青年工程师奖"和"贵州省水电优秀科技工作者奖"评选，2023年共授予10名青年工程师和10名科技工作者相关称号。积极参与上级科协及学会组织的奖励评选，推荐多人参评省级及国家级奖项，并申报了5项水力发电科技奖。

甘肃省水力发电工程学会 完成"电力行业信用体系建设办公室甘肃评价咨询中心"2家复评工作，完成4家新取证企业辅导；举办6期专业培训，分别为"发电厂运行值班人员培训""电力市场交易培训""电力市场实践与交易模拟实操培训""电气设备运行维护及典型事故案例分析培训班""新能源光风配储工程造价技术培训班"。

宁夏水力发电工程学会 4月10日、5月17日、11月1日，分别邀请墨尔本大学王全君教授、兰州大学张云升教授、美国欧道明大学王喜喜教授作学术报告，11月举办土木与水利工程学院第15届研究生学术论坛。12月17日，承办"智慧水利与低碳能源国际产学研用合作研讨会"。年内举办"智慧水利"及各类在职员工等两次培训会。利用土木与水利工程学院的专业优势资源，打造宁夏二级建造师培训基地；组织相关专业大学生前往水利水电工地进行实地考察学习，发展83名学生会员，积极参与水电建设的有关科技咨询工作。

云南省水力发电工程学会 4月22～23日，在西安市与中国大坝工程学会生态环境工程专委会，陕、云、川、贵、湘、桂六省（区）水力发电工程学会共同主办第3届流域水生态环境保护学术论坛；至10月底共出版《云南水力发电》227期；《云南省水力发电工程学会简报》，坚持每月出版1期，分别寄送各会员单位；将中国电建集团昆明勘测设计研究院有限公司赵志勇同志作为"云岭最美科技人"选树活动候选人推荐上报省科协。

广西水力与新能源发电工程学会 联合陕云川贵湘省区水电学会举办第3届水生态环境保护研讨会；

联合广西电力行业协会等举办"八桂科技讲坛——源网荷储一体化建设暨广西发电企业技术监督交流会";指导下属的金属结构专委会举办"水电站及船闸智能化与数字化建设交流研讨会";联合粤黔水电学会举办第3届粤桂黔三省区水电厂大坝安全监测技能竞赛;联合广东水电学会举办技术培训;广西大藤峡水利枢纽工程获得认定为"全国科普教育基地";广西电力科学研究院《"双碳"背景下广西电网供用电系统节能优化探索》参加自治区科协科普活动,入选2023广西科学派发布;广西电力科学研究院开展"南网蓝·电博士"科技服务活动一批;向中国科协推荐周柯、卢山等6名工程领域高层次评审专家人选;推动会员单位编写《广西氢能产业发展中长期规划（2023～2035年）》《广西新型储能发展实施方案》《南宁市能源发展"十四五"规划》三个规划;会刊《红水河》6期,共发表论文174篇。

西藏自治区水力发电工程学会 联合成都理工大学策划了藏区乡村振兴"科技下乡科普行"活动;由中国水力发电工程学会和西藏学会发起,西藏自治区科技厅和中国水力发电工程学会联合主办的2023年西部水电论坛在成都召开;6月14日,第15届边坡工程技术大会在成都召开。

（中国水力发电工程学会秘书处 雷定演）

中国大坝工程学会2023年工作情况

2023年,中国大坝工程学会聚焦全面提升国家水安全保障能力总体目标,统筹发展和安全,坚持"四服务"职责定位,秉承三大发展特色,围绕"三型"组织建设,积极打造"五大"平台,不断深化国内外交流合作,促进科技创新和人才成长,强化行业科技支撑,开展科普及与技术推广,为扎实推动新阶段水库大坝高质量发展贡献力量。

（一）强化党建,持续打造助力发展的"好组织"

（1）认真组织开展主题教育。学会各级党组织牢牢把握"学思想、强党性、重实践、建新功"总要求,坚持学思用贯通、知信行统一,努力在以学铸魂、以学增智、以学正风、以学促干方面取得实实在在的成效。6月,学会理事会党委在北京组织开展学习贯彻习近平新时代中国特色社会主义思想主题教育;11月,矫勇主持召开学会理事会党委会议、出席亚太经合组织第三十次领导人非正式会议、向首届"一带一路"科技交流大会致贺信。党委副书记、副理事长兼秘书长汪小刚围绕学会组织如何在推进中国式现代化进程中发挥作用讲授专题党课。2023年度,

学会秘书处党支部组织集中学习研讨《深入学习贯彻习近平关于治水的重要论述》。

（2）大力弘扬科学家精神。①举办的科学家讲党课活动入选中国科协《百名科学家讲党课》册集和大视野云课堂。②联合承办"弘扬科学家精神 建功立业新时代"主题展览。③参与中国水科院科学家精神宣教活动。④组织开展"我和我的坝"科技工作者风采展示活动。

（3）推动党建与业务深度融合。①学会秘书处党支部推动党建与业务融合。②学会分支机构党小组推动党建与业务融合。促进了党建与业务工作的深度融合,对长距离输水隧洞衬砌裂缝抑制起到重要推动作用。学会库坝渗流与控制专业委员会党小组开展"追溯党的光辉历程,弘扬革命精神"主题党日活动。

（4）助力乡村教育发展。2023年7月,学会为北京仁爱公益基金会助学的密云及易县孩子,捐赠书包和科普书籍;10月,学会通过中国青少年发展基金会为5所希望小学捐赠希望工程图书室,帮助乡村儿童走进科学、了解科学、汲取科学营养。

（二）做好支撑,持续建设助力发展的"好智库"

（1）组织专家参与水利法规修改调研工作。学会高度重视并认真组织专家积极为被列入十四届全国人大常委会立法规划的水法和防洪法两部法律的修改工作建言献策,结合实际工作提出了相关意见建议,并报送水利部相关部门。

（2）为水库大坝事业发展提供智库支撑。①组织开展长江流域水库大坝工程生态流量专题调研。②结合国际时事,与中国水科院联合撰写了《乌克兰卡霍夫卡大坝溃坝事件对我国水库大坝战时安全警示的调研报告》和《印度锡金南洛纳克湖和琼塘大坝溃坝简报》,报送水利部及中国科协等部门。此外,学会流域水循环与调度专业委员会委员参与撰写的"做好湖北水文章",获湖北省省委领导重点督办。胶结坝专业委员会提出的"用新技术提升尾矿库'头顶库'的安全"提议纳入河南省委督办事项。

（3）为水利市场监管做好支撑。受水利部建设司委托,牵头承担水利建设市场主体信用评价管理办法修订政策研究工作,通过调研梳理了近三年信用评价和抽样复核中存在的问题,认真分析原因、提出解决思路,起草《办法》和标准的征求意见稿。此外,还承担2023年水利建设市场主体信用评价机构第三方评估工作。相关复核结论被采纳,为提升水利建设市场主体信用评价工作提供了重要支撑。

（三）聚焦学术,持续培育助力发展的"好平台"

（1）有效促进坝工学术交流。①以"统筹发展与安全 谱写坝工新篇章"为主题主办学会2023学术年

会。年会共设"水库大坝建设运行与安全管理专题研讨会""水库大坝智慧化建设与可持续发展专题研讨会"等 10 个专题研讨会，邀请到学术报告 164 个，共征集论文 188 篇，正式出版论文集收录 123 篇。共有 13.17 万余人次围绕行业普遍关注的议题与报告人在线进行了交流和研讨。会议期间，还搭建了线下+线上展厅，共邀请了 33 家单位参加线下技术展览，同时 11 家单位参加线上技术展览，展示水库大坝领域最新理念、先进技术与重要成就。②学会分支机构学术活动内容多样。召开水库泥沙处理与资源利用技术专委会学术年会。召开胶结坝专题研讨会。召开青年学术交流会。召开水工程群调度与控制技术专题研讨会。召开生态环境工程专题研讨会和 2023 学术年会。召开大坝数值仿真和数字孪生专题研讨会。召开库坝渗流与控制学术交流会。召开第三届全国水工混凝土建筑物检测与修补加固技术交流会。召开流域水工程智慧联合调度与风险调控技术学会交流会。召开2023 年学术研讨会暨贮灰场工程安全与生态环保学术交流会。召开第十七届全国混凝土及岩石完整性理论与工程加固技术学术会议。召开智能建设与管理 2023 年学术会议。召开 2023 过鱼设施专委会年会暨首届水生生物洄游通道恢复国际研讨会。

（2）持续推进水库大坝标准化工作。①参与编写水利部水利行业标准《胶结坝技术规范》。根据相关行业标准制修订计划，开展水利行业标准《胶结颗粒料筑坝技术导则》（SL 678）的修订、《水库防洪抢险技术导则》和能源局标准《胶结坝设计规范》编制工作，以便更好推广该新坝型。②积极推进团体标准组织管理工作。2023 年，学会组织专家参与 2 项国际大坝委员会专委会技术公报的编写与发布工作。同时，组织会员单位新立项《水电水利工程设计监理规范》标准。已完成《土石坝白蚁绿色综合防控技术规程》等 7 项标准的送审稿审查，对已发布的 8 项团标进行宣传。

（3）为行业和学科发展提供技术支撑。①学会领导为行业发展提供技术支撑。矫勇应邀出席三亚市委理论中心组扩大学习会；出席重庆市水利专家委员会成立大会；出席 2023 中国（宜昌）绿色能源发展论坛；出席第四届全球水安全与可持续发展国际高端论坛和"2023 齐鲁水文化论坛"。汪小刚出席中国科协科学技术创新部举办的第六届世界科技社团发展与治理论坛；出席中国岩石力学与工程学会学术年会、中国水力发电工程学会水电发展论坛；参与松辽流域防洪规划论证和黑三峡等重大水利工程可行性论证。贾金生应邀出席第 18 届世界水资源大会。②参与主办的《水利学报》荣获优秀学术期刊等称号。荣获"百种中国杰出学术期刊"称号，被"科技期刊世界影响

力指数（WJCI）报告收录"。③组织推进"中国建造丛书（水利水电工程卷）""过鱼设施丛书"等专业书籍编撰出版，向公众生动展现我国水库大坝工程建设辉煌成就和技术创新。过鱼设施专委会与科学出版社合作申报并获批"过鱼设施丛书"，已入选"科学出版社重大项目库"。④组织编写《中国大坝 70年》（英文版），共有 49 家单位参与编写工作。

（四）发挥优势，持续做强助力发展的"好推手"

（1）开展科技奖项评选及人才举荐。①提名项目申报国家科学技术奖。获 2 项提名指标。②举荐专家、工程、成果参评并荣获国内奖项。③举荐人才报送中国科协。托举 4 位对象；推荐 40 位水库大坝专家作为中国科协专家库候选人。④组织开展奖项评选、科技成果评价。组织颁发学会 2022 年度科学技术系列奖项，共 45 个获奖项目。开展 33 个水库大坝相关项目的成果评价和咨询。

（2）切实服务水库大坝科技工作者。①联合开展工程师国际互认试点。作为首批行业试点单位推荐 2名专家作为工程能力评价候任考官；完成 35 名工程师能力评价。经评审向中国科协择优推荐 40 名水库大坝领域专家成为中国工程师联合体会员。②在重庆丰都联合举办专业技术人员培训班，共 150 余人参训。

（五）深耕国际，持续塑造助力发展的"好窗口"

（1）组织参与国际坝工高层次会议。①6 月 9～15 日，国际大坝委员会第 91 届年会在瑞典哥德堡召开，组团参加 91 届年会。来自 78 个国家的 1238 名代表参加了会议。②组团参加水电 2023 国际研讨会。来自 70 多个国家的 1200 多名代表参加了会议。中国8 位专家参加了会议。

（2）主办国际坝工品牌学术研讨会。①联合主办第九届碾压混凝土坝暨胶结坝国际研讨会。会议共邀请到来自 20 多个国家的 340 余名专家学者参加会议。②联合主办第五届堆石坝国际研讨会暨巴西大坝委员会学术年会周。近 800 名专家学者参会交流。中国专家团一行 7 人出席会议。③联合主办第四届大坝安全国际研讨会。中国专家团一行 13 人出席会议。④主办第 16 届水库大坝与水电可持续发展圆桌论坛。来自 20 多个国家的 50 多名代表参加了会议研讨。自2009 年以来，已成功举办 16 届圆桌论坛，先后邀请非洲、东南亚 30 多个国家的数百名高层代表参加，取得了良好的效果。

（3）推荐专家国际任职，深化多边合作关系。①举荐中国专家在国际大坝委员会专委会任职。②与相关国家大坝委员会和国际机构深化合作关系，扩大了国际影响。③与相关国际学术组织增进交流与合作。

此外，学会流域水循环与调度专委会委员到老挝、柬埔寨调研澜湄国家典型小流域综合治理示范项目成果；学会库坝渗流与控制专委会与国际著名学术机构以及多个不同国家的相关学术组织和机构签署了合作协议，进一步拓展了国际交流合作的广度和深度。

（4）组织评选颁发水库大坝国际里程碑工程奖。①评选颁发第五届堆石坝国际里程碑工程奖。学会联合巴西大坝委员会组织评选，并在第五届堆石坝国际研讨会开幕式上颁发了第五届堆石坝国际里程碑工程奖。经各方推荐、国际权威专家评审，中国猴子岩面板堆石坝、老挝南欧江六级面板堆石坝、中国长河坝心墙堆石坝 5 座工程获此殊荣。至此，已有 13 个国家的 34 座堆石坝工程获此奖项，其中中国有 9 座工程获奖。②评选颁发第五届碾压混凝土坝国际里程碑工程奖。共有 11 个国家的 22 座碾压混凝土坝工程获此奖项，其中中国有 5 座工程获奖。

（5）受邀分享国际科技合作经验。学会受邀派专家为陕西省科协 2023 年国际交流合作与外事能力提升活动暨外事能力提升培训班授课，作题为《发挥国际平台优势 提升坝工国际影响》的专题报告，分享学会国际合作工作经验。

（六）营造氛围，持续发出助力发展的"好声音"

（1）主承办主题科普宣传教育活动。①联合主办"看见中国·坝光盛影"大坝主题摄影艺术展。②8月，学会组织承办中国水科院"水滴与少年——2023年暑期亲子科普行"活动，围绕"守护生命的水工程"专题，帮助孩子们开拓科学视野，增强他们对水资源和水工程的认识。③开办《大国重器 三峡工程》水电科普实景课堂。依托学会公众认知专委会开办《大国重器 三峡工程》水电科普实景课堂，共有 9 个国家 28 所海外华文学校师生收看课程，通过线上直播形式参与活动的学生及家长总人数达 3.34 万人。

（2）传播水库大坝等科学技术知识。①通过创作"大坝体温智能控"作品参加 2023 年北京市科普讲解大赛，作品从 130 份参赛作品中脱颖而出，荣获一等奖。从 4 万海选选手中成功入围全国 20 强，荣获全国二等奖和最具人气奖。②受邀科普专家为青少年讲授《守护生命的水工程》课程，观看量超 419.3 万人次。③用好影响力较大的科普自媒体平台进行传播。运营"水库大坝之声"科普中国号，截至 2023 年 12月底，累计阅读量超 227 万，单篇阅读量超 14 万。④宣传推广胶结型新型筑坝技术应用成果。组织撰写的新闻通稿，先后在科技日报网和《科普时报》《中国能源报》《中国水利报》等编发。

（3）组织开展科普教育基地专题活动。①联合举办"礼赞新时代 建功新征程"网络名人湖北行活动。②举办"三峡娃娃行"水电研学夏令营品牌公益活动。该品牌公益活动以"中华民族一家亲 争做新时代好少年"为主题，共分 12 批次举行。③开展防灾减灾科普宣传。④增设学会科普教育基地。组织开展水库大坝宣传教育活动。

（七）提升能力，持续提供助力发展的"好服务"

（1）加强制度建设。制定《中国大坝工程学会"三重一大"事项集体决策办法》并颁布实施；学会库坝渗流与控制专委会制定了《中国大坝工程学会库坝渗流与控制专业委员会管理办法》和《中国大坝工程学会库坝渗流与控制专业委员会档案管理办法》等一系列制度，为促进专委会改革与发展奠定了制度基础。

（2）深化能力建设。一流学会建设项目工作，顺利通过中国科协验收；被评为"2023 年度全国学会科普工作优秀单位""2022 年度中国水利年鉴工作优秀单位""2023 卷《中国科学技术协会年鉴》优秀组织单位""2022 年度科协系统财务数据汇总工作优秀单位"。学会通过建立会员体系与会员档案、创新会议和学术活动，更加有序有效地发展会员。截至 2023 年 12 月底，拥有会员单位 393 家，个人会员27573 人，其中含外籍会员 2100 人。本年度新增会员单位 17 家，新增个人会员 970 人，其中外籍会员81 人。

（3）推进机构建设。截至目前，学会共有分支机构 20 个。其中，学会水库泥沙处理与资源利用技术专业委员会入选中国科协 2023 年度全国学会治理现代化分支机构示范发展专项。

（4）强化数据库建设。依托《全国病险水库除险加固项目管理系统》为水利部水利工程建设司服务，基于上述系统学会建立了全国水库大坝名录数据库，包含水库大坝约 9.8 万座、病险水库 7 万余座、30m以上大坝 6000 余座、国际溃坝案例 2000 余座、国内溃坝案例 3600 余座。学会库坝渗流与控制专委会开发了水利水电工程岩体渗流参数数据库系统。对水利水电工程渗流分析和控制具有指导意义。

（中国大坝工程学会秘书处）

中国水利学会 2023 年工作情况

2023 年，中国水利学会在水利部和中国科协的领导下，守正创新、踔厉奋发，推动各项工作取得新进展。在中国科协 200 余家全国学会综合评估中排名第 12，名次再创新高。

（一）政治思想建设方面

（1）强化理论学习，坚定理想信念。扎实开展学习贯彻习近平新时代中国特色社会主义思想主题教育。通过坚持每周召开支委会（扩大）学习会议、领导班子参加部读书专题班和专题党课等多种形式，全方位夯实理论基础，及时学习相关文件精神，营造了"领导班子带头学、全体党员深入学、全体职工跟着学"的良好学习氛围，确保应学尽学、入脑入心，有效发挥示范带动作用；动员各分支机构、地方水利学会、单位会员，并组织秘书处全体职工认真学习《习近平著作选读》《深入学习贯彻习近平关于治水的重要论述》等著作，努力实现学习与学会工作的互融互促，主题教育开展情况被部巡回指导组评估为"好"。9月，荣获中央和国家机关工委颁发的"四强"党支部荣誉称号。

（2）坚持和加强党的领导，严守政治纪律和政治规矩。充分发挥理事会党委的政治引领、重大事项前置把关作用，要求分支机构，动员省级学会和单位会员始终坚持和加强党的领导。认真落实意识形态工作责任制。通过学术大会、专题研讨会、秘书长工作座谈会和科学普及等途径，持续宣传贯彻党中央相关决策部署，旗帜鲜明地团结引领广大水利科技工作者坚决捍卫"两个确立"，增强"四个意识"、坚定"四个自信"、做到"两个维护"。

（3）坚持民主集中，营造良好的政治生态。严肃执行民主集中制，落实秘书处党支部"三重一大"制度。全年组织支部委员会会议38次，审议重要事项，营造良好政治生态。

（4）坚持党管干部，严肃选人用人育人工作。始终坚持党对人才工作的全面领导。严格按要求按程序，调入并提拔1名副处级干部，完成1名事业编制员工公开招聘。通过专题培训、党课学习、实践锻炼等形式加强对干部人才的能力提升与培养。

（二）领导能力方面

（1）积极创新工作思路，提升工作能力。结合主题教育，广泛开展地方学会、分支机构、单位会员、团标需求等调研，提出落实改进措施。组织干部参加集中轮训、学习研讨、实践锻炼、问计于民等，提高把握政策能力。通过大型会展、品牌活动、内联外延、上下协同等方式增强推动工作能力。深入基层开展科技创新知识进基层等活动，提高联系群众能力。

（2）扎实落实上级部署，高质量完成工作任务。对标中国科协和水利部的相关要求，年初制定印发2023年工作要点，将重点任务逐项落实责任，明确时间要求，全年圆满完成了品牌会议、人才举荐、智库咨询等重点工作。

（3）充分发挥平台作用，形成工作合力。在主题教育中，分别针对分支机构和地方水利学会发展面临的困难深入开展调研，并提出解决办法。通过制定分

支机构办事指南等方式，加强对分支机构的管理；通过向中国科协呼吁相关政策、交流地方水利学会先进经验等方式，助力地方水利学会健康发展。

（4）坚持以"法治"思维和方式推进工作。严格依法依规办会。8月，召开理事会全体会议暨理事党员大会，选举第十四届全国人大农业与农村委员会委员、应急管理部原副部长兼水利部原副部长周学文同志担任理事长、党委书记。严格按照章程规定组织召开常务理事会，审议理事变更、分支机构及其领导人员变更、单位会员吸纳等事项。

（三）工作实绩方面

（1）学术引领取得实效。在郑州举办主题为"强化科学技术创新，支撑国家水网建设"的2023中国水利学术大会，包括10位中外院士的3000余名专业人士参会。成功举办第二届河湖长制与河湖保护高峰论坛、首届中国水锤大会、农村供水高质量发展技术研修班等专题研讨活动。组织征集41项水利领域2023重大问题难题，其中"梯级水库群如何实现汛限水位联合优化调控？"成功入选中国科协2023年度十大产业技术问题。《水利学报》《岩土工程学报》连续2年成功申报科协期刊能力提升项目。

（2）科学普及硕果累累。连续四年主办"节水在身边"全国短视频大赛，2023年的抖音播放量达到17.8亿次，盛况空前。动员各级水利学会在重要时间节点开展"护好大水 喝好小水"等系列活动。赴城口县等地开展"中国水之行"大型公益项目。围绕"23·7"海河流域洪涝灾害开展及时科普活动。

（3）智库咨询再谱新篇。组织专家起草《关于加强水资源节约集约利用技术创新的建议》《关于永定河流域系统治理和高质量发展的建议》《当前防范旱涝并发、旱涝急转相关风险点的前瞻性分析及对策建议》等多份专题报告，通过《科技工作者建议》《参阅信息》等渠道上报。

（4）人才举荐成绩斐然。推荐陈求稳、江恩慧荣获第三届全国创新争先奖，推选9人申报院士，遴选3名第九届青托人才，推荐3人申报第十五届光华工程奖。完成130名水利水电工程师能力评价。完成专业认证12个点的进校考查。协助水利部完成2022～2023年度职称考试工作，共4698名考生参加。

（5）评估奖励稳步实施。优化大禹奖办法，按照国家奖励办要求，提交《大禹水利科学技术奖设奖报告》。完成20余项涉水科技成果的评价。6月，在南京举办2023中国水博会，规模超过疫前，国际影响扩大。

（6）标准工作持续发力。配合修订《水利技术标准体系表》，完成行业标准年度计划编制、200余项在编标准日常管理，报批1项国家标准，配合发布

13 项行业标准。严把团体标准质量关，年内发布 34 项、累计发布 113 项团体标准，初步完成体系框架构建。

（7）国际合作有序开展。推动区域性国际组织"一带一路国际水联盟"的组建进入实质化阶段。举办全球"水安全论坛"。同国际水利与环境工程学会续签合作备忘录。完成联合国工业发展组织项目，举办西南区小水电绿色低碳高质量发展论坛。

（8）自身能力不断提升。实施秘书处档案管理办法，档案管理实现突破性进展。严格按制度和程序开展干部提拔任用和公开招聘，人才队伍进一步加强。开展审计发展问题整改，着力推进杂志社改制划拨工作。

（四）党风廉政建设方面

（1）落实全面从严治党，持之以恒正风肃纪。召开学会 2023 年党建纪检暨党风廉政建设工作会议，深入传达贯彻中央及部党组有关精神。认真制定实施领导班子全面从严治党主体责任清单，强化对学术交流、人才举荐等重点领域的日常监督，确保学会整体工作氛围风清气正。

（2）落实八项规定精神，系统强化廉政防控。及时传达水利部和中国科协警示教育大会精神和违反中央八项规定精神问题的有关通报。紧盯重点节日，高强度发布警示。修订落实学会廉政风险防控手册，将党风廉政建设和反腐败工作的任务、责任和措施压实到具体工作、具体人员。组织全体职工集体观看田克军、李志忠警示教育片，开展警示教育，营造严守规定、反贪反腐的良好氛围。全年未发现违反中央八项规定精神和廉洁纪律的事件。

（五）作风建设方面

（1）坚持服务人民，密切联系群众。直面人民群众对水利发展的需求，积极践行以人民为中心的发展思想。邀请相关单位专家，赴重庆市城口县共同开展"中国水之行"活动，并走访慰问贫困家庭。联合中国知网共同开展第二届"科技创新知识进基层——水利知识服务季"系列活动，服务广大水利科技工作者。

（2）深入调研会员需求，强化会员服务。实地调研或接待座谈 70 余家单位会员，深入了解其需求。与单位会员共同开展农村饮水安全管理培训、PCCP 管线安全提升学术沙龙等活动，共谋发展提升路径。积极发展单位会员，年内共增加 30 余家。

（3）持续纠治"四风"，力戒两个"主义"。锲而不舍纠"四风"、树新风。持续强化职工对"一把手"和领导班子的监督意识，坚持以上率下、公私分明、反对"四风"，力戒形式主义、官僚主义。继续保持精文减会，会议管理严肃认真，纸质文件大幅减少。

2024 年，中国水利学会将进一步能深入学习贯彻习近平新时代中国特色社会主义思想和党的二十大精神，开拓创新、担当作为，用实际行动推动水利领域高水平科技自立自强，助力新阶段水利高质量发展。

（中国水利学会秘书处）

中国电机工程学会 2023 年工作情况

2023 年，中国电机工程学会坚持以习近平新时代中国特色社会主义思想为指导，坚决落实中国科协部署要求和学会理事会工作安排，坚持"四个面向"，践行"四个服务"，深入开展主题教育，扎实做好各项工作，在加强党的建设、促进学术交流、服务行业发展、助力人才成长、推动科学普及、深化国际合作等方面取得显著成效。在中国科协开展的全国学会发展状况分析与评估中名列前茅。

（一）强化思想引领，凝心聚力当好党和政府联系科技工作者的桥梁和纽带

一是开展主题教育，党建强会成效显著。牢牢把握主题教育总要求，通过举办读书班、理论学习中心组专题学习、支部"三会一课"等形式，推动党的创新理论武装走深走实。深入调查研究，举办省级学会秘书长座谈会，深入专委会走访调研，直面问题、狠抓整改。主题教育工作成效得到国家电网有限公司第十巡回指导组的高度肯定。深入学习贯彻党的二十大精神，召开 2023 年党建工作会议，印发进一步加强党建工作的实施意见。组织党务干部参加中国科协、国家电网党建培训，组织党员赴红旗渠开展现场教学，赴贵州遵义开展"党建+科普"活动。中国科协《学会》《学会党建》期刊 5 次刊发学会党建工作经验。

二是深化内部治理，管理水平持续提升。严格依章办会，坚持民主办会，定期召开理事会、常务理事会、监事会、理事会党委会议，审议"三重一大"事项。加强制度建设，制定《采购管理办法》《因公出国（境）管理办法》等制度。举办创建一流学会培训班，完善工作委员会、专委会、省级学会管理体制和运行机制。加强分支机构管理，新成立 4 个专委会，11 个专委会完成换届，14 个专委会完成委员调整。加强员工队伍建设，强化业务培训，组织评优表彰。深化业财融合，提高财务管理规范化水平。

三是加强会员管理，会员服务提质增效。加强会员发展，全年新增个人会员 28551 名，晋升高级会员 138 名，评选会士 17 名。完善会员服务机制，承接

中国科协港澳台办公室服务香港会员项目。举办女工程师论坛、北京地区科技工作者联谊会。丰富数字化图书馆，提供便捷信息化服务。弘扬科学家精神，举办全国科技工作者日活动，编发弘扬科学家精神有声微信 10 期，宣传顾毓琇电机工程奖、电力科学技术杰出贡献奖获得者及优秀青年人才，引导广大科技工作者见贤思齐、砥砺奋进。

（二）深化创新驱动，协同发力服务高水平科技自立自强

一是坚持学术引领，学术交流广泛深入。年会反响热烈，在武汉、南京举办 2022、2023 年会，20 余位院士出席会议，线上线下吸引 200 万人次关注，新华网、人民网等中央媒体集中报道。优化完善网络学术报告厅，举办清洁高效发电技术协作网专题会议、清洁能源发展与低碳消纳高峰论坛、海峡两岸能源电力融合发展论坛、电气工程院（校）长论坛、能源创新青年论坛等品牌学术会议。专委会组织开展 130 余项学术活动。学会发布 4 篇专业发展报告和 12 篇专题技术报告，推荐的 2 项问题难题入选中国科协 2023 重大科技问题难题。

二是对标一流要求，期刊建设扎实推进。《中国电机工程学报》在电气工程类期刊中连续多年综合排名第一位，连续 21 年荣获"百种中国杰出学术期刊"称号。《中国电机工程学会电力与能源系统学报（英文）》SCI 影响因子为 7.1，较上年增长 18%。英文新刊《Energy Internet》成功入选 2023 年度中国科技期刊卓越行动计划高起点新刊项目。开发上线能源电力期刊集群平台，组织召开能源电力领域期刊集群化发展研讨会，发布 2022 年版《能源电力领域高质量科技期刊分级目录》，推荐的 18 篇论文入选第八届中国科协优秀科技论文。

三是实施人才强会，奖励表彰和人才举荐成果丰硕。提名国家科学技术奖 8 项。学会推荐的 5 位候选人成为两院院士增选有效候选人。武汉大学陈慈萱教授荣获年度顾毓琇电机工程奖。评出 2023 年电力科学技术奖 124 项、电力科学技术人物奖 110 位。7 人入选中国科协第九届青年人才托举工程，21 人获得学会青年人才托举工程项目。举办 2 次青托论坛，为青年人才脱颖而出提供平台。

（三）践行为民宗旨，多措并举推动公众科学素质提升和产学研深度融合

一是发挥品牌效应，科普工作成效明显。加强"电力之光"科普品牌建设，聘任科学传播专家 105 名，认定电力科普基地 51 个，制定《电力科普基地建设规范》团体标准。举办中国电力科普日活动，获评中国科协"全国科普日优秀活动"。赴遵义开展科普下乡暨乡村振兴活动，举办首届全国电力科普讲解

大赛，组织青少年绿色低碳研学营活动。举办"电力之光"大讲堂 8 期。助力"科普中国"平台建设，"电力之光"科普号浏览量 79 万余次。学会荣获 2023 年度"全国学会科普工作优秀单位"称号。

二是立足服务行业，科技服务质效提升。召开团体标准工作交流会、宣贯会，新立项标准项目 106 项，学会推荐的 2 项标准入选工信部百项团体标准应用示范项目。开展科技成果评价服务，完成评价项目 339 项。召开 2023 年科技查新研讨会，牵头编制完成 CSEE《电力科技查新技术规范》标准。履行电力行业科技成果登记管理服务职能，完成成果登记 470 项。

三是坚持需求导向，公共服务不断优化。与英国工程技术学会联合开展国际工程师资质认证，47 人通过认证。推动与马来西亚、缅甸签署工程能力互认合作协议。开展电气工程类工程能力评价，168 人成为注册工程会员，9 位工程会员实现同新加坡互认。完成 2022 年华北电力大学能源与动力工程等 9 个专业认证。组织开展《防止电力生产事故的二十五项重点要求》的培训，协助大唐集团、华电集团、国电投、国家能源集团等企业举办电力安全培训班。

（四）发挥智库作用，高标站位服务科学决策和拓展国际合作

一是聚焦行业热点，咨询服务实绩凸显。承担政府和行业重大课题研究 12 项。受国家能源局委托，完成《防止电力生产事故的二十五项重点要求》及辅导教材的编写出版工作。受中国科协委托，完成决策咨询专家团队资助项目《新型电力系统发展战略研究》，编制发布第二批"双碳"系列丛书《再电气化导论》。学会 6 个自立研究项目完成验收。

二是增进开放合作，国际交流持续深入。推荐近 60 名专家参加 CIGRE 和 CIRED 工作组，提交 10 余个工作组提案。推荐的 CIGRE2024 论文摘要录用 70 篇，创历史新高。翻译出版 CIGRE 绿皮书《未来电力系统》，入选中国出版协会第 22 届引进版科技类图书 30 种及中国电力出版社 2023 年"十大出版物"。联合主办第 15 届电力系统技术国际会议、第 15 届中美绿色能源论坛、CSEE-IET 技术研讨会等国际会议，承办 2023 年中国—东盟工程师论坛。承担俄罗斯双边互认工作组工作，承办第二届中俄工程能力建设圆桌对话，推动中国工程师联合体与俄罗斯工程教育协会成功签订合作谅解备忘录。

三是坚持全球视野，国际标准成果突出。举办 2023 国际标准化（麒麟）大会。实施国际标准战略规划，发布 4 本 IEC 新兴技术战略白皮书。在 ISO 发起成立新机械储能技术委员会，推动 3 项 IEC 国际标准成功立项，孵化 10 项国际标准。参与 IEC 标准

管理局相关国际标准化技术研究。深化国际标准化人才培养，组织开展 8 次国际标准化培训。中国科协高度肯定学会深化标准国际化合作成效。

（中国电机工程学会秘书处）

哈尔滨电机厂有限责任公司 2023 年学术交流与公众开放情况

（1）4 月 11~13 日，全国大型发电机标准化技术委员会和中电协大型发电机标准化专业委员会在广州市召开，来自全国 46 个单位的 82 位专家代表参加了此次会议。会议就 GB/T 7894《水轮发电机基本技术条件》英文版、GB/T ××××《动态响应同步调相机技术要求》、GB/T 20834《发电电动机技术要求》、GB/T 24625《变频器供电同步电动机设计与应用指南》、JB/T 7608《测量高压交流电机线圈介质损耗角正切试验方法及限值》、T/CEEIA/T/CSEE ××××《水轮发电机组智能运维系统故障诊断模块开发导则》等 6 项标准的制、修订初稿分工作组进行了讨论，提出了修改意见，工作组组长于会后对标准文件进行修改完善。

（2）4 月 12~15 日，全国海洋能转换设备标准化技术委员会"三个国家标准起草工作组会议"在北京市召开。来自全国 21 个单位的 31 位专家代表参加了此次会议。会议就 GB/Z ××××《潮流能转换装置海上试验技术要求》、GB/Z ××××《海洋能转换装置机械载荷测量》、GB/Z ××××《海洋能转换装置锚泊系统评价》3 项国家标准进行讨论，3 项标准起草工作组组长分别主持了标准起草会议，各工作组成员对标准草案进行了认真讨论，提出了修改意见，工作组长于会后对标准文件进行修改完善。

（3）5 月 4~5 日，中国电机工程学会电机专业委员会大电流试验电源学组成立大会暨首届学术交流会暨首届学术交流会在江苏省镇江市召开。会议由中国电机工程学会电机专业委员会主办，哈尔滨电机厂（镇江）有限责任公司承办，西安孚信能源工程有限公司协办。专委会主任委员黄浩和其他代表共 51 人参会。此次会议共安排了 5 个主题学术报告，会议的成功举办对促进大电流试验电源技术的发展和企业科技进步服务，为我国电机工程在大电流试验电源领域的创新与发展贡献佳绩。

（4）7 月 3~7 日，全国水轮机标准化技术委员会"六项水轮机国家标准和国际标准国内对口工作组会议"在哈尔滨市召开，6 个工作组分别为 SAC/TC175/MT21"混流式水泵水轮机基本技术条件"工作组、SAC/TC175/MT32"球形阀和蝴蝶阀"工作组、IEC/TC4/WG33"水力机械压力脉动换算"国内对口工作组、SAC/TC175/WG26"水轮机、蓄能泵和水泵水轮机用符号"工作组、SAC/TC175/WG27"中小型水轮机转轮静平衡试验规程"工作组以及 IEC/TC4/MT28"水力机械现场验收试验"国内对口工作组。与会各工作组成员对标准草案逐条、逐句进行仔细推敲，对所有意见认真研究讨论，提出了修改意见，工作组组长于会后对标准文件进行修改完善。

（5）7 月 18~21 日，中国电工技术学会大电机专业委员会第九届委员会换届会议暨 2023 年学术交流会在洛阳市召开，此次会议与西藏自治区水力发电工程学会金结机电专业委员会联合主办。来自全国 44 个单位的 80 余名专家参加了会议。会议邀请哈电电机副总专业师李桂芬和孙永鑫、中广核核电运营有限公司首席专家宋波分别做了题为《交流励磁可变速发电电动机关键技术研究》《水电装备数字孪生智能运维系统关键技术》《新形势下核电发电机的运维管理和思考》的专题报告，与会专家进行了热烈的讨论。此次会议得到了全国电机行业专家、学者的积极响应，共收录论文 33 篇，遴选出 11 篇优秀论文进行宣讲，并颁发了证书。会议期间，与会代表还参观考察了黄河小浪底水利枢纽工程，并与其技术专家进行深入交流。

（6）8 月 14~16 日，全国大型发电机标准化技术委员会和中电协大型发电机标准化专业委员会在呼和浩特市召开了 4 项标准起草工作会议，来自全国 34 个单位的 55 位专家代表参加了此次会议。会议进行了 GB/T 7409.1《同步电机励磁系统 第 1 部分：定义》等 4 项标准的制、修订起草工作。各工作组成员对标准初稿进行了认真讨论，提出了修改意见，工作组组长于会后对标准文件进行修改完善。

（7）8 月 15~17 日，中国电机工程学会电机专业委员会 2023 年学术年会在呼和浩特市召开。来自全国电机行业高等院校、科研院所、电力装备制造企业、电力运行、设计及规划企业等单位的委员、专家学者 117 人参加会议。会议收到论文投稿 35 篇，最终录用论文 27 篇，会上安排交流 16 篇。此次会议共安排了 4 个主题报告，内容涵盖《同步发电机柔性励磁控制系统》《大型发电机绝缘诊断新技术研究》《水电装备数字孪生智能运维系统关键技术》和《基于代理辅助的电机智能优化设计技术》四个方向。会议期间，与会代表还参观考察了三峡现代能源创新示范园。此次会议的召开对电机行业的技术发展起到了推动作用，为实现我国碳达峰、碳中和目标作出了新的贡献。

（8）9 月 12~15 日，全国水轮机标准化技术委员会 2023 年年会暨标准审查会议在青岛市召开，来自全国水轮机行业科研、高校、设计、制造、安装、测试和运行等 57 个单位的委员、观察员、工作组成员及特邀代表共 83 人参加了会议。会议对 GB/T 15613—2023《水轮机、蓄能泵和水泵水轮机模型验收试验》进行了宣贯，12 个工作组分别对各组工作情况作了介绍，并审查通过了 GB/T 22581《混流式水泵水轮机基本技术条件》、GB/T ××××《水轮机、蓄能泵和水泵水轮机流量的测量 超声传播时间法》、GB/T 14478《大中型水轮机进水阀门基本技术条件》、GB/T 28572《大中型水轮机进水阀门系列》、GB/Z ××××《水力机械 混流式水轮机压力脉动换算》等 5 项标准。

（9）9 月 12～15 日，全国海洋能转换设备标准化技术委员会 2023 年学术年会暨标准审查会议在青岛市召开，来自全国海洋能转换设备行业科研院所、高校和企业等 36 个单位的委员、观察员、工作组成员及特邀代表共 62 人参加了会议。与会代表听取并通过了 2023 年工作总结、2023 年度财务报告以及 2024 年工作计划，讨论并通过了本领域最新标准体系框图和标准体系表。7 位工作组组长分别对各组工作情况作了介绍，并审查通过了 2 项标准立项、1 项标准送审稿。

（10）9 月 24～26 日，中国电机工程学会电机专业委员 2023 年同步调相机学术研讨会暨第三届同步调相机论坛在德阳市召开。会议由中国电机工程学会电机专业委员会主办，东方电气集团东方电机有限公司承办。来自同步调相机设计制造、控制保护、检修维护、工程应用等技术以及交直流输电、电网分析、储能等方面的专家、学者共 112 人参加了会议。会议收到论文投稿 30 篇，涵盖了主机制造与模型研究、工程建设与试验调试、调相机运维技术三个主要研究方向。此次会议还安排了《国家电网调相机运检专题报告》《东方电机新型调相机的现在与未来》《交流电机的高压化发展与同步调相机》《新型调相机技术展望与工程应用》《调相机与构网型电力电子设备涉网特性差异研究》《调相机在新型电力系统中的应用》《基于磁齿轮调速的飞轮储能调相机设计》《调相机一体化监控与智能运维应用研究》8 个主题报告。会议期间，与会代表还参观考察了东方电机有限公司，与会代表与东方电机有限公司的相关技术专家进行了深入的交流。

（11）10 月 25 日～11 月 1 日，全国水轮机标准化技术委员会国际标准工作组会议在昆明市召开。来自 6 个国家的 71 名专家代表参加了会议，会议进行了 3 项水轮机国内对口工作组和 2 项国际标准工作组的标准讨论工作。会上，哈尔滨电气集团首席科学家覃大清向与会人员介绍了我国水电发展的现状、趋势，以及我国水泵水轮机技术。法国专家 Pierre、瑞士专家 Christophe、挪威专家 Morten 也分别介绍了各自国家的水泵水轮机现状和技术。会议对标准大纲以及下一步标准计划进行了详细的讨论，同时确定了下次工作组会将于 2024 年在法国里昂召开。

（12）11 月 15～16 日，全国大型发电机标准化技术委员会在海南省陵水县召开了 2023 年年会。来自全国 70 个单位的 91 名委员、观察员、顾问、标准起草人及专家代表等出席了会议。会议进行了标委会 2023 年度工作总结，讨论了标委会近年的标准体系变化情况及 2024 年标准制修订工作计划，并审查通过了 GB/T 24625《变频器供电同步电动机设计与应用指南》等 7 项标准。

（13）3 月，研究所举办了“走进科技，面向未来”的开放日活动，哈工程未来技术学院 30 余名师生参加此次活动。会议进行了水力发电设备国家重点实验室介绍、公司宣讲、抽水蓄能及常规水电在新型电力系统中的作用及发展方向讲座等环节，并带领大家到水力试验台现场参观。此次活动以报告、实物、照片、视频等多种形式展示研究所在科技创新方面的重大成果，向参加活动的师生展示了水力发电领域的新技术、新设备、新应用。

（哈电集团哈尔滨电机厂有限责任公司
丁军峰 刘保生 张锐 周谧 高鹏）

河海大学 2023 年学术活动情况

（一）水利部水循环与水动力系统重点实验室第一届学术委员会第一次会议

1 月 9 日，水利部水循环与水动力系统重点实验室第一届学术委员会第一次会议，在河海大学采用线上线下相结合的方式召开。水利部国际合作与科技司相关领导，国内著名院士、教授、正高级工程师、研究员、实验室主任、河海大学校长等出席会议。学术委员会对实验室筹建期各项工作的扎实推进给予高度评价，一致同意实验室建设实施方案，并对实验室的下一步发展提出建议。张建云主持了实验室建设实施方案汇报和学术交流，唐洪武介绍了实验室建设实施方案，并感谢学术委员会专家提出宝贵意见，后续将持续深入围绕习近平总书记“十六字”治水思路、水利部推动水利高质量发展的六条实施路径，按照专家意见进一步加强实验室建设。实验室学术带头人分别作了学术报告。会议由副校长许峰主持。河海大学相关职能部门和学院负责人，实验室管理团队、学术带头人和部分科研团队代表等参加了会议。

（二）"强化水利保障 助力乡村振兴"学术研讨会

2月26日，河海大学举办"强化水利保障 助力乡村振兴"学术研讨会。水利部水库移民司领导，河海大学社会科学研究院客座教授、江苏长江经济带研究院院长、江苏乡村振兴智库研究院院长出席研讨会并讲话。校党委书记唐洪武院士参加研讨会。研讨会由常务副校长李俊杰主持。会议聚焦"加强水利保障 助力乡村振兴"主题，河海大学、东南大学、南京农业大学等高校的专家学者分别从农村水环境治理、水利科技建设与推广、农村水土碳协同治理、县域金融、法治保障等方面开展了研讨交流。成长春在研讨会上做专家点评，他认为，乡村振兴，水利先行，河海大学作为中国水利高等教育的引领者，应积极组织开展乡村振兴重大理论和现实问题研究，产出一批高质量决策咨询成果，为强化乡村振兴的水利保障作出更大的贡献。

（三）第六届多体系统动力学青年学者学术研讨会

4月14～17日，第六届多体系统动力学青年学者学术研讨会在常州召开。河海大学副校长，中国力学学会动力学与控制专业委员会多体动力学与控制专业组组长、大会主席、北京大学刘才山教授出席研讨会并致辞。来自清华大学、北京大学、上海交通大学等数十所国内知名高校的130余名青年学者参加研讨会。大会特别邀请清华大学、大连理工大学、上海交通大学、北京理工大学、河海大学多名教授作报告。在研讨会分会场，与会青年学者对相关研究领域的关键科学问题进行了介绍，展示了最新科研成果，对共同感兴趣的科学和技术问题进行了讨论。研讨会由中国力学学会多体系统动力学与控制专业组主办，河海大学机电工程学院等联合承办。会议的召开对我国多体动力学学科的进一步发展与创新研究起到推动作用，扩大了河海大学在全国多体系统动力学领域的影响力。

（四）首届"水资源环境遥感交叉学科"论坛

4月28日，首届"水资源环境遥感交叉学科"论坛在河海大学采用线上线下的方式隆重举办。来自全国14个科研院所和业务单位的21位国内相关领域的高层次专家分别作特邀报告和专题报告，中国科学院童庆禧院士为大会致辞，河海大学副校长郑金海教授出席会议并致欢迎辞。此次论坛主会场设在河海大学，并在多个平台进行全程同步直播。本论坛由地球科学与工程学院承办，论坛结合河海大学水利特色，围绕现代水科学对空间信息的多尺度监测与评估的需求，特色鲜明、优势突出。论坛邀请了与会专家围绕水利行业遥感需求以及水资源环境遥感交叉学科前沿

技术的主题，畅所欲言、深化交流、成果颇丰。论坛面向全国进行线上直播，实时在线人数达3500人，累计观看量超过8500人次。

（五）江苏省法学会工程法学研究会

10月14日，江苏省法学会工程法学研究会2023年年会在河海大学召开。河海大学党委副书记、纪委书记孟新，江苏省法学会副会长欧阳本祺，江苏省法学会工程法学研究会会长于立深出席开幕式并致辞。来自法院、检察院、行政主管部门、行业企业、律师事务所和省内外高校的百余名专家、学者参加了本次年会。会议期间，专家学者分别围绕工程招标和政府采购争议处理机制、联合体成员变更的法律后果、建筑企业合规激励衔接机制、国际工程风险预防等工程法热点难点问题进行了专题研讨和交流。

（六）第五届河海大学丰收节

10月15日，在第43个世界粮食日来临之际，第五届河海大学丰收节开幕式暨"国家粮食安全与灌区现代化建设"主旨报告会在江宁校区举行。河海大学党委副书记、纪委书记孟新，国家发展和改革委员会农村经济司原司长高俊才，河海大学原校长徐辉，中国灌溉排水发展中心总工程师姚彬以及来自江苏省水利厅、南京市水利规划设计院、江苏省水利学会等单位的负责同志参加了本次活动。开幕式当天，还举办了"国家粮食安全与灌区现代化建设"专题报告会、"农情河海 水韵金秋"欢乐嘉年华活动、以及"金秋十月庆丰收 青春筑梦启新航"农工院2023年迎新生晚会。

（七）数字赋能区域国别研究高层论坛

10月20～21日，数字赋能区域国别研究高层论坛暨庆祝河海大学建校108周年系列活动在河海大学常州校区举行，论坛聚焦数字赋能区域国别研究的最新发展和趋势，探讨数字技术如何为区域国别学的研究提供新的视角和方法。河海大学副校长郑金海，江苏省哲学社会科学界联合会副主席许益军，上海外语教育出版社江苏中心主任黄新炎等出席开幕式并致辞。促进数字技术在区域国别学研究中的创新应用，不仅能够帮助青年教师有效开展有组织的区域国别研究，也为学界和决策者更深入、全面地理解和评估不同国家与地区发展趋势提供有效的工具和方法，为相关领域的决策制定提供科学依据，有效服务教育强国、科技强国、人才强国战略。来自南京、镇江、扬州、泰州市各高校外语院系负责人共40余名参加了此次论坛。

（八）张謇水利教育思想学术研讨会

10月24日，张謇水利教育思想学术研讨会在河海大学举办。南通市原市委常委、宣传部长、张謇研究中心干事会会长张小平，江苏省人大常委、张謇研

究中心副会长、张謇曾孙张慎欣，张謇研究中心干事会副会长马斌，校党委副书记郭继超，河海大学原党委副书记、水文化研究所所长郑大俊等出席了研讨会。聚焦"张謇水利教育思想"主题，参会学者做了张謇水利思想解析、张謇教育现代化思想中的优秀传统文化基因探析、张謇精神对水利高等教育的影响、张謇水利技术思想特点、以数字人文推动张謇思想研究、张謇水利思想中的"以工代赈"论的专题报告。学者们围绕张謇思想研究的必要性、现实性、历史性、社会性、传承性等方面，对张謇水利教育思想进行了详细的阐释，梳理了张謇对教育现代化的突出贡献，介绍了张謇水利技术思想的特点是实用性、科学性、系统性和开放性，展示了张謇研究的数据可视化表达，探究了张謇"以工代赈"的时代价值。与会专家高度评价了河海大学开展的张謇研究，希望学校以后能加强与张謇研究中心的合作交流，组织经常性的高水平研讨会，推进河海大学张謇研究平台建设，产出更有影响力的学术成果，进一步把张謇水利教育思想传承好、弘扬好、发展好。

（九）中国水利学会第一届"地下水博士生学术论坛"

12月1～3日，中国水利学会地下水科学与工程专业委员会2023学术年会暨第一届"地下水博士生学术论坛"在南京召开。大会是由中国水利学会地下水科学与工程专业委员会、中国高等教育学会资源能源教育分会、河海大学共同主办，以"全球变化与地下水循环""地下水管理与可持续利用""地下水环境与保护""工程地下水与控制""地下水探测新技术新方法"为主题，来自全国50余家高校及科研院所200余位学者共聚一堂，就地下水资源与环境相关的研究进行交流和讨论。此次会议展示了地下水领域的最新科研成果和相关新技术，对我国地下水科学与工程的发展起到了巨大推动作用。

（十）2023年流域地理学青年学者学术研讨会

12月7日，2023年流域地理学青年学者学术研讨会在河海大学江宁校区举办。来自国家自然科学基金委地球科学部、中国科学院南京地理与湖泊研究所、南京大学、南京师范大学的知名专家和学者以及河海大学地理与遥感学院师生代表参加了研讨会，校长杨桂山出席研讨会。本次流域地理学青年学者学术研讨会也是新的河海大学地理与遥感学院成立以后举行的首次学术会议，河海大学地理学、遥感科学与技术等领域的师生参加了此次研讨会。研讨会前还举行了河海大学地理与遥感学院入驻江宁校区揭牌仪式。

（十一）中国水利学会水法研究专业委员会2023年学术年会

12月11日，中国水利学会水法研究专业委员会2023年学术年会在河海大学召开。来自法院、检察院、行政主管机关、行业企业和省内外知名高校的近百名专家学者参加了本次年会。与会特邀嘉宾分别就《水法》《防洪法》的修订、水行政执法的挑战与发展、流域生态保护、水资源确权与保障等多个热点问题做了报告。分论坛发言中来自司法机关、行政机关、高等学校的十余名专家学者参与讨论，对《水法》《防洪法》修订重点问题、水行政执法效能提升、水利法制宣传教育、水利依法行政、水资源物权体系建构、用水权改革推进等涉水领域重点热点法律问题进行了深入研讨。

（十二）2023流域地理空间智能学术年会

12月18日，2023流域地理空间智能学术年会在河海大学举行。江苏省流域地理空间智能工程研究中心技术委员会副主任委员、昆山杜克大学校长刘耀林、河海大学副校长郑金海出席会议并讲话，学校相关部门负责人、学院师生代表参加了会议。江苏省流域地理空间智能工程研究中心是2023年10月获批建设的省级科研平台，工程研究中心由河海大学牵头，以河海大学地理空间智能与流域科学研究中心为基础，也是河海大学地理与遥感学院今年9月揭牌成立以来，首个获批建设的省级科研平台。

（河海大学）

长江科学院2023年国内学术交流情况

（一）长江技术经济学会2023学术年会

11月17～18日，由长江技术经济学会、中国长江三峡集团有限公司主办，长江科学院、中国长江电力股份有限公司、长江勘测规划设计研究有限责任公司以及长江技术经济学会流域综合治理开发专业委员会、流域能源专业委员会、流域环境保护专业委员会、青年工作委员会、长江三角洲保护与发展专业委员会具体承办的长江技术经济学会2023学术年会在武汉召开。大会的主题为"践行新理念 聚焦水安全 共促长江经济带高质量发展"。学会常务理事、理事及特邀领导专家、分支机构、科研院所、高等院校、企事业单位、会员代表300余人参加了大会。

会议开设了长江流域极端干旱应对、水风光多能互补、水生态与水环境健康、水工程群调度与国家水网、长江三角洲保护与发展等5个分会场。会议举行了2023年长江科学技术奖颁奖典礼，发布了长江流域治理保护与绿色发展领域十大科技问题和2023年学会团体标准。大会邀请中国工程院院士张宗亮、胡亚安分别作主旨报告。全国工程勘察设计大师陈楚江正高，长江技术经济学会副理事长、中国长江三峡集团有限公司李文伟正高等作特邀报告。

（二）中国水利学术大会及"重大引调水工程""水利遥感"分会场

11月4～5日，由中国水利学会主办、华北水利水电大学承办，长江科学院协办的2023年中国水利学术大会在河南郑州召开。大会主题为"强化科学技术创新，支撑国家水网建设"。长江科学院副院长姚仕明、丁秀丽、总工程师徐平、原总工程师程展林受邀出席大会。大会期间，长江科学院承办了"重大引调水工程""水利遥感"2个分会场，长江科学院副院长姚仕明受邀作大会特邀报告，多位专家受邀参加多个分会场并开展学术交流。姚仕明副院长在大会主会场作了题为"长江中下游江湖演变影响效应及对策"特邀报告。他向与会代表介绍了长江科学院针对当前长江中下游干流、洞庭湖、鄱阳湖水沙变化与冲淤调整情势、新变化取得的最新研究成果，分析了江湖演变对防洪、供水、航运、水生态环境以及涉水基础设施等产生的影响，并提出了相应的对策和建议。

11月5日，由长江科学院承办的大会第三分会场，即"重大引调水工程"学术会议成功召开，丁秀丽副院长主持开幕式并致辞，会议主题为"重大引调水工程建设与安全运维"，会议邀请16名专家学者分享了各自的科研成果及进展，其中长江科学院丁秀丽、程展林、董芸、韩松林、谭勇分别围绕输水隧洞、膨胀土渠坡建设中面临的地质灾害、边坡失稳机理、混凝土裂缝控制、水力调控技术等内容就各自取得的最新成果进行了分享。会议吸引了来自高等院校、科研机构及企业的160余位专家学者参会，收到学术论文投稿74篇，录用会议论文44篇。

11月5日，由长江科学院承办的大会第七分会场，即"水利遥感"学术会议成功召开，长江科学院总工程师徐平正高出席会议并致开幕辞。会议主题为"水利遥感应用与创新"，会议邀请9位专家分享水利遥感前沿技术及研究成果，其中长江科学院向大享正高、张双印博士就水利遥感研究及应用成果进行了分享。会议吸引来自全国水利单位、科研院所、高等院校、企事业单位等近100位专家代表参加。长江科学院科研处、空间所、工程安全所、水力学所、材料所、重庆分院等部门与单位的10余名专家和青年博士参加了大会多场分会并作学术交流，分享在水利技术标准、干旱遥感监测、水利工程施工期安全监测、长距离引调水工程水力调控技术、水工程新材料和新技术、水利工程检测技术等方面的研究成果。

（三）中国水利学会农村水利专委会2023年学术年会

11月17日上午，由中国水利学会农村水利专业委员会主办、长江科学院承办、海南立昇净水科技实业有限公司协办的中国水利学会农村水利专业委员会2023年学术年会在武汉召开。大会主题为"推进农村水利现代化，助力乡村振兴战略实施"。中国水利学会农村水利专业委员会主任委员、副主任委员以及各会员单位领导、机关事业单位、大专院校、科研院所、灌区管理局和相关企业的近200位代表出席本次大会。

中国水利学会农村水利专业委员会副主任委员王欢主持大会开幕式，王景雷、姚彬分阶段主持主会场大会。长江科学院副院长杨文俊正高、湖北省农村饮水安全保障中心主任陈建华正高、中国水利学会副秘书长鲁胜力正高出席并致辞。大会主会场邀请了多位院士、专家、学者围绕会议主题作报告。

（四）长江上游河湖保护与修复学术研讨会

7月21～22日，由长江技术经济学会流域河湖保护与修复专业委员会主办，长江科学院、水利部长江中下游河湖治理与防洪重点实验室承办，青海省水文水资源测报中心与青海极地自然资源调查研究院协办的长江上游河湖保护与修复学术研讨会在西宁成功召开。会议主题为"人水和谐 聚焦长江上游河湖保护与修复"。来自全国科学研究、规划设计、运行管理等领域的20多家单位的代表参加会议。长江科学院院长卢金友、长江技术经济学会副理事长兼秘书长吴志广、青海省水利厅副厅长星连文等出席会议并致辞。学术研讨环节由专委会秘书长、长江科学院河流所所长金中武正高主持。

会议邀请了5位专家，分别作题为"基于数字孪生的长江水管理""长江流域河湖近期演变与保护""梯级水库浮游植物群落动态与联合生态调度""气候变化下三江源典型山地灾害遥感监测与成因分析""水利数据治理让水利数据'奔流不息'"的特邀报告。参会代表与专家进行了深入交流和讨论，现场学术气氛浓厚。会后部分参会代表与专家调研了黄河高质量发展贵德示范区、湟水流域人与自然生态修复区、青藏高原生态功能区青海湖及下社水文站等。

（五）第七届全国水工岩石力学学术会议

11月17～19日，由中国岩石力学与工程学会岩体物理数学模拟专业委员会、陕西省岩土力学与工程学会、清华大学、西安理工大学联合主办，长江科学院、中国电建西北院等6家单位共同承办的第七届全国水工岩石力学学术会议在西安隆重召开，会议主题为"双碳目标下我国水工岩石力学的进展与挑战"。长江科学院岩土重点实验室副主任黄书岭、爆破所副所长胡英国、重庆分院副总工郭喜峰、李鸣威工程师等参加了会议。

会议邀请多位知名专家代表分别在主会场、分会场作特邀报告。会议还分享了长江科学院近年来在水工岩石力学方面的科研成果，促进了国内外同行高校科研院所以及相关企业之间的交流与合作。

（六）第十四届全国土力学及岩土工程学术大会

10月27~30日，由中国土木工程学会土力学及岩土工程分会主办，中国科学院武汉岩土力学研究所、华中科技大学、武汉大学、长江科学院、武汉理工大学、三峡大学、湖北工业大学共同承办的第十四届全国土力学及岩土工程学术大会在武汉召开，会议主题为"绿色、智能、韧性"。来自全国高校、科研机构和企业的5000多名代表参加了此次学术大会。长江科学院原总工程师程展林、岩土重点实验室主任兼土工所所长潘家军、岩土重点实验室原副主任饶锡保、岩土重点实验室副总工兼土工所副所长程永辉等参加了会议。会议邀请国内多位知名专家、学者作特邀报告和学术报告。大会全方位展示了我国土力学及岩土工程领域的发展动态与前沿趋势，促进深度交流与合作，为国家"双碳"目标稳步实现贡献力量。

（长江水利委员会长江科学院　任亮）

中国水力发电年鉴

16

统 计 资 料

2023 年全国水电增长情况表

全国及各省、自治区、直辖市	年底装机容量（万 kW）			发电量（亿 kW·h）		
	2023 年	2022 年	同比增长（%）	2023 年	2022 年	同比增长（%）
全 国	42237	41396	2.0	12858.48	13521.98	−4.91
北 京	102	102		8.41	9.43	−10.82
天 津	1	1		0.11	0.14	−21.43
河 北	484	393	23.0	58.29	37.21	56.65
山 西	225	224	0.3	38.15	36.39	4.84
内蒙古	242	241	0.1	44.74	42.71	4.75
辽 宁	334	305	9.8	65.24	79.70	−18.14
吉 林	648	646	0.4	98.46	118.00	16.56
黑龙江	235	230	2.0	44.61	39.69	12.40
上 海						
江 苏	265	265	0.12	30.99	31.28	−0.93
浙 江	1388	1384	0.3	210.33	246.44	−14.65
安 徽	624	622	0.2	86.60	72.12	20.08
福 建	1606	1538	4.4	368.51	386.95	4.77
江 西	679	686	−1.0	159.94	162.04	−1.30
山 东	407	228	78.8	37.89	28.08	34.94
河 南	535	439	21.9	129.50	122.49	5.72
湖 北	3793	3780	0.3	1312.61	1219.96	7.59
湖 南	1633	1587	2.9	376.28	505.98	25.63
广 东	1905	1912	−0.4	370.16	344.41	7.48
广 西	1898	1822	4.1	400.46	605.78	−33.89
海 南	154	153	0.5	21.17	28.22	24.98
重 庆	826	790	4.6	224.36	203.11	10.46
四 川	9759	9746	0.1	3863.44	3886.56	−0.59
贵 州	2287	2282	0.20	431.62	678.43	−36.38
云 南	8220	8146	0.9	3078.76	3282.91	−6.22
西 藏	312	292	7.0	132.14	105.57	25.17
陕 西	353	350	0.9	126.58	87.30	44.99
甘 肃	972	972		373.49	374.65	−0.31
青 海	1305	1261	3.4	398.33	426.78	6.67
宁 夏	43	43		17.05	18.45	−7.59
新 疆	1004	957	5.0	350.26	341.20	2.66

注 装机容量数据至年底；分地区发电量数据来源于《中国统计年鉴 2024》。

（中国电力企业联合会）

2023 年农村水电装机容量及年发电量基本情况表

地　区	农村水电装机容量	农村水电年发电量	农村水电新增装机容量	农村水电站
	kW	万 kW·h	kW	处
合　计	81570121	23029883	506510	41114
北　京	2990	385		3
天　津	5800	1093		1
河　北	376796	82483		215
山　西	204730	56828		134
内蒙古	107595	21828		36
辽　宁	476121	102129		186
吉　林	636295	186599	8750	265
黑龙江	392260	137494		79
江　苏	56800	5856		39
浙　江	4180786	803833	1400	2829
安　徽	1165604	205744	20000	746
福　建	6903106	2027050		5084
江　西	3515120	915042		3667
山　东	70997	4758		61
河　南	406663	85569		310
湖　北	3674936	1029510	22000	1579
湖　南	6266320	1469116		4228
广　东	7879193	2024139	20000	9354
广　西	4661331	1044387	11190	2262
海　南	448355	111785		282
重　庆	3081048	836289	20150	1442
四　川	12621722	4350287	341530	3368
贵　州	3635694	711721		1170
云　南	12529810	3657721	59600	1832
西　藏	274397	92491		379
陕　西	1406290	486740		355
甘　肃	2959091	1176196		606
青　海	980932	509359		215
宁　夏	4000	330		1
新　疆	2087050	712751		289
新疆生产建设兵团	436189	140937	1890	93
部直属	122100	39433		4

（水利部发展研究中心　郭悦　水利部农村电气化研究所　杨佳）

2023 年全国电源建设投资完成情况表

单位：万元

地　区	本年完成投资	其　中	
		水电	火电
全　国	102246724	10287706	11235365
北　京	15296		1676
天　津	836502		144960
河　北	2664509	283485	297522
山　西	2648779	111754	417490
内蒙古	9264998	210005	854753
辽　宁	3956111	335751	113176
吉　林	975757	100345	3747
黑龙江	1250828	81692	3608
上　海	464610		209275
江　苏	4515791	230770	1024196
浙　江	5159269	733779	987005
安　徽	2570914	325117	201651
福　建	2905031	290690	371544
江　西	2065765	67000	515051
山　东	6173875	338482	663414
河　南	1947386	355815	68060
湖　北	3294795	111316	891042
湖　南	2248515	275606	526593
广　东	8645418	405549	2198676
广　西	3342568	111441	340345
海　南	1706142		129117
重　庆	719622	231829	158793
四　川	4976101	3143377	52672
贵　州	1834843	28393	2067
云　南	7225081	641808	13563
西　藏	1046465	392543	
陕　西	2520674	248094	234393
甘　肃	3324576	109457	615079
青　海	3605927	670902	
宁　夏	2152709	69098	61024
新　疆	8187865	383607	134872

（中国电力企业联合会）

2023 年各地区农村水电完成投资情况表

地区	本年完成投资（万元）	按资金来源分（万元）			
		中央政府资金	地方政府资金	银行贷款	其他
合 计	602313	59768	359918		
北 京	59		59		
天 津					
河 北	6104	855	5249		
山 西	1856				
内蒙古	7200		7200		
辽 宁					
吉 林					
黑龙江					
上 海					
江 苏	16639		5571		
浙 江	34903		33944		
安 徽					
福 建	11729	39	11690		
江 西	157758		148758		
山 东	51924		28798		
河 南	47137		12137		
湖 北	7000		7000		
湖 南	4779	252	4527		
广 东					
广 西	1755	30	295		
海 南	800		800		
重 庆	3207	2921	286		
四 川	20071	3558	5513		
贵 州	12561	50	12511		
云 南	14399	10435	3944		
西 藏					
陕 西	438		438		
甘 肃	100041	2560	26686		
青 海					
宁 夏	66676	39068	9235		
新 疆	35276		35276		
部直属					

（水利部发展研究中心 郭悦 水利部农村电气化研究所 杨佳）

2023 年大中型水电厂生产运行情况表

一、抽水蓄能电厂

	电厂名称	总装机容量	机组台数	年发电量	年抽水电量	等效可用系数	各类工况运行总时间	各工况启动次数	启动成功率
		万 kW	台	亿 kW·h	亿 kW·h	%	h	次	%
1	十三陵蓄能电厂	80.00	4	7.72	10.31	90.19	9171	2761	100.00
2	潘家口蓄能电厂	27.00	3	2.32	2.96	86.94	6197	1943	100.00
3	张河湾蓄能电厂	100.00	4	10.62	13.37	93.17	10715	2910	99.93
4	西龙池蓄能电厂	120.00	4	11.06	15.19	89.55	9661	2525	100.00
5	蒲石河抽水蓄能电厂	120.00	4	14.13	17.40	87.88	11568	3275	100.00
6	白山抽水蓄能电站	30.00	2	0.10	2.44	90.33	1565	437	99.88
7	宜兴抽水蓄能电厂	100.00	4	10.08	12.44	89.08	9182	2461	100.00
8	天荒坪抽水蓄能电厂	180.00	6	26.06	32.50	88.24	19949	4043	99.98
9	桐柏抽水蓄能电厂	120.00	4	17.66	21.53	90.32	13793	2884	100.00
10	仙居抽水蓄能电厂	150.00	4	22.72	27.98	89.65	14392	3277	100.00
11	仙游抽水蓄能电厂	120.00	4	12.05	15.11	92.25	10611	2475	99.91
12	周宁抽水蓄能电站	120.00	4	8.93	11.22	93.53	7617	3356	100
13	洪屏抽水蓄能电厂	120.00	4	17.42	20.99	91.31	13135	2851	99.90
14	琅琊山抽水蓄能电厂	60.00	4	7.66	9.50	89.33	11081	2557	100.00
15	响水涧抽水蓄能电厂	100.00	4	14.25	17.66	87.35	12841	2735	99.97
16	响洪甸蓄能电厂	8.00	2	0.91	1.44	91.92	5724	1244	99.92
17	绩溪抽水蓄能电厂	180.00	6	24.24	30.54	92.72	19046	4154	99.98
18	泰山抽水蓄能电厂	100.00	4	9.89	12.34	90.06	9998	3417	100.00
19	宝泉蓄能电厂	120.00	4	14.64	18.18	88.98	11065	2541	99.96
20	回龙抽水蓄能电厂	12.00	2	1.60	2.18	94.02	6487	1672	100.00
21	白莲河蓄能电厂	120.00	4	13.50	16.88	87.51	10211	2568	100.00
22	黑麋峰抽水蓄能电厂	120.00	4	15.67	19.14	86.03	11511	2609	100.00
23	敦化抽水蓄能电厂	140	4	14.02	18.29	87.33	11148	2937	99.56
24	沂蒙抽水蓄能电厂	120	4	15.46	19.19	93.63	13398	3568	99.92
25	牡丹江抽水蓄能电厂	120	4	15.81	19.72	93.52	13721	3490	99.80
26	金寨抽水蓄能电厂	120	4	15.44	18.79	92.33	11693	2832	99.90
27	丰宁抽水蓄能电厂	300/360	10	35.33	44.47	92.68	28285	6167	99.89
28	文登抽水蓄能电厂	180	6	10.94	14.44	93.06	9900	2985	99.84
29	天池抽水蓄能电厂	120	4	9.98	12.30	95.21	7928	1745	99.79
30	蟠龙抽水蓄能电厂	30/120	1	0.31	0.37	/	/	/	/
31	厦门抽水蓄能电厂	35/140	1	0.79	0.99	/	/	/	/

续表

	电厂名称	总装机容量	机组台数	年发电量	年抽水电量	等效可用系数	各类工况运行总时间	各工况启动次数	启动成功率
		万 kW	台	亿 kW·h	亿 kW·h	%	h	次	%
32	清原抽水蓄能电厂	30/180	1	0.16	0.16	/	/	/	/
33	阜康抽水蓄能电厂	30/120	1	0.52	0.69	/	/	/	/
34	广州蓄能水电厂	240.00	8	22.01	28.15	90.07	20606.05	6298	99.78
35	惠州蓄能水电厂	240	8	27.86	35.90	90.97	30303.71	9448	99.90
36	清远抽水蓄能电站	128	4	14.97	18.80	85.65	11087.65	3006	99.87
37	深圳蓄能水电厂	120	4	14.20	17.74	96.74	11806.14	3358	99.94
38	海南琼中蓄能水电厂	60	3	4.54	5.62	97.81	6491.09	2602	99.81
39	梅州抽水蓄能电站	120	4	16.80	21.30	95.45	16830.85	5182	99.92
40	阳江抽水蓄能电站	120	3	16.76	20.81	89.40	9644.32	3208	99.91
41	长龙山抽水蓄能电站	210	6	25.30	32.15	89.97	17120.27	4199	99.64

二、常规水电厂

	水电厂名称		发电运行情况				水库运行情况			
			总装机容量	年发电量	平均耗水率	等效可用系数	年入库总水量	发电用水量	年末水位	年末库容
			万 kW	亿 kW·h	m³/(kW·h)	%	亿 m³	亿 m³	m	亿 m³
42	北京华电水电		8.20	0.29	7.45	97.33	3.11	2.16	151.21	29.13
43	河北华电混合蓄能	南岗	6.50	1.53	12.87	93.34	1.23	19.72	199.55	8.34
		黄壁庄					2.40		119.08	3.90
44	万家寨电站		108.00	23.54	6.40	95.92	164.34	150.56	968.34	3.42
45	龙口电站		42.00	12.12	12.34	88.88	160.22	149.62	891.47	0.86
46	海勃湾水利枢纽电厂		9.00	5.26	40.27	92.33	224.50	211.86	1073.50	0.93
47	白山发电厂	白山站	150.00	24.72	3.72	88.37	74.75	76.96	411.63	47.99
		红石站	20.00		17.15		72.43	72.49	289.45	1.55
48	丰满发电厂		148.90	18.71	6.67	95.20	122.60	126.25	257.95	60.73
49	松江河水力发电公司	小山站	16.00	7.27	4.15	95.54	11.13	10.95	682.74	0.97
		双沟站	28.00		4.05		13.84	13.96	578.05	2.91
		石龙站	7.00		12.37		14.30	14.30	478.27	0.29
50	桓仁水电厂		24.65	5.05	8.23	89.85	40.92	41.57	297.96	20.0481
51	回龙山水电站		7.20	2.82	16.54	98.28	50.18	46.70	219.99	0.8101
52	太平哨发电厂		16.40	4.54	11.59	98.64	53.59	52.64	190.17	1.4734
53	尼尔基发电厂		25.00	3.76	16.95	96.3	63.64	63.75	211.85	45.752
54	新安江水力发电厂		85.00	8.86	5.32	94.44	75.17	47.14	100.94	138.77
55	富春江水力发电厂		36.00	6.51	25.82	93.08	176.09	168.14	23.13	4.49
56	石塘水电站		8.58	1.15107	20.06	97.71	23.1179	23.0960	101.85	0.6973
57	湖南镇水力发电厂		32.00	4.06	4.09	86.49	17.67	16.58	217.59	11.20
58	黄坛口水力发电厂		5.20	0.68	13.57	96.30	18.12	9.24	112.69	0.76

续表

	水电厂名称		发电运行情况				水库运行情况			
			总装机容量	年发电量	平均耗水率	等效可用系数	年入库总水量	发电用水量	年末水位	年末库容
			万 kW	亿 kW·h	m³/(kW·h)	%	亿 m³	亿 m³	m	亿 m³
59	陈村水电厂		18.40	18.4	3.12	7.50	97.49	22.72	14.23	110.07
60	沙溪口水力发电厂		30.00	9.7475	20.55	93.34	213.5938	200.3117	87.10	1.3925
61	牛头山一级水电站		10.00	1.9524	2.1	96.59	3.5225	4.1028	323.87	0.4915
62	古田溪一级发电厂		11.00	3.2151	3.53	97.8	9.9818	11.1987	368.00	1.7196
63	古田溪二级发电厂		13.00	3.5113	3.76	96.58	13.4411	13.2138	253.47	0.1153
64	芹山水力发电厂		7.00	0.7916	3.84	76.61	3.7245	3.0381	738.28	1.3004
65	周宁水力发电厂		25.00	4.1264	0.92	95.00	4.4424	3.7978	632.22	0.4342
66	华安水力发电厂		14.15	4.87	7.95	98.51	49.72	38.71	92.17	0.03
67	安砂水力发电厂		12.83	5.3328	6.54	97.35	39.5776	34.8624	261.24	5.2372
68	池潭水力发电厂		21.1	5.5169	7.61	95.3	43.4234	41.9963	271.87	5.8932
69	棉花滩水电厂		60.00	11.49	4.36	89.94	53.9025	50.1177	168.67	14.3004
70	界竹口水电站		6.00	1.24	12.71	96.26	19.59	15.70	74.92	0.45146
71	水口水电厂		158.00	50.3431	7.86	93.21	413.0588	395.6121	62.31	20.7750
72	街面水电厂		30.00	2.4252	3.97	95.52	9.2536	9.6180	277.10	12.7568
73	水东水电站		8.00	2.1690	10.89	90.70	23.8267	23.6278	142.18	0.9474
74	雍口水电站		5.00	1.4867	20.07	92.92	30.0039	29.8393	86.09	0.2305
75	白沙水电厂		7.00	1.09	6.92	95.38	8.0129	7.5911	262.00	1.5418
76	高砂水电公司		5.00	1.872	39.07	97.95%	75.86	73.16	102.84	0.2398
77	照水水电厂		6.00	2.5322	44.78	87.53	130.30	113.38	97.47	0.2572
78	三明竹洲水电厂		5.4	1.60	34.84	95.92	57.49	55.78	145.90	1335.75
79	万安水力发电厂		51.3	53.3	11.0548	18.85	93.64	218.82	208.4	95.15
80	上犹江水电厂		7.20	2.4724	8.46	93.28	23.3280	20.9167	194.27	5.5569
81	峡江水利枢纽		36.00	9.3326	38.00	96.67	373.8950	354.6283	45.86	6.8547
82	居龙潭水电厂		6.0	1.7263	24.3	93.04	48.003	41.9597	120.02	0.5196
83	东津水电厂		6.0	0.7023	6.96	94.51	6.2708	4.8874	181.39	3.9913
84	小浪底水电厂	小浪底站	180.00	59.03	3.73	90.22	289.05	220.05	262.09	61.35
		西霞院站	14.00	5.96	34.72	93.03	267.03	206.92	133.19	0.57
85	三门峡水电厂		45.00	21.48	12.71	96.67	270.7	270.26	316.73	4.79
86	故县水电厂		6.00	2.84	5.14	92.51	17.485	14.82	532.56	6.04
87	三峡水力发电厂		2250.00	802.71	4.16	94.12	3428.46	3336.69	167.18	318.53
88	葛洲坝水力发电厂		273.50	176.88	19.74	93.58	3552.09	3492.44	65.66	7
89	水布垭电厂		184.00	36.50	2.14	86.94	93.69	78.29	392.03	38.29
90	隔河岩电厂		121.20	26.39	3.68	90.42	104.71	97.21	191.94	25.09
91	高坝洲电厂		27.00	8.98	11.72	95.31	106.69	105.27	78.89	3.73
92	峡口塘电厂		5.80	1.48	8.33	93.66	13.99	12.37	457.57	0.30

续表

水电厂名称	发电运行情况				水库运行情况			
	总装机容量	年发电量	平均耗水率	等效可用系数	年入库总水量	发电用水量	年末水位	年末库容
	万 kW	亿 kW·h	m³/(kW·h)	%	亿 m³	亿 m³	m	亿 m³
93	三里坪水电站	7.0	2.2891	4.14	97.37	11.61	9.48	415.91	4.7106
94	白水峪水电站	5	1.8642	9.66	93.77	24.36	18	197.82	1.0788
95	锁金山厂	5.1	1.6800	2.038	97.75	3.424	3.424	1253.58	0.105
96	芭蕉河电厂	5.1	1.1635	5.27	95.5	6.262	6.1335	644.04	0.11
97	江坪河电厂	45	8.2261	2.34	94.75	22.7659	19.2509	467.98	2.5
98	洞坪电厂	11	2.6954	4.13	92.20	12.5878	11.1551	487.4	5.07
99	松树岭水电站（堵河）	5.00	1.63	9.91	96.47	18.875	16.164	386.460	0.308
100	老渡口水电站	9.00	2.85	5.3	97.86	17.42	15.11	479.09	1.866
101	吉牛水电站	24.00	11.36	0.9	100.00	13.2	10.27	2375.4	0.0009
102	猴子岩水电站	170.00	64.75	3.05	85.69	209.56	197.69	1835.52	5.83
103	鄂坪水电站	11.40	3.49	4.15	93.66	17.820	14.493	548.360	2.607
104	白沙河水电站	5.00	1.36	4.99	98.31	7.944	6.805	444.230	2.212
105	陡岭子水电站	7.05	2.76	6.04	93.29	18.957	16.666	263.710	3.441
106	野三河水电站	5.00	2.09	1.68	100.00	4.79	3.51	663.78	0.186
107	龙桥电站	6.00	2.15	3.8	95.23	9.82	8.17	584.71	0.234
108	五强溪水电厂	175	35.954	8.57	97.69	321.684	307.959	101.37	20.833
109	凌津滩水电厂	27.00	8.414	39.12	91.40	329.216	329.195	50.83	1.435
110	三江口水电站（阿墨江）	9.90	1.719	7.58	94.16	16.538	13.027	610.2	0.6423
111	桃源双洲水电站	18.00	6.75	49.2	91.55	332	332	39.10	1.2800
112	碗米坡水电厂	24.00	7.074	11.49	97.95	87.621	81.277	242.88	1.845
113	近尾洲水电站	6.32	2.339	61.51	98.02	165.638	143.882	65.97	1.538
114	湘祁水电厂	8.00	2.57	51.55	96.07	162.02	132.52	75.50	1.61
115	洪江水力发电厂	27.00	4.844	17.52	96.67	84.843	84.891	189.24	1.825
116	三板溪水电厂	100.00	9.158	3.45	95.05	28.129	31.621	444.39	18.770
117	托口水电站	83.00	6.452	9.38	97.17	62.735	60.541	242.86	9.175
118	挂治水电厂	15.00	1.721	18.79	95.58	32.375	32.345	320.79	0.371
119	白市水电站	42.00	4.267	9.61	98.10	41.274	41.013	296.08	5.081
120	马迹塘水电厂	5.55	1.29	65.59	96.83	89.61	84.47	55.63	0.16
121	东坪水电站	7.20	1.263	57.11	96.17	72.134	72.143	95.49	0.126
122	株溪口水力发电厂	7.40	1.417	54.41	97.06	77.105	77.104	87.19	0.316
123	江垭水电站	30.00	5.3756	4.527	92.51	27.3651	24.3379	217.25	9.9975
124	皂市水电站	12.00	1.9585	7.851	93.15	20.5762	15.3752	125.59	6.2398
125	鱼潭水电站	7.00	2.27	10.58	94.64	32.31	24.02	247.01	0.98
126	新丰江电厂	33.5	7.2	5.4	80.66	46.39	38.94	110.99	90
127	枫树坝电厂	18.0	5.1	6.34	86.95	34.29	32.30	156.57	10

续表

	水电厂名称	发电运行情况				水库运行情况			
		总装机容量	年发电量	平均耗水率	等效可用系数	年入库总水量	发电用水量	年末水位	年末库容
		万 kW	亿 kW·h	m³/(kW·h)	%	亿 m³	亿 m³	m	亿 m³
128	南水电厂	8.3	1.9	3.53	92.62	10.16	6.65	209.70	6.91
129	长湖电厂	12.6	2.16	11.72	91.18	1.15	1.17	60.18	1.14
130	长潭电厂	6.45	1.3	10.79	96.41	14.20	13.87	147.44	1.10
131	青溪电厂	14.4	3.1	19.76	88.97	62.15	60.69	72.22	0.55
132	长源电厂	5.00	0.814	12.59	91.72	41.1433	35.7027	60.29	1.1543
133	大丫口电厂	10.2	3.284	3.4	85.13	13.5960	11.1588	649.85	1.6283
134	白石窑水电厂	9.20	3.14	38	85.8	142.37	119.882	36.5	1.006
135	飞来峡水利枢纽	14.00	6.72	35.36	99.96	333.286	238.196	23.63	3.9662
136	濛里水电厂	5.00	2.08	52.65	97	132.39	113.42	44.93	0.654
137	平班水电厂	40.50	7.10	12.04	92.61	85.42	85.43	439.46	2.06
138	龙滩水电厂	490.00	69.69	3.18	93.40	210.89	223.23	354.02	98.29
139	岩滩水电厂	181.00	35.42	6.93	89.79	243.92	245.51	221.10	19.84
140	大化水电厂	56.60	16.39	15.29	85.16	250.60	250.60	154.31	3.80
141	百龙滩水电厂	19.20	6.86	36.04	85.35	253.37	247.18	125.19	0.66
142	乐滩水电厂	60.00	17.93	16.31	94.99	292.72	291.95	110.92	3.77
143	西津水电站	25.75	8.49	25.35	81.42	236.79	215.31	60.94	8.24
144	山秀水电站	7.80	2.13	39.77	94.79	126.85	84.71	86.31	2.81
145	金鸡滩水电站	7.20	1.91	35.69	93.00	68.86	68.08	87.71	0.90
146	金牛坪水电站	6.00	2.02	39.28	99.00	98.18	79.49	41.63	0.69
147	广西长洲水电厂	63.00	27.41	32.77	92.69	986.01	898.38	19.45	16.65
148	大广坝水电厂	24.00	2.60991	6.62	94.8	19.521	17.282	136.75	12.008
149	戈枕水电厂	8.2	0.7506	19.28	98.65	16.1437	14.4722	51.91	0.8318
150	彭水水电厂	175.00	39.60	5.70	94.94	226.28	225.67	292.50	11.90
151	银盘水电厂	64.50	20.65	12.99	93.03	268.43	268.21	213.49	1.67
152	马岩洞水电厂	6.60	2.21	6.25	97.76	19.10	14.28	349.68	0.22
153	藤子沟水电厂	7.00	1.25	2.42	98.69	4.29	3.03	763.92	1.42
154	道真水电站（角木塘）	7.00	1.47	13.87	98.36	21.00	20.40	381.64	0.20
155	鱼剑口水电厂	6.00	1.82	5.00	95.45	11.32	9.56	251.30	0.05
156	重庆江口水电厂	40.00	6.35	3.76	97.06	25.54	23.90	291.84	4.59
157	狮子滩电站	5.42	1.79	6.98	100.00	15.17	12.50	342.35	6.02
158	重庆渡口坝水电站	12.90	4.0229	1.16	93.3	6.4739	4.6705	562.95	0.6445
159	旺村水电站（梧州）	6.00	2.55	34.71	92.64	110.01	88.49	18	0.99
160	龟都府水电站	6.30	2.82	33.84	88.3	117.86	95.53	533.5	0.19
161	晴朗水电站	18.00	8.17	1.15	91.19	11.55	9.40	2656.5	0.00076
162	可河水电站	7.20	1.34	1.07	93.84	2.40	1.43	1411.00	0.0023

水 电 厂 名 称	发 电 运 行 情 况				水 库 运 行 情 况			
	总装机容量	年发电量	平均耗水率	等效可用系数	年入库总水量	发电用水量	年末水位	年末库容
	万 kW	亿 kW·h	m³/(kW·h)	%	亿 m³	亿 m³	m	亿 m³
163	二滩水电站	330.00	163.54	2.41	97.01	392.923	393.573	1193.04	51.136
164	官地水电站	240.00	111.20	3.32	93.15	368.842	368.909	1328.10	7.021
165	两河口水电站	300.00	88.17	1.88	94.31	187.746	165.675	2845.55	80.478
166	杨房沟水电站	150.00	60.52	3.88	94.5	236.384	234.883	2090.07	4.097
167	锦屏一级水电站	360.00	166.05	1.98	93.47	310.533	328.264	1852.08	56.813
168	锦屏二级水电站	480.00	230.42	1.33	91.79	342.672	306.405	1644.33	0.126
169	桐子林水电站	60.00	22.49	18.69	86.18	427.254	420.353	1013.26	0.632
170	乌东德水力发电厂	1020.0	349.14	2.91	94.54	1029.08	1017.36	972.21	55.15
171	白鹤滩水力发电厂	1600.0	573.24	1.9	96.1	1062.39	1087.31	807.69	154.75
172	溪洛渡水力发电厂	1386.0	549.34	2.06	94.03	1154.73	1129.33	595.43	109.72
173	向家坝水力发电厂	640.00	311.32	3.59	94.03	1112.59	1116.46	374.82	44.96
174	大岗山水电站	260.00	94.05	2.36	75.00	292.65	221.7	1125.84	6.79
175	瀑布沟水电站	360.00	127.16	2.63	100.00	343.11	334.91	835.93	37
176	深溪沟水电站	66.00	28.27	12.06	98.03	345.15	340.83	658.06	0.28
177	枕头坝一级电站	72.00	28.34	12.34	97.94	350.52	349.85	622.9	0.39
178	沙坪二级电站（沙南）	34.80	15.18	24.59	92.93	375.26	373.32	553.3	0.2
179	龚嘴水电站	77.00	41.05	8.78	95.07	406.48	360.33	523.31	0.56
180	铜街子水电站	70.00	33.4	11.64	88.72	406.54	388.61	471.7	0.76
181	冶勒水电站	24.00	4.28	0.66	96.16	3.76	2.82	2647.18	2.69
182	姚河坝电站	13.20	4.84	1.42	91.68	7.98	6.87	1674.99	0.01
183	南桠河发电厂	12.90	5.12	1.63	96.81	9.51	8.34	1366.8	0
184	栗子坪水电站	13.20	2.16	1.33	90.44	3.86	2.88	2000	0
185	太平驿电站	28.00	18.1910	3.46	96.1	111.95	62.94	1081.01	0.00458
186	龙安电站（古城）	10.00	3.00203	8.81	90.91	31.60	26.44	844.18	0.01054
187	东西关电站	21.00	8.38692	36.98	94.69	150.33	147.45	262.44	0.77498
188	青居电站	13.60	4.52826	21.39	92.91	160.96	151.39	248.40	0.64344
189	雨城电站	6.00	2.80514	27	90.98	95.21	75.73	597.51	0.08661
190	铜头电站	8.00	4.34390	5.4	95.21	34.78	23.45	757.51	0.15375
191	小关子电站	16.00	7.74039	2.9	95.4	28.48	22.44	988.04	0.00433
192	硗碛电站	24.00	7.42318	0.7956	97.17	7.44	5.90	2136.44	1.77733
193	宝兴电站	19.50	6.78156	1.33	94.48	12.96	9.01	1348.82	0.00186
194	飞仙关电站	10.00	3.63517	20	96.37	92.09	72.70	623.13	0.18117
195	民治电站	10.50	4.02685	1.86	100	9.18	7.48	1585.63	0.00655
196	冷竹关电站	18.00	9.12976	1.12	91.43	11.35	10.36	2153.82	0.00372
197	小天都电站	24.00	9.25592	1.17	96.24	12.43	10.68	1760.81	0.00227

序号	水 电 厂 名 称	发 电 运 行 情 况				水 库 运 行 情 况			
		总装机容量	年发电量	平均耗水率	等效可用系数	年入库总水量	发电用水量	年末水位	年末库容
		万 kW	亿 kW·h	m³/(kW·h)	%	亿 m³	亿 m³	m	亿 m³
198	拉拉山电站	9.60	3.73889	1.95	89.2	11.20	7.29	3000.35	0.00282
199	自一里电站	13.00	4.88468	0.9	97.51	4.86	4.39	2029.95	0.00229
200	水牛家电站	7.00	1.93165	1.8729	97.59	5.23	3.61	2267.12	1.27629
201	木座电站	10.00	3.36295	1.55	92.78	6.05	5.21	1543.66	0.00269
202	阴坪电站	10.00	3.64165	1.93	97.11	7.19	7.02	1245.94	0.00938
203	亭子口水电站	110.00	19.86	6.07	93.53	122.62	121.86	453.80	30.34
204	宝珠寺水力发电厂	70.00	14.80	4.68	98.90	68.66	69.22	585.03	18.98
205	紫兰坝水电公司	10.20	3.32	21.39	97.71	71.40	71.08	487.49	0.29
206	红叶二级水电站	9.00	3.89	2.83	93.54	13.70	11.02	2085.83	0.0011
207	薛城水电站	13.80	5.79	2.83	99.22	18.97	16.37	1708.30	0.0100
208	狮子坪水电站	19.50	6.06	1.00	99.22	8.51	6.06	2534.21	1.0922
209	古城水电站	16.80	8.00	2.98	96.14	28.27	23.84	1552.35	0.0066
210	瓦屋山水电站	26.00	6.35	1.49	98.40	11.50	9.45	1074.48	4.75
211	水津关水电站	6.30	2.25	30.30	92.12	89.89	68.00	548.00	0.05
212	洛古水电站	11.00	3.96	1.18	98.25	7.30	4.66	2040.66	0.1831
213	联补水电站	13.00	4.48	0.97	96.58	7.50	4.34	1670.99	0.0096
214	地洛水电站	10.00	3.83	1.36	97.4	8.24	5.22	1215.68	0.0148
215	泸定水电站	92.00	38.15	5.81	96.58	246.81	221.75	1375.89	2.02
216	楼方水电站（沙坪）	5.60	1.23	7.50	97.98	12.01	9.17	701.47	0.07
217	宁郎水电站	11.40	3.77	4.57	94.76	34.14	17.20	1854.70	0.01
218	撒多水电站	21.00	6.20	2.52	91.67	35.01	15.66	1755.30	0.03
219	固滴水电站	13.8	4.48	3.34	84.03	28.54	14.98	2309.91	0.01
220	俄公堡电站	13.20	4.97	4.43	97.52	30.02	22.00	2314.81	0.01
221	卡基娃电站	45.24	13.22	1.71	96.00	27.55	22.50	2840.48	2.83
222	立洲电站	35.50	11.25	2.29	92.97	32.08	25.70	2082.38	1.53
223	俄日水电站	6.90	2.43	1.91	95.38	5.68	4.65	3089.22	0.00
224	红卫桥水电站	11.10	4.42	1.40	96.51	7.40	6.18	2864.97	0.01
225	上通坝电厂	24.00	10.83	1.53	90.72	25.07	16.60	3142.34	0.01
226	新藏水电厂	18.6	6.17	3.00	98.21	31.37	18.55	2167.13	0.00
227	博瓦水电厂	16.8	5.47	3.24	99.57	32.46	17.72	2000.55	0.01
228	圣达水电站（沙湾）	48.00	20.13	16.70	90.92	363	336	430.15	0.1905
229	安谷水电站	77.20	29.13	11.40	95.20	363	332	397.42	0.6032
230	大金坪水电站	12.90	5.25	2.21	91.03	15	12	1210.50	0.0107
231	洪一水电站	8.00	3.25	1.35	95.23	5	4	1529.60	0.0010
232	五一桥水电站	13.70	4.44	1.99	90.46	12	9	2421.35	0.0031

	水 电 厂 名 称	发 电 运 行 情 况				水 库 运 行 情 况			
		总装机容量	年发电量	平均耗水率	等效可用系数	年入库总水量	发电用水量	年末水位	年末库容
		万 kW	亿 kW·h	m³/(kW·h)	%	亿 m³	亿 m³	m	亿 m³
233	柳坪水电站	12.00	4.91	5.76	92.52	34	28	1778.83	0.0070
234	雅都水电站	15.00	5.50	4.71	90.63	31	26	1871.80	0.0400
235	柳洪水电站	18.00	5.33	1.00	85.77	9	5	1300.56	0.0025
236	坪头水电站	18.00	4.82	1.39	92.74	10	7	911.50	0.0053
237	春厂坝水电站	5.40	2.56	2.63	93.20	10	7	2449.23	0.0078
238	赞拉水电站	6.00	2.58	2.69	97.47	9	7	2573.32	0.0090
239	黄金坪水电站	85.00	35.89	6.13	95.64	241.76	219.52	1475.02	1.14
240	长河坝水电站	260.00	103.74	2.04	96.22	228.27	210.36	1683.32	9.32
241	城东水电厂	8.40	3.44	27.45	93.89	126.31	93.40	449.11	0.17
242	大兴水电站	7.50	3.15	26.27	98.08	117.98	82.27	568.88	0.19
243	汇溪水电站	7.50	2.63	5.75	96.07	19.81	15.04	886.79	0.00
244	虎头寺水电站	6.00	1.82	43.98	83.28	81.14	80.52	465.98	0.14
245	古学水电站	9.00	1.90	2.48	97.42	10.75	4.72	2269.93	0.00
246	去学水电站	24.60	5.89	2.19	93.49	32.52	12.89	2323.02	1.12
247	娘拥水电站	9.30	2.66	2.86	96.32	15.82	7.60	3083.38	0.01
248	硕中水电站	12.00	3.75	2.37	97.47	17.69	8.88	2931.58	0.03
249	硕裸水电站	18.00	5.82	1.79	97.45	21.67	10.42	2753.33	0.01
250	金康水电站	15.00	6.73	0.88	96.89	6.42	5.91	1972.19	0.00
251	金元水电站（唐元）	10.80	4.47	0.96	96.71	4.86	4.30	2605.83	0.00
252	金平水电站（铜陵）	8.10	3.20	0.93	97.54	3.45	2.97	3078.73	0.16
253	锅浪跷水电站	22.00	6.29	1.76	98.63	13.70	11.02	1270.00	1.59
254	天龙湖电厂	18.00	8.15	1.84	91.87	20.44	15.01	2146.45	0.29
255	金龙潭电厂	18.00	7.83	1.84	92.33	14.51	14.51	1914.43	0.00
256	古瓦水电站	20.54	5.14	1.42	97.47	15.86	7.31	3396.58	2.32
257	沙阡水电站	5.00	0.52	13.69	94.50	10	7	501.78	0.4300
258	仙女堡水电站	7.60	4.02	3.93	98.17	19.57	15.81	1115.90	67.30
259	毛滩水电站	10.50	4.4	24.26	93.45	126.25	106.7	406	0.18
260	东谷水电站	7.50	3.52	3.53	100	10.89	8.67	2223	105.2
261	贵州乌江渡发电厂	128.00	24.65	3.32	0.95	89.54	81.84	757.85	20.41
262	东风发电厂	69.50	19.24	3.33	0.96	66.21	64.11	965.71	7.90
263	万家口子水电站	18.00	2.56	3.27	97.75	7.88	8.37	1419.27	1.14
264	天生桥一级水电厂	120.00	21.25	3.68	86.08	74.96	78.28	764.74	60.41
265	洪家渡电站	60.00	7.11	3.44	0.92	30.83	24.45	1101.19	20.87
266	索风营电站	60.00	14.22	5.05	0.96	71.78	71.77	835.47	1.60
267	构皮滩水电站	300.00	43.89	2.33	0.96	118.80	102.32	618.30	45.32

续表

	水 电 厂 名 称	发 电 运 行 情 况				水 库 运 行 情 况			
		总装机容量	年发电量	平均耗水率	等效可用系数	年入库总水量	发电用水量	年末水位	年末库容
		万 kW	亿 kW·h	m³/(kW·h)	%	亿 m³	亿 m³	m	亿 m³
268	思林水电站	105.00	23.49	5.46	0.98	129.47	128.32	439.12	11.71
269	沙沱水电站	112.00	26.08	5.60	0.94	146.07	145.96	363.68	7.33
270	窄巷口水电站	5.4	0.3847	7.47	94.24	3.8985	2.8719	1091.69	0.0697
271	红林水电站	13.50	1.1308	3.01	98.92	3.8336	3.4034	1029.02	0.006
272	大花水电站	20.00	5.03	3.06	0.95	15.15	15.38	845.80	1.19
273	格里桥水电站	15.00	4.03	4.17	0.97	16.81	16.80	718.05	0.68
274	光照发电厂	104.00	16.29	2.69	92.92	42.30	43.77	728.52	23.65
275	普定发电公司	8.70	3.10	7.95	94.01	30.10	24.61	1143.82	3.26
276	引子渡水电站	36.00	7.28	3.91	96.97	29.77	28.45	1073.46	3.04
277	贵州鱼塘电站	7.50	1.52	8.42	95.21	12.76	12.76	463.26	0.88
278	董箐发电厂	88.00	18.71	3.31	90.06	63.75	61.86	487.11	8.21
279	天生桥水力发电总厂	132.00	36.36	2.18	95.43	79.2706	79.2569	642.70	0.1144
280	石垭子水电站	14.00	2.01	3.88	98.40	8.97	7.80	541.19	2.99
281	双河口水电站	12.00	2.36	5.71	92.65	13.58	13.49	572.64	1.47
282	冗各水电站	9.00	1.33	9.80	97.30	13.87	12.99	493.05	0.29
283	高生水电站	10.60	1.84	5.06	97.67	9.66	9.33	416.51	0.87
284	团坡水电站	8.00	1.43	3.30	91.56	6.05	4.73	804.30	0.005
285	黄花寨水电站	6.00	0.87	5.22	95.89	4.44	4.55	786.01	1.28
286	大田河水电站	8.00	1.69	1.60	86.71	3.20	2.70	778.50	0.02
287	马马崖水电站	55.80	9.14	5.69	94.04	51.95	51.97	582.89	1.21
288	苏洼龙水电站	120.00	42.24	4.55	94.47	386.61	192.26	2474.93	6.21
289	善泥坡发电厂	18.55	4.68	4.20	96.88	21.55	19.68	878.10	0.60
290	毛家河水电站	18.00	2.82	2.89	92.85	9.16	8.17	1292.58	0.08
291	灰洞水电站	6.00	0.83	6.03	98.81	6.35	4.99	646.63	0.008
292	象鼻岭水电厂	24.00	3.44	4.2	95.28	14.85	14.48	1387.89	1.48
293	上尖坡水电站	6.00	1.25	4.68	92.09	7.21	5.86	668.04	0.13
294	高桥水电站	9.00	3.0416	0.76	38.58	2.9275	2.31159	1812.88	0.00655
295	柏香林水电站	5.00	1.5866	2.08	36.22	3.5830	3.3002	1215.42	0.00155
296	油房沟水电站	6.80	2.2303	2.38	37.44	5.9852	5.3082	923.88	0.00533
297	天生桥水电站（西双）	5.00	1.6843	1.708	90.01	3.2741	2.8225	1005.4	0.0032
298	达开水电站	6.00	0.775	4.7	14.75	3.8538	3.6425	1588.03	0.0256
299	大跌水电站（无坝）	5.4	0.595	3.29	12.58	/	1.9579	/	/
300	西洱河一级水电站	10.50	0.0096	1.9	0.10	0.0183	0.0141	1972.75	28.8
301	西洱河二级水电站	5.00	0.6686	3.95	15.26	2.6412	2.4297	1727.5	0.0028
302	西洱河三级水电站	5.00	0.5121	4.1	11.69	2.0998	1.7891	1607.8	0.00177

续表

	水电厂名称	发电运行情况				水库运行情况			
		总装机容量	年发电量	平均耗水率	等效可用系数	年入库总水量	发电用水量	年末水位	年末库容
		万 kW	亿 kW·h	m³/(kW·h)	%	亿 m³	亿 m³	m	亿 m³
303	西洱河四级水电站	5.00	0.2806	4.69	6.41	1.3159	1.1653	1487.8	0.002
304	金安桥水力发电厂	240.00	120.84	3.52	87.36	549.64	424.94	1415.76	8.01
305	大湾水电站	4.98	0.72	6.08	97.53	5	4	746.73	0.2460
306	观音岩水电站	300.00	132.62	3.73	91.38	562.33	495.32	1126.04	17.16
307	阿海水电站	200.00	94.38	4.86	92.83	549.71	458.93	1498.70	6.94
308	鲁地拉水电站	216.00	99.46	4.90	91.83	560.40	487.85	1219.15	14.22
309	梨园水电站	240.00	112.72	3.68	93.48	482.28	414.79	1608.67	6.00
310	漫湾水电厂	167.00	68.3672	4.76	96.07	324.535	325.306	988.60	2.5953
311	景洪水电厂	350.00	65.7036	6.64	97.00	435.087	436.012	597.65	7.3734
312	小湾水电厂	420.00	170.381	1.85	95.03	341.782	315.975	1232.35	131.661
313	糯扎渡水电厂	585.00	195.504	2.18	95.70	408.469	426.914	785.06	145.072
314	功果桥水电厂	90.00	39.3780	7.35	97.79	310.623	289.617	1303.58	2.7374
315	苗尾水电厂	140.00	66.9618	4.06	96.63	295.147	271.988	1402.57	5.9381
316	龙开口水电厂	360.00	83.7069	5.77	97.19	562.354	482.801	1290.37	3.9842
317	乌弄龙水电站	99.00	46.5209	4.81	97.79	253.519	223.810	1905.31	2.5917
318	里底水电站	42.00	19.5448	11.61	96.46	253.270	226.947	1816.93	0.6679
319	黄登水电站	190.0	86.6345	3.04	97.49	285.233	263.519	1618.32	15.2711
320	大华桥水电站	92.00	43.7600	6.04	97.24	285.302	264.244	1475.20	2.4644
321	徐村水电厂（大理）	8.58	2.6519	8.5	96.54	27.6017	21.9042	1304.94	0.5916
322	普西桥水电站（忠普）	19.00	3.658	3.6	85.85	12.785	13.151	723.2	3.4494
323	大盈江一级电站	10.80	4.585	7.78	95.6	42.489	35.669	788	0.0129
324	大寨水力发电厂	6.00	1.155	2.37	98.04	3.540	2.738	1481.21	0.00026
325	螺丝湾水电站	6.00	2.513	2.44	96.79	7.038	6.125	2257.01	0.003
326	鲁布革水力发电厂	60.00	12.50	1.26	88.13	15.6031	15.8086	1120.48	0.3843
327	以礼河发电厂	30.75	8.07	0.36	99.28	2.55	2.86	2209.56	1.70
328	崖羊山水电站	12.00	2.35	6.69	96.89	17.27	15.72	817.72	1.01
329	渝浩水电站（浩口）	13.5	2.64	8.18	97.83	21.58	20.81	351.46	0.74
330	石门坎水电站	13.00	3.01	5.54	95.9	17.32	16.64	740.44	1.16
331	龙马水电站	28.50	6.99	3.93	97.93	27.04	27.51	604.99	2.16
332	居甫渡水电站	28.50	7.90	6.96	93.98	54.76	55.00	515.52	1.29
333	戈兰滩水电站	45.00	13.41	4.92	96.96	66.10	66.00	446.60	2.98
334	土卡河水电站	16.50	4.45	16.36	90	73.83	72.83	366.89	0.63
335	吉沙水电站	12.00	4.609	0.78	87.62	4.090	3.578	3129.91	0.0059
336	冲江河水电站	7.03	2.814	2.05	94.59	6.5825	5.766	2466.94	0.0013
337	那兰水电站	15.00	4.53	4.34	98.30	19.84	19.67	421.37	1.64

水电厂名称		发 电 运 行 情 况				水 库 运 行 情 况			
		总装机容量	年发电量	平均耗水率	等效可用系数	年入库总水量	发电用水量	年末水位	年末库容
		万 kW	亿 kW·h	m³/(kW·h)	%	亿 m³	亿 m³	m	亿 m³
338	马鹿塘水电站	30.00	9.08	1.22	94.15	14.73	11.09	583.74	1.64
339	勐野江水电站	6.80	1.93	3.28	96.43	7.51	6.32	753.58	0.21
340	岗曲河一级水电站	6.00	1.88	3.27	95.55	8.16	6.14	2577.14	0.05
341	泗南江水电站	20.10	9.4299	1.25	94.24	11.1270	11.8196	870.93	0.7947
342	庙林水电站	7.15	2.8695	4.4	96.30	15.7094	12.6261	812.8	0.0853
343	天花板水电站	18.00	4.7322	4.25	91.84	25.0809	20.1118	1065.63	0.5457
344	小岩头水电站	12.99	3.0263	5.8	88.89	21.6511	17.5526	1278.9	0.002
345	柴石滩水电站	6.00	1.3734	6.25	92.80	9.0364	8.5837	1636.93	3.054
346	赛珠水电站	10.20	3.3824	0.59	97.99	2.6695	2.0102	1810.4	0.009
347	普渡河六级水电站	9.60	4.0051	4.96	95.65	24.5918	19.8817	1088.02	0.0795
348	铅厂水电站	11.40	4.9272	3.1	96.97	18.9337	15.27	1224.31	0.1699
349	甲岩水电站	24.00	8.0643	2.8	98.87	25.3445	22.5778	969.79	0.8274
350	凤凰谷水电站	10.00	2.4704	13.1	83	33.52	32.48	820.6	0.4362
351	糯租水电站	7.50	1.4302	4.55	21.77	6.59	6.50	1266.5	0.0170
352	石泉水力发电厂	24.00	8.39	10.09	94.15	90.11	84.60	409.58	2.65
353	喜河水力发电厂	18.00	6.28	14.25	95.60	95.56	89.48	361.77	1.65
354	蜀河水力发电厂	27.00	11.23	19.95	92.43	270.20	224.10	216.96	1.73
355	喜儿沟水电站	7.2	2.8788	7.05	97.85	23.82	20.3	1538	0.0051
356	碧口水力发电厂	33.00	12.38	4.86	91.39	68.04	60.02	704.26	1.60
357	苗家坝水电站	24.00	8.79	4.22	98.46	37.63	37.12	799.56	2.65
358	麒麟寺水电站	11.10	3.88	17.37	96.47	67.62	67.44	611.60	0.21
359	青铜峡水电厂	32.70	11.47	20.39	96.57	238.06	233.93	1156.05	0.40
360	海勃湾水电厂	9.00	5.26	40.27	92.33	224.50	211.86	1073.50	0.93
361	班多水电厂	36.00	16.07	10.25	89.14	189.10	164.70	2760.00	0.08
362	龙羊峡水电厂	128.00	56.95	3.33	95.38	220.34	189.64	2595.29	223.60
363	拉西瓦水电厂	420.00	93.31	2.07	95.24	193.65	193.02	2450.93	9.91
364	李家峡水电厂	200.00	52.61	3.58	94.41	188.50	188.59	2179.86	16.44
365	公伯峡水电厂	150.00	49.09	4.03	93.00	197.88	197.89	2003.93	5.29
366	苏只水电厂	22.50	8.56	22.28	90.02	193.85	190.61	1897.75	0.33
367	四局尼那水电厂	16.00	6.165	28.93	86.15	177.77	175.79	2233.79	0.16

续表

水 电 厂 名 称	发 电 运 行 情 况				水 库 运 行 情 况			
	总装机容量	年发电量	平均耗水率	等效可用系数	年入库总水量	发电用水量	年末水位	年末库容
	万 kW	亿 kW·h	m³/(kW·h)	%	亿 m³	亿 m³	m	亿 m³
368　积石峡水电站	102.00	32.60	6.15	96.57	200.81	200.62	1855.11	2.25
369　刘家峡水电厂	166.00	58.48	4.05	98.39	252.17	248.913	1726.16	28.66
370　盐锅峡水电厂	50.96	23.32	10.59	96.01	247.10	247.05	1619.29	0.52
371　八盘峡水电厂	22.00	10.06	27.81	97.51	279.83	279.84	1577.89	0.31
372　直岗拉卡水电公司	19.00	6.66	27.81	92.31	185.25	185.25	2049.98	0.14
373　纳子峡水电站	8.70	2.74	3.78	93.15	11.57	10.35	3194.39	5.88
374　金沙峡水电站	7.00	2.40	6.19	99.62	18.22	14.87	2165.81	0.0195
375　达拉河水电站	5.25	2.7267	2.06	97.1	6.88	6.617	2264	0.1425
376　代古寺水电站	8.70	3.2637	5.09	95.38	19.4484	16.6206	1706.2	0.0676
377　凉风壳水电站	5.25	2.2118	8.32	95.68	21.6185	18.4019	1468.25	0.0077
378　沙尔布拉克水电站	5.00	1.46	9.82	100.00	19.20	14.39	801.27	0.83
379　和田水电厂（达克曲）	7.50	2.49	5.09	100.00	30.39	12.70	1775.50	0.10
380　库什塔依水电站	10.00	3.6977	5.75	93.42	24.118	22.2023	1302.20	1.341
381　塔日勒嘎水电站	5.00	1.79	8.31	90.45	18	15	2249.35	0.1249
382　夏特水电站	24.8	9.27	1.48	94.85	15	14	2199.35	0.0007
383　萨里克特水电站	8.00	3.00	5.39	94.02	16.17	16.17	1908.87	引水式
384　温泉水电站	18.00	7.32	5.02	95.87	36.68	36.72	953.86	1.67
385　塔勒德萨依水电站	8.00	2.68	6.96	98.22	18.67	18.67	1774.61	引水式
386　察汗乌苏水电站	33.00	10.69	2.9	94.72	32.61	31.02	1638.81	1.02
387　吉林台一级水电站	50.00	9.80	3.57	95.70	38.12	35.00	1403.68	16.78
388　尼勒克水电站	24.00	13.82	2.29	98.56	31.60	31.60	1223.41	引水式
389　呼图壁水电厂	9.5	2.08	1.99	100.00	4.25	4.14	1225.49	0.47
390　柳树沟水电站	18.00	7.02	4.82	95.12	33.84	33.83	1494	0.69
391　小石峡水电站	13.75	4.38	9.12	94.87	56.93	39.95	1479.9	0.06
392　别迭里水电站	24.8	8.45	3.95	82.65	28.5	16.69	1933.5	0.0005
393　亚曼苏水电厂	24.4	8.24	2.07	74.6	28.5	17.06	1933.5	0.0005
394　尼洋河多布水电站	12.00	4.2267	19.54	95.8	138.245	90.4269	3075.48	0.6168
395　藏木水电厂	51.00	20.6	7.39	89.3	333.724	152.211	3307.77	0.8044
396　加查水电厂	36.00	14.82	10.80	96.90	333.97	160.09	3242.58	0.2211
397　大古水电厂	66.00	25.91	5.34	94.22	313.52	138.42	3443.27	0.49

（各发电公司、各水电厂提供资料）

2023 年全国电力统计基本数据一览表

项 目	单位	2023 年	2022 年	比上年增长（±、%）
一、发电量	亿 kW·h	94564	88487	6.90
水电	亿 kW·h	12859	13522	4.90
火电	亿 kW·h	62657	58888	6.40
核电	亿 kW·h	4347	4178	4.10
风电	亿 kW·h	8859	7627	16.20
太阳能发电	亿 kW·h	5842	4273	36.70
二、全社会用电量	亿 kW·h	92238	86477	6.66
A、全行业用电合计	亿 kW·h	78724	73075	7.73
第一产业	亿 kW·h	1277	1146	11.42
第二产业	亿 kW·h	60750	57050	6.49
其中：工业	亿 kW·h	59785	56050	6.66
第三产业	亿 kW·h	16696	14879	12.21
B、城乡居民生活用电合计	亿 kW·h	13514	13402	0.84
城镇居民	亿 kW·h	7467	7378	1.20
乡村居民	亿 kW·h	6048	6023	0.41
三、发电装机容量	万 kW	292224	256317	14.01
水电	万 kW	42237	41396	2.03
其中：抽水蓄能	万 kW	5094	4579	11.25
火电	万 kW	139099	133527	4.17
其中：燃煤	万 kW	116484	112632	3.42
燃气	万 kW	12620	11565	9.12
其中：生物质发电	万 kW	4416	4135	6.79
核电	万 kW	5691	5557	2.41
风电	万 kW	44144	36564	20.73
太阳能发电	万 kW	61048	39268	55.46
其他	万 kW	5	5	
非化石能源发电装机容量	万 kW	157541	126925	24.12

续表

项 目	单位	2023 年	2022 年	比上年增长（±、%）
四、35kV 及以上输电线路回路长度	km	2371651	2283753	3.85
1. 交流	km	2319509	2231612	3.94
其中：1000kV	km	17154	16089	6.62
750kV	km	28862	28161	2.49
500kV	km	228624	219274	4.26
330kV	km	39720	37023	7.29
220kV	km	551593	520929	5.89
110kV	km	829628	803413	3.26
35kV	km	623928	606723	2.84
2. 直流	km	52142	52142	
其中：±1100kV	km	3295	3295	
±800kV	km	31826	31826	
±660kV	km	1335	1335	
±500kV	km	14225	14225	
±400kV	km	1031	1031	
五、35kV 及以上变电设备容量	万 kV·A	955608	906451	5.42
1. 交流	万 kV·A	900395	851685	5.72
其中：1000kV	万 kV·A	21600	20700	4.35
750kV	万 kV·A	27287	22945	18.92
500kV	万 kV·A	188166	174714	7.70
330kV	万 kV·A	21922	17814	23.06
220kV	万 kV·A	288226	271116	6.31
110kV	万 kV·A	288319	279973	2.98
35kV	万 kV·A	64875	64424	0.70
2. 直流	万 kV·A	55213	54766	0.82
其中：±1100kV	万 kV·A	2867	2867	
±800kV	万 kV·A	35257	34759	1.43
±660kV	万 kV·A	947	947	
±500kV	万 kV·A	12079	12059	0.16
±400kV	万 kV·A	1247	1247	

续表

项 目	单位	2023年	2022年	比上年增长 （±、%）
六、新增发电装机容量	万 kW	37067	19849	86.75
水电	万 kW	943	2371	60.23
其中：抽水蓄能	万 kW	545	880	38.07
火电	万 kW	6610	4568	44.72
其中：燃煤	万 kW	4775	2920	63.57
燃气	万 kW	1025	649	57.95
其中：生物质发电	万 kW	305	399	−23.72
核电	万 kW	139	228	−39.12
风电	万 kW	7622	3861	97.40
太阳能发电	万 kW	21753	8821	146.61
七、火电机组退役和关停容量	万 kW	727	704	3.17
八、年底主要发电企业电源项目在建规模	万 kW	37308	26959	38.39
水电	万 kW	9129	7708	18.44
火电	万 kW	9926	6236	59.18
核电	万 kW	3460	2232	54.98
风电	万 kW	5074	3886	30.59
九、新增直流输电线路长度及换流容量				
1. 线路长度	km	2123	2223	4.49
其中：±1100kV	km			
±800kV	km	2123	2080	2.07
±660kV	km			
±500kV	km		143	−100.00
±400kV	km			
2. 换流容量	万 kW	1600	1800	−11.11
其中：±1100kV	万 kW			
±800kV	万 kW	1600	1600	
±660kV	万 kW			
±500kV	万 kW		200	−100.00
±400kV	万 kW			

项　目	单位	2023 年	2022 年	比上年增长 （±、%）
十、新增交流 110kV 及以上输电线路长度及变电设备容量				
1. 线路长度	km	59049	60170	1.86
其中：1000kV	km	1126	1451	22.42
750kV	km	1098	1242	−11.53
500kV	km	10827	8676	24.79
330kV	km	962	1284	−25.06
220kV	km	25236	23812	5.98
110kV（含 66kV）	km	19800	23706	−16.48
2. 变电设备容量	万 kV·A	35978	35320	1.86
其中：1000kV	万 kV·A	1200	600	100.00
750kV	万 kV·A	1530	2370	−35.44
500kV	万 kV·A	13117	11395	15.11
330kV	万 kV·A	1077	861	25.09
220kV	万 kV·A	10626	10784	−1.47
110kV（含 66kV）	万 kV·A	8428	9310	−9.47
十一、本年完成电力投资	亿元	15502	12433	24.68
1. 电源投资	亿元	10225	7427	37.66
水电	亿元	1029	872	18.04
火电	亿元	1124	895	25.57
核电	亿元	1003	785	27.66
风电	亿元	2753	2011	36.90
太阳能发电	亿元	4316	2865	50.66
其他	亿元	1		
2. 电网投资	亿元	5277	5006	5.42
输变电	亿元	5157	4851	6.31
其中：直流	亿元	145	316	−53.92
交流	亿元	4987	4505	10.69
其他	亿元	120	155	−22.47
十二、单机 6000kW 及以上机组平均单机容量				
水电：单机容量	万 kW/台	6.81	6.80	0.01
机组台数	台	5577	5371	3.84
机组容量	万 kW	37974	36544	3.91
火电：单机容量	万 kW/台	13.76	13.78	−0.02

续表

项 目	单位	2023 年	2022 年	比上年增长（±、%）
机组台数	台	9908	9330	6.20
机组容量	万 kW	136353	128539	6.08
十三、6000kW 及以上电厂供热量	万 GJ	598809	575054	4.13
十四、6000kW 及以上电厂发电标准煤耗	g/(kW·h)	284.5	283.7	0.76
十五、6000kW 及以上电厂供电标准煤耗	g/(kW·h)	301.6	300.8	0.87
十六、6000kW 及以上电厂厂用电率	%	4.65	4.50	0.15
水电	%	0.55	0.25	0.30
火电	%	5.80	5.79	0.02
十七、6000kW 及以上电厂发电设备利用小时	h	3598	3693	−95h
水电	h	3130	3417	−287
其中：抽水蓄能	h	1176	1181	−4
火电	h	4476	4390	87
其中：燃煤	h	4690	4593	97
燃气	h	2525	2440	85
核电	h	7670	7616	54
风电	h	2235	2218	16
太阳能发电	h	1292	1340	−48
十八、6000kW 及以上电厂燃料消耗				
发电消耗标煤量	万 t	159095	149254	6.59
发电消耗原煤量	万 t	244061	232162	5.13
供热消耗标煤量	万 t	23776	22185	7.18
供热消耗原煤量	万 t	35956	33688	6.73
十九、供、售电量及线损				
供电量	亿 kW·h	79247	74676	6.12
售电量	亿 kW·h	75651	71074	6.44
线损电量	亿 kW·h	3595	3602	−0.19
线损率	%	4.54	4.82	0.29
二十、发用电设备比				
发电装机容量：用电设备容量		1：4.17	1：4.21	
二十一、电力弹性系数				
电力生产弹性系数		1.33	1.23	
电力消费弹性系数		1.28	1.20	

注　1. 发电量数据来源于国家统计局。
　　2. 电源投资完成额口径为全国主要发电企业。

（中国电力企业联合会）

2023年全国水电50MW及以上容量机组运行可靠性综合指标

机组分类	机组容量(MW)	台数	台年数	平均容量(MW/台)	利用小时 UTH	可用小时 运行 SH	可用小时 备用 RH	不可用小时及次数 次数	不可用小时及次数 小时	非计划停运 次数	非计划停运 小时	强迫停运 次数	强迫停运 小时	降低出力等效停运 小时	等效可用系数 EAF (%)	等效强迫停运率 EFOR (%)
抽水蓄能机组	全部	165	165	267.45	2647.73	3321.53	4657.3	5.66	767.78	0.77	13.39	0.62	4.74	0	91.08	0.12
抽水蓄能机组	40~99MW	15	15	63.27	2918.75	4614.71	3451.58	3.73	693.08	0.13	0.64	0.13	0.64	0	92.08	0.01
抽水蓄能机组	100~199MW	6	6	150	2188.94	2107.61	5746.45	8.33	904.66	0.17	1.28	0.17	1.28	0	89.66	0.06
抽水蓄能机组	200~299MW	29	29	237.93	2470.46	2636.09	5355.15	5.28	768.34	0.28	0.42	0.28	0.42	0	91.22	0.02
抽水蓄能机组	300MW及以上	115	115	307.65	2686.7	3451.41	4525.83	5.87	766.19	1.01	16.57	0.79	5.78	0	91.06	0.16
水电轴流机组	全部	141	140.01	105.65	3974.49	5162.07	2891.89	1.32	703.22	0.09	2.81	0.01	1.66	0	91.94	0.04
水电轴流机组	40~99MW	65	64.89	64.13	3262.45	4306.86	3887.69	1.36	561.36	0.18	4.09	0.02	0.01	0	93.55	0
水电轴流机组	100~199MW	69	68.52	135.2	4317.76	5667.94	2358.83	1.23	730.59	0.01	2.64	0.01	2.64	0	91.63	0.06
水电轴流机组	200~299MW	7	6.6	200	3813.39	4312.93	3488.53	1.97	958.54	0	0	0	0	0	89.06	0
水电混流机组	全部	755	751.41	284.86	3445.39	4639.63	3594.05	1.19	525.55	0.03	0.77	0.02	0.63	2.94	93.96	0.01
水电混流机组	40~99MW	246	245.29	66.9	2999.9	4219.1	4092.87	1.12	446.88	0.02	1.14	0	0.3	38.26	94.45	0.01
水电混流机组	100~199MW	134	133.25	136.72	2695.2	3746.2	4441.81	1.28	569.52	0.05	2.46	0.03	1.56	0	93.47	0.03
水电混流机组	200~299MW	106	105.62	231.79	2750.43	3646.24	4645.3	1.02	468.46	0	0.66	0	0	0	94.65	0
水电混流机组	300MW及以上	269	267.25	578.9	3691.12	4946.83	3274.77	1.27	537.75	0.03	0.66	0.03	0.66	0	93.85	0.01
全部机组		1061	1056.42	258.34	3344.87	4454.51	3728.21	1.9	574.36	0.15	2.92	0.11	1.35	2.3	93.38	0.03

注　2023年全国电力可靠性指标发布口径水电为50MW及以上容量机组。

（中国电力企业联合会）

大 事 记

2023 年大事记

一月

1月4日　国家能源局发布 2023 年能源监管工作要点。文件指出，持续跟踪跨省跨区输电通道、油气管道、大型风电光伏基地、水电站、电力"源网荷储"一体化和多能互补、整县屋顶分布式光伏开发试点、煤电建设和改造升级等重大项目推进情况，逐步建立常态化监管工作机制，及时发现项目推进中存在的问题，提出监管意见建议。

1月4日　文登抽水蓄能电站项目举行首批机组投产发电仪式。该电站位于山东省威海市文登区，枢纽由上水库、水道系统、地下厂房系统、下水库、开关站等建筑物组成。安装 6 台单机容量为 30 万 kW 的可逆式水泵水轮机组，首批投产运行的是 1 号和 2 号机组。年发电量 27 亿 kW·h，首批机组的正式投运，可实现山东电网调峰、填谷、调频、调相、紧急事故和黑启动等服务功能。电站机组全部投运后，与纯火电调峰方案相比，将为山东电网节约标准煤约 13.23 万 t，减少二氧化碳排放 31.12 万 t，二氧化硫排放量 2964t，氢氧化物 1682t。

1月6～7日　国家电网有限公司第四届职工代表大会第三次会议暨 2023 年工作会议在北京召开。会议总结工作、分析形势、部署任务，公司董事长、党组书记辛保安作题为《高举习近平新时代中国特色社会主义思想伟大旗帜　为全面建设具有中国特色国际领先的能源互联网企业而团结奋斗》的工作报告。2022 年，国家电网有限公司并网装机容量 20 亿 kW，售电量 5.44 万亿 kW·h，市场化交易电量 4.13 万亿 kW·h，营业收入 3.57 万亿元，全年发展总投入 5609 亿元。

1月7日　中国施工企业管理协会发布了 2022～2023 年度第一批国家优质工程奖工程名单，金沙江梨园水电站荣获"国家优质工程奖"。该电站位于云南省丽江市玉龙县与迪庆州香格里拉市交界处的金沙江中游河段，为金沙江中游河段规划 8 个梯级电站中的第三个梯级，为一等大（1）型工程。电站装机容量 240 万 kW，2007 年 8 月开始筹建，2016 年 8 月 1 日最后一台机组投产发电，2022 年发电量达到 117.32 亿 kW·h。

1月7日　黄登水电站荣获"国家优质工程金奖"。该电站位于云南省怒江傈僳族自治州兰坪白族普米族自治县境内，总装机容量 190 万 kW，投产至今累计实现安全生产 1648 天，累计完成发电量超

390 亿 kW·h，减排二氧化碳 2500 万 t，为国家"双碳"目标的实现作出了积极贡献。

1月9日　旭龙水电站上游围堰防渗墙首仓混凝土启动浇筑。该电站是金沙江上游规划 13 级电站中的第 12 梯级，位于四川省得荣县和云南省德钦县交界金沙江干流上游河段，水库正常蓄水位 2302m，总库容约 8.47 亿 m^3，采用双曲混凝土拱坝及右岸地下厂房布置，最大坝高 213m，装机容量 240 万 kW，电站建成后，年发电量约 105 亿 kW·h，每年可节约标准煤 315 万 t。上游围堰防渗墙墙体厚度 1m，最大设计深度约 53m，轴线长度约 122m，总面积约 3941m^2，其上部连接复合土工膜、下部采用帷幕灌浆，共同构成上游围堰整体防渗体系，围堰防渗墙采用塑性混凝土，是后期坝体安全施工的先决条件。

1月11日　国家能源投资集团有限责任公司第二届职工代表大会第一次会议暨 2023 年工作会议召开。会议总结 2022 年工作成果，部署 2023 年重点工作，集团公司党组书记、董事长刘国跃出席会议并作题为《踔厉奋发稳增长　勇毅前行促转型　为加快建设世界一流企业而团结奋斗》的工作报告。2022 年，国家能源投资集团有限责任公司资产总额 19422 亿元，发电量 11393 亿 kW·h，其中水电发电量 674 亿 kW·h，利润总额 1100 亿元。

1月11日　中国电力建设集团有限公司 2023 年工作会议在北京召开。会议总结 2022 年工作，部署 2023 年任务。公司党委副书记、总经理王斌作题为《牢牢把握战略转型和高质量发展要求　大力提升经营质量效益　加快建设世界一流企业》的工作报告。2022 年，中国电力建设集团有限公司资产总额 11455.11 亿元，完成营业收入 6653.57 亿元，利润总额 200.21 亿元，净利润 149.86 亿元。

1月12日　中国大唐集团有限公司召开 2023 年工作会议，会议总结 2022 年工作，分析面临的形势，部署 2023 年和今后一个时期重点工作。集团公司党组书记、董事长邹磊出席会议并讲话。2022 年，中国大唐集团有限公司资产总额 8494 亿元，实现营业收入 2529.67 亿元，装机容量 17015.46 万 kW，发电量 5884.62 亿 kW·h。利润总额 108.56 亿元。

1月12日　中国能源建设集团（股份）有限公司 2023 年工作会议暨一届三次职代会在北京召开。会议总结 2022 年工作，提出 2023 年目标任务，公司党委书记、董事长宋海良作题为《坚持思想引领　保持战略定力，聚焦核心任务，突出能力建设，全面开创高质量发展建设世界一流企业的崭新局面》的讲话。2022 年，中国能源建设集团（股份）有限

公司资产总额 6797.07 亿元，营业收入 3692.3 亿元，同比增长 13.7%，利润总额 141.52 亿元，同比增长 2.7%。

1月12~13日　中国华能集团有限公司二届四次职工代表大会暨 2023 年工作会议在北京召开。会议总结 2022 年工作，科学谋划公司发展，研究部署 2023 年工作。公司党组书记、董事长温枢刚作题为《深入学习贯彻党的二十大精神　守正创新　团结奋进　全面开启领跑中国电力　争创世界一流新征程》的讲话。2022 年，中国华能集团有限公司资产总额 1.4152 万亿元，实现营业收入 4245 亿元，同比增长 10%，利润总额 227 亿元，完成国内累计发电量 7911 亿 kW·h，同比增长 2.13%。

1月12~13日　中国华电集团有限公司一届一次职工代表大会暨 2023 年工作会议在北京召开。会议分析形势、总结工作、部署任务，公司党组副书记、董事、总经理叶向东作工作报告。2022 年，中国华电集团有限公司资产总额 10272 亿元，装机容量 1.91 亿 kW，发电量 6421 亿 kW·h，实现营业收入 3035 亿元，利润总额 208.3 亿元。

1月16日　中国南方电网有限责任公司第四届职工代表大会第一次会议暨 2023 年工作会议在广州召开。会议总结 2022 年工作，分析研判形势，部署 2023 年重点任务，公司董事长、党组书记孟振平作题为《深入学习贯彻党的二十大精神　奋力谱写中国式现代化南网新篇章》的工作报告。2022 年，中国南方电网有限责任公司资产总额 11451 亿元，营业收入 7647 亿元，售电量 12626 亿 kW·h，同比增长 2.09%，利润总额 402 亿元；非化石能源电量占比 52.01%。

1月16日　国家电力投资集团有限公司召开一届五次职代会暨 2023 年工作会议。会议总结 2022 年工作，分析内外部形势，部署 2023 年工作。公司党组书记、董事长钱智民总结 2022 年取得的成绩，明确了 2023 年工作的总体要求和目标。2022 年，国家电力投资集团有限公司资产总额 1.58 万亿元，营业收入 3633.91 亿元，同比增长 9.61%，利润总额 274.30 亿元。装机量 2.12 亿 kW，其中清洁能源装机容量突破 1.4 亿 kW，占比 65.87%。

1月16日　中国长江三峡集团有限公司三届五次职代会暨 2023 年工作会议在湖北武汉召开。会议回顾总结 2022 年中国长江三峡集团有限公司改革发展党建取得的成绩和经验，分析研判面临的机遇和挑战，部署 2023 年重点工作，集团公司总经理、党组副书记韩君作题为《坚定信心　务实笃行　全力建设世界一流跨国清洁能源集团》的工作报告。2022 年，中国长江三峡集团有限公司总发电量 3838

亿 kW·h，营业收入 1462.59 亿元，同比增长 5.75%。

1月16日　从青海省电力公司获悉，截至 2023 年 1 月 9 日，世界首条以输送新能源为主的输电大通道——青海—河南 ±800kV 特高压直流工程已累计向华中地区输送"绿电"300 亿 kW·h，相当于替代原煤 1350 万 t，减排二氧化碳 2220 万 t。该工程起于青海省海南藏族自治州，止于河南省驻马店市，途经青海、甘肃、陕西、河南 4 省，线路全长 1563km，总投资 223 亿元人民币，于 2018 年 11 月开工建设，2020 年 12 月 30 日全面建成投运。

1月16日　国家能源局发布 2022 年全国电力工业统计数据。截至 2022 年 12 月底，全国累计发电装机容量约 25.6 亿 kW，同比增长 7.8%。可再生能源装机容量突破 12 亿 kW，达到 12.13 亿 kW，占全国发电总装机容量的 47.3%，较 2021 年提高 2.5 个百分点。其中，常规水电 3.68 亿 kW、抽水蓄能 0.45 亿 kW、风电 3.65 亿 kW、太阳能发电 3.93 亿 kW、生物质发电 0.41 亿 kW。可再生能源发电量达到 2.7 万亿 kW·h，占全社会用电量的 31.6%，较 2021 年提高 1.7 个百分点，可再生能源在保障能源供应方面发挥的作用越来越明显。

1月17日　紧水滩抽水蓄能电站正式开工建设。该项目位于浙江省丽水市云和县，总装机容量 29.7 万 kW，计划总投资 24.9 亿元，设计年发电量 2.97 亿 kW·h、抽水电量 3.96 亿 kW·h，预计于 2027 年投产。该电站依托现有的紧水滩水库为上水库、石塘水库为下水库进行建设。电站建成后，将承担浙江电网调峰、填谷、储能、调频、调相和备用等任务。工程建成后，该电站将成为全国首个全数字化中型抽水蓄能电站、首个三站联合调度的梯级抽水蓄能电站、首个高边坡与大规模半地下式厂房、首个低水头超大距高比和超大水头变幅比的抽水蓄能电站。

1月21日　从中国长江三峡集团有限公司获悉，金沙江下游乌东德、白鹤滩、溪洛渡、向家坝 4 座水电站累计发电量突破 1 万亿 kW·h，相当于减少标准煤消耗约 3 亿 t，减少二氧化碳排放量约 8.3 亿 t。4 座梯级电站总装机容量达到 4646 万 kW，多年平均发电量约 1900 亿 kW·h。白鹤滩水电站全部建成后，金沙江下游 4 座梯级电站与三峡电站、葛洲坝水电站构成世界最大清洁能源走廊，总装机 110 台，总装机容量 7169.5 万 kW，约相当于 3 个三峡电站装机容量。

1月31日　姚家平水利枢纽工程开工建设。该工程位于湖北省恩施市，为国务院实施的 150 项重大水利工程之一。该枢纽工程是清江流域上的控制性工程,工程估算总投资 67 亿元,施工总工期 96 个月。工程建成后,与下游已建的大龙潭水库联合运行,可有效控制洪水、削减洪峰,将大大提高恩施市城区的防洪标准。同时,利用水能资源进行发电,年发电量将达到 5.13 亿 kW·h。

1 月 31 日 大悟抽水蓄能电站项目举行开工仪式。该电站位于湖北省孝感市大悟县境内,总装机容量 30 万 kW,总投资 28.1 亿元,预计年发电量为 3.6 亿 kW·h,计划 2026 年投产发电。电站建成投运后对以新能源为主体的新型电力系统具有重要支撑作用,能够有效缓解湖北电网突出的调峰矛盾,有力支撑电网安全稳定运行。

二月

2 月 5 日 四方井水利枢纽工程顺利通过机组启动验收并正式并网投产发电。枢纽工程位于江西省宜春市,为国务院 172 项重大水利工程项目之一,2018 年 1 月 14 日开工建设。电站装机容量 1500kW,多年平均发电量 368.94 万 kW·h。发电厂房设计布置 3 台混流式卧式水轮发电机组,1 号机组额定功率为 240kW,2 号及 3 号机组额定功率为 630kW。该枢纽工程于 2022 年 10 月 30 日至 2022 年 11 月 2 日进行发电机组试运行。

2 月 6 日 玛尔挡水电站大坝及溢洪道工程全面复工复产。该电站是黄河上游在建海拔最高、装机容量最大的水电站,为一等大(1)型工程,采取堤坝式开发,混凝土面板堆石坝,最大坝高 211m,电站装机容量 220 万 kW,总库容 16.22 亿 m³,调节库容 7.06 亿 m³。全面投运后,预计年均发电量超过 73 亿 kW·h。

2 月 13 日 庆元抽水蓄能电站项目通过浙江省发展改革委核准批复。该项目位于浙江省丽水市庆元县,枢纽工程主要由上水库、输水系统、发电系统、下水库及开关站等建筑物组成。电站总装机容量 120 万 kW,总投资约 84 亿元,预计 2030 年全部机组投产。

2 月 16 日 通山抽水蓄能电站项目举行开工仪式。该项目位于湖北省咸宁市通山县境内,装机容量为 140 万 kW,总投资为 76.4 亿元。项目于 2014 年 12 月通过预可行性研究审查,2022 年 12 月通过湖北省发展改革委核准批复。项目建成后,可充分发挥调峰、填谷、调频、调相和事故备用等重要作用。

2 月 16 日 金上—湖北±800kV 特高压直流工程开工动员大会在湖北省黄石市举行。该工程是国家"十四五"电力规划重点项目,工程额定容量 800 万 kW,送端在西藏昌都和四川甘孜分别建设卡麦和帮果 2 座换流站,汇集金沙江上游的水电和新能源;直流线路全长 1901km,总投资 334 亿元。工程建成投运后,每年可向华中输送电量近 400 亿 kW·h,可替代燃煤超过 1700 万 t,减少二氧化碳排放约 3400 万 t,大幅提高华中地区绿电比例。

2 月 23 日 由国家人力资源和社会保障部就业培训技术指导中心和中国电力建设集团有限公司联合主办,中国水利水电第十四工程局有限公司(简称水电十四局)承办的全国行业职业技能竞赛——水轮机安装工职业技能竞赛在昆明落幕。此次竞赛以"勇攀技能高峰、不负时代韶华"为主题,以国家水电站常规立式水轮发电机组安装为设备原型,来自全国行业领域的 23 支代表队伍 115 名选手进入决赛,竞赛设置个人和团体奖项,经过 4 天激烈比拼,水电十四局周新野获得特等奖,水电十四局吴云顺和中电建水电开发公司何毅获得一等奖,水电十四局第一代表队获得团体冠军。

2 月 26 日 以礼河四级电站复建工程最后一台机组(4 号)通过 72 小时试运行,正式投产发电。至此,该电站复建工程 4 台机组全部投产发电。该工程位于滇东北高原的会泽县,是白鹤滩水电站重点移民专项工程。以礼河水电站建设于 20 世纪五、六十年代,白鹤滩水电站水库蓄水后,回水淹没了原以礼河水电站最后一个梯级——四级小江电站的尾部发电厂房及部分输水系统。为充分利用剩余水头继续发电,项目对以礼河四级电站的地下厂房等建筑物进行易地复建,复建后,电站装机容量 13 万 kW,地下厂房安装 4 台单机容量为 3.25 万 kW 的立轴冲击式水轮发电机组,最大水头 542.7m。电站年均发电量约 5.183 亿 kW·h,每年可节约标准煤 19.3 万 t、减少二氧化碳排放 48 万 t。1、2、3 号机组相继于 2022 年 12 月 20 日、2023 年 1 月 4 日、2 月 13 日顺利通过 72 小时试运行,正式投产发电。

2 月 27 日 水利部农村水利水电工作会议在北京召开,会议总结 2022 年农村水利水电工作,分析当前形势与任务,部署 2023 年重点工作。水利部副部长朱程清出席会议并讲话。会议要求,要立足复苏河湖生态,深入推动小水电绿色发展,稳妥推进小水电分类整改,推动小水电逐站落实生态流量,做好绿色小水电示范创建。

2 月 28 日 国家统计局发布《中华人民共和国 2022 年国民经济和社会发展统计公报》。公报显示,全年水电、核电、风电、太阳能发电等清洁能源发电量 29599 亿 kW·h,比上年增长 8.5%。年末全国发电装机容量 256405 万 kW,比上年末增长 7.8%。其中,火电装机容量 133239 万 kW,增长 2.7%;水电装机容量 41350 万 kW,增长 5.8%;

核电装机容量 5553 万 kW，增长 4.3%；并网风电装机容量 36544 万 kW，增长 11.2%；并网太阳能发电装机容量 39261 万 kW，增长 28.1%。

三月

3月1日　霍尔古吐水电站首部枢纽工程开工建设。该电站为新疆开都河中游河段规划的"两库七级"开发方案中的第三级水电站，为大（2）型工程，主要由首部枢纽、发电引水系统和地面厂房等建筑组成。工程采用引水式开发，总装机容量 42.65 万 kW，最大坝高 28.4m，总库容 463.5 万 m³。该电站建成后将为南疆地区提供可靠的电力保障，缓解当地电力供应紧张的局面。

3月5日　桐城抽水蓄能电站主体工程举行开工动员大会。该电站位于安徽省桐城市境内，安装 4 台单机容量为 32 万 kW 的立轴单级混流可逆式水泵水轮发电机组，单机额定流量为 104.2m³/s，额定水头 355.00m。该工程为一等大（1）型工程，枢纽工程主要由上水库、下水库、输水系统、厂房系统及永久交通道路等建筑物组成。

3月7日　巴州—铁干里克—若羌 750kV 输变电工程在新疆巴音郭楞蒙古自治州正式开建，这也是新疆 750kV 输变电工程中单体投资最大的电网工程。该工程总投资 46.16 亿元，围绕塔里木盆地东南侧进行施工，工程量 90% 都处于戈壁、沙漠等自然环境恶劣地区。工程预计 2024 年底建成投运，建成后，巴州将形成"北接南延西连东送"的 750kV 枢纽型骨干电网格局，有力支撑新疆电网第三交流外送通道的建设。

3月15日　新疆伊犁水库工程大坝成功截流。该工程为三等中型工程，总库容为 4344 万 m²，装机规模为 0.57 万 kW，年发电量 1913 万 kW·h。最大坝高 91.5m，为黏土心墙砂砾石坝。工程建成后，可改善灌溉面积 14.4 万亩，减少灌区地下水的开采量，进一步保护生态环境，促进区域经济发展。

3月16日　玉门抽水蓄能电站项目正式进入建设实施阶段。该项目位于甘肃省玉门市昌马镇境内，临近酒泉千万千瓦级风电基地，安装 4 台 30 万 kW 可逆式发电机组。设计年发电量 15.28 亿 kW·h，年抽水量 20.37 亿 kW·h，动态投资 102 亿元。该电站是目前国内海拔最高的抽水蓄能电站，首次在地面布置发电厂房。项目建成后，将成为甘肃酒泉千万千瓦级新能源基地重要调峰电源，在电网调峰、填谷、储能、调频、调相和紧急事故备用等方面发挥重要作用，为新能源大规模并网消纳提供重要支撑。

3月18日　大雅河、兴城抽水蓄能电站项目开工建设。大雅河抽水蓄能电站位于辽宁省本溪市桓仁县境内，安装 4 台 40 万 kW 可逆式机组，总投资 109.6 亿元，该工程利用在建的大雅河水库作为下水库；兴城抽水蓄能电站位于辽宁省葫芦岛市兴城市境内，安装 4 台 30 万 kW 可逆式机组，总投资 82.6 亿元。该两个工程均以 500kV 电压等级接入辽宁电网。这两座抽水蓄能电站项目已于 2 月 21 日通过辽宁省发展改革委核准批复，计划 2030 年投产发电。工程建成后，大雅河每年可减少原煤消耗约 51.58 万 t，可减少排放二氧化碳 96.53 万 t、二氧化硫 0.32 万 t；兴城每年可减少原煤消耗约 38.69 万 t，可减少排放二氧化碳 72.41 万 t、二氧化硫 0.24 万 t。每年节约标准煤 20 万 t。

3月20日　迁西县抽水蓄能电站项目开工建设，该电站位于河北省唐山市迁西县滦阳镇和上营乡，枢纽工程由上水库、输水发电系统、下水库、开关站、河道明渠等组成，安装 4 台单机容量 25 万 kW 的单级混流可逆式水泵水轮机。该电站年可发电 21 亿 kW·h，其中抽水电量 12.5 亿 kW·h，节约标准煤 20 万 t，电站总工期 66 个月，预计 2029 年第一台机组投产，2030 年全部机组投产发电。项目总投资 71.74 亿元。电站建成后承担京津及冀北电网调峰、填谷、储能、调频、调相和紧急事故备用等任务。

3月22日　鳌高水电站工程 4 号机组顺利通过 72 小时试运行并网发电，至此该电站 4 台机组全部并网发电。该电站为新疆叶尔羌河干流阿尔塔什水利枢纽以下至喀群引水枢纽河段梯级开发中的第二级水电站，采用引水式开发并承担阿尔塔什水利枢纽反调节任务。该电站安装 4 台 4.5 万 kW 水轮发电机组，总装机容量 18 万 kW，设计年发电量 5.65 亿 kW·h。该项目 1、2、3 号机组分别于 2022 年 9 月 17 日、10 月 21 日、12 月 27 日相继通过 72 小时试运行并网发电，实现"一年三投"目标。该电站于 2019 年 3 月开工建设。

3月28日　永泰抽水蓄能电站全容量投产仪式在现场举行。该电站位于福州市永泰县白云乡，主要由上水库、下水库、输水系统、地下厂房和地面开关站组成，电站安装 4 台单机容量 30 万 kW 单级混流可逆式水泵水轮机组，设计年发电量 12 亿 kW·h，抽水用电量 16 亿 kW·h。电站主体工程于 2018 年 12 月 18 日开工，2022 年 3 月 29 日下水库下闸蓄水，8 月 11 日首台机组正式投产发电。电站建成后，每年可减少原煤消耗 20.79 万 t，减少二氧化碳排放量近 42.2 万 t。

3月28日　黄羊抽水蓄能电站举行开工仪式。该电站位于甘肃省武威市黄羊河峡谷内，枢纽工程主要由上水库、输水系统、地下厂房系统、下水库及地面开关站等组成。安装 4 台单机容量 35 万 kW 的可逆式水泵水轮机组，额定水头 478m，设计年发电量 16 亿 kW·h，年抽水电量 21.33 亿 kW·h，预计 2030 年全部机组投产发电。该电站主要承担甘肃电网调峰、填谷、储能、调频、调相、备用等任务。

3 月 30 日　南漳抽水蓄能电站项目举行开工仪式。该电站位于湖北省襄阳市南漳县境内，装机容量 180 万 kW，年发电量 44 亿 kW·h，总投资约 120 亿元，2 月 3 日已通过湖北省发展改革委核准批复。电站建成投运后将显著提高华中地区和湖北电网的削峰填谷、调频调相和事故备用能力，将承担维护鄂西北电网安全稳定、促进区域清洁能源发展的任务。

3 月 30 日　张家坪抽水蓄能电站开工建设。该项目位于湖北省南漳县李庙镇张家坪村，总装机容量 180 万 kW，设计年发电量 20 亿 kW·h，总投资额 120 亿元。预计 2027 年首台机组并网发电，2028 年全部机组投产发电。项目建成后，可有效保障鄂西北电网安全稳定运行；每年可节省标准煤 54.5 万 t，减少二氧化碳排放 144.42 万 t。

3 月 30 日　枕头坝二级水电站成功实现二期截流。该电站是大渡河干流调整规划的第 22 级电站，位于乐山市金口河区境内，采用堤坝式开发，主要以发电为主，并兼顾下游生态用水要求。电站总装机容量 30 万 kW，核准投资 45.46 亿元，多年平均发电量 15.03 亿 kW·h，水库正常蓄水位 592m。建成后每年可节约标准煤 45.09 万 t，减少二氧化碳排放 96.05 万 t。该电站于 2021 年 10 月开工建设。

四月

4 月 3 日　水电水利规划设计总院主持召开国家电投集团公司西藏公司察隅电力波罗水电站工程竣工验收会议，验收委员会认为波罗水电站满足工程竣工验收条件，一致同意通过工程竣工验收。该电站位于西藏林芝察隅县境内，距离县城 30km，2013 年 12 月 16 日开工建设，2015 年 12 月 22 日 4 台机组全部实现发电，西藏公司提前完成了西藏自治区人民政府和国家电力投资集团有限公司交付的建设任务。截至 2022 年底，电站累计完成售电量约 2.55 亿 kW·h。

4 月 6 日　丰宁抽水蓄能电站 7 号机组投产发电。至此，该电站投产机组数量达 9 台，投产容量达 270 万 kW。电站 1～5 号和 8～10 号机组已投产运行，6、7 号机组计划 2023 年投入运行。届时，10 台机组将共同为华北电网提供清洁能源电力和高

效的新能源消纳能力。该电站总装机容量 360 万 kW，共安装 12 台 30 万 kW 机组，全部投产后年发电量达到 66 亿 kW·h。电站建成后可满足 260 万户家庭一年的用电，年节约标准煤 48.08 万 t，可减少碳排放 120 万 t，相当于造林 24 万余亩。

4 月 12 日　第 20 届第一批中国土木工程"詹天佑奖"入选工程名单公布，梨园水电站工程榜上有名。该电站为金沙江中游河段"一库八级"水电开发方案中的第三个梯级电站，位于云南省丽江市玉龙县与迪庆州香格里拉市交界的金沙江干流上，总装机容量 240 万 kW。电站建成金沙江干流上第一座面板堆石坝，工程于 2008 年 5 月开工，2014 年 12 月 28 日首台机组投产发电，2019 年 1 月通过工程枢纽验收，截至 2023 年 3 月 31 日已连续安全运行 3016 天，累计向社会送出 742.77 亿 kW·h 清洁能源。

4 月 14 日　内蒙古呼和浩特抽水蓄能电站工程竣工验收会议召开，验收委员会就工程竣工验收条件和存在的问题进行了研究讨论，认为该电站已完成 8 个专项验收，并已妥善处理各专项验收中的遗留问题，一致同意该工程通过竣工验收。该电站位于呼和浩特市东北部的大青山区域，2006 年通过国家发展改革委核准，装机容量 120 万 kW，总投资 65.85 亿元，2015 年 7 月 4 台机组全部投产发电，在系统中承担调峰、填谷、调频、调相和事故备用的任务。

4 月 18 日　凤滩水电站增容改造 3 号机组顺利通过 72 小时试运行，正式投入商业运行。该电站位于湖南省沅陵县、沅水支流酉水下游，始建于 20 世纪 70 年代，是中国第一座空腹重力拱坝电厂，原装机 4 台 10 万 kW 水轮发电机组。此次增容改造工程单机容量从 10 万 kW 增至 11.5 万 kW，实现了 0%～100% 全负荷安全稳定运行。全部机组改造完成后，同等水头和流量下，每年可增加发电量约 1.2 亿 kW·h。

4 月 25 日　黔南抽水蓄能电站项目通过贵州省发展改革委核准批复。该电站位于贵州省黔南布依族苗族自治州境内，枢纽工程主要由上水库、下水库、输水系统、地下厂房和地面开关站等建筑物组成，总装机容量 150 万 kW，总投资约 96.4 亿元。上水库位于贵定县德新镇晓丰村黄龙山东侧天然岩溶洼地槽谷，采用沥青混凝土面板全库盆防渗，沥青混凝土面板堆石坝最大坝高 60m；下水库位于福泉市马场坪街道黄丝村小寨冲沟，建筑物主要包括混凝土面板堆石坝、右岸岸边溢洪道、导流泄放洞，大坝采用钢筋混凝土面板堆石坝，最大坝高 90m。输水线路总长约 3180m，距高比约 5.4。

4 月 29 日　句容抽水蓄能电站项目上水库工程通过蓄水验收。该电站位于江苏省句容市境内，安装 6 台 22.5 万 kW 可逆式水轮发电机组，设计年发电量 13.4 万 kW·h，总投资约 96 亿元。该项目于 2016 年取得江苏省发展改革委的项目核准，2018 年 4 月主体工程开工，预计 2024 年底首台机组投产发电，2025 年实现全部机组投产发电。该项目由国网新源集团有限公司出资建设。

4 月 30 日　位于浙江杭州的 500kV 乔司—仁和线路双回开断接入浙北换流站工程竣工投产，至此，白鹤滩—浙江±800kV 特高压工程浙北换流站的 8 回 500kV 清洁能源输送通道全部建成。白鹤滩—浙江±800kV 特高压工程是我国"西电东送"的重点工程，送端连接的白鹤滩水电站利用金沙江的充沛水能，源源不断地将其转换为绿色动能输送到浙江杭州的浙北换流站。浙北换流站本期建设 8 回 500kV 输电通道，其中 4 回连接 500kV 瓶窑变电站和王店变电站的输电线路已于 2022 年 10 月建成。白鹤滩—浙江±800kV 特高压工程全面投产后将具备 800 万 kW 送电能力，年送电量预计超 300 亿 kW·h。

五月

5 月 5 日　牙根一级水电站项目通过国家发展改革委核准批复。该电站为二等大（2）型工程，枢纽工程由拦河闸坝、河床式厂房等组成。该电站为雅砻江中游 7 级开发方案中的第二级电站，位于四川省甘孜州雅江县境内，坝址区距县城约 5km。电站安装 3 台 10 万 kW 轴流式水轮发电机组，与两河口水电站联合运行多年平均年发电量 11.53 亿 kW·h，既是两河口水电站的反调节电站，也作为两河口混合抽水蓄能电站的下水库。

5 月 13 日　"梯级水光蓄互补联合发电关键技术、装备研发及应用"通过成果鉴定。该项目在四川省阿坝州小金县建成投运，攻克了梯级水光蓄互补联合发电世界级难题。实现了多项重大突破，建成投运国内首座全功率变速抽水蓄能示范电站，也是世界首座支撑新型电力系统的全功率变速抽水蓄能电站，投运世界首例梯级水光蓄互补联合发电系统示范工程。

5 月 23 日　阜康抽水蓄能电站下水库工程蓄水验收会议召开。会议一致认为，该电站下水库工程建设符合国家有关法律、法规和审批文件的规定，工程设计满足国家及行业规程规范要求，工程技术资料齐全，安全环保措施到位，蓄水方案、防洪度汛措施、应急预案总体可行，验收委员会同意新疆阜康抽水蓄能电站下水库工程 2023 年 6 月初下闸蓄水。该电站安装 4 台单机容量 30 万 kW 可逆水泵水轮发电机组。

5 月 25 日　澜沧江西藏段水风光一体化清洁能源基地暨 RM 水电工程开工仪式圆满举行。该基地是国家能源局拟重点推进的 3 个流域水风光一体化示范基地之一，规划总装机容量约 5000 万 kW，计划 2032 年全部建成投产。建成后多年平均发电量约 1000 亿 kW·h，每年可节约标准煤 3700 万 t，相当于减少二氧化碳排放量约 7700 万 t，减少二氧化硫排放量约 1.5 万 t，减少氮氧化物排放量约 1.7 万 t，减少烟尘排放量约 0.3 万 t。

5 月 30 日　巴塘水电站下闸蓄水验收会召开。验收委员会听取了工程建设、设计、监理、施工等单位关于工程下闸蓄水验收工作的汇报。与会委员、专家和代表审阅了工程验收资料，并就下闸蓄水验收条件和存在问题进行了研究和讨论，形成的《金沙江上游巴塘水电站工程下闸蓄水验收鉴定书》认为：电站形象面貌满足下闸蓄水要求，2023 年防洪度汛方案及措施已落实，工程具备下闸蓄水验收条件，同意择机进行下闸蓄水。该电站以发电为主，为二等大（2）型工程，总库容 1.41 亿 m³，装机容量 75 万 kW，多年平均发电量 33.75 亿 kW·h。电站建成后每年可节省标准煤 105 万 t，减少二氧化碳排放 315 万 t。

5 月 30 日　中国科协、教育部、科技部等联合发布了第二批"科学家精神教育基地"名单。中国水力发电工程学会和中国长江三峡集团有限公司联合申报的三峡工程博物馆亦位列榜单。博物馆位于三峡坝区右岸，距离三峡大坝 1km，是三峡大坝最佳观景点，三峡大坝是博物馆"第一展品"。博物馆占地面积 15 万 m²，建筑面积 2.1 万 m²。室内展陈面积 1 万 m²。展陈室内设有 3 个基本陈列展厅，分别是三峡馆、工程馆、水电馆；3 个主题展厅，分别是好奇水电研学中心、专业交流中心、文创中心；1 个专题展厅。截至目前，博物馆登记藏品 2140 件（套），包括三峡库区出土文物 1043 件（套），三峡工程及其他水电工程相关实物 821 件（套），三峡工程大型建设设备和机组部件 10 件（套）、长江流域化石、岩石、矿石标本和鱼类、珍稀植物标本 266 件。

六月

6 月 5 日　由水电水利规划设计总院、中国水力发电工程学会联合主办的"2023 年世界环境日水电行业鱼类增殖放流联合行动"正式开启。此次"联合行动"当天共放流国家保护、流域特有及重要经济鱼类约 899 万尾，旨在加深社会公众对水电工程环保工作的认识,推动水电开发与生态保护协调发展,切实保护水生生物多样性,树立绿色水电的形象。来自各大能源集团和其他水电开发建设单位代表共 2000 余人以"现场+云互动"形式参加开幕式和放流活动。

6月6日　超过 112 万尾长江上游珍稀特有鱼类在四川省宜宾市被放归金沙江。长江鲟是此次放流的主要品种,共计放流 71 万余尾,其中 65.3 万尾由中国长江三峡集团有限公司提供。此次放流活动,由农业农村部渔业渔政管理局、长江流域渔政监督管理办公室、渔政保障中心、四川省农业厅、宜宾市人民政府和中国长江三峡集团有限公司共同主办,共有长江鲟、胭脂鱼、岩原鲤、长薄鳅、长吻鮠、厚颌鲂、白甲鱼和中华倒刺鲃等 8 种鱼类放流金沙江。

6月7日　由东方电气集团东方电机有限公司自主研制的国内首台单机容量最大功率 15 万 kW 级大型冲击式转轮在四川田湾河流域梯级水电站正式投入运行,标志着我国实现高水头、大容量冲击式水电机组从设计、制造到运行的全面自主化。冲击式水轮机是通过高速射流冲击水斗带动转轮发电,从喷嘴喷出的水流流速可达 100m/s,此次投用的 15 万 kW 级大型冲击式转轮重约 20t,最大直径约 4m。

6月9日　扎拉水电站主体工程正式开工建设。该项目为玉曲河流域"两库七级"开发中的第六级,位于西藏自治区昌都市左贡县碧土乡扎郎村和林芝市察隅县察瓦龙乡珠拉村,枢纽主要建筑物由挡泄水建筑物、引水隧洞、电站厂房组成。最大坝高70m,总装机容量 101.5 万 kW,多年平均发电量39.46 亿 kW·h,为二等大(2)型工程,计划2027 年 3 月 31 日完工。项目建成投产后,每年可节约标准煤 130 万 t,减少二氧化碳排放 342 万 t。

6月11日　汨罗玉池抽水蓄能电站于开工建设。该电站位于湖南省岳阳市汨罗市川山坪镇境内,安装 4 台 30 万 kW 可逆式发电机组,总投资 81 亿元,总工期为 69 个月,双倍调节能力达 240 万 kW。项目建成投运后,主要承担调峰、填谷、调频、调相和紧急事故备用等任务,可有效平抑新能源随机性、波动性影响,促进清洁能源可靠消纳,助推能源绿色转型。

6月11日　宁夏—湖南±800kV 特高压直流工程开工仪式在宁夏回族自治区举行,工程送端起于宁夏中卫市的中宁换流站,途经宁夏、甘肃、陕西、重庆、湖北、湖南六省区,落点湖南衡阳市的衡阳换流站,线路全长 1639km,额定电压±800kV,输送容量 800 万 kW,总投资 281 亿元。该工程项目已

于 5 月 24 日获得国家发展改革委核准批复,据悉,2025 年"宁电入湘"工程投运后,向湖南年输送电量达 360 亿~400 亿 kW·h。

6月14日　江苏国信连云港抽水蓄能电站通过江苏省发展改革委核准批复。该电站位于连云港市后云台山,安装 4 台 30 万 kW 可逆式水泵水轮机组,设计年发电量 12.96 亿 kW·h。该项目由江苏省国信集团有限公司、江苏核电有限公司、国网江苏综合能源服务有限公司及江苏海州湾发展集团有限公司共同投资开发建设。项目建成后,主要承担江苏省电力系统调峰、填谷、储能、调频、调相和紧急事故备用等任务,每年可减少标准煤耗约 9.48万 t,减少二氧化碳排放量 60 万 t、二氧化硫排放量1.76 万 t,氮氧化物排放量 0.91 万 t,计划 2030 年工程完建,工程总投资约 85.9 亿元。

6月18日　自 2003 年 6 月 18 日长江三峡船闸正式向社会船舶开放通航以来,20 年间,累计运行超 19.3 万闸次,通过船舶 99.3 万余艘次、旅客1223.9 万余人次,过闸货运量达 19.1 亿 t,持续助力长江黄金水道发挥"黄金效益"。自三峡工程通航以来,船舶吨位从 1000t 级提高到 5000t 级,全线全年实现昼夜通航。同时,船舶单位马力拖带能力提升约 3 倍,平均能耗为原来的 1/3。水路运输能耗低、污染小、运距远、运能大、运价低等优势充分发挥。

6月23日　我国"西电东送"重点工程,白鹤滩—浙江±800kV 特高压直流输电工程顺利通过试运行期间各项测试,实现全容量投产,首次具备800 万 kW 满功率输送能力,为浙江省迎峰度夏电力保供提供坚实保障。

6月25日　水光互补电站——柯拉光伏电站正式投产发电。该电站装机容量 100 万 kW,地处位于雅江县西部柯拉乡境内,海拔 4000~4600m,场址面积约 1600 万 m²,光伏板数量达 200 多万块。工程建成后,每年发出的电量可节约标准煤超 60 万t,减少二氧化碳排放超 160 万 t。该电站产生的电能接入两河口水电站,在水电站内进行"加工"成为一种稳定的电能,再安全地接入电网。当光伏发电充足时,还可以减少放水发电,将水资源储存在水库中。待到用电高峰,再将储存的水放出发电,从而增加发电量。最终实现清洁资源的高效利用。

6月27~28日　长滩抽水蓄能电站预可行性研究报告审查会议在肇庆市召开。该电站位于肇庆市广宁县北市镇,枢纽工程主要由上水库、下水库、地下输水发电系统等组成。上水库位于广宁县北市镇葵洞林场六层河的源头,下水库位于上水库东南侧的田崀村葵洞水。电站装机容量 140 万 kW,额

定水头 572m，距高比 6.23。电站建成后承担广东电力系统调峰、填谷、储能、调频、调相和紧急事故备用等任务。

6月28日　菜籽坝抽水蓄能电站项目开工建设。该电站位于重庆市奉节县兴隆镇及冯坪乡境内，主要建筑物由上水库、下水库、输水系统、地下厂房洞室群、地面开关站等建筑物组成，安装 4 台 30 万 kW 的立轴单级混流式水泵水轮发电机组，预计 2029 年实现首台机组投产发电，2030 年全部机组投产发电。该项目于 2022 年 11 月通过重庆市发展改革委核准批复。电站建成后主要承担重庆电网调峰、填谷、储能、调频、调相和紧急事故备用等任务。

6月28日　水电水利规划设计总院在北京召开《中国可再生能源发展报告 2022》发布会。2022 年，全年新增可再生能源装机规模 1.52 亿 kW，占国内新增发电装机规模的 76.2%。其中，风电新增 3763 万 kW、太阳能发电新增 8741 万 kW、生物质发电新增 334 万 kW、常规水电新增 1507 万 kW、抽水蓄能新增 880 万 kW。截至 2022 年底，中国可再生能源装机规模 12.13 亿 kW，超过了煤电装机规模，在全部发电总装机规模的占比上升到 47.3%；年发电量 2.7 万亿 kW·h，占全社会用电量的 31.6%。其中，风电和光伏年发电量首次突破 1 万亿 kW·h，接近全国城乡居民生活用电量。

6月30日　红岭水利枢纽工程顺利通过由海南省水务厅主持的竣工验收。该枢纽工程位于海南琼中县境内的万泉河上游，是一项以灌溉、供水为主，兼顾防洪、发电等综合利用的大（2）型水利枢纽工程，属国务院 172 项重大水利工程之一，水库总库容 6.62 亿 m³，主坝最大坝高 91.9m，总装机容量 6.24 万 kW。工程建成后，将对保障中国文昌航天发射场和区域城乡供水，以及博鳌亚洲论坛永久会址防洪安全具有十分重要的作用。该工程于 4 月 28 日通过竣工移民安置终验，6 月 16 日通过终期蓄水阶段验收。

6月30日　地处海拔 4100m 的西藏湘河水利枢纽及配套灌区工程全面投产运行。该枢纽及配套灌区工程是国务院 172 项重大水利工程之一。工程以灌溉、供水、改善保护区生态环境为主，兼顾发电，2019 年开工建设，2020 年 2 月实现工程截流，水库总库容 1.1340 亿 m³，电站装机容量 4 万 kW，多年平均发电量 1.38 亿 kW·h，总投资 27 亿多元。工程设计有 8 条灌溉水渠共 83.42km，覆盖下游 6 个乡镇。灌溉水渠自 2021 年底全线贯通后，效益逐步显现。

七月

7月1日　全国首个流域级大坝智能在线监控平台在华能澜沧江水电股份有限公司（简称澜沧江公司）建成投运，标志着我国流域梯级大坝安全智能在线监控关键技术取得重大突破。目前，该平台已接入澜沧江公司 14 座已建成的大中型水电站，具备后续投产电站快速接入能力，为水电行业同类型系统建设提供了范本，对提升我国水电站大坝安全数字化和智能化管理水平具有重要意义。

7月4日　庆元抽水蓄能电站正式开工建设。该电站位于浙江省丽水五大堡乡和岭头乡境内，枢纽工程主要由上水库、输水系统、地下厂房系统、下水库及地面开关站等组成。总装机容量 120 万 kW，年发电量可达 14.49 亿 kW·h。总投资 83.35 亿元，工程总工期 72 个月，预计 2030 年全部机组投产。可担负电力系统的调峰、填谷、储能、调频、调相和紧急事故备用等任务，将提高清洁能源消纳能力，实现多能互补能源结构，保障电网安全运行。

7月4日　国内首台变速机组转子在河北丰宁抽水蓄能电站实现顺利吊装，转子吊装重量达到 493t，是丰宁抽水蓄能电站最重件吊装。该电站 11、12 号机组为可逆式变速机组，由奥地利安德里茨公司负责制造。此次吊装的 12 号机组转子吊装具有吊入间隙小、吊装精度高的特点，转子上下护环与定子铁芯理论单边间隙为 5mm，加上吊装过程中保护垫板 3mm 厚度影响，转子吊入理论间隙只有 2mm，为目前国内转子吊装最小间隙，吊装难度国内罕见。

7月7日　中国电力企业联合会发布《中国电力行业年度发展报告 2023》。报告显示，2022 年，全国电网统调最高用电负荷 12.9 亿 kW，全口径发电装机容量 25.67 亿 kW，其中水电 4.14 亿 kW，比上年增长 5.9%（抽水蓄能 4579 万 kW，比上年增长 25.8%）；电力供需方面，全国电力供需总体紧平衡；电力投资方面，2022 年度全国电源投资加速释放，水电投资 872 亿元，比上年下降 25.7%，白鹤滩水电站全部机组投产发电、金沙江下游水电基地全面建成，拉高了上年同期对比基数，导致水电投资下降；电力绿色低碳转型方面，全口径非化石能源发电装机容量 12.75 亿 kW，非化石能源发电占发电总装机容量的 49.7%。

7月7日　敦化抽水蓄能电站通过枢纽工程竣工验收。该电站是国内首座完全自主设计、制造、安装、调试、运行管理的 700m 级抽水蓄能电站，装设 4 台单机容量 35 万 kW 可逆式水泵水轮机发电机组。该电站于 2012 年 10 月通过国家发展改革委核准，2013 年 7 月主体工程开工，2021 年 6 月 4 日首台机组投产发电，2022 年 4 月 26 日实现全面投产发电。

7月9日　黄金峡水利枢纽正式下闸蓄水，标志着"引汉济渭"工程一期调水工程即将通水运行。黄金峡水利枢纽是"引汉济渭"水利工程的龙头水源，以供水为主，兼顾发电。最大坝高 63m，坝顶高程 455m，水库正常蓄水位 450m，总库容 2.21 亿 m^3。电站总装机容量 18 万 kW，布置有 2 个泄流底孔，5 个泄洪表孔。其主要任务是从汉江干流取水，年供水能力 10 亿 m^3。

7 月 10 日　三峡电站首台机组投产发电整 20 年。20 年来，三峡电站已累计发出 16000 多亿千瓦·时清洁电能。三峡电站共安装 34 台水轮发电机组，总装机容量 2250 万 kW，年设计发电量 882 亿 kW·h，是我国"西电东送"和"南北互供"的骨干电源点，电能昼夜不息被送往华东、华中、广东等地。

7 月 10 日　布尔津抽水蓄能电站项目正式开工建设。该电站位于新疆维吾尔自治区阿勒泰地区布尔津县境内，总装机容量 1400 万 kW，设计年抽水用电量 23.3 亿 kW·h，设计年平均发电量 17.5 亿 kW·h。电站建成投运后，在促进新能源消纳、推动能源绿色低碳转型、保障电力系统安全稳定运行等方面将发挥重要作用，预计每年可节约标准煤 72.69 万 t，减少二氧化碳排放约 218.65 万 t。

7 月 11 日　白鹤滩水电站 16 台百万千瓦水轮发电机组首次全开并网运行，全厂出力最高达 1208 万 kW，创白鹤滩水电站历史新高。截至目前，白鹤滩水电站累计发电量超 780 亿 kW·h。长江干流乌东德、白鹤滩、溪洛渡、向家坝、三峡、葛洲坝 6 座梯级电站全力顶峰保供，在 7 月 11、12 连续两日调峰量打破历史纪录，最高调峰量超 3200 万 kW。

7 月 11 日　硬梁包水电站首台机组定子顺利吊装就位。定子是发电机最重要的部件之一，此次吊装定子直径 13.43m，高 2.41m，吊装总重量（含吊具）约 340t。该电站水轮发电机组发电机额定功率 27 万 kW，额定电压 15.75kV，额定电流 10997A。该电站位于四川省泸定县境内，是大渡河水电基地干流规划 22 个梯级电站的第 13 个梯级，电站采用引水式开发，装机容量 120 万 kW。单独运行多年平均年发电量 52.28 亿 kW·h，与双江口水电站联合运行多年平均年发电量 54.22 亿 kW·h。

7 月 12 日　永昌抽水蓄能电站项目开工建设。该工程位于甘肃省永昌市河西堡镇，安装 4 台 30 万 kW 可逆式水泵水轮机发电机组，总投资 100 亿元，项目建成后，将充分发挥调峰、填谷、储能、调频、调相、备用等作用。采用 330kV 一级电压接入电网，送电距离约 70km。

7 月 17 日　国家统计局发布 2023 年上半年能源生产情况，统计情况显示，电力生产保持增长，上半年，发电量 41680 亿 kW·h，同比增长 3.8%。分品种看，火电同比增长 7.5%，水电下降 22.9%，核电增长 6.5%，风电增长 16.0%，太阳能发电增长 7.4%。6 月，发电量 7399 亿 kW·h，同比增长 2.8%。

7 月 19 日　国家能源局发布 1~6 月全国电力工业统计数据。数据显示，截至 6 月底，全国累计发电装机容量约 27.1 亿 kW，同比增长 10.8%。1~6 月，全国发电设备累计平均利用 1733h，比上年同期减少 44h。其中，水电 1239h，比上年同期减少 452h。

7 月 19 日　国家能源局发布 1~6 月全国电力工业统计数据。数据显示，上半年，全国可再生能源发展势头良好，发电装机容量和发电量稳定增长。截至 6 月底，全国水电装机容量 4.18 亿 kW，风电、太阳能发电、生物质发电装机容量分别为 3.9 亿、4.71 亿、0.43 亿 kW，可再生能源发电总装机容量突破 13 亿 kW，达到 13.22 亿 kW，同比增长 18.2%，约占我国总装机容量的 48.8%。

7 月 19 日　国家能源局发布 1~6 月全国电力工业统计数据。数据显示，1~6 月，我国可再生能源发电新增装机容量 1.09 亿 kW，占全国新增装机容量的 77%。其中，水电、风电、太阳能发电、生物质发电分别新增 536 万、2299 万、7842 万、176 万 kW。全国可再生能源发电量达到 1.34 万亿 kW·h，其中，水电、风电、光伏、生物质发电量分别为 5166 亿、4628 亿、2663 亿、984 亿 kW·h。

7 月 26 日　国务院新闻办公室举行国务院政策例行吹风会，截至 2023 年 6 月末，我国水电装机容量达到 4.2 亿 kW，占全部电力装机容量的 15.4%。上半年，水电发电量同比下降 22.9%。进入主汛期后，西南地区主要流域来水依然偏枯，客观上增加了电力保供的压力。国家发展改革委研判的针对性应对措施主要涉及：①提前蓄水，保障水电顶峰能力。②多能互补，提升火电和新能源的出力水平。③充分发挥大电网的优势，余缺互济。

7 月 26 日　南方电网通过"西电东送"累计输送电量已达到 30064 亿 kW·h，其中，水电等清洁能源约占 80%，累计减少燃煤消耗超 7 亿 t，减少二氧化碳排放约 19 亿 t，为保障南方五省区电力稳定供应，促进清洁能源消纳，服务碳达峰碳中和目标作出了积极贡献。南方五省区的"西电东送"自 1993 年云南和贵州向广东送电开始，至今已 30 年。

7 月 26 日　从中国南水北调集团有限公司获悉，截至 7 月 20 日，南水北调中线工程向北京输水 90.67 亿 m^3，水质始终稳定在地表水环境质量标准

Ⅱ类以上，北京市直接受益人口超过 1500 万。入京的南水北调水中，约 60 亿 m³ 用于自来水厂供水，占入京水量近七成；向密云、怀柔等本地大中型水库及密云、怀柔、顺义水源地存蓄超 22 亿 m³，其余向城市河湖补水。

7月28日 石台抽水蓄能电站主体工程开工仪式在项目现场举行。该电站位于安徽省池州市石台县仙寓镇和丁香镇境内，安装 4 台 30 万 kW 抽水蓄能机组，总投资 78.9 亿元，建成后主要承担安徽电网调峰、填谷、储能、调频、调相及紧急事故备用等任务。计划 2027 年首台机组投产发电，2028 年 4 台机组全部投产发电。

7月31日 梨园水电站工程竣工验收会议在昆明召开。验收组委会一致认为，该电站按照批准的设计方案、设计规模全部建成，已实现工程发电、防洪等功能，正式通过验收。该电站位于云南省丽江市玉龙县和迪庆州香格里拉市交界的金沙江中游河段，为河段"一库八级"规划的第三个梯级，以发电为主，兼顾防洪、促进地区经济、社会和环境的协调发展，并为发展旅游、库区航运等创造条件。该电站由混凝土面板堆石坝、溢洪道、泄洪冲沙隧洞、电站进水口和引水隧洞、地面发电厂房等主要建筑物组成。最大坝高 155m，水库正常蓄水位 1618m，总库容 8.05 亿 m³，装机容量 240 万 kW。

7月31日 由中国水力发电工程学会和潘家铮水电科技基金组织的"2023大学生暑期水电社会实践活动"开班仪式在云南乌东德水电站举行。此次活动有来自全国 17 所高校的 28 名水利水电及新能源相关专业的优秀学生代表参加。活动选定我国具有代表性的乌东德水电站和白鹤滩水电站作为依托项目。此次活动为期 12 天，学生们通过专家讲座、工程实践等形式，全面系统地了解水电站的规划设计、施工建设、运行管理、技术进步与创新、生态环保等各个方面，以进一步加深对水电工程的直观认识和了解，实现书本理论与工程实际的有机结合，增强实践知识和动手能力，培养和提高学生们热爱水电水利事业的情怀，将来更好地为促进绿色水电发展和建设生态文明国家奉献聪明才智。

7月31日 平坦原抽水蓄能电站主体工程开工仪式在项目现场举行。该电站位于湖北省黄冈市罗田县境内，枢纽工程主要由上水库、下水库、输水发电系统三大建筑物组成，电站装机容量 140 万 kW，项目总投资 94.08 亿元。电站建成后，预计每年可节省标准煤耗约 41 万 t，折算减排二氧化碳 108.9 万 t。同时，每年可减少电网弃风、弃光电量 9.2 亿 kW·h。

八月

8月6日 哇让抽水蓄能电站开工建设。该电站位于青海省海南藏族自治州贵南县境内，工程由上水库、下水库、输水发电系统及地面开关站等主要部分组成，利用黄河拉西瓦水库作为下水库。安装 8 台单机容量 35 万 kW 可逆式机组，总投资 159.4 亿元。电站建成后，双倍调节能力达 560 万 kW，通过 750kV 输电线路接入青海电网。每年可节约标准煤 182 万 t，减少二氧化碳排放 455 万 t。

8月8日 哈密—重庆±800kV 特高压直流输电工程开工。该工程起于新疆维吾尔自治区哈密市巴里坤换流站，止于重庆市渝北区渝北换流站，途经新疆、甘肃、陕西、四川、重庆五省（自治区、直辖市），直流线路全长 2290km。该工程额定电压 ±800kV、额定容量 800 万 kW，总投资 286 亿元，是首批沙戈荒大型风电光伏基地外送工程之一。

8月8日 栗子湾抽水蓄能电站开工动员大会在重庆隆重举行。该电站位于重庆市丰都县栗子乡境内，安装 4 台 35 万 kW 可逆式发电机组，设计年发电量 8.37 亿 kW·h，总投资 101.64 亿元。电站投产后主要承担重庆电网的调峰填谷、调频调相和紧急事故备用等任务，预计每年可节省标准煤耗 10.29 万 t，减少二氧化碳排放量 27.77 万 t。

8月8日 天角潭水利枢纽工程下闸蓄水。该枢纽工程位于海南省儋州市境内的北门江干流上，主要任务为保障工业用水、农业灌溉，并兼顾发电等综合利用，是国务院 172 项重大水利工程之一。该枢纽工程水库规模为二等大（2）型，主要建筑物由主坝、4 座副坝、引水发电建筑物、鱼道、总干渠、东岸干渠等渠系建筑物等组成，水库总库容为 1.94 亿 m³。该工程 2020 年 4 月开工建设，2023 年 4 月 27 日通过蓄水安全鉴定，7 月 28 日通过下闸蓄水阶段验收。

8月15日 阜康抽水蓄能电站上水库正式下闸蓄水。该电站总装机容量 120 万 kW，设计年发电量 24.1 亿 kW·h，年抽水电量 32.13 亿 kW·h，总投资 83.68 亿元，下水库已于 2023 年 6 月正式下闸蓄水，预计 2023 年底首台机组投产发电，2024 年 4 台机组全部投入运行。项目建成后每年可减少二氧化碳排放 49.1 万 t，减少二氧化硫排放 1800t。

8月19日 南山口抽水蓄能电站正式开工建设。该项目位于青海省海西州格尔木市境内，作为目前世界 3500m 以上高海拔地区装机容量最大、调节库容最大的抽水蓄能电站，安装 8 台 30 万 kW 抽水蓄能机组，项目总投资约 180.72 亿元。项目计划 2028 年实现首批机组投产，2030 年实现全部机组投产。项目建成投产后，能够有效调节 240 万 kW 装机容量的风电和 500 万 kW（交流侧）的光伏，每年可带动新能源发电量增长近 148 亿 kW·h。可以有效促进当地能源结构优化和新能源消纳，为新能源产业高效、可持续发展提供有力保障。

8 月 25 日　从中国长江三峡集团有限公司获悉，由乌东德、白鹤滩、溪洛渡、向家坝、三峡、葛洲坝 6 座梯级电站构成的世界最大清洁能源走廊日发电量达 14.68 亿 kW·h，创历史新高。8 月 8～25 日，梯级电站连续 18 日单日发电量超 10 亿 kW·h，绿色清洁电能持续输送到受电区域，为电力安全保供、能源绿色低碳转型发展作出贡献。

8 月 26 日　乌海抽水蓄能电站上水库与引水系统土建及金属结构安装工程开工，标志着电站主体工程建设正式拉开序幕。该工程位于内蒙古乌海，枢纽建筑物主要由上水库、输水系统、地下厂房系统、下水库及地面开关站等组成，安装 4 台 30 万 kW 可逆式水泵水轮机。项目建成后，消纳新能源电量 26 亿 kW·h，减少二氧化碳排放 85.05 万 t、二氧化硫排放 1.61 万 t，将承担蒙西电网系统中调峰、填谷、调频、调相、紧急事故备用及黑启动等功能。该项目总投资约 83.39 亿元，计划 2027 年底首台机组投产发电。

8 月 27～31 日　由中国和巴西两国大坝委员会共同主办的第五届堆石坝国际研讨会暨巴西大坝委员会学术年会周在巴西召开，来自中国、巴西、法国、西班牙、瑞士、阿根廷等国家的近 800 名专家、学者参会交流，并同期评选颁发了 5 座堆石坝国际里程碑工程奖。其中，中国电力建设集团有限公司设计承建的猴子岩面板堆石坝、老挝南欧江六级（Nam Ou VI）面板堆石坝、中国长河坝心墙堆石坝等 3 项工程荣获堆石坝国际里程碑工程奖。

8 月 29 日　天池抽水蓄能电站 4 号机组通过 15 天考核试运行，投产发电，至此，该电站 4 台抽水蓄能机组全部投产发电，实现"一年四投"目标。该电站位于河南省南召县马市坪乡，由上水库、下水库、水道系统、地下厂房和地面开关站等部分组成，安装 4 台单机容量 30 万 kW 可逆式水泵水轮发电机组，设计年发电量 9.62 亿 kW·h，年抽水电量 12.83 亿 kW·h。以 500kV 线路接入华中电网，总投资 67.51 亿元。该电站首台（1 号）以及 2、3 号机组相继于 1 月 13 日、4 月 21 日、6 月 21 日通过 15 天考核试运行，正式投产发电。该项目 2014 年 6 月取得国家发展改革委核准，电站全面投产后，预计每年可节约标准煤 8.39 万 t，减少二氧化碳排放 23 万 t。

8 月 30 日　柯城抽水蓄能电站工程通过浙江省发展改革委核准。该电站位于浙江省柯城区七里乡，为一等大（1）型工程，枢纽工程主要由上水库、下水库、输水系统、地下厂房和地面开关站等建筑物组成。上水库位于石梁溪上游支沟山后源沟源，下水库位于三仙桥附近石梁溪上游河段。为日调节纯抽水蓄能电站，装机容量 120 万 kW，计划总投资约 80.72 亿元，主要承担浙江电网调峰、填谷、储能、调频、调相和紧急事故备用等任务。

九月

9 月 2 日　大藤峡水利枢纽工程最后一台机组通过 72 小时试运行，正式投产运行，至此，全部机组实现投产运行。该枢纽工程位于珠江流域黔江河段，集防洪、航运、发电、水资源配置、灌溉等综合效益于一体。左岸厂房安装 3 台，右岸厂房安装 5 台，单机容量 20 万 kW 机组。工程全部投产发电后年均发电量可达 60.55 亿 kW·h，可节约标准煤约 220 万 t，减少烟尘排放量超 40 万 t。

9 月 10 日　镇安抽水蓄能电站下库区蓄水工作顺利完成，达到预计蓄水位。该电站位于陕西镇安，总装机容量 140 万 kW，预计 2023 年底首台机组并网发电。2024 年 4 台机组全部投产运行后，年发电量可达 23.4 亿 kW·h，年均节约标准煤约 11.7 万 t，减排二氧化碳约 30.5 万 t、二氧化硫约 0.28 万 t。电站建成投产后将发挥新能源消纳、电网调峰、调频、储能备用、黑启动等重要功能，助力实现碳达峰、碳中和。

9 月 11～13 日　水电水利规划设计总院在长沙组织召开湖南省常宁抽水蓄能电站可行性研究报告审查会议，中国电建集团中南勘测设计研究院有限公司进行关于可行性研究报告主要设计成果的详细汇报，专家组分别对水文规划、工程地质、枢纽布置等 10 个组别进行深入讨论和集中审议，一致认可可行性研究报告主要设计成果，通过了可行性研究报告审查意见。

9 月 13～15 日　水电水利规划设计总院在南宁组织召开钦州抽水蓄能电站可行性研究报告审查会议，与会专家听取了该项目可行性研究报告编制总体情况汇报，并组成规划、地质、水工、施工等 10 个专业组对项目设计方案进行认真审查，就进一步完善可行性研究报告内容提出了意见和建议。专家一致认为，该项目可行性研究勘测设计方案符合安全可靠、技术可行、经济合理、绿色环保的整体要求，达到可行性研究阶段勘测设计工作内容和深度的要求，一致同意可行性研究报告通过审查。该电站位于钦州市灵山县境内，安装 4 台单机容量 30 万 kW 可逆式水泵水轮机组，建成投产后可承担广西电网调峰、填谷、储能、调频、调相和紧急事故备用等任务。

9月11~15日　以"水与万物——人与自然和谐共生"为主题的第18届世界水资源大会在北京举行。该大会为首次在中国举办，来自60多个国家和地区、30多个国际组织的近1300位代表参加了本届大会。水利部部长李国英在主旨报告中指出，自古以来，我国的基本水情一直是夏汛冬枯、北缺南丰，水资源时空分布极不均衡，水旱灾害多发频发。中国人均水资源量仅为2000m³，约为世界平均水平的35%。为此，我国落实全面节约战略，深入实施国家节水行动，建立健全节水制度政策，大力推动全社会节水，全面提高水资源的利用效率和效益。

9月12日　菲迪克"2023年全球基础设施奖"颁奖典礼在新加坡举行，白鹤滩水电站荣获该年度菲迪克工程项目奖最高奖项"卓越工程项目奖"。这是继三峡水利枢纽、三峡升船机、溪洛渡水电站、乌东德水电站之后，中国长江三峡集团有限公司第五次获"菲迪克"相关奖项荣誉。

9月14日　拉西瓦水电站工程竣工验收会议在西宁召开。与会的各验收委员、各参建单位代表就拉西瓦水电站工程竣工验收条件进行了详细讨论和审查，形成了验收鉴定书。经验收委员会审定，一致认为拉西瓦水电站已按批准的设计规模、设计方案全部建成，电站功能已实现。枢纽工程主要建筑物、机电及金属结构设备运行正常，工程质量合格，有关竣工验收的文件、资料齐全，工程初期运行正常，社会和经济效益良好，同意通过竣工验收。该电站位于青海省贵德县与贵南县交界的黄河干流上，总装机容量420万kW，单台装机容量70万kW，截至8月底，电站已累计完成发电量1519.31亿kW·h。

9月15日　国内海拔最高的750kV超高压变电站顺利投运。该工程位于青海省同德县境内海拔3365m的750kV云杉变电站（黄河玛尔挡750kV汇集站工程），是青海—河南特高压直流输电工程重要电源点，可将玛尔挡、宁木特、尔多、果洛以及同德地区水电、新能源等清洁电能外送，每年可输送清洁电能约150亿kW·h，为"青豫直流"工程提供有力电源保障。

9月16~18日　安仁金紫仙抽水蓄能电站项目可行性研究报告审查会议在长沙召开。该电站位于湖南省郴州市安仁县境内，枢纽工程主要由上水库、下水库、输水系统、地下厂房及地面开关站等组成。上水库位于金紫仙镇高源村，下水库位于金紫仙镇金紫仙村。电站装机容量120万kW，额定水头382m，距高比4.5。电站建成后承担电网系统调峰、填谷、储能、调频、调相和紧急事故备用等任务。

9月19日　文登抽水蓄能电站6号机组通过15天试运行，投入商业运行，至此，电站全部机组顺利投产发电，实现"一年六投"。该电站位于山东省威海市文登区界石镇，总装机容量180万kW，额定水头471m，设计年发电量27.101亿kW·h，年抽水用电量36.135亿kW·h。电站建成后以两回500kV出线接入山东电网，在电网中承担调峰、填谷、调频、调相和紧急事故备用等任务。1、2号以及3、4、5号机组分别于1月1日、5月1日、6月15日、8月28日通过15天试运行，投入商业运行。

9月25日　国内首单水电基础设施REITs项目获中国证券监督管理委员会、上海证券交易所正式受理。该项目基础资产是位于四川省甘孜藏族自治州的五一桥水电站，装机规模13.7万kW，将成为国内首单水电公募REITs、四川省首单公募REITs。该项目为中国电力建设集团有限公司向金融市场的一次创新实践与突破，也是中国电力建设集团有限公司作为我国水电建设领域历史最悠久、业绩最突出、技术最领先的中央企业的使命担当。

9月25日　若羌抽水蓄能电站及一期新能源项目举行开工仪式。该项目位于新疆巴音郭楞蒙古自治州若羌县城南约36km处，工程枢纽主要由上水库、下水库、输水系统和地下发电厂房系统等建筑物组成。该项目总装机容量210万kW，设计年发电量26.25亿kW·h，总投资约165.25亿元。电站建成后，将有效平抑新能源的随机性和波动性影响，承担电网调峰、填谷、调频、调相等功能，推动清洁能源的可靠消纳，每年可节约标准煤134.5万t，减少二氧化碳排放404.6万t。该项目于9月21日通过新疆维吾尔自治区发展改革委核准批复。

9月26日　永安抽水蓄能电站正式开工建设。该电站位于福建省永安市小陶镇境内，枢纽工程主要由上水库、输水系统、地下厂房系统、下水库及地面开关站等建筑物组成，安装4台30万kW可逆式水泵水轮发电机组，预计年均发电量12.6亿kW·h。主体工程计划总工期69个月，总投资约75亿元。电站建成后，每年可节约标准煤66万t，减少二氧化碳排放165万t，实现"生态+经济"双赢，有力促进三明革命老区高质量发展。

9月27日　蒲县抽水蓄能电站正式开工建设。该电站位于山西临汾蒲县黑龙关镇和乔家湾镇境内，由上水库、下水库、输水系统、地下厂房、地面开关站等组成，安装4台单机容量为30万kW的可逆式机组。工程施工总工期69个月，总投资92.45亿元。电站建成后，主要承担山西电网调峰、填谷、储能、调频、调相、紧急事故备用任务。该项目于6月取得山西省发展改革委核准批复。

9月28日　黄河尔多水电站预可行性研究报告通过技术评审。该电站位于海南藏族自治州同德县（右岸）和果洛藏族自治州玛沁县（左岸）交界的黄河干流上，安装4台单机容量35万kW机组，是龙羊峡以上黄河干流湖口至尔多河段梯级规划的最后一个梯级，距上游玛尔挡水电站约33km，距下游茨哈峡水电站约80km。电站建成后，可以通过电站水库调节作用，更好地服务电力系统、服务新能源消纳。

十月

10月4日　厦门抽水蓄能电站1号机组通过15天考核试运行，顺利实现投产发电。该电站位于福建厦门市同安区汀溪镇，枢纽工程主要由上水库、下水库、输水系统、地下厂房及开关站等建筑物组成，安装4台单机容量35万kW的混流可逆式水轮发电机组。电站机组全部投运后，每年将为福建电网节约标准煤22万t，减少二氧化碳排放44万t。

10月10日　李家峡水电站单机容量40万kW的5号机组顺利通过72小时试运行，正式投产发电，标志着我国首次采用双排机布置、世界最大双排机布置的水电站实现200万kW全容量并网。该电站于1987年7月开工建设，先后于1997年2月16日、1997年12月7日、1998年5月26日、1999年12月10日实现1～4号机组的并网发电目标。该5号机组扩机工程主要配合光伏、风力发电间歇性电源运行，平抑风光发电出力变幅，将新能源发电转换为安全稳定的优质电源，实现清洁能源打捆外送，对保障"青豫直流"特高压外送通道的安全性、稳定性、经济性和助力构建新型能源体系意义重大。

10月16日　紫云山抽水蓄能电站工程正式开工。该电站位于湖北省黄冈市黄梅县五祖镇、苦竹乡境内，安装4台35万kW可逆式水轮发电机组，设计满发利用小时数为6h，设计年发电量15.6亿kW·h。电站建成后，主要承担湖北省电力系统调峰、填谷、储能、调频、调相和紧急事故备用等任务。

10月17日　为保障阿合奇县冬季电采暖负荷高峰期的用电需求，别迭里水电站开关站联络变增容扩建工程顺利完工，正式向新疆克州阿合奇县电网供电。

10月18日　贵阳抽水蓄能电站正式开工建设。该电站位于贵阳市修文县谷堡镇，枢纽工程由上水库、下水库、输水系统、地下厂房、地面开关站及场内永久道路等组成，安装4台37.5万kW可逆式水轮发电机组。电站建成后，每年可输送清洁电能17.77亿kW·h，增加风光新能源吸纳电量36.58

亿kW·h，每年可节约标准煤约107.6万t。同时，将在电网中承担调峰、填谷、调频、调相和事故备用等任务。

10月27日　黔南抽水蓄能电站正式开工建设。该电站位于黔南州贵定县和福泉市交界处，安装4台37.5万kW可逆试水泵水轮发电机组，额定水头526m，总投资约96.5亿元，建设总工期约72个月。电站建成后，将承担贵州电力系统调峰、填谷、储能、调频、调相、储能和紧急事故备用等任务。

10月27日　金上—湖北±800kV特高压直流输电工程卡麦±400kV换流站项目土建工程正式开工。卡麦换流站是该工程送端起始站，站址位于西藏自治区芒康县竹巴龙乡西松贡村，海拔3650～3740m，川藏高原的水电和新能源资源富集，蕴藏巨大。工程建成投运后，每年可向华中输送电量近400亿kW·h，每年可替代燃煤超过1700万t、减少二氧化碳排放约3400万t，大幅提高华中地区绿电比例。

10月28日　作为国务院172项重大水利工程项目之一的犬木塘水库枢纽首台机组通过72小时试运行，并网发电。该工程以灌溉为主，结合城乡供水，兼顾灌区水生态环境改善以及航运、发电等综合利用效益的水利工程。枢纽电站共配备4台单机容量0.85万kW灯泡贯流式水轮发电机组，转轮直径4.7m，总装机容量3.4万kW，设计年均发电量可达1.15亿kW·h。电站厂房布置于右岸河床，工程建成后，可改善和新增农田灌溉面积113.16万亩，可保障衡阳市祁东县县城和邵东市城区90万人口供水，有效解决灌区范围内农村70.2万人饮水提质增效问题。该工程10月17日顺利通过下闸蓄水阶段验收。

10月29日　辰溪抽水蓄能电站正式开工建设。该项目位于湖南省怀化市辰溪县田湾镇选场村湖池、修溪镇八家塘村锁石坡，由上水库、下水库、输水系统、地下厂房、地面开关站等组成。安装4台单机容量为30万kW可逆式水轮发电机组，年抽水电量17.03亿kW·h，设计年发电量12.77亿kW·h，电站建成后将减少清洁能源弃电量14.4亿kW·h，每年可节约电力系统标准煤约45.2万t，减少二氧化碳排放量约96万t。

10月30日　鲁地拉水电站工程顺利通过工程竣工验收。该电站工程位于云南省丽江市永胜县与大理白族自治州宾川县交界处的金沙江干流上，是金沙江中游水电规划8个梯级电站中的第七个梯级电站，上、下游分别与龙开口、观音岩梯级衔接。水库总库容17.18亿m³，调节库容3.76亿m³，具有日调节性能。电站总装机容量216万kW，多年平均发电量 93.23 亿 kW·h。该项目于 2012 年 2 月 10 日通过国家发展改革委核准，2015 年 10 月 6 台机组全部投产发电。

10 月 31 日　梅帕塘水库工程顺利完成截流。该工程位于西藏那曲市巴青县杂色镇内，为三等中型工程，以灌溉、供水、改善保护区生态环境为主要功能，兼顾发电。总库容 2410 万 m³，主要建筑物包括挡水建筑物、泄水建筑物、发电引水建筑物、取水建筑物、坝后式电站和过鱼建筑物，装机容量 4.2 万 kW。建成后，可满足灌区约 4.44 万亩牧草地的灌溉用水需求，解决索县和巴青县 5.26 万人的供水问题。

10 月 31 日～11 月 2 日　为期 3 天的 2023 世界水电大会在印度尼西亚巴厘岛举行，会议主题为"以水电推动可持续增长"。会议由国际水电协会主办，印度尼西亚政府和印尼国家电力公司联合承办，来自 40 多个国家 1000 余名政府、工商、金融和学术等各界的嘉宾参会。大会发布《关于推动可持续增长的巴厘岛声明》，呼吁将可持续水电作为各国战略发展的支柱，建设由清洁可再生能源支撑的绿色低碳经济。

十一月

11 月 6 日　滚哈布奇勒水电站项目获得新疆维吾尔自治区发展改革委核准批复。该项目位于开都河中游和静县与焉耆回族自治县交界处，是开都河中游河段水电"两库七级"开发方案中的第四级电站，枢纽由大坝、泄水建筑物、引水发电系统、生态电站等组成，总装机容量 25.7 万 kW。该项目总投资 15.7 亿元，建设期 58 个月，由国电电力巴州发电有限公司投资建设。该项目开发能够有效促进节能减排，有利于能源资源可持续发展。

11 月 11 日　旭龙水电站成功实现大江截流。该电站位于四川甘孜藏族自治州得荣、巴塘县和云南迪庆藏族自治州德钦县、西藏昌都地区芒康县境内，于 2022 年 6 月 7 日正式获得国家发改委核准批复。电站总装机容量 240 万 kW，工程总投资 294 亿元，计划 2029 年投产发电。

11 月 13 日　江华湾水源抽水蓄能电站开工仪式举行。该电站位于湖南江华瑶族自治县湘江乡，工程枢纽由上水库、下水库、输水系统、地下厂房、地面开关站等组成，电站装机容量为 140 万 kW，总投资约 89.6 亿元，年发电量 15.8 亿 kW·h，施工建设期计划 6 年。项目建成后，主要承担湖南电网的调峰、填谷、储能、调频、调相和紧急事故备用等任务。

11 月 14 日　玛尔挡水电站下闸蓄水。该电站

位于青海省同德县与玛沁县交界处的黄河干流上，平均海拔 3300m，含氧量不足平原地区的 60％。电站总装机容量 232 万 kW，总库容 16.22 亿 m³，混凝坝体高度 211m，属一等大（1）型水电站。投产发电后，电站平均年发电量达 73 亿 kW·h，相当于每年节约标准煤约 220 万 t，减少排放二氧化碳约 816 万 t。2022 年 2 月 16 日，大坝水平趾板浇筑完成；2023 年 9 月 6 日，大坝二期面板混凝土浇筑完成。

11 月 14 日　水利部在安徽省霍山县召开绿色小水电示范电站现场会，加强典型经验交流，审议并评定 2023 年度绿色小水电示范电站建议名单。会议指出，绿色小水电示范电站在保护和修复河流生态、复苏河湖生态环境、安全生产标准化建设以及增进民生福祉等方面充分发挥了示范作用，已成为引领行业转型升级、绿色发展的闪亮名片。

11 月 14 日　重庆藤子沟生态电站经过 72 小时试运行，并网投产发电。该电站装配 1 台 1250kW 卧式水轮发电机组，通过单回 10kV 输电线路并入重庆电网石柱楼房湾 110kV 变电站，年发电量约 800 万 kW·h。该工程建成后，既能达到修复下游河段生态环境的目的，又能进一步提高水资源的利用率，保障电站与当地生态和谐共生。

11 月 16～22 日　白鹤滩水电站枢纽工程竣工安全鉴定圆满完成。专家组在听取汇报、查阅资料、查勘现场以及和参建各方充分讨论的基础上，总结编制了枢纽工程竣工安全鉴定总报告。专家认为，该电站枢纽工程符合国家批准的建设规模，工程质量优良，各主要建筑物、机电及金属结构设备运行安全，工程已实现预定的发电、防洪等目标，具备安全运行条件。该电站总装机容量为 1600 万 kW，其全面建成投产，标志着世界最大清洁能源走廊全面建成。

11 月 20 日　松阳抽水蓄能电站主体工程顺利开工。该电站位于浙江省松阳县，枢纽工程主要建筑物由上水库、下水库、输水系统、地下厂房和开关站等组成。电站总装机容量 140 万 kW，年发电量 14 亿 kW·h，抽水电量 19 亿 kW·h，引水竖井长度 531.2m 为全国第一，总投资 88.2 亿元，计划于 2027 年 12 月实现首台机组投产发电。电站建成后，主要供电浙江电网，承担浙江电网调峰、填谷、储能、调频、调相和紧急事故备用等任务。每年可节省燃煤消耗量约 26 万 t，相应减少二氧化碳排放 52 万 t。

11 月 20 日　黑河黄藏寺水利枢纽工程顺利下闸蓄水。该项目为国务院确定的 172 项节水供水重大水利工程之一，位于青海省祁连县，工程枢纽主

要由拦河坝、引水发电系统、电站厂房等建筑物组成。拦河坝为碾压混凝土重力坝，最大坝高 123m，工程最大坝高 123m，总库容为 4.03 亿 m^3，调节库容 2.95 亿 m^3，电站装机容量 4.9 万 kW，多年平均发电量为 2.03 亿 kW·h。

11 月 24 日 巴塘水电站成功实现导流洞下闸蓄水。该电站位于四川省甘孜州巴塘县和西藏自治区昌都市芒康县境内，为金沙江上游河段规划 13 个梯级中的第九级电站。总库容 1.415 亿 m^3，调节库容 0.21 亿 m^3，具有日调节能力。电站安装 3 台混流式水轮发电机组，总装机容量 75 万 kW，2018 年 3 月开工建设。

11 月 25 日 阜康抽水蓄能电站 1 号机组通过 15 天试运行，举行投产仪式。该电站由上水库、下水库、输水系统、地下厂房、地面开关站等部分组成，安装 4 台 30 万 kW 可逆水泵水轮发电机组，设计年发电量 24.1 亿 kW·h，设计年抽水用电量 32.13 亿 kW·h，具有调峰、填谷、调频、调相、储能、事故备用和黑启动等多种功能。该电站由中国电建集团西北勘测设计研究院有限公司牵头，联合中国水利水电第三工程局有限公司、中国水利水电第十五工程局有限公司组成联营体采用 EPC 建设模式的国内首座抽水蓄能电站，全面投产后，将有效促进节能减排，服务绿色发展，双倍调节能力达 240 万 kW，每年可增发新能源 26 亿 kW·h，同时减少标准煤耗 16.5 万 t，减排二氧化碳约 49.6 万 t。

11 月 27 日 新集水电站 2 号机组通过 72 小时试运行，实现并网发电，实现"一年两投"目标。该工程位于汉江中游河段襄阳樊城区太平店镇境内，为汉江夹河以下干流综合利用规划中 9 个梯级中的第四个。工程以发电为主，具有灌溉、旅游、航运等综合利用功能，安装 4 台单机容量 3 万 kW 的灯泡贯流式水轮发电机组，年发电量 5.09 亿 kW·h，1 号机组已于 9 月 15 日经过 72 小时试运行，并网发电，3、4 号机组正在进行安装，全部机组计划于 2024 年 3 月底投产发电。

11 月 28 日 和静抽水蓄能电站和滚哈布奇勒水电站一体化工程开工仪式在新疆和静县举行。和静抽水蓄能电站项目总装机容量 210 万 kW，主要承担电力系统调峰、填谷、储能、调频、调相和紧急事故备用等任务。滚哈布奇勒水电站是开都河中游河段水电"两库七级"开发方案中的第四级电站，装机容量 25.7 万 kW。电站主要由大坝、泄水建筑物、引水发电系统、生态电站等组成。开都河滚哈布奇勒水电站水库作为和静抽水蓄能电站下水库，两个项目统筹规划设计、一体化开发、一体化运营。两个项目的开发建设，可共同带动开都河流域暨新

疆巴音郭楞蒙古自治州北部千万千瓦级水光蓄储一体化大型清洁能源基地超过 800 万 kW 光伏的发展。预计全部建设投产后，每年可节约标准煤 390 万 t、减排二氧化碳约 1173 万 t。

11 月 28 日 来宾抽水蓄能电站开工建设。该电站位于广西来宾市金秀县东部，枢纽建筑物由上水库、下水库、输水系统及发电厂房等组成，装机容量 120 万 kW，投产后年发电量约 14.33 亿 kW·h。电站建成后，主要承担广西电力系统调峰、填谷、储能、调频、调相和紧急事故备用等任务。

11 月 28 日 南网储能公司集控中心建设项目顺利通过竣工验收。该集控中心建设共完成约 24 万监控系统测点的建模工作，8350 幅监控画面绘制工作，以及 2445 项闭锁逻辑、1341 项流程脚本的集成和开发工作，完成 1108 项集控远控机组控制命令试验工作，完成 248 项集控远控设备控制命令试验工作。实现对所辖抽水蓄能电站、常规水电站的集中监视和控制，总控制装机容量达到 1220 万 kW，控制效率提升 2~3 倍，实现了属地化分散式监控模式向远程少人多厂站集中监控模式转型。

11 月 29 日 嘎堆水电站工程竣工决算专项验收会议在拉萨召开。验收委员会认为，嘎堆水电站建设符合国家基建项目管理要求，电站实际总投资控制在概算范围内，主体工程未出现超规模、超标准、超概算建设等情况。项目合同（协议）执行及结算情况总体良好，财务账目清楚，交付使用资产真实、准确，电站运行情况良好，社会效益明显。满足验收要求，一致同意通过工程竣工决算专项验收。

11 月 30 日 平川抽水蓄能电站项目通过甘肃省发展改革委核准批复。该项目位于甘肃省白银市平川区种田乡，安装 4 台单机容量 29.5 万 kW 的可逆式水泵水轮机组，总投资 99.7 亿元，设计满发利用小时数 6h，年发电量 20 亿 kW·h，年抽水电量 27.21 亿 kW·h。计划 2028 年首台机组投产，2029 年全部建成。

十二月

12 月 3 日 五强溪扩机工程最后一台机组（7 号）顺利完成 72 小时试运行，具备商业运行条件，标志着该工程提前完成"双机"投产目标。该电站位于沅水干流的沅陵县境内，工程以发电为主，兼有防洪、航运的综合利用水电站。该扩机工程于 2019 年开建，工程新增 2 台单机容量 25 万 kW 的发电机组，年设计发电量 5.583 亿 kW·h，该电站位于大坝右岸，首台机组已于 11 月 26 日完成 72 小时试运行，投产发电，主要利用水库夏季较丰来水和

调节能力发电。该电站投产后，水资源利用率由80％提高至90％，调度容量提高至175万kW，极大改善和优化湖南能源结构。

12月7日　蟠龙抽水蓄能电站举行首台机组发电仪式。1号机组通过15天试运行，投产发电。该电站位于重庆市綦江区中峰镇，工程枢纽由上水库、输水系统、地下厂房系统、下水库及地面开关站等建筑物组成，总装机容量120万kW，设计年发电量20亿kW·h，年抽水电量26.7亿kW·h。工程总投资71亿余元，电站于2015年9月开工建设，计划于2024年全部投产发电。全部投运后，每年可节约标准煤15.2万t，减少二氧化碳排放39.8万t，节能减排效益显著。该项目于2014年6月通过国家发展改革委核准，2015年9月开工建设。

12月7日　中国水力发电工程学会、水力发电科学技术奖励委员会发布《关于2023年度水力发电科学技术奖奖励的决定》指出：授予"40万kW700m级高稳定性抽水蓄能机组关键技术与应用"等9项成果水力发电科学技术奖一等奖，授予"南水北调东线大型泵站群优化调度和智能控制关键技术与装备"等14项成果水力发电科学技术奖二等奖，授予"白鹤滩水电站地下洞室群安全高效绿色建造关键技术"等23项成果水力发电科学技术奖三等奖。

12月7日　中国水力发电工程学会、水力发电科学技术奖励委员会发布《关于第五届水电英才奖奖励的决定》指出：根据《水电英才奖奖励办法》规定，经水电奖励办公室形审、水电专家委员会评审、水力发电科学技术奖励委员会审定和理事长办公会议批准，决定授予陈璐、李新宇、漆祖芳、林育青、刘德地、杨小龙、俞晓东、王钊宁、王裕彪、马超等10名同志水电英才奖。

12月7日　沙河抽水蓄能电站附属工程开工仪式在汉中市勉县举行。该项目位于陕西汉中市勉县，枢纽工程主要由上水库、下水库、输水发电系统等建筑物组成，安装4台35万kW单级混流式水轮发电机组，额定水头483m，设计年抽水电量25.85亿kW·h，年发电量19.39亿kW·h。项目建成后，主要承担电力系统调峰、填谷、储能、调频、调相和紧急事故备用等任务，可实现与西北地区火电、风电、太阳能发电的联合协调运行，促进消纳富余风电、光伏发电量10亿kW·h，年均节约标准煤约30万t，减排二氧化碳78.3万t、二氧化硫约0.25万t。

12月10日　丰宁抽水蓄能电站实现国内首台变速机组并网。该电站位于河北省承德市丰宁县，安装12台单机容量30万kW机组，总装机容量360

万kW，其中11、12号机为可逆式变速机组。3月15日，国内首台变速机组（12号）定子吊装完成；7月4日，国内首台变速机组（12号）转子顺利吊装。

12月10日　葛洲坝水电站全部机组投产35周年。35年来，该电站累计生产清洁能源超5700亿kW·h，相当于节约标准煤约1.7亿t，减排二氧化碳约4.7亿t。近十年，葛洲坝水电站年平均发电181.6亿kW·h，为促进我国经济社会发展、实现碳达峰、碳中和提供了保障。

12月13日　国家能源局在北京召开绿证核发工作启动会，12家申领绿证的发电企业和10家绿色电力用户代表现场获颁国家能源局核发的首批绿色电力证书。会议强调，要提高政治站位，充分认识绿证核发全覆盖的重要意义。实现绿证核发全覆盖，是完善能源消耗总量和强度调控、推动能耗"双控"向碳"双控"转变的重要基础，是促进可再生能源开发利用、推动绿色低碳转型的重要支撑，是鼓励绿色消费、支持绿色发展的重要措施。

12月14日　羊曲水电站镶嵌混凝土面板堆石坝顺利填筑到顶，标志着大坝工程成功实现由坝体填筑向混凝土面板施工的转序。该电站位于青海省海南州兴海县与贵南县交界处，工程属一等大（1）型工程，最大坝高150m，安装3台40万kW混流式水轮发电机组，总装机容量120万kW，建成后平均年发电量约47.32亿kW·h。该工程2021年12月26日正式开工建设，12月28日实现截流戗堤合龙，2022年9月27日大坝首仓混凝土浇筑。

12月15日　汝阳抽水蓄能电站项目通过洛阳市发展改革委核准批复。该电站位于河南省洛阳市汝阳县，枢纽工程主要由上水库、下水库、输水系统、地下厂房、地面开关站等建筑物组成，电站装机容量120万kW。上水库位于三屯镇六竹村南马槽沟沟源，下水库位于王坪乡聂坪村马兰河支沟外沟。项目总投资约87.52亿元。电站建成后，将承担电网系统调峰、填谷、储能、调频、调相和紧急事故备用等任务。

12月15日　清原抽水蓄能电站首台机组通过15天试运行，正式投产发电。该电站位于辽宁省抚顺市清原满族自治县，主要由上水库、下水库、输水系统、地下厂房及开关站等组成。安装6台单机容量30万kW的可逆式水泵水轮机发电机组，设计年发电量30亿kW·h，年抽水电量40亿kW·h，项目总投资109亿元。项目全部投运后，每年将节约标准煤15.8万t，减少二氧化碳排放37.5万t，提升辽宁电力系统调峰能力360万kW。

12月15日　在南方区域电力市场交易平台上，

广东、广西、云南、贵州、海南五省区进行了自由实时的电力现货交易，这是我国首次实现全区域电力现货市场结算。交易当天，参与交易的主体数量超过16万家，交易规模达到2000万kW·h。以往，电力交易结算价格执行"一日一价"、由政府定价，现在则变为每15min动态调整一次价格，按照市场规律定价。在不同地区、不同时段，价格都不同，能涨也能降。

12月18日 西藏自治区水风光储能源技术创新中心通过验收进入运行期。这是西藏自治区首批4家创新中心中唯一评估为"优秀"的中心，将肩负起西藏清洁能源领域科技自立自强的光荣使命，更好地服务重大战略工程、推动国家清洁能源基地建设、促进西藏高质量发展、助力国家"双碳"目标如期实现。该中心于2021年12月获批复筹建，由中国电建集团成都勘测设计研究院有限公司牵头建设。

12月18日 佛坪抽水蓄能电站举行前期项目开工仪式。该电站位于佛坪县西岔河镇境内，枢纽工程主要由上水库、下水库、输水系统、地下厂房、地面开关站等组成，安装4台单机容量35万kW可逆式水泵水轮机，电站连续满发小时数6h，设计年平均发电量19.39亿kW·h，年抽水用电量25.85亿kW·h。施工总工期69个月，首台机组发电工期为60个月，总体投资约108亿元。项目建成后，主要承担陕西电网负荷中心的调峰、填谷、储能、调频、调相、紧急事故备用等功能，并兼顾陕西省新能源消纳。

12月20日 由中国工程院院刊《Engineering》评选的"2023全球十大工程成就"在北京发布，中国电力建设集团有限公司勘测设计并承担主要施工任务的白鹤滩水电站入选"全球十大工程成就"。该水电建设代表了当今世界水电技术发展的最高水平。白鹤滩水电站位于四川省宁南县和云南省巧家县境内，装机容量1600万kW，电站年均发电量约624亿kW·h，能够满足约7500万人一年的生活用电需求，每年可节约标准煤1968万t，减排二氧化碳5160万t。

12月20~22日 由工业和信息化部、国务院国有资产监督管理委员会、中华全国工商业联合会和浙江省人民政府主办的第五届中国工业互联网大赛全国总决赛在浙江宁波举行。中国长江三峡集团有限公司所属长江电力"面向新一代水电行业集成创新的工业大脑解决方案"以总分第一的成绩获全国总决赛领军组一等奖。"长江电力方案"是针对流域巨型电站群规模巨大、时空多变、跨区跨网、结构复杂的特征，为电站群搭建的全息状态感知、全域态势评估、全态虚实共变、全局协同优化的智能应用体系。该届大赛共有2043支团队参加。

12月21日 2024年全国能源工作会议在北京召开。会议总结2023年工作成绩，部署2024年重点任务。国家发展改革委党组书记、主任郑栅洁，国家能源局党组书记、局长章建华出席会议并讲话。会议强调，2024年能源工作一要扛牢能源安全首要职责；二要聚焦落实"双碳"目标任务；三要瞄准能源科技自立自强；四要发挥改革关键支撑作用；五要着眼完善能源监管体系；六要牢固树立安全发展理念；七要积极加强能源国际合作；八要大力加强民生用能工程建设；九要全面加强党的建设。

12月22日 国家能源局2024年监管工作会议在北京召开。会议系统总结2023年能源监管工作，深入分析当前面临的新形势新要求，统筹部署2024年监管任务。国家能源局党组书记、局长章建华出席会议并讲话。会议强调，2024年能源监管工作要深入贯彻能源安全新战略，围绕推动能源高质量发展一条主线，锚定保障能源安全和推动绿色低碳转型两个目标，创新开展过程监管、数字化监管、穿透式监管、跨部门协同监管"四个监管"，着力在"八个强化"上下工夫。

12月25日 乌弄龙·里底电厂申报的"弹簧活塞式大轴补气阀校验装置""水电厂智能测温新技术研究与应用"两项成果分别获得2024年全国智能发电技术创新成果奖三星奖、四星奖。弹簧活塞式大轴补气阀校验装置摒弃传统校验方法，能够实现现场便捷校验，使用过程无带电或带压操作，杜绝安全隐患。智能测温系列成果则有益于设备故障的发现、定位、诊断，为判断设备故障提供有力支撑。

12月25日 中国南水北调集团新能源投资有限公司通过北京产权交易所成功摘牌建全抽蓄能源开发有限公司51%股权，获得对建全抽水蓄能电站控股开发权。该电站位于重庆市云阳三峡库区城镇群，装机容量120万kW，总投资约85亿元，建成后主要承担重庆电网调峰、填谷、储能、调频、调相和紧急事故备用等任务，每年可节约发电标准煤量25.6万t，减少二氧化碳排放量65万t、二氧化硫排放量1.6万t。

12月26日 官厅水电站更新改造工程1号机组定子吊装就位，至此，该项目3台机组定子吊装工作全部完成。更新改造机组定子直径3810mm，重30t，由2.8万张硅钢片组装完成。该电站为新中国成立后第一座自主设计、建造、运行的自动化水电站，1954年肇建，首台机组于1955年12月并网发电，已运行近70年。电站拥有3台1万kW机组，此次更新改造对其中2台机组进行改造，并对另外 1 台机组进行维修。电站更新改造后，将充分利用永定河常态化生态补水实现长期稳定小流量发电，可作为北京市应急备用和黑启动电源，保障首都电网安全，同时通过创建绿色官厅水电站赋能生态永定河，打造流域水电工程的永定河样板。

12 月 27 日　洪屏抽水蓄能电站二期项目在三爪仑乡举行开工仪式。该电站位于江西省靖安县境内，总装机容量为 180 万 kW，总投资 84.6 亿元，建设周期预计 6 年。该项目于 2010 年 3 月通过国家发展改革委核准，终期装机规模为 240 万 kW，分两期开发建设。一期项目已于 2016 年全面完工并投入商业运行，建成后，洪屏项目（含一期、二期）总装机规模达 300 万 kW。

12 月 28 日　休宁里庄抽水蓄能电站通过安徽省发展改革委核准。该电站位于安徽省黄山市休宁县境内，安装 4 台单机容量 30 万 kW 的立轴混流可逆式抽水蓄能机组，设计年均发电量 14.4 亿 kW·h，抽水电量 19.2 亿 kW·h，预计 2030 年实现投产目标。电站建成后，主要承担华东电网的调峰、填谷、储能、紧急事故备用等任务，可节约系统耗煤量约 23 万 t，减排二氧化碳 46 万 t、二氧化硫 0.30 万 t。

12 月 29 日　山亭（庄里）抽水蓄能电站通过山东省发展改革委核准批复。该电站位于山东省枣庄市山亭区境内，电站为二等大（2）型工程，枢纽工程主要由上水库、下水库挡水建筑物、输水系统、地下厂房及其附属建筑物等组成，总装机容量 118 万 kW，建成后年发电量约 19.74 亿 kW·h，总投资约 84.4 亿元。电站建成后，主要承担电网的调峰、填谷、储能、调频、调相和紧急事故备用等任务。

12 月 30 日　乌溪江混合式抽水蓄能电站前期项目举行开工仪式。该电站位于浙江省衢州市衢江区境内，上水库、下水库利用已建成的湖南镇水电站水库和黄坛口水电站水库，为日调节混合式抽水蓄能电站，装机容量 29.8 万 kW，年发电量 2.98 亿 kW·h。项目于 2023 年 1 月获得浙江省发展改革委核准，计划于 2028 年建成投产。该项目建成运营后，预计每年可节约系统耗煤量约 7.7 万 t，减少排放二氧化碳约 104 万 t、氮氧化合物约 0.26 万 t、二氧化硫约 0.69 万 t、烟尘 0.35 万 t。

12 月 31 日　铅（Yán）山抽水蓄能电站项目通过江西发展改革委核准。该电站位于江西省上饶市铅山县武夷山镇和天柱山乡境内，枢纽工程主要由上水库、下水库、输水系统、地下厂房和地面开关站等组成，安装 4 台单机容量 30 万 kW 的单级立轴混流可逆式水泵水轮发电机组，项目总投资约 77.43 亿元。电站建成后，将承担电网系统调峰、填谷、储能、调频、调相和紧急事故备用等任务。